は し が き

　所得税は，私たちの日常生活において誰もがかかわりをもつ大変身近な税ですが，ご承知のように，所得税関係の法令は，社会や経済情勢の変化に対応した様々な改正が毎年行われています。

　こうした中で，本書は，所得税関係の法令を容易に正しく理解していただき，適正な申告と納税に資することを目的に，これらを体系的に整理して分かりやすく説明した解説書として，内容の充実を図りつつ改訂を重ねてまいりました。

　今回の改訂に当たりましても，令和5年度税制改正（令和5年法律第3号）に伴う最新の法令及び通達等に基づき，更に分かりやすく，かつ，使いやすい解説書となるよう内容の一層の充実に努めるとともに，令和6年分以降に適用される主な改正事項についても解説を加えております。

　本書は，所得税法等の理解が一層深められますよう，制度の趣旨なども踏まえて記述しておりますが，内容等につきましては，今後とも読者の方々のご批判，ご意見を基に検討を加え，更に良いものに改めてまいりたいと考えております。

　なお，本書は，財務省主税局に勤務している者が，休日等を利用して執筆したものですが，文中意見にわたる部分は，個人的見解であることを申し添えます。

　令和5年12月

　　　　　　　　　　　　　　　　　　　　　　　　　　　　　　　市田　圭佑

令和6年3月申告用　確定申告の手引　総目次

令和5年分所得税の計算，申告，納税手続などの改正点のあらまし……………………（一）

非課税所得等　（1）
免税所得／
所得の帰属に関する通則／信託課税／
所得の種類及び所得計算のあらまし

●雑　所　得　（571）

e-Tax（国税電子申
告・納税システム）　（977）

所得計算の通則　（27）

●山　林　所　得　（603）

減価償却資産の
耐用年数表（抄）　（985）

消費税等の経理処理　（107）

●退　職　所　得　（612）

令和5年分所得税
の税額表等　（1013）

各種所得の計算

課税標準の計算　（623）
青色申告／
記帳・記録保存制度

個人の住民税申告　（1029）

●利　子　所　得　（167）

税額の計算　（732）
変動所得及び臨時所得がある
場合の平均課税の方法による
税額の計算　（848）

個人の事業税申告　（1059）

●配　当　所　得　（180）

●不　動　産　所　得　（201）

復興特別所得税　（852）

索　　引　（1069）

●事　業　所　得　（208）

確定申告と納税　（855）

〔巻末〕
確定申告書等の
記載例　（1）

●給　与　所　得　（279）

そ　の　他　（923）

●譲　渡　所　得　（297）
譲渡所得の課税の特例　（320）

東日本震災特例法　（939）

●一　時　所　得　（562）

新型コロナ特例法　（971）

確定申告の手引——細目次

令和5年分所得税の計算, 申告, 納税
手続などの改正点のあらまし……… (一)

非課税所得 …………………………… 1

免税所得 ……………………………… 17

所得の帰属に関する通則 …………… 18

信託課税 ……………………………… 20

所得の種類及び所得計算のあらまし …… 24

所得計算の通則 ……………………… 27
○所得の計算期間 ……………………… 27
○外貨建取引を行った場合の換算 …… 27
○前渡金等の振替え …………………… 28
○延払基準の適用 ……………………… 28
○先物外国為替契約等により円換算額を
　確定させた場合の換算 ……………… 29
○国外で業務を行う者の損益計算書等に
　係る外貨建取引の換算 ……………… 30

収入金額 ……………………………… 30
○収入金額 ……………………………… 30
○収入金額の計算 ……………………… 30

必要経費 ……………………………… 33
○家事関連費等 ………………………… 33
○親族に支払う給料, 賃借料等 ……… 34
○租税公課 ……………………………… 35
○地代, 家賃, 損害保険料等 ………… 38
○借地権等の更新料 …………………… 39
○接待費, 交際費及び寄附金 ………… 40
○借入金利子, 割引料 ………………… 40
○福利厚生費 …………………………… 41
○修繕費 ………………………………… 41
○減価償却資産の償却費 ……………… 45
○繰延資産の償却費 …………………… 78
○事業用固定資産等の損失 …………… 81
○雇人費 ………………………………… 83
○専従者控除 …………………………… 83

○貸倒損失等 …………………………… 85
○青色申告特別控除 …………………… 87

所得計算の特例 ……………………… 88
○小規模事業者の収入及び費用の帰属時
　期の特例 (現金主義) ……………… 88
○雑所得を生ずべき小規模な業務を行う
　者の収入及び費用の帰属時期の特例
　(現金主義) ………………………… 89
○譲渡代金が回収不能となった場合等の
　所得計算の特例 ……………………… 90
○廃業後に生じた必要経費の特例 …… 91
○転廃業助成金等に係る課税の特例 … 91
○家内労働者等の所得計算の特例 …… 92
○任意組合等の組合員の所得計算 …… 93
○有限責任事業組合の事業に係る組合員
　の事業所得等の所得計算の特例 …… 94
○リース取引に係る所得金額の計算の特例 …… 100
○発行法人から与えられた株式を取得す
　る権利の譲渡による収入金額の特例 …… 102
○免責許可の決定等により債務免除を受
　けた場合の経済的利益の総収入金額不
　算入 …………………………………… 102
○債務処理計画に基づく減価償却資産等
　の損失の必要経費入の特例 ………… 103

消費税等の経理処理 ………………… 107

消費税等と所得税の経理処理 ……… 107

所得税における取得価額等の取扱い …… 117

参考　消費税の税額計算のしくみ ……… 119

参考　消費税の軽減税率制度における中
　　　小事業者の税額計算の特例につい
　　　て ………………………………… 127

〔例1〕「適格請求書発行事業者の登録申
　　　請書 (国内事業者用)」の記載例
　　　① …………………………………… 129
〔例2〕「適格請求書発行事業者の登録申
　　　請書 (国内事業者用)」の記載例
　　　② …………………………………… 131

目　　次

| 参考 | 地方消費税の税額計算のしくみ……133
　　○地方消費税の概要………133
　　○地方消費税（譲渡割）と消費税との関
　　　係等………133

消費税の計算問題（簡易課税制度を選
　　択しなかった場合）………135

消費税の計算問題（簡易課税制度を選
　　択した場合）………151

消費税の計算問題（２割特例を適用し
　　た場合）………160

| 利 子 所 得 |………167

利子所得とは………167

所得金額の計算………170

収入金額………170

利子所得に関する課税の特例………171
　　○利子所得の源泉分離課税………171
　　○特定公社債等の利子等に係る利子所得
　　　の申告分離課税………173
　　○確定申告を要しない利子所得………173
　　○国外で発行された公社債等の利子所得
　　　に対する課税………174
　　○上場株式等の配当等に係る源泉徴収義
　　　務等の特例………175
参考事項………175

| 配 当 所 得 |………180

配当所得とは………180

所得金額の計算………191

収入金額………191

負債の利子………192

配当所得に関する課税の特例………193
　　○私募公社債等運用投資信託等に係る配
　　　当所得の源泉分離課税………193
　　○国外で発行された投資信託等の収益の
　　　分配に係る配当所得の課税………194
　　○上場株式等に係る配当所得の課税の特
　　　例………195
　　○確定申告を要しない配当所得………196
　　○国外株式の配当所得の源泉徴収の特例…197

　　○上場株式等の配当等に係る源泉徴収義
　　　務等の特例………198
参考事項………198

| 不 動 産 所 得 |………201

不動産所得とは………201

所得金額の計算………203

総収入金額………203

必要経費の計算………206
　　○通則………206
　　○所得計算の特例………206
参考事項………207

| 事 業 所 得 |………208

事業所得とは………208

所得金額の計算………210

総収入金額の計算………210
　　○収入の時期………210
　　○総収入金額の計算………218

必要経費の計算………220
　　○通則………220
　　○売上原価………220
　　○有価証券の譲渡原価………224
　　○暗号資産の取得価額………226
　　○青色申告者の減価償却の特例………227
　　○特定の負担金，納付金等………254

引当金及び準備金………255
　　○貸倒引当金………255
　　○返品調整引当金（廃止）………258
　　○退職給与引当金………259
　　○特定災害防止準備金（廃止）………261
　　○特定船舶に係る特別修繕準備金………262
　　○探鉱準備金………265
　　○農業経営基盤強化準備金………266

所得等の計算の特例………267
　　○新鉱床探鉱費の特別控除………267
　　○社会保険診療報酬の所得計算の特例……267
　　○その他の所得税の計算の特例………269

事業所得等の課税の特例………270
　　○農用地等を取得した場合の課税の特例…270

目　　次

○肉用牛の売却による農業所得の課税の
　特例·················271
○不動産業者等の土地譲渡益に係る課税
　の特例（平成10年1月1日から令和8
　年3月31日まで適用なし）·················272

参考事項·················278

給 与 所 得 ·················279

給与所得とは·················279

所得金額の計算·················279

収入金額·················279

給与所得控除額·················291

所得金額調整控除·················291

特定支出の控除の特例·················292

特定の取締役等が受ける新株予約権の
　行使による株式の取得に係る経済的
　利益の非課税等·················294

参考事項·················296

譲 渡 所 得 ·················297

譲渡所得とは·················297

所得金額の計算·················300
　○短期譲渡所得と長期譲渡所得·················301

総収入金額·················303
　○収入の時期·················303
　○時価をもって収入金額とみなされる場合···303
　○借地権又は地役権の設定が資産の譲渡
　　とみなされる場合·················303
　○譲渡所得の収入金額とされる補償金等···305

譲渡した資産の取得費·················306
　○設備費，改良費·················307
　○取得費の計算·················307

譲渡費用·················313

譲渡所得の特別控除額·················313

災害等によって生活に通常必要でない
　資産に損失を受けた場合の譲渡所得
　の計算·················314

資産の譲渡代金が回収不能となった場
　合等の譲渡所得の計算·················315

譲渡損失の取扱い·················317

固定資産の交換·················317

譲渡所得の課税の特例 ·················320

　○課税の特例の一覧表·················320

土地建物等の譲渡所得の分離課税·················323
　○分離長期譲渡所得（一般所得分）·················323
　○概算取得費控除の特例·················325
　○分離短期譲渡所得（一般所得分）·················325
　○分離短期譲渡所得で軽減税率が適用さ
　　れるもの（軽減所得分）·················328

優良住宅地の造成等のために土地等を
　譲渡した場合の課税の特例（特定所
　得分）·················329

居住用財産を譲渡した場合の長期譲渡
　所得の課税の特例（軽課所得分）·················342

収用等に伴い代替資産を取得した場合
　の課税の特例·················346
　○代替資産を取得した場合·················346

交換処分等に伴い資産を取得した場合
　の課税の特例·················356

換地処分等に伴い資産を取得した場合
　の課税の特例·················359

収用交換等の場合の譲渡所得等の特別
　控除·················363

特定土地区画整理事業等のために土地
　等を譲渡した場合の譲渡所得の特別
　控除·················366

特定住宅地造成事業等のために土地等
　を譲渡した場合の譲渡所得の特別控
　除·················369

農地保有の合理化等のために農地等を
　譲渡した場合の譲渡所得の特別控除····377

居住用財産の譲渡所得の特別控除（第
　2項関係）·················379

被相続人の居住用財産の譲渡（第3項
　関係）·················383

—7—

目 次

特定期間に取得をした土地等を譲渡した
　場合の長期譲渡所得の特別控除…………396

低未利用土地等を譲渡した場合の長期譲
　渡所得の特別控除…………………………399

譲渡所得の特別控除額の特例……………403

特定の居住用財産の買換え等……………404
　○特定の居住用財産を買い換えた場合…404
　○特定の居住用財産を交換した場合……409

特定の事業用資産の買換え等……………411
　○特定の事業用資産を買い換えた場合…411
　○特定の事業用資産を交換した場合……419

既成市街地等内にある土地等の中高層
　耐火建築物等の建設のための買換え
　等……………………………………………420
　○中高層耐火建築物等の建設のための買
　　換えの場合………………………………420
　○中高層耐火建築物等の建設のための交
　　換の場合…………………………………425
　○特定民間再開発事業の施行地区外へ転
　　出する場合の課税の特例………………426

特定の交換分合により土地等を取得し
　た場合の課税の特例………………………428

特定普通財産とその隣接する土地等の
　交換………………………………………431

有価証券の譲渡による所得の課税の特
　例等………………………………………434
　○一般株式等又は上場株式等に係る譲渡
　　所得等の課税の特例（申告分離課税）…434
　○特定管理株式等が価値を失った場合の
　　株式等に係る譲渡所得の課税の特例…451
　○特定管理株式等の譲渡に係る所得計算
　　の特例……………………………………454
　○特定口座に関する課税の特例…………456

恒久的施設を有しない非居住者の株式
　等の譲渡に係る国内源泉所得に対す
　る課税の特例………………………………472

上場株式等に係る譲渡損失の損益通算
　及び繰越控除………………………………474

特定中小会社が発行した株式に係る課
　税の特例（いわゆるエンジェル税制）…478

特定新規中小企業者がその設立の際に
　発行した株式の取得に要した金額の
　控除等………………………………………492

株式等を対価とする株式の譲渡に係る
　譲渡所得等の課税の特例…………………495
　○株式交付親会社の株式の取得価額………495

特別事業再編を行う法人の株式を対価
　とする株式等の譲渡に係る譲渡所得
　等の課税の特例（廃止）…………………496

非課税口座内の少額上場株式等に係る
　譲渡所得等の非課税（ＮＩＳＡ）………497

未成年者口座内の少額上場株式等に係
　る配当所得及び譲渡所得等の非課税
　（ジュニアＮＩＳＡ）……………………512

国外転出をする場合の譲渡所得等の特
　例（国外転出時課税）……………………519

贈与等により非居住者に資産が移転し
　た場合の譲渡所得等の特例（贈与等
　時課税）……………………………………527

株式交換等に係る譲渡所得等の特例………535

非居住者等が三角合併等により外国親
　法人株式等の交付を受けた場合等の
　特例…………………………………………537

参考事項……………………………………540
　○貸付信託等の受益権等の譲渡による所
　　得の課税の特例…………………………540
　○株式等の譲渡の対価に係る受領者の
　　告知………………………………………540
　○株式等の譲渡の対価に係る支払調書……546

相続財産を譲渡した場合の譲渡所得の
　特例…………………………………………547

国等に対して重要文化財を譲渡した場
　合の譲渡所得の非課税の特例……………550

居住用財産の買換え等の場合の譲渡損
　失の損益通算及び繰越控除制度…………551

特定居住用財産の譲渡損失の損益通算
　及び繰越控除制度…………………………558

一 時 所 得 ……………………………562

一時所得とは…………………………………562

－8－

目　　次

所得金額の計算……………………566

総収入金額……………………566

収入を得るために支出した金額………568

一時所得の特別控除額………………570

参考事項……………………570

雑 所 得 ……………………571

雑所得とは……………………571

所得金額の計算……………………580

総収入金額……………………580

必要経費……………………581
　○通則……………………581

所得等の計算の特例………………582
　○雑所得を生ずべき小規模な業務を行う
　　者の収入及び費用の帰属時期の特例
　　（現金主義）………………582
　○生命保険契約等に基づく年金に係る雑
　　所得の計算………………582
　○相続等に係る生命保険契約等に基づく
　　年金に係る雑所得の計算………583
　○損害保険契約等に基づく年金に係る雑
　　所得の計算………………585
　○相続等に係る損害保険契約等に基づく
　　年金に係る雑所得の計算………585

公的年金等控除額…………………586

参考事項……………………587

外国子会社合算税制等………………588
　○居住者の外国関係会社に係る所得の課
　　税の特例（外国子会社合算税制）………588
　○所得金額の計算………………590
　○特殊関係株主等である居住者に係る外
　　国関係法人に係る所得の課税の特例
　　（コーポレート・インバージョン対策
　　合算税制）………………600

山 林 所 得 ……………………603

山林所得とは……………………603

所得金額の計算……………………604

総収入金額……………………604

必要経費……………………606
　○通則……………………606

山林所得の特別控除額………………608

山林所得の計算の特例………………608
　○概算経費控除………………608
　○森林計画特別控除……………609
　○青色申告特別控除……………610
　○その他の特例………………610

参考事項……………………610

退 職 所 得 ……………………612

退職所得とは……………………612

所得金額の計算……………………616

収入金額……………………617

退職所得控除額……………………619

参考事項……………………622

課税標準の計算 ……………………623

課税標準及び課税所得金額の計算順序……625

損益通算……………………627
　○損益通算の順序………………628
　○上場株式等に係る譲渡損失の損益通算
　　の特例………………631

不動産所得に係る損益通算の特例………631
　○特定組合員等の不動産所得に係る損益
　　通算等の特例………………633
　○国外中古建物の不動産所得に係る損益
　　通算等の特例………………635
　○居住用財産の譲渡損失の損益通算の特
　　例………………638
　○特定居住用財産の譲渡損失の損益通算
　　の特例………………640

損失の繰越控除……………………642
　○純損失の繰越控除……………643
　○居住用財産の買換え等の場合の譲渡損
　　失の繰越控除………………645
　○特定居住用財産の譲渡損失の繰越控除……647
　○雑損失の繰越控除……………648

所得控除……………………650
　○所得控除の順序………………650

—9—

目　　次

○雑損控除……………………………662
○医療費控除…………………………665
○社会保険料控除……………………693
○小規模企業共済等掛金控除………695
○生命保険料控除……………………696
○地震保険料控除……………………703
○寄附金控除…………………………705
○障害者控除…………………………712
○寡婦控除……………………………713
○ひとり親控除………………………716
○勤労学生控除………………………717
○配偶者控除…………………………718
○配偶者特別控除……………………720
○扶養控除……………………………722
○基礎控除……………………………723
○課税標準の端数計算………………724

青色申告 ……………………725

▷所得税の青色申告の特典等一覧表………727

記帳・記録保存制度 ……………730

○記帳制度……………………………730
○記録保存制度………………………730

税額の計算 ……………………732

税額計算の関係図……………………732

申告納税額の計算順序………………733

税額表による税額の計算……………735

税額控除………………………………737
○配当控除……………………………737
○試験研究を行った場合の所得税額の特別控除…………………………739
○高度省エネルギー増進設備等を取得した場合の所得税額の特別控除（廃止）……751
○中小事業者が機械等を取得した場合の所得税額の特別控除……………752
○地域経済牽引事業の促進区域内において特定事業用機械等を取得した場合の所得税額の特別控除………753
○地方活力向上地域等において特定建物等を取得した場合の所得税額の特別控除……………………………753

○地方活力向上地域等において雇用者の数が増加した場合の所得税額の特別控除……………………………754
○特定中小事業者が特定経営力向上設備等を取得した場合の所得税額の特別控除……………………………758
○給与等の支給額が増加した場合の所得税額の特別控除…………………759
○認定特定高度情報通信技術活用設備を取得した場合の所得税額の特別控除……761
○事業適応設備を取得した場合等の所得税額の特別控除…………………763
○所得税の額から控除される特別控除額の特例………………………………765
○住宅借入金等特別控除……………766
○認定住宅等に係る住宅借入金等特別控除……………………………………793
○特定増改築等住宅借入金等特別控除……803
○政治活動に関する寄附をした場合の所得税額の特別控除…………………816
○認定ＮＰＯ法人等に対して寄附をした場合の特別控除……………………818
○既存住宅の耐震改修をした場合の所得税額の特別控除…………………819
○既存住宅に係る特定の改修工事をした場合の所得税額の特別控除………820
○認定住宅等の取得をした場合の所得税額の特別控除…………………………827
○分配時調整外国税相当額控除……829
○外国税額控除………………………830

特定の基準所得金額の課税の特例（令和７年分以後の所得税について適用）…838

減免税額の控除………………………839
○災害減免法による減免税額………839
○免税所得についての免税額………840

申告納税額の計算……………………841
○源泉徴収税額………………………841
○公的年金等の源泉徴収……………843
○予定納税額…………………………846
○申告納税額の端数計算……………847

目　　次

変動所得及び臨時所得がある場合の平均課税の方法による税額の計算	…848

復興特別所得税	…852

確定申告と納税	…855

確定申告をしなければならない人…………858
　○一般の人……………………………858
　○給与所得者…………………………858
　○退職所得のある人…………………859
　○公的年金等に係る雑所得のある人……859
総収入金額報告書を提出しなければならない人………………………………860
確定損失申告をすることができる人……860
所得税の還付等を受けるための確定申告………………………………………861
死亡又は出国の場合の確定申告………862
　○死亡の場合…………………………862
　○出国の場合…………………………862
納付……………………………………863
　○電子納付……………………………863
　○口座振替納付………………………863
　○クレジットカード納付……………864
　○国外納付者の納付…………………864
　○スマートフォンを使用した決済サービスによる納付…………………865
　○第３期分の税額の延納……………865
　○延払条件付で資産を譲渡した場合の税額の延納………………………865
　○納税の猶予…………………………868
還付……………………………………869
災害等が発生した場合の申告及び納税…871
非居住者の確定申告と納税……………872
　○非居住者……………………………872
　○恒久的施設…………………………872
　○非居住者に課税される所得の範囲……877
　○非居住者の納税の方法……………895
　○総合課税（確定申告）による納税……896
　○特殊な場合の課税標準と税額の計算……917

そ　の　他	…923

修正申告…………………………………923
更正の請求………………………………924
　○通常の場合の更正の請求…………924
　○更正の請求の特例…………………924
更正又は決定……………………………926
附帯税……………………………………927
　○延滞税………………………………927
　○利子税………………………………928
　○加算税………………………………928
　○附帯税の端数計算…………………932
支払調書…………………………………933
国外財産調書……………………………935
財産債務調書……………………………937

「東日本大震災の被災者等に係る国税関係法律の臨時特例に関する法律」の概要等	…939

1　雑損控除の特例……………………939
2　被災事業用資産の損失の必要経費算入に関する特例等……………………943
3　純損失の繰戻し還付の特例及び繰越控除の特例……………………………944
4　被災代替船舶の特別償却…………945
5　特定の事業用資産の買換え等の場合の譲渡所得の課税の特例……………946
6　特定の事業用資産を交換した場合の譲渡所得の課税の特例………………947
7　被災者向け優良賃貸住宅の割増償却（廃止）………………………………947
8　被災市街地復興土地区画整理事業による換地処分に伴い代替住宅等を取得した場合の譲渡所得の課税の特例……948
9　被災市街地復興土地区画整理事業等のために土地等を譲渡した場合の譲渡所得の特別控除の特例等……………948
10　帰還・移住等環境整備推進法人に対して土地等を譲渡した場合の譲渡所得の特別控除の特例……………………950
11　被災居住用財産に係る譲渡期限の延長の特例…………………………………951
12　買換えの特例等に係る買換資産等の取

—11—

目　次

得期間の延長の特例················952
13　確定優良住宅地等予定地のための譲渡
　の予定期間の延長の特例··········953
14　特定復興産業集積区域において被災雇
　用者等を雇用した場合の所得税額の特別
　控除··························953
15　特定復興産業集積区域等において機械
　等を取得した場合の特別償却又は所得税
　額の特別控除····················954
16　特定復興産業集積区域における開発研
　究用資産の特別償却等··············956
17　福島復興再生特別措置法の制定に伴う
　措置··························957
18　復興指定会社が発行した株式を取得し
　た場合の所得控除（廃止）··········964
19　受け取った見舞金等に関する取扱い······964
20　その他の東日本大震災に関する諸費用
　の取扱い······················964
21　住宅借入金等特別控除の特例········966
22　新型コロナ特例法の特例············970

「新型コロナウイルス感染症等
の影響に対応するための国税
関係法律の臨時特例に関する　······971
法律」による所得税の税制措置

1　給付金の非課税等················971
2　指定行事の中止等により生じた権利を
　放棄した場合の寄附金控除又は所得税額
　の特別控除の特例················972
3　住宅借入金等を有する場合の所得税額
　の特別控除の特例················974

e-Tax（国税電子申告・納税シ　······977
ステム）

利用開始のための手続················978
　○電子申告・納税等開始（変更等）届出
　　書の提出····················978
申告等··························979
納付··························983

参　考

○減価償却資産の耐用年数表（抄）··········985
○令和５年分所得税の税額表················1013
○令和５年分簡易給与所得表················1014
○令和５年分給与所得の速算表··············1022
○令和５年分公的年金等に係る雑所得の速算表······1023
○令和５年分配偶者特別控除額の早見表··········1025
○令和５年分基礎控除額の早見表··············1028

個人の住民税・事業税の申告について

個人の住民税申告　············1029

はじめに··························1029
第1　住民税のあらまし··············1030
　1　住民税の課税方式··············1030
　2　住民税の納税義務者··············1030

　3　住民税が課税されない人··········1031
　4　年の中途で死亡した人の納税義務····1031
第2　住民税の申告について············1033
　1　住民税の申告書を提出しなければ
　　ならない人····················1033
　2　申告書の提出先とその提出期限········1033

目　　　次

3　住民税の申告書の提出と記載方法……1034

4　確定申告書の提出に当たり留意
すべき事項………1036

5　ふるさと納税ワンストップ特例
制度………1038

6　住民税の申告書の様式………1039

第3　住民税の税額の計算………1042

1　住民税の均等割額の計算………1042

2　住民税の所得割額の計算………1042

個人の事業税申告 ………1059

はじめに………1059

第1　個人の事業税のあらまし………1059

1　個人の事業税の課税方式………1059

2　個人の事業税の納税義務者………1060

3　個人の事業税の非課税の範囲
………1060

4　個人の事業税の課税対象となる
事業………1060

5　事務所又は事業所の意義とその
所在地の判定………1061

第2　個人の事業税の申告について………1062

1　個人の事業税の申告をしなくても
よい者………1062

2　個人の事業税の申告をしなければ
ならない者………1062

3　個人の事業税の申告がされたもの
とみなされる者………1062

4　個人の事業税の申告書様式………1063

第3　個人の事業税の税額の計算………1065

1　課税標準………1065

2　所得の計算上控除するもの………1066

3　税　　率………1066

4　税額の計算………1067

索　　引 ………1069

〔巻　　末〕

確定申告書等の記載例

〔例1〕確定申告書を提出する場合………（2）

〔例2〕変動所得と臨時所得がある場合………（10）

〔例3〕分離課税の所得（長期譲渡所得）がある場合………（15）

〔例4〕損失申告をする場合………（19）

〔例5〕申請書及び届出書（青色申告関係）………（24）

〔例6〕「消費税課税事業者届出書」の記載例………（26）

〔例7〕「消費税簡易課税制度選択届出書」の記載例………（27）

凡　　例

本書中に引用する主な法令・通達については，次の略称を使用しています。

法………………………所得税法
法法……………………法人税法
改正法附………………所得税法等の一部を改正する法律附則
令………………………所得税法施行令
法令……………………法人税法施行令
改正所令附……………所得税法施行令の一部を改正する政令附則
規………………………所得税法施行規則
法規……………………法人税法施行規則
改正所規附……………所得税法施行規則の一部を改正する省令附則
措法……………………租税特別措置法
措令……………………租税特別措置法施行令
改正措令附……………租税特別措置法施行令の一部を改正する政令附則
措規……………………租税特別措置法施行規則
改正措規附……………租税特別措置法施行規則の一部を改正する省令附則
通法……………………国税通則法
通令……………………国税通則法施行令
消法……………………消費税法
消令……………………消費税法施行令
災法……………………災害被害者に対する租税の減免，徴収猶予等に関する法律
災令……………………災害被害者に対する租税の減免，徴収猶予等に関する法律の施行に関する政
　　　　　　　　　　　令
東日本震災特例法……東日本大震災の被災者等に係る国税関係法律の臨時特例に関する法律
復興財確法……………東日本大震災からの復興のための施策を実施するために必要な財源の確保に
　　　　　　　　　　　関する特別措置法
新型コロナ特例法……新型コロナウイルス感染症等の影響に対応するための国税関係法律の臨時特
　　　　　　　　　　　例に関する法律
電帳法…………………電子計算機を使用して作成する国税関係帳簿書類の保存方法等の特例に関す
　　　　　　　　　　　る法律
国外送金法……………内国税の適正な課税の確保を図るための国外送金等に係る調書の提出等に関
　　　　　　　　　　　する法律
国外送金令……………内国税の適正な課税の確保を図るための国外送金等に係る調書の提出等に関
　　　　　　　　　　　する法律施行令
国外送金規……………内国税の適正な課税の確保を図るための国外送金等に係る調書の提出等に関
　　　　　　　　　　　する法律施行規則
耐用年数等省令………減価償却資産の耐用年数等に関する省令
基通……………………所得税基本通達
措通……………………租税特別措置法関係通達
耐通……………………耐用年数の適用等に関する取扱通達
新型コロナ通…………新型コロナウイルス感染症等の影響に対応するための国税関係法律の臨時特
　　　　　　　　　　　例に関する法律関係通達

　条………………… 1，2，3
　項…………………①，②，③
　号………………… 一，二，三
〈例〉　法 2 ①二十一　＝所得税法第 2 条第 1 項第21号
　　　　令96一　＝所得税法施行令第96条第 1 号

　(注) 1　本書は，原則として，令和 5 年11月27日現在の法令，通達によっています。
　　　 2　本書においては，次の用語はそれぞれ次のとおりの意味で使用しています。
　　　　　令和元年…………平成31年 1 月 1 日から令和元年12月31日までの期間
　　　　　令和元年分………平成31年 1 月 1 日から令和元年12月31日までの期間に係る年分
　　　　　令和元年度分……平成31年 4 月 1 日から令和 2 年 3 月31日までの期間に係る年度

（文中意見にわたる部分は私見です。）

令和5年分所得税の計算，申告，納税手続などの改正点のあらまし

　令和5年度税制改正については，令和4年12月16日に与党において「令和5年度税制改正大綱」が取りまとめられました。続いて，同年12月23日に，「令和5年度税制改正の大綱」が閣議決定されました。その後，この大綱に基づいて作成された「所得税法等の一部を改正する法律案」が令和5年2月3日に国会に提出され，国会における審議の結果，同年3月28日に成立し，3月31日に公布されました。

　令和5年度税制改正（令和5年法律第3号）においては，所得税に関する主な事項として，次の改正が行われました。

1　特定非常災害の指定を受けた災害により生じた損失に係る純損失の繰越控除及び雑損失の繰越控除の特例の創設

2　国外転出をする場合の譲渡所得等の特例の適用がある場合の納税猶予等における担保の提供に関する手続等の改正

3　個人事業者が提出する各種届出書の簡素化

4　年末調整関係書類の記載事項の簡素化

5　源泉徴収票の提出方法等の見直し

6　家計の資産を貯蓄から投資へと積極的に振り向け，資産所得倍増につなげるための非課税口座内の少額上場株式等に係る配当所得及び譲渡所得等の非課税措置の抜本的拡充及び恒久化並びに新たな産業の創出及び育成を推進するための特定新規中小企業者がその設立の際に発行した株式の取得に要した金額の控除等の創設などの金融・証券税制の改正

7　空き家に係る居住用財産の譲渡所得の3,000万円特別控除の特例の改正などの土地・住宅税制の改正

8　試験研究を行った場合の税額控除制度の改正などの事業所得等に係る税制の改正

9　極めて高い水準の所得に対する負担の適正化措置の導入などのその他の改正

令和５年分所得税の計算，申告，納税手続などの改正点のあらまし

〔令和５年度税制改正の主な項目の適用時期〕

		令和５年 1月1日	令和５年 4月1日	令和６年 1月1日	令和７年 1月1日
特定非常災害の指定を受けた災害により生じた損失に係る純損失の繰越控除及び雑損失の繰越控除の特例の創設【法70の2，71の2】	支出ベース 申告ベース				
国外転出をする場合の譲渡所得等の特例の適用がある場合の納税猶予等における担保の提供に関する手続等の改正【令266の2，266の3等】	支出ベース 申告ベース				
非課税口座内の少額上場株式等に係る配当所得及び譲渡所得等の非課税措置の抜本的拡充及び恒久化【措法9の8，37の14】	支出ベース 申告ベース				
特定新規中小企業者がその設立の際に発行した株式の取得に要した金額の控除等の創設【措法37の13の2】	支出ベース 申告ベース				
空き家に係る居住用財産の譲渡所得の3,000万円特別控除の特例の改正【措法35】	支出ベース 申告ベース				
試験研究を行った場合の税額控除制度の改正【措法10】	支出ベース 申告ベース				
極めて高い水準の所得に対する負担の適正化措置の導入【措法41の19】	支出ベース 申告ベース				

（注） 本表は，令和５年度税制改正の主な項目の適用時期をわかりやすく図式化したものであり，詳細は，「令和５年分所得税の計算，申告，納税手続などの改正点のあらまし（㈠ページ）」及び各項目の解説を参照してください。

令和5年分所得税の計算，申告，納税手続などの改正点のあらまし

令和5年度税制改正（令和5年法律第3号）のうち
令和5年分等の所得税から適用される主な事項

############ 非課税所得等 ############

〔非課税所得〕

給付金等の非課税の改正

　自立支援資金貸付事業における新型コロナウイルス感染症の影響を受ける就職者に対する生活支援費の貸付けに係る債務免除により受ける経済的な利益の価額については，所得税を課さないこととされました（措規19の2⑭⑲）。

【適用時期】

　上記の改正は，令和5年4月1日から施行されています（令5改正措規附1）。

############ 所得計算の通則 ############

〔必要経費〕

特定都市再生建築物の割増償却制度の改正

　次の見直しが行われた上，その適用期限が令和8年3月31日まで3年延長されました（措法14①）。

(1)　対象となる民間都市再生事業計画のうち特定都市再生緊急整備地域以外の都市再生緊急整備地域における民間都市再生事業計画の認定要件の見直しが行われました（都市再生特別措置法施行令7①，「民間都市再生事業計画制度の運用について（事業認定ガイドライン）」3）。

(2)　特定都市再生緊急整備地域内において整備される建築物に係る都市再生事業の要件のうち，その都市再生事業の施行される土地の事業区域内に整備される建築物の延べ面積要件が，7万5,000㎡以上（改正前：5万㎡以上）に引き上げられました（措令7②一）。

【適用時期】

(1)　上記(1)の改正は，令和5年4月1日から施行されています（都市再生特別措置法施行令の一部を改正する政令（令和5年政令第98号）附，「民間都市再生事業計画制度の運用について（事業認定ガイドライン）」4）。

(2)　上記(2)の改正は，個人が令和5年4月1日以後に取得等をする特定都市再生建築物について適用し，個人が同日前に取得等をした特定都市再生建築物については従前どおりとされています（令5改正措令附3④）。

— (三) —

令和５年分所得税の計算，申告，納税手続などの改正点のあらまし

━━━━━ **各種所得の計算** ━━━━━

〔配当所得〕

1　認定株式分配に係る課税の特例の創設

　　一定の要件に該当する株式分配を適格株式分配とみなす制度の創設に伴い，所得税法施行令の規定の適用について所要の整備が行われました（措法68の２の２，措令39の34の３②）。

【適用時期】

　　上記の改正は，令和５年４月１日から施行されています（令５改正法附１）。

2　資金決済に関する法律の改正に伴う所得税法等の整備

　　所得税法上の有価証券の範囲から特定信託受益権が除外されるとともに，それに伴う所要の整備が行われました（法24②，令４一，59①）。

【適用時期】

　　上記の改正は，安定的かつ効率的な資金決済制度の構築を図るための資金決済に関する法律等の一部を改正する法律（令和４年法律第61号）の施行の日（令和５年６月１日）から施行されています（令５改正法附１九，令５改正所令附１二）。

〔事業所得等〕

1　暗号資産の評価の方法の改正

　　自己が発行することにより取得した暗号資産の取得価額がその発行のために要した費用の額とされました（令119の６①二）。

【適用時期】

　　上記の改正は，令和５年４月１日以後に取得をする暗号資産について適用し，同日前に取得をした暗号資産については従前どおりとされています（令５改正所令附２）。

2　中小事業者が機械等を取得した場合の特別償却又は所得税額の特別控除制度の改正

　　次の見直しが行われた上，その適用期限が令和７年３月31日まで２年延長されました（措法10の３①）。

(1)　対象資産から，次の要件のいずれにも該当する機械及び装置が除外されました（措法10の３①一，措令５の５①）。

　①　その管理のおおむね全部を他の者に委託するものであること。

　②　要する人件費が少額な一定のサービス業（中小事業者の主要な事業であるものを除く。）の用に供するものであること。

(2)　対象資産のうち船舶について，総トン数が500トン以上の船舶にあっては，環境への負荷の状況が明らかにされた船舶に限定されました（措法10の３①五，措令５の５③）。

【適用時期】

　　上記の改正は，中小事業者が令和５年４月１日以後に取得又は製作をする特定機械装置等について適用し，中小事業者が同日前に取得又は製作をした特定機械装置等については従前どおりとされています（令５改正法附26）。

令和5年分所得税の計算，申告，納税手続などの改正点のあらまし

3 地域経済牽引事業の促進区域内において特定事業用機械等を取得した場合の特別償却又は所得税額の特別控除制度の改正

承認地域経済牽引事業に係る要件の見直しが行われた上，その適用期限が令和7年3月31日まで2年延長されました（措法10の4①，平29.8総務・財務・厚労・農水・経産・国交・環境告1①五イ(2)ロ～ニ）。

【適用時期】

上記の改正は，令和5年4月1日から施行されています（令5.3総務・財務・厚労・農水・経産・国交・環境告1附）。

4 特定中小事業者が特定経営力向上設備等を取得した場合の特別償却又は所得税額の特別控除制度の改正

対象資産からコインランドリー業又は暗号資産マイニング業（主要な事業であるものを除く。）の用に供する設備等でその管理のおおむね全部を他の者に委託するものが除外された上，その適用期限が令和7年3月31日まで2年延長されました（措法10の5の3①，中小企業等経営強化法施行規則16②）。

【適用時期】

上記の改正は，特定事業者等が令和5年4月1日以後に受ける中小企業等経営強化法の認定（変更の認定を含む。以下同じ。）のうち同日以後に申請がされるものに係る経営力向上計画に記載された経営力向上設備等について適用し，特定事業者等が，同日前に受けた認定及び同日以後に受ける認定のうち同日前に申請がされたものに係る経営力向上計画に記載された経営力向上設備等については従前どおりとされています（令5.3改正中小企業等経営強化法施行規則附4）。

5 事業適応設備を取得した場合等の特別償却又は所得税額の特別控除制度の改正

デジタルトランスフォーメーション投資促進税制について，次の見直しが行われた上，その適用期限が令和7年3月31日まで2年延長されました（措法10の5の6①）。

(1) 令和5年4月1日前に認定の申請がされた認定事業適応計画に係る資産が対象から除外されました（措法10の5の6⑫）。

(2) 生産性の向上又は需要の開拓に特に資するものとして主務大臣が定める基準等の見直しが行われました（産競法施行規則11の2⑤，令3.7内閣・総務・財務・文科・厚労・農水・経産・国交・環境告8）。

【適用時期】

(1) 上記(1)の改正は，令和5年分以後の所得税について適用されます（令5改正法附28）。

(2) 上記(2)の改正は，改正生産性向上等基準の施行の際現にされている認定の申請及び変更の認定の申請に係る事業適応計画については従前どおりとされています（令5.3改正生産性向上等基準附2）。

6 特定船舶の特別償却制度の改正

次の見直しが行われた上，その適用期限が令和8年3月31日まで3年延長されました（措法11①）。

(1) 特定船舶のうち特定海上運送業を営む個人の認定外航船舶確保等計画に記載された特定外航船舶に係る特別償却割合が，次の区分に応じそれぞれ次のとおり引き上げられました（措法11

令和５年分所得税の計算，申告，納税手続などの改正点のあらまし

①一・二）。

① 特定外航船舶のうちその特定外航船舶に係る認定外航船舶確保等計画に従って取得し，又は製作された本邦対外船舶運航事業用船舶であることにつき証明がされたもの……次の船舶のいずれに該当するかに応じそれぞれ次の割合

イ　日本船舶に該当する特定先進船舶……32％（改正前：20％）

ロ　日本船舶に該当しない特定先進船舶……30％（改正前：18％）

ハ　日本船舶に該当する船舶のうち特定先進船舶以外のもの……29％（改正前：17％）

ニ　日本船舶に該当しない船舶のうち特定先進船舶以外のもの……27％（改正前：15％）

② 特定外航船舶のうちその特定外航船舶に係る認定外航船舶確保等計画に従って取得し，又は製作されたものであることにつき証明がされたもの（上記①の船舶を除く。）……次の船舶のいずれに該当するかに応じそれぞれ次の割合

イ　日本船舶に該当する特定先進船舶特定先進船舶……30％（改正前：20％）

ロ　日本船舶に該当しない特定先進船舶……28％（改正前：18％）

ハ　日本船舶に該当する船舶のうち特定先進船舶以外のもの……27％（改正前：17％）

ニ　日本船舶に該当しない船舶のうち特定先進船舶以外のもの……25％（改正前：15％）。

(2) 対象資産について次の見直しが行われました。

① 対象となる海洋運輸業の用に供される船舶から匿名組合契約等の目的である船舶貸渡業の用に供される船舶で，その貸付けを受けた者の海洋運輸業の用に供されるものが除外されました（措令５の８②一）。

② 対象となる沿海運輸業の用に供される船舶の総トン数に係る要件が，500トン以上（改正前：300トン以上）に引き上げられました（措令５の８②二，平27.3国交告473別表２）。

(3) 特定先進船舶の範囲の見直しが行われました（平27.3国交告473二）。

(4) 経営合理化及び環境負荷低減に係る要件の見直しが行われました（平27.3国交告473別表１）。

【適用時期】

(1) 上記(1)の改正は，個人が海上運送法等の一部を改正する法律（令和５年法律第24号）附則第１条第３号に掲げる規定の施行の日（令和５年７月１日）以後に取得又は製作をする特定船舶（経過特定船舶を除く。）について適用し，個人が同日前に取得又は製作をした特定船舶（経過特定船舶を含む。）については従前どおりとされています（令５改正法附29①）。

(2) 上記(2)の改正は，個人が令和５年４月１日以後に取得又は製作をする特定船舶（経過船舶を除く。）について適用し，個人が同日前に取得又は製作をした特定船舶（経過船舶を含む。）については従前どおりとされています（令５改正措令附３①）。

(3) 上記(3)及び(4)の改正は，令和５年４月１日から施行されています（令5.3国交告282附）。

7　特定事業継続力強化設備等の特別償却制度の改正

(1) 対象資産に，耐震装置が追加されました（中小企業等経営強化法施行規則29）。

(2) 事業継続力強化計画又は連携事業継続力強化計画の認定の期限が令和７年３月31日まで２年延長されました（措法11の３①）。

【適用時期】

上記(1)の改正は，中小企業者が令和５年４月１日以後に受ける認定（変更の認定を含む。以

— （六） —

下同じ。）のうち同日以後に申請がされるものに係る事業継続力強化計画又は連携事業継続力強化計画に記載された事業継続力強化設備等（機械及び装置並びに建物附属設備に限る。以下同じ。）について適用し，中小企業者が，同日前に受けた認定及び同日以後に受ける認定のうち同日前に申請がされたものに係る事業継続力強化計画又は連携事業継続力強化計画に記載された事業継続力強化設備等については従前どおりとされています（令5.3改正中小企業等経営強化法施行規則附5）。

8　特定地域における工業用機械等の特別償却制度の改正

(1)　半島振興対策実施地域に係る措置について，対象地区から過疎地域に係る措置の対象地区が除外された上，その適用期限が令和7年3月31日まで2年延長されました（措法12④表二，措令6の3⑭二）。

(2)　離島振興対策実施地域に係る措置について，離島振興法の離島振興計画に記載された区域及び事業に係る措置に見直された上，その適用期限が令和7年3月31日まで2年延長されました（措法12④表三，措令6の3⑭三，⑮三，㉒㉓，措規5の13⑩）。

(3)　奄美群島に係る措置について，対象地区から過疎地域に係る措置の対象地区が除外された上，その適用期限が令和6年3月31日まで1年延長されました（措法12④表四，措令6の3⑭四）。

【適用時期】

　　上記の改正は，個人が令和5年4月1日以後に取得等をする産業振興機械等について適用し，個人が同日前に取得等をした産業振興機械等については従前どおりとされています（令5改正法附29③）。

9　医療用機器等の特別償却制度の改正

　医療用機器に係る措置における高度な医療の提供に資する機器につき対象機器の追加及び除外がされた上，その適用期限が令和7年3月31日まで2年延長されました（措法12の2①～③，平21.3厚労告248）。

【適用時期】

　　上記の改正は，令和5年4月1日から適用されています（令5.3厚労告166前文）。

10　事業再編計画の認定を受けた場合の事業再編促進機械等の割増償却制度の改正

　次の見直しが行われた上，事業再編計画の認定期限が令和7年3月31日まで2年延長されました（措法13①）。

(1)　対象となる認定事業再編計画が，その認定事業再編計画に係る事業再編が良質かつ低廉な農業資材の供給又は農産物流通等の合理化に特に資する一定の措置を行うものである場合におけるその認定事業再編計画に限定されました（措法13①）。

(2)　割増償却割合が，35％（建物等及び構築物については，40％）（改正前：40％（建物等及び構築物については，45％））に引き下げられました（措法13①，措規5の15①）。

【適用時期】

　　上記の改正は，個人が取得又は製作若しくは建設をする事業再編促進機械等で令和5年4月1日以後に受ける農業競争力強化支援法第18条第1項の認定（以下「当初認定」という。）に係る認定事業再編計画に記載されたものについて適用し，個人が取得又は製作若しくは建設をし

た事業再編促進機械等で同日前に受けた当初認定に係る同項に規定する認定事業再編計画に記載されたものについては従前どおりとされています（令5改正法附29④）。

11 貸倒引当金制度の改正

個別評価貸金等に係る貸倒引当金の繰入事由のうち，その貸金等に係る債務者について生じた更生計画認可の決定・再生計画認可の決定等の事由に基づきその弁済を猶予され，又は賦払により弁済されることに，その貸金等に係る債務者について法人税法施行令第24条の2第1項に規定する事実が生じたことによりその弁済を猶予され，又は賦払により弁済されることが追加されました（令144①一ニ）。

【適用時期】

上記の改正は，令和5年4月1日から施行されています（令5改正所令附1）。

12 農業経営基盤強化準備金制度の改正

適用対象となる個人に関する改正が行われた上，その適用期限が令和7年3月31日まで2年延長されました（措法24の2①，措規9の3①）。

【適用時期】

上記の改正は，令和5年4月1日から施行されています（令5改正措規附1）。

13 農用地等を取得した場合の課税の特例の改正

適用対象となる特定農業用機械等が一定の規模のものに限定されました（措法24の3①，措令16の3②）。

【適用時期】

上記の改正は，個人が令和5年4月1日以後に取得又は製作若しくは建設をする特定農業用機械等について適用し，個人が同日前に取得又は製作若しくは建設をした特定農業用機械等については従前どおりとされています（令5改正法附30）。

14 肉用牛の売却による農業所得の課税の特例の改正

適用期限が令和8年まで3年延長されました（措法25①）。

15 不動産業者等の土地譲渡益に係る課税の特例の改正

適用停止期間が令和8年3月31日まで3年延長されました（措法28の4⑥）。

〔給与所得等〕

1 特定支出の控除の特例の改正

(1) 次に掲げる支出については，キャリアコンサルタントが特定支出に該当する旨の証明をし，その発行された証明書を確定申告書等に添付することで，特定支出控除の適用を受けることができることとされました（法57の2②四・五，規36の5①②）。

① 研修費（教育訓練に係る部分に限る。）

② 資格取得費（教育訓練に係る部分に限る。）

(2) 給与等の支払者による特定支出に該当する旨の証明について，その申出と証明の方法について，書面以外の方法によることが認められました（規36の5①）。

【適用時期】

(1) 上記(1)の改正は，令和5年分以後の所得税について適用し，令和4年分以前の所得税につ

いては従前どおりとされています（令5改正法附2）。

(2) 上記(2)の改正は，令和5年4月1日以後にされる申出に基づき証明が行われる場合について適用し，同日前にされた書面による申出に基づき書面による証明が行われた場合については従前どおりとされています（令5改正所規附3）。

2 特定の取締役等が受ける新株予約権の行使による株式の取得に係る経済的利益の非課税等の改正

適用対象となる新株予約権に係る契約の要件のうちその新株予約権の行使は付与決議の日後10年を経過する日までの間に行うこととの要件を，付与決議の日においてその設立の日以後の期間が5年未満であること等の要件を満たす株式会社が新株予約権を付与する場合には，その新株予約権の行使は付与決議の日後15年を経過する日までの間に行うこととされました（措法29の2①一，措規11の3①）。

【適用時期】

上記の改正は，取締役等又は特定従事者が令和5年4月1日以後に行われる付与決議に基づき締結される契約により与えられる特定新株予約権に係る株式について適用し，取締役等又は特定従事者が同日前に行われた付与決議に基づき締結された契約により与えられる特定新株予約権に係る株式については従前どおりとされています（令5改正法附31）。

〔譲渡所得等〕

1 優良住宅地の造成等のために土地等を譲渡した場合の長期譲渡所得の課税の特例の改正

(1) 適用対象から，特定の民間再開発事業の施行者に対する土地等の譲渡が除外されました（旧措法31の2②十二）。

(2) 開発許可を受けて行う一団の住宅地造成の用に供するための土地等の譲渡に係る開発許可について，次に掲げる区域内において行われる開発行為に係るものに限定されました（措法31の2②十三，措令20の2⑮）。

① 市街化区域と定められた区域

② 市街化調整区域と定められた区域

③ 区域区分に関する都市計画が定められていない都市計画区域のうち，用途地域が定められている区域

(3) 都市再生特別措置法による民間都市再生事業計画の認定を受けた一定の要件を満たす都市再生事業の認定事業者に対する土地等の譲渡について，都市開発事業の規模要件を都市再生特別措置法施行令の改正前と同様とするための所要の規定の整備が行われました（措令20の2⑦）。

(4) 適用期限が令和7年12月31日まで3年延長されました（措法31の2①③）。

【適用時期】

(1) 上記(1)の改正は，個人が令和5年4月1日前に行った特定の民間再開発事業の施行者に対する土地等の譲渡については従前どおりとされています（令5改正法附32①）。

(2) 上記(2)の改正は，個人が令和5年4月1日以後に行う優良住宅地等のための譲渡に該当する譲渡又は確定優良住宅地等予定地のための譲渡に該当する譲渡について適用し，個人が同日前に行った優良住宅地等のための譲渡に該当する譲渡又は確定優良住宅地等予定地のため

の譲渡に該当する譲渡については従前どおりとされています（令5改正法附32②）。

(3) 上記(3)の改正は，令和5年4月1日から施行されています（令5改正措令附1）。

2　低未利用土地等を譲渡した場合の100万円特別控除の改正

その譲渡をした低未利用土地等が次に掲げる区域内にある場合における低未利用土地等の譲渡の対価の額の要件が800万円以下（改正前：500万円以下）に引き上げられた上で，その適用期限が令和7年12月31日まで3年延長されました（措法35の3①②二，措令23の3②）。

(1) 市街化区域と定められた区域

(2) 区域区分に関する都市計画が定められていない都市計画区域のうち，用途地域が定められている区域

(3) 所有者不明土地対策計画を作成した市町村の区域（(1)及び(2)の区域を除く。）。

【適用時期】

上記の改正は，個人が令和5年1月1日以後に行う低未利用土地等の譲渡について適用し，個人が同日前に行った低未利用土地等の譲渡については従前どおりとされています（令5改正法附32④）。

3　特定の事業用資産の買換えの場合の譲渡所得の課税の特例等の改正

次の見直しが行われた上，その適用期限が令和8年12月31日（一部は同年3月31日）まで3年延長されました（措法37①③④，37の4）。

(1) 既成市街地等の内から外への買換えに係る措置が，制度の対象から除外されました（旧措法37①表一，旧措令25⑥〜⑨，旧措規18の5④一・二）。

(2) 航空機騒音障害区域の内から外への買換えに係る措置について，譲渡資産から次の区域内にある土地等，建物及び構築物が除外されました（措法37①表一）。

① 令和2年4月1日前に特定空港周辺航空機騒音対策特別措置法の航空機騒音障害防止特別地区となった区域

② 令和2年4月1日前に公共用飛行場周辺における航空機騒音による障害の防止等に関する法律の第二種区域となった区域

(3) 所有期間が10年を超える国内にある土地等，建物又は構築物から国内にある一定の土地等，建物又は構築物への買換えに係る措置について，課税の繰延べ割合が次のとおり見直されました（措法37⑩）。

① 譲渡をした譲渡資産が集中地域のうち特定業務施設の集積の程度が著しく高い一定の地域内にある主たる事務所資産に該当し，取得をした又は取得をする見込みである買換資産が集中地域以外の地域内にある主たる事務所資産に該当する場合には，課税の繰延べ割合が90%（改正前：80%）に引き上げられました。

② 譲渡をした譲渡資産が集中地域以外の地域内にある主たる事務所資産に該当し，取得をした又は取得をする見込みである買換資産が集中地域のうち特定業務施設の集積の程度が著しく高い一定の地域内にある主たる事務所資産に該当する場合には，課税の繰延べ割合が60%（改正前：70%）に引き下げられました。

(4) 日本船舶の買換えに係る措置について，次の見直しが行われました。

① 譲渡船舶のうち建設業及びひき船業の用に供される船舶から平成23年1月1日以後に建造

されたものが除外されるとともに，船齢要件における船齢が次の船舶の区分に応じそれぞれ次の期間に見直されました（措法37①表四，措令25⑫一～三）。

イ　海洋運輸業の用に供されている船舶……20年（改正前：25年）

ロ　沿海運輸業の用に供されている船舶……23年（改正前：25年）

ハ　建設業又はひき船業の用に供されている船舶……30年（改正前：35年）

②　買換資産について，譲渡をした船舶に係る事業と同一の事業の用に供される船舶に限定されるとともに，海洋運輸業の用に供される船舶及び沿海運輸業の用に供される船舶の環境負荷低減に係る要件の見直しが行われました（措令25⑬，平29.3国交告303）。

【適用時期】

(1)　上記(1)の改正は，個人が令和5年4月1日前に行った譲渡資産の譲渡については従前どおりとされています（令5改正法附32⑤）。

(2)　上記(2)及び(3)の改正は，個人が令和5年4月1日以後に譲渡資産の譲渡をし，かつ，同日以後に買換資産の取得（建設及び製作を含む。以下同じ。）をする場合における譲渡資産の譲渡について適用し，個人が同日前に譲渡資産の譲渡をした場合及び同日以後に譲渡資産の譲渡をし，かつ，同日前に買換資産の取得をした場合におけるこれらの譲渡については従前どおりとされています（令5改正法附32⑥）。

(3)　上記(4)①の改正は，個人が令和5年4月1日以後に譲渡資産の譲渡をし，かつ，同日以後に買換資産の取得をする場合（その買換資産が経過船舶である場合を除く。）における譲渡資産の譲渡について適用し，個人が同日前に譲渡資産の譲渡をした場合，個人が同日以後に譲渡資産の譲渡をし，かつ，同日前に買換資産の取得をした場合及び同日以後に譲渡資産の譲渡をし，かつ，同日以後に買換資産の取得をする場合（その買換資産が経過船舶である場合に限る。）におけるこれらの譲渡については従前どおりとされています（令5改正措令附4①）。なお，経過船舶とは，個人が令和5年4月1日前に締結した契約に基づき同日以後に取得をする海洋運輸業又は建設業若しくはひき船業の用に供されている船舶をいいます（令5改正措令附4①）。

(4)　上記(4)②の改正は，令和5年4月1日から施行されています（令5.3国交告283附）。

4　既成市街地等内にある土地等の中高層耐火建築物等の建設のための買換え及び交換の場合の譲渡所得の課税の特例の改正

　適用対象となる買換資産の範囲から，特定民間再開発事業の施行される地区内で行われる特定の民間再開発事業の施行により建築された中高層の耐火建築物等が除外されました（措法37の5①表一下欄，旧措令25の4④）。

【適用時期】

　上記の改正は，個人が令和5年4月1日以後に行う譲渡資産の譲渡に係る買換資産について適用し，個人が同日前に行った譲渡資産の譲渡に係る買換資産については従前どおりとされています（令5改正措令附4③）。

5　特定中小会社が発行した株式の取得に要した金額の控除等の改正

(1)　特定中小会社が発行した株式の取得に要した金額の控除等及び特定中小会社が発行した株式に係る譲渡損失の繰越控除等の適用対象となる特定株式の範囲に，中小企業等経営強化法施行

規則の一部改正により追加された特定新規中小企業者に該当する株式会社により発行される株式が追加されました（中小企業等経営強化法施行規則 8 ）。

(2) 特定中小会社が発行した株式の取得に要した金額の控除等の適用を受けた特例控除対象特定株式に係る同一銘柄株式の取得価額については，適用額が20億円を超えたときに適用額から20億円を控除した残額を控除することとされました（措令25の12⑦⑧，措規18の15⑨〜⑪）。

(3) 特定中小会社の確認手続において必要な添付書類が一部削減されました（旧中小企業等経営強化施行規則11②三イ・ロ）。

【適用時期】

(1) 上記(1)及び(2)の改正は，個人が令和 5 年 4 月 1 日以後に払込みにより取得をする特定株式について適用し，同日前に払込みにより取得した特定株式については従前どおりとされています（令 5 改正措令附 5 ，令 5 改正措規附 2 ②，中小企業等経営強化法施行規則の一部を改正する省令（令和 5 年経済産業省令21）附 3 ①）。

(2) 上記(3)の改正は，令和 5 年 4 月 1 日から施行されています（中小企業等経営強化法施行規則の一部を改正する省令（令和 5 年経済産業省令21）附 1 ）。

6 特定新規中小企業者がその設立の際に発行した株式の取得に要した金額の控除等の改正

(1) 令和 5 年 4 月 1 日以後に，特定株式会社の設立特定株式を払込みにより取得をした居住者等（その特定株式会社の発起人であることその他の要件を満たすものに限る。）は，その年分の一般株式等に係る譲渡所得等の金額又は上場株式等に係る譲渡所得等の金額からその設立特定株式の取得に要した金額の合計額（その一般株式等に係る譲渡所得等の金額及びその上場株式等に係る譲渡所得等の金額の合計額を限度）を控除することとされました。なお，その年中の適用額が20億円を超える場合には，その適用を受けた年の翌年以後，その適用を受けた設立特定株式に係る同一銘柄株式の取得価額を一定の計算により圧縮することとされています（措法37の13の 2 ，措令25の12の 2 ，措規18の15の 2 ）。

(2) 「特定中小会社が発行した株式に係る譲渡損失の繰越控除等」の適用対象となる株式の範囲に，上記(1)の居住者等が取得をした設立特定株式が追加されました（措法37の13の 3 ①）。

【適用時期】

上記の改正は，令和 5 年 4 月 1 日以後に設立特定株式を払込みにより取得をした場合に適用されます（措法37の13の 2 ①）。

7 株式等を対価とする株式の譲渡に係る譲渡所得等の課税の特例の改正

適用対象から株式交付の直後の株式交付親会社が一定の同族会社に該当する場合が除外されました（措法37の13の 4 ①）。

【適用時期】

上記の改正は，令和 5 年10月 1 日以後に行われる株式交付について適用し，同日前に行われた株式交付については従前どおりとされています（令 5 改正法附33）。

令和5年分所得税の計算，申告，納税手続などの改正点のあらまし

############### 課税標準の計算 ###############

〔損失の繰越控除〕
　特定非常災害の指定を受けた災害により生じた損失に係る純損失の繰越控除及び雑損失の繰越控除の特例の創設
(1)　事業所得者等の有する棚卸資産，事業用資産等につき特定非常災害の指定を受けた災害により生じた損失（以下「特定被災事業用資産の損失」という。）を有する者の特定被災事業用資産の損失による純損失の金額及び特定非常災害発生年において生じた純損失の金額のうち次に掲げるものの繰越期間が5年（改正前：3年）とされました（法70の2①〜③④五，令203の2⑤）。
　①　青色申告者でその有する事業用資産等の価額のうちに特定被災事業用資産の損失額の占める割合が10%以上であるものは，特定非常災害発生年において生じた純損失の金額
　②　青色申告者以外の者でその有する事業用資産等の価額のうちに特定被災事業用資産の損失額の占める割合が10%以上であるものは，特定非常災害発生年において生じた被災事業用資産の損失による純損失と変動所得に係る損失による純損失との合計額
(2)　居住者の有する住宅家財等につき特定非常災害の指定を受けた災害により生じた損失について，雑損控除を適用してその年分の総所得金額等から控除しても控除しきれない損失額についての繰越期間が5年（改正前：3年）とされました（法71の2①）。
【適用時期】
　　上記の改正は，令和5年4月1日以後に発生する特定非常災害について適用されます（令5改正法附3）。

〔所得控除〕
1　公益の増進に著しく寄与する法人の範囲の改正
　　特定公益増進法人の範囲に，福島国際研究教育機構が追加されました（令217二）。
【適用時期】
　　上記の改正は，個人が令和5年4月1日以後に支出する特定寄附金について適用し，個人が同日前に支出した特定寄附金については従前どおりとされています（令5改正所令附4）。
2　特定新規中小会社が発行した株式を取得した場合の課税の特例の改正
(1)　適用対象となる特定新規株式の範囲に，中小企業等経営強化法施行規則の一部改正により追加された特定新規中小企業者に該当する株式会社（試験研究費等の合計額の出資金額に対する割合に係る要件及びその基準が緩和された株主グループの有する株式数に係る要件その他の要件を満たすものに限る。）で営業活動によるキャッシュ・フローが赤字であること等の要件を満たすものにより発行される株式が追加されました（措規19の10の6⑤，中小企業等経営強化法施行規則8）。
(2)　特定新規中小会社の確認手続において必要な添付書類が一部削減されました（旧中小企業等経営強化法施行規則10②二イ・ニ，11②三イ・ロ）。
【適用時期】
(1)　上記(1)の改正は，個人が令和5年4月1日以後に払込みにより取得をする特定新規株式について適用し，個人が同日前に払込みにより，取得をした特定新規株式については従前どお

— （十三） —

りとされています（令5改正措規附3，中小企業等経営強化法施行規則の一部を改正する省令（令
和5年経済産業省令21）附3①）。

(2)　上記(2)の改正は，令和5年4月1日から施行されています（中小企業等経営強化法施行規則
の一部を改正する省令（令和5年経済産業省令21）附1）

━━━━ 税額の計算 ━━━━

〔税額控除〕

試験研究を行った場合の所得税額の特別控除制度の改正

　特別試験研究費の額に係る特別税額控除制度について，特定新事業開拓事業者との共同研究及
び特定新事業開拓事業者に対する委託研究に係る税額控除割合が25％とされ，新事業開拓事業者
等との共同研究及び新事業開拓事業者等に対する委託研究が特掲の対象から除外される（旧措令
5の3⑪三・十）とともに，特別研究機関等に福島国際研究教育機構が追加されました（措令5の
3⑩一ハ）。

【適用時期】

　上記の改正は，個人が令和5年4月1日以後に支出する試験研究費の額について適用し，個
人が同日前に支出した試験研究費の額については従前どおりとされています（令5改正措令附
2②）。

━━━━ その他 ━━━━

1　支払調書等の提出方法の特例の改正

　調書等の提出義務者のうち電子情報処理組織（e-Tax等）又は光ディスク等による提出義務制
度の対象とならない者が，その調書等に記載すべき事項を記録した光ディスク等の提出をもって
調書等の書面による提出に代えるための承認等の事前手続が不要とされました（法228の4②，旧
令355①，旧規97の4⑥，措法42の2の2②，旧措令27の3①，旧措規19の16⑥，国外送金法4③，旧国
外送金令9①，9の5，旧国外送金規11⑥，11の5）。

【適用時期】

　上記の改正は，令和5年4月1日以後に提出すべき調書等について適用し，同日前に提出す
べき調書等については従前どおりとされています（令5改正法附9，37①，60①）。

2　高額な無申告に対する無申告加算税の割合の引上げ

　期限後申告書の提出若しくは決定があった場合又はその期限後申告書の提出若しくは決定が
あった後に修正申告書の提出若しくは更正があった場合において，加算後累積納付税額（その加
算後累積納付税額の計算の基礎となった事実のうちにその期限後申告書若しくは修正申告書の提出又は
更正若しくは決定前の税額（還付金の額に相当する税額を含む。）の計算の基礎とされていなかったこと
についてその納税者の責めに帰すべき事由がないと認められるものがあるときは，その事実に基づく税
額として一定の計算をした金額を控除した税額）が300万円を超えるときの無申告加算税の額は，加
算後累積納付税額を次に掲げる税額に区分してそれぞれの税額に次に定める割合（期限後申告書

又は修正申告書の提出が，調査による更正又は決定を予知してされたものでない場合は，その割合から5％を減じた割合。以下同じ。）を乗じて計算した金額の合計額から累積納付税額を次に掲げる税額に区分してそれぞれの税額に次に定める割合を乗じて計算した金額の合計額を控除した金額とされました（通法66③，通令27⑥）。

(1)　50万円以下の部分に相当する税額……15％

(2)　50万円を超え300万円以下の部分に相当する税額……20％

(3)　300万円を超える部分に相当する税額……30％

【適用時期】

　　上記の改正は，令和6年1月1日以後に法定申告期限が到来する国税について適用し，同日前に法定申告期限が到来した国税については従前どおりとされています（令5改正法附23③）。

3　資金決済に関する法律の改正に伴う所得税法等の整備

　資金決済に関する法律の一部改正に伴い，株式等の譲渡の対価の受領者の告知及び信託受益権の譲渡の対価の受領者の告知等について，次の措置が講じられました。

(1)　特定信託受益権の譲渡をした者がその譲渡の対価で金銭以外のものの支払を受ける場合には，告知を要しないこととされるとともに，その支払をする者等はその支払等に関する調書の提出を要しないこととされました（法224の3①，224の4）。

(2)　株式等の譲渡の対価の支払者等の範囲に，特定信託受益権の譲渡についてその売買等の媒介，取次ぎ又は代理の委託を受けた電子決済手段等取引業者が追加されるとともに，その支払をする者等について調書の提出を要しないこととされました（法224の3①四，224の4三）。

【適用時期】

　　上記の改正は，安定的かつ効率的な資金決済制度の構築を図るための資金決済に関する法律等の一部を改正する法律（令和4年法律第61号）の施行の日（令和5年6月1日）以後に行われる株式等の譲渡又は信託受益権の譲渡について適用し，同日前に行われた株式等の譲渡又は信託受益権の譲渡については従前どおりとされています（令5改正法附7）。

"""""""" **東日本大震災の被災者等に係る国税関係法律の臨時特例に関する法律** """"""""

被災代替資産等の特別償却制度の改正

　次の見直しが行われた上，その適用期限が令和8年3月31日まで3年延長されました。

(1)　東日本大震災に起因して事業の用に供することができなくなった建物等，構築物，機械装置又は船舶に代わるもので，その製作又は建設の後事業の用に供されたことのないものの取得等をしてその個人の事業の用に供した場合の措置の対象資産から，建物等，構築物及び機械装置が除外されました（旧東日本震災特例法11の2①表一・二，旧東日本震災特例令13の2①②一～三）。

(2)　建物等，構築物又は機械装置で，その製作又は建設の後事業の用に供されたことのないものの取得等をして，被災区域及びその被災区域である土地に付随して一体的に使用される土地の区域内においてその個人の事業の用に供した場合の措置は，その適用期限（令和5年3月31日）の到来をもって廃止されました（旧東日本震災特例法11の2①表一・二）。

令和5年分所得税の計算，申告，納税手続などの改正点のあらまし

【適用時期】

　上記の改正は，令和5年4月1日前に事業の用に供した建物，構築物又は機械及び装置については従来どおりとされています（令5改正法則61）。なお，個人が，令和5年4月1日から令和7年3月31日までの間に建物，構築物又は機械及び装置を事業の用に供した場合には，その建物，構築物又は機械及び装置については，従来どおり適用できる措置が講じられています（令5改正法附61，令5改正東日本震災特例令附2，令5改正東日本震災特例規附2）。ただし，対象となる建物，構築物又は機械及び装置は，やむを得ない事情により令和5年3月31日までに事業の用に供することができなかったことにつき証明がされたものとされています。この証明は，公共工事の工期の延長その他やむを得ない事情により同日までに，その建物，構築物又は機械及び装置を事業の用に供することができなかったことにつき，内閣総理大臣又は復興局長が確認をした書類を確定申告書に添付することにより証明することとされています。

━━━━ 新型コロナウイルス感染症等の影響に対応するための国税関係法律の臨時特例に関する法律 ━━━━

給付金等の非課税等の改正

　「支援給付金」について所得税を課さないこととされるとともに，その給付を受ける権利は，国税の滞納処分により差し押さえることができないこととされました（新型コロナ特例規2②二ト・チ）。

【適用時期】

　上記の改正は，令和3年分以後の所得税について適用し，令和2年分以前の所得税については従前どおりとされています（令4.12改正新型コロナ特例規附②）。

> # 令和4年度税制改正（令和4年法律第4号）のうち
> # 令和5年分の所得税から適用される主な事項

━━━━ **所得計算の通則** ━━━━

〔必要経費〕

家事関連費等の必要経費不算入等の改正

　隠蔽仮装行為に基づき確定申告書を提出し，又は確定申告書を提出していなかった場合には，これらの確定申告書に係る年分の不動産所得，事業所得，山林所得又は雑所得の総収入金額に係る売上原価の額及びその年における販売費，一般管理費その他これらの所得を生ずべき業務について生じた費用の額は，その保存する帳簿書類等によりこれらの額の基因となる取引が行われたこと及びその額が明らかである場合等に該当するその売上原価の額又は費用の額を除き，その者の各年分のこれらの所得の金額の計算上，必要経費に算入しないこととされました（法45③）。

— （十六） —

令和５年分所得税の計算，申告，納税手続などの改正点のあらまし

【適用時期】

　　上記の改正は，令和５年分以後の所得税について適用されます（令４改正法附５）。

::::::::::: **各種所得の計算** :::::::::::

〔配当所得〕

上場株式等に係る配当所得等の課税の特例の改正

(1)　内国法人から支払を受ける上場株式等の配当等で，その配当等の支払に係る基準日において
その支払を受ける居住者等とその者を判定の基礎となる株主として選定した場合に同族会社に
該当する法人が保有する株式等を合算してその発行済株式等の総数等に占める割合（下記(2)に
おいて「株式等保有割合」という。）が100分の３以上となるときにおけるその居住者等が支払を
受けるものが，総合課税の対象とされました（措法８の４①一）。

(2)　上場株式等の配当等の支払をする内国法人は，その配当等の支払に係る基準日においてその
株式等保有割合が100分の１以上となるその支払を受ける居住者等の氏名，個人番号その他の
事項を記載した「上場株式等の配当等の支払を受ける大口の個人株主に関する報告書」を，そ
の支払の確定した日から１月以内に，その内国法人の本店又は主たる事務所の所在地の所轄税
務署長に提出しなければならないこととされました（措法８の４⑨）。

【適用時期】

(1)　上記(1)の改正は，居住者等が令和５年10月１日以後に支払を受けるべき配当等について適
　　用し，居住者等が同日前に支払を受けるべき配当等については従前どおりとされています
　　（令４改正法附23①）。

(2)　上記(2)の改正は，内国法人が令和５年10月１日以後に支払うべき配当等について適用され
　　ます（令４改正法附23②）。

〔事業所得等〕

1　地方活力向上地域等において雇用者の数が増加した場合の所得税額の特別控除の改正

　　地方事業所基準雇用者数に係る措置について，次の見直しが行われました。

①　適用要件のうち「その個人の適用年の特定新規雇用者等数が２人以上であること」との要
　　件が廃止されました（旧措法10の５①一イ，旧措令５の６②，旧措規５の９①）。

②　特定新規雇用者数，移転型特定新規雇用者数，新規雇用者総数及び移転型新規雇用者総数
　　について，他の事業所において新たに雇用された者でその雇用された年の12月31日において
　　適用対象特定業務施設に勤務する者の数を含むこととされました（措法10の５③八〜十・
　　十三）。

③　税額控除限度額の計算の基礎となる非新規基準雇用者数が，無期雇用かつフルタイムの雇
　　用者の数に限ることとされました（措法10の５①二ロ）。

【適用時期】

　　上記の改正は，令和５年分以後の所得税について適用し，令和４年分以前の所得税について
は従前どおりとされています（令４改正法附25）。

令和5年分所得税の計算，申告，納税手続などの改正点のあらまし

2 給与等の支給額が増加した場合の所得税額の特別控除の改正

(1) 個人の新規雇用者給与等支給額が増加した場合に係る措置が改組され，青色申告書を提出する個人が，令和5年及び令和6年の各年において国内雇用者に対して給与等を支給する場合において，その年において継続雇用者給与等支給増加割合が3％以上であるときは，その個人のその年の控除対象雇用者給与等支給増加額（その年において，地方活力向上地域等において雇用者の数が増加した場合の所得税額の特別控除制度の適用を受ける場合には，その適用による控除を受ける金額の計算の基礎となった者に対する給与等の支給額を控除した残額）に15％（その年において次の要件を満たす場合にはそれぞれ次の割合を加算した割合とし，その年において次の要件の全てを満たす場合には次の割合を合計した割合を加算した割合とする。）を乗じて計算した金額の税額控除ができることとされました（措法10の5の4①）。

① 継続雇用者給与等支給増加割合が4％以上であること……10％

② その個人のその年分の事業所得の金額の計算上必要経費に算入される教育訓練費の額からその比較教育訓練費の額を控除した金額のその比較教育訓練費の額に対する割合が20％以上であること……5％

(2) 中小事業者の雇用者給与等支給額が増加した場合に係る措置について，次の見直しが行われた上，その適用期限が令和6年まで1年延長されました（措法10の5の4②）。

① 税額控除割合の上乗せ措置について，適用年において次の要件を満たす場合には，15％にそれぞれ次の割合を加算した割合を税額控除割合とし，その適用年において次の要件の全てを満たす場合には，15％に次の割合を合計した割合を加算した割合（すなわち40％）を税額控除割合とする措置とされました（措法10の5の4②）。

　イ 雇用者給与等支給増加割合が2.5％以上であること……15％

　ロ その中小事業者のその年分の事業所得の金額の計算上必要経費に算入される教育訓練費の額からその比較教育訓練費の額を控除した金額のその比較教育訓練費の額に対する割合が10％以上であること……10％

② 上記①ロの税額控除割合の上乗せの適用を受ける場合には，教育訓練費の明細を記載した書類の保存（改正前：確定申告書への添付）をしなければならないこととされました（措令5の6の4⑪）。

③ 上記1の②及び③の見直しに伴い，地方活力向上地域等において雇用者の数が増加した場合の所得税額の特別控除制度の適用を受ける場合の控除対象雇用者給与等支給増加額の調整計算の見直しが行われました（措令5の6の4④）。

【適用時期】

上記の改正は，令和5年分以後の所得税について適用し，令和4年分以前の所得税については従前どおりとされています（令4改正法附26）。

3 特定災害防止準備金制度の廃止

所要の経過措置が講じられた上，適用期限（令和4年3月31日）の到来をもって廃止されました（旧措法20）。

【適用時期】

上記の改正は，個人の令和4年分以前の所得税については従前どおりとされています（令4改

― (十八) ―

正法附29①）。また，令和4年12月31日において設置許可（廃棄物の処理及び清掃に関する法律第8条第1項又は第15条第1項の許可をいう。）を受けている個人の令和5年分以後の各年分の事業所得の金額の計算については従来どおり適用されます（令4改正法附29②）。

4　探鉱準備金制度の改正

対象となる鉱物から国外にある石炭，亜炭及びアスファルトが除外されました（措令14①）。

【適用時期】

上記の改正は，令和5年分以後の所得税について適用し，令和4年分以前の所得税については従前どおりとされています（令4改正措令附7①）。

5　農業経営基盤強化準備金制度の改正

対象となる個人が，認定農業者等のうち農業経営基盤強化促進法の地域計画の区域において農業を担う一定の者とされました（措法24の2①）。

【適用時期】

上記の改正は，農業経営基盤強化促進法等の一部を改正する法律（令和4年法律第56号）の施行の日（令和5年4月1日）から施行されます（令4改正法附1十一イ）。

〔譲渡所得等〕

1　特定土地区画整理事業等のために土地等を譲渡した場合の2,000万円特別控除の改正

(1)　農業経営基盤強化促進法の農用地利用規程の特例に係る措置が，同法の地域計画の特例に係る区域内にある農用地がその農用地の所有者等の申出に基づき農地中間管理機構（一定のものに限る。）に買い取られる場合の措置に改組されました（措法34②七）。

(2)　適用対象となる重要文化財，史跡，名勝又は天然記念物として指定された土地が地方独立行政法人に買い取られる場合におけるその地方独立行政法人の範囲が，博物館法に規定する公立博物館又は指定施設に該当する博物館又は植物園の設置及び管理を行うことを主たる目的とする地方独立行政法人とされました（措令22の7③）。

【適用時期】

(1)　上記(1)の改正は，個人の有する土地等が農業経営基盤強化促進法等の一部を改正する法律（令和4年法律第56号）の施行の日以後に買い取られる場合について適用し，個人の有する土地等が同日前に買い取られた場合については従前どおりとされています（令4改正法附32②）。

(2)　上記(2)の改正は，博物館法の一部を改正する法律（令和4年法律第24号）の施行の日（令和5年4月1日）から施行されます（令4改正措令附1七）。

2　特定住宅地造成事業等のために土地等を譲渡した場合の1,500万円特別控除の改正

適用対象となる農用地区域内にある農用地が農業経営基盤強化促進法の協議に基づき農地中間管理機構（一定のものに限る。）に買い取られる場合について，その農用地が同法に規定する地域計画の区域内にある場合に限定されました（措法34の2②二十五）。

【適用時期】

上記の改正は，個人の有する土地等が農業経営基盤強化促進法等の一部を改正する法律（令和4年法律第56号）の施行の日（令和5年4月1日）以後に買い取られる場合について適用し，個人の有する土地等が同日前に買い取られた場合については従前どおりとされています（令4

改正法附32⑤）。

3 特定住宅地造成事業等のために土地等を譲渡した場合の1,500万円特別控除の改正

適用対象となる農用地区域内にある農用地が農業経営基盤強化促進法の協議に基づき農地中間管理機構（一定のものに限る。）に買い取られる場合について，その農用地が同法に規定する地域計画の区域内にある場合に限定されました（措法34の2②二十五）。

【適用時期】

上記の改正は，個人の有する土地等が農業経営基盤強化促進法等の一部を改正する法律（令和4年法律第56号）の施行の日以後に買い取られる場合について適用し，個人の有する土地等が同日前に買い取られた場合については従前どおりとされています（令4改正法附32⑤）。

4 農地保有の合理化等のために農地等を譲渡した場合の800万円特別控除の改正

(1) 農業経営基盤強化促進法の農用地利用集積計画に係る措置が，農用地区域内にある土地等を農地中間管理事業の推進に関する法律の規定による公告があった同法の農用地利用集積等促進計画の定めるところにより譲渡した場合の措置に改組されました（措法34の3②二）。

(2) 適用対象となる農地中間管理機構（一定のものに限る。）に対し農用地区域内にある農地等を譲渡した場合から，上記(1)の農用地区域内にある土地等を農地中間管理事業の推進に関する法律の規定による公告があった同法の農用地利用集積等促進計画の定めるところにより譲渡した場合に該当する場合が除外されました（措令22の9）。

【適用時期】

上記の改正は，個人が農業経営基盤強化促進法等の一部を改正する法律（令和4年法律第56号）の施行の日（令和5年4月1日）以後に行う土地等の譲渡について適用し，個人が同日前に行った土地等の譲渡については従前どおりとされています（令4改正法附32⑦，令4改正措令附8①）。

━━━━━━ 税額の計算 ━━━━━━

〔税額控除〕

1 住宅借入金等を有する場合の所得税額の特別控除の改正

(1) 住宅借入金等に係る債権者は，「住宅取得資金に係る借入金の年末残高等証明書」の交付を要しないこととされました。これに伴い，確定申告書及び給与所得者の（特定増改築等）住宅借入金等特別控除申告書に添付すべき書類から「住宅取得資金に係る借入金の年末残高等証明書」が除かれました（措令26の2①，措規18の21⑧，18の23②）。

(2) 年末調整のための（特定増改築等）住宅借入金等特別控除証明書の記載事項に，その年の12月31日における住宅借入金等の金額を加えることとされました（措令26の2⑧二ロ）。

(3) 下記(4)の適用申請書の提出をした個人は，その旨を「（特定増改築等）住宅借入金等特別控除額の計算明細書」に記載することにより請負契約書等の写しの確定申告書への添付に代えることができることとされました。この場合において，税務署長は，必要があると認めるときは，その確定申告書を提出した者（以下「控除適用者」という。）に対し，その確定申告書に係る確定申告期限等の翌日から起算して5年を経過する日までの間，その写しの提示又は提出を求め

ることができることとされ，この求めがあったときは，その控除適用者は，その写しを提示し，又は提出しなければならないこととされました（措規18の21⑪⑫）。

(4) 令和5年1月1日以後に居住の用に供する家屋について，住宅ローン税額控除の適用を受けようとする個人は，住宅借入金等に係る一定の債権者に対して，当該個人の氏名及び住所，個人番号その他の一定の事項（以下「申請事項」という。）を記載した申請書（以下「適用申請書」という。）の提出（その適用申請書の提出に代えて行う電磁的方法によるその適用申請書に記載すべき事項の提供を含む。）をしなければならないこととされました（措法41の2の3①）。

(5) 適用申請書の提出を受けた債権者は，その適用申請書の提出を受けた日の属する年以後10年内の各年の10月31日（その適用申請書の提出を受けた日の属する年にあっては，その翌年1月31日）までに，申請事項及びその適用申請書の提出をした個人のその年の12月31日（その者が死亡した日の属する年にあっては，同日）における住宅借入金等の金額等を記載した「住宅取得資金に係る借入金等の年末残高等調書」を作成し，その債権者の本店又は主たる事務所の所在地の所轄税務署長に提出しなければならないこととされました。この場合において，その債権者は，その適用申請書につき帳簿を備え，その適用申請書の提出をした個人の各人別に，申請事項を記載し，又は記録しなければならないこととされました（措法41の2の3②）。

【適用時期】

(1) 上記(1)，(2)，(4)及び(5)の改正は，個人が令和5年1月1日以後に居住用家屋等をその者の居住の用に供する場合について適用されます（措法41の2の3①等）。

(2) 上記(3)の改正は，令和6年1月1日以後に令和5年分以後の所得税に係る確定申告書を提出する場合について適用し，同日前に確定申告書を提出した場合及び同日以後に令和4年分以前の所得税に係る確定申告書を提出する場合については従前どおりとされています（令4改正措規附5①）。

2 既存住宅の耐震改修をした場合の所得税額の特別控除の改正

税額控除額の計算要素である「耐震改修標準的費用額」の基礎となる工事内容に応じた単位当たりの標準的な費用の額について，近年の工事の実績等を踏まえた見直しを行うこととされました（平21.3国土交通告383）。

【適用時期】

上記の改正は，個人が令和5年1月1日以後に住宅耐震改修をする場合について適用し，個人が同日前に住宅耐震改修をした場合については従前どおりとされています（令4.6国土交通告726附則）。

3 既存住宅に係る特定の改修工事をした場合の所得税額の特別控除の改正

税額控除額の計算要素である「標準的費用額」の基礎となる工事内容に応じた単位当たりの標準的な費用の額について，近年の工事の実績等を踏まえた見直しを行うこととされました（平21.3経済産業・国土交通告4，平25.3経済産業・国土交通告5，平29.3国土交通告280）。

【適用時期】

上記の改正は，特定の改修工事をした居住用の家屋を，令和5年1月1日以後にその者の居住の用に供する場合について適用し，同日前にその者の居住の用に供した場合については従前どおりとされています（令4.6国土交通告727附則②，令4.6経済産業・国土交通告4附則②，令

令和５年分所得税の計算，申告，納税手続などの改正点のあらまし

4.6経済産業・国土交通告５附則②，令4.6国土交通告725附則②）。

############## その他 ##############

1　個人番号カードを利用したe-Taxの利便性の向上

　　電子情報処理組織を使用する方法（e-Tax）により申請等を行う際に，個人番号カードを用いて電子情報処理組織にログインする場合において，あらかじめその申請等を行う者が本人であることを確認するための措置として国税庁長官が定めるものがとられているときは，e-Taxの識別符号（ID）及び暗証符号（パスワード）を入力すること並びにその申請等の情報に電子署名を行うこと及びその電子署名に係る電子証明書を送信することを要しないこととされました（国税オンライン化省令５①一，令4.3国税庁告23）。

【適用時期】

　　上記の改正は，令和５年１月１日から施行されます（令４改正国税オンライン化省令附１）。

2　記帳水準の向上に資するための過少申告加算税等の加重措置の整備

　　納税者が，一定の帳簿（その電磁的記録を含む。）に記載すべき事項等に関しその修正申告等又は期限後申告等があった時前に，国税庁，国税局又は税務署の当該職員からその帳簿の提示又は提出を求められ，かつ，次に掲げる場合のいずれかに該当するとき（その納税者の責めに帰すべき事由がない場合を除く。）の過少申告加算税の額又は無申告加算税の額は，通常課される過少申告加算税の額又は無申告加算税の額にその修正申告等又は期限後申告等に係る納付すべき税額（その帳簿に記載すべき事項等に係るもの以外の事実に基づく税額を控除した税額に限る。）の10％（次の②に掲げる場合に該当する場合には，５％）に相当する金額を加算した金額とすることとされました（通法65④，66④，通令27①⑥，通規11の２）。

①　当該職員にその帳簿の提示若しくは提出をしなかった場合又は当該職員にその提示若しくは提出がされたその帳簿に記載すべき事項等のうち，売上げの記載等が著しく不十分である場合として一定の場合

②　当該職員にその提示又は提出がされたその帳簿に記載すべき事項等のうち，売上げの記載等が不十分である場合として一定の場合（上記①に掲げる場合を除く。）。

【適用時期】

　　上記の改正は，令和６年１月１日以後に法定申告期限等が到来する国税について適用されます（令４改正法附20②）。

3　修正申告書等の記載事項の整備

　　次に掲げる事項については，修正申告書又は更正請求書への記載を要しないこととされました（通法19④，23③）。

①　申告前の課税標準等

②　更正前の課税標準等

③　「申告前の税額等」及び「更正前の税額等」のうち，納付すべき税額の計算上控除する金額又は還付金の額の計算の基礎となる税額

— （二十二） —

令和5年分所得税の計算，申告，納税手続などの改正点のあらまし

【適用時期】

上記の改正は，令和4年12月31日以後に課税期間が終了する国税（課税期間のない国税については，同日後にその納税義務が成立する当該国税）に係る修正申告書又は更正請求書について適用し，同日前に課税期間が終了した国税（課税期間のない国税については，同日以前にその納税義務が成立した当該国税）に係る修正申告書又は更正請求書については従前どおりとされています（令4改正法附20①）。

4 財産債務調書の提出義務者の見直し

従前の提出義務者のほか，居住者（従前の提出義務者を除く。）で，その年の12月31日においてその価額の合計額が10億円以上の財産を有するものは，財産債務調書を，その年の翌年の6月30日までに，所轄税務署長に提出しなければならないこととされました（国外送金法6の2③④）。

【適用時期】

上記の改正は，令和5年分以後の財産債務調書について適用されます（令4改正法附72④）。

5 国外財産調書及び財産債務調書の提出期限の見直し

国外財産調書及び財産債務調書の提出期限が，その年の翌年の6月30日（改正前：その年の翌年の3月15日）に後倒しされました（国外送金法5①，6の2①）。

【適用時期】

上記の改正は，令和5年分以後の国外財産調書又は財産債務調書について適用し，令和4年分以前の国外財産調書又は財産債務調書については従前どおりとされています（令4改正法附72①③）。

6 提出期限後に国外財産調書又は財産債務調書が提出された場合の宥恕措置の見直し

(1) 提出期限後に国外財産調書が提出された場合の宥恕措置について，その国外財産調書の提出が，国外財産に係る所得税についての調査通知前にされたものである場合に限り，適用することとされました（国外送金法6⑥）。

(2) 提出期限後に財産債務調書が提出された場合の宥恕措置について，その財産債務調書の提出が，その財産債務に係る所得税についての調査通知前にされたものである場合に限り，適用することとされました（国外送金法6の3③）。

【適用時期】

上記の改正は，国外財産調書又は財産債務調書が令和6年1月1日以後に提出される場合について適用し，国外財産調書又は財産債務調書が同日前に提出された場合については従前どおりとされています（令4改正法附72②）。

7 財産債務調書の提出がある場合の過少申告加算税等の軽減措置等の整備

上記4の改正に伴い，財産債務調書の提出がある場合の過少申告加算税等の軽減措置の適用の判定の基礎となる財産債務調書に，提出期限内に提出された財産債務調書で上記4により提出すべきものが追加されるとともに，財産債務調書の提出がない場合等の過少申告加算税等の加重措置について，所要の整備が行われました（国外送金法6の3①②）。

【適用時期】

上記の改正は，令和5年分以後の所得税について適用し，令和4年分以前の所得税については従前どおりとされています（令4改正法附1三ホ，72⑤）。

— （二十三） —

令和5年分所得税の計算，申告，納税手続などの改正点のあらまし

令和3年度税制改正（令和3年法律第11号）のうち 令和5年分の所得税から適用される主な事項

━━━━━━ その他 ━━━━━━

税務署長等が行う処分通知等の改正

電子情報処理組織を使用する方法（e-Tax）により行うことができる処分通知等の範囲に所得税の予定納税額等の通知（予定納税額の減額承認申請に対する処分に係る通知を含む。）が追加されました（令3.3国税庁告15）。

【適用時期】

上記の改正は令和5年1月1日以後に行う処分通知等について適用されます（令3.3国税庁告15附①）。

令和2年度税制改正（令和2年法律第8号）のうち 令和5年分の所得税から適用される主な事項

━━━━━━ 課税標準の計算 ━━━━━━

〔所得控除〕

扶養控除の改正

日本国外に居住する親族に係る扶養控除について，次の措置が講じられました。

(1) その対象となる親族から，年齢30歳以上70歳未満の非居住者であって次に掲げる者のいずれにも該当しないものが除外されました（法2①三十四の二）。
① 留学により国内に住所及び居所を有しなくなった者
② 障害者
③ その適用を受ける居住者からその年において生活費又は教育費に充てるための支払を38万円以上受けている者

(2) 給与等及び公的年金等に係る源泉徴収税額の計算において，年齢30歳以上70歳未満の非居住者である親族が上記(1)①に掲げる者に該当するものとして扶養控除に相当する控除の適用を受ける居住者は，その非居住者である親族が上記(1)①に掲げる者に該当する旨を証する書類等を提出等しなければならないこととするほか，給与所得者の扶養控除等申告書等の記載事項について所要の整備が行われました（法194①七，④，195①四，④，203の6①六，③）。

(3) 給与等の年末調整において，年齢30歳以上70歳未満の非居住者である親族が上記(1)③に掲げる者に該当するものとして扶養控除に相当する控除の適用を受けようとする居住者は，その非

— （二十四） —

居住者である親族が上記(1)③に掲げる者に該当することを明らかにする書類を提出等しなければならないこととされました（法194⑤⑥）。

【適用時期】

上記の改正は，令和5年分以後の所得税又は同年1月1日以後に支払を受けるべき給与等若しくは公的年金等について適用し，令和4年分以前の所得税又は同日前に支払を受けるべき給与等若しくは公的年金等については従前どおりとされています（令2改正法附3，7①，8⑧，9③）。

令和元年度改正（平成31年法律第6号）のうち令和5年分の所得税から適用される主な事項

各種所得の計算

〔譲渡所得等〕

非課税口座内の少額上場株式等に係る配当所得及び譲渡所得等の非課税措置等の改正

(1) 非課税口座内の少額上場株式等に係る配当所得及び譲渡所得等の非課税措置（NISA及びつみたてNISA）の改正

居住者等が非課税口座を開設することができる年齢要件がその年1月1日において18歳以上（改正前：20歳以上）に引き下げられました（措法37の14⑤一）。

(2) 未成年者口座内の少額上場株式等に係る配当所得及び譲渡所得等の非課税措置（ジュニアNISA）の改正

未成年者口座の開設並びに非課税管理勘定及び継続管理勘定の設定をすることができる年齢要件等がその年1月1日において18歳未満（改正前：20歳未満）に引き下げられました（措法37の14の2⑤一・三・四）。

【適用時期】

(1) 上記(1)の改正は，令和5年1月1日以後に開設される非課税口座について適用し，同日前に開設された非課税口座については従前どおりとされています（平31改正法附37①）。

(2) 上記(2)の改正は，令和5年1月1日以後に開設される未成年者口座及び同日以後に設けられる非課税管理勘定について適用し，同日前に開設された未成年者口座及び同日前に設けられた非課税管理勘定については従前どおりとされています（平31改正法附38①）。

令和５年分所得税の計算，申告，納税手続などの改正点のあらまし

平成30年度改正のうち令和５年分の
所得税から適用される主な事項

〓〓〓〓〓〓 **所得計算の通則** 〓〓〓〓〓〓

資産に係る控除対象外消費税額等の必要経費算入

　控除対象外消費税額等の計算において，課税仕入れ等が軽減対象課税資産の譲渡等に係るものである場合等の課税仕入れ等の税額に係る地方消費税の額に相当する金額は，地方消費税を税率が1.76％の消費税であると仮定して消費税に関する法令の規定の例により計算した金額とされました（令182の２⑥）。

【適用時期】

　上記の改正は，個人が令和５年10月１日以後に行う課税仕入れ及び個人が同日以後に保税地域から引き取る課税貨物について適用し，個人が同日前に行った課税仕入れ及び個人が同日前に保税地域から引き取った課税貨物については従前どおりとされています（平30改正所令附11①）。

令和５年度税制改正（令和５年法律第３号）のうち
令和６年分等の所得税から適用される主な事項

〓〓〓〓〓〓 **各種所得の計算** 〓〓〓〓〓〓

〔事業所得等〕

1　暗号資産の評価の方法の改正

　暗号資産信用取引について，他の者から信用の供与を受けて行う暗号資産の売買をいうこととされました（令119の７）。

【適用時期】

　上記の改正は，令和６年分以後の所得税について適用し，令和５年分以前の所得税については従前どおりとされています（令５改正所令附３）。

〔譲渡所得等〕

1　空き家に係る居住用財産の譲渡所得の3,000万円特別控除の特例の改正

　適用期限が令和９年12月31日まで４年延長されるとともに，次の措置が講じられました（措法35③）。

(1)　適用対象に，相続若しくは遺贈により取得をした被相続人居住用家屋の譲渡又はその被相続人居住用家屋とともにするその相続若しくは遺贈により取得をした被相続人居住用家屋の敷地

― （二十六）―

等の譲渡をした場合（これらの譲渡の時からこれらの譲渡の日の属する年の翌年２月15日までの間に，次に掲げる場合に該当することとなったときに限る。）を加えることとされました（措法35③）。

① その被相続人居住用家屋が耐震基準に適合することとなった場合

② その被相続人居住用家屋の全部の取壊し若しくは除却がされ，又はその全部が滅失をした場合

(2) 相続又は遺贈による被相続人居住用家屋及び被相続人居住用家屋の敷地等の取得をした相続人の数が３人以上である場合における特別控除額が2,000万円とされました（措法35④）。

【適用時期】

上記の改正は，個人が令和６年１月１日以後に行う対象譲渡について適用し，個人が同日前に行った対象譲渡については従前どおりとされています（令５改正法附32③）。

2 特定の事業用資産の買換えの場合の譲渡所得の課税の特例等の改正

本特例（同一年内に譲渡資産の譲渡及び買換資産の取得をする場合に限る。）の適用要件に，納税地の所轄税務署長に本特例の適用を受ける旨の届出をすることが追加されました（措法37①）。

【適用時期】

上記の改正は，個人が令和６年４月１日以後に譲渡資産の譲渡をし，かつ，同日以後に買換資産の取得をする場合における譲渡資産の譲渡について適用し，個人が同日前に譲渡資産の譲渡をした場合及び同日以後に譲渡資産の譲渡をし，かつ，同日前に買換資産の取得をした場合におけるこれらの譲渡については従前どおりとされています（令５改正法附32⑦）。

3 非課税口座内の少額上場株式等に係る配当所得及び譲渡所得等の非課税措置の改正

(1) 非課税累積投資契約に係る非課税措置（つみたてNISA）の勘定設定期間等が令和５年12月31日までとされました（措法37の14⑤一ロ・五イ）。

(2) 特定非課税累積投資契約に係る非課税措置（新NISA）が改組され，勘定設定期間及び非課税期間の期限が廃止されるとともに，特定累積投資勘定（つみたて投資枠）にその勘定が設けられた日から同日の属する年の12月31日までの期間内に受け入れられる上場株式等の取得対価の額の合計額が120万円までに，特定非課税管理勘定（成長投資枠）にその勘定が設けられた日から同日の属する年の12月31日までに受け入れられる上場株式等の取得対価の額の合計額が240万円までに拡充されました。また，特定累積投資勘定及び特定非課税管理勘定に受け入れられる上場株式等の取得対価の額の合計額等は1,800万円までと，特定非課税管理勘定に受け入れられる上場株式等の取得対価の額の合計額等は1,200万円までとされました（措法９の８三・四，37の14①三・四，⑤六イ・ハ，七イ）。

(3) 非課税口座年間取引報告書の記載事項が簡素化されました（措規18の15の９②，別表第７(3)）。

【適用時期】

(1) 上記(1)及び(2)の改正は，令和５年４月１日から施行されています（令５改正措法附１，令５改正措令附１，令５改正措規附１）。

(2) 上記(3)の改正は，令和６年以後の各年において金融商品取引業者等に開設されている非課税口座に係る報告書等について適用し，令和５年以前の各年において金融商品取引業者等に開設されていた非課税口座に係る報告書等については従前どおりとされています（令５改正措規附２③④）。

4 未成年者口座内の少額上場株式等に係る配当所得及び譲渡所得等の非課税措置の改正

未成年者口座が開設されている金融商品取引業者等の営業所の長は，非課税管理勘定が設けられた日の属する年の1月1日から5年を経過する日の翌日においてその未成年者口座に継続管理勘定が設けられる場合には，その継続管理勘定に移管しないことを依頼する旨の書類に記載された未成年者口座内上場株式等を除き，同日にその非課税管理勘定に係る未成年者口座内上場株式等をその継続管理勘定に移管することとされました（措令25の13の8④⑫二・三，措規18の15の10⑨）。

【適用時期】

上記の改正は，令和5年4月1日から施行されています（令5改正措令附1，令5改正措規附1）。

━━━━━━━ 税額の計算 ━━━━━━━

〔税額控除〕

試験研究を行った場合の所得税額の特別控除制度の改正

(1) 新たな役務の開発に係る試験研究費の範囲の見直しが行われました（措令5の3⑥）。

(2) 一般試験研究費の額に係る特別税額控除制度について次の見直しが行われました。

① 税額控除割合が次の区分に応じそれぞれ次の割合（上限：10%）とされました（措法10①）。

イ ロの場合以外の場合……11.5%から，12%から増減試験研究費割合を減算した割合に0.25を乗じて計算した割合を減算した割合（下限：1%）

ロ その年が開業年である場合又は比較試験研究費の額が0である場合……8.5%

② 令和8年までの各年分については，税額控除割合は，上記①にかかわらず，次の区分に応じそれぞれ次の割合（上限：14%）とされました（措法10②一）。

イ 増減試験研究費割合が12%を超える場合（ハの場合を除く。）……11.5%に，その増減試験研究費割合から12%を控除した割合に0.375を乗じて計算した割合を加算した割合

ロ 増減試験研究費割合が12%以下である場合（ハの場合を除く。）……11.5%から，12%からその増減試験研究費割合を減算した割合に0.25を乗じて計算した割合を減算した割合（下限：1%）

ハ その年が開業年である場合又は比較試験研究費の額が0である場合……8.5%

③ 令和6年から令和8年までの各年分のうち次の年分（開業年の年分及び比較試験研究費の額が0である年分を除く。）については，税額控除額の上限に，その年分の調整前事業所得税額に次の年分の区分に応じそれぞれ次の割合（イの年分及び試験研究費割合が10%を超える年分のいずれにも該当する年分にあっては，イの割合と下記④の税額控除額の上限の特例により計算した割合とのうちいずれか高い割合）を乗じて計算した金額を加算することとされました（措法10③）。

イ 増減試験研究費割合が4%を超える年分……その増減試験研究費割合から4%を控除した割合に0.625を乗じて計算した割合（上限：5%）

ロ 増減試験研究費割合が0に満たない場合のその満たない部分の割合が4%を超える年分

（試験研究費割合が10％を超える年分を除く。）……0から，その満たない部分の割合から4％を控除した割合に0.625を乗じて計算した割合（上限：5％）を減算した割合

④　試験研究費割合が10％を超える場合における税額控除割合の特例及び税額控除額の上限の特例の適用期限が，令和8年まで3年延長されました（措法10②③）。

⑤　基準年比売上金額減少割合が2％以上の場合の税額控除額の上限の特例は，その適用期限（令和5年末）の到来をもって廃止されました（旧措法10③二）。

(3)　中小企業技術基盤強化税制について次の見直しが行われました。

①　中小企業者等税額控除限度額の特例のうち増減試験研究費割合が9.4％を超える場合の特例について，適用要件となる増減試験研究費割合が9.4％超から12％超に引き上げられ，その逓増率が0.35から0.375に引き上げられた上，その適用期限が令和8年まで3年延長されました（措法10⑤）。

②　増減試験研究費割合が9.4％を超える場合の税額控除額の上限の特例について，増減試験研究費割合が12％を超える場合の税額控除額の上限の特例とされた上，その適用期限が令和8年まで3年延長されました（措法10⑥）。

③　試験研究費割合が10％を超える場合の税額控除額の上限の特例の適用期限が，令和8年まで3年延長されました（措法10⑥）。

④　基準年比売上金額減少割合が2％以上の場合の税額控除額の上限の特例は，その適用期限（令和5年末）の到来をもって廃止されました（旧措法10⑥三）。

(4)　特別試験研究費の額に係る特別税額控除制度について，対象となる試験研究に高度専門知識等を有する者に対して人件費を支出して行う試験研究が追加され，その税額控除割合が20％とされました（措法10⑧七，措令5の3⑩十五）。

【適用時期】

　上記の改正は，令和6年分以後の所得税について適用し，令和5年分以前の所得税については従前どおりとされています（令5改正法附25，令5改正措令附2①）。

━━━━━━━━━　その他　━━━━━━━━━

資金決済に関する法律の改正に伴う所得税法等の整備

　電子決済手段等取引業者は，その顧客からの依頼により国外電子決済手段移転等（その国外電子決済手段移転等をした電子決済手段の価額が100万円以下のものを除く。）をしたときは，その国外電子決済手段移転等ごとに，その顧客の氏名又は名称，住所及び個人番号又は法人番号，その国外電子決済手段移転等をした電子決済手段の種類その他の事項を記載した国外電子決済手段移転等調書を，その国外電子決済手段移転等をした日の属する月の翌月末日までに，その国外電子決済手段移転等を行った電子決済手段等取引業者の営業所等の所在地の所轄税務署長に提出しなければならないこととされました（国外送金法4の5①）。

【適用時期】

　上記の改正は，令和6年1月1日以後に電子決済手段等取引業者の営業所等の長に依頼する国外電子決済手段移転等について適用されます（令5改正法附60②）。

令和４年度税制改正（令和４年法律第11号）のうち令和６年分の所得税から適用される主な事項

〰〰〰〰〰 非課税所得等 〰〰〰〰〰

〔非課税所得〕

障害者等の少額預金の利子所得等の非課税措置の改正

　電子情報処理組織（e-Tax）を使用する方法により障害者等の少額預金の利子所得等の非課税措置の次に掲げる書類を提出する場合のファイル形式（改正前：PDF形式）が，XML形式又はCSV形式とされました（平30.4国税庁告14①二）。

(1)　非課税貯蓄申告書

(2)　非課税貯蓄限度額変更申告書

(3)　非課税貯蓄に関する異動申告書

(4)　金融機関等において事業譲渡等があった場合の申告書

(5)　非課税貯蓄廃止申告書

(6)　非課税貯蓄みなし廃止通知書

(7)　非課税貯蓄者死亡通知書

(8)　金融機関の営業所等の届出書

(注)　障害者等の少額公債の非課税措置（措法４）についても同様の改正が行われています。

【適用時期】

　上記の改正は，令和６年１月１日から施行されます（令4.3国税庁告18附①ただし書）。

令和２年度税制改正（令和２年法律第８号）のうち令和６年分の所得税から適用される主な事項

〰〰〰〰〰 各種所得の計算 〰〰〰〰〰

〔譲渡所得等〕

未成年者口座内の少額上場株式等に係る配当所得及び譲渡所得等の非課税措置（ジュニアNISA）の改正

　未成年者口座又は課税未成年者口座内の上場株式等又は預貯金等をこれらの口座から払い出した場合には，払出しによる未成年者口座の廃止の際，未成年者口座内の上場株式等の譲渡があったものとして，本非課税措置を適用し，居住者等はその払出し時の金額をもってその上場株式等と同一銘柄の株式等を取得したものとみなすこととされました。この場合において，未成年者口座の廃止までの間の未成年者口座内の上場株式等の譲渡等及びその間に支払を受けるべき未成年

者口座内の上場株式等の配当等については，源泉徴収を行わないこととされました（措法9の9②，37の14の2④三，⑥⑧）。

【適用時期】

上記の改正は，令和5年12月31日までの払出しについては従前どおりとされています（措法9の9②，37の14の2④三，⑥⑧）。

令和元年度改正（平成31年法律第6号）のうち 令和6年分の所得税から適用される主な事項

〰〰〰 **所得計算の通則** 〰〰〰

家事関連費等の必要経費不算入等の改正

居住者が納付する森林環境税及び森林環境税に係る延滞金の額は，必要経費に算入しないこととされました（法45①三の二）。

【適用時期】

上記の改正は，個人が森林環境税及び森林環境譲与税に関する法律附則第1条ただし書に規定する規定の施行の日（令和6年1月1日）以後に納付する森林環境税及び森林環境税に係る延滞金について適用されます（平31改正法附2）。

令和5年度税制改正（令和5年法律第3号）のうち 令和7年分等の所得税から適用される主な事項

〰〰〰 **各種所得の計算** 〰〰〰

〔事業所得等〕

特定事業継続力強化設備等の特別償却制度の改正

令和7年4月1日以後に取得等をした特定事業継続力強化設備等の特別償却割合が，16％（改正前：18％（令和5年4月1日前に取得等をしたものについては，20％））に引き下げられました（措法11の3①）。

〰〰〰 **税額の計算** 〰〰〰

特定の基準所得金額の課税の特例の創設

個人でその者のその年分の基準所得金額が3億3,000万円を超えるものについては，その超え

る部分の金額の22.5％相当額からその年分の基準所得税額を控除した金額に相当する所得税を課することとされました（措法41の19）。

【適用時期】

　上記の特例は，令和7年分以後の所得税について適用されます（令5改正法附36）。

> ## 令和5年度税制改正（令和5年法律第3号）のうち
> ## 令和9年分等の所得税から適用される主な事項

▨▨▨▨▨ **各種所得の計算** ▨▨▨▨▨

〔一時所得〕

非居住者のカジノ行為の勝金に係る一時所得の非課税制度の創設

　令和9年1月1日から令和13年12月31日までの間において非居住者（次に掲げる者のいずれかに該当するものを除く。）につき生ずるカジノ行為の勝金に係る一時所得については，所得税を課さないこととされました（措法41の9の2）。

(1)　特定複合観光施設区域整備法の規定によりカジノ行為を行ってはならないこととされている者

(2)　特定複合観光施設区域整備法の規定により入場料等を賦課するものとされている者

(注)　上記の「カジノ行為の勝金に係る一時所得」は，カジノ行為（次に掲げるものを除く。）の勝金に係る一時所得に限られます。

　　①　カジノ事業の免許の対象となるカジノ行為以外のカジノ行為

　　②　設置運営事業の停止の命令等に違反して行われたカジノ行為

▨▨▨▨▨ **その他** ▨▨▨▨▨

源泉徴収票の提出方法の改正

　給与支払者又は公的年金等支払者が，給与所得の源泉徴収票又は公的年金等の源泉徴収票に記載すべき一定の事項が記載された給与支払報告書又は公的年金等支払報告書を市区町村の長に提出した場合には，これらの報告書に記載された給与等又は公的年金等については，その給与支払者又は公的年金等支払者は，それぞれ給与所得の源泉徴収票又は公的年金等の源泉徴収票の税務署長への提出をしたものとみなすこととされました（法226⑥）。

【適用時期】

　上記の改正は，令和9年1月1日以後に提出すべき源泉徴収票について適用されます（令5改正法附8）。

非　課　税　所　得

非
課
税

　所得税は，個人の１年間に生じた全ての所得に対して課税することとされていますが，所得のうちには，政策上又は課税技術上の見地から所得税を課さないこととされているものがあります。これを非課税所得といいます。非課税所得は，申告，申請などの手続をするまでもなく，当然に課税所得から除外され，所得税が課税されません。

　なお，非課税所得については資産の譲渡による損失が生じても，その損失はなかったものとみなされます（法９②）。

所得税法の規定により非課税とされるもの

　当座預金の利子　当座預金の利子（年１％を超える利子を付される当座預金の利子を除く。）（法９①一，令18）

　子供銀行の預貯金等の利子等　小学校，中学校，義務教育学校若しくは高等学校等の児童又は生徒が，その学校の長の指導を受けてその児童又は生徒の代表者の名義で預入した預貯金等の利子等（法９①二，令19，規２①）

　傷病賜金，遺族恩給，遺族年金等　恩給，年金その他これらに準ずる給付で，次に掲げるもの（法９①三，令20）

(1)　公務のために重度障害となった人に支給される増加恩給（併給される普通恩給を含む。）及び傷病賜金その他公務上又は業務上の事由による負傷又は疾病に基因して受ける休業補償，障害補償等の給付

(2)　遺族の受ける恩給及び年金で死亡した人の勤務に基因して支給されるもの

(3)　条例の規定により地方公共団体が精神又は身体に障害のある人のために実施する共済制度に基づいて受ける給付

　（注）　この共済制度は，地方公共団体がその条例で心身障害者を扶養する人を加入者とし，その加入者が地方公共団体に掛金を納付し，その地方公共団体が心身障害者の扶養のための給付金を定期に支給することを定めている制度で一定の条件に該当するものをいいます（令20②）。

　給与所得者の旅費　給与所得者が職務上又は転任に伴う転居等のためにする旅行に必要な支出に充てるために支給される金品（鉄道運賃，船賃，宿泊料，移転料等）で，その旅行について通常必要と認められるもの（法９①四，基通９―３）

　非常勤役員等の出勤費用　常時勤務することを要しない次に掲げるような人が，その勤務する場所に出勤するために行う旅行に必要な運賃，宿泊料等の支出に充てるものとして支給される金

— 1 —

品で，その支給について社会通念上合理的な理由があると認められる場合に支給されるものについては，その支給される金品のうち，その出勤のために直接必要であると認められる部分に限り，給与所得者の旅費に準じて課税しない取扱いになっています（基通9－5）。

(1) 国，地方公共団体の議員，委員，顧問又は参与

(2) 会社その他の団体の役員，顧問，相談役又は参与

給与所得者の通勤手当　給与所得者が通常の給与に加算して受ける通勤手当のうち，運賃，時間，距離などの事情に照らし最も経済的，かつ，合理的（新幹線通勤を含む。）と認められる次に掲げる金額に相当する部分（法9①五，令20の2，基通9－6の3）

(1) 通勤のために交通機関又は有料道路を利用し，かつ，その運賃又は料金を負担することを常例とする人（(4)に該当する人を除く。）が受ける通勤手当で通常の通勤の経路及び方法による運賃などの額（1月当たりの金額が150,000円を超えるときは，1月当たり150,000円）

(2) 通勤のために自動車その他の交通用具を使用する人（その通勤距離が片道2キロメートル未満の人及び(4)に該当する人を除く。）が受ける通勤手当で次に掲げる金額

イ	その通勤の距離が片道10キロメートル未満である場合	1月当たり 4,200円
ロ	その通勤の距離が片道10キロメートル以上15キロメートル未満である場合	1月当たり 7,100円
ハ	その通勤の距離が片道15キロメートル以上25キロメートル未満である場合	1月当たり12,900円
ニ	その通勤の距離が片道25キロメートル以上35キロメートル未満である場合	1月当たり18,700円
ホ	その通勤の距離が片道35キロメートル以上45キロメートル未満である場合	1月当たり24,400円
ヘ	その通勤の距離が片道45キロメートル以上55キロメートル未満である場合	1月当たり28,000円
ト	その通勤の距離が片道55キロメートル以上である場合	1月当たり31,600円

(3) 通勤のために交通機関を利用する人（(1)及び(4)に該当する人を除く。）が受ける通勤用定期乗車券で，通常の通勤の経路及び方法による定期乗車券の価額（1月当たりの金額が150,000円を超えるときは，1月当たり150,000円）

(4) 通勤のため交通機関又は有料道路を利用するほか，併せて自転車その他の交通用具を使用することを常例とする人（交通用具を使用する距離が片道2キロメートル未満の人を除く。）が受ける通勤手当又は通勤用定期乗車券で，通常の通勤の経路及び方法による運賃等の額又は定期乗車券の価額とその交通用具を使用する距離につき(2)のイからトまでに定める金額との合計額（1月当たりの金額が150,000円を超えるときは，1月当たり150,000円）

給与所得者の職務上必要な現物給与等　給与所得者が雇用主から支給される金銭以外の物又は経済的な利益で，その職務の性質上欠くことのできない次に掲げるもの（法9①六，令21）

(1) 船員が船員法第80条第1項の規定によって支給される食料その他法令によって無料で支給される食料

(2) 守衛等職務の性質上制服の着用が必要な給与所得者が，その使用者から支給される制服その他の身回品及びその雇用主から制服その他の身回品の貸与を受けることによる利益

(3) 国家公務員宿舎法第12条の規定によって無料で宿舎の貸与を受けることによる利益，その他給

—2—

非課税所得

与所得者でその職務の遂行上やむを得ない必要に基づいて雇用主の指定した場所に居住しなければならない人が，その場所に居住するために家屋の貸与を受けることによる利益

国外勤務者の在外手当 居住者である人が国外で勤務する場合に，国内で勤務した場合に受ける給与に加算して支給される在勤手当などの特別の手当で，勤務地の物価，生活水準及び生活環境並びに勤務地と日本との間の為替相場などの関係から，国内で勤務した場合と比較して利益を受けると認められない部分の金額（法9①七，令22）

外国政府，国際機関等に勤務する職員の給与所得 外国政府，外国の地方公共団体又は財務大臣の指定する国際機関に勤務する人で一定の要件（日本の国籍を有せず，かつ，日本国との平和条約に基づき日本の国籍を離脱した者等の出入国管理に関する特例法の規定による永住の許可を受けていないことなど）を備えたものが，その勤務によって受ける俸給，給料，賃金，歳費，賞与及びこれらの性質を有する給与（法9①八，令23，24，規3）

　（注）　外国政府又は外国の地方公共団体に勤務する人が受ける給与等については，その外国がその国で勤務する日本の国家公務員又は地方公務員で同様の要件を備えた者が受ける給与等に対し所得税に相当する税を課税しない場合に限り，相互主義によって課税しないこととしています。

○職員の給与について所得税を課さない国際機関を指定する等の件

〔昭47.12.8
大蔵省告示152号〕

　　所得税法施行令第23条第1項の規定に基づき，職員の給与について所得税を課さない国際機関を次のように指定し，昭和47年11月1日から適用し，所得税法施行規則第4条の9の規定に基づき，職員の給与について所得税を課さない国際機関を指定する件（昭和38年6月大蔵省告示第173号）は，同日から廃止する。
　　犯罪の防止及び犯罪者の処遇に関するアジア及び極東研修所
　　東南アジア貿易投資観光促進センター

生活用動産の譲渡による所得 納税者本人又はその配偶者その他の親族がその生活の用に供する家具，じゅう器，衣服その他の生活用動産（生活に通常必要な動産に限る。）を売却した場合の所得（法9①九，令25）

　（注）　ただし，生活に通常必要な動産であっても，次に掲げるもの（1個又は1組の価額が30万円を超えるものに限る。）の譲渡による所得は，課税されます（令25）。
　　(1)　貴石，半貴石，貴金属，真珠及びこれらの製品，べっこう製品，さんご製品，こはく製品，ぞうげ製品並びに七宝製品
　　(2)　書画，こっとう及び美術工芸品

強制換価手続による資産の譲渡による所得 資力を喪失して債務を弁済することが著しく困難である場合における滞納処分，強制執行，担保権の実行としての競売，企業担保権の実行手続や破産手続などの強制換価手続による資産の譲渡による所得及び強制換価手続の執行が避けられないと認められる場合における資産の譲渡による所得で，その譲渡に係る対価がその債務の弁済に充てられたもの（法9①十，令26）

非 課 税 所 得

（注）　ただし，棚卸資産などの譲渡その他営利を目的として継続的に行われる資産の譲渡による所得に該当するものは，課税されます（基通9―12の3）。

オープン型証券投資信託の特別分配金　オープン型証券投資信託の収益の分配のうち，信託財産の元本の払戻しに相当する収益調整金だけの収益として分配される特別分配金（法9①十一，令27）

皇室の内廷費及び皇族費　皇室経済法第4条第1項及び第6条第1項の規定により受ける給付（法9①十二）

文化功労者年金，学術奨励金等　次に掲げる年金又は金品（法9①十三）
(1)　文化功労者年金
(2)　日本学士院から恩賜賞又は日本学士院賞として交付される金品
(3)　日本芸術院から恩賜賞又は日本芸術院賞として交付される金品
(4)　学術若しくは芸術に関する顕著な貢献を表彰するものとして又は顕著な価値がある学術に関する研究を奨励するものとして国，地方公共団体又は財務大臣の指定する団体若しくは基金から交付される金品（給与その他対価の性質を有するものを除く。）で財務大臣の指定するもの
(5)　ノーベル基金からノーベル賞として交付される金品
(6)　外国，国際機関，国際団体又は財務大臣の指定する外国の団体若しくは基金から交付される金品で(1)から(5)までに掲げる年金又は金品に類するもの（給与その他対価の性質を有するものを除く。）のうち財務大臣の指定するもの

○所得税法第9条第1項第13号ニ又はヘ（上記(4)又は(6)）に規定する団体又は基金及び交付される金品等を指定する件
昭44.10.17
大蔵省告示96号　最終改正平23.4.27財務省告示142号

　所得税法（昭和40年法律第33号）第9条第1項第13号ニ又はヘの規定に基づき，同号ニ（上記(4)）又はヘ（上記(6)）に規定する団体又は基金並びに学術に関する顕著な貢献を表彰するものとして又は顕著な価値がある学術に関する研究を奨励するものとして交付される金品及び同号イからホ（上記(1)から(5)）までに掲げる年金又は金品に類する金品を次のように指定し，昭和44年分以後の所得税について適用する。なお，所得税法第9条第1項第17号に規定する団体又は基金及び学術に関する顕著な貢献を表彰するものとして又は顕著な価値がある学術に関する研究を奨励するものとして交付される金品を指定する件（昭和40年5月大蔵省告示第174号）は，廃止する。
1　国から野口英世博士記念アフリカの医学研究・医療活動分野における卓越した業績に対する賞として交付される金品
2　国から科学研究費補助金取扱規程（昭和40年3月文部省告示第110号）の規定により交付される科学研究費補助金又は独立行政法人日本学術振興会から独立行政法人日本学術振興会法（平成14年法律第159号）第15条第1号の業務として交付される科学研究費補助金若しくは学術研究助成基金助成金
3　独立行政法人日本学術振興会から国際生物学賞として交付される金品
4　財団法人旭硝子財団からブループラネット賞として交付される金品
5　財団法人稲盛財団から京都賞（学術に関するものに限る。）として交付される金品
6　財団法人大河内記念会から大河内記念賞として交付される金品
7　財団法人国際科学技術財団から日本国際賞として交付される金品

―4―

非課税所得

8 財団法人国際花と緑の博覧会記念協会から花の万博記念コスモス国際賞として交付される金品
9 財団法人高松宮妃癌研究基金から高松宮妃癌研究基金研究助成金及び高松宮妃癌研究基金学術賞として交付される金品
10 財団法人東レ科学振興会から東レ科学技術研究助成金及び東レ科学技術賞として交付される金品
11 財団法人内藤記念科学振興財団から内藤記念科学奨励金及び内藤記念特定研究助成金並びに内藤記念科学振興賞として交付される金品
12 財団法人日本農業研究所から日本農業研究所賞として交付される金品
13 財団法人藤原科学財団から藤原賞として交付される金品
14 財団法人本多記念会から本多記念賞として交付される金品
15 財団法人三島海雲記念財団から三島研究奨励金(学術に関するものに限る。)として交付される金品
16 財団法人朝日新聞文化財団から朝日賞(学術に関するものに限る。)として交付される金品
17 株式会社毎日新聞社から毎日学術奨励金並びに毎日出版文化賞(学術に関するものに限る。)及び毎日工業技術賞(学術に関するものに限る。)として交付される金品
18 株式会社読売新聞社から読売文学賞(学術に関するものに限る。)として交付される金品
19 国際ヒューマン・フロンティア・サイエンス・プログラム推進機構から交付される研究助成金
20 国際レーニン平和賞委員会から国際レーニン平和賞として交付される金品
21 ゼネラル・モーターズがん研究基金からゼネラル・モーターズがん研究賞として交付される金品
22 マグサイサイ基金からマグサイサイ賞として交付される金品
23 国際獣疫事務局から交付される研究費補助金
24 国際数学連合からフィールズ賞として交付される金品

○所得税法第9条第1項第13号ニ(上記(4))に規定する団体又は基金及び芸術に関する顕著な貢献を表彰するものとして交付される金品を指定する件　　平2.12.4　大蔵省告示203号 最終改正平21.3.31財務省告示106号

　所得税法(昭和40年法律第33号)第9条第1項第13号ニの規定に基づき,同号ニ(上記(4))に規定する団体又は基金及び芸術に関する顕著な貢献を表彰するものとして交付される金品を次のように指定し,平成2年分以後の所得税について適用する。
1 財団法人稲盛財団から京都賞(芸術に関するものに限る。)として交付される金品
2 財団法人朝日新聞文化財団から朝日賞(芸術に関するものに限る。)として交付される金品
3 株式会社毎日新聞社から毎日出版文化賞(芸術に関するものに限る。)として交付される金品
4 株式会社読売新聞社から読売文学賞(芸術に関するものに限る。)として交付される金品

オリンピック競技大会等における成績優秀者に交付される金品　オリンピック競技大会又はパラリンピック競技大会において特に優秀な成績を収めた人を表彰するものとして財団法人日本オリンピック委員会,財団法人日本障害者スポーツ協会その他これらの法人に加盟している団体であって一定のものから交付される金品で財務大臣が指定するもの(法9①十四,令28,平22.3.31文部科学省告示66号,平22.3.31財務省告示102号)

学資金等　学資に充てるために給付される金品(給与その他対価の性質を有するものを除く。ただし,給与所得者がその使用者から受けるものにあっては,通常の給与に加算して受けるものであって,次に掲げる場合に該当するもの以外のものは非課税となる。)及び扶養義務者相互の間で扶養義務を履行するために給付される金品(法9①十五,令29)
(1) 法人である使用者からその法人の役員の学資に充てるため給付する場合

— 5 —

非 課 税 所 得

(2)　法人である使用者からその法人の使用人（その法人の役員を含む。）の配偶者その他の特殊関係
　　者の学資に充てるため給付する場合
(3)　個人である使用者からその個人の営む事業に従事するその個人の配偶者その他の親族（その個
　　人と生計を一にする者を除く。）の学資に充てるため給付する場合
(4)　個人である使用者からその個人の使用人（その個人の営む事業に従事するその個人の配偶者その他
　　の親族を含む。）の配偶者その他の特殊関係者（その個人と生計を一にするその個人の配偶者その他の
　　親族に該当する者を除く。）の学資に充てるため給付する場合

　国又は地方公共団体が行う保育その他の子育てに対する助成事業等により支給される金品　国又
は地方公共団体が保育その他の子育てに対する助成を行う事業その他これに類する一定の事業によ
り，その業務を利用する者の居宅その他の場所において保育その他の日常生活を営むのに必要な便
宜の供与を行う業務又は認可外保育施設その他の一定の施設の利用に要する費用に充てるため支給
される金品（法9①十六，規3の2）。
　　(注)1　法第9条第1項第16号に規定する業務又は施設の利用に要する費用には，当該業務又は施設の
　　　　　利用料そのもののほか，主食費，副食費，交通費，教材費等の費用も含まれます（基通9─16の
　　　　　2）。
　　　　2　法第9条第1項第16号に規定する事業により国又は地方公共団体から，他の者から受ける役務
　　　　　提供の対価の支払又は物品の購入に利用することのできる証券等の交付を受け，その受けた証券
　　　　　等を同号に規定する費用（以下「子育て費用」という。）に充てた場合において，その充てた部分
　　　　　と子育て費用に充てた部分以外の部分とを区分しているときには，その充てた部分に係る証券等
　　　　　は同条第1項の規定の適用があります（基通9─16の3）。

　相続又は個人からの贈与による所得　相続，遺贈又は個人からの贈与により取得するもの（相続税
法の規定により，相続，遺贈又は個人からの贈与により取得したものとみなされるものを含む。）（法9①
十七）
　　(注)　相続，遺贈又は個人からの贈与によって財産を取得した場合には，相続税又は贈与税が課税されま
　　　　　す。なお，法人からの贈与による所得に対しては，原則として一時所得として所得税が課税されます
　　　　　（基通34─1(5)）。

　損害保険の保険金，損害賠償金　損害保険契約に基づいて支払を受ける保険金及び損害賠償金で
次に掲げるもの（法9①十八，令30）
　　(注)　これらの金額のうちに，その損害を受けた人の各種所得の金額の計算上必要経費に算入される金額
　　　　　を補塡するための金額が含まれている場合には，それらの金額を除いた残額が非課税になります。
(1)　損害保険契約に基づく保険金，生命保険契約に基づく給付金及び損害保険契約又は生命保険契
　　約に類する共済に係る契約に基づく給付金で，身体の傷害に基因して支払を受けるもの並びに心
　　身に加えられた損害について支払を受ける慰謝料その他の損害賠償金（その損害に基因して勤務又
　　は業務に従事することができなかったことによる給与又は収益の補償として受けるものを含む。）
　　(注)1　非課税とされる保険金，給付金は，自己の身体の傷害に基因して支払を受けるものをいいますが，
　　　　　傷害を受けた人と支払を受けた人とが異なる場合でも，その支払を受けた人が傷害を受けた人の配
　　　　　偶者，直系血族又は生計を一にするその他の親族であるときは，その保険金，給付金についても非

─6─

非課税所得

課税とされています（基通9−20）。

なお，いわゆる死亡保険金は，「身体の傷害に基因して支払を受けるもの」に該当しません。

2 損害保険契約又は生命保険契約に基づく保険金で死亡を基因として支払を受けるものの課税関係は，次のとおりになります。

保険契約者 （保険料負担者）	被保険者	保険金受取人	課　税　関　係
A	A	B	みなし相続財産
A	B	A	一時所得の収入金額
A	B	C	みなし贈与財産

3 非課税となる慰謝料その他の損害賠償金の例としては，例えば，自動車が店舗に突入するなどの事故によって店主が負傷したために受ける治療費及び慰謝料並びに店主の負傷に基因する休業期間の収益の補償として受ける賠償金などがあります。

4 疾病により重度障害の状態になったことなどに基づく高度障害保険金，高度障害給付金，入院費給付金等（一時金として受け取るもののほか，年金として受け取るものを含む。）についても上記(1)の保険金等と同様に非課税とされています（基通9−21）。

5 傷害又は疾病による保険事故が生じたときに，被保険者が勤務又は業務に従事することができなかった期間の給料又は収益の補塡として，損害保険契約に基づき支払われる保険金（いわゆる所得補償保険金）についても，上記(1)の保険金等と同様に非課税とされています。

なお，業務を営む人が自己を被保険者として支払う所得補償保険金に係る保険料は，その業務に係る所得の金額の計算上必要経費に算入することはできません（基通9−22）。

(2) 損害保険契約に基づく保険金及び損害保険契約に準ずる共済契約に基づく共済金（(1)に該当するもの及び満期返戻金又は解約返戻金その他これらに類するものを除く。）で資産の損害に基因して支払を受けるもの並びに不法行為その他突発的な事故によって資産に加えられた損害について支払を受ける損害賠償金（棚卸資産等の損失について支払を受けるもので不動産所得，事業所得，雑所得又は山林所得の収入金額に代わる性質を有するものを除く。）

(注)1 損害保険契約又は建物更生共済契約に基づいて支払を受ける満期返戻金又は解約返戻金は，一時所得として課税されます（563ページ参照）。

2 棚卸資産等の損失について支払を受けるもので不動産所得，事業所得，雑所得又は山林所得の収入金額に代わる性質を有するもの（32ページ参照）は，それぞれの所得の収入金額に算入されます。

(3) 心身又は資産に加えられた損害について支払を受ける相当の見舞金（不動産所得，事業所得，雑所得又は山林所得の収入金額に代わる性質を有するもの，その他役務の対価としての性質を有するものを除く。）

(4) (1)から(3)までに掲げるものに類するもの

葬祭料，香典等　葬祭料，香典又は災害等の見舞金で，その金額がその受贈者の社会的地位，贈与者との関係などに照らして相当と認められる場合には，非課税として取り扱うこととされています（基通9−23）。

労働基準法による遺族補償等　労働基準法の規定により受ける遺族補償（同法79）及び葬祭料（同法80）は，非課税とされています（基通9−1）。

選挙費用に充てるために法人から贈与された金品等　公職選挙法の適用を受ける選挙の候補者が選挙運動に関し法人から贈与を受けた金銭，物品その他の財産上の利益で，同法第189条の規定によ

非 課 税 所 得

って選挙管理委員会に報告がされたもの（法9①十九）

（注）　個人からの贈与については，相続税法上，贈与税は非課税とされています（相法21の3①六）。

障害者等の少額預金の利子所得等　預貯金，合同運用信託，特定公募公社債等運用投資信託又は有価証券（公社債及び投資信託又は特定目的信託の受益権のうち一定のもの）の預入，信託又は購入をする障害者等（国内に住所を有する人に限る。）が，あらかじめその預入などをする金融機関の営業所等を通じてその人の住所地の所轄税務署長に対して金融機関の確認を受けた非課税貯蓄申告書を提出し，かつ，預入などの都度，非課税貯蓄申込書を提出した場合で，非課税貯蓄申告書に記載した預貯金，合同運用信託，特定公募公社債等運用投資信託又は有価証券の元本の合計額がその利子又は分配すべき収益の計算期間を通じて350万円を超えないものについて生ずる利子所得等（法10，令40，措法3の4，措令2の3）

（注）1　「障害者等」とは，身体障害者福祉法第15条第4項の規定により身体障害者手帳の交付を受けている人，国民年金法第37条の2第1項に規定する遺族基礎年金を受けることができる妻である人，同法第49条第1項に規定する寡婦年金を受けることができる人などをいいます（法10①，令31の2）。

　2　非課税貯蓄申込書を提出しようとする障害者等は，その提出をする際，非課税貯蓄申告書の提出の際に経由した金融機関の営業所等の長に対して，その人の住民票の写し，身体障害者手帳，遺族基礎年金の年金証書等の一定の公的書類の提示又はこれらの書類の提示に代えて行う署名用電子証明書等の送信をしなければなりません（法10②，令41の2①）。

障害者等の少額預金の利子所得等の非課税制度の取扱いを受けるための手続

(1)　非課税貯蓄申告書の提出

　預金等について非課税扱いを受けるためには，貯蓄者は最初にその預入等をする日までに，その預入等をする金融機関の営業所等を経由して，その金融機関の営業所等において非課税扱いを受けようとする預金等の種類（預貯金，合同運用信託，特定公募公社債等運用投資信託又は有価証券の別）及びその営業所等において非課税扱いを受けようとする預金等の最高限度額（非課税貯蓄限度額）等を記載した非課税貯蓄申告書を税務署長に提出しなければなりません（法10③）。この場合，非課税貯蓄限度額は，1万円単位とし，かつ，350万円以下としなければなりません（令40，措法3の4，措令2の3）。

　この申告書の提出に当たっては，金融機関の営業所等に，確認書類（住民票の写しや身体障害者手帳などの一定の公的書類）の提示又はこれらの書類の提示に代えて行う署名用電子証明書等の送信をして，氏名，生年月日及び住所並びに障害者等に該当する旨を告知し，その申告書にその告知をした事項につき確認を受けなければなりません（法10⑤）。

　非課税貯蓄申告書は，2以上の金融機関の営業所等に提出することもできますが，その非課税貯蓄申告書に記載したその金融機関の営業所等における非課税貯蓄限度額と，既に他の金融機関の営業所等に提出した非課税貯蓄申告書に記載した非課税貯蓄限度額との合計額が350万円を超えることとなる場合には，その超えることとなる非課税貯蓄申告書は提出することができません（法10⑦，措法3の4）。

(2)　非課税貯蓄申込書の提出

　非課税貯蓄申告書を提出した金融機関の営業所等において預入等をする預金等について非課税扱いを受けるためには，貯蓄者は，その金融機関の営業所等に対し，非課税扱いを受けようとする預金等ごとに，その預入等の都度非課税貯蓄申込書を提出しなければなりません（法10①）。また，その提出に当たっては，金融機関の営業所等がその者の氏名，生年月日及び住所並びに障害者等に該当する事実等を記載した帳簿を備えている場合を除き，その金融機関の営業所等に，確認書類の提示又はこれらの書類の提示に代えて行う署名用電子証明書等の送信をして，氏名，生年月日及び住所並びに障害者等に該当する旨を告知しなければなりません（法10②，令41の2②）。

—8—

非 課 税 所 得

ただし，普通預貯金等については，最初に預入等をする際に提出する非課税貯蓄申込書に，その預金等の口座に預入等をしようとする予定最高限度額（口座限度額）を記載することにより，その後の預入等に際しては，預入等の都度非課税貯蓄申込書を提出する必要はないとされています（令35①③，規6）。

なお，上記の非課税貯蓄申告書及び非課税貯蓄申込書の提出について，販売機関の営業所等に対する書面による提出に代えて，その販売機関の営業所等に対してその書類に記載すべき事項の電磁的方法による提供を行うことができます。この場合において，その提供があったときは，その書類の提出があったものとみなすこととされています（法10⑧）。

公益信託の信託財産について**生ずる所得**　祭祀，宗教，慈善，学術，技芸その他公益を目的とする公益信託又は加入者保護信託の信託財産について生ずる所得（貸付信託の受益権の収益の分配に係る所得にあっては，その受益権がその公益信託又はその加入者保護信託の信託財産に引き続き属していた期間に対応する部分の額として計算した金額に相当する部分に限る。）（法11②，令51）

（注）1　公社債等の利子等に係る部分の非課税規定は，公益信託若しくは加入者保護信託の受託者が，公社債等につき振替口座簿への記載又は記録その他一定の方法により管理されており，かつその公社債等の利子等につき非課税の規定の適用を受けようとする旨その他一定の事項を記載した申告書を，支払者を経由して税務署長に提出した場合に限り，適用されます（法11③，令51の2）。

2　上記（注）1の申告書の提出について，支払者に対する書面による提出に代えて，その支払者に対してその申告書に記載すべき事項の電磁的方法による提供を行うことができます。この場合において，その提供があったときは，その申告書の提出があったものとみなすこととされています（法11④）。

租税特別措置法の規定により非課税とされるもの

1　障害者等の少額公債の利子（障害者等が国債及び地方債で一定のもの（公債）を購入する場合で，特別非課税貯蓄申告書及び特別非課税貯蓄申込書を提出して購入の際に本人確認手続などを経た場合の額面金額の合計額が350万円を超えない公債の利子）（措法4）

2　勤労者財産形成住宅貯蓄の利子（給与所得者が勤労者財産形成住宅貯蓄契約に基づき預入等をした預貯金等で，その預入等の際に財産形成非課税住宅貯蓄申告書を提出するなど所定の手続を行った次の3を含めた元本が550万円を超えない預貯金等の利子）（措法4の2）

3　勤労者財産形成年金貯蓄の利子（給与所得者が勤労者財産形成年金貯蓄契約に基づき預入等をした預貯金等で，その預入等の際に財産形成非課税年金貯蓄申告書を提出するなど所定の手続を行った前記2を含めた元本が550万円（生命保険等に係るものについては385万円）を超えない預貯金等の利子）（措法4の3）

4　特定寄附信託の利子（平成23年6月30日以後に締結する特定寄附信託契約に基づき設定された信託の信託財産につき生ずる公社債等の利子等で，その公社債等がその信託財産に引き続き属していた期間に対応する部分の額に限る。）（措法4の5，平23.6改正法附24，169ページ参照）

5　納税準備預金の利子（ただし，租税の納付の目的以外の目的のために引き出された金額がある場合には，その引出し日の属する利子の計算期間に対応する利子を除く。）（措法5）

6　振替国債等の利子（非居住者又は外国法人で一定の要件を満たすものが支払を受ける振替国債又は振替地方債の利子で一定のもの）（措法5の2）

7　振替社債等の利子等（非居住者又は外国法人で一定の要件を満たすものが支払を受ける剰余金の配当又は利子で一定のもの）（措法5の3）

—9—

非 課 税 所 得

8　民間国外債の利子（非居住者又は外国法人（非居住者確認手続がとられた場合に限る。）が支払を受ける内国法人が国外において発行した債券の利子で一定のもの）（措法6④）

9　特別国際金融取引勘定において経理された預金等の利子（外国為替及び外国貿易法第21条第3項に規定する金融機関が，平成10年4月1日以後に，外国法人（非居住者であることにつき証明されたものに限る。）から預入を受け，又は借り入れる預金又は借入金で「特別国際金融取引勘定」において経理されたものにつき支払う利子で一定のもの）（措法7，措規3の21）

10　非課税口座内の少額上場株式等に係る配当所得及び譲渡所得等（NISA）（措法9の8，37の14，189・497ページ参照）

11　未成年者口座内の少額上場株式等に係る配当所得及び譲渡所得等（ジュニアNISA）（措法9の9，37の14の2，190・512ページ参照）

12　給与所得者等が昭和41年4月1日から平成22年12月31日までの間，①自己の居住用の住宅等を取得するため，使用者から無利息又は低利で資金の貸付けを受けた場合の経済的利益，②自己の居住用の住宅等を取得するため，金融機関等から借り受けた借入金の利子について使用者から受けるその借入金の利子の支払に充てるための利子の補給金，③自己の居住用の住宅等を取得するため，勤労者財産形成促進法に基づくいわゆる財形持家制度による負担軽減措置によって事業主等から受ける経済的利益等で一定のもの（旧措法29，平22改正法附58，288ページ参照）

13　株式会社の株主総会等の特別決議等に基づき，新株予約権を付与された株式会社の取締役，執行役若しくは使用人（その株式会社の大口株主である者など一定の者を除く。）若しくはその取締役等の相続人又は特定従事者が，その付与された決議に基づきその会社との間で締結された契約により与えられた新株予約権をその契約に従って行使し，その新株予約権に係る株式の取得をした場合の経済的利益で一定のもの（措法29の2①，290ページ参照）

14　貸付信託の受益権等の譲渡による所得（措法37の15，540ページ参照）

15　国又は地方公共団体に財産を寄附した場合（公益法人等に財産を寄附した場合で国税庁長官の承認を受けた場合を含む。）の譲渡所得，雑所得又は山林所得（措法40，298・604ページ参照）

16　特定の重要文化財を国（独立行政法人国立文化財機構，独立行政法人国立美術館及び独立行政法人国立科学博物館を含む。），地方公共団体，地方独立行政法人又は一定の文化財保存活用支援団体に譲渡した場合の譲渡所得（措法40の2，298・550ページ参照）

17　相続税を財産で物納した場合の譲渡所得又は山林所得（措法40の3，298・604ページ参照）

18　債務処理計画に基づき資産を贈与した場合の課税の特例（措法40の3の2，298ページ参照）

19　全国健康保険協会が管掌する健康保険等の被保険者が受ける付加的給付等（措法41の7）

20　住民基本台帳に記録されている者等のうち平成27年度分又は平成28年度分の市町村民税が課されていないもの等に対して市町村又は特別区から給付される一定の給付金（臨時福祉給付金）（措法41の8①一，措規19の2①～⑥）

21　児童手当法による児童手当の支給を受ける者等に対して市町村又は特別区から給付される一定の給付金（子育て世帯臨時特例給付金）（措法41の8①二，措規19の2⑦⑧）

22　平成27年度又は平成28年度の臨時福祉給付金の支給対象者のうち一定の者に対して市町村又は特別区から給付される一定の給付金（年金生活者等支援臨時福祉給付金）（措法41の8①三，措規19の2⑨～⑪）

23　児童扶養手当法による児童扶養手当の支給を受ける者等に対して給付される一定の給付金（措

－10－

非課税所得

法41の8①四,措規19の2⑫⑬)

24 児童養護施設に入所している者等に対して都道府県等が行う金銭の貸付けに係る債務の免除を受けた場合のその免除により受ける経済的な利益の価額(措法41の8②,措規19の2⑭～⑯)

25 ひとり親家庭高等職業訓練促進資金貸付事業の住宅支援資金貸付けによる金銭の貸付けに係る債務の免除を受けた場合のその免除により受ける経済的な利益の価額(措法41の8③,措規19の2⑰～⑳)

26 居住者が平成22年4月1日以降に取得する振替国債・振替地方債及び同年6月以後に取得する特定振替社債等(平成25年3月31日までに発行されるものに限る。)の償還差益並びに民間国外債の発行差金(それぞれ非居住者が支払を受ける一定のもの)(措法41の13,平22改正法附70)

27 外国金融機関等の債券現先取引に係る特定利子(措法42の2)

28 東京オリンピック競技大会若しくは東京パラリンピック競技大会に参加をし,又は大会関連業務に係る勤務その他の人的役務の提供を行う一定の非居住者の一定の国内源泉所得(平成31年4月1日から令和3年12月31日までの間におけるその参加又はその提供に係るものに限る。)(旧措法41の23①)。

新型コロナ特例法の規定により非課税とされるもの

1 都道府県,市町村又は特別区から家計への支援の観点から給付される一定の給付金【特別定額給付金,住民税非課税世帯等に対する臨時特別給付金,新型コロナウイルス感染症生活困窮者自立支援金】(新型コロナ特例法4①一,新型コロナ特例規2①)。

2 都道府県,市町村又は特別区から児童の属する世帯への経済的な影響の緩和の観点から児童手当の支給を受ける者等に対して給付される一定の給付金【令和2年度子育て世帯への臨時特別給付金,令和3年度子育て世帯への臨時特別給付】(新型コロナ特例法4①二,新型コロナ特例規2②③)

3 都道府県社会福祉協議会が行う生活福祉資金貸付制度における緊急小口資金の特例貸付事業又は総合支援資金の特例貸付事業による金銭の貸付けに係る債務の免除を受けた場合のその免除により受ける経済的な利益の価額(新型コロナ特例法4③,新型コロナ特例規2④⑤)

その他の法律の規定により非課税とされる主なもの(五十音順)

1 石綿による健康被害の救済に関する法律により支給を受ける救済給付又は特別遺族給付金(同法第29条,第67条)

2 入会林野等に係る権利関係の近代化の助長に関する法律第12条又は第23条第1項の規定により所有権又は地上権,賃借権等を取得した者のその権利の取得による経済的な利益(同法第28条)

3 オウム真理教犯罪被害者等を救済するための給付金の支給に関する法律により支給を受ける給付金(同法第15条)

4 海上保安官に協力援助した者等の災害給付に関する法律により支給を受ける金品(同法第7条)

5 外貨公債の発行に関する法律に規定する非居住者等が支払を受ける政府発行の外貨債の利子及び償還差益(同法第2条)

6 外国居住者等の所得に対する相互主義による所得税等の非課税等に関する法律に規定する非居住者等の所得(同法第44条)

7 介護保険の保険給付又は第一号事業支給費(介護保険法第26条,第115条の45の4)

8 確定拠出年金のうち障害給付金(確定拠出年金法第32条)

非 課 税 所 得

9　確定給付企業年金のうち障害給付金（確定給付企業年金法第34条）

10　カネミ油症事件関係仮払金返還債権の免除についての特例に関する法律の規定による債務免除益（同法第4条）

11　北朝鮮当局によって拉致された被害者等の支援に関する法律により支給を受ける拉致被害者等給付金等（同法第13条）

12　旧優生保護法に基づく優生手術等を受けた者に対する一時金の支給等に関する法律により支給を受ける一時金（同法第15条）

13　漁業経営の改善及び再建整備に関する特別措置法により支給を受ける職業転換給付金（事業主に対するものを除く。）（同法第14条）

14　警察官の職務に協力援助した者の災害給付に関する法律により支給を受ける金品（同法第11条）

15　刑事収容施設及び被収容者等の処遇に関する法律により支給を受ける手当金（同法第102条）

16　健康保険の保険給付（健康保険法第62条，第149条）

17　原子爆弾被爆者に対する援護に関する法律により支給を受ける金品（同法第46条）

18　公害健康被害の補償等に関する法律により補償給付として支給を受ける金品（同法第17条）

19　厚生年金保険の保険給付として支給を受ける金銭（老齢厚生年金を除く。）（厚生年金保険法第41条）

20　厚生年金保険の保険給付及び国民年金の給付の支払の遅延に係る加算金の支給に関する法律により支給を受ける保険給付遅延特別加算金又は給付遅延特別加算金（同法第5条）

21　高等学校等就学支援金の支給に関する法律により支給を受ける就学支援金（同法第13条）

22　公立学校の学校医，学校歯科医及び学校薬剤師の公務災害補償に関する法律により支給を受ける金品（同法第10条）

23　高齢者の医療の確保に関する法律により後期高齢者医療給付として支給を受ける金品（同法第63条）

24　国外犯罪被害弔慰金等の支給に関する法律により支給を受ける国外犯罪被害弔慰金等（同法第18条）

25　国際協定の締結等に伴う漁業離職者に関する臨時措置法により支給を受ける給付金（事業主に対するものを除く。）（同法第9条）

26　国際復興開発銀行等からの外資の受入に関する特別措置に関する法律の外貨債でその債務について政府が保証契約をしたものの利子及び償還差益（居住者等が支払を受けるものを除く。）（同法第5条）

27　国民健康保険の保険給付（国民健康保険法第68条）

28　国民年金の給付（老齢基礎年金及び付加年金を除く。）（国民年金法第25条）

29　国会議員互助年金のうち公務傷病年金，遺族扶助年金及び遺族一時金（旧国会議員互助年金法第7条，国会議員互助年金法を廃止する法律附則第11条，第12条，第15条）

30　国会議員の歳費，旅費及び手当等に関する法律により支給を受ける文書通信交通滞在費等（同法第9条，第11条）

31　国家公務員共済組合の給付（退職年金及び公務遺族年金並びに休業手当金を除く。）（国家公務員共済組合法第49条）

32　国家公務員災害補償法により支給を受ける金品（同法第30条）

33　子ども・子育て支援法により子どものための教育・保育給付又は子育てのための施設等利用給付として支給を受ける金品（同法第18条，第30条の3）

34　雇用保険の失業等給付（雇用保険法第12条）

非 課 税 所 得

35 災害弔慰金の支給等に関する法律により支給を受ける災害弔慰金（同法第6条）
36 産業投資特別会計の貸付の財源に充てるための外貨債の発行に関する法律に規定する非居住者等が支払を受ける外貨公債の利子及び償還差益（同法第4条）
37 死刑再審無罪者に対し国民年金の給付等を行うための国民年金の保険料の納付の特例等に関する法律により支給を受ける特別給付金（同法第4条）
38 児童手当法により支給を受ける児童手当（同法第16条）
39 児童福祉法により支給を受ける金品（同法第57条の5）
40 児童扶養手当法により支給を受ける児童扶養手当（同法第25条）
41 障害者の自立支援給付として支給を受ける金品（障害者の日常生活及び社会生活を総合的に支援するための法律第14条）
42 証人等の被害についての給付に関する法律により支給を受ける金品（同法第11条）
43 少年院法により支給を受ける手当金（同法第43条）
44 消防団員等公務災害補償等責任共済等に関する法律により消防団員等公務災害補償及び消防団員等福祉事業に関し同法又は市町村の条例若しくは水害予防組合の組合会の議決により支給を受けた金品（同法第55条）
45 職業訓練の実施等による特定求職者の就職の支援に関する法律により支給を受ける職業訓練受講給付金（同法第10条）
46 私立学校教職員共済法による給付（退職年金及び職務遺族年金並びに休業手当金を除く。）(同法第5条)
47 新型インフルエンザ予防接種による健康被害の救済に関する特別措置法による給付として支給を受けた金銭（同法第9条）
48 新型コロナウイルス感染症等の影響に対応するための雇用保険法の臨時特例等に関する法律により支給を受ける新型コロナウイルス感染症対応休業支援金及び新型コロナウイルス感染症対応休業支援金に準じた特別の給付金（同法第7条）
49 じん肺法により支給を受ける転換手当（同法第36条）
50 スポーツ振興投票の実施等に関する法律による払戻金（同法第16条）
51 生活困窮者自立支援法により支給を受ける生活困窮者住居確保給付金（同法第20条）
52 生活保護法により支給を受ける保護金品及び進学準備給付金（同法第57条）
53 船員保険の保険給付（船員保険法第52条）
54 船員の雇用の促進に関する特別措置法により支給を受ける就職促進給付金（事業主に対して支給するものを除く。）（同法第5条）
55 戦後強制抑留者に係る問題に関する特別措置法により支給を受ける特別給付金（同法第9条）
56 戦傷病者戦没者遺族等援護法により支給を受ける障害年金，障害一時金，遺族給与金，弔慰金等（同法第48条）
57 戦傷病者特別援護法により支給を受ける金品（同法第27条）
58 戦傷病者等の妻に対する特別給付金支給法により支給を受ける特別給付金（同法第10条）
59 戦没者等の遺族に対する特別弔慰金支給法により支給を受ける特別弔慰金（同法第12条）
60 戦没者等の妻に対する特別給付金支給法により支給を受ける特別給付金（同法第10条）
61 戦没者の父母等に対する特別給付金支給法により支給を受ける特別給付金（同法第12条）

— 13 —

非課税所得

62　地方公務員災害補償法又は同法に基づく条例により支給を受ける金品（同法第65条）

63　地方公務員等共済組合の給付（退職年金及び公務遺族年金並びに休業手当金を除く。）（地方公務員等共済組合法第52条）

64　地方住宅供給公社法第21条第2項（住宅の積立分譲）に規定する受入額を超える一定額のうちの超過金額（同法第46条）

65　中国残留邦人等の円滑な帰国の促進並びに永住帰国した中国残留邦人等及び特定配偶者の自立の支援に関する法律により支給を受ける一時金，支援給付及び配偶者支援金（同法第16条）

66　旧駐留軍関係離職者等臨時措置法第10条の3により支給を受ける就職促進手当等（同法旧第20条，昭和56年4月25日法律第27号附則第2条第3項）

67　当せん金付証票の当せん金品（当せん金付証票法第13条）

68　特定障害者に対する特別障害給付金の支給に関する法律により支給を受ける特別障害給付金（同法第24条）

69　特定石綿被害建設業務労働者等に対する給付金等の支給に関する法律により支給を受ける給付金等（同法第15条）

70　特定B型肝炎ウイルス感染者給付金等の支給に関する特別措置法により支給を受ける特定B型肝炎ウイルス感染者給付金等（同法第20条）

71　特定フィブリノゲン製剤及び特定血液凝固第ⅠⅩ因子製剤によるC型肝炎感染被害者を救済するための給付金の支給に関する特別措置法により支給を受ける給付金等（同法第12条）

72　特別児童扶養手当等の支給に関する法律により支給を受ける特別児童扶養手当，障害児福祉手当及び特別障害者手当（同法第16条，第26条，第26条の5）

73　独立行政法人医薬品医療機器総合機構法により副作用救済給付又は感染救済給付として支給を受ける金銭（同法第36条）

74　独立行政法人日本スポーツ振興センター法により支給を受ける災害共済給付（同法第34条）

75　独立行政法人農業者年金基金法による給付（年金給付を除く。）（同法第27条）

76　ドミニカ移住者に対する特別一時金の支給等に関する法律により支給を受ける特別一時金（同法第10条）

77　難病の患者に対する医療等に関する法律により特定医療費として支給を受ける金銭（同法第39条）

78　日本国とアメリカ合衆国との間の相互協力及び安全保障条約第6条に基づく施設及び区域並びに日本国における合衆国軍隊の地位に関する協定の実施に伴う所得税法等の臨時特例に関する法律第3条に掲げる所得（同法第3条）

79　国際連合の軍隊の構成員等の上記77の所得（日本国における国際連合の軍隊の地位に関する協定の実施に伴う所得税法等の臨時特例に関する法律第3条）

80　日本政策投資銀行等が発行する国際復興開発銀行からの資金の借入契約に係る引渡債券及び外貨債でその外貨債に係る債務について政府が保証契約をしたものの利子及び償還差益（居住者等が支払を受けるものを除く。）（国際復興開発銀行等からの外資の受入に関する特別措置に関する法律第5条）

81　年金生活者支援給付金の支給に関する法律により支給を受ける年金生活者支援給付金（同法第33条）

82　納税貯蓄組合預金の利子（租税納付以外の目的で引き出された部分の金額が一定の利子計算期間内に

— 14 —

非 課 税 所 得

10万円を超える場合におけるその引き出された部分の金額に対する利子を除く。）(納税貯蓄組合法第8条)

83　旧農林漁業団体職員共済組合法により支給を受ける組合の給付（退職共済年金その他の退職に係るものを除く。）(同法第13条，厚生年金保険制度及び農林漁業団体職員共済組合制度の統合を図るための農林漁業団体職員共済組合法等を廃止する等の法律附則第30条)

84　犯罪被害者等給付金の支給等による犯罪被害者等の支援に関する法律により支給される給付金（同法第18条）

85　ハンセン病元患者家族に対する補償金の支給等に関する法律により支給を受ける補償金（同法第18条）

86　ハンセン病問題の解決の促進に関する法律により支給を受ける給与金等及び援護として支給される金品（同法第15条，23条）

87　ハンセン病療養所入所者等に対する補償金の支給等に関する法律により支給を受ける補償金（同法第9条）

88　引揚者給付金等支給法により支給を受ける引揚者給付金，遺族給付金等（同法第21条）

89　引揚者等に対する特別交付金の支給に関する法律により支給を受ける特別交付金（同法第12条）

90　被災者生活再建支援法により支給を受ける支援金（同法第21条）

91　平和条約国籍離脱者等である戦没者遺族等に対する弔慰金等の支給に関する法律により支給を受ける弔慰金等（同法17条）

92　母子及び父子並びに寡婦福祉法により支給を受ける母子家庭自立支援教育訓練給付金若しくは母子家庭高等職業訓練促進給付金又は父子家庭自立支援教育訓練給付金若しくは父子家庭高等職業訓練促進給付金（同法第31条の4，第31条の10）

93　母子保健法により支給を受ける未熟児の養育医療のための金品（同法第23条）

94　本州四国連絡橋の建設に伴う一般旅客定期航路事業等に関する特別措置法により支給を受ける就職促進給付金（事業主に対して支給するものを除く。）(同法第20条)

95　未帰還者に関する特別措置法により支給を受ける弔慰料（同法第12条）

96　未帰還者留守家族等援護法により支給を受ける金銭（同法第32条）

97　予防接種法により支給される給付（新型インフルエンザ等対策特別措置法により予防接種とみなして適用される場合の給付を含む。）(予防接種法第21条，新型インフルエンザ等対策特別措置法第28条)

98　旧らい予防法の廃止に関する法律第6条の援護として支給を受ける金品（同法第10条）

99　令和5年3月予備費使用に係る低所得者世帯給付金（令和5年3月予備費使用に係る低所得者世帯給付金に係る差押禁止等に関する法律第3条）

100　令和5年3月予備費使用に係る子育て世帯生活支援特別給付金及び令和5年度予算に係る出産・子育て応援給付金（令和5年3月予備費使用及び令和5年度予算に係る子育て関連給付金に係る差押禁止等に関する法律第3条）

101　令和4年度出産・子育て応援給付金（令和四年度出産・子育て応援給付金に係る差押禁止等に関する法律第3条）

102　令和4年度電力・ガス・食料品等価格高騰緊急支援給付金（令和四年度電力・ガス・食料品等価格高騰緊急支援給付金に係る差押禁止等に関する法律第3条）

103　連合国占領軍等の行為等による被害者等に対する給付金の支給に関する法律により支給を受

— 15 —

非 課 税 所 得

　ける給付金（同法第24条）

104　連合国財産株式の回復を受けたことによる所得（連合国財産である株式の回復に関する政令第35条）

105　連合国財産補償法による補償金（同法第21条）

106　労働者災害補償保険法により支給を受ける保険給付（同法第12条の６）

107　労働施策の総合的な推進並びに労働者の雇用の安定及び職業生活の充実等に関する法律により支給を受ける職業転換給付金（事業主に対するものを除く。）（同法第22条）

－16－

免 税 所 得

　特定の事業から生ずる所得に対しては，政策的な見地から所得税が免除されます。免税所得は非課税所得と異なり，免税の適用を受けるための手続（確定申告書への所定事項の記載など）をしなければなりません。ただし，確定申告書の提出がなかった場合又は確定申告書に所定事項の記載がなかった場合でも，その提出又は記載がないことについてやむを得ない事情があると税務署長が認めるときは，所定事項の記載をした書類を提出して免税の適用を受けることができます（措法25④⑤）。

　肉用牛の売却による農業所得　農業を営む人が令和8年までに，①肉用牛（「種雄牛」及び「乳牛の雌のうち子牛の生産の用に供された牛」以外の牛をいう。以下同じ。）を家畜市場，中央卸売市場その他特定の市場において売却した場合又は②その飼育した生産後1年未満の肉用牛を特定の農業協同組合又は農業協同組合連合会に委託して売却した場合で，肉用牛が次に掲げる免税対象飼育牛であり，かつ，その売却した肉用牛の頭数が1,500頭以内であるときには，その売却により生じた事業所得に対する所得税が免除されます（措法25①③，措令17①～④）。

　　免税対象飼育牛の範囲　この免税制度の対象飼育牛は次に掲げるものです（措法25，措令17）。
(1)　その売却価額が100万円未満（肉用牛が一定の交雑種に該当する場合には80万円未満，肉用牛が一定の乳牛に該当する場合には50万円未満）である肉用牛
　(注)1　消費税及び地方消費税相当額を上乗せする前の売却価額（肉用牛の取引が一定の価格を下回る場合に交付される生産者補給金等の交付を受けているときは，その補給金等の額を加算した金額）が100万円未満であるかどうかにより判定されます（平元.3.30直所6－4）。
　　　2　「一定の交雑牛」とは牛の個体識別のための情報の管理及び伝達に関する特別措置法施行規則第3条第2項第11号に掲げる種別（交雑種）である牛をいい，「一定の乳牛」とは同項第8号から第10号までに掲げる種別（ホルスタイン種，ジャージー種，乳用種）である牛をいいます（措規9の5①）。
(2)　肉用牛の改良増殖に著しく寄与するものとして農林水産大臣が財務大臣と協議して指定した家畜改良増殖法に基づく登録がされている肉用牛
　(注)　売却した肉用牛に免税対象飼育牛に該当しないものがある場合については，271ページ参照のこと。

　　免税額の計算　840ページ参照

－17－

所得の帰属に関する通則

実質所得者課税の原則　資産又は事業から生ずる収益は，その資産又は事業から生ずる収益の法律上帰属するとみられる人が単なる名義人であって，実際にはその名義人以外の人がこれを享受している場合には，実際にその収益を享受している人に帰属するものとして，所得税が課税されます（法12）。

資産から生ずる収益を享受する人の判定　資産から生ずる収益を享受する人がだれであるかは，その収益の基因となった資産の真実の権利者がだれであるかによって判定します。ただし，それが明らかでない場合には，その名義者を真実の権利者と推定します（基通12—1）。

事業から生ずる収益を享受する人の判定　事業から生ずる収益を享受する人がだれであるかは，その事業を経営していると認められる人（事業主）がだれであるかによって判定します（基通12—2）。

夫婦間における農業の事業主の判定　生計を一にしている夫婦間における農業の事業主がだれであるかの判定をする場合には，その農業の経営についての協力度合，耕地の所有権の所在，農業経営についての知識経験の程度，家庭生活の状況等を総合勘案して，その農業の経営方針の決定につき支配的影響力を有する人をその農業の事業主と推定します。その支配的影響力を有する人がだれであるか明らかでない場合には，生計の主宰者を事業主と推定します。ただし，生計の主宰者が会社等に勤務するなど他に主たる職業を有し，他方が家庭にあって農耕に従事している場合で，次に掲げる場合に該当するときは，その農業の事業主は，その家庭にあって農耕に従事している人と推定します（基通12—3）。
(1)　家庭にあって農耕に従事している人がその耕地の大部分について所有権又は耕作権を有している場合
(2)　農業が極めて小規模で，家庭にあって農耕に従事している人の内職の域を出ないと認められる場合
(3)　上記(1)又は(2)に該当する場合のほか，生計の主宰者が主たる職業に専念していること，農業に関する知識経験がないこと又は勤務先が遠隔地にあることのいずれかの事情により，ほとんど又は全く農耕に従事していない場合
(4)　上記(1)から(3)までに掲げる場合以外の場合において，家庭にあって農耕に従事している人が特有財産である耕地を有している場合
　（注）　「家庭にあって農耕に従事している場合」には，従来家庭にあって農耕に従事していた夫婦の一方が，病気療養に専念するため，たまたまその年の農耕に従事しなかったような場合も含まれます。

親子間における農業の事業主の判定　生計を一にしている親子間における農業の事業主がだれであるかの判定をする場合には，両者の年齢，農耕能力，耕地の所有権の所在等を総合勘案して，その農業の経営方針の決定につき支配的影響力を有すると認められる人がその農業の事業主に該当するものと推定します。この場合において，その支配的影響力を有すると認められる人がだれであるかが明らかでないときには，次に掲げる場合に該当する場合はそれぞれ次に掲げる人が事業主に該当するものと推定し，その他の場合は生計を主宰している者が事業主に該当するものと推定します（基通12—4）。
(1)　親と子が共に農耕に従事している場合には，その従事している農業の事業主は，親と推定します。た

だし，子が相当の年齢に達し，生計を主宰するに至ったと認められるときは，その農業の事業主は，子と推定します。
(2) 生計を主宰している親が会社，官公庁等に勤務するなど他に主たる職業を有し，子が主として農耕に従事している場合には，その従事している農業の事業主は，子と推定します。ただし，子が若年であるとき，又は親が本務の傍ら農耕に従事しているなど親を事業主とみることを相当とする事情があると認められるときは，その農業の事業主は，親と推定します。
(3) 生計を主宰している子が会社，官公庁等に勤務するなど他に主たる職業を有し，親が主として農耕に従事している場合には，その従事している農業の事業主は，夫婦間における農業の事業主の判定のただし書に準じて判定した人と推定します。

親族間における事業主の判定　生計を一にする親族間（例えば夫と妻，親と子）における事業（農業を除く。）の事業主がだれであるかを判定する場合には，その事業の経営方針の決定につき支配的影響力を有する人をその事業の事業主と推定します。その支配的影響力を有する人がだれであるか明らかでない場合には，生計の主宰者を事業主と推定します。ただし，次のような場合には，次に掲げる人が事業主になります（基通12―5）。
(1) ①生計の主宰者が一の店舗における事業を経営し，他の親族が他の店舗における事業に従事している場合又は②生計の主宰者が会社等に勤務し，他の親族が事業に従事している場合において，他の親族がその事業の用に供される資産の所有者（又は賃借権者）であり，かつ，事業の取引名義者である場合には，他の親族の従事している事業の事業主は，他の親族と推定します。
(2) 生計の主宰者以外の親族が医師，弁護士，税理士，映画演劇の俳優等の自由職業者として生計の主宰者とともに事業に従事している場合において，その親族の収支と生計の主宰者の収支とが区分されており，かつ，その親族のその事業に従事している状態が，生計の主宰者に従属して従事していると認められない場合には，その事業のうちその親族の収支に係る部分の事業主は，その親族と推定します。
(3) 上記の(1)又は(2)に該当する場合のほか，生計の主宰者が遠隔地に勤務し，その者の親族が国もとで事業に従事している場合のように，生計の主宰者と事業に従事している親族とが日常の起居をともにしていない場合には，その親族の従事している事業の事業主は，その親族と推定します。

任意組合等の組合員の組合事業に係る利益等の帰属　民法第667条第1項に規定する組合契約，投資事業有限責任組合契約に関する法律第3条第1項に規定する投資事業有限責任組合契約及び有限責任事業組合契約に関する法律第3条第1項に規定する有限責任事業組合契約により成立する組合並びに外国におけるこれらに類するもの（以下「任意組合等」という。）の組合員のその任意組合等において営まれる事業（以下「組合事業」という。）に係る利益の額又は損失の額は，その任意組合等の利益の額又は損失の額のうち分配割合に応じて利益の分配を受けるべき金額又は損失を負担すべき金額となります。
ただし，その分配割合が各組合員の出資の状況，組合事業への寄与の状況などからみて経済的合理性を有していないと認められる場合には，経済的合理性のある方法で分配することになります（基通36・37共―19）。
（注）1　分配割合とは，組合契約に定める損益分配の割合又は民法第674条，投資事業有限責任組合契約に関する法律第16条及び有限責任事業組合契約に関する法律第33条の規定による損益分配の割合をいいます。
　　　2　任意組合等の組合員の所得計算については，93ページ参照。

信 託 課 税

　信託とは，委託者が受託者に対して財産権の移転その他の処分をし，受託者が信託目的に従って，受益者のために信託財産の管理，処分等をすることをいいます。

　信託法の改正（平成18年12月）により，多様な類型の信託が可能となったことから，平成19年度の税制改正において，原則として，信託法施行日（平成19年9月30日）以後に効力が生じる信託に関し，所要の整備が図られました。

信託法施行日前に効力が生じている信託に関する取扱い

　信託財産から生ずる所得の帰属　信託財産（合同運用信託，投資信託，特定目的信託又は適格退職年金契約，厚生年金基金契約，確定給付年金資産管理運用契約，確定給付年金基金資産運用契約，確定拠出年金資産管理契約，勤労者財産形成給付契約，勤労者財産形成基金給付契約，国民年金基金，国民年金基金契約に関する信託の信託財産を除く。）から生ずる所得は，次に掲げる場合に応じ，それぞれ次に掲げる人がその信託財産を所有しているものとみなして所得税が課税されます（旧法13，旧令52）。

(1)　受益者が特定している場合　その受益者

(2)　受益者が特定していない場合又は存在していない場合　その信託財産に関する信託の委託者

　（注）1　受益者が特定しているかどうか又は存在しているかどうかの判定は，信託財産に係る収入及び支出があった時の現況により判定します（旧令52②）。

　　　　2　土地信託については，202・299・573ページ参照。

信託法施行日以後に効力が生じる信託に関する取扱い

　法人課税信託の受託者に関する所得税法の適用　所得税法上，法人課税信託の受託者は，原則として，各法人課税信託の信託資産等（信託財産に属する資産及び負債並びにその信託財産に帰せられる収益及び費用をいう。）及び固有資産等（法人課税信託の信託資産等以外の資産及び負債並びに収益及び費用をいう。）ごとに，それぞれ別の者とみなされ，各法人課税信託の信託資産等及び固有資産等は，そのみなされた各別の者にそれぞれ帰属するものとされます（法6の2）。

　ここでいう「法人課税信託」とは，次に掲げる信託をいい，集団投資信託（22ページ参照）並びに退職年金等信託（22ページ参照）及び特定公益信託等（法法12④二）を除きます（法2①八の三，法法2二十九の二）。

(1)　受益権を表示する証券を発行する旨の定めのある信託

(2)　受益者等が存しない信託

(3)　法人（公共法人及び公益法人等を除く。）が委託者となる信託（信託財産に属する資産のみを信託するものを除く。）で，次に掲げる要件のいずれかに該当するもの

　イ　その法人の事業の全部又は重要な一部を信託し，かつ，その信託の効力が生じた時において，その法人の株主等が取得する受益権の割合が100分の50を超えるものとして一定のものに該当

—20—

することが見込まれていたこと（その信託財産に属する金銭以外の資産の種類がおおむね同一である場合として一定の場合を除く。）

　ロ　その信託の効力が生じた時又はその存続期間の定めの変更の効力が生じた時（以下「効力発生時等」という。）においてその法人又はその法人の特殊関係者が受託者であり，かつ，効力発生時等においてその後の存続期間が20年を超えるものとされていたこと

　ハ　その信託の効力が生じた時において，その法人又はその法人の特殊関係者をその受託者と，その法人の特殊関係者をその受益者とし，かつ，その時においてその特殊関係者に対する収益の分配の割合の変更が可能である場合として一定の場合に該当したこと

(4)　投資信託（投資信託及び投資法人に関する法律2③）

(5)　特定目的信託（資産の流動化に関する法律2⑬）

　法人課税信託の受託法人，委託者又は受益者に対する所得税法の適用　受託法人（法人課税信託の受託者である法人又は個人について，上記の取扱いにより，その法人課税信託に係る信託資産等が帰属する者として所得税法の規定を適用する場合におけるその受託者である法人又は個人をいう。）又は法人課税信託の委託者若しくは受益者については，所得税法上，次のとおり取り扱われます（法6の3）。

(1)　法人課税信託の信託された営業所，事務所その他これらに準ずるもの（以下「営業所」という。）が国内にある場合には，その法人課税信託に係る受託法人は，内国法人とされます。

(2)　法人課税信託の信託された営業所が国内にない場合には，その法人課税信託に係る受託法人は，外国法人とされます。

(3)　受託法人（会社でないものに限る。）は，会社とみなされます。

(4)　法人課税信託の受益権（一定のものを除く。）は株式又は出資とみなされ，法人課税信託の受益者は株主等に含まれるものとされます。

　　この場合，その法人課税信託の受託者である法人の株式又は出資は，その法人課税信託に係る受託法人の株式又は出資でないものとみなされ，その受託者である法人の株主等は，その受託法人の株主等ではないものとされます。

(5)　法人課税信託について信託の終了があった場合又は受益者等（所得税法第13条第1項に定める受益者及び同条第2項に定める受益者とみなされる者をいう。）の存しない法人課税信託に受益者等が存することとなった場合（一定の信託に該当する場合を除く。）には，これらの法人課税信託に係る受託法人の解散があったものとされます。

(6)　受益者等の存しない信託以外の法人課税信託の委託者が，その有する資産の信託をした場合又は受益者等課税信託が受益者等の存しない信託以外の法人課税信託に該当することとなった場合には，これらの法人課税信託に係る受託法人に対する出資があったものとみなされます。

　　（注）「受益者等課税信託」とは，受益者等がその信託財産に属する資産及び負債を有するものとみなされる信託をいいます（法13①，基通13—1）。

(7)　受益者等の存しない法人課税信託の委託者が，その有する資産の信託をした場合又は受益者等課税信託が受益者等の存しない法人課税信託に該当することとなった場合には，これらの法人課税信託に係る受託法人に対する贈与により，その資産の移転があったものとみなされます。

(8)　法人課税信託の収益の分配は，資本剰余金の減少に伴わない剰余金の配当と，法人課税信託の

信 託 課 税

元本の払戻しは，資本剰余金の減少に伴う剰余金の配当とみなされます。

　　信託財産に属する資産及び負債並びに信託財産に帰せられる収益及び費用の帰属　信託の受益者は，その信託の信託財産（集団投資信託，退職年金等信託又は法人課税信託の信託財産を除く。）に属する資産及び負債を有するものとみなし，かつ，その信託財産に帰せられる収益及び費用は，その受益者の収益及び費用とみなして，所得税法の規定が適用されます（法13①）。

　　また，信託の変更をする権限（軽微な変更をする一定の権限を除く。）を現に有し，かつ，その信託の信託財産の給付を受けることとされている受益者以外の者は，受益者とみなされます（法13②）。

（注）1　「集団投資信託」とは，合同運用信託，投資信託（法人税法第2条第29号ロに掲げる信託に限る。）及び特定受益証券発行信託をいいます（法13③一，法法2二十九）。

　　　2　「退職年金等信託」とは，厚生年金基金契約，確定給付年金資産管理運用契約，確定給付年金基金資産運用契約，確定拠出年金資産管理契約，勤労者財産形成給付契約若しくは勤労者財産形成基金給付契約，国民年金基金若しくは国民年金基金連合会の締結した国民年金法に規定する契約又は適格退職年金契約に係る信託をいいます（法13③二，令52⑤）。

　　　3　受益者等が2以上ある場合には，信託財産に属する資産及び負債の全部をそれぞれの受益者がその有する権利の内容に応じて有するものとし，その信託財産に帰せられる収益及び費用の全部が，それぞれの受益者に，その有する権利の内容に応じて帰せられるものとされます（令52④）。

信託に係る所得の金額の計算

　　信託財産に帰せられる収益及び費用の帰属の時期　受益者等課税信託の信託財産に帰せられる収益及び費用は，その信託行為に定める信託の計算期間にかかわらず，その信託の受益者等のその年分の各種所得の金額の計算上総収入金額又は必要経費に算入することになります（基通13―2）。

　　信託財産に帰せられる収益及び費用の額の計算　受益者等課税信託に係る各種所得の金額の計算上総収入金額又は必要経費に算入する額は，その信託の信託財産から生ずる利益又は損失をいうのではなく，その信託財産に属する資産及び負債並びにその信託財産に帰せられる収益及び費用を，その受益者等のこれらの金額として計算します（基通13―3）。

　　信託の受益者としての権利の譲渡等　受益者等課税信託の受益者が有する権利の譲渡又は取得が行われた場合には，その権利の目的となっている信託財産に属する資産及び負債が譲渡又は取得されたものとして取り扱われます（基通13―6）。

　　信託に係る所得の金額の計算のその他の取扱い

(1)　居住者が，受益者等の存しない法人課税信託の受益者等（清算中における受益者を除く。）となったことにより，その法人課税信託が，受益者等の存しない法人課税信託に該当しないこととなった場合（受益権を表示する証券を発行する旨の定めのある信託又は法人が委託者となる一定の信託に該当する場合を除く。）には，その居住者は，その受託法人から，その信託財産に属する資産及び負債を，その該当しないこととなった時の直前におけるその受託法人のその信託財産に属する資産及び負債の帳簿価額に相当する金額により引継ぎを受けたものとして，各年分の各種所得の金額を

―22―

計算します（法67の3①，令197の3①）。

　この場合におけるその引継ぎにより生じた収益の額は，その居住者のその引継ぎを受けた日の属する年分の各種所得の金額の計算上，総収入金額に算入せず，また，その引継ぎにより生じた損失の額は，生じなかったものとされます（法67の3②，令197の3③）。

　また，その引継ぎを受けたものとされる信託財産に属する資産については，その該当しないこととなった時の直前におけるその受託法人のその信託財産に属する資産の帳簿価額に相当する金額により取得したものとみなされますが，その居住者がその資産を取得した日は，その受託法人がその資産を取得した日となります（令197の3②）。

(注)　「引継ぎにより生じた収益の額」とは，受託法人の信託財産に属する資産の帳簿価額の合計額が負債の帳簿価額の合計額を超える場合におけるその超える部分の金額に相当する金額をいい，「引継ぎにより生じた損失の額」とは，受託法人の信託財産に属する資産の帳簿価額の合計額が負債の帳簿価額の合計額に満たない場合におけるその満たない部分の金額に相当する金額をいいます（令197の3④）。

(2)　信託（集団投資信託，退職年金等信託又は法人課税信託を除く。以下同じ。）の委託者である居住者が，その有する資産を信託した場合において，その信託の受益者等となる法人が，適正な対価を負担せずに受益者等となるときは，その資産を信託した時において，その居住者からその法人に対して贈与又はその法人が負担した対価の額による譲渡によりその信託に関する権利に係る資産の移転が行われたものとして，その居住者の各年分の各種所得の金額を計算することになります（法67の3③）。

(3)　信託に新たに受益者等が存することになった場合（(2)及び(5)に該当する場合を除く。）において，その信託の新たな受益者等となる法人が，適正な対価を負担せずに受益者等となり，かつ，その信託の受益者等であった者が居住者であるときは，その新たに受益者等が存することになった時において，その居住者からその法人に対して贈与又はその法人が負担した対価の額による譲渡によりその信託に関する権利に係る資産の移転が行われたものとして，その居住者の各年分の各種所得の金額を計算することになります（法67の3④）。

(4)　信託の一部の受益者等が存しなくなった場合において，既にその信託の受益者等である法人が，適正な対価を負担せずにその信託に関する権利について新たに利益を受ける者となり，かつ，その信託の一部の受益者等であった者が居住者であるときは，その信託の一部の受益者等が存しなくなった時において，その居住者からその法人に対して贈与又はその法人が負担した対価の額による譲渡によりその信託に関する権利に係る資産の移転が行われたものとして，その居住者の各年分の各種所得の金額を計算することになります（法67の3⑤）。

(5)　信託が終了した場合において，その信託の残余財産の給付を受けるべき，又は帰属すべき者となる法人が，適正な対価を負担せずにその給付を受けるべき，又は帰属すべき者となり，かつ，その信託の終了の直前において受益者等であった者が居住者であるときは，その給付を受けるべき，又は帰属すべき者となった時において，その居住者からその法人に対して贈与又はその法人が負担した対価の額による譲渡によりその信託の残余財産（その信託の終了の直前において，その法人がその信託の受益者等であった場合には，その受益者等として有していたその信託に関する権利に相当するものを除く。）の移転が行われたものとして，その居住者の各年分の各種所得の金額を計算することになります（法67の3⑥）。

所得の種類及び所得計算のあらまし

（令和5年分）

所得の種類及びその内容のあらまし	計　算　方　法	税　額　の　計　算　方　法	本文の参照ページ
利子所得　公社債及び預貯金の利子並びに合同運用信託，公社債投資信託及び公募公社債等運用投資信託の収益の分配による所得（法23①）	収入金額＝所得金額（法23②）	原則として，分離課税（15.315%の税率による源泉分離課税）（措法3①，復興財確法28）	167
配当所得　法人から受ける剰余金の配当（株式又は出資に係るものに限り，資本剰余金の額の減少に伴うもの並びに分割型分割によるもの及び株式分配を除く。），利益の配当（中間配当を含み，分割型分割によるもの及び株式分配を除く。），剰余金の分配（出資に係るものに限る。），投資法人が利益を超えて行う金銭の分配，基金利息並びに投資信託（公社債投資信託及び公募公社債等運用投資信託を除く。）及び特定受益証券発行信託の収益の分配（適格現物分配に係るものを除く。）による所得並びにみなし配当所得（法24①，25①）	$\begin{pmatrix}収入\\金額\end{pmatrix}-\begin{pmatrix}元本を取得するため\\に要した負債の利子\end{pmatrix}$ （注）　株式等の譲渡に係る事業所得，雑所得又は譲渡所得の基因となった有価証券を取得するために要した負債の利子その他事業所得又は雑所得の基因となった特定信託受益権で一定のものを除く（法24②）。	①　原則として，20.42%の税率による源泉徴収がされた上で総合課税（法182二，復興財確法28） ②　上場株式等の配当所得（大口株主以外）については原則として15.315%の税率による源泉徴収がされた上で総合課税又は15.315%の税率による申告分離課税（措法8の4，9の3，復興財確法28） ③　私募公社債等運用投資信託等の収益の分配に係る配当等については，15.315%の税率による一律源泉分離課税（措法8の2，復興財確法28） ④　一定の配当所得は，選択により総所得金額に算入しないことができる（措法8の5）。	180
不動産所得　不動産，不動産の上に存する権利，船舶又は航空機の貸付けなどによる所得（法26①）	（総収入金額）－（必要経費）（法26②，27②）	$\begin{pmatrix}利子\\所得\end{pmatrix}+\begin{pmatrix}配当\\所得\end{pmatrix}+\begin{pmatrix}不動産\\所得\end{pmatrix}+$ $\begin{pmatrix}事業\\所得\end{pmatrix}+\begin{pmatrix}給与\\所得\end{pmatrix}+\begin{pmatrix}短期譲\\渡所得\end{pmatrix}+$ $\left\{\begin{pmatrix}長期譲\\渡所得\end{pmatrix}+\begin{pmatrix}一時\\所得\end{pmatrix}\right\}\times\frac{1}{2}+\begin{pmatrix}雑所\\得\end{pmatrix}$ 　＝総所得金額（法22②）	201
事業所得　農業，漁業，製造業，卸売業，小売業，サービス業などの事業から生ずる所得（法27①）			208

－24－

所得の種類及び所得計算のあらまし

所得の種類及びその内容のあらまし	計　算　方　法	税　額　の　計　算　方　法	本文の参照ページ
給与所得　俸給，給料，賃金，歳費及び賞与並びにこれらの性質を有する給与による所得（法28①）	（収入金額）－（給与所得控除額）（法28②） （注）　特定支出控除の特例がある（法57の2）。	（注）　所得金額調整控除の適用がある場合には，上記の「給与所得」は「給与所得から所得金額調整控除を控除した金額」となる（措法41の3の3）。	279
譲渡所得　資産の譲渡等による所得（法33①） 短期譲渡所得…取得の日以後5年以内のものの譲渡による所得（法33③一） 長期譲渡所得…上記以外の所得（法33③二）	$\left\{\binom{総収入}{金額}-\binom{取得費及び}{譲渡費用}\right\}$ $-\binom{特別控}{除額}$（法33③）	次に掲げるものは分離課税 ①　土地建物等に係る譲渡所得（措法31①，32①） ②　割引債の償還差益（措法41の12①） ③　株式等に係る譲渡所得等（措法37の10，37の11） ④　先物取引に係る雑所得等（措法41の14）	297
一時所得　利子，配当，不動産，事業，給与，譲渡，山林，退職の各所得以外の所得のうち，営利を目的とする継続的行為から生じた所得以外の一時の所得で，労務その他の役務又は資産の譲渡の対価としての性質を有しないもの（法34①）	$\left\{\binom{総収入}{金額}-\binom{収入を得るため}{に支出した金額}\right\}$ $-（特別控除額）$（法34②）		562
雑所得　利子，配当，不動産，事業，給与，退職，山林，譲渡，一時の各所得以外の所得（法35①）	（公的年金等の収入金額－公的年金等控除額）＋（公的年金等以外の総収入金額－必要経費）（法35②）		571
山林所得　山林の伐採又は譲渡による所得（法32①）	$\left\{\binom{総収入}{金額}-\binom{必要}{経費}\right\}-\binom{特別控}{除額}$（法32③）	他の所得と区分して計算する。	603
退職所得　退職手当，一時恩給その他の退職により一時に受ける給与及びこれらの性質を有する給与による所得（法30①）	$\left\{\binom{収入}{金額}-\binom{退職所得}{控除額}\right\}\times\frac{1}{2}$ （注）　特定役員退職手当等の場合は「$\times\frac{1}{2}$」は適用しない（法30②④）		612
土地建物等の譲渡所得 分離短期譲渡所得……その年1月1日で所有期間が5年以下であるものの譲渡による所得（措法32①）	$\binom{総収入}{金額}-\binom{取得費及び}{譲渡費用}$	他の所得と区分して計算する。課税短期譲渡所得金額について30%の税率による分離課税（措法32①）	325
分離長期譲渡所得……上記以外の所得（措法31①）		他の所得と区分して計算する。課税長期譲渡所得金額について，15%の税率による分離課税（措法31①）	323

あ
ら
ま
し

— 25 —

所得の種類及び所得計算のあらまし

所得の種類及びその内容のあらまし	計　算　方　法	税　額　の　計　算　方　法	本文の参照ページ
一般株式等又は上場株式等に係る譲渡所得等 　一般株式等又は上場株式等を譲渡したことによる事業所得，譲渡所得又は雑所得（措法37の10①②，37の11①②）	$\begin{pmatrix}\text{総収入}\\\text{金額}\end{pmatrix}-(\text{必要経費})$ 又は $\begin{pmatrix}\text{総収入}\\\text{金額}\end{pmatrix}-\begin{pmatrix}\text{取得費，譲渡費用}\\\text{及び負債の利子}\end{pmatrix}$	原則として15％の税率による分離課税（措法37の10①，37の11①）	434
土地の譲渡等に係る事業所得等 　その年1月1日で所有期間が5年以下である土地等を譲渡等したことによる事業所得又は雑所得（措法28の4）	（譲渡収入）－（譲渡原価＋販売費及び一般管理費＋負債利子）	他の所得と区分して計算する。 　土地譲渡益について，40％の税率により計算した税額と他の所得と総合して計算した場合の税率の110％に相当する税額とのいずれか多い額により分離課税 （注）　平成10年1月1日から令和8年3月31日までの間の譲渡については，適用されず，所有期間の長短に関係なく，一般の事業所得や雑所得と同様に他の所得と総合して課税される（措法28の4⑥）。	272

所得計算の通則

所得の計算期間

　所得税の課税標準は，その年の１月１日から12月31日までの１年間に生じた所得の金額について計算します。ただし，納税者が年の中途で死亡した又は出国をする場合には，その年の１月１日からその死亡の日又は出国の時までの期間内に生じた所得の金額について計算します。

外貨建取引を行った場合の換算

　個人が，外貨建取引を行った場合には，その外貨建取引の金額の円換算額はその外貨建取引を行った時における外国為替の売買相場により換算した金額として，その者の各年分の各種所得の金額を計算します（法57の３①）。

（注）１　「外貨建取引」とは，外国通貨で支払が行われる資産の販売及び購入，役務の提供，金銭の貸付け及び借入れその他の取引をいいます（法57の３①）。

　　　　なお，外国通貨で表示された預貯金を受け入れる銀行その他の金融機関（以下「金融機関」という。）を相手方とするその預貯金に関する契約に基づき預入が行われるその預貯金の元本に係る金銭により引き続き同一の金融機関に同一の外国通貨で行われる預貯金の預入は，外貨建取引に該当しないものとされています（令167の６②）。

　　　２　「外貨建取引の金額の円換算額」とは，外国通貨で表示された金額を本邦通貨表示の金額に換算した金額をいいます（法57の３①）。

　　　３　「先物外国為替契約」とは，外国通貨をもって表示される支払手段（外国為替及び外国貿易法第６条第１項第７号に規定する支払手段をいう。）又は外貨債権（外国通貨をもって支払を受けることができる債権をいう。）の売買契約に基づく債権の発生，変更又は消滅に係る取引をその売買契約の締結の日後の一定の時期に一定の外国為替の売買相場により実行する取引（以下「先物外国為替取引」という。）に係る契約のうち外貨建資産若しくは外貨建負債の取得又は発生の基因となる外貨建取引に伴って支払い，又は受け取る外国通貨の金額の円換算額を確定させる契約をいうものとされています（令167の６①，規36の７①）。

　外貨建取引の円換算　外貨建取引の円換算（先物外国為替契約等により円換算を確定させた場合の円換算を除く。）は，その取引を計上すべき日（以下「取引日」という。）における対顧客直物電信売相場（以下「電信売相場」という。）と対顧客直物電信買相場（以下「電信買相場」という。）の仲値（以下「電信売買相場の仲値」という。）で行います。

　ただし，不動産所得，事業所得，山林所得又は雑所得を生ずべき業務に係るこれらの所得の金額（以下「不動産所得等の金額」という。）の計算においては，継続適用を条件として，売上その他の収入又は資産については取引日の電信買相場，仕入その他の経費（原価及び損失を含む。）又は負債については取引日の電信売相場によることができます（基通57の３―２）。

（注）１　電信売相場，電信買相場及び電信売買相場の仲値については，原則として，その者の主たる取引金融

— 27 —

機関のものによることとするが，合理的なものを継続して使用している場合には，これも認められます。

2　不動産所得等の金額の計算においては，継続適用を条件として，その外貨建取引の内容に応じてそれぞれ合理的と認められる次のような外国為替の売買相場（以下「為替相場」という。）も使用することができます。

(1)　取引日の属する月若しくは週の前月若しくは前週の末日又は当月若しくは当週の初日の電信買相場若しくは電信売相場又はこれらの日における電信売買相場の仲値

(2)　取引日の属する月の前月又は前週の平均相場のように1月以内の一定期間における電信売買相場の仲値，電信買相場又は電信売相場の平均値

3　円換算に係るその日（為替相場の算出の基礎とする日をいう。以下この（注）3において同じ。）の為替相場については，次に掲げる場合には，それぞれ次によります。以下同じです。

(1)　その日に為替相場がない場合には，同日前の最も近い日の為替相場によります。

(2)　その日に為替相場が2以上ある場合には，その日の最終の相場（その日が取引日である場合には，取引発生時の相場）によります。ただし，取引日の相場については，取引日の最終の相場によっているときもこれも認められます。

4　本邦通貨により外国通貨を購入し直ちに資産を取得し若しくは発生させる場合のその資産，又は外国通貨による借入金に係るその外国通貨を直ちに売却して本邦通貨を受け入れる場合のその借入金については，現にその支出し，又は受け入れた本邦通貨の額をその円換算額とすることができます。

5　外貨建て円払いの取引は，その取引の円換算額を外貨建取引の円換算の例に準じて見積もります。この場合，その見積額とその取引に係る債権債務の実際の決済額との間に差額が生じたときは，その差額はその債権債務の決済をした日の属する年分の各種所得の金額の計算上総収入金額又は必要経費に算入します。

　　多通貨会計を採用している場合の外貨建取引の換算　不動産所得等の金額の計算において，外貨建取引を取引発生時には外国通貨で記録し，各月末等一定の時点において損益計算書又は収支内訳書の項目を本邦通貨に換算するといういわゆる多通貨会計を採用している場合に，外貨建取引の換算を，各月末等の規則性を有する1月以内の一定期間ごとの一定の時点において本邦通貨への換算を行い，その一定の時点をその外貨建取引に係る取引発生時であるものとして前記の外貨建取引の円換算等の取扱いを適用しているときは，これも認められます。この場合，円換算に係る為替相場については，その一定期間を基礎として計算した平均値も使用することができます（基通57の3－3）。

前渡金等の振替え

　前記の外貨建取引の円換算の取扱いにより円換算を行う場合において，その取引に関して受け入れた前受金又は支払った前渡金があるときは，その前受金又は前渡金に係る部分については，前記の外貨建取引の円換算等の取扱いにかかわらず，その前受金又は前渡金の帳簿価額をもって収入又は経費の額とし，改めてその収入又は経費の計上を行うべき日における為替相場による円換算を行わないことができます（基通57の3－5）。

延払基準の適用

　延払基準の方法を適用するリース譲渡の対価の一部につき前受金を受け入れている場合において，その対価の全額につき前記の外貨建取引の円換算により円換算を行い，これを基として延払基準を適用しているときは，その前受金の帳簿価額とその前受金についての円換算額との差額に相当

する金額は，そのリース譲渡に係る目的物の引渡し又は役務の提供の日の属する年分の事業所得の金額の計算上総収入金額又は必要経費に算入し，延払基準の賦払金割合の算定に含めます（基通57の3－6）。

先物外国為替契約等により円換算額を確定させた場合の換算

決済時の円換算額を確定させた場合の換算 不動産所得，事業所得，山林所得又は雑所得を生ずべき業務を行う者が，先物外国為替契約等により外貨建取引によって取得し，又は発生する資産若しくは負債の金額の円換算額を確定させ，かつ，その先物外国為替契約等の締結の日においてその旨を一定の方法によりその者のその業務に係る帳簿書類等に記載した場合は，その確定させた円換算額をもってその資産又は負債に係る外貨建取引の金額の円換算額とし，その者の各年分の不動産所得等の金額を計算します（法57の3②，規36の8）。

(注)1　「先物外国為替契約等」とは，先物外国為替取引（27ページ(注)3参照）に係る契約のうち外貨建取引によって取得し又は発生する資産若しくは負債の決済によって受け取り，若しくは支払う外国通貨の金額の円換算額を確定させる契約（②において「先物外国為替契約」という。）又は金融商品取引法第2条第20項に規定するデリバティブ取引に係る契約のうちその取引の当事者が元本及び利息として定めた外国通貨の金額についてその当事者間で取り決めた外国為替の売買相場に基づき金銭の支払を相互に約する取引に係る契約（次に掲げるいずれかの要件を満たすものに限る。）とされています（法57の3②，規36の8①）。
　①　その契約の締結に伴って支払い，又は受け取ることとなる外貨元本額（その取引の当事者がその取引の元本として定めた外国通貨の金額をいう。）の円換算額が満了時円換算額（その契約の期間の満了に伴って受け取り，又は支払うこととなる外貨元本額の円換算額をいう。）と同額となっていること
　②　その契約に係る満了時円換算額がその契約の期間の満了の日を外国為替の売買の日とする先物外国為替契約に係る外国為替の売買相場により外貨元本額を円換算額に換算した金額に相当する金額となっていること
　2　「その業務に係る帳簿書類等」とは，不動産所得，事業所得又は山林所得を生ずべき業務を行う者にあっては，その者のその業務に係る資産若しくは負債の取得若しくは発生に関する帳簿書類又は先物外国為替契約等の締結に関する帳簿書類をいいます。また，雑所得を生ずべき業務を行う者にあっては，その者のその業務に係る資産若しくは負債の取得若しくは発生に関する書類又は先物外国為替契約等の締結に関する書類をいいます（規36の8③）。

先物外国為替契約等がある場合の収入，経費の換算等 外貨建取引に係る売上その他の収入又は仕入その他の経費につき円換算を行う場合において，その計上を行うべき日までに，その収入又は経費の額に係る本邦通貨の額を先物外国為替契約等により確定させているとき（その先物外国為替契約等の締結の日において，その者の帳簿書類に一定の事項の記載があるときに限る。）は，その収入又は経費の額については，その確定させている本邦通貨の額をもってその円換算額とすることができます。この場合，その収入又は経費の額が先物外国為替契約等により確定しているかどうかは，原則として個々の取引ごとに判定しますが，外貨建取引の決済約定の状況等に応じ，包括的に先物外国為替契約等を締結してその予約額の全部又は一部を個々の取引に比例配分するなど合理的に振り当てているときは，これも認められます（基通57の3－4）。

所得計算の通則（収入金額）

　発生時の円換算額を確定させた場合　不動産所得，事業所得，山林所得又は雑所得を生ずべき業務を行う者が，外貨建資産・負債の取得又は発生の基因となる外貨建取引に伴って支払い，又は受け取る外国通貨の金額の円換算額を先物外国為替契約（27ページ（注）3参照）により確定させ，かつ，その先物外国為替契約の締結の日においてその旨を一定の方法によりその者のその業務に係る帳簿書類等に記載した場合には，その外貨建資産・負債については，その円換算額をもって，外貨建取引の金額の円換算額として，その者の各年分の不動産所得等の金額を計算することになります（令167の6①）。

（注）　「外貨建資産・負債」とは，外貨建取引によって取得し又は発生する資産若しくは負債のうち，決済時の円換算額を確定させた場合の換算の適用を受ける資産又は負債以外のものをいいます（令167の6①）。

国外で業務を行う者の損益計算書等に係る外貨建取引の換算

　国外において不動産所得，事業所得，山林所得又は雑所得を生ずべき業務を行う個人で，その業務に係る損益計算書又は収支内訳書を外国通貨表示により作成している者については，継続適用を条件として，その業務に係る損益計算書又は収支内訳書の項目（前受金等の収益性負債の収益化額及び減価償却資産等の費用性資産の費用化額を除く。）の全てをその年の年末における為替相場により換算することができます（基通57の3―7）。

（注）　上記の円換算に当たっては，継続適用を条件として，収入金額及び必要経費の換算につき，その年においてその業務を行っていた期間内における電信売買相場の仲値，電信買相場又は電信売相場の平均値を使用することができます。

—————— 収　入　金　額 ——————

収　入　金　額

　その年分の各種所得の収入金額は，その年において収入すべき金額であり，その収入の基因となった行為が適法であるかどうかを問いません（基通36―1）。したがって，適法でない行為（例えば，賭博）から生じた収入であっても，現に経済的成果が生じている限り収入金額となります。

収入金額の計算

　収入金額は，現実に収入した金額ではなく，収入すべき金額によって計算します。したがって，その年に販売代金の一部が未収となっている場合でも，その販売代金の総額を収入金額として計算することになります。また，販売代金を金銭で収入する場合には，その金銭の額によって収入金額を計算することはもちろんですが，金銭以外の物や権利その他経済的利益によって収入する場合には，その物や権利その他経済的利益のその収入する時における価額によって収入金額を計算します（法36①②）。なお，所得税が源泉徴収される所得についての収入金額は，所得税が源泉徴収される前の金額によって計算します。

（注）　消費税等の扱いについては，107ページ参照。

— 30 —

所得計算の通則（収入金額）

経済的利益　経済的利益には次に掲げるような利益が含まれます（基通36―15）。
(1)　物品その他の資産の譲渡を無償又は低い対価で受けた場合におけるその資産のその時における価額又はその価額と対価の額との差額に相当する利益（基通36―18，36―20～26，36―36～39）
(2)　土地，家屋その他の資産（金銭を除く。）の貸与を無償又は低い対価で受けた場合における通常支払うべき対価の額又はその通常支払うべき対価の額と実際に支払う対価の額との差額に相当する利益（基通36―40～48）
(3)　金銭の貸付け又は提供を無利息又は通常の利率よりも低い利率で受けた場合における通常の利率により計算した利息の額又はその通常の利率により計算した利息の額と実際に支払う利息の額との差額に相当する利益（基通36―28，36―49）
(4)　上記(2)及び(3)以外の用役の提供を無償又は低い対価で受けた場合におけるその用役について通常支払うべき対価の額又はその通常支払うべき対価の額と実際に支払う対価の額との差額に相当する利益（基通36―29，36―50）
(5)　買掛金その他の債務の免除を受けた場合におけるその免除を受けた金額又は自己の債務を他人が負担した場合におけるその負担した金額に相当する利益

免責許可の決定等により債務免除を受けた場合の経済的利益の総収入金額不算入（102ページ参照）

棚卸資産等を自家消費した場合の収入金額　棚卸資産等を家事のために消費した場合又は山林を伐採して家事のために消費した場合には，その消費した時におけるこれらの資産の価額に相当する金額（販売価額等）を，その消費した日の属する年分の事業所得，雑所得又は山林所得の金額の計算上その収入金額に算入します（法39）。

棚卸資産等　この場合の棚卸資産等とは，事業所得を生ずべき事業に係る商品，製品などの棚卸資産及び不動産所得，雑所得又は山林所得を生ずべき業務に関して有する棚卸資産に準ずる資産（山林を除く。）並びに①少額の減価償却資産の取得価額の必要経費算入（令138①）の規定の適用を受けた減価償却資産及び②一括償却資産の必要経費算入（令139①）の規定の適用を受けた減価償却資産（①の減価償却資産で取得価額が10万円未満のもの及び②の減価償却資産のうち，業務の性質上基本的に重要なものを除く。）をいいます（法2①十六，令3，81，86）。

販売価額等　自家消費をした場合又は贈与等をした場合の収入金額の計算の基礎となる棚卸資産等の販売価額等とは，その棚卸資産等が販売用であるときは，その自家消費等の時におけるこれらの資産を通常他に販売する場合の価額をいい，販売用以外の資産であるときは，その自家消費等の時における通常売買される価額をいいます。なお，その棚卸資産等の取得価額（取得価額が通常の販売価額等の70％相当額未満であるときは，通常の販売価額等のおおむね70％相当額）以上の金額を収入金額としている場合には，その取得価額以上の金額を記帳することにより，収入金額の計算をすることが認められます（基通39―1，39―2）。

棚卸資産等を贈与等又は低額譲渡した場合等の収入金額　棚卸資産等（事業所得の基因となる山林及び有価証券並びに暗号資産を含む。）を，贈与（相続人に対する贈与で被相続人である贈与者の死亡により効力を生ずるものを除く。）又は遺贈（包括遺贈及び相続人に対する特定遺贈を除く。）した場合には，贈与若しくは遺贈の時のその棚卸資産等の価額（販売価額等）を，著しく低い価額の対価で譲渡した場合には，著しく低い対価の額とその譲渡した時のその棚卸資産等の価額との差額のうち，実質的に贈与したと認められる金額を事業所得の金額又は雑所得の金額の計算上その収入金額に算入しま

所得計算の通則（収入金額）

す（法40①，令87）。

(注)　「実質的に贈与したと認められる金額」は，通常他に販売する価額のおおむね70％に相当する金額からその対価の額を差し引いた金額とすることができます（基通40―3）。

所得の収入金額とされる保険金，損害賠償金等　不動産所得，事業所得，山林所得又は雑所得を生ずべき業務を行う者が受ける次に掲げる収入で，その業務の遂行によって生ずべきこれらの所得に係る収入金額に代わる性質を有するものは，これらの所得に係る収入金額に算入します（令94）。

(1)　棚卸資産等，山林，工業所有権等の権利又は著作権等について損失を受けたことによって取得する保険金，損害賠償金，見舞金など

(2)　業務の全部又は一部の休止，転換又は廃止その他の事由によってその業務の収益の補償として取得する補償金など

(注)　上記補償金などのうち，3年以上の期間の不動産所得，事業所得又は雑所得の補償として受ける補償金による所得は，臨時所得として平均課税の方法による税額の計算を選択することができます（848ページ参照）。

(3)　借地権又は地役権の設定の対価で資産の譲渡とみなされる行為に係る対価のうち，棚卸資産の譲渡又は営利を目的として継続的に行われる譲渡として譲渡所得の収入金額に含まれないもの（法33②一）

国庫補助金等の交付を受けた場合の収入金額　固定資産（山林を含む。）の取得又は改良に充てるために国又は地方公共団体の補助金又は給付金など（以下「国庫補助金等」という。）を受けた場合（その国庫補助金等の返還を要しないことがその年12月31日までに確定した場合に限る。）において，その年12月31日までにその交付の目的に適合した固定資産の取得又は改良をしたときは，確定申告書に収入金額に算入しない取扱いの適用を受けたい旨や交付された国庫補助金等の額その他所定の事項を記載することを条件として，各種所得の金額の計算上その収入金額に算入されません（法42①～③，43①～④，規20，21）。

ただし，確定申告書を提出しなかった場合又は確定申告書にそれらの記載をしなかった場合でも，税務署長がその提出をしなかったこと又はその記載をしなかったことについてやむを得ない事情があると認めるときは，これらの特例の適用を受けることができます（法42④，43⑤）。

また，資産の移転などの費用に充てるために交付を受けた補助金等で，これをその交付の目的に従って支出した場合のその支出した金額については，何らの手続をしなくても，各種所得の金額の計算上その収入金額に算入されません（法44，令92，93）。

なお，これらの国庫補助金等のうちこれらの規定の適用を受けないもの及び資産の移転等の費用に充てるため受けた交付金のうちその交付の目的とされた支出に充てられなかったものについては，原則として，一時所得の収入金額になります（基通34―1(9)）。

国庫補助金等　固定資産（山林を含む。）の取得又は改良に充てるために国庫補助金等の交付を受けた場合（その国庫補助金等の返還を要しないことがその年12月31日までに確定した場合に限る。）において，その年12月31日までにその交付の目的に適合した固定資産の取得又は改良をしたときは，その交付を受けた国庫補助金等の額に相当する金額（その固定資産がその年の前年以前の各年において取得又は改良を

― 32 ―

した減価償却資産である場合には，その国庫補助金等の額を基礎として一定の計算をした金額）は，収入金額に算入されません。また，国庫補助金等の交付に代えて交付を受けた固定資産の価額に相当する金額についても，金銭交付の国庫補助金等の場合と同様に取り扱われます（法42①②，令89）。なお，国庫補助金等の返還を要しないことがその年12月31日までに確定していないものについては，その年分の各種所得の金額の計算上はその収入金額に算入しないで，返還を要しないことが確定した場合に，次の算式で計算した金額（減価償却資産以外の固定資産の取得若しくは改良又は山林の取得に充てた場合を除く。）を，その確定した日の属する年分の各種所得の金額の計算上収入金額に算入します（法43①②，令91①）。

$$\left(\begin{array}{c}\text{返還を要しな}\\\text{いことが確定}\\\text{した金額}\end{array}\right) - \left(\begin{array}{c}\text{返還を要しな}\\\text{いことが確定}\\\text{した金額}\end{array}\right) \times \frac{\begin{array}{c}\text{返還を要しないことが確定した日}\\\text{における国庫補助金等によって取}\\\text{得した減価償却資産の帳簿価額}\end{array}}{\begin{array}{c}\text{国庫補助金等によって取得し}\\\text{た減価償却資産の取得価額}\end{array}} = \text{収入金額に算入する金額}$$

資産の移転などの費用に充てるために交付を受けた補助金等 国若しくは地方公共団体からその行政目的の遂行のために必要な資産の移転，移築若しくは除却などの費用に充てるため補助金の交付を受け，又は土地収用法等の規定による収用等によって資産の移転などを余儀なくされ，その費用に充てるための金額の交付を受けた場合に，その交付を受けた金額をその交付の目的に従って資産の移転などの費用に充てたときは，その費用に充てた金額は各種所得の金額の計算上収入金額に算入されません。ただし，その費用に充てた金額のうちに各種所得の金額の計算上必要経費に算入され，又は譲渡に要した費用とされる部分の金額があるときは，その部分の金額に相当する金額は収入金額に算入します（法44，令92，93）。

必 要 経 費

その年分の不動産所得の金額，事業所得の金額又は雑所得の金額の計算上差し引く必要経費は，別段の定めがあるものを除き，これらの所得の総収入金額に対応する売上原価その他その総収入金額を得るために直接に要した費用の額及びその年の販売費，一般管理費その他これらの所得を生ずべき業務について生じた費用（償却費以外の費用でその年に債務の確定しないものを除く。）の額です（法37①）。

山林の伐採又は譲渡について，その年分の事業所得の金額，雑所得の金額又は山林所得の金額の計算上差し引く必要経費は，別段の定めがあるものを除き，その山林の植林費，取得費，管理費，伐採費，その他その山林の育成又は譲渡に要した費用（償却費以外の費用でその年に債務の確定しないものを除く。）の額です（法37②）。

なお，令和5年分以後の所得税については，隠蔽仮装行為に基づき確定申告書を提出し，又は確定申告書を提出していなかった場合には，不動産所得，事業所得，山林所得又は雑所得の総収入金額に係る売上原価の額その他総収入金額を得るため直接に要した費用の額（資産の取得に直接に要した額などを除く。）及びその年における販売費，一般管理費その他これらの所得を生ずべき業務について生じた費用の額は，その保存する帳簿書類等によりこれらの額の基因となる取引が行われたこと及びその額が明らかである場合等に該当するその売上原価の額又は費用の額を除き，必要経費に算入することはできません（法45③，令98の2）。

（注） 売上原価については，220ページ以降を参照。

家 事 関 連 費 等

家事上の経費及び家事上の経費に関連する経費は，原則として，必要経費に算入することはでき

ません。ただし，家事上の経費に関連する経費のうち，次に掲げるものは必要経費に算入すること
ができます（法45①一，令96）。

(1)　その主たる部分が業務の遂行上必要であり，かつ，その必要である部分を明らかに区分するこ
とができる場合のその部分に相当する経費

(2)　(1)のほか，青色申告者の家事上の経費に関連する経費のうち，取引の記録などに基づいて不動
産所得，事業所得又は山林所得を生ずべき業務の遂行上直接必要であったことが明らかにされる
部分の金額に相当する経費

　　(注)　上記(1)の「主たる部分が業務の遂行上必要」であるかどうかは，支出する金額のうちその業務の遂
行上必要部分が50％を超えるかどうかにより判定します。ただし，その必要な部分の金額が50％以
下であっても，その必要である部分を明らかに区分することができる場合には，その必要である部分
に相当する金額を必要経費に算入して差し支えありません（基通45−2）。

　　罰金，科料等　罰金及び科料(通告処分による罰金又は科料に相当するもの及び外国又は外国の地方公
共団体により課された罰金又は科料に相当するものを含む。)並びに過料は，必要経費に算入することは
できません（法45①七）。

　　外国等が課する罰金又は科料に相当するもの　外国又は外国の地方公共団体により課された罰金又は
科料に相当するものとは，裁判手続（刑事訴訟手続）を経て課されるものをいいます。なお，この裁判手
続（刑事訴訟手続）には，いわゆる司法取引により支払われたものも含まれます（基通45−5の2）。

　　損害賠償金等　家事上の経費及びこれに関連する経費に該当する損害賠償金などは，必要経費に
算入することはできません。また，不動産所得，事業所得，雑所得又は山林所得を生ずべき業務に
関連して他人の権利を侵害したことにより支払う損害賠償金などであっても，それが故意又は重大
な過失に基因するものであるときは必要経費に算入することはできません（法45①八，令98②）。
　　なお，使用人の行為に基因する損害賠償金などを事業主が負担した場合には，その使用人の行為
に関し事業主に故意又は重大な過失がないときは，原則としてその負担した金額を必要経費に算入
することができますが，事業主に故意又は重大な過失があるときは，たとえその使用人に故意又は
重大な過失がないときでも必要経費に算入することはできません（基通45−6）。

(注)　業務の遂行に関連して他人に与えた損害の賠償をする場合において，その年12月31日までにその賠償
すべき額が確定していないときであっても，同日までにその額として相手方に申し出た金額(相手方に
対する申出に代えて第三者に寄託した額を含む。)に相当する金額(保険金等により補塡されることが明
らかな部分の金額を除く。)をその年分の必要経費に算入することができます。
　　なお，損害賠償金を年金として支払う場合には，その年金の額をその支払うべき日の属する年分の必
要経費に算入します（基通37−2の2）。

　　重大な過失の判定　重大な過失があったかどうかは，その人の職業，地位，加害当時の周囲の状況，侵
害した権利の内容及び取締法規の有無等の具体的な事情を考慮して，その人が払うべきであった注意義務
の程度を判定し，不注意の程度が著しいかどうかにより判定します（基通45−8）。

親族に支払う給料，賃借料等

不動産所得，事業所得又は山林所得を生ずべき事業を営む者(以下この項において「事業者」という。)

が，その事業者と生計を一にする配偶者その他の親族に給料，家賃，借入金の利子などを支払って
も，その支払った金額を必要経費に算入することはできません。ただし，その支払を受けた親族に
その収入を得るために要した費用がある場合には，その給料，家賃，借入金の利子などを支払った
事業者の必要経費に算入します（法56）。

> （注）1　事業者と生計を一にする配偶者その他の親族の有する家屋を無償でその事業者が事業の用に供
> している場合には，その家屋に係る固定資産税等をその事業者の事業所得の金額の計算上，必要経
> 費に算入することができます（基通56—1）。
>
> 　　　2　青色申告者がその事業の専従者に支払う給与については，青色事業専従者給与の特例があります
> （83ページ参照）。

租　税　公　課

必要経費算入の時期　その年分の必要経費に算入する租税公課は，原則として，その年中に納付
額が具体的に確定したもの（例えば，申告納税方式による税金はその年中に申告し又は更正若しくは決定
の通知を受けたもの，賦課課税方式による税金はその年中に賦課の通知を受けたもの）に限られますが，
次の税額についてはそれぞれ次のように取り扱われます（基通37—6）。

> （注）　消費税の扱いについては，113ページ参照。

(1)　製造場から移出された物品に係る酒税などで，その年中に申告等があったもののうちその年中
にまだ販売されていない物品に係る税額は，その物品が販売された年分の必要経費とします。

(2)　その年分の総収入金額に算入された酒税などのうちその年中に申告期限の到来しない税額につ
いては，その税額を未払金に計上し，その年分の確定申告期限までに申告等をすることによって，
その総収入金額に算入された年分の必要経費とすることができます。

(3)　賦課課税方式による租税のうち納期が分割されている固定資産税などの税額は，各納期の税額をそ
れぞれの納期の開始の日又は実際に納付した日の属する年分の必要経費とすることができます。

(4)　地価税は，地価税法第28条第1項及び第3項並びに同条第5項の規定により読み替えて適用さ
れる国税通則法第35条第2項に定めるそれぞれの納期限の日（同日前に納付した場合には実際に納
付した日）の属する年分の必要経費とすることができます（平成10年以後，課税停止）。

(5)　利子税は，原則として納付した年分の必要経費としますが，その年中に対応する税額を未払金
に計上して必要経費とすることもできます。

事業廃止年分の事業税の見込控除　事業を廃止した年分の所得につき課税される事業税について
は，次の算式により計算した事業税の課税見込額をその廃止した年分の必要経費とすることができ
ます（基通37—7）。

$$\frac{(A \pm B) R}{1 + R}$$

A……事業税の課税見込額を控除する前のその年分のその事業に係る所得の金額
B……事業税の課税標準の計算上Aに加算又は減算する金額
R……事業税の税率

> （注）　事業を廃止した年分の所得につき課税される事業税について上記の取扱いによらない場合には，そ
> の事業税の賦課決定があった時において，事業を廃止した場合の必要経費の特例（法63，91ページ参
> 照）及び更正の請求の特例（法152，924ページ参照）の規定の適用があります。

利子税　所得税を延納した場合に納付する利子税は，原則として必要経費に算入することはできませんが，不動産所得，事業所得又は山林所得を生ずべき事業を営む人の納付した次の利子税は，それらの事業から生ずべき所得の金額の計算上必要経費に算入することができます（法45①二，令97）。

(1)　確定申告税額の延納について納付した利子税の額のうち，事業から生ずる所得に対するもの

$$\left[{納付した利 \atop 子税の額}\right]\times\frac{\left[{その利子税の基礎となった年分の確定申告書に記載さ \atop れている事業所得，不動産貸付業から生じた不動産所 \atop 得及び林業から生じた山林所得の金額の合計額}\right]}{\left[{その利子税の基礎となった年分の確定申告書 \atop に記載されている各種所得の金額の合計額 \atop （給与所得及び退職所得の金額を除く。）}\right]}=\left[{必要経費に算入で \atop きる利子税の額}\right]$$

(注)　上記算式の納付した利子税の額に乗ずる割合は，小数点以下2位まで算出し，3位以下を切り上げた割合です。

(2)　山林の延払条件付譲渡に関する延納について納付した利子税の額

$$\left[{林業から生じた山林所得の延払条件付譲渡 \atop による延納について納付した利子税の額}\right]=\left[{林業から生じた山林所得の金額の計算 \atop 上必要経費に算入できる利子税の額}\right]$$

消費税以外の酒税等　酒税などは，これらの税金の額を含めた金額を収入金額に算入し，納付する税額を必要経費に算入します（基通37—4）。

(注)　消費税等の扱いについては，113ページ参照。

固定資産税等　業務用の土地，家屋その他の資産を課税対象とする固定資産税，登録免許税（登録に要する費用を含み，その資産の取得価額に算入されるものを除く。），不動産取得税，地価税，特別土地保有税，事業所税，自動車取得税等は，その業務に係る所得金額の計算上必要経費に算入します。

なお　業務の用に供される資産には相続，遺贈又は贈与により取得した資産も含まれます（基通37—5）。

ただし，登録免許税のうち特許権，鉱業権のように登録によって権利が発生する資産に係るものはその資産の取得価額に算入しなければなりませんが，船舶，航空機，自動車のように業務の用に供するために登録を必要とする資産に係るものはその資産の取得価額に算入するか，その年の必要経費に算入するかを選択することができます（基通49—3）。

(注)1　業務用以外の土地，建物等に係る登録免許税，不動産取得税等の固定資産の取得に伴い納付することとなる租税公課は，その土地，建物等の取得費に算入します（基通38—9）。
　　2　固定資産税をその納期前に納付した場合の地方税法第365条第2項《固定資産税に係る納期前の納付》の規定により交付を受ける報奨金は，次のようにその資産の用途の区分に応じ，その交付を受けるべき日の属する年分の各種所得の総収入金額に算入します（基通27—5(6)，34—1(12)）。
　　　(1)　事業用固定資産……事業所得又は不動産所得
　　　(2)　事業と称するに至らない業務用固定資産……不動産所得又は雑所得
　　　(3)　非業務用固定資産……一時所得

資産に係る控除対象外消費税額等の必要経費算入　不動産所得，事業所得，雑所得又は山林所得を生ずべき業務を行う年において，資産に係る控除対象外消費税額等が生じた場合には，一定の方法により，その年分の不動産所得の金額，事業所得の金額，雑所得の金額又は山林所得の金額の計算上，その資産に係る控除対象外消費税額等が必要経費に算入されます（令182の2①）。

—36—

所得計算の通則（必要経費）

(注)1 「資産に係る控除対象外消費税額等」とは，消費税及び地方消費税の経理処理について税抜経理方式（107ページ参照）を採用している者が，課税仕入れ等の消費税額のうち仕入税額控除をすることができない金額（控除対象外消費税）と，その控除対象外消費税額に係る地方消費税の額に相当する金額との合計額（控除対象外消費税額等）で資産に係るものをいいます（令182の2⑤）。

2 課税売上割合は，次の算式により算出することとされています（規38の2①，消令48①）。

$$\frac{\text{その事業者がその年中において行った課税資産の譲渡等の対価の額の合計額}}{\text{その事業者がその年中において行った資産の譲渡等の対価の額の合計額}} = \text{課税売上割合}$$

3 資産に係る控除対象外消費税額等についてこの規定の適用を受ける場合には，その全額について適用しなければなりません。また，2以上の所得を生ずべき業務について税抜経理方式を適用している場合には，それぞれの業務に係る取引ごとに上記の取扱いが適用されます（平元．3．29直所3—8「10」）。

4 令和5年10月1日以後に国内において個人事業者が行う資産の譲渡等，国内において個人事業者が行う課税仕入れ及び保税地域から引き取られる課税貨物に係る消費税に関する規定について，上記「適用しなければなりません」は「適用することになります」になります。

5 「資産」には，固定資産，棚卸資産，山林及び繰延資産が含まれますが，前払費用は含まれません（平元．3．29直所3—8「11」）。

必要経費の金額 資産に係る控除対象外消費税額等は，次により必要経費に算入されます。

(1) 資産に係る控除対象外消費税額等が生じた年

① その年の課税売上割合が80％以上である場合……その年において生じた資産に係る控除対象外消費税額等の全額が必要経費に算入されます（令182の2①）。

② その年の課税売上割合が80％未満である場合において，その年において生じた資産に係る控除対象外消費税額等のうち個々の資産（棚卸資産を除く。）ごとにみて控除対象外消費税額等が20万円未満の金額であるもの，消費税法第5条第1項に規定する特定課税仕入れに係るもの（棚卸資産を除く。）及び棚卸資産に係るもの……その年において生じたこれらの資産に係る控除対象外消費税額等の全額が必要経費に算入されます（令182の2②）。

③ その年の課税売上割合が80％未満である場合において，上記②において必要経費に算入されなかった資産に係る控除対象外消費税額等の合計額（以下「繰延消費税額等」という。）……その金額を60で除してその年において業務を行っていた期間の月数を乗じて計算した金額の2分の1に相当する額が必要経費に算入されます（令182の2③）。

(2) 資産に係る控除対象外消費税額等が生じた年の翌年以後の年

繰延消費税額等を60で除しその年において業務を行っていた期間の月数を乗じて計算した金額（その計算した金額が，その繰延消費税額等のうち既に事業所得等の金額の計算上必要経費に算入された金額以外の金額を超える場合には，その金額）が必要経費に算入されます（令182の2④）。

(注)1 (1)③及び(2)における月数に1か月に満たない端数が生じたときは，これを1か月とします（令182の2⑦）。

2 その年の課税売上割合が80％未満である場合において，控除対象外消費税額等のうち資産に係るもの以外のものについても，その年の必要経費に算入されます（法37）。

適用を受けるための手続 この制度の適用を受けようとする場合には，確定申告書に，必要経費に算入する金額についてのその算入に関する記載及びその必要経費に算入する金額の計算に関する明細書の添付をしなければならないこととされています（令182の2⑨）。

外国所得税 外国で生じた所得について課税された外国所得税の額は，外国税額控除（830ページ参照）の適用を受ける場合を除き，不動産所得の金額，事業所得の金額，雑所得の金額，山林所得の

金額又は一時所得の金額の計算上，必要経費又は支出した金額に算入することができます（法46，基通46—1）。

　　受益者負担金等　土地改良法，道路法，都市計画法，河川法，港湾法，水防法等により賦課される受益者負担金で業務に係るものは，その支出する金額のうち繰延資産に該当する部分の金額又は土地の価額の増加その他改良費に属する部分の金額は必要経費に算入できませんが，それ以外の金額は必要経費に算入することができます（基通37—8）。

　なお，国，地方公共団体，商店街などが行う街路の簡易舗装，街灯などの簡易な施設で主として一般公衆の便益に供されるもののための負担金は，これを繰延資産としないで，その支出した日の属する年分の必要経費に算入することができます（基通2—26）。

　　農業協同組合等の賦課金　農業協同組合，水産加工業協同組合，中小企業協同組合，商工会議所，医師会等の組合員又は会員が法令又は定款などの規定に基づき業務に関連して賦課される費用のうち，繰延資産に該当する部分は必要経費に算入できませんが，それ以外の金額は必要経費に算入することができます（基通37—9）。

　　必要経費に算入できない租税公課　次の税金は，必要経費に算入できません（法45①二〜六，令98）。
(1)　所得税，利子税（不動産所得，事業所得又は山林所得を生ずべき事業について，これらの所得に係る所得税の額に対応する利子税を除く。35ページ参照）
(2)　延滞税及び加算税
(3)　印紙税法の規定による過怠税及び関税の附帯税
(4)　道府県民税及び市町村民税（都民税及び特別区民税を含む。）
(5)　地方税法の規定による延滞金，過少申告加算金，不申告加算金及び重加算金（地方消費税の貨物割に係る延滞税及び加算税並びに譲渡割に係る延滞税，利子税及び加算税を含む。）
　　（注）　令和6年1月1日以後は，上記に「森林環境税及び森林環境譲与税に関する法律の規定による森林環境税及び森林環境税に係る延滞金」が追加されます。

地代，家賃，損害保険料等

　業務用の土地建物などの賃借料，業務用の固定資産又は棚卸資産について支払う火災保険料などは，必要経費に算入することができます。ただし，建物が住宅と店舗とに併用されている場合には，家事用の部分の金額を除外しなければなりません（法45①一，令96）。

　　前払家賃等　翌年以後の期間に係る地代，家賃，保険料などを支払った場合には，その支払った金額をその期間に応じてあん分し，その年に属する期間に対応する部分の金額だけをその年分の必要経費に算入し，翌年以後の期間に対応する部分の金額は，前払地代，前払家賃又は未経過保険料として繰り越し，それぞれ翌年以後の各年分の必要経費に算入します。なお，これら前払費用についてその支払った日から1年以内の期間分に相当する金額を支払い，支払った金額を継続してその

— 38 —

年分の必要経費に算入しているときはその計算は認められます（基通37―30の2）。

未払家賃等　その年に属する期間に対応する地代，家賃又は保険料は，未払となっている場合でもその金額をその年分の必要経費に算入します。

店舗併用住宅の損害保険料　店舗併用住宅のように，一の建物が事業用と家事用とに供されている場合のその建物について支払う火災保険料及び火災共済の掛金については，事業用部分の金額と家事用部分の金額とに区分し，その区分した事業用部分の金額を事業所得などの必要経費に算入します。

（注）　店舗併用住宅の損害保険料等は，例えば床面積の割合によって，次のように事業用部分と家事用部分とを区分計算します。

$$\begin{pmatrix}支払った保険\\料等の金額\end{pmatrix} \times \frac{（店舗部分の延床面積）}{\begin{pmatrix}店舗併用住宅\\の延床面積\end{pmatrix}} = \begin{matrix}必要経費に算入す\\る保険料等の金額\end{matrix}$$

長期の損害保険契約に係る支払保険料　長期の損害保険契約（保険期間が3年以上で，かつ，その保険期間満了後に満期返戻金を支払う旨の定めのある損害保険契約をいう。）で，業務の用に供されている建物等に係るものについて保険料を支払った場合には，その建物の業務の用に供されている部分に対応する保険料の金額のうち積立保険料に相当する部分の金額は，保険期間の満了又は保険契約の解除若しくは失効の時まではその業務に係る所得の金額の計算上資産として取り扱うものとし，その対応する保険料の金額のうちその他の部分の金額は，期間の経過に応じてその業務に係る所得の金額の計算上必要経費に算入します（基通36・37共―18の2）。

（注）　支払った金額のうちの積立保険料に相当する部分の金額とその他の部分の金額との区分は，保険料払込案内書，保険証券添付書類等により区分されているところによります。

賃借建物等を保険に付した場合の支払保険料　賃借して業務の用に供している建物等（使用人から賃借しているもので使用人に使用させているもの及び自己と生計を一にする配偶者その他の親族の所有するものを除く。）に係る長期の損害保険契約の保険料を支払った場合の保険料については，次の区分に応じそれぞれ次によります（基通36・37共―18の3）。

(1)　その業務を営む者が保険契約者となり，その建物等の所有者が被保険者となっている場合

　　積立保険料部分を資産に計上し，その他の部分を期間の経過に応じて必要経費に算入します（基通36・37共―18の2）。

(2)　その建物等の所有者が保険契約者及び被保険者となっている場合

　　業務の用に供されている部分の保険料の金額をその業務に係る所得の金額の計算上必要経費に算入します。

借地権等の更新料

業務の用に供する土地の借地権又は地役権の存続期間更新のために更新料等を支払った場合には，その更新料等を借地権又は地役権の取得費に算入するとともに，次の算式によって計算した金額を，その更新のあった日の属する年分の不動産所得の金額，事業所得の金額，雑所得の金額又は山林所得の金額の計算上必要経費に算入します（令182）。

$$(A + B - C) \times \frac{D}{E} = \text{借地権等の取得費の必要経費算入額}$$

A……借地権又は地役権の取得費

B……その更新前に支出した改良費（前回までの更新料を含む。）の額

C……取得費のうち前回までに必要経費に算入した額

D……借地権又は地役権の更新料等

E……借地権又は地役権の更新時の価額

接待費，交際費及び寄附金

接待費，交際費及び寄附金は，次のように限られた範囲のものしか必要経費に算入することができません。

なお，取引の記録などに基づいて業務の遂行上直接必要であったことが明らかにされる部分の金額を必要経費に算入することができます（法45①一，令96，基通45―2）。

接待費 接待費は，その接待の相手方，接待の理由などから見て専ら業務の遂行上直接必要と認められるものに限り，必要経費に算入することができます。

交際費及び寄附金 交際費及び寄附金は，原則として，必要経費に算入することはできません。しかし，その支出した金額のうちに相手方，支出の理由などから見て専ら業務の遂行上直接必要と認められ，しかも，寄附金についてはその支出が実際上拒絶できなかったと認められる部分の金額があるときは，その部分の金額に限り必要経費に算入することができます。

（注） 特定の寄附金については，寄附金控除の制度があります。

贈賄，不正の利益の供与等 刑法第198条に規定する賄賂又は不正競争防止法18条第1項に規定する金銭その他の利益に当たるべき金銭の額及び金銭以外の物又は権利その他経済的利益の価額（その供与に要する費用の額がある場合にはその費用の額を加算した金額）は，必要経費に算入することはできません（法45②）。

借入金利子，割引料

事業資金に充てるための負債の利子（例えば，商品の仕入れ，事業用固定資産の購入などの資金に充てるための借入金の利子及び手形の割引料など）は，その計算期間のうちのその年に属する期間に対応する部分の金額を必要経費に算入しますが，業務用固定資産の取得のために借り入れた負債の利子のうちその固定資産の使用開始の日までの期間分の利子については，その固定資産の取得価額に算入することができます（基通37―27）。ただし，生計を一にする親族に支払った負債の利子は，その支払いがなかったものとして取り扱われますから，必要経費に算入することはできません（法37，56）。

なお，業務用固定資産を賦払契約により購入した場合，その契約において購入代価と賦払期間中の利息及び賦払金の回収費用相当額とが明らかに区分されている場合のその利息及び費用相当額は，その固定資産の取得価額に算入しないでその賦払期間中の各年分の必要経費に算入しますが，業務用固定資産の使用開始の日までに対応する利息等については，その固定資産の取得価額に算入することができます（基通37―28）。

所得計算の通則（必要経費）

（注）　業務用以外の固定資産の取得のための借入金利子（賦払の契約により購入した固定資産に係る購入
　　　代価と賦払期間中の利息及び賦払金の回収費用等に相当する金額とが明らかに区分されている場合
　　　におけるその利息及び回収費用等に相当する金額を含む。）のうち，その資金の借入れの日からその固
　　　定資産の使用開始の日（その固定資産の取得後，その固定資産を使用しないで譲渡した場合には，譲
　　　渡の日）までの期間に対応する部分の金額は，その固定資産の取得費又は取得価額に算入します（基
　　　通38—8）。

福利厚生費

　従業員の慰安，保健，療養などのために支払った費用及び事業主が負担することになっている健
康保険，厚生年金保険，雇用保険などの保険料は，必要経費に算入することができます（法37）。
　また，独立行政法人勤労者退職金共済機構又は特定退職金共済団体の行う退職金共済に関する制
度に基づいて従業員を被共済者として支出した掛金，確定給付企業年金に係る規約に基づいて加入
者のために支出した掛金，適格退職年金契約に基づいて従業員を受益者等として支出した掛金又は保
険料，確定拠出年金法に規定する企業型年金規約に基づいて企業型年金加入者のために支出した事
業主掛金，同法に規定する個人型年金規約に基づいて個人型年金加入者のために支出した中小事業
主掛金及び勤労者財産形成給付金契約に基づいて信託の受益者等のために支出する信託金等につい
ても，その掛金等を実際に支出した日の属する年分の必要経費に算入することができます（令64②）。

修　繕　費

　修繕費と資本的支出　業務用の建物，機械，装置，器具及び備品などの修繕に要した費用は，必
要経費に算入することができます。また，業務用として借りた建物などを借主が修繕した場合の費
用も，貸主にその費用を請求できないものは必要経費に算入することができます。ただし，修繕費，
改良費などその名目のいかんにかかわらず，その業務用の固定資産について支出した金額で次のい
ずれかに該当するもの（いずれにも該当する場合には，多い方の金額）は，資本的支出として減価償却
の対象とされますから，修繕費として必要経費に算入することはできません（令181）。

(1)　支出金額のうち，その資産の使用可能期間を延長させる部分に対応する金額として次の算式で
　　計算した金額

$$（支出金額）×\frac{\left(\begin{array}{c}支出後の使\\用可能年数\end{array}\right)-\left(\begin{array}{c}支出しなかった場合\\の残存使用可能年数\end{array}\right)}{（支出後の使用可能年数）}=資本的支出の金額$$

(2)　支出金額のうち，その支出の時におけるその資産の価額を増加させる部分に対応する金額とし
　　て次の算式で計算した金額

$$\left(\begin{array}{c}修理後\\の時価\end{array}\right)-\left(\begin{array}{c}通常の管理又は修理を\\していた場合の時価\end{array}\right)=資本的支出の金額$$

　修繕費と資本的支出の区分　業務の用に供されている固定資産の修理，改良等のために支出した
金額のうち，①その固定資産の価値を高め又はその耐久性を増すこととなると認められる部分に対
応する金額が資本的支出とされ，②その固定資産の通常の維持管理のため又は災害等によりき損し
た固定資産につきその原状を回復するために要したと認められる部分の金額が修繕費とされます。

— 41 —

所得計算の通則（必要経費）

　具体的な費用を修繕費と資本的支出に区分することは容易でないため，実務上は次のような区分により処理することとされています。

(1)　**資本的支出の例示**　次に掲げるような金額は，原則として資本的支出に該当します（基通37─10）。

　イ　建物の避難階段の取付等物理的に付加した部分に係る金額

　ロ　用途変更のための模様替え等改造又は改装に直接要した金額

　ハ　機械の部分品を特に品質又は性能の高いものに取り替えた場合のその取替えに要した金額のうち通常の取替えの場合にその取替えに要すると認められる金額を超える部分の金額

　（注）　建物の増築，構築物の拡張，延長等は資本的支出ではなく，建物等の取得そのものに該当します。

(2)　**ソフトウエアに係る資本的支出と修繕費**　業務の用に供しているソフトウエアについてプログラムの修正等を行った場合に，その修正等が，プログラムの機能上の障害の除去，現状の効用の維持等に該当するときはその修正等に要した費用は修繕費に該当し，新たな機能の追加，機能の向上等に該当するときはその修正等に要した費用は資本的支出に該当します（基通37─10の２）。

　（注）１　既に業務の用に供しているソフトウエア又は購入したパッケージソフトウエア等の仕様を大幅に変更するための費用のうち，所得税基本通達49─8の２（注）２により取得価額になったもの（所得税基本通達49─8の３により取得価額に算入しないこととしたものを含む。）以外のものは，資本的支出に該当します。

　　　　２　上記(2)の本文の修正等に要した費用（修繕費に該当するものを除く。）又は上記（注）１の費用が研究開発費（自己の業務の用に供するソフトウエアに対する支出に係る研究開発費については，その自己の業務の用に供するソフトウエアの利用により将来の収益獲得又は費用削減にならないことが明らかな場合における当該研究開発費に限る。）に該当する場合には，資本的支出に該当しないこととすることができます。

(3)　**修繕費に含まれる費用**　次に掲げるような金額は，資産損失又は雑損控除の対象として損失の金額に算入された金額を除き，修繕費に該当します（基通37─11）。

　イ　移えい又は解体移築を予定しないで取得した建物を移えい又は解体移築した場合のそれに要した費用の額。ただし，解体移築については，旧資材の70％以上がその性質上再使用できる場合であって，その旧資材をそのまま利用して従前の建物と同一の規模及び構造の建物を再建築するものに限ります。

　ロ　集中生産等のため以外の機械装置の移設及び解体費

　ハ　地盤沈下した土地を沈下前の状態（業務の用に供された時に沈下していた土地については，その業務の用に供された時の状態）に回復するために行う地盛りに要した費用の額

　ニ　建物，機械装置等が地盤沈下により海水等の浸害を受けることとなったために行う床上げ，地上げ又は移設に要した費用の額のうち，明らかに改良工事であると認められる部分以外の金額

　ホ　現に使用している土地の水はけを良くするなどのために行う砂利，砕石等の敷設に要した費用の額及び砂利道又は砂利路面に砂利，砕石等を補充するために要した費用の額

(4)　**少額又は周期の短い費用の取扱い**　一の計画に基づき同一の固定資産について行う修理，改良等が次のいずれかに該当する場合で，これに要した金額を修繕費として所得の計算をし，確定申告を行っているときは，上記(1)にかかわらず必要経費に算入されます（基通37─12）。

　イ　その一の修理，改良等のために要した金額（２以上の年にわたって行われるときは各年ごとに要した金額）が20万円未満の場合

─42─

所得計算の通則（必要経費）

　　ロ　その修理，改良等がおおむね３年以内の期間を周期として行われることが既往の実績その他
　　　の事情からみて明らかである場合

(5)　**形式的区分基準**　一の修理，改良等のために要した金額のうちに資本的支出であるか修繕費であ
　　るか明らかでない金額があり，その金額が次のいずれかに該当する場合で，これを修繕費として
　　所得の計算をし，確定申告を行っているときは，必要経費に算入されます（基通37—13）。

　イ　その金額が60万円未満の場合

　ロ　その金額が修理，改良等の対象とした固定資産の前年末における取得価額のおおむね10％相
　　　当額以下である場合

　　(注)１　平成19年４月１日以後に取得した固定資産につき，前年以前の各年において，資本的支出があっ
　　　　　た場合の減価償却資産の取得価額の特例（58ページ(3)参照）の適用を受けた場合における固定資産
　　　　　の取得価額とは，資本的支出をした日の属する年の翌年１月１日において新たに取得したものとさ
　　　　　れる場合の取得価額をいうのではなく，資本的支出をした固定資産（旧減価償却資産）の取得価額
　　　　　と，その資本的支出により取得したものとされる固定資産（追加償却資産）の取得価額の合計額を
　　　　　いいます。

　　　　２　固定資産の取得価額には，59ページ(4)の適用を受けた場合の資本的支出により取得したものと
　　　　　される固定資産の取得価額の合計額が含まれます。

(6)　**災害等の場合の区分の特例**　災害等により損壊した業務用固定資産について支出した費用で，原
　　状回復費用とその他の費用とに区分することが困難なものについては，雑損控除の規定の適用を
　　受ける場合を除き，その費用の額の30％相当額を原状回復費用とし，70％相当額を資本的支出の
　　部分の額とすることができます。なお，原状回復費用であっても資産損失として必要経費に算入
　　されている部分は必要経費となりません（基通37—14の２，51—３，82ページ参照）。

(7)　**災害の復旧費用の特例**　災害により被害を受けた固定資産（所得税法施行令第140条に規定する繰延
　　資産の基因となる固定資産の損壊等を含む。）の被災前の効用を維持するために行う補強工事，排水又
　　は土砂崩れの防止等のために支出した費用の額（資産損失及び雑損控除の規定に規定する損失の額を
　　除く。）を修繕費の額として所得の計算をし，確定申告している場合は，上記(1)にかかわらず修繕
　　費の額として認められます。なお，被災固定資産の復旧に代えて資産の取得等をする費用は，資
　　産の取得価額に含めることとなり，修繕費には該当しません（基通37—12の２）。

(8)　**資本的支出と修繕費の区分の特例**　(4)から(7)までの基準に該当しないものについても，一の修理，
　　改良等のために要した金額のうちに区分が明らかでないものがある場合には，継続してその金額
　　の30％相当額とその修理，改良等をした固定資産の前年末の取得価額の10％相当額とのいずれか
　　少ない金額を修繕費とし，残額を資本的支出として所得の計算をし，確定申告をしている場合に
　　は，その処理が認められます（基通37—14）。

　　(注)１　耐用年数を経過した減価償却資産について修理，改良等をした場合も，上記に従って資本的支出
　　　　　と修繕費の区分を行います（基通37—15の２）。

　　　　２　「前年末の取得価額」については(5)の(注)と同様に取り扱います。

(9)　**損壊した賃借資産等に係る修繕費の取扱い**　賃借資産等（賃借若しくは賃貸をしている又は販売をし
　　た土地，建物，機械装置等をいう。）につき，契約により修繕等を行うこととされているものでない
　　場合においても，その賃借資産等が災害により被害を受けたため，その賃借資産等の原状回復を
　　行い，その費用を修繕費として事業所得等の金額の計算上必要経費に算入することができます

— 43 —

（基通37―15の３）。

(注) 1　この取扱いにより修繕費として取り扱う費用の額は，下記(10)の災害損失特別勘定の繰入れの対象とはなりません。

2　居住者が，その修繕費の額として，事業所得等の金額の計算上必要経費に算入した金額に相当する金額につき賃貸人等から支払を受けた場合には，その支払を受けた日の属する年分の事業所得等の金額の計算上，総収入金額に算入します。

3　居住者が賃借している所得税法第67条の２第１項に規定するリース資産が災害により被害を受けたため，契約に基づき支払うこととなる規定損害金（免除される金額及び災害のあった日の属する年の12月31日までに支払った金額を除く。）については，災害のあった日の属する年分において必要経費に算入することができます。

(10)　**災害損失特別勘定への繰入額の必要経費算入**　事業所得等を生ずべき事業を営む居住者が，被災資産の修繕等のために要する費用を見積もり，被災年分の災害損失特別勘定に繰り入れた場合には，その繰り入れた金額を被災年分の事業所得等の金額の計算上，必要経費に算入することができます（基通36・37共―７の５～７の９）。

(注) 1　「事業所得等」とは，不動産所得，事業所得及び山林所得をいいます。

2　「被災資産」とは，次に掲げる資産で災害により被害を受けたものをいいます。

イ　居住者の有する棚卸資産

ロ　居住者の有する固定資産で事業所得等を生ずべき事業の用に供するもの（その者が賃貸をしている資産で，契約により賃借人が修繕等を行うこととされているものを除く。）

ハ　居住者が賃借をしている資産又は販売等をした資産で，契約によりその者が修繕等を行うこととされているもの

ニ　山林

イ　災害損失特別勘定の繰入額

災害損失特別勘定の繰入額は，被災資産について，災害のあった日から１年を経過する日までに支出すると見込まれる次に掲げる費用その他これらに類する費用（以下「修繕費用等」という。）の見積額（被災年の翌年の１月１日以後に支出すると見込まれるものに限る。）の合計額です。

なお，修繕費用等の見積額の合計額について，保険金，損害賠償金，補助金その他これらに類するもの（以下「保険金等」という。）により補填される金額がある場合には，その金額の合計額を控除した残額が対象になります。

(イ)　被災資産の減失，損壊又は価値の減少による当該被災資産の取壊し又は除去の費用その他の付随費用

(ロ)　土砂その他の障害物を除去するための費用

(ハ)　被災資産の原状回復のための修繕費（被災前の効用を維持するために行う補強工事，排水又は土砂崩れの防止等のために支出する費用を含む。）

(ニ)　被災資産の損壊又はその価値の減少を防止するために要する費用

(注) 1　法令の規定，地方公共団体の定めた復興計画等により，一定期間修繕等の工事に着手できないこととされている場合には，上記の「災害のあった日から１年を経過する日」の部分は，「修繕等の工事に着手できることとなる日から１年を経過する日」とされます。

2　所得税基本通達51―２の２の適用を受けた資産については，上記(イ)及び(ロ)に掲げる費用に限り災害損失特別勘定への繰入れの対象とすることができます。

―44―

ロ　災害損失特別勘定の総収入金額算入

居住者が，被災資産に係る修繕費用等の額として，被災年分の翌年分の事業所得等の金額の計算上必要経費に算入した金額（保険金等により補填された金額がある場合には，その金額の合計額を控除した残額）がある場合には，その必要経費に算入した金額に相当する災害損失特別勘定の金額を取り崩し，その金額をその者の被災年分の翌年分の事業所得等の金額の計算上，総収入金額に算入します。

また，被災年の翌年の12月31日において災害損失特別勘定の残額を有している場合には，その残額をその者の被災年分の翌年分の事業所得等の金額の計算上，総収入金額に算入します。

ハ　修繕等が遅れた場合の災害損失特別勘定の総収入金額算入の特例

被災資産に係る修繕等がやむを得ない事情により被災年の翌年の12月31日までに完了しなかったため，同日において災害損失特別勘定の残額を有している場合には，被災年分の翌年分に係る確定申告書の提出期限までに所轄税務署長に災害損失勘定の総収入金額算入年分の延長確認申請書を提出し，その確認を受けることで，その修繕等が完了すると見込まれる日の属する年分まで，その取崩しを延長することができます。

減価償却資産の償却費

　建物，機械，装置，器具及び備品などの減価償却資産は，毎年使用することによって物理的にも経済的にもその価値が減少します。その価値の減少は毎年の収入に貢献しているわけですから，これらの減価償却資産を取得するための支出は，将来の収入を生み出すための費用の前払いであるということができます。したがって，減価償却資産を取得するために支出した金額は，その支出をした年だけの経費としないで，その減価償却資産が有効に業務の用に供される期間の費用として配分しなければなりません。この費用配分の方法を減価償却といい，この方法で配分した金額を償却費として，その配分した年分の不動産所得の金額，事業所得の金額，山林所得の金額又は雑所得の金額の計算上必要経費に算入します（法37，49，令131）。

　減価償却資産　減価償却の対象とされる減価償却資産とは，不動産所得若しくは雑所得の基因となり，又は不動産所得，事業所得，山林所得若しくは雑所得を生ずべき業務の用に供される次の資産（時の経過によりその価値の減少しないものを除く。）をいいます（法2①十九，令6）。

(1)　建物及びその附属設備（暖冷房設備，照明設備，通風設備，昇降機その他建物に附属する設備をいう。）
(2)　構築物（ドック，橋，岸壁，桟橋，軌道，貯水池，坑道，煙突その他土地に定着する土木設備又は工作物をいう。）
(3)　機械及び装置
(4)　船舶
(5)　航空機
(6)　車両及び運搬具
(7)　工具，器具及び備品（観賞用，興行用その他これらに準ずる用に供する生物を含む。）
(8)　次に掲げる無形固定資産

鉱業権（租鉱権及び採石権その他土石を採掘し又は採取する権利を含む。），漁業権（入漁権を含む。），ダム使用権，水利権，特許権，実用新案権，意匠権，商標権，ソフトウエア，育成者権，樹木採取権，営業権，専用側線利用権，鉄道軌道連絡通行施設利用権，電気ガス供給施設利用権，熱供給施設利用権（平成28年４月１日前に取得したものに限る。），水道施設利用権，工業用水道施設利用権，電気通信施設利用権

(9)　次に掲げる生物（(7)に掲げる生物を除く。）

　イ　牛，馬，豚，綿羊，やぎ

　ロ　かんきつ樹，りんご樹，ぶどう樹，梨樹，桃樹，桜桃樹，びわ樹，くり樹，梅樹，柿樹，あんず樹，すもも樹，いちじく樹，キウイフルーツ樹，ブルーベリー樹，パイナップル

　ハ　茶樹，オリーブ樹，つばき樹，桑樹，こりやなぎ，みつまた，こうぞ，もう宗竹，アスパラガス，ラミー，まおらん，ホップ

減価償却の対象とされない資産　次に掲げる資産は，減価償却の対象とされません。

(1)　**少額の減価償却資産**　不動産所得，事業所得，山林所得又は雑所得を生ずべき業務の用に供した減価償却資産（国外リース資産及びリース資産を除く。）で，取得価額が10万円未満のもの（貸付け（主要な業務として行われるものを除く。）の用に供したものを除く。）又は使用期間が１年未満であるものは，その取得価額に相当する金額をその業務の用に供した日の属する年分の必要経費に算入します（令138）。

　(注)１　次のような貸付けは，主要な業務として行われる貸付けに該当します（規34の２①）。
　　　(1)　居住者に対して資産の譲渡又は役務の提供を行う者のその資産の譲渡又は役務の提供の業務の用に専ら供する資産の貸付け
　　　(2)　継続的にその居住者の経営資源（業務の用に供される設備（その貸付けの用に供する資産を除きます。），業務に関するその居住者又はその従業者の有する技能又は知識（租税に関するものを除きます。）その他これらに準ずるものをいいます。）を活用して行い，又は行うことが見込まれる業務としての資産の貸付け
　　　(3)　その居住者が行う主要な業務に付随して行う資産の貸付け
　　２　居住者が減価償却資産を貸付けの用に供したかどうかはその減価償却資産の使用目的，使用状況等を総合勘案して判定されます。例えば，一時的に貸付けの用に供したような場合において，その貸付けの用に供した事実のみをもって，その減価償却資産が貸付けの用に供したものに該当するといえません（基通49—39の２）。
　　３　上記の取得価額が10万円未満であるかどうかの消費税等の扱いについては，個人事業者が適用している税抜経理方式又は税込経理方式に応じ，その適用している方式により算定した取得価額又は支出する金額により判定することとされています（平元.3.29直所３—８「９」）。
　　４　令和５年10月１日以後に国内において個人事業者が行う資産の譲渡等，国内において個人事業者が行う課税仕入れ及び保税地域から引き取られる課税貨物に係る消費税に関する規定について，上記(注)３の「個人事業者が適用している」は「個人事業者が上記の規定の適用がある減価償却資産に係る取引について適用することとなる」に，「その適用している」は「その適用することとなる」になります。

(2)　**減耗しない資産**

　イ　土地及び土地の上に存する権利

　ロ　電話加入権

—46—

ハ　美術品等

　　次のようなものは減価償却資産とならない美術品等に該当します（基通2—14）。

(イ)　古美術品，古文書，出土品，遺物等のように歴史的価値又は稀少価値を有し，代替性のないもの

(ロ)　平成27年1月1日以後に取得する上記(イ)以外の美術品等で取得価額が1点100万円以上であるもの（時の経過によりその価値が減少することが明らかなものを除く。）

　　(注)1　時の経過によりその価値が減少することが明らかなものには，例えば，会館のロビーや葬祭場のホールのような不特定多数の者が利用する場所の装飾用や展示用として個人が取得するもののうち移設することが困難でその用途にのみ使用されることが明らかなものであり，かつ，他の用途に転用すると仮定した場合にその設置状況や使用状況から見て美術品等としての市場価値が見込まれないものが含まれます。

　　　　2　取得価額が1点100万円未満であるもの（時の経過によりその価値が減少しないことが明らかなものを除く。）は減価償却資産と取り扱います。

　　　　3　平成27年1月1日に有する美術品等であっても，時の経過によりその価値が減少することが明らかなもので，同日から減価償却資産に該当するものとした場合には，減価償却資産として取り扱うことができます（平26.12改正基通附）。

(ハ)　平成27年1月1日より前に取得した書画，骨とう等（複製のようなもので，単に装飾的目的にのみ使用されるものを除く。）（旧基通2—14，平26.12改正基通附）

　　(注)　美術関係の年鑑等に登載されている作者の制作に係る書画，彫刻，工芸品等は原則として書画，骨とうに該当します。

　　　　なお，書画，骨とうに該当するかどうかが明らかでない美術品等でその取得価額が1点20万円（絵画にあっては，号2万円）未満であるものについては，減価償却資産として取り扱うことができます。

(3)　**棚卸資産及び建設又は製作中の資産**

　イ　建物建売業者，機械の製造業者若しくは販売業者，畜産業者，果樹などの仲買業者がそれぞれ販売する目的で保有又は飼育する建物，機械，牛馬，果樹など

　(注)　これらの資産は棚卸資産になります。

　ロ　建設又は製作中の資産（その完成部分を業務の用に供している場合には，その業務の用に供している部分を除く。）（基通2—17）

　　一括償却資産の必要経費算入の特例　不動産所得，事業所得，山林所得又は雑所得を生ずべき業務の用に供した減価償却資産でその取得価額が20万円未満であるもの（少額の減価償却資産の取得価額の必要経費算入の特例の適用があるもの及びリース資産を除く。以下「対象資産」という。）については，選択により，その対象資産（貸付け（主要な業務として行われるものを除く。）の用に供したものを除く。）の全部又は一部を一括し，その一括した対象資産（以下「一括償却資産」という。）の取得価額の合計額（以下「一括償却対象額」という。）の3分の1に相当する金額を，その業務の用に供した年以後3年間の各年にわたり，必要経費に算入します（令139①）。

(注)1　一括償却資産を業務の用に供した年以後3年間の各年においてその全部又は一部につき滅失，除却等（譲渡も含む。）の事実が生じたときであっても，その各年においてその一括償却資産につき必要経費に算入する金額は，一括償却対象額の3分の1に相当する金額となります（基通49—40の2）。

　　　2　一括償却資産の必要経費算入の特例の適用を受けている者が死亡し，その特例に従い計算される金額のうち，その死亡した日の属する年以後の各年分において必要経費に算入されるべき金額がある場

合には，その金額はその者の死亡した年分の必要経費に算入されます。

　　ただし，死亡した年以後の各年分において必要経費に算入されるべき金額があり，かつ，その業務を承継した者がある場合のその金額の取扱いは，その特例に従い計算される金額を限度として次によることができます（基通49—40の３）。

　(1)　死亡した年……死亡した者の必要経費に算入する。

　(2)　死亡した年の翌年以後の各年分……その業務を承継した者の必要経費に算入する。

　3　次のような貸付けは，主要な業務として行われる貸付けに該当します（規34の３）。

　(1)　居住者に対して資産の譲渡又は役務の提供を行う者のその資産の譲渡又は役務の提供の業務の用に専ら供する資産の貸付け

　(2)　継続的にその居住者の経営資源（業務の用に供される設備（その貸付けの用に供する資産を除きます。），業務に関するその居住者又はその従業者の有する技能又は知識（租税に関するものを除きます。）その他これらに準ずるものをいいます。）を活用して行い，又は行うことが見込まれる業務としての資産の貸付け

　(3)　その居住者が行う主要な業務に付随して行う資産の貸付け

　4　居住者が対象資産を貸付けの用に供したかどうかはその対象資産の使用目的，使用状況等を総合勘案して判定されます。例えば，一時的に貸付けの用に供したような場合において，その貸付けの用に供した事実のみをもって，その対象資産が貸付けの用に供したものに該当するといえません（基通49—39の２）。

　5　上記の取得価額が20万円未満であるかどうかの消費税の扱いについては，個人事業者が適用している税抜経理方式又は税込経理方式に応じ，その適用している方式により算定した取得価額により判定することとされています（平元.3.29直所３—８「９」）。

　6　令和５年10月１日以後に国内において個人事業者が行う資産の譲渡等，国内において個人事業者が行う課税仕入れ及び保税地域から引き取られる課税貨物に係る消費税に関する規定について，上記(注)５の「個人事業者が適用している」は「個人事業者が上記の規定の適用がある減価償却資産に係る取引について適用することとなる」に，「その適用している」は「その適用することとなる」になります。

　適用を受けるための手続　この特例の適用を受けるためには，その一括償却資産を業務の用に供した年分の確定申告書に一括償却対象額を記載した書面を添付し，かつ，その計算に関する書類を保存しなければなりません（令139②）。

　また，その年において一括償却対象額につき必要経費に算入した金額がある場合には，その年分の確定申告書に，その必要経費に算入される金額の計算明細書を添付しなければなりません（令139③）。

　中小事業者の少額減価償却資産の取得価額の必要経費算入の特例　中小事業者（青色申告書を提出するもの（令和２年４月１日以前に取得又は製作若しくは建設をした少額減価償却資産においては，常時使用する従業員の数が1,000人以下の個人に限る（措令18の５，令２改正法附62，令２改正令附１）。）が，平成18年４月１日から令和６年３月31日までの間に取得し，又は製作し，若しくは建設し，かつ，その個人の不動産所得，事業所得又は山林所得を生ずべき業務の用に供した減価償却資産で，その取得価額が30万円未満である少額減価償却資産については，その取得価額に相当する金額を，その個人のその業務の用に供した年分の不動産所得の金額，事業所得の金額又は山林所得の金額の計算上，必要経費に算入することができます。

　ただし，この場合において，その業務の用に供した年分における少額減価償却資産の取得価額の合計額が300万円（その業務の用に供した年が，その業務を開始した日の属する年又はその業務を廃止した

日の属する年である場合には，300万円を12で除し，業務を営んでいた期間の月数を乗じた金額）を超えるときは，その取得価額のうち300万円に達するまでの少額減価償却資産の取得価額の合計額が限度となります（措法28の2）。

なお，この制度の適用を受けた少額減価償却資産について，この制度によりその年分の不動産所得の金額，事業所得の金額又は山林所得の金額の計算上必要経費に算入された金額は，この少額減価償却資産の取得価額に算入しないこととされています（措法28の2④）。

(注) 1 年の中途において業務を開始し，又は廃止した場合の月数は，暦に従って計算し，1月に満たない端数を生じたときは1月とします（措法28の2②）。
2 その取得価額が10万円未満のもの及び他の特別償却等に関する特例（措法19①）の適用を受ける減価償却資産のほか，次に掲げる規定の適用を受ける減価償却資産及び貸付け（主要な業務として行われているものを除く。）の用に供した減価償却資産は，この制度の対象設備から除かれます（措法28の2①，措令18の5）。
(1) 所得税法施行令第138条又は第139条の規定
(2) 租税特別措置法第33条の6第1項，第37条の3第1項，第37条の5第4項若しくは租税特別措置法施行令第16条の3第6項又は第18条の7第7項の規定
3 次のような貸付けは，主要な業務として行われる貸付けに該当します（措規9の9）。なお，中小事業者が減価償却資産を貸付けの用に供したかどうかはその減価償却資産の使用目的，使用状況等を総合勘案して判定されます。例えば，一時的に貸付けの用に供したような場合において，その貸付けの用に供した事実のみをもって，その減価償却資産が貸付けの用に供したものに該当するとはいえません（措通28の2-1の2）。
(1) 中小事業者に対して資産の譲渡又は役務の提供を行う者のその資産の譲渡又は役務の提供の業務の用に専ら供する資産の貸付け
(2) 継続的にその中小事業者の経営資源（業務の用に供される設備（その貸付けの用に供する資産を除きます。），業務に関するその中小事業者又はその従業者の有する技能又は知識（租税に関するものを除きます。）その他これらに準ずるものをいいます。）を活用して行い，又は行うことが見込まれる業務としての資産の貸付け
(3) その中小事業者が行う主要な業務に付随して行う資産の貸付け

適用を受けるための手続 この特例の適用を受けるためには，確定申告書に少額減価償却資産の取得価額に関する明細書を添付しなければなりません（措法28の2③）。

ただし，青色申告決算書の「減価償却費の計算」欄に次に掲げる事項を記載して提出し，かつ，その減価償却資産の明細を別途保管している場合には，少額減価償却資産の取得価額に関する明細書の提出を省略して差し支えありません（措通28の2-3）。
(1) 取得価額30万円未満の減価償却資産について，措置法28条の2第1項の規定を適用していること
(2) 適用した減価償却資産の取得価額の合計額
(3) 適用した減価償却資産の明細は，別途保管していること

債務処理計画に基づく減価償却資産等の損失の必要経費算入の特例（103ページ参照）

減価償却資産の償却方法 減価償却資産の区分及びその取得等の時期に応じて，届出により選定できる償却の方法又は届出による選定をしなかった場合に適用される償却の方法若しくは承認を受けることによって採用することができる償却の方法は次のとおりです（令120～125，平19改正令附12，平28改正令附8）。

所得計算の通則（必要経費）

取得等の時期	減価償却資産の区分		届出により選定できる償却の方法	届出により選定をしなかった場合に適用される償却の方法（法定償却方法）	承認を受けた場合に採用できる償却方法
平成10年3月31日以前に取得	① 建物（④の鉱業用減価償却資産を除く。）		旧定額法 旧定率法	旧定額法	特別な償却方法
平成19年3月31日以前に取得	② ①以外の建物			旧定額法	
	③ 「減価償却資産」の項の(1)に掲げる建物の附属設備及び(2)から(7)までに掲げる資産（④の鉱業用減価償却資産及び⑦の国外リース資産を除く。）（45ページ参照）				特別な償却方法
	上記の資産のうち	取替資産	レール，枕木等多量に同一の目的のために使用される減価償却資産で，毎年使用に耐えなくなったものがほぼ同数量ずつ取り替えられるものをいい，財務省令でその範囲が定められています（規24の2）。	旧定額法 旧定率法	旧定額法	取替法
			なつ染用銅ロール，映画用フィルム，非鉄金属圧延用ロール，短期間にその型等が変更される製品でその生産期間があらかじめ生産計画に基づいて定められているものの生産のために使用する金型その他の工具で，その製品以外の製品の生産のために使用することが著しく困難なもの，漁網，活字に常用されている金属並びに上記各資産に類するもの（規26）			特別な償却率によって償却する方法
	④ 鉱業用減価償却資産（鉱業権及び国外リース資産を除く。） （注） 鉱業用減価償却資産とは，鉱業経営上直接必要な減価償却資産で，鉱業の廃止によって著しくその価値が減少するものをいいます（令120②）。		旧定額法 旧定率法 旧生産高比例法	旧生産高比例法	特別な償却方法
	⑤ 「減価償却資産」の項の(8)に掲げる無形固定資産（鉱業権を除く。）及び(9)に掲げる生物（45ページ参照）			旧定額法	
	⑥ 鉱業権		旧定額法 旧生産高比例法	旧生産高比例法	
平成10年10月1日から平成20年3月31日の間に契約を締結	⑦ 国外リース資産（改正前リース取引の目的とされているもので，非居住者又は外国法人に対して賃貸されるもの）			旧国外リース期間定額法	
	⑧ 建物（⑩の鉱業用減価償却資産及び⑬のリース資産を除く。）			定額法	
	⑨ 「減価償却資産」の項の(1)に掲げる建物の附属設備及び(2)から(7)までに掲げる資産（⑩の鉱業用減価償却資産及び⑬のリース資産を除く。）（45ページ参照）				特別な償却方法
	上記の	取替資産	レール，枕木等多量に同一の目的のために使用される減価償却資産で，毎年使用に耐えなくなったものがほぼ同数量ずつ取り替えられるものをいい，財務省令でその範囲が定められています（規24の2）。	定額法 定率法	定額法	取替法

— 50 —

所得計算の通則（必要経費）

通則

取得時期	資産の区分			
平成19年4月1日以後，平成28年3月31日以前に取得	資産のうち なつ染用銅ロール，映画用フィルム，非鉄金属圧延用ロール，短期間にその型等が変更される製品でその生産期間があらかじめ生産計画に基づいて定められているものの生産のために使用する金型その他の工具で，その製品以外の製品の生産のために使用することが著しく困難なもの，漁網，活字に常用されている金属並びに上記各資産に類するもの（規26）			特別な償却率によって償却する方法
	⑩ 鉱業用減価償却資産（⑫の鉱業権及び⑬のリース資産を除く。）	定　額　法 定　率　法 生産高比例法	生産高比例法	
	⑪ 「減価償却資産」の項の(8)に掲げる無形固定資産（⑫の鉱業権及び⑬のリース資産を除く。）及び(9)に掲げる生物（45ページ参照）		定　額　法	特別な償却方法
	⑫ 鉱業権	定　額　法 生産高比例法	生産高比例法	
平成20年4月1日以後締結する契約	⑬ リース資産（所有権移転外リース取引に係る賃借人が取得したものとされるもの）		リース期間定　額　法	
平成28年4月1日以後に取得	⑭ 「減価償却資産」の項の(1)に掲げる建物及びその附属設備並びに(2)に掲げる構築物（⑯の鉱業用減価償却資産及び⑬のリース資産を除く。）		定　額　法	
	⑮ 「減価償却資産」の項の(3)から(7)までに掲げる資産（⑰の鉱業用減価償却資産及び⑬のリース資産を除く。）（45ページ参照）			特別な償却方法
	上記の資産のうち　取替資産 （レール，枕木等多量に同一の目的のために使用される減価償却資産で，毎年使用に耐えなくなったものがほぼ同数量ずつ取り替えられるものをいい，財務省令でその範囲が定められています（規24の2）。	定　額　法 定　率　法	定　額　法	取　替　法
	上記の資産のうち なつ染用銅ロール，映画用フィルム，非鉄金属圧延用ロール，短期間にその型等が変更される製品でその生産期間があらかじめ生産計画に基づいて定められているものの生産のために使用する金型その他の工具で，その製品以外の製品の生産のために使用することが著しく困難なもの，漁網，活字に常用されている金属並びに上記各資産に類するもの（規26）			特別な償却率によって償却する方法
	⑯ 鉱業用減価償却資産のうち建物及びその附属設備並びに構築物（⑲の鉱業権及び⑬のリース資産を除く。）	定　額　法 生産高比例法	生産高比例法	
	⑰ 鉱業用減価償却資産のうち⑯以外のもの（⑲の鉱業権及び⑬のリース資産を除く。）	定　額　法 定　率　法 生産高比例法	生産高比例法	特別な償却方法
	⑱ 「減価償却資産」の項の(8)に掲げる無形固定資産（⑲の鉱業権及び⑬のリース資産を除く。）及び(9)に掲げる生物（45ページ参照）		定　額　法	
	⑲ 鉱業権	定　額　法 生産高比例法	生産高比例法	

（注）1　取得には，購入，自己の建設によるもののほか，相続，遺贈又は贈与によるものも含まれます（基通49―1）。

　　　2　上記⑯の鉱業用減価償却資産のうち建物及びその附属設備並びに構築物については，特別な償却方法として定率法その他これに準ずる方法を選定することはできません。

― 51 ―

(1) 旧定額法……毎年の償却費の額が同額となるように次の算式で計算する方法です（令120①一イ(1)）。

$$\{(取得価額)-(残存価額)\}\times\left[\begin{array}{l}その資産の耐用年数について定め\\られている旧定額法による償却率\end{array}\right]=その年分の償却費の額$$

(2) 定額法……毎年の償却費の額が同額となるように，次の算式で計算する方法です（令120の2①一イ(1)）。

$$(取得価額)\times\left[\begin{array}{l}その資産の耐用年数について定め\\られている定額法による償却率\end{array}\right]=その年分の償却費の額$$

(3) 旧定率法……初期に償却費を多くし，年が経過するに従って償却費の額が一定の割合で逓減するように次の算式で計算する方法です（令120①一イ(2)）。

$$(前年末の未償却残高)\times\left[\begin{array}{l}その資産の耐用年数について定め\\られている定率法による償却率\end{array}\right]=その年分の償却費の額$$

(4) 定率法……初期に償却費を多くし，年が経過するに従って償却費の額が一定の割合で逓減し，更に逓減後の償却費が一定の償却保証額に満たなくなると，その後の償却費の額が同額となるように，次の算式で計算する方法です（令120の2①二ロ，②一，二）。

$$(前年末の未償却残高)\times\left[\begin{array}{l}その資産の耐用年数について定め\\られている定率法による償却率\end{array}\right]=\left[\begin{array}{l}定率法の償却率に\\よる償却費の額\end{array}\right]\cdots ア$$

$$(取得価額)\times\left[\begin{array}{l}その資産の耐用年数につい\\て定められている保証率\end{array}\right]=(償却保証額)\cdots イ$$

ⅰ　ア≧イのとき

　(定率法の償却率による償却費の額)＝その年分の償却費の額

ⅱ　ア＜イ又は前年において改定取得価額を基に償却費の額を計算しているとき

$$(改定取得価額※)\times\left[\begin{array}{l}その資産の耐用年数について定め\\られている改定償却率\end{array}\right]=その年分の償却費の額$$

※　「改定取得価額」とは，次の(ⅰ)又は(ⅱ)となります。

(ⅰ)　前年において改定取得価額を基に償却費の額を計算していないとき

　　(前年末の未償却残高)＝(改定取得価額)

(ⅱ)　(ⅰ)以外のとき

　　(前年の改定取得価額)＝(改定取得価額)

(注)　定率法の償却率については，平成24年4月1日以後に取得する減価償却資産から，定額法の償却率（1／耐用年数）を2.0倍した割合（改正前：2.5倍にした割合）とされています（令120の2①，平23.12改正令附2①）。以下この償却率改訂後の定率法を「改正定率法」といいます。

　　なお，次の経過措置が講じられています。

　・定率法を採用している者が，平成24年4月1日から同年12月31日までの間に減価償却資産の取得をした場合には，その減価償却資産は平成24年3月31日以前に取得された資産とみなして，改正前の償却率による定率法により償却することができます（平23.12改正令附2②）。

　・平成24年4月1日前に取得をした定率法を採用している減価償却資産について，平成24年分の確定申告期限までに納税地の所轄税務署長に届出をすることにより，その償却率を改正後の償却率により平成24年分以後の償却費の計算等を行うことができます（平23.12改正令附2③）。

　　なお，適用を受ける最初の年分において，調整前償却額が償却保証額に満たない減価償却資産については，この特例を受けることはできません。

＜参考＞

旧定額法及び旧定率法の償却費の計算例　（種類）建物附属設備，（構造）給排水設備，（耐用年数）15年，（取得価額）500万円の場合の償却費は，耐用年数15年の償却率は旧定額法では0.066，旧定率法では0.142ですから，次のように計算します。

所得計算の通則（必要経費）

償却方法	適用年度	償却の基礎となる価額	償却費
旧定額法	1年目 2年目	（取得価額）　　　（残存価額） 5,000,000円－5,000,000円×0.1＝4,500,000円	4,500,000円×0.066＝297,000円 4,500,000円×0.066＝297,000円
旧定率法	1年目 2年目 3年目	5,000,000円 5,000,000円－710,000円＝4,290,000円 4,290,000円－609,180円＝3,680,820円	5,000,000円×0.142＝710,000円 4,290,000円×0.142＝609,180円 3,680,820円×0.142＝522,677円

（注）1　償却費の額の累積額が4,750,000円（5,000,000円×$\frac{95}{100}$）に達するまで，上記の要領で減価償却を続けます（令134①一）。

　　　2　償却費の額の累積額が4,750,000円に達している場合には，平成20年分以後の各年において残存価額（5,000,000円－4,750,000円）から1円を差し引いた金額（249,999円）を5で除して計算した金額を各年分の減価償却費として残存価額が1円になるまで減価償却を続けます（令134②，平19改正令附12）。

定額法及び定率法の償却費の計算例　平成24年3月31日以前に取得した（種類）建物附属設備，（構造）給排水設備，（耐用年数）15年，（取得価額）500万円の場合の償却費は，耐用年数15年の償却率は定額法では0.067，定率法では0.167，また，改定償却率は0.2，保証率は0.03217ですから，次のように計算します。

償却方法	適用年度	償却の基礎となる価額	償却費
定額法	1年目 2年目	5,000,000円	5,000,000円×0.067＝335,000円 5,000,000円×0.067＝335,000円
定率法	1年目	（取得価額）（保証率）（償却保証額） 5,000,000円×0.03217＝160,850円 5,000,000円	5,000,000円×0.167＝835,000円
	2年目	5,000,000円－835,000円＝4,165,000円	4,165,000円×0.167＝695,555円
	3年目	4,165,000円－695,555円＝3,469,445円	3,469,445円×0.167＝579,398円
	4年目	3,469,445円－579,398円＝2,890,047円	2,890,047円×0.167＝482,638円
	10年目	1,159,122円－193,574円＝965,548円	965,548円×0.167＝161,247円
	11年目	965,548円－161,247円＝804,301円 804,301円×0.167＝134,319円＜160,850円 （改定取得価額） 　　804,301円	804,301円×0.2＝160,861円
	12年目		804,301円×0.2＝160,861円
	13年目		804,301円×0.2＝160,861円
	14年目		804,301円×0.2＝160,861円
	15年目	（未償却残高） 804,301円×0.2＝160,861円＞　160,857円	160,857円－1円＝160,856円

（注）　15年目の償却費の額は，残存価額が1円となるように計算します。

定額法及び改正定率法の償却費の計算例　平成24年4月1日以後に取得した（種類）建物附属設備，（構造）給排水設備，（耐用年数）15年，（取得価額）500万円の場合の償却費は，耐用年数15年の償却率は定額法では0.067，改正定率法では0.133，また，改定償却率は0.143，保証率は0.04565ですから，次のように計算します。

償却方法	適用年度	償却の基礎となる価額	償却費
定額法	1年目 2年目	5,000,000円	5,000,000円×0.067＝335,000円 5,000,000円×0.067＝335,000円

通則

－53－

改正定率法	1年目	（取得価額）（保証率）（償却保証額） 5,000,000円×0.04565＝228,250円 5,000,000円	5,000,000円×0.133＝665,000円
	2年目	5,000,000円－665,000円＝4,335,000円	4,335,000円×0.133＝576,555円
	3年目	4,335,000円－576,555円＝3,758,445円	3,758,445円×0.133＝499,874円
	4年目	3,758,445円－499,874円＝3,258,571円	3,258,571円×0.133＝433,390円
	5年目	3,258,571円－433,390円＝2,825,181円	2,825,181円×0.133＝375,750円
	6年目	2,825,181円－375,750円＝2,449,431円	2,449,431円×0.133＝325,775円
	7年目	2,449,431円－325,775円＝2,123,656円	2,123,656円×0.133＝282,447円
	8年目	2,123,656円－282,447円＝1,841,209円	1,841,209円×0.133＝244,881円
	9年目	1,841,209円－244,881円＝1,596,328円 1,596,328円×0.133＝212,312円＜228,250円 （改定取得価額） 　1,596,328円	1,596,328円×0.143＝228,275円
	10年目		1,596,328円×0.143＝228,275円
	11年目		1,596,328円×0.143＝228,275円
	12年目		1,596,328円×0.143＝228,275円
	13年目		1,596,328円×0.143＝228,275円
	14年目		1,596,328円×0.143＝228,275円
	15年目	1,596,328円×0.143＝228,275円＞226,678円	226,678円－1＝226,677円

（注）　15年目の償却費の額は，1円に達するまでの金額となります。

また，取得価額100万円，耐用年数8年の資産について，旧定額法と旧定率法，定額法と定率法，改正定率法との償却額の比較をすると次の図のようになります。

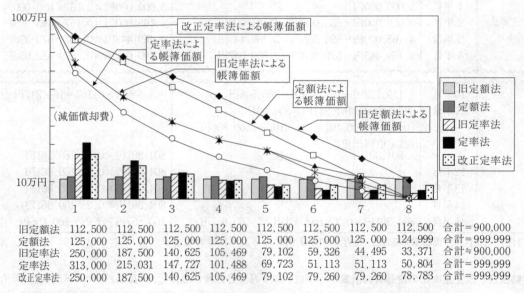

(5) **旧生産高比例法**……旧生産高比例法は，次の算式で計算する方法です（令120①三ハ）。

$$\frac{（取得価額）－残存価額}{\begin{pmatrix}その資産の耐用年数の期間内における\\その資産の属する鉱区の採掘予定数量\end{pmatrix}} \times \begin{pmatrix}その年の\\採掘数量\end{pmatrix} = \begin{pmatrix}その年分の\\償却費の額\end{pmatrix}$$

(6) **生産高比例法**……生産高比例法は，次の算式で計算する方法です（令120の2①三イ）。

$$\frac{（取得価額）}{\begin{pmatrix}その資産の耐用年数の期間内における\\その資産の属する鉱区の採掘予定数量\end{pmatrix}} \times \begin{pmatrix}その年の\\採掘数量\end{pmatrix} = \begin{pmatrix}その年分の\\償却費の額\end{pmatrix}$$

(7) 旧国外リース期間定額法……旧国外リース期間定額法は、次の算式で計算する方法です（令120①六，68ページ参照）。

(取得価額−見積残存価額)×(その年の国外リース資産の賃貸借期間の月数)/(リース取引の契約に定められている国外リース資産の賃貸借期間の月数)＝(その年分の償却費の額)

(8) リース期間定額法……リース期間定額法は、次の算式で計算する方法です（令120の2①六，67ページ参照）。

(取得価額−残価保証額)×(その年のリース資産のリース期間の月数)/(リース資産のリース期間の月数)＝(その年分の償却費の額)

(注)　「残価保証額」とは，リース期間終了の時に，リース資産の処分価額が，所有権移転外リース取引（65ページ参照）に係る契約においてあらかじめ定められている保証額に満たない場合に，その満たない部分を賃借人が賃貸人に支払うこととされている場合のその保証額をいいます（令120の2②六）。

(9) 特別な償却方法……(1)から(6)に掲げる方法、取替法，特別な償却率による償却方法以外の償却の方法で，納税地の所轄税務署長の承認を受けた方法です（令120の3①）。

(10) 取替法……取替法は，取得価額の50％に達するまでは(1)から(4)までのうちその採用している方法によって償却費を計算し，使用に耐えなくなった資産を取り替えた場合には，その取り替えた新たな資産の取得価額を償却費の額とする方法です（令121②）。

(11) 特別な償却率による償却方法……納税地の所轄国税局長に申請してその認定を受けた償却率を取得価額に乗じて計算した金額を，その年分の償却費の額とする方法です（令122①）。

償却方法の選定及び届出　償却の方法は，「減価償却資産の償却方法」（49ページ参照）に掲げる減価償却資産の区分ごとに，かつ，減価償却資産の区分の①，③，④及び⑥，⑨，⑩及び⑫並びに⑮，⑯，⑰及び⑲の資産については耐用年数等省令の別表（985ページ参照）に定められている減価償却資産（設備の種類が定められているものについては，その定められている設備）の種類ごとに選定することになっています。この場合，2以上の事業所又は船舶を有するときは，事業所又は船舶ごとに償却の方法を選定することができます。

なお，①新たに業務を開始した場合，②現に採用している方法以外の償却方法によることとなる減価償却資産を取得した場合，③新たに事業所を設けた場合で，その事業所の減価償却資産について従来と異なる償却の方法を選定しようとするとき若しくは既に事業所ごとに異なる償却の方法を選定しているとき又は④新たに船舶を取得した場合で，その船舶について従来と異なる償却の方法を選定しようとするとき若しくは既に船舶ごとに異なる償却の方法を選定しているときには，採用しようとする償却の方法を選定して，①新たに業務を開始した日，②当該資産を取得した日，③新たに事業所を設けた日又は④新たに船舶を取得した日の属する年分の確定申告書の提出期限までに納税地の所轄税務署長に届け出なければなりません。ただし，減価償却資産が建物（平成10年3月31日以前に取得したものを除く。），建物附属設備（平成28年3月31日以前に取得したものを除く。），構築物（平成28年3月31日以前に取得したものを除く。），無形固定資産（鉱業権を除く。）及び生物並びに国外リース資産及びリース資産である場合にはこの届出の必要はなく，その資産を取得した日に定められた償却方法を選定したものとみなされることになっています（令123，規28）。

(注)　一の建物が部分的にその用途を異にしている場合において，その用途を異にする部分がそれぞれ相当の規模のものであり，かつ，その用途の別に応じ償却することが合理的であると認められる事情があるときは，その建物についてそれぞれ用途を異にする部分ごとに異なる償却の方法を選択することができます（基通49—18の3）。

償却方法の引継ぎ　平成19年3月31日以前に取得している減価償却資産（以下「旧償却方法適用資産」

という。）については，既によるべき償却方法として旧定額法，旧定率法又は旧生産高比例法を選定している場合において，同年4月1日以後に取得した減価償却資産（以下「新償却方法適用資産」という。）で，同年3月31日以前に取得したとしたならば，その旧償却方法適用資産と同一の区分に属するものにつき償却方法の届出をしていないときは，次の償却方法の変更に係る承認を受けている場合を除き，その新償却方法適用資産については，その旧償却方法適用資産につき選定した償却方法に対応する償却方法（例えば旧定額法に対しては定額法）を選定したものとみなされます。ただし，上記「減価償却資産の償却方法」（49ページ参照）に掲げる減価償却資産の区分の⑯の鉱業用減価償却資産のうち建物及びその附属設備並びに構築物については旧定率法を選定していても，定率法を選定したものとみなされません（令123③）。

また，鉱業用減価償却資産のうち平成28年3月31日以前に取得されたもの（以下「旧選定対象資産」という。）につき既にそのよるべき償却の方法として定額法を選定している場合において，同年4月1日以後に取得された鉱業用減価償却資産のうち建物及びその附属設備並びに構築物（以下「新選定対象資産」という。）で，同年3月31日以前に取得されるとしたならば旧選定対象資産と同一の区分に属するものにつき償却方法の届出をしていないときは，次の償却方法の変更に係る承認を受けている場合を除き，その新選定対象資産については，定額法を選定したものとみなされます（令123④）。

償却方法の変更　現に採用している償却の方法を変更しようとする場合には，その変更しようとする年の3月15日までに，その旨，変更しようとする理由その他財務省令で定める事項を記載した申請書を納税地の所轄税務署長に提出しその承認を受けなければなりません（令124①②⑤，規29）。

償却方法の変更の承認を受けた場合の計算は次のようになります。
(1)　**旧定額法から旧定率法に変更した場合又は定額法から定率法に変更した場合**　変更した年の1月1日における未償却残額，改定取得価額又は取得価額を基礎とし，その減価償却資産の法定耐用年数に応じた償却率，改定償却率又は保証率によりその年分以降の償却費を計算します（基通49—19）。
(2)　**旧定率法から旧定額法に変更した場合又は定率法から定額法に変更した場合**　変更した年の1月1日における未償却残額を取得価額とみなし，旧定額法の場合は，実際の取得価額の10%相当額を残存価額とし，納税者の選択する次のいずれかの年数に応じたそれぞれの償却方法に係る償却率によってその年分以降の償却費を計算します（基通49—20）。
イ　その資産の法定耐用年数
ロ　イの年数から経過年数を差し引いた年数（その年数が2年未満となるときは，2年とする。）
　（注）1　上記ロの経過年数は，その変更した年の1月1日現在の未償却残額を実際の取得価額で除した割合に応ずる法定耐用年数の未償却残額割合に対応する経過年数をいい，耐用年数の適用等に関する取扱通達の付表7(1)「旧定率法未償却残額表」，7(2)「定率法未償却残額表（平成19年4月1日から平成24年3月31日まで取得分）」又は7(3)「定率法未償却残額表（平成24年4月1日以後取得分）」により求めることができます。
　　　　2　いったん採用した減価償却資産の償却の方法は特別の事情がない限り継続して適用すべきものですから，現に採用している償却の方法を変更するためにその変更承認申請書を提出した場合において，その現に採用している償却の方法を採用してから3年を経過していないときは，その変更することについて特別な理由があるときを除き，償却方法を変更することはできません。
　　　　　また，その変更承認申請書の提出がその現に採用している償却の方法を採用してから3年を経過した後になされた場合であっても，その変更することについて合理的な理由がないと認められるときは，償却方法を変更することが認められない場合もあります（基通49—2の2）。

特別な償却の方法若しくは取替法又は特別な償却率を採用する場合の承認等の申請　特別な償却の方法を選定する場合又は特別な償却率による償却の方法を採用する場合には，所轄税務署長又は所轄税務署長を経由して所轄国税局長に，その採用しようとする償却の方法，特別な償却率，採用しようとする理由，資産の種類その他財務省令で定める事項を記載した申請書を提出してその承認又は認定を受けなければなりません（令120の3②，122②，規24，27）。

所得計算の通則（必要経費）

　　また，取替法を選定しようとする場合には，その採用しようとする年の3月15日までに，資産の種類及び名称，所在する場所その他財務省令で定める事項を記載した申請書を納税地の所轄税務署長に提出して，その承認を受けなければなりません（令121④，規25）。

　　取得価額の通則　　取得価額は，減価償却資産の取得の態様に応じ，それぞれ次の金額となります（令126①）。

(1)　**購入資産**……その購入の代価（引取運賃，荷役費，運送保険料，購入手数料，関税（附帯税を除く。）その他その資産の購入のために要した費用がある場合には，それらの費用の額を加算した金額）とその資産を業務の用に供するために直接要した費用の額の合計額

(2)　**建設，製作又は製造した資産**……その建設などのために要した原材料費，労務費及び経費の額とその資産を業務の用に供するために直接要した費用の額の合計額

(3)　**成育させた牛馬等の生物**……成育させるために取得した牛馬等が購入したものであるときはその購入の代価（引取運賃などを加算した金額），購入以外の方法で取得したものであるときは，その取得の時におけるその取得のために通常要する価額又は種付費及び出産費の額並びに成育のために要した飼料費，労務費及び経費の額と成育させた牛馬等を業務の用に供するために直接要した費用の額の合計額

(4)　**成熟させた果樹等**……成熟させるために取得した果樹等が購入したものであるときはその購入の代価（引取運賃などを加算した金額），購入以外の方法で取得したものであるときは，その取得の時におけるその取得のために通常要する価額又は種苗費の額並びにその取得した果樹等の成熟のために要した肥料費，労務費及び経費の額と成熟させた果樹等を業務の用に供するために直接要した費用の額の合計額

(5)　**(1)から(4)以外の方法で取得した資産**……その取得の時におけるその資産の取得のために通常要する価額とその資産を業務の用に供するために直接要した費用の額の合計額

　　取得価額に算入する費用　　次に掲げる費用は，減価償却資産の取得価額に算入します。

(1)　その減価償却資産の購入又は建設，製作などのために借り入れた資金の利子のうち，その減価償却資産の使用開始の日までの期間に対応する部分の金額（その期間の各種所得の金額の計算上，必要経費に算入した金額を除く。）（基通37―27，40ページ参照）

(2)　その減価償却資産についての登録免許税のうち，特許権，鉱業権のように登録により権利が発生する資産に係るもの及び船舶，航空機，自動車のように業務の用に供するために登録を要する資産に係るものでその年分の必要経費に算入しなかったもの（基通49―3，36ページ参照）

(3)　他人が使用している建物などの減価償却資産を取得するため，その使用していた者に支払った立退料，移転料その他立ち退かせるために要した費用の額（基通49―4）

　　(注)1　消費税等の扱いについては，個人事業者が売上げ等の収入に係る取引につき税抜経理方式を適用している場合には，減価償却資産の取得価額について税込経理方式により算出することができますが，税込経理方式を適用している場合には，減価償却資産の価額について税抜経理方式により算出することはできません（平元.3.29直所3―8）。

　　　2　令和5年10月1日以後に国内において個人事業者が行う資産の譲渡等，国内において個人事業者が行う課税仕入れ及び保税地域から引き取られる課税貨物に係る消費税に関する規定について，上記(注)1の記述は次のとおりとなります。

　　　　(注)1　消費税等の扱いについては，個人事業者が売上げ等の収入に係る取引について税抜経

所得計算の通則（必要経費）

理方式で経理している場合には，減価償却資産の取得価額について税込経理方式により算出することができます（平元.3.29直所3—8「2の2」）。

資本的支出があった場合の減価償却資産の取得価額の特例　減価償却資産（昭和27年12月31日以前に取得した非事業用資産で，業務の用に供されたものを除く。）について，平成19年4月1日以後に支出する金額のうちに資本的支出に係る金額があった場合には，原則として，その資本的支出に係る金額を一の減価償却資産の取得価額として，その資本的支出を行った減価償却資産と種類及び耐用年数を同じくする減価償却資産を新たに取得したものとして，定額法又は定率法等により償却費の額を計算します（令127①）。

なお，次に掲げる場合には，それぞれ次の取扱いがあります。

(1)　資本的支出を行った減価償却資産が平成19年3月31日以前に取得したものである場合には，その減価償却資産に係る取得価額にその資本的支出に係る金額を加算することができます。

この加算を行った場合は，その減価償却資産の種類，耐用年数及び償却方法に基づいて，加算を行った資本的支出部分も含めた減価償却資産全体で償却を行うこととなります（令127②）。

(2)　資本的支出を行った減価償却資産がリース資産であるときは，その資本的支出により新たに取得したものとされる減価償却資産は，リース資産に該当するものとされます。

この場合に，新たに取得したものとされる減価償却資産のリース期間は，その資本的支出をした日からその資本的支出を行った減価償却資産のリース期間の終了の日までの期間となります（令127③）。

(3)　定率法を採用している減価償却資産について資本的支出を行った場合には，その支出した年の翌年1月1日において，その減価償却資産の期首未償却残高とその資本的支出により取得した減価償却資産の期首未償却残高との合計額をその取得価額とする一の減価償却資産を新たに取得したものとすることができます。

この場合，翌年1月1日を取得の日として，その資本的支出を行った減価償却資産の種類及び耐用年数に基づいて償却を行います（令127④）。

なお，この特例は，平成24年3月31日以前に取得した減価償却資産と平成24年4月1日以後にした資本的支出により取得をしたものとされた減価償却資産とを一の減価償却資産とすることはできないこととされています（平23.12改正令附2④）。

(注)1　上記なお書きの改正について，次の経過措置が設けられています。

平成24年1月1日から同年3月31日までの間に減価償却資産について支出した金額（経過旧資本的支出額を含み，経過新資本的支出額を除く。）について，平成25年1月1日において新たに取得したもの（改正後の償却率による定率法の適用を受けるものを除く。）とされる場合には，その新たに取得したものとされる一の減価償却資産は平成24年3月31日以前に取得された資産に該当するものとして改正前の償却率による定率法により償却費の額を計算します（平23.12改正令附2⑤）。

※1　経過旧資本的支出額

平成24年4月1日から同年12月31日までの間に減価償却資産についてする資本的支出につき新たに取得したものとされる減価償却資産について，平成24年3月31日以前に取得したものとみなして，改正前の償却率による定率法の適用を受ける場合の支出額をいう。

※2　経過新資本的支出額

平成24年1月1日から同年3月31日までの間に減価償却資産についてした資本的支出につ

—58—

き新たに取得したものとされる減価償却資産について，改正後の償却率による定率法の適用を受ける場合の支出額をいう。

2　平成28年度の税制改正において，次の経過措置が設けられています。

平成28年1月1日から同年3月31日までの間に減価償却資産について支出した金額について平成29年1月1日において減価償却資産を新たに取得したものとされる場合には，その新たに取得したものとされる一の減価償却資産は，平成28年3月31日以前に取得された資産に該当するものとして定率法により償却費の額を計算することができることとされています（平28改正令附8③）。

(4)　定率法を採用している減価償却資産について同一年中に複数回資本的支出を行った場合（(3)の適用を受けたものを除く。）には，その支出した年の翌年1月1日において，その資本的支出により取得した減価償却資産のうち種類及び耐用年数を同じくするものの同日における期首未償却残高の合計額を取得価額とする一の減価償却資産を取得したものとすることができます。

この場合，翌年1月1日を取得の日として，その資本的支出を行った減価償却資産と同じくする種類及び耐用年数に基づいて償却を行います（令127⑤）。

(注)1　資本的支出につき(1)，(3)又は(4)を適用した場合には，原則として，その適用した年の翌年以後において，これらの資本的支出を分離して別々に償却することはできません（基通49─8の4）。

2　平成19年3月31日までに減価償却資産について支出した金額のうち資本的支出としてその支出した日の属する年分の必要経費に算入されなかった金額があるときは，その金額はその資産の取得価額に加算しなければなりません（旧令127）。

3　(3)のなお書きの改正により次の経過措置が設けられています。

平成25年分に複数の資本的支出がある場合については，平成24年4月1日前に減価償却資産について支出した金額（経過旧資本的支出額を含み，経過新資本的支出額を除く。）に係る追加償却資産と同日以後に減価償却資産について支出する金額（経過旧資本的支出額を除き，経過新資本的支出額を含む。）に係る追加償却資産で種類及び耐用年数を同じくするものとは，異なる種類及び耐用年数の資産とみなされます（平23.12改正令附2⑥）。

贈与，相続等により取得した資産の取得価額　贈与，相続（限定承認に係るものを除く。）又は遺贈（包括遺贈のうち限定承認に係るものを除く。）若しくは著しく低い価額の対価で譲り受けた減価償却資産（個人から時価の2分の1に満たない対価による譲渡により取得した減価償却資産で，その対価がその資産の譲渡に係る所得の金額の計算上控除される取得価額等に満たないもの）の取得価額は，その資産を取得した者が引き続き所有していたものとみなした場合における前記「取得価額の通則」及び「資本的支出があった場合の取得価額の特例」に掲げる金額とされます（法59，60①，令126②）。

(注)　贈与，相続又は遺贈により取得した減価償却資産について，受贈者等がその減価償却資産を取得するために通常必要と認められる費用（所得税基本通達37─5及び49─3の定めにより各種所得の金額の計算上必要経費に算入した登録免許税や不動産取得税等を除く。）を支出しているときは，その減価償却資産の取得費に算入することができます（基通60─2）。

国庫補助金等によって取得した資産の取得価額　固定資産の取得又は改良に充てるために交付された国庫補助金等によって取得した資産について「国庫補助金等の総収入金額不算入（32ページ参照）」等の特例の適用を受けた場合には，その資産の実際の取得価額から国庫補助金等の金額を控除した金額が取得価額とみなされ，また，国庫補助金等の交付に代えて交付を受けた資産については，その取得価額はないものとみなされます（法42⑤，43⑥，令90②，91②）。

─59─

所得計算の通則（必要経費）

交換によって取得した資産の取得価額　固定資産の交換の場合の譲渡所得の特例の適用を受けた資産の取得価額は，次によって計算した金額とされます（法58⑤，令168）。

(1)　取得資産とともに交換差金等を取得した場合

$$（譲渡資産の取得費）×\frac{（取得資産の価額）}{（取得資産の価額）+（交換差金等の額）}=交換取得資産の取得価額とされる金額$$

(2)　譲渡資産とともに交換差金等を交付して取得資産を取得した場合

$$（譲渡資産の取得費）+（交換差金等の額）=交換取得資産の取得価額とされる金額$$

(3)　等価で交換した場合

$$（譲渡資産の取得費）=交換取得資産の取得価額とされる金額$$

(4)　取得資産を取得するために要した経費の額がある場合

$$\begin{pmatrix}(1)ないし(3)により計算した\\交換取得資産の取得価額\end{pmatrix}+\begin{pmatrix}取得資産の取得に\\要した経費の額\end{pmatrix}=\begin{matrix}交換取得資産の取得\\価額とされる金額\end{matrix}$$

買換資産等の取得価額　特定の居住用財産の買換えなどの場合の譲渡所得の課税の特例，既成市街地等内にある土地等の中高層耐火建築物等の建設のための買換えなどの場合の譲渡所得の課税の特例の適用を受けて取得した買換資産の取得価額は，次によって計算した金額とされます（措法36の4，37の5④⑤，措令24の3②〜④，25の4⑫〜⑯）。

(1)　譲渡資産の譲渡による収入金額が買換資産の取得価額を超える場合

$$（譲渡資産の取得価額等）×\frac{（買換資産の取得価額）}{（譲渡資産の譲渡による収入金額）}=買換資産の取得価額とされる金額$$

(2)　譲渡資産の譲渡による収入金額が買換資産の取得価額と等しい場合

$$（譲渡資産の取得価額等）=買換資産の取得価額とされる金額$$

(3)　譲渡資産の譲渡による収入金額が買換資産の取得価額に満たない場合

$$（譲渡資産の取得価額等）+（その満たない金額）=買換資産の取得価額とされる金額$$

(4)　譲渡資産の譲渡に関する費用がある場合

$$\begin{pmatrix}(1)ないし(3)により計算し\\た買換資産の取得価額\end{pmatrix}+\begin{pmatrix}譲渡に関する費用のうち\\譲渡所得の金額の計算上\\差し引かれなかった金額\end{pmatrix}=買換資産の取得価額とされる金額$$

(注)1　「譲渡資産の取得価額等」とは，譲渡資産の取得価額，設備費，改良費の合計額をいいます（措法33の6①）。

　　2　特定の事業用資産の買換えの場合の譲渡所得の課税の特例及び大規模な住宅地等造成事業の施行区域内にある土地等の造成のための交換等の場合の譲渡所得の課税の特例（廃止）の適用を受けて取得した買換資産の取得価額については，それぞれの項目を参照してください。

代替資産等の取得価額　収用交換等の場合の課税の特例の適用を受けて取得した代替資産等（補償金をもって取得した資産及び交換処分，換地処分，権利変換によって取得した資産をいう。以下同じ。）の取得価額は，次によって計算した金額とされます（措法33の6，措令22の6，措規16）。

(1)　補償金等で取得した代替資産等

　イ　純補償金の額が代替資産等の取得価額を超える場合

$$\begin{pmatrix}譲渡資産の\\取得価額等\end{pmatrix}×\frac{（代替資産等の取得価額）}{（純補償金の額）}=代替資産等の取得価額とされる金額$$

— 60 —

ロ　純補償金の額が代替資産等の取得価額と等しい場合
　　（譲渡資産の取得価額等）＝代替資産等の取得価額とされる金額
ハ　純補償金の額が代替資産等の取得価額に満たない場合
　　（譲渡資産の取得価額等）＋（その満たない金額）＝代替資産等の取得価額とされる金額
（注）「純補償金の額」とは，譲渡資産の補償金等の額から譲渡費用の超過額を差し引いた金額をいいます。

(2)　交換処分，換地処分又は権利変換によって取得した代替資産等

イ　代替資産等だけを取得し，補償金等を取得しない場合
　　（譲渡資産の取得価額等）＋（譲渡に要した費用の額（注2））＋（代替資産等の取得に要した経費の額（注3））＝代替資産等の取得価額とされる金額

ロ　代替資産等と補償金等を取得した場合
　　｛（譲渡資産の取得価額等）＋（譲渡に要した費用の額（注2））｝×（代替資産等の取得価額）／｛（補償金等の額）＋（代替資産等の取得価額）｝
　　＋（代替資産等の取得に要した経費の額（注3））＝代替資産等の取得価額とされる金額

ハ　代替資産等を取得し，清算金を徴収された場合
　　（譲渡資産の取得価額等）＋（譲渡に要した費用の額（注2））＋（清算金の額）＋（代替資産等の取得に要した経費の額（注3））＝代替資産等の取得価額とされる金額

（注）1　「譲渡資産の取得価額等」は，前記「買換資産等の取得価額」（注）1と同様です。
　　　2　代替資産等が交換処分により取得した資産又は換地処分により取得した代替住宅等（措置法第33条の3第8項に規定する代替住宅等をいう。以下同じ。）である場合のみ「譲渡に要した費用の額」が加算されます。
　　　3　代替資産等が換地処分により取得した代替住宅等である場合のみ，「代替資産等の取得に要した経費の額」が加算されます。
　　　4　マンションの管理の適正化の推進に関する法律及びマンションの建替え等の円滑化に関する法律の一部を改正する法律（令和2年法律第62号）の施行の日（令和4年4月1日）以後は，換地処分等に伴い資産を取得した場合の課税の特例の適用を受けた者が，敷地権利変換によって取得した分割後資産をその取得の日以後に譲渡，贈与などをした場合において，譲渡所得の金額を計算するときは，敷地権利変換により譲渡した資産の取得の時期をもってその分割後資産の取得の時期とし，敷地権利変換により譲渡した資産の取得価額並びに設備費及び改良費の額の合計額のうち，分割後資産に対応する部分の金額をその分割後資産の取得価額とすることとされています。

取得後1年以内に取り壊した建物の取得価額及び取壊し費用　建物とともに土地又は借地権を取得した場合に，その取得後おおむね1年以内にその建物の取壊しに着手するなど，その建物の取得が建物本来の用途に供するためのものでなく当初からその建物を取り壊して土地を利用する目的であったと認められるときは，その建物の取得に要した金額及び取壊し費用は必要経費に算入しないで，土地又は借地権の取得費に算入することになっています（基通38-1）。

なお，この場合の土地又は借地権の取得費に算入される金額は，次の算式で計算します。

｛（取り壊した建物の取得価額）＋（取壊し費用）｝－（取り壊した建物の廃材などの取り壊した日現在における価額）＝土地などの取得費に算入する金額

残存価額　平成19年3月31日以前に取得された資産の種類によって，次のように定められています（令129，耐用年数等省令6，別表十一）。

イ　有形減価償却資産（ソフトウエアを除く。）……………………取得価額の10％相当額

所得計算の通則（必要経費）

ロ　無形減価償却資産，ソフトウエア並びに鉱業権及び坑道…零

ハ　牛馬，果樹等………………………………………………取得価額の5％〜50％相当額

　　ただし，牛及び馬については，その取得価額を基にして計算した残存価額が10万円を超える場合には10万円とします。

償却累計額による償却費の特例　次の減価償却資産（取替法及び特別な償却率による償却の方法を採用しているものを除く。）については，その年の前年分以前の各年分の償却費の額の累積額と，その年の償却費の額に相当する金額との合計額が次に掲げる金額を超える場合には，その年分の償却費の額は，その償却費の額に相当する金額のうち，次に掲げる金額に達するまでの金額となります（令134①，耐用年数等省令6，別表十一）。

イ　平成19年3月31日以前に取得したもの（(ニ)及び(ホ)については，平成20年3月31日までに契約が締結されたもの）

　(イ)　有形減価償却資産（坑道並びに(ニ)及び(ホ)の資産を除く。）…その取得価額の95％相当額

　(ロ)　無形減価償却資産及び坑道（(ホ)の資産を除く。）……………その取得価額相当額

　(ハ)　牛馬，果樹等（(ホ)の資産を除く。）………………………その取得価額の50％〜95％相当額

　(ニ)　国外リース資産……………………………………………その取得価額−見積残存価額

　(ホ)　リース賃貸資産…………………… その取得価額−残価保証額（零である場合には1円）

ロ　平成19年4月1日以後に取得したもの（(ハ)については，平成20年4月1日以後契約が締結されたもの）

　(イ)　有形減価償却資産（坑道及び(ハ)の資産を除く。）…………その取得価額−1円

　(ロ)　無形減価償却資産及び坑道……………………………………その取得価額相当額

　(ハ)　リース資産…………………………………………………その取得価額−残価保証額

(注)1　イ(イ)及び(ハ)の資産につき，それぞれに掲げる金額に達した後は，その金額に達した年の翌年から5年間において，取得価額から1円を控除した金額に達するまで均等の方法により，減価償却を行います（令134②）。

　　　2　(注)1の取扱いの適用を受けた資産について資本的支出をし，その資本的支出に係る部分の金額を取得価額に加算する特例（令127②）を適用した場合には，その適用した後の取得価額及び未償却残額を基礎として減価償却を行います。この場合，その加算した後の未償却残額が，その加算した後の取得価額の5％相当額を超えるときは，(注)1の取扱いの適用を継続することはできません（基通49—48）。

堅牢な建物等の償却費の特例　平成19年3月31日以前に取得した次に掲げる減価償却資産については，償却費の額の累積額がその資産の取得価額の95％相当額に達した後，なお，その資産が業務の用に供されているときは，その資産が業務の用に供されている間に限り，その資産の取得価額の5％相当額から1円を差し引いた残額をその資産について定められている耐用年数の10分の3に相当する年数（1年未満の端数は，切り上げて1年とする。）で除した金額を，各年分の必要経費に算入することができます（令134の2）。

(1)　鉄骨鉄筋コンクリート造，鉄筋コンクリート造，れんが造，石造又はブロック造の建物

(2)　鉄骨鉄筋コンクリート造，鉄筋コンクリート造，コンクリート造，れんが造，石造又は土造の構築物又は装置

所得計算の通則（必要経費）

耐用年数及び償却率　耐用年数とは，通常の維持，補修を加えた場合にその減価償却資産が減価償却資産の本来の用途又は用法による効用を持続できる期間をいい，減価償却資産の種類，用途などに応じて減価償却資産の耐用年数等に関する省令で定められた年数によることになっています。また，耐用年数に応ずる旧定額法及び旧定率法並びに定額法及び定率法の償却率も，同省令の別表第七から第十において定められています。

　（注）1　減価償却資産の耐用年数については，985ページ参照。
　　　　2　減価償却資産の償却率については，1006ページ以降参照。

中古資産の耐用年数　耐用年数の全部又は一部を経過した中古資産のうち一定のものを取得して業務の用に供した場合には，業務の用に供した時以後の使用可能期間の年数（残存耐用年数）を見積って耐用年数とすることができます。この場合，その残存耐用年数を見積もることが困難なときは，法定耐用年数を基にして次の算式で計算した年数（その年数に1年未満の端数があるときはその端数を切捨て，その年数が2年未満となるときは2年とする。）によることができます（耐用年数等省令3①⑤）。

　法定耐用年数の全部を経過したもの……（法定耐用年数）×0.2＝中古資産の耐用年数
　法定耐用年数の一部を経過したもの……（法定耐用年数）－（経過年数）＋（経過年数）×0.2＝中古資産の耐用年数

2以上の用途に共用されている建物の耐用年数　一の建物が2以上の用途に共通して使用されている場合には，原則として，その使用目的，使用面積の割合，使用程度の割合などから勘案し，その割合の大きい方の用途に専ら使用されているものとして，その用途について定められている耐用年数を適用します。

　ただし，建物の一部をその建物の本来の用途以外の用途に使用するため特別な内部造作その他の施設がされているもの（例えば，鉄筋コンクリート造6階建のビルディングのうち1階から5階までが事務所に使用され6階が劇場に使用するため，6階について特別な内部造作をされているようなもの）については，耐用年数等省令別表一の「建物」の「細目」欄に掲げる2以上の用途ごとに区分して，その用途について定められている耐用年数をそれぞれ適用することができます（耐通1－1－1，1－2－4）。

貸与資産の耐用年数　貸与している減価償却資産（耐用年数等省令別表第一に貸付業用の資産として掲げられているものを除く。）の耐用年数は，原則として，貸与を受けている人のその資産の用途に応じてその構造又は用途，細目について定められている耐用年数を適用します（耐通1－1－5）。

耐用年数の短縮　青色申告者の有する減価償却資産が，その材質，製作方法の相違又は陳腐化などの特別の事由に該当するため，その使用可能期間が法定耐用年数に比して著しく短くなった場合には，納税地の所轄国税局長の承認を受けて，その承認された「未経過使用可能期間」を法定耐用年数とみなして償却費の計算を行うことができます（令130①，規30）。

　この承認を受けようとする人は，その承認申請書を納税地の所轄税務署長を経由して納税地の所轄国税局長に提出しなければなりません（令130②，規31）。

　また，耐用年数の短縮の適用を受けた減価償却資産について軽微な変更があった場合，又はその適用を受けた減価償却資産と同一の他の減価償却資産を取得した場合には，取得した日の属する年分の所得税の確定申告期限までに，一定の事項を記載した届出書を納税地の所轄税務署を経由して納税地の所轄国税局長に提出したときは，承認を受けたものとされます（令130⑦⑧，規32）。

　したがって，承認を受けた減価償却資産について，再度，承認を受ける必要はありません。

年の中途で業務の用に供した資産等の償却費の計算　減価償却資産（国外リース資産及びリース資

所得計算の通則（必要経費）

産を除く。）を年の中途で業務の用に供した場合又は反対に年の中途で業務の用に供されなくなった場合の償却費の額は，次のように計算します（令132）。

(1) 旧定額法，旧定率法，定額法，定率法又は取替法を採用している場合

$$（通常の償却費の年額）×\frac{（その年中に業務の用に供した月数）}{12}=\substack{その年分の\\償却費の額}$$

(注) その年中に業務の用に供した月数に１月未満の端数が生じたときは，切り上げて１月とします。

(2) 旧生産高比例法又は生産高比例法を採用している場合

$$\left[\substack{通常の償却\\費の年額}\right]×\frac{（その年中に業務の用に供した期間内におけるその鉱区の採掘数量）}{（その年のその資産の属する鉱区の採掘数量）}=\substack{その年分の\\償却費の額}$$

(3) 税務署長の承認を受けた特別な償却の方法を採用している場合

$$\left[\substack{その特別な償却の方法の種類に応じて\\(1)又は(2)に準ずる方法で計算した金額}\right]=その年分の償却費の額$$

(注) 「減価償却資産」（45ページ参照）を年の中途で譲渡した場合は，その年分の償却費相当額をそれらの資産の取得費に含めて譲渡所得の金額の計算上その収入金額から差し引くか，事業所得等の金額の計算上必要経費に算入するかのいずれかの方法によることになります（基通49―54）。

通常の使用時間を超えて使用される機械及び装置の償却費の特例　青色申告者の有する機械及び装置（旧定額法，旧定率法，定額法又は定率法を採用しているものに限る。）の使用時間が，不動産所得，事業所得又は山林所得を生ずべき業務の通常の経済事情におけるその機械及び装置の平均的な使用時間を超える場合には，通常の償却費の額とその償却費の額に増加償却割合を乗じて計算した金額との合計額を，その年分の償却費の額とすることができます（令133）。

増加償却割合　増加償却割合は，平均的な使用時間を超えて使用する機械及び装置について，次により計算した割合をいい，この割合が10％未満の場合にはこの特例は適用されません（令133，規34①②）。

$$0.035×\left[\substack{その機械及び装置の１日\\当たりの超過使用時間数}\right]=増加償却割合（小数点２位未満切上げ）$$

(注) その機械及び装置の１日当たりの超過使用時間数は，納税者の選択により次の(1)又は(2)により計算した時間数のいずれかによることができます。

(1) $$\substack{その機械及\\び装置の１\\日当たりの\\超過使用時\\間数}=\left[\substack{その年において個々の機械及び\\装置の通常の経済事情における\\１日当たりの平均的な使用時間\\を超えて使用した時間の合計時\\間(A)}\right]÷\left[\substack{その年におい\\て個々の機械\\及び装置を通\\常使用すべき\\日数(B)}\right]×\left[\substack{個々の機械及び装\\置の取得価額(C)}\overline{}\substack{その機械及び装置\\の取得価額の合計\\額}\right]$$

(2) $$\substack{その機械及び装置\\の１日当たりの超\\過使用時間数}=((A)÷(B))の合計時間÷\substack{その年12月31日現\\在の個々の機械及\\び装置の総数}$$

(3) (C)は，平成24年以後の各年分において所得税法施行令第130条第９項に定める耐用年数の短縮の規定の適用がある場合には，同項の規定の適用がないものとした金額とします。

適用を受けるための手続　この特例の適用を受けるためには，この特例の適用を受ける旨その他所定の事項を記載した書類をその年分の確定申告期限までに納税地の所轄税務署長に提出し，かつ，その平均的な使用時間を超えて使用したことを証する書類を保存しておかなければなりません（令133，規34③）。

転用資産の償却費の計算　非業務用の家屋その他使用又は期間の経過によって減価する資産を業務用に転用した場合の転用後の償却費は，次のように計算します。

— 64 —

(1) 昭和28年1月1日以後に取得した資産を転用した場合……その転用の日にその資産を譲渡したものとみなして，その資産について後述（307ページ参照）の「取得費の計算」の「譲渡した資産が減価するものである場合の取得費」の例に従って計算した取得費の額をその資産の転用の日における未償却残額とし，この未償却残額とその資産の実際の取得価額（資本的支出を含む。）との差額を償却済額とみなして，転用後の償却費の額を計算します（令135）。

(2) 昭和27年12月31日以前に取得した資産を転用した場合……その転用の日にその資産を譲渡したものとみなして，その資産について後述（311ページ参照）の「取得費の計算」の「昭和27年12月31日以前に取得した資産の取得費」の「(2)減価する資産である場合」の例に従って計算した金額を転用の日における未償却残額とし，昭和28年1月1日における相続税の評価額（同日以後の設備費，改良費を加算した金額）を取得価額とし，この未償却残額と取得価額との差額を償却済額とみなして，転用後の償却費の額を計算します（令128，136）。

(注) その資産の実際の取得価額（昭和27年12月31日までの減価の額の累積額を差し引いた残額）が昭和28年1月1日における相続税の評価額より多いときは，その多いことを証明して，実際の取得価額を同日における相続税の評価額に置き替えて，上記(2)の計算をします（法61③）。

リース資産に係る償却方法の特例

賃借人の償却方法　平成20年4月1日以後に締結する所有権移転外リース取引に係る賃借人が取得したものとされる減価償却資産（以下「リース資産」という。）については，リース期間で均等償却を行う「リース期間定額法」により償却します（令120の2①六，平19改正令附12①）。

なお，リース資産については，定額法，定率法，生産高比例法並びに所得税法施行令第120条の3に定める特別な償却の方法及び同令第122条に定める特別な償却率による償却の方法の選定の対象外とされています。

所有権移転外リース取引　所有権移転外リース取引とは，所得税法第67条の2第3項に規定するリース取引（100ページ参照）のうち，次のいずれかに該当するもの及びこれらに準ずるもの以外のものをいいます（令120の2②五）。

イ　リース期間終了の時又はリース期間の中途において，そのリース取引に係る契約において定められているそのリース取引の目的とされている資産（以下「目的資産」という。）が無償又は名目的な対価の額でそのリース取引に係る賃借人に譲渡されるものであること

ロ　そのリース取引に係る賃借人に対し，リース期間終了の時又はリース期間の中途において目的資産を著しく有利な価額で買い取る権利が与えられているものであること

ハ　目的資産の種類，用途，設置の状況等に照らし，その目的資産がその使用可能期間中そのリース取引に係る賃借人によってのみ使用されると見込まれるものであること又はその目的資産の識別が困難であると認められるものであること

ニ　リース期間が目的資産の耐用年数に比して相当短いもの（そのリース取引に係る賃借人の所得税の負担を著しく軽減することになると認められるものに限る。）であること

(注)1　所有権移転外リース取引に該当しないリース取引に準ずるものとして所有権移転外リース取引に該当しないものとは，例えば，次に掲げるものをいいます（基通49—30の2）。

所得計算の通則（必要経費）

① リース期間に係る契約において定められたリース資産の賃貸借期間の終了後，無償と変わらない名目的な再リース料によって再リースをすることがリース取引に係る契約において定められているリース取引（リース取引に係る契約書上そのことが明示されていないリース取引であって，事実上，当事者間においてそのことが予定されていると認められるものを含む。）

② 賃貸人に対してそのリース取引に係るリース資産の取得資金の全部又は一部を貸し付けている金融機関等が，賃借人から資金を受け入れ，その資金をしてその賃借人のリース料等の債務のうちその賃貸人の借入金の元利に対応する部分の引受けをする構造になっているリース取引

2 リース期間終了の時又はリース期間の中途においてリース資産を買い取る権利が与えられているリース取引について，賃借人がそのリース資産を買い取る権利に基づきそのリース資産を購入する場合の対価の額が，賃貸人においてそのリース資産につき法定耐用年数を基礎として定率法により計算するものとした場合におけるその購入時の未償却残額に相当する金額（その未償却残額がそのリース資産の取得価額の５％相当額未満の場合には，その５％相当額）以上の金額とされているときは，その対価の額がその権利行使時の公正な市場価額に比し著しく下回るものでない限り，その対価の額は上記ロの「著しく有利な価額」に該当しないものとされます（基通49─30の３）。

3 次に掲げるリース取引は，上記ハの「その使用可能期間中そのリース取引に係る賃借人によってのみ使用されると見込まれるもの」に該当することとされています（基通49─30の４）。

① 建物，建物附属設備又は構築物（建設工事等の用に供する簡易建物，広告用の構築物等で移設が比較的容易に行い得るもの又は賃借人におけるそのリース資産と同一種類のリース資産に係る既往のリース取引の状況，そのリース資産の性質その他の状況からみて，リース期間の終了後にそのリース資産が賃貸人に返還されることが明らかなものを除く。）を対象とするリース取引

② 機械装置等で，その主要部分が賃借人における用途，その設置場所の状況等に合わせて特別な仕様により製作されたものであるため，その賃貸人がそのリース資産の返還を受けて再び他に賃貸又は譲渡することが困難であって，その使用可能期間を通じてその賃借人においてのみ使用されると認められるものを対象とするリース取引

4 次に掲げる機械装置等を対象とするリース取引は，上記３②のリース取引には該当しないものとされています（基通49─30の５）。

① 一般に配付されているカタログに示された仕様に基づき製作された機械装置等

② その主要部分が一般に配付されているカタログに示された仕様に基づき製作された機械装置等で，その附属部分が特別の仕様を有するもの

③ ①及び②に掲げる機械装置等以外の機械装置等で，改造を要しないで，又は一部改造の上，容易に同業者等において実際に使用することができると認められるもの

5 機械装置等を対象とするリース取引が，そのリース取引に係るリース資産の法定耐用年数の100分の80に相当する年数（１年未満の端数がある場合には，その端数を切り捨てる。）以上の年数をリース期間とするものである場合は，そのリース取引は上記ハの「その使用可能期間中そのリース取引に係る賃借人によってのみ使用されると見込まれるもの」には該当しないものとして取り扱うことができます（基通49─30の６）。

6 上記ハの「その目的資産の識別が困難であると認められるもの」かどうかは，賃貸人及び賃借人において，そのリース資産の性質及び使用条件等に適合した合理的な管理方法によりリース資産が特定できるように管理されているかどうかにより判定するものとされています（基通49─30の７）。

7 上記ニの「相当短いもの」とは，リース期間がそのリース資産について定められている法定耐用年数の100分の70（耐用年数が10年以上のリース資産については，100分の60）に相当する年数（１年未満の端数がある場合には，その端数を切り捨てる。）を下回る期間であるものとされています（基通49─30の８）。

ただし，一のリース取引において法定耐用年数の異なる数種の資産を取引の対象としている場合（その数種の資産について，同一のリース期間を設定している場合に限る。）において，それぞれの

─66─

資産につき法定耐用年数を加重平均した年数（賃借人における取得価額をそれぞれの資産ごとに区分した上で，その金額ウェイトを計算の基礎として算定した年数をいう。）により判定を行っているときは，これも認められます。

なお，再リースをすることが明らかな場合には，リース期間にその再リースの期間を含めて判定します。

8　リース取引について，賃借人におけるそのリース資産と同一種類のリース資産に係る既往のリース取引の状況，そのリース資産の性質その他の状況からみて，リース期間の終了後にそのリース資産が賃貸人に返還されることが明らかなものは，上記ニの「そのリース取引に係る賃借人の所得税の負担を著しく軽減することになると認められるもの」には該当しないこととされています（基通49─30の9）。

リース期間定額法　リース期間定額法は，次の算式で計算する方法です（令120の2①六）。

$$\text{取得価額（注1）} \times \frac{\text{その年のリース資産のリース期間の月数}}{\text{リース資産のリース期間の月数}} = \begin{pmatrix}\text{その年分の}\\\text{償却費の額}\end{pmatrix}$$

(注) 1　リース資産の取得価額に残価保証額に相当する金額が含まれている場合には，リース資産の取得価額は，残価保証額を控除した金額となります。

　　 2　リース資産がリース期間の中途において次に掲げる所得税法第60条第1項各号に掲げる事由以外の事由により移転を受けたものである場合には，上記リース期間は，その移転の日以後の期間に限ります。
　　　(1)　贈与，相続（限定承認に係るものを除く。）又は遺贈（包括遺贈のうち限定承認に係るものを除く。）
　　　(2)　個人に対し，譲渡所得の基因となる資産を時価の2分の1未満の対価の額で譲渡した場合において，その対価の額がその資産の譲渡に係る山林所得の金額，譲渡所得の金額又は雑所得の金額の計算上控除する必要経費又は取得費及び譲渡に要した費用の額の合計額に満たない譲渡

　　 3　残価保証額とは，リース期間終了の時にリース資産の処分価額が所有権移転外リース取引に係る契約において定められている保証額に満たない場合にその満たない部分の金額をその所有権移転外リース取引に係る賃借人がその賃貸人に支払うこととされている場合におけるその保証額をいいます（令120の2②六）。

　　 4　上記リース期間の月数は，暦に従って計算し，1月に満たない端数を生じたときは，これを1月とします（令120の2③）。

賃借人におけるリース資産の取得価額　賃借人におけるリース資産の取得価額は，原則として，そのリース期間中に支払うべきリース料の額の合計額によります。ただし，そのリース料の額の合計額のうち利息相当額から成る部分の金額を合理的に区分することができる場合には，そのリース料の額の合計額からその利息相当額を控除した金額をそのリース資産の取得価額とすることができます（基通49─30の10）。

(注) 1　再リース料の額は，原則として，リース資産の取得価額に算入しないこととされています。ただし，再リースをすることが明らかな場合には，その再リース料の額は，リース資産の取得価額に含まれます。

　　 2　リース資産を業務の用に供するために賃借人が支出する付随費用の額は，リース資産の取得価額に含まれます。

　　 3　本文ただし書によりリース料の額の合計額から利息相当額を控除した金額をそのリース資産の取得価額とする場合には，その利息相当額はリース期間の経過に応じて利息法又は定額法により必要経費の額に算入します。

所得計算の通則（必要経費）

リース期間終了の時に賃借人がリース資産を購入した場合の取得価額等　賃借人がリース期間終了の時にそのリース取引の目的物であった資産を購入した場合(そのリース取引が令第120条の２第２項第５号イ若しくはロに掲げるもの又はこれらに準ずるものに該当する場合を除く。)には，その購入の直前におけるその資産の取得価額にその購入代価の額を加算した金額を取得価額とし，その資産に係るその後の償却費は，次に掲げる区分に応じそれぞれ次により計算します（基通49—30の11）。

(1)　その資産に係るリース取引が所有権移転リース取引(所有権移転外リース取引に該当しないリース取引をいう。)であった場合……引き続きその資産につき選定している償却の方法により計算します。

(2)　その資産に係るリース取引が所有権移転外リース取引であった場合……その資産と同じ資産の区分である他の減価償却資産(リース資産に該当するものを除く。)につき選定している償却の方法に応じそれぞれ次により計算します。

　イ　その選定している償却の方法が定額法である場合……その購入の直前におけるその資産の未償却残額にその購入代価の額を加算した金額を取得価額とみなし，その資産と同じ資産の区分である他の減価償却資産に適用される法定耐用年数からその資産に係るリース期間を控除した年数（１年未満の端数がある場合には，その端数を切り捨て，２年に満たない場合には，２年とする。）に応ずる償却率により計算します。

　ロ　その選定している償却の方法が定率法である場合……その資産と同じ資産の区分である他の減価償却資産に適用される法定耐用年数に応ずる償却率，改定償却率及び保証率により計算します。

　(注)　年の中途にリース期間が終了する年分の償却費の額は，リース期間終了の日以前の期間につきリース期間定額法により計算した金額とリース期間終了の日後の期間につき(2)により計算した金額との合計額によります。

リース資産について資本的支出を行った場合の償却費の計算方法　リース資産について資本的支出を行った場合には，資本的支出により新たに取得したものとされる減価償却資産は，リース資産に該当します。この場合においては，その取得したものとされる減価償却資産のリース期間は，その支出した日から既存資産に係るリース期間の終了の日までの期間として，償却費の額の計算を行います（令127③）。

貸手の旧制度適用資産の償却方法の特例　リース賃貸資産については，その採用している償却の方法に代えて，「旧リース期間定額法」を選定することができます（令121の２①）。

　リース賃貸資産とは，所得税法施行令第120条第１項第６号に規定する改正前リース取引の目的とされている減価償却資産をいうこととされています（令121の２①）。この場合のリース取引からは，資産の賃貸借取引以外の取引とされるものを除き，また，国外リース資産は，この特例の対象外とされています（国外リース資産については，「旧国外リース期間定額法」による。70ページ参照）。

旧リース期間定額法　リース賃貸資産(改正前リース取引の目的とされている減価償却資産で国外リース資産以外のもの)については，旧リース期間定額法により償却費の額を計算します（令121の２①）。

$$\frac{\text{リース賃貸資産の改定取得価額}}{\text{改定リース期間の月数}} \times \left(\begin{array}{c}\text{その年における改定}\\\text{リース期間の月数}\end{array}\right) = \left(\begin{array}{c}\text{その年分の}\\\text{償却費の額}\end{array}\right)$$

　(注)１　「改定取得価額」とは，リース賃貸資産のこの制度の適用を受ける最初の年の１月１日（リース賃貸資産が同日後に賃貸の用に供したものである場合には，その賃貸の用に供した日）における取得価額（既に償却費としてその年の前年分の各年分の不動産所得の金額，事業所得の金額，山林所得の金額又は雑所得の金額の計算上必要経費に算入された金額がある場合には，その金額を除く。）

—68—

から残価保証額を控除した金額をいいます（令121の2③）。

ここにいう残価保証額とは，そのリース賃貸資産のリース期間の終了の時にそのリース賃貸資産の処分価額がそのリース取引に係る契約において定められている保証額に満たない場合にその満たない部分の金額をそのリース取引に係る賃借人その他の者がその賃貸人に支払うこととされている場合におけるその保証額をいうこととされ，その保証額の定めがない場合には零とされています（令121の2③）。第三者による保証額を含むところが賃借人のリース期間定額法における残価保証額と異なります。

2　「改定リース期間」とは，リース賃貸資産のリース期間のうちこの制度の適用を受ける最初の年の1月1日以後の期間（そのリース賃貸資産が同日以後に賃貸の用に供したものである場合には，そのリース期間）をいいます（令121の2③）。

この場合のリース賃貸資産が他の者から移転を受けたもの（所得税法第60条第1項各号に掲げる事由により移転を受けた減価償却資産を除く。）である場合には，リース期間は，その移転の日以後の期間に限られます。

ただし，上記の事由により移転を受けた減価償却資産のうち，所得税法第60条第1項第1号の規定の適用があったもの，具体的には，贈与（相続人に対する贈与で被相続人である贈与者の死亡により効力を生ずるものを除く。）又は遺贈（包括遺贈及び相続人に対する特定遺贈を除く。）により所得税法施行令第138条に定める個人の有する少額の減価償却資産（取得価額が10万円未満であるもののうち，その者の業務の性質上基本的に重要なものを除く。）及び同令139条に定める一括償却資産（その者の業務の性質上基本的に重要なものを除く。）の移転があったものは除かれます。

3　この制度の適用を受けようとする場合は，旧リース期間定額法を採用しようとする年分の所得税に係る確定申告期限までに，次の事項を記載した届出書を納税地の所轄税務署長に提出しなければならないこととされています（令121の2②，規25の2）。

イ　その適用を受けようとするリース賃貸資産の種類

ロ　届出書を提出する個人の氏名及び住所（国内に住所がない場合には，居所）

ハ　旧リース期間定額法を採用しようとする資産の種類ごとの改定取得価額の合計額

ニ　その他参考となるべき事項

リース期間の終了に伴い返還を受けた資産の取得価額　賃貸人がリース期間の終了に伴いそのリース取引の目的物であった資産につき賃借人から返還を受けた場合には，そのリース期間終了の時にその資産を取得したものとし，この場合におけるその資産の取得価額は，原則として，返還の時の価額によるものとします。ただし，そのリース取引に係る契約において残価保証額の定めがあるときにおけるその資産の取得価額は，その残価保証額とします（基通49―30の12）。

(注)1　リース期間の終了に伴い再リースをする場合においても同様とします。

2　「残価保証額」とは，リース期間終了の時にリース資産の処分価額がリース取引に係る契約において定められている保証額に満たない場合にその満たない部分の金額をそのリース取引に係る賃借人その他の者がその賃貸人に支払うこととされている場合におけるその保証額をいいます。

リース期間の終了に伴い取得した資産の耐用年数の見積り等　賃貸人がリース期間の終了に伴いそのリース取引の目的物であった資産を賃借人から取得した場合におけるその資産の償却費の計算は，次のいずれかの年数によることができます（基通49―30の13）。

(1)　その資産につき適正に見積もったその取得後の使用可能期間の年数

(2)　次の場合の区分に応じそれぞれ次に定める年数（1年未満の端数がある場合には，その端数を切り捨て，2年に満たない場合は，2年とする。）

イ　その資産に係るリース期間がその資産について定められている法定耐用年数以上である場合……その法定耐用年数の20％に相当する年数

ロ　その資産に係るリース期間がその資産について定められている法定耐用年数に満たない場合……その
　　耐用年数からそのリース期間を控除した年数に，そのリース期間の20%に相当する年数を加算した年数

　旧国外リース期間定額法　国外リース資産（改正前リース取引の目的とされている減価償却資産で非
居住者又は外国法人に対して賃貸されているものをいう。）については，旧国外リース期間定額法により，
償却費の額を計算します（令120①六）。

$$(取得価額－見積残存価額)\times\frac{その年の国外リース資産の賃貸借期間の月数}{リース取引の契約に定められている国外リース資産の賃貸借期間の月数}=\begin{pmatrix}その年分の\\償却費の額\end{pmatrix}$$

（注）1　上記「賃貸借の期間」には，改正前リース取引のうち再リースをすることが明らかなものにお
　　　　けるその再リースに係る賃貸借期間を含むものとされています（基通49—30の14）。
　　　2　上記見積残存価額について，リース料の算定に当たって国外リース資産の取得価額及びその取
　　　　引に係る付随費用（国外リース資産の取得に要する資金の利子，固定資産税，保険料等その取引
　　　　に関連して賃貸人が支出する費用をいう。）の額の合計額からリース料として回収することとし
　　　　ている金額の合計額を控除した残額としている場合は，これも認められます（基通49—30の15）。
　　　3　賃貸人がリース賃貸資産（改正前リース取引の目的とされている減価償却資産をいう。）を居住
　　　　者又は内国法人に対して賃貸した後，更にその居住者又は内国法人が非居住者又は外国法人（以
　　　　下「非居住者等」という。）に対してそのリース賃貸資産を賃貸した場合（非居住者等の専ら国内
　　　　において行う事業の用に供されている場合を除く。）において，そのリース賃貸資産の使用状況及
　　　　びその賃貸に至るまでの事情その他の状況を照らし，これら一連の取引が実質的に賃貸人から非
　　　　居住者等に対して直接賃貸したと認められるときは，その賃貸人の所有するそのリース賃貸資産
　　　　は国外リース資産に該当することとされています（基通49—30の16）。

　漁業権に係る経過措置　漁業法等の一部を改正する等の法律（平成30年法律第95号。以下「漁業法
等改正法」という。）の施行の際現に漁業法等改正法による改正前の漁業法第10条の免許（以下「旧
免許」という。）を受けている個人が漁業法等改正法附則第9条第1項の規定により新漁業権を取得
したものとみなされた場合におけるその新漁業権に係る所得税法その他の所得税に関する法令の規
定の適用については，次によることとされています（漁業法等の一部を改正する等の法律の施行に伴
う関係政令の整備及び経過措置に関する政令（令和2年政令第217号）57）。
(1)　その個人の令和2年分の事業所得の金額の計算上，新漁業権の取得について総収入金額に算入
　　すべき金額は，同年12月1日にその漁業権に係る旧漁業権の譲渡があったものとした場合にその
　　旧漁業権の取得費の額として計算される金額に相当する金額とする。
(2)　その個人の償却費の計算については，新漁業権に係る旧漁業権の取得価額をもってその新漁業
　　権の取得価額とみなす。
(3)　その個人の償却費の計算については，その個人が新漁業権に係る旧漁業権を業務の用に供してい
　　た場合には，その用に供した日をもってその個人がその新漁業権を業務の用に供したものとみなす。
(4)　その個人の新漁業権の譲渡による所得が所得税法第33条第3項各号に掲げる所得のいずれに該
　　当するかの判定（すなわちその譲渡所得が短期譲渡所得か長期譲渡所得かの判定）については，その
　　個人がその新漁業権をその新漁業権に係る旧漁業権を取得した時から引き続き所有していたもの
　　とみなす。
（注）1　上記の「新漁業権」とは，漁業法等改正法第1条の規定による改正後の漁業法第69条第1項の
　　　　免許に係る漁業権をいいます。

2 上記の「旧漁業権」とは，旧免許に係る漁業権をいいます。

また，旧漁業権の耐用年数につき減価償却資産の耐用年数等に関する省令第3条第1項又は第2項の規定の適用を受けていたとき，すなわち，中古資産の耐用年数を適用していたときは，新漁業権の耐用年数については，その旧漁業権の耐用年数とされていた年数によることとされています（漁業法等の一部を改正する等の法律の施行に伴う漁業権の耐用年数の経過措置に関する省令）。

国外中古建物の不動産所得に係る損益通算等の特例 個人が，令和3年以後の各年において，国外中古建物から生ずる不動産所得を有する場合においてその年分の不動産所得の金額の計算上国外不動産所得の損失の金額があるときは，当該国外不動産所得の損失の金額に相当する金額については，損益通算の対象にはなりません。また，この特例の適用を受けた国外中古建物を譲渡した場合には，その譲渡による譲渡所得の金額の計算上，その取得費から控除することとされる償却費の額の累積額からは，損益通算の対象とならなかった損失の金額に相当する金額の合計額を控除することとされています（措法41の4の3，635ページ参照）。

被災代替資産等の特別償却 個人が，特定非常災害（特定非常災害の被害者の権利利益の保全等を図るための特別措置に関する法律第2条第1項の規定により特定非常災害として指定された非常災害をいう。以下同じ。）に係る特定非常災害発生日からその特定非常災害発生日の翌日以後5年を経過する日までの間に，次に掲げる減価償却資産でその特定非常災害に基因してその個人の事業の用に供することができなくなった建物等，構築物若しくは機械装置に代わるものの取得等をしてこれをその個人の事業の用に供した場合又は次に掲げる減価償却資産の取得等をして，これを被災区域（その特定非常災害に基因して事業又は居住の用に供することができなくなった建物又は構築物の敷地及びその建物又は構築物と一体的に事業の用に供される附属施設の用に供されていた土地の区域をいう。以下同じ。）及びその被災区域である土地に付随して一体的に使用される土地の区域内においてその個人の事業の用に供した場合には，その用に供した年において，これらの減価償却資産の償却費として，通常の償却費の額にこれらの減価償却資産の取得価額に次に掲げるその取得等の時期に応じたそれぞれ次に定める割合を乗じて計算した金額を加算した金額以下の金額を不動産所得の金額又は事業所得の金額の計算上，必要経費に算入することができます（措法11の2）。

① 建物等又は構築物
　イ　特定非常災害発生日からその特定非常災害発生日の翌日以後3年を経過した日（以下「発災後3年経過日」という。）の前日までの間に取得等をしたもの……15％（中小事業者にあっては，18％）
　ロ　発災後3年経過日以後に取得等をしたもの……10％（中小事業者にあっては，12％）
② 機械装置
　イ　特定非常災害発生日から発災後3年経過日の前日までの間に取得等をしたもの……30％（中小事業者にあっては，36％）
　ロ　発災後3年経過日以後に取得等をしたもの……20％（中小事業者にあっては，24％）

所得計算の通則（必要経費）

特定都市再生建築物の割増償却　青色申告者が，昭和60年4月1日から令和8年3月31日までの間に，特定都市再生建築物で新築されたものを取得し，又は特定都市再開発建築物を新築して，これを事業（事業と称するに至らない特定都市再生建築物の貸付けなどの行為で相当の対価を得て継続的に行うものを含む。）の用に供した場合には，その事業の用に供した日以後5年以内でその事業の用に供している期間に限り，その特定都市再生建築物の償却費として通常の償却費の額の100分の125（下記「特定都市再生建築物の範囲」の(2)イに掲げる地域内において整備される(2)に掲げる建築物である場合には100分の150とし，(2)ロに掲げる地域内において整備される平成27年4月1日から平成31年3月31日までの間に取得等する(2)に掲げる建築物である場合又は(3)に掲げる地域内において整備される平成26年7月3日以後に取得等する(3)に掲げる建築物又は構築物である場合には100分の130とし，(2)ロに掲げる地域内において整備される平成25年4月1日以後に取得等する(2)に掲げる建築物である場合には100分の140とし，(1)又は(4)に該当する建築物又は構築物である場合には100分の110とする。）に相当する金額以下の金額を不動産所得の金額又は事業所得の金額の計算上，必要経費に算入することができます（措法14①，旧措法14の2①，措令7①）。

　この場合，その年に必要経費に算入した特定都市再生建築物について計算される償却費の額が割増償却の限度額に満たない場合には，その満たない金額をその年の翌年分の償却費の額に加算することができます（措法14③）。

(注)1　租税特別措置法第10条の3から第10条の4の2まで，第10条の5の3，第10条の5の5，第10条の5の6若しくは第11条から第15条までの規定又は旧租税特別措置法に定める一定の規定の適用を受けるものは，この割増償却の適用から除かれます（措法19①，措令10）。

　　　2　所有権移転外リース取引により取得するものは除かれます（措法14①）。

特定都市再生建築物の範囲　特定都市再生建築物とは，次に掲げる建築物に係る建物及びその附属設備並びに構築物をいいます（措法14②，旧措法14の2②，措令7②〜④，旧措令7の2②〜⑨，措規6，旧措規6の2，平27改正法附64⑩〜⑬，平27改正措令附13⑤⑥，平27改正措規附6③，平29改正法附49⑤，平29改正措令附6⑥，平29改正措規附3②，令元改正法附32④，令元改正措令附3②，令元改正措規附3）。

(1)　施設建築物（平成27年4月1日前に取得又は新築をしたもの）

　　都市再開発法第2条第1号に規定する市街地再開発事業のうち，施工地区の面積が5,000㎡以上の市街地再開発事業によって建築される地上階数4以上の中高層の耐火建築物である施設建築物（旧措法14の2②一，旧措令7の2②③）。

(2)　都市再生特別措置法の認定計画に基づく都市再生事業により整備される建築物

　　次に掲げる地域内において，都市再生特別措置法第25条に規定する認定計画に基づいて行われる同法第20条第1項に規定する都市再生事業（一定の要件を満たすものに限る。）により整備される一定の建築物（措法14②，措令7②③）。

イ　都市再生特別措置法第2条第5項に規定する特定都市再生緊急整備地域

ロ　都市再生特別措置法第2条第3項に規定する都市再生緊急整備地域（イに掲げる地域に該当するものを除く。）

(注)　認定計画は，上記イに掲げる地域については，都市再生特別措置法の規定により公表された整備計画及び国家戦略特別区域法の認定を受けた国家戦略民間都市再生事業を定めた区域計画を，上記ロに掲げる地域については，その区域計画をそれぞれ含みます（措法14②）。

　　　なお，この場合の一定の要件を満たす都市再生事業は，次に掲げる要件の(イ)及び(ロ)又は(イ)及び(ハ)を満たすものとされています（措令7②）。

所得計算の通則（必要経費）

(イ) 都市再生特別措置法の都市再生事業の施行される土地の区域（以下「事業区域」という。）内に地上階数10以上又は延べ面積が7万5千㎡以上の建築物が整備されること

(注) 1　令和5年4月1日前に取得又は新築をした建築物の延べ面積要件は、その事業区域が上記イの特定都市再生緊急整備地域内にある場合には5万㎡以上とされていた（令5改正措令附3④）。

2　平成29年4月1日前に取得又は新築をした建築物の延べ面積要件は一律5万㎡以上とされていた（平29改正措令附6⑤）。

(ロ) 事業区域内において整備される公共施設（都市再生特別措置法第2条第2項に規定する公共施設をいう。）の用に供される土地の面積のその事業区域の面積のうちに占める割合が100分の30以上であること

(ハ) 都市再生特別措置法第29条第1項第1号に規定する都市の居住者等の利便の増進に寄与する施設の整備に要する費用の額（その施設に係る土地等の取得に必要な費用の額及び借入金の利子の額を除く。）が10億円以上であること

また、一定の建築物とは、その都市再生事業により整備される耐火建築物で次に掲げる者が取得するものであることにつき国土交通大臣により証明がされたものとされています（措令7③、措規6①）。

a　その都市再生事業に係る都市再生特別措置法第23条に規定する認定事業者

b　同法第19条の10第2項の規定により同法第20条第1項の認定があったものとみなされた同法第19条の10第2項の実施主体に該当する個人

c　国家戦略特別区域法第25条第1項の規定により都市再生特別措置法第21条第1項の計画の認定があったものとみなされた国家戦略特別区域法第25条第1項の実施主体に該当する個人

d　認定事業者（都市再生特別措置法の認定計画に定めるところによりその認定事業者と協定を締結した独立行政法人都市再生機構を含む。）にその区域内の土地等の譲渡をし、その譲渡をした土地等に代わるものとしてその認定事業者からその都市再生事業により整備された建築物を取得する個人

(3) 中心市街地の活性化に関する法律の認定特定民間中心市街地経済活力向上計画に基づく特定民間中心経済活力向上事業により整備される建築物又は構築物（平成29年4月1日前に取得又は新築をしたもの）

中心市街地の活性化に関する法律第51条第2項に規定する認定特定民間市街地経済活力向上事業計画に基づいて行われる同法第50条第1項に規定する特定民間中心市街地経済活力向上事業により整備される一定の建築物又は構築物（旧措法14の2②二）。

なお、一定の建築物又は構築物とは、特定民間中心市街地経済活力向上事業により整備される建築物又は構築物で、その特定民間中心市街地経済活力向上事業に係る中心市街地の活性化に関する法律第51条第1項に規定する認定特定民間中心市街地経済活力向上事業者に該当する者が取得するものであることにつき経済産業大臣により証明されたものとされています（旧措令7の2④、旧措規6の2②③）。

(注) 平成26年7月3日以後に取得又は新築する建築物等について適用されます（平26改正法附53⑧）。

(4) 雨水の有効利用等に係る構築物

イ　平成27年7月18日以前に取得した構築物

首都圏整備法第2条第3項に規定する既成市街地及び同条第4項に規定する近郊整備地帯、近畿圏整備法第2条第3項に規定する既成都市区域及び同条第4項に規定する近郊整備区域、中部圏開発整備法第2条第3項に規定する都市整備区域その他これらに類する区域（最近の国勢調査の結果において30万人以上とされた市）内に建築し、又は設置される雨水の有効利用又は地下への浸透を図るための雨水を貯留する又は浸透する構築物で雨水を貯留する容量が300㎡以上のもの、又は土地の浸透性舗装でその面積が5,000㎡以上のもの（旧措法14の2②四、旧措令7の2⑦⑧、平27改正法附64⑬、平27改正措令附13⑥）

ロ　平成27年7月19日以後に取得した構築物（平成31年4月1日前に取得又は新築したもの）

下水道法第25条の2に規定する浸水被害対策区域内に建築し、又は設置される雨水の有効利用を図るための雨水を貯留する構築物で、雨水を貯留する容量が300㎡以上の規模のもので、一定のもの

所得計算の通則（必要経費）

を除いたもの（旧措法14②二，旧措令7④）

(注) 平成31年3月31日以前は，上記(4)の構築物が含まれていたことから，「特定都市再生建築物等の割増償却」とされていた。

　適用を受けるための手続　この特例の適用を受けるためには，確定申告書に割増償却額の必要経費算入に関する記載をし，かつ，その計算に関する明細書を添付するとともに，この特例の適用を受ける最初の年分にその建築物が特定再開発建築物に該当すること等を証する次に掲げる書類を添付しなければなりません（措法14④，措令7④，措規6②，旧措規6の2④，平23.6改正措規附3②，平29改正法附49⑤，平29改正措令附6⑥，平29改正措規附3②，令元改正法附32④，令元改正措令附3②，令元改正措規附3）。

(1) 施設建築物

　その建築物に係る確認済証の写し及び検査済証の写し

(2) 認定都市再生事業により整備される建築物

　イ　その建築物に係る確認済証の写し及び検査済証の写し

　ロ　その建築物が都市再生事業により整備される耐火建築物で一定の者が取得するものである旨を国土交通大臣が証する書類

(3) 特定民間中心市街地経済活力向上事業により整備される建築物又は構築物

　イ　その建築物又は構築物に係る確認済証の写し及び検査済証の写し

　ロ　その建築物又は構築物が特定民間中心市街地経済活力向上事業により整備されるもので一定の者が取得するものである旨を経済産業大臣が証する書類

(4) 雨水の有効利用等に係る構築物

　イ　その構築物に係る確認済証の写し及び検査済証の写し

　ロ　その構築物の設計図書の写し

倉庫用建物等の割増償却

1　青色申告者で，特定総合効率化計画（流通業務の総合化及び効率化の促進に関する法律第4条第1項に規定する総合効率化計画のうち一定の事項の記載がされたものをいう。以下同じ。）について同条第1項の認定を受けた者が，昭和49年4月1日から令和6年3月31日までの間に，その認定に係る特定総合効率化計画に記載された同法第2条第3号に規定する特定流通業務施設である倉庫用建物等で建設後使用されたことのないものを取得し，又はその倉庫用建物等を建設して，これを倉庫業の用に供した場合には，その倉庫業の用に供した日以後5年以内でその事業の用に供している期間に限り，その倉庫用建物等の償却費として通常の償却費の額の100分の108（令和4年3月31日前に取得又は建設をした倉庫用建物等については，100分の110）に相当する金額以下の金額を事業所得の金額の計算上，必要経費に算入することができます（措法15①，措令8，令2改正法附28⑤）。

2　なお，青色申告者で，流通業務の総合化及び効率化の促進に関する法律の一部を改正する法律（平成28年法律第36号。以下「平成28年物流効率化法改正法」という。）の施行の日（平成28年10月1日）前に平成28年物流効率化法改正法による改正前の流通業務の総合化及び効率化の促進に関する法律（以下「平成28年改正前物流効率化法」という。）第4条第1項に規定する認定を受けた者又は平成28年改正前物流効率化法第7条第1項に規定する確認を受けた者が，昭和49年4月1日から平成29年3月31日までの間に，平成28年改正前物流効率化法第5条第2項に規定する認定総合効率化計画に記載された平成28年改正前物流効率化法第2条第3号に規定する特定流通業務施設

所得計算の通則（必要経費）

である倉庫用建物等で建設後使用されたことのないものを取得し，又はその倉庫用建物等を建設して，これを事業（事業と称するに至らない倉庫用建物等の貸付けなどの行為で相当の対価を得て継続的に行うものを含む。）の用に供した場合には，その事業の用に供した日以後5年以内でその事業の用に供している期間に限り，その倉庫用建物等の償却費として通常の償却費の額の100分の110に相当する金額以下の金額を不動産所得の金額又は事業所得の金額の計算上，必要経費に算入することができます（平28改正前措法15①，平28改正前措令8）。

上記1及び2の場合，その年に必要経費に算入した倉庫用建物等について計算される償却費の額が割増償却の限度額に満たない場合には，その満たない金額を，その年の翌年分の償却費の額に加算することができます（措法15②）。

(注) 所有権移転外リース取引により取得するものは除かれます（措法15①）。

他の特例との関係　この特別償却について，他の特別償却等の規定（措法第10条の3から第10条の4の2まで，第10条の5の3，第10条の5の5，第10条の5の6若しくは第11条から第15条までの規定又は旧租税特別措置法に定める一定の規定）の適用を受けることができるものである場合には，これらの規定のうちいずれか一の規定のみの適用を受けることとされています（措法19①，措令10）。

適用を受けるための手続　この特例の適用を受けるためには，確定申告書に割増償却額の必要経費算入に関する記載をし，かつ，その計算に関する明細書を添付しなければなりません（措法15③）。

特例の対象となる区域　倉庫用建物等の割増償却の特例は，物資の流通の拠点区域として次に掲げる区域又は地区において建設された倉庫用建物等に適用されます（措法15①，措令8①，措規6の2①，平28．9．30国土交通省告示1107号）。

(1)　流通業務の総合化及び効率化の促進に関する法律施行規則第2条第1項第1号イに掲げる高速自動車国道のインターチェンジ等の周辺5キロメートルの区域

(2)　関税法第2条第1項第11号に規定する開港の区域を地先水面とする地域において定められた港湾法第2条第4項に規定する臨港地区のうち，輸出入に係る貨物の流通の拠点となる地区として国土交通大臣が財務大臣と協議して指定する地区（特定臨港地区）

倉庫用建物等の範囲　この特例の適用が受けられる倉庫用建物等とは，次の区分に応じそれぞれに掲げるものをいいます（措法15①，措令8②，平28．9．30国土交通省告示1108号，旧平21．3．31国土交通省告示375号）。

1　特定総合効率化計画について認定を受けた者が平成28年物流効率化法改正法の施行の日（平成28年10月1日）以後に取得又は建設をする倉庫用建物等【上記概要の1の対象となる倉庫用建物等】

流通業務の総合化及び効率化の促進に関する法律第4条第1項の認定を受けた特定総合効率化計画に記載された特定流通業務施設である倉庫用の建物等及び構築物のうち，次に掲げるもので，耐火建築物又は準耐火建築物に該当するもの

(1)　貯蔵槽倉庫以外の倉庫であって，流通業務の総合化及び効率化の促進に関する法律施行規則第2条第1項第4号ロに規定する到着時刻表示装置を有するもの

(2)　貯蔵槽倉庫であって，流通業務の総合化及び効率化の促進に関する法律施行規則第2条第1項第4号ロに規定する到着時刻表示装置又は同条第2項第6号ヘ(3)に規定する特定搬出用自動運搬装置を有するもの

なお，倉庫用建物等が貯蔵槽倉庫である場合にあっては，特定臨港地区内にあるものに限り，倉庫用建物等が冷蔵倉庫又は貯蔵槽倉庫以外の倉庫で階数が2以上のものである場合にあっては，耐火建

— 75 —

築物に該当するものに限ることとされています（措令8②）。

2　平成28年物流効率化法改正法の施行の日（平成28年10月1日）前に平成28年改正前物流効率化法の認定又は確認を受けた個人が平成29年3月31日以前に取得又は建設をした倉庫用建物等【上記概要の2の対象となる倉庫用建物等】

　次の区分に応じそれぞれに掲げるもの

(1)　床面積が6,000㎡以上で階数が2以上の普通倉庫のうち次の条件及び設備を満たすもの

　　イ　その普通倉庫が次に掲げる設備（その普通倉庫がランプウェイ構造を有するものである場合には，(ロ)に掲げる設備）を有するものであること

　　　(イ)　エレベーター（最大積載荷重が2トン以上のものに限る。）

　　　(ロ)　次に掲げるいずれかの設備

　　　　A　垂直型連続運搬装置（四隅のチェーン又はワイヤーロープにより駆動するもののうち，最大積載荷重が1パレット当たり0.5トン以上のもの又は3以上の階に貨物を運搬するものに限る。(3)において同じ。）

　　　　B　電動式密集棚装置（遠隔集中制御により保管棚の移動を行うもののうち，その保管棚が3段組以上で，かつ，その設置床面積が165㎡以上であるものに限る。(2)及び(3)において同じ。）

　　　　C　自動化保管装置（遠隔集中制御により貨物の出し入れを行うもののうち，走行速度が毎分60m以上，昇降速度が毎分10m以上で，かつ，フォーク速度が毎分20m以上であるスタッカークレーン（インバーター方式の制御装置を有するものに限る。）を有するものに限る。(2)及び(3)において同じ。）

　　　　D　搬出貨物表示装置（遠隔集中制御により搬出すべき貨物の保管場所及び数量を表示するもののうち，表示器の設置数が30以上であるものに限る。(2)及び(3)において同じ。）

　　ロ　その普通倉庫が次に掲げる機能を有するものであること

　　　(イ)　情報交換機能（荷主その他の関係者との間で貨物の入庫，出庫，在庫その他の貨物に関する情報を電子的に交換する機能をいう。以下同じ。）

　　　(ロ)　貨物保管場所管理機能（貨物の保管場所に関する情報を電子的に管理し，帳票，電灯表示ランプその他の方法によりその保管場所に関する情報を表示する機能をいう。以下同じ。）

　　　(ハ)　非常用データ保存機能（上記(イ)及び(ロ)の情報をその倉庫の敷地外の適当な場所に保管する機能をいう。以下同じ。）

　　　(ニ)　非常用通信機能（上記(ハ)により保存された情報を非常時において活用するために必要な通信を行うものであって，無線通信による通信を行う機能をいう。以下同じ。）

　　　(ホ)　非常用電源機能（上記(ハ)により保存された情報を非常時において活用するために必要な電力を供給する機能をいう。以下同じ。）

　　ハ　その普通倉庫の貨物の搬出入場所の前面に奥行15m以上の空地が確保されていること

　　ニ　その普通倉庫用の建物内に流通加工の用に供する空間が設けられているものであること

(2)　床面積が3,000㎡以上で階数が1の普通倉庫のうち次の条件及び設備を満たすもの

　　イ　その普通倉庫が電動式密集棚装置，自動化保管装置又は搬出貨物表示装置を有するものであること

　　ロ　その普通倉庫が情報交換機能，貨物保管場所管理機能，非常用データ保存機能，非常用通信機能及び非常用電源機能を有するものであること

　　ハ　その普通倉庫の貨物の搬出入場所の前面に奥行15m以上の空地が確保されていること

　　ニ　その普通倉庫用の建物内に流通加工の用に供する空間が設けられているものであること

(3)　容積が6,000㎡以上の冷蔵倉庫のうち次の条件及び設備を満たすもの

　　イ　その冷蔵倉庫が次に掲げる設備を有するものであること

　　　(イ)　強制送風式冷蔵装置（圧縮機を駆動する電動機の定格出力が3.7キロワット以上のものに限る。）

　　　(ロ)　垂直型連続運搬装置，電動式密集棚装置，自動化保管装置又は搬出貨物表示装置

　　ロ　その冷蔵倉庫が情報交換機能，貨物保管場所管理機能，非常用データ保存機能，非常用通信機能及び非常用電源機能を有するものであること

ハ　その冷蔵倉庫の貨物の搬出入場所の前面に奥行15ｍ以上の空地が確保されていること
ニ　その冷蔵倉庫用の建物内に流通加工の用に供する空間が設けられているものであること
(4)　容積が6,000㎥以上の貯蔵槽倉庫（特定臨港地区内において倉庫業の用に供するものに限る。）のうち次の条件及び設備を満たすもの
イ　その貯蔵槽倉庫が次に掲げる設備を有するものであること
(イ)　貨物搬入用自動運搬機（荷揚げ能力が毎時300トン以上のもののうち，自動検量機構を有するものに限る。）
(ロ)　貨物搬出用自動運搬機（自動検量機構を有するものに限る。）
(ハ)　くん蒸ガス循環装置（臭化メチルの投薬後２時間以内にその臭化メチルを均一化するものに限る。）
ロ　その貯蔵槽倉庫のくん蒸ガス保有力（貯蔵槽倉庫の容積１㎥に付き臭化メチルを10グラム使用した場合の48時間後におけるその臭化メチルの残存率をいう。）が55％以上であること
ハ　その貯蔵槽倉庫が情報交換機能，貨物保管場所管理機能，非常用データ保存機能，非常用通信機能及び非常用電源機能を有するものであること
ニ　その貯蔵槽倉庫の貨物の搬出場所の前面に奥行15ｍ以上の空地が確保されていること

減価償却の特例　減価償却資産の償却の方法としては，以上のほか，経済政策上の特別措置として，次のような特例が認められています。
(1)　高度省エネルギー増進設備等を取得した場合の特別償却（廃止）（旧措法10の２，228ページ参照）
(2)　エネルギー環境負荷低減推進設備等を取得した場合の特別償却（廃止）（旧措法10の２）
(3)　中小事業者が機械等を取得した場合の特別償却（措法10の３，229ページ参照）
(4)　地域経済牽引事業の促進区域内において特定事業用機械等を取得した場合の特別償却（措法10の４，231ページ参照）
(5)　地方活力向上地域等において特定建物等を取得した場合の特別償却（措法10の４の２，232ページ参照）
(6)　特定中小事業者が経営改善設備を取得した場合の特別償却（廃止）（旧措法10の５の２，233ページ参照）
(7)　特定中小事業者が特定経営力向上設備等を取得した場合の特別償却（措法10の５の３，234ページ参照）
(8)　認定特定高度情報通信技術活用設備を取得した場合の特別償却（措法10の５の５，235ページ参照）
(9)　革新的情報産業活用設備を取得した場合の特別償却（廃止）（旧措法10の５の５，235ページ参照）
(10)　生産向上設備等を取得した場合の特別償却（廃止）（旧措法10の５の４）
(11)　事業適応設備を取得した場合等の特別償却（措法10の５の６，237ページ参照）
(12)　特定船舶の特別償却（措法11，239ページ参照）
(13)　耐震基準適合建物等の特別償却（廃止）（旧措法11の２）
(14)　特定農産加工品生産設備等の特別償却（廃止）（旧措法11の３）
(15)　特定事業継続力強化設備等の特別償却（措法11の３，242ページ参照）
(16)　環境負荷低減事業活動用資産等の特別償却（措法11の４，243ページ参照）
(17)　特定地域における工業用機械等の特別償却（措法12，245ページ参照）

　　　　　　　　　所得計算の通則（必要経費）

⒅　医療用機器等の特別償却（措法12の２，248ページ参照）

⒆　障害者を雇用する場合の特定機械装置の割増償却（廃止）（旧措法13，251ページ参照）

⒇　次世代育成支援対策に係る基準適合認定を受けた場合の次世代育成支援対策資産の割増償却
　（廃止）（旧措法13の２）

㉑　事業再編計画の認定を受けた場合の事業再編促進機械等の割増償却（措法13，252ページ参照）

㉒　企業主導型保育施設用資産の割増償却（廃止）（旧措法13の３，253ページ参照）

㉓　輸出事業用資産の割増償却（措法13の２，252ページ参照）

繰延資産の償却費

　　繰延資産については，その支出の効果の及ぶ期間を基礎とした一定の方法により計算した償却費
の額を，各年分の必要経費に算入することになっています（法50，令137）。

繰延資産の範囲とその償却期間　　繰延資産とは，不動産所得，事業所得，山林所得又は雑所得を
生ずべき業務に関し個人が支出する費用のうち支出の効果がその支出の日以後１年以上に及ぶ次に
掲げるもの（資産の取得に要した金額とされるべき費用及び前払費用を除く。）をいい，その支出の効果の
及ぶ期間（以下「償却期間」という。）を基礎として償却します。ただし，(1)開業費及び(2)開発費につい
ては，その繰延資産の額の範囲内の金額をその年分の必要経費に算入する旨を確定申告書に記載し
た場合には，その記載した金額を償却費の額とすることができます（法２①二十，50①，令７，137③）。

(1)　**開業費**　　開業費とは，事業を開始するまでの間に特別に支出する広告宣伝費，接待費，旅費，調
　査費などのほか，開業準備のために特に借り入れた負債の利子，土地，建物などの賃借料，開業
　準備のために消費された電気，ガス，水道の料金などの費用をいい，償却期間は60月となります
　（令７①一，137①一）。

(2)　**開発費**　　開発費とは，新たな技術若しくは新たな経営組織の採用，資源の開発又は市場の開拓の
　ために特別に支出する費用をいい，償却期間は60月となります（令７①二，137①一）。

(3)　**その他の繰延資産**　　開業費及び開発費以外の次に掲げる費用（令７①三）。

　イ　自己が便益を受ける公共的施設又は共同的施設の設置又は改良のために支出する費用

　ロ　資産を賃借し又は使用するために支出する権利金，立退料その他の費用

　ハ　役務の提供を受けるために支出する権利金その他の費用

　ニ　製品等の広告宣伝の用に供する資産を贈与したことにより生ずる費用

　ホ　イからニまでに掲げる費用のほか，自己が便益を受けるために支出する費用

　　　なお，上記イからホのうち次の表に掲げるものは，次に掲げる期間となります（基通50―３）。

種　　　　　類	細　　　　　目	償　却　期　間
公共的施設の設置又は改良のために支出する費用（基通２―24）	(1)　その施設又は工作物がその負担をした者に専ら使用されるものである場合	その施設又は工作物の耐用年数の70％に相当する年数
	(2)　(1)以外の施設又は工作物の設置又は改良の場合	その施設又は工作物の耐用年数の40％に相当する年数

― 78 ―

所得計算の通則（必要経費）

共同的施設の設置又は改良のために支出する費用（基通2―25）	(1) その施設がその負担をした者又は構成員の共同の用に供されるものである場合又は協会等の本来の用に供されるものである場合	イ 施設の建設又は改良に充てられる部分の負担金については，その施設の耐用年数の70％に相当する年数 ロ 土地の取得に充てられる部分の負担金については，45年
	(2) 商店街における共同のアーケード，日よけ，アーチ，すずらん燈等その負担をした者の共同の用に供されるとともに，併せて一般公衆の用にも供されるものである場合	5年（その施設について定められている耐用年数が5年より短い場合には，その耐用年数）
建物を賃借するために支出する権利金等（基通2―27(1)）	(1) 建物の新築に際しその所有者に対して支払った権利金等で，その権利金等の額がその建物の賃借部分の建設費の大部分に相当し，かつ，実際上その建物の存続期間中賃借できる状況にあると認められるものである場合	その建物の耐用年数の70％に相当する年数
	(2) 建物の賃借に際して支払った(1)以外の権利金等で，契約，慣習等によってその明渡しに際して借家権として転売できることになっているものである場合	その建物の賃借後の見積残存耐用年数の70％に相当する年数
	(3) (1)及び(2)以外の権利金等である場合	5年（契約の賃借期間が5年未満であり，かつ，契約の更新をする場合に再び権利金等の支払を要することが明らかであるものについては，その賃借期間の年数）
電子計算機その他の機器の賃借に伴って支出する費用（基通2―27(2)）		その機器の耐用年数の70％に相当する年数（その年数が契約による賃借期間を超えるときは，その賃借期間の年数）
ノーハウの頭金等（基通2―28）		5年（設定契約の有効期間が5年未満である場合において，契約の更新に際して再び一時金又は頭金の支払を要することが明らかであるときは，その有効期間の年数）
広告宣伝の用に供する資産を贈与したことにより生ずる費用（基通2―29）		その資産の耐用年数の70％に相当する年数（その年数が5年を超えるときは，5年）
スキー場のゲレンデ整備費用（基通2―29の2）		12年
出版権の設定の対価（基通2―29の3）		設定契約に定める存続期間（設定契約に存続期間の定めがない場合には，3年）
同業者団体等の加入金（基通2―29の4）		5年

通則

所得計算の通則（必要経費）

職業運動選手等の契約金等（基通2―29の5）	契約期間（契約期間の定めがない場合には，3年）

（注）1　道路用地をそのまま又は道路として舗装の上，国又は地方公共団体に提供した場合において，その提供した土地の帳簿価額に相当する金額（舗装費を含む。）が繰延資産となる公共施設の設置又は改良のために支出する費用に該当するときは，その償却期間の計算の基礎となる「その施設又は工作物の耐用年数」は15年として，この表を適用します。

2　償却期間に1年未満の端数があるときは，その端数を切り捨てます。

港湾しゅんせつ負担金等の償却期間の特例　公共的施設の設置又は改良のために支出する費用のうち企業合理化促進法第8条の規定に基づき負担する港湾しゅんせつに伴う受益者負担金及び共同的施設の設置又は改良のために支出する費用のうち負担者又は構成員の属する協会等の本来の用に供される会館等の建設又は改良のために負担するものについては，前記の表に定める償却期間が10年を超える場合にはその償却期間を10年とします（基通50―4）。

公共下水道に係る受益者負担金の償却期間の特例　地方公共団体が都市計画事業等により公共下水道を設置する場合に，その設置により著しく利益を受ける土地所有者が都市計画法その他の法令の規定に基づき負担する受益者負担金については，前記の表にかかわらずその償却期間を6年とします（基通50―4の2）。

償却費の計算　繰延資産の償却費の額は，次の算式で計算し，計算した金額がまだ必要経費に算入されていない部分の金額を超えるときは，その部分の金額とします（令137①②）。

(1)　(2)以外の場合

$$（繰延資産の額）\times \frac{その年中の業務を行っていた期間の月数（1月未満は，切り上げる。）}{（償却期間の月数）} = 償却費の額$$

(2)　年の中途において繰延資産となる費用を支出した場合

$$（繰延資産の額）\times \frac{その年中の，支出の日から業務を行っていた期間の末日までの月数（1月未満は，切り上げる。）}{（償却期間の月数）} = 償却費の額$$

分割払の繰延資産　開業費及び開発費以外の繰延資産となるべき費用の額を分割して支払うこととしている場合には，たとえその総額が確定しているときであっても，その総額を未払金に計上して償却することはできません。ただし，その分割して支払う期間が短期間（おおむね3年以内）である場合は，その総額を未払金に計上して償却することができます（基通50―5）。

少額の繰延資産　開業費及び開発費以外の繰延資産については，その金額が20万円未満であるときは，その支出をした年にその全額を必要経費に算入します（令139の2）。

20万円未満かどうかの判定　支出する金額が20万円未満であるかどうかは，「公共的施設又は共同的施設の設置又は改良のために支出する費用」については，一の設置計画又は改良計画について支出する金額（2回以上に分割して支出する場合には，その支出する時において見積られる支出金額の合計額），「資産を

賃借し又は使用するために支出する権利金，立退料その他の費用」及び「役務の提供を受けるために支出する権利金その他の費用」については，契約ごとに支出する金額，「製品等の広告宣伝の用に供する資産を贈与したことによって生ずる費用」については，その支出の対象となる資産の1個又は1組ごとに支出する金額によって判定することとされています（基通50—7）。

（注）　消費税等の扱いについては107ページ参照。

事業用固定資産等の損失

不動産所得，事業所得又は山林所得を生ずべき事業の用に供する固定資産及び繰延資産（まだ必要経費に算入されていない部分に限る。）について，取壊し，除却，滅失（損壊による価値の減少を含む。）その他の事由による損失が生じたときには，その損失の金額（保険金，損害賠償金などによって補塡される部分の金額及び資産の譲渡により又はこれに関連して生じたものを除く。）を，その損失が生じた日の属する年分の不動産所得の金額，事業所得の金額又は山林所得の金額の計算上，必要経費に算入します（法51①，令140）。

また，山林について生じた災害又は盗難若しくは横領による損失の金額（保険金，損害賠償金などによって補塡される部分の金額を除く。）も，その損失が生じた日の属する年分の事業所得の金額又は山林所得の金額の計算上，必要経費に算入します（法51③）。

なお，不動産所得若しくは雑所得を生ずべき業務の用（事業用を除く。）に供され又はこれらの所得の基因となる資産（山林及び生活に通常必要でない資産を除く。）について損失が生じた場合には，その損失の金額（保険金，損害賠償金などによって補塡される部分の金額，資産の譲渡により又はこれに関連して生じたもの及び雑損控除の適用を受けるものを除く。）を，その損失を必要経費に算入しないで計算した金額を限度とし，それぞれその損失が生じた日の属する年分の不動産所得の金額又は雑所得の金額の計算上，必要経費に算入します（法51④）。

　固定資産　固定資産とは，棚卸資産，有価証券及び繰延資産以外の資産のうち，①土地（借地権などを含む。），②減価償却資産，③電話加入権，④①から③までの資産に準ずる資産をいいます（法2①十八，令5）。

損失額の計算　必要経費に算入できる資産損失の金額は，その資産の取得の時期に応じて計算した次の金額（取得費）から，その損失の発生直後における資産の価額及び発生資材の価額の合計額を控除した残額に相当する金額とされています（令142，143，基通51—2）。

(1) 昭和28年1月1日以後に取得した資産

イ　固定資産……損失の生じた日に譲渡があったものとみなして譲渡所得の金額を計算する場合の，その収入金額から差し引かれる取得費 ｛(取得価額)＋(設備費，改良費)－(償却費の額の累積額)｝ に相当する金額

ロ　山　　林……損失の生じた日までに支出したその山林の植林費，取得費，管理費その他その山林の育成に要した費用の額

ハ　繰延資産……繰延資産の額から，損失の生じた年以前の各年分の償却費の累積額を差し引いた金額

(2) 昭和27年12月31日以前に取得した資産

イ　固定資産……損失の生じた日に昭和27年12月31日以前から引き続き所有していた資産を譲渡

したとみなした場合の，その譲渡所得の収入金額から差し引かれる取得費に相当する金額（325ページ参照）

ロ　山　　林……昭和28年1月1日における相続税の評価額と，同日から損失の生じた日までの間に支出した管理費その他その山林の育成に要した費用の額の合計額

有姿除却　次に掲げるような固定資産については，たとえその資産につき解撤，破砕，廃棄等をしていない場合であっても，その資産の未償却残額からその処分見込価額を控除した金額を必要経費に算入することができます（基通51―2の2）。

(1)　その使用を廃止し，今後通常の方法により事業の用に供する可能性がないと認められる固定資産

(2)　特定の製品の生産のために専用されていた金型等で，その製品の生産を中止したことにより将来使用される可能性のほとんどないことがその後の状況等からみて明らかなもの

ソフトウエアの除却　ソフトウエアにつき物理的な除却，廃棄，消滅等がない場合であっても，次に掲げるようにそのソフトウエアを今後業務の用に供しないことが明らかな事実があるときは，そのソフトウエアの未償却残高から処分見込価額を控除した金額を必要経費に算入することができます（基通51―2の3）。

(1)　自己の業務の用に供するソフトウエアについて，そのソフトウエアによるデータ処理の対象となる業務が廃止され，そのソフトウエアを利用しなくなったことが明らかな場合，又はハードウエアやオペレーティングシステムの変更等によって他のソフトウエアを利用することになり，従来のソフトウエアを利用しなくなったことが明らかな場合

(2)　複写して販売するための原本となるソフトウエアについて，新製品の出現，バージョンアップ等により，今後，販売を行わないことが販売流通業者への通知文書等で明らかな場合

原状回復費用　損壊により損失を受けた資産について修繕その他の原状回復のために支出した費用の額がある場合は，その費用の額のうち，その資産の取得の時期に応じて計算した前記の取得費からその損壊直後のその資産の価額を控除した金額に達するまでの金額を資本的支出の金額とし，残余の金額をその支出した年分の必要経費に算入します（基通51―3）。

なお，災害により損壊した資産について支出した費用で，その費用の額を修繕その他の原状回復のために支出した部分と資本的支出の部分とに区分することが困難なものについては，雑損控除の規定の適用を受ける場合を除き，その費用の額の30％相当額を上記の原状回復のために支出した費用の額とすることができます（基通37―14の2）。

損失が生じた資産の取得費等　資産について損失が生じた場合には，その資産の取得の時期に応じて計算した前記の取得費から損失発生直後のその資産の価額を控除した残額相当額は，その資産が，①減価償却資産及び繰延資産であるときは，その損失が生じた時においてその資産の償却費の額に算入された金額とし，②減価償却資産以外の固定資産及び山林であるときは，その資産又は山林の取得費から控除します（基通51―9）。

＜計算例＞

(1)　建物の取得価額　　　　　　　　　　　800万円
(2)　その建物の損壊直前の帳簿価額　　　　500万円
(3)　その建物の損壊直後の時価　　　　　　300万円
(4)　保険金等により補填された金額　　　　　80万円

所得計算の通則（必要経費）

① 必要経費に算入すべき損失の金額

500万円 − 300万円 − 80万円 ＝ 120万円

② 帳簿価額の計算上，減価償却費に算入したものとすべき金額

500万円 − 300万円 ＝ 200万円

③ 建物の損壊直後の帳簿価額

500万円 − 200万円（②）＝ 300万円

（注）②の金額（200万円）は，帳簿価額の計算上償却費に算入された金額と擬制するにすぎないので，この金額が償却費として必要経費に算入されるものではありません。

被災事業用資産の損失の繰越控除　棚卸資産又は事業用固定資産若しくは山林の災害による損失の金額等については，その損失のあった年分の所得金額が赤字であり，その年分の確定申告書を提出し，かつ，その後において連続して確定申告書を提出している要件の下，被災事業用資産の損失として翌年以降3年間繰越控除することができます（法70②〜④，643ページ参照）。

取得後1年以内に取り壊した建物の取壊し損失（61ページ参照）

国外中古建物の不動産所得に係る損益通算等の特例の適用を受けた国外中古建物の損失額の計算　本特例の適用を受けた国外中古建物について資産損失が生じた場合の上記の損失額の計算については，(1)イ及び(2)イの取得費は，『その取得に要した金額並びに設備費及び改良費の額の合計額に相当する金額』から，『「減価償却資産の償却費の計算及びその償却の方法の規定（法49）により当該期間内の日の属する各年分の不動産所得の金額の計算上必要経費に算入されるその資産の償却費の額の累積額」から「その資産につき本特例により生じなかったものとみなされた損失の金額に相当する金額の合計額」を控除した金額』を控除した金額とすることとされています（措令26の6の3⑤，635ページ参照）。

雇　人　費

使用人に対して支払う給料，賃金，退職手当又は賄費などの現物給与は，必要経費に算入することができます。ただし，家事上の使用人，主として家事に従事する使用人及び生計を一にする親族に支払う給料（青色事業専従者給与を除く。）は，いずれも必要経費に算入できません（法37，45，56）。

専　従　者　控　除

青色事業専従者給与額　不動産所得，事業所得又は山林所得を生ずべき事業を営む青色申告者が，青色専従者給与に関する届出書に記載した方法に従ってその記載されている金額の範囲内で青色事業専従者に給与の支払をした場合には，その労務に従事した期間，労務の性質及びその提供の程度などからみてその労務の対価として相当であると認められる金額を，その青色申告者の事業から生じた不動産所得の金額，事業所得の金額又は山林所得の金額の計算上，必要経費に算入します。この場合，必要経費に算入した青色事業専従者給与の金額は，その青色事業専従者の給与所得の収入金額とされます（法57①，令164①）。

青色事業専従者の要件　青色事業専従者とは，次のいずれにも該当する者をいいます（法57①⑦⑧，令165①）。

(1) 青色申告者と生計を一にする配偶者その他の親族であること

— 83 —

所得計算の通則（必要経費）

(2) その年12月31日現在（専従者又は青色申告者が年の中途で死亡又は出国した場合には，それぞれ死亡又は出国の時）で年齢が15歳以上であること

(3) その年を通じて6月を超える期間，青色申告者の営む事業に専ら従事していること。ただし，次のような場合には，その事業に従事することができると認められる期間を通じてその期間の2分の1を超える期間専ら事業に従事すれば，青色事業専従者と判定されます。

　イ　年の中途の開業，廃業，休業又は青色申告者の死亡，その事業が季節営業であることなどの理由により，事業がその年中を通じて営まれなかった場合

　ロ　事業に従事する親族の死亡，長期にわたる病気，婚姻その他相当の理由によって，その年中を通じて青色申告者と生計を一にする親族として事業に従事することができなかった場合

　(注)1　次に該当する者のその該当する期間は，たとえ事業に従事していても，専ら従事する期間には含まれません（令165②）。

　　(1)　高校，大学，専修学校その他洋裁学校などの学生又は生徒である者。ただし，昼間を主とする事業に従事する者が夜間の授業を受ける場合，夜間を主とする事業に従事する者が昼間の授業を受ける場合又は常時修学しない場合などのように，事業に専ら従事することが妨げられないと認められるときは，学生又は生徒である期間も専ら従事する期間に含まれます。

　　(2)　他に職業がある者。ただし，その職業に従事する時間が短いなどの関係で事業に専ら従事することが妨げられないと認められる場合には，たとえ他に職業があっても専ら従事する期間に含まれます。

　　(3)　老衰その他心身の障害によって事業に従事する能力が著しく阻害されている者

　　2　青色事業専従者に該当し，給与の支払を受ける者は，同一生計配偶者，控除対象配偶者，源泉控除対象配偶者又は扶養親族とはされません（法2①三十三，三十三の二，三十三の四，三十四）。また，配偶者特別控除の対象にもなりません（法83の2①）。

　2以上の事業に従事している場合の青色事業専従者給与額の配分　青色申告者が，不動産所得，事業所得又は山林所得のうち2以上の所得を生ずる事業を営み，かつ，同一の青色事業専従者がその2以上の事業に従事している場合の青色事業専従者給与額の必要経費に算入する金額は，それぞれの事業に従事した分量が明らかであるときはそれぞれの事業に従事した分量に応じて配分し，それぞれの分量が明らかでないときはそれぞれの事業に均等に従事したものとして配分して計算します（令167）。

　青色専従者給与に関する届出書　その年分以後の各年分について青色事業専従者給与額の必要経費算入の規定の適用を受けようとする青色申告者は，その年3月15日まで（その年1月16日以後新たに事業を開始した場合や新たに専従者がいることとなった場合には，その事業を開始した日や専従者がいることとなった日から2月以内）に，青色事業専従者の氏名，その職務の内容，給与の金額，その給与の支給期などを記載した青色専従者給与に関する届出書（巻末の「確定申告書の記載例」の〔例5〕を参照）を納税地の所轄税務署長に提出しなければなりません（法57②，規36の4①③）。

　なお，青色専従者給与に関する届出書を提出した後に，その書類に記載した青色事業専従者の給与の金額の基準を変更するなど，その書類に記載した事項を変更する場合には，遅滞なく，変更届出書を納税地の所轄税務署長に提出しなければなりません（令164②，規36の4②）。

　事業専従者控除額　白色申告者の営む不動産所得，事業所得又は山林所得を生ずべき事業に従事する事業専従者がいるときは，各事業専従者につき，次の(1)及び(2)の金額のうちいずれか低い方の金額が，それらの所得の金額の計算上，事業専従者控除額として必要経費とみなされます（法57③，令166②）。

(1) 次に掲げる事業専従者の区分に応じそれぞれ次に掲げる金額

所得計算の通則（必要経費）

  イ その納税者の配偶者である事業専従者……860,000円
  ロ 配偶者以外の事業専従者………………500,000円
(2) $\left[\begin{array}{l}\text{不動産所得，事業所得又は山林所得を生ず}\\\text{べき事業から生じた不動産所得の金額，事}\\\text{業所得の金額又は山林所得の金額}\end{array}\right] \div \{(\text{事業専従者の数})+1\}$

 なお、事業専従者控除額は、その事業専従者の給与所得の収入金額とみなされます（法57④）。

 事業専従者の要件 事業専従者とは、次のいずれにも該当する人をいいます（法57③⑦、令165）。
(1) その納税者と生計を一にする配偶者その他の親族であること
(2) その年12月31日現在（専従者又は納税者が年の中途で死亡又は出国した場合には、それぞれ死亡又は出国の時）で年齢が15歳以上であること
(3) その年を通じて6月を超える期間その納税者の営む事業に専ら従事していること
  なお、事業専従者が、高校、大学、専修学校その他洋裁学校などの学生又は生徒である場合、他に職業のある場合又は老衰その他心身の障害によって事業に従事する能力が著しく阻害されている場合の専従期間の判定は、青色事業専従者の場合と同様です（84ページ（注）参照）。
  （注） 事業専従者に該当する人は、同一生計配偶者、控除対象配偶者、源泉控除対象配偶者又は扶養親族とはされません（法2①三十三、三十三の二、三十三の四、三十四）。また、配偶者特別控除の対象にもなりません（法83の2①）。

 2以上の事業に従事している場合の事業専従者控除額の配分 事業専従者が、不動産所得、事業所得又は山林所得のうち2以上の所得を生ずべき事業に従事している場合の事業専従者控除額の配分は、青色事業専従者給与額の場合と同様の基準で、その配分計算を行うことになっています（令167、84ページ参照）。

 事業専従者控除の適用を受けるための手続 事業専従者控除は、確定申告書にその適用を受ける旨及び事業専従者控除額に関する事項を記載しなければ適用されません。ただし、確定申告書の提出がなかった場合又は所定の事項の記載がない確定申告書の提出があった場合でも、その提出がなかったこと又は記載がなかったことについて税務署長がやむを得ない事情があると認めるときは、その適用を受けることができます（法57⑤⑥）。

貸 倒 損 失 等

 事業の遂行上生じた売掛金、貸付金、前渡金などの債権の貸倒れによる損失の金額は、事業から生ずべき不動産所得の金額、事業所得の金額、山林所得の金額の計算上必要経費に算入し、不動産所得若しくは雑所得を生ずべき業務の用に供され又はこれらの所得の基因となる資産の損失の金額は、不動産所得又は雑所得の金額を限度として必要経費に算入します（法51②④）。

 事業に関する債権の貸倒損失等 不動産所得、事業所得又は山林所得を生ずべき事業の遂行上生じた売掛金、貸付金、前渡金などの債権の貸倒れのほか、次のような事由によって事業の遂行上生じた損失の金額も、その損失の生じた日の属する年分の不動産所得の金額、事業所得の金額又は山林所得の金額の計算上、必要経費に算入します（法51②、令141）。
(1) 販売した商品の返戻又は値引きなどによって収入金額が減少することとなったこと
(2) 保証債務の履行に伴う求償権の全部又は一部が行使不能になったこと
(3) 不動産所得の金額、事業所得の金額若しくは山林所得の金額の計算の基礎となった事実のうち

に含まれていた無効な行為によって生じた経済的成果が，その行為の無効であることに基因して失われ，又はその事実のうちに含まれていた取り消すことのできる行為が取り消されたこと

貸倒れの判定　事業の遂行上生じた売掛金，貸付金，前渡金などの債権（以下「貸金等」という。）の貸倒れの事実は，客観的に貸倒れが認識できる程度の事実であることが必要ですが，その判定については次のように取り扱われています。

(1)　**貸金等の全部又は一部の切捨てをした場合**　貸金等について次に掲げる事実が発生した場合には，その貸金等の額のうちそれぞれ次に掲げる金額を，その事実の発生した日の属する年分の貸倒れによる損失の金額として，必要経費に算入します（基通51―11）。

　　イ　更生計画認可の決定又は再生計画認可の決定があったこと……これらの決定により切り捨てられることとなった部分の金額

　　ロ　特別清算に係る協定の認可の決定があったこと……この決定により切り捨てられることとなった部分の金額

　　ハ　法令の規定による整理手続によらない関係者の協議決定で，次に掲げるものにより切り捨てられたこと……その切り捨てられることとなった部分の金額

　　　(イ)　債権者集会の協議決定で合理的な基準により債務者の負債整理を定めているもの

　　　(ロ)　行政機関又は金融機関その他の第三者のあっせんによる当事者間の協議により締結された契約でその内容が(イ)に準ずるもの

　　ニ　債務者の債務超過の状態が相当期間継続し，その貸金等の弁済を受けることができないと認められる場合に，その債務者に対し債務免除額を書面により通知したこと……その通知した債務免除額

(2)　**回収不能の場合**　貸金等についてその債務者の資産状況，支払能力等からみてその全額が回収できないことが明らかになった場合には，その債務者に対して有する貸金等の全額について貸倒れになったものとして，その明らかになった日の属する年分のその貸金等に係る事業の所得の金額の計算上，必要経費に算入します。この場合，その貸金等について担保物があるときは，その担保物を処分した後でなければ貸倒れとすることはできません。また，保証債務は，現実にこれを履行した後でなければ貸倒れの対象にすることはできません（基通51―12）。

(3)　**一定期間取引停止後弁済がない場合**　債務者について次に掲げる事実が発生した場合には，その債務者に対して有する売掛債権（売掛金，未収請負金その他これらに準ずる債権をいい，貸付金その他これに準ずる債権を含まない。）の額から備忘価額を差し引いた残額を貸倒れになったものとして，その売掛債権に係る事業の所得の金額の計算上，必要経費に算入することができます（基通51―13）。

　　イ　債務者との取引の停止をした時（最後の弁済期又は最後の弁済の時がその停止をした時より後である場合には，これらのうち最も遅い時）以後1年以上を経過したこと（その売掛債権について担保物のある場合を除く。）。この場合，取引の停止とは，継続的な取引を行っていた債務者についてその資産状況，支払能力等が悪化したため，その後の取引を停止するに至った場合をいい，例えば不動産取引のようにたまたま取引を行った債務者に対して有するその取引に係る売掛債権については，貸倒れとは認められません。

　　ロ　同一地域の債務者に有する売掛債権の総額がその取立てのために要する旅費その他の費用に満たない場合に，その債務者に対して支払を督促したにもかかわらず弁済がないこと

業務に関する貸付金等の貸倒れ　貸金業者以外の人の行ういわゆる非営業貸金について，その貸付金元本の貸倒れなどの損失が生じた場合には，雑所得の金額の計算上，その損失の金額を，その損失の生じた年分の雑所得の金額の範囲内で必要経費に算入します（法51④）。

（注）　非営業貸金の利息などが貸倒れとなった場合の所得金額の計算（法64①，90ページ参照）

青色申告特別控除

55万円の青色申告特別控除 青色申告者で不動産所得又は事業所得を生ずべき事業を営む者（現金主義を選択する者は除く。）が，その事業につき帳簿書類を備え付けて，不動産所得の金額又は事業所得の金額に係る一切の取引の内容を詳細に記録している場合，具体的には，その帳簿書類について所得税法施行規則第57条から第62条まで及び第64条の規定に定めるところにより記録し，かつ，作成している場合には，これらの所得の金額から次の金額のうちいずれか低い金額を青色申告特別控除額として控除することができます（措法25の2③，措規9の6①）。

(1) 55万円

(2) 青色申告特別控除額を控除する前の不動産所得の金額又は事業所得の金額の合計額

　この場合，これらの所得のうちに赤字のものがあれば零として合計額を計算します（措通25の2－1(1)）。また，必要経費の計算の特例の適用を受ける社会保険診療報酬の所得（措法26，267ページ参照）がある場合には，その所得は含めないところで計算します（措法25の2①二）。

　(注) 不動産所得のみ有する場合で，この青色申告特別控除の適用を受けるには，不動産の貸付けが「事業」として行われていることが必要です（202ページ参照）。

65万円の青色申告特別控除の特例 取引の内容を正規の簿記の原則に従って記録している者であって，次に掲げる要件のいずれかを満たすものに係る青色申告特別控除の控除額は，上記の55万円に代えて65万円とされています（措法25の2④，措規9の6②〜⑤）。

(1) その年分の事業に係る仕訳帳及び総勘定元帳について，電子計算機を使用して作成する国税関係帳簿書類の保存方法等の特例に関する法律（以下「電子帳簿保存法」という。）に定めるところに従い，「電磁的記録の備付け及び保存」又は「電磁的記録の備付け及びその電磁的記録の電子計算機出力マイクロフィルムによる保存」を行っていること（優良な電子帳簿に係る過少申告加算税の軽減措置の適用にあたってあらかじめ所轄税務署長に提出することとされている適用届出書を提出しているものに限る。）。

　(注)1 上記の「電磁的記録」とは，電子的方式，磁気的方式その他の人の知覚によっては認識することができない方式で作られる記録であって，電子計算機による情報処理の用に供されるものをいいます（電子帳簿保存法2三）。以下同じです。

　　　2 上記の「電子計算機出力マイクロフィルム」とは，電子計算機を用いて電磁的記録を出力することにより作成するマイクロフィルムをいいます（電子帳簿保存法2六）。

(2) その年分の所得税の確定申告書の提出期限までに，情報通信技術を活用した行政の推進等に関する法律第6条第1項の規定により同項に規定する電子情報処理組織を使用して，確定申告書に記載すべき事項及びその事業に係る帳簿書類に基づき作成された貸借対照表，損益計算書等に記載すべき事項に係る情報を送信したこと。

控除の方法 55万円（65万円）の青色申告特別控除額はその年分の不動産所得の金額から控除し，控除しきれない青色申告特別控除額があれば，その控除不足額を事業所得の金額から控除します（措法25の2⑤）。

　(注) 不動産所得及び事業所得が赤字で山林所得が黒字の場合は，山林所得について，以下に述べる10万円の青色申告特別控除を適用します（措法25の2①②）。

55万円（65万円）控除の適用要件 55万円（65万円）の青色申告特別控除の適用を受けるためには，上記65万円の青色申告特別控除の特例の(2)の要件に該当する者を除き，次に掲げる手続要件に該当することが必要とされます（措法25の2⑥，措規9の6⑦）。

(1) その年分の確定申告書に，55万円（65万円）の青色申告特別控除の適用を受ける旨及びその適用を受ける金額の計算に関する事項を記載すること

(2) その年分の確定申告書に，正規の簿記の原則に従った帳簿書類に基づいて作成された貸借対照表，損益計算書その他不動産所得の金額又は事業所得の金額の計算に関する明細書を添付すること

(3) その年分の確定申告書を，その提出期限までに提出すること

　当初申告書に記載した特別控除の金額は，その後の修正申告や更正により不動産所得の金額又は事業所得の金額が異動し，青色申告特別控除額にも異動が生ずる場合は，その異動後の金額で所得の金額を計算することになります（措通25の2－4）。

　10万円の青色申告特別控除　55万円（65万円）の青色申告特別控除を受ける人以外の青色申告者（55万円（65万円）の特別控除を受けないことを選択した人を含む。）で，所得税法施行規則第56条第1項に定める簡易方式又は現金主義により取引の記録を行っている人については，その承認を受けている年分の不動産所得の金額，事業所得の金額又は山林所得の金額から次の金額のうちいずれか低い金額を青色申告特別控除額として控除することができます（措法25の2①）。

(1) 10万円

(2) 青色申告特別控除額を控除する前の不動産所得の金額，事業所得の金額又は山林所得の金額の合計額

　この場合，これらの所得のうちに損失の金額がある場合には，その損失の金額を除いたところにより合計額を計算します（措通25の2－1(1)）。また，必要経費の計算の特例の適用を受ける社会保険診療報酬の所得（措法26，267ページ参照）がある場合には，その所得は含めないところで計算します（措法25の2①二）。

　控除の方法　10万円の青色申告特別控除額はその年分の不動産所得の金額からまず控除し，控除しきれない青色申告特別控除額があれば，その控除不足額を事業所得の金額から，次に山林所得の金額から順次控除します（措法25の2②）。

　10万円控除の適用要件　10万円の青色申告特別控除については確定申告書への記載を要件とするものではないため，10万円の青色申告特別控除をしないところで確定申告をしている場合であっても，修正申告，更正等によりその控除を受けることができます（措通25の2－3）。

▬▬▬▬ 所 得 計 算 の 特 例 ▬▬▬▬

小規模事業者の収入及び費用の帰属時期の特例（現金主義）

　青色申告者で不動産所得又は事業所得を生ずべき業務を行う小規模事業者に該当する者は，その選択により不動産所得の金額又は事業所得の金額（山林の伐採又は譲渡によるものを除く。）の計算上，その年に現実に収入した金額を総収入金額とし，その年に収入を得るために直接支出した費用の額及びその年にそれらの所得を生ずべき業務について支出した費用の額を必要経費として，その業務から生ずる所得の金額を計算することができます（法67，令196）。

－88－

所得計算の通則（所得計算の特例）

　ただし，不動産所得又は事業所得を生ずべき業務について，これらの業務の全部を譲渡し若しくは廃業し又は死亡した日の属する年分の所得金額の計算に当たっては，この特例の適用を受けることはできません（令196①）。

　小規模事業者　次の要件に該当する者をいいます（令195）。
(1)　その年の前々年分の不動産所得の金額及び事業所得の金額（青色事業専従者給与及び事業専従者控除の額を必要経費に算入しないで計算した金額）の合計額が300万円以下であること
(2)　既にこの特例の適用を受けたことがあり，かつ，その後この特例の適用を受けないこととなった人については，再びこの特例の適用を受けることについて納税地の所轄税務署長の承認を受けた人であること

　特例の適用を受けないこととなった年分の所得計算　現金主義による所得計算の特例の適用を受けないこととなった年分の不動産所得の金額又は事業所得の金額の計算については，次の計算が必要となります（規40）。
(1)　この特例の適用を受けないこととなった年分の通常の計算による不動産所得の金額又は事業所得の金額に，この特例の適用を受けることとなった年の前年12月31日における売掛金，買掛金，未収収益，前受収益，前払費用，未払費用その他これらに類する資産及び負債並びに棚卸資産（以下「売掛金等」という。）の額とこの特例の適用を受けないこととなった年の1月1日における売掛金等の額との差額を，総収入金額又は必要経費に算入して，当該所得の金額を計算することとなります。
(2)　この特例の適用を受けることとなった年の前年12月31日における引当金，準備金の金額は，この特例の適用を受けないこととなった年の前年から繰り越されたこれらの引当金，準備金の金額とみなされます。したがって，この特例の適用を受けることとなった年の前年12月31日における貸倒引当金等の額にこの特例の適用を受けることとなった年分の総収入金額には算入されないで，この特例の適用を受けないこととなった年分の総収入金額に算入されることとなります。

　適用を受けるための手続　この特例の適用を受けようとする青色申告者は，適用を受けようとする年の3月15日まで（その年1月16日以後新たにこの特例の適用が受けられる業務を開始した場合には，その業務を開始した日から2月以内）に，この特例の適用を受けようとする旨及び前年12月31日における売掛金等の額並びに各種引当金及び準備金の額などを記載した届出書を納税地の所轄税務署長に提出しなければなりません（令197①，規40の2①）。
　なお，この特例の適用を受けている人がその適用を受けることをやめようとするときは，やめようとする年の3月15日までに，その適用を受けることをやめる旨その他所定の事項を記載した届出書を納税地の所轄税務署長に提出しなければなりません（令197②，規40の2②）。

雑所得を生ずべき小規模な業務を行う者の収入及び費用の帰属時期の特例（現金主義）

　雑所得を生ずべき業務を行う居住者でその年の前々年分の雑所得を生ずべき業務に係る収入金額が300万円以下であるもの（以下「特例対象者」という。）のその年分の雑所得を生ずべき業務に係る雑所得の金額（山林の伐採又は譲渡に係るものを除く。以下同じ。）の計算上総収入金額及び必要経費に算入すべき金額は，その業務につきその年において収入した金額及び支出した費用の額とすることができます（法67②，令196の2，196の3）。
　ただし，雑所得を生ずべき業務の全部を譲渡し，若しくは廃止し，又は死亡した日の属する年分の所得金額の計算に当たっては，この特例の適用を受けることはできません（令196の3①）。

— 89 —

所得計算の通則（所得計算の特例）

　　　特例の適用を受けないこととなる年分の所得計算　その年の前年において現金主義による所得計算の特例の適用を受けていた雑所得を生ずべき業務を行っていた者がその年において特例の適用を受けないこととなる年分の当該雑所得を生ずべき業務に係る雑所得の金額の計算については，次の計算が必要となります（規40②～④）。

(1)　本特例の適用を受けることとなった年の前年12月31日（年の中途において新たに雑所得を生ずべき業務を開始した場合には，その業務を開始した日）における売掛金，買掛金，未収収益，前受収益，前払費用，未払費用その他これらに類する資産及び負債並びにその業務に係る棚卸資産に準ずる資産（以下「売掛金等」という。）の額と本特例の適用を受けないこととなる年の1月1日における売掛金等の額との差額に相当する金額は，その適用を受けないこととなる年分の雑所得を生ずべき業務に係る雑所得の金額の計算上，それぞれ総収入金額又は必要経費に算入して，当該雑所得の計算をすることとなります。

(2)　ただし，その年の前年以前5年内の各年のいずれの年においても本特例の適用を受けていた場合，すなわち本特例を5年以上継続して適用していた場合には，その者の選択により，上記(1)の「差額に相当する金額を総収入金額又は必要経費に算入すること」を適用しないこともできることとされています。

　　　適用を受けるための手続　この特例の適用を受ける特例対象者は，本特例の適用を受けようとする年分の確定申告書を提出する場合には，その申告書に本特例の適用を受ける旨の記載をしなければならないこととされています（令197③）。

譲渡代金が回収不能となった場合等の所得計算の特例

　利子所得，配当所得，不動産所得，給与所得，譲渡所得，一時所得，雑所得，山林所得又は退職所得の金額の計算の基礎となった収入金額（不動産所得又は山林所得を生ずべき事業から生じたものを除く。）の全部又は一部が，貸倒れなどの事由によって回収不能となった場合又は法令に定める事由等によって返還すべきこととなった場合には，回収不能となった金額又は返還すべきこととなった金額に対応する収入金額はなかったものとみなしてその所得金額を計算することができます（法64①，令180）。

　また，保証債務の履行のために資産(その譲渡が譲渡所得に含まれない資産を除く。)を譲渡した場合に，債務者に対する求償権の全部又は一部が行使できなくなったときも，その行使できなくなった金額（「事業に関する債権の貸倒損失等」（85ページ参照）の取扱いによって不動産所得の金額，事業所得の金額又は山林所得の金額の計算上必要経費に算入されるものを除く。）に対応する金額はなかったものとみなしてその所得金額を計算することができます（法64②，令180②）。

(注)1　この特例の適用上各種所得の金額の計算上なかったものとみなされる金額については，「資産の譲渡代金が回収不能となった場合等の譲渡所得の計算」（315ページ）を参照。

　　2　この特例の適用により所得税額が過納となる場合には，その事実の生じた日の翌日から2月以内に更正の請求をして，過納となった所得税額の還付を受けることができます（法152，924ページ参照）。

　　3　保証債務の履行のため資産を譲渡した場合の所得計算の特例は，上記（注）2の場合を除き，確定申告書，修正申告書又は更正の請求書に，特例の適用を受ける旨その他譲渡した資産の種類，数量，譲渡金額及び保証債務の履行に伴う求償権の行使不能額等の記載がある場合に限り適用が認められます（法64③，規38）。

— 90 —

廃業後に生じた必要経費の特例

不動産所得，事業所得又は山林所得を生ずべき事業の廃止後に，それらの事業に関する費用又は損失で事業を継続していれば当然必要経費に算入されるもの（例えば，廃業時に回収の済んでいなかった売掛金の貸倒れ，商品の返戻又は値引きなどの事実）が生じた場合には，次の方法でその費用又は損失の金額を，廃業した日の属する年分（廃業の年にそれらの所得の総収入金額がなかった場合には，総収入金額のあった最近の年分）又はその前年分の事業に係る所得金額の計算上，必要経費に算入することができます（法63，令179）。

(1) 必要経費とされる金額が事業を廃止した日の属する年分の事業に係る所得金額又は総所得金額等のいずれか低い金額以下であるときは，その金額をその年分の事業に係る所得金額の計算上，必要経費に算入します。

(2) 必要経費とされる金額が事業を廃止した日の属する年分の事業に係る所得金額又は総所得金額等のいずれか低い金額を超えるときは，その金額のうち事業を廃止した日の属する年分の前記のいずれか低い金額に達するまでの金額を，その年分の事業に係る所得金額の計算上必要経費に算入し，その超える金額をその前年分の事業に係る所得金額又は総所得金額等のいずれか低い金額を限度として必要経費に算入します。

　(注)　この特例の適用により所得税額が過納となる場合には，その事実が生じた日の翌日から2月以内に更正の請求をして，過納となった所得税額の還付を受けることができます（法152，924ページ参照）。

転廃業助成金等に係る課税の特例

事業の整備その他の事業活動に関する制限についての法令の制定等があったことに伴ってその事業を廃止し又は転換をしなければならないこととなる個人が，国，地方公共団体又は残存事業者等から受ける転廃業助成金等については，次のような特例が認められます（措法28の3，措令18の7，措規10）。

(1) その事業に係る機械その他の減価償却資産の減価を補填するための費用に充てるべきものとして財務大臣が指定するものについては，各種所得の金額の計算上，総収入金額に算入されません（措法28の3①，措令18の7③）。

(2) その営む事業の廃止又は転換を助成するための費用に充てるべきものとして財務大臣が指定するものの全部又は一部の金額をもって，その交付を受けた日の属する年の12月31日までに，不動産所得の基因となる又は不動産所得，事業所得若しくは山林所得を生ずべき事業の用に供する固定資産の取得又は改良をしたときは，その転廃業助成金のうちその資産の取得又は改良に要した金額に相当する金額は，その年分の各種所得の金額の計算上，総収入金額に算入されません（措法28の3②，措令18の7④⑤）。

　(注)　転廃業助成金の交付を受けた日の属する年の翌年1月1日からその交付を受けた日後2年を経過する日までの期間（工場等の建設に要する期間が通常2年を超えること等の場合にあっては，一定の日までの期間）に固定資産の取得又は改良をする見込みである場合にあっては，納税地の所轄税務署長の承認を受けることによって上記の特例の適用が認められます（措法28の3③）。

(3) 転廃業助成金のうち固定資産の取得等に充てられなかった部分の金額は，転廃業助成金の交付を受けた日の属する年分の一時所得の収入金額となります（措法28の3④）。

所得計算の通則（所得計算の特例）

適用を受けるための手続　この特例の適用を受けるためには，確定申告書に①措置法第28条の３と記載するとともに，②各種所得の金額の計算及び減価償却資産又は固定資産の取得若しくは改良に関する明細書並びに転廃業助成金等の交付に関する通知書又はその写し等を添付しなければなりません。ただし，このような手続をしなかった場合でも，確定申告書を提出しなかったこと又は確定申告書に所定の事項を記載しなかったこと若しくは所定の書類を添付しなかったことについて，税務署長がやむを得ない事情があると認めるときは，これらの記載をした書類や明細書を提出してこの特例の適用を受けることができます（措法28の３⑤⑥，措規10）。

家内労働者等の所得計算の特例

家内労働者等が事業所得又は雑所得を有する場合において，これらの所得の金額の計算上必要経費に算入すべき金額の合計額が55万円（他に給与所得を有する場合には，55万円から給与所得控除額を控除した残額をいう。以下同じ。）に満たないときは，これらの所得の金額の計算上必要経費に算入すべき金額は，55万円を次により事業所得又は雑所得とに区分したそれぞれの金額（事業所得に係る総収入金額又は公的年金等以外の雑所得に係る総収入金額を限度とする。）となります（措法27，措令18の２②）。

(1)　事業所得又は雑所得のいずれか一方を有する家内労働者等　事業所得の金額又は雑所得の金額の計算上，55万円（その家内労働者等が給与所得を有する場合にあっては，55万円から給与所得控除額を控除した残額）を控除します。

(2)　事業所得及び雑所得を有する家内労働者等

イ　事業所得の金額の計算上必要経費に算入する金額は次のようになります。

55万円（その家内労働者等が給与所得を有する場合にあっては，55万円から給与所得控除額を控除した残額）のうち，この規定を適用しないで計算した事業所得の必要経費に相当する金額（雑所得に係る総収入金額（公的年金等に係るものを除く。）がロの金額に満たない場合には，その満たない部分に相当する金額を加算した金額）に達するまでの部分に相当する金額

ロ　雑所得の金額の計算上必要経費に算入する金額は次のようになります。

55万円（その家内労働者等が給与所得を有する場合にあっては55万円から給与所得控除額を控除した残額）のうちこの規定を適用しないで計算した事業所得の必要経費に相当する金額に達するまでの部分以外の部分に相当する金額

〔設　例〕

給与所得の収入金額	180,000円
事業所得の総収入金額	300,000円
事業所得の実額経費	200,000円
公的年金等以外の雑所得の総収入金額	150,000円
公的年金等以外の雑所得の実額経費	80,000円

〔所得金額の計算〕

①　550,000円 －180,000円 ＞（ 200,000円 ＋ 80,000円）→適用可
（最低保障額）（給与所得控除額）（事業所得の実額経費）（雑所得の実額経費）

②　550,000円 －180,000円 ＝ 370,000円
（最低保障額）（給与所得控除額）（事業所得分及び雑所得分の最低保障額）

↑
給与所得控除額分だけ最低保障額を減額

所得計算の通則（所得計算の特例）

③ $\underset{\text{(最低保障額)}}{370,000円} - \underset{\substack{\text{事業所得分の} \\ \text{特例経費(A)}}}{200,000円} = \underset{\substack{\text{最低保障} \\ \text{額の残額}}}{170,000円}$

↑ 事業所得の実額経費相当額

④ $\underset{\substack{\text{最低保障} \\ \text{額の残額}}}{170,000円} > \underset{\substack{\text{雑所得の総} \\ \text{収入金額}}}{150,000円} \rightarrow \underset{\substack{\text{雑所得分の} \\ \text{特例経費}}}{150,000円}$

↑ 総収入金額で頭打ち

⑤ $\underset{\substack{\text{最低保障} \\ \text{額の残額}}}{170,000円} - \underset{\substack{\text{雑所得分の} \\ \text{特例経費}}}{150,000円} = \underset{\substack{\text{最低保障額の} \\ \text{再差引残額}}}{20,000円}$

⑥ $\underset{\substack{\text{事業所得分の} \\ \text{特例経費(A)}}}{(200,000円} + \underset{\substack{\text{最低保障額の} \\ \text{再差引残額}}}{20,000円)} < \underset{\substack{\text{事業所得分の} \\ \text{総収入金額}}}{300,000円} \rightarrow \underset{\substack{\text{事業所得分の} \\ \text{特例経費(B)}}}{220,000円}$

⑦ $\underset{\substack{\text{事業所得の総} \\ \text{収入金額}}}{300,000円} - \underset{\substack{\text{事業所得分の} \\ \text{特例経費(B)}}}{220,000円} = \underset{\substack{\text{事業所得} \\ \text{の金額}}}{80,000円}$

⑧ $\underset{\substack{\text{雑所得の総} \\ \text{収入金額}}}{150,000円} - \underset{\substack{\text{雑所得分の} \\ \text{特例経費}}}{150,000円} = \underset{\substack{\text{雑所得} \\ \text{の金額}}}{0円}$

（参　考）　図示すると次のようになります。

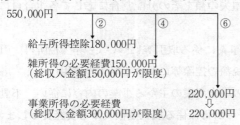

（注）　令和2年分の所得税から最低保障額が55万円に引き下げられています（引下げ前：65万円）。

　家内労働者等　特例の対象とされる家内労働者等とは，家内労働法第2条第2項に規定する家内労働者，外交員，集金人，電力量計の検針人又は特定の者に対して継続的に人的役務の提供を行うことを業務とする者をいいます（措法27，措令18の2）。

（注）　家内労働法に規定する「家内労働者」とは，物品の製造や加工，改造，修理，浄洗，選別，包装，解体，販売又はこれらの請負を業とする者から，主として労働の対償を得るために，その業務の目的物たる物品（物品の半製品，部品，附属品又は原材料を含む。）について委託を受けて，物品の製造や加工，改造，修理，浄洗，選別，包装，解体に従事する者であって，その業務について同居の親族以外の者を使用しないことを常態とするものをいいます。

任意組合等の組合員の所得計算

　民法第667条第1項に規定する組合契約，投資事業有限責任組合契約に関する法律第3条第1項に規定する投資事業有限責任組合契約及び有限責任事業組合契約に関する法律第3条第1項に規定する有限責任事業組合契約により成立する組合並びに外国におけるこれらに類するもの（以下「任意組合等」という。）の組合員のその任意組合等において営まれる事業（以下「組合事業」という。）に係る利益の額又は損失の額は，その年分の各種所得の金額の計算上総収入金額又は必要経費に算入します。

　ただし，組合事業に係る損益を毎年1回以上一定の時期において計算し，かつ，組合員への個々の損益の帰属が損益発生後1年以内である場合には，その任意組合等の計算期間を基として計算し，

計算期間の終了する日の属する年分の各種所得の金額の計算上総収入金額又は必要経費に算入します（基通36・37共―19，36・37共―19の２）。

　また，任意組合等の組合員の各種所得の金額の計算上総収入金額又は必要経費に算入する利益の額又は損失の額は，次のイの方法により計算します。ただし，その組合員が次のイの方法により計算することが困難と認められる場合で，かつ，継続して次のロ又はハの方法により計算している場合には，その計算も認められます（基通36・37共―20）。

イ　その組合事業に係る収入金額，支出金額，資産，負債等をその分配割合に応じて各組合員のこれらの金額として計算する方法

ロ　その組合事業に係る収入金額，その収入金額に係る原価の額及び費用の額並びに損失の額をその分配割合に応じて各組合員のこれらの金額として計算する方法

　　この方法による場合には，各組合員は，その組合事業に係る取引等について非課税所得，配当控除，確定申告による源泉徴収税額の控除等に関する規定の適用はありますが，引当金，準備金等に関する規定の適用はありません。

ハ　その組合事業について計算される利益の額又は損失の額をその分配割合に応じて各組合員にあん分する方法

　　この方法による場合には，各組合員は，その組合事業に係る取引等について，非課税所得，引当金，準備金，配当控除，確定申告による源泉徴収税額の控除等に関する規定の適用はなく，各組合員にあん分される利益の額又は損失の額は，その組合事業の主たる事業の内容に従い，不動産所得，事業所得，山林所得又は雑所得のいずれか一の所得に係る収入金額又は必要経費とします。

(注)　不動産所得を生ずべき事業を行う民法組合等の一定の個人組合員が，その年分の不動産所得の金額の計算上，組合事業から生じた不動産所得の損失の金額があるときは，その損失の金額は生じなかったものとされます（措法41の４の２，207ページ参照）。

有限責任事業組合の事業に係る組合員の事業所得等の所得計算の特例

　有限責任事業組合契約に関する法律第３条第１項に規定する有限責任事業組合契約（以下「組合契約」という。）を締結している組合員である個人が，各年において，その組合契約に基づいて営まれる事業（以下「組合事業」という。）から生ずる不動産所得，事業所得又は山林所得を有する場合において，その組合事業によるこれらの所得の損失の金額として次により計算した金額（以下「組合事業による事業所得等の損失額」という。）があるときは，その損失の金額のうち，その組合事業に係るその個人の出資の価額を基礎として次により計算した金額（以下「調整出資金額」という。）を超える部分の金額に相当する金額（以下「必要経費不算入損失額」という。）は，その年分の不動産所得の金額，事業所得の金額又は山林所得の金額の計算上，必要経費に算入することはできません（措法27の２①）。

　　複数の組合契約を締結する者等の組合事業に係る事業所得等の計算　個人が複数の有限責任事業組合契約に関する法律第２条に規定する有限責任事業組合（以下「組合」という。）の組合事業に係る不動産所得，事業所得若しくは山林所得（以下「事業所得等」という。）を生ずべき業務を営む場合又は事業所得等を生ずべき業務のうちに組合事業に係る事業所得等を生ずべき業務と組合事業以外に係る事業所得等を生ずべき業務を営む場合には，損益計算書又は収支内訳書はそれぞれの業務に係るものの区分ごとに各別に作成します（措通27の２―１）。

所得計算の通則（所得計算の特例）

組合事業による事業所得等の損失額　組合事業による事業所得等の損失額とは，組合契約を締結している組合員である個人のその年分における組合事業から生ずる不動産所得，事業所得又は山林所得に係る総収入金額に算入すべき金額の合計額がその組合事業から生ずる不動産所得，事業所得又は山林所得に係る必要経費に算入すべき金額の合計額に満たない場合におけるその満たない部分の金額に相当する金額とされています（措令18の3①）。

調整出資金額の計算　調整出資金額とは，有限責任事業組合契約に関する法律第2条に規定する有限責任事業組合（以下「組合」という。）の計算期間（同法第4条第3項第8号の組合の事業年度の期間をいう。以下「計算期間」という。）の終了の日の属する年におけるその組合契約を締結している組合員である個人のその組合の組合事業に係る次の(1)及び(2)に掲げる金額の合計額から(3)に掲げる金額を控除した金額（その控除した金額が零を下回る場合には，零）とされています（措法27の2①，措令18の3②，措規9の8①）。

(1)　その年に計算期間の終了の日が到来する計算期間（その年に計算期間の終了する日が2以上ある場合には，最も遅い終了の日の属する計算期間）の終了の時までに，その個人がその組合契約に基づいて出資をした金銭その他の財産の価額でその組合の会計帳簿に記載された出資の価額の合計額に相当する金額

　　（注）　なお，上記「その年に計算期間の終了の日が到来する計算期間（…）の終了の時までにその個人がその組合契約に基づいて出資をした金銭その他の財産の価額」とは，実際にその出資が履行されたものをいいます（措通27の2-2）。

(2)　その年の前年に計算期間の終了の日が到来する計算期間（その年の前年に計算期間の終了する日が2以上ある場合には，最も遅い終了の日の属する計算期間）以前の各計算期間において，その個人のその組合の組合事業から生ずる各種所得に係る収入金額とすべき金額又は総収入金額に算入すべき金額の合計額から各種所得に係る次のイからニまでに掲げる金額の合計額を控除した金額のその各計算期間における合計額に相当する金額

　　イ　その個人の組合事業から生ずる配当所得
　　　　配当所得の金額の計算上その組合事業から生ずる配当所得に係る収入金額から控除される負債の利子の額の合計額
　　ロ　その個人の組合事業から生ずる不動産所得，事業所得，山林所得又は雑所得
　　　　不動産所得の金額，事業所得の金額，山林所得の金額又は雑所得の金額の計算上その組合事業から生ずる不動産所得，事業所得，山林所得又は雑所得に係る総収入金額から控除される必要経費の額
　　ハ　その個人の組合事業から生ずる譲渡所得
　　　　譲渡所得の金額の計算上その組合事業から生ずる譲渡所得に係る総収入金額から控除される資産の取得費及びその資産の譲渡に要した費用の額の合計額
　　ニ　その個人の組合事業から生ずる一時所得
　　　　一時所得の金額の計算上その組合事業から生ずる一時所得に係る総収入金額から控除される支出した金額の合計額

(3)　その年に計算期間の終了する日が到来する計算期間（その年に計算期間の終了する日が2以上ある場合には，最も遅い終了の日の属する計算期間）の終了の時までにその個人が交付を受けた金銭その他の資産に係る分配額（分配した組合財産の帳簿価額をいう。）のうちその個人が交付を受けた部分に相当する金額の合計額に相当する金額

組合員の地位の承継があった場合の調整出資金額の計算　個人が組合契約を締結していた組合員（以下「従前の組合員」という。）からその地位の承継をした場合には，その承継をした日の直前におけるその組合契約に係る組合の貸借対照表に計上されている資産の額から負債の額を控除した残額に，その組合の各組合員が履行した出資の価額の合計額のうちにその従前の組合員が履行

－95－

所得計算の通則（所得計算の特例）

した出資の価額の占める割合を乗じて計算した金額に相当する額はその個人がその承継した日にその組合に出資したものとみなして調整出資金額を計算します（措令18の3③，措規9の8④）。

◎調整出資金額の計算例

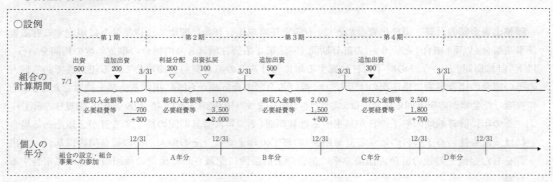

イ　A年分における調整出資金額

その年に終了する計算期間終了の時までの出資の価額の合計額（措令18の3②一）	その年の前年に終了する計算期間までの総収入金額等の合計額から必要経費等の合計額を控除した額（措令18の3②二）	その年に終了する計算期間終了の時までの分配額の合計額（措令18の3②三）
第1期　500 + 200 = 700　　700	0	第1期　0　　　　0

700 + 0 − 0 = <u>700</u>

ロ　B年分における調整出資金額

その年に終了する計算期間終了の時までの出資の価額の合計額（措令18の3②一）	その年の前年に終了する計算期間までの総収入金額等の合計額から必要経費等の合計額を控除した額（措令18の3②二）	その年に終了する計算期間終了の時までの分配額の合計額（措令18の3②三）
第1期　500 + 200 = 700 ⎫　700 第2期　　　　　　　　0 ⎭	第1期　1,000 − 700 = 300　　300	第1期　　　　　　　0 ⎫ 第2期　200 + 100 = 300 ⎬　300 　　　　　　　　　　　⎭

700 + 300 − 300 = <u>700</u>

ハ　C年分における調整出資金額

その年に終了する計算期間終了の時までの出資の価額の合計額（措令18の3②一）	その年の前年に終了する計算期間までの総収入金額等の合計額から必要経費等の合計額を控除した額（措令18の3②二）	その年に終了する計算期間終了の時までの分配額の合計額（措令18の3②三）
第1期　500 + 200 = 700 ⎫ 第2期　　　　　　　　0 ⎬　1,200 第3期　　　　　　　500 ⎭	第1期　1,000 − 700 = 300 ⎫ 第2期　1,500 − 3,500 = ▲2,000 ⎭ 　　　　　　　　　　▲1,700	第1期　　　　　　　0 ⎫ 第2期　200 + 100 = 300 ⎬　300 第3期　　　　　　　0 ⎭

1,200 + (▲1,700) − 300 = <u>▲800</u>　→　0

— 96 —

所得計算の通則（所得計算の特例）

ニ　D年分における調整出資金額

その年に終了する計算期間終了の時までの出資の価額の合計額（措令18の3②一）

第1期　500＋200＝700
第2期　　　　　　0
第3期　　　　　500
第4期　　　　　300
　　　　　　　　　　1,500

その年の前年に終了する計算期間までの総収入金額等の合計額から必要経費等の合計額を控除した額（措令18の3②二）

第1期　1,000－700＝300
第2期　1,500－3,500＝▲2,000
第3期　2,000－1,500＝500
　　　　　　　　　　　▲1,200

その年に終了する計算期間終了の時までの分配額の合計額（措令18の3②三）

第1期　　　　　　0
第2期　200＋100＝300
第3期　　　　　　0
第4期　　　　　　0
　　　　　　　　　　300

1,500＋（▲1,200）－300＝0

◎組合の計算期間が半年決算の場合

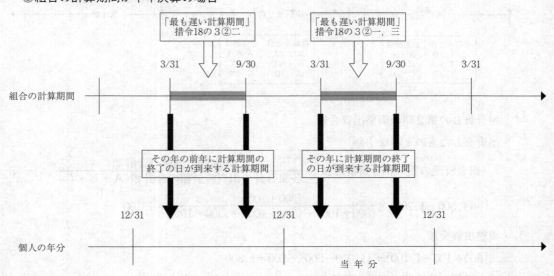

◎地位の承継があった場合の調整出資金額の計算

①　Cの地位を新たに組合員となるDが承継した場合

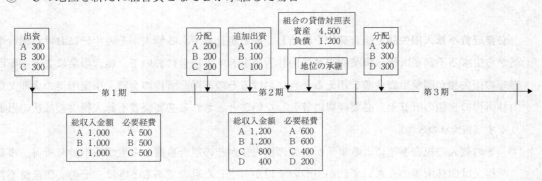

イ　組合員Dの第2期の調整出資金額

・出資をしたものとみなす額

$$(組合資産の額 - 組合負債の額) \times \frac{Cの出資の価額の合計額}{各組合員の出資の価額の合計額（A＋B＋C）}$$

$$= (4,500 - 1,200) \times \frac{(300+100)}{(300+100)+(300+100)+(300+100)} = \underline{1,100}$$

・調整出資金額　1,100

ロ　組合員Ｄの第３期の調整出資金額
　　　1,100＋(400－200)－300＝1,000

② Ｃの地位を既に組合員であるＢが承継した場合

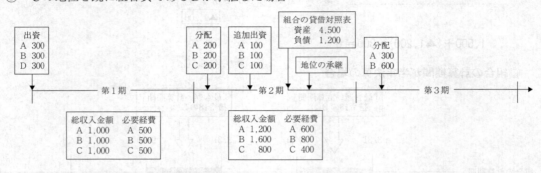

イ　組合員Ｂの第２期の調整出資金額

・出資をしたものとみなす額

$$(組合資産の額－組合負債の額) \times \frac{Cの出資の価額の合計額}{各組合員の出資の価額の合計額(A＋B＋C)}$$

$$=(4,500-1,200) \times \frac{(300+100)}{(300+100)+(300+100)+(300+100)} = \underline{1,100}$$

・調整出資金額
　　　(300＋100＋1,100)＋(1,000－500)－200＝1,800

ロ　組合員Ｂの第３期の調整出資金額
　　　(300＋100＋1,100)＋{(1,000－500)＋(1,600－800)}－(200＋600)＝2,000

必要経費不算入損失額　組合契約を締結している組合員である個人がその年分における組合事業から生ずる不動産所得，事業所得又は山林所得を有する場合において，組合事業による事業所得等の損失額が調整出資金額を超えるときにおけるその不動産所得の金額，事業所得の金額又は山林所得の金額の計算上，必要経費に算入しないこととされる必要経費不算入損失額は次のとおりです（措規９の８③）。

(1)　その個人の組合事業による事業所得等の損失額がその組合事業から生ずる不動産所得，事業所得又は山林所得のうちいずれか一つの所得から生じたものであるときは，その必要経費不算入損失額はその一つの所得から生じた組合事業による事業所得等の損失額から成るものとする。

(2)　その個人の組合事業による事業所得等の損失額がその組合事業から生ずる不動産所得，事業所得又は山林所得のうちいずれか２以上の所得から生じたものであるときは，その２以上の所得に係るそれぞれの損失額によりあん分して計算した金額に相当する金額をもって，その必要経費不算入損失額はその２以上の所得のそれぞれから生じた組合事業による事業所得等の損失額から成るものとする。

所得計算の通則（所得計算の特例）

◎必要経費不算入損失額の事業所得等への振分けの方法

イ　組合事業による事業所得等の損失額がその組合事業から生ずる不動産所得，事業所得又は山林所得のうちいずれか一の所得から生じたものである場合

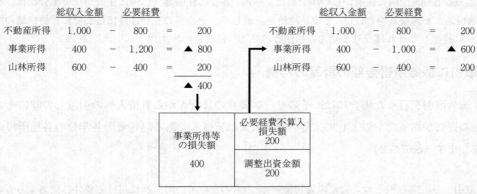

ロ　組合事業による事業所得等の損失額が当該組合事業から生ずる不動産所得，事業所得又は山林所得のうち2以上の所得から生じたものである場合

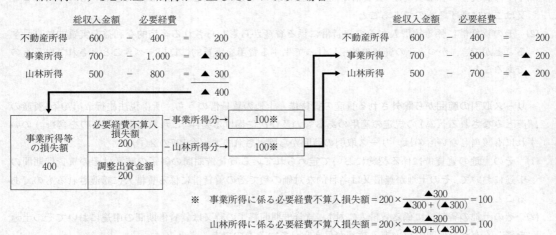

※　事業所得に係る必要経費不算入損失額 $= 200 \times \dfrac{▲300}{▲300+(▲300)} = 100$

　　山林所得に係る必要経費不算入損失額 $= 200 \times \dfrac{▲300}{▲300+(▲300)} = 100$

複数の組合契約を締結している場合の調整出資金額の計算　個人が複数の組合契約を締結している場合については，組合事業による事業所得等の損失額及び調整出資金額は，各組合契約に係る組合事業ごとに計算します（措令18の3④）。

適用を受けるための手続　組合契約を締結している組合員である個人が，この特例の適用を受けるためには，確定申告書にその個人の次の(1)から(4)に掲げる事項を記載した書類及び(5)に掲げる書類を添付しなければなりません（措法27の2②，措規9の8⑤⑥）。

(1)　有限責任事業組合の計算期間及びその有限責任事業組合の事業の内容
(2)　調整出資金額及びその調整出資金額の計算の基礎
(3)　その年における組合事業から生ずる各種所得の金額並びにその組合事業から生ずる各種所得に係る収入金額とすべき金額又は総収入金額に算入すべき金額及び上記の「調整出資金額の計算」の(2)イからニまでに定める金額（95ページ参照）
(4)　その他参考となるべき事項
(5)　その年分における組合事業から生ずる不動産所得，事業所得又は山林所得につき，収支内訳書に準じて作成し，記載した書類

確定申告書を提出しない場合の調整出資金額その他の事項を記載した書類の提出　組合契約を締結している組合員である個人は，確定申告書を提出する場合を除き，その年中の組合事業による不動産所得，事業所得又は山林所得に係る上記の「適用を受けるための手続」の(1)から(4)までに掲げる事項を記載した書類に氏名及び住所（国内に住所がない場合には，居所）並びに住所地（国内に住所がない場合には，居所地）と納税地とが異なる場合には，その納税地を記載して，その年の翌年3月15日までに，納税地の所轄税務署長に提出しなければなりません（措法27の2③，措規9の8⑦）。

リース取引に係る所得金額の計算の特例

　個人がリース取引を行った場合には，そのリース資産の賃貸人から賃借人への引渡しの時にそのリース資産の売買があったものとして，その賃貸人又は賃借人である居住者の各年分の各種所得の金額を計算します（法67の2）。

　リース取引　リース取引とは，資産の賃貸借（一定のものを除く。）で，次に掲げる要件に該当するものをいいます（法67の2③）。
(1)　その賃貸借に係る契約が，賃貸借期間の中途においてその解除をすることができないものであること又はこれに準ずるものであること
(2)　その賃貸借に係る賃借人がその賃貸借に係る資産からもたらされる経済的な利益を実質的に享受することができ，かつ，その資産の使用に伴って生ずる費用を実質的に負担すべきこととされているものであること

　リース取引の範囲から除外される資産の賃貸借　土地の賃貸借のうち，所得税法施行令第79条（資産の譲渡とみなされる行為）の規定の適用のあるもの及び次に掲げる要件（これらに準ずるものを含む。）のいずれにも該当しないものは，リース取引の範囲から除外されます（令197の2①）。
(1)　その土地の賃貸借に係る契約において定められている賃貸借期間の終了の時又はその賃貸借期間の中途において，その土地が無償又は名目的な対価の額でその賃貸借に係る賃借人に譲渡されるものであること
(2)　その土地の賃貸借に係る賃借人に対し，賃貸借期間終了の時又は賃貸借期間の中途においてその土地を著しく有利な価額で買い取る権利が与えられているものであること

　解除をすることができないものに準ずるものの意義　所得税法第67条の2第3項第1号に規定する「これに準ずるもの」とは，例えば，次に掲げるものをいいます（基通67の2―1）。
(1)　資産の賃貸借に係る契約に解約禁止条項がない場合であって，賃借人が契約違反をした場合又は解約をする場合において，賃借人が，その賃貸借に係る賃貸借期間のうちの未経過期間に対応するリース料の額の合計額のおおむね全部（原則として100分の90以上）を支払うこととされているもの
(2)　資産の賃貸借に係る契約において，その賃貸借期間中に解約をする場合の条項として次のような条件が付されているもの
　イ　賃貸借資産（その賃貸借の目的となる資産をいう。以下同じ。）を更新するための解約で，その解約に伴いより性能の高い機種又はおおむね同一の機種を同一の賃貸人から賃貸を受ける場合は解約金の支払を要しないこと
　ロ　イ以外の場合には，未経過期間に対応するリース料の額の合計額（賃貸借資産を処分することができたときは，その処分価額の全部又は一部を控除した額）を解約金とすること

　資産の使用に伴って生ずる費用を実質的に負担すべきこととされているものに該当するもの　資産の賃貸借につき，その賃貸借期間（その資産の賃貸借に係る契約の解除をすることができないものとされて

いる期間に限る。）において賃借人が支払う賃借料の金額の合計額がその資産の取得のために通常要する価額（その資産を業務の用に供するために要する費用の額を含む。）のおおむね100分の90に相当する金額を超える場合には，その資産の賃貸借は，「資産の使用に伴って生ずる費用を実質的に負担すべきこととされているものであること」に該当するものとされています（令197の2②）。

(注)　「おおむね100分の90」の判定に当たって，次の点については，次のとおり取り扱われます（基通67の2―2）。

1　資産の賃貸借に係る契約等において，賃借人が賃貸借資産を購入する権利を有し，その権利の行使が確実であると認められる場合には，その権利の行使により購入するときの購入価額をリース料の額に加算します。この場合，その契約書等にその購入価額についての定めがないときは，残価に相当する金額を購入価額とします。

(注)　ここにいう残価とは，賃貸人におけるリース料の額の算定に当たって賃貸借資産の取得価額及びその取引に係る付随費用（賃貸借資産の取得に要する資金の利子，固定資産税，保険料等その取引に関連して賃貸人が支出する費用をいう。）の額の合計額からリース料として回収することとしている金額の合計額を控除した残額をいいます。

2　資産の賃貸借に係る契約等において，中途解約に伴い賃貸借資産を賃貸人が処分し，未経過期間に対応するリース料の額からその処分価額の全部又は一部を控除した額を賃借人が支払うこととしている場合には，その全部又は一部に相当する金額を賃借人が支払うこととなる金額に加算します。

金融取引とされるリース取引　個人が譲受人から譲渡人に対する賃貸（リース取引に該当するものに限る。）を条件に資産の売買を行った場合において，その資産の種類，その売買及び賃貸に至るまでの事情その他の状況に照らし，これら一連の取引が実質的に金銭の貸借であると認められるとき（すなわち，セール・アンド・リースバック取引に該当するとき）は，その資産の売買はなかったものとし，かつ，その譲受人からその譲渡人に対する金銭の貸付けがあったものとして，その譲受人又は譲渡人である個人の各年分の各種所得の金額を計算します（法67の2②）。

金銭の貸借とされるリース取引の判定　所得税法第67条の2第2項に規定する「一連の取引」が同項に規定する「実質的に金銭の貸借であると認められるとき」に該当するかどうかは，取引当事者の意図，その資産の内容等から，その資産を担保とする金融取引を行うことを目的とするものであるかどうかにより判定します。したがって，例えば，次に掲げるようなものは，これに該当しないものとされます（基通67の2―4）。

(1)　譲渡人が資産を購入し，その資産をリース取引に係る契約により賃借するために譲受人に譲渡する場合において，譲渡人が譲受人に代わり資産を購入することに次に掲げるような相当な理由があり，かつ，その資産につき，立替金，仮払金等として経理し，譲渡人の購入価額により譲受人に譲渡するもの

イ　多種類の資産を導入する必要があるため，譲渡人においてその資産を購入した方が事務の効率化が図られること

ロ　輸入機器のように通関事務等に専門的知識が必要とされること

ハ　既往の取引状況に照らし，譲渡人が資産を購入した方が安く購入できること

(2)　業務の用に供している資産について，その資産の管理事務の省力化等のために行われるもの

借入金として取り扱う売買代金の額　所得税法第67条の2第2項の規定の適用がある場合において，その資産の売買により譲渡人が譲受人から受け入れた金額は，借入金の額として取り扱い，譲渡人がリース期間（リース取引に係る契約において定められたその資産の賃貸借期間をいう。）中に支払うべきリース料の額の合計額のうちその借入金の額に相当する金額については，その借入金の返済をすべき金額（以下「元本返済額」という。）として取り扱います。この場合において，譲渡人が各年分に支払うリース料の額に係る元本返済額とそれ以外の金額との区分は，通常の金融取引における元本と利息の区分計算の方法に準じ

て合理的に行いますが，譲渡人がそのリース料の額のうちに元本返済額が均等に含まれているものと処理しているときは，これも認められます（基通67の2―5）。

　　貸付金として取り扱う売買代金の額　所得税法第67条の2第2項の規定の適用がある場合において，その資産の売買により譲受人が譲渡人に支払う金額は，貸付金の額として取り扱い，譲受人がリース期間中に収受すべきリース料の額の合計額のうちその貸付金の額とした金額に相当する金額については，その貸付金の返済を受けた金額として取り扱います。この場合において，譲受人が各年分に収受するリース料の額に係る貸付金の返済を受けたものとされる金額とそれ以外の金額との区分は，通常の金融取引における元本と利息の区分計算の方法に準じて合理的に行いますが，譲受人が，そのリース料の額のうち貸付金の返済を受けたものとされる金額が均等に含まれているものとして処理しているときは，これも認められます（基通67の2―6）。

発行法人から与えられた株式を取得する権利の譲渡による収入金額の特例

　個人が新株予約権等（株式を無償又は有利な価額により取得することができる一定の権利で，その権利を行使したならば経済的な利益として課税されるものをいう。）を発行法人から与えられた場合において，その個人又はその相続人等がその権利をその発行法人に譲渡したときは，その譲渡の対価の額からその権利の取得価額を控除した金額を，事業所得に係る収入金額，給与等の収入金額，退職手当等の収入金額，一時所得に係る収入金額又は雑所得等に係る収入金額とみなして，課税されます（法41の2，令88の2）。

免責許可の決定等により債務免除を受けた場合の経済的利益の総収入金額不算入

　個人が破産法第252条第1項に規定する免責の決定又は再生計画認可の決定があった場合その他資力を喪失して債務を弁済することが著しく困難である場合にその有する債務の免除を受けたときは，その免除により受ける経済的な利益の価額については，各種所得の金額の計算上，総収入金額に算入しません（法44の2①）。

　ただし，その債務の免除により受ける経済的利益の価額のうち，次に掲げる金額の合計額については，この規定は適用されません（法44の2②）。

(1)　不動産所得，山林所得又は雑所得を生ずべき業務に係る債務の免除を受けた場合は，その免除を受けた日の属する年分の不動産所得，山林所得又は雑所得の金額の計算上生じた損失の金額

(2)　事業所得を生ずべき事業に係る債務の免除を受けた場合は，その免除を受けた日の属する年分の事業所得の金額の計算上生じた損失の金額

(3)　純損失の繰越控除により，その債務の免除を受けた日の属する年分の総所得金額，退職所得金額又は山林所得の金額の計算上控除する純損失の金額がある場合は，その控除する純損失の金額

　　資力を喪失して債務を弁済することが著しく困難である場合の意義　資力を喪失して債務を弁済することが著しく困難である場合とは，破産法の規定による破産手続開始の申立て又は民事再生法の規定による再生手続開始の申立てをしたならば，破産法の規定による免責許可の決定又は民事再生法の規定による再生計画認可の決定がされると認められるような場合をいいます（基通44の2―1）。

〈債務免除を受けた年において当該債務を生じた業務に係る損失の金額等がある場合の計算例〉

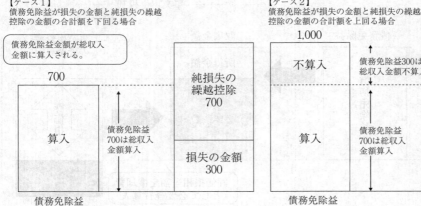
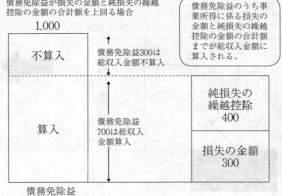

　すなわち，既往の債務を弁済できなくなった個人の債務者であって法的整理の要件に該当することとなった債務者について，法的整理によらず，債権者と債務者の合意に基づき，債務の全部又は一部を免除される場合がこれに当たります。

　適用を受けるための手続　この特例の適用を受けるためには，確定申告書にこの制度の規定を受ける旨の記載があり，かつ，その適用により総収入金額に算入されない金額及び次に掲げる事項の記載がある場合に限り，適用することができます（法44の2③，規21の2）。
　(1)　債務の免除を受けた年月日
　(2)　債務の免除により受ける経済的な利益の価額
　(3)　資力を喪失して債務を弁済することが著しく困難である事情の詳細
　(4)　その他参考となる事項
　ただし，確定申告書の提出がなかった場合又は上記の記載がない確定申告書の提出があった場合でも，その提出又は記載がなかったことについて税務署長がやむを得ない事情があると認めるときは，この特例の適用を受けることができます（法44の2④）。

債務処理計画に基づく減価償却資産等の損失の必要経費算入の特例

　青色申告者が，その個人について策定された債務処理に関する計画で一般に公表された債務処理を行うための手続に関する準則に基づき作成されていることその他の一定の要件を満たすもの（以下「債務処理計画」という。）に基づきその有する債務の免除を受けた場合において，その個人の不動産所得，事業所得又は山林所得を生ずべき事業の用に供される減価償却資産その他これに準ずる一定の資産（以下「対象資産」という。）の価額についてその準則に定められた方法により評定が行われているときは，その対象資産の損失の額は，その免除を受けた日の属する年分の不動産所得の金額，事業所得の金額又は山林所得の金額の計算上，必要経費に算入します。
　ただし，その必要経費に算入する金額は，この特例を適用しないで計算したその免除を受けた年分の不動産所得の金額，事業所得の金額又は山林所得の金額が限度とされます（措法28の2の2）。
　（注）　上記の準則としては，自然災害に関するガイドライン，株式会社整理回収機構が定める準則，中小企業再生支援機構協議会が定める準則，特定認証紛争解決手続及び株式会社地域経済活性化支援機構が定める実務運用標準が該当します。

所得計算の通則（所得計算の特例）

【図】

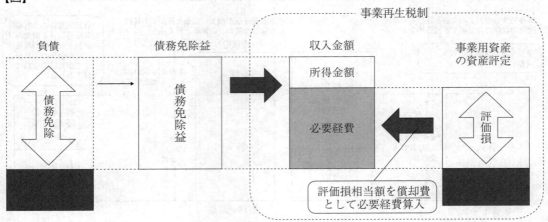

債務処理計画の要件　債務処理計画の一定の要件は，法人税法施行令第24条の2第1項第1号から第3号（次の(1)～(3)）まで及び第4号又は第5号（次の(4)又は(5)）（債務処理計画が再生計画認可の決定に準ずる事実等）に掲げる要件に該当することです（措令18の6①，措規9の10③）。

(1) 一般に公表された債務処理を行うための手続についての準則で次の事項が定められているもの（政府関係金融機関，株式会社地域経済活性化支援機構及び協定銀行以外の特定の者が専ら利用するためのものを除く。）に従って策定されていること

　イ　債務者の有する資産及び負債の価額の評定に関する事項（公正な価額による旨の定めがあるものに限る。）

　ロ　その計画が準則に従って策定されたものであること並びに下記(2)及び(3)に該当することにつき確認をする手続並びにその確認をする者に関する事項

(2) 債務者の有する資産及び負債につき上記(1)イの事項に従って資産評定が行われ，その資産評定による価額を基礎とした債務者の貸借対照表が作成されていること

(3) 上記(2)の貸借対照表における資産及び負債の価額，その計画における損益の見込み等に基づいて債務者に対して債務免除等をする金額が定められていること

(4) 2以上の金融機関等（その計画に係る債務者に対する債権が投資事業有限責任組合契約等に係る組合財産である場合におけるその投資事業有限責任組合契約等を締結している者を除く。）が債務免除等をすることが定められていること

(5) 政府関係金融機関，株式会社地域経済活性化支援機構又は協定銀行（これらのうち，その計画に係る債務者に対する債権が投資事業有限責任組合契約等に係る組合財産である場合におけるその投資事業有限責任組合契約等を締結しているものを除く。）が有する債権又は株式会社地域経済活性化支援機構若しくは協定銀行が信託の受託者として有する債権につき債務免除等をすることが定められていること

なお，民事再生法の規定による再生計画認可の決定が確定した再生計画は，その債務処理計画には含まれません（措通28の2の2－1）。

対象資産の範囲　この特例の適用が受けられる対象資産とは，次に掲げるものをいいます（措法28の2

所得計算の通則（所得計算の特例）

の2①，措令18の6②）。

(1) 減価償却資産
(2) 繰延資産（措法2①六の二）及び繰延消費税額等（令182の2③）のうちまだ必要経費に算入されていない部分

必要経費に算入する対象資産の損失の金額　この特例の適用により必要経費に算入することができる対象資産の損失の金額は，次に掲げる資産の区分に応じそれぞれ次に定める金額です（措令18の6③）。

(1) 減価償却資産……その債務の免除を受けた日にその減価償却資産の譲渡があったものとみなして所得税法第38条第2項の規定を適用した場合にその減価償却費の取得費とされる金額に相当する金額が，債務処理計画に係る準則に定められた方法により評定が行われたその減価償却資産の価額を超える場合のその超える部分の金額

(2) 繰延資産……その繰延資産の額からその償却費として所得税法第50条に定める繰延資産の償却費の計算及びその償却の方法の規定によりその債務の免除を受けた日の属する年分以前の各年分の不動産所得の金額，事業所得の金額，山林所得の金額又は雑所得の金額（以下「事業所得等の金額」という。）の計算上必要経費に算入される金額の累計額を控除した金額が，債務処理計画に係る準則に定められた方法により評定が行われたその繰延資産の価額を超える場合のその超える部分の金額

(3) 繰延消費税額等……その繰延消費税額等から所得税法施行令第182条の2第3項又は第4項の規定によりその債務の免除を受けた日の属する年分以前の各年分の事業所得等の金額の計算上必要経費に算入される金額の累計額を控除した金額が，債務処理計画に係る準則に定められた方法により評定が行われたその繰延消費税額等の価額を超える場合のその超える部分の金額

特例の適用後の対象資産の残存価額の計算　この特例の規定を受けた個人が，減価償却資産若しくは繰延資産につき所得税法第49条第1項に定める減価償却資産の償却費の計算及びその償却の方法若しくは同法第50条第1項に定める繰延資産の償却費の計算及びその償却の方法の規定により債務処理計画に基づきその有する債務の免除を受けた日以後の期間に係る償却費の額を計算するとき，繰延消費税額等につき所得税法施行令第182条の2第4項の規定により同日以後の期間に係る事業所得等の金額の計算上必要経費に算入する金額の計算をするとき又は対象資産につき同日以後譲渡，相続，遺贈若しくは贈与があった場合において事業所得の金額，譲渡所得の金額若しくは雑所得の金額を計算するときは，この特例により不動産所得の金額，事業所得の金額又は山林所得の金額の計算上必要経費に算入することとされた金額に相当する金額は，同日においてその減価償却費若しくは繰延資産の償却費としてその者の同日の属する年分以前の各年分の事業所得等の金額の計算上必要経費に算入された金額又はその繰延消費税額等のうちに既に同条第3項若しくは第4項の規定によりその者の同日の属する年分以前の各年分の事業所得等の金額の計算上必要経費に算入された金額とみなすこととされます（措令18の6④）。

したがって，この特例の適用を受けた減価償却資産，繰延資産又は繰延消費税額等の未償残高等の額は，この特例の適用を受けた時点でその適用を受けた金額に相当する金額を減額することとなります。

この計算をする場合には，確定申告書にこの規定（措令18の6④）に基づき減価償却資産の取得に要した金額，繰延資産の額又は繰延消費税額等を計算している旨及び計算の明細を記載する必要があります（措令18の6⑤）。

適用を受けるための手続　この特例の適用を受けるためには，確定申告書に，この特例の適用を受ける旨の記載をするとともに，不動産所得の金額，事業所得の金額又は山林所得の金額の計算，対象資産の種類などの事項を記載した明細書及び債務処理計画に関する書類を添付しなければなりません（措法28の2の2②，措規9の10①②）。

ただし，このような手続をしなかった場合でも，確定申告書を提出しなかったこと又は確定申告書に所定の事項を記載しなかったこと若しくは所定の書類を添付しなかったことについて，税務署長がやむ

所得計算の通則（所得計算の特例）

を得ない事情があると認めるときは，これらの記載をした書類や明細書等を提出してこの特例の適用を受けることができます（措法28の2の2③）。

(注) 東日本大震災によって被害を受けたことにより過大な債務を負っている次に掲げる個人で青色申告書を提出するものについて，債務処理に関する計画で一般に公表された債務処理を行うための手続に関する準則に基づき策定されていることその他一定の要件を満たすものが策定された場合についても，この特例の適用を受けることができることとされています（東日本震災特例法11の3の3）。

(1) 株式会社東日本大震災事業者再生支援機構法の支援決定の対象となった個人

(2) 株式会社東日本大震災事業者再生支援機構法の産業復興機構の組合財産である債権の債務者である個人

消費税等の経理処理

消費税等と所得税の経理処理

税抜経理方式と税込経理方式　所得税の課税所得金額の計算に当たり，消費税法第2条第1項第3号に規定する個人事業者（以下「個人事業者」という。）が行う消費税等の経理方式については，税抜経理方式と税込経理方式があります（平元.3.29直所3―8（最終改正令3.2.9課個2―3，以下「同通達」という。））。

1　**税抜経理方式**……消費税等の額とその消費税等に係る取引の対価の額とを区分して経理する方式をいいます。

2　**税込経理方式**……消費税等の額とその消費税等に係る取引の対価の額とを区分しないで経理する方式をいいます。

（注）1　令和5年10月1日以後に国内において個人事業者が行う資産の譲渡等，国内において個人事業者が行う課税仕入れ及び保税地域から引き取られる課税貨物に係る消費税に関する規定について，上記の記述は次のとおりとなります。

1　税抜経理方式……消費税等の額とこれに係る取引の対価の額とを区分して経理をする方式をいう。

2　税込経理方式……消費税等の額とこれに係る取引の対価の額とを区分して経理をする方式をいう。

2　消費税等とは，消費税及び地方消費税をいいます。

税抜経理方式と税込経理方式の選択適用　所得税の課税所得金額の計算に当たり，個人事業者が行う取引に係る消費税等の経理処理（以下「経理処理」という。）について，税抜経理方式又は税込経理方式のいずれを適用するかは個人事業者の選択にまかされていますが，個人事業者が選択した方式については，原則として，その個人事業者が行う全ての取引に適用しなければなりません。

ただし，事業所得等（不動産所得，事業所得，山林所得又は雑所得）を生ずべき業務のうち2以上の所得を生ずべき業務を行う場合には，それぞれの業務に係る取引ごとに税抜経理方式と税込経理方式のいずれかを選択することができます。

また，譲渡所得の基因となる資産の譲渡で消費税が課されるものに係る経理処理については，その資産をその用に供していた事業所得等を生ずべき業務と同一の方式によることとなります。

なお，消費税と地方消費税は同一の方式によるものとされています。

（注）　令和5年10月1日以後に国内において個人事業者が行う資産の譲渡等，国内において個人事業者が行う課税仕入れ及び保税地域から引き取られる課税貨物に係る消費税に関する規定について，上記の記述は次のとおりとなります。

税抜経理方式と税込経理方式の選択適用　個人事業者が行う取引に係る消費税等の経理処理につき，当該個人事業者の行う全ての取引について税抜経理方式又は税込経理方式のいずれかの方式に統一していない場合には，その行う全ての取引についていずれかの方式を適用して所得税の課税所得金額を計算

しなければなりません。

　ただし，事業所得等（不動産所得，事業所得，山林所得又は雑所得）を生ずべき業務のうち2以上の所得を生ずべき業務を行う場合には，それぞれの業務に係る取引ごとに税抜経理方式と税込経理方式のいずれかを選択することができます。

　また，譲渡所得の基因となる資産の譲渡で消費税が課されるものに係る経理処理については，その資産をその用に供していた事業所得等を生ずべき業務と同一の方式によることとなります。

　なお，消費税と地方消費税は同一の方式によるものとされています（同通達「2」）。

　固定資産等及び経費等の経理方式の選択適用　個人事業者が売上げ等の収入に係る取引について税抜経理方式を適用している場合には，固定資産等（固定資産，繰延資産，棚卸資産及び山林）の取得に係る取引又は経費等（販売費・一般管理費等）の支出に係る取引のいずれか一方の取引について税込経理方式を適用することができるほか，固定資産等のうち棚卸資産又は山林の取得に係る取引については，継続適用を条件として固定資産又は繰延資産と異なる方式を選択適用することができます。

　ただし，個々の固定資産等の取得に係る取引又は個々の経費等の支出に係る取引ごとに異なる方式を適用することはできません。

　なお，売上げ等の収入に係る取引について，税込経理方式を適用している場合には，固定資産等の取得に係る取引及び経費等の支出に係る取引については，税抜経理方式を適用することはできません。

（注）　令和5年10月1日以後に国内において個人事業者が行う資産の譲渡等，国内において個人事業者が行う課税仕入れ及び保税地域から引き取られる課税貨物に係る消費税に関する規定について，上記の記述は次のとおりとなります。

　固定資産等及び経費等の経理方式の選択適用　個人事業者が売上げ等の収入に係る取引について税抜経理方式で経理をしている場合には，固定資産等（固定資産，繰延資産，棚卸資産及び山林）の取得に係る取引又は経費等（販売費及び一般管理費等）の支出に係る取引のいずれか一方の取引について税込経理方式を適用できるほか，固定資産等のうち棚卸資産又は山林の取得に係る取引については，継続適用を条件として固定資産又は繰延資産と異なる方式を選択適用することができます。

　ただし，個々の固定資産等又は個々の経費等ごとに異なる方式を適用することはできません。

　また，消費税と地方消費税についても異なる方式を適用することはできません（同通達「2の2」）。

（注）　令和5年10月1日以後に国内において個人事業者が行う資産の譲渡等，国内において個人事業者が行う課税仕入れ及び保税地域から引き取られる課税貨物に係る消費税に関する規定について，以下の項目が追加されます。

　売上げと仕入れで経理方式が異なる場合の取扱い　個人事業者が国内において行う売上げ等の収入に係る取引について税込経理方式で経理をしている場合には，固定資産等の取得に係る取引又は経費等の支出に係る取引の全部又は一部について税抜経理方式で経理をしている場合であっても，税込経理方式を適用して所得税の課税所得金額を計算することとされています。

　この取扱いは，消費税法第6条第1項の規定により消費税を課さないこととされている資産の譲渡等のみを行う個人事業者が，固定資産等の取得に係る取引又は経費等の支出に係る取引の全部又は一部について税抜経理方式で経理をしている場合についても同様とされています（同通達「3」）。

　仮受消費税等又は仮払消費税等と異なる金額で経理をした場合の取扱い　個人事業者が行う取引に係る消費税等の経理処理について税抜経理方式によっている場合において，次に掲げる場合に該当するときは，それぞれ次に定めるところにより所得税の課税所得金額を計算することとされています（同通達「3の2」）。

消費税等の経理処理（消費税等と所得税の経理処理）

(1) 仮受消費税等の額又は仮払消費税等の額を超える金額を取引の対価の額から区分して経理をしている場合　その超える部分の金額を売上げ等の収入に係る取引の対価の額又は固定資産等の取得に係る取引若しくは経費等の支出に係る取引の対価の額に含めます。

(2) 仮受消費税等の額又は仮払消費税等の額に満たない金額を取引の対価の額から区分して経理をしている場合　その満たない部分の金額を売上げ等の収入に係る取引の対価の額又は固定資産等の取得に係る取引若しくは経費等の支出に係る取引の対価の額から除きます。

税抜・税込経理方式適用一覧表

経 理 方 式 の 区 分		売上げ等	固 定 資 産 等		経 費 等
			棚卸資産（仕入） 山　　　林	固 定 資 産 繰 延 資 産	
原　　　則	①	税込み（全取引同一経理）			
		税抜き（全取引同一経理）			
特　　　例	②	税　　抜　　き	税　　　抜　　　き		税　込　み
	③		税　　　込　　　み		税　抜　き
	④		税　抜　き （継 続 適 用）	税　込　み （継 続 適 用）	税　込　み
	⑤				税　抜　き
	⑥		税　込　み （継 続 適 用）	税　抜　き （継 続 適 用）	税　込　み
	⑦				税　抜　き

年末一括税抜経理方式　税抜経理方式による経理処理は，原則として取引の都度行いますが，その年中の取引を税込処理で行っておき，その年12月31日において一括して税抜処理することができます。

（注）　令和5年10月1日以後に国内において個人事業者が行う資産の譲渡等，国内において個人事業者が行う課税仕入れ及び保税地域から引き取られる課税貨物に係る消費税に関する規定について，上記の記述は次のとおりとなります。

　　年末一括税抜経理方式　税抜経理方式による経理処理は，原則として取引（請求書の交付を含む。）の都度行いますが，消費税法施行令第46条第2項の規定の適用を受ける場合を除き，その年中の取引を税込処理で行っておき，その年12月31日において一括して税抜処理することができます（同通達「4」）。

免税事業者等の消費税等の処理　基準期間（令和5年に係る基準期間は令和3年1月1日から同年12月31日）における課税売上高が1,000万円以下であり，かつ，特定期間（令和5年に係る特定期間は令和4年1月1日から令和4年6月30日まで）における課税売上高又は給与等支払額の合計額が1,000万円以下であることから消費税の納税義務が免除されている個人事業者や消費税が課されない資産の譲渡等のみを行う個人事業者については，税込経理方式によることとされています。

（注）　令和5年10月1日以後に国内において個人事業者が行う資産の譲渡等，国内において個人事業者が行う課税仕入れ及び保税地域から引き取られる課税貨物に係る消費税に関する規定について，上記の記述は次のとおりとなります。

　　免税事業者の消費税等の処理　消費税法第9条第1項本文の規定により消費税を納める義務が免除される個人事業者については，その行う取引について税抜経理方式で経理をしている場合であっても，税

― 109 ―

消費税等の経理処理（消費税等と所得税の経理処理）

込経理方式を適用して所得税の課税所得金額を計算することとされています（同通達「5」）。

仮受消費税等及び仮払消費税等の清算　個人事業者が，税抜経理方式を適用している場合において，簡易課税制度の適用を受けたこと等により，課税期間の終了の時における仮受消費税等の金額から仮払消費税等の金額（控除対象外消費税額等に相当する金額を除く。）を控除した金額とその課税期間に係る納付すべき消費税額等又は還付されるべき消費税額等とに差額が生じたときは，その差額については，その課税期間を含む年の事業所得等の金額の計算上，総収入金額又は必要経費に算入するものとされています。

(注)1　令和5年10月1日以後に国内において個人事業者が行う資産の譲渡等，国内において個人事業者が行う課税仕入れ及び保税地域から引き取られる課税貨物に係る消費税に関する規定について，上記の記述は次のとおりとなります。

　　　仮受消費税等及び仮払消費税等の清算　税抜経理方式を適用することとなる個人事業者は，課税期間の終了の時における仮受消費税等の額の合計額から仮払消費税等の額の合計額（控除対象外消費税額等に相当する金額を除く。）を控除した金額と当該課税期間に係る納付すべき消費税等の額とに差額が生じた場合は，その差額については，当該課税期間を含む年の事業所得等の金額の計算上，総収入金額又は必要経費に算入するものとされます。

　　　また，課税期間の終了の時における仮払消費税等の額の合計額から仮受消費税等の額の合計額を控除した金額と当該課税期間に係る還付を受ける消費税等の額とに差額が生じた場合についても同様とします（同通達「6」）。

2　事業所得等を生ずべき業務のうち2以上の所得を生ずべき業務について税抜経理方式を適用している場合には，税抜経理方式を適用している業務のそれぞれについて，他の税抜経理方式を適用している業務に係る取引がないものとして上記の取扱いを適用するものとされています。

＜簡易課税制度の適用を受ける場合の計算例と経理処理＞

〔設　例〕

　以下の設例は，個人事業者の令和5年1月1日から令和5年12月31日までの課税期間の消費税等（課税売上及び課税仕入れは全て標準税率）の確定申告を前提として計算しています。また，適格請求書発行事業者以外の者に対する課税仕入れは含まないものとします。

　なお，消費税の税率については，119ページ参照，簡易課税制度の適用を受ける場合の具体的な計算方法については，151ページ参照。

1　消費税の税額の計算

(1)　課税売上高（税抜き）‥‥‥‥‥‥‥‥‥‥‥‥‥‥‥‥‥‥‥‥‥‥‥‥‥‥‥‥‥‥‥‥‥40,000,000円

(2)　課税売上げに係る消費税額等
　　（地方消費税分880,000円を含む。）‥‥‥‥‥‥‥‥‥‥‥‥‥‥‥‥‥‥‥‥‥‥‥4,000,000円

　　消費税額3,120,000円（40,000,000円×7.8％＝3,120,000円）

　　地方消費税額880,000円（40,000,000円×2.2％＝880,000円）

(3)　課税仕入高（税抜き）‥‥‥‥‥‥‥‥‥‥‥‥‥‥‥‥‥‥‥‥‥‥‥‥‥‥‥‥‥‥‥‥‥25,000,000円

(4)　課税仕入れに係る消費税額等
　　（地方消費税分550,000円を含む。）‥‥‥‥‥‥‥‥‥‥‥‥‥‥‥‥‥‥‥‥‥‥‥2,500,000円

　　消費税額1,950,000円（25,000,000円×7.8％＝1,950,000円）

　　地方消費税額550,000円（25,000,000円×2.2％＝550,000円）

(5)　簡易課税制度の適用を受けなかったとした場合の納付すべき消費税額‥‥‥‥‥‥‥1,170,000円

　　3,120,000円－1,950,000円＝1,170,000円

(6)　簡易課税制度の適用を受ける場合の控除対象仕入税額（小売業）‥‥‥‥‥‥‥‥‥2,496,000円

　　3,120,000円×80％＝2,496,000円

－110－

(注) 本設例は、「小売業」の場合で示してあります。なお、みなし仕入率の割合は以下のとおりです。
詳しくは、122ページを参照してください。
・第一種事業（卸売業）「90％」
・第二種事業（小売業）「80％」
・第三種事業（製造業等）「70％」
・第四種事業（飲食店業等）「60％」
・第五種事業（サービス業等）「50％」
・第六種事業（不動産業）「40％」

(7) 納付すべき消費税額･･･624,000円
3,120,000円 − 2,496,000円 = 624,000円
(注) 本設例は、課税売上割合が95％以上であるものとします。

2 地方消費税の税額の計算
(1) 地方消費税の課税標準となる消費税額･･･････････････････････････624,000円
　　　　　　　　（みなし仕入控除税額）
3,120,000円 − 3,120,000円 × 80％ = 624,000円
(2) 譲渡割額･･176,000円
624,000円（上記(1)）× 22/78 = 176,000円
(3) 納付譲渡割額･･176,000円

3 納付すべき消費税及び地方消費税の合計税額･･･････････････････････800,000円
624,000円 + 176,000円 = 800,000円
(1) 税込経理方式のとき
（租 税 公 課）800,000円　（未 払 金）800,000円
(2) 税抜経理方式のとき
（仮受消費税等）4,000,000円　（仮払消費税等）2,500,000円
　　　　　　　　　　　　　　　（未 払 金）800,000円
　　　　　　　　　　　　　　　（雑 収 入）700,000円

(注) 差額700,000円を、事業所得等の金額の計算上、雑収入として、総収入金額に算入します。

＜2以上の所得を生ずべき業務を行う場合で、いずれの業務についても納付すべき消費税額等があるときの計算例と経理処理＞
〔設 例〕
簡易課税制度を選択しなかった場合の具体的な計算方法は、135ページ参照。
事業所得（簡易課税制度の適用がないとした場合）

1 消費税の税額の計算
(1) 課税売上高（税抜き）･････････････････････････････････････32,000,000円
(2) 課税売上げに係る消費税額等
　　（地方消費税分704,000円を含む。）･･･････････････････････････3,200,000円
消費税額2,496,000円（32,000,000円 × 7.8％ = 2,496,000円）
地方消費税額704,000円（32,000,000円 × 2.2％ = 704,000円）
(3) 課税仕入高（税抜き）･････････････････････････････････････24,000,000円
(4) 課税仕入れに係る消費税額等
　　（地方消費税分528,000円を含む。）･･･････････････････････････2,400,000円
消費税額1,872,000円（24,000,000円 × 7.8％ = 1,872,000円）
地方消費税額528,000円（24,000,000円 × 2.2％ = 528,000円）
(5) 事業所得に係る納付すべき消費税額････････････････････････････624,000円
2,496,000円 − 1,872,000円 = 624,000円

消費税等の経理処理（消費税等と所得税の経理処理）

2　地方消費税の税額の計算

(1)　地方消費税の課税標準となる消費税額 ……………………………………………… 624,000円

　　　2,496,000円－1,872,000円＝624,000円

(2)　譲渡割額 ………………………………………………………………………………… 176,000円

　　　624,000円×22/78＝176,000円

(3)　事業所得に係る納付すべき地方消費税額 …………………………………………… 176,000円

3　事業所得に係る納付すべき消費税額等 ………………………………………………… 800,000円

　　624,000円＋176,000円＝800,000円

不動産所得（簡易課税制度の適用がないとした場合）

1　消費税の税額の計算

(1)　課税売上高（税抜き） …………………………………………………………………… 16,000,000円

(2)　課税売上げに係る消費税額等
　　（地方消費税分352,000円を含む。） ………………………………………………………… 1,600,000円

　　　消費税額1,248,000円（16,000,000円×7.8％＝1,248,000円）

　　　地方消費税額352,000円（16,000,000円×2.2％＝352,000円）

(3)　課税仕入高（税抜き） …………………………………………………………………… 12,000,000円

(4)　課税仕入れに係る消費税額等
　　（地方消費税分264,000円を含む。） ………………………………………………………… 1,200,000円

　　　消費税額936,000円（12,000,000円×7.8％＝936,000円）

　　　地方消費税額264,000円（12,000,000円×2.2％＝264,000円）

(5)　不動産所得に係る納付すべき消費税額 ……………………………………………… 312,000円

　　　1,248,000円－936,000円＝312,000円

2　地方消費税の税額の計算

(1)　地方消費税の課税標準となる消費税額 ……………………………………………… 312,000円

　　　1,248,000円－936,000円＝312,000円

(2)　譲渡割額 ………………………………………………………………………………… 88,000円

　　　312,000円×22/78＝88,000円

(3)　不動産所得に係る納付すべき地方消費税額 ………………………………………… 88,000円

3　不動産所得に係る納付すべき消費税額等 …………………………………………… 400,000円

　　312,000円＋88,000円＝400,000円

経理処理

1　税込経理方式の場合

簡易課税制度の適用がないものとした場合の経理処理は，次のとおりです。

(1)　事業所得に係る経理処理

　　　　（租　税　公　課）　800,000円　　　（未　払　金）　800,000円

(2)　不動産所得に係る経理処理

　　　　（租　税　公　課）　400,000円　　　（未　払　金）　400,000円

2　税抜経理方式の場合

簡易課税制度の適用がないものとした場合の経理処理は，次のとおりです。

(1)　事業所得に係る経理処理

　　　　（仮受消費税等）　3,200,000円　　　（仮払消費税等）　2,400,000円

　　　　　　　　　　　　　　　　　　　　　（未　払　金）　　800,000円

消費税等の経理処理（消費税等と所得税の経理処理）

(2) 不動産所得に係る経理処理

  （仮受消費税等）1,600,000円 （仮払消費税等）1,200,000円

               （未 払 金） 400,000円

3　いずれか一方が税抜経理方式の場合

 簡易課税制度の適用がないものとした場合の経理処理は，次のとおりです。

(1) 事業所得に係る経理処理（税抜経理方式）

  （仮受消費税等）3,200,000円 （仮払消費税等）2,400,000円

               （未 払 金） 800,000円

(2) 不動産所得に係る経理処理（税込経理方式）

  （租 税 公 課） 400,000円 （未 払 金） 400,000円

消費税等の必要経費算入の時期　税込経理方式を適用している個人事業者が納付すべき消費税等は，所得税の課税所得金額の計算に当たり，租税公課として必要経費の額に算入されます。

 この場合の納付すべき消費税等の必要経費算入の時期については，消費税等の納税申告書が提出された日の属する年の事業所得等の金額の計算上，必要経費に算入し，更正又は決定に係る税額については，その更正又は決定があった日の属する年の事業所得等の金額の計算上，必要経費に算入することとなります。

 ただし，その個人事業者が申告期限未到来のその納税申告書に記載すべき消費税等の額を未払金に計上したときは，その未払金に計上した年の事業所得等の金額の計算上，必要経費に算入することができます（同通達「7」）。

(注)　令和5年10月1日以後に国内において個人事業者が行う資産の譲渡等，国内において個人事業者が行う課税仕入れ及び保税地域から引き取られる課税貨物に係る消費税に関する規定について，上記「適用している」は「適用することとなる」に，「納付すべき消費税等」は「納付すべき消費税等の額」になります。

消費税等の総収入金額算入の時期　税込経理方式を適用している個人事業者が還付を受ける消費税等は，所得税の課税所得金額の計算に当たり，雑収入として総収入金額に算入されます。

 この場合の還付を受ける消費税等を総収入金額に算入する時期は，前記消費税等の必要経費算入の時期と同様です（同通達「8」）。

(注)　令和5年10月1日以後に国内において個人事業者が行う資産の譲渡等，国内において個人事業者が行う課税仕入れ及び保税地域から引き取られる課税貨物に係る消費税に関する規定について，上記「適用している」は「適用することとなる」に，「納付すべき消費税等」は「納付すべき消費税等の額」になります。

譲渡所得の基因となる資産の譲渡がある場合の処理　譲渡所得の基因となる資産の譲渡で消費税が課されるものがある場合には，その資産の譲渡をその資産をその用に供していた事業所得等を生ずべき業務に係る取引に含めて取り扱うものとされます（同通達「12」）。

1　税込経理方式による場合

 譲渡所得の金額は税込価額により算出し，消費税等の必要経費算入又は総収入金額算入等の調整は，事業所得等の金額の計算において行います。

—113—

消費税等の経理処理（消費税等と所得税の経理処理）

2 税抜経理方式による場合

　　譲渡所得の金額は税抜価額により算出し，仮払消費税等と仮受消費税等の清算等の調整は，事業所得等の金額の計算において行います。

＜事業用固定資産の譲渡に係る消費税額等がある場合の計算例と経理処理＞

〔設　例〕

① 課税売上高（税抜き）……………………………………………………………… 48,000,000円

② 課税売上げに係る消費税額等（地方消費税分1,056,000円を含む。）内訳は，⑤の課税売上げの内訳を参照。……………………………………………… 4,800,000円

③ 課税仕入高（税抜き）……………………………………………………………… 32,000,000円

④ 課税仕入れに係る消費税額等（地方消費税分704,000円を含む。）……………… 3,200,000円

　　消費税額2,496,000円（32,000,000円×7.8％＝2,496,000円）

　　地方消費税額704,000円（32,000,000円×2.2％＝704,000円）

⑤ 課税売上げの内訳

　ⓐ 棚卸資産の売上高（税抜き）……………………………………………………… 44,000,000円

　ⓑ 棚卸資産の売上げに係る消費税額等（地方消費税分968,000円を含む。）……… 4,400,000円

　　消費税額3,432,000円（44,000,000円×7.8％＝3,432,000円）

　　地方消費税額968,000円（44,000,000円×2.2％＝968,000円）

　ⓒ 固定資産の売却価額（税抜き）…………………………………………………… 4,000,000円

　ⓓ 固定資産の売却に係る消費税額等（地方消費税分88,000円を含む。）………… 400,000円

　　消費税額4,000,000円×7.8％＝312,000円

　　地方消費税額4,000,000円×2.2％＝88,000円

1 税込経理方式の場合

(1) 納付すべき消費税額……………………………………………………………… 1,248,000円

　　3,432,000円（⑤のⓑ）＋312,000円（⑤のⓓ）－2,496,000円（④）＝1,248,000円

(2) 納付すべき地方消費税額………………………………………………………… 352,000円

　　1,248,000円（上記(1)）×22/78＝352,000円

(3) 納付すべき消費税額及び地方消費税額の合計税額…………………………… 1,600,000円

　　1,248,000円＋352,000円＝1,600,000円

(4) 事業所得に係る経理処理

　　固定資産の売却に係る消費税額等400,000円を含めて計算した納付すべき消費税額等1,600,000円を，事業所得の金額の計算上，租税公課として，必要経費に算入します。したがって，事業所得に係る仕訳は，次のとおりとなります。

　　　　　（租税公課）1,600,000円　　　　（未払金）1,600,000円

(5) 譲渡所得の金額の計算

　　税込みの固定資産の売却価額4,400,000円を，譲渡所得の金額の計算上，総収入金額に算入することになります。

2 税抜経理方式の場合

(1) 事業所得に係る経理処理

　　固定資産の売却に係る仮受消費税等を含めて仮受消費税等と仮払消費税等の清算を行います。したがって，事業所得に係る仕訳は，次のとおりとなります。

－114－

消費税等の経理処理（消費税等と所得税の経理処理）

　　　　（仮受消費税等）4,800,000円　　　（仮払消費税等）3,200,000円
　　　　　　　　　　　　　　　　　　　　　（未　　払　　金）1,600,000円

(2)　譲渡所得の金額の計算

　　税抜きの固定資産の売却価額4,000,000円を,譲渡所得の金額の計算上,総収入金額に算入することになります。

控除対象外消費税額等の経理処理　所得計算の通則（36ページ）を参照してください（令182の2,同通達「10」）。

＜適格請求書発行事業者以外の者（免税事業者等）から行った課税仕入れに係る経理処理＞

　令和5年10月1日の適格請求書等保存方式（インボイス制度）の導入以後,税抜経理方式を採用している場合において,適格請求書発行事業者以外の者から課税仕入れを行ったときは,原則として適格請求書等（インボイス）の保存を行うことができないため,当該課税仕入れについて,仕入税額控除の適用を受ける課税仕入れに係る消費税額はないこととなります。

　この点,所得税法上,仕入税額控除の適用を受ける課税仕入れ等の税額が仮払消費税等とされていることから,こうした課税仕入れについて,仮払消費税額等を認識せず,総額が取引の対価の額に該当するものとして取り扱うこととされています（後述の少額特例の対象となるものを除きます（126ページ参照）。）。

　なお,インボイス制度導入後6年間は,適格請求書発行事業者以外の者からの課税仕入れについて,次のとおり仕入税額相当額の一定割合を課税仕入れに係る消費税額とみなす経過措置が設けられています。

(1)　令和5年10月1日から令和8年9月30日までの間に行われた課税仕入れ…仕入税額相当額の80%

(2)　令和8年10月1日から令和11年9月30日までの間に行われた課税仕入れ…仕入税額相当額の50%

　そのため,上記の経過措置の適用を受ける部分については,仕入税額控除の適用を受ける課税仕入れに係る消費税額に該当することとなります。すなわち,仕入税額相当額の80%又は50%を仮払消費税等とすることとなります。この80%の経過措置の適用を受ける場合の税抜経理方式による具体的な経理方法は,次の事例のとおりです。

(参考)　税込経理方式による場合には,インボイス制度導入による経理処理への影響はなく,これまでと同様,原則として,納税申告書に記載された税額について,その提出日の属する年の事業所得等の計算上,必要経費又は総収入金額に算入することとなります。

事例1　従業員への慰安のため,免税事業者が営む国内の店舗で飲食を行い,その対価として11万円を支払った場合

　支払対価の額のうち,8千円（1万円×80%）を仮払消費税等の額として取引の対価から区分し,102,000円が福利厚生費となります。

（借方）福利厚生費　　　102,000円　　　（貸方）現　　　　金　　110,000円
　　　　仮払消費税等　　　8,000円

なお,支出時に仮払消費税等を1万円とし,決算時に調整することとしても差し支えありません。

〔支出時〕

（借方）福利厚生費　　　100,000円　　　（貸方）現　　　　金　　110,000円
　　　　仮払消費税等　　 10,000円

〔決算時〕

（借方）福利厚生費　　　　2,000円　　　（貸方）仮払消費税等　　　2,000円

事例2　免税事業者から国内にある商品（家具）を20個仕入れ,その対価として220万円（11万円×20個）を支払い,10個が期末在庫となった場合

消費税等の経理処理（消費税等と所得税の経理処理）

　支払対価の額のうち，16万円（20万円×80％）を仮払消費税等の額として取引の対価から区分し，204万円が商品の取得価額となります。

〔取得時〕

（借方）　仕　　　　　入　　204万円　　　　（貸方）　現　　　　　金　　220万円
　　　　　仮払消費税等　　　16万円

〔決算時〕

（借方）　商　　　　　品　　102万円　　　　（貸方）　仕　　　　　入　　102万円

　なお，取得時に仮払消費税等を20万円とし，決算時に調整することとしても差し支えありません。

〔取得時〕

（借方）　仕　　　　　入　　200万円　　　　（貸方）　現　　　　　金　　220万円
　　　　　仮払消費税等　　　20万円

〔決算時〕

（借方）　商　　　　　品　　100万円　　　　（貸方）　仕　　　　　入　　100万円
　　　　　商　　　　　品　　　2万円　　　　　　　　　仮払消費税等　　　4万円
　　　　　仕　　　　　入　　　2万円

事例3　免税事業者から国内にある店舗用の建物を取得し，その対価として1,100万円支払った場合

　支払対価の額のうち，80万円（100万円×80％）を仮払消費税等の額として取引の対価から区分し，1,020万円が建物の取得価額となります。

（借方）　建　　　　　物　1,020万円　　　　（貸方）　現　　　　　金　1,100万円
　　　　　仮払消費税等　　　80万円

　なお，取得時に仮払消費税等を100万円とし，決算時に調整することとしても差し支えありません。

〔取得時〕

（借方）　建　　　　　物　1,000万円　　　　（貸方）　現　　　　　金　1,100万円
　　　　　仮払消費税等　　100万円

〔決算時〕

（借方）　建　　　　　物　　20万円　　　　（貸方）　仮払消費税等　　　20万円

— 116 —

所得税における取得価額等の取扱い

　個人事業者が行う取引等について消費税等が課されている場合には，所得税における取得価額等は，次のように取り扱われます。

　事業者が選択した方式により判定すべき項目　以下の項目は，個人事業者が適用している消費税等の経理処理（税抜経理方式か税込経理方式）によって，判定されることになります（同通達「9」，「13」）。

(1)　少額減価償却資産（10万円未満（一定の要件を満たす者は30万円未満）），一括償却資産（10万円以上20万円未満），少額繰延資産（20万円未満）の判定の場合の取得価額又は支出する金額（令138，139，139の2，措法28の2）

(2)　事業所得等に係る総収入金額報告書の提出義務（法233）

(3)　家内労働者等の所得計算の特例の適用（措法27）

(4)　棚卸資産等の自家消費及び贈与等の場合の総収入金額算入（法39，40）

(5)　山林所得の概算経費控除（措法30）

　　（注）　課税事業者以外の場合には，経理方式に関係なく，実際の収入金額及び消費税等の金額込みの伐採費・譲渡に要した費用によります。

(6)　山林所得に係る森林計画特別控除（措法30の2）

　　（注）　課税事業者以外の場合には，経理方式に関係なく，実際の収入金額及び消費税等の金額込みの伐採費・譲渡に要した費用によります。

(7)　長期譲渡所得の概算取得費控除（措法31の4）

　　（注）　課税事業者以外の場合には，経理方式に関係なく，実際の収入金額によります。

(8)　措置法に規定する特別償却，準備金等の対象となる資産の取得価額の金額基準

　消費税等の額が含まれている場合に消費税等の金額込みで判定等をすべき項目

(1)　医療費控除の対象となる医療費の金額等（法73）

(2)　雑損控除の対象となる損失の金額（災害関連支出を含む。）（法72，令206）

(3)　金銭以外の資産を寄附した場合の寄附金控除の対象となる寄附金の支出額（法78）

(4)　住宅借入金等特別控除を適用する場合の家屋の取得対価，増改築等の工事費用（措法41）

(5)　固定資産の交換の場合の譲渡所得の特例の適用を判定する場合の資産の価額（法58）

(6)　贈与等の場合の譲渡所得等の特例の適用を判定する場合の資産の対価の額（法59）

所得税の源泉徴収の取扱い　所得税の源泉徴収の対象とされる課税標準等について消費税等が課されている場合には，源泉徴収や非課税限度額の判定は，次のように取り扱われます(平元.1.30直法6―1(最終改正平26.3.5課法9―1))。

(1) 給与等が物品又は用役などにより支払われる場合の源泉徴収の対象となる給与等の金額(法183)……消費税等の額を含めた金額によります。

(2) 創業記念品等(基通36―22)，食事の支給(基通36―38の2)，深夜勤務者の食事代(昭59.7.26直法6―5)についての経済的利益の非課税限度額の判定……消費税等の額を除いた金額によります。

(3) 報酬・料金等に対する源泉徴収(法204，212)

　イ　原則……消費税等の額を含めた金額によります。

　ロ　「報酬料金等の額」と「消費税等の額」が明確に区分されている場合……消費税等の額を除いた金額によることとしても差し支えありません。

　(注)1　消費税等とは，消費税及び地方消費税をいいます。

　　　2　上記(2)の判定に当たって，消費税等の額を除いた金額に10円未満の端数が生じた場合には，これを切り捨てます。

法定調書の提出範囲の金額基準及び記載方法

(1) 提出範囲の金額基準

　原則として消費税等の額を含めた金額によります。ただし，消費税等の額が明確に区分されている場合には，その額を含めないで判断してもよいこととされています。

(2) 支払金額

　原則として，消費税等の額を含めた金額により記載することとされています。ただし，消費税等の額が明確に区分されている場合には，消費税等の額を含めないで記載してもかまわないことになっていますが，その場合には「摘要」欄に消費税等の額を記載することとされています(平元.3.2直料2―2)。

消費税等の経理処理（消費税の税額計算のしくみ）

参　考 ‖‖‖‖‖‖‖‖‖消費税の税額計算のしくみ‖‖‖‖‖‖‖‖‖

消費税と所得税の税額計算の相違　個人事業者に，事業所得，不動産所得，山林所得などの所得（「事業所得等」という。）のうち，２以上の所得がある場合には，所得税法上はそれぞれの所得の種類ごとに所得金額を計算し，所得税の納付税額を計算しますが，消費税法上は，所得の種類に関係なく，その者が行う業務の全体を基として課税売上げや課税仕入れの金額を計算し，消費税の納付税額を計算します。

消費税の納付税額は，一般的には，次の算式により計算します。

$$
\begin{array}{l}
消費税の \\
納付税額
\end{array}
=
\begin{array}{l}
課税期間中の課税標準 \\
額に対する消費税額
\end{array}
-
\begin{array}{l}
課税期間中の課税仕入 \\
れ等に係る消費税額
\end{array}
$$

なお，課税標準額に対する消費税額よりも課税仕入れ等に係る消費税額の方が多い場合には，消費税の還付額が生じます。

税率　消費税の税率は，取引の内容に応じてそれぞれ次のとおり適用されます（消法29，平28改正法附34）。

	軽減税率	標準税率
消費税率	6.24%	7.8%
地方消費税率	1.76% （消費税額の22/78）	2.2% （消費税額の22/78）
合計	8.0%	10.0%

軽減税率の適用対象　軽減税率が適用される取引は，次のとおりです。

① 飲食料品の譲渡（食品表示法に規定する食品（酒税法に規定する酒類を除く）の譲渡をいい，外食等を除く）

② 定期購読契約が締結された週２回以上発行される新聞の譲渡

消費税等の経理処理（消費税の税額計算のしくみ）

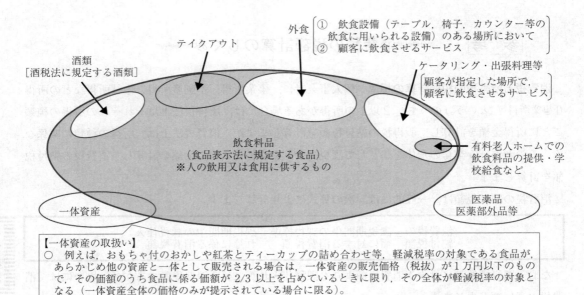

課税売上げ 消費税の「課税売上げ」とは，「国内において，事業者が事業として対価を得て行う資産の譲渡，資産の貸付け及び役務の提供」をいいますから，商品・製品の販売代金や請負工事代金，サービス料などのほか建物（住宅を除く。）の賃貸収入や機械・建物等の業務用資産の売却代金なども含まれます（消法2①八）。ただし，土地（借地権等を含む。）の売却代金・賃貸収入や商品券等の物品切手の販売代金，医師の社会保険診療収入，受取利息などは，非課税とされています。

なお，保険金，消費税還付金などは，資産の譲渡，資産の貸付け及び役務の提供の対価として受け取るものではないため，課税の対象となりません。

課税仕入れ 消費税の「課税仕入れ」とは，「事業者が，事業として他の者から資産を譲り受け，若しくは借り受け，又は役務の提供を受けること」をいいますから，棚卸資産の購入だけでなく，事業の用に供される建物や機械，消耗品の購入，修繕費の支出など事業の遂行のため必要な全ての取引が課税仕入れに含まれます（消法2①十二）。ただし，利子割引料，保険料などの支払は，課税仕入れにはなりません。

なお，給料・賃金，専従者給与の支払なども，課税仕入れにはなりません。

消費税の免税事業者や消費者から棚卸資産等を購入したり，サービスの提供を受けた場合でも課税仕入れとなります。なお，仕入税額控除を行うためには，原則として，後述の適格請求書を保存する必要があります。

また，減価償却資産を購入した場合は，所得税では，その年分の減価償却費だけが必要経費となりますが，消費税では，減価償却資産を購入した段階でその購入代金の全額が課税仕入れとなります。

仕入税額控除の要件

仕入税額控除の適用を受けるためには，次の期間の区分に応じ，一定の帳簿及び請求書等の保存が必要となります（消法30⑦～⑨，平28改正法附34②）。

消費税等の経理処理（消費税の税額計算のしくみ）

期　　間	帳簿への記載事項	請求書等への記載事項
令和元年9月30日まで【請求書等保存方式】	① 課税仕入れの相手方の氏名又は名称 ② 取引年月日 ③ 取引の内容 ④ 対価の額	① 請求書発行者の氏名又は名称 ② 取引年月日 ③ 取引の内容 ④ 対価の額 ⑤ 請求書受領者の氏名又は名称
令和元年10月1日から令和5年9月30日まで【区分記載請求書等保存方式】	（上記に加え） ⑤ 軽減税率対象品目である旨	（上記に加え） ⑥ 軽減税率対象品目である旨 ⑦ 税率の異なるごとに合計した税込金額 （注）　仕入先から交付された請求書等に，「⑥軽減税率対象品目である旨」や「⑦税率の異なるごとに合計した税込金額」の記載がない時は，これらの項目に限って，交付を受けた事業者自らが，その取引の事実に基づき追記することができます。
令和5年10月1日から【適格請求書等保存方式（詳細は123ページを参照してください。）】	同上	① 請求書発行者の氏名又は名称及び登録番号 ② 取引年月日 ③ 取引の内容（軽減税率対象品目である場合には，その旨） ④ 税抜価額又は税込価額を税率毎に区分して合計した金額 ⑤ 適用税率 ⑥ 消費税額 ⑦ 請求書受領者の氏名又は名称

仕入控除税額の計算方法

1　課税売上割合が95％以上の場合

　課税期間中の課税売上割合が95％以上である事業者（課税売上高が5億円を超える場合を除く。）については，課税仕入れ等に係る消費税額の全額が仕入税額控除の対象になります（消法30①②）。

　課税売上割合は，次の算式で計算し，課税売上割合の端数計算は，原則として行いませんが，端数を切り捨てることとしている場合には，差し支えありません（消法30⑥，消令48①，消基通11―5―6）。

$$課税売上割合 = \frac{その課税期間中に国内において行った課税資産の譲渡等の対価の額の合計額 \left(売上げに係る対価の返還等の金額を控除した金額\right)（税抜き）}{その課税期間中に国内において行った資産の譲渡等の対価の額の合計額 \left(売上げに係る対価の返還等の金額を控除した金額\right)（税抜き）}$$

2　課税売上高が5億円超又は課税売上割合が95％未満の場合

　課税売上高が5億円を超えるとき又は課税売上割合が95％未満の場合には，課税仕入れ等に係る

消費税等の経理処理（消費税の税額計算のしくみ）

消費税額の全額を控除することができず，次の個別対応方式か一括比例配分方式のいずれかの方式で仕入控除税額を計算することになります（消法30②）。

（1）　個別対応方式

　個別対応方式により仕入控除税額を計算する場合は，課税期間中の課税仕入れ等の税額を，

　イ　課税資産の譲渡等にのみ要するもの

　ロ　課税資産の譲渡等とその他の資産の譲渡等（課税資産の譲渡等以外の資産の譲渡等）に共通して要するもの

　ハ　その他の資産の譲渡等にのみ要するもの

に区分し，次の算式によって，仕入控除税額を計算します（消法30②一）。

仕入控除税額＝イに係る税額＋（ロに係る税額×課税売上割合）

（2）　一括比例配分方式

　一括比例配分方式による場合には，次の算式によって計算した金額が仕入控除税額となります（消法30②二）。

　なお，一括比例配分方式を選択した場合には，2年間は継続して適用しなければならないこととされています（消法30⑤）。

仕入控除税額＝課税期間中の課税仕入れ等の税額×課税売上割合

　簡易課税制度による仕入控除税額の計算　消費税の納付税額は，課税標準額に対する消費税額から課税仕入れ等に係る消費税額を控除して計算しますが，基準期間における課税売上高が5千万円以下の課税事業者が，「消費税簡易課税制度選択届出書」を所轄税務署長に提出した場合には，原則として，その提出した日の属する課税期間の翌課税期間以後については，実際の課税仕入れ等に係る消費税額を帳簿等により計算することなく，課税標準額に対する消費税額から仕入控除税額を計算することができます。

　なお，この簡易課税制度を選択した場合には，原則として，2年間は継続適用しなければならないこととされています。

　具体的には，その課税期間の課税標準額に対する消費税額から，その課税期間中の売上対価の返還等に係る消費税額を控除した残額にみなし仕入率を乗じた金額を仕入控除税額として控除することになります（消法37，消令57①）。

$$仕入控除税額＝\left\{\begin{array}{l}課税標準額に対する\\消費税額\end{array}-\begin{array}{l}売上げに係る対価の返還等\\の金額に係る消費税額\end{array}\right\}×みなし仕入率$$

事業区分	みなし仕入率	該　当　す　る　事　業
第一種事業	90%	卸売業〔他の者から購入した商品をその性質及び形状を変更しないで他の事業者に対して販売する事業（商品の購入は，事業者からの購入に限らない。）〕
第二種事業	80%	小売業〔他の者から購入した商品をその性質及び形状を変更しないで販売する事業で第一種事業以外のもの（製造小売業を除く。）〕，農林水産業（飲食料品の譲渡を行う部分に限る。）

消費税等の経理処理（消費税の税額計算のしくみ）

第三種事業	70%	農林水産業（第二種事業に該当するものを除く。），鉱業，建設業，製造業（製造小売業を含む。），電気業，ガス業，熱供給業及び水道業〔第一種事業又は第二種事業に該当するもの及び加工賃その他これに類する料金を対価とする役務の提供を行う事業を除く。また，第三種事業の判定はおおむね日本標準産業分類（総務省）の大分類に掲げる分類を基礎として行う。〕
第四種事業	60%	他の事業区分に該当する事業以外の事業〔例えば，次の事業が該当し，また，第三種事業から除かれる加工賃その他これに類する料金を対価とする役務の提供を行う事業も第四種事業に該当する。〕 【例】飲食店業等
第五種事業	50%	運輸通信業，金融業，保険業，サービス業（飲食店業に該当するものを除く。）〔第一種事業，第二種事業，第三種事業又は上記事業に該当するものを除きます。また，第五種事業の判定はおおむね日本標準産業分類（総務省）の大分類に掲げる分類を基礎として行う。この場合において，運輸通信業，金融業，保険業，サービス業とは，日本標準産業分類の大分類に掲げる情報通信業，金融業，保険業，運輸業，郵便業，物品賃貸業，学術研究，専門・技術サービス業，宿泊業，生活関連サービス業，娯楽業，教育，学習支援業，医療，福祉，複合サービス事業及びサービス業をいう。〕
第六種事業	40%	不動産業（第一種事業，第二種事業，第三種事業，第四種事業又は上記事業に該当するものを除く。また，不動産業についてもおおむね日本標準産業分類の大分類の区分が不動産業に該当するものをいう。）

（注）　第一種事業から第六種事業に掲げる事業のうち２種類以上の事業を営む事業者で，そのうち１種類又は特定の２種類の事業の課税売上高が全体の課税売上高の75％以上を占める事業者については，その１種類の事業に係るみなし仕入率を他の事業に対しても適用することができることとする等の特例措置が講じられています（消令57③）。

　確定申告書等の添付書類　仮決算による中間申告書，確定申告書及び還付請求申告書には，課税期間中の資産の譲渡等の対価の額及び課税仕入れ等の税額の明細その他の事項を記載した書類を添付しなければならないこととされています（消法43③，45⑤，46③）。

　添付書類の具体的な記載内容は，以下のとおりです（消規21②③，22②③④）。

　イ　一般申告の場合の添付書類

　（イ）　資産の譲渡等の対価の額の合計額の計算に関する明細

　（ロ）　課税仕入れ等の税額の合計額の計算に関する明細

　（ハ）　仕入れに係る消費税額の計算に関する明細

　（ニ）　その他参考となるべき事項

　（注）　控除不足還付税額のある申告書を提出する場合は，「消費税の還付申告に関する明細書」を添付しなければならないこととされています（消規22③）。

　ロ　簡易課税制度を適用する場合の添付書類

　（イ）　税率の異なるごとに区分した課税標準額に対する消費税額の計算に関する明細

　（ロ）　仕入れに係る消費税額の計算に関する明細

　（ハ）　その他参考となるべき事項

適格請求書等保存方式の概要

　令和５年10月１日から，複数税率に対応した仕入税額控除の方式として，「適格請求書等保存方式」（インボイス制度）が開始されています。

消費税等の経理処理（消費税の税額計算のしくみ）

適格請求書発行事業者の登録制度

　適格請求書等保存方式においては，買手は，仕入税額控除の要件として，原則，適格請求書発行事業者（インボイス発行事業者）から交付を受けた適格請求書（インボイス）等の保存が必要になります。

　適格請求書を交付できるのは，登録を受けた適格請求書発行事業者に限られますが，適格請求書発行事業者の登録を受けるかどうかは事業者の任意です。

　適格請求書を交付しようとする事業者は，納税地を所轄する税務署長から適格請求書発行事業者として登録を受ける必要があり（登録を受けることができるのは，課税事業者に限られます。），税務署長は，氏名又は名称及び登録番号等を適格請求書発行事業者登録簿に登載し，登録を行います（登録申請書の記載方法は，129ページ以降参照）。

　適格請求書発行事業者の登録を受けた場合，基準期間の課税売上高が1,000万円以下となっても，登録の効力が失われない限り，消費税の申告が必要となります。

　適格請求書発行事業者は，取引の相手方（課税事業者に限ります。）から適格請求書の交付を求められたときは，適格請求書を交付しなければなりません。

（参考）適格請求書発行事業者となる小規模事業者に対する負担軽減措置（2割特例）

　令和5年10月1日から令和8年9月30日までの日の属する課税期間については，免税事業者から適格請求書発行事業者として課税事業者になった者（原則，基準期間における課税売上高が1千万円以下の事業者）について，仕入税額控除の金額を，特別控除税額（課税標準である金額の合計額に対する消費税額から売上げに係る対価の返還等の金額に係る消費税額の合計額を控除した残額の100分の80に相当する金額）とすることができます。この特例を適用した場合，売上税額の2割を納付することとなります。

　この2割特例は，一般申告，簡易課税制度のどちらを選択していても，適用可能とされています。また，適用にあたっての事前の届出は不要であり，申告時に選択適用することが可能です（2割特例を適用した場合の申告書の記載方法は，165ページ以降参照）。

（参考）適格請求書発行事業者の登録に係る経過措置（免税事業者の登録申請手続）

　免税事業者が登録を受けるためには，原則として，消費税課税事業者選択届出書を提出し，課税事業者となる必要がありますが，令和5年10月1日から令和11年9月30日までの日の属する課税期間中に登録を受ける場合には，消費税課税事業者選択届出書を提出しなくても，登録申請書を提出すれば登録を受けることができ，免税事業者が当該課税期間中に登録を受けることとなった場合には，登録申請書に記載した登録希望日（注）から課税事業者となる経過措置が設けられています。
（注）　登録申請書の提出日から15日以降の登録を受ける日として事業者が希望する日

適格請求書発行事業者の公表事項

　適格請求書発行事業者の情報（登録日など適格請求書発行事業者登録簿に登載された事項）は，「国税庁適格請求書発行事業者公表サイト」で公表され，交付を受けた請求書等に記載された登録番号を基にして検索する方法により，適格請求書発行事業者の氏名・名称や登録年月日などの公表情報

を確認することができます。具体的な公表情報については，次のとおりです。

《法定の公表事項》

① 適格請求書発行事業者の氏名（※）又は名称

② 法人（人格のない社団等を除きます。）については，本店又は主たる事務所の所在地

③ 特定国外事業者以外の国外事業者については，国内において行う資産の譲渡等に係る事務所，事業所その他これらに準ずるものの所在地

④ 登録番号

⑤ 登録年月日

⑥ 登録取消年月日，登録失効年月日

（※） 個人事業者の氏名について，「住民票に併記されている外国人の通称」若しくは「住民票に併記されている旧氏（旧姓）」を氏名として公表することを希望する場合又はこれらを氏名と併記して公表することを希望する場合は，登録申請書と併せて，必要事項を記載した「適格請求書発行事業者の公表事項の公表（変更）申出書」をご提出ください。

《本人の申出に基づき追加で公表される事項》

次の①，②の事項について公表することを希望する場合には，必要事項を記載した「適格請求書発行事業者の公表事項の公表（変更）申出書」をご提出ください。

① 個人事業者の「主たる屋号」，「主たる事務所の所在地等」

② 人格のない社団等の「本店又は主たる事務所の所在地」

適格請求書の交付義務（売手の留意点）

適格請求書発行事業者には，国内において課税資産の譲渡等を行った場合に，相手方（課税事業者に限ります。）から適格請求書の交付を求められたときは，原則として，適格請求書（適格簡易請求書を含みます。）を交付する義務が課されます。

適格請求書発行事業者には，課税事業者に返品や値引き等の売上げに係る対価の返還等を行う場合，買手である課税事業者に対して適格返還請求書を交付する義務が課されています（税込1万円未満の対価の返還等については，交付義務が免除されています。）。

また，交付したこれらの適格請求書等の記載事項に誤りがあったときは，買手である課税事業者に対して修正した適格請求書等を交付する義務があります。

なお，これらの適格請求書等については，これらの記載事項に係る電磁的記録（電子インボイス）により提供することも可能です。

（参考）適格簡易請求書

小売業や飲食店業など，不特定かつ多数の者に課税資産の譲渡等を行う場合には，適格請求書に代えて，適格請求書の記載事項を簡易なものとした適格簡易請求書を交付することができます。具体的な記載事項は次のとおりです（下線部は，適格請求書の記載事項と異なる部分です。）。

消費税等の経理処理（消費税の税額計算のしくみ）

適格請求書の記載事項	適格簡易請求書の記載事項
① 請求書発行者の氏名又は名称及び登録番号 ② 取引年月日 ③ 取引の内容（軽減税率対象品目である場合には，その旨） ④ 税抜価額又は税込価額を税率毎に区分して合計した金額 ⑤ 適用税率 ⑥ 消費税額 ⑦ 請求書受領者の氏名又は名称	① 請求書発行者の氏名又は名称及び登録番号 ② 取引年月日 ③ 取引の内容（軽減税率対象品目である場合には，その旨） ④ 税抜価額又は税込価額を税率毎に区分して合計した金額 ⑤ 適用税率又は消費税額

仕入税額控除の要件（買手の留意点）

　適格請求書等保存方式においては，原則として，一定の事項を記載した帳簿及び適格請求書発行事業者が交付する適格請求書及び適格簡易請求書等の保存が仕入税額控除の要件となります。

　こうした適格請求書の保存に代えて，買手側が作成する適格請求書の記載事項が記載された仕入明細書，仕入計算書その他これに類する書類（課税仕入れの相手方において課税資産の譲渡等に該当するもので，相手方の確認を受けたものに限ります。）についても，仕入税額控除の要件となる請求書等に該当することとなります。

　なお，出張旅費など，請求書等の交付を受けることが困難な一定の取引については，一定の事項を記載した帳簿のみの保存で仕入税額控除が認められます。

（参考）免税事業者等からの仕入れに係る経過措置

　適格請求書等保存方式の下では，適格請求書発行事業者以外の者（消費者，免税事業者又は登録を受けていない課税事業者）からの課税仕入れについては，仕入税額控除のために保存が必要な請求書等の交付を受けることができないことから，仕入税額控除を行うことができません。

　ただし，適格請求書等保存方式開始から一定期間は，適格請求書発行事業者以外の者からの課税仕入れであっても，仕入税額相当額の一定割合を仕入税額とみなして控除できる経過措置が設けられています。具体的には，次のとおりです。

・適格請求書等保存方式開始から3年間（令和5年10月1日～令和8年9月30日）…仕入税額相当額の80%
・その後の3年間（令和8年10月1日～令和11年9月30日）…仕入税額相当額の50%

（参考）少額取引に係る仕入税額控除に関する経過措置（少額特例）

　基準期間における課税売上高が1億円以下又は特定期間における課税売上高が5千万円以下の事業者が，令和5年10月1日から令和11年9月30日までの間に国内において行う課税仕入れについて，その金額が税込1万円未満であるものについては，一定の事項を記載した帳簿のみを保存することで適格請求書の保存がなくても仕入税額控除が認められています。

消費税等の経理処理（消費税の軽減税率制度における中小事業者の税額計算の特例について）

参 考

消費税の軽減税率制度における
中小事業者の税額計算の特例について

中小事業者の税額計算の特例（経過措置）

　軽減税率制度の下では，原則として，日々の業務において，売上げ及び仕入れについて税率の異なるごとに区分経理を行い，税率の異なるごとに税額計算を行うことになりますが，区分経理に対応する準備が整わないなど，区分経理が困難な中小事業者（基準期間における課税売上高が5,000万円以下の事業者をいう。）に対し，令和元年10月から一定期間について，次のとおり税額計算の特例が設けられています（平28改正法附38〜40）。なお，仕入税額の計算の特例については，適用期限を経過したため，記載は省略します。

消費税等

売上税額の計算の特例

　課税売上げ（税込み）を税率の異なるごとに区分して合計することにつき困難な事情のある中小事業者は，経過措置として，課税売上げ（税込み）の合計額に一定の割合を掛けて軽減税率の対象となる課税売上げ（税込み）を計算する特例が認められています。この「一定の割合」については，中小事業者の態様に応じて次のとおりとなります。

① 軽減売上割合の特例（平28改正法附38①）

　イ 対象事業者

　　軽減対象資産の譲渡等を行う中小事業者が適用できます。

　ロ 適用対象期間

　　適用対象期間は，課税期間のうち，令和元年10月1日から令和5年9月30日までの期間です。

　ハ 軽減売上割合の特例による計算方法

　（イ）軽減売上割合を次のとおり算出します。

$$\boxed{軽減売上割合} = \frac{分母のうち，軽減税率の対象となる課税売上げの合計額（税込み）}{通常の事業を行う連続する10営業日における課税売上げの合計額（税込み）}$$

　（ロ）軽減売上割合を用いて，卸売業又は小売業に係る課税売上高を税率の異なるごとに算出します。

$$\boxed{\begin{array}{c}軽減税率の対象となる\\課税売上げ（税込み）\end{array}} = 課税売上げの合計額（税込み）× 軽減売上割合$$

$$\boxed{\begin{array}{c}標準税率の対象となる\\課税売上げ（税込み）\end{array}} = 課税売上げの合計額（税込み）- \begin{array}{c}軽減税率の対象となる\\課税売上げ（税込み）\end{array}$$

　（ハ）軽減売上割合を用いて，課税標準額及び消費税額を税率の異なるごとに算出します。

$$\boxed{\begin{array}{c}軽減税率の対象となる\\課税標準額\end{array}} = \begin{array}{c}軽減税率の対象となる課税売上げ\\（税込み）\end{array} × 100/108$$

— 127 —

消費税等の経理処理（消費税の軽減税率制度における中小事業者の税額計算の特例について）

$$\boxed{\begin{array}{c}\text{標準税率の対象となる}\\\text{課税標準額}\end{array}} = \frac{\text{標準税率の対象となる課税売上げ}}{\text{（税込み）}} \times 100/110$$

これらの課税標準額（1,000円未満切捨て）に軽減税率（6.24%）又は標準税率（7.8%）を掛けて，税率ごとに課税売上げに係る消費税額を算出します。

② 小売等軽減仕入割合の特例（平28改正法附38②）

イ 対象事業者

次の全ての要件を満たす中小事業者が適用できます。

・軽減対象資産の譲渡等を行う，卸売業又は小売業を営む事業者

・特例の適用を受けようとする課税期間中に簡易課税制度の適用を受けない事業者

・課税仕入れ等（税込み）について，税率の異なるごとに区分経理できる事業者

ロ 適用対象期間

適用対象期間は，課税期間のうち，令和元年10月1日から令和5年9月30日までの期間です。

ハ 小売等軽減仕入割合の特例による計算方法

(イ) 小売等軽減仕入割合を次のとおり算出します。

$$\boxed{\text{小売等軽減仕入割合}} = \frac{\begin{array}{c}\text{分母のうち，軽減税率の対象となる}\\\text{売上げにのみ要するものの金額（税込み）}\end{array}}{\begin{array}{c}\text{課税仕入れ等の合計額のうち，}\\\text{卸売業又は小売業にのみ要するものの金額の合計額（税込み）}\end{array}}$$

(ロ) 小売等軽減仕入割合を用いて，卸売業又は小売業に係る課税売上高を税率の異なるごとに算出します。

$$\boxed{\begin{array}{c}\text{軽減税率の対象となる}\\\text{課税売上げ（税込み）}\end{array}} = \begin{array}{c}\text{課税売上げの合計額（税込み）}\\\text{（卸売業又は小売業分）}\end{array} \times \text{小売等軽減仕入割合}$$

$$\boxed{\begin{array}{c}\text{標準税率の対象となる}\\\text{課税売上げ（税込み）}\end{array}} = \begin{array}{c}\text{課税売上げの合計額（税込み）}\\\text{（卸売業又は小売業分）}\end{array} - \begin{array}{c}\text{軽減税率の対象となる}\\\text{課税売上げ（税込み）}\end{array}$$

(ハ) 小売等軽減仕入割合を用いて，卸売業又は小売業に係る課税標準額及び消費う税額を税率の異なるごとに算出します。

$$\boxed{\begin{array}{c}\text{軽減税率の対象となる}\\\text{課税標準額}\end{array}} = \frac{\text{軽減税率の対象となる課税売上げ}}{\text{（税込み）}} \times 100/108$$

$$\boxed{\begin{array}{c}\text{標準税率の対象となる}\\\text{課税標準額}\end{array}} = \frac{\text{標準税率の対象となる課税売上げ}}{\text{（税込み）}} \times 100/110$$

これらの課税標準額（1,000円未満切捨て）に軽減税率（6.24%）又は標準税率（7.8%）を掛けて，税率ごとに課税売上げに係る消費税額を算出します。

③ 上記①及び②の割合の計算が困難な場合の特例

上記①及び②の割合の計算が困難な中小事業者であって，主として軽減対象資産の譲渡等を行う事業者は，これらの割合を50/100とすることができます。

(注) 「主として軽減対象資産の譲渡等を行う事業者」とは，適用対象期間中の課税売上げのうち，軽減税率の対象となる課税売上げの占める割合がおおむね50%以上である事業者をいいます。

消費税等の経理処理（適格請求書発行事業者の登録申請書）

〔例1〕「適格請求書発行事業者の登録申請書（国内事業者用）」の記載例①
（課税事業者である個人事業者が登録を受けようとする場合）

第1−(3)号様式

国内事業者用

適格請求書発行事業者の登録申請書

【1／2】

収受印

令和 6 年 2 月 15 日

申請者	（フリガナ） 住所又は居所 （法人の場合） 本店又は 主たる事務所 の所在地	チュウオウク ツキジ （〒104-0045） ◎（法人の場合のみ公表されます） 中央区築地5−3−1 （電話番号 03 − 3542 −○○××）
	（フリガナ） 納税地	（〒 − ） 同　　上 （電話番号 − − ）
	（フリガナ） 氏名又は名称	コクゼイ タロウ ◎ 国税太郎
	（フリガナ） （法人の場合） 代表者氏名	
京橋 税務署長殿	法人番号	

この申請書に記載した次の事項（ ◎ 印欄）は、適格請求書発行事業者登録簿に登載されるとともに、国税庁ホームページで公表されます。
1　申請者の氏名又は名称
2　法人（人格のない社団等を除く。）にあっては、本店又は主たる事務所の所在地
　なお、上記1及び2のほか、登録番号及び登録年月日が公表されます。
　また、常用漢字等を使用して公表しますので、申請書に記載した文字と公表される文字とが異なる場合があります。

　下記のとおり、適格請求書発行事業者としての登録を受けたいので、消費税法第57条の2第2項の規定により申請します。

事業者区分	この申請書を提出する時点において、該当する事業者の区分に応じ、□にレ印を付してください。 ※　次葉「登録要件の確認」欄を記載してください。また、免税事業者に該当する場合には、次葉「免税事業者の確認」欄も記載してください（詳しくは記載要領等をご確認ください。）。
	☑　課税事業者（新たに事業を開始した個人事業者又は新たに設立された法人等を除く。）
	□　免税事業者（新たに事業を開始した個人事業者又は新たに設立された法人等を除く。）
	□　新たに事業を開始した個人事業者又は新たに設立された法人等

		課税期間の初日
□　事業を開始した日の属する課税期間の初日から登録を受けようとする事業者 ※　課税期間の初日が令和5年9月30日以前の場合の登録年月日は、令和5年10月1日となります。		令和　　年　　月　　日
□　上記以外の課税事業者		
□　上記以外の免税事業者		

税理士署名	（電話番号 − − ）

※税務署処理欄	整理番号		部門番号		申請年月日	年　月　日	通信日付印 年　月　日	確認
	入力処理	年　月　日	番号確認		身元確認	□ 済 □ 未済	確認書類　個人番号カード／通知カード・運転免許証 その他（　　　　　）	
	登録番号 T							

注意　1　記載要領等に留意の上、記載してください。
　　　2　税務署処理欄は、記載しないでください。
　　　3　この申請書を提出するときは、「適格請求書発行事業者の登録申請書（次葉）」を併せて提出してください。

この申請書は、令和五年十月一日から令和十二年九月二十九日までの間に提出する場合に使用します。

消費税等

— 129 —

消費税等の経理処理（適格請求書発行事業者の登録申請書）

第1-(3)号様式次葉

国内事業者用

適格請求書発行事業者の登録申請書（次葉）

【2／2】

氏名又は名称　**国 税 太 郎**

この申請書は、令和五年十月一日から令和十二年九月二十九日までの間に提出する場合に使用します。

免税事業者の確認	該当する事業者の区分に応じ、□にレ印を付し記載してください。							
	□ 令和11年9月30日までの日の属する課税期間中に登録を受け、所得税法等の一部を改正する法律（平成28年法律第15号）附則第44条第4項の規定の適用を受けようとする事業者 ※ 登録開始日から納税義務の免除の規定の適用を受けないこととなります。							
	事業内容等	個 人 番 号				法人のみ記載	事業年度	自　　月　　日
								至　　月　　日
		生年月日（個人）又は設立年月日（法人）	1明治・2大正・3昭和・4平成・5令和 　　　年　　月　　日				資本金	円
		事 業 内 容					登録希望日 令和　年　月　日	
	□ 消費税課税事業者（選択）届出書を提出し、納税義務の免除の規定の適用を受けないこととなる翌課税期間の初日から登録を受けようとする事業者 ※ この場合、翌課税期間の初日から起算して15日前の日までにこの申請書を提出する必要があります。					翌課税期間の初日		
						令和　　年　　月　　日		
	□ 上記以外の免税事業者							
登録要件の確認	課税事業者です。 ※ この申請書を提出する時点において、免税事業者であっても、「免税事業者の確認」欄のいずれかの事業者に該当する場合は、「はい」を選択してください。					☑ はい　□ いいえ		
	納税管理人を定める必要のない事業者です。 （「いいえ」の場合は、次の質問にも答えてください。）					☑ はい　□ いいえ		
	納税管理人を定めなければならない場合（国税通則法第117条第1項） 【個人事業者】　国内に住所及び居所（事務所及び事業所を除く。）を有せず、又は有しないこととなる場合 【法人】　国内に本店又は主たる事務所を有しない法人で、国内にその事務所及び事業所を有せず、又は有しないこととなる場合							
	納税管理人の届出をしています。 「はい」の場合は、消費税納税管理人届出書の提出日を記載してください。 消費税納税管理人届出書　（提出日：令和　　年　　月　　日）					□ はい　□ いいえ		
	消費税法に違反して罰金以上の刑に処せられたことはありません。 （「いいえ」の場合は、次の質問にも答えてください。）					☑ はい　□ いいえ		
	その執行を終わり、又は執行を受けることがなくなった日から2年を経過しています。					□ はい　□ いいえ		
相続による事業承継の確認	相続により適格請求書発行事業者の事業を承継しました。 （「はい」の場合は、以下の事項を記載してください。）					□ はい　□ いいえ		
	適格請求書発行事業者の死亡届出書	提出年月日	令和　年　月　日			提出先税務署		税務署
	被相続人	死 亡 年 月 日	令和　　　年　　　月　　　日					
		（フリガナ）						
		納 税 地	（〒　　－　　）					
		（フリガナ）						
		氏 名						
		登 録 番 号 T						
参考事項								

— 130 —

消費税等の経理処理（適格請求書発行事業者の登録申請書）

〔例2〕「適格請求書発行事業者の登録申請書（国内事業者用）」の記載例②
（免税事業者である個人事業者が，令和6年2月1日（提出日である1月17日から15日以降の日）から登録を希望する場合）※同年1月31日までは免税事業者となる。

第1－(3)号様式

国内事業者用

適格請求書発行事業者の登録申請書

【1／2】

収受印

令和 6 年 1 月 17 日

申請者	（フリガナ）	チヨダク カスミガセキ	
	住所又は居所 （法人の場合） 本店又は 主たる事務所 の所在地	◉（〒100-0013） （法人の場合のみ公表されます） 千代田区霞が関3－1－1 （電話番号 03 － 3581 －○○××）	
	（フリガナ）	（〒 － ）	
	納 税 地	同　　　上 （電話番号 － － ）	
	（フリガナ）	トウキョウ ジ ロウ	
	氏名又は名称	◉東京次郎	
	（フリガナ）		
	（法人の場合） 代表者氏名		
	法 人 番 号		

麹町 税務署長殿

この申請書に記載した次の事項（ ◉ 印欄）は、適格請求書発行事業者登録簿に登載されるとともに、国税庁ホームページで公表されます。
1　申請者の氏名又は名称
2　法人（人格のない社団等を除く。）にあっては、本店又は主たる事務所の所在地
なお、上記1及び2のほか、登録番号及び登録年月日が公表されます。
また、常用漢字等を使用して公表しますので、申請書に記載した文字と公表される文字とが異なる場合があります。

下記のとおり、適格請求書発行事業者としての登録を受けたいので、消費税法第57条の2第2項の規定により申請します。

事 業 者 区 分	この申請書を提出する時点において、該当する事業者の区分に応じ、□にレ印を付してください。 ※ 次葉「登録要件の確認」欄を記載してください。また、免税事業者に該当する場合には、次葉「免税事業者の確認」欄も記載してください（詳しくは記載要領等をご確認ください。）。 □ 課税事業者（新たに事業を開始した個人事業者又は新たに設立された法人等を除く。） ☑ 免税事業者（新たに事業を開始した個人事業者又は新たに設立された法人等を除く。） □ 新たに事業を開始した個人事業者又は新たに設立された法人等

	課 税 期 間 の 初 日
□　事業を開始した日の属する課税期間の初日から登録を受けようとする事業者 ※　課税期間の初日が令和5年9月30日以前の場合の登録年月日は、令和5年10月1日となります。	令和　　年　　月　　日

□ 上記以外の課税事業者

□ 上記以外の免税事業者

税 理 士 署 名	
	（電話番号 － － ）

※税務署処理欄	整理番号		部門番号		申請年月日	年　月　日	通 信 日 付 印 年　月　日	確認
	入力処理	年　月　日	番号確認		身元確認	□ 済 □ 未済	確認書類	個人番号カード／通知カード・運転免許証 その他（　　）
	登録番号	T						

注意　1　記載要領等に留意の上、記載してください。
　　　2　税務署処理欄は、記載しないでください。
　　　3　この申請書を提出するときは、「適格請求書発行事業者の登録申請書（次葉）」を併せて提出してください。

この申請書は、令和五年十月一日から令和十二年九月二十九日までの間に提出する場合に使用します。

消費税等

－131－

消費税等の経理処理（適格請求書発行事業者の登録申請書）

第1−(3)号様式次葉

国内事業者用

適格請求書発行事業者の登録申請書（次葉）

【2／2】

| 氏名又は名称 | 東 京 次 郎 |

この申請書は、令和五年十月一日から令和十二年九月二十九日までの間に提出する場合に使用します。

該当する事業者の区分に応じ、□にレ印を付し記載してください。

免税事業者の確認

☑ 令和11年9月30日までの日の属する課税期間中に登録を受け、所得税法等の一部を改正する法律（平成28年法律第15号）附則第44条第4項の規定の適用を受けようとする事業者
※ 登録開始日から納税義務の免除の規定の適用を受けないこととなります。

個 人 番 号	9876543210 98					
事業内容等	生 年 月 日 （個人）又は設立年月日（法人）	1明治・2大正・③昭和・4平成・5令和 53 年 9 月 11 日	法人のみ記載	事 業 年 度	自 　 月 　 日 至 　 月 　 日	
				資 本 金	円	
	事 業 内 容	卸売業		登録希望日	令和 6 年 2 月 1 日	

□ 消費税課税事業者（選択）届出書を提出し、納税義務の免除の規定の適用を受けないこととなる翌課税期間の初日から登録を受けようとする事業者 ※ この場合、翌課税期間の初日から起算して15日前の日までにこの申請書を提出する必要があります。	翌課税期間の初日
	令和 　 年 　 月 　 日

□ 上記以外の免税事業者

登録要件の確認

課税事業者です。 ※ この申請書を提出する時点において、免税事業者であっても、「免税事業者の確認」欄のいずれかの事業者に該当する場合は、「はい」を選択してください。	☑ はい　□ いいえ
納税管理人を定める必要のない事業者です。 （「いいえ」の場合は、次の質問にも答えてください。）	☑ はい　□ いいえ

納税管理人を定めなければならない場合（国税通則法第117条第1項）
【個人事業者】 国内に住所及び居所（事務所及び事業所を除く。）を有せず、又は有しないこととなる場合
【法人】 国内に本店又は主たる事務所を有しない法人で、国内にその事務所及び事業所を有せず、又は有しないこととなる場合

納税管理人の届出をしています。 「はい」の場合は、消費税納税管理人届出書の提出日を記載してください。 消費税納税管理人届出書 （提出日：令和 　 年 　 月 　 日）	□ はい　□ いいえ
消費税法に違反して罰金以上の刑に処せられたことはありません。 （「いいえ」の場合は、次の質問にも答えてください。）	☑ はい　□ いいえ
その執行を終わり、又は執行を受けることがなくなった日から2年を経過しています。	□ はい　□ いいえ

相続による事業承継の確認

相続により適格請求書発行事業者の事業を承継しました。 （「はい」の場合は、以下の事項を記載してください。）		□ はい　□ いいえ		
適格請求書発行事業者の死亡届出書	提出年月日	令和 　 年 　 月 　 日	提出先税務署	税務署
被相続人	死亡年月日	令和 　 年 　 月 　 日		
	（フリガナ） 納 税 地	（〒 　 － 　 ）		
	（フリガナ） 氏 　 名			
	登 録 番 号	T		

参考事項

— 132 —

消費税等の経理処理（地方消費税の税額計算のしくみ）

参　考　======地方消費税の税額計算のしくみ======

地方消費税の概要

地方税法等の一部を改正する法律（平成6年法律第111号）により，地方税として地方消費税が創設され，平成9年4月1日から施行されています。

納税義務者等　国内取引については，消費税の課税事業者に対して，住所又は本店所在地等の所在する都道府県が地方消費税（譲渡割）を課することとされています。

また，輸入取引については，課税貨物を保税地域から引き取る者に対して，その保税地域の所在地の都道府県が地方消費税（貨物割）を課することとされています（地方税法72の78）。

課税標準　国内取引については，課税資産の譲渡等に係る消費税額から課税仕入れ等に係る消費税額を控除した後の消費税額（消費税法第45条第1項第4号に規定する消費税額）が地方消費税の課税標準となります。

輸入取引については，課税貨物に係る消費税額（消費税法第47条第1項第2号又は第50条第2項の規定により納付すべき消費税額）が地方消費税の課税標準となります（地方税法72の77）。

税率　課税標準（消費税額）の78分の22とされています（地方税法72の83）。

したがって，消費税率に換算すると軽減税率対象は1.76％，標準税率対象は2.2％となります。

申告・納付（譲渡割）

消費税の確定申告書等を提出する義務がある事業者は，消費税の申告期限までに，課税標準額，譲渡割額等を記載した申告書を住所又は本店所在地等の都道府県知事に提出し，その申告した地方消費税額を納付しなければならないこととされています（地方税法72の88）。

ただし，当分の間，譲渡割の賦課徴収は国が消費税の賦課徴収と併せて行うこととされており，消費税と同一の申告書，納付書により，併せて申告納付することとされています（地方税法附則9の5，9の6，消基通19—1—1）。

地方消費税（譲渡割）と消費税との関係等

地方消費税の執行　国内取引に係る消費税の確定申告書等を提出する義務がある事業者は，消費税の申告期限までに消費税の申告書を税務署長に提出し，申告した譲渡割に係る地方消費税額を消費税と併せて国に納付することとされています（地方税法附則9の5，9の6）。

また，地方消費税についての調査等も消費税の調査等と併せて国が行うこととされています（地方税法附則9の4）。

消費税と地方消費税の申告に係る税額の更正等の取扱い　消費税と地方消費税は，国税と地方税

― 133 ―

消費税等の経理処理（地方消費税の税額計算のしくみ）

であり，それぞれ別の税金ですが，その申告は，両税同時にすべきものであり，その申告書も「消費税及び地方消費税の申告書」となっており，両税の申告を併せて行うことにより適正に申告がなされたものとして処理することとされています。

　したがって，いずれか一方の税は正しい金額で申告され，他の一方の申告に誤りがある場合でも，全体として見れば申告内容に誤りがあることとなりますので，消費税及び地方消費税の申告内容に誤りがあるものとして「消費税及び地方消費税の申告書」に係る修正申告又は更正を行うこととされています（消基通19―1―2）。

消費税の計算問題（簡易課税制度を選択しなかった場合）

〈設　例〉

1　物品販売（小売）業を営む個人事業者です。

2　消費税の課税期間

　　令和5年1月1日〜令和5年12月31日

3　令和4年分，令和5年分ともに課税事業者です。

4　令和5年分消費税の中間納付額はありません。

5　消費税についての経理方式は，税込経理方式で行っています。

6　事業所得に関する損益計算書は，以下のとおりです。

7　課税仕入れの中には，特定課税仕入れに該当するものは含まれていません。

消費税等の経理処理（計算問題——簡易課税制度を選択しなかった場合）

（事業所得損益計算書）

科　目			決　算　額
売　上　（　収　入　）　金　額 （　雑　収　入　を　含　む　）		①	45,225,000　円
売上原価	期　首　商　品　棚　卸　高	②	5,800,000
	仕　　入　　金　　額	③	34,900,000
	小　　　　　　　　計	④	40,700,000
	期　末　商　品　棚　卸　高	⑤	5,105,000
	差　　引　　原　　価	⑥	35,595,000
差　　引　　金　　額		⑦	9,630,000
経費	租　　税　　公　　課	⑧	145,300
	荷　　造　　運　　賃	⑨	144,000
	水　　道　　光　　熱　　費	⑩	166,200
	旅　　費　　交　　通　　費	⑪	110,950
	通　　　　信　　　　費	⑫	125,400
	広　　告　　宣　　伝　　費	⑬	98,000
	接　　待　　交　　際　　費	⑭	116,000
	損　　害　　保　　険　　料	⑮	76,500
	修　　　　繕　　　　費	⑯	72,000
	消　　耗　　品　　費	⑰	227,000
	減　　価　　償　　却　　費	⑱	358,200
	福　　利　　厚　　生　　費	⑲	78,400
	給　　料　　賃　　金	⑳	1,254,000
	外　　注　　工　　賃	㉑	
	利　　子　　割　　引　　料	㉒	82,200
	地　　代　　家　　賃	㉓	654,000
	貸　　　　倒　　　　金	㉔	109,000
	支　　払　　手　　数　　料	㉕	24,000
		㉖	
		㉗	
		㉘	
		㉙	
		㉚	
	雑　　　　　　　　費	㉛	48,500
	計	㉜	3,889,650
差　　引　　金　　額		㉝	5,740,350

— 136 —

消費税等の経理処理（計算問題――簡易課税制度を選択しなかった場合）

（事業所得についての付記事項）
① 売上金額には，軽減税率の対象となる飲食料品の売上高6,025,000円，ビール券の売上高460,000円が含まれています。
② 3月15日に中古貨物自動車を50,000円で下取りに出し，4月20日に新たに1,200,000円で中古貨物自動車を取得しました。
③ 仕入金額には，軽減税率の対象となる飲食料品の仕入高4,700,000円，標準税率の対象となる免税事業者からの仕入高1,100,000円，ビール券の仕入高335,600円が含まれています。
④ 租税公課は全て事業税等の租税です。
⑤ 接待交際費には，2月10日に支払った香典20,000円が含まれています。
⑥ 福利厚生費のうち，58,400円は労災保険や雇用保険の雇用主負担分です。
⑦ 給料賃金のうち，72,000円（月額6,000円）は，従業員の通勤手当であり，通勤に通常必要であると認められるものです。
⑧ 地代家賃の内訳は，次のとおりです。
　1　店舗の家賃　　　　582,000円（月額48,500円）
　2　駐車場の地代（更地に駐車させてもらっている。）　　72,000円（月額6,000円）
⑨ 貸倒金109,000円は，令和4年10月に販売した商品（標準税率対象）の売掛金に係るものです。
⑩ 売上げや仕入れに係る返品，値引き，割戻しの金額はありますが，これらの金額は売上金額又は仕入金額から減額する方法で経理しています。

消費税等の経理処理（計算問題――簡易課税制度を選択しなかった場合）

7　不動産所得に関する損益計算書は以下のとおりです。

（不動産所得損益計算書）

	科　　　目		決　算　額	
収入金額	賃　　貸　　料	①	4,800,000	円
	礼金・権利金・更新料	②	200,000	
		③		
	計	④	5,000,000	
必要経費	租　税　公　課	⑤	361,000	
	損　害　保　険　料	⑥	152,000	
	修　　繕　　費	⑦	73,300	
	減　価　償　却　費	⑧	576,800	
	借　入　金　利　子	⑨	164,000	
	地　代　家　賃	⑩	240,000	
	給　料　賃　金	⑪		
		⑫		
	そ　の　他　の　経　費	⑬	58,900	
	計	⑭	1,626,000	
差　引　金　額		⑮	3,374,000	

（不動産所得についての付記事項）

①　賃貸料は，令和5年中に自宅の1階を店舗用として月300,000円及び2階を住宅用として100,000円で貸し付けているもので，家賃の支払は毎月20日です。

②　令和5年1月に収受した店舗に係る礼金です。

③　租税公課は，全て固定資産税等の租税です。

④　地代家賃は，貸付部分に対する地代です。

⑤　契約は令和4年12月25日に締結しています。

⑥　契約期間は令和5年1月から令和6年12月の2年間です。

課税取引金額計算表の作成

　事業所得損益計算書及び不動産所得損益計算書から課税取引金額計算表（事業所得用）（表イ―1）（143ページ参照）及び課税取引金額計算表（不動産所得用）（表イ―3）（144ページ参照）を作成します。

課税標準額に対する消費税額の計算

事業所得に係る課税売上高の計算

(1)　令和5年中の売上げから，課税売上げにならないものを差し引いて，課税売上高を計算します。

　　設例の場合，課税取引金額計算表（事業所得用）（表イ―1）（143ページ参照）の決算額45,225,000円（表イ―1Aの①）から，非課税売上げであるビール券の売上高460,000円（表イ―1Bの①）を差し引いて，課税取引金額44,765,000円（表イ―1Cの①）を計算します。

(2)　課税取引金額を軽減税率に該当するもの（表イ―1Dの①）と標準税率に該当するもの（表イ―

消費税等の経理処理（計算問題──簡易課税制度を選択しなかった場合）

１Ｆの①）とに区分して計算します。

(3)　以上の金額を課税売上高計算表（表ロ）（145ページ参照）の①欄に記入します。

不動産所得に係る課税売上高の計算

(1)　事業所得の場合と同様に計算しますが，設例の場合，課税取引金額計算表（不動産所得用）（表イ
　─３）（144ページ参照）の決算額5,000,000円（表イ─３Ａの④）から，非課税売上げである居住用
　住宅の家賃1,200,000円（表イ─３Ｂの④）を差し引いて，課税取引金額3,800,000円（表イ─３Ｃ
　の④）を計算します。

(2)　以上の金額を，課税売上高計算表（表ロ）（145ページ参照）の③欄に記入します。

　業務用資産の譲渡所得に係る課税売上高の計算　設例の場合，令和５年３月に譲渡した中古貨物
自動車の売却は，課税売上げとなりますので，課税売上高計算表（表ロ）（145ページ参照）の⑦，⑨
欄に，50,000円と記入します。

　課税売上高の合計額の計算　課税売上高計算表（表ロ）（145ページ参照）の⑩欄で，課税売上高の
合計額を計算します。

　課税標準額の計算　課税売上高を適用税率ごとに割り戻して，課税標準額を計算します。税抜経
理方式を採用している場合には，課税売上高計算表（表ロ）は税抜きの金額を記載し，課税売上高の
合計額に課税売上げに係る仮受消費税の金額を加算した金額を適用税率ごとに割り戻して，課税標
準額を計算します。

　設例の場合は，税込経理方式によっていますので，課税売上高計算表（表ロ）（145ページ参照）の
⑩欄の金額を適用税率ごとに割り戻して⑪，⑫欄に記入します。

　また，税率別消費税額計算表兼地方消費税の課税標準となる消費税額計算表（付表１─３）（147
ページ参照）の①欄に記入します。

　課税標準額に対する消費税額の計算　付表１─３①Ｃ欄に記載した課税標準額の合計額
44,296,000円を，課税標準額等の内訳書（第二表）の①欄と，消費税及び地方消費税の確定申告書
（一般用）（150ページ参照）の①欄に記入します。

　②欄には，適用税率ごとの課税標準額にそれぞれ税率を乗じて算出した合計額3,368,071円を記
入します。

消費税等の経理処理（計算問題――簡易課税制度を選択しなかった場合）

控除対象仕入税額の計算

事業所得に係る課税仕入高の計算

(1) 令和5年中の仕入金額及び経費の金額の合計額から，課税仕入れにならないものを差し引いて，課税仕入高を計算します。

　　設例の場合，課税取引金額計算表（事業所得用）（表イ―1）（143ページ参照）Aの③欄の金額と㉜欄の金額の合計額38,789,650円から，B欄の③と㉜欄の金額の合計額2,439,200円を差し引いた36,350,450円になります。

　（注）　設例の場合，課税仕入れに該当しない金額は，次のとおりです。
　　　1　仕入金額のうち，ビール券の仕入金額　　335,600円
　　　2　租税公課（税金）　　145,300円
　　　3　接待交際費のうち香典　　20,000円
　　　4　損害保険料　　76,500円
　　　5　減価償却費　　358,200円
　　　6　福利厚生費のうち，雇用保険等の保険料　　58,400円
　　　7　給料賃金のうち，通勤に通常必要な通勤手当の額（72,000円）を除いた額　　1,182,000円
　　　8　利子割引料　　82,200円
　　　9　地代家賃のうち駐車場の地代　　72,000円
　　　10　貸倒金　　109,000円

(2) 以上の金額を，軽減税率に該当するもの（表イ―1D），標準税率に該当するもの（表イ―1F）及び経過措置（8割控除）の適用を受けるもの（表イ―1E及びG）に区分して計算した上で，課税仕入高計算表（表ハ）の①欄に記入します。

不動産所得に係る課税仕入高の計算

(1) 事業所得の場合と同様に計算しますが，設例の場合，課税取引金額計算表（不動産所得用）（表イ―3）（144ページ参照）Aの⑭欄の金額1,626,000円からBの⑭欄の金額1,493,800円を差し引いた金額が課税仕入高132,200円（Cの⑭欄）となります。

　（注）　設例の場合，課税仕入れに該当しない金額は，次のとおりです。
　　　1　租税公課（税金）　　361,000円
　　　2　損害保険料　　152,000円
　　　3　減価償却費　　576,800円
　　　4　借入金利子　　164,000円
　　　5　地代家賃　　240,000円

(2) 以上の金額を，軽減税率に該当するもの（表イ―3D），標準税率に該当するもの（表イ―3F）及び経過措置（8割控除）の適用を受けるもの（表イ―3E及びG）に区分して計算した上で，課税仕入高計算表（表ハ）の③欄に記入します。

業務用固定資産に係る課税仕入高の計算　令和5年4月に取得した中古貨物自動車の購入額1,200,000円は，課税仕入れとなりますので，課税仕入高計算表（表ハ）（146ページ参照）の⑦，⑨欄に記入します。

消費税等の経理処理（計算問題——簡易課税制度を選択しなかった場合）

　課税仕入高の合計額の計算　課税仕入高計算表（表ハ）（146ページ参照）の⑩欄に，適用税率ごとの課税仕入高の合計額を計算して記入し，課税売上割合・控除対象仕入税額等の計算表（付表2—3）（148ページ参照）の⑨，⑪欄に転記します。

控除対象仕入税額の計算

(1)　適用税率ごとの課税仕入高の合計額に，それぞれ適用税率を乗じて，課税仕入れに係る消費税額を計算します。

　　税抜経理方式を採用している場合には，課税仕入高計算表（表ハ）は税抜きの金額を記載し，課税仕入高の合計額に輸入取引以外の取引に係る仮払消費税額等の金額を加算した額にそれぞれ適用税率を乗じて，控除対象仕入税額を計算します。

　　設例の場合は，税込経理方式によっていますので，課税仕入高計算表（表ハ）の⑩欄の適用税率ごとの課税仕入高の合計額を適用税率ごとに算出した課税仕入れに係る消費税額を⑪～⑭欄に記入し，課税売上割合・控除対象仕入税額等の計算表（付表2—3）（148ページ参照）の⑩，⑫欄に転記します。

(2)　課税売上高が5億円以下かつ付表2—3（148ページ参照）の課税売上割合が95％以上の場合には，付表2—3の⑰欄の金額を⑱欄に転記し，㉖欄の金額を消費税及び地方消費税の確定申告書（一般用）（150ページ参照）④欄に転記します。

　　なお，課税売上高が5億円を超えるとき又は課税売上割合が95％未満の場合には，付表2—3の⑲～㉒欄（148ページ参照）の個別対応方式又は一括比例配分方式のいずれかで控除対象仕入税額を計算することになります。

　　設例の場合は，課税売上高が5億円以下かつ課税売上割合が95％以上ですので，付表2—3の⑰欄2,594,724円を⑱欄に転記し，㉖欄2,594,724円を消費税及び地方消費税の確定申告書（一般用）（150ページ参照）④欄に転記します。

返還等対価に係る税額の計算

　課税売上げにつき返品を受け又は値引き若しくは割戻しをした金額がある場合で，その金額を売上金額から減額しないで経費に含めているときには，これらの金額に係る消費税額は，納付すべき消費税額の計算上，課税売上げに係る消費税額から控除します。

　設例の場合は，これらの金額は売上金額から減額する方法で経理しているので，記入しません。

貸倒れに係る税額の計算

　課税売上げに係る売掛金その他の債権の貸倒れがある場合には，貸倒れになった年の課税売上げに係る消費税額から，貸倒れに係る消費税額を控除します。

　設例の場合は，$109,000円 \times \dfrac{7.8}{110} = 7,729円$を消費税及び地方消費税の確定申告書（一般用）（150ページ参照）⑥欄に記入します。

納付税額の計算（消費税）

以上の結果をもとに，納付税額を計算します。設例の場合，中間納付額はありませんので，差引税額（消費税及び地方消費税の確定申告書（一般用）（150ページ参照）⑨欄の金額）が，そのまま納付税額（⑪欄）となります。

地方消費税の課税標準

課税資産の譲渡等に係る消費税額から仕入等に係る消費税額等を控除した後の消費税額（消費税法第45条第1項第4号に掲げる消費税額）が，地方消費税（譲渡割）の課税標準になります。

地方消費税の課税標準となる消費税額の計算　設例の場合は，上記「納付税額の計算（消費税）」で計算した地方消費税の課税標準となる消費税額765,600円を消費税及び地方消費税の確定申告書（一般用）（150ページ参照）⑱欄に記入します（100円未満端数切捨て）。

地方消費税の税率　地方消費税の課税標準となる消費税額の22/78です。
設例の場合は，地方消費税の課税標準となる消費税額765,600円に22/78を乗じた金額215,900円を消費税及び地方消費税の確定申告書（一般用）（150ページ参照）⑳欄に記入します（100円未満端数切捨て）。

納付譲渡割額の計算（地方消費税）

以上の結果をもとに納付譲渡割額を計算します。設例の場合，中間納付譲渡割額はありませんので，譲渡割額の納税額（⑳欄）が，そのまま納付譲渡割額（消費税及び地方消費税の確定申告書（一般用）（150ページ参照）㉒欄の金額）となります。

消費税及び地方消費税の合計税額

消費税の納付税額（消費税及び地方消費税の確定申告書（一般用）（150ページ参照）⑪欄）と地方消費税の納付譲渡割額（㉒欄）の合計税額（㉖欄）が本年度の納付税額となります。
したがって，設例の場合は，981,500円となります。

消費税等の経理処理（計算問題――簡易課税制度を選択しなかった場合）

表イー1　課税取引金額計算表

（令和5年分）　　　（事業所得用）

大枠の箇所は課税売上高計算表及び課税仕入高計算表へ転記します。

	科目		決算額 A	Aのうち課税取引にならないもの(※1) B	課税取引金額 (A−B) C	うち軽減税率6.24%適用分 D	うち標準税率7.8%適用分 F	G
	売上(収入)金額(雑収入を含む)	①	45,225,000	460,000	44,765,000	6,025,000	38,740,000	

	科目		決算額 A	Aのうち課税取引にならないもの(※1) B	課税取引金額 (A−B) C	うち軽減税率6.24%適用分 経過措置(8割控除)の適用を受ける課税仕入高 E	うち標準税率7.8%適用分 経過措置(8割控除)の適用を受ける課税仕入高 F	G
売上原価	期首商品棚卸高	②	5,800,000					
	仕入金額	③	34,900,000	335,600	34,564,400	4,700,000	28,764,400	1,100,000
	小計	④	40,700,000					
	期末商品棚卸高	⑤	5,105,000					
	差引原価	⑥	35,595,000					
差引金額		⑦	9,630,000					
経費	租税公課	⑧	145,300	145,300	0		0	
	荷造運賃	⑨	144,000		144,000		144,000	
	水道光熱費	⑩	166,200		166,200		166,200	
	旅費交通費	⑪	110,950		110,950		110,950	
	通信費	⑫	125,400		125,400		125,400	
	広告宣伝費	⑬	98,000		98,000		98,000	
	接待交際費	⑭	116,000	20,000	96,000		96,000	
	損害保険料	⑮	76,500	76,500	0		0	
	修繕費	⑯	72,000		72,000		72,000	
	消耗品費	⑰	227,000		227,000		227,000	
	減価償却費	⑱	358,200	358,200	0		0	
	福利厚生費	⑲	78,400	58,400	20,000		20,000	
	給料賃金	⑳	1,254,000	1,182,000	72,000		72,000	
	外注工賃	㉑	82,200		82,200		582,000	
	利子割引料	㉒	82,200	82,200				
	地代家賃	㉓	654,000	72,000	582,000			
	貸倒金	㉔	109,000	109,000				
	支払手数料	㉕	24,000		24,000		24,000	
		㉖						
		㉗						
		㉘						
		㉙						
		㉚						
	雑費	㉛	48,500		48,500		48,500	
	計	㉜	3,889,650	2,103,650	1,786,050	0	1,786,050	
差引金額		㉝	5,740,350					
③+㉜		㉞	38,789,650		36,350,450	4,700,000	30,550,450	1,100,000

※1 B欄には、非課税取引等、輸出免税取引、不課税取引に係る支払対価の額が含まれている場合には、その金額もB欄に記入します。また、売上原価・経費に特定課税仕入れに係る支払対価の額が含まれている場合には、その金額もB欄に記入します。

※2 斜線がある欄は、一般的な取引においてB欄に該当しない項目です。

— 143 —

消費税等の経理処理（計算問題——簡易課税制度を選択しなかった場合）

表イー3（不動産所得用）

課税取引金額計算表

大枠の箇所は課税売上高計算表及び課税仕入高計算表へ転記します。

（令和5年分）

		科目	決算額 A	Aのうち課税取引にならないもの(※1) B	課税取引金額(A-B) C	うち軽減税率6.24%適用分 D	E	うち標準税率7.8%適用分 F	G
収入金額	賃貸料	①	4,800,000	1,200,000	3,600,000			3,600,000	
	礼金・権利金 更新料	②	200,000	0	200,000			200,000	
		③							
	計	④	5,000,000	1,200,000	3,800,000	0		3,800,000	

		科目	決算額 A	Aのうち課税取引にならないもの(※1) B	課税取引金額(A-B) C	うち軽減税率6.24%適用分 経過措置(8割控除)の適用を受ける課税仕入高 D	課税仕入高 E	うち標準税率7.8%適用分 経過措置(8割控除)の適用を受ける課税仕入高 F	課税仕入高 G
経費	租税公課	⑤	361,000	361,000	0				
	損害保険料	⑥	152,000	152,000					
	修繕費	⑦	73,300		73,300			73,300	
	減価償却費	⑧	576,800	576,800					
	借入金利子	⑨	164,000	164,000					
	地代家賃	⑩	240,000	240,000					
	給料賃金	⑪							
		⑫			0				
	その他の経費	⑬	58,900		58,900			58,900	
	計	⑭	1,626,000	1,493,800	132,200	0		132,200	
差引金額		⑮	3,374,000						

※1 B欄には、非課税取引、輸出免税取引等、不課税取引を記入します。
また、経費に特定課税仕入れに係る支払対価の額が含まれている場合には、その金額もB欄に記入します。
※2 斜線がある欄は、一般的な取引において該当しない項目です。

消費税等の経理処理（計算問題——簡易課税制度を選択しなかった場合）

表ロ

課 税 売 上 高 計 算 表

（令和 5 年分）

(1) 事業所得に係る課税売上高		金　額	うち軽減税率 6.24%適用分	うち標準税率 7.8%適用分
営業等課税売上高	①	表イ-1の①C欄の金額 44,765,000 円	表イ-1の①D欄の金額 6,025,000 円	表イ-1の①F欄の金額 38,740,000 円
農業課税売上高	②	表イ-2の④C欄の金額	表イ-2の④D欄の金額	表イ-2の④F欄の金額

(2) 不動産所得に係る課税売上高		金　額	うち軽減税率 6.24%適用分	うち標準税率 7.8%適用分
課税売上高	③	表イ-3の④C欄の金額 3,800,000	表イ-3の④D欄の金額	表イ-3の④F欄の金額 3,800,000

(3) （　　）所得に係る課税売上高		金　額	うち軽減税率 6.24%適用分	うち標準税率 7.8%適用分
損益計算書の収入金額	④			
④のうち、課税売上げにならないもの	⑤			
差引課税売上高（④－⑤）	⑥			

(4) 業務用資産の譲渡所得に係る課税売上高		金　額	うち軽減税率 6.24%適用分	うち標準税率 7.8%適用分
業務用固定資産等の譲渡収入金額	⑦	50,000		50,000
⑦のうち、課税売上げにならないもの	⑧	0		
差引課税売上高（⑦－⑧）	⑨	50,000		50,000

(5) 課税売上高の合計額 （①＋②＋③＋⑥＋⑨）	⑩	48,615,000	6,025,000	42,590,000

(6) 課税資産の譲渡等の対価の額の計算

6,025,000　 円×100/108	⑪	（1円未満の端数切捨て） （一般用）付表1-3の①-1A欄へ （簡易課税用）付表4-3の①-1A欄へ （特別用）付表6の②A欄へ　　5,578,703

税抜経理方式によっている場合、⑩軽減税率6.24%適用分欄の金額に課税売上げに係る仮受消費税等の金額を加算して計算します。

42,590,000　 円×100/110	⑫	（1円未満の端数切捨て） （一般用）付表1-3の①-1B欄へ （簡易課税用）付表4-3の①-1B欄へ （特別用）付表6の②B欄へ　　38,718,181

税抜経理方式によっている場合、⑩標準税率7.8%適用分欄の金額に課税売上げに係る仮受消費税等の金額を加算して計算します。

— 145 —

消費税等の経理処理（計算問題——簡易課税制度を選択しなかった場合）

表八

課 税 仕 入 高 計 算 表

（令和 5 年分）

(1) 事業所得に係る課税仕入高		金　額	うち軽減税率6.24%適用分		うち標準税率7.8%適用分	
			課税仕入高	経過措置（8割控除）の適用を受ける課税仕入高	課税仕入高	経過措置（8割控除）の適用を受ける課税仕入高
営業等課税仕入高	①	表イー1の㉟C欄の金額 36,350,450	表イー1の㉟D欄の金額 4,700,000	表イー1の㉟E欄の金額	表イー1の㉟F欄の金額 30,550,450	表イー1の㉟G欄の金額 1,100,000
農業課税仕入高	②	表イー2の㉟C欄の金額	表イー2の㉟D欄の金額	表イー2の㉟E欄の金額	表イー2の㉟F欄の金額	表イー2の㉟G欄の金額

(2) 不動産所得に係る課税仕入高		金　額	うち軽減税率6.24%適用分		うち標準税率7.8%適用分	
			課税仕入高	経過措置（8割控除）の適用を受ける課税仕入高	課税仕入高	経過措置（8割控除）の適用を受ける課税仕入高
課税仕入高	③	表イー3の㉟C欄の金額 132,200	表イー3の㉟D欄の金額	表イー3の㉟E欄の金額	表イー3の㉟F欄の金額 132,200	表イー3の㉟G欄の金額

(3) （　　　）所得に係る課税仕入高		金　額	うち軽減税率6.24%適用分		うち標準税率7.8%適用分	
			課税仕入高	経過措置（8割控除）の適用を受ける課税仕入高	課税仕入高	経過措置（8割控除）の適用を受ける課税仕入高
損益計算書の仕入金額と経費の金額の合計額	④					
④のうち、課税仕入れにならないもの	⑤					
差引課税仕入高（④－⑤）	⑥					

(4) 業務用資産の取得に係る課税仕入高		金　額	うち軽減税率6.24%適用分		うち標準税率7.8%適用分	
			課税仕入高	経過措置（8割控除）の適用を受ける課税仕入高	課税仕入高	経過措置（8割控除）の適用を受ける課税仕入高
業務用固定資産等の取得費	⑦	1,200,000			1,200,000	
⑦のうち、課税仕入れにならないもの ※1	⑧					
差引課税仕入高（⑦－⑧）	⑨	1,200,000			1,200,000	

(5) 課税仕入高の合計額（①＋②＋③＋⑥＋⑨）	⑩	37,682,650	付表2-3の⑨A欄へ 4,700,000	付表2-3の⑪A欄へ	付表2-3の⑨B欄へ 31,882,650	付表2-3の⑪B欄へ 1,100,000

(6) 課税仕入れに係る消費税額の計算※2

4,700,000 円×6.24/108 税抜経理方式によっている場合、⑩軽減税率6.24%適用分欄の金額に輸入取引以外の取引に係る仮払消費税等の金額を加算して計算します。	（1円未満の端数切捨て）付表2-3の⑩A欄へ ⑪ 271,555	円×6.24/108×80% 税抜経理方式によっている場合、⑩軽減税率6.24%適用分欄の金額に輸入取引以外の取引に係る仮払消費税等の金額を加算して計算します。	（1円未満の端数切捨て）付表2-3の⑫A欄へ ⑬
31,882,650 円×7.8/110 税抜経理方式によっている場合、⑩標準税率7.8%適用分欄の金額に輸入取引以外の取引に係る仮払消費税等の金額を加算して計算します。	（1円未満の端数切捨て）付表2-3の⑩B欄へ ⑫ 2,260,769	1,100,000 円×7.8/110×80% 税抜経理方式によっている場合、⑩標準税率7.8%適用分欄の金額に輸入取引以外の取引に係る仮払消費税等の金額を加算して計算します。	（1円未満の端数切捨て）付表2-3の⑫B欄へ ⑭ 62,400

※1　⑧欄は、課税仕入れにならないもの（非課税、免税、不課税の仕入れ等）のほか、居住用賃貸建物の取得等に係る仕入税額控除の制限の規定の適用を受ける場合は、当該居住用賃貸建物の取得費を合わせて記載します。

※2　課税仕入れに係る消費税額の計算について、積上げ計算による場合には、この表の計算式によらず、消費税法施行令第46条第1項又は第2項の規定により算出した金額を記載します。

— 146 —

消費税等の経理処理（計算問題——簡易課税制度を選択しなかった場合）

第4-(9)号様式

付表1−3　税率別消費税額計算表　兼　地方消費税の課税標準となる消費税額計算表

一般

課　税　期　間		令和5・1・1〜令和5・12・31		氏名又は名称	○○商店

区　　　　　分		税率 6.24 % 適用分 A	税率 7.8 % 適用分 B	合　　　計　　　C (A+B)
課　税　標　準　額	①	円 5,578,000	円 ※第二表の①欄へ 38,718,000	円 44,296,000
①の内訳 課税資産の譲渡等の対価の額	①-1	※第二表の⑤欄へ 5,578,703	※第二表の⑥欄へ 38,718,181	※第二表の⑦欄へ 44,296,884
特定課税仕入れに係る支払対価の額	①-2	※①-2欄は、課税売上割合が95%未満、かつ、特定課税仕入れがある事業者のみ記載する。	※第二表の⑨欄へ	※第二表の⑩欄へ
消　費　税　額	②	※第二表の⑮欄へ 348,067	※第二表の⑯欄へ 3,020,004	※第二表の⑪欄へ 3,368,071
控除過大調整税額	③	(付表2-3の㉗・㉘A欄の合計金額)	(付表2-3の㉗・㉘B欄の合計金額)	※第一表の③欄へ
控除 控除対象仕入税額	④	(付表2-3の㉖A欄の金額) 271,555	(付表2-3の㉖B欄の金額) 2,323,169	※第二表の④欄へ 2,594,724
返還等対価に係る税額	⑤			※第二表の⑰欄へ
⑤の内訳 売上げの返還等対価に係る税額	⑤-1			※第二表の⑱欄へ
特定課税仕入れの返還等対価に係る税額	⑤-2	※⑤-2欄は、課税売上割合が95%未満、かつ、特定課税仕入れがある事業者のみ記載する。		※第二表の⑲欄へ
貸倒れに係る税額	⑥		7,729	※第一表の⑥欄へ 7,729
控除税額小計 (④+⑤+⑥)	⑦	271,555	2,330,898	※第一表の⑦欄へ 2,602,453
控除不足還付税額 (⑦-②-③)	⑧			※第一表の⑧欄へ
差　引　税　額 (②+③-⑦)	⑨			※第一表の⑨欄へ 765,600
地方消費税の課税標準となる消費税額 控除不足還付税額 (⑧)	⑩			※第一表の⑰欄へ ※マイナス「−」を付して第二表の㉓及び㉕欄へ
差　引　税　額 (⑨)	⑪			※第一表の⑱欄へ ※第二表の㉒及び㉕欄へ 765,600
譲渡割額 還　付　額	⑫			(⑩C欄×22/78) ※第一表の⑲欄へ
納　税　額	⑬			(⑪C欄×22/78) ※第一表の⑳欄へ 215,900

注意　　金額の計算においては、1円未満の端数を切り捨てる。

(R5.10.1以後終了課税期間用)

消費税等の経理処理（計算問題――簡易課税制度を選択しなかった場合）

第4-(10)号様式

付表2－3　課税売上割合・控除対象仕入税額等の計算表

一般

| 課　税　期　間 | 令和5・1・1 ～令和5・12・31 | 氏名又は名称 | ○○商店 |

項　　目		税率 6.24 % 適用分 A	税率 7.8 % 適用分 B	合　　計　C (A＋B)
課　税　売　上　額　（　税　抜　き　）	①	5,578,703	38,718,181	44,296,884
免　税　売　上　額	②			
非課税資産の輸出等の金額、海外支店等へ移送した資産の価額	③			
課税資産の譲渡等の対価の額（①＋②＋③）	④			※第一表の⑮欄へ 44,296,884
課税資産の譲渡等の対価の額（④の金額）	⑤			44,296,884
非　課　税　売　上　額	⑥			1,660,000
資産の譲渡等の対価の額（⑤＋⑥）	⑦			※第一表の⑯欄へ 45,956,884
課　税　売　上　割　合　（　④　／　⑦　）	⑧			［ 96 ％ ］　※端数切捨て
課税仕入れに係る支払対価の額（税込み）	⑨	4,700,000	31,882,650	36,582,650
課　税　仕　入　れ　に　係　る　消　費　税　額	⑩	271,555	2,260,769	2,532,324
適格請求書発行事業者以外の者から行った課税仕入れに係る経過措置の適用を受ける課税仕入れに係る支払対価の額（税込み）	⑪		1,100,000	1,100,000
適格請求書発行事業者以外の者から行った課税仕入れに係る経過措置により課税仕入れに係る消費税額とみなされる額	⑫		62,400	62,400
特　定　課　税　仕　入　れ　に　係　る　支　払　対　価　の　額	⑬	※⑬及び⑭欄は、課税売上割合が95%未満、かつ、特定課税仕入れがある事業者のみ記載する。		
特　定　課　税　仕　入　れ　に　係　る　消　費　税　額	⑭		（⑬B欄×7.8/100）	
課　税　貨　物　に　係　る　消　費　税　額	⑮			
納税義務の免除を受けない（受ける）こととなった場合における消費税額の調整（加算又は減算）額	⑯			
課税仕入れ等の税額の合計額（⑩＋⑫＋⑭＋⑮±⑯）	⑰	271,555	2,323,169	2,594,724
課税売上高が5億円以下、かつ、課税売上割合が95％以上の場合（⑰の金額）	⑱	271,555	2,323,169	2,594,724
課税売上高が5億円超又は課税売上割合が95％未満の場合	個別対応方式	⑰のうち、課税売上げにのみ要するもの	⑲			
		⑰のうち、課税売上げと非課税売上げに共通して要するもの	⑳			
		個別対応方式により控除する課税仕入れ等の税額〔⑲＋（⑳×④／⑦）〕	㉑			
	一括比例配分方式により控除する課税仕入れ等の税額　（⑰×④／⑦）		㉒			
控除税額の調整	課税売上割合変動時の調整対象固定資産に係る消費税額の調整（加算又は減算）額		㉓			
	調整対象固定資産を課税業務用（非課税業務用）に転用した場合の調整（加算又は減算）額		㉔			
	居住用賃貸建物を課税賃貸用に供した（譲渡した）場合の加算額		㉕			
差引	控　除　対　象　仕　入　税　額〔（⑱、㉑又は㉒の金額）±㉓±㉔＋㉕〕がプラスの時		㉖	※付表1-3の④A欄へ 271,555	※付表1-3の④B欄へ 2,323,169	2,594,724
	控　除　過　大　調　整　税　額〔（⑱、㉑又は㉒の金額）±㉓±㉔＋㉕〕がマイナスの時		㉗	※付表1-3の③A欄へ	※付表1-3の③B欄へ	
貸　倒　回　収　に　係　る　消　費　税　額		㉘	※付表1-3の③A欄へ	※付表1-3の③B欄へ	

注意
1　金額の計算においては、1円未満の端数を切り捨てる。
2　⑨、⑪及び⑬欄には、値引き、割戻し、割引きなど仕入対価の返還等の金額がある場合（仕入対価の返還等の金額を仕入金額から直接減額している場合を除く。）には、その金額を控除した後の金額を記載する。
3　⑪及び⑫欄の経過措置とは、所得税法等の一部を改正する法律（平成28年法律第15号）附則第52条又は第53条の適用がある場合をいう。

(R5.10.1以後終了課税期間用)

消費税等の経理処理（計算問題——簡易課税制度を選択しなかった場合）

第3−(2)号様式

GK0602

課税標準額等の内訳書

整理番号 □□□□□□□□

個人事業者用

納税地	△△市△△町△−△
	（電話番号　□□−□□□□−□□□□）
（フリガナ）	
屋　号	○○商店
（フリガナ）	
氏　名	○○　　○○

改正法附則による税額の特例計算

| 軽減売上割合（10営業日） | ○ | 附則38① | 51 |
| 小売等軽減仕入割合 | ○ | 附則38② | 52 |

第二表

自 令和 **05**年**01**月**01**日
至 令和 **05**年**12**月**31**日

課税期間分の消費税及び地方消費税の（ 確定 ）申告書

中間申告の場合の対象期間　自 令和 □□年□□月□□日　至 令和 □□年□□月□□日

令和四年四月一日以後終了課税期間分

消費税等

課税標準額 ※申告書（第一表）の①欄へ	①	44296000	01

課税資産の譲渡等の対価の額の合計額	3　％適用分	②		02
	4　％適用分	③		03
	6.3　％適用分	④		04
	6.24　％適用分	⑤	5578703	05
	7.8　％適用分	⑥	38718181	06
	（②〜⑥の合計）	⑦	44296884	07
特定課税仕入れに係る支払対価の額の合計額　（注1）	6.3　％適用分	⑧		11
	7.8　％適用分	⑨		12
	（⑧・⑨の合計）	⑩		13

消費税額 ※申告書（第一表）の②欄へ		⑪	3368071	21
⑪の内訳	3　％適用分	⑫		22
	4　％適用分	⑬		23
	6.3　％適用分	⑭		24
	6.24　％適用分	⑮	348067	25
	7.8　％適用分	⑯	3020004	26

返還等対価に係る税額 ※申告書（第一表）の⑤欄へ		⑰		31
⑫の内訳	売上げの返還等対価に係る税額	⑱		32
	特定課税仕入れの返還等対価に係る税額　（注1）	⑲		33

地方消費税の課税標準となる消費税額	（㉑〜㉓の合計）	⑳	765600	41
	4　％適用分	㉑		42
	6.3　％適用分	㉒		43
（注2）	6.24％及び7.8％適用分	㉓	765600	44

（注1）⑧〜⑩及び⑲欄は、一般課税により申告する場合で、課税売上割合が95％未満、かつ、特定課税仕入れがある事業者のみ記載します。
（注2）㉑〜㉓欄が還付税額となる場合はマイナス「−」を付してください。

OCR入力用（この用紙は機械で読み取ります。折ったり汚したりしないでください。）

— 149 —

消費税等の経理処理（計算問題——簡易課税制度を選択しなかった場合）

GK0306

第3－(1)号様式

個人事業者用

第一表

令和 年 月 日 収受印 ○○ 税務署長殿

納税地 △△市△△町△－△
（電話番号 □□-□□□□-□□□□）

（フリガナ）
屋 号 ○○商店

個人番号 ×××××××××××

（フリガナ）
氏 名 ○○ ○○

○（個人の方）振替継続希望

※税務署処理欄

所管	要否	整理番号	

申告年月日 令和 年 月 日

申告区分		指導等	庁指定	局指定

通信日付印	確認	確認書類	個人番号カード通知カード・運転免許証その他（ ）	身元確認
年 月 日				

指導 年 月 日 相談 区分1 区分2 区分3
令和

自 令和 **05**年**01**月**01**日
至 令和 **05**年**12**月**31**日

課税期間分の消費税及び地方消費税の（ 確定 ）申告書

中間申告 自 令和 年 月 日
の場合の 対象期間 至 令和 年 月 日

令和五年十月一日以後終了課税期間分（一般用）

この申告書による消費税の税額の計算

項目		十兆千百十億千百十万千百十一円	
課税標準額	①	4 4 2 9 6 0 0 0	03
消費税額	②	3 3 6 8 0 7 1	06
控除過大調整税額	③		07
控除税額 控除対象仕入税額	④	2 5 9 4 7 2 4	08
返還等対価に係る税額	⑤		09
貸倒れに係る税額	⑥	7 7 2 9	10
控除税額小計（④+⑤+⑥）	⑦	2 6 0 2 4 5 3	11
控除不足還付税額（⑦-②-③）	⑧		13
差引税額（②+③-⑦）	⑨	7 6 5 6 0 0	15
中間納付税額	⑩	0 0	16
納付税額（⑨-⑩）	⑪	7 6 5 6 0 0	17
中間納付還付税額（⑩-⑨）	⑫	0 0	18
この申告書が修正申告である場合 既確定税額	⑬		19
差引納付税額	⑭	0 0	20
課税売上割合 課税資産の譲渡等の対価の額	⑮	4 4 2 9 6 8 8 4	21
資産の譲渡等の対価の額	⑯	4 5 9 5 6 8 8 4	22

この申告書による地方消費税の税額の計算

地方消費税の課税標準となる消費税額 控除不足還付税額	⑰		51
差引税額	⑱	7 6 5 6 0 0	52
譲渡割額 還付額	⑲		53
納税額	⑳	2 1 5 9 0 0	54
中間納付譲渡割額	㉑	0 0	55
納付譲渡割額（⑳-㉑）	㉒	2 1 5 9 0 0	56
中間納付還付譲渡割額（㉑-⑳）	㉓	0 0	57
この申告書が修正申告である場合 既確定譲渡割額	㉔		58
差引納付譲渡割額	㉕	0 0	59
消費税及び地方消費税の合計（納付又は還付）税額	㉖	9 8 1 5 0 0	60

⑨=（⑪+㉒）－（③+⑫+⑲+㉓）・修正申告の場合㉖=⑭+㉕
⑧⑮が還付税額となる場合はマイナス「－」を付してください。

付記事項 参考事項

割賦基準の適用	○ 有	○ 無	31
延払基準等の適用	○ 有	○ 無	32
工事進行基準の適用	○ 有	○ 無	33
現金主義会計の適用	○ 有	○ 無	34
課税標準額に対する消費税額の計算の特例の適用	○ 有	○ 無	35

控除税額の計算方法	課税売上高5億円超又は課税売上割合95%未満	個別対応方式 一括比例配分方式	41
	上記以外 ○	全額控除	

基準期間の課税売上高 **23,456** 千円

○ 税額控除に係る経過措置の適用（2割特例） 42

還付を受けようとする金融機関等

銀行	本店・支店
金庫・組合	出張所
農協・漁協	本所・支所

預金 口座番号

ゆうちょ銀行の貯金記号番号 －

郵便局名等

○（個人の方）公金受取口座の利用

※税務署整理欄

税理士署名

（電話番号 － － ）

○ 税理士法第30条の書面提出有
○ 税理士法第33条の2の書面提出有

※ 2割特例による申告の場合、⑮欄に②欄の数字を記載し、⑱欄×22/78から算出された金額を⑳欄に記載してください。

OCR入力用（この用紙は機械で読み取ります。折ったり汚したりしないでください。）

⑪・㉒又は⑫・㉓の記入をお忘れなく。

消費税の計算問題（簡易課税制度を選択した場合）

消費税の計算問題（簡易課税制度を選択した場合）

〈設　例〉

135ページの設例と同様とします。

課税標準額に対する消費税額の計算

事業区分ごとの課税売上高の計算

簡易課税制度を選択しなかった場合と同じ方法で課税売上高を計算し，次にその課税売上高を第一種事業から第六種事業までの事業の種類ごとに区分します。

設例の場合は，令和5年1月1日から開始する課税期間ですので，次のようになります。

課税売上高　　　48,615,000円

うち，第二種事業（小売業）に係る課税売上高（注）　44,765,000円
第四種事業（自動車の売却）に係る課税売上高　　　　50,000円
第六種事業（不動産貸付業）に係る課税売上高　　3,800,000円

（注）　軽減税率の対象となる飲食料品の売上高6,025,000円が含まれています。

事業区分ごとの課税売上高に係る消費税額の計算

(1)　課税売上高計算表（表ロ）(145ページ参照)から課税売上高（税抜き）を計算し，付表4―3①C欄に記載した金額の合計額44,296,000円を消費税及び地方消費税の確定申告書（簡易課税用）(159ページ参照)①欄に転記します（1,000円未満端数切捨て）。

②欄には，適用税率ごとの課税標準額にそれぞれ税率を乗じて算出した合計額3,368,701円を記入します。また，②欄の金額3,368,701円を控除対象仕入税額等の計算表（付表5―3）の①欄に転記し，控除対象仕入税額計算の基礎となる消費税額を計算して④欄に記入します。

(2)　第一種事業から第六種事業までの事業の種類ごとに課税売上高（税抜き）を計算します。

設例の場合は，

第二種事業に係る課税売上高（税抜き）

（軽減税率適用分）

$6,025,000円 \times \dfrac{100}{108} = 5,578,703円（1円未満切捨て）$

（標準税率適用分）

$38,740,000円 \times \dfrac{100}{110} = 35,218,181円（1円未満切捨て）$

第四種事業に係る課税売上高（税抜き）

$50,000円 \times \dfrac{100}{110} = 45,454円（1円未満切捨て）$

第六種事業に係る課税売上高（税抜き）

$3,800,000円 \times \dfrac{100}{110} = 3,454,545円（1円未満切捨て）$

消費税等の経理処理（計算問題——簡易課税制度を選択した場合）

以上の金額を控除対象仕入税額の計算表（付表5—3）（156ページ参照）の⑧，⑩及び⑫欄に記入して，⑥欄に合計を出すとともに，⑧/⑥・⑩/⑥・⑫/⑥を⑧，⑩及び⑫欄の売上割合の欄に記入します。

(3)　付表5—3⑭～⑲欄の事業区分別の課税売上高に係る消費税額を計算します。

設例の場合は，

第二種事業の課税売上高に係る消費税額

（軽減税率適用分）

5,578,703円×6.24％＝348,111円（1円未満切捨て）

（標準税率適用分）

35,218,181円×7.8％＝2,747,018円（1円未満切捨て）

第四種事業の課税売上高に係る消費税額

45,454円×7.8％＝3,545円（1円未満切捨て）

第六種事業の課税売上高に係る消費税額

3,454,545円×7.8％＝269,454円（1円未満切捨て）

となり，以上の金額を付表5—3⑮，⑰，⑲欄に記入して⑬欄に合計を出します。

控除対象仕入税額の計算

(1)　2種類以上の事業を営む事業者の場合，次の算式により控除対象仕入税額を計算し，付表5—3（156ページ参照）⑳欄に記入します。

$$\frac{\text{控除対象仕入税額計算}}{\text{の基礎となる消費税額}}\times\left(\frac{\text{第一種事業に}}{\text{係る消費税額}}\times90\%+\frac{\text{第二種事業に}}{\text{係る消費税額}}\times80\%+\frac{\text{第三種事業に}}{\text{係る消費税額}}\times\right.$$

$$\left.70\%+\frac{\text{第四種事業に}}{\text{係る消費税額}}\times60\%+\frac{\text{第五種事業に}}{\text{係る消費税額}}\times50\%+\frac{\text{第六種事業に}}{\text{係る消費税額}}\times40\%\right)\div$$

事業区分別の課税売上高
に係る消費税額の合計額

設例の場合は，

（軽減税率適用分）

348,067円×（348,111円×80％）÷348,111円＝278,453円（1円未満切捨て）

（標準税率適用分）

3,020,004円×（2,747,018円×80％＋3,545円×60％＋269,454円×40％）÷3,020,017円＝2,307,513円（1円未満切捨て）

（合計額）

278,453円＋2,307,513円＝2,585,966円

となります。

ただし，特定の一事業又は二事業の課税売上高が全体の課税売上高の75％以上である場合には，その75％以上を占める事業のみなし仕入率を全事業の課税売上げに対して適用することができる特例計算が認められています。

設例の場合は，

$$\frac{40,796,884円（第二種事業に係る課税売上高）}{44,296,884円（課税売上高（税抜き））}\div92\%\geqq75\%$$

消費税等の経理処理（計算問題──簡易課税制度を選択した場合）

となりますので，特例計算により控除対象仕入税額を計算することになります。

(2) 特例計算

第二種事業に係る課税売上高が全体の課税売上高の75％以上になっていますので，(1)の算式にかかわらず，全体の課税売上高に係る課税標準額に対して第二種事業のみなし仕入率を適用して控除対象仕入税額を計算します。

全体の課税売上高に係る課税標準額（課税売上高計算表（表ロ）（145ページ参照）を使用します。）

設例の場合は，付表5─3（156ページ参照）④欄の消費税額に，みなし仕入率80％を乗じて，

（軽減税率適用分）

348,067円×80％＝278,453円（1円未満切捨て）

（標準税率適用分）

3,020,004円×80％＝2,416,003円（1円未満切捨て）

（合計額）

278,453円＋549,369円＝2,694,456円

となりますので，その金額を付表5─3(156ページ参照)の㉑及び㊲欄に記入するとともに，消費税及び地方消費税の確定申告書(簡易課税用)（159ページ参照）④欄に記入します。

貸倒れに係る消費税額の計算

簡易課税制度を選択しなかった場合と同じ計算方法で計算して，消費税及び地方消費税の確定申告書（簡易課税用）（159ページ参照）⑥欄に記入します。

納付税額の計算（消費税）

以上の結果をもとに，納付税額を計算します。設例の場合，中間納付額はありませんので，差引税額（消費税及び地方消費税の確定申告書（簡易課税用）（159ページ参照）⑨欄の金額）が，そのまま納付税額（⑪欄）となります。

地方消費税の課税標準

課税資産の譲渡等に係る消費税額から仕入等に係る消費税額等を控除した後の消費税額（消費税法第45条第1項第4号に掲げる消費税額）が，地方消費税（譲渡割）の課税標準になります。

地方消費税の課税標準となる消費税額の計算　設例の場合は，上記「納付税額の計算（消費税）」で計算した地方消費税の課税標準となる消費税額665,800円を消費税及び地方消費税の確定申告書（簡易課税用）（159ページ参照）⑱欄に記入します（100円未満端数切捨て）。

地方消費税の税率　地方消費税の課税標準となる消費税額の22/78です。

設例の場合は，地方消費税の課税標準となる消費税額665,800円に22/78を乗じた金額187,789円を消費税及び地方消費税の確定申告書（簡易課税用）（159ページ参照）⑳欄に記入します（100円未満端数切捨て）。

納付譲渡割額の計算 （地方消費税）

以上の結果をもとに納付譲渡割額を計算します。設例の場合，中間納付譲渡割額はありませんので，納付譲渡割額（消費税及び地方消費税の確定申告書（簡易課税用）（159ページ参照）㉒欄の金額）となります。

消費税及び地方消費税の合計税額

消費税の納付税額（消費税及び地方消費税の確定申告書（簡易課税用）（159ページ参照）⑪欄）と地方消費税の納付譲渡割額（㉒欄）の合計税額（㉖欄）が本年度の納付税額となります。したがって，設例の場合は，853,500円となります。

消費税等の経理処理（計算問題——簡易課税制度を選択した場合）

第4-(11)号様式

付表4-3　税率別消費税額計算表　兼　地方消費税の課税標準となる消費税額計算表

簡易

| 課税期間 | 令和5・1・1～令和5・12・31 | 氏名又は名称 | ○○商店 |

区分		税率6.24％適用分 A	税率7.8％適用分 B	合計 C (A+B)
課税標準額	①	5,578,000 円	38,718,000 円	44,296,000 円
課税資産の譲渡等の対価の額	①-1	5,578,703	38,718,181	44,296,884
消費税額	②	348,067	3,020,004	3,368,071
貸倒回収に係る消費税額	③			
控除／控除対象仕入税額	④	278,453	2,416,003	2,694,456
控除／返還等対価に係る税額	⑤			
控除／貸倒れに係る税額	⑥		7,729	7,729
控除／控除税額小計 (④+⑤+⑥)	⑦	278,453	2,423,732	2,702,185
控除不足還付税額 (⑦-②-③)	⑧			
差引税額 (②+③-⑦)	⑨			665,800
地方消費税の課税標準となる消費税額／控除不足還付税額 (⑧)	⑩			
地方消費税の課税標準となる消費税額／差引税額 (⑨)	⑪			665,800
譲渡割額／還付額	⑫			
譲渡割額／納税額	⑬			187,700

注意　金額の計算においては、1円未満の端数を切り捨てる。

(R1.10.1以後終了課税期間用)

消費税等の経理処理（計算問題——簡易課税制度を選択した場合）

第4-(12)号様式

付表5-3　控除対象仕入税額等の計算表

簡　易

課税期間	令和5・1・1〜令和5・12・31	氏名又は名称	○○商店

Ⅰ　控除対象仕入税額の計算の基礎となる消費税額

項　　目		税率6.24%適用分 A	税率7.8%適用分 B	合計 C (A+B)
課 税 標 準 額 に 対 す る 消 費 税 額	①	（付表4-3の②A欄の金額）　円 348,067	（付表4-3の②B欄の金額）　円 3,020,004	（付表4-3の②C欄の金額）　円 3,368,071
貸 倒 回 収 に 係 る 消 費 税 額	②	（付表4-3の③A欄の金額）	（付表4-3の③B欄の金額）	（付表4-3の③C欄の金額）
売 上 対 価 の 返 還 等 に 係 る 消 費 税 額	③	（付表4-3の⑤A欄の金額）	（付表4-3の⑤B欄の金額）	（付表4-3の⑤C欄の金額）
控除対象仕入税額の計算の基礎となる消費税額（①＋②－③）	④	348,067	3,020,004	3,368,071

Ⅱ　1種類の事業の専業者の場合の控除対象仕入税額

項　　目		税率6.24%適用分 A	税率7.8%適用分 B	合計 C (A+B)
④ × みなし仕入率 (90%・80%・70%・60%・50%・40%)	⑤	※付表4-3の④A欄へ　円	※付表4-3の④B欄へ　円	※付表4-3の④C欄へ　円

Ⅲ　2種類以上の事業を営む事業者の場合の控除対象仕入税額

(1) 事業区分別の課税売上高（税抜き）の明細

項　　目		税率6.24%適用分 A	税率7.8%適用分 B	合計 C (A+B)	売上割合
事 業 区 分 別 の 合 計 額	⑥	円 5,578,703	円 38,718,181	円 44,296,884	売上割合
第 一 種 事 業 （ 卸 売 業 ）	⑦			※第一表「事業区分」欄へ	％
第 二 種 事 業 （ 小 売 業 等 ）	⑧	5,578,703	35,218,181	※ 〃 40,796,884	92.0
第 三 種 事 業 （ 製 造 業 等 ）	⑨			※ 〃	
第 四 種 事 業 （ そ の 他 ）	⑩		45,454	※ 〃 45,454	0.1
第 五 種 事 業 （ サ ー ビ ス 業 等 ）	⑪			※ 〃	
第 六 種 事 業 （ 不 動 産 業 ）	⑫		3,454,545	※ 〃 3,454,545	7.7

(2) (1)の事業区分別の課税売上高に係る消費税額の明細

項　　目		税率6.24%適用分 A	税率7.8%適用分 B	合計 C (A+B)
事 業 区 分 別 の 合 計 額	⑬	円 348,111	円 3,020,017	円 3,368,128
第 一 種 事 業 （ 卸 売 業 ）	⑭			
第 二 種 事 業 （ 小 売 業 等 ）	⑮	348,111	2,747,018	3,095,129
第 三 種 事 業 （ 製 造 業 等 ）	⑯			
第 四 種 事 業 （ そ の 他 ）	⑰		3,545	3,545
第 五 種 事 業 （ サ ー ビ ス 業 等 ）	⑱			
第 六 種 事 業 （ 不 動 産 業 ）	⑲		269,454	269,454

注意　1　金額の計算においては、1円未満の端数を切り捨てる。
　　　2　課税売上げにつき返品を受け又は値引き・割戻しをした金額（売上対価の返還等の金額）があり、売上（収入）金額から減算しない方法で経理して経費に含めている場合には、⑥から⑫欄には売上対価の返還等の金額（税抜き）を控除した後の金額を記載する。

(1／2)

(R1.10.1以後終了課税期間用)

消費税等の経理処理（計算問題——簡易課税制度を選択した場合）

(3) 控除対象仕入税額の計算式区分の明細

イ　原則計算を適用する場合

控 除 対 象 仕 入 税 額 の 計 算 式 区 分		税率6.24%適用分 A	税率7.8%適用分 B	合計C (A＋B)
④ × みなし仕入率 $\dfrac{⑭×90\%+⑮×80\%+⑯×70\%+⑰×60\%+⑱×50\%+⑲×40\%}{⑬}$	⑳	278,453 円	2,307,513 円	2,585,966 円

ロ　特例計算を適用する場合

(イ)　1種類の事業で75%以上

控 除 対 象 仕 入 税 額 の 計 算 式 区 分		税率6.24%適用分 A	税率7.8%適用分 B	合計C (A＋B)
(⑦C/⑥C・⑧C/⑥C・⑨C/⑥C・⑩C/⑥C・⑪C/⑥C・⑫C/⑥C)≧75% ④×みなし仕入率（90%・⑳80%・70%・60%・50%・40%）	㉑	278,453 円	2,416,003 円	2,694,456 円

(ロ)　2種類の事業で75%以上

控 除 対 象 仕 入 税 額 の 計 算 式 区 分		税率6.24%適用分 A	税率7.8%適用分 B	合計C (A＋B)
第一種事業及び第二種事業 (⑦C＋⑧C)／⑥C≧75%	$④×\dfrac{⑭×90\%+(⑬-⑭)×80\%}{⑬}$ ㉒	円	円	円
第一種事業及び第三種事業 (⑦C＋⑨C)／⑥C≧75%	$④×\dfrac{⑭×90\%+(⑬-⑭)×70\%}{⑬}$ ㉓			
第一種事業及び第四種事業 (⑦C＋⑩C)／⑥C≧75%	$④×\dfrac{⑭×90\%+(⑬-⑭)×60\%}{⑬}$ ㉔			
第一種事業及び第五種事業 (⑦C＋⑪C)／⑥C≧75%	$④×\dfrac{⑭×90\%+(⑬-⑭)×50\%}{⑬}$ ㉕			
第一種事業及び第六種事業 (⑦C＋⑫C)／⑥C≧75%	$④×\dfrac{⑭×90\%+(⑬-⑭)×40\%}{⑬}$ ㉖			
第二種事業及び第三種事業 (⑧C＋⑨C)／⑥C≧75%	$④×\dfrac{⑮×80\%+(⑬-⑮)×70\%}{⑬}$ ㉗			
第二種事業及び第四種事業 (⑧C＋⑩C)／⑥C≧75%	$④×\dfrac{⑮×80\%+(⑬-⑮)×60\%}{⑬}$ ㉘			
第二種事業及び第五種事業 (⑧C＋⑪C)／⑥C≧75%	$④×\dfrac{⑮×80\%+(⑬-⑮)×50\%}{⑬}$ ㉙			
第二種事業及び第六種事業 (⑧C＋⑫C)／⑥C≧75%	$④×\dfrac{⑮×80\%+(⑬-⑮)×40\%}{⑬}$ ㉚			
第三種事業及び第四種事業 (⑨C＋⑩C)／⑥C≧75%	$④×\dfrac{⑯×70\%+(⑬-⑯)×60\%}{⑬}$ ㉛			
第三種事業及び第五種事業 (⑨C＋⑪C)／⑥C≧75%	$④×\dfrac{⑯×70\%+(⑬-⑯)×50\%}{⑬}$ ㉜			
第三種事業及び第六種事業 (⑨C＋⑫C)／⑥C≧75%	$④×\dfrac{⑯×70\%+(⑬-⑯)×40\%}{⑬}$ ㉝			
第四種事業及び第五種事業 (⑩C＋⑪C)／⑥C≧75%	$④×\dfrac{⑰×60\%+(⑬-⑰)×50\%}{⑬}$ ㉞			
第四種事業及び第六種事業 (⑩C＋⑫C)／⑥C≧75%	$④×\dfrac{⑰×60\%+(⑬-⑰)×40\%}{⑬}$ ㉟			
第五種事業及び第六種事業 (⑪C＋⑫C)／⑥C≧75%	$④×\dfrac{⑱×50\%+(⑬-⑱)×40\%}{⑬}$ ㊱			

ハ　上記の計算式区分から選択した控除対象仕入税額

項　　　　　目		税率6.24%適用分 A	税率7.8%適用分 B	合計C (A＋B)
選 択 可 能 な 計 算 式 区 分 （⑳〜㊱） の 内 か ら 選 択 し た 金 額	㊲	※付表4-3の④A欄へ 円 278,453	※付表4-3の④B欄へ 円 2,416,003	※付表4-3の④C欄へ 円 2,694,456

注意　金額の計算においては、1円未満の端数を切り捨てる。

(2／2)

消費税等

(R1.10.1以後終了課税期間用)

消費税等の経理処理（計算問題――簡易課税制度を選択した場合）

GK0602

第3-(2)号様式

課税標準額等の内訳書

| 整理番号 | | | | | | | | |

個人事業者用

納税地	△△市△△町△-△
(フリガナ)	（電話番号 □□-□□□□-□□□□）
屋 号	○○商店
(フリガナ)	
氏 名	○○　　○○

改正法附則による税額の特例計算

| 軽減売上割合（10営業日） | ◯ | 附則38① | 51 |
| 小売等軽減仕入割合 | ◯ | 附則38② | 52 |

第二表

令和四年四月一日以後終了課税期間分

自 令和 **05** 年 **01** 月 **01** 日
至 令和 **05** 年 **12** 月 **31** 日

課税期間分の消費税及び地方消費税の（ 確定 ）申告書

中間申告
の場合の
対象期間

自 令和 □□ 年 □□ 月 □□ 日
至 令和 □□ 年 □□ 月 □□ 日

課　税　標　準　額 ※申告書（第一表）の①欄へ	①	十兆千百十億千百十万千百十一円 44296000	01

	3 ％ 適用分	②		02
課税資産の	4 ％ 適用分	③		03
譲渡等の	6.3 ％ 適用分	④		04
対価の額	6.24 ％ 適用分	⑤	5578703	05
の合計額	7.8 ％ 適用分	⑥	38718181	06
	（②～⑥の合計）	⑦	44296884	07
特定課税仕入れ	6.3 ％ 適用分	⑧		11
に係る支払対価	7.8 ％ 適用分	⑨		12
の額の合計額 （注1）	（⑧・⑨の合計）	⑩		13

消　費　税　額 ※申告書（第一表）の②欄へ	⑪	3368071	21
	3 ％ 適用分	⑫		22
⑪ の 内 訳	4 ％ 適用分	⑬		23
	6.3 ％ 適用分	⑭		24
	6.24 ％ 適用分	⑮	348067	25
	7.8 ％ 適用分	⑯	3020004	26

返還等対価に係る税額 ※申告書（第一表）の⑤欄へ	⑰		31
⑰の内訳 売上げの返還等対価に係る税額	⑱		32
特定課税仕入れの返還等対価に係る税額 （注1）	⑲		33

地方消費税の	（㉑～㉓の合計）	⑳	665800	41
課税標準となる	4 ％ 適用分	㉑		42
消費税額	6.3 ％ 適用分	㉒		43
（注2）	6.24%及び7.8% 適用分	㉓	665800	44

（注1） ⑧～⑩及び⑲欄は、一般課税により申告する場合で、課税売上割合が95％未満、かつ、特定課税仕入れがある事業者のみ記載します。
（注2） ⑪～㉓欄が還付税額となる場合はマイナス「－」を付してください。

— 158 —

消費税等の経理処理（計算問題——簡易課税制度を選択した場合）

GK0407

第3-(3)号様式

令和　年　月　日
収受印
○○ 税務署長殿

納税地　△△市△△町△-△
（電話番号　□□-□□□□-□□□□）
（フリガナ）
屋　号　　○○商店
個人番号　×××××××××××××
（フリガナ）
氏　名　　○○　○○

※税務署処理欄

○（個人の方）振替継続希望

所管	要否	整理番号

申告年月日　令和　　年　　月　　日
申告区分　指導等　庁指定　局指定
通信日付印　確認　確認書類　個人番号カード　通知カード・運転免許証　その他（　）　身元確認
年　月　日
指導　年　月　日　相談　区分1　区分2　区分3
令和

個人事業者用　第一表

自 令和 **05**年**01**月**01**日
至 令和 **05**年**12**月**31**日

課税期間分の消費税及び地方消費税の（　確定　）申告書

中間申告
の場合の
対象期間

自令和 □□年 □□月 □□日
至令和 □□年 □□月 □□日

令和五年十月一日以後終了課税期間分（簡易課税用）

消費税等

この申告書による消費税の税額の計算

項目		十兆千百十億千百十万千百十一円	
課税標準額	①	44296000	03
消費税額	②	3368071	06
貸倒回収に係る消費税額	③		07
控除税額　控除対象仕入税額	④	2694456	08
返還等対価に係る税額	⑤		09
貸倒れに係る税額	⑥	7729	10
控除税額小計（④+⑤+⑥）	⑦	2702185	13
控除不足還付税額（⑦-②-③）	⑧		13
差引税額（②+③-⑦）	⑨	665800	15
中間納付税額	⑩	00	16
納付税額（⑨-⑩）	⑪	665800	17
中間納付還付税額（⑩-⑨）	⑫	00	18
この申告書が修正申告である場合　既確定税額	⑬		19
差引納付税額	⑭	00	20
この課税期間の課税売上高	⑮	44296884	21
基準期間の課税売上高	⑯	23456789	

この申告書による地方消費税の税額の計算

項目		十兆千百十億千百十万千百十一円	
地方消費税の課税標準となる消費税額　控除不足還付税額	⑰		51
差引税額	⑱	665800	52
譲渡割額　還付額	⑲		53
納税額	⑳	187700	54
中間納付譲渡割額	㉑	00	55
納付譲渡割額（⑳-㉑）	㉒	187700	56
中間納付還付譲渡割額（㉑-⑳）	㉓	00	57
この申告書が修正申告である場合　既確定譲渡割額	㉔		58
差引納付譲渡割額	㉕	00	59
消費税及び地方消費税の合計（納付又は還付）税額	㉖	853500	60

㉖=（⑪+㉒）-（⑧+⑫+㉓）・修正申告の場合㉖=⑭+㉕
㉖が還付税額となる場合はマイナス「-」を付してください。

付記事項

割賦基準の適用	○	有	○	無	31
延払基準等の適用	○	有	○	無	32
工事進行基準の適用	○	有	○	無	33
現金主義会計の適用	○	有	○	無	34
課税標準額に対する消費税額の計算の特例の適用	○	有	○	無	35

参考事項　事業区分

区分	課税売上高（免税売上高を除く）千円	売上割合%	
第1種			36
第2種	40,796	92.0	37
第3種			38
第4種	45	0.1	39
第5種			42
第6種	3,454	7.7	43

特例計算適用（令57③）　○ 有　○ 無　40

○ 税額控除に係る経過措置の適用（2割特例）　44

還付を受けようとする金融機関等
銀行　　本店・支店
金庫・組合　　出張所
農協・漁協　　本所・支所
預金　口座番号
ゆうちょ銀行の貯金記号番号　-
郵便局名等

○（個人の方）公金受取口座の利用
※税務署整理欄

税理士署名
（電話番号　　-　　-　）

○ 税理士法第30条の書面提出有
○ 税理士法第33条の2の書面提出有

※　2割特例による申告の場合、⑬欄に⑪欄の数字を記載し、⑯欄×22/78から算出された金額を⑳欄に記載してください。

— 159 —

消費税の計算問題
（２割特例を適用した場合）

〈設 例〉

1　ソフトウェア制作などシステムサービス業を営む個人事業者です。

2　消費税の課税期間
　　令和５年１月１日～令和５年12月31日

3　これまでは免税事業者で，基準期間である令和３年分の課税売上高は8,321,760円です。

4　令和５年10月１日に適格請求書発行事業者の登録を受けました。

5　消費税についての経理方式は，税込経理方式で行っています。

6　事業所得に関する所得税の決算額は以下のとおりです。

7　なお，令和５年９月30日までの取引に係る売上げの値引きが35,900円，令和５年10月１日以後の取引に係る売上げの値引きが64,300円ありました。

	標準税率適用分
１月１日から９月30日（免税事業者）	6,609,330円
10月１日から12月31日（課税事業者）	2,099,120円
損益計算書上の収入	8,708,450円

課税売上高の計算

　適用税率毎の課税売上げの税抜金額を計算します。設例の場合，１年分ではなく，課税事業者となった10月から12月までの分の集計金額2,099,120円から適用税率で割り戻すと1,908,290円となります。

　これを税率別消費税額計算表（付表６）の①欄に記入します。

課税標準額の計算

　課税売上高から千円未満を切り捨てた金額1,908,000円を税率別消費税額計算表（付表６）の②欄，課税標準額等の内訳書（第二表）の①欄，消費税及び地方消費税の確定申告書の①欄に記入します。

消費税額の計算

　課税標準額に，消費税（国税）の税率（7.8％）を乗じた148,824円を税率別消費税額計算表（付表６）の③欄，課税標準額等の内訳書（第二表）の⑪欄と⑯欄，消費税及び地方消費税の確定申告書の②欄に記入します。

返還等対価に係る税額の計算

　課税事業者となった10月から12月までにあった対価の返還等の金額64,300円に$\frac{7.8}{110}$を乗じて算出した4,559円を税率別消費税額計算表（付表６）の⑤欄，課税標準額等の内訳書（第二表）の⑰欄と

⑱欄，消費税及び地方消費税の確定申告書の⑤欄に記入します。

控除対象仕入税額の基礎となる消費税額の計算

課税率別消費税額計算表（付表6）の③欄から⑤欄を差し引いて計算した金額144,265円を同表⑥欄に記入します。

特別控除税額の計算

課税率別消費税額計算表（付表6）の⑥欄に80％を乗じた115,412円を同表⑦欄，消費税及び地方消費税の確定申告書の④欄に記入します。

納付税額の計算（消費税）

以上の結果をもとに，納付税額を計算します。設例の場合，中間納付額はありませんので，差引税額（消費税及び地方消費税の確定申告書⑨欄の金額）が，そのまま納付税額（⑪欄）となります。

地方消費税の課税標準

課税資産の譲渡等に係る消費税額から仕入等に係る消費税額等を控除した後の消費税額（消費税法第45条第1項第4号に掲げる消費税額）が，地方消費税（譲渡割）の課税標準になります。

地方消費税の課税標準となる消費税額の計算

設例の場合は，上記「納付税額の計算（消費税）」で計算した地方消費税の課税標準となる消費税額28,800円を消費税及び地方消費税の確定申告書⑱欄に記入します（100円未満端数切捨て）。

地方消費税の税率

地方消費税の課税標準となる消費税額の22/78です。

設例の場合は地方消費税の課税標準となる消費税額28,800円に22/78を乗じた金額8,100円を消費税及び地方消費税の確定申告書⑳欄に記入します（100円未満端数切捨て）。

納付譲渡割額の計算（地方消費税）

以上の結果をもとに納付譲渡割額を計算します。設例の場合，中間納付譲渡割額はありませんので，譲渡割額の納税額（⑳欄）が，そのまま納付譲渡割額（消費税及び地方消費税の確定申告書㉒欄の金額）となります。

消費税及び地方消費税の合計税額

消費税の納付税額（消費税及び地方消費税の確定申告書⑪欄）と地方消費税の納付譲渡割額（㉒欄）の合計税額（㉖欄）が本年度の納付税額となります。

したがって，設例の場合は，36,900円となります。

消費税等の経理処理（計算問題——２割特例を適用した場合）

簡易課税制度を選択している場合

　税率別消費税額計算表（付表６）及び課税標準額等の内訳書（第二表）の記載方法については変わらず，消費税及び地方消費税の確定申告書の記載方法が若干異なります。具体的な記載例は，166ページを参照してください。

消費税等の経理処理（計算問題——2割特例を適用した場合）

第4-(13)号様式

付表6　税率別消費税額計算表
〔小規模事業者に係る税額控除に関する経過措置を適用する課税期間用〕

特　別

| 課税期間 | 令和5・1・1 〜 令和5・12・31 | 氏名又は名称 | △△　□□ |

I　課税標準額に対する消費税額及び控除対象仕入税額の計算の基礎となる消費税額

区　分		税率 6.24 % 適用分 A	税率 7.8 % 適用分 B	合　計　C (A+B)
課税資産の譲渡等の対価の額	①	※第二表の⑤欄へ　　円	※第二表の⑥欄へ　　円 1,908,290	※第二表の⑦欄へ　　円 1,908,290
課税標準額	②	①A欄(千円未満切捨て) 000	①B欄(千円未満切捨て) 1,908,000	※第二表の①欄へ 1,908,000
課税標準額に対する消費税額	③	(②A欄×6.24/100) ※第二表の⑮欄へ	(②B欄×7.8/100) ※第二表の⑯欄へ 148,824	※第二表の⑪欄へ 148,824
貸倒回収に係る消費税額	④			※第一表の③欄へ
売上対価の返還等に係る消費税額	⑤		4,559	※第二表の⑰、⑱欄へ 4,559
控除対象仕入税額の計算の基礎となる消費税額（③+④-⑤）	⑥		144,265	144,265

II　控除対象仕入税額とみなされる特別控除税額

項　目		税率 6.24 % 適用分 A	税率 7.8 % 適用分 B	合　計　C (A+B)
特別控除税額（⑥×80%）	⑦		115,412	※第一表の④欄へ 115,412

III　貸倒れに係る税額

項　目		税率 6.24 % 適用分 A	税率 7.8 % 適用分 B	合　計　C (A+B)
貸倒れに係る税額	⑧			※第一表の⑥欄へ

注意　金額の計算においては、1円未満の端数を切り捨てる。

(R5.10.1以後終了課税期間用)

消費税等の経理処理（計算問題——２割特例を適用した場合）

GK0602

第3-（2）号様式

課税標準額等の内訳書

整理番号 □□□□□□□□

個人事業者用

納税地	□□市○○町△－△
	（電話番号 □□-□□□□-□□□□）
（フリガナ）	
屋 号	
（フリガナ）	
氏 名	△△　□□

改正法附則による税額の特例計算

軽減売上割合（10営業日）	○	附則38①	51
小売等軽減仕入割合	○	附則38②	52

OCR入力用　（この用紙は機械で読み取ります。折ったり汚したりしないでください。）

第二表

令和四年四月一日以後終了課税期間分

自 令和 **05**年**01**月**01**日
至 令和 **05**年**12**月**31**日

課税期間分の消費税及び地方
消費税の（　確定　）申告書

中間申告 自 令和 □□年□□月□□日
の場合の
対象期間 至 令和 □□年□□月□□日

課　税　標　準　額 ※申告書（第一表）の①欄へ	①	十北千百十億千百十万千百十一円　　1908000	01

課税資産の譲渡等の対価の額の合計額	3 ％ 適用分 ②		02
	4 ％ 適用分 ③		03
	6.3 ％ 適用分 ④		04
	6.24 ％ 適用分 ⑤		05
	7.8 ％ 適用分 ⑥	1908290	06
	（②〜⑥の合計） ⑦	1908290	07
特定課税仕入れに係る支払対価の額の合計額（注1）	6.3 ％ 適用分 ⑧		11
	7.8 ％ 適用分 ⑨		12
	（⑧・⑨の合計） ⑩		13

消　費　税　額 ※申告書（第一表）の②欄へ	⑪	148824	21
⑪ の 内 訳	3 ％ 適用分 ⑫		22
	4 ％ 適用分 ⑬		23
	6.3 ％ 適用分 ⑭		24
	6.24 ％ 適用分 ⑮		25
	7.8 ％ 適用分 ⑯	148824	26

返　還　等　対　価　に　係　る　税　額 ※申告書（第一表）の⑤欄へ	⑰	4559	31
⑰の内訳	売上げの返還等対価に係る税額 ⑱	4559	32
	特定課税仕入れの返還等対価に係る税額（注1） ⑲		33

地方消費税の課税標準となる消費税額（注2）	（㉑〜㉓の合計） ⑳	28800	41
	4 ％ 適用分 ㉑		42
	6.3 ％ 適用分 ㉒		43
	6.24%及び7.8% 適用分 ㉓	28800	44

（注1）　⑤〜⑩及び⑲欄は、一般課税により申告する場合で、課税売上割合が95％未満、かつ、特定課税仕入れがある事業者のみ記載します。
（注2）　⑳〜㉓欄が還付税額となる場合はマイナス「－」を付してください。

－164－

消費税等の経理処理（計算問題——2割特例を適用した場合）

GK0306

第3-(1)号様式

令和　年　月　日　　　　　　　　　○○　税務署長殿

OCR入力用（この用紙は機械で読み取ります。折ったり汚したりしないでください。）

納税地	□□市○○町△-△　（電話番号　□□-□□□□-□□□□）
（フリガナ）屋　号	
個人番号	× × × × × × × × × × × ×
（フリガナ）氏　名	△△　□□

（個人の方）振替継続希望

個人事業者用　第一表　令和五年十月一日以後終了課税期間分（一般用）

※税務署処理欄
- 所管　要否　整理番号
- 申告年月日　令和　年　月　日
- 申告区分　指導等　庁指定　局指定
- 通信日付印　確認　確認書類　個人番号カード／通知カード・運転免許証／その他　身元確認
- 令和　年　月　日
- 指導年月日　相談　区分1　区分2　区分3
- 令和

自 令和 **05**年**01**月**01**日
至 令和 **05**年**12**月**31**日

課税期間分の消費税及び地方消費税の（　確定　）申告書

中間申告の場合の対象期間　自 令和　年　月　日　至 令和　年　月　日

消費税等

この申告書による消費税の税額の計算

項目	番号	金額	
課税標準額	①	1 9 0 8 0 0 0	03
消費税額	②	1 4 8 8 2 4	06
控除過大調整税額	③		07
控除税額　控除対象仕入税額	④	1 1 5 4 1 2	08
返還等対価に係る税額	⑤	4 5 5 9	09
貸倒れに係る税額	⑥		10
控除税額小計（④+⑤+⑥）	⑦	1 1 9 9 7 1	
控除不足還付税額（⑦-②-③）	⑧		13
差引税額（②+③-⑦）	⑨	2 8 8 0 0	15
中間納付税額	⑩	0 0	16
納付税額（⑨-⑩）	⑪	2 8 8 0 0	17
中間納付還付税額（⑩-⑨）	⑫	0 0	18
この申告書が修正申告である場合　既確定税額	⑬		19
差引納付税額	⑭	0 0	20
課税売上割合　課税資産の譲渡等の対価の額	⑮		21
資産の譲渡等の対価の額	⑯		22

⑪・⑫又は⑫・⑭の記入をお忘れなく。

この申告書による地方消費税の税額の計算

項目	番号	金額	
地方消費税の課税標準となる消費税額　控除不足還付税額	⑰		51
差引税額	⑱	2 8 8 0 0	52
譲渡割額　還付額	⑲		53
納税額	⑳	8 1 0 0	54
中間納付譲渡割額	㉑	0 0	55
納付譲渡割額（⑳-㉑）	㉒	8 1 0 0	56
中間納付還付譲渡割額（㉑-⑳）	㉓	0 0	57
この申告書が修正申告である場合　既確定譲渡割額	㉔		58
差引納付譲渡割額	㉕	0 0	59
消費税及び地方消費税の合計（納付又は還付）税額	㉖	3 6 9 0 0	60

㉖=（⑪+⑫）-（⑧+⑫+⑱+㉓）・修正申告の場合㉖=⑭+㉕
㉖が還付税額となる場合はマイナス「-」を付してください。

付記事項・参考事項

割賦基準の適用	有	○無	31
延払基準等の適用	有	○無	32
工事進行基準の適用	有	○無	33
現金主義会計の適用	有	○無	34
課税標準額に対する消費税額の計算の特例の適用	有	無	35

控除税額の計算方法
- 課税売上高5億円超又は課税売上割合95%未満　個別対応方式
- 一括比例配分方式 41
- 上記以外　全額控除

基準期間の課税売上高　8,321　千円

○ 税額控除に係る経過措置の適用（2割特例）42

還付を受けようとする金融機関等
- 銀行／金庫・組合／農協・漁協　本店・支店／出張所／本所・支店
- 預金　口座番号
- ゆうちょ銀行の貯金記号番号
- 郵便局名等

○（個人の方）公金受取口座の利用

※税務署整理欄

税理士署名（電話番号　-　-　）

○ 税理士法第30条の書面提出有
○ 税理士法第33条の2の書面提出有

※ 2割特例による申告の場合、⑮欄に①欄の数字を記載し、⑮欄×22/78から算出された金額を㉒欄に記載してください。

— 165 —

消費税等の経理処理（計算問題──２割特例を適用した場合）

GK0407

第3－(3)号様式

令和　年　月　日　　　　　○○　税務署長殿

納税地　□□市○○町△－△
　　　　（電話番号　□□－□□□□－□□□□）

（フリガナ）
屋　号

個人番号　××××××××××××

（フリガナ）
氏　名　　△△　□□

個人事業者用　第一表

（個人の方）振替継続希望

※税務署処理欄

所管	要否	整理番号								

申告年月日　令和　　年　　月　　日
申告区分　指導等　庁指定　局指定
通信日付印　確認　確認書類　個人番号カード　身元確認
　　　　　　　　　　通知カード・運転免許証
　年　月　日　　　　　その他（　　　　）
指導年月日　　　　相談　区分1　区分2　区分3
令和

自令和 **05** 年 **01** 月 **01** 日
至令和 **05** 年 **12** 月 **31** 日

課税期間分の消費税及び地方消費税の（　確定　）申告書

中間申告　自令和　　年　　月　　日
の場合の　至令和　　年　　月　　日
対象期間

令和五年十月一日以後終了課税期間分（簡易課税用）

この申告書による消費税の税額の計算

		十億千百十億千百十万千百十一円	
課税標準額	①	1908000	03
消費税額	②	144824	06
貸倒回収に係る消費税額	③		07
控除税額　控除対象仕入税額	④	115412	08
返還等対価に係る税額	⑤	4559	09
貸倒れに係る税額	⑥		10
控除税額小計（④+⑤+⑥）	⑦	119971	11
控除不足還付税額（⑦-②-③）	⑧		13
差引税額（②+③-⑦）	⑨	28800	15
中間納付税額	⑩	00	16
納付税額（⑨-⑩）	⑪	28800	17
中間納付還付税額（⑩-⑨）	⑫	00	18
この申告書が修正申告である場合　既確定税額	⑬		19
差引納付税額	⑭	00	20
この課税期間の課税売上高	⑮		21
基準期間の課税売上高	⑯	8321760	

この申告書による地方消費税の税額の計算

地方消費税の課税標準となる消費税額　控除不足還付税額	⑰		51
差引税額	⑱	28800	52
譲渡割額　還付額	⑲		53
納税額	⑳	8100	54
中間納付譲渡割額	㉑	00	55
納付譲渡割額（⑳-㉑）	㉒	8100	56
中間納付還付譲渡割額（㉑-⑳）	㉓	00	57
この申告書が修正申告である場合　既確定譲渡割額	㉔		58
差引納付譲渡割額	㉕	00	59
消費税及び地方消費税の合計（納付又は還付）税額	㉖	36900	60

㉖＝（⑪＋⑫）－（⑧＋⑫＋⑲＋㉓）・修正申告の場合㉖＝⑭＋㉕
㉖が還付税額となる場合はマイナス「－」を付してください。

付記事項

割賦基準の適用		有	○無	31
延払基準等の適用		有	○無	32
工事進行基準の適用		有	○無	33
現金主義会計の適用		有	○無	34
課税標準額に対する消費税額の計算の特例の適用		有	無	35

参考事項　事業区分

区分	課税売上高（免税売上高を除く）	売上割合%	
第1種	千円		36
第2種			37
第3種			38
第4種			39
第5種			42
第6種			43

特例計算適用（令57③）　○有　○無　40

○　税額控除に係る経過措置の適用（２割特例）　44

還付を受けようとする金融機関等
　　銀行　　本店・支店
　　金庫・組合　　出張所
　　農協・漁協　　本所・支所

預金　口座番号
ゆうちょ銀行の貯金記号番号　　－
郵便局名等

○　（個人の方）公金受取口座の利用

※税務署整理欄

税理士署名
（電話番号　　－　　－　　）

○　税理士法第30条の書面提出有
○　税理士法第33条の2の書面提出有

※　２割特例による申告の場合、⑬欄に⑪欄の数字を記載し、⑫欄×22/78から算出された金額を㉒欄に記載してください。

OCR入力用（この用紙は機械で読み取ります。折ったり汚したりしないでください。）

⑪、㉒又は⑫、㉓の記入をお忘れなく。

－ 166 －

利子所得

利子所得とは

利子所得とは，公社債及び預貯金の利子（公社債で元本に係る部分と利子に係る部分とに分離されてそれぞれ独立して取引されるもの（いわゆるストリップス債）のうち，当該利子に係る部分であった公社債（分離利子公社債）に係るものを除く。）並びに合同運用信託，公社債投資信託及び公募公社債等運用投資信託の収益の分配に係る所得をいいます（法23①）。

（注）　分離利子公社債に係る利子として交付を受ける金銭等については，株式等に係る譲渡所得等の収入金額として課税されます（措法37の10③九）。

公社債の利子　公社債とは，公債及び社債をいいます。公債とは，債券を発行し，又は登録の方法をもって起債した国又は地方公共団体の債務をいい，これには外国及び外国の地方公共団体の発行した債券も含まれます（法2①九，基通2―10）。

社債とは，会社が会社法その他の法律の規定により発行する債券及び会社以外の内国法人が特別の法律により発行する債券並びに外国法人が発行する債券でこれらに準ずるものをいいます。したがって，債券の発行につき法律の規定をもたない会社以外の内国法人が発行するいわゆる学校債又は組合債のようなものは，これに該当しません（基通2―11）。

（注）1　いわゆる学校債，組合債等の利子は，雑所得となります（基通2―11（注））。

　　　2　会社以外の内国法人が特別の法律により発行する債券には，農林債券，商工債券，東京交通債券等があります。

預貯金の利子　預貯金とは，預金及び貯金をいいますが，これには銀行その他の金融機関に対する預金及び貯金のほか，次に掲げるものが含まれます（法2①十，令2）。

(1)　労働基準法第18条又は船員法第34条の規定により管理される労働者又は船員の貯蓄金

(2)　国家公務員共済組合法第98条，地方公務員等共済組合法第112条第1項に規定する組合に対する組合員の貯金又は私立学校教職員共済法第26条第1項に規定する事業団に対する加入者の貯金

(3)　金融商品取引法第2条第9項に規定する金融商品取引業者（第1種金融商品取引業を行う者に限る。）に対する預託金で，勤労者財産形成促進法第6条第1項，第2項又は第4項に規定する勤労者財産形成貯蓄契約，勤労者財産形成年金貯蓄契約又は勤労者財産形成住宅貯蓄契約に基づく有価証券の購入のためのもの

銀行その他の金融機関とは，法律の規定により預金又は貯金の受入れの業務を行うことが認められている銀行，信用金庫，信用金庫連合会，労働金庫，労働金庫連合会，信用協同組合，農業協同組合，漁業協同組合，水産加工業協同組合等をいいます（基通2―12）。

— 167 —

（注）1　金融機関以外のものに対する寄託金につき受ける利子は，上記(1)～(3)に掲げるものにつき受けるものを除き，雑所得となります（基通2—12(注)）。

2　上記(1)の労働基準法第18条又は船員法第34条に基づく貯蓄金管理協定が作成されていない勤務先預金の利子やこれらの協定のある勤務先預金であっても，代表権や業務執行権のある役員や従業員の家族などの預金に対する利子は，利子所得ではなく雑所得となります。

預貯金の利子に該当するもの　次に掲げる金額又は利子は，預貯金の利子に該当することとされています（基通23—1）。

(1)　法人税法第2条第7号に規定する協同組合等で預貯金の受入れをするものがその預貯金につき支払う同法第60条の2第1号に掲げる金額

(2)　いわゆる金融債を発行する銀行その他の金融機関がその発行に係る払込金を払込期日前に受け入れた場合においてその払込期日前の期間に対応して支払う利子

(3)　銀行その他の金融機関がいわゆる定期積金契約の中途解約前の期間又は満期後の期間に対応して支払う利子

(4)　銀行が銀行法第2条第4項の契約の中途解約前の期間又は満期後の期間に対応して支払う利子

(5)　信託業務を兼営する金融機関が信託業務として引き受けた財産の整理又は債権の取立て等の代理事務に関連して取得管理する金銭につき支払う利子

なお，信託銀行が貸付信託契約の募集期間中の期間又は満期後の期間に対応して支払う収益の分配は，次の合同運用信託の収益の分配に該当します。

合同運用信託の収益の分配　信託会社（信託業務を兼営する金融機関を含む。）が引き受けた金銭信託で，共同しない多数の委託者の信託財産を合同して運用するもの（委託者非指図型投資信託及びこれに類する外国投資信託並びに，委託者が実質的に多数でない一定の信託を除く。）を合同運用信託といい，その運用益による分配金がこれに該当します（法2①十一）。

公社債投資信託の収益の分配　証券投資信託のうち，その信託財産を公社債に対する投資として運用することを目的とするもので，株式（投資信託及び投資法人に関する法律第2条第14項に規定する「投資口」を含む。）又は出資に対する投資として運用しないものを公社債投資信託といい，その運用益による分配金がこれに該当します（法2①十五）。

公社債等運用投資信託　証券投資信託以外の投資信託のうち，信託財産として受け入れた金銭を公社債等（公社債，手形，一定の金銭債権，合同運用信託をいう。）に対して運用するものとして一定のものをいいます（法2①十五の二，令2の3）。

公募公社債等運用投資信託の収益の分配　公社債等運用投資信託のうち，その設定に係る受益権の募集が公募（金融商品取引法第2条第3項に規定する取得勧誘のうち同項第1号に掲げる場合に該当する募集として一定のものをいう。）により行われたものを公募公社債等運用投資信託といい，その運用益による分配金がこれに該当します（法2①十五の三，令2の4）。

勤労者財産形成貯蓄契約に基づく生命保険等の差益等　勤労者財産形成貯蓄契約，勤労者財産形成年金貯蓄契約又は勤労者財産形成住宅貯蓄契約の生命保険，損害保険，生命共済に係る契約（勤労者財産形成貯蓄保険契約等）に基づき支払を受ける差益については，利子所得の対象となる利子等とみなされます（措法4の4①）。

また，勤労者財産形成貯蓄契約，勤労者財産形成年金貯蓄契約又は勤労者財産形成住宅貯蓄契約に基づき購入した公募公社債投資信託の終了又は一部の解約により交付を受ける金銭の額及び金銭以外の資産の価額の合計額のうちその公募公社債投資信託について信託された金額を超える部分の金額は，上場株式等の譲渡所得等に係る収入金額ではなく，利子所得の収入金額とみなされて課税されます（措法4の4③）。

特定寄附信託の利子所得の非課税　特定寄附信託契約に基づき設定された信託の信託財産につき生ずる公社債等の利子等（その公社債等がその信託財産に引き続き属していた期間に対応する部分の額に限る。）については，非課税となります（措法4の5①）。

なお，特定寄附信託契約に基づき公益社団法人等に対して寄附した金額のうち，上記により非課税となった利子等に相当する金額に係る部分は，寄附金控除，認定NPO法人等寄附金特別控除及び公益社団法人等寄附金特別控除の対象とはなりません（措法4の5⑨）。

所得金額の計算

┌─────────────────────────┐
│ 利 子 所 得 の 金 額 ＝ 収 入 金 額 │
└─────────────────────────┘

(法23②)

収 入 金 額

収入の時期 利子所得の収入金額の収入すべき時期は，それぞれ次に掲げる日によります（基通36－2）。

(1) 定期預金（貯金及び令第2条第1号に掲げる貯蓄金でこれに類するものを含む。）の利子については，次に掲げる日

　イ　その契約により定められた預入期間（以下(1)において「契約期間」という。）の満了後に支払を受ける利子で，その契約期間が満了するまでの期間に係るものについてはその満了の日。その契約期間が満了した後の期間に係るものについては，その支払を受けた日

　ロ　契約期間の満了前に既経過期間に対応して支払い又は元本に繰り入れる旨の特約のある利子については，その特約により支払を受けることとなる日又は元本に繰り入れられる日

　ハ　契約期間の満了前に解約された預金の利子については，その解約の日

(2) 普通預金，貯蓄預金（貯金及び令第2条第1号に掲げる貯蓄金でこれらに類するものを含む。）の利子については，その約定により支払を受けることとなる日又は元本に繰り入れられる日。ただし，その利子計算期間の中途で解約された預金の利子については，その解約の日

(3) 通知預金（貯金及び令第2条第1号に掲げる貯蓄金でこれに類するものを含む。）の利子については，その払出しの日

(4) 合同運用信託，公社債投資信託又は公募公社債等運用投資信託の収益の分配のうち，信託期間中のものについては収益計算期間の満了の日，信託の終了又は解約（一部の解約を含む。）によるものについては，その終了又は解約の日

(5) 公社債の利子については，その利子につき支払開始日と定められた日

　なお，無記名の公社債の利子，無記名の貸付信託，投資信託の収益の分配による利子所得の収入金額は，現実にその支払を受けた時を収入の時期とします（法36③）。

利子所得に関する課税の特例

利子所得の源泉分離課税

　居住者又は恒久的施設を有する非居住者が平成28年1月1日以後に国内において支払を受けるべき利子等のうち特定公社債の利子等以外のもの（一般利子等）の課税の方法は，15％（居住者については，このほかに地方税5％）の税率の源泉徴収による分離課税方式（源泉分離課税）とされます（措法3①）。

　なお，平成25年1月1日以後は，復興特別所得税を併せて徴収することから，15.315％の税率による源泉分離課税とされています（復興財確法28）。

　この源泉分離課税の対象とならない特定公社債の利子等とは，次に掲げるものをいいます。

① 特定公社債の利子

　　特定公社債とは次に掲げる公社債をいいます（措法37の10②七，37の11②一，五～十四）。

イ　金融商品取引所に上場している公社債，外国金融商品市場において売買されている公社債その他これらに類するもの

ロ　国債，地方債

ハ　外国又はその地方公共団体が発行し，又は保証する債券

ニ　会社以外の法人が特別の法律により発行する債券（外国法人に係るもの並びに投資信託及び投資法人に関する法律の投資法人債，同法の短期投資法人債，資産の流動化に関する法律の特定社債及び同法の特定短期社債を除く。）

ホ　公社債でその発行の際の有価証券の募集が一定の公募により行われたもの

ヘ　社債のうち，その発行の日前9月以内（外国法人にあっては，12月以内）に金融商品取引法に規定する有価証券届出書，有価証券報告書等を内閣総理大臣に提出している法人が発行するもの

ト　金融商品取引所（これに類するもので外国の法令に基づき設立されたものを含む。）においてその金融商品取引所の規則に基づき公表された公社債情報（一定の期間内に発行する公社債の種類及び総額，その公社債の発行者の財務状況及び事業の内容その他その公社債及び発行者に関して明らかにされるべき基本的な情報をいう。）に基づき発行する公社債で，その発行の際に作成される目論見書に，その公社債がその公社債情報に基づき発行されるものである旨の記載のあるもの

チ　国外において発行された公社債で，次に掲げるもの

　(イ)　多数の者を相手方として行われた有価証券の売出しに応じて取得した公社債で，その取得の時から引き続きその売出しをした金融商品取引業者等の営業所において保管の委託がされているもの

　(ロ)　金融商品取引法第2条第4項に規定する売付け勧誘等に応じて取得した公社債（上記(イ)の公社債を除く。）で，その取得の日前9月以内（外国法人にあっては，12月以内）に有価証券届出書，有価証券報告書等を提出している会社が発行したもの（その取得の時から引き続きその売付け勧誘等をした金融商品取引業者等の営業所において保管の委託がされているものに限る。）

リ　外国法人が発行し，又は保証する債券のうち，次のもの

　(イ)　次に掲げる外国法人が発行し，又は保証する債券

　　i　その出資金額又は拠出をされた金額の合計額の2分の1以上が外国の政府により出資又は拠出をされている外国法人

　　ii　外国の特別の法令の規定に基づき設立された外国法人で，その業務がその外国の政府の管理の下に運営されているもの

　(ロ)　国際間の取極に基づき設立された国際機関が発行し，又は保証する債券

ヌ　銀行業若しくは第1種金融商品取引業を行う者若しくは外国の法令に準拠してその国において銀行業若しくは金融商品取引業を行う法人（以下「銀行等」という。）又は次に掲げる者が発行した社債（その取得をした者が実質的に多数でないものとして一定のものを除く。）

　(イ)　銀行等がその発行済株式又は出資の全部を直接又は間接に保有する関係にある法人

　(ロ)　親法人（銀行等の発行済株式又は出資の全部を直接又は間接に保有する関係のある法人をいう。）がその発行済株式又は出資の全部を直接又は間接に保有する関係にあるその銀行等以外の法人

ル　平成27年12月31日以前に発行された公社債（その発行の時において法人税法に規定する同族会社に該当する会社が発行したものを除く。）

② 公社債投資信託のうち，次のいずれかのものの収益の分配

イ　その設定に係る受益権の募集が公募（金融商品取引法第2条第3項に規定する取得勧誘のうち同項第1号に掲げる場合に該当する募集として一定のものをいう。）により行われたもの

ロ　その受益権が金融商品取引所に上場しているもの又はその受益権が外国金融商品市場において売買されているもの

③ 公募公社債等運用投資信託の収益の分配

④ 特定公社債以外の公社債の利子で，次に掲げる個人が支払を受けるもの（措令1の4⑤，措規2②）

イ　その特定公社債以外の公社債の利子の支払の確定した日（無記名の公社債の利子については，その支払をした日）において，法人税法の規定に基づいて同族会社の判定を行った場合にその利子の支払をした法人が法人税法に規定する同族会社に該当するときにおけるその判定の基礎となる株主等で次に掲げる者に該当するもの（以下「特定個人」という。）

　(イ)　特定公社債以外の公社債の利子の支払をした法人（同族会社に該当するものに限る。）の株主のうち，その者を法人税法施行令第71条第1項の役員であるとした場合に同項第5号イに掲げる要件を満たすこととなるその株主（下記(ロ)において「特定株主等」という。）である個人

　(ロ)　特定株主等である法人が個人と特殊の関係のある法人となる場合におけるその個人

ロ　特定個人の親族

ハ　特定個人と婚姻の届出をしていないが事実上婚姻関係と同様の事情にある者

ニ　特定個人の使用人

ホ　上記ロからニまでに掲げる者以外の者で，特定個人から受ける金銭その他の資産によって生計を維持しているもの

ヘ　上記ハからホまでに掲げる者と生計を一にするこれらの者の親族

（注）1 特定公社債の利子等のうち，上記①から③までに掲げるものについては利子所得の申告分離課税（措法8の4）の対象となり，上記④に掲げるものについては総合課税の対象となります。また，一般利子等に該当する利子等で源泉徴収の規定が適用されないもの（日本国外の銀行等に預けた預金の利子や東京市場で発行される世銀債の利子など）や一般民間国外債の利子で源泉徴収が行われるものなど，源泉分離課税制度の対象とならないものは確定申告により総合課税又は申告分離課税により課税されます（法22，措法3①，3の3①，6②，8の4①，措令1の4①）。
　　　2 源泉分離課税とされる一般利子等は，同一生計配偶者又は扶養親族に該当するかどうかの判定をする場合，雑損失の金額又は医療費控除額若しくは配偶者特別控除額の計算を行う場合等においても，除外します（措通3－1(1)）。
　　　3 令和2年1月1日以後に支払を受けるべきこの特例の適用を受けた一般利子等については，分配時調整外国税相当額の控除制度（法93，165の5の3）の対象となる集団投資信託の収益の分配から除かれます（措法3③）。

特定公社債等の利子等に係る利子所得の申告分離課税

居住者又は恒久的施設を有する非居住者が平成28年1月1日以後に支払を受けるべき次に掲げる利子等については，その利子所得の金額に対し，15％（居住者については，このほかに地方税5％）の税率により所得税が課税されます（措法8の4①）。

① 金融商品取引所に上場されている公社債等その他これに類するものの利子

　　この「金融商品取引所に上場されている公社債等その他これに類するもの」とは，次のイからハまでの受益権又は公社債のうち，金融商品取引所に上場されているもの又は外国金融商品市場において売買されているものが該当します（措法37の11②，措令25の9②）。

イ　公社債投資信託及び公社債等運用投資信託の受益権
ロ　特定目的信託の社債的受益権
ハ　公社債（次に掲げるものを除きます。）
　(イ)　預金保険法に規定する長期信用銀行債等
　(ロ)　償還差益について発行時に源泉徴収がされた割引債

② 公社債投資信託又は公社債等運用投資信託で，その設定に係る受益権の募集が一定の公募により行われたものの収益の分配

③ 特定公社債の利子

（注）この申告分離課税制度は，上場株式等に係る配当所得の申告分離課税制度と同様の制度であるため，確定申告をする場合には，申告分離課税の対象となる上場株式等に係る配当所得と合算して所得金額を計算することになります。

確定申告を要しない利子所得

次に掲げる利子等については，確定申告をしないで原則として15％（このほかに地方税5％）の税率による源泉徴収だけで済ませることができます（措法8の5）。選択により，確定申告をして上場株式等に係る譲渡損失の金額との損益通算をすることもできます。この選択は，原則として1回に支払を受けるべき利子等の額ごと（源泉徴収選択口座内配当等については，特定口座ごとの源泉徴収選択口座内配当等の利子所得の金額及び配当所得の金額の合計額ごと）に行うこととされています（措法8の5④，37の11の6⑨）。

① 国若しくは地方公共団体又はその他の内国法人（③において「内国法人等」という。）から支払を受ける金融商品取引所に上場されている公社債又は受益権その他これに類するものの利子（上記「特定公社債等の利子等に係る利子所得の申告分離課税」の対象となる①の利子と同じ。）

② 公社債投資信託又は公社債等運用投資信託で，その設定に係る受益権の募集が公募（金融商品取引法第２条第３項に規定する取得勧誘のうち同項第１号に掲げる場合に該当する募集として一定のものをいう。）により行われたものの収益の分配

③ 内国法人等から支払を受ける特定公社債の利子

(注)1　次の利子については，この特例の適用対象からは除かれています（措令４の３①）。

(1)　租税特別措置法第３条第１項に規定する一般利子等

(2)　特定公社債以外の公社債の利子で同族会社の判定の基礎となった株主等がその同族会社から支払を受けるもの（上記「利子所得の源泉分離課税」の対象とならない特定公社債等の利子等の④と同じ。）

(3)　国内において発行された公社債又は公社債投資信託若しくは公募公社債等運用投資信託の受益権の利子又は収益の分配で，国外において支払われるもの（恒久的施設を有する非居住者が支払を受けるものを除く。）

(4)　租税特別措置法第３条の３第１項に規定する国外一般公社債等の利子等で，国内における支払の取扱者を通じて交付を受けるもの（恒久的施設を有する非居住者が支払を受けるものを除く。）

(5)　租税特別措置法第３条の３第２項に規定する国外公社債等の利子等（国内における支払の取扱者を通じて交付を受けるもの及び恒久的施設を有する非居住者が支払を受けるものを除く。）

2　令和２年１月１日以後に支払を受けるべきこの特例の適用を受けた利子等に係る分配時調整外国税相当額は，分配時調整外国税相当額の控除制度（法93，165の５の３）の対象となる分配時調整外国税相当額の計算上除かれます（措法８の５①）。

国外で発行された公社債等の利子所得に対する課税

① 国外一般公社債等の利子等

居住者が，平成28年１月１日以後に支払を受けるべき国外において発行された公社債又は公社債投資信託の受益権（一定のものを除く。）の利子又は収益の分配に係る利子等で次に掲げるもの以外のもの（具体的には，特定公社債以外の公社債及び私募型の公社債投資信託に係る利子等が該当し，当該利子等のうち，国外において支払われるものに限る。以下「国外一般公社債等の利子等」という。）につき，国内における一定の支払の取扱者を通じて交付を受ける場合には，15％（このほか地方税５％）の税率による源泉分離課税となります（措法３の３①）。

イ　金融商品取引所に上場されている公社債等その他これに類するものの利子（上記「利子所得の源泉分離課税」の対象とならない特定公社債の利子等の①と同じ。）

ロ　公社債投資信託又は公社債等運用投資信託で，その設定に係る受益権の募集が一定の公募により行われたものの収益の分配

なお，平成25年１月１日以後は，復興特別所得税を併せて徴収することから，15.315％の税率による源泉分離課税とされています（復興財確法28）。

この場合，その支払の際に課される外国所得税の額があるときは，その外国所得税の額は，その交付をする際に源泉徴収される所得税の額を限度としてその所得税の額から控除され，仮に控

利子所得（課税の特例・参考事項）

除しきれない外国所得税の額があったとしても外国税額控除（法95）の適用に当たっては，その外国所得税の額はないものとされます（措法3の3④一）。

② 国外一般公社債等の利子等以外の国外公社債等の利子等

平成28年1月1日以後に居住者に対して支払われる国外公社債等の利子等（国外において発行された公社債（一定のものを除く。）又は公社債投資信託若しくは公募公社債等運用投資信託の受益権の利子又は収益の分配）の国内における支払の取扱者は，その居住者にその国外公社債等の利子等の交付をする際，その交付をする金額に15％（このほか地方税5％）の税率により所得税を徴収することとされています（措法3の3③）。

その上で，国外一般公社債等の利子等以外の国外公社債等の利子等（以下「国外特定公社債等の利子等」という。）については，選択により，利子所得の申告分離課税（措法8の4）及び上場株式等に係る譲渡損失との損益通算（措法37の12の2）又は確定申告を要しない利子所得（措法8の5）の適用を受けることができます。

なお，令和19年12月31日までは復興特別所得税を併せて徴収することから，15.315％（このほか地方税5％）の税率による源泉徴収とされています（復興財確法28）。

国外特定公社債等の利子等についてその支払の際に課される外国所得税の額があるときは，その交付を受けるべき金額（すなわち，その支払を受けるべき利子等の金額から外国所得税の額を控除した後の金額）に対し15％の税率を適用して所得税の源泉徴収が行われます。源泉徴収の際には外国所得税の控除は行いませんが，居住者は確定申告によりその外国所得税の額について外国税額控除の適用を受けることができます（措法3の3④二）。

上場株式等の配当等に係る源泉徴収義務等の特例

平成28年1月1日以後に個人又は内国法人（公共法人等を除く。）若しくは外国法人に対して支払われる上場株式等の配当等に該当する利子等の国内における一定の支払の取扱者は，その個人又は内国法人若しくは外国法人にその利子等の交付をする際，その交付をする金額に15％（このほか地方税5％）の税率により所得税を徴収することとされています（措法9の3の2①）。

なお，平成25年1月1日から令和19年12月31日までは復興特別所得税を併せて徴収することから，15.315％（このほか地方税5％）の税率による源泉徴収とされています（復興財確法28）。

（注）　上記の支払の取扱者が交付をする上場株式等の配当等に一定の外国源泉所得税の額等がある場合には，その金額は，支払の取扱者が源泉徴収するその上場株式等の配当等に係る所得税の額を限度としてその所得税の額から控除することとされ（措法9の3の2③），その控除された金額に相当する金額のうち外国源泉所得税の額等に対応する一定の金額は，分配時調整外国税相当額の控除制度（法93，165の5の3）の対象となります（措法9の3の2⑥）。

―――――――　参　考　事　項　―――――――

贈与等により取得した資産に係る利子所得，配当所得，一時所得又は雑所得の金額の計算（570ページ参照）

利子等の受領者の告知　利子等の支払を受ける人（普通預金等の利子及び無記名の公社債の利子等を

利子所得（参考事項）

除く。）は，その利子等につき，支払の確定する日までに，その確定の都度，その者の氏名，住所及び行政手続における特定の個人を識別するための番号の利用等に関する法律に規定する個人番号を，その支払者の営業所・事務所でその支払事務の取扱いをするものの長に告知しなければなりません（法224①，令336①）。なお，当座預金，普通預金，普通貯金，通知預金等の利子などについては，上記の告知義務はありません（令335①）。

（注）　利子所得の源泉分離課税が適用される利子については，上記の告知の必要はありません（措法3④）。

また，その告知を受ける者がその告知をする者の個人番号その他の事項を記載した帳簿を備えているときは，その告知をする者は，その者の個人番号の告知は必要なく，氏名及び住所を告知することとされています。（これに該当する者を以下「番号既告知者」という。）ただし，その告知をする者の氏名，住所又は個人番号が，その帳簿に記載されたその者の氏名，住所又は個人番号と異なる場合には，改めてこれらの事項について告知をすることが必要となります（法224①）。

　本人確認書類の提示又は署名用電子証明書等の送信　利子等の支払を受ける人は，氏名，住所及び個人番号（番号既告知者は，氏名及び住所）の告知をする際に，その支払事務取扱者（貯蓄取扱機関等の営業所の長）にその者の氏名，住所及び個人番号（番号既告知者は，氏名及び住所）の記載された一定の本人確認書類を提示し，又はその者の署名用電子証明書等を送信しなければなりません。

　なお，貯蓄取扱機関等の営業所の長が，その支払を受ける人の氏名，住所及び個人番号等を記載した帳簿を備えているときは，その貯蓄取扱機関等の営業所の長に対しては，本人確認書類の提示又は署名用電子証明書等の送信は必要ありません（法224，令337，規81の6）。

　この本人確認書類の範囲は，次のとおりです。

区　　　　分		書　類　の　種　類	摘　　　要
国内に住所を有する個人（番号既告知者を除く。）		①個人番号カード	提示をする日において有効なもの
		②次の両方の書類 ・住民票の写し又は住民票の記載事項証明書で，その者の個人番号の記載のあるもの ・住所等確認書類（(1)個人番号カードと(2)住民票の写し等を除く。）	提示をする日前6月以内に作成されたもの
国内に住所を有しない個人（番号既告知者を除く。）	個人番号を有しない個人	住所等確認書類（(1)個人番号カードと(2)住民票の写し等を除く。）	
	個人番号を有する個人	次の両方の書類 ・住所等確認書類（(1)個人番号カードと(2)住民票の写し等を除く。） ・出国の際に還付された個人番号カード	
番　号　既　告　知　者		住所等確認書類	国内に住所を有しない個人の場合は，(1)個人番号カードと(2)住民票の写し等を除く。

　（注）1　上記の「個人番号カード」とは，いわゆるマイナンバーカードをいいます。
　　　　2　租税特別措置法施行規則等の一部を改正する省令（令2財務省令第46号）により，上記の国内に住所を有する者の本人確認書類から「行政手続における特定の個人を識別するための番号の利用等に関する法律に規定する通知カード及び住所等確認書類」が除外されていますが，同

— 176 —

利子所得（参考事項）

　　令の施行の日（令和２年５月25日）において既に通知カードの発行を受けている者（通知カード所持者）については，この告知をするまでの間，その者の通知カードに係る記載事項（氏名，住所及び個人番号）に変更がない場合又は記載事項変更の手続がとられている場合には，引き続きその者の「行政手続における特定の個人を識別するための番号の利用等に関する法律に規定する通知カード及び住所等確認書類」を上記の国内に住所を有する者の本人確認書類とする経過措置が設けられています（令２.５.11改正措規附③⑤）。
　　住所等確認書類の範囲は，次のとおりです。

区　　　分	書　類　の　種　類	摘　　　　　要
(1) 個人番号カード	個人番号カード	提示をする日において有効なもの
(2) 住民票の写し等	住民票（世帯票又は個人票）の写し	提示をする日前６月以内に作成されたもの
	住民票の記載事項証明書	
(3) 戸籍の附票の写し等	戸籍の附票の写し	
	印鑑証明書	
(4) 保　険　証	国民健康保険被保険者証	
	健康保険被保険者証	
	船員保険被保険者証	
	後期高齢者医療若しくは介護保険被保険者証	
	健康保険日雇特例被保険者手帳	
	国家公務員共済組合の組合員証	
	地方公務員共済組合の組合員証	
	私立学校教職員共済制度の加入者証	
(5) 手　帳　等	児童扶養手当証書	
	特別児童扶養手当証書	
	母子健康手帳	
	療育手帳	
	身体障害者手帳	
	精神障害者保健福祉手帳	
	戦傷病者手帳	
(6) 免　許　証	運転免許証，運転経歴証明書	運転免許証にあっては，提示をする日において有効なもの
(7) 旅　券　等	出入国管理及び難民認定法に規定する旅券，在留カード又は特別永住者証明書	提示をする日において有効なもの
(8) 国税の領収書等	国税又は地方税の領収証書，納税証明書，社会保険料の領収証書	提示をする日前６月以内の領収日付又は発行年月日の記載のあるもの
(9) 官公署から発行・発給された書類その他これらに類する書類		提示をする日前６月以内に作成されたもの（有効期限等のあるものは，提示する日において有効なもの）

（注）１　住民基本台帳カードの有効期限が到来する日又は住民基本台帳カードの交付を受けた者が個人番号カードの交付を受ける時のいずれか早い時までの間は，当該住民基本台帳カードも住所等確認書類とされています（平26.７.９改正所規附47）。
　　　２　「年金制度の機能強化のための国民年金法等の一部を改正する法律（令和２年法律第40号）」第２条の規定による国民年金法の改正により，令和４年４月１日以後は「国民年金手帳」の新規発行等が廃止されたことに伴い，上記の住所等確認書類の範囲から「国民年金手帳」が除か

— 177 —

れていますが，同日において現に交付されている「国民年金手帳」は，当分の間，基礎年金番号を明らかにすることができる書類とみなすこととされており，そのみなされる間は，引き続きその交付されている「国民年金手帳」を住所等確認書類とする経過措置が設けられています（令4.3.31改正所規附3）。

署名用電子証明書等の範囲は，次のとおりです（規81の6⑦）。

① 番号既告知者以外の者……その者の次に掲げる電磁的記録（電子的方式，磁気的方式その他の人の知覚によっては認識することができない方式で作られる記録であって，電子計算機による情報処理の用に供されるものをいう。）又は情報が記録された電磁的記録

　イ　署名用電子証明書（電子署名等に係る地方公共団体情報システム機構の認証業務に関する法律第3条第1項に規定する署名用電子証明書をいう。）

　ロ　地方公共団体情報システム機構により電子署名（電子署名及び認証業務に関する法律第2条第1項に規定する電子署名をいう。）が行われた上記イの署名用電子証明書に係る者の個人番号及び個人識別事項（行政手続における特定の個人を識別するための番号の利用等に関する法律施行規則第1条第2号に規定する個人識別事項をいう。）に係る情報で，同令第3条第1号の規定により総務大臣が定めるもの

　ハ　上記イの署名用電子証明書により確認される電子署名が行われた情報で，その署名用電子証明書に係る者の氏名，住所及び個人番号に係るもの

② 番号既告知者……その番号既告知者の次に掲げる電磁的記録又は情報が記録された電磁的記録

　イ　署名用電子証明書

　ロ　上記イの署名用電子証明書により確認される電子署名が行われた情報で，その署名用電子証明書に係る者の氏名及び住所に係るもの

無記名公社債の利子等の告知書の提出

(1) 無記名の公社債の利子，無記名株式等の剰余金の配当又は無記名の貸付信託，投資信託若しくは特定受益証券発行信託の受益証券に係る収益の分配につき支払を受ける人は，これらの受領に関する告知書を，その支払を受ける際，その支払の取扱者に提出しなければなりません。この場合，告知書を提出する人は，その者の氏名，住所及び個人番号（番号既告知者にあっては，氏名及び住所）を記載又は記録をした，上記の本人確認書類を提示し，又はその者の署名用電子証明書等を送信するとともに，支払の取扱者は，告知書に記載されている事項を，本人確認書類又は署名用電子証明書等により確認しなければなりません（法224②）。なお，本人確認のための簡易帳簿方式や確認の方法，書面等の保存の細目は，記名式の場合と同様です（令339⑨）。

(2) 無記名公社債等の利子等につき，支払を受ける人が，金融機関の営業所等においてその無記名公社債等の保管の委託に係る契約を締結する際，告知書に，その者の氏名，住所及び個人番号の他，保管の委託をしようとする無記名公社債等の種別，保管の委託をしている期間内に支払を受ける利子等の支払の取扱いを依頼する旨等を記載し，その営業所等の長に提出したときは，その利子等の支払を受ける都度，その支払を受ける際に告知書の提出があったものとみなされます（令339③）。

(3) 無記名公社債等の利子等が，障害者等の少額預金の利子所得等の非課税，公益信託等に係る非

— 178 —

課税，信託財産に係る利子等の課税の特例，完全子法人株式等に係る配当等の課税の特例，障害者等の少額公債の利子の非課税，勤労者財産形成住宅貯蓄の利子所得等の非課税，勤労者財産形成年金貯蓄の利子所得等の非課税，特定寄附信託の利子所得等の非課税，金融機関等の受ける利子所得等に対する源泉徴収の不適用，特定の投資法人等の運用財産等に係る利子等の課税の特例，上場証券投資信託等の償還金等に係る課税の特例，公募株式等証券投資信託の受益権を買い取った金融商品取引業者等が支払を受ける収益の分配に係る源泉徴収の特例の規定の適用を受ける場合には，告知書の提出は要しません（令339⑦）。

(4) 利子所得の源泉分離課税が適用される利子については，上記の告知書の提出は必要ありません（措法3④）。上記の告知書の提出に代えて，告知書に記載すべき事項を電磁的方法により支払の取扱者に提供することができます（法224④）。

支払調書及び支払通知書 利子等の支払調書は，源泉分離課税の対象とされる一般利子等については提出されませんが（措法3④），源泉分離課税の対象とならない平成28年1月1日以後に支払われるべき特定公社債の利子等については提出されます（法225①）。

また，平成28年1月1日以後に居住者又は恒久的施設を有する非居住者に対して国内において申告分離課税の対象となる利子等の支払をする者は，支払通知書を，その支払の確定した日から原則として1月以内に，その支払を受ける者に交付しなければならないこととされています（措法8の4④，措規4の4①）。

(注) 特定公社債等の利子等が源泉徴収選択口座内配当等である場合には，支払通知書に代えて特定口座年間取引報告書が交付されます（措法37の11の3⑦⑨ただし書）。

― 179 ―

配当所得

配当所得とは

　配当所得とは，法人（公益法人等及び人格のない社団等を除く。）から受ける剰余金の配当，利益の配当，剰余金の分配（出資に係るものに限る。），金銭の分配，基金利息並びに投資信託（公社債投資信託及び公募公社債等運用投資信託を除く。）及び特定受益証券発行信託の収益の分配（適格現物分配に係るものを除く。）による所得をいいます（法24①）。

(注) 1　「剰余金の配当」とは，株式又は出資に係るものに限られ，資本剰余金の額の減少に伴うもの並びに分割型分割によるもの及び株式分配を除きます。なお，剰余金の配当には，公募公社債等運用投資信託以外の公社債等運用投資信託の受益権及び社債的受益権につき支払を受ける収益の分配金を含みます（法24①）。

　　2　「分割型分割」とは，次に掲げる分割をいいます（法法２十二の九）。

　　(1)　分割の日においてその分割に係る分割対価資産（分割法人が交付を受ける分割承継法人の株式その他の資産）の全てが分割法人の株主等に交付される場合のその分割

　　(2)　分割対価資産が交付されない分割で，その分割の直前において，分割承継法人が分割法人の発行済株式等の全部を保有している場合又は分割法人が分割承継法人の株式を保有していない場合のその分割

　　3　「株式分配」とは，現物分配（剰余金の配当又は利益の配当に限る。）のうち，その現物分配の直前において現物分配法人により発行済株式等の全部を保有されていた法人のその発行済株式等の全部が移転するものをいいます（法法２十二の十五の二）。なお，産業競争力強化法の事業再編計画の認定を令和５年４月１日から令和６年３月31日までの間に受けた法人が行う現物分配が認定株式分配に該当する場合には，その認定株式分配は法人税法の株式分配に該当することとされています（措法68の２の２）。この認定株式分配とは，産業競争力強化法第23条第１項の認定に係る認定事業再編計画に従ってする同法第31条第１項に規定する特定剰余金配当をいいます（措法68の２の２①）。

　　4　「利益の配当」には，資産の流動化に関する法律第115条第１項に規定する金銭の分配を含みますが，分割型分割及び株式分配によるものは除かれます（法24①）。

　　5　「特定受益証券発行信託」とは，信託法第185条第３項に規定する受益証券発行信託のうち，一定の要件に該当するものをいいます（法２①十五の五，法法２二十九ハ）。

　　6　証券投資信託の収益の分配金のうち，オープン型の証券投資信託の特別分配金は非課税とされています（法９①十一，令27）。

　　7　「金銭の分配」とは，投資信託及び投資法人に関する法律第137条に規定する投資法人から受ける金銭の分配で出資等減少分配以外のものをいいます（法24①）。

　　　なお，出資等減少分配とは，投資法人の金銭の分配のうち，出資総額又は出資剰余金の額から控除される金額があるもの（この控除される金額が一時差異等調整引当額の増加額と同額である場合のその金銭の分配を除く。）をいいます（規18①）。

　みなし配当所得　法人の株主等が，次の(1)から(7)までの場合において，交付を受けた金銭その他

の資産についてそれぞれの算式で計算した金額は，剰余金の配当，利益の配当，剰余金の分配又は金銭の分配とみなされます（法25，令61）。

(注) 1　株主等とは，株主又は合名会社，合資会社若しくは合同会社の社員その他法人の出資者をいいます（法2①八の二）。
　　 2　資本金等の額とは，法人の資本金の額又は出資金の額とその事業年度前の各事業年度の次の①から⑫までの金額の合計額からその法人の過去の事業年度の⑬から㉒までの金額の合計額を差し引いた金額にその事業年度開始の日以後の①から⑫までの金額を加え，これから，その法人の同日以後の⑬から㉒までの金額を差し引いた金額との合計により算出されます（法法2十六，法令8）。

　① 株式の発行又は自己株式の譲渡をした場合に払い込まれた金銭の額等から，その発行により増加した資本金又は出資金の額を差し引いた金額
　② 新株予約権の行使によりその行使をした者に自己株式を交付したときに払い込まれた金銭の額等から，その行使に伴う株式の発行により増加した資本金の額を差し引いた金額
　③ 取得条項付新株予約権の取得の対価として自己株式を交付した場合におけるその取得の直前の取得条項付新株予約権の帳簿価額に相当する金額から，その取得に伴う株式の発行により増加した資本金の額を差し引いた金額
　④ 協同組合等が新たにその出資者となる者から徴収した加入金の額
　⑤ 合併により移転を受けた資産及び負債の純資産価額からその合併による増加資本金額等を差し引いた金額
　⑥ 分割型分割により移転を受けた資産及び負債の純資産価額からその分割型分割による増加資本金額等を差し引いた金額
　⑦ 分社型分割により移転を受けた資産及び負債の純資産価額からその分社型分割による増加資本金額等を差し引いた金額
　⑧ 適格現物出資により移転を受けた資産及び負債の純資産価額からその適格現物出資による増加資本金の額等を差し引いた金額
　⑨ 非適格現物出資において現物出資法人に交付した株式のその非適格現物出資の時の価額からその非適格現物出資による増加資本金の額等を差し引いた金額
　⑩ 株式交換における株式交換完全子法人の株式の取得価額からその株式交換による増加資本金額等を差し引いた金額
　⑪ 株式移転完全子法人の株式の取得価額からその株式移転時の資本金の額等を差し引いた金額
　⑫ 資本金の額又は出資金の額を減少した場合のその減少した金額に相当する金額
　⑬ 準備金及び剰余金の額を減少して資本金の額又は出資金の額を増加した場合のその資本に組み入れた金額に相当する金額
　⑭ 資本又は出資を有する法人が，資本又は出資を有しないこととなった時の直前における資本金等の額に相当する金額
　⑮ 分割法人の分割型分割の直前の資本金等の額に，その分割型分割に係る分割法人の資産の帳簿価額から負債の帳簿価額を差し引いた金額のうち，分割法人の移転資産の帳簿価額から分割法人の移転負債の帳簿価額を差し引いた金額の占める割合を乗じて計算した額
　⑯ 現物分配法人の適格株式分配の直前のその適格株式分配によりその株主等に交付した完全子法人の株式の帳簿価額に相当する金額
　⑰ 現物分配法人の適格株式分配に該当しない株式分配の直前の資本金等の額に，その株式分配に係る現物分配法人の資産の帳簿価額から負債の帳簿価額を差し引いた金額のうち，現物分配法人の移転資産の帳簿価額から現物分配法人の移転負債の帳簿価額を差し引いた金額の占める割合を乗じて計算した金額
　⑱ 資本の払戻し等に係る減資資本金額
　⑲ 出資等減少分配に係る分配資本金額

配当所得（配当所得とは）

⑳　自己株式の取得等が生じた場合の取得資本金額

㉑　自己株式の取得の対価の額に相当する額

㉒　みなし配当事由による完全支配関係にある他の内国法人から金銭その他の資産の交付を受けた場合又はみなし配当事由によりその内国法人の株式を有しないこととなった場合の，剰余金の配当若しくは利益の配当又は剰余金の分配の額又は金銭の分配の額とみなされる額及び有価証券の譲渡益とみなされる額の合計額から，交付された金銭の額及び交付された資産の額の合計額を差し引いた金額

3　株式には，出資や投資法人の投資口並びに法人課税信託の受益権のうち一定のものが含まれます。

4　合併，分割型分割，株式分配又は株式交換に伴って合併法人等が交付すべき合併親法人株式等に一株に満たない端数が生ずる場合において，その端数に応じて金銭が交付されるときは，その端数に相当する金銭は，その合併親法人株式等に含まれるものとして，譲渡所得等の金額を計算します（令83の2）。

(1)　合併（法人課税信託の信託の併合を含み，適格合併を除く。）の場合……株主等が合併により交付される金銭その他の資産について，次の算式で計算した金額

$$
\left(\begin{array}{c}\text{支払を受けた}\\\text{金銭その他の}\\\text{資産の価額の}\\\text{合計額}\end{array}\right) - \left(\frac{\begin{array}{c}\text{合併の日の前日の属する事業年度}\\\text{終了時の被合併法人の資本金等の}\\\text{額}\end{array}}{\begin{array}{c}\text{合併の日の前日の属する事業年度}\\\text{終了時の被合併法人の発行済株式}\\\text{等の総数}\end{array}} \times \begin{array}{c}\text{合併直前に有して}\\\text{いた被合併法人の}\\\text{株式の数}\end{array}\right) = \begin{array}{c}\text{みなし配当所}\\\text{得の収入金額}\end{array}
$$

(注)1　「法人課税信託」とは，法人税法第2条第29号の2に規定する法人課税信託をいい，次の(1)から(5)までのいずれかに該当する信託（集団投資信託，退職年金等信託及び特定公益信託等を除く。）をいいます（法法2二十九の二，20ページ参照）。

(1)　受益権を表示する証券を発行する旨の定めのある信託

(2)　受益者等の存しない信託

(3)　法人（公共法人及び公益法人を除く。）が委託者となる信託（信託財産に属する資産のみを信託するものを除く。）で次に掲げる要件のいずれかに該当するもの

イ　法人の事業の全部又は重要部分の信託で委託者の株主等をその受益者とするもののうち一定のもの

ロ　その法人の自己信託等で信託の存続期間が20年を超えるもの

ハ　その法人の自己信託等で信託の収益分配割合が変更可能であるもの

(4)　投資信託

(5)　特定目的信託

2　「適格合併」とは，次のいずれかに該当する合併で被合併法人（合併によりその有する資産及び負債の移転を行った法人をいう。）の株主等に合併法人（合併により被合併法人から資産及び負債の移転を受けた法人をいう。）又は合併親法人（合併法人との間にその合併法人の発行済株式等の全部を保有する関係として一定の関係がある法人をいう。）のいずれか一の法人の株式又は出資以外の資産（その株主等に対する剰余金の配当等（株式又は出資に係る剰余金の配当，利益の配当又は剰余金の分配をいう。）として交付される金銭その他の資産，合併に反対する当該株主等に対するその買取請求に基づく対価として交付される金銭その他の資産及び合併の直前において合併法人が被合併法人の発行済株式等の総数又は総額の3分の2以上に相当する数又は金額の株式又は出資を有する場合における当該合併法人以外の株主等に交付される金銭その他の資産を除く。）が交付されないものをいいます（法法2十二の八，法令4の3①～④）。

(1)　被合併法人と合併法人（合併により法人を設立する新設合併の場合には，その被合併法人と他の被合併法人）との間にいずれか一方の法人による完全支配関係その他の一定の関係がある場合の合併

(2)　被合併法人と合併法人（合併により法人を設立する新設合併の場合には，その被合併法人と他

の被合併法人)との間にいずれか一方の法人による支配関係その他の一定の関係がある場合の合併のうち，次に掲げる要件の全てに該当するもの

イ　当該合併に係る被合併法人の当該合併の直前の従業者のうち，その総数のおおむね80％以上に相当する数の者が当該合併後に当該合併に係る合併法人の業務（当該合併に係る合併法人との間に完全支配関係がある法人の業務並びに当該合併後に行われる適格合併により当該被合併法人の当該合併前に行う主要な事業が当該適格合併に係る合併法人に移転することが見込まれている場合における当該適格合併に係る合併法人及び当該適格合併に係る合併法人との間に完全支配関係がある法人の業務を含む。）に従事することが見込まれていること。

ロ　当該合併に係る被合併法人の当該合併前に行う主要な事業が当該合併後に当該合併に係る合併法人（当該合併に係る合併法人との間に完全支配関係がある法人並びに当該合併後に行われる適格合併により当該主要な事業が当該適格合併に係る合併法人に移転することが見込まれている場合における当該適格合併に係る合併法人及び当該適格合併に係る合併法人との間に完全支配関係がある法人を含む。）において引き続き行われることが見込まれていること。

(3)　被合併法人と合併法人（合併により法人を設立する新設合併の場合には，その被合併法人と他の被合併法人）とが共同で事業を行うための合併で，次に掲げる全ての要件に該当するもの

ただし，その合併の直前にその合併に係る被合併法人の全てについて他の者との間にその他の者による支配関係がない場合又は一定の法人である場合には，イからニに掲げる要件とする。

イ　被合併法人の被合併事業（被合併法人の合併前に行う主要な事業のうちのいずれかの事業）と合併法人の合併事業（合併法人の合併前に行う事業のうちのいずれかの事業）とが相互に関連するものであること

ロ　被合併法人の被合併事業と合併法人の合併事業（被合併事業と関連する事業に限る。）のそれぞれの売上金額，従業者の数，資本の金額（出資金額を含む。）若しくはこれらに準ずるものの規模の割合がおおむね５倍を超えないこと又は合併前の被合併法人の特定役員（社長，副社長，代表取締役，代表執行役，専務取締役，常務取締役又はこれらに準ずる者で法人の経営に従事している者をいう。）と合併法人の特定役員のいずれかがそれぞれに合併後に合併法人の特定役員となることが見込まれていること

ハ　合併に係る被合併法人の当該合併の直前の従業者のうち，その総数のおおむね80％以上に相当する数の者が当該合併後に当該合併に係る合併法人の業務（当該合併に係る合併法人との間に完全支配関係がある法人の業務並びに当該合併後に行われる適格合併により当該被合併法人の被合併事業が当該適格合併に係る合併法人に移転することが見込まれている場合における当該適格合併に係る合併法人及び当該適格合併に係る合併法人との間に完全支配関係がある法人の業務を含む。）に従事することが見込まれていること

ニ　合併に係る被合併法人の被合併事業（当該合併に係る合併法人の合併事業と関連する事業に限る。）が当該合併後に当該合併に係る合併法人（当該合併に係る合併法人との間に完全支配関係がある法人並びに当該合併後に行われる適格合併により当該被合併事業が当該適格合併に係る合併法人に移転することが見込まれている場合における当該適格合併に係る合併法人及び当該適格合併に係る合併法人との間に完全支配関係がある法人を含む。）において引き続き行われることが見込まれていること

ホ　合併により交付される当該合併に係る合併法人又は合併親法人のうちいずれか一の法人の株式（議決権のないものを除く。）であって支配株主に交付されるもの（当該合併が無対価合併である場合にあっては，支配株主が当該合併の直後に保有する当該合併に係る合併法人の株式の数に支配株主が当該合併の直後に保有する当該合併に係る合併法人の株式の帳簿価額である一定の金額のうちに支配株主が当該合併の直前に保有していた当該合併に係る被合併法人の株式の帳簿価額の占める割合を乗じて計算した数の当該合併に係る合併法人の株式。以下「対価株式」という。）の全部が支配株主により継続して保有されることが見込まれてい

配当所得（配当所得とは）

　　ること（当該合併後に当該いずれか一の法人を被合併法人とする適格合併を行うことが見込まれている場合には，当該合併の時から当該適格合併の直前の時まで当該対価株式の全部が支配株主により継続して保有されることが見込まれていること）

　3　合併法人が被合併法人の株主等に対し合併により株式（出資を含む。）その他の資産の交付をしなかった場合においても，その合併が合併法人の株式の交付が省略されたと認められる一定のものに該当するときは，その株主等がその合併法人の株式の交付を受けたものとみなして，みなし配当所得の計算をすることとされます（法25②）。

(2)　**分割型分割（適格分割型分割を除く。）の場合**……分割型分割により交付される金銭その他の資産について，次の算式で計算した金額

$$\left[\begin{array}{l}\text{支払を受けた金銭}\\\text{その他の資産の価}\\\text{額の合計額}\end{array} - \dfrac{\begin{array}{l}\text{分割型分割の直前の分割}\\\text{資本金額等}\end{array}}{\begin{array}{l}\text{分割型分割の直前の発行}\\\text{済株式等の総数}\end{array}} \times \begin{array}{l}\text{株主等が分割型分割の直前に}\\\text{有していた分割法人の株式の}\\\text{数}\end{array}\right] = \begin{array}{l}\text{みなし配当所}\\\text{得の収入金額}\end{array}$$

(注)1　「分割資本金額等」とは，次により計算した金額をいいます。

$$\left[\begin{array}{l}\text{分割資本}\\\text{金額等}\end{array}\right] = \left[\begin{array}{l}\text{分割法人の}\\\text{資本金等の}\\\text{額}\end{array}\right] \times \dfrac{\left(\begin{array}{l}\text{分割法人から分割承継}\\\text{法人に移転した資産の}\\\text{帳簿価額}\end{array} - \begin{array}{l}\text{分割法人から分割承継}\\\text{法人に移転した負債の}\\\text{帳簿価額}\end{array}\right)}{\left(\begin{array}{l}\text{分割法人の資産の帳簿}\\\text{価額}\end{array} - \begin{array}{l}\text{分割法人の負債の帳簿}\\\text{価額}\end{array}\right)} \text{（注2）}$$

（小数点以下3位未満切上げ）

　2　分割法人の前事業年度終了の時から分割型分割の直前までの間に資本金等の額が増加し，又は減少した場合にはその増加した金額を加算し，又はその減少した金額を控除した金額とします。

　3　分割法人が分割により交付を受ける分割対価資産の一部のみを分割法人の株主等に交付する分割（2以上の法人を分割法人とする分割で法人を設立するものを除く。）が行われた場合には，その分割によりその株主等が受けた分割対価資産については，分割型分割が行われたものとみなして，所得税法の規定を適用することとされます。

　　　2以上の法人を分割法人とする分割で法人を設立するものが行われた場合において，分割法人のうちに，その分割により交付を受けた分割対価資産の全部又は一部をその株主等に交付した法人があるときは，その法人を分割法人とする分割型分割が行われたものとみなして，所得税法の規定を適用することとされます。

　　　この場合におけるその株主等が交付を受けた分割対価資産に係るその分割型分割により分割承継法人に移転した分割法人の資産及び負債の金額は，その分割により分割承継法人に移転したその分割法人の資産及び負債の金額をその分割によりその分割法人の株主等に交付した分割承継法人の株式の数とその分割法人に交付しなかった分割承継法人の株式の数との割合に応じてあん分する方法その他の合理的な方法によってあん分した場合におけるその分割型分割に係る資産及び負債の金額とすることとされます（令83，法令123の7）。

　4　「分割型分割」とは，次に掲げる分割をいいます（法法2二十二の九）。

　(1)　分割により分割法人が交付を受ける分割対価資産（分割により分割承継法人によって交付される当該分割承継法人の株式（出資を含む。）その他の資産をいう。）の全てが当該分割の日において当該分割法人の株主等に交付される場合又は分割により分割対価資産の全てが分割法人の株主等に直接に交付される場合のこれらの分割

　(2)　分割対価資産がない分割（無対価分割）で，その分割の直前において，分割承継法人が分割法人の発行済株式等の全部を保有している場合又は分割法人が分割承継法人の株式を保有していない場合の当該無対価分割

　5　「適格分割型分割」とは，分割型分割のうち適格分割に該当するものをいい，適格分割とは，次のいずれかに該当する分割で分割対価資産として分割承継法人又は分割承継親法人（分割承継法人との間にその分割承継法人の発行済株式等の全部を直接又は間接に保有する関係として一定の関

配当所得（配当所得とは）

係がある法人をいう。）のいずれか一の法人の株式以外の資産が交付されないものをいいます（法法
２十二の十一，十二の十二，法令４の３⑤～⑨）。

(1) 分割法人と分割承継法人との間に，これらのいずれか一方の法人による完全支配関係その他一
定の関係がある場合の分割

(2) 分割法人と分割承継法人との間にいずれか一方の法人による支配関係その他一定の関係があ
る場合の分割で，次に掲げる要件の全てに該当するもの

イ　分割法人の分割事業（分割法人がその分割前に行う事業のうちその分割により分割承継法人
において行われることとなる事業をいう。）の主要な資産及び負債が分割承継法人に移転して
いること

ロ　分割直前の分割事業の従業者のおおむね80％以上が分割後に分割承継法人の業務（その分割
承継法人との間に完全支配関係がある法人の業務並びにその分割後に行われる適格合併により
その分割事業がその適格合併に係る合併法人に移転することが見込まれている場合におけるそ
の合併法人及びその合併法人との間に完全支配関係がある法人の業務を含む。）に従事するこ
とが見込まれていること

ハ　その分割に係る分割事業がその分割後にその分割承継法人（その分割承継法人との間に完
全支配関係がある法人並びにその分割後に行われる適格合併によりその分割事業がその適格
合併に係る合併法人に移転することが見込まれている場合におけるその合併法人及びその合
併法人との間に完全支配関係がある法人を含む。）において引き続き行われることが見込まれ
ていること

(3) 分割法人と分割承継法人が共同で事業を行うための分割で，次に掲げる全ての要件に該当する
もの

ただし，分割型分割である場合において，その分割の直前にその分割に係る分割法人の全てに
ついて他の者との間に当該他の者による支配関係がないときは，イからホに掲げる要件とする。

イ　分割事業（分割法人の分割前に行う事業のうち，分割承継法人において行われるもの）と分
割承継事業（分割承継法人がその分割前に行ういずれかの事業をいう。）とが相互に関連するも
のであること

ロ　分割法人の分割事業と分割承継法人の分割承継事業のそれぞれの売上金額，従業者数その他
これに準ずるものがおおむね５倍を超えないこと又はその分割法人の役員等と分割承継法人
の特定役員のいずれかがそれぞれに分割後に分割承継法人の特定役員となることが見込まれ
ていること

ハ　分割によりその分割に係る分割法人の分割事業に係る主要な資産及び負債がその分割に係
る分割承継法人に移転していること

ニ　分割に係る分割法人のその分割の直前の分割事業に係る従業者のうち，その総数のおおむ
ね80％以上に相当する数の者がその分割後にその分割に係る分割承継法人の業務（その分割
承継法人との間に完全支配関係がある法人の業務並びにその分割後に行われる適格合併によ
りその分割事業がその適格合併に係る合併法人に移転することが見込まれている場合における
その合併法人及び当該合併法人との間に完全支配関係がある法人の業務を含む。）に従事する
ことが見込まれていること

ホ　分割に係る分割法人の分割事業（その分割に係る分割承継法人の分割承継事業と関連する
事業に限る。）がその分割後にその分割承継法人（その分割承継法人との間に完全支配関係が
ある法人並びにその分割後に行われる適格合併によりその分割事業がその適格合併に係る合
併法人に移転することが見込まれている場合におけるその合併法人及び当該合併法人との間
に完全支配関係がある法人を含む。）において引き続き行われることが見込まれていること

ヘ　次に掲げる分割の区分に応じそれぞれ次に定める要件

(イ) 分割型分割……その分割型分割により交付されるその分割型分割に係る分割承継法人又

は分割承継親法人のうちいずれか一の法人の株式（議決権のないものを除く。）であって支配株主に交付されるもの（その分割型分割が無対価分割である場合にあっては，支配株主がその分割型分割の直後に保有するその分割承継法人の株式の数に支配株主がその分割型分割の直後に保有するその分割承継法人の株式の帳簿価額である一定の金額のうちに支配株主がその分割型分割の直前に保有していたその分割法人の株式の帳簿価額のうちその分割型分割によりその分割承継法人に移転した資産又は負債に対応する部分の金額である一定の金額の占める割合を乗じて計算した数のその分割承継法人の株式。以下「対価株式」という。）の全部が支配株主により継続して保有されることが見込まれていること（その分割型分割後にその分割承継法人を被合併法人とする適格合併を行うことが見込まれている場合には，その分割型分割の時からその適格合併の直前の時までその対価株式の全部が支配株主により継続して保有されることが見込まれていること）

(ロ)　分社型分割……その分社型分割により交付されるその分社型分割に係る分割承継法人又は分割承継親法人のうちいずれか一の法人の株式（その分社型分割が無対価分割である場合にあっては，その分社型分割に係る分割法人がその分社型分割の直後に保有するその分割承継法人の株式の数にその分割法人がその分社型分割の直後に保有するその分割承継法人の株式の帳簿価額である一定の金額のうちにその分割法人がその分社型分割によりその分割承継法人に移転した資産又は負債の帳簿価額を基礎として一定の計算をした金額の占める割合を乗じて計算した数のその分割承継法人の株式）の全部がその分社型分割に係る分割法人により継続して保有されることが見込まれていること（その分社型分割後にそのいずれか一の法人を被合併法人とする適格合併を行うことが見込まれている場合には，その分社型分割の時からその適格合併の直前の時までそのいずれか一の法人の株式の全部がその分割法人により継続して保有されることが見込まれていること）

(4)　その分割（一の法人のみが分割法人となる分割型分割に限る。）に係る分割法人のその分割前に行う事業をその分割により新たに設立する分割承継法人において独立して行うための分割で，分割型分割に該当する分割で単独新設分割であるもののうち，次に掲げる要件の全てに該当するもの

イ　分割の直前にその分割に係る分割法人と他の者との間に当該他の者による支配関係がなく，かつ，その分割後にその分割に係る分割承継法人と他の者との間に当該他の者による支配関係があることとなることが見込まれていないこと

ロ　分割前のその分割に係る分割法人の役員等のいずれかがその分割後にその分割に係る分割承継法人の特定役員となることが見込まれていること

ハ　分割によりその分割に係る分割法人の分割事業に係る主要な資産及び負債がその分割に係る分割承継法人に移転していること

ニ　分割に係る分割法人のその分割の直前の分割事業に係る従業者のうち，その総数のおおむね80％以上に相当する数の者がその分割後にその分割に係る分割承継法人の業務に従事することが見込まれていること

ホ　分割に係る分割法人の分割事業がその分割後にその分割に係る分割承継法人において引き続き行われることが見込まれていること

6　分割法人がその分割法人の株主等に対し分割型分割により株式（出資を含む。）その他の資産の交付をしなかった場合においても，その分割型分割が分割承継法人の株式の交付が省略されたと認められる一定のものに該当するときは，その株主等がその分割承継法人の株式の交付を受けたものとみなして，みなし配当所得の計算をすることとされます（法25②）。

(3)　**株式分配（適格株式分配を除く。）の場合**……株式分配により交付される金銭その他の資産について，次の算式で計算した金額

配当所得（配当所得とは）

$$\left[\begin{array}{l}\text{支払を受けた金銭}\\\text{その他の資産の価}\\\text{額の合計額}\end{array}\right] - \left[\frac{\text{分配資本金額等}}{\begin{array}{l}\text{現物分配法人の株式分配}\\\text{に係る株式の総数}\end{array}} \times \begin{array}{l}\text{その株主等が株式分配の直前}\\\text{に有していたその現物分配法}\\\text{人の株式分配に係る株式の数}\end{array}\right] = \begin{array}{l}\text{みなし配当所}\\\text{得の収入金額}\end{array}$$

(注) 1 「分配資本金額等」とは，次により計算した金額をいいます。

$$\left[\begin{array}{l}\text{分配資本}\\\text{金額等}\end{array}\right] = \begin{array}{l}\text{株式分配の直前の現}\\\text{物分配法人の資本金}\\\text{等の額}\end{array} \times \frac{\begin{array}{l}\text{株式分配の直前の完全子法人の}\\\text{株式の帳簿価額}\end{array}}{\begin{array}{l}\text{現物分配法人の}\\\text{資産の帳簿価額}\end{array} - \begin{array}{l}\text{現物分配法人の}\\\text{負債の帳簿価額}\end{array}}$$

2 前事業年度終了の時から株式分配の直前の時までの間に資本金等の額又は利益積立金額が増加し，又は減少した場合には，上記算式の分数の分母の金額は，その増加した金額を加算し，又はその減少した金額を減算した金額とします。

3 「株式分配」とは，現物分配（剰余金の配当又は利益の配当に限る。）のうち，その現物分配の直前において現物分配法人により発行済株式等の全部を保有されていた法人（すなわち，完全子法人）のその発行済株式等の全部が移転するものをいいます（法法２十二の十五の二）。

4 「適格株式分配」とは，完全子法人の株式のみが移転する株式分配のうち，完全子法人と現物分配法人とが独立して事業を行うための株式分配で，次に掲げる要件の全てに該当する株式分配をいいます（法法２十二の十五の三，法令４の３⑯）。

イ 株式分配の直前にその株式分配に係る現物分配法人と他の者との間に当該他の者による支配関係がなく，かつ，その株式分配後にその株式分配に係る完全子法人と他の者との間に当該他の者による支配関係があることとなることが見込まれていないこと

ロ 株式分配前のその株式分配に係る完全子法人の特定役員の全てがその株式分配に伴って退任をするものでないこと

ハ 株式分配に係る完全子法人のその株式分配の直前の従業者のうち，その総数のおおむね80％以上に相当する数の者がその完全子法人の業務に引き続き従事することが見込まれていること

ニ 株式分配に係る完全子法人のその株式分配前に行う主要な事業がその完全子法人において引き続き行われることが見込まれていること

(4) **資本の払戻し（株式に係る剰余金の配当（資本剰余金の額の減少に伴うものに限る。）のうち，分割型分割によるもの及び株式分配以外のもの並びに出資等減少分配をいう。）又は解散による残余財産の分配の場合……**株主等が資本の払戻し又は解散により残余財産の分配（「払戻し等」という。）として交付される金銭その他の資産について，次の算式で計算した金額

イ 出資等減少分配以外の場合

(イ) (ロ)に掲げる場合以外の場合

$$\left[\begin{array}{l}\text{支払を受けた金}\\\text{銭その他の資産}\\\text{の価額の合計額}\end{array}\right] - \left[\frac{\text{払戻等対応資本金額等}}{\begin{array}{l}\text{その法人の払戻し等}\\\text{に係る株式の総数}\end{array}} \times \begin{array}{l}\text{その株主等が払戻し等の直}\\\text{前に有していたその法人の}\\\text{払戻し等に係る株式の数}\end{array}\right] = \begin{array}{l}\text{みなし配当所得}\\\text{の収入金額}\end{array}$$

(注) 1 「払戻等対応資本金額等」とは，次により計算した金額をいいます。

$$\left[\begin{array}{l}\text{払戻等対応}\\\text{資本金額等}\end{array}\right] = \begin{array}{l}\text{払戻し等の直前の資}\\\text{本金等の額}\end{array} \times \frac{\begin{array}{l}\text{資本の払戻しにより減少した資本剰}\\\text{余金の額又は解散による残余財産の}\\\text{分配により交付した金銭の額及び}\\\text{金銭以外の資産の価額の合計額}\end{array}}{\begin{array}{l}\text{その法人の資}\\\text{産の帳簿価額}\end{array} - \begin{array}{l}\text{その法人の負}\\\text{債の帳簿価額}\end{array}}$$

2 払戻し等の日の属する事業年度の前事業年度終了の時から払戻し等の直前の時までの間に資本金の額が増加し又は減少した場合には，その増加した金額を加算し，又はその減少した金額を控除した金額とします。

— 187 —

配当所得（配当所得とは）

3 上記の「払戻し等」が資本の払戻しである場合において，払戻等対応資本金額等が上記の「資本の払戻しにより減少した資本剰余金の額」を超える場合には，その超える部分を控除した金額が払戻等対応資本金額等となります。

㈁ 資本の払戻しを行った法人が2以上の種類の株式を発行していた法人である場合

$$\left(\begin{array}{l}\text{支払を受けた金}\\\text{銭その他の資産}\\\text{の価額の合計額}\end{array}\right) - \left(\frac{\text{払戻対応種類資本金額}}{\begin{array}{l}\text{その法人のその資本の払戻し}\\\text{に係るその種類の株式の総数}\end{array}} \times \begin{array}{l}\text{その法人の株主等が有していたその資}\\\text{本の払戻しに係るその種類の株式の数}\end{array}\right)$$

（注）1 「払戻対応種類資本金額」とは，次により計算した金額をいいます。

$$\begin{array}{l}\text{払戻対応}\\\text{種類資本}\\\text{金額}\end{array} = \begin{array}{l}\text{直前種類}\\\text{資本金額}\end{array} \times \cfrac{\begin{array}{l}\text{資本の払戻しにより減少した資本剰余金の}\\\text{額のうちその種類の株式に係る部分の金額}\end{array}}{\left(\begin{array}{l}\text{その法人}\\\text{の資産の}\\\text{帳簿価額}\end{array} - \begin{array}{l}\text{その法人}\\\text{の負債の}\\\text{帳簿価額}\end{array}\right) \times \cfrac{\begin{array}{l}\text{直前種類}\\\text{資本金額}\end{array}}{\begin{array}{l}\text{直前の資本}\\\text{金等の額}\end{array}}}$$

2 上記の「資本の払戻しにより減少した資本剰余金の額のうちその種類の株式に係る部分の金額」は，減少した資本剰余金の額のうちその種類の株式に係る部分の金額が明らかな場合には，その金額となります。なお，その種類の株式に係る部分の金額が明らかでない場合には，減少した資本剰余金の額をその資本の払戻しに係る各種類株式の種類資本金額の比で按分した金額を用いることとなります。

3 払戻対応種類資本金額が上記の「資本の払戻しにより減少した資本剰余金の額のうちその種類の株式に係る部分の金額」を超える場合には，その超える部分の金額を控除した金額が払戻対応種類資本金額となります。

ロ 出資等減少分配の場合

$$\begin{array}{l}\text{支払を受けた金}\\\text{銭その他の資産}\\\text{の価額の合計額}\end{array} - \cfrac{\text{分配直前の分配対応資本金額等（注1）}}{\text{発行済の投資口総数}} \times \begin{array}{l}\text{分配直前に}\\\text{有していた}\\\text{投資口の数}\end{array}$$

（注）1 「分配対応資本金額等」とは，分配直前の資本金等の額に次により計算した割合を乗じて計算した金額をいい，その計算した金額が出資総額等の減少額（以下「出資総額等減少額」という。）を超える場合には，その超える部分の金額を控除した金額となります。

$$\text{割合} = \cfrac{\text{分配による出資総額等減少額（注3）}}{\begin{array}{l}\text{分配の日の属する事業年度の前事業年}\\\text{度終了の時の純資産帳簿価額（注2）}\end{array}}$$

2 分配の日の属する事業年度の前事業年度終了の日からその分配直前の時までの間に資本金等の額が増加し，又は減少した場合には，その増加した金額を加算し，又はその減少した金額を減算した金額をいいます。

3 分配により増加する出資総額控除額及び出資剰余金控除額の合計額のうち，その分配により増加する一時差異等調整引当金を控除した金額をいいます（規18②）。

(5) **自己の株式又は出資の取得（一定の事由による取得を除く。）の場合**……株主等が法人の自己の株式の取得により交付される金銭その他の資産について，次の算式で計算した金額

イ その法人が1種類の株式を発行していた場合

$$\left(\begin{array}{l}\text{支払を受けた金}\\\text{銭その他の資産}\\\text{の価額の合計額}\end{array}\right) - \left(\begin{array}{l}\text{自己の株式の取得等の}\\\text{直前の資本金等の額}\end{array} \times \cfrac{\begin{array}{l}\text{自己の株式の取得等の直}\\\text{前に有していた株式の数}\end{array}}{\begin{array}{l}\text{自己の株式の取得等の直}\\\text{前の発行済株式等の総数}\end{array}}\right)_{（注）} = \begin{array}{l}\text{みなし配当所得}\\\text{の収入金額}\end{array}$$

（注） その直前の資本金等の額が零以下である場合には，零となります。

ロ その法人が2種類以上の株式を発行していた場合

— 188 —

$$\begin{bmatrix}支払を受けた金\\銭その他の資産\\の価額の合計額\end{bmatrix} - \begin{bmatrix}自己の株式の取得等\\の直前の自己株式の\\取得等に係る株式と\\同一の種類の株式に\\係る種類資本金額\end{bmatrix} \times \dfrac{自己の株式の取得等の直前に有\\していたその種類の株式の数}{自己の株式の取得等の直前のそ\\の種類の株式の総数} = \begin{matrix}みなし配当所\\得の収入金額\end{matrix}(注)$$

(注) その直前の種類資本金額が零以下である場合には、零となります。

(6) 出資の消却（取得した出資について行うものを除く。）、出資の払戻し、社員その他の出資者の退社若しくは脱退による持分の払戻し又は株式若しくは出資をその法人が取得することなく消滅させる場合……株主等が法人の出資の消却、出資の払戻し、退社若しくは脱退による持分の払戻し又は株式若しくは出資をその法人が取得することなく消滅させることにより交付される金銭その他の資産について、上記(5)の算式で計算した金額

(7) 組織変更（組織変更に際して組織変更をした法人の株式又は出資以外の資産を交付したものに限る。）の場合……株主等が組織変更により交付した株式又は出資以外の資産について、上記(5)の算式で計算した金額

　相続財産に係る株式をその発行した上場会社等以外の株式会社に譲渡した場合のみなし配当課税の特例　相続又は遺贈による財産の取得をした個人でその相続又は遺贈につき納付すべき相続税額があるものが、その相続の開始があった日の翌日からその相続税の申告書の提出期限の翌日以後3年を経過する日までの間にその相続税額に係る課税価格の計算の基礎に算入された上場会社等以外の株式会社の株式（以下「非上場株式」という。）をその発行した株式会社に譲渡した場合において、一定の手続の下で、その非上場株式の譲渡の対価としてその株式会社から交付を受けた金銭の額がその株式会社の資本金等の額のうちその交付の基因となった株式に対応する部分の金額を超えるときは、その超える部分の金額について、みなし配当課税を行わず、この適用を受ける金額については、一般株式等に係る譲渡所得等に係る収入金額とみなして、一般株式等に係る譲渡所得等の課税の特例を適用します（措法9の7、37の10③）。

　なお、この特例の適用を受けようとする個人は、対象となる非上場株式で相続税額に係る課税価格の計算の基礎に算入されたものをその発行株式会社に譲渡する時までに、その適用を受ける旨及び一定の事項を記載した書面を、その株式会社を経由してその株式会社の本店又は主たる事務所の所在地の所轄税務署長に提出しなければなりません（措令5の2②）。

　非課税口座内の少額上場株式等に係る配当所得の非課税　金融商品取引業者等の営業所に非課税口座を開設している居住者等（18歳以上の者に限る。）が支払を受けるべき非課税口座内上場株式等の配当等で次に掲げるもの（その金融商品取引業者等がその配当等の支払の取扱いをするものに限る。）については、所得税が課されません（措法9の8）。

(1) 非課税口座に設けられた非課税管理勘定に係る非課税口座内上場株式等の配当等で、その非課税管理勘定を設けた日から同日の属する年の1月1日以後5年を経過する日までの間に支払を受けるもの

(2) 非課税口座に設けられた累積投資勘定に係る非課税口座内上場株式等の配当等で、その累積投資勘定を設けた日から同日の属する年の1月1日以後20年を経過する日までの間に支払を受けるもの

配当所得（配当所得とは）

(注) 1 　非課税口座内上場株式等の一定の譲渡による譲渡所得等についても上記と同様に所得税が課されません（措法37の14①，497ページ参照）。
　　　 2 　令和6年1月1日以後次の(3)及び(4)が追加されます。
(3) 　その非課税口座に設けられた特定累積投資勘定に係る非課税口座内上場株式等の公募等株式投資信託の配当等で，その特定累積投資勘定を設けた日以後に支払を受けるべきもの
(4) 　その非課税口座に設けられた特定非課税管理勘定に係る一定の非課税口座内上場株式等の配当等で，その特定非課税管理勘定を設けた日以後に支払を受けるべきもの

　　未成年者口座内の少額上場株式等に係る配当所得の非課税　金融商品取引業者等の営業所に未成年者口座を開設している居住者等が，次の未成年者口座内上場株式等の区分に応じそれぞれ次に定める期間内に支払を受けるべき未成年者口座内上場株式等の配当等（その金融商品取引業者等が国内における支払の取扱者であるものに限る。）については，所得税を課されません（措法9の9）。
① 　非課税管理勘定に係る未成年者口座内上場株式等　その未成年者口座にその非課税管理勘定を設けた日から同日の属する年の1月1日以後5年を経過する日までの間
② 　継続管理勘定に係る未成年者口座内上場株式等　その未成年者口座にその継続管理勘定を設けた日からその未成年者口座を開設した者がその年1月1日において18歳である年の前年12月31日までの間
(注) 　未成年者口座内上場株式等の一定の譲渡による譲渡所得等についても上記と同様に所得税が課されません（措法37の14の2①，512ページ参照）。

　　配当等の収入金額　次に掲げる分配金は，配当等の収入金額に該当し，配当所得として課税されます（令62①）。
(1) 　企業組合の組合員が，中小企業等協同組合法第59条第3項の規定によってその企業組合の事業に従事した程度に応じて受ける分配金
(2) 　協業組合の組合員が，中小企業団体の組織に関する法律第5条の20第2項の定款の別段の定めに基づいて出資口数に応じないで受ける分配金
(3) 　農業協同組合法第72条の10第1項第2号の事業を行う農事組合法人，漁業生産組合又は生産森林組合で，その事業に従事する組合員に対して給料，賃金などの給与を支給するものの組合員が，同法第72条の31第2項，水産業協同組合法第85条第2項又は森林組合法第99条第2項の規定によってこれらの法人の事業に従事した程度に応じて受ける分配金
(4) 　農住組合の組合員が農住組合法第55条第2項の規定により組合事業の利用分量に応じて受ける分配金
(5) 　労働者協同組合の組合員が，労働者協同組合法第77条第2項の規定によってその労働者協同組合の事業に従事した程度に応じて受ける分配金
(注) 　上記(3)の農事組合法人，漁業生産組合又は生産森林組合で，その事業に従事する組合員に対して給料，賃金などの給与を支給しないものの組合員がこれら法人の事業に従事した程度に応じて受ける分配金は事業所得などの収入金額とされます（令62②，208・603ページ参照）。

　　再評価積立金の資本組入れによって交付される新株　法人が資産再評価法第109条の規定により

— 190 —

再評価積立金を資本に組み入れ、株主に対して所有株式数に応じて株式を割り当てた場合の新株の価額は、交付を受けた株主の配当所得の収入金額に算入しないことになっています（資産再評価法119②）。

所得金額の計算

> 配当所得の金額＝収入金額－その元本を取得するために要した負債の利子

(法24②)

収 入 金 額

収入の時期 配当所得の収入金額の収入すべき時期は、それぞれ次に掲げる日によります（基通36－4）。

(1) 剰余金の配当、利益の配当、剰余金の分配、金銭の分配又は基金利息（以下「剰余金の配当等」という。）については、その剰余金の配当等について定めたその効力を生ずる日。ただし、その効力を生ずる日を定めていない場合には、その剰余金の配当等を行う法人の社員総会その他正当な権限を有する機関の決議があった日。また、資産の流動化に関する法律第115条第1項《中間配当》の規定による金銭の分配に係る取締役の決定において、特にその決定の効力の発生日（同項に規定する一定の日から3か月以内に到来する日に限る。）を定めた場合には、その効力発生日

(2) 投資信託（公社債投資信託及び公募公社等運用投資信託を除く。）の収益の分配のうち、信託期間中のものについては収益計算期間の満了の日、信託の終了又は解約（一部の解約を含む。）によるものについてはその終了又は解約の日

　（注）　特定目的信託の収益の分配に係る収入の時期については、信託法施行日（平成19年9月30日）前については(2)に、同日以後は(1)に掲げる日となります。

(3) みなし配当所得については、それぞれ次に掲げる日

　イ　合併（適格合併を除く。）によるものについては、その契約において定めたその効力を生ずる日（新設合併の場合は、新設合併設立会社の設立登記の日）。なお、これらの日前に金銭等が交付される場合には、その交付の日

　ロ　分割型分割（適格分割型分割を除く。）によるものについては、その契約において定めたその効力を生ずる日（新設分割の場合は、新設分割設立会社の設立登記の日）。なお、これらの日前に金銭等が交付される場合には、その交付の日

　ハ　株式分配によるものについては、その株式分配について定めたその効力を生ずる日。ただし、その効力を生ずる日を定めていない場合には、その株式分配を行う法人の社員総会その他正当な権限を有する機関の決議があった日

　ニ　資本の払戻しによるものについては、資本の払戻しに係る剰余金の配当又は出資等減少分配（法24①）がその効力を生ずる日

　ホ　解散による残余財産の分配によるものについては、その分配開始の日。ただし、その分配が

数回に分割して行われる場合には，それぞれの分配開始の日

　ヘ　自己の株式又は出資の取得によるものについては，その法人の取得の日

　ト　出資の消却，出資の払戻し，社員その他の出資者の退社若しくは脱退による持分の払戻し又は株式若しくは出資を法人が取得することなく消滅させることによるものについてはこれらの事実があった日

　チ　組織変更によるものについては，組織変更計画において定められたその効力を生ずる日。ただし，効力を生ずる日前に金銭等が交付される場合には，その交付の日

(4)　いわゆる認定配当とされたもので，その支払をすべき日があらかじめ定められているものについては，その定められた日。その日が定められていないものについては，現実にその交付を受けた日（その日が明らかでない場合には，その交付が行われたと認められる事業年度の終了の日）

　なお，無記名株式等の剰余金の配当又は無記名の貸付信託，投資信託若しくは特定受益証券発行信託の収益の分配による配当所得の収入金額は，現実にその支払を受けた時を収入の時期とします（法36③）。

負 債 の 利 子

負債利子計算の通則　配当所得の収入金額から差し引く株式等（株式その他配当所得を生ずる元本をいう。）を取得するために要した負債の利子の額は，次の算式で計算します（法24②，令59②③，基通24—5）。

　ただし，①私募公社債等運用投資信託等の収益の分配に係る配当所得の分離課税等の特例制度の対象となる私募公社債等運用投資信託等の受益権を取得するために要した負債の利子は，元本から生ずる配当所得が分離課税とされるため（措通8の2—1），②確定申告をしないことを選択した配当所得の基因となる株式等を取得するために要した負債の利子は，これらの株式等から生ずる配当所得が申告されないため（措通8の5—2），③株式等の譲渡による事業所得，譲渡所得又は雑所得（租税特別措置法第32条第2項の規定に該当する譲渡所得を除く。）の基因となった株式等の取得に要した負債の利子は，これらの所得について計算される事業所得，譲渡所得又は雑所得の金額の計算上必要経費に算入されるため（措法37の10⑥三，37の11⑥，基通24—6，措通37の10・37の11共—16），いずれも次の算式の「負債利子の年額」に含めることはできません。

$$（負債利子の年額）\times \frac{配当所得の収入金額}{配当所得の収入金額 + その利子の額を差し引く前の株式等に係る譲渡所得等の金額及び総合課税の株式等に係る事業所得等の金額}$$

負債の利子が配当所得の収入金額を超える場合　上記算式により計算した金額が配当所得の収入金額を超えるときは，その超える部分の金額は，株式等に係る譲渡所得等の金額又は総合課税の株式等に係る事業所得等の金額から差し引くことができます（基通24—6の2）。

負債の利子につき月数あん分を行う場合　負債の利子の月数あん分は，株式等を年の中途において取得し又は譲渡した場合で，その株式等の負債の利子がその年1月1日から12月31日までの期間について計算されたものであるときに限り行います（基通24—10）。

負債によって取得した株式等から生ずる配当所得の一部について確定申告をしないことを選択した場合の負債利子の計算 負債によって取得した銘柄の株式又は出資から生ずるその年中の配当所得の一部（例えば，上期の配当金若しくは下期の配当金など）について，確定申告をしないことを選択したときには，次の算式で計算した負債利子の額を，配当所得の収入金額から差し引く負債利子の額から除算しなければなりません（措通8の5―2）。

$$\left[\begin{array}{l}\text{その銘柄の株式等を取}\\ \text{得するために要した負}\\ \text{債について，その年中}\\ \text{に支払う利子の総額}\end{array}\right] \times \frac{\text{(A)のうち確定申告をしないことを選択した金額}}{\text{その年中にその株式等について支払を受ける配当金などの収入金額の合計額(A)}} = \left[\begin{array}{l}\text{配当所得の金額の計算}\\ \text{上差し引く負債利子の}\\ \text{額から除算する金額}\end{array}\right]$$

借入金により取得した株式などの一部を譲渡した場合 借入金により取得した株式などの一部を譲渡した場合，配当所得の収入金額から差し引かれる，その株式等に係る負債の利子は，次の算式によって計算した金額となります（基通24―8，措通37の10・37の11共―17）。

$$\left[\begin{array}{l}\text{譲渡直前におけるそ}\\ \text{の銘柄の株式などを}\\ \text{取得するために要し}\\ \text{た負債の利子}\end{array}\right] \times \frac{\left[\begin{array}{l}\text{譲渡直後のその銘}\\ \text{柄の株式などの数}\end{array}\right]}{\left[\begin{array}{l}\text{譲渡直前に所有していたそ}\\ \text{の銘柄の株式などの総数}\end{array}\right]} = \left[\begin{array}{l}\text{配当所得の計算上}\\ \text{差し引かれる負債}\\ \text{の利子}\end{array}\right]$$

（注） 上記の算式により，差し引かれる負債の利子の額の算出が困難な場合は，配当所得の収入金額と株式等に係る譲渡所得等の金額との比によりあん分計算することができます（基通24―6，24―6の2）。

借入金の借換えの場合 借入金の借換えをしたものについては，引き続き同一の負債を有するものとみなして，当初の借入金相当額と借換え後の借入金の額とのいずれか低い金額が株式などの取得に要した借入金として認められます（基通24―7，措通37の10・37の11共―17）。

借入金で取得した株式などを処分し新しく買い換えた場合 借入金により取得した株式を処分した場合に，その株式の取得に要した借入金を弁済しないで，その処分によって得た金額で更に他の株式を取得したときは，当初の借入金の額（その額が譲渡した株式の譲渡代金を超える場合には，その超える部分の金額を除く。）とその他の株式を取得するに当たって新たに借り入れた借入金の額との合計額をもって後の株式の取得に要した借入金とすることが認められます（基通24―9，措通37の10・37の11共―17）。

配当所得の収入がない場合の負債利子の控除 株式等を取得するために要した負債の利子は，その年にその負債によって取得した株式等に配当があったかどうかにかかわらず，これを差し引いて配当所得の金額を計算することになります。ただし，その結果，配当所得が赤字となっても，その赤字の金額を他の所得の金額から損益通算によって差し引くことはできません（法69①）。

配当所得に関する課税の特例

私募公社債等運用投資信託等に係る配当所得の源泉分離課税

公募公社債等運用投資信託以外（私募型）の公社債等運用投資信託の受益権又は特定目的信託（そ

配当所得（課税の特例）

の信託契約の締結時において資産の流動化に関する法律第224条に規定する原委託者が有する社債的受益権の募集が一定の公募により行われたものを除く。）の社債的受益権（以下「私募公社債等運用投資信託等」という。）の収益の分配による配当所得については，15％（居住者については，このほかに地方税5％）の税率による源泉分離課税の対象とされています（措法8の2）。なお，平成25年1月1日から令和19年12月31日までの25年間については，復興特別所得税を併せて徴収することから，15.315％の税率による源泉分離課税とされています（措法8の2，復興財確法28）。

（注）「公募公社債等運用投資信託」とは，その設定に係る受益証券の募集が公募（募集が国内において行われる場合にあっては，金融商品取引法第2条第3項に規定する勧誘のうち多数の者を相手方として行う場合として一定のものをいい，募集が国外において行われる場合にあっては，その勧誘に相当するものをいう。）により行われた公社債等運用投資信託をいいます（措法2①五，法2①十五の三，令2の4）。

　なお，「公社債等運用投資信託」とは，証券投資信託以外の投資信託のうち，信託財産として受け入れた金銭を公社債等（公社債，手形，一定の金銭債権及び合同運用信託）に対して運用するもののうち一定の要件を満たすものをいいます（措法2①五，法2①十五の二，令2の3）。

　このように，居住者又は恒久的施設を有する非居住者が受ける（国外）私募公社債等運用投資信託の収益の分配に係る配当所得については源泉分離課税の対象とされており，所得税の源泉徴収だけで課税関係が済まされることになっていますので，総所得金額に算入する必要はありません。

（注）1　源泉分離課税の適用を受けた配当所得は，確定申告の際の所得金額及び税額の計算に当たっては，次のように取り扱われます（措法8の2，8の3，9，措通8の2—1，8の2—2，8の3—1，8の3—3）。

(1)　源泉分離課税が適用される配当所得については，配当控除（法92①）は適用されません。

(2)　控除対象配偶者又は扶養親族の判定，雑損失の金額又は医療費控除額若しくは配偶者特別控除額等の計算を行う場合には，源泉分離課税が適用される配当所得の金額を除外してこれらの判定又は計算を行うこととなるほか，源泉分離課税が適用される配当所得の金額の元本である株式又は出資の取得のために要した負債の利子は，配当所得の金額の計算上差し引くことができません。

(3)　源泉徴収された所得税の額は確定申告の際の申告納税額の計算に当たって差し引かれないほか，還付の対象にもなりません。

2　令和2年1月1日以後に支払を受けるべきこの特例の適用を受けた私募公社債等運用投資信託等の収益の分配に係る配当等については，分配時調整外国税相当額の控除制度（措法9の6の3③，9の6の4③，法93，165の5の3）の対象となる特定目的信託の受益権の剰余金の配当及び特定投資信託の受益権の剰余金の配当から除かれます（措法8の2⑤）。

国外で発行された投資信託等の収益の分配に係る配当所得の課税

(1)　国外私募公社債等運用投資信託等の配当等

　居住者が，平成28年1月1日以後に支払を受けるべき国外において発行された私募公社債等運用投資信託の収益の分配（国外において支払われるものに限る。以下「国外私募公社債等運用投資信託の配当等」という。）につき，国内における一定の支払の取扱者を通じて交付を受ける場合には，15％（このほか地方税5％）の税率による源泉分離課税となります（措法8の3①）。

（注）私募公社債等運用投資信託については，上記「私募公社債等運用投資信託等に係る配当所得の源泉分離課税」を参照。

— 194 —

なお，平成25年1月1日から令和19年12月31日までの25年間については，復興特別所得税を併せて徴収することから，15.315％の税率による源泉分離課税とされています（復興財確法28）。

　この場合，その支払の際に課される外国所得税の額があるときは，その外国所得税の額は，その交付をする際に源泉徴収される所得税の額を限度としてその所得税の額から控除され，仮に控除しきれない外国所得税の額があったとしても外国税額控除（法95）の適用に当たっては，その外国所得税の額はないものとされます（措法8の3④一）。

(2) 国外投資信託等の配当等（国外私募公社債等運用投資信託等の配当等を除く。）

　平成28年1月1日以後に居住者に対して支払われる国外において発行された投資信託若しくは特定受益証券発行信託の受益権又は社債的受益権に係る配当等（いずれも私募公社債等運用投資信託の受益権に該当するものを除き，国外において支払われるものに限る。以下「国外公募投資信託等の配当等」という。）の国内における支払の取扱者は，その居住者にその国外投資信託等の配当等の交付をする際，その交付をする金額に15％（このほか地方税5％）の税率によりの所得税を徴収することとされています（措法8の3②③，9の3）。

　(注)　国外において発行された投資信託若しくは特定受益証券発行信託の受益権又は社債的受益権で公募型のもの又はその受益権が金融商品取引所に上場がされているもの等がこの(2)の対象となります。

　その上で，国外公募投資信託等の配当等については，選択により，配当所得の申告分離課税（措法8の4）及び上場株式等に係る譲渡損失との損益通算（措法37の12の2）又は確定申告を要しない配当所得（措法8の5）の適用を受けることができます（措法8の3⑥）。

　なお，平成25年1月1日から令和19年12月31日までの25年間については，復興特別所得税を併せて徴収することから，15.315％（このほか地方税5％）の税率による源泉徴収とされています（復興財確法28）。

　国外公募投資信託等の配当等についてその支払の際に課される外国所得税の額があるときは，その交付を受けるべき金額（すなわち，その支払を受けるべき配当等の金額から外国所得税の額を控除した後の金額）に対し15％の税率を適用して所得税の源泉徴収が行われます。源泉徴収の際には外国所得税の控除は行いませんが，居住者は確定申告によりその外国所得税の額について外国税額控除の適用を受けることができます（措法8の3④二）。

上場株式等に係る配当所得の課税の特例

　平成28年1月1日以後に支払を受けるべき次に掲げる上場株式等の配当所得については，その配当所得の金額に対し，15％（居住者については，このほかに地方税5％）の税率により所得税が課税されます（措法8の4①）。この申告分離課税を適用する場合，配当控除（法92①）は適用されません。

　なお，上場株式等の配当等のうち(1)から(3)までに掲げるもの（(2)に掲げるものにあっては，公社債投資信託以外の証券投資信託に係る収益の分配に限る。以下「特定上場株式等の配当等」という。）に係る配当所得については，その年中に支払を受けるべき特定上場株式等の配当所得について申告分離課税の適用を受けようとする旨の記載のある確定申告書を提出した場合に限り，この申告分離課税の適用を受けることができます。また，申告分離課税の適用を受ける場合には，同一年中に支払を受けるべき他の特定上場株式等に係る配当所得について総合課税の対象とすることはできません

配当所得（課税の特例）

（措法8の4②）。

(1) 上場株式等の配当等で内国法人から支払われるその配当等の支払に係る基準日においてその内国法人の発行済株式（投資法人にあっては投資口）又は出資の総数又は総額の3％以上に相当する数又は金額の株式（投資口を含む。）又は出資を有する者（大口株主）及びその配当等の支払を受ける者でその支払に係る基準日においてその者を判定の基礎となる株主として選定した場合に同族会社に該当することとなる法人と合算してその内国法人の発行済株式等の総数等の3％以上に相当する数又は金額の株式等を有することとなる者がその内国法人から支払を受けるもの以外のもの

(2) 投資信託でその設定に係る受益証券の募集が一定の公募により行われたもの（特定株式投資信託を除く。）の収益の分配に係る配当等

(3) 特定投資法人（投資主の請求により投資口の払戻しをする旨が定められており，かつ一定の投資法人をいう。）の投資口の配当等

(4) 特定目的信託（その信託契約の締結時において資産の流動化に関する法律第224条に規定する原委託者が有する社債的受益権の募集が一定の公募により行われたものを除く。）の社債的受益権の剰余金の配当

(注) この申告分離課税制度は，特定公社債等の利子等に係る利子所得の申告分離課税制度と同様の制度であるため，確定申告をする場合には，申告分離課税の対象となる特定公社債等の利子等に係る利子所得と合算して所得金額を計算することになります。

確定申告を要しない配当所得

次に掲げる配当等については，確定申告をしないで原則として20％（平成25年1月1日から令和19年12月31日までの25年間については，20.42％，200ページ参照）の税率による源泉徴収だけで済ませることができます（措法8の5）。この特例を選択しない場合には，原則として，確定申告をして総合課税により配当控除の適用を受けることになります。上場株式等の配当等については，申告分離課税により上場株式等に係る譲渡損失の金額との損益通算をすることもできます（措法37の12の2）。これらの選択は，原則として1回に支払を受けるべき配当等の額ごと（源泉徴収選択口座内配当等については，特定口座ごとの源泉徴収選択口座内配当等の利子所得の金額及び配当所得の金額の合計額ごと）に行うこととされています（措法8の5④，37の11の6⑨）。

(1) 内国法人から支払を受ける配当等（次の(2)から(6)までに掲げるものを除く。）で，その内国法人から1回に支払を受けるべき金額が10万円に配当計算期間（その配当等の直前にその内国法人から支払がされた配当等の支払に係る基準日の翌日からその内国法人から支払がされるその配当等の支払に係る基準日までの期間をいう。）の月数を乗じてこれを12で除して計算した金額以下であるもの（注1）

(2) 内国法人から支払を受ける上場株式等の配当等（「上場株式等に係る配当所得の課税の特例」(1)参照）

(3) 内国法人から支払を受ける投資信託でその設定に係る受益権の募集が一定の公募により行われたもの（特定株式投資信託を除く。）の収益の分配に係る配当等

(4) 特定投資法人から支払を受ける投資口の配当等

(5) 特定受益証券発行信託（その信託契約の締結時において委託者が取得する受益権の募集が一定の公募により行われたものに限る。）の収益の分配

(6) 特定目的信託（その信託契約の締結時において資産の流動化に関する法律第224条に規定する原委託

— 196 —

者が有する社債的受益権の募集が一定の公募により行われたものに限る。）の社債的受益権の剰余金の配当

なお，(1)の場合に，いわゆるみなし配当（所得税法第25条第１項の規定により剰余金の配当，利益の配当，剰余金の分配又は金銭の分配とみなされるものに係る配当等）については，配当計算期間を12月として，計算することとされます（措令４の３④）。

(注)１　上記(1)の月数は暦に従って計算し，12月を超えるときは12月とし，１月に満たない端数を生じたときは１月とします（措法８の５③）。

２　次のものについては，その適用対象から除外されています（措令４の３②）。
 (1) 租税特別措置法第８条の２第１項に規定する私募公社債等運用投資信託等の収益の分配に係る配当等
 (2) 国内において発行された投資信託（公社債投資信託及び公募公社債等運用投資信託を除く。），特定受益証券発行信託又は特定目的信託の受益権の収益の分配（国外において支払われるものに限るものとし，恒久的施設を有する非居住者が支払を受けるものを除く。）
 (3) 租税特別措置法第８条の３第１項に規定する国外私募公社債等運用信託等の配当等（国内における支払の取扱者を通じて交付を受けるものに限るものとし，恒久的施設を有する非居住者が支払を受けるものを除く。）
 (4) 租税特別措置法第８条の３第２項に規定する国外投資信託等の配当等（国内における支払の取扱者を通じて交付を受けるもの及び恒久的施設を有する非居住者が支払を受けるものを除く。）
 (5) 国内において発行された株式（出資及び投資口を含む。）に係る配当等（国外において支払われるものに限るものとし，恒久的施設を有する非居住者が支払を受けるものを除く。）
 (6) 租税特別措置法第９条の２第１項に規定する国外株式の配当等（国内における支払の取扱者を通じて交付を受けるもの及び恒久的施設を有する非居住者が支払を受けるものを除く。）

３　令和２年１月１日以後に支払を受けるべきこの特例の適用を受けた配当等に係る分配時調整外国税相当額は，分配時調整外国税相当額の控除制度（法93，165の５の３）の対象となる分配時調整外国税相当額の計算上除かれます（措法８の５①）。

国外株式の配当所得の源泉徴収の特例

居住者が，昭和63年４月１日以後に国外株式の配当等の支払を受ける場合には，国内における支払の取扱者（証券保管振替機構，証券会社）により交付される金額に対して20％の税率により所得税が源泉徴収されます（措法９の２②）。なお，平成25年１月１日から令和19年12月31日までの25年間については，復興特別所得税を併せて徴収することから，20.42％の税率によることとされています（措法９の２②，復興財確法28）。

この場合の交付される金額は，外国所得税が徴収されているときは，国外株式の配当等の額からその外国所得税の額を控除した後の金額です（措法９の２③）。

なお，確定申告を要しない配当所得の規定の適用に当たっては，次によります（措法９の２⑤）。

(1) その国外株式の配当等の国内における支払の取扱者から交付を受けるべき金額（外国所得税が徴収されている場合には，その外国所得税の額を控除した後の金額）については，その金額が確定申告を要しない配当所得の支払を受けるべき金額とみなされます。
(2) その国外株式の配当等については，内国法人から支払を受ける配当等とみなされます。
　(注)　確定申告を要しない配当所得の規定（措法８の５①）の適用を受ける国外株式の配当等につき，徴収された外国所得税の額がある場合の外国税額控除の規定（法95①）の適用については，同条第１項

に規定する外国所得税の額に該当しないものとみなされます（措令4の5⑪）。なお，確定申告を要しない配当所得でも，特例の適用を受けないで確定申告をする場合には，配当控除の適用はありませんが，外国税額控除の適用があります。

上場株式等の配当等に係る源泉徴収義務等の特例

平成28年1月1日以後に個人又は内国法人（公共法人等を除く。）若しくは外国法人に対して支払われる上場株式等の配当等の国内における一定の支払の取扱者は，その個人又は内国法人若しくは外国法人にその上場株式等の配当等の交付をする際，その交付をする金額に15％（このほか地方税5％）（一定の配当等でその配当等の支払をする内国法人に係る大口株主に対して交付するものについては，20％）の税率により所得税を徴収することとされています（措法9の3の2①）。

なお，平成25年1月1日から令和19年12月31日までの25年間については，復興特別所得税を併せて徴収することから，15.315％（このほか地方税5％）（一定の配当等でその配当等の支払をする内国法人に係る大口株主に対して交付するものについては，20.42％）の税率による源泉徴収とされています（復興財確法28）。

(注) 上記の支払の取扱者が交付をする上場株式等の配当等に一定の外国源泉所得税の額等がある場合には，その金額は，支払の取扱者が源泉徴収するその上場株式等の配当等に係る所得税の額を限度としてその所得税の額から控除することとされ（措法9の3の2③），その控除された金額に相当する金額のうち外国源泉所得税の額等に対応する一定の金額は，分配時調整外国税相当額の控除制度（法93，165の5の3）の対象となります（措法9の3の2⑥）。

━━━━━━━━ **参 考 事 項** ━━━━━━━━

贈与等により取得した資産に係る利子所得，配当所得，一時所得又は雑所得の金額の計算　（570ページ参照）

配当等の受領者の告知　配当等の支払を受ける者（無記名式によるものを除く。）は，その配当等につき，支払の確定する日までに，その確定の都度，氏名，住所及び個人番号（番号既告知者（番号を既に告知している者として一定の者をいう。176ページ参照）にあっては，氏名及び住所）を，その支払者の営業所・事務所等でその支払事務の取扱いをするものの長に告知しなければなりません（法224①，令336）。

また，その告知を受ける者がその告知をする者の個人番号その他の事項を記載した帳簿を備えているときは，その告知をする者は，その者の個人番号の告知は必要なく，氏名及び住所を告知することとされています。ただし，その告知をする者の氏名，住所又は個人番号が，その帳簿に記載されたその者の氏名，住所又は個人番号と異なる場合には，改めてこれらの事項について告知をすることが必要となります（法224①）。

本人確認書類の提示又は署名用電子証明書等の送信　配当等の支払を受ける者は，氏名，住所及

び個人番号（番号既告知者は，氏名及び住所）の告知をする際に，その支払事務取扱者（貯蓄取扱機関等の営業所の長）にその者の氏名，住所及び個人番号（番号既告知者は，氏名及び住所）の記載又は記録がされた一定の本人確認書類を提示し，又はその者の署名用電子証明書等を送信しなければなりません（法224，令337，176ページ参照）。

　なお，貯蓄取扱機関等の営業所の長が，その支払を受ける人の氏名，住所及び個人番号等を記載した帳簿を備えているときは，その貯蓄取扱機関等の営業所の長に対しては，本人確認書類の提示又は署名用電子証明書等の送信は必要ありません（法224，令337，規81の6）。

　無記名株式等による剰余金の配当等の告知書の提出　無記名の公社債の利子，無記名の株式等の剰余金の配当，無記名の貸付信託，投資信託又は特定受益証券発行信託の受益証券に係る収益の分配につき支払を受ける者は，これらの受領に関する告知書を，その支払を受ける際，その支払事務取扱者に提出しなければなりません（法224②，178ページ参照）。

（注）　上記の告知書の提出に代えて，告知書に記載すべき事項を電磁的方法により支払事務取扱者に提供することができます（法224④）。

　記名式の特定株式投資信託等の受益権に係る収益の分配の受領者の告知の特例　特定株式投資信託又は特定不動産投資信託の配当等につき支払を受ける者が，その者の住民票の写し等の提示又はその者の署名用電子証明書等の送信をして，その収益の分配につき支払を受けるべき者としてその者の氏名，住所及び個人番号（個人番号を有しない者又は番号既告知者にあっては，氏名及び住所）をその支払事務取扱者に登録した場合において，その登録の際，その者の氏名及び住所をその支払事務取扱者又はその登録の取次ぎをする金融機関の営業所等の長に告知しているときは，その登録に係る特定株式投資信託又は特定不動産投資信託の収益の分配については，告知をしたものとみなされます（令336②五，規81の5）。

　無記名の特定株式投資信託等の受益証券に係る収益の分配の受領者の告知書の提出義務の特例　無記名の特定株式投資信託又は特定不動産投資信託の受益証券に係る収益の分配につき支払を受ける者が，その者の住民票の写し等の提示又はその者の署名用電子証明書等の送信をして，その収益の分配につき支払を受けるべき者としてその者の氏名，住所及び個人番号を支払事務取扱者に登録している場合には，その収益の分配は無記名の投資信託の受益証券に係る収益の分配でないものとして，記名式の特定株式投資信託についての収益の分配の告知の規定の適用がされます（令339⑧，規81の9⑧）。

　配当控除　配当所得（基金利息の配当を除く。）がある場合には，一定のものについては所得税額の計算に当たって配当控除の制度があります（737ページ参照）。

　所得税の源泉徴収　配当所得は，その支払の際に，次の表による税率によって所得税が源泉徴収されます。

配当所得（参考事項）

	税率
・未上場株式等の配当等 ・上場株式等の配当等 　（個人の大口株主）	所復20.42% （法182二，復興財確法28）
・上場株式等の配当等 　（個人の大口株主を除く。） ・公募投資信託の収益の分配 ・特定投資法人の投資口の配当等 ・公募社債的受益権の剰余金の配当	所復15.315，住5％ （措法9の3①，復興財確法28）

（所復：所得税及び復興特別所得税，住：個人住民税）

　支払調書及び支払通知書　国内において配当等の支払をする者又はその支払の取扱者は，支払調書を税務署長に提出することとされています（法225①）。ただし，上場株式等の配当等で居住者又は恒久的施設を有する非居住者が支払を受けるもの以外の配当等については，その額が一定の金額以下のものについては，提出する必要はありません（規83②）。

　また，国内において①オープン型の証券投資信託（公社債投資信託を除く。）の収益の分配につき支払をする者，②所得税法第25条第1項（配当等とみなす金額）の規定により剰余金の配当，利益の配当，剰余金の分配又は金銭の分配とみなされるものの支払をする者又は③上場株式配当等（上場株式等の配当等のうち①及び②以外のもの）の支払をする者は，支払通知書を，その支払の確定した日から原則として1月以内に，その支払を受ける者に交付しなければならないこととされています（法225②，措法8の4④，措規4の4①）。

（**注**）　上場株式等の配当等が源泉徴収選択口座内配当等である場合には，支払通知書に代えて特定口座年間取引報告書が交付されます（措法37の11の3⑦⑨ただし書）。

不 動 産 所 得

不 動 産 所 得 と は

　不動産所得とは，不動産，不動産の上に存する権利，船舶（総トン数20トン以上の船舶をいう。）又は航空機の貸付け（地上権又は永小作権の設定その他他人に不動産，不動産の上に存する権利，船舶又は航空機を使用させることを含む。）による所得をいいます（法26①，基通26—1）。

　不動産等の賃貸料　不動産などの貸付けによる所得は，不動産貸付業及び船舶若しくは航空機の貸付業のようにその貸付けを業とする場合であっても，不動産所得になります（令63）。

　土地を賃貸する場合の権利金　借地権（建物又は構築物の所有を目的とする地上権又は賃借権をいう。）又は地役権の設定（借地権が設定されている土地の転貸を含む。）の対価として支払を受ける権利金による所得は，一般的には不動産所得となります。ただし，借地権又は地役権（特別高圧架空電線の架設，特別高圧地中電線若しくはガス事業法に規定するガス事業者が供給する高圧ガス導管の敷設，飛行場の設置，ケーブルカー若しくはモノレールの敷設，砂防法に規定する導流堤等の設置又は都市計画法に規定する公共施設の設置，特定街区内における建築物の建築のために設定されたもので建造物の設置を制限するものに限る。）の設定（借地権が設定されている土地の転貸を含む。）の対価として支払を受ける権利金で，その金額がその土地の価額の2分の1（特定の場合4分の1）を超えるものによる所得は，譲渡所得として課税されます（法26①，33①，令79，303ページ参照）。

　なお，土地の価額の2分の1を超える対価による借地権の設定等の行為であっても，これを営利を目的として継続的に行う場合の所得は，事業所得又は雑所得になります（法33②一，令94②）。

　借地権等の更新料　借地権又は地役権の存続期間の更新の対価として支払を受けるいわゆる更新料による所得は，不動産所得になります（基通26—6）。

　建物を賃貸する場合の権利金　建物を賃貸する場合に取得するいわゆる権利金，謝礼金，頭金などによる所得は，不動産所得になります（基通36—6）。

　用船契約料　いわゆる裸用船契約によって船舶を利用させる場合の船主の所得は，不動産所得になりますが，いわゆる定期用船契約又は航海用船契約によって船員とともに船舶を利用させる場合の船主の所得は，事業所得又は雑所得になります（基通26—3）。

　不動産の一部の賃貸料　広告などのために土地，家屋の一部を利用させる場合の対価又はいわゆ

るケース貸しの場合の賃貸料による所得は，不動産所得になります（基通26―2，26―5）。

アパート，下宿等の所得　アパート又は下宿等の所得については，次のように取り扱われます（基通26―4）。
(1)　アパート，貸間等のように食事を供しない場合の所得は，不動産所得になります。
(2)　下宿等のように食事を供する場合の所得は，事業所得又は雑所得になります。

鉱業権等の使用権の設定による所得　鉱業権，採石権などの貸付けその他他人にこれらを使用させることによる所得は，その権利を他人に使用させることが事業と認められる場合には事業所得，そうでない場合には雑所得になります（基通35―2）。

土地信託（賃貸方式）による信託配当　土地信託（賃貸方式）（信託受益権が分割される土地信託を含む。）とは，土地等の所有者が信託銀行に土地等を信託し，信託銀行がその信託財産を賃貸（信託銀行がその土地に建物を建築して賃貸する場合も含む。）し，信託配当を委託者に支払うというものです。この場合には，委託者が直接土地等を賃貸しているものとして取り扱われますので，その信託配当は不動産所得となります（299・573ページ等参照）。
　(注)　この取扱いは，原則として，平成19年9月30日前に効力を生じている信託についてのものであり，同日以後に効力を生じる信託についての取扱いは，信託課税（20ページ）を参照してください。

建物の貸付けが事業として行われているかどうかの判定　建物の貸付けが不動産所得を生ずべき事業として行われているかどうかは，社会通念上事業と称するに至る程度の規模で建物の貸付けを行っているかどうかにより判定することになりますが，次に掲げる事実のいずれか一に該当する場合又は賃貸料の収入の状況，貸付資産の管理の状況等からみてこれらの場合に準ずる事情があると認められる場合には，特に反証がない限り，事業として行われているものと取り扱われます（基通26―9）。
(1)　貸間，アパート等については，貸与することができる独立した室数がおおむね10以上であること
(2)　独立家屋の貸付けについては，おおむね5棟以上であること

土地の貸付けが事業として行われているかどうかの判定　土地の貸付けが事業として行われているかどうかの判定は，次のように取り扱われます。
(1)　土地の貸付けが不動産所得を生ずべき事業として行われているかどうかは，あくまでも社会通念上事業と称するに至る程度の規模で土地の貸付けが行われているかどうかにより判定すべきものであること
(2)　その判定が困難な場合は，所得税基本通達26―9に掲げる建物の貸付けの場合の形式基準（これに準ずる事情があると認められる場合を含む。）を参考として判定すること
　　この場合，①貸室1室及び貸地1件当たりのそれぞれの平均的賃貸料の比，②貸室1室及び貸地1件当たりの維持・管理及び債権管理に要する役務提供の程度等を考慮し，地域の実情及び個々の実態等に応じ，1室の貸付けに相当する土地の貸付件数を，「おおむね5」として判定す

ること
(注) 例えば、貸室8室と貸地10件を有する場合にも事業として行われているものとして判定します。

所 得 金 額 の 計 算

不動産所得の金額＝総収入金額－必要経費

(法26②)

総 収 入 金 額

賃貸料等の収入の時期 不動産所得の総収入金額の収入すべき時期は、それぞれ次に掲げる日によります（基通36－5）。

(1) 契約又は慣習により支払日が定められているものについてはその支払日、支払日が定められていないものについてはその支払を受けた日（請求があったときに支払うべきものとされているものについては、その請求の日）

(2) 賃貸借契約の存否の係争等（未払賃貸料の請求に関する係争を除く。）に係る判決、和解等により不動産の所有者等が受け取ることとなった既往の期間に対応する賃貸料相当額（賃貸料相当額として供託されていたもののほか、供託されていなかったもの及び遅延利息その他の損害賠償金を含む。）については、その判決、和解等のあった日。ただし、賃貸料の額に関する係争の場合において、賃貸料の弁済のため供託された金額については、(1)に掲げる日

(注) 1 一括で支払を受ける賃貸料で、その計算の基礎とされた期間が3年以上である場合には、その賃貸料相当額による所得は、臨時所得に該当します（基通2－37、848ページ参照）。
2 業務を営む賃借人が賃借料の弁済のため供託した金額は、その賃貸料の上記(1)に掲げる日の属する年分のその業務に係る所得の金額の計算上必要経費に算入することになります。

賃貸料の収入の期間対応による経理 不動産等の貸付けを事業的規模で行っている場合で、次のいずれにも該当するときは、所得税法第67条《小規模事業者の収入及び費用の帰属時期》の規定の適用を受ける場合を除き、その賃貸料に係る貸付期間の経過に応じ、その年中の貸付期間に対応する部分の賃貸料の額をその年分の不動産所得の総収入金額に算入すべき金額とすることができます（昭48.11.6直所2－78）。

(1) 不動産所得を生ずべき業務に係る取引について、帳簿書類を備えて継続的に記帳し、その記帳に基づいて不動産所得の金額を計算していること

(2) 不動産等の賃貸料に係る収入金額の全部について、継続的にその年中の貸付期間に対応する部分の金額をその年分の総収入金額に算入する方法により所得金額を計算しており、かつ、帳簿上その賃貸料に係る前受収益及び未収収益の経理が行われていること

(3) 1年を超える期間に係る賃貸料収入については、その前受収益又は未収収益についての明細書を確定申告書に添付していること

不動産所得（総収入金額）

(注) 1　ここでいう「不動産等の賃貸料」には，不動産等の貸付けに伴い一時に受ける頭金，権利金，名義書換料，更新料，礼金等は含まれません。

2　不動産等の貸付けを事業的規模で行っていない場合であっても，上記(1)に該当し，かつ，1年以内の期間に係る不動産等の賃貸料の収入金額の全部について上記(2)に該当するときは，所得税法第67条の規定の適用を受ける場合を除き，1年以内の期間に係る不動産等の賃貸料の収入金額については，上記の事業的規模で行っている場合と同様の方法で計算することができます。

権利金等の収入の時期　不動産等の貸付け（貸付契約の更新及び地上権等の設定その他他人に不動産等を使用させる行為を含む。）をしたことによって一時に収受する頭金，権利金，名義書換料，更新料等に係る不動産所得の総収入金額の収入すべき時期は，その貸付契約に伴いその貸付けによる資産の引渡しを要するものについてはその引渡しのあった日，引渡しを要しないものについてはその貸付けに係る契約の効力発生の日とされています。ただし，引渡しを要するものについて契約の効力発生の日により総収入金額に算入して申告をしても差し支えないものとされています（基通36―6）。

返還を要しなくなった敷金等の収入の時期　不動産等の貸付けをしたことによって敷金，保証金等の名目により収受する金銭等の額のうち，次に掲げる金額は，それぞれ次に掲げる日の属する年分の不動産所得の金額の計算上総収入金額に算入されます（基通36―7）。

(1)　敷金等のうちに不動産等の貸付期間の経過に関係なく返還を要しないこととなっている部分の金額がある場合におけるその返還を要しないこととなっている部分の金額については，前記「権利金等の収入の時期」に定める日

(2)　敷金等のうち不動産等の貸付期間の経過に応じて返還を要しないこととなる部分の金額がある場合におけるその返還を要しないこととなる部分の金額については，その貸付契約に定められたところによりその返還を要しないこととなった日

(3)　敷金等のうちに不動産等の貸付期間が終了しなければ返還を要しないことが確定しない部分の金額がある場合において，その終了により返還を要しないことが確定した金額については，その不動産等の貸付けが終了した日

不動産所得の収入金額に代わる性質を有する収入金　賃貸期間終了後の土地家屋などの明渡しの遅延による損害賠償金のように，不動産所得の収入金額に代わる性質を有するものは，不動産所得の収入金額に算入します（令94，32ページ参照）。

定期借地権の設定による保証金の経済的利益の課税　定期借地権の設定に伴って賃貸人が賃借人から預託を受ける保証金（賃借人がその返還請求権を有するものをいい，その名称いかんを問わない。）の経済的利益については，所得税の課税上，次に掲げる区分に応じそれぞれ次に掲げるとおりとなります。

(1)　その保証金が各種所得の基因となる業務（不動産所得，事業所得，山林所得及び雑所得を生ずべき業務をいう。以下同じ。）に係る資金として運用されている場合又はその業務の用に供する資産の取得資金に充てられている場合……その保証金につき適正な利率により計算した利息に相当する金額（保証金による経済的利益の額）を，その保証金を返還するまでの各年分の不動産所得の金額の

― 204 ―

計算上収入金額に算入するとともに，同額を，その各種所得の金額の計算上必要経費に算入します。

(2) その保証金が，預貯金，公社債，指定金銭信託，貸付信託等の金融資産に運用されている場合……その保証金による経済的利益に係る所得の金額については，その計算を要しません。

（注） 金融資産の範囲
① 定期積金及び相互掛金
② 抵当証券
③ 貴金属等の売戻し条件付売買口座
④ 外貨投資口座
⑤ 一時払養老保険（保険期間が5年以下のものに限る。）

(3) (1)及び(2)以外の場合……その保証金につき適正な利率により計算した利息に相当する金額を，その保証金を返還するまでの各年分の不動産所得の金額の計算上収入金額に算入します。

なお，この場合の適正な利率は，(2)の場合において課税される預金利子等の金利水準を考慮し，定期預金の平均年利率（預入期間10年・1千万円以上）等によることとし，例年2月上旬頃，国税庁ホームページにおいて公表されているところです。参考までに令和4年分については，<u>0.003</u>％（平成29年分は0.02％，平成30年分は0.01％，令和元年分は0.01％，令和2年分は0.007％，令和3年分は0.002％）となります。

（具体的な計算例）
1 契約期間　令和4年1月～令和53年12月までの50年（一般定期借地権の設定）
2 利用目的　賃貸用マンションの所有
3 預かり保証金　2億円（無利息）
4 保証金の運用方法
① 賃貸用アパートの建築費用　1億円
② 別荘購入資金　2千万円
③ 株式取得資金　1千万円
④ 定期預金　7千万円

（経済的利益の課税関係）
①は上記「(1)」に，④は「(2)」に該当するため，課税関係は生じません。
②及び③は，「(3)」に該当し，課税の対象となります。

（課税される経済的利益の金額）
②＋③＝3千万円

3千万円×<u>0.003</u>％＝9百円⇒令和4年の1年間の課税される経済的利益の金額となり，同金額を令和4年分の不動産所得の収入金額に算入します。

なお，保証金の運用方法が変更された場合は，その後の課税関係は変更後の運用状況によることとなるため，保証金の運用状況については，継続して記録しておく必要があります。

不動産所得（必要経費の計算）

必要経費の計算

通　　　則

家事関連費等（33ページ参照）
親族に支払う給料，賃借料等（34ページ参照）
租税公課（35ページ参照）
地代，家賃，損害保険料等（38ページ参照）
借地権等の更新料（39ページ参照）
接待費，交際費及び寄附金（40ページ参照）
借入金利子，割引料（40ページ参照）
福利厚生費（41ページ参照）

修繕費（41ページ参照）
減価償却資産の償却費（45ページ参照）
繰延資産の償却費（78ページ参照）
事業用固定資産等の損失（81ページ参照）
雇人費（83ページ参照）
専従者控除（83ページ参照）
貸倒損失等（85ページ参照）
青色申告特別控除（87ページ参照）

翌年以降の期間の賃貸料を一括して収受した場合の必要経費　資産の貸付けの対価としてその年分の総収入金額に算入された賃貸料でその翌年以後の貸付期間にわたるものに係る必要経費については，その総収入金額に算入された年において生じたその貸付けの業務に係る費用又は損失の金額とその年の翌年以後その賃貸料に係る貸付期間が終了する日までの各年において通常生ずると見込まれるその業務に係る費用の見積額との合計額を，その総収入金額に算入された年分の必要経費に算入することができます。この場合に，その翌年以後において実際に生じた費用又は損失の金額がその見積額と異なることとなったときは，その差額をその異なることとなった日の属する年分の必要経費又は総収入金額に算入することになります（基通37—3）。

建物の賃借人に支払った立退料　不動産所得の基因となっていた建物の賃借人を立ち退かすために支払う立退料は，その建物の譲渡に際し支出するもの又はその建物を取り壊してその敷地となっていた土地等を譲渡するために支出するものを除き，その支出した日の属する年分の不動産所得の金額の計算上必要経費に算入されます（基通37—23）。

被災代替資産等の特別償却（71ページ参照）
特定都市再生建築物の割増償却（72ページ参照）
倉庫用建物等の割増償却（74ページ参照）
特定船舶に係る特別修繕準備金（262ページ参照）

所得計算の特例

小規模事業者の収入及び費用の帰属時期の特例（88ページ参照）
譲渡代金が回収不能となった場合等の所得計算の特例（90ページ参照）
廃業後に生じた必要経費の特例（91ページ参照）
転廃業助成金等に係る課税の特例（91ページ参照）
任意組合等の組合員の所得計算（93ページ参照）
特定組合員等の不動産所得に係る損益通算等の特例（207ページ参照）

—206—

有限責任事業組合の事業に係る組合員の事業所得等の所得計算の特例（94ページ参照）
　リース取引に係る所得金額の計算の特例（100ページ参照）
　免責許可の決定等により債務免除を受けた場合の経済的利益の総収入金額不算入（102ページ参照）
　債務処理計画に基づく減価償却資産等の損失の必要経費算入の特例（103ページ参照）

参　考　事　項

　臨時所得の平均課税　権利金など臨時所得に該当する不動産所得については，税額の計算について平均課税の方法を選択することができます（848ページ参照）。

　不動産所得に係る損益通算の特例　不動産所得の金額の計算上生じた損失のうち，土地等を取得するために要した負債の利子に相当する部分の金額については，損益通算の対象にはなりません（措法41の4，631ページ参照）。

　特定組合員等の不動産所得に係る損益通算等の特例　特定組合員又は特定受益者に該当する個人が，平成18年以後の各年において，組合事業又は信託から生ずる不動産所得を有する場合において，その年分の不動産所得の金額の計算上その組合事業又は信託による不動産所得の損失に相当する金額があるとしても，損益通算の対象にはなりません。また，他の黒字の組合事業又は信託による不動産所得又は組合事業及び信託以外の一般の不動産所得の金額から控除することもできません（措法41の4の2，633ページ参照）。

　国外中古建物の不動産所得に係る損益通算等の特例　個人が，令和3年以後の各年において，国外中古建物から生ずる不動産所得を有する場合においてその年分の不動産所得の金額の計算上国外不動産所得の損失の金額があるときは，当該国外不動産所得の損失の金額に相当する金額については，損益通算の対象にはなりません。また，この特例の適用を受けた国外中古建物を譲渡した場合には，その譲渡による譲渡所得の金額の計算上，その取得費から控除することとされる償却費の額の累積額からは，損益通算の対象とならなかった損失の金額に相当する金額の合計額を控除することとされています（措法41の4の3，635ページ参照）。

事 業 所 得

事 業 所 得 と は

事業所得とは，農業，漁業，製造業，卸売業，小売業，サービス業その他の事業から生ずる所得をいいますが，確定申告書の様式等，実務上は大きく次の営業等所得又は農業所得の種類に分けて取り扱われています（法27①，令63）。

営業等所得 小売業，卸売業，製造小売業，製造卸売業，受託加工業，修理業，サービス業（衣類仕立業，旅館業，クリーニング業，理髪業，美容業，浴場業，写真業，遊技場業，娯楽業等），建設業及びその他の営業（道路運送業，金融業，不動産業，鉱業，保険代理業等），自由職業（医師，歯科医師，獣医，弁護士，司法書士，税理士，公認会計士，土地家屋調査士，文芸作家，脚本脚色家，作曲家，画家，彫刻家，写真家，映画・演劇・テレビの監督及び俳優，音楽家，舞踊家，講談・落語・浪曲・漫才その他の芸能家，職業野球の選手，力士，拳闘家，競馬の馬主，調教師，騎手，集金人，生命保険外交員，茶道・生け花又は踊りの師匠，音楽個人教授，私立学校又は私塾の経営者，芸ぎ，ホステス，僧侶等），畜産業，漁業など農業以外の事業から生ずる所得

農業所得 米，麦，野菜，花，果樹，繭などの栽培若しくは生産又は農家が兼営する家畜，家きんなどの育成，肥育，採卵若しくは酪農品の生産などの事業から生ずる所得 （法２①三十五，令12）

農事組合法人から支払を受ける従事分量配当 農業経営を行う農事組合法人（その法人の事業に従事する組合員に対して，給与を支給しない農事組合法人に限る。）の組合員が，その法人からの法人の事業に従事した程度に応じて支払を受けるいわゆる従事分量分配金のうち，農業経営から生じた所得を分配したと認められるものは，原則として事業所得として課税されます（令62②，基通23～35共―3・4，190ページ参照）。

漁業生産組合から支払を受ける従事分量配当 漁業生産組合（その組合の事業に従事する組合員に対して，給与を支給しない漁業生産組合に限る。）の組合員が，その事業に従事した程度に応じて支払を受けるいわゆる従事分量分配金のうち，漁業から生じた所得を分配したと認められるものは，原則として事業所得とされますが，漁獲又はのりの採取等から生じた所得は変動所得の平均課税の適用があります （令62②，基通23～35共―3・4，190・848ページ参照）。

協同組合等から支払を受ける事業分量配当 法人税法第２条第７号に規定する協同組合等の組合員その他の構成員が，その取り扱った物の数量，価額その他その協同組合等を利用した分量に応じて支払を受けるいわゆる事業分量配当で，その協同組合等の所得の金額の計算上損金の額に算入さ

れるものは，原則として事業所得として課税されます（令62④，基通23～35共—5，190ページ参照）。
(注) 協同組合等で預貯金の受入をするものからその預貯金について支払われる事業分量配当でその協同組合等の所得金額の計算上損金の額に算入されるものは，利子所得に該当します（基通23—1(1)）。

匿名組合の組合員等の所得 商法第535条《匿名組合契約》の規定による契約(以下「匿名組合契約」という。）を締結する者でその匿名組合契約に基づいて出資をする者（匿名組合契約に基づいて出資をする者のその匿名組合契約に係る地位の承継をする者を含む。以下「匿名組合員」という。）がその匿名組合契約に基づく営業者から受ける利益の分配は雑所得になります。

ただし，匿名組合員がその匿名組合契約に基づいて営業者の営む事業（以下「組合事業」という。）に係る重要な業務執行の決定を行っているなど組合事業を営業者と共に経営していると認められる場合には，その匿名組合員がその営業者から受ける利益の分配は，その営業者の営業の内容に従い，事業所得又はその他の各種所得になります（基通36・37共—21）。
(注) 1 匿名組合契約に基づく営業者から受ける利益の分配とは，匿名組合員がその営業者から支払を受けるものをいいます（出資の払戻しとして支払を受けるものを除く。）。
    2 営業者から受ける利益の分配が，その営業の利益の有無にかかわらず一定額又は出資額に対する一定割合によるものである場合には，その分配は金銭の貸付けから生じる所得となります。
      なお，金銭の貸付けから生じる所得が事業所得であるかどうかは，その貸付口数，貸付金額，利率，貸付けの相手方，担保権の設定の有無，貸付資金の調達方法，貸付けのための広告宣伝の状況その他諸般の状況を総合勘案して判定します（基通27—6）。

匿名組合の営業者が匿名組合員に分配する利益の額は，営業者のその組合事業に係る所得の金額の計算上必要経費に算入されます（基通36・37共—21の2）。

株式等の譲渡による所得 株式等の譲渡による所得については，原則として申告分離課税とされています（434・449ページ参照）。

営利を目的とした継続的な借地権等の設定による所得（令94②，573ページ参照）

不動産貸付業等の所得 不動産，船舶又は航空機の貸付けによる所得は，それらの貸付けを業とする場合であっても，不動産所得になります（令63，201ページ参照）。

事業用固定資産の譲渡による所得 事業用の固定資産を譲渡した場合の所得は，譲渡所得になります。したがって，その譲渡によって損失を生じても，その損失は譲渡所得の損失となり，事業所得の必要経費に算入することはできません（法33①）。

ただし，使用可能期間が1年未満の減価償却資産又は取得価額が10万円未満の減価償却資産（貸付け（主要な業務として行われるものを除く。）の用に供したものを除き，業務の性質上基本的に重要なものを除く。），取得価額が20万円未満のもので一括償却資産の必要経費算入（令139①）の規定の適用を受けた減価償却資産（業務の性質上基本的に重要なものを除く。）は，譲渡所得の対象となる資産から除かれていますので，これらの減価償却資産の譲渡代金は，事業所得の総収入金額に算入されます（法33②一，令81二・三）。

（注）1　上記の「業務の性質上基本的に重要なもの」とは，製品の製造，農産物の生産，商品の販売，役務の提供等その者の目的とする業務の遂行上直接必要な減価償却資産でその業務の遂行上欠くことのできないもの（以下「少額重要資産」という。）をいいます（基通33―1の2）。

　　　2　少額重要資産であっても，貸衣装業における衣装類，パチンコ店におけるパチンコ器，養豚業における繁殖用又は種付用の豚のように，事業の用に供された後において反復継続して譲渡することがその事業の性質上通常である少額重要資産の譲渡による所得は，譲渡所得には該当せず，事業所得として課税されます（基通27―1，33―1の2（注））。

　　　3　使用可能期間が1年未満の減価償却資産で，その取得価額が業務の用に供した年分の事業所得の金額の計算上必要経費に算入されたものを譲渡した場合の代金は，その資産が少額重要資産に該当する場合であっても，譲渡所得とはしないで事業所得の総収入金額に算入されます（基通33―1の3）。

所得金額の計算

$$\boxed{\text{事業所得の金額＝総収入金額－必要経費}}$$

（法27②）

総収入金額の計算

収入の時期

　事業所得の総収入金額の収入すべき時期は，次の収入金額については，原則として，それぞれ次に掲げる日によります（基通36―8）。

(1)　棚卸資産の販売（試用販売及び委託販売を除く。）による収入金額については，その引渡しがあった日

(2)　棚卸資産の試用販売による収入金額については，相手方が購入の意思を表示した日

　　ただし，積送又は配置した棚卸資産について，相手方が一定期間内に返送又は拒絶の意思を表示しない限り，特約又は慣習によりその販売が確定することとなっている場合には，その期間の満了の日

(3)　棚卸資産の委託販売による収入金額については，受託者がその委託品を販売した日

　　ただし，その委託品についての売上計算書が毎日又は1月を超えない一定期間ごとに送付されている場合において，継続して売上計算書が到達した日の属する年分の収入金額としているときは，売上計算書の到達の日

(4)　請負による収入金額については，

　イ　物の引渡しを要する請負契約にあっては，その目的物の全部を完成して相手方に引き渡した日

　ロ　物の引渡しを要しない請負契約にあってはその約した役務の提供を完了した日

　　ただし，一の契約により多量に請け負った同種の建設工事等について，その引渡量に従い，工事代金等を収入する旨の特約若しくは慣習がある場合又は1個の建設工事等についてその完成した部分を引き渡した都度その割合に応じて工事代金等を収入する旨の特約若しくは慣習がある場

合には，その引き渡した部分に係る収入金額については，その特約又は慣習により相手方に引き渡した日

(5) 人的役務の提供（請負を除く。）による収入金額については，その人的役務の提供を完了した日
　　ただし，人的役務の提供による報酬を期間の経過又は役務の提供の程度等に応じて収入する特約又は慣習がある場合におけるその期間の経過又は役務の提供の程度等に対応する報酬については，その特約又は慣習によりその収入すべき事由が生じた日

(6) 資産（金銭を除く。）の貸付けによる賃貸料で，その年に対応するものに係る収入金額については，その年の末日（貸付期間の終了する年にあっては，その期間の終了する日）

(7) 金銭の貸付けによる利息又は手形の割引料でその年に対応するものに係る収入金額については，その年の末日（貸付期間の終了する年にあっては，その期間の終了する日）
　　ただし，その者が継続して，次に掲げる区分に応じ，それぞれ次に掲げる日により収入金額に計上している場合には，それぞれ次に掲げる日

　イ　利息を天引きして貸し付けたものについての利息………その契約により定められている貸付元本の返済日
　ロ　その他の利息………その貸付けの契約の内容に応じ，
　　(イ)　利息の支払日が定められているものについては，その支払日
　　(ロ)　支払日が定められていないものについては，その支払を受けた日（請求があったときに支払うべきものとされている利息については，その請求の日）
　ハ　手形の割引料………その手形の満期日（満期日前に手形を譲渡した場合には，その譲渡の日）

　棚卸資産の引渡しの日の判定　棚卸資産の引渡しの日がいつであるかについては，例えば，出荷した日，相手方が検収した日，相手方において使用収益ができることとなった日，検針等により販売数量を確認した日等その棚卸資産の種類及び性質，その販売に係る契約の内容等に応じその引渡しの日として合理的と認められる日のうち，その人が継続して収入金額に計上することとしている日によるものとして取り扱われています（基通36―8の2）。

　建設工事等の引渡しの日の判定　請負契約の内容が建設，造船その他これらに類する工事（以下「建設工事等」という。）を行うことを目的とするものであるときは，その建設工事等の引渡しの日がいつであるかについては，例えば，作業を結了した日，相手方の受入場所へ搬入した日，相手方が検収を完了した日，相手方において使用収益ができることとなった日等その建設工事等の種類及び性質，契約の内容等に応じその引渡しの日として合理的であると認められる日のうち，その人が継続して収入金額に計上することとしている日によるものとして取り扱われています（基通36―8の3）。

　機械設備等の販売に伴い据付工事を行った場合の収入すべき時期の特例　機械設備等を販売したことに伴いその据付工事を行った場合，その据付工事が相当の規模のものであり，その据付工事に係る対価の額を契約その他に基づいて合理的に区分することができるときは，機械設備等に係る販売代金の額と据付工事に係る対価の額とを区分して，上記(1)又は(4)の日に収入金額に計上することができるものとして取り扱われています。
　ただし，この取扱いによらない場合には，据付工事に係る対価の額を含む全体の販売代金の額について，上記(1)により収入金額を計上することになります（基通36―8の4）。

事業所得（総収入金額の計算）

利息制限法の制限超過利子　利息制限法に定める制限利率（以下「制限利率」という。）を超える利率により金銭の貸付けを行っている場合の貸付金から生ずる利子の額の収入すべき時期については，上記(7)によるほか，次のように取り扱われています（基通36―8の5）。

(1)　その貸付金から生ずる利子の額のうちその年分の金額は，原則としてその貸付けによる約定利率により計算しますが，未収の利子については，継続して制限利率により計算を行っている場合には，その金額を収入金額とする方法が認められます。

(2)　その貸付金から生ずる利子の額のうち実際に支払を受けたものについては，その支払を受けた金額を利子として総収入金額に算入します。

(3)　(1)によりその年分の利子の額を計算する場合の計算の基礎となる貸付金の額は，原則として，その貸付けによる約定元本の額によりますが，継続して既に支払を受けた利子の額のうち制限利率により計算した利子の額を超える部分の金額を元本の額に充当したものとしてその貸付金の額を計算している場合には，その方法が認められます。

リース譲渡に係る収入及び費用の帰属時期　リース譲渡を行った場合において，そのリース譲渡の収入金額及び費用の額を，その年以後毎年延払基準の方法によって経理したとき（後述のリース譲渡の収入金額及び費用の計上方法の特例の適用を受ける場合を除く。）は，その経理した収入金額及び費用の額を，各年分の事業所得の金額の計算上総収入金額及び必要経費に算入することができます（法65①，令188）。

(注)　上記の「リース譲渡」とは，リース取引（資産の賃貸借（所有権が移転しない土地の賃貸借などの一定のものを除く。）で，次の要件に該当するもの）の目的となる資産の引渡しをいいます（法65①，67の2③）。

①　賃貸借に係る契約が，賃貸借期間の中途においてその解除をすることができないもの又はこれに準ずるものであること

②　賃貸借に係る賃借人がその賃貸借に係る資産からもたらされる経済的な利益を実質的に享受することができ，かつ，その資産の使用に伴って生ずる費用を実質的に負担すべきこととされているものであること

延払基準の方法　延払基準の方法とは，次のいずれかの算式によって計算した額をその年分の収入金額及び費用の額とする方法をいいます（令188①）。

①
$$\text{収入金額} = \left(\begin{array}{c}\text{リース譲渡}\\\text{の対価の額}\end{array}\right) \times \dfrac{\left(\begin{array}{c}\text{その年中に支払期日の到}\\\text{来する賦払金の合計額}\end{array}\right)}{(\text{リース譲渡の対価の額})}$$

$$\text{費用の額} = \left(\begin{array}{c}\text{売上原}\\\text{価の額}\end{array} + \begin{array}{c}\text{販売手}\\\text{数料等}\end{array}\right) \times \dfrac{\left(\begin{array}{c}\text{その年中に支払期日の到}\\\text{来する賦払金の合計額}\end{array}\right)}{(\text{リース譲渡の対価の額})}$$

②
$$\text{収入金額} = \left(\begin{array}{c}\text{リース譲渡}\\\text{の対価の額}\end{array} - \begin{array}{c}\text{利息相}\\\text{当額}\end{array}\right) \times \dfrac{\left(\begin{array}{c}\text{その年の}\\\text{リース期間の月数}\end{array}\right)}{\left(\begin{array}{c}\text{そのリース資産の}\\\text{リース期間の月数}\end{array}\right)} + \left(\begin{array}{c}\text{利息相当額がその元本相当額のう}\\\text{ち支払の期日が到来していないも}\\\text{のの金額に応じて生ずるものとし}\\\text{た場合にその年におけるリース期}\\\text{間に帰せられる利息相当額}\end{array}\right)$$

$$\text{費用の額} = \left(\begin{array}{c}\text{リース譲渡}\\\text{の原価の額}\end{array}\right) \times \dfrac{\left(\begin{array}{c}\text{その年の}\\\text{リース期間の月数}\end{array}\right)}{\left(\begin{array}{c}\text{リース期間}\\\text{の月数}\end{array}\right)}$$

リース譲渡の収入金額及び費用の計上方法の特例　リース譲渡を行った日の属する年分の確定申告書

— 212 —

事業所得（総収入金額の計算）

に次の方法で収入金額及び費用の額を算入する明細の記載がある場合は，延払基準の方法で経理したかどうかにかかわらず，次の方法による金額を総収入金額及び必要経費の額とすることができます（法65②④，令188②③）。

$$\text{収入金額} = \left\{ \begin{pmatrix} \text{リース譲} \\ \text{渡の対価} \\ \text{の額} \end{pmatrix} - \overbrace{\left[\begin{pmatrix} \text{リース譲} \\ \text{渡の対価} \\ \text{の額} \end{pmatrix} - \begin{pmatrix} \text{リース譲} \\ \text{渡の原価} \\ \text{の額} \end{pmatrix} \right] \times \frac{20}{100}}^{\text{利息に相当する部分の金額}} \right\} \times \frac{\begin{pmatrix} \text{その年の} \\ \text{リース期間の月数} \end{pmatrix}}{\begin{pmatrix} \text{そのリース資産の} \\ \text{リース期間の月数} \end{pmatrix}} + \begin{pmatrix} \text{その年におけるリ} \\ \text{ース期間に帰せら} \\ \text{れる利息の額に相} \\ \text{当する金額 (注)} \end{pmatrix}$$

$$\text{費用の額} = \begin{pmatrix} \text{リース譲渡の} \\ \text{原価の額} \end{pmatrix} \times \frac{\begin{pmatrix} \text{その年の} \\ \text{リース期間の月数} \end{pmatrix}}{\begin{pmatrix} \text{リース期間} \\ \text{の月数} \end{pmatrix}}$$

（注）　リース譲渡に係る賦払金の支払を，リース期間，支払期日，支払額，利息相当額（リース譲渡の対価の額からその原価の額を控除した金額の20％相当額をいう。），元本相当額を基礎とした複利法により求められる一定の率として賦払の方法により行うものとした場合にその年におけるリース期間に帰せられる利息の額に相当する金額をいいます（令188②，③二）。

延払条件付販売等に係る収入及び費用の帰属時期（平成30年4月1日前の制度及び経過措置）　居住者が，延払条件付販売等に該当する棚卸資産の販売等をした場合において，その資産の販売等に係る収入金額及び費用の額につき，その資産の販売等に係る目的物又は役務の引渡し又は提供の日の属する年以後の各年において延払基準の方法により経理したときは，その経理した収入金額及び費用の額は，その各年分の事業所得の金額の計算上，総収入金額及び必要経費に算入することができます（旧法65①）。

（注）1　「延払条件付販売等」とは，資産の販売等で次に掲げる要件に適合する条件を定めた契約に基づきその条件により行われるもの及びリース譲渡をいいます（旧法65③，旧令190）。
　①　月賦，年賦その他の賦払の方法により3回以上に分割して対価の支払を受けること。
　②　その資産の販売等に係る目的物又は役務の引渡し又は提供の期日の翌日から最後の賦払金の支払の期日までの期間が2年以上であること。
　③　その契約において定められているその資産の販売等の目的物の引渡しの期日までに支払の期日の到来する賦払金の額の合計額がその資産の販売等の対価の額の3分の2以下となっていること。
2　「資産の販売等」とは，棚卸資産の販売，工事（製造を含む。）の請負又は役務の提供（所得税法第66条第1項に規定する長期大規模工事の請負を除く。）をいいます（旧法65①）。
3　「リース譲渡」とは，資産の賃貸借で，次に掲げる要件に該当するもの（以下「リース取引」という。）によるリース取引の目的となる資産の賃貸人から賃借人への引渡しをいいます（旧法65②，法67の2①③）。
　①　その賃貸借に係る契約が，賃貸借期間の中途においてその解除をすることができないものであること又はこれに準ずるものであること。
　②　その賃貸借に係る賃借人がその賃貸借に係る資産からもたらされる経済的な利益を実質的に享受することができ，かつ，その資産の使用に伴って生ずる費用を実質的に負担すべきこととされているものであること。
4　「延払基準の方法」とは，次に掲げる方法をいいます（旧令188①）。
　①　延払条件付販売等の対価の額及びその原価の額（その延払条件付販売等に要した手数料の額を含む。）にその延払条件付販売等に係る賦払金割合を乗じて計算した金額をその年分の収入金額及び費用の額とする方法
　②　リース譲渡に該当する延払条件付販売等について，次のイ及びロに掲げる金額の合計額をその年分の収入金額とし，ハに掲げる金額をその年分の費用の額とする方法

事業所得（総収入金額の計算）

イ その延払条件付販売等の対価の額から利息相当額を控除した金額（ロにおいて「元本相当額」という。）をリース資産のリース期間の月数で除し，これにその年におけるリース期間の月数を乗じて計算した金額

ロ その延払条件付販売等の利息相当額がその元本相当額のうちその支払の期日が到来していないものの金額に応じて生ずるものとした場合にその年におけるリース期間に帰せられる利息相当額

ハ その延払条件付販売等の原価の額をリース期間の月数で除し，これにその年におけるリース期間の月数を乗じて計算した金額

5 「賦払金割合」とは，その延払条件付販売等の対価の額のうちに，その対価の額に係る賦払金であってその年においてその支払の期日が到来するものの合計額（その賦払金につき既にその年の前年以前に支払を受けている金額がある場合には，その金額を除くものとし，その年の翌年以後において支払の期日が到来する賦払金につきその年中に支払を受けた金額がある場合には，その金額を含む。）の占める割合をいいます（旧令188①一）。

6 「利息相当額」とは，その延払条件付販売等の対価の額のうちに含まれる利息に相当する金額をいいます（旧令188①二イ）。

7 「リース期間」とは，リース取引に係る契約において定められたリース資産の賃貸借の期間をいいます（旧令188①二イ）。

8 上記の月数は，暦に従って計算し，1月に満たない端数を生じたときは，これを1月とすることとされています（旧令188④）。

9 この特例は，平成30年度税制改正において，次の経過措置が講じられた上，特例の対象となる資産の販売等がリース譲渡に限定されました。

① 平成30年4月1日前に延払条件付販売等に該当する資産の販売等（リース譲渡を除く。以下「特定資産の販売等」という。）を行った個人（同日前に行われた延払条件付販売等に該当する特定資産の販売等に係る契約の移転を受けた個人を含む。）の平成30年から令和5年までの各年分の事業所得の金額の計算については，原則として，廃止前の規定を従前どおり適用できることとされています（平30改正法附8①，平30改正令附12①）。ただし，その個人の延払条件付販売等に該当する特定資産の販売等に係る収入金額及び費用の額が次に掲げる場合に該当する場合には，その収入金額及び費用の額（次に定める年の前年以前の各年分の事業所得の金額の計算上総収入金額及び必要経費に算入されるものを除く。以下それぞれ「未計上収入金額」及び「未計上経費額」という。）は次に定める年（以下「基準年」という。）の年分の事業所得の金額の計算上，総収入金額及び必要経費に算入することとされています（平30改正法附8②）。

イ その特定資産の販売等に係る収入金額及び費用の額につき平成30年から令和5年までの各年において延払基準の方法により経理しなかった場合……その経理しなかった年

ロ その特定資産の販売等に係る収入金額及び費用の額のうち，令和5年までの各年分の事業所得の金額の計算上総収入金額及び必要経費に算入されなかったものがある場合……令和6年

※ 個人が平成30年4月1日前に延払条件付販売等に該当する特定資産の販売等に係る契約をし，かつ，同日以後にその特定資産の販売等に係る目的物又は役務の引渡し又は提供をした場合であっても，その特定資産の販売等は同日前に行われたものとされます（平30改正令附12③）。

② 上記①の個人の延払条件付販売等に該当する特定資産の販売等に係る収入金額及び費用の額が上記①イ又はロに掲げる場合に該当する場合において，その特定資産の販売等に係る未計上収入金額がその特定資産の販売等に係る未計上経費額を超えるときは，上記①にかかわらず，イに掲げる金額（事業を廃止した日の属する年及びびイに掲げる金額がロに掲げる金額を超える年にあっては，ロに掲げる金額）を，基準年以後の各年分の事業所得の金額の計算上，総収入

事業所得（総収入金額の計算）

金額及び必要経費に算入することができます（平30改正法附8③）。

　イ　その未計上収入金額及び未計上経費額を120で除し，これにその年において事業を営んでいた期間の月数を乗じて計算した金額

　ロ　(イ)に掲げる金額から(ロ)に掲げる金額を控除した金額

　　(イ)　その未計上収入金額及び未計上経費額

　　(ロ)　(イ)に掲げる金額のうちその年の前年以前の各年分の事業所得の金額の計算上総収入金額及び必要経費に算入された金額

③　上記②の特例（以下「10年均等計上の特例」という。）は，基準年の年分の所得税に係る確定申告書にこの特例の適用を受ける旨の記載がある場合に限り適用することとされています（平成30改正法附8④）。ただし，税務署長は，この確定申告書の提出がなかった場合又はこの記載がない確定申告書の提出があった場合においても，その提出がなかったこと又はその記載がなかったことについてやむを得ない事情があると認めるときは，10年均等計上の特例を適用することができることとされています（平30改正法附8⑤）。

④　10年均等計上の特例の適用を受けている個人が死亡した場合において，その個人の事業を相続人が承継したときは，その相続人のその死亡の日の属する年以後の各年分の事業所得の金額の計算については，その個人がした上記③の記載はその相続人がしたものとみなして，10年均等計上の特例を適用することとされています。この場合において，次に掲げる年分においては次に定めるところによりその相続人の上記②の計算を行うこととされています（平30改正法附8⑦，平30改正令附12④）。

　イ　その個人の死亡の日の属する年……その個人の未計上収入金額及び未計上経費額を120で除し，これにその相続人がその年において事業を営んでいた期間の月数を乗じて計算した金額を上記②イに掲げる金額とし，その未計上収入金額及び未計上経費額を上記②ロ(イ)に掲げる金額とし，その未計上収入金額及び未計上経費額のうち，その個人の各年分の事業所得の金額の計算上総収入金額及び必要経費に算入された金額を上記②ロ(ロ)に掲げる金額とします。

　ロ　その個人の死亡の日の属する年の翌年以後の各年……その個人の未計上収入金額及び未計上経費額を120で除し，これにその相続人がその年において事業を営んでいた期間の月数を乗じて計算した金額を上記②イに掲げる金額とし，その未計上収入金額及び未計上経費額を上記②ロ(イ)に掲げる金額とし，その未計上収入金額及び未計上経費額のうち，その個人の各年分の事業所得の金額の計算上総収入金額及び必要経費に算入された金額とその相続人のその年の前年以前の各年分の事業所得の金額の計算上総収入金額及び必要経費に算入された金額との合計額を上記②ロ(ロ)に掲げる金額とします。

⑤　延払条件付販売等に該当する特定資産の販売等に係る収入金額及び費用の額につき上記①の適用を受けている個人が死亡した場合において，その個人の事業を相続人が承継し，かつ，その相続人がその特定資産の販売等に係る収入金額及び費用の額につき廃止前の規定の適用を受けなかったときは，その相続人について上記①ただし書及び②から④までを適用します。この場合において，その相続人が平成30年から令和5年までの各年においてその特定資産の販売等に係る収入金額及び費用の額につき延払基準の方法により経理したときは，その相続人は延払基準の方法により経理しなかったものとみなされます（平30改正令附12⑥）。つまり，この場合には，相続人が延払基準の方法により経理したか否かにかかわらず，その個人の死亡の日の属する年において一括計上するか，その年から10年均等計上の特例を適用するかのいずれかとなります。

　長期大規模工事の請負による収入及び費用の帰属時期　長期大規模工事の請負契約をした場合に，その請負をした長期大規模工事による収入金額及び費用の額については，その工事の着工の年

事業所得（総収入金額の計算）

からその工事の目的物の引渡しの年の前年までの各年において工事進行基準の方法により計算した金額を各年分の事業所得の金額の計算上総収入金額及び必要経費に算入します（法66①）。

　　長期大規模工事　この工事進行基準の方法によることとされる長期大規模工事（製造及びソフトウェアの開発を含む。）とは，次の要件に該当するものをいいます（法66①，令192①②）。
① 　工事着手の日から契約において定められている目的物の引渡しの期日までの期間が1年以上であること
② 　その請負の対価の額が10億円以上の工事であること
③ 　その工事に係る契約において，その請負の対価の額の2分の1以上がその工事の目的物の引渡しの期日から1年経過する日後に支払われることが定められていないもの

　　工事進行基準の方法　工事進行基準の方法とは，次の算式によって計算した金額を，その年分の収入金額及び費用とする方法をいいます（令192③）。

その年分の収入金額及び費用の額とすべき金額＝$\left[\dfrac{\text{工事の請負の対価の額及びその年12月31日の現況により見}}{\text{積もられる工事の原価の額}}\right]$（注1）

×工事進行割合（注2）－$\left[\dfrac{\text{その年の前年以前の各年分の収入金額とされた金額及び費用の額とされた金額}}{}\right]$

(**注**)1 　請負をした工事（追加工事も含む。）の請負の対価の額がその年12月31日（年の中途で死亡した場合には，その死亡の時）において確定していないときは，同日の現況により見積もられる工事の原価の額をその請負の対価とすることとされています（令192④）。
　　　2 　工事進行割合は，工事原価のうちにその工事のために既に要した原材料費，労務費その他の経費の合計額の占める割合その他の工事の進行の度合を示すものとして合理的と認められるものに基づいて計算した割合とされています（令192③）。
　　　3 　長期大規模工事に該当していても，その年12月31日においてその工事の着手の日から6か月を経過していないものや，上記算式の工事進行割合が20％に満たないものについては，選択により，その年分の収入金額及び費用の額はないものとすることができます（令192⑥）。

　　工事の着手後に長期大規模工事に該当することとなった場合　その収入金額及び費用の額について工事進行基準の方法によっていない工事が，請負の対価の額の引上げ等によりその着工の年の翌年以後の年（その工事の目的物の引渡しの日の属する年（以下「引渡し年」という。）を除く。）において長期大規模工事に該当することとなった場合には，選択により，その工事の請負に係る収入金額及び費用の額につき着工の年以後の各年において工事進行基準の方法によりその各年分の収入金額及び費用の額を計算することとした場合に着工の年からその該当することとなった年（以下「適用開始年」という。）の前年までの各年分の収入金額及び費用の額とされる金額（以下「既往年分の収入金額及び費用の額」という。）は，その適用開始年から引渡し年の前年までの各年分の収入金額及び費用の額に含めず，引渡し年において一括して計上することができることとされています（令192⑤）。
　　なお，この適用を受けるためには，適用開始年から引渡し年の前年までの各年分の確定申告書にその適用を受けようとする工事の名称及びその工事の請負に係る既往年分の収入金額及び費用の額の計算に関する明細書の添付をする必要があります（令192⑧）。
　　(**注**)　上記の「着工の年」とは，工事の着手の日の属する年をいいますが，その工事に着手したかどうかの判定は，請け負った工事の内容を完成するために行う一連の作業のうち重要な部分の作業を開始したかどうかによることとされています。なお，工事の設計に関する作業がその工事の重要な部分の作業に該当するかどうかは，その者の選択に委ねられています（令192⑤⑦）。

－216－

事業所得（総収入金額の計算）

　　死亡の場合の長期大規模工事の請負に係る収入及び費用の帰属時期　長期大規模工事の請負に係る収入金額及び費用の額につきこの特例の適用を受けている居住者が死亡した場合には，その長期大規模工事の請負に係る収入金額及び費用の額のうち，その長期大規模工事の請負に係る事業を承継した相続人のその死亡の日の属する年からその長期大規模工事の目的物の引渡し年の前年までの各年分の収入金額及び費用の額として工事進行基準の方法により計算した収入金額及び費用の額は，その各年分の事業所得の金額の計算上，総収入金額及び必要経費に算入することになります。この場合において，その相続人のその各年分において収入金額及び費用の額とすべき金額の計算については，その居住者がその死亡の前にその長期大規模工事のために要した経費の額並びにその死亡前にその居住者についてその長期大規模工事の請負に係る収入金額及び費用の額とされた金額は，それぞれその相続人がその長期大規模工事のために要した経費の額並びにその相続人についてその長期大規模工事の請負に係る収入金額及び費用の額とされた金額とみなされます（令194①）。

　　長期大規模工事以外の工事の請負による収入及び費用の帰属時期　工事（着工の年中にその目的物の引渡しが行われないもので，長期大規模工事に該当するものを除く。）の請負契約をした場合に，その請負（損失が生ずると見込まれるものを除く。）をした工事に係る収入金額及び費用の額については，その工事の着工の年からその工事の目的物の引渡しの年の前年までの各年において工事進行基準の方法によって経理したときは，その経理した収入金額及び費用の額を，各年分の事業所得の金額の計算上総収入金額及び必要経費に算入することができます（法66②）。

　　工事進行基準の方法による経理　工事進行基準の方法を採用した工事による収入金額及び費用の額については，工事進行基準を採用した年の翌年以後も，継続して工事進行基準の方法によって経理しなければなりません。もし，着工の年の翌年以後のいずれかの年に工事進行基準の方法によって経理しなかった場合には，その経理しなかった年の翌年以後の各年分の事業所得の金額の計算については，工事進行基準の方法による経理は認められません（法66②）。
　　また，平成21年１月１日以後において，請負をした工事について工事進行基準の適用を受けている場合には，その工事未収入金相当額をその工事の請負に係る金銭債権の額として事業所得の金額を計算することとなります（令193，平20.4改正令附12③）。

小規模事業者の収入及び費用の帰属時期の特例（88ページ参照）

　　売上割戻しの計上時期　販売した棚卸資産についての売上割戻しの金額は，次の区分に応じた日の属する年分の必要経費に算入し，又は売上高から控除します（基通36・37共－８）。
(1)　その算定基準が販売価額又は販売数量によっており，かつ，その算定基準が契約その他の方法により相手方に明示されている売上割戻し……販売した日
　　ただし，その者が継続して売上割戻しの金額の通知又は支払をした日において必要経費に算入し，又は売上高から控除することとしている場合には，これらの日において必要経費に算入し，又は売上高から控除することができます。
(2)　(1)以外の売上割戻し……その売上割戻しの金額の通知又は支払をした日
　　ただし，その年12月31日までに，その販売した棚卸資産について売上割戻しを支払うこと及びその売上割戻しの金額の算定基準が内部的に決定されている場合において，その基準により計算した金額をその年において未払金として計上するとともにその年分の確定申告の期限までに相手方に通知したときは，継続適用を条件としてその金額をその年分の必要経費に算入し，又は売上

高から控除することができます。

仕入割戻しの計上時期　購入した棚卸資産について受けた仕入割戻しは，次の区分に応じた日の属する年分の総収入金額に算入し，又は仕入高から控除します（基通36・37共—11）。

(1)　仕入割戻しの算定基準が購入価額又は購入数量によっており，かつ，その算定基準が契約その他の方法により明示されている仕入割戻し……購入した日

(2)　(1)以外の仕入割戻し……その仕入割戻しの金額の通知を受けた日

農産物の収入の時期　収穫した農産物は，その農産物を収穫した時に収入があったものとされます（法41①）。

総収入金額の計算

農産物の収入金額　農産物を収穫した場合には，収穫した時における収穫価額（収穫時における生産者販売価額）を収入金額とし，その農産物を販売したときは，その販売価額を収入金額，収穫価額を必要経費として農業所得の金額を計算します（法41，基通41—1）。

農産物の範囲　上記の農産物とは，米，麦その他の穀物，馬鈴しょ，野菜などのほ場作物，果樹，樹園の生産物又は温室その他特殊施設を用いて生産する園芸作物をいいます（令88）。

事業所得の収入金額に代わる性質を有する収入金　事業を営む者がその事業に関して受ける収入金で，事業の遂行によって生ずる事業所得の収入金額に代わる性質を有する，例えば，次に掲げるようなものは，事業所得の収入金額に算入しなければなりません（令94，32ページ参照）。

(1)　**営業収入に算入するもの**　①棚卸資産についての火災保険金，運送保険金　②棚卸資産に対する補償金，損害賠償金　③営業の全部若しくは一部の休止又はその活動を制限されることによって受ける補償金，損害賠償金　④営業の全部若しくは一部の転換又は廃止によって受ける営業補償金（営業権の対価と認められる部分の金額を除く。）　⑤時価の2分の1を超える対価の支払がある借地権等の設定行為が，営利を目的として継続的に行われる場合のその対価

(2)　**漁業収入に算入するもの**　①漁獲物又は養殖中の魚類などに対する共済金，損害賠償金　②一時的な漁場の汚染又は漁獲の減少によって受ける補償金，損害賠償金　③漁業の全部若しくは一部の休止又はその活動が制限されることによって受ける補償金，損害賠償金　④漁業権の消滅又はその価値の減少によって受ける漁業補償金（漁業権の対価と認められる部分の金額を除く。）

(3)　**農業収入に算入するもの**　①農作物に対する農作物共済金，鉱害補償金その他の補償金　②販売の目的で飼育している家畜，家きんに対する補償金，損害賠償金　③農業の全部又は一部の休止によって受ける補償金，損害賠償金　④田畑の収用，買収等に伴って受ける離作補償料（田畑の対価と認められる部分の金額を除く。）

事業の遂行に付随して生じた収入　事業を営む者がその事業の遂行に付随して受ける次に掲げるような収入は，事業所得の金額の計算上総収入金額に算入しなければなりません（基通27—5）。

事業所得（総収入金額の計算）

(1) 事業の遂行上取引先又は使用人に対して貸し付けた貸付金の利子
(2) 事業用資産の購入に伴って景品として受ける金品
(3) 新聞販売店における折込広告収入
(4) 浴場業，飲食業等における広告の掲示による収入
(5) 医師又は歯科医師が，休日，祭日又は夜間に診療等を行うことにより地方公共団体等から支給を受ける委嘱料等
　(注)　医師又は歯科医師が，地方公共団体等の開設する救急センター，病院等において休日，祭日又は夜間等に診療等を行うことにより地方公共団体等から支給を受ける委嘱料等は，給与等に該当します（基通28－9の2）。
(6) 事業用固定資産について固定資産税を納期前に納付することにより交付を受ける報奨金

　交付を受けた広告宣伝用資産による経済的利益についての収入金額　特約店などの販売業者が製造業者などから次に掲げるような広告宣伝用の資産の交付を受けた場合（その資産の製造業者などの取得価額より低い価額で譲渡を受けた場合及び広告宣伝用資産の取得を条件として金銭の交付を受けてその交付の目的となった資産を取得した場合を含む。）の経済的利益による収入金額は，製造業者などのその資産の取得価額の3分の2に相当する金額から販売業者などがその取得のために支出した金額を控除した残額（その金額が30万円以下であるときは経済的利益はないものとする。）とされます（基通36－18）。
(1) 自動車（自動三輪車及び自動二輪車を含む。）で車体の大部分に一定の色彩を塗装して製造業者などの製品名又は社名を表示し，その広告宣伝を目的としていることが明らかなもの
(2) 陳列棚，陳列ケース，冷蔵庫又は容器で製造業者などの製品名又は社名の広告宣伝を目的としていることが明らかなもの
(3) 展示用モデルハウスのように製造業者などの製品の見本であることが明らかなもの
　(注)　広告宣伝用の看板，ネオンサイン及びどん帳のように専ら広告宣伝の用に供される資産については，その取得による経済的利益はないものとされます。

棚卸資産等を自家消費した場合の収入金額（31ページ参照）
棚卸資産等を贈与等又は低額譲渡した場合等の収入金額（31ページ参照）
免責許可の決定等により債務免除を受けた場合の経済的利益の総収入金額不算入（102ページ参照）

事業所得（必要経費の計算）

必要経費の計算

通　則

家事関連費等（33ページ参照）
親族に支払う給料，賃借料等（34ページ参照）
租税公課（35ページ参照）
地代，家賃，損害保険料等（38ページ参照）
借地権等の更新料（39ページ参照）
接待費，交際費及び寄附金（40ページ参照）
借入金利子，割引料（40ページ参照）
福利厚生費（41ページ参照）
修繕費（41ページ参照）

減価償却資産の償却費（45ページ参照）
繰延資産の償却費（78ページ参照）
事業用固定資産等の損失（81ページ参照）
雇人費（83ページ参照）
専従者控除（83ページ参照）
貸倒損失等（85ページ参照）
青色申告特別控除（87ページ参照）
家内労働者等の所得計算の特例（92ページ参照）

売上原価

売上原価は，次のように，その年1月1日現在の棚卸資産の価額（期首棚卸高）とその年中に取得した棚卸資産の取得価額（仕入高，製造原価）との合計額から，その年12月31日現在の棚卸資産について，その定められた評価の方法に従って評価した価額（期末棚卸高）を差し引いて計算します（法47①）。

$$\begin{bmatrix} 1月1日現在におけ \\ る棚卸資産の価額 \end{bmatrix} + \begin{bmatrix} その年中の仕入 \\ 高又は製造原価 \end{bmatrix} - \begin{bmatrix} 12月31日現在におけ \\ る棚卸資産の価額 \end{bmatrix} = 売上原価$$

（注）　上記の製造原価は次の算式で計算します。

$$\begin{bmatrix} 1月1日現在におけ \\ る仕掛品の棚卸高 \end{bmatrix} + \begin{bmatrix} その年中の \\ 総製造費用 \end{bmatrix} - \begin{bmatrix} 12月31日現在におけ \\ る仕掛品の棚卸高 \end{bmatrix} = 製造原価$$

棚卸資産　棚卸資産とは，事業所得を生ずべき事業に関する次に掲げる資産（有価証券，暗号資産及び山林を除く。）をいいます（法2①十六，令3）。

(1)　商品又は製品（副産物及び作業くずを含む。）
(2)　半製品
(3)　仕掛品（半成工事を含む。）
(4)　主要原材料
(5)　補助原材料
(6)　消耗品で貯蔵中のもの
(7)　(1)から(6)までの資産に準ずるもの

棚卸資産の評価の方法　棚卸資産の評価は，次に掲げる方法（白色申告者の場合には，原価法に限る。）のうち，あらかじめ選定して届け出た方法によって行います（法47，令99，100①）。

この場合，未着品（購入した棚卸資産で運送の途中にあるもの）については，その取得のために通常要する引取運賃，荷役費その他の付随費用のうちその年12月31日までに支出されていないためその取得価額に算入されていないものがあるときには，その未着品については，これと種類，品質及び型（以下この項において「種類等」という。）を同じくする棚卸資産があるときであっても，その棚卸資産とは種類等が異なるものとして取り扱われます（基通47—8の2）。

—220—

(1) **原価法** 原価法は，棚卸資産について次のいずれかの方法によってその取得価額を計算し，その計算した取得価額をもって期末棚卸資産の評価額とする方法をいいます（令99①一）。

ただし，棚卸資産のうち通常の取引によって大量に取得され，かつ，規格に応じて価額が定められているものについては，イの個別法を採用することはできません（令99②）。

イ **個別法** 棚卸資産の全部を，個々の取得価額によって評価する方法です。

ロ **先入先出法** 棚卸資産を種類等の異なるごとに区別し，その種類等の同じ棚卸資産について，先に仕入れたものから順次売り出されて，年末の在庫は最も後から仕入れたものから順に残っていると仮定して評価する方法です。

ハ **総平均法** 棚卸資産を種類等の異なるごとに区別し，その種類等の同じ棚卸資産について，次の算式で評価する方法です。

$$\frac{(年初の在庫高)+(仕入総額)}{(年初の在庫量)+(仕入総量)}=平均単価$$

（平均単価）×（年末の在庫量）＝年末の在庫高

ニ **移動平均法** 棚卸資産を種類等の異なるごとに区別し，その種類等の同じ棚卸資産について，年の中途で仕入れるごとにその時に残っている棚卸資産と新しく仕入れた棚卸資産との平均単価を求めて改定していき，その年最後の仕入れの際の平均単価に年末の在庫量を乗じて評価する方法です。

ホ **最終仕入原価法** 棚卸資産を種類等の異なるごとに区別し，その種類等の同じ棚卸資産について，年末に最も近い時期に仕入れたものの仕入単価に年末在庫量を乗じて評価する方法です。

ヘ **売価還元法** 棚卸資産を種類等又は通常の差益の率の異なるごとに区別し，その種類等又は通常の差益の率の同じものについて，年末在庫の通常の販売価額の総額に原価の率を乗じて評価する方法です（基通47―4～47―8）。

（注）1　通常の差益の率 ＝ $\frac{(通常の販売価額)-(取得価額)}{(通常の販売価額)}$

　　　2　原価の率 ＝ $\frac{(年初在庫高)+(仕入総額)}{(年末在庫の通常の販売価額の総額)+(売上総額)}$

(2) **低価法** 低価法は，棚卸資産をその種類等（売価還元法を採用している場合には，種類等又は通常の差益の率）の異なるごとに区別し，その種類等の同じものについて，原価法のうちのいずれかの方法によって評価した価額とその年12月31日における価額（すなわち税法上の時価）とのうち，いずれか低い価額で評価する方法です。ただし，この方法は，青色申告者でなければ選択することができません（令99①二，基通47―9，47―10，47―14）。

なお，税法上の時価は，一般的には正常な条件により第三者間で取引されたとした場合における価格と解釈されていることから，いわゆる正味売却価額とは基本的に一致するものと考えられます。

(3) **特別な評価の方法** 棚卸資産の評価額を，原価法又は低価法以外の特別な評価の方法によって計算することについて，納税地の所轄税務署長の承認を受けた場合には，その承認を受けた日の属する年分以後の各年分の評価額の計算を，その承認を受けた特別な評価の方法によってすることができます（令99の2①）。

特別な評価の方法の承認申請　特別な評価の方法によることについて承認を受けようとするときは，所定の事項を記載した申請書を，納税地の所轄税務署長に提出することになっています（令99の2②，規22）。

評価方法の選定及び変更　棚卸資産の評価の方法は，事業の種類ごとに，かつ，①商品又は製品（副産物及び作業くずを除く。），②半製品，③仕掛品（半成工事を含む。），④主要原材料，⑤補助原材料その他の棚卸資産の区分ごとに選定することになっています。なお，新規に開業した場合には開業した日，また，従来

の事業と異なる種類の事業を開始し又は事業の種類を変更した場合には，種類の異なる事業を開始し又は事業の種類を変更した日の属する年分の確定申告書の提出期限までに，その採用しようとする評価の方法を選定して，納税地の所轄税務署長に書面で届出しなければなりません（令100）。

なお，現在採用している評価の方法を変更しようとする場合には，新たな評価方法を採用しようとする年の３月15日までに，納税地の所轄税務署長に承認の申請をしなければなりません（令101①②，規23）。

棚卸資産の法定評価方法　棚卸資産の評価の方法の選定の届出をしなかった場合，又は選定した評価の方法によって評価しなかった場合には，最終仕入原価法によって評価することになっています。

ただし，税務署長は，居住者が選定した評価の方法によって評価しなかった場合でも，実際に採用している評価の方法が原価法又は低価法のうちいずれかの方法に該当し，かつ，その行った評価の方法でも適正に事業所得の金額を計算することができると認められるときは，実際に採用している評価の方法によって計算した事業所得の金額を基として更正又は決定を行うことができることになっています（令102）。

棚卸資産の取得価額　棚卸資産の評価額の計算の基礎となる棚卸資産の取得価額は，その取得の区分に応じて，例えば次のように計算します（令103①，基通47—17）。

(1)　**購入したもの**　購入した棚卸資産の取得価額は，購入の代価及び次に掲げる費用の額の合計額によって計算します。

　イ　引取運賃，荷役費，運送保険料，購入手数料，関税（附帯税を除く。）その他棚卸資産の購入のために要した費用

　ロ　買入事務，検収，整理，選別，手入れなどに要した費用

　ハ　販売政策などのために棚卸資産の販売所間の移管を行う場合の運賃，荷造費などの費用

　ニ　棚卸資産を特別の時期に販売するなどのために長期にわたって保管するために要した費用

　ホ　その資産を消費し，又は販売の用に供するために直接要した費用

(2)　**製造等をしたもの**　自己が製造，採掘，採取，栽培，養殖などをした棚卸資産の取得価額は，製造などのために要した原材料費，労務費及び経費並びに次に掲げる費用の額の合計額によって計算します。

　イ　製造後に要した検査，検定，整理，選別，手入れなどの費用

　ロ　製造した製品などを販売し，又は消費するための製造場などから販売所などへ移管するために要した運賃，荷造費などの費用

　ハ　製造した製品などを特別の時期に販売するなどのために長期にわたって保管するために要した費用

　ニ　その資産を消費し，又は販売の用に供するために直接要した費用

(3)　**購入及び自己製造等以外のもの**　(1)及び(2)以外の方法で取得した棚卸資産の取得価額は，次に掲げる金額の合計額によって計算します。

　イ　その取得の時にその資産の取得のために通常要する価額

　ロ　その資産を消費し，又は販売の用に供するために直接要した費用の額

　(注)1　(1)のロからニまで及び(2)のイからハまでの費用で，その合計額が購入代価又は製造原価のおおむね３％程度以内の少額のものは，取得原価に算入しないことができます。少額かどうかについては，年分ごとに，かつ，種類等を同じくする資産ごとに判定することができます（基通47—17）。

　　　2　棚卸資産の取得又は保有に関連して支出する固定資産税，都市計画税，登録免許税（登録に要す

事業所得（必要経費の計算）

　　　　る費用を含む。），不動産取得税，地価税，特別土地保有税等は，その取得価額に算入しないことができます（基通47—18の２）。
　　３　棚卸資産の取得のために要した借入金の利子は，棚卸資産の取得価額に算入することができます（基通47—21）。

　特定の棚卸資産の取得価額　次の棚卸資産の取得価額は，それぞれ次により計算します。
(1)　**相続等によって取得した棚卸資産**　相続や贈与などによって取得した棚卸資産の取得価額は，次によって計算します（令103②）。
　　イ　贈与（相続人に対する贈与で被相続人である贈与者の死亡により効力を生ずるものに限る。），相続又は遺贈（包括遺贈及び相続人に対する特定遺贈に限る。）により取得したもの……被相続人の死亡時にその被相続人がその棚卸資産について採用することとしていた評価の方法で評価した金額
　　　（注）　贈与又は遺贈によって取得した棚卸資産で，贈与者又は遺贈者の事業所得の金額又は雑所得の金額の計算上その棚卸資産の価額が収入金額に算入されたもの（31ページ参照）は，その贈与又は遺贈の時における棚卸資産の価額を取得価額とします（法40②一）。
　　ロ　著しく低い価額の対価で取得したもの……その対価の額とその譲渡によって実質的に贈与されたと認められる金額との合計額に，その棚卸資産を消費し，又は販売の用に供するために直接要した費用の額を加算した金額
(2)　**農産物**　農産物の取得価額は，その農産物の収穫価額（収穫した時のその農産物の価額をいう。）にその農産物を消費し，又は販売の用に供するために直接要した費用の額を加算した金額になります（令103③）。
(3)　**陳腐化した棚卸資産**　棚卸資産について次の事実が生じた場合には，その事実が生じた年以後の各年の棚卸資産の評価に当たっては，年末におけるその資産の価額を取得価額として，評価額を計算することができます（令104）。
　　イ　災害によって著しく損傷したこと
　　ロ　著しく陳腐化したこと

　　　（注）　著しく陳腐化したこととは，棚卸資産そのもの自体には物質的な欠陥がないにもかかわらず，経済的な環境の変化に伴ってその価値が著しく減少し，その価額が今後回復しないと認められる状態にあることをいい，例えば，夏物の婦人服地で秋に持ち越したもののように，いわゆる季節商品で売れ残ったものについては，今後通常の価額では販売することができないことが既往の実績その他の事情に照らして明らかであること，又はその資産の用途の面ではおおむね同様のものであるが，型式，性能，品質などが著しく異なる新製品が発売されたことにより，その資産について今後通常の方法では販売することができないようなことなどの事実が生じた場合には，これに該当するものとして取り扱われます（基通47—22）。
　　ハ　イ又はロに準ずる特別の事実が生じたこと
　　　（注）　破損，型崩れ，棚ざらし，品質変化などによって通常の方法では販売することができないようになった場合には，特別の事実に該当するものとして取り扱われます（基通47—23）。

　棚卸しの手続　棚卸資産については，各年の12月31日において実地棚卸しをしなければなりませんが，その業種，業態及び棚卸資産の性質等に応じて，その実地棚卸しに代えて部分計画棚卸しその他合理的な方法によってその年12月31日における棚卸資産の在高等を算定することとしている場

合には，継続適用を条件としてこれが認められます（基通47—25）。

有価証券の譲渡原価

事業所得の基因となる有価証券の譲渡原価は，同一銘柄の有価証券ごとに次の算式で計算します（法48①）。

　　（年初の評価額）＋（その年中の買入高）−（年末の評価額）＝その有価証券の譲渡原価

有価証券の評価の方法　有価証券の評価は，有価証券の種類ごとに総平均法(221ページ参照)及び移動平均法(221ページ参照)のうち，あらかじめ選定して届け出た方法によって行います（法48②，令105，106①）。

評価方法の選定及び変更　事業所得の基因となる有価証券を取得した場合には，その取得の年の前年以前に同種類の有価証券を取得している場合を除き，その取得した日の属する年分の確定申告書の提出期限までに，その有価証券について採用する評価の方法を選定して，納税地の所轄税務署長に届け出なければなりません（令106②）。

この届出をしないときは，原則として総平均法によって評価しなければならないことになっています（令108①）。

また，現在採用している評価方法を変更しようとする場合には，新たな評価方法を採用しようとする年の３月15日までに，納税地の所轄税務署長に承認の申請をしなければなりません（令107）。

有価証券の取得価額　有価証券の評価額の計算の基礎となる有価証券の取得価額は，その取得の区分に応じて，一般的にはそれぞれ次の金額によって計算します（令84，109①，措令19の３㉑）。

(1)　金銭の払込みによって取得したもの……その払込みをした金銭の額（新株予約権の行使により取得した有価証券にあってはその新株予約権の取得価額を含むものとし，その金銭の払込みによる取得のために要した費用がある場合にはその費用を加算する。）

(2)　特定譲渡制限付株式又は承継譲渡制限付株式……その特定譲渡制限付株式又は承継譲渡制限付株式の譲渡（担保権の設定その他の処分を含む。）についての制限が解除された日（解除された日より前にその特定譲渡制限付株式又は承継譲渡制限付株式の交付を受けた個人が死亡した場合におけるその交付を受けた一定の譲渡制限付株式については，その個人の死亡の日）における価額

(3)　旧商法上の新株予約権（旧商法第280条ノ21第１項《新株予約権の有利発行の決議》の決議に基づき発行された同項に規定する新株予約権）の行使により取得したもの（株主等として取得したもの及び租税特別措置法29の２の適用を受けて取得したものを除く。）……その権利の行使の日における価額

(4)　会社法第238条第２項《募集事項の決定》の決議（これに準ずる取締役会の決議等を含む。）に基づき発行された新株予約権（特に有利な条件若しくは金額又は役務の提供等の対価であるものに限る。）の行使により取得したもの（株主等として取得したもの及び租税特別措置法第29条の２の適用を受けて取得したものを除く。）……その権利の行使の日における価額

(5)　株式と引換えに払い込むべき金額が有利な金額である場合のその権利の行使により取得したもの（株主等として取得したものを除く。）……その権利に基づく払込み又は給付の期日（払込み又は給付期間の定めがある場合には，その払込み又は給付をした日）における価額

(6)　発行法人に対し新たな払込み又は給付を要しないで取得したその発行法人の株式又は新権予約権のうち，その発行法人の株主等として与えられるもの……零

(7)　購入したもの……その購入の代価（購入手数料などの購入費用を加算した金額）

(8)　(1)から(7)まで以外のもの……その取得の時にその有価証券の取得のために通常要する価額

相続等によって取得した事業所得の基因となる有価証券の取得価額　次の方法で取得した事業

—224—

事業所得（必要経費の計算）

所得の基因となる有価証券の取得価額は，それぞれ次の金額により計算します（令109②）。
(1) 贈与（相続人に対する贈与で被相続人である贈与者の死亡により効力を生ずるものに限る。），相続又は遺贈（包括遺贈及び相続人に対する特定遺贈に限る。）によって取得したもの……被相続人の死亡の時にその被相続人がその有価証券について採用することとしていた評価の方法で評価した金額
   （注） 贈与又は遺贈によって取得したもので贈与者又は遺贈者の事業所得の金額又は雑所得の金額の計算上その有価証券の価額が収入金額に算入されたもの（31ページ参照）は，その贈与又は遺贈の時におけるその有価証券の価額を取得価額とします（法40②一）。
(2) 著しく低い価額の対価で取得したもの……その対価の額とその譲渡によって実質的に贈与されたと認められる金額との合計額

信用取引等による株式又は公社債の取得価額 信用取引若しくは発行日取引又は先物取引の方法によって株式又は公社債の売買を行い，株式又は公社債の売付けと買付けによってその取引の決済を行っている場合のその売付けに係る株式又は公社債の取得価額は，その買付けに係る株式又は公社債の取得に要した金額によって計算します（令119）。

信用取引における金利等 信用取引の方法により株式の買付け又は売付けを行う者が，その信用取引に関し，証券会社に支払うべき，又は証券会社から支払を受けるべき金利又は品貸料に相当する金額は，それぞれ次によります（基通36・37共—22）。
(1) 買付けを行う者が，証券会社に支払うべき金利はその買付けによる株式の取得価額に算入し，証券会社から支払を受けるべき品貸料はその買付けによる株式の取得価額から控除します。
(2) 売付けを行う者が，証券会社から支払を受けるべき金利はその売付けに関する株式の譲渡による収入金額に算入し，証券会社に支払うべき品貸料はその売付けに関する株式の譲渡による収入金額から控除します。

信用取引における配当落調整額等 信用取引に関し，株式の買付けを行った者が証券会社から支払を受けるべき次の金額は，その買付けに関する株式の取得価額から控除し，株式の売付けを行った者が証券会社に対して支払うべき次の金額は，その売付けに関する株式の譲渡による収入金額から控除します（基通36・37共—23）。
(1) 配当落調整額（信用取引についての株式につき配当が付与された場合において，証券会社が売付けを行った者から徴収し，又は買付けを行った者に支払うその配当に相当する金額）に相当する金額
(2) 権利処理価額（信用取引についての株式につき株式分割，株式無償割当て及び会社分割による株式を受ける権利，新株予約権（新投資口予約権を含む。）又は新株予約権の割当てを受ける権利が付与された場合において，証券会社が売付けを行った者から徴収し，又は買付けを行った者に支払うその引受権に相当する金額）に相当する金額

株式の分割又は併合があった場合等の株式の取得価額（令115〜117及び445ページ以降を参照）

取得価額を計算することが困難な場合の取扱い 有価証券を長期間所有している場合や，所有期間中何回も売買したり増資等が行われている場合で，納税者において法令上の定めにより記録等に基づいて正確に取得価額を計算することが困難なときは，譲渡収入金額の5％相当額を取得価額として申告することとしてもこれが認められます（基通38—16，48—8）。

— 225 —

事業所得（必要経費の計算）

暗号資産の取得価額

　事業所得又は雑所得の基因となる暗号資産の取得価額は，同一の種類の暗号資産ごとに次の算式で計算します（法48の2①）。

　　（年初の評価額）＋（その年中の買入高）－（年末の評価額）＝その暗号資産の取得価額

　　暗号資産の評価の方法　暗号資産の評価は，暗号資産の種類ごとに総平均法（221ページ参照）及び移動平均法（221ページ参照）のうち，あらかじめ選定して届け出た方法によって行います（法48の2②，令119の2①，119の3①）。

　なお，総平均法又は移動平均法により評価を行う際の暗号資産の取得には，暗号資産を購入し，若しくは売却し，又は種類の異なる暗号資産に交換しようとする際に一時的に必要なこれらの暗号資産以外の暗号資産を取得する場合におけるその取得を含まないこととされています（令119の2②）。

　ここでいう一時的に必要な暗号資産を取得する場合とは，暗号資産を購入し，若しくは売却し，又は種類の異なる暗号資産に交換しようとする際に，その暗号資産（種類の異なる暗号資産との交換にあっては，その有する暗号資産又はその種類の異なる暗号資産）がいずれの暗号資産交換業者においても，本邦通貨及び外国通貨（以下「本邦通貨等」という。）と直接交換することができないこと（種類の異なる暗号資産との交換にあっては，その有する暗号資産とその種類の異なる暗号資産とが直接交換することができないことを含む。）から，本邦通貨等（種類の異なる暗号資産との交換にあっては，その種類の異なる暗号資産）と直接交換することが可能な他の暗号資産を介在して取引を行うため，一時的に当該他の暗号資産を有することが必要となる場合をいうこととされています。この場合において，一時的に必要な暗号資産の譲渡原価の計算における取得価額は，個別法（当該暗号資産について，その個々の取得価額をその取得価額とする方法をいう。）により算出することとされています（基通48の2－1）。

　　評価方法の選定及び変更　暗号資産を取得した場合には，その取得の年の前年以前に同種類の暗号資産を取得している場合を除き，その取得した日の属する年分の確定申告書の提出期限までに，その暗号資産について採用する評価の方法を選定して，納税地の所轄税務署長に届け出なければなりません（令119の3②）。

　この届出をしないときは，原則として総平均法によって評価しなければならないことになっています（令119の5①）。

　また，現在採用している評価方法を変更しようとする場合には，新たな評価方法を採用しようとする年の3月15日までに，納税地の所轄税務署長に承認の申請をしなければなりません（令119の4）。

　なお，この暗号資産の評価の方法の選定に当たっては，名称の異なる暗号資産は，それぞれ種類の異なる暗号資産として区分することとされています（基通48の2－2）。

（注）1　平成31年4月1日時点で暗号資産を有する場合には，同日にその暗号資産を取得したものとみなして，上記の選定手続を行うこととする経過措置が設けられており，同日時点で所有している暗号資産の評価の方法の選定については，令和元年分の所得税に係る確定申告期限までに，納税地の所轄税務署長に届出を行うこととされています（平31改正所令附4）。

　　　2　上記の評価方法の選定及び変更については，令和元年分以後の所得税について適用することとされています（平31改正所令附2）。なお，平成30年以前の所得税における暗号資産の評価方法については，移動平均法で計算することが相当ですが，継続して適用することを要件に総平均法で計算しても差し支えないこととされていました。

　　暗号資産の取得価額　暗号資産の評価額の計算の基礎となる暗号資産の取得価額は，その取得の区分

— 226 —

に応じて，一般的にはそれぞれ次の金額によって計算します（令119の6①）。
(1) 購入したもの…その購入の対価（購入手数料などの購入費用を加算した金額）
(2) 自己が発行することにより取得したもの…その発行のために要した費用の額
(3) 上記(1)及び(2)以外のもの…その取得の時にその暗号資産の取得のために通常要する価額

相続等によって取得した事業所得又は雑所得の基因となる暗号資産の取得価額　次の方法で取得した事業所得又は雑所得の基因となる暗号資産の取得価額は，それぞれ次の金額により計算します（令119の6②）。
(1) 贈与（相続人に対する贈与で被相続人の死亡により効力を生ずるものに限る。），相続又は遺贈（包括遺贈及び相続人に対する特定遺贈に限る。）によって取得したもの…被相続人の死亡の時にその被相続人がその暗号資産について採用することとしていた評価の方法で評価した金額
　（注）　贈与又は遺贈によって取得したもので贈与者又は遺贈者の事業所得の金額又は雑所得の金額の計算上その暗号資産の価額が収入金額に算入されたもの（31ページ参照）は，その贈与又は遺贈の時におけるその有価証券の価額を取得価額とします（法40②一）。
(2) 著しく低い価額の対価で取得したもの…その対価の額とその譲渡によって実質的に贈与されたと認められる金額との合計額

信用取引における暗号資産の取得価額　暗号資産信用取引の方法によって暗号資産の売買を行い，暗号資産の売付けと買付けによってその取引の決済を行っている場合のその売付けに係る暗号資産の取得価額は，その買付けに係る暗号資産の取得に要した金額によって計算します（令119の7）。

信用取引における金利等　暗号資産信用取引の方法により暗号資産の買付け又は売付けを行う者が，その暗号資産信用取引に関し，他の者に支払うべき，又は他の者（その暗号資産取引に関し，その売付け又は買付けを行った者に対して信用を供与する者に限る。以下同じ。）から支払を受けるべき金利又は品貸料に相当する金額は，それぞれ次によります（基通36・37共−22）。
(1) 買付けを行う者が，他の者に支払うべき金利はその買付けに係る暗号資産の取得価額に算入し，他の者から支払を受けるべき品貸料はその買付けに係る暗号資産の取得価額から控除します。
(2) 売付けを行う者が，他の者から支払を受けるべき金利はその売付けに係る暗号資産の売買による収入金額に算入し，他の者に支払うべき品貸料はその売付けに係る暗号資産の売買による収入金額から控除します。

取得価額を計算することが困難な場合の取扱い　暗号資産を長期間保有している場合や，所有期間中何回も売買が行われている場合など，納税者において法令上の定めにより記録等に基づいて正確に取得価額を計算することが困難なときは，譲渡収入金額の5％相当額を取得価額として申告してもこれが認められます（基通48の2−4）。

青色申告者の減価償却の特例

青色申告者は，その事業の用に供する減価償却資産について，次のような特別償却又は割増償却ができます。
これらの特別償却又は割増償却の適用を受けるためには，確定申告書に，これらの特別償却又は割増償却に関する規定により必要経費に算入される金額についてその算入に関する記載をし，かつ，その計算に関する明細書を添付しなければなりません（措法10の3⑦，10の4⑤，10の4の2⑤，10の5の3⑦，10の5の5⑤，10の5の6⑪，11③，11の2③，11の3④，11の4④，12⑥，12の2⑤，

事業所得（必要経費の計算）

13③，13の2③，14④，15③，旧措法10の2⑥，10の5の2⑦，10の5の5⑤，13④，13の2③，13の3③）。

(注) 転廃業助成金等に係る課税の特例（91ページ参照），収用交換等に伴う代替資産等の取得（346ページ参照），特定の事業用資産の買換え等（411ページ参照）及び既成市街地等内にある土地等の中高層耐火建築物等の建設のための買換え等（420ページ参照）の特例の適用を受けた代替資産等及び買換資産等については，措法第10条の3から第10条の4の2まで，第10条の5の3，第10条の5の5，第10条の5の6，第11条から第15条までの規定等は適用されません（措法19①，28の3⑪，33の6②，37の3④，37の5③）。

高度省エネルギー増進設備等を取得した場合の特別償却（廃止） 青色申告書を提出する個人が，平成30年4月1日（エネルギーの使用の合理化等に関する法律の認定を受けた工場等を設置している者及び荷主にあっては，エネルギーの使用の合理化等に関する法律の一部を改正する法律（平成30年法律第45号）の施行の日（平成30年12月1日））から令和4年3月31日までの間に，その個人の高度省エネルギー増進設備等の取得等をして，これを国内にあるその個人の事業の用に供した場合には，その事業の用に供した日の属する年（事業を廃止した日の属する年を除く。以下「供用年」という。）の償却費として，その高度省エネルギー増進設備等について計算される通常の償却費と，その高度省エネルギー増進設備等の取得価額の20％相当額との合計額（以下「合計償却限度額」という。）以下の金額（ただし，通常の償却費以上の額）を必要経費に算入できます（旧措法10の2①）。

なお，供用年の合計償却限度額のうち供用年の事業所得の金額の計算上，必要経費に算入しなかった部分の償却不足額は，翌年に繰り越して必要経費に算入することができます（旧措法10の2②）。

この特例は，令和3年4月1日に廃止されましたが，個人が同日前に取得等をした高度省エネルギー増進設備等及び一定の個人が同日から令和4年3月31日までの間に取得等をする高度省エネルギー増進設備等で一定のものについては従前どおりとされています（令3改正法附26）。

(注)1 個人が所有権移転外リース取引により取得した高度省エネルギー増進設備等については，適用されません（旧措法10の2④）。

2 高度省エネルギー増進設備等の取得等に充てるための国又は地方公共団体の補助金又は給付金その他これらに準ずるもの（以下「補助金等」という。）の交付を受けた適用対象者が，その補助金等をもって取得等をしたその補助金等の交付の目的に適合した高度省エネルギー増進設備等については，適用されません（旧措法10の2⑤）。

3 他の特別償却等の減価償却資産に関する特例の適用を受ける高度省エネルギー増進設備等については，適用されません（措法19①）。

4 令和2年3月31日までの間に高度省エネルギー増進設備等の取得等をした場合には，上記合計償却限度額に係る特別償却割合の「20％」は「30％」として計算されます（令2改正法附55）。

高度省エネルギー増進設備等の範囲 高度省エネルギー増進設備等とは，その個人の次に掲げる区分に応じそれぞれ次に定める減価償却資産とされています（旧措法10の2①，令3改正法附26）。

(1) エネルギーの使用の合理化等に関する法律（以下「省エネ法」という。）第7条第3項ただし書に規定する特定事業者（以下「特定事業者」という。），省エネ法第19条第1項に規定する特定連鎖化事業者（以下「特定連鎖化事業者」という。）又は省エネ法第29条第2項に規定する認定管理統括事業者（以下「認定管理統括事業者」という。）若しくは同項2号に規定する管理関係事業者（以下「管理関

— 228 —

係事業者」という。）……機械その他の減価償却資産で次に掲げる要件を満たすことにつき経済産業局長又は沖縄総合事務局長が確認した旨を証する書類（以下「確認書」という。）及びその確認書に係る申請書の写しを保存することにより証明がされたもののうち，令和３年４月１日前にその確認書が交付されたもの（旧措法10の２①一，旧措令５の４①，旧措規５の７①，令３改正法附26一，令３改正措規附５）

① 特定事業者又は特定連鎖化事業者（特定連鎖化事業者が行う省エネ法第18条第１項に規定する連鎖化事業の同項に規定する加盟者を含む。）又は認定管理統括事業者若しくは管理関係事業者（認定管理統括事業者又は管理関係事業者が特定連鎖化事業者である場合には，これらの者が行う連鎖化事業の加盟者を含む。）であって，既に相当程度のエネルギーの使用の合理化を進めているものが取得等をするものであること。

② 省エネ法第15条第１項，第26条第１項又は第37条第１項の規定により主務大臣に提出されたエネルギーの使用の合理化の目標の達成のための中長期的な計画においてその合理化のために設置するものとして記載されたものであること。

③ エネルギーの使用の合理化に資するものとして経済産業大臣が財務大臣と協議して指定するものに該当すること。

(2) 令和３年４月１日前に省エネ法第46条第１項の認定を受けた同項の工場等を設置している者……機械その他の減価償却資産で工場等におけるエネルギーの使用の合理化（省エネ法第46条第１項に規定する工場等におけるエネルギーの使用の合理化をいう。以下同じ。）に資するものとして経済産業大臣が財務大臣と協議して指定するもののうち，同項の認定に係る連携省エネルギー計画（変更の認定又は変更の届出があったときは，その変更後のもの）に記載された連携省エネルギー措置の実施により取得等をされるものとしてその連携省エネルギー計画に記載されたものであることその他工場等におけるエネルギーの使用の合理化に資するものであることにつき証明がされたもの（旧措法10の２①二，旧措令５の４②，旧措規５の７②，令３改正法附26二）

(3) 令和３年４月１日前に省エネ法第117条第１項の認定を受けた同項の荷主……機械その他の減価償却資産で貨物の輸送に係るエネルギーの使用の合理化（省エネ法第117条第１項に規定する貨物輸送事業者に行わせる貨物の輸送に係るエネルギーの使用の合理化をいう。以下同じ。）に資するものとして経済産業大臣が財務大臣と協議して指定するもののうち，同項の認定に係る荷主連携省エネルギー計画（変更の認定又は変更の届出があったときは，その変更後のもの）に記載された荷主連携省エネルギー措置の実施により取得等をされるものとしてその荷主連携省エネルギー計画に記載されたものであることその他貨物の輸送に係るエネルギーの使用の合理化に資するものであることにつき証明がされたもの（旧措法10の２①三，旧措令５の４③，旧措規５の７③，令３改正法附26三）

適用を受けるための手続 （旧措法10の２⑥，227ページ参照）

中小事業者が機械等を取得した場合の特別償却 青色申告者である中小事業者が，平成10年６月１日から令和７年３月31日までの期間内に製作後事業の用に供されたことのない特定機械装置等を取得し又は特定機械装置等を製作して，国内の製造業，建設業等一定の事業の用（以下「指定事業の用」といい，貸付けの用を除く。）に供した場合には，その指定事業の用に供した日の属する年分（事業を廃止した年を除く。以下「供用年」という。）の償却費の額は，特定機械装置等について計算される通常の償却費の額と，供用年におけるその特定機械装置等の取得価額（船舶については75％相当額）の30％相当額との合計額（以下「合計償却限度額」という。）以下の額（ただし，通常の償却費の額以上の額）を必要経費に算入することができます（措法10の３①，措令５の５⑧）。

なお，供用年の合計償却限度額のうち供用年の事業所得の金額の計算上，必要経費に算入しな

事業所得（必要経費の計算）

かった部分の償却不足額は，翌年に繰り越して必要経費に算入することができます（措法10の3②）。

(注) 1　上記の「中小事業者」とは，常時使用する従業員の数が1,000人以下の者をいいます（措法10⑧六，10の3①，措令5の3⑨）。

2　「指定事業の用」とは，製造業，建設業，農業，林業，漁業，水産養殖業，鉱業，卸売業，道路貨物運送業，倉庫業，港湾運送業，ガス業，小売業，料理店業その他の飲食店業（料亭，バー，キャバレー，ナイトクラブその他これに類する事業にあっては，生活衛生同業組合の組合員が行うものに限る。），一般旅客自動車運送業，海洋運輸業，沿海運輸業，内航船舶貸渡業，旅行業，こん包業，郵便業，通信業，損害保険代理業，不動産業，サービス業（映画業以外の娯楽業を除く。）の用をいいます（措法10の3①，措令5の5⑥，措規5の8⑧）。

3　個人が所有権移転外リース取引により取得した特定機械装置等については適用されません（措法10の3⑥）。

4　他の特別償却等の減価償却資産に関する特例の適用を受ける特定機械装置等については，適用されません（措法19①）。

特定機械装置等の範囲　特定機械装置等とは，次に掲げる減価償却資産をいいます（措法10の3①，措令5の5①～③）。

(1)　機械及び装置で1台又は1基（通常1組又は1式をもって取引の単位とされるものにあっては1組又は1式）の取得価額が160万円以上のもの

(2)　工具のうち製品の品質管理の向上等に資する一定のもので1台又は1基の取得価額又は取得価額の合計額が120万円以上のもの

(3)　ソフトウエアについては電子計算機に対する指令で一の結果を得るように組み合わされたもので，一の取得価額が70万円以上のもの（その年において新たに取得若しくは製作をして国内にあるその中小事業者の事業の用に供したソフトウエアの取得価額の合計額が70万円以上となるものを含む。）

(4)　車両総重量が3.5トン以上の普通自動車で貨物の運送の用に供するもの

(5)　内航運送業又は内航船舶貸渡業の用に供される船舶

(注) 1　個人が令和3年4月1日以後に取得又は製作をする特定機械装置等については，対象資産から匿名組合契約その他これに類する一定の契約の目的である事業の用に供するものが除外されます（措法10の3①，令3改正法附27）。

　　　　この「その他これに類する一定の契約」とは，具体的には，次に掲げる契約をいいます（措令5の5④）。

イ　当事者の一方が相手方の事業のために出資をし，相手方がその事業から生ずる利益を分配することを約する契約

ロ　外国における匿名組合契約又は上記イの契約に類する契約

2　個人が令和5年4月1日以後に取得又は製作をする特定機械装置等については，次のとおりとされます（措法10の3①，令5改正法附26，措令5の5①③，措規5の8①⑦）。

イ　上記(1)の機械装置……その管理のおおむね全部を他の者に委託するものであること等の要件に該当するものは除外。

ロ　上記(5)の船舶……総トン数が500トン以上の船舶については，環境への負荷の状況が明らかにされたものに限定。

3　上記(2)(3)の「取得価額の合計額」とは，指定期間内の各年において，取得又は製作をして指定事業の用に供したものの取得価額の合計額（1台は1基の取得価額が30万円未満のもの，少額の減価償却資産の必要経費算入（令138）又は一括償却資産の3年均等償却（令139）の適用を受けるものを除く。）をいいます（措令5の5④二・三）。

4　上記(2)の「一定のもの」とは測定工具及び検査工具（電気又は電子を利用するものを含む。）を

— 230 —

事業所得（必要経費の計算）

　　いいます（措規5の8③）。
　5　上記(3)の「ソフトウエア」とは，電子計算機に対する指令であって一の結果を得ることができるように組み合わされたもの（システム仕様書を含む。）で，次のソフトウエアを除きます（国際標準化機構及び国際電気標準会議の規格（ISO/IEC規格）15408に基づき評価及び認証されたものを除く。）（措令5の5②，措規5の8④⑤）。
　　イ　複写して販売するための原本
　　ロ　一定の開発研究の用に供されるもの
　　ハ　サーバー用オペレーティングシステム
　　ニ　サーバー用仮想化ソフトウエアのうち，認証サーバー用仮想化ソフトウエア以外のもの
　　ホ　非認証データベース管理ソフトウエア又はその非認証データベース管理ソフトウエアに係るデータベースを構成する情報を加工する機能を有するソフトウエア
　　ヘ　連携ソフトウエア
　　ト　不正アクセス防止ソフトウエア
　　　(イ)　通信路を設定するための通信プロトコル
　　　(ロ)　通信方法を定めるための通信プロトコル
　　　(ハ)　アプリケーションサービスを提供するための通信プロトコル

　適用を受けるための手続　（措法10の3⑦，227ページ参照）

　地域経済牽(けん)引事業の促進区域内において特定事業用機械等を取得した場合の特別償却　青色申告者で地域経済牽引事業の促進による地域の成長発展の基盤強化に関する法律の承認地域経済牽引事業者であるものが，企業立地の促進等による地域における産業集積の形成及び活性化に関する法律の一部を改正する法律（平成29年法律第47号）の施行の日（平成29年7月31日）から令和7年3月31日までの間に，その個人の行う承認地域経済牽引事業に係る促進区域内においてその承認地域経済牽引事業に係る承認地域経済牽引事業計画に従って特定地域経済牽引事業施設等の新設又は増設をする場合において，その新設又は増設に係る特定事業用機械等の取得等をして，その承認地域経済牽引事業の用に供したとき（貸付けの用に供した場合を除く。）は，その承認地域経済牽引事業の用に供した日の属する年（事業を廃止した日の属する年を除く。以下「供用年」という。）の年分の償却費の額は，その特定事業用機械等について計算される通常の償却費の額と，供用年におけるその特定事業用機械等の取得価額（その特定事業用機械等に係る一の特定地域経済牽引事業施設等を構成する機械等の取得価額の合計額が80億円（（注）3）を超える場合には，80億円（（注）3）にその特定事業用機械等の取得価額がその合計額のうちに占める割合を乗じて計算した金額）の次の減価償却資産の区分に応じた割合相当額との合計額（以下「合計償却限度額」という。）以下の額（ただし，通常の償却費の額以上の額）を必要経費に算入することができます（措法10の4①）。

　なお，供用年の合計償却限度額のうち，供用年の事業所得の金額の計算上，必要経費に算入しなかった部分の金額は，翌年に繰り越して必要経費に算入することができます（措法10の4②）。

(1)　機械及び装置並びに器具及び備品……次の区分に応じた割合
　①　平成31年4月1日以後に地域経済牽引事業の促進による地域の成長発展の基盤強化に関する法律の承認を受けた個人がその承認地域経済牽引事業（地域の成長発展の基盤強化に著しく資する一定のものに限る。）の用に供したもの……50%

事業所得（必要経費の計算）

② 上記①以外のもの……40%

(2) 建物及びその附属設備並びに構築物……20%

(注) 1 個人が所有権移転外リース取引により取得した特定事業用機械等については適用されません（措法10の4④）。

2 他の特別償却等の減価償却資産に関する特例の適用を受ける特定事業用機械等については、適用されません（措法19①）。

3 平成31年3月31日前に取得等をした特定事業用機械等については100億円とされています（平31改正法附30）。

特定事業用機械等の範囲 特定事業用機械等とは、促進区域内においてその承認地域経済牽引事業に係る承認地域経済牽引事業計画（地域経済促進法第14条第2項に規定する承認地域経済牽引事業計画をいう。以下同じ。）に従って特定地域経済牽引事業施設等（承認地域経済牽引事業計画に定められた施設又は設備で、一定の規模のものをいう。以下同じ。）の新設又は増設をする場合におけるその新設又は増設に係る特定地域経済牽引事業施設等を構成する機械及び装置、器具及び備品、建物及びその附属設備並びに構築物とされています（措法10の4①）。

(注) 上記の「一定の規模のもの」は、一の承認地域経済牽引事業計画に定められた施設又は設備を構成する減価償却資産の取得価額の合計額が2,000万円以上のものとされています（措法10の4①、措令5の5の2①）。

適用を受けるための手続 （措法10の4⑤、227ページ参照）

地方活力向上地域等において特定建物等を取得した場合の特別償却 青色申告者で、平成27年8月10日から令和6年3月31日までの間に地域再生法第17条の2第1項の地方活力向上地域等特定業務施設整備計画について認定を受けた者が、その認定の日から3年以内に、同法第5条第4項第5号イ又はロに掲げる地域内において、特定建物等でその建設の後事業の用に供されたことのないものの取得等をして、これをその事業の用（貸付の用に供した場合を除く。）に供した場合には、その事業の用に供した日の属する年分（事業を廃止した年を除く。以下「供用年」という。）の償却費の額は、特定建物等について計算される通常の償却費の額と、供用年におけるその特定建物等の取得価額の15%（その地方活力向上地域等特定業務施設整備計画が移転型計画である場合には、25%）相当額との合計額（以下「合計償却限度額」という。）以下の額（ただし、通常の償却費の額以上の額）を必要経費に算入することができます（措法10の4の2①）。

なお、供用年の合計償却限度額のうち、供用年の事業所得の金額の計算上、必要経費に算入しなかった部分の金額は、翌年に繰り越して必要経費に算入することができます（措法10の4の2②）。

(注) 1 個人が所有権移転外リース取引により取得した特定建物等については適用されません（措法10の4の2④）。

2 他の特別償却等の減価償却資産に関する特例の適用を受ける特定建物等については、適用されません（措法19①）。

特定建物等の範囲 特定建物等とは、地域再生法第5条第4項第5号に規定する特定業務施設のうち、一の建物及びその附属設備並びに構築物の取得価額の合計額が2,500万円（中小事業者については1,000万円）以上のものをいいます（措法10の4の2①、措令5の5の3①）。

— 232 —

事業所得（必要経費の計算）

（注）　上記の「中小事業者」とは，常時使用する従業員の数が1,000人以下の者をいいます（措法10⑧六，措令5の3⑨，5の5の3①）。

　適用を受けるための手続　（措法10の4の2⑤，227ページ参照）

　特定中小事業者が経営改善設備を取得した場合の特別償却（廃止）　青色申告者である特定中小事業者が，平成25年4月1日から令和3年3月31日までの期間内に，一定の認定経営革新等支援機関等による経営の改善に関する指導及び助言に基づいて，その製作若しくは建設の後事業の用に供されたことのない経営改善設備を取得し，又は経営改善設備を製作又は建設して，卸売業，小売業等一定の事業の用（貸付けの用を除く。）に供した場合には，その事業の用に供した日の属する年分（事業を廃止した年を除く。以下「供用年」という。）の償却費の額は，経営改善設備について計算される通常の償却費の額と，供用年におけるその経営改善設備の取得価額の30％相当額との合計額（以下「合計償却限度額」という。）以下の額（ただし，通常の償却費の額以上の額）を必要経費に算入することができます（旧措法10の5の2①，旧措令5の6の2①）。

　なお，供用年の合計償却限度額のうち，供用年の事業所得の金額の計算上，必要経費に算入しなかった部分の償却不足額は，翌年に繰り越して必要経費に算入することができます（旧措法10の5の2②）。

　この特例は，令和3年4月1日に廃止されましたが，個人が同日前に取得等をした高度省エネルギー増進設備等及び一定の個人が同日から令和4年3月31日までの間に取得等をする高度省エネルギー増進設備等で一定のものについては従前どおりとされています（令3改正法附26）。

（注）1　上記の「特定中小事業者」とは，認定経営革新等支援機関等による経営の改善に関する指導及び助言を受けた旨を明らかにする一定の書類（以下「経営改善指導助言書類」という。）の交付を受けた中小事業者に該当する個人で青色申告書を提出するものをいいます（旧措法10の5の2①，旧措令5の6の2①）。

2　所有権移転外リース取引により取得した経営改善設備については適用されません（旧措法10の5の2⑥）。

3　上記の「卸売業，小売業等一定の事業の用」とは，風俗営業及び性風俗関連特殊営業に該当する事業を除く，卸売業，小売業，農業，林業，漁業，水産養殖業，情報通信業，一般旅客自動車運送業，道路貨物運送業，倉庫業，港湾運送業，こん包業，損害保険代理業，不動産業，物品賃貸業，専門サービス業，広告業，技術サービス業，旅館業及びホテル業，その他の宿泊業，料亭・バー・キャバレー・ナイトクラブその他これらに類する事業，その他の飲食店業，洗濯・理容・美容・浴場業，その他の生活関連サービス業，社会保険・社会福祉・介護事業，情報通信業・駐車場業・物品賃貸業・宿泊業・娯楽業（映画業を除く。）・医療業・保健衛生・社会保険・社会福祉・介護事業以外のサービス業の用をいいます（旧措法10の5の2①，旧措令5の6の2③，旧措規5の10④⑤）。

4　他の特別償却等の減価償却資産に関する特例の適用を受ける経営改善設備については，適用されません（措法19①）。

　経営改善設備の範囲　経営改善設備とは，認定経営革新等支援機関等が資産の取得に係る計画の実施その他の取組が特定中小事業者の経営の改善に特に資することにつき一定の確認をした旨の記載がある経営改善指導助言書類に記載された資産（注）で，器具及び備品については1台又は1基の取得価額が30万円以上のもの，建物附属設備については一の建物附属設備の取得価額が60万円以上のものをいいます（旧措法10の5の2①，旧措令5の6の2②）。

— 233 —

事業所得（必要経費の計算）

（注）平成31年3月31日以前に取得等をした経営改善設備については，「経営改善指導助言書類に記載された資産」とされています（平31改正法附31①）。また，同日以前に経営改善指導助言書類の交付を受け，平成31年4月1日から同年（令和元年）9月30日までの間に経営改善設備の取得等をする場合，その経営改善指導助言書類を上記の確認をした旨の記載があるものとみなすこととされています（平31改正法附31②）。

　　適用を受けるための手続　（旧措法10の5の2⑦，227ページ参照）
　（注）　確定申告書に経営改善指導助言書類の添付が必要です（旧措令5の6の2⑥，旧措規5の10⑥）。

　特定中小事業者が特定経営力向上設備等を取得した場合の特別償却　青色申告者である特定中小事業者（中小企業等経営強化法第17条第1項の認定を受けた同法第2条第6項に規定する特定事業者等に該当する中小事業者）が，平成29年4月1日から令和7年3月31日までの間に，特定経営力向上設備等でその製作若しくは建設の後事業の用に供されたことのないものを取得し，又は特定経営力向上設備等を製作し，若しくは建設して，これを国内にあるその特定中小事業者の営む指定事業の用に供した場合には，その指定事業の用に供した日の属する年分（事業を廃止した日の属する年を除く。）の償却費の額は，その特定経営力向上設備等について計算される通常の償却費（以下「普通償却額」という。）の額と，特別償却限度額（その特定経営力向上設備等の取得価額から普通償却額を控除した金額）との合計額以下の額（ただし，普通償却額以上の額）を必要経費に算入することができます（措法10の5の3①）。
　なお，供用年の合計償却限度額のうち，供用年の事業所得の金額の計算上，必要経費に算入しなかった部分の金額は，翌年に繰り越して必要経費に算入することができます（措法10の5の3②）。
（注）1　特定中小事業者が所有権移転外リース取引により取得した特定経営力向上設備等については適用されません（措法10の5の3⑥）。
　　2　上記の「中小事業者」とは，常時使用する従業員の数が1,000人以下の者をいいます（措法10⑧六，10の5の3①，措令5の3⑨）。
　　3　上記の「指定事業」は，中小事業者が機械等を取得した場合の特別償却（措法10の3）の対象事業となる指定事業とされています。
　　4　他の特別償却等の減価償却資産に関する特例の適用を受ける特定経営力向上設備等については，適用されません（措法19①）。

　特定経営力向上設備等の範囲　特定経営力向上設備等とは，生産等設備を構成する次に掲げる減価償却資産で，中小企業等経営強化法第17条第3項に規定する経営力向上設備等（中小企業等経営強化法施行規則第16条第2項に規定する経営力向上に著しく資する設備等で，特定中小事業者が受けた中小企業経営強化法第17条第1項の認定に係る同項に規定する経営力向上計画（同法第18条第1項の規定による変更の認定があったときは，その変更後のもの）に記載されたものに限る。）に該当するものとされています（措法10の5の3①③，措令5の6の3①②，措規5の11①）。
(1)　機械及び装置で1台又は1基（通常1組又は1式をもって取引の単位とされるものにあっては，1組又は1式。以下同じ。）の取得価額が160万円以上のもの
(2)　工具，器具及び備品で1台又は1基の取得価額が30万円以上のもの
(3)　建物附属設備で一の建物附属設備の取得価額が60万円以上のもの
(4)　ソフトウエア（中小事業者が機械等を取得した場合の特別償却又は所得税額の特別控除制度（措法10の3）の対象となるソフトウエアに限る。）で一のソフトウエアの取得価額が70万円以上のもの

— 234 —

事業所得（必要経費の計算）

適用を受けるための手続 （措法10の5の3⑦，227ページ参照）
（注） 確定申告書に，その個人が受けた中小企業等経営強化法第17条第1項の認定に係る経営力向上に関する命令第2条第1項又は第2項の申請書（その申請書に係る同法第17条第1項に規定する経営力向上計画につき同法第18条第1項の規定による変更の認定があったときは，その変更の認定に係る同令第3条第1項又は第2項の申請書を含む。以下「認定申請書」という。）の写し及びその認定申請書に係る認定書（その変更の認定があったときは，その変更の認定に係る認定書を含む。）の写しの添付が必要です（措令5の6の3⑤，措規5の11②）。

認定特定高度情報通信技術活用設備を取得した場合の特別償却 青色申告書を提出する個人で特定高度情報通信技術活用システムの開発供給及び導入の促進に関する法律第28条に規定する認定導入事業者であるものが，同法の施行の日（令和2年8月31日）から令和7年3月31日までの間に，その個人の認定導入計画に記載された認定特定高度情報通信技術活用設備で一定のものを取得等し，これをその個人の事業の用に供したときは，その事業の用に供した日の属する年（事業を廃止した日の属する年を除く。以下「供用年」という。）の償却費として，その認定特定高度情報通信技術活用設備について計算される通常の償却費と，その認定特定高度情報通信技術活用設備の取得価額の30％相当額との合計額（以下「合計償却限度額」という。）以下の金額（ただし，通常の償却費以上の額）を必要経費に算入できます（措法10の5の5①）。

なお，供用年の合計償却限度額のうち供用年の事業所得の金額の計算上，必要経費に算入しなかった部分の償却不足額は，翌年に繰り越して必要経費に算入することができます（措法10の5の5②）。

（注）1 個人が所有権移転外リース取引により取得した認定特定高度情報通信技術活用設備については，適用されません（措法10の5の5④）。
2 他の特別償却等の減価償却資産に関する特例の適用を受ける認定特定高度情報通信技術活用設備については，適用されません（措法19①）。

認定特定高度情報通信技術活用設備の範囲 この特例の対象となる資産は，機械及び装置，器具及び備品，建物附属設備並びに構築物のうち，次の要件を満たすものであることについて主務大臣の確認を受けたものとされています（措法10の5の5①，措令5の6の5①，措規5の12の2①）。
① 認定導入計画に従って実施される特定高度情報通信技術活用システムの導入の用に供するために取得等したものであること
② 特定高度情報通信技術活用システムを構成する上で重要な役割を果たす一定のものに該当すること

適用を受けるための手続 この特例は，確定申告書に必要経費に算入される金額についてのその算入に関する記載があり，かつ，その計算に関する明細書（227ページ参照。供用年については，当該明細書及び特定高度情報通信技術活用システムの開発供給及び導入の促進に関する法律第34条第1項第6号に定める主務大臣の同法第28条の確認をしたことを証する書類の写し）の添付がある場合に限り，適用することとされています（措法10の5の5⑤，措規5の12の2②）。

革新的情報産業活用設備を取得した場合の特別償却（廃止） 青色申告書を提出する個人で生産性向上特別措置法の認定革新的データ産業活用事業者であるものが，同法の施行の日（平成30年6月6日）から令和3年3月31日までの間に，特定ソフトウエアの新設又は増設をする場合におい

て，その新設又は増設に係る革新的情報産業活用設備の取得等をして，その個人の事業の用に供したときは，その事業の用に供した日の属する年（事業を廃止した日の属する年を除く。以下「供用年」という。）の償却費として，その革新的情報産業活用設備について計算される通常の償却費と，その革新的情報産業活用設備の取得価額の30％相当額との合計額（以下「合計償却限度額」という。）以下の金額（ただし，通常の償却費以上の額）を必要経費に算入できます（旧措法10の5の5①）。

　なお，供用年の合計償却限度額のうち供用年の事業所得の金額の計算上，必要経費に算入しなかった部分の償却不足額は，翌年に繰り越して必要経費に算入することができます（旧措法10の5の5②）。

　本制度は，令和2年3月31日をもって廃止されましたが，個人が令和2年4月1日前に取得又は製作をした革新的情報産業活用設備及び同日前に認定を受けた個人がその認定に係る認定革新的データ産業活用計画に従って実施される革新的データ産業活用の用に供するために同日から令和3年3月31日までの間に取得又は製作をする革新的情報産業活用設備については従前のとおり扱われます（令2改正法附58）。

（注）1　個人が所有権移転外リース取引により取得した革新的情報産業活用設備については，適用されません（旧措法10の5の5④）。
　　　2　他の特別償却等の減価償却資産に関する特例の適用を受ける革新的情報産業活用設備については，適用されません（措法19①）。

　革新的情報産業活用設備の範囲　この特例の対象となる資産は，生産性向上特別措置法の施行の日（平成30年6月6日）から令和3年3月31日までの期間内に次の(1)の特定ソフトウエアの新設又は増設をする場合におけるその新設又は増設に係る次の(1)から(3)までのもの（以下「革新的情報産業活用設備」という。）とされています（旧措法10の5の5①）。なお，一の認定革新的データ産業活用計画に記載されたその新設又は増設に係る特定ソフトウエア並びにこれとともに取得又は製作をする機械及び装置並びに器具及び備品の取得価額の合計額が5,000万円以上のものに限られています（旧措法10の5の5①，旧措令5の6の5②）。

(1)　特定ソフトウエア
　　　電子計算機に対する指令であって一の結果を得ることができるように組み合わされたもののうち，認定革新的データ産業活用計画で認定革新的データ産業活用事業者である個人の行う革新的データ産業活用に係るものに従って実施される革新的データ産業活用の用に供するために取得又は製作をするものとして，その認定革新的データ産業活用計画に記載されたソフトウエアとされています（旧措法10の5の5①，旧措令5の6の5①，旧措規5の12の2②）。

　　　また，ソフトウエアには，これに関連するシステム仕様書その他の書類を含むものとされています（旧措令5の6の5①，旧措規5の12の2①）。

　　　なお，複写して販売するための原本を除くほか，主として産業試験研究の用に供される減価償却資産の耐用年数等に関する省令（以下「耐用年数省令」という。）別表第6のソフトウエアを除くこととされています（旧措令5の6の5①，旧措規5の12の2③）。

(2)　機械及び装置
　　　上記(1)の特定ソフトウエアとともに取得又は製作をする機械及び装置で，情報の連携及び利活用に資するものとされています（旧措法10の5の5①）。

　　　情報の連携及び利活用に資する機械及び装置とは，次の①又は②のいずれかに該当する機械及び装置で，認定革新的データ産業活用計画に係る特定ソフトウエアとともに取得又は製作をするものとしてその認定革新的データ産業活用計画に記載されているものをいいます（旧措令5の6の5③一）。

① その特定ソフトウエアによる情報の分析のためにその情報を収集し，かつ，その収集した情報を電磁的方法により特定ソフトウエアに送信する機能でその全部が自動化されているものを有する機械及び装置
② その特定ソフトウエアによる情報の分析に基づく電磁的方法による指令を受ける機能を有する機械及び装置でその動作がその指令により自動的に制御されるもの
　　なお，主として産業試験研究の用に供される耐用年数省令別表第6の機械及び装置を除くこととされています（旧措法10の5の5①，旧措規5の12の2③）。
(3) 器具及び備品
　　上記(1)の特定ソフトウエアとともに取得又は製作をする器具及び備品で，情報の連携及び利活用に資するものとされています（旧措法10の5の5①）。
　　情報の連携及び利活用に資する器具及び備品とは，認定革新的データ産業活用計画に係る特定ソフトウエアとともに取得又は製作をするものとしてその認定革新的データ産業活用計画に記載されているものをいいます（旧措令5の6の5③二）。
　　なお，主として産業試験研究の用に供される耐用年数省令別表第6の器具及び備品である試験又は測定機器，計算機器，撮影機及び顕微鏡を除くこととされています（旧措法10の5の5①，旧措規5の12の2③，耐令別表第6）。

適用を受けるための手続　　（旧措法10の5の5⑤，227ページ参照）

事業適応設備を取得した場合等の特別償却
(1) 青色申告書を提出する個人で産業競争力強化法の認定事業適応事業者であるものが，産業競争力強化法等の一部を改正する等の法律（令和3年法律第70号。以下「産競法等改正法」という。）の施行の日（令和3年8月2日）から令和7年3月31日までの間に，情報技術事業適応の用に供するために特定ソフトウエアの新設若しくは増設をし，又は情報技術事業適応を実施するために利用するソフトウエアのその利用に係る費用（繰延資産となるものに限る。）を支出する場合において，その新設又は増設に係る特定ソフトウエア及びその特定ソフトウエア又はその利用するソフトウエアとともに一定の情報技術事業適応設備の取得等をして，その個人の事業の用に供したときは，その事業の用に供した日の属する年（事業を廃止した日の属する年を除く。以下(1)及び(3)において「供用年」という。）の償却費として，その情報技術事業適応設備について計算される通常の償却費と，その情報技術事業適応設備の取得価額（下記(2)の措置の対象となる資産と合計して300億円が上限）の30％相当額との合計額（以下(1)において「合計償却限度額」という。）以下の金額（ただし，通常の償却費以上の額）を必要経費に算入できます（措法10の5の6①）。
　　なお，供用年の合計償却限度額のうち供用年の事業所得の金額の計算上，必要経費に算入しなかった部分の償却不足額は，翌年に繰り越して必要経費に算入することができます（措法10の5の6②）。
(2) 青色申告書を提出する個人で産業競争力強化法の認定事業適応事業者であるものが，産競法等改正法の施行の日から令和7年3月31日までの間に，情報技術事業適応を実施するために利用するソフトウエアのその利用に係る費用を支出した場合には，その支出した日の属する年（事業を廃止した日の属する年を除く。以下(2)において「供用年」という。）において，その支出した費用に係る繰延資産（以下(2)において「事業適応繰延資産」という。）の償却費として，その事業適応繰延資産について計算される通常の償却費と，その事業適応繰延資産の額（上記(1)の措置の対象となる

事業所得（必要経費の計算）

資産と合計して300億円が上限）の30％相当額との合計額（以下(2)において「合計償却限度額」という。）以下の金額（ただし，通常の償却費以上の額）を必要経費に算入できます（措法10の5の6③）。

　なお，供用年の合計償却限度額のうち供用年の事業所得の金額の計算上，必要経費に算入しなかった部分の償却不足額は，翌年に繰り越して必要経費に算入することができます（措法10の5の6④）。

(3)　青色申告書を提出する個人で産業競争力強化法の認定事業適応事業者（その認定事業適応計画（エネルギー利用環境負荷低減事業適応に関するものに限る。）にその計画に従って行うエネルギー利用環境負荷低減事業適応のための措置として生産工程効率化等設備等を導入する旨の記載があるものに限る。）であるものが，産競法等改正法の施行の日から令和6年3月31日までの間に，その計画に記載された生産工程効率化等設備等の取得等をして，その個人の事業の用に供した場合には，その供用年の償却費としてその生産工程効率化等設備等について計算される通常の償却費と，その生産工程効率化等設備等の取得価額（500億円が上限）の50％相当額との合計額（以下(3)において「合計償却限度額」という。）以下の金額（ただし，通常の償却費以上の額）を必要経費に算入できます（措法10の5の6⑤）。

　なお，供用年の合計償却限度額のうち供用年の事業所得の金額の計算上，必要経費に算入しなかった部分の償却不足額は，翌年に繰り越して必要経費に算入することができます（措法10の5の6⑥）。

(注)1　個人が所有権移転外リース取引による取得した情報技術事業適応設備及び生産工程効率化等設備等については，適用されません（措法10の5の6⑩）。

　　2　他の特別償却等の減価償却に関する特例の適用を受ける情報技術事業適応設備及び生産工程効率化等設備等については，適用されません（措法19①）。

　情報技術事業適応設備の範囲　上記(1)の措置の対象となる資産は，産業競争力強化法第21条の28に規定する情報技術事業適応（以下「情報技術事業適応」という。）の用に供するために特定ソフトウエアの新設若しくは増設をし，又は情報技術事業適応を実施するために利用するソフトウエアのその利用に係る費用（繰延資産となるものに限る。）を支出する場合において，次の資産の取得等をしたときにおけるその資産とされています（措法10の5の6①）。

①　その新設又は増設に係る特定ソフトウエア

②　上記①の特定ソフトウエア又はその利用するソフトウエアとともに情報技術事業適応の用に供する機械及び装置並びに器具及び備品

　なお，主として産業試験研究の用に供される減価償却資産の耐用年数等に関する省令別表第6の上欄に掲げるソフトウエア，機械及び装置並びに器具及び備品（機械及び装置並びに器具及び備品にあっては，同表の中欄に掲げる固定資産に限る。）を除くこととされています（措法10の5の6①，措規5の12の3②）。

(注)1　上記の「特定ソフトウエア」とは，電子計算機に対する指令であって一の結果を得ることができるように組み合わされたもの（これに関連するシステム仕様書その他の書類を含む。）をいい，複写して販売するための原本を除くこととされています（措令5の6の6①，措規5の12の3①）。

　　2　上記の「産業試験研究」とは，租税特別措置法第10条第8項第1号イ(1)に規定する試験研究又は同号イ(2)に規定する政令で定める試験研究をいいます（措法10の5の6①，措令5の3④⑤）。

　　3　令和5年4月1日前に認定の申請がされた認定事業適応計画（同日以後に変更の認定の申請がされた場合において，その変更の認定があったときは，その変更後のものを除く。）に従って実施

— 238 —

事業所得（必要経費の計算）

される情報技術事業適応の用に供する情報技術事業適応設備で同日以後に取得又は製作をされたものについては，上記(1)の措置の対象となる資産から除かれています（措法10の5の6⑫一）。

事業適応繰延資産の範囲　上記(2)の措置の対象となる資産は，情報技術事業適応を実施するために利用するソフトウエアのその利用に係る費用を支出する場合におけるその支出した費用に係る繰延資産とされています（措法10の5の6③）。

生産工程効率化等設備等の範囲　上記(3)の措置の対象となる資産は，認定エネルギー利用環境負荷低減事業適応計画に記載された生産工程効率化等設備等とされています（措法10の5の6⑤）。

生産工程効率化等設備等とは，産業競争力強化法第2条第13項に規定する生産工程効率化等設備又は同条第14項に規定する需要開拓商品生産設備をいいます（措法10の5の6⑤）。

（注）　令和5年4月1日前に認定の申請がされた認定事業適応計画（同日以後に変更の認定の申請がされた場合において，その変更の認定があったときは，その変更後のものを除きます。）に従って実施される情報技術事業適応を実施するために利用するソフトウエアのその利用に係る費用で同日以後に支出されたものに係る繰延資産については，上記(2)の措置の対象となる資産から除かれています（措法10の5の6⑫二）。

適用を受けるための手続　上記(1)から(3)までの措置は，確定申告書に必要経費に算入される金額についてのその算入に関する記載があり，かつ，その計算に関する明細書（227ページ参照。供用年については，上記(1)及び(2)の措置にあっては当該明細書，その適用に係る情報技術事業適用設備又は事業適応繰延資産が記載された認定申請書（その認定申請書に係る事業適応計画につき変更の認定があったときは，その変更の認定に係る変更認定申請書を含む。以下「認定申請書等」という。）の写し及び当該認定申請書等に係る認定書（当該変更の認定があったときは，その変更の認定に係る変更の認定書を含む。以下「認定書等」という。）の写し並びに当該認定申請書等に係る認定事業適応計画に従って実施される情報技術事業適応に係る産業競争力強化法施行規則第11条の19第3項の確認書の写し，上記(3)の措置にあっては当該明細書，その適用に係る生産工程効率化等設備等が記載された認定申請書等の写し及び当該認定申請書等に係る認定書等の写し）の添付がある場合に限り，適用することとされています（措法10の5の6⑪，措規5の12の3③）。

特定船舶の特別償却　海洋運輸業，沿海運輸業及び船舶貸渡業を営む個人で青色申告者するものが，指定期間内に特定船舶で製作又は建設の後事業の用に供されたことのないものを取得又は特定船舶を製作し若しくは建設して事業の用（一定の貸付けの用を除く。）に供した場合には，その事業の用に供した日の属する年（以下「供用年」という。）分の特定船舶の償却費の額として，その特定船舶について計算される通常の償却費の額と，次の区分によりその取得価額に乗じる割合を乗じた金額との合計額（以下「合計償却限度額」という。）以下の額（ただし，通常の償却費の額以上の額）を必要経費に算入することができます（措法11①）。

なお，供用年の合計償却限度額のうち，供用年の事業所得の金額の計算上，必要経費に算入しなかった部分の償却不足額は，翌年に繰り越して必要経費に算入することができます（措法11②）。

（注）1　他の特別償却等の減価償却資産に関する特例の適用を受ける特定船舶等については，適用されません（措法19①）。
　　　2　所有権移転外リース取引により取得した特定船舶等については適用されません（措法11①）。

— 239 —

事業所得（必要経費の計算）

特定設備等	取得価額に乗じる割合	指定期間
イ　特定先進船舶（特定船舶（特定過剰運送業の経営の合理化及び環境への負荷の低減に資する船舶をいいます。）のうち，認定先進船舶導入等計画（先進船舶の導入に関するものに限ります。）に記載された先進船舶で，環境への負荷の低減に著しく資する船舶をいいます。）に該当する外航船舶	日本船舶に該当するもの…20%　日本船舶に該当しないもの…18%	平成29年4月1日〜令和5年6月30日
ロ　特定船舶のうち，特定先進船舶に該当する外航船舶以外の外航船舶	日本船舶に該当するもの…17%　日本船舶に該当しないもの…15%	
ハ　特定船舶のうち，外航船舶以外の船舶	日本船舶に該当するもの…18%　日本船舶に該当しないもの…16%	
ニ　特定外航船舶（海上運送法に規定する特定外航船舶をいいます。）のうちその特定外航船舶に係る認定外航船舶確保等計画に従って取得し，又は製作された本邦対外船舶運航事業用船舶であることにつき証明がされたもので，特定先進船舶に該当する外航船舶	日本船舶に該当するもの…32%　日本船舶に該当しないもの…30%	令和5年7月1日〜令和8年3月31日
ホ　特定外航船舶のうちその特定外航船舶に係る認定外航船舶確保等計画に従って取得し，又は製作された本邦対外船舶運航事業用船舶であることにつき証明がされたもので，特定先進船舶に該当する外航船舶以外の外航船舶	日本船舶に該当するもの…29%　日本船舶に該当しないもの…27%	
ヘ　特定外航船舶のうちその特定外航船舶に係る認定外航船舶確保等計画に従って取得し，又は製作されたものであることにつき証明がされたもの（本邦対外船舶運航事業用船舶であることにつき証明がされたものを除く。）で，特定先進船舶に該当する外航船舶	日本船舶に該当するもの…30%　日本船舶に該当しないもの…28%	
ト　特定外航船舶のうちその特定外航船舶に係る認定外航船舶確保等計画に従って取得し，又は製作されたものであることにつき証明がされたもの（本邦対外船舶運航事業用船舶であることにつき証明がされたものを除く。）で，特定先進船舶に該当する外航船舶以外の外航船舶	日本船舶に該当するもの…27%　日本船舶に該当しないもの…25%	
チ　特定船舶のうち，外航船舶以外の船舶	日本船舶に該当するもの…18%　日本船舶に該当しないもの…16%	

(注)1　再生可能エネルギー発電設備等（次に掲げる機械その他の減価償却資産のうち経済産業大臣が財務大臣と協議して指定するものをいいます。）を国内にある事業の用に供する一定の個人が，令和3年3月31日までに製作又は建設の後事業の用に供されたことのないものを取得又は製作若しくは建設して事業の用に供した場合には，取得価額に14%を乗じた金額を特別償却額として必要経費に算入することができましたが，令和3年度税制改正において本特例の適用対象から除かれています（旧措法11①表一上欄）。

事業所得（必要経費の計算）

① 再生可能エネルギー利用資産のうち太陽光又は風力以外の再生可能エネルギー源の利用に資するもの

② 主として再生可能エネルギー利用資産とともに使用するための機械その他の減価償却資産でその再生可能エネルギー利用資産の持続的な利用に資するもの

2 上記（注）1の「再生可能エネルギー利用資産」とは，再生可能エネルギー源から電気若しくは熱を得るため又は再生可能エネルギー源から燃料を製造するための機械その他の減価償却資産をいい，上記の「再生可能エネルギー源」とは，エネルギー環境適合製品の開発及び製造を行う事業の促進に関する法律第2条第1項に規定する非化石エネルギー源のうち永続的に利用することができると認められるもの（太陽光，風力，水力，地熱及びバイオマスなどが該当）をいいます。

3 上記（注）1の「経済産業大臣が財務大臣と協議して指定するもの」について，経済産業大臣は，その指定をしたときは告示することとされており（旧措令5の8①⑨），具体的には，エネルギー環境適合製品の開発及び製造を行う事業の促進に関する法律に基づく需要開拓支援法人に関する省令第3条の2第1号又は第4号（同条第1号に係る部分に限る。）に掲げる要件を満たす機械その他の減価償却資産のうち次に掲げるものとされています（旧平30.3経済産業告69）。

① 中小水力発電設備（需要開拓支援法人が積極的に情報の提供を行うべきエネルギー環境適合製品（以下「情報提供告示」という。）の1の第3号に掲げる水力発電設備のうち，その設置に要した資本費に係る1kW当たりの資本費（電気事業者による再生可能エネルギー電気の調達に関する特別措置法施行規則第5条第1項第6号の規定に基づき経済産業大臣に対して提供する発電設備の設置に要した費用に関する情報のうち資本費の合計額を，その発電設備の発電出力で除して得られる金額をいう。以下同じ。）が次の区分に応じ次の金額以下のものをいいます。）

イ 200kW 未満……272万円

ロ 200kW 以上1,000kW 未満……109万円

ハ 1,000kW 以上30,000kW 未満……39万円

② 地熱発電設備（情報提供告示の1の第4号に掲げる地熱発電設備のうち，その設備利用率（発電設備が運転を開始する日から同日以後1年を経過する日までの期間におけるその発電設備に係る発電量のその発電設備の発電出力にその期間の総時間数を乗じて計算した発電量に対する割合をいう。以下同じ。）が80％を超えると見込まれるものをいう。）

③ バイオマス利用装置（情報提供告示の1の第5号に掲げるバイオマス利用装置のうち，次のいずれかに該当するものをいう。）

イ 木質バイオマス発電設備（情報提供告示の1の第5号イに掲げる木質バイオマス発電設備のうち，次のいずれかに該当するものをいう。）

(イ) その設備の設備利用率が80％を超えると見込まれるもの

(ロ) 熱電併給（発電を行う際に生じた熱を発電と同時に利用することをいいます。以下同じです。）を行うもの

(ハ) その設備の設置に要した資本費に係る1kW当たりの資本費が次に掲げる発電出力の区分に応じそれぞれ次に定める金額以下のもの

A 2,000kW 未満……62万円

B 2,000kW 以上20,000kW 未満……41万円

ロ 木質バイオマス熱供給装置（情報提供告示の1の第5号ロに掲げる木質バイオマス熱供給装置のうち，そのボイラーの熱効率が80％を超えるものをいう。）

ハ バイオマス利用メタンガス製造装置（情報提供告示の1の第5号ハに掲げるバイオマス利用メタンガス製造装置のうち，その装置から精製されるメタンガスを利用した熱電併給を行うものをいう。）

④ 風力発電装置専用機械類（情報提供告示の4の第1号に掲げる機械類をいう。）

⑤ 定置用蓄電設備（情報提供告示の4の第2号に掲げる定置用蓄電設備のうち，次に掲げる機械

事業所得（必要経費の計算）

　その他の減価償却資産のいずれかに接続するものであって，その蓄電出力がその減価償却資産の
発電出力と比較して同等以下のものをいう。)
　　イ　情報提供告示の1の第1号に掲げる太陽光発電設備のうち，発電出力が10kW以上のもの
　　ロ　情報提供告示の1の第2号に掲げる風力発電装置のうち，発電出力が10,000kW以上のもの
　　ハ　上記①から③までに掲げる機械その他の減価償却資産
　⑥　電線路（情報提供告示の4の第3号に掲げる機械類のうち，上記⑤イからハまでに掲げる機械
　　その他の減価償却資産のいずれか又はその附属設備（上記⑤に掲げる定置用蓄電設備を含みま
　　す。)に接続するものであって，その減価償却資産を所有する者が維持し，運用するものをいう。)
4　上記（注）1の取得価額に乗じる割合の「14％」は，令和2年3月31日までの間に取得等をした
　再生可能エネルギー発電設備等については「20％」とされています（令2改正法附60①）。
5　上記の表の特別償却の対象となる船舶の範囲は，租税特別措置法施行令第5条の8のほか，国土
　交通省告示に定められています（平27.3.31国土交通省告示473号（最終改正令5.6.30国土交通省
　告示625号))。
6　上記の表の船舶は，平成31年3月31日以前に取得等をしたものについては，事業の経営の合理化
　及び環境への負荷の低減に資する一定の船舶が対象とされており，その償却割合は16％（外航船舶
　で日本船舶に該当するもの及び環境への負荷の低減に著しく資する一定のもの（高度環境負荷低減
　内航船舶）についての償却割合は18％）とされていました（旧措法11①，平31改正法附32①②）。
7　個人が令和3年4月1日以後に取得又は製作をする船舶のうち，匿名組合契約等（匿名組合契約
　（当事者の一方が相手方の事業のために出資をし，相手方がその事業から生ずる利益を分配すること
　を約する契約を含みます。）又は外国におけるこれに類する契約）の目的である船舶貸渡業の用に供
　される船舶で，その貸付けを受けた者の沿海運輸業の用に供されるものは本特例の適用対象から除
　外されています（措令5の8②二，令3改正措令附8②）。
8　個人が令和5年4月1日以後に取得又は製作をする船舶のうち，匿名組合契約等の目的である船
　舶貸渡業の用に供される船舶で，その貸付けを受けた者の海洋運輸業の用に供されるもの（その船
　舶貸渡業を営む個人の認定先進船舶導入等計画に記載された先進船舶に該当するものを除く。）が除
　外されています（措令5の8②一，令5改正措令附3①）。

　適用を受けるための手続　（措法11③，227ページ参照）

被災代替資産等の特別償却制度　（措法11の2，71ページ参照）

　適用を受けるための手続　（措法11の2③，227ページ参照）

　特定事業継続力強化設備等の特別償却　青色申告書を提出する個人で中小事業者であるもののう
ち中小企業の事業活動の継続に資するための中小企業等経営強化法等の一部を改正する法律（令和
元年法律第21号）の施行の日（令和元年7月16日）から令和7年3月31日までの間に中小企業等経営
強化法の認定を受けた同法の中小企業者に該当するものが，その認定を受けた日から同日以後1年
を経過する日までの間に特定事業継続力強化設備等の取得等をして，これをその者の事業の用に供
した場合には，その用に供した日の属する年（以下「供用年」という。）分の特定事業継続力強化設
備等の償却費として，その特定事業継続力強化設備等について計算される通常の償却費の額とその
取得価額の18％（令和7年4月1日以後に取得等をする特定事業継続力強化設備等については，16％）相
当額との合計額（以下「合計償却限度額」という。）以下の額（ただし，通常の償却費の額以上の額）を

—242—

必要経費に算入することができます（措法11の3①）。

　なお，供用年の合計償却限度額のうち供用年の事業所得の金額の計算上，必要経費に算入しなかった部分は，翌年に繰り越して必要経費に算入することができます（措法11の3②）。

（注）1　上記の「中小事業者」とは，常時使用する従業員の数が1,000人以下の者をいいます（措法10⑧六，11の3①，措令5の3⑨）。
　　　2　この特別償却は，他の特別償却等の減価償却資産に関する特例の適用を受ける減価償却資産については適用されません（措法19①）。
　　　3　所有権移転外リース取引により取得した特定事業継続力強化設備等については適用されません（措法11の3①）。

　特定事業継続力強化設備等の範囲　この特例の適用対象資産となる特定事業継続力強化設備等とは，認定事業継続力強化計画等に係る事業継続力強化設備等としてその認定事業継続力強化計画等に記載された機械及び装置，器具及び備品並びに建物附属設備とされており，次に掲げる減価償却資産の区分に応じ次に定める規模以上のものに限ることとされています（措法11の3①，措令6の2）。
① 　機械及び装置……1台又は1基（通常1組又は1式をもって取引の単位とされるものにあっては，1組又は1式。②において同じです。）の取得価額が100万円以上のもの
② 　器具及び備品……1台又は1基の取得価額が30万円以上のもの
③ 　建物附属設備……一の建物附属設備の取得価額が60万円以上のもの
（注）1　個人が令和3年4月1日以後に取得又は製作をする特定事業継続力強化設備等については，対象に，機械及び装置並びに器具及び備品の部分について行う改良又は機械及び装置並びに器具及び備品の移転のための工事の施行に伴って取得し，又は製作するものを含むこととされています。したがって，資本的支出により取得した資産についてもこの制度の対象となります（措法11の3①，令3改正法附32②）。
　　　2　個人が令和3年4月1日以後に取得又は製作をする特定事業継続力強化設備等のうち，補助金等の交付を受けた個人が，その補助金等をもって取得等をしたその補助金等の交付の目的に適合した特定事業継続力強化設備等は本特例の適用対象から除外されています（措法11の3③，令3改正法附32②）。

　適用を受けるための手続　（措法11の3④，227ページ参照）

環境負荷低減事業活動用資産等の特別償却

(1) **環境負荷低減事業活動用資産の特別償却制度**　青色申告者で環境と調和のとれた食料システムの確立のための環境負荷低減事業活動の促進等に関する法律（以下「みどりの食料システム法」という。）の環境負荷低減事業活動実施計画又は特定環境負荷低減事業活動実施計画について同法の認定を受けた農林漁業者等であるものが，同法の施行の日（令和4年7月1日）から令和6年3月31日までの間に，その認定に係る認定環境負荷低減事業活動実施計画又は認定特定環境負荷低減事業活動実施計画に記載された設備等を構成する機械その他の減価償却資産のうち環境負荷の低減に著しく資する一定のもの（以下「環境負荷低減事業活動用資産」という。）の取得等をして，その個人の環境負荷低減事業活動又は特定環境負荷低減事業活動の用に供した場合には，その用に供した日の属する年において，その取得価額の32％（建物等及び構築物については，16％）相当額の特別償却ができます（措法11の4①）。

事業所得（必要経費の計算）

(注) 1　上記の「農林漁業者」とは，みどりの食料システム法第2条第3項に規定する農林漁業者をいいます。具体的には，農業者，林業者又は漁業者等をいいます（措法11の4①，みどりの食料システム法2③）。

2　上記の「環境負荷低減事業活動」とは，農林漁業者が行う農林漁業の持続性の確保に資するよう，環境負荷（農林漁業に由来する環境への負荷をいいます。以下同じです。）の低減を図るために行う次の事業活動をいいます（みどりの食料システム法2④）。

イ　堆肥その他の有機質資材の施用により土壌の性質を改善させ，かつ，化学的に合成された肥料及び農薬の施用及び使用を減少させる技術を用いて行われる生産方式による事業活動

ロ　温室効果ガスの排出の量の削減に資する事業活動

ハ　上記イ及びロのほか，環境負荷の低減に資する一定の事業活動

3　上記の「特定環境負荷低減事業活動」とは，集団又は相当規模で行われることにより地域における環境負荷の低減の効果を高める一定の環境負荷低減事業活動をいいます（みどりの食料システム法15②三）。

4　この特別償却は，他の特別償却等の減価償却資産に関する特例の適用を受ける減価償却資産については適用されません（措法19①）。

5　所有権移転外リース取引により取得した環境負荷低減事業活動用資産については適用されません（措法11の4①）。

環境負荷低減事業活動用資産の範囲　この特例の適用対象資産となる環境負荷低減事業活動用資産は，その認定に係る次の機械その他の減価償却資産のうち環境負荷の低減に著しく資する一定のもので，一定の規模のもの（一の設備等を構成する機械その他の減価償却資産の取得価額の合計額が100万円以上のもの）とされています（措法11の4①，措令6の2の2②，農水省告示1415）。

イ　認定環境負荷低減事業活動実施計画に記載された環境負荷低減事業活動の用に供する設備等を構成する機械その他の減価償却資産（措法11の4①一）

ロ　認定特定環境負荷低減事業活動実施計画に記載された特定環境負荷低減事業活動の用に供する設備等を構成する機械その他の減価償却資産（措法11の4①二）

(注)　上記の「設備等」とは，施設，設備，機器，装置又は情報処理の促進に関する法律第2条第2項に規定するプログラムをいいます（みどりの食料システム法19④）。

(2)　**基盤確立事業用資産の特別償却制度**　青色申告者でみどりの食料システム法の基盤確立事業実施計画について同法の認定を受けたものが，同法の施行の日（令和4年7月1日）から令和6年3月31日までの間に，その認定に係る認定基盤確立事業実施計画に記載された設備等を構成する機械その他の減価償却資産のうち環境負荷の低減を図るために行う取組の効果を著しく高める一定のもの（以下「基盤確立事業用資産」という。）の取得等をして，その個人の一定の基盤確立事業の用に供した場合には，その用に供した日の属する年において，その取得価額の32％（建物等及び構築物については，16％）相当額の特別償却ができます（措法11の4②）。

(注) 1　上記の「基盤確立事業」とは，環境負荷の低減を図るために行う取組の基盤を確立するために行う環境負荷の低減に資する資材又は機械類その他の物件の生産及び販売に関する事業をいいます（みどりの食料システム法2⑤三）。

2　この特別償却は，他の特別償却等の減価償却資産に関する特例の適用を受ける減価償却資産については適用されません（措法19①）。

3　所有権移転外リース取引により取得した基盤確立事業用資産については適用されません（措法11の4②）。

— 244 —

事業所得（必要経費の計算）

基盤確立事業用資産の範囲　基盤確立事業用資産は，その認定に係る認定基盤確立事業実施計画に記載された基盤確立事業の用に供する設備等を構成する機械その他の減価償却資産のうち環境負荷の低減を図るために行う取組の効果を著しく高める一定のものとされています（措法11の4②）。環境負荷の低減を図るために行う取組の効果を著しく高める一定のものは，機械その他の減価償却資産のうち環境負荷の低減を図るために行う取組の効果を著しく高めるものとして農林水産大臣が定める基準に適合するものとされています（措令6の2の2③，農水省告示1415）。

適用を受けるための手続　（措法11の4④，227ページ参照）

特定地域における工業用機械等の特別償却

(1) 青色申告書で沖縄振興特別措置法の認定事業者が，一定期間内に，次に掲げる区域内において次に掲げる事業の用に供する設備で一定の規模のものの新設又は増設をする場合において，その新設又は増設に係る一定の工業用機械等の取得等をして，これを当該区域内において当該個人の当該事業の用に供したときは，その用に供した日の属する年（以下(1)において「供用年」という。）分の工業用機械等の償却費の額として，その工業用機械等について計算される通常の償却費の額と，その用に供した年における取得価額に次に掲げる特別償却割合を乗じて算出した額との合計額（以下「合計償却限度額」という。）以下の額（ただし，通常の償却費の額以上の額）を必要経費に算入することができます（措法12①）。

なお，供用年の合計償却限度額のうち，供用年の金額の計算上，必要経費に算入に算入しなかった部分の償却不足額は，翌年に繰り越して必要経費に算入することができます（措法12③）。

区域	事業	適用期限	特別償却割合 機械装置等	特別償却割合 工場用建物等	取得価額基準（万円超）
沖縄振興特別措置法に規定する提出産業イノベーション促進計画に定められた産業イノベーション促進地域の区域	製造業等	提出の日から令7.3.31までの期間	34%	20%	1,000（機械装置，器具備品は100）
沖縄振興特別措置法に規定する提出国際物流拠点産業集積計画に定められた国際物流拠点産業集積地域の区域	製造業等	提出の日から令7.3.31までの期間	50%	25%	1,000（機械装置，器具備品は100）
沖縄振興特別措置法の規定により経済金融活性化特別地区として指定された地区の区域	特定経済金融活性化産業に属する事業	認定の日から令7.3.31までの期間	50%	25%	500（機械装置，器具備品は50）

（注）1　この特別償却は，他の特別償却等の減価償却資産に関する特例の適用を受ける減価償却資産については適用されません（措法19①）。
　　　2　所有権移転外リース取引により取得した工業用機械等については適用されません（措法12①）。

(2) 青色申告者が，令和4年4月1日から令和7年3月31日までの期間内に，沖縄振興特別措置法に規定する離島地域内において旅館業の用に供する建物及びその附属設備の取得価額が500万円

— 245 —

事業所得（必要経費の計算）

以上のもの（以下「旅館業用建物等」という。）の取得等をする場合において，その取得等をした旅館業用建物等をその地域内において旅館業の用に供したとき（沖縄県知事の確認がある場合に限る。）は，その用に供した日の属する年（以下(2)において「供用年」という。）分の旅館業用建物等の償却費の額として，その旅館業用建物等について計算される通常の償却費の額と，その用に供した年における取得価額に100分の108を乗じて算出した額との合計額（以下「合計償却限度額」という。）以下の額（ただし，通常の償却費の額以上の額）を必要経費に算入することができます（措法12②）。

　なお，供用年の合計償却限度額のうち，供用年の金額の計算上，必要経費に算入に算入しなかった部分の償却不足額は，翌年に繰り越して必要経費に算入することができます（措法12③）。
(注)1　この特別償却は，他の特別償却等の減価償却資産に関する特例の適用を受ける減価償却資産については適用されません（措法19①）。
　　2　所有権移転外リース取引により取得した旅館業用建物等については適用されません（措法12②）。
(3) 青色申告者が，平成25年4月1日（次の表の①の地区にあっては，令和3年4月1日）から令和7年3月31日まで（次の表の①及び④の地区にあっては，令和6年3月31日）の期間のうち一定の期間内に，次に掲げる地区内において一定の事業の用に供される設備で一定の規模のものの取得等をする場合（次の表の⑤の地区において事業の用に供する設備の取得をする場合は，中小事業者に限る。）において，その取得等をしたその設備をその地区内において事業の用に供したとき（その地区の産業の振興に資する場合に限る。）は，その用に供した日以後5年以内の日の属する各年分の事業所得の金額の計算上，その設備を構成するもののうち機械及び装置，建物及びその附属設備並びに構築物（所有権移転外リース取引により取得したものを除く。以下「産業振興機械等」という。）の償却費として必要経費に算入する金額は，その用に供した日以後5年以内でその用に供している期間に限り，その産業振興機械等について次の表の①〜④の地区において事業の用に供されるときは，通常計算される償却費の額でその期間に係るものの132％（建物及びその附属設備並びに構築物については，148％）以下の金額（ただし，通常の償却費以上の額）を必要経費に算入することができ，その産業振興機械等について次の表の⑤の地区において事業の用に供されるときは，通常計算される償却費の額でその期間に係るものの124％（建物及びその附属設備並びに構築物については136％）以下の金額（ただし，通常の償却費以上の額）を必要経費に算入することができます（措法12④，措令6の3⑭）。

　なお，償却費として必要経費に算入した金額が必要経費に算入できる金額に満たない場合には，その部分の金額を翌年に繰り越して必要経費に算入することができます（措法12⑤）。

地　　区	対象期間	取得価額基準（万円以上）
①　過疎地域及び過疎地域に準ずる地域のうち，産業の振興のための取組が積極的に促進される地区	計画期間の初日又は特定過疎地域持続的発展市町村計画が定められた日のいずれか遅い日から令6.3.31までの期間	500
②　半島振興対策実施地域のうち，産業の振興のための取組が積極的に促進される地区（上記①の地区を除く。）	計画期間の初日から令7.3.31までの期間	500

事業所得（必要経費の計算）

③ 離島振興対策実施地域のうち、産業の振興のための取組が積極的に促進される地区（上記①の地区を除く。）	平25.4.1から令7.3.31までの期間	500
④ 奄美群島のうち、認定産業振興促進計画に記載された計画区域内の地区（上記①の地区を除く。）	計画期間の初日から令6.3.31までの期間	500
⑤ 振興山村のうち、産業の振興のための取組が積極的に促進される地区	計画期間の初日から令3.3.31までの期間	500

(注)1　上記①の「過疎地域のうち、産業の振興のための取組が積極的に促進される地区」とは、次に掲げる区域のうち、特定過疎地域持続的発展市町村計画に記載された過疎地域の持続的発展の支援に関する特別措置法第8条第4項第1号に規定する産業振興促進区域内の地区をいいます（措令6の3⑯⑱）。

　① 過疎地域のうち特定過疎地域（過疎地域の持続的発展の支援に関する特別措置法第42条の規定の適用を受ける区域のうち令和3年3月31日において旧過疎地域自立促進特別措置法第33条第1項の規定の適用を受けていた区域をいう。②において同じ。）以外の区域

　② 特定過疎地域のうち過疎地域の持続的発展の支援に関する特別措置法第42条の規定の適用を受けないものとしたならば同法第3条第1項若しくは第2項（これらの規定を同法第43条の規定により読み替えて適用する場合を含む。）又は第41条第2項の規定の適用を受ける区域

2　上記①の「過疎地域に準ずる区域のうち、産業の振興のための取組が積極的に促進される地区」とは、過疎地域の持続的発展の支援に関する特別措置法附則第5条に規定する特定市町村（以下「特定市町村」という。）の区域（同法附則第6条第1項、第7条第1項又は第8条第1項の規定により特定市町村の区域とみなされる区域を含む。）のうち、特定過疎地域持続的発展市町村計画に記載された同法第8条第4項第1号に規定する産業振興促進区域内の地区をいいます（措令6の3⑰⑱）。

3　上記②の「半島振興対策実施地域のうち、産業の振興のための取組が積極的に促進される地区」とは、認定半島産業振興促進計画に記載された半島振興法第9条の2第2項第1号に規定する計画区域内の地区をいいます（措令6の3⑳）。

4　上記③の「離島振興対策実施地域のうち、産業の振興のための取組が積極的に促進される地区」とは、特定離島振興計画に記載された離島振興法第4条第4項第1号に掲げる区域内の地区をいいます（措令6の3㉒）。

5　上記⑤の「振興山村のうち、産業の振興のための取組が積極的に促進される地区」とは、特定山村振興計画に記載された山村振興法第8条第4項第1号に規定する産業振興施策促進区域内の地区をいいます（旧措令6の3⑳）。

6　他の特別償却等の減価償却資産に関する特例の適用を受けるものは、重複して適用を受けることはできません（措法19①）。

7　所有権移転外リース取引により取得した産業振興機械等については適用されません（措法11の4①）。

(4) 青色申告者が、一定期間内に次に掲げる地区又は地域内で、一定の事業の用に供する機械及び装置並びに工場用建物（以下「工業用機械等」という。）を取得等して、事業の用に供した場合には、その事業の用に供した日の属する年（以下(1)において「供用年」という。）分の工業用機械等の償却費の額として、その工業用機械等について計算される通常の償却費の額と、その用に供した年における取得価額に次の表の特別償却割合を乗じて算出した額との合計額（以下「合計償却限度額」という。）以下の額（ただし、通常の償却費の額以上の額）を必要経費に算入することができます（旧措法12①）。

事業所得（必要経費の計算）

　なお，供用年の合計償却限度額のうち，供用年の事業所得の金額の計算上，必要経費に算入しなかった部分の償却不足額は，翌年に繰り越して必要経費に算入することができます（旧措法12②）。

地区又は地域	特定事業	特別償却割合		適　用　期　限	取　得　価　額基準（万円超）
		機械装置等	工場用建物等		
①　過疎地域（下記②の制度の対象となる地区を除く。）	製造事業等	10%	6%	公示の日又は平29.4.1から令3.3.31までの期間	2,000
②　旧沖縄振興特別措置法に規定する提出産業高度化・事業革新促進計画において産業高度化・事業革新促進地域として定められている地区	製造事業等	34%	20%	提出の日から令4.3.31までの期間	1,000（機械装置，器具備品は100）
③　旧沖縄振興特別措置法に規定する離島地域	旅館業	—	8%	指定の日から令4.3.31までの期間	1,000
④　旧沖縄振興特別措置法に規定する国際物流拠点産業集積計画において国際物流拠点産業集積地域として定められている地区	製造事業等	50%	25%	提出の日から令4.3.31までの期間	1,000（機械装置で100）
⑤　旧沖縄振興特別措置法の規定により指定された経済金融活性化特別地区	特定経済金融活性化産業に属する事業	50%	25%	認定の日から令4.3.31までの期間	1,000（機械装置で100）

（注）1　上記の「旧沖縄振興特別措置法」とは，沖縄振興特別措置法等の一部を改正する法律（令和4年法律第7号）による改正前の沖縄振興特別措置法をいいます。
　　　2　この特別償却は，他の特別償却等の減価償却資産に関する特例の適用を受ける減価償却資産については適用されません（措法19①）。
　　　3　所有権移転外リース取引により取得した工業用機械等については適用がありません（旧措法12①）。

　適用を受けるための手続　（措法12⑥，227ページ参照）
（注）　上記(3)の制度の適用を受ける場合には，その適用を受ける最初の年分の確定申告書に，その設備が産業投資促進計画に記載された事項に適合するものであることにつき，その産業投資促進計画を作成し，又は策定した市町村の長が確認した旨を証する書類の添付が必要です（措令6の3㉖，措規5の13⑩）。

医療用機器等の特別償却

(1)　**医療用機器の特別償却制度**　青色申告者である医療保健業を営むものが，昭和54年4月1日から令和7年3月31日までの間に，その製作後事業の用に供されたことのない医療用機器を取得し，又は製作して，医療保健業の用に供した場合には，その事業の用に供した日の属する年（以下「供用年」という。）分の償却費の額として，その医療用機器について計算される通常の償却費

の額と，供用年における医療用機器の取得価額の12％相当額との合計額（以下「合計償却限度額」という。）以下の額（ただし，通常の償却費の額以上の額）を必要経費に算入することができます（措法12の2①）。

　なお，供用年の合計償却限度額のうち，供用年の事業所得の金額の計算上，必要経費に算入しなかった部分の償却不足額は，翌年に繰り越して必要経費に算入することができます（措法12の2④）。

(注)1　この特別償却は，他の特別償却等の減価償却資産に関する特例の適用を受けるものは，重ねて適用を受けることはできません（措法19①）。

　　2　社会保険診療報酬の所得計算の特例制度（措法26）の適用を受けた社会保険診療報酬については，さらにこの特別償却を適用することができません（特別償却額は，特例経費の中に含まれる。）。しかし，社会保険診療報酬について租税特別措置法第26条の概算経費率による所得計算の特例の適用を受けた場合においても，いわゆる自由診療報酬に対応する経費として，この医療用機器の特別償却制度による償却費の額が，適切なあん分計算で織り込まれているときは，それは認められます。なお，下記(2)及び(3)の特別償却についても同様です。

　　3　所有権移転外リース取引により取得した医療用機器については適用されません（措法12の2①）。

　医療用機器の範囲　医療用機器とは，次に掲げる資産をいいます（措法12の2①，措令6の4①②，平21．3．31厚生労働省告示248号（最終改正令5．3．31厚生労働省告示166号））。

(1)　医療用の機械及び装置並びに器具及び備品で高度な医療の提供に資するもの又は先進的なものとして厚生労働大臣が指定するもの（医療法に規定する構想区域等内の病院又は診療所における効率的な活用を図る必要があるものとして厚生労働大臣が財務大臣と協議して指定するもの（CT・MRI）にあっては，厚生労働大臣が定める配置効率化要件を満たすものに限る。(注)）のうち，1台又は1基（通常1組又は1式をもって取引の単位とされるものにあっては，1組又は1式）の取得価額が500万円以上のもの

(2)　医薬品，医療機器等の品質，有効性及び安全性の確保等に関する法律第2条第5項に規定する高度管理医療機器，同条第6項に規定する管理医療機器又は同条第7項に規定する一般医療機器で，これらの規定により厚生労働大臣が指定した日の翌日から2年を経過していないもの（(1)に掲げるものを除く。）

(2)　**医師等の勤務時間短縮用設備等の特別償却措置**　青色申告書を提出する個人で医療保健業を営むものが，平成31年4月1日から令和7年3月31日までの間に，勤務時間短縮用設備等の取得等をして，これをその個人の営む医療保健業の用に供した場合には，その用に供した年において，その勤務時間短縮用設備等について計算される通常の償却費の額とその取得価額の15％相当額との合計額（以下「合計償却限度額」という。）以下の額（ただし，通常の償却費の額以上の額）を必要経費に算入することができます（措法12の2②）。

　なお，事業の用に供した日の属する年の合計償却限度額のうちその年の事業所得の金額の計算上，必要経費に算入しなかった部分は，翌年に繰り越して必要経費に算入することができます（措法12の2④）。

(注)1　この特別償却は，他の特別償却等の減価償却資産に関する特例の適用を受けるものは，重ねて適用を受けることはできません（措法19①）。

　　2　所有権移転外リース取引により取得した勤務時間短縮用設備等については適用されません（措法12の2②）。

事業所得（必要経費の計算）

　　勤務時間短縮用設備等の範囲　勤務時間短縮用設備等とは，器具及び備品（医療用の機械及び装置を含む。）並びにソフトウエア（次に掲げる減価償却資産の区分に応じ次に定める規模以上のものに限る。）のうち，医療法に規定する医療提供体制の確保に必要な医師その他の医療従事者の勤務時間の短縮その他の医療従事者の確保に資する措置を講ずるために必要なものとして一定のもの（上記(1)の措置の適用を受けるものを除く。）をいいます（措法12の2②，措令6の4③）。

① 　器具及び備品（医療用の機械及び装置を含む。）…1台又は1基（通常1組又は1式をもって取引の単位とされるものにあっては，1組又は1式）の取得価額が30万円以上のもの

② 　ソフトウエア…一のソフトウエアの取得価額が30万円以上のもの

(注)　上記の「一定のもの」とは，器具及び備品並びに特定ソフトウエア（電子計算機に対する指令であって一の結果を得ることができるように組み合わされたもの（これに関連するシステム仕様書その他の書類を含む。）をいう。）のうち，医師等勤務時間短縮計画に基づきその個人が取得し，又は製作するものとしてその医師等勤務時間短縮計画に記載されたもので，その医師等勤務時間短縮計画の写しをこの措置の適用を受ける年分の確定申告書に添付すること等の一定の要件を満たすものをいいます（措令6の4④⑤，措規5の14，平31.3.29厚生労働省告示第153号）。

(3)　**構想適合病院用建物等の特別償却措置**　青色申告書を提出する個人で医療保健業を営むものが，平成31年4月1日から令和7年3月31日までの間に，医療法に規定する医療計画に係る構想区域等（以下「構想区域等」という。）内において，構想適合病院用建物等の取得等をして，これをその個人の営む医療保健業の用に供した場合には，その用に供した年において，その構想適合病院用建物等について計算される通常の償却費の額とその取得価額の8％相当額との合計額（以下「合計償却限度額」という。）以下の額（ただし，通常の償却費の額以上の額）を必要経費に算入することができます（措法12の2③）。

　なお，事業の用に供した日の属する年の合計償却限度額のうちその年の事業所得の金額の計算上，必要経費に算入しなかった部分は，翌年に繰り越して必要経費に算入することができます（措法12の2④）。

(注)1　この特別償却は，他の特別償却等の減価償却資産に関する特例の適用を受けるものは，重ねて適用を受けることはできません（措法19①）。

　　 2　所有権移転外リース取引により取得した勤務時間短縮用設備等については適用されません（措法12の2③）。

　　構想適合病院用建物等の範囲　構想適合病院用建物等とは，病院用又は診療所用の建物及びその附属設備のうちその構想区域等に係る医療法の協議の場における協議に基づく病床の機能の分化及び連携の推進に係るものとして一定のものをいいます（措法12の2③）。

(注)　上記の「一定のもの」とは，その構想区域等内において医療保健業の用に供される病院用又は診療所用の建物及びその附属設備のうち，一定の要件に該当するもので，その構想区域等に係る協議の場における協議に基づく病床の機能区分に応じた病床数の増加に資するものであることについてその構想区域等に係る都道府県知事のその旨を確認した書類をこの措置の適用を受ける年分の確定申告書に添付することにより証明がされたものをいいます（措令6の4⑥）。

　　適用を受けるための手続（措法12の2⑤，227ページ参照）

— 250 —

障害者を雇用する場合の特定機械装置の割増償却（廃止）

　青色申告者が，昭和48年4月1日から令和4年3月31日までの期間（以下「指定期間」という。）内の各年において，障害者を雇用し，かつ，一定の要件を満たす場合（①その障害者の雇用割合が50％（雇用障害者数が20人以上である場合には25％）以上である場合又は②雇用障害者数が20人以上で重度障害者割合が55％以上であり，かつ，その年の12月31日における雇用障害者が障害者の雇用の促進等に関する法律に規定する法定雇用障害者数以上である場合）には，その年の12月31日における機械及び装置並びに工場用の建物及びその附属設備で，障害者が労働に従事する事務所にあるものであることにつき，その青色申告者の事務所を管轄する公共職業安定所の長の証明を受けた機械及び装置並びに工場内の建物及びその附属設備のうち，その年の指定期間内又はその年の前年以前5年内に取得等したものについての償却費の額として，次の算式で計算した合計償却限度額以下の額（ただし，通常の償却費の額以上の額）を必要経費に算入することができます（旧措法13①，旧措令6の5）。

　なお，その年の合計償却限度額のうち，その年の事業所得の金額の計算上必要経費に算入しなかった部分の償却不足額は，翌年に繰り越して必要経費に算入することができます（旧措法13②）。

イ　機械及び装置

　（通常の償却費の額）＋（通常の償却費の額）×$\dfrac{24}{100}$×$\dfrac{その年の指定期間の月数}{12}$＝合計償却限度額

ロ　工場用の建物及びその附属設備

　（通常の償却費の額）＋（通常の償却費の額）×$\dfrac{32}{100}$×$\dfrac{その年の指定期間の月数}{12}$＝合計償却限度額

　本制度は，令和4年3月31日をもって廃止されましたが，個人が令和4年以前の各年において障害者を雇用しており，かつ，上記の一定の要件を満たす場合におけるその年12月31日において有する特定機械装置については従前どおりのとおり扱われます（令4改正法附則28④）。

　(注)　1　雇用障害者数の計算については，精神障害者である短時間労働者1人を0.5人として計算します（旧措法13③，旧措令6の5④，旧措規5の15）。
　　　2　障害者雇用割合は次により算定します（旧措法13③，旧措令6の5④⑤，旧措規5の15）。

　$\dfrac{障害者雇用割合}{} = \dfrac{雇用障害者数}{常時雇用する従業員の総数}$

　　　　この場合の「雇用障害者数」とは，その年の12月31日における常時雇用する次の障害者の人数の合計をいいます。
　　　①　短時間労働者でない障害者
　　　②　①のうち重度身体障害者及び重度知的障害者
　　　③　身体障害者又は知的障害者である短時間労働者
　　　④　重度身体障害者又は重度知的障害者である短時間労働者
　　　⑤　精神障害者である短時間労働者
　　　3　この割増償却は，他の特別償却等の減価償却資産に関する特例の適用を受けるものは，重ねて適用を受けることはできません（措法19①）。
　　　4　所有権移転外リース取引により取得した資産については適用されません（旧措法13①）。
　　　5　令和3年分以後の所得税については，
　　　①　対象資産から上記ロの「工場用の建物及びその附属設備」が除外される。
　　　②　上記イの「機械及び装置」に係る割増償却割合が24％から12％に引き下げられる。

適用を受けるための手続　（旧措法13④，227ページ参照）

事業所得（必要経費の計算）

　事業再編計画の認定を受けた場合の事業再編促進機械等の割増償却　青色申告書を提出する個人で農業競争力強化支援法の認定事業再編事業者（同法の施行の日（平成29年８月１日）から令和７年３月31日までの間に同法の事業再編計画の認定を受けた個人に限る。）であるものが，その認定事業再編計画の実施期間内において，事業再編促進機械等の取得等をして，これをその個人の事業再編促進対象事業の用に供した場合には，その事業再編促進対象事業の用に供した日以後５年以内の日の属する年分（その用に供している期間に限る。）の償却費の額は，その事業再編促進機械等について計算される通常の償却費の額（以下「普通償却額」という。）と35％（建物及びその附属設備並びに構築物については，40％）の割増償却との合計額以下の額（ただし，普通償却額以上の額）とすることができます（措法13①）。

　なお，必要経費に算入する年の合計償却限度額のうち，その年の事業所得の金額の計算上，必要経費に算入しなかった部分の金額は，翌年に繰り越して必要経費に算入することができます（措法13②）。

（注）１　上記の「事業再編促進機械等」とは，農業競争力強化支援法第18条第５項に規定する事業再編促進設備等をいいます。具体的には，農業資材又は農産物の生産又は販売の用に供する設備等で，事業再編の促進に特に資する一定のものとされています。

　　　２　他の特別償却等の減価償却資産に関する特例の適用を受けるものは，重複して適用を受けることはできません（措法19①）。

　　　３　個人が取得等をする事業再編促進機械等で令和５年４月１日以後に受ける認定事業再編計画に記載されたものについては，その認定事業再編計画に係る事業再編が良質かつ低廉な農業資材の供給又は農産物流通等の合理化に特に資するものとして一定の措置を行うものである場合におけるその認定事業再編計画に限定されています（措法13①，令５改正法附則29④）。

　適用を受けるための手続　（措法13③，227ページ参照）
（注）　取得等をした機械及び装置，建物及びその附属設備並びに構築物につきこの制度の適用を受ける最初の年分の確定申告書には，一定の書類を添付しなければならないこととされています（措令６の５，措規５の15，227ページ参照）。

　輸出事業用資産の割増償却　青色申告者で農林水産物及び食品の輸出の促進に関する法律（以下「輸出促進法」といいます。）の認定輸出事業者であるものが，農林水産物及び食品の輸出の促進に関する法律等の一部を改正する法律（令和４年法律第49号。以下「輸出促進法」という。）の施行の日（令和４年10月１日）から令和６年３月31日までの間に，その個人の認定輸出事業計画に記載された施設に該当する機械及び装置，建物等並びに構築物のうち，農林水産物又は食品の生産，製造，加工又は流通の合理化，高度化その他の改善に資する一定のもの（以下「輸出事業用資産」という。）の取得等をして，その個人の輸出事業の用に供した場合には，その輸出事業の用に供した日以後５年以内の日の属する各年分（その輸出事業用資産を輸出事業の用に供していることにつき証明がされた年分に限ります。）において，その輸出事業用資産の普通償却額の30％（建物等及び構築物については，35％）相当額の割増償却ができます（措法13の２①，措規５の16）。

（注）１　この特別償却は，他の特別償却等の減価償却資産に関する特例の適用を受ける減価償却資産については適用されません（措法19①）。

　　　２　所有権移転外リース取引により取得した環境負荷低減事業活動用資産については適用されません（措法13の２①）。

― 252 ―

事業所得（必要経費の計算）

輸出事業用資産の範囲　この特例の適用対象資産となる輸出事業用資産は、その個人の認定輸出事業計画に記載された輸出事業の用に供する施設に該当する機械及び装置、建物及びその附属設備並びに構築物のうち、輸出促進法第2条第1項に規定する農林水産物又は同条第2項に規定する食品の生産、製造、加工又は流通の合理化、高度化その他の改善に資する一定の資産とされています（措法13の2①）。
　一定の資産とは、機械及び装置、建物及びその附属設備並びに構築物のうち、農林水産物又は食品の生産、製造、加工又は流通の合理化、高度化その他の改善に資するものとして農林水産大臣が定める以下の要件を満たすものとされています（措令6の6①、農水省告示1476）。
① 食品産業の輸出向けHACCP等対応施設整備事業の対象でないこと。
② 農産物等輸出拡大施設整備事業による補助金の交付を受けないこと。
(注)　農林水産物には、これを原料又は材料として製造し、又は加工したものであって、一定のものを含むこととされています（輸出促進法2①）。
　　　また、上記の「食品」とは、全ての飲食物（医薬品、医薬部外品及び再生医療等製品を除きます。）をいいます（輸出促進法2②）。

適用を受けるための手続　（措法13の2③、227ページ参照）

企業主導型保育施設用資産の割増償却（廃止）　青色申告書を提出する個人が、平成30年4月1日から令和2年3月31日までの間に、企業主導型保育施設用資産の取得等をして、これをその個人の保育事業の用に供した場合には、その用に供した日以後3年の日の属する各年分において、その用に供している期間（その企業主導型保育施設用資産に係る事業所内保育施設につきその助成を行う事業に係る助成金の交付を受ける期間に限る。）に限り、その企業主導型保育施設用資産について計算される通常の償却費の額（以下「普通償却額」という。）と12％（建物等及び構築物については、15％）相当額の割増償却（ただし、普通償却額以上）ができます（旧措法13の3①）。
　なお、その年分の合計償却限度額のうち事業所得の金額の計算上必要経費に算入しなかった部分の償却不足額は、翌年に繰り越して必要経費に算入することができます（旧措法13の3②）。
　本制度は、適用期限（令和2年3月31日）の到来をもって廃止されましたが、個人が令和2年3月31日までの間に取得等をした企業主導型保育施設用資産については従来のとおり扱われます（令2改正法附60④）。

適用対象となる資産（企業主導型保育施設用資産）　この特例の対象となる資産は、子ども・子育て支援法第59条の2第1項に規定する施設のうち児童福祉法第6条の3第12項に規定する業務（以下「保育事業」という。）を目的とするもの（以下「事業所内保育施設」という。）の新設又は増設をする場合におけるその新設又は増設に係る事業所内保育施設を構成する建物及びその附属設備並びに幼児遊戯用構築物等（以下「企業主導型保育施設用資産」という。）とされています（旧措法13の3①）。
　また、上記の「幼児遊戯用構築物等」は、事業所内保育施設における保育事業の用に供する次の減価償却資産とされています（旧措法13の3①、旧措令6の7①、旧措規5の17①②）。
(1) 滑り台、ぶらんこ、ジャングルジムその他の遊戯用の構築物で、幼児に使用させるためのもの
(2) 遊戯具、家具及び防犯設備（事業所内保育施設を利用する乳児及び幼児が犯罪により被害を受けることを防止し、その安全を確保するために設置される器具及び備品をいう。）
　なお、上記の「事業所内保育施設の新設又は増設をする場合」は、その新設又は増設をする事業所内保育施設とともに幼児遊戯用構築物等の取得又は製作若しくは建設をする場合で、かつ、その事業所内保育施設につき子ども・子育て支援法第59条の2第1項の規定による助成を行う事業に係る助成金の交

付を受ける場合に限ることとされています（旧措法13の3①）。

　　適用を受けるための手続　（旧措法13の3③，227ページ参照）
（注）　取得等をした建物及びその附属設備，構築物並びに器具及び備品につきこの制度の適用を受ける
　　　最初の年分の確定申告書には，この制度の適用を受けようとする個人が新設又は増設に係る事業所
　　　内保育施設とともに幼児遊戯用構築物等の取得等をすること及びその個人がその事業所内保育施設
　　　につき子ども・子育て支援法第59条の2第1項の規定による助成を行う事業に係る助成金の交付を
　　　受けることが確認できる書類を添付しなければならないこととされています（旧措令6の7②，旧
　　　措規5の17④）。

特定都市再生建築物の割増償却（措法14，72ページ参照）

倉庫用建物等の割増償却（措法15，74ページ参照）

特定の負担金，納付金等

　次に掲げる負担金や納付金は，それぞれの支出した日の属する年分の事業所得の金額の計算上，
必要経費に算入することができます。

　特定の損失等に充てるための負担金　農畜産物の価格の変動による損失又は漁船が遭難した場合
の救済の費用その他の特定の損失又は費用を補填するための業務を行うことを主たる目的とする法
人税法第2条第6号に規定する公益法人等のその業務に係る資金のうち短期に使用されるもので一
定の要件を備えているものとして国税庁長官が指定したものに充てるための負担金を支出した場合
には，その支出した金額を，その支出した日の属する年分の事業所得の金額の計算上，必要経費に
算入することができます（令167の2，基通37—9の3〜37—9の5）。

　農業協同組合等の賦課金　農業協同組合員，水産加工業協同組合員，中小企業協同組合員，商工
会議所会員，医師会の会員などが，法令又は定款などの定めによって賦課される費用は，組合員又
は会員が共同で利用する恒久的な建物を建設するための費用を一時に賦課するなど，明らかにその
年だけの経費とすることが適当でないと認められるもの（この種の賦課金は，繰延資産となる。）を除
き，その支出の日の属する年分の必要経費に算入することができます（基通37—9）。

　特定の基金に対する負担金等　長期間にわたって使用され，又は運用される基金に係る負担金等
で次に掲げるものを支出した場合には，その支出した金額を，事業所得の金額の計算上，必要経費
に算入します（措法28①，措令18の4）。
(1)　中小企業者又は農林漁業者に対する信用の保証をするための業務を主たる目的とする一定の法
　　人に対する負担金で，その信用の保証をするための業務に係る基金に充てるためのもの
(2)　独立行政法人中小企業基盤整備機構に対する共済掛金で，中小企業倒産防止共済事業に係る基
　　金に充てるための共済契約に係る掛金

(3) 独立行政法人エネルギー・金属鉱物資源機構に設けられた金属鉱業等鉱害対策特別措置法第12条の規定による鉱業防止事業基金に充てられるための負担金

(4) 公害の発生による損失を補塡するための業務、商品の価格の安定に資するための業務その他の特定の業務を行うことを主たる目的とする法人税法第2条第6号に規定する公益法人等で一定の要件を備えているもの又はその特定の業務を行う一定の公共法人に対するその業務に係る基金に充てるための負担金

引当金及び準備金

貸倒引当金

1　個別に評価する債権に係る貸倒引当金

　不動産所得、事業所得又は山林所得を生ずべき事業を営む者が、その年12月31日において、その事業の遂行上生じた売掛金、貸付金、前渡金その他これらに準ずる金銭債権（債券に表示されるべきものを除く。以下「貸金等」という。）の貸倒れその他これに類する事由による損失の見込額として、一定金額を貸倒引当金勘定に繰り入れたときは、その繰入額をその繰入れをした年分の不動産所得、事業所得又は山林所得の金額の計算上、必要経費に算入することができます（法52①）。

(注)　1　事業の全部を譲渡し又は廃止した年は、貸倒引当金勘定への繰入れは認められません。
　　　2　納税者が死亡したときは死亡の時で判断し、死亡した納税者の事業を承継する相続人がいる場合に限り、死亡した納税者の事業所得等について貸倒引当金勘定への繰入れが認められます（法52①）。

　繰入限度額　貸倒引当金勘定に繰り入れることができる金額は、次に掲げる金額の合計額をいいます（令144①、規35、35の2）。

　ただし、貸金等について次のような事由が生じている場合であってもその事由が生じていることを証明する書類の保存がされていないときは、その保存がなかったことについてやむを得ない事情があると税務署長が認める場合を除き、その事由は生じていないものとみなされ、この限度額計算の対象から除外されることになります（令144②③、規36）。

(1) 次に掲げる事由に基づいてその弁済を猶予され、又は賦払により弁済される場合におけるその貸金等の額のうち、その事由が生じた年の翌年から5年以内に弁済されることとなっている金額以外の金額（担保権の実行等によりその取立て又は弁済の見込みがあると認められる部分の金額は除く。）
　　イ　更生計画認可の決定
　　ロ　再生計画認可の決定
　　ハ　特別清算に係る協定の認可の決定
　　ニ　法人税法第24条の2第1項に規定する事実が生じたこと。
　　ホ　法令の規定による整理手続によらない関係者の協議決定（上記ニの事由を除く。）で、①債権者集会の協議決定で合理的な基準により債権者の負債整理を定めているもの、②行政機関、金融機関その他第三者のあっせんによる当事者間の協議により締結された契約でその内容が①に

準ずるもの

(2) 債務者につき，債務超過の状態が相当期間継続し，かつ，その営む業務に好転の見通しがないこと，災害，経済事情の急変等により多大な損害が生じたことその他の事由が生じていることにより，その貸金等の一部の金額につきその取立て等の見込みがないと認められるときにおけるその一部の金額に相当する金額

(3) 債務者につき次に掲げる事由が生じている場合におけるその貸金等の額（その貸金等につき，上記(1)又は(2)に掲げる事実が生じたことにより，貸倒引当金勘定に繰り入れた部分の金額を除く。）の100分の50に相当する金額

　イ　更生手続開始の申立て

　ロ　再生手続開始の申立て

　ハ　破産手続開始の申立て

　ニ　特別清算開始の申立て

　ホ　手形交換所（手形交換所のない地域にあっては，その地域において手形支援交換業務を行う銀行団を含む。）による取引停止処分

　ヘ　電子記録債権法に規定する電子債権記録機関による取引停止処分のうち，次に掲げる要件を満たすものに限る。

　　①金融機関の総数の100分の50を超える数の金融機関に業務委託をしていること，②業務規定に，業務委託を受けている金融機関はその取引停止処分を受けた者に対し資金の貸付け（その金融機関の有する債権を保全するための貸付けを除く。）をすることができない旨の定めがあること

(4) 外国の政府，中央銀行又は地方公共団体に対する貸金等のうち，これらの者の長期に渡る債務の履行遅滞によりその経済的価値が著しく減少し，かつ，その弁済を受けることが著しく困難であると認められる事由が生じている貸金等の額（その貸金等の額のうち，これらの者から受け入れた金額があるため実質的に債権と見られない部分の金額及び保証債務の履行その他により取立て等の見込みがあると認められる部分の金額を除く。）の100分の50に相当する金額

　貸金等の範囲　貸倒引当金の対象となる貸金等とは，不動産所得，事業所得又は山林所得を生ずべき事業の遂行上生じた売掛金，貸付金，前渡金その他これらに準ずる金銭債権（債券に表示されるべきものを除く。）とされています（法52①）。

　貸倒れその他これに類する事由　貸倒れその他これに類する事由とは，貸倒れのほか，貸倒れの状態が確定しているものではないが実質的に貸倒れに至ったと認められる状態を作り出している事由をいいます。

　(注)　特定の貸金等につきその全部の貸倒れが生じた場合には，貸倒引当金勘定への繰入れを行うまでもなく，資産損失（法51②）の規定が適用されます。

2　一括して評価する債権に係る貸倒引当金

　事業所得を生ずべき事業を営む青色申告者が，その事業の遂行上生じた売掛金，貸付金その他これらに準ずる金銭債権（個別に評価する債権に係る貸倒引当金繰入限度額の計算の基礎となったものは除く。以下「貸金」という。）の貸倒れによる損失の見込額として一定金額を貸倒引当金勘定に繰り入れたときは，その繰入額をその繰入れをした年分の事業所得の金額の計算上，必要経費に算入することができます（法52②）。

— 256 —

事業所得（引当金及び準備金）

(注) 1 事業の全部を譲渡し又は廃止した年は，貸倒引当金勘定への繰入れは認められません。
2 納税者が死亡したときは死亡した納税者の事業を承継した相続人が青色申告者（青色申告の承認申請書を提出した者を含む。）である場合に限り，死亡した納税者の事業所得について貸倒引当金勘定への繰入れが認められます（法52②，令146）。

繰入限度額 貸倒引当金勘定に繰り入れることができる金額は，次の金額を限度とします（令145）。

(1) その事業の主たるものが金融業以外の事業である場合

$$\left[\begin{array}{l}\text{その年12月31日現在における}\\ \text{貸金の帳簿価額の合計額（注）}\end{array}\right] \times \frac{55}{1,000}$$

(2) その事業の主たるものが金融業である場合

$$\left[\begin{array}{l}\text{その年12月31日現在における}\\ \text{貸金の帳簿価額の合計額（注）}\end{array}\right] \times \frac{33}{1,000}$$

(注) その者が年の中途において死亡した場合には，その死亡した時における貸金の帳簿価額の合計額。

貸金に該当しないもの 次のようなものは，事業の遂行上生じたものであっても貸倒引当金の対象となる貸金には含まれません（基通52－17）。

(1) 保証金，敷金（土地，建物等の賃借等に関連して無利息又は低利率で提供した建設協力金等を含む。），預け金その他これらに類する金銭債権
(2) 手付金，前渡金等のように資産の取得の代価又は費用の支出に充てるものとして支出した金額
(3) 前払給料，概算払旅費，前渡交際費などのように，将来精算される費用の前払として一時的に仮払金，立替金などとして支出した金額
(4) 雇用保険法，労働施策の総合的な推進並びに労働者の雇用の安定及び職業生活の充実等に関する法律，障害者の雇用の促進等に関する法律等の法令の規定に基づいて支給を受ける給付金等の未収金
(5) 仕入割戻しの未収金

(注) 平成27年1月1日以後引き続き事業所得を生ずべき事業を営んでいる者は，実質的に債権とみられる部分の金額を計算して貸倒引当金の対象となる貸金とすることができます（令145②，基通52－19）。

貸倒引当金の経理 貸倒引当金勘定に繰り入れた金額は，その全額を，その翌年分の事業所得等の金額の計算上，総収入金額に算入しなければなりません（法52③）。

また，納税者が死亡した場合において，その死亡の日の属する年分の事業所得等の金額の計算上必要経費に算入された貸倒引当金勘定の金額があるときは，その貸倒引当金勘定の金額は，その相続人のうち，その納税者のその必要経費に算入した事業所得等に係る事業を承継した者（2 一括して評価する債権に係る貸倒引当金（256ページ参照）については，その死亡の日の属する年分の所得税について青色申告者である場合に限る。）のその年分の事業所得等の金額の計算上，総収入金額に算入しなければなりません（法52⑥，令147）。

適用を受けるための手続 貸倒引当金制度の適用を受けるためには，確定申告書に，その繰入額の必要経費算入に関する明細を記載しなければなりません（法52④）。

事業所得（引当金及び準備金）

返品調整引当金（廃止）

　指定事業を営む青色申告者で，常時その販売するこれらの事業に関する棚卸資産の大部分について次の特約を結んでいるものが，その特約に基づく買戻しによる損失の見込額として一定の金額を返品調整引当金勘定に繰り入れたときは，その繰入額を，その繰入れをした年分の事業所得の金額の計算上，必要経費に算入することができます（旧法53①，旧令149）。

(1)　販売先から要求された場合には，その販売した棚卸資産を当初の販売価額で無条件に買い戻すこと

(2)　棚卸資産の送付を受けた販売先は注文によるものかどうかにかかわらず，これを購入すること

　この制度は，平成30年度税制改正において，次の経過措置が講じられた上，廃止されています。

1　平成30年4月1日において現に対象事業を営む個人（同日において現に営まれている対象事業につき同日以後に移転を受ける個人を含む。）の平成30年から令和12年までの各年分の事業所得の金額の計算については，原則として，廃止前の規定の適用を受けることができることとされています。ただし，この場合の繰入限度額は，廃止前の繰入限度額に対し，令和4年分については10分の9，令和5年分については10分の8，令和6年分については10分の7，令和7年分については10分の6，令和8年分については10分の5，令和9年分については10分の4，令和10年分については10分の3，令和11年分については10分の2，令和12年分については10分の1に相当する金額とされています（平30改正法附5①，平30改正令附8①）。

2　上記1により令和12年分の事業所得の金額の計算上必要経費に算入された返品調整引当金勘定の金額は，令和13年分の事業所得の金額の計算上，総収入金額に算入することとされています（平30改正法附5②）。

(注)1　事業の全部を譲渡し又は廃止した年は，返品調整引当金勘定への繰入れは認められません。
　　　2　納税者が死亡したときは死亡した納税者の事業を承継した相続人が青色申告者（青色申告の承認申請書を提出した者を含む。）である場合に限り，死亡した納税者の事業所得について返品調整引当金勘定への繰入れが認められます（旧法53①，旧令151）。

　指定事業の範囲　返品調整引当金勘定の設定が認められる指定事業は，次のとおりです（旧令148）。

(1)　出版業

(2)　出版の取次業

(3)　医薬品（医薬部外品を含む。），農薬，化粧品，既製服，蓄音機用レコード，磁気音声再生機用レコード又はデジタル式の音声再生機用レコードの製造業

(4)　(3)の物品の卸売業

　繰入限度額　返品調整引当金勘定に繰り入れることができる金額は，指定事業の種類ごとに，次のうちいずれかの方法によって計算した金額の合計額を限度とします（旧令150①）。

(1)　〔その年12月31日現在の指定事業に関する売掛金の帳簿価額の合計額(注)〕×（返品率）×（売買利益率）＝繰入限度額

(2)　〔その年12月31日以前2月間の指定事業に関する棚卸資産の販売価額の合計額(注)〕×（返品率）×（売買利益率）＝繰入限度額

(注)1　その者が年の中途において死亡した場合には，その死亡した時における売掛金又は棚卸資産の販売価額の合計額

2 繰入限度額を計算する場合の売掛金の帳簿価額及び棚卸資産の販売価額には，延払条件付販売等の適用を受けた棚卸資産に係るものは除かれます。

返品率 返品率とは，その指定事業に関する棚卸資産の販売及び返品について，次の算式によって計算した割合をいいます（旧令150②）。

$$\frac{\begin{pmatrix}その年及びその前年中\\の買戻し額の合計額\end{pmatrix}}{\begin{pmatrix}その年中及びその前年\\中の販売価額の合計額\end{pmatrix}} = 返品率$$

売買利益率 売買利益率とは，その指定事業に関する棚卸資産の販売について，次の算式で計算した割合をいいます（令150③）。

$$\frac{\begin{pmatrix}その年の販売\\価額の合計額\end{pmatrix} - \begin{pmatrix}特約に基づくその年\\の買戻し額の合計額\end{pmatrix} - \left\{\begin{pmatrix}その売上\\原価の額\end{pmatrix} + \begin{pmatrix}販売手数\\料の額\end{pmatrix}\right\}}{\begin{pmatrix}その年の販売\\価額の合計額\end{pmatrix} - \begin{pmatrix}特約に基づくその年\\の買戻し額の合計額\end{pmatrix}} = 売買利益率$$

返品調整引当金の経理 返品調整引当金勘定に繰り入れた金額は，その全額をその翌年分の事業所得の金額の計算上，総収入金額に算入しなければなりません（旧法53②）。

また，納税者が死亡した場合において，その死亡の日の属する年分の事業所得の金額の計算上，必要経費に算入された返品調整引当金勘定の金額があるときは，その相続人のうち，その納税者のその必要経費に算入した事業を承継した者（死亡の日の属する年分の所得税について青色申告者である場合に限る。）のその年分の事業所得の金額の計算上，総収入金額に算入しなければなりません（旧法53⑤，旧令152）。

適用を受けるための手続 返品調整引当金制度の適用を受けるためには，確定申告書に，その繰入額の必要経費算入に関する明細を記載しなければなりません（旧法53③）。

退職給与引当金

事業所得を生ずべき事業を営む青色申告者で退職給与規程を定めているものが，従業員（その青色申告者と生計を一にする配偶者その他の親族を除く。）の退職の際に支払う退職給与に充てるため，一定の金額を退職給与引当金勘定に繰り入れたときは，その繰入額を，その年分の事業所得の金額の計算上，必要経費に算入することができます（法54①）。

退職給与規程の範囲 退職給与規程とは次に掲げるものをいいます（令153）。
(1) 労働協約によって定められた退職給与の支給に関する規程
(2) 労働基準法第89条又は船員法第97条第2項の規定に基づいて行政官庁に届け出た就業規則によって定められる退職給与の支給に関する規程
(3) 労働基準法第89条又は船員法第97条の規定の適用を受けない事業主が作成してあらかじめ納税地の所轄税務署長に届け出た場合のその退職給与の支給に関する規程

繰入限度額の計算 退職給与引当金勘定への繰入額は，次の金額を限度とします（令154）。
(1) 労働協約による退職給与規程がある場合……次のイ又はロのうちいずれか低い金額
(2) 労働協約による退職給与規程がない場合……次のイないしハのうち最も低い金額

事業所得（引当金及び準備金）

　ただし，労働基準法第90条第１項若しくは船員法第98条の意見を記載した書面及び労働基準法第106条第１項の労働者への周知若しくは船員法第113条の掲示若しくは備え置きを行った事実を記載した書面（労働基準法第89条の適用を受けない使用者についてはこれらの書面に準ずる書面）を退職給与規程に添付して税務署長に提出した場合は，次のイ又はロのうちいずれか低い金額が限度額となります。

イ　当期発生基準額 ＝ $\begin{pmatrix}期末退職給与\\の要支給額\end{pmatrix}$ － $\begin{pmatrix}前年12月31日から引き続き在職\\する全従業員に対する前年末に\\おける退職給与の要支給額\end{pmatrix}$

ロ　累積基準額 ＝ $\begin{pmatrix}期末退職給与\\の要支給額\end{pmatrix}$ × $\dfrac{20}{100}$ － $\begin{pmatrix}その年12月31日現在におけ\\る前年から繰り越された退\\職給与引当金勘定の金額\end{pmatrix}$

ハ　給与総額基準額 ＝ $\begin{pmatrix}その年12月31日現在の在職全従業員に対す\\る給与で，その年分の事業所得の金額の計\\算上必要経費に算入されるものの総額\end{pmatrix}$ × $\dfrac{6}{100}$

(注) 1　「期末退職給与の要支給額」とは，その年12月31日に在職する全従業員が自己の都合により退職するものと仮定した場合に計算される退職給与の額の合計額をいいます。

2　退職給与規程で，従業員に支給する退職給与のうちに独立行政法人勤労者退職金共済機構や特定退職金共済団体が行う退職金共済契約その他これに類する契約（以下「退職金共済契約等」という。）若しくは法人税法附則第20条第３項に規定する適格退職年金契約その他これに類する契約（以下「適格退職年金契約等」という。）又は確定給付企業年金法第３条第１項に規定する規約（以下「確定給付企業年金規約」という。）に基づく給付金を含む旨を定めている場合には，退職給与の要支給額の計算は，これらの退職金共済契約等又は適格退職年金契約等及び確定給付企業年金規約に基づく給付金を除いた実際に事業主の支給する退職給与の額だけを基礎にして行います（令156一）。

3　その他青色申告者が退職金共済契約等若しくは適格退職年金契約等を締結している場合，厚生年金基金，確定給付企業年金又は確定拠出企業型年金を設立等している場合の繰入限度額については，特例があります（令156二，三）。

＜退職給与引当金勘定への繰入額の計算例＞

（期末退職給与の要支給額）　2,500万円

$\begin{bmatrix}前年12月31日から引き続き在職する全従業員\\に対する前年末における退職給与の要支給額\end{bmatrix}$　2,000万円

（その年12月31日現在における前年から繰り越された退職給与引当金勘定の金額）　300万円

（その年12月31日現在の在職全従業員に対するその年中の給与支給額）　3,000万円　の場合

　　〔繰入限度額の計算〕　イの計算……2,500万円－2,000万円＝500万円

　　　　　　　　　　　　　ロの計算……2,500万円×20％－300万円＝200万円

　　　　　　　　　　　　　ハの計算……3,000万円×6％＝180万円

(1)　労働協約による退職給与規程がある場合及び労働協約による退職給与規程はないが，労働者への周知を行った事実を記載した書面等の届出がある場合の繰入限度額……イとロのうちいずれか低い金額
……………………………………………………………………………………………………200万円

(2)　(1)以外の場合の繰入限度額……イないしハのうち最も低い金額…………………………180万円

　退職給与引当金の取崩し　次の場合に該当することとなったときは，次の金額を取り崩して，事業所得の金額の計算上，総収入金額に算入しなければなりません（法54②③，令155）。

　なお，青色申告書の提出の承認を取り消された場合又は青色申告をやめた場合には，その取消しの基因となった事実のあった日，又は青色申告をやめる旨の届出書を提出した日現在の退職給与引当金勘定の金額を，その日の属する年分，その翌年分及び翌々年分の事業所得の金額の計算上，そ

－260－

事業所得（引当金及び準備金）

の3分の1ずつを取り崩して，それぞれの年分の総収入金額に算入しなければなりません（法54②③，令155）。

(1) 従業員が退職した場合……その退職時の退職給与引当金勘定の金額のうち，その従業員が前年12月31日に自己の都合で退職するものと仮定した場合に同日現在の退職給与規程によって支給されることとなる退職給与の額に相当する金額に達するまでの金額

(2) その年12月31日現在（事業主が年の中途で死亡した場合には，その死亡の時）の退職給与引当金勘定の金額が同日現在における退職給与の要支給額の20％に相当する金額を超えることとなった場合……その超える部分の金額に相当する金額

(3) 正当な理由がないのに退職給与規程に基づく退職給与を支給しなかった場合……それらの事実があった日現在の退職給与引当金勘定の金額

(4) 退職給与規程がなくなった場合……それらの事実があった日現在の退職給与引当金勘定の金額

(5) 明らかに所得税を免れる目的で退職給与規程を改正したと認められる場合……それらの事実があった日現在の退職給与引当金勘定の金額

(6) 事業の全部を譲渡し又は廃止した場合……それらの事実があった日現在の退職給与引当金勘定の金額

(7) 退職給与引当金勘定の金額を(1)，(2)以外の理由で任意に取り崩した場合……その取り崩した直後の退職給与引当金勘定の金額

　適用を受けるための手続　退職給与引当金制度の適用を受けるためには，確定申告書に，その繰入額の必要経費算入に関する明細を記載しなければなりません（法54④）。

特定災害防止準備金（廃止）

　一般廃棄物処理施設又は産業廃棄物処理施設の設置の許可を受けている青色申告者が平成10年6月17日から令和4年3月31日までの期間内の日の属する各年（事業を廃止した日の属する年を除く。）において，廃棄物の処理及び清掃に関する法律第8条の5第1項に規定する特定一般廃棄物最終処分場又は同法第15条の2の4において準用する同項に規定する特定産業廃棄物最終処分場（以下「特定廃棄物最終処分場」という。）の埋立処分の終了後における維持管理に要する費用の支出に備えるため，その特定廃棄物最終処分場ごとに，その特定廃棄物最終処分場につきその年において同法の規定により独立行政法人環境再生保全機構に維持管理積立金として積み立てた金額のうち同法第8条の5第1項（同条第15条の2の4において準用する場合を含む。）に規定する都道府県知事が通知する額に相当する金額の60％相当額以下の金額を特定災害防止準備金として積み立てたときは，その積み立てた金額をその年分の事業所得の金額の計算上，必要経費に算入することができます（旧措法20）。

　準備金の取崩し　維持管理積立金につき取戻しをした場合又は有しないこととなった場合等の取崩し事由が生じた場合には，特定災害防止準備金のうち一定額を総収入金額に算入することとされています（旧措法20②〜④）。

　上記の制度は，個人の令和4年分以前の所得税については従前どおり適用を受けることができ

— 261 —

ることとされています（令４改正法附則29①）。また，令和４年12月31日において設置許可を受けている個人の令和５年分以後の各年分の事業所得の金額の計算については，従来どおり適用できることとされています（令４改正法附則29②）。ただし，その適用に係る積立限度額の計算における独立行政法人環境再生保全機構に維持管理積立金として積み立てた金額のうち都道府県知事が通知する額に乗ずる割合（改正前：60％）は，令和５年分又は令和６年分については60％に，令和７年分については50％に，令和８年分については40％に，令和９年分については30％に，令和10年分については20％に，令和11年分については10％に逓減することとされています（令４改正法附則29②）。

特定船舶に係る特別修繕準備金

青色申告書を提出する個人で，事業所得を生ずべき事業又は不動産所得を生ずべき業務(以下，これらの事業及び業務を合わせて，「事業等」という。)を営む者が，船舶安全法第５条第１項第１号の規定による定期検査を受けなければならない船舶（総トン数が５トン未満のものを除く。以下「特定船舶」という。）について行う定期検査を受けるための修繕の費用に備えるため，各年（事業等を廃止した日の属する年を除く。）においてその特定船舶ごとに積立限度額以下の金額を特別修繕準備金として積み立てたときは，その積み立てた金額は，その積立てをした年分の不動産所得の金額又は事業所得の金額の計算上，必要経費に算入することができます（措法21，措令13，措規７）。

　積立限度額の計算　この積立限度額は，次の場合の区分に応じ，それぞれ次の金額とされています。ただし，「特別修繕予定日経過準備金額」が生じた特定船舶については，その完了予定日の属する年の12月31日の翌日から２年を経過した日の属する年からその固定資産に係る特別の修繕が完了する日の属する年の前年までは，積立限度額はないものとされます（措法21②，措令13①～③）。

(1)　適用対象者が対象資産につきその年12月31日までに特別の修繕を行ったことがある場合

　　次の算式イ及びロにより計算した金額のうちいずれか少ない金額（措法21②一，措令13①）

《算式イ》

その特定船舶について最近において行った特別の修繕のために要した費用の額 $\times \dfrac{3}{4} \times \dfrac{その年において事業等を行っていた期間の月数}{60月}$

(注)１　「その年において事業等を行っていた期間の月数」は，その年においてその固定資産の特別の修繕を完了した場合には，その完了の日からその事業等を行っていた期間の末日までの期間の月数となります。

　　　２　上記イの算式中「60月」については，その船舶が船舶安全法第10条第１項ただし書に規定する船舶である場合には，72月とされています（措令13②）。

《算式ロ》

その特定船舶について最近において行った特別の修繕のために要した費用の額 $\times \dfrac{3}{4} - $その年の12月31日において前年から繰り越された特別修繕準備金の金額

(注)　「前年から繰り越された特別修繕準備金の金額」は，その年の12月31日までに総収入金額に算入された，又は算入されるべきこととなった金額を控除した金額となります。以下，(2)及び(3)においても同じです。

　なお，上記の算式中の月数は，暦に従って計算し，１月未満の端数が生じたときは，これを１月とします。以下(2)及び(3)においても同じです（措令13④）。

(2) 適用対象者が特定船舶につきその年12月31日までに特別の修繕を行ったことがなく，かつ，類似船舶（その特定船舶と種類・構造・容積量，建造後の経過年数等について状況の類似する他の船舶をいう。）につき同日までに特別の修繕を行ったことがある場合

次の算式イ及びロにより計算した金額のうちいずれか少ない金額（措法21②二，措令13②）

《算式イ》

$$\underbrace{類似船舶について最近において行った特別の修繕のために要した費用の額 \times \frac{その船舶の総トン数}{類似船舶の総トン数} \times \frac{3}{4}}_{(A)} \times \frac{その年において事業等を行っていた期間の月数}{特別の修繕の周期の月数}$$

(注) 1 「その年において事業等を行っていた期間の月数」は，その年においてその特定船舶の取得又は建造をした場合には，その取得又は建造の日からその事業等を行っていた期間の末日までの期間の月数となります。

2 「特別の修繕の周期の月数」は，上記(1)の《算式イ》の(注)2(1)と同じです。

《算式ロ》

$$《算式イ》の(A)の金額 \times \frac{3}{4} - その年の12月31日において前年から繰り越された特別修繕準備金の金額$$

(3) その他の場合

その対象資産と種類・構造・容積量，建造又は築造後の経過年数等について状況の類似する他の資産につき最近において行った特別の修繕のために要した費用の額を基礎として，適用対象者の申請に基づき，税務署長が認定した金額を基に，次の算式イ及びロにより計算した金額のうちいずれか少ない金額（措法21②三，措令13③）

《算式イ》

$$税務署長が認定した金額 \times \frac{3}{4} \times \frac{その年において事業等を行っていた期間の月数}{60月}$$

(注) 1 「その年において事業等を行っていた期間の月数」は，その年においてその固定資産の取得・建造・築造をした場合には，その取得・建造・築造の日からその事業等を行っていた期間の末日までの期間の月数となります。

2 上記イの算式中「60月」は，その船舶が船舶安全法第10条第1項ただし書に規定する船舶である場合には，72月とされています。

《算式ロ》

$$税務署長が認定した金額 \times \frac{3}{4} - その年の12月31日において前年から繰り越された特別修繕準備金の金額$$

準備金の取崩し 次に掲げる場合に該当することとなった場合は，不動産所得の金額又は事業所得の金額の計算上，総収入金額に算入することとなります。

(1) 特別の修繕のための費用を支出した場合

特別修繕準備金を積み立てている個人が，準備金設定特定船舶（積み立てている特別修繕準備金に係る特定船舶をいう。）について特別の修繕のために要した費用の額を支出したときは，その支出をした日におけるその準備金設定特定船舶に係る特別修繕準備金の金額のうちその支出をした金額に相当する金額は，その支出をした日の属する年分の不動産所得の金額又は事業所得の金額の計算上，総収入金額に算入することとなります（措法21③）。

事業所得（引当金及び準備金）

(2) **特別修繕予定日経過準備金額に該当する場合**

特別修繕準備金を積み立てている個人の各年の12月31日において，前年から繰り越された準備金設定特定船舶に係る特別修繕準備金の金額のうちにその準備金設定特定船舶に係る特別の修繕の完了予定日の属する年の12月31日の翌日から２年を経過したもの（以下「特別修繕予定日経過準備金額」という。）がある場合には，その特別修繕予定日経過準備金額については，次のいずれか少ない金額を，その年分の不動産所得の金額又は事業所得の金額の計算上，総収入金額に算入することとなります（措法21④）。

イ $\left[\begin{array}{l}\text{その経過した日の属する年の12月31日におけるその}\\\text{準備金設定特定船舶に係る特別修繕準備金の金額}\end{array}\right] \times \dfrac{1}{5}$

ロ　その年12月31日におけるその準備金設定特定船舶に係る特別修繕準備金の金額

なお，上記の特別修繕の「完了予定日」は，次の準備金設定特定船舶の区分に応じそれぞれ次の日とされています（措令13⑩）。

(イ)　特別の修繕を行ったことがある準備金設定特定船舶……最近において行った特別の修繕が完了した日の翌日からその準備金設定特定船舶の特別修繕準備金の積立限度額の算定に用いる特別の修繕の周期の月数を経過する日

(ロ)　特別の修繕を行ったことがない準備金設定特定船舶……その準備金設定特定船舶の取得・建造・築造の日の翌日からその準備金設定特定船舶の特別修繕準備金の積立限度額の算定に用いる特別の修繕の周期の月数を経過する日

(3) **特別の修繕が完了した場合等**

特別修繕準備金を積み立てている個人が次に掲げる場合に該当することとなった場合には，それぞれ次に定める金額を，その該当することとなった日の属する年分の不動産所得の金額又は事業所得の金額の計算上，総収入金額に算入することとなります（措法21⑤）。

イ　準備金設定特定船舶について特別の修繕が完了した場合……その特別の修繕が完了した日におけるその準備金設定特定船舶に係る特別修繕準備金の金額

ロ　準備金設定特定船舶について特別の修繕を行わないこととなった場合……その行わないこととなった日におけるその準備金設定特定船舶に係る特別修繕準備金の金額

ハ　準備金設定特定船舶をその用に供する事業等の全部を譲渡し，又は廃止した場合……その譲渡し，又は廃止した日における特別修繕準備金の金額

ニ　前記(1)及び(2)，上記イからハまで並びに次の(4)の場合以外の場合において特別修繕準備金の金額を取り崩した場合……その取り崩した日における特別修繕準備金の金額のうちその取り崩した金額に相当する金額

(4) **青色申告をやめた場合等**

この特別修繕準備金を積み立てている個人が，青色申告書の提出の承認を取り消され，又は青色申告書による申告をやめる旨の届出書の提出をした場合には，その承認の取消しの基因となった事実のあった日又はその届出書の提出をした日（その届出書の提出をした日が青色申告書による申告をやめた年の翌年である場合はそのやめた年の12月31日）における特別修繕準備金の金額（既に他の規定により総収入金額に算入された，又は算入されるべきこととなった金額は除く。）は，前記(1)から(3)まで及び死亡の場合の取扱いにかかわらず，その日の属する年分の不動産所得の金額又は事業所得の金額の計算

上，総収入金額に算入することとなります（措法21⑥）。

また，この場合において，その個人が次に掲げる場合に該当することとなったときは，次に定める金額に相当する金額を，その該当することとなった日の属する年分の不動産所得の金額又は事業所得の金額の計算上，総収入金額に算入しなければなりません（措法21⑤）。

イ　準備金設定特定船舶について特別の修繕が完了した場合又は特別の修繕が行われないこととなった場合……その該当することとなった日における特別修繕準備金の金額

ロ　任意に特別修繕準備金を取り崩した場合……その取り崩した日における特別修繕準備金の金額のうちその取り崩した金額に相当する金額

(5) 準備金を積み立てている者が死亡した場合

　この特別修繕準備金を積み立てている者の死亡によりその者の相続人がその事業を承継した場合には，その相続人が，その被相続人の死亡の日の属する年分の所得税につき，次に掲げる場合のいずれに該当するかの区分に応じ，それぞれ次のように特別修繕準備金の処理を行うこととされています（措法21⑧～⑩）。

イ　相続人が青色申告書を提出することができる者又は青色申告書の承認申請書を提出した者でないとき……その死亡した日における特別修繕準備金の金額（既に他の規定により総収入金額に算入された，又は算入されるべきこととなった金額は除く。次のロにおいても同じ。）は，その被相続人のその日の属する年分の不動産所得の金額又は事業所得の金額の計算上，総収入金額に算入することとなります。

ロ　相続人が青色申告書を提出することができる者又は青色申告書の承認申請書を提出した者であるとき……その死亡した日における特別修繕準備金の金額は，その相続人に係る特別修繕準備金の金額とみなされます。

　　適用を受けるための手続　特別修繕準備金の金額を必要経費に算入するためには，確定申告書に必要経費に算入される金額についてのその算入に関する記載があり，かつ，その確定申告書にその特別修繕準備金として積み立てた金額の計算明細書の添付をする必要があります。この記載や明細書の添付がない場合には，特別修繕準備金の金額の必要経費への算入は認められません（措法21⑦）。

探鉱準備金

　鉱業を営む青色申告者が昭和40年4月1日から令和7年3月31日までの期間内の日の属する各年（事業を廃止した日の属する年を除く。）において，一定の鉱物についての新鉱床探鉱費の支出に備えるため一定の金額を探鉱準備金として積み立てたときは，その積み立てた金額をその年分の事業所得の金額の計算上，必要経費に算入することができます（措法22①）。

　なお，この準備金については，その積み立てられた年の翌年1月1日から5年を経過したものがある場合には，その5年を経過した日の属する年分において，その経過した準備金の金額を総収入金額に算入します（措法22③）。

　　新鉱床探鉱費　探鉱のための地質調査，地震探鉱・重力探鉱その他これらに類する探鉱，探鉱のためのボーリング又は鉱量を推定するための抗道の掘削に要する費用をいいます（措法22②，措令14

⑤)。

農業経営基盤強化準備金

青色申告書を提出する個人で、農業経営基盤強化促進法に規定する農業経営改善計画に係る認定又は青年等就農計画に係る認定を受けた者が、平成19年4月1日から令和7年3月31日までの期間内の日の属する各年(事業を廃止した日の属する年を除く。)において、農業の担い手に対する経営安定のための交付金の交付に関する法律に規定する交付金その他これに類する一定の交付金又は補助金(以下「交付金等」という。)の交付を受けた場合において、認定計画又は認定就農計画の定めるところに従って行う農業経営基盤強化に要する費用の支出に備えるため、一定の金額を農業経営基盤強化準備金として積み立てたときは、その積み立てた金額は、その年分の事業所得の金額の計算上、必要経費に算入することができます(措法24の2①)。

(注) 農業経営基盤強化促進法等の一部を改正する法律(令和4年法律第56号。以下「基盤強化法等改正法」といいます。)の施行の日(令和5年4月1日)以後の本制度の適用対象となる個人は、青色申告書を提出する個人で農業経営基盤強化促進法に規定する農業経営改善計画等に係る認定を受けたもの(以下「認定農業者等」といいます。)のうち農業経営基盤強化促進法第19条第1項に規定する地域計画の区域において農業を担う者として同条第8項の規定による公告があった同条第1項に規定する地域計画にその氏名が記載された認定農業者等とされます。なお、認定農業者等に該当する個人で基盤強化法等改正法の施行前に基盤強化法等改正法第2条の規定による改正前の農地中間管理事業の推進に関する法律第26条第1項の規定により公表された協議の結果において、市町村が適切と認める区域における農業において中心的な役割を果たすことが見込まれる農業者とされたものは、基盤強化法等改正法の施行の日から起算して2年を経過する日までの間は、上記の農業経営基盤強化促進法第19条第1項に規定する地域計画の目標地図に表示される農業者とみなして本制度を適用することとする経過措置が講じられています(令4改正法附30)。

なお、この準備金については、その積み立てられた年の翌年1月1日から5年を経過したものがある場合には、その5年を経過した日の属する年分において、その経過した準備金の金額を総収入金額に算入します(措法24の2②)。

また、農業経営基盤強化準備金を積み立てている個人(特別障害者に該当する者に限る。)からその農業経営基盤強化準備金に係る認定計画又は認定就農計画の認定農業者である推定相続人がその農業経営基盤強化準備金に係る事業の全部を譲り受けた場合には、その推定相続人がその事業の全部を譲り受けた日の属する年分の所得税につき、青色申告書を提出することができる者又は青色申告の承認申請書を提出した者であるときは、その事業の全部を譲り受けた日におけるその農業経営基盤強化準備金の金額がその推定相続人の農業経営基盤強化準備金の金額とみなされます(措法24の2⑦)。

対象となる交付金等 この制度の対象となる交付金等は、次のとおりです(措法24の2①、措規9の3②、農業経営基盤強化促進法施行規則25の2)。

① 農業の担い手に対する経営安定のための交付金の交付に関する法律第3条第1項に規定する交付金(生産条件不利補正交付金)又は同法第4条第1項に規定する交付金(収入減少影響緩和交付金)

② 水田活用直接支払交付金

適用を受けるための手続 農業経営基盤強化準備金制度の適用を受けるためには，農業経営基盤強化準備金として積み立てた金額について，確定申告書に必要経費算入に関する記載があり，かつ，その確定申告書にその積み立てた金額の計算に関する明細書を添付しなければなりません（措法24の2⑤）。

所得等の計算の特例

廃業後に生じた必要経費の特例（91ページ参照）

新鉱床探鉱費の特別控除

鉱業を営む青色申告者で探鉱準備金の金額を有する者が，探鉱のための地質調査，ボーリングなどの新鉱床探鉱費を支出した場合，又は探鉱用機械設備の償却費として必要経費に算入する金額がある場合には，その年分の事業所得の金額の計算上，これらの支出又は償却費として必要経費に算入する金額のほか，次に掲げる金額のうち最も少ない金額に相当する金額を，必要経費に算入することができます（措法23①，措令15）。

(1) ｛その年に支出する新鉱床探鉱費の額（探鉱費の補助のため交付される国の補助金がある場合には，その金額を控除した額）｝＋｛その年の探鉱用機械設備の償却費の額｝

(2) その年12月31日現在の前年繰越探鉱準備金の金額のうちに，その積立てをした年の翌年1月1日から3年を経過したものがあるため，その3年を経過した日の属する年分の事業所得の金額の計算上，総収入金額に算入した探鉱準備金の金額に相当する金額，又は鉱業の廃止若しくは鉱業に関する事業の全部の譲渡又は探鉱準備金の金額の任意の取崩しによって，その年分の事業所得の金額の計算上，総収入金額に算入した探鉱準備金の金額に相当する金額

(3) 新鉱床探鉱費の特別控除及び青色申告特別控除（措法25の2①③）をしないで計算したその年分の事業所得の金額

適用を受けるための手続 この特例の適用を受けるためには，確定申告書に，この特例により必要経費に算入される金額について，必要経費算入に関する記載があり，かつ，その金額の計算に関する明細書を添付しなければなりません（措法23②）。

探鉱準備金（265ページ参照）

社会保険診療報酬の所得計算の特例

医業又は歯科医業を営む者が支払を受ける社会保険診療報酬による事業所得の金額の計算に当たっては，①その年分の社会保険診療報酬について支払を受けるべき金額が5,000万円以下であり，かつ，②その年の医業又は歯科医業から生ずる事業所得に係る総収入金額に算入すべき金額の合計額が7,000万円以下であるときは，その社会保険診療による費用として，その支払を受ける金額（源泉徴収された税額がある場合はその税額を差し引く前の金額）の2,500万円以下の部分についてはその72％，2,500万円超3,000万円以下の部分についてはその70％，3,000万円超4,000万円以下の部分に

事業所得（所得等の計算の特例）

ついてはその62％，4,000万円超5,000万円以下の部分についてはその57％に相当する金額を，事業所得の金額の計算上実額計算に代えて必要経費に算入することができます（措法26①）。

この特例の適用を受けるためには，確定申告書に，この特例の適用を受けて所得金額を計算した旨の記載をしなければなりません（措法26③）。

なお，確定申告書に，この特例の適用を受けて所得金額を計算した旨の記載がない場合でも，記載がなかったことにつき税務署長がやむを得ない事情があると認める場合には，この特例を適用することができます（措法26④）。

社会保険診療報酬の概算経費の速算表を示すと次のとおりです。

社会保険診療報酬	概算経費率の速算式
2,500万円以下	社会保険診療報酬×72％
2,500万円超　3,000万円以下	〃　　　　　×70％＋50万円
3,000万円超　4,000万円以下	〃　　　　　×62％＋290万円
4,000万円超　5,000万円以下	〃　　　　　×57％＋490万円

社会保険診療報酬の範囲　社会保険診療報酬とは，次の法律に基づく療養等の給付又は医療，介護，助産若しくはサービスに限られます（措法26②）。
- (1)　健康保険法
- (2)　国民健康保険法
- (3)　高齢者の医療の確保に関する法律
- (4)　船員保険法
- (5)　国家公務員共済組合法（防衛省の職員の給与等に関する法律を含む。）
- (6)　地方公務員等共済組合法
- (7)　私立学校教職員共済法
- (8)　戦傷病者特別援護法
- (9)　母子保健法
- (10)　児童福祉法
- (11)　原子爆弾被爆者に対する援護に関する法律
- (12)　生活保護法
- (13)　中国残留邦人等の円滑な帰国の促進並びに永住帰国した中国残留邦人等及び特定配偶者の自立の支援に関する法律
- (14)　精神保健及び精神障害者福祉に関する法律
- (15)　麻薬及び向精神薬取締法
- (16)　感染症の予防及び感染症の患者に対する医療に関する法律
- (17)　心神喪失等の状態で重大な他害行為を行った者の医療及び観察等に関する法律
- (18)　介護保険法
- (19)　障害者の日常生活及び社会生活を総合的に支援するための法律
- (20)　難病の患者に対する医療等に関する法律
- **(注)**　療養等の給付には，療養の給付（(1)から(7)の法律の規定によって，入院時食事療養費，入院時生活療養費，保険外併用療養費，家族療養費若しくは特別療養費を支給することとされる被保険者，組合員若しくは加入者若しくは被扶養者に係る療養のうち，入院時食事療養費，入院時生活療養費，保険外併用療養費，家族療養費若しくは特別療養費の額の算定に係る療養に要する費用の額としてこれらの法律の規定により定める金額に相当する部分又はこれらの法律の規定によって，訪問看護療養費若しくは家族訪問看護療養費を支給することとされる被保険者，組合員若し

事業所得（所得等の計算の特例）

くは加入者若しくは被扶養者に係る指定訪問看護を含む。），更生医療の給付，養育医療の給付，療育の給付又は医療の給付が含まれます。
　なお，特別療養費に係る部分については，国民健康保険法施行規則第27条の6第4項の規定による通知書の写し又は高齢者の医療の確保に関する法律施行規則第55条第4項（後期高齢者医療広域連合）の規定による通知書の写しを確定申告書に添付することが必要です（措法26②一，措規9の7）。

社会保険診療と自由診療とがある場合の所得金額の計算　この特例の適用を受ける者の診療等の収入に社会保険診療報酬と自由診療収入がある場合の自由診療収入の所得金額の計算は，一般の例による必要経費を社会保険診療報酬に係る部分と自由診療収入に係る部分とに区分して，その区分された自由診療収入分に係る部分の必要経費をその自由診療収入から差し引いて計算します。
　なお，この場合における必要経費の区分については，原則として事業税のようにいずれの収入に係る経費であるかの区分が明らかなものについては，それにより区分し，雇人費，減価償却費，固定資産税のようにいずれの収入に係る経費であるかの区分が明らかでないものについては，それぞれ使用薬価の比，延患者数（診療実日数）の比その他その経費の種類に応じ適切な基準により区分します。

＜計算例＞
　社会保険診療報酬の金額が3,500万円，自由診療収入の金額が1,500万円，診療に要した費用が2,280万円（事業税30万円を含む。），延患者の数が社会保険診療分3,500人，自由診療分1,000人である場合の事業所得の金額は，次のとおり2,010万円と計算されます。
(1)　社会保険診療報酬に関する必要経費の額　　3,500万円×0.62＋290万円＝2,460万円
(2)　自由診療収入に関する必要経費の額
　　　社会保険診療と自由診療の共通費用　　　　2,280万円－30万円（事業税）＝2,250万円
　　　共通費用のうち自由診療分　　　　　　　　$2,250万円 \times \dfrac{1,000人}{3,500人+1,000人} = 500万円$
　　　自由診療収入に関する必要経費の額　　　　500万円＋30万円＝530万円
(3)　事業所得の金額　　　　　　　　　　　　　5,000万円－（2,460万円＋530万円）＝2,010万円
　（注）1　自由診療分と社会保険診療分とに明確に区分できる経費は，事業税のほかはないものとして計算してあります。
　　　　2　共通経費のうち自由診療分のあん分計算は，延患者数の比率により区分計算してあります。

医師等の医薬品等の仕入れに関する仕入割戻し　医師若しくは歯科医師が使用医薬品等の仕入れに関して受ける仕入割戻し（金銭によるもののほか，医薬品以外の物によるものを含む。）は，社会保険診療報酬による事業所得の金額の計算に関係なく，総収入金額に算入することに取り扱われています（昭42.4.5直審(所)19）。

その他の所得税の計算の特例

　家内労働者等の所得計算の特例（92ページ参照）
　任意組合等の組合員の所得計算（93ページ参照）
　有限責任事業組合の事業に係る組合員の事業所得等の所得計算の特例（94ページ参照）
　リース取引に係る所得金額の計算の特例（100ページ参照）

事業所得等の課税の特例

農用地等を取得した場合の課税の特例

　租税特別措置法第24条の２の農業経営基盤強化準備金の金額を有する個人が，各年において，認定計画又は認定就農計画の定めるところにより，農用地（その農用地に係る賃借権を含む。）の取得（贈与，交換又は法人税法第２条第12号の６《定義》に規定する現物分配によるもの，所有権移転外リース取引によるもの及び代物弁済による取得を除く。）をし，又はその製作若しくは建設の後事業の用に供されたことのない農業用の機械及び装置，器具及び備品，建物及びその附属設備，構築物並びにソフトウェア（以下「特定農業用機械等」という。）の取得をし，若しくは特定農業用機械等の製作若しくは建設をして，その農業用地又は特定農業用機械等（以下「農用地等」という。）をその個人の事業の用に供した場合には，その農用地等につき，一定の金額の範囲内で，その年分の事業所得の金額の計算上必要経費に算入できます（措法24の３①，措令16の３①）。

（注）１　平成27年３月31日以前に取得した特定農業用機械等は，農業用の機械その他の減価償却資産をいいます（平27改正法附65）。

　　　２　この制度の適用を受けた農用地等については，次のとおり調整規定が設けられています。

　　　　①　特定農業用機械等について，税額控除制度や特別償却制度など租税特別措置法による他の制度との重複適用はできません（措法24の３④）。

　　　　②　所得税に関する法令上，この制度の適用を受けた農用地等については，その農用地等の取得に要した金額に相当する金額から，この制度の適用によりその年分の事業所得の金額の計算上，必要経費に算入された金額に相当する金額を控除した金額をもって取得したものとみなすこととされています（措令16の３⑥）。

　　　３　令和５年４月１日以後に取得又は製作若しくは建設をする特定農業用機械等については，対象となる特定農業用機械等が，機械及び装置並びに器具及び備品にあっては，１台又は１基の取得価額が30万円以上のものとし，建物及びその附属設備にあっては，一の建物及びその附属設備の合計額が30万円以上のものとし，構築物にあっては，一の構築物の取得価額が30万円以上のものとされています（措法24の３①，措令16の３②，令５改正法附30）。

　必要経費に算入できる限度額（圧縮限度額）　　必要経費に算入できる金額は，次のイ又はロの金額のうち，いずれか少ない金額に相当する金額です（措法24の３①一，措令16の３③）。

イ　次に掲げる金額の合計額

　①　その年の前年から繰り越された農業経営基盤強化準備金の金額（その年の前年の12月31日までに総収入金額に算入された金額がある場合には，その金額を控除した金額）のうち，その年において総収入金額に算入された，又は算入されるべきこととなった金額に相当する金額

　②　その年において交付を受けた交付金等の額のうち，農業経営基盤強化準備金として積み立てられなかった金額

ロ　適用を受けようとする年分の事業所得の金額としてこの特例（措法24の３①）及び青色申告特別控除（措法25の２①③）の規定を適用しないで計算した金額（措法24の３①二，措令16の３⑤）。

— 270 —

適用を受けるための手続 この特例の適用を受けようとする年分の確定申告書には、必要経費に算入される金額に関する記載があり、かつ、その確定申告書にその金額の計算に関する明細書及び農林水産大臣の認定計画の定めるところにより取得又は製作若しくは建設をした農用地等である旨を証する書類を添付しなければなりません（措法24の3②、措規9の4③）。

肉用牛の売却による農業所得の課税の特例

農業を営む者が、昭和56年から令和8年までの各年において、肉用牛（種雄牛及び乳牛の雌のうち子牛の生産の用に供されたもの以外の牛をいう。）を家畜市場、中央卸売市場その他特定の市場において売却した場合、又は②その飼育した生産後1年未満の肉用牛を特定の農業協同組合若しくは農業協同組合連合会に委託して売却した場合において、その売却した肉用牛が全て免税対象飼育牛であり、かつ、その売却した肉用牛の頭数の合計が1,500頭以内であるときは、その個人のその売却をした日の属する年分のその売却により生じた事業所得に対する所得税が免除されます。

また、上記の各年において、上記①、②の売却方法により肉用牛を売却した場合には、その売却した肉用牛のうちに免税対象飼育牛に該当しないもの又は免税対象飼育牛に該当する肉用牛の頭数の合計が1,500頭を超える場合のその超える部分の免税対象飼育牛が含まれているとき（その売却した肉用牛が全て免税対象飼育牛に該当しないものであるときを含む。）は、その個人のその売却をした日の属する年分の総所得金額に係る所得税の額は、次に掲げる金額の合計額とすることができます（措法25、措令17、措通25－1）。

(1) その年において上記①、②の売却方法により売却した肉用牛のうち免税対象飼育牛に該当しないものの売却価額及び免税対象飼育牛に該当する肉用牛の頭数の合計が1,500頭を超える場合におけるその超える部分の免税対象飼育牛の売却価額の合計額に5％を乗じて計算した金額

(2) その年において上記①、②の売却方法により売却した肉用牛に係る事業所得の金額がないものとみなして計算した場合におけるその年分の総所得金額につき、所得税法の規定により計算した所得税の額に相当する金額

　（注）1　上記の「**免税対象飼育牛**」とは、売却価額が100万円未満（肉用牛が一定の交雑種に該当する場合は80万円未満、肉用牛が一定の乳牛に該当する場合には、50万円未満）の肉用牛、又は高等登録がされている肉用牛をいい、免税対象飼育牛に該当するかどうかは、消費税相当額を上乗せする前の売却価額（肉用牛の取引価格が一定の価格を下回る場合に交付される生産者補給金等の交付を受けているときは、その補給金等の額を加算した後の金額。以下2において同じ。）が100万円未満かどうかにより判定することとされています（17ページ参照）。

　　　2　(1)の金額の計算に当たっては、消費税等相当額を含む売却価額に5％を乗じて計算することとされています。
　　　　　ただし、消費税の課税事業者で税抜経理方式を選択しているものにあっては、消費税等相当額を上乗せする前の売却価額に5％を乗じて計算することとされています。この場合、消費税について簡易課税制度の適用を受けたこと等により、仮受消費税等の金額から仮払消費税等の金額（控除対象外消費税額等に相当する金額を除く。）を控除した金額が実際に納付すべき消費税等の額を上回るときは、その上回る部分の金額については、その年分の総所得金額に含めることになります。

肉用牛を売却した場合の税額計算 肉用牛を売却した場合の税額計算の方法の概要は次のとおりです（措法25②、措令17④）。

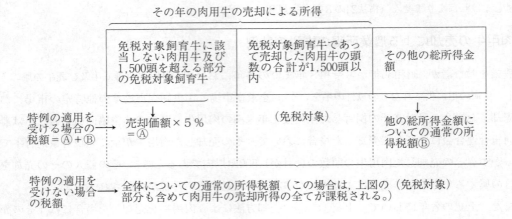

適用を受けるための手続 この特例の適用を受けるためには、確定申告書に所定の事項を記載するほか、肉用牛の売却が所定の市場で行われたこと及びその売却価額等を証する書類を添付しなければなりません（措法25④、措規9の5②〜④）。

転廃業助成金等に係る課税の特例（91ページ参照）

不動産業者等の土地譲渡益に係る課税の特例（平成10年1月1日から令和8年3月31日まで適用なし）

不動産業者等がその年の1月1日において所有期間が5年以下の土地等（土地及び土地の上に存する権利をいい、その年中に他の者から取得等をしたものを含む。）で事業所得又は雑所得の基因となる土地等の譲渡をした場合には、その譲渡に係る事業所得又は雑所得については、「土地等に係る事業所得等の金額」として、他の所得と区分して、次により計算した所得税を納付することになります（措法28の4①②、措令19①〜⑤）。

なお、この土地譲渡益に係る課税の特例は、平成10年1月1日から令和8年3月31日までの間の譲渡については適用しないこととする特例措置が講じられています（措法28の4⑥）。

したがって、平成10年1月1日から令和8年3月31日までの間の土地等の譲渡による事業所得又は雑所得は、所有期間の長短にかかわらず、一般の事業所得や雑所得と同様に、他の所得と総合して課税されることになります。

事業所得（事業所得等の課税の特例）

$$\begin{pmatrix}土地等に係る事\\業所得等の金額\end{pmatrix} = \begin{pmatrix}土地の譲渡等に\\よる収入金額\end{pmatrix} - \left\{\begin{pmatrix}土地の譲渡等に\\係る原価の額\end{pmatrix} + \begin{pmatrix}土地の譲渡等に\\係る負債の利子\end{pmatrix}\right.$$

$$\left. + \begin{pmatrix}土地の譲渡等に要した\\販売費・一般管理費\end{pmatrix}\right\} - \begin{pmatrix}損益通算，純損失の繰越控除，雑損失の繰越控除，居住用\\財産の買換え等の場合の譲渡損失の損益通算及び繰越控除\\又は特定居住者財産の譲渡損失の損益通算及び繰越控除の\\規定の適用がある場合には，その通算又は控除額\end{pmatrix}$$

$$\begin{pmatrix}土地等に係る課税\\事業所得等の金額\end{pmatrix} = \begin{pmatrix}土地等に係る事\\業所得等の金額\end{pmatrix} - \begin{pmatrix}所得控除の規定の適用が\\ある場合にはその控除額\end{pmatrix}$$

・平成10年1月1日から令和8年3月31日までの間の土地等の譲渡については下記の税額計算方法は適用されません。

税額　　次のイ又はロの金額のうちいずれか多い金額
　イ　土地等に係る課税事業所得等の金額×40%
　ロ　$\left\{\begin{pmatrix}土地等に\\係る課税\\事業所得\\等の金額\end{pmatrix} + \begin{pmatrix}その年分の\\課税総所得\\金額\end{pmatrix}\right\} \times \begin{pmatrix}総合課税\\の税率\end{pmatrix} - \begin{pmatrix}その年分の\\課税総所得\\金額\end{pmatrix} \times \begin{pmatrix}総合課税\\の税率\end{pmatrix} \times 110\%$

（注）1　損益通算（627ページ参照），純損失の繰越控除（643ページ参照），雑損失の繰越控除（648ページ参照），居住用財産の買換え等の場合の譲渡損失の損益通算及び繰越控除（638・645ページ参照）又は特定居住用財産の譲渡損失の損益通算及び繰越控除（640・647ページ参照）は，総所得金額の計算上通算又は控除しきれなかったものを通算又は控除します。
　　　2　所得控除額（雑損控除等）は，課税総所得金額の計算上控除しきれなかったものがある場合に，その控除しきれなかった金額を控除します。

＜計算例＞
　土地等に係る事業所得がある場合で，
　　収入金額　　　　　　　3,000万円
　　原価の額　　　　　　　2,000万円
　　負債の利子　　　　　　　300万円
　　販売費・一般管理費　　　200万円
であるときの所得税額は次のようになります。
　この場合，総所得金額が635万円，所得控除額151万円と仮定します。
　　（土地等に係る事業所得等の金額）3,000万円－（2,000万円＋300万円＋200万円）＝500万円
　　（土地等に係る課税事業所得等の金額）＝500万円

　（税　　額）　　{(500万円＋635万円（総所得金額）－151万円（所得控除額））×33%－1,536,000円}＝1,711,200円

所有期間　その年1月1日における所有期間が5年以下であるかどうかの判定をする場合の所有期間とは，その者が譲渡（借地権の設定等を含む。）をした土地等をその取得をした日の翌日から引き続き所有していた期間とされています（措令19⑥）。この場合に，その譲渡をした土地等が次に掲げる土地等に該当するものであるときは，その譲渡をした土地等については，次に定める日において取得し，かつ，その日の翌日から引き続き所有していたものとみなされます（措令19⑦，323ページ参照）。
(1)　交換により取得した土地等で所得税法第58条第1項の規定の適用を受けたもの……その交換により譲渡をした土地等の取得をした日
(2)　昭和47年12月31日以前に昭和48年改正前の所得税法第60条第1項各号に該当する贈与，相続，遺贈又は譲渡により取得した土地等……その贈与者，被相続人，遺贈者又はその譲渡者がその土地等を取得した日

事業所得（事業所得等の課税の特例）

(3) 昭和48年1月1日以後に所得税法第60条第1項各号に該当する贈与，相続，遺贈又は譲渡により取得した土地等……その贈与者，被相続人，遺贈者又は譲渡者がその土地等を取得した日

譲渡の範囲　土地等の譲渡には，売買，交換，収用，法人に対する現物出資等のほか，次に掲げる場合も含まれます（措法28の4①）。
(1) 地上権又は賃借権の設定その他契約により他人に土地を長期間使用させる行為のうち，次に掲げるもの（措令19②）
　　イ　地上権又は賃借権の設定その他契約により他人に土地を長期間使用させる行為で，その対価として支払を受ける金額が土地の価額の2分の1（特定の場合は4分の1）を超えるもの（303ページ参照）
　　ロ　イのほか，その行為で，その対価として一時に支払を受ける金額があるもののうち，その行為をした日の属する年においてその土地の譲渡があったもの
(2) 土地等の売買又は交換の代理又は媒介に関し報酬を受ける行為その他の行為で土地等の譲渡に準ずるものとされる宅地建物取引業法第46条第1項に規定する報酬の額を超える報酬を受ける行為（措令19③）
　　(注)1　宅地建物取引業法に基づき国土交通大臣が定める報酬の限度額は，次のとおりです（昭45.10.23建設省告示1552号（最終改正令元.8.30国土交通省告示493号））。
　　　　(1) 売買又は交換の媒介の場合
　　　　　依頼者の一方につき，取引額の金額区分ごとに次の割合を乗じた金額の合計額
　　　　　取引額200万円以下の部分 …………………………5.5%
　　　　　〃　200万円超400万円以下の部分…………4.4%
　　　　　〃　400万円超の部分 ……………………………3.3%
　　　　(2) 売買又は交換の代理の場合
　　　　　上記(1)の2倍以内。ただし，売買又は交換の相手方からも報酬を受ける場合には，合計額で上記(1)の2倍以内
　　　2　一の取引について仲介行為をした者が2人以上であり，これらの者のいずれにも報酬が支払われている場合において，その行為が特例の対象となるかどうかは，その報酬の額の合計額により判定されます（措通28の4－9）。また，当事者の双方から報酬を受けている場合には，その報酬の支払者の異なるごとに判定されます（措通28の4－10）。
　　　3　仲介行為が特例の対象となる行為であるかどうかは，その行為に係る土地等の譲渡をする者のその土地等の取得の時期がいつであるかは問いません（仲介行為者がその仲介行為に係る物件を取得して直ちに譲渡したと考える。）が，その行為が行われた時期がいつであるかどうかは，その行為に係る土地等の売買又は交換に関する契約成立の日により判定します（措通28の4－13）。

土地等に係る事業所得等の金額　分離課税の対象となる土地等に係る事業所得等の金額は，それぞれ次により計算した土地の譲渡等に係る事業所得の金額又は雑所得の金額の合計額とされています（措法28の4①，措令19④）。
(1) **通常の場合**　土地の譲渡等による事業所得又は雑所得の収入金額から次に掲げる金額の合計額（原価等の額）を控除した金額
　イ　その土地等の取得に要した金額並びに設備費及び改良費の額
　ロ　その年中の支払利子の額のうち，その土地の譲渡等に係る部分の金額
　ハ　その土地の譲渡等のために要した販売費及び一般管理費の額
　（注）　イの取得費及び改良費の額は，原価の額として所得税法第38条第1項（譲渡所得の金額の計算上控除する取得費）に準じて計算した金額です。しかし，取得のために要した負債の利子は算入することができないこととされています。

— 274 —

したがって，土地の譲渡等のあった年の前年以前の負債の利子で必要経費に算入していない利子（取得価額に算入している利子）があるときには，その利子はいずれの年分からも控除できないこととなるため，ロの負債の利子として控除することに取り扱われています（措通28の4―19）。

(2) **リース譲渡の場合** 土地の譲渡等による事業所得の収入金額及び原価等の額についてリース譲渡の収入金額及び費用の計上方法により経理しているときは，(1)の収入金額及び原価等の額を，これらの基準によって計算した事業所得の金額とします（法65①②）。

土地と建物を一括譲渡した場合の土地等の対価の区分 土地と建物を同時に譲渡した場合における土地等の対価の区分計算については，土地等の譲渡による収入金額が譲渡に係る契約書において明らかにされている場合（建物の譲渡による収入金額を明らかにすることができるときを含む。）には，次の簡便法が認められています（措通28の4―32，28の4―33）。

(1) 建物を新築して譲渡する場合で，建築期間（建築着工の日から譲渡の日までの期間をいう。）が1年以下であるもの
　イ　土地と建物の譲渡対価の合計額が土地の取得価額と建物の取得価額との合計額を超える場合は，次の算式で計算した額のいずれか少ない金額に相当する金額以下の金額を建物の譲渡対価とし，残余を土地等の譲渡対価とします。
　　(イ)　建物の取得価額×142％
　　(ロ)　一括譲渡の対価の合計額－土地の取得価額
　ロ　土地と建物の譲渡の対価の合計額が土地の取得価額と建物の取得価額との合計額以内である場合は，次の算式で計算した金額を建物の譲渡対価とし，残余を土地等の譲渡対価とします。

$$\left[一括譲渡の対価の合計額\right]\times\frac{建物の取得価額}{建物の取得価額＋土地の取得価額}＝建物の譲渡対価$$

(2) 建物の建築期間が1年を超える場合　(1)のイの(イ)の142％を次の算式により計算した数値に置き換えて計算します。

　　　142％＋（建築期間の月数－12）×1％

　（注）建築期間が24月を超えるときは24とされ，最高154％とします。

(3) 土地と建物（建築後使用されたことのないもの）とを同時に購入し，その購入後これらを同時に譲渡した場合　建築期間はないことになるので，142％を適用して(1)に準じて取り扱われます。
　（注）建物の取得価額には，建物の附属設備，車庫は含まれますが，庭石，樹木などのうち，通常土地の価額に含めて取引されるものは算入されません。

適用除外とされる譲渡 この課税制度は，土地供給の阻害原因となるおそれもあることから，望ましい宅地の供給や国，地方公共団体等の必要な用地確保が阻害されることのないよう，一定の要件のもとに，次に掲げる土地等の譲渡については適用しないこととされています（措法28の4③，措令19⑧〜㉒）。

(1) 国又は地方公共団体に対する土地等の譲渡
(2) 独立行政法人都市再生機構，土地開発公社，成田国際空港株式会社，独立行政法人中小企業基盤整備機構，地方住宅供給公社，日本勤労者住宅協会に対する土地等の譲渡でその土地等がこれらの者の行う土地等の取得又は宅地や住宅の供給の業務のために直接必要と認められるもの及び

地方公共団体の管理の下に宅地や住宅の供給や土地の先行取得の業務を行っている公益社団法人（その社員総会における議法権の全部が地方公共団体により保有されているものに限る。）又は公益財団法人（その拠出された金額の全額が地方公共団体により拠出されているものに限る。）に対する土地等の譲渡で，これらの者の行う土地の取得又は宅地や住宅の供給の業務のために直接必要と認められるもの（ただし，公益社団法人又は公益財団法人に対する譲渡で土地等の面積が1,000㎡以上である場合にはその譲渡価格が適正なものに限られ，また，土地開発公社に対する土地等の譲渡である場合には，公有地の拡大の推進に関する法律第17条第1項第1号ニに掲げる土地等の譲渡は除かれる。）。

(3) 土地収用法等の規定に基づく収用交換等による土地等の譲渡（ただし，国土利用計画法施行令第14条に規定する法人に対する土地等の譲渡及び同令第17条第3号に掲げる場合に該当する土地等の譲渡以外の譲渡については，譲渡した土地等の面積が1,000㎡以上である場合には，その譲渡価格が適正なものに限られる。）。

(4) 都市計画法の開発許可を受けて行う1,000㎡以上の宅地の造成事業で，次の要件に該当するものの一団の宅地の全部又は一部の譲渡

イ その譲渡価格が適正であること

ロ 宅地造成が開発許可の内容に適合していること

ハ その譲渡が公募の方法により行われたものであること

(注) 上記の譲渡が次のいずれにも該当する場合には，イ及びロに掲げる要件に該当すれば分離課税は適用されません（措令19⑪）。

 (1) その面積が国土利用計画法第23条第2項第1号に規定する国土利用計画により届出をしなければならない面積以上であること

 (2) その譲渡を受けた相手方が宅地建物取引業法第2条第3号に規定する宅地建物取引業者であること

 (3) 譲渡を受けた宅地建物取引業者が，その宅地の上に自己の計算により住宅を新築し，かつ，新築した住宅とともに宅地を公募の方法により譲渡するものであること又はその宅地建物取引業者がその宅地を公募に係る応募者に対し譲渡することを約し，かつ，その宅地の上に住宅を請負の方法により新築するものであることが確実であると認められることにつき都道府県知事の認定を受けていること

(5) 宅地の造成につき開発許可を要しない場合において行う1,000㎡以上の宅地の造成事業で次の要件に該当するものの一団の宅地の全部又は一部の譲渡

イ その宅地の造成が，優良な宅地の供給に寄与するものであることについて都道府県知事の認定を受けて行われ，かつ，その造成が認定の内容に適合していること

ロ その譲渡価格が適正であること及びその譲渡が公募の方法により行われたものであること

(注) 上記の譲渡が(4)の(注)に該当するものである場合には，イ及び(4)のイに掲げる要件に該当すれば分離課税は適用されません（措令19⑪）。

(6) 優良な住宅供給に寄与するものであることについて都道府県知事の認定を受けて行う自己の計算により新築した住宅又は請負の方法により新築した住宅（請負方式の場合には，住宅とその敷地が同時に引渡しされるものに限る。）の敷地の用に供された一団の宅地（その面積が1,000㎡以上のもの）の全部又は一部の譲渡で，その譲渡価格が適正であり，その譲渡が公募の方法により行われたものであること

(7) 次に掲げる1,000㎡未満の小規模な宅地の全部又は一部の譲渡で、譲渡価格が適正であるもの
　イ　優良な宅地の供給に寄与するものであることについて市町村長又は特別区の区長あるいは開発許可をした者の認定を受けて造成した宅地
　ロ　優良な住宅の供給に寄与するものであることについて市町村長又は特別区の区長の認定を受けて行う自己の計算により新築した住宅又は請負の方法により新築した住宅（請負方式の場合には、住宅とその敷地が同時に引渡しされるものに限る。）の敷地の用に供されたもの（イの宅地を除く。）

(8) 宅地建物取引業者が行う住宅の敷地等のいわゆる買取仲介で次の条件に該当するもの
　イ　住宅の敷地等は、次の要件を満たすものであること
　　(イ)　その宅地建物取引業者が個人から譲り受けた土地等で、その譲渡した個人又はその個人の親族が引き続き1年以上前から居住の用に供していた家屋（マンション等の場合は、譲渡した個人が区分所有していた部分で居住の用に供していたもの）の敷地であること
　　(ロ)　その土地等がその居住の用に供していた家屋とともに譲り受けたものであること。ただし、その家屋が、災害により滅失した場合にあっては、その敷地の用に供されていた土地については更地として譲渡を受けたものでもよいこととされています。
　　(ハ)　その土地等の面積が500㎡以下であること
　ロ　土地等の取得後6か月以内にされた譲渡であること
　ハ　土地等の譲渡が、原則として居住の用に供していた家屋とともに行われ、譲渡利益金額が宅地建物取引業法第46条第1項に規定する売買の代理報酬相当額以下であること
　　(注)　譲渡利益金額は次の算式で算出します。

$$譲渡価額 - \left\{ \begin{pmatrix} 資産の取得に要した \\ 金額、設備費及び改 \\ 良費の額の合計額 \end{pmatrix} + \begin{pmatrix} 資産の保有のために要 \\ した負債の利子の額 \end{pmatrix} \times \frac{保有期間の月数}{12} \times 6\% \right\}$$

適正価格　「譲渡価格が適正である」というのは、次の場合の区分に応じそれぞれ次の金額以下であることをいいます（措令19⑫）。

(1) 国土利用計画法第14条第1項に規定する許可を受けて土地の譲渡をした場合……その許可に係る予定対価の額
(2) 国土利用計画法第27条の4第1項に規定する届出をし、かつ、同法第27条の5第1項又は同法第27条の8第1項の規定による勧告を受けないで土地の譲渡をした場合……その届出に係る予定対価の額
(3) 国土利用計画法施行令第17条の2第1項第3号から第5号に掲げる場合に該当するため(2)の届出をしないで土地の譲渡をした場合……その土地の譲渡に係る予定対価の額
(4) (1)から(3)に掲げる場合のほか、土地の譲渡を行おうとする個人が国土交通大臣の定めるところにより、その土地の譲渡に係る対価の額として予定している金額につき、その土地が所在する都道府県の知事に対し申出をし、かつ、その都道府県の知事等から、その譲渡予定価額につき、意見がない旨の通知を受けた場合……その申出に係る譲渡予定価額

事業所得（参考事項）

############ **参 考 事 項** ############

変動所得又は臨時所得の平均課税　事業所得のうちに変動所得又は臨時所得がある場合には，それぞれ平均課税を適用することができます（848ページ参照）。

給　与　所　得

給　与　所　得　と　は

　給与所得とは，俸給，給料，賃金，歳費及び賞与並びにこれらの性質を有する給与（これらを「給与等」という。）に係る所得をいいます（法28①）。

　事業専従者控除額　不動産所得の金額，事業所得の金額又は山林所得の金額の計算上，必要経費とみなされた事業専従者控除額は，その事業専従者の給与所得に係る収入金額とみなされます（法57④）。

　医師又は歯科医師が支給を受ける休日，夜間診療の委嘱料等　医師又は歯科医師が，地方公共団体等の開設する救急センター，病院等において休日，祭日又は夜間に診療等を行うことにより地方公共団体等から支給を受ける委嘱料等は，給与等となります（基通28—9の2）。
（注）　医師又は歯科医師が，休日，祭日又は夜間に診療等を行うことにより地方公共団体等から支払を受ける委嘱料等は，事業所得の金額の計算上総収入金額に算入しなければなりません（基通27—5(5)，219ページ参照）。

　派遣医が支給を受ける診療の報酬等　大学病院や医療機関などのあっせんにより派遣された医師又は歯科医師が，派遣先の医療機関において診療等を行うことによりその派遣先の医療機関から支給を受ける報酬等は，給与等となります（基通28—9の3）。

所　得　金　額　の　計　算

給与所得の金額＝（給与等の収入金額）−（給与所得控除額）

（法28②）

（注）　特定支出の額の合計額が一定の金額を超えるときは，給与所得の金額は次の算式によって計算した金額とすることができます（法57の2①，292ページ参照）。

給与所得の金額＝（給与等の収入金額）−$\left\{\begin{array}{l}給与所得\\控除額\end{array}+\left(\begin{array}{l}その年中の\\特定支出の\\額の合計額\end{array}-給与所得控除額の\frac{1}{2}\right)\right\}$

収　入　金　額

　収入の時期　給与所得の収入金額の収入すべき時期は，それぞれ次に掲げる日によります（基通36—9）。

(1) 契約又は慣習その他株主総会の決議等により支給日が定められている給与等（次の(2)に掲げるものを除く。）については，その支給日。その日が定められていないものについては，その支給を受けた日

(2) 役員に対する賞与のうち，株主総会の決議等によりその算定の基礎となる利益に関する指標の数値が確定し支給金額が定められるものその他利益を基礎として支給金額が定められるものについては，その決議等があった日。ただし，その決議等が支給する金額の総額だけを定めるにとどまり，各人ごとの具体的な支給金額を定めていない場合には，各人ごとの支給金額が具体的に定められた日

(3) 給与規程の改訂が既往にさかのぼって実施されたため既往の期間に対応して支払われる新旧給与の差額に相当する給与等で，その支給日が定められているものについては，その支給日。その日が定められていないものについては，その改訂の効力が生じた日

(4) いわゆる認定賞与とされる給与等で，その支給日があらかじめ定められているものについては，その支給日。その日が定められていないものについては，現実にその支給を受けた日（その日が明らかでない場合には，その支給が行われたと認められる事業年度の終了の日）

給与等を2か所以上から支給されている場合の収入金額　給与等を2か所以上から支給されている場合の収入金額は，その合計額によって計算します。

なお，給与所得控除額も，給与等の収入金額の合計額によって計算します。

現物給与・経済的利益　給与等とされる現物給与・経済的利益は，次のように取り扱われます。

(1) 使用者が永年勤続した役員又は使用人の表彰に当たり，その記念として旅行，観劇等に招待し，又は記念品（現物に代えて支給する金銭は含まない。）を支給することによりその役員又は使用人が受ける利益で，次の要件のいずれにも該当するものは課税されません（基通36—21）。

　　イ　その利益の額が，その役員又は使用人の勤続期間等に照らし，社会通念上相当と認められること

　　ロ　その表彰が，おおむね10年以上の勤続年数の者を対象とし，かつ，2回以上表彰を受ける者については，おおむね5年以上の間隔をおいて行われるものであること

(2) 使用者が，残業又は宿直若しくは日直をした人（その人の通常の勤務時間以外における勤務としてこれらの勤務を行った人に限る。）に対し，これらの勤務をすることにより支給する食事は，課税されません（基通36—24）。

(3) 使用者が寄宿舎（これに類する施設を含む。）の電気，ガス，水道等の料金を負担することにより，その寄宿舎に居住する役員又は使用人が受ける経済的利益については，その料金の額がその寄宿舎に居住するために通常必要であると認められる範囲内のものであり，かつ，各人ごとの使用部分に相当する金額が明らかでない場合に限り，課税されません（基通36—26）。

(4) 使用者が役員又は使用人のレクリエーションのために社会通念上一般的に行われていると認められる会食，旅行，演芸会，運動会等の行事の費用を負担することにより，これらの行事に参加した役員又は使用人が受ける経済的利益については，使用者が，その行事に参加しなかった役員

又は使用人（使用者の業務の必要に基づき参加できなかった人を除く。）に対しその参加に代えて金銭を支給する場合又は役員だけを対象としてその行事の費用を負担する場合を除き，課税されません（基通36―30）。

(注) 1 任意の不参加者に対して，その参加に代えて金銭を支給する場合には，参加者，不参加者（使用者の業務の必要に基づいて参加できなかった者を含む。）ともその支給を受ける金銭に相当する給与の支払があったものとして課税されます。

2 レクリエーションのために行う旅行については，その旅行の企画立案，主催者，旅行の目的・規模・行程，従業員等の参加割合・使用者及び参加従業員等の負担額及び負担割合などを総合的に勘案して経済的利益の課否を判断することになりますが，次の全ての要件を満たしている場合には，原則として課税しなくてもよいこととされています（昭63.5.25直所3―13（最終改正平5.5.31課所4―5））。

① 旅行に要する期間が4泊5日（目的地が海外の場合には，目的地における滞在日数による。）以内であること

② 従業員等の参加割合が50％以上であること（工場や支店ごとに行う旅行は，それぞれの職場ごとの参加割合が50％以上であること）

なお，レクリエーションのために行う旅行に係る上記の取扱いは，あくまでも使用者主催の新年会，忘年会そしてボウリング大会などの簡易なレクリエーション行事に対する取扱いの一環であり，使用者負担額（経済的利益の額）が多額のものについてまで非課税となるものではありません。

(5) 使用者が役員又は使用人に対して支給する有価証券（商品券を含む。）の支給による経済的利益については，金額の多少にかかわらず課税されます（基通36―36）。

(注) この場合の評価は支給時の価額により評価しますが，評価については，基通23～35共―9及び財産評価基本通達の取扱いに準じて行います。

(6) 使用者が役員又は使用人に対し支給する食事については，その役員又は使用人から実際に徴収している対価の額が，その食事の価額の50％相当額以上である場合には課税されません。ただし，その食事の価額からその実際に徴収している金額を控除した残額が月額3,500円を超えているときは，その控除した残額相当額の金額について課税されます（基通36―38，36―38の2）。

(注) 使用人等が食事の価額の50％相当額以上を負担しているかどうかは，消費税及び地方消費税を除いた食事の価額により判定し，使用者の負担額が月額3,500円以下であるかどうかは，使用者が負担する消費税及び地方消費税を除いた食事の価額が非課税限度額を超えるかどうかにより判定することとされています（平元.1.30直法6―1（最終改正平26.3.5課法9―1））。

(7) 使用者が使用人に対して貸与した住宅等についてその使用人から実際に徴収している賃貸料の額が，通常の賃貸料の額（通常の賃貸料の額の計算，289ページ参照）の50％相当額以上である場合には，その使用人が住宅等の貸与により受ける経済的利益はないものとされます（基通36―47）。

宿直料，日直料 宿直料又は日直料は，給与等に該当しますが，その支給の基因となった勤務1回について支給する金額（宿直又は日直の勤務をすることにより支給される食事の価額を除く。）のうち4,000円（食事を支給する場合には，4,000円から食事の価額を差し引いた金額）までの部分については，課税されません。ただし，次に該当するものは，その全額が給与等として課税されます（基通28―1）。

(1) 休日又は夜間の留守番だけを行うために雇用された者及びその場所に居住し，休日又は夜間の留守番をも含めた勤務を行うものとして雇用された者に，その留守番に相当する勤務に対して支給される宿直料又は日直料

（2）　宿直又は日直の勤務をその者の通常の勤務時間内の勤務として行った者及びこれらの勤務をしたことによって代日休暇が与えられる者に支給される宿直料又は日直料

（3）　宿直又は日直の勤務をする者の通常の給与等の額に比例した金額，又はその給与等の額に比例した金額に近似するようにその給与等の額の階級区分等に応じて定められた金額により支給される宿直料又は日直料

　なお，非常勤の消防団員が，災害，警戒，訓練等の職務に従事する場合に，その者の出勤の日数に応じて支給を受ける金銭（交通費を除く。）のうち，出勤時に要する費用の弁償として支給を受けるものは，次に掲げる出勤の態様に応じ，それぞれ次に定める金額までの部分については，課税されません（基通28―9(1)）。

①　災害に関する出勤（水火災又は地震等に係る出勤をいい，火災原因調査又は警戒等に係る出勤を除く。）……1日につき8,000円

②　①以外の出勤……1日につき4,000円

　委員手当等　国又は地方公共団体の各種委員会（審議会，調査会，協議会等の名称のものを含む。）の委員に対する謝金，手当などは，給与等として課税されます。ただし，その委員会を設置した機関から他に支払われる給与等がなく，かつ，ほかに旅費等の支給を受けない場合で，謝金，手当などの年額が1万円以下（年額が1万円以下であるかどうかは，その所属する各種委員会ごとに判定する。）のものは課税されません（基通28―7）。

　なお，非常勤の消防団員が，その者の出動の回数に関係なくあらかじめ定められている年額，月額等によって支給を受ける金銭のうち，消防団員としての活動に要する費用（出勤時に要する費用を除く。）の弁償として支給を受けるものは，その年中の支給額が5万円までの部分については，課税されません（基通28―9(2)）。

　交際費等　使用者から役員又は使用人に交際費や接待費等として支給される金品は，その支給を受ける者の給与等とされます。ただし，使用者の業務のために使用すべきものとして支給されるもので，そのために使用したことの事績の明らかなものは課税されません（基通28―4）。

　用役の提供等　使用者が，役員又は使用人に対し，自己の営む事業に属する用役を提供したことによる経済的利益については，その額が著しく多額であると認められる場合又は役員だけを対象として供与される場合を除いて，課税されません（基通36―29）。

　使用者契約の養老保険の保険料　使用者が，自己を契約者とし，役員又は使用人（これらの人の親族を含む。）を被保険者とする養老保険に加入してその保険料を支払ったことにより，その役員又は使用人が受ける経済的利益については，次のように取り扱われます（基通36―31）。

（1）　死亡保険金及び生存保険金の受取人がその使用者である場合……その役員又は使用人が受ける経済的利益はないものとされます。

（2）　死亡保険金及び生存保険金の受取人が被保険者又はその遺族である場合……その支払った保険料相当額は，その役員又は使用人に対する給与等とされます。

(3) 死亡保険金の受取人が被保険者の遺族で，生存保険金の受取人がその使用者である場合……その役員又は使用人が受ける経済的利益はないものとされます。ただし，役員又は特定の使用人（これらの人の親族を含む。）のみを被保険者としている場合には，その支払った保険料の2分の1に相当する金額は，その役員又は使用人に対する給与等とされます。

使用者契約の定期保険の保険料　使用者が，自己を契約者とし，役員又は使用人（これらの人の親族を含む。）を被保険者とする定期保険に加入してその保険料を支払ったことによりその役員又は使用人が受ける経済的利益については，次のように取り扱われます（基通36—31の2）。
(1) 死亡保険金の受取人がその使用者である場合……その役員又は使用人が受ける経済的利益はないものとされます。
(2) 死亡保険金の受取人が被保険者の遺族である場合……その役員又は使用人が受ける経済的利益はないものとされます。ただし，役員又は特定の使用人（これらの人の親族を含む。）のみを被保険者としている場合には，その保険料相当額は，その役員又は使用人に対する給与等とされます。

使用者契約の定期付養老保険の保険料　使用者が，自己を契約者とし，役員又は使用人（これらの人の親族を含む。）を被保険者とする定期付養老保険に加入してその保険料を支払ったことによりその役員又は使用人が受ける経済的利益については，次のように取り扱われます（基通36—31の3）。
(1) その保険料の額が生命保険証券等において養老保険に係る保険料の額と定期保険に係る保険料の額とに区分されている場合……それぞれの保険料の支払があったものとして，上記「使用者契約の養老保険の保険料」又は「使用者契約の定期保険の保険料」の取扱いの例によります。
(2) (1)以外の場合……「使用者契約の養老保険の保険料」の取扱いの例によります。

使用者契約の傷害特約等の保険料　使用者が，自己を契約者とし，役員又は使用人（これらの人の親族を含む。）を被保険者とする傷害特約等の特約を付した養老保険，定期保険又は定期付養老保険に加入し，その特約に係る保険料を支払ったことによりその役員又は使用人が受ける経済的利益はないものとされます。ただし，役員又は特定の使用人（これらの人の親族を含む。）のみを傷害特約等に係る給付金の受取人としている場合には，その保険料相当額は，その役員又は使用人に対する給与等とされます（基通36—31の4）。

使用者契約の保険契約等の保険料　使用者が，自己を契約者とし，役員又は使用人のために次に掲げる保険契約又は共済契約（契約期間の満了に際し満期返戻金，満期共済金等の給付がある場合には，その給付の受取人を使用者としている契約に限る。）に係る保険料（共済掛金を含む。）を支払ったことによりその役員又は使用人が受ける経済的利益については，課税されません。ただし，役員又は特定の使用人のみを対象としてその保険料を支払うこととしている場合には，その支払った保険料の額（その契約期間の満了に際し満期返戻金，満期共済金等の給付がある場合には，支払った保険料の額から積立保険料に相当する部分の金額を控除した金額）に相当する金額は，その役員又は使用人に対する給与等とされます（基通36—31の7）。
(1) 役員又は使用人（これらの人の親族を含む。）の身体を保険の目的とする法第76条第6項第4号に

給与所得（収入金額）

掲げる保険契約及び同条第7項に規定する介護医療保険契約等

(2) 役員又は使用人（これらの人の親族を含む。）の身体を保険若しくは共済の目的とする損害保険契約又は共済契約

(3) 役員又は使用人に係る法第77条第1項《地震保険料控除》に規定する家屋又は資産（役員又は使用人から賃借している建物等でその役員又は使用人に使用させているものを含む。）を保険若しくは共済の目的とする損害保険契約又は共済契約

使用人契約の保険契約等の保険料　使用者が，役員又は使用人が負担すべき次に掲げるような保険料又は掛金を負担する場合には，その負担する金額は，その役員又は使用人に対する給与等とされます（基通36─31の8）。

(1) 役員又は使用人が契約した法76条第5項に規定する新生命保険契約等，同条第6項に規定する旧生命保険契約等及び同条第7項に規定する介護医療保険契約等（確定給付企業年金規約及び適格退職年金契約に係るものを除く。）又は法第77条第2項に規定する損害保険契約等に係る保険料又は掛金

(2) 法第74条第2項《社会保険料控除》に規定する社会保険料

(3) 法第75条第2項《小規模企業共済等掛金控除》に規定する小規模企業共済等掛金

使用者が負担する少額な保険料等　使用者が役員又は使用人のために次に掲げる保険料又は掛金を負担することによりその役員又は使用人が受ける経済的利益については，その人につきその月中に負担する金額の合計額が300円以下である場合に限り，課税されません。ただし，使用者が役員又は特定の使用人（これらの人の親族を含む。）のみを対象としてその保険料又は掛金を負担することにより，その役員又は使用人が受ける経済的利益については，課税されます（基通36─32）。

(1) 健康保険法，雇用保険法，厚生年金保険法又は船員保険法の規定により役員又は使用人が被保険者として負担すべき保険料

(2) 生命保険契約等又は損害保険契約等に係る保険料又は掛金（282ページ以降の保険料の取扱いにより課税されないものを除く。）

(注) 使用者がその月中に負担する金額の合計額が300円以下であるかどうかを判定する場合において，上記の契約のうちに保険料又は掛金の払込みを年払，半年払等により行う契約があるときは，その契約に係るその月中に負担する金額は，その年払，半年払等による保険料又は掛金の月割額とし，使用者が上記の契約に基づく剰余金又は割戻金の支払を受けたときは，その支払を受けた後に支払った保険料又は掛金の額のうちその支払を受けた剰余金又は割戻金の額に達するまでの金額は，使用者が負担する金額には含まれません。

会社役員賠償責任保険の保険料の負担　会社役員賠償責任保険の保険料を会社が次に掲げる手続を行うことにより会社法上適法に負担した場合には，役員に対する経済的利益の供与はないと認められることから，役員の給与所得とはされません。

① 取締役会の承認

② 社外取締役が過半数の構成員である任意の委員会の同意又は社外取締役全員の同意の取得

給与所得（収入金額）

しかしながら，上記①及び②の手続を行うことなく，会社役員賠償責任保険の保険料を会社が負担した場合には，役員に対する経済的利益の供与があったと認められることから，役員の給与所得とされます。

使用者が負担する役員又は使用人の行為に基因する損害賠償金等　使用者が役員又は使用人の行為に基因する損害賠償金（慰謝料，示談金等他人に与えた損害を補填するために支出する全てのもの及びこれらに関連する弁護士の報酬等の費用を含む。）を負担することによりその役員又は使用人が受ける経済的利益については，次のように取り扱われます（基通36－33）。

(1)　その損害賠償金等の基因となった行為が使用者の業務の遂行に関連するものであり，かつ，行為者の故意又は重過失に基づかないものである場合には，その役員又は使用人が受ける経済的利益はないものとされます。

(2)　その損害賠償金等の基因となった行為が(1)以外のものである場合には，その負担する金額は，その役員又は使用人に対する給与等になります。ただし，その負担した金額のうちに，その行為者の支払能力等からみてその人に負担させることができないためやむを得ず使用者が負担したと認められる部分の金額がある場合には，その部分の金額については，(1)の場合に準じて経済的利益はないものとされます。

使用者が負担するゴルフクラブの入会金　使用者がゴルフクラブの入会金を負担することによりその使用者の役員又は使用人が受ける経済的利益については，次のように取り扱われます（基通36－34）。

(1)　法人会員として入会した場合……記名式の法人会員で名義人である特定の役員又は使用人が専ら法人の業務に関係なく利用するため，これらの人が負担すべきものであると認められるときは，その入会金に相当する金額は，その役員又は使用人に対する給与等とされます。

(2)　役員又は使用人が個人会員として入会した場合……入会金に相当する金額は，その役員又は使用人に対する給与等とされます。ただし，無記名式の法人会員制度がないため役員又は使用人を個人会員として入会させた場合において，その入会が法人の業務の遂行上必要であると認められ，かつ，その入会金を法人が資産に計上したときは，その役員又は使用人が受ける経済的利益はないものとされます。

　　（注）　この入会金は，ゴルフクラブに入会するために支出する費用ですから，他人の有する会員権を購入した場合には，その購入代価のほか他人の名義を変更するためにゴルフクラブに支出する費用も含まれます。

　　　　なお，レジャークラブの入会金についても同様に取り扱われます（基通36－34の3）。

使用者が負担するゴルフクラブの年会費等　使用者がゴルフクラブの年会費その他の費用を負担することによりその使用者の役員又は使用人が受ける経済的利益については，次のように取り扱われます（基通36－34の2）。

(1)　使用者がゴルフクラブの年会費，年決めロッカー料その他の費用（その名義人を変更するために支出する名義書換料を含み，プレーをする場合に直接要する費用を除く。）を負担する場合には，その入

給与所得（収入金額）

会金が法人の資産として計上されているときは，その役員又は使用人が受ける経済的利益はないものとされ，その入会金が給与等とされているときは，その負担する金額は，その役員又は使用人に対する給与等とされます。

(2) 使用者が，プレーをする場合に直接要する費用を負担する場合には，その負担する金額は，そのプレーをする役員又は使用人に対する給与等とされます。ただし，その費用が使用者の業務の遂行上必要なものであると認められるときは，その役員又は使用人が受ける経済的利益はないものとされます。

なお，レジャークラブの年会費等については(1)と同様に取り扱われます（基通36—34の３）。

使用者が負担する社交団体の入会金等　使用者が社交団体（ゴルフクラブ，レジャークラブ，ロータリークラブ及びライオンズクラブを除く。）の入会金，会費その他の費用を負担することによりその役員又は使用人が受ける経済的利益については，次のように取り扱われます（基通36—35）。

(1) 個人会員として入会した役員又は使用人に係る入会金及び経常会費を負担する場合には，その負担する金額は，その役員又は使用人に対する給与等とされます。ただし，法人会員制度がないため役員又は使用人を個人会員として入会させた場合において，その入会が法人の業務の遂行上必要であると認められるときは，給与等とはされません。

(2) 経常会費以外の費用を負担する場合には，その費用が使用者の業務の遂行上必要なものであると認められるときは，その役員又は使用人が受ける経済的利益はないものとされ，その費用が特定の役員又は使用人の負担すべきものであると認められるときは，その負担する金額は，その役員又は使用人に対する給与等とされます。

使用者が負担するロータリークラブ及びライオンズクラブの入会金等　使用者がロータリークラブ又はライオンズクラブに対する入会金，会費その他の費用を負担することによりその使用者の役員又は使用人が受ける経済的利益については，次のように取り扱われます（基通36—35の２）。

(1) 入会金又は経常会費を負担する場合……その役員又は使用人が受ける経済的利益はないものとされます。

(2) 経常会費以外の費用を負担する場合……その役員又は使用人が受ける経済的利益はないものとされます。ただし，その費用が会員である特定の役員又は使用人の負担すべきものであると認められるときは，その負担する金額は，その役員又は使用人に対する給与等とされます。

創業記念品等　使用者が役員又は使用人に対し創業記念，増資記念，工事完成記念又は合併記念等に際し，その記念として支給する記念品（現物に代えて支給する金銭は含まない。）で，次の要件のいずれにも該当するものについては，課税されません。ただし，建築業者，造船業者等が請負工事又は造船の完成等に際し支給するものについては除外されます（基通36—22）。

(1) その支給する記念品が社会通念上記念品としてふさわしいものであり，かつ，そのものの処分見込価額が１万円以下のものであること

　（注）　その記念品の価額が１万円以下であるかどうかは，その評価額から消費税及び地方消費税の額を除いた金額により判定することとされています（平元.１.30直法６—１（最終改正平26.３.５課法９—１））。

— 286 —

(2) 創業記念のように一定期間ごとに到来する記念に際し支給する記念品については，創業後相当な期間（おおむね５年以上の期間）ごとに支給するものであること

使用者から雇用契約等に基づいて支給される結婚祝金品等　使用者から役員又は使用人に対して雇用契約等に基づいて支給される結婚，出産等の祝金品は，給与等とされます。ただし，その金額が支給を受ける者の地位等に照らして社会通念上相当と認められるものについては，課税されません（基通28―5）。

商品，製品等の値引販売　使用者が役員又は使用人に対し自己の取り扱う商品，製品等(有価証券及び食事を除く。)の値引販売をすることにより供与する経済的利益で，次の要件のいずれにも該当する値引販売により供与するものについては，課税されません（基通36―23）。
(1) 値引販売に係る価額が，使用者の取得価額以上であり，かつ，通常他に販売する価額に比し著しく低い価額（通常他に販売する価額のおおむね70％未満）でないこと
(2) 値引率が，役員若しくは使用人の全部につき一律に，又はこれらの者の地位，勤続年数等に応じて全体として合理的なバランスが保たれる範囲内の格差を設けて定められていること
(3) 値引販売をする商品等の数量は，一般の消費者が自己の家事のために通常消費すると認められる程度のものであること

使用人等に対し技術の習得等をさせるために支給する金品　使用者が自己の業務遂行上の必要に基づき，役員又は使用人にその役員又は使用人としての職務に直接必要な技術若しくは知識を習得させ，又は免許若しくは資格を取得させるための研修会，講習会等の出席費用又は大学等における聴講費用に充てるものとして支給する金品については，これらの費用として適正なものに限り，課税されません（基通36―29の2）。

使用人等の発明等に係る報償金等　業務上有益な発明，考案等をした役員又は使用人が使用者から支払を受ける報償金，表彰金又は賞金等の金額は，次のように取り扱われます(基通23～35共―1)。
(1) 業務上有益な発明，考案又は創作をした者が，その発明，考案又は創作による特許を受ける権利，実用新案登録を受ける権利若しくは意匠登録を受ける権利又は特許権，実用新案権若しくは意匠権を使用者に承継させたことにより一時に支払を受けるものは譲渡所得，これらの権利を承継させた後において支払を受けるものは雑所得になります。
(2) 特許権，実用新案権又は意匠権を取得した者が，これらの権利に係る通常実施権又は専用実施権を設定したことにより支払を受けるものは雑所得になります。
(3) 事務若しくは作業の合理化，製品の品質の改善又は経費の節約等に寄与する工夫，考案等（特許又は実用新案登録若しくは意匠登録を受けるに至らないものに限る。）をした者が支払を受けるものは，その工夫，考案等が，その者の通常の職務の範囲内の行為である場合には給与所得，その他の場合には一時所得（その工夫，考案等の実施後の成績等に応じて継続的に支払を受けるときは，雑所得）になります。
(4) 災害等の防止又は発生した災害等による損害の防止等に功績のあった者が一時に支払を受ける

ものは，その防止等がその者の通常の職務の範囲内の行為である場合には給与所得，その他の場合には一時所得になります。

(5) 篤行者として社会的に顕彰され使用者に栄誉を与えた者が一時に支払を受けるものは一時所得になります。

(6) 使用者原始帰属制度に基づき，従業者が契約就業規則その他の定めにより職務発明に係る特許を受ける権利を使用者に取得させ，使用者から相当の金銭その他の経済的利益を受けた場合には，雑所得とされます。

職務上必要な現物給与 給与所得者がその使用者から受ける金銭以外の物又は経済的な利益で，その職務の性質上欠くことのできない一定のものは課税されません（法9①六）（2ページ参照）。

旅　費 給与所得者がその勤務に関して必要な旅行をする場合に支給を受ける旅費は，課税されません（1ページ参照）。ただし，年額又は月額で支給される旅費は，その支給を受けた者の職務を遂行するために行う旅行の実情に照らして明らかに必要と認められる旅費に相当するものを除き給与等とされます（基通28—3）。

通勤手当 通勤者がその通勤に必要な交通機関の利用又は交通用具の使用のために支出する費用に充てるものとして通常の給与に加算して受ける通勤手当のうち，一般の通勤者に通常必要であると認められる部分の金額については，課税されません（法9①五）（2ページ参照）。

住宅資金の貸付け等を受けた場合の経済的利益（平成22年12月31日廃止） 給与所得者等（給与等又は退職手当等の支払を受ける人で，法人の役員又はその法人の役員の親族若しくは個人事業主の親族などの特殊関係者に該当しないものをいう。）が，その使用人である地位に基づいて受ける次に掲げる場合の経済的利益については，給与等又は退職手当等に代えて支払われたと認められる場合を除き，課税されません（旧措法29，旧措令19の2，旧措規11の2，平22改正法附58）。

なお，この制度は，平成22年12月31日をもって廃止されました。

(1) 昭和41年4月1日から平成22年12月31日までの間に，自己の居住の用に供する住宅等の取得のための資金の低利融資のうち年利1％以上の利息で貸付けを受けた場合

(2) 昭和42年6月1日から平成22年12月31日までの間に，自己の居住の用に供する住宅等の取得に要する資金を金融機関や住宅等の取得に要する資金の長期の貸付けの業務を行う法人として財務大臣が指定するもの又は一定の福利厚生会社から借り受け，その借入金利子について使用者から利子補給金を受けても自己の負担する利子が年利1％以上となる場合の使用者から支払を受ける利子補給金

(注)1　財務大臣の指定する法人は，株式会社整理回収機構です（平8.10.1大蔵省告示276号（最終改正平17.9.8財務省告示334号））。

　　2　対象となる福利厚生会社は厚生労働大臣の指定する財形住宅金融株式会社です（旧措規11の2②，昭59.5.30労働省告示40号（最終改正平12.12.25労働省告示120号））。

(3) 昭和48年4月1日から平成22年12月31日までの間に勤労者財産形成促進法に基づく，財形持家

融資制度による負担軽減措置で，①独立行政法人雇用・能力開発機構から事業主等を通じ持家取得資金の転貸貸付けを受けた者が，事業主等の講ずる負担軽減措置によって経済的利益を受けた場合，又は②独立行政法人住宅金融支援機構（又は沖縄振興開発金融公庫）から持家取得資金の直接貸付けを受けた者が，事業主等の講ずる負担軽減措置によって経済的利益を受けた場合のその受けた経済的利益や利子補給金が(1)，(2)の範囲内のもの

(注) (1)から(3)までの課税されない経済的利益の限度を超えて経済的利益を受けた場合には，その超える部分についてのみ課税されます。

法人の役員が住宅等の貸与を受けた場合の経済的利益についての収入金額　使用者（国，地方公共団体その他これらに準ずる法人を除く。）がその役員に対して無償又は低額の賃貸料で住宅等（居住用の土地若しくは借地権又は家屋をいう。）を貸与する場合のその住宅等の通常の賃貸料の額に相当する金額又はその通常の賃貸料の額と使用者が実際に徴収している賃貸料の額との差額に相当する金額は，経済的利益の額として，その役員に対する給与等の収入金額に算入することになります。

ただし，その役員から実際に徴収している賃貸料の額がその役員に貸与した住宅等の通常の賃貸料の額に満たない場合であっても，使用者が住宅等を貸与した全ての役員からその貸与した住宅等の状況に応じてバランスのとれた賃貸料を徴収している場合において，その住宅等の貸与を受けた役員のその住宅等全部について，実際に徴収している賃貸料の額の合計額がその貸与した全ての住宅等の通常の賃貸料の額の合計額以上であるときは，その経済的利益はないものとされます（基通36—40，36—44）。

通常の賃貸料の額

(1) 上記の「通常の賃貸料の額」は，次の算式によって計算したA又はBのいずれか高い方によります。

$$\left\{\begin{array}{l}\text{その年度の家屋}\\\text{の固定資産税の}\\\text{課税標準額}\end{array}\times 12\%\begin{pmatrix}\text{木造家屋以外}\\\text{の家屋について}\\\text{は，}10\%\end{pmatrix}+\begin{array}{l}\text{その年度の敷地}\\\text{の固定資産税の}\\\text{課税標準額}\end{array}\times 6\%\right\}\times\frac{1}{12}=\text{通常の賃貸料月額}\quad\cdots\cdots\text{ A}$$

$$\left\{\begin{array}{l}\text{使用者が他から借り受けて貸与した住宅等でその}\\\text{使用者の支払う賃借料の額の50\%に相当する金額}\end{array}\right\}\cdots\cdots\cdots\cdots\cdots\cdots\cdots\cdots\cdots\cdots\cdots\text{ B}$$

(2) 次のイに掲げる住宅等の「通常の賃貸料の額」は，上記(1)の金額によらず，次のロの算式によって計算した金額とされています（基通36—41）。

　イ　住宅等
　　(イ)　家屋の床面積（1世帯として使用する部分の床面積）が132㎡以下の木造家屋である住宅等
　　(ロ)　家屋の床面積（1世帯として使用する部分の床面積）が99㎡以下の木造家屋以外の家屋である住宅等
　ロ　算式

$$\left\{\begin{array}{l}\text{その年度の家屋}\\\text{の固定資産税の}\\\text{課税標準額}\end{array}\times 0.2\%+12\text{円}\times\frac{\text{家屋の総床面積(㎡)}}{3.3\text{(㎡)}}\right\}+\left\{\begin{array}{l}\text{その年度の敷地}\\\text{の固定資産税の}\\\text{課税標準額}\end{array}\times 0.22\%\right\}=\begin{array}{l}\text{通常の賃}\\\text{貸料月額}\end{array}$$

(3) 次に掲げる住宅等につきそれぞれ次に掲げる金額を徴収している場合の「通常の賃貸料の額」は，その徴収している金額によっても差し支えないことになっています（基通36—43）。

　イ　会議や取引先の接待などの公的な使用に充てられる部分がある住宅等……上記の(1)又は(2)によって計算した通常の賃貸料の額の70％以上に相当する金額
　ロ　単身赴任者のような人が一部を使用しているにすぎない住宅等……次の算式により計算した金額以上の金額

— 289 —

給与所得（収入金額）

$$\left[\begin{array}{l}(1)\text{又は}(2)\text{によっ}\\\text{て計算した金額}\end{array}\right] \times \frac{50(\text{m}^2)}{\text{その家屋の総床面積}(\text{m}^2)}$$

（注）　使用者が役員等に対し居住用家屋の敷地を貸与した場合において，法人税基本通達13―1―7の規定によりその敷地を将来当該役員等が無償で返還することとしているとき（無償返還の届出がある場合）は，その土地に係る通常の賃貸料の額は，上記の取扱いによらず，法人税基本通達13―1―2に定める相当の地代の額とされます（基通36―45の2）。

　なお，使用者（国，地方公共団体その他これらに準ずる法人を除く。）がその役員に対して貸与した住宅等（その役員の居住の用に供する家屋又はその敷地の用に供する土地若しくは土地の上に存する権利をいう。以下同じ。）のうち，家屋の床面積（公的使用に充てられる部分がある場合のその部分を除く。以下同じ。）が240m²を超えるものについては，その住宅等の取得価額，支払賃貸料の額，内外装その他の設備の状況等を総合勘案してその住宅等が社会通念上一般に貸与されているものかどうかを判定します。

　また，その住宅等が社会通念上一般に貸与されている住宅等と認められない場合の通常の賃貸料の額の計算は，所得税基本通達36―40又は36―41に掲げる算式は適用されません（平7.4.3課所4―4）。

（注）1　社会通念上一般に貸与されている住宅等と認められない場合の通常の賃貸料の額は，所得税法施行令第84条の2《法人等の資産の専属的利用による経済的利益の額》の規定が適用されます。
　　　2　一般に貸与されている住宅等に設置されていないプール等のような設備若しくは施設又は役員個人の嗜好等を著しく反映した設備若しくは施設を有する住宅等については，家屋の床面積が240m²以下であっても，社会通念上一般に貸与されている住宅等に該当しないものとされます。

　利息相当額の評価　使用者が役員又は使用人に貸し付けた金銭の利息相当額については，その金銭が使用者において他から借り入れて貸し付けたものであることが明らかな場合には，その借入金の利率により，その他の場合には，貸付けを行った日の属する年の租税特別措置法第93条第2項《利子税の割合の特例》に規定する利子税特例基準割合（928ページ参照）による利率により評価します（基通36―49）。

　株式等を取得する権利の支給　発行法人から所得税法施行令第84条第3項第3号に掲げる権利を与えられた者がこれを行使した場合（株主である地位に基づいて与えられた場合を除く。）は，一時所得とされます。ただし，その発行法人の役員又は使用人に対しその地位又は職務等に関連してその株式等を取得する権利が与えられたと認められるときは給与所得とし，これらの者の退職に基因してその株式を取得する権利が与えられたと認められるときは退職所得として課税されることになります（基通23～35共―6(2)）。

　会社法の規定によるストック・オプションの行使に係る経済的利益　権利者（一定の取締役等若しくは権利承継相続人又は特定従事者をいう。以下同じ。）が特定新株予約権の行使をすることによりその特定新株予約権に係る株式を取得した場合であっても，その特定新株予約権に係る契約に従わないでその行使をした場合や，その年中において既にしたその特定新株予約権又は他の特定新株予約権との間の年間行使価額の総額制限措置の適用がある場合には，経済的利益の非課税の特例の適用は受けられません（措法29の2①）。

　したがって，この経済的利益の非課税の特例の適用がない付与決議に基づく新株予約権（株式譲渡

請求権又は新株引受権を含む。）の行使に係る経済的利益については、通常、取締役等であれば、その権利行使時に給与所得として課税されることになります（基通23〜35共―6）。

譲渡制限付株式を付与されたことにより個人が受ける経済的利益等　個人が法人に対して役務の提供をした場合において、その役務の提供の対価として次に掲げる条件が付された譲渡制限付株式であってその個人に交付されるもの等については、その譲渡制限付株式についての譲渡制限が解除された日（同日前にその個人が死亡した場合における一定の譲渡制限付株式については、その個人の死亡の日）における価額が、給与所得として課税されることになります（令84①、規19の4）。
①　その譲渡制限付株式がその役務の提供の対価としてその個人に生ずる債権の給付を引換えにその個人に交付されるものであること。
②　①のほか、その譲渡制限付株式が実質的にその役務の提供の対価と認められるものであること。

給与所得控除額

給与所得控除額は、次の算式によって計算した金額です（法28③）が、給与等の収入金額が660万円未満である場合には、次の算式によらず、直接所得税法別表第5により給与所得控除後の金額を求めます（法28④）。

```
収入金額が1,800,000円以下の場合……収入金額×40％－100,000円（55万円に満たない場合は55万円）
  〃   1,800,000円を超え3,600,000円以下の場合……収入金額×30％＋80,000円
  〃   3,600,000円を超え6,600,000円以下の場合……収入金額×20％＋440,000円
  〃   6,600,000円を超え8,500,000円以下の場合……収入金額×10％＋1,100,000円
  〃   8,500,000円超の場合……1,950,000円
```

所得金額調整控除

その年の給与等の収入金額が850万円を超える居住者で、特別障害者に該当するもの、年齢23歳未満の扶養親族を有するもの、特別障害者である同一生計配偶者又は扶養親族を有するものの総所得金額を計算する場合には、給与等の収入金額（その給与等の収入金額が1,000万円を超える場合には、1,000万円）から850万円を控除した金額の10％相当額が、給与所得の金額から控除されます（措法41の3の3①）。

また、その年の給与所得控除後の給与等の金額及び公的年金等に係る雑所得の金額がある居住者で、給与所得控除後の給与等の金額及び公的年金等に係る雑所得の金額の合計額が10万円を超えるものの総所得金額を計算する場合には、給与所得控除後の給与等の金額（10万円を限度）及び公的年金等に係る雑所得の金額（10万円を限度）の合計額から10万円を控除した残額が、給与所得の金額から控除されます（措法41の3の3②）。

給与所得（所得金額調整控除・特定支出の控除の特例）

給与所得控除後の金額　給与所得控除後の金額は，その年中の給与等の収入金額に応じて巻末の「簡易給与所得表（1014ページ参照）」によって求めます。

特定支出の控除の特例

居住者が各年において特定支出をした場合において，その年中の特定支出の額の合計額が給与所得控除額の2分の1に相当する金額を超えるときは，給与所得の金額は，給与所得控除後の金額からその超える部分の金額を控除した金額とすることができます（法57の2①）。

特定支出　特定支出とは，居住者の次に掲げる支出（給与等の支払者により補塡される部分があり，かつ，その補塡される部分につき所得税が課されない場合におけるその補塡される部分及びその支出につき雇用保険法に規定する教育訓練給付金，母子及び父子並びに寡婦福祉法に規定する母子家庭自立支援教育訓練給付金又は同法に規定する父子家庭自立支援教育訓練給付金が支給される部分がある場合におけるその支給される部分を除く。）をいいます（法57の2②，令167の3，規36の5）。

(1) 通勤費

通勤のために必要な交通機関の利用又は交通用具の使用のための支出（航空機の利用に係るものを除く。）で，その通勤の経路及び方法がその者の通勤に係る運賃，時間，距離その他の事情に照らして最も経済的かつ合理的であることにつき給与等の支払者により証明がされたもののうち，一般の通勤者につき通常必要であると認められる次に掲げる支出

イ　交通機関を利用する場合……その年中の運賃及び料金（特別車両料金等を除く。）の合計額（1月当たりの定期乗車券等の価額の合計額を限度とする。）

ロ　自動車等を使用する場合……その年中の燃料費，有料道路料金，修繕費（資本的支出部分及びその人の故意又は重大な過失により生じた事故に係る部分を除く。）でその者の通勤に係る部分の額

(2) 職務上の旅費

次に掲げる支出で，勤務する場所を離れて職務を遂行するために直接必要な旅行であることにつき給与等の支払者により証明がされたもので，その旅行に係る運賃，時間，距離その他の事情に照らし最も経済的かつ合理的と認められる通常の経路及び方法によるもの

イ　旅行に要する運賃及び料金（特別車両料金等及び航空機の客室の特別の設備の利用料金を除く。）

ロ　旅行に要する自動車等の使用に係る燃料費及び有料の道路の料金

ハ　上記ロの自動車等の修繕費（資本的支出部分及びその人の故意又は重大な過失により生じた事故に係る部分を除き，その旅行に係る部分に限る。）

(3) 転居費

転任に伴うものであることにつき給与等の支払者により証明がされた転居のために通常必要であると認められる次に掲げる支出（転任の事実が生じた日以後1年以内にする自己又は配偶者等の親族の転居のための支出に限る。）

イ　転居のための旅行に通常必要であると認められる運賃及び料金（特別車両料金等及び航空機の客室の特別の設備の利用料金を除く。）の額

— 292 —

ロ　転居のために自動車を使用することにより支出する燃料費，有料道路料金の額

ハ　転居に伴う宿泊費の額（通常必要と認められる額を著しく超える部分を除く。）

ニ　転居のための家具等の運送費用（これに付随するものを含む。）の額

(4)　研修費

職務の遂行に直接必要な技術又は知識を習得することを目的として受講する研修（人の資格を取得するためのものを除く。）であることにつき給与等の支払者又はキャリアコンサルタントにより証明がされたもののための支出

(注)　キャリアコンサルタントにより証明がされた研修費は，厚生労働大臣が指定する教育訓練給付指定講座に関するものに限られます。

(5)　資格取得費

人の資格を取得するための支出で，その支出がその者の職務の遂行に直接必要なものとして給与等の支払者又はキャリアコンサルタントにより証明がされたもの

(注)　キャリアコンサルタントにより証明がされた資格取得費は，厚生労働大臣が指定する教育訓練給付指定講座に関するものに限られます。

(6)　帰宅旅費

転任に伴い生計を一にする配偶者との別居を常況とすることとなった場合や配偶者と死別し又は離婚した人が，基礎控除以下の総所得金額等（716ページ参照）を有する子，又は特別障害者（712ページ参照）である子との別居を常況とすることとなった場合に該当することにつき給与等の支払者により証明がされた場合におけるその者の勤務する場所又は居所とその配偶者等が居住する場所との間のその者の旅行に通常要する支出のうち特定のもの（特別車両料金等及び航空機の客室の特別の設備の利用料金を除く。）

(7)　勤務必要経費

次に掲げる支出（その支出の額の合計額が65万円を超える場合には，65万円までの支出に限る。）で，その支出がその者の職務の遂行に直接必要なものとして給与等の支払者により証明されたもの

イ　書籍，定期刊行物その他の図書で職務に関連するもの及び制服，事務服その他の勤務場所において着用することが必要とされる衣服を購入するための支出

ロ　交際費，接待費その他の費用で，給与等の支払者の得意先，仕入先その他職務上関係のある者に対する接待，供応，贈与その他これらに類する行為のための支出

手続と必要な書類　特定支出控除の特例は，申告書等（確定申告書，修正申告書又は更正請求書）に，**所得税法第57条の2**と記載するとともに，特定支出の額の合計額を記載し，特定支出に関する明細書及び給与等の支払者の証明書の添付がある場合に限り適用することができます。また，特定支出の事実及び支出した金額を証する次に掲げる書類を申告書等に添付し，又は提出の際に提示しなければなりません（法57の2③④，令167の4，167の5，規36の5，36の6）。

(1)　特定支出(1)～(5)及び(7)の支出……領収書など支出の事実及び金額を証する書類

(2)　特定支出(6)の支出……領収書など支出の事実及び金額を証する書類のほか，次の書類

イ　航空機を利用する場合……搭乗年月日，搭乗区間につき，航空運送事業者が証明した書類

ロ　鉄道，船舶，自動車を利用する場合……一の交通機関の利用に係る運賃及び料金の額が15,000円以上の場合には，鉄道等の利用年月日，乗車等の区間につき，鉄道事業者等が証明した書類

給与所得（特定の取締役等の非課税）

特定の取締役等が受ける新株予約権の行使による株式の取得に係る経済的利益の非課税等

(1) 会社法の規定に基づく決議により新株予約権（無償で発行されたものに限る。）を与えられる者とされたその決議（以下「付与決議」という。）のあった株式会社若しくはその株式会社が発行済株式（議決権のあるものに限る。）若しくは出資の総数若しくは総額の100分の50を超える数若しくは金額の株式（議決権のあるものに限る。）若しくは出資を直接若しくは間接に保有する関係その他の関係にある法人の取締役等若しくはその取締役等の相続人（以下「権利承継相続人」という。）又はその株式会社若しくはその法人の特定従事者が，その付与決議に基づきその株式会社とその取締役等又はその特定従事者との間に締結された契約により与えられたその新株予約権（その新株予約権に係る契約において一定の要件が定められているものに限る。以下「特定新株予約権」という。）をその契約に従って行使することによりその特定新株予約権に係る株式の取得をした場合には，その株式の取得に係る経済的利益については，所得税が課税されないこととされています（措法29の2①本文）。ただし，その取締役等若しくは権利承継相続人又はその特定従事者（以下「権利者」という。）が，その特定新株予約権の行使をすることにより，その年におけるその行使に係る払込金額（以下「権利行使価額」という。）とその権利者がその年において既にしたその特定新株予約権及び他の特定新株予約権の行使に係る権利行使価額との合計額が，1,200万円を超えることとなる場合には，その1,200万円を超えることとなる特定新株予約権の行使による株式の取得に係る経済的利益については，所得税が課税されます（措法29の2①但書）。

(注) 1　上記の「取締役等」とは，上記の株式会社又は法人の取締役，執行役又は使用人である個人（その付与決議のあった日においてその株式会社の大口株主又は大口株主の特別関係者（大口株主の親族，大口株主から受ける金銭等により生計を維持している者その他の者をいう。以下同じ。）に該当する者を除く。）をいう。以下同じ。なお，この「大口株主」とは，上記の株式会社の株式の次に掲げる区分に応じ次に定める数を有していた個人をいいます（措法29の2①，措令19の3③）。以下同じです。

①　上場等がされている株式……その株式会社の発行済株式の総数の10分の1を超える数

②　上記①に掲げる株式以外の株式……その株式会社の発行済株式の総数の3分の1を超える数

2　上記の「特定従事者」とは，上記の株式会社又は法人の取締役，執行役及び使用人である個人以外の個人で次に掲げる要件を満たす者をいいます（措法29の2①）。以下同じです。

①　中小企業等経営強化法の認定新規中小企業者等に該当する株式会社が同法の認定社外高度人材活用新事業分野開拓計画（新株予約権の行使の日以前に認定の取消しがあったものを除く。）に従って行う同法の社外高度人材活用新事業分野開拓に従事する同法の社外高度人材であること。

②　その認定社外高度人材活用新事業分野開拓計画に従って新株予約権を与えられるその社外高度人材であること。

③　その認定社外高度人材活用新事業分野開拓計画の実施時期の開始の日から新株予約権の行使の日まで引き続き居住者であること。

④　付与決議のあった日においてその株式会社の大口株主又は大口株主の特別関係者に該当しないこと。

(2) 上記(1)の契約において定められるべき一定の要件は，次に掲げる要件（その新株予約権が取締

給与所得（特定の取締役等の非課税）

役等に対して与えられたものである場合には、①から⑥までに掲げる要件）とされています（措法29の2①、措令19の3⑥〜⑧、措規11の3①）。

① 新株予約権の行使は、付与決議の日後2年を経過した日から付与決議の日後10年を経過する日までの間に行わなければならないこと。

  (注) 取締役等又は特定従事者が令和5年4月1日以後に行われる付与決議に基づき締結される契約により与えられる特定新株予約権に係る株式については、その新株予約権に係る契約を締結した株式会社が次に掲げる要件を満たすものである場合には、その新株予約権の行使は、付与決議の日後15年（原則：10年）を経過する日までの間に行わなければならないこととされ、権利行使の期間が延長されています（令5改正法附31）。
    イ 株式会社が、付与決議の日においてその設立の日以後の期間が5年未満であること。
    ロ 株式会社が、付与決議の日において金融商品取引所に上場されている株式又は店頭売買登録銘柄として登録されている株式を発行する会社以外の会社であること。

② 新株予約権の行使に係る権利行使価額の年間の合計額が、1,200万円を超えないこと。

③ 新株予約権の行使に係る1株当たりの権利行使価額は、その新株予約権に係る契約を締結した株式会社の株式の契約の締結時における1株当たりの価額に相当する金額以上であること。

  (注) 上記の「1株当たりの価額」については、措置法通達29の2－1において次のとおりとされている。

（措置法第29条の2第1項第3号の1株当たりの価額）

措通29の2－1 措置法第29条の2第1項第3号の「1株当たりの価額」は、所得税基本通達23〜35共－9の例により算定するのであるが、新株予約権を発行する株式会社（以下「発行会社」という。）が、取引相場のない株式の「1株当たりの価額」につき、昭和39年4月25日付直資56・直審（資）17「財産評価基本通達」（法令解釈通達）（以下「財産評価基本通達」という。）の178から189－7までの例によって算定した価額としているときは、次によることを条件として、これを認める。

(1) 「1株当たりの価額」につき財産評価基本通達179の例により算定する場合（同通達189－3の(1)において同通達179に準じて算定する場合を含む。）において、新株予約権を与えられる者が発行会社にとって同通達188の(2)に定める「中心的な同族株主」に該当するときは、発行会社は常に同通達178に定める「小会社」に該当するものとしてその例によること。

(2) 発行会社が土地（土地の上に存する権利を含む。）又は金融商品取引所に上場されている有価証券を有しているときは、財産評価基本通達185に定める「1株当たりの純資産価額（相続税評価額によって計算した金額）」の計算に当たり、これらの資産については、新株予約権に係る契約時における価額によること。

(3) 財産評価基本通達185の本文に定める「1株当たりの純資産価額（相続税評価額によって計算した金額）」の計算に当たり、同通達186－2により計算した評価差額に対する法人税額等に相当する金額は控除しないこと。

  (注) 発行会社が、会社法第108条第1項に掲げる事項について内容の異なる種類の株式を発行している場合には、その内容を勘案して「1株当たりの価額」を算定することに留意する。

---

④ 新株予約権については、譲渡をしてはならないこととされていること。

⑤ 新株予約権の行使に係る株式の交付がその交付のために付与決議がされた会社法に定める事項に反しないで行われるものであること。

⑥ 新株予約権の行使により取得をする株式につき、その行使に係る株式会社と金融商品取引業者等との間であらかじめ締結される新株予約権の行使により交付をされるその株式会社の株式

の振替口座簿への記載若しくは記録，保管の委託又は管理及び処分に係る信託（以下「管理等信託」という。）に関する取決めに従い，その取得後直ちに，株式会社を通じて，その金融商品取引業者等の振替口座簿に記載若しくは記録を受け，又はその金融商品取引業者等の営業所等に保管の委託若しくは管理等信託がされること。

（注）　上記の取決めは，その振替口座簿への記載若しくは記録若しくは保管の委託に係る口座又はその管理等信託に係る契約が権利者の別に開設され，又は締結されるものであること，その口座又は契約においては新株予約権の行使により交付をされるその株式会社の株式以外の株式を受け入れないことその他の一定の要件が定められるものに限ることとされています（措法29の2①六，措令19の3⑦，措規11の3①）。

⑦　契約により新株予約権を与えられた者は，契約を締結した日から新株予約権の行使の日までの間において国外転出をする場合には，国外転出をする時までにその新株予約権に係る契約を締結した株式会社にその旨を通知しなければならないこと。

⑧　契約により新株予約権を与えられた者に係る中小企業等経営強化法の認定社外高度人材活用新事業分野開拓計画につき新株予約権の行使の日以前に認定の取消しがあった場合には，その新株予約権に係る契約を締結した株式会社は，速やかにその者にその旨を通知しなければならないこと。

""""""""" 参 考 事 項 """""""""

所得税の源泉徴収　給与等については，常時2人以下の家事使用人のみに対して給与等の支払をする者から支払われる場合を除き，その支払の際に所得税及び復興特別所得税が源泉徴収されます（法183①，184，復興財確法28①）。

なお，給与所得者の扶養控除等申告書を提出した人がその申告書の経由先から支払を受ける給与等については，その年中に支払の確定した給与等の金額が2,000万円以下である場合には，その年最後の給与等の支払を受ける際に，年末調整によってその年中に支給された給与等の総額に対する所得税額の過不足が精算されることになっています（法190）。

したがって，給与等の年額が2,000万円以下の人は，通常は確定申告書を提出する必要がありませんが，給与等を2か所以上から支給されていて一定の条件に該当する場合や給与所得以外の所得の金額が20万円を超えるなどの場合には，確定申告をしなければならないことになっています（給与所得者が確定申告を要する場合については，858ページ参照）。

譲渡所得

譲渡所得とは

　譲渡所得とは，資産の譲渡による所得をいいます（法33①）。
　なお，譲渡には，売買，交換，競売，公売，収用，物納，代物弁済，財産分与，贈与（法人に対するものに限る。），相続（限定承認によるものに限る。），遺贈（法人に対するもの及び個人に対する包括遺贈のうち限定承認によるものに限る。），現物出資などによる資産の移転のほか，借地権又は地役権の設定その他契約によって他人に土地を長期間使用させる行為で一定の条件を備えるものを含みます（法59，令79）。
　（注）　共有地をその持分に応じて現物分割をした場合には，その分割による土地の譲渡はなかったものとされています（基通33―1の7）。

　譲渡所得の基因とされない資産　譲渡所得の基因となる資産は，一般的には，土地（借地権等を含む。），建物，機械等の有形固定資産又は漁業権，特許権，著作権，営業権等の権利のほか，借家権又は行政官庁の許可，認可，割当て等により発生した事実上の権利も含まれます（基通33―1）。
　ただし，次に掲げる資産は含まれません（法33②，令81）。
(1)　棚卸資産及びこれに準ずる次に掲げる資産
　　イ　不動産所得，山林所得又は雑所得を生ずべき業務に関する棚卸資産に準ずる資産
　　ロ　取得価額が10万円未満の少額減価償却資産（業務の性質上基本的に重要なもの（注）を除く。）又は使用可能期間が1年未満の減価償却資産
　　ハ　業務の用に供した取得価額が20万円未満の一括償却資産の必要経費算入（令139①）の適用を受けた減価償却資産（業務の性質上基本的に重要なもの（注）を除く。）
　　（注）　「業務の性質上基本的に重要なもの」とは，業務の遂行上直接必要な減価償却資産でその業務の遂行上欠くことのできないもの（以下「少額重要資産」という。）をいい，少額重要資産の譲渡による所得は原則として譲渡所得とされますが，貸衣装業における衣装類，パチンコ店におけるパチンコ器などのように，事業の用に供された後において反復継続して譲渡することがその事業の性質上通常であるものの譲渡による所得は，事業所得とされます（基通27―1，33―1の2）。
(2)　営利を目的として継続的に譲渡される資産
(3)　山林
(4)　金銭債権

　課税されない譲渡所得　次に掲げる資産の譲渡による所得については，課税されません。
(1)　生活用動産の譲渡による所得（法9①九，令25，3ページ参照）
　　ここにいう生活用動産とは，自己又は配偶者その他の親族が生活の用に供する家具，じゅう

器，衣服などをいいます。なお，１個又は１組の価額が30万円を超える貴石，半貴石，貴金属，書画，骨とう及び美術工芸品などは，生活用動産であってもその譲渡による所得は課税されます。

(2) 強制換価手続による資産（譲渡所得の基因となる資産をいう。以下同じ。）の譲渡による所得（法9①十，令26，通法2十，3ページ参照）

　　資力を喪失して債務を弁済することが著しく困難である場合の強制換価手続（滞納処分，強制執行，担保権の実行としての競売，企業担保権の実行手続及び破産手続をいう。）による資産の譲渡による所得及び資力を喪失して債務を弁済することが著しく困難であり，かつ，強制換価手続の執行が避けられないと認められる場合における資産の譲渡による所得で，その譲渡に係る対価がその債務の弁済に充てられたものに限ります。

(3) 次に掲げるものの譲渡による所得（措法37の15①，措令25の14の3）

　イ　割引の方法により発行される公社債（租税特別措置法施行令第26条の15第1項に掲げるものに限る。）で，次の(イ)から(ハ)まで以外のもの

　　(イ)　外貨公債の発行に関する法律の規定により発行される一定の外貨債

　　(ロ)　特別の法令により設立された法人がその法令の規定により発行する債券のうち一定のもの

　　(ハ)　平成28年1月1日以後に発行された公社債（次のロ及びニに掲げるものを除く。）

　ロ　預金保険法に規定する長期信用銀行債等

　ハ　貸付信託の受益権

　ニ　農林水産業協同組合貯金保険法に規定する一定の農林債

(4) 国又は地方公共団体に対して財産の贈与又は遺贈をしたことによる所得（措法40①）

(5) 公益法人等（公益社団法人，公益財団法人，一定の特定一般法人その他の公益を目的とする事業を行う法人（外国法人に該当するものを除く。））に対して財産の贈与又は遺贈をしたことによる所得で一定の要件を満たすものとして国税庁長官の承認を受けたもの（措法40①）

　　なお，国税庁長官の承認を受けようとするときは，財産を取得する公益法人等の事業の目的，その財産の明細などを記載した申請書に，その申請書の記載事項が事実であることをその法人が確認した書面を添付して，その贈与等のあった日から4月以内（その期間の経過する日前にその贈与等があった日の属する年分の所得税の確定申告書の提出期限が到来する場合には，その提出期限まで）に納税地の所轄税務署長を経由して国税庁長官に提出しなければなりません（措令25の17，措規18の19①）。

(6) 国等に対して重要文化財を譲渡したことによる所得

　　文化財保護法第27条第1項の規定により重要文化財として指定されたもの（土地を除く。）を国（独立行政法人国立文化財機構，独立行政法人国立美術館及び独立行政法人国立科学博物館を含む。），地方公共団体，地方独立行政法人のうち一定のもの又は文化財保存活用支援団体のうち一定のものに譲渡した場合（文化財保存活用支援団体に譲渡した場合には，一定の場合に限る。）の譲渡所得が該当します（措法40の2）。

(7) 相続税の物納をしたことによる所得（措法40の3）

(8) 債務処理計画に基づき資産を贈与したことによる所得（措法40の3の2）

　　平成25年4月1日から令和7年3月31日までの間に，一定の要件の下で資産を贈与した場合に限ります。

極めて長期間保有していた不動産の譲渡による所得　固定資産である不動産を継続して譲渡している場合の所得は事業所得又は雑所得となります（法33②一）が，その不動産（販売目的で取得したものを除く。）が極めて長期間（おおむね10年以上）保有されていたものであるときのその不動産の譲渡による所得は譲渡所得に当たるものとされます（基通33─3）。

土地に区画形質の変更等を加えて譲渡した場合の所得　次の場合の所得は，その全部が原則として事業所得又は雑所得となります（基通33─4，33─5）。
(1)　固定資産である土地に区画形質の変更を加え，若しくは水道等の施設を設置して宅地等にして譲渡した場合の所得
(2)　土地に建物を建設して譲渡した場合の所得
　ただし，(1)の場合には，土地の面積が小規模（おおむね3,000㎡以下）であるとき又は土地区画整理法や土地改良法などの法律の規定に基づいて行われたものであるときは，譲渡所得になります。また，その土地が極めて長期間（おおむね10年以上）保有されていたものであるときは，その土地等の譲渡による所得のうち，区画形質の変更等の加工行為に着手するまでに生じた土地の値上り益に対応する部分は譲渡所得とし，その後に生じた加工行為による利益に対応する部分は事業所得又は雑所得とすることとされています。この場合，譲渡所得の収入金額は区画形質の変更等に着手する直前におけるその土地の価額とします。
（注）　長期保有土地等の譲渡による所得の計算上，その土地，建物等の譲渡に要した費用は，全て事業所得又は雑所得の金額の計算上必要経費に算入します。

土地信託（分譲方式）による信託配当　土地信託（分譲方式）とは，土地等の所有者が信託銀行に土地等を信託し，信託銀行がその信託財産を分譲（信託銀行がその土地に建物を建築して分譲する場合を含む。）し，信託配当を委託者に支払うというものです。土地信託により土地等の所有権が信託銀行に移転しますが，税務上はこの時点で譲渡があったとはされず，分譲した時点で委託者が直接譲渡したものとされます。したがって，信託配当であっても，譲渡所得，事業所得又は雑所得として課税されることになります（旧昭61．7．9直審5─6，20・573ページ参照）。
　また，土地所有者（当初委託者兼受益者）が受益権を分割し，投資家に譲渡した場合には，その受益権の目的となっている信託財産が受益権の割合で一括して譲渡されたものとして所得税が課税されることとなります（旧平10．3．13課審5─1）。
（注）　この取扱いは，原則として，平成19年9月30日前に効力を生じている信託についてのものであり，同日以後に効力を生じる信託についての取扱いは，信託課税（20ページ）を参照してください（平19．6．22課審1─16本文なお書）。

ゴルフ会員権の譲渡による所得　ゴルフクラブの会員である個人が，その会員である地位（会員権）を譲渡した場合の所得は，事業所得又は雑所得とされる場合を除き，譲渡所得として課税されます（基通33─6の2）。
　有価証券の譲渡がゴルフ場等の施設利用権の譲渡に類似する場合も同様です（基通33─6の3）。

譲渡所得（譲渡所得とは・所得金額の計算）

土石等の譲渡による所得 土地の所有者が，その土地の地表や地中の土石，砂利などを譲渡した場合の所得は，事業所得や雑所得とされる場合を除き，譲渡所得となります（基通33—6の5）。

⸻⸻ 所 得 金 額 の 計 算 ⸻⸻

譲渡所得の金額＝（譲渡益）－（譲渡所得の特別控除額）

$$譲渡益＝\left\{\begin{matrix}短期譲渡所得\\の総収入金額\end{matrix}－\left(\begin{matrix}譲渡資産\\の取得費\end{matrix}＋\begin{matrix}譲渡\\費用\end{matrix}\right)\right\}＋\left\{\begin{matrix}長期譲渡所得\\の総収入金額\end{matrix}－\left(\begin{matrix}譲渡資産\\の取得費\end{matrix}＋\begin{matrix}譲渡\\費用\end{matrix}\right)\right\}$$

(注)1　特別控除額は，まず，短期譲渡所得に係る譲渡益の部分から控除します（法33⑤）。

　　2　総所得金額を計算する場合には，長期譲渡所得の金額は，その2分の1に相当する金額が他の所得の金額と総合されることになっています（法22②）。

　　3　消費税等の取扱いについては107ページ以降を参照してください。

譲渡所得について確定申告書に記載すべき事項 譲渡所得については，租税特別措置法による譲渡所得の課税の特例の適用を受ける場合には，その特例に応じた記載事項及び書類の添付が義務付けられており，また，株式等に係る譲渡所得等についても計算明細書の添付が義務付けられていますが，一般の土地建物等や総合課税の対象となる資産の譲渡所得については，確定申告書に，次の事項を記載することとされています（規47③四）。

譲渡所得の基因となった資産につき，

(1)　その資産の種類及び数量並びにその資産の譲渡の年月日及び取得の年月日

(2)　その資産の譲渡による収入金額並びにその資産の取得費及びその譲渡に要した費用の額

(3)　その資産が家屋その他使用又は期間の経過により減価する資産である場合には，次の金額の合計額（法38②，令85）

① 　その資産が不動産所得，事業所得，山林所得又は雑所得を生ずべき業務の用に供されていた期間について各年分の不動産所得の金額，事業所得の金額，山林所得の金額又は雑所得の金額の計算上必要経費に算入されるその資産の償却費の額の累積額

② 　①以外の期間についてその資産の取得に要した金額並びに設備費及び改良費の合計額につき，その資産と同種の減価償却資産に係る耐用年数を1.5倍した年数により旧定額法に準じて計算した金額に①以外の期間に係る年数（6月以上の端数は1年とし，6月に満たない端数は切り捨てる。）を乗じて計算した金額

(注)1　その資産が相続（限定承認に係るものを除く。2において同じ。）又は遺贈（包括遺贈のうち限定承認に係るものを除く。2において同じ。）により取得した配偶者居住権である場合には，上記(3)の記載事項に代えて，その配偶者居住権の消滅について令第169条の2第2項の規定により計算した金額（配偶者居住権の設定から消滅までの期間に係る減価額）を記載することとされています（規47③四ニ）。

　　2　その資産が相続又は遺贈により取得した配偶者敷地利用権（配偶者居住権の目的となっている建物の敷地の用に供される土地等をその配偶者居住権に基づき使用する権利をいう。以下同じ。）である場合には，上記(3)の記載事項に代えて，その配偶者敷地利用権の消滅について令第169条の2第4項の規定により計算した金額（配偶者敷地利用権の設定から消滅までの期間に係る減価額）を記

載することとされています（規47③四ホ）。
3 　固定資産の交換の場合の譲渡所得の特例（法58）又は資産の譲渡代金が回収不能となった場合等の所得計算の特例（法64）の適用を受ける場合には，これらの特例に関する事項を記載することとされています（規47③十一，十四）。
4 　国外転出をする場合の譲渡所得等の特例（法60の2①～③）の適用を受ける場合には，①国外転出の日又はその予定日②対象資産の種類別及び名称又は銘柄別の数量，法第60条の2第1項各号，第2項各号又は第3項各号に規定する金額，取得費並びに取得又は取引開始の年月日を記載することとされています（規47③十二）。
5 　贈与等により非居住者に資産が移転した場合の譲渡所得等の特例（法60の3①～③）の適用を受ける場合には，①贈与の日又は相続の開始の日，②対象資産の移転を受けた受贈者，相続人又は受贈者の氏名及び住所又は居所，③対象資産の種類別及び名称又は銘柄別の数量，法第60条の3第1項から第3項に規定する金額，取得費並びに取得又は取引開始の年月日，④遺産分割等があった場合の期限後申告等の特例（法151の5①～③）の規定に該当してこれらの規定に規定する申告書を提出する場合には，これらの規定の適用がある旨，その適用に係る遺産分割等の事由の別及びその遺産分割等の事由が生じた年月日を記載することとされています（規47③十三）。

短期譲渡所得と長期譲渡所得

　短期譲渡所得とは，資産の譲渡で，その資産の取得の日以後5年以内にされたものによる所得（自己の研究の成果である特許権，実用新案権その他の工業所有権，自己の育成の成果である育成者権，自己の著作に係る著作権及び自己の探鉱により発見した鉱床の採掘権の譲渡による所得並びに相続又は遺贈により取得した一定の配偶者居住権及び配偶者居住権の目的となっている建物の敷地の用に供される土地等をその配偶者居住権に基づき使用する権利の消滅による所得を除く。）をいい，長期譲渡所得とは，短期譲渡所得以外の資産の譲渡による所得をいいます（法33③，令82）。

　ただし，土地等（土地若しくは土地の上に存する権利をいう。），建物等（建物及びその附属設備若しくは構築物をいう。）又は特定の株式等（326ページ（注）2参照）については，譲渡をした年の1月1日において所有期間が5年以下であるもの（その年中に取得したものを含む。）が短期譲渡所得，それ以外が長期譲渡所得となります（措法31①，32①②）。

譲渡所得（所得金額の計算）

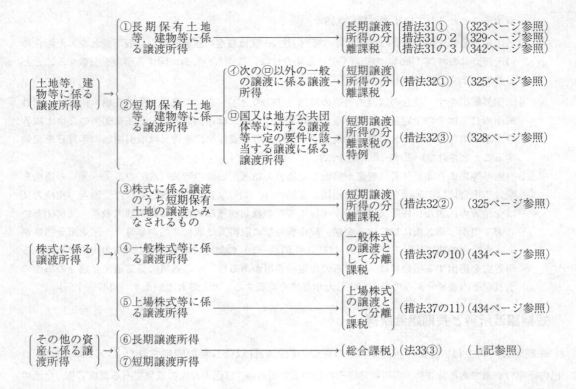

資産の取得の日　譲渡した資産の取得の日は，次に掲げる資産については，それぞれの日とされます。
(1)　他から取得した資産……その引渡しを受けた日。ただし，譲渡契約の効力発生の日とすることもできます（基通33─9(1)，36─12）。
(2)　自ら建設等（建設，製作又は製造をいう。）をした資産……その建設等が完了した日（基通33─9(2)）
(3)　他に請け負わせて建設等をした資産……その引渡しを受けた日（基通33─9(3)）
(4)　固定資産を交換した場合の課税の特例(317ページ参照)，収用等に伴い代替資産を取得した場合の課税の特例(346ページ参照)，交換処分等に伴い資産を取得した場合の課税の特例(356ページ参照)，換地処分等に伴い資産を取得した場合の課税の特例(359ページ参照)又は特定の交換分合により土地等を取得した場合の課税の特例(428ページ参照)の適用を受けて取得した資産……それらの資産の取得の原因となった譲渡した旧資産の取得の日（令168，措法33の6①，37の6④，措通31・32共─5(1)）
(5)　贈与などによって取得した資産（法60）
　　イ　贈与，相続（限定承認に係るものを除く。）又は遺贈（包括遺贈のうち限定承認に係るものを除く。）により取得した資産……その贈与者，被相続人又は遺贈者がそれぞれ取得した日
　　ロ　個人からの低額譲渡（譲渡の対価の額が時価の2分の1未満で，かつ，その対価の額がその資産に係る譲渡所得の金額の計算上控除される取得費及び譲渡に要した費用の合計額に満たない場合に限る。）により取得した資産……低額譲渡をした人が取得した日
　　ハ　相続（限定承認に係るものに限る。）又は遺贈（包括遺贈のうち限定承認に係るものに限る。）により取得した資産……その相続又は遺贈を受けた日
　(注)　昭和47年12月31日以前に贈与などによって取得した資産の取得の日については，贈与などの態様及びその時期によってそれぞれ異なります（基通60─1）。

土地建物等の譲渡所得の分離課税（323ページ参照）
土地の譲渡等に係る事業所得等の課税の特例（272ページ参照）

総 収 入 金 額

収入の時期

　譲渡所得の総収入金額の収入すべき時期は，譲渡所得の基因となる資産の引渡しがあった日によります。ただし，その資産の譲渡に関する契約の効力発生の日により総収入金額に算入して申告することもできます（基通36—12）。

　また，農地法第3条第1項《農地又は採草放牧地の権利移動の制限》若しくは第5条第1項本文《農地又は採草放牧地の転用のための権利移動の制限》の規定による許可を受けなければならない農地等（農地若しくは採草放牧地をいう。）の譲渡又は同条第1項第7号の規定による届出をしてする農地等の譲渡については，農地等の引渡しがあった日又はその農地等の譲渡に関する契約が締結された日のいずれかの日によります。

(注) 1　譲渡所得の総収入金額の収入すべき時期は，資産の譲渡の当事者間で行われるその資産に係る支配の移転の事実（例えば，土地の譲渡の場合における所有権移転登記に必要な書類等の交付）に基づいて判定をした資産の引渡しがあった日となりますが，その収入すべき時期は，原則として譲渡代金の決済を了した日より後にはなりません（基通36—12(注)1）。
　　 2　農地等の譲渡について，農地法第3条又は第5条に規定する許可を受ける前又は届出前にその農地等の譲渡に関する契約が解除された場合（再売買と認められるものを除く。）には，国税通則法第23条第2項の規定により，その契約が解除された日の翌日から2月以内に更正の請求をすることができます（基通36—12(注)2）。

時価をもって収入金額とみなされる場合

　譲渡所得の基因となる資産が次の事由によって移転した場合には，その事由が生じた時に，時価で資産の譲渡があったものとみなされます（法59①，令169）。
(1) 贈与（法人に対するものに限る。）又は相続（限定承認に係るものに限る。）若しくは遺贈（法人に対するもの及び個人に対する包括遺贈のうち限定承認に係るものに限る。）
(2) 低額譲渡（時価の2分の1未満の価額を対価とする資産の譲渡で，法人に対するものに限る。）

借地権又は地役権の設定が資産の譲渡とみなされる場合

(1) 借地権又は地役権の設定（借地権の設定されている土地の転貸その他他人にその土地を使用させる行為を含む。）により支払を受ける金額が，次のイからハまでに掲げる場合の区分に応じそのそれぞれに掲げる金額の50％相当額を超えるものは資産の譲渡とみなされ，その対価として支払を受ける権利金等が譲渡所得の収入金額になります（令79①，規19の2）。
　なお，ここでいう「借地権」とは，建物若しくは構築物の所有を目的とする地上権又は賃借権の設定をいい，「地役権」とは，特別高圧架空電線の架設，特別高圧地中電線若しくはガス事業者が供給する高圧のガス導管の敷設，飛行場の設置，懸垂式鉄道若しくは跨座式鉄道の敷設又は導流堤等の設置，都市計画法に規定する公共施設の設置若しくは特定街区内における建築物の建築のために設定されたもので，建造物の設置を制限するもののみをいいます。

譲渡所得（総収入金額）

（注） その借地権又は地役権の設定行為が，営利を目的として継続的に行われる場合は，譲渡所得ではなく事業所得又は雑所得の収入金額となります（令94②）。

イ　その設定が建物若しくは構築物の全部の所有を目的とする借地権又は地役権の設定である場合……その土地（借地権者の場合には，その借地権）の価額。ただし，その設定が地下若しくは空間について上下の範囲を定めた借地権若しくは地役権の設定である場合又は導流堤等若しくは河川法に規定する遊水地その他一定のこれに類するものの設置を目的とした地役権の設定である場合には，その土地の価額の2分の1相当額

ロ　その設定が建物又は構築物の一部の所有を目的とする借地権の設定である場合……次の算式によって計算した金額

$$\left(\begin{array}{l}\text{その土地（借地権者の場合}\\\text{には，その借地権）の価額}\end{array}\right) \times \dfrac{\left(\begin{array}{l}\text{その借地権に係る建物又}\\\text{は構築物の一部の床面積}\end{array}\right)}{\text{（その建物又は構築物の床面積）}}$$

（注） 床面積は，借地権の設定の対価の額が，その建物又は構築物の階その他利用の効用の異なる部分ごとにその異なる効用を基として適正な割合を勘案して算定されているときは，その割合による調整後の床面積によって計算します。

ハ　その設定が施設又は工作物の全部の所有を目的とする地下について上下の範囲を定めた借地権の設定である場合……次の算式によって計算した金額

$$\left(\begin{array}{l}\text{その土地（借地権者の場合には，そ}\\\text{の借地権）の価額の2分の1相当額}\end{array}\right) \times \dfrac{\begin{array}{l}\text{その借地権の設定される範囲のうち最も浅い}\\\text{部分の深さからその大深度（注）までの距離}\end{array}}{\text{その土地における地表から大深度までの距離}}$$

（注） その借地権の設定される範囲より深い地下であってその大深度よりも浅い地下において既に地下について上下の範囲を定めた他の借地権が設定されている場合には，その借地権の範囲のうち最も浅い部分の深さとします。

(2)　借地権の設定されている土地を他人に使用させることによって，その使用直前の土地の利用状況に比べて土地の所有者及び借地権者がともに土地の利用を制限されることとなる場合には，これらの人がその使用の対価として支払を受ける権利金などの金額の合計額を(1)の支払を受ける金額とみなして計算し，その金額が(1)のイ〜ハの区分に応ずるそのそれぞれの金額の50％相当額を超えるときも，その支払を受ける金額は，譲渡所得の収入金額になります（令79②）。

（注） 前記の(1)の場合に，借地権又は地役権の設定の対価として支払を受ける金額が，その設定によって支払を受ける地代の年額の20倍相当額以下であるときは，その設定は，資産の譲渡には該当しないものと推定されることになっています（令79③）。したがって，この場合の権利金などは，譲渡所得の収入金額としないで，不動産所得の収入金額として課税されることになります。

特別の経済的な利益の収入金額加算　借地権又は地役権の設定の対価が譲渡所得の収入金額として課税される場合に，土地の所有者又は借地権者が，借地人又は転借人から権利金などのほかに無利子若しくは極めて低い利率で金銭の貸付けを受けるなど，通常の場合の金銭の貸付けの条件に比べて特に有利な条件で金銭の貸付けを受けるなどの特別の経済的な利益を受けるときは，借地権又は地役権の設定の対価の額にその特別の経済的な利益の額を加算して収入金額を計算します（令80①）。

なお，特別の経済的な利益の額は，次の算式で計算することになります（令80②）。

$$\left(\begin{array}{l}\text{貸付けを受}\\\text{けた金額}\end{array}\right) - \left(\begin{array}{l}\text{貸付けを受けた金額について通常の利率（利息の約定があるとき}\\\text{は，その利息についての利率を差し引いた利率）の2分の1に相}\\\text{当する利率により複利の方法で計算した現在価値に相当する金額}\end{array}\right) = \begin{array}{l}\text{特別の経済的}\\\text{な利益の額}\end{array}$$

— 304 —

譲渡所得（総収入金額）

（注）　「通常の利率」は，金銭の貸付けを受けた日を含む月に適用される財産評価基本通達４―４に定める基準年利率とされています（基通33―14）。

＜特別の経済的な利益の額の計算例＞

令和５年１月中に，借地権を設定して，権利金300万円を受け取ったほかに50年間無利子の条件で1,000万円の貸付けを受けた場合の特別の経済的な利益の額は，次のように計算します。

(1)　権利金　　　　　　　　　　300万円

(2)　特別の経済的な利益の額の計算

令和５年１月の「通常の利率」は，年1.00％として計算することになっています（令和５年分の基準年利率について（法令解釈通達）による）ので，

$$1.00\% \times \frac{1}{2} = 0.50\%$$

利率0.50％，期間50年の複利現価率は0.779ですから，特別の経済的な利益の額は，次のようになります。

1,000万円－1,000万円×0.779＝221万円

【基準年利率】

《令和５年》　　　　　　　　　　　　　　　　　　　　　　　　　　　　　　　　　　（単位：％）

区分	返済期間	令和５年1月	2月	3月	4月	5月	6月	7月	8月	9月	10月	11月	12月
短期	1年	0.01	0.01	0.01	0.01	0.01	0.01						
	2年												
中期	3年	0.25	0.10	0.10	0.10	0.05	0.05						
	4年												
	5年												
	6年												
長期	7年以上	1.00	1.00	0.75	0.75	0.50	0.75						

（注）　７月以降は「『令和５年分の基準年利率について』の一部改正について」（法令解釈通達）において公表される率による。

《令和４年》　　　　　　　　　　　　　　　　　　　　　　　　　　　　　　　　　　（単位：％）

区分	返済期間	1月	2月	3月	4月	5月	6月	7月	8月	9月	10月	11月	12月
短期	1～2年	0.01	0.01	0.01	0.01	0.01	0.01	0.01	0.01	0.01	0.01	0.01	0.01
中期	3～6年	0.01	0.01	0.01	0.01	0.01	0.01	0.01	0.01	0.01	0.05	0.05	0.05
長期	7年以上	0.25	0.25	0.25	0.50	0.50	0.50	0.50	0.50	0.50	0.50	0.50	0.75

譲渡所得の収入金額とされる補償金等

契約（契約が成立しない場合には法令によってこれに代わる効果が認められる行政処分その他の行為を含む。）に基づいて，又は資産の消滅（価値の減少を含む。）を伴う事業でその消滅に対する補償を約して行うものの遂行によって譲渡所得の基因となる資産が消滅したこと（借地権の設定などによって価値が減少したことを除く。）に伴い，その消滅について一時に受ける補償金などは，譲渡所得の収入金額とされます（令95）。

借家人が受ける立退料　借家人が賃貸借の目的とされている家屋の立退きに際し受けるいわゆる

立退料のうち，借家権の消滅の対価に相当する部分の金額は，譲渡所得の収入金額に該当します（基通33―6）。

（注）　上記に該当しない立退料については一時所得となります（564ページ参照）。

譲渡した資産の取得費

譲渡所得の金額の計算上，収入金額から差し引く譲渡した資産の取得費とは，その資産の取得に要した金額並びに設備費及び改良費の額の合計額をいいます（法38①）。

資産の取得に要した金額　譲渡した資産の取得費には，次のものが含まれます。

(1)　購入した資産については，購入代金のほか，引取運賃，荷役費，運送保険料，購入手数料，関税（関税法第2条第1項第4号の2の附帯税を除く。），搬入費，据付費など（令126①一）

(2)　自己が建設，製作又は製造した資産については，建設等のために要した原材料費，労務費，経費（令126①二）

(3)　自己の土地上の建物をその借地人から取得した場合又は土地を建物と共に取得した場合において，その取得後おおむね1年以内にその建物の取壊しに着手するなど，その取得が土地を利用する目的であることが明らかである場合の建物の取壊し費用（基通38―1）

　　この建物の取得価額と取壊し費用の合計額（発生資材がある場合には，その発生資材の価額を控除した残額）が，その土地の取得費に算入されます。

(4)　取得に関して争いのある資産について，その所有権等を確保するために直接要した訴訟費用，和解費用等の額（基通38―2）

　　ただし，その支出した年分の事業所得などの金額の計算上，必要経費に算入されたものは除かれます（基通37―25）。

(5)　資産の取得のために借り入れた資金の利子のうち，その資金の借入れの日からその資産の使用開始の日まで又は使用しないで譲渡した場合の譲渡の日までの期間に対応する部分の金額（基通38―8）

　　ただし，事業所得などの金額の計算上，必要経費に算入されたものは除かれます。

(6)　資産（業務用のものを除く。）の取得に伴い納付することとなる登録免許税，登録手数料や不動産取得税（基通38―9）

　　業務用の資産に係る登録免許税等は，原則として，事業所得などの金額の計算上，必要経費に算入されます（36ページ参照）。

(7)　資産の取得をする契約を解除して他の資産を取得することとした場合に支出する違約金の額（基通38―9の3）

　　ただし，事業所得などの金額の計算上，必要経費に算入されたものは除かれます。

(8)　埋立て，土盛り，地ならし，切土，防壁工事など，土地の造成又は改良のために要した費用や上水道，下水道の工事費用（基通38―10）

　　これらの費用は土地の取得費に算入されますが，その規模や構造などからみて土地と区分して構築物とすることが適当であるものの費用は，その構築物の取得費とすることができます。

また，土地の測量費は事業所得などの金額の計算上，必要経費に算入したものを除き，土地の取得費に算入されます。

なお，専ら建物や構築物などの建設のために行う地質調査，地盤強化，地盛り，特殊な切土など土地の改良のために行うものでない工事に要した費用の額は，その建物や構築物などの取得費に算入されます。

資本的支出をした資産の取得価額（58ページ参照）
国庫補助金等によって取得した資産の取得価額（59ページ参照）
交換によって取得した資産の取得価額（60ページ参照）
買換資産等の取得価額（60ページ参照）
代替資産等の取得価額（60ページ参照）

設備費，改良費

設備費とは，資産を取得した後に付加した設備費用をいい，改良費とは，資産を取得した後にその資産に加えた改良のための費用をいいます。

取得費の計算

譲渡した資産が減価するものである場合の取得費　譲渡所得の基因となる資産が家屋などのように使用又は期間の経過により減価する資産である場合には，その取得費は，次のように計算します（法38②）。

(1) その資産が業務用資産(不動産所得，事業所得，雑所得又は山林所得を生ずべき業務の用に供される資産）としてだけ使用されたものである場合（法38②一）

$$\text{取得費} = \left(\text{取得に要した金額} + \text{設備費} + \text{改良費}\right) - \left(\text{業務の用に供していた期間内の各年分の各種所得の金額の計算上，必要経費に算入される償却費の額の累積額}\right)$$

(注)　令和3年分以後の所得税については，損益通算等の制限対象となった国外中古建物を譲渡した場合には，上記の「償却費の額の累積額」から，「その国外中古建物について生じなかったものとみなされた損失の金額に相当する金額の合計額」が控除されます（措法41の4の3③，635ページ参照）。

(2) その資産が非業務用資産としてだけ使用されたものである場合（法38②二，令85①）

$$\text{取得費} = \left(\text{取得に要した金額} + \text{設備費} + \text{改良費}\right) - \left(\text{減価の額}\right)$$

$$\text{減価の額} = \left(\text{取得に要した金額} + \text{設備費} + \text{改良費}\right) \times 0.9 \times \left(\begin{array}{c}\text{同種の減価償却資産の耐用年数}\\\text{に1.5を乗じて計算した年数に}\\\text{対応する旧定額法の償却率}\end{array}\right) \times \left(\text{経過年数}\right)$$

(注)　1.5を乗じて計算した年数の1年未満の端数は切り捨てます。また，経過年数の6月以上の端数は1年として，6月未満の端数は切り捨てます（令85②）。

(3) その資産の取得の日から譲渡の日までの期間内に業務用資産としての期間と非業務用資産としての期間とがある場合

$$\text{取得費} = \left(\text{取得に要した金額} + \text{設備費} + \text{改良費}\right) - \left\{\left(\begin{array}{c}\text{業務用として使用されて}\\\text{いた期間について計算し}\\\text{た(1)の償却費の累積額}\end{array}\right) + \left(\begin{array}{c}\text{非業務用として使用さ}\\\text{れていた期間について}\\\text{計算した(2)の減価の額}\end{array}\right)\right\}$$

贈与等によって取得した資産の取得費　贈与，相続，遺贈又は低額譲渡によって取得した資産の

譲渡所得（譲渡した資産の取得費）

取得費は，次のように計算します。

(1) 贈与等によって取得した資産の取得費

　　個人からの贈与，相続（限定承認に係るものを除く。），遺贈（包括遺贈のうち限定承認に係るものを除く。）又は個人からの低額譲渡（譲渡の対価の額が時価の２分の１未満で，かつ，その対価の額がその資産に係る譲渡所得の金額の計算上控除される取得費及び譲渡に要した費用の合計額に満たない場合に限る。）によって取得した資産については，その資産を取得した人が初めから引き続き所有していたものとみなして，その取得費を計算します（法60①）。

　　なお，その資産を取得した人が支出した登録免許税，不動産取得税などその資産を取得するために通常必要と認められる費用はその資産の取得費に算入できます（基通60―2）。

　　ただし，事業所得などの金額の計算上，必要経費に算入されたものは除かれます（基通37―5，49―3）。

　(注)　相続財産を一定期間内に譲渡した場合には，相続税額を取得費に加算する特例があります（措法39，547ページ参照）。

(2) 配偶者居住権付き建物等を譲渡した場合のその建物等の取得費

　　相続又は遺贈により取得した次の資産を譲渡した場合におけるその取得費については，上記(1)にかかわらず，それぞれ次に定めるところによります（法60②）。

　① 配偶者居住権付き建物……「その建物に配偶者居住権が設定されていないものと仮定した場合にその建物を譲渡した時において上記(1)により建物の取得費の額として計算される金額」から，「その建物を譲渡した時において配偶者居住権が消滅したものと仮定した場合に下記(3)①により配偶者居住権の取得費とされる金額」を控除します。

　② 配偶者居住権付き建物の敷地の用に供される土地……「その建物に配偶者居住権が設定されていないものと仮定した場合にその土地を譲渡した時において上記(1)により土地の取得費の額として計算される金額」から，「その土地を譲渡した時において配偶者敷地利用権が消滅したものと仮定した場合に下記(3)②により配偶者敷地利用権の取得費とされる金額」を控除します。

　(注)1　上記の「配偶者居住権付き建物」とは，配偶者居住権が設定された居住建物をいいます。また，「居住建物」とは，配偶者が相続開始時に居住していた被相続人の所有建物をいいます。以下同じです。

　(注)2　上記の「配偶者敷地利用権」とは，配偶者居住権に基づく敷地の使用権をいいます。以下同じです。

(3) 配偶者居住権等が消滅した場合のこれらの権利の取得費

　　相続又は遺贈により取得した次に掲げる権利が消滅した場合における譲渡所得の金額の計算については，上記(1)にかかわらず，それぞれ次のとおりとされます。この場合において，建物の取得費の計算のような取得費からの減価償却費の額の累積額相当額の控除は行いません（法60③）。

　① 配偶者居住権の消滅時の取得費

　　イ　その相続又は遺贈により配偶者居住権を取得した時において，その時に配偶者居住権付き建物を譲渡したものと仮定した場合にその建物の取得費の額として計算される金額のうちその時における配偶者居住権の価額に相当する金額に対応する部分の金額として一定の計算をした金額により配偶者居住権を取得したものとし，その金額から，配偶者居住権の存続期間

― 308 ―

を基礎として一定の計算をした金額を控除した金額をもって配偶者居住権の消滅時の取得費とされます。

ロ　上記イの「その時における配偶者居住権の価額に相当する金額に対応する部分の金額として一定の計算をした金額」は，上記イの「その建物の取得費の額として計算される金額」に，「次の(イ)に掲げる金額」が「次の(イ)及び(ロ)に掲げる価額の合計額（本来の居住建物の時価）」のうちに占める割合を乗じて計算した金額とされます（令169の２①）。

　(イ)　その相続開始の時において配偶者居住権につき相続税法の配偶者居住権等の評価の規定（相法23の２）を適用した場合に計算される配偶者居住権の価額（配偶者居住権の評価額）

　(ロ)　その相続開始の時において配偶者居住権付き建物につき相続税法の配偶者居住権等の評価の規定（相法23の２）を適用した場合に計算されるその建物の価額（配偶者居住権付き建物の時価）

ハ　また，上記イの「配偶者居住権の存続期間を基礎として一定の計算をした金額」は，「上記ロにより計算した金額」に，「配偶者居住権を取得した時から配偶者居住権が消滅した時までの期間の年数（６月以上の端数は１年とし，６月に満たない端数は切り捨てる。）」が「配偶者居住権の存続年数」のうちに占める割合（その割合が１を超える場合には，１）を乗じて計算した金額とされます（令169の２②）。

(注)　上記の「配偶者居住権の存続年数」は，具体的には，次に掲げる場合の区分に応じそれぞれ次に定める年数（６月以上の端数は１年とし，６月に満たない端数は切り捨てる。）とされます（相法23の２①二イ，相令５の７③）。

　　１　配偶者居住権の存続期間が配偶者の終身の間とされている場合……配偶者居住権が設定されたときにおける配偶者の平均余命（厚生労働省が男女別，年齢別に作成する完全生命表に掲載されている平均余命をいう（相規12の３）。以下同じ。）

　　２　上記１に掲げる場合以外の場合……遺産分割の協議・審判又は遺言により定められた配偶者居住権の存続年数（その年数が，配偶者居住権が設定されたときにおける配偶者の平均余命を超える場合には，その平均余命）

②　配偶者敷地利用権の消滅時の取得費

イ　その相続又は遺贈により配偶者敷地利用権を取得した時において，その時に配偶者居住権付き建物の敷地の用に供される土地を譲渡したものと仮定した場合にその土地の取得費の額として計算される金額のうちその時における配偶者敷地利用権の価額に相当する金額に対応する部分の金額として一定の計算をした金額により配偶者敷地利用権を取得したものとし，その金額から，配偶者居住権の存続期間を基礎として一定の計算をした金額を控除した金額をもって配偶者敷地利用権の消滅時の取得費とされます。

ロ　上記イの「その時における配偶者敷地利用権の価額に相当する金額に対応する部分の金額として一定の計算をした金額」は，上記イの「その土地の取得費の額として計算される金額」に，「次の(イ)に掲げる金額」が「次の(イ)及び(ロ)に掲げる価額の合計額（本来の居住建物の土地等の時価）」のうちに占める割合を乗じて計算した金額とされる（令169の２③）。

　(イ)　その相続開始の時において配偶者敷地利用権につき相続税法の配偶者居住権等の評価の規定（相法23の２）を適用した場合に計算される配偶者敷地利用権の価額（配偶者敷地利用

— 309 —

譲渡所得（譲渡した資産の取得費）

権の評価額）

　(ロ)　その相続開始の時において配偶者居住権付き建物の敷地の用に供される土地につき相続税法の配偶者居住権等の評価の規定（相法23の２）を適用した場合にその規定により計算されるその土地の価額（配偶者居住権付き建物の土地等の時価）

ハ　また，上記イの「配偶者居住権の存続期間を基礎として一定の計算をした金額」は，「上記ロにより計算した金額」に，「配偶者敷地利用権を取得した時から配偶者敷地利用権が消滅した時までの期間の年数（６月以上の端数は１年とし，６月に満たない端数は切り捨てる。）」が「配偶者居住権の存続年数」のうちに占める割合（その割合が１を超える場合には，１）を乗じて計算した金額とされます（令169の２④）。

(注)1　上記①イの「配偶者居住権を取得した時」及び上記②イの「配偶者敷地利用権を取得した時」は，遺産分割による取得である場合にはその遺産分割の時となり，遺贈による取得である場合には相続開始の時となります（基通60―4，相基通23の２―２）。

(注)2　他の資産の取得費の計算と同様に，配偶者居住権及び配偶者敷地利用権の取得費についても，その譲渡収入金額の５％相当額で計算することが可能です（基通60―5）。

(4)　配偶者居住権等が消滅した後に居住建物等を譲渡した場合のその建物等の取得費

①　配偶者居住権付き建物等の所有者が配偶者居住権等の消滅後に譲渡した場合

　　相続又は遺贈により配偶者居住権付き建物又はその敷地の用に供される土地を取得した居住者が，配偶者居住権又は配偶者敷地利用権が消滅した後にその建物又は土地を譲渡した場合における譲渡所得の金額の計算上控除するその建物又は土地の取得費については，次のとおりとされます（令169の２⑤⑥）。

イ　居住建物の取得費

　(イ)　配偶者居住権の消滅につき上記(3)①によりその取得費とされた金額がある場合には，その取得費とされた金額を本来の居住建物の取得に要した金額並びに設備費及び改良費の額の合計額から控除します。

　(ロ)　その居住者が配偶者居住権の消滅につき対価を支払った場合におけるその対価の額は，本来の居住建物の取得に要した金額並びに設備費及び改良費の額の合計額に含まれます。

ロ　居住建物の敷地の用に供される土地の取得費

　(イ)　配偶者敷地利用権の消滅につき上記(3)②によりその取得費とされた金額がある場合には，その取得費とされた金額を本来の居住建物の敷地の用に供される土地の取得に要した金額並びに設備費及び改良費の額の合計額から控除します。

　(ロ)　その居住者が配偶者敷地利用権の消滅につき対価を支払った場合におけるその対価の額は，本来の居住建物の敷地の用に供される土地の取得に要した金額並びに設備費及び改良費の額の合計額に含まれます。

(注)　配偶者居住権又は配偶者敷地利用権の消滅につき対価が支払われなかった場合には，令第169条の２第５項，第６項は適用しないものとして取り扱われます（基通60―8）。

②　配偶者居住権を有する者が配偶者居住権付き建物又はその敷地の用に供される土地を取得した後に譲渡した場合

　　相続又は遺贈により取得した配偶者居住権を有する居住者が，その後において次に掲げる資産を取得し，その資産を譲渡した場合には，その者がその資産を次に掲げる資産の区分に応じ

― 310 ―

それぞれ次に定める金額をもって取得したものとして，その資産を譲渡した場合の譲渡所得の金額を計算します（令169の2⑦）。
  イ　配偶者居住権付き建物……その建物の取得費に，その取得の時において配偶者居住権が消滅したものと仮定して譲渡所得の金額の計算をした場合に上記(3)①により配偶者居住権の消滅時の取得費とされる金額を加算した金額
  ロ　配偶者居住権付き建物の敷地の用に供される土地……その土地の取得費に，その取得の時において配偶者敷地利用権が消滅したものと仮定して譲渡所得の金額の計算をした場合に上記(3)②により配偶者敷地利用権の消滅時の取得費とされる金額を加算した金額
  （注）　配偶者居住権を有する者による配偶者居住権付き建物又は土地の取得につき対価が支払われなかった場合（例：贈与，相続又は遺贈による取得）には，令第169条の2第7項は適用しないものとして取り扱われます（基通60−10）。
(5) 相続等によって取得した資産の取得費
　　相続（限定承認に係るものに限る。）又は遺贈（包括遺贈のうち限定承認に係るものに限る。）によって取得した資産については，その資産をその取得した時の時価によって取得したものとみなして，その取得費を計算します（法60④）。

昭和27年12月31日以前に取得した資産の取得費　譲渡所得の基因となる資産が昭和27年12月31日以前から引き続き所有していたものであるときは，その資産の譲渡所得の金額の計算上差し引く取得費は，次の金額によります。
(1) **減価しない資産である場合**……その資産の昭和28年1月1日現在における相続税の評価額とその資産について同日以後に支出した設備費及び改良費の額との合計額。ただし，次に掲げる場合には，それぞれ次に掲げる金額（イ及びロのいずれにも該当する場合には，いずれか多い金額）によります（法61②，令172①②）。
  イ　昭和28年1月1日現在における相続税の評価額が，その資産の取得に要した金額と昭和27年12月31日以前に支出した設備費及び改良費の額との合計額に満たないことが証明された場合……その取得に要した金額と取得の日以後に支出した設備費及び改良費の額との合計額
  ロ　その資産が，資産再評価法の規定に基づいて再評価を行ったものであって，昭和28年1月1日現在における相続税の評価額がその再評価額に満たないとき……その再評価額と昭和28年1月1日以後に支出した設備費及び改良費の額との合計額
(2) **減価する資産である場合**……その資産（例えば，家屋）の昭和28年1月1日現在における相続税の評価額とその資産について同日以後に支出した設備費及び改良費の額との合計額から，その資産を昭和28年1月1日に取得したものとして計算した償却費の額の累積額又は減価の額（「譲渡した資産が減価するものである場合の取得費」の計算の要領（307ページ参照））を差し引いた金額。ただし昭和28年1月1日現在における相続税の評価額が，実際にその取得に要した金額と昭和27年12月31日以前に支出した設備費及び改良費の額との合計額（その日までの償却費の額の累積額又は減価の額を差し引いた額）又は再評価額に満たない場合には，それぞれ(1)の場合と同様にして，実際にその取得に要した金額とその取得の日以後に支出した設備費及び改良費との合計額又は再評価額と昭和28年1月1日以後に支出した設備費及び改良費の額との合計額から，昭和28年1月1日以

後の償却費の額の累積額又は減価の額を差し引いて計算します（法61③，令172）。

(注) 昭和27年12月31日以前から被相続人又は遺贈をした人が所有していた資産を次のような理由で取得し，これを譲渡した場合にも，その資産が減価する資産であるかどうかに応じて上記の(1)又は(2)の方法でその取得費を計算します（基通60―1表4）。

 (1) 昭和28年1月1日以後に相続（昭和40年4月1日以後の限定承認によるものを除く。）又は被相続人からの遺贈により取得した場合

 (2) 昭和29年1月1日以後に被相続人以外の人からの包括遺贈（昭和40年4月1日以後の限定承認によるものを除く。）により取得した場合

 (3) 昭和33年1月1日以後に被相続人からの贈与（贈与者である被相続人の死亡により効力を生ずるものに限る。）により取得した場合

(3) **概算取得費**……個人が昭和27年12月31日以前から引き続き所有していた土地又は建物等を譲渡した場合における長期譲渡所得の金額の計算上収入金額から控除する取得費は，原則として当該収入金額の5％相当額とされます（措法31の4，325ページ参照）。また，昭和28年1月1日以後に取得した土地建物等の取得費についても同様に取り扱うことができる（措通31の4―1）ほか，土地建物等以外の資産（通常，譲渡所得の金額の計算上控除する取得費がないものとされる土地の地表又は地中にある土石等並びに借家権及び漁業権等を除く。）を譲渡した場合の取得費についても，その譲渡による収入金額の5％相当額とすることができます（基通38―16）。

借地権等の設定が資産の譲渡とみなされる場合のその借地権等の取得費　借地権等（借地権又は地役権をいう。）の設定が資産の譲渡とみなされる場合の譲渡所得の金額の計算上差し引く取得費は，次のように計算します（令174，基通38―4）。

(1) 初めて借地権等を設定した場合

$$\binom{\text{借地権等の設定を}}{\text{した土地の取得費}} \times \frac{\text{（借地権等の設定の対価）}}{\text{（借地権等の設定の対価）}+\text{（底地の価額）}} = \text{借地権等の取得費}$$

(注)1　その土地が借地権等の設定の目的である用途だけに使用される場合に，その底地の価額が明らかでなく，かつ，その借地権等によって支払を受ける地代があるときは，その地代の年額の20倍相当額を底地の価額として前記算式の計算を行います。

 2　借地権等を設定した土地が，昭和27年12月31日以前から引き続き所有しているものであるときは，昭和28年1月1日現在における相続税の評価額と同日以後に支出した改良費の額との合計額をその取得費として，前記算式の計算を行います。

(2) 借地権等の設定をしている土地について，更に他の者に対して借地権等の設定をした場合

$$\left\{\binom{\text{借地権等の設}}{\text{定をした土地}}_{\text{の取得費}} - \binom{\text{(1)の算式によって計算}}{\text{される現に設定されて}}_{\text{いる借地権等の取得費}}\right\} \times \frac{\text{（借地権等の設定の対価）}}{\binom{\text{借地権等の}}{\text{設定の対価}}+\binom{\text{更に借地権等の設定を}}{\text{した後の底地の価額}}} = \genfrac{}{}{0pt}{}{\text{更に設定}}{\genfrac{}{}{0pt}{}{\text{をした借}}{\genfrac{}{}{0pt}{}{\text{地権等の}}{\text{取得費}}}$$

(3) 先に借地権等の設定があった土地で現に借地権等を設定していないものについて借地権等を設定した場合

$$\binom{\text{借地権等の設定を}}{\text{した土地の取得費}} \times \frac{\text{（借地権等の設定の対価）}}{\text{（借地権等の設定の対価）}+\text{（底地の価額）}} - \binom{\text{先に設定した借地権等}}{\genfrac{}{}{0pt}{}{\text{につき(1)により計算し}}{\text{て取得費とされた金額}}} = \genfrac{}{}{0pt}{}{\text{借地権等}}{\text{の取得費}}$$

(注)1　借地権等の設定されている土地の所有者が対価を支払ってその借地権等を消滅させ，又はその借地権等の贈与を受けたことによりその借地権等が消滅した後にその土地に新たな借地権等の設定をした場合の取扱い（基通38―4の2）が適用される場合には，前記算式の計算は行いません。

2　この算式により計算した金額が赤字となる場合は、その赤字は零とします。

借地権等の設定をした土地の底地の取得費　借地権等の設定についての対価が譲渡所得として課税された土地を譲渡したときは、底地の部分の譲渡があったものとされますが、その場合、その底地の取得費は、次のように計算します（令175①）。

（その土地の取得費）－（借地権等の取得費）＝底地の取得費

譲 渡 費 用

譲渡に要した費用には、その資産を譲渡するために支出した仲介手数料、周旋料、登記料、測量費、荷造費、引渡運賃、運送保険料のほか、その資産を引き渡すために直接要した費用及び譲渡のために借家人を立ち退かせる立退料など（取得費とされるものを除く。）が含まれます（基通33―7）。

（注）　譲渡資産の修繕費、固定資産税その他その資産の維持又は管理に要した費用は、譲渡費用には含まれません（基通33―7（注））。

譲渡契約を解除するために違約金を支払った場合の譲渡費用　資産について譲渡契約を締結した後、その契約よりも有利な条件でその資産を譲渡し得る事態が生じたため、その契約を解除して違約金を支払いその資産を他に譲渡した場合には、その違約金の額を譲渡費用に算入することができます（基通33―7）。ただし、譲渡費用に算入する金額は、その違約金のうち手付金の返還に相当する金額が含まれている場合には、その金額を差し引くことになっており、また、解除した譲渡契約の目的となった資産の数量と現実に譲渡された資産の数量とが異なる場合には、その違約金の額のうち現実に譲渡された資産の数量に対応する部分の額に限られることになっています。

土地等を譲渡するために資産を取り壊した場合の譲渡費用　資産の取壊し又は除却による損失（その取壊しなどのために支出した費用を含む。）が、譲渡のためにされたものであることが明らかであるときは、次の算式によって計算した金額を、譲渡費用の額に含めることができます（基通33―8）。

$$\left\{\begin{pmatrix}その資産\\の取得費\end{pmatrix}+\begin{pmatrix}取壊しなどのために\\支出した費用の金額\end{pmatrix}\right\}-\begin{pmatrix}その資産の取壊しなどにより生じた廃\\材などの処分価額又は処分可能見込額\end{pmatrix}=\begin{matrix}譲渡費用に\\含める額\end{matrix}$$

譲渡所得の特別控除額

譲渡益が50万円未満の場合	その譲渡益
譲渡益が50万円以上の場合	50万円

（法33④）

譲渡益のうちに短期譲渡所得となる部分の金額と長期譲渡所得となる部分の金額がある場合には、譲渡所得の特別控除額は、まず、短期譲渡所得となる部分の金額から差し引きます（法33⑤）。

特定期間に取得をした土地等を譲渡した場合の長期譲渡所得の特別控除　平成21年1月1日から平成22年12月31日までの間に取得（特定の関係のある者からの取得、相続等によるもの等一定のものを除く。）

譲渡所得（譲渡所得の特別控除額・生活に通常必要でない資産の損失）

をした国内にある土地等で，その年1月1日において所有期間が5年を超えるものの譲渡をした場合には，その年中のその譲渡に係る長期譲渡所得の金額から1,000万円（その長期譲渡所得の金額が1,000万円に満たない場合には，その長期譲渡所得の金額）を控除することになっています（措法35の2，396ページ参照）。

＜課税される譲渡所得の金額の計算例＞

1　短期譲渡所得となる譲渡益　　20万円
　　長期譲渡所得となる譲渡益　　80万円

　　　　　　　　　　　　　　　　○

　　　　　　（特別控除額）
　　20万円−20万円　＝0……短期譲渡所得の金額

　　　　　　　　（特別控除額）
　　80万円−（50万円−20万円）＝50万円……長期譲渡所得の金額

　　50万円×$\frac{1}{2}$＝25万円……課税される譲渡所得の金額

2　短期譲渡所得となる譲渡益　　80万円
　　長期譲渡所得となる譲渡益　　20万円

　　　　　　　　　　　　　　　　○

　　　　　　（特別控除額）
　　80万円−50万円　＝30万円……短期譲渡所得の金額

　　30万円＋（20万円×$\frac{1}{2}$）＝40万円……課税される譲渡所得の金額

災害等によって生活に通常必要でない資産に損失を受けた場合の譲渡所得の計算

　生活に通常必要でない資産が災害，盗難又は横領によって損失を受けた場合には，その損失の金額（保険金，損害賠償金などによって補塡される部分の金額を除く。）を，その損失の生じた日の属する年分及びその翌年分の譲渡所得の金額の計算上，次のように差し引きます（法62，令178②）。

(1)　まず，その損失の金額を，その損失の生じた日の属する年分の短期譲渡所得の金額の計算上差し引き，引ききれない損失の金額を，その年分の長期譲渡所得の金額の計算上差し引きます。

(2)　(1)によっても引ききれない損失の金額があるときは，その引ききれない損失の金額を，その損失の生じた日の属する年の翌年分の譲渡所得の金額の計算上，(1)の要領によって差し引きます。

（注）　(2)によってもなお引ききれない損失の金額があっても，その損失の金額はないものとされます。

　生活に通常必要でない資産　生活に通常必要でない資産とは，次に掲げる資産をいいます（法9①九，62①，令25，178①）。

(1)　競走馬（その規模，収益の状況その他の事情に照らし事業と認められるものの用に供されるものを除く。）その他射こう的行為の手段となる動産

(2)　通常本人及び本人と生計を一にする親族が居住の用に供しない家屋で，主として趣味，娯楽又は保養の用に供する目的で所有するもの，その他主として趣味，娯楽，保養又は鑑賞の目的で所有する不動産

(3)　生活の用に供する動産のうち，

　①　家具，じゅう器，通勤用の自動車，衣服等以外のもの

　②　1個又は1組の価額が30万円を超える貴石，半貴石，貴金属，書画，骨とう及び美術工芸品など

— 314 —

(4) 主として趣味，娯楽，保養又は鑑賞の目的で所有する不動産以外の資産（(1)又は(3)の動産を除く。）
(注) 1 (4)の資産については，ゴルフ会員権やリゾート会員権等が該当します。
　　 2 その年の競走馬の保有に係る所得が事業所得に該当するかどうかは，その規模，収益の状況その他の事情を総合勘案して判定しますが，次の(1)，(2)又は(3)のいずれかに該当する場合には，その年の競走馬の保有に係る所得は，事業所得に該当するものとされます（基通27－7，平15.8.19課個5－5）。
　　　(1) その年において競馬法第14条《馬の登録》（同法第22条《準用規定》において準用する場合を含む。）の規定による登録を受けている競走馬（以下「登録馬」という。）でその年における登録期間が6月以上であるものを5頭以上保有している場合
　　　(2) 次の(イ)及び(ロ)の事実のいずれにも該当する場合
　　　　(イ) その年以前3年以内の各年において，登録馬（その年における登録期間が6月以上であるものに限る。）を2頭以上保有していること
　　　　(ロ) その年の前年以前3年以内の各年のうちに，競走馬の保有に係る所得の金額が黒字の金額である年が1年以上あること
　　　(3) その年以前3年間の各年において競馬賞金等の収入があり，その3年間のうち，年間5回以上（2歳馬については年間3回以上）出走している競走馬（共有馬を除く。）を保有する年が1年以上ある場合
　　 3 競走馬の生産その他競走馬の保有に直接関連する事業を営んでいる者が，その事業に関連して保有している競走馬の保有に関係する所得は事業所得となります。

損失額の計算 損失の金額は，その資産が土地のように減価しない資産であるか又は家屋のように使用又は期間の経過によって減価する資産であるかの別に応じて，次の金額を基にして計算します（令178③）。
(1) 減価しない資産……その損失の生じた日にその資産の譲渡があったものとして計算した場合にその資産の取得費とされる金額に相当する金額
(2) 減価する資産……その損失の生じた日にその資産の譲渡があったものとして，「譲渡した資産が減価するものである場合の取得費」の計算の要領（307ページ参照）によって計算した場合にその資産の取得費とされる金額に相当する金額
　(注) これらの資産が，昭和27年12月31日以前に取得したものであるときは，上記(1)及び(2)の金額は，「昭和27年12月31日以前に取得した資産の取得費」の計算の要領（311ページ参照）で計算します。

資産の譲渡代金が回収不能となった場合等の譲渡所得の計算

資産の譲渡代金の全部若しくは一部を回収することができなくなった場合，又は保証債務を履行するために資産を譲渡（資産の譲渡とみなされる借地権等の設定を含む。）した場合に，その履行に伴う求償権の全部又は一部を行使することができないこととなったときは，回収（求償）不能となった時の直前に確定している譲渡所得の金額から，その回収（求償）不能額に相当する収入金額がなかったものとして計算した場合の譲渡所得の金額を差し引いた残額に相当する譲渡所得の金額はなかったものとして，その譲渡所得が発生した年分の譲渡所得の金額を計算することができます（法64，令180②）。

譲渡所得（譲渡代金の回収不能）

　なお，確定申告後にこのような事実が発生した場合には，このような事実が発生した日の翌日から２月以内に更正の請求をして訂正することになります（法152，924ページ参照）。

（注）１　上記の場合において，譲渡所得の金額の計算上なかったものとみなされる金額は，次に掲げる金額のうち最も低い金額となります（基通64―２の２）。

　　　(1)　回収不能額等（回収若しくは求償することができないこととなったもの又は返還すべきこととなったものをいう。）

　　　(2)　その回収不能額等が生じた時の直前において確定しているその年分の総所得金額，土地等に係る事業所得等の金額，短期譲渡所得の金額，長期譲渡所得の金額，上場株式等に係る配当所得の金額，株式等に係る譲渡所得等の金額，先物取引に係る雑所得等の金額，退職所得金額及び山林所得金額の合計額

　　　(3)　その回収不能額等に係る(2)に掲げる金額の計算の基礎とされる譲渡所得の金額

　　２　１の(2)にいう「総所得金額」とは，その総所得金額の計算の基礎となった利子所得の金額，配当所得の金額，不動産所得の金額，事業所得の金額，給与所得の金額，譲渡所得の金額，一時所得の金額及び雑所得の金額の合計額をいいます。

　　　　この場合，損益通算の規定や純損失又は雑損失の繰越控除の規定の適用がある場合は，それぞれその適用後の所得の金額となり，長期保有資産の譲渡所得の金額や一時所得の金額は２分の１する前の金額となります（基通64―３）。

　　３　この規定は更正の請求の特例（法152）による更正の請求をする場合を除き，確定申告書又は修正申告書に適用を受ける旨の記載があり，かつ，所定事項を記載した書類の添付がある場合に限り適用されます（法64③）。

＜計算例＞

〔設　例〕

(1)　令和５年分の各種所得の金額（法第64条適用前の金額）

　　イ　事業所得の金額　　　200

　　ロ　一時所得の金額　　　200

　　ハ　譲渡所得の金額（長期保有の土地）　600

　　（イ）　総収入金額　　　　　　800

　　（ロ）　取得費・譲渡費用　　　200

　　（ハ）　所得金額（（イ）－（ロ））　600

(2)　令和５年分の課税標準（法第64条適用前の金額）

　　イ　総所得金額　　　　　　　300

　　　　（事業）　（一時）

　　　　200＋　200×$\frac{1}{2}$＝300

　　ロ　長期譲渡所得の金額　　　600

(3)　回収不能額等（(1)のハの譲渡所得の総収入金額について生じたもの）　500

〔計　算〕

(1)　譲渡所得の計算上なかったものとみなされる金額……次の金額のうち最も低い金額（基通64―２の２）

　　イ　回収不能額等　　　　　　　　　　　　　　　500

　　ロ　総所得金額及び長期譲渡所得の金額の合計額　1000

　　（イ）　総所得金額（基通64―３）　　400　　　　　……500

　　　　　（事業）　（一時）

　　　　　200　＋　200＝400

　　（ロ）　長期譲渡所得の金額　　　　600

　　ハ　譲渡所得の金額　　　　　　　　　　　　　　600

(2)　令和５年分の各種所得の金額（法第64条適用後の金額）

　　イ　事業所得の金額　　　200

ロ　一時所得の金額　　200
　　　ハ　譲渡所得の金額
　　　　$\underset{\substack{\text{64条適用}\\\text{前の金額}}}{600} - \underset{\substack{\text{なかったものと}\\\text{みなされる金額}}}{500} = \underline{100}$

(3) 令和5年分の課税標準（法第64条適用後の金額）
　　　イ　総所得金額　　300

$$\underset{(\text{事業})}{200} + \underset{(\text{一時})}{200} \times \frac{1}{2} = 300$$

　　　ロ　長期譲渡所得の金額　　100

譲渡損失の取扱い

　次に掲げる譲渡損失の金額は，ないものとみなされます。
(1) 生活用動産を譲渡した場合の譲渡損失の金額（法9②一）
(2) 資力を喪失して債務を弁済することが著しく困難な場合における強制換価手続等によって資産が譲渡された場合の譲渡損失の金額（法9②二）
(3) 土地建物等の譲渡所得等の金額の計算上生じた損失の金額（居住用財産の買換え等の場合の譲渡損失の金額及び特定居住用財産の譲渡損失の金額を除く。）（措法31①，32①，41の5①，41の5の2①）
(4) 一般株式等及び貸付信託の受益権等に係る譲渡所得等の金額の計算上生じた損失の金額（特定株式に係る譲渡損失の金額を除く。）（措法37の10①，37の13の3，37の15②）
(5) 非課税口座内上場株式等及び未成年者口座内上場株式等に係る譲渡所得等の金額の計算上生じた損失の金額（措法37の14②，37の14の2②）
(6) 個人に対し低額譲渡をした場合のその資産の譲渡による損失の金額（法59②）
　（注）　競走馬（その規模，保有状況等に照らし事業と認められるものの用に供されるものを除く。），別荘，ゴルフ会員権，宝石など生活に通常必要でない資産（314ページ参照）を譲渡した場合のそれらの資産の譲渡損失の金額は，他の所得から損益通算によって差し引くことはできません。ただし，生活に通常必要でない資産の譲渡損失であっても，他に総合課税の資産の譲渡による譲渡所得の金額があるときは，その譲渡損失の金額を他の総合課税の譲渡所得の金額から差し引くことができるほか，競走馬（その規模，保有状況等に照らし事業と認められるものの用に供されるものを除く。）の譲渡によって生じた損失の金額に限り，競走馬の賞金などによる雑所得の金額から，その雑所得の金額の範囲内で損益通算によって差し引くことができます（法69②，令200）。

固定資産の交換

　固定資産を交換した場合には，交換に当たって交換差金等（交換のときの取得資産の価額と譲渡資産の価額とが等しくない場合に，その差額を補うために交付される金銭その他の資産をいう。）の授受をしたかどうかに応じて，交換のために譲渡した資産についての譲渡益を，次のように計算することができます（法58，令168）。

譲渡所得（固定資産の交換）

(1) 交換差金等を取得した場合	$A-(B+C)\times\dfrac{A}{A+D}=$譲渡益
(2) 交換差金等を取得しない場合	譲渡はなかったものとみなされる

A……交換差金等の額
B……譲渡費用
C……譲渡資産の取得費
D……取得資産の交換時の価額

特例の適用が受けられる場合　この特例の適用が受けられる交換は，次の要件に該当するものでなければなりません（法58①②）。

(1)　譲渡資産は，1年以上所有していた固定資産であること

(2)　交換する固定資産は，次のいずれかに該当するものであること

　イ　土地（借地権及び農地の上に存する耕作に関する権利を含む。）

　ロ　建物（これに附属する設備及び構築物を含む。）

　ハ　機械及び装置

　ニ　船舶

　ホ　鉱業権（租鉱権及び採石権その他土石を採掘し又は採取する権利を含む。）

(3)　取得資産は，相手方が1年以上所有していた固定資産で，交換のために取得したと認められるものでないこと

(4)　譲渡資産の種類と，取得資産の種類が同じであること

　(注) 1　土地と借地権，建物と建物及びその附属設備又は構築物，機械と装置の交換も，それぞれ種類の同じ資産の交換とされます。

　　　 2　自己の所有する土地に譲渡所得とされる借地権等の設定をして，その設定の対価として相手方から土地等を取得した場合には，土地の交換があったものとすることができます（基通58—11）。

(5)　取得資産を，譲渡資産の譲渡直前の用途と同一の用途に供すること

　(注) 1　譲渡直前の用途と同一の用途に供した場合とは，次の資産の種類に応じて，これに示してある用途別の区分と同じ区分の用途に供した場合をいいます（基通58—6）。

(1) 土地の場合	a宅地　b田畑　c鉱泉地　d池沼　e山林　f牧場又は原野　gその他	
(2) 建物の場合	a居住用（従業員の宿舎用を含む。）　b店舗又は事務所用　c工場用　d倉庫用　eその他用	
(3) 機械及び装置の場合	平成20年財務省令第32号による改正前の耐用年数省令の別表第二に掲げられている「設備の種類」欄に掲げる設備ごとの用	
(4) 船舶の場合	a漁船　b運送船　c作業船　dその他	

　　　 2　店舗又は事務所と住宅とに併用されている建物は，居住専用又は店舗専用若しくは事務所専用の家屋と認めて差し支えありません（基通58—6(2)(注)）。

　　　 3　交換の相手方が，その資産を交換前にどのような用途に供していたかは問いません。

　　　 4　取得資産を譲渡資産の譲渡直前の用途と同一の用途に供するため改造その他の手入れを行う場合には，交換をした年分の確定申告書の提出期限までに取得資産が譲渡資産の譲渡直前の用途と同じ用途に供されていれば，この特例の適用が受けられます。また，年末に交換したが同じ用途に供するためには改造しなければならないような場合には，確定申告書の提出期限までにその改造に着手しており，相当期間内に改造を了する見込みであれば，この特例の適用が受けられます（基通58—8）。

(6) 交換の時の取得資産の価額と譲渡資産の価額との差額が，これらの資産の価額のうちいずれか多い価額の20％相当額を超えないこと

(注) 1　土地及び建物と土地及び建物とを交換した場合のように，同時に種類を異にする２以上の資産を交換した場合には，土地は土地と，建物は建物と交換したものとして，この特例が適用されます。したがって，これらの資産が全体としては等価であっても，土地と土地又は建物と建物との価額がそれぞれ異っているときは，それぞれの価額の差額が，交換時の取得資産の価額と譲渡資産の価額との差額となります（基通58—4）。

2　交換により，２以上の資産を取得した場合に，取得資産のうち一は譲渡資産の譲渡直前の用途と同一の用途に供し，他は同一の用途に供さなかったときは，同一の用途に供した取得資産についてだけこの特例が適用されますから，同一の用途に供さなかった取得資産の価額は，交換差金等に該当するものとされます（基通58—5）。

3　資産の一部については交換とし，他の部分については売買としているときは，その売買となっている部分も含めたところで交換があったものとされます。したがって，売買代金については，交換差金等に該当することになります（基通58—9）。

適用を受けるための手続　この特例の適用を受けるためには，確定申告書に，**所得税法第58条**と記載するとともに，「譲渡所得の内訳書（確定申告書付表兼計算明細書）」を添付しなければなりません。

ただし，確定申告書の提出がなかった場合又は確定申告書に所定の事項の記載や所定の書類の添付がない場合でも，その提出がなかったこと又はその記載や添付がなかったことについて税務署長がやむを得ない事情があると認めるときは，その適用を受けることができます（法58③④）。

譲渡所得の課税の特例

課税の特例の一覧表

特例が適用される譲渡の種類等		特　例　の　概　要	掲載ページ
土地建物等の譲渡	分離長期譲渡所得（措法31）	課税長期譲渡所得金額×15％	323
	優良住宅地の造成等のための長期譲渡所得（措法31の2）	課税長期譲渡所得金額が2,000万円以下の部分については10％，2,000万円超の部分については15％の分離課税	329
	居住用財産の長期譲渡所得（措法31の3）	課税長期譲渡所得金額が6,000万円以下の部分については10％，6,000万円超の部分については15％の分離課税	342
	概算取得費控除（措法31の4）	昭和27年12月31日以前より引き続き所有していた土地建物等の取得費は，譲渡による収入金額の5％相当額とする。	325
	分離短期譲渡所得（措法32）	課税短期譲渡所得金額×30％ （注）　特定の土地等の短期譲渡所得については30％を15％とする。	325
収用等による譲渡	代替資産を取得した場合（措法33）	補償金等の額のうち，代替資産の取得価額を超える部分についてだけ譲渡所得が計算される。	346
	交換処分等により資産を取得した場合（措法33の2）	代わりの資産のみを取得した場合には譲渡がなかったものとみなされ，代わりの資産のほかに補償金等を取得した場合は，補償金等について代替資産を取得した場合の特例が適用される。	356
	換地処分により資産を取得した場合（措法33の3）	換地等のみを取得した場合には譲渡がなかったものとみなされ，換地等のほかに清算金等を取得した場合は，清算金等について代替資産を取得した場合の特例が適用される。	359
	収用交換等の場合の特別控除(措法33の4)	上記の特例を適用しなかった場合には通常の方法により計算した譲渡益相当額から5,000万円を控除する。	363
特定土地区画整理事業等のための譲渡（措法34）		通常の方法により計算した譲渡益相当額から2,000万円を控除する。	366
特定住宅地造成事業等のための譲渡（措法34の2）		通常の方法により計算した譲渡益相当額から1,500万円を控除する。	369
農地保有の合理化等のための農地等の譲渡（措法34の3）		通常の方法により計算した譲渡益相当額から800万円を控除する。	377
居住用財産の譲渡（措法35）		通常の方法により計算した譲渡益相当額から3,000万円を控除する。	379
被相続人の居住用財産の譲渡（措法35③）		通常の方法により計算した譲渡益相当額から3,000万円を控除する。 （注）　令和6年1月1日以後，相続又は遺贈により被相続人居住用家屋及び被相続人居住用家屋の敷地等の取得をした相続人の数が3人以上の場合は，上記の「3,000万円」は「2,000万円」となる。	383
平成21～22年に取得した土地等の譲渡（措法35の2）		通常の方法により計算した譲渡益（分離長期）相当額から1,000万円を控除する。	396
低未利用土地等の譲渡（措法35の3）		通常の方法により計算した譲渡益（分離長期）相当額から100万円を控除する。	399
譲渡所得の特別控除額の特例（措法36，措令24）		特別控除額(最高5,000万円)は，措法33の4，35，34，34の2，35の2，34の3，35の3の順に構成される。	403
特定の居住用財産の買換え等	買い換えた場合（措法36の2）	収入金額のうち，買換資産の取得価額を超える部分についてだけ譲渡所得が計算される。	404
	交換した場合（措法36の5）	交換の日の価額によって買い換えたものとみなして買換えの特例（措法36の2）が適用される。	409

— 320 —

譲渡所得の課税の特例（一覧表）

特定の事業用資産の買換え等	買い換えた場合（措法37）	収入金額が買換資産の取得価額以下である場合には，収入金額の80％を超える部分，収入金額が買換資産の取得価額を超える場合には，取得価額の80％を超える部分についてだけ譲渡所得が計算される。	411
	交換した場合（措法37の4）	交換した日の価額によって買い換えたものとみなして買換えの特例（措法37）が適用される。	419
	平成23年3月11日から令和6年3月31日までに被災区域の土地等を買換え・交換した場合（東日本震災特例法12）	収入金額のうち，買換資産の取得価額を超える部分についてだけ譲渡所得が計算される。	946
中高層耐火建築物等の建設のための買換え等（措法37の5）		収入金額のうち，買換資産の取得価額を超える部分についてだけ譲渡所得が計算される。	420
特定の交換分合による譲渡（措法37の6）		譲渡資産のうち清算金に対応する部分だけ譲渡所得が計算される。	428
特定普通財産とその隣接する土地等の交換（措法37の8）		譲渡資産のうち交換差金に対応する部分についてだけ譲渡所得が計算される。	431
平成21〜22年に土地等を先行取得した場合の事業用土地等の譲渡（旧措法37の9） （注）令和4年度改正により，本特例は廃止されている。ただし一定の事業用土地等の譲渡については，従前どおり（令4改正法附32⑬）		事業用土地等の譲渡益からその譲渡益の80％（又は60％）を控除した金額についてだけ譲渡所得が計算される。	
株式等の譲渡（措法37の10，37の11）		原則として15％の申告分離課税となる。	434
特定管理株式等が価値を失った場合の課税の特例（措法37の11の2）		特定管理株式等又は特定口座内公社債の一定の事由による価値喪失株式等の損失は，株式等に係る譲渡損失とみなす。	451
特定口座内保管上場株式等に係る所得計算の特例等（措法37の11の3〜37の11の6）		特定口座内で譲渡した上場株式等の所得については，特定口座外における株式等に係る譲渡所得等と区分して計算する。また，源泉徴収選択口座を有する場合には，その源泉徴収選択口座内での上場株式等に係る譲渡損失と配当等（申告分離課税を選択）との損益通算や確定申告を不要とすることができる。	456
恒久的施設を有しない非居住者の株式等の譲渡（措法37の12）		原則として15％の申告分離課税となる。	472
上場株式等に係る譲渡損失の損益通算及び繰越控除（措法37の12の2）		上場株式等に係る譲渡損失については，確定申告を要件に，配当等（申告分離課税を選択）との損益通算及び翌年以後3年間にわたり繰越控除できる。	474
特定中小会社が発行した株式の取得に要した金額の控除等の特例（措法37の13，37の13の3）		特定中小会社の特定株式を払込みにより取得した場合，その取得に要した金額を株式等に係る譲渡所得から控除でき，価値喪失株式の損失は株式等に係る譲渡損失とみなし，特定株式及び設立特定株式の譲渡損失は繰越控除の対象となる。	478
特定新規中小企業者がその設立の際に発行した株式の取得に要した金額の控除等（措法37の13の2）		令和5年4月1日以後に，特定株式会社の設立特定株式を払込みにより取得をした居住者等（その特定株式会社の発起人であることその他の要件を満たすものに限る。）は，その年分の株式等に係る譲渡所得等の金額からその設立特定株式の取得に要した金額の合計額（その株式等に係る譲渡所得等の金額を限度）を控除できる。なお，その年中の適用額が20億円を超える場合には，その適用を受けた年の翌年以後，その適用を受けた設立特定株式に係る同一銘柄株式の取得価額を一定の計算により圧縮する。	492
特別事業再編を行う法人の株式を対価とする株式等の譲渡に係る譲渡所得等の課税の特例（旧措法37の13の3） （注）令和3年度改正により，令和3年4月1日以後は，本特例は廃止されている。ただし，同日前に受けた認定に係る特別事業再編計画に係る特別事業再編による株式等の譲渡については従前どおり（令3改正法附36⑥）。		認定特別事業再編事業者の行った一定の事業再編によりその有する他の法人の株式等を譲渡し，その認定特別事業再編事業者の株式の交付を受けた場合には，その株式等の譲渡はなかったものとみなされる。	496

譲渡（特例）

— 321 —

譲渡所得の課税の特例（一覧表）

株式等を対価とする株式の譲渡に係る譲渡所得等の課税の特例（措法37の13の4）		個人が，所有株式を発行した法人を株式交付子会社とする株式交付によりその所有株式の譲渡をし，その株式交付に係る株式交付親会社の株式の交付を受けた場合（その株式交付により交付を受けたその株式交付親会社の株式の価額がその株式交付により交付を受けた金銭の額及び金銭以外の資産の価額の合計額のうちに占める割合が100分の80に満たない場合並びに株式交付の直後の株式交付親会社が一定の同族会社に該当する場合を除く。）には，その譲渡をした所有株式（その株式交付により交付を受けた金銭又は金銭以外の資産（その株式交付親会社の株式を除く。）がある場合には，その所有株式のうち，その株式交付により交付を受けた金銭の額及び金銭以外の資産の価額の合計額（その株式交付親会社の株式の価額を除く。）に対応する部分以外のものとして一定の部分に限る。）の譲渡がなかったものとみなされる。	495
非課税口座内の少額上場株式等に係る譲渡所得等の非課税（措法37の14）	非課税上場株式等管理契約に係る非課税措置	非課税口座に非課税管理勘定を設けた日から同日の属する年の1月1日以後5年を経過する日までの間に，その非課税管理勘定に係る非課税口座内上場株式等につき一定の譲渡をした場合には，その譲渡による譲渡所得等は非課税とされる。	497
	非課税累積投資契約に係る非課税措置	非課税口座に累積投資勘定を設けた日から同日の属する年の1月1日以後20年を経過する日までの間に，その累積投資勘定に係る非課税口座内上場株式等につき一定の譲渡をした場合には，その譲渡による譲渡所得等は非課税とされる。	497
	特定非課税累積投資契約に係る非課税措置 （注）令和6年1月1日から適用	非課税口座に特定累積投資勘定及び特定非課税管理勘定を設けた日以後に，その特定累積投資勘定及び特定非課税管理勘定に係る非課税口座内上場株式等につき一定の譲渡をした場合には，その譲渡による譲渡所得等は非課税とされる。	497
未成年者口座内の少額上場株式等に係る譲渡所得等の非課税（措法37の14の2）		未成年者口座に非課税管理勘定を設けた日から同日の属する年の1月1日以後5年を経過する日までの間に，その非課税管理勘定に係る未成年者口座内上場株式等につき一定の譲渡をした場合には，その譲渡による譲渡所得等は非課税とされる。	512
国外転出をする場合の譲渡所得等の特例（法60の2）		国外転出をする居住者（一定の要件を満たすものに限る。）が有価証券等を有する場合には，その者の譲渡所得等の金額の計算上，その国外転出の時に，一定の金額でその有価証券等の譲渡等があったものとみなして，所得税が課税される。	519
贈与等により非居住者に資産が移転した場合の譲渡所得等の特例（法60の3）		居住者（一定の要件を満たすものに限る。）の有する有価証券等が贈与等により非居住者に移転した場合には，その居住者の譲渡所得等の金額の計算上，その贈与等の時に，一定の金額によりその有価証券等の譲渡等をしたものとみなして，所得税が課税される。	527
株式交換等に係る譲渡所得等の特例（法57の4）		一定の株式交換，株式移転による旧株式の譲渡がなかったものとみなされる。 取得条項付株式等につき，その取得事由の発生等により，その取得条項付株式等をその発行法人に譲渡した場合のその譲渡がなかったものとみなされる。	535
非居住者等が外国親法人株式の交付を受けた場合の特例（措法37の14の3，37の14の4）		三角合併等により株主である非居住者等に外国親法人株式が交付された場合には，その非居住者等について，一定の場合を除き，その合併等の時に旧株につき譲渡所得課税が行われる。	537
相続財産の譲渡（措法39）		相続財産を相続税申告書の提出期限後3年以内に譲渡した場合には譲渡資産に対応する相続税額を取得費に加算する。	547
国等に対する重要文化財の譲渡（措法40の2）		重要文化財を国等に対して譲渡した場合のその譲渡に係る譲渡所得については非課税とされる。	550
居住用資産の買換え等の場合の譲渡損失の損益通算及び繰越控除（措法41の5）		居住用資産の譲渡損失の金額を有する場合で，その損失に係る買換資産を住宅借入金等で取得したときは，譲渡損失の金額についてその譲渡資産の譲渡による所得以外の所得との通算及び翌年以後3年以内で繰越控除を認める。	551
特定居住用財産の譲渡損失の損益通算及び繰越控除（措法41の5の2）		特定居住用財産の譲渡損失の金額を有する場合は，一定の要件の下で，その譲渡損失の金額についてその譲渡資産の譲渡による所得以外の所得との通算及び翌年以後3年以内で繰越控除を認める。	558

土地建物等の譲渡所得の分離課税

分離長期譲渡所得（一般所得分）

　分離長期譲渡所得に該当する土地建物等の譲渡をした場合には，その譲渡所得については他の所得と区分し，次ページの算式により計算した所得税額を納付することになります（措法31，措令20）。

　分離長期譲渡所得に該当するもの　分離長期譲渡所得に該当するものは，譲渡した年の1月1日において所有期間が5年を超える土地建物等を譲渡した場合の所得です（措法31①）。

　土地建物等の譲渡　分離課税の適用のある土地建物等の譲渡とは，土地若しくは土地の上に存する権利（以下「土地等」という。）又は建物及びその附属設備若しくは構築物（以下「建物等」という。）の譲渡をいい，この譲渡には所得税法施行令第79条第1項に定められている建物又は構築物の所有を目的とする地上権又は賃借権の設定その他契約により他人に土地を長期間使用させる設定行為で資産の譲渡とみなされる行為も含まれます（措法31①）。

　所有期間　所有期間とは，譲渡をした土地建物等をその取得（建設を含む。）をした日の翌日から引き続き所有していた期間をいいます。なお，土地建物等が次に掲げるものである場合には，それぞれ次に定める日においてその取得をし，かつ，その日の翌日から引き続き所有していたものとみなして譲渡所得の課税の特例が適用されます（措法31②，措令20②③）。

(1) 固定資産を交換した場合の課税の特例（317ページ参照），収用等に伴い代替資産を取得した場合の課税の特例（346ページ参照），交換処分等に伴い資産を取得した場合の課税の特例（356ページ参照），換地処分等に伴い資産を取得した場合の課税の特例（359ページ参照）又は特定の交換分合により土地等を取得した場合の課税の特例（428ページ参照）の規定の適用を受けた代替資産等……これらの資産の取得の原因となった譲渡をした旧譲渡資産の取得の日（令168，措法33の6①，37の6④，措通31・32共―5(1)）

(2) 贈与などによって取得した資産（法60）
　　イ　贈与，相続（限定承認に係るものを除く。）又は遺贈（包括遺贈のうち限定承認に係るものを除く。）により取得した資産……その贈与者，被相続人又は遺贈者がそれぞれ取得した日
　　ロ　個人からの低額譲渡（譲渡の対価の額が時価の2分の1未満で，かつ，その対価の額がその資産に係る譲渡所得の金額の計算上控除される取得費及び譲渡に要した費用の合計額に満たない場合に限る。）により取得した資産……低額譲渡をした人が取得した日
　　ハ　相続（限定承認に係るものに限る。）又は遺贈（包括遺贈のうち限定承認に係るものに限る。）により取得した資産……その相続又は遺贈を受けた日
　(注)　昭和47年12月31日以前に贈与などによって取得した資産の取得の日については，贈与などの態様及びその時期によってそれぞれ異なります（基通60―1）。

譲渡所得の課税の特例（土地建物等の譲渡所得の分離課税）

資産の取得の日（302ページ参照）

分離長期譲渡 ＝ ［譲渡収］ － ［譲渡資産］ － ［譲渡］ － ［居住用財産の買換え等の場合の譲渡損失の損益通算及び繰越控除，特定居住用財産の譲渡損失の損益通算及び繰越控除，雑損失の繰越控除の規定の適用がある場合は，その控除額］
所得の金額　　　［入金額］　　［の取得費］　　［費用］

分離課税長期 ＝ ［分離長期譲渡］ － ［所得控除の規定の適用があ る場合は，その所得控除額］
譲渡所得金額　　　［所得の金額］

税　額

　　　分離課税長期譲渡所得金額×15％

（注）1　優良住宅地の造成等のために土地等を譲渡した場合（措法31の2）の所得に対する税額は，上記によらず329ページの特例によることになります。

　　　2　一定の居住用財産を譲渡した場合（措法31の3）の所得に対する税額は，上記によらず342ページの特例によることになります。

（注）1　居住用財産の買換え等の場合の譲渡損失の損益通算及び繰越控除（551ページ参照）又は特定居住用財産の譲渡損失の損益通算及び繰越控除（558ページ参照）は，まず分離長期譲渡所得の金額の計算上通算又は控除し，雑損失の繰越控除（648ページ参照）は，総所得金額，土地等に係る事業所得等の金額（平成10年1月1日から令和8年3月31日までの間にした土地の譲渡等については適用なし。）又は分離短期譲渡所得の金額の計算上控除しきれなかったものを分離長期譲渡所得の金額の計算上控除します。

　　2　分離長期譲渡所得の特別控除額は，次に掲げる場合に応じてそれぞれ次のとおりです。

　　(1)　収用対象事業のために土地建物等を譲渡した場合（363ページ参照）…………………5,000万円

　　(2)　独立行政法人都市再生機構等が行う土地区画整理事業等のために土地等を譲渡した場合又は古都における歴史的風土の保存に関する特別措置法や文化財保護法の規定に基づき土地等が国，地方公共団体等に買い取られる場合（366ページ参照）…………………………………2,000万円

　　(3)　収用対象事業の周辺事業のため又は特定の宅地造成事業のためあるいは権利制限に伴う買取事業のために土地等を譲渡した場合又は公有地の拡大の推進に関する法律に基づき地方公共団体等に土地等が買い取られる場合（369ページ参照）………………………………………1,500万円

　　(4)　自己の居住の用に供している家屋及びその敷地を譲渡した場合又は被相続人居住用家屋若しくは被相続人居住用家屋の敷地等を譲渡した場合（379ページ参照）…………………………3,000万円

　　　（注）　令和6年1月1日以後，相続又は遺贈により被相続人居住用家屋及び被相続人居住用家屋の敷地等の取得をした相続人の数が3人以上の場合のいわゆる空き家特例の特別控除額は2,000万円となる。

　　(5)　農業振興地域内の農地等を農業委員会のあっせん等により譲渡した場合又は農用地区域内の農地等を一定の計画の定めるところにより譲渡した場合（377ページ参照）………………800万円

　　(6)　平成21年に取得した土地等を平成27年以後に，平成22年に取得した土地等を平成28年以後に譲渡した場合（396ページ参照）………………………………………………………………1,000万円

　　(7)　低未利用土地等を譲渡した場合（399ページ参照）………………………………………100万円

　　(8)　(1)から(7)までの特別控除額は年間の譲渡所得全体を通じて最高限度額5,000万円とされています（措法36，措令24）。なお，上記(1)から(5)までの特別控除は分離短期譲渡所得についても適用があります。

　　3　所得控除額（雑損控除等）は総所得金額，土地等に係る事業所得等の金額又は分離短期譲渡所得金額の計算上控除しきれなかったものがある場合に，分離長期譲渡所得の金額からその控除しきれなかった金額を控除します（650ページ参照）。

— 324 —

<計算例>
　分離長期譲渡所得の対象になる土地を譲渡した場合で、その譲渡による収入金額が9,000万円、取得費が1,700万円、譲渡費用が200万円であるときの分離長期譲渡所得に係る所得税額は次のようになります。
　この場合、雑損失の繰越控除等はないものとし、総所得金額から引ききれない所得控除の額が100万円あると仮定します。
（分離長期譲渡所得の金額）
9,000万円－1,700万円－200万円＝7,100万円
（分離課税長期譲渡所得金額）
7,100万円－100万円（所得控除の額）＝7,000万円
（税　額）
7,000万円×15％＝1,050万円

概算取得費控除の特例

　昭和27年12月31日以前から引き続き所有していた土地建物等を譲渡した場合における分離長期譲渡所得の金額の計算上控除する取得費は、所得税法第61条第2項又は第3項に規定する昭和28年1月1日の相続税評価額によらないで、その譲渡収入金額の5％に相当する金額とされます。ただし、実際の取得費が譲渡収入金額の5％に相当する金額を超える場合で、この超えることを納税者が立証したときは、実際の取得費により譲渡所得の金額を計算します（措法31の4）。
　（注）　昭和28年1月1日以後に取得した土地建物等の取得費についても、その実際の取得費によらないで、譲渡収入金額の5％に相当する金額とすることができます（措通31の4－1）。

分離短期譲渡所得（一般所得分）

　分離短期譲渡所得に該当する土地建物等の譲渡をした場合には、その譲渡所得については他の所得と総合しないで、328ページの算式により計算した所得税額を納付することになります（措法32、措令21）。

　分離短期譲渡所得に該当するもの　分離短期譲渡所得に該当するものは次のものです。
(1)　譲渡をした年の1月1日において所有期間（323ページ参照）5年以下の土地建物等（その年中に取得したものを含む。）の譲渡による所得（措法32①、措令21①）
(2)　土地等の譲渡に類する株式又は出資の譲渡で、その譲渡による所得が事業又はその用に供する資産の譲渡に類するもの（措法32②、措令21③～⑦）
　（注）1　次に掲げる出資、投資口又は受益権の譲渡による譲渡所得については、土地等又は建物等に係る短期譲渡所得としての課税の特例の適用の対象から除外されます（措法32②）。
　　(1)　資産の流動化に関する法律に規定する特定目的会社（いわゆるＳＰＣ）であって、特定目的会社に係る課税の特例（措法67の14）に規定する要件である、(イ)その発行（その発行に係る有価証券の募集が、50人以上の者を相手方として行う場合（特定投資家（一定の者を含む。）のみを相手方とする場合を除く。）に該当するものに限る。）をした特定社債（特定短期社債を除く。）の発行価額の総額が1億円以上であるもの、(ロ)その発行をした特定社債が機関投資家（一定の法人を含む。）のみによって引き受けられたもの、(ハ)その発行をした優先出資が50人以上の者によって引き受けられたもの、又は(ニ)その発行をした優先出資が機関投資家のみによって引き受けられたもの

譲渡所得の課税の特例（土地建物等の譲渡所得の分離課税）

(ハ)及び(ニ)の特定目的会社にあっては，一定の同族会社に該当するものを除く。)のいずれかに該当するものの優先出資及び特定出資

(2) 投資信託及び投資法人に関する法律に規定する投資法人であって，投資法人に係る課税の特例（措法67の15）に規定する要件である(イ)その設立に際して発行（その発行に係る有価証券の募集が，50人以上の者を相手方として行う場合（特定投資家（一定の者を含む。)のみを相手方とする場合を除く。)に該当するものに限る。)をした投資口の発行価額の総額が1億円以上であるもの，又は(ロ)その事業年度終了の時において，その発行済投資口が50人以上の者によって所有されているもの若しくは機関投資家（一定の法人を含む。)のみによって所有されているもの（一定の同族会社に該当するものを除く。)に該当するものの投資口

(3) 法人課税信託のうち特定目的信託であって，特定目的信託に係る受託法人の課税の特例（措法68の3の2）に規定する要件である(イ)その発行者による受益権の募集が50人以上の者を相手方として行う場合（特定投資家（一定の者を含む。)のみを相手方とする場合を除く。)に該当するものであって，その受益権の発行価額の総額が1億円以上であるもの，(ロ)その発行者が行った受益権の募集により受益権が50人以上の者によって引き受けられたもの，又は(ハ)その発行者が行った受益権の募集により受益権が機関投資家（一定の法人を含む。)のみによって引き受けられたもののいずれかに該当するもの（同族会社に該当するものを除く。)の受益権

(4) 法人課税信託のうち投資信託であって，特定投資信託に係る受託法人の課税の特例（措法68の3の3）に規定する要件であるその受益権の発行に係る募集が機関投資家私募により行われるものであって，投資信託約款にその旨の記載があるものに該当するもの（同族会社に該当するものを除く。)の受益権

2 「土地等の譲渡に類するもの」とは，次に掲げる株式等（出資を含む。)の譲渡をいいます（措令21③）。

(1) その有する資産の価額の総額のうちに占める短期保有土地等（その法人が取得をした日から引き続き所有していた土地等でその取得をした日の翌日からその株式等の譲渡をした年の1月1日までの所有期間が5年以下であるもの及びその株式等の譲渡をした年においてその法人が取得した土地等をいう。)の価額の合計額の割合が70％以上である法人の株式等

(2) その有する資産の価額の総額のうちに占める土地等の価額の合計額の割合が70％以上である法人の株式等で，次の株式等に該当するもの

　イ　その年1月1日においてその個人が取得をした日の翌日から引き続き所有していた期間が5年以下である株式等

　ロ　その年中に取得をした株式等

3 「事業又はその用に供する資産の譲渡に類するもの」とは，次に掲げる要件に該当する場合のその年における(2)の株式又は出資の譲渡をいいます（措令21④）。

(1) その年以前3年内のいずれかの時において，その株式等に係る発行法人の特殊関係株主等がその発行法人の発行済株式又は出資の総数又は総額の30％以上に相当する数又は金額の株式等を有し，かつ，その株式等の譲渡をした者がその特殊関係株主等であること

(2) その年において，その株式等の譲渡をした者を含む(1)の発行法人の特殊関係株主等がその発行法人の発行済株式等の総数又は総額の5％以上に相当する数又は金額の株式等の譲渡をし，かつ，その年以前3年内において，その発行法人の発行済株式等の総数又は総額の15％以上に相当する数又は金額の株式等の譲渡をしたこと

　　ただし，次に掲げる譲渡は，(2)の譲渡から除外されます（措令21⑤）。

　イ　上場株式の取引所金融商品市場においてする譲渡

　ロ　店頭売買登録銘柄の株式で，金融商品取引業者の媒介，取次ぎ又は代理によって行われる譲渡

　ハ　株式の公開の方法により行う株式の譲渡（特殊関係株主等がその年において発行済株式総数の10％以上の譲渡をした場合を除く。)

譲渡所得の課税の特例（土地建物等の譲渡所得の分離課税）

ニ　店頭売買登録銘柄の新規登録に際し株式の売出しの方法により行う譲渡（特殊関係株主等がその年において発行済株式総数の10％以上の譲渡をした場合を除く。）

4　「**特殊関係株主等**」とは、発行法人の株主等（株主又は合名会社、合資会社若しくは合同会社の社員その他法人の出資者をいう。）及びその株主等と法人税法施行令第4条に規定する特殊の関係その他これに準ずる関係のある者をいいます（措令21⑥）。

なお、「その他これに準ずる関係のある者」には、会社以外の法人で法人税法施行令第4条第2項各号及び第4項に規定する特殊の関係のある者が含まれます（措通32－6）。

土地建物等の譲渡（323ページ参照）

$$\begin{pmatrix}分離短期譲渡\\所得の金額\end{pmatrix} = \begin{pmatrix}譲渡収\\入金額\end{pmatrix} - \begin{pmatrix}譲渡資産\\の取得費\end{pmatrix} - \begin{pmatrix}譲渡\\費用\end{pmatrix} - \begin{pmatrix}居住用財産の買換え等の場合の譲渡損\\失の損益通算及び繰越控除、特定居住\\用財産の譲渡損失の損益通算及び繰越\\控除、雑損失の繰越控除の規定の適用\\がある場合は、その控除額\end{pmatrix}$$

$$\begin{pmatrix}分離課税短期\\譲渡所得金額\end{pmatrix} = \begin{pmatrix}分離短期譲渡\\所得の金額\end{pmatrix} - \begin{pmatrix}所得控除の規定の適用があ\\る場合は、その所得控除額\end{pmatrix}$$

税　額

　　分離課税短期譲渡所得金額×30％

（注）　**国又は地方公共団体等に譲渡**したことによる分離短期譲渡所得に対する税額は、軽減税率が適用されます（下記参照）。

（注）1　居住用財産の買換え等の場合の譲渡損失の損益通算及び繰越控除（551ページ参照）又は特定居住用財産の譲渡損失の損益通算及び繰越控除（558ページ参照）は、分離長期譲渡所得の金額の計算上通算又は控除しきれなかったものを分離短期譲渡所得の金額の計算上通算又は控除し、雑損失の繰越控除（648ページ参照）は、総所得金額又は土地等に係る事業所得等の金額（平成10年1月1日から令和8年3月31日までの間にした土地の譲渡等については適用なし。）の計算上控除しきれなかったものを分離短期譲渡所得の金額の計算上控除します。

2　所得控除額（雑損控除等）は総所得金額又は土地等に係る事業所得等の金額の計算上控除しきれなかったものがある場合に、その控除しきれなかった金額を控除します（650ページ参照）。

3　分離短期譲渡所得の場合についても、分離長期譲渡所得の場合の（注）2の⑴から⑸までに該当するとき（324ページ参照）は課税短期譲渡所得金額の計算上5,000万円、3,000万円、2,000万円、1,500万円又は800万円の特別控除の適用を受けることができます。

なお、令和6年1月1日以後、相続又は遺贈により被相続人居住用家屋及び被相続人居住用家屋の敷地等の取得をした相続人の数が3人以上の場合のいわゆる空き家特例の特別控除額は2,000万円となる。

＜計算例＞

分離短期譲渡所得に該当する土地を譲渡した場合で、その譲渡による収入金額が2,000万円、取得費が1,490万円、譲渡費用が50万円であるときの分離短期譲渡所得に係る所得税額は次のようになります。

（分離短期譲渡所得の金額）

2,000万円－1,490万円－50万円＝460万円

（分離課税短期譲渡所得金額）＝460万円

（税　額）

　　460万円×30％＝138万円

分離短期譲渡所得で軽減税率が適用されるもの（軽減所得分）

　分離短期譲渡所得のうち次の(1)から(3)に掲げるもの（確定申告書に一定の書類を添付することにより証明がされたものに限る。）については，軽減税率が適用され，次の算式の金額が納付税額となります（措法32③，28の4③一～三，措規13の5①）。

(1)　国又は地方公共団体等に対する土地等の譲渡

(2)　独立行政法人都市再生機構，土地開発公社その他一定の法人に対する土地等の譲渡でその法人の業務に直接必要なもの（特定の法人に対する譲渡で，面積が1,000㎡以上であるときは，適正価格要件を満たすものに限る。また，土地開発公社に対する土地等の譲渡である場合には，公有地の拡大の推進に関する法律第17条第1項第1号ニに掲げる土地の譲渡を除く。）

(3)　収用交換等による土地等の譲渡（一定の土地等の譲渡で，面積が1,000㎡以上であるときは，適正価格要件を満たすものに限る。）

> 分離課税短期譲渡所得金額×15%

　　(注)　上記(2)，(3)の適正価格要件は，令和8年3月31日までの譲渡については適用されません（措規13の5③）。

　特別控除額の異なる資産の譲渡がある場合の譲渡所得の構成　その年中に譲渡した土地建物等の中に，5,000万円控除，3,000万円控除，2,000万円控除，1,500万円控除，1,000万円控除，800万円控除又は100万円控除の適用のある資産とその他の資産とがある場合に，譲渡所得の金額が，これらのうちのいずれの部分から成るかは，それぞれの金額の範囲内において次の譲渡益から順次成るものとされています（措法36，措令24）。

　その年分の分離短期譲渡所得の金額又は分離長期譲渡所得の金額の計算上，居住用財産の買換え等の場合の譲渡損失の損益通算及び繰越控除，特定居住用財産の譲渡損失の損益通算及び繰越控除又は雑損失の繰越控除の適用がある場合も，これに準じます（措通31・32共―3）。

　(注)　令和6年1月1日以後，相続又は遺贈により被相続人居住用家屋及び被相続人居住用家屋の敷地等の取得をした相続人の数が3人以上の場合のいわゆる空き家特例の特別控除額は2,000万円となる。
　　(1)　収用交換等の場合の5,000万円控除（措法33の4）の対象となる資産の譲渡益
　　(2)　居住用財産を譲渡した場合の3,000万円控除（措法35）の対象となる資産の譲渡益
　　(3)　特定土地区画整理事業等のために土地等を譲渡した場合の2,000万円控除（措法34）の対象となる資産の譲渡益
　　(4)　特定住宅地造成事業等のために土地等を譲渡した場合の1,500万円控除（措法34の2）の対象となる資産の譲渡益
　　(5)　特定期間に取得をした土地等を譲渡した場合の長期譲渡所得の1,000万円控除（措法35の2）の対象となる資産の譲渡益
　　(6)　農地保有の合理化等のために農地等を譲渡した場合の800万円控除（措法34の3）の対象となる資産の譲渡益
　　(7)　低未利用土地等を譲渡した場合の長期譲渡所得の100万円控除（措法35の3）の対象となる資産の譲渡益
　　(8)　その他の資産の譲渡益

優良住宅地の造成等のために土地等を譲渡した場合の課税の特例（特定所得分）

　昭和62年10月１日から令和７年12月31日までの間の土地等の譲渡による所得で，譲渡した年の１月１日において所有期間が５年を超えるもののうちに，優良住宅地等又は確定優良住宅地等予定地のための譲渡に該当する所得がある場合（居住用財産を譲渡した場合の長期譲渡所得の課税の特例（措法31の３）の適用を受けるものを除く。）の所得税については，分離長期譲渡所得（一般所得分）に係る税額計算（323ページ参照）にかかわらず10％（2,000万円を超える部分については15％）に軽減されます（措法31の２①③）。

分離長期譲渡所得の金額 ＝〔譲渡収入金額〕－〔譲渡資産の取得費〕－〔譲渡費用〕－〔居住用財産の買換え等の場合の譲渡損失の損益通算及び繰越控除，特定居住用財産の譲渡損失の損益通算及び繰越控除，雑損失の繰越控除の規定の適用がある場合は，その控除額〕

分離課税長期譲渡所得金額 ＝〔分離長期譲渡所得の金額〕－〔所得控除の規定の適用がある場合は，その所得控除額〕

税　額
　(1)　分離課税長期譲渡所得金額が2,000万円以下である場合
　　　分離課税長期譲渡所得金額×10％
　(2)　分離課税長期譲渡所得金額が2,000万円を超える場合
　　　200万円＋（分離課税長期譲渡所得金額－2,000万円）×15％

　特例の適用が受けられる場合　この特例は，次に掲げる土地等の譲渡で，「譲渡所得の内訳書（確定申告書付表兼計算明細書）」及びそれぞれ次に掲げる証明書を確定申告書に添付した場合に適用されます（措法31の２②，措令20の２，措規13の３）。
(1)　国，地方公共団体その他これらに準ずる法人に対する土地等の譲渡で次に掲げるもの（措法31の２②一，措令20の２①）
　イ　国又は地方公共団体に対する土地等の譲渡
　ロ　地方道路公社，独立行政法人鉄道建設・運輸施設整備支援機構，独立行政法人水資源機構，成田国際空港株式会社，東日本高速道路株式会社，首都高速道路株式会社，中日本高速道路株式会社，西日本高速道路株式会社，阪神高速道路株式会社又は本州四国連絡高速道路株式会社に対する土地等の譲渡でその譲渡に係る土地等がこれらの法人の行う租税特別措置法第33条第１項第１号に規定する土地収用法等に基づく収用（同項第２号の買取り及び同条第４項第１号の使用を含む。）の対償に充てられるもの
　　証明書　次の区分に応じそれぞれ次に定める書類（措規13の３①一）
　(イ)　国又は地方公共団体に対する土地等の譲渡の場合……国又は地方公共団体のその土地等を買い取った旨を証する書類
　(ロ)　上記(1)のロに掲げる法人に対する土地等の譲渡の場合……当該法人のその土地等を収用等の対償に充てるために買い取った旨を証する書類

譲渡所得の課税の特例（優良住宅地の造成等）

(2) 独立行政法人都市再生機構，土地開発公社その他これらに準ずる法人で宅地若しくは住宅の供給又は土地の先行取得の業務を行うことを目的とするものとして次に掲げる法人に対する土地等の譲渡で，その土地等がその業務を行うために直接必要であると認められるもの（土地開発公社に対する譲渡で，公有地の拡大の推進に関する法律第17条第1項第1号ニに掲げる土地の譲渡を除く。）（措法31の2②二，措令20の2②）

イ 成田国際空港株式会社，独立行政法人中小企業基盤整備機構，地方住宅供給公社，日本勤労者住宅協会

ロ 公益社団法人（その社員総会における議決権の全部が地方公共団体により保有されているものに限る。）又は公益財団法人（その拠出された金額の全額が地方公共団体により拠出されているものに限る。）のうち次の要件を満たすもの

(イ) 宅地若しくは住宅の供給又は土地の先行取得の業務を主たる目的とすること

(ロ) その地方公共団体の管理の下に(イ)の業務を行っていること

ハ 幹線道路の沿道の整備に関する法律第13条の2第1項に規定する沿道整備推進機構（一定の要件を満たすものに限る。）

ニ 密集市街地における防災街区の整備の促進に関する法律第300条第1項に規定する防災街区整備推進機構（一定の要件を満たすものに限る。）

ホ 中心市街地の活性化に関する法律第61条第1項に規定する中心市街地整備推進機構（一定の要件を満たすものに限る。）

ヘ 都市再生特別措置法第118条第1項に規定する都市再生推進法人（一定の要件を満たすものに限る。）

証明書 その土地等の買取りをする法人（上記(2)ロの場合は，その法人における地方公共団体の長，及び(2)ハ，ニ，ホ，ヘの場合は，市町村長又は特別区の区長）のその土地等を上述の宅地の供給等の業務の用に直接供するために買い取った旨を証する書類及び(2)ハ，ニ，ホ，ヘの場合は，市町村長又は特別区の区長が租税特別措置法施行令第20条の2第2項3号から6号の各号に規定する法人である旨を証する書類（措規13の3①二）

(3) 土地開発公社に対する次に掲げる土地等の譲渡で，当該譲渡に係る土地等が独立行政法人都市再生機構が施行するそれぞれ次に定める事業の用に供されるもの（措法31の2②二の二）

イ 被災市街地復興特別措置法第5条第1項の規定により都市計画に定められた被災市街地復興推進地域内にある土地等……同法による被災市街地復興土地区画整理事業

ロ 被災市街地復興特別措置法第21条に規定する住宅被災市町村の区域内にある土地等……都市再開発法による第二種市街地再開発事業

証明書 土地開発公社のその土地等を上記イ又はロに掲げる土地等の区分に応じそれぞれイ又はロに定める事業の用に供するために買い取った旨を証する書類（その土地等の所在地の記載があるものに限る。）

(4) 租税特別措置法第33条の4第1項に規定する収用交換等による土地等の譲渡（上記(1)から(3)までに該当するもの及び再開発会社の株主又は社員である個人の有する土地等のその再開発会社に対する譲渡を除く。）（措法31の2②三，措令20の2③）

証明書 その譲渡に係る土地等についての租税特別措置法施行規則第14条第5項各号に掲げる区分に応じ当該各号に定める書類（いわゆる収用証明書）（措規13の3①三）

— 330 —

譲渡所得の課税の特例（優良住宅地の造成等）

(5) 都市再開発法による第1種市街地再開発事業の施行者に対する土地等の譲渡で，その土地等がその事業の用に供されるもの（上記(1)から(4)までに該当するもの及び再開発会社の株主又は社員である個人の有する土地等のその再開発会社に対する譲渡を除く。）（措法31の2②四，措令20の2③）

　　証明書　その土地等の買取りをする第1種市街地再開発事業の施行者のその土地等をその事業の用に供するために買い取った旨を証する書類（措規13の3①四）

(6) 密集市街地における防災街区の整備の促進に関する法律による防災街区整備事業の施行者に対する土地等の譲渡で，その土地等がその事業の用に供されるもの（上記(1)から(4)までに該当するもの及び事業会社の株主又は社員である個人の有する土地等のその事業会社に対する譲渡を除く。）（措法31の2②五，措令20の2④）

　　証明書　その土地等の買取りをする防災街区整備事業の施行者のその事業の用に供するために買い取った旨を証する書類（措規13の3①五）

(7) 密集市街地における防災地区の整備の促進に関する法律に規定する防災再開発促進地区の区域内における一定の要件を満たす認定建替計画に係る認定事業者に対する土地等の譲渡で，その土地等がその事業の用に供されるもの（上記(2)から(6)までに該当するもの又は認定事業者である法人に対するその株主又は社員である個人の有する土地等の譲渡を除く。）（措法31の2②六，措令20の2⑥）

　　一定の要件を満たす認定建替計画とは，次のイ及びロ（建替事業区域の周辺の区域からの避難に利用可能な通路を確保する場合はイ及びハ）の要件を満たすものをいいます（措令20の2⑤）。

　イ　建築物の敷地面積がそれぞれ100㎡以上であり，かつ，敷地面積の合計が500㎡以上であること

　ロ　建替事業区域内に公共施設が確保されていること

　ハ　確保する通路が次に掲げる要件を満たすこと

　　(イ)　認可を受けた避難経路協定において避難経路として定められていること

　　(ロ)　幅員が4m以上のものであること

　　証明書　その土地等の買取りをする認定事業者から交付を受けた次の書類（措規13の3①六）

　イ　所管行政庁のその土地等に係る認定建替計画が上記(7)のイ及びロ又はイ及びハの要件を満たすものである旨を証する書類の写し

　ロ　その土地等の買取りをする者のその土地等を認定建替計画に係る事業の用に供するために買い取った旨を証する書類

(8) 都市再生特別措置法による都市再生事業計画の認定を受けた一定の要件を満たす都市再生事業の認定事業者（その認定計画の定めるところにより認定事業者とその事業の施行区域内の土地等の取得に関する協定を締結した独立行政法人都市再生機構を含む。）に対する土地等の譲渡で，その譲渡に係る土地等がその都市再生事業の用に供されるもの（上記(2)から(7)までに該当するものを除く。）（措法31の2②七）

　　一定の要件を満たす都市再生事業とは，次の要件を満たすものをいいます（措令20の2⑦，措規13の3③）。

　イ　その事業に係る認定計画において建築面積が1,500㎡以上である建築物の建築をすることが定められていること

　ロ　その事業の施行されている土地の区域の面積が1ha（その区域が含まれる都市再生特別措置法第2条第3項に規定する都市再生緊急整備地域内においてその区域に隣接し，又は近接してこれと一

— 331 —

体的に他の同条第1項に規定する都市開発事業（その都市再生緊急整備地域に係る同法第15条第1項に規定する地域整備方針に定められた都市機能の増進を主たる目的とするものに限る。）が施行され，又は施行されることが確実であると見込まれ，かつ，その区域及びその他の都市開発事業の施行される土地の区域の面積の合計が1ha以上となる場合には，0.5ha）以上であること

ハ　都市再生特別措置法第2条第2項に規定する公共施設の整備がされること

　　証明書　その土地等の買取りをする認定事業者から交付を受けた次の書類（措規13の3①七）

イ　国土交通大臣のその土地等に係る都市再生事業が都市再生特別措置法第25条に規定する認定事業である旨及び上記(8)のイからハまでに掲げる要件を満たすものである旨を証する書類の写し

ロ　その土地等の買取りをする者のその土地等を都市再生事業の用に供するために買い取った旨を証する書類（その土地等の買取りをする者が独立行政法人都市再生機構である場合には，その書類及びその締結した協定に基づき買い取った旨を証する書類）

(9)　国家戦略特別区域法による認定区域計画の認定を受けた特定事業又はその特定事業の実施に伴い必要となる施設を整備する事業（これらの事業のうち，産業の国際競争力の強化又は国際的な経済活動の拠点の形成に特に資する一定のものに限る。）を行う者に対する土地等の譲渡で，その譲渡に係る土地等がこれらの事業の用に供されるもの（上記(2)から(8)までに該当するものを除く。）（措法31の2②八）

　一定の事業とは，国家戦略特別区域法施行規則第12条各号に掲げる次の要件を満たすものをいいます（措規13の3④）。

イ　その事業の施行される土地の区域の面積が500㎡以上であること

ロ　次のいずれかに該当する事業

(イ)　次に掲げる公益的施設のうち2以上（J及びKに掲げる公益的施設にあっては，1以上）の整備を含む事業であって，規制の特例措置の適用を受けるものであること。

　　A　高度な医療の研究施設
　　B　高度な医療の提供を行う医療施設
　　C　我が国において新たに事業を行う外国会社が当該事業を行う施設又は当該外国会社に対し当該事業に係る設備の提供及び経営管理を支援する事業を行う施設
　　D　国際会議等の用に供する大規模な集会施設
　　E　国際会議等に参加する者の利用に供する宿泊施設又は文化施設
　　F　外国語による教育を行う施設
　　G　外国語による保育を行う施設
　　H　外国語による医療の提供を行う医療施設
　　I　外国人旅客の中長期の滞在に適した施設を使用させるとともに当該滞在に必要な役務を提供する施設
　　J　自動車ターミナル法第2条第6項に規定するバスターミナル
　　K　公園，緑地又は広場

(ロ)　専ら(イ)に掲げる公益的施設（当該公益施設に付随する施設を含む。）の用に供する建築物又は構築物の整備を行う事業であること。

　　証明書　その土地等の買取りをする特定事業又は当該特定事業の実施に伴い必要となる施設を整備する事業を行う者から交付を受けた次に掲げる書類（措規13の3①八）

イ　国家戦略特別区域担当大臣のその土地等に係る特定事業が認定区域計画に定められている旨及びその特定事業又はその特定事業の実施に伴い必要となる施設を整備する事業が上記(9)のイ及びロに掲げる要件を満たすものである旨を証する書類の写し

ロ　その土地等の買取りをする者のその土地等を特定事業又は当該特定事業の実施に伴い必要となる施設を整備する事業の用に供するために買い取った旨を証する書類

⑽　所有者不明土地の利用の円滑化等に関する特別措置法の規定により行われた裁定に係る裁定申請書に記載された地域福利増進事業を行う事業者に対する次に掲げる土地等の譲渡（その裁定後に行われるものに限る。）で，その譲渡に係る土地等がその地域福利増進事業の用に供されるもの（上記(1)から(3)まで又は(5)から(9)までに該当するものを除く。）（措法31の2②九）

イ　その裁定申請書に記載された特定所有者不明土地等

ロ　その裁定申請書に添付された事業計画書の権利取得計画に記載がされた特定所有者不明土地以外の土地等（その裁定申請書に記載された地域福利増進事業の事業区域の面積が500㎡以上であり，かつ，その事業区域の面積に対する特定所有者不明土地の割合が$\frac{1}{4}$未満である事業に係るものを除く。）

証明書　次に掲げる書類（措規13の3①九）

イ　都道府県知事の裁定をした旨を通知した文書の写し

ロ　次に掲げる場合の区分に応じそれぞれ次に定める書類

A　上記⑽イに掲げる土地等である場合……その土地等の買取りをする者が提出した裁定申請書の写し及びその土地等を地域福利増進事業の用に供するために買い取った旨を証する書類

B　上記⑽ロに掲げる土地等である場合……その土地等の買取りをする者が提出した裁定申請書の写し，その裁定申請書に添付された事業計画書の写し及びその土地等を地域福利増進事業の用に供するために買い取った旨を証する書類

⑾　マンションの建替え等の円滑化に関する法律（以下「マンション建替円滑化法」という。）第15条第1項若しくは第64条第1項の売渡し請求若しくは第3項の買取り請求若しくは同法第56条第1項の権利変換を希望しない旨の申出に基づく同法第2条第1項第4号に規定するマンション建替事業（一定の基準を満たす良好な居住環境の確保に資するマンション建替事業に限る。）の同項第5号に規定する施行者に対する土地等の譲渡又は施行マンションが一定の建築物に該当し，かつ，施行再建マンションの延べ面積が施行マンションの延べ面積以上であるマンション建替事業の施行者に対する土地等（隣接施行敷地に係るものに限る。）の譲渡でこれらの土地等がその事業の用に供されるもの（上記(7)から⑽までに該当するものを除く。）（措法31の2②十）

一定の基準を満たす良好な居住環境の確保に資するマンション建替事業とは，マンション建替円滑化法第2条第1項第4号に規定するマンション建替事業に係る同項第7号に規定する施行再建マンションの住戸の規模及び構造が国土交通大臣が財務大臣と協議して定める次の基準のいずれかに適合する場合におけるそのマンション建替事業をいいます（措令20の2⑨㉗，平26.12.22国土交通省告示1183号①）。

イ　施行再建マンションの住戸の規模が，マンション建替円滑化法施行規則第15条第1項第1号に掲げる基準に適合するものであること

ロ　施行再建マンションがマンション建替円滑化法施行規則第15条第2項の規定の適用を受ける

ものであり，かつ，その施行再建マンションの住戸の規模及び構造が次の(イ)及び(ロ)に掲げる基準に基準に適合するものであること

(イ)　施行再建マンションの各戸の専有部分の床面積の平均が，次のAからCまでに掲げる住戸の区分に応じそれぞれAからCまでに定める値以上であること

A　マンション建替円滑化法第2条第1項第6号に規定する施行マンション（以下「施行マンション」という。）に現に居住するマンション建替円滑化法施行規則第15条第1項第1号に規定する単身者（以下「単身者」という。）の居住の用に供する住戸……25㎡

B　施行マンションに現に居住する60歳以上の者(単身者を除き，その者の有する施行マンションの区分所有権又は敷地利用権の価額を考慮して，施行再建マンションの住戸の専有部分の床面積を50㎡以上とするために必要な費用を負担することが困難であると都道府県知事（市の区域内にあっては，その市長）が認める者に限る。）の居住の用に供する住戸……30㎡

C　A及びBに掲げる住戸以外の住戸……50㎡

(ロ)　施行再建マンションの住戸の構造が各戸の界壁(建築基準法施行令第78条の2に規定する耐力壁である界壁を除く。)の配置の変更により，各戸の専有部分の床面積を変更することができるものであること

一定の建築物とは，建築基準法第3条第2項（同法第86条の9第1項において準用する場合を含む。）の規定により同法第3章（第3節及び第5節を除く。）の規定又はこれに基づく命令若しくは条例の規定の適用を受けない建築物をいいます（措令20の2⑩）。

証明書　次の区分に応じ土地等の買取りをするマンション建替事業の施行者の証する次に定める書類（措規13の3①十）

イ　その土地等の譲渡がマンション建替円滑化法第15条第1項，第64条第1項若しくは第3項の請求又は第56条第1項の申出に基づくものである場合……施行再建マンションが上記の一定の基準に適合することにつき都道府県知事（市の区域内にあっては，その市長）の証明を受けた旨及びその土地等をその請求又は申出に基づきそのマンション建替事業の用に供するために買い取った旨を証する書類

ロ　その土地等の譲渡が隣接施行敷地に係るものである場合……施行マンションが上記の一定の建築物に該当すること及び施行再建マンションが上記の一定の基準に適合し，かつ，施行再建マンションの延べ面積がその施行マンションの延べ面積以上であることにつき都道府県知事（市の区域内にあってはその市長）の証明を受けた旨並びにその隣接施行敷地に係る土地等をそのマンション建替事業に係るその施行再建マンションの敷地とするために買い取った旨を証する書類

⑿　マンション建替円滑化法第124条第1項の売渡し請求に基づく同法第2条第1項第9号に規定するマンション敷地売却事業（同法第113条に規定する認定買受計画に次の事項の記載があるものに限る。）を実施する者に対する土地等の譲渡又はマンション敷地売却事業に係る同法第141条第1項の認可を受けた同項に規定する分配金取得計画（その分配金取得計画の変更に係る認可を受けた場合には，その変更後のもの）に基づくマンション敷地売却事業を実施する者に対する土地等の譲渡で，これらの譲渡に係る土地等がそのマンション敷地売却事業の用に供されるもの（措法31の2②十一，措規13の3⑤）

イ　マンション建替円滑化法第109条第1項に規定する決議特定要除却認定マンションを除却した後の土地に新たに建築される一定の要件を満たす良好な住環境を備えたマンションに関する

— 334 —

事項

(注) 「一定の要件を満たす良好な住環境を備えたマンション」とは，マンションの住戸の規模及び構造が国土交通大臣が財務大臣と協議して定める上記(11)ロ(イ)AないしCに準じた床面積基準に適合するものとされています（措令20の2⑪㉗，平26.12.22国土交通省告示1183号②③）。

ロ　除却の土地において整備される道路，公園，広場その他公共の用に供する施設に関する事項

ハ　除却後の土地において整備される公営住宅法第36条第3号ただし書の社会福祉施設若しくは公共賃貸住宅又は地域における多様な需要に応じた公的賃貸住宅等の整備等に関する特別措置法第6条第6項に規定する公共公益施設，特定優良賃貸住宅若しくは登録サービス付き高齢者向け住宅に関する事項

証明書　その土地等の買取りをするマンション敷地売却事業を実施する者のその事業に係る認定買受計画に上記イ～ハのいずれかの事項の記載があること及び上記イのマンションが新たに建築されること又は上記ロ若しくはハの施設が整備されることにつき都道府県知事（市の区域内にあってはその市長）の証明を受けた旨並びにその土地等をマンション建替円滑化法第124条第1項の請求又は分配金取得計画に基づきそのマンション敷地売却事業の用に供するために買い取った旨を証する書類（措規13の3①十一）

(13)　建築面積が150㎡以上である建築物の建築をする一定の事業を行う者に対する市街化区域内又はいわゆる非線引都市計画区域のうち都市計画法第8条第1項第1号に規定する用途地域が定められている区域内にある土地等の譲渡でその譲渡に係る土地等がその事業の用に供されるもの（上記(7)から(11)まで又は(15)から(18)までに該当するものを除く。）（措法31の2②十二，措令20の2⑫～⑭）

　一定の事業とは，次の要件を満たす建築事業をいいます（措法31の2②十二，措令20の2⑬，措規13の3⑥）。

イ　その建築事業の施行地区の面積が500㎡以上であること

ロ　次のいずれかの要件を満たすこと

　(イ)　その建築事業の施行地区内において都市施設の用に供される土地が確保されていること

　(ロ)　次の算式により計算された空地率以上の規模の空地が確保されていること

$$空地率 = \left[1 - \begin{array}{c}建築基準法第53条第1項\\に規定する建ぺい率\end{array}\right] + \frac{1}{10}$$

　(ハ)　施行地区内の土地の高度利用に寄与するものとして施行地区内の土地（借地権が設定されている土地を除く。）につき所有権又は借地権を有する者（その所有権又は借地権が共有である場合は，その共有者を一の者とみなしたときにおけるその所有権又は借地権を有する者）の数が2以上であること

証明書　その土地等の買取りをする上記建築物の建築をする事業を行う者から交付を受けた次に掲げる書類（措規13の3①十二）

イ　国土交通大臣のその建築物が租税特別措置法第31条の2第2項第12号に規定する建築物に該当するものである旨及びその建築物の建築をする事業が租税特別措置法施行令第20条の2第13項各号に掲げる要件を満たすものである旨を証する書類の写し

ロ　土地等の買取りをする者のその土地等が租税特別措置法施行令第20条の2第14項各号に掲げる区域内に所在し，かつ，その土地等を租税特別措置法第31条の2第2項第12号に規定する建築物の建築をする事業の用に供する旨を証する書類

(14)　特定の民間再開発事業を行う者に対する一定の区域又は地区内にある土地等の譲渡で，その土

地等がその事業の用に供されるもの（上記(6)から(11)まで及び(13)，下記(15)から(18)までに該当するものを除く。）(旧措法31の2②十二)

　　一定の区域又は地区　民間再開発事業の対象となる一定の区域又は地区は，次のとおりです。

イ　三大都市圏の既成市街地等　（旧措法37①表一）

(イ)　首都圏整備法に規定する既成市街地

(ロ)　近畿圏整備法に規定する既成都市区域

(ハ)　首都圏，近畿圏及び中部圏の近郊整備地帯等の整備のための国の財政上の特別措置に関する法律施行令別表に掲げる区域（旧措令25⑧）

ロ　都市計画法に規定する都市計画に都市再開発法第2条の3第1項第2号に掲げる地区として定められた地区　（旧措令20の2⑮一）

ハ　次に掲げる地区又は区域で都市計画法に規定する都市計画に定められたもの又は中心市街地の活性化に関する法律に規定する認定中心市街地の区域（旧措令20の2⑮二）

(イ)　都市計画法の高度利用地区

(ロ)　都市計画法の防災街区整備地区計画の区域及び同法の沿道地区計画の区域のうち，一定の要件に該当するもの

ニ　都市再生特別措置法に規定する都市再生緊急整備地域（旧措令20の2⑮三）

ホ　都市再生特別措置法に規定する認定誘導事業計画の区域　（旧措令20の2⑮四）

ヘ　都市の低炭素化の促進に関する法律に規定する認定集約都市開発事業計画（社会資本整備総合交付金の交付を受けて行われるもののうち，施行される面積が2,000㎡以上であり，特定公共施設を整備されることが定められているものに限る。）の区域（旧措令20の2⑮五）

　特定の民間再開発事業とは，地上階数4以上の中高層の耐火建築物の建築をすることを目的とする事業で，一定の区域又は地区内において施行されるものであること及び次に掲げる要件（その事業が都市再開発法第129条の6に規定する認定再開発事業計画に係る同法第129条の2第1項に規定する再開発事業（以下「認定再開発事業」という。）である場合には，イ及びハの要件）の全てを満たすものであることにつき，その事業を行う者の申請に基づき都道府県知事が認定をしたものをいいます（旧措令20の2⑭，旧措規13の3⑦）。

　要件

イ　施行地区の面積が1,000㎡以上　（認定再開発事業の場合は500㎡以上）であること

ロ　施行地区内において都市施設の用に供される土地（次の(イ)，(ロ)及び(ハ)に掲げる区域内である場合には，それぞれ次に定める施設の用に供される土地に限る。）又は建築基準法施行令第136条第1項に規定する空地が確保されていること

(イ)　都市計画法第12条の5第3項に規定する再開発地等促進区又は同条第4項に規定する開発整備促進区……同条第2項第1号イに掲げる施設又は同条第5項第1号に規定する施設

(ロ)　都市計画法第12条の4第1項第2号に掲げる防災街区整備地区計画の区域……密集市街地における防災街区の整備の促進に関する法律第32条第2項第1号に規定する地区防災施設又は同項第2号に規定する地区施設

(ハ)　都市計画法第12条の4第1項第4号に掲げる沿道地区計画の区域……幹線道路の沿道の整備に関する法律第9条第2項第1号に規定する沿道地区施設

ハ　施行地区内の土地の高度利用に寄与するものとして施行地区内の土地（借地権が設定されている土地を除く。）につき所有権又は借地権を有する者（その所有権又は借地権が共有である場合は，共有者のうち一の者）の数が2以上であること

証明書　その土地等の買取りをする特定の民間再開発事業を行う者から交付を受けた次の書類(旧措規13の3①十二)
　　イ　都道府県知事の特定の民間再開発事業につきその事業を行う者の申請に基づきその認定をしたことを証する書類の写し
　　ロ　土地等の買取りをする者のその土地等を特定の民間再開発事業の用に供するために買い取った旨を証する書類
　　　(注)1　その事業が認定再開発事業である場合には，上記イの書類の他，その認定をしたことを証する書類の写しが必要となります。
　　　　　2　令和5年度税制改正により，令和5年4月1日以後は，本特例の対象から上記(14)に掲げる土地等の譲渡が除外されています。なお，同日前に行った当該土地等の譲渡については従前どおりとされています(令5改正法附則32①)。
(15)　都市計画法の開発許可(都市計画区域のうち市街化区域内，市街化調整区域内又はいわゆる非線引都市計画区域のうち都市計画法第8条第1項第1号に規定する用途地域が定められている区域内において行われる開発行為に係るものに限る。)を受けて住宅建設の用に供される一団の宅地(次に掲げる要件を満たすものに限る。)の造成を行う個人又は法人に対する土地等の譲渡で，その譲渡に係る土地等がその一団の宅地の用に供されるもの(上記(7)から⑽までに該当するものを除く。)(措法31の2②十三，措令20の2⑮⑯)
　　イ　一団の宅地の面積が1,000㎡以上のものであること
　　　　ただし，都市計画法施行令第19条第2項の規定により読み替えて適用される同条第1項本文の規定の適用がある場合は500㎡以上，都市計画法施行令第19条第1項ただし書(同条第2項の規定により読み替えて適用する場合を含む。)の規定により都道府県が条例を定めている場合はその条例で定める規模に相当する面積以上となります。
　　ロ　その一団の宅地の造成が，その開発許可の内容に適合して行われると認められるものであること
　　　証明書　開発許可を受けて一団の住宅地の造成を行う個人又は法人(以下「土地等の買取りをする者」という。)から交付を受けた次の書類(措規13の3①十三)
　　　(注)　「土地等の買取りをする者」には，都市計画法第44条又は第45条に規定する開発許可に基づく地位の承継をした個人及び法人を含みます(措法31の2②十三)。
　　イ　その一団の宅地の造成に係る開発許可の申請書の写し(その造成に関する事業概要書及び設計説明書並びにその一団の宅地の位置及び区域等を明らかにする地形図の添付があるものに限る。)及び都道府県知事のその許可処分の通知の文書の写し
　　ロ　土地等の買取りをする者のその譲渡を受けた土地等が，イの都道府県知事の開発許可の通知に係る開発区域内に所在し，かつ，上記の都市計画区域内に所在する旨及びその土地等をその一団の宅地の用に供する旨を証する書類
(16)　宅地の造成につき開発許可を要しない場合において住宅建設の用に供される一団の宅地(次に掲げる要件を満たすものに限る。)の造成を行う個人又は法人に対する土地等の譲渡で，その譲渡に係る土地等がその一団の宅地の用に供されるもの(上記(7)から⑽までに該当するもの又は区画整理会社に対するその区画整理会社の株主又は社員である個人の有する土地等の譲渡を除く。)(措法31の2②十四，措令20の2⑰〜⑲)
　　イ　一団の宅地の面積が1,000㎡以上のものであること
　　　　ただし，都市計画法施行令第19条第2項に規定する三大都市圏の特定市町村の場合には，500

譲渡所得の課税の特例（優良住宅地の造成等）

㎡以上となります。

ロ　都市計画法第4条第2項に規定する都市計画区域内において造成されるものであること

ハ　その一団の宅地の造成が，住宅建設の用に供される優良な宅地の供給に寄与するものであることについて都道府県知事の認定を受けて行われ，かつ，その認定の内容に適合して行われると認められるものであること

　　　証明書　その宅地の造成につき開発許可を要しない場合において住宅建設の用に供される一団の宅地の造成を行う個人又は法人（その一団の宅地の造成が土地区画整理法による土地区画整理事業として行われる場合には，その土地区画整理事業の同法第2条第3項に規定する施行者又は同法第25条第1項に規定する組合員である個人又は法人に限る。以下「土地等の買取りをする者」という。）から交付を受けた次に掲げる書類（措規13の3①十四）

　　　　（注）　「土地等の買取りをする者」には，その造成を行う個人の死亡によりその造成に関する事業を承継したその個人の相続人又は包括受遺者がその造成を行う場合にはその死亡した個人又はその相続人若しくは包括受遺者を含むものとし，その造成を行う法人の合併による消滅によりその造成に関する事業を引き継いだ合併法人が造成を行う場合には，その合併により消滅した法人又はその合併法人も含みます。また，その造成を行う法人の分割により，その造成に関する事業を引き継いだ分割承継法人が造成を行う場合には，その分割をした法人又は分割承継法人を含みます（措法31の2②十四）。

　　イ　その一団の住宅地の造成に係る面積要件及び地域要件（都市計画区域内での造成）に関する事項の記載のある都道府県知事に対する優良な宅地の供給に寄与するものであることの認定申請書の写し（その造成に関する事業概要書及び設計説明書並びにその一団の宅地の位置及び区域等を明らかにする地形図の添付のあるものに限る。）並びに都道府県知事のその申請に基づき当該認定をしたことを証する書類の写し

　　ロ　土地等の買取りをする者のその譲渡を受けた土地等が，都市計画区域内に所在し，かつ，その土地等をその一団の宅地の用に供する旨（その一団の宅地の造成が土地区画整理法による土地区画整理事業として行われる場合には，その一団の宅地がその土地区画整理事業の同法第2条第4項に規定する施行地区内に所在し，かつ，その譲渡に係る土地等がその土地等の買取りをする者の有するその施行地区内にある土地と併せて一団の土地に該当することとなる旨を含む。）を証する書類

　　ハ　次に掲げる場合の区分に応じそれぞれ次に掲げる書類

　　　(イ)　土地区画整理事業による場合……都道府県知事の土地区画整理法第4条第1項，第14条第1項若しくは第3項又は第51条の2第1項の規定による認可をしたことを証する書類の写し

　　　(ロ)　(イ)の場合以外の場合……都道府県知事のその一団の住宅地の造成がイに規定したその認定内容に適合して行われている旨を証する書類の写し

⑴⑺　都市計画区域内において，優良住宅の供給に寄与するものであることにつき都道府県知事（中高層の耐火共同住宅の敷地の面積が1,000㎡未満のものにあっては市町村長）の認定を受けて行われる25戸以上の一団の住宅又は次に掲げる要件を満たす中高層の耐火共同住宅の建設を行う者に対する土地等の譲渡で，その一団の住宅又は中高層の耐火共同住宅の敷地の用に供されるもの（上記⑺から⑾まで又は⒂若しくは⒃に該当するものを除く。）（措法31の2②十五，措令20の2⑳㉑，措規13の3⑦）

イ　住居の用途に供する独立部分が15以上のものであること又は床面積が1,000㎡以上のものであること

ロ　耐火建築物又は準耐火建築物に該当するものであること

ハ　地上階数3以上の建築物であること

譲渡所得の課税の特例（優良住宅地の造成等）

ニ　当該建築物の床面積の3分の2以上に相当する部分が専ら居住の用（その居住の用に供される部分に係る廊下、階段その他その共用に供されるべき部分を含む。）に供されるものであること

ホ　住居の用途に供する独立部分の床面積が200㎡以下で、かつ、50㎡以上（寄宿舎にあっては18㎡以上）であること

　　証明書　土地等の買取りをする一団の住宅又は中高層耐火共同住宅の建設を行う個人又は法人（以下「土地等の買取りをする者」という。）から交付を受けた次に掲げる書類（措規13の3①十五）

　　（注）　「土地等の買取りをする者」には、その建設を行う個人の死亡によりその建設に関する事業を承継した個人の相続人又は包括受遺者を含むものとし、その建設を行う法人の合併による消滅によりその建設に関する事業を引き継いだ合併法人が建設を行う場合には、その合併により消滅した法人又はその合併法人を含みます。また、建設を行う法人の分割により、その建設に関する事業を引き継いだ分割承継法人がその建設を行う場合には、その分割をした法人又は分割承継法人を含みます（措法31の2②十五）。

　　イ　その一団の住宅又は中高層耐火共同住宅の建設に係る規模要件及び地域要件に関する事項の記載のある都道府県知事（又は市町村長）に対する優良な住宅の供給に寄与するものであることの認定申請書の写し（その建設に関する事業概要書（中高層の耐火共同住宅にあっては、その事業概要書及び各階平面図）並びに建設を行う場所及び区域等を明らかにする地形図の添付のあるものに限る。）並びに都道府県知事（又は市町村長）のその認定をしたことを証する書類の写し

　　ロ　土地等の買取りをする者の譲渡を受けた土地等が、都市計画区域内に所在し、かつ、その土地等をその一団の住宅又は中高層耐火共同住宅の用に供する旨を証する書類

　　ハ　その一団の住宅又は中高層耐火共同住宅に係る建築基準法第7条第5項に規定する検査済証の写し

⒅　土地区画整理法による土地区画整理事業の施行地区内の土地等で仮換地指定の効力の発生の日（使用又は収益を開始することができる日が定められている場合には、その日）から3年を経過する日の属する年の12月31日までの間に建築基準法その他住宅の建築に関する法令に適合するものであると認められる住宅（その建設される一の住宅の床面積が50㎡以上200㎡以下であり、かつ、その住宅の用に供される土地等の面積が100㎡以上500㎡以下であるものに限る。）又は中高層の耐火共同住宅(⒄ロないしホの要件を満たすものに限る。）の建設を行う者に対して行われた譲渡で、その譲渡をした土地等がその住宅又は中高層の耐火共同住宅の用に供されるもの（上記(7)から⑾まで又は⒂から⒄までに掲げる譲渡に該当するものを除く。）（措法31の2②十六、措令20の2㉒）

　　証明書　土地等の買取りをする一定の住宅又は中高層耐火共同住宅の建設を行う個人又は法人（以下「土地等の買取りをする者」という。）から交付を受けた次のイからハ及びニに掲げる書類（措規13の3①十六）

　　（注）　「土地等の買取りをする者」には、その建設を行う個人の死亡により、その建設に関する事業を承継した個人の相続人又は包括受遺者を含むものとし、その建設を行う法人の合併による消滅によりその建設に関する事業を引き継いだ合併法人が建設を行う場合には、その合併により消滅した法人又はその合併法人を含みます。また、建設を行う法人の分割により、その建設に関する事業を引き継いだ分割承継法人がその建設を行う場合には、その分割をした法人又は分割承継法人を含みます（措法31の2②十五）。

　　イ　その一団の住宅又は中高層耐火共同住宅の建設に係る規模要件に関する事項の記載がある建築確認申請書の写し（その建設に関する事業概要書及びその建設を行う場所及び区域等を明らかにする地形図の添付のあるものに限る。）

　　ロ　土地等の買取りをする者の仮換地の指定がされた土地等をイの住宅又は中高層耐火共同住宅の用

— 339 —

に供する旨を証する書類

　ハ　一団の住宅又は中高層耐火共同住宅に係る建築基準法第7条第5項に規定する検査済証の写し

　ニ　譲渡土地等の仮換地の指定の通知書の写し

(注)　⑯のハの(ロ)，⑰のハの書類の写しは，土地等の買取りをする者が，その所轄税務署長に提出した書類の写しをもって，代えることができる場合があります（措規13の3②）。

　特例の適用が受けられない場合　その分離長期譲渡所得について，他の軽減税率の特例や取得価額の引継ぎによる課税の繰延べの特例（措法33〜33の4，34〜35の3，36の2，36の5，37，37の4〜37の6，37の8）の適用を受ける場合には，この特例の適用は受けられないこととされています（措法31の2④）。

　確定優良住宅地等予定地のための譲渡　都市計画法の開発許可や都道府県知事（又は市町村長）の優良住宅地等の認定を受ける前の長期保有土地の譲渡であっても，その土地等の譲渡が一定期間内に「優良住宅地等のための譲渡」に該当することが確実であると認められるもの（確定優良住宅地等予定地のための譲渡）である場合には，その譲渡の段階で，優良住宅地等の譲渡がある場合と全く同様の税額計算の特例が適用されます（措法31の2③，措令20の2㉓〜㉕，措規13の3⑧〜⑪）。

　優良住宅地等のための譲渡に該当する前の予定地の段階で税額軽減の特例の適用を受けた場合，その予定地が完成予定期間内に「優良住宅地等のための譲渡」に該当することとなったときには，造成業者又は建設業者からその該当することとなったことを証する一定の書類の交付を受けた土地等の譲渡者は，その書類を所轄税務署長に提出しなければなりません（措法31の2⑥，措規13の3⑫⑬）。

　なお，その予定地である土地を買い取った住宅地を造成する者又は住宅の建設をする者は，その買取りをした土地等が完成予定期間内に「優良住宅地等のための譲渡」に該当することとなった場合には，その特例の適用を受けた土地等の譲渡者に対し，そのことを証する一定の書類を交付しなければならないことになっています（措法31の2⑤，措規13の3⑫）。

　特定非常災害の場合の確定優良住宅地等予定地のための譲渡の予定期間の延長の特例　確定優良住宅地等予定地のための譲渡に該当するものとして本特例の適用を受けた土地等の譲渡が，特定非常災害の被害者の権利利益の保全等を図るための特別措置に関する法律第2条第1項の規定により特定非常災害として指定された非常災害に基因するやむを得ない事情により，予定期間内に確定優良住宅地等予定地のための譲渡に該当することが困難となった場合（開発許可等を受けることが困難であると認められる場合として税務署長の承認を受けた場合に限る。）において，その予定期間の初日からその予定期間の末日後2年以内の一定の日までの間にその譲渡が確定優良住宅地等予定地のための譲渡に該当することとなることが確実であると認められることにつき証明がされたときは，「予定期間の末日」を「予定期間の末日後2年以内の日であって税務署長が承認の際に認定した日の属する年の12月31日」まで延長することができます（措法31の2⑦，措令20の2㉖，措規13の3⑭⑮）。

— 340 —

譲渡所得の課税の特例（優良住宅地の造成等）

予定地が優良住宅地等に該当しなかった場合の修正申告　土地等の譲渡が「確定優良住宅地等予定地のための譲渡」に該当して，この特例制度による税額軽減を受けていた場合において，その全部又は一部がその完成予定期間内に「優良住宅地等のための譲渡」に該当しないこととなった場合には，その完成予定期間経過後4月以内に，土地等を譲渡した日の属する年分の所得税につき修正申告書を提出して，納付すべき税額を納付しなければなりません（措法31の2⑧）。

居住用財産を譲渡した場合の長期譲渡所得の課税の特例（軽課所得分）

　個人が，自己の居住用財産である土地家屋等で，その所有期間がその譲渡の年の1月1日において10年を超えるものの譲渡をした場合には，固定資産の交換の場合の課税の特例等の適用を受ける場合及びその年の前年又は前々年にこの特例を受けている場合を除いて，分離長期譲渡所得（一般所得分）に係る税額計算（323ページ参照）にかかわらず税率が10％（6,000万円を超える部分については15％）に軽減されます（措法31の3①）。

$$\begin{pmatrix}\text{分離長期譲渡}\\\text{所得の金額}\end{pmatrix}=\begin{pmatrix}\text{譲渡収}\\\text{入金額}\end{pmatrix}-\begin{pmatrix}\text{譲渡資産}\\\text{の取得費}\end{pmatrix}-\begin{pmatrix}\text{譲渡}\\\text{費用}\end{pmatrix}-\begin{pmatrix}\text{居住用財産の買換え等の場合の譲渡損}\\\text{失の損益通算及び繰越控除，特定居住}\\\text{用財産の譲渡損失の損益通算及び繰越}\\\text{控除，雑損失の繰越控除の規定の適用}\\\text{がある場合は，その控除額}\end{pmatrix}$$

$$\begin{pmatrix}\text{分離課税長期}\\\text{譲渡所得金額}\end{pmatrix}=\begin{pmatrix}\text{分離長期譲渡}\\\text{所得の金額}\end{pmatrix}-\begin{pmatrix}\text{所得控除の規定の適用があ}\\\text{る場合は，その所得控除額}\end{pmatrix}$$

税　額

(1)　分離課税長期譲渡所得金額が6,000万円以下である場合

　　分離課税長期譲渡所得金額×10％

(2)　分離課税長期譲渡所得金額が6,000万円を超える場合

　　600万円＋（分離課税長期譲渡所得金額－6,000万円）×15％

　(注)　居住用財産の譲渡による譲渡所得については，通常の場合，**居住用財産を譲渡した場合の3,000万円特別控除**（措法35，379ページ参照）が適用されますので，この特別控除を適用した後の分離課税長期譲渡所得について上記の(1)又は(2)により所得税が課税されることになります。また，同様に居住用財産を収用交換等により譲渡し，**収用交換等の場合の5,000万円特別控除**（措法33の4，363ページ参照）の適用を受ける場合についても，上記の(1)又は(2)によりその特別控除後の分離課税長期譲渡所得について所得税が課税されることになります。

　適用対象となる居住用財産の範囲　この特例の適用対象とされる居住用財産は，個人が有する建物等及びその敷地（借地権等を含む。）でその年1月1日における所有期間が10年を超えるもの（土地等と建物等を譲渡した場合には，その双方が所有期間10年を超えるもの）のうち，次の(1)から(4)までに掲げるものとされます（措法31の3①②，措令20の3②，措通31の3―3）。

(1)　その個人が居住の用に供している家屋（店舗併用住宅等は個人の居住の用に供されている部分に限る。）で国内にあるもの（ただし，その個人が居住の用に供している家屋を2以上有している場合には，そのうち主として居住の用に供していると認められる一の家屋に限る。）

　(注)1　居住の用に供している家屋とは，その人が生活の拠点として利用している家屋（一時的な利用を目的とする家屋を除く。）をいい，これに該当するかどうかは，その人及び配偶者等の日常生活の状況，その家屋への入居目的，その家屋の構造及び設備の状況その他の事情を総合勘案して判定することになります。

　　　　この場合，その人が転勤，転地療養等の事情のため，配偶者等と離れ単身で他に起居している場合であっても，その事情が解消したときはその配偶者等と起居を共にすることとなると認められるときは，その配偶者等が居住の用に供している家屋は，その人にとっても，その居住の用に供している家屋に該当することになります（措通31の3―2）。

譲渡所得の課税の特例（居住用財産の譲渡）

  2　生活の拠点として利用している家屋に該当しない場合であっても，次の全ての要件を満たしている場合には，その家屋は，その所有者にとって居住の用に供している家屋に該当することになります。ただし，その家屋等の譲渡又は災害により滅失をしたその家屋の敷地の用に供されていた土地等の譲渡が，次の(2)の要件を欠くに至った日から1年を経過した日以後に行われた場合は，この限りではありません（措通31の3―6）。
  (1)　その家屋は，その所有者が従来所有者としてその居住の用に供していた家屋であること
  (2)　その家屋は，その所有者が居住の用に供さなくなった日以後も引き続いてその生計を一にする親族が居住の用に供していること
  (3)　その所有者は，その家屋を居住の用に供さなくなった日以後において，既にこの特例や居住用財産の譲渡所得の特別控除の特例等の適用を受けていないこと
  (4)　その所有者が現に生活の拠点として利用している家屋は，その所有者の所有する家屋でないこと
  3　一時的な目的で入居したと認められるなど次のような家屋は，この特例の対象となる家屋に該当しません（措通31の3―2(2)）。
  (1)　この特例の適用を受けるためのみの目的で入居したと認められる家屋
  (2)　居住用家屋の改築期間中や新築期間中だけの仮住いである家屋
  (3)　別荘など主として趣味，娯楽又は保養の用に供する目的で所有する家屋
  4　その居住の用に供している家屋又はその家屋でその居住の用に供されなくなったものを区分して所有権の目的としその一部のみを譲渡した場合又は2棟以上の建物から成る一構えのその居住の用に供している家屋（その家屋でその居住の用に供されなくなったものを含む。）のうち一部のみを譲渡した場合には，その譲渡した部分以外の部分が機能的にみて独立した居住用の家屋と認められない場合に限ってこの特例の対象となります（措通31の3―10）。
  5　その居住の用に供している家屋（その家屋でその居住の用に供されなくなったものを含む。）を他の者と共有にするため譲渡した場合又はその家屋について有する共有持分の一部を譲渡した場合には，この特例の対象となる家屋には該当しません（措通31の3―11）。
  6　店舗併用住宅などの家屋又はその家屋の敷地の用に供されている土地等のうち，自己の居住の用に使用している部分が，それぞれの家屋又はその土地等のおおむね90％以上であるときは，その家屋又は土地等の全部を居住の用に供していたものとして，その特例の適用が受けられます（措通31の3―8）。
(2)　(1)の家屋でその個人の居住の用に供されなくなったもの（その個人の居住の用に供されなくなった日から同日以後3年を経過する日の属する年の12月31日までの間に譲渡されるものに限る。）
 (注)　その家屋に住まなくなってからの用途は問われません（措通31の3―14）。
(3)　(1)又は(2)に掲げる家屋及びその敷地の用に供されている土地等
 (注)1　家屋の敷地のみの譲渡は次の3に該当する場合を除き，居住用財産の譲渡に当たりません。
  2　この土地等には，土地の上に存する権利を含むほか，その譲渡には資産の譲渡とみなされる借地権又は地役権の設定も含まれます（措法31）。
  3　居住用家屋の敷地の用に供している土地等を譲渡する場合に，その家屋を取り壊し，土地等のみを譲渡したときでも，その土地等の譲渡が次の①から③までの要件の全てを満たすときは，この特例の適用を受けることができます。ただし，その家屋の取壊し後，その土地等の上に土地等の所有者が建物等を建築し，その建物等とともに譲渡する場合には適用されません。また，居住用家屋の敷地の用に供されている土地等のみの譲渡であっても，その家屋を引き家してその土地等を譲渡する場合には適用されません（措通31の3―5）。
   ①　その土地等は，その家屋が取り壊された日の属する年の1月1日において所有期間が10年を超えるものの譲渡であること
   ②　その土地等の譲渡に関する契約が，その家屋を取り壊した日から1年以内に締結され，かつ，

譲渡所得の課税の特例（居住用財産の譲渡）

その家屋を居住の用に供されなくなった日以後3年を経過する日の属する年の12月31日までに譲渡したものであること

③　その家屋を取り壊した後，譲渡に関する契約を締結した日まで，貸付けその他業務の用に供していない土地等の譲渡であること

4　居住の用に供している家屋の「敷地」に該当するかどうかは，社会通念に従い，その土地等がその家屋と一体として利用されていた土地等であったかどうかにより判定します（措通31の3―12）。

5　居住の用に供している家屋の所有者とその家屋の敷地である土地等の所有者とが異なる場合であっても，次の全ての要件に該当するときは，これらの人がともにこの特例を受ける旨の申告をすることを条件として，この特例が適用されます（措通31の3―19）。

①　家屋の所有者と土地等の所有者が，その家屋や土地等を一緒に譲渡したこと

②　家屋の所有者と土地等の所有者とが親族関係を有し，かつ，生計を一にしていること

③　土地等の所有者は，その家屋の所有者と共にその家屋に住んでいること

（注）1　②及び③の要件に該当するかどうかは，その家屋の譲渡の時の状況により判定します。ただし，その家屋がその所有者の居住の用に供されなくなった日から同日以後3年を経過する日の属する年の12月31日までの間に譲渡されたものであるときは，②の要件に該当するかどうかは，その家屋がその所有者の居住の用に供されなくなった時からその家屋の譲渡の時までの間の状況により，③の要件に該当するかどうかは，その家屋がその所有者の居住の用に供されなくなった時の直前の状況により判定します。

2　この取扱いは，譲渡家屋の所有者がその家屋（譲渡敷地のうちその者が有している部分を含む。）の譲渡につき軽減税率の特例の適用を受けない場合（その譲渡に係る課税長期譲渡所得金額がない場合を除く。）には，譲渡敷地の所有者について適用することはできません。

3　この取扱いにより，譲渡敷地の所有者がその敷地の譲渡につき軽減税率の特例の適用を受ける場合には譲渡家屋の所有者がその家屋の譲渡について，居住用財産の買換え等の場合の譲渡損失の損益通算及び繰越控除，特定居住用財産の譲渡損失の損益通算及び繰越控除の規定の適用を受けることはできません。

(4)　(1)の家屋が災害により滅失した場合において，個人がその家屋を引き続き所有していたとしたならば，その年1月1日において所有期間が10年を超えるその家屋の敷地の用に供されていた土地等（その災害があった日から同日以後3年を経過する日の属する年の12月31日までの間に譲渡されるものに限る。）

（注）　その家屋に住まなくなった日以後のその敷地の用途は問われません（措通31の3―14）。

特例の適用が受けられない場合　居住用財産の譲渡であっても，その譲渡が次のいずれかに該当する場合には，この特例の適用は受けられないこととされています（措法31の3①，措令20の3①）。

(1)　居住用財産を譲渡した年の前年又は前々年において既にこの特例の適用を受けている場合

(2)　その譲渡がその個人の配偶者その他その個人と次に掲げる特別の関係がある者に対して行われるものである場合

イ　その個人の配偶者及び直系血族

ロ　その個人の親族（イに掲げる者を除く。）でその個人と生計を一にするもの

ハ　その個人の親族でその家屋の譲渡がされた後その個人とその家屋に居住するもの（イ及びロに掲げる者を除く。）

ニ　その個人と婚姻の届出をしていないが事実上婚姻関係と同様の事情にある者及びその者の親族でその者と生計を一にしているもの

ホ　その個人から受ける金銭等によって生計を維持しているもの及びその者の親族でその者と生

— 344 —

計を一にしているもの（イからニまでに掲げる者及び譲渡した者の使用人を除く。）

ヘ　その個人，その個人のイからハに掲げる親族，その個人の使用人若しくはその使用人の親族でその使用人と生計を一にしているもの又はその個人に係るニ及びホに掲げる者を判定の基礎となる株主等とした場合に同族会社となる会社その他の法人

(3)　その分離長期譲渡所得について，他の軽減税率の特例や取得価額の引継ぎによる課税の繰延べの特例（法58，措法31の２，33～33の３，35の３，36の２，36の５，37，37の４，37の５（第６項を除く。），37の６，37の８）の適用を受ける場合

　　適用を受けるための手続　この課税の特例の適用を受けようとする者は，その適用を受けようとする年分の確定申告書に，「措置法31条の３」と記載するとともに，「譲渡所得の内訳書（確定申告書付表兼計算明細書）」並びに譲渡をした土地建物等に係る登記事項証明書及びその土地建物等が措置法第31条の３第２項各号のいずれかの資産に該当する事実を記載した書類（譲渡に係る契約を締結した日の前日においてその譲渡をした者の住民票に記載されていた住所と土地建物等の所在地とが異なる場合等には，これらの書類及び戸籍の附票の写しその他これらに類する書類でその土地建物等が同項各号のいずれかの資産に該当することを明らかにするもの）を添付しなければなりません（措法31の３③，措規13の４）。

　　なお，確定申告書の提出がなかった場合又は所定の事項の記載若しくは証する書類の添付がない確定申告書の提出があった場合においても，その提出又は記載若しくは添付がなかったことについてやむを得ない事情があると認められるときは，その記載をした書類及び証する書類の提出があった場合に限り，この課税の特例を適用することができることとされています（措法31の３④）。

収用等に伴い代替資産を取得した場合の課税の特例

収用等の場合の課税の特例には、課税繰延べの特例と5,000万円控除の特例がありますが、これらの特例の適用関係を表示すれば次のようになります。

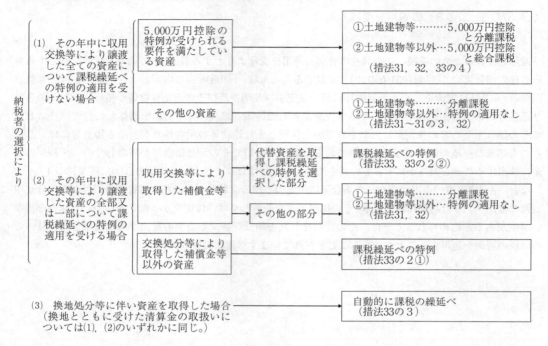

代替資産を取得した場合

収用等（特例の適用が受けられる収用、買取り、換地処分、権利変換、買収又は消滅をいう。）により資産を譲渡して補償金等（特例の適用が受けられる補償金、対価及び清算金をいう。）を取得し、その取得した補償金等の全部又は一部で代替資産を取得したときは、収用等によって譲渡した資産の譲渡所得の金額及び所得税の額を、次のように計算することができます（措法33①、措令22、措規14①）。

1 補償金等の額が代替資産の取得価額以下である場合

　資産の譲渡はなかったものとみなされる。

2 補償金等の額が代替資産の取得価額を超える場合

　(1) 分離課税の土地建物等の長期譲渡所得の場合

$$\text{分離長期譲渡所得の金額} = \left\{ \underbrace{\text{補償金等の額}}_{A} - \underbrace{\text{譲渡費用の超過額}}_{B} - \underbrace{\text{代替資産の取得価額}}_{C} \right\} - \left(\text{譲渡資産の取得費} \right) \times \frac{A - B - C}{A - B}$$

$$- \begin{pmatrix} \text{居住用財産の買換え等の場合の譲渡損失の損益通算及び繰越控除、特定居住用財産の譲渡損失の損益通算及び繰越控除、雑損失の繰越控除の規定の適用がある場合は、その控除額} \end{pmatrix}$$

$$\text{分離課税長期譲渡所得金額} = \left(\text{分離長期譲渡所得の金額} \right) - \left(\text{所得控除の規定の適用がある場合は、その所得控除額} \right)$$

税　額…分離課税長期譲渡所得金額×15%

(2) 分離課税の土地建物等の短期譲渡所得の場合

$$\begin{aligned}\text{分離短期譲渡}\atop\text{所得の金額}&=\left(\overset{A}{補償金\atop等の額}-\overset{B}{譲渡費用\atop の超過額}-\overset{C}{代替資産の\atop取得価額}\right)-\begin{pmatrix}譲渡資産\\の取得費\end{pmatrix}\times\frac{A-B-C}{A-B}\\&\quad-\begin{pmatrix}居住用財産の買換え等の場合の譲渡損失の損益通算及び繰越控除，特定居\\住用財産の譲渡損失の損益通算及び繰越控除，雑損失の繰越控除の規定の\\適用がある場合は，その控除額\end{pmatrix}\end{aligned}$$

$$\text{分離課税短期}\atop\text{譲渡所得金額}=\begin{pmatrix}分離短期譲渡\\所得の金額\end{pmatrix}-\begin{pmatrix}所得控除の規定の適用があ\\る場合は，その所得控除額\end{pmatrix}$$

税　額…分離課税短期譲渡所得金額×30%

(注) **軽減税率が適用される場合**の税額は，上記によらず328ページの特例によることになります（措法32③）。

(3) 総合課税の場合

$$\text{譲渡益}\atop\text{の金額}=\left(\overset{A}{補償金\atop等の額}-\overset{B}{譲渡費用\atop の超過額}-\overset{C}{代替資産の\atop取得価額}\right)-\begin{pmatrix}譲渡資産\\の取得費\end{pmatrix}\times\frac{A-B-C}{A-B}$$

$$\text{総所得金額に算入さ}\atop\text{れる譲渡所得の金額}=\begin{pmatrix}譲渡益\\の金額\end{pmatrix}-\begin{pmatrix}譲渡所得の\\特別控除額\end{pmatrix}\times\frac{1}{2}\begin{pmatrix}長期譲渡所得の\\場合に限る。\end{pmatrix}$$

(注) 1　上記1及び2の補償金等の額とは，譲渡費用の超過額があるときは，補償金等の額からその額を差し引いた後の金額をいいます。
　　 2　譲渡費用の超過額とは，例えば収用等によって土地を譲渡した者がその土地の上にある建物や構築物を除去する場合において，その除去に要した費用がその費用に充てるための交付を受けた補償金を超えている場合における，その超えている部分の金額をいいます（措令22③，措規14①）。

<計算例>

　譲渡した資産が分離長期譲渡所得に該当する土地等である場合で，補償金等の額が1億2,100万円，譲渡費用の超過額が100万円，譲渡資産の取得費が1,500万円，代替資産の取得価額が8,000万円であるときの譲渡益及び納付する所得税額は次のとおりとなります。

$$(1億2,100万円-100万円-8,000万円)-1,500万円\times\frac{1億2,100万円-100万円-8,000万円}{1億2,100万円-100万円}=3,500万円（譲渡益）$$

3,500万円×15%＝525万円（納付する所得税額）

特例の適用が受けられる場合　この特例は，その所有する資産（棚卸資産，事業所得の基因となる山林及び雑所得の基因となる土地及び土地の上に存する権利を除く。）で次に規定するものがその規定に掲げる場合（交換処分等に伴い金銭以外の特定の資産を取得した場合（356ページ参照）を除く。）に該当することとなった場合に，その補償金等の全部又は一部で収用等のあった年の12月31日までに代替資産を取得したときに適用されます（措法33①④，措令22①②⑮⑯）。

(1) 資産が土地収用法等の規定に基づいて収用され，補償金等を取得する場合（再開発会社の株主又は社員である者が都市再開発法による第2種市街地再開発事業の施行に伴い取得するものを除く。）（措法33①一，措令22①⑨）

　　(注)　土地収用法等とは，①土地収用法　②河川法　③都市計画法　④首都圏の近郊整備地帯及び都市開発区域の整備に関する法律　⑤近畿圏の近郊整備区域及び都市開発区域の整備及び開発に関する法律　⑥新住宅市街地開発法　⑦都市再開発法　⑧新都市基盤整備法　⑨流通業務市街地の整備に関

する法律　⑩水防法　⑪土地改良法　⑫森林法　⑬道路法　⑭住宅地区改良法　⑮所有者不明土地の利用の円滑化等に関する特別措置法　⑯測量法　⑰鉱業法　⑱採石法　⑲日本国とアメリカ合衆国との間の相互協力及び安全保障条約第六条に基づく施設及び区域並びに日本国における合衆国軍隊の地位に関する協定の実施に伴う土地等の使用等に関する特別措置法をいいます。

(2)　資産について買取りの申出を拒むときは土地収用法等の規定に基づいて収用されることとなる場合に，その資産が買い取られて対価を取得する場合（再開発会社の株主又は社員である者が都市再開発法による第2種市街地再開発事業の施行に伴い取得するものを除く。）（措法33①二，措令22⑨）

(3)　土地等（土地又は土地の上に存する権利をいう。）について土地区画整理事業，住宅街区整備事業，土地整理又は土地改良事業が施行され，その土地等について行われる換地処分により清算金（土地区画整理法第90条（大都市地域住宅等供給促進法第82条第1項及び新都市基盤整備法第36条において準用する場合を含む。）の規定により換地又はその権利の目的となるべき宅地若しくはその部分を定められなかったこと及び大都市地域住宅等供給促進法の規定により施設住宅の一部等若しくは施設住宅の敷地に関する権利を定められなかったことにより支払われるものを除く。），又は土地改良法第54条の2第4項に規定する清算金（土地改良法第53条の2の2第1項の規定により地積を特に減じて換地若しくはその権利の目的となるべき土地若しくはその部分を定めたこと又は換地若しくはその権利の目的となるべき土地若しくはその部分を定められなかったことにより支払われるものを除く。）を取得する場合（土地区画整理法第51条の9第5項に規定する区画整理会社の株主又は社員である者が，土地区画整理事業の施行に伴い，その有する土地等につきその土地等に係る換地処分により同法第94条の規定による清算金（同法第95条第6項の規定により換地を定められなかったことにより取得するものに限る。）を取得する場合を除く。）（措法33①三，措令22⑩）

(4)　資産について第1種市街地再開発事業が施行され，その資産に係る権利変換により都市再開発法第91条の規定による補償金（同法第79条第3項の規定により施設建築物の一部等若しくは施設建築物の一部についての借家権が与えられないように定められたこと又は同法第111条の規定により読み替えられた同項の規定により建築施設の部分若しくは施設建築物の一部についての借家権が与えられないように定められたことにより支払われるもの及びやむを得ない事情により同法第71条第1項又は第3項の申出をしたと認められる場合として一定の場合におけるその申出に基づき支払われるものに限る。）を取得する場合（再開発会社の株主又は社員である者が，都市再開発法による第1種市街地再開発事業の施行に伴い資産に係る権利変換等により取得するものを除く。）（措法33①三の二，措令22⑪⑫）

(5)　資産について防災街区整備事業が施行され，その資産に係る権利変換により密集市街地における防災街区の整備の促進に関する法律第226条の規定による補償金（同法第212条第3項の規定により防災施設建築物の一部等若しくは防災施設建築物の一部についての借家権が与えられないように定められたこと又は一定の規定により防災建築施設の部分若しくは防災施設建築物の一部についての借家権が与えられないように定められたことにより支払われるもの及びやむを得ない事情により同法第203条第1項又は第3項の申出をしたと認められる一定の場合におけるその申し出に基づき支払われるものに限る。）を取得する場合（事業会社の株主又は社員である者が，密集市街地における防災街区の整備の促進に関する法律による防災街区整備事業の施行に伴い資産に係る権利変換等により取得するものを除く。）（措法33①三の三，措令22⑬〜⑮）

(6)　土地等が都市計画法の規定に基づいて買い取られ，対価を取得する場合（市街地再開発組合又は

譲渡所得の課税の特例（収用等に伴う代替資産の取得）

防災街区整備事業組合に買い取られる場合を除く。）（措法33①三の四）

(7)　土地区画整理法による減価補償金を交付すべきこととなる土地区画整理事業が施行される場合において公共施設の用地に充てるべきものとしてその事業の施行区域内の土地等が買い取られ，対価を取得する場合　（措法33①三の五）

(8)　地方公共団体又は独立行政法人都市再生機構が被災市街地復興推進地域において施行する被災市街地復興土地区画整理事業で減価補償金を交付すべきこととなるものの施行区域内にある土地等について，これらの者がその被災市街地復興土地区画整理事業として行う公共施設の整備改善に関する事業の用に供するためにこれらの者（土地開発公社を含む。）に買い取られ，対価を取得する場合（(6)又は(7)に掲げる場合に該当する場合を除く。）（措法33①三の六）

(9)　地方公共団体又は独立行政法人都市再生機構が被災市街地復興特別措置法第21条に規定する住宅被災市町村の区域において施行する都市再開発法による第2種市街地再開発事業の施行区域内にある土地等について，その第2種市街地再開発事業の用に供するためにこれらの者（土地開発公社を含む。）に買い取られ，対価を取得する場合（(2)又は資産につき土地収用法等の規定による収用があった場合においてその資産と同種の資産を取得するとき（357ページ参照）に該当する場合を除く。）（措法33①三の七）

(10)　国，地方公共団体，独立行政法人都市再生機構又は地方住宅供給公社が，自ら居住するために住宅を必要とする者に対し賃貸し，又は譲渡する目的で行う50戸以上の一団地の住宅経営のために土地等が買い取られ，対価を取得する場合　（措法33①四）

(11)　資産が土地収用法等の規定に基づいて収用された場合（(2)の買取りがあった場合を含む。）に，その資産に関する所有権以外の権利が消滅したため，補償金又は対価を取得する場合（再開発会社の株主又は社員である者が都市再開発法による第2種市街地再開発事業の施行に伴い取得するものを除く。）（措法33①五，措令22⑨）

(12)　資産に関して有する権利で都市再開発法に規定する権利変換により新たな権利に変換することのないものが，同法第87条の規定により消滅し，同法第91条の規定による補償金を取得する場合（再開発会社の株主又は社員である者が都市再開発法による第1種市街地再開発事業の施行に伴い資産に係る権利変換等により取得するものを除く。）（措法33①六，措令22⑫）

(13)　資産に関して有する権利で密集市街地における防災街区の整備の促進に関する法律に規定する権利変換により新たな権利に変換をすることのないものが，同法第221条の規定により消滅し，同法第226条の規定による補償金を取得する場合（事業会社の株主又は社員である者が，密集市街地における防災街区の整備の促進に関する法律による防災街区整備事業の施行に伴い資産に係る権利変換等により取得するものを除く。）（措法33①六の二，措令22⑮）

(14)　国若しくは地方公共団体（その設立に係る団体で特定のものを含む。）が行い，若しくは土地収用法第3条に規定する事業の施行者がその事業の用に供するために行う公有水面埋立法の規定に基づく公有水面の埋立て又はその施行者が行うその事業の施行に伴って漁業権，入漁権その他水の利用に関する権利又は鉱業権（租鉱権及び採石権その他土石を採掘し，又は採取する権利を含む。）が消滅（これらの権利の価値の減少を含む。）したため，補償金又は対価を取得する場合（措法33①七，措令22⑯）

(15)　国又は地方公共団体が次に掲げる法令の規定に基づいて行う処分に伴う資産の買取り若しくは

譲渡（特例）

— 349 —

譲渡所得の課税の特例（収用等に伴う代替資産の取得）

消滅（価値の減少を含む。）により，又はこれらの規定に基づいて行う買収の処分により補償金又は対価を取得する場合（措法33①八，措令22①）

①建築基準法　②漁業法　③港湾法　④鉱業法　⑤海岸法　⑥水道法　⑦電気通信事業法

(16)　土地等が土地収用法等の規定に基づいて使用され，補償金を取得する場合（土地等について使用の申出を拒むときは土地収用法等の規定に基づいて使用されることとなる場合に，その土地等が契約により使用され，対価を取得するときを含む。）に，その土地等を使用させることが譲渡所得の基因となる不動産等の貸付けに該当する場合（再開発会社が施行者である都市再開発法による第2種市街地再開発事業の施行に伴い，土地等が使用され，補償金を取得する場合において，その再開発会社の株主又は社員の有する土地等が使用され，補償金又は対価を取得する場合を除く。）（措法33④一，措令22㉑）

(注)　土地等を使用させることが譲渡所得の基因となる不動産等の貸付けに該当する場合とは，例えば，①地下鉄の施設，鉄道若しくは軌道の高架施設などを設置するため借地権を設定し，又は借地権の一部が制限される場合，②特別高圧架空電線の架設，特別高圧地中電線の敷設，飛行場の設置又は懸垂式鉄道若しくは跨座式鉄道の敷設又は導流堤等の敷設，都市計画法に規定する公共施設の設置若しくは特定街区内における建築物の建築のために地役権を設定して起業者に土地を使用させる場合などであって，その借地権又は地役権の設定によって受ける対価補償金の額がその設定直前の土地等（借地権を転貸する場合には借地権）の価額の2分の1（その設定が地下若しくは空間について上下の範囲を定めた借地権若しくは地役権の設定である場合又は導流堤等若しくは河川法に規定する遊水地等の設置を目的とした地役権の設定である場合には4分の1）相当額を超えるときをいいます（303ページ参照）。

(17)　土地等が(1)から(5)まで又は(16)に該当することとなったこと若しくは土地区画整理事業，土地整理又は土地改良事業等が施行されることとなったことに伴い，その土地の上にある資産について土地収用法等の規定に基づく収用，取壊し，除去をしなければならなくなった場合（その事業を行う再開発会社又は密集市街地における防災街区の整備の促進に関する法律第165条第3項に規定する事業会社（(19)において「事業会社」という。）若しくは区画整理会社の株主又は社員の有する資産に係るもの及びその土地の上にある建物についてこれらの会社の株主又は社員が有する配偶者居住権（配偶者敷地利用権を含む。以下同じ。）に係るものを除く。）又は(15)の処分もしくは大深度地下の公共的使用に関する特別措置法第11条に規定する国若しくは地方公共団体の処分に伴って，その土地の上にある資産の取壊し若しくは除去をしなければならなくなった場合で，次に該当する場合（措法33④二，措令22㉒㉓）

イ　収用等をされた土地の上にある資産の移転が著しく困難なものであるか，又は移転によって従来利用していた目的に供することが著しく困難となるものである等のため，その所有者が収用の請求をすれば収用されることとなる場合（いわゆる逆収用の請求ができる場合）に，現実に収用の請求又は収用の裁決の手続を経ないでその資産が買い取られ，又はその土地の上にある建物が買い取られその建物に係る配偶者居住権が消滅し，その対価を取得する場合（措通33—27）

ロ　その土地の上にある資産の取壊し又は除去による損失について，土地収用法，所有者不明土地の利用の円滑化等に関する特別措置法，河川法，水防法，土地改良法，道路法，土地区画整理法，大都市地域における住宅及び住宅地の供給の促進に関する特別措置法，新都市基盤整備法，都市再開発法，密集市街地における防災街区の整備の促進に関する法律，建築基準法，港湾法又は大深度地下の公共的使用に関する特別措置法の規定により補償金を取得する場合

(注)　上記の「配偶者敷地利用権」とは，配偶者居住権の目的となっている建物の敷地の用に供され

— 350 —

譲渡所得の課税の特例（収用等に伴う代替資産の取得）

　　　　る土地等をその配偶者居住権に基づき使用する権利をいいます。以下同じです。

⒅　土地等が租税特別措置法第33条の３第９項の規定に該当することとなったことに伴い，その土地の上にある資産が土地区画整理法第77条の規定により除却される場合において，当該資産又はその土地の上にある建物に係る配偶者居住権の損失に対して，同法第78条第１項の規定による補償金を取得するとき（措法33④三）

⒆　次に掲げる場合において，土地収用法等の規定により，配偶者敷地利用権の対価又は配偶者敷地利用権の損失に対する補償金を取得するとき（⒄に掲げる場合又は再開発会社若しくは事業会社が施行者である市街地再開発事業若しくは防災街区整備事業の施行に伴い，その配偶者居住権の目的となっている建物若しくはその建物の敷地の用に供される土地等が収用され，若しくは買い取られ，その再開発会社若しくは事業会社の株主若しくは社員が配偶者敷地利用権の対価若しくは配偶者敷地利用権の損失につき補償金を取得するときを除く。）（措法33④四，措令22㉔㉕）

イ　配偶者居住権の目的となっている建物の敷地の用に供される土地等が⑴，⑵，⑷，⑸又は⒃に該当することとなったことに伴い配偶者敷地利用権の価値が減少した場合

ロ　配偶者居住権の目的となっている建物が⑴，⑵又は⑾に該当することとなったことに伴い配偶者敷地利用権が消滅した場合

　　補償金　収用等の場合の補償金は課税上次のように区分され，それぞれ次のように取り扱われます。なお，収用等の場合の課税の特例が適用される補償金は，対価補償金に限られます（措法33⑤，措通33―8以下）。

補 償 金 の 種 類	課　税　上　の　取　扱　い
対価補償金 （収用等によって譲渡（譲渡とみなされる場合を含む。）された資産の対価としての性質を有する補償金）	支払を受けた補償金で代替資産を取得した場合及び支払を受けた補償金で代替資産を取得しなかった場合に応じて，それぞれ収用等の場合の課税の特例が適用されます。
収益補償金 （事業などについて減少することとなる収益又は生ずることとなる損失の補塡に充てるものとして交付される補償金）	交付の基因となった事業などの態様に応じて，不動産所得の金額，事業所得の金額又は雑所得の金額の計算上，その総収入金額に算入します。 **課税時期の特例**　原則として，収用等のあった日の属する年分の上記所得の金額の計算上その総収入金額に算入しますが，収用等をされた土地又は建物から立ち退く日として定められている日（その日前に立ち退いたときは，その立ち退いた日）の属する年分の上記所得の金額の計算上総収入金額に算入したい旨を，その収用等のあった日の属する年分の確定申告書を提出する際に書面をもって申し出たときは，課税延期が認められます（措通33―32）。 **対価補償金への振替え**　建物の収用等に伴って収益補償金名義で補償金の交付を受けた場合に，その建物の対価補償金として交付を受ける金額がその建物の再取得価額に達しないときは，その差額に相当する収益補償金名義の金額を，その建物の対価補償金に振り替えて，収用等の場合の課税の特例の適用を受けることができます（措通33―11）。 　なお，この場合の再取得価額とは，収用等をされた建物と同一の建物の新築価額をいいます。

譲渡（特例）

譲渡所得の課税の特例（収用等に伴う代替資産の取得）

経費補償金 休廃業等によって生ずる事業などの費用の補填又は収用等による譲渡の目的となった資産以外の資産について実現した損失の補填に充てるものとして交付される補償金	(1) 休廃業等によって生ずる事業などの費用の補填に充てるものとして交付を受ける補償金は，その補償金の交付の基因となった事業などの態様に応じて，不動産所得の金額，事業所得の金額又は雑所得の金額の計算上，その総収入金額に算入します。 (2) 収用等による譲渡の目的となった資産以外の資産（棚卸資産等を除く。）について実現した損失の補填に充てるものとして交付を受ける補償金は，譲渡所得の金額又は山林所得の金額の計算上，その総収入金額に算入します。ただし，収用等に伴って事業を全部廃止した場合の機械装置等の売却損に対する補償金は，対価補償金になります（措通33―13）。 **課税時期の特例** 補償金のうち，収用等のあった年の翌年1月1日から収用等のあった日以後2年（地下鉄工事のためいったん建物を取り壊して，工事完成後に従前の場所に建物を建築するような場合には，最長4年6月）を経過する日までに，交付の目的に従って支出することが確実と認められる部分の金額については，その経過する日（その日前に交付の目的に従って支出するときは，その支出する日）の属する年分の所得の金額の計算上総収入金額に算入したい旨を，その収用等のあった日の属する年分の確定申告書を提出する際に書面をもって申し出たときは，課税延期が認められます（措通33―33）。
移転補償金 資産の移転に要するものとして交付される補償金	補償金をその交付の目的に従って支出した場合には，その支出した金額は，各種所得の金額の計算上，総収入金額に算入されないことになっています（法44）が，交付を受けた補償金を，その交付の目的に従って支出しなかったとき又は支出後残額が生じたときは，その支出しなかった金額又は残額を一時所得の金額の計算上，その総収入金額に算入します（基通34―1(9)）。 　建物又は構築物を引き家し若しくは移築しないで取り壊した場合の引き家補償金は対価補償金として取り扱うことができ（措通33―14），その物自体を移設することが著しく困難と認められるような資産（例えば製錬設備の溶鉱炉，公衆浴場設備の浴槽など）の取壊し等のための補償金は対価補償金として取り扱われます（措通33―15）。 　なお，借家人が建物の収用等に伴いその使用を継続することが困難となったため転居先の建物の賃借に要する権利金に充てるものとして交付を受けるいわゆる借家人補償金は，対価補償金とみなされます（措通33―30）。 **課税時期の特例** 移転補償金についても，経費補償金の場合と同様，課税延期の特例が認められています（措通33―33）（567ページ参照）。
その他対価補償金としての実質を有しない補償金	非課税所得に該当するものを除き，その実態に応じて各種所得の金額の計算上その総収入金額に算入します。

　代替資産の範囲 代替資産とは，「特例の適用が受けられる場合」（347ページ参照）に掲げるそれぞれの場合に応じて取得する次に掲げる資産をいいます（措法33①，措令22④⑤，措規14②③）。

　なお，収用等によって譲渡した資産が事業（事業と称するに至らない不動産又は船舶の貸付けなどの行為で相当の対価を得て継続的に行うものを含む。）の用に供されていたものである場合には，事業の用に供するために取得した資産（事業の用に供する減価償却資産，土地及び土地の上に存する権利に限る。）が次の(1)から(5)までに掲げる代替資産に該当しないものであっても，これを代替資産とすることができます（措令22④⑥）。

(1) 「特例の適用が受けられる場合」の(1)，(2)，(4)及び(5)の場合……譲渡資産が次の区分のいずれに属するかに応じて，それぞれこれらと同じ区分に属する資産（措規14②）

　イ　土地又は土地の上に存する権利

　ロ　建物（その附属設備を含む。）又は建物に附属する門，塀，庭園，煙突，貯水槽などの構築物

譲渡所得の課税の特例（収用等に伴う代替資産の取得）

　　　ハ　ロの建物に附属する構築物以外の構築物
　　　ニ　その他の資産
　（注）1　譲渡資産が上記のニに掲げる区分（その他の資産）に属する場合には，次に掲げる譲渡資産の区分に応じそれぞれ次に定める資産が代替資産になります（措令22④一）。
　　　(1)　下記の(2)及び(3)に掲げる資産以外の資産……その資産と種類及び用途を同じくする資産
　　　(2)　配偶者居住権……その配偶者居住権を有していた者の居住の用に供する建物又はその建物の賃借権
　　　(3)　配偶者敷地利用権……その配偶者敷地利用権を有していた者の居住の用に供する建物の敷地の用に供される土地又はその土地の上に存する権利
　　　　（注）　上記(2)又は(3)の「居住の用に供する建物」については，その建物を居住の用と居住の用以外の用とに併せて供する場合であっても「居住の用に供する建物」に該当するものとされます（措通33—38の2）。
　　　　　　　また，上記(2)の配偶者居住権を有していた者又は上記(3)の配偶者敷地利用権を有していた者がその取得の日以後1年を経過した日（その取得の日の属する年分の確定申告期限がこれより後に到来する場合には，確定申告期限）までにその居住の用に供している場合には，「居住の用に供する建物」であるものとされます（措通33—38の3）。
　　　2　譲渡資産が，上記のイからハまでに掲げる区分の異なる2以上の資産で一の効用を有する1組の資産（例えば，土地と建物とが一体として居住の用に供されている状態にあるものなど）となっているものである場合には，その効用と同じ効用を有する他の資産をもって，その譲渡資産の全てに係る代替資産とすることができます（譲渡の日の属する年分の確定申告書に1組の資産の明細書を添付した場合に限る。）（措令22⑤，措規14③）。
　　　　なお，効用を同じくするかどうかは，次の区分によって判定します。
　　　(1)　居住の用
　　　(2)　店舗又は事務所の用
　　　(3)　工場，発電所又は変電所の用
　　　(4)　倉庫の用
　　　(5)　(1)〜(4)のほか，劇場の用，運動場の用，遊技場の用その他これらの用の区分に類する用
　　　3　一の効用を有する1組の資産について収用等があった場合で，その資産が2以上の用途に供されていたとき，例えば，居住の用と店舗又は事務所の用とに併せて供されていたときは，そのいずれの用にも供されていたものとされます（措通33—40）。
(2)　「特例の適用が受けられる場合」の(3)及び(6)から⑽までの場合……譲渡資産と同種の資産又は権利
(3)　「特例の適用が受けられる場合」の⑾の場合……譲渡資産と同種の権利
　（注）　譲渡資産が次に掲げる資産である場合には，次に掲げる譲渡資産の区分に応じそれぞれ次に定める資産が代替資産になります（措令22④三）。
　　　1　配偶者居住権……その配偶者居住権を有していた者の居住の用に供する建物又はその建物の賃借権
　　　2　配偶者敷地利用権……その配偶者敷地利用権を有していた者の居住の用に供する建物の敷地の用に供される土地又はその土地の上に存する権利
(4)　「特例の適用が受けられる場合」の⑿から⒁までの場合……譲渡資産と同種の権利
(5)　「特例の適用が受けられる場合」の⒂の場合……譲渡資産に応ずる「代替資産の範囲」の(1)，(3)又は(4)の譲渡資産と同種の資産
(6)　「特例の適用が受けられる場合」の⒃から⒅までの場合……譲渡資産に応ずる同種の資産
　（注）　譲渡資産が次に掲げる資産である場合には，次に掲げる譲渡資産の区分に応じそれぞれ次に定める資産が代替資産になります。
　　　1　配偶者居住権……その配偶者居住権を有していた者の居住の用に供する建物又はその建物の賃

借権

2　配偶者敷地利用権……その配偶者敷地利用権を有していた者の居住の用に供する建物の敷地の用に供される土地又はその土地の上に存する権利

適用を受けるための手続　この特例の適用を受けるためには、適用を受けようとする年分の確定申告書に、①措置法第33条と記載するとともに、②譲渡資産が収用等をされたものであることを証明する所定の者が発行した証明書類、③「譲渡所得の内訳書（確定申告書付表兼計算明細書）」及び④代替資産として取得した土地又は建物の登記事項証明書その他代替資産を取得したことを証明する書類を添付しなければなりません。ただし、このような手続をしなかった場合でも、確定申告書を提出しなかったこと又は確定申告書に所定の事項を記載しなかったこと若しくは所定の証明書を添付しなかったことについて税務署長がやむを得ない事情があると認めるときは、確定申告書に記載すべきであった事項を記載した書類及び添付すべきであった証明書を提出してこの特例の適用を受けることができます（措法33⑥⑦、措令22㉖、措規14⑤⑦）。

収用等のあった年の前年以前に代替資産となるべき資産の取得をした場合の特例の適用　収用等のあった年の前年中（その収用等によりその個人の有する資産の譲渡をすることとなることが明らかとなった日以後の期間に限る。）に代替資産となるべき資産の取得をしたとき（その代替資産となるべき資産が土地等である場合において、一定のやむを得ない事情があるときは、一定の期間内に取得をしたとき）には、代替資産を取得した場合の特例の適用を受けることができます（措法33②）。

(注)1　上記の「一定のやむを得ない事情」とは、工場等で事業の用に供するものの敷地の用に供するための宅地の造成並びにその工場等の建設及び移転に要する期間が通常1年を超えると認められる事情その他これに準ずる事情をいいます（措令22⑰）。

2　上記の「一定の期間」とは、収用等のあった日の属する年の前年以前3年の期間（その収用等によりその個人の有する資産の譲渡をすることとなることが明らかとなった日以後の期間に限る。）とされています（措令22⑰）。

3　この特例は、令和4年度税制改正において、取扱い（旧措通33-47）が法令上明確化されたものです。

収用等のあった年の翌年以後に代替資産を取得する見込みである場合の特例の適用　収用等によって資産を譲渡し、その収用等のあった年の12月31日までに代替資産を取得しない場合であっても、取得指定期間（収用等のあった日の属する年の翌年1月1日から次に掲げる場合に応じそれぞれ次に掲げる取得期限までの期間をいう。）内に代替資産の取得をする見込みであるときは、「譲渡所得の内訳書（確定申告書付表兼計算明細書）」及び次の表に掲げる「買換（代替）資産の明細書」を添付することにより、代替資産を取得した場合の特例の適用を受けることができます（措法33③、措令22⑲、措規14④～⑥）。

譲渡所得の課税の特例（収用等に伴う代替資産の取得）

内容	関係条項	取得期限	書類
① 収用等のあった日の属する年の翌年1月1日から収用等のあった日以後2年を経過した日までに取得見込みのもの（原則）	措法33③、措規14⑤	収用等のあった日以後2年を経過した日	・買換（代替）資産の明細書
② 収用事業が完了した後にその施行地区内の土地等を施行者の指導又はあっせんにより取得する場合、又はその土地等の上に建物等を建設する場合	措令22⑲一、措規14⑥	収用等があった日から4年を経過した日から6月を経過した日	・買換（代替）資産の明細書（2年以内に代替資産を取得することが困難な事情及び代替資産の取得等をすることができると認められる日を付記）
③ 工場等の敷地の造成並びに工場等の建設及び移転に要する期間が通常2年を超える場合	措令22⑲二、措規14⑥	収用等があった日から3年を経過した日	・買換（代替）資産の明細書（2年以内に代替資産を取得することが困難な事情及び代替資産の取得等をすることができると認められる日を付記）
④ ②の場合において、4年以内に収用事業が完了しないため、4年を経過した日から2月以内に税務署長の承認（取得期限の延長）を要するもの	措令22⑲一イ、ロかっこ書、措規14④	取得をすることができる日又は敷地の用に供することができる日として、税務署長が認定した日から6月を経過した日	・代替資産の取得期限延長承認申請書 ・代替資産の取得等をすることができることとなると認められる年月が分かるもの

特定非常災害に基因するやむを得ない事情により取得指定期間内に代替資産の取得をすることが困難となった場合における取得指定期間の延長の特例 特定非常災害の被害者の権利利益の保全等を図るための特別措置に関する法律第2条第1項の規定により特定非常災害として指定された非常災害に基因するやむを得ない事情により、代替資産の取得指定期間内における取得をすることが困難となった場合において、その取得指定期間の初日からその取得指定期間の末日後2年以内の日で一定の日までの間に代替資産の取得をする見込みであり、かつ、納税地の税務署長の承認を受けたときは、「取得指定期間」を「取得指定期間の末日後2年以内の日であって税務署長が承認の際に認定した日」まで延長することができます（措法33⑧、措令22㉗、措規14⑧⑨）。

承認を受けた見積額の修正 承認を受けた後、次に該当することになったときは、それぞれ次のように更正の請求又は修正申告をして、承認を受けた取得価額の見積額について精算をすることになっています（措法33の5①④、措令22の5）。
(1) 代替資産の取得をした場合に、その取得価額が承認を受けた見積額に対し過大となったとき……その取得をした日から4月以内に、その取得した代替資産に関する登記事項証明書その他の証明書類を添付して、収用等のあった日の属する年分の所得税についての更正の請求をすることができます。
(2) 代替資産を取得した場合に、その取得価額が承認を受けた見積額に満たないとき……その取得した日（承認を受けた期間を経過する日をいう（措通33の5－1）。）から4月以内に、その取得した代替資産に関する登記事項証明書その他の証明書類を添付して、収用等のあった日の属する年分の所得税についての修正申告書を提出しなければなりません。
(3) 取得指定期間内に取得をしなかったとき……その取得指定期間を経過した日から4月以内に、収用等のあった日の属する年分の所得税についての修正申告書を提出しなければなりません。

交換処分等に伴い資産を
取得した場合の課税の特例

　交換処分等（特例の適用が受けられる収用，買取り又は交換をいう。）によって資産を譲渡した場合には，その者の選択により，譲渡した資産の譲渡所得の金額及び所得税の額を，次のように計算することができます（措法33の2①②，措令22の2①③④）。

1　代りの資産だけを取得した場合

　　資産の譲渡はなかったものとする。

2　代りの資産のほかに補償金等を取得した場合

　(1)　その補償金等の全部又は一部で代替資産を取得したとき

　　イ　補償金等の額が，代替資産の取得価額以下である場合

　　　　資産の譲渡はなかったものとする。

　　ロ　補償金等の額が，代替資産の取得価額を超える場合

　　(イ)　分離課税の土地建物等の長期譲渡所得の場合

$$\text{分離長期譲渡所得の金額} = \left\{ (a-b-d) - c \times \frac{a-b-d}{a-b} \right\} - \begin{pmatrix} \text{居住用財産の買換え等の場合の}\\ \text{譲渡損失の損益通算及び繰越控}\\ \text{除，特定居住用財産の譲渡損失}\\ \text{の損益通算及び繰越控除，雑損}\\ \text{失の繰越控除の規定の適用があ}\\ \text{る場合は，その控除額} \end{pmatrix}$$

$$\text{分離課税長期譲渡所得金額} = \begin{pmatrix} \text{分離長期譲渡}\\ \text{所得の金額} \end{pmatrix} - \begin{pmatrix} \text{所得控除の規定の適用がある}\\ \text{場合は，その所得控除額} \end{pmatrix}$$

　　　税　　額

　　　　　分離課税長期譲渡所得金額×15%

---

　　　a……交換取得資産とともに取得した補償金等

　　　b……譲渡費用の超過額（b′）のうち，aに対応する部分の金額として次の算式で計算した金額

$$(b') \times \frac{a}{e+a}$$

　　　c……交換譲渡資産の取得費（c′）のうち，aに対応する部分の金額として次の算式で計算した金額

$$(c') \times \frac{a}{e+a}$$

　　　d……代替資産の取得価額（補償金で取得した資産）

　　　e……代りに取得した資産の価額（交換取得資産）

　　(ロ)　分離課税の土地建物等の短期譲渡所得の場合

$$\text{分離短期譲渡所得の金額} = \left\{ (a-b-d) - c \times \frac{a-b-d}{a-b} \right\} - \begin{pmatrix} \text{居住用財産の買換え等の場合の}\\ \text{譲渡損失の損益通算及び繰越控}\\ \text{除，特定居住用財産の譲渡損失}\\ \text{の損益通算及び繰越控除，雑損}\\ \text{失の繰越控除の規定の適用があ}\\ \text{る場合は，その控除額} \end{pmatrix}$$

$$\text{分離課税短期譲渡所得金額} = \begin{pmatrix} \text{分離短期譲渡} \\ \text{所得の金額} \end{pmatrix} - \begin{pmatrix} \text{所得控除の規定の適用がある} \\ \text{場合は, その所得控除額} \end{pmatrix}$$

税　額

$$\text{分離課税短期譲渡所得金額} \times 30\%$$

（注）　軽減税率が適用される場合の税額は，上記によらず328ページの特例によることになります（措法32③）。

(ハ)　総合課税の場合

$$\text{譲渡益の金額} = \left\{ (a-b-d) - c \times \frac{a-b-d}{a-b} \right\}$$

$$\text{総所得金額に算入される譲渡所得の金額} = \begin{pmatrix} \text{譲渡益} \\ \text{の金額} \end{pmatrix} - \begin{pmatrix} \text{譲渡所得の} \\ \text{特別控除額} \end{pmatrix} \times \frac{1}{2} \begin{pmatrix} \text{長期譲渡所得の} \\ \text{場合に限る。} \end{pmatrix}$$

(2)　補償金等で代替資産を取得しない場合

イ　分離課税の土地建物等の長期譲渡所得の場合

$$\text{分離長期譲渡所得の金額} = \left\{ a - (c' + \text{譲渡費用}) \times \frac{a}{a+e} \right\} - \begin{pmatrix} \text{居住用財産の買換え等の場合の} \\ \text{譲渡損失の損益通算及び繰越控} \\ \text{除, 特定居住用財産の譲渡損失} \\ \text{の損益通算及び繰越控除, 雑損} \\ \text{失の繰越控除の規定の適用があ} \\ \text{る場合は, その控除額} \end{pmatrix}$$

$$\text{分離課税長期譲渡所得金額} = \begin{pmatrix} \text{分離長期譲渡} \\ \text{所得の金額} \end{pmatrix} - \begin{pmatrix} \text{所得控除の規定の適用がある} \\ \text{場合は, その所得控除額} \end{pmatrix}$$

税　額

$$\text{分離課税長期譲渡所得金額} \times 15\%$$

ロ　分離課税の土地建物等の短期譲渡所得の場合

$$\text{分離短期譲渡所得の金額} = \left\{ a - (c' + \text{譲渡費用}) \times \frac{a}{a+e} \right\} - \begin{pmatrix} \text{居住用財産の買換え等の場合の} \\ \text{譲渡損失の損益通算及び繰越控} \\ \text{除, 特定居住用財産の譲渡損失} \\ \text{の損益通算及び繰越控除, 雑損} \\ \text{失の繰越控除の規定の適用があ} \\ \text{る場合は, その控除額} \end{pmatrix}$$

$$\text{分離課税短期譲渡所得金額} = \begin{pmatrix} \text{分離短期譲渡} \\ \text{所得の金額} \end{pmatrix} - \begin{pmatrix} \text{所得控除の規定の適用がある} \\ \text{場合は, その所得控除額} \end{pmatrix}$$

税　額

$$\text{分離課税短期譲渡所得金額} \times 30\%$$

（注）　軽減税率が適用される場合の税額は，上記によらず328ページの特例によることになります（措法32③）。

特例の適用が受けられる場合　この特例は，次に掲げる要件に該当する場合に適用されます（措法33の2①，措令22の2②）。

(1)　資産が土地収用法等の規定に基づいて収用され（買取りの申出を拒むときは土地収用法等の規定に基づいて収用されることとなる場合の買取り又は国，地方公共団体，独立行政法人都市再生機構又は地方住宅供給公社が，自ら居住するために住宅を必要とする者に対し賃貸し，又は譲渡する目的で行う50戸以上の一団地の住宅経営のために土地等が買い取られる場合の買取りを含む。），譲渡資産又はその資産に係る配偶者居住権（配偶者居住権の目的となっている建物の敷地の用に供される土地等をその配偶者居住権に基づき使用する権利を含む。以下同じ。）と同種の資産その他のこれらに代わるべき資産を

譲渡所得の課税の特例（交換処分等）

取得するとき

（注）　「譲渡資産又はその資産に係る配偶者居住権と同種の資産その他のこれらに代わるべき資産」とは、「代替資産の範囲」の(1)又は(2)の資産の区分に応じて、その代替資産とされる資産をいいます（352ページ参照）。

(2)　土地等について土地改良法による土地改良事業、農業振興地域の整備に関する法律第13条の2第1項の事業が施行され、その土地等について行われる交換によって土地等を取得するとき

　　適用を受けるための手続　この特例の適用を受けるためには、確定申告書に、①**措置法第33条の2**と記載するほか、②代りの資産とともに取得した補償金等で代替資産を取得したかどうかに応じて、収用等の場合の「特例の適用を受けるための手続」に定められている手続（354ページ参照）に準じた手続をしなければなりません（措法33の2③④、措令22の2⑤、措規14の2①）。

　　また、この特例は、代りに取得した資産とともに補償金等を取得してその全部又は一部で代替資産を取得する見込みである場合にも適用がありますが、この場合の手続は、「代替資産を取得した場合」の特例の手続（354ページ参照）と同じです（措法33の2②③）。

　　さらに、特定非常災害に基因するやむを得ない事情により取得指定期間内に代替資産の取得をすることが困難となった場合は取得指定期間の延長の特例の適用を受けることができますが、この場合の手続は「収用等に伴い代替資産を取得した場合」における特例の手続（354ページ参照）と同じです（措法33の2⑤、措規14の2②③）。

換地処分等に伴い資産を取得した場合の課税の特例

　この特例は，個人が有する資産につき一定の換地処分等が行われた場合に，その換地処分等による資産の譲渡をなかったものとみなすことで，自動的に課税が繰り延べられるものであり，その内容は次のとおりです。

1　土地等について，土地区画整理法による土地区画整理事業，新都市基盤整備法による土地整理，土地改良法による土地改良事業又は大都市地域住宅等供給促進法による住宅街区整備事業が施行された場合に，その土地等に係る換地処分として土地等又は土地区画整理法による建築物の一部及びその建築物の存する土地の共有持分，大都市地域住宅等供給促進法第74条第1項に規定する施設住宅の一部等若しくは同法第90条第2項に規定する施設住宅若しくは施設住宅敷地に関する権利を取得したときは，換地処分により譲渡した土地等（土地等とともに清算金を取得した場合又は一定の保留地が定められた場合には，その譲渡した土地等のうち，その清算金の額又は保留地の対価の額に対応する部分は除く。）については譲渡がなかったものとみなされます（措法33の3①）。

　　この場合，その土地等に係る換地処分等として土地等とともに清算金等を取得したときは，換地処分等により譲渡した土地等のうち，取得した土地等に対応する部分について譲渡がなかったものとみなされ，清算金に対応する部分については，収用等に伴い代替資産を取得した場合の課税の特例（346ページ参照）又は収用交換等の場合の5,000万円特別控除のうちいずれかの特例を納税者が選択できることになります（措法33の4①，措令22の3①）。

　(注)　1　換地処分に伴い土地等とともに清算金等を取得した場合の譲渡益の計算は次のようになります。

$$\text{清算金等の額} - \text{譲渡資産の取得費} \times \frac{\text{清算金等の額}}{\text{換地取得資産の価額} + \text{清算金等の額}} - \text{譲渡費用}$$

　　　　2　一定の保留地とは，中心市街地の活性化に関する法律第16条第1項，高齢者，障害者等の移動等の円滑化の促進に関する法律第39条第1項，都市の低炭素化の促進に関する法律第19条第1項，大都市地域住宅等供給促進法第21条第1項又は地方拠点都市地域の整備及び産業業務施設の再配置の促進に関する法律第28条第1項の規定により定められた保留地をいいます（措法33の3①）。

2　資産について都市再開発法による第1種市街地再開発事業が施行された場合において，その資産に係る権利変換により施設建築物の一部を取得する権利若しくは施設建築物の一部についての借家権を取得する権利及び施設建築敷地若しくはその共有持分又は地上権の共有持分（その資産に係る権利変換が都市再開発法第110条第1項又は第110条の2第1項の規定により定められた権利変換計画（特例型の権利変換計画）により定められたものである場合には，施設建築敷地に関する権利又は施設建築物に関する権利を取得する権利）若しくは個別利用区内の宅地若しくはその使用収益権を取得したとき，又は第2種市街地再開発事業の施行により買取り若しくは収用された場合において，その対償として建築施設の部分の給付を受ける権利を取得したときは，換地処分の場合と同様に，権利変換又は買取り若しくは収用により譲渡した資産の譲渡はなかったものとみなされます（措法33の3②）。

　　この場合，その資産に係る権利変換により取得する権利等とともに清算金等を取得したときは，権利変換により譲渡した資産のうち，取得した権利等に対応する部分について譲渡がなかったものとみなされ，清算金等に対応する部分については，収用等に伴い代替資産を取得した場合の課

税の特例（346ページ参照）又は収用交換等の場合の5,000万円特別控除のうちいずれかの特例を納税者が選択できることになります（措法33の3③，33の4①，措令22の3②④）。

(注) 清算金等に対応する部分として収用等による譲渡があったものとされるのは，提供した資産のうち，次により計算した部分とされます。

$$権利変換により譲渡した \atop 資産の権利変換時の価額 \times \frac{交付される清算金等の額}{権利変換時における権利変換に \atop より取得した権利等の総価額}$$

3 資産について密集市街地における防災街区の整備の促進に関する法律による防災街区整備事業が施行された場合において，その資産に係る権利変換により防災施設建築物の一部を取得する権利若しくは防災施設建築物の一部についての借家権を取得する権利及び防災施設建築敷地若しくはその共有持分若しくは地上権の共有持分（その資産に係る権利変換が密集市街地整備法第255条第1項又は第257条第1項の規定により定められた権利変換計画（特例型の権利変換計画）により定められたものである場合には，防災施設建築敷地に関する権利又は防災施設建築物に関する権利を取得する権利）又は個別利用区内の宅地若しくはその使用収益権を取得したときは，その権利変換により譲渡した資産（以下「防災旧資産」という。）の譲渡はなかったものとみなされます（措法33の3④）。

ただし，防災施設建築物の一部を取得する権利及び防災施設建築敷地若しくはその共有持分若しくは地上権の共有持分又は個別利用区内の宅地若しくはその使用収益権について，これらの価額等が確定したことにより清算金の交付を受けることとなった場合には，その交付を受けることとなった日において防災旧資産のうちその清算金の額に対応するものとして次の算式により計算した部分について収用等による譲渡があったものとみなされ，その譲渡があったものとみなされる部分について，収用等に伴い代替資産を取得した場合の課税の特例（346ページ参照）又は収用交換等の場合の5,000万円特別控除の規定を適用することとされています（措法33の3⑤，33の4①，措令22の3⑤⑦）。

(注) 清算金等に対応する部分として収用等による譲渡があったものとされるのは，防災旧資産のうち，次により計算した部分とされます。

$$防災旧資産の権利変 \atop 換の時における価額 \times \frac{清算金の額}{防災変換取得資産の権利 \atop 変換の時における総価額}$$

4 マンション建替円滑化法第2条第1項第4号に規定するマンション建替事業が施行された場合において，その資産に係る同法の権利変換により同項第7号に規定する施行再建マンションに関する権利を取得する権利又は施行再建マンションに係る敷地利用権（以下「変換後資産」という。）を取得したときは，権利変換により譲渡した資産（以下「変換前資産」という。）の譲渡がなかったものとみなされます（措法33の3⑥，措令22の3⑧）。

ただし，施行再建マンションに関する権利を取得する権利又は施行再建マンションに係る敷地利用権につきマンションの建替えの円滑化等に関する法律第85条の規定により同条に規定する差額に相当する金額の交付を受けることとなったときは，その受けることとなった日において次の式により計算した金額について変換前資産の譲渡があったものとみなされます（措法33の3⑦，措令22の3⑨⑩）。

$$変換前資産の権利変換時における価額 \times \frac{差額に相当する金額}{変換後資産の権利変換時における総価額}$$

譲渡所得の課税の特例（換地処分等）

5　その有する資産について，マンションの建替円滑化法による敷地分割事業が実施された場合に，その資産に係る敷地権利変換により除却敷地持分，非除却敷地持分等又は敷地分割後の団地共用部分の共有持分（以下「分割後資産」という。）を取得したときは，その敷地権利変換により譲渡した資産については譲渡がなかったものとみなされます（措法33の3⑧）。

　この場合，その資産につき差額に相当する金額の交付を受けることとなった場合には，その譲渡した資産のうち，取得した分割後資産に対応する部分について譲渡がなかったものとみなされます（措法33の3⑧，措令22の3⑪）。

※　敷地権利変換に伴い分割後資産とともに差額に相当する金額の交付を受けることとなった場合の譲渡益の計算は次のようになります。

（差額に相当する金額）－（譲渡資産の取得費）×$\frac{（差額に相当する金額）}{（分割後資産の価額）＋（差額に相当する金額）}$－（譲渡費用）

6　被災市街地復興推進地域内にある土地等（棚卸資産その他これに準ずる資産を除く。）につき被災市街地復興土地区画整理事業が施行された場合において，その土地等に係る換地処分により，土地等及びその土地等の上に建設された被災市街地復興特別措置法第15条第1項に規定する住宅又は同条第2項に規定する住宅等（以下「代替住宅等」という。）を取得したときは，その換地処分により譲渡した土地等（代替住宅等とともに清算金を取得した場合又は被災市街地復興特別措置法第17条第1項の規定により保留地が定められた場合には，その譲渡した土地等のうちその清算金の額又はその保留地の対価の額に対応する部分以外のものとして次の算式により計算した部分）の譲渡はなかったものとみなされます（措法33の3⑨，措令22の3⑫⑬，措規14の3）。

(注)1　清算金の額又は保留地の対価の額に対応する部分以外のものとされるのは，換地処分により譲渡した土地等のうち，次により計算した部分とされます。

譲渡した土地等の価額×$\frac{換地処分により取得した代替住宅等の価額}{換地処分により取得した代替住宅等の価額と清算金の額又は保留地の対価の額との合計額}$

　　2　この特例の適用を受けるためには，確定申告書に，①措置法第33条の3第9項と記載するほか，②換地処分により代替住宅等を取得したことを証明する被災市街地復興土地区画整理事業の施行者が発行した証明書類，③換地処分により譲渡をした土地等及び取得をした代替住宅等の登記事項証明書並びに換地処分に係る換地計画に関する図書（土地区画整理法第87条第1項各号に掲げる事項の記載があるものに限る。）の写し（その被災市街地復興土地区画整理事業の施行者の当該換地計画に関する図書の写しである旨の記載があるものに限る。），及び④清算金又は保留地の対価を取得する場合には，その清算金又はその保留地の対価の支払をしたことを証明する被災市街地復興土地区画整理事業の施行者が発行した証明書類（その清算金の額又はその保留地の対価の額の記載があるものに限る。）を添付しなければなりません。ただし，このような手続をしなかった場合でも，確定申告書を提出しなかったこと又は確定申告書に所定の事項を記載しなかったこと若しくは所定の証明書を添付しなかったことについて税務署長がやむを得ない事情があると認めるときは，確定申告書に記載すべきであった事項を記載した書類及び添付すべきであった証明書を提出してこの特例の適用を受けることができます（措法33の3⑩⑪，措規14の3）。

7　被災市街地復興推進地域内にある土地又は土地の上に存する権利につき被災市街地復興土地区画整理事業が施行された場合において，その土地又は土地の上に存する権利に係る換地処分により代替住宅等を取得したときは，その換地処分による土地又は土地の上に存する権利の譲渡につき上記6の適用を受ける場合を除き，その換地処分により取得した「住宅又は住宅等」は上記1

の「清算金」に，「住宅又は住宅等の金額」は上記1の「清算金の額」にそれぞれ該当するものとみなされます（措法33の3⑬）。

収用交換等の場合の譲渡所得等の特別控除

　収用等によって資産を譲渡した場合，交換処分等によって資産を譲渡した場合又は権利変換等により収用等による譲渡があったものとみなされた場合で，その年中にこれらに該当することとなった資産の全部について収用等に伴い代替資産を取得した場合の課税の特例（346ページ参照）又は交換処分等に伴い資産を取得した場合の課税の特例（356ページ参照）の適用を受けないときは，これらの収用交換等により譲渡した資産の譲渡所得の金額及び所得税の額は次のように計算することができます（措法33の4①）。

1　分離課税の土地建物等の長期譲渡所得の場合

　分離長期譲渡所得の金額 ＝（補償金等の額）－（譲渡資産の取得費）－（譲渡費用）－（居住用財産の買換え等の場合の譲渡損失の損益通算及び繰越控除，特定居住用財産の譲渡損失の損益通算及び繰越控除，雑損失の繰越控除の規定の適用がある場合は，その控除金額）

　分離課税長期譲渡所得金額 ＝（分離長期譲渡所得の金額）－（特別控除額（最高5,000万円））－（所得控除の規定の適用がある場合は，その所得控除額）

　税　額

　　　分離課税長期譲渡所得金額×15％

2　分離課税の土地建物等の短期譲渡所得の場合

　分離短期譲渡所得の金額 ＝（補償金等の額）－（譲渡資産の取得費）－（譲渡費用）－（居住用財産の買換え等の場合の譲渡損失の損益通算及び繰越控除，特定居住用財産の譲渡損失の損益通算及び繰越控除，雑損失の繰越控除の規定の適用がある場合は，その控除金額）

　分離課税短期譲渡所得金額 ＝（分離短期譲渡所得の金額）－（特別控除額（最高5,000万円））－（所得控除の規定の適用がある場合は，その所得控除額）

　税　額

　　　分離課税短期譲渡所得金額×30％

　　（注）　軽減税率が適用される場合の税額は，上記によらず328ページの特例によることになります（措法32③）。

3　総合課税の場合

　譲渡益の金額 ＝（補償金等の額）－（譲渡資産の取得費）－（譲渡費用）－（特別控除額（最高5,000万円））

　総所得金額に算入される譲渡所得の金額 ＝｛（譲渡益の金額）－（譲渡所得の特別控除額）｝×$\frac{1}{2}$（長期譲渡所得の場合に限る。）

　（注）1　上記の5,000万円の特別控除は，控除の対象となる金額が，5,000万円未満であるときは，その金額が限度となります（控除後の金額をゼロとする。）。
　　　　2　5,000万円の特別控除は，その年中の収用等による資産の譲渡について，2以上の控除が適用される場合は，控除する金額は年間を通じて，5,000万円の範囲内とされています。この場合，その控除額は，次の所得の特別控除から順次成るものとされます（措法33の4②，措令22の4①）。
　　　　　イ　分離課税の土地建物等の短期譲渡所得
　　　　　ロ　総合課税の短期譲渡所得

ハ　総合課税の長期譲渡所得

ニ　山林所得

ホ　分離課税の土地建物等の長期譲渡所得

＜計算例＞

　収用等により譲渡した資産の譲渡益が次の(1)のような場合の5,000万円の特別控除は，次の(2)のようになります。

(1)　イ　長期保有の機械の譲渡益　　　　100万円

　　　ロ　短期保有の建物の譲渡益　　　　500万円

　　　ハ　長期保有の土地の譲渡益　　　4,700万円

(2)　イ　分離課税短期譲渡所得金額　　　500万円－500万円＝0

　　　ロ　総合長期譲渡益　　　　　　　100万円－100万円＝0

　　　ハ　分離課税長期譲渡所得金額　　　4,700万円－(5,000万円－500万円－100万円)＝300万円

(3)　税　　　額　　　　　　　　　　　300万円×15％＝45万円

特例の適用が受けられる場合　この特例は，その資産の譲渡が収用交換等によるもので，かつ，次に掲げる要件に該当する場合に適用されます（措法33の4①③，措令22の4②，措規15①，措通33の4－2）。

(1)　収用交換等によって譲渡した資産の全部について，収用等に伴い代替資産を取得した場合の課税の特例(346ページ参照)及び交換処分等に伴い資産を取得した場合の課税の特例(356ページ参照)の適用を受けないこと

(2)　資産の収用交換等による譲渡が，公共事業の施行者からその資産について最初に買取り等の申出のあった日から6月を経過した日までに行われること。ただし，最初に買取り等の申出があった日から6月を経過した日までに次に掲げる請求等が行われている場合には，それぞれ次に掲げる期間に6月を加えて計算した期間内に，その資産の譲渡が行われればよいことになっています。

　イ　その資産の譲渡について土地収用法第15条の7第1項の規定による仲裁の申請に基づき同法第15条の11第1項に規定する仲裁判断があった場合……その申請をした日からその譲渡の日までの期間

　ロ　その資産の譲渡について土地収用法第46条の2第1項の規定による補償金の支払の請求があった場合……その請求をした日からその譲渡の日までの期間

　ハ　その資産の譲渡について農地法第3条第1項又は第5条第1項の規定による許可を受けなければならない場合……その許可の申請をした日からその許可があった日（その申請をした後にその許可を要しないこととなった場合には，その要しないこととなった日）までの期間

　ニ　その資産の譲渡について農地法第5条第1項第6号の規定による届出をする場合……その届出書を農業委員会に提出した日からその届出書を農業委員会が受理した日までの期間（農地法第18条第1項の規定による許可を受けた後届出をする場合には，申請をした日から許可があった日までの期間を加算した期間）

(3)　一の収用交換等の事業について収用交換等による資産の譲渡が2以上あった場合で，これらの

譲渡が2以上の年にまたがって行われたときは，そのうちの最初に譲渡が行われた年における資産の譲渡に限ること
(4) 資産の収用交換等による譲渡が，その資産について最初に買取り等の申出を受けた人(最初に買取り等の申出を受けた人が死亡した場合には，その人から相続などによってその資産を取得した人（措通33の4－6))から譲渡されるものであること

　買取り等　買取り等とは，資産の買取り，消滅，交換，取壊し，除去又は使用をいいます（措法33の4③一)。

　適用を受けるための手続　この特例の適用を受けるためには，確定申告書に，①**措置法第33条の4**と記載するとともに，②「譲渡所得の内訳書(確定申告書付表兼計算明細書)」，③公共事業施行者から交付を受けた買取り等の最初の申出の年月日及びその申出の対象となった資産の明細を記載した証明書，公共事業施行者の買取り等の年月日及び買取り等の目的となった資産の明細を記載した証明書などを添付しなければなりません。ただし，この特例の適用を受けることによりその年分の確定申告書の提出を要しないこととなる場合は，申告の必要はありません。なお，このような手続をしなかった場合でも，確定申告書を提出しなかったこと又は確定申告書に所定の事項を記載しなかったこと若しくは所定の書類を添付しなかったことについて税務署長がやむを得ない事情があると認めるときは，確定申告書に記載すべきであった事項を記載した書類及び添付すべきであった書類を提出してこの特例の適用を受けることができます（措法33の4④⑤，措規15②，措通33の4－2の4)。

　延払条件付譲渡についての利子税の免除　補償金等が賦払いで支払われる場合の延払条件付譲渡の延納税額についての利子税は，免除されることになっています（措法33の4⑦，866ページ(注)参照)。

譲渡所得の課税の特例（特定土地区画整理事業等）

特定土地区画整理事業等のために土地等を譲渡した場合の譲渡所得の特別控除

　土地等（土地又は土地の上に存する権利をいう。）が特定土地区画整理事業等のために買い取られる場合には，その年中にその買い取られた土地等（居住用財産を譲渡した場合の特別控除（379ページ参照）の適用を受ける部分を除く。）の全部又は一部につき特定の居住用財産の買換え及び交換制度の規定（404ページ参照）又は特定の事業用資産の買換え（交換）制度の規定（411ページ参照）の適用を受けないときは，その買い取られた全部の土地等の譲渡所得の金額及び所得税の額を次のように計算することができます（措法34①）。

1　分離課税の長期譲渡所得の場合

$$\text{分離長期譲渡所得の金額} = \left(\text{譲渡収入金額}\right) - \left(\text{譲渡資産の取得費}\right) - (\text{譲渡費用}) - \left(\begin{array}{l}\text{居住用財産の買換え等の場合の}\\\text{譲渡損失の損益通算及び繰越控}\\\text{除，特定居住用財産の譲渡損失}\\\text{の損益通算及び繰越控除，雑損}\\\text{失の繰越控除の規定の適用があ}\\\text{る場合は，その控除金額}\end{array}\right)$$

$$\text{分離課税長期譲渡所得金額} = \left(\text{分離長期譲渡所得の金額}\right) - \left(\begin{array}{l}\text{特別控除額}\\\text{（最高2,000万円）}\end{array}\right) - \left(\begin{array}{l}\text{所得控除の規定の適}\\\text{用がある場合は，そ}\\\text{の所得控除額}\end{array}\right)$$

税　額…分離課税長期譲渡所得金額×15％

2　分離課税の短期譲渡所得の場合

$$\text{分離短期譲渡所得の金額} = \left(\text{譲渡収入金額}\right) - \left(\text{譲渡資産の取得費}\right) - \left(\text{譲渡費用}\right) - \left(\begin{array}{l}\text{居住用財産の買換え等の場合の}\\\text{譲渡損失の損益通算及び繰越控}\\\text{除，特定居住用財産の譲渡損失}\\\text{の損益通算及び繰越控除，雑損}\\\text{失の繰越控除の規定の適用があ}\\\text{る場合は，その控除金額}\end{array}\right)$$

$$\text{分離課税短期譲渡所得金額} = \left(\text{分離短期譲渡所得の金額}\right) - \left(\begin{array}{l}\text{特別控除額}\\\text{（最高2,000万円）}\end{array}\right) - \left(\begin{array}{l}\text{所得控除の規定の適}\\\text{用がある場合は，そ}\\\text{の所得控除額}\end{array}\right)$$

税　額…分離課税短期譲渡所得金額×30％

　（注）1　**軽減税率が適用される場合**の税額は，上記によらず328ページの特例によることになります（措法32③）。
　　　　2　同一年中に譲渡した土地等のうちに分離長期譲渡所得と分離短期譲渡所得があるときは，まず，分離短期譲渡所得から2,000万円の特別控除を適用します（措法34①一）。

　特例の適用が受けられる場合　特定土地区画整理事業等のために買い取られる場合とは，次に掲げるそれぞれの場合をいいます（措法34②，措令22の7）。

(1)　国，地方公共団体，独立行政法人都市再生機構又は地方住宅供給公社が土地区画整理事業，住宅街区整備事業，第一種市街地再開発事業又は防災街区整備事業として行う公共施設の整備改善，宅地の造成，共同住宅の建設等に関する事業等のために土地等が買い取られる場合（措置法第33条第1項第3号の4から第3号の6までの規定の適用がある場合を除く。）

　（注）　土地区画整理事業の事業決定又は事業認可後の譲渡はもちろん，それ以前の先行買収による譲渡も

— 366 —

含まれます（措規17①一イ）。
(2) 都市再開発法による第一種市街地再開発事業の事業予定地内の土地等が，都市計画法の規定に基づいて，第一種市街地再開発事業を行う都市再開発法の認可を受けて設立された市街地再開発組合に買い取られる場合
(3) 密集市街地における防災街区の整備の促進に関する法律による防災街区整備事業の事業予定地内の土地等が，都市計画法に基づいて，防災街区整備事業を行う密集市街地における防災街区の整備の促進に関する法律の認可を受けて設立された防災街区整備事業組合に買い取られる場合
(4) 次に掲げる法律の規定による買取りの請求権に基づいて土地が買い取られる場合
　イ　古都における歴史的風土の保存に関する特別措置法第11条第1項《土地の買入れ》
　ロ　都市緑地法第17条第1項若しくは第3項《土地の買入れ》
　ハ　特定空港周辺航空機騒音対策特別措置法第8条第1項《土地の買入れ》
　ニ　航空法第49条第4項《土地の買収》
　ホ　防衛施設周辺の生活環境の整備等に関する法律第5条第2項《特定飛行場周辺地の買入れ》
　ヘ　公共用飛行場周辺における航空機騒音による障害の防止等に関する法律第9条第2項《指定区域内の土地の買入れ》
　ト　都市緑地法第17条第3項の規定により都道府県，町村又は都市緑地法第17条第2項に規定する一定の緑地保全・緑化推進法人に買い取られる場合（推進法人に買い取られる場合は一定の要件を満たすものに限る。）
　　（注）「一定の緑地保全・緑化推進法人」とは，都市緑地法第17条第2項に規定する緑地保全・緑化推進法人のうち一定の要件を満たす公益社団法人等であるものをいいます（措令22の7②）。
(5) 次に掲げる土地が国又は地方公共団体に買い取られる場合
　イ　文化財保護法第27条第1項《重要文化財の指定》の規定により重要文化財として指定された土地
　ロ　文化財保護法第109条第1項《史跡等の指定》の規定により史跡又は名勝若しくは天然記念物として指定された土地
　ハ　自然公園法第20条第1項《特別地域》の規定により特別地域として指定された区域内の土地
　ニ　自然環境保全法第25条第1項《特別地区》の規定により特別地区として指定された区域内の土地
　　（注）重要文化財として指定された土地又はその史跡，名勝若しくは天然記念物として指定された土地が独立行政法人国立文化財機構，独立行政法人国立科学博物館，一定の地方独立行政法人又は一定の文化財保存活用支援団体に買い取られる場合（文化財保存活用支援団体に買い取られる場合には，一定の場合に限る。）を含み，租税特別措置法第33条第1項第2号の規定の適用がある場合を除きます。
(6) 森林法第25条若しくは第25条の2の規定により保安林として指定された区域内の土地又は同法第41条の規定により指定された保安施設地区内の土地が保安施設事業のために国又は地方公共団体に買い取られる場合
(7) 防災のための集団移転促進事業に係る国の財政上の特別措置等に関する法律第3条第1項の同意を得た集団移転促進事業計画に基づき移転促進区域内の農地等（農地，宅地，その他の土地をいう。）が地方公共団体に買い取られる場合（租税特別措置法第33条第1項第2号の規定の適用がある場合を除く。）
(8) 農業経営基盤強化促進法第22条の4第1項に規定する区域内にある農用地が，同条第2項の申

譲渡所得の課税の特例（特定土地区画整理事業等）

出に基づき，一定の農地中間管理機構に買い取られる場合

(注) 上記(1)から(8)までの買取りに該当する場合であっても同一事業の事業用地として2以上の年にわたって買取りが行われたときは，最初の買取りが行われた年以外の買取りはこの特例の対象となりません（措法34③）。

　適用を受けるための手続　この特例の適用を受けるためには，譲渡の日の属する年分の確定申告書に，①**措置法第34条**と記載するとともに，②「譲渡所得の内訳書（確定申告書付表兼計算明細書）」及び事業施行者から交付を受けた買取り証明書及び国土交通大臣又は都道府県知事等が発行したその土地等について土地区画整理事業として行われる公共施設の整備改善又は宅地の造成に関する事業の用に供されることが確実であると認められる旨を証する書類等を添付しなければなりません。

　ただし，この特例の適用を受けることによりその年分の確定申告書の提出を要しないこととなる場合は，申告の必要はありません。

　なお，このような手続をしなかった場合でも，確定申告書を提出しなかったこと又は確定申告書に所定の事項を記載しなかったこと若しくは所定の証明書を添付しなかったことについて税務署長がやむを得ない事情があると認めるときは，確定申告書に記載すべきであった事項を記載した書類及び添付すべきであった証明書を提出して，この特例の適用を受けることができます（措法34④⑤，措規17）。

特定住宅地造成事業等のために土地等を譲渡した場合の譲渡所得の特別控除

　土地等（土地又は土地の上に存する権利をいう。）が特定住宅地造成事業等のために買い取られる場合には，その年中にその買い取られた土地等（居住用財産を譲渡した場合の特別控除（379ページ参照）の適用を受ける部分を除く。）の全部又は一部につき特定の居住用財産の買換え及び交換制度の規定（404ページ参照）又は特定の事業用資産の買換え（交換）制度の規定（411ページ参照）の適用を受けないときは，その買い取られた全部の土地等の譲渡所得の金額及び所得税の額を次のように計算することができます（措法34の2①）。

1　分離課税の長期譲渡所得の場合

　分離長期譲渡所得の金額＝〔譲渡収入金額〕－〔譲渡資産の取得費〕－〔譲渡費用〕－〔居住用財産の買換え等の場合の譲渡損失の損益通算及び繰越控除，特定居住用財産の譲渡損失の損益通算及び繰越控除，雑損失の繰越控除の規定の適用がある場合は，その控除金額〕

　分離課税長期譲渡所得金額＝〔分離長期譲渡所得の金額〕－〔特別控除額（最高1,500万円）〕－〔所得控除の規定の適用がある場合は，その所得控除額〕

　税　額…分離課税長期譲渡所得金額×15％

2　分離課税の短期譲渡所得の場合

　分離短期譲渡所得の金額＝〔譲渡収入金額〕－〔譲渡資産の取得費〕－〔譲渡費用〕－〔居住用財産の買換え等の場合の譲渡損失の損益通算及び繰越控除，特定居住用財産の譲渡損失の損益通算及び繰越控除，雑損失の繰越控除の規定の適用がある場合は，その控除金額〕

　分離課税短期譲渡所得金額＝〔分離短期譲渡所得の金額〕－〔特別控除額（最高1,500万円）〕－〔所得控除の規定の適用がある場合は，その所得控除額〕

　税　額…分離課税短期譲渡所得金額×30％

　（注）1　軽減税率が適用される場合の税額は，上記によらず328ページの特例によることになります（措法32③）。
　　　　2　同一年中に買い取られた土地等のうちに，分離長期譲渡所得と分離短期譲渡所得があるときは，まず，分離短期譲渡所得から1,500万円の特別控除を適用します（措法34の2①一）。

特例の適用が受けられる場合　特定住宅地造成事業等のために買い取られる場合とは，次に掲げるそれぞれの場合をいいます（措法34の2②，措令22の8，措規17の2）。

(1)　地方公共団体（その設立に係る特定の団体を含む。），独立行政法人中小企業基盤整備機構，独立行政法人都市再生機構，成田国際空港株式会社，地方住宅供給公社又は日本勤労者住宅協会が行う住宅の建設又は宅地の造成を目的とする事業の用として買い取られる場合（租税特別措置法第33条第1項第2号若しくは第4号，第33条の2第1項第1号又は第34条第2項第1号の規定の適用がある場合を除く。）

(2)　収用等を行う者若しくは収用等を行う者に代わって買い取るべき旨の契約を締結した地方公共団体等によってその収用等の対償に充てるために買い取られる場合，住宅地区改良法第2条第6

項に規定する改良住宅を同条第3項に規定する改良地区の区域外に建設するために買い取られる場合，公営住宅法第2条第4号に規定する公営住宅の買取りにより地方公共団体に買い取られる場合（租税特別措置法第33条第1項第2号若しくは第4号又は第33条の2第1項第1号の規定の適用がある場合又は都市再開発法による第2種市街地再開発事業の用に供するためにその施行者である再開発会社によって収用の対償に充てるため買い取られる場合を除く。）

(3) 特定の民間宅地造成事業等の用に供するために，土地等が，平成6年1月1日から令和5年12月31日までの間に，買い取られる場合

　なお，認可を受けて区画整理事業を行う区画整理会社の株主又は社員の有する土地等が買い取られるときは，本特例の対象から除かれます（措令22の8⑤）。

　特定の民間宅地造成事業等とは，土地区画整理事業として行われる一団の宅地造成事業のうち，次の要件を満たすもので，これらの要件を満たすものであることについて国土交通大臣の認定を受けたものをいいます（措法34の2②三，措令22の8④～⑥，措規17の2②③）。

イ　その一団の宅地の造成が土地区画整理事業（その施行地区の全部が市街化区域と定められた区域に含まれるものに限る。）として行われるものであること。

ロ　その造成に係る一団の土地（その土地区画整理事業の施行地区内にあるその業者の有する一団の土地に限る。）の面積が5ha以上であること

ハ　造成宅地の分譲が公募の方法により行われること

ニ　住宅用の造成宅地の1区画面積が170㎡以上（地形の状況その他の特別の事情がある場合には，150㎡以上）であること

(4) 公有地の拡大の推進に関する法律第6条第1項の協議に基づき地方公共団体，土地開発公社，港務局，地方住宅供給公社，地方道路公社及び独立行政法人都市再生機構に買い取られる場合（租税特別措置法第33条第1項第2号又は第34条第2項各号の規定の適用がある場合を除く。）

(5) 特定空港周辺航空機騒音対策特別措置法第4条第1項に規定する航空機騒音障害防止特別地区内にある土地が，同法第9条第2項の規定により買い取られる場合

(6) 地方公共団体又は幹線道路の沿道の整備に関する法律第13条の2第1項に規定する一定の沿道整備推進機構が沿道整備道路の沿道整備のために行う公共施設若しくは公用施設の整備，宅地の造成又は建築物及び建築敷地の整備に関する一定の事業の用に供するために，沿道地区計画の区域内にある土地等が地方公共団体等に買い取られる場合（租税特別措置法第33条第1項第2号若しくは第4号，第33条の2第1項第1号若しくは第34条第2項第1号，上記(1)，(2)及び(4)の規定の適用がある場合を除く。）

　上記の「一定の沿道整備推進機構」とは，公益社団法人（その社員総会における議決権の総数の2分の1以上の数が地方公共団体により保有されているものに限る。以下(7)～(11)まで及び(28)において同じ。）又は公益財団法人（その設立当初において拠出された金額の2分の1以上の金額が地方公共団体により拠出をされているものに限る。以下(7)～(11)まで及び(28)において同じ。）であって，その定款において，その法人が解散した場合にその残余財産が地方公共団体又はその法人と類似の目的を持つ他の公益を目的とする事業を行う法人に帰属する旨の定めがあるものをいいます。また，「一定の事業」とは，沿道地区計画の区域内において行われる次の事業をいいます（措令22の8⑧）。なお，その事業が沿道整備推進機構により行われるものである場合には，地方公共団体の管理の下に行われ

る事業であることが必要です。
- イ　道路，公園，緑地その他の公共施設又は公用施設の整備に関する事業
- ロ　都市計画法第4条第7項に規定する市街地開発事業，住宅地区改良法第2条第1項に規定する住宅地区改良事業又は流通業務市街地の整備に関する法律第2条第2項に規定する流通業務団地造成事業
- ハ　遮音上有効な機能を有する一定の建築物（緩衝建築物）の整備に関する事業で，次に掲げる要件を満たすもの
  - (イ)　その事業の施行される土地の区域の面積が500㎡以上であること
  - (ロ)　その緩衝建築物の建築面積が150㎡以上であること
  - (ハ)　その緩衝建築物の敷地のうち日常一般に開放された空地の部分の面積のその敷地の面積に対する割合が100分の20以上であること

(7)　地方公共団体又は防災街区整備推進機構が密集市街地における防災街区の整備の促進に関する法律第2条第2号に掲げる防災街区としての整備のために行う公共施設若しくは公用施設の整備，宅地の造成又は建築物及び建築敷地の整備に関する一定の事業の用に供するために，都市計画法第8条第1項第5号の2に掲げる特定防災街区整備地区又は都市計画法第12条の4第1項第2号に掲げる防災街区整備地区計画の区域内にある土地等が，これらの者に買い取られる場合（租税特別措置法第33条第1項第2号若しくは第4号，第33条の2第1項第1号若しくは第34条第2項第1号，上記(1)，(2)及び(4)の規定の適用がある場合を除く。）

上記の「防災街区整備推進機構」とは，公益社団法人又は公益財団法人であって，その定款において，その法人が解散した場合にその残余財産が地方公共団体又はその法人と類似の目的をもつ他の公益を目的とする事業を行う法人に帰属する旨の定めがあるものをいい，また上記の「一定の事業」とは，特定防災街区整備地区又は防災街区整備地区計画の区域内において行われる次に掲げる事業（その事業が防災街区整備推進機構により行われる場合には，地方公共団体の管理の下に行われるものに限る。）をいいます（措令22の8⑨）。
- イ　道路，公園，緑地その他の公共施設又は公用施設の整備に関する事業
- ロ　都市計画法第4条第7項に規定する市街地開発事業又は住宅地区改良法第2条第1項に規定する住宅地区改良事業
- ハ　延焼防止建築物の整備に関する事業で，次の(イ)，(ロ)の要件を全て満たすもの
  - (イ)　その事業の施行される土地の区域の面積が300㎡以上であること
  - (ロ)　その延焼防止建築物の建築面積が150㎡以上であること
    - （注）　延焼防止建築物とは，防災街区としての整備に資する次の1～3の全ての要件に該当する建築物をいいます（措規17の2⑤，密集市街地における防災街区の整備の促進に関する法律施行規則134一ロ，ハ）。
      1　間口率の最低限度が定められている防災街区整備地区計画に適合する建築物であること
      2　地区防災施設に面する部分の長さ（その地区防災施設のその敷地との境界線からの高さが5m以上である建築物の部分の長さに限る。）の敷地のその地区防災施設に接する部分の長さに対する割合が10分の7以上であること
      3　建築基準法第2条第9号の2イに掲げる基準に適合し，かつ，構造及び形態が延焼防止上有効なものであること

譲渡所得の課税の特例（特定住宅地造成事業等）

(8)　地方公共団体又は一定の中心市街地整備推進機構が，中心市街地の活性化に関する法律第16条第1項に規定する認定中心市街地の整備のために同法第12条第1項に規定する認定基本計画の内容に即して行う公共施設若しくは公用施設の整備，宅地の造成又は建築物及び建築敷地の整備に関する一定の事業の用に供するため，認定中心市街地の区域内にある土地等が，これらの者に買い取られる場合（租税特別措置法第33条第1項第2号若しくは第4号，第33条の2第1項第1号若しくは第34条第2項第1号，上記(1)，(2)，(4)，(6)及び(7)の規定の適用がある場合を除く。）

　　上記の「中心市街地整備推進機構」とは，公益社団法人又は公益財団法人であって，その定款において，その法人が解散した場合にその残余財産が地方公共団体又はその法人と類似の目的をもつ他の公益を目的とする事業を行う法人に帰属する旨の定めがあるものをいい，また，「一定の事業」とは，認定中心市街地の区域内において行われる次に掲げる事業（その事業が中心市街地整備推進機構により行われる場合には，地方公共団体の管理の下に行われるものに限る。）をいいます（措令22の8⑩）。

イ　道路，公園，緑地その他の公共施設又は公用施設の整備に関する事業

ロ　都市計画法第4条第7項に規定する市街地開発事業

ハ　都市再開発法第129条の6に規定する認定再開発事業計画に基づいて行われる同法第129条の2第1項に規定する再開発事業

(9)　地方公共団体又は景観整備機構が，景観法第8条第1項に規定する景観計画に定められた同条第2項第4号ロに規定する景観重要公共施設の整備に関する事業（その事業が景観整備機構により行われるものである場合には，地方公共団体の管理の下に行われるものに限る。）の用に供するために，その景観計画の区域内にある土地等が，これらの者に買い取られる場合（租税特別措置法第33条第1項第2号，第33条の2第1項第1号若しくは第34条第2項第1号に掲げる場合又は上記(2)，(4)若しくは(6)から(8)までに掲げる場合に該当する場合を除く。）

　　上記の「景観整備機構」とは，公益社団法人又は公益財団法人であって，その定款において，その法人が解散した場合にその残余財産が地方公共団体又はその法人と類似の目的をもつ他の公益を目的とする事業を行う法人に帰属する旨の定めがあるものをいいます（措令22の8⑪）。

(10)　地方公共団体又は都市再生推進法人が都市再生特別措置法第46条第1項に規定する都市再生整備計画又は都市再生特別措置法第81条第1項に規定する立地適正化計画に記載された公共施設の整備に関する事業（その事業が都市再生推進法人により行われるものである場合には，地方公共団体の管理の下に行われるものに限る。）の用に供するために，その都市再生整備計画又は立地適正化計画の区域内にある土地等が，これらの者に買い取られる場合（租税特別措置法第33条第1項第2号若しくは第4号，第33条の2第1項第1号若しくは第34条第2項第1号又は上記(1)，(2)，(4)若しくは(6)から(9)までに掲げる場合に該当する場合を除く。）

　　上記の「都市再生推進法人」とは，公益社団法人又は公益財団法人であって，その定款において，その法人が解散した場合にその残余財産が地方公共団体又はその法人と類似の目的をもつ他の公益を目的とする事業を行う法人に帰属する旨の定めがあるものをいいます（措令22の8⑫）。

(11)　地方公共団体又は歴史的風致維持向上支援法人が地域における歴史的風致の維持及び向上に関する法律第12条第1項に規定する認定重点区域における同法第8条に規定する認定歴史的風致維持向上計画に記載された公共施設又は公用施設の整備に関する事業（その事業が歴史的風致維持向

— 372 —

上支援法人により行われるものである場合には,地方公共団体の管理の下に行われるものに限る。)の用に供するために,その認定重点区域内にある土地等がこれらの者に買い取られる場合(租税特別措置法第33条第1項第2号若しくは第4号,第33条の2第1項第1号若しくは第34条第2項第1号又は上記(1),(2),(4)若しくは(6)から⑽までに掲げる場合に該当する場合を除く。)

　　上記の「歴史的風致維持向上支援法人」とは,公益社団法人又は公益財団法人であって,その定款において,その法人が解散した場合にその残余財産が地方公共団体又は当該法人と類似の目的をもつ他の公益を目的とする事業を行う法人に帰属する旨の定めがあるものをいいます(措令22の8⑬)。

⑿　国又は都道府県が作成した総合的な地域開発計画で特定のもの(国土交通省の作成した苫小牧地区及び石狩新港地区の開発に関する計画並びに青森県の作成したむつ小川原地区の開発に関する計画)に基づいて,主として工場,住宅又は流通業務施設の用に供する目的で行われる一団の土地の造成事業で,次の要件に該当するものとして都道府県知事が指定したものの用に供するために地方公共団体又は国若しくは特定の法人(発行済株式又は出資の総数又は総額の$\frac{1}{2}$以上が国又は地方公共団体により所有され又は出資されているもの)に買い取られる場合(措令22の8⑭⑮)

　イ　計画区域の面積が300 ha 以上で,かつ,施行区域の面積が30 ha 以上であること

　ロ　施行区域内の道路,公園,緑地その他の公共の用に供する空地の面積が施行区域内に造成される土地の用途区分に応じて適正に確保されるものであること

⒀　次に掲げる事業(都市計画その他の土地利用に関する国又は地方公共団体の計画に適合して行われるものであること等一定の要件に該当することにつき,その事業の区分に応じ,経済産業大臣又は農林水産大臣の証明がされたものに限る。)の用に供するために地方公共団体の出資に係る法人等に買い取られる場合(措令22の8⑯⑰,措規17の2⑥〜⑮)

　イ　商店街の活性化のための地域住民の需要に応じた事業活動の促進に関する法律第5条第3項に規定する認定商店街活性化事業計画に基づく同法第2条第2項に規定する商店街活性化事業又は同法第7条第3項に規定する認定商店街活性化支援事業計画に基づく同法第2条第3項に規定する商店街活性化支援事業

　ロ　中心市街地の活性化に関する法律第49条第2項に規定する認定特定民間中心市街地活性化事業計画に基づく同法第7条第7項第1号から第4号まで又は第7号に規定する中小小売商業高度化事業

⒁　農業協同組合法に規定する宅地等供給事業のうち,同法第10条第5項第3号に掲げるもの,独立行政法人中小企業基盤整備機構法第15条第1項第3号ロに規定する他の事業者との事業の共同化若しくは,中小企業の集積の活性化に寄与する事業の用に供する土地の造成に関する事業で,都市計画その他の土地利用に関する国又は地方公共団体の計画に適合した計画に従って行われるものであり,一定の要件に該当するものとして都道府県知事が指定したものの用に供するために買い取られる場合(措令22の8⑱)

⒂　総合特別区域法に規定する共同して又は一の団地若しくは主として一の建物に集合して行う事業の用に供する土地の造成に関する事業で,都市計画その他の土地利用に関する国又は地方公共団体の計画に適合した計画に従って行われるものであることその他一定の要件に該当するものと

して市町村長又は特別区の区長が指定したものの用に供するために買い取られる場合（措令22の8⑲）

⒃　特定法人が行う産業廃棄物の処理に係る特定施設の整備の促進に関する法律第2条第2項に規定する特定施設の整備事業（一定の要件に該当することについて書面により厚生労働大臣の証明がされたものに限る。）の用に供するために，地方公共団体又は特定法人に買い取られる場合（租税特別措置法第33条第1項第2号若しくは第33条の2第1項第1号の規定の適用がある場合又は上記⑴の規定の適用がある場合を除く。）（措令22の8㉑，措規17の2⑯）

　　特定法人とは，次の法人をいいます（措令22の8⑳）。

イ　地方公共団体の出資に係る法人のうち，発行済株式又は出資の総数又は総額の2分の1以上が一の地方公共団体により所有され，又は出資をされているもの

ロ　公益社団法人又は公益財団法人であって，その定款において，その法人が解散した場合にその残余財産が地方公共団体又はその法人と類似の目的をもつ他の公益を目的とする事業を行う法人に帰属する旨の定めがあるもののうち，次のいずれかの要件を満たすもの

　㈠　その社員総会における議決権の総数の2分の1以上の数が地方公共団体により保有されている公益社団法人であること

　㈡　その社員総会における議決権の総数の4分の1以上の数が一の地方公共団体により保有されている公益社団法人であること

　㈢　その拠出をされた金額の2分の1以上の金額が地方公共団体により拠出をされている公益財団法人であること

　㈣　その拠出をされた金額の4分の1以上の金額が一の地方公共団体により拠出をされている公益財団法人であること

⒄　広域臨海環境整備センター法第20条第3項の規定による認可を受けた同項の基本計画に基づいて行われる同法第2条第1項第4号に掲げる廃棄物の搬入施設の整備の事業の用に供するために，広域臨海環境整備センターに買い取られる場合

⒅　生産緑地法第6条第1項に規定する生産緑地地区内にある土地が，同法の規定に基づき地方公共団体，土地開発公社その他特定の法人に買い取られる場合（措令22の8⑦）

⒆　国土利用計画法第12条第1項の規定により規制区域として指定された区域内の土地等が同法第19条第2項の規定により買い取られる場合

⒇　国，地方公共団体，独立行政法人中小企業基盤整備機構，独立行政法人都市再生機構，その他法人税法別表第1に掲げる法人で地域の開発，保全又は整備に関する事業を行うものが作成した地域の開発，保全又は整備に関する事業に係る計画で，国土利用計画法第9条第3項に規定する土地利用の調整等に関する事項として同条第1項の土地利用基本計画に定められたもののうち，その施行区域の面積が20ha以上であるものに基づき，その事業の用に供するために土地等が国，地方公共団体又は都市計画等に従って宅地の造成を行うことを主たる目的とする地方公共団体が財産を提供して設立した一定の団体に買い取られる場合（措令22の8㉒）

(21)　都市再開発法，大都市地域住宅等供給促進法，地方拠点都市地域の整備及び産業業務施設の再配置の促進に関する法律又は被災市街地復興特別措置法の規定により土地等が買い取られる場合

(22)　土地区画整理事業の施行に伴い，既存不適格建築物等の敷地について換地を定めることが困難

な場合において，申出又は同意により交付される清算金を取得するとき（その区画整理事業を行う区画整理会社の株主又は社員が換地を定められなかったことにより清算金を取得する場合を除く。）（措令22の8㉓㉔，措規17の2⑰）

㉓　土地等につき被災市街地復興土地区画整理事業が施行された場合において，被災市街地復興特別措置法第17条第1項の規定により保留地が定められたことに伴いその土地等に係る換地処分によりその土地等のうちその保留地の対価の額に対応する部分の譲渡があったとき

㉔　マンションの建替え等の円滑化に関する法律第2条第1項第4号に規定するマンション建替事業が施行された場合において，次のイ又はロに該当するとき

イ　その土地等に係る同法の権利変換により，補償金（その個人がやむを得ない事情により同法第56条第1項の権利変換を希望しない旨の申出をしたと認められる一定の場合におけるその申出に基づき支払われるものに限る。）を取得するとき

ロ　その土地等が同法第15条第1項若しくは第64条第1項若しくは第3項の買取り請求（その個人にやむを得ない事情があったと認められる一定の場合にされたものに限る。）により買い取られたとき

　　上記の一定の場合とは，次の(イ)，(ロ)のいずれかに該当する場合で，マンション建替事業の施行者が，その該当することについて，マンションの建替え等の円滑化に関する法律の規定により選任された審査委員の過半数の確認を得た場合をいいます（措令22の8㉕）。

(イ)　マンションの建替え等の円滑化に関する法律第56条第1項の権利変換を希望しない旨の申出をした者又は同法第15条第1項若しくは第64条第1項の売渡し請求をされた者又は第3項の買取り請求をした者（以下これらの者を「申出人等」という。）の有する施行マンションが都市計画法第8条第1項第1号から第2号の2までの地域地区（用途地域，特別用途地区，特定用途制限地域）による用途の制限につき建築基準法第3条第2項の規定の適用を受けるもの（いわゆる既存不適格建築物）である場合

(ロ)　施行マンションにおいて住居を有し若しくは事業を営む申出人等又はその者と住居及び生計を一にしている者が老齢又は身体上の障害のため施行再建マンションにおいて生活すること又は事業を営むことが困難となる場合

㉕　通行障害既存耐震不適格建築物に該当する決議特定要除却認定マンションの敷地の用に供されている土地等につきマンションの建替え等の円滑化に関する法律に規定するマンション敷地売却事業が実施された場合において，その土地等に係る分配金取得計画に基づき分配金を取得するとき又はその土地等が売渡し請求により買い取られたとき

㉖　絶滅のおそれのある野生動植物の種の保存に関する法律第37条第1項の規定により管理地区として指定された区域内の土地が国若しくは地方公共団体に買い取られる場合又は鳥獣の保護及び管理並びに狩猟の適正化に関する法律第29条第1項の規定により環境大臣が特別保護地区として指定した区域内の土地のうち文化財保護法第109条第1項の規定により天然記念物として指定された鳥獣（これに準ずる鳥を含む。）の生息地で国若しくは地方公共団体において保存をすることが緊急に必要なものとして指定する一定の土地が国若しくは地方公共団体に買い取られる場合（租税特別措置法第33条第1項第2号又は第34条第2項第4号の規定の適用がある場合を除く。）（措令22の8㉖）

㉗　自然公園法に規定する都道府県立自然公園の区域内のうち条例により特別地域として指定され

た地域で，その地域内における行為が国立公園や国定公園の特別地域と同等の規制が行われている地域として環境大臣が認定した地域内の土地又は自然環境保全法の都道府県立自然環境保全地域のうち条例により特別地区として指定された地区で，その地区内における行為が自然環境保全地域の特別地区内と同等の規制が行われている地区として環境大臣が認定した地域内の土地が地方公共団体に買い取られる場合

㉘　農業経営基盤強化促進法第４条第１項第１号に規定する農用地で農業振興地域の整備に関する法律第８条第２項第１号に規定する農用地区域として定められている区域内にあるものが，農業経営基盤強化促進法第22条第２項の協議に基づき，同項に規定する農地中間管理機構に買い取られる場合（措令22の８㉗）

（注）1　被災市街地復興推進地域内にある土地等が上記㉓に掲げる場合に該当することとなった場合には，その保留地が定められた場合は第33条の３第１項（375ページ参照）に規定する保留地が定められた場合に該当するものと，その保留地の対価の額は同項に規定する保留地の対価の額に該当するものとみなされます（措法34の２③）。

2　上記(1)〜(3)，(6)〜(17)，(20)，(24)又は(25)の買取りに該当する場合であっても同一事業の事業用地として２以上の年にわたって買取りが行われたときは，最初の買取りが行われた年以外の買取りはこの特例の対象となりません（措法34の２④）。

　　適用を受けるための手続　この特例の適用を受けるためには，確定申告書に，①**措置法第34条の２**と記載するとともに，②「譲渡所得の内訳書（確定申告書付表兼計算明細書）」，③買取りをする者から交付を受けた買取り証明書等（租税特別措置法施行規則第17条の２第１項に規定されているもの）を添付しなければなりません。

　ただし，この特例の適用を受けることによりその年分の確定申告書の提出を要しないこととなる場合は，申告の必要はありません（措法34の２④）。

　なお，このような手続をしなかった場合でも，確定申告書を提出しなかったこと又は確定申告書に所定の事項を記載しなかったこと若しくは所定の証明書を添付しなかったことについて税務署長がやむを得ない事情があると認めるときは，確定申告書に記載すべきであった事項を記載した書類及び添付すべきであった証明書を提出して，この特例を受けることができます（措法34の２⑤，措規17の２）。

農地保有の合理化等のために農地等を譲渡した場合の譲渡所得の特別控除

　土地等（土地又は土地の上に存する権利をいう。）を農地保有の合理化等のために譲渡した場合には，その年中にその譲渡した土地等の全部又は一部につき，特定の事業用資産の買換え（交換）の制度の規定（411ページ参照）の適用を受けないときは，その譲渡した全部の土地等の譲渡所得の金額及び所得税額を次のように計算することができます（措法34の3①）。

1　分離課税の長期譲渡所得の場合

　分離長期譲渡所得の金額 ＝（譲渡収入金額）－（譲渡資産の取得費）－（譲渡費用）－（居住用財産の買換え等の場合の譲渡損失の損益通算及び繰越控除，特定居住用財産の譲渡損失の損益通算及び繰越控除，雑損失の繰越控除の規定の適用がある場合は，その控除金額）

　分離課税長期譲渡所得金額 ＝（分離長期譲渡所得の金額）－（特別控除額（最高800万円））－（所得控除の規定の適用がある場合は，その所得控除額）

　税　額…分離課税長期譲渡所得金額×15％

2　分離課税の短期譲渡所得の場合

　分離短期譲渡所得の金額 ＝（譲渡収入金額）－（譲渡資産の取得費）－（譲渡費用）－（居住用財産の買換え等の場合の譲渡損失の損益通算及び繰越控除，特定居住用財産の譲渡損失の損益通算及び繰越控除，雑損失の繰越控除の規定の適用がある場合は，その控除金額）

　分離課税短期譲渡所得金額 ＝（分離短期譲渡所得の金額）－（特別控除額（最高800万円））－（所得控除の規定の適用がある場合は，その所得控除額）

　税　額…分離課税短期譲渡所得金額×30％

　（注）1　軽減税率が適用される場合の税額は，上記によらず328ページの特例によることになります（措法32③）。
　　　　2　同一年中に譲渡した土地等のうちに，分離長期譲渡所得と分離短期譲渡所得があるときは，まず，分離短期譲渡所得から800万円の特別控除を適用します（措法34の3①一）。

　特例の適用が受けられる場合　この特例は，その土地等の譲渡が次の要件に該当する場合に適用されます（措法34の3②，措令22の9，措規18）。
(1)　農業振興地域の整備に関する法律第23条に規定する勧告に係る協議，調停又はあっせんにより譲渡した場合その他農地中間管理機構に対して農地売買事業のために農地等を譲渡した場合（租税特別措置法第34条第2項第7号又は第34条の2第2項第25号の規定の適用がある場合を除く。）
(2)　農業振興地域の整備に関する法律第8条第2項第1号に規定する農用地区域内にある土地等を農地中間管理事業の推進に関する法律第18条第7項の規定による公告があった同条第1項の農用地利用集積等促進計画の定めるところにより譲渡した場合（租税特別措置法第34条第2項第7号又は第34条の2第2項第25号の規定の適用がある場合を除く。）

(3) 特定農山村地域における農林業等の活性化のための基盤整備の促進に関する法律第9条第1項の規定による公告があった同項の所有権移転等促進計画の定めるところにより土地等（同法第2条第2項第1号から第3号までに掲げる土地及びその土地の上に存する権利に限る。）の譲渡（農林業の体験のための施設等，同法施行規則第1条に規定する施設の用に供するためのものを除く。）をした場合（租税特別措置法第34条第2項第7号又は第34条の2第2項第1号若しくは第25号の規定の適用がある場合を除く。）

(4) 農村地域への産業の導入の促進等に関する法律第5条第2項の規定により実施計画において定められた産業導入地区内の土地等（農用地等及びその農用地等の上に存する権利に限る。）をその実施計画に係る同法第4条第2項第4号に規定する施設用地の用に供するため譲渡した場合

(5) 農用地及びその上に存する権利につき土地改良法の規定に基づく土地改良事業が施行された場合において換地処分により清算金（同法の規定により地積を特に減じて換地若しくはその権利の目的となるべき土地若しくはその部分を定めたこと又は換地若しくはその権利の目的となるべき土地若しくはその部分が定められなかったことにより支払われるものに限る。）を取得するとき

(6) 林業経営の規模の拡大，林地の集団化その他林地保有の合理化に資するため，森林組合法第9条第2項第7号又は第101条第1項第9号の事業を行う森林組合又は森林組合連合会に委託して地域森林計画の対象とされた山林に係る土地を譲渡した場合

(7) 林業経営基盤の強化等の促進のための資金の融通等に関する暫定措置法第10条の規定による都道府県知事のあっせんにより，同法第3条第1項の認定を受けた者に一定の山林に係る土地の譲渡をした場合

(8) 農業振興地域の整備に関する法律第3条に規定する農用地等及び同法第8条第2項第3号に規定する農用地等とすることが適当な土地並びにこれらの土地の上に存する権利について，同法第13条の2第1項又は第2項の事業が施行された場合において同法第13条の3の規定による清算金を取得するとき

(9) 集落地域整備法第2条第1項に規定する農用地及びその上に存する権利につき同法第11条第1項の事業が施行された場合において交換分合により土地等を取得しなかったことに伴い清算金を取得するとき

(注) 令和4年度税制改正により，令和4年4月1日以後は，本特例の対象から上記(3)，(7)及び(9)に掲げる場合が除外されています。なお，同日前に行った上記(3)，(7)又は(9)の土地等の譲渡については従前どおりとされています（令4改正法附則⑨～⑪）。

　　適用を受けるための手続　この特例の適用を受けるためには，確定申告書に，①措置法第34条の3と記載するとともに，②「譲渡所得の内訳書（確定申告書付表兼計算明細書）」及び③勧告，調停又はあっせんをした者から交付を受けた勧告，調停又はあっせんをしたことを証する書類等を添付しなければなりません。

　　ただし，このような手続をしなかった場合でも，確定申告書を提出しなかったこと又は確定申告書に所定の事項を記載しなかったこと若しくは所定の書類を添付しなかったことについて税務署長がやむを得ない事情があると認めるときは，確定申告書に記載すべきであった事項を記載した書類及び添付すべきであった書類を提出して，この特例の適用を受けることができます（措法34の3③④，措規18②）。

居住用財産の譲渡所得の特別控除（第2項関係）

　個人が，その居住の用に供している家屋又はその家屋とともにその敷地を譲渡した場合には，その譲渡所得の金額及び所得税の額を次のように計算することができます（措法35①②）。
　特例の適用が受けられない場合
(1)　次の特例の適用を受ける場合は本特例の適用はありません。
　　イ　固定資産の交換の場合の譲渡所得の特例（法58，317ページ参照）
　　ロ　収用等に伴い代替資産を取得した場合の課税の特例（措法33，346ページ参照）
　　ハ　交換処分等に伴い資産を取得した場合の課税の特例（措法33の2，356ページ参照）
　　ニ　換地処分等に伴い資産を取得した場合の課税の特例（措法33の3，359ページ参照）
　　ホ　収用交換等の場合の譲渡所得等の特別控除（措法33の4，363ページ参照）
　　ヘ　特定の事業用資産の買換えの場合の譲渡所得の課税の特例（措法37，411ページ参照）
　　ト　特定の事業用資産を交換した場合の譲渡所得の課税の特例（措法37の4，419ページ参照）
　　チ　特定普通財産とその隣接する土地等の交換の場合の譲渡所得の課税の特例（措法37の8，431ページ参照）
(2)　前年又は前々年において，次の特例の適用を受けた場合は，本特例の適用はありません。
　　イ　本特例（第3項の規定により適用する場合を除く。）
　　ロ　特定の居住用財産の買換え（交換）制度の規定（措法36の2，36の5，404ページ参照）
　　ハ　居住用財産の買換え等の場合の譲渡損失の損益通算及び繰越控除（措法41の5，551ページ参照）
　　ニ　特定居住用財産の譲渡損失の損益通算及び繰越控除（措法41の5の2，558ページ参照）

譲渡所得の課税の特例（居住用財産の特別控除）

1　分離課税の長期譲渡所得の場合

$$分離長期譲渡所得の金額 = \left[\begin{array}{c}譲渡収\\入金額\end{array}\right] - \left[\begin{array}{c}譲渡資産\\の取得費\end{array}\right] - \left[\begin{array}{c}譲渡\\費用\end{array}\right] - \left[\begin{array}{c}雑損失の繰越控除の規定の適用\\がある場合は，その控除金額\end{array}\right]$$

$$分離課税長期譲渡所得金額 = \left[\begin{array}{c}分離長期譲渡\\所得の金額\end{array}\right] - \left[\begin{array}{c}特別控除額\\（最高3,000万円）\end{array}\right] - \left[\begin{array}{c}所得控除の規定の適\\用がある場合は，そ\\の所得控除額\end{array}\right]$$

税　額

分離課税長期譲渡所得金額×15％

（注）　**居住用財産を譲渡した場合の長期譲渡所得の課税の特例**（342ページ参照）が適用される場合の税額は，上記によらず軽課税率によることになります（措法31の3①）。

2　分離課税の短期譲渡所得の場合

$$分離短期譲渡所得の金額 = \left[\begin{array}{c}譲渡収\\入金額\end{array}\right] - \left[\begin{array}{c}譲渡資産\\の取得費\end{array}\right] - \left[\begin{array}{c}譲渡\\費用\end{array}\right] - \left[\begin{array}{c}雑損失の繰越控除の規定の適用があ\\る場合は，その控除金額\end{array}\right]$$

$$分離課税短期譲渡所得金額 = \left[\begin{array}{c}分離短期譲渡\\所得の金額\end{array}\right] - \left[\begin{array}{c}特別控除額\\（最高3,000万円）\end{array}\right] - \left[\begin{array}{c}所得控除の規定の適用があ\\る場合は，その所得控除額\end{array}\right]$$

税　額

分離課税短期譲渡所得金額×30％

（注）1　**軽減税率が適用される場合**の税額は，上記によらず328ページの特例によることになります（措法32③）。
　　　2　同一年中に譲渡した居住用財産のうちに，分離長期譲渡所得と分離短期譲渡所得があるときは，まず，分離短期譲渡所得から3,000万円の特別控除を適用します（措法35①一）。

特例の適用が受けられる場合　この特例は，次に掲げる居住用財産を譲渡した場合に適用されます。ただし，その譲渡先がその個人の親族等である場合には，適用されません（措法35②）。

（注）　「その個人の親族等」とは，次に掲げる人などをいいます（措令23②，20の3①）。
　(1)　その個人の配偶者及び直系血族
　(2)　その個人の親族（(1)に掲げる者を除く。）でその個人と生計を一にしているもの及びその個人の親族でその家屋の譲渡がされた後その個人とその家屋に居住するもの
　(3)　その個人とまだ婚姻の届出をしていないが事実上婚姻関係と同様の事情にある者及びその者の親族でその者と生計を一にしているもの
　(4)　上記(1)〜(3)に掲げる者及びその個人の使用人以外の者でその個人から受ける金銭その他の財産によって生計を維持しているもの及びその者の親族でその者と生計を一にしているもの
　(5)　その個人，その個人の上記(1)及び(2)に掲げる親族，その個人の使用人若しくはその使用人の親族でその使用人と生計を一にしているもの又はその個人に係る(3)，(4)に掲げる者を判定の基礎となる株主等とした場合に同族関係その他これに準ずる関係にあることとなる会社その他の法人

(1)　自己の居住の用に供している家屋……店舗併用住宅のように自己の居住の用に供している部分とその他の用に供されている部分とがある家屋については，自己の居住の用に供されている部分に限られます。また，居住の用に供している家屋が2以上あるときは，そのうちその者が主として居住の用に供していると認められる一の家屋に限られます（措令23①，20の3②）。

（注）1　「居住の用に供している家屋」とは，その人が生活の拠点として利用している家屋（一時的な利用を目的とする家屋を除く。）をいい，その人及び配偶者等の日常生活の状況，その家屋への入居目的，その家屋の構造及び設備の状況その他の事情を総合勘案して判定することになります。

— 380 —

譲渡所得の課税の特例（居住用財産の特別控除）

　　　この場合，その人が転勤，転地療養等の事情のため，配偶者等と離れ単身で他に起居している場合であっても，その事情が解消したときは配偶者等と起居を共にすることとなると認められるときは，その配偶者等が居住の用に供している家屋は，その人にとっても，その居住の用に供している家屋に該当することになります（措通35―6，31の3―2）。
　　2　家屋の所有者がその生活の拠点として利用している家屋に該当しない場合であっても，次の全ての要件を満たしている場合には，その家屋は，その所有者にとって居住の用に供している家屋に該当することになります。ただし，その家屋の譲渡，その家屋とともにするその敷地の用に供されている土地等の譲渡又は災害により滅失をしたその家屋の敷地の用に供されていた土地等の譲渡が，(2)の要件を欠くに至った日から1年を経過した日以後に行われた場合は，この限りではありません（措通35―6，31の3―6）。
　　　(1)　その家屋は，その所有者が従来より所有者として，その居住の用に供していた家屋であること
　　　(2)　その家屋は，その所有者が居住の用に供さなくなった日以後も引き続いてその生計を一にする親族が居住の用に供していること
　　　(3)　その所有者は，その家屋を居住の用に供さなくなった日以後において，既に居住用財産の譲渡所得の特別控除や買換え等の特例の適用を受けていないこと
　　　(4)　その所有者が現に生活の拠点として利用している家屋は，その所有者の所有する家屋でないこと
　　3　一時的な目的で入居したと認められる次のような家屋は，この特例の対象となる家屋に該当しません（措通35―6，31の3―2(2)）。
　　　(1)　この特例の適用を受けるためのみの目的で入居したと認められる家屋
　　　(2)　居住用家屋の改築期間中や新築期間中だけの仮住いである家屋
　　　(3)　別荘など主として趣味，娯楽又は保養の用に供する目的で有する家屋
　　4　居住の用に供している家屋を区分してその一部分のみを譲渡した場合には，残存部分の家屋が機能的に独立した住宅として使用できない場合に限ってこの特例の対象となりますが，残存部分の家屋が機能的に独立した住宅としてなお使用できる場合には，この特例の対象にはなりません（措通35―6，31の3―10）。
　　5　その居住の用に供している家屋（その家屋でその居住の用に供されなくなったものを含む。）を他の者と共有にするため譲渡した場合又はその家屋について有する共有持分の一部を譲渡した場合には，この特例の対象となる家屋には該当しません（措通35―6，31の3―11）。
　　6　店舗併用住宅などの家屋又はその家屋の敷地の用に供されている土地等のうち，自己の居住の用に使用している部分が，それぞれその家屋又はその土地等のおおむね90％以上であるときは，その家屋又は土地等の全部を居住の用に供していたものとして，この特例の適用が受けられます（措通35―6，31の3―8）。
(2)　居住用家屋を空家又は他の用途に供した場合……居住用家屋を空家又は他の用に供した場合であっても，その居住の用に供されなくなった日以後3年を経過する日の属する年の12月31日までに譲渡したときは，この特例の適用が受けられます（措法35②二）。
(3)　居住用家屋とともに譲渡したその家屋の敷地の用に供している土地等……この土地等には，土地の上に存する権利を含むほか，その譲渡には資産の譲渡とみなされる借地権又は地役権の設定も含まれます（措法35②一）。
　　なお，居住用家屋の敷地の用に供している土地等を譲渡する場合に，その家屋を取り壊し，土地等のみを譲渡したときでも，その土地等の譲渡が次のイ及びロの要件の全てを満たすときは，この特例の適用を受けることができます。ただし，その家屋の取壊し後，その土地等の上に土地等の所有者が建物等を建築し，その建物等とともに譲渡する場合には適用されません。また，居

譲渡所得の課税の特例（居住用財産の特別控除）

住用家屋の敷地の用に供されている土地等のみの譲渡であっても，その家屋を引き家してその土地等を譲渡する場合には適用されません（措通35―2）。

イ　その土地等の譲渡に関する契約が，その家屋を取り壊した日から1年以内に締結され，かつ，その家屋を居住の用に供されなくなった日以後3年を経過する日の属する年の12月31日までに譲渡したものであること

ロ　その家屋を取り壊した後譲渡に関する契約を締結した日まで，貸付けその他業務の用に供していない土地等の譲渡であること

（注）1　居住の用に供している家屋の「敷地」に該当するかどうかは，社会通念に従い，その土地等がその家屋と一体として利用されている土地等であったかどうかにより判定します（措通35―6，31の3―12）。

　　　2　居住の用に供している家屋の所有者とその家屋の敷地である土地等の所有者とが異なる場合であっても，次の全ての要件に該当し，しかもその家屋の譲渡所得が3,000万円に満たないときは，3,000万円のうちその家屋の譲渡所得から引ききれない金額は，土地等の所有者の土地等の譲渡所得から差し引くことができます（措通35―4）。

　　　①　家屋の所有者と土地等の所有者が，その家屋や土地等を一緒に譲渡したこと

　　　②　家屋の所有者と土地等の所有者とが親族関係を有し，かつ，生計を一にしていること

　　　③　土地等の所有者は，その家屋の所有者と共にその家屋に住んでいること

(4)　災害により滅失した居住用家屋の敷地の用に供されていた土地等……その土地等が居住の用に供されなくなった日から同日以後3年を経過する日の属する年の12月31日までに譲渡したときは，この特例を受けることができます（措法35②二，措通35―6，31の3―15）。

　　適用を受けるための手続　この特例を受けるためには，居住用財産を譲渡した日の属する年分の確定申告書に，①**措置法第35条**と記載するほか，②「譲渡所得の内訳書（確定申告書付表兼計算明細書）」及び③譲渡に係る契約を締結した日の前日においてその譲渡をした者の住民票に記載されていた住所と譲渡した資産の所在地とが異なる場合等には，戸籍の附票の写し，消除された戸籍の附票の写しその他これらに類する書類で措置法第35条第2項各号のいずれかの場合に該当する事実を明らかにするものを添付しなければなりません。

　　ただし，確定申告書を提出しなかったこと又は確定申告書に所定の事項を記載しなかったこと若しくは所定の書類を添付しなかったことについて税務署長がやむを得ない事情があると認めるときは，確定申告書に記載すべきであった事項を記載した書面及び添付すべきであった書類を提出して，この適用を受けることができます（措法35⑪⑫（令和6年1月1日以後，措法35⑫⑬），措規18の2①一，②一）。

　　（注）　譲渡資産の譲渡をした者が，譲渡の年の翌年中に買換資産を取得する見込みで居住用財産の買換えの特例（404ページ参照）を選択して申告した場合には，その後，買換資産をその取得期限までに取得できなかったとしても，あらためて居住用財産の譲渡に係る3,000万円特別控除を適用して申告し直すことは認められません。

　　　　しかし，災害その他その者の責めに帰せられないやむを得ない事情により譲渡をした日の属する年の翌々年4月末日（買換資産を取得しなかった場合の修正申告期限）までに，買換資産を取得しなかったことによる修正申告書を提出するときに限り，その際3,000万円特別控除の適用を受けることができるよう取り扱われています（措通35―6，31の3―27）。

― 382 ―

被相続人の居住用財産の譲渡（第3項関係）

　相続又は遺贈（贈与者の死亡により効力を生ずる贈与を含む。以下同じ。）による被相続人居住用家屋及び被相続人居住用家屋の敷地等の取得をした相続人（包括受遺者を含む。以下同じ。）が，平成28年4月1日から令和9年12月31日までの間に，その取得をした被相続人居住用家屋又は被相続人居住用家屋の敷地等について，一定の要件を満たす譲渡をした場合には，上記の「居住用財産の譲渡（第2項関係）」に該当するものとみなして，居住用財産の特別控除を適用できます（措法35③）。

特例の対象となる被相続人居住用家屋及び被相続人居住用家屋の敷地等
　特例の対象となる相続又は遺贈により取得をした被相続人居住用家屋及び被相続人居住用家屋の敷地等は，次のとおりとされています（措法35④（令和6年1月1日以後，措法35⑤））。
(1) 被相続人居住用家屋
　① 概要
　　相続の開始の直前（家屋が対象従前居住の用に供されていた家屋である場合には，特定事由により家屋がその相続又は遺贈に係る被相続人（包括遺贈者を含む。以下同じ。）の居住の用に供されなくなる直前）において，被相続人の居住の用に供されていた家屋（次のイからハまでの要件を満たすものに限る。）であって，被相続人が主としてその居住の用に供していたと認められる一の建築物に限ります（措法35④，措令23⑧（令和6年1月1日以後，措法35⑤，措令23⑩））。
　　イ　昭和56年5月31日以前に建築されたこと
　　ロ　建物の区分所有等に関する法律第1条の規定に該当する建物（区分所有建物）でないこと
　　ハ　相続の開始の直前（家屋が対象従前居住の用に供されていた家屋である場合には，特定事由により家屋が被相続人の居住の用に供されなくなる直前）において被相続人以外に居住をしていた者がいなかったこと
　　（注）1　上記ロの「建物の区分所有等に関する法律第1条の規定に該当する建物」とは，被災区分所有建物の再建等に関する特別措置法（平成7年法律第43号）第2条に規定する区分所有建物である旨の登記がされている建物をいいます（措通35−11）。
　　　　　2　上記ハの「被相続人以外に居住をしていた者」とは，相続の開始の直前（家屋が対象従前居住の用に供されていた家屋である場合には，特定事由により家屋が被相続人の居住の用に供されなくなる直前）において，被相続人の居住の用に供されていた家屋を生活の拠点として利用していた当該被相続人以外の者のことをいい，当該被相続人の親族のほか，賃借等により当該被相続人の居住の用に供されていた家屋の一部に居住していた者も含まれます（措通35−12）。
　② 「対象従前居住の用」の意義
　　上記の「対象従前居住の用」とは，特定事由により相続の開始の直前において家屋が被相続人の居住の用に供されていなかった場合（次のイからハまでの要件を満たすものに限る。）におけるその特定事由により居住の用に供されなくなる直前のその被相続人の居住の用をいいます（措法35④，措令23⑦（令和6年1月1日以後，措法35⑤，措令23⑨））。
　　イ　特定事由により被相続人居住用家屋が被相続人の居住の用に供されなくなった時から相続

の開始の直前まで引き続き被相続人居住用家屋がその被相続人の物品の保管その他の用に供されていたこと

ロ　特定事由により被相続人居住用家屋が被相続人の居住の用に供されなくなった時から相続の開始の直前まで被相続人居住用家屋が事業の用，貸付けの用又は被相続人以外の者の居住の用に供されていたことがないこと

ハ　被相続人が下記③イ又はロの住居又は施設（老人ホーム等）に入居又は入所をした時から相続の開始の直前までの間において被相続人の居住の用に供する家屋が2以上ある場合には，これらの家屋のうち，その住居又は施設が，被相続人が主としてその居住の用に供していた一の家屋に該当するものであること

（注）　上記ロの「事業の用，貸付けの用又は被相続人以外の者の居住の用に供されていたことがないこと」の要件の判定に当たっては，特定事由により被相続人居住用家屋が被相続人の居住の用に供されなくなった時から相続の開始の直前までの間に，被相続人居住用家屋が事業の用，貸付けの用又は被相続人以外の者の居住の用として一時的に利用されていた場合であっても，事業の用，貸付けの用又は被相続人以外の者の居住の用に供されていたこととなります。また，貸付けの用には，無償による貸付けも含まれます（措通35―9の3）。

③　「特定事由」の意義

上記の「特定事由」とは，次の事由をいいます（措令23⑥（令和6年1月1日以後，措令23⑧））。

イ　介護保険法に規定する要介護認定又は要支援認定を受けていた被相続人その他これに類する被相続人が次の住居又は施設に入居又は入所をしていたこと

(イ)　老人福祉法に規定する認知症対応型老人共同生活援助事業が行われる住居，養護老人ホーム，特別養護老人ホーム，軽費老人ホーム又は有料老人ホーム

(ロ)　介護保険法に規定する介護老人保健施設又は介護医療院

(ハ)　高齢者の居住の安定確保に関する法律に規定するサービス付き高齢者向け住宅（上記(イ)の有料老人ホームを除く。）

ロ　障害者の日常生活及び社会生活を総合的に支援するための法律に規定する障害支援区分の認定を受けていた被相続人が同法に規定する障害者支援施設（施設入所支援が行われるものに限る。）又は共同生活援助を行う住居に入所又は入居をしていたこと

（注）1　上記イの「その他これに類する被相続人」とは，特定事由により被相続人居住用家屋が被相続人の居住の用に供されなくなる直前において，介護保険法施行規則第140条の62の4第2号に該当していた者をいいます（措規18の2③）。

　　　2　被相続人が，上記イの要介護認定若しくは要支援認定又は上記ロの障害支援区分の認定を受けていたかどうかは，特定事由により被相続人居住用家屋が当該被相続人の居住の用に供されなくなる直前において，当該被相続人がこれらの認定を受けていたかにより判定します（措通35―9の2）。

(2)　被相続人居住用家屋の敷地等

その相続の開始の直前（対象従前居住の用に供されていた家屋の敷地の用に供されていた土地である場合には，特定事由により家屋が被相続人の居住の用に供されなくなる直前。下記（注）を除き，(2)において同じ。）において上記(1)の被相続人居住用家屋の敷地の用に供されていたと認められる土地又はその土地の上に存する権利とされています。この場合において，その相続の開始の直前においてその土地が用途上不可分の関係にある2以上の建築物のある一団の土地であった場合に

は，その土地又はその土地の上に存する権利のうち，その面積（土地にあっては土地の面積をいい，土地の上に存する権利にあってはその土地の面積をいう。以下同じ。）に次の①及び②の床面積の合計のうちに次の①の床面積の占める割合を乗じて計算した面積に係る土地又はその土地の上に存する権利の部分に限ります（措法35④，措令23⑨（令和6年1月1日以後，措法35⑤，措令23⑪））。
① その相続の開始の直前におけるその土地にあった被相続人居住用家屋の床面積
② その相続の開始の直前におけるその土地にあった被相続人居住用家屋以外の建築物の床面積
（注）上記の「用途上不可分の関係にある2以上の建築物」とは，例えば，住宅とこれに附属する離れ，倉庫，蔵，車庫のように，一定の共通の用途に供せられる複数の建築物であって，これを分離するとその用途の実現が困難となるような関係にあるものをいい，措置法令第23条第8項（令和6年1月1日以後，第23条第10項）に規定する「被相続人が主としてその居住の用に供していたと認められる一の建築物」と他の建築物とが用途上不可分の関係にあるかどうかは，社会通念に従い，相続の開始の直前（一の建築物が対象従前居住の用に供されていた家屋である場合には，特定事由により当該家屋が被相続人の居住の用に供されなくなる直前）における現況において判定します。この場合において，これらの建築物の所有者が同一であるかどうかは問いません（措通35—14）。

特例の適用が受けられる者

相続又は遺贈による被相続人居住用家屋及び被相続人居住用家屋の敷地等の取得をした個人です（措法35③（令和6年1月1日以後，措法35③④））。すなわち，「被相続人居住用家屋」と「被相続人居住用家屋の敷地等」との両方を取得した相続人が特例の適用を受けられます（措通35—9）。

特例の対象となる譲渡

次の要件を満たす譲渡（以下「対象譲渡」という。）が特例の対象となります。
(1) 譲渡期間の要件
　平成28年4月1日から令和9年12月31日までの間であって，相続の開始があった日から同日以後3年を経過する日の属する年の12月31日までの間にした譲渡であることが要件です（措法35③）。
(2) 譲渡価額の要件
　その譲渡の対価の額が1億円を超えるものでないことが要件です（措法35③）。
（注）その相続により被相続人居住用家屋又は被相続人居住用家屋の敷地等の取得した相続人が一定期間内に一定の譲渡をした価額を合算して1億円を超える場合には，特例を適用できません（措法35⑤⑥（令和6年1月1日以後，措法35⑥⑦））。
(3) 譲渡をする資産の要件
　次の①又は②（令和6年1月1日以後，①，②又は③）に該当する資産の譲渡であることが要件です（措法35③）。
① 被相続人居住用家屋を譲渡する場合（譲渡の時までに家屋の耐震改修を行った場合）
　相続若しくは遺贈により取得をした被相続人居住用家屋（次のイ及びロの要件を満たすものに限る。）の譲渡又はその被相続人居住用家屋とともにするその相続若しくは遺贈により取得をした被相続人居住用家屋の敷地等（次のイの要件を満たすものに限る。）の譲渡（措法35③一）

譲渡所得の課税の特例（被相続人の居住用財産の譲渡）

イ　相続の時から譲渡の時まで事業の用，貸付けの用又は居住の用に供されていたことがないこと

ロ　譲渡の時において地震に対する安全性に係る規定又は基準として一定のものに適合するものであること

　(注)　1　上記の「被相続人居住用家屋」には，その相続の時後に被相続人居住用家屋につき行われた増築，改築（被相続人居住用家屋の全部の取壊し又は除却をした後にするもの及びその全部が滅失をした後にするものを除く。），修繕又は模様替に係る部分が含まれます（措法35③一）。

　　　　2　上記の「被相続人居住用家屋」のうち，特例の対象となるものは，その被相続人居住用家屋の譲渡の対価の額に，次の(1)及び(2)の家屋の区分に応じそれぞれ次の(1)及び(2)に定める割合を乗じて計算した金額に相当する部分に限られます（措法35③一，措令23③（令和6年1月1日以後，措令23④））。

　　　(1)　相続の開始の直前において被相続人の居住の用に供されていた被相続人居住用家屋……その相続の開始の直前における被相続人居住用家屋の床面積のうちにその相続の開始の直前における被相続人の居住の用に供されていた部分の床面積の占める割合

　　　(2)　対象従前居住の用に供されていた被相続人居住用家屋……特定事由により被相続人居住用家屋が被相続人の居住の用に供されなくなる直前における被相続人居住用家屋の床面積のうちにその居住の用に供されなくなる直前における被相続人の居住の用に供されていた部分の床面積の占める割合

　　　　同様に，上記の「被相続人居住用家屋の敷地等」のうち，特例の対象となるものは，その被相続人居住用家屋の敷地等の譲渡の対価の額に，次の(3)及び(4)の敷地等の区分に応じそれぞれ次の(3)及び(4)に定める割合を乗じて計算した金額に相当する部分に限られます（措法35③一，措令23④（令和6年1月1日以後，措令23⑤））。

　　　(3)　上記(1)の被相続人居住用家屋の敷地の用に供されていた被相続人居住用家屋の敷地等……その相続の開始の直前における被相続人居住用家屋の敷地等の面積のうちにその相続の開始の直前における被相続人の居住の用に供されていた部分の面積の占める割合

　　　(4)　上記(2)の被相続人居住用家屋の敷地の用に供されていた被相続人居住用家屋の敷地等……特定事由により被相続人居住用家屋が被相続人の居住の用に供されなくなる直前における被相続人居住用家屋の敷地等の面積のうちにその居住の用に供されなくなる直前における被相続人の居住の用に供されていた部分の面積の占める割合

　　　　3　上記の「地震に対する安全性に係る規定又は基準として一定のもの」は，建築基準法施行令第3章及び第5章の4の規定又は国土交通大臣が財務大臣と協議して定める地震に対する安全性に係る基準です（措法35③，措令23③⑯，平成17年国土交通省告示393）。

②　被相続人居住用家屋の取壊し等の後，被相続人居住用家屋の敷地等を譲渡する場合（譲渡の時までに家屋の除却工事等をした場合）

　　相続又は遺贈により取得をした被相続人居住用家屋（次のイの要件を満たすものに限る。）の全部の取壊し若しくは除却をした後又はその全部が滅失をした後におけるその相続又は遺贈により取得をした被相続人居住用家屋の敷地等（次のロ及びハの要件を満たすものに限る。）の譲渡（措法35③二）

イ　相続の時から取壊し，除却又は滅失の時まで事業の用，貸付けの用又は居住の用に供されていたことがないこと

ロ　相続の時から譲渡の時まで事業の用，貸付けの用又は居住の用に供されていたことがない

— 386 —

譲渡所得の課税の特例（被相続人の居住用財産の譲渡）

こと
ハ　上記イの取壊し，除却又は滅失の時から譲渡の時まで建物又は構築物の敷地の用に供されていたことがないこと
（注）　上記の「被相続人居住用家屋の敷地等」のうち，特例の対象となるものは，その被相続人居住用家屋の敷地等の譲渡の対価の額に，次の敷地等の区分に応じそれぞれ次に定める割合を乗じて計算した金額に相当する部分に限られます（措法35③二，措令23④（令和6年1月1日以後，措令23⑤））。
　(1)　上記①（注）2(1)の被相続人居住用家屋の敷地の用に供されていた被相続人居住用家屋の敷地等……その相続の開始の直前における被相続人居住用家屋の敷地等の面積のうちにその相続の開始の直前における被相続人の居住の用に供されていた部分の面積の占める割合
　(2)　上記①（注）2(2)の被相続人居住用家屋の敷地の用に供されていた被相続人居住用家屋の敷地等……特定事由により被相続人居住用家屋が被相続人の居住の用に供されなくなる直前における被相続人居住用家屋の敷地等の面積のうちにその居住の用に供されなくなる直前における被相続人の居住の用に供されていた部分の面積の占める割合
（注）　令和6年1月1日以後，上記(3)に以下の記述が加わります。
③　被相続人居住用家屋を譲渡する場合（その譲渡の時からその譲渡の日の属する年の翌年2月15日までの間に，その被相続人居住用家屋が耐震基準を満たすこととなった場合又はその被相続人居住用家屋の全部の除却等がされた場合）
　　相続若しくは遺贈により取得をした被相続人居住用家屋の譲渡又はその被相続人居住用家屋とともにするその相続若しくは遺贈により取得をした被相続人居住用家屋の敷地等の譲渡（これらの譲渡のうち上記①の譲渡に該当するものを除く。）で，これらの譲渡をした場合において，その譲渡の時からその譲渡の日の属する年の翌年2月15日までの間に，その被相続人居住用家屋が次に掲げる場合に該当するときの譲渡（措法35③三）。
イ　地震に対する安全性に係る規定又は基準として一定のものに適合することとなった場合
ロ　その被相続人居住用家屋の全部の取壊し若しくは除却がされ，又はその全部が滅失をした場合
（注）1　上記の「被相続人居住用家屋」には，その相続の時後に被相続人居住用家屋につき行われた増築，改築（被相続人居住用家屋の全部の取壊し又は除却をした後にするもの及びその全部が滅失をした後にするものを除く。），修繕又は模様替に係る部分を含み，その相続の時からその譲渡の時まで事業の用，貸付けの用又は居住の用に供されていたことがないものに限ります（措法35③三）。
　　2　上記の「被相続人居住用家屋の敷地等」は，その相続の時からその譲渡の時まで事業の用，貸付けの用又は居住の用に供されていたことがないものに限ります（措法35③三）。
　　3　上記の譲渡をする「被相続人居住用家屋」又は「被相続人居住用家屋の敷地等」のうち，特例の対象となる部分は，上記①注2と同様です（措法35③三，措令23④⑤）。
　　4　上記の「譲渡の日の属する年の翌年2月15日」は，本特例の適用を受ける者に係る所得税基本通達36－12（山林所得又は譲渡所得の総収入金額の収入すべき時期）（303ページ参照）に基づく収入すべき時期を「譲渡の日」とし，その日の属する年の翌年2月15日をいいます（措通35－9の4）。
　　5　上記の「地震に対する安全性に係る規定又は基準として一定のもの」は，上記①注3と同様です（措法35③，措令23③⑯，平成17年国土交通省告示393）。

譲渡所得の課税の特例（被相続人の居住用財産の譲渡）

(4) 特別の関係がある者に対する譲渡及び他の譲渡所得の特例の適用を受ける譲渡でないことの要件

次の譲渡に該当しないことが要件です（措法35②③）。

イ 上記の居住用財産の特別控除（特例の適用が受けられる場合（注））に規定する「個人の親族等」に該当する者に対する譲渡（措法35②一，措令20の3①，23②）

ロ 次の特例の適用を受ける譲渡（措法35②一，③）

(イ) 固定資産の交換の場合の譲渡所得の特例（法58）

(ロ) 収用等に伴い代替資産を取得した場合の課税の特例（措法33）

(ハ) 交換処分等に伴い資産を取得した場合の課税の特例（措法33の2）

(ニ) 換地処分等に伴い資産を取得した場合の課税の特例（措法33の3）

(ホ) 収用交換等の場合の譲渡所得等の特別控除（措法33の4）

(ヘ) 特定の事業用資産の買換えの場合の譲渡所得の課税の特例（措法37）

(ト) 特定の事業用資産を交換した場合の譲渡所得の課税の特例（措法37の4）

(チ) 特定普通財産とその隣接する土地等の交換の場合の譲渡所得の課税の特例（措法37の8）

(リ) 相続財産に係る譲渡所得の課税の特例（措法39）

(注) 上記の「居住用財産の特別控除」とは異なり，次の特例については，これらの特例の各条項において重複適用を排除する規定からこの特例の規定が除かれ，この特例と次の特例との重複適用が可能です（措法36の2①，41⑮⑯，41の5⑦一，41の5の2⑦一，41の19の4⑪⑫）。

(1) 特定の居住用財産の買換えの場合の長期譲渡所得の課税の特例（措法36の2）

(2) 住宅借入金等を有する場合の所得税額の特別控除（措法41）

(3) 居住用財産の買換え等の場合の譲渡損失の損益通算及び繰越控除（措法41の5）

(4) 特定居住用財産の譲渡損失の損益通算及び繰越控除（措法41の5の2）

(5) 認定住宅等の新築等をした場合の所得税額の特別控除（措法41の19の4）

(注) 令和6年1月1日以後，以下の記述が加えられます。

特別控除額 本特例の特別控除額は3,000万円です（措法35①③）。ただし，令和6年1月1日以後の本特例の対象となる譲渡において，相続又は遺贈により被相続人居住用家屋及び被相続人居住用家屋の敷地等を取得した相続人の数が3人以上である場合の1人当たりの本特例の特別控除額は2,000万円になります（措法35④）。

(注)1 この「相続又は遺贈による被相続人居住用家屋及び被相続人居住用家屋の敷地等の取得をした相続人」とは，相続又は遺贈により，被相続人居住用家屋と被相続人居住用家屋の敷地等の両方を取得した相続人に限られますから，相続又は遺贈により被相続人居住用家屋のみ又は被相続人居住用家屋の敷地等のみを取得した相続人は含まれません（措通35-9）。

2 また，「3人以上」であるかどうかの判定について，その相続の時からその相続に係る一の相続人がする対象譲渡の時までの間に，その相続に係る他の相続人が被相続人居住財産の共有持分につき譲渡，贈与又はその他の相続人の死亡による相続若しくは遺贈があったことによりその被相続人居住用財産を所有する相続人の数に異動が生じた場合であっても，その相続又は遺贈による被相続人居住用財産の取得をした相続人の数の判定には影響を及ぼしません（措通35-9の6）。

3 その相続人がその年にその相続人の居住の用に供している家屋又はその家屋とともにするその家屋の敷地の譲渡をしたことなどにより，本特例と居住用財産の譲渡所得の3,000万円特別控除（措法35①，379ページ参照。以下「居住用財産の譲渡所得の3,000万円特別控除」という。）も適用すると

— 388 —

きは，その特別控除額は，3,000万円の範囲内において次の特別控除額の区分に応じ次に定めるとおり計算します（措法35④，措令23⑥⑦）。

(1) 長期譲渡所得の金額から控除される特別控除額……3,000万円（下記(2)に定める金額がある場合には，3,000万円から下記(2)に定める金額を控除した金額）と次に掲げる金額の合計額とのいずれか低い金額

　　この場合において，②に掲げる金額が2,000万円（下記(2)の短期譲渡所得のうち本特例の対象となる資産の譲渡に係る部分の金額から控除される金額がある場合には，2,000万円からその控除される金額を控除した金額。(1)において同じ。）であるときは，長期譲渡所得の金額のうち本特例の対象となる資産の譲渡に係る部分の金額から控除される金額は2,000万円が限度とされます。

① 長期譲渡所得の金額のうち居住用財産の譲渡所得の3,000万円特別控除の対象となる資産の譲渡に係る部分の金額

② 2,000万円と長期譲渡所得の金額のうち本特例の対象となる資産の譲渡に係る部分の金額とのいずれか低い金額

(2) 短期譲渡所得の金額から控除される特別控除額……3,000万円と次に掲げる金額の合計額とのいずれか低い金額

　　この場合において，②に掲げる金額が2,000万円であるときは，短期譲渡所得の金額のうち本特例の対象となる資産の譲渡に係る部分の金額から控除される金額は2,000万円が限度とされる。

① 短期譲渡所得の金額のうち居住用財産の譲渡所得の3,000万円特別控除の対象となる資産の譲渡に係る部分の金額

② 2,000万円と短期譲渡所得の金額のうち本特例の対象となる資産の譲渡に係る部分の金額とのいずれか低い金額

　既に特例の適用を受けている場合の特例の不適用　特例の適用を受けようとする者が，既にその相続又は遺贈に係る被相続人居住用家屋又は被相続人居住用家屋の敷地等の譲渡についてこの特例の適用を受けている場合には，この特例の適用を受けることはできません（措法35③）。つまり，1回の相続につき1人の相続人ごとに1回しか特例の適用を受けることはできません。

譲渡所得の課税の特例（被相続人の居住用財産の譲渡）

　対象譲渡の対価の額と適用前譲渡又は適用後譲渡の対価の額との合計額が1億円を超える場合の特例の不適用

① 対象譲渡の対価の額と適用前譲渡の対価の額との合計額が1億円を超える場合

　相続又は遺贈による被相続人居住用家屋又は被相続人居住用家屋の敷地等の取得をした相続人（以下「居住用家屋取得相続人」という。）が，その相続の時から特例の適用を受ける者の対象譲渡をした日の属する年の12月31日までの間に，その対象譲渡をした資産とその相続の開始の直前において一体として被相続人の居住の用に供されていた家屋（被相続人が主としてその居住の用に供していたと認められる一の建築物に限る。以下同じ。）又はその家屋の敷地の用に供されていたと認められる土地若しくは土地の上に存する権利（以下これらを「対象譲渡資産一体家屋等」という。）の譲渡（以下「適用前譲渡」という。）をしている場合において，適用前譲渡に係る対価の額と対象譲渡に係る対価の額との合計額が1億円を超えることとなるときは，特例は適用できません（措法35⑤，措令23⑧～⑪（令和6年1月1日以後，措法35⑥，措令23⑩～⑬））。

(注)1　特定事由により被相続人居住用家屋が相続の開始の直前において被相続人の居住の用に供されていなかった場合（「対象従前居住の用」に該当する要件を満たす場合に限る。383ページ参照）には，上記の「相続の開始の直前において一体として被相続人の居住の用に供されていた家屋」は「相続の開始の直前において一体として被相続人の物品の保管その他の用に供されていた家屋」となります（措法35⑤，措令23⑩（令和6年1月1日以後，措法35⑥，措令23⑫））。

　　2　上記の「相続の開始の直前において一体として被相続人の居住の用に供されていた家屋」には，相続の時後にその家屋につき行われた増築，改築（その家屋の全部の取壊し又は除却をした後にするもの及びその全部が滅失をした後にするものを除く。），修繕又は模様替に係る部分が含まれます（措法35⑤（令和6年1月1日以後，措法35⑥））。

　　3　上記の「その家屋の敷地の用に供されていたと認められる土地若しくは土地の上に存する権利」は，その相続の開始の直前においてその土地が用途上不可分の関係にある2以上の建築物のある一団の土地であった場合には，その土地又はその土地の上に存する権利のうち，その土地の面積に次の1及び2の床面積の合計のうちに次の1の床面積の占める割合を乗じて計算した面積に係る土地又はその土地の上に存する権利の部分に限られます（措法35⑤，措令23⑨⑪（令和6年1月1日以後，措法35⑥，措令23⑪⑬））。

　　⑴　その相続の開始の直前におけるその土地にあった上記の「相続の開始の直前において一体として被相続人の居住の用に供されていた家屋」の床面積

　　⑵　その相続の開始の直前におけるその土地にあった上記の「相続の開始の直前において一体として被相続人の居住の用に供されていた家屋」以外の建築物の床面積

　　4　上記の「譲渡」には，譲渡所得の基因となる不動産等の貸付けを含み，次の譲渡は含まれません（措法35⑤，措令23⑫（令和6年1月1日以後，措法35⑥，措令23⑭），24の2⑧）。なお，その譲渡が贈与又はその譲渡に係る対価の額が対象譲渡資産一体家屋等の譲渡の時における価額の2分の1に満たない金額によるものである場合には，その贈与又は譲渡の時における価額に相当する金額をもって，その譲渡に係る対価の額とすることとされています（措法35⑬，措令23⑬（令和6年1月1日以後，措法35⑭，措令23⑮），措規18の2④）。下記②において同じです。

　　⑴　租税特別措置法第33条の4第1項に規定する収用交換等による譲渡

　　⑵　特定土地区画整理事業等のために土地等を譲渡した場合の譲渡所得の特別控除（措法34）又は特定住宅地造成事業等のために土地等を譲渡した場合の譲渡所得の特別控除（措法34の2）の適用を受ける譲渡

② 対象譲渡の対価の額及び適用前譲渡の対価の額並びに適用後譲渡の対価の額との合計額が1億

— 390 —

譲渡所得の課税の特例（被相続人の居住用財産の譲渡）

円を超える場合
　居住用家屋取得相続人が，特例の適用を受ける者の対象譲渡をした日の属する年の翌年1月1日からその対象譲渡をした日以後3年を経過する日の属する年の12月31日までの間に，対象譲渡資産一体家屋等の譲渡（以下「適用後譲渡」という。）をした場合において，適用後譲渡に係る対価の額と対象譲渡に係る対価の額（適用前譲渡がある場合には，適用前譲渡に係る対価の額と対象譲渡に係る対価の額との合計額）との合計額が1億円を超えることとなったときは，特例は適用できません（措法35⑥（令和6年1月1日以後，措法35⑦））。

他の居住用家屋取得相続人への通知等
　特例の適用を受けようとする者は，他の居住用家屋取得相続人に対し，対象譲渡をした旨，対象譲渡をした日その他参考となるべき事項の通知をしなければなりません。この場合において，その通知を受けた居住用家屋取得相続人で適用前譲渡をしている者はその通知を受けた後遅滞なく，その通知を受けた居住用家屋取得相続人で適用後譲渡をした者はその適用後譲渡をした後遅滞なく，それぞれ，その通知をした者に対し，その譲渡をした旨，その譲渡をした日，その譲渡の対価の額その他参考となるべき事項の通知をしなければなりません（措法35⑦（令和6年1月1日以後，措法35⑧））。

適用を受けるための手続等　この特例を受けるためには，対象譲渡をした日の属する年分の確定申告書に，次の①の事項の記載をし，かつ，次の②の書類の添付をしなければなりません。
　ただし，税務署長は，確定申告書を提出しなかったこと又は確定申告書に所定の事項を記載しなかったこと若しくは所定の書類を添付しなかったことについて税務署長がやむを得ない事情があると認めるときは，確定申告書に記載すべきであった事項を記載した書面及び添付すべきであった書類を提出して，この適用を受けることができます（措法35⑪⑫（令和6年1月1日以後，措法35⑫⑬），措規18の2①②）。
① 確定申告書への記載事項
　イ　特例の適用を受けようとする旨
　ロ　対象譲渡に該当する事実
　ハ　相続又は遺贈に係る被相続人の氏名及び死亡の時における住所並びに死亡年月日
　ニ　相続又は遺贈に係る他の居住用家屋取得相続人がある場合には，その者の氏名及び住所並びにその者の相続の開始の時における被相続人居住用家屋又は被相続人居住用家屋の敷地等の持分の割合
　ホ　相続又は遺贈に係る適用前譲渡がある場合には，適用前譲渡をした居住用家屋取得相続人の氏名並びにその者が行った適用前譲渡の年月日及び適用前譲渡に係る対価の額
　ヘ　その他参考となるべき事項
② 確定申告書に添付すべき書類
　イ　譲渡の時までに家屋の耐震改修を行った場合
　　(イ)　対象譲渡による譲渡所得の金額の計算に関する明細書
　　(ロ)　被相続人居住用家屋及び被相続人居住用家屋の敷地等の登記事項証明書その他の書類で次

の事項を明らかにするもの

　i　対象譲渡をした者が被相続人居住用家屋及び被相続人居住用家屋の敷地等を被相続人から相続又は遺贈により取得したこと。

　ii　被相続人居住用家屋が昭和56年５月31日以前に建築されたこと。

　iii　被相続人居住用家屋が建物の区分所有等に関する法律第１条の規定に該当する建物でないこと。

(ハ)　対象譲渡をした被相続人居住用家屋又は被相続人居住用家屋及び被相続人居住用家屋の敷地等の所在地の市町村長又は特別区の区長の次の事項（被相続人居住用家屋が対象従前居住の用に供されていた被相続人居住用家屋以外のものである場合には，次のi及びii（令和６年１月１日以後，i，ii及びvii）の事項）を確認した旨を記載した書類

　i　相続の開始の直前（被相続人居住用家屋が対象従前居住の用に供されていた被相続人居住用家屋である場合には，特定事由により被相続人居住用家屋が被相続人の居住の用に供されなくなる直前）において，被相続人がその被相続人居住用家屋を居住の用に供しており，かつ，被相続人居住用家屋に被相続人以外に居住をしていた者がいなかったこと。

　ii　被相続人居住用家屋又は被相続人居住用家屋及び被相続人居住用家屋の敷地等が相続の時から対象譲渡の時まで事業の用，貸付けの用又は居住の用に供されていたことがないこと。

　iii　被相続人居住用家屋が特定事由により相続の開始の直前において被相続人の居住の用に供されていなかったこと。

　iv　特定事由により被相続人居住用家屋が被相続人の居住の用に供されなくなった時から相続の開始の直前まで引き続き被相続人居住用家屋が被相続人の物品の保管その他の用に供されていたこと。

　v　特定事由により被相続人居住用家屋が被相続人の居住の用に供されなくなった時から相続の開始の直前まで被相続人居住用家屋が事業の用，貸付けの用又は被相続人以外の者の居住の用に供されていたことがないこと。

　vi　被相続人が老人ホーム等（具体的には，「特定事由」の対象となる住居又は施設。384ページ参照）に入居又は入所をした時から相続の開始の直前までの間において被相続人の居住の用に供する家屋が２以上ある場合には，これらの家屋のうち，その住居又は施設が，被相続人が主としてその居住の用に供していた一の家屋に該当するものであること。

　(注)　令和６年１月１日以後，上記(ハ)に以下のviiが加わります。

　vii　相続等による被相続人居住用家屋及び被相続人居住用家屋の敷地等の取得をした相続人の数

(ニ)　対象譲渡をした被相続人居住用家屋が国土交通大臣が財務大臣と協議して定める地震に対する安全性に係る規定又は基準に適合する家屋である旨を証する書類

(ホ)　対象譲渡をした被相続人居住用家屋又は被相続人居住用家屋及び被相続人居住用家屋の敷地等に係る売買契約書の写しその他の書類で，被相続人居住用家屋又は被相続人居住用家屋及び被相続人居住用家屋の敷地等の譲渡に係る対価の額が１億円（対象譲渡に係る適用前譲渡がある場合には，１億円から適用前譲渡に係る対価の額の合計額を控除した残額）以下であるこ

とを明らかにする書類
ロ　譲渡の時までに家屋の除却等工事をした場合
　(イ)　対象譲渡による譲渡所得の金額の計算に関する明細書
　(ロ)　上記イ(ロ)の書類
　(ハ)　対象譲渡をした被相続人居住用家屋の敷地等の所在地の市町村長又は特別区の区長の次の事項（被相続人居住用家屋が対象従前居住の用に供されていた被相続人居住用家屋以外のものである場合には、次のｉからⅳまで（令和６年１月１日以後、ｉからⅳまで及びⅸ）の事項）を確認した旨を記載した書類
　　ｉ　相続の開始の直前において、被相続人が被相続人居住用家屋の敷地等に係る被相続人居住用家屋を居住の用に供しており、かつ、その被相続人居住用家屋に被相続人以外に居住をしていた者がいなかったこと。
　　ⅱ　被相続人居住用家屋の敷地等に係る被相続人居住用家屋が相続の時からその全部の取壊し、除却又は滅失の時まで事業の用、貸付けの用又は居住の用に供されていたことがないこと。
　　ⅲ　被相続人居住用家屋の敷地等が相続の時から対象譲渡の時まで事業の用、貸付けの用又は居住の用に供されていたことがないこと。
　　ⅳ　被相続人居住用家屋の敷地等が上記ⅱの取壊し、除却又は滅失の時から対象譲渡の時まで建物又は構築物の敷地の用に供されていたことがないこと。
　　ⅴ　被相続人居住用家屋の敷地等に係る被相続人居住用家屋が特定事由により相続の開始の直前において被相続人の居住の用に供されていなかったこと。
　　ⅵ　特定事由によりその被相続人居住用家屋の敷地等に係る被相続人居住用家屋が被相続人の居住の用に供されなくなった時から相続の開始の直前まで引き続き被相続人居住用家屋が被相続人の物品の保管その他の用に供されていたこと。
　　ⅶ　特定事由によりその被相続人居住用家屋の敷地等に係る被相続人居住用家屋が被相続人の居住の用に供されなくなった時から相続の開始の直前まで被相続人居住用家屋が事業の用、貸付けの用又は被相続人以外の者の居住の用に供されていたことがないこと。
　　ⅷ　被相続人が老人ホーム等（具体的には、「特定事由」の対象となる住居又は施設。384ページ参照）に入居又は入所をした時から相続の開始の直前までの間において被相続人の居住の用に供する家屋が２以上ある場合には、これらの家屋のうち、その住居又は施設が、被相続人が主としてその居住の用に供していた一の家屋に該当するものであること。
　　（注）　令和６年１月１日以後、上記(ハ)に以下のⅸが加わります。
　　ⅸ　上記イ(ハ)ⅶに掲げる事項
　(ニ)　対象譲渡をした被相続人居住用家屋の敷地等に係る売買契約書の写しその他の書類で、被相続人居住用家屋の敷地等の譲渡に係る対価の額が１億円（対象譲渡に係る適用前譲渡がある場合には、１億円から適用前譲渡に係る対価の額の合計額を控除した残額）以下であることを明らかにする書類
　　（注）　令和６年１月１日以後、上記②に以下のハが加わります。
ハ　その譲渡の時からその譲渡の日の属する年の翌年２月15日までの間に、その被相続人居住用

譲渡所得の課税の特例（被相続人の居住用財産の譲渡）

家屋が耐震基準を満たすこととなった場合又はその被相続人居住用家屋の全部の除却等がされた場合

(イ)　対象譲渡による譲渡所得の金額の計算に関する明細書

(ロ)　上記イ(ロ)の書類

(ハ)　対象譲渡をした被相続人居住用家屋又は被相続人居住用家屋及び被相続人居住用家屋の敷地等の所在地の市町村長又は特別区の区長の次の事項（被相続人居住用家屋が対象従前居住の用に供されていた被相続人居住用家屋以外のものである場合には，次のⅰ及びⅱに掲げる事項）を確認した旨を記載した書類

　ⅰ　上記イ(ハ)ⅰ，ⅱ及びⅶの事項

　ⅱ　対象譲渡の時から対象譲渡の日の属する年の翌年2月15日までの期間（以下(ハ)において「特定期間」という。）内に，被相続人居住用家屋が耐震基準に適合することとなったこと又は被相続人居住用家屋の全部の取壊し若しくは除却がされ，若しくはその全部が滅失をしたこと。

　ⅲ　上記イ(ハ)ⅲからⅵまでの事項

(ニ)　対象譲渡をした被相続人居住用家屋が国土交通大臣が財務大臣と協議して定める耐震基準に適合する家屋である旨を証する書類又は対象譲渡をした被相続人居住用家屋の登記事項証明書その他の書類で，特定期間内に被相続人居住用家屋の全部の取壊し若しくは除却がされ，若しくはその全部が滅失をした旨を証する書類

(ホ)　上記イ(ホ)の書類

(注) 1　措置法第35条第3項第1号イ並びに第2号イ及びロ（令和6年1月1日以後，第35条第3項第1号イ，第2号イ及びロ並びに第3号）に規定する「事業の用，貸付けの用又は居住の用に供されていたことがないこと」の要件の判定に当たっては，相続の時から譲渡の時までの間に，被相続人居住用家屋又は被相続人居住用家屋の敷地等が事業の用，貸付けの用又は居住の用として一時的に利用されていた場合であっても，事業の用，貸付けの用又は居住の用に供されていたこととなります。また，当該貸付けの用には，被相続人居住用家屋又は被相続人居住用家屋の敷地等の無償による貸付けも含まれます（措通35-16）。

2　相続人が被相続人居住用家屋又は被相続人居住用家屋の敷地等の一部の対象譲渡（以下「当初対象譲渡」という。）をした場合において，当該相続人の選択により，当該当初対象譲渡について措置法第35条第3項の規定の適用をしないで確定申告書を提出したときは，例えば，その後において当該相続人が行った当該被相続人居住用家屋又は被相続人居住用家屋の敷地等の一部の対象譲渡について同項の規定の適用を受けないときであっても，当該相続人が更正の請求をし，又は修正申告書を提出するときにおいて，当該当初対象譲渡について同項の規定の適用を受けることはできません（措通35-18）。

3　「居住用家屋取得相続人」には，措置法第35条第3項の規定の適用を受ける相続人を含むほか，当該相続又は遺贈により被相続人居住用家屋のみ又は被相続人居住用家屋の敷地等のみの取得をした相続人も含まれます。したがって，例えば，被相続人居住用家屋の敷地等のみを相続又は遺贈により取得した者が，当該相続の時から同項の規定の適用を受ける者の対象譲渡をした日以後3年を経過する日の属する年の12月31日までに行った当該被相続人居住用家屋の敷地等の譲渡は，適用前譲渡又は適用後譲渡に該当します（措通35-21）。

4　措置法第35条第3項の規定の適用を受けようとする者から同条第7項（令和6年1月1日以後，同条第8項）の通知を受けた居住用家屋取得相続人で適用前譲渡をしている者又は適

譲渡所得の課税の特例（被相続人の居住用財産の譲渡）

用後譲渡をした者から，当該通知をした者に対する同項に規定する通知がなかったとしても，同条第5項又は第6項（令和6年1月1日以後，同条第6項又は第7項）の規定により，適用前譲渡に係る対価の額と対象譲渡に係る対価の額との合計額又は適用後譲渡に係る対価の額と対象譲渡に係る対価の額（適用前譲渡がある場合には，その対価の額と適用前譲渡に係る対価の額との合計額）との合計額が1億円を超えることとなったときは，同条第3項の規定の適用はありません（措通35―25）。

譲渡所得の課税の特例（特定期間に取得をした土地等）

特定期間に取得をした土地等を譲渡した場合の長期譲渡所得の特別控除

　平成21年1月1日から平成22年12月31日までの間に取得（特別の関係がある者からの取得，相続等によるもの等一定のものを除く。）をした国内にある土地等（土地又は土地の上に存する権利をいう。）で，その年1月1日において所有期間が5年を超えるものを譲渡（借地権の設定などの譲渡所得の基因となる不動産の貸付けを含む。）した場合には，それら全部の土地等の譲渡所得の金額及び所得税の額を次のように計算することができます（措法35の2）。

$$
\begin{pmatrix} 分離長期譲渡 \\ 所得の金額 \end{pmatrix} = \begin{pmatrix} 譲渡収 \\ 入金額 \end{pmatrix} - \begin{pmatrix} 譲渡資産 \\ の取得費 \end{pmatrix} - \begin{pmatrix} 譲渡 \\ 費用 \end{pmatrix} - \begin{pmatrix} 居住用財産の買換え等の場合の譲渡損 \\ 失の損益通算及び繰越控除，特定居住 \\ 用財産の譲渡損失の損益通算及び繰越 \\ 控除，雑損失の繰越控除の規定の適用 \\ がある場合は，その控除金額 \end{pmatrix}
$$

$$
\begin{pmatrix} 分離課税長期 \\ 譲渡所得金額 \end{pmatrix} = \begin{pmatrix} 分離長期譲渡 \\ 所得の金額 \end{pmatrix} - \begin{pmatrix} 特別控除額 \\ （最高1,000万円） \end{pmatrix} - \begin{pmatrix} 所得控除の規定の適 \\ 用がある場合には， \\ その所得控除額 \end{pmatrix}
$$

税　額

　　　　分離課税長期譲渡所得金額×15％

　（注）　1,000万円特別控除と優良住宅地の造成等のために土地等を譲渡した場合の軽減税率の特例（措法31の2）とを重複して適用を受けることはできません（措法31の2④）。

　特例の対象となる譲渡　対象となる譲渡資産は，平成21年1月1日から平成22年12月31日までの間に取得をした国内にある土地又は土地の上に存する権利（棚卸資産に該当するものを除く。）で，その譲渡の日の属する年の1月1日において所有期間が5年を超えるものに限ります（措法35の2①）。

（注）　具体的には，平成21年に取得した土地等は平成27年以降に譲渡すること，平成22年に取得した土地等は平成28年以降に譲渡することがこの特例を受けるための要件となります。

　特例の適用が受けられない場合　土地等の取得であっても，その取得が次のいずれかに該当する場合には，取得の範囲から除かれます（措法35の2①，措令23の2①②，措通35の2─1）。

(1)　その個人の配偶者その他のその個人と次に掲げる特別の関係がある者からの取得

　イ　その個人の配偶者及び直系血族（父母，孫等）

　ロ　その個人と生計を一にしている親族（イに掲げる者を除く。）

　ハ　その個人と婚姻の届出をしていないが事実上婚姻関係と同様の事情にある者及びその者の親族でその者と生計を一にしているもの

　ニ　その個人から受ける金銭等によって生計を維持しているもの（使用人を除く。）及びその者の親族でその者と生計を一にしているもの（イからハまでに該当する者を除く。）

　ホ　その個人，その個人のイ及びロに該当する親族，その個人の使用人若しくはその使用人の親族でその使用人と生計を一にしているもの又はハ及びニに掲げる者を判定の基礎となる株主等とした場合に同族関係となる会社その他の法人

－396－

譲渡所得の課税の特例（特定期間に取得をした土地等）

(2) 相続，遺贈，贈与及び交換によるもの，代物弁済としての取得並びに所有権移転外リース取引による取得
　（注）　例えば，平成21年1月1日から平成22年12月31日までの間に土地等を取得した個人から相続，遺贈及び贈与により取得した土地等を譲渡した場合には，この特例の対象とはなりません。

他の特例との適用関係
(1) 重複適用ができない特例
　イ　固定資産の交換の場合（法58, 317ページ参照）
　ロ　収用交換等の場合（措法33の4, 363ページ参照）
　ハ　特定土地区画整理事業等のために土地等を譲渡した場合（措法34, 366ページ参照）
　ニ　特定住宅地造成事業等のために土地等を譲渡した場合（措法34の2, 369ページ参照）
　ホ　農地保有の合理化等のために農地等を譲渡した場合（措法34の3, 377ページ参照）
　ヘ　居住用財産を譲渡した場合（措法35, 379ページ参照）
　（注）　譲渡した土地等がこの1,000万円特別控除の適用対象となる土地等に該当する場合，上記ロからヘの特例を適用する場合であっても，その年中に，他に1,000万円特別控除の適用対象となる土地等の譲渡があるときは，その土地等については1,000万円特別控除の適用を受けることができます（措法35の2②）。
(2) 適用対象となる土地等を2以上譲渡した場合の制限等
　その年中に譲渡した1,000万円特別控除の対象となる土地等の全部又は一部につき，次に掲げる課税の特例の適用を受ける場合には，この1,000万円特別控除の特例の適用を受けることはできません（措法35の2①）。
　イ　収用等に伴い代替資産を取得した場合（措法33, 346ページ参照）
　ロ　交換処分等に伴い資産を取得した場合（措法33の2, 356ページ参照）
　ハ　換地処分等に伴い資産を取得した場合（措法33の3, 359ページ参照）
　ニ　特定の居住用財産の買換えの場合（措法36の2, 404ページ参照）
　ホ　特定の居住用財産を交換した場合（措法36の5, 409ページ参照）
　ヘ　特定の事業用資産の買換えの場合（措法37, 411ページ参照）
　ト　特定の事業用資産を交換した場合（措法37の4, 419ページ参照）
　チ　特定普通財産とその隣接する土地等の交換の場合（措法37の8, 431ページ参照）
　（注）　その年中に，例えば特定の事業用資産の買換えの場合の譲渡所得の課税の特例（措法37）の適用対象となる譲渡資産を2以上譲渡した場合において，その譲渡した資産のうちにこの1,000万円特別控除の適用を受けることができる土地等があり，その土地等について1,000万円特別控除の適用を受けるときは，1,000万円特別控除の適用対象となる土地等以外の土地等についてのみ買換えの特例の適用を受けることができます（措法35の2①）。
(3) 特別控除の限度額
　譲渡所得の特別控除の限度額については，その年中の資産の譲渡について，次に掲げる特別控除のうち2以上の適用を受けることにより，特別控除額の合計額が5,000万円を超えることとなるときは，5,000万円が上限となります（措法36）。
　イ　収用交換等の場合の5,000万円特別控除（措法33の4）
　ロ　特定土地区画整理事業等のために土地等を譲渡した場合の2,000万円特別控除（措法34）
　ハ　特定住宅地造成事業等のために土地等を譲渡した場合の1,500万円特別控除（措法34の2）
　ニ　農地保有の合理化等のために農地等を譲渡した場合の800万円特別控除（措法34の3）
　ホ　居住用財産を譲渡した場合の3,000万円特別控除（措法35）
　ヘ　特定期間に取得をした土地等を譲渡した場合の長期譲渡所得の1,000万円特別控除（措法35の2）

譲渡所得の課税の特例（特定期間に取得をした土地等）

ト　低未利用土地等を譲渡した場合の長期譲渡所得の100万円特別控除（措法35の３）

　適用を受けるための手続　この特例の適用を受けるためには，譲渡資産の譲渡をした日の属する年分の確定申告書に，**措置法第35条の２**と記載するとともに，「譲渡所得の内訳書（確定申告書付表兼計算明細書）」及びその譲渡をした土地等に係る登記事項証明書，売買契約書の写しその他の書類で，その土地等が平成21年１月１日から平成22年12月31日までの間に取得をされたものであることを明らかにする書類を添付しなければなりません（措法35の２③，措規18の３）。

　なお，確定申告書を提出しなかったこと又は確定申告書に所定の記載をしなかったこと若しくは所定の書類を添付しなかったことについて税務署長がやむを得ない事情があると認めるときは，確定申告書に記載すべきであった事項を記載した書面及び添付すべきであった書類を提出して，この特例の適用を受けることができます（措法35の２④）。

低未利用土地等を譲渡した場合の長期譲渡所得の特別控除

　低未利用土地等で，その年1月1日において所有期間が5年を超えるものの譲渡（その対価の額が500万円を超えるものを除く。）を令和2年7月1日から令和7年12月31日までの間にした場合には，それら全部の低未利用土地等の譲渡所得の金額及び所得税の額を次のように計算することができます（措法35の3）。
（注）　上記の「譲渡」には譲渡所得の基因となる不動産等の貸付けを含みます（措法31①，35の3①）。

$$\text{分離長期譲渡所得の金額} = \text{譲渡収入金額} - \text{譲渡資産の取得費} - \text{譲渡費用} - \begin{pmatrix}\text{居住用財産の買換え等の場合の譲渡}\\\text{損失の損益通算及び繰越控除，特定居}\\\text{住用財産の譲渡損失の損益通算及び}\\\text{繰越控除，雑損失の繰越控除の規定の}\\\text{適用がある場合は，その控除金額}\end{pmatrix}$$

$$\text{分離課税長期譲渡所得金額} = \text{分離長期譲渡所得の金額} - \begin{pmatrix}\text{特別控除額}\\\text{（最高100万円）}\end{pmatrix} - \begin{pmatrix}\text{所得控除の規定の適}\\\text{用がある場合には，}\\\text{その所得控除額}\end{pmatrix}$$

　税　額
　　　　分離課税長期譲渡所得金額×15％
　　（注）　100万円特別控除と優良住宅地の造成等のために土地等を譲渡した場合の軽減税率の特例（措法31の2）とを重複して適用を受けることはできません（措法31の2④）。

　特例の対象となる土地等　都市計画区域内にある土地基本法第13条第4項に規定する低未利用土地（以下「低未利用土地」という。）又は当該低未利用土地の上に存する権利（以下「低未利用土地等」と総称する。）で，その年1月1日において所有期間が5年を超えるものとされています（措法35の3①）。
（注）　上記の「土地基本法第13条第4項に規定する低未利用土地」とは，居住の用，業務の用その他の用途に供されておらず，又はその利用の程度がその周辺の地域における同一の用途若しくはこれに類する用途に供されている土地の利用の程度に比し著しく劣っていると認められる土地をいいます（土地基本法13④）。

　特例の適用が受けられない場合
(1)　譲渡の後に低未利用土地等の利用がされない場合
　　その譲渡の後に低未利用土地等の利用がされる場合に限ることとされています（措法35の3①）。
(2)　分筆した土地についてこの特例の適用を受けた場合
　　この特例の適用を受けようとする低未利用土地等と一筆であった土地からその年の前年又は前々年に分筆された土地又は当該土地の上に存する権利の譲渡（譲渡所得の基因となる不動産等の貸付けを含む。）を当該前年又は前々年中にした場合において，その者が当該譲渡につきこの特例の適用を受けているときは，適用しないこととされています（措法35の3③）。

　特例の適用が受けられない譲渡　次に掲げる譲渡については，この特例の適用ができないこととされています（措法35の3②一，二，措令23の3）。
(1)　その個人の配偶者その他のその個人と次に掲げる特別の関係がある者に対してする譲渡

譲渡所得の課税の特例（低未利用土地等を譲渡した場合）

　　イ　その個人の配偶者及び直系血族（父母，孫等）

　　ロ　その個人と生計を一にしている親族（上記イに掲げる者を除く。）

　　ハ　その個人と婚姻の届出をしていないが事実上婚姻関係と同様の事情にある者及びその者の親族でその者と生計を一にしているもの

　　ニ　その個人から受ける金銭等によって生計を維持しているもの（使用人を除く。）及びその者の親族でその者と生計を一にしているもの（上記イからハまでに該当する者を除く。）

　　ホ　その個人，その個人の上記イ及びロに該当する親族，その個人の使用人若しくはその使用人の親族でその使用人と生計を一にしているもの又は上記ハ及びニに該当する者を判定の基礎となる株主又は社員とした場合に同族会社となる会社その他の法人

(2)　その譲渡の対価（当該低未利用土地等の譲渡とともにした当該低未利用土地の上にある資産の譲渡の対価を含む。）の額が500万円（その低未利用土地等が次に掲げる区域内にある場合には，800万円）を超えるもの

　　イ　都市計画法の市街化区域と定められた区域

　　ロ　都市計画法に規定する区域区分に関する都市計画が定められていない都市計画区域のうち，同法に規定する用途地域が定められている区域（いわゆる非線引用途区域）

　　ハ　所有者不明土地の利用の円滑化等に関する特別措置法に規定する所有者不明土地対策計画を作成した市町村の区域（イ及びロに掲げる区域を除く。）

　　(注)1　上記の500万円（低未利用土地等が上記イからハまでに掲げる区域内にある場合には，800万円）を超えるかどうかの判定は，次により行います（措通35の3－2）。

　　　　①　低未利用土地等が共有である場合は，所有者ごとの譲渡対価により判定します。

　　　　②　低未利用土地等と当該低未利用土地等の譲渡とともにした当該低未利用土地の上にある資産の所有者が異なる場合は，低未利用土地等の譲渡対価により判定します。

　　　　③　低未利用土地と当該低未利用土地の上に存する権利の所有者が異なる場合は，所有者ごとの譲渡対価により判定します。

　　　　④　同一年中に措置法第35条の3第1項の規定の適用を受けようとする低未利用土地等が2以上ある場合は，当該低未利用土地等ごとの譲渡対価により判定します。

　　　2　譲渡した一団の低未利用土地等が，上記イからハまでに掲げる区域及びそれ以外の区域のいずれにも所在する場合における本特例の適用については，それぞれの区域に係る上限額をそれぞれの区域に所在する低未利用土地等の面積を基にあん分するなど，合理的な方法により算定した価額によることとなるが，例えば，それぞれの区域に所在する低未利用土地等の面積を算定するのが困難であるなどの事情がある場合は，その低未利用土地等の総面積の過半を占める区域にその低未利用土地等が所在するとして，本特例を適用して差し支えないこととされています（措通35の3－2の2）。

他の特例との適用関係

(1)　重複適用ができない特例

　　イ　固定資産の交換の場合（法58，317ページ参照）

　　ロ　収用交換等の場合（措法33の4，363ページ参照）

　　ハ　特定土地区画整理事業等のために土地等を譲渡した場合（措法34，366ページ参照）

　　ニ　特定住宅地造成事業等のために土地等を譲渡した場合（措法34の2，369ページ参照）

　　ホ　農地保有の合理化等のために農地等を譲渡した場合（措法34の3，377ページ参照）

－400－

譲渡所得の課税の特例（低未利用土地等を譲渡した場合）

　　ヘ　居住用財産を譲渡した場合（措法35，379ページ参照）
　　ト　特定期間に取得をした土地等を譲渡した場合（措法35の2，396ページ参照）
　（注）　譲渡した土地等がこの100万円特別控除の適用対象となる低未利用土地等に該当する場合において，上記ロからトまでの特例を適用するときであっても，その年中に，他に100万円特別控除の適用対象となる低未利用土地等の譲渡がある場合には，その低未利用土地等については100万円特別控除の適用を受けることができます（措法35の3②三）。
(2)　適用対象となる低未利用土地等を2以上譲渡した場合の制限等
　　その年中に譲渡した100万円特別控除の対象となる低未利用土地等の全部又は一部につき，次に掲げる課税の特例の適用を受ける場合には，この100万円特別控除の適用を受けることはできません（措法35の3①）。
　　イ　収用等に伴い代替資産を取得した場合（措法33，346ページ参照）
　　ロ　交換処分等に伴い資産を取得した場合（措法33の2，356ページ参照）
　　ハ　換地処分等に伴い資産を取得した場合（措法33の3，359ページ参照）
　　ニ　特定の居住用財産の買換えの場合（措法36の2，404ページ参照）
　　ホ　特定の居住用財産を交換した場合（措法36の5，409ページ参照）
　　ヘ　特定の事業用資産の買換えの場合（措法37，411ページ参照）
　　ト　特定の事業用資産を交換した場合（措法37の4，419ページ参照）
　　チ　特定普通財産とその隣接する土地等の交換の場合（措法37の8，431ページ参照）
　（注）　その年中に，例えば特定の事業用資産の買換えの場合の譲渡所得の課税の特例（措法37）の適用対象となる譲渡資産を2以上譲渡した場合において，その譲渡した資産のうちにこの100万円特別控除の適用を受けることができる低未利用土地等があり，その低未利用土地等について100万円特別控除の適用を受けるときは，100万円特別控除の適用対象となる低未利用土地等以外の土地等についてのみ買換えの特例の適用を受けることができます（措法35の3①）。
(3)　特別控除の限度額
　　譲渡所得の特別控除の限度額については，その年中の資産の譲渡について，次に掲げる特別控除のうち2以上の適用を受けることにより，特別控除額の合計額が5,000万円を超えることとなるときは，5,000万円が上限となります（措法36）。
　　イ　収用交換等の場合の5,000万円特別控除（措法33の4）
　　ロ　特定土地区画整理事業等のために土地等を譲渡した場合の2,000万円特別控除（措法34）
　　ハ　特定住宅地造成事業等のために土地等を譲渡した場合の1,500万円特別控除（措法34の2）
　　ニ　農地保有の合理化等のために農地等を譲渡した場合の800万円特別控除（措法34の3）
　　ホ　居住用財産を譲渡した場合の3,000万円特別控除（措法35）
　　ヘ　特定期間に取得をした土地等を譲渡した場合の長期譲渡所得の1,000万円特別控除（措法35の2）
　　ト　低未利用土地等を譲渡した場合の長期譲渡所得の100万円特別控除（措法35の3）

　適用を受けるための手続　この特例の適用を受けるためには，譲渡資産の譲渡をした日の属する年分の確定申告書に，**措置法第35条の3**と記載するとともに，「譲渡所得の内訳書（確定申告書付表兼計算明細書）」及びこの特例の対象となる土地等に該当する旨を証する書類として次に掲げる書類を添付しなければなりません（措法35の3④，措規18の3の2）。

(1)　譲渡をした土地等の所在地の市町村長又は特別区の区長のイからニまでに掲げる事項を確認した旨並びにホからトまでに掲げる事項を記載した書類
　　イ　当該土地等が都市計画法第4条第2項に規定する都市計画区域内にあること。
　　ロ　当該土地等が，当該譲渡の時において，低未利用土地等に該当するものであること。

ハ　当該土地等が，当該譲渡の後に利用されていること又は利用される見込みであること。

ニ　当該土地等の所有期間が5年を超えるものであること。

ホ　当該土地等と一筆であった土地からその年の前年又は前々年に分筆された土地等の有無

ヘ　上記ホの分筆された土地等がある場合には，当該土地等につきこの(1)の書類の当該譲渡をした者への交付の有無

ト　当該土地等が上記**特例の適用が受けられない譲渡**の(2)イ・ロ又はハに掲げる区域内にある場合には，当該土地等がそのいずれの区域内にあるかの別

(2)　譲渡をした低未利用土地等に係る売買契約書の写しその他の書類で，当該低未利用土地等の譲渡の対価の額が500万円（当該低未利用土地等が上記イからハまでに掲げる区域内にある場合には，800万円）以下であることを明らかにするもの

なお，確定申告書を提出しなかったこと又は確定申告書に所定の記載をしなかったこと若しくは所定の書類を添付しなかったことについて税務署長がやむを得ない事情があると認める場合には，確定申告書に記載すべきであった事項を記載した書面及び添付すべきであった書類を提出して，この特例の適用を受けることができます（措法35の3⑤）。

譲渡所得の特別控除額の特例

　同一年中に譲渡した2以上の資産の譲渡所得につき,「収用交換等の場合の5,000万円控除の特例」,「居住用財産を譲渡した場合の3,000万円控除の特例」,「特定土地区画整理事業等のために土地等を譲渡した場合の2,000万円控除の特例」,「特定住宅地造成事業等のために土地等を譲渡した場合の1,500万円控除の特例」,「農地保有の合理化等のために農地等を譲渡した場合の800万円控除の特例」,「特定期間に取得をした土地等を譲渡した場合の長期譲渡所得の1,000万円控除の特例」,「低未利用土地等を譲渡した場合の長期譲渡所得の100万円控除の特例」の2以上の特別控除の適用を受ける場合にはこれらの特別控除額の合計額は,その年を通じて5,000万円までとされています(措法36)。

　この場合,特別控除額は5,000万円の範囲内でまず収用交換等の場合の5,000万円の特別控除額から成るものとし,控除すべき金額が5,000万円に満たない場合には,その満たない部分の金額の範囲内で順次,居住用財産の譲渡所得の特別控除(3,000万円),特定土地区画整理事業等のために土地等を譲渡した場合の特別控除(2,000万円),特定住宅地造成事業等のために土地等を譲渡した場合の特別控除(1,500万円),特定期間に取得をした土地等を譲渡した場合の長期譲渡所得の特別控除(1,000万円),農地保有の合理化等のために農地等を譲渡した場合の特別控除(800万円),低未利用土地等を譲渡した場合の長期譲渡所得の特別控除(100万円)から成るものとして,それぞれの特別控除額を計算するものとされています(措令24,措通36―1)。

譲渡所得の課税の特例（特定の居住用財産の買換え等）

‖‖‖‖‖‖‖ 特定の居住用財産の買換え等 ‖‖‖‖‖‖‖

特定の居住用財産を買い換えた場合

個人が，平成5年4月1日から令和5年12月31日までの間に，その年1月1日において所有期間が10年を超える居住用財産で，その個人が10年以上の期間にわたって居住の用に供していたもの（譲渡資産）を譲渡し，平成5年4月1日（その譲渡の日が平成7年1月1日以後であるときは，その前年の1月1日）からその譲渡の日の属する年の12月31日までの間に居住用財産（買換資産）を取得し，かつ，その取得の日から譲渡の日の属する年の翌年12月31日までにその買換資産を自己の居住の用に供したとき（又は供する見込みであるとき）は，譲渡価額が1億円を超える場合，その年又はその年の前年若しくは前々年において，居住用財産を譲渡した場合の課税の特例（措法35③の規定により適用する場合を除く。）（342・379ページ参照），居住用財産の買換え等の場合の譲渡損失の損益通算及び繰越控除（551ページ参照），特定居住用財産の譲渡損失の損益通算及び繰越控除（558ページ参照）の規定の適用を受けている場合を除き，その譲渡資産についての譲渡所得の金額（次の表において「分離長期譲渡所得の金額」という。）及び所得税の額を次のように計算することができます（措法36の2）。

1　その譲渡資産の譲渡による収入金額が，買換資産の取得価額以下である場合

　　資産の譲渡はなかったものとする。

2　その譲渡資産の譲渡による収入金額が，買換資産の取得価額を超える場合

$$\begin{pmatrix}分離長期\\譲渡所得\\の金額\end{pmatrix}=\begin{pmatrix}\overset{A}{譲渡収}\\入金額\end{pmatrix}-\begin{pmatrix}\overset{B}{買換資産の}\\取得価額\end{pmatrix}-\begin{pmatrix}譲渡資産\\の取得費\end{pmatrix}+\begin{pmatrix}譲渡\\費用\end{pmatrix}\times\frac{A-B}{A}-\begin{pmatrix}雑損失の繰越控除の規\\定の適用がある場合は\\その控除金額\end{pmatrix}$$

$$\begin{pmatrix}分離課税長期\\譲渡所得金額\end{pmatrix}=\begin{pmatrix}分離長期譲渡\\所得の金額\end{pmatrix}-\begin{pmatrix}所得控除の規定の適用があ\\る場合は，その所得控除額\end{pmatrix}$$

税　額

　　　　分離課税長期譲渡所得金額×15%

譲渡資産の範囲　この特例の適用対象とされる居住用財産は，個人が有する家屋及びその敷地（借地権等を含む。以下同じ。）でその年1月1日における所有期間が10年を超えるもの（家屋及び土地等を譲渡した場合には，その双方が所有期間10年を超えるもの）のうち，次の(1)から(4)までに掲げるものとされます（措法36の2，措令24の2）。

(1)　その個人が10年以上の期間居住の用に供している家屋（店舗併用住宅等は個人の居住の用に供されている部分に限る。）で国内にあるもの（ただし，その個人が居住の用に供している家屋を2以上有している場合には，そのうち主として居住の用に供していると認められる一の家屋に限る。）（措令24の2⑦，20の3②）

(注)　この居住期間10年は，その個人がその居住の用に供している家屋の存する場所に居住していた期間により計算し，その場所にその個人が居住していなかった期間が途中にある場合には，この期間を除いて計算します。したがって，同じ場所において建て替えられた家屋については，建て替え前の家屋における居住期間も合わせたところで10年以上かどうか判定をすることになります（措令24の2⑥，措通36の2—2）。

— 404 —

譲渡所得の課税の特例（特定の居住用財産の買換え等）

(2) (1)の家屋でその個人の居住の用に供されなくなったもの（その個人の居住の用に供されなくなった日から同日以後3年を経過する日の属する年の12月31日までの間に譲渡されるものに限る。）
(3) (1)又は(2)に掲げる家屋及びその敷地の用に供されている土地又はその土地の上に存する権利
　　なお，家屋が取り壊された場合，その取り壊しの日の属する年中にその土地又は土地の上に存する権利（同日以後に貸付けその他の業務の用に供しているものを除く。）を譲渡したときは，その土地又は土地の上に存する権利は譲渡資産に該当します（措令24の2⑪）。
(4) (1)の家屋が災害により滅失した場合において，個人がその家屋を引き続き所有していたとしたならば，その年1月1日において所有期間が10年を超えるその家屋の敷地の用に供されていた土地又は土地の上に存する権利（その災害があった日から同日以後3年を経過する日の属する年の12月31日までの間に譲渡されるものに限る。）

　特例の適用が受けられない場合　居住用財産の譲渡であっても，その譲渡が次のいずれかに該当する場合には，この特例の適用は受けられないこととされています（措法36の2①③④，措令24の2①）。
(1) 次に掲げる価額が1億円を超えるものである場合
　イ　その年の譲渡価額
　ロ　譲渡をした年の前年又は前々年に，譲渡資産と一体として個人の居住の用に供していた家屋又は土地若しくは土地の上に存する権利を譲渡（収用交換等による譲渡の特例（措法33の4）の適用を受けているものを除く。）している場合は，その譲渡価額とイの合計額
　ハ　譲渡をした年の翌年又は翌々年に，譲渡資産と一体として個人の居住の用に供していた家屋又は土地若しくは土地の上に存する権利を譲渡している場合は，その譲渡価額とイの合計額
　ニ　ハの場合において，ロに該当する譲渡がある場合には，ロ及びハの合計額
(2) その個人の配偶者その他その個人と次に掲げる特別の関係がある者に対して行われる譲渡である場合
　イ　その個人の配偶者及び直系血族
　ロ　その個人の親族（イに掲げる者を除く。）でその個人と生計を一にしているもの及びその個人の親族でその家屋の譲渡がされた後その個人とその家屋に居住するもの
　ハ　その個人と婚姻の届出をしていないが事実上婚姻関係と同様の事情にある者及びその者の親族でその者と生計を一にしているもの
　ニ　その個人から受ける金銭等によって生計を維持しているもの及びその者の親族でその者と生計を一にしているもの（イからニまでに掲げる者及び譲渡した者の使用人を除く。）
　ホ　その個人，その個人のイ又はロに掲げる親族，その個人の使用人若しくはその使用人の親族でその使用人と生計を一にしているもの又はその個人に係るハ及びニに掲げる者を判定の基礎となる株主等とした場合に同族会社となる会社その他の法人
(3) その分離長期譲渡所得について収用等の場合の譲渡所得の特別控除等や取得価額の引継ぎによる課税の繰延べの特例（措法33，33の2，33の3，33の4，37，37の4，37の8）の適用を受ける譲渡
(4) 贈与，交換，出資及び代物弁済（金銭債権の弁済に代えてするものに限る。）による譲渡
　　なお，交換については，別途適用対象とされています（409ページ参照）。

　買換資産の範囲
(1) この特例の適用対象とされる買換資産は，平成5年4月1日からその譲渡の日の属する年の12月31日又はその譲渡の日の属する年の翌年12月31日（以下「取得期限」という。）までの間に取得をした譲渡者

— 405 —

の居住の用に供する家屋又はその敷地で，次の要件を満たすもののうち，国内にあるものとされています（措法36の2①②，措令24の2③，措規18の4①②）。

イ　建築後使用されたことのない家屋（当該家屋を令和6年1月1日以後に当該個人の居住の用に供した場合又は供する見込みである場合にあっては，租税特別措置法第41条第25項に規定する特定居住用家屋に該当するものを除く。）でその一棟の家屋の床面積のうちその個人が居住の用に供する部分の床面積が50㎡以上であること

ロ　建築後使用されたことのない家屋（当該家屋を令和6年1月1日以後に当該個人の居住の用に供した場合又は供する見込みである場合にあっては，租税特別措置法第41条第25項に規定する特定居住用家屋に該当するものを除く。）でその一棟の家屋のうちその独立部分を区分所有する場合には，その独立部分の床面積のうちその個人が居住の用に供する部分の床面積が50㎡以上であること

ハ　建築後使用されたことのある家屋で耐火建築物（その建物の主たる部分の構成材料が石造，れんが造，コンクリートブロック造，鉄骨造（軽量鉄骨造は含まない。），鉄筋コンクリート造又は鉄骨鉄筋コンクリート造であるものをいう。ニにおいて同じ。）に該当する場合には，その取得の日以前25年以内に建築されたもの又は建築基準法施行令第3章及び第5章の4の規定若しくは国土交通大臣が財務大臣と協議して定める地震に対する安全性に係る基準（平17．3．31国土交通省告示393号（最終改正令和5．3．31国土交通省告示284号）。ニにおいて「建築基準等」という。）に適合する家屋で一定の証明がされたものであること

ニ　建築後使用されたことのある家屋で耐火建築物に該当しない場合には，その取得の日以前25年以内に建築されたもの又は取得期限までに建築基準等に適合する家屋で一定の証明がされたものであること

ホ　イからニまでに掲げる家屋の敷地の用に供する土地又はその土地の上に存する権利については，その土地の面積（ロに掲げる家屋については，その一棟の家屋の敷地の用に供する土地の面積にその一棟の家屋の床面積のうちにその個人の区分所有する独立部分の床面積の占める割合を乗じて計算した面積）が500㎡以下であること

(2) 買換資産の取得の日が譲渡資産の譲渡をした年又はその翌年である場合には，その取得の日からその譲渡資産の譲渡をした日の属する年の翌年12月31日（買換資産の取得の日が譲渡資産の譲渡をした年の翌年以後である場合には，その取得の日の属する年の翌年12月31日）までに，それぞれ，自己の居住の用に供することとされています（措法36の2①②）。

なお，取得期限までに買換資産の取得をする見込みであり，かつ，取得をする年の翌年12月31日までにその者の居住の用に供する見込みである場合には，確定申告書に，この特例を適用する旨の記載をし，譲渡資産に関する明細書とともに取得予定の買換資産についての取得予定年月日及び取得価額の見積額に関する明細書等の添付をすることによりその見積取得価額による買換えの特例が認められます（措法36の2⑤，措令24の2⑩，措規18の4⑤）。

(注)　特定非常災害に基因するやむを得ない事情により，取得期限までに買換資産の取得をすることが困難となった場合において，その取得期限後2年以内に買換資産の取得をする見込みであり，かつ，その取得期限の属する年の翌年3月15日までに，譲渡資産について承認を受けようとする旨，特定非常災害に基因するやむを得ない事情により買換資産の取得をすることが困難であると認められる事情の詳細，取得をする予定の買換資産の取得予定年月日及びその取得価額の見積額その他の明細を記載した申請書に，その特定非常災害に基因するやむを得ない事情により買換資産の取得をすることが困難であると認められる事情を証する書類を添付（税務署長においてやむを得ない事情があると認める場合には，添付することを要しないこととされています。）して，所轄税務署長に提出し，承認を受けたときは，その取得期限を，その取得期限の属する年の翌々年12月31日とすることができることとされています（措法36の2②，措規18の4③）。

特例の適用が受けられない買換資産　贈与，交換，代物弁済（金銭の債務の弁済に代えてするものに限る。）により取得する買換資産は除かれます（措法36の2①，措令24の2④）。

— 406 —

譲渡所得の課税の特例（特定の居住用財産の買換え等）

適用を受けるための手続　この特例の適用を受けるためには，譲渡資産の譲渡をした日の属する年分の確定申告書に，**措置法第36条の2**と記載するとともに，次に掲げる書類を添付しなければなりません（措法36の2⑤⑦，措令24の2⑩，措規18の4②⑤⑥）。

(1)　その譲渡資産の譲渡価額，買換資産の取得価額又はその見積額に関する明細書（「譲渡所得の内訳書（確定申告書付表兼計算明細書）」）

(2)　譲渡資産に係る書類で次に掲げるもの

　イ　その譲渡をした土地建物等に係る登記事項証明書その他これに類する書類で，その土地建物等の所有期間が10年を超えるものであることを明らかにするもの

　ロ　譲渡資産が措置法第36条の2第1項各号のいずれかの資産に該当する事実を記載した書類（譲渡に係る契約を締結した日の前日においてその譲渡をした者の住民票に記載されていた住所と譲渡資産の所在地とが異なる場合等には，その書類及び戸籍の附票の写しその他これに類する書類でその譲渡資産が同項各号のいずれかの資産に該当することを明らかにするもの）その他これに類する書類で，その譲渡をした者がその土地建物等を居住の用に供していた期間が10年以上であることを明らかにするもの

　ハ　譲渡をした譲渡資産に係る売買契約書の写しその他の書類で，その譲渡資産の譲渡に係る対価の額（前3年以内の譲渡がある場合には，その前3年以内の譲渡に係る対価の額とその譲渡資産の譲渡に係る対価の額との合計額）が1億円以下であることを明らかにするもの

(3)　買換資産に係る書類で次に掲げるもの

　イ　取得をした買換資産に係る登記事項証明書，売買契約書その他の書類で，次の事項を明らかにする書類又はその写し

　　(イ)　買換資産の取得をしたこと

　　(ロ)　買換資産に係る家屋の床面積が50㎡以上であること

　　　(注)　買換資産に係る家屋が高床式住宅に該当するときは，その家屋に係る建築基準法第6条第1項に規定する確認済証の写し又は同法第2条第35号に規定する特定行政庁のその家屋が建築基準法施行規則別記第2号様式の副本に規定する高床式住宅に該当するものである旨を証する書類で床面積の記載があるものとすることができます（措規18の4⑦）。

　　(ハ)　買換資産に係る土地の面積が500㎡以下であること

　　(ニ)　買換資産に係る家屋が建築後使用されたことのない家屋（令和6年1月1日以後にその個人の居住の用に供したもの又は供する見込みであるものに限る。）である場合における租税特別措置法施行規則第18条の21第8項第1号チに規定する租税特別措置法第41条第25項に規定する特定居住用家屋に該当するもの以外のものであること

　　(ホ)　買換資産に係る家屋が建築後使用されたことのある家屋である場合には，その取得の日以前25年以内に建築されたものであること

　　(ヘ)　国土交通大臣が財務大臣と協議して定める地震に対する安全性に係る基準に適合する一定のものである場合には「耐震基準適合証明書」，「建設住宅性能評価書の写し」，又は「既存住宅売買瑕疵担保責任保険契約（一定の要件に適合する保険契約であって，一定の期間内に締結されたものに限る。）が締結されていることを証する書類」

　ロ　買換資産の取得をした者がその買換資産を措置法令第24条の2第10項に規定する日までに居住の用に供していない場合におけるその旨及びその居住の用に供する予定年月日その他の事項を記載した書類

　なお，確定申告書を提出しなかったこと又は確定申告書に所定の事項を記載しなかったこと若しくは所定の書類を添付しなかったことについて税務署長がやむを得ない事情があると認めるときは，確定申告書に記載すべきであった事項を記載した書面及び添付すべきであった書類を提出して，この適用を受けることができます（措法36の2⑥）。

譲渡所得の課税の特例（特定の居住用財産の買換え等）

更正の請求又は修正申告　次に該当する場合には，更正の請求又は修正申告が必要です。

(1)　譲渡をした前年又は譲渡をした年中に買換資産の取得をし，この特例の適用を受けた者が譲渡をした年の翌年12月31日までに，居住の用に供しない場合又は供しなくなった場合には，同日から4か月以内に修正申告書を提出し，納付すべき税額を納付しなければなりません（措法36の3①）。

(2)　取得期限までに買換資産を取得する見込みで買換えの特例の適用を受けた者が，

　イ　買換資産を取得した結果，見積取得価額と実際の取得価額との間に過不足が生じたときは，

　　(イ)　実際の取得価額が過大となった場合は，買換資産の取得をした日（取得日が複数あるときはそのいずれか遅い日）から4か月以内に更正の請求をすることができます。

　　(ロ)　実際の取得価額が過小となった場合は，その譲渡の日の属する年の翌年12月31日までに修正申告書を提出し，納付すべき税額を納付しなければなりません（措法36の3②一，措通36の3—1）。

　ロ　買換資産を取得しなかったときは，取得期限までに修正申告書を提出し，納付すべき税額を納付しなければなりません（措法36の3②二，措通36の3—1）。

　ハ　買換資産を取得したがその取得をした年の翌年12月31日までに自己の居住の用に供していないとき又は供しなくなったときは，その取得の日の属する年の翌年12月31日までに修正申告書を提出し，納付すべき税額を納付しなければなりません（措法36の3②二，措通36の3—1）。

(3)　譲渡の日の属する年の翌年又は翌々年に譲渡資産と一体として居住の用に供されていた家屋又は土地等を譲渡したことにより，譲渡資産の譲渡に係る対価（譲渡の日の属する年又はその前年若しくは前々年に譲渡があった場合の対価の額を含む。）の額との合計額が1億円を超えることとなった場合にはその該当することとなった譲渡をした日から4月を経過する日までに譲渡の日の属する年分の修正申告書を提出し，納付すべき税額を納付しなければなりません（措法36の3③）。

買換資産の取得価額　この特例の適用を受けた者が，買換えにより取得した買換資産を譲渡，相続，遺贈又は贈与した場合に譲渡所得の金額を計算するときの取得価額は，次に掲げる場合に応じ，それぞれ次に掲げる金額となります（措法36の4，措令24の3）。

　(注)　買換資産の取得の時期は，譲渡資産の取得の時期を引き継ぎません（措通31・32共—5）。

(1)　譲渡資産の譲渡による収入金額が買換資産の取得価額を超える場合

$$\left[\begin{array}{c}譲渡資産\\の取得費\end{array}+譲渡費用\right]\times\dfrac{買換資産の取得価額}{譲渡資産の収入金額}$$

(2)　譲渡資産の譲渡による収入金額が買換資産の取得価額に等しい場合

　　（譲渡資産の取得費）＋（譲渡費用）

(3)　譲渡資産の譲渡による収入金額が買換資産の取得価額に満たない場合

$$\left[\begin{array}{c}譲渡資産\\の取得費\end{array}+譲渡費用\right]+\left[\begin{array}{c}買換資産の\\取得価額\end{array}-\begin{array}{c}譲渡資産の\\収入金額\end{array}\right]$$

　買換資産が2以上ある場合，例えば，家屋とその敷地である場合には，全体として引継取得価額を計算し，家屋，敷地それぞれの実際の取得価額の比によりあん分して，個々の資産ごとの引継取得価額を計算することになります（措令24の3②）。

—408—

譲渡所得の課税の特例（特定の居住用財産の買換え等）

その他の特例との適用関係等 譲渡資産の譲渡をした年の前年若しくは前々年における資産の譲渡につき，次の居住用財産の譲渡に係る課税の特例の適用を受けている場合には，その年における譲渡資産の譲渡については，この特定の居住用財産の買換えの特例の適用を受けることはできないこととされています（措法36の2①）。

  イ　居住用財産を譲渡した場合の長期譲渡所得の軽減税率の特例（措法31の3①）
  ロ　居住用財産の譲渡所得の3,000万円特別控除（措法35①（措法35③の規定により適用する場合を除く。））
  ハ　居住用財産の買換え等の場合の譲渡損失の損益通算及び繰越控除（措法41の5）
  ニ　特定居住用財産の譲渡損失の損益通算及び繰越控除（措法41の5の2）

　また，その年の居住用財産の譲渡につき特定の居住用財産を譲渡した場合の買換え特例の適用を受ける場合については，次に掲げる譲渡所得の課税の特例の適用を受けることはできないこととされています。

  イ　居住用財産を譲渡した場合の長期譲渡所得の軽減税率の特例（措法31の3①）
  ロ　収用等に伴い代替資産を取得した場合の課税の特例（措法33）
  ハ　交換処分等に伴い資産を取得した場合の課税の特例（措法33の2）
  ニ　換地処分等に伴い資産を取得した場合の課税の特例（措法33の3）
  ホ　収用交換等の場合の特別控除（措法33の4）
  ヘ　居住用財産の譲渡所得の3,000万円特別控除（措法35①（措法35③の規定により適用する場合を除く。））
  ト　特定の事業用資産の買換えの特例（措法37）
  チ　特定の事業用資産の交換の特例（措法37の4）
  リ　特定普通財産とその隣接する土地等の交換の特例（措法37の8）
  ヌ　居住用財産の買換え等の場合の譲渡損失の損益通算及び繰越控除（措法41の5）
  ル　特定居住用財産の譲渡損失の損益通算及び繰越控除（措法41の5の2）
  ヲ　固定資産の交換の特例（法58）

特定の居住用財産を交換した場合

(1) 個人が，平成5年4月1日から令和5年12月31日までの間に，その有する居住用財産で特定の居住用財産の買換えの特例（措法36の2）の適用対象となるもの（交換譲渡資産）とその個人の居住の用に供する居住用財産で同特例の適用対象となるもの（交換取得資産）との交換を行った場合（交換差金を取得し，又は支払った場合を含む。）又は交換譲渡資産と交換取得資産以外の資産との交換をし，交換差金を取得した場合（「他資産との交換」という。）には，

  イ　交換譲渡資産（他資産との交換の場合は，交換差金に対応する部分に限る。）は，その交換の日において，その日におけるその交換譲渡資産の価額に相当する金額で譲渡があったものとして，
  ロ　交換取得資産は，その交換の日において，その日におけるその交換取得資産の価額に相当する金額で取得したものとして，買換えの特例が適用されます（措法36の5）。

(2) 上記の交換には，土地改良事業の施行による交換（措法33の2①二），特定の事業用資産を交換した場合の課税の特例（措法37の4），中高層耐火建築物等の建設のための交換の場合の課税の特

譲渡所得の課税の特例（特定の居住用財産の買換え等）

例（措法37の5⑤），特定普通財産とその隣接する土地等の交換の特例（措法37の8）及び固定資産の交換の場合の譲渡所得の特例（法58①）の規定の適用を受けたものは含まれません（措法36の5，措令24の4①）。

(3) 他資産との交換の場合において取得した交換差金のうち，買換えの特例の対象となる譲渡があったものとされる部分は，次により計算した金額とされます（措令24の4②）。

$$\text{交換譲渡資産の価額} \times \frac{\text{交換差金の額}}{\text{交換により取得した他資産の価額} + \text{交換差金の額}}$$

(注) 譲渡所得の計算の方法，特例の適用を受けるための要件，特例の適用を受けるための手続などは，いずれも「特定の居住用財産を買い換えた場合（404ページ以降参照）」と同じです。

— 410 —

特定の事業用資産の買換え等

特定の事業用資産を買い換えた場合

414ページ以降の表の左欄に掲げる事業用資産を譲渡し，右欄に掲げる資産を取得して，かつ，一定の期間内に事業の用に供した場合には，譲渡した資産の譲渡所得の金額及び所得税の額を，次のように計算することができます（措法37，措令25，措規18の5）。

1　譲渡による収入金額が買換資産の取得価額以下である場合

　(1)　分離課税の長期譲渡所得の場合

　　分離長期譲渡所得の金額 ＝ 〔譲渡収入金額〕×0.2 －〔譲渡資産の取得費＋譲渡費用〕×0.2 －（居住用財産の買換え等の場合の譲渡損失の損益通算及び繰越控除，特定居住用財産の譲渡損失の損益通算及び繰越控除，雑損失の繰越控除の規定の適用がある場合はその控除金額）

　　分離課税長期譲渡所得金額 ＝〔分離長期譲渡所得の金額〕－（所得控除の規定の適用がある場合は，その所得控除額）

　　税　額
　　　　　分離課税長期譲渡所得金額×15％

　(2)　分離課税の短期譲渡所得の場合

　　分離短期譲渡所得の金額 ＝〔譲渡収入金額〕×0.2 －〔譲渡資産の取得費＋譲渡費用〕×0.2 －（居住用財産の買換え等の場合の譲渡損失の損益通算及び繰越控除，特定居住用財産の譲渡損失の損益通算及び繰越控除，雑損失の繰越控除の規定の適用がある場合はその控除金額）

　　分離課税短期譲渡所得金額 ＝〔分離短期譲渡所得の金額〕－（所得控除の規定の適用がある場合はその所得控除額）

　　税　額
　　　　　分離課税短期譲渡所得金額×30％

　　（注）　軽減税率が適用される場合の税額は，上記によらず328ページの特例によることになります（措法32③）。

　(3)　総合課税の場合

　　譲渡所得に係る総収入金額に算入される金額 ＝〔譲渡収入金額〕×0.2

　　譲渡所得の計算上控除される取得費及び譲渡費用に算入される金額 ＝〔譲渡資産の取得費＋譲渡費用〕×0.2

2　譲渡による収入金額が，買換資産の取得価額を超える場合

　(1)　分離課税の長期譲渡所得の場合

　　分離長期譲渡所得の金額 ＝｛〔譲渡収入金額(A)〕－〔買換資産の取得価額(B)〕×0.8｝－｛〔譲渡資産の取得費＋譲渡費用〕×$\frac{A－B×0.8}{A}$｝

　　　　－（居住用財産の買換え等の場合の譲渡損失の損益通算及び繰越控除，特定居住用財産の譲渡損失の損益通算及び繰越控除，雑損失の繰越控除の規定の適用がある場合はその控除金額）

譲渡(特例)

譲渡所得の課税の特例（特定の事業用資産の買換え等）

$$\begin{pmatrix}\text{分離課税長期}\\\text{譲渡所得金額}\end{pmatrix}=\begin{pmatrix}\text{分離長期譲渡}\\\text{所得の金額}\end{pmatrix}-\begin{pmatrix}\text{所得控除の規定の適用があ}\\\text{る場合は，その所得控除額}\end{pmatrix}$$

税　額　　計算は 1 の(1)と同様です。

(2)　分離課税の短期譲渡所得の場合

$$\begin{pmatrix}\text{分離短期譲渡}\\\text{所得の金額}\end{pmatrix}=\left\{\overset{A}{\begin{pmatrix}\text{譲渡収}\\\text{入金額}\end{pmatrix}}-\overset{B}{\begin{pmatrix}\text{買換資産の}\\\text{取得価額}\end{pmatrix}}\times0.8\right\}-\begin{pmatrix}\text{譲渡資産}\\\text{の取得費}+\text{譲渡}\\\text{費用}\end{pmatrix}\times\frac{A-B\times0.8}{A}$$

$$-\begin{pmatrix}\text{居住用財産の買換え等の場合の譲渡損失の損益通算及び繰越}\\\text{控除，特定居住用財産の譲渡損失の損益通算及び繰越控除，}\\\text{雑損失の繰越控除の規定の適用がある場合はその控除金額}\end{pmatrix}$$

$$\begin{pmatrix}\text{分離課税短期}\\\text{譲渡所得金額}\end{pmatrix}=\begin{pmatrix}\text{分離短期譲渡}\\\text{所得の金額}\end{pmatrix}-\begin{pmatrix}\text{所得控除の規定の適用があ}\\\text{る場合は，その所得控除額}\end{pmatrix}$$

税　額　　計算は 1 の(2)と同様です。

(3)　総合課税の場合

$$\begin{pmatrix}\text{譲渡所得に係る総収入}\\\text{金額に算入される金額}\end{pmatrix}=\left\{\overset{A}{\begin{pmatrix}\text{譲渡収}\\\text{入金額}\end{pmatrix}}-\overset{B}{\begin{pmatrix}\text{買換資産の}\\\text{取得価額}\end{pmatrix}}\times0.8\right\}$$

$$\begin{pmatrix}\text{譲渡所得の計算上控除}\\\text{される取得費及び譲渡}\\\text{費用に算入される金額}\end{pmatrix}=\begin{pmatrix}\text{譲渡資産の}\\\text{取得価額}+\text{譲渡}\\\text{費用}\end{pmatrix}\times\frac{A-B\times0.8}{A}$$

(注)　1　租税特別措置法第37条第 1 項第 1 号の規定を適用する場合（414ページ以降の表のＡ）において，譲渡資産が防災施設周辺の生活環境の整備等に関する法律の第 2 種区域（414ページ以降の表のＡハの区域）にある場合に該当するときは，上表の算式中の繰延割合は，「0.8」を「0.7」に，「0.2」を「0.3」と置き換えて計算します。

　　2　租税特別措置法第37条第 1 項第 3 号の規定を適用する場合（414ページ以降の表のＣ）において，譲渡資産及び買換資産が次の場合に該当するときは，上表の算式中の繰延割合をそれぞれ次のとおり置き換えます。

　　(1)　譲渡資産が地域再生法第17条の 2 第 1 項第 1 号に規定する地域内にある主たる事務所資産（その個人の主たる事務所として使用される建物（その附属設備を含む。）及び構築物並びにこれらの敷地の用に供される土地等）に該当し，取得をした又は取得をする見込みである買換資産が地域再生法第 5 条第 4 項第 5 号イに規定する集中地域以外の地域内にある主たる事務所資産に該当する場合には，上表の算式中の「0.8」を「0.9」に，「0.2」を「0.1」として計算します。

　　(2)　譲渡資産が集中地域以外の地域内にある資産に該当し，取得をした又は取得をする見込みである買換資産が集中地域（(3)に掲げる地域を除く。）内にある資産に該当する場合には，上表の算式中の「0.8」を「0.75」に，「0.2」を「0.25」として計算します。

　　(3)　譲渡資産が集中地域以外の地域内にある資産に該当し，取得をした又は取得をする見込みである買換資産が地域再生法第17条の 2 第 1 項第 1 号に規定する地域内にある資産に該当する場合には，上表の算式中の「0.8」を「0.7」に，「0.2」を「0.3」として計算します（譲渡資産及び買換資産のいずれもが主たる事務所資産に該当する場合には，上表の算式中の「0.8」を「0.6」に，「0.2」を「0.4」として計算します。）。

　特例の適用が受けられる場合　　この特例は，次の条件のいずれにも該当する場合に適用されます（措法37①⑤⑫，措令25）。

(1)　資産の譲渡（資産の譲渡とみなされる借地権又は地役権の設定を含む。）が，昭和45年 1 月 1 日から令和 8 年12月31日（414ページ表中Ｃについては令和 8 年 3 月31日とする。）までの間にされたものであること

—412—

譲渡所得の課税の特例（特定の事業用資産の買換え等）

(2) 譲渡資産（棚卸資産その他これに準ずる資産を除く。）及び買換資産は、それぞれ414ページ以降の表のAからDまでに掲げるグループ内のものであること
(3) 譲渡資産は、事業（事業と称するに至らない不動産又は船舶の貸付けなどの行為で相当の対価を得て継続的に行うものを含む。）の用に供しているものであること
(4) 資産の譲渡が、次に該当するものでないこと
　イ　収用等による譲渡（措法33、346ページ参照）
　ロ　交換処分等による譲渡（措法33の2、356ページ参照）
　ハ　換地処分等による譲渡（措法33の3、359ページ参照）
　ニ　贈与、交換又は出資による譲渡
　ホ　金銭債務の弁済に代えてする代物弁済としての譲渡
(5) 原則として譲渡した日の属する年の12月31日までに買換資産の取得（建設及び製作を含む。）をすること
(6) 買換資産の取得は、贈与、交換、金銭債務の弁済に代えてする代物弁済又は所有権移転外リース取引によるもの及び現物分配（非適格現物分配）によるものでないこと
(7) 買換資産は、その取得の日から1年以内に次ページ以降の表AからDまでの区分に応じ、それぞれの地域内において事業の用に供すること（その期間内に事業の用に供さなくなった場合を除く。）又は供する見込みであること
　(注) 1　買換資産を事業の用に供したかどうかは、次によって判定します（措通37—21）。
　　(1)　土地の上に建物、構築物などの建設等をする場合でも、その建物、構築物等が事業の用に供されないときは、その土地は、事業の用に供したものに該当しません。
　　(2)　空閑地（運動場、物品置場、駐車場等として利用している土地で、特別の施設を設けていないものを含む。）である土地、空き家である建物等は、事業の用に供したものに該当しません。
　　　ただし、特別の施設は設けていないが、物品置場、駐車場等として常時利用している土地で事業の遂行上通常必要なものとして合理的であると認められる程度のものは、事業の用に供したものとして取り扱われます。
　　(3)　工場等の用地としている土地であっても、その工場等の生産方式、生産規模等の状況からみて必要なものとして合理的であると認められる部分以外の部分の土地は、事業の用に供したものに該当しません。
　　(4)　農場又は牧場等としている土地であっても、その農場又は牧場等で行っている耕作、牧畜等の行為が社会通念上農業、牧畜業等と称するに至らない程度のものであると認められる場合のその土地又は耕作能力、牧畜能力等から推定して必要以上に保有されていると認められる場合のその必要以上に保有されている土地は、事業の用に供したものに該当しません。
　　(5)　植林されている山林を相当の面積にわたって取得し、社会通念上林業と認められる程度に至る場合のその土地は、事業の用に供したものに該当しますが、例えば、雑木林を取得して保有するに過ぎないため、林業と認められるに至らない場合のその土地は、事業の用に供したものに該当しません。
　　(6)　事業に関して貸し付ける次のものは、相当の対価を得ていない場合であっても、事業の用に供したものとして取り扱われます。
　　　イ　工場、事業所等の作業員社宅（社会通念上厚生施設と認められるものに限る。）、売店等として貸し付けるもの
　　　ロ　自己の商品等の下請工場、販売特約店等に対して、それらがその商品等について加工、販売等をするために必要な施設として貸し付けるもの

譲渡所得の課税の特例（特定の事業用資産の買換え等）

　　2　買換資産を事業の用に供した日は，次によって判定します（措通37—23）。
　(1)　土地等については，その使用の状況に応じ，それぞれ次に掲げる日によります。
　　　イ　新たに建物，構築物等の敷地の用に供するものは，その建物，構築物等を事業の用に供した日（次に掲げる場合には，その建設等に着手した日）
　　　　(イ)　その建物，構築物等の建設等に着手した日から3年以内に建設等を完了して事業の用に供することが確実であると認められる場合
　　　　(ロ)　その建物，構築物等の建設等に着手した日から3年超5年以内に建設等を完了して事業の用に供することが確実であると認められる場合（その建物，構築物等の建設等に係る事業の継続が困難となるおそれがある場合において，国又は地方公共団体がその事業を代行することによりその事業の継続が確実であるものに限る。）
　　　ロ　既に建物，構築物等のあるものは，その建物，構築物等を事業の用に供した日（その建物，構築物等がその土地等の取得の日前からその者の事業の用に供されており，かつ，引き続きその用に供されるものであるときは，その土地等の取得の日）
　　　ハ　建物，構築物等の施設を要しないものは，そのものの本来の目的のために使用を開始した日（その土地等がその取得の日前からその者に使用されているものであるときは，その取得の日）
　(2)　建物，構築物並びに機械及び装置については，そのものの本来の目的のために使用を開始した日（その資産がその取得の日前からその者に使用されているものであるときはその取得の日）

(8)　譲渡資産が土地等である場合には，原則として，その年の1月1日における所有期間が5年を超える土地等の譲渡であること
　　　ただし，平成10年1月1日から令和8年3月31日までの間の譲渡に限り，平成10年1月1日以後に譲渡資産の譲渡をし，かつ，同日以後に買換資産を取得する場合には，所有期間が5年以下の土地等の譲渡であってもこの特例の適用を受けることができます。

	譲　　渡　　資　　産	買　　換　　資　　産
A	次のイからハに掲げる航空機騒音障害区域（イ又はロに掲げる区域については，令和2年4月1日前に当該区域となったものを除く。）内にある土地等，建物（その附属設備を含む。）又は構築物 　ただし，土地等の譲渡については，平成26年4月1日又はその土地等のある区域が航空機騒音障害区域となった日のいずれか遅い日以後に取得（相続，遺贈又は贈与による取得を除く。）されたものを除く。 イ　特定空港周辺航空機騒音対策特別措置法第4条第1項に規定する航空機騒音障害防止特別地区において，同法の規定により買い取られ，又は同法の規定により補償金を取得する場合 ロ　公共用飛行場周辺における航空機騒音による障害の防止等に関する法律第9条第1項に規定する第二種区域において，同法の規定により買い取られ，又は同法の規定により補償金を取得する場合 ハ　防衛施設周辺の生活環境の整備等に関する法律第5条第1項に規定する第二種区域において，同法の規定により買い取られ，又は同法の規定により補償金を取得する場合	航空機騒音障害区域以外の地域内にある土地等，建物，構築物又は機械及び装置（農業又は林業の用に供されるものにあっては，市街化区域以外の地域内にあるものに限る。）

譲渡所得の課税の特例（特定の事業用資産の買換え等）

B	既成市街地等内にある土地等，建物又は構築物	左の区域内にある土地等，建物，構築物又は機械及び装置で，土地の計画的かつ効率的な利用に資するものとして都市再開発法による市街地再開発事業（その施行される土地の区域の面積が5,000㎡以上であるものに限る。）に関する都市計画の実施に伴い取得するもの
C	国内にある土地等，建物又は構築物で，その個人により取得がされた資産のうち，その譲渡の日の属する年の1月1日において所有期間が10年を超えるもの	国内にある土地等，建物又は構築物 ただし，土地等については，特定施設の敷地の用に供されるもの（その特定施設に係る事業の遂行上必要な駐車場の用に供されるものを含む。）又は駐車場の用に供されるもの（建物又は構築物の敷地の用に供されていないことについて，租税特別措置法施行令第25条第11項で定めるやむを得ない事情があるものに限る。）で，その面積が300平方メートル以上のものに限ります。
D	日本船舶（船舶法第1条に規定する日本船舶に限るものとし，漁業の用に供される船舶を除外する。）のうち，その進水の日から譲渡の日までの期間が次のイからハに掲げる期間に満たないもの（建設業及びひき船業の用に供される船舶については，平成23年1月1日以後に建造されたものを除く。） イ　海洋運輸業の用に供されている船舶…20年 ロ　沿海運輸業の用に供されている船舶…23年 ハ　建設業又はひき船業の用に供されている船舶…30年	日本船舶のうち，譲渡をした船舶に係る事業と同一の事業の用に供される船舶で次に掲げるもの イ　建造の後事業の用に供されたことのない船舶のうち環境への負荷の低減に資する船舶として国土交通大臣が財務大臣と協議して指定するもの ロ　船齢が耐用年数に満たない船舶で，譲渡船舶の船齢を下回っているもののうち環境への負荷の低減に資する船舶として国土交通大臣が財務大臣と協議して指定するもの

（注）1　「既成市街地等」とは，次に掲げる区域をいいます（措法37①一）。
　(1)　既成市街地　東京都の特別区の存する区域及び武蔵野市の区域並びに三鷹市，横浜市，川崎市，川口市の区域のうち首都圏整備法施行令別表に掲げる区域を除く区域をいいます（首都圏整備法2③，同令2，同別表）。
　(2)　既成都市区域　大阪市の全域並びに京都市，守口市，東大阪市（旧布施市，旧河内市，旧枚岡市），堺市，神戸市，尼崎市，西宮市，芦屋市のうち近畿圏整備法施行令別表に掲げる地域をいいます（近畿圏整備法2③，同令1，同別表）。
　(3)　首都圏，近畿圏及び中部圏の近郊整備地帯等の整備のための国の財政上の特別措置に関する法律施行令別表に掲げる区域（周辺部を除く名古屋市の区域）（首都圏，近畿圏及び中部圏の近郊整備地帯等の整備のための国の財政上の特別措置に関する法律2③，同令1，同別表）
　(4)　都市計画法第4条第1項に規定する都市計画に都市再開発法第2条の3第1項第2号に掲げる地区若しくは同条第2項に規定する地区（都市再開発法施行令第1条の2に定める大都市を含む都市計画区域以外の都市計画区域内にある計画的な開発が必要な市街地のうち，特に一体的かつ総合的に市街地の再開発を促進すべき相当規模の地区）の定められた市又は道府県庁所在の市の区域の都市計画法第4条第2項に規定する都市計画区域のうち最近の国勢調査の結果による人口集中地区の区域（(1)から(3)までに掲げる区域を除く。）（措令25⑦）
　　なお，(1)から(3)までに掲げる区域からは，譲渡があった日の属する年の10年前の年の翌年1月1日以後に公有水面埋立法の竣功認可のあった埋立地を除きます（措令25⑥）。
　2　「市街化区域」とは，既に市街地を形成している区域及びおおむね10年以内に優先的かつ計画的に市街化を図るべき区域をいいます（措法37①一，都市計画法7①）。

譲渡所得の課税の特例（特定の事業用資産の買換え等）

3 「航空機騒音障害区域」とは，特定空港周辺航空機騒音対策特別措置法第4条第1項に規定する航空機騒音障害防止特別地区及び公共用飛行場周辺における航空機騒音による障害の防止等に関する法律第9条第1項に規定する第二種区域並びに防衛施設周辺の生活環境の整備等に関する法律第5条第1項に規定する第二種区域をいいます（措法37①一）。

4 「特定施設」とは，事務所，工場，作業場，研究所，営業所，店舗，倉庫，住宅その他これらに類する施設（福利厚生施設に該当するものを除く。）をいいます（措令25⑩）。

買換資産となる土地等の面積制限　414ページ以降の表の区分ごとに計算した買換資産の土地等の面積が，譲渡をしたそれぞれの区分ごとの土地等に係る面積の5倍を超える場合は，その買換資産である土地等のうち，この超える部分の面積に対応するものは，買換資産とはなりません（措法37②，措令25⑭）。

　適用を受けるための手続　この特例の適用を受けるためには，譲渡資産の譲渡した日の属する年分の確定申告書に，①措置法第37条と記載するとともに，②譲渡資産の譲渡価額，買換資産の取得価額又はその見積額に関する明細書（「譲渡所得の内訳書（確定申告書付表兼計算明細書）」），③買換資産として取得した土地又は建物の登記事項証明書その他買換資産を取得したことを証明する書類，④譲渡資産及び買換資産が特例の適用要件とされる特定の地域内にあることを証する市区町村長等の証明書を添付しなければなりません。ただし，確定申告書を提出しなかったこと又は確定申告書に所定の事項を記載しなかったこと若しくは所定の証明書などの添付をしなかったことについて，税務署長がやむを得ない事情があると認めるときは，確定申告書に記載すべきであった事項を記載した書類及び添付すべきであった証明書などを提出して，この特例の適用を受けることができます（措法37⑥⑨，措令25⑳，措規18の5④⑤⑧）。

(注)1　この特例の適用を受けた人は，買換資産の取得をした日から1年以内にその買換資産を国内における事業の用に供さなかった場合又は供さなくなった場合には，これらの事由に該当することとなった日から4月以内に譲渡をした日の属する年分の所得税について修正申告書を提出し，納付すべき税額を納付しなければなりません（措法37の2①）。

2　令和6年4月1日以後に譲渡資産の譲渡をし，かつ，同日以後に買換資産の取得をする場合における譲渡資産の譲渡について，適用要件に，納税地の所轄税務署長に本特例の適用を受ける旨の届出をすることが追加されました。

(1) 届出期間

　　この届出は，譲渡資産の譲渡の日（同日前に買換資産の取得をした場合（以下「先行取得の場合」といいます。）には，その買換資産の取得の日）を含む3月期間（1月1日から3月31日まで，4月1日から6月30日まで，7月1日から9月30日まで及び10月1日から12月31日までの各期間）の末日の翌日から2月以内に行わなければならないこととされています（措令25③）。

(2) 届出事項

　　この届出は，上記(1)の届出期間内に，その譲渡につき本特例の適用を受ける旨及び次の事項を記載した届出書により行わなければならないこととされています（措令25③）。

イ　届出者の氏名及び住所

ロ　譲渡資産及び買換資産に関する次の(イ)から(ハ)までの事項

(イ)　その譲渡をした譲渡資産及びその3月期間内に取得をした買換資産の種類，構造又は用途，規模，所在地並びに譲渡年月日及び取得年月日

(ロ)　その譲渡をした資産の価額及び取得費の額

(ハ)　その3月期間の末日の翌日以後に取得をする見込みである買換資産の種類，所在地及び取得予定年月日

　　ただし，先行取得の場合については，次の(ニ)から(ヘ)までの事項とされています。

— 416 —

譲渡所得の課税の特例（特定の事業用資産の買換え等）

　　　㈢　その3月期間内に譲渡をした譲渡資産及びその取得をした買換資産の種類，構造又は用途，規模，所在地並びに譲渡年月日及び取得年月日
　　　㈣　その取得をした買換資産の取得価額
　　　㈤　その3月期間の末日の翌日以後に譲渡をする見込みである譲渡資産の種類，所在地及び譲渡予定年月日
　　ハ　ロの取得をした，又はロの取得をする見込みである資産のその適用に係る租税特別措置法第37条第1項の表の各号の区分
　　ニ　その他参考となるべき事項
　　　なお，この要件は，同一年内に譲渡資産の譲渡及び買換資産の取得をした場合の適用要件とされており，買換資産を先行して取得する場合（措法37③），資産を取得する見込みの場合（措法37④）及び譲渡資産と買換資産との交換をした場合（措法37の4）には，この届出は不要とされています（措法37③④，37の4）。

　譲渡の日の前年中に買換資産の取得をした場合の特例の適用　特例の適用を受けられる場合の(8)の表AからDまでに掲げる買換資産に該当する資産を，譲渡資産の譲渡の年の前年中（工場などの敷地の造成並びにその工場などの建設及び移転に要する期間が通常1年を超えると認められる事情がある場合には，その譲渡の年の前年以前2年内）にあらかじめ取得しておいて，その取得の日から1年以内にその資産を事業の用に供した場合には，その資産を買換資産とみなして，特定の事業用資産の買換えの特例の適用を受けることができます（措法37③，措令25⑮）。

　この場合，買換資産の先行取得をした日の属する年の翌年3月15日までに，その資産につき買換え特例の適用を受ける旨，その取得をした資産の種類，規模，所在地や用途，取得年月日及び取得価額並びに譲渡をする見込みである資産の種類等を記載した届出書を納税地の所轄税務署長に提出しなければなりません（措令25⑯）。

（注）1　買換資産に該当する資産が減価償却資産であり，かつ，その資産について譲渡資産の譲渡の日前に，既に必要経費に算入された償却費の額がある場合は，次により計算した金額はその譲渡資産の譲渡の日の属する年分の不動産所得，事業所得，山林所得又は雑所得に係る収入金額とされます（措令25⑰）。

$$\begin{pmatrix}A\\その買換資産について既に必要経費に算入された償却費の額\end{pmatrix} - \begin{pmatrix}Aの償却費の基礎となった期間について買換えの特例（措法37の3，419ページ参照）の適用を受けた場合に計算されるその資産の償却費の額\end{pmatrix} = 収入金額とされる金額$$

　　　2　令和6年4月1日以後に取得をする買換資産については，買換資産の先行取得をした日の属する年の翌年3月15日までに，その資産につき買換え特例の適用を受ける旨，その取得をした資産の種類，構造又は用途，規模，所在地，取得年月日及び取得価額並びに譲渡をする見込みである資産の種類，所在地及び譲渡予定年月日等を記載した届出書を納税地の所轄税務署長に提出しなければなりません（措令25⑯）。

　譲渡をした年の翌年以後に買換資産を取得する見込みである場合の特例の適用　譲渡資産の譲渡をして，その譲渡をした年の12月31日までに買換資産を取得しない場合であっても，次に掲げる期間（以下「取得指定期間」という。）内に買換資産の取得をする見込みであり，かつ，その取得の日から1年以内に事業の用に供する見込みである場合に該当するときは，所定の手続により，特定の事業用資産の買換えの特例の適用を受けることができます（措法37④）。
(1)　譲渡資産の譲渡をした年の翌年の1月1日から同年の12月31日までの期間
(2)　工場などの敷地の造成並びにその工場などの建設及び移転に要する期間が通常1年を超えると

— 417 —

認められるやむを得ない事情があるため，譲渡資産の譲渡をした年の翌年12月31日までに買換資産を取得することは困難である場合で納税地の税務署長の承認を受けたときは，同日後２年以内で買換資産の取得をすることができるものとして税務署長が認定した日までの期間

この場合，やむを得ない事情の詳細，買換資産の取得予定年月日及び税務署長の認可を受けようとする日等を記載した申請書を納税地の所轄税務署長に提出しなければなりません（措令25⑱）。

（注）　特定非常災害に基因するやむを得ない事情により，取得指定期間内に買換資産の取得をすることが困難となった場合において，その取得指定期間の初日からその取得指定期間の末日後２年以内の一定の日までの期間内に買換資産の取得をする見込みであり，かつ，納税地の税務署長の承認を受けたときは，「取得指定期間」を「取得指定期間の末日後２年以内の日であって税務署長が承認の際に認定した日」まで延長することができることとされます（措法37⑧）。

承認申請手続　この承認を受けるためには，譲渡資産の譲渡をした日の属する年分の確定申告書に，①**措置法第37条**と記載し，②譲渡資産の譲渡価額，買換資産の取得価額又はその見積額に関する明細書（「譲渡所得の内訳書（確定申告書付表兼計算明細書）」），③特定の事業用資産の買換えの場合の譲渡所得の特例を受けるための「やむを得ない事情がある場合の買換資産の取得期限承認申請書」を添付して提出しなければなりません。ただし，確定申告書の提出がなかったこと又は確定申告書に所定の事項を記載しなかったこと若しくは所定の書類を添付しなかったことについて税務署長がやむを得ない事情があると認めるときは，確定申告書に記載すべきであった事項を記載した書類及び添付すべきであった書類を提出すれば，この承認を受けることができます（措法37⑥⑦⑨，措令25⑳，措規18の５④⑤⑧）。

（注）　取得指定期間の延長について税務署長の承認を受けようとする個人は，その取得指定期間の末日の属する年の翌年３月15日（同日がその者の義務的修正申告書の提出期限後である場合には，その提出期限）までに，申請者の氏名及び住所，特定非常災害に基因するやむを得ない事情の詳細，買換資産の取得予定年月日及びその認定を受けようとする年月日，その他参考となるべき事項を記載した申請書に，その特定非常災害に基因するやむを得ない事情により買換資産の取得をすることが困難であると認められる事情を証する書類を添付して，税務署長に提出しなければならないこととされています。ただし，税務署長においてやむを得ない事情があると認める場合には，その書類を添付することを要しないこととされています（措規18の５⑥）。

承認を受けた見積額の修正　承認を受けた後，次に該当するようになったときは，それぞれ次のように更正の請求又は修正申告をして，承認を受けた見積額の精算をすることになっています（措法37の２②，措通37の３—１の２）。

(1)　買換資産を取得した場合に，その取得価額が承認を受けた見積額に対して過大となったとき……その取得をした日から４月以内に，その取得をした買換資産に関する登記事項証明書その他の証明書類を提出して，更正の請求をすることができます。

(2)　買換資産を取得した場合に，その取得価額が承認を受けた見積額に対して不足額を生ずることとなったとき……買換資産の取得指定期間を経過する日から４月以内に，その取得をした買換資産に関する登記事項証明書その他の証明書類を提出するとともに修正申告書を提出しなければなりません。

(3)　その翌年中（又は税務署長の承認を受けた期間内）に買換資産の取得をしなかった場合……買換資産の取得指定期間を経過する日から４月以内に修正申告書を提出しなければなりません。

(4)　買換資産の取得の日から１年以内にこれを事業の用に供さない又は供さなくなった場合……その事由が生じた日から４月以内に修正申告書を提出しなければなりません。

買換資産の取得価額　特定の事業用資産の買換えの適用を受けた者が，買換えにより取得した事

業用資産について償却費の額を計算する場合，又はその買換資産を譲渡，相続，遺贈若しくは贈与した場合に譲渡所得の金額を計算するときの取得価額は次に掲げる場合に応じ，それぞれ次に定める金額となります（措法37の3①，措令25の2④⑤）。

(注) 買換資産の取得の日は，その資産の実際の取得の日になります（措通31・32共―5(2)）。

(1) 譲渡資産の譲渡による収入金額が買換資産の取得価額を超える場合

$$\left(\begin{array}{l}譲渡資産\\の取得費\end{array}+譲渡費用\right)\times\frac{（買換資産の取得価額）\times 0.8}{譲渡資産の収入金額}+（買換資産の取得価額）\times 0.2$$

(2) 譲渡資産の譲渡による収入金額が買換資産の取得価額に等しい場合

$$（譲渡資産の取得費＋譲渡費用）\times 0.8＋（譲渡資産の収入金額）\times 0.2$$

(3) 譲渡資産の譲渡による収入金額が買換資産の取得価額に満たない場合

$$\left(\begin{array}{l}譲渡資産\\の取得費\end{array}+譲渡費用\right)\times 0.8+\left[\begin{array}{l}買換資産の\\取得価額\end{array}-\begin{array}{l}譲渡資産の\\収入金額\end{array}\right]\times 0.8$$

412ページの（注）に該当する場合には，上記算式中の割合を同様に置き換えて計算します。

特定の事業用資産を交換した場合

個人が，昭和45年1月1日から令和8年12月31日（414ページ表中Cについては令和8年3月31日とする。）までの間に，その有する資産で特定の事業用資産の買換えの特例（措法37）の適用対象となるもののうち事業の用に供しているもの（交換譲渡資産）と同特例の適用対象となる買換資産（交換取得資産）との交換を行った場合（交換差金を取得し，又は支払った場合を含む。）には，交換譲渡資産及び交換取得資産が特定の事業用資産の買換えの特例の適用のある譲渡資産及び買換資産と同じグループ内のものであるとき又は交換譲渡資産と交換取得資産以外の資産とを交換した場合で交換差金を取得した場合は，それぞれ次のようにみなして，事業用資産を買い換えた場合の譲渡所得の計算の特例の適用を受けることができます（措法37の4）。

ただし，特定期間に取得をした土地等を譲渡した場合の長期譲渡所得の特別控除（措法35の2）の適用を受けた場合は，この特例の適用はできません。

(1) 交換譲渡資産（交換取得資産以外の資産との交換の場合で，交換差金を取得している場合には交換差金に対応する部分）は，その交換の日に，その日における時価で譲渡したものとみなされます。

(2) 交換取得資産は，その交換の日に，その日における時価で取得したものとみなされます。

なお，交換取得資産以外の資産との交換の場合において取得した交換差金のうち，買換えの特例の対象となる譲渡があったものとされる部分は，次により計算した金額とされます（措令25の3②）。

$$\begin{array}{l}交換譲渡資産の\\価額\end{array}\times\frac{交換差金の額}{\begin{array}{l}交換により取得した\\他資産の価額\end{array}+交換差金の額}$$

(注) 譲渡所得の計算の方法，特例の適用を受けるための要件，特例の適用を受けるための手続などは，いずれも「特定の事業用資産を買い換えた場合」の特例（411ページ以降参照）の場合と同じです。

交換の範囲 この特例の適用対象となる交換には，その交換に伴って交換取得資産の価額と交換譲渡資産の価額との差額を補うための金銭の授受を伴う交換を含みますが，次に掲げる交換を含まないことになっています（措法37の4，措令25の3①）。

(1) 土地改良事業等が施行される場合に行われる土地等の交換（措法33の2①二，356ページ参照）
(2) 所得税法第58条第1項の規定による特例の適用を受ける固定資産の交換（317ページ参照）

既成市街地等内にある土地等の中高層耐火建築物等の建設のための買換え等

中高層耐火建築物等の建設のための買換えの場合

　特定民間再開発事業又は中高層耐火共同住宅の建設事業のために既成市街地等内その他一定の区域内にある土地等を譲渡し，その譲渡した土地等の上に建築された中高層耐火建築物又は耐火共同住宅を取得して，その取得の日から1年以内に自己の事業の用又は居住の用に供した場合には，譲渡した資産の譲渡所得の金額及び所得税の額を，次のように計算することができます（措法37の5①，措令25の4①）。

1　譲渡による収入金額が，買換資産の取得価額以下である場合

　　資産の譲渡はなかったものとみなされる。

2　譲渡による収入金額が，買換資産の取得価額を超える場合

　(1)　分離課税の長期譲渡所得の場合

$$\text{分離長期譲渡所得の金額}=\left(\overset{A}{\underset{\text{入金額}}{\text{譲渡収}}}-\overset{B}{\underset{\text{取得価額}}{\text{買換資産の}}}\right)-\left(\underset{\text{の取得費}}{\text{譲渡資産}}+\underset{\text{費用}}{\text{譲渡}}\right)\times\frac{A-B}{A}-\left(\begin{array}{l}\text{居住用財産の買換え等}\\\text{の場合の譲渡損失の損}\\\text{益通算及び繰越控除,}\\\text{特定居住用財産の譲渡}\\\text{損失の損益通算及び繰}\\\text{越控除, 雑損失の繰越}\\\text{控除の規定の適用があ}\\\text{る場合はその控除金額}\end{array}\right)$$

$$\text{課税長期譲渡所得金額}=\left(\underset{\text{得の金額}}{\text{長期譲渡所}}\right)-\left(\begin{array}{l}\text{所得控除の規定の適用があ}\\\text{る場合は, その所得控除額}\end{array}\right)$$

　　税　額

　　　　分離課税長期譲渡所得金額×15%

　(2)　分離課税の短期譲渡所得の場合

$$\text{分離短期譲渡所得の金額}=\left(\overset{A}{\underset{\text{入金額}}{\text{譲渡収}}}-\overset{B}{\underset{\text{取得価額}}{\text{買換資産の}}}\right)-\left(\underset{\text{の取得費}}{\text{譲渡資産}}+\underset{\text{費用}}{\text{譲渡}}\right)\times\frac{A-B}{A}-\left(\begin{array}{l}\text{居住用財産の買換え等}\\\text{の場合の譲渡損失の損}\\\text{益通算及び繰越控除,}\\\text{特定居住用財産の譲渡}\\\text{損失の損益通算及び繰}\\\text{越控除, 雑損失の繰越}\\\text{控除の規定の適用があ}\\\text{る場合はその控除金額}\end{array}\right)$$

$$\text{分離課税短期譲渡所得金額}=\left(\underset{\text{所得の金額}}{\text{分離短期譲渡}}\right)-\left(\begin{array}{l}\text{所得控除の規定の適用があ}\\\text{る場合は, その所得控除額}\end{array}\right)$$

　　税　額

　　　　分離課税短期譲渡所得金額×30%

　(注)　軽減税率が適用される場合の税額は，上記によらず328ページの特例によることになります（措法32③）。

適用が受けられる場合　この特例は，次の条件のいずれにも該当する場合に適用されます（措法37

の5①，措令25の4①～⑥)。

(1)　譲渡資産(棚卸資産その他これに準ずる資産を除く。)及び買換資産は，それぞれ次の表の①及び②
に掲げるグループ内のものであること

区分	譲　渡　資　産	買　換　資　産
①特定民間再開発事業	次に掲げる区域又は地区内にある土地等（土地の上に存する権利を含む。)，建物（その附属設備を含む。)又は構築物で，その土地等又は建物等の敷地の用に供されている土地等の上に地上階数4以上の中高層の耐火建築物の建築をする特定民間再開発事業の用に供するために譲渡をされるもの（個人の事業の用に供しているものを除き，かつ，その特定民間再開発事業の施行される土地の区域内にあるものに限る。) イ　三大都市圏の既成市街地等 ロ　都市計画法第4条第1項に規定する都市計画に都市再開発法第2条の3第1項第2号に掲げる地区として定められた地区（いわゆる2号地区)（イの区域内にある地区を除く。) ハ　都市計画法第8条第1項第3号に規定する高度利用地区（上記イの区域内にある地区を除く。) ニ　都市計画法第12条の4第1項第2号に規定する防災街区整備地区計画及び沿道地区計画の区域として定められた地区（上記イの区域内にある地区を除く。) ホ　中心市街地の活性化に関する法律第16条第1項に規定する認定中心市街地の区域（上記イの区域内にある地区を除く。) ヘ　都市再生特別措置法第2条第3項に規定する都市再生緊急整備地域（イの区域内にある地区を除く。) ト　都市再生特別措置法第99条に規定する認定誘導事業計画の区域（イの区域内にある地区を除く。) チ　都市の低炭素化の促進に関する法律に規定する認定集約都市開発事業計画の区域のうち一定の要件に該当する区域（イの区域内にある地区を除く。)	その特定民間再開発事業の施行によりその土地等の上に建築された中高層耐火建築物若しくはその特定民間再開発事業の施行される地区（都市再開発法第4条第1項に掲げる地区，左欄ロ～チの区域内に限る。)内において行われる他の特定民間再開発事業等の施行によりその地区内に建築された地上階数4以上の中高層の耐火建築物（これらの建築物の敷地の用に供されている土地等を含む。)又はこれらの建築物に係る構築物
②中高層耐火共同住宅の建設事業	次に掲げる区域内にある土地等（土地の上に存する権利を含む。)，建物（その附属設備を含む。)又は構築物で，その土地等又は建物等の敷地の用に供されている土地等の上に地上階数3以上の中高層耐火共同住宅の建築をする事業の用に供するために譲渡をされるもの（その事業の施行される土地の区域内にあるものに限られ，①に掲げる資産に該当するものを除く。) イ　三大都市圏の既成市街地等 ロ　三大都市圏の近郊整備地帯等（次に掲げる区域をいう。)のうち，既成市街地等に準ずる区域として国土交通大臣が財務大臣と協議して指定した区域 (イ)　首都圏整備法第2条第4項に規定する近郊整備地帯	その中高層耐火共同住宅の建設事業の施行によりその土地等の上に建築された地上階数3以上の中高層の耐火共同住宅（その敷地に供されている土地等を含む。)又はその耐火共同住宅に係る構築物

譲渡（特例）

(ロ) 近畿圏整備法第2条第4項に規定する近郊整備区域	
(ハ) 中部圏開発整備法第2条第3項に規定する都市整備区域	
ハ 中心市街地の活性化に関する法律第12条第1項に規定する認定基本計画に基づいて行われる中心市街地共同住宅供給事業（都市福利施設整備事業と一体的に行われるものに限る。）の区域	

(注) 1 ①イ及び②イの「既成市街地等」とは，特定の事業用資産の買換え等の特例における既成市街地等（415ページ(注)1参照）のうち，415ページ(注)1⑷を除いた区域をいいます。

2 ①ロの譲渡資産に該当する地区は，さいたま市，千葉市，船橋市，立川市，北九州市，札幌市，福岡市，広島市及び仙台市のいわゆる「2号地区」です。

3 ①ハの「高度利用地区」とは，用途地域内の市街地における土地の合理的かつ健全な高度利用と都市機能の更新を図るため，建築物の容積率の最高限度と最低限度，建築物の建ぺい率の最高限度，建築物の建築面積の最低限度及び壁面の位置の制限が定められる地区です（都市計画法9⑲）。

4 ①ニに掲げる区域は，建築基準法第68条の2第1項の規定により，条例で，これらの計画の内容として各々の制限が定められている地区をいいます。

イ 「防災街区整備地区計画の区域」とは，密集市街地における防災街区の整備の促進に関する法律に規定する建築物等の高さの最低限度又は建築物の容積率の最低限度が定められている地区

ロ 「沿道地区計画の区域」とは，幹線道路の沿道の整備に関する法律に規定する建築物等の高さの最低限度又は建築物の容積率の最低限度が定められている地区

5 「都市再生緊急整備地域」とは，都市の再生の拠点として，都市開発事業を通じて緊急，かつ重点的に市街地の整備を推進すべき地域として定める地域です。

6 「認定誘導事業計画の区域」とは，立地適正化計画に記載された都市機能誘導区域内における都市開発事業で，国土交通大臣の認定を受けた誘導施設等整備事業に関する計画に係る整備事業区域（面積が一定以上であることが定められているものに限る。）です。

7 「認定集約都市開発事業計画の区域」とは，低炭素まちづくり計画に係る計画区域内における病院，共同住宅などの整備に関する事業等であって，都市機能の集約を図るための拠点に資するもので市町村長の認定を受けた集約都市開発事業計画の区域です。

　また，「認定集約都市開発事業計画の区域のうち一定の要件に該当する区域」とは，次に掲げる事項が定められているものに限られます。

イ その計画に係る都市の低炭素化の促進に関する法律第9条第1項に規定する集約都市開発事業の施行される土地の区域の面積が2,000㎡以上であること

ロ 集約都市開発事業により特定公共施設の整備がされること

8 ②ロの国土交通大臣が指定する区域は，既成市街地等と連接して既に市街地を形成していると認められる市の区域のうち，都市計画法第7条第1項の市街化区域として定められている区域内です。

9 その建築される中高層の耐火建築物に地上階数4以上の部分と地上階数4に満たない部分とがある場合又はその建築される中高層の耐火共同住宅に地上階数3以上の部分と地上階数3に満たない部分とがある場合であっても，当該中高層の耐火建築物又は中高層の耐火共同住宅は，それぞれ全体として地上階数4以上の中高層の耐火建築物又は地上階数3以上の中高層の耐火共同住宅に該当するものとして取り扱われます。なお，地上階数は，建築基準法施行令第2条第1項第8号に規定するところにより判定します（措通37の5－2）。

(2) 資産の譲渡（資産の譲渡とみなされる借地権又は地役権の設定を含む。）につき，次に掲げる譲渡の特例の規定の適用を受けるものでないこと及び贈与，交換又は出資による譲渡でないこと

イ 収用等に伴い代替資産を取得した場合の課税の特例（措法33，346ページ参照）

譲渡所得の課税の特例（中高層耐火建築物等の建設）

　ロ　交換処分等に伴い資産を取得した場合の課税の特例（措法33の2，356ページ参照）
　ハ　換地処分等に伴い資産を取得した場合の課税の特例（措法33の3，359ページ参照）
　ニ　収用交換等の場合の譲渡所得等の特別控除（措法33の4，363ページ参照）
　ホ　特定土地区画整理事業等のために土地等を譲渡した場合の譲渡所得の特別控除（措法34，366ページ参照）
　ヘ　特定住宅地造成事業等のために土地等を譲渡した場合の譲渡所得の特別控除（措法34の2，369ページ参照）
　ト　農地保有の合理化等のために農地等を譲渡した場合の譲渡所得の特別控除（措法34の3，377ページ参照）
　チ　居住用財産の譲渡所得の特別控除（措法35，366ページ参照）
　リ　特定期間に取得をした土地等を譲渡した場合の長期譲渡所得の特別控除（措法35の2，396ページ参照）
　ヌ　低未利用土地等を譲渡した場合の長期譲渡所得の特別控除（措法35の3，399ページ参照）
　ル　特定の居住用財産の買換えの場合の長期譲渡所得の課税の特例（措法36の2，404ページ参照）
　ヲ　特定の事業用資産の買換えの場合の譲渡所得の課税の特例（措法37，411ページ参照）
(3)　原則として，譲渡した日の属する年の12月31日までに買換資産の取得（建設を含み，贈与，交換又は所有権移転外リース取引によるものを除く。）をすること
(4)　買換資産は，その取得の日から1年以内にその個人の事業の用又は居住の用に供すること（その期間内にこれらの用に供さなくなった場合を除く。）又は供する見込みであること
　（注）　事業の用には，事業と称するに至らない貸付けその他これに類する行為で相当の対価を得て継続的に行うものを含みます。また居住の用には，その個人の居住の用のほか，その人の親族が居住の用に供する場合も該当します。

　特定民間再開発事業の範囲　この買換えの特例の適用対象となる特定民間再開発事業とは，地上階数4以上の中高層耐火建築物の建築をすることを目的とする事業で，その事業が上記①イないしチに掲げる区域又は地区内において施行されるものであること及び次に掲げる要件の全てを満たすものであることにつき，中高層耐火建築物の建築主の申請に基づき，都道府県知事（都市再生特別措置法第25条に規定する認定計画に係る都市再生事業又は同法第99条に規定する認定誘導事業計画に係る都市開発事業の場合には国土交通大臣）が認定をしたものとされています（措法37の5①一，措令25の4②，措規18の6①）。
(1)　その事業の施行地区の面積が1,000㎡以上であること
(2)　その事業の施行地区内において都市施設（都市計画法に定める都市計画施設又は同法第12条の5第2項第1号イに掲げる施設をいう。）の用に供される土地（その事業の施行地区が次の区域内である場合には，その都市計画施設又はその区域の区分に応じそれぞれ次に掲げる施設の用に供される土地）又は建築基準法施行令第136条第1項に定める空地が確保されていること
　イ　都市計画法第12条の5第3項に規定する再開発等促進区又は同条第4項に規定する開発整備促進区
　　都市計画法第12条の5第2項第1号イに掲げる施設又は同条第5項第1号に規定する施設
　ロ　都市計画法第12条の4第1項第2号に掲げる防災街区整備地区計画の区域
　　密集市街地における防災街区の整備の促進に関する法律第32条第2項第1号に規定する地区防災施設又は同項第2号に規定する地区施設
　ハ　都市計画法第12条の4第1項第4号に掲げる沿道地区計画の区域
　　幹線道路の沿道の整備に関する法律第9条第2項第1号に規定する沿道地区施設（その事業施行地

区が同条第3項に規定する沿道再開発等促進区内である場合には，その沿道地区施設又は同条第4項第1号に規定する施設）

(3) その事業の施行地区内の土地の利用の共同化に寄与するものとして，次のいずれの要件も満たすものであること

イ その事業の施行地区内の土地（建物又は構築物の所有を目的とする地上権又は賃借権（以下「借地権」という。）が設定されている土地を除く。）につき所有権を有する者又はその施行地区内の土地につき借地権を有する者の数が2以上であること

(注) この場合において，区画された一の土地に係る所有権又は借地権が2以上の者により共有されている場合には，1人としてカウントされます。

ロ その中高層耐火建築物の建築の後における施行地区内の土地に係る所有権又は借地権が上記イの所有権者若しくは借地権者又はこれらの者及びその中高層耐火建築物を所有することとなる者との2以上の者により共有されるものであること

中高層耐火共同住宅の建設事業の範囲　中高層耐火共同住宅の建設事業とは，地上階数3以上の中高層耐火共同住宅の建築をする事業をいいますが，この場合の中高層耐火共同住宅とは，譲渡資産の取得をした者が建築した建築物又は譲渡資産を譲渡した者が建築した建築物で，次に掲げる要件の全てに該当するものをいいます（措法37の5①二，措令25の4⑤）。

(1) 建築基準法第2条第9号の2に規定する耐火建築物又は同条第9号の3に規定する準耐火建築物に該当する地上階数3以上の建築物であること

(2) その床面積の2分の1以上が専ら居住の用（廊下，階段など共用部分を含む。）に供されるものであること

なお，その中高層耐火共同住宅の建築は，その土地等を買い入れた者（その相続人や合併法人を含む。）又はその土地等の譲渡者が行ったものに限られています。

特例の適用を受けるための手続　特定民間再開発事業の施行地区内における土地建物等から中高層耐火建築物への買換えの場合の特例（措法37の5①一）の適用を受けるためには，譲渡資産を譲渡した日の属する年分の確定申告書に，①措置法第37条の5と記載するとともに，②譲渡資産の譲渡価額，買換資産の取得価額又はその見積額に関する明細書（「譲渡所得の内訳書（確定申告書付表兼計算明細書）」）のほか，③譲渡資産の所在地において行われる事業が，特定民間再開発事業として認定されたものである旨の都道府県知事又は国土交通大臣の証明書，④買換資産として取得した土地，建物等に関する登記事項証明書その他これらの資産を取得した旨を証する書類等を添付しなければなりません。また，既成市街地等内にある土地等の中高層の耐火共同住宅の建設のための買換えの特例（措法37の5①二）の適用を受けるためには，譲渡資産を譲渡した日の属する年分の確定申告書に，①措置法第37条の5と記載するとともに，②譲渡資産の譲渡価額，買換資産の取得価額又はその見積額に関する明細書（「譲渡所得の内訳書（確定申告書付表兼計算明細書）」），③譲渡資産の所在地を管轄する市町村長のその譲渡資産の所在地が既成市街地等内である旨を証する書類又は，中心市街地共同住宅供給事業の実施に関する計画を認定した旨及び同事業が都市福祉施設の整備を行う事業を一体として行うものである旨を証する書類，④買換資産に該当する中高層の耐火共同住宅に係る建築基準法第7条第5項に規定する検査済証の写し，⑤中高層の耐火共同住宅に係る事業概要書又は各階平面図その他の書類でその中高層の耐火共同住宅が一定の要件を満たすものであることを明らかにする書類，⑥登記事項証明書その他の買換資産の取得を

証する書類等を添付しなければなりません。ただし，確定申告書を提出しなかったこと又は確定申告書に所定の事項を記載しなかったこと若しくは所定の証明書などの添付をしなかったことについて，税務署長がやむを得ない事情があると認めるときは，確定申告書に記載すべきであった事項を記載した書類及び添付すべきであった証明書などを提出して，この特例の適用を受けることができます（措法37の5③，措令25の4⑨，措規18の6②）。

　　（注）　この特例の適用を受けた人は，買換資産の取得をした日から1年以内にその買換資産を事業の用又は居住の用に供さなかった場合又は供さなくなった場合には，これらの事由に該当することとなった日から4月以内に譲渡の日の属する年分の所得税について修正申告書を提出し，納付すべき税額を納付しなければなりません（措法37の5③）。

　譲渡をした年の翌年以後に買換資産の取得をする見込みである場合の特例の適用　既成市街地等内にある土地等の譲渡をして，その譲渡をした年の12月31日までに買換資産を取得しない場合であっても，確定申告書にこの特例を適用する旨の記載をし，買換資産の取得予定年月日及び取得価額の見積額に関する明細書等の添付をすることにより，中高層耐火建築物等の建設のための買換えの特例の適用を受けることができます（措法37の5③）。適用要件や承認申請手続などは，特定の事業用資産の買換えの特例と同じです（411ページ以降参照）。

　買換資産の取得価額　既成市街地等内にある土地等の中高層耐火建築物等の建設のための買換えの適用を受けた者が，買換えにより取得した中高層耐火建築物等について償却費の額を計算する場合，又はその買換資産を譲渡，相続，遺贈若しくは贈与した場合に譲渡所得の金額を計算するときの取得価額は，次に掲げる場合に応じ，それぞれ次に掲げる金額となります（措法37の5④，措令25の4⑭）。

　　（注）　買換資産の取得の日は，その資産の実際の取得の日になります（措通31・32共―5(2)）。

(1)　譲渡資産の譲渡による収入金額が買換資産の取得価額を超える場合

$$\left(\begin{array}{l}譲渡資産\\の取得費\end{array}+譲渡費用\right)\times\frac{買換資産の取得価額}{譲渡資産の収入金額}$$

(2)　譲渡資産の譲渡による収入金額が買換資産の取得価額に等しい場合

$$（譲渡資産の取得費）＋（譲渡費用）$$

(3)　譲渡資産の譲渡による収入金額が買換資産の取得価額に満たない場合

$$\left(\begin{array}{l}譲渡資産\\の取得費\end{array}+譲渡費用\right)+\left(\begin{array}{l}買換資産の\\取得価額\end{array}-\begin{array}{l}譲渡資産の\\収入金額\end{array}\right)$$

中高層耐火建築物等の建設のための交換の場合

　前記買換えの場合の2つの態様について譲渡資産と買換資産に該当する資産との間において交換を行った場合（交換差金を取得し，又は支払った場合を含む。），又は譲渡資産と買換資産以外の資産と交換した場合で交換差金を取得した場合は，それぞれ次のようにみなして，「既成市街地等内にある土地等の中高層耐火建築物等の建設のための買換えの特例」を適用して，譲渡所得の計算をすることができます（措法37の5⑤）。

(1)　交換譲渡資産（買換資産以外の資産と交換し，かつ，交換差金を取得している場合には，交換差金に対応する部分）は，その交換の日に，その日における時価で譲渡したものとみなされます。

(2) 交換取得資産は，その交換の日に，その日における時価で取得したものとみなされます。

（注）譲渡所得の計算方法，特例の適用を受けるための要件，特例の適用を受けるための手続などは，いずれも「既成市街地等内にある土地等の中高層耐火建築物等の建設のための買換え」の場合の特例（420ページ以降参照）の場合と同じです。

　　交換の範囲　この特例の適用対象となる交換には，その交換に伴って交換取得資産の価額と交換譲渡資産の価額との差額を補うための金銭の授受を伴う交換を含みますが，次に掲げる交換を含まないことになっています（措法37の5⑤，措令25の4⑮）。
①　所得税法第58条第1項の規定による特例の適用を受ける固定資産の交換（317ページ参照）
②　特定の事業用資産を交換した場合の特例を受ける交換（措法37の4，419ページ参照）

特定民間再開発事業の施行地区外へ転出する場合の課税の特例

　特定民間再開発事業の用に供するために土地等，建物の譲渡をした個人が，特別な事情でその特定民間再開発事業により建築される中高層耐火建築物の取得をすることが困難であるため，この特例に代えて居住用財産を譲渡した場合の長期譲渡所得の課税の特例（342ページ参照）の適用を受ける場合には，例外的にその譲渡資産に係る適用要件が次のように緩和されます（措法37の5⑥）。
(1)　特定民間再開発事業の施行地区内にあって，その事業の用に供するために譲渡されたもの（措法37の5①一）
(2)　租税特別措置法第31条の3第2項の各号に規定する居住用財産のうち，その年の1月1日において所有期間が10年以下のもの（措法37の5⑥）
(3)　譲渡資産の譲渡が，特定民間再開発事業により建築される中高層耐火建築物に係る建築確認済証の交付のあった日の翌日から，同日以後6月を経過する日までの間に行われた場合で，その譲渡資産の一部について中高層の耐火建築物の買換えの特例の規定の適用を受けていないもの（措令25の4⑳）

　　中高層耐火建築物の取得をすることが困難である特別な事情　中高層の耐火建築物の取得をすることが困難である特別な事情とは，特定民間再開発事業の施行区域内にある土地等の譲渡資産を譲渡した個人及び中高層の耐火建築物の建築主の申請に基づき，都道府県知事が，その個人につき次に掲げる事情のいずれかに該当する事情があるものとして認定した場合をいいます（措法37の5⑥，措令25の4⑰，措規18の6⑤）。
(1)　その者又はその者と同居を常況とする者の老齢，身体上の障害
(2)　中高層の耐火建築物の用途が専ら業務の用に供する目的で設けられたものであること
(3)　中高層の耐火建築物が住宅の用に供するのに不適当な構造，配置及び利用状況にあると認められるものであることにより，その者が中高層の耐火建築物又は中高層耐火建築物に係る構築物を取得してこれを引き続き居住の用に供することが困難であると認められること

　　特例の適用を受けるための手続　この特例の適用を受ける場合には，その年分の確定申告書に，①措置法第37条の5第6項と記載するとともに，②譲渡をした土地建物等に係る登記事項証明書，③その土地建物等が措置法第31条の3第2項各号のいずれかの資産に該当する事実を記載した書類（譲渡に係る契約を締結した日の前日においてその譲渡をした者の住民票に記載されていた住所と土地建物等の所在地とが異なる場合等には，これらの書類及び戸籍の附票の写しその他これらに類する書類でその土地建物

譲渡所得の課税の特例（中高層耐火建築物等の建設）

等が同項各号のいずれかの資産に該当することを明らかにするもの），④譲渡資産の所在地において行われる事業が，特定民間再開発事業として認定されたものである旨の都道府県知事の証明書（その中高層耐火建築物に係る建築確認済証の交付年月日の記載があるものに限る。），⑤その譲渡者について都道府県知事が上記のやむを得ない事情を認定した旨の証明書を添付しなければなりません（措令25の4⑱，措規18の6⑥）。

譲渡所得の課税の特例（特定の交換分合）

特定の交換分合により土地等を
取得した場合の課税の特例

　農業振興地域の整備に関する法律（以下「農振法」という。），集落地域整備法又は農住組合法に基づく交換分合により土地等を譲渡し，かつ，これらの交換分合により土地等を取得した場合は，譲渡した土地等の譲渡所得の金額及び所得税の額を，次のように計算することができます（措法37の6，措令25の5，措規18の7）。

1　代りの土地等だけを取得した場合

　　土地等の譲渡はなかったものとみなされる。

2　代りの土地等のほかに清算金を取得した場合

(1)　分離課税の長期譲渡所得の場合

$$\text{分離長期譲渡所得の金額} = \left(\begin{array}{c}A\\ \text{清算金の額}\end{array}\right) - \left(\begin{array}{c}\text{譲渡した土地等の取得費}\end{array} + \begin{array}{c}\text{譲渡費用}\end{array}\right) \times \left(\frac{A}{\text{取得した土地等の価額} + A}\right) - \left(\begin{array}{c}\text{居住用財産の買換え等の場合の譲渡損失の損益通算及び繰越控除，特定居住用財産の譲渡損失の損益通算及び繰越控除，雑損失の繰越控除の規定の適用がある場合はその控除金額}\end{array}\right)$$

$$\text{分離課税長期譲渡所得金額} = \left(\begin{array}{c}\text{分離長期譲渡所得の金額}\end{array}\right) - \left(\begin{array}{c}\text{所得控除の規定の適用がある場合は，その所得控除額}\end{array}\right)$$

税　　額

　　　　　分離課税長期譲渡所得金額×15％

(2)　分離課税の短期譲渡所得の場合

$$\text{分離短期譲渡所得の金額} = \left(\begin{array}{c}A\\ \text{清算金の額}\end{array}\right) - \left(\begin{array}{c}\text{譲渡した土地等の取得費}\end{array} + \begin{array}{c}\text{譲渡費用}\end{array}\right) \times \left(\frac{A}{\text{取得した土地等の価額} + A}\right) - \left(\begin{array}{c}\text{居住用財産の買換え等の場合の譲渡損失の損益通算及び繰越控除，特定居住用財産の譲渡損失の損益通算及び繰越控除，雑損失の繰越控除の規定の適用がある場合はその控除金額}\end{array}\right)$$

$$\text{分離課税短期譲渡所得金額} = \left(\begin{array}{c}\text{分離短期譲渡所得の金額}\end{array}\right) - \left(\begin{array}{c}\text{所得控除の規定の適用がある場合は，その所得控除額}\end{array}\right)$$

税　　額

　　　　　分離課税短期譲渡所得金額×30％

（注）　軽減税率が適用される場合の税額は，上記によらず328ページの特例によることになります（措法32③）。

（注）　令和4年度税制改正により，令和4年4月1日以後は，本特例の対象から上記の集落地域整備法に基づく交換分合により土地等を譲渡し，かつ，その交換分合により土地等を取得した場合の措置が除外されています。なお，同日前に行った上記の集落地域整備法に基づく交換分合による土地等の譲渡については従前どおりとされています。

　特例の適用が受けられる場合　この特例は，次の条件のいずれにも該当する場合に適用されます（措法37の6①，措令25の5①③④）。

譲渡所得の課税の特例（特定の交換分合）

(1) 次の交換分合が行われた場合であること
　イ　農振法第13条の２第２項の規定による交換分合
　ロ　集落地域整備法第11条第１項の規定による交換分合
　ハ　農住組合法第７条第２項第３号の規定による交換分合で次の区域内で行われたもの
　　(イ) 東京都の区域（特別区の存する区域に限る。）
　　(ロ) 首都圏整備法に規定する首都圏，近畿圏整備法に規定する近畿圏又は中部圏開発整備法に規定する中部圏内にある地方自治法第252条の19第１項の市の区域
　　(ハ) (ロ)に該当する市以外の市でその区域の全部又は一部が首都圏整備法第２条第３項に規定する既成市街地若しくは同条第４項に規定する近郊整備地帯，近畿圏整備法第２条第３項に規定する既成都市区域若しくは同条第４項に規定する近郊整備区域又は中部圏開発整備法第２条第３項に規定する都市整備区域内にあるものの区域

(2) 交換分合により譲渡した者が，(1)のハの場合には，農住組合の組合員である個人，又は農住組合の組合員以外の個人で農住組合法第９条第１項により都道府県知事の認可があった交換分合計画に定める土地の所有権（土地の上に存する権利を含む。）を有する者であること

(3) 交換分合により土地又は土地の上に存する権利（棚卸資産その他これに準ずる資産を除く。以下「土地等」という。）を譲渡し，かつ，その交換分合により土地等だけを取得し，又は土地等とともに清算金を取得した場合であること

(4) 交換分合による土地等の譲渡について，居住用財産を譲渡した場合の長期譲渡所得の課税の特例（措法31の３）のほか，次の特例の適用を受けていないこと
　イ　農振法第13条の２第２項に規定する交換分合又は集落地域整備法第11条第１項に規定する交換分合による譲渡の場合
　　(イ) 特定土地区画整理事業等のために土地等を譲渡した場合の特別控除（措法34，366ページ参照）
　　(ロ) 特定住宅地造成事業等のために土地等を譲渡した場合の特別控除（措法34の２，369ページ参照）
　　(ハ) 農地保有の合理化等のために農地等を譲渡した場合の特別控除（措法34の３，377ページ参照）
　　(ニ) 特定の土地等の長期譲渡所得の特別控除（措法35の２，396ページ参照）
　　(ホ) 低未利用土地等を譲渡した場合の長期譲渡所得の特別控除（措法35の３，399ページ参照）
　　(ヘ) 特定の事業用資産の買換え，交換の場合の課税の特例（措法37，37の４，411・419ページ参照）
　ロ　農住組合法第７条第２項第３号に規定する交換分合による譲渡の場合
　　(イ) 収用等に伴い代替資産を取得した場合の課税の特例（措法33，346ページ参照）
　　(ロ) 収用交換等の場合の特別控除（措法33の４，363ページ参照）
　　(ハ) 特定土地区画整理事業等のために土地等を譲渡した場合の特別控除（措法34，366ページ参照）
　　(ニ) 特定住宅地造成事業等のために土地等を譲渡した場合の特別控除（措法34の２，369ページ参照）
　　(ホ) 農地保有の合理化等のために農地等を譲渡した場合の特別控除（措法34の３，377ページ参照）
　　(ヘ) 居住用財産を譲渡した場合の特別控除（措法35，379ページ参照）
　　(ト) 特定期間に取得をした土地等を譲渡した場合の長期譲渡所得の特別控除（措法35の２，396ページ参照）
　　(チ) 低未利用土地等を譲渡した場合の長期譲渡所得の特別控除（措法35の３，399ページ参照）
　　(リ) 特定の居住用財産の買換え，交換の場合の課税の特例（措法36の２，36の５，404・409ページ

— 429 —

参照）

　(ヌ)　特定の事業用資産の買換え，交換の場合の課税の特例（措法37，37の４，411・419ページ参照）

　(ル)　既成市街地等内にある土地等の中高層耐火建築物等の建設のための買換え等の場合の課税の特例（措法37の５，420ページ参照）

　(注)　令和４年度税制改正により，令和４年４月１日以後は，本特例の対象から上記(1)のロの集落地域整備法第11条第１項の規定による交換分合による譲渡に係る措置が除外されています。なお，同日前に行ったこの集落地域整備法第11条第１項の規定による交換分合による土地等の譲渡については従前どおりとされています。

　適用を受けるための手続　この特例の適用を受けるためには，土地等の譲渡のあった日の属する年分の確定申告書に，①措置法第37条の６と記載するとともに，②交換分合により譲渡した土地等及び取得した土地等の登記事項証明書，③(1)のイの場合にあっては，都道府県知事が農振法第13条の２第３項の規定による認可をした交換分合計画の写しである旨の記載のある交換分合計画の写し，(1)のロの場合にあっては，都道府県知事が集落地域整備法第11条第２項の規定による認可をした交換分合計画の写しである旨の記載のある交換分合計画の写し，(1)のハの場合にあっては，都道府県知事が農住組合法第11条で準用する土地改良法第99条第12項の規定による公告をした者の交換分合計画の写しである旨の記載のある交換分合計画の写し，及びその土地等が(1)のハの(イ)から(ハ)の区域内にあることを明らかにする書類をそれぞれ添付しなければなりません。ただし，確定申告書を提出しなかったこと又は確定申告書に所定の事項を記載しなかったこと若しくは所定の証明書などの添付をしなかったことについて，税務署長がやむを得ない事情があると認めるときは，確定申告書に記載すべきであった事項を記載した書類及び添付すべきであった証明書などを提出して，この特例の適用を受けることができます（措法37の６②③，措規18の７）。

　交換分合による取得資産の取得時期及び取得価額　この特例の適用を受けた個人が，その交換分合により取得した土地等を譲渡，相続，遺贈又は贈与した場合に，その取得した土地等に係る事業所得の金額，譲渡所得の金額又は雑所得の金額の計算をするときは，その交換分合により譲渡した土地等の取得の時期が交換分合により取得した土地等の取得の時期とされます。なお，交換分合により取得した土地等の取得価額は，次に掲げる場合に応じ，それぞれ次に掲げる金額となります（措法37の６④⑤，措令25の５⑤）。

(1)　土地等のみを取得した場合

$$\left[\begin{array}{c}\text{譲渡した土地}\\\text{等の取得価額}\end{array}\right]+\left[\begin{array}{c}\text{譲渡}\\\text{費用}\end{array}\right]+\left[\begin{array}{c}\text{取得した土地}\\\text{等の取得経費}\end{array}\right]$$

(2)　清算金を支払っている場合

　　(1)に掲げる金額＋清算金の額

(3)　清算金を取得した場合

$$\left\{\left[\begin{array}{c}\text{譲渡した}\\\text{土地等の}\\\text{取得価額}\end{array}\right]+\left[\begin{array}{c}\text{譲渡}\\\text{費用}\end{array}\right]\times\frac{\text{A}}{\text{取得した土地等の価額}\ \overline{\text{A}+\text{清算金の額}}}\right\}+\left[\begin{array}{c}\text{取得した}\\\text{土地等の}\\\text{取得経費}\end{array}\right]$$

特定普通財産とその隣接する土地等の交換

　国有財産特別措置法第9条第2項の普通財産のうち,同項に規定する土地等として財務局長等により一定の証明がされたもの(以下「特定普通財産」という。)に隣接する土地(その特定普通財産の上に存する権利を含み,棚卸資産及び雑所得の基因となる土地等を除く。以下「所有隣接土地等」という。)につき,同項の規定によりその所有隣接土地等とその特定普通財産との交換をしたときは,一定の部分を除いて,その所有隣接土地等の交換がなかったものとされます(措法37の8,措令25の6,措規18の8)。

1　交換差金を取得しない場合
　　資産の交換はなかったものとみなされる。
2　土地等とともに交換差金を取得した場合
　(1)　分離課税の長期譲渡所得の場合

$$\text{分離長期譲渡所得の金額} = \text{交換差金の額} - \left[\text{交換譲渡した所有隣接土地等の取得価額} + \text{交換に要した費用}\right] \times \frac{\text{交換差金の額}}{\text{交換取得した特定普通財産の価額} + \text{交換差金の額}}$$

$$- \left[\begin{array}{l}\text{居住用財産の買換え等の場合の譲渡損失の損益通算及び繰越}\\ \text{控除,特定居住用財産の譲渡損失の損益通算及び繰越控除,}\\ \text{雑損失の繰越控除の規定の適用がある場合はその控除金額}\end{array}\right]$$

$$\text{分離課税長期譲渡所得金額} = \text{分離長期譲渡所得の金額} - \left[\text{所得控除の規定の適用がある場合は,その所得控除額}\right]$$

　　税　額
　　　　分離課税長期譲渡所得金額×15%

　(2)　分離課税の短期譲渡所得の場合

$$\text{分離短期譲渡所得の金額} = \text{交換差金の額} - \left[\text{交換譲渡した所有隣接土地等の取得価額} + \text{交換に要した費用}\right] \times \frac{\text{交換差金の額}}{\text{交換取得した特定普通財産の価額} + \text{交換差金の額}}$$

$$- \left[\begin{array}{l}\text{居住用財産の買換え等の場合の譲渡損失の損益通算及び繰越}\\ \text{控除,特定居住用財産の譲渡損失の損益通算及び繰越控除,}\\ \text{雑損失の繰越控除の規定の適用がある場合はその控除金額}\end{array}\right]$$

$$\text{分離課税短期譲渡所得金額} = \text{分離短期譲渡所得の金額} - \left[\text{所得控除の規定の適用がある場合は,その所得控除額}\right]$$

　　税　額
　　　　分離課税短期譲渡所得金額×30%
　　(注)　軽減税率が適用される場合の税額は,上記によらず328ページの特例によることになります(措法32③)。

特例の適用が受けられる場合　この特例が受けられる各適用対象の範囲は次のとおりです。
(1)　適用対象となる交換の範囲
　　この特例の適用対象となる交換は,国有財産特別措置法第9条第2項の規定による交換であり,等価交換のほか交換差金の授受を伴うものも含まれますが,特定の事業用資産の交換の特例(措法37の4)の規定の適用を受ける交換は除かれます(措令25の6②)。

(2) 適用対象となる土地等の範囲

　　この特例の適用対象となる土地等は，特定普通財産に隣接する所有隣接土地等で，棚卸資産及び雑所得の基因となる土地及び土地の上に存する権利以外の土地等です（措令25の6①）。

　　なお，交換により取得する特定普通財産については，その種類，面積，取得後の用途等についての制限はありません。

　特定普通財産　国有財産特別措置法第9条第2項の普通財産（国有財産法に規定する公用財産，公共用財産，皇室用財産及び森林経営用財産以外の一切の国有財産をいう。）のうち，財務局長等（財務局長若しくは福岡財務支局長又は沖縄総合事務局の長をいう。）により，その土地等が円滑に売り払うため必要があると認められるものとして次のいずれかの土地等であることにつき証明がされたものとされます（措規18の8①）。

(1) 建築物の敷地の用に供する場合には，建築基準法第43条の規定（敷地等と道路との関係，いわゆる接道制限）に適合しないこととなる土地等

(2) 財務局長等が著しく不整形と認める土地等

(3) 建物又は構築物の所有を目的とする地上権又は賃借権の目的となっている土地等

　交換取得資産の取得価額の計算

(1) 交換取得した特定普通財産のその取得の日以後に譲渡（譲渡所得の基因となる不動産等の貸付けを含む。），相続，遺贈又は贈与があった場合に，事業所得の金額，譲渡所得の金額又は雑所得の金額の計算をするときは，その計算の基礎となる特定普通財産の取得価額は，実際の取得価額にかかわらず，次の算式により計算した金額とされます（措法37の8④，措令25の6⑥⑦）。

　イ　特定普通財産とともに交換差金を取得した場合

$$\left(\begin{array}{l}\text{交換により譲渡した所有}\\\text{隣接土地等の取得価額}\end{array}+\begin{array}{l}\text{交換に要した}\\\text{費用の額}\end{array}\right)\times\dfrac{\text{特定普通財産の価額}}{\begin{array}{l}\text{特定普通財産}\\\text{の価額}\end{array}+\begin{array}{l}\text{取得した交換}\\\text{差金の額}\end{array}}$$

　ロ　交換により譲渡した所有隣接土地等の価額が特定普通財産の価額と同額である場合

$$\begin{array}{l}\text{交換により譲渡した所有}\\\text{隣接土地等の取得価額}\end{array}+\begin{array}{l}\text{交換に要した}\\\text{費用の額}\end{array}$$

　ハ　交換差金を支払って特定普通財産を取得した場合

$$\begin{array}{l}\text{交換により譲渡した所有}\\\text{隣接土地等の取得価額}\end{array}+\begin{array}{l}\text{交換に要した}\\\text{費用の額}\end{array}+\begin{array}{l}\text{支払った交換}\\\text{差金の額}\end{array}$$

　　なお，この特例によって取得時期までは引き継がれないので，交換取得資産をその取得の日以後に譲渡した場合には，実際の取得日によって所有期間を判定します（措通31・32共―5(2)）。

(2) 2以上の特定普通財産がある場合

　　特定普通財産が2以上ある場合には，その個々の特定普通財産の取得価額とされる金額は，全体で計算した場合に引継ぎをすることとなる交換をした所有隣接土地等の取得価額を，個々の特定普通財産の価額の合計額のうちに占める割合であん分して，その個々の資産に引き継がれる取得価額を計算することになります（措法37の8②，措令25の6⑤）。

譲渡所得の課税の特例（特定普通財産とその隣接する土地等の交換）

(3)　確定申告書の記載

　　特定普通財産について，その取得の日以後に譲渡したことにより事業所得の金額，譲渡所得の
金額又は雑所得の金額の計算をする場合には，確定申告書に，その特定普通財産の取得価額が引
継ぎ取得価額を基として計算されている旨及びその計算の明細を記載することとされています
（措法37の8③）。

　適用を受けるための手続　この特例の適用を受けるためには，確定申告書の特例適用条文欄に**措法37の8**
と記載するとともに，その交換の契約書の写し及び次の書類を確定申告書に添付して提出する必要がありま
す（措法37の8②③，措令25の6④，措規18の8②③）。

(1)　特定普通財産が国の一般会計に属する場合

　　その特定普通財産の所在地を管轄する財務局長等から交付を受けた国有財産特別措置法第9条第2項
の規定に基づき交換した旨及びその特定普通財産が，租税特別措置法施行規則第18条の8第1項各号に規
定するいずれかの土地等に該当する旨を証する書類

(2)　特定普通財産が特別会計に属する場合

　　特定普通財産を所管する各省各庁の長から交付を受けた次に掲げる書類

　イ　その特定普通財産の所在地を管轄する財務局長等のその各省各庁の長から協議されたその特定普通
　　財産の国有財産特別措置法第9条第2項に規定する交換について同意する旨及びその特定普通財産が
　　租税特別措置法施行規則第18条の8第1項各号に規定するいずれかの土地等に該当する旨を証する書
　　類の写し

　ロ　その各省各庁の長の国有財産特別措置法第9条第2項の規定に基づき交換をした旨を証する書類

　　また，上記の確定申告書を提出する者は，交換取得資産に関する登記事項証明書その他交換取得資産を
取得した旨を証する書類の写しを，その確定申告書の提出の日までに納税地の所轄税務署長に提出しなけ
ればなりません。

譲渡所得の課税の特例（有価証券の譲渡）

有価証券の譲渡による所得の課税の特例等

一般株式等又は上場株式等に係る譲渡所得等の課税の特例（申告分離課税）

　居住者又は恒久的施設を有する非居住者が，一般株式等又は上場株式等の譲渡（金融商品取引法第28条第8項第3号イに掲げる取引（いわゆる有価証券先物取引）の方法により行うものを除く。）をした場合には，その一般株式等又は上場株式等の譲渡に係る事業所得，譲渡所得及び雑所得（土地等の譲渡に類似する株式等の譲渡（326ページ（注）2参照）による所得を除く。以下譲渡した株式等の区分により，それぞれ「一般株式等に係る譲渡所得等」又は「上場株式等に係る譲渡所得等」という。）については他の所得と区分して次により計算した所得税額を納付することになります（措法37の10，37の11）。

> (1) 課税譲渡所得等の計算
>
> 　① 一般株式等
>
> $$\begin{pmatrix}\text{一般株式等に係} \\ \text{る事業所得又は} \\ \text{雑所得の金額}\end{pmatrix} = \begin{pmatrix}\text{一般株式等の譲} \\ \text{渡に係る総収入} \\ \text{金額}\end{pmatrix} - \begin{pmatrix}\text{一般株式等の譲渡} \\ \text{に係る必要経費}\end{pmatrix}$$
>
> $$\begin{pmatrix}\text{一般株式等に係} \\ \text{る譲渡所得の金} \\ \text{額}\end{pmatrix} = \begin{pmatrix}\text{一般株式等の譲} \\ \text{渡に係る総収入} \\ \text{金額}\end{pmatrix} - \begin{pmatrix}\text{一般株式等} \\ \text{の取得費}\end{pmatrix} + \begin{pmatrix}\text{譲渡} \\ \text{費用}\end{pmatrix} + \begin{pmatrix}\text{借入金} \\ \text{利子等}\end{pmatrix}$$
>
> $$\begin{pmatrix}\text{一般株式等に係} \\ \text{る譲渡所得等の} \\ \text{金額}\end{pmatrix} = \begin{pmatrix}\text{一般株式等に係る} \\ \text{事業所得の金額}\end{pmatrix} + \begin{pmatrix}\text{一般株式等に係る} \\ \text{譲渡所得の金額}\end{pmatrix} + \begin{pmatrix}\text{一般株式等に係} \\ \text{る雑所得の金額}\end{pmatrix}$$
>
> $$\begin{pmatrix}\text{一般株式等に係} \\ \text{る課税譲渡所得} \\ \text{等の金額}\end{pmatrix} = \begin{pmatrix}\text{一般株式等に係} \\ \text{る譲渡所得等の} \\ \text{金額（注）}\end{pmatrix} - \begin{pmatrix}\text{所得控除の規定の適用が} \\ \text{ある場合は，その所得控} \\ \text{除額}\end{pmatrix}$$
>
> 　② 上場株式等
>
> 　　上場株式等に係る課税譲渡所得等の金額の計算については，上記①の一般株式等と同様です。
>
> (2) 税額の計算
>
> 　① 一般株式等
>
> 　　一般株式等に係る課税譲渡所得等の金額×15％
>
> 　② 上場株式等
>
> 　　上場株式等に係る課税譲渡所得等の金額×15％
>
> （注）　一般株式等に係る譲渡所得等の金額の計算上生じた損失の金額がある場合には，その損失の金額は他の一般株式等に係る譲渡所得等の金額と通算し，通算後なお損失の金額が残る場合は，その損失の金額は生じなかったものとみなされます。上場株式等に係る譲渡所得等の金額の計算上生じた損失の金額がある場合についても同様です（措法37の10①，37の11①，450ページ参照）。
>
> 　　　ただし，その損失の金額のうち，上場株式等に係る譲渡損失の金額（措法37の12の2，474ページ参照）又は特定株式に係る譲渡損失の金額（措法37の13の3，486ページ参照）がある場合には，その損失の金額が生じた年の翌年以後3年内の各年分の上場株式等に係る譲渡所得等の金額（及び上場株式等に係る配当所得等の金額）から繰越控除することができます（措法37の12の2⑤，37の13の3④）。

— 434 —

> また、上場株式等に係る譲渡所得等の金額は、上場株式等に係る譲渡損失の繰越控除又は特定株式に係る譲渡損失の繰越控除の適用後の金額となります（措法37の12の2④、37の13の3⑥）。
> なお、税率については、復興特別所得税（平成25年1月1日以後適用）を加えると平成26年1月1日以降、15.315％となります。

申告分離課税の対象となる株式等

(1) 一般株式等

上記の一般株式等とは、次に掲げるもの（外国法人に係るものを含み、株式（出資）形態によるゴルフ会員権を除く。以下「株式等」という。）のうち、上記の上場株式等に該当しないものをいいます（措法29の2、37の10①②、措令25の8②③）。

① 株式（投資信託及び投資法人に関する法律に規定する投資口を含む。）、株主又は投資主となる権利、株式の割当てを受ける権利、新株予約権（投資法人が発行する新投資口予約権を含む。）及び新株予約権の割当てを受ける権利

② 特別の法律により設立された法人の出資者の持分、合名会社、合資会社又は合同会社の社員の持分、法人税法第2条第7号に規定する協同組合等の組合員又は会員の持分その他法人の出資者の持分（出資者、社員、組合員又は会員となる権利及び出資の割当てを受ける権利を含むものとし、③に掲げるものを除く。）

③ 協同組織金融機関の優先出資に関する法律に規定する優先出資（優先出資者となる権利及び優先出資の割当てを受ける権利を含む。）及び資産の流動化に関する法律第2条第5項に規定する優先出資（優先出資社員となる権利及び同法第5条第1項第2号ニ(2)に規定する引受権を含む。）

④ 投資信託の受益権

⑤ 特定受益証券発行信託の受益権

⑥ 社債的受益権

⑦ 公社債（預金保険法第2条第2項第5号に規定する長期信用銀行債、農水産業協同組合貯金保険法第2条第2項第4号に規定する農林債及び償還差益について発行時に源泉徴収がされた割引債を除く。）

⑧ ストック・オプションに係る経済的利益の非課税の特例（措法29の2）の適用を受けて取得した株式（以下「特定権利行使株式」という。）

（注） 株式形態によるゴルフ会員権の譲渡益は総合課税の対象となります（299ページ参照）。

(2) 上場株式等

上記の上場株式等とは、株式等のうち次に掲げるものをいいます（措法37の11②、措令25の9②～⑩、措規18の10①）。

① 株式等で金融商品取引所に上場されているものその他これに類するものとして次に掲げる株式、公社債等

　イ 店頭売買登録銘柄として登録された株式（出資及び投資法人の投資口を含む。）、店頭転換社債型新株予約権付社債（新株予約権付社債で、認可金融商品取引業協会が、その定める規則に従い、その店頭売買につき、その売買価格を発表し、かつ、その新株予約権付社債の発行法人に関する資料を公開するものとして指定したものをいう。）

　（注） 上記の新株予約権付社債には、資産の流動化に関する法律の転換特定社債及び新優先出資引受権付特定社債を含みます。

ロ　店頭管理銘柄株式（金融商品取引所への上場が廃止され，又は店頭売買登録銘柄としての登録が取り消された株式（出資及び投資法人の投資口を含む。）のうち，認可金融商品取引業協会が，その定める規則に従い指定したものをいう。）

ハ　認可金融商品取引業協会の定める規則に従い，登録銘柄として認可金融商品取引業協会に備える登録原簿に登録された日本銀行出資証券

ニ　外国金融商品市場において売買されている株式，公社債等

②　投資信託でその設定に係る受益権の募集が一定の公募により行われたもの（特定株式投資信託を除く。）の受益権

③　特定投資法人の投資口

④　特定受益証券発行信託（その信託契約の締結時において委託者が取得する受益権の募集が一定の公募により行われたものに限る。）の受益権

⑤　特定目的信託（その信託契約の締結時において原委託者が取得する社債的受益権の募集が一定の公募により行われたものに限る。）の社債的受益権

⑥　国債及び地方債

⑦　外国又はその地方公共団体が発行し，又は保証する債券

⑧　会社以外の法人が特別の法律により発行する債券（外国法人に係るもの並びに投資法人債，短期投資法人債，資産の流動化に関する法律の特定社債及び同法の特定短期社債を除く。）

（注）　具体的には，いわゆる財投機関債や独立行政法人がその設立根拠法に基づき発行する債券等が該当します。なお，投資法人債や特定社債についても，公募発行されたものなど他の類型に該当すれば，上場株式等に該当することとなります。

⑨　公社債でその発行の際の有価証券の募集が一定の公募により行われたもの

この「一定の公募により募集が行われた公社債」とは，その募集が，次に掲げる場合の区分に応じそれぞれ次に定める取得勧誘により行われた公社債をいいます。

イ　その公社債の募集が国内において行われる場合

その募集に係る金融商品取引法第2条第3項に規定する取得勧誘が同項第1号に掲げる場合（多数の者を相手方として行う場合をいいますが，適格機関投資家のみを相手方とするものは除く。）に該当し，かつ，目論見書にその取得勧誘が同号に掲げる場合に該当するものである旨の記載がなされて行われるもの

ロ　その公社債の募集が国外において行われる場合

その募集に係る取得勧誘が金融商品取引法第2条第3項第1号に掲げる場合に該当するものに相当するものであり，かつ，目論見書その他これに類する書類にその取得勧誘が同号に掲げる場合に該当するものに相当するものである旨の記載がなされて行われるもの

⑩　社債のうち，その発行の日前9月以内（外国法人にあっては，12月以内）に金融商品取引法の規定により有価証券届出書，有価証券報告書，四半期報告書，半期報告書，外国会社届出書，外国会社報告書，外国会社四半期報告書又は外国会社半期報告書（以下「有価証券報告書等」という。）を内閣総理大臣に提出している法人が発行するもの

⑪　金融商品取引所（これに類するもので外国の法令に基づき設立されたものを含む。）において当該金融商品取引所の規則に基づき公表された公社債情報（一定の期間内に発行する公社債の種類

譲渡所得の課税の特例（有価証券の譲渡）

及び総額，その公社債の発行者の財務状況及び事業の内容その他当該公社債及び当該発行者に関して明らかにされるべき基本的な情報をいう。）に基づき発行する公社債で，その発行の際に作成される目論見書に，当該公社債が当該公社債情報に基づき発行されるものである旨の記載のあるもの

⑫　国外において発行された公社債で，次に掲げるもの

イ　有価証券の売出し（その売付け勧誘等が一定の場合に該当するものに限る。）に応じて取得した公社債（ロにおいて「売出し公社債」という。）で，当該取得の時から引き続き当該有価証券の売出しをした金融商品取引業者（第一種金融商品取引業を行う者に限る。），登録金融機関又は投資信託委託会社（以下「金融商品取引業者等」という。）の営業所において保管の委託がされているもの

　　上記の「一定の場合」とは，有価証券の売出しに係る金融商品取引法第2条第4項に規定する売付け勧誘等が同項第1号に掲げる場合（多数の者を相手方として行う場合をいいますが，適格機関投資家のみを相手方とするものを除く。）に該当し，かつ，目論見書又は外国証券情報にその売付け勧誘等が同号に掲げる場合に該当するものである旨の記載又は記録がなされて行われる場合です（措令25の9⑤）。

（注）　上記の外国証券情報とは，外国証券売出しが行われた有価証券及びその有価証券の発行者に関する情報として公表を義務付けられているものをいいます（金融商品取引法27の32の2①）。

ロ　金融商品取引法第2条第4項に規定する売付け勧誘等に応じて取得した公社債（売出し公社債を除く。）で，当該取得の日前9月以内（外国法人にあっては，12月以内）に有価証券報告書等を提出している会社が発行したもの（当該取得の時から引き続き当該売付け勧誘等をした金融商品取引業者等の営業所において保管の委託がされているものに限る。）

⑬　外国法人が発行し，又は保証する債券で次に掲げるもの

イ　次に掲げる外国法人が発行し，又は保証する債券

(イ)　その出資金額又は拠出をされた金額の合計額の2分の1以上が外国の政府により出資又は拠出をされている外国法人

(ロ)　外国の特別の法令の規定に基づき設立された外国法人で，その業務がその外国の政府の管理の下に運営されているもの

ロ　国際間の取極に基づき設立された国際機関が発行し，又は保証する債券

⑭　銀行業若しくは第一種金融商品取引業を行う者（金融商品取引法に規定する第一種少額電子募集取扱業者を除く。）若しくは外国の法令に準拠して当該国において銀行業若しくは金融商品取引法に規定する金融商品取引業を行う法人（以下「銀行等」という。）又は銀行等の関連会社として次に掲げる者が発行した社債（その取得をした者が実質的に多数でないものとして一定のものを除く。）

イ　関連会社の範囲

　　上記の関連会社は，次に掲げる法人をいいます。

(イ)　銀行等がその発行済株式又は出資の全部を直接又は間接に保有する関係として一定の関係（(ロ)において「完全支配の関係」という。）にある法人（子会社・孫会社等）

　　　この一定の関係とは，銀行等が法人の発行済株式又は出資（その法人が有する自己の株式

譲渡（特例）

— 437 —

又は出資を除く。以下「発行済株式等」という。）の全部を保有する場合におけるその銀行等と法人との間の関係（以下「直接支配関係」という。）をいいますが，この場合において，その銀行等及びこれとの間に直接支配関係がある一若しくは二以上の法人又はその銀行等との間に直接支配関係がある一若しくは二以上の法人が他の法人の発行済株式等の全部を保有するときは，その銀行等は当該他の法人の発行済株式等の全部を保有するものとみなすこととされています（措令25の9⑨）。

(ロ) 親法人（銀行等の発行済株式又は出資の全部を直接又は間接に保有する関係として一定の関係のある法人をいう。）が完全支配の関係にあるその銀行等以外の法人（いわゆる兄弟会社）

この一定の関係とは，法人が銀行等の発行済株式又は出資（その銀行等が有する自己の株式又は出資を除く。）の全部を保有する場合におけるその法人と銀行等との間の関係をいいますが，この場合において，その法人（以下「判定法人」という。）及びこれとの間に直接支配関係（その判定法人が法人の発行済株式等の全部を保有する場合におけるその判定法人と法人との間の関係をいう。）がある一若しくは二以上の法人又はその判定法人との間に直接支配関係がある一若しくは二以上の法人がその銀行等の発行済株式等の全部を保有するときは，その判定法人はその銀行等の発行済株式等の全部を保有するものとみなすこととされています（措令25の9⑩）。

ロ　取得者が実質的に多数でない社債

上記の「その取得をした者が実質的に多数でない社債として一定のもの」とは，社債を発行した日において，その社債を取得した者の全部がその社債を取得した者の一人（以下「判定対象取得者」という。）及び次に掲げる者である場合におけるその社債をいいます（措令25の9⑦）。

(イ)　次に掲げる個人

　i　その判定対象取得者の親族

　ii　その判定対象取得者と婚姻の届出をしていないが事実上婚姻関係と同様の事情にある者

　iii　その判定対象取得者の使用人

　iv　上記 i から iii までに掲げる者以外の者でその判定対象取得者から受ける金銭その他の資産によって生計を維持しているもの

　v　上記 ii から iv までに掲げる者と生計を一にするこれらの者の親族

(ロ)　その判定対象取得者と他の者との間にいずれか一方の者（その者が個人である場合には，その者の親族等の特殊の関係のある個人を含む。）が他方の者（法人に限る。）を直接又は間接に支配する関係がある場合における当該他の者

(ハ)　その判定対象取得者と他の者（法人に限る。）との間に同一の者（その者が個人である場合には，その者の親族等の特殊の関係のある個人を含む。）がその判定対象取得者及び当該他の者を直接又は間接に支配する関係がある場合における当該他の者

(注)　上記(ロ)及び(ハ)の直接又は間接に支配する関係とは，一方の者と他方の者との間に当該他方の者が次に掲げる法人に該当する関係がある場合におけるその関係をいいます（措令25の9⑧）。

　　a　当該一方の者が法人を支配している場合（法人税法施行令第14条の2第2項第1号に規定

する法人を支配している場合をいう。）におけるその法人

b 上記a若しくは下記cに掲げる法人又は当該一方の者及び上記a若しくは下記cに掲げる法人が他の法人を支配している場合（法人税法施行令第14条の２第２項第２号に規定する他の法人を支配している場合をいう。）における当該他の法人

c 上記bに掲げる法人又は当該一方の者及び上記bに掲げる法人が他の法人を支配している場合（法人税法施行令第14条の２第２項第３号に規定する他の法人を支配している場合をいう。）における当該他の法人

⑮ 平成27年12月31日以前に発行された公社債（その発行の時において同族会社に該当する会社が発行したものを除く。）

（注） 上場株式等に係る譲渡所得等の課税の特例については、平成28年１月１日以後に行う譲渡について適用されます（措法37の11①）。

株式等の譲渡に係る収入金額とみなされる所得

(1) 一般株式等に係る譲渡所得等に係る収入金額

　一般株式等につき交付を受ける次に掲げる金額（配当所得とみなされる部分の金額を除く。180ページ以降参照）は一般株式等に係る譲渡所得等に係る収入金額とみなされます（措法29の２④、37の10③④、措令25の８④）。

① 法人の株主等がその法人の合併（法人課税信託に係る信託の合併を含む。法人の株主等に合併法人又は合併法人との間にその合併法人の発行済株式若しくは出資（自己の株式又は出資を除く。）の全部を直接若しくは間接に保有する関係がある法人のうちいずれか一の法人の株式又は出資以外の資産（株主等に対する株式又は出資に係る剰余金の配当、利益の配当、剰余金の分配又は金銭の分配として交付がされた金銭その他の資産及び合併に反対する株主等に対するその買取請求に基づく対価として交付がされる金銭その他の資産を除く。）の交付がされなかったものを除く。）により交付を受ける金銭の額及び金銭以外の資産の価額の合計額

　（注） 上記の合計額のうちに、被合併法人の株主等に対する株式（投資口を含む。）又は出資に係る剰余金の配当、利益の配当、剰余金の分配又は金銭の分配として交付がされた金銭その他の資産及び合併に反対する株主等に対するその買取請求に基づく対価として交付がされる金銭その他の資産の価額がある場合には、その価額は、合計額には含まれません（措令25の８⑦一）。

② 法人の株主等がその法人の分割（分割対価資産として分割承継法人（信託の分割により受託者を同一とする他の信託からその信託財産の一部の移転を受ける法人課税信託に係る所得税法第６条の３に規定する受託法人を含む。）又は分割承継法人との間にその分割承継法人の発行済株式等の全部を直接若しくは間接に保有する関係がある法人のうちいずれか一の法人の株式又は出資以外の資産の交付がされなかったもので、その株式又は出資が分割法人（信託の分割によりその信託財産の一部を受託者を同一とする他の信託又は新たな信託の信託財産として移転する法人課税信託に係る所得税法第６条の３に規定する受託法人を含む。②において同じ。）の発行済株式等の総数又は総額のうちに占めるその分割法人の各株主等の有するその分割法人の株式の数又は金額の割合に応じて交付されたものを除く。）により交付を受ける金銭の額及び金銭以外の資産の価額の合計額

　（注） 上記の金額のうちに、分割法人の株主等に対する株式又は出資に係る剰余金の配当又は利益の配当として交付がされた分割対価資産以外の金銭その他の資産の価額がある場合には、その価額は、合計額には含まれません（措令25の８⑦二）。

③ 法人の株主等がその法人の行った株式分配（その法人の株主等に完全子法人の株式又は出資以外の資産の交付がされなかったもので，その株式又は出資が現物分配法人の発行済株式等の総数又は総額のうちに占めるその現物分配法人の各株主等の有するその現物分配法人の株式の数又は金額の割合に応じて交付されたものを除く。）により交付を受ける金銭の額及び金銭以外の資産の価額の合計額

④ 法人の株主等がその法人の資本の払戻し（株式に係る剰余金の配当（資本剰余金の額の減少に伴うものに限る。）のうち法人税法第2条第12号の9に規定する分割型分割（法人課税信託に係る信託の分割を含む。）によるもの及び株式分配以外のもの並びに出資等減少分配をいう。）により，又はその法人の解散による残余財産の分配として交付を受ける金銭の額及び金銭以外の資産の価額の合計額

⑤ 法人の株主等がその法人の自己の株式又は出資の取得（金融商品取引所の開設する市場における購入による取得その他一定の取得及び所得税法第57条の4第3項第1号から第3号までに掲げる株式又は出資の同項に規定する場合における取得を除く。）により交付を受ける金銭の額及び金銭以外の資産の価額の合計額

⑥ 法人の株主等がその法人の出資の消却（取得した出資について行うものを除く。），その法人の出資の払戻し，その法人からの退社若しくは脱退による持分の払戻し又はその法人の株式若しくは出資をその法人が取得することなく消滅させることにより交付を受ける金銭の額及び金銭以外の資産の価額の合計額

⑦ 法人の株主等がその法人の組織変更（組織変更に際して，その組織変更をしたその法人の株式又は出資以外の資産が交付されたものに限る。）により交付を受ける金銭の額及び金銭以外の資産の価額の合計額

⑧ 公社債の元本の償還（買入れの方法による償還を含む。）により交付を受ける金銭の額及び金銭以外の資産の価額（当該金銭又は金銭以外の資産とともに交付を受ける金銭又は金銭以外の資産で元本の価額の変動に基因するものの価額を含むものとし，租税特別措置法第3条第1項第1号に規定する特定公社債以外の公社債の償還により交付を受ける金銭又は金銭以外の資産でその償還の日においてその者（以下「対象者」という。）又はその対象者と一定の特殊の関係のある法人を判定の基礎となる株主として選定した場合に当該金銭又は金銭以外の資産の交付をした法人が法人税法に規定する同族会社に該当することとなるときにおける当該対象者及び対象者の親族等の一定の者が交付を受けるものの価額を除く。）の合計額

（注） 上記の一定の特殊の関係のある法人とは，次の法人をいいます（措令25の8⑩）。

　① 対象者（対象者の親族等の特殊の関係がある個人を含む。以下同じ。）が法人を支配している場合における当該法人

　② 対象者及び上記①に掲げる法人が他の法人を支配している場合における当該他の法人

　③ 対象者及び上記①又は②に掲げる法人が他の法人を支配している場合における当該他の法人

⑨ 分離利子公社債（公社債で元本に係る部分と利子に係る部分とに分離されてそれぞれ独立して取引されるもののうち，当該利子に係る部分であった公社債をいう。）に係る利子として交付を受ける金銭の額及び金銭以外の資産の価額の合計額

⑩ 合併に係る被合併法人の新株予約権者（投資信託及び投資法人に関する法律第2条第17項に規定

譲渡所得の課税の特例（有価証券の譲渡）

する新投資口予約権の新投資口予約権者を含む。）がその合併によりその新株予約権者が有していたその被合併法人の新株予約権（新投資口予約権を含む。）に代えて金銭その他の資産の交付を受ける場合（合併法人の新株予約権のみの交付を受ける場合を除く。）におけるその金銭の額及び金銭以外の資産の価額の合計額

⑪ 組織変更をした法人の新株予約権者がその組織変更によりその新株予約権者が有していたその法人の新株予約権に代えて交付を受ける金銭の額

⑫ 上場廃止特定受益証券発行信託（その受益権が金融商品取引所に上場されているなど一定の要件に該当する特定受益証券発行信託をいう。）の終了又は一部の解約により交付を受ける金銭の額及び金銭以外の資産の価額の合計額

⑬ 投資信託等（上記⑫の上場廃止特定受益証券発行信託を除く。）の終了又は一部の解約によりその投資信託等の受益権を有する者に対して交付される金銭の額及び金銭以外の資産の価額の合計額のうちその投資信託等について信託されている金額に達するまでの金額

⑭ 特定受益証券発行信託に係る信託の分割（分割信託の受益者に承継信託の受益権以外の資産（信託の分割に反対する受益者に対する受益権取得請求に基づく対価として交付される金銭その他の資産を除く。）の交付がされたものに限る。）によりその特定受益証券発行信託の受益権を有する者に対して交付される金銭の額及び金銭以外の資産の価額の合計額のうちその特定受益証券発行信託について信託されている金額に達するまでの金額

⑮ 社債的受益権の元本の償還により交付を受ける金銭の額及び金銭以外の資産の価額の合計額

⑯ 特定権利行使株式等に係る保管の委託等の解約等があった場合のみなし譲渡

　次の事由により特例（特定の取締役等が受ける新株予約権の行使による株式の取得に係る経済的利益の非課税等）適用者が有する特定株式の全部又は一部の返還又は移転があった場合には、その返還又は移転があった特定株式については、その事由が生じた時に、その時における価額相当額による譲渡があったものとみなされます。

　また、次のイに掲げる事由による返還を受けた特例適用者については、その事由が生じた時に、その時における価額相当額をもってその返還を受けた特定株式の数に相当する数のその特定株式と同一銘柄の株式の取得をしたものとそれぞれみなされます。

イ　金融商品取引業者等の振替口座簿への記載若しくは記録、保管の委託又は管理等信託の解約又は終了（行使に係る株式会社と金融商品取引業者等との間であらかじめ締結される管理等信託に関する取決め（以下「管理等信託に関する取決め」という。）に従ってされる譲渡に係る終了及び取締役等の特定株式以外の特定株式を有する特例適用者の国外転出に係る終了を除く。）

ロ　贈与（法人に対するものを除く。）又は相続（限定承認に係るものを除く。）若しくは遺贈（法人に対するもの及び個人に対する包括遺贈のうち限定承認に係るものを除く。）

ハ　管理等信託に関する取決めに従ってされる譲渡以外の譲渡でその譲渡の時における価額より低い価額によりされるもの（法人に対する低額譲渡（時価の２分の１未満の価額での譲渡）を除く。）

（注）1　特例適用者から相続（限定承認に係るものを除く。）又は遺贈（包括遺贈のうち限定承認に係るものを除く。）により取締役等の特定株式の取得をした個人（以下「承継特例適用者」という。）

が，その取締役等の特定株式を管理等信託に関する取決めに従い引き続きその取締役等の特定株式に係る金融商品取引業者等の振替口座簿に記載若しくは記録を受け，又は金融商品取引業者等の営業所等に保管の委託若しくは管理等信託をする場合には，その相続又は遺贈による当該取締役等の特定株式の移転についてはこのみなし譲渡課税は行わないこととされています（措法29の2④）。

2　この特定株式には，特例適用者が非課税の特例の適用を受けて取得をした株式（以下「特例適用株式」という。）のほか，その特例適用者が有する特例適用株式につき有し，又は取得することとなる分割又は併合後の所有株式，株式無償割当て後の所有株式，合併法人株式又は合併親法人株式，分割承継法人株式又は分割承継親法人株式及び株式分配に係る完全子法人株式並びに株式交換完全親法人の株式，株式移転完全親法人の株式，取得条項付株式の取得事由の発生により交付を受けた株式，全部取得条項付種類株式の取得決議により交付を受けた株式その他一定の株式（管理等信託に関する取決めに従い金融商品取引業者等の振替口座簿に記載若しくは記録を受け，又は金融商品取引業者等の営業所等に保管の委託若しくは管理等信託がされているものに限る。）が含まれます（措法29の2④，措令19の3⑨）。

ただし，これらの株式のうち会社法第189条第1項に規定する単元未満株式に該当するもの並びにその特例適用株式及びその特例適用株式と同一銘柄の他の株式に係るこれらの株式のうちその特例適用株式に対応する部分の株式で単元未満株式に該当するものは含まれません（措規11の3⑥）。

3　上記⑯のイからハまでに掲げる事由により，承継特例適用者が有する承継特定株式の全部又は一部の返還又は移転があった場合についても，上記⑯と同様のみなし譲渡課税が行われます（措法29の2④）。

(2)　上場株式等に係る譲渡所得等に係る収入金額

上場株式等につき交付を受ける上記(1)①から⑪まで及び⑯の金額並びに次に掲げる金額（それぞれ，配当所得とみなされる金額を除く。）は，上場株式等に係る譲渡所得等に係る収入金額とみなされます（措法29の2④，37の11③④）。

①　投資信託等の終了又は一部の解約により交付を受ける金銭の額及び金銭以外の資産の価額の合計額

②　特定受益証券発行信託に係る信託の分割（分割信託の受益者に承継信託の受益権以外の資産（信託の分割に反対する当該受益者に対する受益権取得請求に基づく対価として交付される金銭その他の資産を除く。）の交付がされたものに限る。）により交付を受ける金銭の額及び金銭以外の資産の価額の合計額

③　社債的受益権の元本の償還により交付を受ける金銭の額及び金銭以外の資産の価額の合計額

　株式等の取得価額（又は取得費）　株式等の取得価額（又は取得費）は，その取得の区分に応じて，それぞれ次の金額によって計算します（法48①③，令84，109①，措令19の3㉑）。

(1)　金銭の払込みによって取得したもの（(3)を除く。）……その払込みをした金銭の額（新株予約権の行使により取得した有価証券にあってはその新株予約権の取得価額を含むものとし，その金銭の払込みによる取得のために要した費用がある場合にはその費用を含む。）

(2)　所得税法施行令第84条第1項に規定する特定譲渡制限付株式又は承継譲渡制限付株式……その譲渡についての制限が解除された日（同日前にその特定譲渡制限付株式又は承継譲渡制限付株式の交付を受けた個人が死亡した場合において，その個人の死亡の時に所得税法施行令第84条第2項第2号に規定する事由（いわゆる無償取得事由）に該当しないことが確定しているその特定譲渡制限付株式又は承継譲渡制限付株式については，その個人の死亡の日）における価額

譲渡所得の課税の特例（有価証券の譲渡）

(3) 発行法人から与えられた，株式等を取得する権利（所得税法施行令第84条第3項に該当するもの）の行使により取得したもの（措法第29条の2の適用を受けて取得をしたものを除く。）……権利の行使日（払込み又は給付の期日若しくは払込み又は給付をした日）における価額

(4) 発行法人に対し新たな払込み又は給付を要しないで取得した株式又は新株予約権のうち，発行法人の株主等として与えられるもの（他の株主等に損害を及ぼすおそれがないと認められる場合に限る。）……零

(5) 購入したもの（(3)を除く。）……その購入の代価（購入手数料などの購入費用を加算した金額）

(6) 上場株式等償還特約付社債（いわゆるＥＢ債）の償還により取得したもの……その上場株式等償還特約付社債の償還の日における上場株式等の価額（措通37の10・37の11共—9の2）

(7) 金融商品取引法第28条第8項第3号ハに掲げる取引（いわゆる有価証券オプション取引）で，いわゆるコールオプションの買方がそのオプションの権利の行使により取得したもの……そのオプションの権利行使により支出した金額及び一連の取引に関連して支出した委託手数料の合計額に支払オプション料を加算した金額（措通37の11—10(1)）

(8) 金融商品取引法第28条第8項第3号ハに掲げる取引（いわゆる有価証券オプション取引）で，いわゆるプットオプションの売方がそのオプションの義務の履行により取得したもの……そのオプションの義務の履行により支出した金額及び一連の取引に関連して支出した委託手数料の合計額から受取オプション料を控除した金額（措通37の11—10(2)）

(9) (1)から(8)以外の方法によって取得したもの……その取得の時におけるその有価証券の取得のために通常要する価額

特定譲渡制限付株式等の価額　所得税法施行令第84条第1項に規定する特定譲渡制限付株式又は承継譲渡制限付株式（以下「特定譲渡制限付株式等」という。）の譲渡制限が解除された日における価額は，次に掲げる場合の区分に応じ，それぞれ次に定める価格によります（基通23〜35共—5の4）。

(1) 特定譲渡制限付株式等が金融商品取引所に上場されている場合　当該特定譲渡制限付株式等につき金融商品取引法第130条の規定により公表された最終の価格（同日に最終の価格がない場合には，同日前の同日に最も近い日における最終の価格とし，2以上の金融商品取引所に同一の区分に属する最終の価格がある場合には，当該価格が最も高い金融商品取引所の価格とする。）となります。

(2) 所得税法施行令第84条第1項に規定する承継譲渡制限付株式に係る旧株が金融商品取引所に上場されている場合　当該旧株の最終の価格を基準として当該承継譲渡制限付株式につき合理的に計算した価額となります。

(3) (1)の特定譲渡制限付株式等及び(2)の旧株が金融商品取引所に上場されていない場合において，当該特定譲渡制限付株式等又は当該旧株につき気配相場の価格があるとき　(1)又は(2)の最終の価格を気配相場の価格と読み替えて(1)又は(2)により求めた価額となります。

(4) (1)から(3)までに掲げる場合以外の場合には，次に掲げる区分に応じ，それぞれ次に定める価額となります。

イ　売買実例のあるもの　最近において売買の行われたもののうち適正と認められる価額

ロ　公開途上にある特定譲渡制限付株式等で，当該特定譲渡制限付株式等の上場又は登録に際して特定譲渡制限付株式等の公募又は売出し（以下この項において「公募等」という。）が行われるもの（イに該当するものを除く。）　金融商品取引所又は日本証券業協会の内規によって行われるブックビルディング方式又は競争入札方式のいずれかの方式により決定される公募等の価格等を参酌して通常取引されると認められる価額

　　（注）　公開途上にある株式とは，金融商品取引所が株式の上場を承認したことを明らかにした日から上場の日の前日までのその株式及び日本証券業協会が株式を登録銘柄として登録することを明らかにした日から登録の日の前日までのその株式をいう。

ハ　売買実例のないもので交付法人と事業の種類，規模，収益の状況等が類似する他の法人の株式の価額があるもの　当該価額に比準して推定した価額

譲渡所得の課税の特例（有価証券の譲渡）

ニ　イからハまでに該当しないもの　譲渡制限が解除された日又は同日に最も近い日におけるその特定譲渡制限付株式等の交付法人の1株又は1口当たりの純資産価額等を参酌して通常取引されると認められる価額

　　株式等を取得する権利の価額　発行法人から与えられた株式等を取得する権利に係る権利行使の日又は権利に基づく払込み若しくは給付の期日（払込み又は給付の期間の定めがある場合には，その払込み又は給付をした日。以下「権利行使日等」という。）におけるその株式の価額は，次に掲げる場合に応じ，それぞれ次のとおりとなります（基通23～35共―9）。

(1)　これらの権利の行使により取得する株式が金融商品取引所に上場されている場合には，その株式につき金融商品取引法第130条の規定により公表された最終の価格（同日に最終の価格がない場合は，同日前の同日に最も近い日における最終の価格とする。）となります。
　　なお，2以上の金融商品取引所に同一の区分に属する最終の価格があるときは，その価格が最も高い金融商品取引所の価格となります。

(2)　これらの権利の行使により取得する株式に係る旧株が金融商品取引所に上場されている場合において，その株式が上場されていないときは，その旧株の最終の価格を基準としてその株式につき合理的に計算した価額となります。

(3)　(1)の株式及び(2)の旧株が金融商品取引所に上場されていない場合において，その株式又はその旧株につき気配相場の価格があるときは，(1)又は(2)の最終の価格を気配相場の価格と読み替えて(1)又は(2)により求めた価額となります。

(4)　(1)から(3)までに掲げる場合以外の場合には，次に掲げる区分に応じ，それぞれ次に掲げる価額となります。
　　イ　売買実例のあるものは，最近において売買の行われたもののうち適正と認められる価額
　　ロ　公開途上にある株式（金融商品取引所が株式の上場を承認したことを明らかにした日から上場の日の前日までのその株式及び日本証券業協会が株式を登録銘柄として登録することを明らかにした日から登録の日の前日までのその株式）で，その株式の上場又は登録に際して株式の公募又は売出し（以下「公募等」という。）が行われるもの（イに該当するものを除く。）は，金融商品取引所又は日本証券業協会の内規によって行われるブックビルディング方式又は競争入札のいずれかの方式により決定される公募等の価格等を参酌して通常取引されると認められる価額
　　ハ　売買実例のないものでその株式の発行法人と事業の種類，規模，収益の状況等が類似する他の法人の株式の価額があるものは，その価額に比準して推定した価額
　　ニ　イからハまでに該当しないものは，権利行使日等又は権利行使日等に最も近い日におけるその株式の発行法人の1株又は1口当たりの純資産価額等を参酌して通常取引されると認められる価額

　　株式等の概算取得費　株式等の譲渡をした場合のその株式等の取得価額又は取得費を，譲渡による収入金額の5％とすることができます（基通38―16，48―8，措通37の10・37の11共―13）。

　　相続等によって取得した株式等の取得価額（又は取得費）　次の方法で取得した株式等の取得価額（又は取得費）は，それぞれ次の金額により計算します（法60，令109②，118②）。

(1)　贈与（相続人に対する贈与で被相続人である贈与者の死亡により効力を生ずるものに限る。），相続又は遺贈（包括遺贈及び相続人に対する特定遺贈に限る。）によって取得したもの……被相続人の死亡の時において，その被相続人がその株式等について採用することとしていた評価の方法で評価した金額
　　(注)　贈与，相続又は遺贈に係る受贈者等が株式等を取得するために通常必要と認められる費用（例えば，株券の名義書換手数料）を支出している場合には，その費用は，必要経費に算入された登録免許税，不動産取得税等を除き，株式等の取得価額（取得費）に含まれます（基通60―2）。

(2)　著しく低い価額の対価で取得したもの（棚卸資産に限る。）……その対価の額とその譲渡によって実質

― 444 ―

譲渡所得の課税の特例（有価証券の譲渡）

的に贈与されたと認められる金額との合計額

昭和27年12月31日以前から所有していた株式等の取得費　譲渡所得に該当する株式等の譲渡をした場合で，その譲渡した株式等のうちに昭和27年12月31日以前に取得したものがある場合には，その株式等の取得費は，原則として，次の算式で計算した金額を基礎として計算します。

ただし，次の算式で計算した金額が実際に取得に要した金額に満たないことが証明されたときは，その実際に取得に要した金額によります（法61④，令173）。

(1)　上場株式又は気配相場のある株式若しくは出資である場合

$$\frac{\text{昭和27年12月中の毎日の公表最終価格等の合計額}}{\text{昭和27年12月中の日数（公表最終価格等のない日を除く。）}}=\text{昭和27年12月31日以前に取得した株式又は出資の取得に要した金額}$$

（注）　上記算式中の公表最終価格等とは，公表最終価格又は最終の気配相場の価格をいいます。

(2)　(1)以外の株式又は出資である場合

$$\frac{\left\{\text{昭和28年1月1日における発行法人の資産の価額の合計額}\right\}-\left\{\text{同日における発行法人の負債の額の合計額}\right\}}{\text{同日における発行法人の発行済株式又は出資の総数}}=\text{昭和27年12月31日以前に取得した株式又は出資等の取得に要した金額}$$

（注）　上記算式中の「発行法人」とは，その株式又は出資に係る発行法人をいいます。

株式等の取得価額の計算方法等（令109〜116関係）

区　　分	取　　　　得　　　　価　　　　額
取得価額の原則 （令109①）	①　金銭の払込みにより取得した株式等（③に該当するものを除く。） 　　⇒　その払い込んだ金銭の額（その株式等の取得費用の額を含む。） ②　特定譲渡制限付株式 　　⇒　譲渡制限解除日における価額 ③　発行法人から与えられた所得税法施行令第84条第3項各号に掲げる権利の行使により取得した株式等 　　⇒　その株式等のその権利行使の日における価額 ④　新たな払込み又は給付を要しないで取得した株式等（他の株主等に損害を及ぼすおそれがないと認められる場合に限る。） 　　⇒　零 ⑤　購入した株式等（③に該当するものを除く。） 　　⇒　その購入の代価（購入手数料，その他その株式等の購入のために要した費用を含む。） ⑥　①〜⑤以外の方法により取得した株式等 　　⇒　その取得の時におけるその株式等の取得のために通常要する価額
株式の分割又は併合の場合の株式等の取得価額 （令110①）	$\dfrac{\text{分割又は併合後の所有株式}}{\text{1株当たりの取得価額}}=\dfrac{\text{旧株1株の従前の取得価額×旧株の数}}{\text{分割又は併合後の所有株式の数}}$
投資信託又は特定受益証券発行信託の受益権の分割又は併合の場合の受益権の取得価額 （令110②）	$\dfrac{\text{分割又は併合後の所有受益権}}{\text{1口当たりの取得価額}}=\dfrac{\text{旧受益権1口の従前の取得価額×旧受益権の数}}{\text{分割又は併合後の所有受益権の数}}$
株主割当てにより取得（注1）した株式等の取得価額 （令111①）	$\dfrac{\text{旧株及び新株1株当たりの取得価額}}=\dfrac{\text{旧株1株の従前の取得価額}+\dfrac{\text{新株1株につき払い込んだ金銭の額（その取得費用の額を含む。）}}{}\times\text{旧株1株について取得した新株の数}}{\text{旧株1株について取得した新株の数}+1}$

譲渡（特例）

— 445 —

譲渡所得の課税の特例（有価証券の譲渡）

株式無償割当てにより取得(注2)した株式等の取得価額 （令111②）	株式無償割当て後の所有株式1株当たりの取得価額 $=\dfrac{旧株1株の従前の取得価額 \times 旧株の数}{株式無償割当て後の所有株式の数}$
法人の合併(注3)により株式等を取得した場合の株式等の取得価額 （令112①）	取得した合併法人の株式又は合併親法人の株式1株当たりの取得価額 $=\dfrac{旧株1株の従前の取得価額 + 旧株1株当たりのみなし配当額 + 旧株1株当たりの合併法人の株式又は合併親法人の株式1株当たりの取得費用}{旧株1株について取得した合併法人の株式又は合併親法人の株式の数}$
無対価合併(注4)が行われた場合の所有株式等の取得価額 （令112②）	所有株式1株当たりの取得価額 $=$ 所有株式1株の従前の取得価額 $+ \dfrac{\left(\begin{array}{c}旧株1株の\\従前の取得\\価額\end{array} + \begin{array}{c}旧株1株に対応\\するみなし配当\\等の金額\end{array}\right) \times 旧株の数}{所有株式の数}$
投資信託又は特定受益証券発行信託の信託の併合(注5)により取得した受益権の取得価額 （令112③）	取得した新受益権1口当たりの取得価額 $=\dfrac{旧受益権1口の従前の取得価額 + 旧受益権1口当たりの新受益権の取得費用}{旧受益権1口について取得した新受益権の数}$
法人の分割型分割(注6)により取得した株式等の取得価額 （令113①③）	取得した分割承継法人の株式又は分割承継親法人の株式1株当たりの取得価額 $=\dfrac{所有株式1株の従前の取得価額 \times 純資産移転割合(注)}{所有株式1株について取得した分割承継法人の株式又は分割承継親法人の株式の数} + \begin{array}{c}分割承継法人の株式又は分割承継親法人の株式1株当たりのみなし配当額\end{array} + \begin{array}{c}分割承継法人の株式又は分割承継親法人の株式1株当たりの取得費用\end{array}$ 分割後の所有株式（分割法人の株式）1株当たりの取得価額 $=$ 所有株式1株の従前の取得価額 $- \left(所有株式1株の従前の取得価額 \times 純資産移転割合(注)\right)$ (注) 純資産移転割合 $=\dfrac{分割法人から分割承継法人に移転した資産の帳簿価額 - 分割法人から分割承継法人に移転した負債の帳簿価額}{分割法人の資産の帳簿価額 - 分割法人の負債（新株予約権及び株式引受権に係る義務を含む。）の帳簿価額}$
無対価分割(注7)が行われた場合の所有株式等の取得価額 （令113②③）	所有株式1株当たりの取得価額 $=$ 所有株式1株の従前の取得価額 $+ \dfrac{\left(\begin{array}{c}旧株1株\\の従前の\\取得価額\end{array} \times \begin{array}{c}純資産移転\\割合(注)\end{array} \times \begin{array}{c}旧株\\の数\end{array}\right)}{所有株式の数} + \begin{array}{c}所有株式\\1株に対\\応するみ\\なし配当\\等の金額\end{array}$ 分割後の旧株（分割法人の株式）1株当たりの取得価額 $=$ 旧株1株の従前の取得価額 $- \left(旧株1株の従前の取得価額 \times 純資産移転割合(注)\right)$ (注) 純資産移転割合 $=\dfrac{分割法人から分割承継法人に移転した資産の帳簿価額 - 分割法人から分割承継法人に移転した負債の帳簿価額}{分割法人の資産の帳簿価額 - 分割法人の負債（新株予約権及び株式引受権に係る義務を含む。）の帳簿価額}$
特定受益証券発行信託の信託の分割(注8)により取得した受益権の取得価額 （令113⑥⑦）	取得した承継信託の受益権1口当たりの取得価額 $=\dfrac{旧受益権1口の従前の取得価額 \times 分割移転割合(注)}{旧受益権1口について取得した承継信託の受益権の数} + \begin{array}{c}承継信託の受益権1口\\当たりの取得費用\end{array}$ 特定受益証券発行信託に係る信託の分割後の旧受益権1口当たりの取得価額 $=$ 旧受益権1口の従前の取得価額 $- \left(旧受益権1口の従前の取得価額 \times 分割移転割合(注)\right)$ (注) 分割移転割合 $=\dfrac{分割信託(※)から承継信託(※)に移転した資産の帳簿価額 - 分割信託から承継信託に移転した負債の帳簿価額}{分割信託の資産の帳簿価額 - 分割信託の負債の帳簿価額}$ ※ 「分割信託」とは特定受益証券発行信託に係る信託の分割によりその信託の一部を受託者を同一とする他の信託又は新たな信託財産として移転する信託をいい，「承継信託」とは，特定受益証券発行信託に係る信託の分割により受託者を同一とする他の信託からその信託財産の一部の移転を受ける信託をいいます。

譲渡所得の課税の特例（有価証券の譲渡）

法人の株式分配（注9）により取得した株式等の取得価額（令113の2①②）	取得した完全子法人株式1株当たりの取得価額	$= \dfrac{\text{所有株式1株の従前の取得価額} \times \text{純資産移転割合(注)}}{\text{所有株式1株について取得した完全子法人株式の数}} + \begin{pmatrix}\text{完全子法人}\\\text{株式1株当}\\\text{たりのみな}\\\text{し配当額}\end{pmatrix} + \begin{pmatrix}\text{完全子法人}\\\text{株式1株当}\\\text{たりの取得}\\\text{費用}\end{pmatrix}$
	所有株式（現物分配法人の株式）1株当たりの取得価額	$= \text{所有株式1株の従前の取得価額} - \left(\text{所有株式1株の従前の取得価額} \times \text{純資産移転割合(注)}\right)$
	(注) 純資産移転割合	$= \dfrac{\text{株式分配の直前の完全子法人の株式の帳簿価額}}{\text{株式分配の日の属する事業年度の前事業年度終了の時の資産の帳簿価額から負債の帳簿価額を減算した金額}}$
資本の払戻し等があった場合の株式等の取得価額（令114①）（注10）	旧株1株当たりの取得価額	$= \text{旧株1株の従前の取得価額} - \left(\text{旧株1株の従前の取得価額} \times \text{払戻等割合(注)}\right)$
	(注) 払戻等割合	$= \dfrac{\text{その資本の払戻しにより減少した資本剰余金の額又はその解散による残余財産の分配により交付した金銭等の価額の合計額}}{\text{その法人の資産の帳簿価額} - \text{その法人の負債（新株予約権及び株式引受権に係る義務を含む。）の帳簿価額}}$
口数の定めのない出資の払戻しがあった場合の所有出資の取得価額（令114②）	所有出資1単位当たりの取得価額	$= \text{所有出資1単位当たりの従前の取得価額} - \left(\text{所有出資1単位当たりの従前の取得価額} \times \dfrac{\text{出資の払戻しに係る出資の金額}}{\text{出資の払戻し直前の所有出資の金額}}\right)$
組織変更があった場合の株式等の取得価額（令115）	新株1単位当たりの取得価額	$= \dfrac{\text{旧株1単位の従前の取得価額（旧株1単位に対応する新株の取得費用の額を含む。）} \times \text{旧株の数}}{\text{取得した新株の数}}$
合併等があった場合の新株予約権等の取得価額（令116）	合併法人等の新株予約権等1単位当たりの取得価額	$= \dfrac{\text{旧新株予約権等1単位の従前の取得価額（旧新株予約権等1単位に対応する合併法人等新株予約権等の取得費用の額を含む。）}}{\text{旧新株予約権等1単位について取得した合併法人等の新株予約権等の数}}$

(注) 1 新株について、金銭の払込みを要する場合に限ります。
2 旧株と同一の種類の株式を取得した場合に限ります。
3 被合併法人の株主等に、合併法人又は合併親法人のうちいずれか一の法人の株式又は出資以外の資産（剰余金の配当として交付された金額その他の資産など一定のものを除く。）が交付されなかったものに限ります。
4 法人税法施行令第4条の3第2項第1号に規定する無対価合併に該当するもので同項第2号ロに掲げる関係があるものに限ります。
5 従前の投資信託等の受益者に、信託の併合に係る新たな投資信託等の受益権以外の資産（信託の併合に反対する受益者に対する買取請求に基づく対価として交付される金銭その他の資産を除く。）が交付されなかったものに限ります。
6 分割承継法人又は分割承継親法人の株式1株当たりの取得価額の計算については、分割法人の株主等に分割承継法人又は分割承継親法人のうちいずれか一の法人の株式又は出資以外の資産が交付されなかったものに限ります。
7 法人税法施行令第4条の3第6項第1号イに規定する無対価分割に該当するもので同項第2号イ(2)に掲げる関係があるものに限ります。
8 承継信託の受益権1口当たりの取得価額の計算については、分割信託の受益者に承継信託の受益権以外の資産（信託の分割に反対する受益者に対する受益権取得請求に基づく対価として交付される金銭その他の資産を除く。）が交付されなかったものに限ります。
9 完全子法人株式1株当たりの取得価額の計算については、現物分配法人の株主等に完全子法人の株式又は出資以外の資産が交付されなかったものに限ります。
10 払戻等割合は、その払戻し等が2以上の種類の株式を発行していた法人が行った資本の払戻しである場合には、所得税法施行令第61条第2項第4号ロに規定する種類払戻割合となり、その払戻等が出資等減少分配である場合には、同項第5号に規定する割合となります。

譲渡所得の課税の特例（有価証券の譲渡）

　信用取引等による株式又は公社債の取得価額　信用取引，発行日取引又は金融商品取引法第28条第8項第3号イに掲げる取引（いわゆる有価証券先物取引）の方法によって株式又は公社債の売買を行い，かつ，これらの取引による株式又は公社債の売付けと買付けによってその取引の決済を行っている場合のその売付けに係る株式又は公社債の取得に要した経費としてその年分の事業所得の金額又は雑所得の金額の計算上必要経費に算入する金額は，これらの取引において買い付けた株式又は公社債の取得に要した金額によって計算します（令119）。

　相続又は遺贈により取得した株式を譲渡した場合の取得費加算　譲渡所得に該当する株式等の譲渡をした場合において，その株式等が相続又は遺贈により取得したものであるときは，相続財産を譲渡した場合の譲渡所得の特例（措法39，547ページ参照）の適用があります。

　株式等の評価方法　事業所得の場合と事業所得以外の場合とに区分して，それぞれ次のようになります（法48）。

(1)　事業所得に該当する場合　株式等をその種類及び銘柄（以下「種類等」という。）の異なるごとに区別し，その種類等の同じものについて，総平均法（221ページ参照）によって評価します（法48①，措令25の8⑧，25の9⑪，令105①一）。

(2)　譲渡所得又は雑所得に該当する場合　株式等が同一銘柄のものを2回以上にわたって取得しているものであるときは，その取得価額はその株式等を最初に取得した時（その後既にその株式等の譲渡をしている場合には，直前の譲渡の時）からその譲渡の時までの期間を基礎として，最初に取得した時（又は直前の譲渡の時）に所有していた株式等及びその期間中に取得した株式等について，総平均法に準ずる方法によって計算した1単位当たりの金額に譲渡した株式等の数量を乗じて計算します（法48③，令118）。

総平均法に準ずる方法の具体例

　A銘柄の令和5年中の売買状況

年　月　日	買入数量	単　価	買入価額	売却数量	単　価	売却価額
4. 2. 6	200,000	200	40,000,000			
5. 6. 12	100,000	220	22,000,000			
9. 11	200,000	190	38,000,000			
10. 3				200,000	300	60,000,000
10. 17	100,000	250	25,000,000			
11. 7	100,000	230	23,000,000			
11. 21				200,000	250	50,000,000

①　令和5年10月3日に，200,000株を300円で売却したとすると，売却価額は60,000,000円となります。
　　この場合の取得価額は，それまでの買入価額の合計100,000,000円を買入株数の合計500,000株で除した金額の200円となり，売却分の200,000株の取得価額は40,000,000円，売却益は20,000,000円（60,000,000円－40,000,000円）となります。

②　令和5年11月21日に200,000株を250円で売却したとすると，売却価額は50,000,000円となります。この場合の取得価額は，上記10月3日に売却した後の残は200円に300,000株を乗じた60,000,000円であるため，その後に取得した額との合計額108,000,000円を合計株数500,000株で除して得た金額216円となり，200,000株の取得価額は43,200,000円，売却益は6,800,000円（50,000,000円－43,200,000円）

— 448 —

となります。
(3) ストック・オプション税制の適用を受けて取得した特定株式と同一銘柄の他の株式とがある場合

　銘柄が異なるものとして，総平均法による期末有価証券の評価（令105①一）及び総平均法に準ずる方法によって算出した1単位当たりの金額による取得費等の計算（令118①）を行うこととなります（措令19の3⑲）。

(4) ストック・オプション税制の適用を受けて取得した特定株式のうちに同一銘柄の取締役等の特定株式以外の特定株式がある場合

　次の場合には，それぞれの銘柄が異なるものとして，総平均法による期末有価証券の評価（令105①一）及び総平均法に準ずる方法によって算出した1単位当たりの金額による取得費等の計算（令118①）を行うこととなります（措令19の3⑳）。

① 取締役等の特定株式と同一銘柄の取締役等の特定株式以外の特定株式とがある場合
② 取締役等の特定株式以外の特定株式のうちに特定新株予約権の行使をした日が異なる特定株式がある場合

借入金の利子　その年において譲渡した株式等で事業所得，譲渡所得又は雑所得の基因となったものを取得するために要した借入金の利子でその年中に支払うべきものは，一般株式等に係る譲渡所得等の金額又は上場株式等に係る譲渡所得等の金額の計算上収入金額から控除することとされています（法33③，37，措法37の10⑥三，37の11⑥）。

(注) 1　その年において取得した株式等を譲渡しないで所有している場合の借入金の利子は，配当所得の収入金額から控除されます（法24②，192ページ参照）。
　　 2　申告分離課税の適用を受ける株式等に係る譲渡所得等と配当所得を有する者が負債により取得した株式等を有する場合において，その負債を株式等に係る譲渡所得等の基因となった株式等を取得するために要したものとその他のものとに明確に区分することが困難なときには，次の算式により計算した金額を株式等に係る譲渡所得等の金額の計算上控除すべき負債の利子の額とすることができます（措通37の10・37の11共―16）。

株式等を取得するために要した負債の利子の総額 × その利子の額を差し引く前の一般株式等に係る譲渡所得等の金額又は上場株式等に係る譲渡所得等の金額 ／ 配当所得の収入金額 ＋ その利子の額を差し引く前の一般株式等に係る譲渡所得等の金額及び上場株式等に係る譲渡所得等の金額 ＋ その利子の額を差し引く前の総合課税の株式等に係る事業所得等の金額

株式等の譲渡による所得の所得区分　申告分離課税の対象となる株式等の譲渡による所得が事業所得，雑所得又は譲渡所得のいずれかに該当するかどうかは，次によります（基通23～35共―11）。

(1) 営利を目的として継続的に行われていると認められる株式等の譲渡による所得は，その譲渡が事業として行われているときは事業所得となり，その譲渡が事業と認められる程度に至らないものであるときは，雑所得となります。

(2) 営利を目的として継続的に行われる株式等の譲渡による所得に該当しない株式等の譲渡による所得は，譲渡所得となります。

　この場合，次に掲げる株式等の譲渡による部分の所得については，譲渡所得として取り扱って差し支えないものとされます（措通37の10・37の11共―2）。

イ 上場株式等で所有期間が1年を超えるものの譲渡による所得

ロ 一般株式等の譲渡による所得

（注） この場合において，その者の上場株式等に係る譲渡所得等の金額の計算上，信用取引等の方法による上場株式等の譲渡による所得など上記イに掲げる所得以外の上場株式等の譲渡による所得がある場合には，その部分は事業所得又は雑所得として取り扱って差し支えありません。

株式等に係る譲渡所得等の金額の計算上生じた損失の金額 一般株式等に係る譲渡所得等の金額又は上場株式等に係る譲渡所得等の金額の計算上生じた損失の金額（上場株式等に係る譲渡損失の金額及び特定株式に係る譲渡損失の金額を含む。）があるときは，それぞれ他の一般株式等に係る譲渡所得等の金額又は上場株式等に係る譲渡所得等の金額から控除することとされています（措法37の10①，措令25の8①）。

この場合，一般株式等に係る譲渡所得等の金額及び上場株式等に係る譲渡所得等の金額の計算は，次に掲げる順序によって計算することとされています（措令25の8①，25の9①，25の12②，25の12の2②，25の12の3⑦，措通37の10・37の11共―4）。

(1) 一般株式等に係る事業所得，譲渡所得又は雑所得の金額のいずれかに，その金額の計算上生じた損失の金額がある場合には，租税特別措置法施行令第25条の8第1項の規定により，当該損失の金額を他の一般株式等に係る事業所得，譲渡所得又は雑所得の金額から控除する。

(2) 上場株式等に係る事業所得，譲渡所得又は雑所得の金額のいずれかに，その金額の計算上生じた損失の金額がある場合には，租税特別措置法施行令第25条の9第1項の規定により，当該損失の金額を他の上場株式等に係る事業所得，譲渡所得又は雑所得の金額から控除する。

(3) 「特定投資株式の取得に要した金額の控除等」又は「設立特定株式の取得に要した金額の控除等」の適用を受ける場合には，租税特別措置法施行令第25条の12第2項第1号又は第25条の12の2第2項第1号の規定により，まず一般株式等に係る譲渡所得等の金額の計算上控除し，なお控除しきれない金額があるときは，上場株式等に係る譲渡所得等の金額の計算上控除する。

(4) 「特定投資株式に係る譲渡損失の損益の計算」の適用を受ける場合には，当該特定投資株式に係る譲渡損失の金額を上場株式等に係る譲渡所得等の金額の計算上控除する。

(5) 「特定投資株式に係る譲渡損失の繰越控除」の適用を受ける場合には，当該繰越控除に係る譲渡損失の金額を，租税特別措置法施行令第25条の12の3第7項第2号の規定により，まず一般株式等に係る譲渡所得等の金額の計算上控除し，なお控除しきれない金額があるときは，上場株式等に係る譲渡所得等の金額の計算上控除する。

(6) 「上場株式等に係る譲渡損失の繰越控除」の適用を受ける場合には，当該繰越控除に係る譲渡損失の金額を上場株式等に係る譲渡所得等の金額の計算上控除する。

(7) 所得税法第71条第1項《雑損失の繰越控除》に規定する雑損失の金額がある場合には，同項の規定による控除を行う。

（注）1 上記(1)又は(2)の計算に当たり，一般株式等に係る事業所得，譲渡所得若しくは雑所得の金額又は上場株式等に係る事業所得，譲渡所得若しくは雑所得の金額のうちに，「特定投資株式に係る譲渡所得等の課税の特例（旧措法37の13の3）」の適用がある株式等の譲渡による事業所得，譲渡所得又は雑所得の金額（以下この注において「公開等特定株式に係る譲渡所得等の金額」という。）がある場合，上記(1)又は(2)の損失の金額は，まず公開等特定株式に係る譲渡所得等の金額から控

除する。
　　2　上記(3)の計算に当たり，一般株式等に係る譲渡所得等の金額又は上場株式等に係る譲渡所得等の金額のうちに，公開等特定株式に係る譲渡所得等の金額に対応する部分の金額がある場合は，まず当該公開等特定株式に係る譲渡所得等の金額に対応する部分の金額から控除する。

　なお，上記の損失の金額の通算をしてもまだ損失の金額が残る場合には，その損失の金額は生じなかったものとされ，他の所得の金額から控除することはできませんし，翌年以降に繰り越すこともできません（上場株式等に係る譲渡損失の金額及び特定株式に係る譲渡損失の金額がある場合には，繰越控除が可能。474・486ページ参照）（措法37の10①，37の11①，37の12の2，37の13の3）。

　また，一般株式等の譲渡に係る所得又は上場株式等の譲渡に係る所得以外の所得の金額の計算上生じた損失を一般株式等の譲渡に係る所得又は上場株式等に係る譲渡所得等の金額から控除することはできません（措法37の10⑥四，37の11⑥）。

特定管理株式等が価値を失った場合の株式等に係る譲渡所得の課税の特例

　居住者又は恒久的施設を有する非居住者について，特定口座（456ページ参照）を開設する金融商品取引業者，登録金融機関又は投資信託委託会社（以下「金融商品取引業者等」という。）に開設される特定管理口座において，上場株式等に該当しないこととなった日以後引き続き振替口座簿に記載若しくは記録がされ，又は保管の委託がされている内国法人の株式又は公社債（以下「特定管理株式等」という。）又はその特定口座に係る振替口座簿に記載若しくは記録がされ，又はその特定口座に保管の委託がされている内国法人が発行した公社債（以下「特定口座内公社債」という。）について，株式又は公社債としての価値を失ったことによる損失が生じた場合として定められた一定の事実が発生したときは，その事実が発生したことはその特定管理株式等又は特定口座内公社債の譲渡をしたこととみなし，かつ，その損失の金額として一定の方法により計算された金額は上場株式等の譲渡をしたことにより生じた損失の金額とみなして，上場株式等に係る譲渡所得等の課税の特例及び上場株式等に係る譲渡損失の損益通算及び繰越控除の特例を適用することとされています（措法37の11の2，措令25の9の2，措規18の10の2）。

　（注）　この特例の対象となる特定管理株式等の範囲からは，非課税口座内上場株式等又は未成年者口座内上場株式等のうち，金融商品取引所への上場を廃止することが決定された銘柄又は上場を廃止するおそれがある銘柄としてその非課税口座内上場株式等又は未成年者口座内上場株式等が指定されている期間内に，その非課税口座内上場株式等に係る非課税口座又は未成年者口座内上場株式等に係る未成年者口座から特定口座に移管がされたものその他一定の上場株式等が除かれます（措法37の11の2①，措令25の9の2①，措規18の10の2①，措通37の11の2―1）。

(1)　特定管理口座の要件

　特定管理口座は，この特例のほか，「特定管理株式等の譲渡に係る所得計算の特例」（454ページ参照）の適用を受けることのできる口座です。この特定管理口座は，次に掲げる要件を満たす口座をいいます（措法37の11の2①，措規18の10の2②）。

　イ　特定口座内保管上場株式等（456ページ参照）が上場株式等に該当しないこととなった内国法人の株式又は公社債につき，特定口座から移管されるその内国法人の株式又は公社債のみが振替口座簿に記載若しくは記録がされ，又は保管の委託がされる口座であること

ロ　特定口座を開設する金融商品取引業者等の営業所の長に特定管理口座開設届出書の提出をして，その金融商品取引業者等との間で締結した上記イの内国法人の株式又は公社債の振替口座簿への記載若しくは記録又は保管の委託に係る契約に基づき開設される口座であること

(注)　上記の「契約」は，その契約書において上記の内国法人の株式又は公社債の譲渡は金融商品取引業者等への売委託による方法又は金融商品取引業者等に対してする方法によることが定められているものに限られます。

　この「特定管理口座開設届出書」は，特定口座を開設している金融商品取引業者等の営業所に特定管理口座を開設する場合には，その金融商品取引業者等の営業所の長に対し，最初に上記イの内国法人の株式又は公社債を特定管理口座に受け入れる時までに提出（電磁的方法によるその特定管理口座開設届出書に記載すべき事項の提供を含む。）をすることが必要とされているものであり，その記載事項は次のとおりです（措令25の9の2⑧，措規18の10の2⑤）。

(イ)　上記イの内国法人の株式又は公社債を特定管理口座に係る振替口座簿に記載若しくは記録を受け，又は特定管理口座に保管の委託をする旨

(ロ)　提出者の氏名，生年月日及び住所

(ハ)　提出先の金融商品取引業者等の営業所の名称及び所在地

(ニ)　開設する特定管理口座の名称

(ホ)　下記(2)の事実の発生又は特定管理株式等の譲渡による事業所得の金額，譲渡所得の金額若しくは雑所得の金額につき，この特例又は特定管理株式等の譲渡に係る所得計算の特例の適用を受ける旨

(ヘ)　その他参考となるべき事項

(2)　「一定の事実」の範囲

　次のいずれかの事実が発生した場合に，特定管理株式等又は特定口座内公社債が株式又は公社債としての価値を失ったことによる損失が生じたものとみなされます（措法37の11の2①一，二，措令25の9の2③）。

イ　特定管理株式等又は特定口座内公社債を発行した内国法人が解散（合併による解散を除く。）をし，その清算が結了したこと

ロ　次に掲げる株式又は公社債の区分に応じ次に定める事実

(イ)　特定管理株式等である株式……次に掲げる事実

①　特定管理株式等である株式を発行した内国法人（以下「特定株式発行法人」という。）が破産法の規定による破産手続開始の決定を受けたこと

②　特定株式発行法人がその発行済株式の全部を無償で消滅させることを定めた会社更生法第2条第2項に規定する更生計画につき更生計画認可の決定を受け，その更生計画に基づき当該発行済株式の全部を無償で消滅させたこと

③　特定株式発行法人がその発行済株式（投資法人の発行済み投資口を含む。）の全部を無償で消滅させることを定めた民事再生法第2条第3号に規定する再生計画につき再生計画認可の決定が確定し，その再生計画に基づき当該発行済株式の全部を無償で消滅させたこと

④　特定株式発行法人が預金保険法第111条第1項の規定による特別危機管理開始決定を受

けたこと
- (ロ) 特定管理株式等である公社債又は特定口座内公社債（以下「特定口座内公社債等」という。）……次に掲げる事実
  - ① 特定口座内公社債等を発行した内国法人（以下「特定口座内公社債等発行法人」という。）が破産法の規定による破産手続廃止の決定又は破産手続終結の決定を受けたことにより、その居住者又は恒久的施設を有する非居住者が有する特定口座内公社債等と同一銘柄の社債に係る債権の全部について弁済を受けることができないことが確定したこと
  - ② 特定口座内公社債等発行法人がその社債を無償で消滅させることを定めた会社更生法に規定する更生計画につき更生計画認可の決定を受け、その更生計画に基づきその居住者又は恒久的施設を有する非居住者が有する特定口座内公社債等と同一銘柄の社債を無償で消滅させたこと
  - ③ 特定口座内公社債等発行法人がその社債を無償で消滅させることを定めた民事再生法第2条第3号に規定する再生計画につき再生計画認可の決定が確定し、その再生計画に基づきその居住者又は恒久的施設を有する非居住者が有する特定口座内公社債等と同一銘柄の社債を無償で消滅させたこと

(3) 特定管理株式等が株式としての価値を失ったことによる損失の金額

イ　特定管理株式等

特定管理株式等が株式としての価値を失ったことによる損失の金額は、次のように計算します（措法37の11の2①、措令25の9の2②一）。

$$\boxed{損失の金額} = \boxed{\text{特定管理口座で管理されている1株又は1単位当たりの取得価額}} \times \boxed{\text{特定管理口座において上記(2)の事実の発生の直前において有する特定管理株式等の数}}$$

ロ　特定口座内公社債

特定口座内公社債が価値を失ったことによる損失の金額は、次のように計算します（措法37の11の2①、措令25の9の2②二）。

$$\boxed{損失の金額} = \boxed{\text{特定管理口座で管理されている1単位当たりの取得価額}} \times \boxed{\text{特定管理口座において上記(2)の事実の発生の直前において有する特定口座内公社債の数}}$$

特例の適用を受けるための手続　この特例は、株式又は公社債としての価値を失ったことによる損失が生じた場合として定められた一定の事実が発生した日の属する年分の確定申告書に、この特例の適用を受けようとする旨の記載をし、次の書類を添付する必要があります（措法37の11の2③、措令25の9の2⑦、措規18の10の2④）。

(1) 特定管理口座を開設している金融商品取引業者等の営業所の長から交付を受けた一定の事実の確認をした旨を証する書類
(2) 株式等に係る譲渡所得等の金額の計算明細書（価値喪失株式等と価値喪失株式等以外の株式等との別に記載があるものに限る。）

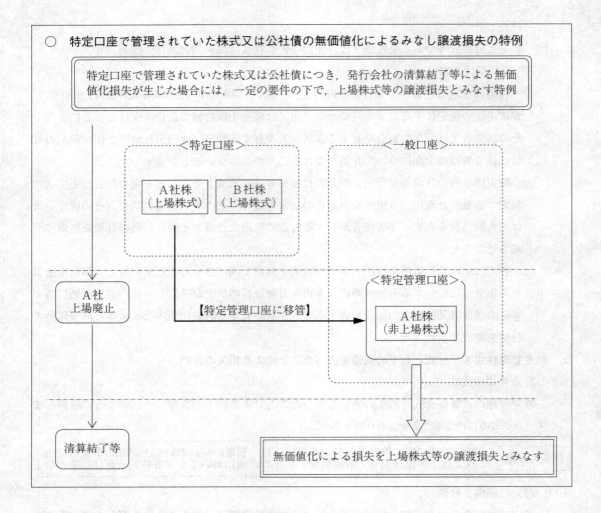

特定管理株式等の譲渡に係る所得計算の特例

　居住者等が、特定管理口座に保管の委託がされている特定管理株式等の譲渡をした場合には、それぞれの特定管理口座ごとに、その特定管理口座に係る特定管理株式等の譲渡による事業所得の金額、譲渡所得の金額又は雑所得の金額とその特定管理株式等以外の株式等の譲渡による事業所得の金額、譲渡所得の金額又は雑所得の金額とを区分して、これらの所得の金額の計算をします（措法37の11の2②、措令25の9の2⑤）。

(1) **特定管理株式等の譲渡の範囲**

　この特例の対象となる特定管理株式等の「譲渡」の範囲には、株式等につき法人の合併、分割型分割、株式分配、資本の払戻し、解散による残余財産の分配、自己の株式又は出資の取得、出資の消却、法人の組織変更、公社債の元本の償還、分離公社債に係る利子の交付によりその株式等の譲渡の対価とみなされる金額が生ずる場合（措法37の10③④、37の11③④）におけるこれらの事由によるその株式等のその譲渡の対価の額とみなされる金額に対応する部分の権利の移転又は消滅も含まれます（措令25の9の2④）。

(2) 所得金額の計算の基礎となる取得費等の計算
　イ　特定管理株式等を譲渡した場合の事業所得の金額，譲渡所得の金額又は雑所得の金額の計算は，他の株式等の譲渡による所得の金額と区分して，個々の特定管理口座ごとに行うこととされており，その計算を行う場合において特定管理口座外に特定管理株式等と同一銘柄の株式又は公社債を所有しているときには，それぞれその銘柄が異なるものとして取得価額及び取得費等の計算を行います（措令25の9の2⑤）。
　ロ　特定管理株式等の譲渡と特定管理株式等以外の一般株式等又は上場株式等の譲渡に共通する必要経費がある場合には，その共通の必要経費の額は，それぞれこれらの譲渡による事業所得又は雑所得を生ずべき業務の内容及び費用の性質に照らして合理的と認められる基準（収入金額あん分など）により配分してその所得の金額を計算します（措令25の9の2⑥，措規18の10の2③）。
　ハ　特定管理株式等の全部又は一部の払出し（振替によるものを含み，譲渡によるものを除く。）が行われた場合のその払出し先（特定管理口座外）において，その払出し後に，その払出しがされた特定管理株式等と同一銘柄の株式又は公社債を譲渡した場合におけるその譲渡をした同一銘柄の株式又は公社債の売上原価の額又は取得費の額の計算及びその譲渡をした同一銘柄の株式又は公社債の所有期間の判定については，次によることとされています（措令25の9の2⑩）。
　　(イ)　取得費等の計算方法
　　　　取得費等の額の計算に当たっては，その払出しがされた株式又は公社債は，その払出しの時に特定管理口座において特定管理株式等が譲渡されたとした場合に上記イの方法によりその特定管理株式等の取得費等の額として計算される金額により取得されたものとされます（措令25の9の2⑩一）。
　　　（注）　この取扱いは，あくまでも取得費等の額の計算上の取扱いであるので，その払出し先の特定管理口座外の取引においてその払出しがされた株式又は公社債と同一銘柄の株式又は公社債の譲渡が既に行われていた場合において，次の(ロ)により判定したその払出しがされた株式又は公社債の取得の日よりも古い場合であっても，その既に行われていた譲渡にまで遡って取得費等の再計算を行うことはしません。
　　(ロ)　所有期間の判定方法
　　　　所有期間の判定に当たっては，その払出しがされた株式又は公社債は，その払出しの時に特定管理口座において先入先出法により判定した場合のその株式又は公社債の取得の日に取得されたものとされます（措令25の9の2⑩二）。
　　　（注）　この判定は，いわゆるエンジェル税制（旧措法37の13の3①）における取得の日に関する規定について適用することとされています。
(3) 金融商品取引業者等における特定管理株式等の譲渡又は払出しがあった場合の通知義務
　　金融商品取引業者等は，特定管理口座を開設している居住者等に対し，次に掲げる場合の区分に応じ，特定管理株式等の銘柄ごとに区分してそれぞれ次の事項を書面により通知（その書面による通知に代えて行う電磁的方法による通知を含む。）をしなければならないこととされています（措令25の9の2⑨，措規18の10の2⑥）。
　イ　特定管理株式等の譲渡があった場合……その譲渡があった日及び株数又は額面金額，その譲渡に係る収入金額，取得費等の額（上記(2)イの方法により計算した金額）その他一定の事項

譲渡所得の課税の特例（有価証券の譲渡）

ロ　特定管理株式等の全部又は一部の払出し（振替によるものを含み，譲渡に係るものを除く。）があった場合…その払出しがあった日，取得費等の額（その払出しの時を譲渡の時とみなして上記(2)イの方法により計算した金額），取得日（先入先出法によった場合の取得の日）及びその取得日ごとの株数又は額面金額その他一定の事項

特定口座に関する課税の特例

(1)　特定口座内保管上場株式等の譲渡等に係る所得計算等の特例

《制度の内容》

イ　金融商品取引業者等に一定の要件を満たす特定口座を開設した場合において，次の２つの特例により計算することとされています（措法37の11の３①②，措令25の10の２①③）。

　(イ)　特定口座内保管上場株式等の譲渡による所得計算の特例

　　　その特定口座について上場株式等保管委託契約に基づき社債，株式等の振替に関する法律に規定する振替口座簿に記載若しくは記録がされ，又は保管の委託がされている上場株式等（以下「特定口座内保管上場株式等」という。）を譲渡した場合には，それぞれの特定口座ごとに，その特定口座に係る特定口座内保管上場株式等の譲渡による譲渡所得等の金額と，その特定口座内保管上場株式等以外の株式等の譲渡による譲渡所得等の金額とを区分して，これらの金額を計算します。

　(ロ)　信用取引等に係る上場株式等の譲渡に係る所得計算の特例

　　　上場株式等信用取引等契約に基づき上場株式等の信用取引等を特定口座において処理した場合には，それぞれの特定口座ごとに，その信用取引等に係る上場株式等の譲渡による事業所得又は雑所得の金額と，その信用取引等に係る上場株式等の譲渡以外の株式等の譲渡による事業所得又は雑所得の金額とを区分して，これらの金額を計算します。

【対象株式等】

　　「申告分離課税の対象となる株式等」の(2)「上場株式等」の範囲（435ページ参照）と同じです。

(注)　特定口座内保管上場株式等を譲渡した場合等の必要経費又は取得費の計算は，次によることとされます（措令25の10の２①一～三，②④，措通37の11の３－１）。

1　２回以上にわたって取得した同一銘柄の特定口座内保管上場株式等の譲渡による事業所得の金額の計算上必要経費に算入する売上原価の計算は，所得税法施行令第118条に規定する総平均法に準ずる方法（譲渡所得又は雑所得の場合の計算方法）により行います。

2　特定口座外に特定口座内保管上場株式等と同一銘柄の株式等を所有している場合には，それぞれの銘柄が異なるものとして取得費等を計算します。

3　一の特定口座において同一の日に２回以上の同一銘柄の譲渡がある場合には，その同一の日における最後の譲渡の時にこれらの譲渡があったものとみなして取得費等の計算を行います。

4　特定口座内保管上場株式等の譲渡と特定口座内保管上場株式等以外の株式等の譲渡に共通する必要経費又は特定口座における信用取引等に係る上場株式等の譲渡とそれ以外の上場株式等の譲渡に共通する必要経費がある場合には，その必要経費の額は，それぞれに一定の基準により配分してその所得の金額を計算します。

ロ　金融商品取引業者等は，その年において開設されていた特定口座について，その特定口座を開設した居住者等の氏名及び住所（所轄税務署長に提出するものについては，氏名，住所及び個人番

— 456 —

号），その年中に特定口座において処理された上場株式等の譲渡の対価の額，上場株式等の取得費の額，譲渡に要した費用の額，譲渡に係る所得の金額又は差益の金額，上場株式等の配当等の額その他の事項を記載した「特定口座年間取引報告書」を2通作成し，翌年1月31日（年の途中で特定口座の廃止等の事由が生じた場合には，その事由が生じた日の属する月の翌月末日）までに，1通を特定口座を開設した金融商品取引業者等の営業所の所在地の所轄税務署長に提出し，他の1通を特定口座を開設した個人に交付しなければなりません（措法37の11の3⑦，措規18の13の5）。

(注) 1　特定口座における取引については，株式等の譲渡の対価の受領者の告知及び株式等の譲渡の対価に係る支払調書の提出の必要はないものとされます（措令25の10の10⑤）。
　　 2　特定口座における取引以外に株式等の譲渡がない年の確定申告においては，居住者等は，「特定口座年間取引報告書」又は「金融商品取引業者等から提供を受けた特定口座年間取引報告書に記載すべき事項を書面に出力したもの」（特定口座が複数ある場合には，それぞれの口座についてのこれらの書類とその合計表）の添付をもって「株式等に係る譲渡所得等の金額の計算明細書」の添付に代えることが認められます（措令25の10の10⑦）。

ハ　金融商品取引業者等に開設されていた特定口座で，その年中に取引（譲渡・配当等の受入れ）がなかったものについては，その特定口座を開設していた居住者等からの請求がある場合を除き，その特定口座を開設されていた金融商品取引業者等は特定口座年間取引報告書の交付を要しません（措法37の11の3⑧）。

ニ　金融商品取引業者等は，特定口座年間取引報告書の交付に代えて，居住者等の承諾を得て，その報告書に記載すべき事項を電磁的方法により提供することができます（この場合，金融商品取引業者等はその報告書を交付したものとみなされます。）。ただし，その居住者等の請求があるときはその報告書を交付しなければなりません（措法37の11の3⑨⑩）。

《具体的な適用要件》
イ　特定口座に関する事項
　(イ)　特定口座の意義
　　　特定口座とは，居住者等が金融商品取引業者等の営業所（国内にあるものに限る。）の長に，「特定口座開設届出書」の提出をして，その金融商品取引業者等との間で締結した「上場株式等保管委託契約」又は「上場株式等信用取引等契約」に基づき開設された上場株式等の振替口座簿への記載若しくは記録若しくは保管の委託（以下「上場株式等の保管等の委託」という。）又は上場株式等の信用取引等に係る口座（これらの契約及び上場株式配当等受領委任契約に基づく取引以外の取引に関する事項を扱わないものに限る。）をいいます（措法37の11の3③一）。
　　(注)　特定口座開設届出書の提出（電磁的方法によるその特定口座開設届出書に記載すべき事項の提供を含む。）は，①取得した上場株式等を最初にその口座に受け入れる時又は②この口座において最初に信用取引等を開始する時のいずれか早い時までにしなければなりません（措令25の10の2⑤）。
　(ロ)　特定口座開設時の告知義務
　　　居住者等は，「特定口座開設届出書」の提出をする際，金融商品取引業者等の営業所の長に住民票の写しその他の書類を提示し，又は署名用電子証明書等を送信して氏名，生年月日，

住所及び個人番号を告知し，その告知した事項について確認を受けなければなりません（措法37の11の3④）。

(注)1　住民票の写しその他の書類とは，個人番号カード又は住民票の写し若しくは住民票の記載事項証明書で個人番号の記載のあるもの及び住所等確認書類（印鑑証明書，健康保険の被保険者証，運転免許証，旅券，特別永住者証明書その他の一定の書類のいずれかの書類をいう。）をいい，金融商品取引業者等の営業所の長は告知があった氏名，生年月日，住所及び個人番号とこれらの書類に記載又は署名用電子証明書等に記録された内容が同じであるかどうか確認しなければなりません。その上で，金融商品取引業者等の営業所の長は，確認に関する帳簿に確認をした旨を明らかにし，かつ，その帳簿を保存しなければなりません（措令25の10の3②③，措規18の12③⑤）。なお，上記の住所等確認書類とされていた国民年金手帳については，年金制度の機能強化のための国民年金法等の一部を改正する法律（令和2年法律第40号）による国民年金法第13条の削除に伴い住所等確認書類の範囲からも除外されましたが，国民年金手帳が年金制度の機能強化のための国民年金法等の一部を改正する法律の施行に伴う厚生労働省関係省令の整備に関する省令（令和3年厚生労働省令第115号）附則第6条第1項の規定により同項に規定する書類とみなされる間は，従前どおり住所等確認書類として扱う旨の経過措置が設けられています（租税特別措置法施行規則等の一部を改正する省令（令和4年財務省令第23号）附則4）。

2　金融商品取引業者の営業所の長が，その居住者等から上記（注）1の住民票の写しその他の書類の提示又は署名用電子証明書等の送信を受け，その居住者等の氏名，住所及び個人番号その他一定の事項を記載した帳簿を備えているときは，その居住者等は，特定口座開設届出書への個人番号の記載及びその特定口座開設届出書の提出をする際の個人番号の告知を要しないこととされています（措法37の11の3④，措令25の10の3①⑤，措規18の11④一，18の12⑥）。

(ハ)　特定口座開設届出書の受理（一業者一口座の原則）

金融商品取引業者等の営業所の長は，告知を受けたものと異なる氏名，生年月日，住所及び個人番号が記載されている特定口座開設届出書及びその金融商品取引業者等に既に特定口座を開設している者から重ねて提出された特定口座開設届出書については，原則として，これを受理することはできません（措法37の11の3⑤）。したがって，金融商品取引業者等が異なる場合には，それぞれの金融商品取引業者等ごとに特定口座を開設することとなります。

ロ　上場株式等保管委託契約の内容

上記イ(イ)の「上場株式等保管委託契約」とは，上記《制度の内容》イ(イ)の適用を受けるために居住者等が金融商品取引業者等と締結した上場株式等の保管等の委託に係る契約（信用取引等に係るものを除く。）で，その契約書において，次の事項が定められているものをいいます（措法37の11の3③二，措令25の10の2，措規18の11）。

(イ)　上場株式等の保管等の委託はその保管等の委託に係る口座に設けられた特定保管勘定（他の取引に関する記録と区分して行うための勘定をいう。）において行うこと

(ロ)　特定保管勘定においては次に掲げる上場株式等（特定新株予約権（いわゆる税制適格ストック・オプション）の行使により取得した上場株式等を除く。）のみを受け入れること

— 458 —

譲渡所得の課税の特例（有価証券の譲渡）

	上場株式等の種類
A	特定口座開設届出書の提出後に，その金融商品取引業者等への買付けの委託（その買付けの委託の媒介，取次ぎ又は代理を含む。）により取得をした上場株式等又はその金融商品取引業者等から取得をした上場株式等で，その取得後直ちに特定口座に受け入れられるもの（措法37の11の3③二イ）
B	他の金融商品取引業者等に開設されている特定口座から，その特定口座に係る特定口座内保管上場株式等の全部又は一部の移管がされる場合のその移管がされる上場株式等（措法37の11の3③二ロ）
C	その特定口座を開設する金融商品取引業者等が行う有価証券の募集により取得した上場株式等又はその金融商品取引業者等が行う有価証券の売出しに応じて取得した上場株式等（措令25の10の2⑭一）
D	特定信用取引等勘定において行った信用取引により買い付けた上場株式等のうち，現引きしたもので，同一金融商品取引業者等間での振替により受け入れるもの（措令25の10の2⑭二）
E	贈与，相続（限定承認に係るものを除く。以下Fにおいて同じ。）又は遺贈（包括遺贈のうち，限定承認に係るものを除く。以下Fにおいて同じ。）により取得した上場株式等で，同一金融商品取引業者等間での移管により受け入れるもの（a贈与者，被相続人又は包括遺贈者の所有していた期間に特定口座内保管上場株式等であった上場株式等又は特定口座以外の口座で管理されていた上場株式等と，b同様の期間に非課税口座内上場株式等であった上場株式等と，c同様の期間に未成年者口座内上場株式等であった上場株式等が対象となる。）のうち，次に掲げる要件を満たすもの（措令25の10の2⑭三） (A) 贈与により取得した上場株式等のうち同一銘柄の上場株式等は全て贈与者の特定口座等から受贈者の特定口座へ移管がされ，かつ，移管がされる上場株式等が贈与者の特定口座等に係る上場株式等の一部である場合には，受贈者の特定口座においてその移管がされる上場株式等と同一銘柄の上場株式等を有していないこと (B) 相続又は遺贈により取得した上場株式等のうち，同一銘柄の上場株式等は全て被相続人等の特定口座等から相続人等の特定口座へ移管がされること
F	贈与，相続又は遺贈により取得したその贈与者，被相続人又は包括遺贈者の開設していた特定口座に係る特定口座内保管上場株式等であった上場株式等又は特定口座以外の口座に係る振替口座簿に記載若しくは記録がされ，若しくはその口座に保管の委託がされていた上場株式等で，その口座が開設されている金融商品取引業者等以外の金融商品取引業者等に開設されている特定口座への移管により受け入れるもの（上記E(A)又は(B)の区分に応じ，上記E(A)又は(B)の要件を満たすものに限る。）（措令25の10の2⑭四）
G	特定口座内保管上場株式等の株式又は投資信託若しくは特定受益証券発行信託の受益権の分割又は併合により取得する上場株式等で，特定口座への受入れを振替口座簿に記載若しくは記録又は保管の委託をする方法により行うもの（措令25の10の2⑭五）
H	特定口座を開設する居住者等が有する上場株式等（特定口座を開設されている金融商品取引業者等の振替口座簿に記載若しくは記録又は保管の委託がされているものに限る。）について行われた会社法第185条に規定する株式無償割当て，同法第277条に規定する新株予約権無償割当て又は投資信託及び投資法人に関する法律第88条の13に規定する新投資口予約権無償割当てにより取得する上場株式等で，その割当ての時に特定口座に係る振替口座簿に記載若しくは記録又は保管の委託をする方法により受け入れるもの（措令25の10の2⑭六）
I	特定口座内保管上場株式等の法人の合併（合併法人の株式（出資を含む。以下同じ。）又は合併親法人の株式のいずれか一方のみの交付がされるものに限る。）により取得する合併法人の株式又は合併親法人の株式で，特定口座への受入れを振替口座簿に記載若しくは記録又は保管の委託をする方法により行うもの（措令25の10の2⑭七）

譲渡（特例）

譲渡所得の課税の特例（有価証券の譲渡）

J	特定口座内保管上場株式等の投資信託の併合（新たな投資信託の受益権のみが交付されるものに限る。）により取得する新たな投資信託の受益権で，特定口座への受入れを振替口座簿に記載若しくは記録又は保管の委託をする方法により行うもの（措令25の10の2⑭八）
K	特定口座内保管上場株式等の法人の分割（分割承継法人の株式（出資を含む。以下同じ。）又は分割承継親法人の株式のいずれか一方のみの交付がされるもので，その株式が分割法人の発行済株式等の総数又は総額のうちに占めるその分割法人の各株主等の有するその分割法人の株式の数又は金額の割合に応じて交付されるものに限る。）により取得する分割承継法人の株式又は分割承継親法人の株式で特定口座への受入れを振替口座簿に記載若しくは記録又は保管の委託をする方法により行うもの（措令25の10の2⑭九）
L	特定口座内保管上場株式等の法人の行った株式分配（完全子法人の株式（出資を含む。以下同じ。）のみの交付がされるもので，その株式が現物分配法人の発行済株式等の総数又は総額のうちに占めるその現物分配法人の各株主等の有するその現物分配法人の株式の数又は金額の割合に応じて交付されるものに限る。）により取得する完全子法人の株式で，特定口座への受入れを振替口座簿に記載若しくは記録又は保管の委託をする方法により行うもの（措令25の10の2⑭九の二）
M	特定口座内保管上場株式等の株式交換により取得する株式交換完全親法人の株式若しくはその親法人の株式又は株式移転により取得する株式移転完全親法人の株式で，特定口座への受入れを振替口座簿に記載若しくは記録又は保管の委託をする方法により行うもの（措令25の10の2⑭十）
N	特定口座内保管上場株式等である新株予約権又は新株予約権付社債を発行した法人を被合併法人，分割法人，株式交換完全子法人又は株式移転完全子法人とする合併，分割，株式交換又は株式移転（以下「合併等」という。）によりその新株予約権又は新株予約権付社債に代えて取得する合併等に係る合併法人，分割承継法人，株式交換完全親法人又は株式移転完全親法人の新株予約権又は新株予約権付社債で，特定口座への受入れを振替口座簿に記載若しくは記録又は保管の委託をする方法により行うもの（措令25の10の2⑭十の二）
O	特定口座内保管上場株式等の取得請求権付株式の請求権の行使，取得条項付株式の取得事由の発生，全部取得条項付種類株式の取得決議又は取得条項付新株予約権が付された新株予約権付社債の取得事由の発生により取得する上場株式等で，特定口座への受入れを振替口座簿に記載若しくは記録又は保管の委託をする方法により行うもので，所得税法第57条の4第3項に定める課税繰延べの要件を満たすもの（措令25の10の2⑭十一）
P	次の行使又は取得事由の発生により取得する上場株式等で，その全てをその行使等の時に振替口座簿に記載若しくは記録又は保管の委託をする方法により受け入れるもの（措令25の10の2⑭十二） (A) 特定口座内保管上場株式等に付された新株予約権の行使 (B) 特定口座内保管上場株式等について与えられた株式の割当てを受ける権利又は新株予約権（新投資口予約権を含む。）の行使（(D)に掲げるものを除く。） (C) 特定口座内保管上場株式等である新株予約権（新投資口予約権を含む。）の行使等 (D) 新株予約権等の行使（所得税法施行令第84条第3項第1号又は第2号に係る権利の行使で同項の規定の適用があるものに限る。） (E) 特定口座内保管上場株式等について与えられた取得条項付新株予約権（所得税法第57条の4第3項第5号に規定するもの）の行使等
Q	特定口座を開設する金融商品取引業者等に開設されている口座において，その金融商品取引業者等の行う有価証券の募集により，又はその金融商品取引業者等から取得した上場株式等償還特約付社債（ＥＢ債）でその取得の日の翌日から引き続きその口座に係る振替口座簿に記載若しくは記録がされ，又はその口座において保管の委託がされているものの償還により取得する上場株式等で，その受入れを振替口座簿に記載若しくは記録又は保管の委託により行うもの（措令25の10の2⑭十三）

R	特定口座を開設する金融商品取引業者等に開設されている口座において行った金融商品取引法第28条第8項第3号ハに掲げる取引（いわゆる有価証券オプション取引）の権利の行使又は義務の履行により取得した上場株式等で，その受入れを振替口座簿に記載若しくは記録又は保管の委託により行うもの（措令25の10の2⑭十四）
S	特定口座を開設する居住者等が，その出国の際に開設した出国口座に係る振替口座簿に記載若しくは記録され，又はその出国口座において保管されている上場株式等（出国口座への受入れ又は出国口座からの払出しがあった場合には，その受入れ又は払出しがあった上場株式等と同一銘柄の上場株式等を除く。）で，その居住者等がその金融商品取引業者等の営業所の長に「出国口座内保管上場株式等移管依頼書」を提出したことによるその出国口座から帰国後に再び開設する特定口座への移管により，その全てを受け入れるもの（措令25の10の2⑭十五）
T	特定口座内保管上場株式等を特定口座を開設している金融商品取引業者に貸し付けた場合におけるその貸付契約に基づき返還される特定口座内保管上場株式等と同一銘柄の上場株式等で，特定口座への受入れを振替口座簿に記載若しくは記録又は保管の委託をする方法により行うもの（措令25の10の2⑭十六）
U	上場株式等以外の株式等で，上場等の日の前日において有するその株式等と同一銘柄の株式等の全てを，その上場等の日に特定口座（その特定口座を開設している金融商品取引業者等の営業所の長に対し，その株式等の取得の日及び取得に要した金額を証する書類等を提出した場合におけるその特定口座に限る。）へ振替口座簿に記載若しくは記録又は保管の委託をする方法により受け入れるもの（措令25の10の2⑭十七）
V	上場株式等以外の株式等について，その発行法人の合併（合併法人又は合併親法人のうちいずれか一の法人の株式（出資を含む。以下同じ。）のみの交付がされるものに限る。）により取得する合併法人の株式又は合併親法人の株式で，その取得する全てをその合併の日に特定口座（その特定口座を開設している金融商品取引業者等の営業所の長に対し，その株式等の取得の日及び取得に要した金額を証する書類等を提出した場合におけるその特定口座に限る。）へ振替口座簿に記載若しくは記録又は保管の委託をする方法により受け入れるもの（措令25の10の2⑭十八）
W	上場株式等以外の株式等について，その発行法人の分割（分割承継法人又は分割承継親法人のうちいずれか一の法人の株式（出資を含む。以下同じ。）のみの交付がされるもので，その株式が分割法人の発行済株式等の総数又は総額のうちに占めるその分割法人の各株主等の有するその分割法人の株式の数又は金額の割合に応じて交付されるものに限る。）により取得する分割承継法人の株式又は分割承継親法人の株式で，その取得する全てをその分割の日に特定口座（その特定口座を開設している金融商品取引業者等の営業所の長に対し，その株式等の取得の日及び取得に要した金額を証する書類等を提出した場合におけるその特定口座に限る。）へ振替口座簿に記載若しくは記録又は保管の委託をする方法により受け入れるもの（措令25の10の2⑭十九）
X	上場株式等以外の株式等について，その発行法人の行った株式分配（完全子法人の株式（出資を含む。以下同じ。）のみの交付がされるもので，その株式が現物分配法人の発行済株式等の総数又は総額のうちに占めるその現物分配法人の各株主等の有するその現物分配法人の株式の数又は金額の割合に応じて交付されるものに限る。）により取得する完全子法人の株式で，その取得する完全子法人の株式の全てをその株式分配の日に特定口座（その特定口座を開設している金融商品取引業者等の営業所の長に対し，その株式等の取得の日及び取得に要した金額を証する書類等を提出した場合におけるその特定口座に限る。）へ振替口座簿に記載若しくは記録又は保管の委託をする方法により受け入れるもの（措令25の10の2⑭十九の二）

譲渡所得の課税の特例（有価証券の譲渡）

Y	上場株式等以外の株式等について，株式交換により取得する株式交換完全親法人の株式若しくはその親法人の株式又は株式移転により取得する株式移転完全親法人の株式で，その取得する全てをその株式交換又は株式移転の日に特定口座（その特定口座を開設している金融商品取引業者等の営業所の長に対し，その株式等の取得の日及び取得に要した金額を証する書類等を提出した場合におけるその特定口座に限る。）へ振替口座簿に記載若しくは記録又は保管の委託をする方法により受け入れるもの（措令25の10の2⑭二十）
Z	上場株式等以外の株式等について，取得請求権付株式の請求権の行使，取得条項付株式の取得事由の発生又は全部取得条項付種類株式の取得決議により取得する上場株式等で，その取得する上場株式等の全てをその上場株式等の取得の日に特定口座（その特定口座を開設している金融商品取引業者等の営業所の長に対し，その上場株式等の取得の日及び取得に要した金額を証する書類等を提出した場合におけるその特定口座に限る。）へ振替口座簿に記載若しくは記録又は保管の委託をする方法により受け入れるもの（措令25の10の2⑭二十の二）
A′	保険会社の組織変更により割当てを受ける株式で，その割当てを受ける株式の全てをその株式の上場等の日に特定口座へ振替口座簿に記載若しくは記録又は保管の委託をする方法により受け入れるもの（措令25の10の2⑭二十一）
B′	保険会社の組織変更により割当てを受けた株式（その割当ての際に特別口座で管理されることとなったものに限る。）で，その割当株式の全てをその割当ての日から10年以内に特定口座への移管により受け入れるもの（措令25の10の2⑭二十二）
C′	持株会契約等に基づき取得した上場株式等で，特定口座への受入れをその持株会等口座からその特定口座への振替の方法により行うもの（措令25の10の2⑭二十三）
D′	株式付与信託契約に基づき取得した上場株式等で，特定口座への受入れを，その株式付与信託契約に基づき開設されたその受託者の口座からその特定口座への振替の方法により行うもの（措令25の10の2⑭二十四）
E′	特定譲渡制限付株式等で，特定口座（その特定口座を開設する金融商品取引業者等に開設されている特定口座以外の口座（非課税口座及び未成年者口座を除く。）においてその特定譲渡制限付株式等がその取得の日から引き続きその特定口座以外の口座に係る振替口座簿に記載若しくは記録され，又はその特定口座以外の口座に保管の委託がされている場合におけるその特定口座に限る。）への受入れを，その特定譲渡制限付株式等の譲渡についての制限が解除された時にその制限が解除された特定譲渡制限付株式等の全てについて，その特定口座以外の口座からその特定口座への振替の方法により行うもの（措令25の10の2⑭二十五）
F′	居住者等が発行法人等に対して役務の提供をした場合において，その者がその役務の提供の対価としてその発行法人等から取得する上場株式等で，次に掲げる要件に該当するものの全てを，その取得の時に，その者の特定口座に係る振替口座簿に振替記載等をする方法により受け入れるもの（措令25の10の2⑭二十六） (A) その上場株式等がその役務の提供の対価としてその者に生ずる債権の給付と引換えにその者に交付されるものであること。 (B) 上記(A)に掲げるもののほか，その上場株式等が実質的にその役務の提供の対価と認められるものであること。
G′	非課税口座内上場株式等で，その非課税口座からその非課税口座が開設されている金融商品取引業者等に開設されているその居住者等の特定口座への移管により受け入れるもので一定の要件を満たすもの（措令25の10の2⑭二十七）
H′	未成年者口座内上場株式等で，その未成年者口座からその未成年者口座が開設されている金融商品取引業者等に開設されているその居住者等の特定口座への移管により受け入れるもので一定の要件を満たすもの（措令25の10の2⑭二十八）

I′	非課税口座開設届出書の提出をして開設された口座でその開設の時から非課税口座に該当しないものとされる口座（重複口座）に係る振替口座簿に記載若しくは記録又は保管の委託がされている上場株式等で，当該口座から当該口座が開設されている金融商品取引業者等の営業所に開設されているその居住者等の特定口座への振替の方法によりその上場株式等の全てを受け入れるもの（措令25の10の2⑭二十九）
J′	課税未成年者口座を構成する特定口座に係る特定口座内保管上場株式等で，その特定口座が廃止される日にその特定口座からその特定口座が開設されている金融商品取引業者等に開設されているその居住者等のその特定口座以外の特定口座への振替の方法によりその特定口座内保管上場株式等の全てを受け入れるもの（措令25の10の2⑭三十）

(注) 1 Eのaについては贈与，相続又は遺贈により平成21年4月1日以後に特定口座に受け入れる上場株式等について適用され（平21改正措令附12②），Eのbについては同様に平成26年1月1日以後に特定口座に受け入れる上場株式等について適用され（平22改正措令附17①），Eのcについては同様に平成28年1月1日以後に特定口座に受け入れる上場株式等について適用されます（平27改正措令附18②）。
2 Fについては，贈与，相続又は遺贈により平成23年6月30日以後に特定口座に受け入れる上場株式等について適用されます（平23.6改正措令附8①）。
3 Gについては，平成25年4月1日以後に行われる株式又は投資信託若しくは特定受益証券発行信託の受益権の分割又は併合により取得した上場株式等について適用されます（平25改正措令附8③）。
4 Hについては，平成23年6月30日以後に行われる株式無償割当て又は新株予約権無償割当てにより取得する上場株式等について適用されます（平23.6改正措令附8②）。
5 Jについては，信託法の施行の日（平成19年9月30日）以後に行われる投資信託の併合により特定口座に受け入れる投資信託の受益権が対象となります（平19改正措令附16③）。
6 Iの合併親法人株式，Kの分割承継親法人株式又はMのその親法人の株式については，平成19年5月1日以後に行われる合併，分割又は株式交換により受け入れるものについて適用されます（平19改正措令附16①④⑥）。
7 L及びXについては，法人の株式分配で平成29年4月1日以後に行われるものにより特定口座に受け入れる完全子法人の株式について適用されます（平29改正措令附10）。
8 Nについては，平成25年4月1日以後に合併等により取得する合併法人等新株予約権等について適用されます（平25改正措令附8②）。
9 Pについては，平成23年6月30日以後の権利の行使又は取得事由の発生により取得する上場株式等について適用されます（平23.6改正措令附8③）。
10 U及びVは，金融商品取引所への上場等の日が平成21年4月1日以後の日である株式等について適用されます（平21改正措令附12⑤⑥）。
11 Vの合併親法人株式，Wの分割承継親法人株式又はYのその親法人の株式については，平成22年4月1日以後に合併，分割又は株式交換により取得するものについて適用されます（平22改正措令附17②〜④）。
12 Zは，令和2年4月1日以後に請求権の行使，取得事由の発生又は取得決議により特定口座に受け入れる上場株式等について適用されます（令2改正措令附12①）。
13 B′は平成23年6月30日以後に特定口座に受け入れる割当てられた上場株式等について適用されます（平23.6改正措令附8④）。
14 C′は，平成21年4月1日以後に特定口座に受け入れる持株会契約等に基づき取得する上場株式等について適用されます（平21改正措令附12①⑦）。
15 D′は平成26年4月1日以後に特定口座に受け入れる株式付与信託契約に基づき取得する上場株式等について適用されます（平26改正措令附9）。

16　E′は，平成30年4月1日以後に譲渡についての制限が解除される特定譲渡制限付株式等について適用されます（平30改正措令附9①）。

17　F′は，平成31年4月1日以後に発行法人等に対する役務の提供の対価としてその発行法人等から取得する上場株式等について適用されます（平31改正措令附6①）。

18　G′は平成26年1月1日以後に特定口座に受け入れる非課税口座内上場株式等について適用されます（平22改正措令附17⑦）。

19　H′は平成28年1月1日以後に特定口座に受け入れる未成年者口座内上場株式等について適用されます（平27改正措令附18⑦）。

20　I′は令和2年4月1日以後に特定口座に受け入れる上場株式等について適用されます（令2改正措令附12⑤）。

　　なお，令和3年3月31日までの間は，上記I′の「非課税口座開設届出書」は「非課税口座簡易開設届出書」とされます（令2改正措令附12⑥）。

21　J′は平成28年1月1日以後に課税未成年者口座である特定口座以外の特定口座に受け入れる特定口座内保管上場株式等について適用されます（平27改正措令附18⑧）。

(ハ)　特定口座内保管上場株式等の譲渡は次の方法によること

A　その金融商品取引業者等への売委託による方法

B　その金融商品取引業者等に対してする方法

C　発行法人に対して会社法第192条第1項の規定により行う単元未満株式の譲渡についての買取請求をその金融商品取引業者等の営業所を経由して行う方法

D　租税特別措置法第37条の10第3項又は第37条の11第4項各号に規定する事由(439ページの「株式等の譲渡に係る収入金額とみなされる所得」参照)による上場株式等の譲渡について，その譲渡に係る金銭及び金銭以外の資産の交付がその金融商品取引業者の営業所を経由して行われる方法

(ニ)　次の事項その他一定の事項が定められていること

A　特定口座からの特定口座内保管上場株式等の全部若しくは一部の払出し（振替によるものを含み，上記(ハ)の方法による譲渡に係るもの及びその特定口座以外の特定口座への移管に係るものを除く。）があった場合又は特定口座内公社債につき発行法人の清算結了等の一定の事実が発生した場合には，払出し株式又はその一定の事実が発生した特定口座内公社債の取得価額（払出し時を譲渡のときとみなした場合の総平均法に準ずる方法により計算した金額），取得日（先入先出法によった場合の取得の日），その数その他参考となるべき事項を居住者等に書面により通知することとされていること

B　上記(ロ)Bの異なる金融商品取引業者等間での特定口座内保管上場株式等の特定口座への移管は次の方法により行うこととされていること

(A)　居住者等は「特定口座内保管上場株式等移管依頼書」を移管元の営業所の長に提出（電磁的方法による当該依頼書に記載すべき事項の提供を含む。）をすることとされていること

(B)　移管元の営業所は移管する特定口座内保管上場株式等を居住者等に交付せずに，保管振替の方法により移管がされることとされていること

(C)　移管元の営業所は移管先の営業所に次の書類又は電磁的記録を送付又は送信（電磁的方法による記載すべき事項の提供を含む。また，bのⅰ及びⅱその他一定の事項については居住者等にも書面により通知）することとされており，移管先の営業所はこれらの送付又は

譲渡所得の課税の特例（有価証券の譲渡）

　　　　　送信を受けた後でなければ移管を受けないものとされていること
　　　　a 「特定口座内保管上場株式等移管依頼書」の写し又は当該依頼書に記載すべき事項を記録した電磁的記録
　　　　b 次に掲げる事項を証する書類
　　　　　i 移管する特定口座内保管上場株式等の取得費等の額（総平均法に準じて計算したもの）
　　　　　ii 移管する特定口座内保管上場株式等の取得の日（先入先出法によった日）及びその数
　　　　　iii 全部移管か一部移管かの別及び一部移管の場合には同一銘柄の特定口座内保管上場株式等の全てが移管される特定口座内保管上場株式等に含まれる旨
　　　　　iv 告知等の際に確認したその者の氏名，生年月日及び住所
　　　　　v 移管元の特定口座の名称
　　　　　vi 移管をする特定口座内保管上場株式等の種類，銘柄及び数
　　　　　vii 移管先の特定口座への移管予定年月日
　C 上記㈡E及びFの被相続人等の特定口座から相続人等の特定口座に贈与，相続（限定承認に係るものを除く。）又は遺贈（包括遺贈のうち限定承認に係るものを除く。）により取得した上場株式等（以下「相続上場株式等」という。）の移管（一部移管の場合には同一銘柄の上場株式等が全て移管される場合に限る。）がされる場合には次によることとされていること
　㈠ 居住者等は移管元の営業所の長に「相続上場株式等移管依頼書」の提出（電磁的方法による当該依頼書に記載すべき事項の提供で，住所等確認書類の提示等と併せて行われるものを含む。）をすることとされていること
　㈡ 移管元の営業所は移管する相続上場株式等を居住者等に交付せずに，①同一の金融商品取引業者の間で行われる移管の場合には直接移管する方法又は特定口座への振替の方法により，②異なる金融商品取引業者の間で行われる場合には保管振替の方法により移管がされることとされていること
　㈢ 移管元と移管先の営業所が異なる場合には，移管元の営業所は移管先の営業所に次に掲げる書類又は電磁的記録の送付又は送信（電磁的方法による記載すべき事項の提供を含む。また，bのi及びiiその他一定の事項については居住者等にも書面により通知）することとされており，移管先の営業所はこれらの送付又は送信を受けた後でなければ移管を受けないものとされていること
　　　　a 「相続上場株式等移管依頼書」の写し又は当該依頼書に記載すべき事項を記録した電磁的記録等
　　　　b 次に掲げる事項を証する書類
　　　　　i 移管する相続上場株式等の取得費等の価額（総平均法に準じて計算したもの）
　　　　　ii 移管する相続上場株式等の取得の日（先入先出法によった日）及びその数
　　　　　iii 全部移管か一部移管かの別及び一部移管の場合には同一銘柄の相続上場株式等の全てが移管される相続上場株式等に含まれる旨
　　　　　iv 告知等の際に確認したその者の氏名，生年月日及び住所
　　　　　v 相続等口座の名称
　　　　　vi 移管をする相続上場株式等の種類，銘柄及び数

— 465 —

vii　移管先の特定口座への移管予定年月日

ハ　出国口座から特定口座への上場株式等の移管

　　居住者等が，特定口座開設届出書の提出をした金融商品取引業者等の営業所に開設されていた特定口座（出国前特定口座）に係る特定口座内保管上場株式等の全てにつき，出国をした後引き続きその金融商品取引業者等の営業所に開設する口座（出国口座）において保管の委託等をし，かつ，帰国をした後再びその金融商品取引業者等の営業所に再び設定する特定口座に保管の委託等をしようとするときは，次に掲げる要件その他一定の要件を満たす限り，その出国口座に保管の委託等がされている上場株式等をその特定口座に移管することができます（措令25の10の5②③，措規18の13①〜③）。

　　(注)　「出国」の範囲について，納税管理人の届出の有無にかかわらず，居住者については国内に住所又は居所を有しないこととなることを，恒久的施設を有する非居住者については恒久的施設を有しなくなることをいうこととされています（措令25の10の5①）。

　(A)　出国をする日までに次の事項を記載した「特定口座継続適用届出書」の提出（電磁的方法によるその特定口座継続適用届出書に記載すべき事項の提供を含む。）をすること

　　a　提出者の氏名，生年月日及び住所

　　b　届出書の提出先の金融商品取引業者等の営業所の名称及び所在地

　　c　出国前特定口座に係る全ての特定口座内保管上場株式等をその金融商品取引業者等の営業所に開設されている出国口座の振替口座簿に記載若しくは記録を受け，又は保管委託する旨

　　d　出国前特定口座の名称及び記号又は番号

　　e　出国する予定年月日及び帰国予定年月日　等

　(B)　帰国後「特定口座開設届出書」と併せて次の事項を記載した「出国口座内保管上場株式等移管依頼書」の提出（電磁的方法によるその出国口座内保管上場株式等移管依頼書に記載すべき事項の提供を含む。）をすること

　　a　提出者の氏名，生年月日及び住所

　　b　依頼書の提出先の金融商品取引業者等の営業所の名称及び所在地

　　c　出国口座に係る上場株式等を特定口座に移管することを依頼する旨

　　d　移管する上場株式等の種類，銘柄及び数

　　e　出国をした年月日及び帰国した年月日　等

ニ　上場株式等信用取引等契約の内容

　　上記イ(イ)の「上場株式等信用取引等契約」とは，上記《制度の内容》(ロ)の適用を受けるために居住者等が金融商品取引業者等と締結した上場株式等の信用取引等に係る契約で，その契約書において，次の事項が定められているものをいいます（措法37の11の3③三，措令25の10の2㉔）。

　(イ)　上場株式等の信用取引等はその信用取引等に係る口座に設けられた特定信用取引等勘定において処理すること

　(ロ)　特定信用取引等勘定においては特定口座開設届出書の提出後に開始する上場株式等の信用取引等に関する事項のみを処理すること

ホ　その他の所得の計算等に関する通則事項

(イ)　特定信用取引等勘定において行った売付けの信用取引の決済を，売付けをした上場株式等と同一銘柄の特定口座内保管上場株式等の引渡し（いわゆる現渡し）により行った場合には，その引渡しは売委託による譲渡とみなして，特定口座での所得の計算を行います（措令25の10の2⑧）。

(ロ)　①異なる金融商品取引業者への移管が行われた場合のその受け入れ先の特定口座，②相続による移管が行われた場合のその受け入れ先の相続人の特定口座，又は③特定口座内保管上場株式等の全部又は一部の払出しが行われた場合のその払出し先（特定口座以外での取引となるものに限る。）において，その受入れ又は払出し後に，その受入れ又は払出しがされた上場株式等と同一銘柄の上場株式等を譲渡した場合における売上原価又は取得費の額の計算及びその譲渡をした上場株式等の所有期間の判定については次によります（措令25の10の2⑫⑱㉕）。

A　取得費等の計算に当たっては，その受入れ又は払出しがされた上場株式等は，その受入れ又は払出しの時において取得されたものとして行います。そのため，その受入れ又は払出しの前に受入れ又は払出し先の特定口座又は特定口座以外の取引において受入れ又は払出しがされた上場株式等と同一銘柄の上場株式等の譲渡が既に行われている場合に，次のBにより判定したその受入れ又は払出しがされた上場株式等の取得の日がそれらの譲渡の日よりも古い場合においても，既に行われた譲渡について遡って取得費等の再計算は行いません。

B　所有期間の判定に当たっては，その受入れ（払出し）がされた上場株式等は，その受入れ（払出し）の時において先入先出法に基づいて定められた取得の日に取得されたものとします。

(ハ)　特定口座内保管上場株式等につき，①株式の分割又は併合，②株式の無償割当て，③法人の合併，④投資信託の併合，⑤法人の分割，⑥株式分配，⑦株式交換又は株式移転，⑧新株予約権又は新株予約権付社債を発行した法人の合併等，⑨取得請求権付株式の請求権の行使，取得条項付株式の取得事由の発生，全部取得条項付種類株式の取得決議又は取得条項付新株予約権が付された新株予約権付社債の取得事由の発生により取得し，又は⑩金融商品取引業者に貸し付けたもので貸付契約に基づき返還された上場株式等について特定口座に受け入れなかったものがあるときは，その上場株式等については，これらの事由が生じた時にその特定口座に受け入れたものと，その受入れ後直ちにその特定口座からの払出しがあったものとそれぞれみなして取得費（取得価額）の計算等を行います（措令25の10の2㉓）。

(2)　特定口座内保管上場株式等の譲渡による所得等に対する源泉徴収等の特例

《制度の内容》

居住者等から特定口座源泉徴収選択届出書の提出がされた特定口座を通じてその提出に係る年中に行われた特定口座内保管上場株式等の譲渡又は上場株式等の信用取引等に係る差金決済により源泉徴収選択口座内調整所得金額が生じた場合には，その譲渡の対価又は差金決済（所得税法第60条の2第1項又は第60条の3第1項の規定により譲渡があったものとみなされたものを除く。）に係る差益に相当する金額の支払をする金融商品取引業者等は，その支払をする際に，源泉徴収選択口座内調整所得金額に15.315％の税率を乗じて計算した金額の所得税を徴収し，その徴収の日の属する年の翌年1月10日までに，これを国に納付することとなります（措法37の11の4，復興財

譲渡（特例）

— 467 —

《具体的な適用要件》

イ　特定口座源泉徴収選択届出書の提出（措法37の11の4①，措令25の10の11①）

　その年について特定口座における源泉徴収を選択する者は，その年の次のいずれか早い時までにその特定口座が開設されている金融商品取引業者等に対し，特定口座源泉徴収選択届出書の提出（電磁的方法によるその特定口座源泉徴収選択届出書に記載すべき事項の提供を含む。）をしなければなりません。したがって，選択は各年ごとに行うこととなり，譲渡又は差金決済ごとに源泉徴収するか否かを選択することはできません。

　(イ)　その年最初に特定口座に係る特定口座内保管上場株式等の譲渡をする時
　(ロ)　特定口座において処理された上場株式等の信用取引等につきその年最初に差金決済を行う時

ロ　源泉徴収選択口座内調整所得金額（措法37の11の4②，措令25の10の11③〜⑤）

　源泉徴収選択口座内調整所得金額とは，居住者等の源泉徴収選択口座に係る特定口座内保管上場株式等の譲渡又はその源泉徴収選択口座において処理された上場株式等の信用取引等に係る差金決済（以下「対象譲渡等」という。）が行われた場合において，その居住者等に係る次の算式により計算した金額が生じるときにおけるその金額をいいます。

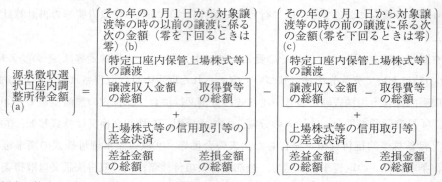

（注）　算式中(b)−(c)の金額が零を下回るときは，(a)の金額は生じません。

　　※　上記算式中の用語の意義は次のとおり。

　　1　「譲渡収入金額」とは，その譲渡をした特定口座内保管上場株式等の譲渡に係る収入金額のうちその特定口座内保管上場株式等に係る源泉徴収選択口座において処理された金額をいいます。

　　　また，「取得費等」とは，その譲渡につき上記の譲渡収入金額がある場合におけるその特定口座内保管上場株式等に係る源泉徴収選択口座において処理されたその特定口座内保管上場株式等に係る取得費等の金額をいいます。

　　2　「差益金額」とは，源泉徴収選択口座において差金決済が行われた上場株式等の信用取引等に係る次の(1)から(2)を控除した残額をいい，「差損金額」とは，その信用取引等に係る次の(2)から(1)を控除した残額をいいます。

　　(1)　その信用取引等による上場株式等の譲渡又はその信用取引等の決済のために行う上場株式等の譲渡に係る収入金額のうちその源泉徴収選択口座において処理された金額

　　(2)　上記(1)の信用取引等に係る上場株式等の買付けにおいてその上場株式等を取得するために要した金額，委託手数料の額等のうちその源泉徴収選択口座において処理された金額の合計額

ハ 源泉徴収済みの所得税額の調整（還付）

居住者等の源泉徴収選択口座を開設している金融商品取引業者等は、源泉徴収選択口座において、その年中に行われた対象譲渡等により源泉徴収口座内通算所得金額が源泉徴収口座内直前通算所得金額に満たないこととなった場合（上記ロの算式で(b)－(c)の金額が零を下回る場合）又はその年中に行われた対象譲渡等につき特定費用の金額（その者が締結した投資一任契約に基づきその金融商品取引業者等に支払うべき費用の額のうちその対象譲渡等に係る事業所得の金額又は雑所得の金額の計算上必要経費に算入されるべき金額でその年12月31日において取得費等の総額並びに信用取引等に係る差益金額及び差損金額の計算上処理された金額に含まれないものをいう。以下同じ。）がある場合には、その都度、その居住者等に対し、その満たない部分の金額又はその特定費用の金額（その特定費用の金額がその源泉徴収選択口座においてその年最後に行われた対象譲渡等に係る源泉徴収口座内通算所得金額を超える場合には、その超える部分の金額を控除した金額）に15.315％を乗じて計算した金額に相当する所得税等を還付しなければなりません（措法37の11の4③、復興財確法28）。

(注) これにより、年間を通じて、所得金額に応じた源泉徴収税額の調整が行われることとなります。

(3) 確定申告を要しない上場株式等の譲渡による所得

《制度の内容》

源泉徴収選択口座を有する居住者等で、その源泉徴収選択口座について次に掲げる金額を有する者は、その年分の所得税については、上場株式等に係る譲渡所得等の金額若しくは上場株式等に係る譲渡損失の金額又は給与所得及び退職所得以外の所得金額若しくは公的年金等に係る雑所得以外の所得金額の計算上これらの金額を除外したところにより、所得税法120条から第127条まで及び租税特別措置法第37条の12の2第9項において準用する所得税法第123条第1項の規定を適用することができます（措法37の11の5①）。

イ その年中にした源泉徴収選択口座（その者が源泉徴収選択口座を2以上有する場合には、それぞれの源泉徴収選択口座。ロにおいて同じ。）における特定口座内保管上場株式等の譲渡による事業所得の金額、譲渡所得の金額及び雑所得の金額並びにこれらの所得の金額の計算上生じた損失の金額

ロ その年中に源泉徴収選択口座において処理された信用取引等の差金決済に係る上場株式等の譲渡による事業所得の金額及び雑所得の金額並びにこれらの所得の金額の計算上生じた損失の金額

(注)1 この規定は「適用することができる」というものであるので、特定口座において生じた所得又は所得の計算上生じた損失の金額を申告することについて何ら制限するものではありません。

2 特定口座源泉徴収選択届出書を提出しない特定口座について生じた所得又は所得の計算上生じた損失の金額については、申告不要の規定は適用されません。

《適用除外となる具体的な内容》

イ 確定所得申告（法120）

その年分の総所得金額、株式等に係る譲渡所得等の金額、退職所得金額及び山林所得金額の合計額が所得控除の合計額を超える場合で、所得税の合計額が配当控除の金額を超える場合に

は一定の場合を除き確定申告が必要とされていますが，上記の申告不要制度を選択した場合には，源泉徴収選択口座において生じた所得又は所得の計算上生じた損失の金額は確定申告書上は株式等に係る譲渡所得等の金額に含まれないこととなりますので，これを除外して確定申告の要否を判定することとされています。

ロ　確定所得申告を要しない場合（法121）

申告不要制度を選択した場合には，給与所得を有する者又は公的年金等の収入金額が400万円以下である者の確定申告不要要件（いわゆる20万円基準）の適用上，源泉徴収選択口座において生じた所得又は所得の計算上生じた損失の金額は「給与所得及び退職所得以外の所得金額又は公的年金等の収入金額が400万円以下である者の公的年金等に係る雑所得以外の所得金額」には含まれないこととされています（措令25の10の12二，三，措通37の11の5－1(4)(5)）。

ハ　還付等を受けるための申告（法122）

申告不要制度を選択した場合には，いわゆる還付申告を行う場合において，源泉徴収選択口座において生じた所得又は所得の計算上生じた損失の金額を除外して申告することができます。

ニ　確定損失申告（法123）

申告不要制度を選択した場合には，その年の翌年以後において「純損失の繰越控除（法70①②）」，「雑損失の繰越控除（法71①）」，「上場株式等に係る譲渡損失の損益通算及び繰越控除（措法37の12の2①⑤）」，「特定中小会社が発行した株式に係る譲渡損失の繰越控除等（措法37の13の3④）」，「先物取引の差金等決済に係る損失の繰越控除（措法41の15①）」，「居住用財産の買換え等の場合の譲渡損失の損益通算及び繰越控除（措法41の5①④）」若しくは「特定居住用財産の譲渡損失の損益通算及び繰越控除（措法41の5の2①④）」の規定の適用を受け，又は「純損失の繰戻しによる還付の手続等（法142①②）」の規定による還付を受けようとする場合において，源泉徴収選択口座において生じた所得又は所得の計算上生じた損失の金額を除外（記載しない）して申告することができます。

ホ　その他の申告の場合（法124～127）

申告不要制度を選択した場合には，「確定申告書を提出すべき者等が死亡した場合の確定申告（法124）」，「年の途中で死亡した場合の確定申告（法125）」，「確定申告書を提出すべき者等が出国をする場合の確定申告（法126）」又は「年の中途で出国する場合の確定申告（法127）」において，源泉徴収選択口座において生じた所得又は所得の金額の計算上生じた損失の金額を除外（記載しない）して申告することができます。

ヘ　扶養親族等の要件とされる合計所得金額等（法2①三十～三十四の四等）

申告不要制度を選択した場合には，源泉徴収選択口座において生じた所得又は所得の計算上生じた損失の金額は，所得税法第2条第1項第30号《寡婦》から第34号の4《老人扶養親族》の判定上の「合計所得金額」及び所得税法施行令第11条の2第2項《ひとり親の範囲》に規定する「その年分の……合計額」には含まれないこととされています（措令25の10の12一，措通37の11の5－1(2)）。

《決定等を行う場合》

居住者等が特定口座について源泉徴収を選択している年分の所得税について，国税通則法第

－470－

25条による決定（決定に係る更正又は再更正を含む。）をする場合には，特定口座において生じた所得又は所得の金額の計算上生じた損失の金額は，その決定に係る課税標準等には含まれないものとされています（措法37の11の5②）。

恒久的施設を有しない非居住者の株式等の譲渡に係る国内源泉所得に対する課税の特例

恒久的施設を有しない非居住者が，平成28年1月1日以後に一般株式等又は上場株式等を譲渡した場合で，その一般株式等の譲渡に係る所得又は上場株式等の譲渡に係る所得が我が国の課税対象となる国内源泉所得に該当する場合には，これらの一般株式等の譲渡に係る国内源泉所得又は上場株式等の譲渡に係る国内源泉所得については，それぞれ他の所得と区分し，その年中の一般株式等の譲渡に係る国内源泉所得の金額又は上場株式等の譲渡に係る国内源泉所得の金額に対し，15％（平成25年1月1日から令和19年12月31日までの間は，15.315％）の税率により申告分離課税とされます（措法37の12①③，復興財確法28）。

申告分離課税の対象となる一般株式等の譲渡に係る国内源泉所得及び上場株式等の譲渡に係る国内源泉所得は，具体的には次のとおりです（法164①二，令281①四，五，措法32②，措令19の3㉓，21③～⑥）。なお，株式形態によるゴルフ会員権の譲渡による国内源泉所得は，総合課税の対象とされます（法164①二，令281①六，措法37の10②，37の11②，措令25の8②）。

(1) 内国法人の発行する株式等の譲渡による所得で次に掲げるもの

　イ　同一銘柄の内国法人の株式等の買集めをし，その所有者である地位を利用して，その株式等をその内国法人若しくはその特殊関係者に対し，又はこれらの者若しくはその依頼する者のあっせんにより譲渡することによる所得

　ロ　新株予約権の行使による株式の取得に係る経済的利益の非課税の特例（いわゆる税制適格ストック・オプション制度）の適用を受けて取得した特定株式又は承継特定株式の譲渡による所得

　ハ　内国法人の特殊関係株主等である非居住者が行うその内国法人の株式等の譲渡による所得

(2) 法人（不動産関連法人に限る。）の株式の譲渡による所得（分離短期譲渡所得に該当するものを除く。）

　(注)1　上記(1)イの株式等の買集めとは，金融商品取引所又は認可金融商品取引業協会がその会員に対し特定の銘柄の株式につき価格の変動その他売買状況等に異常な動きをもたらす基因となると認められる相当数の株式の買集めがあり，又はその疑いがあるものとしてその売買内容等につき報告又は資料の提出を求めた場合における買集めその他これに類する買集めをいいます（令281②）。

　　　2　上記(1)イの特殊関係者とは，内国法人の役員又は主要な株主等（株式等の買集めをした者からその株式等を取得することによりその内国法人の主要な株主等となることとなる者を含む。），これらの者の親族，これらの者の支配する法人，その内国法人の主要な取引先その他その内国法人とこれらに準ずる特殊の関係のある者をいいます（令281③）。

　　　3　上記(1)ハの特殊関係株主等とは，次に掲げる者をいいます（令281④）。

　　　(1)　内国法人の一の株主等

　　　(2)　(1)の一の株主等と特殊の関係その他これに準ずる関係のある者

　　　(3)　(1)の一の株主等が締結している組合契約等に係る組合財産である内国法人の株式等につき，その株主等に該当することとなる者（(1)及び(2)に掲げる者を除く。）

　　　4　上記(1)ハの株式等の譲渡は，次に掲げる要件を満たす場合の非居住者のその譲渡の日の属する年（(注)4，5及び7において「譲渡年」という。）における株式又は出資の譲渡に限られます（令

281⑥）。
(1) 譲渡年以前3年内のいずれかの時において，内国法人の特殊関係株主等がその内国法人の発行済株式又は出資の総数又は総額の25％以上に相当する数又は金額の株式又は出資を所有していたこと
(2) 譲渡年において，内国法人の特殊関係株主等が最初にその内国法人の株式又は出資の譲渡をする直前のその内国法人の発行済株式又は出資の総数又は総額の5％以上に相当する数又は金額の株式又は出資を譲渡したこと
5 特殊関係株主等の譲渡した株式又は出資の総数又は総額が内国法人の発行済株式又は出資の総数又は総額の5％以上になるかどうかは，譲渡年の中途においてその内国法人が行った増資等によりその発行済株式又は出資の総数又は総額に異動があった場合においても，その譲渡年において最初にその株式又は出資を譲渡した直前のその発行済株式又は出資の総数又は総額に基づいて計算します（基通161－15）。
6 上記(2)の不動産関連法人とは，その株式の譲渡の日から起算して365日前の日からその譲渡の直前の時までの間のいずれかの時において，その有する資産の価額の総額のうちに次に掲げる資産の価額の合計額の占める割合が50％以上である法人をいいます（令281⑧）。
(1) 国内にある土地等（土地若しくは土地の上に存する権利又は建物及びその附属設備若しくは構築物をいう。(2)から(4)までにおいて同じ。）
(2) その有する資産の価額の総額のうちに(1)の価額の合計額の占める割合が50％以上である法人の株式
(3) (2)又は(4)の株式を有する法人（その有する資産の価額の総額のうちに(1)並びに(2)，(3)及び(4)に掲げる株式の価額の合計額の占める割合が50％以上であるものに限る。）の株式（(2)に掲げる株式に該当するものを除く。）
(4) (3)に掲げる株式を有する法人（その有する資産の価額の総額のうちに(1)並びに(2)，(3)及び(4)に掲げる株式の価額の合計額の占める割合が50％以上であるものに限る。）の株式（(2)又は(3)に掲げる株式に該当するものを除く。）
7 上記(2)の株式の譲渡は，次に掲げる株式又は出資の譲渡に限られます（令281⑨）。
(1) 譲渡年の前年の12月31日において，その株式又は出資（上場株式等に限る。）に係る上記(2)の法人の特殊関係株主等がその法人の発行済株式又は出資の総数又は総額の5％を超える数又は金額の株式又は出資を有し，かつ，その株式又は出資の譲渡をした者がその特殊関係株主等である場合のその譲渡
(2) 譲渡年の前年の12月31日において，その株式又は出資（上場株式等を除く。）に係る上記(2)の法人の特殊関係株主等がその法人の発行済株式又は出資の総数又は総額の2％を超える数又は金額の株式又は出資を有し，かつ，その株式又は出資の譲渡をした者がその特殊関係株主等である場合のその譲渡
8 上記(注)7の特殊関係株主等とは，次に掲げる者をいいます（令281⑩）。
(1) 上記(2)の法人の一の株主等
(2) (1)の一の株主等と特殊の関係その他これに準ずる関係のある者
(3) (1)の一の株主等が締結している組合契約等に係る組合財産である上記(2)の法人の株式につき，その株主等に該当することとなる者（(1)及び(2)に掲げる者を除く。）
9 一般株式等の譲渡に係る国内源泉所得の金額及び上場株式等の譲渡に係る国内源泉所得の金額の計算上生じた損失の額があるときは，所得税法その他所得税に関する法令の規定の適用については，その損失の額は生じなかったものとみなされます（措法37の12⑤）。
10 対象となる一般株式等及び上場株式等の範囲並びに一般株式等の譲渡に係る国内源泉所得の金額及び上場株式等の譲渡に係る国内源泉所得の金額の計算は，居住者及び恒久的施設を有する非居住者の場合と同様です（434ページ以降参照）。

上場株式等に係る譲渡損失の損益通算及び繰越控除

(1) 上場株式等に係る譲渡損失と上場株式等に係る配当所得等との損益通算

確定申告書を提出する居住者又は恒久的施設を有する非居住者（以下「居住者等」という。）の各年分の上場株式等に係る譲渡損失の金額がある場合には，その上場株式等に係る譲渡損失の金額は，上場株式等に係る配当所得等の金額（申告分離課税を選択したものに限る。）を限度として，その年分の上場株式等に係る配当所得等の金額の計算上控除されます（措法37の12の2①）。

イ 上場株式等に係る譲渡損失の金額（損益通算対象）

「上場株式等に係る譲渡損失の金額」とは，居住者等が，「上場株式等の一定の譲渡をしたことにより生じた損失の金額」のうち，その者のその譲渡をした日の属する年分の上場株式等に係る譲渡所得等の金額の計算上控除してもなお控除しきれない部分の金額をいいます（措法37の12の2②）。

(注)1　上場株式等に係る譲渡損失の損益通算及び繰越控除の対象となる「上場株式等」の範囲は，「申告分離課税の対象となる株式等」の(2)「上場株式等」の範囲（435ページ参照）と同じです。

2　上場株式等に係る譲渡損失の損益通算及び繰越控除の対象となる「一定の譲渡」の範囲は，以下の通りです（措法37の12の2②）。

イ　金融商品取引業者（金融商品取引法2⑨）（第一種金融商品取引業を行う者に限る。）又は登録金融機関（金融商品取引法2⑪）への売委託により行う上場株式等の譲渡

ロ　イの金融商品取引業者に対する上場株式等の譲渡

ハ　登録金融機関又は投資信託委託会社（投資信託及び投資法人に関する法律2⑪）に対する上場株式等の譲渡で一定の譲渡

ニ　「株式等の譲渡に係る収入金額とみなされる所得」（439ページ参照）に掲げる事由による上場株式等の譲渡

ホ　上場株式等を発行した法人の行う株式交換又は株式移転によるその法人の株式交換完全親法人又は株式移転完全親法人に対するその上場株式等の譲渡

ヘ　上場株式等を発行した法人に対してその買取請求（会社法192①）に基づいて行う単元未満株式の譲渡その他これに類する一定の譲渡

ト　上場株式等を発行した法人に対してその買取請求（会社法の施行に伴う関係法律の整備等に関する法律の規定による改正前の商法220ノ6①）に基づいて行う端株の譲渡

チ　上場株式等を発行した法人が行う1株又は1口に満たない端数に係る上場株式等の競売（会社法234①，235①）その他一定の方法による売却によるその上場株式等の譲渡

リ　信託会社（金融機関の信託業務の兼営等に関する法律1①に規定する信託業務を営む金融機関を含む。）の国内にある営業所に信託されている上場株式等の譲渡で，その営業所を通じて，外国証券業者への売委託により行うもの又は外国証券業者に対して行うもの

ヌ　信託会社の営業所に信託されている上場株式等の譲渡で，その営業所を通じて外国証券業者に対して行うもの

ヲ　国外転出時課税制度（法60の2）又は贈与等時課税制度（法60の3）の適用により行われた

ものとみなされた上場株式等の譲渡
(イ) 上記の「一定の譲渡をしたことにより生じた損失の金額」の計算（措令25の11の2①，措規18の14の2①）
　A　損失の金額が，事業所得又は雑所得の基因となる上場株式等の譲渡をしたことにより生じたものである場合
　　上場株式等の上記イ(注)2の「一定の譲渡」（以下「特定譲渡」という。）による事業所得又は雑所得と上場株式等の特定譲渡以外の譲渡（以下「一般譲渡」という。）による事業所得又は雑所得とを区分して上場株式等の特定譲渡に係る事業所得又は雑所得の金額を計算した場合にこれらの金額の計算上生ずる損失の金額に相当する金額
　(注)　上場株式等の譲渡をした日の属する年分の上場株式等の譲渡に係る事業所得の金額又は雑所得の金額の計算上必要経費に算入されるべき金額のうちに上場株式等の特定譲渡と上場株式等の一般譲渡の双方に関連して生じた「共通必要経費の額」があるときは，その共通必要経費の額は，これらの所得を生ずべき業務に係る収入金額などその業務の内容及び費用の性質に照らして合理的と認められるものにより按分して，それぞれの所得の金額の計算上控除することとなります。
　B　損失の金額が，譲渡所得の基因となる上場株式等の譲渡をしたことにより生じたものである場合
　　上場株式等の譲渡による譲渡所得の金額の計算上生じた損失の金額
(ロ) 上記の「上場株式等に係る譲渡所得等の金額の計算上控除してもなお控除しきれない部分の金額」の計算（措令25の11の2②③）
　上場株式等の譲渡をした日の属する年分の上場株式等に係る譲渡所得等の金額の計算上生じた損失の金額のうち，特定譲渡損失の金額の合計額に達するまでの金額とします。
　この場合における「特定譲渡損失の金額」とは，その年中の上場株式等の譲渡に係る事業所得の金額の計算上生じた損失の金額，譲渡所得の金額の計算上生じた損失の金額又は雑所得の金額の計算上生じた損失の金額のうち，それぞれの所得の基因となる上場株式等の譲渡に係る上記(イ)のA又はBに掲げる金額の合計額に達するまでの金額をいいます。
ロ　上場株式等に係る配当所得等の金額
　上場株式等に係る譲渡損失の金額を控除することができる「上場株式等に係る配当所得等の金額」は，上場株式等に係る配当所得等の課税の特例（措法8の4，195ページ参照）による申告分離課税を選択したもののみとなります（措法37の12の2①，措通37の12の2－2）。
　(注)　上場株式等に係る配当所得等のうち配当所得に係る部分については，その全てについて総合課税と申告分離課税のいずれかを選択することになります（措法8の4②）ので，総合課税を選択した年分については，この損益通算の特例を適用することはできません。
ハ　申告要件
　この損益通算の特例の適用を受けるためには，その適用を受けようとする年分の確定申告書に，損益通算の特例の適用を受けようとする旨の記載をし，一定の書類の添付をすることが必要とされます（措法37の12の2③）。
　上記の「一定の書類」とは，次の書類をいいます（措規18の14の2②）。
(イ) 上場株式等に係る譲渡損失の金額の計算に関する明細書

譲渡所得の課税の特例（上場株式等に係る譲渡損失の損益通算等）

(ロ)　株式等に係る譲渡所得等の金額の計算に関する明細書（株式等に係る譲渡所得の金額の計算明細書）

(注)　上記(ロ)の明細書は，一定の場合には，特定口座年間取引報告書に代えることができます。

ニ　確定申告書への追加記載事項

　　この損益通算の特例の適用を受けようとする場合に提出する確定申告書には，次の事項を追加して記載する必要があります（措令25の11の2⑦）。

(イ)　その年において生じた上場株式等に係る譲渡損失の金額

(ロ)　上場株式等に係る譲渡損失の金額を控除しないで計算した場合のその年分の上場株式等に係る配当所得等の金額

(ハ)　上記(イ)及び(ロ)の金額の計算の基礎その他参考となるべき事項

(2)　上場株式等に係る譲渡損失の繰越控除

　　確定申告書を提出する居住者等が，その年の前年以前3年内の各年において生じた上場株式等に係る譲渡損失の金額（上記(1)イ参照。この特例の適用を受けて前年以前に控除されたものを除く。）を有する場合には，その上場株式等に係る譲渡損失の金額は，その確定申告書に係る年分の上場株式等に係る譲渡所得等の金額及び上場株式等に係る配当所得等の金額（上記(1)ロ参照）（いずれも上記(1)の適用がある場合にはその適用後の金額）を限度として，その年分の上場株式等に係る譲渡所得等の金額及び上場株式等に係る配当所得等の金額の計算上控除されます（措法37の12の2⑤⑥）。

イ　上場株式等に係る譲渡損失の金額（繰越控除対象）

　　繰越控除の対象となる「上場株式等に係る譲渡損失の金額」とは，「上場株式等の一定の譲渡をしたことにより生じた損失の金額」のうち，その譲渡をした日の属する年の上場株式等に係る譲渡所得等の金額の計算上控除してもなお控除しきれない部分の金額（上記(1)イ参照）とその年における上場株式等に係る配当所得等の金額との損益通算後の金額をいいます（措法37の12の2⑥）。

(注)　「上場株式等に係る譲渡所得等の金額の計算上控除してもなお控除しきれない部分の金額」とは，上場株式等の譲渡をした日の属する年分の上場株式等に係る譲渡所得等の金額の計算上生じた損失の金額のうち，特定譲渡損失の金額の合計額に達するまでの金額をいいます（措令25の11の2⑩）。

ロ　申告要件

　　この繰越控除の特例の適用を受けるためには，居住者等が①上場株式等に係る譲渡損失の金額が生じた年分の所得税につきその上場株式等に係る譲渡損失の金額の計算に関する明細書その他一定の書類の添付がある確定申告書を提出し，かつ，②その後において連続して確定申告書を提出している場合であって，この繰越控除を受けようとする年分の確定申告書にこの繰越控除を受ける金額の計算に関する明細書その他一定の書類の添付があることが必要とされます（措法37の12の2⑦）。

ハ　確定申告書への追加記載事項

　　この繰越控除の特例の適用を受ける又は受けようとする場合に提出する確定申告書には，次に掲げる事項を追加して記載する必要があります（措令25の11の2⑪）。

(イ)　その年において生じた上場株式等に係る譲渡損失の金額

(ロ)　その年の前年以前3年内の各年において生じた上場株式等に係る譲渡損失の金額（この特例

譲渡所得の課税の特例（上場株式等に係る譲渡損失の損益通算等）

の適用を受けて既に前年以前において控除されたものを除く。）

(ハ)　その年において生じた上場株式等に係る譲渡損失の金額がある場合には，その年分の上場株式等に係る譲渡所得等の金額の計算上生じた損失の金額及び上記(1)「上場株式等に係る譲渡損失と上場株式等に係る配当所得等との損益通算」の特例を適用しないで計算した場合のその年分の上場株式等に係る配当所得等の金額

(ニ)　上記(ロ)に掲げる上場株式等に係る譲渡損失の金額がある場合には，その損失の金額を控除しないで計算した場合のその年分の上場株式等に係る譲渡所得等の金額及び上場株式等に係る配当所得等の金額

(ホ)　この特例の規定により翌年以後において上場株式等に係る譲渡所得等の金額又は上場株式等に係る配当所得等の金額の計算上控除することができる上場株式等に係る譲渡損失の金額

(ヘ)　上記(イ)～(ホ)に掲げる金額の計算の基礎その他一定の事項

ニ　上場株式等に係る譲渡損失の金額の繰越控除の方法（措令25の11の2⑧）

(イ)　控除する上場株式等に係る譲渡損失の金額が前年以前3年内の2以上の年に生じたものである場合には，これらの年のうち最も古い年に生じた上場株式等に係る譲渡損失の金額から順次控除します。

(ロ)　前年以前3年内の1の年において生じた上場株式等に係る譲渡損失の金額の控除をする場合において，その年分の「上場株式等に係る譲渡所得等の金額」（いわゆるエンジェル税制の適用（478ページ以降参照）又は特定新規中小企業者がその設立の際に発行した株式の取得に要した金額の控除等の適用（492ページ以降参照）がある場合はその適用後の金額）及び「上場株式等に係る配当所得等の金額」（措法8の4①）があるときは，上場株式等に係る譲渡損失の金額は，まず，「上場株式等に係る譲渡所得等の金額」から控除し，なお控除しきれない損失の金額があるときは，「上場株式等に係る配当所得等の金額」から控除します。

(ハ)　雑損失の繰越控除（法71①）が行われる場合には，まず，上場株式等に係る譲渡損失の繰越控除を行った後，雑損失の繰越控除を行います。

特定中小会社が発行した株式に係る課税の特例
（いわゆるエンジェル税制）

　特定中小会社の株式（以下「特定株式」という。）を払込み（これらの株式の発行に際してするものに限る。）により取得をした居住者等については，一定の要件の下に，次の特例を適用することができます（措法37の13，37の13の3）。

① 　平成15年4月1日以後に，特定株式を払込みにより取得した居住者等が，その特定株式を払込みにより取得した場合におけるその年分の一般株式等の譲渡所得等の金額及び上場株式等の譲渡所得等の金額の計算については，その計算上その年中に払込みにより取得した特定株式の取得に要した金額の合計額が控除されます（措法37の13①）。

② 　特定株式を払込みにより取得をした居住者等について，その特定中小会社の設立の日からその株式の上場等の日の前日までの間に，その払込みにより取得をした特定株式が株式としての価値を失ったことによる損失が生じた場合として，その特定株式を発行した株式会社が解散（合併によるものを除く。）をし，その清算が結了したとき又は破産手続開始の決定を受けたときは，その事実が発生したことはその特定株式等の譲渡をしたことと，その損失の金額とされる一定の金額は特定株式の譲渡をしたことにより生じた損失の金額とみなされます（措法37の13の3①，措令25の12の3③）。

(注)1 　特定株式を平成12年4月1日から平成20年4月29日までの間に払込みにより取得をした居住者等が，その特定株式を譲渡した場合における株式等に係る譲渡所得の金額は，一定の要件の下でその特定株式等に係る譲渡所得の金額の2分の1に相当する金額とすることができる特例が設けられていました（旧措法37の13の3，平20改正法附48）。

　　2 　令和5年度税制改正において，上記①の特例の適用を受けた特例控除対象特定株式に係る同一銘柄株式の取得価額については，適用額が20億円を超えたときに適用額から20億円を控除した残額を控除することとされました（措令25の12⑧）。詳細については下記2(3)を参照ください。

1　共通事項

(1)　特定中小会社の意義

　　特定中小会社とは，次に掲げる会社をいいます。

イ　中小企業等経営強化法第6条に規定する特定新規中小企業者に該当する株式会社（措法37の13①一，中小企業等経営強化法施行規則第8条）

　　具体的には次に掲げる(イ)から(ヘ)までの要件に該当する会社です。

(イ)　株式会社であること

(ロ)　その株式が上場又は店頭売買登録された会社でないこと

(ハ)　一定の大規模法人の所有に属している会社でないこと

(ニ)　風俗営業等を行うものでないこと

(ホ)　次のAからCまでのいずれかに該当する会社であること

　A　新規中小企業者（合併又は分割により設立されたものを除く。）のうち，中小企業等経営強化法第2条第3項第2号に該当するもの（第二号新規中小企業者）であって次のiからⅲまでのいずれかの要件を満たすものであること又は同項第3号に該当するものであること

ⅰ　前事業年度において試験研究費等合計額の収入金額に対する割合が３％を超えるもの又は売上高成長率125％を超えるもの
　　　ⅱ　設立の日以後の期間が１年未満の会社であって，常勤の研究者の数が２人以上であり，かつ，その研究者の数の常勤の役員及び従業員の数の合計に対する割合が10％以上であるもの
　　　ⅲ　設立の日以後の期間が２年未満の会社であって，常勤の新事業活動従事者の数が２人以上であり，かつ，その新事業活動従事者の数の常勤の役員及び従業員の数の合計に対する割合が10％以上であるもの
　　Ｂ　上記Ａⅰからⅲまでに掲げる要件のいずれかを満たす第二号新規中小企業者（合併又は分割により設立されたものを除く。）であって次のⅰ又はⅱに掲げる会社の区分に応じ，それぞれⅰ又はⅱに定める要件に該当するものであること
　　　ⅰ　設立の日以後の期間が１年未満の会社（設立事業年度を経過していないものに限る。）……事業の将来における成長発展に向けた事業計画（その設立事業年度における試験研究費等合計額の出資金額に対する割合が30％を超える見込みを記載したものに限る。）を有すること
　　　ⅱ　設立の日以後の期間が１年未満の会社（設立事業年度を経過しているものに限る。）又は設立の日以後の期間が１年以上の会社……設立後の各事業年度における営業損益金額が零未満であり，かつ，次の(ⅰ)又は(ⅱ)のいずれかに該当するものであること
　　　　(ⅰ)　設立後の各事業年度における売上高が零であるもの
　　　　(ⅱ)　前事業年度において試験研究費等合計額の出資金額に対する割合が30％を超えるもの
　　Ｃ　その設立の日の属する年12月31日において，上記Ａⅰからⅲまでに掲げる要件のいずれかを満たす設立の日以後の期間が１年未満の第二号新規中小企業者（合併又は分割により設立されたもの及び他の事業者からその全部又は一部を譲り受けた事業を主たる事業とするものを除く。）であって次のⅰ又はⅱに掲げる会社の区分に応じ，それぞれⅰ又はⅱに定める要件に該当するものであること
　　　ⅰ　設立事業年度を経過していない会社……事業の将来における成長発展に向けた事業計画（その設立事業年度における販売費及び一般管理費の合計額がその会社の出資金額の30％を超える見込みを記載したものに限る。）を有すること
　　　ⅱ　設立事業年度を経過している会社……前事業年度において販売費及び一般管理費の合計額のその会社の出資金額に対する割合が30％を超えるものであること
　(ヘ)　次のＡからＣまでのいずれかに掲げる会社の区分に応じ，それぞれＡからＣまでのいずれかに定める要件に該当するものであること
　　Ａ　上記(ホ)Ａに掲げるものに該当する会社……株主グループのうちその有する株式の総数が投資を受けた時点において発行済株式の総数の10分の３以上であるものが有する株式の合計数が，発行済株式の総数の６分の５を超えないものであること。ただし，株主グループのうちその有する株式の総数が最も多いものが，投資を受けた時点において発行済株式の総数の50％を超える数の株式を有するものにあっては，その株主グループの

有する株式の総数が，発行済株式の総数の6分の5を超えないものであること

　　　　B　上記㊟ロに掲げるものに該当する会社……株主グループのうちその有する株式の総数が投資を受けた時点において発行済株式の総数の10分の3以上であるものが有する株式の合計数が，発行済株式の総数の20分の19を超えないものであること。ただし，株主グループのうちその有する株式の総数が最も多いものが，投資を受けた時点において発行済株式の総数の50％を超える数の株式を有するものにあっては，その株主グループの有する株式の総数が，発行済株式の総数の20分の19を超えないものであること

　　　　C　上記㊟Cに掲げるものに該当する会社……株主グループのうちその有する株式の総数がその設立の日の属する年12月31日において発行済株式の総数の10分の3以上であるものが有する株式の合計数が，発行済株式の総数の100分の99を超えないものであること。ただし，株主グループのうちその有する株式の総数が最も多いものが，同日において発行済株式の総数の50％を超える数の株式を有するものにあっては，その株主グループの有する株式の総数が，発行済株式の総数の100分の99を超えないものであること

ロ　内国法人のうち，その設立の日以後10年を経過していない中小企業者に該当するものとして次の(イ)から(ヘ)までの要件を全て満たす株式会社（措法37の13①二，措規18の15⑤）

　(イ)　中小企業基本法第2条第1項第1号から第4号に掲げる中小企業者に該当する会社であること

　(ロ)　一定の大規模法人等の所有に属している会社でないこと

　(ハ)　上場株式又は店頭売買登録銘柄として登録された株式を発行する会社でないこと

　(ニ)　風俗営業等を行うものでないこと

　(ホ)　次のいずれかの会社であること

　　　　A　認定投資事業有限責任組合を通じ，その発行する特定株式を払込みにより取得をしようとする居住者等との間で投資契約（特定株式に係る投資に関する条件を定めた契約で中小企業等経営強化法施行規則第11条第2項第3号ロに規定する投資に関する契約をいう。Bにおいて同じ。）を締結する会社

　　　　B　認定少額電子募集取扱業者から積極的な指導を受ける会社であり，かつ，その認定少額電子募集取扱業者が行う電子募集取扱業務により，その発行する特定株式を払込みにより取得をしようとする居住者等との間で投資契約を締結する会社

ハ　内国法人のうち，認可金融商品取引業協会の規則においてその事業の成長発展が見込まれるものとして指定を受けている株式（いわゆるグリーンシート・エマージング区分）を発行する株式会社であって，その設立の日以後10年を経過していない中小企業者に該当するものとして次の要件を満たすもの（令和元年度税制改正（平成31年法律第6号）により対象から除外されており，平成31年3月31日までに払込みにより取得したその株式会社の下記(2)ハの株式が対象となります。）（旧措法37の13①三，旧措規18の15⑦，平31改正法附36）。

　(イ)　中小企業基本法第2条第1項第1号から第4号に掲げる中小企業者に該当する会社であること

　(ロ)　一定の大規模法人等の所有に属している会社でないこと

　(ハ)　その設立の日以後10年を経過していないこと

— 480 —

� 上場株式又は店頭売買登録銘柄として登録された株式を発行する会社でないこと
　　㈩　風俗営業等を行うものでないこと
　　㈭　金融商品取引業者を通じ，その発行する特定株式を払込みにより取得をしようとする居住者等との間で，投資契約（特定株式に係る投資に関する条件を定めた契約で中小企業等経営強化法施行規則第12条第2項第3号ニに規定する投資に関する契約をいう。）を締結する会社であること
　ニ　内国法人のうち，沖縄振興特別措置法第57条の2第1項に規定する指定会社で平成26年4月1日から令和7年3月31日までの間に指定を受けたもの（措法37の13①三）

(2) 特例の適用対象となる特定株式
　　この特例の適用対象となる特定株式は，次のとおりです（措法37の13①）。
　イ　上記(1)イの会社により発行される株式
　ロ　上記(1)ロの会社により発行される株式で次に掲げるもの
　　㈑　認定投資事業有限責任組合に係る投資事業有限責任組合契約に従って取得をされるもの
　　㈺　認定少額電子募集取扱業者が行う電子募集取扱業務により取得をされるもの
　ハ　上記(1)ハの会社により発行される株式で，その株式の取扱金融商品取引業者を通じて取得されたもの（令和元年度税制改正（平成31年法律第6号）により対象から除外されており，平成31年3月31日までに払込みにより取得した株式が対象となります。）
　ニ　上記(1)ニの会社により発行される株式

(3) 特例の適用対象となる居住者等の範囲
　　この特例の適用対象者は，特定株式を払込みにより取得をした居住者等です。
　　ただし，次に掲げる者は，この特例の適用対象者の範囲には含まれません（措法37の13①，措令25の12①，措規18の15①～④）。
　イ　法人税法第2条第10号に規定する同族会社に該当する特定中小会社の株主のうち，その者を法人税法施行令第71条第1項の役員であるとした場合に同項第5号イに掲げる要件を満たすこととなるその株主
　ロ　その特定株式を発行した特定中小会社の設立に際し，その特定中小会社に自らが営んでいた事業の全部を承継させた個人（以下「特定事業主であった者」という。）
　ハ　特定事業主であった者の親族
　ニ　特定事業主であった者とまだ婚姻の届出をしていないが事実上婚姻関係と同様の事情にある者
　ホ　特定事業主であった者の使用人
　ヘ　特定事業主であった者から受ける金銭その他の資産によって生計を維持している者（ハからホの者を除く。）
　ト　ニからヘの者と生計を一にするこれらの者の親族
　チ　特定中小会社との間で締結する特定株式に係る投資に関する条件を定めた契約で上記(1)イからハまでの会社と中小企業等経営強化法施行規則第11条第2項第3号ロに規定する投資に関する契約又は上記(1)ニの会社と経済金融活性化措置実施計画及び特定経済金融活性化事業の認定申請及び実施状況の報告等に関する内閣府令第13条第5号に規定する特定株式投資契

約に該当する契約を締結していない者（イからトの者を除く。）

2　特定株式の取得に要した金額の控除等

　特定株式を払込みにより取得した居住者等が，特定株式を払込みにより取得した場合における
その年分の一般株式等の譲渡所得の金額及び上場株式等の譲渡所得等の金額の計算については，
その計算上その年中に払込みにより取得した特定株式（その年の12月31日において有するものに限
る。）の取得に要した金額の合計額が，まず一般株式等の譲渡所得等の金額からその所得金額を限
度として控除され，なお控除しきれない金額があるときは，上場株式等の譲渡所得等の金額から
控除されます（措法37の13，措令25の12②）。

(1)　控除対象となる特定株式の取得に要した金額

　控除対象となる特定株式の取得に要した金額は，居住者等がその年中に払込みにより取得を
した特定株式の銘柄ごとに，その払込みにより取得をした特定株式の取得に要した金額の合計
額をその取得をした特定株式の数で除して計算した金額に次のイからロを控除した株数（控除
対象特定株式数）を乗じて計算した金額となります（措令25の12③④）。

　イ　その年中に払込みにより取得をした特定株式の数

　ロ　その年中に譲渡又は贈与したその特定株式と同一銘柄株式の数

$$
\begin{array}{l}\text{控除対象となる} \\ \text{特定株式の取得} \\ \text{に要した金額}\end{array} = \frac{\begin{array}{l}\text{その年中に払込みにより} \\ \text{取得をした特定株式の取} \\ \text{得に要した金額の合計額}\end{array}}{\begin{array}{l}\text{その年中に払込みにより} \\ \text{取得をした特定株式の数}\end{array}} \times \begin{array}{l}\text{控除対象} \\ \text{特定株式数}\end{array}^{※}
$$

$$
※\text{控除対象特定株式数} = \begin{array}{l}\text{その年中に払込み} \\ \text{により取得をした} \\ \text{特定株式の数}\end{array} - \begin{array}{l}\text{その年中に譲渡又は} \\ \text{贈与した同一銘柄株} \\ \text{式の数}\end{array}
$$

(2)　特例の適用を受けた後の控除対象特定株式に係る同一銘柄株式の取得価額の調整（原則）

　特例の適用を受けた場合には，特例適用年の翌年以後の控除対象特定株式（(3)の特例控除対
象特定株式を除く。）に係る同一銘柄株式1株当たりの取得価額は，その同一銘柄株式の特例適
用年の12月31日における1株当たりの取得価額から特例の適用を受けた金額として一定の金額
を12月31日において有する同一銘柄株式の数で除した金額を控除した金額に調整されます（措
令25の12⑦）。

$$
\left[\begin{array}{l}\text{控除を適用した年の} \\ \text{翌年以後の同一銘柄} \\ \text{の株式1株当たりの} \\ \text{取得価額}\end{array}\right] = \left[\begin{array}{l}\text{控除を適用した年の} \\ \text{12月31日における同} \\ \text{一銘柄株式1株当た} \\ \text{りの取得価額}\end{array}\right] - \left[\frac{\begin{array}{l}\text{控除の適用を受けた金額} \\ \text{として一定の金額}\end{array}}{\begin{array}{l}\text{控除を適用した年の12月31日} \\ \text{において有する同一銘柄の株} \\ \text{式数}\end{array}}\right]
$$

(3)　特例の適用を受けた後の特例控除対象特定株式に係る同一銘柄株式の取得価額の調整

　控除対象特定株式（特例株式会社の特定株式に係るものに限る。以下「特例控除対象特定株式」
という。）の取得に要した金額の合計額につきこの特例の適用を受けた場合において，その適
用を受けた金額として一定の金額（適用額）が20億円を超えたときは，特例適用年の翌年以後
のこの特例の適用を受けた特例控除対象特定株式（以下「特例適用控除対象特定株式」という。）
に係る同一銘柄株式1株当たりの取得価額は，その同一銘柄株式の特例適用年の12月31日にお
ける1株当たりの取得価額から，適用額から20億円を控除した残額を12月31日において有する
特例適用控除対象特定株式に係る同一銘柄株式の数で除した金額を控除した金額に調整されま
す（措令25の12⑧）。よって，適用額が20億円を超えない場合には，取得価額等から控除する計

— 482 —

算は不要となり，課税の繰延べは生じないこととなります。

　この調整に係る特例株式会社とは，次に掲げる株式会社の区分に応じ次に定める要件を満たす株式会社をいいます（措令25の12⑧，措規18の15⑩）。

イ　上記1(1)イの株式会社……次に掲げる要件
　(イ)　基準日（租税特別措置法施行規則第18条の15第1項各号に掲げる特定株式の区分に応じ当該各号に定める日をいう。以下同じ。）においてその設立の日以後の期間が5年未満の株式会社であること
　(ロ)　基準日において中小企業等経営強化法施行規則第8条第5号ロに該当する株式会社であること（上記1(1)イ㈱Bを参照）

ロ　上記1(1)ロの株式会社……次に掲げる要件
　(イ)　基準日においてその設立の日以後の期間が5年未満の株式会社であること
　(ロ)　基準日において中小企業等経営強化法施行規則第8条第5号ロ(1)又は(2)に掲げる会社の区分に応じ同号ロ(1)又は(2)に定める要件（上記1(1)イ㈱Bを参照）

(4)　特例の適用を受けるための申告手続

　特例の適用を受けようとする年分の確定申告書に，特例の適用を受けようとする旨の記載をし，かつ，控除対象特定株式の取得に要した金額，特例の適用前の株式等に係る譲渡所得等の金額及び控除の計算に関する明細書その他の書類の添付をする必要があります（措法37の13②，措規18の15⑧）。

〔確定申告書の添付書類〕

| ① | (1)　措法第37条の13①一の特定株式（中小企業等経営強化法施行規則第8条第5号イ又はロに該当する会社が発行したものに限る。）である場合
　　特定中小会社から交付を受けた都道府県知事がその特定株式に係る基準日において次に掲げる事実の確認をした旨を証する書類（居住者等の氏名及び住所，払込みにより取得された特定株式数及びその特定株式と引換えに払い込むべき額並びに払込金額の記載があるものに限る。）
　ⅰ　中小企業等経営強化法施行規則第8条各号に掲げる要件に該当する特定中小会社であること
　ⅱ　特定中小会社との間で締結された租税特別措置法施行規則第18条の15第4項第1号の投資契約に基づき払込みにより取得されたものであること
　ⅲ　その特定株式が特例控除対象特定株式に該当する場合には，その特定中小会社が租税特別措置法施行規則第18条の15第10項第1号に定める要件に該当するものであること
(2)　措法第37条の13①一の特定株式（中小企業等経営強化法施行規則第8条第5号ハに該当する会社が発行したものに限る。）である場合
　　特定中小会社から交付を受けた都道府県知事がその特定株式に係る特定基準日（その特定中小会社のその設立の日の属する年12月31日をいう。）において次に掲げる事実の確認をした旨を証する書類（居住者等の氏名及び住所，払込みにより取得がされた特定株式数及びその特定株式と引換えに払い込むべき額並びに払込金額の記載があるものに限る。）
　ⅰ　中小企業等経営強化法施行規則第8条各号に掲げる要件に該当する特定中小会社であること
　ⅱ　特定中小会社との間で締結された租税特別措置法施行規則第18条の15第4項第1号の投資契約に基づき払込みにより取得されたものであること
(3)　措法第37条の13①二イの特定株式である場合
　　認定投資事業有限責任組合が基準日において次に掲げる事実の確認をした旨を証する書類（居住者等の氏名及び住所，払込みにより取得された特定株式数及び特定株式と引換えに払い |

込むべき額並びに払込金額の記載があるものに限る。）及び認定投資事業有限責任組合がその株式を保有する特定中小会社に対して積極的な指導を行うことが確実であると見込まれるものとして経済産業大臣の認定を受けたものであることを証する書類の写し

　　　ⅰ　特定中小会社が租税特別措置法施行規則第18条の15第5項各号に掲げる要件に該当するものであること

　　　ⅱ　認定投資事業有限責任組合を通じて租税特別措置法施行規則第18条の15第5項第4号イの投資契約に基づき払込みにより取得されたものであること

　　　ⅲ　その特定株式が特例控除対象特定株式に該当する場合には，その特定中小会社が租税特別措置法施行規則第18条の15第10項第2号に定める要件に該当するものであること

　(4)　措法第37条の13①二ロの特定株式である場合

　　　認定少額電子募集取扱業者が基準日において次に掲げる事実の確認をした旨を証する書類（居住者等の氏名及び住所，払込みにより取得された特定株式数及び特定株式と引換えに払い込むべき額並びに払込金額の記載があるものに限る。）及び認定少額電子募集取扱業者がその者が行う電子募集取扱業務において募集の取扱い又は私募の取扱いをする株式を発行する特定中小会社に対して積極的な指導を行うことが確実であると見込まれるものとして経済産業大臣の認定を受けたものであることを証する書類の写し

　　　ⅰ　特定中小会社が租税特別措置法施行規則第18条の15第5項各号に掲げる要件に該当するものであること

　　　ⅱ　特定中小会社との間で締結された租税特別措置法第18条の15第5項第4号ロの投資契約に基づき払込みにより取得されたものであること

　　　ⅲ　その特定株式が特例控除対象特定株式に該当する場合には，その特定中小会社が租税特別措置法施行規則第18条の15第10項第2号に定める要件に該当するものであること

　(5)　旧措法第37条の13①三の特定株式である場合

　　　金融商品取引業者が基準日において次に掲げる事実の確認をした旨を証する書類（居住者等の氏名及び住所，払込みにより取得された特定株式数及び特定株式と引換えに払い込むべき額並びに払込金額の記載があるものに限る。）

　　　ⅰ　特定中小会社が旧租税特別措置法施行規則第18条の15第7項各号に掲げる要件に該当するものであること

　　　ⅱ　当該金融商品取引業者を通じて旧租税特別措置法施行規則第18条の15第7項第2号の投資契約に基づき払込みにより取得されたものであること

　(6)　措法第37条の13①三の特定株式である場合

　　　特定中小会社から交付を受けた沖縄県知事が基準日において次に掲げる事実の確認をした旨を証する書類（居住者等の氏名及び住所，払込みにより取得された特定株式数及び特定株式と引換えに払い込むべき額並びに払込金額の記載があるものに限る。）

　　　ⅰ　特定中小会社が経済金融活性化措置実施計画及び特定経済金融活性化事業の認定申請及び実施状況の報告等に関する内閣府令第13条各号に掲げる要件に該当するものであること

　　　ⅱ　特定中小会社との間で締結された租税特別措置法施行規則第18条の15第4項第2号の投資契約に基づき，当該特定中小会社の設立の日以後10年以内に払込みにより取得されたものであること

②	基準日において特定中小会社の一定の株主に該当しないことの証明書類（確認書）
③	特定中小会社から交付された株式異動状況明細書
④	株式投資契約書の写し
⑤	株式等に係る譲渡所得等の金額の計算明細書
⑥	控除対象特定株式の取得に要した金額の計算明細書
⑦	控除対象特定株式数の計算明細書

3　価値喪失株式に係る損失の金額の特例

　特定株式を払込みにより取得をした居住者等について，その特定中小会社の設立の日からその

特定中小会社が発行した株式に係る上場等の日の前日までの期間内に，その特定株式が株式としての価値を失ったことによる損失が生じた場合とされるその特定中小会社の清算結了等の一定の事実が発生したときは，その事実が発生したことはその特定株式の譲渡をしたことと，その損失の金額はその特定株式の譲渡をしたことにより生じた損失の金額とそれぞれみなして，所得税関係の法令の規定を適用することとされています（措法37の13の3①）。

　この特例により，その払込みにより取得をした特定株式が株式としての価値を失ったことによる損失の金額は，特定株式の譲渡をしたことにより生じた損失の金額として，一般株式等の譲渡又は上場株式等の譲渡に係る事業所得の金額，譲渡所得の金額又は雑所得の金額の計算上控除されることになります。

（注）　令和5年度税制改正において，この「価値喪失株式に係る損失の金額の特例」の適用対象となる株式の範囲には，「特定新規中小企業者がその設立の際に発行した株式の取得に要した金額の控除等（措法37の13の2）」の適用対象者が取得した設立特定株式が追加されています（措法37の13の3①）。この「特定新規中小企業者がその設立の際に発行した株式の取得に要した金額の控除等（措法37の13の2）」については，492ページ以降を参照ください。

(1)　特例の適用期間

　この特例の適用期間は，特定中小会社の設立の日からその特定中小会社（特定中小会社であった株式会社を含む。）が発行した株式に係る上場等の日（その株式が金融商品取引所に上場された日又は店頭売買登録銘柄として登録された日をいい，その株式がその上場された日の前日において店頭売買登録銘柄として登録されていた株式の場合はその株式が最初に店頭売買登録銘柄として登録された日をいう。）の前日までの期間とされています（措法37の13の3①，措令25の12の3①）。

　したがって，上場等の日以後に次の(2)に掲げる事実が発生しても，この特例の適用を受けることはできません。

(2)　価値喪失の事実の意義

　払込みにより取得した特定株式が株式としての価値を失ったことによる損失が生じたこととされる一定の事実の発生とは，次のいずれかの事実の発生とされています（措法37の13の3①，措令25の12の3③）。

　イ　払込みにより取得をした特定株式を発行した株式会社が解散（合併による解散を除く。）をし，その清算が結了したこと

　ロ　払込みにより取得をした特定株式を発行した株式会社が破産手続開始の決定を受けたこと

（注）　清算が結了したこととは，通常清算又は特別清算が結了したことをいいます。

(3)　価値喪失株式に係る損失の金額の計算

　払込みにより取得をした特定株式が株式としての価値を失ったことによる損失の金額は，価値喪失株式の次に掲げる場合の区分に応じ，それぞれ次により計算した金額とすることとされています（措法37の13の3①，措令25の12の3②）。

　イ　価値喪失株式が事業所得の基因となる株式である場合

　　その事実が発生した日をその年12月31日とみなして，総平均法（令105①一）によってその価値喪失株式に係る1株当たりの取得価額に相当する金額を算出した場合におけるその金額に，その事実の発生の直前において有するその価値喪失株式の数を乗じて計算した金額

譲渡所得の課税の特例（エンジェル税制）

ロ　価値喪失株式が譲渡所得又は雑所得の基因となる株式である場合

その事実が発生した時を譲渡の時とみなして，総平均法に準ずる方法（令118①）によって
その価値喪失株式に係る１株当たりの金額に相当する金額を算出した場合におけるその金額
に，その事実の発生の直前において有するその価値喪失株式の数を乗じて計算した金額

価値喪失株式に係る損失の金額の具体的計算例

【設例】

　次のようにＡ特定株式を取得した後，Ａ特定株式を発行したＡ株式会社が破産手続開始の決定を受けた場合において，価値喪失株式が譲渡所得の基因となる株式であるときの価値喪失株式に係る損失の金額の計算は，次のとおりとなります。

	（株数）	（単価）	（価格）
令和３年４月23日　払込みにより取得	2,000株	1,000円	2,000,000円
令和４年11月18日　相対取引により取得	1,000株	1,300円	1,300,000円
令和５年10月19日　Ａ株式会社の破産手続開始の決定			

①　価値喪失株式に係る１株当たりの金額に相当する金額

　総平均法に準ずる方法によって，１株当たりの金額に相当する金額を計算します。

$$\frac{2,000,000円+1,300,000円}{2,000株+1,000株}=1,100円$$

②　価値喪失株式の数

　2,000株

　（注）　価値喪失株式の数は，払込みにより取得をした特定株式の数2,000株であり，相対取引により取得した特定株式の数1,000株は含まれません。

③　価値喪失株式に係る損失の金額

　1,100円×2,000株＝2,200,000円

4　特定株式に係る譲渡損失の金額の繰越控除の特例

　確定申告書を提出する居住者等が，その年の前年以前３年内の各年において生じた「特定株式に係る譲渡損失の金額」（この特例の適用を受けることにより前年以前において控除されたものを除く。）を有する場合には，その「特定株式に係る譲渡損失の金額」は，その確定申告書に係る年分の一般株式等に係る譲渡所得等の金額及び上場株式等に係る譲渡所得等の金額を限度として，その一般株式等に係る譲渡取得等の金額及び上場株式等に係る譲渡所得等の金額の計算上控除することができることとされています（措法37の13の３⑦）。

(1)　「特定株式に係る譲渡損失の金額」の意義

　この繰越控除の特例の対象となる「特定株式に係る譲渡損失の金額」とは，居住者等が，適用期間内に，その払込みにより取得をした特定株式の譲渡をしたことにより生じた損失の金額（価値喪失株式に係る損失の金額で，上記３の特例により，特定株式の譲渡をしたことにより生じた損失の金額とみなされたものを含む。）のうち，その譲渡をした日の属する年分の一般株式等に係る譲渡所得等の金額の計算上控除してもなお控除しきれない部分の金額をいいます（措法37の

13の3⑧，措令25の12の3⑩）。

なお，この特例の適用対象となる特定株式及び居住者等の範囲並びにこの特例の適用期間は，上記3の価値喪失株式に係る損失の金額の特例と同様です。

(注) 1　令和5年度税制改正において，上記3の「価値喪失株式に係る損失の金額の特例」と同様に，この特例の適用対象となる株式の範囲には，「特定新規中小企業者がその設立の際に発行した株式の取得に要した金額の控除等（措法37の13の2）」の適用対象者が取得した設立特定株式が追加されています（措法37の13の3①）。

2　特定株式に係る譲渡損失の金額は，上場株式等に係る譲渡所得等の金額を限度として，その年分の上場株式等に係る譲渡所得等の金額の計算上控除することができます（措法37の13の3④）。

(2)　「特定株式の譲渡をしたことにより生じた損失の金額」の計算

上記(1)の「特定株式に係る譲渡損失の金額」の計算の基礎となる「特定株式の譲渡をしたことにより生じた損失の金額」は，次に掲げる場合の区分に応じ，それぞれ次の金額とすることとされています（措法37の13の3⑧，措令25の12の3⑨，措規18の15の2の2④）。

イ　その損失の金額が，適用期間内に，払込みにより取得をした特定株式で事業所得又は雑所得の基因となるものの譲渡をしたことにより生じたものである場合

その特定株式の譲渡による事業所得又は雑所得とその特定株式以外の一般株式等の譲渡による事業所得又は雑所得とを区分してその特定株式の譲渡に係る事業所得の金額又は雑所得の金額を計算した場合にこれらの金額の計算上生ずる損失の金額に相当する金額

ロ　その損失の金額が，適用期間内に，払込みにより取得をした特定株式で譲渡所得の基因となるものの譲渡をしたことにより生じたものである場合

その特定株式の譲渡による譲渡所得の金額の計算上生じた損失の金額

ハ　その損失の金額が，価値喪失株式に係る損失の金額で特定株式の譲渡をしたことにより生じたものとみなされたものである場合

上記3(3)イ，ロに掲げる場合の区分に応じ，それぞれその方法により計算した金額

(注)　特定株式の「譲渡」には，次に掲げる譲渡は含まれないこととされています。したがって，次に掲げる譲渡により生じた損失の金額は，この特例の適用対象とはなりません（措法37の13の3⑧，措令25の12の3⑧）。

1　次に掲げる者に対する譲渡
(1)　その居住者等の親族
(2)　その居住者等と婚姻の届出をしていないが事実上婚姻関係と同様の事情にある者
(3)　その居住者等の使用人
(4)　その譲渡を行う居住者等から受ける金銭その他の資産によって生計を維持しているもの（上記(1)から(3)までに掲げる者を除く。）
(5)　(2)から(4)までに掲げる者と生計を一にするこれらの者の親族

2　特定株式の譲渡をすることによりその譲渡をした居住者等の所得に係る所得税の負担を不当に減少させる結果となると認められる場合におけるその譲渡

(3)　特定株式に係る譲渡損失の金額の計算

繰越控除の対象となる特定株式に係る譲渡損失の金額は，上記(2)の「特定株式の譲渡をしたことにより生じた損失の金額」のうち，一般株式等に係る譲渡所得等の金額の計算上控除してもなお控除しきれない部分の金額として次により計算した金額をいいます（措法37の13の3⑧，措令25の12の3⑩⑪）。

― 487 ―

譲渡所得の課税の特例（エンジェル税制）

　具体的には，まず次のイの「特定譲渡損失の金額」を計算し，その後にロの金額の計算をすることにより，「特定株式に係る譲渡損失の金額」を計算することになります。

イ　「特定譲渡損失の金額」の計算

　　その年中の一般株式等の譲渡に係る事業所得の金額の計算上生じた損失の金額，譲渡所得の金額の計算上生じた損失の金額又は雑所得の金額の計算上生じた損失の金額のうち，それぞれの所得の基因となる特定株式の譲渡に係る上記(2)のイからハまでに掲げる金額の合計額に達するまでの金額をいいます（措令25の12の3⑪）。

ロ　一般株式等に係る譲渡所得等の金額の計算上控除してもなお控除しきれない部分の金額の計算

　　特定株式の譲渡をした日の属する年分の一般株式等に係る譲渡所得等の金額の計算上生じた損失の金額のうち，「特定譲渡損失の金額」の合計額に達するまでの金額とされています（措令25の12の3⑩）。

（注）　居住者等が，払込みにより取得をした特定株式，払込み以外の方法により取得をしたその特定株式又はその特定株式と同一銘柄の株式で特定株式に該当しないものの譲渡をした場合には，これらの同一銘柄株式の譲渡については，その譲渡をしたその同一銘柄株式のうち，その譲渡の時の直前におけるその払込みにより取得をした特定株式に係る特定残株数（措令25の12の3⑮）に達するまでの部分に相当する数の株式が，その払込みにより取得をした特定株式とみなされます（措令25の12の3⑫）。

$$
特定残株数 = \left(\begin{array}{l}\text{払込みにより取得をした特}\\\text{定株式の数（払込みによる}\\\text{取得が2以上ある場合に}\\\text{は，その2以上の払込みに}\\\text{よる取得をしたその特定株}\\\text{式の数の合計数）}\end{array}\right) - \left(\begin{array}{l}\text{特定株式の払込みによる取}\\\text{得の時（払込みによる取得}\\\text{が2以上ある場合には，最}\\\text{初の払込みによる取得の}\\\text{時）以後に譲渡又は贈与し}\\\text{た株式の数}\end{array}\right)
$$

特定株式に係る譲渡損失の金額の具体的計算例

【設例】

　株式等の譲渡に係る雑所得及び譲渡所得の基因となる特定株式の譲渡をしたことにより生じた損失の金額があるものとした場合において，繰越控除の対象となる特定株式に係る譲渡損失の金額の具体的な計算方法は，次のとおりとなります。

　なお，上場株式等に係る譲渡損失の繰越控除を受けようとする金額はないものとします。

1　特定譲渡損失の金額の計算

　(1)　株式等の譲渡に係る雑所得

　　　・A銘柄価値喪失株式に係る損失の金額　　　　　　　　▲　80

　　　・B銘柄特定株式の譲渡に係る損失の金額　　　　　　　▲　70

　　　・特定株式以外のB銘柄株式の譲渡に係る損失の金額　　▲　20

　　　・C銘柄株式の譲渡に係る所得の金額　　　　　　　　　＋　50

　　　　株式等の譲渡に係る雑所得の金額の計算上生じた損失の金額　▲120

　　《株式等の譲渡に係る雑所得に係る特定譲渡損失の金額》

　　イとロの金額のうちいずれか小さい金額

　　　イ　特定株式の譲渡をしたことにより生じた損失の金額の合計額　▲80＋▲70＝▲150

　　　ロ　株式等の譲渡に係る雑所得の金額の計算上生じた損失の金額　▲120

　　∴　特定譲渡損失の金額……▲120

— 488 —

(2)　株式等の譲渡に係る譲渡所得
　　　　　・D銘柄価値喪失株式に係る損失の金額　　　　　▲40
　　　　　・E銘柄株式の譲渡に係る所得の金額　　　　　　＋60
　　　　　　株式等の譲渡に係る譲渡所得の金額　　　　　　＋20
　　　《株式等の譲渡に係る譲渡所得に係る特定譲渡損失の金額》
　　　　　特定譲渡損失の金額……なし
　　　　　　（株式等の譲渡に係る譲渡所得の金額の計算上生じた損失の金額がないため）
　2　特定株式に係る譲渡損失の金額の計算
　　(1)　特定譲渡損失の金額の合計額
　　　　　特定譲渡損失の金額の合計額……▲120
　　(2)　株式等に係る譲渡所得等の金額の計算上生じた損失の金額
　　　　　株式等の譲渡に係る雑所得の金額の計算上生じた損失の金額　▲120
　　　　　株式等の譲渡に係る譲渡所得の金額　　　　　　　　　　　　＋20
　　　　　　　　　　　　　　　　　　　　　　　　　　　　　　　　▲100
　　　　　株式等に係る譲渡所得等の金額の計算上生じた損失の金額……▲100
　　(3)　特定株式に係る譲渡損失の金額
　　　　　イとロの金額のうちいずれか小さい金額
　　　　　イ　特定譲渡損失金額の合計額　　　　　　　　　　　　　▲120
　　　　　ロ　株式等に係る譲渡所得等の金額の計算上生じた損失の金額　▲100
　　　　　∴　特定株式に係る譲渡損失の金額……▲100（繰越控除の対象）

5　価値喪失株式に係る損失の金額の特例及び特定株式に係る譲渡損失の金額の繰越控除の特例を受けるための申告手続
(1)　価値喪失株式に係る損失の金額の特例の適用を受ける場合
　　　上記3の価値喪失株式に係る損失の金額の特例（措法37の13の3①）の適用を受けようとする者は，その払込みにより取得をした特定株式を発行した株式会社が解散をし，その清算が結了したこと又は破産手続開始の決定を受けたことの事実が発生した日の属する年分の確定申告書に，価値喪失株式に係る損失の金額の特例の適用を受けようとする旨を記載し，かつ，次に掲げる書類を添付しなければなりません（措法37の13の3②，措令25の12の3④，措規18の15の2の2①）。
〔確定申告書の添付書類〕
　イ　上記2(4)〔確定申告書の添付書類〕の①～④の書類
　ロ　基準日において特定中小会社の一定の株主に該当しないことの証明書類（確認書）
　ハ　特定中小会社から交付された株式異動状況明細書
　ニ　株式投資契約書の写し
(注)　設立特定株式については，上記イからニまでに掲げる書類は，上記イからニまでに掲げる書類又は下記「特定新規中小企業者がその設立の際に発行した株式の取得に要した金額の控除等」（措法37の13の2）の8〔確定申告書の添付書類〕の①～④の書類（494ページ参照）となります。(2)においても同じです。
　ホ　価値喪失株式に係る損失の金額の計算に関する明細書
　ヘ　価値喪失株式に係る特定残株数の計算に関する明細書
　ト　株式等に係る譲渡所得等の金額の計算に関する明細書

チ　その特定中小会社について発生した次の事実の区分に応じ，それぞれその事実を証する次の書類

(イ)　清算(特別清算を除く。)が結了したこと　その清算の結了の登記がされたその特定中小会社の登記事項証明書又はその清算に係る承認がされた決算報告書の写し及びその承認がされた株主総会の議事録の写し（その清算に係る清算人により原本と相違ないことが証明されたものに限る。）

(ロ)　特別清算が結了したこと　その特別清算の終結の登記及びその終結に伴う閉鎖の登記がされたその特定中小会社の登記事項証明書又はその特別清算に係る認可の決定の公告があったことを明らかにする書類の写し

(ハ)　破産手続開始の決定を受けたこと　その破産手続開始の決定の登記がされたその特定中小会社の登記事項証明書又はその破産手続開始の決定の公告があったことを明らかにする書類の写し

(2)　特定株式に係る譲渡損失の繰越控除の特例の適用を受ける場合

特定株式に係る譲渡損失の金額がある場合において，その年の翌年以後において特定株式に係る譲渡損失の繰越控除の特例の適用を受けようとするときには，その年分の確定申告書に，所定の事項を記載し，次に掲げる書類を添付しなければなりません（措法37の13の3⑨，措規18の15の2の2⑤）。

〔確定申告書の添付書類〕

イ　特定株式に係る譲渡損失の金額の計算に関する明細書

ロ　上場株式等に係る譲渡所得等の金額の計算明細書（特定口座年間取引報告書等で代用することも可能）

ハ　上記(1)イからニまでの書類

ニ　基準日において特定中小会社の一定の株主に該当しないことの証明書類（確認書）

ホ　特定中小会社から交付された株式異動状況明細書

ヘ　株式投資契約書の写し

ト　次に掲げる区分に応じ，それぞれ次に掲げる書類

(イ)　特定株式の譲渡に係る損失の金額がある場合

A　その特定株式の譲渡に係る金融商品取引業者又は登録金融機関から交付を受けたその特定株式の譲渡に係る契約締結時交付書面

B　その特定株式の譲渡を受けた者の氏名及び住所等並びにその特定株式の譲渡をした者との関係，その譲渡をした特定株式の数，その譲渡による収入金額，その譲渡をした年月日その他参考となるべき事項を記載した書類

C　その譲渡をした特定株式に係る取得価額の計算に関する明細書

D　次に掲げる書類

(A)　その譲渡をした特定株式に係る特定残株数の計算に関する明細書

(B)　一般株式等に係る譲渡所得等の金額の計算に関する明細書

(ロ)　措法37の13の3①の規定（前記3参照）により特定株式の譲渡をしたことにより生じたものとみなされた損失がある場合

上記(1)ホ，ヘ，ト，チに掲げる書類

（注） 繰越控除の特例の適用を受けるためには，株式等に係る譲渡所得等の金額がない年分も含め連続して確定申告書を提出する必要があります（措法37の13の3⑨，37の12の2⑦）。

6 特定株式に係る譲渡所得の金額等の特例

平成12年4月1日から平成20年4月29日までの間に特定株式を払込みにより取得をした居住者等が，その特定株式を譲渡した場合における株式等に係る譲渡所得の金額は，次の要件に該当する場合に限り，その譲渡所得の金額等の2分の1に相当する金額とされます（旧措法37の13の3，平20改正法附48，平20改正措令附17）。

〔要件〕

(1) 特定中小会社が発行した株式に係る上場等の日前の譲渡の場合（旧措法37の13の3①一，旧措令25の12の3①，旧措規18の15の3②）
  イ その特定中小会社以外の者によるその特定中小会社の発行した株式等の買付等であること
  ロ 譲渡の日においてその特定株式を払込みにより取得をした日の翌日から引き続き所有していた期間が3年を超えること
  ハ 譲渡の際，その特定中小会社から一定の事項を記載した書類が交付されること

(2) 特定中小会社が発行した株式に係る上場等の日以後の譲渡の場合（旧措法37の13の3①二，旧措令25の12の3①）
  イ 特定株式の上場等の日以後3年以内の譲渡であること
  ロ 譲渡の日においてその特定株式を払込みにより取得をした日の翌日から引き続き所有していた期間が3年を超えること
  ハ 特定株式の譲渡が金融商品取引業者への売委託等によるものであること

（注） 「上場等の日」とは，最初にいずれかの金融商品取引所に上場された日又は最初に店頭売買登録銘柄として登録された日をいいます。

譲渡所得の課税の特例（特定新規中小企業者がその設立の際に発行した株式等）

特定新規中小企業者がその設立の際に発行した
株式の取得に要した金額の控除等

　令和5年4月1日以後に，特定株式会社の設立特定株式を払込みにより取得をした居住者等（その特定株式会社の発起人であることその他の要件を満たすものに限る。）は，その年分の一般株式等の譲渡所得等の金額及び上場株式等に係る譲渡所得等の金額の計算については，その計算上その年中にその払込みにより取得をした設立特定株式（控除対象設立特定株式）の取得に要した金額の合計額が控除されます（措法37の13の2）。なお，その年中の適用額が20億円を超える場合には，その適用を受けた年の翌年以後，その適用を受けた設立特定株式に係る同一銘柄株式の取得価額を一定の計算により圧縮することとされています。

1　特定株式会社の意義

　特定株式会社とは，その設立の日の属する年12月31日において中小企業等経営強化法第6条に規定する特定新規中小企業者に該当する株式会社でその設立の日以後の期間が1年未満であり，かつ，中小企業等経営強化法施行規則第8条第5号ハに該当する会社をいいます（措法37の13の2①，措規18の15の2①）。

　この中小企業等経営強化法施行規則第8条第5号ハに該当する会社は，その設立の日の属する年12月31日において，同号イ(1)から(3)までに掲げる要件のいずれかを満たす設立の日以後の期間が1年未満の第二号新規中小企業者（設立の日以後の期間が5年未満の会社である中小企業者をいう。）であって次の(1)又は(2)に掲げる会社の区分に応じ，次の(1)又は(2)に定める要件に該当するものであることとされています。ただし，合併又は分割により設立されたもの及び他の事業者からその全部又は一部を譲り受けた事業を主たる事業とするものは該当しません。

(1)　設立事業年度（設立後最初の事業年度をいう。以下同じ。）を経過していない会社……事業の将来における成長発展に向けた事業計画（設立事業年度における販売費及び一般管理費の合計額（事業年度の期間が1年未満の場合にあっては，販売費及び一般管理費の合計額を1年当たりの額に換算した額。(2)において同じ。）がその会社の出資金額の30％を超える見込みを記載したものに限る。）を有すること。

(2)　設立事業年度を経過している会社……前事業年度において販売費及び一般管理費の合計額のその会社の出資金額に対する割合が30％を超えるものであること。

　　また，中小企業等経営強化法第6条に規定する特定新規中小企業者に該当する株式会社であるため，次の要件も満たす必要があります（中小企業等経営強化法施行規則8）。

(3)　株式会社であること

(4)　その株式が上場又は店頭売買登録された会社でないこと

(5)　一定の大規模法人の所有に属している会社でないこと

(6)　風俗営業等を行うものでないこと

(7)　株主グループのうちその有する株式の総数がその設立の日の属する年12月31日において発行済株式の総数の10分の3以上であるものの有する株式の合計数が，発行済株式の総数の100分の99を超えないものであること。ただし，株主グループのうちその有する株式の総数が最も多

— 492 —

譲渡所得の課税の特例（特定新規中小企業者がその設立の際に発行した株式等）

いものが，同日において発行済株式の総数の50％を超える数の株式を有するものにあっては，その株主グループの有する株式の総数が，発行済株式の総数の100分の99を超えないものであること

2　特例の適用対象となる特定株式

　　特例の適用対象となる設立特定株式とは，特定株式会社によりその設立の際に発行される株式をいいます。この特例の適用対象となる設立特定株式は，令和5年4月1日以後に株式の発行の際の払込みにより取得をした株式に限られています（措法37の13の2①）。

3　特例の適用対象となる居住者等の範囲

　　この特例の適用対象者は，設立特定株式を払込みにより取得をした居住者等です。ただし，特定株式会社の発起人である必要があります。また，次に掲げる者は，この特例の適用対象者には含まれません（措法37の13の2①，措令25の12の2①）。

(1)　設立特定株式を発行した特定株式会社の設立に際し，特定株式会社に自らが営んでいた事業の全部を承継させた個人（以下「特定事業主であった者」という。）

(2)　特定事業主であった者の親族

(3)　特定事業主であった者と婚姻の届出をしていないが事実上婚姻関係と同様の事情にある者

(4)　特定事業主であった者の使用人

(5)　上記(2)から(4)までに掲げる者以外の者で，特定事業主であった者から受ける金銭その他の資産によって生計を維持しているもの

(6)　上記(3)から(5)までに掲げる者と生計を一にするこれらの者の親族

4　控除対象となる控除対象設立特定株式の取得に要した金額

　　この特例による控除対象となる控除対象設立特定株式とは，居住者等がその年中に払込みにより取得をした設立特定株式のうちその年12月31日におけるその設立特定株式に係る控除対象設立特定株式数（その設立特定株式の銘柄ごとに，次の(1)に掲げる数から(2)に掲げる数を控除した残数をいう。以下同じ。）に対応する設立特定株式をいいます（措令25の12の2④）。

(1)　その年中に払込みにより取得をした設立特定株式の数

(2)　その年中に譲渡又は贈与をした同一銘柄株式の数

　　控除対象設立特定株式の取得に要した金額は，その居住者等がその年中に払込みにより取得をした設立特定株式の銘柄ごとに，その払込みにより取得をした設立特定株式の取得に要した金額の合計額をその取得をした設立特定株式の数で除して計算した金額に上記の控除対象設立特定株式数を乗じて計算した金額とされています（措令25の12の2③）。

5　控除対象設立特定株式の取得に要した金額の合計額の控除

　　控除対象設立特定株式の取得に要した金額の合計額の控除は，まず一般株式等に係る譲渡所得等の金額からその所得金額を限度として控除され，なお控除しきれない金額があるときは，上場株式等に係る譲渡所得等の金額から控除されます（措令25の12の2②）。

6　他の特例の不適用

　　この特例の適用を受けた控除対象設立特定株式及び控除対象設立特定株式と同一銘柄の株式

譲渡（特例）

— 493 —

で，その適用を受けた年中に払込みにより取得をしたものについては，「特定中小会社が発行した株式の取得に要した金額の控除等（措法37の13）」及び「特定新規中小会社が発行した株式を取得した場合の課税の特例（措法41の19）」の適用はできません（措法37の13の2②，41の19②）。

（注）　令和7年1月1日以後，上記の「措法41の19」は「措法41の18の4」となります。

7　特例の適用を受けた後の控除対象設立特定株式に係る同一銘柄株式の取得価額の調整

　　控除対象設立特定株式の取得に要した金額の合計額につきこの特例の適用を受けた場合において，適用を受けた金額（適用額）が20億円を超えたときは，適用年の翌年以後のこの特例の適用を受けた控除対象設立特定株式（以下「適用控除対象設立特定株式」という。）に係る同一銘柄株式1株当たりの取得価額は，その同一銘柄株式の適用年の12月31日における1株当たりの取得価額から，適用額から20億円を控除した残額を12月31日において有する適用控除対象設立特定株式に係る同一銘柄株式の数で除した金額を控除した金額に調整されます（措令25の12の2⑦）。

8　特例の適用を受けるための申告手続

　　特例の適用を受けようとする年分の確定申告書に，特例の適用を受けようとする旨の記載をするとともに，次に掲げる書類の添付をする必要があります（措法37の13の2③，措規18の15の2②）。

〔確定申告書の添付書類〕

①	特定株式会社から交付を受けた都道府県知事のその特定株式会社が発行した設立特定株式に係る基準日（その特定株式会社のその設立の日の属する年12月31日をいう。以下同じ。）において次に掲げる事実の確認をした旨を証する書類（居住者等の氏名及び住所，払込みにより取得がされたその設立特定株式数及びその設立特定株式と引換えに払い込むべき額並びにその払込金額の記載があるものに限る。） i　その特定株式会社が中小企業等経営強化法施行規則第8条各号（第5号イ又はロ及び第6号イ又はロを除く。）に掲げる要件に該当するものであること ii　居住者等がその特定株式会社の発起人に該当すること及びその設立特定株式の取得が発起人としての払込みによりされたものであること
②	その特定株式会社の成立の日において一定の株主に該当しないことの証明書類（確認書）
③	特定株式会社から交付を受けた株式異動状況明細書
④	その居住者等とその特定株式会社との間で締結された中小企業等経営強化法施行規則第11条第2項第3号ロに規定する株式の管理に関する契約に係る契約書の写し
⑤	株式等に係る譲渡所得等の金額の計算明細書
⑥	控除対象設立特定株式の取得に要した金額の計算明細書
⑦	控除対象設立特定株式数の計算明細書

株式等を対価とする株式の譲渡に係る譲渡所得等の課税の特例

　個人が，その有する株式（以下「所有株式」という。）を発行した法人を株式交付子会社とする株式交付によりその所有株式の譲渡をし，その株式交付に係る株式交付親会社の株式の交付を受けた場合（その株式交付により交付を受けたその株式交付親会社の株式の価額がその株式交付により交付を受けた金銭の額及び金銭以外の資産の価額の合計額のうちに占める割合が100分の80に満たない場合並びにその株式交付の直後の株式交付親会社が法人税法第2条第10号に規定する同族会社（同号に規定する同族会社であることについての判定の基礎となった株主のうちに同号に規定する同族会社でない法人又は人格のない社団等がある場合には，その法人又は人格のない社団等をその判定の基礎となる株主から除外して判定するものとした場合においても法人税法第2条第10号に規定する同族会社となるものに限る。）に該当する場合を除く。）には，その譲渡をした所有株式（その株式交付により交付を受けた金銭又は金銭以外の資産（その株式交付親会社の株式を除く。）がある場合には，その所有株式のうち，その株式交付により交付を受けた金銭の額及び金銭以外の資産の価額の合計額（その株式交付親会社の株式の価額を除く。）に対応する部分以外のものとして一定の部分に限る。）の譲渡がなかったものとみなし，その譲渡に係る事業所得，譲渡所得及び雑所得の課税を繰り延べられます（措法37の13の4①）。この制度は，令和3年4月1日以後に行われる株式交付について適用することとされています（令3改正法附36⑤）。

　(注)　1　上記の「株式交付子会社」とは，会社法第774条の3第1項第1号に規定する株式交付子会社をいい，「株式交付親会社」とは，同号に規定する株式交付親会社をいいます。
　　　　2　非居住者が株式交付により所有株式の譲渡をし，その株式交付に係る株式交付親会社の株式の交付を受けた場合において，その交付を受けた株式交付親会社の株式が恒久的施設管理株式交付親会社株式（その非居住者の恒久的施設において管理するその株式交付に係る所有株式に対応してその交付を受けた株式交付親会社の株式をいう。）以外の株式に該当するときは，本制度の適用はないこととされています（措法37の13の4②，措令25の12の4②）。

　この「一定の部分」とは，この制度の適用がある株式交付により譲渡した所有株式のうち，その所有株式の価額に株式交付割合（その株式交付により交付を受けた株式交付親会社の株式の価額がその株式交付により交付を受けた金銭の額及び金銭以外の資産の価額の合計額（剰余金の配当として交付を受けた金銭の額及び金銭以外の資産の価額の合計額を除く。）のうちに占める割合をいう。以下同じ。）を乗じて計算した金額に相当する部分とされます（措令25の12の4①）。

株式交付親会社の株式の取得価額

　この制度の適用を受けた個人が株式交付により交付を受けたその株式交付に係る株式交付親会社の株式に係る事業所得の金額，譲渡所得の金額又は雑所得の金額の計算については，次に掲げる金額の合計額がその株式交付親会社の株式の取得価額とされます（措令25の12の4④）。
①　次に掲げる場合の区分に応じそれぞれ次に定める金額
　イ　その株式交付により交付を受けた金銭又は金銭以外の資産（その株式交付親会社の株式を除く。）がある場合……その株式交付により譲渡した所有株式の取得価額にその株式交付に係る株式交付割合を乗じて計算した金額
　ロ　上記イに掲げる場合以外の場合……その株式交付により譲渡した所有株式の取得価額
②　その株式交付親会社の株式の交付を受けるために要した費用がある場合には，その費用の額

譲渡所得の課税の特例（特別事業再編を行う法人の株式を対価とする株式等の譲渡に係る譲渡所得等）

特別事業再編を行う法人の株式を対価とする株式等の譲渡に係る譲渡所得等の課税の特例（廃止）

　個人が，平成30年7月9日から令和3年3月31日までの間に産業競争力強化法の特別事業再編計画について認定を受けた法人（以下「認定特別事業再編事業者」という。）の行ったその認定に係る特別事業再編計画に係る同法の特別事業再編によりその有する他の法人の株式（出資を含む。以下「株式等」という。）を譲渡し，その認定特別事業再編事業者の株式（以下「交付株式」という。）の交付を受けた場合には，その株式等の譲渡はなかったものとみなし，その譲渡に係る事業所得，譲渡所得及び雑所得の課税を繰り延べられます（旧措法37の13の3①）。この制度は，認定の期限（令和3年3月31日）の到来をもって，制度が廃止されましたが，令和3年4月1日前に受けた認定に係る特別事業再編計画に係る特別事業再編による株式等の譲渡については従前どおりとされています（令3改正法附36⑥）。

交付株式の取得価額の計算

　この制度の適用を受けた個人が交付株式をその後に譲渡した場合の事業所得の金額，譲渡所得の金額又は雑所得の金額の計算において，収入金額から控除する取得費の計算の基礎となる交付株式の取得価額は，その特別事業再編に係る譲渡した株式等の取得価額（その交付株式の交付を受けるために要した費用がある場合には，その費用の額を加算した金額）となります（旧措令25の12の3）。

非課税口座内の少額上場株式等に係る譲渡所得等の非課税（NISA）

　この特例は，(1)非課税上場株式等管理契約に係る非課税措置と(2)非課税累積投資契約に係る非課税措置（つみたてNISA）から構成されており，両措置は選択適用とされています。

(1)　非課税上場株式等管理契約に係る非課税措置

　　居住者等が，金融商品取引業者等の営業所に開設した非課税口座に非課税管理勘定を設けた日から同日の属する年の1月1日以後5年を経過する日までの間に支払を受けるべきその非課税管理勘定に係る非課税口座内上場株式等の配当等については，所得税を課さないこととされています（措法9の8一）。また，居住者等が，非課税口座に非課税管理勘定を設けた日から同日の属する年の1月1日以後5年を経過する日までの間に，その非課税管理勘定に係る非課税口座内上場株式等の非課税上場株式等管理契約に基づく譲渡をした場合には，その譲渡による事業所得，譲渡所得及び雑所得については，所得税を課さないこととされています（措法37の14①一）。なお，非課税上場株式等管理契約に基づく非課税口座内上場株式等の譲渡をしたことにより生じた損失は，所得税に関する法令の規定の適用については，ないものとみなされます（措法37の14②）。

(2)　非課税累積投資契約に係る非課税措置

　　居住者等が，金融商品取引業者等の営業所に開設した非課税口座に累積投資勘定を設けた日から同日の属する年の1月1日以後20年を経過する日までの間に支払を受けるべきその累積投資勘定に係る非課税口座内上場株式等の配当等については，所得税を課さないこととされています（措法9の8二）。また，居住者等が，非課税口座に累積投資勘定を設けた日から同日の属する年の1月1日以後20年を経過する日までの間に，その累積投資勘定に係る非課税口座内上場株式等の非課税累積投資契約に基づく譲渡をした場合には，その譲渡による事業所得，譲渡所得及び雑所得については，所得税を課さないこととされています（措法37の14①二）。なお，非課税累積投資契約に基づく非課税口座内上場株式等の譲渡をしたことにより生じた損失は，所得税に関する法令の規定の適用については，ないものとみなされます（措法37の14②）。

　令和2年度の税制改正において，令和6年からの措置として次の(3)のとおり「特定非課税累積投資契約に係る非課税措置」が創設されました。この措置は，令和5年度の税制改正で改組されて施行されています。

(3)　特定非課税累積投資契約に係る非課税措置

　　居住者等が，金融商品取引業者等の営業所に開設した非課税口座に特定累積投資勘定又は特定非課税管理勘定を設けた日以後に支払を受けるべきその特定累積投資勘定又は特定非課税管理勘定に係る非課税口座内上場株式等の配当等については，所得税を課さないこととされています（措法9の8三・四）。また，居住者等が，非課税口座に特定累積投資勘定又は特定非課税管理勘定を設けた日以後に，その特定累積投資勘定又は特定非課税管理勘定に係る非課税口座内上場株式等の特定非課税累積投資契約に基づく譲渡をした場合には，その譲渡による事業所得，譲渡所得及び雑所得については，所得税を課さないこととされています（措法37の14①三・四）。なお，特定非課税累積投資契約に基づく非課税口座内上場株式等の譲渡をしたことにより生じた損失は，所得税に関する法令の規定の適用については，ないものとみなされます（措法37の14②）。

譲渡所得の課税の特例（NISA）

（注）　居住者等が令和5年12月31日において金融商品取引業者等の営業所に開設している非課税口座に令和5年分の非課税管理勘定又は累積投資勘定を設定している場合には、その居住者等（非課税口座廃止届出書の提出をした者等の一定の者を除く。）は令和6年1月1日においてその金融商品取引業者等と特定非課税累積投資契約を締結したものとみなして、この特例を適用することとされています（令5改正法附34①、令5改正措令附6）。

＜非課税上場株式等管理契約に係る非課税措置のイメージ＞

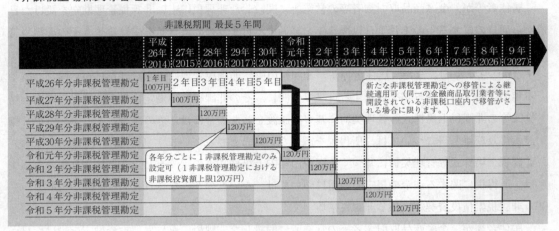

＜非課税累積投資契約に係る非課税措置のイメージ＞

譲渡所得の課税の特例（NISA）

＜特定非課税累積投資契約に係る非課税措置のイメージ＞

		令和6年(2024)	7年(2025)	8年(2026)	9年(2027)	10年(2028)	11年(2029)	12年(2030)	13年(2031)	14年(2032)	
非課税期間の制限なし											
令和6年分	特定非課税管理勘定	1年目 240万円	2年目	3年目	4年目	5年目	6年目	7年目	8年目	9年目	…
	特定累積投資勘定	120万円									…
令和7年分	特定非課税管理勘定		240万円								…
	特定累積投資勘定		120万円								…
令和8年分	特定非課税管理勘定			240万円							…
	特定累積投資勘定			120万円							…
令和9年分	特定非課税管理勘定				240万円						…
	特定累積投資勘定				120万円						…
令和10年分	特定非課税管理勘定					240万円					…
	特定累積投資勘定					120万円					…

各年分ごとに1特定非課税管理勘定（1勘定における非課税投資額上限240万円）及び1特定累積投資勘定（1勘定における非課税投資額上限120万円）のみ設定可

（注） 別途，非課税保有限度額（総枠）がある。

＜NISA制度の概要（～令和5年）＞

	非課税累積投資契約に係る非課税措置（つみたてNISA）	非課税上場株式等管理契約に係る非課税措置（一般NISA）
年間の投資上限額	40万円	120万円（平成26・27年は100万円）
非課税期間	20年間	5年間
口座開設可能期間	平成30年（2018年）～令和5年（2023年）	平成26年（2014年）～令和5年（2023年）
投資対象商品	積立・分散投資に適した一定の公募等株式投資信託（商品性について内閣総理大臣が告示で定める要件を満たしたものに限る）	上場株式・公募等株式投資信託等
投資方法	契約に基づき，定期かつ継続的な方法で投資	制限なし

いずれかを選択

譲渡所得の課税の特例（ＮＩＳＡ）

＜NISA 制度の概要（令和６年〜）＞

	つみたて投資枠 （特定累積投資勘定）	併用可	成長投資枠 （特定非課税管理勘定）
年間の投資上限額	120万円		240万円
非課税期間	制限なし		同左
非課税保有限度額 （総枠）	1,800万円　※簿価残高方式で管理（枠の再利用が可能）		
			1,200万円（内数）
口座開設可能期間	制限なし		同左
投資対象商品	積立・分散投資に適した一定の公募等株式投資信託（商品性について内閣総理大臣が告示で定める要件を満たしたものに限る）		上場株式・公募等株式投資信託等 （※高レバレッジ投資信託などの商品[注]を対象から除外）
投資方法	契約に基づき，定期かつ継続的な方法で投資		制限なし
つみたて NISA 及び一般 NISA との関係	令和５年末までにつみたて NISA 及び一般 NISA において投資した商品は，新しい制度の外枠で非課税措置を適用		

（注） 高レバレッジ投資信託などの商品とは，投資信託の受益権等で，一定の目的以外でデリバティブ取引に係る権利に対する投資として運用を行うこととされているもの等をいう。

1　用語の意義

(1)　非課税口座

居住者等（その年１月１日において18歳以上である者に限る。）がこの特例の適用を受けるため，非課税口座開設届出書を金融商品取引業者等の営業所の長に提出をして，その金融商品取引業者等との間で締結した次に掲げる契約に基づきそれぞれ次に定める期間内に開設された上場株式等の振替口座簿への記載若しくは記録又は保管の委託に係る口座をいいます（措法37の14⑤一）。

①　非課税上場株式等管理契約　平成26年１月１日から令和５年12月31日までの期間

②　非課税累積投資契約　平成30年１月１日から令和５年12月31日までの期間

③　特定非課税累積投資契約　令和６年１月１日以後の期間

(2)　非課税口座内上場株式等

非課税上場株式等管理契約に基づき非課税口座に係る振替口座簿に記載等がされている非課税管理勘定に係る上場株式等，非課税累積投資契約に基づき非課税口座に係る振替口座簿に記載等がされている累積投資勘定に係る公募等株式投資信託の受益権又は特定非課税累積投資契約に基づき非課税口座に係る振替口座簿に記載等がされている特定累積投資勘定に係る公募等株式投資信託の受益権若しくは特定非課税管理勘定に係る上場株式等をいいます（措法37の14①）。

(3)　非課税上場株式等管理契約

居住者等が金融商品取引業者等と締結した上場株式等の振替口座簿への記載若しくは記録又は保管の委託に係る契約で，その契約書において，①上場株式等の振替口座簿への記載若しくは記録又は保管の委託は，その記載若しくは記録又は保管の委託に係る口座に設けられた非課税管理勘定において行うこと，②非課税管理勘定においては居住者等の上場株式等であって一定のもののうち非課税管理勘定が設けられた日から同日の属する年の12月31日までの間に受け

—500—

譲渡所得の課税の特例（ＮＩＳＡ）

入れた上場株式等で取得対価の額の合計額が120万円（平成27年12月31日以前に設けられる非課税管理勘定に受け入れた上場株式等の場合は100万円）を超えないもの等のみを受け入れること、③上場株式等の譲渡は下記「３　譲渡の範囲」の方法によること及び④非課税管理勘定が設けられた日の属する年の１月１日から５年を経過した日において非課税管理勘定に係る上場株式等は当該非課税管理勘定が設けられた口座から、一定の方法により他の保管口座に移管されること等が定められているものをいいます（措法37の14⑤二）。

(注)1　上記②の「上場株式等であって一定のもの」とは、次に掲げる上場株式等以外のものをいいます（措法37の14⑤二、措令25の13⑥）。
　　イ　継続適用届出書の提出をして出国した者（以下「継続適用届出書提出者」という。）が出国をした日からその者に係る帰国届出書を提出するまでの間（以下「継続適用期間」という。）に取得した上場株式等
　　ロ　継続適用届出書提出者が継続適用期間中に他の年分の非課税管理勘定等からの移管により受入れをしようとした上場株式等
　　ハ　ストック・オプション税制（措法29の２）の適用を受けて取得をした特定新株予約権に係る上場株式等
　　2　他年分非課税管理勘定（非課税管理勘定を設けた口座に係る他の年分の非課税管理勘定又は未成年者口座に設けられた非課税管理勘定をいう。以下同じ。）から、当該他年分非課税管理勘定が設けられた日の属する年の１月１日から５年を経過した日に設けられる非課税管理勘定に同日に移管がされる上場株式等については、上記②の金額制限にかかわらず、その移管に係る払出し時の金額制限はありません（措法37の14⑤二、措令25の13⑩⑪）。なお、移管先の非課税管理勘定において上場株式等を受け入れることができる上限額は、上記②の120万円からこの移管に係る払出し時の金額を控除した金額となります。
　　3　上記④の「一定の方法」について、具体的には、非課税期間終了の日に非課税口座が開設されている金融商品取引業者等に開設されている特定口座がある場合には、他の年分の非課税管理勘定に移管されるもの及び「特定口座以外の他の保管口座への非課税口座内上場株式等移管依頼書」に記載されたものを除き、その特定口座に移管されることとなります（措令25の13⑧、措規18の15の３③）。

(4)　非課税管理勘定

　非課税上場株式等管理契約に基づき振替口座簿への記載若しくは記録又は保管の委託がされる上場株式等につき当該記載若しくは記録又は保管の委託に関する記録を他の取引に関する記録と区分して行うための勘定で、次に掲げる要件を満たすものをいいます（措法37の14⑤三）。

①　当該勘定は、平成26年１月１日から令和５年12月31日までの期間内の各年（累積投資勘定が設けられる年を除く。②において「勘定設定期間内の各年」という。）においてのみ設けられること。

②　当該勘定は、原則として当該勘定設定期間内の各年の１月１日において設けられること。

(5)　非課税累積投資契約

　居住者等が金融商品取引業者等と締結した累積投資契約により取得した上場株式等の振替口座簿への記載若しくは記録又は保管の委託に係る契約で、その契約書において、①上場株式等の振替口座簿への記載若しくは記録又は保管の委託は、その記載若しくは記録又は保管の委託に係る口座に設けられた累積投資勘定において行うこと、②累積投資勘定においては居住者等の一定の要件を満たす上場株式等（詳細は次の２(1)を参照。以下「累積投資上場株式等」という。）

譲渡（特例）

であって一定のもののうち累積投資勘定が設けられた日から同日の属する年の12月31日までの間に受け入れた累積投資上場株式等で取得対価の額の合計額が40万円を超えないもの等のみを受け入れること，③金融商品取引業者等は，基準経過日（口座に初めて累積投資勘定を設けた日から10年を経過した日及び同日の翌日以後５年を経過した日ごとの日をいう。）における当該居住者等の住所その他の事項を確認することとされていること，④累積投資上場株式等の譲渡は下記「３　譲渡の範囲」の方法によること，⑤累積投資勘定が設けられた日の属する年の１月１日から20年を経過した日において累積投資勘定に係る累積投資上場株式等は当該累積投資勘定が設けられた口座から，一定の方法により他の保管口座に移管されること等が定められているものをいいます（措法37の14⑤四）。

　なお，累積投資契約とは，居住者等が，一定額の上場株式等につき，定期的に継続して，金融商品取引業者等に買付けの委託をし，当該金融商品取引業者等から取得し，又は当該金融商品取引業者等が行う募集により取得することを約する契約で，あらかじめその買付けの委託又は取得をする上場株式等の銘柄が定められているものをいいます。

(注)１　上記②の「上場株式等であって一定のもの」とは，累積投資上場株式等のうち，継続適用届出書提出者が継続適用期間中に取得した上場株式等以外のものをいいます（措法37の14⑤四，措令25の13⑯）。

　　　２　上記⑤の「一定の方法」について，具体的には，非課税期間終了の日に非課税口座が開設されている金融商品取引業者等に開設されている特定口座がある場合には，「特定口座以外の他の保管口座への非課税口座内上場株式等移管依頼書」に記載されたものを除き，その特定口座に移管されることとなります（措令25の13⑳⑧，措規18の15の３⑨③）。

(6)　累積投資勘定

　非課税累積投資契約に基づき振替口座簿への記載若しくは記録又は保管の委託がされる累積投資上場株式等につき当該記載若しくは記録又は保管の委託に関する記録を他の取引に関する記録と区分して行うための勘定で，次に掲げる要件を満たすものをいいます（措法37の14⑤五）。

①　当該勘定は，平成30年１月１日から令和５年12月31日までの期間内の各年（非課税管理勘定が設けられる年を除く。②において「勘定設定期間内の各年」という。）においてのみ設けられること。

②　当該勘定は，原則として当該勘定設定期間内の各年の１月１日において設けられること。

(7)　特定非課税累積投資契約

　居住者等が金融商品取引業者等と締結した上場株式等の振替口座簿への記載若しくは記録又は保管の委託に係る契約で，その契約書において，①上場株式等の振替口座簿への記載若しくは記録又は保管の委託は，その記載若しくは記録又は保管の委託に係る口座に設けられた特定累積投資勘定又は特定非課税管理勘定において行うこと，②特定累積投資勘定においては居住者等の累積投資上場株式等であって一定のもの（以下「特定累積投資上場株式等」という。）のうち特定累積投資勘定が設けられた日から同日の属する年の12月31日までの間に受け入れた特定累積投資上場株式等で取得対価の額が120万円を超えないもの等のみを受け入れること，③特定非課税管理勘定においては居住者等の上場株式等（上場を廃止することが決定された銘柄として指定されているもの等一定のものを除く。）のうち特定非課税管理勘定が設けられた日から同日

譲渡所得の課税の特例（ＮＩＳＡ）

の属する年の12月31日までの間に受け入れた上場株式等で取得対価の額の合計額が240万円を超えないもの等のみを受け入れること，④金融商品取引業者等は，基準経過日（口座に初めて特定累積投資勘定を設けた日から10年を経過した日及び同日の翌日以後５年を経過した日ごとの日をいう。）における当該居住者等の住所その他の事項を確認することとされていること，⑤上場株式等の譲渡は下記「３　譲渡の範囲」の方法によること等が定められているものをいいます（措法37の14⑤六）。

(注)１　上記②の「累積投資上場株式等であって一定のもの」とは，累積投資上場株式等のうち，継続適用届出書提出者が継続適用期間中に取得をした上場株式等以外のものをいいます。

　　２　上記②については，累積投資契約により取得したものに限られます。また，特定累積投資上場株式等をその非課税口座に受け入れた場合に，上記②の取得対価の額の合計額，同年においてその非課税口座に受け入れている上記③の上場株式等の取得対価の額の合計額及び特定累積投資勘定基準額の合計額が1,800万円を超えることとなるときにおけるその特定累積投資上場株式等は特定累積投資勘定に受け入れることはできません。なお，この「特定累積投資勘定基準額」とは，特定累積投資勘定及び特定非課税管理勘定に前年末時点で受け入れている上場株式等の購入代価の額に相当する金額として一定の金額をいいます（措令25の13㉖〜㉘）。

　　３　上記③の「上場を廃止することが決定された銘柄として指定されているもの等一定のもの」とは次に掲げる上場株式等をいいます（措令25の13㉓㊸，平29.3内閣府告540第７条）。

　　　イ　継続適用届出書提出者が継続適用期間中に取得をした上場株式等
　　　ロ　ストック・オプション税制（措法29の２）の適用を受けて取得をした特定新株予約権に係る上場株式等
　　　ハ　金融商品取引業者等への買付けの委託等により取得をした上場株式等で次のいずれかに該当するもの
　　　　(ｲ)　その上場株式等が上場されている金融商品取引所の定める規則に基づき，その金融商品取引所への上場を廃止することが決定された銘柄又は上場を廃止するおそれがある銘柄として指定されているものその他の内閣総理大臣が財務大臣と協議して定めるもの
　　　　(ﾛ)　公社債投資信託以外の証券投資信託の受益権，投資信託及び投資法人に関する法律に規定する投資口又は特定受益証券発行信託の受益権で，委託者指図型投資信託約款，規約又は信託契約において法人税法第61条の５第１項に規定するデリバティブ取引に係る権利に対する投資（安定した収益の確保及び効率的な運用を行うためのものとして内閣総理大臣が財務大臣と協議して定める目的によるものを除く。）として運用を行うこととされていることその他の内閣総理大臣が財務大臣と協議して定める事項が定められているもの
　　　　(ﾊ)　公社債投資信託以外の証券投資信託の受益権で委託者指図型投資信託約款に次の定めがあるもの以外のもの
　　　　　ｉ　信託契約期間を定めないこと又は20年以上の信託契約期間が定められていること。
　　　　　ⅱ　収益の分配は，１月以下の期間ごとに行わないこととされており，かつ，信託の計算期間ごとに行うこととされていること。

　　４　上記③については，上場株式等をその非課税口座に受け入れた場合において，次に掲げる場合に該当することとなるときにおけるその上場株式等は特定非課税管理勘定に受け入れることはできません。なお，下記イの「特定非課税管理勘定基準額」とは，特定非課税管理勘定に前年末時点で受け入れている上場株式等の購入代価の額に相当する金額として一定の金額をいいます（措令25の13㉚）。
　　　イ　上記③の取得対価の額の合計額及び特定非課税管理勘定基準額の合計額が1,200万円を超える場合
　　　ロ　上記③の取得対価の額の合計額，上記③の受入れの間に係る特定非課税管理勘定が設けら

譲渡（特例）

譲渡所得の課税の特例（ＮＩＳＡ）

れた日の属する年においてその非課税口座に受け入れている上記②の特定累積投資上場株式
等の取得対価の額の合計額及び特定累積投資勘定基準額の合計額が1,800万円を超える場合

(8) 特定累積投資勘定

特定非課税累積投資契約に基づき振替口座簿への記載若しくは記録又は保管の委託がされる
特定累積投資上場株式等につき当該記載若しくは記録又は保管の委託に関する記録を他の取引
に関する記録と区分して行うための勘定で，次に掲げる要件を満たすものをいいます（措法37
の14⑤七）。

① その勘定は，令和6年以後の各年（②において「勘定設定期間内の各年」という。）において
のみ設けられること。

② 当該勘定は，原則として勘定設定期間内の各年の1月1日において設けられること。

(9) 特定非課税管理勘定

特定非課税累積投資契約に基づき振替口座簿への記載若しくは記録又は保管の委託がされる
上場株式等につき当該記載若しくは記録又は保管の委託に関する記録を他の取引に関する記録
と区分して行うための勘定で，特定累積投資勘定と同時に設けられるものをいいます（措法37
の14⑤八）。

2　非課税口座に受け入れることができる上場株式等

(1) 上場株式等の範囲

非課税上場株式等管理契約に係る非課税措置の対象となる上場株式等は，次の上場株式等で
す（措法37の14①一）。

イ　株式等で金融商品取引所に上場されているものその他一定の株式等（ロ，ハに掲げるものを
除く。）

ロ　公社債投資信託以外の証券投資信託でその設定に係る受益権の募集が公募により行われた
ものの受益権

ハ　特定投資法人の投資口

また，非課税累積投資契約に係る非課税措置の対象となる累積投資上場株式等及び特定非課
税累積投資契約に係る非課税措置の対象となる特定累積投資上場株式等は，公社債投資信託以
外の証券投資信託の受益権のうち上場されているもの及び上記ロの受益権とされています（措
法37の14①二・三）。ただし，累積投資勘定に受け入れることができる累積投資上場株式等及び
特定累積投資勘定に受け入れることができる特定累積投資上場株式等は，その受益権を定期的
に継続して取得することにより個人の財産形成が促進されるものとして一定の要件を満たすも
のに限られています（措法37の14⑤四・六）。具体的には，次に掲げる要件を満たす必要があり
ます（措令25の13⑮㊸，平29内閣府告示第540号）。

イ　その公募等株式投資信託の受益権の委託者指図型投資信託約款（その公募等株式投資信託が
外国投資信託である場合には，委託者指図型投資信託約款に類するもの）に次の定めがあること。

(イ)　信託契約期間を定めないこと又は20年以上の信託契約期間が定められていること。

(ロ)　信託財産は，安定した収益の確保及び効率的な運用を行うためのものとして内閣総理大
臣が財務大臣と協議して定める目的により投資する場合を除き，デリバティブ取引に係る

— 504 —

権利に対する投資として運用を行わないこととされていること。
　(ハ)　収益の分配は，1月以下の期間ごとに行わないこととされており，かつ，信託の計算期間（その公募等株式投資信託が外国投資信託である場合には，収益の分配に係る計算期間）ごとに行うこととされていること。
ロ　その他内閣総理大臣が財務大臣と協議して定める要件
　特定非課税累積投資契約に係る非課税措置の対象となる特定非課税管理勘定に係る上場株式等の範囲は，非課税上場株式等管理契約に係る非課税措置の対象となる上場株式等の範囲と同様とされています（措法37の14①四）。なお，上記1(7)のとおり，一定のものが除外されています（措法37の14⑤六）。

(2)　非課税口座に受け入れることができる上場株式等の範囲

	上場株式等の範囲
A	(1)　非課税上場株式等管理契約に係る非課税措置 　(A)　次に掲げる上場株式等で，非課税口座に非課税管理勘定が設けられた日から同日の属する年の12月31日までの間に受け入れた上場株式等の取得対価（Bの移管により受け入れた上場株式等については，移管に係る払出し時の金額）の額の合計額が120万円（Bに掲げる上場株式等がある場合には，その移管に係る払出し時の金額を控除した金額）を超えないもの（措法37の14⑤二イ，ロ） 　　Ⓐ　非課税口座が開設された金融商品取引業者等への買付けの委託により取得した上場株式等，その金融商品取引業者等から取得した上場株式等又はその金融商品取引業者等が行う有価証券の募集により取得した上場株式等で，その取得後直ちに非課税口座に受け入れられるもの 　　Ⓑ　一定の手続の下で他年分非課税管理勘定（非課税管理勘定を設けた非課税口座に係る他の年分の非課税管理勘定又はその金融商品取引業者等の営業所に開設された未成年者口座に設けられた非課税管理者勘定をいう。(B)において同じ。）から移管がされる上場株式等（(B)に掲げるものを除く。） 　(B)　他年分非課税管理勘定から，当該他年分非課税管理勘定が設けられた日の属する年の1月1日から5年を経過した日に設けられる非課税管理勘定に同日に移管がされる上場株式等 (2)　非課税累積投資契約に係る非課税措置 　非課税口座に累積投資勘定が設けられた日から同日の属する年の12月31日までの間に金融商品取引業者等への買付けの委託により取得した累積投資上場株式等，その金融商品取引業者等から取得した累積投資上場株式等又はその金融商品取引業者等が行う有価証券の募集により取得した累積投資上場株式等のうち，その取得後直ちに非課税口座に受け入れられるもので受け入れた累積投資上場株式等の取得対価の額の合計額が40万円を超えないもの（措法37の14⑤四イ） (3)　特定非課税累積投資契約に係る非課税措置 ＜特定累積投資勘定＞ 　(A)　非課税口座に特定累積投資勘定が設けられた日から同日の属する年の12月31日までの間に金融商品取引業者等への買付けの委託により取得した特定累積投資上場株式等，その金融商品取引業者等から取得した特定累積投資上場株式等又は金融商品取引業者等が行う有価証券の募集により取得した特定累積投資上場株式等のうち，その取得後直ちに非課税口座に受け入れられるもので受け入れた特定累積投資上場株式等の取得対価の額の合計額が120万円を超えないもの（特定累積投資上場株式等をその非課税口座に受け入れた場合に，その合計額，同年においてその非課税口座に受け入れている(B)の上場株式等の取得対価の額の合計額及び特定累積投資勘定基準額の合計額が1,800万円を超えることとなるときにおけるその特定累積投資上場株式等を除く。）（措法37の14⑤六イ）

<特定非課税管理勘定>
(B) 非課税口座に特定非課税管理勘定が設けられた日から同日の属する年の12月31日までの間に金融商品取引業者等への買付けの委託により取得した上場株式等，その金融商品取引業者等から取得した上場株式等又は金融商品取引業者等が行う有価証券の募集により取得した上場株式等のうち，その取得後直ちに非課税口座に受け入れられるもので受け入れた上場株式等の取得対価の額の合計額が240万円を超えないもの（上場株式等をその非課税口座に受け入れた場合において，次に掲げる場合に該当することとなるときにおけるその上場株式等を除く。）（措法37の14⑤六ハ）。
Ⓐ その合計額及び特定非課税管理勘定基準額の合計額が1,200万円を超える場合
Ⓑ その間に受け入れた上場株式等の取得対価の額の合計額，その間に係る特定非課税管理勘定が設けられた日の属する年においてその非課税口座に受け入れている(A)の特定累積投資上場株式等の取得対価の額の合計額及び特定累積投資勘定基準額の合計額が1,800万円を超える場合

(1) 非課税上場株式等管理契約に係る非課税措置
　　次に掲げる上場株式等で，非課税管理勘定への受入れを非課税口座に係る振替口座簿に記載若しくは記録又は保管の委託をする方法により行うもの
(A) 非課税口座内上場株式等について行われた株式又は投資信託若しくは特定受益証券発行信託の受益権の分割又は併合により取得する上場株式等（措令25の13⑫一）
(B) 非課税口座内上場株式等について行われた株式無償割当て，新株予約権無償割当て又は新投資口予約権無償割当てにより取得する上場株式等（措令25の13⑫二）
(C) 非課税口座内上場株式等を発行した法人の合併（その法人の株主等に合併法人の株式若しくは出資又は合併親法人の株式若しくは出資のいずれか一方のみの交付がされるものに限る。）により取得する合併法人の株式若しくは出資又は合併親法人の株式若しくは出資（措令25の13⑫三）
(D) 非課税口座内上場株式等で投資信託の受益権であるものに係る投資信託の併合（その投資信託の受益者にその併合に係る新たな投資信託の受益権のみの交付がされるものに限る。）により取得する新たな投資信託の受益権（措令25の13⑫四）
(E) 非課税口座内上場株式等を発行した法人の分割（分割対価資産として分割承継法人の株式若しくは出資又は分割承継親法人の株式若しくは出資のいずれか一方のみの交付がされるもので，その株式又は出資が分割法人の発行済株式等の総数又は総額のうちに占めるその分割法人の各株主等の有するその分割法人の株式の数又は金額の割合に応じて交付されるものに限る。）により取得する分割承継法人の株式若しくは出資又は分割承継親法人の株式若しくは出資（措令25の13⑫五）
(F) 非課税口座内上場株式等を発行した法人の行った株式分配（その法人の株主等に完全子法人の株式のみの交付がされるもので，その株式が現物分配法人の発行済株式等の総数又は総額のうちに占めるその現物分配法人の各株主等の有するその現物分配法人の株式の数又は金額の割合に応じて交付されるもの）により取得する完全子法人の株式（措令25の13⑫六）
(G) 非課税口座内上場株式等を発行した法人の行った株式交換により取得する株式交換完全親法人の株式若しくはその親法人の株式又は株式移転により取得する株式移転完全親法人の株式（措令25の13⑫七）。
(H) 非課税口座内上場株式等である新株予約権又は新株予約権付社債を発行した法人を被合併法人，分割法人，株式交換完全子法人又は株式移転完全子法人とする合併等（合併等により合併法人，分割承継法人，株式交換完全親法人又は株式移転完全親法人の新株予約権又は新株予約権付社債（この表において，「合併法人等新株予約権等」という。）のみの交付がされるものに限る。）により取得する合併法人等新株予約権等（措令25の13⑫八）
(I) 非課口座内上場株式等で取得請求権付株式，取得条項付株式，全部取得条項付種類株式又は取得条項付新株予約権が付された新株予約権付社債であるものに係る請求権の行使，取得事由の発生又は取得決議により取得する上場株式等（措令25の13⑫九）
(J) 次に掲げる行使等により取得する上場株式等（措令25の13⑫十）

譲渡所得の課税の特例（ＮＩＳＡ）

  Ⓐ 非課税口座内上場株式等である新株予約権付社債に付された新株予約権の行使
  Ⓑ 非課税口座内上場株式等について与えられた株式の割当てを受ける権利（株主等とし
   て与えられた場合（その非課税口座内上場株式等を発行した法人の他の株主等に損害を
   及ぼすおそれがあると認められる場合を除く。）に限る。）の行使
  Ⓒ 非課税口座内上場株式等について与えられた新株予約権（新投資口予約権を含み，そ
   の新株予約権を引き受ける者に特に有利な条件若しくは金額であることとされるもの又
   は役務の提供その他の行為による対価の全部若しくは一部であることとされるものを除
   く。）の行使
  Ⓓ 非課税口座内上場株式等について与えられた取得条項付新株予約権に係る取得事由の
   発生又は行使

(2) 非課税累積投資契約に係る非課税措置
  次に掲げる上場株式等で，累積投資勘定への受入れを非課税口座に係る振替口座簿に記載
 若しくは記録又は保管の委託をする方法により行うもの
 (A) 非課税口座内上場株式等について行われた投資信託の受益権の分割又は併合により取得
   する上場株式等（措令25の13⑫一，㉒）
 (B) 非課税口座内上場株式等で投資信託の受益権であるものに係る投資信託の併合（その投
   資信託の受益者にその併合に係る新たな投資信託の受益権のみの交付がされるものに限
   る。）により取得する新たな投資信託の受益権（措令25の13⑫四，㉒）

(3) 特定非課税累積投資契約に係る非課税措置
 (A) 特定累積投資勘定
   上記(2)に掲げる上場株式等で，特定累積投資勘定への受入れを非課税口座に係る振替口
   座簿に記載若しくは記録又は保管の委託をする方法により行うもの（措令25の13⑫一・
   四，㉙）。
 (B) 特定非課税管理勘定
   上記(1)に掲げる上場株式等で，特定非課税管理勘定への受入れを非課税口座に係る振替
   口座簿に記載若しくは記録又は保管の委託をする方法により行うもの（措令25の13⑫一～
   十，㉛）。

---

 (1) 非課税上場株式等管理契約又は非課税累積投資契約に係る非課税措置
  非課税口座に設けられた2以上の非課税管理勘定，累積投資勘定，特定累積投資勘定又は
 特定非課税管理勘定（その2以上の非課税管理勘定，累積投資勘定，特定累積投資勘定又は
 特定非課税管理勘定が同一の非課税口座に設けられている場合のその2以上の非課税管理勘
 定，累積投資勘定，特定累積投資勘定又は特定非課税管理勘定に限る。）に係る同一銘柄の非
 課税口座内上場株式等（その2以上の特定累積投資勘定又は特定非課税管理勘定のみに係る
 同一銘柄のものを除く。）について生じた表中Bの事由により取得する上場株式等で，その2
 以上の非課税管理勘定，累積投資勘定，特定累積投資勘定又は特定非課税管理勘定のうち最
 も新しい年に設けられた非課税管理勘定又は累積投資勘定への受入れを非課税口座に係る振
 替口座簿に記載若しくは記録又は保管の委託をする方法により行うもの（措令25の13⑫
 十一，㉒）

 (2) 特定非課税累積投資契約に係る非課税措置
 (A) 特定累積投資勘定
   非課税口座に設けられた2以上の非課税管理勘定，累積投資勘定，特定累積投資勘定又
   は特定非課税管理勘定（その2以上の非課税管理勘定，累積投資勘定，特定累積投資勘定
   又は特定非課税管理勘定が同一の非課税口座に設けられている場合のその2以上の非課税
   管理勘定，累積投資勘定，特定累積投資勘定又は特定非課税管理勘定に限る。）に係る同
   一銘柄の非課税口座内上場株式等（その2以上の特定累積投資勘定又は特定非課税管理勘
   定のみに係る同一銘柄のもの（その2以上の特定非課税管理勘定のみに係る同一銘柄のも
   のを除く。）に限る。）について生じた表中Bの事由により取得する上場株式等で，その2
   以上の非課税管理勘定，累積投資勘定，特定累積投資勘定又は特定非課税管理勘定のうち
   最も新しい年に設けられた特定累積投資勘定への受入れを非課税口座に係る振替口座簿に
   記載若しくは記録又は保管の委託をする方法により行うもの（措令25の13⑫十一，㉙）

C

譲渡（特例）

譲渡所得の課税の特例（ＮＩＳＡ）

(B)　特定非課税管理勘定

非課税口座に設けられた2以上の非課税管理勘定，累積投資勘定，特定累積投資勘定又は特定非課税管理勘定（その2以上の非課税管理勘定，累積投資勘定，特定累積投資勘定又は特定非課税管理勘定が同一の非課税口座に設けられている場合のその2以上の非課税管理勘定，累積投資勘定，特定累積投資勘定又は特定非課税管理勘定に限る。）に係る同一銘柄の非課税口座内上場株式等（その2以上の特定非課税管理勘定のみに係る同一銘柄のものに限る。）について生じた表中Bの事由により取得する上場株式等で，その2以上の非課税管理勘定，累積投資勘定，特定累積投資勘定又は特定非課税管理勘定のうち最も新しい年に設けられた特定非課税管理勘定への受入れを非課税口座に係る振替口座簿に記載若しくは記録又は保管の委託をする方法により行うもの（措令25の13⑫十一，㉛）

3　譲渡の範囲

非課税上場株式等管理契約に係る非課税措置の対象となる譲渡は，次の方法により行われるものに限られます（措法37の14⑤二，措令25の13⑦）。

(1)　金融商品取引業者等への売委託による方法

(2)　金融商品取引業者等に対してする方法

(3)　上場株式等を発行した法人に対して行う単元未満株式の買収請求による譲渡について，その買収請求を非課税口座を開設する金融商品取引業者等の営業所を経由して行う方法

(4)　法人の資本の払戻し若しくは残余財産の分配又は投資信託若しくは特定受益証券発行信託の終了若しくは一部の解約による上場株式等の譲渡について，その譲渡に係る金銭及び金銭以外の資産の交付が非課税口座を開設する金融商品取引業者等の営業所を経由して行われる方法

また，非課税累積投資契約に係る非課税措置の対象となる譲渡は，上記(1)(2)に掲げる方法及び投資信託の終了又は一部の解約により交付される金銭及び金銭以外の資産が非課税口座を開設する金融商品取引業者等の営業所を経由して交付される方法に限られます（措法37の14⑤四，措令25の13⑲）。

なお，特定非課税累積投資契約に係る非課税措置の対象となる譲渡は，非課税上場株式等管理契約に係る非課税措置の対象となる譲渡（上記(1)から(4)まで）と同じです（措法37の14⑤六，措令25の13⑦）。

4　非課税口座内上場株式等の譲渡による所得の区分計算

この特例を適用する場合において，その居住者等が，非課税口座内上場株式等と非課税口座内上場株式等以外の株式等の両方を有するときは，その非課税口座内上場株式等の譲渡による事業所得の金額，譲渡所得の金額又は雑所得の金額とその非課税口座内上場株式等以外の株式等の譲渡による事業所得の金額，譲渡所得の金額又は雑所得の金額とを区分して，これらの金額を計算することとされています（措法37の14③，措令25の13②）。

5　非課税口座からの非課税口座内上場株式等の払出しがあった場合の取扱い

次に掲げる事由により，非課税管理勘定，累積投資勘定，特定累積投資勘定又は特定非課税管理勘定からの非課税口座内上場株式等の一部又は全部の払出し（振替によるものを含む。）があった場合には，その払出しがあった非課税口座内上場株式等については，その払出事由が生じた時

— 508 —

譲渡所得の課税の特例（NISA）

（その非課税口座を開設する居住者等が国外転出の予定日から起算して3月前の日における有価証券の価格により国外転出をする場合の譲渡所得等の特例（法60の2）の適用を受ける場合には，その国外転出の予定日から起算して3月前の日）に，その払出し時の金額により非課税上場株式等管理契約，非課税累積投資契約又は特定非課税累積投資契約に基づく譲渡があったものとみなして，この特例その他の所得税に関する法令の規定を適用することとされています（措法37の14④）。

(1) 非課税口座から他の株式等の振替口座簿への記載等に係る口座（以下「他の保管口座」という。）への移管，非課税管理勘定から当該非課税管理勘定が設けられている非課税口座に係る他の年分の非課税管理勘定への移管，非課税口座内上場株式等に係る有価証券の居住者等への返還又は非課税口座の廃止

(2) 贈与又は相続若しくは遺贈

(3) 非課税上場株式等管理契約，非課税累積投資契約又は特定非課税累積投資契約において定められた方法に従って行われる譲渡以外の譲渡

6 非課税口座等を開設等するための手続

(1) 金融商品取引業者等に新たに非課税口座を開設し，非課税管理勘定，累積投資勘定，特定累積投資勘定又は特定非課税管理勘定を設定する場合

　金融商品取引業者等の営業所において非課税口座を開設しようとする居住者等（その年1月1日において18歳以上である者に限る。）は，その口座開設年の1月1日からその口座開設年において最初に非課税措置を受けようとする上場株式等をその口座に受け入れるときまでに，その居住者等の氏名等の一定の事項を記載した「非課税口座開設届出書」をその口座を開設しようとする金融商品取引業者等の営業所の長に提出します（措法37の14⑤一，措令25の13⑤，措規18の15の3②）。

　なお，上記届出書の提出をしようとする居住者等は，その提出をする際に，その提出先の金融商品取引業者等の営業所の長に，本人確認書類（住民票の写し，個人番号カード等）を提示し，又は署名用電子証明書等を送信して氏名，生年月日，住所及び個人番号を告知し，その告知した事項につき確認を受けなければなりません（措法37の14⑧，措令25の13㉝～㉟）。

　ただし，その金融商品取引業者等の営業所の長が，その居住者等から本人確認書類の提示又は署名用電子証明書等の送信を受けてその居住者等の個人番号その他一定の事項を記載した帳簿を備えているときは，その居住者等の個人番号の告知は要しないこととされています（措令25の13㉜㉝）。

(2) 金融商品取引業者等の変更又は非課税口座を再開設する場合

　金融商品取引業者等の営業所に非課税口座を開設している居住者等が，非課税口座（以下「変更前非課税口座」という。）に設けられるべき非課税管理勘定，累積投資勘定，特定累積投資勘定又は特定非課税管理勘定を変更前非課税口座以外の非課税口座に設けようとする場合には，変更前非課税口座に非課税管理勘定，累積投資勘定，特定累積投資勘定又は特定非課税管理勘定が設けられる日の属する年（以下「勘定設定年」という。）の前年10月1日から同日以後1年を経過する日までの間に，金融商品取引業者等の営業所の長に，金融商品取引業者等変更届出書を提出する必要があります。この場合において，金融商品取引業者等変更届出書を提出

する日以前に非課税管理勘定、累積投資勘定、特定累積投資勘定又は特定非課税管理勘定に既に上場株式等の受入れをしているときは、金融商品取引業者等の営業所の長は、変更届出書を受理することはできません（措法37の14⑬）。

また、非課税口座を開設している居住者等が非課税口座を廃止しようとする場合には、非課税口座を廃止する旨などの事項を記載した非課税口座廃止届出書を、非課税口座が開設されている金融商品取引業者等の営業所の長に提出する必要があります（措法37の14⑯）。

金融商品取引業者等の営業所に非課税口座を開設している者、又は開設していた者は、その居住者等の氏名等の一定の事項を記載した非課税口座開設届出書に、金融商品取引業者等変更届出書を提出した際に交付を受ける勘定廃止通知書又は非課税口座を廃止した際に交付を受ける非課税口座廃止通知書を添付して、その口座開設年の前年10月1日からその口座開設年において最初にこの非課税措置を受けようとする上場株式等を受け入れる日又はその口座開設年の9月30日のいずれか早い日までに、これをその口座を開設しようとする金融商品取引業者等の営業所の長に提出することにより、非課税口座の再開設又は非課税管理勘定、累積投資勘定、特定累積投資勘定若しくは特定非課税管理勘定の再設定をすることができます（措法37の14⑤一⑩、措令25の13⑤）。

ただし、その非課税口座を廃止した年分の非課税管理勘定、累積投資勘定、特定累積投資勘定又は特定非課税管理勘定に既に上場株式等を受け入れていた場合又はその再設定しようとする年分の非課税管理勘定、累積投資勘定、特定累積投資勘定又は特定非課税管理勘定に既に上場株式等を受け入れていた場合には、これらの年分は、非課税口座の再開設又は非課税管理勘定、累積投資勘定、特定累積投資勘定若しくは特定非課税管理勘定の再設定をすることができません（措法37の14⑤⑬、措令25の13⑤）。

(3) 一時的な出国により居住者等に該当しないこととなる場合

① 出国前に行うべき手続

非課税口座を開設している居住者等が給与等の支払をする者からの転任の命令などのやむを得ない事由に基因した一時的な出国により居住者等に該当しないこととなる場合には、その出国の日の前日までにその非課税口座が開設されている金融商品取引業者等の営業所の長に、継続適用届出書を提出することにより、その出国の時から、その者がその金融商品取引業者等の営業所の長に帰国届出書の提出をする日とその継続適用届出書の提出をした日から起算して5年を経過する日の属する年の12月31日とのいずれか早い日までの間は、この非課税措置を引き続き適用することができます（措法37の14㉒㉓）。

② 帰国後に行うべき手続

継続適用届出書の提出をした者が、帰国をした後再びその者が開設している非課税口座において非課税上場株式等管理契約、非課税累積投資契約又は特定非課税累積投資契約に基づく上場株式等の受入れを行わせようとする場合には、その者は、その継続適用届出書の提出をした日から起算して5年を経過する日の属する年の12月31日までに、その継続適用届出書の提出をした金融商品取引業者等の営業所の長に帰国届出書の提出をしなければなりません（措法37の14㉔）。

この場合において、継続適用届出書の提出をした者がその継続適用届出書の提出をした日

から起算して5年を経過する日の属する年の12月31日までに帰国届出書の提出をしなかった場合には，その者は同日に非課税口座廃止届出書の提出をしたものとみなされます（措法37の14㉖）。

なお，帰国届出書の提出をしようとする者は，その提出をする際に，その提出先の金融商品取引業者等の営業所の長に，本人確認書類（住民票の写し，個人番号カード等）を提示し，又は署名用電子証明書等を送信して氏名，生年月日，住所及び個人番号を告知し，その告知した事項につき確認を受けなければなりません（措法37の14㉕，措令25の13㉝〜㉟）。

(4) 未成年者口座を開設している居住者等の非課税口座開設手続の簡略化

① 令和5年まで

居住者等が平成29年から令和5年までの各年（その年1月1日において未成年者口座を開設している居住者等が18歳である年に限る。）の1月1日において金融商品取引業者等の営業所に未成年者口座を開設している場合には，その居住者等は，同日において，その金融商品取引業者等の営業所の長に非課税口座開設届出書の提出をし，その金融商品取引業者等と非課税上場株式等管理契約を締結したもの等とみなされ，その未成年者口座を開設している金融商品取引業者等の営業所に非課税口座が開設されます（措法37の14㉛）。

② 令和6年以後

居住者等が令和6年以後の各年（その年1月1日において未成年者口座を開設している居住者等が18歳である年に限る。）の1月1日において金融商品取引業者等の営業所に未成年者口座を開設している場合には，その居住者等は，同日において，その金融商品取引業者等の営業所の長に非課税口座開設届出書の提出をし，その金融商品取引業者等と特定非課税累積投資契約を締結したもの等とみなされ，その未成年者口座を開設している金融商品取引業者等の営業所に非課税口座が開設されます（措法37の14㉜）。

未成年者口座内の少額上場株式等に係る配当所得及び譲渡所得等の非課税（ジュニアNISA）

　平成28年4月1日以後，金融商品取引業者等の営業所に未成年者口座を開設している居住者等が，次の未成年者口座内上場株式等の区分に応じそれぞれ次に定める期間内に支払を受けるべき未成年者口座内上場株式等の配当等及びその未成年者口座内上場株式等のその未成年者口座管理契約に基づく譲渡をした場合のその譲渡による事業所得，譲渡所得及び雑所得については，所得税を課さないこととされています（措法9の9，37の14の2①）。

　また，未成年者口座管理契約に基づく未成年者口座内上場株式等の譲渡による収入金額がその未成年者口座内上場株式等の取得費及びその譲渡に要した費用の額の合計額又はその譲渡に係る必要経費に満たない場合におけるその不足額（損失額）は，所得税に関する法令の規定の適用については，ないものとみなされます（措法37の14の2②）。

① 非課税管理勘定に係る未成年者口座内上場株式等……その未成年者口座にその非課税管理勘定を設けた日から同日の属する年の1月1日以後5年を経過する日までの間

② 継続管理勘定に係る未成年者口座内上場株式等……その未成年者口座にその継続管理勘定を設けた日からその未成年者口座を開設した者がその年1月1日において18歳である年の前年12月31日までの間

（注）　令和2年度の税制改正において，「非課税累積投資契約に係る非課税措置」の延長及び「特定非課税累積投資契約に係る非課税措置」の創設に伴い，本制度（ジュニアNISA）については口座開設可能期間を延長しないこととされ，新規の未成年者口座の開設は令和5年までとされました。これに伴い，令和6年以後は，基準年（後述1(4)参照）の1月1日前であっても，未成年者口座内の上場株式等や金銭等について，非課税での払出しができることとされました。

1　用語の意義

(1)　未成年者口座の意義

　居住者等（その年1月1日において18歳未満である者又はその年中に出生した者に限る。）が，この特例の適用を受けるため，未成年者非課税適用確認書又は未成年者口座廃止通知書を添付した未成年者口座開設届出書を金融商品取引業者等の営業所の長に提出をして，その金融商品取引業者等との間で締結した未成年者口座管理契約に基づき平成28年4月1日から令和5年12月31日までの間に開設された上場株式等の振替記載等に係る口座をいいます（措法37の14の2⑤一）。

(2)　未成年者口座管理契約

　居住者等が金融商品取引業者等と締結した上場株式等の振替記載等に係る契約で，その契約書において，①上場株式等の振替記載等は，その振替記載等に係る口座に設けられた非課税管理勘定又は継続管理勘定において行うこと，②非課税管理勘定においては居住者等の上場株式等で，その口座に非課税管理勘定が設けられた日から同日の属する年の12月31日までの期間内に受け入れた上場株式等の取得対価の額の合計額が80万円を超えないもの等のみを受け入れること，③継続管理勘定においては居住者等の上場株式等で，その口座に継続管理勘定が設けられた日から同日の属する年の12月31日までの間に，その継続管理勘定を設けた口座に係る非課

税管理勘定から一定の手続の下で移管がされる上場株式等で，その移管に係る払出し時の金額の合計額が80万円を超えないもの等のみを受け入れること，④その非課税管理勘定又は継続管理勘定において振替記載等がされている上場株式等の譲渡は，金融商品取引業者等への売委託による方法等によること，⑤非課税管理勘定が設けられた日の属する年の1月1日から5年を経過する日において有するその非課税管理勘定に係る上場株式等は，一定の方法により他の保管口座等へ移管されること等が定められているものをいいます（措法37の14の2⑤二，措令25の13の8③〜⑫，同条⑳において準用する措令25の13⑥⑦⑫，措規18の15の10③〜⑪）。

(注) 1　他の年分の非課税管理勘定（非課税管理勘定又は継続管理勘定を設けた口座に係る他の年分の非課税管理勘定をいう。）から，当該他の年分の非課税管理勘定が設けられた日の属する年の1月1日から5年を経過する日の翌日に設けられる非課税管理勘定又は継続管理勘定に同日に移管がされる上場株式等については，上記②及び③の金額制限にかかわらず，その移管に係る払出し時の金額制限はありません（措法37の14の2⑤二ロ，ハ，措令25の13の8③④）。なお，移管先の非課税管理勘定において上場株式等を受け入れることができる上限額は上記②の80万円からこの移管に係る払出し時の金額を控除した金額となり，移管先の継続管理勘定において上場株式等を受け入れることができる上限額は上記③の80万円からこの移管に係る払出し時の金額を控除した金額となります。また，この場合における継続管理勘定への上場株式等の移管については，その継続管理勘定に移管しないことを依頼する旨の書類に記載された上場株式等を除き，書類の提出等の手続なく，同日に他の年分の非課税管理勘定に係る上場株式等をその継続管理勘定に移管することとされています（措令25の13の8④⑫二，三）。

　　2　上記⑤の「一定の方法」について，具体的には，非課税期間終了の日に未成年者口座が開設されている金融商品取引業者等に開設されている特定口座（課税未成年者口座を構成する特定口座を含む。）がある場合には，他の年分の非課税管理勘定等に移管されるもの及び「特定口座以外の他の保管口座への未成年者口座内上場株式等移管依頼書」に記載されたものを除き，その特定口座に移管されることとなります（措法37の14の2⑤二ホ，措令25の13の8⑤⑥，措規18の15の10④⑤）。

　　　なお，継続管理勘定に係る上場株式等についても，上記の移管に係る手続と同様の手続で移管が行われることとなります（措令25の13の8⑦，措規18の15の10⑤）。

(3) 課税未成年者口座の意義

　未成年者口座を開設した居住者等が，その未成年者口座を開設している金融商品取引業者等の営業所又はその金融商品取引業者等と一定の関係にある法人の営業所に開設している特定口座又は預金口座，貯金口座若しくは顧客から預託を受けた金銭その他の資産の管理のための口座により構成されるもので，当該未成年者口座と同時に設けられるものをいいます（措法37の14の2⑤五，措令25の13の8⑬）。

(4) 課税未成年者口座管理契約の意義

　居住者等が，特定口座又は預金口座，貯金口座若しくは顧客から預託を受けた金銭その他の資産の管理のための口座を開設する際に未成年者口座を開設する金融商品取引業者等と締結した契約（未成年者口座管理契約と同時に締結されるものに限る。）で，その契約書において，①上場株式等の振替記載等又は金銭その他の資産の預入れ若しくは預託は，特定口座に関する定めにかかわらず，その記載若しくは記録若しくは保管の委託又は預入れ若しくは預託に係る口座に設けられた課税管理勘定において行うこと，②課税管理勘定において振替記載等がされている上場株式等の譲渡は，特定口座に関する定めにかかわらず，金融商品取引業者等への売委託

による方法等によること，③上場株式等に係る譲渡対価の金銭等は，その受領後直ちにその口座に預入れ又は預託をすること，④その口座に記載若しくは記録又は保管の委託がされる上場株式等及びその口座に預入れ又は預託がされる金銭その他の資産は，その居住者等の基準年（その居住者等が3月31日において18歳である年をいう。以下同じ。）の前年12月31日までは，災害等の一定の事由が生じたことによる移管又は返還を行う場合等を除き，その口座から他の保管口座への移管又はその上場株式等に係る有価証券のその居住者等への返還等をしないこと，⑤その口座につき，上記④の他の保管口座への移管又は災害等事由による返還等が生じた場合には，これらの事由が生じた時にその口座及びその口座と同時に設けられた未成年者口座を廃止すること等が定められているものをいいます（措法37の14の2⑤六，措令25の13の8⑭〜⑯，同条⑳において準用する措令25の13⑦）。

(5) 未成年者非課税適用確認書

居住者等の申請に基づき税務署長から交付を受けた書類で，その者の氏名，生年月日，税務署長がその未成年者非課税適用確認書を作成した年月日その他一定の事項の記載のあるものをいいます（措法37の14の2⑤七，措規18の15の10⑬）。

(6) 未成年者口座廃止通知書

未成年者口座を開設している居住者等がその未成年者口座について本特例の適用を受けることをやめようとする場合に，その旨その他一定の事項を記載した未成年者口座廃止届出書をその金融商品取引業者等に提出し，その金融商品取引業者等の営業所の長から交付を受ける書類で，その者の氏名，生年月日，未成年者口座を廃止した年月日，その廃止した日の属する年分の非課税管理勘定への上場株式等の受入れの有無その他一定の事項の記載のあるものをいいます（措法37の14の2⑤八，措規18の15の10⑭）。

2 未成年者口座に受け入れることができる上場株式等

(1) 上場株式等の範囲

この特例の対象となる上場株式等の範囲は，NISAの非課税上場株式等管理契約に係る非課税措置の対象となっている上場株式等と同じです（措法37の14の2①）。

(2) 未成年者口座の非課税管理勘定に受け入れることができる上場株式等の範囲

	上場株式等の範囲
A	(A) 次に掲げる上場株式等で，その口座に非課税管理勘定が設けられた日から同日の属する年の12月31日までの間に受け入れた上場株式等の取得対価の額の合計額が80万円（(B)に掲げる上場株式等がある場合には，その移管に係る払出し時の金額を控除した金額）を超えないもの（措法37の14の2⑤二ロ(1)） Ⓐ その期間内にその金融商品取引業者等への買付けの委託（買付けの委託の媒介，取次ぎ又は代理を含む。）により取得をした上場株式等，その金融商品取引業者等から取得をした上場株式等又はその金融商品取引業者等が行う上場株式等の募集により取得をした上場株式等で，その取得後直ちに当該口座に受け入れられるもの Ⓑ その非課税管理勘定を設けた口座に係る他の年分の非課税管理勘定から，一定の手続の下で移管がされる上場株式等（(B)に掲げるものを除く。） (B) 他の年分の非課税管理勘定から，当該他の年分の非課税管理勘定が設けられた日の属する年の1月1日から5年を経過した日に設けられる非課税管理勘定に同日に移管がされる上場株式等（措法37の14の2⑤二ロ(2)）

— 514 —

B	NISAの2(2)の表B(1)及びC(1)の欄とほぼ同じです（措令25の13の8⑳において準用する措令25の13⑫）。

(3) 未成年者口座の継続管理勘定に受け入れることができる上場株式等の範囲

	上場株式等の範囲
A	(A) その口座に継続管理勘定が設けられた日から同日の属する年の12月31日までの間に，その継続管理勘定を設けた口座に係る非課税管理勘定から一定の手続の下で移管がされる上場株式等（(B)に掲げるものを除く。）で，その移管に係る払出し時の金額の合計額が80万円（(B)に掲げる上場株式等がある場合には，その移管に係る払出し時の金額を控除した金額）を超えないもの（措法37の14の2⑤二ハ(1)） (B) 他の年分の非課税管理勘定から，当該他の年分の非課税管理勘定が設けられた日の属する年の1月1日から5年を経過した日に設けられる継続管理勘定に同日に移管がされる上場株式等（措法37の14の2⑤二ハ(2)）
B	(2)の表Bの欄と同じです（措令25の13の8⑳において準用する措令25の13⑫）。

3　譲渡の範囲

　この特例の対象となる譲渡は，次の方法により行われるものに限られます（措法37の14の2⑤二ニ，措令25の13の8⑳において準用する措令25の13⑦）。

(1)　金融商品取引業者等への売委託による方法
(2)　金融商品取引業者等に対してする方法
(3)　上場株式等を発行した法人に対して行う単元未満株式の買取請求による譲渡について，その買取請求を未成年者口座を開設する金融商品取引業者等の営業所を経由して行う方法
(4)　法人の資本の払戻し若しくは残余財産の分配又は投資信託若しくは特定受益証券発行信託の終了若しくは一部の解約により交付を受ける金銭及び金銭以外の資産のうち上場株式等の譲渡の対価とみなして課税する部分の権利の移転又は消滅について，その金銭及び金銭以外の資産の交付が未成年者口座を開設する金融商品取引業者等の営業所を経由して行われる方法

4　未成年者口座内上場株式等の譲渡による所得の区分計算

　この特例を適用する場合において，その居住者等が，未成年者口座内上場株式等と未成年者口座内上場株式等以外の上場株式等の両方を有するときは，その未成年者口座内上場株式等の譲渡による事業所得の金額，譲渡所得の金額又は雑所得の金額とその未成年者口座内上場株式等以外の上場株式等の譲渡による事業所得の金額，譲渡所得の金額又は雑所得の金額とを区分して，これらの金額を計算することとされています（措法37の14の2③，措令25の13の8⑳において準用する措令25の13②前段）。

5　未成年者口座から未成年者口座内上場株式等の払出しがあった場合の取扱い

　次に掲げる事由により，非課税管理勘定又は継続管理勘定からの未成年者口座内上場株式等の一部又は全部の払出し（振替によるものを含む。）があった場合には，その払出しがあった未成年者口座内上場株式等については，その払出事由が生じた時（その未成年者口座を開設する居住者等が国外転出の予定日から起算して3月前の日における有価証券の価格により国外転出をする場合の譲渡

所得等の特例（法60の２）の適用を受ける場合には，その国外転出の予定日から起算して３月前の日）に，その払出し時の金額により未成年者口座管理契約に基づく譲渡があったものとみなして，この特例その他所得税に関する法令の規定を適用することとされています（措法37の14の２④）。

(1) 未成年者口座管理契約に従って行う未成年者口座から他の株式等の振替口座簿への記載若しくは記録若しくは保管の委託に係る口座（以下「他の保管口座」という。）への移管，非課税管理勘定から当該非課税管理勘定が設けられている未成年者口座に係る他の年分の非課税管理勘定若しくは継続管理勘定への移管又は未成年者口座内上場株式等に係る有価証券のその居住者等への返還

(2) 相続又は遺贈

(3) 次に掲げる事由でその居住者等の基準年の１月１日又は令和６年１月１日のいずれか早い日以後に生じたもの

① 未成年者口座の廃止

② 贈与

③ 未成年者口座管理契約において定められた方法に従って行われる譲渡以外の譲渡

6 未成年者口座管理契約又は課税未成年者口座管理契約に反する行為があった場合の取扱い

(1) 非課税措置の不適用

未成年者口座及び課税未成年者口座を開設する居住者等の基準年の前年12月31日又は令和５年12月31日のいずれか早い日までに，その口座からの上場株式等及び資金等の払出し又はその口座の廃止等の契約不履行等事由が生じた場合には，それまでに未成年者口座において生じた配当所得及び譲渡所得等についてこの非課税措置は適用せずに，課税することとされています（措法９の９②，37の14の２⑥）。

なお，この遡及課税により譲渡があったものとみなされる未成年者口座内上場株式等に係る収入金額がその未成年者口座内上場株式等の取得費及びその譲渡に要した費用の額の合計額又はその譲渡に係る必要経費に満たない場合におけるその不足額（損失額）は，所得税に関する法令の規定の適用については，ないものとみなすこととされます（措法37の14の２⑦）。

(注)１ 災害等による返還等の一定の事由が生じたことに基因するものは，遡及課税は行いません（措法37の14の２⑥）。

２ これにより課税される未成年者口座内上場株式等の配当等については，その契約不履行等事由が生じた時においてその未成年者口座内上場株式等の配当等の支払があったものとして，租税特別措置法及び所得税法の規定が適用されます。この配当等について配当所得の申告不要の特例（措法８の５①）の適用を受ける場合には，契約不履行等事由が生じた時に支払があったものとみなされた未成年者口座内上場株式等の配当等に係る配当所得の金額の合計額ごとに行うこととされており（措法９の９③），１回に支払を受けるべき配当等の額ごとに申告不要の特例の適用を受けることはできません。

(2) 契約不履行等事由が生じた場合の源泉徴収

未成年者口座及び課税未成年者口座を開設する居住者等の基準年の前年12月31日又は令和５年12月31日のいずれか早い日までにその未成年者口座又は課税未成年者口座につき契約不履行等事由が生じた場合には，その未成年者口座が開設されている金融商品取引業者等は，その契

約不履行等事由が生じたことによる未成年者口座の廃止の際，上記(1)の遡及課税の対象となる
配当所得及び譲渡所得等につき，15％（他に地方税5％）の税率により源泉徴収を行わなけれ
ばなりません（措法9の3の2①，37の14の2⑧）。

(注)　令和19年までの各年分については，別途，復興特別所得税が課せられるため，15.315％（他に
地方税5％）の税率となります。

(3)　契約不履行等事由が生じた場合の未成年者口座内上場株式等に係る譲渡所得等の申告不要

その年分の所得税に係る未成年者口座を有していた居住者等で，その未成年者口座に係る未
成年者口座内上場株式等の譲渡について上記(2)の源泉徴収の対象となった未成年者口座内上場
株式等の譲渡による事業所得の金額，譲渡所得の金額及び雑所得の金額を有するものは，その
年分の所得税については，その未成年者口座内上場株式等の譲渡による事業所得の金額，譲渡
所得の金額又は雑所得の金額を除外したところにより，所得税法上の確定申告書等を提出する
こと等ができることとされています（措法37の14の2⑩）。

7　未成年者口座を開設するための手続等

(1)　未成年者口座開設届出書の提出

金融商品取引業者等の営業所において未成年者口座を開設しようとする居住者等（その口座
開設年の1月1日において18歳未満である者又はその年中に出生した者に限る。）は，その口座開設
年の前年10月1日からその口座開設年において最初にこの非課税措置の適用を受けようとする
上場株式等をその口座に受け入れる日までに，その居住者等の氏名等の一定の事項を記載した
未成年者口座開設届出書に，未成年者非課税適用確認書を添付して，口座を開設しようとする
金融商品取引業者等の営業所の長に提出をしなければなりません（措法37の14の2⑤一，措令25
の13の8②，措規18の15の10②）。

なお，未成年者口座開設届出書の提出をする居住者等は，その提出をする際，その提出先の
金融商品取引業者等の営業所の長に，本人確認書類（住民票の写し，個人番号カード等）を提示
又は署名用電子証明書等の送信をして氏名，生年月日，住所及び個人番号を告知し，その告知
をした事項につき確認を受けなければなりません（措法37の14の2⑰において準用する同条⑬，
措令25の13の8⑳において準用する措令25の13③④）。

ただし，その金融商品取引業者等の営業所の長が，その居住者等から本人確認書類の提示又
は署名用電子証明書等の送信を受けてその居住者等の個人番号その他一定の事項を記載した帳
簿を備えているときは，その居住者等の個人番号の告知は要しないこととされています（措令
25の13の8⑳において準用する措令25の13㉜㉝）。

(2)　未成年者口座を再開設する場合

未成年者口座を開設している居住者等が未成年者口座を廃止しようとする場合には，未成年
者口座を廃止する旨などの事項を記載した未成年者口座廃止届出書を，未成年者口座が開設さ
れている金融商品取引業者等の営業所の長に提出する必要があります（措法37の14の2⑳）。

金融商品取引業者等の営業所に未成年者口座を開設していた者は，その居住者等の氏名等の
一定の事項を記載した未成年者口座開設届出書に，未成年者口座を廃止した際に交付を受ける
未成年者口座廃止通知書を添付して，その口座開設年において最初にこの非課税措置の適用を

譲渡所得の課税の特例（ジュニアNISA）

受けようとする上場株式等を受け入れる日又はその口座開設年の９月30日のいずれか早い日までに，これをその口座を開設しようとする金融商品取引業者等の営業所の長に提出することにより，未成年者口座を再開設することが出来ます（措法37の14の２⑤一）。ただし，未成年者口座廃止通知書の交付の基因となった未成年者口座においてその未成年者口座を廃止した日の属する年分の非課税管理勘定に既に上場株式等を受け入れているときは，その廃止した日から同日の属する年の９月30日までの間は，金融商品取引業者等の営業所の長は，その未成年者口座廃止通知書が添付された未成年者口座開設届出書を受理することができず，その廃止の日の翌年から口座開設が可能となります（措令25の13の８②）。

国外転出をする場合の譲渡所得等の特例（国外転出時課税）

1　国外転出時課税の概要

　平成27年7月1日以後に国外転出（国内に住所及び居所を有しなくなる場合をいう。）をする居住者（次の2に掲げる要件を満たすものに限る。）が，有価証券若しくは匿名組合契約の出資の持分（以下「有価証券等」という。）を有する場合又は決済をしていないデリバティブ取引，信用取引若しくは発行日取引（以下「未決済デリバティブ取引等」といい，有価証券等又は未決済デリバティブ取引等を総称して「対象資産」という。）に係る契約を締結している場合には，その者の事業所得の金額，譲渡所得の金額又は雑所得の金額の計算上，その国外転出の時に，次に掲げる場合の区分に応じ，それぞれ次に定める金額でその有価証券等の譲渡又はその未決済デリバティブ取引等の決済があったものとみなして，所得税が課税されます（法60の2①〜③⑤，令170③，規37の2①〜⑤，平27改正法附7）。

(1)　国外転出前に確定申告書を提出する場合

　国外転出予定日から起算して3月前の日における次の金額

　イ　有価証券等の価額に相当する金額

　ロ　未決済デリバティブ取引等を決済したものとみなして算出した利益の額又は損失の額に相当する金額

　なお，国外転出予定日から起算して3月前の日から国外転出の時までに新たに有価証券等を取得又は未決済信用取引等若しくは未決済デリバティブ取引を決済した場合は，上記イ及びロの金額は，取得時又は契約締結時の金額で算定します。

(2)　国外転出後に確定申告書を提出する場合

　国外転出の時における次の金額

　イ　有価証券等の価額に相当する金額

　ロ　未決済デリバティブ取引等を決済したものとみなして算出した利益の額又は損失の額に相当する金額

　(注)1　「国外転出」とは，国内に住所及び居所を有しないこととなることをいいますが，所得税法第2条第1項第42号に定める出国とは異なり，納税管理人の届出の有無を問いません（法60の2①）。

　　　2　上記(2)の「国外転出後に確定申告書を提出する場合」とは，国外転出をする日の属する年分の確定申告書の提出の時までに国税通則法の規定による納税管理人の届出をした場合，納税管理人の届出をしないで国外転出をした日以後にその年分の確定申告書を提出する場合又はその年分の所得税につき決定がされる場合が該当します。

　　　3　「有価証券」とは，所得税法第2条第1項第17号に定める有価証券をいい，「匿名組合契約の出資の持分」とは，所得税法第174条第9号に規定する匿名組合契約の出資の持分をいいます。

　　　4　「未決済信用取引等」とは，国外転出の時において決済していない次の取引をいいます（法60の2②③，規37の2①）。

　　　(1)　金融商品取引法第156条の24第1項に規定する信用取引

　　　(2)　金融商品取引法第161条の2に規定する取引及びその保証金に関する内閣府令第1条第2項に規定する発行日取引

　　　(3)　金融商品取引法第2条第20項に規定するデリバティブ取引

譲渡所得の課税の特例（国外転出時課税）

　　5　株式や投資信託の受益権のように，譲渡による所得が租税特別措置法において分離課税とされている有価証券等については，同法に従って税額計算を行うことになります。
　　6　国外転出の時における有価証券等の価額に相当する金額等がその有価証券等の取得費等を下回る場合（損失が発生する場合）には，通常の所得金額の計算と同様に，その損失の額は，一般株式等に係る譲渡所得等の金額若しくは上場株式等に係る譲渡所得等の金額又は総合課税の対象となる事業所得の金額，譲渡所得の金額若しくは雑所得の金額の計算上控除することになります。
　　7　上記の「有価証券等」の範囲からは，有利な条件で発行された新株予約権（ストック・オプション）などの次に掲げる有価証券等で国内源泉所得を生ずべきものが除かれます（法60の2①，令170①）。
　　(1)　所得税法施行令第84条第1項に規定する特定譲渡制限付株式又は承継譲渡制限付株式で，同項に規定する譲渡についての制限が解除されていないもの
　　(2)　所得税法施行令第84条第3項各号に掲げる権利でこれらの権利の行使をしたならば同項の規定の適用のあるものを表示する有価証券

2　対象者

　この制度は，国外転出の時において，次の(1)及び(2)のいずれにも該当する居住者が対象となります（法60の2⑤，令170③，規37の2⑥⑦，平27改正令附8②）。
(1)　国外転出をする時において有している有価証券等及び契約を締結している未決済デリバティブ取引等の国外転出時における対象資産の価額（上記1(1)又は(2)の金額）の合計額が1億円以上であること。
(2)　その国外転出をする日前10年以内における次に掲げる期間（以下「国内在住期間」という。）の合計が5年超であること。
　イ　国内に住所又は居所を有していた期間
　ロ　国外転出をした日の属する年分の所得税につき所得税法第137条の2第1項及び同条第2項に定める「国外転出をする場合の譲渡所得等の特例の適用がある場合の納税猶予」（以下「納税猶予の特例」という。）を受けた個人（その相続人を含む。）に係る国外転出の日からその納税の猶予に係る期限までの期間（上記イの期間と重複する期間を除く。）
　ハ　贈与，相続又は遺贈により対象資産の移転を受けた日の属する年分の所得税につき，所得税法第137条の3第1項及び同条第2項に定める「贈与等により非居住者に資産が移転した場合の譲渡所得等の特例の適用がある場合の納税猶予」を受けた個人（その相続人を含む。）に係るその贈与の日又は相続の開始の日からその納税の猶予に係る期限までの期間（上記イ又はロの期間と重複する期間を除く。）
(注)　上記(2)イの判定に当たっては，出入国管理及び難民認定法別表第一の上欄の在留資格（外交，教授，芸術，法律，会計業務，医療，研究，教育，企業内転勤，短期滞在，留学等）で在留していた期間は，国内在住期間に含まれません。また，平成27年6月30日までに同法別表第二の上欄の在留資格（永住者，永住者の配偶者等）で在留している期間がある場合のその期間は，国内在住期間に含まれません。

3　国外転出時における有価証券等の価額

　国外転出時又は国外転出予定日から起算して3月前の日における有価証券等の価額について

は，原則として，所得税基本通達23～35共―9及び59―6（公社債及び公社債投資信託にあっては，財産評価基本通達の第8章第2節）の取扱いに準じて計算した価額となります（基通60の2―7）。

なお，国外転出予定日から起算して3月前の日後に取得した有価証券等のその取得時の価額については，原則として，その有価証券等の取得価額によります（基通60の2―7（注1））。

4　国外転出の時に課税された資産の取得価額等の計算

国外転出時課税の適用を受けた者（その相続人を含む。）が，その国外転出の時に有していた対象資産の譲渡等をした場合における各種所得の金額の計算については，次のように取得価額又は損益の額の調整をすることとされています（法60の2④）。

(1) 有価証券等

その国外転出の時（又は国外転出予定日の3月前の日）における有価証券等の価額に相当する金額をもって取得したものとみなされます。

(2) 未決済デリバティブ取引等

その決済によって生じた損益の額から，国外転出の時（又は国外転出予定日の3月前の日）において決済したものとみなして算出した利益（又は損失）の額に相当する金額を減算（加算）します。

(注)1　国外転出後に行われる「譲渡」の範囲には，有価証券等の一般的な譲渡のほかに，一般株式等又は上場株式等につき法人の合併，分割型分割，株式分配，資本の払戻し，残余財産の分配，出資の消却，法人からの退社・脱退などの事由が生じたことによりその一般株式等又は上場株式等の譲渡の対価とみなされる金額が生ずる場合におけるこれらの事由によるその一般株式等又は上場株式等のその譲渡の対価の額とみなされる金額に対応する部分の権利の移転又は消滅も含まれます（措法37の10③④，37の11③④，令170②）。

2　この取扱いは，国外転出をする者が，その国外転出の日の属する年分の所得税につき確定申告書の提出及び決定がされていない場合における国外転出の時において有していた対象資産並びにその年分の事業所得の金額，譲渡所得の金額又は雑所得の金額の計算上その国外転出の時における対象資産の価額に相当する金額等が総収入金額に算入されていない対象資産並びに後述する6(1)に定める減額措置等の取扱いのあった対象資産については適用できません（法60の2④）。

5　納税猶予の特例

国外転出時課税の適用を受けた者については，一定の要件を満たすことにより，国外転出の日の属する年分の所得税のうち，国外転出時課税によりその有価証券等の譲渡又は未決済デリバティブ取引等の決済があったものとみなされた部分について，国外転出の日から満了基準日（その国外転出の日から5年を経過する日又は帰国等の場合に該当することとなった日のいずれか早い日をいう。）の翌日以後4月を経過する日まで，その納税を猶予することができます（法137の2①，令266の2③）。

(注)　上記の帰国等の場合とは，次に掲げる場合をいいます。

イ　国外転出時課税の適用を受けた個人が国外転出の日から5年を経過する日までに帰国をした場合

ロ　国外転出時課税の適用を受けた個人が死亡したことにより，国外転出の時に有していた対象資産の相続（限定承認に係るものを除く。）又は遺贈（包括遺贈のうち限定承認に係るものを除く。）

譲渡所得の課税の特例（国外転出時課税）

による移転があった場合において，その相続又は遺贈により対象資産の移転を受けた相続人及び
受遺者である個人（その個人から相続又は遺贈によりその対象資産の移転を受けた個人を含む。）
の全てが居住者となった場合

ハ　国外転出時課税制度の適用を受けた個人が死亡したことにより，その国外転出の時に有してい
た対象資産の相続（限定承認に係るものを除く。）又は遺贈（包括遺贈のうち限定承認に係るもの
を除く。）による移転があった場合において，その者について生じた遺産分割等の事由により，そ
の相続又は遺贈により対象資産の移転を受けた相続人及び受遺者である個人に非居住者（その国
外転出の日から5年を経過する日までに帰国をした者を除く。）が含まれないこととなった場合

ニ　国外転出の日から5年を経過する日までに国外転出時課税の適用を受けた個人が死亡したこと
により，その国外転出の時に有していた対象資産の相続（限定承認に係るものに限る。）又は遺贈
（包括遺贈のうち限定承認に係るものに限る。）による移転があった場合

(1)　確定申告時

　国外転出の時までに納税管理人の届出をし，かつ，国外転出の日の属する年分の所得税の確
定申告期限までに，確定申告書にこの特例の適用を受けようとする旨の記載並びに対象資産の
譲渡等の明細及び納税猶予分の所得税額の計算に関する明細その他所定の事項を記載した書類
を添付して提出し，かつ，納税猶予分の所得税額及び利子税額に相当する担保を提供します。

(注)1　納税猶予分の所得税額以外の所得税額がある場合は，その部分については確定申告期限までに
納付する必要があります。

　2　担保として提供できる財産は，原則として，不動産，国債・地方債，税務署長が確実と認める
有価証券，税務署長が確実と認める保証人の保証，金銭などの国税通則法第50条に定める財産で
すが，非上場株式等（非上場の株式又は合名会社，合資会社若しくは合同会社の社員の持分で一
定の要件を満たすものをいう（法137の2⑪二，規52の2⑦〜⑨）。）も対象となります（法137の
2⑪二）。なお，担保提供の手続については，国税通則法施行令第16条に定める手続によることと
なりますが，非上場株式等を担保として提供する場合には，その者がその非上場株式等を担保と
して供することを約する書類その他の一定の書類を納税地の所轄税務署長に提出する方法による
ものとされており（令266の2①），株券の発行が不要となっています。

(2)　納税猶予期間中

　納税猶予に係る期限が確定する日までの間の各年12月31日において有し，又は契約を締結し
ている適用資産（国外転出時課税に係る納税猶予の適用を受けている対象資産をいう。）につき，そ
の適用資産の種類，名称，銘柄別の数量などを記載した「継続適用届出書」を，同日の属する
年の翌年3月15日までに所轄税務署に提出します（法137の2⑥〜⑧⑩，規52の2⑤）。

　なお，その提出期限までに提出がなかった場合においても，税務署長が提出期限までにその
提出がなかったことについてやむを得ない事情があると認めるときは，継続適用届出書の提出
があった場合に限り，その継続適用届出書は提出期限までに提出されたものとみなされます
（法137の2⑦）。

(3)　納税猶予に係る期限の確定

　納税猶予に係る期限までに次に掲げる場合に該当したときは，それぞれに応じた日をもっ
て，納税猶予に係る期限が確定します。

　なお，納税猶予に係る期限の到来により猶予されていた所得税を納付する場合には，猶予さ
れた期間に応じた利子税も納付しなければなりません（法137の2⑫，措法93）。

イ　適用資産について，次の(イ)又は(ロ)に該当した場合，これらの事由が生じた適用資産に係る

— 522 —

納税猶予分の所得税額のうち、これらの事由に対応する部分については、これらの事由が生じた日から４月を経過する日をもって、納税猶予に係る期限が確定します（法137の２⑤）。

　(イ)　譲渡又は決済

　(ロ)　贈与

ロ　継続適用届出書を提出期限までに提出しなかった場合には、その提出期限から４月を経過する日をもって、納税猶予に係る期限が確定します（法137の２⑧）。

ハ　非居住者である猶予承継相続人（納税猶予の適用を受けている者の死亡により、国外転出時課税に係る納税猶予分の所得税額に係る納付の義務を承継した相続人をいう。）が、その相続の開始のあった日の翌日から４月以内に納税管理人の届出をしなかった場合には、その期限から４月を経過する日をもって、納税猶予に係る期限が確定します（法137の２⑨、令266の２⑩）。

ニ　居住者である猶予承継相続人が納税管理人の届出をしないで国外転出した場合、国外転出の時から４月を経過する日をもって、納税猶予に係る期限が確定します（法137の３⑩、令266の２⑪）。

ホ　次の(イ)から(ニ)に掲げる場合で、納税猶予に係る期限が繰り上げられたときは、その繰り上げられた期限をもって、納税猶予に係る期限が確定します（法137の２⑨、令266の２⑧、規52の２⑥、基通137の２―11）。

　(イ)　担保価値が減少したことにより、国税通則法第51条第１項の規定による増担保又は担保の変更を命ぜられた場合において、その命令に応じない場合

　(ロ)　継続適用届出書に記載された事項と相違する事実が判明した場合

　(ハ)　納税管理人を解任してから４月以内に新たな納税管理人の届出をしなかった場合

　(ニ)　納税管理人について死亡、解散、破産開始の決定又は後見開始の審判を受けた事実が生じたことを知った日から６月以内に新たな納税管理人の届出をしなかった場合

(4)　期限延長

　この特例の適用を受けている個人が、その５年を経過する日までに、一定の事項を記載した届出書を所轄税務署長に提出した場合には、その期限を、その国外転出の日から10年４か月を経過する日までとすることができます（法137の２②、規52の２③）。

6　減額等の措置

(1)　国外転出後５年を経過する日までに帰国等をした場合の取扱い（国外転出時課税の取消し）

　国外転出時課税の適用を受けた者について、国外転出の日から５年を経過する日までに、次に掲げる場合に該当することとなったときは、有価証券等の譲渡又は未決済デリバティブ取引等の決済とみなされたもののうち、それぞれ次に掲げるものについて、それぞれに掲げる場合に該当することとなった日から４月以内に更正の請求をすることにより、国外転出時課税の適用を取り消すことができます（法60の２⑥、153の２①）。ただし、国外転出時課税の計算の基礎となる事実の全部又は一部を隠蔽又は仮装した場合には、その隠蔽又は仮装があった事実に基づくこれらの所得の金額に相当する金額については、国外転出時課税の適用を取り消すことはできません（法60の２⑥ただし書）。

イ　帰国（国内に住所を有し、又は現在まで引き続いて１年以上居所を有することをいう。）した場合

譲渡所得の課税の特例（国外転出時課税）

　　　　帰国の時まで引き続き有している対象資産

　ロ　国外転出の時に有していた対象資産を贈与により居住者に移転した場合

　　　　贈与による移転があった対象資産

　ハ　国外転出時課税の適用を受けた者が死亡したことにより，国外転出の時に有していた対象
　　資産の相続（限定承認に係るものを除く。）又は遺贈（包括遺贈のうち限定承認に係るものを除
　　く。）による移転があった場合において，次に掲げる場合に該当することとなったとき

　　　　相続又は遺贈による移転があった対象資産

　　(イ)　その相続又は遺贈により対象資産の移転を受けた相続人及び受遺者である個人の全てが
　　　　居住者となった場合

　　(ロ)　その個人について生じた遺産分割等の事由により，その相続又は遺贈により対象資産の
　　　　移転を受けた相続人及び受遺者である個人に非居住者が含まれないこととなった場合

(2)　国外転出後5年を経過する日までに帰国等をした場合の修正申告

　　国外転出の日の属する年分の所得税につき確定申告書を提出し，又は決定を受けた者が，そ
　の国外転出の日から帰国等の日（上記(1)イからハまでに該当することとなった日）まで引き続き
　有していた有価証券等について国外転出時課税の適用がなかったものとすることができる措置
　を適用することにより，その年分の所得税について修正申告をすべき事由が生じた場合には，
　その帰国等の日から4月以内に限り，その年分の所得税についての修正申告書を提出すること
　ができることとされています（法151の2）。

　　なお，下記(3)の相続により取得した有価証券等の取得費の額に変更があった場合等の修正申
　告の特例とは異なり，この修正申告の特例の場合には，延滞税の計算期間の特例や加算税に関
　する特例は措置されていません。

(3)　相続により取得した有価証券等の取得費の額に変更があった場合等の修正申告及び更正の請
　求

　　居住者が，相続又は遺贈により取得した又は移転を受けた対象資産を譲渡又は決済した場合
　において，その譲渡又は決済の日以後にその相続又は遺贈に係る被相続人のその相続開始の日
　の属する年分の所得税について，国外転出後5年（10年）を経過する日までに帰国等をした場
　合の課税の取消し（法60の2⑥）により，有価証券等の譲渡又は未決済デリバティブ取引等に
　よる譲渡所得等の金額の計算上，前記4（国外転出の時に課税された資産の取得価額等の計算）
　により算入した取得費又は必要経費の額に異動が生じることになります。

　　この場合には，その居住者は，被相続人の所得税について，上記(2)による修正申告書を提出
　した日又は上記(1)による更正の請求に基づく更正（更正の請求に対する処分に係る不服申立て又
　は訴えについての決定若しくは裁決又は判決を含む。）があった日から4月以内に，その譲渡の属す
　る年分の所得税について，修正申告又は更正の請求をすることとなります（法151の4，153の4）。

　　なお，上記の提出期間に提出された修正申告書は，期限内申告書とみなされますので，過少
　申告加算税は賦課されません。また，その期間内に修正申告により納付すべき税額を納付した
　場合には，延滞税も徴収されません（法151の4④）。

(4)　納税猶予満了時における取扱い

　　納税猶予の適用を受けている者について，国外転出の日から5年を経過する日（納税猶予の

－524－

期間を10年に延長している場合にあっては，10年を経過する日）において，その対象資産が次のいずれかに該当するときは，納税猶予期間の満了の日から４月以内に更正の請求をすることにより，国外転出の日の属する年分の所得金額又は所得税の額を減額することができます（法60の２⑩，153の２③）。

なお，この取扱いは，納税猶予に係る満了基準日前に自ら納税猶予に係る所得税の納付をした場合には，適用がありません（基通137の２―４（注））。

イ　５年（又は10年）を経過する日における有価証券等の価額に相当する金額が国外転出の時の額を下回るとき

ロ　５年（又は10年）を経過する日に未決済デリバティブ取引等を決済したものとみなして算出した利益の額又は損失の額が国外転出の時の額を下回るとき（損失の額にあっては上回るとき）

ハ　上記ロの額が損失となる未決済デリバティブ取引等について，国外転出の時において利益が生じていたとき

(5) 納税猶予に係る対象資産の譲渡又は決済等があった場合の取扱い

納税猶予の適用を受けている者が，その納税猶予に係る期限までに，納税猶予に係る対象資産（適用資産）の譲渡若しくは決済又は限定相続等（贈与，相続（限定承認に係るものに限る。）又は遺贈（包括遺贈のうち限定承認に係るものに限る。）をいう。）による移転をした場合において，次のいずれかに該当するときは，その譲渡若しくは決済又は限定相続等による移転の日から４月以内に更正の請求をすることにより，国外転出の日の属する年分の所得金額又は所得税の額を減額することができます（法60の２⑧，153の２②）。

なお，譲渡若しくは決済又は贈与により適用資産の移転があった場合には，上記5(3)のとおり，その適用資産に係る納税猶予分の所得税額のうち，これらの事由に対応する部分については，これらの事由が生じた日から４月を経過する日をもって，納税猶予に係る期限が確定します。

イ　譲渡に係る譲渡価額又は限定相続等の時における有価証券等の価額に相当する金額が国外転出の時の価額を下回るとき

ロ　決済によって生じた利益の額若しくは損失の額又は限定相続等の時に未決済デリバティブ取引等を決済したものとみなして算出した利益若しくは損失の額が国外転出の時の額を下回るとき（損失の額にあっては上回るとき）

ハ　上記ロの額が損失となる未決済デリバティブ取引等について，国外転出の時において利益が生じていたとき

(注)　1　適用資産の全部又は一部を贈与により移転した場合において，この取扱いを適用するときは，上記6(1)の取扱いを適用することはできません（基通60の２―11）。

　　　2　相続等による移転があった場合における相続等の時における有価証券等の価額については，原則として，所得税基本通達23～35共―９及び59―６（公社債及び公社債投資信託にあっては，財産評価基本通達の第８章第２節）の取扱いに準じて計算した価額になります（基通60の２―７（注２））。

(6) 二重課税の調整（外国税額控除の適用）

納税猶予の適用を受けている者が，その納税猶予に係る満了基準日までに，適用資産の譲渡若しくは決済又は限定相続等による適用資産の移転をした場合において，その譲渡若しくは決済又は限定相続等による移転により生じる所得に係る外国所得税（個人が住所を有し，一定の期

譲渡所得の課税の特例（国外転出時課税）

間を超えて居所を有し，又は国籍その他これに類するものを有することによりその住所，居所又は国籍その他これに類するものを有する国又は地域において課されるものに限る。）を納付することとなるときは，その外国所得税額の計算上，この特例により課された所得税の考慮がされない場合（すなわち二重課税が調整されない場合）に限り，次のイ又はロに掲げる日から４月を経過する日までに更正の請求をすることにより，その者が国外転出の日の属する年においてその外国所得税（納税猶予に係る所得税のうちその譲渡若しくは決済又は限定相続等があった適用資産に係る部分に相当する金額に限る。）を納付することとなるものとみなして，その外国所得税について外国税額控除の適用を受けることができます（法95の２，153の６，基通153の６－１）。

　なお，この取扱いは，国外転出の日から適用資産の譲渡若しくは決済又は限定相続等により移転の日まで引き続いて国外転出時課税に係る納税猶予の適用を受けている場合に限り適用することができるため，納税猶予に係る期限が繰り上げられた場合などには，この取扱いは適用できません（基通95の２－１）。

イ　外国所得税を納付することとなった日
ロ　譲渡若しくは決済又は限定相続等による移転の日

7　申告・納付手続

　国外転出の時までに納税管理人の届出をするか否かにより，申告・納付手続は次のとおりとなります（法60の２①～③，120①，127①，128，130，規47③十二）。

(1)　納税猶予の特例の適用がある場合

　国外転出した年分の確定申告期限までに，国外転出の時の価額で対象資産の譲渡等があったものとみなして，その年分の各種所得に，この制度の適用による所得を含めて，確定申告書の提出及び納税をします。

　なお，納税猶予の特例の適用を受ける場合は，その確定申告期限までに，納税猶予分の所得税額及び利子税額に相当する担保を提供する必要があります。

　また，この制度の適用に関し，提出すべき確定申告書に添付しなければならない書類は次のとおりです。

イ　株式等に係る譲渡所得等の金額の計算明細書等（対象資産の種類に応じたもの）
ロ　確定申告書付表（国外転出時の時に譲渡又は決済があったものとみなされる対象資産の明細書（兼納税猶予の特例の適用を受ける場合の対象資産の明細書））
ハ　国外転出をする場合の譲渡所得等の特例等に係る納税猶予分の所得税及び復興特別所得税の額の計算書
ニ　担保として提供しようとする財産に応じたその担保の関係書類

(2)　納税猶予の特例の適用がない場合

　国外転出をする日までに，国外転出予定日から起算して３月前の日の価額で対象資産の譲渡等があったものとみなして，国外転出をするその年の１月１日から国外転出の時までにおける各種所得に，この制度の適用による所得を含めて準確定申告書の提出及び納税をします。

　なお，この制度の適用に関し，提出すべき準確定申告書に添付しなければならない書類は，上記(1)イ及びロのとおりです。

－526－

贈与等により非居住者に資産が移転した場合の譲渡所得等の特例（贈与等時課税）

1 非居住者へ対象資産を贈与した場合（贈与等時課税）

平成27年7月1日以後に，居住者（次の2に掲げる要件を満たすものに限る。）の有する有価証券等又は未決済デリバティブ取引等（有価証券等又は未決済デリバティブ取引等を総称して「対象資産」という。）が贈与，相続又は遺贈（以下「贈与等」という。）により非居住者に移転した場合には，その居住者の事業所得の金額，譲渡所得の金額又は雑所得の金額の計算上，その贈与等の時に，その時における有価証券等の価額に相当する金額又は未決済デリバティブ取引等の決済に係る利益の額若しくは損失の額により，その有価証券等の譲渡又は未決済デリバティブ取引等の決済をしたものとみなして，所得税が課税されます（法60の3，120①，128，令170の2，規37の3，平27改正法附8）。

なお，相続又は遺贈の場合に贈与等時課税の適用を受けるのは被相続人となりますので，その申告は，その相続人又は受遺者が行うこととなります。

（注） 上記の「有価証券等」の範囲からは，有利な条件で発行された新株予約権（ストック・オプション）などの次に掲げる有価証券等で国内源泉所得を生ずべきものが除かれます（法60の2①，令170①）。
  (1) 所得税法施行令第84条第1項に規定する特定譲渡制限付株式又は承継譲渡制限付株式で，同項に規定する譲渡についての制限が解除されていないもの
  (2) 所得税法施行令第84条第3項各号に掲げる権利でこれらの権利の行使をしたならば同項の規定の適用のあるものを表示する有価証券

2 対象者

この制度は，贈与等の時において，次の(1)及び(2)のいずれにも該当する居住者である場合に対象となります（法60の3⑤，令170の2①，平27改正令附8②）。
(1) 贈与等の時における有価証券等の価額に相当する金額及び未決済デリバティブ取引等の利益の額又は損失の額に相当する金額の合計額が1億円以上であること。
(2) 贈与等の日前10年以内において，贈与者の国内在住期間が5年を超えていること。
　（注） 国内在住期間の判定に当たっては，国外転出時課税の520ページを参照してください。

3 贈与等時における有価証券等の価額

贈与等の時における有価証券等の価額については，原則として，所得税基本通達23～35共―9及び59―6（公社債及び公社債投資信託にあっては，財産評価基本通達の第8章第2節）の取扱いに準じて計算した価額となります（基通60の3―5，60の2―7）。

4 贈与等の時に課税された資産の取得価額等の計算

贈与等時課税の適用を受けた者が，その対象資産の譲渡等をした場合における各種所得の計算については，次のように取得価額又は損益の額の調整をすることとされています（法60の3④）。

(1) 有価証券等

　その贈与等があった時における有価証券等の価額に相当する金額をもって取得したものとみなされます。

(2) 未決済デリバティブ取引等

　その決済によって生じた損益の額から，贈与等があった時において決済したものとみなして算出した利益（又は損失）の額に相当する金額を減算（加算）します。

(注) 1　贈与後に行われる「譲渡」の範囲には，有価証券等の一般的な譲渡のほかに，一般株式等又は上場株式等につき法人の合併，分割型分割，株式分配，資本の払戻し，残余財産の分配，出資の消却，法人からの退社・脱退などの事由が生じたことによりその一般株式等又は上場株式等の譲渡の対価とみなされる金額が生ずる場合におけるこれらの事由によるその一般株式等又は上場株式等のその譲渡の対価の額とみなされる金額に対応する部分の権利の移転又は消滅も含まれます（措法37の10③④，37の11③④，令170②）。

　　 2　この取扱いは，贈与等の日の属する年分の所得税につき確定申告書の提出及び決定がされていない場合における贈与等により移転した対象資産並びにその年分の事業所得の金額，譲渡所得の金額又は雑所得の金額の計算上その贈与等の時における対象資産の価額に相当する金額等が総収入金額に算入されていない対象資産並びに後述する6(1)の減額措置等の取扱いのあった対象資産については適用できません（法60の3④）。

5　納税猶予の特例

　贈与等時課税の適用を受けた者については，一定の要件を満たすことにより，贈与等の日の属する年分の所得税のうち，贈与等時課税によりその有価証券等の譲渡又は未決済デリバティブ取引等の決済があったものとみなされた部分について，贈与等の日から満了基準日（その贈与等の日から5年を経過する日又は帰国等の場合に該当することとなった日のいずれか早い日をいう。）の翌日以後4月を経過する日まで，その納税を猶予することができます（法137の3①②，令266の3③⑨）。

(注)　上記の帰国等の場合とは，次に掲げる場合をいう。

　イ　非居住者である受贈者又は同一の被相続人から相続若しくは遺贈により財産を取得した全ての非居住者が帰国をした場合

　ロ　非居住者である受贈者，相続人又は受遺者が死亡したことにより，対象資産の相続（限定承認に係るものを除く。）又は遺贈（包括遺贈のうち限定承認に係るものを除く。）による移転があった場合において，その相続又は遺贈により対象資産の移転を受けた相続人及び受遺者である個人（その個人から相続又は遺贈によりその対象資産の移転を受けた個人を含む。）の全てが居住者となった場合

　ハ　非居住者である受贈者，相続人又は受遺者が死亡したことにより，対象資産の相続（限定承認に係るものを除く。）又は遺贈（包括遺贈のうち限定承認に係るものを除く。）による移転があった場合において，その死亡した者について生じた遺産分割等の事由により，その相続又は遺贈により対象資産の移転を受けた相続人及び受遺者である個人に非居住者（その贈与等の日から5年を経過する日までに帰国をした者を除く。）が含まれないこととなった場合

　ニ　納税の猶予に係る期限までに非居住者である受贈者，相続人又は受遺者が死亡したことにより，その贈与等の時に有していた対象資産の相続（限定承認に係るものに限る。）又は遺贈（包括遺贈のうち限定承認に係るものに限る。）による移転があった場合

譲渡所得の課税の特例（贈与等時課税）

(1) 確定申告時

対象者は，贈与等の日の属する年分の所得税の確定申告期限までに確定申告書（相続又は遺贈の場合には準確定申告書）を提出し，かつ，納税猶予分の所得税額及び利子税額に相当する担保を提供します。

なお，相続又は遺贈により対象資産が非居住者に移転した場合にあっては，贈与等時課税の適用を受けた者の全ての相続人が上記提出期限までに納税管理人の届出をすることが必要です（法137の3②）。

(注) 1　上記のとおり，確定申告期限までにその相続等納税猶予分の所得税額に相当する担保を供した場合に限り納税の猶予を適用することとされているため，確定申告書もその確定申告期限までに提出する必要があります。また，納税猶予分の所得税額以外の所得税額がある場合は，その部分については確定申告期限までに納付する必要があります。

2　担保として提供できる財産は，国外転出時課税の522ページを参照してください。

(2) 納税猶予期間中

対象者は，納税猶予に係る期限が確定する日までの間の各年12月31日において有し，又は契約を締結している適用贈与等資産（贈与等時課税に係る納税猶予を受けている対象資産をいう。）につき，その適用贈与等資産の種類，名称，銘柄別の数量などを記載した「継続適用届出書」を，同日の属する年の翌年3月15日までに所轄税務署に提出します（法137の3⑦～⑨⑫，規52の3⑥）。

なお，その提出期限までに提出がなかった場合においても，税務署長が提出期限までにその提出がなかったことについてやむを得ない事情があると認めるときは，継続適用届出書の提出があった場合に限り，その継続適用届出書は提出期限までに提出されたものとみなされます（法137の3⑧）。

(3) 納税猶予期間中に国外転出する場合

対象者が納税猶予期間中に国外転出する場合には，国外転出の時までに納税管理人の届出が必要です。

なお，納税管理人の届出が国外転出の時までにされなかった場合においても，税務署長がその届出がなかったことについてやむを得ない事情があると認めるときは，その納税管理人の届出があった場合に限り，納税管理人の届出は国外転出の時までにされたものとみなされます（法137の3⑩）。

(4) 納税猶予に係る期限の確定

納税猶予に係る期限までに次に掲げる場合に該当したときは，それぞれに応じた日をもって，納税猶予に係る期限が確定します。

なお，納税猶予に係る期限の到来により猶予されていた所得税を納付する場合には，猶予された期間に応じた利子税も納付しなければなりません（法137の3⑭，措法93）。

イ　適用贈与等資産について，次に掲げる事由による移転があった場合，これらの事由が生じた適用贈与等資産に係る納税猶予分の所得税額のうち，これらの事由に対応する部分については，これらの事由が生じた日から4月を経過する日をもって，納税猶予に係る期限が確定します（法137の3⑥，令266の3⑫）。

譲渡所得の課税の特例（贈与等時課税）

(イ)　譲渡又は決済

(ロ)　贈与

(ハ)　相続又は遺贈の開始の日から5年を経過する日までにその相続又は遺贈に係る非居住者
である受贈者，相続人又は受遺者が死亡したことにより，その相続又は遺贈により移転を
受けた適用贈与等資産の一部についての相続（限定承認に係るものに限る。）又は遺贈（包
括遺贈のうち限定承認に係るものに限る。）による移転

ロ　継続適用届出書を提出期限までに提出しなかった場合には，その提出期限から4月を経過
する日をもって，納税猶予に係る期限が確定します（法137の3⑨）。

ハ　納税猶予の適用を受けている贈与者（居住者）が国外転出の時までに納税管理人の届出を
しなかった場合には，国外転出の時から4月を経過する日をもって，納税猶予に係る期限が
確定します（法137の3⑩）。

ニ　適用被相続人（贈与等時課税の適用を受けた被相続人をいう。）の相続人である居住者が，納
税管理人の届出をしないで国外転出した場合，国外転出の時から4月が経過する日をもっ
て，納税猶予に係る期限が確定します（法137の3⑩，令266の3⑧）。

ホ　非居住者である承継相続人（納税猶予の適用を受けている者の死亡により，贈与等時課税に係
る納税猶予分の所得税額に係る納付の義務を承継した相続人をいう。）が，その相続の開始のあっ
た日の翌日から4月以内に納税管理人の届出をしなかった場合には，その期限から4月を経
過する日をもって，納税猶予に係る期限が確定します（法137の3⑨，令266の3⑳）。

ヘ　次の(イ)から(ニ)に掲げる場合で，納税猶予に係る期限が繰り上げられたときは，その繰り上
げられた期限をもって，納税猶予に係る期限が確定します（法137の3⑪，令266の3⑱，規52
の2⑥，基通137の3—2）。

(イ)　担保価値が減少したことにより，国税通則法第51条第1項の規定による増担保又は担保
の変更を命ぜられた場合において，その命令に応じない場合

(ロ)　継続適用届出書に記載された事項と相違する事実が判明した場合

(ハ)　納税管理人を解任してから4月以内に新たな納税管理人の届出をしなかった場合

(ニ)　納税管理人について死亡，解散，破産開始の決定又は後見開始の審判を受けた事実が生
じたことを知った日から6月以内に新たな納税管理人の届出をしなかった場合

(5)　期限延長

この特例の適用を受けている個人が，その5年を経過する日までに，一定の事項を記載した
届出書を所轄税務署長に提出した場合には，その期限を，その贈与等の日から10年4か月を経
過する日までとすることができます（法137の3③，規52の3③）。

6　減額等の措置

(1)　贈与等後5年を経過する日までに対象資産を居住者に贈与等をした場合の取扱い（贈与等時
課税の取消し）

贈与等時課税の適用を受けた者について，贈与等の日から5年を経過する日までに，次に掲
げる場合に該当することとなったときは，有価証券等の譲渡又は未決済デリバティブ取引等の
決済とみなされたもののうち，それぞれに掲げるものについて，それぞれに掲げる場合に該当

— 530 —

譲渡所得の課税の特例（贈与等時課税）

することとなった日から4月以内に更正の請求をすることにより，贈与等時課税の適用を取り消すことができます（法60の3⑥，153の3①）。ただし，贈与等時課税の計算の基礎となる事実の全部又は一部を隠蔽又は仮装した場合には，その隠蔽又は仮装があった事実に基づくこれらの所得の金額に相当する金額については，贈与等時課税の適用を取り消すことはできません（法60の3⑥ただし書）。

イ　非居住者である受贈者又は同一の被相続人から相続若しくは遺贈により財産を取得した全ての非居住者が帰国（国内に住所を有し，又は現在まで引き続いて1年以上居所を有することをいう。）した場合

　　これらの者が帰国の時まで引き続き有している対象資産

ロ　非居住者である受贈者，相続人又は受遺者が，贈与等により移転を受けた対象資産を贈与により居住者に移転した場合

　　贈与による移転があった対象資産

ハ　非居住者である受贈者，相続人又は受遺者が死亡したことにより，対象資産の相続（限定承認に係るものを除く。）又は遺贈（包括遺贈のうち限定承認に係るものを除く。）による移転があった場合において，次に掲げる場合に該当することとなったとき

　　相続又は遺贈により移転があった対象資産

　(イ)　その相続又は遺贈により対象資産の移転を受けた相続人及び受遺者である個人の全てが居住者となった場合

　(ロ)　その非居住者について生じた遺産分割等の事由により，その相続又は遺贈により対象資産の移転を受けた相続人及び受遺者である個人に非居住者が含まれないこととなった場合

(2)　贈与等後5年を経過する日までに帰国等をした場合の修正申告

　　贈与等の日の属する年分の所得税につき確定申告書を提出し，又は決定を受けた者が，その贈与等の日から帰国等の日（上記(1)イからハまでに該当することとなった日）まで引き続き有していた有価証券等について贈与等時課税の適用がなかったものとすることができる措置を適用することにより，その年分の所得税について修正申告をすべき事由が生じた場合には，その帰国等の日から4月以内に限り，その年分の所得税についての修正申告書を提出することができることとされています（法151の3）。

　　なお，下記(3)の相続により取得した有価証券等の取得費の額に変更があった場合等の修正申告の特例とは異なり，この修正申告の特例の場合には，延滞税の計算期間の特例や加算税に関する特例は措置されていません。

(3)　相続により取得した有価証券等の取得費の額に変更があった場合等の修正申告及び更正の請求

　　居住者が相続又は遺贈により取得した対象資産を譲渡又は決済した場合において，その譲渡又は決済の日以後にその相続又は遺贈に係る被相続人のその相続開始の日の属する年分の所得税について，贈与等後5年（10年）を経過する日までに帰国等をした場合の課税の取消し（法60の3⑥）又は遺産分割等があった場合の修正申告の特例若しくは更正の請求の特例（法151の6，153の5）により，有価証券等の譲渡又は未決済デリバティブ取引等による譲渡所得等の金額の計算上，前記4（贈与等の時に課税された資産の取得価額等の計算）により算入した取得費

― 531 ―

又は必要経費の額に異動が生じることになります。

　　この場合には，その居住者は，被相続人の所得税について，上記(2)による修正申告書を提出した日若しくは下記(6)による修正申告書を提出した日又は上記(1)による更正の請求に基づく更正（更正の請求に対する処分に係る不服申立て又は訴えについての決定若しくは裁決又は判決を含む。以下(3)において同じ。）若しくは下記(6)による更正の請求に基づく更正があった日から4月以内に，その譲渡の属する年分の所得税について，修正申告又は更正の請求をすることになります（法151の4，153の4）。

　　なお，上記の提出期間に提出された修正申告書は，期限内申告書とみなされますので，過少申告加算税は賦課されません。また，その期間内に修正申告により納付すべき税額を納付した場合には，延滞税も徴収されません（法151の4④）。

(4)　納税猶予満了時における取扱い

　　納税猶予の適用を受けている者について，贈与等の日から5年を経過する日（納税猶予の期間を10年に延長している場合にあっては，10年を経過する日）において，その対象資産が次のいずれかに該当するときは，納税猶予期間の満了の日から4月以内に更正の請求をすることにより，贈与等の日の属する年分の所得金額又は所得税の額を減額することができます（法60の3⑪，153の3③）。

　　なお，この取扱いは，納税猶予に係る満了基準日前に自ら納税猶予に係る所得税の納付をした場合には，適用がありません（基通137の3－2，137の2－4（注））。

イ　5年（又は10年）を経過する日における有価証券等の価額に相当する金額が贈与等の時の額を下回るとき

ロ　5年（又は10年）を経過する日に未決済デリバティブ取引等を決済したものとみなして算出した利益の額又は損失の額が贈与等の時の額を下回るとき（損失の額にあっては上回るとき）

ハ　上記ロの額が損失となる未決済デリバティブ取引等について，贈与等の時において利益が生じているとき

(5)　納税猶予に係る対象資産の譲渡又は決済等があった場合の取扱い

　　納税猶予の適用を受けている者が，その納税猶予に係る期限までに，納税猶予に係る対象資産（適用贈与等資産）の譲渡若しくは決済又は限定相続等（贈与，相続（限定承認に係るものに限る。）又は遺贈（包括遺贈のうち限定承認に係るものに限る。）をいう。）による移転をした場合において，次のいずれかに該当するときは，その譲渡若しくは決済又は限定相続等による移転の日から4月以内に更正の請求をすることにより贈与等の日の属する年分の所得金額又は所得税の額を減額することができます（法60の3⑧，153の3②）。

　　なお，譲渡若しくは決済又は贈与により適用贈与等資産の移転があった場合には，上記5(4)のとおり，その適用贈与等資産に係る納税猶予分の所得税額のうち，これらの事由に対応する部分については，これらの事由が生じた日から4月を経過する日をもって，納税猶予に係る期限が確定します。

イ　譲渡に係る譲渡価額又は限定相続等の時における有価証券等の価額に相当する金額が贈与等の時の価額を下回るとき

ロ　決済によって生じた利益の額若しくは損失の額又は限定相続等の時に未決済デリバティブ

取引等を決済したものとみなして算出した利益若しくは損失の額が贈与等の時の額を下回るとき（損失の額にあっては上回るとき）

ハ　上記ロの額が損失となる未決済デリバティブ取引等について，贈与等の時において利益が生じていたとき

(注)1　適用贈与等資産の全部又は一部を贈与により移転した場合において，この取扱いを適用するときは，上記6(1)の取扱いを適用することはできません（基通60の2―11，60の3―5）。

2　限定相続等による移転があった場合における限定相続等の時における有価証券等の価額については，原則として，所得税基本通達23～35共―9及び59―6（公社債及び公社債投資信託にあっては，財産評価基本通達の第8章第2節の取扱いに準じて計算した価額になります（基通60の2―7（注2），60の3―5）。

(6)　相続の開始の日の属する年分の所得税につき贈与等時課税制度（法60の3）の適用を受けた居住者について生じた次のイからホに掲げる遺産分割等の事由により，非居住者に移転した相続又は遺贈に係る対象資産が増加し，又は減少した場合には，その居住者の相続人は，その遺産分割等の事由が生じた日から4月以内に，その年分の所得税について，税額が不足する場合等には修正申告書を提出しなければならず，また，税額が過大である場合等には更正の請求をすることができます（法151の6①，153の5，令273の2）。

イ　相続又は遺贈に係る対象資産について民法の規定による相続分の割合に従って非居住者に移転があったものとして贈与等時課税制度の適用があった場合において，その後その対象資産の分割が行われ，その分割により非居住者に移転した対象資産がその相続分の割合に従って非居住者に移転したものとされた対象資産と異なることとなったこと

ロ　民法の規定により相続人に異動を生じたこと

ハ　遺贈に係る遺言書が発見され，又は遺贈の放棄があったこと

ニ　相続等により取得した財産についての権利の帰属に関する訴えについての判決があったこと

ホ　条件付の遺贈について，条件が成就したこと

なお，修正申告書の提出がないときは，納税地の所轄税務署長は，その修正申告書に記載すべきであった所得金額，所得税の額その他の事項について更正を行うこととされています（法151の6②）。

また，上記の提出期間に提出された修正申告書は，期限内申告書とみなされますので，過少申告加算税は賦課されません。また，その期間内に修正申告により納付すべき税額を納付した場合には，延滞税も徴収されません（法151の6③）。

(7)　居住者が年の中途において死亡した場合の確定申告書の提出期限後に生じた遺産分割等の事由により贈与等時課税制度が適用されたため新たにその確定申告書を提出すべき要件に該当することとなったその居住者の相続人は，その遺産分割等の事由が生じた日から4月以内に，その居住者の死亡の日の属する年分の所得税について期限後申告書を提出しなければなりません（法151の5①）。

なお，期限後申告書の提出がないときは，納税地の所轄税務署長は，その期限後申告書に記載すべきであった所得金額，所得税の額その他の事項について決定を行うこととされています（法151の5④）。

譲渡所得の課税の特例（贈与等時課税）

　また，上記の提出期間に提出された期限後申告書は，期限内申告書とみなされますので，無申告加算税は賦課されません。また，その期間内に期限後申告により納付すべき税額を納付した場合には，延滞税も徴収されません（法151の5⑤）。

7　申告・納付手続

　この制度の適用を受ける対象者は，贈与をした日の属する年分の確定申告期限までに，その年の各種所得にこの制度の適用による所得を含めて，確定申告書の提出及び納税をします（法60の3①～③，120①，127①，128）。

　なお，この制度の適用に関し，提出すべき確定申告書に添付しなければならない書類については，国外転出時課税の526ページを参照してください。

株式交換等に係る譲渡所得等の特例

　居住者が各年において，その有する株式（以下「旧株」という。）につき，①その旧株を発行した法人の行った株式交換又は株式移転（いずれも法人の株式又は出資以外の資産の交付がない場合に限る。）により，旧株の譲渡をし，かつ，その株式交換完全親法人又はその親法人（株式交換完全親法人との間に発行済株式又は出資の全部を保有する関係として一定の関係がある法人）若しくは株式移転完全親法人の株式（出資を含む。）の交付を受けた場合，又は②その旧株を発行した法人の行った特定無対価株式交換（その法人の株主に株式交換完全親法人の株式その他の資産が交付されなかった株式交換で，その法人の株主に対する株式交換完全親法人の株式の交付が省略されたと認められる一定の株式交換をいう。以下同じ。）によりその旧株を有しないこととなった場合には，事業所得，譲渡所得，雑所得又は贈与等の場合の譲渡所得等の特例の規定の適用については，その旧株の譲渡又は贈与はなかったものとみなされます（法57の4①②，令167の7①②，法法2十二の六の三，十二の六の六，法令4の3⑱二）。

　また，居住者が各年において，その有する次に掲げる有価証券をそれぞれ次に掲げる事由（以下「請求権の行使等」という。）により譲渡をし，かつ，取得をする法人の株式（出資を含む。）又は新株予約権の交付を受けた場合（交付を受けた株式又は新株予約権の価額が譲渡をした有価証券の価額とおおむね同額となっていないと認められる場合を除く。）には，事業所得，譲渡所得，雑所得の規定の適用については，その有価証券の譲渡はなかったものとみなされます（法57の4③）。

(1)　取得請求権付株式　請求権の行使によりその取得の対価としてその取得をする法人の株式のみが交付される場合のその請求権の行使

(2)　取得条項付株式　取得事由の発生によりその取得の対価としてその取得をされる株主等にその取得をする法人の株式のみが交付される場合（その取得の対象となった種類の株式の全てが取得される場合には，その取得の対価としてその取得をされる株主等にその取得をする法人の株式及び新株予約権のみが交付される場合を含む。）のその取得事由の発生

(3)　全部取得条項付種類株式　取得決議によりその取得の対価としてその取得をされる株主等にその取得をする法人の株式（その株式と併せて交付される新株予約権を含む。）のみが交付される場合のその取得決議

(4)　新株予約権付社債についての社債　新株予約権の行使によりその取得の対価としてその取得をする法人の株式が交付される場合のその新株予約権の行使

(5)　取得条項付新株予約権　取得事由の発生によりその取得の対価としてその取得をされる新株予約権者にその取得をする法人の株式のみが交付される場合のその取得事由の発生

　　（注）　新株予約権については，新株予約権を引き受ける者に特に有利な条件又は金額により交付されたもの及び役務の提供その他の行為に係る対価の全部又は一部として交付されたものを除きます（令167の7③）。

(6)　取得条項付新株予約権が付された新株予約権付社債　取得事由の発生によりその取得の対価としてその取得をされる新株予約権者にその取得をする法人の株式のみが交付される場合のその取得事由の発生

譲渡所得の課税の特例（株式交換等に係る譲渡所得等）

株式交換等による取得株式等の取得価額の計算等　株式交換等による取得株式等の取得価額の計算等については，次のとおりです（令167の7④～⑦）。

(1)　株式交換完全親法人若しくはその親法人の株式（出資を含む。）又は株式移転完全親法人の株式に係る事業所得の金額，譲渡所得の金額又は雑所得の金額の計算については，その株式交換等によりその法人に譲渡をした旧株の取得価額（株式の取得に要した費用がある場合には，その費用の額を含む。）をその取得をした法人の株式の取得価額とする。

(2)　特定無対価株式交換により旧株を有しないこととなった場合における所有株式（その特定無対価株式交換の直後にその居住者が有するその特定無対価株式交換に係る株式交換完全親法人の株式をいう。）に係るその特定無対価株式交換の後の事業所得の金額，譲渡所得の金額又は雑所得の金額の計算については，その所有株式のその特定無対価株式交換の直前の取得価額にその旧株のその特定無対価株式交換の直前の取得価額を加算した金額をその所有株式の取得価額とする。

(3)　請求権の行使等の事由により取得をした株式（出資及び投資口を含む。）又は新株予約権に係る事業所得の金額，譲渡所得の金額又は雑所得の金額の計算については，次に掲げる株式又は新株予約権の区分に応じ，それぞれ次に掲げる金額をその取得をした株式又は新株予約権の取得価額（取得をする株式の取得に要した費用がある場合には，その費用の額を含む。）とする。

イ　取得請求権付株式の取得の対価として交付を受けた法人の株式　その取得請求権付株式の取得価額

ロ　取得条項付株式の取得の対価として交付を受けた法人の株式　その取得条項付株式の取得価額

ハ　取得条項付株式の取得（その取得の対象となった種類の株式の全てが取得され，かつ，その対価としてその取得をする法人の株式及び新株予約権のみが交付された場合に限る。）の対価として交付を受けた法人の株式及び新株予約権

　(イ)　その取得をする法人の株式　その取得条項付株式の取得価額

　(ロ)　その取得をする法人の新株予約権　零

ニ　全部取得条項付種類株式の取得の対価として交付を受けたその取得をする法人の株式　その全部取得条項付種類株式の取得価額

ホ　全部取得条項付種類株式の取得（その取得の対価として，その取得をする法人の株式及び新株予約権のみが交付される場合に限る。）の対価として交付を受けたその取得をする法人の株式及び新株予約権

　(イ)　その取得をする法人の株式　その全部取得条項付種類株式の取得価額

　(ロ)　その取得をする法人の新株予約権　零

ヘ　新株予約権付社債の取得の対価として交付を受けたその取得をする法人の株式　その新株予約権付社債の取得価額

ト　取得条項付新株予約権の取得の対価として交付を受けたその取得をする法人の株式　その取得条項付新株予約権の取得価額

チ　取得条項付新株予約権が付された新株予約権付社債の取得の対価として交付を受けたその取得をする法人の株式　その新株予約権付社債の取得価額

譲渡所得の課税の特例（非居住者等が三角合併等により外国親法人株式等の交付を受けた場合等の特例）

非居住者等が三角合併等により外国親法人株式等の交付を受けた場合等の特例

1 合併等により外国親法人株式等の交付を受ける場合の課税の特例

　恒久的施設を有する非居住者が，その保有する株式（出資を含み，以下「旧株」という。）を発行した内国法人の特定合併，特定分割型分割，特定株式分配又は特定株式交換により外国合併親法人株式，外国分割承継親法人株式，外国完全子法人株式又は外国株式交換完全支配親法人株式の交付を受ける場合には，特定合併，特定分割型分割又は特定株式分配により交付を受ける外国合併親法人株式，外国分割承継親法人株式又は外国完全子法人株式の価額に相当する金額を，それぞれ，旧株が一般株式等に該当する場合には一般株式等に係る譲渡所得等に係る収入金額とみなして，旧株が上場株式等に該当する場合には上場株式等に係る譲渡所得等に係る収入金額とみなして，又は特定株式交換により譲渡した旧株のうち外国株式交換完全支配親法人株式に対応する部分について株式交換等に係る譲渡所得等の特例（法57の4）を適用せずに，課税されます（措法37の14の3①～④）。

　ただし，外国合併親法人の株式，外国分割承継親法人の株式，外国完全子法人の株式又は外国株式交換完全支配親法人の株式の交付を受ける場合には，旧株が恒久的施設管理株式であり，その交付を受ける外国合併親法人の株式，外国分割承継親法人の株式，外国完全子法人の株式又は外国株式交換完全支配親法人の株式がその恒久的施設管理株式である旧株に対応して交付を受けた恒久的施設管理外国株式であるときは，課税の繰延べが行われます。

(注)1 恒久的施設を有しない非居住者についても，旧株に係る特定合併，特定分割型分割，特定株式分配又は特定株式交換により外国合併親法人株式，外国分割承継親法人株式，外国完全子法人株式又は外国株式交換完全支配親法人株式の交付を受ける場合で，申告の対象となるものであるとき（法164①二に該当するとき）は，上記の恒久的施設を有する非居住者の場合と同様に課税されます（法164①二，令281，措法37の14の3⑧，措令25の14⑨，472・872ページ参照）。

　　　なお，恒久的施設を有しない非居住者については，管理すべき恒久的施設を有しないことから恒久的施設管理外国株式の課税繰延べはありません（措法37の14の3⑧）。

2 恒久的施設を有する非居住者が，その有する恒久的施設管理外国株式の全部又は一部をその交付の時にその恒久的施設において管理しなくなる一定の行為を行った場合には，その行為に係る恒久的施設管理外国株式について，その交付の時に恒久的施設において管理した後，直ちにその非居住者の恒久的施設と事業場等との間において資産の移転があったものとして，すなわち恒久的施設と事業場等との間の内部取引があったものとして，恒久的施設帰属所得に関する規定（法161①一）が適用されます（措法37の14の3⑤，措令25の14①）。

3 「特定合併」とは，合併で，被合併法人の株主等に外国合併親法人のうちいずれか一の外国法人の株式以外の資産（株主等に対する剰余金の配当等として交付された金銭その他の資産及び合併に反対する株主等に対する買取請求に基づく対価として交付される金銭その他の資産を除く。）が交付されなかったものをいいます（措法37の14の3⑥一）。

4 「特定分割型分割」とは，法人税法第2条第12号の9に規定する分割型分割（**(注)** 8において「分割型分割」という。）で，分割法人の株主等に分割対価資産として外国分割承継親法人のうちいずれか一の外国法人の株式以外の資産が交付されなかったものをいいます（措法37の14の3⑥三）。

5 「特定株式分配」とは，法人税法第2条第12号の15の2に規定する株式分配で，現物分配法人の株主等に外国完全子法人の株式以外の資産が交付されなかったものをいいます（措法37の14の3⑥五）。

譲渡 **（特例）**

－537－

譲渡所得の課税の特例（非居住者等が三角合併等により外国親法人株式等の交付を受けた場合等の特例）

　6　「特定株式交換」とは，株式交換で，株式交換完全子法人の株主に外国株式交換完全支配親法人のうちいずれか一の外国法人の株式以外の資産（株主に対する剰余金の配当等として交付された金銭その他の資産及び株式交換に反対する株主に対する買取請求に基づく対価として交付される金銭その他の資産を除く。）が交付されなかったものをいいます（措法37の14の3⑥七）。

　7　「外国合併親法人株式」とは，外国合併親法人の株式で課税外国親法人株式及び恒久的施設管理外国株式以外のものをいいます（措法37の14の3①）。

　8　「外国分割承継親法人株式」とは，外国分割承継親法人の株式で課税外国親法人株式及び恒久的施設管理外国株式以外のものをいいます（措法37の14の3②）。

　9　「外国完全子法人株式」とは，外国完全子法人の株式で恒久的施設管理外国株式以外のものをいいます（措法37の14の3③）。

　10　「外国株式交換完全支配親法人株式」とは，外国株式交換完全支配親法人の株式で課税外国親法人株式及び恒久的施設管理外国株式以外のものをいいます（措法37の14の3④）。

　11　「外国合併親法人」とは，合併の直前に合併法人と合併法人以外の法人との間にその法人による完全支配関係（法人税法第2条第12号の7の6に規定する完全支配関係をいう。(注)12及び14において同じ。）がある外国法人をいいます（措法37の14の3⑥二，措令25の14②）。

　12　「外国分割承継親法人」とは，分割型分割の直前に分割承継法人と分割承継法人以外の法人との間にその法人による完全支配関係がある外国法人をいいます（措法37の14の3⑥四，措令25の14③）。

　13　「外国完全子法人」とは，法人税法第2条第12号の15の2に規定する完全子法人（外国法人に限る。）をいいます（措法37の14の3⑥六）。

　14　「外国株式交換完全支配親法人」とは，株式交換の直前に株式交換完全親法人と株式交換完全親法人以外の法人との間にその法人による完全支配関係がある外国法人をいいます（措法37の14の3⑥八，措令25の14④）。

　15　「恒久的施設管理株式」とは，恒久的施設を有する非居住者が恒久的施設において管理する株式をいいます（措法37の14の3①）。

　16　「恒久的施設管理外国株式」とは，恒久的施設管理株式に対応して交付を受ける株式で課税外国親法人株式以外のもの（特定合併により交付を受ける恒久的施設管理合併親法人株式，特定分割型分割により交付を受ける恒久的施設管理分割承継親法人株式，特定株式分配により交付を受ける恒久的施設管理外国子法人株式及び特定株式交換により交付を受ける恒久的施設管理株式交換完全支配親法人株式）をいいます（措法37の14の3⑤）。

　17　「課税外国親法人株式」とは，下記2（注）2の特定非適格合併により交付を受ける外国合併親法人の株式，下記2（注）3の特定非適格分割型分割により交付を受ける外国分割承継親法人の株式及び下記2（注）4の特定非適格株式交換により交付を受ける外国株式交換完全支配親法人の株式で下記2（注）5の特定軽課税外国法人等の株式に該当するものをいいます（措法37の14の3①②④）。

　18　対象となる一般株式等及び上場株式等の範囲は，居住者の場合と同様です（434ページ以降参照）。

2　特定の合併等が行われた場合の株主等の課税の特例

　居住者又は恒久的施設を有する非居住者が，その保有する旧株を発行した内国法人の特定非適格合併，特定非適格分割型分割又は特定非適格株式交換により外国合併親法人株式，外国分割承継親法人株式又は外国株式交換完全支配親法人株式の交付を受ける場合において，その外国合併親法人株式，外国分割承継親法人株式又は外国株式交換完全支配親法人株式が特定軽課税外国法人等の株式に該当するときは，特定非適格合併又は特定非適格分割型分割により交付を受ける外国合併親法人株式又は外国分割承継親法人株式の価額に相当する金額を，それぞれ，旧株が一般株式等に該当する場合には一般株式等に係る譲渡所得等に係る収入金額とみなして，旧株が上場株式等に該当す

— 538 —

譲渡所得の課税の特例（非居住者等が三角合併等により外国親法人株式等の交付を受けた場合等の特例）

る場合には上場株式等に係る譲渡所得等に係る収入金額とみなし，又は特定非適格株式交換により譲渡した旧株について株式交換等に係る譲渡所得等の特例（法57の4）を適用せずに，課税されます（措法37の14の4①～③）。

(注)1　恒久的施設を有しない非居住者についても，旧株に係る特定非適格合併，特定非適格分割型分割又は特定非適格株式交換により外国合併親法人株式，外国分割承継親法人株式又は外国株式交換完全支配親法人株式の交付を受ける場合で，申告の対象となるものであるとき（法164①二に該当するとき）は，上記の居住者又は恒久的施設を有する非居住者の場合と同様に課税されます（法164①二，令281，措法37の14の4⑤，措令25の14の2④，472・872ページ参照）。

2　「特定非適格合併」とは，上記1（注）3の特定合併のうち，法人税法第2条第12号の8に規定する適格合併に該当しないものをいいます（措法37の14の4①）。

3　「特定非適格分割型分割」とは，上記1（注）4の特定分割型分割のうち，租税特別措置法第68条の2の3第2項第1号に規定する分割で法人税法第2条第12号の12に規定する適格分割型分割に該当しないものをいいます（措法37の14の4②）。

4　「特定非適格株式交換」とは，上記1（注）6の特定株式交換のうち，法人税法第2条第12号の17に規定する適格株式交換等に該当しないものをいいます（措法37の14の4③）。

5　「特定軽課税外国法人等」とは，特定軽課税外国法人（次に掲げる外国法人をいう。5において同じ。）及び合併，分割又は株式交換（5において「合併等」という。）の直前において特定軽課税外国法人（合併等の直前において合併法人，分割承継法人又は株式交換完全親法人の発行済株式等の全部を直接又は間接に保有するものに限る。）の発行済株式等の全部を直接又は間接に保有する外国法人（特定軽課税外国法人に該当するものを除く。）をいいます（措法68の2の3⑤一・二，措令39の34の4⑤）。

(1)　法人の所得に対して課される税が存在しない国等に本店等を有する外国法人。

(2)　合併等が行われる日を含む事業年度開始の日前2年以内に開始した各事業年度（(2)及び(3)において「前2年内事業年度」という。）がある外国法人である場合には，前2年内事業年度のうちいずれかの事業年度において，その事業年度の所得に対して課される租税の額がその所得の金額の20％未満であった外国法人。

(3)　前2年内事業年度がない外国法人である場合には，合併等が行われる日を含む事業年度において，その行うこととされている主たる事業に係る収入金額から所得が生じたとした場合にその所得に対して適用される本店所在地国の外国法人税の税率が20％未満である外国法人。ただし，その行うこととされている主たる事業に係る収入金額がその本店所在地国の外国法人税に関する法令により外国法人税の課税標準に含まれないこととされる配当等の額である場合には，その収入金額以外の収入金額から所得が生じたとした場合にその所得に対して適用される本店所在地国の外国法人税の税率をもって特定軽課税外国法人に該当するかどうかを判定します。

　　ただし，上記(1)，(2)又は(3)に該当する外国法人であっても，一定の事業基準，実体基準，管理支配基準，非関連者基準又は所在地国基準の全てを満たす場合には，特定軽課税外国法人に該当しません（措令39の34の4⑦）。

6　対象となる一般株式等及び上場株式等の範囲は，居住者の場合と同様です（434ページ以降参照）。

参 考 事 項

貸付信託等の受益権等の譲渡による所得の課税の特例

　償還差益につき分離課税及び発行時源泉徴収の適用を受ける割引債，預金保険法第2条第2項第5号に規定する長期信用銀行債等及び貸付信託の受益権その他一定のもの（以下「貸付信託の受益権等」という。）の譲渡による所得については，所得税を課さないこととされています（措法37の15①）。

　（注） 上記の「その他一定のもの」とは，農水産業協同組合貯金保険法第2条第2項第4号に規定する農林債をいいます。

　貸付信託の受益権等の譲渡による所得が非課税とされることとの関係で，貸付信託の受益権等の譲渡による収入金額がその貸付信託の受益権等の取得費と譲渡費用の額又はその譲渡に係る必要経費に満たない場合におけるその不足額は，所得税法の規定の適用については，ないものとみなされます（措法37の15②）。

株式等の譲渡の対価に係る受領者の告知

　株式等の譲渡をした者（公共法人等を除く。）で国内において次に掲げる者（支払者）からその株式等の譲渡の対価（その株式等が特定信託受益権（資金決済に関する法律第2条第9項に規定する特定信託受益権をいう。）に該当する場合は金銭に限る。）の支払を受けるものは，その支払を受けるべき時までに，その都度，一定の公的書類を提示し，又は署名用電子証明書等を送信して，その者の氏名（法人の場合は名称），住所及び個人番号又は法人番号（個人番号及び法人番号を有しない者又は番号既告知者にあっては，氏名（名称）及び住所。以下同じ。）を支払者に対して告知しなければなりません。また，支払者は，法人番号公表サイトによる確認（545ページ参照）をした場合を除き，告知された氏名（名称），住所及び個人番号又は法人番号を提示又は送信を受けた公的書類又は署名用電子証明書等により確認（いわゆる本人確認）しなければならないものとされています（法224の3，令342，343，344）。

(1)　その株式等の譲渡を受けた法人（(2)から(4)に掲げる者を通じてその譲渡を受けたものを除く。）

(2)　その株式等の譲渡について売委託((3)の株式等の競売についてのものを除く。)を受けた金融商品取引業者又は登録金融機関（以下「金融商品取引業者等」という。）

(3)　会社法第234条第1項又は第235条第1項その他一定の規定により，一株又は一口に満たない端数に係る株式等の競売（会社法第234条第2項（同法235条第2項又は他の法律において準用する場合を含む。）の規定その他一定の規定による競売以外の方法による売却を含む。）をした法人

(4)　その株式等（特定信託受益権に該当するものに限る。）の譲渡について資金決済に関する法律第2条第10項第2号に掲げる行為の委託を受けた同条第12項に規定する電子決済手段等取引業者（同法第62条の8第2項の規定により電子決済手段等取引業者とみなされる者を含む。）

　（注）1　告知を要する株式等の範囲は，申告分離課税の対象となる株式等と同じです（法224の3②，435ページ参照）。

2　告知を要しない公共法人等とは、次に掲げるものをいいます（法224の3①、令335②、341）。
　①　国
　②　法人税法別表第一に掲げる公共法人
　③　特別の法律により設立された法人（その法律において、その法人の名称が定められ、かつ、その名称として用いられた文字を他の者の名称の文字として用いてはならない旨の定めのあるものに限る。）
　④　外国政府、外国の地方公共団体及び「職員の給与が非課税とされる国際機関の範囲」（令23）に規定する国際機関

告知の方法　告知は原則として、株式等の譲渡の対価の支払を受けるべき時までに、その都度、行わなければならないものとされていますが、次のいずれかに該当するときは、次に掲げる対価につき告知をしたものとみなされます（令342②）。
(1)　株式等の譲渡の対価の支払を受ける者が、その株式等を払込みにより取得した場合又はその株式等を購入若しくは相続その他の方法により取得した場合において、その払込みにより取得をする際又はその株式等の名義の変更若しくは書換えの請求をする際、その者の氏名又は名称、住所及び個人番号又は法人番号をその対価の支払をする金融商品取引業者等又は電子決済手段等取引業者の営業所の長に告知しているとき……その株式等の譲渡の対価
(2)　株式等の譲渡の対価の支払を受ける者が、その対価の支払をする金融商品取引業者等又は電子決済手段等取引業者の営業所において株式等の保管の委託（その対価の支払をする者が電子決済手段等取引業者である場合は株式の管理）に係る契約を締結する際、その者の氏名又は名称、住所及び個人番号又は法人番号をその金融商品取引業者等又は電子決済手段等取引業者の営業所の長に告知しているとき……その譲渡の時までその契約に基づき保管の委託又は管理をしていた株式等の対価
(3)　株式等の譲渡の対価の支払を受ける者が、その対価の支払をする金融商品取引業者等の営業所において金融商品取引業者等が社債、株式等の振替に関する法律の規定により備え付ける振替口座簿又は金融商品取引業者等の営業所を通じてその金融商品取引業者等以外の振替機関等が備え付ける振替口座簿に係る口座の開設を受ける際、その者の氏名又は名称、住所及び個人番号又は法人番号を金融商品取引業者等の営業所の長に告知しているとき……その譲渡の時までその口座に係る振替口座簿に記載又は記録を受けていた株式等の対価
(4)　株式等の譲渡の対価の支払を受ける者が、金融商品取引法第156条の24第1項（免許及び免許の申請）に規定する信用取引又は発行日取引によりその株式等の譲渡を行う場合において、その株式等の譲渡の際、その者の氏名又は名称、住所及び個人番号又は法人番号をその対価の支払をする金融商品取引業者の営業所の長に告知しているとき……その告知をした後にその営業所において支払を受ける信用取引等に係る株式等の譲渡の対価

なお、告知をしたものとみなされる場合において、株式等の譲渡の対価の支払を受ける者が告知をした後、次に掲げる場合に該当することとなった場合には、その者は、その該当することとなった日以後最初にその株式等の譲渡に係る対価の支払を受けるべき時までに、次に掲げる場合の区分に応じそれぞれ次に定める事項をその対価の支払をする金融商品取引業者等又は電子決済手段等取引業者の営業所の長に告知しなければなりません。この告知後に、次の①又は②に掲げる場合に該当することとなった場合についても、同様です（令342③）。

譲渡所得の課税の特例（参考事項）

① その者の氏名若しくは名称又は住所の変更をした場合……その者のその変更をした後の氏名又は名称，住所及び法人番号（その者が個人である場合には，その変更をした後の氏名及び住所）

② その者の個人番号の変更をした場合……その者のその変更をした後の氏名，住所及び個人番号

③ 行政手続における特定の個人を識別するための番号の利用等に関する法律の規定により個人番号又は法人番号が初めて通知された場合……その者のその通知を受けた後の氏名又は名称，住所及び個人番号又は法人番号

（注） 上記の告知をしたものとみなされる個人が，上記①に掲げる場合に該当することとなった場合において，上記①に定める事項を告知するときは，下記の本人書類の提示又は署名用電子証明書等の送信に代えて，住所等変更確認書類の提示をすることができます。この「住所等変更確認書類」とは，下記の住所等確認書類（個人番号カード（下記表の①）を除く。）のうち，その個人の変更前の氏名又は住所の記載がある書類をいいます（令343③，規81の21①）。

本人確認書類 株式等の譲渡の対価の受領者が支払者に提示することとされている本人確認書類の範囲は，次に掲げる者の区分に応じそれぞれ次に定める書類とされています（令337②，343②，規81の6，81の20）。

(1) 国内に住所を有する個人（(3)に掲げる者を除く。）……次に掲げるいずれかの書類

① 個人番号カードで提示する日において有効なもの

② 住民票の写し又は住民票の記載事項証明書で，その者の個人番号の記載のあるもの（提示する日前6月以内に作成されたものに限る。）及び住所等確認書類で次表の①及び②（住民票の写し又は住民票の記載事項証明書に限る。）の書類以外のもの

（注） 令和2年5月25日時点で既に通知カードの交付を受けている者については，その者が株式等の譲渡の対価に係る受領者の告知をするまでの間に，その者の通知カードに係る記載事項（氏名，住所及び個人番号）に変更がない場合又は記載事項変更の手続がとられている場合には，「通知カード及び住所等確認書類」が支払者に提示することとされている上記の本人確認書類の対象とされています（租税特別措置法施行規則等の一部を改正する省令（令和2年財務省令第46号）附則③⑤）。

(2) 国内に住所を有しない個人（(3)に掲げる者を除く。）……次に掲げる者の区分に応じそれぞれ次に定める書類

① 個人番号を有しない個人……住所等確認書類（次表の①及び②（住民票の写し又は住民票の記載事項証明書に限る。）の書類を除く。②において同じ。）

② 個人番号を有する個人……住所等確認書類及び行政手続における特定の個人を識別するための番号の利用等に関する法律に規定する個人番号，個人番号カード，特定個人情報の提供等に関する命令第32条第1項に規定する還付された個人番号カード

(3) 番号既告知者である個人……住所等確認書類（国内に住所を有しない個人にあっては，次表の①及び②（住民票の写し又は住民票の記載事項証明書に限る。）の書類を除く。）

(4) 法人番号を有する法人（法人課税信託の受託法人を除く。）……その法人の次に掲げるいずれかの書類

① 法人番号通知書（行政手続における特定の個人を識別するための番号の利用等に関する法律施行令第38条（同令第39条第4項において準用する場合を含む。）の規定による通知に係る書面をいい，そ

— 542 —

の法人の名称，本店又は主たる事務所の所在地及び法人番号の記載のあるものに限る。②及び次表の⑯において同じ。）で，提示する日前6月以内に作成されたもの

② 法人番号通知書（①に掲げるものを除く。）及び法人確認書類

③ 行政手続における特定の個人を識別するための番号の利用等に関する法律第39条第4項の規定により公表されているその法人の名称，本店又は主たる事務所の所在地及び法人番号を電子情報処理組織に係る電子計算機を用いて出力することにより作成した書面（提示する日前6月以内に作成されたものに限る。次表において「法人番号印刷書類」という。）及び法人確認書類

(5) 番号既告知者である法人又は法人番号を有しない法人（法人課税信託の受託法人を除く。）……その法人の法人確認書類

(6) 法人課税信託の受託法人……次に掲げる書類

① その法人課税信託の受託者の上記(1)から(5)までに掲げる区分に応じ上記(1)から(5)までに定める書類（その受託者の氏名又は名称及び住所又は本店若しくは主たる事務所の所在地の記載のあるものに限る。）

② その法人課税信託の信託約款その他これに類する書類（その法人課税信託の名称及び当該法人課税信託の信託された営業所の所在地の記載のあるものに限る。）

また，上記の住所等確認書類及び法人確認書類の範囲は，次表のとおりとされています（規81の6②④，81の20①）。

区　分	書類の種類	摘　要
A　住所等確認書類		
①　個人番号カード		提示する日において有効なもの
②　住民票の写し等	住民票（世帯票又は個人票）の写し	提示する日前6月以内に作成されたもの
	住民票の記載事項証明書	
	戸籍の附票の謄本	
	戸籍の附票の抄本	
印鑑証明	印鑑証明書	
③　保険証等	国民健康保険被保険者証	
	健康保険被保険者証	
	船員保険被保険者証	
	後期高齢者医療被保険者証	
	介護保険被保険者証	
	健康保険日雇特例被保険者手帳	
	国家公務員共済組合の組合員証	
	地方公務員共済組合の組合員証	
	私立学校教職員共済組合の加入者証	
④　手帳等	児童扶養手当証書	
	特別児童扶養手当証書	
	母子健康手帳	
	身体障害者手帳	

譲渡所得の課税の特例（参考事項）

		療　育　手　帳	
		精神障害者保健福祉手帳	
		戦　傷　病　者　手　帳	
⑤	免　許　証　等	運　転　免　許　証	提示する日において有効なもの
		運　転　経　歴　証　明　書	
⑥	旅　　　　　券	出入国管理及び難民認定法に規定する旅券	提示する日において有効なもの
⑦	在　留　カ　ー　ド　等	在　　留　　カ　　ー　　ド	提示する日において有効なもの
		特　別　永　住　者　証　明　書	
⑧	領　収　証　書	国　税　の　領　収　証　書	提示する日前6月以内に作成されたもの
		地　方　税　の　領　収　証　書	
		納　税　証　明　書	
		社　会　保　険　料　の　領　収　証　書	
⑨	官公署から発行・発給された書類その他これらに類する書類		領収日付又は発行年月日の記載のあるもので，提示する日前6月以内に作成されたもの

B　法人確認書類

a　内国法人（ b 及び法人課税信託の受託法人を除く。）

⑩	内国法人の設立登記	設立の登記に係る登記事項証明書又はその写し	提示する日前6月以内に交付を受けたもの(設立登記をしていない場合は行政機関の長の証する書類)
	印　鑑　証　明	印　　鑑　　証　　明　　書	提示する日前6月以内に交付又は送付されたもの
	許　　認　　可	官公署から送付を受けた許可，認可，承認に係る書類	
⑪	領　収　証　書	上　記　　⑧　　と　同　じ	

b　人格のない社団等

⑫	定款等の写し	人格のない社団等の定款，寄附行為，規則又は規約（名称，主たる事務所の所在地に関する事項の定めのあるもの）の写しで，その代表者又は管理人が人格のない社団等である旨を証する事項の記載のあるもの	
⑬	領　収　証　書	上　記　　⑧　　と　同　じ	

c　外国法人（恒久的施設を有する外国法人に限り，法人課税信託の受託法人を除く。）

⑭	外国法人の登記	登　記　事　項　証　明　書	提示する日前6月以内に交付を受けたもの
	印　鑑　証　明	印　　鑑　　証　　明　　書	
⑮	領　収　証　書	上　記　　⑧　　と　同　じ	

d　上記以外の外国法人（法人課税信託の受託法人を除く。）

⑯	官公署から発行・発給された書類その他これらに類する書類（法人番号通知書及び法人番号印刷書類を除く。）		提示する日前6月以内に交付を受けたもの

（注）1　国内に住所を有しない個人又は恒久的施設を有しない外国法人が金融商品取引業者等と株式

譲渡所得の課税の特例（参考事項）

等の譲渡の対価の国内における受領に関する委任契約を締結している場合には，その委任契約に係る委任状又は契約書で，これらの者の氏名又は名称及び国外の住所地の記載のあるものの写しも含まれます（規81の20②）。

2　株式等の譲渡の対価の支払を受ける法人が告知をする際，告知を受ける対価の支払者が，その告知があった名称及び住所につき，電気通信回線による登記情報の提供に関する法律第3条第2項に規定する指定法人から送信を受けた登記情報に記録されたその支払を受ける法人の名称及び住所と同じであることの確認（登記情報提供サービスによる確認）をした場合には，その支払を受ける法人は，上記Bの法人確認書類の提示をしたものとみなすこととされています（規81の6⑤，81の20①）。

なお，株式等の譲渡の対価の支払を受ける法人が告知をする際，告知を受ける対価の支払者が，その告知があった名称，住所及び法人番号につき，行政手続における特定の個人を識別するための番号の利用等に関する法律第39条第4項の規定により公表されたその支払を受ける法人の名称，住所及び法人番号と同じであることの確認（法人番号公表サイトによる確認）をした場合には，本人確認書類の提示を要しないこととされます（令343④）。

また，告知を受ける株式等の譲渡の対価の支払者が，対価の受領者から本人確認書類の写しを添付した申請書又は提出の際に署名用電子証明等の送信若しくは法人番号公表サイトによる確認を受けている申請書（電磁的方法により提供されたその申請書に記載すべき事項を記録した電磁的記録を含む。）の提出（その申請書の提出に代えて行う電子情報処理組織を使用する方法その他の情報通信の技術を利用する方法によるその申請書に記載すべき事項の提供を含む。）を受けて，対価の受領者の氏名（名称），住所及び個人番号又は法人番号（個人番号及び法人番号を有しない者にあっては，氏名（名称）及び住所）その他の事項を記載した帳簿を作成して備えているときは，本人確認書類の提示又は署名用電子証明書等の送信は要しないものとされます（令343⑤，規81の21②）。

番号既告知者の個人番号又は法人番号の告知不要　告知を受ける株式等の譲渡の対価の支払者が，次の事項を記載した帳簿（株式等の対価の受領者（告知をする者）から本人確認書類の提示若しくは署名用電子証明書等の送信を受け，又は法人番号公表サイトによる確認をして作成されたものに限る。）を備えているときは，その告知をする者の個人番号若しくは法人番号の告知又は確認を要しないこととされています。ただし，その告知をする者の氏名若しくは名称，住所又は個人番号若しくは法人番号が，その帳簿に記載されたその告知をする者の氏名若しくは名称，住所又は個人番号若しくは法人番号と異なる場合を除くこととされています（法224の3①，令342①④，344①，規81の20③）。

① 本人確認書類の提示又は署名用電子証明書等の送信をし，若しくは法人番号公表サイトによる確認を受けた者の氏名又は名称，住所及び個人番号又は法人番号

② その提示若しくは送信を受け，又はその確認をした年月日及びその提示を受けた本人確認書類の名称又は署名用電子証明書等の送信を受け，若しくはその確認をした旨（登記情報提供サービスによる確認を受けた法人にあっては，その提示を受けた年月日及び書類の名称並びにその確認をした旨）

③ その他参考となるべき事項

また，上記の帳簿は，その閉鎖の日の属する年の翌年から5年間保存しなければならないこととされています（規81の20③）。

譲渡所得の課税の特例（参考事項）

株式等の譲渡の対価に係る支払調書

居住者又は恒久的施設を有する非居住者に対し国内において株式等の譲渡の対価の支払をする者（その株式等の譲渡を受けた法人又はその株式等の譲渡について売委託を受けた金融商品取引業者若しくは登録金融機関等をいう。）は，その対価の支払を受ける者の各人別に支払調書を，その支払の確定した日の属する年の翌年1月31日までに，税務署長に提出しなければならないこととされています（法225①十，規90の2①）。

(注) 株式等の譲渡の対価の受領者の告知制度(540ページ参照)は対価の支払を受ける個人及び法人が対象とされていますが，株式等の譲渡の対価に係る支払調書の提出制度は，居住者及び恒久的施設を有する非居住者に対する対価の支払に関するものに限られています。

相続財産を譲渡した場合の譲渡所得の特例

　相続又は遺贈により財産を取得したことにより相続税を課された個人が，その相続又は遺贈により取得した財産を譲渡（譲渡所得の基因となる不動産等の貸付けを含む。以下この項において同じ。）した場合には，その課された相続税額のうち，譲渡した資産に対応する部分の金額として次により計算した金額を，その資産の取得費に加算して譲渡所得の金額を計算することができます（措法39①，措令25の16）。

$$\text{取得費に加算する相続税額}(A) = \text{その人の相続税額} \times \frac{\text{その人の相続税額に係る課税価格のうち譲渡資産に係る部分の価額}}{\text{その人の相続税額に係る課税価格}}$$

$$\text{譲渡所得の金額} = \text{譲渡収入金額} - (\text{取得費} + \text{譲渡費用} + A)$$

（注）1　上記の算式中の相続税額は，その資産を譲渡した日の属する年分の所得税の納税義務の成立する時（原則として，その年の12月31日）において確定している相続税額（国税通則法第2条第4号に規定する附帯税に相当する税額を除く。）によります。ただし，その後に修正申告又は更正があった場合には，その修正申告又は更正後の税額によります（措令25の16①一，②，措通39－2）。

　　　また，相続税法第19条《相続開始前3年以内に贈与を受けた場合のみなし課税価格》の規定の適用がある場合は，同条により控除される贈与税額がないものとして計算した金額とし，相続税法第20条《相次相続控除》，第21条の15第3項又は第21条の16第4項《相続時精算課税に係る相続税額》の規定の適用がある場合は，これらの規定により控除される金額を加算した金額によります（措法39①⑥，措令25の16③）。

　　2　上記算式中の課税価格は，相続税法第19条又は第21条の14《相続時精算課税に係る相続税額》から第21条の18までの規定の適用がある場合には，これらの規定により課税価格とみなされた金額とし，同法第13条《債務控除》の規定の適用がある場合には，その規定の適用がないものとした場合の課税価格又はみなされた金額によります（措令25の16①二）。

　　3　取得費に加算される相続税額が，譲渡収入金額から取得費及び譲渡費用の合計額を控除した残額を超える場合には，その超える部分の金額は控除することはできません（措令25の16①）。

　　4　上記の計算は，同一年中に2以上の相続財産を譲渡した場合には，それぞれの資産ごとに行います（措法39⑧）。

特例の適用が受けられる場合　この特例は，次に掲げる要件に該当する場合に適用があります（措法39①⑦）。
(1)　相続又は遺贈により財産を取得した人で，相続税が課税された人であること
(2)　相続税の課税価格の計算の基礎に算入された資産（所得税法第59条第1項又は同法第60条の3第1項（同条第6項前段の規定の適用により課税の取消しを受けたものを除く。）のみなし譲渡課税（303ページ参照）の適用のあった資産を除く。）で，その相続の開始があった日の翌日から，その相続税の申告書の提出期限の翌日以後3年以内に譲渡されたものであること
　　（注）上記の資産には，次のものが含まれます。
　　　1　相続税法第3条から第9条の6までの規定によって相続又は遺贈によって取得したとみなされる財産
　　　2　農地等の生前一括贈与の場合の贈与税の納税猶予（措法70の4）を受けている場合で，租税特

別措置法第70条の５の規定により，その贈与者が死亡した場合に相続又は遺贈により取得したものとみなされる農地等

3　非上場株式等についての贈与税の納税猶予（措法70の７）を受けている場合で，租税特別措置法第70条の７の３の規定により，その贈与者が死亡した場合に相続又は遺贈により取得したものとみなされる非上場株式等

4　非上場株式等についての贈与税の納税猶予の特例（措法70の７の５）を受けている場合で，租税特別措置法第70条の７の７の規定により，その贈与者が死亡した場合に相続又は遺贈により取得したものとみなされる非上場株式等

5　相続又は遺贈により財産を取得した人が，その相続に係る被相続人から相続開始前３年以内に贈与を受けた財産

6　相続時精算課税制度適用者が特定贈与者から贈与により取得した財産で，相続税の課税価格に算入されたもの

適用を受けるための手続　この特例の適用を受けるためには，相続により取得した財産を譲渡した日の属する年分の確定申告書又は所得税法第151条の４第１項の規定に基づく修正申告書（国外転出時課税又は国外転出（贈与等）時課税の適用を受けた有価証券等について，その後の課税の取消しに伴い，取得価額の異動が生じたことにより提出する修正申告書をいう。）に，**措置法第39条**と記載するとともに，譲渡所得の金額の計算に関する明細書（相続財産の取得費に加算される相続税の計算明細書）を添付しなければなりません。ただし，このような手続をしなかった場合でも確定申告書を提出しなかったこと又は確定申告書に所定の事項を記載しなかったこと若しくは所定の書類を添付しなかったことについて税務署長がやむを得ない事情があると認めるときは，確定申告書に記載すべきであった事項を記載した書類及び添付すべきであった書類を提出して，この特例の適用を受けることができます（措法39②③，措規18の18①）。

所得税の確定申告後に確定する相続税額　資産の譲渡の日の属する年分の所得税の確定申告書を提出した後にその資産の取得の基因となった相続又は遺贈に係る相続税の申告期限が到来し，かつ，その相続税について期限内申告書の提出を行い，相続税額が確定した場合には，期限内申告書を提出した日の翌日から２月以内に，相続財産に係る譲渡所得の課税の特例を受けたい旨を記載した書類その他一定の書類を添付した更正の請求書を提出することで，この特例を適用することができます（措法39④一，⑤）。

所得税の確定申告後に取得費が異動した場合

(1)　相続又は贈与により取得した国外転出（贈与等）時課税（法60の３，527ページ参照）の適用を受けた有価証券等を譲渡した後に，帰国等の場合に該当して国外転出（贈与等）時課税の適用の取消しがされた場合において，修正申告書の提出（法151の３①）又は更正の請求（法153の３①）に基づく更正があったことにより，譲渡した有価証券等の取得費に異動が生じたときは，その修正申告書の提出又は更正のあった日の翌日から４月を経過する日までに更正の請求をすることで，この特例を適用することができます（措法39④二）。

(2)　相続又は遺贈により取得した国外転出（贈与等）時課税の適用を受けた有価証券等を譲渡した後に，その相続又は遺贈に係る被相続人のその相続の開始の日の属する年分の所得税につき遺産分割等の事由が生じ，国外転出（贈与等）時課税の適用の取消しがされた場合において，修正申

譲渡所得の課税の特例（相続財産の譲渡）

告書の提出（法151の6①）又は更正の請求（法153の5）に基づく更正があったことにより，譲渡した有価証券等の取得費に異動が生じたときは，その修正申告書の提出又は更正があった日の翌日から4月を経過する日までに更正の請求をすることにより，この特例を適用することができます（措法39④三）。

譲渡所得の課税の特例（重要文化財の譲渡）

国等に対して重要文化財を譲渡し
た場合の譲渡所得の非課税の特例

　個人が，その所有する土地以外の資産で，文化財保護法第27条第1項の規定により重要文化財として指定されたものを国，独立行政法人国立文化財機構，独立行政法人国立美術館，独立行政法人国立科学博物館，地方公共団体，一定の地方独立行政法人又は一定の文化財保存活用支援団体に譲渡した場合（文化財保存活用支援団体に譲渡した場合には，一定の要件を満たす場合に限る。）の譲渡所得については非課税とされます（措法40の2）。

(注)1　一定の地方独立行政法人とは，地方独立行政法人法施行令第6条第3号に掲げる博物館，美術館，植物園，動物園又は水族館のうち，博物館法第29条の規定により博物館に相当する施設として指定されたものに係る地方独立行政法人法第21条第6号に掲げる業務を主たる目的とする地方独立行政法人をいいます。なお，上記の「一定の地方独立行政法人」とは，地方独立行政法人法施行令第6条第3号に掲げる博物館，美術館，植物園，動物園又は水族館のうち博物館法第2条第2項に規定する公立博物館又は同法第31条第2項に規定する指定施設に該当するものに係る地方独立行政法人法第21条第6号に掲げる業務を主たる目的とする地方独立行政法人になります（措令25の17の2①）。

2　一定の文化財保存活用支援団体とは，文化財保護法第192条の2第1項に規定する文化財保存活用支援団体のうち，一定の公益社団法人又は公益財団法人であって，その定款において，その法人が解散した場合にその残余財産が地方公共団体等に帰属する旨の定めがあるもの（以下「支援団体」という。）をいいます（措令25の17の2②）。

3　一定の要件を満たす場合とは，支援団体と地方公共団体との間で，その譲渡を受けた重要文化財として指定された資産の売買の予約又はその資産の第三者への転売を禁止する条項を含む協定に対する違反を停止条件とする停止条件付売買契約のいずれかを締結すること等の要件を満たす場合をいいます（措令25の17の2③）。

居住用財産の買換え等の場合の譲渡損失の損益通算及び繰越控除制度

　個人が，平成10年1月1日から令和5年12月31日までの間にその年1月1日において所有期間が5年を超えるなどの一定の要件を満たす居住用財産（以下「譲渡資産」という。）の譲渡（その個人の親族等に対するものを除く。以下「特定譲渡」という。）をした場合（その年の前年又は前々年において他の居住用財産の譲渡に係る特例の適用を受けている場合等を除く。）において，その特定譲渡の日の属する年の翌年12月31日（以下「取得期限」という。）までの間に一定の要件を満たす居住用財産（以下「買換資産」という。）の取得をして，その取得した日の属する年の12月31日においてその買換資産に係る住宅借入金等の金額を有し，かつ，その取得した日の属する年の翌年12月31日までの間にその個人の居住の用に供したとき又は供する見込みであるときには，①譲渡所得の金額の計算上生じた居住用財産の譲渡損失の金額について，一定の要件の下で土地等，建物等の譲渡による所得以外の所得との損益通算が認められるとともに（措法41の5①⑦一），②通算後譲渡損失の金額を有する場合において，その個人がその年の12月31日においてその通算後譲渡損失を生じた資産の買換資産に係る住宅借入金等の金額を有するときは，一定の方法により繰越控除が認められます（措法41の5④⑦三）。

（注）　特定非常災害に基因するやむを得ない事情により，取得期限までに買換資産の取得をすることが困難となった場合には，税務署長の承認等の要件の下，その取得期限を，その取得期限の属する年の翌々年12月31日とすることができます（措法41の5⑦一，措規18の25④）。

1　居住用財産の譲渡損失の金額

　損益通算の対象となる「居住用財産の譲渡損失の金額」は，特定譲渡による譲渡所得の金額の計算上生じた損失の金額のうち，その特定譲渡をした日の属する年分の分離長期譲渡所得の金額の計算上生じた損失の金額に達するまでの金額とされています。

　この場合，その分離長期譲渡所得の金額の計算上生じた損失の金額のうちに租税特別措置法第32条第1項の規定により分離短期譲渡所得の金額の計算上控除する金額があるときには，その分離長期譲渡所得の金額の計算上生じた損失の金額からその控除する金額に相当する金額を控除した金額に達するまでの金額とされています（措法41の5⑦一，措令26の7⑨）。

(1)　譲渡資産

　個人が有する家屋又は土地若しくは土地の上に存する権利（以下「土地等」という。）で，その年1月1日においてその所有期間が5年を超えるもののうち，次に掲げるものをいいます（措法41の5⑦一，措令26の7⑩）。

　イ　その個人がその居住の用に供している家屋のうち国内にあるもの

　ロ　イの家屋でその個人の居住の用に供されなくなったもの（その個人の居住の用に供されなくなった日から同日以後3年を経過する日の属する年の12月31日までの間に譲渡されるものに限る。）

　ハ　イ又はロの家屋及びその家屋の敷地の用に供されている土地等

　ニ　その個人のイの家屋が災害により滅失した場合において，その個人がその家屋を引き続き

譲渡所得の課税の特例（居住用財産の買換え等の場合の譲渡損失の損益通算及び繰越控除制度）

所有していたとしたならば，その年1月1日において所有期間が5年を超えるその家屋の敷地の用に供されていた土地等(その災害があった日から同日以後3年を経過する日の属する年の12月31日までの間に譲渡されるものに限る。)

(注) 1 家屋のうちにその居住の用以外の用に供している部分があるときは，その居住の用に供している部分に限られます。

2 居住の用に供している家屋を2以上有する場合には，これらの家屋のうち，主としてその居住の用に供していると認められる一の家屋に限られます。

(2) 特定譲渡

一般の任意による売却のほか，借地権の設定などの譲渡所得の基因となる不動産等の貸付けを含みます。ただし，次に掲げる特別の関係がある者に対する譲渡及び贈与又は出資による譲渡は除かれます（措法41の5⑦一，措令26の7④⑤）。

イ その個人の配偶者及び直系血族

ロ その個人の親族（上記イに掲げる者を除く。）でその個人と生計を一にしているもの及びその個人の親族で譲渡資産に係る家屋の譲渡がされた後その個人とその家屋に居住をするもの

ハ その個人とまだ婚姻の届出をしていないが事実上婚姻関係と同様の事情にある者及びその者の親族でその者と生計を一にしているもの

ニ 上記イからハまでに掲げる者及びその個人の使用人以外の者でその個人から受ける金銭その他の財産によって生計を維持しているもの及びその者の親族でその者と生計を一にしているもの

ホ その個人，その個人の上記イ及びロに掲げる親族，その個人の使用人若しくはその使用人の親族でその使用人と生計を一にしているもの又はその個人に係る上記ハ及びニに掲げる者を判定の基礎となる株主等とした場合に同族関係その他これに準ずる関係のあることとなる会社その他の法人

(注) 1 その年中に特定譲渡が2以上ある場合には，そのうちから，この繰越控除の特例の適用対象とする一の特定譲渡を選定しなければなりません（措法41の5⑦一，措令26の7⑧）。

2 その年の前年若しくは前々年における資産の譲渡につき居住用財産の譲渡に係る特例（措法31の3①，35①，36の2，36の5）の適用を受けている場合又はその年若しくはその年の前年以前3年内における資産の譲渡につき特定居住用財産の譲渡損失の損益通算の特例（措法41の5の2①）の適用を受け，若しくは受けている場合を除きます。

(3) 買換資産

居住の用に供する家屋で次に掲げるもの（その者が，その居住の用に供する家屋を2以上有する場合には，これらの家屋のうち，その者が主としてその居住の用に供すると認められる一の家屋に限る。）又はその家屋の敷地の用に供する土地等で，国内にあるものをいいます（措法41の5⑦一，措令26の7⑥）。

イ 一棟の家屋の床面積のうちその者が居住の用に供する部分の床面積が50㎡以上であるもの

ロ 一棟の家屋のうち独立部分を区分所有する場合には，その独立部分の床面積のうちその者が居住の用に供する部分の床面積が50㎡以上であるもの

(注) 1 控除の適用を受ける年の12月31日（その者が死亡した場合には，その死亡した日）において買換資産の取得のための住宅借入金等を有する場合に限られます。

—552—

2 他からの買取りのほか、家屋については自己が建設する場合を含むこととされていますが、贈与による取得及び代物弁済(金銭債務の弁済に代えてするものに限る。)としての取得は、この「取得」からは除かれます(措法41の5⑦一、措令26の7⑦)。

3 取得をした買換資産は、その取得の日から翌年12月31日までの間にその個人の居住の用に供されるか、供される見込みがなければなりません。

2 通算後譲渡損失の金額の計算

通算後譲渡損失の金額は、居住用財産の譲渡損失の金額のうち、次に掲げる場合の区分に応じ、それぞれ次に定める金額に達するまでの金額とされます(措法41の5⑦三、措令26の7⑪⑫)。

なお、譲渡資産のうちに土地等でその面積(独立部分を区分所有する家屋については、その一棟の家屋の敷地の用に供する土地の面積に、家屋の床面積のうちにその者の区分所有する独立部分の床面積の占める割合を乗じて計算した面積)が500㎡を超えるものが含まれている場合には、500㎡を超える部分に相当する損失の金額は除かれます。

(1) 青色申告書を提出する場合で、その年分の不動産所得の金額、事業所得の金額若しくは山林所得の金額又は総合課税の譲渡所得の金額の計算上生じた損失の金額(以下これらを「他の損失の金額」という。)がある場合…その年において生じた純損失の金額から、他の損失の金額の合計額(他の損失の金額の合計額がその年に生じた純損失の金額を超えるときは、純損失の金額)を控除した金額

イ 青色申告者に居住用財産の譲渡損失の金額がある場合①

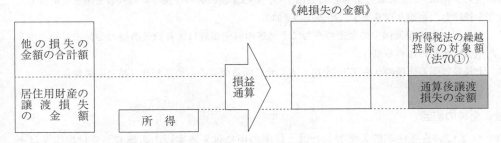

ロ 青色申告者に居住用財産の譲渡損失の金額がある場合②

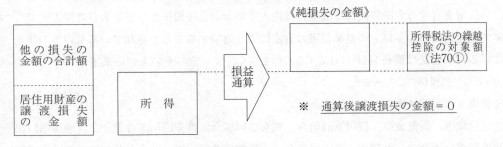

(2) (1)以外の場合で、変動所得の金額の計算上生じた損失の金額又は被災事業用資産の損失の金額のある場合…その年において生じた純損失の金額から、これらの損失の金額の合計額(これらの損失の金額の合計額がその年に生じた純損失の金額を超えるときは、純損失の金額)を控除した金額

譲渡所得の課税の特例（居住用財産の買換え等の場合の譲渡損失の損益通算及び繰越控除制度）

変動所得に係る損失・被災事業用資産の損失の金額がある者に居住用財産の譲渡損失の金額がある場合

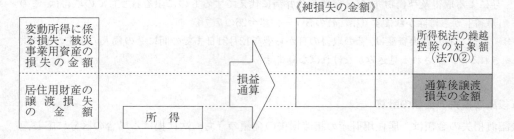

(3) (1), (2)以外の場合…純損失の金額

白色申告者に居住用財産の譲渡損失の金額がある場合

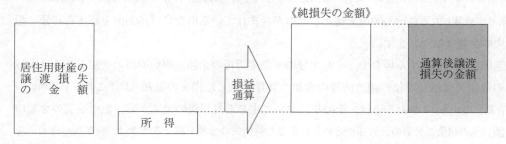

（注） 譲渡資産のうちに土地等で面積が500㎡を超えるものが含まれている場合には，居住用財産の譲渡損失の金額は，上記により計算した金額から，その金額に次のイ及びロの割合を乗じて計算した金額を控除した金額となります（措令26の7⑫）。
　　イ　居住用財産の譲渡損失の金額のうちに土地等の特定譲渡による譲渡所得の金額の計算上生じた損失の金額の占める割合
　　ロ　土地等に係る面積のうち500㎡を超える部分に係る面積の占める割合（超過面積割合）

3　住宅借入金等の範囲

　上記1(3)(注) 1 にいう「住宅借入金等」とは，住宅の用に供する家屋の新築若しくは取得又はその家屋の敷地の用に供される土地等の取得（以下「住宅の取得等」という。）に要する資金に充てるために国内に営業所を有する金融機関又は独立行政法人住宅金融支援機構から借り入れた借入金で，契約において償還期間が10年以上の割賦償還の方法により返済することとされているもの等の住宅の取得等に係る借入金又は債務（利息に対応するものを除く。）で一定のものをいいます（措法41の5⑦四，措令26の7⑬，措規18の25⑤～⑩）。
　なお，金融機関の範囲は次のとおりです。
イ　銀行，信用金庫，労働金庫，信用協同組合，農業協同組合，農業協同組合連合会，漁業協同組合，漁業協同組合連合会，水産加工業協同組合，水産加工業協同組合連合会及び株式会社商工組合中央金庫
ロ　生命保険会社，損害保険会社，信託会社，農林中央金庫，信用金庫連合会，労働金庫連合会，共済水産業協同組合連合会，信用協同組合連合会，株式会社日本政策投資銀行及び株式会社日本貿易保険

譲渡所得の課税の特例（居住用財産の買換え等の場合の譲渡損失の損益通算及び繰越控除制度）

（注）　この特例の適用を受けた場合においても，その適用に係る買換資産の取得については，住宅借入金等特別控除制度（措法41，41の２の２）との併用が認められています。

4　特定純損失の金額がある場合における純損失の繰越控除及び純損失の繰戻し還付制度の適用に係る調整措置

　その年の前年３年以内の各年（青色申告書を提出している年に限る。）において生じた純損失の金額のうちに特定純損失の金額（適用期間内に譲渡があった譲渡資産の特定譲渡による譲渡損失の金額に係る純損失の金額として一定の方法により計算した金額）がある場合における所得税法第70条第１項の純損失の繰越控除については，その特定純損失の金額を除いた金額によりその繰越控除を行うこととされています（措法41の５⑧）。

　また，純損失の繰戻しによる還付制度（法140，141）の対象となる純損失の金額のうちに特定純損失の金額がある場合においても，その純損失の金額から，その特定純損失の金額を除いたところで繰戻しによる還付を受けるべき金額の計算の基礎とすることとされています（措法41の５⑨⑩）。

　（注）１　特定純損失の金額とは，その年において行った譲渡資産の特定譲渡による譲渡所得の金額の計算上生じた損失の金額に係る居住用財産の譲渡損失の金額のうち，その年において生じた純損失の金額からその純損失の金額が生じた年分の不動産所得の金額，事業所得の金額，山林所得の金額又は譲渡所得の金額（長期譲渡所得の金額及び短期譲渡所得の金額を除く。）の計算上生じた損失の金額の合計額（その合計額がその純損失の金額を超える場合には，その純損失の金額に相当する金額）を控除した金額に達するまでの金額をいいます（措法41の５⑧，措令26の７⑭）。
　　　　２　適用期間とは，平成10年１月１日から令和５年12月31日までの期間をいいます（措法41の５⑦一）。

5　適用を受けるための手続等

　この損益通算及び繰越控除の特例の適用を受けるための手続等については次のとおりです（措法41の５②⑤）。

(1)　居住用財産の譲渡損失の金額の損益通算

　イ　確定申告書に添付する書類

　　居住用財産の譲渡所得の金額が生じた年分の確定申告書に，居住用財産の譲渡損失の金額の損益通算の規定の適用を受けようとする旨を記載し，かつ，次に掲げる書類を添付して，提出しなければなりません（措法41の５②，措規18の25①）。

　　(イ)　その年において生じた居住用財産の譲渡損失の金額の計算に関する明細書

　　(ロ)　特定譲渡をした譲渡資産に係る登記事項証明書，売買契約書の写しその他これらに類する書類で，その譲渡資産の所有期間が５年を超えるものであること及びその譲渡資産のうちに土地等が含まれている場合にはその面積を明らかにするもの

　　(ハ)　譲渡資産が上記1(1)イからニまでのいずれかの資産に該当する事実を証する書類（特定譲渡に係る契約を締結した日の前日においてその特定譲渡をした者の住民票に記載されていた住所とその特定譲渡をした譲渡資産の所在地とが異なる場合等の場合には，これらの書類及び戸籍の附票の写し，消除された戸籍の附票の写し等でその譲渡資産が上記1(1)イからニまでのいずれかの資産に該当することを明らかにするもの）

— 555 —

譲渡所得の課税の特例（居住用財産の買換え等の場合の譲渡損失の損益通算及び繰越控除制度）

ロ　買換資産に係る提出書類

　　上記イの確定申告書を提出する者は，次に掲げる書類を，特定譲渡の日の属する年の12月31日までに買換資産の取得をする場合にはその確定申告書の提出の日までに，特定譲渡の日の属する年の翌年1月1日から取得期限までの間に買換資産の取得をする場合にはその買換資産の取得をした日の属する年分の確定申告書の提出期限までに，納税地の所轄税務署長に提出しなければなりません（措令26の7⑰，措規18の25⑪）。

(イ)　取得をした買換資産に係る登記事項証明書，売買契約書の写しその他の書類で，その買換資産の取得をしたこと，その買換資産の取得をした年月日及びその買換資産に係る家屋の床面積が50㎡以上であることを明らかにする書類

(ロ)　取得をした買換資産に係る住宅借入金等の残高証明書

(注)　確定申告書を提出しなかったこと又は特例の適用を受けようとする旨の記載若しくは損益通算の明細書等の添付がない確定申告書の提出があった場合でも，そのことについてやむを得ない事情があると税務署長が認めるときで特例の適用を受けようとする旨を記載した書類及び損益通算の明細書等の提出があった場合には，損益通算の特例を受けることができることとされています（措法41の5③）。

(2)　居住用財産の譲渡損失の金額の繰越控除

　　上記(1)イの確定申告書をその提出期限までに提出した場合であって，その後において連続して確定申告書を提出し，かつ，繰越控除の特例の適用を受けようとする年分の確定申告書に次に掲げる書類を添付して提出しなければなりません（措法41の5⑤，措規18の25⑫）。

イ　その年において控除すべき通算後譲渡損失の金額及びその金額の計算の基礎その他参考となるべき事項を記載した明細書

ロ　取得をした買換資産に係る住宅借入金等の残高証明書

(注)　住宅借入金等の残高証明書は，その住宅借入金等に係る債権者の繰越控除の適用を受けようとする年の12月31日（その者が死亡した場合は，その死亡した日）におけるその住宅借入金等の金額を証する書類となります（措規18の25⑬）。

6　居住用財産の買換え等の譲渡損失の損益通算及び繰越控除の特例の適用に係る義務的修正申告等

(1)　損益通算の特例の適用を受けた者の義務的修正申告

　　この損益通算の特例の適用を受けた者は，(イ)取得期限までに買換資産の取得をしない場合，(ロ)買換資産の取得をした日の属する年の12月31日においてその買換資産に係る住宅借入金等の金額を有しない場合又は(ハ)買換資産の取得をした日の属する年の翌年12月31日までにその買換資産をその者の居住の用に供しない場合には，取得期限又は買換資産の取得をした日の属する年の翌年12月31日から4月以内に，その適用を受けた年分の所得税についての修正申告書を提出し，かつ，その期限内にその修正申告書の提出により納付すべき税額を納付しなければなりません（措法41の5⑬）。

(2)　繰越控除の特例の適用を受けた者の義務的修正申告

　　この繰越控除の特例の適用を受けた者は，買換資産の取得をした日の属する年の翌年12月31日までに，その買換資産をその者の居住の用に供しない場合には，同日から4月以内に，その

譲渡所得の課税の特例（居住用財産の買換え等の場合の譲渡損失の損益通算及び繰越控除制度）

適用を受けた年分の所得税についての修正申告書を提出し，かつ，その期限内にその修正申告書の提出により納付すべき税額を納付しなければなりません（措法41の5⑭）。

　なお，本特例を適用した場合の損益通算については638ページ以降を，繰越控除については645ページ以降を参照してください。

特定居住用財産の譲渡損失の損益通算及び繰越控除制度

　個人が，平成16年1月1日から令和5年12月31日までの間にその年1月1日において所有期間が5年を超えるなどの一定の要件を満たす居住用財産（以下「譲渡資産」という。）の譲渡（その個人の親族等に対するものを除く。以下「特定譲渡」という。）をした場合（その特定譲渡に係る契約を締結した日の前日においてその譲渡資産に係る住宅借入金等を有する場合に限るものとし，その年の前年又は前々年において他の居住用財産の譲渡に係る特例の適用を受けている場合を除く。）において，①特定居住用財産の譲渡損失の金額について，一定の要件の下で損益通算が認められ（措法41の5の2①⑦一），②通算後譲渡損失の金額を有する場合には，一定の方法により繰越控除が認められます（措法41の5の2④⑦三）。

1　特定居住用財産の譲渡損失の金額の計算

　損益通算の対象となる「特定居住用財産の譲渡損失の金額」は，その譲渡資産の特定譲渡による譲渡所得の金額の計算上生じた損失の金額のうち，その特定譲渡をした日の属する年分の分離長期譲渡所得の金額の計算上生じた損失の金額に達するまでの金額（その特定譲渡に係る契約を締結した日の前日におけるその譲渡資産に係る住宅借入金等の金額の合計額からその譲渡資産の対価の額を控除した残額を限度とする。）となります（措法41の5の2⑦一，措令26の7の2⑦）。

　この場合，その分離長期譲渡所得の金額の計算上生じた損失の金額のうちに租税特別措置法第32条第1項の規定により分離短期譲渡所得の金額の計算上控除する金額があるときには，その分離長期譲渡所得の金額の計算上生じた損失の金額からその控除する金額に相当する金額を控除した金額に達するまでの金額とされています。

　なお，この特例の適用対象となる「譲渡資産」及び「特定譲渡」とは，居住用財産の買換え等の場合の譲渡損失の損益通算及び繰越控除の特例（措法41の5）の対象となる譲渡資産及び特定譲渡と同様となります（措法41の5の2⑦一，措令26の7の2④〜⑥⑧。551ページ参照。）。

【参考図】
○譲渡損失の金額と譲渡価額の合計がローンの残高を上回る場合

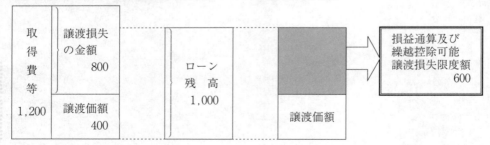

○譲渡損失の金額と譲渡価額の合計がローンの残高を下回る場合

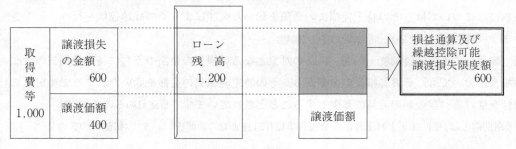

2　通算後譲渡損失の金額の計算

譲渡資産の特定譲渡をした年において生じた純損失の金額のうち，繰越控除の適用対象となる「通算後譲渡損失の金額」は，特定居住用財産の譲渡損失の金額のうち次に掲げる場合の区分に応じ，それぞれ次に定める金額に達するまでの金額となります（措法41の５の２⑦三，措令26の７の２⑨）。

(1)　青色申告書を提出する場合で，特定居住用財産の譲渡損失の金額が生じた年において，その年分の不動産所得の金額，事業所得の金額，山林所得の金額又は総合課税の譲渡所得の金額の計算上生じた損失の金額（以下これらを「他の損失の金額」という。）がある場合…その年において生じた純損失の金額から，他の損失の金額の合計額（他の損失の金額の合計額がその年に生じた純損失の金額を超えるときは，純損失の金額）を控除した金額

(2)　上記(1)以外の場合で，変動所得の金額の計算上生じた損失の金額又は被災事業用資産の損失の金額がある場合…その年において生じた純損失の金額から，これらの損失の金額の合計額（これらの損失の金額の合計額がその年に生じた純損失の金額を超えるときは，純損失の金額）を控除した金額

(3)　上記(1)及び(2)以外の場合…純損失の金額

3　住宅借入金等の範囲

譲渡資産に係る住宅借入金等の金額は，特定譲渡に係る契約を締結した日の前日において有していなければなりません（措法41の５の２⑦一）。

この場合の「住宅借入金等」とは，住宅の用に供する家屋の新築若しくは取得又は家屋の敷地の用に供される土地等の取得に要する資金に充てるために国内に営業所を有する金融機関（554ページ参照）又は独立行政法人住宅金融支援機構から借り入れた借入金で，契約において償還期間が10年以上の割賦償還の方法により返済することとされているもの等の住宅の取得等に係る借入金又は債務（利息に対応するものを除く。）で一定のものをいいます（措法41の５の２⑦四，措令26の７の２⑩，措規18の26④〜⑩）。

4　特定純損失がある場合における純損失の繰越控除及び純損失の繰戻し還付制度の適用に係る調整措置

その年の前年３年以内の各年（青色申告書を提出している年に限る。）において生じた純損失の金額のうちに特定純損失の金額（適用期間内に譲渡があった譲渡資産の特定譲渡による譲渡損失の金額に係る

譲渡所得の課税の特例（特定居住用財産の譲渡損失の損益通算及び繰越控除制度）

純損失の金額として一定の方法により計算した金額）がある場合における所得税法第70条第1項の純損失の繰越控除については，その特定純損失の金額を除いた金額によりその繰越控除を行うこととされています（措法41の5の2⑧，措令26の7の2⑪）。

また，繰戻しによる還付制度（法140，141）の対象となる純損失の金額のうちに特定純損失の金額がある場合においても，その純損失の金額から，その特定純損失の金額を除いたところで繰戻しによる還付を受けるべき金額の計算の基礎とすることとされています（措法41の5の2⑨⑩）。

（注）　適用期間とは，平成16年1月1日から令和5年12月31日までの期間をいいます（措法41の5の2⑦一）。

5　適用を受けるための手続等

この損益通算及び繰越控除の特例の適用を受けるための手続等については次のとおりです（措法41の5の2②⑤）。

(1)　特定居住用財産の譲渡損失の金額の損益通算

特定居住用財産の譲渡損失の金額が生じた年分の確定申告書に，特定居住用財産の譲渡損失の金額の損益通算の規定の適用を受けようとする旨を記載し，かつ，次に掲げる書類を添付して，提出しなければなりません（措法41の5の2②，措規18の26①②）。

イ　その年において生じた特定居住用財産の譲渡損失の金額の計算に関する明細書

ロ　特定譲渡をした譲渡資産に係る登記事項証明書，売買契約書の写しその他これらに類する書類で，その譲渡資産の所有期間が5年を超えるものであることを明らかにするもの

ハ　特定譲渡をした譲渡資産に係る住宅借入金等の残高証明書

ニ　譲渡資産が居住用財産の買換え等の場合の譲渡損失及び繰越控除制度の対象となる譲渡資産のいずれかの資産（551ページ参照）に該当する事実を証する書類（特定譲渡に係る契約を締結した日の前日においてその特定譲渡をした者の住民票に記載されていた住所とその特定譲渡をした譲渡資産の所在地とが異なる場合等の場合には，これらの書類及び戸籍の附票の写し，消除された戸籍の附票の写し等でその譲渡資産がいずれかの資産に該当することを明らかにするもの）

（注）　確定申告書を提出しなかったこと又は特例の適用を受けようとする旨の記載若しくは損益通算の明細書等の添付がない確定申告書の提出があった場合でも，そのことについてやむを得ない事情があると税務署長が認めるときで特例の適用を受けようとする旨を記載した書類及び損益通算の明細書等の提出があった場合には，損益通算の特例の適用を受けることができることとされています（措法41の5の2③）。

(2)　特定居住用財産の譲渡損失の金額の繰越控除

上記(1)の確定申告書をその提出期限までに提出した場合であって，その後において連続して確定申告書を提出し，かつ，繰越控除の特例を受ける年の確定申告書にその年において控除すべき通算後譲渡損失の金額及びその金額の計算の基礎その他参考となる事項を記載した明細書を添付する必要があります（措法41の5の2⑤，措規18の26③）。

譲渡所得の課税の特例（特定居住用財産の譲渡損失の損益通算及び繰越控除制度）

【参考】 居住用財産の買換え等の場合の譲渡損失の特例と特定居住用財産の譲渡損失の特例の相違点

適用要件		居住用財産の買換え等の場合の譲渡損失の特例（措法41の5）	特定居住用財産の譲渡損失の特例（措法41の5の2）
譲渡資産	譲渡期限	令和5年12月31日	
	所有期間	譲渡した年の1月1日において5年超所有（分離長期譲渡所得）	
	使用要件	譲渡した者の居住の用に供しているもの	
	譲渡先の制限	配偶者，直系血族，生計一親族等以外の者への譲渡	
	住宅借入金等	要件なし	譲渡契約締結日の前日において一定の住宅借入金等の残高があること
買換資産	取得期間	譲渡の年の前年〜譲渡の年の翌年（取得期限）まで（特定非常災害に基因するやむを得ない事情により，取得期限までに買換資産の取得をすることが困難となった場合には，取得期限の翌々年末まで）	買換資産の要件なし
	居住開始期間	取得した年の翌年末まで	
	床面積制限	居住用部分が50㎡以上	
	住宅借入金等	〔損益通算の特例〕 　取得した年の12月31日において一定の住宅借入金等を有すること 〔繰越控除の特例〕 　適用を受けようとする年の12月31日において一定の住宅借入金等の残高があること	
(特定)居住用財産の譲渡損失の金額		譲渡所得の金額の計算上生じた損失全額（500㎡を超える敷地等の部分の損失を除く。）	譲渡資産に係る住宅借入金等の残高から譲渡資産の対価の額を控除した残額を限度（「住宅借入金等の残高」－「譲渡資産の対価の額」）
繰越控除を受けるための所得制限		繰越控除を受けようとする年分の合計所得金額が3,000万円以下	
繰越控除期間		譲渡した年の翌年以後3年間	
申告要件		〔損益通算の特例〕 　譲渡損失が生じた年分の確定申告書に特例の規定の適用を受けようとする旨を記載し，かつ，一定の書類を添付して提出していること 〔繰越控除の特例〕 　損益通算の特例の適用を受ける確定申告書をその提出期限までに提出した後，連続して確定申告書を提出し，かつ，繰越控除の特例の適用を受ける確定申告書を一定の書類を添付して提出していること	

一　時　所　得

一時所得とは

　一時所得とは，利子所得，配当所得，不動産所得，事業所得，給与所得，退職所得，山林所得及び譲渡所得以外の所得のうち，営利を目的とする継続的行為から生じた所得以外の一時の所得で労務その他の役務又は資産の譲渡の対価としての性質を有しないものをいいます（法34①）。

　生命保険契約等に基づく一時金　保険料又は掛金を自分で負担した生命保険契約若しくは生命共済に関する契約等に基づいて支払を受ける一時金又は退職金共済契約若しくは退職年金契約に基づいて支払われる一時金で退職所得とみなされないものは，一時所得として課税されます（令76①②④，183②③）。

(注) 1　退職金共済制度等に基づく給付で次のものは，一時所得とされます。

(1)　特定退職金共済団体が行う給付で次に掲げるもの（令76①④）

①　特定退職金共済団体が一定の要件に反する事実があるために承認の取消しを受け，又はその行う退職金共済事業を廃止しようとする届出書を提出した場合において，その取消しを受け，又はその届出書の提出をした法人がその取消しを受けた時又はその退職金共済事業を廃止しようとする日以後に行う給付

②　特定退職金共済団体が行う給付で，これに対応する掛金のうちに次に掲げる掛金が含まれているもの

イ　加入事業主でなく，被共済者（退職金共済契約に基づいて退職給付金の支給を受けるべき者）が自ら負担した掛金

ロ　被共済者が既に他の特定退職金共済団体の被共済者となっており，その者について，当該他の特定退職金共済団体の退職金共済契約に係る共済期間がその特定退職金共済団体に係る共済期間と重複している場合におけるその特定退職金共済団体に係る掛金

ハ　加入事業主である個人若しくはこれと生計を一にする親族又は加入事業主である法人の役員（使用人としての職務を有する役員を除く。）で被共済者とされた者についての掛金

ニ　掛金の月額が被共済者1人につき30,000円（過去勤務等通算期間に対応する掛金の額については30,000円を限度に算出した一定の額）を超えて支出された場合におけるその掛金

ホ　次に掲げる要件に反して過去勤務等通算期間を定め，その過去勤務等通算期間に対応するものとして払い込んだ掛金

(イ)　過去勤務等通算期間が過去勤務期間に係るものである場合は，一定の退職金共済契約を締結する際にその加入事業主に雇用されている者（被共済者となるべき者に限る。）の全てについて，その者の過去勤務期間（10年を超えるときは，10年とする。）に対応して定めること。

(ロ)　過去勤務等通算期間が合併等前勤務期間に係るものである場合は，その合併等被共済者の全てについて，その者の一定の合併等前勤務期間に対応して定めること。

ヘ　その特定退職金共済団体の被共済者となった日前の期間（その被共済者の過去勤務等通算期

間を除く。）を給付の計算の基礎に含め，その期間に対応するものとして払い込んだ掛金
　(2) 適格退職年金契約に基づく給付で次に掲げるもの（令76②④）
　　① 法人税法附則第20条第1項に規定する退職年金業務等を行う信託会社等が適格退職年金契約につき承認の取消しを受けた場合において，その信託会社等がその契約に基づきその取消しを受けた時以後に行う給付
　　② ①の退職年金業務等を行う信託会社等が行う給付で，これに対応する掛金又は保険料のうちにその契約を締結した事業主である個人若しくはこれと生計を一にする親族又は事業主である法人の役員（使用人としての職務を有する役員を除く。）で受益者等とされた者に係る掛金又は保険料が含まれているもの
2　退職金共済契約等に基づいて支払われる給付で次のものは，一時所得とされます（令183②〜④）。
　(1) 特定退職金共済団体から給付される解約手当金
　(2) 独立行政法人勤労者退職金共済機構から給付される解約手当金
　(3) 独立行政法人中小企業基盤整備機構からの共済金給付（旧第一種共済契約）で契約の解除（掛金の滞納，不正受給又は任意の解約に限る。）により支給される解約手当金
　　ただし，年齢が65歳以上である共済契約者が任意解除したことにより支給される解約手当金及び小規模企業共済法第7条第4項の規定により共済契約（旧第一種共済契約）が解除されたものとみなされたことによって支給される解約手当金は退職所得とされます（法31三，令72③三ロハ）。
　　なお，旧第二種共済契約に基づく給付金は全て一時所得とされます。
　(4) 確定拠出年金法第4条第3項に規定する企業型年金規約により支給される脱退一時金
　(5) 確定拠出年金法第56条第3項に規定する個人型年金規約により支給される脱退手当金

　遺族が受ける給与等，公的年金等及び退職手当等　死亡した者の給与等，公的年金等及び退職手当等で，その死亡後に支給期の到来するもののうち，相続税法の規定により相続税の課税価格計算の基礎に算入されるものについては所得税は課税されませんが（基通9—17），相続税の課税価格計算の基礎に算入されないもの（例えば，死亡後3年経過後に確定した退職金のようなもの）については，その支払を受ける遺族の一時所得になります（基通34—2，36—11（注））。

　損害保険契約等に基づく満期返戻金等　損害保険契約等に基づく満期返戻金，共済金（建物又は動産の耐存中に契約期間が満了したことによるものに限る。）及び解約返戻金（損害保険契約等に基づく年金として，保険期間満了後に支払われる満期返戻金を除く。）による所得は，一時所得になります（令184②〜④）。

　懸賞の賞金等　懸賞の賞金品，福引の当選金品，遺失物拾得者の受ける報労金などによる所得は一時所得になります。なお，事業の広告宣伝のために支払われる賞金などは，事業を営む者がその仕入先からその者の事業に関連し又は付随して受ける場合には事業所得の収入金額に算入されますが，そのほかの場合には一時所得の収入金額に算入することになります（基通34—1(1)，(10)）。

　競馬の馬券の払戻金等　競馬の馬券の払戻金，競輪の車券の払戻金などによる所得は，営利を目的とする継続的行為から生じたものを除き，一時所得になります（基通34—1(2)）。
（注）1　馬券を自動的に購入するソフトウエアを使用して定めた独自の条件設定と計算式に基づき，又は予想の確度の高低と予想が的中した際の配当率の大小の組合せにより定めた購入パターンに従って，偶然性の影響を減殺するために，年間を通じてほぼ全てのレースで馬券を購入するなど，年間を通じての収支で利益が得られるように工夫しながら多数の馬券を購入し続けることにより，年間を通

じての収支で多額の利益を上げ，これらの事実により，回収率が馬券の当該購入行為の期間総体として100％を超えるように馬券を購入し続けてきたことが客観的に明らかな場合の競馬の馬券の払戻金に係る所得は，営利を目的とする継続的行為から生じた所得として雑所得に該当します。

2　上記（注）1以外の場合の競馬の馬券の払戻金に係る所得は，一時所得に該当します。

3　競輪の車券の払戻金等に係る所得についても，競馬の馬券の払戻金に準じて取り扱われます。

借家人の受ける立退料　借家人が賃貸借の目的とされている家屋の立退きに際し受けるいわゆる立退料（その立退きに伴う業務の休止等により減少することとなる借家人の収入金額又は業務の休止期間中に使用人に支払う給与等借家人の各種所得の金額の計算上必要経費に算入される金額を補填するための金額及び所得税法施行令第95条《譲渡所得の収入金額とされる補償金等》に規定する譲渡所得の収入金額に該当する部分の金額を除く。）は一時所得になります（基通34―1(7)）。

（注）1　収入金額又は必要経費に算入される金額を補填するための金額は，その業務に係る各種所得の金額の計算上総収入金額に算入されます。

2　借家権の対価とされる立退料は譲渡所得となります（305ページ参照）。

株式を取得する権利による所得　発行法人から株式と引換えに払い込むべき額が有利な金額である株式を取得する権利を与えられた者がこれを行使した場合（株主である地位に基づいて与えられた場合を除く。）は一時所得とされます。ただし，その発行法人の役員又は使用人に対してその地位又は職務等に関連して株式を取得する権利を与えられたと認められるときは給与所得とし，これらの者の退職に基因してその株式を取得する権利を与えられたと認められるときは，退職所得となります（基通23～35共―6(2)，23～35共―8）。

株式と引換えに払い込むべき額が有利な金額　株式と引換えに払い込むべき額が有利な金額とは，その株式と引換えに払い込むべき額を決定する日の現況におけるその発行法人の株式の価額に比して社会通念上相当と認められる価額を下る金額である場合をいうものとされています（基通23～35共―7）。

（注）1　社会通念上相当と認められる価額を下る金額であるかどうかは，その株式の価額とその株式と引換えに払い込むべき額との差額が，その株式の価額のおおむね10％相当額以上であるかどうかにより判定します。

2　株式と引換えに払い込むべき額を決定する日の現況における株式の価額とは，決定日の価額のみをいうのではなく，決定日前1月間の平均株価等，株式と引換えに払い込むべき額を決定するための基礎として相当と認められる価額をいいます。

従業員の発明等に基づく報償金等（287ページ参照）

法人からの贈与によるもの　法人からの贈与により取得する金品は，業務に関して受けるもの及び継続的に受けるものを除き，一時所得になります（基通34―1(5)）。

地方税法の規定に基づく報奨金　地方税法第41条第1項《個人の道府県民税の賦課徴収》，同法第321条第2項《個人の市町村民税の納期前の納付》及び同法第365条第2項《固定資産税に係る納期前の納付》の規定により交付を受ける報奨金は，業務用固定資産に係るものを除き，一時所得になります（基通34―1(12)）。

一時所得（一時所得とは）

（注）　固定資産税に係る報奨金のうち事業用固定資産に係る報奨金は、事業所得になります（基通27―5(6)）。

勤労者財産形成給付金制度等に基づく給付金　勤労者が勤労者財産形成給付金契約又は勤労者財産形成基金契約に基づき一時金として支払を受ける財産形成給付金又は財産形成基金給付金のうち、7年サイクルで支払を受けるもの及び7年サイクルの中途で支払を受けるもののうちやむを得ない理由として租税特別措置法施行令第19条の4《一時所得となる財産形成給付金等の中途支払理由》に規定するものについては、一時所得とされます（措法29の3）。なお、それ以外の理由により支払を受けるものについては、給与所得になります。

相続、遺贈、個人からの贈与によるもの（非課税）　相続、遺贈又は個人からの贈与によって取得するもの（相続税法の規定によって、相続、遺贈又は個人からの贈与とみなされるものを含む。）は、いずれも相続税又は贈与税の課税の対象とされますので、一時所得であっても所得税は課税されません（6ページ参照）。

損害賠償金、慰謝料等（非課税）（6ページ参照）

一時払養老保険又は一時払損害保険等の差益についての源泉分離課税　国内において支払を受けるべき一時払養老保険又は一時払損害保険等の差益については、15％（居住者については、このほかに地方税5％）の税率による源泉分離課税の制度が適用されますので、他の所得と総合して確定申告をすることはできません（措法41の10、措通41の10・41の12共―1）。

なお、平成25年1月1日から令和19年12月31日までの間は、復興特別所得税を併せて徴収することから、所得税及び復興特別所得税15.315％（居住者については、このほかに地方税5％）の税率による源泉分離課税の制度が適用されます（復興財確法28①②）。

（注）　源泉分離課税とされる差益は、生命保険契約若しくは損害保険契約又はこれらに類する共済に係る契約で保険料又は掛金を一時に支払うこと、その他一定の事項をその内容とするもののうち、保険期間等が5年以下のもの及び保険期間等が5年を超えるものでその保険期間等の初日から5年以内に解約されたものに基づく差益です（法174八）。

なお、一時払養老保険は、金融類似商品の一種として取り扱われていますが、他の金融類似商品については、575ページを参照してください。

懸賞金付預貯金等の懸賞金等についての源泉分離課税　預貯金等（預貯金、合同運用信託、公社債、公社債投資信託の受益権及び定期積金等）に係る契約に基づき預入等（預入、信託、購入又は払込み）がされた預貯金等で、その預貯金等に係る契約が一定の期間継続され、又は一定の期間継続することとされ、かつ、その預貯金等を対象としてくじ引き等により、金品その他の経済的利益の支払若しくは交付を受け、又は受けとることとされているものについては、15％（居住者においては、このほかに地方税5％）の税率による源泉分離課税の制度が適用されますので、他の所得と総合して確定申告をすることはできません（措法41の9、措令26の9）。なお、平成25年1月1日から令和19年12月31日までの間は、復興特別所得税を併せて徴収することから、所得税及び復興特別所得税15.315％（居住者については、このほかに地方税5％）の税率による源泉分離課税の制度が適用されます（復興財確法28①②）。

所 得 金 額 の 計 算

$$
\text{一 時 所 得 の 金 額} = (\text{総 収 入 金 額}) - \begin{pmatrix} \text{その 収 入 を 得 る た} \\ \text{め に 支 出 し た 金 額} \end{pmatrix} - \begin{pmatrix} \text{一 時 所 得 の} \\ \text{特 別 控 除 額} \end{pmatrix}
$$

(法34②)

(注) 総所得金額を計算する場合には，一時所得の金額の2分の1に相当する金額が他の所得と総合される
ことになります（法22②二，626ページ参照）。

総 収 入 金 額

収入の時期 一時所得の総収入金額の収入すべき時期は，その支払を受けた日によります。ただ
し，その支払を受けるべき金額がその日前に支払者から通知されているものについては，その通知
を受けた日により，また生命保険契約等に基づく一時金又は損害保険契約等に基づく満期返戻金等
のようなものについては，その支払を受けるべき事実が生じた日によります（基通36—13）。

賞品等による収入金額 広告宣伝のための賞金を金銭以外のもので支払を受ける場合の一時所得
の収入金額は，その支払を受けた者がその支払を受けることとなった日にその金銭以外のものを譲
渡するものとした場合にその対価として通常受けるべき価額によって計算します。

ただし，金銭以外のものと金銭とのいずれかを選択することができる場合には，その金銭の額を
収入金額とします（令321）。

(注)1 この場合，次の物等を賞品として支払を受けた場合の収入金額の計算は，それぞれ次の金額を基準
とします（基通205—9）。
(1) 公社債，株式又は貸付信託，投資信託若しくは特定受益証券発行信託の受益権……時価
(2) 商品券……券面額
(3) 貴石，貴金属，真珠，さんご等若しくはこれらの製品又は書画，骨とう，美術工芸品……時価
(4) 土地又は建物……時価
(5) 定期金に関する権利又は信託の受益権……これらの権利についての相続税の評価額
(6) 生命保険契約に関する権利……その受けることとなった日において，その契約を解除したとした
場合に支払われることとなる解約返戻金の額
ただし，その契約に係る保険料でその後に支払うこととなっているものをその権利の支払者にお
いて負担する条件が付されている場合には，その負担することとなっている金額につき(5)に準じて
評価した金額を加算した金額
(7) (1)から(6)以外の物……そのものの通常の小売販売価額（いわゆる現金正価）の60％相当額
2 事業を営む者がその仕入先からその者の事業に関連し，又は付随して景品として受ける金品による
所得は，事業所得になります（基通27—5(2)）。

株式を取得する権利による収入金額 株主等としての地位に基づかないで，発行法人から株式と
引換えに払い込むべき額が有利な金額である株式を取得する権利を与えられた場合には，次の計算

— 566 —

式で計算した金額を収入金額に算入することになっています（令84③三）。

$$\begin{pmatrix}払込み又は給付の期日\\における株式の価額\end{pmatrix} - \begin{pmatrix}\begin{pmatrix}権利行使に係る\\権利の取得価額\end{pmatrix} + \begin{pmatrix}権利行使に係る\\払込額\end{pmatrix}\end{pmatrix} = \begin{pmatrix}株式と引換えに払い込むべき額\\が有利な金額である場合におけ\\るその株式を取得する権利に係\\る収入金額\end{pmatrix}$$

　収入の時期等　株式を取得する権利に係る所得の収入金額の収入すべき時期は，その権利の行使により取得した株式の取得についての申込みをした日（その日が明らかでないときは，その株式についての申込期限の日）によります。なお，株式を取得する権利を与えられた者がその株式の取得について申込みをしなかったこと若しくはその申込みを取り消したこと又は払込みをしなかったことにより失権した場合には課税されません（基通23〜35共—6の2）。

　株式を取得する権利の価額　権利行使の日又は払込み若しくは給付の期日（(4)において「権利行使日等」という。）における株式の価額は，次のようにして計算されます（基通23〜35共—9）。
(1)　取得する株式が金融商品取引所に上場されている場合　その株式につき金融商品取引法第130条（総取引高，価格等の通知等）の規定により公表された最終の価格（同日に最終の価格がない場合には，同日前の同日に最も近い日における最終の価格とし，2以上の金融商品取引所に同一の区分に属する最終の価格がある場合には，その価格が最も高い金融商品取引所の価格とする。(2)から(4)までにおいて同じ。）
(2)　これらの権利の行使により取得する株式に係る旧株が金融商品取引所に上場されている場合において，その株式が上場されていないとき　その旧株の最終の価格を基準としてその株式につき合理的に計算した価額
(3)　(1)の株式及び(2)の旧株が金融商品取引所に上場されていない場合において，その株式又はその旧株につき気配相場の価格があるとき　(1)又は(2)の最終の価格を気配相場の価格と読み替えて(1)又は(2)により求めた価額
(4)　(1)から(3)までに掲げる場合以外の場合　次に掲げる区分に応じ，それぞれ次に定める価額
　イ　売買実例のあるもの　最近において売買の行われたもののうち適正と認められる価額
　ロ　公開途上にある株式で，その株式の上場又は登録に際して株式の公募又は売出し（以下ロにおいて「公募等」という。）が行われるもの（イに該当するものを除く。）　金融商品取引所又は日本証券業協会の内規によって行われるブックビルディング方式又は競争入札方式のいずれかの方式により決定される公募等の価格等を参酌して通常取引されると認められる価額
　　（注）　公開途上にある株式とは，金融商品取引所が株式の上場を承認したことを明らかにした日から上場の日の前日までのその株式及び日本証券業協会が株式を登録銘柄として登録することを明らかにした日から登録の日の前日までのその株式をいいます。
　ハ　売買実例のないものでその株式の発行法人と事業の種類，規模，収益の状況等が類似する他の法人の株式の価額があるもの　その価額に比準して推定した価額
　ニ　イからハまでに該当しないもの　権利行使日等又は権利行使日等に最も近い日におけるその株式の発行法人の1株又は1口当たりの純資産価額等を参酌して通常取引されると認められる価額

　移転補償金等の残額　資産の移転，移築，除却などの費用に充てるために交付を受けた補償金の全部又は一部をその交付の目的に従って支出しなかった場合又は交付の目的に従って支出したが残額が生じた場合には，その支出しなかった金額又は残額は，この交付を受けた年分の一時所得の収入金額に算入します（352ページ表参照）。

一時所得（収入を得るために支出した金額）

⚋⚋⚋ 収入を得るために支出した金額 ⚋⚋⚋

　その年中の一時所得の総収入金額から差し引くその収入を得るために支出した金額の合計額は，その収入を生じた行為をするため，又はその収入を生じた原因の発生に伴って直接要した金額の合計額に限られます。したがって，収入を生じない行為又は原因に伴う支出金額は，これに含めることはできません（法34②）。

　生命保険契約等に基づく一時金による一時所得の金額　生命保険契約等に基づく一時金で一時所得として課税されるもの（562ページ参照）については，一時金として支払われる金額をその年分の収入金額とし，その生命保険契約等について支払った保険料又は掛金（所得税法施行令第82条の３第１項第２号イからリまでに掲げる資産及び確定拠出年金法の規定により移換された個人別管理資産に充てる資産を含む。）の総額をその年分の一時所得の金額の計算上支出した金額として一時所得の金額を計算しますが，次の金額は，それぞれ次のように取り扱われます（令183②④）。

(1)　一時金とともに又は一時金の支払を受けた後に支払を受ける剰余金又は割戻金は，その年分の一時所得の総収入金額に算入します。

(2)　一時金の支払前に剰余金の分配若しくは割戻金の割戻しを受け，又は分配を受ける剰余金若しくは割戻しを受ける割戻金を保険料若しくは掛金の払込みに充てた場合には，その剰余金又は割戻金の額を保険料又は掛金の総額から差し引きます。

(3)　生命保険契約等が一時金のほかに年金を支払う内容のものであるときは，次の算式によって計算した金額を一時金に対応する保険料又は掛金の総額とします。

$$\left[\begin{array}{c}\text{保険料又は}\\\text{掛金の総額}\end{array}\right] - \left[\begin{array}{c}\text{保険料又は}\\\text{掛金の総額}\end{array}\right] \times \dfrac{\left[\begin{array}{c}\text{年金の支払総額又は}\\\text{支払総額の見込額}\end{array}\right]}{\left[\begin{array}{c}\text{年金の支払総額又は}\\\text{支払総額の見込額}\end{array}\right] + \left[\begin{array}{c}\text{一時金}\\\text{の額}\end{array}\right]} = \begin{array}{c}\text{一時金に対応する保}\\\text{険料又は掛金の総額}\end{array}$$

（注）1　「保険料又は掛金の総額」には，次の保険料又は掛金の額が含まれます（基通34—4）。

　　　イ　その一時金又は満期返戻金等の支払を受ける者が自ら支出した保険料又は掛金

　　　ロ　当該支払を受ける者以外の者が支出した保険料又は掛金であって，当該支払を受ける者が自ら負担して支出したものと認められるもの（相続税法の規定により相続，遺贈又は贈与により取得したものとみなされる一時金又は満期返戻金等に係る部分の金額を除く。）

　　2　厚生年金基金及び企業年金連合会より支給される一時金（退職に基因して支払われるものを除く。）及び確定給付企業年金に係る規約に基づいて支給を受ける一時金（退職に基因して支払われるものを除く。）に係る加入員の負担した金額，小規模企業共済法に規定する共済契約（旧第一種共済契約）の解除による解約手当金で一時所得とされるもの（562ページ（注）参照）又は確定拠出年金法附則第２条の２第２項及び第３条第２項に規定する脱退一時金に係る企業型年金加入者掛金及び個人型年金加入者掛金については，一時所得の金額の計算上掛金の総額は支出した金額に算入されません（令183②二）。

　　3　事業主負担の保険料又は掛金で，次に掲げる承認の取消し又は命令を受ける前に支出されたものについては「保険料又は掛金の総額」から控除します（令183④一）。

　　　イ　特定退職金共済団体の承認の取消しを受けた法人又はその行う退職金共済事業を廃止しようとする届出書を提出したことによりその承認が失効をした法人に対して退職金共済契約に基づいて支出した掛金

— 568 —

一時所得（収入を得るために支出した金額）

　　ロ　確定給付企業年金法第102条第3項若しくは第6項（事業主等又は連合会に対する監督）の規定による承認の取消しを受けたその取消しに係るこれらの規定に規定する規約型企業年金に係る規約に基づき支出した掛金又は同項の規定による解散の命令を受けた同項に規定する基金の同法第11条第1項（基金の規約で定める事項）に規定する規約に基づき支出した掛金
　　ハ　適格退職年金契約の承認の取消しを受けた信託会社等に対してその承認が取り消された契約に基づいて支出した掛金又は保険料
　4　事業主負担の次の保険料又は掛金についても「保険料又は掛金の総額」から控除します（令183④二）。
　　イ　特定退職金共済団体が行う給付で，これに対応する掛金のうちに要件違反の掛金が含まれているもの又は適格退職年金契約に基づく給付で，これに対応する掛金のうちに要件に違反して受益者等とされた者の掛金が含まれているものに係る保険料又は掛金
　　ロ　平成25年厚生年金法等改正法第1条の規定による改正前の厚生年金法第9章の規定に基づく一時金（退職所得とみなされるものを除く。）に係る掛金（その掛金のうちに加入員の負担した金額がある場合には，その金額を控除した金額に相当する部分に限る。）
　　ハ　確定給付企業年金に係る規約に基づいて支給を受ける一時金（その一時金が支給される基因となった勤務をした者の退職により支給されるものを除く。）に係る掛金（その掛金のうちに加入者の負担した金額がある場合には，その金額を控除した金額に相当する部分に限る。）
　　ニ　適格退職年金契約に基づいて支給を受ける一時金（その一時金が支給される基因となった勤務をした者の退職により支給されるものを除く。）に係る保険料又は掛金（その保険料又は掛金のうちにその勤務をした者が負担した金額がある場合には，その金額を控除した金額に相当する部分に限る。）
　　ホ　平成25年厚生年金法等改正法附則等の規定に基づき支給を受ける一時金（加入員又は加入者の退職により支給されるものを除く。）に係る掛金（その掛金のうちにその加入者の負担した金額がある場合には，その金額を控除した金額に相当する部分に限る。）
　　ヘ　確定拠出年金法附則第2条の2第2項及び第3条第2項に規定する脱退一時金に係る掛金（同法第3条第3項第7号の2に規定する企業型年金加入者掛金の額又は同法第55条第2項第4号に規定する個人型年金加入者掛金の額を除く。）
　　ト　中小企業退職金共済法第16条第1項に規定する解約手当金又は特定退職金共済団体が行うこれに類する給付に係る掛金
　　　なお，これらの保険料又は掛金でも，事業主が支出した段階で給与所得課税がされたものは含まれません。
　5　事業主がその使用人等のために支出した生命保険契約等に係る保険料又は掛金で事業主である個人の事業に係る不動産所得の金額，事業所得の金額若しくは山林所得の金額又は事業主である法人の各事業年度の所得の金額の計算上必要経費又は損金の額に算入されるもののうち，使用人等の給与所得の収入金額に含まれないものは，「保険料又は掛金の総額」から控除します（令183④三）。
　6　年金の支払開始日前又は一時金の支払日前にその生命保険契約等に基づく剰余金の分配若しくは割戻金の割戻しを受け，又はその剰余金若しくは割戻金をもってその保険料若しくは掛金の払込みに充てた場合についても，「保険料又は掛金の総額」から控除します（令183④四）。

損害保険契約等に基づく満期返戻金等による一時所得の金額　損害保険契約又は建物更生共済契約などに基づく満期返戻金等（563ページ参照）による一時所得の金額の計算に当たっては，それぞれ次のように取り扱われます（令184②～④）。
(1)　満期返戻金等とともに又は満期返戻金等の支払を受けた後に支払を受ける剰余金又は割戻金は，その年分の一時所得の総収入金額に算入します。
(2)　損害保険契約等に基づく保険料又は掛金の総額は，その年分の一時所得の金額の計算上支出し

— 569 —

た金額に算入します。

　なお，次の区分に掲げる金額は「保険料又は掛金の総額」から控除します。

イ　事業主がその使用人等のために支出した損害保険契約等に係る保険料又は掛金で事業主である個人の事業に係る不動産所得の金額，事業所得の金額若しくは山林所得の金額又は事業主である法人の各事業年度の所得の金額の計算上必要経費又は損金の額に算入されるもののうち，使用人等の給与所得の収入金額に含まれないものは，「保険料又は掛金の総額」から控除します（令184③一）。

ロ　満期返戻金等の支払を受ける前に剰余金の分配若しくは割戻しを受け，又は分配を受ける剰余金若しくは割戻しを受ける割戻金を保険料若しくは掛金の払込みに充てた場合には，その剰余金又は割戻金は「保険料又は掛金の総額」から控除します（令184③二）。

########## 一時所得の特別控除額 ##########

総収入金額からその収入を得るために支出した金額の合計額を差し引いた残額が，

　50万円未満の場合……………………………………………その残額

　50万円以上の場合……………………………………………50万円

（法34③）

########## 参　考　事　項 ##########

　贈与等により取得した資産に係る利子所得，配当所得，一時所得又は雑所得の金額の計算　居住者が贈与，相続（限定承認に係るものを除く。）又は遺贈（包括遺贈のうち限定承認に係るものを除く。以下「相続等」という。）により利子所得，配当所得，一時所得又は雑所得の基因となる資産を取得した場合におけるその資産に係る利子所得の金額，配当所得の金額，一時所得の金額又は雑所得の金額の計算については，別段の定めがあるものを除き，その者が引き続きその資産を所有していたものとみなして，所得税法の規定を適用します（法67の4）。これは，相続等により定期預金，株式等その他の金融資産を取得した場合において，その相続等に係る被相続人等に生じている未実現の利子，配当等は，実現段階で相続人等に課税されるというこれまでの取扱いが法令に規定されたものです。

　一時所得の損失の取扱い　一時所得の金額の計算上生じた損失の金額は，他の所得の金額と損益の通算を行うことはできません（法69①）。

　賞金に対する所得税の源泉徴収　事業の広告宣伝のための賞として支払われる金品その他の経済上の利益（旅行その他の役務の提供を内容とするもので，金品との選択をすることができないものを除く。）は，その支払を受ける際にその支払金額から50万円を差し引いた残額の10.21％相当額の所得税及び復興特別所得税が源泉徴収されることになっていますので，確定申告に際しては源泉徴収された税額を差し引いて申告納税額を計算します（843ページ参照）。

雑　所　得

雑　所　得　と　は

　雑所得とは，利子所得，配当所得，不動産所得，事業所得，給与所得，退職所得，山林所得，譲渡所得及び一時所得のいずれにも該当しない所得をいいます（法35①）。

　例えば，次に掲げるようなものに係る所得は，雑所得に該当します（法35②③）。なお，(2)～(16)に掲げるようなものに係る所得は，その他雑所得（公的年金等に係る雑所得及び業務に係る雑所得以外の雑所得をいいます。）に該当します（基通35―1）。

(1)　公的年金等
(2)　法人の役員等の勤務先預け金の利子で利子所得とされないもの
(3)　いわゆる学校債，組合債等の利子
(4)　定期積金に係る契約又は銀行法第2条第4項の契約に基づく給付補塡金
(5)　通則法第58条第1項又は地方税法第17条の4第1項に規定する還付加算金
(6)　土地収用法第90条の3第1項第3号に規定する加算金及び同法第90条の4に規定する過怠金
(7)　人格のない社団等の構成員が，その構成員たる資格においてその人格のない社団等から受ける収益の分配金（いわゆる清算分配金及び脱退により受ける持分の払戻金を除く。）
(8)　法人の株主等がその株主等である地位に基づきその法人から受ける経済的な利益で，基通24―2により配当所得とされないもの
(9)　令第183条第1項に規定する生命保険契約等に基づく年金
(10)　令第184条第1項に規定する損害保険契約等に基づく年金
(11)　令第185条に規定する相続等に係る生命保険契約等に基づく年金
(12)　令第186条に規定する相続等に係る損害保険契約等に基づく年金
(13)　役務の提供の対価が給与等とされる者が支払を受ける法第204条第1項第7号に掲げる契約金
(14)　就職に伴う転居のための旅行の費用として支払を受ける金銭等のうち，その旅行に通常必要であると認められる範囲を超えるもの
(15)　役員又は使用人が自己の職務に関連して使用者の取引先等からの贈与等により取得する金品
(16)　譲渡所得の基因とならない資産の譲渡から生ずる所得（営利を目的として継続的に行う当該資産の譲渡から生ずる所得及び山林の譲渡による所得を除く。）

公的年金等　公的年金等の範囲は，次のとおりです（法35③，令82の2）。
(1)　次に掲げる法律の規定に基づく年金
　　①国民年金法，②厚生年金保険法，③国家公務員共済組合法，④地方公務員等共済組合法，⑤私立学校教職員共済法，⑥独立行政法人農業者年金基金法

雑所得（雑所得とは）

（注）　厚生年金基金より支払われる年金は②に，地方議会議員共済会より支払われる年金は④に基づくものです。

(2)　石炭鉱業年金基金法第16条第１項又は第18条第１項の規定に基づく年金の支給に関する制度

(3)　恩給（一時恩給を除く。）及び過去の勤務に基づき使用者であった者から支給される年金

(4)　確定給付企業年金法の規定に基づいて支給を受ける年金（加入者の負担した掛金等に対応する部分を除く。）

(5)　次に掲げる制度に基づいて支給される年金（これに類する給付を含む。）

　イ　旧船員保険法の規定に基づく年金

　ロ　厚生年金保険法附則第28条に規定する共済組合が支給する年金

　ハ　被用者年金制度の一元化等を図るための厚生年金保険法等の一部を改正する法律（平成24年法律第63号。以下「一元化法」という。）附則第41条第１項又は附則第65条第１項の規定に基づく，恩給公務員期間等を有する者に対して支給される老齢厚生年金に相当する年金

　ニ　一元化法による改正前の以下の規定に基づく以下の年金

　　(イ)　旧国共済法の規定に基づく年金

　　(ロ)　旧地共済法の規定に基づく年金

　　(ハ)　旧私学共済法の規定に基づく年金

　ホ　旧令による共済組合等からの年金受給者のための特別措置法第３条第１項若しくは第２項，第４条第１項又は第７条の２第１項の規定に基づく年金

　ヘ　地方公務員等共済組合法の一部を改正する法律附則の規定に基づく年金

　ト　廃止前の農林漁業団体職員共済組合法の規定に基づく年金

　チ　平成25年厚生年金等改正法による改正前の厚生年金保険法の規定に基づく年金

　リ　特定退職金共済団体が行う退職金共済に関する制度に基づいて支給される年金

　ヌ　外国の法令に基づく保険又は共済に関する制度で(1)に掲げる法律の規定による社会保険又は共済に関する制度に類するもの

　ル　中小企業退職金共済法に基づき分割払の方法により支給される分割退職金

　ヲ　小規模企業共済法に規定する共済契約に基づいて同法第９条の３第１項に規定する分割払の方法により支給される同条第５項に規定する分割共済金

　ワ　適格退職年金契約に基づいて支給を受ける退職年金（自己の負担した掛金等に対応する部分を除く。）

　カ　平成25年厚生年金等改正法附則等の規定に基づいて支給される年金

　ヨ　確定拠出年金法の老齢給付金として支給される年金

生命保険契約等に基づく年金　生命保険契約（郵便年金契約を含む。）及び生命共済に関する契約に基づいて支払を受ける年金又は退職金共済契約若しくは退職年金に関する信託又は生命保険の契約に基づいて支払を受ける年金で公的年金等とみなされないものは，雑所得として課税されます（令82の2②〜④，183①③，185）。ただし，その年金に代えて支払われる一時金のうち，その年金の受給開始日以前に支払われるものは一時所得として課税されます。また，同日後に支払われる一時金であっても将来の年金給付の総額に代えて支払われるものは，一時所得の収入金額としてもよいこと

雑所得（雑所得とは）

になっています（基通35－3）。

損害保険契約等に基づく年金 損害保険契約等に基づいて支払を受ける年金は，雑所得として課税されます（令184①，186）。

山林を取得の日以後5年以内に伐採し又は譲渡した場合の所得 山林をその取得の日以後5年以内に伐採し又は譲渡することによる所得は，山林の売買を事業とする者の場合には事業所得，その他の者の場合には業務に係る雑所得になります（法32②，基通35－2(8)）。なお，相続（限定承認によるものに限る。）若しくは遺贈（包括遺贈のうち限定承認によるものに限る。）によって取得した山林で，その取得の日以後5年以内に譲渡した場合の所得も雑所得として課税されます（法59①）。

営利を目的として継続的に資産を譲渡した場合の所得 営利を目的として継続的に譲渡所得の基因となる資産を譲渡した場合の所得及び時価の2分の1を超える対価の支払がある借地権等の設定行為が営利を目的として継続的に行われる場合の所得は，その継続的行為が事業に関するものであるときは事業所得，そうでないときは業務に係る雑所得になります（法33①②，令79①，94②，基通35－2(7)）。

不動産業者等の土地等の譲渡による所得（272ページ参照）
土地に区画形質の変更等を加えて譲渡した場合の所得（299ページ参照）

土地信託（分譲方式）による信託配当 土地等の所有者が信託銀行に土地等を信託し，信託銀行がその土地等の上に建物を建築して土地等とともに分譲した場合には，委託者が直接土地，建物等を分譲したものとされます。したがって，信託銀行より支払われる分譲による信託配当は，譲渡所得とされるもの（長期間保有する土地の譲渡益部分）を除き，事業所得又は雑所得とされます（旧昭61直審5－6，299ページ参照）。また，土地所有者（当初委託者兼受益者）が受益権を分割し，投資家に譲渡した場合には，その受益権の目的となっている信託財産が受益権の割合で一括して譲渡されたものとして所得税が課税されることとなります（旧平10課審5－1）。
(注) この取扱いは，信託法施行日（平成19年9月30日）前に効力を生じている信託について適用され，同日以後に効力を生じる信託については，所得税法第13条《信託財産に属する資産及び負債並びに信託財産に帰せられる収益及び費用の帰属》の規定による取扱いとなります（平19改正法附6）。

船舶の貸付けによる所得 総トン数20トン未満の船舶及び端舟その他ろかいだけで運転し，又は主としてろかいで運転する舟の貸付けによる所得は，それが事業として行われるものでないときは，雑所得になります（基通26－1）。

動産の貸付けによる所得 動産（不動産所得の基因となる資産を除く。）の貸付けから生ずる所得は，それが事業所得と認められるものでないときは，業務に係る雑所得になります（基通35－2(1)）。

雑所得（雑所得とは）

工業所有権の使用料　特許権などの工業所有権を他人に使用させることにより得る所得は，それが事業所得と認められるものでないときは，業務に係る雑所得になります（基通35―2(2)）。

作家以外の人の印税，原稿料　作家以外の者が支払を受ける印税及び原稿料による所得は，それが事業所得と認められるものでないときは，業務に係る雑所得になります（基通35―2(4)）。

鉱業権等の使用料　採石権又は鉱業権を他人に使用させることによる所得は，それが事業所得と認められるものでないときは，業務に係る雑所得になります（基通35―2(5)）。

非営業貸金の利子　金融業者以外の者が金銭を貸し付けることによって取得する利息による所得は，業務に係る雑所得になります（基通35―2(6)）。

事業所得と業務に係る雑所得の判定　事業所得と業務に係る雑所得の区分は，その所得を得るための活動が，社会通念上事業と称するに至る程度で行っているかどうかで判定します。なお，その所得に係る取引を記録した帳簿書類の保存がない場合（その所得に係る収入金額が300万円を超え，かつ，事業所得と認められる事実がある場合を除きます。）には，業務に係る雑所得（資産（山林を除く。）の譲渡から生ずる所得については，譲渡所得又はその他雑所得）に該当します（基通35―2（注））。

　その所得に係る取引を記録した帳簿書類を保存している場合であっても，次のような場合には，事業と認められるかどうかを個別に判断することとなります。

(1)　その所得の収入金額が僅少と認められる場合……例えば，その所得の収入金額が，例年，300万円以下で主たる収入に対する割合が10％未満の場合は，「僅少と認められる場合」に該当するとされています。

　（注）　「例年」とは，概ね3年程度の期間をいいます。

(2)　その所得を得る活動に営利性が認められない場合……その所得が例年赤字で，かつ，赤字を解消するための取組を実施していない場合は，「営利性が認められない場合」に該当するとされています。

　（注）　「赤字を解消するための取組を実施していない」とは，収入を増加させる，あるいは所得を黒字にするための営業活動等を実施していない場合をいいます。

　他方で，その所得に係る取引を帳簿に記録していない場合や記録していても保存していない場合には，一般的に，営利性，継続性，企画遂行性を有しているとは認め難く，また，事業所得者に義務付けられた記帳や帳簿書類の保存が行われていない点を考慮すると，社会通念での判定において，原則として，事業所得に区分されないものと取り扱うこととされています。

　ただし，その所得を得るための活動が，収入金額300万円を超えるような規模で行っている場合には，帳簿書類の保存がない事実のみで，所得区分を判定せず，事業所得と認められる事実がある場合には，事業所得と取り扱うこととされています。

雑所得（雑所得とは）

【参考図】事業所得と業務に係る雑所得等の区分のイメージ

収入金額	記帳・帳簿書類の保存あり	記帳・帳簿書類の保存なし
300万円超	概ね事業所得（注）	概ね業務に係る雑所得
300万円以下		業務に係る雑所得 ※資産の譲渡は譲渡所得・その他雑所得

（注）　次のような場合には，事業と認められるかどうかを個別に判断することとなります。
　　(1)　その所得の収入金額が僅少と認められる場合
　　(2)　その所得を得る活動に営利性が認められない場合

　金融類似商品の給付補填金等についての源泉分離課税　金融類似商品の給付補填金等で，昭和63年4月1日以後に国内において支払を受けるべき給付補填金等については，15％（居住者については，このほかに地方税5％）の税率による源泉分離課税が適用されますので，他の所得と総合して確定申告をすることはできません（措法41の10①）。なお，平成25年1月1日から令和19年12月31日までの間は，復興特別所得税が併せて徴収されることから，源泉分離課税の税率は15.315％（居住者については，このほかに地方税5％）となります（復興財確法28①②）。

（注）　源泉分離課税とされる給付補填金等は，次に掲げるいわゆる金融類似商品の給付補填金等です（法174三〜八）。①定期積金の給付補填金，②銀行法第2条第4項の契約に基づく給付補填金，③抵当証券に基づき締結された契約により支払われる利息，④貴金属（これに類する物品を含む。）の売戻し条件付売買の利益，⑤外貨建預貯金で，その元本と利子をあらかじめ約定した率により本邦通貨又は他の外国通貨に換算して支払うこととされているものの差益（いわゆる外貨投資口座の為替差益など），⑥一時払養老保険等の差益（565ページ参照。源泉分離課税の対象となるもの以外は一時所得となります。）。

　割引債の償還差益についての源泉分離課税　個人が昭和63年4月1日以後に発行された割引国債や割引金融債などの割引債（次に掲げるものを除く。以下同じ。）について支払を受けるべき償還差益については，割引債を発行する際に，18％（特別割引債につき支払を受けるべき償還差益については，16％）の税率による源泉分離課税が適用されますので，他の所得と総合して確定申告をすることはできません（措法41の12①③⑦，措令26の15）。なお，平成25年1月1日から令和19年12月31日までの間は，復興特別所得税が併せて徴収されることから，源泉分離課税の税率は18.378％（特別割引債につき支払を受けるべき償還差益については，16.336％）となります（復興財確法28①②）。

(1)　外貨公債の発行に関する法律の規定により発行される外貨債

(2)　特別の法令により設立された法人が発行する債券のうち，独立行政法人住宅金融支援機構，沖縄振興開発金融公庫又は独立行政法人都市再生機構が，独立行政法人住宅金融支援機構法附則第8条，沖縄振興開発金融公庫法第27条第4項又は独立行政法人都市再生機構法附則第15条第1項の規定により発行する債券

(3)　平成28年1月1日以後に発行された公社債（預金保険法に規定する長期信用銀行債等及び農水産業協同組合貯金保険法に規定する農林債を除く。）

　（注）　平成28年1月1日以後に公社債の償還により交付を受ける金銭等の額は，一般株式等の譲渡所得等に係る収入金額又は上場株式等の譲渡所得等に係る収入金額とみなして課税されます（措法37の10③八，37の11③）

雑所得（雑所得とは）

従業員の発明等に基づく報償金等（287ページ参照）

　先物取引に係る雑所得等の課税の特例　居住者又は恒久的施設を有する非居住者が，先物取引をし，かつ，その取引に係る決済（その商品又は有価証券の受渡しが行われることとなるものを除く。以下「差金等決済」という。）をした場合には，その先物取引に係る事業所得，譲渡所得及び雑所得（以下「先物取引に係る雑所得等の金額」という。）については，15％（他に地方税5％）の税率による申告分離課税が行われます（措法41の14①）。

　先物取引に係る雑所得等の金額の計算上損失が生じた場合　先物取引による事業所得の金額，先物取引による譲渡所得の金額又は先物取引による雑所得の金額の計算上生じた損益の金額は，それぞれ他方の所得の金額から控除することができますが，先物取引に係る雑所得等の金額の計算上生じた損失の金額は，所得税に関する法令の規定上生じなかったものとみなされます（措法41の14①，措令26の23①）。

　先物取引の意義　申告分離課税の対象とされる先物取引は，次に掲げる取引です。
(1)　商品先物取引法（第2条第3項第1号～4号又は同条第10項第1号ホ）に規定する商品先物取引（措法41の14①一）
　イ　「現物先物取引」
　　　当事者が将来の一定の時期において商品及びその対価の授受を約する売買取引で，その売買の目的物となっている商品の転売又は買戻しをしたときは差金の授受によって決済することができる取引
　ロ　「現金決済型先物取引」
　　　当事者が商品についてあらかじめ約定する価格と将来の一定の時期における現実のその商品の価格の差に基づいて算出される金銭の授受を約する取引
　ハ　「商品指数先物取引」
　　　当事者が商品指数についてあらかじめ約定する数値と将来の一定の時期における現実のその商品指数の数値の差に基づいて算出される金銭の授受を約する取引
　ニ　「商品オプション取引」
　　　当事者の一方の意思表示により当事者間において上記イ～ハの取引を成立させることができる権利（オプション）を相手方が当事者の一方に付与し，当事者の一方がこれに対して対価を支払うことを約する取引
　ホ　「商品の実物取引のオプション取引」
　　　当事者の一方の意思表示により当事者間において商品取引所上場商品の売買取引を成立させることができる権利（実物オプション）を相手方が当事者の一方に付与し，当事者の一方がこれに対して対価を支払うことを約する取引
　(参考)　商品取引所で取り扱う商品には次のようなものがあります。
　　　　金，銀，パラジウム，ゴム，大豆，小豆，とうもろこし，粗糖，ガソリン，灯油など
(2)　旧証券取引法（第2条第20項，同条第21項及び同条第22項）に規定する有価証券先物取引等（措法

41の14①二，措令26の23②一）

イ　「有価証券先物取引」

　　有価証券市場において，売買の当事者が有価証券市場を開設する者の定める基準及び方法に従い，将来の一定の時期において有価証券（一定のものを除く。）及びその対価の授受を約する売買であって，その売買の目的となっている有価証券の転売又は買戻しをしたときは差金の授受によって決済することができる取引

ロ　「有価証券指数等先物取引」

　　有価証券市場において，有価証券市場を開設する者の定める基準及び方法に従い，当事者があらかじめ有価証券指数（株券その他内閣府令で定める有価証券について，その種類に応じて多数の銘柄の価格の水準を総合的に表した株価指数その他の指数で有価証券市場を開設する者の指定するものをいう。以下同じ。）として約定する数値又は有価証券（株券その他内閣府令で定める有価証券のうち有価証券市場を開設する者の指定するものに限る。）の価格として約定する数値と将来の一定の時期における現実のその有価証券指数の数値又は現実の当該有価証券の価格の数値の差に基づいて算出される金銭の授受を約する取引

ハ　「有価証券オプション取引」

　　有価証券市場において，有価証券市場を開設する者の定める基準及び方法に従い，当事者の一方の意思表示により当事者間において次に掲げる取引を成立させることができる権利を相手方が当事者の一方に付与し，当事者の一方がこれに対して対価を支払うことを約する取引

一　有価証券の売買

二　有価証券指数等先物取引（これに準ずる取引で有価証券市場を開設する者の定めるものを含む。）

(3)　平成17年7月1日以後に行う廃止前の旧金融先物取引法（第2条第2項）に規定する取引所金融先物取引（措法41の14①二，措令26の23②二）

イ　「通貨等先物取引」

　　金融先物取引所の開設する金融先物市場において金融先物取引所の定める基準及び方法に従い，当事者が将来の一定の時期において通貨等及びその対価の授受を約する売買取引で，その売買の目的となっている通貨等の転売又は買戻しをしたときは差金の授受によって決済することができる取引

ロ　「金利等先物取引」

　　金融先物取引所の開設する金融先物市場において金融先物取引所の定める基準及び方法に従い，当事者があらかじめ金融指標の数値として約定する数値と将来の一定の時期における現実のその金融指標の数値の差に基づいて算出される金銭の授受を約する取引

ハ　「金融オプション取引」

　　金融先物取引所の開設する金融先物市場において金融先物取引所の定める基準及び方法に従い，当事者の一方の意思表示により当事者間において，上記イ，ロ及びイ以外の通貨等の売買取引を成立させることができる権利（金融オプション）を相手方が当事者の一方に付与し，当事者の一方がこれに対して対価を支払うことを約する取引

(4)　平成19年9月30日以後に行う金融商品取引法（第2条第21項第1号～3号）に規定する取引（措法41の14①二，措令26の23②三）

雑所得（雑所得とは）

(注) 金融商品取引法第2条第21項第1号から第3号までに規定する取引とは，同項に規定する市場デリバティブ取引に該当するもので(2)に掲げる有価証券先物取引等及び(3)に掲げる取引所金融先物取引に相当する取引又はこれらに類する取引をいいます。なお，令和2年5月1日以後に行う暗号資産デリバティブ取引（金融商品取引法第2条第24項第3号の2に掲げる暗号等資産又は同法第29条の2第1項第9号に規定する金融指標に係るデリバティブ取引をいう。以下同じ。）は除かれます。

(5) 平成22年1月1日以後に行う金融商品取引法（第2条第1項第19号）に掲げる有価証券によるカバードワラントの先物取引（措法41の14①三，措令26の23③）

　　金融商品取引所で取引されるカバードワラントを譲渡した場合並びにカバードワラントに表示される権利の行使若しくは放棄した場合の差金等決済による取引

(6) 平成24年1月1日以後に行う次に掲げる先物取引に係る差金等決済（措法41の14①，平23改正法附43）。なお，平成28年10月1日以後に行う下記イ及びロの取引については，下記イの取引については商品先物取引法に規定する先物取引業者，下記ロの取引については金融商品取引法に規定する金融商品取引業者（第一種金融商品取引業を行う者に限る。）又は登録金融機関を，それぞれ相手方とする取引に限ります（措法41の14①，平28改正法附79）。また，令和2年5月1日以後に行う暗号資産デリバティブ取引は除かれます（令2改正法附72）。

イ　商品先物取引法第2条第14項第1号から第5号までに掲げる取引（同項第4号に掲げる取引については，同号イからハまでに掲げる取引を成立させることができる権利に係るものに限る。）で同項に規定する店頭商品デリバティブ取引

ロ　金融商品取引法第2条22項第1号から第4号までに掲げる取引（同項第3号に掲げる取引については，同項第5号から第7号までに掲げる取引を成立させることができる権利に係るものを除く。）で同項に規定する店頭デリバティブ取引

ハ　金融商品取引所に上場されていない金融商品取引法第2条第1項第19号に掲げる有価証券に表示される権利の行使若しくは放棄又はその有価証券の譲渡

先物取引の差金等決済に係る損失の繰越控除　確定申告書を提出する居住者等が，その年の前年以前3年内の各年において生じた先物取引の差金等決済に係る損失の金額（この特例の適用を受けて前年以前において控除されたものを除く。）を有する場合には，先物取引に係る雑所得等の金額の課税の特例の「先物取引に係る雑所得等の金額の計算上生じた金額は生じなかったものとみなす」という規定にかかわらず，その先物取引の差金等決済に係る損失の金額に相当する金額は，その確定申告書に係る年分の先物取引に係る雑所得等の金額を限度として，その年分の先物取引に係る雑所得等の金額の計算上控除することができます（措法41の15①）。

先物取引の差金等決済に係る損失の金額の意義　先物取引の差金等決済に係る損失の金額とは，その居住者等が，先物取引の差金等決済をしたことにより生じた損失の金額のうち，その者のその差金等決済をした日の属する年分の先物取引に係る雑所得等の金額の計算上控除してもなお控除しきれない部分の金額をいいます（措法41の15②）。この場合において，「先物取引の差金等決済をしたことにより生じた損失の金額」とは，先物取引による事業所得の金額，譲渡所得の金額又は雑所得の金額を計算した場合にこれらの金額の計算上生じる損失の金額に相当する金額とされ（措令26

— 578 —

の26②,措規19の９①),「先物取引に係る雑所得等の金額の計算上控除してもなお控除しきれない部分の金額」とは,先物取引の差金等決済をした日の属する年分の先物取引に係る雑所得等の金額の計算上生じた損失の金額とされています(措令26の26③)。

先物取引の差金等決済に係る損失の金額の繰越控除の方法　先物取引の差金等決済に係る損失の金額の繰越控除は,基本的に,次のような順序により行うこととされています(措令26の26①)。

1　控除する先物取引の差金等決済に係る損失の金額が前年以前３年内の２以上の年に生じたものである場合には,これらの年のうち最も古い年に生じた先物取引の差金等決済に係る損失の金額から順次控除します。
2　雑損失の繰越控除(法71①)が行われる場合には,まず,先物取引の差金等決済に係る損失の繰越控除を行った後,雑損失の繰越控除を行います。

適用を受けるための手続(申告要件等)　この特例の適用を受けられるのは,居住者等が先物取引の差金等決済に係る損失の金額が生じた年分の所得税につきその先物取引の差金等決済に係る損失の金額の計算に関する明細書等の一定の書類の添付がある確定申告書を提出し,かつ,その後において連続して確定申告書を提出している場合であって,この繰越控除を受けようとする年分の確定申告書にこの繰越控除を受ける金額の計算に関する明細書等の一定の書類の添付がある場合に限られます(宥恕規定はありません。)(措法41の15③⑦)。

(注)1　先物取引の差金等決済に係る損失の金額が生じた年分の確定申告書に添付する書類は,次に掲げる書類とされています(措規19の９②)。
　　　(1)　先物取引の差金等決済に係る損失の金額の計算に関する明細書(先物取引の差金等決済に係る損失の金額の記載があるものに限る。)
　　　(2)　先物取引に係る雑所得等の金額の計算に関する明細書
　　2　繰越控除を受けようとする年分の確定申告書に添付する書類は,その年において控除すべき先物取引の差金等決済に係る損失の金額及びその計算の基礎その他参考となるべき事項を記載した明細書とされています(措規19の９③)。

なお,この特例の適用を受けるための確定申告書には,所得税法上の確定申告書(確定所得申告書,還付申告書,確定損失申告書のほか,これらの期限後申告書を含む。)のほか,その年の翌年以後においてこの特例の適用を受けようとする場合で,所得税法上の確定申告書を提出すべき場合及び還付申告書又は確定損失申告書を提出することができる場合のいずれにも該当しない場合に提出できる確定損失申告書(措法41の15⑤)を含むこととされています(措法41の15①)。また,この特例の適用を受ける又は受けようとする場合において,所得税法上の確定申告書によるときは,その確定申告書に次に掲げる事項を追加して記載しなければならないこととされています(措令26の26④,措規19の９④)。
(1)　その年において生じた先物取引の差金等決済に係る損失の金額
(2)　その年の前年以前３年内の各年において生じた先物取引の差金等決済に係る損失の金額(この特例の適用を受けて既に前年以前において控除されたものを除く。)
(3)　その年において生じた先物取引の差金等決済に係る損失の金額がある場合には,その年分の先物取引に係る雑所得等の金額の計算上生じた損失の金額
(4)　(2)の先物取引の差金等決済に係る損失の金額がある場合には,その損失の金額を控除しないで計算した場合のその年分の先物取引に係る雑所得等の金額
(5)　この特例により翌年以後において先物取引に係る雑所得等の金額の計算上控除することができる先物取引の差金等決済に係る損失の金額
(6)　この特例によりその年において控除すべき先物取引の差金等決済に係る損失の金額及びその金額の

計算の基礎その他参考となるべき事項

(注)　その年の翌年以後においてこの特例の適用を受けようとする場合で，所得税法上の確定申告書を提出すべき場合及び還付申告書又は確定損失申告書を提出することができる場合のいずれにも該当しない場合に提出できる確定損失申告書には上記(1)から(6)までに掲げる金額など所要の事項を記載することとされています（措法41の15⑤，措令26の26⑤，措規19の9⑤）。

―――――― 所 得 金 額 の 計 算 ――――――

次のイとロの合計額
　　イ　公的年金等の収入金額－公的年金等控除額
　　ロ　総収入金額（公的年金等に係るものを除く。）－必要経費

（法35②）

(注)1　ロが赤字の場合はイより差し引かれます。
　　2　公的年金等（571ページ参照）

―――――― 総 収 入 金 額 ――――――

収入の時期　雑所得の収入金額又は総収入金額の収入すべき時期は，次に掲げる区分に応じそれぞれ次に掲げる日によります（基通36―14）。

(1)　公的年金等
　イ　公的年金等の支給の基礎となる法令，契約，規程又は規約（以下この(1)において「法令等」という。）により定められた支給日
　ロ　法令等の改正，改訂が既往にさかのぼって実施されたため既往の期間に対応して支払われる新旧公的年金等の差額で，その支給日が定められているものについてはその支給日，その日が定められていないものについてはその改正，改訂の効力が生じた日
　　(注)　裁定，改定等の遅延，誤びゅう等により既往にさかのぼって支払われる公的年金等については，法令等により定められたその公的年金等の計算の対象とされた期間に係る各々の支給日によります。

(2)　(1)以外のもの
　　その収入の態様に応じ，他の所得の収入金額又は総収入金額の収入すべき時期の取扱いに準じて判定した日

棚卸資産等を自家消費した場合の収入金額（31ページ参照）
棚卸資産を贈与等又は低額譲渡した場合の収入金額（31ページ参照）

雑所得の収入金額とされる損害賠償金等　雑所得の基因となる著作権若しくは工業所有権などの行使が侵害されたことによって支払を受ける損害賠償金又は雑所得の基因となる金銭債権の返済が遅延したことによって支払を受ける遅延利息に相当する損害賠償金などは，雑所得の総収入金額に算入します（32ページ参照）。

雑所得（総収入金額・必要経費）

　　取得の日以後５年以内の山林を自家消費した場合の収入金額　山林をその取得の日以後５年以内に伐採して家事のために消費した場合には，その消費した時の山林の価額をその消費した日の属する年分の雑所得（山林の売買等を事業とする者の場合には事業所得）の総収入金額に算入します（法32②，39，基通39―４）。

　　取得の日以後５年以内の山林を贈与した場合等の収入金額　取得の日以後５年以内の山林（事業所得の基因となるものを除く。）が，贈与（法人に対するものに限る。），相続（限定承認によるものに限る。）若しくは遺贈（法人に対するもの及び個人に対する包括遺贈のうち限定承認によるものに限る。）又は法人に対する低額譲渡（時価の２分の１未満の価額による譲渡をいう。）によってその所有権が移転した場合には，その移転した時の時価で譲渡があったものとみなして，その山林の譲渡による雑所得の収入金額を計算します（法59①，令169）。

══════ 必 要 経 費 ══════

　その年分の雑所得の金額（山林の伐採又は譲渡に係るもの並びに公的年金等に係るものを除く。）の計算上控除する必要経費は，原則として，売上原価その他その総収入金額を得るため直接に要した費用の額及び販売費，一般管理費その他所得を生ずべき業務について生じた費用の額です（法37①）。

通　　則

家事関連費等（33ページ参照）
親族に支払う給料，賃借料等（34ページ参照）
租税公課（35ページ参照）
地代，家賃，損害保険料等（38ページ参照）
借地権等の更新料（39ページ参照）
接待費，交際費及び寄附金（40ページ参照）
借入金利子，割引料（40ページ参照）
福利厚生費（41ページ参照）
修繕費（41ページ参照）

減価償却資産の償却費（45ページ参照）
繰延資産の償却費（78ページ参照）
事業用固定資産等の損失（81ページ参照）
雇人費（83ページ参照）
貸倒損失等（85ページ参照）
譲渡代金が回収不能となった場合等の所得
計算の特例（90ページ参照）
家内労働者等の所得計算の特例（92ページ
参照）

　　山林の伐採又は譲渡が雑所得となる場合の必要経費　山林をその取得の日以後５年以内に伐採し又は譲渡した場合の雑所得の金額の計算上差し引く必要経費の額は，山林所得の必要経費の計算の要領（606ページ参照）に準じて計算します（法37②）。

　　有価証券の譲渡原価　雑所得の基因となる有価証券の譲渡原価は，事業所得の基因となる有価証券の譲渡原価の計算の要領（224ページ参照）に準じて計算します（法48③）。

　　暗号資産の取得価額　雑所得の基因となる暗号資産の取得価額は，事業所得の基因となる暗号資産の取得価額の計算の要領（226ページ参照）に準じて計算します（法48の２①）。

― 581 ―

雑所得（所得等の計算の特例）

所得等の計算の特例

雑所得を生ずべき小規模な業務を行う者の収入及び費用の帰属時期の特例（現金主義）

(1)　雑所得を生ずべき業務を行う居住者でその年の前々年分の雑所得を生ずべき業務に係る収入金額が300万円以下であるもの（以下「特例対象者」という。）は，その選択により，その年分の雑所得を生ずべき業務に係る雑所得の金額（山林の伐採又は譲渡に係るものを除く。以下同じ。）の計算上，その年に現実に収入した金額を総収入金額とし，その年に収入を得るために直接支出した費用の額及びその年にその業務について支出した費用の額（償却費及び資産損失の必要経費算入の特例の適用を受けるものを除く。）を必要経費とすることができます（法67②，令196の2，196の3）。

　　ただし，雑所得を生ずべき業務の全部を譲渡し若しくは廃業し又は死亡した日の属する年分の所得金額の計算に当たっては，この特例の適用を受けることはできません（令196の3①）。

(2)　上記(1)の選択をする特例対象者は，その適用を受けようとする年分の確定申告書を提出する場合には，その申告書に本特例の適用を受ける旨の記載をしなければなりません（令197③）。

特例の適用を受けないこととなる年分の所得計算

(1)　その年の前年において本特例の適用を受けていた特例対象者がその年において本特例の適用を受けないこととなる場合における本特例の適用を受けないこととなる年分の雑所得を生ずべき業務に係る雑所得の金額の計算については，本特例の適用を受けることとなった年の前年12月31日（年の中途において新たに雑所得を生ずべき業務を開始した場合には，その業務を開始した日）における売掛金，買掛金，未収収益，前受収益，前払費用，未払費用その他これらに類する資産及び負債並びにその業務に係る棚卸資産に準ずる資産（以下「売掛金等」という。）の額と本特例の適用を受けないこととなる年の1月1日における売掛金等の額との差額に相当する金額は，その適用を受けないこととなる年分の雑所得を生ずべき業務に係る雑所得の金額の計算上，それぞれ総収入金額又は必要経費に算入されます（規40②）。

(2)　その年の前年以前5年内の各年のいずれの年においても本特例の適用を受けていた場合，すなわち，本特例を5年以上継続して適用していた場合には，その者の選択により，上記(1)の規定を適用しないこともできます（規40③）。

(3)　上記(1)又は(2)の規定の適用を受ける特例対象者は，その年分の確定申告書を提出する場合には，その申告書にその適用を受ける旨の記載をしなければなりません（規40④）。

生命保険契約等に基づく年金に係る雑所得の計算

　　生命保険契約等に基づく年金で雑所得として課税されるもの（572ページ参照）について所得の金額の計算をする場合には，次によることになっています（令183①④）。

(1)　年金の支払開始の日以後にその年金の支払の基礎となる生命保険契約等に基づいて分配を受ける剰余金又は割戻しを受ける割戻金の額は，その年分の雑所得の総収入金額に算入します。

(2)　次の算式によって計算される金額は，その年分の雑所得の金額の計算上，必要経費に算入します。

— 582 —

雑所得（所得等の計算の特例）

$$\begin{bmatrix}その年に支給さ\\れる年金の額\end{bmatrix} \times \frac{（保険料又は掛金の総額）}{\begin{bmatrix}年金の支払総額又は\\支払総額の見込額\end{bmatrix}} = その年分の必要経費に算入する金額$$

（注） 生命保険契約等が年金の他に一時金を支払う内容のものである場合には，上記算式中の「保険料又は掛金の総額」は，次の算式で計算した金額によります。

$$\begin{bmatrix}保険料又は\\掛金の総額\end{bmatrix} \times \frac{\begin{bmatrix}年金の支払総額又は\\支払総額の見込額\end{bmatrix}}{\begin{bmatrix}年金の支払総額又は\\支払総額の見込額\end{bmatrix} + \begin{bmatrix}一時金\\の額\end{bmatrix}} = 年金についての保険料又は掛金の総額$$

なお，「その年に支給される年金の額」又は「保険料又は掛金の総額」に掛ける割合は小数点以下2位まで算出し，3位以下を切り上げたところによります（令183①四）。

(3) 年金の支払開始の日前に生命保険契約等に基づく剰余金の分配若しくは割戻金の割戻しを受け，又はその生命保険契約等に基づいて分配を受ける剰余金若しくは割戻しを受ける割戻金を保険料又は掛金の払込みに充てた場合には，その剰余金又は割戻金の額を，(2)の算式の保険料又は掛金の総額から差し引きます。

（注）1 「保険料又は掛金の総額」には，その年金の支払を受ける者が自ら支出した保険料又は掛金の額及びその年金の支払を受ける者以外の者が支出した保険料であって，その年金の支払を受ける者が自ら負担して支出したものと認められるものの額も含まれます（基通35―4）。

2 事業主負担の保険料及び掛金で一定のものは，一時所得の場合と同様に保険料又は掛金の総額から控除します（568ページ（注）3・4参照）。

3 事業主が使用人等のために支出した保険料及び掛金で一定のものは，一時所得の場合と同様に保険料又は掛金の総額から控除します（569ページ（注）5参照）。

相続等に係る生命保険契約等に基づく年金に係る雑所得の計算

相続，遺贈又は贈与（以下「相続等」という。）に係る生命保険契約等に基づく年金に係る雑所得の金額の計算については，上記**「生命保険契約等に基づく年金に係る雑所得の計算」**によらず，次によることとなります（令185）。

(1) 居住者が支払を受ける旧相続税法対象年金に係る総収入金額又は必要経費の算入額の計算

イ 旧相続税法対象年金については，その年金の額のうち確定年金，終身年金，有期年金，特定終身年金又は特定有期年金の種類に応じて，その支払開始日における残存期間年数又は余命年数とその年金の支払総額又は支払総額見込額を基に計算した支払年金対応額の合計額に限り，その年分の雑所得に係る総収入金額に算入します。

ロ 上記イの総収入金額に対応する必要経費は，その生命保険契約等に係る支払保険料のうち，総収入金額算入額に対応する部分とします。

(2) 新相続税法対象年金に係る総収入金額又は必要経費の算入額の計算

イ 新相続税法対象年金については，その年金の額のうち確定年金，終身年金，有期年金，特定終身年金又は特定有期年金の種類に応じて，その年金に係る相続税評価割合とその年金の支払総額又は支払総額見込額を基に計算した支払年金対応額の合計額に限り，その年分の雑所得に係る総収入金額に算入します。

ロ 上記イの総収入金額に対応する必要経費は，上記(1)ロに準じます。

（注）1 「旧相続税法対象年金」とは，所得税法等の一部を改正する法律（平成22年法律第6号）第3条の規定による改正前の相続税法第24条（定期金に関する権利の評価）の適用対象となる年金

雑所得(所得等の計算の特例)

をいいます。同条の規定は,原則として,平成23年4月1日前に相続等により取得した定期金に関する権利について適用されます(平22改正法附32)。

2 「新相続税法対象年金」とは,所得税法等の一部を改正する法律(平成22年法律第6号)第3条の規定による改正後の相続税法第24条の適用対象となる年金をいいます。同条の規定は,原則として平成23年4月1日以後の相続等により取得する定期金に関する権利について適用されます(平22改正法附32)。

3 相続等に係る生命保険契約等に基づく年金が,確定年金,終身年金,有期年金,特定終身年金又は特定有期年金のいずれであるかの判定は,年金の支払を受ける者のその年金の支払開始日の現況において行います(基通35―4の2)。

【計算例】――旧相続税法対象年金のケース――
年72万円定額払,保険料総額144万円支払期間10年の確定年金を相続した人の支払期間が4年目の所得金額の計算

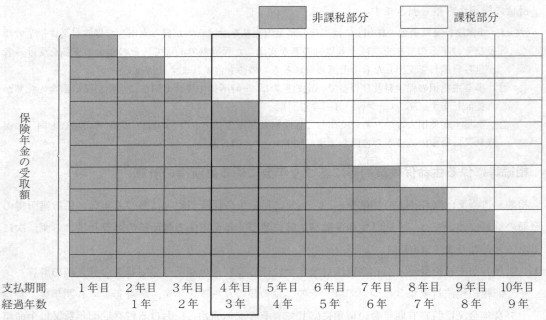

① 1課税単位の金額:(72万円×10年)×40%÷45マス=64,000円
　　　　　　　　　　(課税部分)　　　(課税単位数){10年×(10年−1年)÷2}

② 課税部分の年金収入額:64,000円× 3年 =192,000円
　　　　　　　　　　　　　　　　　(経過年数) 支払開始日からその支払を受けるまでの年数

③ 必要経費の金額:192,000円×144万円÷720万円=38,400円
　　　　　　　　　　　　　　　(保険料総額)(支払総額)

④ 課税部分の所得金額:192,000円−38,400円=153,600円
　　　　　　　　　　　　　　　　　　　　　　(雑所得の金額)

雑所得（所得等の計算の特例）

損害保険契約等に基づく年金に係る雑所得の計算

損害保険契約等に基づく年金で雑所得として課税されるもの(573ページ参照)について所得の金額の計算をする場合には，次によることになっています（令184①）。

(1) 年金の支払開始の日以後にその年金の支払の基礎となる損害保険契約等に基づいて分配を受ける剰余金又は割戻しを受ける割戻金の額は，その年分の雑所得の総収入金額に算入します。

(2) 次の算式によって計算される金額は，その年分の雑所得の金額の計算上，必要経費に算入します。

$$\left[\begin{array}{c}その年に支給さ\\れる年金の額\end{array}\right] \times \frac{(保険料又は掛金の総額)}{\left[\begin{array}{c}年金の支払総額又は\\支払総額の見込額\end{array}\right]} = \begin{array}{c}その年分の必要経\\費に算入する金額\end{array}$$

なお，「その年に支給される年金の額」又は「保険料又は掛金の総額」に掛ける割合は小数点以下2位まで算出し，3位以下を切り上げたところによります（令184①三）。

(注)1 事業主がその使用人等のために支出した損害保険契約等に係る保険料又は掛金で事業主である個人の事業に係る不動産所得の金額，事業所得の金額若しくは山林所得の金額又は事業主である法人の各事業年度の所得の金額の計算上必要経費又は損金の額に算入されるもののうち，使用人等の給与所得の収入金額に含まれないものは，「保険料又は掛金の総額」から控除します（令184③一）。

2 年金の支払開始の日前に剰余金の分配若しくは割戻しを受け，又は分配を受ける剰余金若しくは割戻しを受ける割戻金を保険料若しくは掛金の払込みに充てた場合には，その剰余金又は割戻金は「保険料又は掛金の総額」から控除します（令184③二）。

相続等に係る損害保険契約等に基づく年金に係る雑所得の計算

相続等に係る損害保険契約等に基づく年金に係る雑所得の金額の計算については，上記「損害保険契約等に基づく年金に係る雑所得の計算」によらず，次によることとなります（令186）。

(1) 旧相続税法対象年金については，その年金の額のうち確定型年金又は特定有期型年金の種類に応じて，上記「相続等に係る生命保険契約等に基づく年金に係る雑所得の計算」(1)の例により計算した金額に限り，その年分の雑所得に係る総収入金額又は必要経費に算入します。

(2) 新相続税法対象年金については，その年金の額のうち確定型年金又は特定有期型年金の種類に応じて，上記「相続等に係る生命保険契約等に基づく年金に係る雑所得の計算」(2)の例により計算した金額に限り，その年分の雑所得に係る総収入金額又は必要経費に算入します。

(注)1 「旧相続税法対象年金」及び「新相続税法対象年金」とは，「相続等に係る生命保険契約等に基づく年金に係る雑所得の計算」(注)1及び2のものをいいます。

2 相続等に係る損害保険契約等に基づく年金が，確定型年金又は特定有期型年金のいずれであるかの判定は，年金の支払を受ける者のその年金の支払開始日の現況において行います（基通35—4の2）。

— 585 —

雑所得（公的年金等控除額）

公的年金等控除額

公的年金等から控除される公的年金等控除額は，次のとおりです（法35④，措法41の15の３）。

○65歳未満の者の公的年金等控除額

		公的年金等に係る雑所得以外の所得に係る合計所得金額		
		1,000万円以下	1,000万円超 2,000万円以下	2,000万円超
公的年金等の収入金額	130万円以下	60万円	50万円	40万円
	130万円超 410万円以下	公的年金等の収入金額 ×25％＋27.5万円	公的年金等の収入金額 ×25％＋17.5万円	公的年金等の収入金額 ×25％＋7.5万円
	410万円超 770万円以下	公的年金等の収入金額 ×15％＋68.5万円	公的年金等の収入金額 ×15％＋58.5万円	公的年金等の収入金額 ×15％＋48.5万円
	770万円超 1,000万円以下	公的年金等の収入金額 ×５％＋145.5万円	公的年金等の収入金額 ×５％＋135.5万円	公的年金等の収入金額 ×５％＋125.5万円
	1,000万円超	195.5万円	185.5万円	175.5万円

○65歳以上の者の公的年金等控除額

		公的年金等に係る雑所得以外の所得に係る合計所得金額		
		1,000万円以下	1,000万円超 2,000万円以下	2,000万円超
公的年金等の収入金額	330万円以下	110万円	100万円	90万円
	330万円超 410万円以下	公的年金等の収入金額 ×25％＋27.5万円	公的年金等の収入金額 ×25％＋17.5万円	公的年金等の収入金額 ×25％＋7.5万円
	410万円超 770万円以下	公的年金等の収入金額 ×15％＋68.5万円	公的年金等の収入金額 ×15％＋58.5万円	公的年金等の収入金額 ×15％＋48.5万円
	770万円超 1,000万円以下	公的年金等の収入金額 ×５％＋145.5万円	公的年金等の収入金額 ×５％＋135.5万円	公的年金等の収入金額 ×５％＋125.5万円
	1,000万円超	195.5万円	185.5万円	175.5万円

(注) 1 65歳未満であるかどうかの判定は，その年12月31日（その納税者が年の中途において死亡し又は出国をする場合には，その死亡又は出国の時）の年齢によります（措法41の15の３④）。

2 「公的年金等に係る雑所得以外の合計所得金額」は，その年中の公的年金等の収入金額がないものとして計算した場合における合計所得金額をいい，租税特別措置法第41条の３の３第２項（所得金額調整控除）の規定による所得金額調整控除の適用はないものとして計算します（基通35—8）。

公的年金等控除後の金額 公的年金等控除後の金額（公的年金等に係る雑所得）は，その年中の公的年金等の収入金額に応じて巻末の速算表（1023ページ）によって求めます。

— 586 —

雑所得（参考事項）

参 考 事 項

贈与等により取得した資産に係る利子所得，配当所得，一時所得又は雑所得の金額の計算（570ペ
ージ参照）

雑所得の金額の計算上損失が生じた場合　雑所得の金額の計算上損失を生じても，その損失の金
額を他の所得から損益通算によって差し引くことはできません（法69①）。

変動所得又は臨時所得の平均課税　雑所得のうちに変動所得（印税，原稿料などによる所得）又は臨
時所得（工業所有権などを長期間使用させる場合の頭金などによる所得）がある場合には，平均課税の適
用を受けることができます（848ページ参照）。

印税，原稿料等に対する所得税の源泉徴収　印税，原稿料などは，その支払を受ける際にその支
払金額の10.21％（１回に支払われる金額が100万円を超える場合のその超える部分については，20.42％）
相当額の所得税及び復興特別所得税が源泉徴収されますから，確定申告に際してはその源泉徴収さ
れた税額を差し引いて申告納税額を計算します（842ページ参照）。

生命保険契約等に基づいて支払われる年金に対する源泉徴収　生命保険契約（旧簡易生命保険契約
を含む。）又は生命共済に関する契約に基づいて支払われる年金及び退職年金契約に基づいて支払を
受ける年金で給与等とみなされないものについては，その支払をする際にその支払われる年金につ
いて雑所得の金額の計算に準じて計算した金額の10.21％相当額の所得税及び復興特別所得税が源
泉徴収されます。ただし，その準じて計算した金額が年額25万円に満たない場合には，源泉徴収は
行われません（843ページ表参照）。

損害保険契約等に基づいて支払われる年金に対する源泉徴収　損害保険契約又は損害共済に関す
る契約に基づいて支払われる年金については，その支払をする際にその支払われる年金について雑
所得の金額の計算に準じて計算した金額の10.21％相当額の所得税及び復興特別所得税が源泉徴収
されます。ただし，その準じて計算した金額が年額25万円に満たない場合には，源泉徴収は行われ
ません（843ページ表参照）。

公的年金等に対する源泉徴収　公的年金等については，支払の際，所得税が源泉徴収されます
（843ページ参照）。

雑所得（外国子会社合算税制等）

外国子会社合算税制等

居住者の外国関係会社に係る所得の課税の特例（外国子会社合算税制）

特定外国関係会社又は対象外国関係会社の適用対象金額に係る合算課税（外国関係会社単位の合算課税）　一定の居住者に係る外国関係会社のうち，特定外国関係会社又は対象外国関係会社に該当するものの適用対象金額のうちその者が直接及び間接に有するその特定外国関係会社又は対象外国関係会社の株式等の数又は金額につきその請求権の内容を勘案した数又は金額及びその者とその特定外国関係会社又は対象外国関係会社との間の実質支配関係の状況を勘案して計算した金額（以下「課税対象金額」という。）に相当する金額は，その者の雑所得に係る収入金額とみなしてその特定外国関係会社又は対象外国関係会社の各事業年度終了の日の翌日から2月を経過する日の属する年分のその者の雑所得の金額の計算上，総収入金額に算入されます（措法40の4①）。

特例の適用を受ける居住者（納税義務者）　外国子会社合算税制は，次に該当する居住者に適用があります（措法40の4①一〜四，措令25の19⑤〜⑨）。

1　居住者の外国関係会社に係る直接及び間接の持分割合が10％以上である場合におけるその居住者

2　外国関係会社との間に実質支配関係がある居住者

3　居住者との間に実質支配関係がある外国関係会社の他の外国関係会社に係る直接及び間接の持分割合が10％以上である場合におけるその居住者（1に掲げる居住者を除く。）

4　直接及び間接の持分割合が10％以上である一の同族株主グループに属する居住者（外国関係会社に係る直接又は間接の持分割合又は他の外国関係会社（居住者との間に実質支配関係があるものに限る。）の外国関係会社に係る直接又は間接の持分割合のいずれかが零を超えるものに限り，1及び3に掲げる居住者を除きます。）

実質支配関係　実質支配関係とは，居住者又は内国法人（以下「居住者等」という。）と外国法人との間に次に掲げる事実その他これに類する事実が存在する場合におけるその居住者等とその外国法人との関係とされています（措法40の4②五，措令25の21）。

1　居住者等が外国法人の残余財産のおおむね全部について分配を請求する権利を有していること。

2　居住者等が外国法人の財産の処分の方針のおおむね全部を決定することができる旨の契約その他の取決めが存在すること（その外国法人につき1に掲げる事実が存在する場合を除く。）。

ただし，実質支配関係を考慮しないで外国関係会社の判定をした場合に，居住者等及び特殊関係非居住者（居住者等と特殊の関係のある非居住者をいう。）と外国法人との間に直接及び間接の持株割合等が50％を超える関係がある場合には，その居住者等とその外国法人との間の実質支配関係はないものとされます。

—588—

雑所得（外国子会社合算税制等）

外国関係会社 外国関係会社とは，次に掲げる外国法人とされています（措法40の４②一，措令25の19の２）。

1　居住者及び内国法人並びに特殊関係非居住者及び２に掲げる外国法人（以下「居住者等株主等」という。）の外国法人（２に掲げる外国法人に該当するものを除く。）に係る直接及び間接の持株割合等が50％を超える場合におけるその外国法人

2　居住者又は内国法人との間に実質支配関係がある外国法人

3　外国金融機関に該当する外国法人で，外国金融持株会社等との間に，その外国金融持株会社等がその外国法人の経営管理を行っている関係その他の特殊の関係がある外国法人

（注）１　直接及び間接の持株割合等は，株式等の数又は金額，議決権の数，株式等の請求権に基づき受けることができる剰余金の配当等の額に基づき計算されます。

２　外国法人が外国関係会社に該当するかどうか，及び個人が外国子会社合算税制の適用を受ける居住者に該当するかどうかは，その外国関係会社の事業年度終了の時の現況で判断します（措令25の24①）。

特定外国関係会社 特定外国関係会社とは，次に掲げる外国関係会社とされています（措法40の４②二，措令25の19の３①〜⑫，措規18の20①〜⑰）。

1　次のいずれにも該当しない外国関係会社

(1)　その主たる事業を行うに必要と認められる事務所等の固定施設を有している外国関係会社

(2)　その本店所在地国においてその事業の管理支配等を自ら行っている外国関係会社

(3)　外国子会社の株式等の保有を主たる事業とする一定の外国関係会社

(4)　特定子会社の株式等の保有を主たる事業とする等の一定の外国関係会社

(5)　その本店所在地国にある不動産の保有，その本店所在地国における天然資源の探鉱等又はその本店所在地国の社会資本の整備に関する事業の遂行上欠くことのできない機能を果たしている等の一定の外国関係会社

2　総資産額に対する受動的所得（部分合算課税の対象となる各種所得の金額で保険所得及び異常所得の金額を除いた金額の合計額に相当する金額の合計額）の割合が30％を超える外国関係会社

3　次に掲げる要件のいずれにも該当する外国関係会社

(1)　非関連者等収入保険料の合計額の収入保険料の合計額に対する割合が10％未満であること。

(2)　非関連者等支払再保険料合計額の関連者等収入保険料の合計額に対する割合が50％未満であること。

4　情報交換に関する国際的な取組への協力が著しく不十分な国又は地域に本店等を有する外国関係会社

対象外国関係会社 対象外国関係会社とは，次に掲げる要件（以下「経済活動基準」という。）のいずれかを満たさない外国関係会社をいい，特定外国関係会社に該当するものは除かれます（措法40の４②三，措令25の19の３⑬〜㉖）。

1　事業基準　主たる事業が株式等の保有，工業所有権・著作権等の提供又は船舶・航空機の貸付けでないこと。ただし，被統括会社の株式保有を行う一定の統括会社（事業持株会社）等は，事

— 589 —

業基準を満たすこととされます。

2 実体基準　本店所在地国に主たる事業に必要な事務所等を有すること。

3 管理支配基準　本店所在地国において事業の管理，支配及び運営を自ら行っていること。

4(1) 非関連者基準（主たる事業が卸売業，銀行業，信託業，金融商品取引業，保険業，水運業又は航空運送業である場合に適用）　主として関連者（50％超出資会社等）以外の者と取引を行っていること。ただし，物流統括会社が被統括会社と行う取引は，非関連者取引とされます。

(2) 所在地国基準（非関連者基準が適用される業種以外に適用）　主として本店所在地国で主たる事業を行っていること。

所得金額の計算

$$
\text{雑所得の金額} = \text{①課税対象金額} - \text{②}\begin{pmatrix}\text{特定外国関係会社又は対}\\\text{象外国関係会社の株式等}\\\text{を取得するために要した}\\\text{負債の利子（注2）}\end{pmatrix} + \begin{pmatrix}\text{特定外国関係会社又は対象}\\\text{外国関係会社から受ける剰}\\\text{余金の配当等の額に係る外}\\\text{国所得税の額（注3）}\end{pmatrix}
$$

(注)1　②の金額が①の金額を超える場合には，②の金額は①の金額と同額とされます（措令25の19③）。

2　居住者との間に実質支配関係がある外国法人に該当する特定外国関係会社又は対象外国関係会社の株式等を取得するために要した負債の利子を除きます（措令25の19③一）。

なお，ここで必要経費に算入される負債の利子は，株式等の継続売買等に係る事業所得若しくは雑所得の計算上又は配当所得の計算上重複控除することはできません（措令25の19④）。

3　外国子会社合算税制との二重課税調整措置の適用を受ける部分の金額に対応する外国所得税の額に限ります（措令25の19③二）。

なお，ここで必要経費に算入される外国所得税の額は，株式等の継続売買等に係る事業所得又は雑所得の計算上重複控除することはできず，外国税額控除の対象にもなりません（令222の2④二，措令25の19④）。

適用対象金額及び課税対象金額　適用対象金額及び課税対象金額は，次により算出します（措法40の4①，②四，措令25の19，25の20）。

1　特定外国関係会社又は対象外国関係会社の各事業年度の決算に基づき，我が国の法人税法等又は本店所在地国の法人所得税に関する法令の規定（企業集団等所得課税規定を除く。）を適用して算出した所得の金額又は損失の金額に，損金に算入した法人所得税の額を加算し，益金に算入した法人所得税の還付額及び一定の外国関係会社の各事業年度における特定部分対象外国関係会社株式等の特定譲渡に係る譲渡利益額を控除して，基準所得金額を算出します。

(注)　「企業集団等所得課税規定」とは，本店所在地国における連結納税規定，第三国における連結納税規定又はパススルー課税規定をいいます（措令25の20②）。

2　基準所得金額から，その各事業年度開始の日前7年以内に開始した各事業年度において生じた欠損金額の合計額及び特定外国関係会社又は対象外国関係会社が各事業年度において納付する法人所得税の額（法人所得税に関する法令に企業集団等所得課税規定がある場合には個別計算納付法人所得税額とし，還付法人所得税の額がある場合にはその額（法人所得税に関する法令に企業集団等所得課税規定がある場合には，個別計算還付法人所得税額）を控除した金額とする。）の合計額を控除して，適用対象金額を算出します。

雑所得（外国子会社合算税制等）

(注)　「個別計算納付法人所得税額」とは，実際に納付した額ではなく，企業集団等所得課税規定の適用がないものとした場合に納付するものとして計算される法人所得税の額をいい，「個別計算還付法人所得税額」とは，実際に還付を受けた額ではなく，企業集団等所得課税規定の適用がないものとした場合に還付を受けるものとして計算される法人所得税の額をいいます（措令25の20⑤二）。

3　適用対象金額から，その各事業年度の次に掲げる金額の合計額を控除します。

(1)　その各事業年度の剰余金の処分により支出された金額（法人所得税の額及び配当等の額を除く。）

(2)　その各事業年度の費用として支出された金額（法人所得税の額及び配当等の額を除く。）のうち所得の金額の計算上損金の額に算入されなかったため又は所得の金額に加算されたためその各事業年度の適用対象金額に含まれた金額

4　課税対象金額は，請求権等勘案合算割合を3で計算した金額に乗ずることにより算出します。

(注)1　請求権等勘案合算割合とは，次に掲げる場合の区分に応じそれぞれ次に定める割合をいいます。

(1)　居住者が外国関係会社（居住者又は内国法人に実質支配されている外国法人（以下「被支配外国法人」という。）に該当するものを除く。）の株式等を直接又は他の外国法人を通じて間接に有している場合　その外国関係会社の発行済株式等のうちにその者の有するその外国関係会社の請求権等勘案保有株式等の占める割合

(2)　外国関係会社が居住者に係る被支配外国法人に該当する場合　100％

(3)　居住者に係る被支配外国法人が外国関係会社（被支配外国法人に該当するものを除く。）の株式等を直接又は他の外国法人を通じて間接に有している場合　その外国関係会社の発行済株式等のうちにその居住者に係る被支配外国法人の有するその外国関係会社の請求権等勘案保有株式等の占める割合

(4)　(1)及び(3)の場合のいずれにも該当する場合　(1)及び(3)の割合を合計した割合

2　請求権等勘案保有株式等とは，居住者又は被支配外国法人が有する外国法人の株式等の数又は金額（請求権の内容考慮後のもの）と請求権等勘案間接保有株式等（外国法人の発行済株式等に，各連鎖段階の持株割合（請求権の内容考慮後のもので，実質支配関係がある場合には零）を乗じて計算した株式等の数又は金額）を合計した数又は金額をいいます。

外国関係会社単位の合算課税の適用免除

1　対象外国関係会社については，各事業年度の租税負担割合が20％以上の場合におけるその事業年度に係る適用対象金額について，合算課税の適用を免除されます（措法40の4⑤二）。

2　特定外国関係会社については，各事業年度の租税負担割合が30％以上の場合におけるその事業年度に係る適用対象金額について，合算課税の適用を免除されます（措法40の4⑤一）。

(注)　令和6年1月1日以後，上記の「30％」は「27％」とされ，居住者の令和6年分以後の各年分の課税対象金額を計算する場合について適用されます（令5改正法附35①）。

3　租税負担割合は，次に掲げる外国関係会社の区分に応じそれぞれ次に定める算式により計算した割合とされます（措令25の22の2）。

(1)　(2)に掲げる外国関係会社以外の外国関係会社

$$\frac{\text{本店所在地国において課される外国法人税} + \text{本店所在地国以外の国において課される外国法人税}}{\text{本店所在地国の法令に基づく所得} + \text{本店所在地国の法令で非課税とされる所得（受取配当を除く）} + \text{損金算入支払配当} + \text{損金算入外国法人税} + \text{損金算入されない保険準備金} + \text{益金算入すべき保険準備金} - \text{還付外国法人税}}$$

— 591 —

雑所得（外国子会社合算税制等）

　　（注）　上記の算式の分母及び分子の額は，企業集団等所得課税規定がないものとして計算したものと
　　　　されます。
　(2)　法人の所得に対して課される税が存在しない国又は地域に本店又は主たる事務所を有する外
　　国関係会社

本店所在地国以外の国において課される外国法人税

　　決算に基づ　　費用計上　　費用計上　　損金算入　　益金算入　　受取　　還付外国
　　く所得（会　＋している　＋している　＋されない　＋すべき保　－配当　－法人税
　　計上の利益）　支払配当　外国法人税　保険準備金　険準備金

　　（注）　上記の算式の分子の額は，本店所在地国以外の国における企業集団等所得課税規定がないもの
　　　　として計算したものとされます。

　　部分適用対象金額に係る合算課税（部分合算課税）　一定の居住者に係る部分対象外国関係会社
（外国金融子会社等に該当するものを除く。）の特定所得の金額（解散により外国金融子会社等に該当しな
いこととなった部分対象外国関係会社（以下「清算外国金融子会社等」という。）のその該当しないことと
なった日から同日以後３年を経過する日（当該清算外国金融子会社等の残余財産の確定の日が当該３年を
経過する日前である場合には当該残余財産の確定の日とし，その本店所在地国の法令又は慣行その他やむ
を得ない理由により当該残余財産の確定の日が当該３年を経過する日後である場合には一定の日とする。）
までの期間内の日を含む事業年度（以下「特定清算事業年度」という。）にあっては，特定金融所得金額が
ないものとした場合の金額とする。）に係る部分適用対象金額のうちその者が有するその部分対象外国
関係会社の株式等の数又は金額につきその請求権の内容を勘案した数又は金額及びその者とその
部分対象外国関係会社との間の実質支配関係の状況を勘案して計算した金額（以下「部分課税対象
金額」という。）に相当する金額は，その者の雑所得に係る収入金額とみなしてその部分対象外国関
係会社の各事業年度終了の日の翌日から２月を経過する日の属する年分のその者の雑所得の金額の
計算上，総収入金額に算入されます（措法40の４⑥）。
（注）　「特定金融所得金額」とは，租税特別措置法第40条の４第６項第１号から第７号の２までに掲げる金
　　額に係る利益の額又は損失の額で，特定日の前日に有していた資産若しくは負債又は特定日前に締結
　　した契約に基づく取引に係るものをいいます（措法40の４⑥，措令25の22の３②）。

　　部分対象外国関係会社　部分対象外国関係会社とは，経済活動基準を全て満たす外国関係会社
（特定外国関係会社に該当するものを除く。）とされています（措法40の４②六）。

　　特定所得の金額　特定所得の金額は，次に掲げる金額をいいます（措法40の４⑥一～十一，措令25
の22の３②～㉙）。
１　剰余金の配当等　剰余金の配当等の額の合計額からその剰余金の配当等の額を得るために直接
　　要した費用の額の合計額等を控除した残額。ただし，持株割合25％以上等の株式に係る配当等を
　　除きます。
２　受取利子等　受取利子等（その支払を受ける利子（その経済的な性質が利子に準ずるものを含む。）
　　をいう。）の額の合計額からその利子等を受け取るために直接要した費用の額の合計額を控除し
　　た残額。ただし，業務の通常の過程で生ずる預貯金利子，一定の貸金業者が行う金銭の貸付けに
　　係る利子，一定の割賦販売等に係る利子，一定の棚卸資産の販売対価の支払猶予に係る利子（い

雑所得（外国子会社合算税制等）

わゆるユーザンス金利），一定のグループファイナンスに係る利子を除きます。

3　有価証券の貸付けの対価　有価証券の貸付けによる対価の額の合計額からその対価の額を得る
ために直接要した費用の額の合計額を控除した残額

4　有価証券の譲渡損益　有価証券の譲渡に係る対価の額の合計額からその有価証券の譲渡に係る
原価の額及びその対価の額を得るために直接要した費用の額の合計額を減算した金額。ただし，
持株割合25％以上の株式等に係る譲渡損益を除きます。

5　デリバティブ取引に係る損益　部分対象外国関係会社が行うデリバティブ取引に係る利益の額
又は損失の額。ただし，ヘッジ取引として行った一定のデリバティブ取引，一定の商品先物取引
業者等が行う商品先物取引，先物外国為替契約等に相当する契約に基づくデリバティブ取引，一
定の金利スワップ等に係る損益を除きます。

6　外国為替差損益　部分対象外国関係会社が行う取引又はその有する資産若しくは負債につき外
国為替の売買相場の変動に伴って生ずる利益の額又は損失の額。ただし，事業（外国為替差損益
を得ることを目的とする投機的取引を行う事業を除く。）に係る業務の通常の過程で生ずる損益を除
きます。

7　その他の金融所得　1から6までに掲げる金額に係る利益の額又は損失の額を生じさせる資産
の運用，保有，譲渡，貸付けその他の行為により生ずる利益の額又は損失の額。ただし，ヘッジ
取引として行った一定の取引に係る損益を除きます。

8　保険所得　収入保険料の合計額から支払った再保険料の合計額を控除した残額から，支払保険
金の額の合計額から収入した再保険金の額の合計額を控除した残額を減算した金額

9　固定資産の貸付けの対価　固定資産（無形資産等に該当するものを除く。）の貸付け（不動産又は
不動産の上に存する権利を使用させる行為を含む。）による対価の額からその対価の額を得るために
直接要した費用の額（その有する固定資産に係る償却費の額として計算した金額を含む。）の合計額
を控除した残額。ただし，本店所在地国で使用に供される等の固定資産の貸付けによる対価，一
定の要件を満たす事業者が行う貸付けによる対価を除きます。

10　無形資産等の使用料　無形資産等の使用料の合計額からその使用料を得るために直接要した費
用の額（一定の償却費の額を含む。）の合計額を控除した残額。ただし，自己開発等一定のものに
係る使用料を除きます。

11　無形資産等の譲渡損益　無形資産等の譲渡に係る対価の額の合計額からその無形資産等の譲渡
に係る原価の額及びその対価の額を得るために直接要した費用の額の合計額を減算した金額。た
だし，自己開発等一定のものに係る損益を除きます。

12　異常所得　部分合算課税の対象として掲げられた異常所得以外の所得類型に係る所得の金額が
ないものとした場合の各事業年度の決算に基づく所得の金額から，その各事業年度に係る所得控
除額（総資産の額，人件費の額及び減価償却費の累計額の合計額の50％）を控除した残額

部分適用対象金額　部分適用対象金額は，次に掲げる金額の合計額とされています（措法40の4
⑦，措令25の22の3⑳）。

1　部分対象外国関係会社の各事業年度の上記「特定所得の金額」の1から3まで，9，10及び12
に掲げる金額の合計額（清算外国金融子会社等の特定清算事業年度にあっては，特定金融所得金額が

— 593 —

ないものとした場合の金額の合計額）

2　各事業年度の上記「特定所得の金額」の4から8まで及び11に掲げる金額の合計額（その合計額が零を下回る場合には，零とし，清算外国金融子会社等の特定清算事業年度にあっては，特定金融所得金額がないものとした場合の金額の合計額（その合計額が零を下回る場合には，零）とする。）を基礎として各事業年度開始の日前7年以内に開始した各事業年度において生じた上記「特定所得の金額」の4から8まで及び11に掲げる金額の合計額が零を下回る部分の金額につき調整を加えた金額

部分課税対象金額　部分課税対象金額は，次の算式により計算した金額とされています（措法40の4⑥，措令25の22の3③）。

部分対象外国関係会社の各事業年度の部分適用対象金額 × その各事業年度終了の時におけるその居住者のその部分対象外国関係会社に係る請求権等勘案合算割合

金融子会社等部分適用対象金額に係る合算課税（部分合算課税）　一定の居住者に係る外国金融子会社等の特定所得の金額に係る金融子会社等部分適用対象金額のうちその者が有する外国金融子会社等の株式等の数又は金額につきその請求権の内容を勘案した数又は金額及びその者と外国金融子会社等との間の実質支配関係の状況を勘案して計算した金額（以下「金融子会社等部分課税対象金額」という。）に相当する金額は，その者の雑所得に係る収入金額とみなしてその外国金融子会社等の各事業年度終了の日の翌日から2月を経過する日の属する年分のその者の雑所得の金額の計算上，総収入金額に算入されます（措法40の4⑧）。

外国金融子会社等　外国金融子会社等とは，次の部分対象外国関係会社をいいます（措法40の4②七，措令25の22）。

1　本店所在地国の法令に準拠して銀行業，金融商品取引業又は保険業を行う部分対象外国関係会社でその本店所在地国においてその役員又は使用人がこれらの事業を的確に遂行するために通常必要と認められる業務の全てに従事しているもの

2　次に掲げる要件の全てに該当する部分対象外国関係会社（一の居住者によってその発行済株式等の全部を直接又は間接に保有されているものに限る。）

(1)　本店所在地国の法令に準拠して専ら特定外国金融機関（次に掲げる外国法人をいう。以下同じ。）の経営管理及び附帯業務（以下「経営管理等」という。）を行っていること。

イ　外国金融機関でその発行済株式等の50％を超える数又は金額の株式等を有するもの

ロ　外国金融機関に該当する外国法人で，その本店所在地国の法令又は慣行その他やむを得ない理由により，その発行済株式等の50％を超える数又は金額の株式等を有することが認められないもののうち，以下の要件に該当するもの

①　その議決権の総数に対する判定対象外国金融持株会社（外国金融持株会社等に該当するかどうかを判定しようとする部分対象外国関係会社をいう。以下同じ。）が有する議決権の数の割合が40％以上である外国法人で，その議決権の総数に対する判定対象外国金融持株会社が有する議決権の数の合計数の割合が50％を超えていること等の要件に該当するもの。

— 594 —

② 外国法人の取締役会その他これに準ずる機関の構成員の総数に対する判定対象外国金融持株会社の役員等（その外国法人の財務及び事業の方針の決定に関して影響を与えることができるものに限る。）の数の割合が50％を超えていること。

　　③ 判定対象外国金融持株会社が外国法人の重要な財務及び事業の方針の決定を支配する契約等が存在すること。

　　④ 外国法人の資金調達額の総額に対する判定対象外国金融持株会社が行う融資の額の割合が50％を超えていること。

　　⑤ その他判定対象外国金融持株会社が外国法人の財務及び事業の方針の決定を支配していることが推測される事実が存在すること。

　ハ　その議決権の総数に対する判定対象外国金融持株会社が有する議決権の数の割合が49％以上である外国法人で，次に掲げる要件の全てに該当するもの（イに掲げるものを除く。）

　　① 判定対象外国金融持株会社が外国法人の本店所在地国の法令又は慣行により有することができる最高限度の数の議決権を有していること。

　　② 判定対象外国金融持株会社が外国法人の財務及び事業の方針の決定に対して重要な影響を与えることができることが推測される事実が存在すること。

(2) その本店所在地国においてその役員又は使用人が特定外国金融機関の経営管理を的確に遂行するために通常必要と認められる業務の全てに従事していること。

(3) その事業年度終了の時における貸借対照表に計上されているイに掲げる金額のロに掲げる金額に対する割合が75％を超えること。

　イ　その有する特定外国金融機関の株式等及び従属関連業務子会社（その発行済株式等の50％を超える数又は金額の株式等を有するものに限る。以下同じ。）の株式等の帳簿価額の合計額

　ロ　その総資産の帳簿価額から特定外国金融機関及び従属関連業務子会社に対する貸付金の帳簿価額を控除した残額

(4) その事業年度終了の時における貸借対照表に計上されているイに掲げる金額のロに掲げる金額に対する割合が50％を超えること。

　イ　その有する特定外国金融機関の株式等の帳簿価額

　ロ　その総資産の帳簿価額から特定外国金融機関に対する貸付金の帳簿価額を控除した残額

3　次に掲げる要件の全てに該当する部分対象外国関係会社（一の居住者によってその発行済株式等の全部を直接又は間接に保有されているものに限る。）（1又は2以上の特定外国金融機関の株式等を有するものに限るものとし，上記2に該当する部分対象外国関係会社を除く。）

(1) その本店所在地国の法令に準拠して専ら特定外国金融機関の経営管理等及び特定間接保有外国金融機関等（特定中間持株会社がその株式等を有する外国法人及び特定中間持株会社がその株式等を有する上記2に該当する部分対象外国関係会社（その発行済株式等の50％を超える数又は金額の株式等を有するものに限る。）をいう。以下同じ。）の経営管理等を行っていること。

(2) その本店所在地国においてその役員又は使用人が特定外国金融機関の経営管理及び特定間接保有外国金融機関等の経営管理を的確に遂行するために通常必要と認められる業務の全てに従事していること。

(3) その事業年度終了の時における貸借対照表に計上されているイに掲げる金額のロに掲げる金

雑所得（外国子会社合算税制等）

額に対する割合が75％を超えること。

　　イ　その有する特定外国金融機関の株式等，特定中間持株会社の株式等及び従属関連業務子会社の株式等の帳簿価額の合計額

　　ロ　その総資産の帳簿価額から特定外国金融機関，特定中間持株会社及び従属関連業務子会社に対する貸付金の帳簿価額を控除した残額

(4)　その事業年度終了の時における貸借対照表に計上されているイに掲げる金額のロに掲げる金額に対する割合が50％を超えること。

　　イ　その有する特定外国金融機関の株式等及び特定中間持株会社の株式等の帳簿価額の合計額

　　ロ　その総資産の帳簿価額から特定外国金融機関及び特定中間持株会社に対する貸付金の帳簿価額を控除した残額

4　次に掲げる要件の全てに該当する部分対象外国関係会社（一の居住者によってその発行済株式等の全部を直接又は間接に保有されているものに限る。）（1又は2以上の特定外国金融機関の株式等を有するものに限るものとし，上記2又は3のいずれかに該当する部分対象外国関係会社を除く。）

(1)　その本店所在地国の法令に準拠して専ら特定外国金融機関の経営管理等，上記2，3又は下記5のいずれかに該当する部分対象外国関係会社（その発行済株式等の50％を超える数又は金額の株式等を有するものに限る。以下4において同じ。）の経営管理等及び特定間接保有外国金融機関等の経営管理等を行っていること。

(2)　その本店所在地国においてその役員又は使用人が特定外国金融機関の経営管理，上記2，3又は下記5のいずれかに該当する部分対象外国関係会社の経営管理及び特定間接保有外国金融機関等の経営管理を的確に遂行するために通常必要と認められる業務の全てに従事していること。

(3)　その事業年度終了の時における貸借対照表に計上されているイに掲げる金額のロに掲げる金額に対する割合が75％を超えること。

　　イ　その有する特定外国金融機関の株式等，上記2，3及び下記5に掲げる部分対象外国関係会社の株式等，特定中間持株会社の株式等並びに従属関連業務子会社の株式等の帳簿価額の合計額

　　ロ　その総資産の帳簿価額から特定外国金融機関，上記2，3及び下記5に掲げる部分対象外国関係会社，特定中間持株会社並びに従属関連業務子会社に対する貸付金の帳簿価額を控除した残額

(4)　その事業年度終了の時における貸借対照表に計上されているイに掲げる金額のロに掲げる金額に対する割合が50％を超えること。

　　イ　その有する特定外国金融機関の株式等，上記2，3及び下記5に掲げる部分対象外国関係会社の株式等並びに特定中間持株会社の株式等の帳簿価額の合計額

　　ロ　その総資産の帳簿価額から特定外国金融機関，上記2，3及び下記5に掲げる部分対象外国関係会社並びに特定中間持株会社に対する貸付金の帳簿価額を控除した残額

5　次に掲げる要件の全てに該当する部分対象外国関係会社（一の居住者によってその発行済株式等の全部を直接又は間接に保有されているものに限る。）（1又は2以上の特定外国金融機関の株式等を有するものに限るものとし，上記2から4までのいずれかに該当する部分対象外国関係会社を除く。）

— 596 —

(1) その本店所在地国の法令に準拠して専ら特定外国金融機関の経営管理等，上記2から4までのいずれかに該当する部分対象外国関係会社（その発行済株式等の50％を超える数又は金額の株式等を有するものに限ります。以下5において同じ。）の経営管理等及び特定間接保有外国金融機関等の経営管理等を行っていること。

(2) その本店所在地国においてその役員又は使用人が特定外国金融機関の経営管理，上記2から4までのいずれかに該当する部分対象外国関係会社の経営管理及び特定間接保有外国金融機関等の経営管理を的確に遂行するために通常必要と認められる業務の全てに従事していること。

(3) その事業年度終了の時における貸借対照表に計上されているイに掲げる金額のロに掲げる金額に対する割合が75％を超えること。

　　イ　その有する特定外国金融機関の株式等，上記2から4までに掲げる部分対象外国関係会社の株式等，特定中間持株会社の株式等及び従属関連業務子会社の株式等の帳簿価額の合計額

　　ロ　その総資産の帳簿価額から特定外国金融機関，上記2から4までに掲げる部分対象外国関係会社，特定中間持株会社及び従属関連業務子会社に対する貸付金の帳簿価額を控除した残額

(4) その事業年度終了の時における貸借対照表に計上されているイに掲げる金額のロに掲げる金額に対する割合が50％を超えること。

　　イ　その有する特定外国金融機関の株式等，上記2から4までに掲げる部分対象外国関係会社の株式等及び特定中間持株会社の株式等の帳簿価額の合計額

　　ロ　その総資産の帳簿価額から特定外国金融機関，上記2から4までに掲げる部分対象外国関係会社及び特定中間持株会社に対する貸付金の帳簿価額を控除した残額

外国金融子会社等の特定所得の金額　特定所得の金額は，次に掲げる金額をいいます（措法40の4⑧一〜五，措令25の22の4②〜⑧）。

1　異常な水準の資本に係る所得　外国金融子会社等のうち，一の居住者にその発行済株式等の全部を直接又は間接に保有されている等の要件を満たすものが，異常な水準の資本の状態にあるものと判定される場合における，その異常な水準の資本に係る所得の金額

2　固定資産の貸付けによる対価　上記「特定所得の金額」の9に準じて計算した場合に算出される金額に相当する金額

3　無形資産等の使用料　上記「特定所得の金額」の10に準じて計算した場合に算出される金額に相当する金額

4　無形資産等の譲渡損益　上記「特定所得の金額」の11に準じて計算した場合に算出される金額に相当する金額

5　異常所得　上記「特定所得の金額」の12に準じて計算した場合に算出される金額に相当する金額

金融子会社等部分適用対象金額　金融子会社等部分適用対象金額とは，次に掲げる金額のうちいずれか多い金額とされています（措法40の4⑨）。

1　上記「外国金融子会社等の特定所得の金額」の1に掲げる金額

2　上記「外国金融子会社等の特定所得の金額」の2，3及び5に掲げる金額の合計額と，同4に

雑所得（外国子会社合算税制等）

掲げる金額（零を下回る場合には，零）を基礎としてその各事業年度開始の日前7年以内に開始した各事業年度において生じた同4に掲げる金額が零を下回る部分の金額につき調整を加えた金額とを合計した金額

調整を加えた金額は，その外国金融子会社等の各事業年度の上記「外国金融子会社等の特定所得の金額」の4の金額（零を下回る場合には，零）からその外国金融子会社等の各事業年度開始の日前7年以内に開始した事業年度（平成30年4月1日前に開始した事業年度，外国金融子会社等に該当しなかった事業年度及び租税負担割合が20％以上であった事業年度を除く。）において生じた金融子会社等部分適用対象損失額（同4の金額が零を下回る場合のその下回る金額をいい，その各事業年度前の事業年度において控除されたものを除く。）の合計額に相当する金額を控除した残額とされています（措令25の22の4⑨）。

金融子会社等部分課税対象金額　金融子会社等部分課税対象金額は，次の算式により計算した金額とされています（措令25の22の4①）。

外国金融子会社等の各事業年度の
金融子会社等部分適用対象金額　×　その各事業年度終了の時におけるその居住者の
その外国金融子会社等に係る請求権等勘案合算割合

部分合算課税の適用免除　居住者に係る部分対象外国関係会社につき次のいずれかに該当する事実がある場合には，部分対象外国関係会社のその該当する事業年度に係る部分適用対象金額又は金融子会社等部分適用対象金額については，部分合算課税の適用を免除されます（措法40の4⑩）。

1　各事業年度の租税負担割合が20％以上であること。

2(1)　各事業年度における部分適用対象金額又は金融子会社等部分適用対象金額が2,000万円以下であること。

(2)　各事業年度の決算に基づく所得の金額に相当する金額のうちにその各事業年度における部分適用対象金額又は金融子会社等部分適用対象金額の占める割合が5％以下であること。

一定の外国関係会社の財務諸表等の確定申告書への添付　租税負担割合20％未満の外国関係会社（特定外国関係会社を除きます。）又は租税負担割合30％未満の特定外国関係会社に対する持株割合が10％以上等である居住者は，その外国関係会社又は特定外国関係会社につき合算課税の適用があるか否かにかかわらず，その外国関係会社又は特定外国関係会社の貸借対照表，損益計算書その他の書類について，その外国関係会社又は特定外国関係会社の各事業年度終了の日の翌日から2月を経過する日の属する年分の確定申告書に添付しなければなりません（措法40の4⑪）。

> **（注）**　令和6年1月1日以後，上記の「一定の外国関係会社の財務諸表等の確定申告書への添付」は以下のとおりとされ，また，下記**添付不要部分対象外国関係会社の財務諸表等の保存**が追加されます。これらの改正は，居住者の令和6年分以後の各年分の課税対象金額等を計算する場合について適用されます（令5改正法附35①）。

一定の外国関係会社の財務諸表等の確定申告書への添付　租税負担割合20％未満の部分対象外国関係会社（その部分対象外国関係会社のうち，各事業年度の上記**部分合算課税の適用免除**の2(1)

— 598 —

雑所得（外国子会社合算税制等）

又は(2)のいずれかに該当する事実があるもの（以下「添付不要部分対象外国関係会社」という。）を除く。），租税負担割合20％未満の対象外国関係会社又は租税負担割合27％未満の特定外国関係会社に対する持株割合が10％以上等である居住者は，これらの外国関係会社の貸借対照表，損益計算書その他の書類について，これらの外国関係会社の各事業年度終了の日の翌日から2月を経過する日の属する年分の確定申告書に添付しなければなりません（措法40の4⑪）。

　　添付不要部分対象外国関係会社の財務諸表等の保存　　添付不要部分対象外国関係会社に対する持株割合が10％以上等である居住者は，その添付不要部分対象外国関係会社の貸借対照表，損益計算書その他の書類を整理し，その添付不要部分対象外国関係会社の各事業年度終了の日の翌日から2月を経過する日の属する年（その年分の所得税につき確定申告書を提出する年に限る。）の翌年3月15日の翌日から7年間，これらの書類を納税地に保存しなければなりません（措法40の4⑫，措規18の20㊲～㊴）。

　　二重課税の排除（課税済配当額の調整）　　外国子会社合算税制の適用を受けた居住者に係る特定外国関係会社若しくは対象外国関係会社又は部分対象外国関係会社が剰余金の配当等を行った場合には，その配当等についても所得税が課されるので，同一の所得に対して我が国の所得税が二重に課されることになります。

　　そこで，居住者が特定外国関係会社若しくは対象外国関係会社又は部分対象外国関係会社から剰余金の配当等を受ける場合には，その剰余金の配当等の額のうち，配当日の属する年分において雑所得の金額の計算上総収入金額に算入される及び配当日の属する年の前年以前3年内の各年分において雑所得の金額の計算上総収入金額に算入されたその特定外国関係会社若しくは対象外国関係会社又は部分対象外国関係会社に係る課税対象金額，部分課税対象金額又は金融子会社等部分課税対象金額のうち，その居住者の有する直接保有の株式等の数及び実質支配関係の状況を勘案して計算した金額（その前年以前3年内の各年分においてその特定外国関係会社若しくは対象外国関係会社又は部分対象外国関係会社から受けた剰余金の配当等の額がある場合には，その剰余金の配当等の額を控除した残額）の合計額に達するまでの金額は，その居住者の配当日の属する年分のその特定外国関係会社若しくは対象外国関係会社又は部分対象外国関係会社から受ける剰余金の配当等の金額に係る配当所得の金額の計算上控除します（措法40の5①，措令25の23①②）。

　　この場合において，その特定外国関係会社若しくは対象外国関係会社又は部分対象外国関係会社が他の外国法人から剰余金の配当等を受けるときは，その居住者がその特定外国関係会社若しくは対象外国関係会社又は部分対象外国関係会社から受ける剰余金の配当等の額からその剰余金の配当等の額につき上記の規定の適用を受ける部分の金額を控除した金額（配当日の属する年及びその前年以前2年内の各年におけるその特定外国関係会社若しくは対象外国関係会社又は部分対象外国関係会社に係る次の1又は2のいずれか少ない金額に達するまでの金額）は，その居住者の配当日の属する年分の特定外国関係会社若しくは対象外国関係会社又は部分対象外国関係会社から受ける剰余金の配当等の額に係る配当所得の金額の計算上控除します（措法40の5②，措令25の23③④）。

1　特定外国関係会社若しくは対象外国関係会社又は部分対象外国関係会社が他の外国法人から受

けた剰余金の配当等の額のうち，その居住者の有するその特定外国関係会社若しくは対象外国関係会社又は部分対象外国関係会社の直接保有の株式等の数に対応する部分の金額

2　他の外国法人に係る課税対象金額，部分課税対象金額又は金融子会社等部分課税対象金額で雑所得の金額の計算上総収入金額に算入された金額のうち，その居住者の有する他の外国法人の間接保有の株式等の数及びその居住者と他の外国法人との間の実質支配関係の状況を勘案して計算した金額の合計額

　課税済配当額の調整を受けるための手続　この調整の適用を受ける居住者は，配当を受ける日の属する年の前年以前3年内の合算課税に係る年のうち最も古い年以後の各年分（所得税法の規定による申告書を提出しなければならない場合の各年分に限る。）の確定申告書を連続して提出し，かつ，その配当を受ける日の属する年分の確定申告書，修正申告書又は更正請求書にこの調整を受ける金額等の明細書を添付しなければなりません（措法40の5③）。

　ただし，これらの確定申告書の提出又は明細書の添付がなかった場合において，そのことについて税務署長がやむを得ない事情があると認めるときは，これらの確定申告書の提出又は明細書の添付があった場合，この調整を受けることができます（措法40の5④）。

　外国信託に対する特例の適用　居住者が外国信託（投資信託及び投資法人に関する法律に規定する外国投資信託のうち租税特別措置法第68条の3の3に規定する特定投資信託に類するものをいう。）の受益権を直接又は間接に有する場合（その居住者との間に実質支配関係がある外国法人を通じて間接に有する場合を含む。）及びその外国信託との間に実質支配関係がある場合には，その外国信託の受託者を外国法人とみなして，外国子会社合算税制の適用対象とすることとされています（措法40の4⑫⑬）。

特殊関係株主等である居住者に係る外国関係法人に係る所得の課税の特例（コーポレート・インバージョン対策合算税制）

　適用対象金額に係る合算課税（外国関係法人単位の合算課税）　特殊関係株主等（特定株主等に該当する者並びにこれらの者と特殊の関係にある個人及び法人をいう。）と特殊関係内国法人との間にその特殊関係株主等がその特殊関係内国法人の発行済株式等の総数又は総額の80％以上の数又は金額の株式等を間接に有する関係（以下「特定関係」という。）がある場合において，その特殊関係株主等と特殊関係内国法人との間に発行済株式等の保有を通じて介在する外国関係法人のうち，特定外国関係法人又は対象外国関係法人に該当するものの適用対象金額のうちその特殊関係株主等である居住者の有するその特定外国関係法人又は対象外国関係法人の直接及び間接保有の株式等の数に対応するものとしてその株式等の請求権の内容を勘案して計算した金額（以下「課税対象金額」という。）に相当する金額は，その特殊関係株主等である居住者の雑所得に係る収入金額とみなしてその特定外国関係法人又は対象外国関係法人の各事業年度終了の日の翌日から2月を経過する日の属する年分のその居住者の雑所得の金額の計算上，総収入金額に算入されます（措法40の7①）。

　部分適用対象金額に係る合算課税（部分合算課税）　特殊関係株主等である居住者に係る部分対象

外国関係法人（外国金融関係法人に該当するものを除く。）の特定所得の金額に係る部分適用対象金額のうちその特殊関係株主等である居住者の有するその部分対象外国関係法人の直接及び間接保有の株式等の数に対応するものとしてその株式等の請求権の内容を勘案して計算した金額（以下「部分課税対象金額」という。）に相当する金額は，その特殊関係株主等である居住者の雑所得に係る収入金額とみなしてその部分対象外国関係法人の各事業年度終了の日の翌日から２月を経過する日の属する年分のその居住者の雑所得の金額の計算上，総収入金額に算入されます（措法40の７⑥）。

　　金融関係法人部分適用対象金額に係る合算課税（部分合算課税）　特殊関係株主等である居住者に係る外国金融関係法人の特定所得の金額に係る金融関係法人部分適用対象金額のうちその特殊関係株主等である居住者の有するその外国金融関係法人の直接及び間接保有の株式等の数に対応するものとしてその株式等の請求権の内容を勘案して計算した金額（以下「金融関係法人部分課税対象金額」という。）に相当する金額は，その特殊関係株主等である居住者の雑所得に係る収入金額とみなしてその外国金融関係法人の各事業年度終了の日の翌日から２月を経過する日の属する年分のその居住者の雑所得の金額の計算上，総収入金額に算入されます（措法40の７⑧）。

　　特例の適用を受ける個人（特殊関係株主等である居住者）（納税義務者）　コーポレート・インバージョン対策合算税制の適用を受ける個人は，次のとおりです（措法40の７①②一，措令25の25①）。
1　特定株主等（特定関係が生ずることとなる直前に特定内国法人（その直前に株主等の５人以下並びにこれらと特殊の関係のある個人及び法人によって発行済株式等の80％以上の数又は金額の株式等を保有される内国法人をいう。）の株式等を有する個人及び法人をいう。）である個人及びその個人に係る特殊関係者
2　特定株主等に該当する法人の役員及びその役員に係る特殊関係者
3　特殊関係内国法人の役員及びその役員に係る特殊関係者

　　特殊関係内国法人　特殊関係内国法人とは，特定内国法人又は合併，分割，事業の譲渡その他の事由により特定内国法人からその資産及び負債のおおむね全部の移転を受けた内国法人をいいます（措法40の７②二，措令25の26④）。

　　外国関係法人　外国関係法人とは，次に掲げる外国法人をいいます（措法40の７①，措令25の25⑤）。
1　特殊関係内国法人の株主等である外国法人の発行済株式等が特殊関係株主等によって保有されている場合において，その株主等である外国法人の有する特殊関係内国法人の株式等の数又は金額がその特殊関係内国法人の発行済株式等のうちに占める割合が80％以上である場合におけるその株主等である外国法人に該当する外国法人
2　特殊関係内国法人の株主等である法人と特殊関係株主等との間にこれらの者と株式等の保有を通じて連鎖関係にある１又は２以上の法人（以下「出資関連法人」という。）が介在している場合において，その株主等である法人の有する特殊関係内国法人の株式等の数又は金額がその特殊関係内国法人の発行済株式等のうちに占める割合が80％以上である場合におけるその株主等である

法人に該当する外国法人及び出資関連法人に該当する外国法人

3　1及び2に掲げる外国法人がその発行済株式等の50％を超える数又は金額の株式等を直接又は間接に有する外国法人（1及び2に掲げる外国法人に該当するもの及び特殊関係株主等に該当するものを除く。）

　特定外国関係法人，対象外国関係法人，部分対象外国関係法人及び外国金融関係法人　特定外国関係法人，対象外国関係法人，部分対象外国関係法人及び外国金融関係法人の範囲は，外国子会社合算税制における特定外国関係会社，対象外国関係会社，部分対象外国関係会社及び外国金融子会社等の範囲と同様とされています（措法40の7②三，四，七，八，措令25の26⑤〜⑮，㉑）。

　適用対象金額，課税対象金額，特定所得の金額，部分適用対象金額，部分課税対象金額，外国金融関係法人の特定所得の金額，金融関係法人部分適用対象金額及び金融関係法人部分課税対象金額　適用対象金額，課税対象金額，特定所得の金額，部分適用対象金額，部分課税対象金額，外国金融関係法人の特定所得の金額，金融関係法人部分適用対象金額及び金融関係法人部分課税対象金額の計算は，外国子会社合算税制におけるこれらの金額の計算と同様とされています（措法40の7①，②五，⑥〜⑨，措令25の25⑦〜⑨，25の26⑯〜⑳，25の27，25の28）。

（注）　特殊関係株主等である居住者に係る外国関係法人が，外国子会社合算税制における外国関係会社に該当し，かつ，その特殊関係株主等である居住者が外国子会社合算税制の適用を受ける居住者に該当する場合には，外国関係法人単位の合算課税及び部分合算課税は適用されません（措法40の7⑫）。

山 林 所 得

山 林 所 得 と は

　山林所得とは，山林の伐採による所得（山林を伐採して譲渡したことによって生ずる所得）又は山林の譲渡による所得（山林を伐採しないで譲渡したことによって生ずる所得）をいいます（法32①，基通32－1）。

　ただし，山林をその取得の日以後5年以内に伐採し又は譲渡することによる所得は，山林の売買を事業とする者の場合には事業所得，その他の者の場合には雑所得になります（法32②，基通35－2(8)）。

(注)1　山林所得は，苗木から成木まで成育させるのに長年月を要しそのうえで実現するという特殊事情があるところから，所得の計算について特別の軽減を図るほか，その他の所得と分別して特別の方法によって税額を計算することになっています。

　　2　山林所得の課税の対象とされる山林の譲渡には，売買のほか，交換，競売，公売，収用，物納，相続（限定承認によるものに限る。），遺贈（法人に対するもの及び個人に対する包括遺贈のうち限定承認によるものに限る。），贈与（法人に対するものに限る。）及び法人に対する出資などが含まれます（法59①）。

　土地とともに山林を譲渡した場合の所得　土地とともに山林を譲渡した場合には，山林の譲渡から生じた部分の所得が山林所得となり，土地の譲渡から生じた部分の所得は譲渡所得となります（基通32－2）。

　林業から製材業までを一貫作業によって行っている場合の所得　製材業者が，自ら植林して育成した山林（幼齢林の取得をして育成した山林を含む。）を伐採し，製材して販売する場合には，植林から製品の販売までの全所得がその販売した時の製材業の所得（事業所得）とされますが，植林又は幼齢林の取得から伐採までの所得は，伐採した原木をその製材業者の通常の原木貯蔵場等に運搬した時の山林所得とし，製材から販売までの所得は，その製品を販売した時の事業所得として，区分して計算することもできます（基通23〜35共－12）。

　(注)　上記の場合の山林所得の金額は，その原木貯蔵場等に運搬した時の原木の価額を基に計算し，また，事業所得の金額は，その原木の価額に相当する金額を原木の取得価額として計算します。

　生産組合の従事分量分配金による所得　生産森林組合でその事業に従事する組合員に対して給与等を支給しないものの組合員が，森林組合法第99条第2項の規定により組合の事業に従事した程度に応じて受ける分配金のうち，組合のその事業年度中の山林の伐採又は譲渡から生じた所得の大部分が分配されたと認められるものは，その組合員の山林所得となります。ただし，取得の日から5

山林所得（山林所得とは・所得金額の計算・総収入金額）

年以内に伐採し又は譲渡した山林から生じた所得の大部分が分配されたと認められる場合には，雑所得（山林の売買を業とする者が受けるものは，事業所得）になります（令62②，基通23〜35共一4(3)）。

強制換価手続による譲渡の場合の所得　資力を喪失して債務を弁済することが著しく困難な場合の強制換価手続（滞納処分，強制執行，担保権の実行としての競売，企業担保権の実行手続及び破産手続をいう。）による山林の譲渡による山林所得等（営利を目的として継続的に行われるものを除く。）は，課税されません（法9①十，令26，基通9—12の3，3ページ参照）。

国又は地方公共団体に山林を寄附した場合の取扱い　国又は地方公共団体に山林を贈与し又は遺贈した場合には，山林所得の金額の計算上その贈与又は遺贈はなかったものとみなされます（措法40①）。

公益社団法人等に山林を寄附した場合の取扱い　公益社団法人，公益財団法人，一定の一般社団法人及び一般財団法人その他の公益を目的とする事業を行う法人（外国法人に該当するものを除く。）に対して山林を贈与し又は遺贈した場合に，国税庁長官の承認を受けたときは，山林所得の金額の計算上その贈与又は遺贈はなかったものとみなされます（措法40①）。

（注）　国税庁長官の承認の手続は，譲渡所得の場合と同様です（298ページ(5)参照）。

相続税を山林で物納した場合の取扱い　相続税を納めるために山林を物納した場合には，山林所得の金額の計算上その山林の譲渡はなかったものとみなされます（措法40の3）。

所 得 金 額 の 計 算

山林所得の金額＝（総収入金額）－$\begin{bmatrix}必要\\経費\end{bmatrix}$－$\begin{bmatrix}山林所得の\\特別控除額\end{bmatrix}$

（法32③）

総 収 入 金 額

収入の時期　山林所得の総収入金額の収入すべき時期は，山林所得の基因となる資産の引渡しがあった日によります。ただし，その資産の譲渡に関する契約の効力発生の日により総収入金額に算入して申告することもできます（基通36—12）。

（注）　山林所得又は譲渡所得の総収入金額の収入すべき時期は，資産の譲渡の当事者間で行われるその資産に係る支配の移転の事実（例えば，土地の譲渡の場合における所有権移転登記に必要な書類等の交付）に基づいて判定をした資産の引渡しがあった日となりますが，その収入すべき時期は，原則として譲渡代金の決済を了した日より後にはなりません（基通36—12(注)1）。

— 604 —

山林所得（総収入金額）

山林を贈与した場合等の収入金額　次に掲げる事由によって山林（事業所得の基因となるものを除く。）の移転があった場合には，その事由が生じた時に，その時における山林の価額で山林の譲渡があったものとみなされます（法59①，令169）。

(1)　贈与（法人に対するものに限る。）又は相続（限定承認によるものに限る。）若しくは遺贈（法人に対するもの及び個人に対する包括遺贈のうち限定承認によるものに限る。）

(2)　法人に対する低額譲渡（時価の2分の1未満の対価による譲渡をいう。）

山林所得の収入金額とされる保険金，損害賠償金等　山林所得を生ずべき業務を行う者が山林について損失を受けたことによって取得する保険金，損害賠償金，見舞金など（山林について災害，盗難，横領による損失を受けたことによって取得するものについては，その損失の金額を超える部分に限る。）は，山林所得の収入金額とされます（令94①）。

分収造林契約又は分収育林契約の収益　造林又は育林による収益のうち次に掲げる金額は，山林所得に係る収入金額とされます（令78の2①②）。

(1)　分収造林契約の当事者がその契約に基づきその契約の目的となった山林の造林による収益のうちその山林の伐採又は譲渡による収益をその契約に定める一定の割合により分収する金額

(2)　分収育林契約の当事者がその契約に基づきその契約の目的となった山林の育林による収益のうちその山林の伐採又は譲渡による収益をその契約に定める一定の割合により分収する金額

　（注）　上記(1)，(2)の「山林の伐採又は譲渡による収益」には，造林，育林を通じて取得した，所得税法施行令第94条第1項各号に掲げる保険金等が含まれます。

　ただし，分収造林契約又は分収育林契約の当事者がその契約に基づき分収する金額であっても，次に掲げる金額のいずれかに該当するものは，山林所得以外の各種所得に係る収入金額とされます（令78の2③）。

(1)　契約の目的となった山林の伐採又は譲渡前にその契約に定める一定の割合により分収する金額（所得税法施行令第94条第1項各号に掲げるものは除く。）

(2)　契約の締結の期間中引き続きその契約に係る地代，利息その他の対価（その契約に基づく造林又は育林に係るものは除く。）に相当する金額の支払を受ける者がその契約に定める一定の割合により分収する金額

(3)　契約に係る権利を取得した日以後5年以内にその契約に定める一定の割合により分収する金額

分収造林契約　分収造林契約とは，①分収林特別措置法第2条第1項に規定する分収造林契約，②その他一定の土地についての造林に関し，その土地の所有者，その土地の所有者以外の者でその土地につき造林を行うもの及びこれらの者以外の者でその造林に関する費用の全部若しくは一部を負担するものの三者又はこれらの者のうちのいずれか二者が当事者となって締結する契約で，その契約条項中において，その契約の当事者がその契約に係る造林による収益を一定の割合により分収することを約定しているものをいいます（令78一）。

分収育林契約　分収育林契約とは，①分収林特別措置法第2条第2項に規定する分収育林契約，②その他一定の土地に生育する山林の保育及び管理（以下「育林」という。）に関し，その土地の所有者，その土地の

— 605 —

山林所得（総収入金額・必要経費）

所有者以外の者でその山林につき育林を行うもの及びこれらの者以外の者でその育林に関する費用の全部若しくは一部を負担するものの三者又はこれらの者のうちのいずれか二者が当事者となって締結する契約で，その契約条項中において，その契約の当事者がその契約に係る育林による収益を一定の割合により分収することを約定しているものをいいます（令78二）。

分収造林契約又は分収育林契約に係る権利の譲渡等による所得

(1) 分収造林契約又は分収育林契約に係る権利の譲渡による収入金額は，山林所得に係る収入金額とされます（令78の3①）。

　　ただし，次に掲げる収入金額は，事業所得又は雑所得に係る収入金額とされます（令78の3②）。

イ　分収造林契約の当事者である土地の所有者若しくは造林者又は分収育林契約の当事者である土地の所有者若しくは育林者が受けるその契約に係る権利の取得の日以後5年以内に行われたその権利の譲渡による収入金額

ロ　分収造林契約の当事者である造林費負担者又は分収育林契約の当事者である育林費負担者が受けるその契約に係る権利の譲渡による収入金額

(2) 山林の所有者がその山林につき分収育林契約を締結することにより，その契約を締結する他の者から支払を受けるその契約の目的となった山林の持分の対価の額は，山林所得に係る収入金額とされます。

　　ただし，その山林の取得の日以後5年以内に支払を受けるその持分の対価の額は，事業所得又は雑所得に係る収入金額とされます（令78の3③）。

(3) 分収造林契約又は分収育林契約の当事者が，不特定の者に対しその契約の造林費負担者又は育林費負担者として権利を取得し義務を負うこととなるための申込みを勧誘したことにより，新たにその権利を取得し義務を負うこととなった者から支払を受ける持分の対価の額は，山林所得に係る収入金額とされます。

　　ただし，その当事者がその契約に係る権利の取得の日以後5年以内に支払を受けるその持分の対価の額は，事業所得又は雑所得に係る収入金額とされます（令78の3④）。

山林を家事のために消費した場合の収入金額　取得の日以後5年を超える期間所有していた山林を伐採して自分の住宅を建築するなど，伐採した立木を家事のために消費した場合には，その消費した立木の時価をその消費した日の属する年分の山林所得の総収入金額に算入します（法39）。

必 要 経 費

通　則

家事関連費等（33ページ参照）
親族に支払う給料，賃借料等（34ページ参照）
租税公課（35ページ参照）
借入金利子，割引料（40ページ参照）
福利厚生費（41ページ参照）

地代，家賃，損害保険料等（38ページ参照）
借地権等の更新料（39ページ参照）
接待費，交際費及び寄附金（40ページ参照）
専従者控除（83ページ参照）
貸倒損失等（85ページ参照）

— 606 —

山林所得（必要経費）

修繕費（41ページ参照）
減価償却資産の償却費（45ページ参照）
繰延資産の償却費（78ページ参照）
事業用固定資産等の損失（81ページ参照）
雇人費（83ページ参照）

青色申告特別控除（87ページ参照）
譲渡代金が回収不能になった場合等の所得
計算の特例（90ページ参照）
廃業後に生じた必要経費の特例（91ページ
参照）

植林費，取得に要した費用，管理費　植林費とは，その山林の苗木の買入れ代，植付費その他植林のために要した費用をいい，取得に要した費用とは，その山林が自生し又は植林されたものである場合の買入れ代をいいます。

また，管理費とは，その山林の下刈り又は枝下ろしの費用，租税公課その他その山林を育成するための費用をいいます。

贈与等によって取得した山林の取得に要した費用　贈与，相続，遺贈又は低額譲渡によって取得した山林の取得に要した費用は，次のように計算します。

(1)　贈与，相続（限定承認に係るものを除く。）若しくは遺贈（包括遺贈のうち限定承認に係るものを除く。）（以下「贈与等」という。）又は個人に対する低額譲渡（その低額譲渡における対価の額が山林所得の金額の計算上差し引かれる必要経費の額に満たない場合に限る。）によって取得した山林については，その山林を取得した人が初めから引き続き所有していたものとみなして，その取得に要した費用を計算します（法60①）。

(注)　贈与等により山林を取得した場合，受贈者等が山林を取得するために通常必要と認められる費用を支出しているときは，その費用のうち所得税基本通達37—5及び49—3の規定により必要経費に算入された登録免許税，不動産取得税等を除き，取得費に算入することができます（基通60—2）。

(2)　相続（限定承認に係るものに限る。）又は遺贈（包括遺贈のうち限定承認に係るものに限る。）によって取得した山林は，その山林を相続などの際に時価で取得したものとみなして，その取得に要した費用を計算します（法60④）。

昭和27年12月31日以前に取得した山林の必要経費　昭和27年12月31日以前から引き続いて所有していた山林を伐採し又は譲渡した場合の山林所得の金額の計算上差し引く必要経費は，その山林の昭和28年1月1日現在における相続税の評価額と，その山林について同日以後に支出した管理費，伐採費その他その山林の育成又は譲渡に要した費用の額との合計額とされます（法61①，令171）。

(注)　昭和27年12月31日以前から被相続人又は遺贈者が所有していた山林を，次のような事由で取得してこれを譲渡した場合にも，同様の方法でその必要経費の額を計算します（基通60—1）。

1　昭和27年1月1日以後に相続（昭和40年4月1日以後の限定承認によるものを除く。）又は被相続人からの特定遺贈により取得した場合

2　昭和29年1月1日以後に被相続人以外の人から包括遺贈（昭和40年4月1日以後の限定承認によるものを除く。）により取得した場合

3　昭和33年1月1日以後に被相続人からの贈与（贈与者である被相続人の死亡により効力を生ずるものに限る。）により取得した場合

伐採費等　その山林の伐採又は譲渡のための必要経費には，伐採費，運搬費のほか，仲介手数料，

山林所得（必要経費・特別控除額・計算の特例）

周旋料などが含まれます。

山林所得の特別控除額

> 総収入金額から必要経費を差し引いた残額が
>
> 50万円未満の場合……………………………その残額
>
> 50万円以上の場合……………………………50万円

（法32④）

山林所得の計算の特例

概算経費控除

　その年の15年前の年の12月31日以前から引き続いて所有していた山林を伐採し，又は譲渡した場合には，山林所得の金額を次の算式で計算することができます（措法30①④，措令19の5，措規12）。

$$A-\{(A-B)×（概算経費率）+B+C\}-（山林所得の特別控除額）=山林所得の金額$$

A…伐採又は譲渡による収入金額
B…伐採費，運搬費，仲介手数料その他の費用の金額
C…災害によって山林及び山林所得を生ずべき事業用固定資産及び繰延資産（まだ必要経費に算入されていない部分に限る。）について生じた損失並びにその関連費用
（注）1　「その年の15年前の年」とは，例えばその年が令和5年である場合には，平成20年をいいます。
　　　2　消費税等の取扱い（107ページ参照）

　概算経費率　経費率は，50％とされています（措法30④，措規12②）。

　相続，遺贈又は贈与によって取得した山林に対する概算経費控除の適用　相続，遺贈又は贈与によって取得した山林を伐採し又は譲渡した場合には，相続人，受遺者又は受贈者が引き続き所有していたものとみなして，概算経費控除による山林所得の金額の計算をすることができます。ただし，次に掲げる山林については，この特例は適用されません（措法30②）。
(1)　昭和28年中に包括遺贈によって取得したもの
(2)　昭和28年1月1日から昭和36年12月31日までの間に遺贈（包括遺贈及び相続人に対する特定遺贈を除く。）又は贈与（相続人に対する贈与で被相続人である贈与者の死亡により効力を生ずるものを除く。）によって取得したもの
(3)　昭和37年1月1日から昭和40年3月31日までの間に遺贈（包括遺贈及び相続人に対する特定遺贈を除く。）又は贈与（相続人に対する贈与で被相続人である贈与者の死亡により効力を生ずるものを除く。）によって取得した山林で，時価で山林の譲渡があったものとみなして山林所得に対する課税が行われたもの
(4)　昭和40年4月1日から昭和47年12月31日までの間に相続（限定承認によるものに限る。），遺贈（包括遺贈のうち限定承認によるもの以外のもの及び相続人に対する特定遺贈を除く。）又は贈与（相続人に対する贈与で被相続人である贈与者の死亡により効力を生ずるものを除く。）によって取得した山林で，時

山林所得（計算の特例）

価で山林の譲渡があったものとみなして山林所得に対する課税が行われたもの

(5) 昭和48年1月1日以後に相続（限定承認に係るものに限る。）又は遺贈（包括遺贈のうち限定承認に係るものに限る。）により取得したもの

適用を受けるための手続 この特例の適用を受けるためには，確定申告書に，**措置法第30条**と記載しなければなりません（措法30③）。

森林計画特別控除

昭和56年から令和6年までの各年において，その有する山林について市町村長の認定を受けた森林経営計画（平成24年4月1日前にあっては，森林施業計画）に基づいてその山林の全部又は一部の伐採をし，又は譲渡をした場合には，その伐採又は譲渡の日の属する年分のその伐採又は譲渡による山林所得の金額を，次の算式で計算することができます（措法30の2①，平24改正法附11①）。

なお，平成24年4月1日以後に行う改正前の森林法に規定する森林施業計画に基づく伐採又は譲渡については，森林経営計画に基づく伐採又は譲渡とみなして，森林計画特別控除を受けることができます（平24改正法附11②）。

$$（収入金額）-（必要経費）-\begin{pmatrix}森林計画特\\別控除額\end{pmatrix}-\begin{pmatrix}山林所得の\\特別控除額\end{pmatrix}=山林所得の金額$$

森林計画特別控除額 森林計画特別控除額は，その山林の伐採又は譲渡による収入金額（その伐採又は譲渡に関し，伐採費，運搬費，仲介手数料その他の費用を要したときは，その費用を控除した金額。以下同じ。）の20％（その収入金額が2,000万円を超える場合には，その超える部分の金額については10％）に相当する金額です。ただし，概算経費控除（措法30①，608ページ参照）を適用する場合を除き，その金額がその収入金額の50％相当額から必要経費の額（前記の収入金額から控除する伐採費，運搬費等及び被災事業用資産の損失の金額のうちその収入金額に対応する部分の金額を除く。）を差し引いた残額を超える場合には，その残額に相当する金額とされます（措法30の2②，措令19の6②，措規13②）。

(注) 消費税等の取扱い（107ページ参照）

森林計画特別控除の特例の適用が受けられない伐採又は譲渡 次に掲げる山林の伐採又は譲渡は，森林計画特別控除の特例の適用を受けることはできません（措法30の2①，措令19の6①）。

(1) 交換及び出資による譲渡並びに収用換地等による譲渡
(2) 贈与（法人に対するものに限る。）又は相続（限定承認によるものに限る。）若しくは遺贈（法人に対するもの及び個人に対する包括遺贈のうち限定承認に係るものに限る。）による山林の移転
(3) 森林の保健機能の増進に関する特別措置法第2条第2項第2号に規定する森林保健施設を整備するための伐採又は譲渡

適用を受けるための手続 この特例の適用を受けるためには，確定申告書に**措置法第30条の2**と記載するとともに，山林所得の金額の計算に関する明細書その他次に掲げる書類を添付しなければなりません（措法30の2③，措規13③）。

(1) その伐採又は譲渡をした山林の所在地を管轄する市町村長（一定の山林については，都道府県知事又は農林水産大臣）のその伐採又は譲渡が森林経営計画に基づくものである旨，その林地の面積，その山林の樹種別及び樹齢別の材積を証明する書類
(2) その林地の測量図
(3) その山林について作成された森林経営計画書の写し

— 609 —

山林所得（計算の特例・参考事項）

ただし，確定申告書の提出がなかった場合又は確定申告書に所要の記載若しくは書類の添付がなかった場合でも，その提出又は記載若しくは添付がなかったことについて税務署長がやむを得ない事情があると認めるときは，所定の書類を提出してこの特例の適用を受けることができます（措法30の2④）。

　森林経営計画の認定取消しがあった場合　森林経営計画の認定取消しがあった場合には，認定を受けなかったものとみなされますので，その認定取消しがあった日の属する年分及びその翌年以後の各年分はもとより，その年の前年以前の各年分において，既に適用を受けていた森林計画特別控除も適用されません。
　この場合には，その認定の取消しがあった日から4月以内に，森林計画特別控除の適用が受けられないこととなった各年分の所得税の修正申告書を提出し，その提出により納付すべきこととなった税額を納付しなければなりません（措法30の2①⑤）。
　（注）　期限内（4月以内）に提出された修正申告書は，期限内申告書とみなされます（措法30の2⑦）。

青色申告特別控除

　青色申告書の提出の承認を受けている山林所得の金額については，青色申告特別控除（10万円控除）が認められます（措法25の2①，87ページ参照）。

その他の特例

　山林が収用等をされた場合　山林が土地収用法等の規定に基づいて収用され（買取りの申出を拒むときは収用されることとなる場合の買取りを含む。）又は買い入れられ若しくは交換された場合には，山林所得の金額の計算についても，収用等の場合の譲渡所得の計算の特例（346ページ以降参照）と同様の特例が適用されます（措法33～33の4）。

　譲渡代金が回収不能となった場合等の所得計算の特例（90ページ参照）
　廃業後に生じた必要経費の特例（91ページ参照）
　転廃業助成金等に係る課税の特例（91ページ参照）
　任意組合等の組合員の所得計算（93ページ参照）
　有限責任事業組合の事業に係る組合員の事業所得等の所得計算の特例（94ページ参照）
　リース取引に係る所得金額の計算の特例（100ページ参照）
　免責許可の決定等により債務免除を受けた場合の経済的利益の総収入金額不算入（102ページ参照）
　債務処理計画に基づく減価償却資産等の損失の必要経費算入の特例（103ページ参照）

参 考 事 項

　所得の総合関係　山林所得の金額は，他の所得の金額とは別個に五分五乗の方式によって税額を計算するため，総所得金額から切り離して課税標準の計算を行います（625・736ページ参照）。

　山林の災害による損失額の繰越控除　震災，風水害，火災などの災害によって山林に損害を受けたためその年分の所得に純損失の金額を生じたときは，その災害による損失の金額（保険金，損害賠償金などで補塡される金額を除く。）について，翌年以後3年間（特定非常災害による損失について一定

— 610 —

山林所得（参考事項）

の場合には５年間）の繰越控除を受けることができます（法70②，70の２②，643・649ページ参照）。

　延払条件付譲渡についての所得税額の延納　山林の延払条件付譲渡で一定の条件に該当するものについては，第３期分の所得税額について５年以内の延納が認められます（法132①）。

　この場合，延納税額については，年7.3％（利子税特例基準割合が7.3％に満たない場合には，利子税特例基準割合）の割合を乗じて計算した利子税を併せて納付しなければならないことになっています（法136①，措法93①）が，延納許可の対象となった山林所得の金額のうちに収用換地等に基因するものがある場合には，その利子税のうちその収用換地等に基づく山林の譲渡による山林所得の金額に対する所得税の額に対応する部分の利子税は免除されます（措法33の４⑦，措令22の４③，865・928ページ参照）。

(注)　令和２年12月31日以前の期間に対応する利子税については，延納税額に年7.3％（特例基準割合が7.3％に満たない場合には，特例基準割合）を乗じて計算した金額とされています。

退 職 所 得

退職所得とは

退職所得とは，退職手当，一時恩給その他の退職によって一時に受ける給与及びこれらの性質を有する給与（これらの給与を，「退職手当等」という。）による所得をいいます（法30①）。

(注) 退職手当等は，長期間にわたる勤務についての慰労金若しくは給与の後払的な性質をもっていますので，本来は勤務期間中の各年に割り振って課税すべきものと考えることができますが，それが実際には不可能なため，退職手当を受けた年に一括して課税することとし，その代りに所得の計算について特別の軽減を図るとともに，他の所得と分別して税額の計算をすることになっています。

引き続き勤務する者に支払われる給与で退職手当等とするもの 引き続き勤務する役員又は使用人に対し退職手当等として一時に支払われる給与のうち，次に掲げるものでその給与が支払われた後に支払われる退職手当等の計算上その給与の計算の基礎となった勤続期間を一切加味しない条件の下に支払われるものは，退職手当等とされます（基通30―2）。

(1) 新たに退職給与規程を制定し，又は中小企業退職金共済制度若しくは確定拠出年金制度への移行など相当の理由によって従来の退職給与規程を改正した場合において，使用人に対しその制定又は改正前の勤続期間についての退職手当等として支払われる給与

(注)1 上記の給与は，合理的な理由による退職金制度の実質的改変により精算の必要から支払われるものに限られるのであって，例えば，使用人の選択によって支払われるものは，当たりません。

2 使用者が上記の給与を未払金等として計上した場合には，その給与は現に支払われる時の退職手当等とされます。この場合，その給与が2回以上にわたって分割して支払われるときは，所得税法施行令第77条の規定の適用があります（618ページ(5)(注)参照）。

(2) 使用人から役員になった者に対しその使用人であった勤続期間についての退職手当等として支払われる給与（退職給与規程の制定又は改正をして，使用人から役員になった者に対してその使用人であった期間に係る退職手当等を支払うこととした場合において，その制定又は改正の時に既に役員になっている者の全員に対しその退職手当等として支払われる給与で，その者が役員になった時までの期間の退職手当等として相当なものを含む。）

(3) 役員の分掌変更等により，例えば常勤役員が非常勤役員（常時勤務していない者であっても代表権を有するもの及び代表権は有しないが実質的にその法人の経営上主要な地位を占めていると認められるものを除く。）になったこと，分掌変更等の後における報酬が激減（おおむね50％以上減少）したことなどで，その職務の内容又はその地位が激変した者に対し，その分掌変更等の前に役員であった勤続期間についての退職手当等として支払われる給与

(4) いわゆる定年に達した後引き続き勤務する使用人に対し，その定年に達する前の勤続期間についての退職手当等として支払われる給与

(5) 労働協約等を改正して定年を延長した場合において，旧定年に達した使用人に対し旧定年に達

する前の勤続期間に係る退職手当等として支払われる給与で，その支払をすることについて相当
の理由があると認められるもの

(6) 法人が解散した場合において引き続き役員又は使用人として清算事務に従事する者に対し，そ
の解散前の勤続期間についての退職手当等として支払われる給与

使用人から執行役員への就任に伴い退職手当等として支給される一時金　使用人（職制上使用人と
しての地位のみを有する者に限る。）から，いわゆる執行役員に就任した者に対しその就任前の勤続期
間についての退職手当等として一時に支払われる給与（その給与が支払われた後に支払われる退職手当
等の計算上その給与の計算の基礎となった勤続期間を一切加味しない条件の下に支払われるものに限る。）
のうち，例えば，次のいずれにも該当する執行役員制度の下で支払われるものは，退職手当等とさ
れます（基通30―2の2）。

(1) 執行役員との契約は，委任契約又はこれに類するもの（雇用契約又はこれに類するものは含まな
い。）であり，かつ，執行役員退任後の使用人としての再雇用が保障されているものではないこと

(2) 執行役員に対する報酬，福利厚生，服務規律等は役員に準じたものであり，執行役員は，その
任務に反する行為又は執行役員に関する規程に反する行為により使用者に生じた損害について賠
償する責任を負うこと

(注) 上記例示以外の執行役員制度の下で支払われるものであっても，個々の事例の内容から判断して，
使用人から執行役員への就任について，勤務関係の性質，内容，労働条件等において重大な変動があっ
て，形式的には継続している勤務関係が実質的には単なる従前の勤務関係の延長とはみられないなど
の特別の事実関係があると認められる場合には，退職手当等とされます。

退職手当等とみなされる一時金　次に掲げる一時金は，退職手当等とみなされます（法31）。

(1) 次に掲げる法律の規定に基づく一時金（法31一）
国民年金法，厚生年金保険法，国家公務員共済組合法，地方公務員等共済組合法，私立学校教
職員共済法，独立行政法人農業者年金基金法

(2) 旧船員保険法の規定に基づく一時金（令72①一）

(3) 地方公務員等共済組合の一部を改正する法律附則の規定に基づく一時金（令72①二）

(4) 厚生年金保険制度及び農林漁業団体職員共済組合制度の統合を図るための農林漁業団体職員共
済組合法等を廃止する等の法律の一部を改正する法律（以下「30年農林共済改正法」という。）の
規定により支給されることとなる特例一時金のうち30年農林共済改正法の施行の日（令和2年4
月1日）の前日において特例年金を受ける権利を有する者に対して支給するもの（特例退職年金
給付に係るものに限る。）（令72①三）

(注) 令和2年4月1日前に支払うべき旧農林漁業団体職員共済法の規定に基づく一時金も退職手当等
とみなされます（旧令72①三）。

(5) 石炭鉱業年金基金法の規定に基づく一時金で同法第16条第1項《坑内員に関する給付》又は第18
条第1項《坑外員に関する給付》に規定する坑内員又は坑外員の退職に基因して支払われるもの（法
31二）

(6) 公的年金制度の健全性及び信頼性の確保のための厚生年金保険法等の一部を改正する法律（以

下「平成25年厚生年金等改正法」という。）第１条の規定による改正前の厚生年金保険法第９章の規定に基づく一時金で，平成25年厚生年金等改正法附則第３条第12号に規定する厚生年金基金の加入員の退職に基因して支払われるもの（令72②）

(7) 確定給付企業年金法の規定に基づいて支給を受ける一時金で同法第25条第１項《加入者》に規定する加入者の退職により支払われるもの（同法第３条第１項《確定給付企業年金の実施》に規定する確定給付企業年金に係る規約に基づいて拠出された掛金のうちにその加入者の負担した金額がある場合には，その一時金の額からその負担した金額を控除した金額に相当する部分に限る。）（法31三）

(8) 特定退職金共済団体が行う退職金共済に関する制度に基づいて支給される一時金で，その制度に係る被共済者の退職により支払われるもの（令72③一）

　　特定退職金共済団体とは，退職金共済事業を行う市町村（特別区を含む。），商工会議所，商工会，商工会連合会，都道府県中小企業団体中央会，退職金共済事業を主たる目的とする一般社団法人又は一般財団法人その他財務大臣の指定するこれらに準ずる法人で，その行う退職金共済事業につき一定の要件を備えているものとして税務署長の承認を受けたものをいいます（令73）。

(9) 独立行政法人勤労者退職金共済機構が中小企業退職金共済法第10条第１項，第30条第２項又は第43条第１項の規定により支給するこれらの規定に規定する退職金（令72③二）

(10) 独立行政法人中小企業基盤整備機構が支給する一時金で次に掲げるもの（令72③三）

　イ　小規模企業共済契約に基づいて支給される小規模企業共済法第９条第１項に規定する共済金（分割共済金を除く。）

　ロ　年齢65歳以上である共済契約者が小規模企業共済契約を小規模企業共済法第７条第３項の規定により解除したことにより支給される解約手当金

　ハ　小規模企業共済法第７条第４項の規定により小規模企業共済契約が解除されたものとみなされたことによって支給される解約手当金

　(注)　ロ及びハに掲げる解約手当金以外の解約手当金については，全て一時所得となります（563ページ参照）。

(11) 法人税法附則第20条第３項《退職年金等積立金に対する法人税の特例》に規定する適格退職年金契約に基づいて支給を受ける一時金で，その一時金が支給される基因となった勤務をした者の退職により支払われるもの（その契約に基づいて払い込まれた掛金又は保険料のうちにその勤務をした者の負担した金額がある場合には，その一時金の額からその負担した金額を控除した金額に相当する部分に限る。）（令72③四）

(12) 次に掲げる規定に基づいて支給を受ける一時金で加入員，確定給付企業年金法第25条第１項に規定する加入者又は確定拠出年金法第２条第８項に規定する企業型年金加入者（以下「企業型年金加入者」といいます。）の退職により支払われるもの

　　なお，確定給付企業年金法第３条第１項に規定する確定給付企業年金に係る規約に基づいて拠出された掛金のうちにその加入者の負担した金額がある場合には，その一時金の額からその負担した金額を控除した金額に相当する部分に限ります（令72③五）。

　イ　平成25年厚生年金等改正法附則第42条第３項，第43条第３項，第46条第３項，第47条第３項，第49条の２第１項又は第75条第２項の規定

　ロ　平成25年厚生年金等改正法附則第63条第１項の規定によりなおその効力を有するものとされ

退職所得（退職所得とは）

　　　る平成25年厚生年金等改正法第2条の規定による改正前の確定給付企業年金法第91条の2第3項の規定
　ハ　平成25年厚生年金等改正法附則第63条第2項の規定によりなおその効力を有するものとされる平成25年厚生年金等改正法第2条の規定による改正前の確定給付企業年金法第91条の3第3項の規定
(13)　確定給付企業年金法第91条の23第1項の規定に基づいて支給を受ける一時金で，企業型年金加入者の退職により支払われるもの（令72③六）
(14)　確定拠出年金法第4条第3項に規定する企業型年金規約又は同法第56条第3項に規定する個人型年金規約に基づいて同法第28条第1号（同法第73条において準用する場合を含む。）に掲げる老齢給付金として支給される一時金（令72③七）
(15)　独立行政法人福祉医療機構が社会福祉施設職員等退職手当共済法第7条の規定により支給する同条に規定する退職手当金（令72③八）
(16)　外国の法令に基づく保険又は共済に関する制度で(1)から(6)に掲げる法律の規定による社会保険又は共済に関する制度に類するものに基づいて支給される一時金で，その制度に係る被保険者又は被共済者の退職により支払われるもの（令72③九）

　退職勤労者が弁済を受ける未払賃金　賃金の支払の確保等に関する法律第7条（同法第16条の規定により読み替えて適用する場合を含む。以下同じ。）に規定する事業主に係る事業を退職した労働者が同法第7条の規定により同条の未払賃金に係る債務で所得税法第28条第1項に規定する給与等に係るものにつき弁済を受けた金額は，その事業主からその退職の日において支払を受けるべき退職手当等とみなされます（措法29の4）。

　拠出制の企業内年金制度に基づき支払われる一時金　在職中に使用者に対し所定の掛金を拠出することにより退職に際してその使用者から支払われる一時金は，退職手当等とされます（基通30―3）。

　年金に代えて支給される一時金　過去の勤務に基づき使用者であった者から支給される年金の受給資格者に対しその年金に代えて支払われる一時金のうち，退職の日以後その年金の受給開始日までの間に支払われるものは退職手当等とし，同日後に支払われるものは公的年金等（571ページ参照）となります。なお，年金の受給開始日後に支払われる一時金であっても，将来の年金給付の総額に代えて支払われる次の一時金については，それぞれ次の年分の退職手当等として差し支えありません（基通30―4）。
(1)　退職の日以後その退職に基因する退職手当等の支払を既に受けている者に支払われる一時金については，その退職手当等のうち最初に支払われたものの支給期の属する年分
(2)　(1)以外の一時金については，その一時金の支給期の属する年分

　解雇予告手当　労働基準法第20条の規定によって予告なしに解雇される場合に支払われる予告手当は，退職手当等とされます（基通30―5）。

退職所得（所得金額の計算）

━━━━━ 所 得 金 額 の 計 算 ━━━━━

> 1　一般退職手当等が支給される場合
>
> 　　退職所得の金額＝（一般退職手当等の収入金額－退職所得控除額）×$\frac{1}{2}$
>
> 2　短期退職手当等が支給される場合　次の区分に応じそれぞれ次の金額
>
> 　① 　収入金額－退職所得控除額≦300万円
>
> 　　　退職所得の金額＝（短期退職手当等の収入金額－退職所得控除額）×$\frac{1}{2}$
>
> 　② 　収入金額－退職所得控除額＞300万円
>
> 　　　退職所得の金額＝150万円＋｛短期退職手当等の収入金額－（300万円＋退職所得控除額）｝
>
> 3　特定役員退職手当等が支給される場合
>
> 　　退職所得の金額＝特定役員退職手当等の収入金額－退職所得控除額
>
> 4　一般退職手当等，短期退職手当等又は特定役員退職手当等のうち2以上の退職手当等が支給される場合
>
> 　　所得税法施行令第71条の2第1項，第3項，第5項又は第7項の規定に基づいて一般退職所得控除額，短期退職所得控除額及び特定役員退職所得控除額を計算し，一般退職手当等，短期退職手当等又は特定役員退職手当等につき上記1から3までに準じて計算した金額の合計額

（法30②，令71の2①～⑨）

(注)　1　「短期退職手当等」とは，退職手当等のうち，退職手当等の支払者から短期勤続年数に対応する退職手当等として支払を受けるものであって，特定役員退職手当等に該当しないものをいいます（法30④）。

　　2　「短期勤続年数」とは，退職手当等に係る調整後勤続期間（621ページ(2)ヘ参照）のうち，その退職手当等の支払を受ける居住者が下記4の役員等以外の者として勤務した期間により計算した勤続年数が5年以下であるものをいいます（法30④，令69の2①③）。

　　3　「特定役員退職手当等」とは，退職手当等のうち，役員等勤続年数が5年以下である者が，退職手当等の支払者からその役員等勤続年数に対応する退職手当等として支払を受けるものをいいます（法30⑤，令69の2②）。

　　4　「役員等」とは，次に掲げる者をいいます（法30⑤一～三）。

　　① 　法人税法第2条第15号に規定する役員

　　② 　国会議員及び地方公共団体の議会の議員

　　③ 　国家公務員及び地方公務員

　　5　「一般退職手当等」とは，「短期退職手当等」及び「特定役員退職手当等」のいずれにも該当しないものをいいます（法30⑦）。

退職所得（所得金額の計算・収入金額）

（注）　令和３年分以前の退職所得金額は次のとおりとされていました。

1　一般退職手当等が支給される場合

退職所得の金額＝（一般退職手当等の収入金額－退職所得控除額）×$\dfrac{1}{2}$

2　特定役員退職手当等が支給される場合

退職所得の金額＝特定役員退職手当等の収入金額－退職所得控除額

3　一般退職手当等と特定役員退職手当等の両方が支給される場合

$$\begin{array}{l}退職所得\\の金額\end{array}＝\left[\begin{array}{l}一般退職手当等\\の収入金額\end{array}－\left(\begin{array}{l}退職所得\\控除額\end{array}－\begin{array}{c}\text{A}\\特定役員退職\\所得控除額\end{array}\right)\right]×\dfrac{1}{2}＋\left(\begin{array}{l}特定役員退職手\\当等の収入金額\end{array}－\text{A}\right)$$

（旧法30②，旧令71の２①）

（注）1　「特定役員退職手当等」とは，退職手当等のうち，役員等勤続年数が５年以下である者が，退職手当等の支払者から役員等の勤続年数に対応するものとして支払を受けるものをいいます（旧法30④）。

　　　2　「役員等」とは，次に掲げる者をいいます（旧法30④一～三）。

　　　　①　法人税法第２条第15号に規定する役員

　　　　②　国会議員及び地方議員

　　　　③　国家公務員及び地方公務員

　　　3　「一般退職手当等」とは，「特定役員退職手当等」以外の退職手当等をいいます（旧令71の２①）。

収　入　金　額

収入の時期　退職所得の収入金額の収入すべき時期は，その支給の基因となった退職の日によります。ただし，次の退職手当等については，それぞれ次に掲げる日によることになります（基通36—10）。

(1)　役員に支払われる退職手当等で，その支給について株主総会その他正当な権限を有する機関の決議を要するものについては，その役員の退職後その決議があった日。ただし，その決議が退職手当等を支給することだけを定めるにとどまり，具体的な支給金額を定めていない場合には，その金額が具体的に定められた日

(2)　退職給与規程の改訂が既往にさかのぼって実施されたため支払われる新旧退職手当等の差額に相当する退職手当等で，その支給日が定められているものについてはその支給日，その日が定められていないものについてはその改訂の効力が生じた日

(3)　所得税法第31条に規定する退職手当等とみなされる一時金(613ページ参照)については，その一時金の支給の基礎となる法令，契約，規程又は規約により定められた給付事由が生じた日

(4)　引き続き勤務する人に支払われる給与で所得税基本通達30—2(612ページ参照)により退職手当等とされるもののうち，役員であった勤続期間に関するものについては(1)に掲げる日，使用人であった勤続期間に関するものについては次の区分に応じ，それぞれの日

イ　612ページの(1)に掲げる給与……その支給を受けた日

ロ　612ページの(2)に掲げる給与……使用人から役員になった日。ただし，612ページの(2)のかっこ内の給与については，その制定又は改正の日

— 617 —

退職所得（収入金額）

　ハ　612ページの(4)に掲げる給与……その定年に達した日
　ニ　612ページの(5)に掲げる給与……旧定年に達した日
　ホ　613ページの(6)に掲げる給与……法人の解散の日
(5)　年金に代えて支払われる一時金(615ページ参照)で退職手当等とされるものについては，その退職手当等とされるものの給付事由が生じた日
(注)　一の勤務先を退職することにより2以上の退職手当等の支払を受けることとなる場合には，退職手当等の合計額を，これらのうち最初に支払を受ける退職手当等の支払日の属する年分の退職所得の収入金額とします（令77）。

　退職手当等を2か所以上から支給される場合の収入金額　退職手当等を2か所以上から支給される場合の収入金額はその合計額によって計算します。
　なお，退職所得控除額はその合計額から差し引きます。

　適格退職年金契約に基づいて支給される退職一時金についての退職所得の収入金額　適格退職年金契約に基づいて支給される退職一時金について退職所得の金額を計算する場合，適格退職年金契約に基づいて払い込まれた保険料又は掛金のうちに従業員自身が負担したものが含まれているときは，その支給額から従業員が負担した金額を差し引いた残額を退職所得の収入金額とします（令72③四）。

　住宅資金の貸付け等を受けた場合の経済的利益による収入金額（288ページ参照）

退職所得（退職所得控除額）

退職所得控除額

1　退職所得控除額

（1）　通常の退職の場合

勤続年数が20年以下の場合‥‥‥‥‥‥‥‥‥‥40万円×勤続年数 $\left(\begin{array}{l}\text{計算した金額が80}\\\text{万円に満たない場}\\\text{合には80万円}\end{array}\right)$

　　〃　　20年を超える場合‥‥‥‥‥‥‥‥70万円×（勤続年数－20年）＋800万円

（2）　障害者になったことに直接基因して退職した場合

‥‥‥‥（(1)によって計算した金額）＋100万円

（一般退職手当等，短期退職手当等又は特定役員退職手当等のうち2以上の退職手当等が支給される場合の退職所得控除額）

2　一般退職所得控除額　次の区分に応じそれぞれ次の金額

①　一般退職手当等及び短期退職手当等がある場合（③の場合を除く。）

退職所得控除額－短期退職所得控除額

②　一般退職手当等及び特定役員退職手当等がある場合（③の場合を除く。）

退職所得控除額－特定役員退職所得控除額

③　一般退職手当等，短期退職手当等及び特定役員退職手当等がある場合

退職所得控除額－短期退職所得控除額－特定役員退職所得控除額

3　短期退職所得控除額　次の区分に応じそれぞれ次の金額

①　一般退職手当等及び短期退職手当等がある場合（③の場合を除く。）

40万円×（短期勤続年数－重複勤続年数）＋20万円×重複勤続年数

②　短期退職手当等及び特定役員退職手当等がある場合（③の場合を除く。）

退職所得控除額－特定役員退職所得控除額

③　一般退職手当等，短期退職手当等及び特定役員退職手当等がある場合

40万円×{（短期勤続年数[注3]－（重複勤続年数[注3]＋全重複勤続年数）}＋20万円×重複勤続年数[注3]＋13万円×全重複勤続年数

4　特定役員退職所得控除額　次の区分に応じそれぞれ次の金額

①　一般退職手当等及び特定役員退職手当等がある場合（③の場合を除く。）

40万円×（特定役員等勤続年数－重複勤続年数）＋20万円×重複勤続年数

②　短期退職手当等及び特定役員退職手当等がある場合（③の場合を除く。）

40万円×（特定役員等勤続年数－重複勤続年数）＋20万円×重複勤続年数

③　一般退職手当等，短期退職手当等及び特定役員退職手当等がある場合

40万円×{特定役員等勤続年数－（重複勤続年数[注4]＋全重複勤続年数）}＋20万円×重複勤続年数[注4]＋14万円×全重複勤続年数

（法30③⑥，令71の2①③⑤⑦）

（注）1　上記の重複勤続年数（下記（注3）及び（注4）に掲げるものを除きます。）とは，特定役員等勤続期間，短期勤続期間及び一般勤続期間のうち，いずれか2つの期間が重複している期間によ

り計算した年数（1年未満の端数がある場合はその端数を1年に切り上げたもの）をいいます。

　2　上記の全重複勤続年数とは，特定役員等勤続期間，短期勤続期間及び一般勤続期間の全ての期間が重複している期間（以下「全重複期間」といいます（令71の2⑧）。）により計算した年数（1年未満の端数がある場合はその端数を1年に切り上げたもの）をいいます。

　3　ここにいう重複勤続年数は，短期勤続期間と特定役員等勤続期間とが重複している期間（全重複期間を除きます。）及び短期勤続期間と一般勤続期間とが重複している期間（全重複期間を除きます。）により計算した年数（これらの重複している期間を合計した期間に1年未満の端数がある場合は，その端数を1年に切り上げたもの）をいいます。

　4　ここにいう重複勤続年数は，特定役員等勤続期間と短期勤続期間とが重複している期間（全重複期間を除きます。）及び特定役員等勤続期間と一般勤続期間とが重複している期間（全重複期間を除きます。）により計算した年数（これらの重複している期間を合計した期間に1年未満の端数がある場合は，その端数を1年に切り上げたもの）をいいます。

（注）　令和3年分以前の退職所得控除額は次のとおりとされていました。

1　退職所得控除額

　(1)　通常の退職の場合

　　　勤続年数が20年以下の場合………………………40万円×勤続年数　（計算した金額が80万円に満たない場合には80万円）

　　　　〃　　20年を超える場合………………………70万円×（勤続年数－20年）＋800万円

　(2)　障害者になったことに直接基因して退職した場合

　　　……（(1)によって計算した金額）＋100万円

2　特定役員退職所得控除額

　　40万円×（特定役員等勤続年数－重複勤続年数）＋20万円×重複勤続年数

勤続年数の計算　退職所得控除額の計算の基礎となる勤続年数は，次のように計算します。

(1)　勤続年数は，退職手当等（退職手当等とみなされる一時金（法31，613ページ参照。以下「退職一時金等」という。）を除く。以下，(1)，(2)において同じ。）の支払を受ける者が，退職手当等の支払者（その支払者が相続人であるときはその被相続人を含み，その支払者が合併後存続する法人又は合併により設立された法人であるときはその合併によって消滅した法人を含み，その支払者が法人の分割により資産及び負債の移転を受けた法人であるときはその分割によりその資産及び負債の移転を行った法人を含む。）の下でその退職手当等の支払の基因となった退職の日まで引き続き勤務した期間によって計算します（令69①③）。

(2)　(1)による勤続年数の計算に当たり，次に掲げる場合にはそれぞれ次によります（令69①一～三）。

　イ　退職手当等の支払を受ける人がその支払者の下で就職の日から退職の日までの間に，例えば，子会社などへ派遣されて一時勤務しなかった期間があるような場合には，その一時勤務しなかった期間前にその支払者の下で引き続き勤務した期間を，(1)の引き続き勤務した期間に加算して勤続年数を計算します。

　ロ　退職手当等の支払を受ける人がその支払者の下で勤務しなかった期間に他の支払者の下で勤務したことがある場合に，退職手当等の支払者が退職手当等の支払金額の計算の基礎とする勤続期間のうちに他の者の下において勤務した期間をも含めて計算しているときは，その期間も(1)の引き続き勤務した期間に加算して勤続年数を計算します。

　ハ　退職手当等の支払を受ける人がその支払者から前に退職手当等の支払を受けたことがあるときは，前に支払を受けた退職手当等の支払金額の計算の基礎とされた勤続期間の末日以前の期間は，上記(1)

退職所得（退職所得控除額）

の引き続き勤務した期間又は(2)のイ及びロの加算すべき期間から除外して勤続年数を計算します。ただし，その支払者がその退職手当等の支払金額の計算の基礎とする期間のうちに，前に支払を受けた退職手当等の支払金額の計算の基礎とされた期間を含めて計算するときは，前に支払を受けた退職手当等の計算の基礎とされた期間を勤続期間に加算した期間により勤続年数を計算します。

ニ　退職一時金等については，その退職一時金等の支払金額の計算の基礎とされた期間により勤続年数^(注)を計算します。この場合，その期間の計算が時の経過に従って計算した期間によらず，これに一定の期間を加算した期間によっているときは，その加算をしなかったものとして計算した期間によります。ただし，その退職一時金等が，確定拠出年金法に基づく老齢給付金として支給される一時金である場合には，その支払金額の計算の基礎となった期間は，企業型年金加入者期間（確定拠出年金法の脱退一時金相当額等の移換の規定により，通算加入者等期間に算入された期間及び企業型年金加入者期間に準ずる期間を含みます。以下「企業型年金加入者期間等」という。）と個人型年金加入者期間（同法の脱退一時金相当額等又は残余財産の移換の規定により，通算加入者等期間に算入された期間及び個人型年金加入者期間に準ずる期間を含みます。）のうち企業型年金加入者期間等と重複していない期間とを合算した期間によります（令69①二）。

（注）　退職手当等とみなされる退職一時金等の金額のうちに，次の金額が含まれている場合には，これらの金額の計算の基礎となった期間を含みます。

　　1　独立行政法人勤労者退職金共済機構が特定退職金共済団体から個人単位又は事業主単位で受け入れた金額

　　2　解散存続厚生年金基金から独立行政法人勤労者退職金共済機構に交付された額

　　3　独立行政法人勤労者退職金共済機構から特定退職金共済団体に引き渡された退職金に相当する額

　　4　特定退職金共済団体間で引き渡された退職給付金又は引継退職給付金に相当する額

ホ　その年に2以上の退職手当等又は退職一時金等の支給を受ける場合には，これらの退職手当等又は退職一時金等ごとに上記イからニにより勤続期間を計算し，そのうちの最も長い期間によって勤続年数を計算します。

　　ただし，その最も長い期間以外の勤続期間のうちに最も長い勤続期間と重複しない期間があるときは，その重複しない期間をその最も長い勤続期間に加算して勤続年数を計算します。

ヘ　短期退職手当等に係る短期勤続年数は，退職手当等に係る(1)又は(2)イからハまでの調整後の勤続期間（以下「調整後勤続期間」という。）のうち，その退職手当等の支払を受ける居住者が所得税法第30条第4項に規定する役員等以外の者として勤務した期間によって計算します（令69の2①）。調整後勤続期間のうちに役員等勤続期間がある場合には役員等以外の者として勤務した期間にはその役員等勤続期間を含むものとされます（令69の2③）。また，居住者が支払を受ける退職手当等が退職一時金等である場合にはその退職一時金等に係る組合員等であった期間を調整後勤続期間のうち役員等以外の者として勤務した期間として，短期勤続年数の計算を行うこととされます（令69の2③）。

ト　一般退職手当等，短期退職手当等又は特定役員退職手当等のうち2以上の退職手当等がある場合の短期勤続年数とは，短期勤続期間（短期退職手当等につき所得税法施行令第69条第1項各号の規定により計算した期間をいう。）により計算した年数をいいます（令71の2②）。

チ　特定役員退職手当等に係る役員等勤続年数は，退職手当等に係る調整後勤続期間のうち，その退職手当等の支払を受ける居住者が所得税法第30条第5項に規定する役員等として勤務した期間によって計算します（令69の2②）。

リ　一般退職手当等，短期退職手当等又は特定役員退職手当等のうち2以上の退職手当等がある場合の特定役員等勤続年数とは，特定役員等勤続期間（特定役員退職手当等につき所得税法施行令第69条第1項第1号及び第3号の規定により計算した期間をいう。）により計算した年数をいいます（令71の2④）。

ヌ　重複勤続年数とは，特定役員等勤続期間，短期勤続期間又は一般勤続期間（一般退職手当等につ

－ 621 －

退職所得（退職所得控除額・参考事項）

き所得税法施行令第69条第１項各号の規定により計算した期間をいう。）が重複している期間により計算した年数をいいます（令71の２②④⑥⑧）。

(3) 退職手当等の支給額が前職を通ずる勤続年数を基礎として算定されている(2)のロ又はハの場合は，それ以前に支払を受けた退職手当等についての勤続期間を含めた勤続年数によって求めた退職所得控除額から，前に支払を受けた退職手当等についての勤続年数によって求めた控除額を差し引いて算定します（法30⑥一，令70①一）。

(4) その年の前年以前４年内（その年に615ページ⑭の一時金の支払を受ける場合には，19年内。以下(5)までにおいて同じ。）に退職手当等の支払を受け，かつ，その年に退職手当等の支払を受けた場合において，その年に支払を受けた退職手当等についての勤続期間の一部がその年の前年以前４年内に支払を受けた前の退職手当等についての勤続期間と重複している場合の退職所得控除額は，その年に支払を受けた退職手当等についての勤続年数により求めた控除額から，その重複している部分の期間を勤続年数とみなして求めた控除額を差し引いて算定します（令70①二）。

(5) その年の退職手当等についての勤続期間と，その年の前年以前４年内の退職手当等の勤続期間との重複期間を求めるに当たって，前の退職手当等の金額が前の退職手当等について求めた退職所得控除額に満たないときは，特別の計算の定めがあります（令70②）。

(6) (1)及び(2)によって計算した期間に１年未満の端数を生じたときは，これを１年として勤続年数を計算し，(3)の期間及び(4)の重複している部分の期間に１年未満の端数を生じたときは，その端数を切り捨てます（令69②，70③）。

参　考　事　項

退職所得の確定申告　退職所得に対する所得税は，原則として源泉徴収によってその納税が済まされることになっていますので，次の場合を除き，退職所得の金額について確定申告をする必要はありません。

(1) 退職所得金額について計算した所得税の額が，源泉徴収された税額を超える場合(859ページ参照)

(2) 総所得金額，分離課税とされる土地等に係る事業所得等の金額(平成10年１月１日から令和８年３月31日までの間については適用なし。(3)から(5)までにおいて同じ。)及び山林所得金額に損失があるため，退職所得金額と損益の通算をする場合（627ページ以降参照）

(3) 前年以前３年内の繰越損失額（特定非常災害に係る特例の適用がある場合には，５年内）がその年の総所得金額，分離課税とされる土地等に係る事業所得等の金額及び山林所得金額から引ききれないためその年の退職所得金額から繰越控除をする場合（643ページ参照）

(4) 総所得金額，分離課税とされる土地等に係る事業所得等の金額，特別控除後の分離短期・長期譲渡所得の金額，分離課税の上場株式等に係る配当所得等の金額，一般株式等に係る譲渡所得等の金額，上場株式等に係る譲渡所得等の金額，先物取引に係る雑所得等の金額及び山林所得金額から所得控除の額が引ききれないため，その引ききれない所得控除の額を退職所得金額から差し引く場合（650ページ参照）

(5) 総所得金額，分離課税とされる土地等に係る事業所得等の金額，特別控除後の分離短期・長期譲渡所得の金額，分離課税の上場株式等に係る配当所得等の金額，一般株式等に係る譲渡所得等の金額，上場株式等に係る譲渡所得等の金額，先物取引に係る雑所得等の金額及び山林所得金額に対する税額から税額控除の額が引ききれないため，その引ききれない税額控除の額を退職所得金額に対する税額から差し引く場合（733ページ参照）

－622－

課税標準の計算

(注) 1 源泉分離課税の適用を受けるものを除きます(措法3①, 3の3①, 41の9①, 41の10①, 41の12①)。
2 源泉分離課税の適用を受けるもの及び確定申告をしないことを選択した配当を除きます(措法8の2①, 8の3①, 8の5)。

3 　有限責任事業組合契約に関する法律第3条第1項に規定する有限責任事業組合契約を締結している個人組合員の不動産所得，事業所得及び山林所得の金額の計算上，その契約に基づいて営まれた組合事業から生じた不動産所得，事業所得及び山林所得の損失額のうち出資金額等を基に計算される一定の金額を超える部分の金額については，必要経費とすることはできません（措法27の2）。

4 　不動産所得を生ずべき事業を行う民法組合等の個人組合員（組合事業に係る重要な業務の執行の決定に関与し，契約を締結するための交渉等を自ら執行する個人組合員を除く。）又は特定受益者（信託の受益者等をいう。）の不動産所得の金額の計算上，組合事業又は信託から生じた不動産所得の損失はなかったものとみなされます（措法41の4の2，法13①②）。

5 　令和2年度税制改正により，令和3年分以後の所得税については，国外中古建物から生ずる不動産所得を有する個人の不動産所得の金額の計算上，その国外不動産所得の損失はなかったものとみなされます（措法41の4の3）。

6 　その年の給与等の収入金額が850万円を超える居住者で，年齢23歳未満の扶養親族を有する等の一定の要件を満たした場合には，給与所得の金額から一定の計算を行った金額を控除することとされています（措法41の3の3①②，291ページ参照）。

7 　源泉徴収選択口座を通じて行った上場株式等の譲渡による所得で，確定申告をしないことを選択したものを除きます（措法37の11の5①）。

8 　居住用財産の買換え等の場合の譲渡損失及び特定居住用財産の譲渡損失については他の所得との損益通算及び繰越控除を適用することができます（措法41の5，41の5の2）。

9 　上場株式等に係る配当所得等の金額と損益通算の対象となるのは，上場株式等に係る譲渡損失の金額ですが，その金額は，上場株式等に係る譲渡所得等の金額（措法37の11①）の計算上控除してもなお控除しきれない部分の金額として一定の計算を行った金額をいいます（措法37の12の2①②）。

10 　分離課税とされる長期譲渡所得及び短期譲渡所得，上場株式等に係る配当所得等の金額，一般株式等に係る譲渡所得等の金額，上場株式等に係る譲渡所得等の金額，先物取引に係る雑所得等の金額は，他の所得との損益通算，純損失の繰越控除は適用されません（ただし，上場株式等に係る配当所得等の金額は（注9）に掲げる上場株式等に係る譲渡損失の金額とのみ損益通算できる。）が，雑損失の繰越控除は適用することができます（措法31①③二，三，32①④，8の4③二，三，37の10①⑥四，五，37の11①⑥，41の14①②三，四）。

11 　平成18年12月31日までに締結した長期損害保険契約等に係る保険料を支払った場合を含みます（平18改正法附10②③）。

課税標準の計算（課税標準及び課税所得金額の計算順序）

課税標準及び課税所得金額の計算順序

所得税の課税標準及び課税所得金額は，次の順序で計算します（法21，22）。

(1)　所得を利子所得，配当所得，不動産所得，事業所得，給与所得，譲渡所得，一時所得，雑所得，山林所得及び退職所得に区分し，これらの所得ごとに所得の金額を計算します。これらの区分ごとに計算された金額を**各種所得の金額**といいます（法2①二十二）。

(2)　(1)によって計算した各種所得の金額について，損益通算を行います（ただし，分離課税の短期譲渡所得の金額，分離課税の長期譲渡所得の金額，一般株式等に係る譲渡所得等の金額，上場株式等に係る譲渡所得等の金額及び先物取引に係る雑所得等の金額については，他の所得との損益通算は行えず，分離課税の上場株式等に係る配当所得等は上場株式等に係る譲渡損失とのみ損益通算ができる。）。

(注)　1　居住用財産の買換え等の場合の譲渡損失及び特定居住用財産の譲渡損失については，他の所得との損益通算をすることができます（措法41の5，41の5の2）。

　　2　土地，建物等の譲渡による分離課税の譲渡所得の金額は，原則として，損益通算及び純損失の繰越控除の対象から除かれます（措法31，32）。

(3)　(2)の計算によって求めた金額から，純損失の金額の繰越控除，居住用財産の買換え等の場合の譲渡損失の繰越控除(551ページ参照)，特定居住用財産の譲渡損失の繰越控除(558ページ参照)，上場株式等に係る譲渡損失の繰越控除(476ページ参照)，特定株式に係る譲渡損失の繰越控除の特例(486ページ参照)，先物取引の差金等決済に係る損失の繰越控除（578ページ参照）及び雑損失の金額の繰越控除の適用がある場合には，これらの控除を行って，所得税の課税標準となる総所得金額，土地等に係る事業所得等の金額（平成10年1月1日から令和8年3月31日までの間については適用なし），分離短期譲渡所得の金額，分離長期譲渡所得の金額，分離課税の上場株式等に係る配当所得等の金額，一般株式等に係る譲渡所得等の金額，上場株式等に係る譲渡所得等の金額，先物取引に係る雑所得等の金額，山林所得金額及び退職所得金額を求めます（分離短期譲渡所得の金額，分離長期譲渡所得の金額，分離課税の上場株式等に係る配当所得等の金額，一般株式等に係る譲渡所得等の金額，上場株式等に係る譲渡所得等の金額及び先物取引に係る雑所得等の金額については，純損失の繰越控除の規定は適用されない。）。

(4)　(3)の計算によって求めた総所得金額，土地等に係る事業所得等の金額（平成10年1月1日から令和8年3月31日までの間については適用なし），分離短期譲渡所得の金額，分離長期譲渡所得の金額，分離課税の上場株式等に係る配当所得等の金額，一般株式等に係る譲渡所得等の金額，上場株式等に係る譲渡所得等の金額，先物取引に係る雑所得等の金額，山林所得金額及び退職所得金額から，基礎控除その他の所得控除の額を差し引き，税額計算の基となる課税総所得金額，土地等に係る課税事業所得等の金額（平成10年1月1日から令和8年3月31日までの間については適用なし），分離課税短期譲渡所得金額，分離課税長期譲渡所得金額，分離課税の上場株式等に係る課税配当所得等の金額，一般株式等に係る課税譲渡所得等の金額，上場株式等に係る課税譲渡所得等の金額，先物取引に係る課税雑所得等の金額，課税山林所得金額及び課税退職所得金額を求めます。

課税標準　所得税の課税標準とは，総所得金額，山林所得金額及び退職所得金額をいいますが，

課税標準の計算（課税標準及び課税所得金額の計算順序）

分離課税の事業所得等や譲渡所得などがある場合には，総所得金額，土地等に係る事業所得等の金額（平成10年１月１日から令和８年３月31日までの間については適用なし），分離短期譲渡所得の金額，分離長期譲渡所得の金額，分離課税の上場株式等に係る配当所得等の金額，一般株式等に係る譲渡所得等の金額，上場株式等に係る譲渡所得等の金額，先物取引に係る雑所得等の金額，山林所得金額及び退職所得金額をいいます（法22，措法８の４，28の４，31，32，37の10，37の11，41の14）。

　総所得金額　総所得金額とは，次の(1)の金額と(2)の金額との合計額（純損失，居住用財産の買換え等の場合の譲渡損失，特定居住用財産の譲渡損失及び雑損失の繰越控除後の金額による。）をいいます（法22②，措法41の５⑫，41の５の２⑫）。

(1)　利子所得の金額，配当所得の金額，不動産所得の金額，事業所得の金額，給与所得の金額，総合課税の短期譲渡所得の金額及び雑所得の金額の合計額（これらの金額は，損益通算後の金額による。）

(2)　総合課税の長期譲渡所得の金額及び一時所得の金額の合計額（これらの金額は，損益通算後の金額による。）$\times \frac{1}{2}$相当額

　（注）　総所得金額は，源泉分離課税の適用を受ける利子所得（171ページ参照），源泉分離課税の適用を受ける配当所得（196ページ参照），確定申告をしないことを選択した利子所得（173ページ参照）及び確定申告をしないことを選択した配当所得（196ページ参照），金融類似商品の給付補塡金等（575ページ参照）並びに源泉分離課税の適用を受ける割引債の償還差益（575ページ参照）を除いて計算します。

　　また，青色申告者については，不動産所得の金額，事業所得の金額又は山林所得の金額の計算上差し引かれる青色申告特別控除を行った後のそれぞれの所得金額によって総所得金額の計算を行います（措法25の２①③）。

　土地等に係る事業所得等の金額　土地等に係る事業所得等の金額は，分離課税の事業所得等の金額について損益通算並びに純損失及び雑損失の繰越控除をした後のものをいいます（措法28の４①，措令19④，272ページ参照）。

　（注）　平成10年１月１日から令和８年３月31日までの間については，土地等に係る事業所得等の課税の特例を適用しないこととされているため，この間の土地の譲渡等による事業所得又は雑所得は，所有期間の長短にかかわらず，一般の事業所得や雑所得と同様に，他の所得と総合して課税されることになります（措法28の４⑥）。

　分離短期譲渡所得の金額　分離短期譲渡所得の金額は，分離課税の短期譲渡所得の金額について居住用財産の買換え等の場合の譲渡損失，特定居住用財産の譲渡損失及び雑損失の繰越控除をした後のもの（特別控除前）をいいます（措法32①，328ページ参照）。

　分離長期譲渡所得の金額　分離長期譲渡所得の金額は，分離課税の長期譲渡所得の金額について居住用財産の買換え等の場合の譲渡損失，特定居住用財産の譲渡損失及び雑損失の繰越控除をした後のもの（特別控除前）をいいます（措法31①，323ページ参照）。

　分離課税の上場株式等に係る配当所得等の金額　分離課税の上場株式等に係る配当所得等の金額は，申告分離課税を選択した上場株式等に係る利子所得及び配当所得について上場株式等に係る譲渡損失の損益通算及び繰越控除並びに雑損失の繰越控除をした後のものをいいます（措法８の４①，37の12の２①⑤⑥⑩，195ページ参照）。

課税標準の計算（課税標準及び課税所得金額の計算順序・損益通算）

一般株式等に係る譲渡所得等の金額　一般株式等に係る譲渡所得等の金額とは，その年中の一般株式等の譲渡に係る事業所得の金額，譲渡所得の金額及び雑所得の金額について一般株式等に係るそれぞれの所得間での損益通算並びに特定株式に係る譲渡損失及び雑損失の繰越控除をした後のものをいいます（措法37の10①⑥四，37の13の3④⑦，措令25の8①，434ページ参照）。

上場株式等に係る譲渡所得等の金額　上場株式等に係る譲渡所得等の金額とは，その年中の上場株式等の譲渡に係る事業所得の金額，譲渡所得の金額及び雑所得の金額について上場株式等に係るそれぞれの所得間での損益通算並びに上場株式等に係る譲渡損失，特定株式に係る譲渡損失及び雑損失の繰越控除をした後のものをいいます（措法37の11①⑥，37の12の2⑤⑩，37の13の3④⑥⑦，措令25の9①，434ページ参照）。

先物取引に係る雑所得等の金額　先物取引に係る雑所得等の金額とは，その年中の商品先物取引等，金融商品先物取引等及び有価証券の取得（以下これらを「先物取引」という。）による事業所得の金額，譲渡所得の金額及び雑所得の金額について，先物取引によるそれぞれの所得間での損益通算並びに先物取引の差金等決済に係る損失及び雑損失の繰越控除をした後のものをいいます（措法41の14①，41の15①，措令26の23①②，26の26①，576ページ参照）。

退職所得金額　退職所得金額は，退職所得の金額（2分の1後）について損益通算並びに純損失，居住用財産の買換え等の場合の譲渡損失，特定居住用財産の譲渡損失及び雑損失の繰越控除をした後のものをいいます（法22③，619ページ参照）。

山林所得金額　山林所得金額は，山林所得の金額（特別控除後）について損益通算並びに純損失，居住用財産の買換え等の場合の譲渡損失，特定居住用財産の譲渡損失及び雑損失の繰越控除をした後のものをいいます（法22③，604ページ参照）。

損　益　通　算

　総所得金額，土地等に係る事業所得等の金額（平成10年1月1日から令和8年3月31日までの間については適用なし），山林所得金額又は退職所得金額を計算する場合に，不動産所得の金額，事業所得の金額，譲渡所得の金額又は山林所得の金額の計算上生じた損失の金額があるときは，次の順序で損益通算を行います（法69①，措法28の4⑤二，⑥，31③二，32④）。

(注)1　損益通算をしてもなお損失の金額が残った場合のその残った損失の金額を**純損失の金額**といいます（法2①二十五）。

　　2　総所得金額については626ページ参照。

　　3　土地，建物等の譲渡により譲渡所得の金額の計算上生じた損失の金額については，土地，建物等の譲渡による譲渡所得以外の所得との損益通算及び翌年以降の繰越しは認められません。

　　4　不動産所得の金額の計算上生じた損失の金額のうち，土地等を取得するために要した負債の利子の額に相当する部分の金額については損益通算の対象とされません（措法41の4，631ページ参照）。

　　5　不動産所得を生ずべき事業を行う民法上の組合等の特定組合員（組合の重要な業務の執行の決定に関与し，契約を締結するための交渉等自らその執行を行う個人組合員以外の個人組合員，634ページ参照）又は特定受益者（信託の受益者のうち受益者としての権利を現に有するもの及び受益者とみなされる者をいう。）に該当する個人が，各年分において，組合事業又は信託による不動産所得の損失の金額がある場合は，損益通算の対象とされません（措法41の4の2，633ページ参照）。

6 令和2年度税制改正により，令和3年分以後の所得税については，国外中古建物から生ずる不動産所得を有する個人の国外不動産所得の損失の金額は，損益通算の対象とされません（措法41の4の3，635ページ参照）。

損益通算の順序

(1) **経常所得グループの損益通算** 経常所得の金額のうち不動産所得の金額又は事業所得の金額の計算上生じた損失の金額は，これをまず他の経常所得の金額から差し引きます（令198一）。
(注) 1 経常所得とは，利子所得，配当所得，不動産所得，事業所得，給与所得及び雑所得をいいます。
2 不動産所得又は事業所得の金額の計算上生じた損失の金額を他の経常所得の金額から控除する場合，経常所得の金額のうちに分離課税の土地等に係る事業所得等の金額（平成10年1月1日から令和8年3月31日までの間については適用なし）があるときには，これから先に控除します（措令19㉔）。
3 不動産所得の損失の金額又は事業所得の損失の金額のうちに，①変動所得の損失の金額，②被災事業用資産の損失の金額（643ページ参照）又は③その他の損失の金額の2以上があるときは，まず③の損失の金額を差し引き，次いで②の損失の金額及び①の損失の金額の順で差し引きます（令199一）。

＜計算例（単位：万円）＞
不動産所得の金額　△300
事業所得の金額　500　200

＜計算例（単位：万円）＞
不動産所得の金額　600　450　150
事業所得の金額　△650

△650万円の内訳 ｛ 変動所得の損失の金額　△200
被災事業用資産の損失の金額　△300
その他の損失の金額　△150 ｝　△50

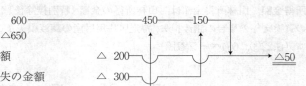

(2) **譲渡所得と一時所得との損益通算** 譲渡所得の金額の計算上生じた損失の金額は，これをまず一時所得の金額（特別控除後で½前）から差し引きます（令198二）。

(3) **経常所得の金額が赤字になった場合** (1)によっても引ききれない損失の金額（(1)の通算後の赤字の金額）があるときは，これをまず譲渡所得の金額から，次いで一時所得の金額（(2)の通算が行われるときは，その通算後の金額）から順次差し引きます（令198三）。

＜計算例（単位：万円）＞
経常所得グループの赤字の金額　△180　△130　△90　0
総合課税の短期譲渡所得の金額（特別控除後）　50　△50　0　△40
総合課税の長期譲渡所得の金額（特別控除後で½前）　40　0　△90
一時所得の金額（特別控除後で½前）　150　60

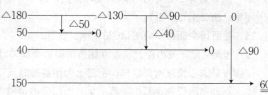

(4) **譲渡所得の損失の金額が一時所得の金額より大きい場合** (2)によっても引ききれない損失の金額（(2)の通算後の赤字の金額）があるときは，これを経常所得の金額（(1)の通算が行われるときは，その通算後の金額）から差し引きます（令198四）。
(注) この場合に，経常所得の金額のうちに分離課税の土地等に係る事業所得等の金額（平成10年1月1日から令和8年3月31日までの間については適用なし）がある場合には，これから先に控除します（措令19㉔）。

<計算例（単位：万円）＞
配当所得の金額
事業所得の金額
総合課税の譲渡所得の金額
一時所得の金額(特別控除後で½前)

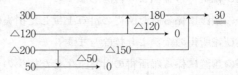

(5) **総所得金額が赤字になった場合** (3)又は(4)によっても引ききれない損失の金額があるときは，これを山林所得の金額から差し引き，なお引ききれない損失の金額が残るときは，これを更に退職所得の金額から差し引きます（令198五）。

(6) **山林所得の金額が赤字になった場合** 山林所得の金額の計算上生じた損失の金額は，これをまず経常所得の金額（(1)又は(4)による通算が行われるときは，その通算後の金額）から差し引き，なお引ききれない損失の金額があるときは，譲渡所得の金額から，次いで一時所得の金額（(2)又は(3)による通算が行われるときは，その通算後の金額）から差し引き，それでも引ききれない損失の金額は，退職所得の金額（(5)による通算が行われるときは，その通算後の金額）から差し引きます（令198六）。

(注) 1　山林所得の損失の金額のうちに，①被災事業用資産の損失の金額（643ページ参照）と②その他の損失の金額とがあるときは，まず，②の損失の金額を差し引き，次いで①の損失の金額を差し引きます（令199二）。

2　経常所得の金額のうちに分離課税の土地等に係る事業所得等の金額（平成10年1月1日から令和8年3月31日までの間については適用なし）がある場合には，これから先に控除します（措令19㉔）。

<計算例（単位：万円）＞
事業所得の金額
総合課税の譲渡所得の金額
一時所得の金額（特別控除後で½前）
山林所得の金額
退職所得の金額

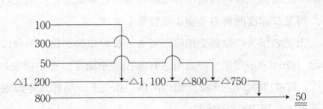

生活に通常必要でない資産から生ずる所得が赤字になった場合の損益通算　生活に通常必要でない資産についての所得の金額の計算上生じた損失の金額は，他の所得の金額から差し引くことはできません。

ただし，生活に通常必要でない資産から生ずる所得の計算上生じた損失の金額のうち，競走馬（事業と認められるものの用に供されるものを除く。）の譲渡による譲渡所得の損失の金額（他に譲渡所得がある場合にはその金額と通算後の金額）に限り，その損失の金額を，その競走馬の保有に係る雑所得の金額から差し引くことができますが，引ききれない損失の金額があっても，その損失の金額はないものとみなされます（法69②，令200）。

生活に通常必要でない資産から生ずる所得　生活に通常必要でない資産から生ずる所得とは，競走馬（事業と認められるものの用に供されるものを除く。）その他射こう的行為の手段となる動産や主として趣味，娯楽，保養又は鑑賞の目的で所有する資産など（314ページ参照）から生ずる所得をいいます（令178①）。

一般株式等の譲渡に係る事業所得の金額，譲渡所得の金額及び雑所得の金額の計算上生じた損失がある場合

(1) 一般株式等の譲渡に係る事業所得の計算上生じた損失の金額……一般株式等の譲渡に係る譲渡

所得の金額及び雑所得の金額より控除します。

(2) 一般株式等の譲渡に係る譲渡所得の計算上生じた損失の金額……一般株式等の譲渡に係る事業所得の金額及び雑所得の金額より控除します。

(3) 一般株式等の譲渡に係る雑所得の計算上生じた損失の金額……一般株式等の譲渡に係る事業所得の金額及び譲渡所得の金額より控除します。

上記の損失の金額を控除しても，なお損失が残る場合には，特定株式に係る譲渡損失の繰越控除の特例（486ページ参照）が適用される損失を除き，その損失の金額はないものとされます（措法37の10①，37の13の3④⑦）。また，他の所得の損失を一般株式等の譲渡所得等の金額から差し引くことはできません（措法37の10⑥四）。

上場株式等の譲渡に係る事業所得の金額，譲渡所得の金額及び雑所得の金額の計算上生じた損失がある場合

(1) 上場株式等の譲渡に係る事業所得の計算上生じた損失の金額……上場株式等の譲渡に係る譲渡所得及び雑所得の金額より控除します。

(2) 上場株式等の譲渡に係る譲渡所得の計算上生じた損失の金額……上場株式等の譲渡に係る事業所得及び雑所得の金額より控除します。

(3) 上場株式等の譲渡に係る雑所得の計算上生じた損失の金額……上場株式等の譲渡に係る事業所得及び譲渡所得の金額より控除します。

上記の損失の金額を控除しても，なお損失が残る場合には，上場株式等に係る譲渡損失の繰越控除（476ページ参照）が適用される損失を除き，その損失の金額はないものとされます（措法37の11①，37の12の2）。また，他の所得の損失を上場株式等の譲渡所得等の金額から差し引くことはできません（措法37の11⑥）。

先物取引に係る事業所得の金額，譲渡所得の金額及び雑所得の金額の計算上生じた損失がある場合

(1) 先物取引による事業所得の金額の計算上生じた損失……先物取引による譲渡所得の金額及び雑所得の金額より控除します。

(2) 先物取引による譲渡所得の金額の計算上生じた損失……先物取引による事業所得の金額及び雑所得の金額より控除します。

(3) 先物取引による雑所得の計算上生じた損失……先物取引による事業所得の金額及び譲渡所得の金額より控除します。

上記の損失の金額を控除しても，なお損失が残る場合には，先物取引の差金等決済に係る損失の繰越控除（578ページ参照）が適用される損失を除き，その損失の金額はないものとされます（措法41の14①）。また，他の所得の損失を先物取引に係る雑所得等の金額から差し引くことはできません（措法41の14②三）。

損益通算のできない損失の金額　上記のほか次に掲げる損失の金額は，他の所得の金額から損益通算によって差し引くことはできません（法69①，令198）。

(1) 配当所得の損失の金額

(2) 一時所得の損失の金額

(3) 雑所得の損失の金額

(注)1　非課税所得について生じた損失の金額は，ないものとされるので損益通算の問題は生じません（法9②）。

2　個人に対し資産を低額譲渡した場合のその低額譲渡による譲渡所得又は山林所得の損失の金額は，なかったものとみなされるので損益通算の問題は生じません（法59②，令169，317ページ(6)参照）。

3　源泉分離課税の所得の金額の計算上生じた赤字の金額についても，損益通算の対象とはなりません。

上場株式等に係る譲渡損失の損益通算の特例

上場株式等に係る譲渡損失の金額は上場株式等に係る配当所得等の金額を限度として，上場株式等の配当所得等の金額の計算上控除されます（措法37の12の2，474ページ参照）。

不動産所得に係る損益通算の特例

各年分の不動産所得の金額の計算上生じた損失の金額がある場合において，その年分の不動産所得の金額の計算上必要経費に算入した金額のうちに不動産所得を生ずべき業務の用に供する土地又は土地の上に存する権利（以下「土地等」という。）を取得するために要した負債の利子の額があるときは，その損失の金額のうちその負債の利子の額に相当する部分の金額は，所得税法第69条第1項の規定《損益通算》その他の所得税に関する法令の規定の適用については，生じなかったものとみなされます（措法41の4①）。

(注)1　本制度においては，損益通算のほか，「その他の所得税に関する法令の規定の適用」についても生じなかったものとみなすこととされていますが，例えば，純損失の繰越控除等の場合等の計算においても，この規定により生じなかったものとみなされることになります。

2　本制度は，その不動産の貸付けの規模にかかわらず適用されます。

損益通算の対象とされない損失の金額　次に掲げる場合の区分に応じ，それぞれ次に定める金額が，損益通算の対象とされません（措令26の6①）。

(1) その年分の不動産所得の金額の計算上必要経費に算入した土地等を取得するために要した負債の利子の額がその不動産所得の金額の計算上生じた損失の金額を超える場合……その損失の金額

(2) その年分の不動産所得の金額の計算上必要経費に算入した土地等を取得するために要した負債の利子の額がその不動産所得の金額の計算上生じた損失の金額以下である場合…その損失の金額のうちその負債の利子の額に相当する金額

課税標準の計算（不動産所得に係る損益通算の特例）

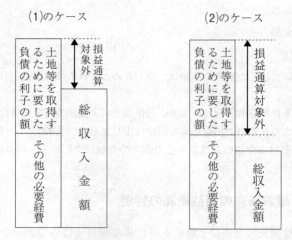

　土地等と建物を一括して借入金で取得した場合の土地等の部分の利子の額の計算　個人が不動産所得を生ずべき業務の用に供する土地等をその土地等の上に建築された建物（その附属設備を含む。）とともに取得した場合（これらの資産を一の契約により同一の者から譲り受けた場合に限る。）において，これらの資産を取得するために要した負債の額がこれらの資産ごとに区分されていないことその他の事情によりこれらの資産の別にその負債の額を区分することが困難であるときは，その個人は，これらの資産を取得するために要した負債の額がまずその建物の取得の対価の額に充てられ，次にその土地等の取得の対価の額に充てられたものとして，土地等を取得するために要した負債の利子の額に相当する部分の金額を計算することができます（措令26の6②）。

(注) 1　不動産所得を生ずべき業務の用とその業務の用以外の用とに併用する建物（その附属設備を含む。以下3において同じ。）をその敷地の用に供されている土地等とともに取得した場合におけるこの規定の適用に当たっては，その建物及びその土地等の取得の対価の額並びにこれらの資産の取得のために要した負債の額をその業務の遂行のために必要な部分の額とそれ以外の額とに区分した上，その業務の遂行のために必要な部分の額を基としてこの規定が適用されます（措通41の4－1）。
2　建物及び構築物をその敷地の用に供されている土地等とともに取得した場合におけるこの規定の適用に当たっては，その構築物の取得の対価の額をその建物の取得の対価の額に含めて差し支えありません（措通41の4－2）。
3　この規定の適用を受ける場合におけるその年分のこの規定の適用に係る土地等を取得するために要した負債の利子の額は，その年分の不動産所得の金額の計算上必要経費に算入することとなるこの規定の適用に係る建物及び土地等を取得するために要した負債の利子の額に，これらの資産を取得するために要した負債の額のうちにこの規定によりその土地等の取得の対価の額に充てられたものとされる負債の額の割合を乗じて計算した額となります（措通41の4－3）。
　算式で示すと，次のとおりです。

その年分の土地等を取得するために要した負債の利子の額 ＝ その年分の建物と土地等を取得するために要した負債の利子の額 × $\dfrac{\text{土地等を取得するために要した負債の額}}{\text{建物と土地等を取得するために要した負債の額}}$

〔設　例〕
　○　土地の取得価額……………………………………………………20,000,000円
　○　建物の取得価額……………………………………………………10,000,000円
　○　自己資金……………………………………………………………12,000,000円
　○　借入金の額…………………………………………………………18,000,000円

○ 必要経費に算入した利子の額……………………………………………… 1,400,000円
(1) 土地の取得に要した借入金の額
18,000,000円－10,000,000円＝8,000,000円
(2) 土地の取得に要した借入金の利子の額
$1,400,000円 \times \dfrac{8,000,000円}{18,000,000円} = 622,222円$
(3) 損益通算の対象とならない利子の額
イ 不動産所得の金額の計算上生じた赤字の金額が500,000円の場合
500,000円＜622,222円→500,000円
ロ 不動産所得の金額の計算上生じた赤字の金額が1,000,000円の場合
1,000,000円＞622,222円→622,222円

特定組合員等の不動産所得に係る損益通算等の特例

特定組合員又は特定受益者（以下「特定組合員等」という。）に該当する個人が，各年において組合事業又は信託（以下「組合事業等」という。）から生ずる不動産所得を有する場合において，その年分の不動産所得の金額の計算上その組合事業等による不動産所得の損失の金額があるときは，その損失の金額に相当する金額については，その年中の不動産所得に係る総収入金額から必要経費を控除した金額を不動産所得の金額とする規定（法26②）及び損益通算の規定（法69①）その他の所得税に関する法令の規定の適用については，生じなかったものとみなされます（措法41の4の2①）。

(注)1 信託については，信託法施行日（平成19年9月30日）以後に効力が生ずる信託（遺言によってされた信託にあっては，同日以後に遺言がされたものに限る。）及び同日以後に信託の受益者たる地位の承継を受ける個人のその承継（相続又は相続人に対する遺贈により同日前から受益者であった者からその地位の承継を受ける場合のその承継を除く。）に係る信託について適用されます（平19改正法附84）。
2 組合事業とは「各組合契約に基づいて営まれる事業」と定義されていることから（措法41の4の2②二），例えば，個人が複数の組合契約を締結している場合の組合事業による不動産所得の損失の金額の計算及び特定組合員に該当するかどうかの判定は，各組合契約に係る組合の事業ごとに計算し，判定します。

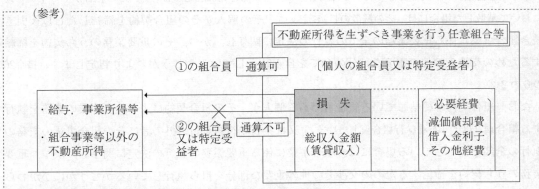

不動産所得を生ずべき事業を行う任意組合等の個人の組合員について，
① 組合の重要な業務の執行の決定に関与し，契約締結の交渉等自らその執行を行う組合員の損失については，従来どおり損益通算等の対象とされます。
② ①以外の組合員（特定組合員）又は特定受益者の損失については，ないものとみなされます。

課税標準の計算（不動産所得に係る損益通算の特例）

組合契約の範囲　特例の対象となる組合契約とは，次に掲げる組合契約（以下「組合契約」という。）とされています（措法41の4の2②一，措令26の6の2⑤）。

①　民法第667条第1項に規定する組合契約（いわゆる任意組合契約）

②　投資事業有限責任組合契約に関する法律第3条第1項に規定する投資事業有限責任組合契約（注1）

③　外国における上記①及び②に類する契約（外国における有限責任事業組合契約（有限責任事業組合契約に関する法律第3条第1項に規定する有限責任事業組合契約をいう。）に類する契約を含む。）（注2）

（注）1　法令上，投資事業有限責任組合の付随事業として金銭債権に係る担保権の目的である不動産の貸借を行うことが可能であり（投資事業有限責任組合契約に関する法律3①十，同法施行令2三），組合員に不動産所得が生じる事例が該当します。

　　　2　外国における任意組合契約及び投資事業有限責任組合に類する契約（外国における有限責任事業組合契約に類する契約を含む。）には，例えば，米国におけるゼネラル・パートナーシップ（構成員である全てのパートナーが経営を担い，事業から生じた損失について，それぞれが無限責任を負うゼネラル・パートナーから成るパートナーシップ）契約やリミテッド・パートナーシップ（事業の経営を担い，無限責任を負う一人以上のゼネラル・パートナーと事業の経営には参加しないで，出資の範囲内で有限責任を負う一人以上のリミテッド・パートナーから成るパートナーシップ）契約等が該当します。なお，パートナーシップ契約であっても，その事業体の個々の実態等により外国法人と認定される可能性もあります。

特定組合員の範囲及び判定　特例の対象となる特定組合員とは，組合契約を締結している組合員（組合契約のうち外国におけるこれらに類する契約（上記③）を締結している者を含む。以下同じ。）である個人のうち，組合事業に係る重要な財産の処分若しくは譲受け又は組合事業に係る多額の借財に関する業務（以下「重要業務」という。）の執行の決定に関与し，かつ，その重要業務のうち契約を締結するための交渉その他の重要な部分を自ら執行する組合員以外のものをいうこととされています（措法41の4の2①，措令26の6の2①）。

また，組合契約を締結している組合員である個人が，各年において特定組合員に該当するかどうかは，その年の12月31日（個人がその年の中途において死亡し，又はその組合契約による組合（これに類するものを含む。以下同じ。）から脱退した場合には，その死亡又は脱退の日とし，その組合がその年の中途において解散した場合には，その解散の日）において，その個人がその組合契約を締結した日以後引き続き組合事業に係る重要業務の全ての執行の決定に関与し，かつ，その重要業務のうち契約を締結するための交渉その他の重要な部分の全てを自ら執行しているかどうかにより判定します（措令26の6の2②）。

なお，組合契約を締結している組合員である個人が，その組合契約により組合事業の業務を執行する組合員（以下「業務執行組合員」という。）又は業務執行組合員以外の者にその組合事業の業務の執行の全部を委任している場合には，組合事業に係る重要業務の執行の決定に関与し，かつ，重要業務のうち契約を締結するための交渉その他の重要な部分を自ら執行しているかどうかにかかわらず，特定組合員に該当するものとされます（措令26の6の2③）。したがって，組合事業が私法上各組合員の共同事業であるといっても組合契約において業務の執行の全部を業務執行組合員や第三者に委任している組合員についてはいわゆる形式基準により特定組合員とされます。

（注）1　組合契約を締結している組合員に含まれる組合契約のうち外国におけるこれらに類する契約を締結している者とは，例えば，米国のパートナーシップの構成員であるパートナーが該当します。

　　　2　任意組合の業務執行の方法について，①全ての組合員が業務執行を行う，②組合契約により組合員

— 634 —

の中から1人又は数人の業務執行を行う者を専任する，③組合契約により組合員以外の第三者に業務執行を委任する，といった3つのケースがありますが，②及び③のように組合契約において業務執行を他の組合員や第三者に委任した組合員については無条件に特定組合員となります。

　　特定受益者の範囲　　特例の対象となる特定受益者とは，次に掲げる受益者をいいます（法13①②，措法41の4の2①）。
①　受益者としての権利を現に有する信託の受益者
②　信託の変更をする権限を現に有し，かつその信託の信託財産の給付を受けることとされている者（①を除く。）

　　組合事業等による不動産所得の損失の金額の計算　　組合事業等による不動産所得の損失の金額とは，特定組合員等のその年分における組合事業等から生ずる不動産所得に係る総収入金額に算入すべき金額の合計額がその組合事業等から生ずる不動産所得に係る必要経費に算入すべき金額の合計額に満たない場合におけるその満たない部分の金額に相当する金額をいいます（措令26の6の2④）。
　　また，その年中に組合事業等による不動産所得の損失の金額の他に別の黒字の組合事業等による不動産所得の金額又はこれらの組合事業等以外の一般の不動産所得の金額があったとしてもその組合事業等による不動産所得の損失の金額は他の黒字の不動産所得の金額から控除（不動産所得内の通算）することもできません。
(注)　この組合事業等による不動産所得の損失金額については，各組合契約の組合の事業又は信託ごとに計算を行うこととなります。

　　特定組合員等の不動産所得の計算に関する明細書　　その年において，組合事業等から生じる不動産所得を有する個人は，組合事業等に係る次に掲げる項目別の金額その他参考となるべき事項を記載した組合事業等から生ずる不動産所得の金額の計算に関する明細書を確定申告書に添付しなければなりません（措令26の6の2⑥，措規18の24①）。また，明細書は各組合契約に係る組合事業又は信託ごとに作成するものとされています（措規18の24②）。
①　総収入金額については，その組合事業等から生ずる不動産所得に係る賃貸料その他の収入の別
②　必要経費については，その組合事業等から生ずる不動産所得に係る減価償却費，貸倒金，借入金利子及びその他の経費の別
　(注)　組合事業等から生ずる不動産所得の金額の計算に関する明細書は，不動産所得に係る損益通算等の特例の対象となる特定組合員だけでなく，特定組合員以外の個人の組合員も確定申告書に添付する必要があります。

国外中古建物の不動産所得に係る損益通算等の特例

(1)　個人が，令和3年以後の各年において，国外中古建物から生ずる不動産所得を有する場合においてその年分の不動産所得の金額の計算上国外不動産所得の損失の金額があるときは，その国外不動産所得の損失の金額に相当する金額は，所得税に関する法令の規定の適用については，生じなかったものとみなされます（措法41の4の3①）。これにより，その損失の金額については，国内の不動産から生じる不動産所得とのいわゆる所得内通算及び不動産所得以外の所得との損益通

課税標準の計算（不動産所得に係る損益通算の特例）

算ができないこととなります。

(2) 上記(1)の適用を受けた国外中古建物を譲渡した場合には，その譲渡による譲渡所得の金額の計算上，その取得費から控除することとされる償却費の額の累積額からは，上記(1)により生じなかったものとみなされた損失の金額に相当する金額の合計額が控除されます（措法41の4の3③）。

適用対象となる国外中古建物　国外中古建物とは，個人において使用され，又は法人（人格のない社団等を含む。）において事業の用に供された国外にある建物であって，個人が取得をしてこれをその個人の不動産所得を生ずべき業務の用に供したもの（不動産所得の金額の計算上建物の償却費として必要経費に算入する金額を計算する際に耐用年数を一定の方法により算定しているものに限る。）をいいます（措法41の4の3②一）。以下同じです。

上記の「耐用年数を一定の方法により算定しているもの」とは，次に掲げる建物とされています（措規18の24の2①）。

(1) 建物の耐用年数をいわゆる見積法により算出した年数としているもの（建物の使用可能期間につき，次に掲げるいずれかの書類（外国語で作成されている場合にはその翻訳文を含むものとし，③に掲げる書類にあっては①及び②に掲げる書類によることが困難である場合に限る。）により使用可能期間が適当であることの確認ができる建物を除く。）

① 建物の使用可能期間をその建物が所在している国の法令に基づく耐用年数に相当する年数としている旨を明らかにする書類

② 不動産鑑定士又はその建物の所在している国における不動産鑑定士に相当する資格を有する者の建物の使用可能期間を見積もった旨を証する書類

③ 建物をその者が取得した際の取引の相手方又は仲介をした者のその建物の使用可能期間を見積もった旨を証する書類

(注)1 上記の「見積法により算出した年数」とは，資産をその用に供した時以後の使用可能期間として見積もった年数をいいます（耐用年数等省令3①一）。

2 その年において上記の確認ができる建物を有する個人が確定申告書を提出する場合には，上記の書類又はその写しをその申告書に添付しなければなりません（措規18の24の2②）。

(2) 建物の耐用年数をいわゆる簡便法により算出した年数としているもの

(注) 上記の「簡便法により算出した年数」とは，次に掲げる資産（上記(1)(注)1の年数を見積もることが困難なものに限る。）の区分に応じそれぞれ次に定める年数（その年数が2年に満たないときは，2年）をいいます（耐用年数等省令3①二）。

1 法定耐用年数の全部を経過した資産……（法定耐用年数）×0.2

2 法定耐用年数の一部を経過した資産……（法定耐用年数）－（経過年数）＋（経過年数）×0.2

損益通算等が制限される国外不動産所得の損失の金額

(1) 国外不動産所得の損失の金額とは，個人の不動産所得の金額の計算上国外中古建物の貸付けによる損失の金額のうちその国外中古建物の償却費の額に相当する部分の金額として一定の計算をした金額をいいます（措法41の4の3②二）。以下同じです。

(2) 上記(1)の「国外中古建物の償却費の額に相当する部分の金額として一定の計算をした金額」は，その年分の不動産所得の金額の計算上必要経費に算入した国外中古建物ごとの償却費の額の

－ 636 －

うち次の場合の区分に応じ次に定める金額の合計額とされています（措令26の6の3①）。
① 償却費の額がその年分の不動産所得の金額の計算上生じた国外中古建物の貸付けによる損失の金額を超える場合……その損失の金額
② 償却費の額がその年分の不動産所得の金額の計算上生じた国外中古建物の貸付けによる損失の金額以下である場合……その損失の金額のうち償却費の額に相当する金額

(3) なお、国外中古建物以外の国外にある不動産、不動産の上に存する権利、船舶又は航空機（以下「国外不動産等」という。）の貸付けによる不動産所得の金額がある場合には、上記(1)の国外中古建物の貸付けによる損失の金額は、国外中古建物の貸付けによる損失の金額を国外不動産等の貸付けによる不動産所得の金額の計算上控除してもなお控除しきれない金額とされます（措法41の4の3②二）。

(4) また、個人のその年分の不動産所得の金額のうちに国外不動産等の貸付けによる不動産所得の金額がある場合における上記(2)の計算については、次の①に掲げる金額から次の②に掲げる金額を控除した金額を上記(2)の合計額から控除することとされています（措令26の6の3②）。
① 国外不動産等の貸付けによる不動産所得の金額
② イに掲げる金額からロに掲げる金額を控除した金額
　イ　上記(2)②の国外中古建物の貸付けによる損失の金額の合計額
　ロ　上記(2)②の国外中古建物の償却費の額の合計額

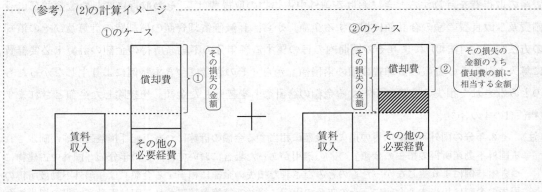
（参考）(2)の計算イメージ

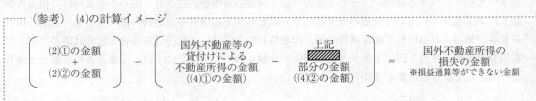
（参考）(4)の計算イメージ

個人が国外中古建物を有する場合におけるその年分の不動産所得の金額の計算　上記「損益通算等が制限される国外不動産所得の損失の金額」を計算するために、個人が国外中古建物を有する場合には、次のとおり、不動産所得の金額を計算することとされています。
(1) 個人が2以上の国外中古建物を有する場合には、これらの国外中古建物ごとに区分して、それぞれ不動産所得の金額を計算することとされています（措令26の6の3③一）。
(2) 個人が不動産所得を生ずべき業務の用に供される2以上の資産を有する場合において、これら

の資産が次に掲げる資産の区分のうち異なる2以上の区分の資産に該当するときは，これらの資産を次に掲げる資産ごとに区分して，それぞれ不動産所得の金額を計算することとされています（措令26の6の3③二）。

① 国外中古建物

② 国外不動産等（上記①に掲げる資産に該当するものを除く。）

③ 上記①及び②に掲げる資産以外の不動産所得を生ずべき業務の用に供される資産

(3) 上記(1)又は(2)の場合において，その年分の不動産所得の金額の計算上必要経費に算入されるべき金額のうちに2以上の資産についての貸付けに要した費用の額（以下「共通必要経費の額」という。）があるときは，共通必要経費の額は，これらの資産の貸付けに係る収入金額その他の一定の基準によりこれらの資産の貸付けに係る必要経費の額に配分し，国外不動産所得の損失の金額に相当する金額を計算することとされています（措令26の6の3③三）。

　上記の「一定の基準」は，資産の貸付けによる不動産所得を生ずべき業務の収入金額その他の基準のうち資産の貸付けの内容及び費用の性質に照らして合理的と認められるものとされています（措規18の24の2③）。

　本特例の適用を受けた後に国外中古建物を譲渡した場合の譲渡所得の金額の計算　本特例の適用を受けた国外中古建物を譲渡した場合において，その譲渡による譲渡所得の金額の計算上控除する資産の取得費を計算するときにおける国外中古建物の取得費は，『その取得に要した金額並びに設備費及び改良費の額の合計額に相当する金額』から，『「減価償却資産の償却費の計算及びその償却の方法の規定（法49）によりその期間内の日の属する各年分の不動産所得の金額の計算上必要経費に算入されるその資産の償却費の額の累積額」から「その資産につき本特例により生じなかったものとみなされた損失の金額に相当する金額の合計額」を控除した金額』を控除した金額とされます（措法41の4の3③）。

(注)　その年分の国外不動産所得の損失の金額に相当する金額の計算につき上記「損益通算等が制限される国外不動産所得の損失の金額」の(4)の適用があった場合においては，その年分の「国外中古建物につき本特例により生じなかったものとみなされた損失の金額に相当する金額」は，国外不動産所得の損失の金額に相当する金額に，その年分の上記「損益通算等が制限される国外不動産所得の損失の金額」の(2)①及び②に定める金額の合計額のうちにその年分の国外中古建物の償却費の額の上記「損益通算等が制限される国外不動産所得の損失の金額」の(2)①又は②に掲げる場合の区分に応じ上記「損益通算等が制限される国外不動産所得の損失の金額」の(2)①又は②に定める金額の占める割合を乗じて計算した金額とされます（措令26の6の3④）。

　本特例の適用を受けた後の国外中古建物の資産損失の計算　本特例の適用を受けた国外中古建物につき資産損失が生じた場合の損失の金額の計算の基礎となるその資産の価額については，上記「本特例の適用を受けた後に国外中古建物を譲渡した場合の譲渡所得の金額の計算」により計算した国外中古建物の取得費とされる金額に相当する金額とされます（措令26の6の3⑤）。

居住用財産の譲渡損失の損益通算の特例

　居住用財産の買換え等の場合の譲渡損失の損益通算の特例　個人が，平成10年1月1日から令和

５年12月31日までの間に，譲渡の年の１月１日における所有期間が５年を超える居住用財産（以下「譲渡資産」という。）の譲渡（その個人の親族等に対する譲渡などの一定のものを除く。以下「特定譲渡」という。）をした場合において，その特定譲渡した年の前年の１月１日からその特定譲渡をした年の翌年12月31日までの間に買換資産の取得（建設を含み，贈与による取得及び金銭債務の弁済に代えてする代物弁済としての取得は除く。）をし，かつ，その取得をした年の翌年12月31日までの間に居住の用に供したとき又は供する見込みであるときは，その特定譲渡による譲渡所得の金額の計算上生じた損失の金額に係るものとして一定の方法により計算した金額（以下「居住用財産の譲渡損失の金額」という。）について，一定の要件の下で，他の所得との損益通算をする特例の適用を受けることができます（措法41の５①⑦一）。

　ただし，この損益通算の特例は，買換資産を取得した年の年末において，その買換資産の取得に係る一定の住宅借入金等の残高がある場合に限り適用することができます（措法41の５⑦一）。

（注）　特定非常災害に基因するやむを得ない事情により取得期限までに買換資産の取得をすることが困難となった場合には，税務署長の承認等の要件の下，その取得期限を，その取得期限の属する年の翌々年12月31日とすることができます。

　居住用財産の譲渡損失の金額の損益通算の特例の適用を受けるための手続等　居住用財産の譲渡損失の金額の損益通算の特例については，この損益通算の特例の適用を受けようとする年分の確定申告書に，この特例の適用を受けようとする旨の記載があり，かつ，居住用財産の譲渡損失の金額の計算に関する計算書等の一定の書類の添付がある場合に限り，適用が認められます（措法41の５②）。

　なお，税務署長は，この確定申告書の提出がなかった場合又はこの損益通算の適用を受けようとする旨の記載若しくは計算書等の一定の書類の添付がない確定申告書の提出があった場合においても，その提出又は記載若しくは添付がなかったことについてやむを得ない事情があると認めるときは，その記載をした書類及び計算書等の一定の書類の提出があった場合に限り，この損益通算の特例を適用することができます（措法41の５③）。

　確定申告書への添付書類　居住用財産の譲渡損失の金額が生じた年分の確定申告書には，次に掲げる書類を添付して提出しなければなりません（措法41の５②，措規18の25①）。

(1)　「居住用財産の譲渡損失の金額の明細書（確定申告書付表）」及び「居住用財産の譲渡損失の損益通算及び繰越控除の対象となる金額の計算書（租税特別措置法第41条の５用）」

(2)　特定譲渡をした譲渡資産に係る登記事項証明書，売買契約書の写しその他の書類で，その譲渡資産の所有期間が５年を超えるものであること及びその譲渡資産のうち土地等が含まれている場合にはその面積を明らかにするもの

(3)　特定譲渡をした資産が特例の対象となる譲渡財産に該当する事実を記載した書類（特定譲渡に係る契約を締結した日の前日においてその特定譲渡をした者の住民票に記載されていた住所とその特定譲渡をした譲渡資産の所在地とが異なる場合その他これに類する場合には，その記載をした書類及び戸籍の附票の写し，消除された戸籍の附票の写しその他これらに類する書類でその譲渡資産が特例の対象となる譲渡財産に該当することを明らかにするもの）

　買換資産に係る提出書類　上記確定申告書を提出する者は，次に掲げる書類を，特定譲渡の日の属する年の12月31日までに買換資産の取得をする場合にはその確定申告書の提出の日までに，特

課税標準の計算（不動産所得に係る損益通算の特例）

定譲渡の日の属する年の翌年１月１日から買換資産の取得期限までに買換資産の取得をする場合にはその買換資産を取得した日の属する年分の確定申告書の提出期限までに，納税地の所轄税務署長に提出しなければなりません（措令26の7⑰，措規18の25⑪）。

(1) 取得をした買換資産に係る登記事項証明書，売買契約書の写しその他の書類で，その買換資産の取得をしたこと，その買換資産の取得をした年月日及びその買換資産に係る家屋の床面積が50㎡以上であることを明らかにする書類

(2) 取得をした買換資産に係る住宅借入金等の残高証明書

(3) その者が，その買換資産を上記の日又は期限までに居住の用に供していない場合には，その旨及びその居住の用に供する予定年月日その他の事項を記載した書類

居住用財産の譲渡損失の金額 居住用財産の譲渡損失の金額については，551ページを参照してください。

居住用財産の譲渡損失の損益通算の特例の適用がない場合 次に掲げるものに該当する場合には適用することはできません。

(1) 譲渡資産の特定譲渡をした年の前年以前３年内の年において生じた他の居住用財産の譲渡損失の金額について，この損益通算の特例の適用を受けている場合（措法41の5①）

(2) 居住用財産を譲渡した年の前年又は前々年において次の規定の適用を受けている場合（措法41の5⑦一）

(イ) 居住用財産を譲渡した場合の長期譲渡所得の軽減税率の特例（措法31の3①）

(ロ) 居住用財産の譲渡所得の3,000万円の特別控除（措法35）

(注) 租税特別措置法第35条第3項の規定を適用する場合を除きます。

(ハ) 特定の居住用財産の買換えの場合の長期譲渡所得の課税の特例（措法36の2）

(ニ) 特定の居住用財産を交換した場合の長期譲渡所得の課税の特例（措法36の5）

(3) 譲渡資産の特定譲渡をした年又はその年の前年以前３年内における資産の譲渡について，特定居住用財産の譲渡損失の損益通算の特例（措法41の5の2①）の適用を受ける場合又は受けている場合（措法41の5⑦一）

特定居住用財産の譲渡損失の損益通算の特例

個人が，平成16年１月１日から令和５年12月31日までの間に譲渡した年の１月１日における所有期間が５年を超える居住用財産（以下「譲渡資産」という。）の譲渡（その個人の親族等に対する譲渡などの一定のものを除く。以下「特定譲渡」という。）をした場合（その特定譲渡に係る契約を締結した日の前日においてその譲渡資産に係る住宅借入金等の金額を有する場合等に限る。）において，その特定譲渡による譲渡所得の金額の計算上生じた損失の金額に係るものとして一定の方法により計算した金額（その特定譲渡に係る契約を締結した日の前日におけるその譲渡資産に係る住宅借入金等の金額の合計額からその譲渡資産の譲渡対価の額を控除した残額を限度とする。以下「特定居住用財産の譲渡損失の金額」という。）について，一定の要件の下で，他の所得との損益通算をする特例の適用を受けることができます（措法41の5の2①⑦一）。

— 640 —

課税標準の計算（不動産所得に係る損益通算の特例）

　　特定居住用財産の譲渡損失の金額の損益通算の特例の適用を受けるための手続等　特定居住用財産の譲渡損失の金額の損益通算の特例については，この損益通算の特例の適用を受けようとする年分の確定申告書に，この特例の適用を受けようとする旨の記載があり，かつ，特定居住用財産の譲渡損失の金額の計算に関する計算書等の一定の書類の添付がある場合に限り，適用が認められます（措法41の5の2②）。

　　なお，税務署長は，この確定申告書の提出がなかった場合又はこの損益通算の適用を受けようとする旨の記載若しくは計算書等の一定の書類の添付がない確定申告書の提出があった場合においても，その提出又は記載若しくは添付がなかったことについてやむを得ない事情があると認めるときは，当該記載をした書類及び計算書等の一定の書類の提出があった場合に限り，この損益通算の特例を適用することができます（措法41の5の2③）。

　　確定申告書への添付書類　特定居住用財産の譲渡損失の金額が生じた年分の確定申告書には，次に掲げる書類を添付して提出しなければなりません（措法41の5の2②，措規18の26①）。

(1)　「特定居住用財産の譲渡損失の金額の明細書（確定申告書付表）」及び「特定居住用財産の譲渡損失の損益通算及び繰越控除の対象となる金額の計算書（租税特別措置法第41条の5の2用）」

(2)　特定譲渡をした譲渡資産に係る登記事項証明書，売買契約書の写しその他の書類で，その譲渡資産の所有期間が5年を超えるものであることを明らかにするもの

(3)　特定譲渡をした資産が特例の対象となる譲渡財産に該当する事実を記載した書類（特定譲渡に係る契約を締結した日の前日においてその特定譲渡をした者の住民票に記載されていた住所とその特定譲渡をした譲渡資産の所在地とが異なる場合その他これに類する場合には，その記載をした書類及び戸籍の附票の写し，消除された戸籍の附票の写しその他これらに類する書類でその譲渡資産が特例の対象となる譲渡財産に該当することを明らかにするもの）

(4)　特定譲渡をした譲渡資産に係る住宅借入金等の残高証明書

　(注)　上記(4)の特定譲渡をした譲渡資産に係る住宅借入金等の残高証明書は，その住宅借入金等に係る債権者（その債権者が特定債権者である場合にはその特定債権者に係るその債権の譲渡をした金融機関，独立行政法人住宅金融支援機構又は貸金業者（特定債権者との間の契約に従い，その債権の管理及び回収に係る業務を行っているものに限る。）とし，その住宅借入金等が一定の住宅借入金等に該当する場合には，独立行政法人勤労者退職金共済機構又は独立行政法人福祉医療機構とする。以下同じ。）のその譲渡資産の特定譲渡に係る契約を締結した日の前日におけるその住宅借入金等（特定債権者に係る借入金又は債務の場合には，その金融機関，独立行政法人住宅金融支援機構又は貸金業者から借り入れた借入金又は債務とする。以下同じ。）の金額を証する書類です（措規18の26②）。

　　なお，この書類は，その書類の交付を受けようとする者の氏名及び住所（国内に住所がない場合には，居所），その住宅借入金等が一定の借入金又は債務のいずれに該当するかの別，その住宅借入金等のその借入れをした金額又はその債務の額として負担をした金額，その住宅借入金等に係る契約を締結した年月日，その住宅借入金等に係る契約において定められている償還期間又は賦払期間その他参考となるべき事項が記載されたものでなければなりません。

　　特定居住用財産の譲渡損失の金額　特定居住用財産の譲渡損失の金額については，558ページを参照してください。

　　特定居住用財産の譲渡損失の損益通算の特例の適用がない場合　次に掲げるものに該当する場合には適用することができません。

— 641 —

課税標準の計算（不動産所得に係る損益通算の特例・損失の繰越控除）

(1) 譲渡資産の特定譲渡をした年の前年以前3年内の年において生じた他の特定居住用財産の譲渡損失の金額について，この損益通算の特例の適用を受けている場合（措法41の5の2①）

(2) 譲渡資産の特定譲渡をした年の前年又は前々年において行った資産の譲渡について次の規定の適用を受けている場合（措法41の5の2⑦一）

(イ) 居住用財産を譲渡した場合の長期譲渡所得の軽減税率の特例（措法31の3①）

(ロ) 居住用財産の譲渡所得の3,000万円の特別控除（措法35①）

(ハ) 特定の居住用財産の買換えの場合の長期譲渡所得の課税の特例（措法36の2）

(ニ) 特定の居住用財産を交換した場合の長期譲渡所得の課税の特例（措法36の5）

　　（注）　租税特別措置法第35条第3項の規定を適用する場合を除きます。

(3) 譲渡資産の特定譲渡をした年又はその年の前年以前3年内における資産の譲渡について，居住用財産の買換え等の場合の譲渡損失の損益通算の特例（措法41の5①）の適用を受ける場合又は受けている場合（措法41の5の2⑦一）

損 失 の 繰 越 控 除

(1) 総所得金額，土地等に係る事業所得等の金額（平成10年1月1日から令和8年3月31日までの間については適用しない。(3)までにおいて同じ。），山林所得金額又は退職所得金額を計算する場合に，前年以前3年内の各年（その年分の所得税について青色申告書を提出している年に限る。）に生じた純損失の金額があるときは，これらの所得の金額から，その純損失の金額のうちその年分に繰り越された金額を差し引くことができます（法70①②，措法28の4⑤二，⑥，643ページ参照）。

　　（注）　特定非常災害に係る純損失の繰越控除の特例の適用がある場合には，前年以前5年内の各年において生じた損失の金額の控除ができます（法70の2）。

(2) 総所得金額，土地等に係る事業所得等の金額，分離短期譲渡所得の金額，分離長期譲渡所得の金額，山林所得金額又は退職所得金額を計算する場合に，前年以前3年内の年に生じた居住用財産の買換え等の場合の譲渡損失の金額及び特定居住用財産の譲渡損失の金額があるときは，これらの所得の金額から，これらの譲渡損失の金額のうちその年分に繰り越された金額を差し引くことができます（措法41の5④，41の5の2④，措令26の7⑮，26の7の2⑫，644ページ参照）。

(3) 総所得金額，土地等に係る事業所得等の金額，分離短期譲渡所得の金額，分離長期譲渡所得の金額，分離課税の上場株式等に係る配当所得等の金額，一般株式等に係る譲渡所得等の金額，上場株式等に係る譲渡所得等の金額，先物取引に係る雑所得等の金額，山林所得金額又は退職所得金額を計算する場合に，前年以前3年内の各年に生じた雑損失の金額があるときは，これらの所得の金額から，その雑損失の金額のうちその年分に繰り越された金額を差し引くことができます（法71①，措法8の4③三，28の4⑤二，⑥，31③三，32④，37の10⑥五，37の11⑥，37の12の2⑤，37の13の3⑦，41の14②四，41の15①，措令25の11の2⑯，25の12の3⑳，26の26⑧，648ページ参照）。

　　（注）　特定非常災害に係る雑損失の繰越控除の特例の適用がある場合には，前年以前5年内の各年において生じた損失の金額の控除ができます（法71の2）。

(4) 次の所得の金額を計算する場合において，次の損失の金額があるときは，その損失の金額のうちその年分に繰り越された金額を差し引くことができます。

課税標準の計算（損失の繰越控除）

① 上場株式等に係る配当所得等の金額を計算する場合において，その年の前年以前３年内の各年に上場株式等に係る譲渡損失の金額があるとき（措法37の12の２⑤，476ページ参照）

（注）　その年分に繰り越された金額は，その年分の上場株式等に係る譲渡所得等の金額を控除した後の金額となります。

② 上場株式等に係る譲渡所得等の金額を計算する場合において，その年の前年以前３年内の各年に上場株式等に係る譲渡損失の金額又は特定株式に係る譲渡損失の金額があるとき（措法37の12の２⑤，37の13の３⑦，476・486ページ参照）

③ 一般株式等に係る譲渡所得等の金額を計算する場合において，その年の前年以前３年内の各年に特定株式に係る譲渡損失の金額があるとき（措法37の13の３⑦，486ページ参照）

④ 先物取引に係る雑所得等の金額を計算する場合において，その年の前年以前３年内の各年に先物取引の差金等決済に係る損失の金額があるとき（措法41の15①，578ページ参照）

純損失の繰越控除

青色申告書を提出している年分の純損失の金額　前年以前３年内の各年（その年分の所得税につき青色申告書を提出している年に限る。）に生じた純損失の金額（前年以前に既に繰越控除をした部分の金額及び純損失の繰戻しをした部分の金額を除く。）があるときは，その純損失の金額を，その年分の総所得金額，土地等に係る事業所得等の金額（平成10年１月１日から令和８年３月31日までの間については適用しない。），山林所得金額又は退職所得金額の計算上差し引きます（法70①，令201，措法28の４⑤二，⑥）。

（注）　特定非常災害に係る純損失の繰越控除の特例の適用がある場合には，前年以前５年内の各年において生じた損失の金額の控除ができます（法70の２）。

変動所得の金額の計算上生じた損失の金額及び被災事業用資産の損失の金額　前年以前３年内の各年（青色申告書を提出している年を除く。）に生じた純損失の金額のうちに変動所得の金額の計算上生じた損失の金額又は被災事業用資産の損失の金額（前年以前に既に繰越控除をした部分の金額を除く。）があるときは，これらの損失の金額を，その年分の総所得金額，土地等に係る事業所得等の金額（平成10年１月１日から令和８年３月31日までの間については適用しない。），山林所得金額又は退職所得金額の計算上差し引きます（法70②，令202，措法28の４⑤二，⑥）。

（注）　特定非常災害に係る純損失の繰越控除の特例の適用がある場合には，前年以前５年内の各年において生じた損失の金額の控除ができます（法70の２）。

繰越控除の手続　純損失の金額，変動所得の金額の計算上生じた損失の金額及び被災事業用資産の損失の金額の繰越控除は，これらの損失の生じた年分の所得税についてこれらの損失の金額に関する事項を記載した確定（損失）申告書を提出し，かつ，その後において連続して確定申告書を提出している場合に限り，適用されます（法70④）。

被災事業用資産の損失の金額　被災事業用資産の損失の金額とは，棚卸資産，不動産所得，事業所得若しくは山林所得を生ずべき事業の用に供される固定資産等又は山林（保有期間は問わない。）（以下これらを「事業用資産」という。）の災害による損失の金額（保険金，損害賠償金等によって補塡される金額を除く。）で，変動所得の金額の計算上生じた損失の金額に該当しないものをいいます（法70③）。

この場合の損失の金額には，その災害に関連するやむを得ない次の費用の支出を含みます（令203）。

(1) 災害によって事業用資産が滅失し，損壊し又はその価値が減少したことによるその事業用資産の取壊し又は除去のための費用その他の付随費用

(2) 災害によって事業用資産が損壊し又はその価値が減少した場合その他災害によってその事業用資産を業務の用に供することが困難となった場合に，その災害のやんだ日の翌日から1年以内（大規模な災害の場合等のやむを得ない事情がある場合には，3年以内）に支出する次に掲げる費用その他これらに類する費用

  イ　災害によって生じた土砂その他の障害物を除去するための費用

  ロ　その事業用資産の原状回復のための修繕費

  ハ　その事業用資産の損壊又はその価値の減少を防止するための費用

(3) 災害によって事業用資産につき現に被害が生じ，又はまさに被害が生ずるおそれがあると見込まれる場合において，その事業用資産の被害の拡大又は発生を防止するため緊急に必要な措置を講ずるための費用

繰越控除の順序　純損失の繰越控除は，次の順序で行います（令201，措令19㉔）。

(1) 控除する純損失の金額が前年以前3年内（特定非常災害に係る純損失の繰越控除の特例の適用がある場合には，前年以前5年内。(2)において同じ。）の2以上の年に生じたものである場合には，これらの年のうち最も古い年に生じた純損失の金額から先に差し引きます。

(2) 前年以前3年内の一の年に生じた純損失の繰越控除は，次の表の順序で行います。

その年分の所得の内容　＼　純損失の金額の内容	総所得金額の計算上生じた損失の部分の金額	土地等に係る事業所得等の金額の計算上生じた損失の部分の金額	山林所得金額の計算上生じた損失の部分の金額
総　所　得　金　額	①	⑤	⑩
土地等に係る事業所得等の金額	④	②	⑪
山　林　所　得　金　額	⑥	⑧	③
退　職　所　得　金　額	⑦	⑨	⑫

（注）1　分離短期譲渡の損失の金額，分離長期譲渡の損失の金額，一般株式等に係る譲渡所得等の損失の金額及び先物取引に係る雑所得等の損失の金額はないものとされ，また，他の所得の損失の金額は分離短期譲渡所得の金額，分離長期譲渡所得の金額，一般株式等に係る譲渡所得等の金額及び先物取引に係る雑所得等の金額から控除できません。

　　　2　平成10年1月1日から令和8年3月31日までの間にする土地等に係る事業所得等の金額については，分離課税の対象とはならず，総所得金額に含まれます（措法28の4⑥）。

(3) 純損失の繰越控除は，その年分の各種所得の金額の計算上生じた損失の金額があるときは，まずその年分の各種所得の金額について損益通算を行った後に行います。

<計算例（単位：万円）>
　（注）　次の計算例中の○の中の数字は、前記(2)の表の順号を示す。
〔設例〕
(1)　その年（令和5年）の前年分の純損失の金額の内訳

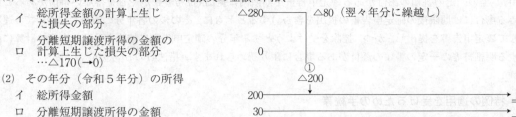

特定非常災害に係る純損失の繰越控除の特例　事業所得者等の有する棚卸資産、事業用資産等につき特定非常災害の指定を受けた災害により生じた損失（以下「特定被災事業用資産の損失」という。）を有する者の①特定被災事業用資産の損失による純損失の金額及び②特定非常災害発生年において生じた純損失の金額のうち次に掲げるものの繰越期間は5年とされています（法70の2、令203の2）。

(1)　青色申告者でその有する事業用資産等の価額のうちに特定被災事業用資産の損失額の占める割合が10％以上であるものは、特定非常災害発生年において生じた純損失の金額

(2)　青色申告者以外の者でその有する事業用資産等の価額のうちに特定被災事業用資産の損失額の占める割合が10％以上であるものは、特定非常災害発生年において生じた被災事業用資産の損失による純損失と変動所得に係る損失による純損失との合計額

　（注）　上記の「特定非常災害の指定を受けた災害」とは、特定非常災害の被害者の権利利益の保全等を図るための特別措置に関する法律第2条第1項の規定により特定非常災害として指定された非常災害をいいます（法70の2①）。特定非常災害に係る雑損失の繰越控除の特例においても同様です。

東日本大震災により被災した事業用資産などの損失に関する繰越控除については「東日本大震災の被災者等に係る国税関係法律の臨時特例に関する法律」の概要等の「3　純損失の繰戻し還付の特例及び繰越控除の特例」（944ページ）を参照してください。

居住用財産の買換え等の場合の譲渡損失の繰越控除

確定申告書を提出する個人が、その年の前年以前3年内の年において生じた純損失の金額（損益通算をしてもなお控除しきれない部分の損失の金額をいう。以下同じ。）のうち、その居住用財産の譲渡損失の金額に係るものとして一定の方法により計算した金額（この特例により前年以前の年において控除されたものを除く。以下「通算後譲渡損失の金額」という。）を有する場合において、その者がその年12月31日（その者が死亡した場合は、その死亡した日）においてその通算後譲渡損失の金額に係る買換資産に係る住宅借入金等の金額を有するときは、その通算後譲渡損失の金額相当額は、その年分の分離長期譲渡所得の金額、分離短期譲渡所得の金額、総所得金額、土地等に係る事業所得等の金額（平成10年1月1日から令和8年3月31日までの間については適用しない。）、山林所得金額又は退職所得金額の計算上順次控除することができます（措法28の4⑥、31、32、41の5④、措令26の7①⑮⑯）。

課税標準の計算（損失の繰越控除）

繰越控除の手続　居住用財産の買換え等の場合の譲渡損失の繰越控除は，その居住用財産の譲渡損失の金額が生じた年分の所得税について，「居住用財産の譲渡損失の金額の明細書（確定申告書付表）」及び「居住用財産の譲渡損失の損益通算及び繰越控除の対象となる金額の計算書（租税特別措置法第41条の5用）」等の一定の書類の添付がある確定申告書を期限内に提出（税務署長がやむを得ない事情があると認める場合には期限後の確定申告書の提出を含む。）するとともに，その後の各年分の所得税について，連続して確定申告書を提出し，かつ，控除を受けようとする年分の確定申告書に控除を受ける金額の計算に関する明細書等の一定の書類の添付がある場合に限り認められます（措法41の5③⑤⑥）。

　特例の適用を受けるための手続等
　居住用財産の譲渡損失の金額が生じた年分
(1)　確定申告書への添付書類
　　居住用財産の譲渡所得の金額が生じた年分の確定申告書には，居住用財産の譲渡損失の金額の損益通算を受けるための確定申告書に添付すべき書類(639ページ参照)を添付して，その提出期限までに提出しなければなりません（措法41の5②）。
(2)　買換資産に係る提出書類（639ページ参照）
　通算後譲渡損失の金額の繰越控除の特例の適用を受けようとする年分
　この繰越控除の特例の適用を受けようとする年分の確定申告書に，次に掲げる書類を添付して提出しなければなりません（措法41の5⑤，措規18の25②）。
(1)　その年において控除すべき通算後譲渡損失の金額及びその金額の計算の基礎その他参考となるべき事項を記載した明細書
(2)　取得をした買換資産に係る住宅借入金等の残高証明書
(注)　住宅借入金等の残高証明書は，その住宅借入金等に係る債権者等の控除の適用を受けようとする年の12月31日（その者が死亡した場合は，その死亡した日）におけるその住宅借入金等の金額を証する書類となります（措規18の25③）。

繰越控除の順序　その年分の各種所得の金額の計算上生じた損失の金額がある場合又は所得税法の規定による純損失若しくは雑損失の繰越控除（法70，71①）が行われる場合には，まず損益通算（法69）及び純損失の繰越控除を行い，次にこの特例による控除及び雑損失の繰越控除を順次行うこととされています。この場合において，控除する純損失の金額及び控除する雑損失の金額が前年以前3年内（特定非常災害の特例（法70の2，71の2）の適用がある場合には，前年以前5年内）の2以上の年に生じたものであるときは，これらの年のうち最も古い年に生じた純損失の金額又は雑損失の金額から順次控除することとされています（措令26の7②）。

居住用財産の譲渡損失の金額　居住用財産の譲渡損失の金額については，551ページを参照。

居住用財産の買換え等の場合の譲渡損失の繰越控除の特例の適用がない場合　次に掲げるものに該当する場合には適用することはできません。
(1)　その年の合計所得金額が3,000万円を超える場合（措法41の5④）
(注)　この所得要件は各年ごとに判定されますので，居住用財産の譲渡損失の金額が生じた年の翌年以降

— 646 —

課税標準の計算（損失の繰越控除）

　　3年の各年のうち，合計所得金額が3,000万円を超える年についてはこの特例の適用が認められませんが，合計所得金額が3,000万円以下である年についてはこの特例の適用が認められます。

(2)　居住用財産の譲渡損失が生じた年分の確定申告において，居住用財産の買換え等の場合の譲渡損失の損益通算の特例（措法41の5①）を適用していない場合又はやむを得ない事情がある場合を除き，その年分の確定申告書をその提出期限までに提出していない場合（措法41の5①～③）

特定居住用財産の譲渡損失の繰越控除

　確定申告書を提出する個人が，その年の前年以前3年内の年において生じた純損失の金額（損益通算をしてもなお控除しきれない部分の損失の金額をいう。以下同じ。）のうち，その特定居住用財産の譲渡損失の金額に係るものとして一定の方法により計算した金額（この特例により前年以前の年において控除されたものを除く。以下「通算後譲渡損失の金額」という。）を有する場合には，一定の要件の下で，その通算後譲渡損失の金額相当額は，その年分の分離長期譲渡所得の金額，分離短期譲渡所得の金額，総所得金額，土地等に係る事業所得等の金額（平成10年1月1日から令和8年3月31日までの間については適用しない。），山林所得金額又は退職所得金額の計算上順次控除することができます（措法28の4⑥，31，32，41の5の2④，措令26の7の2①⑫⑬）。

　繰越控除の手続　特定居住用財産の譲渡損失の繰越控除は，その特定居住用財産の譲渡損失の金額が生じた年分の所得税について，「特定居住用財産の譲渡損失の金額の明細書（確定申告書付表）」及び「特定居住用財産の譲渡損失の損益通算及び繰越控除の対象となる金額の計算書（租税特別措置法第41条の5の2用）」等の一定の書類の添付がある確定申告書を期限内に提出（税務署長がやむを得ない事情があると認める場合には期限後の確定申告書の提出を含む。）するとともに，その後の各年分の所得税について，連続して確定申告書を提出し，かつ，控除を受けようとする年分の確定申告書に控除を受ける金額の計算に関する明細書等の一定の書類の添付がある場合に限り認められます（措法41の5の2③⑤⑥）。

　特例の適用を受けるための手続等
　特定居住用財産の譲渡損失の金額が生じた年分
　特定居住用財産の譲渡損失の金額が生じた年分の確定申告書には，特定居住用財産の譲渡損失の金額の損益通算を受けるための確定申告書に添付すべき書類（641ページ参照）を添付して，その提出期限までに提出しなければなりません（措法41の5の2②）。
　通算後譲渡損失の金額の繰越控除の特例の適用を受けようとする年分
　この繰越控除の特例の適用を受けようとする年分の確定申告書には，その年において控除すべき通算後譲渡損失の金額及びその金額の計算の基礎その他参考となるべき事項を記載した明細書を添付して提出しなければなりません（措法41の5の2⑤，措規18の26③）。

　繰越控除の順序　その年分の各種所得の金額の計算上生じた損失の金額がある場合又は所得税法の規定による純損失若しくは雑損失の繰越控除（法70，71①）が行われる場合には，まず損益通算（法69）及び純損失の繰越控除を行い，次にこの特例による控除及び雑損失の繰越控除を順次行うこととされています。この場合において，控除する純損失の金額及び控除する雑損失の金額が

前年以前３年内（特定非常災害の特例（法70の２，71の２）の適用がある場合には，前年以前５年内）の２以上の年に生じたものであるときは，これらの年のうち最も古い年に生じた純損失の金額又は雑損失の金額から順次控除することとされています（措令26の７の２②）。

　　特定居住用財産の譲渡損失の金額　特定居住用財産の譲渡損失の金額については，558ページを参照してください。

　　特定居住用財産の譲渡損失の繰越控除の特例の適用がない場合　次に掲げるものに該当する場合には適用することはできません。

(1)　その年の合計所得金額が3,000万円を超える場合（措法41の５の２④）

　　（注）　この所得要件は各年ごとに判定されますので，特定居住用財産の譲渡損失の金額が生じた年の翌年以降３年の各年のうち，合計所得金額が3,000万円を超える年についてはこの特例の適用が認められませんが，合計所得金額が3,000万円以下である年についてはこの特例の適用が認められます。

(2)　特定居住用財産の譲渡損失が生じた年分の確定申告において，特定居住用財産の譲渡損失の損益通算の特例（措法41の５の２①）を適用していない場合又はやむを得ない事情がある場合を除き，その年分の確定申告書をその提出期限までに提出していない場合（措法41の５の２①～③）

雑損失の繰越控除

　前年以前３年内に生じた雑損失の金額で前年以前に控除しきれなかった金額があるときは，その年分の総所得金額，土地等に係る事業所得等の金額（平成10年１月１日から令和８年３月31日までの間については適用しない。），分離短期譲渡所得の金額，分離長期譲渡所得の金額，分離課税の上場株式等に係る配当所得等の金額（上場株式等に係る譲渡損失の損益通算及び繰越控除（474ページ参照）の適用後の金額），一般株式等に係る譲渡所得等の金額（特定株式に係る譲渡損失の繰越控除（486ページ参照）の適用後の金額），上場株式等に係る譲渡所得等の金額（上場株式等に係る譲渡損失の繰越控除（476ページ参照）及び特定株式に係る譲渡損失の繰越控除（486ページ参照）の適用後の金額），先物取引に係る雑所得等の金額（先物取引の差金等決済に係る損失の繰越控除（578ページ参照）の適用後の金額），山林所得金額又は退職所得金額の計算上，その控除しきれなかった雑損失の金額を差し引くことができます（法71①，令204，措法８の４③三，28の４⑤二，⑥，31③三，32④，37の10⑥五，37の11⑥，37の12の２⑤，37の13の３⑦，41の14②四，41の15④，措令25の11の２⑯，25の12の３⑳，26の26⑧）。

（注）　特定非常災害に係る雑損失の繰越控除の特例の適用がある場合には，前年以前５年内の各年において生じた損失の金額の控除ができます（法71の２）。

　　雑損失の金額　雑損失の金額とは，災害又は盗難若しくは横領によって資産（生活に通常必要でない資産及び事業用資産等を除く。）に受けた損失額（保険金，損害賠償金などで補塡される部分の金額を除く。）のうち，662ページに掲げる雑損控除額（総所得金額等の10％又は５万円を超える部分の金額）をいいます（法２①二十六，72①）。

　　繰越控除の手続　雑損失の繰越控除は，その雑損失を生じた年分の所得税につき，確定申告書を提出し，

－648－

課税標準の計算（損失の繰越控除）

かつ，その後において連続して確定申告書を提出している場合に限り，適用されます（法71②）。

　　繰越控除の順序　雑損失の繰越控除は，次の順序で行います（令204，措法8の4①，28の4①⑥，措令19㉔，20⑤，21⑦，25の8⑯，26の23⑥，措通31・32共一4）。

(1)　控除する雑損失の金額が前年以前3年内（特定非常災害に係る雑損失の繰越控除の特例の適用がある場合には，前年以前5年内。(2)において同じ。）の2以上の年に生じたものである場合には，これらの年のうち最も古い年に生じた雑損失の金額から先に差し引きます。

(2)　前年以前3年内の一の年に生じた雑損失の金額で前年以前において控除されなかった部分に相当する金額があるときは，これをその年分の総所得金額，土地等に係る事業所得等の金額（平成10年1月1日から令和8年3月31日までの間については適用しない。），分離短期譲渡所得の金額，分離長期譲渡所得の金額，分離課税の上場株式等に係る配当所得等の金額，一般株式等に係る譲渡所得等の金額，上場株式等に係る譲渡所得等の金額，先物取引に係る雑所得等の金額，山林所得金額又は退職所得金額の計算上順次差し引きます。

(3)　その年の各種所得の金額の計算上生じた損失の金額がある場合又はその年に純損失の繰越控除が行われる場合には，まず損益通算を行い，次いで純損失の繰越控除を行った後に雑損失の繰越控除を行います。この場合に，繰越純損失の金額及び繰越雑損失の金額が前年以前3年内（特定非常災害の特例（法70の2，71の2）の適用がある場合には，前年以前5年内）の2以上の年に生じたものであるときは，これらの年のうち最も古い年に生じた純損失の金額又は雑損失の金額から順次差し引きます。

　　特定非常災害に係る雑損失の繰越控除の特例　居住者等の有する資産につき特定非常災害の指定を受けた災害により生じた損失について，雑損控除を適用してその年分の総所得金額等から控除しても控除しきれない損失額についての繰越期間は5年とされています（法71の2，令204の2）。

課税標準の計算（所得控除）

##################### 所　得　控　除 #####################

　総所得金額，土地等に係る事業所得等の金額（平成10年１月１日から令和８年３月31日までの間については適用しない。），特別控除後の分離短期譲渡所得の金額，特別控除後の分離長期譲渡所得の金額，分離課税の上場株式等に係る配当所得等の金額（上場株式等に係る譲渡損失の損益通算及び繰越控除（474ページ参照）の適用後の金額），一般株式等に係る譲渡所得等の金額（特定株式に係る譲渡損失の繰越控除（486ページ参照）の適用後の金額），上場株式等に係る譲渡所得等の金額（上場株式等に係る譲渡損失の繰越控除（476ページ参照）及び特定株式に係る譲渡損失の繰越控除の適用後の金額），先物取引に係る雑所得等の金額（先物取引の差金等決済に係る損失の繰越控除（578ページ参照）の適用後の金額），山林所得金額及び退職所得金額から基礎控除その他の所得控除を行って，課税総所得金額，土地等に係る課税事業所得等の金額（平成10年１月１日から令和８年３月31日までの間については適用しない。），分離課税短期譲渡所得の金額，分離課税長期譲渡所得の金額，分離課税の上場株式等に係る課税配当所得等の金額，一般株式等に係る課税譲渡所得等の金額，上場株式等に係る課税譲渡所得等の金額，先物取引に係る課税雑所得等の金額，課税山林所得金額及び課税退職所得金額を計算します（法21①三，措法８の４③三，28の４⑤二，⑥，31③三，32④，37の10⑥五，37の11⑥，37の12の２④⑧，37の13の３⑨，41の14②四，41の15④，措令25の11の２⑮⑯，25の12の３⑳㉑，26の26⑧）。

　なお，所得控除の種類は，次のとおりです。①雑損控除　②医療費控除　③社会保険料控除　④小規模企業共済等掛金控除　⑤生命保険料控除　⑥地震保険料控除　⑦寄附金控除　⑧障害者控除　⑨寡婦控除　⑩ひとり親控除　⑪勤労学生控除　⑫配偶者控除　⑬配偶者特別控除　⑭扶養控除　⑮基礎控除

所得控除の順序

(1)　所得控除は，まず雑損控除から先に行います。雑損控除の額がその年分の総所得金額，土地等に係る事業所得等の金額（平成10年１月１日から令和８年３月31日までの間については適用しない。），特別控除後の分離短期譲渡所得の金額，特別控除後の分離長期譲渡所得の金額，分離課税の上場株式等に係る配当所得等の金額（上場株式等に係る譲渡損失の損益通算及び繰越控除の適用後の金額），一般株式等に係る譲渡所得等の金額（特定株式に係る譲渡損失の繰越控除の適用後の金額），上場株式等に係る譲渡所得等の金額（上場株式等に係る譲渡損失の繰越控除及び特定株式に係る譲渡損失の繰越控除の適用後の金額），先物取引に係る雑所得等の金額（先物取引の差金等決済に係る損失の繰越控除の適用後の金額），山林所得金額及び退職所得金額から引き切れない場合には，その引き切れない金額を翌年以降に繰り越して翌年以降３年内（雑損失の金額が特定非常災害に係る雑損失の繰越控除の特例（法71の２）の対象となる特定雑損失金額に該当する場合には，５年内）の各年分の所得金額から差し引くことができます。

　なお，雑損控除以外の所得控除については控除の順序が定められていませんが，その控除の額の合計額が雑損控除の額を差し引いた後の総所得金額，土地等に係る事業所得等の金額（平成10年１月１日から令和８年３月31日までの間については適用しない。），特別控除後の分離短期譲渡所得の

― 650 ―

課税標準の計算（所得控除）

金額，特別控除後の分離長期譲渡所得の金額，分離課税の上場株式等に係る配当所得等の金額（上場株式等に係る譲渡損失の損益通算及び繰越控除の適用後の金額），一般株式等に係る譲渡所得等の金額（特定株式に係る譲渡損失の繰越控除の適用後の金額），上場株式等に係る譲渡所得等の金額（上場株式等に係る譲渡損失の繰越控除及び特定株式に係る譲渡損失の繰越控除の適用後の金額），先物取引に係る雑所得等の金額（先物取引の差金等決済に係る損失の繰越控除の適用後の金額），山林所得金額及び退職所得金額の合計額より多いときは，課税所得金額はないことになります（法71①，87①，措法8の4③三，28の4⑤二，⑥，31③三，32④，37の10⑥五，37の11⑥，37の12の2④⑧，37の13の3⑨，41の14②四，41の15④，措令25の11の2⑮⑯，25の12の3⑳㉑，26の26⑧）。

(2) 所得控除は，まず総所得金額から差し引きます。所得控除の額が総所得金額より多い場合には，総所得金額から引き切れなかった所得控除の額を土地等に係る事業所得等の金額（平成10年1月1日から令和8年3月31日までの間については適用しない。），特別控除後の分離短期譲渡所得の金額，特別控除後の分離長期譲渡所得の金額，分離課税の上場株式等に係る配当所得等の金額（上場株式等に係る譲渡損失の損益通算及び繰越控除（474ページ参照）の適用後の金額），一般株式等に係る譲渡所得等の金額（特定株式に係る譲渡損失の繰越控除の適用後の金額），上場株式等に係る譲渡所得等の金額（上場株式等に係る譲渡損失の繰越控除及び特定株式に係る譲渡損失の繰越控除の適用後の金額），先物取引に係る雑所得等の金額（先物取引の差金等決済に係る損失の繰越控除の適用がある場合には適用後の金額），山林所得金額又は退職所得金額から順次差し引きます（法87②，措法8の4③三，28の4⑤二，⑥，31③三，32④，37の10⑥五，37の11⑥，37の12の2④⑧，37の13の3⑨，41の14②四，41の15④，措令25の11の2⑮⑯，25の12の3⑳㉑，26の26⑧）。

所得控除の手続　所得控除の適用を受けようとする場合には，所得控除の種類ごとにその金額及び控除に関する事項を確定申告書に記載するとともに，所得控除の種類に応じて，以下に掲げる表の関係書類を確定申告書に添付するか又は確定申告書を提出する際に提示することになっています。

所得控除の種類	添 付 又 は 提 示 す べ き 書 類	関係条文
雑　損　控　除	災害関連支出の金額（盗難，横領に関連する支出の金額を含む。）の領収を証する書類	令262①一
医 療 費 控 除	(1)　医療費控除の適用を受ける金額の計算の基礎となる医療費の額その他の一定の事項（以下「控除適用医療費の額等」という。）の記載がある明細書（(2)の書類が確定申告書に添付された場合におけるその書類に記載された控除適用医療費の額等に係るものを除く。） （注）上記の一定の事項とは次の事項とされています。 　　イ　その年中において支払った医療費の額 　　ロ　医療費に係る診療，治療等を受けた者の氏名 　　ハ　医療費に係る診療，治療等を行った病院，診療所その他の者の名称又は氏名 　　ニ　その他参考となるべき事項 (2)　各医療保険者の医療費通知書 （注）1　上記の明細書を添付した確定申告書を提出した場合において，税務署長は，医療費控除の適用を受ける者に対し，確定申告期限から5年間，その適用に係る医療費の領収書（確定申告書の提出の際に，上記(2)の各医療保険者の医療	法120④ 規47の2⑫⑬

— 651 —

課税標準の計算（所得控除）

費通知書を添付した場合におけるその医療費通知書に係る医療費の領収書を除く。）の提示又は提出を求めることができることとし，その求めがあったときは，その適用を受ける者は，その領収書の提示又は提出をしなければならないこととされています。

2　e-Tax による確定申告を行う場合において，添付書類が上記(2)の各医療保険者の医療費通知書であるときは，各医療保険者から提供を受けた医療費通知情報で各医療保険者の電子署名及びその電子署名に係る電子証明書が付されたものを送信した場合に限り，上記(2)の各医療保険者の医療費通知書の提出に代えることができることとされており，この医療費通知情報の送信をした場合には，その送信をした情報に係る医療費の領収書については，上記（注）1の税務署長の求めの対象外となります。

3　平成29年分から令和元年分までの確定申告書を提出する場合には，医療費の領収書の添付又は提示による控除の適用もできることとされています。

4　令和4年1月1日以後に令和3年分以後の所得税に係る確定申告書を提出する場合については，上記(2)の各医療保険者の医療費通知書に代えて，次の書類の添付が可能とされています。

①　社会保険診療報酬支払基金及び国民健康保険団体連合会（審査支払機関）の上記(2)の各医療保険者の医療費通知書に記載すべき事項が記載された書類又はその書類に記載すべき事項を記録した電子証明書等に係る電磁的記録印刷書面

②　上記(2)の各医療保険者の医療費通知書に記載すべき事項を記録した電子証明書等に係る電磁的記録印刷書面
　　また，e-Tax による確定申告を行う場合には，上記(1)の明細書と同様に，上記(2)の各医療保険者の医療費通知書又は上記①の書類に記載されている事項を入力して送信することによりこれらの書類の提出に代えることができることとされています。なお，上記(2)の各医療保険者の医療費通知書と同様に，審査支払機関から提供を受けた電磁的記録で，審査支払機関の電子署名及びその電子署名に係る電子証明書が付されたものを送信することにより，上記①の書類の提出に代えることができることとされています。

セルフメディケーション税制（医療費控除の特例）	医療費控除の特例の適用を受ける金額の計算の基礎となる特定一般用医薬品等（いわゆるスイッチ OTC 医薬品等）の購入費について一定の事項の記載がある明細書 （注）1　上記の一定の事項とは，次の事項とされています。 　　　イ　その年中に行った取組の名称 　　　ロ　その取組に係る事業を行った保険者，事業者若しくは市町村（特別区を含む。）の名称又はその取組に係る診察を行った医療機関の名称若しくは医師の氏名 　　　ハ　その年中において支払った特定一般用医薬品等購入費の額 　　　ニ　特定一般用医薬品等購入費に係る特定一般用医薬品等の販売を行った者の氏名又は名称 　　　ホ　特定一般用医薬品等購入費に係る特定一般用医薬品等の名称	措法41の17④，措規19の10の2

— 652 —

課税標準の計算（所得控除）

	へ　その他参考となるべき事項 　2　上記の「取組」とは，法律又は法律に基づく命令（告示を含む。）に基づき行われる健康の保持増進及び疾病の予防への取組として厚生労働大臣が財務大臣と協議して定めるものとされています。 　3　上記の明細書を添付した確定申告書を提出した場合において，税務署長は，医療費控除の特例適用者に対し，確定申告期限から5年間，その明細書に記載された取組を行ったことを明らかにする書類（氏名，取組を行った年及び上記（注）1ロに掲げる事項の記載があるものに限る。）及びその明細書に記載された特定一般用医薬品等購入費の領収書の提示又は提出を求めることができることとし，その求めがあったときは，その特例適用者は，その領収書の提示又は提出をしなければならないこととされています。 　4　平成29年分から令和元年分までの確定申告書を提出する場合には，特定一般用医薬品等購入費の領収書の添付又は提示による控除の適用もできることとされています。	
社会保険料控除	「国民年金の保険料及び国民年金基金の加入者として負担する掛金の支払をした金額を証する書類」又は「その書類に記載すべき事項を記録した電子証明書等の情報の内容を国税庁長官の定める方法によって出力することにより作成した書面（QRコード付証明書）」 （注）　給与所得について年末調整の際に控除された国民年金の保険料及び国民年金基金の加入者として負担する掛金については，これらの書類の添付又は提示をする必要はありません。	令262①二
小規模企業共済等掛金控除	「小規模企業共済等掛金の額を証する書類」又は「その書類に記載すべき事項を記録した電子証明書等の情報の内容を国税庁長官の定める方法によって出力することにより作成した書面（QRコード付証明書）」 （注）　給与所得について年末調整の際に控除された小規模企業共済等掛金については，これらの書類の添付又は提示をする必要はありません。	令262①三
生命保険料控除	「次の事項を証する書類（旧生命保険料の金額（その年の剰余金の分配若しくは割戻しを受け，又はこれらの剰余金若しくは割戻金を当該旧生命保険料の払込みに充てた場合には，その剰余金又は割戻金の額を差し引いた残額）については，当該金額が一契約について9,000円を超えるものに限る。）」又は「その書類に記載すべき事項を記録した電子証明書等の情報の内容を国税庁長官の定める方法によって出力することにより作成した書面（QRコード付証明書）」 (1)　生命保険契約等の場合	令262①四
	イ　保険契約者・共済契約者の氏名又は確定給付企業年金・退職年金・退職一時金の受取人の氏名及び保険料・掛金が所得税法第76条第1項に規定する生命保険料に該当する旨（郵便振替又は銀行振込を利用して保険料を払い込んでいる場合には，保険契約者・共済契約者等の氏名に代えて保険証券又は年金証書の記号及び番号）	規47の2①一二
	ロ　その年中に支払った生命保険料の金額	令262①四イロ
	(2)　介護医療保険契約の場合	
	イ　介護医療保険契約の保険契約者又は共済契約者の氏名及び介護医療保険契約等に係る保険料又は掛金が所得税法第76条2項に規定する介護医療保険料に該当する旨（郵便振替又は銀行振	規47の2①三

— 653 —

課税標準の計算（所得控除）

	込を利用している場合は(1)イと同じ。) ロ その年中に支払った介護医療保険料の金額 (3) 個人年金保険契約等の場合 　イ 個人年金保険契約等の種類，保険契約者・共済契約者の氏名， 　　年金受取人の氏名・生年月日，年金の支払開始日・支払期間及 　　び保険料・掛金の払込期間，保険料・掛金が所得税法第76条第 　　3項に規定する個人年金保険料に該当する旨（郵便振替又は銀 　　行振込を利用している場合は(1)イと同じ。) 　ロ その年中に支払った個人年金保険料の金額 (注) 給与所得について年末調整の際に控除された生命保険料に 　　ついては，上記(1)から(3)までの書類の添付又は提示をする必 　　要はありません。	令262①四ハ 規47の2①四五 令262①四ニホ
地震保険料控除	(1) 地震等損害による損失を補塡する損害保険契約の場合 　「地震保険料控除の金額の計算の基礎となる保険料又は掛金の額 　及び保険契約者又は共済契約者の氏名，保険又は共済の種類及び 　その目的並びにその保険契約等に係る保険料又は掛金が地震保険 　料に該当する旨を証明する書類」又は「その書類に記載すべき事 　項を記録した電子証明書等の情報の内容を国税庁長官の定める方 　法によって出力することにより作成した書面(QRコード付証明書)」 (2) 長期損害保険契約の場合 　「控除の金額の計算の基礎となる保険料又は掛金の額及び保険 　契約者又は共済契約者の氏名並びに保険又は共済の種類及びその 　目的を証する書類」又は「その書類に記載すべき事項を記録した 　電子証明書等の情報の内容を国税庁長官の定める方法によって出 　力することにより作成した書面（QRコード付証明書）」 (注) 長期損害保険契約とは，平成18年12月31日までに締結した 　　損害保険契約等（保険期間又は共済期間の始期（効力が生ず 　　る日）が平成19年1月1日以後のものは除く。）のうち満期返 　　戻金等のあるもので保険期間又は共済期間が10年以上のもの 　　で平成19年1月1日以後にその損害保険料契約等の変更をし 　　ないものをいいます。 (注) 給与所得について年末調整の際に控除された地震保険料又 　　は長期損害保険料については，上記(1)及び(2)の書類の添付又 　　は提示をする必要はありません。	令262①五 規47の2② 旧令262①六 旧規47の2② 平18改正法附10 平18改正令附14 平18改正規附5
寄附金控除	寄附金控除の金額の計算の基礎となる特定寄附金の明細書のほ か，「次に掲げる書類」又は「その書類に記載すべき事項を記録し た電子証明書等の情報の内容を国税庁長官の定める方法によって出 力することにより作成した書面（QRコード付証明書）」 (1) 地方独立行政法人に対する寄附 　その特定寄附金がその法人の主たる目的である業務に関連する 　寄附金である旨の記載，特定寄附金の額，その受領した年月日を 　証する書類及び地方独立行政法人法第6条第3項に規定する設立 　団体のその旨を証する書類（特定寄附金を支出する日以前5年以 　内に発行されたものに限る。）の写しとしてその法人から交付を受 　けたもの (2) 私立学校法人に対する寄附 　その特定寄附金がその法人の主たる目的である業務に関連する 　寄附金である旨の記載，特定寄附金の額，その受領した年月日を 　証する書類及び私立学校法第4条に規定する所轄庁のその旨を証 　する書類（特定寄附金を支出する日以前5年以内に発行されたも	令262①六 規47の2③一 イ，ロ 規47の2③一 イ，ハ

課税標準の計算（所得控除）

	のに限る。）の写しとしてその法人から受けたもの	
	(3) 特定公益信託の信託財産とするための支出 　その特定公益信託の信託財産とするためのものである旨の記載，その金銭の額，受領した年月日を証する書類及び主務大臣の認定に係る書類（その認定書に記載されている認定の日がその支出する日以前5年内であるものに限る。）の写しとして特定公益信託の受託者から交付されたもの（660ページ様式2参照）	規47の2③二
	(4) 一定の政治活動に関する寄附 　政治活動に関する寄附で租税特別措置法第41条の18の規定により特定寄附金とみなされるものについては，総務大臣，中央選挙管理会，都道府県の選挙管理委員会又は政令指定都市の選挙管理委員会の確認印のある「寄附金（税額）控除のための書類」（661ページ様式3参照）	規47の2③三
	(5) 認定特定非営利活動法人に対する一定の寄附 　その寄附金を受領した認定特定非営利活動法人の受領した旨（特定非営利活動に係る事業に関連する寄附に係る支出金である旨を含む。），その寄附金の額及びその受領した年月日を証する書類	規47の2③四
	(6) (1)～(5)以外の寄附 　特定寄附金の受領者の受領した旨（その受領者が所得税法施行令等217条各号に掲げる法人に該当する場合には，その特定寄附金がその法人の主たる目的である業務に関連する寄附金である旨を含む。），その特定寄附金の額及びその受領した年月日を証する書類 　**(注)** 令和4年1月1日以後に令和3年分以後の所得税に係る確定申告書を提出する場合については，特定寄附金を受領した地方公共団体の特定寄附金の額等を証する書類に代えて，特定事業者（地方公共団体と特定寄附金の仲介に関する契約を締結している一定の者）の「地方公共団体がその特定寄附金を受領した旨，地方公共団体の名称，その特定寄附金の額及び特定寄附金を受領した年月日を証する書類」の添付等ができることとされています（規47の2③一イ）。	規47の2③一イ
指定行事の中止等により生じた権利を放棄した場合の寄附金控除	寄附金控除の金額の計算の基礎となる放棄払戻請求権相当額の計算に関する明細書のほか，「次の(1)及び(2)の書類」又は「その書類に記載すべき事項を記録した電子証明書等の情報の内容を国税庁長官の定める方法によって出力することにより作成した書面（QRコード付証明書）」 (1) その行事が文部科学大臣の指定行事に該当することを証する書類で一定の事項の記載があるものの写しとして指定行事主催者から交付を受けたもの（いわゆる指定行事証明書） 　**(注)** 上記の一定の事項とは次の事項とされています。 　　1 その指定行事の名称並びにその指定行事が行われた又は行われることとされていた年月日及び場所 　　2 その指定行事主催者の氏名又は名称及び住所若しくは居所又は本店若しくは主たる事務所の所在地 　　3 文部科学大臣が書類を作成した年月日及び整理番号 　　4 その他参考となるべき事項 (2) その指定行事主催者の放棄をした者の氏名，放棄をした部分の入場料金等払戻請求権の価額に相当する金額及びその放棄をした年月日（入場料金等払戻請求権の行使を令和2年2月1日から同年10月31日までの間にした場合に新型コロナ特例法附則第3条によりこの寄附金控除の特例の適用を受ける場合には，入場料金等	新型コロナ特例令3②により読み替えて適用する 令262① 六，新型コロナ特例規3①②

― 655 ―

課税標準の計算（所得控除）

<table>
<tr><td></td><td>払戻請求権の行使をした年月日並びに支出をした寄附金の額に相当する金額及びその支出をした年月日）をその指定行事主催者が証する書類で一定の事項の記載があるもの（いわゆる払戻請求権放棄証明書）
（注）　上記の一定の事項とは次の事項とされています。
　　　　1　上記(1)（注）1，2に掲げる事項
　　　　2　その指定行事主催者が書類を作成した年月日及び整理番号
　　　　3　その指定行事主催者に対する放棄をした部分の入場料金等払戻請求権の価額に相当する金額（入場料金等払戻請求権の行使を令和2年2月1日から同年10月31日までの間にした場合に新型コロナ特例法附則第3条によりこの寄附金控除の特例の適用を受ける場合には，支出をした寄附金の額に相当する金額）が次に掲げる寄附金の額に該当する場合には，その旨
　　　　　イ　所得税法第78条第2項に規定する特定寄附金の額
　　　　　ロ　租税特別措置法第41条の18の2第2項に規定する特定非営利活動に関する寄附金の額
　　　　　ハ　租税特別措置法第41条の18の3第1項に規定する税額控除対象寄附金の額
　　　　4　その他参考となるべき事項</td><td></td></tr>
<tr><td>配偶者控除等
（配偶者控除，配偶者特別控除，障害者控除をいう。以下この表において同じ。）
　（確定申告書に配偶者控除等に係る親族の判定の時の現況において非居住者である親族に係る配偶者控除等に関する事項の記載をする居住者が配偶者控除等の適用を受ける場合に限る。）
（注）　上記の「配偶者控除等に係る親族の判定の時」とは，その年12月31日（居住者がその年の中途において死亡し又は</td><td>配偶者控除等に係る非居住者である親族（以下この表において「国外居住親族」という。）に係る各人別の次に掲げる書類
(1)　親族関係書類…次のいずれかの書類でその控除を受けようとする国外居住親族が居住者の親族である旨を証するもの（その書類が外国語で作成されている場合には，その翻訳文を含む。）
　①　戸籍の附票の写しその他の国又は地方公共団体が発行した書類及び旅券の写し
　②　外国政府又は外国の地方公共団体が発行した書類（国外居住親族の氏名，生年月日及び住所又は居所の記載があるものに限る。）
(2)　送金等関係書類…次に掲げる書類であって，その居住者がその年においてその国外居住親族の生活費又は教育費に充てるための支払を必要の都度，各人に行ったことを明らかにするもの（その書類が外国語で作成されている場合には，その翻訳文を含む。）
　①　金融機関の書類又はその写しで，その金融機関が行う為替取引によって居住者から国外居住親族に支払をしたことを明らかにするもの
　②　クレジットカード等購入あっせん業者の書類又はその写しで，クレジットカード等を国外居住親族が提示し又は通知して，特定の販売業者から商品若しくは権利を購入し，又は特定の役務提供事業者から有償で役務の提供を受けたことにより支払うこととなるその商品若しくは権利の代金又はその役務の対価に相当する額の金銭を居住者から受領し，又は受領することとなることを明らかにするもの
（注）1　給与等の源泉徴収や年末調整の際に，既に添付又は提示をした親族関係書類又は送金等関係書類については，添付又は提示をする必要はありません。
　　　2　令和6年1月1日以後は，上記(2)の送金等関係書類に次の③が追加されます（令和6年分以後の所得税に係る確定</td><td>令262③

規47の2⑤

規47の2⑥</td></tr>
</table>

課税標準の計算（所得控除）

出国をする場合には，その死亡又は出国の時とされ，国外居住親族が既に死亡している場合は，その死亡の時）とされています（法85）。	申告書を提出する場合に適用される。）。 ③ 電子決済手段等取引業者（資金決済に関する法律の規定により電子決済手段等取引業者とみなされる者（以下この表において「みなし電子決済手段等取引業者」という。）を含む。以下この表において「電子決済手段等取引業者」という。）の書類又はその写しで，その電子決済手段等取引業者がその居住者の依頼に基づいて行う電子決済手段の移転によってその居住者からその国外居住親族に支払をしたことを明らかにするもの（みなし電子決済手段等取引業者の書類又はその写しにあっては，そのみなし電子決済手段等取引業者が発行する電子決済手段に係るものに限る。）	
扶養控除 （確定申告書に扶養控除に係る親族の判定の時の現況において非居住者である親族に係る扶養控除に関する事項の記載をする居住者が扶養控除の適用を受ける場合に限る。） （注）上記の「扶養控除に係る親族の判定の時」とは，その年12月31日（居住者がその年の中途において死亡し又は出国をする場合には，その死亡又は出国の時とされ，国外居住親族が既に死亡している場合はその死亡の時）とされています（法85）。	扶養控除に係る非居住者である親族（以下この表において「国外居住親族」という。）に係る各人別の次の(1)及び(2)に掲げる書類（その国外居住親族が年齢30歳以上70歳未満の者（障害者に該当する者を除く。）であり，かつ，留学により国内に住所及び居所を有しなくなった者である場合には次の(1)～(3)に掲げる書類となり，その国外居住親族が年齢30歳以上70歳未満の者（障害者に該当する者を除く。）であり，かつ，その居住者からその年において生活費又は教育費に充てるための支払を38万円以上受けている者である場合には次の(1)及び(4)に掲げる書類となる。） (1) 親族関係書類…次のいずれかの書類でその控除を受けようとする国外居住親族が居住者の親族である旨を証するもの（その書類が外国語で作成されている場合には，その翻訳文を含む。） 　① 戸籍の附票の写しその他の国又は地方公共団体が発行した書類及び旅券の写し 　② 外国政府又は外国の地方公共団体が発行した書類（国外居住親族の氏名，生年月日及び住所又は居所の記載があるものに限る。） (2) 送金等関係書類…次に掲げる書類であって，その居住者がその年においてその国外居住親族の生活費又は教育費に充てるための支払を必要の都度，各人に行ったことを明らかにするもの（その書類が外国語で作成されている場合には，その翻訳文を含む。） 　① 金融機関の書類又はその写しで，その金融機関が行う為替取引によって居住者から国外居住親族に支払をしたことを明らかにするもの 　② クレジットカード等購入あっせん業者の書類又はその写しで，クレジットカード等を国外居住親族が提示し又は通知して，特定の販売業者から商品若しくは権利を購入し，又は特定の役務提供事業者から有償で役務の提供を受けたことにより支払うこととなるその商品若しくは権利の代金又はその役務の対価に相当する額の金銭を居住者から受領し，又は受領することとなることを明らかにするもの (3) 留学ビザ等書類…外国政府又は外国の地方公共団体が発行した国外居住親族に係る次に掲げるいずれかの書類で留学により非居住者となった者であることを確認することができる書類，その国外居住親族が外国における出入国管理及び難民認定法別表第1の4の表の留学の在留資格に相当する資格をもって外国に在留することにより国内に住所及び居所を有しなくなった旨を証するもの（その書類が外国語で作成されている場合には，その翻訳文を含む。） 　① 外国における査証に類する書類の写し	令262④ 規47の2⑦ 規47の2⑧ 規47の2⑨

課税標準の計算（所得控除）

	② 外国における在留カードに相当する書類の写し	
	(4) 38万円送金書類…上記(2)の書類であって，居住者から国外居住親族である各人へのその年における生活費又は教育費に充てるための支払の金額の合計額が38万円以上であることを明らかにするもの	規47の2⑩
	(注)1 給与等の源泉徴収や年末調整の際に，既に添付又は提示をした親族関係書類，送金等関係書類，留学ビザ等書類又は38万円送金書類については，添付又は提示をする必要はありません。	
	2 令和6年1月1日以後は，上記(2)の送金等関係書類に次の③が追加されます（令和6年分以後の所得税に係る確定申告書を提出する場合に適用される。）。	
	③ 電子決済手段等取引業者（資金決済に関する法律の規定により電子決済手段等取引業者とみなされる者（以下この表において「みなし電子決済手段等取引業者」という。）を含む。以下この表において「電子決済手段等取引業者」という。）の書類又はその写しで，その電子決済手段等取引業者がその居住者の依頼に基づいて行う電子決済手段の移転によってその居住者からその国外居住親族に支払をしたことを明らかにするもの（みなし電子決済手段等取引業者の書類又はその写しにあっては，そのみなし電子決済手段等取引業者が発行する電子決済手段に係るものに限る。）	
勤労学生控除	専修学校若しくは各種学校の生徒又は職業訓練法人の行う認定職業訓練を受ける者が勤労学生控除の適用を受けようとする場合に限り，次の証明書が必要です。	令262⑤
	(1) 専修学校若しくは各種学校の設置する課程又は認定職業訓練の課程が勤労学生控除の対象となる条件に該当するものであることを文部科学大臣又は厚生労働大臣が証明した書類の写しとして専修学校等の長又は職業訓練法人の代表者から交付を受けたもの	規47の2⑪一イ，二イ
	(2) 控除を受けようとする者が控除の対象となる課程を履修する者であることを証明した専修学校等の長又は職業訓練法人の代表者の証明書	規47の2⑪一ロ，二ロ
	(注)1 文部科学大臣が定める基準を満たす各種学校を設置する者の設置する専修学校又は各種学校の生徒で，一定の課程を履修するものとして勤労学生控除の適用を受けようとする場合には，上記の証明書に加えて，専修学校又は各種学校が文部科学大臣が定める基準を満たすものである旨を文部科学大臣が証する書類の写しとしてその専修学校等の長から交付を受けたものが必要となります。	
	2 給与等の年末調整の際に勤労学生控除の適用を受けた人は，これらの書類の添付又は提示をする必要はありません。	

(注)1 これらの手続をしなかったため所得控除が認められずに更正又は決定を受けた場合でも，所定の手続をすれば，所得控除の適用を受けることができます。

2 国税電子申告・納税システム（e-Tax）を使用して確定申告をする場合には，法令の規定に基づき添付すべきこととされている書面等（以下「添付書面等」という。）に記載されている事項又は記載すべき事項（以下「添付書面等記載事項」という。）を次の(1)から(3)までに掲げる方法により送信させることをもって，その添付書面等の提出に代えることができます（国税関係法令に係る行政手続等における情報通信の技術の利用に関する省令5③⑤⑥，平31.3.29国税庁告示7号，平31.3.29国税庁告示10号，平30.3.31国税庁告示7号）。

課税標準の計算（所得控除）

(1) 添付書面等記載事項を申請等に併せて入力して送信する方法
(2) 添付書面等記載事項をスキャナにより読み取る方法その他これに類する方法により作成した電磁的記録（一定の要件を満たすように読み取り，又は作成したものに限る。）を申請等と併せて送信する方法（(1)に掲げる方法につき国税庁の使用に係る電子計算機において用いることができない場合に限る。）
(3) 添付書面等記載事項（国税庁長官が定める添付書面等に係るものに限る。）が記録された電磁的記録であって，その添付書面等を交付すべき者から提供を受けたもの（一定の国税庁長官が定めるものに限る。）を申請等と併せて送信する方法

（様式1）

　　　　　　　　　　　　　　　　　　　　　　　　　　　　　　　　　　　　　　番　号

　　所得税法施行令第217条第1項第1号の2，第3号又は第4号及び法人税法施行令第77条第1項第1号の2，第3号又は第4号に掲げる特定公益増進法人であることの証明書

　法人の主たる事務所
　の所在地

　法人の名称

　代表者の氏名

　法人の目的又はその設置
　する学校（専修学校及び
　各種学校を含む。）の名称

　所得税法施行令第217条第1項
　第3号及び法人税法施行令第77　　平成　年　月　日
　条第1項第3号の認定の年月日

　上記の法人は，所得税法施行令第217条第1項第　号（　）及び法人税法施行令第77条第1項第
　号（　）に掲げる法人であることを証明する。

　平成　年　月　日

　　　　　　　　　　　　　　　　　設立団体，主務官庁又は所轄庁　　　　　　　印

課税標準の計算（所得控除）

（様式２）

番　号

所得税法施行令第217条の２第３項及び法人税法施行令第77条の４第３項の規定による認定書

公益信託の名称

公益信託の目的

受託者の名称

受託者の所在地

上記の公益信託は，所得税法施行令第217条の２第３項及び法人税法施行令第77条の４第３項の要件に該当する特定公益信託であることを認定する。

平成　　年　　月　　日

主務官庁　　　　　　　印

課税標準の計算（所得控除）

（様式３）

（確認欄）

寄附金（税額）控除のための書類

　この寄附金は，政治資金規正法第12条若しくは第17条又は公職選挙法第189条の規定による報告書により報告されたものです。

（寄附をした者）

氏　　　　　名								
住　　　　　所								
寄 附 金 の 額		百万	十万	万	千	百	十	円
寄 附 年 月 日	平成　　　年　　　月　　　日							

（寄附を受けた団体）

名　　　　　称		
所　　在　　地		
団 体 の 区 分〔いずれか該当するものの番号を○で表示〕	政党又は政治資金団体〔租税特別措置法第41条の18 第1項第1号又は第2号〕	左記以外の特定の政治団体〔租税特別措置法第41条の18 第1項第3号又は第4号〕
	1	2
租税特別措置法第41条の18第1項第3号該当の場合	その団体の主宰者又は主要な構成員である国会議員の氏名	
租税特別措置法第41条の18第1項第4号該当の場合〔同号イ該当の場合は(2)の記載は必要ありません。〕	(1)　その団体が推薦し又は支持する者の氏名	
	(2)　上記(1)の者が立候補した選挙名及び立候補年月日	＿＿＿＿＿＿選挙　平成　　　年　　　月　　　日

（寄附を受けた個人）

公 職 の 候 補 者	(1)　公職の候補者の氏名	
	(2)　上記(1)の者が立候補した選挙名及び立候補年月日	＿＿＿＿＿＿選挙　平成　　　年　　　月　　　日
住　　　　　所		

（寄附の内訳）

年 月 日	金　　額	年 月 日	金　　額	年 月 日	金　　額
・ ・	円	・ ・	円	・ ・	円
・ ・	円	・ ・	円	・ ・	円
・ ・	円	・ ・	円	・ ・	円
・ ・	円	・ ・	円	・ ・	円
・ ・	円	・ ・	円	・ ・	円

課税標準

課税標準の計算（所得控除）

雑　損　控　除

　納税者又はその納税者と生計を一にする配偶者その他の親族で一定の範囲の者の有する資産について，災害又は盗難若しくは横領による損失を生じた場合には，その納税者の総所得金額，土地等に係る事業所得等の金額（平成10年１月１日から令和８年３月31日までの間については適用なし。），特別控除後の分離短期譲渡所得の金額，特別控除後の分離長期譲渡所得の金額，分離課税の上場株式等に係る配当所得等の金額（上場株式等に係る譲渡損失の損益通算及び繰越控除（474ページ参照）の適用後の金額），一般株式等に係る譲渡所得等の金額（特定株式に係る譲渡損失の繰越控除（486ページ参照）の適用後の金額），上場株式等に係る譲渡所得等の金額（上場株式等に係る譲渡損失の繰越控除（476ページ参照）及び特定株式に係る譲渡損失の繰越控除（486ページ参照）の適用後の金額），先物取引に係る雑所得等の金額（先物取引の差金等決済に係る損失の繰越控除（578ページ参照）の適用後の金額），山林所得金額又は退職所得金額から，次の区分に応じて計算した金額を差し引くことができます（法72，165，措法８の４③三，28の４⑤二，⑥，31③三，32④，37の10⑥五，37の11⑥，37の12の２④⑧，37の13の３⑨，41の14②四，41の15④，措令25の11の２⑮⑯，25の12の３⑳㉑，26の26⑧）。

---

(1)　その年の損失の金額に含まれる災害関連支出の金額が５万円以下である場合（災害関連支出の金額がない場合を含む。）

$$\left\{\left(\begin{smallmatrix}災害,\\盗難,\\横領に\\よる損\\失額\end{smallmatrix}\right)-\left(\begin{smallmatrix}保険金,\\損害賠償\\金などで\\補填され\\る金額\end{smallmatrix}\right)\right\}-\left\{\left(\begin{smallmatrix}総所得\\金額\end{smallmatrix}\right)+\left(\begin{smallmatrix}分離課税の譲\\渡所得の金額\end{smallmatrix}\right)+\left(\begin{smallmatrix}分離課税の上場株式等に\\係る配当所得等の金額\end{smallmatrix}\right)+\left(\begin{smallmatrix}一般株式等に係る\\譲渡所得等の金額\end{smallmatrix}\right)+\left(\begin{smallmatrix}上場株式等に係る\\譲渡所得等の金額\end{smallmatrix}\right)+\left(\begin{smallmatrix}先物取引に係る\\雑所得等の金額\end{smallmatrix}\right)+\left(\begin{smallmatrix}山林所\\得金額\end{smallmatrix}\right)+\left(\begin{smallmatrix}退職所\\得金額\end{smallmatrix}\right)\right\}\times\frac{1}{10}$$

（前半の大きな波括弧＝Ⓐ，後半の大きな波括弧＝Ⓑ）

(2)　その年の損失の金額に含まれる災害関連支出の金額が５万円を超える場合

　　Ⓐ－〔{Ⓐ－（災害関連支出の金額－５万円）}又は$(Ⓑ×\frac{1}{10})$のいずれか低い金額〕

(3)　その年の損失の金額がすべて災害関連支出の金額である場合

　　Ⓐ－{５万円又は$(Ⓑ×\frac{1}{10})$のいずれか低い金額}

〔上記(1)～(3)の計算の簡便法〕

　　次のうちいずれか多い方の金額

　　①　Ⓐ－Ⓑ×$\frac{1}{10}$

　　②　災害関連支出の金額－５万円

（注）　上記の「災害関連支出の金額」とは，雑損控除の対象となる損失額の範囲（664ページ参照）に掲げる(1)から(3)までの支出額をいいます（令206②）。

　総所得金額・土地等に係る事業所得等の金額・分離短期譲渡所得の金額・分離長期譲渡所得の金額・分離課税の上場株式等に係る配当所得等の金額・一般株式等に係る譲渡所得等の金額・上場株式等に係る譲渡所得等の金額・先物取引に係る雑所得等の金額・退職所得金額・山林所得金額（626～627ページ参照）

　災害の範囲　雑損控除の原因となる災害とは，震災，風水害，火災，冷害，雪害，干害，落雷，噴火そ

－ 662 －

課税標準の計算（所得控除）

の他の自然現象の異変による災害及び鉱害，火薬類の爆発その他の人為による異常な災害並びに害虫，害獣その他の生物による異常な災害をいいます（法2①二十七，令9）。

雑損控除の適用が認められる親族の範囲　納税者と生計を一にする配偶者その他の親族で総所得金額，土地等に係る事業所得等の金額（平成10年1月1日から令和8年3月31日までの間については適用なし。），特別控除前の分離短期譲渡所得の金額，特別控除前の分離長期譲渡所得の金額，分離課税の上場株式等に係る配当所得等の金額（上場株式等に係る譲渡損失の損益通算及び繰越控除（474ページ参照）の適用後の金額），一般株式等に係る譲渡所得等の金額（特定株式に係る譲渡損失の繰越控除（486ページ参照）の適用後の金額），上場株式等に係る譲渡所得等の金額（上場株式等に係る譲渡損失の繰越控除（476ページ参照）及び特定株式に係る譲渡損失の繰越控除（486ページ参照）の適用後の金額），先物取引に係る雑所得等の金額（先物取引の差金等決済に係る損失の繰越控除（578ページ参照）の適用後の金額），山林所得金額及び退職所得金額の合計額が基礎控除の額に相当する金額（480,000円）以下のものの有する資産が災害等（災害，盗難，横領をいう。）によって損失を受けた場合にも，その納税者について雑損控除の適用が認められます。

この場合，これらの親族と生計を一にする納税者が2人以上いるときは，その親族は，次に掲げる場合によりそれぞれの納税者の親族に該当するものとされます（令205，措令4の2⑨，19㉔，20⑤，21⑦，25の8⑯，25の9⑬，26の23⑥）。

(1)　その親族が同一生計配偶者又は扶養親族に該当する場合

その親族を自己の同一生計配偶者又は扶養親族としている納税者の親族

(2)　その親族が同一生計配偶者又は扶養親族に該当しない場合

次のイ又はロに掲げる場合により，それぞれに定める納税者の親族

イ　その親族が配偶者に該当する場合

その夫又は妻である納税者の親族

ロ　その親族が配偶者以外の親族に該当する場合

総所得金額，土地等に係る事業所得等の金額（平成10年1月1日から令和8年3月31日までの間については適用なし。），特別控除前の分離短期譲渡所得の金額，特別控除前の分離長期譲渡所得の金額，分離課税の上場株式等に係る配当所得等の金額（上場株式等に係る譲渡損失の損益通算及び繰越控除の適用後の金額），一般株式等に係る譲渡所得等の金額（特定株式に係る譲渡損失の繰越控除の適用後の金額），上場株式等に係る譲渡所得等の金額（上場株式等に係る譲渡損失の繰越控除及び特定株式に係る譲渡損失の繰越控除の適用後の金額），先物取引に係る雑所得等の金額（先物取引の差金等決済に係る損失の繰越控除の適用後の金額），山林所得金額及び退職所得金額の合計額が最も大きい納税者の親族

雑損控除の対象となる資産の範囲　次に掲げる資産は，雑損控除の対象となる資産から除かれます（法72①，62①，70③）。

(1)　棚卸資産

(2)　不動産所得，事業所得又は山林所得を生ずべき事業の用に供される固定資産及びそれらの事業に関する繰延資産

課税標準の計算（所得控除）

(3) 山　林
(4) 生活に通常必要でない資産（314ページ参照）

　雑損控除の対象となる損失額の範囲　雑損控除の対象となる損失額は，災害等による損失額のほか，その災害等に関連して支出した次に掲げる費用の額も含めることができます。
　なお，災害等に伴って保険金や損害賠償金などの支払を受けるときは，それらの金額を差し引いて損失額を計算します（法72①，令206①）。
(1) 災害によって雑損控除の対象とされる資産（以下「住宅家財等」という。）が滅失し，損壊し，又はその価値が減少したことによるその住宅家財等の取壊し又は除去のための支出その他の付随する支出
(2) 災害によって住宅家財等が損壊し，又はその価値が減少した場合その他災害によってその住宅家財等を使用することが困難となった場合に，その災害のやんだ日の翌日から１年以内（大規模な災害の場合その他やむを得ない事情がある場合には３年以内）にした次に掲げる支出その他これらに類する支出
　イ　災害によって生じた土砂その他の障害物を除去するための支出
　ロ　その住宅家財等の原状回復のための支出（ただし，災害によって生じたその住宅家財等の損失の金額に相当する部分の支出を除く。）
　ハ　その住宅家財等の損壊又はその価値の減少を防止するための支出
(3) 災害によって住宅家財等につき現に被害が生じ，又はまさに被害が生ずるおそれがあると見込まれる場合において，その住宅家財等の被害の拡大又は発生を防止するため緊急に必要な措置を講ずるための支出
(4) 盗難又は横領による損失が生じた住宅家財等の原状回復のための支出その他これに類する支出（(2)ロのただし書に同じ。）
　（注）1　豪雪の場合において，家屋の倒壊を防止するために支出する①屋根の雪おろし費用，②家屋の外周りの雪の取除き費用，③①及び②に直接関連して必要な雪捨て費用は，上記(3)の支出に該当します。
　　　　2　上記支出額の中に，消費税等の額が含まれている場合には，消費税等込みの額となります。

　損失額の計算　雑損控除の対象となる損失額は，その損失を生じた時の直前におけるその資産の価額（時価）を基礎として計算します。なお，その資産が家屋等の使用又は期間の経過により減価するものである場合には，その価額（時価）又はその損失の生じた日にその資産の譲渡があったものとみなして所得税法第38条第２項の規定（その資産が昭和27年12月31日以前から引き続き所有していたものである場合には，所得税法第61条第３項の規定）を適用した場合にその資産の取得費とされる金額に相当する金額を基礎として計算することもできます（令206③）。
　（注）1　所得税法第60条第１項第１号に掲げる相続又は遺贈により取得した配偶者居住権等についても，時価又はその資産の取得費とされる金額に相当する金額を基礎として損失額を計算することができます（令206③）。
　　　　2　令和５年度税制改正における特定非常災害に係る雑損失の繰越控除の特例の創設（令和５年４月１日以後に発生する特定非常災害について適用される。）に伴い，特定非常災害により生じた損失の金額がある場合における雑損失の金額の計算及び雑損控除の適用については，その年において生じた雑損控除の対象となる災害等による損失の金額のうちに特定非常災害により生じた損失の金額と

— 664 —

課税標準の計算（所得控除）

他の損失の金額とがある場合におけるその年において生じた雑損失の金額は，特定非常災害により生じた損失の金額から順次成ることとされ，この場合において雑損失の金額のうちに，特定雑損失金額に係るものと他の雑損失金額に係るものとがあるときにおける雑損控除の適用については，他の雑損失金額に係る損失の金額から順次控除することとされています（令206④⑤）。

原状回復費用　災害により損壊した資産の原状回復費用として支出した金額であっても，資本的支出の額とされる金額は雑損控除の対象となる損失額に含まれません（令206①）。

　なお，その支出額が，原状回復のための支出の部分の額とその他の部分の額とに区分することが困難なものについては，その金額の30％に相当する額を原状回復のための支出の額とし，残余の額を資本的支出の部分の額とすることができます（基通72—3）。

（注）1　雑損失の金額がその年分の総所得金額，土地等に係る事業所得等の金額（平成10年1月1日から令和8年3月31日までの間については適用なし），分離長期譲渡所得の金額，分離短期譲渡所得の金額，分離課税の上場株式等に係る配当所得等の金額，一般株式等に係る譲渡所得等の金額，上場株式等に係る譲渡所得等の金額，先物取引に係る雑所得等の金額，山林所得金額及び退職所得金額の合計額を超える場合には，その超える金額を繰り越して，翌年以後3年間（その雑損失の金額が特定非常災害に係る雑損失の繰越控除の特例（法71の2）の対象となる特定雑損失金額に該当する場合には，5年間），その者の各年分の所得金額から差し引くことができます（642ページ参照）。

　　　2　資産について災害を受けた場合には雑損控除の適用を受けないで，災害減免法による所得税の軽減免除の方法（839ページ参照）を選択することもできます。

　東日本大震災により被災した資産に係る雑損控除の特例については「東日本大震災の被災者等に係る国税関係法律の臨時特例に関する法律」の概要等の「1　雑損控除の特例」（939ページ）を参照してください。

　雑損控除の手続（662ページ参照）

医療費控除

　居住者が，自己又は自己と生計を一にする配偶者その他の親族の医療費を支払った場合には，その納税者の総所得金額，土地等に係る事業所得等の金額（平成10年1月1日から令和8年3月31日までの間については適用なし。），特別控除後の分離短期譲渡所得の金額，特別控除後の分離長期譲渡所得の金額，分離課税の上場株式等に係る配当所得等の金額（上場株式等に係る譲渡損失の損益通算及び繰越控除（474ページ参照）の適用後の金額），一般株式等に係る譲渡所得等の金額（特定株式に係る譲渡損失の繰越控除（486ページ参照）の適用後の金額），上場株式等に係る譲渡所得等の金額（上場株式等に係る譲渡損失の繰越控除（476ページ参照）及び特定株式に係る譲渡損失の繰越控除（486ページ参照）の適用後の金額），先物取引に係る雑所得等の金額（先物取引の差金等決済に係る損失の繰越控除（578ページ参照）の適用後の金額），山林所得金額又は退職所得金額から，次の算式で計算した金額のうち200万円までの金額を差し引くことができます（法73，措法8の4③三，28の4⑤二，⑥，31③三，32④，37の10⑥五，37の11⑥，37の12の2④⑧，37の13の3⑨，41の14②四，41の15④，措令25の11の2⑮⑯，25の12の3⑳㉑，26の26⑧）。

課税標準の計算（所得控除）

$$\left\{\begin{pmatrix}医療費\\の額\end{pmatrix}-\begin{pmatrix}保険金，損害賠償金な\\どで補塡される金額\end{pmatrix}\right\}-\left\{\begin{pmatrix}総所得\\金額\end{pmatrix}+\begin{pmatrix}分離課税の譲\\渡所得の金額\end{pmatrix}\right.$$

$$+\begin{pmatrix}分離課税の上場株式等に\\係る配当所得等の金額\end{pmatrix}+\begin{pmatrix}一般株式等に係る\\譲渡所得等の金額\end{pmatrix}+\begin{pmatrix}上場株式等に係る\\譲渡所得等の金額\end{pmatrix}$$

$$\left.+\begin{pmatrix}先物取引に係る雑所\\得等の金額\end{pmatrix}+\begin{pmatrix}山林所\\得金額\end{pmatrix}+\begin{pmatrix}退職所\\得金額\end{pmatrix}\right\}\times\frac{5}{100}\begin{pmatrix}ただし10万円を超え\\る場合には10万円\end{pmatrix}=\begin{pmatrix}医療費\\控除額\end{pmatrix}$$

　総所得金額・土地等に係る事業所得等の金額・分離短期譲渡所得の金額・分離長期譲渡所得の金額・分離課税の上場株式等に係る配当所得等の金額・一般株式等に係る譲渡所得等の金額，上場株式等に係る譲渡所得等の金額・先物取引に係る雑所得等の金額・退職所得金額・山林所得金額（626～627ページ参照）

（注）1　生計を一にする配偶者その他の親族であった人が，その後の身分関係又は生計関係の異動によって生計を一にする配偶者その他の親族に該当しないこととなった場合でも，その人が生計を一にする配偶者その他の親族であった時に納税者が支払った医療費は，その納税者の医療費控除の対象とされます（基通73―1）。

　　　2　医療費の額とはその年中に現実に支払った医療費をいいますから，未払となっている医療費は，現実に支払われるまでは控除の対象とはなりません（基通73―2）。

　　　3　医療費の額に消費税等の額が含まれている場合には，消費税等込みの額となります。

医療費の範囲　医療費控除の対象となる医療費は，次に掲げるもののうち，その病状その他一定の状況に応じて一般的に支出される水準を著しく超えない部分の金額です（法73②，令207）。

(1)　医師又は歯科医師による診療費又は治療費

(2)　治療又は療養に必要な医薬品の購入の費用

　（注）　疾病の予防又は健康の増進のために供される医薬品の購入の費用は除かれます（基通73―5）。

(3)　病院，診療所（指定介護老人福祉施設及び指定地域密着型介護老人福祉施設を含む。）又は助産所へ収容されるための費用

　（注）　「病院，診療所」には，介護保険法第106条の規定により，同法第8条第28項に規定する「介護老人保健施設」が含まれます。

(4)　あん摩マッサージ指圧師，はり師，きゅう師又は柔道整復師による治療を受けるための施術費

(5)　保健師，看護師又は准看護師による療養上の世話を受けるための費用

　（注）　「療養上の世話」には，保健師，看護師又は准看護師以外の者で療養上の世話を受けるために特に依頼したものから受ける療養上の世話も含まれます（基通73―6）。

(6)　助産師による分べんの介助料

　（注）　「助産師による分べんの介助」には，助産師が行う保健師助産師看護士法第3条《助産師》に規定する妊婦，じょく婦又は新生児の保健指導も含まれます（基通73―7）。

(7)　介護福祉士による喀痰吸引等及び認定特定行為業務従事者（一定の研修を受けた介護職員等）による特定行為（以下「介護福祉士等による喀痰吸引等」という。）に係る費用

　（注）1　「喀痰吸引等」とは，社会福祉士及び介護福祉士法第2条第2項に規定する口腔内の喀痰吸引，鼻腔内の喀痰吸引，気管カニューレ内部の喀痰吸引，胃ろう又は腸ろうによる経管栄養，経鼻経管栄養をいいます。

　　　2　「特定行為」とは，同法附則第10条第1項に規定する喀痰吸引等のうち，認定特定行為業務従事者が修了した喀痰吸引等研修の課程に応じて定める一定の行為をいいます。

― 666 ―

課税標準の計算（所得控除）

医療費に含まれるもの　次に掲げるもののように医師，歯科医師，上記(4)の施術者又は助産師（以下「医師等」という。）による診療，治療，施術又は分べんの介助（以下「診療等」という。）を受けるため直接必要な費用は，医療費に含まれるものとされます（基通73―3）。

(1)　医師等による診療等を受けるための通院費若しくは医師等の送迎費，入院，入所の対価として支払う部屋代，食事代等の費用又は医療用器具等の購入，賃借若しくは使用のための費用で，通常必要なもの

(2)　自己の日常最低限の用をたすために供される義手，義足，松葉づえ，補聴器，義歯等の購入のための費用

(3)　身体障害者福祉法第38条，知的障害者福祉法第27条若しくは児童福祉法第56条又はこれらに類する法律の規定により都道府県知事又は市町村長に納付する費用のうち，医師等による診療等の費用に相当するもの並びに(1)及び(2)の費用に相当するもの

おむつに係る費用　医師が次のいずれの条件をも満たす人に対して「おむつ使用証明書（おむつ代について医療費控除を受けるのが2年目以降である者については，市町村が主治医意見書の内容を確認した書類又は主治医意見書の写し）」（675ページ以降の様式1，様式2，様式3参照）を発行した場合には，そのおむつに係る費用（紙おむつの購入費用及び貸おむつの賃借料）は医療費控除の対象とされます。「主治医意見書」については，おむつを使用した年に限らずその前年（現に受けている要介護認定の有効期間が13か月以上であり，おむつを使用した年に主治医意見書が発行されていない場合に限る。）に作成されたものであっても，おむつ使用証明書の代わりとして取り扱うことができます（昭62.12.24直所3―12，平14.6.25課個2―11）。

(1)　傷病によりおおむね6か月以上にわたり寝たきり状態にあると認められる人

(2)　その傷病について医師による治療を継続して行う必要があり，おむつの使用が必要と認められる人

介護老人保健施設又は介護医療院の利用料　介護老人保健施設又は介護医療院の利用料のうち次に掲げる費用については医療費控除の対象となります。

なお，利用料の領収証（679ページ以降の様式4，様式5参照）については，医療費控除の対象額を明らかにするため，項目ごとの名称及びその金額をそれぞれ区分して記載することとされています。また，おむつを使用している介護老人保健施設又は介護医療院の利用者で「おむつ使用証明書」の交付を受けたもの又はその家族は，おむつ代に係る医療費控除の適用を受けることができますので，利用料の領収証には，おむつの費用であることのわかる名称でその金額を他と区分して記載することとされています。

なお，確定申告の際には，この領収証に「おむつ使用証明書」を添付して，所轄の税務署に提出することが必要です。

(1)　施設介護サービスのうち，食事の提供及び居住以外のサービスの提供に係る自己負担額

(2)　介護老人保健施設又は介護医療院が行う訪問看護等の居宅サービス及び介護予防訪問看護等の介護予防サービス等に係る自己負担

(3)　食費に係る自己負担額

(4)　居住に係る自己負担額

(注)　個室等の特別室の使用料（診察又は治療を受けるためにやむを得ず支払うものに限る。）は医療費控除の対象となります。

B型肝炎ワクチン接種費用　B型肝炎の患者の介護に当たる親族（その患者と同居する者に限る。）を対象として行われたB型肝炎ワクチン接種費用で，以下に定める書類の添付があるものは，医療費控除の対象となります（昭63.12.26直所3―23）。

(1)　B型肝炎にり患しており，医師による継続的治療を要する旨の記載のある医師の診断書

(2)　(1)の診断書に記載された患者の親族に対するB型肝炎ワクチン接種費用に係るものであることの分かる領収書

課税標準の計算（所得控除）

ストマ用装具に係る費用　人工肛門のストマ（排泄孔）又は尿路変向（更）のストマをもつ者について，治療上，適切なストマ用装具を消耗品として使用することが必要不可欠であると医師が認め，証明書（681ページ様式6参照）を発行した者については，そのストマ用装具に係る費用は，医療費控除の対象とされます（平元.7.13直所3―12）。

医師による治療上必要な眼鏡の購入費用　疾病により治療を必要とする症状を有する者が，医師による治療の一環として装用する眼鏡（具体的には，以下の表に掲げる疾病に対する治療用眼鏡）は医療費控除の対象となります。

確定申告に当たっては，眼鏡の領収証のほか，①以下の表に掲げる疾病名，②治療を要する症状であることが明確に掲載された処方箋（眼鏡）（682ページ様式7参照）を添付する必要があります。

疾　病　名		治療を必要とする症状	治　療　方　法
弱　　視		矯正視力が0.3未満の視機能の未発達なもの。	20歳以下で未発達の視力を向上させるため，目の屈折にあった眼鏡を装用させる。
斜　　視		顕性斜視，潜伏斜視，斜位があり，両眼合わせて2プリズムディオプトリー以上のプリズムが必要。	眼位矯正又は術後の機能回復のため，眼鏡を装用させる。
白　内　障		水晶体が白濁して視力が低下し，放置すれば失明するため手術を必要とする。	術後の創口の保護と創口が治癒するまでの視機能回復のため，2か月程度眼鏡を装用させる。水晶体摘出後，水晶体の代わりにIOL（人工レンズ）を挿入する。
緑　内　障		原因不明又は外傷により眼圧（目のかたさ）が高くなる病気で，放置すると失明するので手術を必要とする。	術後，機能回復のため，1か月程度眼鏡を装用させる。
難治性疾患	調　節　異　常	調節力2ディオプトリー以下で調節痙攣，調節衰弱などによる自律神経失調症がある異常。	30歳以下の者に対して薬物療法（ビタミンB1を中心とした治療）のほかに，6か月程度治療のため，眼鏡を装用させる。
	不　等　像　性眼　精　疲　労	左右眼の眼底像の差による自律神経失調症がある異常。	薬物療法（精神神経用剤及びビタミンB1）と合わせて，光学的に眼底の不等像を消すため，眼鏡を装用させる。
	変　性　近　視	眼底に変性像があって－10ディオプトリー以上の近視である。	薬物療法（血管強化剤）と合わせて，網膜剥離，網膜出血等による失明防止のため，眼鏡を装用させる。
	網膜色素変性症	視野狭窄・夜盲症と眼底に色素斑がある病気で進行すると失明する。	薬物療法（血管拡張剤）を行うが，光刺激により症状が進行するので，その防止のため，眼鏡を装用させる。
	視　神　経　炎	視神経乳頭又は球後視神経に炎症があり，まぶしさを訴える病気で，進行すると失明する。	薬物療法（消炎剤，ビタミンB1）と合わせて，光刺激による症状の悪化を防止するため，2か月程度眼鏡を装用させる。
	網　脈　絡　膜　炎	眼底の網脈絡膜に炎症があって放置すれば失明する。	薬物療法（消炎剤）に合わせて，光刺激による症状の悪化を防止するため，1か月程度眼鏡を装用させる。
	角　膜　炎	角膜乾燥症，水泡性角膜炎，びまん性表層角膜炎，角膜潰瘍などにより，放置すると角膜（黒目）が白く濁り，視力低下又は失明する。	薬物療法（抗生物質，副腎皮質ホルモン，ビタミンB2）に合わせて，角膜の表面を保護し，治癒を促進するため，1か月程度眼鏡を装用させる。

― 668 ―

課税標準の計算（所得控除）

角膜外傷	角膜破裂，角膜切創，角膜火（薬）傷がある。	手術，薬物療法（抗生物質）と合わせて，角膜の創面を保護し治癒を促進するため，1か月程度眼鏡を装用させる。
虹彩炎	虹彩（茶目）に極度の炎症があって放置すると失明する。	薬物療法（副腎皮質ホルモン）に合わせて，虹彩を安静にするためアトロビン等の散瞳剤を使用すると共に，眼保護のため，1か月程度眼鏡を装用させる。

　温泉利用型健康増進施設の利用料金　医師が治療のために患者に厚生労働大臣の認定した温泉利用型健康増進施設を利用した温泉療養を行わせた場合で，次の書類によりその旨の証明ができるものについては，その施設の利用料金も医療費控除の対象となります（平2.3.27直所3―2，昭63.11.29厚生省告示273号）。

(1)　治療のために患者に認定施設を利用した温泉療養を行わせたあるいは行わせている旨の記載のある医師の証明書（683ページ様式8参照）

(2)　治療のために支払われた厚生労働省告示「健康増進施設認定規程」第4条各号の設備の利用及び役務の提供の対価であることを明記した認定施設の領収書

　在宅療養の介護費用　傷病により寝たきり等の状態にある人が，在宅療養を行うため，医師の継続的な診療を受けており，かつ，次に掲げる(1)の在宅介護サービスの供給主体又は(2)の訪問入浴サービスの供給主体が，その医師と適切な連携をとって(3)の在宅介護サービス又は(4)の訪問入浴サービスを提供した場合の，その在宅介護サービス又は訪問入浴サービスを受けるために要する費用については，療養上の世話を受けるために特に依頼した者による療養上の世話の対価と認められ，医療費控除の対象となります。

　なお，この場合，(1)の在宅介護サービスの供給主体又は(2)の訪問入浴サービスの供給主体は，その在宅療養に係る費用について，証明書（684ページ様式9参照）を発行することとされています。

　また，障害者自立支援法に基づく障害福祉サービスの利用者負担額については，上記と同様に障害福祉サービスの利用者負担額に係る証明書（685ページ様式10参照）を発行することとされています。

(1)　在宅介護サービスの供給主体

　イ　障害者自立支援法の規定により居宅介護を行う指定障害福祉サービス事業者及び基準該当障害福祉サービス事業者

　ロ　障害者自立支援法の規定により重度訪問介護を行う指定障害福祉サービス事業者及び基準該当障害福祉サービス事業者

　ハ　障害者自立支援法の規定により短期入所を行う指定障害福祉サービス事業者（ただし，市町村により遷延性意識障害者等の支給決定を受けた遷延性意識障害者（児）等又は重症心身障害者（児）に対し医療機関である指定短期入所事業所において短期入所を行う事業者に限る。）

　ニ　障害者自立支援法の規定により重度障害者等包括支援を行う指定障害福祉サービス事業者

　ホ　介護福祉士の資格を有する者

(2)　訪問入浴サービスの供給主体

　障害者自立支援法の規定により地域生活支援事業として，訪問入浴サービスを実施する市町村

(3)　在宅介護サービスの内容

　イ　食事の介護（買物及び調理を除く。）

　ロ　排泄の介護

　ハ　衣類着脱の介護

　ニ　入浴の介護

　ホ　身体清拭，洗髪

　ヘ　通院等の介護その他必要な身体の介護

　ト　障害福祉サービス

　(イ)　居宅介護（身体介護，通院介助（身体介護を伴う場合）及び乗降介助に限る。）

　(ロ)　重度訪問介護（(イ)と同様のものに限る。）

　(ハ)　短期入所（ただし，市町村により遷延性意識障害者等として支給決定を受けたものに限る。）

課税標準

― 669 ―

課税標準の計算（所得控除）

　　(ニ)　重度障害者等包括支援（(イ)から(ハ)までと同様のものに限る。）
(4)　訪問入浴サービスの内容
　　身体障害者の居宅を訪問し，浴槽を提供して行われる入浴の介護

　指定運動療法施設の利用料金　医師が治療のために患者に厚生労働大臣の認定した指定運動療法施設を利用した運動療法を行わせた場合で，次の書類によりその旨の証明ができるものについてはその施設の利用料金も医療費控除の対象となります（平4.6.22課所4―6）。
(1)　治療のために患者に指定運動療法施設を利用した運動療法を行わせたあるいは行わせている旨の記載のある医師の証明書（686ページ様式11参照）
(2)　治療のために医師が患者に発行した運動療法処方せんに基づく運動療法実施のための指定運動療法施設の利用の対価であることを明記したその施設の領収証

　指定訪問看護等の利用料　指定訪問看護及び指定老人訪問看護（以下「指定老人訪問看護等」という。）の利用料のうち次に掲げる項目に該当する費用については，医療費控除の対象となります。利用料の領収証は，医療費控除対象額が明らかになるようにするため，項目ごとの名称及びその金額をそれぞれ区分して記載することとされています。
(1)　基本利用料
(2)　その他の利用料
　　イ　利用者の選定に係る指定訪問看護等に要する平均的な時間（2時間）を超える時間における指定訪問看護等の提供に要する費用
　　ロ　利用者の選定に係る指定訪問看護ステーションが定める営業日，営業時間外の時間における指定老人訪問看護の提供に要する費用
　　ハ　指定訪問看護等の提供に係る交通費

　指定介護老人福祉施設等の施設サービス等の対価　指定地域密着型介護老人福祉施設又は指定介護老人福祉施設に入所する要介護者が介護費（介護保険法第42条の2第2項第2号及び第48条第2項に規定する厚生労働大臣が定める基準により算定した費用の額）に係る自己負担額，食費に係る自己負担額及び居住費の自己負担額として支払った金額の2分の1に相当する金額として一定の領収証により証明された金額は医療費控除の対象となります（平12.6.8課所4―9）。
(注)　上記の一定の領収証とは，介護保険法第42条の2第9項及び第48条第7項において準用する同法第41条第8項並びに介護保険法施行規則第65条の5において準用する同規則第65条及び同規則第82条に規定する領収証（687ページ様式12参照）をいいます。

　居宅サービス等の対価　居宅介護支援事業者（ケアマネージャー）が要介護者等の主治の医師の意見等を踏まえて作成した居宅サービス計画に基づき，一定の居宅サービス又は介護予防サービスの提供と併せて利用する訪問介護（生活援助中心型のものは除く。），訪問入浴介護，通所介護，又は短期入所生活介護，夜間訪問型対応介護，認知症対応型通所介護又は小規模多機能型居宅介護等に係る介護費に係る自己負担額に相当する金額として証明された金額が，医療費控除の対象とされる金額となります（平12.6.8課所4―11）。
　具体的には次のとおりです。
1　対象者
　　次の(1)及び(2)のいずれの要件も満たす人が対象となります。
(1)　介護保険法第8条第24項に規定する居宅サービス計画（介護保険法施行規則第64条第1号ニに規定する指定居宅サービスの利用に係る計画（市町村への届出が受理されているものに限る。）及び第65条の4第1号ハに規定する指定地域密着型サービスの利用に係る計画（市町村への届出が受理されているものに限る。）を含む。以下「居宅サービス計画」という。）又は同法第8条の2第16項に規定する介護予防サービス計画（同法施行規則第83条の9第1号ニに規定する指定介護予防サービスの利用に係る計画（市町村への届出が受理されているものに限る。）及び第85条の2第1号ハに規定する指定地域密着型介護予防サービスの利用に係る計画（市町村への届出が受理されているものに限る。）を含

課税標準の計算（所得控除）

む。以下「介護予防サービス計画」という。）に基づき，居宅サービス，地域密着型サービス，介護予防サービス，地域密着型介護予防サービス又は第1号サービス（以下「居宅サービス等」という。）を利用すること。

(2)　(1)の居宅サービス計画又は介護予防サービス計画に，次に掲げる居宅サービス，地域密着型サービス又は介護予防サービスのいずれかが位置付けられること。

（居宅サービス）

イ　介護保険法第8条第4項に規定する訪問看護

ロ　介護保険法第8条第5項に規定する訪問リハビリテーション

ハ　介護保険法第8条第6項に規定する居宅療養管理指導

ニ　介護保険法第8条第8項に規定する通所リハビリテーション

ホ　介護保険法第8条第10項に規定する短期入所療養介護

（地域密着型サービス）

ヘ　介護保険法第8条第15項に規定する定期巡回・随時対応型訪問介護看護（指定地域密着型サービスに要する費用の額の算定に関する基準（平18.3.14厚生労働省告示126号）別表指定地域密着型サービス介護給付費単位数表1定期巡回・随時対応型訪問介護看護費イ(1)及びロに掲げる場合を除く。）

ト　介護保険法第8条第23項に規定する複合型サービス（上記イからへに掲げるサービスを含む組合せにより提供されるものに限る。）

（介護予防サービス）

チ　介護保険法第8条の2第3項に規定する介護予防訪問看護

リ　介護保険法第8条の2第4項に規定する介護予防訪問リハビリテーション

ヌ　介護保険法第8条の2第5項に規定する介護予防居宅療養管理指導

ル　介護保険法第8条の2第6項に規定する介護予防通所リハビリテーション

ヲ　介護保険法第8条の2第8項に規定する介護予防短期入所療養介護

(注)　イ及びチについては，高齢者の医療の確保に関する法律及び医療保険各法の訪問看護療養費の支給に係る訪問看護を含みます。

2　対象となる居宅サービス

1の(2)に掲げる居宅サービス，地域密着型サービス又は介護予防サービスと併せて利用する次に掲げる居宅サービス

（居宅サービス）

(1)　介護保険法第8条第2項に規定する訪問介護（指定居宅サービスに要する費用の額の算定に関する基準（平12.2.10厚生省告示19号）別表指定居宅サービス介護給付費単位数表1訪問介護費ロに掲げる場合（以下「生活援助中心型に係る訪問介護」という。）を除く。）

(2)　介護保険法第8条第3項に規定する訪問入浴介護

(3)　介護保険法第8条第7項に規定する通所介護

(4)　介護保険法第8条第9項に規定する短期入所生活介護

（地域密着型サービス）

(5)　介護保険法第8条第15項に規定する定期巡回・随時対応型訪問介護看護（地域密着型サービスに要する費用の額の算定に関する基準（平18.3.14厚生労働省告示126号）別表指定地域密着型サービス介護給付費単位数表1定期巡回・随時対応型訪問介護看護費イ(2)に掲げる場合を除く。）

(6)　介護保険法第8条第16項に規定する夜間対応型訪問介護

(7)　介護保険法第8条第17項に規定する地域密着型通所介護

(8)　介護保険法第8条第18項に規定する認知症対応型通所介護

(9)　介護保険法第8条第19項に規定する小規模多機能型居宅介護

(10)　介護保険法第8条第23項に規定する複合型サービス（上記1(2)イからへに掲げるサービスを含まない組合せにより提供されるもの（生活援助中心型に係る訪問介護を除く。）に限る。）

（介護予防サービス）

(11)　地域における医療及び介護の総合的な確保を推進するための関係法律の整備等に関する法律（平26法律83号。以下「推進法」という。）附則第11条又は第14条第2項の規定によりなおその効力を有するものとされた介護保険法第8条の2第2項に規定する介護予防訪問介護

課税標準の計算（所得控除）

⑿　介護保険法第8条の2第2項に規定する介護予防訪問入浴介護

⒀　推進法附則第11条又は第14条第2項の規定によりなおその効力を有するものとされた介護保険法第8条の2第7項に規定する介護予防通所介護

⒁　介護保険法第8条の2第7項に規定する介護予防短期入所生活介護

（地域密着型介護予防サービス）

⒂　介護保険法第8条の2第13項に規定する介護予防認知症対応型通所介護

⒃　介護保険法第8条の2第14項に規定する介護予防小規模多機能型居宅介護

（第1号事業）

⒄　介護保険法第115条の45第1項第1号イに規定する第1号訪問事業（同法施行規則第140条の63の6第1号に該当する市町村が定める基準に従うものに限る。）

⒅　介護保険法第115条の45第1項第1号ロに規定する第1号通所事業（同法規則第140条の63の6第1号に該当する市町村が定める基準に従うものに限る。）

（注）　1の(2)のイからヲに掲げる居宅サービス等に係る費用については，1の対象者の要件を満たすか否かに関係なく，利用者の自己負担額全額が医療費控除の対象となります。

3　対象費用の額

　　　2に掲げる居宅サービス等に要する費用（介護保険法第41条第4項第1号若しくは第2号，第42条の2第2項第1号，第2号若しくは第3号，第53条第2項第1号若しくは第2号，第54条の2第2項第1号若しくは第2号に規定する「厚生労働大臣が定める基準により算定した費用の額」又は介護保険法施行規則第140条の63の2第1項第1号イに規定する「厚生労働大臣が定める基準の例により算定した費用の額」をいう。）に係る自己負担額（次に掲げる場合の区分に応じ，それぞれ次に定める額をいう。）又は介護保険法第115条の45第10項若しくは第115条の47第8項に規定する利用料

(1)　指定居宅サービスの場合

　　　指定居宅サービス等の事業の人員，設備及び運営に関する基準（平成11年厚生省令第37号）第2条第4号に規定する居宅介護サービス費用基準額から介護保険法第41条第4項に規定する居宅介護サービス費の額を控除した額

(2)　指定介護予防サービスの場合

　　　指定介護予防サービス等の事業の人員，設備及び運営並びに指定介護予防サービス等に係る介護予防のための効果的な支援の方法に関する基準（平成18年厚生労働省令第35号）第2条第4号に規定する介護予防サービス費用基準額から介護保険法第53条第2項に規定する介護予防サービス費の額を控除した額

(3)　基準該当居宅サービス及び基準該当介護予防サービスの場合

　　　それぞれ指定居宅サービス及び指定介護予防サービスの場合に準じて算定した利用者の自己負担額

(4)　指定地域密着型サービスの場合

　　　指定地域密着型サービスの事業の人員，設備及び運営に関する基準（平成18年厚生労働省令第34号）第2条第4号に規定する地域密着型介護サービス費用基準額から介護保険法第42条の2第2項に規定する地域密着型介護サービス費の額を控除した額

(5)　指定地域密着型介護予防サービスの場合

　　　指定地域密着型介護予防サービスの事業の人員，設備及び運営並びに指定地域密着型介護予防サービスに係る介護予防のための効果的な支援の方法に関する基準（平成18年厚生労働省令第36号）第2条第4号に規定する地域密着型介護予防サービス費用基準額から介護保険法第54条の2第2項に規定する地域密着型介護予防サービス費の額を控除した額

(6)　第1号事業の場合

　　　介護保険法施行規則第140条の63の2第1項第1号イに規定する厚生労働大臣が定める基準の例により算定した費用の額（市町村が当該算定した費用の額以下の範囲内で別に定める場合にあっては，その額とする。）（当該額が現に当該事業のサービスに要した費用の額を超えるときは，当該事業のサービスに要した費用の額とする。）から介護保険法第115条の45の3第1項に規定する第1号事業支給費の額を控除した額

4　領収証

　　医療費控除を受ける場合には，上記3の対象費用の額が記載された領収証（688ページ様式13参照）が必要です。

— 672 —

課税標準の計算（所得控除）

居宅サービス等及び障害サービス等に係る喀痰吸引等に係る費用　居宅サービス等において介護福祉士等による喀痰吸引等が行われた場合には，居宅サービス等に要する費用に係る自己負担額の10分の1が医療費控除の対象になります。また，障害福祉サービス等において介護福祉士等による喀痰吸引等が行われた場合には，障害福祉サービス等に係る自己負担額の10分の1が医療費控除の対象となります。

　居宅サービス等において喀痰吸引等が行われた場合の証明書については，「居宅サービス等利用料領収証（喀痰吸引等用）」（689ページ様式14—1参照）の，「医療費控除の対象となる金額」欄に居宅サービス等に要する費用に係る自己負担額（保険対象分）の10分の1を記載することとされています。また，障害福祉サービス等において喀痰吸引等が行われた場合の証明書については，「障害福祉サービス等利用料領収証」（690ページ様式14—2参照）の，「費用欄」に喀痰吸引等の対価の額（障害福祉サービス等に要する費用に係る自己負担額の10分の1相当額）を記載することとされています。

(注)　居宅サービス等とは，介護保険制度の下における居宅サービス，介護予防サービス，地域密着型サービス及び地域密着型介護予防サービスをいいます。

　　また，障害サービス等とは，障害者自立支援法の下における障害福祉サービス及び児童福祉法の下における障害児支援（障害児通所支援及び障害児入所支援）をいいます。

特定保健指導　特定健康診査を行った医師の指示に基づき行われる特定保健指導（積極的支援により行われるものに限る。）を受ける人のうち，その特定健康診査の結果が高血圧症，脂質異常症又は糖尿病と同等の状態であると認められる基準に該当する人の状況に応じて一般的に支出される水準の医師による診療又は治療の対価は，医療費控除の対象とされます（令207，規40の3①二）。

健康診断のための費用等　いわゆる人間ドックその他の健康診断のための費用及び容姿を美化し，又は容ぼうを変えるなどのための費用は，医療費に該当しませんが，健康診断により重大な疾病が発見され，かつ，その診断に引き続きその疾病の治療をした場合には，その健康診断のための費用も医療費に該当するものとして取り扱われます（基通73—4）。

医療費を補塡する保険金等　666ページの算式の「保険金，損害賠償金などで補塡される金額」には，次のようなものがあります（基通73—8）。

(1)　社会保険又は共済に関する法律その他の法令の規定に基づき支給を受ける給付金のうち，健康保険法の規定により支給を受ける療養費，移送費，出産育児一時金，家族療養費，家族移送費，家族出産育児一時金，高額療養費又は高額介護合算療養費のように医療費の支出の事由を給付原因として支給を受けるもの

(2)　損害保険契約又は生命保険契約（これらに類する共済契約を含む。）に基づき医療費の補塡を目的として支払を受ける傷害費用保険金，医療保険金又は入院費給付金等（これらに類する共済金を含む。）

(3)　医療費の補塡を目的として支払を受ける損害賠償金

(4)　その他の法令の規定に基づかない任意の互助組織から医療費の補塡を目的として支払を受ける給付金

(注)1　次のものは，医療費を補塡する保険金等に該当しません（基通73—9）。

— 673 —

課税標準の計算（所得控除）

  (1) 死亡したこと，重度障害となったこと，療養のため労務に服することができなくなったことなどに基因して支払を受ける保険金，損害賠償金等

  (2) 社会保険又は共済に関する法律の規定により支給を受ける給付金のうち，健康保険法第99条第1項《傷病手当金》又は第102条《出産手当金》の規定により支給を受ける傷病手当金又は出産手当金その他これらに類するもの

  (3) 使用者その他の者から支払を受ける見舞金等（上記の(4)に該当するものを除く。）

2 医療費を補塡する保険金等の金額が医療費を支払った年分の確定申告書を提出する時までに確定していない場合には，その保険金等の見込額で計算します。

  なお，後日，保険金等の確定額と見込額とが異なることとなったときは，遡及してその医療費控除額を訂正します（基通73—10）。

医療費控除の手続（651ページ参照）

課税標準の計算（所得控除）

（様式１）

<table>
<tr><td colspan="4" align="center">お む つ 使 用 証 明 書</td></tr>
<tr><td rowspan="3">患　　　者</td><td>住　所</td><td colspan="2"></td></tr>
<tr><td>氏　名</td><td colspan="2">　　　　　　　　　　　　　　　殿　性別　　男・女</td></tr>
<tr><td>生年月日</td><td colspan="2">　　　　　　　　年　　月　　日生</td></tr>
<tr><td colspan="2">傷　　病　　名</td><td colspan="2">　　　　　　　によりおおむね６か月以上にわたり寝たきり
状態にある又はあると認められる。</td></tr>
<tr><td colspan="2">治　　療　　状　　況</td><td colspan="2">　　　　　　入院（所）中　　　　　　　在宅で治療中</td></tr>
<tr><td colspan="2">必　　要　　期　　間</td><td colspan="2">始　期
　（イ）　　年　　月　　日から　又は　（ロ）　　年１月１日から
終　期
　（イ）　　年　　月まで　　　又は　（ロ）　　　同年末まで
（※　（イ）又は（ロ）のいずれかを○で囲んでください。）</td></tr>
<tr><td colspan="4">　　上記の者は，頭書の傷病により，必要期間中の治療に際し，おむつの使用が必要であることを証明する。

　　　　　年　　月　　日

　　　　　　　　医療機関名　＿＿＿＿＿＿＿＿＿＿＿＿＿＿＿＿＿＿＿

　　　　　　　　所　在　地　＿＿＿＿＿＿＿＿＿＿＿＿＿＿＿＿＿＿＿

　　　　　　　　医 師 氏 名　＿＿＿＿＿＿＿＿＿＿＿＿＿＿＿＿㊞</td></tr>
<tr><td colspan="4">（注）１　証明書は，当該患者に対して頭書の傷病により，継続して治療を行っている医師が記載すること。
（注）２　「必要期間」とは，当該年において患者が上記の状態にあることが認められる期間とし，当該年の１月１日以前からおむつが必要であり，かつ，１年以上にわたってその必要性が認められる場合には，同欄の始期と終期のいずれにおいても（ロ）を○で囲むこと。なお，必要期間経過後において更に治療のためおむつが必要と認められることとなった場合は，改めて証明書を発行すること。</td></tr>
</table>

① この証明書は，おむつ代（紙おむつの購入料及び貸おむつの賃借料をいう。以下同じ。）について医療費控除を受けるために必要です。

② 医療費控除を受けるためには，この証明書とおむつ代の領収書を確定申告書に添付するか，確定申告の際に提示することが必要です。

③ おむつ代の領収書は，患者の氏名及び成人用のおむつ代であることが明記されたものであることが必要です。

課税標準の計算（所得控除）

（様式２）

平成　　年　　月　　日

○○市（町村）長　様

　確定申告に使用するので，主治医意見書のうち，平成　　　年に使用したおむつ代の医療費控除の証明（２年目以降）に必要な事項について，確認願います。

住所
氏名
被保険者番号

平成　　年　　月　　日

住所
氏名　　　　　　　　　　　様

○○市（町村）長

　貴方からの申出に基づき，平成　　　年に使用したおむつ代の医療費控除の証明に必要な事項について，貴方の主治医意見書を確認したところ，以下のとおりです。

１．主治医意見書の作成日

　　平成　　年　　月　　日

２．要介護認定の有効期間

　　平成　　年　　月　　日　～　平成　　年　　月　　日

３．障害高齢者の日常生活自立度（寝たきり度）　　（該当するものに○）

　　B１　　B２　　C１　　C２

４．尿失禁の発生可能性

　　あり

課税標準の計算（所得控除）

（様式３）

主治医意見書

記入日　令和　　年　　月　　日

| 申　請　者 | （ふりがな） | 男・女 | 〒　　　－ |
| | 明・大・昭　　年　　月　　日生（　　歳） | | 連絡先　　　（　　　） |

上記の申請者に関する意見は以下の通りです。
主治医として、本意見書が介護サービス計画作成等に利用されることに　□同意する。　□同意しない。
医師氏名 _____
医療機関名 _____　電話　　　（　　　）_____
医療機関所在地 _____　FAX　　　（　　　）_____

（１）最終診察日	令和　　　年　　　　月　　　　日
（２）意見書作成回数	□初回　□２回目以上
（３）他科受診の有無	□有　　□無 （有の場合）→□内科　□精神科　□外科　□整形外科　□脳神経外科　□皮膚科　□泌尿器科 　　□婦人科　□眼科　□耳鼻咽喉科　□リハビリテーション科　□歯科　□その他（　　　　　　）

１．傷病に関する意見

（１）診断名（特定疾病または生活機能低下の直接の原因となっている傷病名については１．に記入）及び発症年月日

1. _____　発症年月日　（昭和・平成・令和　　年　　月　　日頃）
2. _____　発症年月日　（昭和・平成・令和　　年　　月　　日頃）
3. _____　発症年月日　（昭和・平成・令和　　年　　月　　日頃）

（２）症状としての安定性　　　　　□安定　　　□不安定　　　□不明
（「不安定」とした場合、具体的な状況を記入）

（３）生活機能低下の直接の原因となっている傷病または特定疾病の経過及び投薬内容を含む治療内容
　〔最近（概ね６ヶ月以内）介護に影響のあったもの 及び 特定疾病についてはその診断の根拠等について記入〕

２．特別な医療　（過去１４日間以内に受けた医療のすべてにチェック）

処置内容	□点滴の管理　　□中心静脈栄養　　□透析　　□ストーマの処置　□酸素療法 □レスピレーター　□気管切開の処置　　□疼痛の看護　□経管栄養
特別な対応	□モニター測定（血圧、心拍、酸素飽和度等）　□褥瘡の処置
失禁への対応	□カテーテル（コンドームカテーテル、留置カテーテル 等）

３．心身の状態に関する意見

（１）日常生活の自立度等について
・障害高齢者の日常生活自立度（寝たきり度）　□自立　□J1　□J2　□A1　□A2　□B1　□B2　□C1　□C2
・認知症高齢者の日常生活自立度　　　　　　□自立　□Ⅰ　□Ⅱa　□Ⅱb　□Ⅲa　□Ⅲb　□Ⅳ　□M

（２）認知症の中核症状（認知症以外の疾患で同様の症状を認める場合を含む）
・短期記憶　　　　　　　　　　　　　□問題なし　　□問題あり
・日常の意思決定を行うための認知能力　□自立　　□いくらか困難　□見守りが必要　　□判断できない
・自分の意思の伝達能力　　　　　　　□伝えられる　□いくらか困難　□具体的要求に限られる　□伝えられない

（３）認知症の行動・心理症状（BPSD）　（該当する項目全てチェック：認知症以外の疾患で同様の症状を認める場合を含む）
□無　┆□有　{ □幻視・幻聴　□妄想　　□昼夜逆転　□暴言　□暴行　□介護への抵抗　　□徘徊
　　　　　→　　□火の不始末　□不潔行為　□異食行動　□性的問題行動　□その他（　　　　　　）

（４）その他の精神・神経症状
□無　┆□有　〔症状名：　　　　　　　　　　　　専門医受診の有無 □有　（　　　　　　）□無〕

— 677 —

（5）身体の状態

利き腕 （□右 □左） 身長＝［　　］cm 体重＝［　　］kg （過去6ヶ月の体重の変化　□ 増加　□ 維持　□減少 ）

- □四肢欠損　　　（部位：＿＿＿＿＿＿＿＿＿＿＿＿＿＿）
- □麻痺　　　　　□右上肢（程度：□軽 □中 □重）　　□左上肢（程度：□軽 □中 □重）
  - □右下肢（程度：□軽 □中 □重）　　□左下肢（程度：□軽 □中 □重）
  - □その他（部位：　　　　　　程度：□軽 □中 □重）
- □筋力の低下　　（部位：＿＿＿＿＿＿＿＿＿＿＿）　　　　程度：□軽 □中 □重）
- □関節の拘縮　　（部位：＿＿＿＿＿＿＿＿＿＿＿）　　　　程度：□軽 □中 □重）
- □関節の痛み　　（部位：＿＿＿＿＿＿＿＿＿＿＿）　　　　程度：□軽 □中 □重）
- □失調・不随意運動 ・上肢 □右 □左　　 ・下肢 □右 □左　　　 ・体幹 □右 □左
- □褥瘡　　　　　（部位：＿＿＿＿＿＿＿＿＿＿＿）　　　　程度：□軽 □中 □重）
- □その他の皮膚疾患（部位：＿＿＿＿＿＿＿＿＿＿）　　　　程度：□軽 □中 □重）

4．生活機能とサービスに関する意見

（1）移動

屋外歩行	□自立	□介助があればしている	□していない
車いすの使用	□用いていない	□主に自分で操作している	□主に他人が操作している
歩行補助具・装具の使用(複数選択可)	□用いていない	□屋外で使用	□屋内で使用

（2）栄養・食生活

食事行為	□自立ないし何とか自分で食べられる	□全面介助
現在の栄養状態	□良好	□不良

→ 栄養・食生活上の留意点 （　　　　　　　　　　　　　　　　）

（3）現在あるかまたは今後発生の可能性の高い状態とその対処方針

□尿失禁　□転倒・骨折　□移動能力の低下　□褥瘡　□心肺機能の低下　□閉じこもり　□意欲低下　□徘徊
□低栄養　□摂食・嚥下機能低下　□脱水　□易感染性　□がん等による疼痛　□その他（　　　　　　）

→ 対処方針 （　　　　　　　　　　　　　　　　　　　　　　）

（4）サービス利用による生活機能の維持・改善の見通し

□期待できる　　　　□期待できない　　　　□不明

（5）医学的管理の必要性 （特に必要性の高いものには下線を引いて下さい。予防給付により提供されるサービスを含みます。）

- □訪問診療　　　　　　　□訪問看護　　　　　　　□訪問歯科診療　　　　□訪問薬剤管理指導
- □訪問リハビリテーション　□短期入所療養介護　　□訪問歯科衛生指導　　□訪問栄養食事指導
- □通所リハビリテーション　□その他の医療系サービス（　　　　　　）

（6）サービス提供時における医学的観点からの留意事項

- ・血圧 □特になし □あり（　　　　　　　　）・移動 □特になし □あり（　　　　　　　　）
- ・摂食 □特になし □あり（　　　　　　　　）・運動 □特になし □あり（　　　　　　　　）
- ・嚥下 □特になし □あり（　　　　　　　　）・その他 （　　　　　　　　　　　）

（7）感染症の有無 （有の場合は具体的に記入して下さい）

□無 ┊ □有 （　　　　　　　　　　　　　）　　　　□不明

5．特記すべき事項

要介護認定及び介護サービス計画作成時に必要な医学的なご意見等を記載して下さい。なお、専門医等に別途意見を求めた場合はその内容、結果も記載して下さい。（情報提供書や身体障害者申請診断書の写し等を添付して頂いても結構です。）

課税標準の計算（所得控除）

（様式４）

介護老人保健施設利用料等領収証

（平成　年　月　日）

利用者氏名				
費用負担者氏名		続柄		
施設事業所名及び住所等	介護老人保健施設			印

	項　目	単　価	数量	金　額（利用料）
①	介護費			円
②	食費			円
③	居住費			円
④	特別食負担			円
⑤	特別居住負担			円
⑥				円
⑦				円
⑧				円
⑨				円

領　収　額	円	領収年月日　平成　年　月　日
うち医療費控除の対象となる金額	円	

（注）1　「事業者名及び住所等」の欄には、市（区）町村が提供する場合には、その自治体名を記入してください。

　　　2　①介護費の単価及び数量については適宜基本介護サービス費、各種加算の内訳を記載してください。

　　　3　医療費控除を受ける場合、この領収証を確定申告書に添付するか、確定申告の際に提示してください。

課税標準の計算（所得控除）

（様式5）

介護医療院利用料等領収証

（平成　　年　　月　　日）

利用者氏名			
費用負担者氏名		続柄	
施設事業所名及び住所等	介護医療院		印

	項　目	単　価	数量	金　額（利用料）	
①	介護費				円
②	食費				円
③	居住費				円
④	特別食負担				円
⑤	特別居住負担				円
⑥					
⑦					円
⑧					円
⑨					円

領　収　額	円	領収年月日 平成　　年　　月　　日
うち医療費控除の対象となる金額	円	

（注）　1　「事業者名及び住所等」の欄には、市（区）町村が提供する場合には、その自治体名を記入してください。

　　　　2　①介護費の単価及び数量については適宜基本介護サービス費、各種加算の内訳を記載してください。

　　　　3　医療費控除を受ける場合、この領収証を確定申告書に添付するか、確定申告の際に提示してください。

－ 680 －

（様式６）

ス ト マ 用 装 具 使 用 証 明 書

患　　　　者	住　　所			
	氏　　名		性　別	男 ・ 女
	生年月日	明・大・昭・平　　　　　年　　月　　日生		
ス ト マ の 種 類	人工肛門のストマ　　　　　　尿路変向（更）のストマ			
必　要　期　間	平成　年　月から　　6か月未満　　6か月以上1年未満　　1年以上			

　　上記の者は，人 工 肛 門／尿路変向（更）のストマを有しており，ストマケアに係る治療上，ストマ用装具の使用が必要であることを証明する。

　　　　平成　　年　　月　　日

　　　　　　　医療機関名　＿＿＿＿＿＿＿＿＿＿＿＿＿＿＿＿

　　　　　　　所　在　地　＿＿＿＿＿＿＿＿＿＿＿＿＿＿＿＿

　　　　　　　医 師 氏 名　＿＿＿＿＿＿＿＿＿＿＿＿＿㊞

（注）1　証明書は，当該患者のストマケアに係る治療を行っている医師が記載すること。
　　　2　「必要期間」が「1年以上」となる場合は，翌年分については改めて証明書を発行すること。
　　　3　既に経過した期間に係る証明については，証明書発行日の属する年の前年1月1日以降の期間
　　　　に係るものに限り有効とする。

①　この証明書は，ストマ用装具代について医療費控除を受けるために必要です。
②　医療費控除を受けるためには，この証明書とストマ用装具代の領収書を確定申告書に添付するか，確定申告の際に提示することが必要です。

課税標準の計算（所得控除）

（様式7）

処　方　箋　（眼　鏡）

氏名：＿＿＿＿＿＿＿＿＿＿年齢：＿＿＿（男・女）

住所：＿＿＿＿＿＿＿＿＿＿＿＿＿＿＿＿＿＿＿

Ⅰ　種類（○で囲む）：ガラス，プラスチック，コンタクトレンズ（ソフト，ハード），ＩＯＬ，
　　　　　　　　　　遮光眼鏡（　　　　　），その他（　　　　　）

Ⅱ　度数及び用法
　1　眼鏡

	S	C	A	P	B	PD	用法	遠・近
右								中間・常用
左								

　2　ＩＯＬ
　　　コンタクトレンズ

		用法	
右			
左			

Ⅲ　使用期間（本処方箋の有効期間を○で囲む）（　3日　　10日　　30日　）

Ⅳ　備考（眼鏡を必要とする理由）
　1　疾病名

　2　治療を必要とする症状

　　　　　　年　　月　　日

　　　　　医師住所

　　　　　医師氏名　　　　　　　　　　　　　　　　㊞

課税標準の計算（所得控除）

（様式8）

温 泉 療 養 証 明 書

（税務署提出用）

所轄税務署長　殿	
患者名	（明大昭平　　年　　月　　日生まれ，　　歳，男・女）
住　　所	
傷病名	

　頭書患者が（療養期間）＿＿年＿＿月＿＿日から＿＿年＿＿月＿＿日までの＿＿日間，弊施設において温泉療養を実施したことを証明する。

平成＿＿年＿＿月＿＿日

施　　設　　名：＿＿＿＿＿＿＿＿　　施　設　所　在　地：＿＿＿＿＿＿＿＿

施 設 責 任 者 氏 名：＿＿＿＿＿＿㊞　　施 設 認 定 番 号：＿＿＿＿＿＿＿＿

温泉利用指導者氏名：＿＿＿＿＿＿㊞　　温泉利用指導者番号：＿＿＿＿＿＿＿＿

- -

　連携型施設の場合は，以下を記載すること。

　頭書患者が，弊施設において生活指導を実施したことを証明する。

平成＿＿年＿＿月＿＿日

施　　設　　名：＿＿＿＿＿＿＿＿　　施　設　所　在　地：＿＿＿＿＿＿＿＿

施 設 責 任 者 氏 名：＿＿＿＿＿＿㊞　　施 設 認 定 番 号：＿＿＿＿＿＿＿＿

健康運動指導士氏名：＿＿＿＿＿＿㊞　　健康運動指導士登録番号：＿＿＿＿＿＿＿＿

- -

　頭書患者に，その傷病の治療のため，上記温泉利用型健康増進施設を利用した温泉療養を
$\left\{ \begin{array}{l} 行 わ せ た \\ 行わせている \end{array} \right\}$ ことを証明する。

平成＿＿年＿＿月＿＿日

医 療 機 関 名：＿＿＿＿＿＿＿＿＿＿＿＿＿＿＿＿

所　在　地：＿＿＿＿＿＿＿＿＿＿＿＿＿＿＿＿

医　師　名：＿＿＿＿＿＿＿＿＿＿＿＿㊞

（証明者の方へ）

① 　本証明書は，療養期間が一週間以上にわたる温泉療養が行われた場合に限り，当該温泉療養の場を提供した認定施設及び頭書患者の傷病の治療のために温泉療養を行わせた（行わせている）医師が作成してください。

② 　本証明書は，療養期間中又は療養期間終了後１年以内に発行されたものに限り有効です。

③ 　療養期間が年をまたがる場合には，その年末までに改めて証明書を発行してください。

④ 　運動施設のみを利用した日の運動施設に係る利用料は，医療費控除の対象外です。

（患者の方へ）

① 　本証明書は，厚生労働大臣の認定を受けた温泉利用型健康増進施設（以下「認定施設」といいます。）の利用料金について医療費控除を受けるために必要です。

② 　医療費控除を受けるためには，本証明書及び認定施設の利用料金に係る領収書を確定申告書に添付するか，あるいは確定申告の際に提示することが必要です。

③ 　認定施設の利用料金に係る領収証は，治療のために支払われた設備の利用及び役務の提供の対価である旨及び患者の氏名が明記されたものであることが必要です。

④ 　運動施設のみを利用した日の運動施設に係る利用料は，医療費控除の対象外です。

課税標準の計算（所得控除）

（様式9）

在 宅 介 護 費 用 証 明 書

　下記の内容により，医師との連携の下に在宅療養のための在宅介護サービス又は訪問入浴サービスを提供し，その費用を領収したことを証明する。

平成　　年　　月　　日

　事業者名
　所在地（住所）
　代表者名　　　　　　　　　　　　　　　　　　　印

記

患　　　　　者	氏　　　　　名		性　　別	男　女
	住　　　　　所			
	生 年 月 日	明大昭平　年　月　日	年　　齢	歳
費 用 負 担 者	氏　　　　　名		続　　柄	
	住　　　　　所			
傷　　病　　名		により寝たきり等の状態にある。		
主 治 医 又 は 協 力 医 療 機 関	医 療 機 関 名			
	所在地（住所）			
	医 師 氏 名			
介　護　内　容〔アからカ又は2の該当するものに○をつける。〕	1　在宅介護サービス 　ア　食事の介護 　イ　排せつの介護 　ウ　衣類着脱の介護 　エ　入浴の介護 　オ　身体の清拭，洗髪 　カ　通院等の介助その他必要な身体の介護 　　　（　　　　　　　　　　　　　　　　　　　） 2　訪問入浴サービス			
介　護　費　用	平成　年　月　日から平成　年　月　日までの間に領収した金額の合計額（上記1のアからカまでの介護及び2の訪問入浴サービスに係るものに限る。） 　　　　　　　　　　　　　　　　　　　　　　　　　　　円			

　（注）1　この証明書は，在宅療養の介護費用について，医療費控除を受ける際に，確定申告書に添付するか，確定申告の際に提示して下さい。
　　　　2　「事業者名」欄は，市（区）町村が提供する場合には，その自治体名を記入して下さい。（保健師，助産師，看護師，准看護師（以下「看護師等」という。）の場合は記入不要）
　　　　3　なお，この証明書には，市（区）町村長の発行するホームヘルパー派遣決定通知書・訪問入浴サービス利用決定通知書，介護福祉士及び看護師等の資格証明証の写しを添付して下さい。
　　　　4　看護師等の行う療養上の世話の内容については，介護内容の欄のかっこ内に療養上の世話の内容を具体的に記載して下さい。
　　　　5　確定申告に際しては，この証明書のほかに，当該医師又は医療機関の診療等の対価に係る領収書を添付して下さい。

— 684 —

課税標準の計算（所得控除）

（様式10）

障害福祉サービス利用者負担額証明書

下記の内容により，医師との連携の下に在宅療養のための障害福祉サービスを提供し，その費用を領収したことを証明する。

平成　　年　　月　　日

事業者名
所在地（住所）
代表者名　　　　　　　　　　　　　　　　　　印

記

利　　用　　者	氏　　　　名		性　　別	男　女
	住　　　　所			
	生　年　月　日	明大昭平　年　月　日	年　　齢	歳
費　用　負　担　者	氏　　　　名		続　柄	
	住　　　　所			
主　治　医　又　は 協　力　医　療　機　関	医　療　機　関　名			
	所在地（住所）			
	医　師　氏　名			

サ　ー　ビ　ス　内　容 〔該当するものに ○をつける。〕	障害福祉サービス 　ア　居宅介護（身体介護，通院介助（身体介護を伴う場合）及び乗降介助 　　　に限る。） 　イ　重度訪問介護（アと同様のものに限る。）又は居宅介護（日常生活支援 　　　（身体介護に係る部分に限る。）） 　ウ　短期入所（ただし，市町村により遷延性意識障害者等として支給決定 　　　を受けたものに限る。） 　エ　重度障害者等包括支援（アからウまでと同様のものに限る。）
利　用　者　負　担　額	平成　　年　　月　　日から平成　　年　　月　　日までの間に領収した 金額の合計額（上記サービス内容に係るものに限る。） 　　　　　　　　　　　　　　　　　　　　　　　　　　　　　　　　円

（注）1　この証明書は，障害福祉サービスの利用者負担額について，医療費控除を受ける際に，確定申告書に添付するか，確定申告の際に提示して下さい。

　　2　「事業者名」欄は，市（区）町村が提供する場合には，その自治体名を記入して下さい。

　　3　なお，この証明書には，市（区）町村の発行する居宅受給者証の写しを添付して下さい。

　　4　重度訪問介護については，領収した金額に2分の1を乗じて合計額を算出して下さい。

　　5　重度障害者等包括支援については，サービス提供実績記録票により，提供されたサービスのうち利用者負担が発生しているものにつき，ア及びウについては利用者負担相当額を，イについては利用者負担相当額に2分の1を乗じた額をそれぞれ算出し，これらを合算した額を各月ごとに算出し，合計額を算出して下さい。

課税標準の計算（所得控除）

（様式11）

（税務署提出用）

運 動 療 法 実 施 証 明 書

所轄税務署長　殿

患者名	（　年　月　日生　歳）（男・女）
住　所	
疾病名	

頭書患者が次の期間（回数），当施設において運動療法を実施したことを証明する。

運動療法実施期間　　　平成　年　月　日から平成　年　月　日まで
運動療法実施回数　　_____回
　　（月別明細）　　　_____月_____回
　　　　　　　　　　_____月_____回
　　　　　　　　　　_____月_____回
　　　　　　　　　　_____月_____回

　平成　年　月　日
施　設　名_____　　施 設 所 在 地_____
施設責任者名_____印　施 設 指 定 番 号_____

- -

　頭書患者に疾病の治療のため，上記指定運動療法施設を利用した運動療法を $\left\{\begin{array}{l}\text{行 わ せ た}\\\text{行わせている}\end{array}\right\}$ ことを証明する。
　平成　年　月　日
　　　　　　　　　　　医 療 機 関 名_____
　　　　　　　　　　　所　在　地_____
　　　　　　　　　　　医　師　名_____印

（証明者の方へ）
① 本証明書は，医師の処方に基づき，概ね週1回以上の頻度で8週間以上にわたる運動療法が行われた場合に限り，当該運動療法を実施する場を提供した指定運動療法施設及び頭書患者の疾病の治療のために当該運動療法を行わせたあるいは行わせている医師が作成してください。
② 本証明書は，運動療法実施期間中又は運動療法実施期間終了後1年以内に発行されたものに限り有効です。
③ 運動療法実施期間が年をまたがる場合には，その年末までに改めて証明書を発行してください。

（患者の方へ）
① 本証明書は，厚生省の指定を受けた運動療法施設（以下「指定運動療法施設」といいます。）の利用料金について医療費控除を受けるために必要です。
② 医療費控除を受けるためには，本証明書及び指定運動療法施設の利用料金に係る領収証を確定申告書に添付するか，あるいは確定申告の際に提示することが必要です。
③ 指定運動療法施設の利用料金に係る領収証は，疾病の治療のために医師が患者に発行した運動療法処方せんに基づく運動療法実施のための指定運動療法施設の利用の対価である旨及び患者の氏名が明記されたものであることが必要です。

課税標準の計算（所得控除）

（様式12）

指定介護老人福祉施設等利用料等領収証

（平成　年　月　日）

利用者氏名				
費用負担者氏名			続柄	
施設事業者名 及び住所等	社会福祉法人 特別養護老人ホーム			印

	項　目	単　価	数量	金　額（利用料）
①	介護費			
②	食費			
③	居住費			
④	特別食負担			
⑤	特別居住負担			
⑥				
⑦				
⑧				
⑨				

領　収　額	円
うち医療費控除の対象となる金額 （①＋②＋③）×１／２	円

領収年月日
平成　年　月　日

（注）　1　「事業者名及び住所等」の欄には，市（区）町村が提供する場合には，その自治体名を記入してください。

　　　　2　①介護費の単価及び数量については適宜基本介護サービス費，各種加算の内訳を記載してください。

　　　　3　①，②及び③の合計額の１／２（二重下線の額）が医療費控除の対象となります。

　　　　4　医療費控除を受ける場合，この領収証を確定申告書に添付するか，確定申告の際に提示してください。

課税標準

課税標準の計算（所得控除）

（様式13）

居宅サービス等利用料領収証

（令和　年　月分）

利用者氏名					
費用負担者氏名				続柄	
事業所名及び住所等	（住所：			印 ）	
居宅サービス計画又は介護予防サービス計画を作成した居宅介護支援事業者等の名称					

No.	サービス内容/種類	単価	回数日数	利用者負担額（保険・事業対象分）	
①					円
②					円
③					円
④					円
⑤					円

No.	その他費用（保険給付対象外のサービス）	単価	回数日数	利用者負担額	
①					円
②					円
③					円

領　収　額	円	領収年月日
うち医療費控除の対象となる金額	円	令和　　年　　月　　日

(注)　1　本様式例によらない領収証であっても，「居宅サービス計画又は介護予防サービス計画を作成した事業者名」及び「医療費控除の対象となる金額」が記載されたものであれば差し支えありません。

　　　　なお，利用者自らが居宅サービス計画又は介護予防サービス計画を作成し，市町村に届出が受理されている場合においては，「居宅サービス計画又は介護予防サービス計画を作成した居宅支援事業者等の名称」欄に当該市町村名を記入してください。

　　　2　サービス利用料が区分支給限度基準額又は種類支給限度基準額を超える部分の金額については，「その他費用（保険給付対象外のサービス）」欄に記載してください。

　　　3　訪問介護事業者にあっては，「うち医療費控除の対象となる金額」欄には，利用者負担額（保険対象分）のうち生活援助中心型に係る訪問介護以外のサービスに係る利用者負担額（保険対象分）の合計額を記載してください。

　　　4　第1号事業に係る事業者にあっては，「うち医療費控除の対象となる金額」欄には，利用者負担（事業対象分）のうち，旧介護予防訪問介護又は旧介護予防通所介護に相当するサービスに係る利用者負担額（事業対象分）の合計額を記載してください。

　　　5　この領収証を発行する居宅サービス等事業者が，訪問看護，訪問リハビリテーション，居宅療養管理指導，通所リハビリテーション，短期入所療養介護，定期巡回型訪問介護・看護，複合型サービス，介護予防訪問看護，介護予防訪問リハビリテーション，介護予防居宅療養管理指導，介護予防通所リハビリテーション又は介護予防短期入所療養介護を提供している場合には，これらのサービスに係る利用料についてもあわせて記入してください。

　　　6　医療費控除を受ける場合，この領収証を確定申告書に添付するか，確定申告の際に提示してください。

課税標準の計算（所得控除）

（様式14－1）

（様式例）

居宅サービス等利用料領収証（喀痰吸引等用）

（平成　　年　　月分）

利用者氏名			
費用負担者氏名	印	続柄	
事業所名及び住所等	（住所：　　　　　　　　　　　　印　　　　　　　）		
居宅サービス計画又は介護予防サービス計画を作成した居宅介護支援事業者等の名称			

No.	サービス内容／種類	喀痰吸引等の有無	単価	回数日数	利用者負担額（保険対象分）
①					円
②					円
③					円
④					円
⑤					円

No.	その他費用（保険給付対象外のサービス）	単価	回数日数	利用者負担額
①				円
②				円
③				円

領　収　額	円
うち医療費控除の対象となる金額（※当該サービスの利用者負担額（保険対象分）×1／10）	円

領収年月日

平成　　年　　月　　日

課税標準

－ 689 －

課税標準の計算（所得控除）

（様式14－2）

障害福祉サービス等利用料領収証

　　下記の内容により，医師との連携の下に障害福祉サービス等を提供し，その費用を領収したこと
を証明する。

平成　　　年　　　月　　　日

事業者名
所在地（住所）
代表者名　　　　　　　　　　　　　　　　　　　印

記

利 用 者	氏　名		性　別	男　　女
	住　所			
	生年月日	明 大 昭 平　　　年　　　月　　　日	年　齢	
費用負担者	氏　名		続　柄	
	住　所			
主治医又は協力医療機関	医療機関名			
	所在地(住所)			
	医師氏名			

サービス内容

（1のアからオ，又は2のアからウの該当するものに○をつける。2のアについては，該当する内容にも○をつける。）

1　障害福祉サービス等（療養介護を除く。）
　ア　居宅介護（身体介護，通院等介助（身体介護を伴う場合）及び乗降介助に限る。）
　イ　重度訪問介護（アと同様の内容に限る。）
　ウ　短期入所（ただし，市町村により遷延性意識障害者等として支給決定を受けたものに限る。）
　エ　重度障害者等包括支援（アからウまでと同様の内容に限る。）
　オ　上記以外の障害福祉サービス等（介護福祉士等により喀痰吸引等が実施された場合に限る。）

2　自立支援給付対象外のサービス
　ア　在宅介護サービス　　※該当するものに○をつける。
　　　食事の介護・排せつの介護・衣類着脱の介護・入浴の介護・身体清拭，洗髪・
　　　通院等の介助・その他必要な身体の介護（　　　　　　　　　　　　　　　　）
　イ　訪問入浴サービス
　ウ　上記以外の自立支援給付対象外のサービス（介護福祉士等により喀痰吸引等が実施された場合に限る。）

費用額	領収対象期間　　平成　　　年　　　月　　　日　〜　平成　　　年　　　月　　　日
	領　収　額　　　　　　　　　　　　　　　　　　　　　　　　　　　　　　　　円
	うち医療費控除の対象となる金額　　　　　　　　　　　　　　　　　　　　　　円

課税標準の計算（所得控除）

セルフメディケーション税制（特定一般用医薬品等購入費を支払った場合の医療費控除の特例）　医療保険各法等の規定により療養の給付として支給される薬剤との代替性が特に高い一般用医薬品等及びその使用による医療保険療養給付費の適正化の効果が著しく高いと認められる一般用医薬品等の使用を推進する観点から，居住者が平成29年1月1日から令和8年12月31日までの間に自己又は自己と生計を一にする配偶者その他の親族に係る特定一般用医薬品等購入費を支払った場合においてその居住者がその年中に健康の保持増進及び疾病の予防への取組として一定の取組を行っているときにおけるその年分の医療費控除については，その者の選択により，その年中に支払った特定一般用医薬品等購入費の金額の合計額が1万2千円を超えるときは，その超える部分の金額（8万8千円を限度）を，その居住者のその年分の総所得金額，土地等に係る事業所得等の金額（平成10年1月1日から令和8年3月31日までの間については適用なし。），特別控除後の分離短期譲渡所得の金額，特別控除後の分離長期譲渡所得の金額，分離課税の上場株式等に係る配当所得等の金額（上場株式等に係る譲渡損失の損益通算及び繰越控除（474ページ参照）の適用後の金額），一般株式等に係る譲渡所得等の金額（特定株式に係る譲渡損失の繰越控除（486ページ参照）の適用後の金額），上場株式等に係る譲渡所得等の金額（上場株式等に係る譲渡損失の繰越控除（476ページ参照）及び特定株式に係る譲渡損失の繰越控除（486ページ参照）の適用後の金額），先物取引に係る雑所得等の金額（先物取引の差金等決済に係る損失の繰越控除（578ページ参照）の適用後の金額），山林所得金額又は退職所得金額から差し引くことができます（措法8の4③三，28の4⑤二，⑥，31③三，32④，37の10⑥五，37の11⑥，37の12の2④⑧，37の13の3⑨，41の14②四，41の15④，41の17，措令25の11の2⑮⑯，25の12の3⑳㉑，26の26⑧）。

本特例の適用を受けられる者の範囲　本特例の適用を受けられる者は，居住者で，その年中に健康の保持増進及び疾病の予防への取組として一定の取組を行っている者とされています（措法41の17①）。この一定の取組は，法律又は法律に基づく命令（告示を含む。）に基づき行われる健康の保持増進及び疾病の予防への取組として厚生労働大臣が財務大臣と協議して定めるものとされ，具体的には告示において次の取組とされています（措令26の27の2①⑦，平28.3.31厚生労働省告示第181号（最終改正令2.4.1厚生労働省告示第170号））。以下この一定の取組を「取組」といいます。

(1)　医療保険各法等の規定に基づき健康の保持増進のために必要な事業として行われる健康診査又は健康増進法第19条の2の規定に基づき健康増進事業として行われる健康診査（いわゆる健康診査であり，保険事業や健康増進事業として行われる人間ドックなどが該当します。）

　(注)　上記の「医療保険各法等」とは，高齢者の医療の確保に関する法律第7条第1項に規定する医療保険各法及び高齢者の医療の確保に関する法律をいい，高齢者の医療の確保に関する法律第7条第1項に規定する医療保険各法は，健康保険法，船員保険法，国民健康保険法，国家公務員共済組合法，地方公務員等共済組合法及び私立学校教職員共済法です。

(2)　予防接種法第5条第1項の規定に基づき行われる予防接種又はインフルエンザに関する特定感染症予防指針第2の2の規定により推進することとされる同法第2条第3項第1号に掲げる疾病に係る予防接種（高齢者の肺炎球菌感染症及びインフルエンザの予防接種並びに任意のインフルエンザの予防接種などが該当します。）

(3)　労働安全衛生法第66条第1項の規定に基づき行われる健康診断（同条第5項ただし書の規定によ

り，労働者が事業者の指定した医師が行う健康診断を受けることを希望しない場合において，他の医師の行う同条第1項の規定による健康診断に相当する健康診断を受け，その結果を証明する書面を事業者に提出したときにおける健康診断を含みます。）（いわゆる事業主健診です。）又は国家公務員（特別職を除く。）が人事院規則の規定に基づき受診する健康診断若しくは国家公務員のうち裁判所職員（裁判官及び裁判官の秘書官を除く。）が裁判所職員健康安全管理規程に基づいて受診する健康診断（具体的には，採用時の健康診断又は定期の健康診断が該当します。）

(4) 高齢者の医療の確保に関する法律第20条の規定に基づき行われる特定健康診査（同条ただし書の規定により，加入者が特定健康診査に相当する健康診査を受け，その結果を証明する書面の提出を受けたときにおける健康診査及び同法第26条第2項の規定による特定健康診査に関する記録の送付を受けたときにおける特定健康診査を含む。）又は同法第24条の規定に基づき行われる特定保健指導（いわゆるメタボ健診などが該当します。）

(5) 健康増進法第19条の2の規定に基づき健康増進事業として行われるがん検診（市町村が健康増進事業として行う乳がん，子宮がん検診などが該当します。）

なお，納税者本人（本特例の控除を受ける者）が取組を行うことは要件とされていますが，その者と生計を一にする配偶者その他の親族が取組を行うことは要件とはされていません。

特定一般用医薬品等購入費の範囲　本特例の対象となる特定一般用医薬品等購入費とは，次の医薬品である一般用医薬品等の購入の対価をいいます（措法41の17①②，措令26の27の2②③）。

(1) 次の医薬品である一般用医薬品等（新医薬品に該当するもの及び人の身体に直接使用されることのないものを除く。）のうち，医療用薬剤との代替性が特に高いもの（その使用による医療保険療養給付費の適正化の効果が低いと認められる医薬品を除く。）として厚生労働大臣が財務大臣と協議して定めるもの

　イ　その製造販売の承認の申請に際して既に承認を与えられている医薬品と有効成分，分量，用法，用量，効能，効果等が明らかに異なる医薬品

　ロ　その製造販売の承認の申請に際して上記イの医薬品と有効成分，分量，用法，用量，効能，効果等が同一性を有すると認められる医薬品

(2) その製造販売の承認の申請に際して上記(1)イ又はロに掲げる医薬品と同種の効能又は効果を有すると認められる医薬品（上記(1)イ又はロに掲げる医薬品を除く。）である一般用医薬品等のうち，その使用による医療保険療養給付費の適正化の効果が著しく高いと認められるものとして厚生労働大臣が財務大臣と協議して定めるもの

(注)1　上記の「医薬品」とは，医薬品，医療機器等の品質，有効性及び安全性の確保等に関する法律第2条第1項に規定する医薬品をいいます。

　　2　上記の「一般用医薬品等」とは，医薬品，医療機器等の品質，有効性及び安全性の確保等に関する法律第4条第5項第3号に規定する要指導医薬品及び同項第4号に規定する一般用医薬品をいいます。

　　3　上記の「新医薬品」とは，医薬品，医療機器等の品質，有効性及び安全性の確保等に関する法律第14条の4第1項第1号に規定する新医薬品をいいます。

　　4　上記の「製造販売の承認の申請」とは，医薬品，医療機器等の品質，有効性及び安全性の確保等に関する法律第14条第3項の規定による同条第1項の製造販売についての承認の申請又は同法

課税標準の計算（所得控除）

第19条の２第５項において準用する同法第14条第３項の規定による同法第19条の２第１項の製造販売をさせることについての承認の申請をいいます。

5　上記の「承認」とは，医薬品，医療機器等の品質，有効性及び安全性の確保等に関する法律第14条又は第19条の２の承認をいいます。

6　令和３年度の税制改正において，上記(1)の「その使用による医療保険療養給付費の適正化の効果が低いと認められる医薬品」が本特例の対象から除外されましたが，令和７年12月31日までは引き続き本特例の対象とされています（措法41の17③，措令26の27の２④）。

医療費控除との選択適用　本特例は，本特例を適用しない医療費控除との選択適用とされています。よって，本特例による医療費控除及び本特例を適用しない医療費控除は，制度的な選択適用とされており，いずれかの制度を選択して適用することになりますので，本特例による医療費控除を適用する場合には本特例を適用しない医療費控除を適用することができず，本特例を適用しない医療費控除を適用した場合には本特例による医療費控除を適用することはできません。

よって，本特例による医療費控除の適用を受ける場合には，たとえ本特例の対象となる特定一般用医薬品等購入費以外の医療費の額が適用下限額（10万円等）を超える場合であっても，本特例を適用しない医療費控除を併せて適用することはできません（措法41の17①）。

セルフメディケーション税制の手続（652ページ参照）

社会保険料控除

居住者である納税者が，自己又は自己と生計を一にする配偶者その他の親族の負担すべき社会保険料を支払った場合又はその納税者の給与から差し引かれる場合には，その納税者の総所得金額，土地等に係る事業所得等の金額（平成10年１月１日から令和８年３月31日までの間については適用なし。），特別控除後の分離短期譲渡所得の金額，特別控除後の分離長期譲渡所得の金額，分離課税の上場株式等に係る配当所得等の金額（上場株式等に係る譲渡損失の損益通算及び繰越控除（474ページ参照）の適用後の金額），一般株式等に係る譲渡所得等の金額（特定株式に係る譲渡損失の繰越控除（486ページ参照）の適用後の金額），上場株式等に係る譲渡所得等の金額（上場株式等に係る譲渡損失の繰越控除（476ページ参照）及び特定株式に係る譲渡損失の繰越控除（486ページ参照）の適用後の金額），先物取引に係る雑所得等の金額（先物取引の差金等決済に係る損失の繰越控除（578ページ参照）の適用後の金額），山林所得金額又は退職所得金額から，その支払った金額又は差し引かれる金額を差し引くことができます（法74，措法８の４③三，28の４⑤二，⑥，31③三，32④，37の10⑥五，37の11⑥，37の12の２④⑧，37の13の３⑨，41の14②四，41の15④，措令25の11の２⑮⑯，25の12の３⑳㉑，26の26⑧）。

社会保険料の範囲　社会保険料とは，次に掲げる各種の保険料又は共済掛金をいいます。ただし，国外で勤務する人が受ける給与等のうち，所得税を課税されない在勤手当から差し引かれるものは除かれます（法74②，令208，措法41の７②，実特法５の２の２）。

(1)　健康保険の保険料

(2)　国民健康保険の保険料又は国民健康保険税

(3)　高齢者の医療の確保に関する法律の規定による保険料（平成20年４月１日から適用）

(4)　介護保険法の規定による介護保険の保険料

(5)　雇用保険の労働保険料

(6)　国民年金の保険料及び国民年金基金の掛金

(7)　農業者年金の保険料

(8)　厚生年金保険の保険料

(9)　船員保険の保険料

(10)　国家公務員共済組合の掛金

(11)　地方公務員等共済組合の掛金

(12)　私立学校教職員共済組合の掛金

(13)　恩給納金の納金

(14)　労働者災害補償保険法第4章の2の規定により労働者災害補償保険の保険給付を受けることができることとされた者に係る労働保険の保険料の徴収等に関する法律の規定による保険料

(15)　地方公共団体の職員が条例の規定により組織する団体の行う一定の要件に該当する相互扶助制度の掛金

(16)　国家公務員共済組合法等の一部を改正する法律（昭36法律152号）附則第9条から第11条まで《公庫等の復帰希望職員に関する経過措置》の規定による掛金

(17)　公的年金制度の健全性及び信頼性の確保のための厚生年金保険法等の一部を改正する法律（平25法律63号）附則第5条第1項の規定により，なお効力を有するものとされる旧厚生年金保険法第138条から第141条まで（費用の負担）の規定により存続厚生年金基金の加入員として負担する掛金（旧厚生年金保険法第140条第4項（徴収金）の規定により負担する徴収金を含む。）

(18)　フランス共和国の社会保障制度の保険料（平成20年1月1日から適用）

事業主負担の社会保険料　事業主が従業員のために負担した社会保険料は，給与等から差し引かれる社会保険料に該当しませんが，事業主が法定又は認可の割合を超えて負担したものでその割合を超える部分の金額が従業員の給与等として課税されたものは，従業員の給与等から差し引かれる社会保険料の金額として取り扱われます（基通74・75―4）。

　前納した社会保険料等の取扱い　前納した社会保険料等については，次の算式で計算した金額をその年に支払った保険料又は掛金の額とします（基通74・75―1(2)）。

$$\left(\begin{array}{c}\text{前納した社会保険料等の総額（前納により}\\\text{割引された場合には，その割引後の金額）}\end{array}\right) \times \frac{\left(\begin{array}{c}\text{前納した社会保険料等に係るその}\\\text{年中に到来する納付期日の回数}\end{array}\right)}{\text{前納した社会保険料等に係る納付期日の総回数}}$$

　ただし，前納の期間が1年以内の前納保険料及び法令に一定期間の前納をすることができる旨の規定がある場合における前納保険料については，その全額を支払った年の社会保険料とすることができます（基通74・75―2）。

　前納した社会保険料等　前納した社会保険料等とは，各納付期日が到来するごとに社会保険料等に充当するものとしてあらかじめ納付した社会保険料又は後述する小規模企業共済等掛金の金額で，まだ充当される残額があるうちに年金等の給付事由が生じたなどにより社会保険料等の納付の必要がなくなった場合には，その残額が返還されることになっているものをいいます（基通74・75―1(2)(注)）。

課税標準の計算（所得控除）

社会保険料控除の手続　（653ページ参照）

小規模企業共済等掛金控除

　居住者が小規模企業共済等掛金を支払った場合には，その納税者の総所得金額，土地等に係る事業所得等の金額（平成10年1月1日から令和8年3月31日までの間については適用なし。），特別控除後の分離短期譲渡所得の金額，特別控除後の分離長期譲渡所得の金額，分離課税の上場株式等に係る配当所得等の金額（上場株式等に係る譲渡損失の損益通算及び繰越控除（474ページ参照）の適用後の金額），一般株式等に係る譲渡所得等の金額（特定株式に係る譲渡損失の繰越控除（486ページ参照）の適用後の金額），上場株式等に係る譲渡所得等の金額（上場株式等に係る譲渡損失の繰越控除（476ページ参照）及び特定株式に係る譲渡損失の繰越控除の特例(486ページ参照)の適用後の金額），先物取引に係る雑所得等の金額(先物取引の差金等決済に係る損失の繰越控除（578ページ参照）の適用後の金額），山林所得金額又は退職所得金額から，その支払った金額を差し引くことができます（法75①③，措法8の4③三，28の4⑤二，⑥，31③三，32④，37の10⑥五，37の11⑥，37の12の2④⑧，37の13の3⑨，41の14②四，41の15④，措令25の11の2⑮⑯，25の12の3⑳㉑，26の26⑧）。

　小規模企業共済等掛金　小規模企業共済等掛金とは，次に掲げるものをいいます（法75②，令20②，208の2）。

(1)　小規模企業共済法第2条第2項に規定する共済契約に基づく掛金

(2)　確定拠出年金法第3条第3項第7号の2に規定する企業型年金加入者掛金又は同法第55条第2項第4号に規定する個人型年金加入者掛金

(3)　心身障害者扶養共済制度の掛金

　小規模企業共済法上の共済契約　小規模企業共済法上の共済契約とは，常時使用する従業員（家族従業員を除く。）が20人以下（商業，サービス業（宿泊業，娯楽業を除く。）では5人以下）の個人事業主又は同規模の会社の役員などを加入者とし，その加入者が毎月掛金を払い込むと，加入者が老齢のため廃業したときなどに，一定の共済金を受けることができる制度です。

　なお，この共済金等のうち，①共済契約に基づいて支給される小規模企業共済法第9条第1項に規定する共済金，②年齢65歳以上である被共済者が共済契約を同法第7条第3項の規定により解除したことにより支給される解約手当金，③同法第7条第4項の規定により共済契約が解除されたものとみなされたことによって支給される同法第12条第1項に規定する解約手当金については退職所得となります（令72③三）（614ページ参照）。

(注)1　上記②，③以外の解約手当金は一時所得となります（法34①）。

　　2　共済契約に基づいて支給される同法第9条の3第1項の規定により支給される分割共済金は，雑所得（公的年金等）となります（令82の2②三）。

　心身障害者扶養共済制度　心身障害者扶養共済制度とは，地方公共団体の条例において精神又は身体に障害のある者を扶養する者を加入者とし，その加入者が地方公共団体に掛金を納付し，その地方公共団体が心身障害者の扶養のための給付金を定期に支給することを定めている制度で，一定の要件を備えているものをいいます（令20②）。

　小規模企業共済等掛金控除の手続　（653ページ参照）

課税標準の計算（所得控除）

生命保険料控除

居住者が，保険金，年金，共済金，又は一時金の受取人の全てを本人又はその配偶者その他の親族とする生命保険契約等（新生命保険契約等及び旧生命保険契約等）の保険料又は掛金（以下「生命保険料」という。）を支払った場合，個人年金保険契約等（新個人年金保険契約等及び旧個人年金保険契約等）の保険料又は掛金（以下「個人年金保険料」という。）を支払った場合及び介護医療保険契約等に係る保険料又は掛金（以下「介護医療保険料」という。）を支払った場合には，その納税者の総所得金額，土地等に係る事業所得等の金額（平成10年1月1日から令和8年3月31日までの間については適用なし。），特別控除後の分離短期譲渡所得の金額，特別控除後の分離長期譲渡所得の金額，分離課税の上場株式等に係る配当所得等の金額（上場株式等に係る譲渡損失の損益通算及び繰越控除（474ページ参照）の適用後の金額），一般株式等に係る譲渡所得等の金額（特定株式に係る譲渡損失の繰越控除（486ページ参照）の適用後の金額），上場株式等に係る譲渡所得等の金額（上場株式等に係る譲渡損失の繰越控除（476ページ参照）及び特定株式に係る譲渡損失の繰越控除（486ページ参照）の適用後の金額），先物取引に係る雑所得等の金額（先物取引の差金等決済に係る損失の繰越控除（578ページ参照）の適用後の金額），山林所得金額又は退職所得金額から，次の区分に応じて計算した金額を差し引くことができます（法76①～③，措法8の4③三，28の4⑤二，⑥，31③三，32④，37の10⑥五，37の11⑥，37の12の2④⑧，37の13の3⑨，41の14②四，41の15④，措令25の11の2⑮⑯，25の12の3⑳㉑，26の26⑧）。

生命保険料控除の額

支払保険料等の区分		年間の支払保険料等	生命保険料控除額
(1)一般の生命保険	① 新生命保険料を支払った場合	20,000円以下の場合	支払った保険料の全額
		20,000円を超え40,000円以下の場合	支払った保険料×1/2＋10,000円
		40,000円を超え80,000円以下の場合	支払った保険料×1/4＋20,000円
		80,000円を超える場合	40,000円
	② 旧生命保険料を支払った場合	25,000円以下の場合	支払った保険料の全額
		25,000円を超え50,000円以下の場合	支払った保険料×1/2＋12,500円
		50,000円を超え100,000円以下の場合	支払った保険料×1/4＋25,000円
		100,000円を超える場合	50,000円
	③ 新生命保険料及び旧生命保険料を支払った場合		①により計算した金額（最高4万円），②により計算した金額（最高5万円）又は①及び②により計算した金額の合計額（最高4万円）のいずれかを選択
(2)介護医療保険料	介護医療保険料を支払った場合	20,000円以下の場合	支払った保険料の全額
		20,000円を超え40,000円以下の場合	支払った保険料×1/2＋10,000円
		40,000円を超え80,000円以下の場合	支払った保険料×1/4＋20,000円
		80,000円を超える場合	40,000円
	① 新個人年金保険料を支払った場合	20,000円以下の場合	支払った保険料の全額
		20,000円を超え40,000円以下の場合	支払った保険料×1/2＋10,000円
		40,000円を超え80,000円以下の場合	支払った保険料×1/4＋20,000円
		80,000円を超える場合	40,000円

— 696 —

課税標準の計算（所得控除）

(3)個人年金保険	②旧個人年金保険料を支払った場合	25,000円以下の場合	支払った保険料の全額
		25,000円を超え50,000円以下の場合	支払った保険料×1/2＋12,500円
		50,000円を超え100,000円以下の場合	支払った保険料×1/4＋25,000円
		100,000円を超える場合	50,000円
	③新個人年金保険料及び旧個人年金保険料を支払った場合		①により計算した金額（最高4万円），②により計算した金額（最高5万円）又は①及び②により計算した金額の合計額（最高4万円）のいずれかを選択

(注)　複数の保険料等に係る控除の適用を受ける場合の適用限度額

　　　上記(1)から(3)までの控除によりその居住者のその年分の総所得金額等から控除する金額は，12万円が限度となります（法76④）。

　　　ただし，例えば新生命保険料及び旧生命保険料を支払った場合の計算において，新生命保険料10万円，旧生命保険料15万円を支払った場合のように，旧生命保険料のみについて生命保険料控除の適用を受ける場合の控除額（5万円）が新旧両方の生命保険料について生命保険料控除の適用を受ける場合の控除額（4万円）よりも有利になる場合には，上記の表のとおり旧生命保険料のみについて生命保険料控除の適用を受けることにより，5万円を限度に生命保険料控除を受けることができます。新個人年金保険料と旧個人年金保険料の場合も同様です。

　新生命保険契約等の範囲　生命保険料控除の対象となる新生命保険契約等とは，平成24年1月1日以後に締結した次に掲げる契約（以下「新契約」という。）若しくは他の保険契約に附帯して締結した新契約又は同日以後に承認を受けた規約若しくは認可を受けた基金の規約のうち，これらの新契約又は規約に基づく保険金等の受取人の全てをその保険料若しくは掛金の払込みをする者又はその配偶者その他の親族とするものに限られます（法76⑤，令210，210の2，平22改正法附4，昭62.12.10大蔵省告示159号（最終改正平30.9.21財務省告示243号））。

(1)　生命保険会社又は外国生命保険会社等の締結した保険契約のうち生存又は死亡に基因して一定額の保険金等が支払われるもの

(2)　郵政民営化法等の施行に伴う関係法律の整備等に関する法律第2条《法律の廃止》の規定による廃止前の簡易生命保険法第3条《政府保証》に規定する簡易生命保険契約（以下「旧簡易生命保険契約」という。）のうち生存又は死亡に基因して一定額の保険金等が支払われるもの

※　平成3年4月1日から郵便年金制度は廃止され，簡易生命保険制度に統合されましたが，同日前に成立した郵便年金契約については，同日において年金の支払をする簡易生命保険契約になるものとされます。

(3)　次に掲げる組合等と締結した生命共済に係る契約（以下「生命共済契約等」という。）のうち生存又は死亡に基因して一定額の保険金等が支払われるもの

イ　農業協同組合の締結した生命共済契約等

ロ　農業協同組合連合会の締結した生命共済契約等

ハ　漁業協同組合若しくは水産加工業協同組合又は共済水産業協同組合連合会の締結した生命共済契約等

ニ　消費生活協同組合連合会の締結した生命共済契約等

ホ　特定共済組合，協同組合連合会又は特定共済組合連合会の締結した生命共済契約等

ヘ　神奈川県民共済生活協同組合，教職員共済生活協同組合，警察職員生活協同組合，埼玉県民共済生活協同組合，全国交通運輸産業労働者共済生活協同組合又は電気通信産業労働者共済生活協同組合の締結した生命共済契約等

ト　全国理容生活衛生同業組合連合会の締結した年金共済に係る契約

チ　独立行政法人中小企業基盤整備機構

(4)　確定給付企業年金法に規定する確定給付企業年金に係る規約又は適格退職年金契約

(注)　次に掲げる契約は新生命保険契約等に含まれません（法76①⑤，令209①②）。

(1)　保険期間又は共済期間が5年に満たない生命保険契約又は生命共済契約等で次に掲げるもの

イ　被保険者又は被共済者が保険期間又は共済期間の満了の日に生存している場合に限り保険金等を支払う定めのあるもの

ロ　被保険者又は被共済者が保険期間又は共済期間の満了の日に生存している場合及び当該期間中に災害，感染症の予防及び感染症の患者に対する医療に関する法律に規定する一類感染症若しくは二類感染症その他これらに類する特別の事由により死亡した場合に限り保険金等を支払う定めのあるもの（以下「特定保険契約」という。）

(注)　上記の生命保険契約又は生命共済契約等は，「生存保険」，「貯蓄保険」又は「貯蓄共済」などと呼ばれています。

(2)　国外において外国生命保険会社等の締結した生命保険契約

(3)　保険金等の支払事由が身体の傷害のみに基因することとされている保険契約（以下「傷害保険契約」という。）

(4)　信用保険契約

旧生命保険契約等の範囲　生命保険料控除の対象となる旧生命保険契約等とは，平成23年12月31日以前に締結した次に掲げる契約又は同日以前に承認を受けた規約若しくは認可を受けた基金の規約のうち，これらの契約又は規約に基づく保険金等の受取人の全てをその保険料若しくは掛金の払込みをする者又はその配偶者その他の親族とするものをいいます（法76⑥，令209③）。

(1)　生命保険会社又は外国生命保険会社等の締結した保険契約のうち生存又は死亡に基因して一定額の保険金等が支払われるもの

(2)　旧簡易生命保険契約

(3)　生命共済契約等

(4)　生命保険会社若しくは外国生命保険会社等又は損害保険会社若しくは外国損害保険会社等の締結した疾病又は身体の傷害その他これらに類する事由に基因して保険金等が支払われる保険契約（上記(1)及び(注)2に該当するものを除く。）のうち，医療費等支払事由に基因して保険金等が支払われるもの（以下「第三分野の保険契約」という。）

(5)　確定給付企業年金法に規定する確定給付企業年金に係る規約又は適格退職年金契約

(注)1　控除の対象となる旧生命保険料は，旧生命保険契約等に係る保険料又は掛金に限られ，次に掲げる保険料は含まれません（法76①，令208の4）。

(1)　旧個人年金保険料

(2)　一定の偶然の事故によって生ずることのある損害を填補する旨の特約（第三分野の保険契約又は傷害保険契約を除く。）が付されている保険契約に係る保険料のうち，当該特約に係る保険料

(3)　第三分野の保険契約の内容と損害保険会社又は外国損害保険会社等の締結した保険契約のうち一定の偶然の事故によって生ずることのある損害を填補するもの（傷害保険契約を除く。）

課税標準の計算（所得控除）

　の内容とが一体となって効力を有する一の保険契約に係る保険料

　　2　第三分野の保険契約のうち，次に掲げるものは旧生命保険契約等に含まれません（法76⑥四，令209③）。

　　(1)　傷害保険契約

　　(2)　特定保険契約

　　(3)　外国生命保険会社等又は外国損害保険会社等が国外において締結したもの

　　(4)　外国への旅行のために住居を出発した後，住居に帰着するまでの期間（以下「海外旅行期間」という。）内に発生した疾病又は身体の傷害その他これらに類する事由に基因して保険金等が支払われるもの

新個人年金保険契約等の範囲　生命保険料控除の対象となる新個人年金保険契約等とは，平成24年1月1日以後に締結した新生命保険契約等の範囲（697ページ参照）の(1)から(3)までに掲げる契約（年金給付契約に限るものとし，失効した日以前に締結したその契約がその失効した日後に復活したものを除く。以下この項目において「新契約」という。）又は他の保険契約に附帯して締結した新契約のうち，次に掲げる要件の定めのあるものをいいます（法76⑧，令212）。

(1)　その契約に基づく年金の受取人は，保険料若しくは掛金の払込みをする者又はその配偶者が生存している場合にはこれらの者のいずれかとするものであること

(2)　その契約に基づく保険料又は掛金の払込みは，年金支払開始日前10年以上の期間にわたって定期に行うものであること

(3)　その契約に基づく上記(1)の個人に対する年金の支払が次のいずれかであること

　イ　その年金の受取人の年齢が60歳に達した日の属する年の1月1日以後の日（60歳に達した日が同年の1月1日から6月30日までの間である場合にあっては，同年の前年7月1日以後の日）でその契約で定める日以後10年以上の期間にわたって定期に行うものであること

　ロ　その年金の受取人が生存している期間にわたって定期に行うものであること

　ハ　イの年金の支払のほか，被保険者又は被共済者の重度の障害を原因として年金の支払を開始し，かつ，その年金の支払開始日以後10年以上の期間にわたって，又はその者が生存している期間にわたって定期に行うものであること

（注）　上記の年金給付契約とは，次に掲げる契約をいいます（令211，規40の7）。

　　(1)　新生命保険契約等の範囲（697ページ参照）の(1)に掲げる契約で年金の給付を目的とするもの（退職年金の給付を目的とするものを除く。）のうち，その契約の内容（その者の疾病又は身体の傷害その他これらに類する事由に基因して保険金等を支払う旨の特約が付されている契約にあっては，その特約の内容を除く。）が次に掲げる要件を満たすもの

　　イ　その契約に基づく年金以外の金銭の支払（剰余金の分配及び解約返戻金の支払を除く。）は，その契約で定める被保険者が死亡し，又は重度の障害に該当することとなった場合に限り行うものであること

　　ロ　その契約で定める被保険者が死亡し，又は重度の障害に該当することとなった場合に支払う金銭の額は，その契約の締結の日以後の期間又は支払保険料の総額に応じて逓増的に定められていること

　　ハ　その契約に基づく年金の支払は，その年金の支払期間を通じて年1回以上定期に行うものであり，かつ，その契約に基づき支払うべき年金（年金の支払開始日から一定の期間内に年金受取人が死亡してもなお年金を支払う旨の定めのある契約にあっては，その一定の期間内に支払

－ 699 －

課税標準の計算（所得控除）

うべき年金）の一部を一括して支払う旨の定めがないこと

ニ　その契約に基づく剰余金の金銭による分配（その分配を受ける剰余金をもってその契約に係る保険料の払込みに充てられる部分を除く。）は，年金の支払開始日前において行わないもの又はその剰余金の分配をする日の属する年において払い込むべきその保険料の金額の範囲内の額とするものであること

(2)　旧簡易生命保険契約で年金の給付を目的とするもの（退職年金の給付を目的とするものを除く。）のうち，その契約の内容（その者の疾病又は身体の傷害その他これらに類する事由に基因して保険金等を支払う旨の特約が付されている契約にあっては，その特約の内容を除く。）が上記(1)のイからニまでに掲げる要件を満たすもの

(3)　新生命保険契約等の範囲(697ページ参照)の(3)のイからハまでに掲げる契約で年金の給付を目的とするもの（退職年金の給付を目的とするものを除く。以下「年金共済契約」という。）のうち，その契約の内容（その者の疾病又は身体の傷害その他これらに類する事由に基因して保険金等を支払う旨の特約が付されている契約にあっては，その特約の内容を除く。）が次に掲げる要件を満たすもの

イ　その年金共済契約に係る共済規程は，その年金共済契約に係る約款を全国連合会が農林水産大臣の承認を受けて定める約款と同一の内容のものとする旨の定めがあるものであること（全国連合会の締結する年金共済契約に係る共済規程にあっては，農林水産大臣の承認を受けたものであること。）

ロ　その年金共済契約を締結する組合（全国連合会を除く。）がその年金共済契約により負う共済責任は，その組合がその組合を会員とする全国連合会との契約により連帯して負担していること（その契約によりその組合はその共済責任についてのその負担部分を有しない場合に限る。）

ハ　その年金共済契約に基づく金銭の支払は，次に掲げる要件を満たすものであること。

(イ)　その年金共済契約に基づく年金以外の金銭の支払（割戻金の割戻し及び解約返戻金を除く。）は，その年金共済契約で定める被共済者が死亡し，又は重度の障害に該当することとなった場合に限り行うものであること

(ロ)　その年金共済契約で定める被共済者が死亡し，又は重度の障害に該当することとなった場合に支払う金銭の額は，その年金共済契約の締結の日以後の期間又は支払掛金の総額に応じて逓増的に定められていること

(ハ)　その年金共済契約に基づく年金の支払は，その年金の支払期間を通じて年1回以上定期に行うものであり，かつ，その年金共済契約に基づき支払うべき年金（年金の支払開始日から一定の期間内に年金受取人が死亡してもなお年金を支払う旨の定めのある年金共済契約にあっては，その一定の期間内に支払うべき年金）の一部を一括して支払う旨の定めがないこと

(ニ)　その年金共済契約に基づく割戻金の金銭による割戻し（その割戻しを受ける割戻金をもってその年金共済契約に係る掛金の払込みに充てられる部分を除く。）は，年金の支払開始日前において行わないもの又はその割戻金の割戻しをする日の属する年において払い込むべきその掛金の金額の範囲内の額とするものであること

(4)　全国労働者共済生活協同組合連合会又は教職員共済生活協同組合の締結した生命共済契約等で年金の給付を目的とするもののうち，規約で新個人年金保険契約等の範囲（699ページ参照）の(1)から(3)までに掲げる要件及び上記(1)のイからニまでに掲げる要件に相当する要件の定めがあるもの（その要件に反する定めがあるものを除く。）に基づく契約（その契約に係る年金の額及び掛金の額が適正な保険数理に基づいて定められているものに限る。）（昭61.11.5大蔵省告示155号（最終改正平22.3.31大蔵省告示6号））

旧個人年金保険契約等の範囲　生命保険料控除の対象となる旧個人年金保険契約等とは，平成23年12月31日以前に締結した上記旧生命保険契約等の範囲の(1)から(3)までに掲げる契約（年金給付契約

— 700 —

課税標準の計算（所得控除）

に限るものとし，失効した日以前に締結したその契約がその失効した日後に復活したものを含む。）のうち，上記新個人年金保険契約等の範囲の(1)から(3)までに掲げる要件の定めのあるものをいいます（法76⑨）。

介護医療保険契約等の範囲　生命保険料控除の対象となる介護医療保険契約等とは，平成24年1月1日以後に締結した次に掲げる契約（以下この項目において「新契約」という。）又は他の保険契約に附帯して締結した新契約のうち，これらの新契約に基づく保険金等の受取人の全てをその保険料若しくは掛金の払込みをする者又はその配偶者その他の親族とするものをいいます（法76⑦）。

(1) 旧生命保険契約等の範囲（698ページ参照）の(4)に掲げる保険契約（第三分野の保険契約）

(2) 疾病又は身体の傷害その他これらに類する事由に基因して保険金等が支払われる旧簡易生命保険契約又は生命共済契約等のうち医療費等支払事由に基因して保険金等が支払われるもの

(注)1　上記(2)に掲げる契約のうち，次に掲げるものは介護医療保険契約等に含まれません（法76⑦，令209④）。

(1) 新生命保険契約等の範囲（697ページ参照）の(2)及び(3)に掲げるもの

(2) 保険金等の支払事由が身体の傷害のみに基因するもの

(3) 海外旅行期間内に発生した疾病又は身体の傷害その他これらに類する事由に基因して保険金等が支払われる生命共済契約等

また，生命保険料控除の対象となる介護医療保険料は，介護医療保険契約等に係る保険料又は掛金で，医療費等支払事由に基因して保険金等を支払うことを約する部分に係るもの又は組込型保険（共済）契約のうち特定介護医療保険（共済）契約に係る保険料（掛金）に限られ，新生命保険料に該当するものを除きます（法76②，令208の7）。

2　組込型保険（共済）契約とは，上記新生命保険契約等の範囲（697ページ参照）の(1)又は(3)に掲げる契約の内容と上記介護医療保険契約等の範囲の(1)又は(2)に掲げる契約の内容とが一体となって効力を有する一の保険（共済）契約をいい，組込型共済契約にあっては農業協同組合の締結するものに限られます。

なお，組込型保険（共済）契約のうち，特定介護医療保険（共済）契約に係る保険料（掛金）は介護医療保険料，特定介護医療保険（共済）契約以外の契約に係る保険料（掛金）は新生命保険料となります（法76①②，令208の3①，208の7）。

3　特定介護医療保険（共済）契約とは，組込型保険（共済）契約（人の生存に関し一定額の保険金（共済金）又は給付金を支払う保険（共済）契約を除く。）のうち，その保険（共済）契約において支払われる死亡保険金（共済金）又は死亡給付金の額が次のいずれかに該当するものをいいます（平22.3.31金融庁告示36号，平22.3.31農林水産省告示535号）。

(1) その保険（共済）契約において支払われる入院給付日額の100倍に相当する額を限度とするもの（入院の原因となる事由を制限するものを除く。）

(2) その保険（共済）契約に係る保険料（掛金）積立金の額又は保険契約者が既に支払ったその保険（共済）契約に係る保険料（掛金）の累計額のいずれか大きい額を限度とするもの

(3) がんに罹患したこと又は常時の介護を要する身体の状態になったことに基因してその保険（共済）契約において支払われる保険金（共済金）又は給付金の額の5分の1に相当する額を限度とするもの

4　上記(2)の医療費等支払事由とは，次に掲げる事由をいいます（令208の6）。

(1) 疾病にかかったこと又は身体の傷害を受けたことを原因とする人の状態に基因して生ずる医療費その他の費用を支払ったこと

(2) 疾病若しくは身体の傷害又はこれらを原因とする人の状態（介護医療保険契約等に係る約款

— 701 —

に，これらの事由に基因して一定額の保険金等を支払う旨の定めがある場合に限る。）
(3) 疾病又は身体の傷害により就業することができなくなったこと

平成24年1月1日以後に新契約を附帯した場合の取扱い　平成24年1月1日以後に旧生命保険契約等又は旧個人年金保険契約等に附帯して新生命保険契約等，介護医療保険契約等又は新個人年金保険契約等を締結した場合には，その旧生命保険契約等又は旧個人年金保険契約等は，同日以後に締結した契約とみなされます（法76⑩）。

旧個人年金保険契約等に係る特約保険料の取扱い　一定の要件を満たす旧個人年金保険契約等に係る保険料又は掛金のうち，身体の傷害又は疾病等に基因して保険金等を支払う旨の特約が付されている契約のその特約に係る保険料又は掛金は，（旧個人年金保険料ではなく）旧生命保険料に該当します（基通76—2）。

勤労者財産形成貯蓄保険契約等に係る保険料等の取扱い　勤労者財産形成貯蓄契約，勤労者財産形成年金貯蓄契約又は勤労者財産形成住宅貯蓄契約に係る生命保険料又は生命共済の共済掛金については，生命保険料控除の対象となりません（措法4の4②）。

支払った生命保険料等の金額の計算　その年中に生命保険契約等，個人年金保険契約等，又は介護医療保険契約等に基づく剰余金の分配若しくは割戻金の割戻しを受けた場合，又は分配される剰余金若しくは割戻しを受ける割戻金を生命保険料，個人年金保険料又は介護医療保険料の払込みに充てた場合には，契約上の保険料の合計額からそれらの剰余金又は割戻金の合計額を差し引いた残額が支払った生命保険料，個人年金保険料又は介護医療保険料の金額になります（法76①一，②一，③一）。

なお，支払った生命保険料等の金額は，その年中に支払うことになっている生命保険料等の額ではなく，その年中に実際に支払った生命保険料等の額によって計算します（基通76—3(1)）。

事業主が負担した生命保険料　事業主が従業員のために支払った生命保険料等で従業員の給与等として課税されたものは，従業員が支払ったものとして取り扱われます（基通76—4）。

(注)　事業主が負担する生命保険料等のうち給与等として課税されないもの（基通36—31～36—31の6）及び給与等として課税されない少額の生命保険料等（基通36—32）は，いずれも生命保険料控除の対象とはなりません。

前納した生命保険料等の取扱い　前納した生命保険料等については，次の算式で計算した金額をその年に支払った生命保険料の額とします（基通76—3(3)）。

$$\left(\begin{array}{l}\text{前納した生命保険料等の総額（前納により}\\\text{割引された場合には，その割引後の金額）}\end{array}\right) \times \frac{\left(\begin{array}{l}\text{前納した生命保険料等に係るその}\\\text{年中に到来する払込期日の回数}\end{array}\right)}{\left(\text{前納した生命保険料等に係る払込期日の総回数}\right)}$$

前納した生命保険料等　前納した生命保険料等とは，各払込期日が到来するごとに生命保険料等の払込

課税標準の計算（所得控除）

みに充当するものとしてあらかじめ保険会社等に払い込んだ金額で，まだ充当される残額があるうちに保険事故が生じたなどにより生命保険料等の払込みの必要がなくなった場合には，その残額が返還されることになっているものをいいます（基通76─3(3)（注））。

地震保険料控除

　居住者が，本人若しくは本人と生計を一にする配偶者その他の親族の有する家屋で常時その居住の用に供するもの又はこれらの者の有する生活に通常必要な家具，じゅう器，衣服などの資産を保険又は共済の目的とし，かつ，地震若しくは噴火又はこれらによる津波を直接又は間接の原因とする火災，損壊，埋没又は流失による損害（以下「地震等損害」という。）によりこれらの資産について生じた損失の額をてん補する保険金又は共済金が支払われる損害保険契約等に係る地震等損害部分の保険料又は掛金（以下「地震保険料」という。）を支払った場合及び平成18年12月31日までに締結した長期損害保険契約等に係る損害保険料（以下「旧長期損害保険料」という。）を支払った場合には，その納税者の総所得金額，土地等に係る事業所得等の金額（平成10年1月1日から令和8年3月31日までの間については適用なし。），特別控除後の分離短期譲渡所得の金額，特別控除後の分離長期譲渡所得の金額，分離課税の上場株式等に係る配当所得等の金額（上場株式等に係る譲渡損失の損益通算及び繰越控除（474ページ参照）の適用後の金額），一般株式等に係る譲渡所得等の金額（特定株式に係る譲渡損失の繰越控除（486ページ参照）の適用後の金額），上場株式等に係る譲渡所得等の金額（上場株式等に係る譲渡損失の繰越控除（476ページ参照）及び特定株式に係る譲渡損失の繰越控除（486ページ参照）の適用後の金額），先物取引に係る雑所得等の金額（先物取引の差金等決済に係る損失の繰越控除（578ページ参照）の適用後の金額），山林所得金額又は退職所得金額から，次の区分に応じて計算した金額を差し引くことができます（法77①③，令213，18改正法附10，措法8の4③三，28の4⑤二，⑥，31③三，32④，37の10⑥五，37の11⑥，37の12の2④⑧，37の13の3⑨，41の14②四，41の15④，措令25の11の2⑮⑯，25の12の3⑳㉑，26の26⑧）。

区　　分	支払った保険料の金額	控除額
① 地震保険料（注1）	50,000円以下（注1）	支払った保険料の金額（注1）
	50,000円超（注1）	50,000円
② 旧長期損害保険料（注2）	10,000円以下	支払った保険料の金額
	10,000円超20,000円以下	支払った保険料の金額$\times\frac{1}{2}+5,000$円
	20,000円超	15,000円
③ ①，②両方がある場合(注3)		①，②それぞれ計算した金額の合計額（最高　50,000円）

（注） 1　次の(1)から(2)を差し引いた後の金額をいいます。
　　　　(1)　地震等による損害部分に対する保険料又は掛金
　　　　(2)　地震等による損害部分に対する保険料又は掛金の払込みに充てられた剰余金又は割戻金の額
　　　2　旧長期損害保険料に係る長期損害保険契約とは，平成18年12月31日までに締結した損害保険契約等（保険期間又は共済期間の始期（効力が生ずる日）が平成19年1月1日以後のものは除く。）のうち，満期払戻金等があり保険期間又は共済期間が10年以上のもので，平成19年1月1日以後にその損害保険契約等の変更をしないものをいいます。

課税標準の計算（所得控除）

3　一の契約等に基づき，地震保険料及び旧長期損害保険料の両方を支払っている場合には，選択により地震保険料又は旧長期損害保険料のいずれか一方の控除を受けることとなります。

地震保険料控除の対象となる損害保険契約等の範囲

控除の対象となる損害保険契約等は，次に掲げる契約に附帯して締結されるもの又はその契約と一体となって効力を有する一の保険契約若しくは共済に係る契約をいいます（法77②，令214，規40の8，平18.3.31財務省告示139号（最終改正平30.9.21財務省告示244号））。

(1)　損害保険会社又は外国損害保険会社等と締結した保険契約のうち一定の偶然の事故によって生ずることのある損害を塡補するもの（生命保険料控除の対象となるもの及び外国損害保険会社等が国外で締結したものを除く。）

(2)　農業協同組合の締結した建物更生共済又は火災共済に係る契約

(3)　農業協同組合連合会の締結した建物更生共済又は火災共済に係る契約

(4)　農業共済組合又は農業共済組合連合会の締結した火災共済その他建物を共済の目的とする共済に係る契約

(5)　漁業協同組合若しくは水産加工業協同組合又は共済水産業協同組合連合会の締結した建物若しくは動産の耐存を共済事故とする共済又は火災共済に係る契約

(6)　火災等共済組合の締結した火災共済に係る契約

(7)　消費生活協同組合連合会の締結した火災共済又は自然災害共済に係る契約

(8)　財務大臣の指定した火災共済又は自然災害共済に係る契約（教職員共済生活協同組合，全国交通運輸産業労働者共済生活協同組合又は電気通信産業労働者共済生活協同組合の締結したもの）

控除の対象とならない地震保険料

次に掲げる保険料又は掛金は，地震保険料控除の対象とはなりません（令213）。

(1)　地震等損害により臨時に生ずる費用，家屋等の取壊し又は除去に係る費用その他これらに類する費用に対して支払われる保険金又は共済金に係る保険料又は掛金

(2)　一の損害保険契約等（その損害保険契約等においてイに掲げる額が地震保険に関する法律施行令第2条《保険金額の限度額》に規定する金額以上とされているものを除く。）において，次のイのロに対する割合が20％未満の保険料又は掛金

　イ　地震等損害により家屋等について生じた損失の額を塡補する保険金又は共済金の額（その保険金又は共済金の額の定めがない場合にあっては，地震等損害により支払われることとされている保険金又は共済金の限度額）

　ロ　火災（地震若しくは噴火又はこれらによる津波を直接又は間接の原因とするものを除く。）による損害により家屋等について生じた損失の額を塡補する保険金又は共済金の額（その保険金又は共済金の額の定めがない場合にあっては，火災による損害により支払われることとされている保険金又は共済金の限度額）

地震保険料控除の手続　（654ページ参照）

－704－

課税標準の計算（所得控除）

寄 附 金 控 除

納税者が特定寄附金を支出した場合には，その納税者の総所得金額(626ページ参照)，土地等に係る事業所得等の金額(平成10年1月1日から令和8年3月31日までの間については適用なし。)，特別控除後の分離短期譲渡所得の金額，特別控除後の分離長期譲渡所得の金額，分離課税の上場株式等に係る配当所得等の金額（上場株式等に係る譲渡損失の損益通算及び繰越控除（474ページ参照）の適用後の金額），一般株式等に係る譲渡所得等の金額（特定株式に係る譲渡損失の繰越控除（486ページ参照）の適用後の金額），上場株式等に係る譲渡所得等の金額（上場株式等に係る譲渡損失の繰越控除（476ページ参照）及び特定株式に係る譲渡損失の繰越控除（486ページ参照）の適用後の金額），先物取引に係る雑所得等の金額（先物取引の差金等決済に係る損失の繰越控除（578ページ参照）の適用後の金額），山林所得金額又は退職所得金額から，次の算式によって計算した金額を差し引くことができます（法78，措法8の4③三，28の4⑤二，⑥，31③三，32④，37の10⑥五，37の11⑥，37の12の2④⑧，37の13の3⑨，41の14②四，41の15④，措令25の11の2⑮⑯，25の12の3⑳㉑，26の26⑧）。

(注) 個人が支出する特定寄附金のうち，次に掲げる特定寄附金を支出した場合は寄附金控除に代えて税額控除を選択することができます。

1 政治活動に関する寄附をした場合（措法41の18，816ページ参照）
   特定寄附金の範囲の(5)イ及びロに掲げる団体に対する政治活動に関する寄附に係る支出金で，政治資金規正法第12条又は第17条の規定による報告書により報告されたもの

2 認定特定非営利活動法人等に対して寄附をした場合（措法41の18の2，818ページ参照）
   特定寄附金の範囲の(6)に掲げる法人に対して支出したその認定特定非営利活動法人等が行う特定非営利活動に係る事業に関連する寄附金

3 公益社団法人等に寄附をした場合（措法41の18の3，818ページ参照）

(1) 次の①から④に掲げる法人（その運営組織及び事業活動が適正であること並びに市民から支援を受けていることにつき一定の要件を満たすものに限る。）に対する寄附金
   ① 公益社団法人及び公益財団法人
   ② 学校法人
   ③ 社会福祉法人
   ④ 更生保護法人

(2) 次に掲げる法人（その運営組織及び事業活動が適正であること並びに市民から支援を受けていることにつき一定の要件を満たすものに限る。）に対する寄附金のうち，学生等に対する修学の支援のための事業に充てられることが確実であるもの
   ① 国立大学法人
   ② 公立大学法人
   ③ 独立行政法人国立高等専門学校機構及び独立行政法人日本学生支援機構

(3) 次に掲げる法人（その運営組織及び事業活動が適正であること並びに市民から支援を受けていることにつき一定の要件を満たすものに限る。）に対する寄附金のうち，学生又は不安定な雇用状態にある研究者に対するこれらの者が行う研究への助成又は研究者としての能力の向上のための事業に充てられることが確実であるもの（令和2年分以後）
   ① 国立大学法人及び大学共同利用機関法人
   ② 公立大学法人
   ③ 独立行政法人国立高等専門学校機構

— 705 —

課税標準の計算（所得控除）

寄附金控除額＝	「その年中に支出した特定寄附金の額の合計額」と「その年分の総所得金額，土地等に係る事業所得等の金額（平成10年1月1日から令和8年3月31日の間については適用なし.），分離短期譲渡所得の金額，分離長期譲渡所得の金額，分離課税の上場株式等に係る配当所得等の金額，一般株式等に係る譲渡所得等の金額，上場株式等に係る譲渡所得等の金額，先物取引に係る雑所得等の金額，山林所得金額及び退職所得金額の合計額の100分の40に相当する金額」とのいずれか少ない方の金額	－2,000円

（注）　租税特別措置法第40条第1項《国等に対して財産を寄附した場合の譲渡所得等の非課税》の規定の適用を受けるもののうち同項に規定する財産の贈与又は遺贈に係る山林所得の金額若しくは譲渡所得の金額（所得税法第32条第3項に規定する山林所得の特別控除額若しくは第33条第3項に規定する譲渡所得の特別控除額を控除しないで計算した金額）又は雑所得の金額に相当する部分は寄附金控除の対象となりません（措法40⑲）。

　　　　総所得金額（626ページ参照）・土地等に係る事業所得等の金額・分離短期譲渡所得の金額・分離長期譲渡所得の金額・分離課税の上場株式等に係る配当所得等の金額・一般株式等に係る譲渡所得等の金額，上場株式等に係る譲渡所得等の金額・先物取引に係る雑所得等の金額・退職所得金額・山林所得金額（626〜627ページ参照）

　　特定寄附金の範囲　特定寄附金とは，次に掲げる寄附金（学校の入学に関してするものを除く。）をいいます（法78②③，令215〜217の2，措法41の18〜41の18の3）。

（注）　学校の入学に関してするものとは，本人又は子供等が入学を希望する学校に対する寄附金で，その納入がない限り入学を許されないこととされるものその他入学と相当の因果関係のあるものとされています。その場合，入学願書受付の開始日から入学が予定される年の年末までの期間内に納入したもの（入学決定後に募集の開始があったもので，新入生以外の者と同一の条件で募集される部分を除く。）は，原則として，「入学と相当の因果関係のあるもの」に該当するとされています（基通78—2）。

(1)　国又は地方公共団体に対する寄附金　国又は地方公共団体（港湾法の規定による港務局を含む。）に対する寄附金（その寄附をした者がその寄附によって設けられた設備を専属的に利用することその他特別の利益がその寄附をした者に及ぶと認められるものを除く。）

　（注）1　国又は地方公共団体に対する寄附金とは，国又は地方公共団体において採納される寄附金をいいますが，国立又は公立の学校等の施設の建設又は拡張等を目的として設立された後援会等に対する寄附金であっても，その目的である施設が完成後遅滞なく国又は地方公共団体に帰属することが明らかなものは，寄附金控除の対象とすることができます（基通78—4）。
　　　　2　災害救助法が適用される市町村の区域の被災者のための義援金等の募集を行う募金団体（日本赤十字社，新聞・放送等の報道機関等）に対して拠出した義援金等については，その義援金等が最終的に義援金配分委員会等（災害対策基本法の都道府県地域防災計画又は市町村地域防災計画に基づき地方公共団体が組織する義援金配分委員会その他これと目的を同じくする組織で地方公共団体が組織するものをいう。）に対して，拠出されることが募金趣意書等において明らかにされているものであるときは，地方公共団体に対する寄附金として，寄附金控除の対象とすることができます（基通78—5）。

(2)　指定寄附金　公益社団法人，公益財団法人その他公益を目的とする事業を行う法人又は団体に

対する寄附金（その法人の設立のためにした寄附金で，その法人の設立に関する許可又は認可があること
が確実であると認められる場合にされるものを含む。）のうち広く一般に募集され，かつ教育又は科学
の振興，文化の向上，社会福祉への貢献その他公益の増進に寄与するための支出で緊急を要する
ものに充てられることが確実であるものとして，財務大臣が指定したもの

財務大臣が指定した寄附金

寄附金控除の対象となる寄附金として財務大臣が指定したものは，次のとおりです（昭40．4．30大蔵省
告示154号（最終改正平29．3．31財務省告示97号））。

イ　国立大学法人法第2条第1項に規定する国立大学法人又は同条第3項に規定する大学共同利用機関
　法人に対して支出された寄附金で同法第22条第1項第1号から第5号まで若しくは同法第29条第1項
　第1号から第4号までに掲げる業務に充てられるものの全額
ロ　独立行政法人国立高等専門学校機構に対して支出された寄附金で独立行政法人国立高等専門学校機
　構法第12条第1項第1号から第4号までに掲げる業務に充てられるものの全額
ハ　地方独立行政法人法第68条第1項に規定する公立大学法人に対して支出された寄附金で同法第21条
　第2号に掲げる業務（出資に関するものを除く。）に充てられるものの全額
ニ　学校教育法第1条に規定する学校（就学前の子どもに関する教育，保育等の総合的な提供の推進に
　関する法律第2条第7項に規定する幼保連携型認定こども園を含む。以下「学校」という。）又は学校
　教育法第124条に規定する専修学校（以下「専修学校」という。）で，私立学校法第3条に規定する学校
　法人（同法第64条第4項の規定により設立された法人を含む。以下「学校法人」という。）が設置するも
　のの校舎その他附属設備（専修学校にあっては，次に掲げる高等課程又は専門課程の教育の用に供され
　るものに限る。）の受けた災害による被害の復旧のためにその学校法人に対して支出された寄附金の全
　額
　⑷　学校教育法第125条第1項に規定する高等課程（その修業期間（普通科，専攻科その他これらに類す
　　る区別された課程があり，一の課程に他の課程が継続する場合には，これらの課程の修業期間を通算
　　した期間。以下同じ。）を通ずる授業時間数が2,000時間以上であるものに限る。以下「高等課程」と
　　いう。）
　⑸　学校教育法第125条第1項に規定する専門課程（その修業期間を通ずる授業時間数が1,700時間以上
　　であるものに限る。以下「専門課程」という。）
ホ　学校（学校のうち幼稚園，小学校，中学校，義務教育学校，高等学校，中等教育学校又は特別支援学
　校の行う教育に相当する内容の教育を行う学校教育法第134条第1項に規定する各種学校でその運営が
　法令等に従って行われ，かつ，その教育を行うことについて相当の理由があるものと所轄庁（私立学校
　法第4条に規定する所轄庁をいう。）が文部科学大臣と協議して認めるもののうち，その設置後相当の年
　数を経過しているもの又は学校を設置している学校法人の設置するものを含む。）又は専修学校で学校
　法人が設置するものの敷地，校舎その他附属設備（専修学校にあっては，高等課程又は専門課程の教育
　の用に供されるものに限る。）に充てるためにその学校法人に対してされる寄附金（ニに該当する寄附
　金を除く。）であって，その学校法人がその寄附金の募集につき財務大臣の承認を受けた日から1年を
　超えない範囲内で財務大臣が定めた期間内に支出されたものの全額
ヘ　日本私立学校振興・共済事業団に対して支出された寄附金で，学校法人が設置する学校又は専修学校
　の教育に必要な費用若しくは基金（専修学校にあっては，高等課程又は専門課程の教育の用に供される
　ものに限る。）に充てられるものの全額
ト　独立行政法人日本学生支援機構に対して支出された寄附金で，独立行政法人日本学生支援機構法第13
　条第1項第1号に規定する学資の貸与に充てられるものの全額
チ　特別の法律により設立された法人又は公益社団法人若しくは公益財団法人で国民経済上重要と認め
　られる科学技術に関する試験研究を主たる目的とするもの（以下「研究法人」という。）のその試験研究
　の用に直接供する固定資産の取得のためにその研究法人に対してされる寄附金であって，その研究法人

がその寄附金の募集につき財務大臣の承認を受けた日から1年を超えない範囲内で財務大臣が定めた期間内に支出されたものの全額（その試験研究の成果又はその試験研究に係る施設を特に利用すると認められる者がするものを除く。）

リ　各都道府県共同募金会に対して社会福祉法第112条の規定により厚生労働大臣が定める期間内に支出された寄附金で，その各都道府県共同募金会がその寄附金の募集につき財務大臣の承認を受けたものの全額

ヌ　社会福祉事業若しくは更生保護事業の用に供される土地，建物及び機械その他の設備の取得若しくは改良の費用，これらの事業に係る経常的経費又は社会福祉事業に係る民間奉仕活動に必要な基金に充てるために中央共同募金会又は各都道府県共同募金会に対して支出された寄附金（リに該当するものを除く。）の全額

ル　日本赤十字社に対して毎年4月1日から9月30日までの間に支出された寄附金で，日本赤十字社がその寄附金の募集につき財務大臣の承認を受けたものの全額

(3)　**特定公益増進法人に対する寄附金**　教育又は科学の振興，文化の向上，社会福祉への貢献その他公益の増進に著しく寄与するものとして定められた次に掲げる特定公益増進法人に対するこれらの法人の主たる目的である業務に関連する寄附金（出資に関する業務に充てられることが明らかなもの並びに(1)及び(2)に該当するものを除く。）

イ　独立行政法人

ロ　次の業務を主たる目的とする地方独立行政法人（定款に出資を行う旨の定めがあるものを除く。）

　(イ)　試験研究

　(ロ)　病院事業の経営

　(ハ)　社会福祉事業の経営

　(ニ)　申請等関係事務を市町村又は市町村の長その他の執行機関の名において処理する業務

　(ホ)　介護老人保健施設又は介護医療院の設置及び管理

　(ヘ)　博物館，美術館，植物園，動物園又は水族館の設置及び管理

ハ　自動車安全運転センター，日本司法支援センター，日本私立学校振興・共済事業団及び日本赤十字社

ニ　公益社団法人及び公益財団法人

ホ　私立学校法第3条に規定する学校法人で，学校（上記(2)ニに定めるものをいう。）の設置若しくは学校及び専修学校（上記(2)ニに定める専修学校で上記(2)ニ(イ)又は(ロ)のいずれかの課程による教育を行うものをいう。）若しくは各種学校（学校教育法第134条第1項に規定する各種学校で初等教育又は中等教育を外国語により施すことを目的として設置され，文部科学大臣が財務大臣と協議して定める基準に該当するものをいう。）の設置を主たる目的とするもの又は私立学校法第64条第4項の規定により設立された法人で専修学校若しくは各種学校の設置を主たる目的とするもの

ヘ　社会福祉法人

ト　更生保護法人

(4)　**特定公益信託の信託財産とするための支出**　主務大臣の証明を受けた特定公益信託のうち，その目的が教育又は科学の振興，文化の向上，社会福祉への貢献その他公益の増進に著しく寄与するものの信託財産とするために支出した金銭

　なお，その支出が特定寄付金とされる特定公益信託は，次に掲げるものの1又は2以上のものをその目的とする特定公益信託でその目的に関し相当と認められる業績が持続できることにつきその特定公益信託に係る主務大臣の認定を受けたもの（その認定を受けた日の翌日から5年を経過していないものに限る。）が該当します。

イ　科学技術（自然科学に係るものに限る。）に関する試験研究を行う者に対する助成金の支給

課税標準の計算（所得控除）

ロ　人文科学の諸領域について，優れた研究を行う者に対する助成金の支給

ハ　学校教育法第１条に規定する学校における教育に対する助成

ニ　学生又は生徒に対する学資の支給又は貸与

ホ　芸術の普及向上に関する業務（助成金の支給に限る。）を行うこと

ヘ　文化財保護法第２条第１項に規定する文化財の保存及び活用に関する業務（助成金の支給に限る。）を行うこと

ト　開発途上にある海外の地域に対する経済協力（技術協力を含む。）に資する資金の贈与

チ　自然環境の保全のため野生動植物の保護繁殖に関する業務を行うことを主たる目的とする法人でその業務に関し国又は地方公共団体の委託を受けているもの（これに準ずるものとして所得税法施行規則第40条の10第２項に定める法人を含む。）に対する助成金の支給

リ　すぐれた自然環境の保全のためその自然環境の保存及び活用に関する業務（助成金の支給に限る。）を行うこと

ヌ　国土の緑化事業の推進（助成金の支給に限る。）

ル　社会福祉を目的とする事業に対する助成

ヲ　幼保連携型認定こども園における教育及び保育に対する助成

(5)　**政治活動に関する寄附金**　個人が，平成７年１月１日から令和６年12月31日までの間に，政治資金規正法第４条第４項に規定する政治活動に関する寄附（同法の規定に違反することとなるもの及びその寄附をした者に特別の利益が及ぶと認められるものを除く。）をした場合のその寄附に係る支出金のうち，次に掲げる団体に対するもの（次のイ又はロに掲げる団体に対する寄附に係る支出金にあっては，その支出金を支出した年分の所得税につき租税特別措置法第41条の18第２項の規定の適用を受ける場合にはその支出金を除き，次のニの(ロ)に掲げる団体に対する寄附に係る支出金にあってはその団体が推薦し，又は支持する者が，公職選挙法第86条から第86条の４までの規定によりそのニの(ロ)の候補者として届出のあった日の属する年及びその前年中にされたものに限る。）で政治資金規正法第12条又は第17条の規定による報告書により報告されたもの及び次のニの(イ)に規定する公職の候補者として公職選挙法第86条，86条の３又は第86条の４の規定により届出のあった者に対しその公職に係る選挙運動に関してされたもので同法第189条の規定による報告書により報告されたもの（措法41の18）

イ　政治資金規正法第３条第１項に規定する「政治団体」のうち次のいずれかに該当するもの（以下「政党」という。）

(イ)　政治団体に所属する衆議院議員又は参議院議員を５人以上有するもの

(ロ)　直近において行われた衆議院議員の総選挙における小選挙区選出議員の選挙若しくは比例代表選出議員の選挙又は直近において行われた参議院議員の通常選挙若しくは当該参議院議員の通常選挙の直近において行われた参議院議員の通常選挙における比例代表選出議員の選挙若しくは選挙区選出議員の選挙における当該政治団体の得票総数が当該選挙における有効投票の総数の100分の２以上であるもの

ロ　政党のために資金上の援助をする目的を有する団体で，政党が総務大臣に届出をしている政治資金団体

ハ　政治上の主義若しくは施策を推進し，支持し，又はこれに反対することを本来の目的とする

課税標準の計算（所得控除）

団体で，衆議院議員若しくは参議院議員が主宰するもの又はその主要な構成員が衆議院議員若しくは参議院議員であるもの

ニ　特定の公職の候補者を推薦し，支持し，又はこれに反対することを本来の目的とする団体のうち次に掲げるもの

(イ)　衆議院議員，参議院議員，都道府県の議会の議員，都道府県知事又は地方自治法第252条の19第1項の指定都市の議会の議員若しくは市長の職（次の(ロ)において「公職」という。）にある者を推薦し，又は支持することを本来の目的とするもの

(注)　指定都市は，大阪市，名古屋市，京都市，横浜市，神戸市，北九州市，札幌市，川崎市，福岡市，広島市，仙台市，千葉市，さいたま市，静岡市，堺市，新潟市，浜松市，岡山市，相模原市及び熊本市の20市です。

(ロ)　特定の公職の候補者（公職選挙法第86条から86条の4までの規定による届出により公職の候補者となった者をいう。）又はその公職の候補者となろうとする者を推薦し，又は支持することを本来の目的とするもの（上記(イ)に掲げるものを除く。）

(注)　個人が上記イ又はロに掲げる団体に対する政治活動に関する寄附に係る支出金で，政治資金規正法第12条又は第17条の規定による報告書により報告されたものについては，寄附金控除に代えて税額控除を選択することができます（措法41の18①②，816ページ参照）。

(6)　**認定特定非営利活動法人等に対する寄附金**　個人が認定特定非営利活動法人等（特定非営利活動促進法第2条第3項に規定する認定特定非営利活動法人（以下「認定NPO法人」という。）及び同条4項に規定する特例認定特定非営利活動法人（以下「特例認定NPO法人」という。）をいう。）に対し，その認定特定非営利活動法人等の行う特定非営利活動促進法第2条第1項に規定する特定非営利活動に係る事業に関連する寄附金（その寄附をした者に特別の利益が及ぶと認められるもの及び出資に関する業務に充てられることが明らかなものを除く。）（措法41の18の2）

(注)1　寄附金控除に代えて税額控除を選択することができます（818ページ参照）。
　　2　個別の認定・特例認定NPO法人については，内閣府NPOホームページ等を参照してください。

指定行事の中止等により生じた権利を放棄した場合の寄附金控除

　個人が，指定行事の中止等により生じた入場料金等払戻請求権の全部又は一部の放棄を指定期間内にした場合において，放棄払戻請求権相当額については，寄附金控除の適用を受けることができます（新型コロナ特例法5①）。

(注)1　寄附金控除に代えて税額控除を選択することができます（新型コロナ特例法5③）。
　　2　制度の詳細については，972ページ参照。

特定新規中小会社が発行した株式を取得した場合の課税の特例

　一定の居住者又は恒久的施設を有する非居住者（以下「居住者等」という。）が，次に掲げる株式会社（特定新規中小会社）の区分に応じその特定新規株式を払込み（その発行に際してするものに限る。以下同じ。）により取得した場合において，その居住者等がその年中にその払込みにより取得をした特定新規株式（その年12月31日において有するものに限る。以下「控除対象特定新規株式」という。）の取得に要した金額（その金額の合計額は800万円を限度）については，寄附金控除の適用を

—710—

課税標準の計算（所得控除）

受けることができます（措法41の19①（令和7年1月1日以後：措法41の18の4①），措規19の11⑤⑥（令和7年1月1日以後：措規19の10の6⑤⑥））。

(1) 中小企業等経営強化法第6条に規定する特定新規中小企業者に該当する株式会社（中小企業等経営強化法施行規則第8条第5号イ又はロに該当する株式会社であって，同令第10条第1項第1号に掲げる要件に該当するもの又は同項第2号に掲げる要件に該当するものに限る。）

　　当該株式会社により発行される株式

(2) 内国法人のうちその設立の日以後5年を経過していない中小企業者に該当する一定の株式会社

　　当該株式会社により発行される株式で次のイ又はロに掲げるもの

　イ　投資事業有限責任組合契約に関する法律第2条第2項に規定する投資事業有限責任組合契約で経済産業大臣の認定を受けた一定のものに係る同法第3条第1項に規定する投資事業有限責任組合契約に従って取得をされるもの

　ロ　金融商品取引法第29条の4の2第10項に規定する第一種少額電子募集取扱業務を行う者で経済産業大臣の認定を受けた一定のものが行う同項に規定する少額電子募集取扱業務により取得されるもの

(3) 総合特別区域法第55条第1項に規定する指定会社で平成30年3月31日までに同項の規定による指定を受けたもの

　　当該指定会社により発行される株式で，当該指定の日から同日以後3年を経過する日までの間に発行されるもの

　(注)　平成30年度税制改正により，上記の指定期限（平成30年3月31日）をもって廃止されています。なお，平成30年4月1日前に指定を受けた指定会社によりその指定の日以後に発行される株式については，従前どおりとされています（平30改正法附83①）。

(4) 沖縄振興特別措置法第57条の2第1項に規定する指定会社で平成26年4月1日から令和7年3月31日までの間に同項の規定による指定を受けたもの

　　その指定会社により発行される株式

(5) 国家戦略特別区域法第27条の5に規定する株式会社

　　その株式会社により発行される株式で，平成27年7月15日から令和6年3月31日までの間に発行されるもの

(6) 地域再生法第16条に規定する事業を行う同条に規定する株式会社

　　その株式会社により発行される株式で地域再生法の一部を改正する法律（平成30年法律第38号）の施行の日（平成30年6月1日）から令和6年3月31日までの間に発行されるもの

　(注)　平成30年度税制改正前は，上記(6)の株式会社は，「地域再生法第16条に規定する事業を行う同条に規定する株式会社で平成28年4月1日から平成30年3月31日までの間に同条の確認を受けたもの」とされており，対象となる株式は「その株式会社により発行される株式でその確認を受けた日から同日以後3年を経過する日までの間に発行されるもの」とされていました。なお，平成30年6月1日前に確認を受けた株式会社によりその確認を受けた日以後に発行される株式については，従前どおりとされています（平30改正法附83②）。

なお，この特例の適用を受けた場合には，その適用を受けた年の翌年以後，その適用を受けた特定新規株式に係る同一銘柄株式の取得価額を圧縮することとされています（措法41の19③（令和7年1月1日以後：措法41の18の4③），措令26の28の3⑥⑦）。

— 711 —

課税標準の計算（所得控除）

寄附金控除の手続（654ページ参照）

障 害 者 控 除

　居住者本人が障害者である場合，その同一生計配偶者又は扶養親族のうちに障害者がいる場合には，その居住者の総所得金額（626ページ参照），土地等に係る事業所得等の金額（平成10年1月1日から令和8年3月31日までの間については適用なし），特別控除後の分離短期譲渡所得の金額，特別控除後の分離長期譲渡所得の金額，分離課税の上場株式等に係る配当所得の金額（上場株式等に係る譲渡損失の損益通算及び繰越控除（474ページ参照）の適用後の金額），株式等に係る譲渡所得等の金額（上場株式等に係る譲渡損失の繰越控除（476ページ参照）及び特定株式に係る譲渡損失の繰越控除（486ページ参照）の適用後の金額），先物取引に係る雑所得等の金額（先物取引の差金等決済に係る損失の繰越控除（578ページ参照）の適用後の金額），山林所得金額又は退職所得金額から，障害者1人について270,000円（その障害者が特別障害者である場合には400,000円，その障害者（納税者本人は除く。）が同居特別障害者である場合には750,000円（注））を差し引くことができます（法79，措法8の4③三，28の4⑤二，⑥，31③三，32④，37の10⑥五，41の14②四，措令25の11の2⑮⑯，25の12の3⑳㉑，26の26⑧）。

　障害者の範囲　障害者とは，精神上の障害により事理を弁識する能力を欠く常況にある人，失明者その他精神又は身体に障害がある人で次に掲げる人をいいます（法2①二十八，令10①）。

(1)　精神上の障害により事理を弁識する能力を欠く常況にある人又は児童相談所，知的障害者更生相談所，精神保健福祉センター若しくは精神保健指定医の判定により知的障害者とされた人

(2)　(1)に該当する人のほか，精神保健及び精神障害者福祉に関する法律第45条第2項の規定により精神障害者保健福祉手帳の交付を受けている人

(3)　身体障害者福祉法第15条第4項の規定により交付を受けた身体障害者手帳に身体上の障害がある者として記載されている人

(4)　(1)から(3)までに該当する人のほか，戦傷病者特別援護法第4条の規定により戦傷病者手帳の交付を受けている人

(5)　(3)及び(4)に該当する人のほか，原子爆弾被爆者に対する援護に関する法律第11条第1項の規定による厚生労働大臣の認定を受けている人

(6)　(1)から(5)までに該当する人のほか，常に就床を要し，複雑な介護を要する人

(7)　(1)から(6)までに該当する人のほか，精神又は身体に障害のある年齢65歳以上の人で，その障害の程度が(1)又は(3)に掲げる人に準ずるものとして市長村長又は特別区の区長（社会福祉法に定める福祉に関する事務所が老人福祉法第5条の4第2項各号に掲げる業務を行っている場合には，その福祉に関する事務所の長。以下「市町村長等」という。）の認定を受けている人

　特別障害者の範囲　特別障害者とは，障害者のうち，精神又は身体に重度の障害がある人で，次に掲げる人をいいます（法2①二十九，令10②）。

(1)　「障害者の範囲」の(1)に掲げる人のうち，精神上の障害により事理を弁識する能力を欠く常況

— 712 —

課税標準の計算（所得控除）

にある人又は児童相談所，知的障害者更生相談所，精神保健福祉センター若しくは精神保健指定
医の判定により，重度の知的障害者とされた人

(2) 「障害者の範囲」の(2)に掲げる人のうち，精神障害者保健福祉手帳に精神保健及び精神障害者福
祉に関する法律施行令第6条第3項に規定する障害等級が1級である者として記載されている人

(3) 「障害者の範囲」の(3)に掲げる人のうち，身体障害者手帳に身体上の障害の程度が1級又は2
級である者として記載されている人

(4) 「障害者の範囲」の(4)に掲げる人のうち，戦傷病者手帳に精神上又は身体上の障害の程度が恩
給法別表第1号表ノ二の特別項症から第3項症までである者として記載されている人

(5) 「障害者の範囲」の(5)又は(6)に該当する人

(6) 「障害者の範囲」の(7)に掲げる人のうち，その障害の程度が(1)又は(3)に掲げる人に準ずるもの
として市町村長等の認定を受けている人

同居特別障害者の範囲　同居特別障害者とは，特別障害者である同一生計配偶者又は扶養親族
で，納税者又は納税者と生計を一にする親族のいずれかと同居を常況としている人をいいます（法
79③）。

障害者，特別障害者又は同居特別障害者に該当するかどうかの判定の時期

(1) 納税者本人が特別障害者又はその他の障害者に該当するかどうかは，その年12月31日（その人が，そ
の年の中途において死亡し又は出国する場合には，その死亡又は出国の時）の現況によって判定します
（法85①）。

(2) 納税者の同一生計配偶者又は扶養親族が同居特別障害者若しくはその他の特別障害者又は特別障害
者以外の障害者に該当するかどうかは，その年12月31日（その納税者がその年の中途で死亡し又は出国
する場合には，その死亡又は出国の時）の現況によって判定します。ただし，その同一生計配偶者又は
扶養親族がその当時に既に死亡している場合にはその死亡の時の現況によって判定します（法85②）。

障害者控除の手続（656ページ参照）

寡　婦　控　除

居住者本人が寡婦である場合には，その居住者の総所得金額(626ページ参照)，土地等に係る事
業所得等の金額（平成10年1月1日から令和8年3月31日までの間については適用なし），特別控除後
の分離短期譲渡所得の金額，特別控除後の分離長期譲渡所得の金額，分離課税の上場株式等に係
る配当所得等の金額（上場株式等に係る譲渡損失の損益通算及び繰越控除(474ページ参照)の適用後の金
額)，一般株式等に係る譲渡所得等の金額（特定株式に係る譲渡損失の繰越控除（486ページ参照）の適用
後の金額)，上場株式等に係る譲渡所得等の金額（上場株式等に係る譲渡損失の繰越控除（476ページ参
照）及び特定株式に係る譲渡損失の繰越控除（486ページ参照）の適用後の金額)，先物取引に係る雑所得
等の金額（先物取引の差金等決済に係る損失の繰越控除(578ページ参照)の適用後の金額)，山林所得金額
又は退職所得金額から**270,000円**を差し引くことができます（法80，措法8の4③三，28の4⑤二，
⑥，31③三，32④，37の10⑥五，37の11⑥，37の12の2④⑧，37の13の3⑨，41の14②四，41の15④，措
令25の11の2⑮⑯，25の12の3⑳㉑，26の26⑧）。

—713—

課税標準の計算（所得控除）

総所得金額（626ページ参照）・土地等に係る事業所得等の金額・分離短期譲渡所得の金額・分離長期譲渡所得の金額・分離課税の上場株式等に係る配当所得等の金額，一般株式等に係る譲渡所得等の金額，上場株式等に係る譲渡所得等の金額・先物取引に係る雑所得等の金額・退職所得金額・山林所得金額（626～627ページ参照）

寄婦の範囲　寄婦とは次に掲げる者でひとり親に該当しないものをいいます（法2①三十）。
(1)　夫と離婚した後婚姻をしていない者のうち，次に掲げる要件を満たすもの
　イ　扶養親族を有すること。
　ロ　合計所得金額が500万円以下であること。
　ハ　その者と事実上婚姻関係と同様の事情にあると認められる者がいないこと。
(2)　夫と死別した後婚姻をしていない者又は夫の生死の明らかでない者のうち，上記(1)ロ及びハに掲げる要件を満たすもの

　合計所得金額　合計所得金額とは，純損失，居住用財産の買換え等の場合の譲渡損失，特定居住用財産の譲渡損失及び雑損失の繰越控除をしないで計算した総所得金額，土地等に係る事業所得等の金額（平成10年1月1日から令和8年3月31日までの間については適用なし），分離短期譲渡所得の金額（特別控除前），分離長期譲渡所得の金額（特別控除前），分離課税の上場株式等に係る配当所得等の金額（上場株式等に係る譲渡損失との損益通算後で，繰越控除（474ページ参照）の適用前の金額），一般株式等に係る譲渡所得等の金額（特定株式に係る譲渡損失の繰越控除（486ページ参照）の適用前の金額），上場株式等に係る譲渡所得等の金額（上場株式等に係る譲渡損失の繰越控除（476ページ参照）及び特定株式に係る譲渡損失の繰越控除（486ページ参照）の適用前の金額），先物取引に係る雑所得等の金額（先物取引の差金等決済に係る損失の繰越控除（578ページ参照）の適用前の金額），山林所得金額（特別控除後）及び退職所得金額（2分の1後）の合計額をいいます（法2①三十イ(2)，措法8の4③一，28の4⑤一，⑥，31③一，32④，37の10⑥一，37の11⑥，37の12の2④⑧，37の13の3⑨，41の5⑫一，41の5の2⑫一，41の14②一，41の15④）。

　事実上婚姻関係と同様の事情にあると認められる者　事実上婚姻関係と同様の事情にあると認められる者とは，次に掲げる場合の区分に応じ次に定める者とされています（規1の3）。
(1)　その者が住民票に世帯主と記載されている者である場合……その者と同一の世帯に属する者の住民票に世帯主との続柄が世帯主の未届の夫である旨その他の世帯主と事実上婚姻関係と同様の事情にあると認められる続柄である旨の記載がされた者
(2)　その者が住民票に世帯主と記載されている者でない場合……その者の住民票に世帯主との続柄が世帯主の未届の妻である旨その他の世帯主と事実上婚姻関係と同様の事情にあると認められる続柄である旨の記載がされているときのその世帯主

　夫の生死の明らかでない者　夫の生死の明らかでない者とは，次に該当する者の妻をいいます（令11）。
(1)　太平洋戦争の終結の当時もとの陸海軍に属していた者で，まだ日本国内に帰らないもの
(2)　(1)以外の者で，太平洋戦争の終結の当時外国にいたが(1)と同様の事情でまだ日本国内に帰らないもの

－714－

課税標準の計算（所得控除）

(3) 船舶の沈没，転覆，滅失，行方不明又は航空機の墜落，滅失，行方不明の際にその船舶又は飛行機に乗っていた者，又は船舶若しくは航空機の航行中に行方不明となった者で，3月以上その生死が明らかでないもの

(4) (3)以外の者で，死亡の原因となるような危難に遭遇した者のうちでその危難が去った後1年以上その生死が明らかでないもの

(5) (1)～(4)以外の者で，3年以上その生死が明らかでない者

　　寡婦に該当するかどうかの判定の時期　納税者本人が寡婦に該当するかどうかは，その年12月31日（その者が年の中途で死亡し，又は出国する場合には，その死亡又は出国の時）の現況によって判定します（法85①）。

　　令和2年4月1日前に死亡した者等に対する令和2年度改正前の寡婦（寡夫）控除の適用の経過措置　令和2年4月1日前に死亡した者，同日前に令和2年分の所得税につき所得税法第127条の規定による確定申告書（以下「出国をする場合の確定申告書」という。）を提出した者及び同日前に同年分の所得税につき決定を受けた者（これらの者のうち令和2年度改正前の寡婦又は寡夫であるものとして令和2年度改正前の寡婦（寡夫）控除の適用がある者であって，令和2年度改正後の寡婦又はひとり親に該当しないこととなるものに限る。）についての令和2年度改正前の寡婦（寡夫）控除の適用については，従前どおりとされています（令2改正法附6）。

(注)　令和2年度改正前の寡婦（寡夫）控除の寡婦（寡夫）は，それぞれ次の要件に該当する者をいいます（旧法2①三十，三十一，旧令11，11の2）。なお，夫と死別し，若しくは夫と離婚した後婚姻をしていない者又は夫の生死の明らかでない者のうち，合計所得金額が500万円以下であり，かつ，扶養親族である子を有する者（特定の寡婦）については，270,000円に80,000円を加算した金額350,000円が寡婦控除の額とされていました（旧措法41の17①）。

要件	寡　　　　婦		寡　　　　夫
1 死別の区分・離婚	夫と死別し，若しくは夫と離婚した後婚姻をしていない者又は夫の生死の明らかでない者であること	夫と死別した後婚姻をしていない者又は夫の生死の明らかでない者であること	妻と死別し，若しくは妻と離婚した後婚姻をしていない者又は妻の生死の明らかでない者であること
2 扶養親族等の有無	扶養親族又はその者と生計を一にする子（他の者の同一生計配偶者又は扶養親族とされている者を除く。）でその年分の総所得金額等が480,000円（令和元年分以前：380,000円）以下のものを有していること	〔扶養親族等を有していなくてもかまいません。〕	その者と生計を一にする子（他の者の同一生計配偶者又は扶養親族とされている者を除く。）でその年分の総所得金額等が480,000円（令和元年分以前：380,000円）以下のものを有していること
3 所得制限	〔所得制限はありません。〕	合計所得金額が500万円以下であること	

課税標準の計算（所得控除）

ひとり親控除

　居住者本人がひとり親である場合には，その居住者の総所得金額（626ページ参照），土地等に係る事業所得等の金額（平成10年１月１日から令和８年３月31日までの間については適用なし），特別控除後の分離短期譲渡所得の金額，特別控除後の分離長期譲渡所得の金額，分離課税の上場株式等に係る配当所得等の金額（上場株式等に係る譲渡損失の損益通算及び繰越控除（474ページ参照）の適用後の金額），一般株式等に係る譲渡所得等の金額（特定株式に係る譲渡損失の繰越控除（486ページ参照）の適用後の金額），上場株式等に係る譲渡所得等の金額（上場株式等に係る譲渡損失の繰越控除（476ページ参照）及び特定株式に係る譲渡損失の繰越控除（486ページ参照）の適用後の金額），先物取引に係る雑所得等の金額（先物取引の差金等決済に係る損失の繰越控除（578ページ参照）の適用後の金額），山林所得金額又は退職所得金額から**350,000円**を差し引くことができます（法81，措法８の４③三，28の４⑤二，⑥，31③三，32④，37の10⑥五，37の11⑥，37の12の２④⑧，37の13の３⑨，41の14②四，41の15④，措令25の11の２⑮⑯，25の12の３⑳㉑，26の26⑧）。

　ひとり親の範囲　ひとり親とは現に婚姻をしていない者又は配偶者の生死の明らかでない者のうち，次に掲げる要件を満たすものをいいます（法２①三十一）。
(1)　その者と生計を一にする子で，その年分の総所得金額等が480,000円以下のもの（他の者の同一生計配偶者又は扶養親族とされている者を除く。）を有すること。
(2)　合計所得金額が500万円以下であること。
(3)　その者と事実上婚姻関係と同様の事情にあると認められる者がいないこと。

　配偶者の生死の明らかでない者　配偶者の生死の明らかでない者とは，前述「**夫の生死の明らかでない者**（714ページ参照）」の(1)～(5)に該当する者の配偶者をいいます（令11の２①）。

　総所得金額等　総所得金額等とは，純損失，居住用財産の買換え等の場合の譲渡損失，特定居住用財産の譲渡損失又は雑損失の繰越控除後の総所得金額，土地等に係る事業所得等の金額（平成10年１月１日から令和８年３月31日までの間については適用なし），分離短期譲渡所得の金額（特別控除前），分離長期譲渡所得の金額（特別控除前），分離課税の上場株式等に係る配当所得等の金額（上場株式等に係る譲渡損失の損益通算及び繰越控除の適用後の金額），一般株式等に係る譲渡所得等の金額（特定株式に係る譲渡損失の繰越控除の適用後の金額），上場株式等に係る譲渡所得等の金額（上場株式等に係る譲渡損失の繰越控除及び特定株式に係る譲渡損失の繰越控除の適用後の金額），退職所得金額（２分の１後），先物取引に係る雑所得等の金額（先物取引の差金等決済に係る損失の繰越控除の適用後の金額），山林所得金額（特別控除後）の合計額をいいます（法２①三十一イ，22，措法41の５⑫二，41の５の２⑫二，令11の２②，措令４の２⑨，19㉔，20⑤，21⑦，25の８⑯，25の11の２⑳，25の12の３㉔，26の23⑥，26の26⑪）。

　合計所得金額（714ページ参照）

　事実上婚姻関係と同様の事情にあると認められる者　事実上婚姻関係と同様の事情にあると認められる者とは，次に掲げる場合の区分に応じ次に定める者とされています（規１の４）。
(1)　その者が住民票に世帯主と記載されている者である場合……その者と同一の世帯に属する者の

— 716 —

課税標準の計算（所得控除）

住民票に世帯主との続柄が世帯主の未届の夫又は未届の妻である旨その他の世帯主と事実上婚姻関係と同様の事情にあると認められる続柄である旨の記載がされた者

(2) その者が住民票に世帯主と記載されている者でない場合……その者の住民票に世帯主との続柄が世帯主の未届の夫又は未届の妻である旨その他の世帯主と事実上婚姻関係と同様の事情にあると認められる続柄である旨の記載がされているときのその世帯主

ひとり親に該当するかどうかの判定の時期　納税者本人がひとり親に該当するかどうかは，その年12月31日（その者が年の中途で死亡し，又は出国する場合には，その死亡又は出国の時）の現況によって判定します。また，その者の子がその当時既に死亡している場合に，その子が上記「**ひとり親の範囲**」の(1)の子に該当するかどうかはその死亡の時の現況によって判定します（法85①）。

勤 労 学 生 控 除

居住者本人が勤労学生である場合には，その居住者の総所得金額(626ページ参照)，土地等に係る事業所得等の金額(平成10年1月1日から令和8年3月31日までの間については適用なし)，特別控除後の分離短期譲渡所得の金額，特別控除後の分離長期譲渡所得の金額，分離課税の上場株式等に係る配当所得等の金額(上場株式等に係る譲渡損失の損益通算及び繰越控除(474ページ参照)の適用後の金額)，一般株式等に係る譲渡所得等の金額（特定株式に係る譲渡損失の繰越控除（486ページ参照）の適用後の金額），上場株式等に係る譲渡所得等の金額(上場株式等に係る譲渡損失の繰越控除(476ページ参照)及び特定株式に係る譲渡損失の繰越控除(486ページ参照)の適用後の金額)，先物取引に係る雑所得等の金額（先物取引の差金等決済に係る損失の繰越控除(578ページ参照)の適用後の金額)，山林所得金額又は退職所得金額から**270,000円**を差し引くことができます（法82，措法8の4③三，28の4⑤二，⑥，31③三，32④，37の10⑥五，37の11⑥，37の12の2④⑧，37の13の3⑨，41の14②四，41の15④，措令25の11の2⑮⑯，25の12の3⑳㉑，26の26⑧）。

勤労学生の範囲　勤労学生とは，次に掲げる人で，自己の勤労に基づいて得た事業所得，給与所得，退職所得又は雑所得（以下「給与所得等」という。）のあるもののうち，合計所得金額が750,000円以下であり，かつ，合計所得金額のうち給与所得等以外の所得に係る部分の金額が100,000円以下である人をいいます（法2①三十二，令11の3）。

(注)　令和2年1月1日前は，上記の合計所得金額の要件は「650,000円以下」とされていました。

(1) 学校教育法第1条に規定する学校の学生，生徒又は児童

(2) 国，地方公共団体又は私立学校法第3条《定義》に規定する学校法人，同法第64条第4項《私立専修学校等》の規定により設立された法人若しくは所得税法施行令第11条の3第1項で定める者の設置した学校教育法第124条《専修学校》に規定する専修学校又は同法第134条第1項《各種学校》に規定する各種学校の生徒並びに職業訓練法人の行う認定職業訓練を受ける人で，次の課程を履修するもの

イ　専修学校における高等課程及び専門課程の場合

(イ)　職業に必要な技術の教授をすること

(ロ)　その修業期間が1年以上であること

課税標準の計算（所得控除）

(ハ) その1年の授業時間数が800時間以上であること（夜間その他特別な時間において授業を行う場合には，その1年の授業時間数が450時間以上であり，かつ，その修業期間を通ずる授業時間数が800時間以上であること）

(ニ) その授業が年2回を超えない一定の時期に開始され，かつ，その終期が明確に定められていること

ロ　イ以外の課程の場合

(イ)　イの(イ)，(ニ)と同じ。

(ロ)　その修業期間（普通科，専攻科その他これらに類する区別された課程があり，それぞれの修業期間が1年以上であって，一の課程に他の課程が継続する場合には，これらの課程の修業期間を通算した期間）が2年以上であること

(ハ)　その1年の授業時間数（普通科，専攻科その他これらに類する区別された課程がある場合には，それぞれの課程の授業時間数）が680時間以上であること

総所得金額（626ページ参照）・土地等に係る事業所得等の金額・分離短期譲渡所得の金額・分離長期譲渡所得の金額・分離課税の上場株式等に係る配当所得等の金額・一般株式等に係る譲渡所得等の金額，上場株式等に係る譲渡所得等の金額・先物取引に係る雑所得等の金額・退職所得金額・山林所得金額（626～627ページ参照）

合計所得金額（714ページ参照）

給与所得等　自己の勤労に基づいて得た事業所得，給与所得，退職所得又は雑所得をいいます（法2①三十二）。なお，公的年金等は「給与所得等」として取り扱われています。

給与所得等以外の所得　利子所得，配当所得，不動産所得，山林所得，譲渡所得，一時所得又は自己の勤労に基づかないで得た雑所得等をいいます。
(注)1　源泉分離課税の適用を受ける利子所得，源泉分離課税の適用を受けたもの及び確定申告をしないことを選択した配当所得は，除いて計算します（623ページ(注)1，2参照）。
　　2　譲渡・一時・雑所得は，分離課税とされる金融類似商品の収益，割引債の償還差益，並びに源泉分離課税の適用を受けた上場株式等に係る譲渡所得を除いて計算します（575ページ参照）。

勤労学生に該当するかどうかの判定の時期　納税者自身が勤労学生に該当するかどうかは，その年12月31日（その人が，その年の中途において死亡し，又は出国する場合には，その死亡又は出国の時）の現況によって判定します（法85①）。

勤労学生控除の手続（658ページ参照）

配 偶 者 控 除

居住者に控除対象配偶者がある場合には，その居住者の総所得金額（626ページ参照），土地等に係る事業所得等の金額（平成10年1月1日から令和8年3月31日までの間については適用なし），特別控除後の分離短期譲渡所得の金額，特別控除後の分離長期譲渡所得の金額，分離課税の上場株式等に係る配当所得等の金額（上場株式等に係る譲渡損失の損益通算及び繰越控除（474ページ参照）の適用後の金

— 718 —

課税標準の計算（所得控除）

額），一般株式等に係る譲渡所得等の金額（特定株式に係る譲渡損失の繰越控除（486ページ参照）の適用後の金額），上場株式等に係る譲渡所得等の金額（上場株式等に係る譲渡損失の繰越控除（476ページ参照）及び特定株式に係る譲渡損失の繰越控除（486ページ参照）の適用後の金額），先物取引に係る雑所得等の金額（先物取引の差金等決済に係る損失の繰越控除（578ページ参照）の適用後の金額），山林所得金額又は退職所得金額から，次に掲げる居住者の合計所得金額の区分に応じ次に定める金額を差し引くことができます（法83，措法8の4③三，28の4⑤二，⑥，31③三，32④，37の10⑥五，37の11⑥，37の12の2④⑧，37の13の3⑨，41の14②四，41の15④，措令25の11の2⑮⑯，25の12の3⑳㉑，26の26⑧）。なお，この控除は居住者の合計所得金額が1,000万円以下である場合に限り，適用されます。

(1) 居住者の合計所得金額が		900万円以下の場合	380,000円 （480,000円）
(2) 〃	900万円超	950万円以下の場合	260,000円 （320,000円）
(3) 〃	950万円超 1,000万円以下の場合		130,000円 （160,000円）

（注） 上記のかっこ内の数字は，控除対象配偶者が老人控除対象配偶者に該当する場合の金額です。

控除対象配偶者の範囲 控除対象配偶者とは，同一生計配偶者（納税者の配偶者でその納税者と生計を一にするもの（青色事業専従者に該当するもので，給与の支払を受けるもの及び事業専従者に該当するものを除く。）のうち，合計所得金額が48万円以下である人をいいます。）のうち，合計所得金額が1,000万円以下である居住者の配偶者をいいます（法2①三十三，三十三の二）。
（注） 令和2年1月1日前は，上記の合計所得金額の要件は「38万円以下」とされていました。

老人控除対象配偶者の範囲 老人控除対象配偶者とは，控除対象配偶者のうち，年齢70歳以上の者（令和5年分の場合，昭和29年1月1日以前に生まれた者）をいいます（法2①三十三の三）。

合計所得金額（714ページ参照）

納税者が2人以上いる場合の配偶者控除 1人の納税者の同一生計配偶者に該当する人が他の納税者の扶養親族にも該当する場合には，その1人の納税者が自分の同一生計配偶者として配偶者控除を受けるか，又は他の納税者がその人の扶養親族として扶養控除を受けることができますが，そのいずれにするかは申告書等に記載しなければなりません。
なお，2人以上の納税者が同一人をそれぞれ自分の同一生計配偶者又は扶養親族として申告したとき，若しくはだれの同一生計配偶者又は扶養親族であるかを定めていないときは，その夫又は妻である納税者の同一生計配偶者とすることになります（法85④，令218）。
（注） 控除対象配偶者ではない同一生計配偶者についての障害者控除の適用も同様となります。

申告書等 申告書等とは，死亡の日までに提出された予定納税額減額承認申請書，確定申告書，給与所得者の扶養控除等申告書，給与所得者の配偶者控除等申告書又は公的年金等の受給者の扶養親族等申告書をいいます（令218①）。

課税標準の計算（所得控除）

　再婚した場合の配偶者控除　年の中途で配偶者と死別した納税者がその年中に再婚した場合には，死亡した配偶者又は再婚した配偶者のうちどちらか1人だけを同一生計配偶者とすることができます。

　なお，死亡した配偶者又は再婚した配偶者がこれらの配偶者と生計を一にする他の納税者の扶養親族にも該当する場合に，配偶者と死別した納税者が死亡した配偶者及び再婚した配偶者のうちどちらか1人を同一生計配偶者としたときは，同一生計配偶者とされなかった配偶者は生計を一にする他の納税者の扶養親族にも該当しないものとされますが，配偶者と死別した納税者が死亡した配偶者及び再婚した配偶者のどちらも同一生計配偶者としないときは，生計を一にする他の納税者が死亡した配偶者又は再婚した配偶者のうち1人だけをその納税者の扶養親族とすることができます。ただし，死亡した配偶者の死亡の日までに提出された申告書等に生計を一にする他の納税者が死亡した配偶者を扶養親族としていたときは，その死亡した配偶者を他の納税者の扶養親族とし，再婚した配偶者をその納税者の同一生計配偶者又は生計を一にする他の納税者の扶養親族とすることができます（法85⑥，令220）。

(注)1　その年にこれらの申告書等の提出期限がまだ到来していないときは，前年分の所得税について最後に提出されたこれらの申告書等をいいます（令220③）。
　　2　控除対象配偶者ではない同一生計配偶者についての障害者控除の適用も同様となります。

　老人控除対象配偶者若しくはその他の控除対象配偶者に該当するかどうかの判定の時期　その居住者の配偶者が老人控除対象配偶者若しくはその他の控除対象配偶者に該当するかどうかは，その年12月31日（その居住者が年の中途で死亡し又は出国する場合には，その死亡又は出国の時）の現況によって判定します。ただし，その判定の対象となる配偶者がその時既に死亡している場合には，その死亡時の現況によって判定します（法85③）。

(注)　控除対象配偶者ではない同一生計配偶者についての判定も同様となります。

　配偶者控除の手続（656ページ参照）

配偶者特別控除

　居住者と生計を一にする配偶者（他の納税者の扶養親族とされる者並びに青色事業専従者に該当するもので給与の支払を受けるもの及び事業専従者に該当するものを除き，合計所得金額が48万円超133万円以下であるものに限る。）で控除対象配偶者に該当しないものを有する場合はその居住者の総所得金額（626ページ参照），土地等に係る事業所得等の金額（平成10年1月1日から令和8年3月31日までの間については適用なし），特別控除後の分離短期譲渡所得の金額，特別控除後の分離長期譲渡所得の金額，分離課税の上場株式等に係る配当所得等の金額（上場株式等に係る譲渡損失の損益通算及び繰越控除（474ページ参照）の適用後の金額），一般株式等に係る譲渡所得等の金額（特定株式に係る譲渡損失の繰越控除（486ページ参照）の適用後の金額），上場株式等に係る譲渡所得等の金額（上場株式等に係る譲渡損失の繰越控除（476ページ参照）及び特定株式に係る譲渡損失の繰越控除（486ページ参照）の適用後の金額），先物取引に係る雑所得等の金額（先物取引の差金等決済に係る損失の繰越控除（578ページ参照）の適用後の金額），山林所得金額又は退職所得金額からその配偶者の区分に応じ，次に掲げる

— 720 —

課税標準の計算（所得控除）

場合の区分に応じそれぞれ次に定める金額を差し引くことができます（法83の2，措法8の4③三，28の4⑤二，⑥，31③三，32④，37の10⑥五，37の11⑥，37の12の2④⑧，37の13の3⑨，41の14②四，41の15④，措令25の11の2⑮⑯，25の12の3⑳㉑，26の26⑧）。

　ただし，この控除は，次の(1)から(3)までに掲げる場合に該当するときは，適用されません（法83の2②一〜三）。

(1)　納税者の合計所得金額が1,000万円超である場合及び生計を一にする配偶者自身がこの控除の適用を受けている場合

(2)　納税者の配偶者が，「給与所得者の扶養控除等申告書」又は「従たる給与についての扶養控除等申告書」に記載された源泉控除対象配偶者がある者として給与等に係る源泉徴収の規定の適用を受けている場合（その配偶者が，その年分の所得税につき年末調整の適用を受けた者である場合又は確定申告書の提出をし，若しくは決定を受けた者である場合を除く。）

(3)　納税者の配偶者が，「公的年金等の受給者の扶養親族等申告書」に記載された源泉控除対象配偶者がある者として公的年金等に係る源泉徴収の規定の適用を受けている場合（その配偶者が，その年分の所得税につき確定申告書の提出をし，又は決定を受けた者である場合を除く。）

(注)　令和2年1月1日前は，上記のただし書の記述は，(1)のみとされていました。

---

(1)　その居住者の合計所得金額が900万円以下である場合……その居住者の配偶者の次に掲げる場合の区分に応じそれぞれ次に定める金額

　①　配偶者の合計所得金額が95万円以下である場合……38万円

　②　配偶者の合計所得金額が95万円を超え130万円以下である場合……38万円からその配偶者の合計所得金額のうち93万1円を超える部分の金額（その超える部分の金額が5万円の整数倍の金額から3万円を控除した金額でないときは，5万円の整数倍の金額から3万円を控除した金額でその超える部分の金額に満たないもののうち最も多い金額）を控除した金額

　③　配偶者の合計所得金額が130万円を超える場合……3万円

(2)　その居住者の合計所得金額が900万円を超え950万円以下である場合……その居住者の配偶者の上記(1)①から③までに掲げる場合の区分に応じそれぞれ上記(1)①から③までに定める金額の3分の2に相当する金額（その金額に1万円未満の端数がある場合には，これを切り上げた金額）

(3)　その居住者の合計所得金額が950万円を超え1,000万円以下である場合……その居住者の配偶者の上記(1)①から③までに掲げる場合の区分に応じそれぞれ上記(1)①から③までに定める金額の3分の1に相当する金額（その金額に1万円未満の端数がある場合には，これを切り上げた金額）

　　配偶者控除とあわせ，配偶者控除及び配偶者特別控除の控除額は，その居住者の合計所得金額及び配偶者の合計所得金額に応じて，次の表のようになります。

課税標準の計算（所得控除）

	配偶者の合計所得金額（円）	居住者の合計所得金額（円）		
		0 〜 9,000,000	9,000,001 〜 9,500,000	9,500,001 〜 10,000,000
配偶者控除	控除対象配偶者 0〜 480,000	380,000	260,000	130,000
	老人控除対象配偶者	480,000	320,000	160,000
配偶者特別控除	480,001〜 950,000	380,000	260,000	130,000
	950,001〜1,000,000	360,000	240,000	120,000
	1,000,001〜1,050,000	310,000	210,000	110,000
	1,050,001〜1,100,000	260,000	180,000	90,000
	1,100,001〜1,150,000	210,000	140,000	70,000
	1,150,001〜1,200,000	160,000	110,000	60,000
	1,200,001〜1,250,000	110,000	80,000	40,000
	1,250,001〜1,300,000	60,000	40,000	20,000
	1,300,001〜1,330,000	30,000	20,000	10,000

合計所得金額（714ページ参照）

配偶者特別控除の手続（656ページ参照）

扶 養 控 除

　居住者に控除対象扶養親族（老人扶養親族を含む。）がある場合には，その居住者の総所得金額（626ページ参照），土地等に係る事業所得等の金額（平成10年1月1日から令和8年3月31日までの間については適用なし），特別控除後の分離短期譲渡所得の金額，特別控除後の分離長期譲渡所得の金額，分離課税の上場株式等に係る配当所得等の金額（上場株式等に係る譲渡損失の損益通算及び繰越控除（474ページ参照）の適用後の金額），一般株式等に係る譲渡所得等の金額（特定株式に係る譲渡損失の繰越控除（486ページ参照）の適用後の金額），上場株式等に係る譲渡所得等の金額（上場株式等に係る譲渡損失の繰越控除（476ページ参照）及び特定株式に係る譲渡損失の繰越控除（486ページ参照）の適用後の金額），先物取引に係る雑所得等の金額（先物取引の差金等決済に係る損失の繰越控除（578ページ参照）の適用後の金額），山林所得金額又は退職所得金額から，次に掲げる金額の合計額を差し引くことができます（法84，措法8の4③三，28の4⑤二，⑥，31③三，32④，37の10⑥五，37の11⑥，37の12の2④⑧，37の13の3⑨，41の14②四，41の15④，41の16，措令25の11の2⑮⑯，25の12の3⑳㉑，26の26⑧）。

(1)	一般の控除対象扶養親族（16歳以上18歳以下，23歳以上69歳以下）	380,000円
(2)	特定扶養親族（19歳以上22歳以下）	630,000円
(3)	老人扶養親族（70歳以上）	
	・同居老親等	580,000円
	・同居老親等以外の者	480,000円
(注)	15歳以下の扶養親族を有していても扶養控除の適用はありません。	

　控除対象扶養親族　扶養親族のうち，次に掲げる者の区分に応じそれぞれ次に定める者をいいます（法2①三十四の二）。

— 722 —

課税標準の計算（所得控除）

(1) 居住者…年齢16歳以上の者

(2) 非居住者…年齢16歳以上30歳未満の者及び年齢70歳以上の者並びに年齢30歳以上70歳未満の者であって次に掲げる者のいずれかに該当するもの

① 留学により国内に住所及び居所を有しなくなった者

② 障害者

③ その居住者からその年において生活費又は教育費に充てるための支払を38万円以上受けている者

(注) **扶養親族の範囲** 扶養親族とは，居住者の配偶者以外の親族並びに児童福祉法の規定によって里親に委託された児童（年齢18歳未満の者に限る。）及び老人福祉法の規定によって養護受託者に委託された老人（年齢65歳以上の者）でその居住者と生計を一にするもの（青色事業専従者に該当するもので給与の支払を受けるもの及び事業専従者に該当するものを除く。）のうち，合計所得金額が48万円以下の者をいいます（法2①三十四，基通2―49）。

(注)1 令和2年1月1日前は，上記の合計所得金額の要件は「38万円以下」とされていました。

2 配偶者以外の親族とは，六親等内の血族及び三親等内の姻族をいいます。

3 合計所得金額の意義については，714ページ参照。

4 生計を一にするとは，日常生活の資を共にすることをいいますが，公務員，会社員などが勤務の都合上妻子と別居している場合又はその親族が修学，療養などのため別居している場合でも，勤務，修学等の余暇には他の親族のもとで起居を共にし，常に生活費，学資金又は療養費などを送金しているときは，生計を一にするものとして取り扱われます（基通2―47）。

特定扶養親族 控除対象扶養親族のうち，年齢19歳以上23歳未満の者（令和5年分の場合，平成13年1月2日から平成17年1月1日までの間に生まれた者）をいいます（法2①三十四の三）。

老人扶養親族 控除対象扶養親族のうち，年齢70歳以上の者（令和5年分の場合，昭和29年1月1日以前に生まれた者）をいいます（法2①三十四の四）。

同居老親等 老人扶養親族が納税者又はその配偶者のいずれかと同居を常況としており，そのいずれかの直系尊属である場合をいいます（措法41の16①）。

老人扶養親族若しくはその他の扶養親族に該当するかどうかの判定の時期 その居住者の親族が老人扶養親族若しくはその他の扶養親族に該当するかどうかは，その年12月31日（その居住者が年の中途において死亡し又は出国する場合は，その死亡又は出国の時）の現況によって判定します。ただし，その判定の対象となる親族がその当時既に死亡している場合には，その死亡時の現況によって判定します（法85③）。

扶養控除の手続（657ページ参照）

基 礎 控 除

合計所得金額が2,500万円以下である居住者については，総所得金額（626ページ参照），土地等に係る事業所得等の金額（平成10年1月1日から令和8年3月31日までの間については適用なし），特別控

― 723 ―

除後の分離短期譲渡所得の金額，特別控除後の分離長期譲渡所得の金額，分離課税の上場株式等に係る配当所得等の金額（上場株式等に係る譲渡損失の損益通算及び繰越控除（474ページ参照）の適用後の金額），一般株式等に係る譲渡所得等の金額（特定株式に係る譲渡損失の繰越控除（486ページ参照）の適用後の金額），上場株式等に係る譲渡所得等の金額（上場株式等に係る譲渡損失の繰越控除（476ページ参照）及び特定株式に係る譲渡損失の繰越控除（486ページ参照）の適用後の金額），先物取引に係る雑所得等の金額（先物取引の差金等決済に係る損失の繰越控除（578ページ参照）の適用後の金額），山林所得金額又は退職所得金額から，その者の次の合計所得金額の区分に応じ次に定める金額を差し引きます（法86，措法8の4③三，28の4⑤二，⑥，31③三，32④，37の10⑥五，37の11⑥，37の12の2④⑧，37の13の3⑨，41の14②四，41の15④，措令25の11の2⑮⑯，25の12の3⑳㉑，26の26⑧）。

(1) 居住者の合計所得金額が2,400万円以下の場合　　　　　48万円

(2) 　　　〃　　　　2,400万円超2,450万円以下の場合　32万円

(3) 　　　〃　　　　2,450万円超2,500万円以下の場合　16万円

（注）1　令和元年分以前の所得税の基礎控除の額は380,000円とされていました。

　　　2　合計所得金額の意義については，714ページ参照。

課税標準の端数計算

　総所得金額（626ページ参照），土地等に係る事業所得等の金額（平成10年1月1日から令和8年3月31日までの間については適用なし），特別控除後の分離短期譲渡所得の金額，特別控除後の分離長期譲渡所得の金額，分離課税の上場株式等に係る配当所得等の金額（上場株式等に係る譲渡損失の損益通算及び繰越控除（474ページ参照）の適用後の金額），一般株式等に係る譲渡所得等の金額（特定株式に係る譲渡損失の繰越控除（486ページ参照）の適用後の金額），上場株式等に係る譲渡所得等の金額（上場株式等に係る譲渡損失の繰越控除（476ページ参照）及び特定株式に係る譲渡損失の繰越控除（486ページ参照）の適用後の金額），先物取引に係る雑所得等の金額（先物取引の差金等決済に係る損失の繰越控除（578ページ参照）の適用後の金額），山林所得金額又は退職所得金額から基礎控除その他の所得控除の額を差し引いて計算した課税総所得金額，土地等に係る課税事業所得等の金額（平成10年1月1日から令和8年3月31日までの間については適用なし），分離課税短期譲渡所得金額，分離課税長期譲渡所得金額，分離課税の上場株式等に係る課税配当所得等の金額，一般株式等に係る譲渡所得等の金額（特定株式に係る譲渡損失の繰越控除の適用後の金額），上場株式等に係る課税譲渡所得等の金額，先物取引に係る課税雑所得等の金額，課税山林所得金額又は課税退職所得金額に1,000円未満の端数があるとき，又はその全額が1,000円未満であるときは，その端数の金額又はその全額を切り捨てます（通法118①）。

青 色 申 告

　不動産所得，事業所得又は山林所得を生ずべき業務を行う人は，納税地の所轄税務署長の承認を受けて，確定申告書及びその確定申告書についての修正申告書を青色の申告書によって提出することができます。この申告書を**青色申告書**，この申告のできる人を**青色申告者**と呼んでいます（法2①四十，143）。

　青色申告の承認の申請　その年分以後の各年分の所得税について青色申告書の提出の承認を受けようとする人は，その年3月15日まで（その年1月16日以後新たに業務を開始した場合には，その業務を開始した日から2月以内）に，**青色申告承認申請書**（巻末の「確定申告書の記載例」の〔例5〕を参照）を納税地の所轄税務署長に提出しなければなりません（法144，規55）。

　青色事業専従者給与に関する届出書（巻末の「確定申告書の記載例」の〔例5〕を参照。青色事業専従者給与については83ページ参照）

　青色申告者の帳簿書類及び取引の記録　青色申告者は，青色申告書を提出することができる年分の不動産所得の金額，事業所得の金額及び山林所得の金額が正確に計算できるように，仕訳帳，総勘定元帳，その他必要な帳簿を備えて全ての取引（取引のうちに事業所得，不動産所得及び山林所得の総収入金額又は必要経費に算入されない部分の金額があるときは，その金額を除く。）を正規の簿記の原則に従い，整然と，かつ，明瞭に記録しなければなりません（法148①，規56①，57，58①，59）。

　　決算
(1)　青色申告者は，毎年12月31日（年の中途で死亡した場合又は出国をする場合には，青色申告者の死亡の日又は出国の時）に，棚卸資産の棚卸その他決算のために必要な事項の整理を行い，その事績を明瞭に記録しなければなりません（規60①）。
(2)　その年に新たに青色申告者となった人は，その年1月1日（年の中途で新たに不動産所得，事業所得又は山林所得を生ずべき業務を開始した場合には，その業務を開始した日）に，棚卸資産の棚卸及び諸勘定科目についての必要な整理を行い，その事績を明瞭に記録しなければなりません（規60②）。
(3)　(1)及び(2)により棚卸を行う場合には，棚卸表を作成して，棚卸資産の種類，品質，型等の異なるごとに，数量，単価及び金額を記載しなければなりません（規60③）。
　(注)　小規模事業者の収入及び費用の帰属時期の特例（88ページ参照）の適用を受ける青色申告者は，上記の棚卸を行わなくてよいことになっています（規56②）。
(4)　青色申告者は，毎年12月31日に貸借対照表及び損益計算書を作成しなければなりません（規61①）。

　帳簿書類の整理保存　青色申告者は，次に掲げる帳簿及び書類を整理して，起算日から7年間，これを住所地若しくは居所地又は自己が営む事業についての事務所，事業所その他これらに準ずるものの所在地に保存しなければなりません（規63）。

青色申告

青 色 申 告

(1) 仕訳帳，総勘定元帳その他必要な帳簿

(2) 棚卸表，貸借対照表及び損益計算書並びに計算，整理又は決算に関して作成されたその他の書類

(3) 取引に関して相手方から受け取った注文書，契約書，送り状，領収書，見積書その他これらに準ずる書類及び自分の作成したこれらの書類でその写しのあるものはその写し

 (注) 1 (3)のうち現金預金取引等関係書類に該当する書類以外のものは，起算日から5年間，保存すればよいことになっています。

  2 起算日とは，(1)についてはその閉鎖日の属する年の翌年3月15日の翌日をいい，(2)(3)については，その作成又は受領の日の属する年の翌年3月15日の翌日をいいます（規63④）。

  3 閉鎖した帳簿及び作成又は受領した書類を保存する場合の6年目，7年目の保存期間については，一定の要件を満たすマイクロフィルムによる保存が認められています。

   また，所得税法において保存が義務づけられている取引に関して相手方から受け取った注文書，契約書，送り状，領収書，見積書その他これらに準ずる書類及び相手方に交付したこれらの書類の写しのうち，国税庁長官が定めるものとされている資金の流れや物の流れに直結あるいは連動しない注文書，見積書等を保存する場合の4年目，5年目の保存期間についても，その書類を保存すべき場所に，日本産業規格の基準を満たすマイクロフィルムリーダプリンタを設置し，かつ，その書類が撮影された一定の要件を満たすマイクロフィルムを，そのマイクロフィルムに撮影されたその書類を検索することができる措置（その書類の種類及びその書類に記載されている日付を検索の条件として，特定の書類を検索することができるものに限る。）を講じて保存することができます（規63⑤，平10.3.31大蔵省告示135号（最終改正令3.3.31財務省告示第83号），平10.6.8国税庁告示1号（最終改正平28.3.30国税庁告示5号））。

  4 最初の記録から一貫して電子計算機を使用して作成する国税関係帳簿書類については，一定の要件の下で，その電磁的記録又は電子計算機出力マイクロフィルムの備付け及び保存をもって帳簿書類の備付け又は保存に代えることができます（電子計算機を使用して作成する国税関係帳簿書類の保存方法等の特例に関する法律4①②，5）。

  5 国税関係帳簿書類（決算関係書類等を除く。）については，一定要件の下でスキャナ読取りの電磁的記録による保存を行うことができます（電子計算機を使用して作成する国税関係帳簿書類の保存方法等の特例に関する法律4③，同法施行規則2④〜⑫）。

 帳簿書類の記載事項等の省略又は変更 青色申告者は，その業種，業態，規模などにより正規の帳簿書類，決算の方法により難い場合には，納税地の所轄税務署長の承認を受けて記載事項の一部を省略し又は変更することができます（規64）。

 簡易簿記 青色申告者は，財務大臣の定める簡易簿記の方法（昭42.8.31大蔵省告示112号（最終改正令2.3.31財務省告示第77号））により取引の記録をし帳簿書類を作成することができます（規56①ただし書）。

 この簡易簿記の方法を採用した場合には，決算に当たり貸借対照表を作成する必要はありません（規65②）。

 青色申告書の添付書類 青色申告書には，次の書類を添付しなければなりません（法149，規65①）。

(1) 貸借対照表（簡易簿記の方法を採用する青色申告者を除く。）

(2) 損益計算書

(3) 不動産所得の金額，事業所得の金額又は山林所得の金額の計算に関する明細書

(4) 純損失の金額の計算に関する明細書

 青色申告の特典 青色申告をした場合には，次に掲げる特典の適用を受けることができます。

青　色　申　告

所得税の青色申告の特典等一覧表

〔棚卸資産の評価関係〕

1　棚卸資産の低価法による評価の選択（令99①，220ページ参照）

〔償却費関係〕

2　高度省エネルギー増進設備等を取得した場合の特別償却（令和4年3月31日以前に取得等したもの）（旧措法10の2，令3改正法附26，228ページ参照）

3　中小事業者が機械等を取得した場合の特別償却（措法10の3，229ページ参照）

4　地域経済牽引事業の促進区域内において特定事業用機械等を取得した場合の特別償却（措法10の4，231ページ参照）

5　地方活力向上地域等において特定建物等を取得した場合の特別償却（措法10の4の2，232ページ参照）

6　特定中小事業者が経営改善設備を取得した場合の特別償却（令和3年3月31日以前に取得等したもの）（旧措法10の5の2，令3改正法附28，233ページ参照）

7　特定中小事業者が特定経営力向上設備等を取得した場合の特別償却（措法10の5の3，234ページ参照）

8　認定特定高度情報通信技術活用設備を取得した場合の特別償却（措法10の5の5，235ページ参照）

9　事業適応設備を取得等した場合等の特別償却（措法10の5の6，237ページ参照）

10　特定船舶の特別償却（措法11，239ページ参照）

11　特定事業継続力強化設備等の特別償却（措法11の3，242ページ参照）

12　環境負荷低減事業用活動資産等の特別償却（措法11の4，243ページ参照）

13　特定地域における工業用機械等の特別償却（措法12，245ページ参照）

14　医療用機器等の特別償却（措法12の2，248ページ参照）

15　障害者を雇用する場合の特定機械装置の割増償却（令和4年3月31日以前に取得したもの）（旧措法13，令4改正法附28④，251ページ参照）

16　事業再編計画の認定を受けた場合の事業再編促進機械等の割増償却（措法13，252ページ参照）

17　輸出事業用資産の割増償却（措法13の2，252ページ参照）

18　特定都市再生建築物の割増償却（措法14，72ページ参照）

19　倉庫用建物等の割増償却（措法15，74ページ参照）

20　耐用年数の短縮（令130，63ページ参照）

21　通常の使用時間を超えて使用される機械及び装置の償却費の特例（増加償却）（令133，64ページ参照）

〔引当金・準備金関係〕

22　一括評価による貸倒引当金の設定（法52②，256ページ参照）

23　返品調整引当金の設定（旧法53，258ページ参照）

（注）　平成30年度税制改正により廃止されています。なお，平成30年4月1日において対象事業を営

—727—

む個人について廃止前の制度の適用が受けられるよう経過措置が設けられています（平30改正法附5）。

24　退職給与引当金の設定（法54，259ページ参照）

25　特定災害防止準備金の積立て（旧措法20，261ページ参照）

（注）　令和4年分以前の所得税について適用されます。なお，令和4年12月31日において廃棄物の処理及び清掃に関する法律の設置許可を受けている個人の令和5年以後の各年分の事業所得の金額の計算については，一定の経過措置が設けられています（令4改正法附29）。

26　特定船舶に係る特別修繕準備金の積立て（措法21，262ページ参照）

27　探鉱準備金の積立て（措法22，265ページ参照）

28　農業経営基盤強化準備金の積立て（措法24の2，266ページ参照）

29　中小事業者の少額減価償却資産の取得価額の必要経費算入（措法28の2，48ページ参照）

30　債務処理計画に基づく減価償却資産等の損失の必要経費算入（措法28の2の2，103ページ参照）

〔所得の特別控除関係〕

31　新鉱床探鉱費の特別控除（措法23，267ページ参照）

32　青色申告特別控除（措法25の2，87ページ参照）

〔その他の所得計算の特例関係〕

33　青色事業専従者給与の必要経費算入（法57①，83ページ参照）

34　必要経費に算入される家事関連費（令96二，33ページ参照）

35　小規模事業者の収入及び費用の帰属時期の特例(現金主義による所得計算)(法67，88ページ参照)

〔税額控除関係〕

36　試験研究を行った場合の所得税額の特別控除（措法10，739ページ参照）

37　高度省エネルギー増進設備等を取得した場合の所得税額の特別控除（令和4年3月31日以前に取得等したもの）（旧措法10の2，令3改正法附26，751ページ参照）

38　中小事業者が機械等を取得した場合の所得税額の特別控除（措法10の3，752ページ参照）

39　地域経済牽引事業の促進区域内において特定事業用機械等を取得した場合の所得税額の特別控除（措法10の4，753ページ参照）

40　地方活力向上地域等において特定建物等を取得した場合の所得税額の特別控除（措法10の4の2，753ページ参照）

41　地方活力向上地域等において雇用者の数が増加した場合の所得税額の特別控除（措法10の5，754ページ参照）

42　特定中小事業者が経営改善設備を取得した場合の所得税額の特別控除（令和3年3月31日以前に取得等したもの）（旧措法10の5の2，令3改正法附28）

43　特定中小事業者が特定経営力向上設備等を取得した場合の所得税額の特別控除（措法10の5の3，758ページ参照）

44　雇用者給与等支給額が増加した場合の所得税額の特別控除（廃止）（旧措法10の5の4）

45　給与等の支給額が増加した場合の所得税額の特別控除（措法10の5の4，759ページ参照）

46　認定特定高度情報通信技術活用設備を取得した場合の所得税額の特別控除（措法10の5の5，

761ページ参照）

47 事業適応設備を取得した場合等の所得税額の特別控除（措法10の5の6，763ページ参照）

〔純損失関係〕

48 純損失の繰越控除（法70①，643ページ参照）

49 純損失の繰戻しによる還付（法140，141，870ページ参照）

〔更正等の手続関係〕

50 更正の制限（法155①，156，926ページ参照）

51 更正の理由附記（法155②，926ページ参照）

記帳・記録保存制度

記 帳 制 度

その年において不動産所得，事業所得又は山林所得を生ずべき業務を行う者（青色申告書を提出することにつき税務署長の承認を受けている者を除く。）は，帳簿を備え付けて，これにこれらの業務に係るその年の取引のうち総収入金額及び必要経費に関する事項を簡易な方法により記録し，かつ，その帳簿を一定期間保存しなければなりません（法232①）。

（注）　所得税の申告の必要がない者も，記帳制度の対象となります。

記帳対象者の範囲　記帳対象者は，その年において不動産所得，事業所得若しくは山林所得を生ずべき業務を行う居住者又はこれらの業務を国内において行う非居住者（青色申告書を提出することにつき税務署長の承認を受けている者を除く。）とされています（法232①）。

記帳内容　記帳の内容については，帳簿を備え付けて，その適用を受ける年分の不動産所得の金額，事業所得の金額及び山林所得の金額が正確に計算できるように，これらの所得を生ずべき業務に係るその年の取引のうち総収入金額及び必要経費に関する事項を財務大臣の定める簡易な記録の方法に従い，整然と，かつ，明瞭に記録しなければなりません（規102①②）。

（注）　この総収入金額・必要経費に関する事項の財務大臣の定める簡易な記録の方法は，財務省告示において定められています（昭59．3．31大蔵省告示37号（最終改正令3．3．31財務省告示第81号））。

記 録 保 存 制 度

記帳義務に基づいて作成した帳簿の保存　この記帳義務に基づいて作成した帳簿（以下「法定帳簿」という。）は7年間，帳簿代用書類にあっては5年間，その者の住所地若しくは居所地又はその営む事業に係る事務所，事業所その他これらに準ずるものの所在地に保存しなければなりません（法232①，規102④）。また，その年において雑所得を生ずべき業務を行う者で，その年の前々年分のこれらの雑所得を生ずべき業務に係る収入金額が300万円を超えるものは，これらの雑所得を生ずべき業務に係るその年の取引のうち総収入金額及び必要経費に関する事項を記載した現金預金取引等関係書類を5年間，その者の住所地若しくは居所地又は雑所得を生ずべき業務を行う場所その他これらに準ずるものの所在地に保存しなければなりません（法232②，規102⑦⑧）。

（注）1　帳簿代用書類とは，その年の決算に関して作成した棚卸表その他の書類及びその年においてその業務に関して作成し，又は受領した請求書，納品書，送り状，領収書その他これらに類する書類（自己の作成したこれらの書類の写しを含む。）とされています（規102③）。これらの書類は，これを整理して保存しなければなりません（規102④）。

2　現金預金取引等関係書類とは，その年において雑所得を生ずべき業務を行う者がその業務に関し

て作成し，又は受領した請求書，領収書その他これらに類する書類（自己の作成したこれらの書類でその写しのあるものは，当該写しを含む。）のうち，現金の収受若しくは払出し又は預貯金の預入若しくは引出しに際して作成されたものをいいます（規102⑦）。これらの書類は，これを整理して保存しなければなりません（規102⑧）。

3　なお，帳簿等の保存期間は，法定帳簿についてはその閉鎖の日の属する年の翌年3月15日の翌日，帳簿代用書類及び現金預金取引等関係書類についてはその作成又は受領の日の属する年の翌年3月15日の翌日から，起算します（規102④⑧，63④）。

4　閉鎖した帳簿及び作成又は受領した書類を保存する場合の6年目，7年目の保存期間については，一定の要件を満たすマイクロフィルムによる保存が認められます。

　　また，所得税法において保存が義務づけられている取引に関して相手方から受け取った注文書，契約書，送り状，領収書，見積書その他これらに準ずる書類及び相手方に交付したこれらの書類の写しのうち，国税庁長官が定めるものとされている資金の流れや物の流れに直結あるいは連動しない注文書，見積書等を保存する場合の4年目，5年目の保存期間についても，その書類を保存すべき場所に，日本産業規格の基準を満たすマイクロフィルムリーダプリンタを設置し，かつ，その書類が撮影された一定の要件を満たすマイクロフィルムを，そのマイクロフィルムに撮影されたその書類を検索することができる措置（その書類の種類及びその書類に記載されている日付を検索の条件として，特定の書類を検索することができるものに限る。）を講じて保存することができます（規102⑤，63⑤，平10.3.31大蔵省告示135号（最終改正令3.3.31財務省告示83号），平10.6.8国税庁告示1号（最終改正平28.3.30国税庁告示5号））。

5　最初の記録から一貫して電子計算機を使用して作成する国税関係帳簿書類については，一定の要件の下で，その電磁的記録又は電子計算機出力マイクロフィルムの備付け及び保存をもって帳簿書類の備付け又は保存に代えることができます（電子計算機を使用して作成する国税関係帳簿書類の保存方法等の特例に関する法律4①②，5）。

6　国税関係帳簿書類（決算関係書類等を除く。）については，一定の要件の下でスキャナ読取りの電磁的記録による保存を行うことができます（電子計算機を使用して作成する国税関係帳簿書類の保存方法等の特例に関する法律4③，同法施行規則2④～⑫）。

7　所得税の申告の必要がない者も，記録保存制度の対象となります。

税額の計算

税額計算の関係図

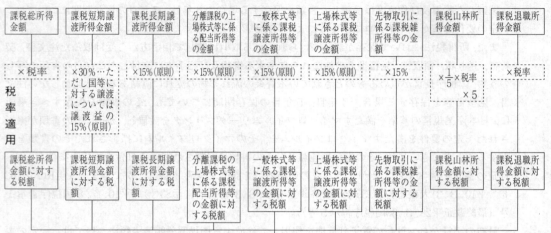

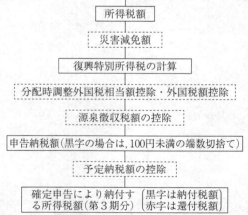

(注) 1 所得税額の計算に当たって，次に該当する場合には，それぞれ次の特例が適用されます。
 (1) 変動所得又は臨時所得がある場合には，平均課税の方法による税額計算の制度を選択することができます（848ページ参照）。
 (2) 災害減免法の適用を受ける場合又は免税所得がある場合には，これらの減免税額を差し引きます（839ページ参照）。
 (3) 売却した肉用牛が免税対象飼育牛以外のもの等である場合は，その免税対象飼育牛以外の売

却価額等に対し5％の税率による課税を受けることができます（271ページ参照）。

(4) 税額控除等は，次に掲げる順序により行います（措通41の19の4—4）。

① 肉用牛の売却による農業所得の免税

② 配当控除

③ 試験研究を行った場合の所得税額の特別控除

④ 中小事業者が機械等を取得した場合の所得税額の特別控除

⑤ 地域経済牽引事業の促進区域内において特定事業用機械等を取得した場合の所得税額の特別控除

⑥ 地方活力向上地域等において特定建物等を取得した場合の所得税額の特別控除

⑦ 地方活力向上地域等において雇用者の数が増加した場合の所得税額の特別控除

⑧ 特定中小事業者が特定経営力向上設備等を取得した場合の所得税額の特別控除

⑨ 給与等の支給額が増加した場合の所得税額の特別控除

⑩ 認定特定高度情報通信技術活用設備を取得した場合の所得税額の特別控除

⑪ 事業適応設備を取得した場合等の所得税額の特別控除

⑫ 住宅借入金等を有する場合の所得税額の特別控除

⑬ 公益社団法人等に寄附をした場合の所得税額の特別控除

⑭ 認定特定非営利活動法人等に寄附をした場合の所得税額の特別控除

⑮ 政治活動に関する寄附をした場合の所得税額の特別控除

⑯ 既存住宅の耐震改修をした場合の所得税額の特別控除

⑰ 既存住宅に係る特定の改修工事をした場合の所得税額の特別控除

⑱ 認定住宅等の新築等をした場合の所得税額の特別控除

⑲ 災害被害者に対する租税の減免，徴収猶予等に関する法律第2条の規定による所得税の額の軽減又は免除

⑳ 分配時調整外国税相当額控除

㉑ 外国税額控除

2 平成25年から令和19年までの各年分については，復興特別所得税も併せて課されます（852ページ参照）。

3 令和7年分以後の所得税について，その年分の基準所得税額が3億3,000万円を超える場合は，その超える部分の金額の22.5％相当額からその年分の基準所得税額を控除した金額に相当する所得税が課されます（838ページ参照）。

申告納税額の計算順序

確定申告によって納付する所得税及び復興特別所得税の額は，次の順序で計算します。

(1) 課税総所得金額，変動及び臨時所得がある場合の調整所得金額又は課税退職所得金額に対する税額を**令和5年分所得税の税額表**（1013ページ参照）によって計算します（法89①）。

(2) 課税短期譲渡所得金額に対する税額を計算します（措法32①，325ページ参照）。

課税短期譲渡所得金額×30％

(注) 国又は地方公共団体等に譲渡したことによる分離短期譲渡所得（軽減所得分）に対する税額は，軽減税率が適用されます（措法32③，328ページ参照）。

(3) 土地等に係る課税事業所得等の金額（平成10年1月1日から令和8年3月31日までの間については適用なし）に対する税額を計算します。次のイ又はロの金額のうちいずれか多い金額が税額となり

ます（措法28の4①⑥，272ページ参照）。

　イ　土地等に係る課税事業所得等の金額×40%

　ロ　$\left[\left\{\left(\begin{smallmatrix}\text{土地等に係る課税}\\\text{事業所得等の金額}\end{smallmatrix}\right)+\left(\begin{smallmatrix}\text{その年分の課}\\\text{税総所得金額}\end{smallmatrix}\right)\right\}\times\text{総合課税の税率}-\left(\begin{smallmatrix}\text{その年分の課}\\\text{税総所得金額}\end{smallmatrix}\right)\right.$

　　　$\left.\times\text{総合課税の税率}\right]\times110\%$

(4)　課税長期譲渡所得金額に対する税額を次に掲げる所得の区分に応じ，それぞれに掲げる算式により計算します（措法31①，31の2①，31の3①，323・329・342ページ参照）。

　イ　一般の長期譲渡所得に対する税額

　　　課税長期譲渡所得金額×15%

　ロ　優良住宅地の造成等のために土地等を譲渡した場合の長期譲渡所得（特定所得分）に対する税額

　　(イ)　課税長期譲渡所得金額が2,000万円以下である場合

　　　　課税長期譲渡所得金額×10%

　　(ロ)　課税長期譲渡所得金額が2,000万円を超える場合……次のaとbの合計額

　　　　a　200万円

　　　　b　（分離課税長期譲渡所得金額－2,000万円）×15%

　ハ　居住用財産を譲渡した場合の長期譲渡所得（軽課所得分）に対する税額

　　(イ)　課税長期譲渡所得金額が6,000万円以下である場合

　　　　課税長期譲渡所得金額×10%

　　(ロ)　課税長期譲渡所得金額が6,000万円を超える場合……次のaとbの合計額

　　　　a　600万円

　　　　b　（課税長期譲渡所得金額－6,000万円）×15%

　　(注)　課税長期譲渡所得金額の計算に当たっては，3,000万円の特別控除が差し引かれます（措法35①）。

(5)　分離課税の上場株式等に係る配当所得等の金額に対する税額を次により計算します（措法8の4①，195ページ参照）。

　　　上場株式等に係る配当所得等の金額×15%

(6)　一般株式等に係る課税譲渡所得等の金額に対する税額を次により計算します（措法37の10①，434ページ参照）。

　　　一般株式等に係る課税譲渡所得等の金額×15%

(7)　上場株式等に係る課税譲渡所得等の金額に対する税額を次により計算します（措法37の11①，434ページ参照）。

　　　上場株式等に係る課税譲渡所得等の金額×15%

(8)　先物取引に係る課税雑所得等の金額に対する税額を次により計算します（措法41の14①，576ページ参照）。

　　　先物取引に係る課税雑所得等の金額×15%

(9)　課税山林所得金額に対する税額を令和5年分「課税山林所得金額」に対する所得税の税額表（1013ページ参照）によって計算します（法89①）。

— 734 —

税額の計算（申告納税額の計算順序・税額表による税額の計算）

⑽　(1)から(9)までによって計算した税額の合計額から733ページ（注）1(4)に掲げる税額控除を順次差し引きます（措通41の19の4－4）。

⑾　⑽の差し引き計算後の合計額（基準所得税額）に次により計算した復興特別所得税を加えます（852ページ参照）。

　　　基準所得税額×2.1%

⑿　⑾の計算後の金額から分配時調整外国税相当額控除を差し引きます（法93，829ページ参照）。次に外国税額控除を差し引きます（法95，830ページ参照）。なお，引ききれない外国税額控除がある場合には，その引ききれない金額は還付されます（法122①一，138①）。

⒀　⑿の計算後の税額から，源泉徴収税額を差し引きます。この場合，引ききれない源泉徴収税額は還付されます（法120①四，122①二，138①）。

⒁　⒀による源泉徴収税額を差し引いた後の税額が，その年分の申告納税額になります（法128）。

⒂　申告納税額から予定納税額を差し引いた残額が確定申告の際に納付する第3期分の税額です。ただし，予定納税額が⒀の申告納税額を超えるときは，その超える金額は，確定申告をすれば還付されます（法120①五，②，122①三，128，139①）。

税額表による税額の計算

1　**課税総所得金額及び課税退職所得金額に対する税額**　課税総所得金額及び課税退職所得金額に対する税額は，全て次の税額表により計算します。

令和5年分所得税の税額表

課税される所得金額	税　率	控　除　額
1,000円から 1,949,000円まで	5%	0円
1,950,000円から 3,299,000円まで	10%	97,500円
3,300,000円から 6,949,000円まで	20%	427,500円
6,950,000円から 8,999,000円まで	23%	636,000円
9,000,000円から17,999,000円まで	33%	1,536,000円
18,000,000円から39,999,000円まで	40%	2,796,000円
40,000,000円以上	45%	4,796,000円

（注）1　課税される所得金額に1,000円未満の端数があるときは，これを切り捨てます。

　　　2　変動所得や臨時所得に対する平均課税の適用を受ける場合の調整所得金額に対する税額もこの表で求めます。

　　　3　平成25年から令和19年までの各年分については，復興特別所得税（2.1%）も併せて課されます（852ページ参照）。

＜計算例＞

　課税総所得金額が6,500,000円の場合

　（課税総所得金額）　（税率）　（控除額）　　　（税額）
　6,500,000円 × 20% － 427,500円 = 872,500円

税額の計算（税額表による税額の計算）

2　課税山林所得金額に対する税額　課税山林所得金額に対する税額は，次の税額表により計算
します。

令和5年分課税山林所得に対する所得税の税額表

課税される所得金額	税　率	控　除　額
1,000円から　9,749,000円まで	5%	0円
9,750,000円から 16,499,000円まで	10%	487,500円
16,500,000円から 34,749,000円まで	20%	2,137,500円
34,750,000円から 44,999,000円まで	23%	3,180,000円
45,000,000円から 89,999,000円まで	33%	7,680,000円
90,000,000円から199,999,000円まで	40%	13,980,000円
200,000,000円以上	45%	23,980,000円

(注)1　課税山林所得金額に1,000円未満の端数があるときは，これを切り捨てます。
　　　2　平成25年から令和19年までの各年分については，復興特別所得税（2.1%）も
　　　　併せて課されます（852ページ参照）。

　なお，課税山林所得金額に対する税額は，いわゆる5分5乗方式により算出されますが，上
記の速算式はこの5分5乗方式が織り込まれています。

＜計算例＞

「課税山林所得金額」が4,000万円の場合

$$\underset{\substack{\text{課税山林}\\\text{所得金額}}}{40{,}000{,}000円} \times \underset{\text{（税率）}}{23\%} - \underset{\text{（控除額）}}{3{,}180{,}000円} = \underset{\text{（税　額）}}{6{,}020{,}000円}$$

税額の計算（税額控除）

┈┈┈┈┈ 税 額 控 除 ┈┈┈┈┈

配 当 控 除

　剰余金の配当（株式又は出資に係るものに限るものとし，資本剰余金の額の減少に伴うもの並びに分割型分割によるもの及び株式分配を除く。），利益の配当（資産の流動化に関する法律第115条第1項《中間配当》に規定する金銭の分配を含むものとし，分割型分割によるもの及び株式分配を除く。），剰余金の分配（出資に係るものに限る。），金銭の分配（出資総額等の減少に伴う金銭の分配で一定のものを除く。），証券投資信託の収益の分配による配当所得（外国法人からの配当等（外国法人の国内にある営業所，事務所その他これらに準ずるものに信託された証券投資信託の収益の分配に係るものを除く。）を除く。）があるときは，次の金額を税額から差し引くことができます（法92①③，措法9①）。

　ただし，次の配当所得については，配当控除はできません。

(1)　公募公社債等運用投資信託以外の公社債等運用投資信託の受益権及び社債的受益権（外国投資信託の受益権を除く。）の収益の分配に係る配当等（私募公社債等運用投資信託等の収益の分配）（措法9①一）

(2)　国外私募公社債等運用投資信託等の配当等（公募公社債等運用投資信託以外の公社債等運用投資信託のうち外国投資信託の受益権の収益の分配を除く。）（措法9①二）

(3)　外国株価指数連動型特定株式投資信託の収益の分配に係る配当等（措法9①三，措令4の4①）

(4)　特定外貨建等証券投資信託の収益の分配による配当等（(1)，(2)又は(3)に掲げるものを除く。）（措法9①四，措令4の4②）(注)

(5)　投資信託のうち法人課税信託から支払を受けるべき配当等（(1)又は(2)に掲げるものを除き，機関投資家私募により行われたもののうちその募集が主として国内において行われ，かつ投資信託約款にその募集が機関投資家私募である旨の記載がなされたものに限る。）（措法9①五イ，措規4の6）

(6)　特定目的信託から支払を受けるべき配当等（(1)又は(2)に掲げるものを除く。）（措法9①五ロ）

(7)　特定目的会社から支払を受けるべき配当等（措法9①六）

(8)　投資法人から支払を受けるべき配当等（措法9①七）

(9)　申告分離課税の適用を選択した配当等（措法8の4①）

(10)　確定申告をしないことを選択した配当によるもの（措法8の5①，196ページ参照）

　（注）　証券投資信託のうち，信託財産の75％超を外貨建資産又は株式以外の資産で運用することができるもの（以下「特定外貨建等証券投資信託」という。）については配当控除の適用対象外とし，信託財産の50％超75％以下を外貨建資産又は株式以外の資産で運用することができるもの（以下「一般外貨建等証券投資信託」という。）については配当控除の控除率を2.5％，1.25％の2段階とすることとされています（措法9④）。

税額の計算（税額控除）

1　課税総所得金額が1,000万円以下の場合……次の(1)と(2)の合計額

　(1)　剰余金の配当等に係る配当所得×10%

　(2)　証券投資信託の収益の分配に係る配当所得×5%（一般外貨建等証券投資信託の収益の分配に係る配当所得については2.5%）

2　課税総所得金額が1,000万円を超える場合

　(1)　課税総所得金額―証券投資信託の収益の分配に係る配当所得≦1,000万円

　　イ　課税総所得金額―一般外貨建等証券投資信託の収益の分配に係る配当所得≦1,000万円……次の(イ)から(ハ)の合計額

　　　(イ)　剰余金の配当等に係る配当所得×10%

　　　(ロ)　$\left[\begin{array}{l}\text{証券投資信託の収益の} \\ \text{分配に係る配当所得}\end{array} - \begin{array}{l}\text{一般外貨建等証券投資} \\ \text{信託に係る配当所得}\end{array}\right] \times 5\%$

　　　(ハ)　$\left\{\begin{array}{l}\text{一般外貨建等証券投資信託の収益の分配のうち} \\ \text{（課税総所得金額―1,000万円）}\end{array}\right\} \times 1.25\%$
　　　　　　＋（一般外貨建等証券投資信託収益の分配のうち左記以外）×2.5%

　　ロ　課税総所得金額―一般外貨建等証券投資信託の収益の分配に係る配当所得＞1,000万円……次の(イ)から(ハ)の合計額

　　　(イ)　剰余金の配当等に係る配当所得×10%

　　　(ロ)　$\left\{\left[\begin{array}{l}\text{証券投資信} \\ \text{託の収益の} \\ \text{分配に係る} \\ \text{配当所得}\end{array} - \begin{array}{l}\text{一般外貨建等} \\ \text{証券投資信託} \\ \text{の収益の分配} \\ \text{に係る配当所} \\ \text{得}\end{array}\right] \text{のうち} \left[\begin{array}{l}\text{課税総所} \\ \text{得金額}\end{array} - \begin{array}{l}\text{1,000万円＋} \\ \end{array} \begin{array}{l}\text{一般外貨建等} \\ \text{証券投資信託} \\ \text{の収益の分配} \\ \text{に係る配当所} \\ \text{得}\end{array}\right]\right\}$

　　　　　　$\times 2.5\% + \left\{\left[\begin{array}{l}\text{証券投資信} \\ \text{託の収益の} \\ \text{分配に係る} \\ \text{配当所得}\end{array} - \begin{array}{l}\text{一般外貨建等} \\ \text{証券投資信託} \\ \text{の収益の分配} \\ \text{に係る配当所} \\ \text{得}\end{array}\right] \text{のうち左記以外}\right\} \times 5\%$

　　　(ハ)　一般外貨建等証券投資信託の収益の分配に係る配当所得×1.25%

　(2)　(1)以外の場合……次のイとロの合計額

　　イ　$\left\{\begin{array}{l}\text{剰余金の配当等に係る配当所得のうち，課税} \\ \text{総所得金額から1,000万円と証券投資信託の} \\ \text{収益の分配に係る配当所得の合計額を控除し} \\ \text{た金額に達するまでの部分}\end{array}\right\} \times 5\% + \left\{\begin{array}{l}\text{剰余金の配当等に係} \\ \text{る配当所得の金額の} \\ \text{うち，左記以外}\end{array}\right\} \times 10\%$

　　ロ　証券投資信託の収益の分配に係る配当所得×2.5%（一般外貨建等証券投資信託の収益の分配に係る配当所得については1.25%）

（注）1　上記の「課税総所得金額」は，課税総所得金額，土地等に係る課税事業所得等の金額（平成10年1月1日から令和8年3月31日までの間については，適用なし），分離課税短期譲渡所得金額，分離課税長期譲渡所得金額，分離課税の上場株式等に係る課税配当所得等の金額，一般株式等に係る課税譲渡所得等の金額，上場株式等に係る課税譲渡所得等の金額及び先物取引に係る雑所得等の金額の合計額をいいます（措法8の4③四，28の4⑤三，⑥，31③四，32④，37の10⑥六，37の11⑥，41の14②五）。

　　　2　上記の「剰余金の配当等」は，剰余金の配当，利益の配当，剰余金の分配，金銭の分配及び特定株式投資信託の収益の分配をいいます（法92①一イ，措法9③）。

3　上記の「証券投資信託」は、公社債投資信託及び公募公社債等運用投資信託以外の証券投資信託（特定株式投資信託を除く。）のうち、特定外貨建等証券投資信託以外のもの（その配当等が配当控除の対象とならないものを除く。）をいいます（法92①一ロ、措法9③）。

4　上記の「一般外貨建等証券投資信託」は、特定外貨建等証券投資信託以外の外貨建等証券投資信託（その配当等が配当控除の対象とならないものを除く。）をいいます（措法9④）。

5　配当控除の額がその年分の所得税額を超えるときは、配当控除の額は、その所得税額に相当する金額となります（法92②）。

〈課税総所得金額が1,000万円を超える場合の配当控除額の計算例〉

〔例1〕

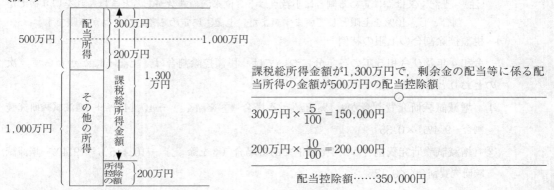

〔例2〕

試験研究を行った場合の所得税額の特別控除

試験研究を行った場合の特別控除には、次の制度があります。

(1) 一般試験研究費の額に係る特別税額控除制度

青色申告者のその年分（事業を廃止した日の属する年分を除く。）において、試験研究費の額がある場合には、その年分の総所得金額に係る所得税額から、その年分の試験研究費の額に税額控除割合を乗じて計算した金額を控除することができます（措法10①）。

なお、この場合の税額控除限度額は、その適用を受ける年分の「調整前事業所得税額（事業所得の金額に係る所得税の額）」の25％相当額を限度とすることとされています（措法10①）。

税額の計算（税額控除）

イ　税額控除割合

令和４年分以後の税額控除割合は，次のとおりとされています（措法10①）。

(イ)　原則

税額控除割合は，次に掲げる場合の区分に応じ次のとおりとされています。

①　②に掲げる場合以外の場合…10.145％－（9.4％－増減試験研究費割合）×0.175

②　その年が事業を開始した日の属する年（相続又は包括遺贈によりその事業を承継した日の属する年を除く。以下「開業年」という。）である場合又は比較試験研究費の額が零である場合…8.5％

（注）　上記①又は②に定める割合に小数点以下３位未満の端数があるときはこれを切り捨てた割合とし，10％を上限としています。また，上記①に定める割合は２％が下限です。

(ロ)　税額控除割合の上限の特例

令和４年及び令和５年の各年分については，税額控除割合は，上記(イ)にかかわらず，次のとおりとされています（措法10②一）。

①　増減試験研究費割合が9.4％を超える場合（③を除く。）…10.145％＋（増減試験研究費割合－9.4％）×0.35

②　増減試験研究費割合が9.4％以下である場合（③を除く。）…10.145％－（9.4％－増減試験研究費割合）×0.175

③　その年が開業年である場合又は比較試験研究費の額が０である場合…8.5％

（注）　上記①又は②に定める割合に小数点以下３位未満の端数があるときはこれを切り捨てた割合とし，14％を上限としています。また，上記②に定める割合は２％が下限です。

(ハ)　試験研究費割合が10％を超える場合における税額控除割合の特例

令和４年及び令和５年の各年分において，試験研究費割合が10％を超える場合には，税額控除割合を，上記(ロ)の割合と，その割合に割増控除率を乗じて計算した割合とを合計した割合とすることとされています（措法10②二）。

（注）　上記の「割増控除率」とは，「（試験研究費割合－10％）×0.5」の算式により算出される割合をいいます。なお，控除割増率は10％が上限です。

(ニ)　試験研究費が10％を超える場合における控除上限額の特例

令和４年及び令和５年の各年分において試験研究費割合が10％を超える場合には，その10％を超える年分においては，控除上限額を「その適用を受ける年分の調整前事業所得税額の25％相当額＋その調整前事業所得税額×（（試験研究費割合－10％）×２）」の算式により算出された金額とすることとされています（措法10③一）。

（注）　上記算式中の「（試験研究費割合－10％）×２」により算出された割合に小数点以下３位未満の端数があるときはこれを切り捨てた割合とされています。なお，上限は10％です。

(ホ)　基準年比売上金額減少割合が２％以上の場合の控除上限額の特例

令和４年及び令和５年の各年分のうち基準年比売上金額減少割合が２％以上であり，かつ，試験研究費の額が基準年試験研究費の額を超える年分の控除上限額について，調整前事業所得税額の５％相当額を加算することとされています。なお，この特例は上記(ニ)の特例と重複適用が可能とされています（措法10③二）。

税額の計算（税額控除）

ロ　増減試験研究費割合

　　増減試験研究費割合は，増減試験研究費の額（適用年の年分の試験研究費の額から比較試験研究費の額を減算した金額をいいます。）の比較試験研究費の額に対する割合をいいます（措法10⑧二）。

ハ　試験研究費割合

　　試験研究費割合は，次の算式により計算することとされています（措法10⑧五）。

$$試験研究費割合 = \frac{適用を受ける年分の試験研究費の額}{平均売上金額}$$

ニ　平均売上金額

　　平均売上金額は，この制度の適用を受けようとする年（以下「適用年」という。）の年分の売上金額及びその適用年前3年以内の各年（事業を開始した日の属する年以後の年に限る。）の年分の売上金額（その各年のうち事業を開始した日の属する年については，その年分の売上金額に12を乗じてこれをその年において事業を営んでいた期間の月数で除して計算した金額）の合計額をその適用年及びその各年の数で除して計算した金額をいいます（措法10⑧八，措令5の3⑰）。すなわち，原則として，その適用を受けようとする年分を含む4年分の売上金額の平均となります。

ホ　基準年比売上金額減少割合

　　基準年比売上金額減少割合とは，適用年の年分の売上金額が令和元年分の売上金額（事業を開始した日の属する年が令和元年である場合には，令和元年分の売上金額に12を乗じてこれを令和元年において事業を営んでいた期間の月数で除して計算した金額。以下「基準売上金額」という。）に満たない場合のその満たない部分の金額のその基準売上金額に対する割合をいいます（措法10⑧五の二）。なお，基準売上金額が0である場合には，基準年比売上金額減少割合は0とされています（措法10⑧五の二）。また，個人が令和2年以後に事業所得を生ずべき事業を開始した場合（事業を相続等により承継した者の調整計算の適用がある場合を除きます。）には，基準年比売上金額減少割合は0とされています（措令5の3⑯）。

　(注)　上記の月数は，暦に従って計算し，1月に満たない端数を生じたときは，これを1月とすることとされています（措法10⑨）。下記ヘにおいても同じです。

ヘ　基準年試験研究費の額

　　基準年試験研究費の額とは，令和元年分の試験研究費の額（事業を開始した日の属する年が令和元年である場合には，令和元年分の試験研究費の額に12を乗じてこれを令和元年において事業を営んでいた期間の月数で除して計算した金額）をいいます（措法10⑧五の三）。

調整前事業所得税額　「調整前事業所得税額」とは，租税特別措置法第10条第1項，第4項及び第7項《試験研究を行った場合の所得税額の特別控除》，第10条の3第3項及び第4項《中小事業者が機械等を取得した場合の所得税額の特別控除》，第10条の4第3項《地域経済牽引事業の促進区域内において特定事業用機械等を取得した場合の所得税額の特別控除》，第10条の4の2第3項《地方活力向上地域等において特定建物等を取得した場合の所得税額の特別控除》，第10条の5第1項及び第2項《地方活力向上地域等において雇用者の数が増加した場合の所得税額の特別控除》，第10条の5の3第3項及び第4項《特定中小事業者が特定経営力向上設備等を取得した場合の所得税額の特別控除》，第10条の5の4第1項及び第2項《給与等の支給額が増加した場合の所得税額の特別控除》，第10条の5の5第3項《認定特定高度情報通信技術活用設備を取得した場合の所得税額の特別控除》，第10条の5の6第7項から第9項まで《事業

— 741 —

適応設備を取得した場合等の所得税額の特別控除)，第41条第1項(住宅借入金等を有する場合の所得税額の特別控除)，第41条の18第2項(政治活動に関する寄附をした場合の所得税額の特別控除)，第41条の18の2第2項(認定特定非営利活動法人等に寄附をした場合の所得税額の特別控除)，第41条の18の3第1項(公益社団法人等に寄附をした場合の所得税額の特別控除)，第41条の19の2第1項(既存住宅の耐震改修をした場合の所得税額の特別控除)，第41条の19の3第1項から第7項まで(既存住宅に係る特定の改修工事をした場合の所得税額の特別控除)，第41条の19の4第1項及び第2項(認定住宅等の新築等をした場合の所得税額の特別控除)，所得税法第93条(分配時調整外国税相当額控除)，第95条(外国税額控除)，第165条の5の3(非居住者に係る分配時調整外国税相当額控除)及び第165条の6(非居住者に係る外国税額の控除)並びに東日本大震災の被災者等に係る国税関係法律の臨時特例に関する法律第10条第3項及び第4項(特定復興産業集積区域において機械等を取得した場合の所得税額の特別控除)，第10条の2第3項及び第4項(企業立地促進区域等において機械等を取得した場合の所得税額の特別控除)，第10条の2の2第3項及び第4項(避難解除区域等において機械等を取得した場合の所得税額の特別控除)，第10条の3第1項(特定復興産業集積区域において被災雇用者等を雇用した場合の所得税額の特別控除)，第10条の3の2第1項(企業立地促進区域等において避難対象雇用者等を雇用した場合の所得税額の特別控除)並びに第10条の3の3第1項(避難解除区域等において避難対象雇用者等を雇用した場合の所得税額の特別控除)の規定を適用しないで計算したその年分の総所得金額に係る所得税の額に利子所得の金額，配当所得の金額，不動産所得の金額，事業所得の金額，給与所得の金額(租税特別措置法第41条の3の3第1項又は第2項(所得金額調整控除)の規定の適用がある場合には，その給与所得の金額からこれらの規定による控除をした残額)，譲渡所得の金額(長期譲渡所得に係る部分については，その金額の2分の1に相当する金額)，一時所得の金額の2分の1に相当する金額及び雑所得の金額の合計額のうちに事業所得の金額の占める割合を乗じて計算した金額をいいます(措法10⑧四，措令5の3⑧，東日本震災特例法施行令12の2⑧，12の2の2⑧，12の2の3⑤，12の3④，12の3の2⑨，12の3の3⑥)。

(注)1　令和6年分以後は，上記イの記載は以下のとおりとなります。

イ　税額控除割合及び税額控除限度額

　　令和6年分以後の税額控除割合及び税額控除限度額は，次のとおりとされています(措法10①〜③)。

(イ) 税額控除割合の原則

　　税額控除割合は，次に掲げる場合の区分に応じ次のとおりとされています。

①　②に掲げる場合以外の場合…11.5%−(12%−増減試験研究費割合)×0.25

②　その年が事業を開始した日の属する年(相続又は包括遺贈によりその事業を承継した日の属する年を除く。以下「開業年」という。)である場合又は比較試験研究費の額が零である場合…8.5%

　　(注)　上記①又は②に定める割合に小数点以下3位未満の端数があるときはこれを切り捨てた割合とし，10%を上限としています。また，上記①に定める割合は1%が下限です。

(ロ) 税額控除割合の上限の特例

　　令和6年から令和8年まで各年分については，税額控除割合は，上記(イ)にかかわらず，次のとおりとされています(措法10②一)。

①　増減試験研究費割合が12%を超える場合(③を除く。)…11.5%+(増減試験研究費割合−12%)×0.375

②　増減試験研究費割合が12%以下である場合(③を除く。)…11.5%−(12%−増減試験研究費割合)×0.25

税額の計算（税額控除）

③ その年が開業年である場合又は比較試験研究費の額が零である場合…8.5％

（注） 上記①又は②に定める割合に小数点以下３位未満の端数があるときはこれを切り捨てた割合とし，14％を上限としています。また，上記②に定める割合は１％が下限です。

(ハ) 試験研究費割合が10％を超える場合における税額控除割合の特例

令和６年から令和８年までの各年分において試験研究費割合が10％を超える場合には，税額控除割合については，上記(ロ)の割合と，その割合に割増控除率を乗じて計算した割合とを合計した割合とすることとされています（措法10②二）。

（注） 上記の「割増控除率」とは，「（試験研究費割合－10％）×0.5」の算式により算出される割合をいいます。なお，割増控除率は10％が上限です。

(ニ) 税額控除限度額の特例

令和６年から令和８年まで各年分については，税額控除限度額は，調整前事業所得税額の25％相当額に，その調整前事業所得税額に次に掲げる年分の区分に応じ次に定める割合（①及び③に掲げる年分のいずれにも該当する年分にあっては，①に定める割合と③に定める割合とのうちいずれか高い割合）を乗じて計算した金額を加算した金額とされています。

① 増減試験研究費割合が４％を超える年分（開業年の年分及び比較試験研究費の額が零である年分を除く。）…（増減試験研究費割合－４％）×0.625（上限５％）

② 増減試験研究費割合が－４％を下回る年分（開業年の年分，比較試験研究費の額が零である年分及び③に掲げる年分を除く。）…（増減試験研究費割合＋４％）×0.625（下限－５％）

③ 試験研究費割合が10％を超える年分…（試験研究費割合－10％）×２（上限10％）

（注） 上記①から③までに定める割合に小数点以下３位未満の端数があるときはこれを切り捨てた割合としています。また，上記①に定める割合は５％が上限，上記②に定める割合は－５％が下限，上記③に定める割合は10％が上限です。

（注）2 令和６年分以後は，上記ニ中「措令５の３⑰」は，「措令５の３⑭」となります。

3 令和６年分以後は，上記ホ及びへの記載は削除されます。

(2) 中小企業技術基盤強化税制

中小事業者（常時使用する従業員の数が1,000人以下の個人をいいます。）で青色申告書を提出する個人のその年分（上記(1)の制度の適用を受ける年分及び事業を廃止した日の属する年分を除きます。）において，試験研究費の額がある場合には，その年分の総所得金額に係る所得税額から，その年分の試験研究費の額の12％相当額を控除することができます。この場合の控除限度額は，その適用を受ける年分の調整前事業所得税額の25％相当額（以下「中小事業者控除上限額」といいます。）を限度とされています（措法10④）。

令和４年及び令和５年は，次の特例が設けられています。

イ 税額控除割合の特例

令和４年及び令和５年の各年分のうち次に掲げる年分の税額控除割合については，上記にかかわらず，次のとおり算出した割合（小数点以下３位未満の端数があるときはこれを切り捨てた割合とし，上限は17％です。）とされています（措法10⑤）。

(イ) 増減試験研究費割合が9.4％を超える年分（開業年の年分，比較試験研究費の額が零である年分及び試験研究費割合が10％を超える年分を除きます。）…12％に，「（増減試験研究費割合－9.4％）×0.35」の算式により算出された割合を加算した割合

(ロ) 試験研究費割合が10％を超える年分（開業年の年分及び比較試験研究費の額が零である年分のいずれにも該当しない年分で増減試験研究費割合が9.4％を超える年分を除きます。）…12％に，

税額の計算（税額控除）

「12％×控除割増率」の算式により算出された割合を加算した割合

　（注）　上記算式の「控除割増率」とは，「（その試験研究費割合－10％）×0.5」の算式により算出した割合をいい，10％が上限とされています。下記(ハ)において同じです。

　(ハ)　増減試験研究費割合が9.4％を超え，かつ，試験研究費割合が10％を超える年分（開業年の年分及び比較試験研究費の額が零である年分を除きます。）…12％に，「（その増減試験研究費割合－9.4％）×0.35×（１＋控除割増率）＋12％×控除割増率」の算式により算出された割合を加算した割合

ロ　中小事業者控除上限額の特例

　　令和４年及び令和５年の各年分のうち次に掲げる年分の中小事業者控除上限額は，上記にかかわらず，その年分の調整前事業所得税額の25％相当額に，次に定める金額を加算した金額とすることとされています。なお，下記(ハ)の年分に係る特例については，下記(イ)又は(ロ)に係る年分の特例と重複適用が可能とされています（措法10⑥）。

　(イ)　増減試験研究費割合が9.4％を超える年分（開業年の年分及び比較試験研究費の額が零である年分を除きます。）…その調整前事業所得税額の10％相当額

　(ロ)　試験研究費割合が10％を超える年分（上記(イ)に掲げる年分を除きます。）…「調整前事業所得税額×（（試験研究費割合－10％）×２）」の算式により算出される金額

　（注）　上記算式中の「（試験研究費割合－10％）×２」により算出された割合に小数点以下３位未満の端数があるときはこれを切り捨てた割合とし，上限は10％とされています。

　(ハ)　基準年比売上金額減少割合が２％以上であり，かつ，試験研究費の額が基準年試験研究費の額を超える年分…調整前事業所得税額の５％相当額

（注）　令和６年分以後は，上記の特例に関する記載は以下のとおりとなります。

　令和６年から令和８年までの各年分において，次の特例が設けられています。

イ　税額控除割合の特例

　　令和６年から令和８年までの各年分のうち次に掲げる年分の税額控除割合については，上記にかかわらず，12％に次の年分の区分に応じそれぞれ次に定める割合を加算した割合（小数点以下３位未満の端数があるときはこれを切り捨てた割合とし，上限は17％です。）とされています。

　(イ)　増減試験研究費割合が12％を超える年分（開業年の年分，比較試験研究費の額が零である年分及び試験研究費割合が10％を超える年分を除く。）…（増減試験研究費割合－12％）×0.375

　(ロ)　試験研究費割合が10％を超える年分（開業年の年分及び比較試験研究費の額が零である年分のいずれにも該当しない年分で増減試験研究費割合が12％を超える年分を除く。）…12％×控除割増率

　（注）　上記の「割増控除率」とは，「（試験研究費割合－10％）×0.5」の算式により算出される割合をいい，10％が上限です。下記(ハ)において同じです。

　(ハ)　増減試験研究費割合が12％を超え，かつ，試験研究費割合が10％を超える年分（開業年の年分及び比較試験研究費の額が零である年分を除く。）…（増減試験研究費割合－12％）×0.375×（１＋控除割増率）＋12％×控除割増率

— 744 —

税額の計算（税額控除）

ロ　中小事業者控除上限額の特例

令和6年から令和8年までの各年分のうち次に掲げる年分の中小事業者控除上限額については，上記にかかわらず，調整前事業所得税額の25％相当額に，次に掲げる年分の区分に応じ次に定める金額を加算した金額とされています。

(イ)　増減試験研究費割合が12％を超える年分（開業年の年分及び比較試験研究費の額が零である年分を除く。）…調整前事業所得税額の10％相当額

(ロ)　試験研究費割合が10％を超える年分（(イ)に掲げる年分を除く。）…調整前事業所得税額×（試験研究費割合－10％）×2

(注)　上記(ロ)に定める割合に小数点以下3位未満の端数があるときはこれを切り捨てた割合とし，10％を上限としています。

(3)　**特別試験研究費の額に係る特別税額控除制度**

青色申告者のその年分（事業を廃止した日の属する年分を除く。）において，特別試験研究費の額がある場合には，その年分の総所得金額に係る所得税額から，その年分の特別試験研究費の額に税額控除割合を乗じて計算した金額（以下「特別研究税額控除限度額」という。）を控除することができます（措法10⑦）。なお，この場合の特別研究税額控除限度額は，調整前事業所得税額の10％相当額を限度とすることとされています。また，その年において，上記(1)の一般試験研究費に係る特別税額控除又は上記(2)の中小企業技術基盤強化税制の適用を受ける場合には，これらの制度によりその年分の総所得金額から控除する金額の計算の基礎となった特別試験研究費の額は，この(3)の制度の対象から除くこととされています。

税額控除割合　特別試験研究費の額に係る特別税額控除制度における税額控除割合は，次の割合をいいます（措法10⑦）。

イ　特別試験研究機関等との共同研究及び特別試験研究機関等に対する委託研究に係る特別試験研究　30％（措法10⑦一，措令5の3④）

(注)　このイの対象となる試験研究の範囲は次のとおりです。

①　特別試験研究機関等と共同して行う試験研究

②　大学等と共同して行う試験研究

③　特別試験研究機関等に委託する試験研究

④　大学等に委託する試験研究

ロ　特定新事業開拓事業者又は成果活用促進事業者との共同研究及び特定新事業開拓事業者又は成果活用促進事業者に対する委託研究に係る特別試験研究　25％（措法10⑦二，措令5の3④）

ハ　上記イ，ロ以外の特別試験研究　20％（措法10⑦三）

(注)　特定復興産業集積区域における開発研究用資産の特別償却制度により特別試験研究費の額とみなされる金額（東日本震災特例法10の5③）は，このハの対象となります。

試験研究費の額　「試験研究費の額」とは，次に掲げる金額の合計額（他の者から支払を受ける金額がある場合には，その金額を控除した金額）をいいます（措法10⑧一，措令5の3⑤〜⑦）。

(1)　次に掲げる費用の額（事業所得の総収入金額に係る売上原価その他その総収入金額を得るため直接に要した費用の額に該当するものを除く。）で各年分の事業所得の金額の計算上必要経費に算入

税額の計算（税額控除）

されるもの

イ　製品の製造又は技術の改良，考案若しくは発明に係る試験研究（新たな知見を得るため又は利用可能な知見の新たな応用を考案するために行うものに限る。）のために要する費用（研究開発費として経理をした金額のうち，下記(2)の固定資産の取得に要した金額とされるべき費用の額又は下記(2)の繰延資産となる費用の額がある場合におけるその固定資産又は繰延資産の償却費，除却による損失及び譲渡による損失を除く。）で次に掲げるもの

①　その試験研究を行うために要する原材料費，人件費（専門的知識をもってその試験研究の業務に専ら従事する人の人件費に限る。）及び経費

②　他者に委託をして試験研究を行う場合のその試験研究のための委託費用

③　技術研究組合法第9条第1項の規定によって賦課される費用

ロ　対価を得て提供する新たな役務の開発を目的として行われる一定の試験研究（次の①から④までに掲げるものの全てが行われる場合における次の①から④までに掲げるものをいう。）に係る次の⑤及び⑥の費用

①　大量の情報を収集する機能を有し，その機能の全部若しくは主要な部分が自動化されている機器若しくは技術を用いる方法によって行われた情報の収集又はその方法によって収集された情報の取得

②　①の収集に係る情報又は①の取得に係る情報について，一定の法則を発見するために行われる一定の分析

③　②の分析により発見された法則を利用した新たな役務の設計

④　③の設計に係る③の法則が予測と結果とが一致することの蓋然性が高いものであることその他妥当であると認められるものであること及びその法則を利用した新たな役務がその目的に照らして適当であると認められるものであることの確認

⑤　その試験研究を行うために要する原材料費，人件費（②の分析を行うために必要な専門的知識をもってその試験研究の業務に専ら従事する一定の者に係るものに限る。以下⑤において同じ。）及び経費（外注費にあっては，これらの原材料費及び人件費に相当する部分並びにその試験研究を行うために要する経費に相当する部分（外注費に相当する部分を除く。）に限る。）

⑥　他の者に委託をして試験研究を行う個人のその試験研究のためにその委託を受けた者に対して支払う費用（⑤に掲げる原材料費，人件費及び経費に相当する部分に限る。）

（注）　令和6年分以後は，上記ロの記載は以下のとおりとなります。

ロ　対価を得て提供する新たな役務の開発を目的として行われる一定の試験研究（次の①から③までに掲げるものの全てが行われる場合における次の①から③までに掲げるもの（その役務の開発を目的として，次の①aの方法によって情報を収集し，又は次の①に掲げる情報を取得する場合には，その収集又は取得を含む。）をいう。）に係る次の④及び⑤の費用

①　次に掲げる情報について，一定の法則を発見するために行われる一定の分析

a　大量の情報を収集する機能を有し，その機能の全部又は主要な部分が自動化されている機器又は技術を用いる方法によって収集された情報

b　aに掲げるもののほか，その個人が有する情報で，その法則の発見が十分見込まれる量のもの

②　①の分析により発見された法則を利用した新たな役務の設計

③　②の設計に係る②の法則が予測と結果とが一致することの蓋然性が高いものであることその他妥当であると認められるものであること及びその法則を利用した新たな役務がその目的に照らして適当であると認められるものであることの確認

④　その試験研究を行うために要する原材料費，人件費（①の分析を行うために必要な専門的知識をもってその試験研究の業務に専ら従事する一定の者に係るものに限る。以下④において同じ。）及び経費（外注費にあっては，これらの原材料費及び人件費に相当する部分並びにその試

税額の計算（税額控除）

験研究を行うために要する経費に相当する部分（外注費に相当する部分を除く。）に限る。）

⑤　他の者に委託をして試験研究を行う個人のその試験研究のためにその委託を受けた者に対して支払う費用（④に掲げる原材料費，人件費及び経費に相当する部分に限る。）

(2)　上記(1)イ又はロに掲げる費用の額（事業所得の金額に係るものに限る。）で各年分において研究開発費として経理をした金額のうち，棚卸資産若しくは固定資産（上記(1)イ又はロの試験研究の用に供する固定資産を除く。）の取得に要した金額とされるべき費用の額又は繰延資産（上記(1)イ又はロの試験研究のために支出した費用に係る繰延資産を除く。）となる費用の額

比較試験研究費の額　「比較試験研究費の額」とは，適用年前３年以内の各年分の試験研究費の額の合計額を３で除して計算した金額をいいます。

この場合，適用年前３年以内の各年のうちに事業を開始した年がある場合には，その年については，その年の試験研究費の額に12を乗じてこれをその年において事業を営んでいた期間の月数で除して計算した金額がその年の試験研究費の額となります。また，適用年前２年以内に事業を開始したため適用年前３年以内の各年の数が３に満たない場合の比較試験研究費の額は，適用年前２年以内の各年で，かつ，その事業を開始した年以後の年の年分の試験研究費の額の合計額をこれらの年の年数で除して計算した金額となります（措法10⑧三，措令５の３⑫）。

特別試験研究費の額　「特別試験研究費の額」とは，試験研究費の額のうち，国の試験研究機関又は大学その他の者と共同して行う試験研究その他の「一定の試験研究」に係る「一定の試験研究費の額」をいいます（措法10⑧七，措令５の３⑩⑪，措規５の６③～㉔（令和６年以後は，③～㉕））。

「一定の試験研究」とは，次に掲げる試験研究をいいます（措令５の３⑪，措規５の６③～㉔（令和６年以後は，③～㉕））。

(1)　次に掲げる者（以下「特別研究機関等」という。）と共同して行う試験研究で，その特別研究機関等との契約又は協定（その契約又は協定において，その試験研究に要する費用の分担及びその明細並びにその試験研究の成果の帰属及びその公表に関する事項が定められているものに限る。）に基づいて行われるもの

イ　科学技術・イノベーション創出の活性化に関する法律第２条第８項に規定する試験研究機関等

ロ　国立研究開発法人

ハ　福島国際研究教育機構

(2)　学校教育法第１条に規定する大学若しくは高等専門学校（これらのうち，構造改革特別区域法の学校設置会社が設置するものを除く。）又は国立大学法人法第２条第４項に規定する大学共同利用機関（以下「大学等」という。）と共同して行う試験研究で，その大学等との契約又は協定（その大学等との契約又は協定において，その試験研究におけるその個人及びその大学等の役割分担及びその内容，その個人及びその大学等がその試験研究に要する費用を分担する旨及びその明細，その大学等がその費用の額のうちその個人が負担した額を確認する旨及びその方法，その試験研究の成果がその個人及びその大学等に帰属する旨及びその内容並びにその大学等によるその成果の公表に関する事項その他の事項が定められているものに限る。）に基づいて行われるもの

(3)　特定新事業開拓事業者（産業競争力強化法の新事業開拓事業者のうちその設立の日以後の期間が15年未満であることその他の一定の要件を満たす者をいい，特別研究機関等，大学等及び次のイ又はロに掲げるものを除く。以下同じ。）と共同して行う試験研究で，その特定新事業開拓事業者との契約又は協定（その契約又は協定において，その試験研究におけるその個人及びその特定新事業開拓事業者の役割分担及びその内容，その個人及びその特定新事業開拓事業者がその試験研究に要する費用を分担する旨及びその明細，その特定新事業開拓事業者がその費用のうちその個人が負担した額を確認する旨及びその方法並びにその試験研究の成果がその個人及びその特定新事業開拓事業者に帰属する旨及びその内容その他の事項が定められているものに限る。）に基づいて行われるもの

税額の計算（税額控除）

イ　その個人がその発行済株式又は出資（その有する自己の株式又は出資を除く。）の総数又は総額の25％以上を有している法人（その法人が連結親法人である場合には，その法人による連結完全支配関係にある連結子法人を含む。）

ロ　その個人との間に当事者間の支配の関係がある法人

(4)　成果活用促進事業者（科学技術・イノベーション創出の活性化に関する法律第34条の6第1項の規定により出資を受ける同項第3号に掲げる者その他これに準ずる一定の者をいい，特別研究機関等，大学等，特定新事業開拓事業者並びに上記(3)イ又はロに掲げるものを除く。以下同じ。）と共同して行う試験研究（その成果活用促進事業者の行う同号ハに掲げる研究開発その他これに準ずる一定の研究開発に該当するものに限る。）で，その成果活用促進事業者との契約又は協定（その協定又は契約において，その試験研究におけるその個人及びその成果活用促進事業者の役割分担及びその内容，その個人及びその成果活用促進事業者がその試験研究に要する費用を分担する旨及びその明細，その成果活用促進事業者がその費用のうちその個人が負担した額を確認する旨及びその方法並びにその試験研究の成果がその個人及びその成果活用促進事業者に帰属する旨及びその内容その他の事項が定められているものに限る。）に基づいて行われるもの

(5)　他の者（(1)の特別研究機関等，(2)の大学等，(3)の特定新事業開拓事業者，(4)の成果活用促進事業者，(3)のイ及びロに掲げるものを除く。）と共同して行う試験研究で，その他の者との契約又は協定（その他の者との契約又は協定において，その試験研究におけるその個人及びその他の者の役割分担及びその内容，その個人及びその他の者がその試験研究に要する費用を分担する旨及びその明細，その他の者がその費用の額のうちその個人が負担した額を確認する旨及びその方法並びにその試験研究の成果がその個人及びその他の者に帰属する旨及びその内容その他の事項が定められているものに限る。）に基づいて行われるもの

(6)　技術研究組合の組合員が協同して行う技術研究組合法第3条第1項第1号に規定する試験研究で，その技術研究組合の定款若しくは規約又は同法第13条第1項に規定する事業計画（その定款若しくは規約又は事業計画において，その試験研究におけるその個人及びその個人以外のその技術研究組合の組合員の役割分担及びその内容その他の事項が定められているものに限る。）に基づいて行われるもの

(7)　(1)の特別研究機関等に委託する試験研究で，その特別研究機関等との契約又は協定（その契約又は協定において，その試験研究に要する費用の額及びその明細並びにその試験研究の成果の帰属及びその公表に関する事項が定められているものに限る。）に基づいて行われるもの

(8)　(2)の大学等に委託する試験研究で，その大学等との契約又は協定（その契約又は協定において，その試験研究における分担すべき役割としてその個人がその試験研究に要する費用を負担する旨及びその明細，その大学等がその費用の額を確認する旨及びその方法並びにその試験研究の成果の帰属及びその公表に関する事項その他の事項が定められているものに限る。）に基づいて行われるもの

(9)　特定中小企業者等のうち試験研究を行うための拠点を有することその他の一定の要件を満たすものに委託する試験研究（委任契約その他の財務省令で定めるものに該当する契約又は協定（以下「委任契約等」という。）により委託するもので，その委託に基づき行われる業務が試験研究に該当するものに限る。以下(12)までにおいて同じ。）で，その特定中小企業者等とのその委託に係る委任契約等（その委任契約等において，その委託する試験研究における分担すべき役割としてその個人がその試験研究に要する費用を負担する旨及びその明細，その特定中小企業者等がその費用の額を確認する旨及びその方法並びにその試験研究の成果がその個人に帰属する旨その他の事項が定められているものに限る。）に基づいて行われるもの（その試験研究の主要な部分についてその特定中小企業者等が再委託を行うもの及び(10)から(12)までに掲げる試験研究に該当するものを除く。）

(注)　**特定中小企業者等**とは，青色申告者である中小事業者（個人），中小企業者（法人）及び中小連結法人（中小事業者等），法人税法別表第2に掲げる法人（公益法人等）その他試験研究を行う一定の機関で，(1)の特別研究機関等，(2)の大学等，(3)のイ及びロに掲げるもの及びその個人が非居住者である場合の事業場等を除くこととされています。

— 748 —

税額の計算（税額控除）

⑽　(3)の特定新事業開拓事業者に委託する試験研究のうち次のイ又はロに掲げる要件のいずれかを満たすもので，その特定新事業開拓事業者とのその委託に係る委任契約等（その委任契約等において，その委託する試験研究における分担すべき役割としてその個人がその試験研究に要する費用を負担する旨及びその明細，その特定新事業開拓事業者がその費用の額を確認する旨及びその方法並びにその試験研究の成果がその個人に帰属する旨その他の事項が定められているものに限る。）に基づいて行われるもの（その試験研究の主要な部分についてその特定新事業開拓事業者が再委託を行うものを除く。）

イ　その委託する試験研究の成果を活用してその個人が行おうとする試験研究が一定の工業化研究（以下「工業化研究」という。）に該当しないものであること（その委託に係る委任契約等において，その特定新事業開拓事業者に委託する試験研究がその個人の工業化研究以外の試験研究に該当するものである旨が定められている場合に限る。）。

ロ　その委託する試験研究が主としてその特定新事業開拓事業者の有する知的財産権等（知的財産基本法の知的財産権及び外国におけるこれに相当するものその他これに準ずる一定のもの及びこれらを活用した機械その他の減価償却資産をいう。以下同じ。）を活用して行うものであること（その委託に係る委任契約等において，その活用する知的財産権等がその特定新事業開拓事業者の有するものである旨及びその知的財産権等を活用して行う試験研究の内容が定められている場合に限る。）。

⑾　(4)の成果活用促進事業者に委託する試験研究のうち次のイ又はロに掲げる要件のいずれかを満たすもの（その成果活用促進事業者の行う成果実用化研究開発に該当するものに限る。）で，その成果活用促進事業者とのその委託に係る委任契約等（その委任契約等において，その委託する試験研究における分担すべき役割としてその個人がその試験研究に要する費用を負担する旨及びその明細，その成果活用促進事業者がその費用の額を確認する旨及びその方法並びにその試験研究の成果がその個人に帰属する旨その他の事項が定められているものに限る。）に基づいて行われるもの（その試験研究の主要な部分についてその成果活用促進事業者が再委託を行うものを除く。）

イ　その委託する試験研究の成果を活用してその個人が行おうとする試験研究が工業化研究に該当しないものであること（その委託に係る委任契約等において，その成果活用促進事業者に委託する試験研究がその個人の工業化研究以外の試験研究に該当するものである旨が定められている場合に限る。）。

ロ　その委託する試験研究が主としてその成果活用促進事業者の有する知的財産権等を活用して行うものであること（その委託に係る委任契約等において，その活用する知的財産権等がその成果活用促進事業者の有するものである旨及びその知的財産権等を活用して行う試験研究の内容が定められている場合に限る。）。

⑿　他の者（(1)の特別研究機関等，(2)の大学等，(3)の特定新事業開拓事業者，(4)の成果活用促進事業者並びに(3)のイ及びロに掲げるものを除く。）に委託する試験研究のうち次に掲げる要件のいずれかを満たすもので，その他の者とのその委託に係る委任契約等（その委任契約等において，その委託する試験研究における分担すべき役割としてその個人がその試験研究に要する費用を負担する旨及びその明細，その他の者がその費用の額を確認する旨及びその方法並びにその試験研究の成果がその個人に帰属する旨その他の事項が定められているものに限る。）に基づいて行われるもの

イ　その委託する試験研究の成果を活用してその個人が行おうとする試験研究が工業化研究に該当しないものであること（その委託に係る委任契約等において，その他の者に委託する試験研究がその個人の工業化研究以外の試験研究に該当するものである旨が定められている場合に限る。）。

ロ　その委託する試験研究が主としてその他の者の有する知的財産権等を活用して行うものであること（その委託に係る委任契約等において，その活用する知的財産権等がその他の者の有するものである旨及びその知的財産権等を活用して行う試験研究の内容が定められている場合に限る。）。

⒀　特定中小企業者等（中小事業者等に限る。）からその有する知的財産基本法の知的財産権及び外国におけるこれに相当するものの設定又は許諾を受けて行う試験研究で，その特定中小企業者等との契約又は協定（その契約又は協定において，その知的財産権の設定又は許諾の期間及び条件，その個人が

その特定中小企業者等に対して支払うその知的財産権の使用料の明細（その試験研究の進捗に応じてその知的財産権の使用料を支払う場合には，その旨を含む。）その他の事項が定められているものに限る。）に基づいて行われるもの

⑭　医薬品，医療機器等の品質，有効性及び安全性の確保等に関する法律第2条第16項に規定する希少疾病用医薬品，希少疾病用医療機器若しくは希少疾病用再生医療等製品又は同法第77条の4に規定する特定用途医薬品，特定用途医療機器若しくは特定用途再生医療等製品に関する試験研究で，国立研究開発法人医薬基盤・健康・栄養研究所法第15条第1項第2号の規定による助成金の交付の対象となった期間に行われるもの

(注)　令和6年分以後は，以下が追加されます。

⑮　次に掲げる要件の全てを満たす試験研究

　イ　その個人の使用人である次に掲げる者（以下「新規高度研究業務従事者」という。）に対して人件費を支出して行う試験研究であること。

　　(イ)　博士の学位を授与された者（外国においてこれに相当する学位を授与された者を含む。）で，その授与された日から5年を経過していないもの

　　(ロ)　他の者（(3)のイ及びロに掲げるものを除く。）の役員又は使用人として10年以上専ら研究業務に従事していた者で，その個人の使用人（その個人に係る(3)のイ及びロに掲げる法人の役員又は使用人を含む。）となった日から5年を経過していないもの

　ロ　その個人のその年分の新規高度人件費割合（(イ)に掲げる金額が(ロ)に掲げる金額のうちに占める割合をいう。）をその年の前年分の新規高度人件費割合で除して計算した割合が1.03以上である場合又はその個人のその年の前年分の新規高度人件費割合が零である場合（その年分又はその前年分の(ロ)に掲げる金額が零である場合を除く。）にその年において行う試験研究（工業化研究に該当するものを除く。）であること。

　　(イ)　試験研究費の額（工業化研究に該当する試験研究に係る試験研究費の額を除く。）のうち新規高度研究業務従事者に対する人件費の額

　　(ロ)　試験研究費の額のうち当該個人の使用人である者に対する人件費の額

　ハ　次に掲げる要件のいずれかに該当する試験研究であること。

　　(イ)　その内容に関する提案が広く一般に又は広くその個人の使用人に募集されたこと。

　　(ロ)　その内容がその試験研究に従事する新規高度研究業務従事者から提案されたものであること。

　　(ハ)　その試験研究に従事する者が広く一般に又は広く当該個人の使用人に募集され，その試験研究に従事する新規高度研究業務従事者がその募集に応じた者であること。

　「一定の試験研究費の額」とは，次の試験研究の区分に応じ次の試験研究費の額をいいます（措令5の3⑪，措規5の6㉔（令和6年以後は，㉔㉕））。

a　上記(1)，(7)，⑭に掲げる試験研究　その試験研究に係る試験研究費の額であることにつき証明がされた金額。この証明がされた金額は，その試験研究に要した費用に係るもの等としてその試験研究に係る試験研究機関等の長等が認定した金額で，その金額が生じた年分の確定申告書にその認定に係る書類の写しを添付することにより証明がされた金額です。

b　上記(2)から(5)まで及び(8)から⑫までに掲げる試験研究　その試験研究に係る試験研究費の額としてその個人が負担するものであることにつき証明がされた金額。この証明がされた金額は，その試験研究に要した費用であってその個人が契約等に基づいて負担したものに係るものであることにつき，監査及び大学等，新事業開拓事業者等，成果活用促進事業者その他の者の確認を受けた金額で，その金額が生じた年分の確定申告書にその監査及び確認に係る書類の写しを添付することにより証明がされた金額です。

c　上記(6)に掲げる試験研究　その試験研究に係る技術研究組合法第9条第1項の規定により賦課される費用の額

d　上記⑬に掲げる試験研究　その試験研究に係る試験研究費のうち特定中小企業者等に対して支払う

— 750 —

知的財産基本法の知的財産権及び外国におけるこれに相当するものの使用料に係る試験研究費の額として証明がされた金額。この証明がされた金額は，その試験研究に係る知的財産権及び外国におけるこれに相当するものの使用料であってその個人が特定中小企業者等に対して支払ったものに係るものであることにつき，監査及び特定中小企業者等の確認を受けた金額で，その金額を支出した年分の確定申告書にその監査及び確認に係る書類の写しを添付することにより証明がされた金額です。

（注）　令和６年分以後は，以下が追加されます。

　　e　上記(15)に掲げる試験研究　その試験研究に係る(15)ロ(イ)に掲げる金額として証明がされた金額（a又はbに定める試験研究費の額に該当する金額を除く。）。この証明がされた金額は，その個人の各年分の上記(15)ロ(イ)に掲げる金額であって試験研究に係るものであることにつき，その金額を支出した年分の確定申告書に次に掲げる事項を記載した書類を添付し，かつ，(c)の者が上記(15)イの新規高度研究業務従事者であることを明らかにする書類その他の試験研究が上記(15)イからハまでに掲げる要件に該当することを明らかにする書類を保存することにより証明がされた金額です。

　　(a)　その試験研究の目的及び内容

　　(b)　その試験研究の実施期間

　　(c)　その試験研究に係る新規高度研究業務従事者の氏名及び役職

　　(d)　その試験研究に係るその年分の上記(15)ロ(イ)に掲げる金額

　　適用を受けるための手続　試験研究を行った場合のこれらの特別控除の制度の適用を受けるためには，確定申告書（控除額を増加させる修正申告書又は更正請求書を提出する場合には，その修正申告書又は更正請求書を含む。）に控除の対象となる試験研究費の額又は特別試験研究費の額，控除を受ける金額及びその金額の計算に関する明細書を添付しなければなりません。この場合，税額控除される金額の基礎となる試験研究費の額又は特別試験研究費の額は，確定申告書に添付する書類に記載された試験研究費の額又は特別試験研究費の額が限度とされます（措法10⑩）。

高度省エネルギー増進設備等を取得した場合の所得税額の特別控除（廃止）

　　青色申告者である中小事業者が平成30年４月１日（エネルギーの使用の合理化等に関する法律の認定を受けた工場等を設置している者及び荷主は，エネルギーの使用の合理化等に関する法律の一部を改正する法律の施行の日（平成30年12月１日））から令和４年３月31日までの期間内に，高度省エネルギー増進設備等の取得等をして，これを国内にあるその個人の事業の用に供した場合には，高度省エネルギー増進設備等を取得した場合の特別償却（228ページ参照）の適用を受ける場合を除いて，事業の用に供した年（事業を廃止した日の属する年を除く。以下「供用年」という。）の総所得金額に係る所得税の額（配当控除がある場合には配当控除後の額）から次の金額を差し引くことができます（旧措法10の２③，旧措令５の４④）。

（注）　この制度は，令和３年度税制改正により，廃止されています。なお，個人が令和３年４月１日前に取得等をした高度省エネルギー増進設備等，その他一定の個人が令和４年３月31日までの間に取得等をする高度省エネルギー増進設備等で一定のものについては，従前どおりとされています（令３改正法附26）。

〔税額控除限度額〕

イ　取得価額×７％

ロ　（供用年の調整前事業所得税額）×20％　　｝イとロとのいずれか低い金額

　（注）１　ロの「調整前事業所得税額」については，前記試験研究を行った場合の所得税額の特別控除

税額の計算（税額控除）

(1)（741ページ）参照。

2 旧租税特別措置法第10条の3から第10条の4の2まで，第10条の5の2，第10条の5の3，第10条の5の4の2又は第11条から第15条までのいずれかの規定の適用を受けた減価償却資産については，この制度を適用することはできません（旧措法19）。

3 「中小事業者」とは，常時使用する従業員の数が1,000人以下の個人をいいます（旧措法10の2③，10⑦六，旧措令5の3⑨）。

4 国等の補助金等をもって取得等をした高度省エネルギー増進設備等については，この制度は適用されません（旧措法10の2⑤）。

適用を受けるための手続　この制度の適用を受けるためには，確定申告書（控除の適用を受ける金額を増加させる修正申告書又は更正請求書を提出する場合には，その修正申告書又は更正請求書を含む。）に控除の対象となる高度省エネルギー増進設備等の取得価額，控除を受ける金額及びその金額の計算に関する明細を記載した書類を添付しなければなりません。この場合，税額控除される金額の計算の基礎となる高度省エネルギー増進設備等の取得価額は，確定申告書に添付する書類に記載された高度省エネルギー増進設備等の取得価額が限度とされます（旧措法10の2⑦）。

中小事業者が機械等を取得した場合の所得税額の特別控除

青色申告者である中小事業者が，平成10年6月1日から令和7年3月31日までの期間内に製作後事業の用に供されたことのない特定機械装置等（230ページ参照）を取得し，又は製作して，これをその者の営む製造業，建設業等一定の事業の用（内航海運業を営む者以外の者については，貸付けの用を除く。以下「指定事業の用」という。）に供した場合には，中小事業者が機械等を取得した場合の特別償却（229ページ参照）の適用を受ける場合を除いて，事業の用に供した年（事業を廃止した日の属する年を除く。以下「供用年」という。）の総所得金額に係る所得税の額（配当控除の額がある場合には配当控除後の額）から次の金額を差し引くことができます（措法10の3③）。

〔税額控除限度額〕

イ　（基準取得価額）×7%
　　　　　　　　　　　　　　　　　　　　｝イとロとのいずれか低い金額
ロ　（供用年の調整前事業所得税額）×20%

（注）1　基準取得価額とは，特定機械装置等の取得価額（船舶については75%相当額）をいいます（措法10の3①，措令5の5⑧）。

2　「調整前事業所得税額」については，前記試験研究を行った場合の所得税額の特別控除(1)（741ページ）を参照。

3　課税総所得金額に対する所得税の額から税額控除できなかった部分の金額（繰越税額控除限度超過額）がある場合には，事業の用に供した翌年（事業を廃止した年を除く。）の課税総所得金額に対する所得税の額から差し引くことができます。

　　この場合，その翌年に事業の用に供した特定機械装置等につき税額控除される金額及び特定中小事業者が特定経営力向上設備等を取得した場合の税額控除額がある場合には，まず配当控除を適用し，次いでその年が供用年であるこれらの税額控除額を控除し，その後に繰越税額控除を適用することとされていますが，一つの年で控除される金額は，その年分の調整前事業所得税額の20%相当額（特定機械装置等につき税額控除される金額又は特定中小事業者が特定経営力向上設備等を取得した場合の税額控除額がある場合には，これらの金額を控除した残額）が限度とされます（措法10の3④，措令5の5⑩）。

税額の計算（税額控除）

　　適用を受けるための手続　この制度の適用を受けるためには，確定申告書（控除額を増加させる修正申告書又は更正請求書を提出する場合には，その修正申告書又は更正請求書を含む。）に控除の対象となる特定機械装置等の取得価額，控除を受ける金額及びその金額の計算に関する明細書を添付しなければなりません。この場合，税額控除される金額の基礎となる特定機械装置等の取得価額は，確定申告書に添付する書類に記載された特定機械装置等の取得価額が限度とされます（措法10の3⑧⑨）。

地域経済牽引事業の促進区域内において特定事業用機械等を取得した場合の所得税額の特別控除

　　青色申告書を提出する個人で地域経済牽引事業の促進による地域の成長発展の基盤強化に関する法律の承認地域経済牽引事業者であるものが，企業立地の促進等による地域における産業集積の形成及び活性化に関する法律の一部を改正する法律（平成29年法律第47号）の施行の日から令和7年3月31日までの間に，その個人の行う承認地域経済牽引事業に係る促進区域内においてその承認地域経済牽引事業に係る承認地域経済牽引事業計画に従って特定地域経済牽引事業施設等の新設又は増設をする場合において，その新設又は増設に係る特定事業用機械等の取得等をして，その承認地域経済牽引事業の用に供したときは，その承認地域経済牽引事業の用に供した年（事業を廃止した日の属する年を除く。以下「供用年」という。）の総所得金額に係る所得税の額（配当控除の額がある場合には，配当控除後の額）から次の金額を差し引くことができます（措法10の4③，措令5の5の2）。

〔税額控除限度額〕

　イ　特定事業用機械等（機械及び装置並びに器具及び備品）の基準取得価額×4％
　　　（特定個人が地域の成長発展の基盤強化に著しく資する一定の承認地域経済牽引事業の用に供したものについては，5％）
　　　（建物及びその附属設備並びに構築物については，2％）
　ロ　供用年の調整前事業所得税額×20％

｝イとロとのいずれか低い金額

　（注）1　ロの「調整前事業所得税額」については，前記試験研究を行った場合の所得税額の特別控除(1)（741ページ）を参照。
　　　　2　租税特別措置法第10条の3，第10条の4の2，第10条の5の3，第10条の5の5，第10条の5の6又は第11条から第15条までのいずれかの規定の適用を受けた減価償却資産については，この制度を適用することはできません（措法19①）。

　　適用を受けるための手続　この制度の適用を受けるためには，確定申告書（控除額を増加させる修正申告書又は更正請求書を提出する場合には，その修正申告書又は更正請求書を含む。）に控除の対象となる特定事業用機械等の取得価額，控除を受ける金額及びその金額の計算に関する明細書を添付しなければなりません。この場合，税額控除される金額の基礎となる特定事業用機械等の取得価額は，確定申告書に添付する書類に記載された特定事業用機械等の取得価額が限度とされます（措法10の4⑥）。

地方活力向上地域等において特定建物等を取得した場合の所得税額の特別控除

　　青色申告書を提出する個人で地域再生法の一部を改正する法律の施行の日（平成27年8月10日）

― 753 ―

税額の計算（税額控除）

から令和6年3月31日までの間に地域再生法の地方活力向上地域等特定業務施設整備計画について認定を受けたものが，その認定の日から3年以内に，同法の地方活力向上地域内において，特定建物等の取得等をして，これをその事業の用（貸付けの用を除く。）に供した場合には，地方活力向上地域等において特定建物等を取得した場合の特別償却（232ページ参照）の適用を受ける場合を除いて，その事業の用に供した年（事業を廃止した日の属する年を除く。以下「供用年」という。）の総所得金額に係る所得税の額（配当控除の額がある場合には配当控除後の額）から次の金額を差し引くことができます（措法10の4の2③，措令5の5の3）。

〔税額控除限度額〕

税額控除限度額は，地方活力向上地域等特定業務施設整備計画認定を受けた日の区分に応じ，次のとおりとされています（措法10の4の2③）。

イ　特定建物等の取得価額×4％（移転型計画の場合は，7％）｜イとロのいずれか低
ロ　（供用年の調整前事業所得税額）×20％　　　　　　　　｜い金額

(注)1　ロの「調整前事業所得税額」については，前記試験研究を行った場合の所得税額の特別控除(1)（741ページ）を参照。
　　2　租税特別措置法第10条の3，第10条の4，第10条の5の3，第10条の5の5，第10条の5の6又は第11条から第15条までのいずれかの規定の適用を受けた減価償却資産については，この制度を適用することはできません（措法19①）。

　地方活力向上地域等　「地方活力向上地域」とは，**移転型計画**（地方活力向上地域等特定業務施設整備計画が地域再生法第17条の2第1項第1号に掲げる事業に関する計画をいう。）である場合には同法第5条第4項第5号イ又はロに掲げる地域をいい，**拡充型計画**（地方活力向上地域等特定業務施設整備計画が同法第17条の2第1項第2号に掲げる事業に関する計画をいう。）である場合には同号に規定する地方活力向上地域をいいます（措法10の4の2①③）。

　特定建物等　「特定建物等」とは，認定地方活力向上地域等特定業務施設整備計画に記載された特定業務施設に該当する建物及びその附属設備並びに構築物（一の建物及びその附属設備並びに構築物の取得価額の合計額が2,500万円（中小事業者にあっては，1,000万円）以上のものに限る。）とされています（措法10の4の2①，措令5の5の3①）。

　適用を受けるための手続　この制度の適用を受けるためには，確定申告書（控除額を増加させる修正申告書又は更正請求書を提出する場合には，その修正申告書又は更正請求書を含む。）に控除の対象となる特定建物等の取得価額，控除を受ける金額及びその金額の計算に関する明細書を添付しなければなりません。この場合，税額控除される金額の基礎となる特定建物等の取得価額は，確定申告書に添付する書類に記載された特定機械建物等の取得価額が限度とされます（措法10の4の2⑥）。

地方活力向上地域等において雇用者の数が増加した場合の所得税額の特別控除

　地方活力向上地域等において雇用者の数が増加した場合の所得税額の特別控除には，次の措置があります。

— 754 —

税額の計算（税額控除）

(1) 地方事業所基準雇用者数に係る措置

青色申告書を提出する個人で認定事業者であるものが，適用年において，次の①の要件を満たす場合には，次の②の金額（以下「税額控除限度額」という。）の税額控除（適用年分の調整前事業所得税額の20％相当額が上限）ができることとされています（措法10の5①）。

（注）1　上記の「認定事業者」とは，（地域再生法の一部を改正する法律（平成27年法律第49号）の施行の日（平成27年8月10日）から令和6年3月31日までの間に地方活力向上地域等特定業務施設整備計画について地域再生法の認定（以下「計画の認定」という。）を受けた個人をいいます（措法10の5①）。「地方活力向上地域等特定業務施設整備計画」とは，地域再生法第17条の2第1項に規定する地方活力向上地域等特定業務施設整備計画をいいます（措法10の5①）。

2　上記の「適用年」とは，地方活力向上地域等特定業務施設整備計画について計画の認定を受けた個人のその計画の認定を受けた日の属する年以後3年内の各年をいい，事業を開始した日の属する年（相続又は包括遺贈により当該事業を承継した日の属する年を除く。）及び事業を廃止した日の属する年を除くこととされています（措法10の5③一）。

①　雇用保険法に規定する適用事業を行い，かつ，他の法律により業務の規制及び適正化のための措置が講じられている事業（風俗営業又は性風俗関連特殊営業に該当する事業）を行っていないこと。

②　次の金額の合計額

イ　30万円に，その個人のその適用年の地方事業所基準雇用者数のうちその適用年の特定新規雇用者数に達するまでの数（以下「特定新規雇用者基礎数」という。）を乗じて計算した金額（措法10の5①二イ）

（注）　地方事業所基準雇用者数は，その地方事業所基準雇用者数がその適用年の基準雇用者数を超える場合には，その基準雇用者数とすることとされています。

なお，この金額は，その適用年（その適用年が計画の認定を受けた日の属する年である場合には，同日からその適用年の12月31日までの期間）に新たに雇用された特定雇用者でその適用年の12月31日において移転型適用対象特定業務施設に勤務するものの数として証明がされた数（以下「移転型特定新規雇用者数」という。）がある場合には，20万円に，その特定新規雇用者基礎数のうちその移転型特定新規雇用者数に達するまでの数を乗じて計算した金額を加算した金額とすることとされています（措法10の5①二イ，③九，措令5の6⑦，措規5の9②）。

（注）1　上記の「特定新規雇用者数」とは，適用年（その適用年が計画の認定を受けた日の属する年である場合には，同日からその適用年の12月31日までの期間）に新たに雇用された特定雇用者でその適用年の12月31日において適用対象特定業務施設に勤務するものの数として証明がされた数をいいます（措法10の5③八，措令5の6⑥，措規5の9①）。

2　上記の「移転型適用対象特定業務施設」とは，地域再生法第17条の2第1項第1号に掲げる事業に関する地方活力向上地域等特定業務施設整備計画（以下「移転型計画」という。）について計画の認定を受けた個人のその計画の認定に係る適用対象特定業務施設をいいます（措法10の5③九）。

ロ　20万円に，その個人のその適用年の地方事業所基準雇用者数（基準雇用者数を上限）からその適用年の新規雇用者総数を控除した数のうちその適用年の特定非新規雇用者数に達するまでの数（以下「特定非新規雇用者基礎数」という。）を乗じて計算した金額（措法10の5①二ロ）

なお，その適用年の移転型地方事業所基準雇用者数からその適用年の移転型新規雇用者総

— 755 —

税額の計算（税額控除）

数を控除した数のうちその適用年の移転型特定非新規雇用者数に達するまでの数（以下「移転型特定非新規雇用者基礎数」という。）が0を超える場合には，20万円に，その特定非新規雇用者基礎数のうちその移転型特定非新規雇用者基礎数に達するまでの数を乗じて計算した金額を加算することとされています（措法10の5①二ロ）。

(注) 1　上記の「新規雇用者総数」とは，適用年（その適用年が計画の認定を受けた日の属する年である場合には，同日からその適用年の12月31日までの期間）に新たに雇用された雇用者でその適用年の12月31日において適用対象特定業務施設に勤務するもの（以下「新規雇用者」という。）の総数として証明がされた数をいいます（措法10の5③十，措令5の6⑧，措規5の9①）。

2　上記の「特定非新規雇用者数」とは，適用年（その適用年が計画の認定を受けた日の属する年である場合には，同日からその適用年の12月31日までの期間）において他の事業所から適用対象特定業務施設に転勤した特定雇用者（新規雇用者を除く。）でその適用年の12月31日においてその適用対象特定業務施設に勤務するものの数が記載された財務省令で定める書類を確定申告書に添付することにより証明がされたその特定雇用者の数をいいます（措法10の5③十一，措令5の6⑨，措規5の9②）。

3　上記の「移転型地方事業所基準雇用者数」とは，移転型適用対象特定業務施設のみを個人の事業所とみなした場合における適用年の基準雇用者数の計算の基礎となる雇用者の数について記載された財務省令で定める書類を確定申告書に添付することにより証明がされたその基準雇用者数をいいます（措法10の5③十二，措令5の6⑩，措規5の9②）。

4　上記の「移転型新規雇用者総数」とは，適用年（その適用年が計画の認定を受けた日の属する年である場合には，同日からその適用年の12月31日までの期間）に新たに雇用された雇用者でその適用年の12月31日において移転型適用対象特定業務施設に勤務するものの総数が記載された財務省令で定める書類を確定申告書に添付することにより証明がされたその雇用者の総数をいいます（措法10の5③十三，措令5の6⑪，措規5の9②）。

5　上記の「移転型特定非新規雇用者数」とは，適用年（その適用年が計画の認定を受けた日の属する年である場合には，同日からその適用年の12月31日までの期間）において他の事業所から移転型適用対象特定業務施設に転勤した特定雇用者（新規雇用者を除く。）でその適用年の12月31日においてその移転型適用対象特定業務施設に勤務するものの数が記載された財務省令で定める書類を確定申告書に添付することにより証明がされたその特定雇用者の数をいいます（措法10の5③十四，措令5の6⑫，措規5の9②）。

(1)の措置は，その適用を受けようとする年及びその前年において，その適用を受けようとする個人にその個人の都合により解雇された雇用者又は高年齢雇用者であった者（以下「離職者」という。）がいないことにつき証明がされた場合に限り，適用できることとされています（措法10の5⑤，措令5の6⑭，措規5の9④⑤）。

ただし，地方活力向上地域等において特定建物等を取得した場合の特別償却又は所得税額の特別控除制度との選択適用とされています（措法10の5④）。

なお，控除を受ける金額は，その個人の適用年の年分の調整前事業所得税額の20％相当額を上限とすることとされています（措法10の5①後段）。

(2) 地方事業所特別基準雇用者数に係る措置

青色申告書を提出する個人で認定事業者であるもののうち，上記(1)の措置の適用を受ける又は受けたもの（地方活力向上地域等において特定建物等を取得した場合の特別償却又は所得税額の特別控除制度の適用を受ける年にその適用を受けないものとしたならば，上記(1)の措置の適用があるものを含

— 756 —

税額の計算（税額控除）

む。）が，その適用を受ける年以後の各適用年（その個人の地方活力向上地域等特定業務施設整備計画（移転型計画に限る。）について計画の認定を受けた日の属する年以後の各年で基準雇用者数又は地方事業所基準雇用者数が０に満たない年以後の各年を除く。）において，雇用保険法に規定する適用事業を行い，かつ，他の法律により業務の規制及び適正化のための措置が講じられている事業（風俗営業又は性風俗関連特殊営業に該当する事業）を行っていない場合には，その適用年において，40万円にその個人のその適用年の地方事業所特別基準雇用者数を乗じて計算した金額（その計画の認定に係る特定業務施設が準地方活力向上地域内にある場合には，30万円にその特定業務施設に係るその個人のその適用年の地方事業所特別基準雇用者数を乗じて計算した金額となります。）の税額控除ができることとされています（旧措法10の５②）。

(注) 上記の「地方事業所特別基準雇用者数」とは，適用年の前々年１月１日からその適用年の12月31日までの間に地方活力向上地域特定業務施設整備計画（移転型計画に限る。）について計画の認定を受けた個人のその適用年及びその適用年前の各年のうち，その計画の認定を受けた日の属する年以後の各年のその個人のその計画の認定に係る特定業務施設のみをその個人の事業所とみなした場合における基準雇用者数として証明がされた数の合計数をいいます（措法10の５③十五，旧措令５の６⑬，措規５の９③）。

　この措置は，その適用を受けようとする年及びその前年において，その適用を受けようとする個人に離職者がいないことにつき証明がされた場合に限り，適用できることとされています（措法10の５⑤，措令５の６⑭，措規５の９④⑤）。

　なお，控除を受ける金額は，その個人の適用年の年分の調整前事業所得税額の20％相当額を上限とすることとされており，上記(1)の措置により調整前事業所得税額から控除される金額又は地方活力向上地域等において特定建物等を取得した場合の特別償却又は所得税額の特別控除制度における税額控除により調整前事業所得税額から控除される金額がある場合には，その調整前事業所得税額の20％相当額からこれらの金額を控除した残額を上限とすることとされています（措法10の５②後段）。

他の税額控除の不適用　上記(1)ないし(3)の税額控除の適用を受けた年分においては，次の制度の適用を受けることができません（東日本震災特例法10の３②，10の３の２③，10の３の３②）。

(1) 特定復興産業集積区域において被災雇用者等を雇用した場合の所得税額の特別控除（東日本震災特例法10の３，953ページ参照）

(2) 企業立地促進区域等において避難対象雇用者等を雇用した場合の所得税額の特別控除（東日本震災特例法10の３の２，961ページ参照）

(3) 避難解除区域等において避難対象雇用者等を雇用した場合の所得税額の特別控除（東日本震災特例法10の３の３，958ページ参照）

適用を受けるための手続　この制度の適用を受けるためには，確定申告書（控除額を増加させる修正申告書又は更正請求書を提出する場合には，その修正申告書又は更正請求書を含む。）に控除の対象となる特定地域基準雇用者数，地方事業所基準雇用者数又は地方事業所特別基準雇用者数，控除を受ける金額及びその金額の計算に関する明細書を添付しなければなりません。この場合，税額控除される金額の基礎となる特定地域基準雇用者数，地方事業所基準雇用者数又は地方事業所特別基準雇用者数は，確定申告書に添付する書類に記載された特定地域基準雇用者数，地方事業所基準雇用者数又は地方事業所特別基準雇用者

— 757 —

税額の計算（税額控除）

数が限度とされます（措法10の5⑥）。

特定中小事業者が特定経営力向上設備等を取得した場合の所得税額の特別控除

特定中小事業者が，平成29年4月1日から令和7年3月31日までの間に，特定経営力向上設備等の取得等をして，これを国内にあるその特定中小事業者の営む指定事業の用に供した場合には，その用に供した年（事業を廃止した日の属する年を除く。以下「供用年」という。）において，総所得金額に係る所得税の額（配当控除がある場合には，配当控除後の額）から，次の金額を差し引くことができます（措法10の5の3，措令5の6の3，措規5の11）。

〔税額控除限度額〕

イ　特定経営力向上設備等の取得価額×10%　┐イとロとのいずれか
ロ　その年の調整前事業所得税額×20%　　　┘低い金額

(注) 1　上記の「特定中小事業者」とは，中小事業者（常時使用する従業員の数が1,000人以下の個人をいう。）で青色申告書を提出するもののうち，中小企業等経営強化法第17条第1項の認定を受けた同法第2条第6項に規定する特定事業者等に該当するものとされています（措法10の5の3①）。

2　「調整前事業所得税額」については，前記試験研究を行った場合の所得税額の特別控除(1)（741ページ）を参照。

3　課税総所得金額に対する所得税の額から税額控除できなかった部分の金額（繰越税額控除限度超過額）がある場合には，供用年の課税総所得金額に対する所得税の額から差し引くことができます。

この場合，その翌年に事業の用に供した特定経営力向上設備等につき税額控除される金額又は中小事業者が機械等を取得した場合の税額控除額がある場合には，まず配当控除を適用し，次いでその年が供用年であるこれらの税額控除額を控除し，その後に繰越税額控除を適用することとされていますが，一つの年で控除される金額は，その年分の調整前事業所得税額の20%相当額（特定経営力向上設備等につき税額控除される金額又は中小事業者が機械等を取得した場合の税額控除額がある場合には，これらの金額を控除した残額）が限度とされます（措法10の5の3④，措令5の6の3④）。

4　租税特別措置法第10条の3から第10条の4の2まで，第10条の5の5，第10条の5の6又は第11条から第15条までのいずれかの規定の適用を受けた減価償却資産については，この制度を適用することはできません（措法19①）。

5　令和2年4月20日に閣議決定された新型コロナウイルス感染症緊急経済対策における税制上の措置の一環として，中小企業等経営強化法施行規則の一部を改正する省令（令和2年経済産業省令第45号）による中小企業等経営強化法施行規則の改正により，特定経営力向上設備等における経営力向上設備等に，機械装置，工具，器具備品，建物附属設備並びにソフトウエアのうち，投資計画（次の(1)から(3)までのいずれかに該当することにつき経済産業大臣の確認を受けたものに限る。）に記載された投資の目的を達成するために必要不可欠な設備が追加されています。（テレワーク等のための中小企業の設備投資税制）

(1)　情報処理技術を用いた遠隔操作を通じて，事業を対面以外の方法により行うこと又は事業に従事する者が現に常時労務を提供している場所以外の場所において常時労務を提供することができるようにすること。

(2)　現に実施している事業に関するデータの集約及び分析を情報処理技術を用いて行うことにより，その事業の工程に関する最新の状況の把握及び経営資源等の最適化を行うことが

— 758 —

税額の計算（税額控除）

　　　　できるようにすること。

　　　(3)　情報処理技術を用いて，現に実施している事業の工程に関する経営資源等の最適化のための指令を状況に応じて自動的に行うことができるようにすること。

　　適用を受けるための手続　この制度の適用を受けるためには，確定申告書（控除を受ける金額を増加させる修正申告書又は更正請求書を提出する場合には，その修正申告書又は更正請求書を含む。）に控除の対象となる特定経営力向上設備等の取得価額又は繰越税額控除限度超過額，控除を受ける金額及びその金額の計算に関する明細書を添付しなければなりません。この場合，控除される金額の計算の基礎となる特定経営力向上設備等の取得価額は，確定申告書に添付された書類に記載された特定経営力向上設備等の取得価額が限度とされます（措法10の5の3⑧⑨）。

給与等の支給額が増加した場合の所得税額の特別控除

　この制度は，次の(1)及び(2)の措置によって構成されています。

(1)　**個人の継続雇用者給与等支給額が増加した場合に係る措置（賃上げ促進税制）**

　　青色申告書を提出する個人が，令和5年及び令和6年の各年において国内雇用者に対して給与等を支給する場合において，その年においてその個人の継続雇用者給与等支給額からその継続雇用者比較給与等支給額を控除した金額のその継続雇用者比較給与等支給額に対する割合が3％以上であるときは，その個人のその年の控除対象雇用者給与等支給増加額に15％（その年において次の要件を満たす場合にはそれぞれ次の割合を加算した割合とし，その年において次の要件の全てを満たす場合には次の割合を合計した割合を加算した割合とします。）を乗じて計算した金額（以下「税額控除限度額」といいます。）の税額控除ができることとされています（措法10の5の4①）。

①　継続雇用者給与等支給増加割合が4％以上であること……10％

②　その個人のその年分の事業所得の金額の計算上必要経費に算入される教育訓練費の額からその比較教育訓練費の額を控除した金額のその比較教育訓練費の額に対する割合が20％以上であること……5％

(注)1　上記の「国内雇用者」とは，個人の使用人（その個人と一定の特殊の関係のある者を除く。）のうちその個人の有する国内の事業所に勤務する一定の雇用者に該当するものをいいます。

　　2　上記の「給与等」とは，所得税法第28条第1項に規定する給与等をいいます。

　　3　上記の「継続雇用者給与等支給額」とは，継続雇用者（個人の適用年及びその適用年の前年の各月分のその個人の給与等の支給を受けた一定の国内雇用者をいう。）に対するその適用年の給与等の支給額（その給与等に充てるため他の者から支払を受ける金額（国又は地方公共団体から受ける雇用保険法第62条第1項第1号に掲げる事業として支給が行われる助成金その他これに類するものの額を除く。）がある場合には，その金額を控除した金額）をいいます。

　　4　上記の「継続雇用者比較給与等支給額」とは，上記3の個人の継続雇用者に対する適用年の前年の給与等の支給額をいいます。

　　5　上記の「控除対象雇用者給与等支給増加額」とは，個人の雇用者給与等支給額からその比較雇用者給与等支給額を控除した金額（その金額がその個人の調整雇用者給与等支給増加額（イに掲げる金額からロに掲げる金額を控除した金額をいう。）を超える場合には，その調整雇用者給与等支給増加額）をいいます。

　　　イ　雇用者給与等支給額（当該雇用者給与等支給額の計算の基礎となる給与等に充てるための雇用安定助成金額（国又は地方公共団体から受ける雇用保険法第62条第1項第1号に掲げる事業

税額の計算

— 759 —

として支給が行われる助成金その他これに類するものの額をいう。）がある場合には，その雇用
安定助成金額を控除した金額）

ロ　比較雇用者給与等支給額（その比較雇用者給与等支給額の計算の基礎となる給与等に充てる
ための雇用安定助成金額がある場合には，その雇用安定助成金額を控除した金額）

6　上記の「教育訓練費」とは，個人がその国内雇用者の職務に必要な技術又は知識を習得させ，
又は向上させるために支出する一定の費用をいいます。

7　上記の「比較教育訓練費の額」とは，個人の適用年の前年分の事業所得の金額の計算上必要経
費に算入される教育訓練費の額（その個人がその適用年の前年において事業を開始した場合には，
その適用年の前年の教育訓練費の額に12を乗じてこれをその適用年の前年において事業を営んで
いた期間の月数で除して計算した金額）をいいます。

8　上記5の「雇用者給与等支給額」とは，個人の適用年の年分の事業所得の金額の計算上必要経
費に算入される国内雇用者に対する給与等の支給額をいいます。

9　上記5の「比較雇用者給与等支給額」とは，個人の適用年の前年分の事業所得の金額の計算上
必要経費に算入される国内雇用者に対する給与等の支給額（その適用年の前年において事業を営
んでいた期間の月数とその適用年において事業を営んでいた期間の月数とが異なる場合には，そ
の月数に応じて計算した金額）をいいます。

税額控除割合は，適用年において次の要件を満たす場合には，15％にそれぞれ次の割合を加算
した割合とし，その適用年において次の要件の全てを満たす場合には，15％に次の割合を合計し
た割合を加算した割合（すなわち30％）とすることとされています（措法10の5の4①）。

①　継続雇用者給与等支給増加割合が4％以上であること……10％

②　適用対象者の適用年の事業所得の金額の計算上必要経費に算入される教育訓練費の額からそ
の比較教育訓練費の額を控除した金額のその比較教育訓練費の額に対する割合が20％以上であ
ること……5％

なお，控除を受ける金額は，その年分の調整前事業所得税額の20％相当額を上限とすることと
されています（措法10の5の4①後段）。

ただし，事業を開始した個人のその開始した日の属する年及び事業を廃止した日の属する年
は，この措置の適用を受けることはできません（措法10の5の4①）。

(2)　**中小事業者の雇用者給与等支給額が増加した場合に係る措置（中小事業者における賃上げ促進税制）**

中小事業者が，令和5年及び令和6年の各年において国内雇用者に対して給与等を支給する場
合において，その年においてその中小事業者の雇用者給与等支給額からその比較雇用者給与等支
給額を控除した金額のその比較雇用者給与等支給額に対する割合が1.5％以上であるときは，そ
の中小事業者のその年の控除対象雇用者給与等支給増加額の15％（その年において次の①又は②に
掲げる要件を満たす場合には，15％にそれぞれに定める割合（その年において ①及び②に掲げる要件の
全てを満たす場合には，それぞれに定める割合を合計した割合）を加算した割合）相当額（以下「中小
事業者税額控除限度額」といいます。）の税額控除ができることとされています（措法10の5の4②）。

①　雇用者給与等支給増加割合が2.5％以上であること……15％

②　その中小事業者のその年分の事業所得の金額の計算上必要経費に算入される教育訓練費の額
からその比較教育訓練費の額を控除した金額のその比較教育訓練費の額に対する割合が10％以
上であること……10％

(注)　上記の「国内雇用者」，「給与等」，「雇用者給与等支給額」，「比較雇用者給与等支給額」，「控除対

税額の計算（税額控除）

象雇用者給与等支給増加額」，「教育訓練費」，「比較教育訓練費の額」は，上記(1)の（注）と同様です。

なお，控除を受ける金額は，その年分の調整前事業所得税額の20％相当額を上限とすることとされています（措法10の5の4②後段）。

ただし，上記(1)の措置の適用を受ける年，事業を開始した中小事業者のその開始した日の属する年及び事業を廃止した日の属する年は，この措置の適用を受けることはできません（措法10の5の4②）。

適用を受けるための手続

この制度の適用を受けるためには，確定申告書（控除を受ける金額を増加させる修正申告書又は更正請求書を提出する場合には，その修正申告書又は更正請求書を含みます。）に控除の対象となる控除対象雇用者給与等支給増加額，継続雇用者給与等支給額及び継続雇用者比較給与等支給額，控除を受ける金額並びにその金額の計算に関する明細を記載した書類を添付しなければなりません（措法10の5の4⑤）。この場合，控除される金額の計算の基礎となる控除対象雇用者給与等支給増加額は，確定申告書に添付された書類に記載された控除対象雇用者給与等支給増加額を限度とすることとされています（措法10の5の4⑤後段）。

認定特定高度情報通信技術活用設備を取得した場合の所得税額の特別控除

青色申告書を提出する個人で特定高度情報通信技術活用システムの開発供給及び導入の促進に関する法律（令和2年法律第37号）の認定導入事業者であるものが，同法の施行の日（令和2年8月31日）から令和7年3月31日までの期間内に，その個人の認定導入計画に記載された認定特定高度情報通信技術活用設備の取得等をして，これを国内にあるその個人の事業の用に供した場合には，認定特定高度情報通信技術活用設備を取得した場合の特別償却（235ページ参照）の適用を受ける場合を除いて，事業の用に供した日の属する年（事業を廃止した日の属する年を除く。以下「供用年」という。）の総所得金額に係る所得税の額（配当控除がある場合には配当控除後の額）から次の金額を差し引くことができます（措法10の5の5③，措令5の6の5②）。

〔税額控除限度額〕

イ　取得価額×税額控除割合 ⎫ イとロのいずれか低

ロ　（供用年の調整前事業所得税額）×20％ ⎭ い金額

〔税額控除割合〕

① 令和2年8月31日から令和4年3月31日まで……15％（旧措法10の5の5③）

② 令和4年4月1日から令和5年3月31日までの間に事業の用に供した認定特定高度情報通信技術活用設備

次の認定特定高度情報通信技術活用設備の区分に応じそれぞれ次の割合とされています（措法10の5の5③一）。

イ　条件不利地域以外の地域内において事業の用に供した特定基地局用認定設備……9％

特定基地局用認定設備とは，認定特定高度情報通信技術活用設備のうち，電波法第27条の12第1項に規定する特定基地局（同項第1号に係るものに限ります。）の無線設備をいいます（措法

— 761 —

税額の計算（税額控除）

10の5の5③一）。

(注)　上記の「条件不利地域」とは，次の地域をいいます（措法10の5の5③一）。

(イ)　離島振興法第2条第1項の規定により離島振興対策実施地域として指定された地域

(ロ)　奄美群島振興開発特別措置法第1条に規定する奄美群島

(ハ)　豪雪地帯対策特別措置法第2条第1項の規定により豪雪地帯として指定された地域

(ニ)　辺地に係る公共的施設の総合整備のための財政上の特別措置等に関する法律第2条第1項に規定する辺地

(ホ)　山村振興法第7条第1項の規定により振興山村として指定された地域

(ヘ)　小笠原諸島振興開発特別措置法第4条第1項に規定する小笠原諸島

(ト)　半島振興法第2条第1項の規定により半島振興対策実施地域として指定された地域

(チ)　特定農山村地域における農林業等の活性化のための基盤整備の促進に関する法律第2条第1項に規定する特定農山村地域

(リ)　沖縄振興特別措置法第3条第1号に規定する沖縄

(ヌ)　過疎地域の持続的発展の支援に関する特別措置法第2条第1項に規定する過疎地域

ロ　上記イ以外の認定特定高度情報通信技術活用設備……15％

具体的には，ローカル5Gシステムの認定特定高度情報通信技術活用設備及び条件不利地域内において事業の用に供した全国5Gシステムの認定特定高度情報通信技術活用設備がこれに該当します。

③　令和5年4月1日から令和6年3月31日までの間に事業の用に供した認定特定高度情報通信技術活用設備

次の認定特定高度情報通信技術活用設備の区分に応じそれぞれ次の割合（措法10の5の5③二）。

イ　条件不利地域以外の地域内において事業の用に供した特定基地局用認定設備……5％

ロ　上記イ以外の認定特定高度情報通信技術活用設備……9％

④　令和6年4月1日から令和7年3月31日までの間に事業の用に供した認定特定高度情報通信技術活用設備……3％（措法10の5の5③三）。

(注)1　ロの「調整前事業所得税額」については，前記試験研究を行った場合の所得税額の特別控除(1)（741ページ）参照。

2　租税特別措置法第10条の3から第10条の4の2まで，第10条の5の3，第10条の5の6又は第11条から第15条までのいずれかの規定の適用を受けた減価償却資産については，この制度を適用することはできません（措法19①）。

適用を受けるための手続　この制度の適用を受けるためには，確定申告書（控除の適用を受ける金額を増加させる修正申告書又は更正請求書を提出する場合には，その修正申告書又は更正請求書を含む。）に控除の対象となる認定特定高度情報通信技術活用設備の取得価額，控除を受ける金額及びその金額の計算に関する明細を記載した書類並びに特定高度情報通信技術活用システムの開発供給及び導入の促進に関する法律第31条第1項第5号に定める主務大臣の同法第26条の確認をしたことを証する書類の写しを添付しなければなりません。この場合，税額控除される金額の計算の基礎となる認定特定高度情報通信技術活用設備の取得価額は，確定申告書に添付する書類に記載された認定特定高度情報通信技術活用設備の取得価額が限度とされます（措法10の5の5⑥，措規5の12の2③）。

税額の計算（税額控除）

事業適応設備を取得した場合等の所得税額の特別控除

事業適応設備を取得した場合等の所得税額の特別控除には，次の2つの制度があります。

(1) デジタルトランスフォーメーション投資促進税制

① 事業適応設備に係る措置

　　青色申告書を提出する個人で産業競争力強化法の認定事業適応事業者であるものが，産業競争力強化法等の一部を改正する等の法律（令和3年法律第70号。以下「産競法等改正法」という。）の施行の日（令和3年8月2日）から令和7年3月31日までの間に，情報技術事業適応の用に供するために特定ソフトウエアの新設若しくは増設をし，又は情報技術事業適応を実施するために利用するソフトウエアのその利用に係る費用（繰延資産となるものに限る。）を支出する場合において，情報技術事業適応設備の取得等をして，これを国内にあるその個人の事業の用に供したときは，その情報技術事業適応設備につき事業適応設備を取得した場合等の特別償却（237ページ参照）の適用を受ける場合を除いて，その事業の用に供した日の属する年（事業を廃止した日の属する年を除く。以下「供用年」という。）の総所得金額に係る所得税の額（配当控除がある場合には配当控除後の額）から次の金額を差し引くことができます（措法10の5の6⑦）。

〔税額控除限度額〕

イ　情報技術事業適応設備の取得価額×3％
　　（情報技術事業適応のうち産業競争力の強化に著しく資する一定のものの用に供する情報技術事業適応設備については，5％）┐
ロ　（供用年の調整前事業所得税額）×20％　　　　　　　　　　　　┘イとロのいずれか低い金額

　　(注)1　上記イの情報技術事業適応設備の取得価額は，下記②の措置の対象となる資産との合計額（以下「対象資産合計額」という。）が300億円を超える場合には，300億円にその情報技術事業適応設備の取得価額がその対象資産合計額のうちに占める割合を乗じて計算した金額とされています。

　　　　2　上記ロの「調整前事業所得税額」については，前記試験研究を行った場合の所得税額の特別控除(1)（741ページ）参照。下記②及び(2)においても同様です。

　　　　3　租税特別措置法第10条の3から第10条の4の2まで，第10条の5の3，第10条の5の5又は第11条から第15条までのいずれかの規定の適用を受けた減価償却資産については，この制度を適用することができません（措法19①）。

② 事業適応繰延資産に係る措置

　　青色申告書を提出する個人で産業競争力強化法の認定事業適応事業者であるものが，産競法等改正法の施行の日（令和3年8月2日）から令和7年3月31日までの間に，情報技術事業適応を実施するために利用するソフトウエアのその利用に係る費用を支出した場合において，その支出した費用に係る繰延資産（以下「事業適応繰延資産」という。）につき事業適応設備を取得した場合等の特別償却（237ページ参照）の適用を受けないときは，その支出した日の属する年（事業を廃止した日の属する年を除く。以下「支出年」という。）の年分の総所得金額に係る所得税の額（配当控除がある場合には配当控除後の額）から次の金額を差し引くことができます（措法10の5の6⑧）。

― 763 ―

税額の計算（税額控除）

〔税額控除限度額〕

イ 事業適応繰延資産の取得価額×３％
（情報技術事業適応のうち産業競争力の強化に著しく資する一定のものの用に供する事業適応繰延資産については，５％）

ロ （支出年の調整前事業所得税額）×20％

イとロのいずれか低い金額

(注) 1 上記イの事業適応繰延資産の取得価額は，対象資産合計額が300億円を超える場合には，300億円にその事業適応繰延資産の取得価額がその対象資産合計額のうちに占める割合を乗じて計算した金額とされています。

2 上記ロの「（支出年の調整前事業所得税額）×20％」については，上記①の税額控除の適用がある場合には，その金額を「（支出年の調整前事業所得税額）×20％」から控除した残額となります。

3 租税特別措置法第10条の３から第10条の４の２まで，第10条の５の３，第10条の５の５又は第11条から第15条までのいずれかの規定の適用を受けた減価償却資産については，この制度を適用することができません（措法19①）。

(2) カーボンニュートラルに向けた投資促進税制

青色申告書を提出する個人で産業競争力強化法の認定事業適応事業者（その認定事業適応計画（エネルギー利用環境負荷低減事業適応に関するものに限る。）にその計画に従って行うエネルギー利用環境負荷低減事業適応のための措置として生産工程効率化等設備等を導入する旨の記載があるものに限る。）であるものが，産競法等改正法の施行の日（令和３年８月２日）から令和６年３月31日までの間に，その計画に記載された生産工程効率化等設備等の取得等をして，これを国内にあるその個人の事業の用に供した場合において，その生産工程効率化等設備等につき事業適応設備を取得した場合等の特別償却（237ページ参照）又は上記(1)①の措置の適用を受けないときは，供用年の総所得金額に係る所得税の額（配当控除がある場合には配当控除後の額）から次の金額を差し引くことができます（措法10の５の６⑨）。

〔税額控除限度額〕

イ 生産工程効率化等設備等の取得価額×５％
（エネルギーの利用による環境への負荷の低減に著しく資するものとして一定のものについては，10％）

ロ （供用年の調整前事業所得税額）×20％

イとロのいずれか低い金額

(注) 1 上記イの生産工程効率化等設備等の取得価額は，その認定エネルギー利用環境負荷低減事業適応のための措置として取得等をする生産工程効率化等設備等の取得価額の合計額が500億円を超える場合には，500億円にその事業の用に供した生産工程効率化等設備等の取得価額がその合計額のうちに占める割合を乗じて計算した金額とされています。

2 上記ロの「（供用年の調整前事業所得税額）×20％」については，上記(1)①又は②の税額控除の適用がある場合には，これらの金額を「（供用年の調整前事業所得税額）×20％」から控除した残額となります。

3 租税特別措置法第10条の３から第10条の４の２まで，第10条の５の３，第10条の５の５，第10条の５の６又は第11条から第15条までのいずれかの規定の適用を受けた減価償却資産については，この制度を適用することができません（措法19①）。

適用を受けるための手続 この制度の適用を受けるためには，確定申告書（控除の適用を受ける金額を増加させる修正申告書又は更正請求書を提出する場合には，その修正申告書又は更正請求書を含む。）に控

除の対象となる情報技術事業適応設備の取得価額，事業適応繰延資産の額又は生産工程効率化等設備等の取得価額，控除を受ける金額及びその計算に関する明細を記載した書類並びにその適用に係る情報技術事業適応設備，事業適応繰延資産又は生産工程効率化等設備等が記載された認定申請書等の写し及びその認定申請書等に係る認定書等の写し（上記(1)の制度の適用を受ける場合にあっては，これらに加え，その認定申請書等に係る認定事業適応計画に従って実施される情報技術事業適応に係る確認書の写し）を添付しなければなりません。この場合，税額控除される金額の計算の基礎となる情報技術事業適応設備の取得価額，事業適応繰延資産の額又は生産工程効率化等設備等の取得価額は，確定申告書に添付された書類に記載された情報技術事業適応設備の取得価額，事業適応繰延資産の額又は生産工程効率化等設備等の取得価額が限度とされます（措法10の5の6⑬，措規12の3④）。

所得税の額から控除される特別控除額の特例

個人がその年において，以下に掲げる各規定のうち2以上の規定の適用を受けようとする場合において，その適用を受けようとする規定による税額控除可能額の合計額がその年分の調整前事業所得税額の90％を超える場合にはその超える部分の金額（以下「所得税額超過額」という。）は，その年分の所得税額から控除せず，一定の事項を記載した明細書の添付を要件に各特別控除制度の繰越税額控除限度超過額としてその翌年分以後に繰越控除することができます（措法10の6，東日本震災特例法10の4，旧措法10の6）。

この場合の所得税額超過額は，各特別控除のうち控除可能期間（控除することができる最終の年の12月31日までの期間）の最も長いものから順次成るものとされます（措法10の6①②）。

(1) 試験研究を行った場合の所得税額の特別控除（措法10）

(2) 高度省エネルギー増進設備等を取得した場合の所得税額の特別控除（旧措法10の2）

(3) 中小事業者が機械等を取得した場合の所得税額の特別控除（措法10の3）

(4) 地域経済牽引事業の促進区域内において特定事業用機械等を取得した場合の所得税額の特別控除（措法10の4）

(5) 地方活力向上地域等において特定建物等を取得した場合の所得税額の特別控除（措法10の4の2）

(6) 地方活力向上地域等において雇用者の数が増加した場合の所得税額の特別控除（措法10の5）

(7) 特定中小事業者が経営改善設備を取得した場合の所得税額の特別控除（旧措法10の5の2）

(8) 特定中小事業者が特定経営力向上設備等を取得した場合の所得税額の特別控除（措法10の5の3）

(9) 給与等の支給額が増加した場合の所得税額の特別控除（措法10の5の4）

(10) 認定特定高度情報通信技術活用設備を取得した場合の所得税額の特別控除（措法10の5の5）

(11) 事業適応設備を取得した場合等の所得税額の特別控除（措法10の5の6）

(12) 特定復興産業集積区域等において機械等を取得した場合の所得税額の特別控除（東日本震災特例法10）

(13) 企業立地促進区域等において機械等を取得した場合の所得税額の特別控除（東日本震災特例法10の2）

(14) 避難解除区域において機械等を取得した場合の所得税額の特別控除（東日本震災特例法10の2の

税額の計算（税額控除）

2）

(15) 特定復興産業集積区域において被災雇用者等を雇用した場合の所得税額の特別控除（東日本震災特例法10の3）

(16) 企業立地促進区域等において避難対象雇用者等を雇用した場合の所得税額の特別控除（東日本震災特例法10の3の2）

(17) 避難解除区域において避難対象雇用者等を雇用した場合の所得税額の特別控除（東日本震災特例法10の3の3）

(注)1　個人（中小事業者を除く。以下同じ。）が，令和元年から令和6年までの各年において特定税額控除規定（租税特別措置法第10条の6第1項第1号，第3号，第5号，第11号又は第12号に掲げる規定）の適用を受けようとする場合において，その年において次に掲げる要件のいずれにも該当しないときは，その特定税額控除規定は適用することができないこととされています。ただし，その年分の事業所得の金額がその前年分の事業所得の金額以下である場合については，この措置の対象外です（措法10の6⑤⑥）。

①　その個人の継続雇用者給与等支給額が継続雇用者比較給与等支給額を超えること。

②　その個人の国内設備投資額が償却費総額の30％相当額を超えること。

2　上記1①の要件の判定上，継続雇用者給与等支給額及び継続雇用者比較給与等支給額の算定に際し，給与等に充てるため他の者から支払を受ける金額のうち，国又は地方公共団体から受ける雇用保険法第62条第1項第1号に掲げる事業として支給が行われる助成金その他これに類するものの額は，給与等の支給額から控除しないこととされています。

住宅借入金等特別控除

個人が，居住用家屋の新築等（居住用家屋の新築又は居住用家屋で建築後使用されたことのないもの（下記「**住宅借入金等特別控除の対象となる住宅の範囲**」及び「**手続と必要書類**」において，新築した居住用家屋を含めて「新築住宅」という。）の取得（配偶者その他の者からの取得で一定のもの及び贈与によるものを除く。）をいう。以下同じ。），買取再販住宅の取得，既存住宅の取得，又は自己の所有している家屋の増改築等をして，これらの家屋（増改築等した家屋については，増改築部分）を平成19年1月1日から令和7年12月31日までの間に自己の居住の用に供した場合（新築の日若しくは取得の日又は増改築等の日から6か月以内に自己の居住の用に供した場合に限る。）において，その者がこれらの家屋の新築若しくは取得又は増改築等のための借入金又は債務（利息に対応するものを除く。以下「借入金等」という。）の金額を有するときは，その居住の用に供した年（以下「居住年」という。）以後10年間（居住年が平成19年又は平成20年の場合は，10年間又は15年間，令和4年又は令和5年の場合には，10年間又は13年間）の各年分（合計所得金額が2,000万円を超える年分を除く。）の所得税額から住宅借入金等特別控除額を差し引くことができます。ただし，この税額控除は，居住の用に供した日以後その年の12月31日（住宅借入金等特別控除の適用を受ける者が死亡した年については，死亡した日）まで継続して居住の用に供していた年分（再び居住の用に供した場合で一定の要件を満たす場合及び災害により居住の用に供することができなくなった場合を含む。787・788ページ参照）に限って適用されます（措法41①⑥㉖㉙㉜）。

(注)1　上記の「6か月以内に自己の居住の用に供した場合」の要件については，既存住宅の取得をし，かつ，その既存住宅をその居住の用に供する前にその既存住宅の特定増改築等（増築，改築，修

税額の計算（税額控除）

繕又は模様替でその契約がその既存住宅の取得をした日から５か月を経過する日又は令和２年６月30日のいずれか遅い日までに締結されているものをいう。）をした個人が，新型コロナウイルス感染症及びそのまん延防止のための措置の影響によりその既存住宅をその取得の日から６か月以内に自己の居住の用に供することができなかった場合には，「その既存住宅を令和３年12月31日までに自己の居住の用に供した場合（その既存住宅を特定増改築等の日から６か月以内に自己の居住の用に供した場合に限る。）」の要件に代えることができます（新型コロナ特例法６①）。以下この「住宅借入金等特別控除」において同じです。

2　上記の「10年間」については，「特別特定取得の場合の控除期間の３年間延長の特例（782ページ参照）（特例取得の特例（783ページ参照），特別特例取得の特例（783ページ参照）又は特例特別特例取得の特例（784ページ参照）により適用する場合を含む。）」の適用がある場合には「13年間」となります。

3　上記の「2,000万円」については，個人が令和４年１月１日前に居住用家屋等をその者の居住の用に供した場合及び特別特例取得の特例（783ページ参照）により適用する場合には「3,000万円」となります（令４改正法附34①）。

4　平成28年４月１日前に住宅の取得等をした場合については，居住者が住宅の取得等をする場合に限りこの控除の適用ができることとされ，非居住者期間中に住宅の取得等をした場合についてはこの控除の適用ができませんでしたが，同日以後は非居住者期間中に住宅の取得等をした場合についてもこの控除の適用ができることとされました。認定住宅等に係る住宅借入金等特別控除及び特定増改築等住宅借入金等特別控除についても同様です（平28改正法附76①，77①）。

合計所得金額（714ページ参照）

住宅借入金等特別控除の対象となる住宅の範囲（767ページ参照）

住宅借入金等特別控除の対象となる借入金等の範囲（773ページ参照）

住宅借入金等特別控除額の計算（778ページ参照）

消費税率引上げによる住宅に係る駆け込み・反動減対策のための控除期間の特例（特別特定取得の場合の控除期間の３年間延長の特例）（782ページ参照）

特例取得をして令和３年中に居住の用に供した場合の「特別特定取得の場合の控除期間の３年間延長の特例」の適用（床面積が50㎡以上である家屋）【特例取得の特例】（783ページ参照）

特別特例取得をして令和４年末までに居住の用に供した場合の住宅借入金等特別控除の適用（床面積が50㎡以上である家屋）【特別特例取得の特例】（783ページ参照）

特例特別特例取得をして令和４年末までに居住の用に供した場合の住宅借入金等特別控除の適用（床面積が40㎡以上50㎡未満である家屋）【特例特別特例取得の特例】（784ページ参照）

住宅借入金等特別控除の対象とならない取得（785ページ参照）

住宅借入金等特別控除が適用されない年分（785ページ参照）

再び居住の用に供した場合（787ページ参照）

災害により居住の用に供することができなくなった場合の借宅借入金等特別控除の継続適用及び重複適用（788ページ参照）

手続と必要書類（790ページ参照）

年末調整における控除（793ページ参照）

　　住宅借入金等特別控除の対象となる住宅の範囲　住宅借入金等特別控除の適用の対象となる住宅は，次のものです。

(1)　新築住宅　住宅借入金等特別控除の対象となる新築住宅は，平成19年１月１日から令和７年12月31日までの間に自己の居住の用に供される次のイ又はロに掲げる家屋（その家屋の床面積の２分の１以上

税額の計算（税額控除）

に相当する部分が専ら居住の用に供されるものに限る。）となります。なお，自己の居住の用に供する家屋を二以上有する場合には，その人が主として居住の用に供している一の家屋に限られます（措法41①，措令26①）。したがって，貸家用の住宅や別荘などは対象とはなりません。

イ　1棟の家屋で床面積が50㎡以上であるもの

ロ　1棟の家屋で，その構造上区分された数個の部分を独立して住居その他の用途に供することができるものについてその各部分を区分所有する場合には，その人の区分所有する部分の床面積が50㎡以上であるもの

(注)1　家屋（上記ロの場合には自己の区分所有する部分）の一部が自己の居住の用以外の用に供される場合には，居住の用以外の用に供される部分の床面積を含めた全体の床面積により，上記イ及びロの判定をします（措通41―12(1)）。

2　家屋が共有物であるときは，その家屋の床面積にその者の持分割合を乗じて計算した床面積ではなく，その家屋全体の床面積により判定します（措通41―12(2)）。

3　上記の「50㎡以上」の要件については，新型コロナ特例法の「**特例特別特例取得の特例**（784ページ参照）」により令和3年1月1日から令和4年12月31日までの間に居住の用に供した場合には，「40㎡以上50㎡未満」でもその年の合計所得金額が1,000万円以下の年に限り，住宅借入金等特別控除の適用ができる場合があります（新型コロナ特例法6の2）。下記「(2)　**既存住宅**」及び「**住宅借入金等特別控除の対象となる家屋の増改築等の範囲**」において同じです。また，個人が，国内において，令和4年1月1日以後に特例居住用家屋の新築又は特例居住用家屋で建築後使用されたことのないものの取得（以下「特例居住用家屋の新築等」という。）をした場合には，その特例居住用家屋の新築等は居住用家屋の新築等に該当するものと，その特例居住用家屋は居住用家屋とそれぞれみなして，住宅借入金等特別控除を適用することができることとされています。ただし，その者の控除期間のうち，その年分の所得税に係る合計所得金額が1,000万円を超える年については，適用しないこととされています（措法41⑱⑲，令4改正法附34①）。

この「特例居住用家屋」とは，個人がその居住の用に供する次に掲げる家屋（その家屋の床面積の2分の1以上に相当する部分が専らその居住の用に供されるものに限ります。）で令和5年12月31日以前に建築基準法第6条第1項の規定による確認（以下「建築確認」といいます。）を受けているものとし，その者がその居住の用に供する家屋を二以上有する場合には，これらの家屋のうち，その者が主としてその居住の用に供すると認められる一の家屋に限るものとされています（措法41⑱，措令26㉚）。

①　1棟の家屋で床面積が40㎡以上50㎡未満であるもの

②　1棟の家屋で，その構造上区分された数個の部分を独立して住居その他の用に供することができるものにつきその各部分を区分所有する場合には，その者の区分所有する部分の床面積が40㎡以上50㎡未満であるもの

(2)　**既存住宅**　住宅借入金等特別控除の対象となる既存住宅は，前記(1)の新築住宅の要件のほかに更に次に掲げる要件が加わります（措法41①㉝，措令26②③㊳）。

イ　その家屋が建築後使用されたことのある家屋であること

ロ　その家屋が次のいずれかに該当するものであること

(イ)　その家屋が耐火建築物であるときは取得の日以前25年以内に建築されたものであること

(ロ)　その家屋が耐火建築物以外であるときは取得の日以前20年以内に建築されたものであること

(ハ)　その家屋が建築基準法施行令第3章及び第5章の4の規定又は国土交通大臣が財務大臣と協議して定める地震に対する安全性に係る基準（平17.3.31国土交通省告示393号（最終改正：

— 768 —

税額の計算（税額控除）

令5．3．31国土交通省告示284号））に適合するものであること

(ﾆ)　その家屋が要耐震改修住宅であること

(注)1　上記の「耐火建築物」とは，登記簿に記載された家屋の構造のうち，建物の主たる部分の構成材料が石造，れんが造，コンクリートブロック造，鉄骨造（軽量鉄骨造を除く。），鉄筋コンクリート造又は鉄骨鉄筋コンクリート造のものをいいます（旧措令26②，旧措規18の21①）。

2　個人が令和4年1月1日以後にその者の居住の用に供する家屋については，**特別特例取得の特例**（783ページ参照）又は**特例特別特例取得の特例**（784ページ参照）により適用する場合を除き，その家屋が昭和57年1月1日以後に建築されたものであれば上記ロ(ﾊ)の家屋に該当します（令4改正法附34①）。この場合には，下記(注)3の要件は不要です。

3　上記ロ(ﾊ)の家屋は，その家屋の取得の日前2年以内に耐震基準適合証明書による証明のための家屋の調査が終了したもの，その取得の日前2年以内に建設住宅性能評価書により耐震等級（構造躯体の倒壊等防止）に係る評価が等級1，等級2又は等級3であると評価されたもの又は平成25年4月1日以後に取得した既存住宅のうち，既存住宅売買瑕疵担保責任保険契約が締結されているもの（住宅瑕疵担保責任法人が引受けを行う一定の保険契約であって，その家屋の取得の日前2年以内に締結したものに限る。）に限ります（平21.6.26国土交通省告示685号（最終改正：令5.3.31国土交通省告示285号））。

4　上記ロ(ﾆ)の「要耐震改修住宅」とは上記ロ(ｲ)～(ﾊ)以外の家屋で，平成26年4月1日以後に取得した既存住宅のうち，その家屋の取得の日までに家屋の耐震改修（地震に対する安全性の向上を目的とした増築，改築，修繕又は模様替をいう。）を行うことにつき次の(1)又は(2)の申請をし，かつ，その者の居住の用に供する日（取得の日から6か月以内の日に限る。）までにその耐震改修（**既存住宅の耐震改修をした場合の所得税額の特別控除**（措法41の19の2，819ページ参照）又は**既存住宅に係る特定の改修工事をした場合の所得税額の特別控除**（措法41の19の3，820ページ参照）の適用を受けるものを除く。）により，その家屋が耐震基準に適合することとなったことにつき一定の証明又は確認がされたものに限ります（措法41㉝，平26改正法附67，平26.3.31国土交通省告示430号（最終改正：令4.3.31国土交通省告示433号））。なお，「取得の日から6か月以内の日に限る」の要件については，耐震改修に係る契約を要耐震改修住宅の取得をした日から5か月を経過する日又は令和2年6月30日のいずれか遅い日までに締結している個人が，新型コロナウイルス感染症及びそのまん延防止のための措置の影響により耐震改修をして要耐震改修住宅をその取得の日から6か月以内に自己の居住の用に供することができなかった場合には，「耐震改修をして要耐震改修住宅を令和3年12月31日までに自己の居住の用に供したとき（要耐震改修住宅を耐震改修の日から6か月以内に自己の居住の用に供した場合に限る。）」の要件に代えることができます（新型コロナ特例法6③，新型コロナ特例令4②）。

(1)　建築物の耐震改修の促進に関する法律第17条第1項の規定による耐震改修計画の認定申請

(2)　国土交通大臣が財務大臣と協議して定める書類に基づいて行う申請

ハ　その家屋の購入時において自己と生計を一にし，その後においても引き続き自己と生計を一にしている親族等から購入したものでないこと（785ページ参照）

住宅借入金等特別控除の対象となる家屋の増改築等の範囲

　住宅借入金等特別控除の適用の対象となる家屋の増改築等とは，自己の所有する家屋（自己の居住の用に供するものに限られ，自己の居住の用に供する家屋を二以上有している場合には，主として自己の居住の用に供すると認められる一の家屋に限る。）について行う，次の(1)から(6)までに掲げる工事等（これらの工事と併せて行うその家屋と一体となって効用を果たす設備の取替え，取付けの工事を含みます。）で(7)の要件を満たすものをいいます（措法41⑳，措令26⑤㉝㉟）。

税額の計算（税額控除）

(1) 増築，改築，建築基準法第2条第14号に規定する大規模の修繕及び同条第15号に規定する大規模の模様替の工事

(2) 1棟の家屋で，その構造上区分された数個の部分を独立して住居その他の用途に供することができるもの（マンション等区分所有された建物）のその独立部分について行う次に掲げるいずれかの修繕又は模様替の工事（上記(1)に該当するものを除く。）

  イ 区分所有する部分の床（建築基準法第2条第5号に規定する主要構造部である床及び最下階の床をいう。）の過半又は主要構造部である階段の過半について行う修繕又は模様替

  ロ 区分所有する部分の間仕切壁（主要構造部である間仕切壁及び建築物の構造上重要でない間仕切壁をいう。）の室内に面する部分の過半について行う修繕又は模様替（その間仕切壁の一部について位置の変更を伴うものに限る。）

  ハ 区分所有する部分の主要構造部である壁（外壁，界壁及び構築物の構造上重要な間仕切壁）の室内に面する部分の過半について行う修繕又は模様替（その修繕又は模様替に係る壁の過半について遮音又は熱の損失の防止のための性能を向上させるものに限る。）

(3) 家屋（上記(2)の家屋については，その者が区分所有する部分に限る。）のうち居室，調理室，浴室，便所，洗面所，納戸，玄関，廊下の一室の床又は壁の全部について行う修繕又は模様替（上記(1)又は(2)に該当するものを除く。）の工事（平5.10.6建設省告示1931号（最終改正：令4.3.31国土交通省告示439号））（これら工事と併せて行うその家屋と一体となって効用を果たす設備の取替え等の工事を含む。）

(4) 家屋について行われる建築基準法施行令第3章及び第5章の4の規定又は国土交通大臣が財務大臣と協議して定める地震に対する安全性に係る基準に適合させるための修繕又は模様替（上記(1)から(3)までに掲げる工事に該当するものを除く。）の工事（平14.3.31国土交通省告示271号（最終改正：令4.3.31国土交通省告示440号））

(5) 家屋について行う高齢者等が自立した日常生活を営むのに必要な構造及び設備の基準に適合させるための修繕又は模様替で次のイからチまでのいずれかに該当する工事（上記(1)から(4)までに掲げる工事に該当するものを除く。）（平19.3.30国土交通省告示407号（最終改正：令4.3.31国土交通省告示442号））

  イ 介助用の車いすで容易に移動するために通路又は出入口の幅を拡張する工事

  ロ 階段の設置（既存の階段の撤去を伴うものに限る。）又は改良によりその勾配を緩和する工事

  ハ 浴室を改良する工事であって，次のいずれかに該当するもの

   (イ) 入浴又はその介助を容易に行うために浴室の床面積を増加させる工事

   (ロ) 浴槽をまたぎ高さの低いものに取り替える工事

   (ハ) 固定式の移乗台，踏み台その他の高齢者等の浴槽の出入りを容易にする設備を設置する工事

   (ニ) 高齢者等の身体の洗浄を容易にする水栓器具を設置し又は同器具に取り替える工事

  ニ 便所を改良する工事であって，次のいずれかに該当するもの

   (イ) 排泄又はその介助を容易に行うために便所の床面積を増加させる工事

   (ロ) 便器を座便式のものに取り替える工事

   (ハ) 座便式の便器の座高を高くする工事

  ホ 便所，浴室，脱衣室その他の居室及び玄関並びにこれらを結ぶ経路に手すりを取り付ける工事

  ヘ 便所，浴室，脱衣室その他の居室及び玄関並びにこれらを結ぶ経路の床の段差を解消する工

事（勝手口その他屋外に面する開口の出入口及び上がりかまち並びに浴室の出入口にあっては，段差を小さくする工事を含む。）

ト　出入口の戸を改良する工事であって，次のいずれかに該当するもの

(イ)　開戸を引戸，折戸等に取り替える工事

(ロ)　開戸のドアノブをレバーハンドル等に取り替える工事

(ハ)　戸に戸車その他の戸の開閉を容易にする器具を設置する工事

チ　便所，浴室，脱衣室その他の居室及び玄関並びにこれらを結ぶ経路の床の材料を滑りにくいものに取り替える工事

(6)　家屋について行う国土交通大臣が財務大臣と協議して定めるエネルギーの使用の合理化に資する修繕又は模様替の工事（上記(1)から(5)までに掲げる工事に該当するものを除く。）（平20.4.30国土交通省告示513号（最終改正：令4.3.31国土交通省告示443号））

(7)　住宅借入金等特別控除の適用の対象となる家屋の増改築等とは，上記(1)から(6)までに掲げる工事で次の要件を満たすものをいいます。

イ　その工事に要した費用の額（補助金等の交付を受ける場合はその補助金等の額を控除した金額）が100万円を超えること

ロ　その工事に係る部分のうちに自己の居住の用以外の用に供する部分がある場合には，自己の居住の用に供する部分に係るその工事に要した費用の額がその工事に要した費用の額の総額の2分の1以上であること

ハ　その工事をした後の家屋の床面積の2分の1以上が専ら自己の居住の用に供されるものであること

ニ　その工事をした家屋がその者のその居住の用に供される次に掲げる家屋のいずれかに該当するものであること

①　1棟の家屋で床面積が50㎡以上であるもの

②　区分所有する場合には，その者の区分所有する部分の床面積が50㎡以上であるもの

(注)1　上記(1)の「大規模の修繕」又は「大規模の模様替え」の工事とは，家屋の壁（建築物の構造上重要でない間仕切壁を除く。），柱（間柱を除く。），床（最下階の床を除く。），はり，屋根又は階段（屋外階段を除く。）のいずれか一以上について行う過半の修繕又は模様替の工事（例えば，トタンぶきの屋根全体のうち2分の1を超える部分について瓦ぶきに模様替する工事）をいいます。これらの工事で住宅借入金等特別控除の対象となるのは，これらの工事に係る建築確認済証の写し若しくは検査済証の写し又はこれらの工事に該当する旨を証する書類として建築士等から交付を受けた増改築等工事証明書により証明がされたものに限られます（措規18の21⑲）。

2　上記(3)の工事には，その工事と併せて行うその家屋と一体となって効用を果たす電気設備，給排水設備，衛生設備，ガス設備等の設備の取替え又は取付けの工事が含まれます。

3　上記(3)の「これらの工事と併せて行うその家屋と一体となって効用を果たす設備の取替え等の工事」とは，例えば，浴室の床全体の張替え工事と一体で行われる浴槽の取替え工事や台所の床全体の張替え工事と一体で行われるシステムキッチン等の設置に伴う工事などがこれに該当します。

4　上記(5)の「高齢者等」とは，次の(1)から(4)までのいずれかに該当する者をいいます（措法41の3の2①）。

(1)　年齢が65歳以上である者

(2)　介護保険法第19条第1項に規定する要介護認定を受けている者

税額の計算（税額控除）

(3) 介護保険法第19条第2項に規定する要支援認定を受けている者

(4) 所得税法第2条第1項第28号に規定する障害者に該当する者

5 上記(2)から(6)までの工事については，増改築等工事証明書により証明がされたものに限り，住宅借入金等特別控除が適用されます（措規18の21⑲）。

6 上記(6)の「エネルギーの使用の合理化に資する修繕又は模様替」とは，次のものです（平20.4.30国土交通省告示513号（最終改正：令4.3.31国土交通省告示443号））。

「①居室の窓の改修工事」又は「①の工事と併せて行う②床の断熱工事，③天井の断熱工事若しくは④壁の断熱工事」で次の要件を満たすもの

イ 改修した部位の省エネ性能がいずれも平成28年省エネ基準以上となること

ロ 改修後の住宅全体の断熱等性能等級が改修前から一段階相当以上上がると認められること

(注) 平成21年4月1日から平成27年12月31日までの間に居住の用に供した場合には，ロの要件は不要となります（旧措令26㉕㉖，旧平20.4.30国土交通省告示513号）。

なお，対象となる工事は，地域によって異なりますので，詳細については上記告示を参照してください。

7 上記(7)イの「補助金等」とは，国又は地方公共団体から交付される補助金又は給付金その他これらに準ずるものをいいます（措法41⑳）。

8 増改築等の費用に消費税等の額が含まれている場合には，消費税等込みの額となります。

買取再販住宅の取得 779ページのとおり，既存住宅のうち宅地建物取引業者が一定のリフォームにより良質化した上で販売する買取再販住宅については新築住宅と同じ扱いとされています。

この新築等と同じ扱いとされる買取再販住宅は，宅地建物取引業者が「特定増改築等」をした既存住宅に該当する家屋で新築された日から起算して10年を経過したもののその宅地建物取引業者からの取得とされますが（措法41①，措令26④），この「特定増改築等」とは，宅地建物取引業者が家屋（その宅地建物取引業者からの取得前2年以内にその宅地建物取引業者が取得をしたものに限ります。）につき次の(1)及び(2)に掲げる工事（その工事と併せて行うその家屋と一体となって効用を果たす設備の取替え又は取付けに係る工事を含みます。）であって，次の(3)及び(4)の要件を満たすものをいいます（措法41⑳，措令26㉝㉞，措規18の21⑱，令4.3国土交通告423）。

なお，対象となる工事は，次に掲げる工事でその工事に該当するものであることにつき増改築等工事証明書により証明がされたものとされています。

(1) 上記「**住宅借入金等特別控除の対象となる家屋の増改築等の範囲**」の(1)から(6)までに掲げる工事

(2) 家屋について行う給水管，排水管又は雨水の浸入を防止する部分（住宅の品質確保の促進等に関する法律施行令第5条第2項に規定する雨水の浸入を防止する部分をいう。）に係る修繕又は模様替（その家屋の瑕疵を担保すべき責任の履行に関し国土交通大臣が財務大臣と協議して定める保証保険契約が締結されているものに限り，上記(1)に掲げる工事に該当するものを除く。）

(3) 特定増改築等に係る工事に要した費用の総額がその家屋の個人に対する譲渡の対価の額の100分の20に相当する金額（その金額が300万円を超える場合には，300万円）以上であること。

(4) 次に掲げる要件のいずれかを満たすこと。

① 上記(1)に掲げる工事に要した費用の額の合計額が100万円を超えること。

② 上記(1)に掲げる工事（上記「**住宅借入金等特別控除の対象となる家屋の増改築等の範囲**」の(4)か

— 772 —

税額の計算（税額控除）

ら(6)までに掲げる工事に限る。）又は(2)に掲げる工事のいずれかに掲げる工事に要した費用の額がそれぞれ50万円を超えること。

（注）　特定増改築等として上記(2)の工事が行われた場合には，増改築等工事証明書に加え，住宅瑕疵担保責任保険法人が発行した既存住宅売買瑕疵担保責任保険の保険付保証明書が必要とされています。

住宅借入金等特別控除の対象となる借入金等の範囲　住宅借入金等特別控除の適用の対象となる借入金又は債務は，契約において償還期間が10年以上の割賦償還の方法又は賦払期間が10年以上の割賦払の方法により返済し，又は支払うこととされている次に掲げるものです（措法41①）。

　この借入金又は債務には，返済に伴う利息部分はもちろん一定期間返済をすえ置いた場合の利息相当部分や支払が遅延した場合の遅延利息等に相当するものは含まれませんし，手数料等の間接的に生ずる負担も含まれません（措法41①，措通41—20）。

（注）1　上記の「割賦償還の方法」又は「割賦払の方法」とは，返済又は支払（以下「返済等」という。）をすべき借入金又は債務の金額の返済等の期日が月，年等で1年以下の期間を単位としておおむね規則的に到来し，かつ，それぞれの返済等の期日において返済等をすべき金額が当初において具体的に確定している場合におけるその返済等の方法をいいます（措通41—17）。

　　　2　774ページ(1)ハ及び774ページ(3)①ハに掲げる承継債務にあっては，債務の承継に関する契約に基づき承継をしたその契約の当事者である(1)ハ及び(3)①ハに掲げる法人に対する債務の賦払期間（承継後の賦払期間）が10年以上の割賦払の方法により返済し，又は支払うこととされているものに限られます（措法41①三）。

(1)　**住宅の新築又は取得をした場合**

　イ　次の金融機関等からの借入金等

　　(イ)　銀行，信用金庫，労働金庫，信用協同組合，農業協同組合，農業協同組合連合会，漁業協同組合，漁業協同組合連合会，水産加工業協同組合，水産加工業協同組合連合会，株式会社商工組合中央金庫，生命保険会社，損害保険会社，信託会社，農林中央金庫，信用金庫連合会，労働金庫連合会，共済水産業協同組合連合会，信用協同組合連合会，株式会社日本政策投資銀行からの借入金（措法41①一，措令26⑨一）

　　(ロ)　独立行政法人住宅金融支援機構，地方公共団体，沖縄振興開発金融公庫，国家公務員共済組合，国家公務員共済組合連合会，日本私立学校振興・共済事業団，地方公務員共済組合，独立行政法人北方領土問題対策協会，エヌ・ティ・ティ厚生年金基金からの借入金（措法41①一，措令26⑧⑨一，措規18の21②）

　　(ハ)　貸金業者で，住宅資金の長期貸付けの業務を行うものからの借入金（措法41①一，措令26⑧）

　　(ニ)　工事を請け負わせた建設業者からの借入金（措法41①一，措令26⑩一）

　　(ホ)　新築住宅又は既存住宅の譲渡をした宅地建物取引業者からの借入金（措法41①一，措令26⑩二）

　　(ヘ)　上記(ハ)の貸金業者又は(ホ)の宅地建物取引業者である法人で，家屋の新築工事の請負代金又は取得の対価の支払の代行を業とする者から，家屋の新築工事の請負代金又は新築家屋の取得の対価が建設業者又は家屋を譲渡した者に支払われたことにより，その法人に対して負担する債務（措法41①一，措令26⑩三）

　　(ト)　事業主団体又は福利厚生会社からの借入金（独立行政法人勤労者退職金共済機構からの転貸貸付けの資金に係るものに限る。）（措法41①一，措令26⑩四イハ）

税額の計算（税額控除）

(ㄦ) 当初借入先から債権譲渡を受けた特定債権者に対する借入金又は債務（措法41①一，措令26⑩五，措規18の21⑦）

ロ 次の建設業者等に対する債務

(イ) 建設業者に請け負わせた工事の請負代金に係る債務（措法41①二）

(ロ) 宅地建物取引業者，独立行政法人都市再生機構，地方住宅供給公社，地方公共団体，日本勤労者住宅協会に対する住宅の取得の対価に係る債務（措法41①二，措令26⑪）

(ハ) 事業主団体又は福利厚生会社から取得した新築住宅の取得の対価に係る債務（独立行政法人勤労者退職金共済機構からの分譲貸付けの資金に係る部分に限る。）（措法41①二，措令26⑬一）

ハ 独立行政法人都市再生機構，地方住宅供給公社又は日本勤労者住宅協会を当事者とする既存住宅の取得の対価に係る債務の承継に関する契約に基づく債務（措法41①三，措令26⑭）

ニ 次の使用者等からの借入金等

(イ) 給与所得者の使用者からの借入金又は使用者に対する債務（措法41①四，措令26⑯一）

(ロ) 使用者に代わって住宅の取得等に要する資金の貸付けを行っていると認められる一般社団法人又は一般財団法人で国土交通大臣が指定した者からの借入金（措法41①四，措令26⑱一，五）

(注) 上記の「給与所得者」とは，所得税法第28条第1項に規定する給与等又は同法第30条第1項に規定する退職手当等の支払を受ける者で，法人税法第2条第15号に規定する役員等及びその役員等の親族等一定の関係者（租税特別措置法施行令第26条第15項に規定する者）に該当しない者をいいます。したがって，会社の役員がその会社から借り入れた借入金は対象にはなりません（措法41①四）。

(2) 増改築等をした場合

イ 上記(1)イ(イ)から(ニ)まで，(ト)及び(ㄦ)に掲げる金融機関等からの借入金（措法41①一，措令26⑧⑨一，⑩一，四イハ，五，措規18の21②⑦）

ロ 上記(1)ロ(イ)(ロ)に掲げる建設業者等に対する債務（措法41①二，措令26⑪）

ハ 上記(1)ニ(イ)(ロ)に掲げる使用者等からの借入金等（措法41①四，措令26⑱六）

(3) 住宅の新築又は取得とともに住宅の敷地を取得した場合

① 住宅と住宅の敷地を一括で取得したとき

イ 上記(1)イ(イ)から(ハ)まで，(ホ)から(ㄦ)までに掲げる金融機関等からの借入金等（措法41①一，措令26⑧⑨一，⑩二，三，四ハ，五，⑱五，措規18の21②）

ロ 上記(1)ロ(ロ)から(ニ)までに掲げる建設業者等に対する債務（措法41①二，措令26⑪，⑬一）

ハ 上記(1)ハに掲げる承継債務（措法41①三，措令26⑭）

ニ 上記(1)ニ(イ)(ロ)に掲げる使用者等からの借入金等（措法41①四，措令26⑯一，⑱五）

② 住宅の新築の日前2年以内に住宅の敷地を取得したとき

住宅の新築の日前2年以内に購入したその住宅の敷地の購入に要する資金に充てるために次のイからハまでに掲げる者から借り入れた借入金又は住宅の新築の日前2年以内にハに掲げる者から購入したその住宅の敷地の購入の対価に係るこれらの者に対する債務で，一定の要件を満たすもの（下記③から⑤までに該当する借入金を除く。）（措法41①一，四，措令26⑨六，⑯五，⑰二，⑱四，措規18の21⑤）

イ 金融機関（上記(1)イ(イ)に掲げるもの），地方公共団体又は貸金業者（上記(1)イ(ハ)に掲げるもの）

— 774 —

税額の計算（税額控除）

ロ　国家公務員共済組合連合会，日本私立学校振興・共済事業団，地方公務員共済組合，エヌ・ティ・ティ厚生年金基金又は公共福利厚生法人（上記(1)ニ(ロ)に掲げるもの）

ハ　国家公務員共済組合，地方公務員共済組合又は給与所得者の使用者

(注)　上記の「一定の要件を満たすもの」とは，イに掲げる者からの借入金については次の(1)又は(2)のいずれかに該当するもの，ロ若しくはハに掲げる者からの借入金又はハに掲げる者に対する債務については次の(1)から(3)までのいずれかに該当するものをいいます。

(1)　その借入金の貸付けをした者又はその敷地の譲渡の対価に係る債権を有する者のそれらの債権を担保するためにその新築住宅を目的とする抵当権の設定がされたこと

(2)　その借入金又はその敷地の購入の対価に係る債務保証をする者又はそれらの債務の不履行により生じた損害を填補することを約する保険契約を締結した保険者のその保証又は填補に係る求償権を担保するためにその新築住宅を目的とする抵当権の設定がされたこと

(3)　その借入れをした者又はその敷地の購入者が，その敷地の上にその者の居住の用に供する住宅を一定期間内に建築することをその貸付け又は譲渡の条件としており，かつ，その住宅の建築及び敷地の購入がその貸付け又は譲渡の条件に従ってされたことにつきその借入金の貸付けをした者又はその敷地の譲渡の対価に係る債権を有する者の確認を受けているものであること

③　住宅の新築の日前３か月以内の建築条件付きで住宅の敷地を取得したとき

　　宅地建物取引業者から宅地の分譲に係る一定の契約に従って住宅の新築の日前にその住宅の敷地を購入した場合（その契約に従ってその家屋の新築工事の請負契約が成立している場合に限る。）で，その住宅の敷地の購入に要する資金に充てるために上記②に掲げる者から借り入れた借入金（⑤に該当するものを除く。）（措法41①一，四，措令26⑨五，⑯四，⑱三，措規18の21⑤）

(注)　上記の「宅地の分譲に係る一定の契約」とは，次の(1)及び(2)の事項が定められているものをいいます。

(1)　その宅地の購入者と宅地建物取引業者(又はその販売代理人)との間において，その宅地の購入者がその宅地の上に建築する住宅の用に供する家屋の建築工事の請負契約がその宅地の分譲に係る契約の締結の日以後３月以内に成立することが，その宅地の分譲に係る契約の成立の条件とされていること

(2)　(1)の条件が成就しなかったときは，その宅地の分譲に係る契約は成立しないものであること

④　住宅の新築の日前に一定期間内の建築条件付きで住宅の敷地を取得したとき

　　地方公共団体，独立行政法人都市再生機構，地方住宅供給公社又は土地開発公社(以下「地方公共団体等」という。)から宅地の分譲に係る一定の契約に従って住宅の新築の日前に購入したその住宅の敷地の購入に要する資金に充てるために②に掲げる者から借り入れた借入金(⑤に該当するものを除く。)又は敷地の購入の対価に係る地方公共団体等に対する債務（措法41①一，二，四，措令26⑨四，⑫二，⑬二，⑯三，⑱二，措規18の21⑤）

(注)　上記の「宅地の分譲に係る一定の契約」とは，次の(1)及び(2)の事項が定められているものをいいます。

(1)　その宅地の購入者がその宅地の上にその者の住宅の用に供する家屋を購入の日後一定期間内に建築することを条件として購入するものであること

(2)　地方公共団体等は，その宅地の購入者が(1)の条件に違反したときに，その宅地の分譲に係る契約を解除し，又はその宅地を買い戻すことができること

⑤　住宅の新築の日前に新築工事の着工の日後に受領する借入金により住宅の敷地を取得したとき

　　住宅の新築に要する資金及びその住宅の敷地の購入に要する資金に充てるために，次に掲げる者から借り入れた借入金で，その住宅の新築工事の着工の日後に受領したもの

— 775 —

税額の計算（税額控除）

ロ　独立行政法人住宅金融支援機構，沖縄振興開発金融公庫又は独立行政法人北方領土問題対策協会（措法41①一，措令26⑨二，措規18の21③）

ロ　国家公務員共済組合又は地方公務員共済組合（勤労者財産形成持家融資に係るものに限る。）（措法41①一，措令26⑨三，措規18の21④）

ハ　勤労者財産形成促進法第9条第1項に規定する事業主団体又は福利厚生会社（独立行政法人勤労者退職金共済機構からの転貸貸付けの資金に係る部分に限る。）（措法41①一，措令26⑩四ロ）

ニ　給与所得者の使用者（独立行政法人勤労者退職金共済機構からの転貸貸付けの資金に係る部分に限る。）（措法41①四，措令26⑯二）

　対象とされる借入金等から除外される借入金等　上記の(1)から(3)までに当てはまる借入金又は債務であっても，給与所得者が使用人である地位に基づいて貸付けを受け又は負担する次の借入金又は債務など，次に掲げる場合に該当するものは住宅借入金等特別控除の対象から除外されます（措法41㉑，措令26⑲，措規18の21⑳㉑）。

(1)　使用者又は事業主団体から貸付けを受けた借入金又は債務のうち，その利息の利率が年0.2％未満（無利息を含む。以下同じ。）である場合におけるその借入金又は債務

(2)　使用者又は事業主団体から支払を受けた利子補給金の額があるため，給与所得者が負担する借入金又は債務の利息の実質金利（支払利息の額から利子補給金の額を控除した残金の元本に対する割合）が年0.2％未満となる場合におけるその借入金又は債務

(3)　使用者又は事業主団体から譲り受けた家屋又は敷地の対価の額が，譲り受けた時におけるその家屋又は敷地の価額の2分の1未満である場合におけるその家屋又は敷地の対価に係る借入金又は債務

(4)　住宅の新築の日前に購入したその住宅の敷地の購入に係る借入金又は債務の年末残高のみが有り，その住宅の新築又は取得に係る借入金又は債務の年末残高がない場合

　（注）　平成29年1月1日前に家屋をその者の居住の用に供した場合における住宅借入金等については，上記(1)及び(2)の「年0.2％未満」は「年1％未満」とされています（平29改正措規附6）。

　住宅借入金等特別控除額の対象となる借入金等の金額　住宅借入金等特別控除額の対象となる借入金等の金額は，住宅借入金等の年末残高の合計額をいいます。ただし，住宅借入金等の年末残高の合計額が家屋の取得の対価（土地等の取得の対価を含む。）を超える場合や取得した家屋が店舗併用住宅である場合等の控除額の計算の基礎とされる住宅借入金等の年末残高の合計額は，次に掲げる場合の区分に応じた金額となります。

(1)　家屋の新築や購入に係る住宅借入金等の年末残高の合計額がその家屋の新築工事の請負代金又はその家屋の取得対価の額を超える場合……その家屋の新築工事の請負代金又はその家屋の取得対価の額に相当する金額（措通41—23(1)）

(2)　家屋の新築や購入及びその家屋の新築や購入とともにしたその家屋の敷地の取得に係る住宅借入金等で，次のイ又はロのいずれかに該当する場合……イ又はロに定める金額

　イ　**住宅借入金等特別控除の対象となる借入金等の範囲**の(3)①又は⑤（774・775ページ）の場合で，住宅借入金等の年末残高の合計額がその家屋の新築工事の請負代金又はその家屋の取得対価の

— 776 —

額とその敷地の取得対価の額との合計額を超えるとき……その家屋の新築工事の請負代金又は
その家屋の取得対価の額とその敷地の取得対価の額との合計額に相当する金額（措通41―23(2)）

ロ　**住宅借入金等特別控除の対象となる借入金等の範囲**の(3)②，③又は④（774ページ）の場合
で，その家屋の敷地の取得に係る住宅借入金等の年末残高の合計額がその敷地の取得対価の額
を超えるとき……その敷地の取得対価の額に相当する金額（措通41―23(3)）

(3)　増改築等に係る住宅借入金等の年末残高の合計額が，その増改築等に要した費用の額を超える
場合……その増改築等に要した費用の額に相当する金額（措通41―23(4)）

(4)　家屋の新築や取得に係る住宅借入金等で，店舗併用住宅のように，その家屋のうちに居住の用
以外の用に供する部分がある場合……住宅借入金等の年末残高の合計額（(1)に該当するときは，(1)
に定める金額）に，その家屋の総床面積に占める居住用部分の床面積の割合を乗じて計算した金額
（措令26⑦一）

(5)　家屋の新築や取得及びその家屋の新築や取得とともにしたその家屋の敷地の取得に係る住宅借
入金等で，店舗併用住宅のように，その家屋及び敷地のうちに居住の用以外の用に供する部分が
ある場合……次のイ又はロに掲げる区分に応じそれぞれに定める金額（措令26⑦二）

イ　**住宅借入金等特別控除の対象となる借入金等の範囲**の(3)①又は⑤（774・775ページ）のとき
……その家屋の新築や取得に係る住宅借入金等の年末残高の合計額にその家屋の総床面積に占
める居住用部分の床面積の割合を乗じて計算した金額とその敷地の取得に係る住宅借入金等の
年末残高の合計額にその敷地の総面積に占める居住用部分の敷地の面積の割合を乗じて計算し
た金額との合計額に相当する金額

ロ　**住宅借入金等特別控除の対象となる借入金等の範囲**の(3)②，③又は④（774・775ページ）のとき
……その敷地の取得に係る住宅借入金等の年末残高の合計額にその敷地の総面積に占める居住用
部分の敷地の面積の割合を乗じて計算した金額と上記(4)に定める金額との合計額に相当する金額

(6)　店舗併用住宅に増改築等をした場合のように，増改築等をした部分のうちに居住の用以外の用
に供する部分がある場合……増改築等に係る住宅借入金等の年末残高の合計額に，その増改築等
に要した費用の総額に占める居住用部分の増改築等に要した費用の額の割合を乗じて計算した金
額（措令26⑦三）

(注)1　上記の「家屋の取得対価の額」とは，家屋の取得等に関し，国又は地方公共団体からの補助金，
　　　給付金等の交付を受ける場合又は住宅取得等資金の贈与を受けた場合には，その補助金等又は住宅
　　　取得等資金の額を控除した金額になります（措令26⑥）。

　　2　家屋の取得対価の額には，租税特別措置法第41条第１項の適用を受けることのできる家屋と一体
　　　として取得したその家屋の電気設備，給排水設備，衛生設備及びガス設備等の附属設備の取得対価
　　　等の額が含まれます（措通41―24）。

　　3　門，塀等の構築物，電気器具，家具セット等の器具，備品又は車庫等の建物（以下「構築物等」
　　　という。）を家屋又は敷地の取得がある場合のその敷地と併せて同一の者から取得等をしている場
　　　合で，その構築物等の取得等の対価の額が僅少と認められるときは，その構築物等の取得等の対価
　　　の額を家屋の取得対価の額，家屋等の取得対価の額又は敷地の取得対価の額に含めて差し支えない
　　　ものとして取り扱われます（措通41―26）。

　　4　上記の「敷地の総面積」とは，土地についてはその土地の面積，土地の上に存する権利について
　　　はその土地の面積をいいます。マンションなどの区分所有建物のときは，その１棟の家屋の敷地等
　　　の総面積にその１棟の家屋の総床面積のうちにその者の区分所有する部分の床面積の占める割合

を乗じて計算した面積をいいます。

5　自己の居住の用に供する家屋のうちに居住の用以外の用に供する部分がある場合には，その居住の用に供する部分及びその家屋の敷地の用に供する土地等のうちその居住の用に供する部分は，次により判定するものとします（措通41—27）。

(1)　その家屋のうちその居住の用に供する部分は，次の算式により計算した面積に相当する部分とします。

$$
\begin{array}{c}\text{その家屋のうちその}\\\text{の居住の用に専ら}\\\text{供する部分の床面}\\\text{積　A}\end{array}+\begin{array}{c}\text{その家屋のうちその居}\\\text{住の用と居住の用以外}\\\text{の用とに併用する部分}\\\text{の床面積　B}\end{array}\times\dfrac{A}{A+\begin{array}{c}\text{居住の用以外の用に}\\\text{供する部分の床面積}\end{array}}
$$

(2)　その土地等のうちその居住の用に供する部分は，次の算式により計算した面積に相当する部分とします。

$$
\begin{array}{c}\text{その土地等のう}\\\text{ちその居住の用}\\\text{に専ら供する部}\\\text{分の面積}\end{array}+\begin{array}{c}\text{その土地等のうちそ}\\\text{の居住の用と居住の}\\\text{用以外の用とに併用}\\\text{する部分の面積}\end{array}\times\dfrac{\begin{array}{c}\text{その家屋の床面積のうち(1)}\\\text{の算式により計算した面積}\end{array}}{\text{その家屋の床面積}}
$$

6　居住用家屋又はその家屋の敷地のうちに自己の居住の用以外の用に供される部分がある場合でも，上記(注5)により計算したその者の居住の用に供されている部分の床面積若しくは土地等の面積又は増改築等に要した費用の額がその家屋の床面積若しくは土地等の面積又は増改築等に要した費用の額の90％以上の場合には，全部が居住の用に供する部分とすることができます（措通41—29）。

住宅借入金等特別控除額の計算　住宅借入金等特別控除額は，自己の居住の用に供した時期に応じ，次のそれぞれの算式に示すとおり，借入金等のその年12月31日（その者が死亡した日の属する年については，死亡した日）における残高の合計額に一定の割合を乗じて算出した額（その年分の所得税額が限度となる。）です（措法41①②）。

(注)1　平成19年1月1日から平成20年12月31日までの間に居住の用に供した場合には，最初に確定申告をしてこの控除を受けようとする年分において，10年間の控除に代えて15年間の控除を受けることを選択できます（措法41⑥）。

2　平成21年1月1日から令和7年12月31日までの間に居住の用に供した場合には，一定の要件の下，所得税から控除しきれなかった住宅借入金等特別控除額を翌年の住民税から控除することができます（地法附5の4，5の4の2，1050ページ参照）。

3　個人が，住宅の新築取得等で特別特定取得（個人の住宅の取得等をした家屋の対価の額又は費用の額に含まれる消費税額等合計額（消費税額及び地方消費税額の合計額に相当する額をいう。以下同じ。）の全額が，10％の税率により課されるべき消費税額等合計額である場合の住宅の取得等）に該当するものをし，かつ，その住宅の新築取得等をした家屋を令和元年10月1日から令和2年12月31日までの間に自己の居住の用に供した場合において，適用年の11年目から13年目までの間においてその住宅の新築取得等に係る住宅借入金等の金額を有するときは，次に掲げる金額のいずれか少ない金額をその年における住宅借入金等特別税額控除額として，その者のその年分の所得税額から控除することができることとされています（措法41⑬～⑮，措令26㉗，782ページ参照）。なお，この「令和2年12月31日までの間に自己の居住の用に供した場合」については，新型コロナ特例法の**「特例取得の特例（783ページ参照）」**又は**「特別特例取得の特例（783ページ参照）」**若しくは**「特例特別特例取得の特例（784ページ参照）」**により「令和3年12月31日までの間に自己の居住の用に供した場合」又は「令和4年12月31日までの間に自己の居住の用に供した場合」でも，この**「特別特定取得の場合の控除期間の3年間延長の特例」**の適用ができる場合があります（新型コロナ特例法6，6の2）。

税額の計算（税額控除）

① その年12月31日における借入金等の金額の合計額（その合計額が4,000万円を超える場合には，4,000万円）に１％を乗じて計算した金額

② 住宅の取得等で特別特定取得に該当するものに係る対価の額又は費用の額からその住宅の取得等に係る対価の額又は費用の額に含まれる消費税額等合計額を控除した残額（その金額が4,000万円を超える場合には，4,000万円）に２％を乗じて計算した金額を３で除して計算した金額

(1) 令和４年１月１日から令和５年12月31日までの間に居住の用に供した場合

（居住の用に供してから13年間）

$$\left[\begin{array}{l}\text{その年の12月31日現在の}\\\text{借入金等の残額が3,000}\\\text{万円以下の部分}\end{array}\right] \times 0.7\% = \begin{array}{l}\text{特別控除額（100円未満の端数切捨て）}\\\text{（最高21万円）}\end{array}$$

(注) 上記の計算は，住宅の取得等が居住用家屋の新築等又は買取再販住宅の取得に該当するものである場合に限ります（令和４年１月１日から同年12月31日までの間の居住の用に供した場合には，下記(3)の特別特例取得又は特例特別特例取得に該当する場合を除く。）。この「居住用家屋の新築等」とは「居住用家屋の新築」又は「居住用家屋で建築後使用されたことのないものの取得」をいいます（措法41①）。また，「買取再販住宅の取得」については772ページをご参照ください。

(2) 令和４年１月１日から令和７年12月31日までの間に居住の用に供した場合

（居住の用に供してから10年間）

$$\left[\begin{array}{l}\text{その年の12月31日現在の}\\\text{借入金等の残額が2,000}\\\text{万円以下の部分}\end{array}\right] \times 0.7\% = \begin{array}{l}\text{特別控除額（100円未満の端数切捨て）}\\\text{（最高14万円）}\end{array}$$

(注) 上記の計算は，令和４年１月１日から令和５年12月31日までの間の居住の用に供した場合には，住宅の取得等が居住用家屋の新築等又は買取再販住宅の取得に該当するもの以外のものである場合に限ります。

(3) 平成26年４月１日から令和３年12月31日（令和４年12月31日）までの間に居住の用に供した場合

（居住の用に供してから10年間）

$$\left[\begin{array}{l}\text{その年の12月31日現在の}\\\text{借入金等の残高が4,000}\\\text{万円以下の部分}\end{array}\right] \times 1\% = \begin{array}{l}\text{特別控除額（100円未満の端数切捨て）}\\\text{（最高40万円）}\end{array}$$

(注) 上記の計算は，住宅の取得等が特定取得に該当する場合（令和４年１月１日から同年12月31日までの間に居住の用に供した場合には，特別特例取得又は特例特別特例取得に該当する場合に限る。）に限ります。「特定取得」とは，居住者の住宅の取得等に係る対価の額又は費用の額に含まれる消費税額等合計額がその住宅の取得等に係る消費税法第２条第１項第９号に規定する課税資産の譲渡等につき社会保障の安定財源の確保等を図る税制の抜本的な改革を行うための消費税法の一部を改正する等の法律第２条又は第３条の規定による改正後の消費税法第29条に規定する税率により課されるべき消費税額等合計額である場合におけるその住宅の取得等をいいます（措法41⑤）（以下同じ。）。「特別特例取得」については783ページ，「特例特別特例取得」については784ページをご参照ください。

(4) 平成25年１月１日から令和３年12月31日までの間に居住の用に供した場合

（居住の用に供してから10年間）

$$\left[\begin{array}{l}\text{その年の12月31日現在の}\\\text{借入金等の残高が2,000}\\\text{万円以下の部分の金額}\end{array}\right] \times 1\% = \begin{array}{l}\text{特別控除額（100円未満の端数切捨て）}\\\text{（最高20万円）}\end{array}$$

(注) 平成26年４月１日から令和３年12月31日までの間に居住の用に供した場合には，住宅の取得等が特定取得に該当しない場合に限ります。

税額の計算（税額控除）

(5) 平成24年1月1日から同年12月31日までの間に居住の用に供した場合

（居住の用に供してから10年間）

$$\left.\begin{array}{l}\text{その年の12月31日現在の}\\\text{借入金等の残高が3,000}\\\text{万円以下の部分の金額}\end{array}\right\} \times 1\% = \begin{array}{l}\text{特別控除額（100円未満の端数切捨て）}\\\text{（最高30万円）}\end{array}$$

(6) 平成23年1月1日から同年12月31日までの間に居住の用に供した場合

（居住の用に供してから10年間）

$$\left.\begin{array}{l}\text{その年の12月31日現在の}\\\text{借入金等の残高が4,000}\\\text{万円以下の部分の金額}\end{array}\right\} \times 1\% = \begin{array}{l}\text{特別控除額（100円未満の端数切捨て）}\\\text{（最高40万円）}\end{array}$$

(7) 平成21年1月1日から平成22年12月31日までの間に居住の用に供した場合

（居住の用に供してから10年間）

$$\left.\begin{array}{l}\text{その年の12月31日現在の}\\\text{借入金等の残高が5,000}\\\text{万円以下の部分の金額}\end{array}\right\} \times 1\% = \begin{array}{l}\text{特別控除額（100円未満の端数切捨て）}\\\text{（最高50万円）}\end{array}$$

(8) 平成20年1月1日から同年12月31日までの間に居住の用に供した場合

次のイ又はロのいずれかを選択適用

イ （居住の用に供してから6年間）

$$\left.\begin{array}{l}\text{その年の12月31日現在の}\\\text{借入金等の残高2,000万}\\\text{円以下の部分}\end{array}\right\} \times 1\% = \begin{array}{l}\text{特別控除額（100円未満の端数切捨て）}\\\text{（最高20万円）}\end{array}$$

（7年目から10年目までの4年間）

$$\left.\begin{array}{l}\text{その年の12月31日現在の}\\\text{借入金等の残高2,000万}\\\text{円以下の部分}\end{array}\right\} \times 0.5\% = \begin{array}{l}\text{特別控除額（100円未満の端数切捨て）}\\\text{（最高10万円）}\end{array}$$

ロ （居住の用に供してから10年間）

$$\left.\begin{array}{l}\text{その年の12月31日現在の}\\\text{借入金等の残高2,000万}\\\text{円以下の部分}\end{array}\right\} \times 0.6\% = \begin{array}{l}\text{特別控除額（100円未満の端数切捨て）}\\\text{（最高12万円）}\end{array}$$

（11年目から15年目までの5年間）

$$\left.\begin{array}{l}\text{その年の12月31日現在の}\\\text{借入金等の残高2,000万}\\\text{円以下の部分}\end{array}\right\} \times 0.4\% = \begin{array}{l}\text{特別控除額（100円未満の端数切捨て）}\\\text{（最高8万円）}\end{array}$$

(9) 平成19年1月1日から同年12月31日までの間に居住の用に供した場合

次のイ又はロのいずれかを選択適用

イ （居住の用に供してから6年間）

$$\left.\begin{array}{l}\text{その年の12月31日現在の}\\\text{借入金等の残高2,500万}\\\text{円以下の部分}\end{array}\right\} \times 1\% = \begin{array}{l}\text{特別控除額（100円未満の端数切捨て）}\\\text{（最高25万円）}\end{array}$$

（7年目から10年目までの4年間）

$$\left.\begin{array}{l}\text{その年の12月31日現在の}\\\text{借入金等の残高2,500万}\\\text{円以下の部分}\end{array}\right\} \times 0.5\% = \begin{array}{l}\text{特別控除額（100円未満の端数切捨て）}\\\text{（最高12万5千円）}\end{array}$$

ロ （居住の用に供してから10年間）

$$\left.\begin{array}{l}\text{その年の12月31日現在の}\\\text{借入金等の残高2,500万}\\\text{円以下の部分}\end{array}\right\} \times 0.6\% = \begin{array}{l}\text{特別控除額（100円未満の端数切捨て）}\\\text{（最高15万円）}\end{array}$$

（11年目から15年目までの5年間）

$$\left.\begin{array}{l}\text{その年の12月31日現在の}\\\text{借入金等の残高2,500万}\\\text{円以下の部分}\end{array}\right\} \times 0.4\% = \begin{array}{l}\text{特別控除額（100円未満の端数切捨て）}\\\text{（最高10万円）}\end{array}$$

税額の計算（税額控除）

控除合計額計算の調整　二以上の住宅の取得等に係る住宅借入金等（以下「住宅借入金等」という。）を有する場合の住宅借入金等特別控除額は，適用年の12月31日における住宅借入金等の金額を異なる住宅の取得等ごとに区分して計算した金額（100円未満の端数は切捨て）の合計額となります。ただし，その合計額が控除限度額を超えるときは，その控除限度額を限度とします（措法41の2①②）。

(注)1　住宅借入金等が，居住年が平成19年及び平成20年である特例住宅借入金等（住宅借入金等特別控除額の計算の(8)ロ又は(9)ロの適用を受ける借入金等をいう。以下同じ。），居住年が平成21年から令和7年までの各年である認定住宅等借入金等（**認定住宅等に係る住宅借入金等特別控除**（793ページ参照）の適用を受ける借入金等をいう。以下同じ。），居住年が令和元年及び令和2年の特別特定住宅借入金等（一般住宅について**消費税率引上げによる住宅に係る駆け込み・反動減対策のための控除期間の特例**（782ページ参照）の適用を受ける借入金等をいう。以下同じ。）及び，居住年が令和元年及び令和2年の認定特別特定住宅借入金等（認定住宅について**消費税率引上げによる住宅に係る駆け込み・反動減対策のための控除期間の特例**（782ページ参照）の適用を受ける借入金等をいう。以下同じ。）並びにそれ以外の住宅借入金等から成る場合には，適用年の12月31日における特例住宅借入金等の金額及び認定住宅等借入金等の金額並びにそれ以外の住宅借入金等を区分してそれぞれ計算した金額（100円未満の端数は切捨て）の合計額となります（措法41の2①）。なお，この「令和3年まで」及び「及び令和2年」については，新型コロナ特例法の「**特例取得の特例**（783ページ参照）」又は「**特別特例取得の特例**（783ページ参照）」若しくは「**特例特別特例取得の特例**（784ページ参照）」により「令和3年12月31日までの間に居住の用に供した場合」又は「令和4年12月31日までの間に居住の用に供した場合」でも住宅借入金等特別控除及び「**特別特定取得の場合の控除期間の3年間延長の特例**（782ページ参照）」の適用ができる場合があるため，その場合には「令和3年まで」又は「令和4年まで」及び「から令和3年まで」又は「から令和4年まで」となります（新型コロナ特例法6，6の2）。下記(注)6において同じです。

2　上記の「控除限度額」は，適用年において有する住宅借入金等の金額を上記(注)1の区分に応じて定められた金額に相当する金額のうち最も多い金額となります（措法41の2②）。

3　二以上の住宅の取得等に係る特例住宅借入金等の金額を有する場合には，これらの特例住宅借入金等の金額ごとに，これらの特例住宅借入金等の金額に係る居住年につき，住宅借入金等特別控除額の計算の(8)ロ又は(9)ロにて計算した金額のうち最も多い金額となります（措法41の2②一）。

4　二以上の住宅の取得等に係る認定住宅等借入金等の金額を有する場合には，これらの認定住宅等借入金等の金額ごとに，これらの認定住宅等借入金等の金額に係る居住年につき，認定住宅等借入限度額にその適用年につき定められた認定住宅等控除率（794ページ参照）を乗じてそれぞれ計算した金額のうち最も多い金額となります（措法41の2②二）。

5　二以上の住宅の取得等に係る上記(注)3及び4以外の住宅借入金等の金額を有する場合には，これらの住宅借入金等の金額ごとに，これらの住宅借入金等の金額に係る居住年につき住宅借入金等特別控除額の計算にて計算した金額のうち最も多い金額となります（措法41の2②五）。

6　二以上の住宅の取得等をし，かつ，これらの住宅の取得等をした住宅借入金等特別控除の対象となる居住用家屋，既存住宅若しくは増改築等をした家屋又は認定住宅等を居住の用に供した日が同一の年に属するものがある場合には，当該居住日が同一の年に属する住宅の取得等を一の住宅の取得等として住宅借入金等特別控除を適用します。

　　ただし，次に掲げる場合には，それぞれに定める区分をした住宅の取得等ごとにそれぞれ一の住宅の取得等として住宅借入金等特別控除を適用します（措法41の2③）。

(1)　その居住日の属する年が平成21年から平成25年までの各年である場合において，その二以上の住宅の取得等のうちに，認定住宅等借入金等の金額に係るものと他の住宅借入金等の金額に係るものがあるとき……認定住宅等借入金等の金額に係る住宅の取得等と他の住宅借入金等の金額に係る住宅の取得等とに区分した住宅の取得等（措法41の2③一）

— 781 —

税額の計算（税額控除）

(2) その居住日の属する年が平成26年から平成30年までの各年又は令和3年である場合において，その二以上の住宅の取得等のうちに，特定取得（779ページ参照）に該当するものと特定取得に該当するもの以外のものがあるとき……特定取得に該当する住宅の取得等と特定取得に該当するもの以外の住宅の取得等とに区分をした住宅の取得等（措法41の2③二）（その区分をした住宅の取得等のうちに認定住宅等借入金等の金額に係るものと他の住宅借入金等の金額に係るものがあるときは，上記(注)6(2)と同様とする。）

(3) その居住日の属する年が令和元年又は令和2年である場合において，次に掲げる場合に該当するとき……次に掲げる場合の区分に応じそれぞれ次に定める住宅の取得等（措法41の2③三）

① その二以上の住宅の取得等のうちに，特定取得に該当するものと特定取得に該当するもの以外のものとがある場合……特定取得に該当する住宅の取得等と特定取得に該当するもの以外の住宅の取得等とに区分をした住宅の取得等（その区分をした住宅の取得等のうちに認定住宅等借入金等の金額に係るものと他の住宅借入金等の金額に係るものとがあるときは，上記(注)6(2)と同様とする。）

② その二以上の住宅の取得等のうちに，特別特定住宅借入金等の金額に係るものと認定特別特定住宅借入金等の金額に係るものとがある場合……特別特定住宅借入金等の金額に係る住宅の取得等と認定特別特定住宅借入金等の金額に係る住宅の取得等とに区分をした住宅の取得等

(4) その居住日の属する年が令和4年から令和7年までの各年である場合において，その二以上の住宅の取得等のうちに，居住用家屋の新築等又は買取再販住宅の取得に該当するものと居住用家屋の新築等又は買取再販住宅の取得に該当するもの以外のものとがあるとき……居住用家屋の新築等又は買取再販住宅の取得に該当する住宅の取得等と居住用家屋の新築等又は買取再販住宅の取得に該当するもの以外の住宅の取得等とに区分をした住宅の取得等（措法41の2③四）（その区分をした住宅の取得等のうちに認定住宅等借入金等の金額に係るものと他の住宅借入金等の金額に係るものとがあるときは，上記(注)6(2)と同様とする。）

消費税率引上げによる住宅に係る駆け込み・反動減対策のための控除期間の特例（特別特定取得の場合の控除期間の3年間延長の特例） 個人が，住宅の取得等で特別特定取得に該当するものをし，かつ，その住宅の取得等をした家屋を令和元年10月1日から令和2年12月31日までの間に自己の居住の用に供した場合（住宅の取得等の日から6か月以内に自己の居住の用に供した場合に限る。）において，適用年の11年目から13年目までの各年においてその住宅の取得等に係る住宅借入金等（以下「特別特定住宅借入金等」という。）の金額を有するときは，その年12月31日における特別特定住宅借入金等の金額の合計額（その合計額が4,000万円を超える場合には，4,000万円）に1%を乗じて計算した金額（その金額が控除限度額を超える場合には控除限度額とされる。）をその年における住宅借入金等特別控除額として，その者のその年分の所得税額から控除することができることとされています（措法41⑬）。

(注)1 上記の「特別特定取得」とは，個人の住宅の取得等に係る対価の額又は費用の額に含まれる消費税額等合計額の金額が，その住宅の取得等に係る消費税法第2条第1項第9号に規定する課税資産の譲渡等につき社会保障の安定財源の確保等を図る税制の抜本的な改革を行うための消費税法の一部を改正する等の法律第3条の規定による改正後の消費税法第29条に規定する税率により課されるべき消費税額等合計額に相当する場合におけるその住宅の取得等をいいます（措法41⑭）（以下同じ）。すなわち，個人の住宅の取得等をした家屋の対価の額又は費用の額に含まれる消費税額等合計額の全額が，10%の税率により課されるべき消費税額等合計額である場合の住宅の取得等をいいます（措法41⑭）。

2 上記の「控除限度額」とは，住宅の取得等で特別特定取得に該当するものに係る対価の額又は費

— 782 —

税額の計算（税額控除）

用の額からその住宅の取得等に係る対価の額又は費用の額に含まれる消費税額等合計額を控除した残額として一定の金額（その金額が4,000万円を超える場合には，4,000万円）に2％を乗じて計算した金額を3で除して計算した金額とされています（措法41⑮）。

3　上記（注）2の「一定の金額」とは，住宅の取得等で特別特定取得に該当するものに係る対価の額又は費用の額（その家屋のうちにその者の居住の用以外の用に供する部分がある場合には，その住宅の取得等に係る対価の額又は費用の額に，次に掲げる家屋の区分に応じ次に定める割合を乗じて計算した金額。以下この（注）3において同じ。）からその住宅の取得等に係る対価の額又は費用の額に含まれる消費税額及び地方消費税額の合計額を控除した残額とされています（措令26㉗）。

①　新築又は取得をした居住用家屋又は既存住宅……これらの家屋の床面積のうちにその居住の用に供する部分の床面積の占める割合

②　増改築等をした家屋……その増改築等に要した費用の額のうちにその居住の用に供する部分の増改築等に要した費用の額の占める割合

なお，住宅借入金等特別控除の控除額の計算においては，住宅の取得等に関し，補助金等の交付を受ける場合又は一定の住宅取得等資金の贈与を受けた場合にはその住宅の取得等の対価の額又は費用の額から補助金等の額又はその住宅取得等資金の額を控除することとされていますが（措令26⑥），この控除限度額における「住宅の取得等で特別特定取得に該当するものに係る対価の額又は費用の額」からは補助金等の額又はその住宅取得等資金の額を控除しないこととされています。

4　上記の「令和2年12月31日までの間に自己の居住の用に供した場合」については，新型コロナ特例法の「特例取得の特例（783ページ参照）」又は「特別特例取得の特例（783ページ参照）」若しくは「特別特例特例取得の特例（784ページ参照）」により「令和3年12月31日までの間に自己の居住の用に供した場合」又は「令和4年12月31日までの間に自己の居住の用に供した場合」でも，この「特別特定取得の場合の控除期間の3年間延長の特例」の適用ができる場合があります（新型コロナ特例法6，6の2）。

税額の計算

特例取得をして令和3年中に居住の用に供した場合の「特別特定取得の場合の控除期間の3年間延長の特例」の適用（床面積が50㎡以上である家屋）【特例取得の特例】

特例取得に該当する住宅の取得等をした個人が，新型コロナウイルス感染症及びそのまん延防止のための措置の影響により特例取得をした家屋を令和2年12月31日までに自己の居住の用に供することができなかった場合において，その特例取得をした家屋を令和3年1月1日から同年12月31日までの間に自己の居住の用に供したときは，その他の要件については通常の「特別特定取得の場合の控除期間の3年間延長の特例（782ページ参照）」と同様の要件の下で，「特別特定取得の場合の控除期間の3年間延長の特例」の適用ができます（新型コロナ特例法6④）。

（注）　上記の「特例取得」とは，特別特定取得（782ページ参照）のうち，その契約が次の住宅の取得等の区分に応じそれぞれ次に定める日までに締結されているものをいいます（新型コロナ特例法6⑤，新型コロナ特例令4③）。

①　居住用家屋の新築……令和2年9月30日

②　居住用家屋で建築後使用されたことのないもの（新築住宅）若しくは既存住宅の取得又は居住の用に供する家屋の増改築等……令和2年11月30日

特別特例取得をして令和4年末までに居住の用に供した場合の住宅借入金等特別控除の適用（床面積が50㎡以上である家屋）【特別特例取得の特例】

特別特例取得に該当する住宅の取得等をした個人が，その特別特例取得をした家屋を令和3年1

— 783 —

税額の計算（税額控除）

月1日から令和4年12月31日までの間に自己の居住の用に供した場合には，その他の要件については通常の住宅借入金等特別控除及び「特別特定取得の場合の控除期間の3年間延長の特例（782ページ参照）」と同様の要件の下で，住宅借入金等特別控除及び「特別特定取得の場合の控除期間の3年間延長の特例」の適用ができます（新型コロナ特例法6の2①③）。

(注)1　上記の「特別特例取得」とは，特別特定取得（782ページ参照）のうち，その契約が次の区分に応じそれぞれ次に定める期間内に締結されているものをいいます（新型コロナ特例法6の2②，新型コロナ特例令4の2①）。

① 居住用家屋の新築……令和2年10月1日から令和3年9月30日までの期間
② 居住用家屋で建築後使用されたことのないもの（新築住宅）若しくは既存住宅の取得又は居住の用に供する家屋の増改築等……令和2年12月1日から令和3年11月30日までの期間

2　令和4年1月1日から同年12月31日までの間に居住用家屋等をその者の居住の用に供した個人について，この「特別特例取得の特例」及び下記「特例特別特例取得の特例」の適用がある場合には住宅借入金等特別控除額の計算の(3)の控除額となり，「特別特例取得の特例」の適用がある場合には下記住宅借入金等特別控除が適用されない年分の(1)の(注)にかかわらず，この(1)の「2,000万円」については「3,000万円」と読み替える規定が設けられています（新型コロナ特例法令6の2①④）。

特例特別特例取得をして令和4年末までに居住の用に供した場合の住宅借入金等特別控除の適用（床面積が40㎡以上50㎡未満である家屋）【特例特別特例取得の特例】

個人が，特例居住用家屋の新築若しくは特例居住用家屋で建築後使用されたことのないもの若しくは特例既存住宅の取得又は自己の居住の用に供する家屋で一定のものの特例増改築等で，特例特別特例取得に該当するものをして，これらの特例特別特例取得をした家屋を令和3年1月1日から令和4年12月31日までの間に自己の居住の用に供した場合には，その他の要件については通常の住宅借入金等特別控除及び「特別特定取得の場合の控除期間の3年間延長の特例（782ページ参照）」と同様の要件の下で，住宅借入金等特別控除及び「特別特定取得の場合の控除期間の3年間延長の特例」の適用ができます（新型コロナ特例法6の2④）。

ただし，住宅借入金等特別控除及び「特別特定取得の場合の控除期間の3年間延長の特例」の控除期間13年間のうち，その者のその年分の所得税に係る合計所得金額が1,000万円を超える年については，本特例による住宅借入金等特別控除及び「特別特定取得の場合の控除期間の3年間延長の特例」は適用できません。

この所得要件の判定は各年において行うため，合計所得金額が1,000万円以下である年については，本特例による住宅借入金等特別控除及び「特別特定取得の場合の控除期間の3年間延長の特例」の適用ができることとなります。

(注)1　上記の「特例居住用家屋」，「特例既存住宅」又は「自己の居住の用に供する家屋で一定のものの特例増改築等」は，その床面積（区分所有建物については，その区分所有部分の床面積）が40㎡以上50㎡未満の家屋とされ，床面積要件以外は，住宅借入金等特別控除の適用対象となる家屋と同様です（新型コロナ特例法6の2⑨，新型コロナ特例令4の2②～⑤⑫⑬）。

2　上記の「特例特別特例取得」とは，家屋の床面積以外は，上記の「特別特例取得の特例（783ページ参照）」の対象となる特別特例取得と同様です（新型コロナ特例法6の2⑩，新型コロナ特例令4の2⑭）。

3　特例要耐震改修住宅（床面積が40㎡以上50㎡未満である要耐震改修住宅）の特例特別特例取得をした場合に，特例要耐震改修住宅の取得で特例特別特例取得に該当するものは上記の特例既存住宅

— 784 —

税額の計算（税額控除）

の取得で特例特別特例取得に該当するものと，その特例要耐震改修住宅は特例既存住宅とそれぞれみなして，本特例を適用することができます（新型コロナ特例法6の2⑥）。床面積要件以外は，「要耐震改修住宅を耐震改修した場合の特例（措法41㉝）」と同様です（新型コロナ特例令4の2⑨）。

また，特例要耐震改修住宅の取得で特例特別特例取得に該当するものをし，その取得の日までに同日以後特例要耐震改修住宅の耐震改修を行うことの手続をし，かつ，その耐震改修に係る契約を同日から5か月を経過する日までに締結している個人が，新型コロナウイルス感染症及びそのまん延防止のための措置の影響により耐震改修をして特例要耐震改修住宅をその取得の日から6か月以内に自己の居住の用に供することができなかった場合において，耐震改修をして特例要耐震改修住宅を令和3年12月31日までに自己の居住の用に供したとき（特例要耐震改修住宅を耐震改修の日から6か月以内に自己の居住の用に供した場合に限る。）は，その他の要件についてはこの（注）3の本書きと同様の要件の下で，本特例により**住宅借入金等特別控除及び「特別特定取得の場合の控除期間の3年間延長の特例」**の適用ができます（新型コロナ特例法6の2⑧，新型コロナ特例令4の2⑪）。

[参考]　住宅借入金等特別控除の消費税率を要件とした各特例の要件等の整理表

	消費税率	契約期間	床面積要件	所得要件	控除期間	居住の用に供した日
特別特例取得の特例【新型コロナ特例法6の2①】	10%	注文住宅令2.10月～令3.9月末分譲住宅令2.12月～令3.11月末	50㎡以上	3,000万円以下	13年間	令3.1月～令4.12月末
特例特別特例取得の特例【新型コロナ特例法6の2④⑤等】	10%	注文住宅令2.10月～令3.9月末分譲住宅令2.12月～令3.11月末	40㎡以上50㎡未満	1,000万円以下	13年間	令3.1月～令4.12月末
特例取得の特例【新型コロナ特例法6④】	10%	注文住宅～令2.9月末分譲住宅～令2.11月末	50㎡以上	3,000万円以下	13年間	令3.1月～令3.12月末
特別特定取得の特例【措法41⑬⑯等】	10%	―	50㎡以上	3,000万円以下	13年間	令元.10月～令2.12月末
一般（上記以外）【措法41①⑩等】	8％等	―	50㎡以上	3,000万円以下	10年間	～令3.12月末※

※　令和4年1月1日以後に居住の用に供する家屋については，上記を除き，消費税率を要件とした特例は講じられていない。

住宅借入金等特別控除の対象とならない取得　既存住宅の取得で配偶者及び次に掲げる者（その取得の時において個人と生計を一にしており，その取得後も引き続きその個人と生計を一にする者に限る。）からの取得については，住宅借入金等特別控除の対象となりません（措法41①，措令26②）。

① その個人の親族

② その個人と婚姻の届出をしていないが事実上婚姻関係と同様の事情にある者

③ ①及び②以外の人でその個人から受ける金銭その他の資産によって生計を維持している者

④ ①から③までに掲げる者と生計を一にする者の親族

住宅借入金等特別控除が適用されない年分　次の(1)から(6)までのいずれかに該当する年分については，住宅借入金等特別控除は適用されません。

(1) 合計所得金額が2,000万円（一定の場合には，1,000万円）を超える年分（措法41①）

（注）　上記の「2,000万円」については，個人が令和4年1月1日前に居住用家屋等をその者の居住の用

税額の計算（税額控除）

に供した場合及び特別特例取得の特例により適用する場合には「3,000万円」となります（令4改正法附34①）。また，上記の「一定の場合」とは，特例特別特例取得の特例の場合など床面積が40㎡以上50㎡未満の家屋について住宅借入金等特別控除の適用を受けようとする場合です。

合計所得金額（714ページ参照）

(2) その年12月31日まで引き続いて自己の居住の用に供していない年分（措法41①）

ただし，死亡した日の属する年については，死亡した日まで引き続いて自己の居住の用に供していれば適用されます。

給与等の支払をする者からの転任の命令に伴う転居その他これに準ずるやむを得ない事由に基因してその家屋をその者の居住の用に供しなくなったことによりこの控除を受けられなくなった後，その家屋を再び居住の用に供した場合には，一定の要件の下で，再び居住の用に供した年以後の各適用年について，適用されます（787ページ参照）。

災害によりその家屋をその者の居住の用に供することができなくなった場合には，一定の要件の下で，その居住の用に供することができなくなった日の属する年以後の各適用年について，適用されます（788ページ参照）。

(3) 住宅借入金等特別控除の適用対象となる家屋に入居し又は増改築等をした部分を居住の用に供した居住者がその居住年，その居住年の前年又は前々年分の所得税について，次に掲げる特例の適用を受けている場合は，その入居年以後10年間（一定の場合には13年間又は15年間）の各年分（措法41㉒）

イ　居住用財産を譲渡した場合の長期譲渡所得の課税の特例（措法31の3①）

ロ　居住用財産の譲渡所得の特別控除の特例（措法35①（同条③により適用する場合を除く。））

ハ　特定の居住用財産の買換えの場合の長期譲渡所得の課税の特例（措法36の2）

ニ　特定の居住用財産を交換した場合の長期譲渡所得の課税の特例（措法36の5）

ホ　既成市街地等内にある土地等の中高層耐火建築物等の建設のための買換え及び交換の場合の譲渡所得の課税の特例（措法37の5）

(4) 住宅借入金等特別控除の適用対象となる家屋に入居し又は増改築等をした部分を居住の用に供した年の翌年以後3年以内の各年中に，その家屋（その家屋の敷地等を含む。）以外の資産（旧居住用資産）の譲渡をした場合において，その資産の譲渡につき上記(3)に掲げる特例の適用を受けるときは，その入居年以後10年間（一定の場合には13年間又は15年間）の各年分（措法41㉓）

なお，この場合において，既に住宅借入金等特別控除の適用を受けている年分の所得税については，譲渡をした日の属する年分の確定申告期限までに，修正申告書又は期限後申告書を提出し，既に適用を受けた控除額に相当する税額を納付しなければなりません（措法41の3①）。

(5) 認定住宅等の新築等について，**認定住宅等の新築等をした場合の所得税額の特別控除**（措法41の19の4①②，827ページ参照。以下「認定住宅等税額控除」という。）の適用を受ける場合の居住年以後10年間（一定の場合には，13年間）の各年分（措法41㉔）

(6) 個人が，国内において，住宅の用に供する家屋でエネルギーの使用の合理化に資する家屋に該当するもの以外のものとして一定の要件を満たすもの（以下「特定居住用家屋」という。）の新築又は特定居住用家屋で建築後使用されたことのないものの取得をして，その特定居住用家屋を令

和6年1月1日以後にその者の居住の用に供した場合の居住年以後10年間（一定の場合には，13年間）の各年分（措法41㉕，措令26㊲）。

　この「特定居住用家屋」とは，「エネルギーの使用の合理化に資する住宅の用に供する家屋として国土交通大臣が財務大臣と協議して定める基準」に適合する家屋以外の家屋で，次に掲げる要件のいずれにも該当しないものとされています。

イ　その家屋が令和5年12月31日以前に建築確認を受けているものであること。

ロ　その家屋が令和6年6月30日以前に建築されたものであること。

再び居住の用に供した場合

(1)　居住年の翌年以後転居し再居住した場合

　住宅借入金等特別控除の適用を受けていた個人が，その者の給与等の支払者からの転任の命令に伴う転居その他これに準ずるやむを得ない事由に基因してその控除の適用を受けていた家屋を居住の用に供しなくなったことにより控除を受けられなくなった後，その家屋を再び居住の用に供した場合には，居住年以後その適用年の各年のうち，その者がその家屋を再び居住の用に供した日の属する年（その年において，その家屋を賃貸の用に供していた場合には，その年の翌年。以下同じ。）以後の各年（再び居住の用に供した日以後その年の12月31日まで引き続きその居住の用に供している年に限る。以下同じ。）は，この控除に係る適用年とみなすこととされ，住宅借入金等特別控除の再適用を受けることができます（措法41㉖）。

イ　次の要件を全て満たすことが必要とされます（措法41㉖㉗，措規18の21㉒〜㉔）。

　(イ)　家屋を居住の用に供しなくなった日の属する年の前年分以前において，住宅借入金等特別控除の適用を受けていた者であること

　(ロ)　居住の用に供しなくなったことが，給与等の支払者（勤務先）からの転任の命令に伴う転居その他これに準ずるやむを得ない事由に基因していること

　(ハ)　再び居住の用に供した日（以下「再居住の日」という。）が，居住年等に応じた住宅借入金等特別控除の適用期間内の日であること

　(ニ)　再居住の日以後の各年においてその年の12月31日（その者が死亡した日の属する年にあっては，その死亡した日）まで引き続き居住の用に供していること

　(ホ)　家屋を居住の用に供しなくなる日までに，家屋を居住の用に供しないこととなる事情の詳細など次に掲げる事項を記載した届出書（税務署長から「年末調整のための住宅借入金等特別控除証明書」及び「給与所得者の住宅借入金等特別控除申告書」の交付を受けている場合には，未使用分の証明書及び申告書の添付があるものに限る。）を，家屋の所在地の所轄税務署長に提出していること

　　A　届出書を提出する者の氏名及び住所（国内に住所がない場合には，居所）

　　B　給与等の支払者の名称及び所在地

　　C　居住の用に供しないこととなった事情の詳細

　　D　居住の用に供しなくなる年月日

　　E　居住の用に供しなくなる日以後に居住する場所及び給与等の支払者の名称及び所在地

　　F　その家屋を最初に居住の用に供した年月日

　　G　その他参考となるべき事項

　(ヘ)　再適用を受ける最初の年分の確定申告書に，住宅借入金等特別控除を受ける金額についてのその控除に関する記載をするとともに，次の書類を添付して提出すること

　　A　再居住の年月日等の記載のある住宅借入金等特別控除の金額の計算に関する明細書

　　B　住宅取得資金に係る借入金の年末残高等証明書の交付を受けた場合には，その証明書又はその証明書に記載すべき事項を記録した電子証明書等の情報の内容を，国税庁長官の定める方法

によって出力することにより作成した書面（電磁的記録印刷書面）

　　　　(注)　再居住の日の属する年に家屋を賃貸の用に供している場合には，再居住の日の属する年の翌年から再適用となることから，住宅借入金等特別控除の再適用を受けるための確定申告も，再居住の日の属する年の翌年分となります。

　ロ　税務署長は，上記イ㊩の届出書の提出がない場合又は㈬の書類の添付がない場合であっても，その提出又は添付がなかったことについてやむを得ない事情があると認めるときは，その届出書又はその証明書類の提出があった場合に限り，再適用を認めることができるとされています（措法41㉘）。

(2)　居住年中に転居し再居住した場合

　　平成21年1月1日以後に住宅借入金等特別控除の適用対象となる家屋を居住の用に供した場合は，その居住の用に供した日からその居住の用に供した年の12月31日までの間に給与等の支払者からの転任の命令に伴う転居その他これに準ずるやむを得ない事由（以下「転任命令等」という。）によりその家屋を居住の用に供しなくなった後，その家屋を再び居住の用に供した場合には，居住年以後の適用年の各年のうち再び居住の用に供した日の属する年以後の各年について住宅借入金等特別控除の適用を受けることができます（措法41㉙）。

　　なお，平成24年12月31日以前は転任命令等によりその家屋を居住の用に供しなくなった後，当初居住年の翌年以後再び居住の用に供した場合に当該控除の適用を受けることができることとされていました（旧措法41⑭，平25改正法附54③）。

　イ　次の要件を全て満たすことが必要とされます（措法41㉙㉚，平21改正法附33①，措規18の21㉕）。

　　㈤　上記(1)イ㈭㈡に掲げる要件

　　㈪　居住年が平成21年以後であること

　　㈮　再居住の日が上記(1)イ㈬のAからDまでの区分に応じそれぞれAからDまでに定める期間内であること

　　㈯　再居住による住宅借入金等特別控除の適用を受ける最初の年分の確定申告書に同控除に関する記載があり，かつ，次に掲げる「再居住等に関する証明書類」を添付して提出すること

　　　A　当初居住年において居住の用に供した年月日，その後において居住の用に供しなくなった年月日，家屋を再び居住の用に供することとなった年月日，その他参考となるべき事項を記載した明細書

　　　B　当初居住年において居住の用に供していたことを証する書類

　　　C　「手続と必要書類」（下記参照）の(1)から(4)までの区分に応じそれぞれ(1)から(4)までに定める書類

　　　D　住宅取得資金に係る借入金の年末残高等証明書の交付を受けた場合には，その証明書又はその証明書に記載すべき事項を記録した電子証明書等の情報の内容を国税庁長官の定める方法によって出力することにより作成した書面（電磁的記録印刷書面）

　　　E　転任命令等により居住の用に供しないこととなったことを明らかにする書類

　ロ　税務署長は，確定申告書の提出がなかった場合又は上記イ㈯の記載若しくは添付がない場合であっても，その提出又は記載若しくは添付がなかったことについてやむを得ない事情があると認めるときは，その記載をした書類等の提出があった場合に限り，再居住による適用を認めることができるとされています（措法41㉛）。

災害により居住の用に供することができなくなった場合の住宅借入金等特別控除の継続適用及び重複適用

(1)　災害により家屋を居住の用に供することができなくなった場合の継続適用

　　従前家屋（住宅の新築取得等をして引き続きその個人の居住の用に供していた家屋をいう。以下同じ。）が災害により居住の用に供することができなくなった場合において，居住年以後の控除期間の各年のうち，その居住の用に供することができなくなった日の属する年以後の各年は，適用年とみなし

— 788 —

税額の計算（税額控除）

て，住宅借入金等特別控除の適用を受けることができます（措法41③）。

　ただし，次の年以後の各年は，従前家屋について住宅借入金等特別控除の継続適用を受けることができません。

　イ　従前家屋若しくはその敷地の用に供されていた土地若しくはその土地の上に存する権利（以下「従前土地等」という。）又は従前土地等にその居住の用に供することができなくなった日以後に建築した建物若しくは構築物を，同日以後に事業の用若しくは賃貸の用又はその者と生計を一にする一定の者に対する無償による貸付けの用に供した場合（一定の場合を除く。）におけるその事業の用若しくは賃貸の用又は貸付けの用に供した日の属する年

　（注）1　上記「一定の者」とは，次に掲げる者をいいます。

　　　　　(1)　その者の親族

　　　　　(2)　その者と婚姻の届出をしていないが事実上婚姻関係と同様の事情にある者

　　　　　(3)　(1)及び(2)に掲げる者以外の者でその者から受ける金銭その他の資産によって生計を維持しているもの

　　　　　(4)　(1)から(3)までに掲げる者と生計を一にするこれらの者の親族

　　　　2　上記の「一定の場合」とは，災害に際し被災者生活再建支援法が適用された市町村（特別区を含む。）の区域内に所在する従前家屋をその災害により居住の用に供することができなくなった者（以下「再建支援法適用者」という。）が従前土地等に同日以後に新築をした家屋の新築に係る住宅借入金等若しくは従前家屋につき同日以後に行う増改築等に係る住宅借入金等についてその年において住宅借入金等特別控除の適用を受ける場合又は従前土地等に同日以後に新築をした認定住宅等についてその年において認定住宅等税額控除の適用を受ける場合です。

　ロ　従前家屋又は従前土地等の譲渡をした日の属する年分の所得税について**居住用財産の買換え等の場合の譲渡損失の損益通算及び繰越控除**（措法41の5，551ページ参照）又は**特定居住用財産の譲渡損失の損益通算及び繰越控除**（措法41の5の2，558ページ参照）の適用を受ける場合におけるその譲渡の日の属する年

　ハ　その者（再建支援法適用者を除く。）が従前家屋に係る住宅借入金等以外の住宅借入金等について従前家屋を居住の用に供することができなくなった日の属する年以後最初に住宅借入金等特別控除の適用を受けた年又は認定住宅等税額控除の適用を受けた年

(2)　再建支援法適用者の住宅借入金等特別控除等の重複適用

　　上記(1)のとおり，従前住宅を災害により居住の用に供することができなくなった者が，住宅の新築取得等をし，その新築取得等をした家屋について住宅借入金等特別控除の適用を受ける場合には，原則として，従前住宅については住宅借入金等特別控除の継続適用を受けることができなくなります。

　　ただし，例外として，再建支援法適用者が住宅の新築取得等をした場合には，従前住宅に係る住宅借入金等特別控除と新たに新築取得等をした家屋に係る住宅借入金等特別控除又は認定住宅等税額控除との重複適用を受けることができます（措法41③）。

　イ　控除額の計算

　　　この重複して適用できる年における住宅借入金等特別控除は，二以上の住宅の取得等に係る住宅借入金等の金額を有する場合の控除合計額計算の調整（781ページ参照）によることとされています（措法41の2）。

　ロ　必要書類

　　　再建支援法適用者が，従前家屋について継続適用を受ける年において，新たに住宅の新築取得等をした家屋について住宅借入金等特別控除又は認定住宅等税額控除の適用を受ける場合には，市町村長又は特別区の区長の従前家屋に係る災害による被害の状況その他の事項を証する書類（その写しを含む。），従前家屋の登記事項証明書その他の書類で従前家屋が災害により居住の用に供することができなくなったことを明らかにする書類を添付する必要があります（措規18の21⑧，19の11の

－789－

税額の計算（税額控除）

4③④）。

(注) 上記の添付書類が「登記事項証明書」となる場合において，納税者が不動産識別事項等を記載した書類の提出等をし，その不動産識別事項等を利用して税務署長が入手等をしたその登記事項証明書に係る情報によってその登記事項証明書により明らかにされるべき適用要件を満たすことの確認ができるときは，情報通信技術を活用した行政の推進等に関する法律第11条の規定により，その不動産識別事項等を記載した書類の提出等をし，その登記事項証明書を確定申告書に添付しないことを選択できます。下記「**手続と必要書類**」において同じです。

手続と必要書類 住宅借入金等特別控除の適用を受けるためには，申告書第二表の特例適用条文等欄に「令和○年○月○日居住開始」と記載するなど，住宅借入金等特別控除額に関する記載をし，次の(1)から(4)の区分に応じてそれぞれに掲げる書類を添付しなければなりません。

なお，これらの書類を添付した確定申告書を提出した人が，翌年分以後の各年分について住宅借入金等特別控除の適用を受けようとする場合には，住宅借入金等特別控除の適用を受けている旨及び新築住宅若しくは既存住宅又は増改築部分を自己の居住の用に供した年月日を記載するとともに，金融機関等から「住宅取得資金に係る借入金の年末残高等証明書」の交付を受けている場合には，その証明書を添付すればよいこととされています（措法41㉞，措規18の21⑧～⑫）。

ただし，税務署長は，確定申告書の提出がなかった場合又は前述の住宅借入金等特別控除額に関する記載若しくは次の(1)から(4)までに掲げる書類の添付のない確定申告書の提出があった場合でも，その提出又は記載若しくは添付がなかったことについてやむを得ない事情があると認めるときは，その記載をした書類及び次の(1)から(4)までに掲げる書類の提出があった場合に限り，住宅借入金等特別控除の適用を認めることができることとされています（措法41㉟）。

(1) 新築住宅に係る住宅借入金等のみについて控除を受ける場合（措規18の21⑧一，二，措通41—30）

イ 新築住宅の登記事項証明書，新築工事の請負契約書・売買契約書，補助金等の額を証する書類（平成23年6月30日以後に住宅の取得等に係る契約を締結した場合に限る。）その他の書類で次のことを明らかにする書類又はその写し

(イ) 住宅の新築又は新築住宅を取得したこと

(ロ) 新築工事の年月日又は新築住宅の取得年月日

(ハ) 新築工事の請負代金又は新築住宅の取得対価の額

(ニ) 家屋の床面積

(ホ) 家屋の取得等が特定取得，特別特定取得，特例取得，特別特例取得又は特例特別特例取得に該当する場合には，その該当する事実

ロ 金融機関等から「住宅取得資金に係る借入金の年末残高等証明書」の交付を受けている場合には，その証明書又はその証明書に記載すべき事項を記録した電子証明書等の情報の内容を，国税庁長官の定める方法によって出力することにより作成した書面（電磁的記録印刷書面）

ハ 控除を受ける金額の計算明細書

(注) 新型コロナ特例法の「**特例取得の特例**（新型コロナ特例法6④）」の適用を受ける場合には，「新型コロナウイルス感染症等の影響により令和2年12月31日までに居住の用に供することができなかったことを明らかにする書類（納税者本人の新型コロナウイルス感染症等の影響により令和2年12月31日までに居住の用に供することができなかったことの詳細を記載した書類によることもできる。）」も必要です（新型コロナ特例令4⑧⑨，新型コロナ特例規4⑪～⑭）。以下(4)までにおいて同じです。

(2) 新築住宅とともにその住宅の敷地に係る住宅借入金等について控除を受ける場合（措規18の21⑧一，措通41—30）

イ (1)に掲げる書類

ロ 敷地の登記事項証明書，売買契約書，敷地の分譲に係る契約書その他の書類で次のことを明らかに

— 790 —

税額の計算（税額控除）

する書類又はその写し

(イ) 敷地を取得したこと

(ロ) 敷地の取得年月日

(ハ) 敷地の取得対価の額

ハ　敷地の購入に係る住宅借入金等が次の(イ)から(ハ)までのいずれかに該当するときには，それぞれに定める書類

(イ)　家屋の新築の日前２年以内に購入したその家屋の敷地の購入に係る住宅借入金等（**住宅借入金等特別控除の対象となる借入金等の範囲(3)②**（774ページ）に掲げる借入金又は債務）であるとき……次のＡ又はＢの別に応じて，それぞれに定める書類

Ａ　金融機関，地方公共団体又は貸金業者から借り入れた借入金……家屋の登記事項証明書などで，家屋に抵当権が設定されていることを明らかにする書類（(1)の書類により明らかにされている場合には不要）

Ｂ　上記Ａ以外のもの……家屋の登記事項証明書などで，家屋に抵当権が設定されていることを明らかにする書類（(1)の書類により明らかにされている場合には不要）又は貸付け若しくは譲渡の条件に従って一定期間内に家屋が建築されたことをその貸付けをした者若しくはその譲渡の対価に係る債権を有する者が確認した旨を証する書類

(ロ)　家屋の新築の日前に３か月以内の建築条件付きで購入したその家屋の敷地の購入に係る住宅借入金等（**住宅借入金等特別控除の対象となる借入金等の範囲(3)③**（775ページ）に掲げる借入金）であるとき……敷地等の分譲に係る契約書などで，契約において３か月以内の建築条件が定められていることなどを明らかにする書類の写し（ロの書類により明らかにされている場合は不要）

(ハ)　家屋の新築の日前に一定期間内の建築条件付きで購入したその家屋の敷地の購入に係る住宅借入金等（**住宅借入金等特別控除の対象となる借入金等の範囲(3)④**（775ページ）に掲げる借入金又は債務）であるとき……敷地の分譲に係る契約書などで，契約において一定期間内の建築条件が定められていることなどを明らかにする書類の写し（ロの書類により明らかにされている場合は不要）

(3)　既存住宅に係る住宅借入金等について控除を受ける場合（措規18の21⑧三，四，措通41―30）

イ　既存住宅の登記事項証明書

ロ　既存住宅の売買契約書，補助金等の額を証する書類（平成23年６月30日以後に住宅の取得等に係る契約を締結した場合に限る。）その他の書類で，既存住宅の取得年月日及び既存住宅の取得の対価の額及び住宅の取得が特定取得又は特別特定取得に該当する場合には，その該当する事実を明らかにする書類又はその写し

ハ　既存住宅が建築基準法施行令第３章及び第５章の４の規定又は国土交通大臣が財務大臣と協議して定める地震に対する安全性に係る基準に適合する一定のもの（770ページの(4)参照）である場合は，「耐震基準適合証明書」，「建設住宅性能評価書の写し」又は「既存住宅売買瑕疵担保責任保険契約が締結されていることを証する書類」（平21．６．26国土交通省告示685号（最終改正：令５．３．31国土交通省告示285号））

ただし，「耐震基準適合証明書」は，その家屋の取得の日前２年以内にその証明のための家屋の調査が終了したものに限り，建設住宅性能評価書の写しは，その家屋の取得日前２年以内に評価されたもので，耐震等級（構造躯体の倒壊等防止）に係る評価が等級１，等級２又は等級３であるものに限り，「既存住宅売買瑕疵担保責任保険契約が締結されていることを証する書類」は，住宅瑕疵担保責任法人が引受けを行う一定の保険契約であって，その家屋の取得の日前２年以内に締結したものに限ります。

ニ　既存住宅に係る住宅の取得等が買取再販住宅の取得である場合には，増改築等工事証明書（特定増改築等として家屋について行う給水管，排水管又は雨水の浸入を防止する部分に係る修繕又は模様替が行われた場合には，増改築等工事証明書及び住宅瑕疵担保責任保険法人が発行した既存住宅売買瑕疵担保責任保険の保険付保証明書）

— 791 —

税額の計算（税額控除）

ホ　既存住宅が要耐震改修住宅である場合には，要耐震改修住宅の耐震改修に係る建築物の耐震改修の促進に関する法律施行規則別記第五号様式に規定する認定通知書の写し等で次の(イ)から(ニ)までの事項を明らかにする書類

　　(イ)　要耐震住宅の取得の日までに同日以後その要耐震改修住宅の耐震改修を行うことにつき，この特例の適用を受けるための耐震改修の申請をしたこと

　　(ロ)　要耐震改修住宅を，その者の居住の用に供する日までに耐震改修によりその要耐震改修住宅が耐震基準に適合することとなったこと

　　(ハ)　耐震改修をした年月日

　　(ニ)　耐震改修に要した費用の額

へ　金融機関等から「住宅取得資金に係る借入金の年末残高等証明書」の交付を受けた場合には，その証明書又はその証明書に記載すべき事項を記録した電子証明書等の情報の内容を国税庁長官の定める方法によって出力することにより作成した書面（電磁的記録印刷書面）

ト　控除を受ける金額の計算明細書

チ　賦払債務が債務の承継に関する契約に基づく債務である場合にはその債務の承継に関する契約に係る契約書の写し

(注)1　住宅借入金等のうち既存住宅とともにその住宅の敷地の取得に係る部分についてもこの控除を受ける場合には，敷地の購入年月日及び敷地の購入の対価の額を明らかにする書類又はその写しも必要です。

　　　2　新型コロナ特例法の「**既存住宅を特定増改築等した場合の6か月以内入居の特例（新型コロナ特例法6①）**」又は「**要耐震改修住宅を耐震改修した場合の6か月以内入居の特例（新型コロナ特例法6③）**」の適用を受ける場合には，「新型コロナウイルス感染症等の影響により6か月以内に居住の用に供することができなかったことを明らかにする書類（納税者本人の新型コロナウイルス感染症等の影響により6か月以内に居住の用に供することができなかったことの詳細を記載した書類によることもできる。）」及び「特定増改築等に該当すること又は期限内に耐震改修に係る契約を締結していることを明らかにする書類」も必要です（新型コロナ特例令4④～⑦，新型コロナ特例規4①～④，⑥～⑨）。

(4)　増改築等に係る住宅借入金等について控除を受ける場合（措規18の21⑧五，措通41―30）

イ　増築，改築，大規模の修繕及び大規模の模様替えの工事(**住宅借入金等特別控除の対象となる家屋の増改築等の範囲**（以下「増改築等の範囲」という。769ページ参照）のうち(1)の工事）については，建築確認済証の写し若しくは検査済証の写し又はこれらの工事に該当する旨を証する書類として建築士等から交付を受けた増改築等工事証明書，これ以外の増改築等（増改築等の範囲のうち(2)から(6)の工事）については，建築士等から交付を受けた増改築等工事証明書

ロ　家屋の登記事項証明書，増改築等の工事請負契約書，補助金等の額を証する書類などで，増改築等の年月日，床面積，増改築等に要した費用の額及び家屋の増改築等が特定取得又は特別特定取得に該当する場合にはその該当する事実を明らかにする書類又はその写し

ハ　金融機関等から「住宅取得資金に係る借入金の年末残高等証明書」の交付を受けた場合には，その証明書又はその証明書に記載すべき事項を記録した電子証明書等の情報の内容を国税庁長官の定める方法によって出力することにより作成した書面（電磁的記録印刷書面）

ニ　控除を受ける金額の計算明細書

(注)　令和5年1月1日以後に居住の用に供する家屋について，住宅借入金等特別控除の適用を受けようとする個人は，住宅借入金等に係る一定の債権者（具体的な債権者の範囲については，国税庁HPで掲載予定です。）に対して，その個人の氏名等を記載した申請書（以下「適用申請書」という。）の提出（その適用申請書の提出に代えて行う電磁的方法によるその適用申請書に記載すべき事項の提供を含む。）をしなければならないこととされています（措法41の2の3①）。

　　　この適用申請書の提出を受けた債権者は，この適用申請書の提出をした個人に対して「住宅取

― 792 ―

税額の計算（税額控除）

得資金に係る借入金の年末残高証明書」の交付に代えて，税務署に対して「住宅取得資金に係る借入金等の年末残高等調書」を提出することとされています（措法41の2の3②）。

この適用申請書の提出をした個人には「住宅取得資金に係る借入金の年末残高証明書」が交付されませんので上記(1)ロ，(3)ヘ及び(4)ハの書類の添付が不要とされる他，適用申請書の提出をした旨を上記(1)ハ，(3)ト又は(4)ニの計算明細書に記載することにより，上記(1)イの請負契約書・売買契約書の写し，(3)ロの売買契約書の写し及び(4)ロの請負契約書等の写しの確定申告書への添付に代えることができることとされています（措規18の21⑪）。この場合において，税務署長は，必要があると認めるときは，その確定申告書を提出した者（以下「控除適用者」という。）に対し，その確定申告書に係る確定申告期限等の翌日から起算して5年を経過する日までの間，その写しの提示又は提出を求めることができることとされ，この求めがあったときは，その控除適用者は，その写しを提示し，又は提出しなければならないこととされています（措規18の21⑫）。

年末調整における控除　確定申告書を提出して住宅借入金等特別控除の適用を受けた給与所得者が，その翌年以後各年においてこれらの年中に支給を受ける給与等について年末調整が行われるときは，「給与所得者の（特定増改築等）住宅借入金等特別控除申告書」（以下「特別控除申告書」という。）に税務署長から交付を受けた「年末調整のための（特定増改築等）住宅借入金等特別控除証明書」（以下「特別控除証明書」という。）（金融機関等から「住宅取得資金に係る借入金の年末残高等証明書」の交付を受けた場合には，その証明書及び特別控除証明書）を添付して，給与の支払者に提出すれば，年末調整の際にこの控除の適用が受けられます。

なお，既にその年分以前の年末調整の段階で，同一の給与等の支払者を経由してこの「特別控除証明書」を添付した「特別控除申告書」を提出してこの控除を受けている場合には，この「特別控除証明書」の添付に代えて，その「特別控除申告書」にその控除を受けている旨を記載すれば，同様に年末調整の際にこの控除の適用があります（措法41の2の2，措規18の23②③）。また，「特別控除申告書」と「特別控除証明書」は，実務上は1枚の用紙になっています。

特別控除申告書については，電磁的方法による記載事項の提供を適正に受けることができる措置を講じていること等の要件を満たす給与の支払者に対しては，その提出に代えて，その特別控除申告書に記載すべき事項を電磁的方法により提供することができます。この場合には，特別控除証明書又は住宅取得資金に係る借入金の年末残高等証明書の書面による提出に代えて，その給与の支払者に対し，一定の要件の下，これらの書類に記載されるべき事項を電磁的方法により提供することが可能となります。

また，特別控除申告書に添付する特別控除証明書又は住宅取得資金に係る借入金の年末残高等証明書に代えて，これらの書類に記載すべき事項を記録した電子証明書等の情報の内容を，国税庁長官の定める方法によって出力することにより作成した書面（電磁的記録印刷書面）の提出が可能となります。

認定住宅等に係る住宅借入金等特別控除

(1)　**認定長期優良住宅**

個人が，認定長期優良住宅の新築をし，又は認定長期優良住宅で建築後使用されたことのないもの若しくは認定長期優良住宅である既存住宅の取得をして，これらの家屋を平成21年6月4日から令和7年12月31日までの間に自己の居住の用に供した場合（新築の日又は取得の日から6か月以内に自己の居住の用に供した場合に限る。）において，その居住の用に供した日の属する年以後10年間（同日の属する年が令和4年から令和7年までの各年であり，かつ，その居住に係る住宅の取得等が，①認定住宅等の新築等又は②買取再販認定住宅等の取得に該当するものである場合には，13年間）の各年（同日以後その年の12月31日まで引き続きその居住の用に供している年に限る。）においてその認定長期優良住宅の新築又は取得のための住宅借入金等を有するときは，一般の「**住宅借入金等特別控除**」（766ペー

— 793 —

税額の計算（税額控除）

ジ参照）との選択により，各年分（合計所得金額が2,000万円を超える年分を除く。）の所得税額から次表により計算した住宅借入金等特別控除額を差し引くことができます（措法41⑩～⑫）。

居住の用に供した年	控除期間	認定長期優良住宅の取得等に係る住宅借入金等の年末残高の限度額	控除率	各年の控除限度額	最大控除可能額
平成21年6月4日から平成23年12月31日まで	10年	5,000万円	1.2%	60万円	600万円
平成24年1月1日から平成24年12月31日まで		4,000万円	1%	40万円	400万円
平成25年1月1日から平成26年3月31日まで		3,000万円		30万円	300万円
平成26年4月1日から令和3年12月31日（令和4年12月31日）まで		5,000万円		50万円	500万円
令和4年1月1日から令和5年12月31日まで（新築等の場合）	13年	5,000万円	0.7%	35万円	455万円
令和4年1月1日から令和5年12月31日まで（既存住宅の場合）	10年	3,000万円		21万円	210万円
令和6年1月1日から令和7年12月31日まで（新築等の場合）	13年	4,500万円		31.5万円	409.5万円
令和6年1月1日から令和7年12月31日まで（既存住宅の場合）	10年	3,000万円		21万円	210万円

（注）1　上記の「合計所得金額が2,000万円を超える年分」については，個人が令和4年1月1日前に認定長期優良住宅をその者の居住の用に供した場合及び「**認定住宅の特別特例取得の特例**（802ページ参照）」により適用する場合には「合計所得金額が3,000万円を超える年分」となります（令4改正法附34①）。

　　　2　上記の表の「平成26年4月1日から令和3年12月31日（令和4年12月31日）まで」の計算については，住宅の取得等が特定取得（特別特例取得（783ページ参照）又は特例特別特例取得（784ページ参照））に該当する場合に限られ，それ以外の場合（令和3年12月31日までに居住の用に供した場合に限る。）については上段の「平成25年1月1日から平成26年3月31日まで」に居住の用に供した場合と同様の計算となります（特定取得については，779ページ参照）。また，新型コロナ特例法の「**認定住宅の特別特例取得の特例**（802ページ参照）」又は「**認定住宅の特例特別特例取得の特例**（803ページ参照）」により「令和4年1月1日から同年12月31日までの間に自己の居住の用に供した場合」でもこの期間の住宅借入金等特別控除の適用ができる場合があります（新型コロナ特例法6の2）。下記「(2)　認定低炭素住宅」において同じです。

　　　3　上記の「認定長期優良住宅」とは，個人がその居住の用に供する家屋で次に掲げる要件に該当するものをいいます（措令26⑳，措規18の21⑬）。

　　　①　家屋の床面積（区分所有建物については，その区分所有部分の床面積）が50㎡以上であること

　　　②　家屋の床面積の2分の1以上が専ら自己の居住の用に供されるものであること

　　　③　長期優良住宅の普及の促進に関する法律第11条第1項に規定する認定長期優良住宅に該当するものであることにつき一定の証明がされたものであること

　　　　　上記③の「一定の証明がされたもの」とは，次に掲げる書類により証明がされたものをいいます。

　　　　イ　その家屋に係る長期優良住宅建築等計画又は長期優良住宅維持保全計画の認定通知書

— 794 —

税額の計算（税額控除）

（長期優良住宅建築等計画又は長期優良住宅維持保全計画の変更の認定を受けた場合には，変更認定通知書。以下イにおいて「認定通知書」という。）の写し（認定計画実施者の地位の承継があった場合には，認定通知書及び地位の承継の承認通知書の写し。以下「認定通知書等の写し」という。）

ロ　住宅用家屋証明書（認定長期優良住宅用）若しくはその写し又は認定長期優良住宅建築証明書（以下「認定長期優良住宅建築証明書等」という。）

なお，(2)の「認定低炭素住宅」とあわせて以下「認定住宅」といいます。また「認定住宅」と(3)の「特定エネルギー消費性能向上住宅」と(4)の「エネルギー消費性能向上住宅」とをあわせて以下「認定住宅等」といいます。

4　上記(注) 3①の「50㎡以上」の要件については，新型コロナ特例法の「認定住宅の特例特別特例取得の特例（803ページ参照）」により令和 3 年 1 月 1 日から令和 4 年12月31日までの間に居住の用に供した場合には，「40㎡以上50㎡未満」でもその年の合計所得金額が1,000万円以下の年に限り，この「**認定住宅等に係る住宅借入金等特別控除**」の適用ができる場合があります（新型コロナ特例法 6 の 2 ）。

また，個人が，国内において，令和 4 年 1 月 1 日以後に特例認定住宅等の新築又は特例認定住宅等で建築後使用されたことのないものの取得（以下「特例居住用家屋の新築等」という。）をした場合には，その特例認定住宅等の新築等は下記(注) 6 の認定住宅等の新築等に該当するものと，その特例認定住宅等は認定住宅等とそれぞれみなして，住宅借入金等特別控除を適用することができることとされています。ただし，その者の控除期間のうち，その年分の所得税に係る合計所得金額が1,000万円を超える年については，適用しないこととされています（措法41⑲，令 4 改正法附34①）。以下同じです。

上記の「特例認定住宅等」で，この認定長期優良住宅に相当するものは，768ページの特例居住用家屋に該当する家屋で認定長期優良住宅に該当するものであることにつきその家屋に係る認定通知書等の写し又は認定長期優良住宅建築証明書等により証明がされたものをいいます（措法41⑲，措令26㉜において準用する同条⑳，措規18の21⑬）。

5　個人が，住宅の取得等で特別特定取得（個人の住宅の取得等をした家屋の対価の額又は費用の額に含まれる消費税額等合計額の全額が，10％の税率により課されるべき消費税額等合計額である場合の住宅の取得等）に該当するものをし，かつ，その住宅の取得等をした家屋を令和元年10月 1 日から令和 2 年12月31日までの間に自己の居住の用に供した場合において，適用年の11年目から13年目までの間においてその住宅の取得等に係る住宅借入金等の金額を有するときは，次に掲げる金額のいずれか少ない金額をその年における住宅借入金等特別税額控除額として，その者のその年分の所得税額から控除することができることとされています（措法41⑯⑰，措令26㉘㉙，782ページ参照）。

なお，この「令和 2 年12月31日までの間に自己の居住の用に供した場合」については，新型コロナ特例法の「**認定住宅の特例取得の特例（802ページ参照）**」又は「**認定住宅の特別特例取得の特例（802ページ参照）**」若しくは「**認定住宅の特例特別特例取得の特例（803ページ参照）**」により「**令和 3 年12月31日までの間に自己の居住の用に供した場合**」又は「**令和 4 年12月31日までの間に自己の居住の用に供した場合**」でも，この「**認定住宅の特別特定取得の場合の控除期間の 3 年間延長の特例**」の適用ができる場合があります（新型コロナ特例法 6 ， 6 の 2 ）。

①　その年12月31日における住宅借入金等の金額の合計額（その合計額が5,000万円を超える場合には，5,000万円）に 1 ％を乗じて計算した金額

②　認定住宅の新築等で特別特定取得に該当するものに係る対価の額からその認定住宅の新築等に係る対価の額に含まれる消費税額等合計額を控除した残額（その金額が5,000万円を超える場合には，5,000万円）に 2 ％を乗じて計算した金額を 3 で除して計算した金額

6　上記表の「（新築等の場合）」とは，その認定長期優良住宅に係る住宅の取得等が「認定住

— 795 —

税額の計算（税額控除）

宅等の新築等」に該当する場合，すなわち「認定住宅等の新築等（認定住宅等の新築又は認定住宅等で建築後使用されたことのないものの取得をいう。以下同じ。）」又は「買取再販認定住宅等の取得」の場合をいい，上記表の「（既存住宅の場合）」とは，その認定長期優良住宅に係る住宅の取得等が「認定住宅等である既存住宅の取得」の場合をいいます。なお，「買取再販認定住宅等の取得」とは，認定住宅等である既存住宅のうち宅地建物取引業者が772ページの特定増改築等をした家屋のその宅地建物取引業者からの取得をいいます。以下同じです。

　この控除は住宅借入金等特別控除の特例ですので，控除額の計算方法等を除き，住宅借入金等特別控除に適用される次の諸規定がそのまま適用されます。

イ　**住宅借入金等特別控除の対象となる借入金等の範囲**（773ページ参照）

ロ　**住宅借入金等特別控除の対象とならない取得**（785ページ参照）

ハ　**住宅借入金等特別控除が適用されない年分**（785ページ参照）

ニ　**再び居住の用に供した場合**（787ページ参照）

ホ　**災害により居住の用に供することができなくなった場合の住宅借入金等特別控除の継続適用及び重複適用**（788ページ参照）

ヘ　**年末調整における控除**（793ページ参照）

　この控除を適用する場合には，前述「**手続と必要書類**（790ページ参照）」の必要書類に加え，その家屋に係る認定通知書等の写し及び認定長期優良住宅建築証明書等（その家屋に係る認定計画が長期優良住宅維持保全計画である場合には，認定通知書等の写し）を確定申告書に添付する必要があります（措規18の21⑧）。

(2) 認定低炭素住宅

　個人が，認定低炭素住宅の新築をし，又は認定低炭素住宅で建築後使用されたことのないもの若しくは認定低炭素住宅である既存住宅の取得をして，これらの家屋を都市の低炭素化の促進に関する法律の施行の日（平成24年12月4日）から令和7年12月31日までの間に自己の居住の用に供した場合（新築の日又は取得の日から6か月以内に自己の居住の用に供した場合に限る。）において，その居住の用に供した日の属する年以後10年間（同日の属する年が令和4年から令和7年までの各年であり，かつ，その居住に係る住宅の取得等が，①認定住宅等の新築等又は②買取再販認定住宅等の取得に該当するものである場合には，13年間）の各年（同日以後その年の12月31日まで引き続きその居住の用に供している年に限る。）においてその認定低炭素住宅の新築又は取得のための住宅借入金等を有するときは，一般の「**住宅借入金等特別控除**」（766ページ参照）との選択により，各年分（合計所得金額が2,000万円を超える年分を除く。）の所得税額から次表により計算した住宅借入金等特別控除額を差し引くことができます（措法41⑩〜⑫）。

— 796 —

税額の計算（税額控除）

居住の用に供した年	控除期間	認定低炭素住宅の取得等に係る住宅借入金等の年末残高の限度額	控除率	各年の控除限度額	最大控除可能額
平成24年12月4日から平成24年12月31日まで		4,000万円		40万円	400万円
平成25年1月1日から平成26年3月31日まで	10年間	3,000万円	1%	30万円	300万円
平成26年4月1日から令和3年12月31日（令和4年12月31日）まで		5,000万円		50万円	500万円
令和4年1月1日から令和5年12月31日まで（新築等の場合）	13年	5,000万円		35万円	455万円
令和4年1月1日から令和5年12月31日まで（既存住宅の場合）	10年	3,000万円	0.7%	21万円	210万円
令和6年1月1日から令和7年12月31日まで（新築等の場合）	13年	4,500万円		31.5万円	409.5万円
令和6年1月1日から令和7年12月31日まで（既存住宅の場合）	10年	3,000万円		21万円	210万円

(注)1　上記の「合計所得金額が2,000万円を超える年分」については，個人が令和4年1月1日前に認定低炭素住宅をその者の居住の用に供した場合及び「認定住宅の特別特例取得の特例（802ページ参照）」により適用する場合には「合計所得金額が3,000万円を超える年分」となります（令4改正法附34①）。

2　上記の表の「平成26年4月1日から令和3年12月31日（令和4年12月31日）まで」の計算については，住宅の取得等が特定取得（特別特例取得（784ページ参照）又は特例特別特例取得（784ページ参照））に該当する場合に限られ，それ以外の場合については上段の「平成25年1月1日から平成26年3月31日まで」に居住の用に供した場合と同様の計算となります。

3　上記の「認定低炭素住宅」とは，個人がその居住の用に供する家屋で次に掲げる要件に該当するものをいいます（措令26㉑㉒，措規18の21⑭⑮）。

①　家屋の床面積（区分所有建物については，その区分所有部分の床面積）が50㎡以上であること

②　家屋の床面積の2分の1以上が専ら自己の居住の用に供されるものであること

③　都市の低炭素化の促進に関する法律第2条第3項に規定する低炭素建築物に該当するものであることにつき一定の証明がされたものであること又は同法第16条の規定により低炭素建築物とみなされる特定建築物に該当するものであることにつき一定の証明がされたものであること

　上記③の「一定の証明がされたもの」とは，次に掲げる家屋の区分に応じ次に定める書類により証明がされたものをいいます。

イ　低炭素建築物に該当する家屋……次に掲げる書類

　(イ)　その家屋に係る低炭素建築物新築等計画の認定通知書（低炭素建築物新築等計画の変更の認定を受けた場合には，変更認定通知書）の写し（以下「低炭素建築物認定通知書の写し」という。）

　(ロ)　住宅用家屋証明書（低炭素建築物用）若しくはその写し又は認定低炭素建築物建築証明書（以下「認定低炭素住宅建築証明書等」という。）

ロ　特定建築物に該当する家屋……その家屋に係る市町村長等のその家屋が特定建築物に該当するものであることについての個人の申請に基づく証明書（以下「特定建築物証明書」

税額の計算（税額控除）

　　という。）

　　4　上記(1)(注) 4 と同じ措置が講じられています（795ページ参照）。なお，「特例認定住宅等」でこの認定低炭素住宅に該当するものは，768ページの特例居住用家屋に該当する家屋で低炭素建築物又は特定建築物に該当するものであることにつき，その家屋に係る①「低炭素建築物認定通知書の写し」及び「認定低炭素住宅建築証明書等」又は②「特定建築物証明書」により証明がされたものをいいます（措法41⑲，措令26㉜において準用する同条㉑，措規18の21⑭⑮）。

　　5　上記(1)の(注) 5 と同内容の措置が講じられています（795ページ参照）。

　　この控除は住宅借入金等特別控除の特例ですので，控除額の計算方法等を除き，住宅借入金等特別控除に適用される次の諸規定がそのまま適用されます。

イ　**住宅借入金等特別控除の対象となる借入金等の範囲**（773ページ参照）

ロ　**住宅借入金等特別控除の対象とならない取得**（785ページ参照）

ハ　**住宅借入金等特別控除が適用されない年分**（785ページ参照）

ニ　**再び居住の用に供した場合**（787ページ参照）

ホ　**災害により居住の用に供することができなくなった場合の借宅借入金等特別控除の継続適用及び重複適用**（788ページ参照）

　　この控除を適用する場合には，前述「**手続と必要書類（790ページ参照）**」の必要書類に加え，次の区分に応じそれぞれ次に定める書類を確定申告書に添付する必要があります（措規18の21⑧）。

(イ)　低炭素建築物……その家屋に係る低炭素建築物認定通知書の写し及び認定低炭素住宅建築証明書等

(ロ)　低炭素建築物とみなされる特定建築物……その家屋に係る特定建築物証明書

(3)　特定エネルギー消費性能向上住宅

　　個人が，特定エネルギー消費性能向上住宅の新築をし，又は特定エネルギー消費性能向上住宅で建築後使用されたことのないもの若しくは特定エネルギー消費性能向上住宅である既存住宅の取得をして，これらの家屋を令和 4 年 1 月 1 日から令和 7 年12月31日までの間に自己の居住の用に供した場合（新築の日又は取得の日から 6 か月以内に自己の居住の用に供した場合に限る。）において，その居住の用に供した日の属する年以後10年間（その居住に係る住宅の取得等が，①認定住宅等の新築等又は②買取再販認定住宅等の取得に該当するものである場合には，13年間）の各年（同日以後その年の12月31日まで引き続きその居住の用に供している年に限る。）においてその特定エネルギー消費性能向上住宅の新築又は取得のための住宅借入金等を有するときは，一般の「**住宅借入金等特別控除**」（766ページ参照）との選択により，各年分（合計所得金額が2,000万円を超える年分を除く。）の所得金額から次表により計算した住宅借入金等特別控除額を差し引くことができます（措法41⑩〜⑫，令 4 改正法附34①）。

— 798 —

税額の計算（税額控除）

居住の用に供した年	控除期間	特定エネルギー消費性能向上住宅の取得等に係る住宅借入金等の年末残高の限度額	控除率	各年の控除限度額	最大控除可能額
令和4年1月1日から令和5年12月31日まで（新築等の場合）	13年	4,500万円		31.5万円	409.5万円
令和4年1月1日から令和5年12月31日まで（既存住宅の場合）	10年	3,000万円		21万円	210万円
令和6年1月1日から令和7年12月31日まで（新築等の場合）	13年	3,500万円	0.7%	24.5万円	318.5万円
令和6年1月1日から令和7年12月31日まで（既存住宅の場合）	10年	3,000万円		21万円	210万円

（注）1 上記の「特定消費エネルギー性能向上住宅」とは，個人がその居住の用に供する家屋で次に掲げる要件に該当するものをいいます（措令26㉓，措規18の21⑯）。

(1) 家屋の床面積（区分所有建物については，その区分所有部分の床面積）が50㎡以上であること

(2) 家屋の床面積の2分の1以上が専ら自己の居住の用に供されるものであること

(3) エネルギーの使用の合理化に著しく資する住宅の用に供する家屋として国土交通大臣が財務大臣と協議して定める基準に適合するものであることにつき一定の方法により証明がされたものであること

　　この「エネルギーの使用の合理化に著しく資する住宅の用に供する家屋として国土交通大臣が財務大臣と協議して定める基準」は，令和4年3月国土交通省告示第456号において，評価方法基準（平成13年8月国土交通省告示第1347号）のいわゆる断熱等性能等級5以上及びいわゆる一次エネルギー消費量等級6以上とされ，上記の「一定の方法により証明がされたもの」とは，その家屋がこの基準に適合するものであることにつき，建築士法に基づく建築士事務所に所属する建築士，指定確認検査機関，登録住宅性能評価機関又は住宅瑕疵担保責任保険法人（以下「建築士等」という。）が証明した「住宅省エネルギー性能証明書」又は「建設住宅性能評価書の写し」により証明がされたものとされています（措規18の21⑯，令4.3国土交通告455①）。

2 上記(注)1(1)の「50㎡以上」の要件については，個人が，国内において，令和4年1月1日以後に特例居住用家屋の新築等をした場合には，その特例認定住宅等の新築等は認定住宅等の新築等に該当するものと，その特例認定住宅等は認定住宅等とそれぞれみなして，住宅借入金等特別控除を適用することができることとされています。ただし，その者の控除期間のうち，その年分の所得税に係る合計所得金額が1,000万円を超える年については，適用しないこととされています（措法41⑲，令4改正法附34①）。

　　上記の「特例認定住宅等」で，この特定エネルギー消費性能向上住宅に相当するものは，768ページの特例居住用家屋に該当する家屋で特定エネルギー消費性能向上住宅に該当するものであることにつきその家屋に係る「住宅省エネルギー性能証明書」又は「建設住宅性能評価書の写し」により証明がされたものをいいます（措法41⑲，措令26㉜において準用する同条㉓，措規18の21⑯）。

3 上記表の「（新築等の場合）」とは，その特定エネルギー消費性能向上住宅に係る住宅の取得等が「認定住宅等の新築等」に該当する場合をいい，上記表の「（既存住宅の場合）」とは，その特定エネルギー消費性能向上住宅に係る住宅の取得等が「認定住宅等である既存住宅の取得」の場合をいいます。

税額の計算（税額控除）

この控除は住宅借入金等特別控除の特例ですので，控除額の計算方法等を除き，住宅借入金等特別控除に適用される次の諸規定がそのまま適用されます。(4)において同じです。

- イ　住宅借入金等特別控除の対象となる借入金等の範囲（773ページ参照）
- ロ　住宅借入金等特別控除の対象とならない取得（785ページ参照）
- ハ　住宅借入金等特別控除が適用されない年分（785ページ参照）
- ニ　再び居住の用に供した場合（787ページ参照）
- ホ　災害により居住の用に供することができなくなった場合の住宅借入金等特別控除の継続適用及び重複適用（788ページ参照）

この控除を適用する場合には，前述「手続と必要書類（790ページ参照）」の必要書類に加え，その家屋に係る「住宅省エネルギー性能証明書」又は「建設住宅性能評価書の写し」を確定申告書に添付する必要があります（措規18の21⑧）。(4)において同じです。

(4)　エネルギー消費性能向上住宅

　個人が，エネルギー消費性能向上住宅の新築をし，又はエネルギー消費性能向上住宅で建築後使用されたことのないもの若しくはエネルギー消費性能向上住宅である既存住宅の取得をして，これらの家屋を令和4年1月1日から令和7年12月31日までの間に自己の居住の用に供した場合（新築の日又は取得の日から6か月以内に自己の居住の用に供した場合に限る。）において，その居住の用に供した日の属する年以後10年間（その居住に係る住宅の取得等が，①認定住宅等の新築等又は②買取再販認定住宅等の取得に該当するものである場合には，13年間）の各年（同日以後その年の12月31日まで引き続きその居住の用に供している年に限る。）においてその消費エネルギー性能向上住宅の新築又は取得のための住宅借入金等を有するときは，一般の「住宅借入金等特別控除」（766ページ参照）との選択により，各年分（合計所得金額が2,000万円を超える年分を除く。）の所得金額から次表により計算した住宅借入金等特別控除額を差し引くことができます（措法41⑩～⑫，令4改正法附34①）。

居住の用に供した年	控除期間	エネルギー消費性能向上住宅の取得等に係る住宅借入金等の年末残高の限度額	控除率	各年の控除限度額	最大控除可能額
令和4年1月1日から令和5年12月31日まで（新築等の場合）	13年	4,000万円	0.7%	28万円	364万円
令和4年1月1日から令和5年12月31日まで（既存住宅の場合）	10年	3,000万円			210万円
令和6年1月1日から令和7年12月31日まで（新築等の場合）	13年	3,000万円		21万円	273万円
令和6年1月1日から令和7年12月31日まで（既存住宅の場合）	10年	3,000万円			210万円

(注)1　上記の「エネルギー消費性能向上住宅」とは，個人がその居住の用に供する家屋で次に掲げる要件に該当するものをいいます（措令26㉔，措規18の21⑰）。

- (1)　家屋の床面積（区分所有建物については，その区分所有部分の床面積）が50㎡以上であること
- (2)　家屋の床面積の2分の1以上が専ら自己の居住の用に供されるものであること
- (3)　エネルギーの使用の合理化に資する住宅の用に供する家屋として国土交通大臣が財務大臣

税額の計算（税額控除）

と協議して定める基準に適合するものであることにつき一定の方法により証明がされたものであること

この「エネルギーの使用の合理化に資する住宅の用に供する家屋として国土交通大臣が財務大臣と協議して定める基準」は，令和4年3月国土交通省告示第456号において，評価方法基準（平成13年8月国土交通省告示第1347号）のいわゆる断熱等性能等級4以上及びいわゆる一次エネルギー消費量等級4以上とされ，上記の「一定の方法により証明がされたもの」とは，その家屋がこの基準に適合するものであることにつき，建築士等が証明した「住宅省エネルギー性能証明書」又は「建設住宅性能評価書の写し」により証明がされたものとされています（措規18の21⑰，令4.3国土交通告455②）。

2　上記(注)1(1)の「50㎡以上」の要件については，個人が，国内において，令和4年1月1日以後に特例居住用家屋の新築等をした場合には，その特例認定住宅等の新築等は認定住宅等の新築等に該当するものと，その特例認定住宅等は認定住宅等とそれぞれみなして，住宅借入金等特別控除を適用することができることとされています。ただし，その者の控除期間のうち，その年分の所得税に係る合計所得金額が1,000万円を超える年については，適用しないこととされています（措法41⑲，令4改正法附34①）。

上記の「特例認定住宅等」で，このエネルギー消費性能向上住宅に相当するものは，768ページの特例居住用家屋に該当する家屋でエネルギー消費性能向上住宅に該当するものであることにつきその家屋に係る「住宅省エネルギー性能証明書」又は「建設住宅性能評価書の写し」により証明がされたものをいいます（措法41⑲，措令26㉜において準用する同条㉔，措規18の21⑰）。

3　上記表の「（新築等の場合）」とは，そのエネルギー消費性能向上住宅に係る住宅の取得等が「認定住宅等の新築等」に該当する場合をいい，上記表の「（既存住宅の場合）」とは，そのエネルギー消費性能向上住宅に係る住宅の取得等が「認定住宅等である既存住宅の取得」の場合をいいます。

(5)　消費税率引上げによる住宅に係る駆け込み・反動減対策のための控除期間の特例（認定住宅の特別特定取得の場合の控除期間の3年間延長の特例）

個人が，認定住宅（認定長期優良住宅及び認定低炭素住宅）の新築等で特別特定取得（782ページ参照）に該当するものをし，かつ，その認定住宅の新築等をした家屋を令和元年10月1日から令和2年12月31日までの間に自己の居住の用に供した場合（認定住宅の新築等の日から6か月以内に自己の居住の用に供した場合に限る。）において，適用年の11年目から13年目までの各年においてその認定住宅の新築等に係る住宅借入金等（以下「認定特別特定住宅借入金等」という。）の金額を有するときは，その年12月31日における認定特別特定住宅借入金等の金額の合計額（その合計額が5,000万円を超える場合には，5,000万円）に1％を乗じて計算した金額（その金額が認定住宅控除限度額を超える場合には認定住宅控除限度額とされる。）をその年における住宅借入金等特別控除額として，その者のその年分の所得税額から控除することができることとされています（措法41⑯）。

(注)1　この特例の適用ができる場合は，次に掲げる場合とされています（措令26㉘）。

(1)　適用年の10年目において認定住宅の新築等に係る認定住宅借入金等の金額につき，認定住宅の新築等を行った場合の住宅借入金等特別控除の適用を受けている場合

(2)　適用年の1年目から9年目までのいずれかの年において認定住宅の新築等に係る認定住宅借入金等の金額につき，認定住宅の新築等を行った場合の住宅借入金等特別控除の適用を受けている場合（(1)に掲げる場合に該当する場合を除く。）

(3)　適用年の10年目までの各年において認定住宅の新築等に係る認定住宅借入金等の金額につき，

—801—

税額の計算（税額控除）

住宅借入金等特別控除の適用を受けていない場合であって，適用年の11年目から13年目までの各年のいずれかの年において，その者の選択により，この特例の適用を受けようとする場合

2　上記の「認定住宅控除限度額」とは，認定住宅の新築等で特別特定取得に該当するものに係る対価の額からその認定住宅の新築等に係る対価の額に含まれる消費税額等合計額を控除した残額として一定の金額（その金額が5,000万円を超える場合には，5,000万円）に2％を乗じて計算した金額を3で除して計算した金額とされています（措法41⑰）。

3　上記（注）2の「一定の金額」とは，認定住宅の新築等で特別特定取得に該当するものに係る対価の額（その家屋のうちにその者の居住の用以外の用に供する部分がある場合には，その認定住宅の新築等に係る対価の額に，その家屋の床面積のうちにその居住の用に供する部分の床面積の占める割合を乗じて計算した金額。以下この（注）3において同じ。）からその認定住宅の新築等に係る対価の額に含まれる消費税額等合計額を控除した残額とされています（措令26㉙）。なお，認定住宅の新築等を行った場合の住宅借入金等特別控除の控除額の計算においては，住宅の新築等に関し，補助金等の交付を受ける場合又は一定の住宅取得等資金の贈与を受けた場合にはその住宅の新築等の対価の額から補助金等の額又はその住宅取得等資金の額を控除することとされていますが（措令26㉕），この控除限度額における「認定住宅の新築等で特別特定取得に該当するものに係る対価の額」からは補助金等の額又はその住宅取得等資金の額を控除しないこととされています。

4　上記の「令和2年12月31日までの間に自己の居住の用に供した場合」については，新型コロナ特例法の「下記(6)の認定住宅の特例取得の特例」又は「下記(7)の認定住宅の特別特例取得の特例」若しくは「下記(8)の認定住宅の特例特別特例取得の特例」により「令和3年12月31日までの間に自己の居住の用に供した場合」又は「令和4年12月31日までの間に自己の居住の用に供した場合」でも，この「認定住宅の特別特定取得の場合の控除期間の3年間延長の特例」の適用ができる場合があります（新型コロナ特例法6，6の2）。

(6)　特例取得をして令和3年中に居住の用に供した場合の「認定住宅の特別特定取得の場合の控除期間の3年間延長の特例」の適用（床面積が50㎡以上である認定住宅）【認定住宅の特例取得の特例】

　　特例取得に該当する認定住宅の新築等をした個人が，新型コロナウイルス感染症及びそのまん延防止のための措置の影響により特例取得をした認定住宅を令和2年12月31日までに自己の居住の用に供することができなかった場合において，その特例取得をした認定住宅を令和3年1月1日から同年12月31日までの間に自己の居住の用に供したときは，その他の要件については上記(5)の「認定住宅の特別特定取得の場合の控除期間の3年間延長の特例」と同様の要件の下で，上記(5)の「認定住宅の特別特定取得の場合の控除期間の3年間延長の特例」の適用ができます（新型コロナ特例法6④）。

(注)　上記の「特例取得」とは，特別特定取得（782ページ参照）のうち，その契約が次の認定住宅の新築等の区分に応じそれぞれ次に定める日までに締結されているものをいいます（新型コロナ特例法6⑤，新型コロナ特例令4③）。

① 認定住宅の新築……令和2年9月30日
② 認定住宅で建築後使用されたことのないものの取得……令和2年11月30日

(7)　特別特例取得をして令和4年末までに居住の用に供した場合の認定住宅の新築等を行った場合の住宅借入金等特別控除の適用（床面積が50㎡以上である認定住宅）【認定住宅の特別特例取得の特例】

　　特別特例取得に該当する認定住宅の新築等をした個人が，その特別特例取得をした認定住宅を令和3年1月1日から令和4年12月31日までの間に自己の居住の用に供した場合には，その他の要件

については認定住宅の新築等を行った場合の住宅借入金等特別控除及び上記(5)の「認定住宅の特別特定取得の場合の控除期間の３年間延長の特例」と同様の要件の下で，認定住宅の新築等を行った場合の住宅借入金等特別控除及び上記(5)の「認定住宅の特別特定取得の場合の控除期間の３年間延長の特例」の適用ができます（新型コロナ特例法６の２①③）。

(注)　上記の「特別特例取得」とは，特別特定取得（782ページ参照）のうち，その契約が次の区分に応じそれぞれ次に定める期間内に締結されているものをいいます（新型コロナ特例法６の２②，新型コロナ特例令４の２①）。

　　①　認定住宅の新築……令和２年10月１日から令和３年９月30日までの期間

　　②　認定住宅で建築後使用されたことのないものの取得……令和２年12月１日から令和３年11月30日までの期間

(8)　特例特別特例取得をして令和４年末までに居住の用に供した場合の認定住宅の新築等を行った場合の住宅借入金等特別控除の適用（床面積が40㎡以上50㎡未満である認定住宅）【認定住宅の特別特例特例取得の特例】

　　個人が，特例認定住宅の新築等で，特例特別特例取得に該当するものをして，その特例特別特例取得をした特例認定住宅を令和３年１月１日から令和４年12月31日までの間に自己の居住の用に供した場合には，その他の要件については認定住宅の新築等を行った場合の住宅借入金等特別控除及び上記(5)の「認定住宅の特別特定取得の場合の控除期間の３年間延長の特例」と同様の要件の下で，認定住宅の新築等を行った場合の住宅借入金等特別控除及び上記(5)の「認定住宅の特別特定取得の場合の控除期間の３年間延長の特例」の適用ができます（新型コロナ特例法６の２⑤）。

　　ただし，認定住宅の新築等を行った場合の住宅借入金等特別控除及び上記(5)の「認定住宅の特別特定取得の場合の控除期間の３年間延長の特例」の控除期間13年間のうち，その者のその年分の所得税に係る合計所得金額が1,000万円を超える年については，本特例による住宅借入金等特別控除及び上記(5)の「認定住宅の特別特定取得の場合の控除期間の３年間延長の特例」は適用できません。

　　この所得要件の判定は各年において行うため，合計所得金額が1,000万円以下である年については，本特例による住宅借入金等特別控除及び上記(5)の「認定住宅の特別特定取得の場合の控除期間の３年間延長の特例」の適用ができることとなります。

(注)1　上記の「特例認定住宅」は，その床面積（区分所有建物については，その区分所有部分の床面積）が40㎡以上50㎡未満の認定住宅とされ，床面積要件以外は，認定住宅の新築等を行った場合の住宅借入金等特別控除の適用対象となる認定住宅と同様です（新型コロナ特例令４の２⑥〜⑧）。

　　2　上記の「特例特別特例取得」とは，家屋の床面積以外は，上記(7)の「認定住宅の特別特例取得の特例」の対象となる特別特例取得と同様です（新型コロナ特例法６の２⑩，新型コロナ特例令４の２⑭）。

特定増改築等住宅借入金等特別控除

　　個人が，自己の所有する家屋について，高齢者等居住改修工事等（バリアフリー改修工事），断熱改修工事等の一定の改修工事（省エネ改修工事）又は多世帯同居改修工事等（三世代同居対応改修工事）を含む増改築等をして，平成19年４月１日（断熱改修工事等の一定の改修工事の場合は平成20年４月１日，多世帯同居改修工事の場合は平成28年４月１日）から令和３年12月31日までの間にその増改築等をした部分を自己の居住の用に供し（その増改築等の日から６か月以内に居住の用に供した場合に限

る。），引き続いて居住の用に供している場合において，その居住の用に供した年以後5年間の各年に
おいてその増改築等に係る借入金等の金額を有するときは，その者の選択により，住宅借入金等特
別控除に代えて特定増改築等住宅借入金等特別控除額をその年分の所得税の額から控除できます
（措法41の3の2①⑤⑧）。

特定増改築等住宅借入金等特別控除が受けられる人

特定増改築等住宅借入金等特別控除が受けられる人は，次のとおりです。

(1) 高齢者等居住改修工事等の増改築等

高齢者等居住改修工事等の増改築等についてこの適用が受けられる人は，次のイからホまでのい
ずれかに該当する個人です（措法41の3の2①）。

- イ　年齢が50歳以上である者
- ロ　介護保険法第19条第1項に規定する要介護認定を受けている者
- ハ　介護保険法第19条第2項に規定する要支援認定を受けている者
- ニ　所得税法第2条第1項第28号に規定する障害者に該当する者
- ホ　上記ロからニまでのいずれかに該当する者又は年齢が65歳以上である者（以下「高齢者等」とい
  う。）である親族と同居を常況とする者
- **(注)**　イの年齢が50歳以上であるかどうか又はホの年齢が65歳以上であるかどうかの判定は，その個人が
  その住宅の増改築等をした部分を居住の用に供した年（以下「居住年」という。）の12月31日（これら
  の者が年の中途において死亡した場合には，その死亡の時。以下この（注）において同じ。）の年齢
  によるものとされ，ホのその個人が高齢者等である親族と同居を常況としているかどうかの判定は，
  居住年の12月31日の状況によるものとされます（措法41の3の2⑫）。

(2) 断熱改修工事等の一定の改修工事の増改築等

断熱改修工事等の一定の改修工事の増改築等については，個人であればこの特例の適用を受ける
ことができます（措法41の3の2⑤）。

(3) 多世帯同居改修工事等

多世帯同居改修工事等の増改築等については，個人であればこの特例の適用を受けることができ
ます（措法41の3の2⑧）。

特定増改築等住宅借入金等特別控除の対象となる増改築等

特定増改築等住宅借入金等特別控除の対象となる増改築等とは，自己の居住の用に供する自己の
所有している家屋（居住の用に供する家屋を2以上有する場合には，主として居住の用に供する1の家屋
に限る。）について行う，次の工事（これらの工事と併せて行うその工事を施した家屋と一体となって効用
を果たす設備の取替えや取付けに係る工事を含む。）をいいます。

(1) 適用対象となる工事

イ　高齢者等居住改修工事等の増改築等

次の(イ)から(チ)までの工事をいいます。ただし，(イ)から(ト)までの工事については，それらの工事
と併せて(チ)の工事を行うものをいいます（措法41の3の2②，措令26の4④〜⑨，平19.3.30国土交
通省告示407号（最終改正：令4.3.31国土交通省告示442号））。

— 804 —

税額の計算（税額控除）

(イ) 増築，改築，建築基準法に規定する大規模の修繕・大規模の模様替の工事

(注) 上記の「建築基準法に規定する大規模の修繕・大規模の模様替」とは，家屋の壁（建築物の構造上重要でない間仕切壁を除く。），柱（間柱を除く。），床（最下階の床を除く。），はり，屋根又は階段（屋外階段を除く。）のいずれか一以上について行う過半の修繕又は模様替（例えば，トタンぶきの屋根全体のうち2分の1を超える部分について瓦ぶきにする模様替）をいいます。

(ロ) マンションなどの区分所有建物のうち，区分所有する部分の床，階段又は壁の過半について行う一定の修繕・模様替（(イ)に該当するものを除く。）の工事

(注) 上記の「一定の修繕・模様替」とは，次に掲げるいずれかの修繕又は模様替をいいます。

(1) 区分所有する部分の床の過半又は階段（屋外階段を除く。）の過半について行う修繕又は模様替

(2) 区分所有する部分の間仕切壁の室内に面する部分の過半について行う修繕又は模様替（その間仕切壁の一部について位置の変更を伴うものに限る。）

(3) 区分所有する部分の壁（建築物の構造上重要でない間仕切壁を除く。）の室内に面する部分の過半について行う修繕又は模様替（その修繕又は模様替に係る壁の過半について遮音又は熱の損失の防止のための性能を向上させるものに限る。）

(ハ) 家屋（マンションなどの区分所有建物にあっては，区分所有する部分に限る。）のうち居室，調理室，浴室，便所，洗面所，納戸，玄関又は廊下の一室の床若しくは壁の全部について行う修繕・模様替（(イ)又は(ロ)に該当するものを除く。）の工事

(ニ) 家屋について行う地震に対する一定の安全基準に適合させるための修繕・模様替（(イ)から(ハ)までに該当するものを除く。）の工事

(ホ) 家屋について行うエネルギーの使用の合理化に著しく資する改修工事（特定断熱改修工事等，806ページ参照）で，その工事に要した費用の額（補助金等（808ページ参照）を控除した金額。(ヘ)及び(ト)において同じ。）が50万円を超える工事（(イ)から(ニ)までに該当するものを除く。）

(ヘ) 家屋について行う他の世帯との同居をするのに必要な設備の数を増加させるための改修工事（多世帯同居改修工事等，807ページ参照）で，その工事に要した費用の額が50万円を超える工事

(ト) 家屋について行う(ホ)の工事と併せて行う構造の腐食，腐朽及び摩損を防止し，又は維持保全を容易にするための改修工事（特定耐久性向上改修工事等，807ページ参照）で，その工事に要した費用の額が50万円を超える工事

(チ) 家屋について行う高齢者等が自立した日常生活を営むのに必要な構造及び設備の基準に適合させるための増築，改築，修繕又は模様替えで次のAからHまでのいずれかに該当する工事（これらの工事が行われる構造又は設備と一体となって効用を果たす設備の取替え又は取付けに係る工事を含む。以下「特定増改築等」という。）（(イ)から(ホ)までに該当するものを除く。）

A 介助用の車いすで容易に移動するために通路又は出入口の幅を拡張する工事

B 階段の設置（既存の階段の撤去を伴うものに限る。）又は改良によりその勾配を緩和する工事

C 浴室を改良する工事であって，次のいずれかに該当するもの

(a) 入浴又はその介助を容易に行うために浴室の床面積を増加させる工事

(b) 浴槽をまたぎ高さの低いものに取り替える工事

(c) 固定式の移乗台，踏み台その他の高齢者等の浴槽の出入りを容易にする設備を設置する工事

(d) 高齢者等の身体の洗浄を容易にする水栓器具を設置し又は同器具に取り替える工事

— 805 —

D 便所を改良する工事であって，次のいずれかに該当するもの

(a) 排泄又はその介助を容易に行うために便所の床面積を増加させる工事

(b) 便器を座便式のものに取り替える工事

(c) 座便式の便器の座高を高くする工事

E 便所，浴室，脱衣室その他の居室及び玄関並びにこれらを結ぶ経路に手すりを取り付ける工事

F 便所，浴室，脱衣室その他の居室及び玄関並びにこれらを結ぶ経路の床の段差を解消する工事（勝手口その他屋外に面する開口の出入口及び上がりかまち並びに浴室の出入口にあっては，段差を小さくする工事を含む。）

G 出入口の戸を改良する工事であって，次のいずれかに該当するもの

(a) 開戸を引戸，折戸等に取り替える工事

(b) 開戸のドアノブをレバーハンドル等に取り替える工事

(c) 戸に戸車その他の戸の開閉を容易にする器具を設置する工事

H 便所，浴室，脱衣室その他の居室及び玄関並びにこれらを結ぶ経路の床の材料を滑りにくいものに取り替える工事

(注) 上記のとおり，特定増改築等は，上記のAからHまでに掲げる工事（以下「本体工事」という。）及び本体工事と同時に行う本体工事が行われる構造又は設備と一体となって効用を果たす設備の取替え又は取付けに係る改修工事（以下「一体工事」という。）をいいますが，昇降機の設置その他の単独で行われることも通常想定される工事で，本体工事と併せて行うことが必ずしも必要でないものは，一体工事には含まれません（措通41の3の2―3）。

ロ 断熱改修工事等の一定の改修工事の増改築等

次の(イ)又は(ロ)の工事若しくは次の(イ)又は(ロ)の工事と併せて行う上記イ(イ)から(ニ)まで及び(ヘ)から(チ)までの工事をいいます（措法41の3の2⑥，措令26の4⑥⑦⑲，平20.4.30国土交通省告示513号（最終改正：令4.3.31国土交通省告示443号））。

(イ) 断熱改修工事等

エネルギーの使用の合理化に相当程度資する改修工事（特定断熱改修工事等に該当するものを除く。）で，①居室の全ての窓の断熱工事，②①の工事と併せて行う床の断熱工事，③天井の断熱工事又は④壁の断熱工事で，改修部位の省エネ性能がいずれも平成28年基準以上となり，かつ改修後の住宅全体の断熱等性能等級が現状から一段階相当以上上がると認められる改修工事をいいます。

(注) 平成21年4月1日から平成27年12月31日までの間に居住の用に供した場合には，「改修後の住宅全体の断熱等性能等級が現状から一段階相当以上上がると認められる改修工事」とする要件は不要となります（旧措令26の4⑦⑲，旧平20.4.30国土交通省告示513号）。

(ロ) 特定断熱改修工事等

エネルギーの使用の合理化に著しく資する改修工事で，次のものをいいます。

A 断熱改修工事等のうち，改修後の住宅全体の省エネ性能が平成28年基準相当となると認められる改修工事。

B ①居室の窓の断熱工事，②①の工事と併せて行う床の断熱工事，③天井の断熱工事又は④壁の断熱工事で，改修部位の省エネ性能がいずれも平成28年基準以上となり，かつ改修後の

住宅全体の断熱等性能等級が改修前から一段階相当以上向上し，改修後の住宅全体の省エネ性能が「断熱等性能等級４」又は「一次エネルギー消費量等級４以上及び断熱等性能等級３」となる改修工事。

ハ　多世帯同居改修工事等

他の世帯との同居をするのに必要な設備の数を増加させるための改修工事で次のいずれかに該当する工事（その改修工事をした家屋（以下「多世帯同居改修家屋」という。）のうちその者の居住の用に供する部分に調理室，浴室，便所又は玄関のうちいずれか２以上の室がそれぞれ複数あることとなる場合に限る。）をいいます（措法41の３の２⑨，措令26の４⑥⑧㉑，平28.3.31国土交通省告示585号（最終改正：令４.3.31国土交通省告示451号））。

①　調理室を増設する工事

（注）　多世帯同居改修家屋のうちその者の居住の用に供する部分に，ミニキッチン（台所流し，こんろ台その他調理のために必要な器具又は設備が一体として組み込まれた既製の小型ユニットをいいます。）を設置する調理室以外の調理室がある場合に限られます。

②　浴室を増設する工事

（注）　多世帯同居改修家屋のうちその者の居住の用に供する部分に，浴槽を設置する浴室がある場合に限られます。

③　便所を増設する工事

④　玄関を増設する工事

ニ　特定耐久性向上改修工事等

特定断熱改修工事等と併せて行う構造の腐食，腐朽及び摩損を防止し，又は維持保全を容易にするための次の改修工事をいいます（措法41の３の２②四，措令26の４⑨，平29. 3.31 国土交通省告示279号（最終改正：令４．３．31国土交通省告示453号））。

①小屋裏，②外壁，③浴室，脱衣室，④土台，軸組等，⑤床下，⑥基礎若しくは⑦地盤に関する劣化対策工事又は⑧給排水管若しくは給湯管に関する維持管理若しくは更新を容易にするための工事で次の要件を満たすもの。

(イ)　住宅借入金等特別控除（措法41，766ページ参照）の対象となる増築，改築，大規模の修繕，大規模の模様替等に該当するものであること。

(ロ)　認定を受けた長期優良住宅建築等計画に基づくものであること。

(ハ)　改修部位の劣化対策並びに維持管理及び更新の容易性が，いずれも増改築による長期優良住宅の認定基準に新たに適合すること。

(2)　**適用対象となる要件**（措法41の３の２②⑥⑨，措令26の４③～⑨，⑲～㉑，措規18の23の２の２①②）

イ　上記(1)イ(イ)から(ニ)までの増改築等であること及び(ホ)から(チ)までの特定増改築等であることについて，建築基準法に規定する確認済証の写し若しくは検査済証の写し又は建築士法に基づく建築士事務所に所属する建築士，住宅の品質確保の促進等に関する法律に規定する登録住宅性能評価機関，建築基準法に規定する指定確認検査機関若しくは特定住宅瑕疵担保責任の履行の確保等に関する法律の規定による指定を受けた住宅瑕疵担保責任保険法人による証明書（増改築等工事証明書）により証明されていること（上記(1)イ(ロ)から(チ)まで及び上記(1)ロからニまでについては，増改

税額の計算（税額控除）

築等工事証明書による証明に限る。）

ロ　上記(1)イ(チ)の高齢者等居住改修工事等の増改築等に係る改修工事に要した費用の額（住宅の増改築等に係る工事の費用に充てるために地方公共団体から補助金等（特定増改築等に係る改修工事を含む住宅の増改築等に係る工事の費用に充てるために交付される補助金その他これに準ずるものをいう。）の交付，介護保険法に規定する居宅介護住宅改修費の給付又は介護予防住宅改修費の給付を受ける場合には，その改修工事に要した費用の額から補助金等，居宅介護住宅改修費及び介護予防住宅改修費の額を控除した金額）が50万円を超えること

（注）1　地方公共団体からの補助金等には，助成金，給付金等として交付されるものであっても，特定増改築等に係る改修工事を含む住宅の増改築等に係る工事の費用に充てるために交付されるものは含まれますが，例えば，その住宅の増改築等に係る住宅借入金等の利子の支払に充てるために交付されるものである利子補給金等は含まれません。ただし，利子補給金などであっても，その住宅の増改築等に係る工事の費用に充てるために地方公共団体から補助金等と同一の補助制度等に基づいて交付されるものはその全額が地方公共団体からの補助金等に含まれます。

2　地方公共団体からの補助金等の交付又は居宅介護住宅改修費の給付若しくは介護予防住宅改修費の給付を受ける場合において，その交付等を受ける額が確定申告書を提出するときまでに確定していない場合には，その交付等を受ける額の見込額に基づいてこの控除を適用します。この場合において，後日，その交付等を受ける額の確定額とその見込額とが異なることとなったときは，遡及してその控除の額を訂正します。

ハ　上記(1)ロの断熱改修工事等又は特定断熱改修工事等，上記(1)ハの多世帯同居改修工事等若しくは上記(1)ニの特定耐久性向上改修工事等に要した費用の額（補助金等（上記(2)ロ参照）を控除した金額）が50万円を超えること

ニ　その工事に係る部分のうちに自己の居住の用以外の用に供する部分がある場合には，自己の居住の用に供する部分に係る工事に要した費用の額がその工事に要した費用の総額の2分の1以上であること

ホ　その工事をした後の家屋の床面積が50㎡以上であること

（注）床面積が50㎡以上であるかどうかについては，マンションなどの区分所有建物の場合には，区分所有する部分の床面積により判定します。なお，「区分所有する部分の床面積」とは，登記簿上表示される壁その他の区画の内側線で囲まれた部分の水平投影面積をいいます。また，その家屋が店舗併用住宅であるなど自己の居住の用以外の用にも供される部分がある家屋の場合やその家屋が共有である場合には，その家屋の全体の床面積によって判定します（措通41の3の2－5，41－11，41－12）。

ヘ　その工事をした後の家屋の床面積の2分の1以上が専ら自己の居住の用に供されるものであること

ト　その工事をした後の家屋が，主としてその居住の用に供すると認められるものであること

特定増改築等住宅借入金等特別控除の対象となる借入金等

特定増改築等住宅借入金等特別控除の対象となる借入金又は債務とは，次のA又はBに掲げる場合の区分に応じそれぞれ次のA又はBに定める借入金又は債務（利息に対応するものを除く。）で，償還期間が5年以上の割賦償還の方法により返済することとされている借入金（ルを除く。）若しくは賦払期間が5年以上の割賦払の方法により支払うこととされている債務又は債務者の死亡時に一括償還をする方法により支払うこととされている一定の借入金（以下「増改築等住宅借入金等」とい

－808－

税額の計算（税額控除）

う。）をいいます（措法41の3の2③⑦⑩，措令26の4⑩〜⑰）。

A　住宅の増改築等をした場合（次のBに該当する場合を除く。）……イ，ヘ，ルの借入金又はト，チ，ヌの債務

B　住宅の増改築等とともにその住宅の増改築等に係る家屋の敷地（敷地の用に供される土地又はその土地の上に存する権利をいう。以下同じ。）を購入した場合……次に掲げる区分に応じそれぞれ次に定める借入金又は債務

(a)　住宅の増改築等の日前に一定期間内の建築条件付きでその家屋の敷地を購入したとき……ハの借入金又はリの債務

(b)　住宅の増改築等の日前に3か月以内の建築条件付きでその家屋の敷地を購入したとき……ニの借入金

(c)　住宅の増改築等の日前2年以内にその家屋の敷地を購入したとき……ホの借入金又は債務

(d)　住宅の増改築等の日前にその増改築等の着工の日後に受領した借入金によりその家屋の敷地を購入したとき……ロの借入金

(注)1　控除の対象となる借入金又は債務には，金融機関，独立行政法人住宅金融支援機構又は一定の貸金業者（以下「当初借入先」という。）から借り入れた借入金又は当初借入先に対して負担する承継債務について債権の譲渡（当初借入先から償還期間を同じくする債権の譲渡を受けた場合に限る。）を受けた特定債権者（当初借入先との間でその債権の全部について管理及び回収に係る業務の委託に関する契約を締結し，かつ，その契約に従って当初借入先に対してその債権の管理及び回収に係る業務の委託をしている法人をいう。）に対して有するその債権に係る借入金又は債務が含まれます（措令26の4⑫四，措規18の23の2の2⑦⑧）。

2　(a)(b)又は(c)については，住宅の増改築等に係る上記Aに掲げる借入金又は債務を有している必要があることに留意してください（下記「特定増改築等住宅借入金等特別控除の対象とならない借入金等及び控除が受けられない年分」のイの(イ)参照）。なお，(d)については，住宅の増改築等とその家屋の敷地の購入の両方に係る借入金又は債務が対象とされています。

イ　次に掲げる者からの借入金のうち，その住宅の増改築等に要する資金に充てるために借り入れたもの（措法41の3の2③一，三，措令26の4⑩，⑫三イ，⑰一，措規18の23の2の2③）

(イ)　銀行，信用金庫，労働金庫，信用協同組合，農業協同組合，農業協同組合連合会，漁業協同組合，漁業協同組合連合会，水産加工業協同組合，水産加工業協同組合連合会，株式会社商工組合中央金庫，生命保険会社，損害保険会社，信託会社，農林中央金庫，信用金庫連合会，労働金庫連合会，共済水産業協同組合連合会，信用協同組合連合会又は株式会社日本政策投資銀行（以下「金融機関」という。）

(ロ)　独立行政法人住宅金融支援機構，地方公共団体，沖縄振興開発金融公庫，国家公務員共済組合，国家公務員共済組合連合会，日本私立学校振興・共済事業団，地方公務員共済組合又は独立行政法人北方領土問題対策協会

(ハ)　貸金業者で住宅の増改築等に必要な資金の長期貸付けの業務を行うもの（以下「貸金業者」という。）

(ニ)　勤労者財産形成促進法第9条第1項に規定する事業主団体又は福利厚生会社（独立行政法人勤労者退職金共済機構からの転貸貸付けの資金に係るものに限る。）

(ホ)　給与所得者の使用者

— 809 —

税額の計算（税額控除）

(ヘ)　使用者に代わって住宅の増改築等に要する資金の貸付けを行っていると認められる平成19年3月31日国土交通省告示第409号に指定する法人（以下「公共福利厚生法人」という。）

ロ　住宅の増改築等に要する資金及びその家屋の敷地の購入に要する資金に充てるために，次に掲げる者から借り入れた借入金で，その借入金の受領がその住宅の増改築等の着工の日後にされたもの（措令26の4⑪一，二，⑫三ロ，⑮一，措規18の23の2の2④⑤）

(イ)　独立行政法人住宅金融支援機構，沖縄振興開発金融公庫又は独立行政法人北方領土問題対策協会

(ロ)　国家公務員共済組合又は地方公務員共済組合（勤労者財産形成持家融資に係るものに限る。）

(ハ)　勤労者財産形成促進法第9条第1項に規定する事業主団体又は福利厚生会社（独立行政法人勤労者退職金共済機構からの転貸貸付けの資金に係るものに限る。）

(ニ)　給与所得者の使用者（独立行政法人勤労者退職金共済機構からの転貸貸付けの資金に係るものに限る。）

ハ　地方公共団体，独立行政法人都市再生機構，地方住宅供給公社又は土地開発公社（以下「地方公共団体等」という。）から宅地の分譲に係る一定の契約に従って住宅の増改築等の日前に購入したその家屋の敷地の購入に要する資金に充てるために次の(イ)又は(ロ)に掲げる者から借り入れた借入金（ロ(ロ)又は(ニ)に係るものを除く。）（措令26の4⑪三，⑮二，⑰二）

(イ)　イの(イ)，(ハ)，(ホ)又は(ヘ)の者

(ロ)　地方公共団体，国家公務員共済組合，国家公務員共済組合連合会，日本私立学校振興・共済事業団又は地方公務員共済組合

（注）　上記の「宅地の分譲に係る一定の契約」とは，次の(1)及び(2)の事項が定められているものをいいます。
(1)　その宅地の購入者がその宅地の上にその者の住宅の用に供する家屋を購入の日後一定期間内に建築することを条件として購入するものであること
(2)　地方公共団体等は，その宅地の購入者が(1)の条件に違反したときは，その宅地の分譲に係る契約を解除し，又はその宅地を買い戻すことができること

ニ　宅地建物取引業者から宅地の分譲に係る一定の契約に従ってその住宅の増改築等の日前にその家屋の敷地を購入した場合（その契約に従ってその住宅の増改築等の請負契約が成立している場合に限る。）で，その家屋の敷地の購入に要する資金に充てるためにハに掲げる者から借り入れた借入金（ロ(ロ)又は(ニ)に係るものを除く。）（措令26の4⑪四，⑮三，⑰三）

（注）　上記の「宅地の分譲に係る一定の契約」とは，次の(1)及び(2)の事項が定められているものをいいます。
(1)　その宅地の購入者と宅地建物取引業者（又はその販売代理人）との間において，その宅地の購入者がその宅地の上に建築する住宅の用に供する家屋の建築工事の請負契約がその宅地の分譲に係る契約の締結の日以後3か月以内に成立することが，その宅地の分譲に係る契約の成立の条件とされていること
(2)　(1)の条件が成就しなかったときは，その宅地の分譲に係る契約は成立しないものであること

ホ　住宅の増改築等の日前2年以内に購入したその家屋の敷地の購入に要する資金に充てるために次の(イ)から(ハ)までに掲げる者から借り入れた借入金又は住宅の増改築等の日前2年以内に(ハ)に掲げる者から購入したその家屋の敷地の購入の対価に係るこれらの者に対する債務で，一定

— 810 —

税額の計算（税額控除）

の要件を満たすもの（ロ(ロ)若しくは(ニ)，ハ又はニに係るものを除く。）（措令26の4⑪五，⑮四，⑯，⑰四）

(イ)　金融機関，地方公共団体又は貸金業者

(ロ)　国家公務員共済組合，国家公務員共済組合連合会，日本私立学校振興・共済事業団，地方公務員共済組合又は公共福利厚生法人

(ハ)　給与所得者の使用者

(注)　上記の「一定の要件を満たすもの」とは，(イ)に掲げる者からの借入金については，次の(1)又は(2)のいずれかに該当するもの，(ロ)若しくは(ハ)に掲げる者からの借入金又は債務については，(1)から(3)までのいずれかに該当するものをいいます。

(1)　その借入金の貸付けをした者又はその敷地の譲渡の対価に係る債権を有する者のそれらの債権を担保するためにその家屋を目的とする抵当権の設定がされたこと

(2)　その借入金又はその敷地の購入の対価に係る債務を保証をする者又はそれらの債務の不履行により生じた損害を塡補することを約する保険契約を締結した保険者のその保証又は塡補に係る求償権を担保するためにその家屋を目的とする抵当権が設定されたこと

(3)　その借入れをした者又はその敷地の購入者が，その敷地の上にその者の居住の用に供する家屋を一定期間内に建築することをその貸付け又は譲渡の条件としており，かつ，その家屋の建築及び敷地の購入がその貸付け又は譲渡の条件に従ってされたことにつきその借入金の貸付けをした者又はその敷地の譲渡の対価に係る債権を有する者の確認を受けているものであること

ヘ　住宅の増改築等を請け負わせた建設業者から，その住宅の増改築等の請負代金に充てるために借り入れた借入金（措法41の3の2③一，措令26の4⑫一）

ト　貸金業者又は宅地建物取引業者である法人で住宅の増改築等の請負代金の支払の代行を業とする者から，その請負代金が建設業者に支払われたことによりその法人に対して負担する債務（措法41の3の2③一，措令26の4⑫二）

チ　建設業者に対する住宅の増改築等の工事の請負代金に係る債務又は宅地建物取引業者，独立行政法人都市再生機構，地方住宅供給公社若しくは日本勤労者住宅協会に対する住宅の増改築等の対価に係る債務（措法41の3の2③二，措令26の4⑬）

リ　住宅の増改築等に係る家屋の敷地の用に供する土地等を，次の(イ)又は(ロ)に掲げる者から宅地の分譲に係る一定の契約に従って住宅の増改築等の日前に購入したその家屋の敷地の購入の対価に係る債務（措法41の3の2③二，措令26の4⑬⑭）

(イ)　独立行政法人都市再生機構又は地方住宅供給公社

(ロ)　土地開発公社

(注)　上記の「宅地の分譲に係る一定の契約」とは，次の(1)及び(2)の事項が定められているものをいいます。

(1)　その宅地の購入者がその宅地の上にその者の住宅の用に供する家屋を購入の日後一定期間内に建築することを条件として購入するものであること

(2)　(イ)又は(ロ)は，その宅地の購入者が(1)の条件に違反したときは，その宅地の分譲に係る契約を解除し，又はその宅地を買い戻すことができること

ヌ　給与所得者の使用者に対するその住宅の増改築等の対価に係る債務（措法41の3の2③三）

ル　独立行政法人住宅金融支援機構から借り入れた借入金で，契約においてその借入金に係る債

税額の計算（税額控除）

務を有する者（２人以上の個人が共同で借り入れた場合にあっては，その２人以上の個人の全て）の死亡時に一括償還をする方法により支払うこととされているもの（措法41の３の２③四）

特定増改築等住宅借入金等特別控除の対象とならない借入金等及び控除が受けられない年分

イ　控除の対象とならない借入金等（措法41の３の２⑪，措令26の４⑱㉒，措規18の23の２の２⑨）

　　上記「特定増改築等住宅借入金等特別控除の対象となる借入金等」（以下「上記借入金等」という。）のイからルまでに掲げる借入金又は債務であっても，次の(イ)から(ニ)までに掲げる場合に該当するものは特定増改築等住宅借入金等特別控除の対象とはなりません。

(イ)　住宅の増改築等の日前に購入したその家屋の敷地の購入に係る借入金又は債務の年末残高のみがあり，その住宅の増改築等に係る借入金又は債務で上記借入金等のＡ（808ページ参照）に定める借入金又は債務の年末残高がない場合

(ロ)　給与所得者が使用者又は勤労者財産形成促進法第９条第１項に規定する事業主団体から，使用人である地位に基づいて貸付けを受けた借入金又は債務につき支払うべき利息がない場合又はその利息の利率が年0.2％未満である場合

(ハ)　給与所得者が使用者又は勤労者財産形成促進法第９条第１項に規定する事業主団体から，使用人である地位に基づいて借入金又は債務に係る利息に充てるため支払を受けた金額がその利息と同額である場合又はその利息の額から支払を受けた金額を控除した残額を利息であると仮定して計算した利率が年0.2％未満となる場合

(ニ)　給与所得者が使用者から，使用人である地位に基づいて家屋の敷地を時価の２分の１未満の価額で譲り受けた場合

　（注）　平成29年１月１日前に家屋をその者の居住の用に供した場合における住宅借入金等については，上記(ロ)及び(ハ)の「年0.2％未満」は「年１％未満」とされています（平29改正措規附６）。

ロ　控除が受けられない年分（措法41の３の２⑳）

　　次の(イ)から(ホ)までのいずれかに該当する年分については，特定増改築等住宅借入金等特別控除は受けられません。

(イ)　自己の合計所得金額が3,000万円を超える年分

　　合計所得金額（714ページ参照）

(ロ)　住宅の増改築等をした部分を居住の用に供しなくなった年以後の各年分（特定増改築等住宅借入金等特別控除の再適用を受ける年分を除く。）

　（注）１　死亡した日の属する年分については，その住宅の増改築等をした部分を居住の用に供した日以後死亡した日まで引き続き居住の用に供していた場合には，この控除を受けることができます。

　　　　２　給与等の支払をする者からの転任の命令に伴う転居その他これに準ずるやむを得ない事由に起因してその住宅の増改築等をした部分をその者の居住の用に供しなくなったことによりこの控除を受けられなくなった後，その住宅の増改築等をした部分を再び居住の用に供した場合には，一定の要件の下で，再び居住の用に供した年以後の各適用年について，適用されます（措法41㉖㉙，787ページ参照）。

　　　　３　災害によりその住宅の増改築等をした部分をその者の居住の用に供することができなく

— 812 —

なった場合には，一定の要件の下で，その居住の用に供することができなくなった日の属する年以後の各適用年について，適用されます（措法41㉜，788ページ参照）。

(ハ)　住宅の増改築等をした部分を居住の用に供した年分の所得税について，次に掲げるいずれかの特例の適用を受ける場合やその居住の用に供した年の前年分又は前々年分の所得税について次に掲げるいずれかの特例の適用を受けている場合には，その居住の用に供した年以後５年間の各年分

A　居住用財産を譲渡した場合の長期譲渡所得の課税の特例（措法31の３①）

B　居住用財産の譲渡所得の特別控除の特例（措法35①（同条③により適用する場合を除く。））

C　特定の居住用財産の買換え及び交換の場合の長期譲渡所得の課税の特例（措法36の２）

D　特定の居住用財産を交換した場合の長期譲渡所得の課税の特例（措法36の５）

E　既成市街地等内にある土地等の中高層耐火建築物等の建設のための買換え及び交換の場合の譲渡所得の課税の特例（措法37の５）

(ニ)　住宅の増改築等をした部分を居住の用に供した年の翌年又は翌々年中にその住宅の増改築等をした家屋（これらの家屋の敷地を含む。）以外の一定の資産を譲渡した場合において，その資産の譲渡につき上記(ハ)に掲げるいずれかの特例の適用を受けるときは，その居住の用に供した年以後５年間の各年分

（注）　一定の資産を譲渡したことにより上記(ハ)に掲げるいずれかの特例の適用を受ける場合において，その資産を譲渡した年の前年分又は前々年分の所得税について特定増改築等住宅借入金等特別控除を受けているときは，その前年分又は前々年分の所得税について修正申告書や期限後申告書を提出し，その特定増改築等住宅借入金等特別控除の額に相当する税額を納付しなければなりません。

(ホ)　高齢者等居住改修工事等，断熱改修工事等，多世帯同居改修工事等又は特定耐久性向上改修工事等（「特定増改築等住宅借入金等特別控除の対象となる増改築等」804ページ参照）について住宅特定改修特別控除（措法41の19の３，820ページ参照）の適用を受ける場合の居住年以後５年間の各部分（措法41の３の２②⑤⑧）

特定増改築等住宅借入金等特別控除額の計算

特定増改築等住宅借入金等特別控除額は，次の算式によって計算した金額です（措法41の３の２①④⑤⑧）。

特定増改築等住宅借入金等の年末残高の合計額(A)（最高250万円） × ２％ ＋ 〔増改築等住宅借入金等の年末残高の合計額（最高1,000万円） − (A)〕 × １％ ＝ 特定増改築等住宅借入金等特別控除額（最高12万５千円）〔100円未満の端数切捨て〕

※　特定増改築等限度額(A)が250万円となるのは，その居住に係る住宅の増改築等が特定取得，多世帯同居改修工事等又は特定耐久性向上改修工事等に該当する場合に限られ，それ以外の場合の特定増改築等限度額は上記(1)と同様に200万円となります（特定取得については，779ページ参照）。

この算式中の「特定増改築等住宅借入金等の年末残高の合計額(A)」は，増改築等住宅借入金等の年末残高の合計額のうちその住宅の高齢者等居住改修工事に要した費用の額（当該工事の費用に関し補助金等の交付を受ける場合には，当該補助金等の額を控除した金額。以下同じ。），特定断熱改修工事等に要した費用の額（当該工事の費用に関し補助金等の交付を受ける場合には，当該補助金等の額を控除

税額の計算（税額控除）

した金額。以下同じ。)，多世帯同居改修工事等に要した費用の額（当該工事の費用に関し補助金等の交付を受ける場合には，当該補助金等の額を控除した金額。以下同じ。）及び特定耐久性向上改修工事等に要した費用の額（当該工事の費用に関し，補助金等の交付を受ける場合には，当該補助金等の額を控除した金額。以下同じ。）に相当する部分の金額をいいます（措法41の３の２③)。

　また，「増改築等住宅借入金等の年末残高の合計額」は，金融機関等から交付を受けた「住宅取得資金に係る借入金の年末残高等証明書」の「住宅借入金等の金額」欄の「年末残高」の金額ですが，次のいずれかに該当する場合には，それぞれ次に掲げる金額となります（措通41の３の２─２)。

イ　増改築等住宅借入金等の年末残高の合計額が，その住宅の増改築等に要した費用の額を超える場合……その住宅の増改築等に要した費用の額に相当する金額

ロ　住宅の増改築等とともにしたその家屋の敷地の購入に係る増改築等住宅借入金等で，次の(イ)又は(ロ)のいずれかに該当する場合……(イ)又は(ロ)に掲げる金額

　(イ)　「特定増改築等住宅借入金等特別控除の対象となる借入金等」（808ページ参照。以下「上記借入金等」という。）のＢの(d)の場合で，増改築等住宅借入金等の年末残高の合計額がその住宅の増改築等の請負代金とその家屋の敷地の購入の対価の額との合計額を超えるとき……その住宅の増改築等の請負代金とその家屋の敷地の購入の対価の額との合計額に相当する金額

　(ロ)　上記借入金等のＢの(a)，(b)又は(c)の場合で，その家屋の敷地の購入に係る増改築等住宅借入金等の年末残高の合計額がその家屋の敷地の購入の対価の額を超えるとき……その家屋の敷地の購入の対価の額に相当する金額とその住宅の増改築等に係る増改築等住宅借入金等の金額との合計額

ハ　住宅の増改築等に係る増改築等住宅借入金等で，店舗併用住宅のように，その住宅の増改築等をした部分のうちに居住の用以外の用に供する部分がある場合……増改築等住宅借入金等の年末残高の合計額に，その住宅の増改築等に要した費用の総額に占める居住用部分の住宅の増改築等に要した費用の額の割合を乗じて計算した金額

ニ　住宅の増改築等とともにしたその家屋の敷地の購入に係る増改築等住宅借入金等で，店舗併用住宅のように，その住宅の増改築等をした部分及びその家屋の敷地のうちに居住用以外の用に供する部分がある場合……次の(イ)又は(ロ)に掲げる区分に応じそれぞれに掲げる金額

　(イ)　上記借入金等のＢの(d)のとき……その住宅の増改築等に係る増改築等住宅借入金等の年末残高の合計額にその家屋の総床面積に占める居住用部分の床面積の割合を乗じて計算した金額とその家屋の敷地の購入に係る増改築等住宅借入金等の年末残高の合計額にその敷地の総面積に占める居住用部分の敷地の面積の割合を乗じて計算した金額との合計額に相当する金額

　(ロ)　上記借入金等のＢの(a)，(b)又は(c)のとき……その家屋の敷地の購入に係る増改築等住宅借入金等の年末残高の合計額にその家屋の敷地の総面積に占める居住用部分の敷地の面積の割合を乗じて計算した金額と上記ハに掲げる金額との合計額に相当する金額

　　(注)　上記の「敷地の総面積」とは，土地についてはその土地の面積，土地の上に存する権利についてはその土地の面積をいいます。マンションなどの区分所有建物のときは，その一棟の家屋の敷地等の総面積にその一棟の家屋の総床面積のうちに区分所有する部分の床面積の占める割合を乗じて計算した面積をいいます。

ホ　増改築等住宅借入金等の年末残高の合計額が1,000万円を超える場合……1,000万円

税額の計算（税額控除）

（注）　２以上の居住年等に係る住宅借入金等を有する場合には，一定の計算調整により控除額を計算することになります（措法41の３の２⑬～⑰）。

　　特定増改築等住宅借入金等特別控除を受けるための手続と必要な書類　特定増改築等住宅借入金等特別控除は，住宅の増改築等をした部分を居住の用に供した年以後５年間受けることができますが，この控除を受ける最初の年分と２年目以後の年分とでは，次のようにこの控除を受ける手続等が異なっています。

　イ　この控除を受ける最初の年分（措規18の23の２の２⑪）

　　この控除に係る計算明細書の所定の欄に必要事項を記載し，特定増改築等住宅借入金等特別控除額を計算した上で，確定申告書の所定の欄に必要事項を記載するとともに，その計算明細書は確定申告書と一緒に税務署に提出することになっています。

　　また，次に掲げる書類も確定申告書と一緒に税務署に提出する必要があります。

　　㈤　金融機関等から交付を受けた「住宅取得資金に係る借入金の年末残高等証明書」（２か所以上から交付を受けている場合は，全ての証明書）又はその証明書に記載すべき事項を記録した電子証明書等の情報の内容を，国税庁長官の定める方法によって出力することにより作成した書面（電磁的記録印刷書面）

　　㈹　住宅の品質確保の促進等に関する法律に規定する登録住宅性能評価機関，建築基準法に規定する指定確認検査機関，建築士法に基づく建築士事務所に所属する建築士又は住宅瑕疵担保責任法の規定による指定を受けた保険法人が発行する証明書（以下「増改築等工事証明書」という。）（「特定増改築等住宅借入金等特別控除の対象となる増改築等」の(1)イ㈤（805ページ参照）に該当する場合には，確認済証の写し，検査済証の写し又は増改築等工事証明書）

　　㈥　住宅の増改築等をした家屋の登記事項証明書などで，その住宅の増改築等をした家屋の床面積が50平方メートル以上であることを明らかにする書類

　　㈡　住宅の増改築等に係る工事請負契約書の写し並びに補助金等，居宅介護住宅改修費及び介護予防住宅改修費の額を証する書類などで，その住宅の増改築等をした年月日，その費用の額並びに補助金等，居宅介護住宅改修費又は介護予防住宅改修費の額及び増改築等が特定取得に該当する場合には，その該当する事実を明らかにする書類

　　㈭　土地等を先行取得した場合は，土地等の登記事項証明書（これに準ずる書類を含む。）でその土地等の取得並びに取得年月日を明らかにする書類及び売買契約書などで土地等の取得の対価の額を明らかにする書類及び抵当権が設定された家屋の登記事項証明書など

　　㈻　「特定増改築等住宅借入金等特別控除が受けられる人」の(1)ロ若しくはハ又はホでロ若しくはハに該当する場合には，その者の介護保険の被保険者証の写し

　　㈠　特定耐久性向上改修工事等につき本特例の適用を受ける場合には，その増改築等をした家屋に係る長期優良住宅建築等計画の認定通知書（長期優良住宅建築等計画の変更の認定を受けた場合は，変更認定通知書）の写し（認定計画実施者の地位の承継があった場合には，認定通知書及び地位の承継の承認通知書の写し）

　　（注）　確定申告書を提出してこの控除を受けた給与所得者が，その翌年以後の年分について年末調整によってこの控除を受ける場合には，計算明細書にその旨を表示する必要があります。

— 815 —

税額の計算（税額控除）

ロ　この控除を受ける２年目以後の年分

　(イ)　確定申告書を提出してこの控除を受ける場合

　　確定申告書の所定の欄に必要事項を記載するとともに，金融機関等から交付を受けた「住宅取得資金に係る借入金の年末残高等証明書」（２か所以上から交付を受けている場合には，その全ての証明書）を確定申告書と一緒に税務署に提出する必要があります。

　　なお，次のＡ又はＢのいずれかに該当する場合には，計算明細書の所定の欄に必要事項を記載して，その明細書も確定申告書と一緒に提出する必要があります。

　　Ａ　「特定増改築等住宅借入金等特別控除額の計算」のイからホまで（813ページ参照）に掲げる場合のいずれかに該当するとき

　　Ｂ　住宅の増改築等をした家屋が共有となっている場合

(注)　既に年末調整によってこの控除を受けた給与所得者がその年分の確定申告書を提出する場合には，金融機関等から交付を受け次の(ロ)により年末調整を受けるときまでに給与の支払者に提出した「住宅取得資金に係る借入金の年末残高等証明書」は確定申告書と一緒に税務署に提出する必要はありません。

　(ロ)　給与所得者が年末調整によってこの控除を受ける場合

　　確定申告をしてこの控除の適用を受けた給与所得者は，その確定申告をした年の翌年以後の各年分の所得税について，年末調整によってこの控除を受けることができます（措法41の２の２，41の３の２⑳）。

　　年末調整によってこの控除を受けようとする給与所得者は，必要事項を記載した給与所得者の特定増改築等住宅借入金等特別控除申告書（以下「申告書」という。），年末調整のための特定増改築等住宅借入金等特別控除証明書（以下「証明書」という。）及び金融機関等から交付を受けた「住宅取得資金に係る借入金の年末残高等証明書」（２か所以上から交付を受けている場合は，その全ての証明書）を年末調整を受けるときまでに給与の支払者に提出する必要があります。

(注)１　年末調整によってこの控除を受けた年の翌年以後の各年分の所得税について，同一の給与の支払者の下で年末調整によってこの控除を受ける場合には，申告書に既に年末調整のための証明書を添付して年末調整によりこの控除を受けている旨を記載することにより証明書の提出を省略できます。

　　２　年末調整によってこの控除を受けようとする各年の12月31日まで居住する見込みであるとしてこの控除を受けた場合であっても，同日まで居住していないときには，この控除を受けることはできません。

　　３　確定申告書を提出してこの控除を受けた給与所得者が，その翌年以後の年分について年末調整によってこの控除を受ける旨を計算明細書に記載した場合には，確定申告書を提出してこの控除を受けた年の翌年以後の年分の申告書及び証明書が税務署から送付されます。

政治活動に関する寄附をした場合の所得税額の特別控除

　個人が平成７年１月１日から令和６年12月31日までの各年において支出した次の(2)に該当する政党又は政治資金団体に対する政治活動に関する寄附（政治資金規正法の規定に違反することとなるもの及びその寄附をした者に特別の利益が及ぶと認められるものを除く。）に係る支出金で，政治資金規正法第12条又は第17条の規定による収入支出の報告書により報告されたもの（以下「政党等に対する寄附金」という。）については，寄附金控除（705ページ参照）の適用を受ける場合を除いて，支出した年の所得税の額から次の(1)で計算した金額を控除することができます（措法41の18）。

— 816 —

税額の計算（税額控除）

(1) 控除額の計算

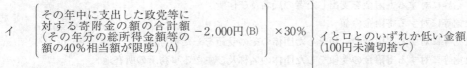

ロ　その年分の所得税の額の25％に相当する金額

(注)　1　上記の算式中，政党等に対する寄附金の額の合計額は，その個人が政党又は政治資金団体に対して寄附した全ての支出金の合計額とされていますので，例えば特定の政党や政治資金団体に対する寄附，あるいはその一部だけを取り出してこの特例の対象とすることはできません（措通41の18―1）。

　　　　また，その年中に支出した所得税法第78条第2項に規定する特定寄附金（租税特別措置法第41条の18第1項の規定により特定寄附金とみなされたものを含む。）の額があり，かつ，その年中に支出した政党等に対する寄附金の額とその特定寄附金との合計額がその者のその年分の総所得金額等の額の40％相当額を超える場合には，上記算式中の(A)の金額は，その40％相当額からその特定寄附金の額を控除した残額とします（措法41の18②）。

　　2　その年中に支出した特定寄附金の額がある場合には，2,000円からその特定寄附金の額を控除した残額を上記算式中の(B)の金額とします（措法41の18②）。

　　3　上記の算式中，総所得金額等とは総所得金額，分離課税の上場株式等に係る配当所得等の金額，土地等に係る事業所得等の金額（平成10年1月1日から令和8年3月31日までの間については適用なし），分離短期譲渡所得の金額，分離長期譲渡所得の金額，分離課税の上場株式等に係る配当所得の金額，一般株式等に係る譲渡所得等の金額，上場株式等に係る譲渡所得等の金額，先物取引に係る雑所得等の金額，山林所得金額及び退職所得金額の合計額に相当する金額をいいます（措法28の4⑥，措令26の27の3①）。

(2) 対象となる政党又は政治資金団体

イ　政党とは，政治資金規正法第3条第1項に規定する「政治団体」のうち次のいずれかに該当するものをいいます（政治資金規正法3②）。

　(イ)　政治団体に所属する衆議院議員又は参議院議員を5人以上有するもの

　(ロ)　直近において行われた衆議院議員の総選挙における小選挙区選出議員の選挙若しくは比例代表選出議員の選挙又は直近において行われた参議院議員の通常選挙若しくは当該参議院議員の通常選挙の直近において行われた参議院議員の通常選挙における比例代表選出議員の選挙若しくは選挙区選出議員の選挙における当該政治団体の得票総数が当該選挙における有効投票の総数の100分の2以上であるもの

ロ　政治資金団体とは，政党のために資金上の援助をする目的を有する団体で，政党が総務大臣に届出をしているものをいいます（政治資金規正法5①二）。

　　適用を受けるための手続　この税額控除を受けるためには，確定申告書に，控除を受ける金額についてのその控除に関する記載があり，かつ，㋑その金額の計算明細書並びに㋺総務大臣又は都道府県の選挙管理委員会のその政党等に対する寄附金が政治資金規正法第12条又は第17条の規定による報告書により報告されたものである旨及びその政党等に対する寄附金を受領したものが政党又は政治資金団体である旨を証する書類でその報告書により報告された次に掲げる事項の記載のあるもの（寄附金（税額）控除のための書類，661ページ様式3参照）の添付をしなければならないこととされています（措法41の18③，措規19の10の3）。なお，上記㋺の書類に記載すべき事項を記録した電磁的記録を記録した電子証明書等の情報の内容を，国税庁長官の定める方法によって出力することにより作成した書面の添付も可能となって

います。

　イ　その政党等に対する寄附金を支出した者の氏名及び住所

　ロ　その政党等に対する寄附金の額

　ハ　その政党等に対する寄附金の受領をした団体のその受領をした年月日

　ニ　その政党等に対する寄附金の受領をした団体の名称及び主たる事務所の所在地

認定ＮＰＯ法人等に対して寄附をした場合の特別控除

(1)　認定ＮＰＯ法人等寄附金特別控除

　個人が平成23年分以後において，認定特定非営利活動法人及び特例認定特定非営利活動法人（以下「認定ＮＰＯ法人等」という。）に対して支出したその認定ＮＰＯ法人等が行う特定非営利活動に係る事業に関連する寄附金（その寄附をした者に特別の利益が及ぶと認められるもの及び出資に関する業務に充てられることが明らかなものを除く。以下同じ。）については，その年中に支出したその寄附金の額の合計額（その年分の総所得金額等の40％相当額が限度）が2,000円を超える場合には，寄附金控除（所得控除）との選択により，その超える金額の40％相当額（所得税額の25％相当額が限度）をその年分の所得税の額から控除することができます（措法41の18の2，措令26の28，措規19の10の4）。

　　(注)1　税額控除限度額（所得税額の25％相当額）は，次の(2)の公益社団法人等寄附金特別控除の額と合わせて判定します。

　　　　　なお，政党等寄附金特別控除の税額控除限度額は，これとは別枠で判定します。

　　　　　また，控除対象寄附金額（総所得金額等の40％相当額）及び控除適用下限額（2,000円）は，寄附金控除（所得控除）並びに政党等寄附金特別控除及び公益社団法人等寄附金特別控除の税額控除対象寄附金の額と合わせて判定します。

　　　　2　その年分の寄附金につき，この税額控除の適用を受けようとするときは，寄附金の明細書並びに寄附金を受領した旨，寄附金が認定ＮＰＯ法人等の特定非営利活動に係る事業に関連するものである旨，寄附金の額，その寄附金を受領した認定ＮＰＯ法人等の名称及び受領年月日を証する書類を確定申告書に添付しなければなりません。なお，その書類に記載すべき事項を記録した電磁的記録を記録した電子証明書等の情報の内容を，国税庁長官の定める方法によって出力することにより作成した書面の添付も可能となっています。

　　　　　個別の認定NPO法人等については，内閣府NPOホームページ等を参照してください。

(2)　公益社団法人等寄附金特別控除

　個人が平成23年分以後において支出した特定寄附金のうち，次に掲げるもの（以下「税額控除対象寄附金」という。）について，その年中に支出した税額控除対象寄附金の額の合計額（その年分の総所得金額等の40％相当額が限度）が2,000円を超える場合には，寄附金控除（所得控除）との選択により，その超える金額の40％相当額（所得税額の25％相当額が限度）をその年分の所得税の額から控除することができます（措法41の18の3，措令26の28の2，措規19の10の5）。

　①　次のイからニまでに掲げる法人（その運営組織及び事業活動が適正であること並びに市民から支援を受けていることにつき一定の要件を満たすものに限る。）に対する寄附金

　イ　公益社団法人及び公益財団法人

　ロ　学校法人等

　ハ　社会福祉法人

　ニ　更生保護法人

税額の計算（税額控除）

② 次のイからハまでに掲げる法人（その運営組織及び事業活動が適正であること並びに市民から支援を受けていることにつき一定の要件を満たすものに限る。）に対する寄附金のうち，学生等に対する修学の支援のための事業に充てられることが確実であるものとして一定の要件を満たすもの

イ　国立大学法人

ロ　公立大学法人

ハ　独立行政法人国立高等専門学校機構及び独立行政法人日本学生支援機構

③ 次のイからハまでに掲げる法人（その運営組織及び事業活動が適正であること並びに市民から支援を受けていることにつき一定の要件を満たすものに限る。）に対する寄附金のうち，学生又は不安定な雇用状態にある研究者に対するこれらの者が行う研究への助成又は研究者としての能力の向上のための事業に充てられることが確実であるものとして一定の要件を満たすもの

イ　国立大学法人及び大学共同利用機関法人

ロ　公立大学法人

ハ　独立行政法人国立高等専門学校機構

(注) 1　税額控除限度額（所得税額の25％相当額），控除対象寄附金額（総所得金額等の40％相当額）及び控除適用下限額（2,000円）は，前記(1)(注1)に準じた方法で判定します。

2　その年分の寄附金につき，この税額控除の適用を受けようとするときは，寄附金の明細書及び次の書類を確定申告書に添付しなければなりません。なお，その書類に記載すべき事項を記録した電磁的記録を記録した電子証明書等の情報の内容を，国税庁長官の定める方法によって出力することにより作成した書面の添付も可能となっています。

① その寄附金を受領した法人の寄附金を受領した旨，寄附金がその法人の主たる目的である業務に関連する寄附金（上記①の寄附金にあっては，所得税法第78条第2項第3号に規定する寄附金）である旨，寄附金の額，その寄附金を受領した法人の名称及び受領年月日（上記②の寄附金にあっては，その寄附金が学生等に対する修学の支援のための事業に充てられる旨を含む。）を証する書類

② 所轄庁のその法人が税額控除対象法人であること（上記②の寄附金にあっては，その寄附金が学生等に対する修学の支援のために充てられることが確実であり，かつ，その事業活動が適正であることにつき確認したことを含む。）を証する書類の写し

既存住宅の耐震改修をした場合の所得税額の特別控除

個人が，平成23年6月30日から令和5年12月31日までの間に，その者の居住の用に供する一定の家屋の耐震改修を行った場合，その住宅の耐震改修に係る耐震工事の標準的な費用の額（その耐震改修の費用に関し補助金等（国又は地方公共団体から交付される補助金又は給付金その他これらに準ずるものをいう。以下同じ。）の交付を受ける場合には，その補助金等の額を控除した金額。以下「耐震改修標準的費用額」という。）の10％（最高25万円）を，その者のその年分の所得税の額から控除することができます（措法41の19の2）。

(注)　「その住宅の耐震改修に係る耐震工事の標準的な費用の額」とは，住宅耐震改修工事の種類ごとに単位当たりの標準的な工事費用の額として定められた金額に，その住宅耐震改修に係る工事を行った床面積等を乗じて計算した金額をいいます（平21.3.31国土交通省告示383号（最終改正：令4.6.28国土交通省告示726号））。

なお，耐震改修標準的費用額の上限は平成26年4月1日から令和3年12月31日までの間に住宅耐震

税額の計算（税額控除）

改修を行った場合には，その耐震改修に要した費用の額に含まれる消費税額及び地方消費税額の合計額に相当する額のうちに，その住宅耐震改修に係る課税資産の譲渡等につき，新消費税法第29条に規定する税率により課されるべき消費税額及びその消費税額を課税標準として課されるべき地方消費税額の合計額に相当する額が含まれているときは250万円，それ以外のときは200万円となります。

　対象となる住宅の範囲　この制度の対象となる住宅は，昭和56年5月31日以前に建築された家屋であって，その者の居住の用に供する家屋です。また，その者がその居住の用に供する家屋を2以上有する場合には，これらの家屋のうち，その者が主としてその居住の用に供すると認められる1の家屋に限られます（措法41の19の2①，措令26の28の4①）。

　なお，その者の居住の用に供するために既存住宅を取得し，その取得後に住宅の耐震改修をして，その者の居住の用に供する場合も含まれます。

　対象となる住宅の耐震改修　この制度の対象となる住宅の耐震改修は，地震に対する安全性の向上を目的とした増築，改築，修繕又は模様替のうち，この制度の対象となる住宅に対して行うものであって，建築基準法施行令第3章及び第5章の4の規定又は国土交通大臣が財務大臣と協議して定める地震に対する安全性に係る基準に適合する耐震改修をした家屋に該当する旨を証する「住宅耐震改修証明書」を確定申告書に添付することにより証明がされたものをいいます（措法41の19の2①，措規19の11の2①）。

　（注）　国土交通大臣が財務大臣と協議して定める地震に対する安全性に係る基準とは，「平成18年国土交通省告示第185号において定める地震に対する安全上耐震関係規定に準ずるものとして国土交通大臣が定める基準」とされています（平18.3.31国土交通省告示463号（最終改正：平25.5.31国土交通省告示543号））。

　適用を受けるための手続　この控除は，確定申告書に，この控除を受ける金額についての記載があり，かつ，次の書類の添付がある場合に限り，適用されます（措法41の19の2②，措規19の11の2③④）。

　ただし，確定申告書の提出がなかった場合又は上記の記載若しくは添付がない確定申告書の提出があった場合においても，その提出又は記載若しくは添付がなかったことについてやむを得ない事情があると税務署長が認めるときは，その記載をした書類並びに(1)の明細書及び(2)の住宅耐震改修等証明書の提出があった場合に限り，この規定を適用することができます（措法41の19の2③）。

(1) 控除を受ける金額の計算に関する明細書

(2) 住宅耐震改修証明書（平18.3.31国土交通省告示464号（最終改正：令4.3.31国土交通省告示441号））

(3) 住宅耐震改修をした家屋の登記事項証明書

既存住宅に係る特定の改修工事をした場合の所得税額の特別控除

　個人がその者の所有する住宅に特定の改修工事を行った場合，その個人のその年分の所得税の額から，一定の計算により算出した金額（以下「住宅特定改修特別税額控除」という。）を差し引くことができます。

税額の計算（税額控除）

1　制度の概要

この制度は次の５つの制度から構成されています。

(1)　高齢者等居住改修工事等に係る税額控除制度

特定個人が，その者の所有する家屋で，自己の居住の用に供するものについて，高齢者等居住改修工事等をして，平成21年４月１日から令和５年12月31日までの間に，その家屋（その家屋の改修工事に係る部分に限る。）をその者の居住の用に供した場合（これらの改修工事の日から６か月以内にその者の居住の用に供した場合に限る。）には，下記のハにより計算した住宅特定改修特別税額控除額をその者のその年分の所得税の額から控除します（措法41の19の３①）。

（注）　上記の「特定個人」とは，次のいずれかに該当する居住者をいいます（措法41の３の２①）。

①　50歳以上である者
②　介護保険法に規定する要介護認定を受けている者
③　介護保険法に規定する要支援認定を受けている者
④　所得税法に規定する障害者に該当する者
⑤　高齢者等（②から④までのいずれかに該当する者又は年齢が65歳以上である者をいう。）である親族と同居を常況としている者

イ　住宅特定改修特別税額控除における高齢者等居住改修工事等の範囲

住宅特定改修特別税額控除における高齢者等居住改修工事等の範囲は，特定増改築等住宅借入金特別控除の高齢者等居住改修工事等の特定増改築等（805ページの㈠）と同様です。

ロ　住宅特定改修特別税額控除における高齢者等居住改修工事等の要件

住宅特定改修特別税額控除における高齢者等居住改修工事等の要件は次のとおりです（措法41の19の３①⑨，措令26の28の５③⑮，措規19の11の３②）。

(イ)　高齢者等居住改修工事等についてこの控除を受ける場合は，その行った高齢者等居住改修工事等の標準的な費用の額（補助金等の額を差し引いた金額）が50万円を超えること

（注）　上記の「高齢者等居住改修工事等の標準的な費用の額」とは，高齢者等居住改修工事等の種類ごとに単位当たりの標準的な工事費用の額として定められた金額に，その高齢者等居住改修工事等を行った床面積等を乗じて計算した金額をいいます（平21.3.31国土交通省告示384号（最終改正：令４.３.31国土交通省告示447号））。なお，「高齢者等居住改修工事等の標準的な費用の額」は，指定確認検査機関，建築士，登録住宅性能評価機関又は住宅瑕疵担保責任保険法人が発行する増改築等工事証明書において確認することができます（昭63.5.24建設省告示1274号（最終改正：令４.６.28国土交通省告示725号））。

(ロ)　対象となる工事であることについて増改築等工事証明書により証明されていること

(ハ)　改修工事の日から６か月以内に居住の用に供していること

(ニ)　工事をした後の家屋の床面積の２分の１以上が専ら自己の居住の用に供されるものであること

(ホ)　自己の所有する家屋で自己の居住の用に供するものについて行う改修工事であること

(ヘ)　自己の居住の用に供される部分の工事費用の額が改修工事の総額の２分の１以上であること

(ト)　工事をした後の家屋の床面積が50㎡以上であること

ハ　住宅特定改修特別税額控除の控除額の計算

標準的費用額×10％＝住宅特定改修特別税額控除額〔100円未満の端数切捨て〕

税額の計算（税額控除）

(注)1　上記の「標準的費用額」とは，その高齢者等居住改修工事等の標準的な費用の額（その高齢者等居住改修工事等に要した額に関し補助金等の交付を受ける場合には，高齢者等居住改修工事等の標準的な費用の額からその補助金等の額を控除した金額）をいいます（措法41の19の3①）。

2　標準的費用額の上限は，200万円（高齢者等居住改修工事等をした家屋を平成26年4月1日から令和3年12月31日までの間に居住の用に供した場合には，その高齢者等居住改修工事等に要した費用の額に含まれる消費税額及び地方消費税額の合計額に相当する額のうちに，その高齢者等居住改修工事等に係る課税資産の譲渡等につき新消費税法第29条に規定する税率により課されるべき消費税額及びその消費税額を課税標準として課されるべき地方消費税額の合計額に相当する額が含まれている場合は200万円，それ以外の場合は150万円）となります（措法41の19の3①，令和4年度改正前措法41の19の3②，令4改正法附36）。

(2)　**一般断熱改修工事等に係る税額控除制度**

個人がその者の所有する家屋で，自己の居住の用に供するものについて，一般断熱改修工事等をして，平成21年4月1日から令和5年12月31日までの間に，その家屋（その家屋の改修工事に係る部分に限る。）をその者の居住の用に供した場合（その改修工事の日から6か月以内にその者の居住の用に供した場合に限る。）には，下記のハにより計算した住宅特定改修特別税額控除額をその者のその年分の所得税の額から控除します（措法41の19の3②）。

イ　住宅特定改修特別税額控除における一般断熱改修工事等の範囲

住宅特定改修特別税額控除における一般断熱改修工事等とは次に掲げる工事をいいます。

(イ)　エネルギーの使用の合理化に資する次に掲げる改修工事で改修部位の省エネ性能がいずれも平成28年基準以上となるもののうち，居室の窓の改修工事を行うもの又は改修後の住宅全体の断熱等性能等級が改修前から一段階相当以上向上し，かつ，省エネ性能が「断熱等性能等級4」又は「一次エネルギー消費量等級4以上及び断熱等性能等級3」となるもの（措法41の19の3⑩一，措令26の28の5⑯，平21.3.31国土交通省告示379号（最終改正：令4.3.31国土交通省告示445号））

A　居室の窓の改修工事

B　床の断熱工事

C　天井の断熱工事

D　壁の断熱工事

(注)　BからDまでに掲げる工事にあっては，Aと併せて行う工事に限ります。

(ロ)　(イ)の工事が行われる構造又は設備と一体となって効用を果たすエネルギーの使用の合理化に著しく資する設備（具体的には，一定の太陽熱利用冷温熱装置，潜熱回収型給湯器，ヒートポンプ式電気給湯器，燃料電池コージェネレーションシステム又はエアコンディショナーです。）の取替え又は取り付けに係る工事（措法41の19の3⑩二，措令26の28の5⑱，平25.5.31経済産業省・国土交通省告示5号（最終改正：令4.6.28経済産業省・国土交通省告示5号））

(ハ)　(イ)と併せて行う一定の太陽光発電設備設置工事（措法41の19の3⑩三，措令26の28の5⑳，平21.3.31経済産業省告示68号（最終改正：令4.3.31経済産業省告示87号））

ロ　住宅特定改修特別税額控除における一般断熱改修工事等の要件

住宅特定改修特別税額控除における一般断熱改修工事等の要件は次のとおりです（措法41

－822－

税額の計算（税額控除）

の19の3②⑩，措令26の28の5⑥⑯⑱⑳，措規19の11の3③～⑤）。

(イ) その行った一般断熱改修工事等の標準的な費用の額（補助金等の額を差し引いた金額）が50万円を超えること

(注) 上記の「一般断熱改修工事等の標準的な費用の額」とは，一般断熱改修工事等の改修部位ごとに単位当たりの標準的な工事費用の額として定められた金額に，その一般断熱改修工事等を行った床面積等を乗じて計算した金額をいいます（平21.3.31経済産業省・国土交通省告示4号（最終改正：令4.6.28経済産業省・国土交通省告示4号））。なお，「一般断熱改修工事等の標準的な費用の額」は，建築士，指定確認検査機関，登録住宅性能評価機関又は住宅瑕疵担保責任保険法人が発行する増改築等工事証明書において確認することができます。

(ロ) 上記(1)のロの(ロ)～(ト)

ハ 住宅特定改修特別税額控除の控除額の計算

$$\text{断熱改修標準的費用額} \times 10\% = \begin{array}{c}\text{住宅特定改修}\\\text{特別税額控除額}\end{array}\left[\begin{array}{c}\text{100円未満}\\\text{の端数切捨て}\end{array}\right]$$

(注)1 上記の「断熱改修標準的費用額」とは，その一般断熱改修工事等の標準的な費用の額（その一般断熱改修工事等に要した額に関し補助金等の交付を受ける場合には，その一般断熱改修工事等の標準的な費用の額からその補助金等の額を控除した金額）をいいます（措法41の19の3②）。

2 断熱改修標準的費用額の上限は，250万円（太陽光発電設備設置工事を含む場合は350万円）（一般断熱改修工事等をした家屋を平成26年4月1日から令和3年12月31日までの間に居住の用に供した場合には，当該一般断熱改修工事等に要した費用の額に含まれる消費税額及び地方消費税額の合計額に相当する額のうちに，当該一般断熱改修工事等に係る課税資産の譲渡等につき，新消費税法第29条に規定する税率により課されるべき消費税額及び当該消費税額を課税標準として課されるべき地方消費税額の合計額に相当する額が含まれている場合は250万円（太陽光発電設備設置工事を含む場合は350万円），それ以外の場合は200万円（太陽光発電設備設置工事を含む場合は300万円））となります（措法41の19の3②，令和4年度改正前措法41の19の3④，令4改正法附36）。

(3) **多世帯同居改修工事等に係る税額控除制度**

個人が，その者の所有する家屋で，自己の居住の用に供するものについて，多世帯同居改修工事等をして，平成28年4月1日から令和5年12月31日までの間に，その家屋（その家屋の改修工事に係る部分に限る。）をその者の居住の用に供した場合（その改修工事の日から6か月以内にその者の居住の用に供した場合に限る。）には，下記のハにより計算した住宅特定改修特別税額控除額をその者のその年分の所得税の額から控除します（措法41の19の3③）。

イ 住宅特定改修特別税額控除における多世帯同居改修工事等の範囲

住宅特定改修特別税額控除における多世帯同居改修工事等は，特定増改築等住宅借入金等特別控除の多世帯同居改修工事等（807ページのハ）と同様です。

ロ 多世帯同居改修工事等の要件

住宅特定改修特別税額控除における多世帯同居改修工事等の要件は次のとおりです（措法41の19の3③⑪，措令26の28の5⑨㉒，措規19の11の3⑥）。

(イ) その行った多世帯同居改修工事等の標準的な費用の額（補助金等の額を差し引いた金額）が50万円を超えること

(注) 上記の「多世帯同居改修工事等の標準的な費用の額」とは，その多世帯同居改修工事等の

— 823 —

税額の計算（税額控除）

内容に応じて定められた金額をいいます（平28.3.31国土交通省告示586号（最終改正：令４．３.31国土交通省告示452号））。なお，「多世帯同居改修工事等の標準的な費用の額」は，建築士，指定確認検査機関，登録住宅性能評価機関又は住宅瑕疵担保責任保険法人が発行する増改築等工事証明書において確認することができます。

　(ロ)　上記(1)のロの(ロ)～(ト)

　ハ　住宅特定改修特別税額控除の控除額の計算

$$\begin{matrix}\text{多世帯同居改修標準的費用額}\\\text{（最高250万円）}\end{matrix} \times 10\% = \begin{matrix}\text{住宅特定改修特別}\\\text{税額控除額}\end{matrix}\left[\begin{matrix}\text{100円未満}\\\text{の端数切捨て}\end{matrix}\right]$$

　(注)　上記の「多世帯同居改修標準的費用額」とは，その多世帯同居改修工事等の標準的な費用の額（その多世帯同居改修工事等に要した額に関し補助金等の交付を受ける場合には，その多世代同居改修工事等の標準的な費用の額からその補助金等の額を控除した金額）をいいます（措法41の19の3③）。

(4)　耐久性向上改修工事等に係る税額控除制度

　イ　個人が，次の(イ)から(ハ)までに掲げる改修工事等と併せて，その者の所有する家屋で自己の居住の用に供するものについて耐久性向上改修工事等をして，平成29年4月1日から令和5年12月31日までの間に，その家屋（その家屋の改修工事に係る部分に限る。）をその者の居住の用に供した場合（その改修工事の日から6か月以内にその者の居住の用の供した場合に限り，「一般断熱改修工事等に係る税額控除制度」又は「既存住宅の耐震改修をした場合の所得税額の特別控除」の適用を受ける場合を除く。）には，下記のニ(イ)から(ハ)までにより計算した住宅特定改修特別税額控除額をその者のその年分の所得税の額から控除します（措法41の19の3④～⑥）。

　　(イ)　「既存住宅の耐震改修をした場合の所得税額の特別控除」の対象となる住宅の耐震改修（819ページ参照）のうち，耐震改修標準的費用額が50万円を超えること及び上記(1)のロの(ロ)～(ト)の要件を満たすもの（以下「対象住宅耐震改修」という。）

　　(ロ)　上記(2)の「一般断熱改修工事等に係る税額控除制度」の対象となる一般断熱改修工事等（以下「対象一般断熱改修工事等」という。）

　　(ハ)　対象住宅耐震改修及び対象一般断熱改修工事等

　ロ　住宅特定改修特別税額控除における耐久性向上改修工事等の範囲

　　住宅特定改修特別税額控除における耐久性向上改修工事等は，特定増改築等住宅借入金等特別控除の耐久性向上改修工事等（807ページのニ）と同様です。

　ハ　耐久性向上改修工事等の要件

　　住宅特定改修特別税額控除における耐久性向上改修工事等の要件は次のとおりです（措法41の19の3④⑫，措令26の28の5⑬㉓，措規19の11の3⑦）。

　　(イ)　その行った耐久性向上改修工事等の標準的な費用の額（補助金等の額を差し引いた金額）が50万円を超えること

　　　(注)　上記の「耐久性向上改修工事等の標準的な費用の額」とは，その耐久性向上改修工事等の内容に応じて定められた金額をいいます（平29.3.31国土交通省告示280号（最終改正：令４．３.31国土交通省454号））。この「耐久性向上改修工事等の標準的な費用の額」は，建築士，指定確認検査機関，登録住宅性能評価機関又は住宅瑕疵担保責任保険法人が発行する増改築等工事証明書において確認することができます。

　　(ロ)　上記(1)のロの(ロ)～(ト)

— 824 —

税額の計算（税額控除）

ニ　住宅特定改修特別税額控除の控除額の計算

(イ)　上記イ(イ)に掲げる工事を併せて行った場合

$$\left\{ \begin{array}{l} 耐震改修標準的費用額 \\ ＋耐久性向上改修標準的費用額 \end{array} \right\} ×10％＝ \begin{array}{l} 住宅特定改修 \\ 特別税額控除額 \end{array} \left\{ \begin{array}{l} 100円未満 \\ の端数切捨て \end{array} \right\}$$

(ロ)　上記イ(ロ)に掲げる工事を併せて行った場合

$$\left\{ \begin{array}{l} 断熱改修標準的費用額 \\ ＋耐久性向上改修標準的費用額 \end{array} \right\} ×10％＝ \begin{array}{l} 住宅特定改修 \\ 特別税額控除額 \end{array} \left\{ \begin{array}{l} 100円未満 \\ の端数切捨て \end{array} \right\}$$

(ハ)　上記イ(ハ)に掲げる工事を併せて行った場合

$$\left\{ \begin{array}{l} 耐震改修標準的費用額 \\ ＋断熱改修標準的費用額 \\ ＋耐久性向上改修標準的費用額 \end{array} \right\} ×10％＝ \begin{array}{l} 住宅特定改修 \\ 特別税額控除額 \end{array} \left\{ \begin{array}{l} 100円未満 \\ の端数切捨て \end{array} \right\}$$

(注)　1　上記の「耐久性向上改修標準的費用額」とは，その耐久性向上改修工事等の標準的な費用の額（その耐久性向上改修工事等に要した額に関し補助金等の交付を受ける場合には，その耐久性向上改修工事等の標準的な費用の額からその補助金等の額を控除した金額。）をいいます（措法41の19の3④）。

2　上記(イ)の「耐震改修標準的費用額＋耐久性向上改修標準的費用額」の上限額は250万円と，上記(ロ)の「断熱改修標準的費用額＋耐久性向上改修標準的費用額」の上限額は250万円（太陽光発電設備設置工事を含む場合は350万円）と，上記(ハ)の「耐震改修標準的費用額＋断熱改修標準的費用額＋耐久性向上改修標準的費用額」の上限額は500万円（太陽光発電設備設置工事を含む場合は600万円）となります。

(5)　**その他工事等に係る住宅特定改修特別税額控除**

個人が，その所有する居住用の家屋について上記の「既存住宅の耐震改修をした場合の所得税額の特別控除」の耐震改修又は(1)イ，(2)イ，(3)イ若しくは(4)ロの改修工事（以下「対象改修工事」という。）をして，その家屋（その家屋の対象改修工事に係る部分に限る。）を令和4年1月1日から令和5年12月31日までの間にその者の居住の用に供した場合には，上記の「既存住宅の耐震改修をした場合の所得税額の特別控除」又は(1)から(4)までの住宅特定改修特別税額控除の適用を受ける場合に限り，その個人の居住の用に供した日の属する年分の所得税の額から次に掲げる金額の合計額（対象改修工事に係る標準的な費用の額の合計額と1,000万円から当該金額（当該金額が控除対象限度額を超える場合には，当該控除対象限度額）を控除した金額のいずれか低い金額を限度）の5％相当額を控除します（措法41の19の3⑦）。

①　その対象改修工事に係る標準的な費用の額（控除対象限度額を超える部分に限る。）の合計額

②　その対象改修工事と併せて行うその他工事に要した費用の額（補助金等の交付がある場合には当該補助金等の額を控除した後の金額）の合計額

(6)　**上記(1)から(5)までの税額控除制度に共通した事項**

イ　対象改修工事について，住宅借入金等特別控除又は特定増改築等住宅借入金等特別控除を適用する場合には，その改修工事について住宅特定改修特別税額控除は適用できません（措法41⑳，41の3の2②⑥⑨）。

ロ　住宅特定改修特別税額控除を受けるために必要な書類

住宅特定改修特別税額控除の適用を受けるためには，次の書類を確定申告書と一緒に提出

税額の計算（税額控除）

する必要があります（措法41の19の3⑯，措規19の11の3⑨〜⑪）。

(イ) 住宅特定改修特別税額控除額の計算明細書

(ロ) 家屋の登記事項証明書など家屋の床面積が50㎡以上であることを明らかにする書類

(ハ) 工事請負契約書の写しなど改修工事の年月日及びその費用の額を明らかにする書類

(ニ) 増改築等工事証明書

(ホ) 補助金等，居宅介護住宅改修費及び介護予防住宅改修費の額を明らかにする書類

(ヘ) 対象者(同居親族を含む。)が要介護認定又は要支援認定を受けている場合は，介護保険の被保険者証の写し

(ト) 前年分の所得税について高齢者等居住改修工事等をして，この控除を適用している者で，その年においても高齢者等居住改修工事等を行いこの控除を適用する場合(前年分の所得税についてこの控除を受けた家屋と異なる家屋についてこの控除を適用する場合を除く。)は，介護保険法施行規則第76条第2項の規定を受けたことを証する書類

(チ) 上記(4)ロの改修工事についてこの控除の適用を受ける場合には，その改修工事をした家屋に係る長期優良住宅建築等計画の認定通知書（長期優良住宅建築等計画の変更の認定を受けた場合は，変更認定通知書）の写し（認定計画実施者の地位の承継があった場合には，認定通知書及び地位の承継の承認通知書の写し）

ハ 住宅特定改修特別税額控除が受けられない年分

次の年分については，住宅特定改修特別税額控除を受けることはできません（措法41の19の3⑧⑬〜⑮，措規19の11の3⑧）。

(イ) 合計所得金額が3,000万円を超える年分

(ロ) 高齢者等居住改修工事等について住宅特定改修特別税額控除の適用を受けようとする場合で，前年以前3年内の各年分に高齢者等居住改修工事等について住宅特定改修特別税額控除の適用を受けている年分

ただし，次の場合を除きます。

① 前年以前3年内の各年分にこの控除の適用を受けた家屋と異なる家屋について高齢者等居住改修工事等を含む改修工事をしている場合

② 高齢者等居住改修工事等についてこの控除を適用しようとする特定個人（介護保険法施行規則第76条第2項の規定の適用を受けた者に限る。）が，その前年以前3年内の各年分に，高齢者等居住改修工事等についてこの控除の適用を受けている場合

(ハ) 対象一般断熱改修工事等をしてその家屋を居住の用に供した場合（その対象一般断熱改修工事等を含む改修工事について上記(2)又は(4)の住宅特定改修特別税額控除の適用を受けようとする場合に限る。）で，前年以前3年内の各年分に対象一般断熱改修工事等について住宅特定改修特別税額控除の適用を受けている年分

ただし，前年以前3年内の各年分にこの控除の適用を受けた家屋と異なる家屋について対象一般断熱改修工事等をした場合を除きます。

(ニ) 多世帯同居改修工事等について住宅特定改修特別税額控除の適用を受けようとする場合において前年以前3年内の各年分に多世帯同居改修工事等について住宅特定改修特別税額控除の適用を受けている年分

税額の計算（税額控除）

　　　　ただし，前年以前３年内の各年分にこの控除の適用を受けた家屋と異なる家屋について
　　　多世帯同居改修工事等をしている場合を除きます。

認定住宅等の取得をした場合の所得税額の特別控除

　個人が，国内において，認定住宅等（認定住宅等に係る住宅借入金等特別控除の対象となる認定長期
優良住宅，認定低炭素住宅及び特定エネルギー消費性能向上住宅（793・796・798ページ参照）をいう。以
下同じ。）の新築又は建築後使用されたことのない認定住宅等の取得（以下「認定住宅等の新築等」と
いう。）をして，長期優良住宅の普及の促進に関する法律の施行の日（平成21年６月４日）から令和
５年12月31日までの間に，その家屋をその者の居住の用に供した場合（その認定住宅等をその新築の
日又はその取得の日から６か月以内にその者の居住の用に供した場合に限る。）には，次のイにより計算
した税額控除限度額（認定住宅等新築等特別税額控除額）をその者のその年分の所得税の額から控除し
ます（措法41の19の４①）。

　また，個人がその年において，その年の前年における税額控除限度額のうち前年において控除を
してもなお控除しきれない金額を有する場合，又はその年の前年分の所得税につきその確定申告書
を提出すべき場合及び提出することができる場合のいずれにも該当しない場合には，その控除しき
れない金額に相当する金額又はその年の前年における税額控除限度額（以下「控除未済税額控除額」
という。）をその者のその年の所得税の額から控除します（措法41の19の４②）。

　なお，認定住宅等の新築等について，住宅借入金等特別控除を適用する場合には，その認定住宅等
の新築等について認定住宅等新築等特別税額控除は適用できません（措法41㉔）。

(注) 1　居住年の合計所得金額が3,000万円を超える場合は，この控除を適用できません（措法41の19の４
　　　　③）。
　　　　　また，この場合は，居住年の翌年の合計所得金額が3,000万円以下であっても，居住年の翌年にこ
　　　　の控除を適用できません（措法41の19の４④）。
　　　2　居住年の翌年に控除未済税額控除額を控除する場合において，その年の合計所得金額が3,000万
　　　　円を超えるときは，この控除を適用できません（措法41の19の４④）。

合計所得金額（714ページ参照）

イ　認定住宅等新築等特別税額控除の控除額の計算

認定住宅等について講じられた構造　×10%＝認定住宅等新築等　［100円未満の］
及び設備に係る標準的な費用の額　　　　　特別税額控除額　　　［端数切捨て］
　　　（最高500万円）（注）

(注)　個人が平成26年４月１日から令和３年12月31日までの間に認定住宅をその者の居住の用に供した
　　　場合において，認定住宅等の新築又は取得に係る対価の額又は費用の額に含まれる消費税額及び地
　　　方消費税額の合計額に相当する額のうちに，当該認定住宅等の新築又は取得に係る課税資産の譲渡
　　　等につき新消費税法第29条に規定する税率により課されるべき消費税額及び当該消費税額を課税標
　　　準として課されるべき地方消費税額の合計額に相当する額が含まれている場合には最高650万円と
　　　なります（令和４年改正前措法41の19の４②）。

※　上記の「認定住宅等について講じられた構造及び設備に係る標準的な費用の額」とは，認定住宅等
　　　の構造の区分にかかわらず，１㎡当たり45,300円（平成26年４月１日から令和元年12月31日までの間
　　　の入居については43,800円）にその認定住宅等の床面積を乗じて計算した金額をいいます（平21.3.31

　　　　　　　　　　　　　　　　　　　　　　　－827－

税額の計算（税額控除）

国土交通省告示385号（最終改正：令4. 3. 31国土交通省告示448号））。

（注）　認定住宅等新築等特別税額控除を適用して確定申告書を提出した場合には，その後において，更正の請求をし，又は修正申告書を提出するときにおいても，認定住宅等新築等特別税額控除を適用します。

なお，認定住宅等新築等特別税額控除を適用しなかった場合も同様です。

ロ　認定住宅等新築等特別税額控除の対象となる家屋

認定住宅等新築等特別税額控除の対象となる家屋は次のとおりです（措法41の19の4①）。

（イ）　床面積が50㎡以上の家屋であること

（ロ）　床面積の2分の1以上を専ら自己の居住の用に供する家屋であること

（ハ）　認定住宅等であると証明されたものであること

ハ　認定住宅等新築等特別税額控除が受けられない場合

次の場合には認定住宅等新築等特別税額控除を受けることはできません（措法41の19の4③④⑪⑫）。

（イ）　認定住宅等の新築等をした家屋を居住の用に供した年分の合計所得金額が3,000万円を超える場合（居住年の翌年の所得税の額から控除未済税額控除額を控除する場合は，居住年又は居住年の翌年分の合計所得金額が3,000万円を超える場合）

（ロ）　認定住宅等の新築等をした家屋を居住の用に供した年分の所得税について，次に掲げるいずれかの特例を適用する場合やその居住年の前年分又は前々年分の所得税について次に掲げるいずれかの特例を適用している場合

①　居住用財産を譲渡した場合の長期譲渡所得の課税の特例（措法31の3①）

②　居住用財産の譲渡所得の特別控除（措法35①（同条③により適用する場合を除く。））

（ハ）　居住年の翌年以後3年以内の各年中に認定住宅等の新築等をした家屋（これらの家屋の敷地を含む。）以外の一定の資産を譲渡した場合において，その資産の譲渡につき（ロ）に掲げるいずれかの特例を適用する場合

ニ　認定住宅等新築等特別税額控除を受けるために必要な書類

認定住宅等新築等特別税額控除を受けるために必要な書類は次のとおりです（措法41の19の4⑤⑥，措規19の11の4）。

（イ）　居住年に認定住宅等新築等特別税額控除を適用する場合

①　認定住宅等新築等特別税額控除額の計算明細書

②　家屋の登記事項証明書など家屋の床面積が50㎡以上であることを明らかにする書類

③　個人が新築又は取得をした次に掲げる認定住宅等に該当する家屋の区分に応じそれぞれ次に定める書類

イ　認定長期優良住宅に該当する家屋……次に掲げる者が発行するその家屋が認定長期優良住宅に該当する家屋に該当する旨を証する書類（具体的には795ページの認定長期優良住宅建築証明書等）及びその家屋に係る795ページの認定通知書等の写し

（イ）　登録住宅性能評価機関

（ロ）　指定確認検査機関

（ハ）　建築士法に基づく建築士事務所に所属する建築士

(ニ)　その家屋の所在地の市町村長又は特別区の区長

ロ　低炭素建築物に該当する家屋……イ(イ)から(ニ)までに掲げる者が発行するその家屋が低炭素建築物に該当する家屋該当する旨を証する書類（具体的には797ページの認定低炭素住宅建築証明書等）及びその家屋に係る797ページの低炭素建築物認定通知書の写し

ハ　特定建築物に該当する家屋……その家屋の所在地の市町村長又は特別区の区長が発行するその家屋が特定建築物に該当する家屋該当する旨を証する書類（具体的には798ページの特定建築物証明書）

ニ　特定エネルギー消費性能向上住宅に該当する家屋……　イ(イ)から(ニ)までに掲げる者又は住宅瑕疵担保責任保険法人が発行するその家屋が低炭素建築物に該当する家屋該当する旨を証する書類（具体的には799ページの住宅省エネルギー性能証明書又は建設住宅性能評価書の写し）

④　工事請負契約書の写し，売買契約書の写しなど家屋の新築年月日又は取得年月日等を明らかにする書類

(ロ)　居住年の翌年の所得税の額から控除未済税額控除額を控除する場合

(イ)の①の書類（居住年において，確定申告書を提出すべき場合及び提出することができる場合のいずれにも該当しない場合は(イ)①から④の書類）

分配時調整外国税相当額控除

その年において集団投資信託の収益の分配の支払を受ける場合には，その集団投資信託の収益の分配に係る源泉徴収の特例（法176③，180の２③）によりその収益の分配に係る源泉徴収税額から控除することにより二重課税調整が行われた外国所得税の額があるときは，その年分の所得税の額から，その収益の分配に係る分配時調整外国税相当額を差し引くことができます（法93①）。

（注）　集団投資信託の収益の分配について上場株式等に係る配当所得等の申告分離課税（措法８の４①）の適用を受ける場合には，その収益の分配に係る分配時調整外国税相当額は，その年分の所得税の額及びその申告分離課税による所得税の額から控除することとされています（措法８の４③四）。

分配時調整外国税相当額　分配時調整外国税相当額とは，次の算式１及び算式２により計算した金額の合計額をいいます（令220の２）。

≪算式１≫

所得税法第176条第３項の規定により集団投資信託の収益の分配に係る源泉徴収税額から控除すべき外国所得税の額	×	支払を受ける集団投資信託の収益の分配の額 / 集団投資信託の収益の分配の額の総額

≪算式２≫

所得税法第180条の２第３項の規定により集団投資信託の収益の分配に係る源泉徴収税額から控除すべき外国所得税の額	×	支払を受ける集団投資信託の収益の分配の額 / 集団投資信託の収益の分配の額の総額

（注）１　居住者が支払を受ける一般利子等に該当する集団投資信託の収益の分配は，分配時調整外国税相当額の計算の対象となる集団投資信託の収益の分配から除外されています（措法３③）。これ

は，居住者が支払を受ける一般利子等については源泉分離課税とされ，源泉徴収のみで課税関係が完結するため確定申告の対象となる所得ではないことから，分配時の二重課税調整を申告時において適切に精算するための制度である分配時調整外国税相当額の控除制度の対象とする必要がないためです。

2 上記の算式の「集団投資信託の収益の分配に係る源泉徴収税額から控除された外国所得税の額」には，復興特別所得税の額から控除された外国所得税も含むこととされています（復興財確法33①，法93①）。

3 上記の算式の分母及び分子の「集団投資信託の収益の分配」は，源泉徴収されるべきこととなる部分（オープン型証券投資信託の特別分配金のみに対応する部分を除く。）に限ることとされています。なお，これらの算式により計算した金額がそれぞれ所得税法第176条第3項又は第180条の2第3項の規定による控除をしないで計算した場合のその収益の分配に係る源泉徴収税額にその収益の分配の計算期間の末日において計算したその収益の分配に係る集団投資信託の外貨建資産割合（令300⑨，306の2⑦）を乗じて計算した金額を超える場合には，それぞれその外貨建資産割合を乗じて計算した金額を限度とすることとされています。

分配時調整外国税相当額の控除する年分　分配時調整外国税相当額控除は，居住者が支払を受ける集団投資信託の収益の分配に係る収入金額の収入すべき時期の属する年分において適用があります（基通93-1）。

分配時調整外国税相当額控除を受けるための手続　分配時調整外国税相当額控除は，確定申告書，修正申告書又は更正請求書に控除の対象となる分配時調整外国税相当額，控除を受ける金額及びその金額の計算に関する明細を記載した書類並びに次に掲げる分配時調整外国税相当額を証する書類の添付がある場合に限り，適用されます。この場合において，本制度により控除される金額は，その明細を記載した書類に分配時調整外国税相当額として記載された金額が限度とされています（法93②，規40の10の2）。

(1) 集団投資信託を引き受けた内国法人が通知する書面（令300⑥⑦⑩ただし書）

(2) 集団投資信託を引き受けた外国法人が通知する書面（令306の2④⑤⑧ただし書）

(3) オープン型証券投資信託の収益の分配等に係る通知書（法225②③ただし書）

(4) 上場株式等に係る配当所得等の申告分離課税に係る通知書（措法8の4④⑤⑥ただし書）

(5) 上場株式等の配当等に係る源泉徴収義務等の特例に係る通知書（措令4の6の2㉙㉚㉜ただし書）

(6) 特定目的会社等が通知する書面（措令4の9⑪，4の10⑦，4の11⑦，5⑦）

外 国 税 額 控 除

その年において納付する外国所得税の額があるときは，配当控除，分配時調整外国税相当額控除及び住宅借入金等特別控除等の税額控除を行った後の所得税の額から，次の算式によって計算した控除限度額を限度として，その外国所得税の額を差し引くことができます（法95①，令222）。

$$\left(\begin{array}{l}\text{その年分の}\\\text{所得税の額}\end{array}\right)\times\dfrac{\text{その年分の調整国外所得金額}}{\text{その年分の所得総額}}=\text{控除限度額}$$

(注) 1 その年分の所得税の額とは，配当控除，分配時調整外国税相当額控除，住宅借入金等特別控除及び災害減免額等を適用した後の金額をいい，附帯税は含みません（令222①）。

— 830 —

税額の計算（税額控除）

2　その年分の所得総額とは，純損失の繰越控除，雑損失の繰越控除，居住用財産の買換え等の場合の譲渡損失の繰越控除又は特定居住用財産の譲渡損失の繰越控除をしないで計算したその年分の総所得金額，土地等に係る事業所得等の金額（平成10年1月1日から令和8年3月31日までの間については適用なし），分離短期譲渡所得の金額，分離長期譲渡所得の金額，分離課税の上場株式等に係る配当所得の金額，株式等に係る譲渡所得等の金額（上場株式等に係る譲渡損失の繰越控除及び特定株式に係る譲渡損失の繰越控除の適用前の金額），先物取引に係る雑所得等の金額（先物取引の差金等決済に係る損失の繰越控除の適用前の金額），山林所得金額及び退職所得金額の合計額をいいます（令222②，措法28の4⑥，措令4の2⑨，19㉔，20⑤，21⑦，25の8⑯，25の11の2⑳，25の12の3㉔，26の7⑲一，26の7の2⑮一，26の23⑥，26の26⑪）。

3　その年分の調整国外所得金額とは，純損失の繰越控除又は雑損失の繰越控除を適用しないで計算した場合の国外所得金額（非永住者については，その国外所得金額のうち，国内において支払われ，又は国外から送金された国外源泉所得に係る部分に限る。）をいいます（令222③）。また，その年分の調整国外所得金額の計算に当たっては，純損失の繰越控除及び雑損失の繰越控除のほか，上場株式等に係る譲渡損失の繰越控除，特定株式に係る譲渡損失の繰越控除及び先物取引の差金等決済に係る損失の繰越控除の適用もないものとされています（措令25の11の2⑳，25の12の3㉔，26の26⑪）。ただし，その国外所得金額がその年分の所得総額を超える場合には，その金額を限度とすることとされています。

4　国外所得金額とは，国外源泉所得に係る所得のみについて所得税を課するものとした場合に課税標準となるべき金額に相当する一定の金額をいい，具体的には，国外源泉所得の分類に応じて，次の国外源泉所得に係る所得の金額を合計した金額（その合計した金額が零を下回る場合には，零）が，国外所得金額とされます（法95①，令221の2）。

イ　所得税法第95条第4項第1号に掲げる国外源泉所得（国外事業所等帰属所得）

ロ　所得税法第95条第4項第2号から第17号までに掲げる国外源泉所得（その他の国外源泉所得）

　なお，控除限度額の計算の基礎となる国外所得金額の計算においては，ロに掲げる国外源泉所得（国際運輸業所得（法95④十五）に係るものを除く。）がイに掲げる国外源泉所得にも該当する場合には，イに掲げる国外源泉所得への該当性が優先されます。

5　国外源泉所得は，所得の種類ごとに次の17種類に個別に列挙されています（法95④）。①国外事業所等帰属所得，②国外資産の運用又は保有により生ずる所得，③国外資産の譲渡により生ずる所得として一定のもの，④国外において行う人的役務の提供の対価，⑤国外にある不動産等の貸付けによる対価，⑥外国法人の発行する債券の利子等，⑦外国法人から受ける配当等，⑧国外業務に係る貸付金利子，⑨国外業務に係る使用料，⑩国外において行う勤務に係る給与等，⑪国外事業の広告宣伝のための賞金，⑫国外にある営業所等を通じて締結した年金契約に基づいて受ける年金，⑬国外にある営業所が受け入れた定期積金に係る給付補塡金等，⑭国外において事業を行う者に対する出資につき，匿名組合契約に類する契約に基づいて受ける利益の分配，⑮国外業務に係る国際運輸業所得，⑯租税条約の規定により相手国等において課税することができる所得，⑰その他国外に源泉がある所得

6　国外事業所等帰属所得とは，居住者が国外事業所等を通じて事業を行う場合において，その国外事業所等がその居住者から独立して事業を行う事業者であるとしたならば，その国外事業所等が果たす機能，その国外事業所等において使用する資産，その国外事業所等とその居住者の事業場等との間の内部取引その他の状況を勘案して，その国外事業所等に帰せられるべき所得（その国外事業所等の譲渡により生ずる所得が含まれ，国外業務に係る国際運輸業所得は除かれる。）とされます（法95④一）。

　居住者の各年分の国外事業所等帰属所得に係る所得の金額は，居住者のその年の国外事業所等を通じて行う事業に係る所得のみについて所得税を課するものとした場合に課税標準となるべき金額とされます（令221の3①）。

税額の計算（税額控除）

　　居住者の各年分の国外事業所等帰属所得に係る所得の金額の計算上その年分の課税標準となるべき金額は，別段の定めがあるものを除き，居住者の国外事業所等を通じて行う事業につき，居住者の各年分の所得の金額の計算に関する所得税に関する法令の規定に準じて計算した場合にその年分の総所得金額，退職所得金額及び山林所得金額となる金額とされます（令221の3②）。

　　なお，その年分の不動産所得の金額，事業所得の金額又は雑所得の金額の計算上必要経費に算入された販売費，一般管理費その他の費用のうち国外事業所等帰属所得に係る所得を生ずべき業務とそれ以外の業務の双方に関連して生じたものの額（共通費用の額）があるときは，その共通費用の額は，これらの業務に係る収入金額，資産の価額，使用人の数その他の基準のうちこれらの業務の内容及び費用の性質に照らして合理的と認められる基準により国外事業所等帰属所得に係る所得の金額の計算上の必要経費として配分します（令221の3⑥）。共通費用の額の配分を行った場合には，配分の計算の基礎となる費用の明細及び内容，配分の計算方法並びにその計算方法が合理的であるとする理由を記載した書類を作成しなければなりません（令221の3⑦，規40の11）。

7　居住者が外国税額控除の適用を受ける場合には，確定申告書，修正申告書又は更正請求書に国外事業所等帰属所得に係る所得の金額の計算に関する明細を記載した書類を添付しなければなりません（令221の3⑧）。

8　国外事業所等とは，わが国が租税条約を締結している相手国等についてはその相手国等内にあるその租税条約に定める恒久的施設に相当するものをいい，その他の国又は地域についてはその国又は地域にある恒久的施設に相当するものをいいます（令225の2①）。

9　居住者の事業場等とは，その居住者の事業場その他これに準ずるものであって国外事業所等以外のものをいいます。居住者の事業場その他これに準ずるものとは，支店や工場など事業を行う一定の場所，建設若しくは据付けの工事又はこれらの指揮監督の役務の提供を行う場所，代理人といった非居住者の恒久的施設に相当するものをいいます（令225の2②）。

10　国外事業所等帰属所得以外の国外源泉所得（その他の国外源泉所得）に係る所得の金額は，その国外源泉所得に係る所得のみについて所得税を課税する場合に課税標準となるべきその年分の総所得金額，退職所得金額及び山林所得金額の合計額に相当する金額をいいます（令221の6①）。

　　その年分の所得の金額の計算上必要経費に算入された販売費，一般管理費その他の費用のうちその他の国外源泉所得を生ずべき業務とそれ以外の業務の双方に関連して生じたものの額（共通費用の額）がある場合には，これらの業務に係る収入金額や資産の額等の基準によって按分し，その他の国外源泉所得に係る所得の金額の計算上の必要経費として配分します（令221の6②）。共通費用の額の配分を行った場合には，配分の計算の基礎となる費用の明細及び内容，配分の計算方法並びにその計算方法が合理的であるとする理由を記載した書類を作成しなければなりません（令221の6②③，規40の16において準用する規40の11）。

11　居住者が外国税額控除の適用を受ける場合には，確定申告書，修正申告書又は更正請求書にその他の国外源泉所得に係る所得の金額の計算に関する明細を記載した書類を添付しなければなりません（令221の6④）。

12　所得税法第95条第4項第10号に掲げる国外源泉所得のうち給与所得（法28②）及び退職所得（法30②）に係るものの所得の金額は，次の算式により計算します（基通95―26）。

(1) 給与所得

$$給与所得の金額 \times \frac{(A)のうちその源泉が国外にあるものの金額}{給与等の総額(A)}$$

(2) 退職所得

$$退職所得の金額 \times \frac{(B)のうちその源泉が国外にあるものの金額}{退職手当等の総額(B)}$$

13　外国税額控除の控除限度額の計算に当たって，外国子会社合算税制の適用を受ける場合の課税対象金額，部分課税対象金額又は金融子会社等部分課税対象金額に係る雑所得の金額は国外源泉

— 832 —

所得に含まれないものとされますし，特定外国関係会社若しくは対象外国関係会社又は部分対象外国関係会社から受ける剰余金の配当等の額に係る配当所得の金額は租税特別措置法第40条の5第1項又は第2項による控除をして計算します（措法40の6，措令25の24②）。

外国所得税 外国所得税とは，外国の法令に基づいて外国又はその地方公共団体によって個人の所得を課税標準として課される税をいいます（令221）。

(1) 外国又はその地方公共団体によって課される次に掲げる税は，外国所得税に含まれます（令221②）。

イ 超過所得税その他個人の所得の特定の部分を課税標準として課される税

ロ 個人の所得又はその特定の部分を課税標準として課される税の附加税

ハ 個人の所得を課税標準として課される税と同一の税目に属する税で，特定の所得について徴税上の便宜のため，所得に代えて収入金額その他これに準ずるものを課税標準として課されるもの

ニ 個人の特定の所得について，所得を課税標準とする税に代え，個人の収入金額その他これに準ずるものを課税標準として課される税

(2) 次に掲げる外国所得税は，外国税額控除の対象とはなりません（令221③，222の2①③④，基通95―2）。

イ 税を納付する者が，その納付後，任意にその金額の全部又は一部の還付を請求することができる税

ロ 税の納付が猶予される期間を，その税の納付をすることとなる者が任意に定めることができる税

ハ 複数の税率の中から納税者と外国当局等との合意により税率が決定された税（その複数の税率のうち最も低い税率を上回る部分に限る。）

ニ 外国所得税に附帯して課される附帯税に相当する税その他これに類する税

ホ 居住者が，その居住者が金銭の借入れをしている者又は預入を受けている者と特殊の関係のある者に対し，その借り入れられ，又は預入を受けた金銭の額に相当する額の金銭の貸付けをする取引（その貸付けに係る利率その他の条件が，その借入れ又は預入に係る利率その他の条件に比し，特に有利な条件であると認められる場合に限る。）に基因して生じた所得に対する外国所得税の額

ヘ 貸付債権その他これに類する債権を譲り受けた居住者が，その債権に係る債務者（その居住者に対しその債権を譲渡した者（以下「譲渡者」という。）と特殊の関係のある者に限る。）からその債権に係る利子の支払を受ける取引（その居住者が，譲渡者に対し，その債権から生ずる利子の額のうち譲渡者がその債権を所有していた期間に対応する部分の金額を支払う場合において，その支払う金額が，次に掲げる額の合計額に相当する額であるときに限る。）に基因して生じた所得に対する外国所得税の額

(イ) その債権から生ずる利子の額からその債務者が住所又は本店若しくは主たる事務所を有する国又は地域においてその居住者がその利子につき納付した外国所得税の額を控除した額のうち，譲渡者がその債権を所有していた期間に対応する部分の額

(ロ) その利子に係る外国所得税の額（わが国が所得税法第2条第1項第8号の4ただし書《定義》に規定する条約（以下「租税条約」という。）を締結している相手国等の法律又はその租税条約の規定により軽減され，又は免除されたその相手国等の租税の額でその租税条約の規定によりその居住者が納付したとみなされるものの額を含む。）のうち，譲渡者がその債権を所有していた期間に対応する部分の額の全部又は一部に相当する額

(注) 上記ホ，ヘに記載されている特殊の関係のある者とは，次に掲げる者をいいます（令222の2②）。

(1) 法人税法施行令第4条《同族関係者の範囲》に規定する個人又は法人

(2) 次に掲げる事実その他これに類する事実が存在することにより二の者のいずれか一方の者が他方の者の事業の方針の全部又は一部につき実質的に決定できる関係のある者

① その他方の者の役員の2分の1以上又は代表する権限を有する役員が，その一方の者の役員若しくは使用人を兼務している者又はその一方の者の役員若しくは使用人であった者であること

② その他方の者がその事業活動の相当部分をその一方の者との取引に依存して行っている

税額の計算（税額控除）

　　　こと
　　　③　その他方の者がその事業活動に必要とされる資金の相当部分をその一方の者からの借入れにより，又はその一方の者の保証を受けて調達していること
　　(3)　その者の上記ホ，への居住者に対する債務の弁済につき，上記ホの居住者が金銭の借入れをしている者若しくは預入を受けている者が保証をしている者又は上記への譲渡者が保証をしている者

ト　所得税法第25条第１項《配当等の額とみなす金額》に掲げる事由により交付を受ける金銭の額及び金銭以外の資産の価額に対して課される外国所得税の額

チ　国外事業所等と事業場等との間の内部取引につき課される外国所得税

リ　居住者が有する株式等を発行した外国法人の本店所在地国の法令に基づき，その外国法人に係る租税の課税標準等又は税額等につき更正又は決定に相当する処分（その居住者との間の取引に係るものを除く。）があった場合において，その処分が行われたことにより増額されたその外国法人の所得の金額に相当する金額に対し，これを配当等とみなして課される外国所得税の額その他の他の者の所得の金額に相当する金額に対し，これを居住者（その居住者と当該他の者との間にその居住者が当該他の者（法人に限る。）の株式等を直接又は間接に保有する等の一定の関係がある場合におけるその居住者に限る。）の所得の金額とみなして課される外国所得税の額

ヌ　非課税口座内上場株式等の配当等又は未成年者口座内上場株式等の配当等に対して課される外国所得税の額

ル　居住者がその年以前において非居住者であった期間内に生じた所得に対して外国又はその地方公共団体により課される外国所得税の額

ヲ　租税条約の規定において外国税額控除（法95①～③）の適用に当たって考慮しないものとされた外国所得税の額
　（注）　例えば，日米租税条約第23条３においては，米国市民であるわが国の居住者に対するわが国における外国税額控除の適用に当たって考慮すべき外国所得税は，その者の全ての所得に対する米国の所得税額（米国市民課税による税額）ではなく，その者の米国内に源泉のある所得に対する米国の所得税額（わが国の居住者で，米国からみて非居住者に該当することとなる者に対して課される税額に相当する額）となることが明らかにされています。

ワ　外国法人から配当等の支払を受けるに当たり，その外国法人のその配当等の額の支払の基礎となった所得の金額に対して課される外国法人税の額に充てるためにその配当等の額から控除される金額

カ　租税条約に定める限度税率（租税条約において居住者に対する相手国等の課税につき一定の税率等で計算した金額を超えないものとしている場合のその一定の税率等をいう。）を超える税率により外国所得税を課されたときのその外国所得税の額のうち限度税率によって計算した税額を超える部分の金額

ヨ　外国法人から受ける剰余金の配当等の額（租税特別措置法第40条の５第１項又は第２項の規定の適用を受ける部分の金額に限る。）に係る外国所得税の額

タ　外国法人から受ける剰余金の配当等の額（租税特別措置法第40条の８第１項又は第２項の規定の適用を受ける部分の金額に限る。）に係る外国所得税の額

レ　居住者の国外事業所等所在地国において課される外国所得税（その国外事業所等所在地国においてその居住者の国外事業所等（その国外事業所等所在地国に所在するものに限る。以下同じ。）を通じて行う事業から生ずる所得に対して課される他の外国所得税の課税標準となる所得の金額に相当する金額に，その居住者の関連者等への支払に係る金額並びにその居住者の国外事業所等がその居住者の関連者等から取得した資産に係る償却費の額のうち当該他の外国所得税の課税標準となる所得の金額の計算上必要経費に算入される金額を加算することその他これらの金額に関する調整を加えて計算される所得の金額につき課されるものに限る。）の額（当該他の外国所得税の課税標準となる所得の金額に相当する金額に係る部分を除く。）
　（注）　上記に記載されている関連者等とは，居住者と他の者との間に親族関係，その居住者が当該

— 834 —

他の者の発行済株式等の総数又は総額の50％を超える数又は金額の株式又は出資を直接又は間接に保有する関係その他の一定の関係がある場合における当該他の者（その国外事業所等所在地国に住所若しくは居所，本店若しくは主たる事務所その他これらに類するもの又はその国外事業所等所在地国の国籍その他これに類するものを有するものを除く。）及びその居住者の事業場等（その国外事業所等所在地国に所在するものを除く。）をいいます（令222の２③四，規40の17②）。

租税条約によるみなし外国税額の控除　居住者の外国に源泉がある所得のうち，特定の所得について，わが国がこれらの外国と締結した租税条約に，その条約又はこれらの外国の法令に基づきその外国がその課すべき外国所得税を軽減又は免除した場合におけるその軽減又は免除された額をその居住者が納付したものとみなして外国税額控除を行う旨の定めがある場合には，その居住者は，その納付したものとみなされる外国所得税の額（これを「**みなし外国税額**」という。）につき外国税額控除の適用を受けることができます（各国と締結した租税条約参照）。

外国税額控除の適用時期

(1)　外国税額控除は，外国所得税を納付することとなる日（申告，賦課決定等の手続により外国所得税について具体的にその納付すべき租税債務が確定した日）の属する年分において適用がありますが，継続して，実際に納付した日の属する年分において外国税額控除を適用している場合には，その処理が認められます（基通95—3）。

(2)　いわゆる予定納付又は見積納付等（以下「予定納付等」という。）をした外国所得税についても上記(1)に定める年分において外国税額控除を適用することになっていますが，継続して，予定納付等をした外国所得税について，確定申告又は賦課決定等のあった日の属する年分において，外国税額控除を適用している場合には，その処理が認められます（基通95—4）。

(3)　外国税額控除を適用した年分後の年分にその外国所得税の増額があり，かつ，外国税額控除の規定の適用を受ける場合には，増額した外国所得税は，その増額のあった日の属する年分においてに新たに生じたものとして外国税額控除の規定を適用することとされています（基通95—16）。

外国所得税の邦貨換算　外国税額控除の規定を適用する場合の外国所得税の額については，次の区分に応じ，それぞれ次に掲げる外国為替の売買相場により邦貨に換算した金額によることとなります（基通95—28）。

(1)　源泉徴収による外国所得税

源泉徴収により納付することとなる利子，配当，使用料等（以下「配当等」という。）に係る外国所得税については，その配当等の額の換算に適用する外国為替の売買相場により換算した金額とする。

(2)　(1)以外による外国所得税

源泉徴収以外の方法により納付することとなる外国所得税については，所得税法第57条の３第１項《外貨建取引の換算》に規定する外貨建取引に係る経費の金額の換算に適用する外国為替の売買相場により換算した金額とする。

税額の計算（税額控除）

　　外国税額控除を受けるための手続　外国税額控除は，確定申告書，修正申告書又は更正請求書（以下「申告書等」という。）に控除を受ける金額及びその計算に関する明細の記載をし，かつ，外国所得税を課税されたことを証する書類（申告書の写し又は現地の税務官署が発行する納税証明書等のほか，更正若しくは決定に係る通知書，賦課決定通知書，納税告知書，源泉徴収の外国所得税に係る源泉徴収票等又はこれらの書類の写し）などを添付した場合に限り，適用されます（法95⑩，規41，基通95—30）。

　　なお，租税条約におけるみなし外国税額控除の適用を受ける場合には，申告書等に控除を受けるべきみなし外国税額の計算の明細を記載し，かつ，これを証明する書類を添付しなければなりません（租税条約等の実施に伴う所得税法，法人税法及び地方税法の特例等に関する法律の施行に関する省令10）。

外国税額の繰越控除

(1)　各年において納付することとなる外国所得税額がその年の控除限度額と地方税控除限度額との合計額を超える場合に，その年の前年以前３年内の各年の控除限度額のうちその年に繰り越される部分の金額（繰越控除限度額）があるときは，その繰越控除限度額を限度として，その超える部分の金額を，その年分の所得税の額から差し引くことができます（法95②，令223，224）。

(2)　各年において納付することとなる外国所得税額がその年の控除限度額に満たない場合に，その年の前年以前３年内の各年において納付することとなった外国所得税額のうちその年に繰り越される部分の金額（繰越控除対象外国所得税額）があるときは，その控除限度額からその年に納付することとなる外国所得税額を差し引いた残額を限度として，その繰越控除対象外国所得税額を，その年分の所得税の額から差し引くことができます（法95③，令225）。

(3)　(1)及び(2)の取扱いは，繰越控除限度額又は繰越控除対象外国所得税額が生じた年のうち最も古い年以後の各年について，その各年の申告書等にその各年の控除限度額及びその各年において納付することとなった外国所得税額を記載した書類の添付があり，かつ，これらの取扱いの適用を受けようとする年分の申告書等に，これらの取扱いによる控除を受ける金額を記載するとともに，所定の書類を添付した場合に限り，適用されます（法95⑪，規42）。

　　外国所得税が減額された場合の調整　既に外国税額控除を適用した外国所得税の額が，その適用後の年において減額された場合には，その減額されることとなった日の属する年の外国税額控除の適用に当たっては，次により調整を行います。

　　なお，外国税額控除の適用を受けた外国所得税の額が平成21年４月１日以後に減額された場合において，その減額に係る年の控除対象となる外国所得税の額からその減額された外国所得税の額を控除する等の措置の適用については，外国税額控除の適用を受けた年の翌年以後７年内の各年において減額された場合に限ります（法95④，令226）。

(1)　納付外国所得税額からの控除（ケース①：下図参照）

　　　外国所得税の額が減額された場合には，その減額されることとなった日の属する年（以下「減額に係る年」という。）については，その減額に係る年において納付することとなる外国所得税の額（以下「納付外国所得税額」という。）からその減額された外国所得税の額（以下「減額外国所得税額」という。）に相当する金額を控除し，その控除後の金額について外国税額控除を行います（法

— 836 —

95④，令226①）。

(2) 控除限度超過額からの控除（ケース②：下図参照）

減額に係る年の納付外国所得税額がない場合，又は納付外国所得税額が減額外国所得税額に満たない場合は，減額に係る年の前年以前３年内の各年の控除限度超過額から，それぞれ減額外国所得税の金額又は減額外国所得税額のうち納付外国所得税額を超える部分の金額に相当する金額を控除し，その控除後の金額について外国税額控除を行います（法95⑨，令226③）。

(3) 所得金額の調整（ケース③：下図参照）

減額外国所得税額のうち上記(1)及び(2)の調整に充てられない部分の金額は，減額に係る年分の雑所得の金額の計算上，総収入金額に算入します（法44の３後段，令93の２）。

(注) イ 上記(1)から(3)の調整は，外国所得税が減額されることとなった日（還付金の支払通知書等の受領により外国所得税額について，具体的に減額されることとなった金額が確定した日）の属する年分について行いますが，実際に還付金を受領した日の属する年分において，上記(1)から(3)の調整を行うことも認められています（基通95―14）。

ロ 上記「減額外国所得税額」は，所得税基本通達57の３―２に定めるところにより，その減額されることが確定した日におけるその外貨に係る電信売買相場の仲値（ＴＴＭレート）により邦貨に換算した金額とします。ただし，不動産所得等の金額の計算上，継続適用を条件として売上その他の収入又は資産については取引日の電信買相場（ＴＴＢレート）によることができますので，これにより邦貨に換算した金額として差し支えありません（基通95―15，57の３―２）。

〔具体例〕

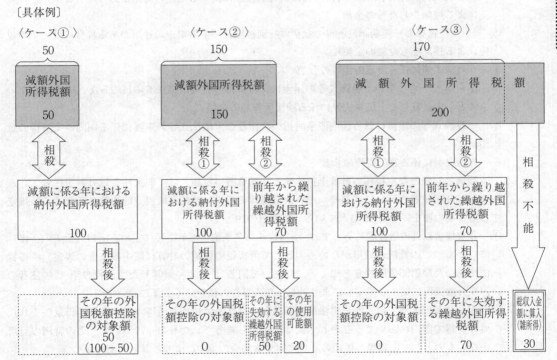

文書化 居住者が外国税額控除の適用を受ける場合には，その居住者が他の者との間で行った取引のうち，その居住者のその年の国外所得金額の計算上その取引から生ずる所得がその居住者の国外事業所等に帰せられるものについては，その国外事業所等に帰せられる取引に係る明細を記載し

税額の計算（税額控除・特定の基準所得金額の課税の特例）

た書類を作成しなければなりません（法95⑫，規42の2）。

居住者が外国税額控除の適用を受ける場合には，その居住者の事業場等と国外事業所等との間の資産の移転，役務の提供その他の事実が内部取引に該当するときは，その事実に係る明細を記載した書類を作成しなければなりません（法95⑬，規42の3）。

特定の基準所得金額の課税の特例
（令和7年分以後の所得税について適用）

個人でその者のその年分の基準所得金額が3億3,000万円を超えるものについては，その超える部分の金額の22.5％相当額からその年分の基準所得税額を控除した金額に相当する所得税を課することとされました（措法41の19①）。

（注）1　本特例の課税標準となる「基準所得金額」は，次に掲げる各種所得の金額の合計額とされている（措法41の19②）。

① 確定申告を要しない配当所得等の特例（措法8の5①）の適用がないものとして計算した総所得金額，退職所得金額及び山林所得金額の合計額（下記②から⑨までに掲げる金額を除く。）

② 確定申告を要しない配当所得等の特例の適用がないものとして計算した上場株式等に係る配当所得の金額

③ 土地等に係る事業所得等の金額

④ （土地建物等の）長期譲渡所得の金額（特別控除に関する規定の適用がある場合には，その規定による控除をした後の金額）

⑤ （土地建物等の）短期譲渡所得の金額（特別控除に関する規定の適用がある場合には，その規定による控除をした後の金額）

⑥ 一般株式等に係る譲渡所得等の金額

⑦ 確定申告を要しない上場株式等の譲渡による所得の特例（措法37の11の5①）の適用がないものとして計算した上場株式等に係る譲渡所得等の金額

⑧ 一般株式等の譲渡に係る国内源泉所得の金額及び上場株式等の譲渡に係る国内源泉所得の金額

⑨ 先物取引に係る雑所得等の金額

2　本特例の対象となる税額の計算上控除する「基準所得税額」は，非永住者以外の居住者，非永住者又は非居住者の区分に応じそれぞれ次に掲げる所得税の額（国税通則法第2条第4号に規定する附帯税の額を除く。）とされている（措法41の19③）。

① 非永住者以外の居住者にあっては，所得税法第7条第1項第1号に定める所得（全ての所得）について，この特例の適用がないものとして所得税の税額の計算に関する法令の規定（所得税法第93条及び第95条の規定を除く。②において同じ。）により計算した所得税の額（「居住者の源泉分離課税に関する規定」により計算した所得税の額を除く。②において同じ。）

② 非永住者にあっては，所得税法第7条第1項第2号に定める所得（国内源泉所得及びこれ以外の所得で国内において支払われ，又は国外から送金されたもの）について，この特例の適用がないものとして所得税の税額の計算に関する法令の規定により計算した所得税の額

③ 非居住者にあっては，所得税法第7条第1項第3号に定める所得について，この特例の適用がないものとして所得税の税額の計算に関する法令の規定（所得税法第165条の5の3及び第165条の6の規定を除く。）により計算した所得税の額（「非居住者の源泉分離課税に関する規定」により計算した所得税の額を除く。）

税額の計算（減免税額の控除）

減 免 税 額 の 控 除

納税者が災害によって住宅又は家財に損害を受けた場合には，災害減免法に基づく減免額を，税額控除（外国税額控除を除く。）後の税額から，また，納税者に肉用牛の売却による農業所得があるときは，その免税所得についての免税額を，各税額控除前の税額からそれぞれ差し引くことができます。

なお，東日本大震災の被災者等の負担の軽減等を図るため，「東日本大震災の被災者等に係る国税関係法律の臨時特例に関する法律」（以下「東日本震災特例法」という。）が施行されましたが，東日本震災特例法による減免税額の取扱いは，（939ページ参照）に記載しています。

災害減免法による減免税額

災害（震災，風水害，落雷，火災その他これらに類する災害をいう。）によって住宅又は家財に甚大な被害を受けた場合には，次のようにその年分の所得税の額（延滞税，利子税，過少申告加算税，無申告加算税及び重加算税の額を除く。）が軽減又は免除されます（災法1，2，災令1）。

災害減免法の合計所得金額が500万円以下である場合	全 額 免 除
〃 500万円を超え750万円以下である場合	50%相当額軽減
〃 750万円を超え1,000万円以下である場合	25%相当額軽減

(注) 災害減免法の合計所得金額とは，純損失，居住用財産の買換え等の場合の譲渡損失，特定居住用財産の譲渡損失及び雑損失の繰越控除後の総所得金額，土地等に係る事業所得等の金額（平成10年1月1日から令和8年3月31日までの間については適用なし），分離短期譲渡所得の金額（特別控除後），分離長期譲渡所得の金額（特別控除後），分離課税の上場株式等に係る配当所得の金額（上場株式等に係る譲渡損失の損益通算及び繰越控除（474ページ参照）の適用後の金額），一般株式等に係る譲渡所得等の金額（特定株式に係る譲渡損失の繰越控除（486ページ参照）の適用後の金額），上場株式等に係る譲渡所得等の金額（上場株式等に係る譲渡損失の損益通算及び繰越控除及び特定株式に係る譲渡損失の繰越控除の適用後の金額），先物取引に係る雑所得等の金額（先物取引の差金等決済に係る損失の繰越控除（578ページ参照）の適用がある場合には適用後の金額），山林所得金額及び退職所得金額の合計額をいいます（災法2，災令1，措法28の4⑥，措令4の2⑩，19㉕，20⑥，21⑦，25の8⑰，25の9⑬，25の11の2㉒，25の12の3㉖，26の23⑦，26の26⑬）が，源泉分離課税の対象となる利子所得及び確定申告しないことを選択した配当所得の金額，源泉分離課税とされる金融類似商品の収益及び割引債の償還差益による譲渡所得，一時所得，雑所得の金額並びに確定申告しないことを選択した源泉徴収選択口座の上場株式等に係る譲渡所得等の金額は除かれます。

減免の適用が受けられる場合　納税者の所有する住宅又は家財が災害によって損害を受けた場合で，次のいずれにも該当するときは，災害減免法の適用を受けることができます（災法2，災令1）。

(1) その損害金額（保険金，損害賠償金などによって補塡された金額を除く。）が，その住宅又は家財の時価の50%以上であること
(2) 損害を受けた年分の災害減免法の合計所得金額が，1,000万円以下であること
(3) その災害による損害額について，雑損控除を受けないこと

税額の計算（減免税額の控除）

減免の適用を受けるための手続　災害減免法による所得税の減免を受けようとする人は，確定申告書，修正申告書又は更正請求書に，①その旨，②被害の状況，③損害金額を記載して，これを納税地の所轄税務署長に提出しなければなりません（災令2）。

（参考）

災害減免法による減免を受けた場合と雑損控除の適用を受けた場合の納税額の比較（令和5年分）

(1)　総所得金額‥‥‥‥‥‥‥‥‥‥‥‥‥‥‥2,000,000円　　　　　　　　　　　　　　　　　　　　　　　災害を受けた住宅及び家財の時価‥‥‥‥‥1,200,000円　の場合　　　　　　損害金額‥‥‥‥‥‥‥‥‥‥‥　800,000円

項　　　　目	災害減免法による場合	雑損控除による場合
①　総所得金額	2,000,000円	2,000,000円
②　雑損控除額		600,000円 （800,000円－2,000,000円×0.1）
③　基礎控除額	480,000円	480,000円
④　課税総所得金額（①－②－③）	1,520,000円	920,000円
⑤　算出税額	76,000円	46,000円
⑥　減免額	76,000円 （総所得金額が500万円以下につき，全額免除）	
⑦　差引申告納税額（⑤－⑥）	0円	46,000円

（注）　この場合は，災害減免法による減免を受ける方が有利です。

(2)　総所得金額‥‥‥‥‥‥‥‥‥‥‥‥‥‥‥8,000,000円　　　　　　　　　　　　　　　　　　　　　　　災害を受けた住宅及び家財の時価‥‥‥‥‥4,000,000円　の場合　　　　　　損害金額‥‥‥‥‥‥‥‥‥‥‥3,500,000円

項　　　　目	災害減免法による場合	雑損控除による場合
①　総所得金額	8,000,000円	8,000,000円
②　雑損控除額		2,700,000円 （3,500,000円－8,000,000円×0.1）
③　基礎控除額	480,000円	480,000円
④　課税総所得金額（①－②－③）	7,520,000円	4,820,000円
⑤　算出税額	1,093,600円	536,500円
⑥　減免額	273,400円 （1,093,600円×25％）	
⑦　差引申告納税額（⑤－⑥）	820,200円	536,500円

（注）　この場合は，雑損控除を受ける方が有利です。

免税所得についての免税額

肉用牛の売却による農業所得についての免税額　肉用牛の売却による農業所得に対する所得税の免税額は，次の算式によって計算します（措法25，措令17，17ページ参照）。

$$\left(\begin{array}{c}免税所得を含めて計算した\\総所得金額に対する税額\end{array}\right)-\left(\begin{array}{c}免税所得を除いて計算した\\総所得金額に対する税額\end{array}\right)=免税額$$

— 840 —

税額の計算（申告納税額の計算）

申告納税額の計算

　課税総所得金額，土地等に係る課税事業所得等の金額（平成10年1月1日から令和8年3月31日までの間については適用なし），分離課税短期譲渡所得金額，分離課税長期譲渡所得金額，分離課税の上場株式等に係る課税配当所得等の金額，一般株式等に係る課税譲渡所得等の金額，上場株式等に係る課税譲渡所得等の金額，先物取引に係る課税雑所得等の金額，課税山林所得金額及び課税退職所得金額のそれぞれについて算出した税額の合計額から，配当控除などの税額控除の額，災害減免法による減免額，免税所得についての免税額を差し引き，更に，その年分の所得金額の計算の基礎となった各種所得金額について源泉徴収された，又はされるべき所得税の額があるときはこれを差し引いた残額が，申告納税額になります。

　なお，予定納税額がある場合には，この申告納税額から更に予定納税額を差し引いた残額が確定申告と同時に納付すべき第3期分の税額となりますが，予定納税額が申告納税額を超えるときは，その超える金額は，確定申告をすれば還付されます（869ページ参照）。

源泉徴収税額

　次表の所得については，その支払を受ける際に，支払者（源泉徴収義務者）によって所得税が源泉徴収されることになっています。したがって，総合課税とされる場合については申告納税額の計算に当たり，申告所得に対する源泉徴収税額を差し引きます（法120①四）。

　源泉徴収の対象となる所得は，それが未払の場合であっても，令和5年中に支払の確定したものは令和5年分の所得として申告することになりますから，その未払の所得についての源泉徴収税額も，申告納税額の計算に当たり差し引くことになります。

　なお，所得税の源泉徴収義務者は，平成25年1月1日から令和19年12月31日までの間に生ずる所得について源泉所得税を徴収する際，復興特別所得税を併せて徴収し，その復興所得税を源泉所得税と併せて国に納付しなければならないこととされました（復興財確法28）。

　（注）　源泉徴収税額の還付については，869ページ参照。

（令和5年分）

所　得　の　種　類	税率又は税額
利子所得 　公社債及び預貯金の利子，合同運用信託，公社債投資信託及び公募公社債等運用投資信託の収益の分配，国外公社債等の利子等，利子等とみなされる勤労者財産形成貯蓄保険契約等の差益（法182一，措法3，3の3，4の4，6，復興財確法28）……………………15.315%	
配当所得 (1)　源泉分離課税の適用を受けるもの 　　私募公社債等運用投資信託等の収益の分配，特定目的信託（その募集が公募により行われたもの以外の社債的受益権に限る。）の収益の分配に係る配当（措法8の2，8の3，復興財確法28）……………………15.315% (2)　源泉分離課税の適用を受けないもの 　①　上場株式等の配当等（個人の大口株式を除く。）（措法9の3，9の3の2，復興財確法28）……………………15.315%	

― 841 ―

税額の計算（申告納税額の計算）

② ①以外のもの（法182二，復興財確法28）・・・・・・・・・・・・・・・・・・・・・・・・・・・・・・・・・・・20.42%

給与所得

(1) 主たる給与等の支払者から支払われるものでその年中の支
払確定額が2,000万円以下のもの（法190，復興財確法28）・・・・・・・・・・年末調整による税額

(2) 従たる給与等の支払者から支払われるもの及び主たる給与
等の支払者から支払われるものでその年中の支払確定額が・・・・・・・・・・給与所得の源泉徴収
2,000万円を超えるもの（法185①，186，復興財確法28）　　　　　　　　税額表による税額

退職所得

(1) 退職所得の受給に関する申告書を提出したもの（法201①，・・・・・・・・・退職所得の源泉徴収
復興財確法28）　　　　　　　　　　　　　　　　　　　　　　　　　税額表による税額

(2) 退職所得の受給に関する申告書を提出しなかったもの（法・・・・・・・・・・・・・20.42%
201③，復興財確法28）

公的年金等（法203の3，復興財確法28）・・・・・・・・・・・・・・（公的年金等の支給額－控除額）×5.105%

事業所得，一時所得又は雑所得に該当する報酬，料金等

(1) 原稿，さし絵，作曲，レコードの吹込み又はデザインの報酬，放送謝金，著作
権（著作隣接権を含む。），工業所有権の使用料及び講演料並びにテープ若しくは
ワイヤーの吹込み，脚本，脚色，翻訳，通訳，校正，書籍の装てい，速記又は版
下（写真製版用写真原板の修整を含むものとし，写真植字を除くものとする。），
雑誌，広告その他の印刷物に掲載するための写真の報酬若しくは料金，技術に関
する権利，特別の技術による生産方式若しくはこれらに準ずるものの使用料又
は，技芸，スポーツ，その他これらに類するものの教授若しくは指導若しくは知
識の教授の報酬若しくは料金，投資助言業務に係る報酬若しくは料金（法204①
一，205一，令320①，復興財確法28）　　　　　　　　　　　　　　　　　・・・・・・・・・・

(2) 弁護士，公認会計士，税理士，社会保険労務士，弁理士，測量士，建築士，不
動産鑑定士，技術士，計理士，会計士補，企業診断員（企業経営の改善及び向上
のための指導を行う者を含む。），測量士補，建築代理士，不動産鑑定士補，火災
損害鑑定人，自動車等損害鑑定人，技術士補などの業務に関する報酬又は料金
（法204①二，205一，令320②，復興財確法28）

① ・・・・・・・・｛1回に支払われる金額のうち，｝×10.21%
　　　　　　　　　　　100万円までの部分の金額

② ・・・・・・・・｛1回に支払われる金額のうち，｝×20.42%
　　　　　　　　　　　100万円を超える部分の金額

(3) 司法書士，土地家屋調査士，海事代理士の業務
に関する報酬又は料金（法204①二，205二，令・・・｛（1回の支払金額）－1万円｝×10.21%
322，復興財確法28）

(4) 社会保険診療報酬支払基金から支払われ
る診療報酬（法204①三，205二，令322，・・・・・・｛（その月分の支払金額）－20万円｝×10.21%
復興財確法28）

(5) 職業野球の選手，競馬の騎手，モデル，プロサッカー選手，プロテニスの
選手，プロレスラー，プロゴルファー，プロボウラー，自動車のレーサー，
自転車競技の選手，小型自動車競走の選手，モーターボート競走の選手の業・・・・・・・・・・
務に関する報酬又は料金（法204①四，205一，令320③，復興財確法28）

① ・・・・・・・・｛1回に支払われる金額のうち，｝×10.21%
　　　　　　　　　　　100万円までの部分の金額

② ・・・・・・・・｛1回に支払われる金額のうち，｝×20.42%
　　　　　　　　　　　100万円を超える部分の金額

(6) 職業拳闘家の業務に関する報酬又は料金
（法204①四，205二，令322，復興財確法28）　・・・・・・・・・・｛（1回の支払金額）－5万円｝×10.21%

(7) 外交員，集金人，電力量計の検
針人の業務に関する報酬又は料金　　　　　　｛その月　　　　　　　｛給与等の支払をす
（法204①四，205二，令322，復興・・・・・・・・・｛分の支－12万円　　る場合には12万円｝×10.21%
財確法28）　　　　　　　　　　　　　　｛払金額　　　　　　　　から給与等の額を
　　　　　　　　　　　　　　　　　　　　　　　　　　　　　　差し引いた金額

(8) 映画，演劇その他芸能又はラジオ放送若しくはテレビジョン放送の
出演若しくは演出又は企画の報酬又は料金，その他映画若しくは演劇
の俳優その他の芸能人の役務の提供を内容とする事業におけるその役・・・・・・・・・・・・・・・・・・・・
務の提供に関する報酬又は料金（法204①五，205一，令320④⑤，復興財
確法28）

税額の計算（申告納税額の計算）

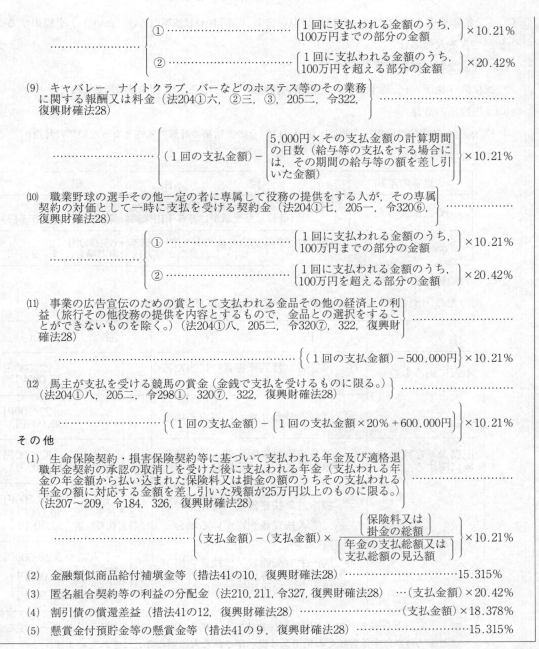

(9) キャバレー，ナイトクラブ，バーなどのホステス等のその業務に関する報酬又は料金（法204①六，②三，③，205二，令322，復興財確法28）

$\{(1回の支払金額) - [5,000円 \times その支払金額の計算期間の日数（給与等の支払をする場合には，その期間の給与等の額を差し引いた金額）]\} \times 10.21\%$

(10) 職業野球の選手その他一定の者に専属して役務の提供をする人が，その専属契約の対価として一時に支払を受ける契約金（法204①七，205一，令320⑥，復興財確法28）

① 1回に支払われる金額のうち，100万円までの部分の金額 × 10.21%
② 1回に支払われる金額のうち，100万円を超える部分の金額 × 20.42%

(11) 事業の広告宣伝のための賞として支払われる金品その他の経済上の利益（旅行その他役務の提供を内容とするもので，金品との選択をすることができないものを除く。）（法204①八，205二，令320⑦，322，復興財確法28）

$\{(1回の支払金額) - 500,000円\} \times 10.21\%$

(12) 馬主が支払を受ける競馬の賞金（金銭で支払を受けるものに限る。）（法204①八，205二，令298①，320⑦，322，復興財確法28）

$\{(1回の支払金額) - [1回の支払金額 \times 20\% + 600,000円]\} \times 10.21\%$

その他

(1) 生命保険契約・損害保険契約等に基づいて支払われる年金及び適格退職年金契約の承認の取消しを受けた後に支払われる年金（支払われる年金の年額から払い込まれた保険料又は掛金の額のうちその支払われる年金の額に対応する金額を差し引いた残額が25万円以上のものに限る。）（法207〜209，令184，326，復興財確法28）

$\{(支払金額) - (支払金額) \times \dfrac{保険料又は掛金の総額}{年金の支払総額又は支払総額の見込額}\} \times 10.21\%$

(2) 金融類似商品給付補塡金等（措法41の10，復興財確法28）……………15.315%
(3) 匿名組合契約等の利益の分配金（法210，211，令327，復興財確法28）…(支払金額)×20.42%
(4) 割引債の償還差益（措法41の12，復興財確法28）…………………(支払金額)×18.378%
(5) 懸賞金付預貯金等の懸賞金等（措法41の9，復興財確法28）……………15.315%

(注) 1　雇人等に対する給与等の支払がないため給与所得に対する所得税の源泉徴収義務のない個人から支払われる上記の**事業所得，一時所得又は雑所得に該当する報酬，料金等**の(9)以外の報酬，料金，契約金及び賞金については，所得税の源泉徴収は行われません（法204②二）。
2　上記の利子所得及び配当所得には，居住者が国外公社債・株式等の利子・配当等（国外で発行された公社債・株式等又は証券投資信託の受益証券の利子・配当等で国外において支払われるもの）で，国内の支払の取扱者を通じて交付を受ける場合も含まれます（措法3の3，8の3，9の2）。

公的年金等の源泉徴収

(1) 公的年金等に対する具体的な源泉徴収の方法は次のとおりです（法203の3，措法41の15の3②，復興財確法28）。

税額の計算（申告納税額の計算）

イ 「公的年金等の受給者の扶養親族等申告書」（以下「扶養親族等申告書」という。）を提出することができる人の場合

（イ） 源泉徴収税額の計算

　　源泉徴収税額＝（公的年金等の支給額－控除額）×5.105％（1円未満の端数切捨て）

（ロ） 控除額の計算

　　控除額＝（基礎的控除額＋人的控除額）×月数（その支給額の計算の基礎となった期間の月数）

　① 基礎的控除額

受給者の年齢	控　　　　　除　　　　　額
65歳以上の人	公的年金等の支給金額の月割額×25％＋65,000円 （計算した金額が13万5千円未満の場合には，13万5千円）
65歳未満の人	公的年金等の支給金額の月割額×25％＋65,000円 （計算した金額が9万円未満の場合には，9万円）

　② 人的控除額

　　次の表の「㋑」欄から「㋩」欄により求めた金額の合計額です。

区　　　分	内　　　　　容	控　　　除　　　額
本人に係るもの	㋑　障害者（特別障害者）に当たる場合	22,500円 （35,000円）
	㋺　寡婦（ひとり親）に当たる場合	22,500円 （30,000円）
配偶者及び扶養親族に関するもの	㋩　源泉控除対象配偶者（老人控除対象配偶者）がいる場合	32,500円 （40,000円）
	㊁　控除対象扶養親族（特定扶養親族，老人扶養親族）がいる場合 （16〜18歳，23〜69歳）（19〜22歳）（70歳〜）	1人につき32,500円 〔老人扶養親族　40,000円 特定扶養親族　52,500円〕
	㋭　同一生計配偶者又は扶養親族が障害者（同居特別障害者以外の特別障害者，同居特別障害者）	1人につき22,500円 〔同居特別障害者 以外の特別障害者　35,000円 同居特別障害者　62,500円〕

　　　（注）　上記㋩から㋭までの人が国外居住親族である場合には，これらの人が生計を一にすることを明らかにする書類等の提出又は提示がされた人に限ることとされています。

ロ　扶養親族等申告書を提出することができない人の場合

（イ）　源泉徴収税額の計算

　　源泉徴収税額＝（公的年金等の支給金額－控除額）×10.21％

（ロ）　控除額の計算

　　控除額＝（公的年金等の支給金額×25％）

（注）1　公的年金等が次に掲げる年金である場合の控除額は，上記イの（ロ）によって求めた金額から，次に定める金額（以下「調整控除額」という。）を控除した金額とされます（法203の3二，三，令319の6，規77の2，77の3）

　　（1）　次に掲げる年金……47,500円×その支給額に係る月数

— 844 —

税額の計算（申告納税額の計算）

　　　イ　独立行政法人農業者年金基金法（農業者年金基金法の一部を改正する法律（平成13年法律第39号）による改正前の農業者年金基金法を含む。）に掲げる農業者老齢年金等
　　　ロ　国民年金法の規定により国民年金基金又は国民年金基金連合会が支給する年金
　　　ハ　被用者年金制度の一元化等を図るための厚生年金保険法等の一部を改正する法律（平成24年法律第63号。以下「一元化法」という。）による改正前の国家公務員共済組合法，一元化法による改正前の地方公務員等共済組合法又は一元化法による改正前の私立学校教職員共済法に掲げる退職共済年金（一定のものを除く。）
　　　ニ　国家公務員共済組合法，地方公務員等共済組合法又は私立学校教職員共済法に掲げる退職年金及び一元化法による改正前の国家公務員共済組合法，一元化法による改正前の地方公務員等共済組合法又は一元化法による改正前の私立学校教職員共済法において準用する一元化法による改正前の国家公務員共済組合法に定める旧職域加算年金給付並びにこれらの支払者から支払われる厚生年金法に定める老齢厚生年金その他の一定の公的年金等
　　　※　上記のうち次の年金については，調整控除額を差し引かないで源泉徴収税額を計算します。

　　　　国家公務員共済組合法附則，地方公務員等共済組合法附則又は私立学校教職員共済法により準用する国家公務員共済組合法附則に規定による退職年金（老齢厚生年金の支払を受ける者に支給されるものを除く。），一元化法による改正前の国家公務員共済組合法附則，一元化法による改正前の地方公務員等共済組合法附則又は一元化法による改正前の私立学校教職員共済法において準用する一元化法による改正前の国家公務員共済組合法附則の規定による旧職域加算年金給付並びにこれらの支払者から支払われる厚生年金保険法附則の規定による特例老齢厚生年金

　(2)　公的年金制度の健全性及び信頼性の確保のための厚生年金保険法等の一部を改正する法律（平成25年法律第63号。以下「平成25年厚生年金等改正法」という。）による改正前の厚生年金保険法の規定により存続厚生年金基金又は存続連合会が支給する老齢年金……72,500円×その支給額に係る月数
　(3)　廃止前の農林漁業団体職員共済組合法の規定に基づく特例年金給付……次に掲げる場合の区分に応じて次に定める金額
　　　イ　老齢基礎年金の受給者である場合……次に掲げる金額のうちいずれか少ない金額×その支給額に係る月数
　　　　(イ)　２階建部分の年金の支給金額の月割額＋47,500円
　　　　(ロ)　上記イの(ロ)によって求めた金額－特定年金給付の金額の月割額×25％
　　　ロ　老齢基礎年金の受給者でない場合……次に掲げる金額のうちいずれか少ない金額×その支給額に係る月数
　　　　(イ)　（１階建部分＋２階建部分の年金の支給金額）の月割額×75％
　　　　(ロ)　上記イの(ロ)によって求めた金額－特定年金給付の金額の月割額×25％
　　　※　上記の「２階建部分の年金」とは，①厚生年金保険法第42条の規定により支給される老齢厚生年金，②廃止前の農林漁業団体職員共済組合法の規定により支給される一定の退職共済年金などをいい，「１階建部分＋２階建部分の年金」とは，①厚生年金保険法附則第8条の規定により支給される老齢厚生年金，②国民年金法等の一部を改正する法律（昭和60年法律第34号）附則第63条第１項の規定により支給される老齢年金などをいいます。

2　上記（注）1(1)ニ（※を含む。）に掲げる年金について，これらの年金の支給額から控除額を差し引いた金額が162,500円にその支給に係る月数を乗じた金額を超える場合には，その超える部分の金額に適用される税率は10.21％とされます（法203の３）。
3　公的年金等の支払の際控除される社会保険料がある場合には，その社会保険料を控除した残額が公的年金等の支給金額とみなされます（法203の４一）。

税額の計算（申告納税額の計算）

4　公的年金等（適格退職年金など特定の年金を除く。）の支払を受ける人は，毎年最初に支払を受ける日の前日までに，扶養親族等申告書を提出しなければなりません（法203の5）。

5　公的年金等（適格退職年金など特定の年金を除く。）の支払を受ける場合において，その公的年金等のその年中に支払を受けるべき額がその年最初に支払を受けるべき日の前日の現況において，一定金額に満たないときは，扶養親族等申告書の提出及び源泉徴収は要しないものとされています（法203の6，令319の12）。

6　上記ロの「扶養親族等申告書を提出することができない人」とは，次に掲げる年金の受給者をいいます（法203の3七，令319の6③）。

①　確定給付企業年金法の規定に基づいて支給される年金，特定退職金共済団体の支給する年金，外国年金，中小企業退職金共済法に規定する分割払の方法により支給される分割退職金，小規模企業共済法に規定する共済契約に基づく分割共済金，適格退職年金，平成25年厚生年金等改正法附則等の規定に基づいて支給を受ける年金及び確定拠出年金法に基づいて企業型年金規約又は個人型年金規約により老齢給付金として支給される年金

②　石炭鉱業者年金

③　過去の勤務に基づき使用者であった者から支給される年金（廃止前の国会議員互助年金法に規定する普通退職年金及び地方公務員の退職年金に関する条例の規定による退職を給付事由とする年金を除く。）

公的年金等（571ページ参照）

予 定 納 税 額

令和5年5月15日の現状で見積もった所得税及び復興特別所得税の年税額（予定納税基準額）が150,000円以上である人は，第1期（令和5年7月1日から7月31日まで）及び第2期（令和5年11月1日から11月30日まで）に，それぞれの年税額の3分の1相当額（特別農業所得者は，第2期に年税額の2分の1相当額）の予定納税額を納付しなければならないことになっていますから，確定申告によって納付する第3期（令和6年2月16日から3月15日まで）分の税額は，源泉徴収税額を差し引いた後の税額から，更にこれらの予定納税（実際に納付したか又は滞納しているかにかかわらず，その金額）を差し引いて計算します（法104〜107，120①五，②一）。

（注）　国税通則法第11条に規定する災害等による納付に関する期限の延長により第1期，第2期において納付すべき予定納税額の納期限がその年の12月31日以後になる場合はその年の納付すべき予定納税額は，ないものとします（法104②）。

令和5年分の予定納税基準額の計算　令和5年分の予定納税基準額は，令和4年分の経常的な所得に係る課税総所得金額につき，令和5年分の所得税の税率を適用して計算した所得税の額から源泉徴収税額を控除した金額及びその控除した金額に2.1％を乗じた金額の合計額です。

（注）1　上記の「令和4年分の経常的な所得に係る課税総所得金額」とは，令和4年分の所得に，譲渡所得の金額，一時所得の金額，雑所得の金額又は雑所得に該当しない臨時所得の金額がないものとみなして計算した課税総所得金額をいいます。

2　上記の「源泉徴収税額」とは，令和4年分の課税総所得金額の計算の基礎となった各種所得に係る源泉徴収税額（一時所得の金額，雑所得の金額又は雑所得に該当しない臨時所得の金額に係る源泉徴収税額を除く。）をいい，給与等については源泉徴収票の「源泉徴収税額」欄に記載されている金額とな

— 846 —

税額の計算（申告納税額の計算）

ります。

3　上記の「所得税の額」とは，配当控除や住宅借入金等特別控除などの税額控除を適用した後の所得税の額をいい，災害減免法第２条の適用があった場合には，その適用がなかったものとして計算した所得税の額をいいます。

4　予定納税の義務のある人が，廃業，休業又は業況不振等により，その年の６月30日の現況で所得税及び復興特別所得税の見積額が予定納税基準額よりも少なくなる場合は，７月15日までに所轄の税務署長に予定納税額の減額申請書を提出して承認されれば，予定納税額が減額されます。なお，第２期分の予定納税額だけの減額申請は11月15日までです（この場合には，10月31日の現況において見積ることとなります。）。

特別農業所得者　その年において農業所得(米，麦，たばこ，果実，野菜若しくは花の生産若しくは栽培又は養蚕等に係る事業から生ずる所得をいう。)の金額が総所得金額の10分の７に相当する金額を超え，かつ，その年９月１日以後に生ずる農業所得の金額がその年中の農業所得の金額の10分の７を超える者をいいます（法2①三十五）。

申告納税額の端数計算

課税総所得金額，土地等に係る課税事業所得等の金額(平成10年１月１日から令和８年３月31日までの間については適用なし)，分離課税短期譲渡所得金額，分離課税長期譲渡所得金額，分離課税の上場株式等に係る課税配当所得等の金額，一般株式等に係る課税譲渡所得等の金額，上場株式等に係る課税譲渡所得等の金額，先物取引に係る課税雑所得等の金額，課税山林所得金額又は課税退職所得金額のそれぞれについて計算した税額の合計額から，免税所得についての免税額，配当控除などの税額控除の額，災害減免法による減免額を差し引き，源泉徴収税額を差し引いて計算した申告納税額に100円未満の端数金額があるときは，その端数金額を切り捨て，申告納税額の全額が100円未満のときは，その全額を切り捨てます（通法119①）。

ただし，申告納税額が赤字になる場合，すなわち，配当控除などの税額控除の額（免税所得についての免税額又は災害減免法により減免される税額があるときは，それらの金額を含む。）を差し引いた後の所得税の額が，源泉徴収税額より少ない場合には源泉徴収税額の全部又は一部が還付されることになりますが，この場合には端数金額の切捨て計算を行わずに，税額控除の額などを差し引いた後の所得税の額から源泉徴収税額を差し引いた赤字の金額（１円未満の端数は切り捨てる。）がそのまま還付されます（通法120①）。

変動所得及び臨時所得がある場合の平均課税の方法による税額の計算

　変動所得又は臨時所得がある人は，課税総所得金額に対する税額を，平均課税の方法によって計算します（法90①）。

　変動所得　変動所得とは，次の所得をいいます（法2①二十三，令7の2，基通2─31，基通2─32）。
(1)　漁獲から生ずる所得，はまち，まだい，ひらめ，かき，うなぎ，ほたて貝若しくは真珠（真珠貝を含む。）の養殖から生ずる所得又はのりの採取から生ずる所得（捕獲，養殖又は採取した水産動物又はのりをそのまま販売し又は簡単な加工を施して販売する場合の所得を含む。）
(2)　原稿又は作曲の報酬による所得
(3)　著作権の使用料による所得

　臨時所得　臨時所得とは，次の所得その他これらに類する所得をいいます（法2①二十四，令8）。
(1)　職業野球の選手その他一定の者に専属して役務を提供する人が，3年以上の期間の専属契約によって一時に支払を受ける契約金で，その金額が報酬年額の2倍相当額以上であるものによる所得
(2)　不動産，不動産の上に存する権利，船舶，航空機，採石権，鉱業権，漁業権及び工業所有権などを3年以上の期間他人に使用させることによって一時に支払を受ける権利金，頭金その他の対価で，その金額がこれらの資産の使用料の年額の2倍相当額以上であるものによる所得（譲渡所得として課税されるものを除く。）
(3)　一定の場所における業務の全部又は一部の休止，転換又は廃止によってその業務について3年以上の期間の不動産所得，事業所得又は雑所得の補償として支払を受ける補償金による所得
(4)　(3)のほか，業務の用に供する資産の全部又は一部について鉱害その他の災害により被害を受けた人がその被害を受けたことにより，その業務について3年以上の期間の不動産所得，事業所得又は雑所得の補償として支払を受ける補償金による所得

　臨時所得に該当するもの　次に掲げるものに係る所得も，臨時所得に該当します（基通2─37）。
(1)　3年以上の期間にわたる不動産の貸付けの対価の総額として一括して支払を受ける賃貸料で，その全額がその年分の不動産所得の総収入金額に算入されるべきもの
(2)　不動産の賃貸人が，賃借人の交替又は転貸により賃借人又は転借入（前借人を含む。）から支払を受けるいわゆる名義書換料，承諾料その他これらに類するもの（その交替又は転貸後の貸付期間が3年以上であるものに限る。）で，その金額がその交替又は転貸後に当該賃貸人が支払を受ける賃貸料の年額の2倍に相当する金額以上であるもの（譲渡所得に該当するものを除く。）
(3)　所得税法施行令第8条第2号に規定する不動産，不動産の上に存する権利，船舶，航空機，採石権，鉱業権，漁業権又は工業所有権その他の技術に関する権利若しくは特別の技術による生産方式若しくはこれらに準ずるものに係る損害賠償金その他これに類するもので，その金額の計算の基礎とされた期間が3年以上であるもの（譲渡所得に該当するものを除く。）
(4)　金銭債権の債務者から受ける債務不履行に基づく損害賠償金及び国税通則法第58条第1項又は地方税法第17条の4第1項に規定する還付加算金で，その金額の計算の基礎とされた期間が3年以上であるもの

変動所得及び臨時所得がある場合の平均課税の方法による税額の計算

平均課税を適用することができる場合　平均課税を適用するためには，次のそれぞれの場合に応じて定められている条件を備えていなければなりません（法90①③）。

(1)　変動所得だけがある場合……その年分の変動所得の金額（前年以前２年内に変動所得の金額があるときは，前年分及び前々年分の変動所得の金額の合計額の２分の１相当額を超える場合に限る。）が，その年分の総所得金額の20％以上であること

(2)　臨時所得だけがある場合……その年分の臨時所得の金額が，その年分の総所得金額の20％以上であること

(3)　変動所得と臨時所得とが

　　　ある場合……………………その年分の変動所得の金額と臨時所得の金額との合計額（その年分の変動所得の金額が前年分及び前々年分の変動所得の金額の合計額の２分の１相当額以下である場合には，その年分の臨時所得の金額）が，その年分の総所得金額の20％以上であること

総所得金額の20％の基準　総所得金額の20％の基準となる総所得金額は，源泉分離課税の対象となる利子所得，源泉分離課税や確定申告をしないことを選択した配当所得，分離課税の土地等の事業所得・雑所得（平成10年１月１日から令和８年３月31日までの間については適用なし），分離課税の譲渡所得，分離課税の上場株式等に係る配当所得等の金額，一般株式等に係る譲渡所得等の金額，上場株式等に係る譲渡所得等の金額，先物取引に係る雑所得等の金額，山林所得，退職所得を除いたところで計算します（法90①，措法８の４③，28の４⑤⑥，31③，32④，37の10⑥，37の11⑥，41の14②）。

平均課税の方法による税額の計算　平均課税の方法による課税総所得金額に対する所得税の額は，次の(1)によって計算した金額（A）と(2)によって計算した金額（B）との合計額によって計算します（法90①）。

(1)　調整所得金額に対する税額の計算

　イ　課税総所得金額＞平均課税対象金額の場合

$$\left(\begin{array}{l}\text{その年分の課}\\\text{税総所得金額}\end{array}\right) - \left(\begin{array}{l}\text{平均課税}\\\text{対象金額}\end{array}\right) \times \frac{4}{5} = \text{調整所得金額 （1,000円未満の端数切捨て）}$$

　ロ　課税総所得金額≦平均課税対象金額の場合

$$\left(\begin{array}{l}\text{その年分の課}\\\text{税総所得金額}\end{array}\right) \times \frac{1}{5} = \text{調整所得金額 （1,000円未満の端数切捨て）}$$

　ハ　調整所得金額を課税総所得金額とみなして計算した税額＝（A）

(2)　特別所得金額に対する税額の計算

$$\left(\begin{array}{l}\text{その年分の課}\\\text{税総所得金額}\end{array}\right) - （調整所得金額）＝特別所得金額$$

　　（特別所得金額）×（平均税率）＝（B）

(3)　（A）　＋　（B）＝その年分の課税総所得金額に対する税額

　(注)　上記の「平均税率」は，$\dfrac{\text{調整所得金額に対する税額(A)}}{\text{調整所得金額}}$の算式によって計算しますが，その割合は，小数点以下２位まで算出し，３位以下を切り捨てます（法90②）。

平均課税対象金額　平均課税対象金額とは，変動所得の金額と臨時所得の金額との合計額をいいます。

変動所得及び臨時所得がある場合の平均課税の方法による税額の計算

なお，前年又は前々年に変動所得の金額があるときは，次によって計算した金額をいいます（法90③）。

$$\left\{\binom{その年分の変}{動所得の金額}-\binom{前年分の変動}{所得の金額}+\binom{前々年分の変}{動所得の金額}\times\frac{1}{2}\right\}+\binom{その年分の臨}{時所得の金額}=平均課税対象金額$$

＜臨時所得だけがある場合の計算例＞

令和5年分の総所得金額……5,000,000円 $\left\{\begin{array}{l}普通所得の金額\quad 3,000,000円\\臨時所得の金額\quad 2,000,000円\end{array}\right.$

課税総所得金額……3,840,000円 $\left\{\begin{array}{l}5,000,000円から社会保険料控除220,000円，生命保険料控除80,000円，\\扶養控除380,000円，基礎控除480,000円を差し引いた額\end{array}\right.$

――――――――――○――――――――――

① 平均課税を選択することができる……臨時所得の金額2,000,000円は，総所得金額の20％（5,000,000
かどうかの判定　　　　　　　　　　　　円×$\frac{2}{10}$=1,000,000円）以上ですから，平均課税を適用すること

ができます。

② 調整所得金額の計算……3,840,000円－2,000,000円×$\frac{4}{5}$=2,240,000円

（課税総所得金額3,840,000円＞平均課税対象金額2,000,000円）

③ 調整所得金額に対する税額の計算……2,240,000円×10％－97,500円=126,500円

④ 調整所得金額に対する平均税率……126,500円÷2,240,000円=5％

⑤ 特別所得金額に対する税額の計算……(3,840,000円－2,240,000円)×5％=80,000円

⑥ 平均課税の方法によって計算した税額……126,500円＋80,000円=206,500円

（注） 平均課税を選択しない場合の課税総所得金額3,840,000円に対する税額は340,500円です。

＜変動所得と臨時所得とがある場合の計算例＞

〔内訳〕

令和5年分の総所得金額…………8,200,000円 $\left\{\begin{array}{l}雑所得の金額………………………… 1,800,000円\\（うち変動所得の金額（原稿料）1,800,000円）\\不動産所得の金額………………… 6,400,000円\\（うち臨時所得の金額（権利金）1,500,000円）\end{array}\right.$

令和5年分の課税総所得金額……6,180,000円 $\left\{\begin{array}{l}8,200,000円から，社会保険料控除360,000円，生命\\保険料控除40,000円，配偶者控除380,000円，扶養控\\除760,000円，基礎控除480,000円を差し引いた額\end{array}\right.$

令和3年分の変動所得の金額……400,000円

令和4年分の変動所得の金額……800,000円

――――――――――○――――――――――

① 平均課税の選択ができるか……(イ) 令和5年分の変動所得の金額1,800,000円は，令和3年分及
どうかの判定

び令和4年分の変動所得の金額の合計額の$\frac{1}{2}$相当額$\left\{(400,000\right.$

円＋800,000円)×$\frac{1}{2}$=600,000円$\left.\right\}$を超えています。

(ロ) 変動所得の金額1,800,000円と臨時所得の金額1,500,000円

との合計額3,300,000円は，総所得金額の20％（8,200,000円×

$\frac{2}{10}$=1,640,000円）以上となります。

したがって，平均課税を適用することができます。

② 平均課税対象金額の計算……$\left\{1,800,000円－(400,000円＋800,000円)\times\frac{1}{2}\right\}$＋1,500,000円

=2,700,000円

― 850 ―

変動所得及び臨時所得がある場合の平均課税の方法による税額の計算

③ 調整所得金額の計算……6,180,000円－2,700,000円×$\frac{4}{5}$＝4,020,000円

（課税総所得金額6,180,000円＞平均課税対象金額2,700,000円）

④ 調整所得金額に対する税額の計算……4,020,000円×20％－427,500円＝376,500円

⑤ 調整所得金額に対する平均税率……376,500円÷4,020,000円＝9％

⑥ 特別所得金額に対する税額の計算………(6,180,000円－4,020,000円)×9％＝194,400円

⑦ 平均課税の方法によって計算した税額……376,500円＋194,400円＝570,900円

（注）1 平均課税を選択しない場合の課税総所得金額6,180,000円に対する税額は808,500円です。

2 平成25年から令和19年までの各年分については，所得税のほかに，所得税額に2.1％を乗じた復興特別所得税が課されます（復興財確法28）。

平均課税の方法による税額計算の適用を受けるための手続 課税総所得金額に対する税額の計算について平均課税の方法を適用しようとするときは，確定申告書，修正申告書又は更正請求書に，その旨の記載をし，かつ，「変動所得・臨時所得の平均課税の計算書」を添付しなければなりません（法90④）。

（注）「変動所得・臨時所得の平均課税の計算書」の記載例（巻末の「確定申告書等の記載例」の〔例2〕を参照）

復 興 特 別 所 得 税

　平成23年12月２日に東日本大震災からの復興のための施策を実施するために必要な財源の確保に関する特別措置法（平成23年法律第117号）が公布され，「復興特別所得税」及び「復興特別法人税」が創設されました。

　個人の方に係る復興特別所得税の概要は以下のとおりです。

1　納税義務者

　個人の方で所得税を納める義務のある方は，復興特別所得税も併せて納める義務があります（復興財確法８）。

2　課税対象

　個人の方については，平成25年から令和19年までの各年分の基準所得税額が，復興特別所得税の課税対象となります（復興財確法９）。

(注)　1　給与所得者の方は，平成25年１月１日以降に支払を受ける給与等から復興特別所得税が源泉徴収されることとなります。

　　　2　個人の方の基準所得税額は，次に掲げる区分に応じ次のとおりとなります。

　　　⑴　居住者の場合

　　　　イ　非永住者以外の居住者の場合……全ての所得に対する所得税額（法７①一）

　　　　ロ　非永住者の場合……国外源泉所得以外の所得及び国外源泉所得のうち国内払のもの又は国内に送金されたものに対する所得税額（法７①二）

　　　⑵　非居住者の場合……国内源泉所得に対する所得税額（法７①三）

3　課税標準

　復興特別所得税の課税標準は，その年分の基準所得税額です（復興財確法12）。

4　復興特別所得税額の計算

〔計算式〕

　復興特別所得税額＝基準所得税額×2.1％（復興財確法13）

　(注)　その年分の所得税において外国税額控除の適用がある居住者の方のうち控除対象外国所得税額が所得税の控除限度額を超える方については，その超える金額をその年分の復興特別所得税額から控除することができます。ただし，その年分の復興特別所得税額のうち国外所得に対応する部分の金額が

— 852 —

限度とされます（復興財確法14①）。

　また，その年分の所得税において外国税額控除の適用がある非居住者の方についても同様に，その年の控除対象外国所得税額が所得税の控除限度額を超えるときは，恒久的施設帰属所得に係る所得の金額につき所得税の税額の計算に関する法令の規定（非居住者に係る分配時調整外国税相当額控除及び外国税額控除の規定を除きます。）により計算した所得税額のみを基準所得税額として計算した場合の復興特別所得税額に相当する金額のうち，その年において生じた国外所得金額に対応する金額を限度として，その超える金額をその年分の復興特別所得税額から控除することができます（復興財確法14②）。

5　所得税及び復興特別所得税の予定納税

　平成25年から令和19年までの各年分において，予定納税基準額が15万円以上である方は，所得税及び復興特別所得税の予定納税をすることになります。

　なお，平成25年から令和19年までの各年分の予定納税基準額は，所得税及び復興特別所得税の合計額で計算することになります（復興財確法16）。

6　確定申告

　平成25年から令和19年までの各年分の確定申告については，所得税と復興特別所得税を併せて申告しなければなりません。また，所得税及び復興特別所得税の申告書には，基準所得税額，復興特別所得税額等一定の事項を併せて記載することになります（復興財確法17）。

7　所得税及び復興特別所得税の納付と還付

(1)　所得税及び復興特別所得税の納付

　所得税及び復興特別所得税の申告書を提出した方は，その申告書の提出期限までに，その申告書に記載した納付すべき所得税及び復興特別所得税の合計額を納付することになります（復興財確法18）。

(2)　所得税及び復興特別所得税の還付

　所得税及び復興特別所得税の申告書を提出した方について，所得税及び復興特別所得税の額の計算上控除しきれない予納（特別）税額及び源泉徴収（特別）税額があるときは，その控除しきれない金額が還付されます（復興財確法19）。

（注）　上記の「予納特別税額」及び「源泉徴収特別税額」とは，それぞれ復興特別所得税に係る予納税額及び源泉徴収税額をいいます。

8　源泉徴収等

(1)　源泉徴収

　源泉徴収義務者の方は，給与その他源泉徴収をすべき所得を支払う際，その所得について所得税及び復興特別所得税を徴収し，その法定納期限までに，これを納付することになります（復興財確法8②，28）。

(2)　年末調整

　所得税の年末調整をする源泉徴収義務者の方は，平成25年から令和19年までの各年分においては，所得税及び復興特別所得税の年末調整を併せて行うことになります（復興財確法30）。

確 定 申 告 と 納 税

　所得税の確定申告は，納税者が自らの手でその年1年間の所得の金額とそれに対応する所得税の額又は損失の金額を計算し，その年の翌年2月16日から3月15日までの間に納税地の所轄税務署長に対して確定申告書を提出して，予定納税額及び源泉徴収税額との過不足額を精算するための手続です（法120①，123①）。

　令和5年分所得税の確定申告書の提出期間　令和5年分所得税の確定申告書は，**令和6年2月16日から同年3月15日までの間（第3期）に提出する**ことになっています（法120①，123①，通法10②）。

　郵送等による確定申告書の提出　確定申告書を郵便又は信書便により提出した場合には，その郵便物又は信書便物（以下「郵便物等」という。）の通信日付印に表示された日にその郵便物等が提出されたものとみなされます。なお，通信日付印がない場合又ははっきりしない場合には，その郵便物等が送達された日からその郵便物等の送付に通常要する日数をさかのぼった日に提出されたものとみなされます（通法22）。

　確定申告書の提出先　確定申告書は，これを提出する際の納税地の所轄税務署長に提出しなければなりません（通法21①）。

　納税地　納税地とは，次の場所をいいます（法15，16，18）。
(1)　住所のある人は，その住所地。ただし，住所のほかに居所がある人は，居所地を納税地とすることができます。
(2)　住所がなく居所のある人は，その居所地
(3)　住所又は居所のほかに事業場等がある人は，事業場等の所在地を納税地とすることができます。
(4)　国税庁長官又は国税局長から納税地の指定を受けた人は，その指定を受けた場所
　（注）1　死亡した人の所得について確定申告書を提出する場合の納税地は，その死亡した人の死亡直前の納税地によることになっています（法16③）。
　　　　2　確定申告書は，これを提出する際の納税地の所轄税務署長に提出することになっています。したがって，令和5年中はA税務署の管轄区域内にその納税地があっても，確定申告書を提出する日にはその納税地がB税務署の管轄区域内に異動していた場合の令和5年分所得税の確定申告書の提出先はB税務署になります（通法21①）。

　申告書用紙　所得税の確定申告書は，次のとおり申告の内容によってそれぞれ該当する種類の様式を使用することになります。
(1)　第一表及び第二表は，申告する所得の種類にかかわらず使用します。
　具体的には，
　①　給与所得者で医療費控除や寄附金控除，住宅借入金等特別控除を受ける方
　②　年末調整の済んでいない給与所得や年金収入がある方

申告と納税

③　予定納税額がある方

④　青色申告者

⑤　自営業者

⑥　外交員・外務員などで報酬を受け取っている方

⑦　農業所得がある方

⑧　家賃（地代，駐車場など）収入がある方

⑨　退職所得がある方

⑩　不動産やゴルフ会員権等の資産を譲渡した方

⑪　損失申告をする方

⑫　変動所得・臨時所得がある方

⑬　利子所得や山林所得がある方

などが使用します。

(2)　申告の内容に応じて，第三表（分離課税用），第四表（損失申告用）と第五表（修正申告用）を使用します。

　①　第三表（分離課税用）

　　「分離課税の所得」や「山林所得」又は「退職所得」がある場合に使用します。

　②　第四表（損失申告用）

　　損失申告の場合に使用します。

　③　第五表（修正申告用）

　　修正申告の場合に使用します。

居住形態等に関する確認書　その年において非永住者であった期間を有する居住者が，確定申告書を提出する場合には，国籍，国内に住所又は居所を有していた期間など次の事項を記載した書類を確定申告書に添付しなければなりません（法120⑦，規47の4）。

(1)　申告書を提出する者の氏名，国籍及び住所又は居所

(2)　前年以前10年内の各年において，国内に住所又は居所を有することとなった日及び有しないこととなった日並びに国内に住所又は居所を有していた期間

(3)　申告書を提出する年の非永住者，非永住者以外の居住者及び非居住者であったそれぞれの期間

(4)　申告書を提出する年の非永住者であった期間内に生じた国外源泉所得以外の所得の金額

(5)　申告書を提出する年の非永住者であった期間内に生じた国外源泉所得の金額

(6)　上記(5)のうち，国内において支払われた金額

(7)　上記(5)のうち，国外から送金された金額

(8)　その他参考となるべき事項

収支内訳書　その年において不動産所得，事業所得若しくは山林所得を生ずべき業務を行う人が確定申告書を提出する場合（確定申告書が青色申告書である場合を除く。）又はその年において雑所得を生ずべき業務を行う人でその年の前々年分のその業務に係る収入金額が1,000万円を超えるものが確定申告書を提出する場合には，これらの所得に係るその年中の総収入金額及び必要経費の内容を

記載した書類（収支内訳書）を確定申告書に添付しなければなりません（法120⑥）。この収支内訳書は，不動産所得，事業所得若しくは山林所得又は雑所得を生ずべき業務に係る雑所得のそれぞれについて作成します。

なお，この収支内訳書は，第120条第1項(確定所得申告)の規定による申告書を提出する場合のほか，第122条第1項(還付等を受けるための申告)，第123条第1項(確定損失申告)，第125条第1項(年の中途で死亡した場合の確定申告)及び第127条第1項(年の中途で出国をする場合の確定申告)の規定による申告書を提出する場合にも，これらの申告書に添付することになります（法120⑥，122③，123③，125④，127④，規47の3）。

確定申告と納税（確定申告をしなければならない人）

□□□□□□□□ 確定申告をしなければならない人 □□□□□□□□

一 般 の 人

　総所得金額，土地等に係る事業所得等の金額（平成10年１月１日から令和８年３月31日までの間については適用なし），分離短期譲渡所得の金額（特別控除後の金額），分離長期譲渡所得の金額（特別控除後の金額），分離課税の上場株式等に係る配当所得等の金額（上場株式等に係る譲渡損失の損益通算及び繰越控除（474ページ参照）の適用後の金額），一般株式等に係る譲渡所得等の金額，上場株式等に係る譲渡所得等の金額（上場株式等に係る譲渡損失の繰越控除（476ページ参照）及び特定株式に係る譲渡損失の金額の繰越控除（486ページ参照）の適用後の金額），先物取引に係る雑所得等の金額（先物取引の差金等決済に係る損失の繰越控除（578ページ参照）の適用後の金額），山林所得金額及び退職所得金額の合計額が雑損控除その他の所得控除の額の合計額を超え，その超える額に税率を適用して計算した所得税の額が配当控除の額及び年末調整に係る（特定増改築等）住宅借入金等特別控除の額との合計額を超える人（所得税の額の計算上控除しきれない外国税額控除の額，源泉徴収税額又は予納税額がある場合を除きます。）は，確定申告をしなければなりません（法120①，措法28の４⑥，41の２の２⑥二，41の３の２①，措令４の２⑧，19㉓，20④，21⑦，25の８⑮，25の９⑬，25の11の２⑰⑱，25の12の３㉒，26の23⑤，26の26⑨）。

　　総所得金額（626ページ参照）

給 与 所 得 者

　給与所得者は年末調整によって所得税額の精算が行われますので，通常は確定申告の必要はありませんが，次に掲げる場合に該当する人は，「一般の人」の場合と同様に確定申告をしなければなりません。

(1)　その年中に支払を受ける給与等の金額が2,000万円を超える人（法121①）

(2)　１か所から給与等の支払を受けている人で給与所得以外の所得のある人　その年中に支払を受ける給与等の金額が2,000万円以下で，給与所得及び退職所得以外の所得の金額の合計額（源泉分離課税の対象となる利子所得又は確定申告しないことを選択した配当所得，分離課税とされる金融類似商品の収益・割引債の償還差益による譲渡所得・一時所得・雑所得，確定申告しないことを選択した源泉徴収選択口座の上場株式等に係る譲渡所得等の金額を除く。以下(3)において同じ。）が20万円を超える人（法121①一）

(3)　２か所以上から給与等の支払を受けている人　源泉徴収はされているが年末調整を受けない従たる給与等の金額と給与所得及び退職所得以外の所得の金額との合計額が20万円を超える人

　　ただし，その年中の給与等の金額から社会保険料控除の額，小規模企業共済等掛金控除の額，生命保険料控除の額，地震保険料控除の額，障害者控除の額，寡婦控除の額，ひとり親控除の額，勤労学生控除の額，配偶者控除の額，配偶者特別控除の額及び扶養控除の額の合計額を差し引いた残額が150万円以下で，かつ，給与所得及び退職所得以外の所得の金額の合計額が20万円以

— 858 —

下の人は，確定申告をする必要はありません（法121①二）。

(4) **同族会社の役員等**　同族会社の役員又はその人と次に掲げる特殊の関係のある人で，その同族会社から給与等のほかに事業資金を貸し付けてその利子の支払を受けている又は不動産，動産，営業権その他の資産をその同族会社の事業用として貸し付けて賃貸料などの対価の支払を受けている人（法121①，令262の２）

イ　その役員の親族である人又はあった人

ロ　その役員と内縁関係にある人又はあった人

ハ　その役員から受ける金銭その他の資産によって生計を維持している人

(5) **災害減免法によって源泉徴収の猶予などを受けた人**　災害によって住宅又は家財に被害を受けたため，災害減免法の適用を受けて給与等に対する所得税の源泉徴収を猶予され，又は給与等に対する源泉徴収税額の還付を受けた人（災法３⑥）

(6) **源泉徴収の規定が適用されない給与等の支払を受ける人**　所得税の源泉徴収が行われない次に掲げる給与等の支払を受けている人で，総所得金額，土地等に係る事業所得等の金額（平成10年１月１日から令和８年３月31日までの間については適用なし），分離短期譲渡所得の金額（特別控除後の金額），分離長期譲渡所得の金額（特別控除後の金額），分離課税の上場株式等に係る配当所得等の金額（上場株式等に係る譲渡損失の損益通算及び繰越控除（474ページ参照）の適用後の金額），一般株式等に係る譲渡所得等の金額，上場株式等に係る譲渡所得等の金額（上場株式等に係る譲渡損失の繰越控除（476ページ参照）及び特定株式に係る譲渡損失の金額の繰越控除（486ページ参照）の適用後の金額），先物取引に係る雑所得等の金額（先物取引の差金等決済に係る損失の繰越控除（578ページ参照）の適用後の金額），山林所得金額及び退職所得金額の合計額が雑損控除その他の所得控除の額の合計額を超え，その超える額に税率を適用して計算した所得税の額が配当控除の額を超える人（所得税の額の計算上控除しきれない外国税額控除の額，源泉徴収税額又は予納税額がある場合を除きます。）（法120①，基通121―5，措法28の４⑥，措令４の２⑧，19㉓，20④，21⑦，25の８⑮，25の９⑬，25の11の２⑰⑱，25の12の３㉒，26の23⑤，26の26⑨）

イ　**家事使用人給与等**　常時２人以下の家事使用人だけを使用している雇主から支払を受ける家事使用人の給与等（法184）

ロ　在日外国公館から支払を受ける給与等

ハ　国外で支払を受ける給与等

退職所得のある人

退職手当等の支払を受ける人は，「退職所得の受給に関する申告書」を提出した場合には源泉徴収によって所得税額が精算されますので，通常その退職所得については改めて確定申告をする必要はありません（622ページ参照）が，その提出がない場合などで，課税退職所得金額に対する税額を計算（735ページ参照）してその税額が源泉徴収された税額を超えたときは，退職所得についての確定申告書を提出しなければなりません（法120①，121②）。

公的年金等に係る雑所得のある人

公的年金等に係る雑所得（571ページ参照）のある人は，「一般の人（858ページ参照）」と同様の方

確定申告と納税（確定申告をしなければならない人・総収入金額報告書・確定損失申告）

法で確定申告をする必要性の有無を判断しますが，その年分の公的年金等の収入金額が400万円以下である人がその公的年金等の全部（一定の規定により源泉徴収を要しないものを除く。）について源泉徴収をされた又はされるべき場合において，その年分の公的年金等に係る雑所得以外の所得金額が20万円以下であるときは，確定申告書の提出を要しません（法120①，121③）。

総収入金額報告書を提出しなければならない人

その年において不動産所得，事業所得又は山林所得を生ずべき業務を行う人（青色申告者も含む。）で，その年の不動産所得，事業所得及び山林所得に係る総収入金額（非居住者については，国内源泉所得に係る総収入金額に限る。）の合計額が3,000万円を超える場合は，その年分の確定申告書を提出している場合を除き，翌年3月15日までに総収入金額報告書を提出しなければなりません（法233，規103）。

確定損失申告をすることができる人

次のいずれかの場合に該当する人は，その年の翌年以後に純損失若しくは雑損失の繰越控除を受けるため，又はその年分の純損失の金額について純損失の繰戻しによる還付を受けるため若しくは居住用財産の買換え等の場合若しくは特定居住用財産の譲渡損失及び繰越控除を受けるため，確定損失申告書を提出することができます（法123①，措法28の4⑥，41の5⑫三，41の5の2⑫三，措令4の2⑧，19㉓，20④，21⑦，25の8⑮，25の9⑬，25の11の2⑰⑱，25の12の3㉒，26の23⑤，26の26⑨））。

(1) その年に純損失の金額が生じた場合

(2) その年に生じた雑損失の金額が，総所得金額，土地等に係る事業所得等の金額（平成10年1月1日から令和8年3月31日までの間については適用なし），分離短期譲渡所得の金額（特別控除後の金額），分離長期譲渡所得の金額（特別控除後の金額），分離課税の上場株式等に係る配当所得等の金額（上場株式等に係る譲渡損失の損益通算及び繰越控除（474ページ参照）の適用後の金額），一般株式等に係る譲渡所得等の金額，上場株式等に係る譲渡所得等の金額（上場株式等に係る譲渡損失の繰越控除（476ページ参照）及び特定株式に係る譲渡損失の繰越控除（486ページ参照）の適用後の金額），先物取引に係る雑所得等の金額（先物取引の差金等決済に係る損失の繰越控除（578ページ参照）の適用後の金額），山林所得金額及び退職所得金額の合計額を超える場合

(3) その年の前年以前3年内（特定非常災害に係る純損失の繰越控除の特例（645ページ参照）又は特定非常災害に係る雑損失の繰越控除の特例（649ページ参照）の適用がある場合には，5年内）の各年に生じた純損失若しくは雑損失の金額又は居住用財産の買換え等若しくは特定居住用財産の譲渡損失及び繰越控除の適用を受ける金額（前年以前において控除されたもの及び純損失の繰戻しによる所得税の還付を受ける金額の計算の基礎となるものを除く。）の合計額が，これらの金額を繰越控除しないで計算した場合のその年分の総所得金額，土地等に係る事業所得等の金額（平成10年1月1日から令和8年3月31日までの間については適用なし），分離短期譲渡所得の金額（特別控除後の金額），分離長期譲渡所得の金額（特別控除後の金額），分離課税の上場株式等に係る配当所得等の金額（上場株式等に係る譲渡損失の損益通算及び繰越控除（474ページ参照）の適用後の金額），一般株式等に係る譲渡所得等の金額，上場株式等に係る譲渡所得等の金額（上場株式等に係る譲渡損失の繰越控除（476

— 860 —

確定申告と納税（確定損失申告・所得税の還付等）

ページ参照）及び特定株式に係る譲渡損失の繰越控除（486ページ参照）の適用後の金額），先物取引に係る雑所得等の金額（先物取引の差金等決済に係る損失の繰越控除（578ページ参照）の適用後の金額），山林所得金額及び退職所得金額の合計額を超える場合

"""""""""" **所得税の還付等を受けるための確定申告** """"""""""

還付を受けるための申告 次のいずれかの場合に該当するときは，確定損失申告をすることができる場合を除き，外国税額，源泉徴収税額又は予定納税額の還付を受けるための確定申告書を提出することができます（法122①）。

(1) 所得税額の計算上引ききれない外国税額控除の額がある場合

(2) 申告納税額の計算上引ききれない源泉徴収税額がある場合

(注) 給与所得者で，確定申告をすれば源泉徴収税額の還付が受けられるのは，例えば，次の場合です。

    (1) 年の中途で退職して年末調整を受けず，その後，その年中に他の所得がないため給与所得に対する源泉徴収税額が過納となる場合

    (2) 災害により住宅又は家財について，その価額の50％以上の損害を受けたため，災害減免法の規定により所得税額の軽減又は免除を受けることができる場合（839ページ参照）

    (3) 災害，盗難又は横領により，住宅や家財について損害を受けたため，雑損控除の適用を受けることができる場合（662ページ参照）

    (4) 一定額以上の医療費を支出したため，医療費控除の適用を受けることができる場合（665ページ参照）

    (5) 特定寄附金を支出したため，寄附金控除の適用を受けることができる場合（705ページ参照）

    (6) 政治活動に関する寄附をした場合の所得税額の特別控除の適用を受けることができる場合（816ページ参照）

    (7) 配当所得があるため，配当控除を受けることができる場合（737ページ参照）

    (8) 一定の新築住宅及び既存住宅を取得又は増改築等したため，住宅借入金等特別控除を受けることができる場合（766ページ参照）

    (9) バリアフリー改修工事等及び省エネ改修工事等の特定の増改築等をしたため，住宅借入金等特別控除や所得税額の特別控除の適用を受けることができる場合

    (10) 昭和56年5月31日以前に建築された家屋につき耐震改修をしたため，住宅耐震改修特別控除を受けることができる場合（819ページ参照）

    (11) 認定住宅等の新築等をした場合の所得税の特別控除の適用を受けることができる場合

    (12) 退職所得の支払を受ける際に「退職所得の受給に関する申告書」を提出しなかったため，20％の税率で所得税が源泉徴収されている場合

(3) 第1期分及び第2期分の予定納税額の合計額が申告納税額より多い場合

外国税額の繰越控除等の適用を受けるための申告 その年の翌年以後に外国税額の繰越控除等（836ページ参照）の適用を受けるために必要がある場合には，確定申告をしなければならない場合又は還付を受けるための確定申告をする場合若しくは損失申告をすることができる場合に該当しない場合でも，確定申告書を提出することができます（法122②）。

死亡又は出国の場合の確定申告

死 亡 の 場 合

納税者が死亡した場合の所得税の確定申告については，次のように定められています。

(1) 次に掲げる場合に該当するときは，その相続人は，次の(2)の確定損失申告をする場合を除き，その相続の開始のあったことを知った日の翌日から4月を経過した日の前日（その日前に相続人が出国する場合には，その出国の時）までに，被相続人の所得について，確定申告をしなければなりません（法124①，125①⑤，通法5①）。

　イ　確定所得申告をしなければならない人が，その年の翌年1月1日から3月15日までの間に確定申告書を提出しないで死亡した場合

　ロ　年の中途で死亡した人が，その死亡した年分の所得税について確定申告をしなければならない人に該当する場合

(2) 次に掲げる場合に該当するときは，その相続人は，その相続の開始のあったことを知った日の翌日から4月を経過した日の前日（その日前に相続人が出国する場合には，その出国の時）までに，被相続人の所得について確定損失申告をすることができます（法124②，125③⑤，通法5①）。

　イ　確定損失申告をすることができる人が，その年の翌年1月1日から3月15日までの間に損失申告書を提出しないで死亡した場合

　ロ　年の中途で死亡した人が，その死亡した年分の所得税について確定損失申告をすることができる人に該当する場合

(3) 還付等を受けるための確定申告をすることができる人がその年の翌年1月1日以後に還付等を受けるための確定申告をしないで死亡した場合には，その相続人は，(1)又は(2)の申告をする場合を除き，被相続人の所得について還付等を受けるための確定申告書を提出することができます（基通124・125—1）。

　また，年の中途で死亡した人がその年分の所得税について還付等を受けるための確定申告をすることができる人に該当する場合には，その相続人は，(1)又は(2)の申告をする場合を除き，被相続人の所得について還付等を受けるための確定申告書を提出することができます（法125②）。

被相続人についての確定申告書の提出先　死亡した人（被相続人）の所得税の確定申告書は，原則として相続人の連名（確定申告書の付表による。）により，その死亡した人の死亡当時の納税地の所轄税務署長に提出しなければなりません（法16③，令263②）。

出 国 の 場 合

納税者が出国する場合の所得税の確定申告については，次のように定められています。

　(注)　「出国」とは，納税管理人の届出（通法117②）をしないで国内に住所等を有しないこととなることをいいます（法2①四十二）。

(1) 確定申告をしなければならない納税者が，その年の翌年1月1日から3月15日までの間に出国

する場合には，その出国の時までに確定申告書を提出しなければなりません（法126①）。

(2)　確定損失申告をすることができる納税者が，その年の翌年1月1日から2月15日までの間に出国する場合には，その期間内でも損失申告書を提出することができます（法126②）。

(3)　納税者が年の中途で出国する場合に，その年1月1日から出国の時までの所得について確定申告をしなければならない場合に該当するときは，その出国の時までに，その時の現況により確定申告書を提出しなければなりません（法127①）。

(4)　納税者が年の中途で出国する場合に，その年の1月1日から出国の時までに純損失若しくは雑損失の金額又はその年の前年以前3年内（特定非常災害に係る純損失の繰越控除の特例又は特定非常災害に係る雑損失の繰越控除の特例の適用がある場合には前年以前5年内）に生じたこれらの金額について確定損失申告をすることができる場合に該当するときは，その出国の時までに，その時の現況により損失申告書を提出することができます（法127③）。

(5)　納税者が年の中途で出国する場合に，その年の1月1日から出国の時までの所得について還付等を受けるための申告をすることができる場合に該当するときは，(3)又は(4)による申告をする場合を除き，出国の時の現況により還付等を受けるための確定申告書を提出することができます（法127②）。

納　付

　令和5年分所得税の確定申告書を提出期限内に提出することによって納付することとなる第3期分の税額は，**令和6年2月16日から3月15日まで**の間に納付しなければなりません（法128，通法10②，35①）。

　なお，死亡の場合又は出国の場合の確定申告によって納付することとなる税額は，これらの場合の確定申告書の提出期限までに納付しなければなりません（法129，130）。

　(注)　期限後申告書又は修正申告書の提出によって納付することとなる税額は，その期限後申告書又は修正申告書の提出の日までに納付しなければなりません（通法35②一）。

電 子 納 付

　所得税の納付については，ダイレクト納付，インターネットバンキング及びATMにより納付することができます。ただし，事前に電子納税の手続が必要です（983ページ参照）。

口 座 振 替 納 付

　所得税の納付については，金融機関における口座振替により納付することができます（令和5年分所得税は令和6年4月中旬から下旬，消費税は同年4月中旬から下旬）（通法34の2①）。ただし，期限後申告，修正申告等により納付することとなる所得税については，この方法によることができません。

　　口座振替による納付の方法　口座振替による納付は，次のような方法で行われます（通法34の2①）。
　(1)　納税者は，預金口座又は貯金口座のある金融機関に対して預金又は貯金の払出しとその払い出した金

銭による所得税の納付を委託するとともに，税務署長に対して口座振替による納付に必要な納付書を該当の金融機関に送付することを依頼します。

(2) (1)による依頼を受けた税務署長は，その納付が確実と認められ，かつ，その依頼を受けることが国税の徴収上有利と認められる場合にはその依頼を受理し，その納税者に納付税額が生じた都度納付書を作成して該当の金融機関に送付します。

(3) (2)の納付書の送付を受けた金融機関は，納税者の預貯金を払い出して納税を行い，領収書を納税者に送付します。

口座振替による納付日の特例　申告書の提出期限と税額の納期限とが同時に到来する所得税の第3期分税額については，期限内申告によって納付することとなる税額が口座振替による納付の方法によって納期限後に納付された場合でも，その金融機関が税務署長からの所得税の納付書の送付を受けた日から2日を経過した日までに納付されたものであるときは，納期限に納付されたものとみなされます（通法34の2②，通令7）。

クレジットカード納付

平成29年1月より，その税額が1,000万円未満であり，かつ，納税者のクレジットカードによって決済することができる金額以下である場合においては，インターネット上でのクレジットカードを利用した納付が可能となります。

具体的な納付方法としては，納税者がインターネットを利用できるパソコン等から国税庁ホームページにアクセスした上で，そこから遷移されるクレジットカード会社のweb画面において以下の通知事項の入力を行うことになります。

・納付書記載事項（納税者の氏名又は名称，その国税に係る税目及び税額その他の納付書に記載すべきこととされている事項をいう。）

・クレジットカードの番号，有効期限その他クレジットカードの決済に必要な事項

なお，附帯税等の取扱いについては，納税者がクレジットカード会社に納付手続を委託し，クレジットカード会社がその納付手続を受託（与信審査了）した日に国税の納付があったものとみなして，附帯税等に関する規定を適用します（通法34の3，通規2③）。

（注）　カード手数料は利用金額に応じ納税者が負担します。

国外納付者の納付

令和4年1月より，国税を納付しようとする者で国外に住所又は居所を有するもの（以下「国外納付者」といいます。）は，金融機関の国外営業所等を通じた払込みによる方法によりその国税の納付を行うことが可能となります。

（注）　令和4年1月前は，国外納付者の納付方法は，主に①クレジットカード納付（864ページ参照），②インターネットバンキングによる納付，ダイレクト納付等（983ページ参照），③国外納付者の納税管理人による納付（通法117①）とされています。

具体的には，国外納付者は，金融機関の国外営業所等を通じて，納付しようとする国税の収納を行う国税局又は税務署の職員の預金口座（納付を受けるために開設されたものに限ります。以下「納付用国内預金口座」といいます。）に対して払込みをすることとなります（通法34④（令和6年4月1日以後，通法34⑤））。

— 864 —

確定申告と納税（納付）

　この際，国外納付者は，国税局長又は税務署長に対し，納付書及び金融機関の国外営業所等を通じて送金したことを証する書類（例えば，金融機関の国外営業所等が発行する送金明細書や，国外納付者の預金通帳の写しなど）の提出（これらの書類の記載事項の電子メールによる送信等を含みます。）をしなければならないこととされています（通規1の3③（令和6年4月1日以後，通規1の3⑥））。

　なお，附帯税等の取扱いについては，その国外納付者がその金融機関の国外営業所等を通じて送金した日においてその国税の納付がされたものとみなして，附帯税等に関する規定を適用します（通法34④後段（令和6年4月1日以後，通法34⑤後段））。

スマートフォンを使用した決済サービスによる納付

　令和4年12月より，その税額が30万円以下（税関長が課する国税を納付しようとする金額にあっては，100万円）であり，かつ，その者が使用する第三者型前払式支払手段（スマートフォンを使用した決済サービス）による取引等によって決済することができる金額以下である場合においては，その決済サービスを利用した納付が可能となります。

　具体的な納付方法としては，納税者がスマートフォン等で電子申告をした後，そこから遷移されるスマートフォンを使用した決済サービスによる取引等に係る業務を行う者（以下「決済サービス業者」という。）のWeb画面において，引き続きスマートフォンを使用した決済サービスによる納付を行うことができます。また，スマートフォンから国税庁ホームページにアクセスした上で，そこから遷移される決済サービス業者のWeb画面において，以下の通知事項の入力を行うことによっても納付が可能となります（通法34の3①二，通規2①三）。

- ・納付書記載事項（国税を納付しようとする者の氏名又は名称，その国税に係る税目及び税額その他の納付書に記載すべきこととされている事項をいう。）
- ・決済サービス業者の名称その他その決済サービスによる取引等による決済に関し必要な事項

　なお，附帯税等の取扱いについては，上記「クレジットカード納付」の場合と同様です。

第3期分の税額の延納

　第3期分の税額（資産を延払条件付で譲渡したために延納を申請した場合には，その申請した延納税額を差し引いた額）の2分の1相当額以上の所得税をその納期限（令和6年3月15日）までに納付した人は，その納期限までに延納届出書を提出して，令和6年5月31日までその残額の納付を延期することができます（法131①②，通法10②）。

　　延納の届出　第3期分の税額の延納をしようとする人は，確定申告書の「延納の届出」欄に，期限内に納付する金額及び延納をしようとする所得税額を記載しなければなりません（法131②，規50）。
　（注）1　延納する所得税については，その延納期間に応じて，年7.3％の割合（令和6年中は利子税特例基準割合として0.9％）で計算した利子税を併せて納付しなければなりません（法131③，措法93）。
　　　　2　利子税特例基準割合については，928ページ参照。

延払条件付で資産を譲渡した場合の税額の延納

　山林所得又は譲渡所得の基因となる資産を延払条件付で譲渡した場合で，次に掲げる要件の全て

に該当しているときは，その延払条件付で譲渡をした日の属する年分の第3期分の税額（延払条件付譲渡による税額が第3期分の税額未満であるときは，その延払条件付譲渡による税額）の全部又は一部について，申請により5年以内の延納の許可を受けることができます（法132①②）。

(1) 延払条件付で資産を譲渡した日の属する年分の確定申告書（出国の場合の確定申告書を除く。）を提出期限内に提出していること

(2) 延払条件付譲渡による税額が(1)の確定申告書に記載された税額控除後の所得税額の2分の1相当額を超えていること

(3) 延払条件付譲渡による税額が30万円を超えていること

(4) 担保の提供があること（ただし，延納税額が100万円以下で延納期間が3年以下又は延納期間が3か月以下の場合は除く。）

(注)1 この場合の延納の対象となる税額に対しては，延納期間に応じ，年7.3%の割合（令和6年中は利子税特例基準割合として0.9%）で計算した利子税を延納税額に併せて納付しなければなりません（法136，措法93）。

ただし，延納税額の計算の基礎となった譲渡所得の金額又は山林所得の金額のうちに，収用等による譲渡又は交換処分等によるものがある場合には，上記の利子税のうち次の算式で計算した金額について，その納付が免除されます（措法33の4⑦，措令22の4③）。

$$\left(\begin{array}{l}\text{延納税額について計}\\\text{算される利子税の額}\end{array}\right) \times \frac{\left(\begin{array}{l}\text{(A)のうち，収用交換等による譲渡に係る}\\\text{譲渡所得の金額又は山林所得の金額}\end{array}\right)}{\left(\begin{array}{l}\text{その利子税の計算の基礎となった所得税の基と}\\\text{なる譲渡所得の金額又は山林所得の金額(A)}\end{array}\right)} = \begin{array}{l}\text{免除される}\\\text{利子税の額}\end{array}$$

2 利子税特例基準割合については，928ページ参照。

延払条件付譲渡 延払条件付譲渡とは，次に掲げる要件のいずれにも適合する条件を定めた契約に基づき，その条件によって行われる譲渡をいいます（法132③，令265）。

(1) 月賦，年賦その他の賦払の方法によって3回以上に分割して対価の支払を受けること

(2) その譲渡の目的物の引渡しの期日の翌日から最後の賦払金の支払の期日までの期間が，2年以上であること

(3) その契約で定められているその譲渡の目的物の引渡しの期日までに支払期日の到来する賦払金の額の合計額が，その譲渡の対価の額の3分の2以下となっていること

延払条件付譲渡による税額 延払条件付譲渡による税額は，次の(1)の金額から(2)の金額を差し引いた金額です（法132④，令266①，措法28の4⑥，措令4の2⑨，19㉔，20⑤，21⑦，25の8⑯，25の9⑬，25の11の2⑳，25の12の3㉔，26の23⑥，26の26⑪）。

(1) 確定申告書に記載された税額控除後の所得税の額

(2) 次の算式で計算した金額について計算した税額控除後の所得税の額

$$\left(\begin{array}{l}\text{確定申告書に記載された課税総所得金額，}\\\text{土地等に係る課税事業所得等の金額（平成}\\\text{10年1月1日から令和8年3月31日までの}\\\text{間については適用なし），分離課税短期譲渡}\\\text{所得金額，分離課税長期譲渡所得金額，分}\\\text{離課税の上場株式等に係る課税配当所得等}\\\text{の金額，一般株式等に係る課税譲渡所得等}\\\text{の金額，上場株式等に係る課税譲渡所得等}\\\text{の金額，先物取引に係る課税雑所得等の金}\\\text{額，課税山林所得金額及び課税退職所得金}\\\text{額}\end{array}\right) - \left(\begin{array}{l}\text{譲渡所得の金}\\\text{額(注)又は山}\\\text{林所得の金額}\end{array}\right) \times \frac{\left(\begin{array}{l}\text{翌年以後に支払期日の到来する}\\\text{賦払金の額の合計額（その年に}\\\text{支払を受けたものを除く。）}\end{array}\right)}{\left(\begin{array}{l}\text{譲渡所得又は山林}\\\text{所得の総収入金額}\end{array}\right)}$$

確定申告と納税（納付）

（注） 上記の(2)の算式による計算は，次のようにして行います（令266③，措令4の2⑩，20⑤，21⑦，25の8⑯，25の9⑬，25の11の2⑳，25の12の3㉔，26の23⑥，26の26⑪）。

1 譲渡所得の金額は，総合課税の長期譲渡所得の金額については，その金額の2分の1相当額とし，分離課税の譲渡所得については，収用等の場合の譲渡所得の特別控除後の分離短期譲渡所得の金額又は譲渡所得の特別控除後の分離長期譲渡所得の金額とします。

2 その年分の譲渡所得の金額のうちに総合課税の短期譲渡所得の金額と長期譲渡所得の金額及び分離課税の短期譲渡所得の金額と長期譲渡所得の金額とがあるときは，これらのそれぞれについて課税総所得金額等から差し引く金額を計算します。

3 上場株式等に係る課税譲渡所得等の金額は，上場株式等に係る譲渡損失の繰越控除及び特定株式に係る譲渡損失の金額の繰越控除の特例（474・486ページ参照）の適用後の金額となります。

4 分離課税の上場株式等に係る課税配当所得等の金額は，上場株式等に係る譲渡損失の損益通算及び繰越控除の特例（476・486ページ参照）の適用後の金額となります。

5 先物取引に係る課税雑所得の金額は，先物取引の差金等決済に係る損失の繰越控除の特例（578ページ参照）の適用後の金額となります。

6 課税総所得金額等から差し引く金額が譲渡所得の金額の場合には，課税総所得金額，土地等に係る課税事業所得等の金額（平成10年1月1日から令和8年3月31日までの間については適用なし），分離課税短期譲渡所得金額，分離課税長期譲渡所得金額，分離課税の上場株式等に係る課税配当所得等の金額，一般株式等に係る課税譲渡所得等の金額，上場株式等に係る課税譲渡所得等の金額，先物取引に係る課税雑所得等の金額，課税山林所得金額及び課税退職所得金額から順次差し引きます。

7 課税総所得金額等から差し引く金額が山林所得の金額の場合には，課税山林所得金額，課税総所得金額，土地等に係る課税事業所得等の金額（平成10年1月1日から令和8年3月31日までの間については適用なし），分離課税短期譲渡所得金額，分離課税長期譲渡所得金額，分離課税の上場株式等に係る課税配当所得等の金額，一般株式等に係る課税譲渡所得等の金額，上場株式等に係る課税譲渡所得等の金額，先物取引に係る課税雑所得等の金額，課税退職所得金額から順次差し引きます。

8 乗数の割合は，小数点以下第2位まで算出し，第3位以下は切り上げます。

＜延払条件付譲渡による税額の計算例＞

〔設 例〕

1 総 所 得 金 額		2,140,000円
事 業 所 得	2,140,000円	
2 分離長期譲渡所得の金額		8,400,000円
収 入 金 額	10,000,000円	

令和5年中　　300万円
令和6年中　　300万円　により賦払
令和7年中　　200万円
令和8年中　　200万円

譲渡資産の取得費及び譲渡費用	1,600,000円	
3 所 得 控 除 額		860,000円
内訳		
配 偶 者 控 除	380,000円	
基 礎 控 除	480,000円	
① 課税総所得金額（1－3）		1,280,000円
② 分離課税長期譲渡所得金額		8,400,000円
③ 算出所得税額		1,324,000円

申告と納税

— 867 —

確定申告と納税（納付）

　　　内訳　課税総所得金額（×5％）　　　　　　　　　　　64,000円

　　　　　　分離課税長期譲渡所得金額（×15％）　　　　　　1,260,000円

④　延払条件付譲渡による税額　　　　　　　　　　　　　　　744,000円

$$\left[\begin{array}{c}\text{課税総所得金額}\\1,280,000\text{円}\\+\\\text{分離課税長期譲渡所得}\\\text{金額}\ 8,400,000\text{円}\end{array}\right]-\begin{array}{c}\text{分離課税長期譲}\\\text{渡所得の金額}\\8,400,000\text{円}\end{array}\times\frac{\left[\begin{array}{c}\text{譲渡所得の収入金額のうち，令}\\\text{和6年以降の賦払金の合計額}\\7,000,000\text{円}\end{array}\right]}{\begin{array}{c}10,000,000\text{円}\\(\text{譲渡所得の収入金額})\end{array}}(5,880,000\text{円})$$

＝3,800,000円 ………………………………………………………………………………………A

Aに対する所得税の額　　　　　　　　　　　　　　　　　570,000円

　　　内訳　課税総所得金額（1,280,000円－1,280,000円＝0）　　　0円

　　　　　　分離課税長期　3,800,000円（＝8,400,000円－

　　　　　　譲渡所得金額　（5,880,000円－1,280,000円））×15％　＝　　570,000円

　　　（注）　差し引く譲渡所得の金額5,880,000円は，まず，課税総所得金額1,280,000円から
　　　　　　1,280,000円を差し引き，次いで，分離課税長期譲渡所得金額8,400,000円から差し引きき
　　　　　　れない4,600,000円（5,880,000円－1,280,000円）を差し引きます（前ページ（注）6参
　　　　　　照）。したがって，3,800,000円（A）は全て分離課税長期譲渡所得金額で構成されること
　　　　　　になります。

　　　　　∴　分離課税長期譲渡所得金額（3,800,000円）×15％＝　　　　570,000円

　　1,324,000円－570,000円＝754,000円………………………………………延払条件付譲渡による税額

（注）　平成25年1月1日から令和19年12月31日までは，復興特別所得税を併せて徴収することから，上
　　　記の税額（所得税額）のほかに，所得税額に2.1％を乗じた復興特別所得税が課されます（復興財確
　　　法28）。

　　延納の手続　延納の許可を申請しようとするときは，確定申告による第3期分の税額の納期限までに，延
納を求めようとする所得税の額及び期間（2回以上に分割して納付しようとする場合には，各分納税額ごと
に延納を求めようとする期間及びその額）その他の必要事項を記載した延納申請書に担保の提供に関する書
類を添付して，納税地の所轄税務署長に提出しなければなりません（法133①，規51）。

納税の猶予

　　災害を受けた場合の納税の猶予　震災，風水害，火災などの災害によって財産に相当な損害を受
けた場合には，その災害のやんだ日以前に納税義務の成立した所得税でその納期限がその損害を受
けた日以後1年以内に到来するもののうち，納税の猶予を申請した日以前に納付税額の確定したも
のについては，その災害のやんだ日から2月以内に納税地の所轄税務署長に申請して，納期限から
1年以内の期間に限りその納付税額の全部又は一部の納税の猶予を受けることができます（通法46
①，通令15①）。

　　納税の猶予が認められると，その猶予期間中は延滞税が免除されるほか，新たに督促及び滞納処
分を受けることはありません（通法48①，63①）。

　　税金を一時に納付することが困難な場合の納税の猶予　次の(1)から(5)に掲げる事実があるため税
金を一時に納付することができないと認められるときは，納税地の所轄税務署長に申請して，納付
困難な金額を限度として1年以内に限り納税の猶予を受けることができます（通法46②）。

　　この場合の納税の猶予については，猶予される金額が100万円を超える場合又は猶予期間が3か

確定申告と納税（納付・還付）

月を超える場合は担保の提供が必要とされます（通法46⑤）。

　また，猶予期間中は，猶予された金額について新たに督促及び滞納処分を受けることがなく，更に，次の(1)，(2)又は(5)（(5)については，(1)又は(2)と同じような事実があった場合に限る。）によって納税の猶予が認められた場合には延滞税の全部が免除され，また，(3)，(4)又は(5)（(5)については(3)又は(4)と同じような事実があった場合に限る。）によって納税の猶予が認められた場合には納税の猶予を受けた期間内の延滞税について，年14.6％の割合で計算される期間についての延滞税が年7.3％の割合で済むことになっています（通法48①，60②，63①）。

　なお，延滞税の年7.3％の割合について，各年の猶予特例基準割合（令和6年中は0.9％）が年7.3％に満たない場合には，その年（以下「猶予特例基準割合適用年」という。）中においては，その猶予特例基準割合とされています（措法94②）。

(1)　納税者がその財産について災害を受け又は盗難にあったこと

(2)　納税者自身又は生計を一にする親族が病気にかかり又は負傷したこと

(3)　事業を廃業又は休業したこと

(4)　事業について著しい損失を受けたこと

(5)　(1)から(4)までと同じような事実があったこと

(注)1　納税者の財産の状況が著しく不良な場合で特定の事実に該当したとき，又は納税者の事業又は生活の状況についてその延滞税の納付を困難とするやむを得ない理由があると認められるときは，納税猶予期間中の延滞税についても免除を受けることができます（通法63③）。

　　2　猶予特例基準割合とは，各年の前々年の9月から前年の8月までの各月における短期貸付けの平均利率の合計を12で除した割合として各年の前年の11月30日までに財務大臣が告示する割合に，年0.5％の割合を加算した割合（0.1％未満の端数切捨て）をいいます（措法93②，94②）。

　納付税額の確定が遅延した場合の納税の猶予　申告，更正又は決定によって法定申告期限から1年を経過した日以後に確定した部分の税額で，一時に納付することができないと認められる金額については，その税額の納期限内に納税地の所轄税務署長に申請して，その期限から1年以内の期間に限り，納税の猶予を受けることができます（通法46③一）。

　納税の猶予が認められた場合には，納税の猶予を受けた期間内の延滞税について，年14.6％の割合で計算される期間についての延滞税が年7.3％の割合で済むことになっています（通法63①）。

　なお，延滞税の年7.3％の割合について，各年の猶予特例基準割合が年7.3％に満たない場合には，猶予特例基準割合適用年中においては，その猶予特例基準割合とされています（措法94②）。

(注)1　納税猶予期間中の年7.3％の割合で計算する延滞税の免除について，「税金を一時に納付することが困難な場合の納税の猶予」と同様の特例が適用されます（通法63③）。

　　2　猶予特例基準割合とは，各年の前々年の9月から前年の8月までの各月における短期貸付けの平均利率の合計を12で除した割合として各年の前年の11月30日までに財務大臣が告示する割合に，年0.5％の割合を加算した割合（0.1％未満の端数切捨て）をいいます（措法93②，94②）。

還　付

　源泉徴収税額等の還付　その年分の所得税の額の計算上引ききれなかった外国税額控除の額又は申告納税額の計算上引ききれなかった源泉徴収税額は，確定申告をすれば還付されます。

確定申告と納税（還付）

　ただし，源泉徴収税額のうちにまだ納付されていないものがあるときは，還付金の額のうちその納付されていない部分の金額に相当する金額は，その納付があるまでは還付されません（法138①②）。

（注）1　還付を受ける金額がある場合の確定申告書には，「還付される税金」欄に必要事項を記載するとともに，所得税を源泉徴収された所得があるときは，所得税を源泉徴収された事実の説明となるべき明細書（支払調書の写し，支払通知書又は源泉徴収票等が添付されている場合には，これらの書類に記載されている事項の記載は必要ありません。）を添付しなければなりません（令267①②，規53）。

　　2　給与等の支払の際，所得税が源泉徴収された場合には，所得税の還付については，源泉徴収義務者がその所得税を国に納付していなくても納付があったものとみなされます（法223）。

　　3　還付金の額のうちに未納の源泉徴収税額（確定申告書の第一表「その他」欄の「未納付の源泉徴収税額」欄に記載された金額）があるためその部分の金額が還付されていない人は，その未納の源泉徴収税額が納付された場合には，速やかに，その納付された源泉徴収税額などを記載した届出書を納税地の所轄税務署長に提出しなければならないことになっています（令267③）。

　　4　還付金には，年7.3％の割合（令和6年中は還付加算金特例基準割合として0.9％）で計算した還付加算金が付きます（通法58①，措法95）。
　　　　なお，還付加算金の計算に当たっては，次の要領で端数計算が行われます（通法120③④）。
　　（1）　還付加算金の計算の基礎となる還付金の額に10,000円未満の端数があるとき，又はその還付金の額の全額が10,000円未満であるときは，その端数金額又はその全額を切り捨てます。
　　（2）　還付加算金の額に100円未満の端数があるとき，又はその全額が1,000円未満であるときは，その端数金額又はその全額を切り捨てます。

　　5　還付加算金特例基準割合とは各年の前々年の9月から前年の8月までの各月における短期貸付けの平均利率の合計を12で除した割合として各年の前年の11月30日までに財務大臣が告示する割合に，年0.5％の割合を加算した割合（0.1％未満の端数切捨て）をいいます（措法93②，95）。

　予定納税額の還付　　第1期分及び第2期分の予定納税額の合計額が申告納税額（申告所得税の年税額）より多いときは，その多い金額は確定申告をすれば還付されます（法120②一，139①）。

（注）1　還付金には，年7.3％の割合（令和6年中は還付加算金特例基準割合として0.9％）で計算した還付加算金が付きます（通法58①，法139③，措法95）。

　　2　還付加算金特例基準割合とは各年の前々年の9月から前年の8月までの各月における短期貸付けの平均利率の合計を12で除した割合として各年の前年の11月30日までに財務大臣が告示する割合に，年0.5％の割合を加算した割合（0.1％未満の端数切捨て）をいいます（措法93②，95）。

　　3　国税通則法第11条に規定する災害等による納付に関する期限の延長により第1期，第2期において納付すべき予定納税額の納期間がその年の12月31日以後になる場合は，その年の納付すべき予定納税額はないものとします（法104②）。

　純損失の繰戻しによる還付　　青色申告者は，その年に純損失の金額が生じた場合には，損失申告書とともに還付請求書を提出して，次の(1)の金額から(2)の金額を差し引いた金額に相当する所得税の額（前年分の所得税の額を限度とする。）の還付を受けることができます（法140①②，142，規54，措法28の4⑥，措令19㉓）。

(1)　前年分の課税総所得金額，土地等に係る課税事業所得等の金額（平成10年1月1日から令和8年3月31日までの間については適用なし），課税山林所得金額及び課税退職所得金額について税率を適用して計算した所得税の額

(2)　前年分の課税総所得金額，土地等に係る課税事業所得等の金額（平成10年1月1日から令和8年3

— 870 —

確定申告と納税（還付・災害等が発生した場合）

月31日までの間については適用なし），課税山林所得金額及び課税退職所得金額からその年に生じた純損失の金額の全部又は一部を差し引いた金額について税率を適用して計算した所得税の額

（注）1　純損失の繰戻しによる還付は，前年分の所得税について青色申告書を提出しており，その年分の青色申告書を提出期限までに提出した場合（税務署長がやむを得ない事情があると認めるときは，青色申告書を提出期限後に提出した場合を含む。）に限り適用されます（法140④）。

2　純損失の繰戻しによる還付金には，年7.3％の割合（令和6年中は還付加算金特例基準割合として0.9％）で計算した還付加算金が付きます（通法58①，法142③）。

3　還付加算金特例基準割合とは各年の前々年の9月から前年の8月までの各月における短期貸付けの平均利率の合計を12で除した割合として各年の前年の11月30日までに財務大臣が告示する割合に，年0.5％の割合を加算した割合（0.1％未満の端数切捨て）をいいます（措法93②，95）。

4　租税特別措置法第41条の5《居住用財産の買換え等の場合の譲渡損失の損益通算及び繰越控除》及び第41条の5の2《特定居住用財産の譲渡損失の損益通算及び繰越控除》については調整が必要となります（551・558ページ参照）。

廃業などをした年の前年分の純損失の繰戻し　廃業若しくは事業の全部の譲渡又は事業の全部の相当期間の休業若しくは重要部分の譲渡が生じたことによって純損失の繰越控除の適用を受けることが困難と認められる事実が生じた場合には，廃業などの年の前年分及び前々年分の所得税について青色申告書を提出している場合に限り，廃業などの日の属する年分の所得税の確定申告書の提出期限までに還付請求書を提出して，廃業などの年の前年分の純損失の金額を前々年分に繰り戻し，所得税額の還付を受けることができます（法140⑤，142①，令272）。

災害等が発生した場合の申告及び納税

災害等が広い地域において発生した場合　都道府県の全部又は一部にわたるような広い地域に災害等が発生したため，確定申告書をその提出期限までに提出できないと認められる事情がある場合には，国税庁長官がその地域及び災害等のやんだ日から2月以内の期日を指定してその申告期限を延長することがあります。この場合には，申告書はその定められた期限までに提出するとともに納税は延長された期限までにすればよいことになります（通法11，通令3①）。

その他の災害等の場合　国税庁長官が地域及び期日を指定して申告期限を延長する場合を除き，災害等が発生したため申告期限までに確定申告書を提出できないと認められる場合には，納税地の所轄税務署長に申請して，その災害等のやんだ日から2月以内に限り申告，申請及び納税などの期限を延長することができます（通法11，通令3③）。

この場合には，災害等がやんだ後相当の期間内に，その理由を記載した書面によりその申請をしなければなりません（通令3④）。

災害等による期限の延長があった場合の延滞税の特例　災害等による期限の延長の特例の適用を受けた場合には，延長された期間に対応する部分の延滞税の額は免除されることになっています（通法63②）。

非居住者の確定申告と納税

非 居 住 者

非居住者とは「居住者以外の個人」とされていますから（法2①五），①国内に住所を有しない者で，かつ，②引き続いて1年以上国内に居所を有しない者ということになります（法2①三）。この場合，住所とは「各人の生活の本拠」をいい，生活の本拠であるかどうかは客観的事実によって判定することとされ，民法上の住所の概念がそのまま用いられています（基通2─1）。しかし，国外において一定の職業を有することとなった者は，その国外において居住することがあらかじめ契約等において1年未満と見込まれる者を除いて，その国外に居住することとなったときから国内に住所を有しない者（非居住者）と推定することとして取り扱われています（令15①一，基通3─3）。ただし，公務員は国内に住所を有しない期間についても，原則として，国内に住所を有するものとみなされていますから，この取扱いの適用はありません（法3①）。

恒 久 的 施 設

非居住者の所得に対する課税は，その非居住者が恒久的施設を有するかどうか，また，その所得が恒久的施設に帰属するかどうかによって異なりますが，この恒久的施設とは，次のようなものをいいます（法2①八の四，令1の2）。ただし，租税条約において次に掲げるものと異なる定めがある場合には，その租税条約の適用を受ける非居住者については，その租税条約において恒久的施設と定められたもの（国内にあるものに限る。）をもって恒久的施設とされます（法2①八の四ただし書）。

(注) 租税条約上の恒久的施設は，基本的に，OECDモデル租税条約第5条（恒久的施設）のような「恒久的施設」の定義等に関する規定において定められていますが，我が国が締結している租税条約の中には，「恒久的施設」の定義等に関する規定以外の箇所において恒久的施設について定めているものもあり，このようなものも含めて上記のただし書の取扱いが適用されるものと考えられます。

(1) **支店等** 支店等とは，非居住者の国内にある支店，工場その他事業を行う一定の場所をいい，具体的には，国内にある次に掲げる場所がこれに該当します（法2①八の四イ，令1の2①）。

① 事業の管理を行う場所，支店，事務所，工場又は作業場

② 鉱山，石油又は天然ガスの坑井，採石場その他の天然資源を採取する場所

③ その他事業を行う一定の場所

(注) 1 上記③の「その他事業を行う一定の場所」には，倉庫，サーバー，農園，養殖場，植林地,貸ビル等のほか,非居住者が国内においてその事業活動の拠点としているホテルの一室,展示即売場その他これらに類する場所が含まれます（基通161─1）。

2 恒久的施設を有するとはされない活動の範囲

非居住者の国内における次に掲げる活動の区分に応じそれぞれ次に定める場所は，上記の支店等に含まれません（令1の2④）。ただし，次に掲げる活動（⑥に掲げる活動にあっては，⑥の場所における活動の全体）が，その非居住者の事業の遂行にとって準備的又は補助的な性格のものである場合に限られます（令1の2④ただし書）。

① その非居住者に属する物品又は商品の保管，展示又は引渡しのためにのみ施設を使用すること その施設

─872─

確定申告と納税（非居住者）

②　その非居住者に属する物品又は商品の在庫を保管，展示又は引渡しのためにのみ保有すること　その保有することのみを行う場所

③　その非居住者又は外国法人に属する物品又は商品の在庫を事業を行う他の者による加工のためにのみ保有すること　その保有することのみを行う場所

④　その事業のために物品若しくは商品を購入し，又は情報を収集することのみを目的として，上記の支店等を保有すること　その支店等

⑤　その事業のために上記①から④までに掲げる活動以外の活動を行うことのみを目的として，上記の支店等を保有すること　その支店等

⑥　上記①から④までに掲げる活動及びその活動以外の活動を組み合わせた活動を行うことのみを目的として，上記の支店等を保有すること　その支店等

　　上記の「準備的な性格のもの」とは，本質的かつ重要な部分を構成する活動の遂行を予定しその活動に先行して行われる活動をいいます（基通161—1の2）。また，上記の「補助的な性格のもの」とは，本質的かつ重要な部分を構成しない活動で，その本質的かつ重要な部分を支援するために行われるものをいうことから，例えば，次に掲げるような活動はこれに該当しません（基通161—1の3）。

①　事業を行う一定の場所の事業目的が非居住者の事業目的と同一である場合のその事業を行う一定の場所において行う活動

②　非居住者の資産又は従業員の相当部分を必要とする活動

③　顧客に販売した機械設備等の維持，修理等（その機械設備等の交換部品を引き渡すためだけの活動を除く。）

④　専門的な技能又は知識を必要とする商品仕入れ

⑤　地域統括拠点としての活動

⑥　他の者に対して行う役務の提供

3　事業活動の細分化を通じた恒久的施設認定の人為的回避防止措置

　　各場所の活動を恒久的施設と認定されない活動に分割することによって，恒久的施設の認定を人為的に回避することを防止する観点から，非居住者が一定の場所及び他の場所で行う事業活動が一体的な業務の一部として補完的な機能を果たしている場合には，各場所を一体の場所とみなして恒久的施設認定を行うこととする措置が講じられています。具体的には，上記（注）2の取扱いは，次に掲げる場所については，適用されません（令1の2⑤）。

①　上記の支店等（国内にあるものに限る。以下③までにおいて「事業を行う一定の場所」という。）を使用し，又は保有する非居住者がその事業を行う一定の場所において事業上の活動を行う場合において，次に掲げる要件のいずれかに該当するときにおけるその事業を行う一定の場所（令1の2⑤一）。ただし，その非居住者がその事業を行う一定の場所において行う事業上の活動及びその非居住者（国内においてその非居住者に代わって活動をする場合におけるその活動をする者（①において「代理人」という。）を含む。）がその事業を行う一定の場所以外の場所（国内にあるものに限る。イ及び③において「他の場所」という。）において行う事業上の活動（ロにおいて「細分化活動」という。）が一体的な業務の一部として補完的な機能を果たすときに限ります（令1の2⑤一かっこ書）。

イ　当該他の場所（当該他の場所においてその非居住者が行う建設若しくは据付けの工事又はこれらの指揮監督の役務の提供（（注）3において「建設工事等」という。）及びその非居住者に係る代理人を含む。）がその非居住者の恒久的施設に該当すること。

ロ　その細分化活動の組合せによる活動の全体がその事業の遂行にとって準備的又は補助的な性格のものでないこと。

②　事業を行う一定の場所を使用し，又は保有する非居住者及びその非居住者と特殊の関係にある者（国内においてその者に代わって活動をする場合におけるその活動をする者（イ及び③イ

において「代理人」という。）を含む。以下③までにおいて「関連者」という。）がその事業を行う一定の場所において事業上の活動を行う場合において、次に掲げる要件のいずれかに該当するときにおけるその事業を行う一定の場所（令1の2⑤二）。ただし、その非居住者及びその関連者がその事業を行う一定の場所において行う事業上の活動（ロにおいて「細分化活動」という。）がこれらの者による一体的な業務の一部として補完的な機能を果たすときに限ります（令1の2⑤二かっこ書）。

イ　その事業を行う一定の場所（その事業を行う一定の場所においてその関連者（代理人を除きます。イにおいて同じ。）が行う建設工事等及びその関連者に係る代理人を含む。）がその関連者の恒久的施設（その関連者が居住者又は内国法人である場合にあっては、恒久的施設に相当するもの）に該当すること。

ロ　その細分化活動の組合せによる活動の全体がその非居住者の事業の遂行にとって準備的又は補助的な性格のものでないこと。

③　事業を行う一定の場所を使用し、又は保有する非居住者がその事業を行う一定の場所において事業上の活動を行う場合で、かつ、その非居住者に係る関連者が他の場所において事業上の活動を行う場合において、次に掲げる要件のいずれかに該当するときにおけるその事業を行う一定の場所（令1の2⑤三）。ただし、その非居住者がその事業を行う一定の場所において行う事業上の活動及びその関連者が当該他の場所において行う事業上の活動（ロにおいて「細分化活動」という。）がこれらの者による一体的な業務の一部として補完的な機能を果たすときに限ります（令1の2⑤二かっこ書）。

イ　当該他の場所（当該他の場所においてその関連者（代理人を除きます。イにおいて同じ。）が行う建設工事等及びその関連者に係る代理人を含む。）がその関連者の恒久的施設（その関連者が居住者又は内国法人である場合にあっては、恒久的施設に相当するもの）に該当すること。

ロ　その細分化活動の組合せによる活動の全体がその非居住者の事業の遂行にとって準備的又は補助的な性格のものでないこと。

4　「特殊の関係」の意義

(1)　上記（注）3の「特殊の関係」とは、①一方の者が他方の者を直接又は間接に支配する関係、及び②二の者が同一の者によって直接又は間接に支配される場合におけるその二の者の関係（①の関係を除く。）をいい、①及び②の関係の例として、それぞれ次の関係が定められています（令1の2⑨、規1の2①）。

①　一方の者が他方の法人の発行済株式（投資信託及び投資法人に関する法律第2条第12項に規定する投資法人にあっては、発行済みの同条第14項に規定する投資口）又は出資（自己が有する自己の株式（投資口を含みます。①において同じ。）又は出資を除く。）の総数又は総額（（注）4において「発行済株式等」という。）の50％を超える数又は金額の株式等（株式又は出資をいいます。（注）4において同じ。）を直接又は間接に保有する関係（いわゆる親子関係）

②　二の法人が同一の者によってそれぞれその発行済株式等の50％を超える数又は金額の株式等を直接又は間接に保有される場合におけるその二の法人の関係（いわゆる兄弟関係）（上記①に掲げる関係に該当するものを除く。）

(2)　上記(1)①の特殊の関係を判定する場合には、一方の者が他方の法人の発行済株式等の50％を超える数又は金額の株式等を直接又は間接に保有するかどうかの判定は、その一方の者のその他方の法人に係る直接保有の株式等の保有割合とその一方の者のその他方の法人に係る間接保有の株式等の保有割合とを合計した割合により行います（規1の2②）。

(3)　上記(2)の「直接保有の株式等の保有割合」とは、一方の者の有する他方の法人の株式等の数又は金額がその他方の法人の発行済株式等のうちに占める割合をいいます（規1の2②かっこ

確定申告と納税（非居住者）

書）。

(4) 上記(2)の「間接保有の株式等の保有割合」とは，次に掲げる場合の区分に応じそれぞれ次に定める割合（次に掲げる場合のいずれにも該当する場合には，それぞれ次に定める割合の合計割合）をいいます（規１の２③）。

① 他方の法人の株主等である法人の発行済株式等の50％を超える数又は金額の株式等が一方の者により保有されている場合（いわゆる親子関係）　その株主等である法人の有するその他方の法人の株式等の数又は金額がその他方の法人の発行済株式等のうちに占める割合（その株主等である法人が二以上ある場合には，その二以上の株主等である法人につきそれぞれ計算した割合の合計割合）

② 他方の法人の株主等である法人（上記①に掲げる場合に該当する株主等である法人を除きます。）と一方の者との間にこれらの者と株式等の保有を通じて連鎖関係にある一又は二以上の法人（②において「出資関連法人」という。）が介在している場合（出資関連法人及びその株主等である法人がそれぞれその発行済株式等の50％を超える数又は金額の株式等をその一方の者又は出資関連法人（その発行済株式等の50％を超える数又は金額の株式等がその一方の者又は他の出資関連法人によって保有されているものに限る。）によって保有されている場合に限る。）（いわゆる多段階支配関係）　その株主等である法人の有するその他方の法人の株式等の数又は金額がその他方の法人の発行済株式等のうちに占める割合（その株主等である法人が二以上ある場合には，その二以上の株主等である法人につきそれぞれ計算した割合の合計割合）

(5) 株式等の保有割合の算定に関する規定（規１の２②）は，上記(1)②の直接又は間接に保有される関係の判定について準用されます（規１の２④）。

(2) **長期建設工事現場等**　長期建設工事現場等とは，非居住者の国内にある建設若しくは据付けの工事又はこれらの指揮監督の役務の提供を行う場所その他これに準ずるものとして一定のものをいい，具体的には，非居住者の国内にある長期建設工事現場等（非居住者が国内において長期建設工事等（建設若しくは据付けの工事又はこれらの指揮監督の役務の提供で１年を超えて行われるものをいう。(2)において同じ。）を行う場所をいい，非居住者の国内における長期建設工事等を含む。(2)において同じ。）がこれに該当します（法２①八の四ロ，令１の２②）。

(注)１　上記の「建設若しくは据付けの工事又はこれらの指揮監督の役務の提供（(注)１において「建設工事等」という。）で１年を超えて行われるもの」には，次に掲げるものが含まれ，また，建設工事等は，その建設工事等を独立した事業として行うものに限られず，例えば，非居住者が機械設備等を販売したことに伴う据付けの工事等であっても建設工事等に該当します。なお，次に掲げるものに該当しない建設工事等であっても，**(注)**２の措置により，１年を超えて行われるものに該当する場合があります（基通161―２）。

① 建設工事等に要する期間が１年を超えることが契約等からみて明らかであるもの

② 一の契約に基づく建設工事等に要する期間が１年以下であっても，これに引き続いて他の契約等に基づく建設工事等を行い，これらの建設工事等に要する期間を通算すると１年を超えることになるもの

２　契約分割を通じた恒久的施設認定の人為的回避防止措置

上記の長期建設工事現場等の期間要件について，契約を分割して建設工事等の期間を１年以下とすることにより長期建設工事現場等の恒久的施設の認定を人為的に回避することを防止する観点から，上記の長期建設工事現場等を構成しないことがその契約の分割の主たる目的の１つであった場合には，分割された期間を合計して判定を行うこととする措置が講じられています。具体的には，２以上に分割をして建設若しくは据付けの工事又はこれらの指揮監督の役務の提供（**(注)**２において「建設工事等」という。）に係る契約が締結されたことにより上記の非居住者の

申告と納税

― 875 ―

確定申告と納税（非居住者）

国内におけるその分割後の契約に係る建設工事等（**(注)** 2において「契約分割後建設工事等」という。）が1年を超えて行われないこととなったとき（その契約分割後建設工事等を行う場所（その契約分割後建設工事等を含む。）を上記の長期建設工事現場等に該当しないこととすることがその分割の主たる目的の1つであったと認められるときに限る。）におけるその契約分割後建設工事等が1年を超えて行われるものであるかどうかの判定は，その契約分割後建設工事等の期間に国内におけるその分割後の他の契約に係る建設工事等の期間（その契約分割後建設工事等の期間と重複する期間を除く。）を加算した期間により行うこととされています（令1の2③）。ただし，正当な理由に基づいて契約を分割したときは，この限りではありません（令1の2③ただし書）。

3　長期建設工事現場等を有するとはされない活動の範囲

非居住者が長期建設工事現場等を有する場合についても，上記(1)支店等の**(注)** 2の「恒久的施設を有するとはされない活動の範囲」と同様の措置が講じられています（令1の2④⑥）。

4　事業活動の細分化を通じた恒久的施設認定の人為的回避防止措置

非居住者が長期建設工事現場等を有する場合についても，上記(1)支店等の**(注)** 3の「事業活動の細分化を通じた恒久的施設認定の人為的回避防止措置」と同様の措置が講じられています（令1の2⑥）。

(3)　**従属代理人**　非居住者が国内に置く自己のために契約を締結する権限のある者その他これに準ずる者で一定のものをいい，具体的には，国内において非居住者に代わって，その事業に関し，反復して次に掲げる契約を締結し，又はその非居住者によって重要な修正が行われることなく日常的に締結される次に掲げる契約の締結のために反復して主要な役割を果たす者がこれに該当します（法2①八の四ハ，令1の2⑦）。

①　その非居住者の名において締結される契約

②　その非居住者が所有し，又は使用の権利を有する財産について，所有権を移転し，又は使用の権利を与えるための契約

③　その非居住者による役務の提供のための契約

(注) 1　上記の「契約」の締結には，契約書に調印することのほか，契約内容につき実質的に合意することが含まれ（基通161―3），上記の「主要な役割を果たす者」とは，上記①から③までに掲げる契約が締結されるという結果をもたらす役割を果たす者をいい，例えば，非居住者の商品について販売契約を成立させるために営業活動を行う者がこれに該当します（基通161―4）。また，従属代理人には，長期の代理契約に基づいて非居住者に代わって行動する者のほか，個々の代理契約は短期的であるが，2以上の代理契約に基づいて反復して一の非居住者に代わって行動する者が含まれますが，この「一の非居住者に代わって行動する者」は特定の非居住者のみに代わって行動する者に限られません（基通161―5）。

2　従属代理人から除外される独立代理人

独立代理人は，上記の従属代理人には含まれません。「独立代理人」とは，国内において非居住者に代わって行動する者が，その事業に係る業務を，その非居住者に対し独立して行い，かつ，通常の方法により行う場合におけるその者をいい，具体的には，次に掲げる要件のいずれも満たす者をいいます（令1の2⑧本文，基通161―6）。

①　代理人としてその業務を行う上で，詳細な指示や包括的な支配を受けず，十分な裁量権を有するなど本人である非居住者から法的に独立していること。

②　その業務に係る技能と知識の利用を通じてリスクを負担し，報酬を受領するなど本人である非居住者から経済的に独立していること。

③　代理人としてその業務を行う際に，代理人自らが通常行う業務の方法又は過程において行うこと。ただし，その者が，専ら又は主として一又は二以上の自己と特殊の関係にある者に代わっ

確定申告と納税（非居住者）

て行動する場合は，この限りではありません（令1の2⑧ただし書）。

  3 従属代理人を有するとはされない活動の範囲

    非居住者が従属代理人を有する場合についても，上記(1)**支店等**の（注）2の「恒久的施設を有するとはされない活動の範囲」と同様の措置が講じられています（令1の2⑦）。

  4 事業活動の細分化を通じた恒久的施設認定の人為的回避防止措置

    非居住者が従属代理人を有する場合についても，上記(1)**支店等**の（注）3の「事業活動の細分化を通じた恒久的施設認定の人為的回避防止措置」と同様の措置が講じられています（令1の2⑦）。

  5 「特殊の関係」の意義

    上記（注）2の「特殊の関係」の意義については，上記(1)**支店等**の（注）4　「特殊の関係」の意義をご参照ください（令1の2⑨，規1の2）。

非居住者に課税される所得の範囲

  非居住者に課税される所得の範囲は国内源泉所得に限られ（法7①三），国内源泉所得とは，次のようなものをいいます（法161①）。

(1) **恒久的施設帰属所得（第1号該当）** 恒久的施設帰属所得とは，非居住者が恒久的施設を通じて事業を行う場合において，その恒久的施設がその非居住者から独立して事業を行う事業者であるとしたならば，その恒久的施設が果たす機能，その恒久的施設において使用する資産，その恒久的施設とその非居住者の事業場等との間の内部取引その他の状況を勘案して，その恒久的施設に帰せられるべき所得（その恒久的施設の譲渡により生ずる所得を含む。）をいいます（法161①一）。

（注）1 事業場等とは，非居住者の事業に係る事業場その他これに準ずるものであって恒久的施設以外のものをいい，具体的には，次に掲げるものがこれに該当します（法161①一，令279）。

  (1) **恒久的施設の(1)支店等**に相当するもの

  (2) **恒久的施設の(2)長期建設工事現場等**に相当するもの

  (3) **恒久的施設の(3)従属代理人**に相当する者

  (4) (1)から(3)までに掲げるものに準ずるもの

  2 内部取引とは，非居住者の恒久的施設と事業場等との間で行われた資産の移転，役務の提供その他の事実で，独立の事業者の間で同様の事実があったとしたならば，これらの事業者の間で，資産の販売，資産の購入，役務の提供その他の取引が行われたと認められるものをいいますが，資金の借入れその他の取引に係る債務の保証（債務を負担する行為であって債務の保証に準ずるものを含む。）又は保険契約に係る保険責任の引受けといった取引は，内部取引から除かれます（法161②，令290）。

  3 その他の状況には，恒久的施設に帰せられるリスク及び恒久的施設に帰せられる外部取引が含まれます（基通161—8）。

  (1) リスクとは，為替相場の変動，市場金利の変動，経済事情の変化その他の要因による利益又は損失の増加又は減少の生ずるおそれをいいます（基通161－8（注）1）。（注）4，5及び7において同じです。

  (2) リスクの引受け又はリスクの管理に関する人的機能を恒久的施設が果たす場合には，そのリスクはその恒久的施設に帰せられます（基通161—8（注）2）。

  (3) 外部取引とは，恒久的施設を有する非居住者が他の者との間で行った取引をいいます（基通161—8（注）3）。（注）4において同じです。

  4 恒久的施設帰属所得は，非居住者の恒久的施設及びその事業場等が果たす機能（リスクの引受け又はリスクの管理に関する人的機能，資産の帰属に係る人的機能その他の機能をいう。（注）4

— 877 —

において同じ。）並びにその恒久的施設及びその事業場等に関する事実の分析を行うことにより，その恒久的施設が果たす機能，その恒久的施設に帰せられるリスク，その恒久的施設において使用する資産，その恒久的施設に帰せられる外部取引，内部取引その他の恒久的施設帰属所得の認識に影響を与える状況を特定し，これらの状況を総合的に勘案して認識することとされており，その機能及びその事実の分析は，その非居住者が行った外部取引ごと又はその恒久的施設とその事業場等との間で行われた資産の移転，役務の提供等の事実ごとに，かつ，その恒久的施設がその非居住者から独立して事業を行う事業者であるものとして行います（基通161—9）。

5　恒久的施設が果たす機能には，恒久的施設が果たすリスクの引受け又はリスクの管理に関する人的機能（その恒久的施設を通じて行う事業に従事する者が行うリスクの引受け又はリスクの管理に関する積極的な意思決定が必要とされる活動をいう。），資産の帰属に係る人的機能，研究開発に係る人的機能，製造に係る人的機能，販売に係る人的機能，役務提供に係る人的機能等が含まれます（基通161—10）。

6　恒久的施設において使用する資産には，（注）7の判定により恒久的施設に帰せられることとなる資産のほか，例えば，賃借（これに相当する内部取引を含む。）している固定資産（無形固定資産を除く。（注）7において同じ。），使用許諾（これに相当する内部取引を含む。）を受けた無形資産（工業所有権その他の技術に関する権利，特別の技術による生産方式又はこれらに準ずるもの，著作権（出版権及び著作隣接権その他これに準ずるものを含む。）及び無形固定資産のほか，顧客リスト，販売網等の重要な価値のあるものをいう。（注）7において同じ。）等でその恒久的施設において使用するものが含まれます（基通161—11）。

7　上記（注）6の「恒久的施設に帰せられることとなる資産」に該当するか否かの判定については，次に掲げる資産はおおむね次に定めるところによります（基通165の3—4）。

(1)　有形資産（棚卸資産及び固定資産をいう。（注）7において同じ。）　有形資産を恒久的施設において使用する場合には，その有形資産はその恒久的施設に帰せられる。

(2)　無形資産　無形資産の内容に応じて，恒久的施設がその無形資産の開発若しくは取得に係るリスクの引受け又はその無形資産に係るリスクの管理に関する人的機能を果たす場合には，その無形資産はその恒久的施設に帰せられる。

(3)　金融資産　恒久的施設を通じて行う事業の内容及び金融資産の内容に応じて，その恒久的施設がその金融資産に係る信用リスク，市場リスク等のリスクの引受け又はこれらのリスクの管理に関する人的機能を果たす場合には，その金融資産はその恒久的施設に帰せられる。

8　恒久的施設を有する非居住者が国内及び国外にわたって船舶又は航空機による運送の事業を行うことにより生ずる所得のうち，船舶による運送の事業にあっては国内において乗船し又は船積みをした旅客又は貨物に係る収入金額を基準とし，航空機による運送の事業にあってはその国内業務に係る収入金額又は経費，その国内業務の用に供する固定資産の価額その他その国内業務がその運送の事業に係る所得の発生に寄与した程度を推測するに足りる要因を基準として判定したその非居住者の国内業務につき生ずべき所得をもって，恒久的施設帰属所得とされます（法161③，令291）。

(2)　**国内にある資産の運用・保有による所得（第2号該当）**　国内にある資産の運用・保有による所得とは，国内にある資産の運用又は保有により生ずる所得をいい，次に掲げる資産の運用又は保有により生ずる所得がこれに含まれますが，下記**(8)利子所得（第8号該当）**から**(16)匿名組合契約に基づく利益の分配（第16号該当）**までに掲げるものに該当するものはこれから除かれます（法161①二，令280①）。

イ　公社債のうち日本国の国債若しくは地方債若しくは内国法人の発行する債券又は約束手形

ロ　居住者に対する貸付金に係る債権でその居住者の行う業務に係るもの以外のもの

—878—

確定申告と納税（非居住者）

ハ　国内にある営業所等又は国内において契約の締結の代理をする者を通じて締結した生命・損害保険契約（旧簡易生命保険契約を含む。）その他これらに類する契約に基づく保険金の支払又は剰余金の分配を受ける権利

(注)1　非居住者の有する資産（棚卸資産である動産を除く。(注)1において同じ。）が国内にあるかどうかは，上記イからハまでに定めるところによるもののほか，おおむね次に掲げる資産の区分に応じ，それぞれ次に掲げる場所が国内にあるかどうかにより判定します（基通161─12）。
　　(1)　動産　その所在地。ただし，国外又は国内に向けて輸送中の動産については，その目的地とする。
　　(2)　不動産又は不動産の上に存する権利　その不動産の所在地
　　(3)　登録された船舶又は航空機　その登録機関の所在地
　　(4)　鉱業権，租鉱権又は採石権（これらの権利に類する権利を含む。）　その権利に係る鉱区又は採石場の所在地
　　2　上記イに掲げる債券には，社債，株式等の振替に関する法律又は廃止前の社債等登録法の規定により振替口座簿に記載若しくは記録又は登録されたため債券の発行されていない公社債が含まれます（基通161─13）。
　　3　例えば，次のようなものが，国内にある資産の運用・保有による所得に該当します（基通161─14）。
　　(1)　公社債を国内において貸し付けた場合の貸付料及び国債，地方債，内国法人の発行する債券若しくは資金調達のために発行する約束手形に係る償還差益又は発行差金
　　(2)　上記ロに掲げる債権の利子及びその債権又は下記(10)貸付金の利子（第10号該当）の貸付金に係る債権をその債権金額に満たない価額で取得した場合におけるその満たない部分の金額
　　(3)　国内にある供託金について受ける利子
　　(4)　個人から受けるその個人が国内において生活の用に供する動産の使用料
　　4　なお，次に掲げるものは，国内にある資産の運用・保有による所得には含まれません（令280②）。
　　(1)　下記(10)貸付金の利子（第10号該当）のイ①及び②に掲げる債権の利子
　　(2)　市場デリバティブ取引又は店頭デリバティブ取引の決済により生ずる所得

(3)　**国内にある資産の譲渡による所得（第3号該当）**　国内にある資産の譲渡による所得とは，国内にある資産の譲渡により生ずる所得をいい，次に掲げるものがこれに該当します（法161①三，令281①，措令19の3㉓）。

イ　国内にある不動産の譲渡による所得
ロ　国内にある不動産の上に存する権利，鉱業権又は採石権の譲渡による所得
ハ　国内にある山林の伐採又は譲渡による所得
ニ　内国法人の発行する株式等の譲渡による所得で次に掲げるもの
　①　同一銘柄の内国法人の株式等の買集めをし，その所有者である地位を利用して，その株式等をその内国法人若しくはその特殊関係者に対し，又はこれらの者若しくはその依頼する者のあっせんにより譲渡をすることによる所得
　②　新株予約権の行使による株式の取得に係る経済的利益の非課税の特例（いわゆる税制適格ストック・オプション制度）の適用を受けて取得した特定株式又は特定承継株式の譲渡による所得
　③　内国法人の特殊関係株主等である非居住者が行うその内国法人の株式等の譲渡による所得
ホ　法人（不動産関連法人に限る。）の株式の譲渡による所得
ヘ　国内にあるゴルフ場の所有又は経営に係る法人の株式又は出資を所有することがそのゴルフ

─ 879 ─

確定申告と納税（非居住者）

　　場を一般の利用者に比して有利な条件で継続的に利用する権利を有する者となるための要件と
　　されている場合におけるその株式又は出資の譲渡による所得
　ト　国内にあるゴルフ場その他の施設の利用に関する権利の譲渡による所得
　チ　イからトまでに掲げるもののほか，非居住者が国内に滞在する間に行う国内にある資産の譲
　　渡による所得
(注)　1　上記ニ①の株式等の買集めとは，金融商品取引所又は認可金融商品取引業協会がその会員に対
　　し特定の銘柄の株式につき価格の変動その他売買状況等に異常な動きをもたらす基因となると認
　　められる相当数の株式の買集めがあり，又はその疑いがあるものとしてその売買内容等につき報
　　告又は資料の提出を求めた場合における買集めその他これに類する買集めをいいます（令281②）。
　　2　上記ニ①の特殊関係者とは，内国法人の役員又は主要な株主等（株式等の買集めをした者から
　　その株式等を取得することによりその内国法人の主要な株主等となることとなる者を含む。），こ
　　れらの者の親族，これらの者の支配する法人，その内国法人の主要な取引先その他その内国法人
　　とこれらに準ずる特殊の関係のある者をいいます（令281③）。
　　3　上記ニ③の特殊関係株主等とは，次に掲げる者をいいます（令281④）。
　　(1)　内国法人の一の株主等
　　(2)　(1)の一の株主等と特殊の関係その他これに準ずる関係のある者
　　(3)　(1)の一の株主等が締結している組合契約等に係る組合財産である内国法人の株式等につき，
　　　その株主等に該当することとなる者（(1)及び(2)に掲げる者を除く。）
　　4　上記ニ③の株式等の譲渡は，次に掲げる要件を満たす場合の非居住者のその譲渡の日の属する
　　年（(注)4，5及び7において「譲渡年」という。）における株式又は出資の譲渡に限られます（令
　　281⑥）。
　　(1)　譲渡年以前3年内のいずれかの時において，内国法人の特殊関係株主等がその内国法人の発
　　　行済株式又は出資の総数又は総額の25％以上に相当する数又は金額の株式又は出資を所有して
　　　いたこと
　　(2)　譲渡年において，内国法人の特殊関係株主等が最初にその内国法人の株式又は出資の譲渡を
　　　する直前のその内国法人の発行済株式又は出資の総数又は総額の5％以上に相当する数又は金
　　　額の株式又は出資の譲渡をしたこと
　　5　特殊関係株主等の譲渡した株式又は出資の総数又は総額が内国法人の発行済株式又は出資の総
　　数又は総額の5％以上になるかどうかは，譲渡年の中途においてその内国法人が行った増資等に
　　よりその発行済株式又は出資の総数又は総額に異動があった場合においても，その譲渡年におい
　　て最初にその株式又は出資を譲渡した直前のその発行済株式又は出資の総数又は総額に基づいて
　　計算します（基通161―15）。
　　6　上記ホの不動産関連法人とは，その株式の譲渡の日から起算して365日前の日からその譲渡の直
　　前の時までの間のいずれかの時において，その有する資産の価額の総額のうちに次に掲げる資産
　　の価額の合計額の占める割合が50％以上である法人をいいます（令281⑧）。
　　(1)　国内にある土地等（土地若しくは土地の上に存する権利又は建物及びその附属設備若しくは
　　　構築物をいう。(2)から(4)までにおいて同じ。）
　　(2)　その有する資産の価額の総額のうちに(1)の価額の合計額の占める割合が50％以上である法人
　　　の株式
　　(3)　(2)又は(4)に掲げる株式を有する法人（その有する資産の価額の総額のうちに(1)並びに(2)，(3)
　　　及び(4)に掲げる株式の価額の合計額の占める割合が50％以上であるものに限る。）の株式（(2)に
　　　掲げる株式に該当するものを除く。）
　　(4)　(3)に掲げる株式を有する法人（その有する資産の価額の総額のうちに(1)並びに(2)，(3)及び(4)
　　　に掲げる株式の価額の合計額の占める割合が50％以上であるものに限る。）の株式（(2)又は(3)に

― 880 ―

掲げる株式に該当するものを除く。）

7 上記ホの株式の譲渡は，次に掲げる株式又は出資の譲渡に限られます（令281⑨）。

(1) 譲渡年の前年の12月31日において，その株式又は出資（上場株式等に限る。）に係る上記ホの法人の特殊関係株主等がその法人の発行済株式又は出資の総数又は総額の5％を超える数又は金額の株式又は出資を有し，かつ，その株式又は出資の譲渡をした者がその特殊関係株主等である場合のその譲渡

(2) 譲渡年の前年の12月31日において，その株式又は出資（上場株式等を除く。）に係る上記ホの法人の特殊関係株主等がその法人の発行済株式又は出資の総数又は総額の2％を超える数又は金額の株式又は出資を有し，かつ，その株式又は出資の譲渡をした者がその特殊関係株主等である場合のその譲渡

8 上記（注）7の特殊関係株主等とは，次に掲げる者をいいます（令281⑩）。

(1) 上記ホの法人の一の株主等

(2) (1)の一の株主等と特殊の関係その他これに準ずる関係のある者

(3) (1)の一の株主等が締結している組合契約等に係る組合財産である上記ホの法人の株式につき，その株主等に該当することとなる者（(1)及び(2)に掲げる者を除く。）

9 非居住者の有する資産（棚卸資産である動産を除く。（注）9において同じ。）が国内にあるかどうかは，上記イからチまでに定めるところによるもののほか，おおむね次に掲げる資産の区分に応じ，それぞれ次に掲げる場所が国内にあるかどうかにより判定します（基通161—12）。

(1) 動産　その所在地。ただし，国外又は国内に向けて輸送中の動産については，その目的地とする。

(2) 不動産又は不動産の上に存する権利　その不動産の所在地

(3) 登録された船舶又は航空機　その登録機関の所在地

(4) 鉱業権，租鉱権又は採石権（これらの権利に類する権利を含む。）　その権利に係る鉱区又は採石場の所在地

(4) **組合契約事業利益の分配（第4号該当）**　　組合契約事業利益の分配とは，民法上の組合契約，投資事業有限責任組合契約等の組合契約（これらの組合契約に類する外国の契約を含む。）に基づいて恒久的施設を通じて行う事業から生ずる利益でその組合契約に基づいて配分を受けるもののうち一定のものをいいます（法161①四，令281の2）。

(注)1 組合契約を締結している組合員である非居住者がその組合契約に定める計算期間その他これに類する期間（これらの期間が1年を超える場合は，これらの期間をその開始の日以後1年ごとに区分した各期間（最後に1年未満の期間を生じたときは，その1年未満の期間）。以下「計算期間」という。）において生じた利益につき金銭その他の資産（以下「金銭等」という。）の交付を受ける場合には，その配分をする者をその利益の支払をする者とみなし，その金銭等の交付をした日（その計算期間の末日の翌日から2か月を経過する日までにその利益に係る金銭等の交付がされない場合には，同日）においてその支払があったものとみなして，源泉徴収されます（法212⑤）。

2 上記の「利益で…一定のもの」とは，組合契約に基づいて恒久的施設を通じて行う事業から生ずる収入からその収入に係る費用（下記(5)**土地等の譲渡による所得（第5号該当）**から⑯**匿名組合契約に基づく利益の分配（第16号該当）**までに掲げる国内源泉所得につき源泉徴収された所得税を含む。）を控除したものについてその組合契約を締結している組合員（その組合契約を締結していた組合員並びにその組合契約に類する外国の契約を締結している者及びその契約を締結していた者を含む。）がその組合契約に基づいて配分を受けるものをいいます（令281の2②）。

3 組合契約事業は，組合員の共同事業ですので，組合員である非居住者が恒久的施設を有する非居住者に該当するかどうかについては，各組合員がそれぞれ組合契約事業を直接行っているものとして判定します（基通164—4）。

— 881 —

4 なお，投資事業有限責任組合の有限責任組合員である非居住者については，組合に対して金銭の出資を行うのみで，組合の業務を執行しないことから，その実態は，共同で組合の事業を行う事業者というよりも，組合の事業に対して投資を行う投資家に近いと言えるため，投資事業有限責任組合の有限責任組合である非居住者のうち，組合としての共同事業性が希薄であると考えることができる一定の要件を満たす者については，一定の所得に対する所得税を非課税とする特例が措置されています。

具体的には，投資組合契約（投資事業有限責任組合契約に関する法律第3条第1項に規定する投資事業有限責任組合契約及び外国におけるこれに類する契約をいう。(注) 4において同じ。）を締結している組合員である非居住者で，その投資組合契約に基づいて恒久的施設を通じて事業を行うもののうち次の(1)から(5)までの要件を満たすものが有する上記(1)恒久的施設帰属所得（第1号該当）及び(4)組合契約事業利益の配分（第4号該当）に掲げる国内源泉所得（上記(2)国内にある資産の運用・保有による所得（第2号該当），(3)国内にある資産の譲渡による所得（第3号該当），下記(5)土地等の譲渡による所得（第5号該当）から(11)使用料等（第11号該当）まで及び(13)事業の広告宣伝のための賞金（第13号該当）から(17)その他その源泉が国内にある所得（第17号該当）までに該当するものを除く。）でその恒久的施設に帰せられるものについては，所得税を課さないこととされ，支払の際の(4)組合契約事業利益の配分（第4号該当）に対する源泉徴収及び上記(1)恒久的施設帰属所得（第1号該当）に係る申告納税は不要となります（措法41の21①）。

(1) その投資組合契約によって成立する投資組合の有限責任組合員であること。

(2) その投資組合契約に基づいて行う事業に係る業務の執行を行わないこと。

(3) その投資組合契約に係る組合財産に対する持分割合が25％未満であること。

(4) その投資組合契約によって成立する投資組合の無限責任組合員と特殊の関係のある者でないこと。

(5) その投資組合契約（その非居住者が既にこの特例の適用を受けている場合には，その投資組合契約以外のその非居住者が締結しているその適用に係る投資組合契約を含む。）に基づいて恒久的施設を通じて事業を行っていないとしたならば，上記(1)恒久的施設帰属所得（第1号該当）を有しないこととなること。

本特例は，非居住者が，特例適用申告書に本特例の適用対象となる投資組合契約に係る契約書の写しを添付して，これを，投資組合契約に係る投資組合の無限責任組合員で(4)組合契約事業利益の配分（第4号該当）の配分の取扱いをする者を経由してその組合契約事業利益の配分に係る納税地の所轄税務署長に提出しており，かつ，その投資組合契約の締結の日からその提出の日までの間継続して上記(1)から(5)までの要件を満たしている場合に限り，その提出の日以後の期間について，適用されます（措法41の21⑤）。

なお，本特例の適用を受けている非居住者が上記(1)から(5)までの要件のいずれかを満たさなくなった場合には，その満たさなくなった日以後は，たとえその後に再び上記(1)から(5)までの要件を満たすこととなった場合であっても，特例適用投資組合の解散の日又はその非居住者がその特例適用投資組合から脱退することなどによりその特例適用投資組合の組合員でなくなる日までは，本特例の適用を受けることができません（措法41の21⑥，措令26の30⑬）。

また，非居住者が対象国内源泉所得（上記(1)恒久的施設帰属所得（第1号該当）及び(4)組合契約事業利益の配分（第4号該当）に掲げる国内源泉所得（上記(2)国内にある資産の運用・保有による所得（第2号該当），(3)国内にある資産の譲渡による所得（第3号該当），下記(5)土地等の譲渡による所得（第5号該当）から(11)使用料等（第11号該当）まで及び(13)事業の広告宣伝のための賞金（第13号該当）から(17)その他その源泉が国内にある所得（第17号該当）までに該当するものを除く。）でその非居住者が締結している投資組合契約に基づいて行う事業に係る恒久的施設に帰せられるものをいう。(注) 4において同じ。）につきこの特例の適用を受けた場合には，その非居住者が締結しているその適用に係る投資組合契約に基づいて恒久的施設を通じて行う事業による

対象国内源泉所得に係る損失の額は，所得税法その他所得税に関する法令の規定の適用については，ないものとみなされます（措法41の21②）。

(5) **土地等の譲渡による所得（第5号該当）**　　土地等の譲渡による所得とは，国内にある土地若しくは土地の上に存する権利又は建物及びその附属設備若しくは構築物（(5)において「土地等」という。）の譲渡による所得をいいます。ただし，譲渡の対価が1億円以下であり，かつ，その土地等を自己又はその親族の居住の用に供するために譲り受けた個人から支払われるものは除かれます（法161①五，令281の3）。

(注)1　土地等には，鉱業権（租鉱権及び採石権その他土石を採掘し又は採取する権利を含む。），温泉を利用する権利，配偶者居住権（その配偶者居住権の目的となっている建物の敷地の用に供される土地（土地の上に存する権利を含む。）をその配偶者居住権に基づき使用する権利を含みます。），借家権及び土石（砂）などは含まれません（基通161—16）。

2　自己又はその親族の居住の用に供するためには，土地等を譲り受けた者が事業の用若しくは貸付けの用その他居住の用以外の用に供するため又は他への譲渡のために譲り受けた場合は含まれませんが，例えば，その土地等を譲り受けた後居住の用に供していない場合でも，その土地等を譲り受ける時の現況において自己又はその親族の居住の用に供するために譲り受けたことについて，合理的な理由があるときはこれに含まれます（基通161—17）。

3　譲渡の対価が1億円を超えるかどうかの判定に当たっては，例えば，その土地等を居住の用と居住の用以外の用とに供するために譲り受けた個人から支払われるものである場合には，居住の用に供する部分に係る対価の金額及び居住の用以外の用に供する部分に係る対価の金額の合計額により判定します（基通161—18）。

(6) **人的役務の提供事業の対価（第6号該当）**　　人的役務の提供事業の対価とは，自己の人的役務の提供の対価ではなく，自己と雇用関係にある者又は自己に専属する者等をして人的役務を提供させることを主たる内容とする国内において行う事業で，次に掲げるものに係る対価をいいます（法161①六，令282）。

イ　映画若しくは演劇の俳優，音楽家その他の芸能人又は職業運動家の役務の提供を主たる内容とする事業

ロ　弁護士，公認会計士，建築士その他の自由職業者の役務の提供を主たる内容とする事業

ハ　科学技術，経営管理その他の分野に関する専門的知識又は特別の技能を有する者のその知識又は技能を活用して行う役務の提供を主たる内容とする事業（機械設備の販売その他事業を行う者の主たる業務に付随して行われる場合におけるその事業及び建設又は据付の工事の指揮監督の役務の提供を主たる内容とする事業を除く。）

(注)1　人的役務の提供事業の対価には，非居住者が人的役務を提供するために要する往復の旅費，国内滞在費等の全部又は一部をその対価の支払者が負担する場合におけるその負担する費用が含まれますが，その費用として支出する金銭等が，その人的役務を提供する者に対して交付されるものでなく，その対価の支払者から航空会社，ホテル，旅館等に直接支払われ，かつ，その金額がその費用として通常必要であると認められる範囲内のものであるときは，この限りではありません（基通161—19）。

2　国内において人的役務の提供を行う者の事業が人的役務の提供を主たる内容とする事業に該当するかどうかは，国内における人的役務の提供に関する契約ごとに，その契約に基づく人的役務の提供が上記イからハまでに掲げる事業に該当するかどうかにより判定します。この場合，国内において人的役務の提供を主たる内容とする事業を行う者には，国内においてその事業を行う他の非居住者又は外国法人に対し，人的役務の提供を主たる内容とする事業を行う非居住者も含ま

れます（基通161—20）。

3　人的役務の提供を主たる内容とする事業とは，非居住者が営む自己以外の者の人的役務の提供を主たる内容とする事業をいいますが，非居住者が次に掲げるような者を伴い国内において自己の役務を主たる内容とする役務の提供をした場合に受ける報酬は，人的役務提供事業の対価に該当するのではなく，給与等人的役務の提供に対する報酬に該当します（基通161—21）。

(1)　弁護士，公認会計士等の自由職業者の事務補助者

(2)　映画，演劇の俳優，音楽家，声楽家等の芸能人のマネージャー，伴奏者，美容師

(3)　プロボクサー，プロレスラー等の職業運動家のマネージャー，トレーナー

(4)　通訳，秘書，タイピスト

4　芸能人又は職業運動家の役務の提供を主たる内容とする事業に係る人的役務の提供事業の対価には，国内においてその事業を行う非居住者がその芸能人又は職業運動家の実演又は実技，その実演又は実技の録音，録画につき放送，放映その他これらに類するものの対価として支払を受けるもので，その実演又は実技に係る役務の提供に対する対価とともに支払を受けるものが含まれ，国内においてその事業を行う者が著作隣接権の対価として支払を受けるもので，この取扱いにより人的役務の提供事業の対価とされるもの以外のものは，下記(11)**使用料等（第11号該当）**ロの著作隣接権の使用料に該当します（基通161—22）。

5　上記イの職業運動家には，運動家のうち，いわゆるアマチュア，ノンプロ等と称される者であっても，競技等の役務を提供することにより報酬を受ける場合には，これに含まれ，また，運動家は，陸上競技などの選手に限られず，騎手，レーサーのほか，大会などで競技する囲碁，チェス等の競技者等が含まれます（基通161—23）。

6　人的役務の提供事業を行う者が受ける人的役務の提供に係る対価には，国内においてその事業を行う者がその人的役務の提供に関して支払を受ける全ての対価が含まれますので，例えば，職業運動家の役務の提供を受けるため，その職業運動家の所属していた法人その他の者に支払われる対価は，移籍料，仲介料，レンタル料，保有権の譲渡対価又は賃貸料等その名称のいかんにかかわらず人的役務の提供に係る対価に該当します（基通161—24）。

7　上記ハの「科学技術，経営管理その他の分野に関する専門的知識又は特別の技能を有する者のその知識又は技能を活用して行う役務の提供を主たる内容とする事業」から除かれる「機械設備の販売その他事業を行う者の主たる業務に付随して行われる場合におけるその事業」とは，次に掲げるような行為に係る事業をいいますが，これらの行為に係る事業のために派遣された技術者が国内において行った勤務に関して受ける給与は，下記(12)**給与等人的役務の提供に対する報酬（第12号該当）**のイに掲げる給与に該当します（基通161—25）。

(1)　機械設備の販売業者が機械設備の販売に伴い販売先に対しその機械設備の据付け，組立て，試運転等のために技術者等を派遣する行為

(2)　工業所有権，ノーハウ等の権利者がその権利の提供を主たる内容とする業務を行うことに伴いその提供先に対しその権利の実施のために技術者等を派遣する行為

(7)　**不動産の賃貸料等**（第7号該当）　不動産の賃貸料等とは，次に掲げる対価をいいます（法161①七）。

イ　国内にある不動産の貸付けによる対価

ロ　国内にある不動産の上に存する権利の貸付けによる対価

ハ　採石法の規定による採石権の貸付けによる対価

ニ　鉱業法の規定による租鉱権の設定による対価

ホ　居住者又は内国法人に対する船舶の貸付けによる対価

ヘ　居住者又は内国法人に対する航空機の貸付けによる対価

(注)1　上記イからハまでの貸付けには，地上権又は採石権の設定その他他人に不動産，不動産の上に

確定申告と納税（非居住者）

存する権利又は採石権を使用させる一切の行為が含まれます（法161①七かっこ書）。

2　上記の「船舶若しくは航空機の貸付けによる対価」とは，船体又は機体の賃貸借であるいわゆる裸用船（機）契約に基づいて支払を受ける対価をいい，乗組員とともに船体又は機体を利用させるいわゆる定期用船（機）契約又は航海用船（機）契約に基づいて支払を受ける対価は，これに該当せず，恒久的施設を有する非居住者のいわゆる定期用船（機）契約又は航海用船（機）契約に基づいて支払を受ける対価は，上記(1)恒久的施設帰属所得（第1号該当）（注）8の船舶又は航空機による運送の事業に係る所得に該当します（基通161―26）。

3　非居住者が居住者又は内国法人に対する船舶又は航空機の貸付け（いわゆる裸用船（機）契約によるものに限る。）に基づいて支払を受ける対価は，たとえその居住者又は内国法人がその貸付けを受けた船舶又は航空機を専ら国外において事業の用に供する場合であっても，上記の「居住者又は内国法人に対する船舶又は航空機の貸付けによる対価」の国内源泉所得に該当します（基通161―26（注）2）。

4　非居住者が上記の船舶又は航空機の貸付けをしたことに伴い，その船舶又は航空機の運航又は整備に必要な技術指導をするための役務の提供をした場合には，その貸付けに係る契約書等においてその貸付けに係る対価の額とその役務の提供に係る対価の額とが明確に区分されているときを除き，その対価の額の全部が船舶又は航空機の貸付けによる対価の額に該当します（基通161―27）。

(8)　**利子所得（第8号該当）**　利子所得とは，所得税法第23条第1項に規定する利子等のうち次に掲げるものをいいます（法161①八）。

イ　日本国の国債若しくは地方債又は内国法人の発行する債券の利子

ロ　外国法人の発行する債券の利子のうちその外国法人の恒久的施設を通じて行う事業に係るもの

ハ　国内にある営業所に預け入れられた預貯金の利子

ニ　国内にある営業所に信託された合同運用信託，公社債投資信託又は公募公社債等運用投資信託の収益の分配

（注）　上記イに掲げる債券には，社債，株式等の振替に関する法律又は廃止前の社債等登録法の規定により振替口座簿に記載若しくは記録又は登録されたため債券の発行されていない公社債が含まれます（基通161―13，161―28）。

(9)　**配当所得（第9号該当）**　配当所得とは，所得税法第24条第1項に規定する配当等のうち次に掲げるものをいいます（法161①九）。

イ　内国法人から受ける所得税法第24条第1項に規定する剰余金の配当，利益の配当，剰余金の分配，金銭の分配又は基金利息

ロ　国内にある営業所に信託された投資信託（公社債投資信託及び公募公社債等運用投資信託を除く。）又は特定受益証券発行信託の収益の分配

(10)　**貸付金の利子（第10号該当）**　貸付金の利子とは，国内において業務を行う者に対する貸付金（これに準ずるものを含む。）でその業務に係るものの利子（イに掲げるものを除き，ロに掲げる債券の買戻又は売戻条件付売買取引として一定のものから生ずる差益として一定のものを含む。）をいいます（法161①十，令283）。

イ　上記の貸付金の利子から除かれるものは，次に掲げる債権のうち，その発生の日からその債務を履行すべき日までの期間（期間の更新その他の方法（イにおいて「期間の更新等」という。）によりその期間が実質的に延長されることが予定されているものについては，その延長されたその期

―885―

間。イにおいて「履行期間」という。）が６か月を超えないもの（その成立の際の履行期間が６か月を超えなかったその債権について期間の更新等によりその履行期間が６か月を超えることとなる場合のその期間の更新等が行われる前の履行期間におけるその債権を含む。）の利子とされています（令283①）。

① 国内において業務を行う者に対してする資産の譲渡又は役務の提供の対価に係る債権

② ①の対価の決済に関し，金融機関が国内において業務を行う者に対して有する債権

ロ 上記の「債券の買戻し又は売戻条件付売買取引として一定のもの」とは，債券をあらかじめ約定した期日にあらかじめ約定した価格で（あらかじめ期日及び価格を約定することに代えて，その開始以後期日及び価格の約定をすることができる場合にあっては，その開始以後約定した期日に約定した価格で）買い戻し，又は売り戻すことを約定して譲渡し，又は購入し，かつ，その約定に基づきその債券と同種及び同量の債券を買い戻し，又は売り戻す取引（ロにおいて「債券現先取引」という。）をいいます（令283③）。

また，上記の「差益として一定のもの」とは，国内において業務を行う者との間で行う債券現先取引でその業務に係るものにおいて，債券を購入する際のその購入に係る対価の額をその債券と同種及び同量の債券を売り戻す際のその売戻しに係る対価の額が上回る場合におけるその売戻しに係る対価の額からその購入に係る対価の額を控除した金額に相当する差益をいいます（令283④）。

(注)1 上記の「その業務に係るものの利子」とは，国内において業務を行う者に対する貸付金のうち，その国内において行う業務の用に供されている部分の貸付金に対応するものをいいます（基通161—29）。

2 上記の「国内において業務を行う者に対する貸付金」に準ずるものには，国内において業務を行う者に対する債権で次に掲げるようなものが含まれます（基通161—30）。

(1) 預け金のうち上記(8)**利子所得（第８号該当）**ハの預貯金以外のもの

(2) 保証金，敷金その他これらに類する債権

(3) 前渡金その他これに類する債権

(4) 他人のために立替払をした場合の立替金

(5) 取引の対価に係る延払債権

(6) 保証債務を履行したことに伴って取得した求償権

(7) 損害賠償金に係る延払債権

(8) 当座貸越に係る債権

3 商品等の輸入代金に係る延払債権の利子相当額は，上記イの貸付金の利子から除かれるものを除いて，上記の「貸付金の利子」に該当しますが，その利子相当額が商品等の代金に含めて関税の課税標準とされるものであるときは，その利子相当額は上記の「貸付金の利子」に該当しないものとして取り扱って差し支えありません（基通161—31）

4 上記イ①の「資産の譲渡又は役務の提供の対価に係る債権」には，商品の輸入代金についてのシッパーズユーザンスに係る債権又は商品の輸入代金，出演料，工業所有権若しくは機械，装置等の使用料に係る延払債権のようなものが該当し，上記イ②の「金融機関が国内において業務を行う者に対して有する債権」には，銀行による輸入ユーザンスに係る債権のようなものが該当します（基通161—32）。

5 居住者又は内国法人の業務の用に供される船舶又は航空機の購入のためにその居住者又は内国法人に対して提供された貸付金は，上記の「貸付金の利子」に係る貸付金とされ，非居住者又は外国法人の業務の用に供される船舶又は航空機の購入のためにその非居住者又は外国法人に対し

確定申告と納税（非居住者）

て提供された貸付金は，上記の「貸付金の利子」に係る貸付金以外の貸付金とされます（令283②）。

⑾　**使用料等（第11号該当）**　使用料等とは，国内において業務を行う者から支払われる次に掲げる使用料又は対価でその業務に係るものをいいます（法161①十一，令284①）。

イ　工業所有権その他の技術に関する権利，特別の技術による生産方式若しくはこれらに準ずるもの（⑾において「工業所有権等」という。）の使用料又はその譲渡による対価

ロ　著作権（出版権及び著作隣接権その他これに準ずるものを含む。）の使用料又はその譲渡による対価

ハ　機械，装置，車両，運搬具，工具，器具及び備品の使用料

（注）1　上記の「その業務に係るもの」とは，国内において業務を行う者に対し提供された上記イ，ロ又はハに規定する資産の使用料又は対価で，その資産のうち国内において行う業務の用に供されている部分に対応するものをいいますので，例えば，居住者又は内国法人が非居住者から提供を受けた工業所有権等を国外において業務を行う他の者（（注）1において「再実施権者」という。）のその国外における業務の用に提供することによりその非居住者に対して支払う使用料のうち，再実施権者の使用に係る部分の使用料（その居住者又は内国法人が再実施権者から受領する使用料の額を超えて支払う場合には，その受領する使用料の額に達するまでの部分の金額に限る。）は，上記の「使用料等」に該当しません（基通161—33）。

2　上記イの「工業所有権等」とは，特許権，実用新案権，意匠権，商標権の工業所有権及びその実施権等のほか，これらの権利の目的にはなっていないが，生産その他業務に関し繰り返し使用し得るまでに形成された創作，すなわち，特別の原料，処方，機械，器具，工程によるなど独自の考案又は方法を用いた生産についての方式，これに準ずる秘けつ，秘伝その他特別に技術的価値を有する知識及び意匠等をいいますので，ノーハウはもちろん，機械，設備等の設計及び図面等に化体された生産方式，デザインもこれに含まれますが，海外における技術の動向，製品の販路，特定の品目の生産高等の情報又は機械，装置，原材料等の材質等の鑑定若しくは性能の調査，検査等は，これに該当しません（基通161—34）。

3　上記イの工業所有権等の使用料とは，工業所有権等の実施，使用，採用，提供若しくは伝授又は工業所有権等に係る実施権若しくは使用権の設定，許諾若しくはその譲渡の承諾につき支払を受ける対価の一切をいい，上記ロの著作権の使用料とは，著作物（著作権法第2条第1項第1号（定義）に規定する著作物をいう。（注）3において同じ。）の複製，上演，演奏，放送，展示，上映，翻訳，編曲，脚色，映画化その他著作物の利用又は出版権の設定につき支払を受ける対価の一切をいいますので，これらの使用料には，契約を締結するに当たって支払を受けるいわゆる頭金，権利金等のほか，これらのものを提供し，又は伝授するために要する費用に充てるものとして支払を受けるものも含まれます（基通161—35）。

4　工業所有権等を提供し又は伝授するために図面，型紙，見本等の物又は人的役務を提供し，かつ，その工業所有権等の提供又は伝授の対価の全てをその提供した物又は人的役務の対価として支払を受ける場合には，その対価として支払を受けるもののうち，次のいずれかに該当するものは上記イの「使用料」に該当し，その他のものはその物又は人的役務の提供の対価に該当します（基通161—36）。

(1)　その対価として支払を受ける金額が，その提供し又は伝授した工業所有権等を使用した回数，期間，生産高又はその使用による利益の額に応じて算定されるもの

(2)　(1)のほか，その対価として支払を受ける金額が，その図面その他の物の作成又はその人的役務の提供のために要した経費の額に通常の利潤の額（個人が自己の作成した図面その他の物を提供し，又は自己の人的役務を提供した場合には，その者がその物の作成又は人的役務の提供

につき通常受けるべき報酬の額を含む。）を加算した金額に相当する金額を超えるもの

　　なお，上記により物又は人的役務の提供の対価に該当するとされるものは，通常その図面等が作成された地又は人的役務の提供が行われた地に源泉がある所得となり，これらの所得のうち，国内源泉所得とされるものは，上記(1)恒久的施設帰属所得（第1号該当），(6)人的役務の提供事業の対価（第6号該当）又は下記(12)給与等人的役務の提供に対する報酬（第12号該当）に該当します（基通161—36（注））。

5　工業所有権等又は著作権の提供契約に基づき支払を受けるもののうち次に掲げる費用又は代金で，その契約の目的である工業所有権等又は著作権の使用料として支払を受ける金額と明確に区分されているものは，上記（注）3及び4にかかわらず，上記イ又はロに掲げる使用料に該当しません（基通161—37）。

(1)　工業所有権等の提供契約に基づき，工業所有権等の提供者が自ら又は技術者を派遣して国内において人的役務を提供するために要する費用（例えば，派遣技術者の給与及び通常必要と認められる渡航費，国内滞在費，国内旅費）

(2)　工業所有権等の提供契約に基づき，工業所有権等の提供者のもとに技術習得のために派遣された技術者に対し技術の伝授をするために要する費用

(3)　工業所有権等の提供契約に基づき提供する図面，型紙，見本等の物の代金で，その作成のための実費の程度を超えないと認められるもの

(4)　映画フィルム，テレビジョン放送用のフィルム又はビデオテープの提供契約に基づき，これらの物とともに提供するスチール写真等の広告宣伝用材料の代金で，その作成のための実費の程度を超えないと認められるもの

6　非居住者が，内国法人に対しその内国法人の国内において行う業務に係る工業所有権等の現物出資をした場合には，その出資により取得する株式又は持分は，それぞれ次により権利の譲渡の対価又は使用料に該当するものとされますが，工業所有権等を提供することにより取得するものが権利の譲渡の対価に該当するか又は使用料に該当するかの区別は，租税条約（例えば，日本メキシコ租税条約第12条，日本ブラジル租税条約第11条等）において軽減税率の適用上譲渡の対価と使用料とを区別している場合に限り行えば足ります（基通161—38）。

(1)　現物出資をしたものが工業所有権又はその出願権である場合には，これらの権利の譲渡の対価とする。

(2)　現物出資をしたものが(1)以外のもの（例えば，工業所有権の実施権又は工業所有権若しくはその出願権の目的となっていない特別の技術による生産方式等）である場合には，その出資をした権利又は技術の使用料とする。

7　上記ハの「器具及び備品」には，美術工芸品，古代の遺物等のほか，観賞用，興行用その他これらに準ずる用に供される生物が含まれます（基通161—39）。

8　上記ロ又はハの資産で居住者又は内国法人の業務の用に供される船舶又は航空機において使用されるものの使用料は，上記ロ又はハの「使用料」とされ，上記ロ又はハの資産で非居住者又は外国法人の業務の用に供される船舶又は航空機において使用されるものの使用料は，上記ロ又はハの「使用料」以外の使用料とされます（令284②）。

(12)　**給与等人的役務の提供に対する報酬（第12号該当）**　給与等人的役務の提供に対する報酬とは，次に掲げるものをいいます（法161①十二，令285）。

イ　俸給，給料，賃金，歳費，賞与又はこれらの性質を有する給与その他人的役務の提供に対する報酬のうち，国内において行う勤務その他の人的役務の提供に基因するもの（内国法人の役員として国外において行う勤務等の一定の人的役務の提供を含む。）

ロ　公的年金等（外国の法令等に基づく年金を除く。）

ハ　退職手当等のうち，これらの受給者が居住者であった期間に行った勤務その他の人的役務（内

確定申告と納税（非居住者）

国法人の役員として非居住者であった期間に行った勤務等の一定の人的役務の提供を含む。）の提供に基因するもの

(注) 1 上記イの「一定の人的役務の提供」とは，次に掲げる勤務その他の人的役務の提供をいいます（令285①）。

(1) 内国法人の役員としての勤務で国外において行うもの（その役員としての勤務を行う者が同時にその内国法人の使用人として常時勤務を行う場合のその役員としての勤務を除く。）

(2) 居住者又は内国法人が運航する船舶又は航空機において行う勤務その他の人的役務の提供（国外における寄航地において行われる一時的な人的役務の提供を除く。）

2 上記ハの「一定の人的役務の提供」とは，上記（注）1(1)及び(2)の勤務その他の人的役務の提供でその勤務その他の人的役務の提供を行う者が非居住者であった期間に行ったものをいいます（令285③）。

3 上記（注）1(1)の「内国法人の使用人として常時勤務を行う場合」とは，内国法人の役員が内国法人の海外にある支店の長として常時その支店に勤務するような場合をいい，例えば，非居住者である内国法人の役員が，その内国法人の非常勤役員として海外において情報の提供，商取引の側面的援助等を行っているにすぎない場合は，これに該当しません（基通161—42）。

4 内国法人の役員が国外にあるその法人の子会社に常時勤務する場合において，次に掲げる要件のいずれをも備えているときは，その者の勤務は，上記（注）1(1)の「内国法人の使用人として常時勤務を行う場合のその役員としての勤務」に該当します（基通161—43）。

(1) その子会社の設置が現地の特殊事情に基づくものであって，その子会社の実態が内国法人の支店，出張所と異ならないものであること。

(2) その役員の子会社における勤務が内国法人の命令に基づくものであって，その内国法人の使用人としての勤務であると認められること。

5 上記（注）1(2)の勤務その他の人的役務の提供に関しては，次の点に留意が必要です（基通161—44）。

(1) その勤務その他の人的役務の提供は，居住者又は内国法人が主体となって行う運航及びこれに付随する業務のために行われるものである点。

(2) 運航者が子会社等に船内又は機上における物品販売を行わせている場合には，その販売のため乗船し又は搭乗する子会社等の使用人の勤務等も国内における勤務等とされる点。

(3) 乗客が船舶又は航空機において行う次に掲げるような勤務又は人的役務の提供は，国内における勤務等とはされない点。

① 給与所得者が転勤又は出張のため乗船し又は搭乗して旅行をしている期間におけるその給与所得者としての勤務

② 医療，芸能等の人的役務の提供で，その船舶又は航空機の運航又はこれに付随する業務を行う者との契約等に基づかないもの

(4) その勤務又は人的役務の提供をするため乗船し又は搭乗する船舶又は航空機には，国内と国外との間又は国内のみを運航するもののほか，国外のみを運航するものを含み，また，その勤務又は人的役務を提供する者の国籍，住所又は居所のいかんを問わない点。

(5) その勤務又は人的役務の提供により受ける給与その他の報酬は，その者が乗船し若しくは搭乗する順番が到来するまでの間又は有給休暇等の勤務外の期間中下船（機）して国外に滞在する場合であっても，その下船（機）して国外に滞在する期間に対応する部分を区分することなく，その全額を国内源泉所得とする点。

6 上記（注）1(2)の「国外における寄航地において行なわれる一時的な人的役務の提供」とは，国外の寄航地における地上勤務員等が荷物の積卸しを行う場合又は船（機）内の清掃，整備を行う場合等において一時的に乗船し又は搭乗して行う人的役務の提供をいいます（基通161—45）。

7 上記イの「人的役務の提供に対する…に基因する」報酬には，非居住者が人的役務を提供する

申告と納税

— 889 —

確定申告と納税（非居住者）

ために要する往復の旅費，国内滞在費等の全部又は一部をその報酬の支払者が負担する場合におけるその負担する費用が含まれますが，その費用として支出する金銭等が，その人的役務を提供する者に対して交付されるものでなく，その報酬の支払者から航空会社，ホテル，旅館等に直接支払われ，かつ，その金額がその費用として通常必要であると認められる範囲内のものであるときは，この限りではありません（基通161—19，161—40）。

8　非居住者が国内及び国外の双方にわたって行った勤務又は人的役務の提供に基因して給与又は報酬の支払を受ける場合におけるその給与又は報酬の総額のうち，国内において行った勤務又は人的役務の提供に係る部分の金額は，国内における公演等の回数，収入金額等の状況に照らしその給与又は報酬の総額に対する金額が著しく少額であると認められる場合を除き，次の算式により計算します（基通161—41）。

$$給与又は報酬の総額 \times \frac{国内において行った勤務又は人的役務の提供の期間}{給与又は報酬の総額の計算の基礎となった期間}$$

なお，国内において勤務し又は人的役務を提供したことにより特に給与又は報酬の額が加算されている場合等には，上記算式は適用しません（基通161—41（注）1）。

また，上記ハの「退職手当等」については，上記の算式中「給与又は報酬」とあるのは「退職手当等」と，「国内において行った勤務又は人的役務の提供の期間」とあるのは「居住者であった期間に行った勤務等の期間及び上記（注）2の非居住者であった期間に行った勤務等の期間」と読み替えて計算します（基通161—41（注）2）。

⒀　**事業の広告宣伝のための賞金（第13号該当）**　事業の広告宣伝のための賞金とは，国内において事業を行う者からその事業の広告宣伝のための賞として支払われる金品その他の経済的利益をいい，旅行その他の役務の提供を内容とするもので，金品との選択をすることができないものとされているものは除かれます（法161①十三，令286）。

⒁　**生命保険契約又は損害保険契約に基づく年金等（第14号該当）**　生命保険契約又は損害保険契約に基づく年金等とは，国内にある営業所又は国内において契約の締結の代理をする者を通じて締結した次に掲げる契約で年金を給付する定めのあるものに基づいて受ける年金（⒀**給与等人的役務の提供に対する報酬（第12号該当）**のロに該当するものを除く。）をいいます（年金の支払の開始の日以後にその年金に係る契約に基づき分配を受ける剰余金又は割戻しを受ける割戻金及びその契約に基づき年金に代えて支給される一時金を含み，所得税法第209条第2号に掲げる相続等保険年金を除く。）（法161①十四，令287）。

イ　生命・損害保険契約（旧簡易生命保険契約を含む。），生命共済に係る契約

ロ　退職金共済契約

ハ　退職年金に関する次に掲げる契約

①　信託契約

②　生命保険契約

③　生命共済に係る契約

ニ　確定給付企業年金に係る規約

ホ　小規模企業共済法に基づく共済契約

ヘ　確定拠出年金法に係る企業型年金規約及び個人型年金規約

ト　損害保険契約及び損害共済契約

（注）　上記の「相続等保険年金」とは，所得税法第207条に規定する契約に基づく年金のうちその年金の

支払を受ける者とその契約に係る保険法第2条第3号に規定する保険契約者とが異なる契約その他一定の契約に基づく年金をいいます（法209二）。

(15) **定期積金の給付補塡金等**（第15号該当）　定期積金の給付補塡金等とは，次に掲げるいわゆる定期積金の給付補塡金等の金融類似商品等に係る収益をいいます（法161①十五）。

イ　定期積金の給付補塡金

国内にある営業所が受け入れた定期積金に係るもの

ロ　相互掛金の給付補塡金

国内にある営業所が受け入れた掛金に係るもの

ハ　抵当証券の利息

国内にある営業所を通じて締結された契約に係るもの

ニ　金貯蓄口座等の利益

国内にある営業所を通じて締結された契約に係るもの

ホ　外貨建定期預金の邦貨換算差益

国内にある営業所が受け入れた預貯金に係るもの

ヘ　一時払養老保険等の差益

国内にある営業所又は国内において契約の締結の代理をする者を通じて締結された契約に係るもの

具体的には，次のとおりです。

イ　定期積金の給付補塡金

「定期積金の給付補塡金」とは，定期積金に係る契約に基づく給付金のうち，その給付を受ける金銭の額からその契約に基づき払い込んだ掛金の額の合計額を控除した残額に相当する部分をいいます（法174三）。

定期積金とは，期限を定めて一定金額の給付を行うことを約して，定期に又は一定期間内において数回にわたり受け入れた金銭をいうものとされています。定期積金契約に基づき金融機関が積金者に支払う給付契約金は，積金者の掛金の総額より多く，給付契約金と掛金総額との差額は金融機関が補塡することになっていますが，この掛金と給付される金銭とは別個の契約に基づくものであり，払い込まれた金銭の総額と給付される金銭との差額（補塡金）は，消費寄託契約である預金とは異なるため雑所得として扱われています。定期積金契約の期間は最低6か月以上で，1年から5年までのものがあり，銀行，信用金庫，信用組合等が扱っています。

(注)　定期積金を受け入れる金融機関は，それぞれ次の規定に基づきその受入を行っています。
- 信用金庫…信用金庫法第53条第1項第1号
- 銀行…銀行法第10条第1項第1号
- 長期信用銀行…長期信用銀行法第6条第1項第3号
- 農林中央金庫…農林中央金庫法第54条第2項第1号
- 労働金庫…労働金庫法第58条第1項第1号
- 信用協同組合…中小企業等協同組合法第9条の8第1項第3号
- 農業協同組合…農業協同組合法第10条第1項第3号
- 漁業協同組合…水産業協同組合法第11条第1項第4号

確定申告と納税（非居住者）

- ● 漁業協同組合連合会…水産業協同組合法第87条第1項第4号
- ● 水産加工業協同組合…水産業協同組合法第93条第1項第2号
- ● 水産加工業協同組合連合会…水産業協同組合法第97条第1項第2号

また，給付を受ける金銭の額は，次に掲げる場合の区分に応じ，それぞれ次の金額によることとされています（基通174－1）。

① 定期積金に係る契約に定められた所定の払込日後に掛金の払込みが行われたことにより，遅延利息又は延滞利息が発生する場合…契約に定められた給付金の額からその遅延利息又は延滞利息の金額を控除した金額

② 定期積金に係る契約に定められた所定の払込日前に掛金の払込みが行われたことにより，先払割引金又は先掛割引料が発生する場合…契約に定められた給付金の額にその先払割引金又は先掛割引料を加算した金額

ロ 相互掛金の給付補填金

「相互掛金の給付補填金」とは，銀行法第2条第4項の契約に基づく給付補填金であり，その契約に基づく給付金のうちその給付を受ける金銭の額からその契約に基づき払い込むべき掛金の額の合計額を控除した残額に相当する部分をいいます（法174四）。

また，上記契約に基づき掛金を払い込むべきこととされている期間の中途で給付金の給付を受けた場合には，払い込むべき掛金の額は，その契約に基づき銀行に対して支払うべき利子に相当する金額を控除した金額になります（令298②）。

相互掛金とは，「一定の期間を定め，その中途又は満了の時において一定の金額の給付を行うことを約してその期間内において受け入れる掛金」をいうものとされています。この契約は，一定期間掛金の払い込み，その期中又は満了の時のいずれかにおいて一定の給付金を受ける仕組みとなっていますが，その給付金と掛金総額との差は後になるほど少なくなり，遂には逆に給付金が掛金総額を超えるようになりますが，その超える金額は雑所得として扱われています。相互掛金は定期積金と類似した商品ですが，中途給付（借入れ），自動継続，増額払い込みができることとされており，かつての相互銀行で取り扱っています。

さらに，給付を受ける金銭の額は，次に掲げる場合の区分に応じ，それぞれ次の金額によることとされています（基通174－1）。

① 相互掛金に係る契約に定められた所定の払込日後に掛金の払込みが行われたことにより，遅延利息又は延滞利息が発生する場合…契約に定められた給付金の額からその遅延利息又は延滞利息の金額を控除した金額

② 相互掛金に係る契約に定められた所定の払込日前に掛金の払込みが行われたことにより，先払割引金又は先掛割引料が発生する場合…契約に定められた給付金の額にその先払割引金又は先掛割引料を加算した金額

(注) 金融制度及び証券取引制度の改革のための関係法律の整備等に関する法律（平成4年法律第87号）により銀行法が改正され，それまでの相互銀行が廃止され普通銀行とされましたが，商品そのものは残され「定期積金等」のひとつとして銀行法第2条第4項に規定されています。

ハ 抵当証券の利息

「抵当証券の利息」とは，抵当証券法第1条第1項に規定する抵当証券に基づき締結されたその抵当証券に記載された債権の元本及び利息の弁済の受領並びにその支払に関する事項を含

む契約により支払われる利息をいいます（法174五，令298③）。

抵当証券は，抵当証券法に基づき登記所によって発行されるもので，不動産の抵当権と抵当権付債権を証券化したものですが，その発行，流通の仕組みの概要は，次のとおりです。

① 不動産を担保とする資金需要者（債務者）に対して，いわゆる抵当証券会社が融資を行い，抵当証券会社は債務者の所有する不動産に抵当権を設定して管轄の法務局登記所が発行する抵当証券の交付を受けます。

② 抵当証券は手形と同様に所有者が証券の裏面に記名式裏書をすることにより第三者に譲渡することができますが，抵当証券そのものが流通することは債権者，債務者の双方にとって不都合なことが多く生ずる（例えば，債務者にとっては誰が債権者であるか不明であること，投資家にとっては債権の回収のための事務負担が増加する等）ことから，この問題を解消するため抵当証券会社は，投資家に対しては抵当証券の代わりにこれを小口化した「モーゲージ証書」（金額，償還日，金利等が表示されるのが一般的）を交付するとともに，投資家に代わって債務者から元利金の受領や担保物件の管理等の手続を行い，所定の日に投資家に対し元利金を支払うこととしているのが一般的です。

なお，モーゲージ証書には，譲渡，質入れ禁止の特約が付されているので流通することはありません（投資家が期日前に換金した場合には，抵当証券会社が買戻す旨の特約が一般に付されている。）。

ニ 金貯蓄口座等の利益

「金貯蓄口座等の利益」とは，金その他の貴金属その他これに類する物品の買入れ及び売戻しに関する契約で，その契約に定められた期日においてその契約に定められた金額によりその物品を売り戻す旨の定めのあるものに基づく利益であり，その物品のその売戻しをした場合のその金額からその物品の買入れに要した金額を控除した残額をいいます（法174六）。

これは，金融機関等が販売した金あるいはその他の物品を一定期間経過後にその期間に応じた価額で買い戻すことにより顧客は売買差益という形で利益を得るものをいい，例えば，現在販売されている金貯蓄口座の場合は，金の販売時点における現物価格と一定期間経過後に買い取られる先物価格との差を利用して確定利付商品として販売されています。

(注) 金貯蓄口座に係る金の売買益は，そのものを売買するもので所有権も移転していることから，譲渡所得に該当するものとして扱われています。

ホ 外貨建定期預金の邦貨換算差益

「外貨建定期預金の邦貨換算差益」とは，外国通貨で表示された預貯金でその元本及び利子を予め約定した率により本邦通貨又はその外国通貨以外の外国通貨に換算して支払うこととされているものの差益であり，その換算による差益として，次に掲げる預貯金の区分に応じ次に定める差益をいいます（法174七，令298④）。

① 外国通貨で表示された預貯金でその元本及び利子をあらかじめ約定する率により本邦通貨に換算して支払うこととされているもの…その元本についてあらかじめ約定した率により本邦通貨に換算した金額からその元本についてその預貯金の預入の日における外国為替の売買相場により本邦通貨に換算した金額を控除した残額に相当する差益

② 外国通貨で表示された預貯金でその元本及び利子をあらかじめ約定する率によりその外国

通貨以外の外国通貨（ホにおいて「他の外国通貨」という。）に換算して支払うこととされているもの…その元本についてあらかじめ約定した率によりその他の外国通貨に換算して支払うこととされている金額からその元本についてその預貯金の預入の日における外国為替の売買相場によりその他の外国通貨に換算した金額を控除した残額につき，その他の外国通貨に換算して支払うこととされている時における外国為替の売買相場により本邦通貨に換算した金額に相当する差益

これは，外貨預金の預入と同時に外国為替先物予約を締結することにより，解約時における元金及び利息を邦貨により支払うことが確約されている外貨建預金を対象とするものであり，商品の特性としては，外貨預金は臨時金利調整法が適用されないため金利が自由に設定できること，外国為替相場の変動による元本の目減りを回避するため先物予約を行い，元本及び利息の受取円貨額を預入時に確定することができる取引であること等が挙げられます。

ヘ　一時払養老保険等の差益

「一時払養老保険等の差益」とは，保険会社，外国保険会社等若しくは少額短期保険業者の締結した保険契約若しくは旧簡易生命保険契約（郵政民営化法等の施行に伴う関係法律の整備等に関する法律第2条（法律の廃止）の規定による廃止前の簡易生命保険法第3条（政府保証）に規定する簡易生命保険契約をいう。）又はこれらに類する共済に係る契約で保険料又は掛金を一時に支払うこと等をその内容とするもののうち，

①　保険期間又は共済期間（ヘにおいて「保険期間等」という。）が5年以下のもの

②　保険期間等が5年を超えるものでその保険期間等の初日から5年以内に解約されたもの

に基づく差益であり，これらの契約に基づく満期保険金，満期返戻金若しくは満期共済金又は解約返戻金の金額からこれらの契約に基づき支払った保険料又は掛金の額の合計額を控除した金額をいいます（法174八）。

なお，例えば5年を超える一時払養老保険等の満期保険金等については，払込保険料の累積額を超える部分（運用益に相当する部分）が一時所得として課税されています。

⒃　匿名組合契約に基づく利益の分配（第16号該当）　匿名組合契約に基づく利益の分配とは，国内において事業を行う者に対する出資につき，匿名組合契約及び当事者の一方が相手方の事業のために出資をし，相手方がその事業から生ずる利益を分配することを約する契約に基づいて受ける利益の分配をいいます（法161①十六，令288）。

⒄　その他その源泉が国内にある所得（第17号該当）　その他その源泉が国内にある所得とは，上記⑴恒久的施設帰属所得（第1号該当）から⒃匿名組合契約に基づく利益の分配（第16号該当）までに掲げるもののほかその源泉が国内にある所得として次に掲げるものをいいます（法161①十七，令289）。

イ　国内において行う業務又は国内にある資産に関し受ける保険金，補償金又は損害賠償金に係る所得

ロ　国内にある資産の法人からの贈与により取得する所得

ハ　国内において発見された埋蔵物又は国内において拾得された遺失物に係る所得

ニ　国内において行う懸賞募集に基づいて懸賞として受ける金品その他の経済的な利益に係る所得

ホ　ロからニまでに掲げるもののほか，国内においてした行為に伴い取得する一時所得

ヘ　イからホまでに掲げるもののほか，国内において行う業務又は国内にある資産に関し供与を受ける経済的な利益に係る所得

（注）1　上記⑷組合契約事業利益の分配（第4号該当）から⑯匿名組合契約に基づく利益の分配（第16号該当）までに掲げる対価，使用料，給与，報酬等（（注）1においてこれらを「対価等」という。）には，その対価等として支払われるものばかりでなく，その対価等に代わる性質を有する損害賠償金その他これに類するものも含まれ，ここでいう「その他これに類するもの」には，和解金，解決金のほか，対価等の支払が遅延したことに基づき支払われる遅延利息とされる金員で，その対価等に代わる性質を有するものが含まれます（基通161―46）。

2　所得税法では，非居住者に課税される所得の範囲を「国内源泉所得」として，その類型ごとに列挙して定める方法を採っています。ここで列挙されたものが，我が国に源泉がある所得として，その源泉地を判定する基準としての役割を果たしています。

一方，我が国が締結した租税条約には，所得の源泉地として所得税法の規定と異なる規定を定めるものがあります。この租税条約の適用を受ける場合には，その所得の源泉地は，所得税法ではなく，その租税条約の規定により判定します。

つまり，所得税法においては我が国に源泉がないにもかかわらず租税条約においては我が国に源泉があるとされた所得がある場合，又は租税条約において所得税法の国内源泉所得と異なる所得区分をする場合には，その租税条約により我が国に源泉があるとされた所得がこれに対応する上記⑹人的役務の提供事業の対価（第6号該当）から⑯匿名組合契約に基づく利益の分配（第16号該当）までの所得とみなされます（法162①）。

非居住者の納税の方法

非居住者については，その納税は，その非居住者の恒久的施設の有無及びその国内源泉所得が恒久的施設に帰せられるかどうかによって異なることとなります。

その概要は，次表のとおりです（基通164―1〔表5〕）。

所得の種類＼非居住者の区分	恒久的施設を有する者		恒久的施設を有しない者	所得税の源泉徴収
	恒久的施設帰属所得	その他の所得		
（事業所得）	【総合課税】	【課税対象外】		無
①国内にある資産の運用・保有による所得（⑦から⑮に該当するものを除く。）		【総合課税（一部）】		無
②国内にある資産の譲渡による所得				無
③組合契約事業利益の配分	【源泉徴収の上，総合課税】	【課税対象外】		20%
④土地等の譲渡による所得		【源泉徴収の上，総合課税】		10%
⑤人的役務の提供事業の対価				20%
⑥不動産の賃貸料等				20%
⑦利子所得		【源泉分離課税】		15%
⑧配当所得				20%
⑨貸付金の利子				20%
⑩使用料等				20%
⑪給与等人的役務の提供に対する報酬				20%

⑫事業の広告宣伝のための賞金	【源泉徴収の上，総合課税】	【源泉分離課税】	20%
⑬生命保険契約又は損害保険契約に基づく年金等			20%
⑭定期積金の給付補塡金等			15%
⑮匿名組合契約に基づく利益の分配			20%
⑯その他その源泉が国内にある所得	【総合課税】	【総合課税】	無

(注)1　この表は，所得税法に規定する課税関係の概要ですから，租税条約にはこれと異なる定めのあるものがあります（基通164―1）。

　　2　恒久的施設帰属所得が，上記①から⑯までに掲げる国内源泉所得に重複して該当する場合があります。

　　3　上記②国内にある資産の譲渡による所得のうち恒久的施設帰属所得に該当する所得以外のものについては，令第281条第1項第1号から第8号までに掲げるもの（上記**非居住者に課税される所得の範囲の(3)国内にある資産の譲渡による所得**（第3号該当）のイからチまでに掲げるもの）のみが課税されます。

　　4　租税特別措置法の規定により，上記の表において総合課税の対象とされる所得のうち一定のものについては，申告分離課税又は源泉分離課税の対象とされる場合があります。

　　5　租税特別措置法の規定により，上記の表における源泉徴収税率のうち一定の所得に係るものについては，軽減又は免除される場合があります。

　　6　平成25年から令和19年までの間に生ずる所得についての所得税の確定申告や源泉徴収の際には，上記の表における所得税のほかに，所得税額に2.1%を乗じた復興特別所得税が課されます（復興財確法9①，10三，12，13，28①②）。

総合課税（確定申告）による納税

　総合課税の方法により納税する非居住者とその所得の範囲　非居住者に対して総合課税が適用される国内源泉所得は，次に掲げる非居住者の区分に応じた各国内源泉所得についてです（法164①）。

(1)　**恒久的施設を有する非居住者**（法164①一）　次に掲げる国内源泉所得

　イ　上記非居住者に課税される所得の範囲の(1)恒久的施設帰属所得（第1号該当）及び(4)組合契約事業利益の分配（第4号該当）に掲げる国内源泉所得

　ロ　上記非居住者に課税される所得の範囲の(2)国内にある資産の運用・保有による所得（第2号該当），(3)国内にある資産の譲渡による所得（第3号該当），(5)土地等の譲渡による所得（第5号該当）から(7)不動産の賃貸料等（第7号該当）まで及び(17)その他その源泉が国内にある所得（第17号該当）に掲げる国内源泉所得（上記非居住者に課税される所得の範囲の(1)恒久的施設帰属所得（第1号該当）に掲げる国内源泉所得に該当するものを除く。）

　(注)　恒久的施設を有する非居住者については，上記非居住者に課税される所得の範囲の(2)国内にある資産の運用・保有による所得（第2号該当），(3)国内にある資産の譲渡による所得（第3号該当），(5)土地等の譲渡による所得（第5号該当）から(7)不動産の賃貸料等（第7号該当）まで及び(17)その他その源泉が国内にある所得（第17号該当）に掲げる国内源泉所得であっても，上記非居住者に課税される所得の範囲の(1)恒久的施設帰属所得（第1号該当）に掲げる国内源泉所得に該当するものは，上記非居住者に課税される所得の範囲の(1)恒久的施設帰属所得（第1号該当）に掲げる国内源泉所得として，上記(1)の取扱いが適用されます（基通164―2）。

(2)　**恒久的施設を有しない非居住者**（法164①二）　上記非居住者に課税される所得の範囲の(2)国内

にある資産の運用・保有による所得（第２号該当），(3)国内にある資産の譲渡による所得（第３号該当），(5)土地等の譲渡による所得（第５号該当）から(7)不動産の賃貸料等（第７号該当）まで及び(17)その他その源泉が国内にある所得（第17号該当）に掲げる国内源泉所得

（注） 非居住者に対して総合課税が適用される上記(1)又は(2)にそれぞれ掲げる国内源泉所得は，その非居住者のその年において上記(1)又は(2)にそれぞれ掲げる非居住者であった期間内に生じたものに限られることから，例えば，恒久的施設を有していた非居住者（上記(1)）が，年の中途で恒久的施設を有しない非居住者（上記(2)）となった場合には，その非居住者に対して総合課税が適用される国内源泉所得は，その非居住者のその年において上記(1)又は(2)にそれぞれに掲げる非居住者であった期間ごとにその期間内に生じた上記(1)又は(2)にそれぞれ掲げる国内源泉所得が総合課税の対象となります（基通164―3）。

総合課税に係る所得税の課税標準と税額の計算　総合課税とされる所得を有する非居住者について課税される所得税の課税標準及びその税額は，原則として，居住者についての所得税の課税標準及びその税額の計算方法が準用されます。ただし，次に掲げるように居住者の税額等の計算とは異なるところがあります（法165①，令292，292の５）。

(1) **所得控除**

雑損控除，寄附金控除及び基礎控除に限られます（法165①かっこ書）。

(2) **税額控除**

分配時調整外国税相当額控除及び外国税額控除は，原則として，適用されません（法165①かっこ書，165の５の３，165の６）。

(3) **恒久的施設帰属所得に係る総合課税の所得税の課税標準等の計算**

上記**非居住者に課税される所得の範囲**の(1)**恒久的施設帰属所得**（第１号該当）及び(4)**組合契約事業利益の分配**（第４号該当）に掲げる国内源泉所得（以下(7)までにおいて「恒久的施設帰属所得」という。）に係る所得税の課税標準及び税額を居住者に係る規定に準じて計算する場合には，次のとおりとされます。

イ　法第37条（必要経費）関係

①　居住者の事業所得の金額等を計算する場合に必要経費に算入すべき金額は，売上原価等及び販売費，一般管理費等の費用（販売費等）とされ，販売費等からは，償却費以外の費用でその年に債務の確定しないものは除かれます（法37①）。また，山林所得の金額等を計算する場合に必要経費に算入すべき金額は，山林の植林費等，その山林の育成又は譲渡に要した費用（育成費等）とされ，償却費以外の費用でその年に債務の確定しないものは除かれます（法37②）。これに対し，恒久的施設を有する非居住者の恒久的施設帰属所得に係る所得については，内部取引を勘案することとされていますが，内部取引は私法上の取引ではないことから，内部取引に係るこれらの販売費等及び育成費等について債務の確定をその年の必要経費に算入するための要件とすると，これらの販売費等及び育成費等を必要経費に算入することができないとの誤解を生じかねません。したがって，非居住者の事業所得の金額等を居住者に係る規定に準じて計算する際のこれらの販売費等及び育成費等のうち，恒久的施設帰属所得を計算する場合の内部取引に係るものについては，債務の確定しないものが含まれます

（法165②一）。ただし，内部取引に係るこれらの販売費等及び育成費等については，無条件でその年の必要経費に算入することを認めるという趣旨ではなく，債務確定に相当する事実の有無を検討する必要があるため，次の（注）のような取扱いとされています。

（注） 非居住者の恒久的施設帰属所得に係る不動産所得，事業所得，山林所得又は雑所得の金額の計算上，法第37条（必要経費）の規定に準じて計算する場合における上記イ①の販売費等及び育成費等のうち内部取引に係るものは，別に定めるものを除き，次に掲げる要件の全てに該当することとなった日の属する年の年分の必要経費の額に算入します（基通165―8）。

(1) その年12月31日（年の中途において死亡した場合には，その死亡の時。**（注）** において同じ。）までにその費用に係る注文等が行われていること。

(2) その年12月31日までにその注文等に基づいてその事業場等から資産の引渡し又は役務提供等を受けていること。

(3) その年12月31日までにその金額を合理的に算定することができるものであること。

② 非居住者の恒久的施設帰属所得に係る所得の金額の計算上必要経費に算入する販売費等及び育成費等並びに支出した金額には，非居住者の恒久的施設を通じて行う事業とそれ以外の事業に共通する販売費等及び育成費等並びに支出した金額につき，その非居住者の恒久的施設を通じて行う事業及びそれ以外の事業に係る収入金額，資産の価額，使用人の数その他の基準のうちこれらの事業の内容やその費用の性質に照らして合理的と認められる基準を用いて恒久的施設を通じて行う事業に配分した金額が含まれます（法165②二，令292③）。

この場合，一定の方法により配分した金額（配賦経費）について，その配分に関する計算の基礎となる書類その他の一定の書類の保存がないときは，その書類の保存がなかった配賦経費については，非居住者の各年分の恒久的施設帰属所得につき居住者に係る規定に準じて計算する事業所得の金額等の計算上，必要経費又は支出した金額に算入されません（法165の5①）。ただし，税務署長は，配賦経費の全部又は一部について，その配分に関する計算の基礎となる書類その他の一定の書類の保存がない場合においても，その保存がなかったことについてやむを得ない事情があると認めるときは，その書類の提出があった場合に限り，その保存がなかった配賦経費について，必要経費又は支出した金額に算入することができます（法165の5②）。

（注）1 恒久的施設を有する非居住者の事業税の額については，その金額のうち恒久的施設帰属所得に係る不動産所得又は事業所得の金額に対応する部分の金額として合理的に計算された金額が，恒久的施設帰属所得に係る不動産所得又は事業所得の金額の計算上必要経費の額に算入されます（基通165―9）。

2 上記イ②の「非居住者の恒久的施設を通じて行う事業及びそれ以外の事業に共通する販売費等及び育成費等」とは，例えば，次に掲げる業務に関する費用のうち，恒久的施設を通じて行う事業とそれ以外の事業に共通する費用で，その恒久的施設を有する非居住者の事業場等において行われる事業活動の重要な部分に関連しないものをいう（基通165―10）。

(1) 非居住者の営む業務全体に係る情報通信システムの運用，保守又は管理

(2) 非居住者の営む業務全体に係る会計業務，税務業務又は法務業務

3 上記イ②の「共通する販売費等及び育成費等」の額（**（注）**3において「共通費用の額」という。）については，個々の業務ごと，かつ，個々の費目ごとに合理的と認められる基準により恒久的施設を通じて行う事業に配分しますが，全ての共通費用の額を一括して，非居住者のその年分の不動産所得に係る総収入金額，事業所得に係る総収入金額，山林所得に係る総収入金額

確定申告と納税（非居住者）

又は雑所得に係る総収入金額のうちにその恒久的施設を通じて行う事業に係る収入金額の合計額の占める割合を用いて恒久的施設帰属所得に係る不動産所得，事業所得，山林所得又は雑所得の金額の計算上必要経費の額として配分すべき金額を計算して差し支えないこととされています（基通165―11）。

4　上記イ②の取扱いの適用上，恒久的施設を有する非居住者が，その恒久的施設を通じて行う事業に係るものとして配分した金額のうちに減価償却資産に係る償却費の額が含まれている場合には，その償却費の額につきその非居住者の居住地国の所得税に相当する税（（注）4において「外国所得税」という。）に関する法令（その外国所得税に関する法令が2以上ある場合には，そのうち主たる外国所得税に関する法令とする。）の規定の適用上認められている方法により計算しているときは，これを認めることとされています（基通165―12前段）。ただし，その償却費の額がその減価償却資産の取得価額をその年分の償却費として償却する方法により計算されたものである場合には，その償却費の額のうち法第49条（減価償却資産の償却費の計算及びその償却の方法）の規定の例によるものとした場合に必要経費の額に算入されることとなる金額を超える部分の金額については，この限りではありません（基通165―12前段ただし書）。この取扱いは，恒久的施設を通じて行う事業に係るものとして配分した金額のうちに繰延資産に係る償却費の額が含まれている場合のその償却費の額の計算についても，同様とされています（基通165―12後段）。

ロ　法第26条（不動産所得）及び第33条（譲渡所得）関係

他人に不動産を使用させることによる所得が不動産所得又は譲渡所得となる場合の他人には，非居住者の上記非居住者に課税される所得の範囲の(1)恒久的施設帰属所得（第1号該当）の事業場等が含まれます（令292①一）。

ハ　法第45条（家事関連費等の必要経費不算入等）関係

家事関連費として，事業所得の金額等の計算上必要経費に算入されない所得税や附帯税等の額には，外国又はその地方公共団体により課されるこれらの所得税等に相当するものの額（下記(8)恒久的施設を有する非居住者の外国税額控除の控除対象外国所得税の額を除く。）が含まれます（令292①二）。

この控除対象外国所得税の額については，非居住者のその年分の恒久的施設帰属所得につき居住者に係る規定に準じて計算する事業所得の金額等の計算上，必要経費又は支出した金額に算入されません（法165の4）。なお，その非居住者が下記(8)恒久的施設を有する非居住者の外国税額控除制度による外国税額控除を選択しない場合には，この控除対象外国所得税の額は必要経費に算入することができます。

(注)　1　外国所得税の額について，必要経費若しくは支出した金額に算入するか，又は下記(8)恒久的施設を有する非居住者の外国税額控除制度による外国税額控除をするか若しくは法第138条（源泉徴収税額等の還付）の規定により還付を受けるかどうかの選択は，各年ごとに，その年中に確定した外国所得税の額の全部について行わなければならないものとされており，利子所得，配当所得，給与所得，退職所得又は譲渡所得をその計算の基礎とした外国所得税の額について下記(8)恒久的施設を有する非居住者の外国税額控除制度による外国税額控除をするときは，不動産所得，事業所得，山林所得，雑所得又は一時所得をその計算の基礎とした外国所得税の額についても，必要経費又は支出した金額に算入することはできません（基通46―1，165の4―1）。

2　非居住者が，その年において納付する外国所得税の額の一部につき下記(8)恒久的施設を有する非居住者の外国税額控除制度による外国税額控除の適用を受ける場合には，下記(4)③所得税

申告と納税

― 899 ―

額から控除する外国税額の必要経費不算入によりその外国所得税の額の全部が必要経費又は支出した金額に算入されません（基通95—1，165の6—1）。

ニ　法第47条（棚卸資産の売上原価等の計算及びその評価の方法）関係

　　事業所得の金額等の計算上評価すべき棚卸資産は，非居住者の有する棚卸資産のうち，その非居住者が恒久的施設を通じて行う事業に係るものに限られます（令292①三）。これは，国外にある棚卸資産であっても，その棚卸資産が恒久的施設を通じて行う事業に係るものであれば，その棚卸資産の費用収益は恒久的施設に帰属するものと考えられるからです。また，国外にある棚卸資産を国内に移入した場合の取扱いについては，恒久的施設と事業場等との間の内部取引を認識することとされていることから，その国内への移入が内部取引として認識すべきものであるか否か，内部取引に該当するものであるとすればどのような内部取引であるのかを検討することになります。

ホ　法第49条（減価償却資産の償却費の計算及びその償却の方法）関係

　　事業所得の金額等の計算上必要経費に算入される償却費の計算を行うべき減価償却資産は，非居住者の有する減価償却資産のうち，その非居住者が恒久的施設を通じて行う事業に係るものに限られます（令292①四）。また，国外にある減価償却資産を国内に移入した場合には，棚卸資産と同様に，その国内への移入が内部取引として認識すべきものであるか否か，内部取引に該当するものであるとすればどのような内部取引であるのかを検討することになります。

ヘ　法第50条（繰延資産の償却費の計算及びその償却の方法）関係

　　事業所得の金額等の計算上必要経費に算入される償却費の計算を行うべき繰延資産は，非居住者の有する繰延資産のうち，その非居住者が恒久的施設を通じて行う事業に係るものに限られます（令292①五）。

ト　法第51条（資産損失の必要経費算入）関係

　　資産損失として必要経費に算入される資産は，非居住者の有する資産のうち，その非居住者が恒久的施設を通じて行う事業に係るものに限られ，また，貸倒れ等による損失が必要経費に算入される売掛金，貸付金，前渡金等は，非居住者が恒久的施設を通じて行う事業に係る売掛金，貸付金，前渡金等に限られます（令292①六）。

チ　法第52条（貸倒引当金）関係

　　貸倒引当金の設定対象となる金銭債権は，非居住者が恒久的施設を通じて行う事業に係る金銭債権に限られ，また，恒久的施設と事業場等との間で債務不履行に相当する事実が生ずる可能性は想定し難いことから，貸倒引当金の設定対象となる金銭債権には，恒久的施設と事業場等との間の内部取引に係る金銭債権に相当するものは含まれません（令292①七）。

リ　法第54条（退職給与引当金）関係

　　退職給与引当金の設定対象となるべき使用人は，非居住者の使用人のうち，その非居住者が恒久的施設を通じて行う事業のために国内において常時勤務する者に限られます（令292①八）。

ヌ　法第58条（固定資産の交換の場合の譲渡所得の特例）関係

　　固定資産を交換した場合に取得価額の引継ぎによる課税の繰延べが認められる取得資産については，交換の時において国内にある固定資産で，かつ，非居住者の恒久的施設を通じて行う事業に係るものに限られ，事業場等から交換により取得したものとされる固定資産が含まれま

す（令292①九イ）。また，譲渡資産については，交換の時において国内にある固定資産で，かつ，非居住者の恒久的施設を通じて行う事業に係るものに限られます（令292①九ロ）。

ル　法第62条（生活に通常必要でない資産の災害による損失）関係

　　その年又はその年の翌年の譲渡所得の金額の計算上控除される，生活に通常必要でない資産の災害による損失は，恒久的施設を有する非居住者の有する資産のうち，その非居住者が恒久的施設を通じて行う事業に係るものに限られます（令292①十）。

ヲ　法第65条（リース譲渡に係る収入及び費用の帰属時期）関係

　　収入及び費用の帰属時期の特例が認められるリース譲渡は，非居住者が恒久的施設を通じて行う事業に係るリース譲渡に限られます（令292①十一）。

(注)1　上記の「リース譲渡」とは，リース取引によるそのリース取引の目的となる資産（ワにおいて「リース資産」という。）の引渡しをいう（法65①）

　　　2　上記（注）1の「リース取引」とは，資産の賃貸借（所有権が移転しない土地の賃貸借その他の一定のものを除く。）で，次に掲げる要件に該当するものをいいます（法67の2③）。

　　　　(1)　その賃貸借に係る契約が，賃貸借期間の中途においてその解除をすることができないものであること又はこれに準ずるものであること。

　　　　(2)　その賃貸借に係る賃借人がその賃貸借に係る資産からもたらされる経済的な利益を実質的に享受することができ，かつ，その資産の使用に伴って生ずる費用を実質的に負担すべきこととされているものであること。

ワ　法第67条の2（リース取引に係る所得の金額の計算）関係

　　リース取引について，リース資産の売買があったものとされる取引は，非居住者が恒久的施設を通じて行う事業に係るリース取引に限られます（令292①十二）。

カ　法第72条（雑損控除）関係

　　雑損控除の対象となるべき災害又は盗難若しくは横領による損失は，非居住者の有する資産のうち国内にあるものについて生じた損失に限られます（令292①十三）。

ヨ　非居住者の事業活動の拠点が国内に複数ある場合には，複数のその事業活動の拠点全体を一の恒久的施設として恒久的施設帰属所得を認識しその恒久的施設帰属所得に係る各種所得の金額の計算を行います（基通165—3）。

タ　租税条約等により所得税が課されない所得の損失の金額

　　外国居住者等の所得に対する相互主義による所得税等の非課税等に関する法律の規定又は租税条約により所得税が課されないこととされている不動産所得，事業所得，山林所得又は譲渡所得について損失の金額が生じた場合においても，その損失の金額は，非居住者の総合課税に係る所得税の課税標準の額の計算上なかったものとして取り扱われます（基通165－13）。

(4)　恒久的施設帰属所得に係る総合課税の所得税の課税標準等の計算に関する別段の定め

　　上記のほか，非居住者の恒久的施設帰属所得に係る総合課税の所得税の課税標準及び税額を計算する場合の別段の定めとして，次の規定が定められています。

イ　減額された外国所得税額の総収入金額不算入等（法165の2）

　　非居住者が下記(8)恒久的施設を有する非居住者の外国税額控除制度による外国税額控除の適用を受けた年の翌年以後7年内の各年において，その控除をされるべき金額の計算の基礎となった外国所得税の額が減額された場合（外国の政府又は地方公共団体から還付された場合）に

は，その減額された金額のうちその減額された年において外国税額控除の適用を受ける一定の金額については，その非居住者のその年分の恒久的施設帰属所得につき居住者に係る規定に準じて計算する事業所得の金額等の計算上，総収入金額に算入されません。

なお，その外国所得税の減額された金額から，総収入金額に算入しないこととされた一定の金額を控除した金額は，その非居住者のその年分の恒久的施設帰属所得につき居住者に係る規定に準じて計算する雑所得の金額の計算上，総収入金額に算入されます。

ロ 恒久的施設に帰せられるべき純資産に対応する負債の利子の必要経費不算入（法165の3）

非居住者の各年の恒久的施設に係る純資産の額として一定の方法により計算した金額が，その非居住者の純資産の額に相当する金額のうちその恒久的施設に帰せられるべき金額として一定の方法により計算した金額に満たないときは，その非居住者のその年の恒久的施設を通じて行う事業に係る負債の利子の額のうち，その満たない金額に対応する部分の金額として一定の方法により計算した金額は，その非居住者のその年分の恒久的施設帰属所得につき居住者に係る規定に準じて計算する事業所得の金額等の計算上，必要経費又は支出した金額に算入されません。

ハ 所得税額から控除する外国税額の必要経費不算入（法165の4）

非居住者についても，恒久的施設帰属所得につき課される外国所得税がある場合は，恒久的施設帰属所得に係る所得に対して課される所得税との二重課税を排除するために，下記(8)のとおり，外国税額控除の制度が設けられています（法165の6）。その外国所得税につき，下記(8)**恒久的施設を有する非居住者の外国税額控除制度**による外国税額控除の適用を受けた場合には，その適用を受けた控除対象外国所得税の額は，その非居住者のその年分の恒久的施設帰属所得につき居住者に係る規定に準じて計算する事業所得の金額等の計算上，必要経費又は支出した金額に算入されません。なお，その非居住者が下記(8)**恒久的施設を有する非居住者の外国税額控除制度**による外国税額控除を選択しない場合には，この控除対象外国所得税の額は必要経費又は支出した金額に算入することができます。

(注)1 外国所得税の額について，必要経費若しくは支出した金額に算入するか，又は下記(8)**恒久的施設を有する非居住者の外国税額控除制度**による外国税額控除をするか若しくは法第138条（源泉徴収税額等の還付）の規定により還付を受けるかどうかの選択は，各年ごとに，その年中に確定した外国所得税の額の全部について行わなければならないものとされており，利子所得，配当所得，給与所得，退職所得又は譲渡所得をその計算の基礎とした外国所得税の額について下記(8)**恒久的施設を有する非居住者の外国税額控除制度**による外国税額控除をするときは，不動産所得，事業所得，山林所得，雑所得又は一時所得をその計算の基礎とした外国所得税の額についても，必要経費又は支出した金額に算入することはできません（基通46—1，165の4—1）。

2 非居住者が，その年において納付する外国所得税の額の一部につき下記(8)**恒久的施設を有する非居住者の外国税額控除制度**による外国税額控除の適用を受ける場合には，その外国所得税の額の全部が必要経費又は支出した金額に算入されません（基通95—1，165の6—1）。

ニ 特定の内部取引に係る恒久的施設帰属所得に係る所得の金額の計算（法165の5の2）

非居住者の恒久的施設と事業場等との間で，資産（上記**非居住者に課税される所得の範囲**の(3)**国内にある資産の譲渡による所得（第3号該当）**（非居住者が国内に滞在する間に行う国内にある資産の譲渡による所得を除く。），(5)**土地等の譲渡による所得（第5号該当）**又は(7)**不動産等の賃貸料等**

— 902 —

（第7号該当）に掲げる国内源泉所得（恒久的施設に帰属しなくても課税対象となる国内不動産の譲渡所得や貸付対価等）を生ずべきものに限る。ニにおいて同じ。）のその恒久的施設による取得又は譲渡に相当する内部取引があった場合には，その内部取引はその資産のその内部取引の直前の価額により行われたものとして，その非居住者の各年分の恒久的施設帰属所得につき居住者に係る規定に準じて事業所得の金額等を計算します（法165の5の2①，令292の4①）。

　この場合の「直前の価額」とは，非居住者の恒久的施設と事業場等との間の内部取引が次の①又は②の内部取引のいずれに該当するかに応じ，それぞれ次の①又は②に定める金額となります（令292の4②）。

①　恒久的施設による資産の取得に相当する内部取引

　　内部取引の時にその内部取引に係る資産の他の者への譲渡があったものとみなして，その資産の譲渡により生ずべきその非居住者の各年分の恒久的施設帰属所得以外の国内源泉所得につき居住者に係る規定に準じて事業所得の金額等を計算するとした場合にその資産の譲渡に係る原価の額とされる金額に相当する金額

②　恒久的施設による資産の譲渡に相当する内部取引

　　内部取引の時にその内部取引に係る資産の他の者への譲渡があったものとみなして，その資産の譲渡により生ずべきその非居住者の各年分の恒久的施設帰属所得につき居住者に係る規定に準じて事業所得の金額等を計算するとした場合にその資産の譲渡に係る原価の額とされる金額に相当する金額

　なお，恒久的施設におけるその内部取引に係る資産の取得価額は，上記①に定める金額とされ，その内部取引による資産の取得のために要した費用がある場合には，これを加算した金額となります（令292の4③）。

(5)　その他の国内源泉所得に係る総合課税の所得税の課税標準等の計算

　恒久的施設を有する非居住者の総合課税の対象となる恒久的施設帰属所得以外の国内源泉所得及び恒久的施設を有しない非居住者の総合課税の対象となる国内源泉所得，具体的には，上記非居住者に課税される所得の範囲の(2)国内にある資産の運用・保有による所得（第2号該当），(3)国内にある資産の譲渡による所得（第3号該当），(5)土地等の譲渡による所得（第5号該当）から(7)不動産の賃貸料等（第7号該当）まで及び(17)その他その源泉が国内にある所得（第17号該当）に掲げる国内源泉所得（上記非居住者に課税される所得の範囲の(1)恒久的施設帰属所得（第1号該当）に掲げる国内源泉所得に該当するものを除く。(6)において「その他の国内源泉所得」という。）については，その課税標準及び税額は，恒久的施設帰属所得に係る所得税の課税標準及び税額の計算に準じて計算します（令292の5）。

(6)　恒久的施設帰属所得及びその他の国内源泉所得の双方がある場合の総合課税の所得税の課税標準等の計算

　恒久的施設を有する非居住者が恒久的施設帰属所得及びその他の国内源泉所得を有する場合には，その非居住者の総合課税に係る所得税の課税標準については，恒久的施設帰属所得に係る所得及びその他の国内源泉所得に係る所得を，居住者に係る規定に準じてそれぞれ各種所得に区分し，その各種所得ごとに計算した所得の金額（その区分した各種所得のうちに，同種の各種所得で恒久的施設帰属所得に係るものとその他の国内源泉所得に係るものとがある場合には，それぞれの各種

所得に係る所得の金額の合計額）を基礎として，居住者に係る規定に準じて，総所得金額，退職所得金額及び山林所得金額を計算します（令292の６）。

なお，各種所得ごとに所得の金額を計算する場合において，山林所得，譲渡所得又は一時所得で恒久的施設帰属所得に係るものとその他の国内源泉所得に係るものがあるときは，これらの所得に係る特別控除額は，これらの所得をそれぞれ合算した所得につき計算します（基通165―15）。

(7) **恒久的施設を有する非居住者の分配時調整外国税相当額控除制度**

恒久的施設を有する非居住者が各年において集団投資信託の収益の分配の支払を受ける場合において，その収益の分配に対して課される源泉徴収税額から控除することにより二重課税調整が行われた外国所得税の額があるときは，次のとおり，分配時調整外国税相当額控除が適用されます（法165の５の３①，令292の６の２）。なお，居住者との取扱いの公平性・整合性の観点から，制度の基本的な仕組みは居住者の分配時調整外国税相当額控除制度と同様となっています。

(注) このため，この(7)恒久的施設を有する非居住者の分配時調整外国税相当額控除制度においては，居住者の分配時調整外国税相当額控除について定めた基通第93条関係（分配時調整外国税相当額控除）の取扱いを準用することとされています（基通93−１）。

イ 控除の対象となる集団投資信託の収益の分配の支払を受ける場合

分配時調整外国税相当額控除の対象となる集団投資信託の収益の分配は，非居住者の上記**非居住者に課税される所得の範囲**の(1)**恒久的施設帰属所得**（第１号該当）に該当するものの支払を受ける場合に限られます（法165の５の３①）。

ロ 分配時調整外国税相当額

分配時調整外国税相当額とは，恒久的施設を有する非居住者が支払を受ける集団投資信託の収益の分配（恒久的施設帰属所得に該当するものに限ります。）について，居住者と同様に算出した金額をいいます（令292の６の２①）。

ハ 控除限度額

恒久的施設を有する非居住者のその年分の恒久的施設帰属所得に係る所得につき居住者に係る規定に準じて計算した所得税の額（この(7)**恒久的施設を有する非居住者の分配時調整外国税相当額控除制度**による分配時調整外国税相当額控除及び(8)**恒久的施設を有する非居住者の外国税額控除制度**による外国税額控除を適用しないで計算した場合の所得税の額とし，附帯税の額を除く。）を限度として，その者が支払を受ける集団投資信託の収益の分配に係る分配時調整外国税相当額を所得税の額から控除します（法165の５の３①，令292の６の２②）。

ニ 適用要件

恒久的施設を有する非居住者がこの(7)**恒久的施設を有する非居住者の分配時調整外国税相当額控除制度**による分配時調整外国税相当額控除の適用を受ける場合には，居住者の分配時調整外国税相当額控除と同様に，確定申告書，修正申告書又は更正請求書に控除の対象となる分配時調整外国税相当額，控除を受ける金額及びその金額の計算に関する明細を記載した書類並びに分配時調整外国税相当額を証する書類の添付があることが要件とされています（法165の５の３②，規66の７の２）。この場合にこの(7)**恒久的施設を有する非居住者の分配時調整外国税相当額控除制度**による分配時調整外国税相当額控除は，その明細を記載した書類にその分配時調整外国税相当額として記載された金額が限度とされます（法165の５の３②）。

確定申告と納税（非居住者）

　ホ　控除の順序

　　　この(7)恒久的施設を有する非居住者の分配時調整外国税相当額控除制度による分配時調整外
　　国税相当額控除をすべき金額は，非居住者の総合課税に係る所得税の額を計算する場合に居住
　　者に係る規定に準じて計算した課税総所得金額に係る所得税の額，課税山林所得金額に係る所
　　得税の額又は課税退職所得金額に係る所得税の額から順に控除します。この場合に，その控除
　　する金額がその年分の所得税の額を超えるときは，その控除する金額は，その所得税額に相当
　　する金額となります（法165の5の3③）。

(8)　恒久的施設を有する非居住者の外国税額控除制度

　　　恒久的施設を有する非居住者が各年において外国所得税を納付することとなる場合には，次の
　　とおり，外国税額控除が適用されます（法165の6，令292の2，292の7〜292の14）。なお，居住者
　　との取扱いの公平性・整合性の観点から，控除限度額の計算や控除限度額・控除対象外国所得税
　　の繰越など制度の基本的な仕組みは居住者の外国税額控除制度と同様となっています。

　(注)　このため，この(8)恒久的施設を有する非居住者の外国税額控除制度においては，居住者の外国税
　　　　額控除制度について定めた基通第95条関係（外国税額控除）の取扱いを一定のものを除いて準用す
　　　　ることとされています（基通165の6−1）。

　イ　控除対象外国所得税の額

　　　外国税額控除の対象となる外国所得税の額は，非居住者の上記非居住者に課税される所得の
　　範囲の(1)恒久的施設帰属所得（第1号該当）につき課される外国所得税の額に限られます（法
　　165の6①）。

　　　また，次の外国所得税の額は外国税額控除の対象から除かれます（法165の6①，令292の9）。

　①　通常行われる取引として認められない取引に係る外国所得税の額

　　　通常行われる取引と認められない一定の取引に基因して生じた所得に対する外国所得税の
　　額は，居住者の外国税額控除制度と同様に，外国税額控除の対象外とされます（令222の2①
　　②，292の9①）。

　②　非居住者の居住地国において課される外国所得税の額

　　　非居住者が住所を有し，一定の期間を超えて居所を有し，又は国籍その他これに類するも
　　のを有することによりその住所，居所又は国籍その他これに類するものを有する国又は地域
　　（以下「居住地国」という。）において課される外国所得税の額は，居住地国において二重課税
　　調整をするのが適当と考えられることから，外国税額控除の対象外とされます（令292の9②一）。

　　　しかし，居住地国が国外所得免除方式を採用する国である場合など，その居住地国におい
　　て税額控除等がなされない場合は，二重課税を排除することができません。この場合に生ず
　　る二重課税を排除する観点から，例外的に，その非居住者が支払を受けるべき利子，配当そ
　　の他これらに類するものの額を課税標準として源泉徴収の方法に類する方法により課される
　　外国所得税の額で，その居住地国の法令の規定又は租税条約の規定により，その居住地国に
　　おいて税額控除等をしないこととされるものについては，外国税額控除の対象とされる外国
　　所得税の額に該当します（令292の9②一かっこ書）。

　③　非居住者の居住地国以外の国において課される外国所得税の額

　　　非居住者の居住地国以外の国又は地域（以下「第三国」という。）において課される外国所

申告と納税

— 905 —

得税の額のうち，その外国所得税の課税標準となる所得について我が国と源泉地国である第三国との間の租税条約が適用されるとしたならば，その租税条約の規定（その外国所得税の軽減又は免除に関する規定に限る。）による限度税率を超える部分（若しくは免除することとされる額）に相当する金額又はその外国所得税の課税標準となる所得を居住者の所得とした場合にその所得に対してその外国所得税が課されるとしたならば，外国居住者等の所得に対する相互主義による所得税等の非課税等に関する法律（以下「外国居住者等所得相互免除法」という。）第2条第3号に規定する外国（現在，「台湾」が指定されている。）で相互主義を満たすものにおいて，所得税等の非課税等に関する規定によりその外国に係る外国居住者等の対象国内源泉所得（外国居住者等所得相互免除法5一）に対して所得税を軽減し，若しくは課さないこととされる条件と同等の条件により軽減することとされる部分（若しくは免除することとされる額）に相当する金額は，居住者がその第三国から得た所得に対して供与される外国税額控除とのバランスの観点から，外国税額控除の対象外とされます（令292の9②二）。

ロ　控除限度額

恒久的施設を有する非居住者のその年分の恒久的施設帰属所得に係る所得につき居住者に係る規定に準じて計算した所得税の額（この(8)恒久的施設を有する非居住者の外国税額控除制度による外国税額控除を適用しないで計算した場合の所得税の額とし，附帯税の額を除く。）にその年分の①に掲げる恒久的施設帰属所得金額のうちにその年分の②に掲げる調整国外所得金額の占める割合を乗じて計算した金額（(8)において「控除限度額」という。）を限度として，その者が各年において納付することとなる控除対象外国所得税の額を所得税の額から控除します（法165の6①，令292の8①～③）。

①　恒久的施設帰属所得金額

純損失の繰越控除又は雑損失の繰越控除の規定を適用しないで計算した場合のその年分の恒久的施設帰属所得の金額（②において「その年分の恒久的施設帰属所得金額」という。）

②　調整国外所得金額

純損失の繰越控除又は雑損失の繰越控除の規定を適用しないで計算した場合のその年分の国外所得金額（その国外所得金額がその年分の恒久的施設帰属所得金額に相当する金額を超える場合には，その年分の恒久的施設帰属所得金額に相当する金額）

控除限度額を具体的な算式で示すと，次のとおりとなり，この算式で算出される控除限度額を限度として，恒久的施設を有する非居住者が各年において納付することとなる控除対象外国所得税の額の合計額を所得税の額から控除します。

$$
控除限度額 = \begin{array}{c} 恒久的施設帰属所得に \\ 係る所得につき居住者 \\ に係る規定に準じて計 \\ 算した所得税の額 \end{array} \times \frac{②その年分の調整国外所得金額}{①その年分の恒久的施設帰属所得金額}
$$

ハ　国外所得金額

上記ロ②の「国外所得金額」とは，恒久的施設帰属所得に係る所得の金額のうち国外源泉所得に係る所得の金額をいいます（法165の6①，令292の7①）。

確定申告と納税（非居住者）

① 共通費用の額の配分（令292の7②）

　　恒久的施設帰属所得に係る共通費用の額がある場合には，国外源泉所得に係るものとそれ以外のものに配分する必要があります。この配分の基となる共通費用の額とは，恒久的施設帰属所得につき非居住者の総合課税に係る所得税の計算をする場合に居住者に係る規定に準じて計算した不動産所得の金額，事業所得の金額又は雑所得の金額（事業所得の金額及び雑所得の金額のうち山林の伐採又は譲渡に係るものを除く。）の計算上必要経費に算入された金額のうちに販売費，一般管理費その他これらの所得を生ずべき業務について生じた費用で国外源泉所得に係る所得を生ずべき業務とそれ以外の恒久的施設帰属所得に係る所得を生ずべき業務の双方に関連して生じたものの額をいいます。この共通費用の額の配分の基準は，収入金額，資産の価額，使用人の数その他の基準で非居住者が行う業務の内容や費用の性質に照らして合理的と認められる基準とされます。

② 共通費用の額の配分に関する書類の作成（令292の7③）

　　共通費用の額の配分を行った場合には，配分の計算の基礎となる費用の明細及び内容，配分の計算方法及びその配分計算が合理的であるとする理由を記載した書類を作成しなければなりません。

③ 確定申告書等への国外所得金額の計算に関する明細の添付（令292の7④）

　　恒久的施設を有する非居住者がこの(8)恒久的施設を有する非居住者の外国税額控除制度による外国税額控除の適用を受ける場合には，確定申告書，修正申告書又は更正請求書に国外所得金額の計算に関する明細を記載した書類を添付しなければなりません。

ニ　国外源泉所得

　　上記ハの「国外源泉所得」とは，この(8)恒久的施設を有する非居住者の外国税額控除制度による外国税額控除の控除限度額の計算の基礎となる国外所得金額の要素ですが，非居住者の課税範囲を定める国内源泉所得と相対的なものではなく，その種類ごとに，個別に定められており，具体的には，上記非居住者に課税される所得の範囲の(1)恒久的施設帰属所得（第1号該当）のうち，次のいずれかに該当するものをいいます（法165の6④）。なお，我が国における課税との二重課税の調整が目的ですので，非居住者の恒久的施設を通じて行う事業に帰属する所得の範囲に限られます。また，個別に列挙されている国外源泉所得は，法律においてその源泉地が国外であることが明確に規定されていますが，具体的な所得の性質は，居住者の外国税額控除制度上の国外源泉所得と共通するものが多いことから，居住者の外国税額控除制度上の国外源泉所得の規定（令225の3から225の7まで（国外にある資産の運用又は保有により生ずる所得等），225の9から225の11まで（事業の広告宣伝のための賞金等）及び225の14（国外に源泉がある所得））を準用してその内容が定められています（令292の13）。

① 国外にある資産の運用・保有により生ずる所得

② 国外にある資産の譲渡による所得として一定のもの

③ 国外において人的役務の提供を主たる内容とする一定の事業を行う者が受ける人的役務の提供に係る対価

④ 国外不動産の賃貸料等で，次に掲げる対価

(イ)　国外にある不動産の貸付けによる対価

(ロ) 国外にある不動産の上に存する権利の貸付けによる対価

(ハ) 国外における採石権の貸付けによる対価

(ニ) 国外における租鉱権の設定による対価

(ホ) 非居住者又は外国法人に対する船舶の貸付けによる対価

(ヘ) 非居住者又は外国法人に対する航空機の貸付けによる対価

(注) 上記(イ)から(ハ)までの貸付けには，地上権又は採石権の設定その他他人に不動産，不動産の上に存する権利又は採石権を使用させる一切の行為が含まれます（法165の6④四かっこ書）。

⑤ 法第23条第1項に規定する利子等及びこれに相当するもののうち次に掲げるもの

(イ) 外国の国債若しくは地方債又は外国法人の発行する債券の利子

(ロ) 国外にある営業所に預け入れられた預金又は貯金（法第2条第1項第10号に規定する一定のものに相当するものを含む。）の利子

(ハ) 国外にある営業所に信託された合同運用信託若しくはこれに相当する信託，公社債投資信託又は公募公社債等運用投資信託若しくはこれに相当する信託の収益の分配

⑥ 法第24条第1項に規定する配当等及びこれに相当するもののうち次に掲げるもの

(イ) 外国法人から受ける法第24条第1項に規定する剰余金の配当，利益の配当，剰余金の分配，金銭の分配又は基金利息に相当するもの

(ロ) 国外にある営業所に信託された投資信託（公社債投資信託並びに公募公社債等運用投資信託及びこれに相当する信託を除く。）又は特定受益証券発行信託若しくはこれに相当する信託の収益の分配

⑦ 国外において業務を行う者に対する貸付金（これに準ずるものを含む。）でその業務に係るものの利子（債券の買戻又は売戻条件付売買取引として一定のものから生ずる差益として一定のものを含む。）

⑧ 国外において業務を行う者から支払われる次に掲げる使用料又は対価でその業務に係るもの

(イ) 工業所有権その他の技術に関する権利，特別の技術による生産方式若しくはこれらに準ずるものの使用料又はその譲渡による対価

(ロ) 著作権（出版権及び著作隣接権その他これに準ずるものを含む。）の使用料又はその譲渡による対価

(ハ) 機械，装置，車両，運搬具，工具，器具及び備品の使用料

⑨ 国外において事業を行う者からその事業の広告宣伝のために賞として支払を受ける金品その他の経済的な利益（旅行その他の役務の提供を内容とするもので，金品との選択をすることができないものとされているものを除く。）

⑩ 国外にある営業所又は国外において契約の締結の代理をする者を通じて締結した外国保険業者の締結する保険契約その他の年金に係る契約で一定のものに基づいて受ける年金（年金の支払の開始の日以後にその年金に係る契約に基づき分配を受ける剰余金又は割戻しを受ける割戻金及びその契約に基づき年金に代えて支給される一時金を含む。）

⑪ 次に掲げる給付補填金，利息，利益又は差益

確定申告と納税（非居住者）

　(イ)　定期積金の給付補塡金

　　　国外にある営業所が受け入れた定期積金に係るもの

　(ロ)　相互掛金の給付補塡金に相当するもの

　　　国外にある営業所が受け入れた掛金に相当するものに係るもの

　(ハ)　抵当証券の利息に相当するもの

　　　国外にある営業所を通じて締結された契約に相当するものに係るもの

　(ニ)　金貯蓄口座等の利益

　　　国外にある営業所を通じて締結された契約に係るもの

　(ホ)　外貨建定期預金の邦貨換算差益

　　　国外にある営業所が受け入れた預金又は貯金に係るもの

　(ヘ)　一時払養老保険等の差益に相当するもの

　　　国外にある営業所又は国外において契約の締結の代理をする者を通じて締結された契約
　　に相当するものに係るもの

⑫　国外において事業を行う者に対する出資につき，匿名組合契約及び当事者の一方が相手方
　の事業のために出資をし，相手方がその事業から生ずる利益を分配することを約する契約に
　基づいて受ける利益の分配

⑬　上記①から⑫までに掲げるもののほかその源泉が国外にある所得として一定のもの

　なお，租税条約において国外源泉所得につき上記①から⑬までと異なる定めがある場合に
は，その租税条約の適用を受ける非居住者については，国外源泉所得は，その異なる定めがあ
る限りにおいて，その租税条約に定めるところによります（法165の6⑤）。

ホ　外国所得税が減額された場合の取扱い

　　恒久的施設を有する非居住者が納付することとなった外国所得税の額につきこの(8)**恒久的施**
設を有する非居住者の外国税額控除制度による外国税額控除の適用を受けた年の翌年以後7年
内の各年においてその外国所得税の額が減額された場合（外国の政府又は地方公共団体から還付
された場合）には，減額控除対象外国所得税額を，①その減額されることとなった日の属する
年においてその非居住者が納付することとなる控除対象外国所得税の額から控除し，②控除し
きれない金額は，その減額されることとなった日の属する年の前年以前3年内の繰越控除対象
外国所得税額から控除し，③なお控除しきれない残額は，その非居住者のその年分の恒久的施
設帰属所得につき居住者に係る規定に準じて計算する雑所得の金額の計算上，総収入金額に算
入されます（法165の2，165の6⑥，令292の2，292の14）。

(注)1　上記の「減額控除対象外国所得税額」とは，外国所得税の額が減額された年において外国所
　　　得税の額の減額がされた金額のうち，①に掲げる金額から②に掲げる金額を控除した残額に相当
　　　する金額をいいます（令292の14②）。

　　　①　その外国所得税の額のうち非居住者のこの(8)**恒久的施設を有する非居住者の外国税額控除**
　　　　制度による外国税額控除の適用を受けた年において控除対象外国所得税の額とされた部分の
　　　　金額

　　　②　その減額がされた後のその外国所得税の額につきその非居住者のこの(8)**恒久的施設を有す**
　　　　る非居住者の外国税額控除制度による外国税額控除の適用を受けた年においてこの(8)**恒久的**
　　　　施設を有する非居住者の外国税額控除制度による外国税額控除を適用したならば控除対象外

— 909 —

国所得税の額とされる部分の金額

2　上記の外国所得税が減額された場合の取扱いは，この(8)恒久的施設を有する非居住者の外国税額控除制度による外国税額控除の適用を受けた外国所得税につき，その外国所得税が減額されることとなった日，すなわち，減額されることとなった外国所得税に係る還付金の支払通知書等の受領により外国所得税について具体的にその減額されることとなった金額が確定した日の属する年分において適用しますが，実際に還付金を受領した日の属する年分において上記の外国所得税が減額された場合の取扱いを適用している場合には，これが認められます（基通95―14，165の6―1）。

3　恒久的施設を有する非居住者が外国所得税の額につきこの(8)恒久的施設を有する非居住者の外国税額控除制度による外国税額控除の適用を受けた場合において，その適用を受けた年分後の年分にその外国所得税の額の増額があったときは，その増額した外国所得税の額は，その増額のあった日の属する年分において新たに生じたものとしてこの(8)恒久的施設を有する非居住者の外国税額控除制度による外国税額控除を適用します（基通95―16，165の6―1）。

ヘ　適用要件

恒久的施設を有する非居住者がこの(8)恒久的施設を有する非居住者の外国税額控除制度による外国税額控除の適用を受ける場合には，居住者の外国税額控除制度と同様に，確定申告書，修正申告書又は更正請求書に控除を受けるべき金額及びその計算に関する明細を記載した書類，控除対象外国所得税の額を課されたことを証する書類その他一定の書類（ヘにおいて「明細書」という。）の添付があることが要件とされます（法165の6⑦）。この場合に，この(8)恒久的施設を有する非居住者の外国税額控除制度による外国税額控除をされるべき金額の計算の基礎となる控除対象外国所得税の額その他の一定の金額は，税務署長において特別の事情があると認める場合を除くほか，その明細書にその金額として記載された金額が限度とされます（法165の6⑦）。

(注)　上記の「控除対象外国所得税の額を課されたことを証する書類」には，申告書の写し又は現地の税務官署が発行する納税証明書等のほか，更正若しくは決定に係る通知書，賦課決定通知書，納税告知書，源泉徴収の外国所得税に係る源泉徴収票その他これらに準ずる書類又はこれらの書類の写しが含まれます（基通95―30，165の6―1）。

ト　控除の順序

この(8)恒久的施設を有する非居住者の外国税額控除制度による外国税額控除をすべき金額は，非居住者の総合課税に係る所得税の計算をする場合に居住者に係る規定に準じて計算した課税総所得金額に係る所得税の額，課税山林所得金額に係る所得税の額又は課税退職所得金額に係る所得税の額から順に控除します（法165の6⑧）。

(注)1　この(8)恒久的施設を有する非居住者の外国税額控除制度による外国税額控除は，外国所得税を納付することとなる日，すなわち，申告，賦課決定等の手続により外国所得税について具体的にその納付すべき租税債務が確定した日の属する年分において適用しますが，恒久的施設を有する非居住者が継続してその納付することが確定した外国所得税の額につき，実際に納付した日の属する年分においてこの(8)恒久的施設を有する非居住者の外国税額控除制度による外国税額控除を適用している場合には，これが認められます（基通95―3，165の6―1）。

2　恒久的施設を有する非居住者がいわゆる予定納付又は見積納付等（(注)2において「予定納付等」という。）をした外国所得税の額についても上記（注）1の年分においてこの(8)恒久的施設を有する非居住者の外国税額控除制度による外国税額控除を適用しますが，その非居住者が，継続して，その外国所得税の額をその予定納付等に係る年分の外国所得税について確定申告又は賦課

確定申告と納税（非居住者）

決定等があった日の属する年分においてこの(8)恒久的施設を有する非居住者の外国税額控除制度による外国税額控除を適用している場合には，これが認められます（基通95―4，165の6―1）。

3　この(8)恒久的施設を有する非居住者の外国税額控除制度による外国税額控除を適用する場合の外国所得税の額については，次の区分に応じ，それぞれ次に掲げる外国為替の売買相場により邦貨に換算した金額によります（基通95―28，165の6―1）。

①　源泉徴収による外国所得税

　源泉徴収により納付することとなる利子，配当，使用料等（①において「配当等」という。）に係る外国所得税については，その配当等の額の換算に適用する外国為替の売買相場により換算した金額

②　①以外による外国所得税

　源泉徴収以外の方法により納付することとなる外国所得税については，法第57条の3第1項（外貨建取引の換算）に規定する外貨建取引に係る経費の金額の換算に適用する外国為替の売買相場により換算した金額

申告，納付及び還付　総合課税とされる所得を有する非居住者の申告，納付及び還付は，居住者についての申告，納付及び還付の規定が準用されます（法166）。したがって，その期限等は次のようになります。

(1)　**確定申告義務のある場合**

イ　その年に国内に居所を有していた非居住者である場合

(イ)　その者が国税通則法第117条第2項の規定による納税管理人（以下「納税管理人」という。）の届出をして国内に居所を有しないこととなる場合（法2①四十二，120，128，166）　申告及び納付ともその年の翌年2月16日から3月15日までの間

(ロ)　その者が納税管理人の届出をしないで国内に居所を有しないこととなる場合（法2①四十二，120，126①，127①，128，130，166）　国内に居所を有しないこととなる日までの期間に係る所得については，申告及び納期限ともその国内に居所を有しないこととなる時，それ以降の期間に係る所得については，申告及び納付ともその年の翌年2月16日から3月15日までの間

ロ　その年に国内に居所を有していなかった非居住者である場合

(イ)　その者が納税管理人の届出をしてある場合（法2①四十二，120，128，166）　申告及び納付ともその年の翌年2月16日から3月15日までの間

(ロ)　その者が納税管理人の届出をしていない場合

①　その者が恒久的施設を有する非居住者で，恒久的施設を有しないこととなる場合（法2①四十二，120，126①，127①，128，130，166）　恒久的施設を有しないこととなる日までの期間に係る所得については，申告及び納期限ともその恒久的施設を有しないこととなる時，それ以降の期間に係る所得については，申告及び納付ともその年の翌年2月16日から3月15日までの間

②　その者が恒久的施設を有しない非居住者で，上記**非居住者に課税される所得の範囲**の(6)**人的役務の提供事業の対価**（第6号該当）の人的役務を提供させることを主たる内容とする国内において行う事業を廃止する場合（法2①四十二，120，126①，127①，128，130，166）　その事業を廃止する日までの期間に係る所得については，申告及び納期限ともその事業を廃止する時，それ以降の期間に係る所得については，申告及び納付ともその年の

―911―

翌年2月16日から3月15日までの間

③　その者が上記②及び③に掲げる非居住者以外の非居住者である場合（法2①四十二，120，128，166）　申告及び納付ともその年の翌年2月16日から3月15日までの間

(2)　還付を受けるための申告書を提出することができる場合

イ　その年に国内に居所を有していた非居住者である場合

(イ)　その者が納税管理人の届出をして国内に居所を有しないこととなる場合（法2①四十二，122，166）　その年の翌年1月1日以後に提出することができます。

(ロ)　その者が納税管理人の届出をしないで国内に居所を有しないこととなる場合（法2①四十二，122，127②，166）　国内に居所を有しないこととなる日までの期間に係る所得については，その国内に居所を有しないこととなる時の現況により，それ以降の期間に係る所得については，その年の翌年1月1日以後に提出することができます。

ロ　その年に国内に居所を有していなかった非居住者である場合

(イ)　その者が納税管理人の届出をしてある場合（法2①四十二，122，166）　その年の翌年1月1日以後に提出することができます。

(ロ)　その者が納税管理人の届出をしていない場合

①　その者が恒久的施設を有する非居住者で，恒久的施設を有しないこととなる場合（法2①四十二，122，127②，166）　恒久的施設を有しないこととなる日までの期間に係る所得については，その恒久的施設を有しないこととなる時の現況により，それ以降の期間に係る所得については，その年の翌年1月1日以後に提出することができます。

②　その者が恒久的施設を有しない非居住者で，上記**非居住者に課税される所得の範囲の(6)人的役務の提供事業の対価（第6号該当）**の人的役務を提供させることを主たる内容とする国内において行う事業を廃止する場合（法2①四十二，122，127②，166）　その事業を廃止する日までの期間に係る所得については，その事業を廃止する時の現況により，それ以降の期間に係る所得については，その年の翌年1月1日以後に提出することができます。

③　その者が上記②及び③に掲げる非居住者以外の非居住者である場合（法2①四十二，122，166）　その年の翌年1月1日以後に提出することができます。

(3)　確定損失申告書を提出することができる場合

(1)の場合に準じます（法2①四十二，123，126②，127③，166）。

(4)　退職所得の選択課税の特例による還付の場合

イ　特例の内容

非居住者が居住者であった期間に行った勤務等に基因して支払われる退職手当等については，その支払金額に20％の税率を乗じて計算した所得税の額を源泉徴収することとされていますが（法213①一），例えば，過去の勤務期間の大部分を我が国で過ごし，たまたま外地勤務となった直後に役員に昇任したために非居住者の身分で退職所得の支払を受けたような場合には，居住者として退職所得の支払を受けた場合に比し，酷な課税を受けるという事例が生ずるという退職手当等の特殊性に鑑み，その非居住者が所定の申告書を税務署長に提出することにより，その退職手当等については，その支払の基因となった退職（その年中に支払を受ける退職手当等が2以上ある場合には，それぞれの退職手当等の支払の基因となった退職）を事由としてそ

の年中に支払を受ける退職手当等の総額を居住者として受けたものとみなし，居住者の場合と同様に，その勤続年数に応じた退職所得控除額（勤続年数に応じ，勤続年数20年まで勤務は1年につき40万円，20年超は1年につき70万円）の控除を行った残額の2分の1に相当する金額（その退職手当等が，短期退職手当等である場合には次に掲げる場合の区分に応じそれぞれ次に定める金額とし，特定役員退職手当等である場合にはその退職手当等の収入金額から上記の退職所得控除額の控除を行った残額に相当する金額とする。）に一般の累進税率を乗じて計算した所得税額によることを選択できることとされています（法171）。

① 上記の退職所得控除額の控除を行った残額が300万円以下である場合…その残額の2分の1に相当する金額

② ①に掲げる場合以外の場合…150万円と退職手当等の収入金額から300万円に上記の退職所得控除額を加算した金額を控除した残額との合計額

(注) 1 短期退職手当等とは，役員等以外の者としての勤続年数が5年以下であるものに対応するものとして支払を受ける退職手当等であって，特定役員退職手当等に該当しないものをいいます（法30④）。

2 特定役員退職手当等とは，役員等としての勤続年数が5年以下である役員等がその役員等としての勤続年数に対応するものとして支払を受ける退職手当等をいいます（法30⑤）。

ロ 退職所得の選択課税による還付のための申告書の提出

非居住者が居住者であった期間に行った勤務等に基因して支払われる退職手当等について20％の税率による源泉徴収が行われている場合に，その退職手当等について居住者なみの退職所得課税を受けることを選択するときは，その非居住者は，その退職手当等について源泉徴収された所得税の還付を受けるために，その年の翌年1月1日（同日前にその退職手当等の総額が確定した場合には，その確定した日）以後に，納税地の税務署長に対し，次に掲げる事項を記載した申告書を提出することができます（法173①）。

ハ 申告書の記載事項

退職金の支払を受けた非居住者が，退職所得の選択課税による還付を受けるために税務署長に提出する申告書の記載事項は，次のとおりです（法173①，規70）。

① その年中に支払を受ける退職手当等の総額（選択課税の適用がある部分の金額に限る。）及びその総額について選択課税の適用を受けた場合の所得税の額

② その年中に支払を受ける退職手当等についての源泉徴収された又は源泉徴収されるべき所得税の額

③ ②に掲げる所得税の額から①に掲げる所得税の額を控除した金額（還付すべき税額）

④ 選択課税を受ける退職手当等の総額の支払者別の内訳及びその支払者の氏名又は名称及び住所若しくは居所又は本店若しくは主たる事務所の所在地

⑤ ①に掲げる所得税の額の計算の基礎

⑥ この申告書を提出する者の氏名及び住所並びに国内に居所があるときはその居所（個人番号を有する者にあっては，氏名，住所及び国内に居所があるときはその居所並びに個人番号）

⑦ その年中に支払を受ける退職手当等の総額のうち上記**非居住者に課税される所得の範囲の**⑿**給与等人的役務の提供に対する報酬**（第12号該当）ハに掲げる退職手当等に該当する部分

の金額（すなわち，その支払を受ける者が居住者であった期間に行った勤務等に基因する部分の金額）の計算の基礎

⑧　還付金の支払を受けようとする銀行又は郵便局の名称及び所在地その他参考となるべき事項

ニ　申告書への明細書の添付

選択課税を適用する退職手当等について源泉徴収された事実の説明となるべき次に掲げる事項を記載した明細書を申告書に添付しなければなりません（令297①，規71①）。

①　その年中に支払を受ける退職手当等で所得税を源泉徴収されたものの支払者ごとの内訳，その支払日及び場所

②　その源泉徴収された所得税の額

③　その退職手当等の支払者の氏名又は名称及び住所若しくは居所又は本店若しくは主たる事務所の所在地若しくは法人番号

ただし，申告書に，選択課税を適用する退職手当等についての支払調書の写しを添付しているときは，上記①から③までの記載事項のうち，その支払調書の写しに記載されている事項は，明細書に記載しなくてもよいこととされています（規71②）。

ホ　源泉徴収税額の還付

還付のための申告書の提出があった場合の源泉徴収税額の還付手続は，次のとおりです。

①　還付のための申告書の提出があった場合には，税務署長は，源泉徴収税額のうち納付された過納税額を遅滞なく還付し，又は充当しなければなりません（法173②，令297③）。

②　退職手当等に係る源泉徴収税額のうち，申告書の提出時までに納付されていない部分の金額は還付されません（法173③）ので，申告書を提出した非居住者は，申告書に記載した退職手当等についての源泉徴収税額で申告書の提出時までに納付されていなかったものの納付があった場合には，遅滞なく，その納付の日，その納付された所得税の額その他必要な事項を記載した届出書を納税地の所轄税務署長に提出しなければなりません（令297②）。

③　還付金について還付加算金を計算する場合のその計算の基礎となる期間は，還付のための申告書の提出があった日（同日後に納付された源泉徴収税額による還付金については，その納付の日）の翌日からその還付のための支払決定をする日又はその還付金につき充当をする日（同日前に充当をするのに適することとなった日がある場合には，その適することとなった日）までの期間によることとされています（法173④）。

(5)　給与等につき源泉徴収を受けない場合

イ　申告書の提出

非居住者が国内において行う勤務に基因する給与等（上記**非居住者に課税される所得の範囲**の⑿**給与等人的役務の提供に対する報酬（第12号該当）**イ又はハに掲げる給与等又は退職手当等）の支払を受けるときは，原則として，20％の税率による所得税の源泉徴収を受けますが（法213①），この給与等の支払を受ける場合に，国外払いである等の理由により，その給与等について源泉徴収がされないときは，その非居住者は，上記**(4)退職所得の選択課税の特例による還付**の場合の還付のための申告書を提出することができる場合を除き，その年の翌年3月15日（同日前に国内に居所を有しないこととなる場合には，その有しないこととなる日）までに，次に掲げ

— 914 —

確定申告と納税（非居住者）

る事項を記載した申告書を税務署長に提出しなければなりません（法172①）。

すなわち，例えば，国外の支払義務者から非居住者の国内における勤務に基因する給与等が国外で支払われるような場合には，その支払をする者が国内に住所若しくは居所を有し，又は国内に事務所，事業所その他これらに準ずるものを有しない限り所得税の源泉徴収の規定が働きませんので（法212②），このような源泉徴収をされていない給与等の支払を受けた非居住者は，申告書を提出して，20％の税率による所得税の額を納付しなければならないこととされているのです。

ロ　申告書の記載事項

この場合，税務署長に提出する申告書には，次の事項を記載しなければなりません（法172①，規69）。

①　その年中に支払を受ける源泉徴収されない給与等の金額及びその金額について20％の税率を乗じて計算した所得税の額

②　①の給与等の金額のうちに，その年の中途において国内に居所を有しないこととなったことにより先に提出した申告書に記載した金額がある場合には，その金額及びその金額に20％の税率を乗じて計算した所得税の額

③　①に掲げる金額から②に掲げる金額を控除した金額（納付すべき税額）

④　①に掲げる金額の計算の基礎，その者の国内における勤務の種類

⑤　この申告書を提出する者の氏名及びその国内にある住所又は居所（個人番号を有する者にあっては，氏名，その国内にある住所又は居所及び個人番号）

⑥　その源泉徴収されない給与等の支払者の氏名又は名称及び住所若しくは居所又は本店若しくは主たる事務所の所在地若しくは法人番号

⑦　国内に居所を有することとなった日

⑧　その他参考となるべき事項

ハ　所得税の納付

この申告書を提出した非居住者は，その申告書の提出期限までに上記ロ③に掲げる金額（納付すべき税額）に相当する所得税を納付しなければなりません（法172③）。

(6)　恒久的施設に係る取引に係る文書化

恒久的施設を有する非居住者は，次のとおり，**上記非居住者に課税される所得の範囲の(1)恒久的施設帰属所得（第1号該当）**（(6)において「恒久的施設帰属所得」という。）を算定する際の，非居住者の恒久的施設と他の者との取引及び非居住者の恒久的施設と事業場等の内部取引についての，恒久的施設の果たす機能や，内部取引の認識のもとになる内部のモノやお金の動きに関する書類を作成しなければなりません（法166の2）。

イ　恒久的施設帰属外部取引に関する事項

恒久的施設を有する非居住者は，恒久的施設帰属所得を有する場合において，その非居住者が他の者との間で行った取引のうち，恒久的施設帰属所得に係る各種所得の金額の計算上，その取引から生ずる所得が恒久的施設に帰せられるもの（以下「恒久的施設帰属外部取引」という。）については，次の書類を作成しなければなりません（法166の2①）。

①　恒久的施設帰属外部取引の内容を記載した書類

－ 915 －

具体的には，恒久的施設帰属外部取引がどのような取引であるかを説明する書類であり，恒久的施設帰属外部取引が第三者との取引であることから，私法上の要請により契約書等が存在するため，契約書等に記載された内容を整理すれば足りると考えられます。

② 恒久的施設及び事業場等が恒久的施設帰属外部取引において使用した資産の明細並びに恒久的施設帰属外部取引に係る負債の明細

具体的には，恒久的施設及び事業場等が恒久的施設帰属外部取引に関して使用した資産（無形資産を含む。）の種類，内容，契約条件等が分かる書類及び恒久的施設帰属外部取引に関連した負債の種類や内容等が分かる書類です。なお，無形資産については，恒久的施設帰属外部取引に関して重要な価値を有し所得の源泉となると認められるものも含まれます。

③ 非居住者の恒久的施設及び事業場等が果たす機能（リスク（為替相場の変動，市場金利の変動，経済事情の変化その他の要因によるその恒久的施設帰属外部取引に係る利益又は損失の増加又は減少の生ずるおそれをいう。イにおいて同じ。）の引受け及び管理に関する人的機能，資産の帰属に係る人的機能その他の機能をいう。）並びにその機能に関連するリスクに係る事項を記載した書類

具体的には，恒久的施設及び事業場等がどのような機能を果たしているのか，どのようなリスクを負っているのかを説明するための書類です。機能の整理に当たっては，「研究開発」「設計」「調達」「製造」「市場開拓」「販売」等の個人の事業活動において，恒久的施設及び事業場等の機能がどこで，どのように果たされているかの整理が必要となります。また，AOAにおいては，リスクは機能に従うこととなるため，機能が属する部門に付随するものとして整理することが必要です。

④ 非居住者の恒久的施設及び事業場等が恒久的施設帰属外部取引において果たした機能に関連する部門並びにその部門の業務の内容を記載した書類

具体的には，資産やリスクの帰属，その結果としての取引の帰属において，どのような人的機能が遂行されたかが殊更に重要であることから，恒久的施設及び事業場等が外部取引において果たした機能に関連する企業内部における部門やその部門の業務内容等を説明するための書類です。どのような部門においてどれほどの人員を配置し，それらの人員がどのような業務を行っているかを具体的に整理する必要があります。

ロ 内部取引に関する事項

恒久的施設を有する非居住者は，恒久的施設帰属所得を有する場合において，その非居住者の事業場等と恒久的施設の間の資産の移転等が内部取引に該当する場合には，次の書類を作成しなければなりません（法166の2②）。

① 非居住者の恒久的施設と事業場等との間の内部取引に該当する資産の移転，役務の提供その他の事実を記載した注文書，送り状，領収書，見積書その他これらに準ずる書類若しくはこれらに相当する書類又はその写し

具体的には，恒久的施設及び事業場等との間で内部取引を認識している場合に，それがどのような取引であるのかを説明する書類です。内部取引は，私法上の取引ではないことから，契約書等は当然には作成されていないため，契約書類似の書類を作成し，その記載内容については，第三者間で取引を行う場合，通常，記載される又は取り極められる取引条件，

取引内容等について明示されていることが必要となります。

② 非居住者の恒久的施設及び事業場等が内部取引において使用した資産の明細並びに内部取引に係る負債の明細を記載した書類

具体的には，外部取引の場合と同様に，恒久的施設及び事業場等が内部取引に関して使用した資産（無形資産を含む。）の種類，内容，契約条件等が分かる書類及び内部取引に関連した負債の種類や内容等が分かる書類です。

③ 非居住者の恒久的施設及び事業場等が果たす機能（リスク（為替相場の変動，市場金利の変動，経済事情の変化その他の要因によるその内部取引に係る利益又は損失の増加又は減少の生ずるおそれをいう。ロにおいて同じ。）の引受け及び管理に関する人的機能，資産の場属に係る人的機能その他の機能をいう。）並びにその機能に関連するリスクに係る事項を記載した書類

具体的な内容は，外部取引の場合と同様です。

④ 恒久的施設及び事業場等が内部取引において果たした機能に関連する部門並びにその部門の業務の内容を記載した書類

⑤ その他その内部取引に関連する事実（資産の移転，役務の提供その他内部取引に関連して生じた事実をいう。）が生じたことを証する書類

恒久的施設及び事業場等との間での認識された内部取引に関連して発生する事実を証明する書類です。例えば，内部取引により資産の移転が生じた場合に，その移転に伴い第三者との間で行われた契約書等の写しやその内部取引により移転された資産を外部に販売するための移送や加工等がなされた場合，その移送や加工等の事実を証する書類がこれに該当します。

なお，内部取引に関する事項について，上記①の書類については，青色申告及び白色申告の帳簿書類の保存の対象となります（法166，232）。

(7) 恒久的施設帰属所得に係る行為又は計算の否認

上記非居住者に課税される所得の範囲の(1)恒久的施設帰属所得（第1号該当）及び(4)組合契約事業利益の分配（第4号該当）((7)において「恒久的施設帰属所得」という。）に係る所得に対する課税に関しては，非居住者の恒久的施設と事業場等という同一人格の内部で機能，資産，リスクの帰属を人為的に操作して恒久的施設帰属所得やその税額を調整することが比較的容易であることから，同族会社と同様に，潜在的に租税回避リスクが高いと考えられるため，同族会社の行為計算否認規定に類似した租税回避防止規定が設けられています（法168の2）。

この規定においては，税務署長は，恒久的施設帰属所得を有する非居住者の行為又は計算で，これを容認した場合には，恒久的施設帰属所得に係る各種所得の金額の計算上控除する金額の増加，これに対する所得税の額から控除する金額の増加，内部取引に係る利益の額の減少又は損失の額の増加その他の事由により所得税の負担を不当に減少させる結果となると認められるものがあるときは，その非居住者の所得税に関する更正又は決定に際し，その行為又は計算にかかわらず，税務署長の認めるところにより，その非居住者の各年分の総所得金額や所得税の額等を計算することができることとされています。

特殊な場合の課税標準と税額の計算

年の中途で非居住者が居住者となった場合の税額の計算　その年12月31日（その年の中途におい

て死亡し又は出国する場合には，その死亡の日又は出国の日）において居住者である者で，その年（出国する者については，出国の日までの間）において非居住者であった期間を有するものの所得税の額は，通常の居住者についての所得税の課税標準及びその税額の計算の規定により計算した所得税の額によるのではなく，その者がその年において居住者であった期間（以下「居住者期間」という。）内に生じた所得と，その者がその年において非居住者であった期間（以下「非居住者期間」という。）内に生じた所得（国内源泉所得）を基礎として計算した金額によることになっており，具体的には，次のとおりです（法102，令258）。

(1) **所得金額の計算**

居住者期間内に生じた所得と，非居住者期間内に生じた国内源泉所得のうち非居住者の総合課税の対象となる所得とを，それぞれ各種所得ごとに区分し，それらの各種所得の金額を合計して総所得金額，退職所得金額及び山林所得金額を計算します（令258①一・二②）。この場合の所得金額の計算は，具体的には，次によることになっています。

イ　居住者期間内に生じた所得（居住者期間のうちその者が非永住者であった期間がある場合には，その所得及びその期間内に生じた非永住者の課税の対象となる範囲の所得）及び非居住者期間内に生じた上記**総合課税の方法により納税する非居住者とその所得の範囲の**(1)又は(2)にそれぞれ掲げる非居住者の区分に応ずるそれぞれの課税の対象となる範囲の国内源泉所得に係る所得を各種所得の金額の計算の規定に準じてそれぞれ各種所得に区分し，その各種所得ごとに所得の金額を計算します（令258①一）。このようにして各種所得ごとに所得の金額を計算する場合において，給与所得，退職所得，公的年金等に係る雑所得又は山林所得，譲渡所得若しくは一時所得で居住者期間内及び非居住者期間内の双方にわたって生じたものがあるときは，これらの所得に係る給与所得控除額，退職所得控除額，公的年金等控除額又は山林所得，譲渡所得若しくは一時所得に係る特別控除額の控除は，居住者期間内及び非居住者期間内に生じたこれらの所得をそれぞれ合算した所得につき行います（令258②）。

ロ　次に，上記イにより計算した各種所得の金額を基礎として，居住者についての所得税の課税標準，損益通算及び損失の繰越控除の規定（法第2編第2章第1節及び第3節）に準じて，総所得金額，退職所得金額及び山林所得金額を計算します（令258①二）。この場合に，上記イにより計算した各種所得のうちに，同種の各種所得で居住者期間内に生じたものと非居住者期間内に生じたものとがある場合には，それぞれの各種所得に係る所得の金額の合計額を基礎として総所得金額，退職所得金額及び山林所得金額を計算します（令258①二かっこ書）。

(2) **所得控除及び課税所得金額の計算**

上記(1)により計算した総所得金額，退職所得金額及び山林所得金額から所得控除を行い，課税総所得金額，課税退職所得金額又は課税山林所得金額を計算します（令258①三）。この場合の所得控除は，次によることになっています。

イ　雑損控除

居住者期間内に生じた損失と非居住者期間内に生じた損失（国内にある資産について生じた損失に限る。）とを合計し，その合計額が上記(1)の総所得金額，退職所得金額及び山林所得金額の合計額の10分の1に相当する金額を超える場合のその超える金額が控除できます（令258③一）。

確定申告と納税（非居住者）

ロ　医療費控除

居住者期間中に支払ったものに限り控除が認められますので，その者が居住者期間内に支払った医療費控除の対象となる医療費の金額が，総所得金額，退職所得金額及び山林所得金額の合計額の100分の５に相当する金額を超える場合におけるその超える部分の金額（その金額が200万円を超える場合には200万円）が控除できます（令258③二）。

ハ　社会保険料控除，小規模企業共済等掛金控除

居住者期間中に支払った，又は給与からの控除の対象となるものに限り控除が認められますので，その者が居住者期間内に支払った，又は給与からの控除の対象となる社会保険料及び小規模企業共済等掛金控除の金額が控除できます（令258③三）。

ニ　生命保険料控除，地震保険料控除

居住者期間中に支払ったものに限り控除が認められますので，その者が居住者期間内に支払った新生命保険料及び旧生命保険料，介護医療保険料，新個人年金保険料及び旧個人年金保険料並びに地震保険料につき生命保険料控除（法76）又は地震保険料控除（法77）の規定を適用した金額が控除できます（令258③四）。

ホ　寄附金控除

通常の居住者の場合と同額が控除できます（令258①三）。

ヘ　障害者控除

通常の居住者の場合と同額が控除できます（令258①三）。

ト　寡婦控除，ひとり親控除

通常の居住者の場合と同額が控除できます（令258①三）。

チ　勤労学生控除

通常の居住者の場合と同額が控除できます（令258①三）。

リ　配偶者控除，配偶者特別控除

通常の居住者の場合と同額が控除できます（令258①三）。

ヌ　扶養控除

通常の居住者の場合と同額が控除できます（令258①三）。

ル　基礎控除

通常の居住者の場合と同額が控除できます（令258①三）。

(3)　税額控除及び税額の計算

上記(2)により計算した課税総所得金額，課税退職所得金額又は課税山林所得金額に対して税率を適用して税額を計算し，その者がその年において配当控除，分配時調整外国税相当額控除及び外国税額控除を受けることができる場合には，その税額から配当控除，分配時調整外国税相当額控除及び外国税額控除を行い，納付すべき税額を計算します（令258①四）。この場合の配当控除，分配時調整外国税相当額控除及び外国税額控除は，次によることになっています。

イ　配当控除

通常の居住者の場合と同様に控除できます（令258①五）。

ロ　分配時調整外国税相当額控除

非居住者期間内に支払を受けた集団投資信託の収益の分配に係る分配時調整外国税相当額が

－ 919 －

確定申告と納税（非居住者）

あるときは，居住者期間内に生じた所得の金額及び非居住者期間内に生じた恒久的施設帰属所得に係る所得の金額について税率を適用して税額を計算し，その者がその年において配当控除を受けることができる場合には，その税額から配当控除を行って計算したその年分の所得税の額に相当する金額を限度として，その分配時調整外国税相当額を所得税の額から控除します（令258④）。

ハ 外国税額控除

非居住者期間中に生じた上記**非居住者に課税される所得の範囲**の⑴**恒久的施設帰属所得**（第1号該当）及び⑷**組合契約事業利益の分配**（第4号該当）に掲げる国内源泉所得（以下「恒久的施設帰属所得」という。）がある場合には，居住者期間内に生じた所得及び非居住者期間内に生じた恒久的施設帰属所得に係る所得を基に控除限度額等を計算して外国税額控除を行います（令258①五⑤）。具体的には，次のとおりです（令258⑤）。

① 控除限度額

その者の居住者期間内に生じた所得の金額及び非居住者期間内に生じた恒久的施設帰属所得に係る所得の金額について税率を適用して税額を計算し，その者がその年において配当控除又は分配時調整外国税相当額控除を受けることができる場合には，その税額からこれらの控除を行って計算したその年分の所得税の額にその年分の i に掲げる金額のうちにその年分の ii に掲げる金額の占める割合を乗じて計算した金額（以下「控除限度額」という。）を限度として，その者が各年において納付することとなる控除対象外国所得税合計額（居住者の外国税額控除制度上の控除対象外国所得税の額で居住者期間内に生じた所得につき課されるもの及び上記**総合課税に係る所得税の課税標準と税額の計算**の⑻**恒久的施設を有する非居住者の外国税額控除**制度上の控除対象外国所得税の額で非居住者期間内に生じた恒久的施設帰属所得につき課されるものの合計額をいう。ロにおいて同じ。）を所得税の額から控除します（令258⑤一）。

i 居住者期間内に生じた所得及び非居住者期間内に生じた恒久的施設帰属所得に係る所得について，純損失の繰越控除又は雑損失の繰越控除の規定を適用しないで計算した場合のその年分の総所得金額，退職所得金額及び山林所得金額の合計額

ii 居住者期間内に生じた居住者の外国税額控除制度上の国外源泉所得に係る所得について純損失の繰越控除又は雑損失の繰越控除の規定を適用しないで計算した場合の居住者の外国税額控除制度上の国外所得金額に相当する金額及び非居住者期間内に生じた上記**総合課税に係る所得税の課税標準と税額の計算**の⑻**恒久的施設を有する非居住者の外国税額控除**制度上の国外源泉所得に係る所得について純損失の繰越控除又は雑損失の繰越控除の規定を適用しないで計算した場合の上記**総合課税に係る所得税の課税標準と税額の計算**の⑻**恒久的施設を有する非居住者の外国税額控除**制度上の国外所得金額（非永住者については，国外所得金額のうち，国内において支払われ，又は国外から送金された国外源泉所得に係る部分に限る。）に相当する金額の合計額（その合計額が上記 i に掲げる合計額に相当する金額を超える場合には，その合計額に相当する金額）

控除限度額を具体的な算式で示すと，次のとおりとなり，この算式で算出される控除限度額を限度として，その者が各年において納付することとなる控除対象外国所得税合計額を所得税の額から控除することとなります。

— 920 —

確定申告と納税（非居住者）

控除限度額 ＝ （居住者期間内に生じた所得＋非居住者期間内に生じた恒久的施設帰属所得）に係る所得税の額 ×	ii 居住者期間内に生じた国外源泉所得に係る純損失・雑損失の繰越控除前の国外所得金額＋非居住者期間内に生じた国外源泉所得に係る純損失・雑損失の繰越控除前の国外所得金額
	i （居住者期間内に生じた所得＋非居住者期間内に生じた恒久的施設帰属所得）に係る純損失・雑損失の繰越控除前の総所得金額，退職所得金額及び山林所得金額の合計額

② 繰越控除限度額

　　その者が各年において納付することとなる控除対象外国所得税合計額がその年の控除限度額と地方税控除限度額との合計額を超える場合において，その年の前年以前３年内の各年（③において「前３年以内の各年」という。）において生じた上記総合課税に係る所得税の課税標準と税額の計算の(8)恒久的施設を有する非居住者の外国税額控除制度上の控除限度額のうち繰越控除限度額があるときは，その繰越控除限度額を居住者の外国税額控除制度上の繰越控除限度額とみなして，その年の居住者の外国税額控除制度を適用します（令258⑤二）。

③ 繰越控除対象外国所得税額

　　その者が各年において納付することとなる控除対象外国所得税合計額がその年の控除限度額に満たない場合において，その前３年以内の各年において納付することとなった上記総合課税に係る所得税の課税標準と税額の計算の(8)恒久的施設を有する非居住者の外国税額控除制度上の控除対象外国所得税の額のうち繰越控除対象外国所得税額があるときは，その繰越控除対象外国所得税額を居住者の外国税額控除制度上の繰越控除対象外国所得税額とみなして，その年の居住者の外国税額控除制度を適用します（令258⑤三）。

(4) 分離課税の対象となる国内源泉所得に対する税額の加算

　　非居住者期間中に分離課税の対象となる所得がある場合には，非居住者の分離課税の方法によって計算した税額を上記(3)により計算した税額に加算して納付税額を計算します（令258①六）。

　年の中途で居住者が非居住者となった場合の税額の計算　年の中途で居住者が非居住者となった場合の税額等の計算は，上記「年の中途で非居住者が居住者となった場合の税額等の計算」を準用することとして取り扱われています（法165①，基通165—1）。

　(注)　なお，居住者期間を有する非居住者につき，上記「年の途中で非居住者が居住者になった場合の税額等の計算」を準用して所得税の額を計算する場合に控除する法第79条《障害者控除》から第84条《扶養控除》までに規定する控除額の計算の基礎となる扶養親族等の判定の時期等については，法第85条第１項《扶養親族等の判定の時期等》に規定する「その年12月31日（その者がその年の中途において死亡し又は出国をする場合には，その死亡又は出国の時…）」とは，次に掲げる場合の区分に応じて，それぞれ次に掲げる時をいいます（基通165—2）。

　　①　その者が納税管理人の届出をして居住者でないこととなった場合　その年12月31日（その者がその年中に死亡したときは，その死亡の時）

　　②　その者が納税管理人の届出をしないで居住者でないこととなった場合　その居住者でないこととなる時

確定申告と納税（非居住者）

　　年の中途で居住者が非居住者となった場合の申告，納付及び還付　年の中途で居住者が非居住者となった場合において，申告書の提出その他国税に関する事項を処理する必要があるときは，その者は納税管理人を定めその納税管理人に係る国税の納税地を所轄する税務署長に届け出なければなりません（通法117）。

　　(注)1　納税管理人に係る国税の納税地とは，納税管理人の納税地をいうのではなく，納税管理人に納税管理を依頼した国税（所得税）に係る本人の納税地（法15，16）をいいます。

　　　　2　出国とは，居住者については，上記の納税管理人の届出をしないで，国内に住所及び居所を有しないこととなることをいいます（法2①四十二）。

　　年の中途で居住者が非居住者となる場合におけるその者のその年分の申告，納付及び還付は次のとおりです。

(1)　**その者が確定申告義務のある場合及び損失申告書を提出することができる場合**

　　イ　その者が納税管理人の届出をして国内に住所及び居所を有しないこととなる場合（法2①四十二，120，123，128）　申告及び納付ともその年の翌年2月16日から3月15日までの間

　　ロ　その者が納税管理人の届出をしないで国内に住所及び居所を有しないこととなる場合（法2①四十二，120，123，126①②，127①③，128，130）　国内に住所及び居所を有しないこととなる日までの期間に係る所得については，申告及び納期限ともその国内に住所及び居所を有しないこととなる時，それ以降の期間に係る所得については，申告及び納付ともその年の翌年2月16日から3月15日までの間

(2)　**その者が還付を受けるための申告書を提出することができる場合**

　　イ　その者が納税管理人の届出をして国内に住所及び居所を有しないこととなる場合（法2①四十二，122）　その年の翌年1月1日以後に提出することができます。

　　ロ　その者が納税管理人の届出をしないで国内に住所及び居所を有しないこととなる場合（法2①四十二，122，127②）　国内に住所及び居所を有しないこととなる日までの期間に係る所得については，その国内に住所及び居所を有しないこととなる時の現況により，それ以降の期間に係る所得については，その年の翌年1月1日以後に提出することができます。

— 922 —

その他

　確定申告をした後に申告額に誤りがあることを発見したときは、申告をした所得金額や税額等が過少であった場合には修正申告をしてこれらの金額を正しい額に訂正し、また過大であった場合には更正の請求をして正しい額に訂正することを求めることができます。

　納税者が誤っている申告額を自発的に訂正しない場合には、税務署長が申告額を更正して正しい額に訂正することができますし、また、確定申告がなされなかった場合には、税務署長が所得金額や税額を決定します。これらの修正申告又は更正若しくは決定が行われた場合には、加算税が賦課されるほか、延滞税を併せて納付しなければなりません。

所得金額や税額等　所得金額や税額等とは、①所得金額、②所得金額から控除する金額、③純損失等の金額（純損失の金額又は雑損失の金額でその年以前において生じたもののうち、翌年以降の年分の所得金額の計算上繰越控除し又は前年分の所得について計算される還付金の額の計算上その基礎とすることができるものをいう。）及び④納付税額、⑤還付金の額に相当する税額、⑥④の納付税額の計算上控除する金額又は還付金の額の計算の基礎となる税額をいいます（通法26）。

修　正　申　告

　確定申告書を提出した後にその申告書の記載事項に次の(1)から(4)のような誤りのあることを発見したときは、その申告について更正を受けるまでは、申告をした所得金額や税額等を訂正するために修正申告書を提出することができます（通法19①）。

　修正申告をした場合には、先の申告が誤ったことについて正当な理由のない限り過少申告加算税（期限後提出の確定申告について修正申告をした場合には、無申告加算税）が賦課されます。ただし、その修正申告が、調査通知前、かつ、税務当局の調査によって更正を受けることを予知してされたものでないときは過少申告加算税は賦課されず、また無申告加算税については税率が軽減されます（通法65、66）。

(1)　先の申告書に記載した第3期分の税額が過少であったこと
(2)　先の申告書に記載した純損失等の金額が過大であったこと
(3)　先の申告書に記載した還付を求める金額が過大であったこと
(4)　先の申告書に第3期分の税額を記載しなかったが、第3期分として納付すべき税額があったこと
　（注）1　先に提出した確定申告書が青色申告書であるときは、修正申告書も青色申告書によらなければなりません（法143）。
　　　　2　修正申告書の提出によって納付することとなる税額は、修正申告書を提出した日までに納付しなければなりません（通法35②一）。
　　　　3　平成29年1月1日以後に法定申告期限等が到来するもので、修正申告書又は期限後申告書の提出が、調査通知以後、かつ、調査による更正又は決定を予知してされたものでない場合には、こ

その他（修正申告・更正の請求）

れらの申告に基づいて納付すべき税額に5%（期限内申告税額と50万円のいずれか多い額を超える部分は10%）の割合を乗じて計算した金額に相当する過少申告加算税（期限後申告（その修正申告を含む。）の場合には，その納付すべき税額に10%（納付すべき税額が50万円を超える部分は15%）の割合を乗じて計算した金額に相当する無申告加算税）を課すこととされました（通法65①②⑤，66①②⑥（令和6年1月1日以後，通法65①②⑥，66①②⑧））。

4 令和6年1月1日以後に法定申告期限が到来するもので，期限後申告書の提出若しくは決定があった場合又はその期限後申告書の提出若しくは決定があった後に修正申告書の提出若しくは更正があった場合において，加算後累積納付税額が300万円を超えるときの無申告加算税の額は，加算後累積納付税額を次に掲げる税額に区分してそれぞれの税額に次に定める割合を乗じて計算した金額の合計額から累積納付税額を次に掲げる税額に区分してそれぞれの税額に次に定める割合を乗じて計算した金額の合計額を控除した金額とされました（通法66③，931ページ参照）。

① 50万円以下の部分に相当する税額　15%

② 50万円を超え300万円以下の部分に相当する税額　20%

③ 300万円を超える部分に相当する税額　30%

5 令和6年1月1日以後に法定申告期限が到来するものについては，期限後申告書若しくは修正申告書の提出又は更正若しくは決定（以下「期限後申告等」といいます。）に係る国税の課税期間の初日の属する年の前年及び前々年に課税期間が開始したその国税の属する税目について，無申告加算税若しくは重加算税（以下「特定無申告加算税等」といいます。）を課されたことがあり，又は特定無申告加算税等に係る賦課決定をすべきと認める場合におけるその期限後申告等に基づき課する特定無申告加算税等の額は，通常課される無申告加算税の額又は重加算税の額に，その期限後申告等に基づき納付すべき税額に10%の割合を乗じて計算した金額を加算した金額とされました（通法66⑥二，68④二，932ページ参照）。

更　正　の　請　求

通常の場合の更正の請求

確定申告書を提出した後に，申告書に記載した所得金額や税額等についてその計算が法律の規定に従っていなかったこと又は計算違いをしたことにより次のような誤りのあることを発見したときは，確定申告書の提出期限から5年以内に限り，更正の請求をしてその訂正を求めることができます（通法23①）。

(1) 申告書に記載した第3期分の税額が過大であったこと

(2) 申告書に記載した純損失等の金額が過少であったこと又は申告書に純損失等の金額を記載しなかったこと

(3) 申告書に記載した還付金の額が過少であったこと又は申告書に還付金の額を記載しなかったこと

更正の請求の特例

所得の金額に異動を生じた場合 確定申告書を提出した場合又は確定申告書を提出しなかったため決定を受けた場合に，その後に次のような事実が生じたため更正の請求ができる事由が生じたときは，それらの事実が生じた日の翌日から2月以内に限り，更正の請求をすることができます（法152，令274）。

その他（更正の請求）

(1) 不動産所得，事業所得又は山林所得を生ずべき事業を廃止した後，必要経費とされる金額が生じたこと（91ページ参照）
(2) 各種所得の金額（事業所得の金額を除く。）の計算の基礎となった収入金額（不動産所得又は山林所得を生ずべき事業から生じたものを除く。）の全部若しくは一部を回収することができなくなったこと（例えば，資産の譲渡代金の全部若しくは一部が回収できなくなった場合など。90・315ページ参照）
(3) 保証債務を履行するため資産を譲渡したが，その履行に伴う求償権の全部又は一部を行使することができなくなったこと（90・315ページ参照）
(4) 各種所得の金額（事業所得の金額並びに事業から生じた不動産所得の金額及び山林所得の金額を除く。）の計算の基礎となった事実のうちに含まれていた無効な行為によって生じた経済的成果がその行為の無効であることに基因して失われ，又はその事実のうちに含まれていた取り消すことのできる行為が取り消されたこと

後発的理由により更正の請求ができる場合　確定申告書を提出した場合又は決定を受けた場合に，その後に次に掲げる事実に該当することとなったときは，それらの事実が生じた日の翌日から2月以内に限り，更正の請求をすることができます（通法23②，通令6）。
(1) 申告，更正又は決定の際に課税標準等の計算の基礎とした事実が，その事実に係る判決又はこれと同一の効力を有する和解等により，申告等の計算の基礎としたところと異なることが確定したこと
(2) 申告，更正又は決定の際に自己に帰属するものと判断した所得が，他の者に帰属するものとする当該他の者に対する更正又は決定があったこと
(3) 申告，更正又は決定の基礎となった事実が農地の譲渡，収用等官公署の処分を行為の効力要件とするものである場合において，その処分が取り消されたこと
(4) 申告，更正又は決定の基礎となった契約が，解除権の行使によって解除され，若しくは契約成立後に生じたやむを得ない事情によって解除され，又は取り消されたこと
(5) 申告時に帳簿書類が押収されている等のやむを得ない事情により，記録に基づいて申告することができなかった場合において，その後，記録に基づく計算が可能になったこと
(6) 租税条約に基づき，我が国と相手方当事国との権限ある当局間の協議により，先の申告，更正又は決定と異なる内容の合意が行われたこと
(7) 申告・更正又は決定に係る所得金額や税額等の計算の基礎となった事実に係る国税庁長官が発した通達に示されている法令の解釈等が審査請求や裁判の裁決又は判決に伴って変更され，変更後の解釈が公表されたことにより，所得金額や税額等が異なることとなる取扱いを受けることとなったことを知ったこと

前年分の所得税額等について更正等があった場合　所得金額若しくは純損失等の金額又は税額などについて修正申告をし，又は更正若しくは決定を受けたため，それに伴って次に掲げる場合に該当することになったときは，修正申告書を提出した日又は更正若しくは決定の通知を受けた日の翌日から2月以内に限り，次に掲げる年分の所得税額若しくは還付を受ける金額などについて更正の請求をすることができます（法153）。

その他（更正の請求・更正又は決定）

(1) その修正申告又は更正若しくは決定の対象となった年の翌年分以後の年分の確定申告又は決定による所得税の額（その金額について修正申告又は更正があった場合は，その修正申告又は更正後の金額）が過大となる場合

(2) その修正申告又は更正若しくは決定の対象となった年の翌年分以後の年分の確定申告又は決定による還付を受ける金額又は純損失若しくは雑損失の金額（これらの金額について修正申告又は更正があった場合は，その修正申告又は更正後の金額）が過少となる場合

━━━━ 更 正 又 は 決 定 ━━━━

確定申告書に記載された所得金額や税額等が法律の規定に従って計算されていなかったり，又は税務当局の調査したところと異なるときは，税務署長はその調査したところによってこれらの申告額を更正します（通法24）。

また，確定申告をしなければならない人が確定申告をしなかった場合には，税務署長はその調査したところによって所得金額や税額等を決定します。決定を受けた場合には，外国税額控除などが認められない場合があります（法95⑩⑪，通法25）。

なお，更正又は決定によって納付することとなる税額は，更正又は決定の通知書が発せられた日の翌日から起算して1月を経過する日までに納付しなければなりません（通法35②二）。

また，更正又は決定の処分に当たっては，その処分の理由を示すこと（以下，処分の理由を示すことを「理由附記」という。）となっています（通法74の14）。

(注)1 確定申告書に対する更正は，確定申告書の提出期限から5年間することができます（通法70①）。

2 決定又はその決定後にする更正は，確定申告書の提出期限から5年間することができます（通法70①）。

3 偽りその他不正の行為により所得税を免れ又は所得税の還付を受けた場合の更正決定は，確定申告書の提出期限から7年間することができます（通法70⑤）。

青色申告書に係る更正 青色申告書に記載された総所得金額，土地等に係る事業所得等の金額（平成10年1月1日から令和8年3月31日までの間については適用なし），一般株式等に係る譲渡所得の金額，上場株式等に係る譲渡所得等の金額，先物取引に係る雑所得等の金額，山林所得金額若しくは退職所得金額又は純損失の金額に対する更正は，納税者の帳簿書類を調査し，その調査によってこれらの金額の計算に誤りがあると認められる場合に限ってすることができることになっていますが，次の場合には，その帳簿書類を調査しないで更正することができます（法155①，措法28の4⑤四，⑥，37の10⑥七，37の11⑥，41の14②六，③，措令19㉓，25の8⑮，25の9⑬，26の23⑤）。

(1) 不動産所得の金額，事業所得の金額及び山林所得の金額以外の各種所得の金額の計算上の誤り又は損益通算，純損失又は雑損失の繰越控除の誤りだけが更正の原因とされる場合

(2) 申告書及びその添付書類によって不動産所得の金額，事業所得の金額又は山林所得の金額の計算に誤りがあることが明らかな場合

なお，更正の通知書には，その更正の理由を付記しなければならないことになっています（法155②，通法74の14）。

その他（更正又は決定・附帯税）

更正又は決定に対する不服申立て等 税務署長の行った更正又は決定に対して不服のある人は，次の不服申立てができます。

(1) **再調査の請求** 税務署長の行った更正又は決定に対して不服があるときは，これらの処分の通知を受けた日の翌日から起算して３月以内に，その処分をした税務署長（その処分に関する調査が国税局の職員によってなされた旨の記載のあるものであるときは国税局長）に対して再調査の請求をすることができます（通法75①②⑤，77①）。

(2) **審査請求** 税務署長又は国税局長の行った更正又は決定に対して不服があるときは，これらの処分の通知を受けた日の翌日から起算して３月以内に，国税不服審判所（国税庁長官がした処分であるときは国税庁長官，その処分に関する調査が国税庁の職員によってなされた旨の記載のあるものであるときは国税庁長官）に対して審査請求をすることができます（通法75①②⑤，77①）。また，再調査の請求をした日の翌日から起算して３月を経過してもその再調査の請求についての決定がない場合やその他再調査の請求についての決定を経ないことにつき正当な理由がある場合には，国税不服審判所に対して審査請求をすることができます（通法75④）。

(3) **訴訟** 審査請求についての裁決に対してなお不服があるときは，その裁決があったことを知った日から起算して６月以内に，裁判所に提訴することができます（通法115①，行政事件訴訟法14①）。

附 帯 税

延 滞 税

次の場合に該当するときは，本税に併せて延滞税を納付しなければなりません（通法60①③）。

延滞税の額は，法定納期限の翌日から税金を完納する日までの期間の日数に応じ，その未納の税額に対して年14.6％の割合で計算します。ただし，納期限までの期間又は納期限の翌日から２月を経過する日までの期間については，年7.3％の割合で計算します（通法60②）。

なお，延滞税の年7.3％の割合は，各年の延滞税特例基準割合（令和３年中は1.5％，令和４年中は1.4％，令和５年中は1.4％，令和６年中は1.4％）が年7.3％に満たない場合には，その年中においては，年14.6％の割合にあってはその延滞税特例基準割合に年7.3％を加算した割合とし，年7.3％の割合にあってはその延滞税特例基準割合に年１％を加算した割合（その加算した割合が年7.3％を超える場合には，年7.3％の割合）となります（措法94①，令２改正法附101①）。

(1) 申告期限内に提出した確定申告書による税額を法定納期限までに完納しないとき
(2) 期限後申告書若しくは修正申告書を提出し又は更正若しくは決定を受けたため，納付税額が生じたとき
(3) 予定納税について所得税をその法定納期限までに完納しないとき

 (注) 1 納税の猶予を受けた場合（868ページ参照），災害等による納期限の延長があった場合（871ページ参照），国税徴収法第151条第１項の換価の猶予を受けた場合及び災害によって所得税を納付することができない事由が発生した場合などの延滞税の免除については，特例があります（通法63）。

  2 確定申告期限（期限後申告の場合には，期限後申告書を提出した日）の翌日から１年を経過する日後に行われる修正申告又は更正によって納付額の確定する税額に対する延滞税の額の計算についても，特例が定められています（通法61①）。

  3 延滞税特例基準割合とは以下のとおりです（0.1％未満の端数切捨て）。

その他（附帯税）

(1) 令和 3 年 1 月 1 日以後の期間

　　各年の前々年の 9 月から前年の 8 月までの各月における短期貸付けの平均利率の合計を12で除した割合として各年の前年の11月30日までに財務大臣が告示する割合に，年 1 ％の割合を加算した割合（措法94①，令 2 改正法附111①）。

(2) 平成26年 1 月 1 日から令和 2 年12月31日までの期間

　　各年の前々年の10月から前年の 9 月までの各月における短期貸付けの平均利率の合計を12で除した割合として各年の前年の12月15日までに財務大臣が告示する割合に，年 1 ％の割合を加算した割合（旧措法93②，平25改正法附90①）。

(3) 平成12年 1 月 1 日から平成25年12月31日までの期間

　　各年の前年11月30日を経過する時におけるいわゆる公定歩合に年 4 ％を加算した割合（旧措法93①）。

利 子 税

　第 3 期分の税額について延納届出書を提出して延納する場合(865ページ参照)，譲渡所得又は山林所得の基因となる資産の延払条件付譲渡をして延納の許可を受けた場合(865ページ参照)には，延納の期間に応じて，延納税額について年7.3％の割合で計算した利子税を併せて納付しなければなりません（法131③，136①，通法64①）。

　利子税の年7.3％の割合は，各年の利子税特例基準割合が年7.3％に満たない場合には，その年中においては，その利子税特例基準割合（令和 3 年中は1.0％，令和 4 年中は0.9％，令和 5 年中は0.9％，令和 6 年中は0.9％）で計算します（措法93①，平11改正法附41，平25改正法附90①）。

　また，利子税を納付するときは，その納付する利子税の計算期間は，延滞税の計算期間から除外されることになっています（通法64②）。

（注）1　収用等又は換地処分等による資産の延払条件付譲渡について延納の特例が適用される場合の延納税額に対しては，利子税が免除されます（措法33の 4 ⑦，措令22の 4 ③）。

　　　2　利子税特例基準割合とは以下のとおりです（0.1％未満の端数切捨て）。

　　　(1) 令和 3 年 1 月 1 日以後の期間

　　　　各年の前々年の 9 月から前年の 8 月までの各月における短期貸付けの平均利率の合計を12で除した割合として各年の前年の11月30日までに財務大臣が告示する割合に，年0.5％の割合を加算した割合（措法93②，令 2 改正法附111①）。

　　　(2) 平成26年 1 月 1 日から令和 2 年12月31日までの期間

　　　　各年の前々年の10月から前年の 9 月までの各月における短期貸付けの平均利率の合計を12で除した割合として各年の前年の12月15日までに財務大臣が告示する割合に，年 1 ％の割合を加算した割合（旧措法93②，平25改正法附90①）。

　　　(3) 平成12年 1 月 1 日から平成25年12月31日までの期間

　　　　各年の前年11月30日を経過する時におけるいわゆる公定歩合に年 4 ％を加算した割合（旧措法93①）

加 算 税

過少申告加算税　申告期限内に提出した確定申告書（注 1 ）について修正申告書を提出した場合又は更正を受けた場合には，それによって納付する税額(過少であったことについて正当な理由のある金額を除く。)に10％（その修正申告書が調査通知以後，税務署の調査により更正を受けることを予知して提出された

ものではないときは，5％）を乗じて計算した金額に相当する過少申告加算税が賦課されます（通法65①④（令和6年1月1日以後，通法①⑤），通令27）。

ただし，その納付する税額（増加税額）のうち期限内申告税額（注2）相当額又は50万円のいずれか多い金額を超える部分については，上記10％のほか，更に5％を乗じて計算した金額が加算されます（通法65②）。

なお，その修正申告書が税務署の調査により更正を受けることを予知して提出されたものでない場合において，税務署の調査通知がある前に提出されたものであるときは，過少申告加算税（加算される5％相当分も含めて）は賦課されません（通法65⑤（令和6年1月1日以後，通法65⑥），通令27）。

（注）1　平成19年1月1日以後に法定申告期限が到来するもので，期限後申告書の提出が，税務署の調査により決定を受けることを予知してされたものではない場合，その提出が法定申告期限から1月以内であり，その申告に係る納付すべき税額の全額が，法定納期限までに納付されており，かつ，その確定申告書の提出があった日の前日から5年前までの間に無申告加算税や重加算税を課されていないことにより，無申告加算税が賦課されなかった場合のその期限後申告書も含まれます（通法66⑦（令和6年1月1日以後，通法66⑨），通令27の2①，平18改正法附73，平27改正法附53②）。

2　期限内申告税額とは，期限内申告書又は期限内申告書が提出されないことについて正当な理由がある場合の期限後申告書の提出により納付すべき税額です。

この場合，源泉徴収税額，外国税額控除又は予納税額があるときはその金額を加算し，還付金があるときはその金額を控除した金額となります（通法65③二）。

3　国外財産調書制度（935ページ）に関する措置（以下，無申告加算税についても同様）

国外財産に係る所得税について修正申告書若しくは期限後申告書の提出又は更正若しくは決定（以下「修正申告等」という。）があった場合の過少申告加算税又は無申告加算税（以下「過少申告加算税等」という。）については次のとおりとなります。

(1)　提出期限内に国外財産調書の提出がある場合の優遇措置

修正申告等があった場合において，提出された国外財産調書に，その修正申告等の基因となる国外財産について記載があるときは，過少申告加算税等が5％減額されます（国外送金法6①）。

(2)　提出期限内に国外財産調書の提出がない場合等の加重措置

修正申告等（死亡した者に係るものを除く。）があった場合において，国外財産調書の提出が提出期限内にない場合又は提出期限内に提出された国外財産調書に記載すべき国外財産の記載がない場合（記載が不十分と認めれらる場合を含む。）は，その修正申告等のうち，その国外財産に基因して生じる所得税における過少申告加算税等が5％加重されます（国外送金法6③）。

4　財産債務調書制度（937ページ）に関する措置（以下，無申告加算税についても同様）

財産債務調書に記載がある財産債務に係る所得税について修正申告書若しくは期限後申告書の提出又は更正若しくは決定（以下「修正申告等」という。）があった場合の過少申告加算税又は，無申告加算税（以下「過少申告加算税等」という。）については次のとおりとなります。

財産債務には，財産債務調書への記載を要しないこととされる国外財産調書に記載される国外財産を除きます。

なお，財産債務調書への記載を要しないこととされる国外財産調書に記載される国外財産については，国外財産調書制度における過少申告加算税等の特例措置が適用されます。

(1)　提出期限内に財産債務調書の提出がある場合の軽減措置

修正申告等があった場合において，提出された財産債務調書に，その修正申告等の基因となる財産債務について記載があるときは，過少申告加算税等が5％減額されます（国外送金法6①，6の3①，平27改正法附101）。

その他（附帯税）

(2) 提出期限内に財産債務調書の提出がない場合等の加重措置

修正申告等（死亡した者に係るものを除く。）があった場合において、財産債務調書の提出がない場合又は提出期限内に提出された財産債務調書に記載すべき財産債務の記載がない場合（記載が不十分と認められる場合を含む。）は、その修正申告等のうち、その財産債務に基因して生じる所得税における過少申告加算税等が5％加重されます（国外送金法6②、6の3②、平27改正法附101）。

5　加算税の処分に当たっては、その理由を示すこととなっています（通法74の14）。以下、無申告加算税・重加算税についても同様です。

6　令和6年1月1日以後に法定申告期限が到来するものについては、納税者が、一定の帳簿（その電磁的記録を含む。）に記載すべき事項等に関しその修正申告等又は期限後申告等があった時前に、国税庁、国税局又は税務署の職員（以下「職員」という。）からその帳簿の提示又は提出を求められ、かつ、次に掲げる場合のいずれかに該当するとき（その納税者の責めに帰すべき事由がない場合を除く。）の過少申告加算税の額は、通常課される過少申告加算税の額にその修正申告等又は期限後申告等に係る納付すべき税額（その帳簿に記載すべき事項等に係るもの以外の事実に基づく税額を控除した税額に限る。）の10％（次の(2)に掲げる場合に該当する場合には、5％）に相当する金額を加算した金額とすることとされています（通法65④、通規11の2③④）。

(1) 職員にその帳簿の提示若しくは提出をしなかった場合又は職員にその提示若しくは提出がされたその帳簿に記載すべき事項等のうち、売上げ（業務に係る収入を含む。以下同じ。）の記載等が著しく不十分である場合として、売上げの金額の記載等が、帳簿に記載等すべき売上げの金額の2分の1に満たない場合

(2) 職員にその提示又は提出がされたその帳簿に記載すべき事項等のうち、売上げの記載等が不十分である場合として、売上げの金額の記載等が、帳簿に記載等すべき売上げの金額の3分の2に満たない場合（上記(1)に掲げる場合を除く。）。

無申告加算税　次の(1)及び(2)の場合に該当するときは、その申告、更正又は決定に基づいて納付することとなる税額に15％（期限後申告書又は修正申告書が調査通知以後、税務署の調査により更正又は決定を受けることを予知して提出されたものではないときは、10％）を乗じて計算した金額に相当する無申告加算税が賦課されます（通法66①）。

なお、その納付する税額（増加税額）のうち50万円を超える部分については、上記15％のほか、更に5％を乗じて計算した金額が加算されます（通法66②）。

ただし、(1)の場合には期限内に確定申告書を提出しなかったことについて正当な理由があるときは無申告加算税は賦課されず、(2)の場合には修正申告又は更正によって納付する税額のうち過少であったことについて正当な理由のある部分の金額は無申告加算税の計算の基礎となる税額から除かれます（通法66⑤（令和6年1月1日以後、通法66⑦）、通令27）。

また、期限後申告書の提出が、税務署の調査により決定を受けることを予知してされたものではない場合においても、その提出が法定申告期限から1月以内であり、その申告に係る納付すべき税額の全額が法定納期限までに納付されており、かつ、その確定申告書の提出があった日の前日から5年前までの間に無申告加算税や重加算税を課されていない場合には、期限内に確定申告書を提出する意思があったとして無申告加算税は賦課されません（通法66⑦（令和6年1月1日以後、通法66⑨）、通令27の2、平27改正法附53②）。

なお、これら申告書の提出が、税務署の調査により更正又は決定を受けることを予知してされた

— 930 —

ものでない場合において，税務署の調査に係る事前通知がある前に提出されたものであるときは，無申告加算税は５％を乗じて計算した金額に軽減されます（通法66⑥（令和６年１月１日以後，通法66⑧））。
(1) 法定期限後に確定申告書を提出した場合又は決定を受けた場合
(2) 法定期限後の確定申告書の提出又は決定があった後に修正申告書を提出した場合又は更正を受けた場合

(注)1 平成29年１月１日以後に法定申告期限等が到来するもので，期限後申告書若しくは修正申告書の提出（調査による更正等を予知してされたものに限ります。），更正若しくは決定又は納税の告知若しくは納税の告知を受けることなくされた納付（以下「期限後申告等」といいます。）があった場合において，その期限後申告等があった日の前日から起算して５年前の日までの間に，その期限後申告等に係る税目について無申告加算税（調査による更正等を予知してされたものに限ります。）を課されたことがあるときは，その期限後申告等に基づき課する無申告加算税（15％，20％）の額は，その期限後申告等に基づいて納付すべき税額に10％の割合を乗じて計算した金額を加算した金額とすることとされました（通法66④（令和６年１月１日以後，通法66⑥））。
2 令和６年１月１日以後に法定申告期限が到来するものについては，納税者が，一定の帳簿（その電磁的記録を含む。）に記載すべき事項等に関しその修正申告等又は期限後申告等があった時前に，国税庁，国税局又は税務署の職員（以下「職員」という。）からその帳簿の提示又は提出を求められ，かつ，次に掲げる場合のいずれかに該当するとき（その納税者の責めに帰すべき事由がない場合を除く。）の無申告加算税の額は，通常課される無申告加算税の額にその修正申告等又は期限後申告等に係る納付すべき税額（その帳簿に記載すべき事項等に係るもの以外の事実に基づく税額を控除した税額に限る。）の10％（次の(2)に掲げる場合に該当する場合には，５％）に相当する金額を加算した金額とすることとされています（通法65④，通規11の２⑤⑥）。
(1) 職員にその帳簿の提示若しくは提出をしなかった場合又は職員にその提示若しくは提出がされたその帳簿に記載すべき事項等のうち，売上げ（業務に係る収入を含む。以下同じ。）の記載等が著しく不十分である場合として，売上げの金額の記載等が，帳簿に記載等すべき売上げの金額の２分の１に満たない場合
(2) 職員にその提示又は提出がされたその帳簿に記載すべき事項等のうち，売上げの記載等が不十分である場合として，売上げの金額の記載等が，帳簿に記載等すべき売上げの金額の３分の２に満たない場合（上記(1)に掲げる場合を除く。）。
3 令和６年１月１日以後に法定申告期限が到来するものについては，期限後申告書の提出若しくは決定があった場合又はその期限後申告書の提出若しくは決定があった後に修正申告書の提出若しくは更正があった場合において，加算後累積納付税額（その加算後累積納付税額の計算の基礎となった事実のうちにその期限後申告書若しくは修正申告書の提出又は更正若しくは決定（以下３において「期限後申告等」といいます。）前の税額（還付金の額に相当する税額を含みます。）の計算の基礎とされていなかったことについてその納税者の責めに帰すべき事由がないと認められるものがあるときは，その事実に基づく税額として一定の計算をした金額を控除した税額）が300万円を超えるときの無申告加算税の額は，加算後累積納付税額を次に掲げる税額に区分してそれぞれの税額に次に定める割合（期限後申告書又は修正申告書の提出が，調査通知以後，かつ，調査による更正又は決定を予知してされたものでない場合は，その割合から５％を減じた割合。以下同じです。）を乗じて計算した金額の合計額から累積納付税額を次に掲げる税額に区分してそれぞれの税額に次に定める割合を乗じて計算した金額の合計額を控除した金額とされました（通法66③）。
① 50万円以下の部分に相当する税額　15％
② 50万円を超え300万円以下の部分に相当する税額　20％
③ 300万円を超える部分に相当する税額　30％
(注) 上記の「加算後累積納付税額」とは，期限後申告等に基づいて納付すべき税額（修正申告書の提出又は更正があったときは，その国税に係る累積納付税額を加算した金額）をいいま

その他（附帯税）

す（通法66②）。

また，「累積納付税額」とは，修正申告書の提出又は更正前にされたその国税についての次に掲げる納付すべき税額の合計額（その国税について，その納付すべき税額を減少させる更正又は更正若しくは決定に係る不服申立て若しくは訴えについての決定，裁決若しくは判決による原処分の異動があったときはこれらにより減少した部分の税額に相当する金額を控除した金額とし，税額の計算の基礎とされていなかったことについて正当な理由があると認められる事実がある場合には，その事実に基づく税額として一定の計算をした金額を控除した金額）をいいます（通法66④）。

① 期限後申告書の提出又は決定に基づいて納付すべき税額
② 修正申告書の提出又は更正に基づいて納付すべき税額

4　令和6年1月1日以後に法定申告期限が到来するものについては，期限後申告書若しくは修正申告書の提出（調査による更正又は決定を予知してされたものでない場合において，調査通知がある前に行われたものを除きます。）又は更正若しくは決定（以下4において「期限後申告等」といいます。）に係る国税の課税期間の初日の属する年の前年及び前々年に課税期間が開始したその国税（課税期間のないその国税については，その国税の納税義務が成立した日の属する年の前年及び前々年に納税義務が成立したその国税）の属する税目について，無申告加算税（期限後申告書又は修正申告書の提出が，調査による更正又は決定を予知してされたものでない場合において，調査通知がある前に行われたものであるときに課されたものを除きます。）若しくは重加算税（以下「特定無申告加算税等」といいます。）を課されたことがあり，又は特定無申告加算税等に係る賦課決定をすべきと認める場合におけるその期限後申告等に基づき課する特定無申告加算税等の額は，通常課される無申告加算税の額又は重加算税の額に，その期限後申告等に基づき納付すべき税額に10％の割合を乗じて計算した金額を加算した金額とされました（通法66⑥二，68④二）。

重加算税　所得金額や税額等の計算の基礎となる事実の全部又は一部を隠蔽し，又は仮装し，その隠蔽し又は仮装したところに基づいて過少申告，若しくは期限後申告をし，又は申告をしなかった場合には，修正申告若しくは期限後申告をし，又は更正若しくは決定を受けたため納付することとなる税額について計算される過少申告加算税又は無申告加算税に代えて，重加算税が賦課されます。重加算税は，その納付する税額（その税額の計算の基礎となる事実で隠蔽又は仮装したと認められないものに基づく税額を除く。）について，過少申告加算税に代えて賦課される場合には35％，無申告加算税に代えて賦課される場合には40％を乗じて計算した金額に相当する金額となります（通法68①②，通令28①②）。

附帯税の端数計算

附帯税（延滞税，利子税，加算税）の額の計算の基礎となる所得税額又は附帯税の額に端数があるときは，次のように計算します（通法118③，119④）。

(1)　附帯税の額の計算の基礎となる所得税額に10,000円未満の端数があるとき又は所得税額の全額が10,000円未満であるとき……その端数金額又はその全額を切り捨てます。

(2)　附帯税の額に100円未満の端数があるとき又はその全額が1,000円未満（加算税については5,000円未満）であるとき……その端数金額又はその全額を切り捨てます。

その他（支払調書）

支払調書

　給与，利子，配当あるいは特定の報酬・料金などの支払者は，源泉徴収票や支払調書等を所轄税務署長に提出しなければならないことになっています（法225～228の4）。これらの調書等を総称して法定調書といっていますが，主な法定調書とその概要は次表のとおりです。

〔主な法定調書の概要〕

法定調書の種類	提出期限	提出範囲
利子等の支払調書	翌年1月31日 ただし，1回の支払ごとに支払調書を作成する場合は，支払確定日（無記名のものについては支払った日。以下同じ。）の翌月末日	支払金額が年3万円を超えるもの。ただし，1回の支払ごとに支払調書を作成する場合は1万円（計算期間が6か月以上1年未満のときは5,000円，6か月未満のときは2,500円）を超えるもの （注）1　居住者等が支払を受けるべき特定公社債等の利子等については，上記にかかわらず，全ての利子等について提出を要する。 　　　2　居住者等に支払う利子等で，源泉分離課税の対象とされるもの，利子等の支払について源泉徴収の対象とならない等一定の規定が適用されるもの及び普通預貯金等の利子については，提出を要しない。
定期積金の給付補塡金等の支払調書	翌年1月31日 ただし，1回の支払ごとに支払調書を作成する場合には支払確定日の属する月の翌月末日	支払金額が年3万円を超えるもの。ただし，1回の支払ごとに支払調書を作成する場合は1万円（計算期間が6か月以上1年未満のときは5,000円，6か月未満のときは2,500円）を超えるもの
配当，剰余金の分配，金銭の分配及び基金利息の支払調書	支払確定日から1か月以内（一定のものは45日以内）	(1)　1回の支払金額が3万円を超えるもの（計算期間が1年未満の場合には1万5千円）。 (2)　1回の支払金額が10万円に配当計算期間の月数（最高12か月）を乗じて12で除した金額を超えるもの （注）居住者等が支払を受けるべき上場株式等の配当等については，上記にかかわらず，全ての配当等について提出を要する。
報酬，料金，契約金及び賞金の支払調書	翌年1月31日	(1)　外交員，集金人，電力量計の検針人及びプロボクサーの報酬，料金 　　……同一人に対するその年中の支払金額の合計が50万円を超えるもの (2)　バー，キャバレーのホステス等の報酬，料金 　　……同一人に対するその年中の支払金額の合計が50万円を超えるもの (3)　社会保険診療報酬支払基金が支払う診療報酬 　　……同一人に対するその年中の支払金額の合計が50万円を超えるもの (4)　広告宣伝のための賞金 　　……同一人に対するその年中の支払金額の合計が50万円を超えるもの

その他（支払調書）

		(5) 馬主が受ける競馬の賞金 ……その年中に1回の支払賞金額が75万円を超える支払を受けた者に係るその年中のすべての支払金額 (6) プロ野球の選手などが受ける報酬及び契約金 ……同一人に対するその年中の支払金額の合計が5万円を超えるもの (7) (1)から(6)以外の報酬，料金等 ……同一人に対するその年中の支払金額の合計が5万円を超えるもの
株式等の譲渡の対価の支払調書	翌年1月31日。 ただし，1回の支払等ごとに作成する場合には，支払の確定した日の属する月の翌月末日	居住者等に支払うもの全て
不動産の使用料等の支払調書	翌年1月31日	同一人に対するその年中の支払金額の合計が15万円を超えるもの
不動産等の譲受けの対価の支払調書	翌年1月31日	同一人に対するその年中の支払金額の合計が100万円を超えるもの
不動産等の売買又は貸付けのあっせん手数料の支払調書	翌年1月31日	同一人に対するその年中の支払金額の合計が15万円を超えるもの
給与所得の源泉徴収票	翌年1月31日 ただし，年の中途で退職した人のものについては，その退職後1か月以内	同一人に対するその年中の給与等の支払金額が次に掲げる金額を超えるもの (1) 年末調整をしたもの イ 法人の役員……………………………… 150万円 ロ 弁護士，公認会計士，税理士等……… 250万円 ハ 上記イ，ロ以外の受給者…………… 500万円 (2) 年末調整をしなかったもの イ 法人の役員，乙欄又は丙欄適用者……… 50万円 ロ 中途退職者，災害被害者 ……………… 250万円 ハ 上記以外の受給者 ……………………2,000万円
退職所得の源泉徴収票	退職後1か月以内	法人等の役員等であった人に支払うもの
公的年金等の源泉徴収票	翌年1月31日	(1) 確定給付企業年金等以外の公的年金等 その年中の支払金額の合計が60万円を超えるもの (2) 確定給付企業年金等 その年中の支払金額の合計額が30万円を超えるもの
金地金等の譲渡の対価の支払調書	支払確定日の翌月末日	同一人に対する支払金額が200万円を超えるもの
有限責任事業組合に係る組合員に関する計算書	組合契約に定める計算期間の終了の日の属する年の翌年1月31日	組合員が個人又は法人のいずれの場合でも提出する。

(注)1 「給与所得の源泉徴収票」及び「退職所得の源泉徴収票」は，上記の提出範囲にかかわらず，全ての受給者について作成の上，翌年1月31日まで（年の中途で退職した者の場合は，退職後1か月以内）に受給者に交付しなければなりません（法226）。

　なお，平成19年1月1日からは給与所得の源泉徴収票が，平成20年1月1日からは退職所得の源泉徴収票及び公的年金等の源泉徴収票が，電磁的方法により提供することができます。この場合には，給与等，退職手当等及び公的年金等の支払をする者は受給者に対し，その用いる電磁的方法の

種類及び内容を示し書面又は電磁的方法による承諾を得なければなりません。

ただし，受給者から請求があるときは，源泉徴収票を交付しなければなりません（法226④，令353）。

令和5年4月1日以後に行う給与等の支払をする者が，受給者からの給与の源泉徴収票を電磁的方法による提供についての承諾を得ようとする場合において，その支払をする者が定める期限までに当該承諾をしない旨の回答がないときは当該承諾があったものとみなす旨の通知をし，当該期限までに当該支払を受ける者から当該回答がなかったときは，当該承諾を得たものとされました（規95の2②，規100④において準用する規95の2②）。

2 平成25年1月1日以降に給与等の支払者等が受理する源泉徴収関係書類については，その書類の提出期限の属する年の翌年1月10日の翌日から7年間保存するものとされています。

また，所轄税務署長から源泉徴収関係書類の提出を求められた場合は，給与等の支払者等は，その求めに応じなければなりません（規76の3，77⑦，77の4⑨，措規18の23⑤，平24改正規附3，平24改正措規附9）。

3 令和5年度改正により，給与等の支払をする者又は公的年金等支払者が，給与所得の源泉徴収票又は公的年金等の源泉徴収票に記載すべき一定の給与支払報告書又は公的年金等支払報告書を市区町村の長に提出した場合は，給与所得の源泉徴収票又は公的年金等の源泉徴収票は税務署長に提出されたとみなされることとなりました（法226⑥）。

上記改正は，令和9年1月1日以後に提出すべき源泉徴収票について適用されます。

4 消費税法等の施行に伴う法定調書の提出範囲の金額基準及び記載方法について
① 提出範囲の金額基準については，原則として，消費税等の額を含めることとされています。ただし，消費税等の額が明確に区分されている場合には，その額を含めないで判断しても差し支えないこととされています。
② 支払金額には，原則として，消費税等の額を含めることとされています。ただし，消費税等の額が明確に区分されている場合には，消費税等の額を含めないで記載してもかまわないことになっていますが，その場合には，「摘要」欄にその消費税等の額を記載することとされています。

5 「金地金等の譲渡の対価の支払調書」については，平成24年1月1日以後に行われる金地金等の譲渡について適用されています（平23.6改正法附8）。

6 法定調書は，紙による提出のほか，一定の要件の下，磁気ディスク及び光ディスクにより提出することもできます（法228の4，令355，規97の4，平17改正法附9）。

なお，平成26年1月1日以後，源泉徴収票や支払調書を提出する場合において，その種類ごとに，その前々年に提出すべきであった源泉徴収票や支払調書の枚数が100枚以上であるものについては，e-Tax又は光ディスク等により提供しなければならないこととされています（法228の4①）。

令和4年1月1日以後は，上記「e-Tax又は光ディスク等」による提供に加え，クラウドサービス等を利用した提供が認められています（規97の4③）。

令和5年4月1日以後，調書等の提出義務者のうちe-Tax又は光ディスク等による提出義務制度の対象とならない者が，その調書等に記載すべき事項を記録した光ディスク等の提出をもって調書等の書面による提出に代えるための事前承認等の手続が不要とされました（法228の4②，旧令355①，旧規97の4⑥，措法42の2の2②，旧措令27の3①，旧措規19の16⑥，国外送金法4③，旧国外送金令9①，9の5，旧国外送金規11⑥，11の5）。

国外財産調書

居住者（「非永住者」を除く。）で，その年の12月31日において，その価額の合計額が5,000万円を超える国外財産を有する場合には，その財産の種類，数量及び価額その他必要な事項を記載した国外財産調書を，その年の翌年の6月30日までに提出しなければなりません（国外送金法5①，法2①三～五）。

また，国外財産調書の提出に当たっては，国外財産に記載した財産の価額をその種類ごとに合計

その他（国外財産調書）

した金額を記載した，「国外財産調書合計表」を国外財産調書に添付する必要があります。

(注) 1 「非永住者」とは，日本の国籍を有しておらず，かつ，過去10年以内において国内に住所又は居
所を有していた期間が5年以下である個人をいいます（法2①四）。

2 「国外財産」とは，「国外にある財産をいう」こととされています。ここでいう「国外にある」か
どうかの判定については，財産の種類ごとに行うこととされ，例えば次のように，その財産の所在，
その財産の受入れをした営業所又は事業所の所在などによることとされています（相法10①②，国
外送金法5②，国外送金令10①）。

(例) 「不動産又は動産」は，その不動産又は動産の所在

「預金，貯金又は積金」は，その預金，貯金又は積金の受入れをした営業所又は事業所の所在

国外財産の価額　国外財産の「価額」は，その年の12月31日における「時価」又は時価に準ずる
ものとして「見積価額」によることとされています。また，「邦貨換算」は，同日における「外国為替
の売買相場」によることとされています（国外送金法5②，国外送金令10③④⑤，国外送金規12⑤，国外
送金通5—9）。

国外財産調書制度に関するその他の措置　国外財産調書制度については，次のような措置が設け
られています。

イ　国外財産調書の提出がある場合の過少申告加算税等の軽減措置

国外財産調書を提出期限内に提出した場合には，国外財産調書に記載がある国外財産に関して
所得税の申告漏れが生じたときであっても，過少申告加算税等が5％減額されます（国外送金法
6①）。

ロ　国外財産調書の提出がない場合等の過少申告加算税等の加重措置

国外財産調書の提出が提出期限内にない場合又は提出期限内に提出された国外財産調書に記載
すべき国外財産の記載がない場合（記載が不十分と認められる場合を含む。）に，その国外財産に関
して所得税の申告漏れ（死亡した者に係るものを除く。）が生じたときは，過少申告加算税等が5％
加重されます。ただし，その年の12月31日において相続国外財産を有する者の責めに帰すべき事
由がなく提出期限内に国外財産調書の提出がない場合又はその年の12月31日において相続国外財
産を有する者の責めに帰すべき事由がなく国外財産調書に記載すべき相続財産についての記載
が無い場合（記載が不十分と認められる場合を含む。）については，加重措置の対象から除かれます
（国外送金法6③）。

ハ　国外財産に係る所得税に関し修正申告等がある者が，その修正申告等のあった日前に，国税
庁，国税局又は税務署の当該職員から国外財産調書に記載すべき国外財産の取得，運用又は処分
に係る書類（その電磁的記録を含む。）又はその写しの提示又は提出を求められた場合において，
その提示又は提出を求められた日から60日を超えない範囲内においてその提示又は提出の準備に
通常要する日数を勘案して当該職員が指定する日までにしの提示又は提出をしなかったとき（そ
の者の責めに帰すべき事由がない場合を除く。）における加算税の軽減措置又は加重措置の適用につ
いては，以下のとおりとされます（国外送金法6⑦）。

(イ)　その国外財産に係る加算税の軽減措置は，適用しない。

(ロ)　その国外財産に係る加算税の加重措置は，加算する割合を10％とする。ただし，上記ロただ

— 936 —

し書きに該当する場合には、その加算する割合は5％とされます。
ニ　国外財産調書の不提出等に対する罰則
　　国外財産調書に偽りの記載をして提出した場合又は国外財産調書を正当な理由がなく提出期限内に提出しなかった場合には、1年以下の懲役又は50万円以下の罰金に処されます。ただし、期限内に提出しなかった場合には、情状により、その刑を免除することができることとされています（国外送金法10）。
（注）　上記の「懲役」は、刑法等の一部を改正する法律（令和4年法律第67号）の施行日以降は「拘禁刑」となります。

財産債務調書

　所得税及び復興特別所得税の確定申告書を提出しなければならない人又は所得税及び復興特別所得税の還付申告書（その計算した所得税の額の合計額が配当控除の額を超えるものに限る。）を提出することができる人（死亡した人を除く。）でその年の総所得金額及び山林所得金額の合計額が2,000万円を超え、かつ、その年の12月31日において、その価額の合計額が3億円以上の財産又はその価額の合計額が1億円以上の国外転出特例対象財産を有する場合には、その財産の種類、数量及び価額並びに債務の金額その他必要な事項を記載した財産債務調書をその年の翌年の6月30日までに、所轄税務署長に提出しなければならないこととされています（国外送金法6の2、平27改正法附101）。
　また、財産債務調書の提出に当たっては、財産債務調書に記載した財産の価額及び債務の金額をその種類ごとに合計した金額を記載した「財産債務調書合計表」を添付する必要があります。
（注）1　申告分離課税の所得がある場合には、それらの特別控除後の所得金額の合計額を加算した金額です。ただし、次の繰越控除を受けている場合は、その適用後の金額をいいます（国外送金令12の2⑤）。
　　　①　純損失や雑損失の繰越控除（643・648ページ参照）
　　　②　居住用財産の買換え等の場合の譲渡損失の繰越控除（645ページ参照）
　　　③　特定居住用財産の譲渡損失の繰越控除（647ページ参照）
　　　④　上場株式等に係る譲渡損失の繰越控除（476ページ参照）
　　　⑤　特定中小会社が発行した株式に係る譲渡損失の繰越控除（486ページ参照）
　　　⑥　先物取引の差金等決済に係る損失の繰越控除（578ページ参照）
　　2　国内に所在する財産のほか、国外に所在する財産を含みます。
　　3　国外転出特例対象財産とは所得税法第60条の2第1項に規定する有価証券等並びに同条第2項に規定する未決済信用取引等及び同条第3項に規定する未決済デリバティブ取引に係る権利をいいます（国外送金法6の2①、法60の2①～③）。
　　4　令和5年分以後の財産債務調書については、上記の財産債務調書の提出すべき者のほか、その年の12月31日において、その価額の合計額が10億円以上の財産を有する人は、財産債務調書を、その年の翌年の6月30日までに、所轄税務署長に提出しなければならないこととされました。

財産の価額　財産の価額は、その年の12月31日における「時価」又は時価に準ずるものとして「見積価額」によることとされています。
　また、国外財産等の邦貨換算は、同日における「外国為替の売買相場」によることとされています（国外送金法6の2⑤、国外送金令10⑤、12の2③、国外送金通6の2－10）。

その他（財産債務調書）

　　国外財産調書との関係　財産債務調書を提出する者が「国外財産調書」を提出する場合には，その財産債務調書には，国外財産調書に記載した国外財産に関する事項の記載は要しないこととされています（国外送金法6の2⑤，平27改正法附101②）。

　　財産債務調書制度に関するその他の措置　財産債務調書制度については，次のような措置が設けられています。

(1)　期限内に財産債務調書の提出がある場合の過少申告加算税等の軽減措置

　　財産債務調書を提出期限内に提出した場合には，財産債務調書に記載がある財産又は債務に関して所得税の申告漏れが生じた時であっても，過少申告加算税等が5％減額されます（国外送金法6①，6の3①，平27改正法附101）。

(2)　提出期限内に財産債務調書の提出がない場合等の加重措置

　　財産債務調書の提出が提出期限内にない場合又は期限内に提出された財産債務調書に記載すべき財産債務の記載がない場合（記載が不十分と認められる場合を含む。）に，その財産債務に関して所得税の申告漏れ（死亡した者に係るものを除く。）が生じた時は，過少申告加算税等が5％加重されます。ただし，その年の12月31日において相続財産債務を有する者の責めに帰すべき事由がなく提出期限内に財産債務調書の提出がない場合又はその年の12月31日において相続財産財務を有する者の責めに帰すべき事由がなく財産債務調書に記載すべき相続財産債務についての記載が無い場合（記載が不十分と認められる場合を含む。）については，加重措置の対象から除かれます（国外送金法6③，6の3②）。

— 938 —

「東日本大震災の被災者等に係る国税関係法律の臨時特例に関する法律」の概要等

　東日本大震災の被災者等の負担の軽減を図る目的で「東日本大震災の被災者等に係る国税関係法律の臨時特例に関する法律（平成23年法律第29号）」が平成23年4月27日に公布・施行されました。

　また，平成23年12月には「東日本大震災の被災者等に係る国税関係法律の臨時特例に関する法律の一部を改正する法律（平成23年法律第119号）」が公布・施行されるとともに，平成24年度以降もこれらの税制が一部改正されるなど，東日本大震災に関する税制上の追加措置が定められました。

　東日本大震災に係る所得税の税制措置は主に次のとおりです。

1　雑損控除の特例

　東日本大震災に係る雑損控除については，幾つかに特例が設けられていますが，一般的な雑損控除の控除額は次の①と②の算式で計算した金額のうち，いずれか多い方です。

①　差引損失額（※）－所得金額の10分の1

　※　差引損失額＝損害金額－保険金などで補填される金額

②　差引損失額のうち災害関連支出（※）の金額－5万円

　※　災害関連支出とは，災害に関連して支出した金額で災害により滅失した住宅，家財を除去するための支出，土砂その他の障害物を除去するための支出，原状回復のための支出をいいます（令206①②）。

　なお，東日本大震災により被害を受けた方については，平成22年分又は平成23年分のいずれかの年分を選択して，雑損控除の適用を受けることができます（東日本震災特例法4①②，法72）。

(1)　損失額の算定

　雑損控除の適用において，東日本大震災により被害を受けた住宅や家財，車両の損失額は，その損失の生じた時の直前におけるその資産の価額を基として計算することとされていますが，損害を受けた資産について個々に損失額を計算することが困難な場合には，別表1から3を用いて，下記のとおり「損失額の合理的な計算方法」により計算することができます。

　なお，「損失額の合理的な計算」における住宅及び家財の「取得価額が明らかでない場合」の計算方法（被害区分：損壊）は，住宅の主要構造部に被害があった場合に適用することができます。ただし，損失額の合理的な計算方法によることが実態にそぐわない場合には，被害を受けた個々の資産について個別に計算を行うこととなります。

　また，災害関連支出については，一般的には，その災害がやんだ日から1年以内に支出したものが雑損控除の対象となりますが，東日本大震災により住宅や家財に損害が生じた場合には，3年以内に支出されるものが対象となります（令206）。

　また，平成26年1月1日以後にする震災関連原状回復支出については，東日本大震災からの復興のための事業の状況などやむを得ない事情により3年以内に支出できなかった居住者が，その

－939－

「東日本震災特例法」の概要等

事情がやんだ日から３年以内に支出したときは，その支出した金額は災害関連支出とみなして雑損控除を適用することができます（東日本震災特例法４③，平26改正法附138）。

〔損失額の合理的な計算〕

○ 住宅の損失額の計算方法

取得価額が明らかな場合	住宅の取得価額から，その取得の時から損失を生じた時までの期間の減価償却費の額の合計額を差し引いた金額に，被害割合を乗じた金額とします。 　損失額＝（取得価額－減価償却費）×被害割合 減価償却費の計算は，次のとおりです（以下同じ。）。 　減価償却費＝取得価額×0.9×償却率×経過年数（１年未満の端数は，６月以上は１年，６月未満は切り捨て。）
取得価額が明らかでない場合	住宅の所在する地域及び構造の別により，別表１「地域別・構造別の工事費用表」により求めた住宅の１㎡当たりの工事費用に，その住宅の総床面積（事業用部分を除く。）を乗じた金額から，その取得の時から損失を生じた時までの期間の減価償却費の額の合計額を差し引いた金額に，被害割合を乗じた金額とします。 　損失額＝〔（１㎡当たりの工事費用×総床面積）－減価償却費〕×被害割合 （注）別表１「地域別・構造別の工事費用表」について，該当する地域の工事費用が全国平均を下回る場合のその地域の工事費用については，全国平均の工事費用として差し支えありません。

○ 家財の損失額の計算方法

取得価額が明らかな場合	各家財の取得価額から，その取得の時から損失を生じた時までの期間の減価償却費の額の合計額を差し引いた金額に，被害割合を乗じた金額とします。 　損失額＝（取得価額－減価償却費）×被害割合
取得価額が明らかでない場合	家族構成等の別により942ページの別表２「家族構成別家財評価額」により求めた家族構成別家財評価額に，被害割合を乗じた金額とします。 　損失額＝家族構成別家財評価額×被害割合

○ 車両の損失額の計算方法

　生活に通常必要な車両に限り，その車両の取得価額から，その取得の時から損失を生じた時までの期間の減価償却費の額の合計額を差し引いた金額に，被害割合を乗じた金額とします。

　損失額＝（取得価額－減価償却費）×被害割合

（注）車両は，生活に通常必要な資産と認められる場合に，雑損控除の対象となります。生活に通常必要であるかどうかについては，自己又は自己と生計を一にする配偶者その他の親族が，専ら通勤に使用しているなど，車両の保有目的，使用状況等を総合勘案して判断することになります。

別表１　地域別・構造別の工事費用表（１㎡当たり）

	木　造	鉄骨鉄筋コンクリート造	鉄筋コンクリート造	鉄　骨　造
	千円	千円	千円	千円
北海道	148	188	146	177
青　森	139	134	263	166
岩　手	143	222	183	175
宮　城	146	146	167	177
秋　田	137	135	190	166
山　形	146	23	134	154

－940－

「東日本震災特例法」の概要等

福　島	149	143	199	172
茨　城	154	204	179	186
栃　木	155	145	170	177
群　馬	157	136	193	181
埼　玉	159	229	217	195
千　葉	161	198	211	196
東　京	178	256	247	235
神奈川	170	257	221	224
新　潟	155	49	161	178
富　山	154	215	166	158
石　川	156	190	189	170
福　井	151	103	173	173
山　梨	166	286	263	179
長　野	166	161	207	177
岐　阜	156	43	182	184
静　岡	165	203	186	198
愛　知	165	154	181	198
三　重	165	—	169	197
滋　賀	156	154	171	196
京　都	168	228	173	199
大　阪	160	172	188	188
兵　庫	159	198	191	192
奈　良	163	146	181	198
和歌山	152	111	217	194
鳥　取	152	—	114	175
島　根	157	—	183	169
岡　山	162	—	181	185
広　島	157	217	180	188
山　口	158	—	179	186
徳　島	139	191	176	165
香　川	151	280	170	168
愛　媛	146	140	157	176
高　知	154	61	152	181
福　岡	149	150	160	183
佐　賀	147	—	159	180
長　崎	141	189	168	180
熊　本	142	132	147	175

東日本震災特例法

大　分	147		156		152		180
宮　崎	129		126		143		168
鹿児島	138		143		143		162
沖　縄	154		161		167		196
全国平均	158		214		198		195

参考：「建築統計年報　平成22年度版」（国土交通省総合政策局情報安全・調査課建設統計室）を基に，国税庁が計算したものです。

別表2　家族構成別家財評価額

世 帯 主 の 年 齢	夫　　婦	独　　身
歳	万円	万円
～　29	500	300
30　～　39	800	
40　～　49	1,100	
50　～	1,150	

（注）　大人（年齢18歳以上）1名につき130万円加算，子供1名につき80万円加算

別表3　被害割合表

区分	被 害 区 分		被 害 割 合		摘　　　要
			住　宅	家　財	
損壊	全壊・流出・埋没・倒壊		%	%	被害住宅の残存部分に補修を加えても，再び住宅として使用できない場合
	（倒壊に準ずるものを含む）		100	100	住宅の主要構造部の被害額がその住宅の時価の50％以上であるか，損失部分の床面積がその住宅の総床面積の70％以上である場合
	半　　　壊		50	50	住宅の主要構造部の被害類がその住宅の時価の20％以上50％未満であるか，損失部分の床面積がその住宅の総床面積の20％以上70％未満で残存部分を補修すれば再び使用できる場合
	一　部　破　損		5	5	住宅の主要構造部の被害が半壊程度には達しないが，相当の復旧費を要する被害を受けた場合
浸水	床　上 1.5m以上	平　屋	80 (65)	100 (100)	・海水や土砂を伴う場合には上段の割合を使用し，それ以外の場合には，下段のかっこ書の割合を使用する。
		二階建以上	55 (40)	85 (70)	なお，長期浸水（24時間以上）の場合には，各割合に15％を加算した割合を使用する。
	床　上 1m以上 1.5m未満	平　屋	75 (60)	100 (100)	
		二階建以上	50 (35)	85 (70)	・床上とは，床板以上をいい，二階のみ借りている場合は，「床上」を「二階床上」と読み替え平屋の割合を使用する。
	床　上 50cm以上 1m未満	平　屋	60 (45)	90 (75)	
		二階建以上	45 (30)	70 (55)	

床上 50cm未満	平屋	40 (25)	55 (40)
	二階建以上	35 (20)	40 (25)
床下		15 (0)	—

・二階建以上とは，同一人が一階，二階以上とも使用している場合をいう。

（注）車両に係る被害割合については，上記を参考に，例えば，津波による流出で「補修を加えても再び使用できない場合」には被害割合100％とするなど，個々の被害の状況を踏まえ適用する。

(2) 雑損失の繰越控除の特例

東日本大震災に係る雑損失で，その年の所得金額から控除しきれない控除額は，翌年以後5年間に繰り越して，各年の所得金額から控除できます（東日本震災特例法5，法71）。

2 被災事業用資産の損失の必要経費算入に関する特例等

平成23年において，事業所得者等の有する棚卸資産，事業用資産等について東日本大震災により生じた損失がある場合には，その損失額（以下「事業用資産震災損失額」という。）を平成22年分の事業所得の金額等の計算上，必要経費に算入することができます（東日本震災特例法6，法51）。

(1) 事業用資産の資産損失の取扱い

イ 棚卸資産について東日本大震災により生じた損失の金額（以下「棚卸資産震災損失額」という。）については，納税者の選択により，平成22年において生じたものとして，平成22年分の事業所得の金額の計算上，必要経費に算入できます（東日本震災特例法6①）。

ロ 不動産所得，事業所得又は山林所得を生ずべき事業の用に供される固定資産について，東日本大震災により生じた損失の金額（以下「固定資産震災損失額」という。）は，納税者の選択により，平成22年分において生じたものとして，平成22年分の不動産所得の金額，事業所得の金額又は山林所得の金額の計算上必要経費に算入することができます（東日本震災特例法6②，法51①）。

ハ 山林について東日本大震災により生じた損失の金額（以下「山林震災損失額」という。）については，納税者の選択により，平成22年分において生じたものとして，平成22年分の事業所得の金額又は山林所得の金額の計算上必要経費に算入することができます（東日本震災特例法6③，法51③）。

ニ 不動産所得若しくは雑所得を生ずべき業務の用に供され，又はこれらの所得の基因となる資産について東日本大震災により生じた損失の金額（以下「業務用資産震災損失額」という。）について，納税者の選択により，平成22年分において生じたものとして，平成22年分の不動産所得の金額又は雑所得の金額の計算上必要経費に算入することができます（東日本震災特例法6④，法51④）。

（注）1 棚卸資産震災損失額には，東日本大震災に関連して支出したやむを得ない支出を含みます。

また，棚卸資産震災損失額のうち保険金，損害賠償金その他これらに類するものにより補填される金額は平成22年分の事業所得の金額の計算上，総収入金額に算入します（東日本震災特例令5②）。

2　この特例により平成22年分の必要経費に算入した棚卸資産震災損失額，固定資産震災損失額，山林震災損失額及び業務用資産震災損失額は，平成23年分の所得税については，平成23年において生じなかったものとみなされます。

3　固定資産震災損失額，山林震災損失額及び業務用資産震災損失額には，東日本大震災に関連して支出したやむを得ない支出を含みます。

また，これらの損失額について，保険金，損害賠償金その他これらに類するものにより補填される金額がある場合には，その金額を差し引きます。

なお，上記イからニまでの特例の適用を受ける場合には，平成22年分の確定申告書，修正申告書又は更正請求書に，この特例の適用を受ける旨及びこれらの規定により必要経費に算入される金額を記載しなければなりません（東日本震災特例法6⑤）。

また，平成23年4月27日以前に平成22年分の所得税につき確定申告書を提出した場合には，施行日から1年間，この特例の適用を受けるための更正の請求をすることができます（東日本震災特例法附2）。

3　純損失の繰戻し還付の特例及び繰越控除の特例

(1)　純損失の繰戻し

青色申告者が，東日本大震災により生じた損失の金額を，被災事業用資産の必要経費算入に関する特例（上記2(1)事業用資産の資産損失の取り扱いイからハまで）を適用して，平成22年分の事業所得の金額等の計算上必要経費に算入した場合に，平成22年において純損失の金額が生じたときは，被災事業用資産の損失も含めて，平成21年分の所得への繰戻し還付ができます。

この特例の適用を受ける場合には，被災事業用資産の必要経費算入に関する特例の適用を受けるための確定申告書，修正申告書又は更正請求書の提出と同時に，繰戻し還付請求書を提出する必要があります（東日本震災特例令8①，法140，142）。

(2)　純損失の繰越控除の特例

事業資産震災損失額又は不動産等震災損失額を有する方の平成23年において生じた純損失の金額のうち，次に掲げるものの繰越期間が5年間（従来の所得税法では3年間）とされます（東日本震災特例法7，東日本震災特例令9，法70）。

イ　その納税者の有する事業用資産等（土地等を除く。）のうちに，事業資産震災損失額又は不動産等震災損失額の占める割合が10％以上である場合は，次に掲げる純損失の金額

①　青色申告者…平成23年分の純損失の金額

②　白色申告者…平成23年分の純損失の金額のうち，次の金額の合計額に達するまでの金額

　(a)　変動所得の計算上生じた損失の金額

　(b)　被災事業用資産の損失の金額

ロ　イ以外の場合…被災事業資産震災損失による純損失の金額（以下「被災純損失金額」という。）

— 944 —

(注) 1 「事業資産震災損失額」とは，その者の棚卸資産震災損失額及び事業所得を生ずべき事業の用に供される事業用固定資産の東日本大震災による損失の金額の合計額をいい，「不動産等震災損失額」とは，その方の不動産所得又は山林所得の事業の用に供される事業用固定資産の東日本大震災による損失の金額の合計額をいいます（東日本震災特例法7④四，五）。

なお，事業資産震災損失額及び不動産等震災損失額には，東日本大震災に関連して支出したやむを得ない支出を含みます。

また，これらの損失額について，保険金，損害賠償金その他これらに類するものにより補填される金額がある場合には，その金額を差し引きます。

2 「被災純損失金額」とは，その年において生じた純損失の金額のうち，被災事業用資産震災損失合計額に達するまでの金額をいいます（東日本震災特例令9②）。

なお，被災事業用資産震災損失合計額とは，棚卸資産震災損失額，固定資産震災損失額及び山林震災損失額の合計額（上記イ②(a)の損失の金額に該当するものを除く。）をいいます（東日本震災特例法7④三かっこ書）。

3 平成23年以外の年において次のような場合に生じる被災純損失金額について，繰越期間が5年間とされます。

① 上記2(1)事業用資産の資産損失の取り扱いイからハまでの特例を適用して平成22年において東日本大震災による損失の金額が生じたものとした場合に，平成22年において生じた被災純損失金額

② 平成24年以後の年において大震災に関連したやむを得ない支出をした場合に生じた損失の金額により，その年において生じた被災純損失金額

4 平成26年1月1日以後にする震災関連原状回復費用については，その事業用資産に係る震災関連原状回復費用を東日本大震災からの復興のための事業の状況その他のやむを得ない事情によりその災害のやんだ日から3年以内にその支出をすることができなかった居住者が，そのやむを得ない事情がやんだ日の翌日から3年以内に支出したときは，その支出した金額は被災事業用資産の損失の金額に係る災害関連費用の金額とみなして，純損失の繰越控除制度が適用されます（東日本震災特例法7⑦，平26改正法附139）。

4 被災代替船舶の特別償却

平成23年3月11日から令和8年3月31日までの間に，①東日本大震災により滅失又は損壊した船舶に代わるこれらの資産の取得等をして事業の用に供した場合，②船舶の取得等をして被災区域内（東日本大震災に起因して事業又は居住の用に供することができなくなった建物等の敷地等の区域をいう。）においてその事業の用に供した場合には，下表のとおり，これらの減価償却資産の取得価額にその資産の区分等に応じた一定の償却割合を乗じた金額の特別償却ができます（東日本震災特例法11の2，東日本震災特例法令13の2）。

この適用を受ける場合には，確定申告書に特別償却により必要経費に算入される金額についてのその算入に関する記載があり，かつ，被災代替資産等の償却費の額の計算に関する明細書を添付しなければなりません。

「東日本震災特例法」の概要等

取得等の時期　　　資産の区分	平成23年３月11日から令和８年３月31日までの間
船舶	20%（24%）

(注) 1　かっこ内は中小事業者（「常時使用する従業員の数が1,000人以下の個人」をいう。）が取得等する場合の償却率です。

2　令和３年度税制改正により，対象資産から車両運搬具が除外されています。なお，令和３年４月１日前に取得等をした被災代替資産等については，従前どおりとされています（令３改正法附89）。

3　令和５年度税制改正により，対象資産から，建物，構築物並びに機械及び装置が除外されています。なお，令和５年４月１日前に事業の用に供した建物，構築物又は機械及び装置については，従前どおりとされています（令５改正法附62①）。

5　特定の事業用資産の買換え等の場合の譲渡所得の課税の特例

　個人が，平成23年３月11日から令和６年３月31日までの間に，事業の用に供している一定の資産（以下「譲渡資産」という。）の譲渡をした場合において，その譲渡の日の属する年の12月31日までに，その譲渡資産に対応する一定の資産（以下「買換資産」という。）の取得をし，その取得の日から１年以内にその買換資産をその個人の事業の用に供したとき，又は供する見込みであるときは，課税を繰り延べることができます（東日本震災特例法12①）。

　また，買換資産は，譲渡した年中に取得したもののほか，①譲渡した年の前年中に取得して税務署長に届け出たものや，⑩譲渡した年分の確定申告において，譲渡した年の翌年中に取得する見込みである旨の申告を行ったものについても，課税を繰り延べることができます（東日本震災特例法12③④）。

譲渡資産	買換資産
被災区域である土地等又はこれらとともに譲渡をするその土地の上にある建物若しくは構築物（平成23年３月11日前に取得がされたものに限る。）	・東日本大震災からの復興に向けた取組を重点的に推進する必要があると認められる一定の区域内にある土地等又は当該区域内にある事業の用に供される減価償却資産 ・被災区域である土地又はその土地の区域内にある事業の用に供される減価償却資産
被災区域外の区域（国内に限る。）にある土地等，建物又は構築物	被災区域である土地又はその土地の区域内にある事業の用に供される減価償却資産

(注) 1　「被災区域」とは，東日本大震災に起因して事業又は居住の用に供することができなくなった建物等の敷地及びその建物等と一体的に事業の用に供される附属施設の用に供されていた土地の区域をいいます（東日本震災特例法12①一）。また，「一定の区域」とは，東日本大震災復興特別区域法施行令第２条各号に掲げる区域をいいます。

2　被災区域である土地等又はその土地等とともに譲渡をするその土地の区域内にある建物若しくは構築物で，平成23年３月11日前に取得がされたもののうち事業の用に供しているもの（以下「相続事業用資産」という。）を有していた者の相続人であって，平成23年３月11日の直前においてその事業に従事していた者又はその被相続人と生計を一にしていた者が，令和６年３月31日までの間にその相続事業用資産の譲渡をした場合には，その相続人がその譲渡の時においてその相続事業用資産を事業の用に供しているものとみなして，被災区域である土地等に係る特定の事業用資産の買換え等の場合の譲渡所得の課税の特例の適用を受けることができます（東日本震災特例法12⑤）。なお，この規定は，

— 946 —

平成25年1月1日以後に行う相続事業用資産の譲渡について適用されます（平25改正東日本震災特例法附94）。

なお，この場合の譲渡所得の金額の計算は次のとおりです。
- 譲渡資産の譲渡価額≦買換資産の取得価額…譲渡はなかったものとされる。
- 譲渡資産の譲渡価額＞買換資産の取得価額…譲渡所得の金額＝収入金額－取得費等
  ※ 収入金額＝譲渡資産の譲渡価額（①）－買換資産の取得価額（②）
  ※ 取得費等＝（譲渡資産の取得費＋譲渡費用）×（①－②）/①

この適用を受ける場合には，確定申告書にこの特例の適用を受けようとする旨の記載をするとともに，「譲渡所得の内訳書（確定申告書付表兼計算書）」，買換資産の「登記事項証明書」などその資産の取得を証する書類及び「り災証明書」，「閉鎖建物登記事項証明書」など譲渡資産又は買換資産が被災区域内若しくは東日本大震災からの復興に向けた取組を重点的に推進する必要があると認められる一定の区域内にあることを明らかにする書類を添付しなければなりません（東日本震災特例法12⑥，東日本震災特例規4）。

6　特定の事業用資産を交換した場合の譲渡所得の課税の特例

個人が，平成23年3月11日から令和6年3月31日までの間に，上記5の表の譲渡資産とこれに対する買換資産との交換を行った場合などにおいても，上記5と同様の要件の下，課税を繰り延べることができます（東日本震災特例法12⑨）。

7　被災者向け優良賃貸住宅の割増償却（廃止）

特定激甚災害地域内において，平成23年12月14日から令和3年3月31日までの間に，被災者向け優良賃貸住宅を取得し，又は新築して，これを特定激甚災害地域内において賃貸の用に供した場合には，不動産所得の金額の計算上，その賃貸の用に供した日以後5年以内でその用に供している期間に限り，普通償却額とその普通償却額に次に掲げる被災者向け優良賃貸住宅の区分に応じそれぞれ次に定める割合を乗じて計算した金額の合計額を必要経費に算入することができます（旧東日本震災特例法11の2）。

（注）　この制度は，令和3年度税制改正により廃止されています。なお，令和3年3月31日以前に取得又は新築をした被災者向け優良賃貸住宅については，従前どおりとされています（令3改正法附90）。

(1)　被災者向け優良賃貸住宅のうちその新築の時における耐用年数が35年未満であるもの……40％
　　（平成31年4月1日から令和3年3月31日までの間に取得し，又は新築したものについては，20％）
(2)　被災者向け優良賃貸住宅のうちその新築の時における耐用年数が35年以上であるもの……56％
　　（平成31年4月1日から令和3年3月31日までの間に取得し，又は新築したものについては，28％）

（注）　「特定激甚災害地域」とは，国民経済に著しい影響を及ぼし，かつ，その災害による地方財政の負担を緩和し，又は被災者に対する特別の助成を行うことが特に必要と認められる災害を受けた地域として国土交通大臣に指定された地域をいい，認定復興推進計画に定められた復興居住区域を除きます（旧東日本震災特例法11の2①，旧東日本震災特例令13の2①，旧平29.3.31国土交通省告示277号）。

「東日本震災特例法」の概要等

《特定激甚災害地域》　　　　　　　　　　　　　　　　　　　　　　　　　平成29年３月31日現在

都道府県	対象となる市町村
青森県	八戸市
岩手県	宮古市，大船渡市，一関市，陸前高田市，釜石市，大槌町，山田町，岩泉町，田野畑村，野田村
宮城県	仙台市，石巻市，塩竈市，気仙沼市，白石市，名取市，多賀城市，岩沼市，登米市，栗原市，東松島市，大崎市，亘理町，山元町，松島町，七ヶ浜町，利府町，湧谷町，美里町，女川町，南三陸町
福島県	福島市，郡山市，いわき市，白河市，須賀川市，相馬市，田村市，南相馬市，桑折町，国見町，川俣町，鏡石町，矢吹町，広野町，楢葉町，富岡町，川内村，大熊町，双葉町，浪江町，葛尾村，新地町，飯舘村
茨城県	水戸市，日立市，常陸太田市，高萩市，北茨城市，ひたちなか市，鹿嶋市，潮来市，稲敷市，神栖市，行方市，鉾田市
千葉県	旭市，我孫子市，浦安市，香取市
長野県	栄村

8　被災市街地復興土地区画整理事業による換地処分に伴い代替住宅等を取得した場合の譲渡所得の課税の特例

　個人が有する土地等（棚卸資産その他これに準ずる一定のものは除く。）で特定被災市街地復興推進地域内にあるものにつき被災市街地復興土地区画整理事業が施行された場合において，その土地等に係る換地処分により，土地等及びその土地等の上に建設された被災市街地復興特別措置法第15条第１項及び第２項に規定する住宅（以下「代替住宅等」という。）を取得したときは，譲渡所得の課税上，その換地処分により譲渡した土地等の譲渡はなかったものとして，いわゆる取得価額の引継ぎにより課税の繰延べができます（東日本震災特例法11の４①）。

　この特例の適用を受けるためには，確定申告書に，この特例の適用を受ける旨を記載するとともに，被災市街地復興土地区画整理事業の施行者から交付を受けた土地等に係る換地処分により代替住宅等を取得したことを証する書類などの一定の書類を添付する必要があります（東日本震災特例法11の４②）。

(注) 1　この特例は，平成23年12月14日から施行されています（平23.12改正東日本震災特例法附１）。
　　 2　「特定被災市街地復興推進地域」とは，東日本大震災により被害を受けた市街地の土地の区域として被災市街地復興特別措置法により都市計画に定められた被災市街地復興推進地域をいい，「被災市街地復興土地区画整理事業」とは，被災市街地復興特別措置法による被災市街地復興土地区画整理事業をいいます（東日本震災特例法11の４①）。

9　被災市街地復興土地区画整理事業等のために土地等を譲渡した場合の譲渡所得の特別控除の特例等

　被災市街地復興土地区画整理事業等のために土地等を譲渡した場合には次の(1)～(4)の譲渡所得の特例を受けることができます（東日本震災特例法11の５）。

－948－

（注）　この特例は，平成23年12月14日から施行されています（平23.12改正東日本震災特例法附1）。

(1)　個人の有する土地等（棚卸資産その他これに準ずる一定のものは除く。）が次の①又は②に該当することとなった場合には，収用等に伴い代替資産を取得した場合の課税の特例（措法33）又は収用交換等の場合の5,000万円特別控除（措法33の4）の適用を受けることができます（東日本震災特例法11の5①）。

①　地方公共団体又は独立行政法人都市再生機構が特定被災市街地復興推進地域において施行する被災市街地復興土地区画整理事業で減価補償金を交付すべきこととなるものの施行区域内にある土地等について，これらの者がその被災市街地復興土地区画整理事業として行う公共施設の整備改善に関する事業の用に供するために，これらの者（土地開発公社を含む。）に買い取られ，対価を取得する場合

②　地方公共団体又は独立行政法人都市再生機構が特定住宅被災市町村の区域において施行する都市再開発法による第二種市街地再開発事業の施行区域内にある土地等について，その第二種市街地再開発事業の用に供するために，これらの者（土地開発公社を含む。）に買い取られ，対価を取得する場合

　（注）　「特定住宅被災市町村」とは，東日本大震災により被災市街地復興特別措置法第21条に規定する住宅被災市町村となった市町村をいいます。

(2)　個人の有する土地等（棚卸資産その他これに準ずる一定のものは除く。）で特定住宅被災市町村の区域内にあるものが，平成23年12月14日から令和8年3月31日までの間に，地方公共団体，独立行政法人都市再生機構，地方住宅供給公社，地方道路公社又は土地開発公社が行う東日本大震災からの復興のための事業（次に掲げる土地等の区分に応じそれぞれ次に定める事業に限る。）の用に供するためにこれらの者のうちいずれかの者に買い取られる場合には，特定土地区画整理事業等のために土地等を譲渡した場合の2,000万円特別控除（措法34）の適用を受けることができます。ただし，この土地等の買取りを行う者がこれらの者以外の者に代わり買い取る場合又は上記(1)に掲げる場合にはこの特例の適用を受けることはできません（東日本震災特例法11の5②）。

①　特定住宅被災市町村の区域のうち東日本大震災復興特別区域法第4条第1項に規定する政令で定める区域内にある土地等……その土地等が所在する特定住宅被災市町村又はその特定住宅被災市町村の存する県が単独で又は共同して作成した東日本大震災からの復興を図るための一定の計画に記載された事業

　（注）　上記の「一定の計画」は，東日本大震災復興特別区域法第46条第1項に規定する復興整備計画などで，その土地等の買取りの時において現に効力を有するものとされています（東日本震災特例規3の7④）。

②　特定住宅被災市町村の区域のうち東日本大震災復興特別区域法第4条第1項に規定する政令で定める区域以外の区域内にある土地等……その土地等が所在する特定住宅被災市町村又はその特定住宅被災市町村の存する県が単独で又は共同して作成した東日本大震災からの復興を図るための一定の計画に記載された事業（令和3年3月31日においてその計画に記載されていたものに限る。）

　（注）　上記の「一定の計画」は，地域再生法第8条第1項に規定する認定地域再生計画などで，そ

の土地等の買取りの時において現に効力を有するものとされています（東日本震災特例規3の7⑤）。

(3) 個人の有する土地等（棚卸資産その他これに準ずる一定のものは除く。）で特定被災市街地復興推進地域内にあるものが，次の①及び②に掲げる場合（上記(2)に該当する場合を除く。）に該当することとなった場合には，特定住宅地造成事業等のために土地等を譲渡した場合の1,500万円特別控除（措法34の2）の適用を受けることができます（東日本震災特例法11の5③）。

① 被災市街地復興特別措置法により，建築物の建築等の不許可に伴う買取申出に係る土地が買い取られる場合

② 土地等につき，被災市街地復興土地区画整理事業が施行された場合において，被災市街地復興特別措置法による公営住宅等の用に供するための保留地が定められたことに伴いその土地等に係る換地処分によりその土地等のうちその保留地の対価の額に対応する部分の譲渡があったとき

(4) 個人が，土地開発公社に対し，その有する所有期間5年超の土地等（棚卸資産その他これに準ずる一定のものは除く。）で，次の①又は②に掲げる土地等を譲渡した場合において，その譲渡に係る土地等が独立行政法人都市再生機構が施行するそれぞれ①又は②に掲げる事業の用に供されるものであるときは，優良住宅地の造成等のために土地等を譲渡した場合の軽減税率の特例（措法31の2）の適用を受けることができます（東日本震災特例法11の5⑤）。

① 特定被災市街地復興推進地域内にある土地等で行われる被災市街地復興土地区画整理事業

② 特定住宅被災市町村の区域内にある土地等で行われる都市再開発法による第二種市街地再開発事業

10 帰還・移住等環境整備推進法人に対して土地等を譲渡した場合の譲渡所得の特別控除の特例

帰還・移住等環境整備推進法人が行う帰還・移住等環境整備事業計画に記載された事業のために避難解除区域等内の土地等を譲渡した場合には，次に掲げる譲渡所得の特例を受けることができます（東日本震災特例法11の6）。

(注) この特例は，個人が平成31年4月1日以後に行う土地等の譲渡について適用されます（平31改正法附90）。

(1) 特定住宅地造成事業等のために土地等を譲渡した場合の1,500万円特別控除の特例

個人の有する土地等で避難解除区域等のうち一定の区域内にあるものが一定の帰還・移住等環境整備推進法人が行う帰還・移住等環境整備事業計画に記載された公共施設整備事業（地方公共団体の管理の下で行われる特定公益的施設（駐車場，駐輪場，集会施設，休憩施設及び案内施設）又は特定公共施設（道路，公園，広場及び緑地）の整備に関する事業をいう。）の用に供するために買い取られる場合には，特定住宅地造成事業等のために土地等を譲渡した場合の1,500万円特別控除の特例の適用ができることとされています（東日本震災特例法11の6①）。

(2) 優良住宅地の造成等のために土地等を譲渡した場合の長期譲渡所得の課税の特例

個人が，一定の帰還・移住等環境整備推進法人に対しその有する土地等で避難解除区域等の

うち一定の区域内にあるものの譲渡をした場合において，その譲渡に係る土地等がその帰還・移住等環境整備推進法人が行う帰還・移住等環境整備事業計画に記載された土地集約化事業（面積がおおむね500㎡以上の土地を適正な形状，面積等を備えた一団の土地とする事業をいう。）の用に供されるものであるときは，優良住宅地の造成等のために土地等を譲渡した場合の長期譲渡所得の課税の特例の適用ができることとされています（東日本大震災特例法11の6②）。

11　被災居住用財産に係る譲渡期限の延長の特例

(1)　警戒区域設定指示等により居住の用に供することができなくなった家屋等を譲渡した場合の特例

　その有する家屋でその居住の用に供していたものが警戒区域設定指示等が行われた日において警戒区域設定指示等の対象区域内に所在し，警戒区域設定指示等が行われたことによってその居住の用に供することができなくなった者について，その居住用家屋又はその家屋及びその家屋の敷地の用に供されている土地等を譲渡した場合の次の①から⑤までの譲渡所得の課税の特例に係る譲渡期間の要件が，災害があった日から15年（租税特別措置法の規定では3年）を経過する日の属する年の12月31日までの間とすることとされています（東日本大震災特例法11の7①）。

（注）1　この特例は，令和元年分以後の所得税について適用されます（平31改正法附91）。
　　　2　上記の「警戒区域設定指示等」とは，平成23年3月11日に発生した東北地方太平洋沖地震に伴う原子力発電所の事故に関して原子力災害対策特別措置法第15条第3項又は第20条第2項の規定により内閣総理大臣又は原子力災害対策本部長が市町村長又は都道府県知事に対して行った警戒区域の設定を行うこと等の指示をいいます（東日本震災特例法11の7③，東日本震災特例規3の9①）。
　　　3　その有していた居住用家屋が警戒区域設定指示等が行われたことによって居住の用に供することができなくなった者の相続人であって，その居住の用に供することができなくなった時の直前においてその居住用家屋に居住していた者が，その家屋又はその家屋及びその家屋の敷地の用に供されている土地等の譲渡をした場合には，その相続人は，その家屋を被相続人がその取得をした日の翌日から引き続き所有していたものと，居住の用に供することができなくなった時の直前においてその家屋の敷地の用に供されている土地等を所有していたものとそれぞれみなして，上記の譲渡期間の延長特例による次の①から⑤までの譲渡所得の課税の特例の適用を受けることができます（東日本震災特例法11の7②）。
　　　　①　居住用財産を譲渡した場合の長期譲渡所得の課税の特例（措法31の3）
　　　　②　居住用財産の譲渡所得の特別控除（措法35）
　　　　③　特定の居住用財産の買換え等の場合の長期譲渡所得の課税の特例（措法36の2，36の5）
　　　　④　居住用財産の買換え等の場合の譲渡損失の損益通算及び繰越控除（措法41の5）
　　　　⑤　特定居住用財産の譲渡損失の損益通算及び繰越控除（措法41の5の2）

(2)　滅失をした居住用家屋の敷地の用に供されていた土地等を譲渡した場合の特例

　その有していた家屋でその居住の用に供していたものが，東日本大震災により滅失（通常の修繕によっては原状回復が困難な損壊を含む。）をしたことによって，その居住の用に供することができなくなった者について，その居住用家屋の敷地の用に供されていた土地等を譲渡した場合の上記(1)①から⑤までの譲渡所得の課税の特例に係る譲渡期間の要件が，災害があった日から15年（租税特別措置法の規定では3年）を経過する日の属する年の12月31日までの間とすることとされてい

ます（東日本震災特例法11の7④）。

(注) 1 この特例は，平成23年12月14日から施行されています（平23.12改正東日本震災特例法附1）。
　　 2 東日本大震災によりその有していた居住用家屋が滅失（通常の修繕によっては原状回復が困難
な損壊を含む。）をして居住の用に供することができなくなった者の相続人であって，その居住の
用に供することができなくなった時の直前においてその居住用家屋に居住していた者が，その家屋
の敷地の用に供されていた土地等の譲渡をした場合には，その相続人は，その家屋を被相続人がそ
の取得をした日の翌日から引き続き所有していたものと，居住の用に供することができなくなっ
た時の直前においてその家屋の敷地の用に供されていた土地等を所有していたものとそれぞれみ
なして，居住用財産を譲渡した場合の長期譲渡所得の課税の特例等の適用を受けることができま
す（東日本震災特例法11の7⑤）。この規定は，平成25年1月1日以後に行う土地等の譲渡につい
て適用されます（平25東日本震災特例法附93）。

(3) 申告手続等

上記(1)又は(2)の延長の特例の適用を受けるためには，これらの特例の適用を受けようとする年
分の確定申告書に，これらの特例の適用を受ける旨を記載するとともに，一定の書類を添付する
必要があります（東日本震災特例法11の7⑥）。

12　買換えの特例等に係る買換資産等の取得期間の延長の特例

次の①から⑥までの買換えの特例等の適用を受ける者が，東日本大震災に起因するやむを得ない
事情により，買換資産等の取得をすべき期間内にその取得をすることが困難となったときには，納
税地の所轄税務署長の承認手続を経て，その取得をすべき期間を経過した日以後2年以内の日で買
換資産等を取得できるものとして税務署長が認定した日等までその取得をすべき期間の延長ができ
ます（東日本震災特例法12の2②，東日本震災特例法令14の2③④）。

(注) この特例は，平成23年12月14日から施行されています（平23.12改正東日本震災特例法附1）。

この特例の適用を受けるためには，平成24年3月15日までに，一定事項を記載した申請書に東日
本大震災に起因するやむを得ない事情により買換資産等の取得が困難であると認められる事情を証
する書類を添付して，その申請書を納税地の所轄税務署長に提出する必要があります（東日本震災
特例規4の2③）。

① 収用等に伴い代替資産を取得した場合の課税の特例（措法33③）…代替資産の取得をすべき期
間の末日が平成23年3月11日から同年12月31日までの間にある場合

② 交換処分等に伴い資産を取得した場合の課税の特例（措法33の2②）…代替資産の取得をすべ
き期間の末日が平成23年3月11日から同年12月31日までの間にある場合

③ 特定の居住用財産の買換えの場合の長期譲渡所得の課税の特例（措法36の2②）…譲渡資産を
平成22年1月1日から平成23年3月11日までの間に譲渡した場合

④ 特定の事業用資産の買換えの場合の譲渡所得の課税の特例（措法37④）…買換資産の取得をす
べき期間の末日が平成23年3月11日から同年12月31日までの間にある場合

⑤ 既成市街地等内にある土地等の中高層耐火建築物等の建設のための買換え及び交換の場合の
譲渡所得の課税の特例（措法37の5②）…買換資産の取得をすべき期間の末日が平成23年3月11

日から同年12月31日までの間にある場合
⑥ 居住用財産の買換え等の場合の譲渡損失の損益通算及び繰越控除（措法41の5①）…譲渡資産を平成22年1月1日から平成23年3月11日までの間に譲渡した場合

13　確定優良住宅地等予定地のための譲渡の予定期間の延長の特例

　平成23年12月31日を末日とする予定期間内に優良住宅地等のための譲渡に該当することが確実であるとして軽減税率の特例（措法31の2）の適用対象とされた事業について，東日本大震災に起因するやむを得ない事情により，その予定期間内に開発許可等を受けることが困難となった場合には，事業者の事業所等の所轄税務署長の承認手続を経て，平成25年12月31日まで，この予定期間の延長ができます（東日本震災特例法12の2①，東日本震災特例令14の2①②）。
（注）　この特例は，平成23年12月14日から施行されています（平23.12改正東日本震災特例法附1）。
　この特例を受けるためには，確定優良住宅地等造成事業を行う事業者は，平成24年1月16日までに，一定の事項を記載した申請書に一定の書類を添付して，その申請書をその事業所等の所轄税務署長に提出する必要があります（東日本震災特例規4の2②）。
　なお，この申請の後，所轄税務署長からその申請の承認に係る通知書の送付を受けた場合は，事業者はその通知書の写しを事業用地を提供した者に交付する必要があります。
　この場合，事業者から通知書の写しの交付を受けた事業用地を提供した者は，その交付を受けた通知書の写しを納税地の所轄税務署長に提出する必要があります。

14　特定復興産業集積区域において被災雇用者等を雇用した場合の所得税額の特別控除

　認定地方公共団体の指定を受けた者が，その指定があった日から5年を経過する日までの期間（以下「適用期間」という。）内の日の属する各年の適用期間内において，東日本大震災復興特別区域法第37条第1項に規定する特定復興産業集積区域内の事業所に勤務する被災者雇用者等に対して給与等を支給した場合には，その支給した額の10％相当額（事業所得に係る所得税額の20％を限度）をその年分の所得税額から控除できます（東日本震災特例法10の3）。
（注）1　平成23年分以後の所得税について適用されます（平23.12改正東日本震災特例法附3）。
　　　2　「認定地方公共団体の指定を受けた者」とは，東日本大震災により多数の被災者が離職を余儀なくされ又は生産基盤の著しい被害を受けた地域の雇用機会の確保に寄与する事業などを行う者として，東日本大震災復興特別区域法の施行日（平成23年12月26日）から令和6年3月31日までの間に認定地方公共団体の指定を受けた個人をいいます。
　　　3　「被災者雇用者等」とは，平成23年3月11日時点において特定被災区域内の事業所に雇用されていた者，又は平成23年3月11日時点で特定被災区域内に居住していた者をいいます。
　　　4　なお，平成31年4月1日から令和3年3月31日までの間に，認定地方公共団体（福島県又は福島県の区域内の市町村を除く。）の指定を受けた個人がその指定をした認定地方公共団体の作成した認定復興推進計画に定められた復興産業集積区域（東日本大震災により多数の被災者が離職を余儀なくされ，又は生産活動の基盤に著しい被害を受けた地域を含む市町村の区域を除く。）内に所在する産業集積事業所に勤務する被災雇用者等に対して給与等を支給した場合には，その支給した給与等

「東日本震災特例法」の概要等

の額の7％相当額を控除することができます。

5　令和3年4月1日前に認定地方公共団体の指定を受けた個人が，その指定があった日から同日以後5年を経過する日までの期間（以下「経過適用期間」という。）内の日の属する各年（令和3年以後の年に限るものとし，事業を廃止した日の属する年を除く。）の経過適用期間内において，復興産業集積区域（特定復興産業集積区域に該当する区域を除く。）内に所在する産業集積事業所に勤務する被災雇用者等に対して給与等を支給する場合には，その支給する額の10％相当額（上記（注）4の税額控除割合が7％とされていた給与等の額にあっては7％とし，事業所得に係る所得税額の20％が限度）を控除することができます（令3改正法附86②）。

6　「復興産業集積区域」とは，産業集積の形成及び活性化の取組を推進すべき区域として認定地方公共団体の作成した認定復興推進計画に定められた区域をいいます。

15　特定復興産業集積区域等において機械等を取得した場合の特別償却又は所得税額の特別控除

(1)　特定復興産業集積区域に係る措置

認定地方公共団体の指定を受けた個人が，東日本大震災復興特別区域法第37条第1項に規定する特定復興産業集積区域内において，同法の施行日（平成23年12月26日）から令和6年3月31日までの間に，一定の機械装置及び一定の建物等の取得等（取得又は製作，若しくは建設）をして，これを特定の事業の用に供した場合には，その事業の用に供した日の属する年において，その取得価額に一定割合を乗じた金額の特別償却又は取得価額に一定割合を乗じた金額の税額控除との選択適用ができます（東日本震災特例法10①③）。

なお，税額控除される金額は，その年分の不動産所得又は事業所得に係る所得税額の20％相当額が限度とされ，控除しきれなかった金額については，4年間の繰越しができます。

特別償却	
取得等の時期／資産等の区分	R3.4.1〜R6.3.31
機械装置	50％
建物・構築物	25％

選択

税額控除	
取得等の時期／資産等の区分	R3.4.1〜R6.3.31
機械装置	15％
建物・構築物	8％

（注）1　令和3年4月1日前に認定地方公共団体の指定を受けた個人が，同日から令和6年3月31日までの間に，復興産業集積区域（特定復興産業集積区域に該当する区域を除く。以下「旧復興産業集積区域」という。）内において特定の事業の用に供する一定の機械装置等及び一定の建物等（一定のやむを得ない事情により令和3年3月31日までに，取得等をして，特定の事業の用に供することができなかったものに限る。）の取得等をして，これをその旧復興産業集積区域内においてその個人の特定の事業の用に供した場合には，その機械装置等及び建物等について，令和3年3月31日までに復興産業集積区域内において取得等をした場合と同様の特別償却限度額及び税額控除割合により本措置の適用ができることとされています（令3改正法附83②）。

2　令和3年3月31日までに復興産業集積区域内において取得等をした場合の特別償却限度額及び税額控除割合は次のとおりです。

— 954 —

特別償却

資産等の区分 \ 取得等の時期	～R3.3.31
機械装置	100%（即時償却）
建物・構築物	25%

⇔選択

税額控除

資産等の区分 \ 取得等の時期	～R3.3.31
機械装置	15%
建物・構築物	8%

　ただし，福島県又は福島県の区域内の市町村以外の地方公共団体の指定を受けた個人にあっては，特別償却限度額及び税額控除率は次のとおりとなります。

　なお，当該個人が，復興産業集積区域（東日本大震災により多数の被災者が離職を余儀なくされ，又は生産活動の基盤に著しい被害を受けた地域を含む市町村の区域に限る。）内において，平成31年4月1日以後に取得等をした機械装置及び建物等の特別償却限度額及び税額控除率は，平成31年3月31日までに取得等をした場合の特別償却限度額及び税額控除率と同様とされています。

特別償却

	～H31.3.31	H31.4.1～R3.3.31
機械装置	50%	34%
建物・構築物	25%	17%

⇔選択

税額控除

	～H31.3.31	H31.4.1～R3.3.31
機械装置	15%	10%
建物・構築物	8%	6%

(2) 復興居住区域に係る措置（廃止）

　相当数の住宅が滅失した地域の居住の安定の確保に寄与する事業を行う者として認定地方公共団体の指定を受けた者が，復興居住区域内において，東日本大震災復興特別区域法の施行日（平成23年12月26日）から令和3年3月31日までの間に，被災者の居住の確保に資する一定の要件を満たす優良な賃貸住宅（被災者向け優良賃貸住宅）を取得又は新築をして，これを賃貸住宅供給事業の用に供した場合には，その事業の用に供した日の属する年において次に掲げる被災者向け優良賃貸住宅の区分に応じそれぞれ次に定める特別償却限度額の特別償却と次に定める税額控除限度額の税額控除との選択適用ができます（旧東日本震災特例法10①二）。

　なお，税額控除される金額は，その年分の不動産所得に係る所得税の20％相当額が限度とされ，控除しきれなかった金額については，4年間の繰越しができます。

(注)　この措置は，令和3年度税制改正により廃止されています。なお，令和3年4月1日前に取得等をした被災者向け優良賃貸住宅については，従前どおりとされています（令3改正法附83①）。

イ　被災者向け優良賃貸住宅のうち認定地方公共団体（認定を受けた福島県又は福島県の区域内の市町村に限る。）の指定を受けた個人が取得等をしてその認定に係る認定復興推進計画に定められた復興居住区域内において賃貸住宅供給事業の用に供したもの

　① 特別償却限度額……その取得価額の25％相当額
　② 税額控除限度額……その取得価額の8％相当額

ロ　被災者向け優良賃貸住宅のうち認定地方公共団体の指定を受けた個人が取得等をしてその認定に係る認定復興推進計画に定められた復興居住区域内において賃貸住宅供給事業の用に供したもの（上記(1)に掲げるものを除く。）

　① 特別償却限度額……その取得価額の25％（令和2年4月1日から令和3年3月31日までの間

に取得等をしたものについては，17％）相当額

② 税額控除限度額……その取得価額の８％（令和２年４月１日から令和３年３月31日までの間に取得等をしたものについては，６％）相当額

（注）1 「復興居住区域」とは，居住の安定の確保及び居住者の利便の増進の取組を推進すべき区域として認定地方公共団体の作成した認定復興推進計画に定められた区域をいいます。

2 福島復興再生特別措置法（平成24年３月31日公布・施行）の制定に伴い，福島県の地方公共団体が作成した認定復興推進計画も適用範囲に含まれることとなりました。

なお，この場合，平成24年４月１日から令和３年３月31日までの間に指定を受けた個人が，被災者向け優良賃貸住宅を取得等して賃貸住宅供給事業の用に供した場合に適用されます（平24改正東日本震災特例法附１，平26改正東日本震災特例令附②）。

16 特定復興産業集積区域における開発研究用資産の特別償却等

認定地方公共団体の指定を受けた者が，東日本大震災復興特別区域法の施行日（平成23年12月26日）から令和６年３月31日までの間に，一定の開発研究用資産の取得等をして，これを東日本大震災復興特別区域法第37条第１項に規定する特定復興産業集積区域内において，開発研究の用に供した場合には，その開発研究の用に供した日の属する年分の事業所得の金額の計算上，その取得価額に34％（その者が中小事業者である場合には，50％）を乗じた金額の特別償却をすることができます（東日本震災特例法10の５）。

（注）1 上記の対象となる開発研究用資産の減価償却費について，試験研究を行った場合の所得税額の特別控除の適用を受ける場合には，特別試験研究費として取り扱われます。

2 令和３年４月１日前に認定地方公共団体の指定を受けた個人が，同日から令和６年３月31日までの間に，復興産業集積区域（特定復興産業集積区域に該当する区域を除く。以下「旧復興産業集積区域」という。）内において開発研究の用に供される一定の開発研究用資産（一定のやむを得ない事情により令和３年３月31日までに，取得等をして，開発研究の用に供することができなかったものに限る。）の取得等をして，これをその旧復興産業集積区域内においてその個人の開発研究の用に供した場合には，その開発研究用資産について，令和３年３月31日までに復興産業集積区域内において取得等をした場合と同様の特別償却限度額により本制度の適用ができることとされています（令３改正法附88②）。

3 令和３年３月31日までに復興産業集積区域内において開発研究用資産の取得等をした場合の特別償却限度額は，その取得価額から普通償却額を控除した金額に相当する金額（いわゆる即時償却）となります。ただし，福島県又は福島県の区域内の市町村以外の地方公共団体の指定を受けた個人の特別償却限度額は，開発研究用資産の取得価額の50％（平成31年４月１日から令和３年３月31日までの間に取得等をしたものについては，34％）相当額となります。なお，中小事業者が，平成31年４月１日から令和３年３月31日までの間に，復興産業集積区域（東日本大震災により多数の被災者が離職を余儀なくされ，又は生産活動の基盤に著しい被害を受けた地域を含む市町村の区域に限る。）内において取得等をした開発研究用資産については，その取得価額の50％相当額が特別償却限度額となります。

17　福島復興再生特別措置法の制定に伴う措置

(1)　避難解除区域等に係る措置

イ　避難解除区域等において機械等を取得した場合の特別償却又は所得税額の特別控除

避難指示の対象となった区域内に平成23年3月11日においてその事業所が所在していたことについて福島県知事の確認を受けた個人が，「避難解除区域等に係る避難等指示」が解除された日から又は特定復興再生拠点区域復興再生計画につき福島復興再生特別措置法第17条の2第6項の認定があった日のいずれか早い日からその避難等指示が解除された日又は「住民に対し居住及び事業活動の制限を求める指示」が解除された日のいずれか遅い日以後7年を経過する日までの期間(注)内に，一定の機械装置及び一定の建物等の取得等（取得又は製作若しくは建設）をして，これをその避難解除区域等内において，特定の事業の用（貸付けの用を除き，従業者の居住の用を含む。）に供した場合には，次の特別償却又は税額控除との選択適用ができることとされています（東日本震災特例法10の2の2）。

(注)　この期間は，その期間内にその認定特定復興再生拠点区域の変更がある場合には，その変更に係る次に掲げる区域の区分に応じそれぞれ次に定める期間とすることとされています（東日本大震災特例法10の2の2①③，東日本大震災特例令12の2の3①）。

① 認定特定復興再生拠点区域復興再生計画につき福島復興再生特別措置法第17条の4第1項の変更の認定（以下「変更の認定」という。）があったことにより新たに認定特定復興再生拠点区域に該当することとなる区域……その区域に該当する「避難解除区域等に係る避難等指示」が解除された日又はその変更の認定があった日のいずれか早い日からその避難等指示が解除された日又は「住民に対し居住及び事業活動の制限を求める指示」が解除された日のいずれか遅い日以後7年を経過する日までの期間

② 認定特定復興再生拠点区域復興再生計画につき変更の認定があったことにより認定特定復興再生拠点区域に該当しないこととなる区域……次に掲げる場合の区分に応じそれぞれ次に定める期間

イ　その変更の認定があったことによりその区域が避難解除区域等に該当しないこととなる場合……その認定特定復興再生拠点区域復興再生計画につき福島復興再生特別措置法第17条の2第6項の認定があった日からその変更の認定があった日までの期間

ロ　上記イに掲げる場合以外の場合……その「避難解除区域等に係る避難等指示」が解除された日又はその認定特定復興再生拠点区域復興再生計画につき福島復興再生特別措置法第17条の2第6項の認定があった日のいずれか早い日からその避難等指示が解除された日又は「住民に対し居住及び事業活動の制限を求める指示」が解除された日のいずれか遅い日以後7年を経過する日までの期間

なお，上記「15　特定復興産業集積区域等において機械等を取得した場合の特別償却又は所得税額の特別控除」及び下記「(2)イ　企業立地促進区域等において機械等を取得した場合の特別償却又は所得税額の特別控除」の適用を受ける年分においては，この適用はありません（震災特例法10の2の2⑦）。

	特別償却額	所得税額の特別控除額（※）
機械及び装置	取得価額－普通償却額 （即時償却）	取得価額の15％相当額
建物及びその附属設備，構築物	取得価額の25％相当額	取得価額の8％相当額

「東日本震災特例法」の概要等

※　税額控除額は，その年分の事業所得に係る所得税額の20％相当額を限度とし，控除限度超過額は４年間の繰越しができます。

ロ　避難解除区域等において避難対象雇用者等を雇用した場合の所得税額の特別控除

「避難解除区域等に係る避難等指示」が解除された日から特定復興再生拠点区域復興再生計画につき福島復興再生特別措置法第17条の２第６項の認定があった日のいずれか早い日からその避難等指示が解除された日又は「住民に対し居住及び事業活動の制限を求める指示」が解除された日のいずれか遅い日以後７年（当該いずれか遅い日が平成26年４月１日前である場合には，３年）を経過する日までの期間^{(注)２}内に，避難指示の対象となった区域内に平成23年３月11日においてその事業所が所在していたことについて福島県知事の確認を受けた個人が，その確認を受けた日から５年を経過する日までの期間（以下，このロにおいて「適用期間」という。^{(注)３}）内の日の属する各年の適用期間内において，避難解除区域等内の事業所で雇用する被災者等に対して給与等を支給した場合には，その支給する給与等の額のうちその各年分の事業所得の金額の計算上必要経費の額に算入されるものの20％相当額の税額控除（その年分の事業所得に係る所得税額の20％を限度）ができます（東日本震災特例法10の３の３）。

なお，この特例は，上記「14　特定復興産業集積区域において被災雇用者等を雇用した場合の所得税額の特別控除」，上記「15　特定復興産業集積区域等において機械等を取得した場合の特別償却又は所得税額の特別控除」，上記「(1)イ　避難解除区域等において機械等を取得した場合の特別償却又は所得税額の特別控除」，下記「(2)イ　企業立地促進区域等において機械等を取得した場合の特別償却又は所得税額の特別控除」，下記「(2)ロ　企業立地促進区域において避難対象雇用者等を雇用した場合の所得税額の特別控除」，「地方活力向上地域等において雇用者の数が増加した場合の所得税額の特別控除（措法10の５）」又は「給与等の引上げ及び設備投資を行った場合等の所得税額の特別控除（措法10の５の４）」の適用を受ける年分については適用できません（震災特例法10の３の３②）。

(注) 1　「被災者等」とは，①平成23年３月11日において避難対象区域内に所在する事業所に勤務していた方，又は②平成23年３月11日において避難対象区域内に居住していた人をいいます。

2　この期間は，その期間内にその認定特定復興再生拠点区域の変更により新たに認定特定復興再生拠点区域に該当することとなる区域については，認定特定復興再生拠点区域復興再生計画につき福島復興再生特別措置法第17条の４第１項の変更の認定（以下「変更の認定」という。）があったことにより新たに認定特定復興再生拠点区域に該当することとなる区域に該当する「避難解除区域等に係る避難等指示」が解除された日又はその変更の認定があった日のいずれか早い日からその避難等指示が解除された日又は福島復興再生特別措置法第４条第４号ハに掲げる指示が解除された日のいずれか遅い日以後７年を経過する日までの期間とすることとされています（東日本大震災特例法10の３の３①，東日本大震災特例令12の３の３①）。

3　適用期間について，福島県知事の確認を受けた個人の事業所に係る次に掲げる場合の区分に応じそれぞれ次に定める期間とされています（東日本大震災特例法10の３の３①，東日本大震災特例令12の３の３②）。

①　その確認を受けた日から同日以後５年を経過する日までの期間内に認定特定復興再生拠点区域復興再生計画につき福島復興再生特別措置法第17条の７第１項の規定によるその認定の取消しがあったことによりその事業所の所在する区域が避難解除区域等に該当しないこととなる場合……その確認を受けた日からその取消しがあった日までの期間

— 958 —

② その確認を受けた日から同日以後5年を経過する日までの期間内に認定特定復興再生拠点区域復興再生計画につき変更の認定があったことによりその事業所の所在する区域が避難解除区域等に該当しないこととなる場合……その確認を受けた日からその変更の認定があった日までの期間

(2) 企業立地促進地域等に係る措置
　イ　企業立地促進区域等において機械等を取得した場合の特別償却又は所得税額の特別控除
　　(イ)　企業立地促進計画に係る措置
　　　　福島復興再生特別措置法に規定する避難解除等区域復興再生推進事業実施計画について認定を受けた事業者が，提出企業立地促進計画の提出のあった日から同日又は提出企業立地促進計画に定められた企業立地促進区域に該当する避難解除区域等に係る避難指示のすべてが解除された日のいずれか遅い日以後7年を経過する日までの間に，機械及び装置，建物及びその附属設備並びに構築物（下記(ロ)又は(ハ)の措置の適用を受けるものを除く。）の取得等をして，その企業立地促進区域内において避難解除等区域復興再生推進事業の用に供した場合には，次の特別償却と特別税額控除との選択適用ができます（東日本震災特例法10の2①表一③）。
　　　　なお，税額控除される金額は，下記(ロ)又は(ハ)の措置と合計してその年分の事業所得に係る所得税額の20％相当額が限度とされ，控除しきれなかった金額については，4年間の繰越しができます（東日本震災特例法10の2③後段，④⑤）。

〔特別償却〕

機械装置	100％（即時償却）
建物・構築物	25％

⇔ 選択 ⇔

〔税額控除〕

機械装置	15％
建物・構築物	8％

(注) 1　「企業立地促進区域」とは，避難解除区域等内の区域であって，避難解除等区域復興再生推進事業を実施する企業の立地を促進すべき区域をいいます。
　　 2　「避難解除等区域復興再生推進事業」とは，雇用機会の確保に寄与する事業その他の避難解除等区域の復興及び再生の推進に資する一定の事業をいいます。
　　 3　この措置の適用を受けることができる年は，その取得等をした機械等を避難解除等区域復興再生推進事業の用に供した日の属する年（事業を廃止した日の属する年を除く。）とされています（東日本震災特例法10の2①）。ただし，次に掲げる特例の適用を受ける年については，この措置の適用を受けることができません（東日本震災特例法10の2⑦，10の2の2⑦，10の3②，10の3の2③，10の3の3②）。
　　　　① 特定復興産業集積区域等において機械等を取得した場合の特別償却又は所得税額の特別控除（東日本震災特例法10）
　　　　② 避難解除区域等において機械等を取得した場合の特別償却又は所得税額の特別控除（東日本震災特例法10の2の2）
　　　　③ 特定復興産業集積区域において被災雇用者等を雇用した場合の所得税額の特別控除（東日本震災特例法10の3）
　　　　④ 企業立地促進区域等において避難対象雇用者等を雇用した場合の所得税額の特別控除（東日本震災特例法10の3の2）
　　　　⑤ 避難解除区域等において避難対象雇用者等を雇用した場合の所得税額の特別控除（東日本震災

特例法10の3の3）

(ロ) 特定事業活動振興計画に係る措置

　　福島復興再生特別措置法の規定により提出特定事業活動振興計画に定められた特定事業活動を実施する個人でその特定事業活動を行うことについて適正かつ確実な計画を有すると認められること等の要件に該当するものとして福島県知事の指定を受けた個人が，提出特定事業活動振興計画の提出のあった日（令和3年4月20日）から令和8年3月31日までの間に，福島県の区域内においてその提出特定事業活動振興計画に定められた特定事業活動に係る事業の用に供する一定の減価償却資産（上記(イ)の措置又は下記(ハ)の措置の適用を受けるものを除く。）の取得等をして，その区域内においてその事業の用に供した場合には，その減価償却資産の取得価額から普通償却額を控除した金額に相当する金額（建物等及び構築物については，取得価額の25％相当額）の特別償却とその取得価額の15％（建物等及び構築物については，8％）相当額の税額控除の選択適用ができます（東日本震災特例法10の2 ①表二③）。

　　なお，税額控除される金額は，上記(イ)の措置及び下記(ハ)の措置と合計してその年分の事業所得に係る所得税額の20％相当額を限度とし，控除しきれなかった金額については，4 年間の繰越しができます（東日本震災特例法10の2③後段，④⑤）。

(注)1　「特定事業活動」とは，個人事業者又は法人であって次のイ又はロの事業分野に属するものが，特定風評被害がその経営に及ぼす影響に対処するために行う新たな事業の開拓，事業再編による新たな事業の開始又は収益性の低い事業からの撤退，事業再生，設備投資その他の事業活動をいいます（福島特措法74①，福島特措規34）。

　　　イ　農林水産物の生産，加工，流通及び販売等に関する事業

　　　ロ　観光旅客の来訪及び滞在の促進その他の福島県の区域における観光の振興に資する事業

　　2　「一定の減価償却資産」とは，福島復興再生特別措置法第75条の2に規定する機械及び装置，建物及びその附属設備並びに構築物その他減価償却資産の耐用年数等に関する省令別表第1の上覧に掲げる器具及び備品のうち，特定事業活動の実施のために必要不可欠なものであり，かつ，その特定事業活動の用に供することを直接の目的とするものとされています（東日本震災特例令12の2の2②，福島特措法75の2，福島特措規36）。

　　3　この措置の適用を受けることができる年は，減価償却資産を特定事業活動に係る事業の用に供した日の属する年（事業を廃止した日の属する年を除く。）とされています（東日本震災特例法10の2①）。なお，この措置の適用を受けることができない年は，上記(イ)の措置（959ページ参照）と同様です。

(ハ) 新産業創出等推進事業促進計画に係る措置

　　福島復興再生特別措置法に規定する新産業創出等推進事業実施計画につき福島県知事の認定を受けた個人が，提出新産業創出等推進事業促進計画の提出のあった日（令和3年4月20日）から令和8年3月31日までの間に，その提出新産業創出等推進事業促進計画に定められた新産業創出等推進事業促進区域内において新産業創出等推進事業の用に供する一定の減価償却資産（上記(イ)又は(ロ)の措置の適用を受けるものを除く。）の取得等をして，その区域内においてその事業の用に供した場合には，その減価償却資産の取得価額から普通償却額を控除した金額に相当する金額（建物等及び構築物については，取得価額の25％相当額）の特別償却とその取得価額の15％（建物等及び構築物については，8％）相当額の税額控除の選択適用ができます（震災税特法10の2 ①表三③）。

　　なお，税額控除される金額は，上記(イ)及び(ロ)の措置と合計してその年分の事業所得に係る

－960－

所得税額の20％相当額を限度とし，控除しきれなかった金額については，4年間の繰越しができます（東日本震災特例法10の2③後段，④⑤）。
- (注) 1 「新産業創出等推進事業促進区域」とは，福島国際研究産業都市区域内の区域であって，新産業創出等推進事業の実施の促進が，産業集積の形成及び活性化を図る上で特に有効であると認められる区域をいいます（福島特措法84②二）。また，「福島国際研究産業都市区域」とは，「原子力災害による被害が著しい区域であって，廃炉等，ロボット，農林水産業その他一定の分野に関する国際的な共同研究開発及び先端的な研究開発を行う拠点の整備，当該拠点の周辺の生活環境の整備，国際的な共同研究開発を行う者その他の者の来訪の促進，産業の国際競争力の強化に寄与する人材の育成及び確保，福島の地方公共団体その他の多様な主体相互間の連携の強化その他の取組を推進することにより，産業集積の形成及び活性化を図るべき区域」をいいます（福島特措法7⑥）。
  2 「新産業創出等推進事業」とは，新たな産業の創出又は産業の国際競争力の強化の推進に資する事業であって福島国際研究産業都市区域における産業集積の形成及び活性化を図る上で中核となる一定の事業をいいます（福島特措法84①）。
  3 この措置の適用を受けることができる年は，減価償却資産を新産業創出等推進事業の用に供した日の属する年（事業を廃止した日の属する年を除く。）とされています（東日本震災特例法10の2①）。なお，この措置の適用を受けることができない年は，上記(イ)の措置（959ページ参照）と同様です。

ロ　企業立地促進区域等において避難対象雇用者等を雇用した場合の所得税額の特別控除
(イ)　企業立地促進計画に係る措置

福島復興再生特別措置法に規定する提出企業立地促進計画の提出のあった日から同日又は提出企業立地促進計画に定められた企業立地促進区域に該当する避難解除区域等に係る避難指示の全てが解除された日のいずれか遅い日以後7年（当該いずれか遅い日が平成26年4月1日前である場合には，3年）を経過する日までの間に福島復興再生特別措置法の規定により避難解除等区域復興再生推進事業実施計画について認定を受けた個人が，その認定を受けた日から同日以後5年を経過する日までの期間内の日の属する各年のその期間内において，その企業立地促進区域内に所在する避難解除等区域復興再生推進事業を行う事業所に勤務する避難対象雇用者等に対して給与等を支給する場合には，その支給する給与等の額のうちその各年分の事業所得の金額の計算上必要経費に算入されるものの20％相当額の特別税額控除（その年分の事業所得に係る所得税額の20％相当額が限度）ができます（東日本震災特例法10の3の2①表一，東日本震災特例令12の3の2）。

また，次に掲げる規定の適用を受ける年分については，この特別控除は適用されません（東日本震災特例法10の3の2③，10の3の3②）。
① 特定復興産業集積区域等において機械等を取得した場合の特別償却又は所得税額の特別控除（東日本震災特例法10）
② 企業立地促進区域等において機械等を取得した場合の特別償却又は所得税額の特別控除（東日本震災特例法10の2）
③ 避難解除区域等において機械等を取得した場合の特別償却又は所得税額の特別控除（東日本震災特例法10の2の2）
④ 特定復興産業集積区域において被災雇用者等を雇用した場合の所得税額の特別控除（東日本震災特例法10の3）

⑤　避難解除区域等において避難対象雇用者等を雇用した場合の所得税額の特別控除（東日本震災特例法10の3の3）

⑥　地方活力向上地域等において雇用者の数が増加した場合の所得税額の特別控除（措法10の5）

⑦　給与等の支給額が増加した場合の所得税額の特別控除（措法10の5の4）

(ロ)　特定事業活動振興計画に係る措置

　　提出特定事業活動振興計画の提出のあった日（令和3年4月20日）から令和8年3月31日までの間に福島県知事の指定を受けた個人が，その指定があった日から同日以後5年を経過する日までの期間内の日の属する各年のその期間内において，福島県の区域内に所在するその提出特定事業活動振興計画に定められた特定事業活動を行う事業所に勤務する特定被災雇用者等に対して給与等を支給する場合には，その支給する給与等の額のうちその各年分の事業所得の金額の計算上必要経費に算入されるものの10％相当額の特別税額控除（その年分の事業所得に係る所得税額の20％相当額が限度）ができます（東日本震災特例法10の3の2①表二）。

　　なお，この特別控除が適用されない年分については，上記(イ)の措置と同様です。

(注)　上記の「特定被災雇用者等」は，次の者とされています（東日本震災特例令12の3の2⑥）。
①　平成23年3月11日において福島県の区域内に所在する事業所に勤務していた者
②　平成23年3月11日において福島県の区域内に居住していた者

(ハ)　新産業創出等推進事業促進計画に係る措置

　　提出新産業創出等推進事業促進計画の提出のあった日（令和3年4月20日）から令和8年3月31日までの間に新産業創出等推進事業実施計画につき福島県知事の認定を受けた個人が，その認定を受けた日から同日以後5年を経過する日までの期間内の属する各年のその期間内において，その提出新産業創出等推進事業促進計画に定められた新産業創出等推進事業促進区域内に所在する新産業創出等推進事業を行う事業所に勤務する避難対象雇用者等その他の一定の雇用者に対して給与等を支給する場合には，その支給する給与等の額の15％相当額の特別税額控除（その年分の事業所得に係る所得税額の20％相当額が限度）ができます（東日本震災特例法10の3の2①表三）。

　　なお，この特別控除が適用されない年分については，上記(イ)の措置と同様です。

(注)　上記の「一定の雇用者」は，次の者とされています（東日本震災特例令12の3の2⑧）。
①　上記(イ)の避難対象雇用者等
②　次の者（①の者を除く。）
　(a)　平成23年3月11日において福島国際研究産業都市区域の区域内に所在する事業所に勤務していた者
　(b)　平成23年3月11日において福島国際研究産業都市区域の区域内に居住していた者
③　その個人の認定新産業創出等推進事業実施計画に従って行う新産業創出等推進事業に関する専門的な知識及び技能を必要とする業務に従事する一定の者（①又は②の者を除く。）

(ニ)　重複適用の排除

　　この制度（企業立地促進区域等において避難対象雇用者等を雇用した場合の所得税額の特別控除）の適用を受ける個人（以下「適用個人」という。）について，上記(イ)から(ハ)までのそれぞれの措置の重複適用を排除するため，適用個人がその年においてこれらの措置のうち2以上の措置の適用対象となる個人に該当する場合には，その適用個人の選択により，その2以上の措置のいずれかの措置の適用対象となる個人にのみ該当するものとして，この制度を適用

することとされています（東日本震災特例法10の3の2②）。

(3) 新産業創出等推進事業促進区域における開発研究用資産の特別償却等

新産業創出等推進事業実施計画につき福島県知事の認定を受けた個人が、提出新産業創出等推進事業促進計画の提出のあった日（令和3年4月20日）から令和8年3月31日までの間に、その提出新産業創出等推進事業促進計画に定められた新産業創出等推進事業促進区域内において開発研究の用に供される一定の開発研究用資産の取得等をしてその個人のその開発研究の用に供した場合には、その開発研究の用に供した日の属する年において、その取得価額から普通償却額を控除した金額に相当する金額の特別償却（即時償却）ができます（東日本震災特例法11）。

(注) 1 上記の対象となる開発研究用資産の減価償却費について、試験研究を行った場合の所得税額の特別控除の適用を受ける場合には、特別試験研究費として取り扱われます（東日本震災特例法11③）。

2 この制度並びに東日本震災特例法における他の特別償却等の制度及び租税特別措置法における特別償却等の制度の適用を受けることができる減価償却資産については、これらの制度のうちいずれか一の制度のみを適用することとされています（東日本震災特例法11の3、措法19①）。

(4) 福島再開投資等準備金制度

イ 福島再開投資等準備金を積み立てた場合の必要経費算入

福島復興再生特別措置法に規定する避難解除等区域復興再生推進事業実施計画について所定の認定を受けた個人が、その認定された計画に係る避難解除等区域復興再生推進事業を実施するために必要な資金の調達に要する期間（以下「積立期間」という。）内の日を含む各年において、次の(イ)又は(ロ)の金額のうちいずれか少ない金額以下の金額を福島再開投資等準備金として積み立てたときは、その積み立てた金額は、その積み立てをした年分の不動産所得、事業所得又は山林所得の金額の計算上必要経費に算入することができます（東日本震災特例法11の3の2①②）。

(イ) 認定避難解除等区域復興再生推進事業実施計画に記載された避難解除等区域復興再生推進事業の用に供する施設又は設備の新設、増設、更新又は修繕に要する費用の支出に充てるための積立金の総額（以下「投資予定額」という。）の2分の1に相当する金額

(ロ) 上記計画に係る投資予定額からその年の12月31日における前年から繰り越された福島再開投資等準備金の額に相当する金額を控除した金額

(注) 1 積立期間は、認定避難解除等区域復興再生推進事業実施計画に記載された「施設又は設備の新設、増設、更新又は修繕に要する費用の支出に充てるための積立金の積立期間」をいいますが、この期間は3年を超えないものとするとともに、その末日は施設の新設等をする予定地に係る避難指示の全てが解除された日から起算して5年を経過する日前とされています。

2 この準備金は、企業立地促進区域等において機械等を取得した場合の特別償却制度の企業立地促進計画に係る措置の適用を受ける場合には、その適用を受ける機械等の特別償却実施額に相当する金額を取り崩すほか、その積立期間の末日の翌日以後2年を経過する日の属する年の翌年から3年間で、その2年を経過する日の属する年の12月31日における準備金残高の均等額を取り崩して総収入金額に算入することとされています（東日本震災特例法11の3の2③④）。

ロ 企業立地促進区域等において機械等を取得した場合の特別償却又は所得税額の特別控除の特

例

　福島再開投資等準備金を積み立てている個人は，その避難解除区域等において取得又は製作若しくは建設をした機械及び装置，建物及びその附属設備並びに構築物について，企業立地促進区域等において機械等を取得した場合の特別償却又は所得税額の特別控除の企業立地促進計画に係る措置の適用を受けることができます（東日本震災特例法11の３の２⑪）。

18　復興指定会社が発行した株式を取得した場合の所得控除（廃止）

　復興指定会社により発行される株式（その復興指定会社の指定の日から同日以後５年を経過する日までの間に発行される株式に限る。）を，その発行の際に，払込みにより取得した場合において，その株式の取得に要した金額（1,000万円を限度とする。）については，寄附金控除を適用できます（旧東日本震災特例法13の３，措法41の19①）。

（注）1　「復興指定会社」とは，東日本大震災復興特別区域法に規定する指定会社（復興特別区域において，地域の課題の解決のための一定の事業を行う等，一定の株式会社に限る。）で令和３年３月31日までに指定を受けたものをいいます。

　　　2　この特例の適用を受けた場合には，その適用を受けた年の翌年以後の各年分におけるその適用を受けた株式に係る同一銘柄株式の取得価額等の圧縮を行うこととされています。

　　　3　この措置は，令和３年度税制改正により廃止されています。なお，令和３年４月１日前に指定を受けた復興指定会社によりその指定の日から５年も経過する日までの間に発行される株式については，従前どおりとされています（令３改正法附93）。

19　受け取った見舞金等に関する取扱い

　個人が支払を受ける見舞金や災害義援金等（以下「見舞金等」という。）で，その金額がその受贈者の社会的地位，贈与者との関係等に照らし社会通念上相当と認められるものについては，課税されません（法９①十七，十八，令30，基通９—23，相基通21の３—９）。

　なお，見舞金等には，一般的には，損失の金額の補塡に充てられる「保険金，損害賠償金その他これらに類するもの」には含まれませんが，見舞金等の名称で支払を受け取る金品であっても，雑損控除又は災害減免法による税金の軽減免除の適用対象となる資産（以下「対象資産」という。）の損失の金額を補塡する目的で支払われるものについては，「保険金，損害賠償金その他これらに類するもの」に含まれることとなります。

　なお，次に掲げるものは，「保険金，損害賠償金その他これらに類するもの」に含まれるものとして取り扱われます（基通51—６，72—６）。

　イ　損害保険契約又は火災共済契約に基づき被災者が支払を受ける見舞金

　ロ　資産の損害の補塡を目的とする任意の互助組織から支払を受ける災害見舞金

20　その他の東日本大震災に関する諸費用の取扱い

　東日本大震災によって被害を受けた被災事業資産や賃借資産に係る修繕費などの諸費用について

は，次のように取り扱われます。

(1) 災害損失特別勘定への繰入額の必要経費算入

　東日本大震災により被災事業資産の修繕等のために，平成24年1月1日から同年3月11日（災害のあった日から1年を経過する日）までの間に支出すると見込まれる修繕費用等の見積額を平成23年において災害損失特別勘定に繰り入れた場合には，その繰り入れた金額を平成23年分の事業所得等の金額の計算上，必要経費に算入することができます（「東日本大震災に関する諸費用の所得税の取扱いについて（法令解釈通達）」2～5。以下この通達を「諸費用通達」という。）。

(注) 1　被災事業資産とは，①個人の有する棚卸資産及び事業所得を生ずべき事業の用に供する固定資産（契約により賃借人が修繕等を行うこととされているものを除く。），②個人が賃借をしている資産若しくは販売等をした資産で契約によりその個人が修繕等を行うこととされているもの，③山林で災害により被害を受けたものをいいます。

　　　2　事業所得等とは，不動産所得（不動産等の貸付けが事業として行われているものに限る。），事業所得及び山林所得をいいます。

イ　災害損失特別勘定への繰入対象となる修繕費等の額

　災害損失特別勘定への繰入対象となる修繕費等は，被災事業資産の修繕等のために要する費用で，平成24年1月1日から同年3月11日（災害のあった日から1年を経過する日）までに支出すると見込まれる次の①から④に掲げる費用（以下「修繕費用等」という。）の見積額です。

　なお，修繕費用等について，保険金，損害賠償金，補助金その他これらに類するもの（以下「保険金等」という。）により補塡される金額がある場合には，その金額の合計額を控除した残額が対象になります。

①　被災事業資産の取壊し又は除去のために要する費用

②　東日本大震災により生じた土砂その他の障害物の除去に要する費用その他これらに類する費用

③　被災事業資産の原状回復のための修繕費（所得税基本通達37—12の2《災害の復旧費用の必要経費算入》に定める被災前の効用を維持するために行う補強工事，排水又は土砂崩れの防止等のために支出する費用を含む。）

④　被災事業資産の損壊又はその価値の減少を防止するために要する費用

(注) 1　法令の規定，地方公共団体の定めた復興計画等により，一定期間修繕等の工事に着手できない場合には，修繕等の工事に着手できることとなる日から1年を経過する日までの修繕費等の見積額とすることができます。

　　　2　所得税基本通達51—2の2《有姿除却》の適用を受けた資産については，上記①及び②に掲げる費用に限り災害損失特別勘定の繰入れの対象とすることができます。

　　　3　平成24年1月1日以後に支出した修繕費用等の額につき，上記「2(1)　事業用資産の資産損失の取扱い」イからハまでの適用を受けて，平成22年分の事業所得等の金額の計算上必要経費に算入したものは，繰入れの対象とすることができません。

ロ　災害損失特別勘定の総収入金額算入

　被災事業資産に係る修繕費用等の額として，平成24年分の事業所得等の金額の計算上必要経費に算入した金額については，その必要経費に算入した金額に相当する災害損失特別勘定の金額を取り崩し，平成24年分の事業所得等の金額の計算上，総収入金額に算入します。

「東日本震災特例法」の概要等

また，平成24年12月31日において災害損失特別勘定の残額がある場合には，その残額を平成24年分の事業所得等の金額の計算上，総収入金額に算入します。

ハ　修繕等が遅れた場合の災害損失特別勘定の総収入金額算入の特例

被災事業資産に係る修繕等がやむを得ない事情により平成24年12月31日までに完了しなかったため，同日において災害損失特別勘定の残額を有している場合には，平成25年1月4日までに所轄税務署長に延長確認申請書を提出し，その確認を受けることで，その修繕等が完了すると見込まれる日の属する年分まで，その取崩しを延長することができます。

(2)　災害損失特別勘定を設定した場合の被災事業用資産の損失の金額の計算

平成24年分以後の各年分の1月1日において災害損失特別勘定の金額を有している場合には，その各年分において被災事業資産に係る修繕費用等の額として，事業所得等の金額の計算上必要経費に算入した金額（保険金等により補填された金額がある場合には，その金額の合計額を控除した残額をいい，被災事業用資産の損失の金額に該当する部分の金額に限る。）の合計額からその年分の1月1日における災害損失特別勘定の金額を控除した残額がその年分における被災事業用資産の損失の金額となります（諸費用通達7）。

(3)　損壊した賃借資産等に係る補修費の取扱い

賃借資産（賃借をしている土地，建物，機械装置等をいう。）につき修繕等の補修義務がない場合においても，東日本大震災による被害による損壊について，その資産の原状回復のための補修を行い，その補修のために要した費用については，事業所得等の金額の計算上必要経費に算入することができます（諸費用通達9）。

なお，事業所得等の金額の計算上必要経費に算入した補修のために要した費用に相当する金額につき，賃貸人から支払を受けた場合には，その支払を受けた日の属する年分の事業所得等の金額の計算上，総収入金額の額に算入します。

また，修繕等の補修義務がない賃貸をしている又は販売をした資産につき補修のための費用の額を支出した場合においても，同様に取り扱います。

(注)1　この取扱いにより修繕費として取り扱う費用の額は，災害損失特別勘定の繰入れの対象とはなりません。

2　個人が，その修繕費の額として，事業所得等の金額の計算上必要経費に算入した金額に相当する金額につき賃貸人等から支払を受けた場合には，その支払を受けた日の属する年分の事業所得等の金額の計算上，総収入金額に算入します。

21　住宅借入金等特別控除の特例

(1)　住宅借入金等を有する場合の所得税額の特別控除等の適用期間に係る特例

住宅借入金等特別控除の適用を受けていた個人のその居住の用に供していた家屋が東日本大震災により被害を受けたことにより居住の用に供することができなくなった場合において，その居住の用に供することができなくなった日の属する年の翌年以後の各年において，住宅借入金等の金額を有するときは，残りの適用期間について引き続き住宅借入金等特別控除の適用を受けるこ

— 966 —

とができます（東日本震災特例法13①②，東日本震災特例令15，措法41①③⑤，41の3の2）。

なお，この特例の適用を受ける場合の手続は，通常の（特定増改築等）住宅借入金等特別控除を受けるための手続と同じです。

また，年末調整で住宅借入金等特別控除を受けるための「年末調整のための（特定増改築等）住宅借入金等特別控除証明書」（適用2年目）又は「給与所得者の（特定増改築等）住宅借入金等特別控除申告書」（適用3年目以降）が税務署から送付され，お手許にある場合は，その証明書又は申告書を「住宅取得資金に係る借入金の年末残高等証明書」と一緒に給与支払者に提出することにより年末調整でこの特例を適用できます。

(注) 1　特例の対象となる「住宅借入金等特別控除」には，住宅借入金等特別控除（措法41①）のほか，住宅借入金等特別控除に係る控除額の特例（措法41③），認定住宅等に係る住宅借入金等特別控除の特例（措法41⑩）及び特定増改築等住宅借入金等特別控除（措法41の3の2）が含まれます。

2　上記の「住宅借入金等の金額」には，住宅借入金等特別控除の対象となる住宅借入金等の金額，住宅借入金等特別控除に係る控除額の特例の対象となる特例住宅借入金等の金額，認定住宅等に係る住宅借入金等特別控除の特例の対象となる認定住宅等借入金等の金額又は特定増改築等住宅借入金等特別控除の対象となる増改築等住宅借入金等の金額が含まれます。

3　転勤の命令その他やむを得ない事由により居住の用に供しなくなった後，その事由が解消し再び居住の用に供したことにより，「再び居住の用に供した場合の再適用の特例」を受けていた個人の居住用家屋について東日本大震災により被害を受けた場合もこの特例の対象です。

(2)　**住宅の再取得等に係る住宅借入金等特別控除の控除額の特例**

東日本大震災によって自己の所有する家屋が被害を受けたことにより自己の居住の用に供することができなくなった者が，住宅の再取得等をしてその住宅を居住の用に供した場合（以下「東日本大震災の被災者の住宅の再取得等の場合」という。）には，選択により，通常の住宅借入金等特別控除の適用に代えて，次表のその居住の用に供した年（居住年）に応じた控除率等による「住宅の再取得等に係る住宅借入金等特別控除の控除額の特例」を適用（控除期間10年（その再取得等が特別特定取得に該当するもので，かつ，令和元年10月1日から令和2年12月31日までの間に居住の用に供する場合又は居住日の属する年が令和4年から令和7年までの各年であり，かつ，その居住に係る住宅の取得等が居住用家屋の新築等，買取再販住宅の取得，認定住宅等の新築等又は買取再販認定住宅等の取得に該当するものである場合には，13年））できます（東日本震災特例法13の2①②）。

「東日本震災特例法」の概要等

【居住年と控除率】

居住年		住宅借入金等の年末残高の限度額	控除率
平成23年		4,000万円 （通常：4,000万円）	1.2% （通常：1.0%）
平成24年		4,000万円 （通常：3,000万円）	
平成25年		3,000万円 （通常：2,000万円）	
平成26年1月～平成26年3月		3,000万円 （通常：2,000万円）	
平成26年4月～令和元年9月30日		5,000万円 （通常：4,000万円又は2,000万円）	
令和元年10月1日～ 令和2年12月31日 （令和4年12月31日）	1～10年目	5,000万円 （通常：4,000万円又は2,000万円）	1.2% （通常：1.0%）
	11～13年目		1.2% （通常：1.0%） ただし，建物購入価格の2/3%を限度
令和3年		5,000万円 （通常：4,000万円又は2,000万円）	1.2% （通常：1.0%）
令和4年 ～令和5年	（新築等の場合）	5,000万円 （通常：3,000万円）	0.9% （通常：0.7%）
	（上記以外の場合）	3,000万円 （通常：2,000万円）	
令和6年 ～令和7年	（新築等の場合）	4,500万円 （通常：2,000万円）	
	（上記以外の場合）	3,000万円 （通常：2,000万円）	

(注) 1　この特例は，従前住宅を居住の用に供することができなくなった日以後に居住の用に供する家屋に係る借入金等を有する者について適用されます。

2　令和元年10月1日から令和2年12月31日（令和4年12月31日）の欄の金額は，住宅の対価又は費用の額に含まれる消費税額及び地方消費税額の全額が10％の税率により課されるべき金額である場合（令和3年1月1日から令和4年12月31日までの間に居住の用に供する場合には特例取得（783ページ参照），特別特例取得（783ページ参照）又は特例特別特例取得（784ページ参照）に限る。以下「特別特定取得の場合」という。）の数字であり，それ以外の場合（令和3年12月31日までに居住の用に供した場合に限る。）には，平成26年4月1日から令和元年9月30日及び令和3年と同額となります。

3　令和元年10月1日から令和2年12月31日（令和4年12月31日）の欄の建物購入価格の限度額は，5,000万円となります。

4　令和元年10月1日から令和2年12月31日までの特別特定取得の場合の特例については，東日本大震災の被災者についても，新型コロナ特例法の「特例取得の特例（783ページ参照）」若しくは「認定住宅の特例取得の特例（802ページ参照）」又は「特別特例取得の特例（783ページ参照）」，「特例特別特例取得の特例（784ページ参照）」，「認定住宅の特別特例取得の特例（802ページ参照）」若しくは「認定住宅の特例特別特例取得の特例（803ページ参照）」と同様の措置により「令和3年12月31日までの間に自己の居住の用に供した場合」又は「令和4年12月31日までの間に自己の居住の用に供した場合」でも適用ができる場合があります（新型コロナ特例法6, 6の2）。

5　住宅被災者のうち，その者の従前住宅が警戒区域設定指示等の対象区域内に所在していなかったものが，住宅の新築取得等をし，かつ，その住宅の新築取得等をした居住用家屋若しくは既存住宅若しくは増改築等をした家屋又は認定住宅等を令和7年1月1日以後にその者の居住の用に供した場合には，本特例の適用ができないこととされています（東日本震災特例法13の2⑤）。

— 968 —

6 次の①及び②に該当する場合には，上記控除額以外の一定の調整が適用されます（東日本震災特例法13の2⑥〜⑨）。
 ① 再建特例適用年（再建特別特定適用年を含む。）において，2以上の住宅の再取得等に係る再建住宅借入金等の金額又は住宅の特別特定再取得等に係る再建特別特定住宅借入金等の金額を有する場合
 ② 再建特例適用年（再建特別特定適用年を含む。）において，再建住宅借入金等の金額又は再建特別特定住宅借入金等の金額及びその再建住宅借入金等の金額に係る住宅の再取得等又は当該再建特別特定住宅借入金等の金額に係る住宅の特別特定再取得等以外の住宅の新築取得等に係る住宅借入金等の金額を有する場合
なお，特例の対象となる住宅の再取得等は次のとおりです。
住宅の新築や購入…東日本大震災によって自己の所有する家屋が被害を受けたことにより自己の居住の用に供することができなくなった日以後初めて居住の用に供する場合
家屋の増改築等…東日本大震災によって自己の所有する家屋が通常の修繕によっては原状回復が困難な損壊を受けたことにより自己の居住の用に供することができなくなった家屋について行う増改築等（従前住宅以外の住宅（再建住宅等）に対して行う増改築等を含む。）
　　　　　（注）　上記の「通常の修繕によっては原状回復が困難な損壊」とは，今後取壊し若しくは除去せざるを得ないと認められる又は相当の修繕を行わなければ今後居住の用に供することができないと認められる損壊をいいます。

また，この特例を適用するためには，通常の住宅借入金等特別控除の適用を受けるために必要とされる所定の書類に加え，従前住宅が東日本大震災によって被害を受けたことにより居住の用に供することができなくなったこと及び住宅の再取得等又は住宅の特別特定再取得等が居住用家屋の新築又は新築住宅若しくは既存住宅の取得である場合には，その再取得等又は特別特定再取得等をした住宅が従前住宅を居住の用に供することができなくなった日以後最初に居住の用に供したものであることを明らかにする次の①から③までの書類（以下「証明書類」という。）を確定申告書に添付しなければなりません（東日本震災特例法13の2，措法41㉞㉟，東日本震災特例令15の2，東日本震災特例規則5の2）。
① 市町村長又は特別区の区長の従前住宅に係る東日本大震災による被害の状況等を証する書類（罹災証明書）（その写しを含む。）
② 従前住宅の登記事項証明書（滅失した住宅については閉鎖登記記録に係る登記事項証明書）
③ 被災者の住民票の写し（その被害を受けた時及びその後におけるその者の住所を明らかにするものに限る。）
　（注）1　上記①から③までの書類の添付がない確定申告書の提出があった場合において，その添付がなかったことについてやむを得ない事情があると認められるときは，これらの書類の提出があった場合に限りこれらの特例の適用を受けることができます。
　　　　2　証明書類について，これらの特例の適用を受ける1年目の年分の確定申告書に添付した場合には，2年目以後は添付を要しないこととされています。
　　　　3　上記②の「登記事項証明書」については，一定の場合には，不動産識別事項等を記載した書類の提出等をし，その登記事項証明書を確定申告書に添付しないことを選択できます。

(3) 東日本大震災によって居住の用に供することができなくなった家屋に係る住宅借入金等特別控除と再取得等をした住宅に係る住宅借入金特別控除の重複適用の特例

東日本大震災によって居住の用に供することができなくなった家屋に係る住宅借入金等特別控除と東日本大震災の被災者の住宅の再取得等の場合の住宅借入金等特別控除は，重複して適用できます（以下「重複適用の特例」という。）。この場合の控除額はそれぞれの控除額の合計額となります（東日本震災特例法13③～⑤）。

(注) 従前家屋等を居住の用に供することができなくなった日以後に居住の用に供する家屋に係る借入金等を有する者について適用されます。

【住宅借入金等特別控除の適用関係と重複適用の特例】

適用年	平成23年（滅失等をした年）	平成24年～
従前家屋等に係る住宅借入金等特別控除	（特定増改築等）住宅借入金等特別控除 ※災害により居住の用に供することができなくなった日までに居住の用に供していた場合には，適用を受けることができます。	適用期間の特例（上記21(1)）
再取得住宅に係る住宅借入金等特別控除	住宅の再取得等に係る住宅借入金等特別控除の控除額の特例（上記21(2)） ※（特定増改築等）住宅借入金等特別控除と選択適用できます。	

22 新型コロナ特例法の特例

次の新型コロナ特例法の住宅借入金等特別控除の特例については，住宅被災者にも同様の措置がなされているため，下記の各解説を参照してください（新型コロナ特例法6，6の2）。

1 新型コロナウイルス感染症等の影響がある場合の既存住宅の6か月以内入居の特例

2 特例取得をして令和3年中に居住の用に供した場合の「特別特定取得の場合の控除期間の3年間延長の特例」の適用（床面積が50㎡以上である家屋）【特例取得の特例】（783ページ参照）

3 特別特例取得をして令和4年末までに居住の用に供した場合の住宅借入金等特別控除の適用（床面積が50㎡以上である家屋）【特別特例取得の特例】（783ページ参照）

4 特例特別特例取得をして令和4年末までに居住の用に供した場合の住宅借入金等特別控除の適用（床面積が40㎡以上50㎡未満である家屋）【特例特別特例取得の特例】（784ページ参照）

5 特例取得をして令和3年中に居住の用に供した場合の「認定住宅の特別特定取得の場合の控除期間の3年間延長の特例」の適用（床面積が50㎡以上である認定住宅）【認定住宅の特例取得の特例】（802ページ参照）

6 特別特例取得をして令和4年末までに居住の用に供した場合の認定住宅の新築等を行った場合の住宅借入金等特別控除の適用（床面積が50㎡以上である認定住宅）【認定住宅の特別特例取得の特例】（802ページ参照）

7 特例特別特例取得をして令和4年末までに居住の用に供した場合の認定住宅の新築等を行った場合の住宅借入金等特別控除の適用（床面積が40㎡以上50㎡未満である認定住宅）【認定住宅の特例特別特例取得の特例】（803ページ参照）

「新型コロナウイルス感染症等の影響に対応するための国税関係法律の臨時特例に関する法律」による所得税の税制措置

　新型コロナウイルス感染症の我が国社会経済に与える影響が甚大なものであることに鑑み，感染症及びそのまん延防止のための措置の影響により厳しい状況に置かれている納税者に対し，緊急に必要な税制上の措置を講ずる目的で「新型コロナウイルス感染症等の影響に対応するための国税関係法律の臨時特例に関する法律（令2年法律第25号）」が，令和2年4月30日に公布・施行されました。
　新型コロナウイルス感染症に係る所得税の税制措置は主に次のとおりです。

1　給付金の非課税等

(1)　給付金の非課税

　都道府県，市町村又は特別区から給付される給付金で次に掲げるものについては，所得税を課さないこととされています（新型コロナ特例法4①）。

① 　新型コロナウイルス感染症及びそのまん延防止のための措置の影響に鑑み，家計への支援の観点から給付される給付金で次に掲げるもの

　イ　令和2年度の一般会計補正予算（第1号）における特別定額給付金給付事業費補助金を財源として市町村又は特別区から給付されるもの（新型コロナ特例法4①一，新型コロナ特例規2①一）【特別定額給付金（いわゆる10万円の給付金）】

　ロ　令和3年度の一般会計補正予算（第1号）における子育て世帯等臨時特別支援事業費補助金を財源として市町村又は特別区から給付されるもの（新型コロナ特例法4①一，新型コロナ特例規2①二）【住民税非課税世帯等に対する臨時特別給付金】

　ハ　令和3年度の予算又は一般会計補正予算（第1号）における新型コロナウイルス感染症セーフティネット強化交付金を財源として都道府県，市町村又は特別区から給付されるもの（新型コロナ特例法4①一，新型コロナ特例規2①三）【新型コロナウイルス感染症生活困窮者自立支援金】

② 　新型コロナウイルス感染症及びそのまん延防止のための措置による児童の属する世帯への経済的な影響の緩和の観点から給付される児童手当の支給を受ける者等に対する給付金で次に掲げるもの

　イ　令和2年4月分の児童手当の支給を受ける者等に対して令和2年度の一般会計補正予算（第1号）における子育て世帯臨時特別給付金給付事業費補助金を財源として市町村又は特別区から給付されるもの（新型コロナ特例法4①二，新型コロナ特例規2②一③一）【令和2年度子育て世帯への臨時特別給付金】

　ロ　令和3年9月分の児童手当の支給を受ける者等に対して令和3年11月26日の閣議決定「令和3年度一般会計新型コロナウイルス感染症対策予備費使用について」に基づき使用される予備費又は令和3年度の一般会計補正予算（第1号）における子育て世帯等臨時特別支援事

業費補助金を財源として市町村又は特別区から給付されるもの（新型コロナ特例法4①二，新型コロナ特例規2②二③二）【令和3年度子育て世帯への臨時特別給付】

ハ　令和3年度子育て世帯への臨時特例給付金の支給対象となる児童を現に養育しているにもかかわらず給付金を受け取れなかった者を新たな支給対象として給付されるもの（新型コロナ特例法4①二，新型コロナ特例規2②二）【支給給付金】

(2) 給付金の給付を受ける権利についての国税の滞納処分による差押禁止

上記(1)の給付金の給付を受ける権利は，国税の滞納処分（その例による処分を含む。）により差し押さえることができないこととされています（新型コロナ特例法4②）。

(3) 緊急小口資金等の特例貸付事業による貸付けについて受けた債務免除に係る経済的利益の非課税

都道府県社会福祉協議会が行う生活福祉資金貸付制度における緊急小口資金の特例貸付事業又は総合支援資金の特例貸付事業による金銭の貸付けにつきその貸付けに係る債務の免除を受けた場合には，その免除により受ける経済的な利益の価額については，所得税を課さないこととされています（新型コロナ特例法4③，新型コロナ特例規2④⑤）。

2　指定行事の中止等により生じた権利を放棄した場合の寄附金控除又は所得税額の特別控除の特例

(1) 寄附金控除（所得控除）の特例

① 制度の概要

個人が，指定行事の中止若しくは延期又はその規模の縮小（以下「中止等」という。）により生じた指定行事の入場料金，参加料金その他の対価の払戻しを請求する権利（以下「入場料金等払戻請求権」という。）の全部又は一部の放棄を令和2年2月1日から令和3年12月31日までの期間（以下「指定期間」という。）内にした場合において，その年の指定期間内において放棄をした部分の入場料金等払戻請求権の価額に相当する金額の合計額（上限：20万円。以下「放棄払戻請求権相当額」という。）については，寄附金控除（所得控除）を適用することができます（新型コロナ特例法5①②）。

② 控除額の計算

個人の令和2年分及び令和3年分の寄附金控除については，次のイに掲げる金額が次のロに掲げる金額を超えるときは，その超える金額を，その者のその年分の総所得金額等から控除することとされます（新型コロナ特例法5①により読み替えて適用する法78①）。

イ　その年中に支出した特定寄附金の額と放棄払戻請求権相当額との合計額（その合計額がその者のその年分の総所得金額等の合計額の40％相当額を超える場合には，その40％相当額）

ロ　2,000円

③ 控除の適用を受けるための手続

上記の寄附金控除（所得控除）の特例の適用を受ける個人は，確定申告書に寄附金控除に関する事項を記載するとともに，「確定申告書に記載したその控除を受ける金額の計算の基礎と

なる放棄払戻請求権相当額の計算に関する明細書」，「文部科学大臣の指定行事に該当することを証する書類（指定行事証明書）」及び「指定行事の主催者の放棄をした部分の入場料金等払戻請求権の価額に相当する金額等を証する書類（払戻請求権放棄証明書）」を確定申告書に添付し，又は確定申告書の提出の際提示しなければならないこととされています（法120①八，③一，新型コロナ特例令3②により読み替えて適用する令262①六，規47③十九）。

(2) 寄附金控除（税額控除）の特例

① 制度の概要

　個人が，指定行事の中止等により生じた指定行事の入場料金等払戻請求権の全部又は一部の放棄を指定期間内にした場合において，その年の指定期間内において放棄をした部分の入場料金等払戻請求権の価額に相当する金額の合計額（上限：20万円。以下「特定放棄払戻請求権相当額」という。）については，寄附金控除（税額控除）の適用ができることとされています（新型コロナ特例法5③）。

② 控除額の計算

　個人の令和2年分及び令和3年分の特定放棄払戻請求権相当額については，次のイに掲げる金額が次のロに掲げる金額を超える場合には，その年分の所得税の額から，その超える金額の40％相当額（100円未満の端数があるときは，端数切捨て）を控除することとされています。この場合において，その控除する金額が，個人のその年分の所得税額の25％相当額を超えるときは，その25％相当額（100円未満の端数があるときは，端数切捨て）が控除限度額となります（新型コロナ特例法5③により読み替えて適用する措法41の18の3①）。

イ　その年中に支出した税額控除対象寄附金の額（租税特別措置法第41条の18の3第1項に規定する税額控除対象寄附金の額をいう。以下同じ。）及び特定放棄払戻請求権相当額の合計額（その年中に支出した特定寄附金等の金額が，その個人のその年分の総所得金額等の合計額の40％相当額を超える場合には，その40％相当額からその所得控除対象寄附金の額（その特定寄附金等の金額から税額控除対象寄附金の額及び特定放棄払戻請求権相当額の合計額を控除した残額をいう。以下同じ。）を控除した残額）

ロ　2,000円（その年中に支出した所得控除対象寄附金の額がある場合には，2,000円からその所得控除対象寄附金の額を控除した残額）

③ 控除の適用を受けるための手続

　上記①の寄附金控除（税額控除）の特例は，確定申告書に，寄附金控除（税額控除）に関する事項の記載があり，かつ，「その申告書に記載したその控除を受ける金額の計算の基礎となる特定放棄払戻請求権相当額の計算に関する明細書」，「文部科学大臣の指定行事に該当することを証する書類（指定行事証明書）」及び「指定行事の主催者の放棄をした部分の入場料金等払戻請求権の価額に相当する金額等を証する書類（払戻請求権放棄証明書）」の添付がある場合に限り，適用することとされています（新型コロナ特例令3⑤により読み替えて適用する措法41の18の3②，新型コロナ特例規3⑤により読み替えて適用する措規19の10の5⑫）。

(3) 放棄払戻請求権相当額等についての寄附金控除又は所得税額の特別控除の特例の適用等

　　放棄払戻請求権相当額又は特定放棄払戻請求権相当額について，上記(1)又は(2)のいずれの適用を受けるかの選択は，その年中の放棄払戻請求権相当額及び特定放棄払戻請求権相当額の全額についてしなければならないこととされています（新型コロナ通5-1）。

　　また，特定放棄払戻請求権相当額が所得税法第78条第1項（寄附金控除）の規定の適用を受けることができる寄附金の額に該当する場合には，同項又は上記(2)のいずれの適用を受けるかの選択は，当該特定放棄払戻請求権相当額ごとにすることができることとされています（新型コロナ通5-2）。

(4) 上記(1)及び(2)の対象となる指定行事

　　上記(1)及び(2)の特例の対象となる「指定行事」とは，令和2年2月1日から令和3年1月31日までの間に国内における一定の場所において行われた又は行われることとされていた文化芸術又はスポーツに関する行事のうち，不特定かつ多数の者から入場料金，参加料金その他の対価の支払を受けて，その対価の支払をした者に見せ，聴かせ，又は参加させる行事であって，新型コロナウイルス感染症が発生したことによる国又は地方公共団体からの行事の中止若しくは延期又はその規模の縮小の要請を受けて中止若しくは延期又はその規模の縮小を行った行事であると認められるものとして，文部科学大臣が指定するものとされています（新型コロナ特例法5④，新型コロナ特例令3①）。

　　文部科学大臣は，上記の行事を指定したときは，これをインターネットの利用その他適切な方法により公表するものとされています（新型コロナ特例令3⑦）。

(5) 新型コロナ特例法の施行前に払戻請求権の行使をした者等への上記(1)又は(2)の特例の適用

　　個人が，指定行事の中止等により生じた入場料金等払戻請求権の行使を令和2年2月1日から同年10月31日までの間にした場合において，その入場料金等払戻請求権の行使による払戻しをした者に対してその者が入場料金等払戻請求権の行使をした日から令和3年1月29日までの間にその払戻しを受けた金額以下の金額の寄附金の支出をしたときは，その寄附金の支出を上記(1)又は(2)の入場料金等払戻請求権の全部又は一部の放棄と，その支出をした寄附金の額を上記(1)又は(2)の放棄をした部分の入場料金等払戻請求権の価額とみなして，上記(1)又は(2)の特例を適用することができることとされています（新型コロナ特例法附則3，新型コロナ特例令附則2）。

3　住宅借入金等を有する場合の所得税額の特別控除の特例

　住宅借入金等特別控除の特例（新型コロナ特例法6，6の2）については，下記の各解説を参照してください。

1　新型コロナウイルス感染症等の影響がある場合の既存住宅の6か月以内入居の特例

2　特例取得をして令和3年中に居住の用に供した場合の「特別特定取得の場合の控除期間の3年間延長の特例」の適用（床面積が50㎡以上である家屋）【特例取得の特例】（783ページ参照）

3　特別特例取得をして令和4年末までに居住の用に供した場合の住宅借入金等特別控除の適用（床面積が50㎡以上である家屋）【特別特例取得の特例】（783ページ参照）

4 特例特別特例取得をして令和4年末までに居住の用に供した場合の住宅借入金等特別控除の適用（床面積が40㎡以上50㎡未満である家屋）【特例特別特例取得の特例】（784ページ参照）
5 特例取得をして令和3年中に居住の用に供した場合の「認定住宅の特別特定取得の場合の控除期間の3年間延長の特例」の適用（床面積が50㎡以上である認定住宅）【認定住宅の特例取得の特例】（802ページ参照）
6 特別特例取得をして令和4年末までに居住の用に供した場合の認定住宅の新築等を行った場合の住宅借入金等特別控除の適用（床面積が50㎡以上である認定住宅）【認定住宅の特別特例取得の特例】（802ページ参照）
7 特例特別特例取得をして令和4年末までに居住の用に供した場合の認定住宅の新築等を行った場合の住宅借入金等特別控除の適用（床面積が40㎡以上50㎡未満である認定住宅）【認定住宅の特例特別特例取得の特例】（803ページ参照）

（参考1） 新型コロナウイルス感染症等の影響に関連して国等から支給される主な助成金等の課税関係（例示）
1 非課税とされるもの
(1) 支給の根拠となる法律が非課税の根拠となるもの
① 新型コロナウイルス感染症対応休業支援金（雇用保険臨時特例法7）
② 新型コロナウイルス感染症対応休業給付金（雇用保険臨時特例法7）
(2) 新型コロナ税特法が非課税の根拠となるもの
① 特別定額給付金，住民税非課税世帯等に対する臨時特別給付金，新型コロナウイルス感染症生活困窮者自立支援金（新型コロナ特例法4①一）
② 令和2年度子育て世帯への臨時特別給付金，令和3年度子育て世帯への臨時特別給付（新型コロナ特例法4①二）
③ 緊急小口資金等の特例貸付事業による貸付けについて受けた債務免除に係る経済的利益（新型コロナ特例法4③）
(3) 所得税法が非課税の根拠となるもの
① 学資として支給される金品（法9①十五）
　学生支援緊急給付金
② 心身又は資産に加えられた損害について支給を受ける相当の見舞金（法9①十八）
　イ 低所得のひとり親世帯への臨時特別給付金
　ロ 新型コロナウイルス感染症対応従事者への慰労金
　ハ 企業主導型ベビーシッター利用者支援事業の特例措置における割引券
　ニ 東京都のベビーシッター利用支援事業における助成
2 課税とされるもの
(1) 事業所得等に区分されるもの
① 持続化給付金（事業所得者向け）
② 東京都の感染拡大防止協力金
③ 雇用調整助成金

④　小学校休業等対応助成金（支援金）

⑤　家賃支援給付金

⑥　小規模事業者持続化補助金

⑦　農林漁業者への経営継続補助金

⑧　医療機関・薬局等における感染拡大防止等支援事業における補助金

⑨　新型コロナウイルス感染症特別利子補給制度に係る利子補給金

(2)　一時所得に区分されるもの

①　持続化給付金（給与所得者向け）

②　GoTo トラベル事業における給付金

③　GoTo イート事業における給付金

④　GoTo イベント事業における給付金

(3)　雑所得に区分されるもの

　　持続化給付金（雑所得者向け）

（参考２）　消費税の課税事業者選択届出書等の提出に係る特例

　新型コロナウイルス感染症及びそのまん延防止のための措置の影響により，令和２年２月１日か
ら令和３年１月31日までの期間のうち，一定期間（１か月以上）における売上げが著しく減少（前
年同期比概ね50％以上）した場合，課税期間開始後において，消費税の課税事業者を選択する（又は
選択をやめる）ことが可能です（新型コロナ特例法10）。

　なお，適用に当たっては，当該課税期間の申告期限[注]までに申請書を提出し，税務署長の承認
を得る必要があります。

(注)　国税通則法第11条の規定により，申告期限の延長を受けている場合には，その延長された期限とな
　　ります。

e-Tax（国税電子申告・納税システム）

行政手続のオンライン化については，平成15年2月に施行された，「情報通信技術を活用した行政の推進等に関する法律」（公布時の題名は「行政手続等における情報通信の技術の利用に関する法律」といい，以下「デジタル行政推進法」という。）により，行政機関等への申請・届出等手続について，主務省令の定めるところにより，従来の書面による申告書等の持参又は送付による提出方法に加えて，オンラインでも手続ができることになりました。

これに伴い，平成16年2月よりe-Tax（国税電子申告・納税システム）の名称で，これまで書面により行われていた国税関係の手続も，インターネット等でも行えるよう，随時その手続の範囲が拡大されています。

なお，デジタル行政推進法に併せて，個別法令の改正のために「行政手続等における情報通信の技術の利用に関する法律の施行に伴う関係法律の整備に関する法律」及び地方公共団体の個人認証サービスの制度を整備するため「電子署名等に係る地方公共団体情報システム機構の認証業務に関する法律」（公布時の題名は「電子署名に係る地方公共団体の認証業務に関する法律」という。）が制定されています。

e-Tax（国税電子申告・納税システム）　e-Tax（国税電子申告・納税システム）とは，あらかじめ開始届出書をオンライン又は書面により提出し，登録することにより，インターネットで国税に関する申告や納税，申請・届出などの手続ができ，また，汎用的に受付処理するシステムの総称をいいます。

電子証明書の取得　e-Tax 利用の際には，申告等データに電子署名を行うため，電子署名に使用する電子証明書を事前に取得する必要があります（注3）。なお，e-Tax で使用できる電子証明書は，次のものがあります。

(1)　「商業登記に基づく電子認証制度」に基づく電子証明書

　　法務省が運営する「商業登記認証局」が発行するもの

　　なお，電子証明書の申請受付，発行等は，法人等の登記を管轄する全国の登記所のうち指定を受けた登記所で行われています。

(2)　地方公共団体による「公的個人認証サービス」に基づく電子証明書

　　電子署名等に係る地方公共団体情報システム機構の認証業務に関する法律に基づいて，申請者の住民票のある市区町村で発行されるもの

(3)　その他国税庁長官が定める電子証明書

　（注1）　令和5年9月現在，電子証明書のうち，e-Tax で使用できることが確認されている発行機関は，次のとおりです。

　　　㈱帝国データバンク

—977—

㈱トインクス

日本電子認証㈱

ＮＴＴビジネスソリューションズ㈱

セコムトラストシステムズ㈱

三菱電機インフォメーションネットワーク㈱（旧ジャパンネット㈱）

地方公共団体組織認証基盤（LGPKI）

政府共用認証局（官職認証局）

（注２）　電子証明書等の取得費用は，それぞれ発行する認証機関で定められており，各認証局によって異なります。

（注３）　後述の e-Tax による申請等に係る開始届出の際に一定の本人確認に基づき通知された利用者識別番号及び暗証番号を入力して申請等を行う方については，その申請等の際に電子署名及び電子証明書の添付を要しないこととされています（ID・パスワード方式）。詳しくは「電子申告・納税等開始（変更等）届出書の提出」をご覧ください。

電子証明書の有効期間　電子証明書の有効期間（証明期間）は，それぞれ発行する認証機関で定められており，各認証機関に確認する必要があります。

なお，商業登記認証局の場合には，３か月から27か月まで３か月単位で利用者が指定できます（令和５年４月末現在）。

また，公的個人認証サービス（個人番号カードに格納された電子証明書）においては，電子証明書の発行の日から５回目の誕生日までの期間とされています。

利用開始のための手続

電子申告・納税等開始（変更等）届出書の提出

e-Tax を利用する場合には，電子申告・納税等開始（変更等）届出書（以下「開始届出書」という。）を，事前に納税地を所轄する税務署長に提出します。ただし，個人番号カードを用いて e-Tax にログインする場合，開始届出書の提出は要しないこととされています。

提出は，書面又はオンラインのいずれかの方法によります。

開始届出書をオンラインで提出した場合は，利用者識別番号がオンラインで発行（通知）されます。なお，この開始届出の際に次のいずれかの本人確認に基づき通知された利用者識別番号及び暗証番号を入力して申請等を行う方については，その申請等の際に電子署名及び電子証明書の添付を要しないこととされています（ID・パスワード方式）。

(1)　開始届出の情報に電子署名及び電子証明書の添付をして送信することによる本人確認

(2)　税務署又は市町村に設置される端末を使用する開始届出の際に行う税務署職員等との対面による本人確認

（注）　ID・パスワード方式は，国税庁ホームページで提供している「確定申告書等作成コーナー」でのみ利用できる送信方式です。

また，開始届出書を書面で提出した場合，税務署からは開始届出書の内容を確認後，次の書類等が送付されます。

e-Tax（国税電子申告・納税システム）

(1)　利用者識別番号等の記載された通知書

　　e-Tax を利用するために必要な利用者識別番号及び暗証番号を記載した通知書であり，e-Tax を利用するための暗証番号の変更や電子証明書の登録期限が記載されているもの

(2)　「国税電子申告・納税システムの利用規約」など

開始届出書の提出先　開始届出書の提出先は，納税地の所轄税務署長に提出します。

　　　申　　告　　等　　

　電子申告を行うための所得税や消費税等の確定申告書，青色申告決算書や収支内訳書のデータは，e-Tax ソフト等を使用するか，又は，国税庁ホームページで提供している「確定申告書等作成コーナー」を利用するなどして作成します。

　電子による申請等のデータは，e-Tax ソフト等を使用して作成します。作成したデータは，e-Tax ソフト等を利用してe-Tax（国税電子申告・納税システム）に送信します。

　なお，e-Tax の利用に際しては，なりすましの防止のため利用者識別番号及び暗証番号を必要とし，申告等データには改ざん検知のため電子署名を行い，電子証明書を添付することとなりますが，個人番号カードを用いて e-Tax へログインすることで，申請等のデータの送信の際に利用者識別番号及び暗証番号の入力を省略できることとされています（マイナンバーカード方式）。この場合において，あらかじめその申請等を行う者が本人であることを確認するための一定の措置がとられている場合には，電子署名や電子証明書の送信についても不要となります。

　また，e-Tax による申請等に係る開始届出の際に一定の本人確認（前ページ参照）に基づき通知された利用者識別番号及び暗証番号を入力して申請等を行う方については，その申請等の際に電子署名及び電子証明書の添付を要しないこととされています（ID・パスワード方式）。

(注) 1　e-Tax ソフトは，国税庁が電子申告・納税等開始（変更等）届出書を提出したシステム利用者（入力方式による納税手続のみの利用者を除く。）に対して提供する国税電子申告・納税システム利用者用ソフトウェアです。

　　 2　e-Tax ソフトは，e-Tax ホームページからのダウンロードにより提供されています。

　　 3　令和5年度税制改正において，e-Tax を使用する方法により申請等を行う際に送信すべき電子証明書の範囲に，スマートフォンに搭載された移動端末設備用署名用電子証明書が追加されるとともに，e-Tax のログインの際に移動端末設備用利用者証明用電子証明書が搭載されたスマートフォンを用いて電子利用者証明を行い，e-Tax を使用する方法により申請等又は国税の納付を行う場合には，利用者識別番号及び暗証番号を入力することを要しないこととする等の整備が行われました。この改正は令和7年1月1日から施行されます。

　なお，e-Tax ソフト等を使用して作成・送信することができない申請等については，その申請等に係る申請書面等の記載事項をスキャナにより読み取る方法その他の方法により作成したデータ（いわゆる「イメージデータ」）を e-Tax で送信することにより申請等を行うことができることとされています。この方法による場合にも，e-Tax ソフト等を使用する方法と同様に利用者識別番号及び暗証番号を必要とし，その申請等に係るイメージデータに電子署名を行い，電子証明書を添付することとなります。また，e-Tax ソフト等を使用する方法と同様にマイナンバーカード方式及び

e-Tax（国税電子申告・納税システム）

ID・パスワード方式によることも可能です。

(注) 1　上記の「スキャナにより読み取る方法その他の方法」は次に掲げる要件を満たす必要があります。

① 解像度が一般文書のスキャニング時の解像度である25.4mm当たり200ドット以上であること。

② 赤色，緑色及び青色の階調がそれぞれ256階調以上であること。

2　上記のイメージデータを送信する際のファイル形式は，PDF形式とされています。

スマートフォンを利用した申告　平成31年1月からスマートフォンを利用してe-Taxによる申告をすることができるようになりました。詳しい利用手続については，国税庁ホームページをご覧ください。

申告等データの到達時期　デジタル行政推進法により，電子情報処理組織を使用して行われた申請等は，行政機関等の使用に係る電子計算機に備えられたファイルへの記録がされた時に当該行政機関等に到達したものとみなされます。

したがって，e-Taxにおいても，送信された申告等データは，国税庁の受付システムのファイルに記録された時に行政機関等に到達したものとみなされます。

添付書類の送付　医療保険者等の医療費通知書など利用者以外の第三者が作成する証明書類等の添付書類（e-Taxソフト等で作成できない書類）は，電子申告後，遅滞なく納税地を所轄する税務署に提出します。

電子申告における第三者作成書類の添付省略　所得税の確定申告書の提出が，e-Taxを使用して行われる場合には，次の第三者作成書類については，その記載内容を入力して送信することによりその書類の提出又は添付を省略することができます（国税関係法令に係る情報通信技術を活用した行政の推進等に関する省令5③一）。

この場合，税務署長は，原則として確定申告期限から5年間，その入力内容の確認のために，その書類を提出又は提示させることができます。なお，第三者作成書類の添付省略をした方が，これに応じなかった場合には，確定申告書の提出に際し，その書類の提出又は添付がされていなかったことになります（国税関係法令に係る情報通信技術を活用した行政の推進等に関する省令5⑤⑥）。

添付省略のできる書類

イ　雑損控除の証明書

ロ　医療保険者等の医療費通知書

ハ　セルフメディケーション税制の適用に係る一定の取組を行ったことを明らかにする書類

ニ　社会保険料控除の証明書又は電磁的記録印刷書面（注）

ホ　小規模企業共済等掛金控除の証明書又は電磁的記録印刷書面（注）

ヘ　生命保険料控除の証明書又は電磁的記録印刷書面（注）

ト　地震保険料控除の証明書又は電磁的記録印刷書面（注）

チ　寄附金控除の証明書又は電磁的記録印刷書面（注）

リ　勤労学生控除の証明書

ヌ　住宅借入金等特別控除に係る借入金年末残高等証明書（適用2年目以降のもの）

e-Tax（国税電子申告・納税システム）

ル　バリアフリー改修特別控除に係る借入金年末残高等証明書（適用2年目以降のもの）

ヲ　省エネ改修特別控除に係る借入金年末残高証明書（適用2年目以降のもの）

ワ　多世帯同居対応改修特別控除に係る借入金年末残高証明書（適用2年目以降のもの）

カ　政党等寄附金特別控除の証明書又は電磁的記録印刷書面（注）

ヨ　認定NPO法人寄附金特別控除の証明書又は電磁的記録印刷書面（注）

タ　公益社団法人等寄附金特別控除の証明書又は電磁的記録印刷書面（注）

レ　指定行事の中止等により生じた権利を放棄した場合の寄附金特別控除の証明書又は電磁的記録印刷書面（令和3年12月31日までの期間が対象）（注）

ソ　個人の外国税額控除に係る証明書

ツ　給与所得者の特定支出の控除の特例に係る支出の証明書

（注）「電磁的記録印刷書面」とは，証明書に記載すべき事項を記録した電磁的記録の内容を，国税庁長官の定める方法によって出力することにより作成した書面をいいます。

イメージデータによる添付書類の提出制度　平成29年1月4日以後に所得税の確定申告書の提出が，e-Tax を使用して行われる場合には，次に掲げるもの以外の別途郵送等で書面により提出する必要がある添付書類について，書面による提出に代えて，イメージデータ（PDF形式）により提出することができます（国税関係法令に係る情報通信技術を活用した行政の推進等に関する省令5③二）。

　・「医療保険者等の医療費通知書」など，記載内容を入力して送信することにより添付を省略することができる第三者作成書類（前ページ参照）

　・「収支内訳書」，「青色申告決算書」など，電子データにより提出が可能な添付書類

　上記のイメージデータは，次に掲げる要件を満たすようにスキャナ等により読み取り，又は作成したものに限ることとされています。

　①　解像度が一般文書のスキャニング時の解像度である25.4mm当たり200ドット以上であること。

　②　赤色，緑色及び青色の階調がそれぞれ256階調以上であること。

イメージデータにより提出できる主な添付書類（令和5年4月1日現在の法令に基づくものです。）

主な項目	添付書類の名称
給与所得者の特定支出の控除の特例 （所得税法第57条の2）	特定支出の支出の事実及び支出した金額を証する書類
分配時調整外国税相当額控除 （所得税法第93条）	分配時調整外国税相当額を証する書類
死亡した場合の確定申告 （平成18年国税庁告示第32号） ※令和2年分の所得税及び復興特別所得税の確定申告以降適用	①準確定申告の確認書 ②委任状（準確定申告用）
国外居住親族に係る障害者控除・配偶者（特別）控除・扶養控除 （所得税法施行令第262条第3項）	国外居住親族について，障害者控除・配偶者（特別）控除・扶養控除を受ける場合の親族関係書類及び送金関係書類など
肉用牛の売却の特例 （租税特別措置法第25条）	①肉用牛売却証明書 ②肉用子牛売却証明書

— 981 —

e-Tax（国税電子申告・納税システム）

（特定増改築等）住宅借入金等特別控除 （租税特別措置法第41条等）	①登記事項証明書 ②請負（売買）契約書の写し ③住宅取得資金に係る借入金の年末残高等証明書（適用1年目のみ） ④補助金等の額を証する書類 ⑤増改築等工事証明書 ⑥長期優良住宅建築等計画（低炭素建築物新築等計画）の認定通知書の写し ⑦住宅用家屋証明書若しくはその写し又は認定長期優良住宅建築証明書（認定低炭素住宅建築証明書） ⑧検査済証の写し ⑨り災証明書（その写しを含む） ⑩住宅省エネルギー性能証明書 ⑪建設住宅性能評価書の写しなど
住宅耐震改修特別控除 （租税特別措置法第41条の19の2） 住宅特定改修特別税額控除 （租税特別措置法第41条の19の3） 認定住宅等新築等特別税額控除 （租税特別措置法第41条の19の4）	①住宅耐震改修証明書 ②請負（売買）契約書の写し ③補助金等の額を証する書類 ④登記事項証明書 ⑤増改築等工事証明書 ⑥認定通知書の写し ⑦住宅省エネルギー性能証明書 ⑧建設住宅性能評価書の写しなど
優良住宅地の造成等のために土地等を譲渡した場合の長期譲渡所得の課税の特例 （租税特別措置法第31条の2）	譲渡資産に関する証明書等
居住用財産を譲渡した場合の長期譲渡所得の課税の特例 （租税特別措置法第31条の3）	売却した居住用財産の登記事項証明書
収用交換等の場合の譲渡所得等の特別控除 （租税特別措置法第33条の4）	①収用等証明書 ②公共事業用資産の買取り等の申出証明書 ③公共事業用資産の買取り等の証明書
特定土地区画整理事業等のために土地等を譲渡した場合の譲渡所得の特別控除 （租税特別措置法第34条）	特定土地区画整理事業等のために土地等の買取りがあったことを証する書類等
特定住宅地造成事業等のために土地等を譲渡した場合の譲渡所得の特別控除 （租税特別措置法第34条の2）	特定住宅地造成事業等のために土地等の買取りがあったことを証する書類等
農地保有の合理化等のために農地等を譲渡した場合の譲渡所得の特別控除 （租税特別措置法第34条の3）	農地保有の合理化等のために譲渡した場合に該当する旨を証する書類等
被相続人の居住用財産に係る譲渡所得の特別控除 （租税特別措置法第35条第3項）	①売却した被相続人居住用家屋及び被相続人居住用家屋の敷地等の登記事項証明書 ②被相続人居住用家屋等確認書 ③耐震基準適合証明書または建設住宅性能評価書の写し ④売買契約書の写しなど

e-Tax（国税電子申告・納税システム）

低未利用土地等を譲渡した場合の長期譲渡所得の特別控除 （租税特別措置法第35条の３）	①低未利用土地等確認書 ②売買契約書の写し
居住用財産の買換え等の場合の譲渡損失の損益通算及び繰越控除 （租税特別措置法第41条の５）	①売却した居住用財産の登記事項証明書，売買契約書の写し ②買い換えた居住用財産の登記事項証明書，売買契約書の写し ③買い換えた居住用財産の住宅借入金等の残高証明書など
特定居住用財産の譲渡損失の損益通算及び繰越控除 （租税特別措置法第41条の５の２）	①売却した居住用財産の登記事項証明書，売買契約書の写し ②譲渡した資産に係る住宅借入金等の残高証明書（譲渡契約締結日の前日のもの）など

（注）　法令の規定により原本の提出が必要とされている第三者作成の添付書類のみが対象となります。

　電子署名等が付された電磁的記録の送信による添付書類の提出制度　平成31年４月１日以後に所得税の確定申告書の提出が，e-Tax を使用して行われる場合には，次の添付書類については，その記載内容が記録された電磁的記録であって，その添付書類を交付すべき者から提供を受けたもの（その添付書類を交付すべき者の電子署名に係る電子証明書が付されたものその他これに類する一定の電磁的記録に限る。）を送信することにより，書面による提出に代えることができることとされています（国税関係法令に係る情報通信技術を活用した行政の推進等に関する省令５③三，平31.3.29国税庁告示第７号）。

① 　社会保険料控除証明書（令262①二）

② 　小規模企業共済等掛金控除証明書（令262①三）

③ 　生命保険料控除証明書（令262①四）

④ 　地震保険料控除証明書（令262①五）

⑤ 　旧長期損害保険料控除証明書（平18改正所令附14③）

⑥ 　特定寄附金の明細書その他の書類（令262①六，新型コロナ特例規３②）

⑦ 　政党等に対する寄附金の額その他の事項を証する書類（措規19の10の３）

⑧ 　特定非営利活動に関する寄附金の額その他の事項を証する書類（措規19の10の４）

⑨ 　税額控除対象寄附金となる公益社団法人等に対する寄附金の額その他の事項を証する書類（措規19の10の５⑫，新型コロナ特例規３④）

⑩ 　医療保険者等の医療費通知書（規47の２⑬）

⑪ 　住宅取得資金に係る借入金の年末残高等証明書（措規18の22②，18の23の２の２⑮）

　（注）　記載内容が記録された電磁的記録を送信する際のファイル形式については，XML 形式によることとされています（平30.4.27国税庁告示第14号）。

納　付

　所得税については，ダイレクト納付，インターネットバンキング，モバイルバンキング及びＡＴ

e-Tax（国税電子申告・納税システム）

Mにより納付することができます。このインターネットバンキング，モバイルバンキング及びＡＴ
Mによる納付には登録方式と入力方式の２つの方式があります。

ダイレクト納付による納税手続　ダイレクト納付では，所得税及び消費税等の納付が可能です。
また，e-Tax で納付情報を登録することで，附帯税（加算税，延滞税等）も納付が可能です。
　ダイレクト納付による納税手続とは，事前に税務署に届出等をしておき，e-Tax を利用して電子
申告等又は納付情報登録をした後に，届出をした預貯金口座からの振替により，即時又は期日を指
定して納付する手続をいいます。
　(注)　令和５年度税制改正において，ダイレクト納付の手続が法定納期限に行われた場合（その税額が
　　　　１億円（令和６年４月１日から令和８年３月31日までの間は1,000万円，同年４月１日から令和10年
　　　　３月31日までの間は3,000万円）以下である場合に限る。）において，法定納期限の翌日までにその
　　　　納付がされたときは，その納付は法定納期限においてされたものとみなして，延納及び附帯税（延
　　　　滞税・不納付加算税）に関する規定を適用することとされました。この改正は，令和６年４月１日
　　　　から施行されます。

登録方式による納税手続　登録方式では，所得税及び消費税の本税に加えて，附帯税（加算税，延
滞税等）も納付が可能です。
　登録方式による納税手続とは，e-Tax ソフト等を使用して納付情報データを作成し，e-Tax に登
録した後に，登録した納付情報に対応する納付区分番号を取得してインターネットバンキング，モ
バイルバンキング及びＡＴMにより納付する手続をいいます。

入力方式による納税手続　入力方式では，所得税（源泉所得税を除く。）及び消費税等のみの納付が
可能です。
　入力方式による納税手続とは，e-Tax（国税電子申告・納税システム）に納付情報データの登録は行
わず，登録方式の場合の納付区分番号に相当する番号としてご自身で納付目的コードを作成してイ
ンターネットバンキング，モバイルバンキング及びＡＴMにより納付する手続をいいます。

〈参考〉減価償却資産の耐用年数表（抄）

別表第1　機械及び装置以外の有形減価償却資産

種　類	構造又は用途	細　　　　　　　　　　　　　　　目	耐用年数
建	鉄骨鉄筋コンクリート造又は鉄筋コンクリート造のもの	事務所用又は美術館用のもの及び下記以外のもの	50年
		住宅用，寄宿舎用，宿泊所用，学校用又は体育館用のもの	47
		飲食店用，貸席用，劇場用，演奏場用，映画館用又は舞踏場用のもの	
		飲食店用又は貸席用のもので，延べ面積のうちに占める木造内装部分の面積が3割を超えるもの	34
		その他のもの	41
		旅館用又はホテル用のもの	
		延べ面積のうちに占める木造内装部分の面積が3割を超えるもの	31
		その他のもの	39
		店舗用のもの	39
		病院用のもの	39
		変電所用，発電所用，送受信所用，停車場用，車庫用，格納庫用，荷扱所用，映画製作ステージ用，屋内スケート場用，魚市場用又はと畜場用のもの	38
		公衆浴場用のもの	31
		工場（作業場を含む。）用又は倉庫用のもの	
		塩素，塩酸，硫酸，硝酸その他の著しい腐食性を有する液体又は気体の影響を直接全面的に受けるもの，冷蔵倉庫用のもの（倉庫事業の倉庫用のものを除く。）及び放射性同位元素の放射線を直接受けるもの	24
		塩，チリ硝石その他の著しい潮解性を有する固体を常時蔵置するためのもの及び著しい蒸気の影響を直接全面的に受けるもの	31
		その他のもの	
		倉庫事業の倉庫用のもの	
		冷蔵倉庫用のもの	21
		その他のもの	31
		その他のもの	38
物	れんが造，石造又はブロック造のもの	事務所用又は美術館用のもの及び下記以外のもの	41
		店舗用，住宅用，寄宿舎用，宿泊所用，学校用又は体育館用のもの	38
		飲食店用，貸席用，劇場用，演奏場用，映画館用又は舞踏場用のもの	38
		旅館用，ホテル用又は病院用のもの	36
		変電所用，発電所用，送受信所用，停車場用，車庫用，格納庫用，荷扱所用，映画製作ステージ用，屋内スケート場用，魚市場用又はと畜場用のもの	34
		公衆浴場用のもの	30
		工場（作業場を含む。）用又は倉庫用のもの	
		塩素，塩酸，硫酸，硝酸その他の著しい腐食性を有する液体又は気体の影響を直接全面的に受けるもの及び冷蔵倉庫用のもの（倉庫事業の倉庫用のものを除く。）	22
		塩，チリ硝石その他の著しい潮解性を有する固体を常時蔵置するためのもの及び著しい蒸気の影響を直接全面的に受けるもの	28
		その他のもの	
		倉庫事業の倉庫用のもの	
		冷蔵倉庫用のもの	20
		その他のもの	30
		その他のもの	34

耐用年数表

〈参考〉減価償却資産の耐用年数表（別表第１）

建	金属造のもの（骨格材の肉厚が４ミリメートルを超えるものに限る。）	事務所用又は美術館用のもの及び下記以外のもの	38
		店舗用，住宅用，寄宿舎用，宿泊所用，学校用又は体育館用のもの	34
		飲食店用，貸席用，劇場用，演奏場用，映画館用又は舞踏場用のもの	31
		変電所用，発電所用，送受信所用，停車場用，車庫用，格納庫用，荷扱所用，映画製作ステージ用，屋内スケート場用，魚市場用又はと畜場用のもの	31
		旅館用，ホテル用又は病院用のもの	29
		公衆浴場用のもの	27
		工場（作業場を含む。）用又は倉庫用のもの	
		塩素，塩酸，硫酸，硝酸その他の著しい腐食性を有する液体又は気体の影響を直接全面的に受けるもの，冷蔵倉庫用のもの（倉庫事業の倉庫用のものを除く。）及び放射性同位元素の放射線を直接受けるもの	20
		塩，チリ硝石その他の著しい潮解性を有する固体を常時蔵置するためのもの及び著しい蒸気の影響を直接全面的に受けるもの	25
		その他のもの	
		倉庫事業の倉庫用のもの	
		冷蔵倉庫用のもの	19
		その他のもの	26
		その他のもの	31
	金属造のもの（骨格材の肉厚が３ミリメートルを超え４ミリメートル以下のものに限る。）	事務所用又は美術館用のもの及び下記以外のもの	30
		店舗用，住宅用，寄宿舎用，宿泊所用，学校用又は体育館用のもの	27
		飲食店用，貸席用，劇場用，演奏場用，映画館用又は舞踏場用のもの	25
		変電所用，発電所用，送受信所用，停車場用，車庫用，格納庫用，荷扱所用，映画製作ステージ用，屋内スケート場用，魚市場用又はと畜場用のもの	25
		旅館用，ホテル用又は病院用のもの	24
		公衆浴場用のもの	19
		工場（作業場を含む。）用又は倉庫用のもの	
		塩素，塩酸，硫酸，硝酸その他の著しい腐食性を有する液体又は気体の影響を直接全面的に受けるもの及び冷蔵倉庫用のもの	15
		塩，チリ硝石その他の著しい潮解性を有する固体を常時蔵置するためのもの及び著しい蒸気の影響を直接全面的に受けるもの	19
		その他のもの	24
	金属造のもの（骨格材の肉厚が３ミリメートル以下のものに限る。）	事務所用又は美術館用のもの及び下記以外のもの	22
		店舗用，住宅用，寄宿舎用，宿泊所用，学校用又は体育館用のもの	19
		飲食店用，貸席用，劇場用，演奏場用，映画館用又は舞踏場用のもの	19
		変電所用，発電所用，送受信所用，停車場用，車庫用，格納庫用，荷扱所用，映画製作ステージ用，屋内スケート場用，魚市場用又はと畜場用のもの	19
		旅館用，ホテル用又は病院用のもの	17
		公衆浴場用のもの	15
		工場（作業場を含む。）用又は倉庫用のもの	
		塩素，塩酸，硫酸，硝酸その他の著しい腐食性を有する液体又は気体の影響を直接全面的に受けるもの及び冷蔵倉庫用のもの	12
		塩，チリ硝石その他の著しい潮解性を有する固体を常時蔵置するためのもの及び著しい蒸気の影響を直接全面的に受けるもの	14
		その他のもの	17
物	木造又は合成樹脂造のもの	事務所用又は美術館用のもの及び下記以外のもの	24
		店舗用，住宅用，寄宿舎用，宿泊所用，学校用又は体育館用のもの	22
		飲食店用，貸席用，劇場用，演奏場用，映画館用又は舞踏場用のもの	20
		変電所用，発電所用，送受信所用，停車場用，車庫用，格納庫用，荷扱所用，映画製作ステージ用，屋内スケート場用，魚市場用又はと畜場用のもの	17

〈参考〉減価償却資産の耐用年数表（別表第１）

建		旅館用，ホテル用又は病院用のもの	17
		公衆浴場用のもの	12
		工場（作業場を含む。）用又は倉庫用のもの	
		塩素，塩酸，硫酸，硝酸その他の著しい腐食性を有する液体又は気体の影響を直接全面的に受けるもの及び冷蔵倉庫のもの	9
		塩，チリ硝石その他の著しい潮解性を有する固体を常時蔵置するためのもの及び著しい蒸気の影響を直接全面的に受けるもの	11
		その他のもの	15
	木骨モルタル造のもの	事務所用又は美術館用のもの及び下記以外のもの	22
		店舗用，住宅用，寄宿舎用，宿泊所用，学校用又は体育館用のもの	20
		飲食店用，貸席用，劇場用，演奏場用，映画館用又は舞踏場用のもの	19
		変電所用，発電所用，送受信所用，停車場用，車庫用，格納庫用，荷扱所用，映画製作ステージ用，屋内スケート場用，魚市場用又はと畜場用のもの	15
		旅館用，ホテル用又は病院用のもの	15
		公衆浴場用のもの	11
		工場（作業場を含む。）用又は倉庫用のもの	
		塩素，塩酸，硫酸，硝酸その他の著しい腐食性を有する液体又は気体の影響を直接全面的に受けるもの及び冷蔵倉庫用のもの	7
物		塩，チリ硝石その他の著しい潮解性を有する固体を常時蔵置するためのもの及び著しい蒸気の影響を直接全面的に受けるもの	10
		その他のもの	14
	簡易建物	木製主要柱が10センチメートル角以下のもので，土居ぶき，杉皮ぶき，ルーフィングぶき又はトタンぶきのもの	10
		掘立造のもの及び仮設のもの	7
建	電気設備（照明設備を含む。）	蓄電池電源設備	6
		その他のもの	15
物	給排水又は衛生設備及びガス設備		15
	冷房，暖房，通風又はボイラー設備	冷暖房設備（冷凍機の出力が22キロワット以下のもの）	13
		その他のもの	15
附	昇降機設備	エレベーター	17
		エスカレーター	15
属	消火，排煙又は災害報知設備及び格納式避難設備		8
設	エヤーカーテン又はドアー自動開閉設備		12
	アーケード又は日よけ設備	主として金属製のもの	15
		その他のもの	8
備	店用簡易装備		3
	可動間仕切り	簡易なもの	3
		その他のもの	15

耐用年数表

〈参考〉減価償却資産の耐用年数表（別表第1）

属建 設物 備附	前掲のもの以 外のもの及び 前掲の区分に よらないもの	主として金属製のもの	18
		その他のもの	10
構	鉄道業用又は 軌道業用のも の	軌条及びその附属品	20
		まくら木	
		木製のもの	8
		コンクリート製のもの	20
		金属製のもの	20
		分岐器	15
		通信線，信号線及び電燈電力線	30
		信号機	30
		送配電線及びき電線	40
		電車線及び第3軌条	20
		帰線ボンド	5
		電線支持物（電柱及び腕木を除く。）	30
		木柱及び木塔（腕木を含む。）	
		架空索道用のもの	15
		その他のもの	25
		前掲以外のもの	
		線路設備	
		軌道設備	
		道床	60
		その他のもの	16
		土工設備	57
		橋りょう	
築		鉄筋コンクリート造のもの	50
		鉄骨造のもの	40
		その他のもの	15
		トンネル	
		鉄筋コンクリート造のもの	60
		れんが造のもの	35
		その他のもの	30
		その他のもの	21
		停車場設備	32
		電路設備	
		鉄柱，鉄塔，コンクリート柱及びコンクリート塔	45
		踏切保安又は自動列車停止設備	12
		その他のもの	19
		その他のもの	40
	その他の鉄道 用又は軌道用 のもの	軌条及びその附属品並びにまくら木	15
		道床	60
		土工設備	50
		橋りょう	
		鉄筋コンクリート造のもの	50
物		鉄骨造のもの	40
		その他のもの	15
		トンネル	
		鉄筋コンクリート造のもの	60
		れんが造のもの	35

〈参考〉減価償却資産の耐用年数表（別表第１）

構		その他のもの	30
		その他のもの	30
	発電用又は送配電用のもの	小水力発電用のもの（農山漁村電気導入促進法（昭和27年法律第358号）に基づき建設したものに限る。）	30
		その他の水力発電用のもの（貯水池，調整池及び水路に限る。）	57
		汽力発電用のもの（岸壁，さん橋，堤防，防波堤，煙突，その他汽力発電用のものをいう。）	41
		送電用のもの	
		地中電線路	25
		塔，柱，がい子，送電線，地線及び添加電話線	36
		配電用のもの	
		鉄塔及び鉄柱	50
		鉄筋コンクリート柱	42
		木柱	15
		配電線	30
		引込線	20
		添架電話線	30
		地中電線路	25
	電気通信事業用のもの	通信ケーブル	
		光ファイバー製のもの	10
		その他のもの	13
		地中電線路	27
		その他の線路設備	21
築	放送用又は無線通信用のもの	鉄塔及び鉄柱	
		円筒空中線式のもの	30
		その他のもの	40
		鉄筋コンクリート柱	42
		木塔及び木柱	10
		アンテナ	10
		接地線及び放送用配線	10
	農林業用のもの	主としてコンクリート造，れんが造，石造又はブロック造のもの	
		果樹棚又はホップ棚	14
		その他のもの	17
		主として金属造のもの	14
		主として木造のもの	5
		土管を主としたもの	10
		その他のもの	8
	広告用のもの	金属造のもの	20
		その他のもの	10
	競技場用，運動場用，遊園地用又は学校用のもの	スタンド	
		主として鉄骨鉄筋コンクリート造又は鉄筋コンクリート造のもの	45
		主として鉄骨造のもの	30
		主として木造のもの	10
		競輪場用競走路	
物		コンクリート敷のもの	15
		その他のもの	10
		ネット設備	15
		野球場，陸上競技場，ゴルフコースその他のスポーツ場の排水その他の土工施設	30

耐用年数表

— 989 —

〈参考〉減価償却資産の耐用年数表（別表第1）

構	水泳プール	30
	その他のもの	
	児童用のもの	
	すべり台，ぶらんこ，ジャングルジムその他の遊戯用のもの	10
	その他のもの	15
	その他のもの	
	主として木造のもの	15
	その他のもの	30
緑化施設及び庭園	工場緑化施設	7
	その他の緑化施設及び庭園（工場緑化施設に含まれるものを除く。）	20
舗装道路及び舗装路面	コンクリート敷，ブロック敷，れんが敷又は石敷のもの	15
	アスファルト敷又は木れんが敷のもの	10
	ビチューマルス敷のもの	3
鉄骨鉄筋コンクリート造又は鉄筋コンクリート造のもの（前掲のものを除く。）	水道用ダム	80
	トンネル	75
	橋	60
	岸壁，さん橋，防壁（爆発物用のものを除く。），堤防，防波堤，塔，やぐら，上水道，水そう及び用水用ダム	50
	乾ドック	45
	サイロ	35
	下水道，煙突及び焼却炉	35
	高架道路，製塩用ちんでん池，飼育場及びへい	30
	爆発物用防壁及び防油堤	25
	造船台	24
	放射性同位元素の放射線を直接受けるもの	15
	その他のもの	60
築		
コンクリート造又はコンクリートブロック造のもの（前掲のものを除く。）	やぐら及び用水池	40
	サイロ	34
	岸壁，さん橋，防壁（爆発物用のものを除く。），堤防，防波堤，トンネル，上水道及び水そう	30
	下水道，飼育場及びへい	15
	爆発物用防壁	13
	引湯管	10
	鉱業用廃石捨場	5
	その他のもの	40
れんが造のもの（前掲のものを除く。）	防壁（爆発物用のものを除く。），堤防，防波堤及びトンネル	50
	煙突，煙道，焼却炉，へい及び爆発物用防壁	
	塩素，クロールスルホン酸その他の著しい腐食性を有する気体の影響を受けるもの	7
	その他のもの	25
	その他のもの	40
石造のもの（前掲のものを除く。）	岸壁，さん橋，防壁（爆発物用のものを除く。），堤防，防波堤，上水道及び用水池	50
	乾ドック	45
	下水道，へい及び爆発物用防壁	35
	その他のもの	50
物		
土造のもの（前掲のものを除く。）	防壁（爆発物用のものを除く。），堤防，防波堤及び自動車道	40
	上水道及び用水池	30
	下水道	15

— 990 —

〈参考〉減価償却資産の耐用年数表（別表第１）

		へい	20
		爆発物用防壁及び防油堤	17
		その他のもの	40
構	金属造のもの（前掲のものを除く。）	橋（はね上げ橋を除く。）	45
		はね上げ橋及び鋼矢板岸壁	25
		サイロ	22
		送配管	
		鋳鉄製のもの	30
		鋼鉄製のもの	15
		ガス貯そう	
		液化ガス用のもの	10
		その他のもの	20
		薬品貯そう	
		塩酸，ふっ酸，発煙硫酸，濃硝酸その他の発煙性を有する無機酸用のもの	8
		有機酸用又は硫酸，硝酸その他前掲のもの以外の無機酸用のもの	10
		アルカリ類用，塩水用，アルコール用その他のもの	15
		水そう及び油そう	
築		鋳鉄製のもの	25
		鋼鉄製のもの	15
		浮きドック	20
		飼育場	15
		つり橋，煙突，焼却炉，打込み井戸，へい，街路灯及びガードレール	10
		露天式立体駐車場設備	15
		その他のもの	45
	合成樹脂造のもの（前掲のものを除く。）		10
	木造のもの（前掲のものを除く。）	橋，塔，やぐら及びドック	15
		岸壁，さん橋，防壁，堤防，防波堤，トンネル，水そう，引湯管及びへい	10
		飼育場	7
		その他のもの	15
物	前掲のもの以外のもの及び前掲の区分によらないもの	主として木造のもの	15
		その他のもの	50
船	船舶法（明治32年法律第46号）第４条から第19条までの適用を受ける鋼船		
	漁　　船	総トン数が500トン以上のもの	12
		総トン数が500トン未満のもの	9
	油そう船	総トン数が2,000トン以上のもの	13
		総トン数が2,000トン未満のもの	11
舶	薬品そう船		10
	その他のもの	総トン数が2,000トン以上のもの	15

〈参考〉減価償却資産の耐用年数表（別表第１）

		総トン数が2,000トン未満のもの	
		しゆんせつ船及び砂利採取船	10
		カーフェリー	11
		その他のもの	14
船	船舶法第４条から第19条までの適用を受ける木船		
		漁　船	6
		薬品そう船	8
		その他のもの	10
	船舶法第４条から第19条までの適用を受ける軽合金船（他の項に掲げるものを除く。）		9
	船舶法第４条から第19条までの適用を受ける強化プラスチック船		7
	船舶法第４条から第19条までの適用を受ける水中翼船及びホバークラフト		8
	その他のもの		
	鋼　　船	しゆんせつ船及び砂利採取船	7
		発電船及びとう載漁船	8
舶		ひき船	10
		その他のもの	12
	木　　船	とう載漁船	4
		しゆんせつ船及び砂利採取船	5
		動力漁船及びひき船	6
		薬品そう船	7
		その他のもの	8
	その他のもの	モーターボート及びとう載漁船	4
		その他のもの	5
航空機	飛行機	主として金属製のもの	
		最大離陸重量が130トンを超えるもの	10
		最大離陸重量が130トン以下のもので，5.7トンを超えるもの	8
		最大離陸重量が5.7トン以下のもの	5
		その他のもの	5
	その他のもの	ヘリコプター及びグライダー	5
		その他のもの	5

〈参考〉減価償却資産の耐用年数表（別表第１）

車両及び運搬具	鉄道用又は軌道用車両（架空索道用搬器を含む。）	電気又は蒸気機関車	18
		電車	13
		内燃動車（制御車及び附随車を含む。）	11
		貨車	
		高圧ボンベ車及び高圧タンク車	10
		薬品タンク車及び冷凍車	12
		その他のタンク車及び特殊構造車	15
		その他のもの	20
		線路建設保守用工作車	10
		鋼索鉄道用車両	15
		架空索道用搬器	
		閉鎖式のもの	10
		その他のもの	5
		無軌条電車	8
		その他のもの	20
	特殊自動車（この項には，別表第２に掲げる減価償却資産に含まれるブルドーザー，パワーショベルその他の自走式作業用機械並びにトラクター及び農林業用運搬機具を含まない。）	消防車，救急車，レントゲン車，散水車，放送宣伝車，移動無線車及びチップ製造車	5
		モータースィーパー及び除雪車	4
		タンク車，じんかい車，し尿車，寝台車，霊きゅう車，トラックミキサー，レッカーその他特殊車体を架装したもの	
		小型車（じんかい車及びし尿車にあっては積載量が２トン以下，その他のものにあっては総排気量が２リットル以下のものをいう。）	3
		その他のもの	4
	運送事業用，貸自動車業用又は自動車教習所用の車両及び運搬具（前掲のものを除く。）	自動車（二輪又は三輪自動車を含み，乗合自動車を除く。）	
		小型車（貨物自動車にあっては積載量が２トン以下，その他のものにあっては総排気量が２リットル以下のものをいう。）	3
		その他のもの	
		大型乗用車（総排気量が３リットル以上のものをいう。）	5
		その他のもの	4
		乗合自動車	5
		自転車及びリヤカー	2
		被けん引車その他のもの	4
	前掲のもの以外のもの	自動車（二輪又は三輪自動車を除く。）	
		小型車（総排気量が0.66リットル以下のものをいう。）	4
		その他のもの	
		貨物自動車	
		ダンプ式のもの	4
		その他のもの	5
		報道通信用のもの	5
		その他のもの	6
		二輪又は三輪自動車	3
		自転車	2
		鉱山用人車，炭車，鉱車及び台車	
		金属製のもの	7

〈参考〉減価償却資産の耐用年数表（別表第1）

車両及び運搬具		その他のもの	4
		フォークリフト	4
		トロッコ	
		金属製のもの	5
		その他のもの	3
		その他のもの	
		自走能力を有するもの	7
		その他のもの	4
工具	測定工具及び検査工具（電気又は電子を利用するものを含む。）		5
	治具及び取付工具		3
	ロール	金属圧延用のもの	4
		なつ染ロール，粉砕ロール，混練ロールその他のもの	3
	型（型枠を含む。），鍛圧工具及び打抜工具	プレスその他の金属加工用金型，合成樹脂，ゴム又はガラス成型用金型及び鋳造用型	2
		その他のもの	3
	切削工具		2
	金属製柱及びカッペ		3
	活字及び活字に常用される金属	購入活字（活字の形状のまま反復使用するものに限る。）	2
		自製活字及び活字に常用される金属	8
	前掲のもの以外のもの	白金ノズル	13
		その他のもの	3
	前掲の区分によらないもの	白金ノズル	13
		その他の主として金属製のもの	8
		その他のもの	4
器具及び備品	1　家具，電気機器，ガス機器及び家庭用品（他の項に掲げるものを除く。）	事務机，事務いす及びキャビネット	
		主として金属製のもの	15
		その他のもの	8
		応接セット	
		接客業用のもの	5
		その他のもの	8
		ベッド	8
		児童用机及びいす	5
		陳列だな及び陳列ケース	
		冷凍機付又は冷蔵機付のもの	6
		その他のもの	8
		その他の家具	
		接客業用のもの	5
		その他のもの	
		主として金属製のもの	15

〈参考〉減価償却資産の耐用年数表（別表第1）

器		その他のもの	8
		ラジオ，テレビジョン，テープレコーダーその他の音響機器	5
		冷房用又は暖房用機器	6
		電気冷蔵庫，電気洗濯機その他これらに類する電気又はガス機器	6
		氷冷蔵庫及び冷蔵ストッカー（電気式のものを除く。）	4
		カーテン，座ぶとん，寝具，丹前その他これらに類する繊維製品	3
		じゅうたんその他の床用敷物	
		小売業用，接客業用，放送用，レコード吹込用又は劇場用のもの	3
		その他のもの	6
		室内装飾品	
		主として金属製のもの	15
		その他のもの	8
具		食事又はちゅう房用品	
		陶磁器製又はガラス製のもの	2
		その他のもの	5
		その他のもの	
		主として金属製のもの	15
		その他のもの	8
及	2　事務機器及び通信機器	謄写機器及びタイプライター	
		孔版印刷又は印書業用のもの	3
		その他のもの	5
		電子計算機	
		パーソナルコンピューター（サーバー用のものを除く。）	4
		その他のもの	5
		複写機，計算機（電子計算機を除く。），金銭登録機，タイムレコーダーその他これらに類するもの	5
		その他の事務機器	5
び		テレタイプライター及びファクシミリ	5
		インターホーン及び放送用設備	6
		電話設備その他の通信機器	
		デジタル構内交換設備及びデジタルボタン電話設備	6
		その他のもの	10
備	3　時計，試験機器及び測定機器	時計	10
		度量衡器	5
		試験又は測定機器	5
品	4　光学機器及び写真製作機器	オペラグラス	2
		カメラ，映画撮影機，映写機及び望遠鏡	5
		引伸機，焼付機，乾燥機，顕微鏡その他の機器	8
	5　看板及び広告器具	看板，ネオンサイン及び気球	3
		マネキン人形及び模型	2
		その他のもの	
		主として金属製のもの	10
		その他のもの	5
	6　容器及び金庫	ボンベ	
		溶接製のもの	6
		鍛造製のもの	
		塩素用のもの	8
		その他のもの	10
		ドラムかん，コンテナーその他の容器	

耐用年数表

— 995 —

〈参考〉減価償却資産の耐用年数表（別表第１）

器		大型コンテナー（長さが６メートル以上のものに限る。）	7
		その他のもの	
		金属製のもの	3
		その他のもの	2
		金庫	
		手さげ金庫	5
		その他のもの	20
	7　理容又は美容機器		5
具	8　医療機器	消毒殺菌用機器	4
		手術機器	5
		血液透析又は血しょう交換用機器	7
		ハバードタンクその他の作動部分を有する機能回復訓練機器	6
		調剤機器	6
		歯科診療用ユニット	7
及		光学検査機器	
		ファイバースコープ	6
		その他のもの	8
		その他のもの	
		レントゲンその他の電子装置を使用する機器	
		移動式のもの，救急医療用のもの及び自動血液分析器	4
		その他のもの	6
		その他のもの	
び		陶磁器製又はガラス製のもの	3
		主として金属製のもの	10
		その他のもの	5
	9　娯楽又はスポーツ器具及び興行又は演劇用具	たまつき用具	8
		パチンコ器，ビンゴ器その他これらに類する球戯用具及び射的用具	2
		ご，しょうぎ，まあじゃん，その他の遊戯具	5
		スポーツ具	3
		劇場用観客いす	3
備		どんちょう及び幕	5
		衣しょう，かつら，小道具及び大道具	2
		その他のもの	
		主として金属製のもの	10
		その他のもの	5
	10　生　　物	植物	
品		貸付業用のもの	2
		その他のもの	15
		動物	
		魚類	2
		鳥類	4
		その他のもの	8

〈参考〉減価償却資産の耐用年数表（別表第１）

器具及び備品	11 前掲のもの以外のもの	映画フィルム（スライドを含む。），磁気テープ及びレコード	2
		シート及びロープ	2
		きのこ栽培用ほだ木	3
		漁具	3
		葬儀用具	3
		楽器	5
		自動販売機（手動のものを含む。）	5
		無人駐車管理装置	5
		焼却炉	5
		その他のもの　主として金属製のもの	10
		その他のもの	5
	12 前掲する資産のうち，当該資産について定められている前掲の耐用年数によるもの以外のもの及び前掲の区分によらないもの	主として金属製のもの	15
		その他のもの	8

耐用年数表

— 997 —

〈参考〉減価償却資産の耐用年数表（別表第2）

別表第2　機械及び装置の耐用年数表

番　号	設　備　の　種　類	細　　目	耐用年数
1	食料品製造業用設備		10年
2	飲料，たばこ又は飼料製造業用設備		10
3	繊維工業用設備	炭素繊維製造設備 　黒鉛化炉 　その他の設備	3 7
		その他の設備	7
4	木材又は木製品（家具を除く。）製造業用設備		8
5	家具又は装備品製造業用設備		11
6	パルプ，紙又は紙加工品製造業用設備		12
7	印刷業又は印刷関連業用設備	デジタル印刷システム設備	4
		製本業用設備	7
		新聞業用設備 　モノタイプ，写真又は通信設備 　その他の設備	3 10
		その他の設備	10
8	化学工業用設備	臭素，よう素又は塩素，臭素若しくはよう素化合物製造設備	5
		塩化りん製造設備	4
		活性炭製造設備	5
		ゼラチン又はにかわ製造設備	5
		半導体用フォトレジスト製造設備	5
		フラットパネル用カラーフィルター，偏光板又は偏光板用フィルム製造設備	5
		その他の設備	8
9	石油製品又は石炭製品製造業用設備		7
10	プラスチック製品製造業用設備（他の号に掲げるものを除く。）		8
11	ゴム製品製造業用設備		9
12	なめし革，なめし革製品又は毛皮製造業用設備		9
13	窯業又は土石製品製造業用設備		9
14	鉄鋼業用設備	表面処理鋼材若しくは鉄粉製造業又は鉄スクラップ加工処理業用設備	5
		純鉄，原鉄，ベースメタル，フェロアロイ，鉄素形材又は鋳鉄管製造業用設備	9

— 998 —

〈参考〉減価償却資産の耐用年数表（別表第２）

		その他の設備	14
15	非鉄金属製造業用設備	核燃料物質加工設備	11
		その他の設備	7
16	金属製品製造業用設備	金属被覆及び彫刻業又は打はく及び金属製ネームプレート製造業用設備	6
		その他の設備	10
17	はん用機械器具(はん用性を有するもので，他の器具及び備品並びに機械及び装置に組み込み，又は取り付けることによりその用に供されるものをいう。)製造業用設備(第20号及び第22号に掲げるものを除く。)		12
18	生産用機械器具（物の生産の用に供されるものをいう。）製造業用設備（次号及び第21号に掲げるものを除く。)	金属加工機械製造設備	9
		その他の設備	12
19	業務用機械器具（業務用又はサービスの生産の用に供されるもの（これらのものであって物の生産の用に供されるものを含む。）をいう。）製造業用設備（第17号，第21号及び第23号に掲げるものを除く。)		7
20	電子部品，デバイス又は電子回路製造業用設備	光ディスク（追記型又は書換え型のものに限る。）製造設備	6
		プリント配線基板製造設備	6
		フラットパネルディスプレイ，半導体集積回路又は半導体素子製造設備	5
		その他の設備	8
21	電気機械器具製造業用設備		7
22	情報通信機械器具製造業用設備		8
23	輸送用機械器具製造業用設備		9
24	その他の製造業用設備		9
25	農業用設備		7
26	林業用設備		5
27	漁業用設備（次号に掲げるものを除く。)		5
28	水産養殖業用設備		5
29	鉱業，採石業又は砂利採取業用設備	石油又は天然ガス鉱業用設備　坑井設備　掘さく設備　その他の設備	3　6　12
		その他の設備	6
30	総合工事業用設備		6
31	電気業用設備	電気業用水力発電設備	22
		その他の水力発電設備	20

耐用年数表

〈参考〉減価償却資産の耐用年数表（別表第2）

		汽力発電設備	15
		内燃力又はガスタービン発電設備	15
		送電又は電気業用変電若しくは配電設備	
		需要者用計器	15
		柱上変圧器	18
		その他の設備	22
		鉄道又は軌道業用変電設備	15
		その他の設備	
		主として金属製のもの	17
		その他のもの	8
32	ガス業用設備	製造用設備	10
		供給用設備	
		鋳鉄製導管	22
		鋳鉄製導管以外の導管	13
		需要者用計量器	13
		その他の設備	15
		その他の設備	
		主として金属製のもの	17
		その他のもの	8
33	熱供給業用設備		17
34	水道業用設備		18
35	通信業用設備		9
36	放送業用設備		6
37	映像，音声又は文字情報制作業用設備		8
38	鉄道業用設備	自動改札装置	5
		その他の設備	12
39	道路貨物運送業用設備		12
40	倉庫業用設備		12
41	運輸に附帯するサービス業用設備		10
42	飲食料品卸売業用設備		10
43	建築材料，鉱物又は金属材料等卸売業用設備	石油又は液化石油ガス卸売用設備（貯そうを除く。）	13
		その他の設備	8
44	飲食料品小売業用設備		9
45	その他の小売業用設備	ガソリン又は液化石油ガススタンド設備	8
		その他の設備	
		主として金属製のもの	17
		その他のもの	8

〈参考〉減価償却資産の耐用年数表（別表第２）

46	技術サービス業用設備（他の号に掲げるものを除く。）	計量証明業用設備	8
		その他の設備	14
47	宿泊業用設備		10
48	飲食店業用設備		8
49	洗濯業，理容業，美容業又は浴場業用設備		13
50	その他の生活関連サービス業用設備		6
51	娯楽業用設備	映画館又は劇場用設備	11
		遊園地用設備	7
		ボウリング場用設備	13
		その他の設備 　主として金属製のもの 　その他のもの	17 8
52	教育業（学校教育業を除く。）又は学習支援業用設備	教習用運転シミュレータ設備	5
		その他の設備 　主として金属製のもの 　その他のもの	17 8
53	自動車整備業用設備		15
54	その他のサービス業用設備		12
55	前掲の機械及び装置以外のもの並びに前掲の区分によらないもの	機械式駐車設備	10
		ブルドーザー，パワーショベルその他の自走式作業用機械設備	8
		その他の設備 　主として金属製のもの 　その他のもの	17 8

〈参考〉減価償却資産の耐用年数表（別表第3）

別表第3　無形減価償却資産の耐用年数表

種　　　類	細　　　　　　　　　　　　　　　目	耐用年数
漁　　業　　権		10年
ダ　ム　使　用　権		55
水　　利　　権		20
特　　許　　権		8
実　用　新　案　権		5
意　　匠　　権		7
商　　標　　権		10
ソ　フ　ト　ウ　ェ　ア	複写して販売するための原本 その他のもの	3 5
育　　成　　者　　権	種苗法(平成10年法律第83号)第4条第2項に規定する品種 その他	10 8
営　　業　　権		5
専　用　側　線　利　用　権		30
鉄道軌道連絡通行施設利用権		30
電気ガス供給施設利用権		15
水　道　施　設　利　用　権		15
工　業　用　水　道　施　設　利　用　権		15
電　気　通　信　施　設　利　用　権		20

〈参考〉減価償却資産の耐用年数表（別表第４）

別表第４　生物の耐用年数表

種　　　　類	細　　　　　　　目	耐用年数
牛	繁殖用（家畜改良増殖法（昭和25年法律第209号）に基づく種付証明書，授精証明書，体内受精卵移植証明書又は体外受精卵移植証明書のあるものに限る。） 　役肉用牛 　乳用牛 種付用（家畜改良増殖法に基づく種畜証明書の交付を受けた種おす牛に限る。） その他用	年 6 4 4 6
馬	繁殖用（家畜改良増殖法に基づく種付証明書又は授精証明書のあるものに限る。） 種付用（家畜改良増殖法に基づく種畜証明書の交付を受けた種おす馬に限る。） 競走用 その他用	6 6 4 8
豚		3
綿羊及びやぎ	種付用 その他用	4 6
かんきつ樹	温州みかん その他	28 30
り　ん　ご　樹	わい化りんご その他	20 29
ぶ　ど　う　樹	温室ぶどう その他	12 15
な　　し　　樹		26
桃　　　　　樹		15
桜　　桃　　樹		21
び　　わ　　樹		30
く　　り　　樹		25
梅　　　　　樹		25
か　　き　　樹		36
あ　ん　ず　樹		25
す　も　も　樹		16
い　ち　じ　く　樹		11
キウイフルーツ樹		22
ブルーベリー樹		25
パ　イ　ナ　ッ　プ　ル		3
茶　　　　　樹		34
オ　リ　ー　ブ　樹		25

〈参考〉減価償却資産の耐用年数表（別表第４）

つ　　ば　　き　　樹		25
桑　　　　　　　　樹	立て通し	18
	根刈り，中刈り，高刈り	9
こ　り　や　な　ぎ		10
み　つ　ま　た		5
こ　　　う　　　ぞ		9
も　う　宗　竹		20
ア　ス　パ　ラ　ガ　ス		11
ラ　　　ミ　　　ー		8
ま　お　ら　ん		10
ホ　　　ッ　　　プ		9

〈参考〉減価償却資産の耐用年数表（別表第5・6）

別表第5　公害防止用減価償却資産の耐用年数表

種　　　　　類	細　　　　　　　　　　　　目	耐用年数
構　　築　　物		18年
機　械　及　び　装　置		5

別表第6　開発研究用減価償却資産の耐用年数表

種　　　　　類	細　　　　　　　　　　　　目	耐用年数
建物及び建物附属設備	建物の全部又は一部を低温室，恒温室，無響室，電磁しゃへい室，放射性同位元素取扱室その他の特殊室にするために特に施設した内部造作又は建物附属設備	年 5
構　　築　　物	風どう，試験水そう及び防壁 ガス又は工業薬品貯そう，アンテナ，鉄塔及び特殊用途に使用するもの	5 7
工　　　　　具		4
器　具　及　び　備　品	試験又は測定機器，計算機器，撮影機及び顕微鏡	4
機　械　及　び　装　置	汎用ポンプ，汎用モーター，汎用金属工作機械，汎用金属加工機械その他これらに類するもの その他のもの	7 4
ソ　フ　ト　ウ　ェ　ア		3

耐用年数表

〈参考〉減価償却資産の耐用年数表（別表第7）

別表第7　平成19年3月31日以前に取得した減価償却資産の償却率表

耐用年数	旧定額法の償却率	旧定率法の償却率	耐用年数	旧定額法の償却率	旧定率法の償却率
年			40	0.025	0.056
2	0.500	0.684	41	0.025	0.055
3	0.333	0.536	42	0.024	0.053
4	0.250	0.438	43	0.024	0.052
5	0.200	0.369	44	0.023	0.051
6	0.166	0.319	45	0.023	0.050
7	0.142	0.280	46	0.022	0.049
8	0.125	0.250	47	0.022	0.048
9	0.111	0.226	48	0.021	0.047
			49	0.021	0.046
10	0.100	0.206	50	0.020	0.045
11	0.090	0.189	51	0.020	0.044
12	0.083	0.175	52	0.020	0.043
13	0.076	0.162	53	0.019	0.043
14	0.071	0.152	54	0.019	0.042
15	0.066	0.142	55	0.019	0.041
16	0.062	0.134	56	0.018	0.040
17	0.058	0.127	57	0.018	0.040
18	0.055	0.120	58	0.018	0.039
19	0.052	0.114	59	0.017	0.038
20	0.050	0.109	60	0.017	0.038
21	0.048	0.104	61	0.017	0.037
22	0.046	0.099	62	0.017	0.036
23	0.044	0.095	63	0.016	0.036
24	0.042	0.092	64	0.016	0.035
25	0.040	0.088	65	0.016	0.035
26	0.039	0.085	66	0.016	0.034
27	0.037	0.082	67	0.015	0.034
28	0.036	0.079	68	0.015	0.033
29	0.035	0.076	69	0.015	0.033
30	0.034	0.074	70	0.015	0.032
31	0.033	0.072	71	0.014	0.032
32	0.032	0.069	72	0.014	0.032
33	0.031	0.067	73	0.014	0.031
34	0.030	0.066	74	0.014	0.031
35	0.029	0.064	75	0.014	0.030
36	0.028	0.062	76	0.014	0.030
37	0.027	0.060	77	0.013	0.030
38	0.027	0.059	78	0.013	0.029
39	0.026	0.057			

〈参考〉減価償却資産の耐用年数表（別表第7）

耐用年数	旧定額法の償却率	旧定率法の償却率
79	0.013	0.029
80	0.013	0.028
81	0.013	0.028
82	0.013	0.028
83	0.012	0.027
84	0.012	0.027
85	0.012	0.026
86	0.012	0.026
87	0.012	0.026
88	0.012	0.026
89	0.012	0.026
90	0.012	0.025
91	0.011	0.025
92	0.011	0.025
93	0.011	0.025
94	0.011	0.024
95	0.011	0.024
96	0.011	0.024
97	0.011	0.023
98	0.011	0.023
99	0.011	0.023
100	0.010	0.023

耐用年数表

〈参考〉減価償却資産の耐用年数表（別表第8）

別表第8　平成19年4月1日以後に取得した減価償却資産の定額法の償却率表

耐用年数	償却率	耐用年数	償却率	耐用年数	償却率
年		41	0.025	81	0.013
2	0.500	42	0.024	82	0.013
3	0.334	43	0.024	83	0.013
4	0.250	44	0.023	84	0.012
5	0.200	45	0.023	85	0.012
6	0.167	46	0.022	86	0.012
7	0.143	47	0.022	87	0.012
8	0.125	48	0.021	88	0.012
9	0.112	49	0.021	89	0.012
10	0.100	50	0.020	90	0.012
11	0.091	51	0.020	91	0.011
12	0.084	52	0.020	92	0.011
13	0.077	53	0.019	93	0.011
14	0.072	54	0.019	94	0.011
15	0.067	55	0.019	95	0.011
16	0.063	56	0.018	96	0.011
17	0.059	57	0.018	97	0.011
18	0.056	58	0.018	98	0.011
19	0.053	59	0.017	99	0.011
20	0.050	60	0.017	100	0.010
21	0.048	61	0.017		
22	0.046	62	0.017		
23	0.044	63	0.016		
24	0.042	64	0.016		
25	0.040	65	0.016		
26	0.039	66	0.016		
27	0.038	67	0.015		
28	0.036	68	0.015		
29	0.035	69	0.015		
30	0.034	70	0.015		
31	0.033	71	0.015		
32	0.032	72	0.014		
33	0.031	73	0.014		
34	0.030	74	0.014		
35	0.029	75	0.014		
36	0.028	76	0.014		
37	0.028	77	0.013		
38	0.027	78	0.013		
39	0.026	79	0.013		
40	0.025	80	0.013		

〈参考〉減価償却資産の耐用年数表（別表第9）

別表第9 平成19年4月1日から平成24年3月31日までの間に取得した減価償却資産の定率法の償却率，改定償却率及び保証率の表

耐用年数	償却率	改定償却率	保証率	耐用年数	償却率	改定償却率	保証率
年				41	0.061	0.063	0.01306
2	1.000	—	—	42	0.060	0.063	0.01261
3	0.833	1.000	0.02789	43	0.058	0.059	0.01248
4	0.625	1.000	0.05274	44	0.057	0.059	0.01210
5	0.500	1.000	0.06249	45	0.056	0.059	0.01175
6	0.417	0.500	0.05776	46	0.054	0.056	0.01175
7	0.357	0.500	0.05496	47	0.053	0.056	0.01153
8	0.313	0.334	0.05111	48	0.052	0.053	0.01126
9	0.278	0.334	0.04731	49	0.051	0.053	0.01102
10	0.250	0.334	0.04448	50	0.050	0.053	0.01072
11	0.227	0.250	0.04123	51	0.049	0.050	0.01053
12	0.208	0.250	0.03870	52	0.048	0.050	0.01036
13	0.192	0.200	0.03633	53	0.047	0.048	0.01028
14	0.179	0.200	0.03389	54	0.046	0.048	0.01015
15	0.167	0.200	0.03217	55	0.045	0.046	0.01007
16	0.156	0.167	0.03063	56	0.045	0.046	0.00961
17	0.147	0.167	0.02905	57	0.044	0.046	0.00952
18	0.139	0.143	0.02757	58	0.043	0.044	0.00945
19	0.132	0.143	0.02616	59	0.042	0.044	0.00934
20	0.125	0.143	0.02517	60	0.042	0.044	0.00895
21	0.119	0.125	0.02408	61	0.041	0.042	0.00892
22	0.114	0.125	0.02296	62	0.040	0.042	0.00882
23	0.109	0.112	0.02226	63	0.040	0.042	0.00847
24	0.104	0.112	0.02157	64	0.039	0.040	0.00847
25	0.100	0.112	0.02058	65	0.038	0.039	0.00847
26	0.096	0.100	0.01989	66	0.038	0.039	0.00828
27	0.093	0.100	0.01902	67	0.037	0.038	0.00828
28	0.089	0.091	0.01866	68	0.037	0.038	0.00810
29	0.086	0.091	0.01803	69	0.036	0.038	0.00800
30	0.083	0.084	0.01766	70	0.036	0.038	0.00771
31	0.081	0.084	0.01688	71	0.035	0.036	0.00771
32	0.078	0.084	0.01655	72	0.035	0.036	0.00751
33	0.076	0.077	0.01585	73	0.034	0.035	0.00751
34	0.074	0.077	0.01532	74	0.034	0.035	0.00738
35	0.071	0.072	0.01532	75	0.033	0.034	0.00738
36	0.069	0.072	0.01494	76	0.033	0.034	0.00726
37	0.068	0.072	0.01425	77	0.032	0.033	0.00726
38	0.066	0.067	0.01393	78	0.032	0.033	0.00716
39	0.064	0.067	0.01370	79	0.032	0.033	0.00693
40	0.063	0.067	0.01317	80	0.031	0.032	0.00693

耐用年数表

〈参考〉減価償却資産の耐用年数表（別表第９）

耐用年数	償却率	改定償却率	保証率
81	0.031	0.032	0.00683
82	0.030	0.031	0.00683
83	0.030	0.031	0.00673
84	0.030	0.031	0.00653
85	0.029	0.030	0.00653
86	0.029	0.030	0.00645
87	0.029	0.030	0.00627
88	0.028	0.029	0.00627
89	0.028	0.029	0.00620
90	0.028	0.029	0.00603
91	0.027	0.027	0.00649
92	0.027	0.027	0.00632
93	0.027	0.027	0.00615
94	0.027	0.027	0.00598
95	0.026	0.027	0.00594
96	0.026	0.027	0.00578
97	0.026	0.027	0.00563
98	0.026	0.027	0.00549
99	0.025	0.026	0.00549
100	0.025	0.026	0.00546

〈参考〉減価償却資産の耐用年数表（別表第10）

別表第10　平成24年4月1日以後に取得した減価償却資産の定率法の償却率，改定償却率及び保証率の表

耐用年数	償却率	改定償却率	保証率	耐用年数	償却率	改定償却率	保証率
年				41	0.049	0.050	0.01741
2	1.000	—	—	42	0.048	0.050	0.01694
3	0.667	1.000	0.11089	43	0.047	0.048	0.01664
4	0.500	1.000	0.12499	44	0.045	0.046	0.01664
5	0.400	0.500	0.10800	45	0.044	0.046	0.01634
6	0.333	0.334	0.09911	46	0.043	0.044	0.01601
7	0.286	0.334	0.08680	47	0.043	0.044	0.01532
8	0.250	0.334	0.07909	48	0.042	0.044	0.01499
9	0.222	0.250	0.07126	49	0.041	0.042	0.01475
10	0.200	0.250	0.06552	50	0.040	0.042	0.01440
11	0.182	0.200	0.05992	51	0.039	0.040	0.01422
12	0.167	0.200	0.05566	52	0.038	0.039	0.01422
13	0.154	0.167	0.05180	53	0.038	0.039	0.01370
14	0.143	0.167	0.04854	54	0.037	0.038	0.01370
15	0.133	0.143	0.04565	55	0.036	0.038	0.01337
16	0.125	0.143	0.04294	56	0.036	0.038	0.01288
17	0.118	0.125	0.04038	57	0.035	0.036	0.01281
18	0.111	0.112	0.03884	58	0.034	0.035	0.01281
19	0.105	0.112	0.03693	59	0.034	0.035	0.01240
20	0.100	0.112	0.03486	60	0.033	0.034	0.01240
21	0.095	0.100	0.03335	61	0.033	0.034	0.01201
22	0.091	0.100	0.03182	62	0.032	0.033	0.01201
23	0.087	0.091	0.03052	63	0.032	0.033	0.01165
24	0.083	0.084	0.02969	64	0.031	0.032	0.01165
25	0.080	0.084	0.02841	65	0.031	0.032	0.01130
26	0.077	0.084	0.02716	66	0.030	0.031	0.01130
27	0.074	0.077	0.02624	67	0.030	0.031	0.01097
28	0.071	0.072	0.02568	68	0.029	0.030	0.01097
29	0.069	0.072	0.02463	69	0.029	0.030	0.01065
30	0.067	0.072	0.02366	70	0.029	0.030	0.01034
31	0.065	0.067	0.02286	71	0.028	0.029	0.01034
32	0.063	0.067	0.02216	72	0.028	0.029	0.01006
33	0.061	0.063	0.02161	73	0.027	0.027	0.01063
34	0.059	0.063	0.02097	74	0.027	0.027	0.01035
35	0.057	0.059	0.02051	75	0.027	0.027	0.01007
36	0.056	0.059	0.01974	76	0.026	0.027	0.00980
37	0.054	0.056	0.01950	77	0.026	0.027	0.00954
38	0.053	0.056	0.01882	78	0.026	0.027	0.00929
39	0.051	0.053	0.01860	79	0.025	0.026	0.00929
40	0.050	0.053	0.01791	80	0.025	0.026	0.00907

耐用年数表

〈参考〉減価償却資産の耐用年数表（別表第10・11）

耐用年数	償却率	改定償却率	保証率
81	0.025	0.026	0.00884
82	0.024	0.024	0.00929
83	0.024	0.024	0.00907
84	0.024	0.024	0.00885
85	0.024	0.024	0.00864
86	0.023	0.023	0.00885
87	0.023	0.023	0.00864
88	0.023	0.023	0.00844
89	0.022	0.022	0.00863
90	0.022	0.022	0.00844

耐用年数	償却率	改定償却率	保証率
91	0.022	0.022	0.00825
92	0.022	0.022	0.00807
93	0.022	0.022	0.00790
94	0.021	0.021	0.00807
95	0.021	0.021	0.00790
96	0.021	0.021	0.00773
97	0.021	0.021	0.00757
98	0.020	0.020	0.00773
99	0.020	0.020	0.00757
100	0.020	0.020	0.00742

別表第11　平成19年３月31日以前に取得した減価償却資産の残存割合表

種　　　　　類	細　　　　　目	残存割合
別表第一，別表第二，別表第五及び別表第六に掲げる減価償却資産（同表に掲げるソフトウェアを除く。）		100分の10
別表第三に掲げる無形減価償却資産，別表第六に掲げるソフトウェア並びに鉱業権及び坑道		零
別表第四に掲げる生物	牛 　繁殖用の乳用牛及び種付用の役肉用牛 　種付用の乳用牛 　その他用のもの 馬 　繁殖用及び競走用のもの 　種付用のもの 　その他用のもの 豚 綿羊及びやぎ 果樹その他の植物	 100分の20 100分の10 100分の50 100分の20 100分の10 100分の30 100分の30 100分の5 100分の5

（注）　牛及び馬については，この表により計算した金額と10万円とのいずれか少ない金額とされています（耐用年数等省令6②）。

令和5年分　所得税の税額表

「課税される所得金額」に対する所得税の税額表

課 税 さ れ る 所 得 金 額	税 率	控 除 額
1,000円から　1,949,000円まで	5%	0円
1,950,000円から　3,299,000円まで	10%	97,500円
3,300,000円から　6,949,000円まで	20%	427,500円
6,950,000円から　8,999,000円まで	23%	636,000円
9,000,000円から　17,999,000円まで	33%	1,536,000円
18,000,000円から　39,999,000円まで	40%	2,796,000円
40,000,000円以上	45%	4,796,000円

(注)1　課税される所得金額に1,000円未満の端数があるときは，これを切り捨てます。

2　変動所得や臨時所得に対する平均課税の適用を受ける場合の調整所得金額に対する税額もこの表で求めます。

3　復興特別所得税も併せて課されます（852ページ参照）。

〈計算例〉「課税総所得金額」が650万円の場合

（課税総所得金額）　（税率）　（控除額）　（税額）
6,500,000円 × 20% −427,500円 = 872,500円

「課税山林所得金額」に対する所得税の税額表

課 税 さ れ る 所 得 金 額	税 率	控 除 額
1,000円から　9,749,000円まで	5%	0円
9,750,000円から　16,499,000円まで	10%	487,500円
16,500,000円から　34,749,000円まで	20%	2,137,500円
34,750,000円から　44,999,000円まで	23%	3,180,000円
45,000,000円から　89,999,000円まで	33%	7,680,000円
90,000,000円から　199,999,000円まで	40%	13,980,000円
200,000,000円以上	45%	23,980,000円

(注)1　課税山林所得金額に1,000円未満の端数があるときは，これを切り捨てます。

2　復興特別所得税も併せて課されます（852ページ参照）。

なお，課税山林所得金額に対する税額は，いわゆる5分5乗方式により算出されますが，上記の速算式にはこの5分5乗方式が織り込まれています。

〈計算例〉「課税山林所得金額」が4,000万円の場合

（課税山林所得金額）　（税率）　（控除額）　（税額）
40,000,000円×23% −3,180,000円 = 6,020,000円

令和5年分　簡易給与所得表

○　この表は，給与等の収入金額の合計額に対する給与所得の金額を求めるためのものです。

○　「給与等の収入金額の合計額」が660万円末満の人は，その金額をこの表の「給与等の収入金額の合計額」欄に当てはめ，その当てはまる行の右側の「給与所得の金額」欄に記載されている金額が求める給与所得の金額です。

○　「給与等の収入金額の合計額」が660万円以上の人は，この簡易給与所得表の末尾にある「給与所得の速算表」によって計算してください。

（注）　令和元年分以前の給与所得に適用される簡易給与所得表については，記載を省略しています。

給与等の収入金額の合計額		給与所得の金額	給与等の収入金額の合計額		給与所得の金額	給与等の収入金額の合計額		給与所得の金額
から	まで		から	まで		から	まで	
円	円	円	円	円	円	円	円	円
550,999 円まで		0	1,752,000	1,755,999	1,151,200	1,932,000	1,935,999	1,272,400
			1,756,000	1,759,999	1,153,600	1,936,000	1,939,999	1,275,200
			1,760,000	1,763,999	1,156,000	1,940,000	1,943,999	1,278,000
			1,764,000	1,767,999	1,158,400	1,944,000	1,947,999	1,280,800
			1,768,000	1,771,999	1,160,800	1,948,000	1,951,999	1,283,600
551,000	1,618,999	給与等の収入金額の合計額から550,000円を控除した金額	1,772,000	1,775,999	1,163,200	1,952,000	1,955,999	1,286,400
			1,776,000	1,779,999	1,165,600	1,956,000	1,959,999	1,289,200
			1,780,000	1,783,999	1,168,000	1,960,000	1,963,999	1,292,000
			1,784,000	1,787,999	1,170,400	1,964,000	1,967,999	1,294,800
			1,788,000	1,791,999	1,172,800	1,968,000	1,971,999	1,297,600
1,619,000	1,619,999	1,069,000	1,792,000	1,795,999	1,175,200	1,972,000	1,975,999	1,300,400
1,620,000	1,621,999	1,070,000	1,796,000	1,799,999	1,177,600	1,976,000	1,979,999	1,303,200
1,622,000	1,623,999	1,072,000	1,800,000	1,803,999	1,180,000	1,980,000	1,983,999	1,306,000
1,624,000	1,627,999	1,074,000	1,804,000	1,807,999	1,182,800	1,984,000	1,987,999	1,308,800
1,628,000	1,631,999	1,076,800	1,808,000	1,811,999	1,185,600	1,988,000	1,991,999	1,311,600
1,632,000	1,635,999	1,079,200	1,812,000	1,815,999	1,188,400	1,992,000	1,995,999	1,314,400
1,636,000	1,639,999	1,081,600	1,816,000	1,819,999	1,191,200	1,996,000	1,999,999	1,317,200
1,640,000	1,643,999	1,084,000	1,820,000	1,823,999	1,194,000	2,000,000	2,003,999	1,320,000
1,644,000	1,647,999	1,086,400	1,824,000	1,827,999	1,196,800	2,004,000	2,007,999	1,322,800
1,648,000	1,651,999	1,088,800	1,828,000	1,831,999	1,199,600	2,008,000	2,011,999	1,325,600
1,652,000	1,655,999	1,091,200	1,832,000	1,835,999	1,202,400	2,012,000	2,015,999	1,328,400
1,656,000	1,659,999	1,093,600	1,836,000	1,839,999	1,205,200	2,016,000	2,019,999	1,331,200
1,660,000	1,663,999	1,096,000	1,840,000	1,843,999	1,208,000	2,020,000	2,023,999	1,334,000
1,664,000	1,667,999	1,098,400	1,844,000	1,847,999	1,210,800	2,024,000	2,027,999	1,336,800
1,668,000	1,671,999	1,100,800	1,848,000	1,851,999	1,213,600	2,028,000	2,031,999	1,339,600
1,672,000	1,675,999	1,103,200	1,852,000	1,855,999	1,216,400	2,032,000	2,035,999	1,342,400
1,676,000	1,679,999	1,105,600	1,856,000	1,859,999	1,219,200	2,036,000	2,039,999	1,345,200
1,680,000	1,683,999	1,108,000	1,860,000	1,863,999	1,222,000	2,040,000	2,043,999	1,348,000
1,684,000	1,687,999	1,110,400	1,864,000	1,867,999	1,224,800	2,044,000	2,047,999	1,350,800
1,688,000	1,691,999	1,112,800	1,868,000	1,871,999	1,227,600	2,048,000	2,051,999	1,353,600
1,692,000	1,695,999	1,115,200	1,872,000	1,875,999	1,230,400	2,052,000	2,055,999	1,356,400
1,696,000	1,699,999	1,117,600	1,876,000	1,879,999	1,233,200	2,056,000	2,059,999	1,359,200
1,700,000	1,703,999	1,120,000	1,880,000	1,883,999	1,236,000	2,060,000	2,063,999	1,362,000
1,704,000	1,707,999	1,122,400	1,884,000	1,887,999	1,238,800	2,064,000	2,067,999	1,364,800
1,708,000	1,711,999	1,124,800	1,888,000	1,891,999	1,241,600	2,068,000	2,071,999	1,367,600
1,712,000	1,715,999	1,127,200	1,892,000	1,895,999	1,244,400	2,072,000	2,075,999	1,370,400
1,716,000	1,719,999	1,129,600	1,896,000	1,899,999	1,247,200	2,076,000	2,079,999	1,373,200
1,720,000	1,723,999	1,132,000	1,900,000	1,903,999	1,250,000	2,080,000	2,083,999	1,376,000
1,724,000	1,727,999	1,134,400	1,904,000	1,907,999	1,252,800	2,084,000	2,087,999	1,378,800
1,728,000	1,731,999	1,136,800	1,908,000	1,911,999	1,255,600	2,088,000	2,091,999	1,381,600
1,732,000	1,735,999	1,139,200	1,912,000	1,915,999	1,258,400	2,092,000	2,095,999	1,384,400
1,736,000	1,739,999	1,141,600	1,916,000	1,919,999	1,261,200	2,096,000	2,099,999	1,387,200
1,740,000	1,743,999	1,144,000	1,920,000	1,923,999	1,264,000	2,100,000	2,103,999	1,390,000
1,744,000	1,747,999	1,146,400	1,924,000	1,927,999	1,266,800	2,104,000	2,107,999	1,392,800
1,748,000	1,751,999	1,148,800	1,928,000	1,931,999	1,269,600	2,108,000	2,111,999	1,395,600

— 1014 —

簡易給与所得表

給与等の収入金額の合計額		給与所得	給与等の収入金額の合計額		給与所得	給与等の収入金額の合計額		給与所得
から	まで	の金額	から	まで	の金額	から	まで	の金額
円	円	円	円	円	円	円	円	円
2,112,000	2,115,999	1,398,400	2,352,000	2,355,999	1,566,400	2,592,000	2,595,999	1,734,400
2,116,000	2,119,999	1,401,200	2,356,000	2,359,999	1,569,200	2,596,000	2,599,999	1,737,200
2,120,000	2,123,999	1,404,000	2,360,000	2,363,999	1,572,000	2,600,000	2,603,999	1,740,000
2,124,000	2,127,999	1,406,800	2,364,000	2,367,999	1,574,800	2,604,000	2,607,999	1,742,800
2,128,000	2,131,999	1,409,600	2,368,000	2,371,999	1,577,600	2,608,000	2,611,999	1,745,600
2,132,000	2,135,999	1,412,400	2,372,000	2,375,999	1,580,400	2,612,000	2,615,999	1,748,400
2,136,000	2,139,999	1,415,200	2,376,000	2,379,999	1,583,200	2,616,000	2,619,999	1,751,200
2,140,000	2,143,999	1,418,000	2,380,000	2,383,999	1,586,000	2,620,000	2,623,999	1,754,000
2,144,000	2,147,999	1,420,800	2,384,000	2,387,999	1,588,800	2,624,000	2,627,999	1,756,800
2,148,000	2,151,999	1,423,600	2,388,000	2,391,999	1,591,600	2,628,000	2,631,999	1,759,600
2,152,000	2,155,999	1,426,400	2,392,000	2,395,999	1,594,400	2,632,000	2,635,999	1,762,400
2,156,000	2,159,999	1,429,200	2,396,000	2,399,999	1,597,200	2,636,000	2,639,999	1,765,200
2,160,000	2,163,999	1,432,000	2,400,000	2,403,999	1,600,000	2,640,000	2,643,999	1,768,000
2,164,000	2,167,999	1,434,800	2,404,000	2,407,999	1,602,800	2,644,000	2,647,999	1,770,800
2,168,000	2,171,999	1,437,600	2,408,000	2,411,999	1,605,600	2,648,000	2,651,999	1,773,600
2,172,000	2,175,999	1,440,400	2,412,000	2,415,999	1,608,400	2,652,000	2,655,999	1,776,400
2,176,000	2,179,999	1,443,200	2,416,000	2,419,999	1,611,200	2,656,000	2,659,999	1,779,200
2,180,000	2,183,999	1,446,000	2,420,000	2,423,999	1,614,000	2,660,000	2,663,999	1,782,000
2,184,000	2,187,999	1,448,800	2,424,000	2,427,999	1,616,800	2,664,000	2,667,999	1,784,800
2,188,000	2,191,999	1,451,600	2,428,000	2,431,999	1,619,600	2,668,000	2,671,999	1,787,600
2,192,000	2,195,999	1,454,400	2,432,000	2,435,999	1,622,400	2,672,000	2,675,999	1,790,400
2,196,000	2,199,999	1,457,200	2,436,000	2,439,999	1,625,200	2,676,000	2,679,999	1,793,200
2,200,000	2,203,999	1,460,000	2,440,000	2,443,999	1,628,000	2,680,000	2,683,999	1,796,000
2,204,000	2,207,999	1,462,800	2,444,000	2,447,999	1,630,800	2,684,000	2,687,999	1,798,800
2,208,000	2,211,999	1,465,600	2,448,000	2,451,999	1,633,600	2,688,000	2,691,999	1,801,600
2,212,000	2,215,999	1,468,400	2,452,000	2,455,999	1,636,400	2,692,000	2,695,999	1,804,400
2,216,000	2,219,999	1,471,200	2,456,000	2,459,999	1,639,200	2,696,000	2,699,999	1,807,200
2,220,000	2,223,999	1,474,000	2,460,000	2,463,999	1,642,000	2,700,000	2,703,999	1,810,000
2,224,000	2,227,999	1,476,800	2,464,000	2,467,999	1,644,800	2,704,000	2,707,999	1,812,800
2,228,000	2,231,999	1,479,600	2,468,000	2,471,999	1,647,600	2,708,000	2,711,999	1,815,600
2,232,000	2,235,999	1,482,400	2,472,000	2,475,999	1,650,400	2,712,000	2,715,999	1,818,400
2,236,000	2,239,999	1,485,200	2,476,000	2,479,999	1,653,200	2,716,000	2,719,999	1,821,200
2,240,000	2,243,999	1,488,000	2,480,000	2,483,999	1,656,000	2,720,000	2,723,999	1,824,000
2,244,000	2,247,999	1,490,800	2,484,000	2,487,999	1,658,800	2,724,000	2,727,999	1,826,800
2,248,000	2,251,999	1,493,600	2,488,000	2,491,999	1,661,600	2,728,000	2,731,999	1,829,600
2,252,000	2,255,999	1,496,400	2,492,000	2,495,999	1,664,400	2,732,000	2,735,999	1,832,400
2,256,000	2,259,999	1,499,200	2,496,000	2,499,999	1,667,200	2,736,000	2,739,999	1,835,200
2,260,000	2,263,999	1,502,000	2,500,000	2,503,999	1,670,000	2,740,000	2,743,999	1,838,000
2,264,000	2,267,999	1,504,800	2,504,000	2,507,999	1,672,800	2,744,000	2,747,999	1,840,800
2,268,000	2,271,999	1,507,600	2,508,000	2,511,999	1,675,600	2,748,000	2,751,999	1,843,600
2,272,000	2,275,999	1,510,400	2,512,000	2,515,999	1,678,400	2,752,000	2,755,999	1,846,400
2,276,000	2,279,999	1,513,200	2,516,000	2,519,999	1,681,200	2,756,000	2,759,999	1,849,200
2,280,000	2,283,999	1,516,000	2,520,000	2,523,999	1,684,000	2,760,000	2,763,999	1,852,000
2,284,000	2,287,999	1,518,800	2,524,000	2,527,999	1,686,800	2,764,000	2,767,999	1,854,800
2,288,000	2,291,999	1,521,600	2,528,000	2,531,999	1,689,600	2,768,000	2,771,999	1,857,600
2,292,000	2,295,999	1,524,400	2,532,000	2,535,999	1,692,400	2,772,000	2,775,999	1,860,400
2,296,000	2,299,999	1,527,200	2,536,000	2,539,999	1,695,200	2,776,000	2,779,999	1,863,200
2,300,000	2,303,999	1,530,000	2,540,000	2,543,999	1,698,000	2,780,000	2,783,999	1,866,000
2,304,000	2,307,999	1,532,800	2,544,000	2,547,999	1,700,800	2,784,000	2,787,999	1,868,800
2,308,000	2,311,999	1,535,600	2,548,000	2,551,999	1,703,600	2,788,000	2,791,999	1,871,600
2,312,000	2,315,999	1,538,400	2,552,000	2,555,999	1,706,400	2,792,000	2,795,999	1,874,400
2,316,000	2,319,999	1,541,200	2,556,000	2,559,999	1,709,200	2,796,000	2,799,999	1,877,200
2,320,000	2,323,999	1,544,000	2,560,000	2,563,999	1,712,000	2,800,000	2,803,999	1,880,000
2,324,000	2,327,999	1,546,800	2,564,000	2,567,999	1,714,800	2,804,000	2,807,999	1,882,800
2,328,000	2,331,999	1,549,600	2,568,000	2,571,999	1,717,600	2,808,000	2,811,999	1,885,600
2,332,000	2,335,999	1,552,400	2,572,000	2,575,999	1,720,400	2,812,000	2,815,999	1,888,400
2,336,000	2,339,999	1,555,200	2,576,000	2,579,999	1,723,200	2,816,000	2,819,999	1,891,200
2,340,000	2,343,999	1,558,000	2,580,000	2,583,999	1,726,000	2,820,000	2,823,999	1,894,000
2,344,000	2,347,999	1,560,800	2,584,000	2,587,999	1,728,800	2,824,000	2,827,999	1,896,800
2,348,000	2,351,999	1,563,600	2,588,000	2,591,999	1,731,600	2,828,000	2,831,999	1,899,600

税額表等

簡易給与所得表

給与等の収入金額の合計額		給与所得	給与等の収入金額の合計額		給与所得	給与等の収入金額の合計額		給与所得
から	まで	の金額	から	まで	の金額	から	まで	の金額
円	円	円	円	円	円	円	円	円
2,832,000	2,835,999	1,902,400	3,072,000	3,075,999	2,070,400	3,312,000	3,315,999	2,238,400
2,836,000	2,839,999	1,905,200	3,076,000	3,079,999	2,073,200	3,316,000	3,319,999	2,241,200
2,840,000	2,843,999	1,908,000	3,080,000	3,083,999	2,076,000	3,320,000	3,323,999	2,244,000
2,844,000	2,847,999	1,910,800	3,084,000	3,087,999	2,078,800	3,324,000	3,327,999	2,246,800
2,848,000	2,851,999	1,913,600	3,088,000	3,091,999	2,081,600	3,328,000	3,331,999	2,249,600
2,852,000	2,855,999	1,916,400	3,092,000	3,095,999	2,084,400	3,332,000	3,335,999	2,252,400
2,856,000	2,859,999	1,919,200	3,096,000	3,099,999	2,087,200	3,336,000	3,339,999	2,255,200
2,860,000	2,863,999	1,922,000	3,100,000	3,103,999	2,090,000	3,340,000	3,343,999	2,258,000
2,864,000	2,867,999	1,924,800	3,104,000	3,107,999	2,092,800	3,344,000	3,347,999	2,260,800
2,868,000	2,871,999	1,927,600	3,108,000	3,111,999	2,095,600	3,348,000	3,351,999	2,263,600
2,872,000	2,875,999	1,930,400	3,112,000	3,115,999	2,098,400	3,352,000	3,355,999	2,266,400
2,876,000	2,879,999	1,933,200	3,116,000	3,119,999	2,101,200	3,356,000	3,359,999	2,269,200
2,880,000	2,883,999	1,936,000	3,120,000	3,123,999	2,104,000	3,360,000	3,363,999	2,272,000
2,884,000	2,887,999	1,938,800	3,124,000	3,127,999	2,106,800	3,364,000	3,367,999	2,274,800
2,888,000	2,891,999	1,941,600	3,128,000	3,131,999	2,109,600	3,368,000	3,371,999	2,277,600
2,892,000	2,895,999	1,944,400	3,132,000	3,135,999	2,112,400	3,372,000	3,375,999	2,280,400
2,896,000	2,899,999	1,947,200	3,136,000	3,139,999	2,115,200	3,376,000	3,379,999	2,283,200
2,900,000	2,903,999	1,950,000	3,140,000	3,143,999	2,118,000	3,380,000	3,383,999	2,286,000
2,904,000	2,907,999	1,952,800	3,144,000	3,147,999	2,120,800	3,384,000	3,387,999	2,288,800
2,908,000	2,911,999	1,955,600	3,148,000	3,151,999	2,123,600	3,388,000	3,391,999	2,291,600
2,912,000	2,915,999	1,958,400	3,152,000	3,155,999	2,126,400	3,392,000	3,395,999	2,294,400
2,916,000	2,919,999	1,961,200	3,156,000	3,159,999	2,129,200	3,396,000	3,399,999	2,297,200
2,920,000	2,923,999	1,964,000	3,160,000	3,163,999	2,132,000	3,400,000	3,403,999	2,300,000
2,924,000	2,927,999	1,966,800	3,164,000	3,167,999	2,134,800	3,404,000	3,407,999	2,302,800
2,928,000	2,931,999	1,969,600	3,168,000	3,171,999	2,137,600	3,408,000	3,411,999	2,305,600
2,932,000	2,935,999	1,972,400	3,172,000	3,175,999	2,140,400	3,412,000	3,415,999	2,308,400
2,936,000	2,939,999	1,975,200	3,176,000	3,179,999	2,143,200	3,416,000	3,419,999	2,311,200
2,940,000	2,943,999	1,978,000	3,180,000	3,183,999	2,146,000	3,420,000	3,423,999	2,314,000
2,944,000	2,947,999	1,980,800	3,184,000	3,187,999	2,148,800	3,424,000	3,427,999	2,316,800
2,948,000	2,951,999	1,983,600	3,188,000	3,191,999	2,151,600	3,428,000	3,431,999	2,319,600
2,952,000	2,955,999	1,986,400	3,192,000	3,195,999	2,154,400	3,432,000	3,435,999	2,322,400
2,956,000	2,959,999	1,989,200	3,196,000	3,199,999	2,157,200	3,436,000	3,439,999	2,325,200
2,960,000	2,963,999	1,992,000	3,200,000	3,203,999	2,160,000	3,440,000	3,443,999	2,328,000
2,964,000	2,967,999	1,994,800	3,204,000	3,207,999	2,162,800	3,444,000	3,447,999	2,330,800
2,968,000	2,971,999	1,997,600	3,208,000	3,211,999	2,165,600	3,448,000	3,451,999	2,333,600
2,972,000	2,975,999	2,000,400	3,212,000	3,215,999	2,168,400	3,452,000	3,455,999	2,336,400
2,976,000	2,979,999	2,003,200	3,216,000	3,219,999	2,171,200	3,456,000	3,459,999	2,339,200
2,980,000	2,983,999	2,006,000	3,220,000	3,223,999	2,174,000	3,460,000	3,463,999	2,342,000
2,984,000	2,987,999	2,008,800	3,224,000	3,227,999	2,176,800	3,464,000	3,467,999	2,344,800
2,988,000	2,991,999	2,011,600	3,228,000	3,231,999	2,179,600	3,468,000	3,471,999	2,347,600
2,992,000	2,995,999	2,014,400	3,232,000	3,235,999	2,182,400	3,472,000	3,475,999	2,350,400
2,996,000	2,999,999	2,017,200	3,236,000	3,239,999	2,185,200	3,476,000	3,479,999	2,353,200
3,000,000	3,003,999	2,020,000	3,240,000	3,243,999	2,188,000	3,480,000	3,483,999	2,356,000
3,004,000	3,007,999	2,022,800	3,244,000	3,247,999	2,190,800	3,484,000	3,487,999	2,358,800
3,008,000	3,011,999	2,025,600	3,248,000	3,251,999	2,193,600	3,488,000	3,491,999	2,361,600
3,012,000	3,015,999	2,028,400	3,252,000	3,255,999	2,196,400	3,492,000	3,495,999	2,364,400
3,016,000	3,019,999	2,031,200	3,256,000	3,259,999	2,199,200	3,496,000	3,499,999	2,367,200
3,020,000	3,023,999	2,034,000	3,260,000	3,263,999	2,202,000	3,500,000	3,503,999	2,370,000
3,024,000	3,027,999	2,036,800	3,264,000	3,267,999	2,204,800	3,504,000	3,507,999	2,372,800
3,028,000	3,031,999	2,039,600	3,268,000	3,271,999	2,207,600	3,508,000	3,511,999	2,375,600
3,032,000	3,035,999	2,042,400	3,272,000	3,275,999	2,210,400	3,512,000	3,515,999	2,378,400
3,036,000	3,039,999	2,045,200	3,276,000	3,279,999	2,213,200	3,516,000	3,519,999	2,381,200
3,040,000	3,043,999	2,048,000	3,280,000	3,283,999	2,216,000	3,520,000	3,523,999	2,384,000
3,044,000	3,047,999	2,050,800	3,284,000	3,287,999	2,218,800	3,524,000	3,527,999	2,386,800
3,048,000	3,051,999	2,053,600	3,288,000	3,291,999	2,221,600	3,528,000	3,531,999	2,389,600
3,052,000	3,055,999	2,056,400	3,292,000	3,295,999	2,224,400	3,532,000	3,535,999	2,392,400
3,056,000	3,059,999	2,059,200	3,296,000	3,299,999	2,227,200	3,536,000	3,539,999	2,395,200
3,060,000	3,063,999	2,062,000	3,300,000	3,303,999	2,230,000	3,540,000	3,543,999	2,398,000
3,064,000	3,067,999	2,064,800	3,304,000	3,307,999	2,232,800	3,544,000	3,547,999	2,400,800
3,068,000	3,071,999	2,067,600	3,308,000	3,311,999	2,235,600	3,548,000	3,551,999	2,403,600

簡易給与所得表

給与等の収入金額の合計額		給与所得の金額	給与等の収入金額の合計額		給与所得の金額	給与等の収入金額の合計額		給与所得の金額
から	まで	の金額	から	まで	の金額	から	まで	の金額
円	円	円	円	円	円	円	円	円
3,552,000	3,555,999	2,406,400	3,792,000	3,795,999	2,593,600	4,032,000	4,035,999	2,785,600
3,556,000	3,559,999	2,409,200	3,796,000	3,799,999	2,596,800	4,036,000	4,039,999	2,788,800
3,560,000	3,563,999	2,412,000	3,800,000	3,803,999	2,600,000	4,040,000	4,043,999	2,792,000
3,564,000	3,567,999	2,414,800	3,804,000	3,807,999	2,603,200	4,044,000	4,047,999	2,795,200
3,568,000	3,571,999	2,417,600	3,808,000	3,811,999	2,606,400	4,048,000	4,051,999	2,798,400
3,572,000	3,575,999	2,420,400	3,812,000	3,815,999	2,609,600	4,052,000	4,055,999	2,801,600
3,576,000	3,579,999	2,423,200	3,816,000	3,819,999	2,612,800	4,056,000	4,059,999	2,804,800
3,580,000	3,583,999	2,426,000	3,820,000	3,823,999	2,616,000	4,060,000	4,063,999	2,808,000
3,584,000	3,587,999	2,428,800	3,824,000	3,827,999	2,619,200	4,064,000	4,067,999	2,811,200
3,588,000	3,591,999	2,431,600	3,828,000	3,831,999	2,622,400	4,068,000	4,071,999	2,814,400
3,592,000	3,595,999	2,434,400	3,832,000	3,835,999	2,625,600	4,072,000	4,075,999	2,817,600
3,596,000	3,599,999	2,437,200	3,836,000	3,839,999	2,628,800	4,076,000	4,079,999	2,820,800
3,600,000	3,603,999	2,440,000	3,840,000	3,843,999	2,632,000	4,080,000	4,083,999	2,824,000
3,604,000	3,607,999	2,443,200	3,844,000	3,847,999	2,635,200	4,084,000	4,087,999	2,827,200
3,608,000	3,611,999	2,446,400	3,848,000	3,851,999	2,638,400	4,088,000	4,091,999	2,830,400
3,612,000	3,615,999	2,449,600	3,852,000	3,855,999	2,641,600	4,092,000	4,095,999	2,833,600
3,616,000	3,619,999	2,452,800	3,856,000	3,859,999	2,644,800	4,096,000	4,099,999	2,836,800
3,620,000	3,623,999	2,456,000	3,860,000	3,863,999	2,648,000	4,100,000	4,103,999	2,840,000
3,624,000	3,627,999	2,459,200	3,864,000	3,867,999	2,651,200	4,104,000	4,107,999	2,843,200
3,628,000	3,631,999	2,462,400	3,868,000	3,871,999	2,654,400	4,108,000	4,111,999	2,846,400
3,632,000	3,635,999	2,465,600	3,872,000	3,875,999	2,657,600	4,112,000	4,115,999	2,849,600
3,636,000	3,639,999	2,468,800	3,876,000	3,879,999	2,660,800	4,116,000	4,119,999	2,852,800
3,640,000	3,643,999	2,472,000	3,880,000	3,883,999	2,664,000	4,120,000	4,123,999	2,856,000
3,644,000	3,647,999	2,475,200	3,884,000	3,887,999	2,667,200	4,124,000	4,127,999	2,859,200
3,648,000	3,651,999	2,478,400	3,888,000	3,891,999	2,670,400	4,128,000	4,131,999	2,862,400
3,652,000	3,655,999	2,481,600	3,892,000	3,895,999	2,673,600	4,132,000	4,135,999	2,865,600
3,656,000	3,659,999	2,484,800	3,896,000	3,899,999	2,676,800	4,136,000	4,139,999	2,868,800
3,660,000	3,663,999	2,488,000	3,900,000	3,903,999	2,680,000	4,140,000	4,143,999	2,872,000
3,664,000	3,667,999	2,491,200	3,904,000	3,907,999	2,683,200	4,144,000	4,147,999	2,875,200
3,668,000	3,671,999	2,494,400	3,908,000	3,911,999	2,686,400	4,148,000	4,151,999	2,878,400
3,672,000	3,675,999	2,497,600	3,912,000	3,915,999	2,689,600	4,152,000	4,155,999	2,881,600
3,676,000	3,679,999	2,500,800	3,916,000	3,919,999	2,692,800	4,156,000	4,159,999	2,884,800
3,680,000	3,683,999	2,504,000	3,920,000	3,923,999	2,696,000	4,160,000	4,163,999	2,888,000
3,684,000	3,687,999	2,507,200	3,924,000	3,927,999	2,699,200	4,164,000	4,167,999	2,891,200
3,688,000	3,691,999	2,510,400	3,928,000	3,931,999	2,702,400	4,168,000	4,171,999	2,894,400
3,692,000	3,695,999	2,513,600	3,932,000	3,935,999	2,705,600	4,172,000	4,175,999	2,897,600
3,696,000	3,699,999	2,516,800	3,936,000	3,939,999	2,708,800	4,176,000	4,179,999	2,900,800
3,700,000	3,703,999	2,520,000	3,940,000	3,943,999	2,712,000	4,180,000	4,183,999	2,904,000
3,704,000	3,707,999	2,523,200	3,944,000	3,947,999	2,715,200	4,184,000	4,187,999	2,907,200
3,708,000	3,711,999	2,526,400	3,948,000	3,951,999	2,718,400	4,188,000	4,191,999	2,910,400
3,712,000	3,715,999	2,529,600	3,952,000	3,955,999	2,721,600	4,192,000	4,195,999	2,913,600
3,716,000	3,719,999	2,532,800	3,956,000	3,959,999	2,724,800	4,196,000	4,199,999	2,916,800
3,720,000	3,723,999	2,536,000	3,960,000	3,963,999	2,728,000	4,200,000	4,203,999	2,920,000
3,724,000	3,727,999	2,539,200	3,964,000	3,967,999	2,731,200	4,204,000	4,207,999	2,923,200
3,728,000	3,731,999	2,542,400	3,968,000	3,971,999	2,734,400	4,208,000	4,211,999	2,926,400
3,732,000	3,735,999	2,545,600	3,972,000	3,975,999	2,737,600	4,212,000	4,215,999	2,929,600
3,736,000	3,739,999	2,548,800	3,976,000	3,979,999	2,740,800	4,216,000	4,219,999	2,932,800
3,740,000	3,743,999	2,552,000	3,980,000	3,983,999	2,744,000	4,220,000	4,223,999	2,936,000
3,744,000	3,747,999	2,555,200	3,984,000	3,987,999	2,747,200	4,224,000	4,227,999	2,939,200
3,748,000	3,751,999	2,558,400	3,988,000	3,991,999	2,750,400	4,228,000	4,231,999	2,942,400
3,752,000	3,755,999	2,561,600	3,992,000	3,995,999	2,753,600	4,232,000	4,235,999	2,945,600
3,756,000	3,759,999	2,564,800	3,996,000	3,999,999	2,756,800	4,236,000	4,239,999	2,948,800
3,760,000	3,763,999	2,568,000	4,000,000	4,003,999	2,760,000	4,240,000	4,243,999	2,952,000
3,764,000	3,767,999	2,571,200	4,004,000	4,007,999	2,763,200	4,244,000	4,247,999	2,955,200
3,768,000	3,771,999	2,574,400	4,008,000	4,011,999	2,766,400	4,248,000	4,251,999	2,958,400
3,772,000	3,775,999	2,577,600	4,012,000	4,015,999	2,769,600	4,252,000	4,255,999	2,961,600
3,776,000	3,779,999	2,580,800	4,016,000	4,019,999	2,772,800	4,256,000	4,259,999	2,964,800
3,780,000	3,783,999	2,584,000	4,020,000	4,023,999	2,776,000	4,260,000	4,263,999	2,968,000
3,784,000	3,787,999	2,587,200	4,024,000	4,027,999	2,779,200	4,264,000	4,267,999	2,971,200
3,788,000	3,791,999	2,590,400	4,028,000	4,031,999	2,782,400	4,268,000	4,271,999	2,974,400

税額表等

簡易給与所得表

給与等の収入金額の合計額		給与所得	給与等の収入金額の合計額		給与所得	給与等の収入金額の合計額		給与所得
から	まで	の金額	から	まで	の金額	から	まで	の金額
円	円	円	円	円	円	円	円	円
4,272,000	4,275,999	2,977,600	4,512,000	4,515,999	3,169,600	4,752,000	4,755,999	3,361,600
4,276,000	4,279,999	2,980,800	4,516,000	4,519,999	3,172,800	4,756,000	4,759,999	3,364,800
4,280,000	4,283,999	2,984,000	4,520,000	4,523,999	3,176,000	4,760,000	4,763,999	3,368,000
4,284,000	4,287,999	2,987,200	4,524,000	4,527,999	3,179,200	4,764,000	4,767,999	3,371,200
4,288,000	4,291,999	2,990,400	4,528,000	4,531,999	3,182,400	4,768,000	4,771,999	3,374,400
4,292,000	4,295,999	2,993,600	4,532,000	4,535,999	3,185,600	4,772,000	4,775,999	3,377,600
4,296,000	4,299,999	2,996,800	4,536,000	4,539,999	3,188,800	4,776,000	4,779,999	3,380,800
4,300,000	4,303,999	3,000,000	4,540,000	4,543,999	3,192,000	4,780,000	4,783,999	3,384,000
4,304,000	4,307,999	3,003,200	4,544,000	4,547,999	3,195,200	4,784,000	4,787,999	3,387,200
4,308,000	4,311,999	3,006,400	4,548,000	4,551,999	3,198,400	4,788,000	4,791,999	3,390,400
4,312,000	4,315,999	3,009,600	4,552,000	4,555,999	3,201,600	4,792,000	4,795,999	3,393,600
4,316,000	4,319,999	3,012,800	4,556,000	4,559,999	3,204,800	4,796,000	4,799,999	3,396,800
4,320,000	4,323,999	3,016,000	4,560,000	4,563,999	3,208,000	4,800,000	4,803,999	3,400,000
4,324,000	4,327,999	3,019,200	4,564,000	4,567,999	3,211,200	4,804,000	4,807,999	3,403,200
4,328,000	4,331,999	3,022,400	4,568,000	4,571,999	3,214,400	4,808,000	4,811,999	3,406,400
4,332,000	4,335,999	3,025,600	4,572,000	4,575,999	3,217,600	4,812,000	4,815,999	3,409,600
4,336,000	4,339,999	3,028,800	4,576,000	4,579,999	3,220,800	4,816,000	4,819,999	3,412,800
4,340,000	4,343,999	3,032,000	4,580,000	4,583,999	3,224,000	4,820,000	4,823,999	3,416,000
4,344,000	4,347,999	3,035,200	4,584,000	4,587,999	3,227,200	4,824,000	4,827,999	3,419,200
4,348,000	4,351,999	3,038,400	4,588,000	4,591,999	3,230,400	4,828,000	4,831,999	3,422,400
4,352,000	4,355,999	3,041,600	4,592,000	4,595,999	3,233,600	4,832,000	4,835,999	3,425,600
4,356,000	4,359,999	3,044,800	4,596,000	4,599,999	3,236,800	4,836,000	4,839,999	3,428,800
4,360,000	4,363,999	3,048,000	4,600,000	4,603,999	3,240,000	4,840,000	4,843,999	3,432,000
4,364,000	4,367,999	3,051,200	4,604,000	4,607,999	3,243,200	4,844,000	4,847,999	3,435,200
4,368,000	4,371,999	3,054,400	4,608,000	4,611,999	3,246,400	4,848,000	4,851,999	3,438,400
4,372,000	4,375,999	3,057,600	4,612,000	4,615,999	3,249,600	4,852,000	4,855,999	3,441,600
4,376,000	4,379,999	3,060,800	4,616,000	4,619,999	3,252,800	4,856,000	4,859,999	3,444,800
4,380,000	4,383,999	3,064,000	4,620,000	4,623,999	3,256,000	4,860,000	4,863,999	3,448,000
4,384,000	4,387,999	3,067,200	4,624,000	4,627,999	3,259,200	4,864,000	4,867,999	3,451,200
4,388,000	4,391,999	3,070,400	4,628,000	4,631,999	3,262,400	4,868,000	4,871,999	3,454,400
4,392,000	4,395,999	3,073,600	4,632,000	4,635,999	3,265,600	4,872,000	4,875,999	3,457,600
4,396,000	4,399,999	3,076,800	4,636,000	4,639,999	3,268,800	4,876,000	4,879,999	3,460,800
4,400,000	4,403,999	3,080,000	4,640,000	4,643,999	3,272,000	4,880,000	4,883,999	3,464,000
4,404,000	4,407,999	3,083,200	4,644,000	4,647,999	3,275,200	4,884,000	4,887,999	3,467,200
4,408,000	4,411,999	3,086,400	4,648,000	4,651,999	3,278,400	4,888,000	4,891,999	3,470,400
4,412,000	4,415,999	3,089,600	4,652,000	4,655,999	3,281,600	4,892,000	4,895,999	3,473,600
4,416,000	4,419,999	3,092,800	4,656,000	4,659,999	3,284,800	4,896,000	4,899,999	3,476,800
4,420,000	4,423,999	3,096,000	4,660,000	4,663,999	3,288,000	4,900,000	4,903,999	3,480,000
4,424,000	4,427,999	3,099,200	4,664,000	4,667,999	3,291,200	4,904,000	4,907,999	3,483,200
4,428,000	4,431,999	3,102,400	4,668,000	4,671,999	3,294,400	4,908,000	4,911,999	3,486,400
4,432,000	4,435,999	3,105,600	4,672,000	4,675,999	3,297,600	4,912,000	4,915,999	3,489,600
4,436,000	4,439,999	3,108,800	4,676,000	4,679,999	3,300,800	4,916,000	4,919,999	3,492,800
4,440,000	4,443,999	3,112,000	4,680,000	4,683,999	3,304,000	4,920,000	4,923,999	3,496,000
4,444,000	4,447,999	3,115,200	4,684,000	4,687,999	3,307,200	4,924,000	4,927,999	3,499,200
4,448,000	4,451,999	3,118,400	4,688,000	4,691,999	3,310,400	4,928,000	4,931,999	3,502,400
4,452,000	4,455,999	3,121,600	4,692,000	4,695,999	3,313,600	4,932,000	4,935,999	3,505,600
4,456,000	4,459,999	3,124,800	4,696,000	4,699,999	3,316,800	4,936,000	4,939,999	3,508,800
4,460,000	4,463,999	3,128,000	4,700,000	4,703,999	3,320,000	4,940,000	4,943,999	3,512,000
4,464,000	4,467,999	3,131,200	4,704,000	4,707,999	3,323,200	4,944,000	4,947,999	3,515,200
4,468,000	4,471,999	3,134,400	4,708,000	4,711,999	3,326,400	4,948,000	4,951,999	3,518,400
4,472,000	4,475,999	3,137,600	4,712,000	4,715,999	3,329,600	4,952,000	4,955,999	3,521,600
4,476,000	4,479,999	3,140,800	4,716,000	4,719,999	3,332,800	4,956,000	4,959,999	3,524,800
4,480,000	4,483,999	3,144,000	4,720,000	4,723,999	3,336,000	4,960,000	4,963,999	3,528,000
4,484,000	4,487,999	3,147,200	4,724,000	4,727,999	3,339,200	4,964,000	4,967,999	3,531,200
4,488,000	4,491,999	3,150,400	4,728,000	4,731,999	3,342,400	4,968,000	4,971,999	3,534,400
4,492,000	4,495,999	3,153,600	4,732,000	4,735,999	3,345,600	4,972,000	4,975,999	3,537,600
4,496,000	4,499,999	3,156,800	4,736,000	4,739,999	3,348,800	4,976,000	4,979,999	3,540,800
4,500,000	4,503,999	3,160,000	4,740,000	4,743,999	3,352,000	4,980,000	4,983,999	3,544,000
4,504,000	4,507,999	3,163,200	4,744,000	4,747,999	3,355,200	4,984,000	4,987,999	3,547,200
4,508,000	4,511,999	3,166,400	4,748,000	4,751,999	3,358,400	4,988,000	4,991,999	3,550,400

簡易給与所得表

給与等の収入金額の合計額 から	まで	給与所得の金額	給与等の収入金額の合計額 から	まで	給与所得の金額	給与等の収入金額の合計額 から	まで	給与所得の金額
円	円	円	円	円	円	円	円	円
4,992,000	4,995,999	3,553,600	5,232,000	5,235,999	3,745,600	5,472,000	5,475,999	3,937,600
4,996,000	4,999,999	3,556,800	5,236,000	5,239,999	3,748,800	5,476,000	5,479,999	3,940,800
5,000,000	5,003,999	3,560,000	5,240,000	5,243,999	3,752,000	5,480,000	5,483,999	3,944,000
5,004,000	5,007,999	3,563,200	5,244,000	5,247,999	3,755,200	5,484,000	5,487,999	3,947,200
5,008,000	5,011,999	3,566,400	5,248,000	5,251,999	3,758,400	5,488,000	5,491,999	3,950,400
5,012,000	5,015,999	3,569,600	5,252,000	5,255,999	3,761,600	5,492,000	5,495,999	3,953,600
5,016,000	5,019,999	3,572,800	5,256,000	5,259,999	3,764,800	5,496,000	5,499,999	3,956,800
5,020,000	5,023,999	3,576,000	5,260,000	5,263,999	3,768,000	5,500,000	5,503,999	3,960,000
5,024,000	5,027,999	3,579,200	5,264,000	5,267,999	3,771,200	5,504,000	5,507,999	3,963,200
5,028,000	5,031,999	3,582,400	5,268,000	5,271,999	3,774,400	5,508,000	5,511,999	3,966,400
5,032,000	5,035,999	3,585,600	5,272,000	5,275,999	3,777,600	5,512,000	5,515,999	3,969,600
5,036,000	5,039,999	3,588,800	5,276,000	5,279,999	3,780,800	5,516,000	5,519,999	3,972,800
5,040,000	5,043,999	3,592,000	5,280,000	5,283,999	3,784,000	5,520,000	5,523,999	3,976,000
5,044,000	5,047,999	3,595,200	5,284,000	5,287,999	3,787,200	5,524,000	5,527,999	3,979,200
5,048,000	5,051,999	3,598,400	5,288,000	5,291,999	3,790,400	5,528,000	5,531,999	3,982,400
5,052,000	5,055,999	3,601,600	5,292,000	5,295,999	3,793,600	5,532,000	5,535,999	3,985,600
5,056,000	5,059,999	3,604,800	5,296,000	5,299,999	3,796,800	5,536,000	5,539,999	3,988,800
5,060,000	5,063,999	3,608,000	5,300,000	5,303,999	3,800,000	5,540,000	5,543,999	3,992,000
5,064,000	5,067,999	3,611,200	5,304,000	5,307,999	3,803,200	5,544,000	5,547,999	3,995,200
5,068,000	5,071,999	3,614,400	5,308,000	5,311,999	3,806,400	5,548,000	5,551,999	3,998,400
5,072,000	5,075,999	3,617,600	5,312,000	5,315,999	3,809,600	5,552,000	5,555,999	4,001,600
5,076,000	5,079,999	3,620,800	5,316,000	5,319,999	3,812,800	5,556,000	5,559,999	4,004,800
5,080,000	5,083,999	3,624,000	5,320,000	5,323,999	3,816,000	5,560,000	5,563,999	4,008,000
5,084,000	5,087,999	3,627,200	5,324,000	5,327,999	3,819,200	5,564,000	5,567,999	4,011,200
5,088,000	5,091,999	3,630,400	5,328,000	5,331,999	3,822,400	5,568,000	5,571,999	4,014,400
5,092,000	5,095,999	3,633,600	5,332,000	5,335,999	3,825,600	5,572,000	5,575,999	4,017,600
5,096,000	5,099,999	3,636,800	5,336,000	5,339,999	3,828,800	5,576,000	5,579,999	4,020,800
5,100,000	5,103,999	3,640,000	5,340,000	5,343,999	3,832,000	5,580,000	5,583,999	4,024,000
5,104,000	5,107,999	3,643,200	5,344,000	5,347,999	3,835,200	5,584,000	5,587,999	4,027,200
5,108,000	5,111,999	3,646,400	5,348,000	5,351,999	3,838,400	5,588,000	5,591,999	4,030,400
5,112,000	5,115,999	3,649,600	5,352,000	5,355,999	3,841,600	5,592,000	5,595,999	4,033,600
5,116,000	5,119,999	3,652,800	5,356,000	5,359,999	3,844,800	5,596,000	5,599,999	4,036,800
5,120,000	5,123,999	3,656,000	5,360,000	5,363,999	3,848,000	5,600,000	5,603,999	4,040,000
5,124,000	5,127,999	3,659,200	5,364,000	5,367,999	3,851,200	5,604,000	5,607,999	4,043,200
5,128,000	5,131,999	3,662,400	5,368,000	5,371,999	3,854,400	5,608,000	5,611,999	4,046,400
5,132,000	5,135,999	3,665,600	5,372,000	5,375,999	3,857,600	5,612,000	5,615,999	4,049,600
5,136,000	5,139,999	3,668,800	5,376,000	5,379,999	3,860,800	5,616,000	5,619,999	4,052,800
5,140,000	5,143,999	3,672,000	5,380,000	5,383,999	3,864,000	5,620,000	5,623,999	4,056,000
5,144,000	5,147,999	3,675,200	5,384,000	5,387,999	3,867,200	5,624,000	5,627,999	4,059,200
5,148,000	5,151,999	3,678,400	5,388,000	5,391,999	3,870,400	5,628,000	5,631,999	4,062,400
5,152,000	5,155,999	3,681,600	5,392,000	5,395,999	3,873,600	5,632,000	5,635,999	4,065,600
5,156,000	5,159,999	3,684,800	5,396,000	5,399,999	3,876,800	5,636,000	5,639,999	4,068,800
5,160,000	5,163,999	3,688,000	5,400,000	5,403,999	3,880,000	5,640,000	5,643,999	4,072,000
5,164,000	5,167,999	3,691,200	5,404,000	5,407,999	3,883,200	5,644,000	5,647,999	4,075,200
5,168,000	5,171,999	3,694,400	5,408,000	5,411,999	3,886,400	5,648,000	5,651,999	4,078,400
5,172,000	5,175,999	3,697,600	5,412,000	5,415,999	3,889,600	5,652,000	5,655,999	4,081,600
5,176,000	5,179,999	3,700,800	5,416,000	5,419,999	3,892,800	5,656,000	5,659,999	4,084,800
5,180,000	5,183,999	3,704,000	5,420,000	5,423,999	3,896,000	5,660,000	5,663,999	4,088,000
5,184,000	5,187,999	3,707,200	5,424,000	5,427,999	3,899,200	5,664,000	5,667,999	4,091,200
5,188,000	5,191,999	3,710,400	5,428,000	5,431,999	3,902,400	5,668,000	5,671,999	4,094,400
5,192,000	5,195,999	3,713,600	5,432,000	5,435,999	3,905,600	5,672,000	5,675,999	4,097,600
5,196,000	5,199,999	3,716,800	5,436,000	5,439,999	3,908,800	5,676,000	5,679,999	4,100,800
5,200,000	5,203,999	3,720,000	5,440,000	5,443,999	3,912,000	5,680,000	5,683,999	4,104,000
5,204,000	5,207,999	3,723,200	5,444,000	5,447,999	3,915,200	5,684,000	5,687,999	4,107,200
5,208,000	5,211,999	3,726,400	5,448,000	5,451,999	3,918,400	5,688,000	5,691,999	4,110,400
5,212,000	5,215,999	3,729,600	5,452,000	5,455,999	3,921,600	5,692,000	5,695,999	4,113,600
5,216,000	5,219,999	3,732,800	5,456,000	5,459,999	3,924,800	5,696,000	5,699,999	4,116,800
5,220,000	5,223,999	3,736,000	5,460,000	5,463,999	3,928,000	5,700,000	5,703,999	4,120,000
5,224,000	5,227,999	3,739,200	5,464,000	5,467,999	3,931,200	5,704,000	5,707,999	4,123,200
5,228,000	5,231,999	3,742,400	5,468,000	5,471,999	3,934,400	5,708,000	5,711,999	4,126,400

税額表等

簡易給与所得表

給与等の収入金額の合計額		給与所得	給与等の収入金額の合計額		給与所得	給与等の収入金額の合計額		給与所得
から	まで	の金額	から	まで	の金額	から	まで	の金額
円	円	円	円	円	円	円	円	円
5,712,000	5,715,999	4,129,600	5,952,000	5,955,999	4,321,600	6,192,000	6,195,999	4,513,600
5,716,000	5,719,999	4,132,800	5,956,000	5,959,999	4,324,800	6,196,000	6,199,999	4,516,800
5,720,000	5,723,999	4,136,000	5,960,000	5,963,999	4,328,000	6,200,000	6,203,999	4,520,000
5,724,000	5,727,999	4,139,200	5,964,000	5,967,999	4,331,200	6,204,000	6,207,999	4,523,200
5,728,000	5,731,999	4,142,400	5,968,000	5,971,999	4,334,400	6,208,000	6,211,999	4,526,400
5,732,000	5,735,999	4,145,600	5,972,000	5,975,999	4,337,600	6,212,000	6,215,999	4,529,600
5,736,000	5,739,999	4,148,800	5,976,000	5,979,999	4,340,800	6,216,000	6,219,999	4,532,800
5,740,000	5,743,999	4,152,000	5,980,000	5,983,999	4,344,000	6,220,000	6,223,999	4,536,000
5,744,000	5,747,999	4,155,200	5,984,000	5,987,999	4,347,200	6,224,000	6,227,999	4,539,200
5,748,000	5,751,999	4,158,400	5,988,000	5,991,999	4,350,400	6,228,000	6,231,999	4,542,400
5,752,000	5,755,999	4,161,600	5,992,000	5,995,999	4,353,600	6,232,000	6,235,999	4,545,600
5,756,000	5,759,999	4,164,800	5,996,000	5,999,999	4,356,800	6,236,000	6,239,999	4,548,800
5,760,000	5,763,999	4,168,000	6,000,000	6,003,999	4,360,000	6,240,000	6,243,999	4,552,000
5,764,000	5,767,999	4,171,200	6,004,000	6,007,999	4,363,200	6,244,000	6,247,999	4,555,200
5,768,000	5,771,999	4,174,400	6,008,000	6,011,999	4,366,400	6,248,000	6,251,999	4,558,400
5,772,000	5,775,999	4,177,600	6,012,000	6,015,999	4,369,600	6,252,000	6,255,999	4,561,600
5,776,000	5,779,999	4,180,800	6,016,000	6,019,999	4,372,800	6,256,000	6,259,999	4,564,800
5,780,000	5,783,999	4,184,000	6,020,000	6,023,999	4,376,000	6,260,000	6,263,999	4,568,000
5,784,000	5,787,999	4,187,200	6,024,000	6,027,999	4,379,200	6,264,000	6,267,999	4,571,200
5,788,000	5,791,999	4,190,400	6,028,000	6,031,999	4,382,400	6,268,000	6,271,999	4,574,400
5,792,000	5,795,999	4,193,600	6,032,000	6,035,999	4,385,600	6,272,000	6,275,999	4,577,600
5,796,000	5,799,999	4,196,800	6,036,000	6,039,999	4,388,800	6,276,000	6,279,999	4,580,800
5,800,000	5,803,999	4,200,000	6,040,000	6,043,999	4,392,000	6,280,000	6,283,999	4,584,000
5,804,000	5,807,999	4,203,200	6,044,000	6,047,999	4,395,200	6,284,000	6,287,999	4,587,200
5,808,000	5,811,999	4,206,400	6,048,000	6,051,999	4,398,400	6,288,000	6,291,999	4,590,400
5,812,000	5,815,999	4,209,600	6,052,000	6,055,999	4,401,600	6,292,000	6,295,999	4,593,600
5,816,000	5,819,999	4,212,800	6,056,000	6,059,999	4,404,800	6,296,000	6,299,999	4,596,800
5,820,000	5,823,999	4,216,000	6,060,000	6,063,999	4,408,000	6,300,000	6,303,999	4,600,000
5,824,000	5,827,999	4,219,200	6,064,000	6,067,999	4,411,200	6,304,000	6,307,999	4,603,200
5,828,000	5,831,999	4,222,400	6,068,000	6,071,999	4,414,400	6,308,000	6,311,999	4,606,400
5,832,000	5,835,999	4,225,600	6,072,000	6,075,999	4,417,600	6,312,000	6,315,999	4,609,600
5,836,000	5,839,999	4,228,800	6,076,000	6,079,999	4,420,800	6,316,000	6,319,999	4,612,800
5,840,000	5,843,999	4,232,000	6,080,000	6,083,999	4,424,000	6,320,000	6,323,999	4,616,000
5,844,000	5,847,999	4,235,200	6,084,000	6,087,999	4,427,200	6,324,000	6,327,999	4,619,200
5,848,000	5,851,999	4,238,400	6,088,000	6,091,999	4,430,400	6,328,000	6,331,999	4,622,400
5,852,000	5,855,999	4,241,600	6,092,000	6,095,999	4,433,600	6,332,000	6,335,999	4,625,600
5,856,000	5,859,999	4,244,800	6,096,000	6,099,999	4,436,800	6,336,000	6,339,999	4,628,800
5,860,000	5,863,999	4,248,000	6,100,000	6,103,999	4,440,000	6,340,000	6,343,999	4,632,000
5,864,000	5,867,999	4,251,200	6,104,000	6,107,999	4,443,200	6,344,000	6,347,999	4,635,200
5,868,000	5,871,999	4,254,400	6,108,000	6,111,999	4,446,400	6,348,000	6,351,999	4,638,400
5,872,000	5,875,999	4,257,600	6,112,000	6,115,999	4,449,600	6,352,000	6,355,999	4,641,600
5,876,000	5,879,999	4,260,800	6,116,000	6,119,999	4,452,800	6,356,000	6,359,999	4,644,800
5,880,000	5,883,999	4,264,000	6,120,000	6,123,999	4,456,000	6,360,000	6,363,999	4,648,000
5,884,000	5,887,999	4,267,200	6,124,000	6,127,999	4,459,200	6,364,000	6,367,999	4,651,200
5,888,000	5,891,999	4,270,400	6,128,000	6,131,999	4,462,400	6,368,000	6,371,999	4,654,400
5,892,000	5,895,999	4,273,600	6,132,000	6,135,999	4,465,600	6,372,000	6,375,999	4,657,600
5,896,000	5,899,999	4,276,800	6,136,000	6,139,999	4,468,800	6,376,000	6,379,999	4,660,800
5,900,000	5,903,999	4,280,000	6,140,000	6,143,999	4,472,000	6,380,000	6,383,999	4,664,000
5,904,000	5,907,999	4,283,200	6,144,000	6,147,999	4,475,200	6,384,000	6,387,999	4,667,200
5,908,000	5,911,999	4,286,400	6,148,000	6,151,999	4,478,400	6,388,000	6,391,999	4,670,400
5,912,000	5,915,999	4,289,600	6,152,000	6,155,999	4,481,600	6,392,000	6,395,999	4,673,600
5,916,000	5,919,999	4,292,800	6,156,000	6,159,999	4,484,800	6,396,000	6,399,999	4,676,800
5,920,000	5,923,999	4,296,000	6,160,000	6,163,999	4,488,000	6,400,000	6,403,999	4,680,000
5,924,000	5,927,999	4,299,200	6,164,000	6,167,999	4,491,200	6,404,000	6,407,999	4,683,200
5,928,000	5,931,999	4,302,400	6,168,000	6,171,999	4,494,400	6,408,000	6,411,999	4,686,400
5,932,000	5,935,999	4,305,600	6,172,000	6,175,999	4,497,600	6,412,000	6,415,999	4,689,600
5,936,000	5,939,999	4,308,800	6,176,000	6,179,999	4,500,800	6,416,000	6,419,999	4,692,800
5,940,000	5,943,999	4,312,000	6,180,000	6,183,999	4,504,000	6,420,000	6,423,999	4,696,000
5,944,000	5,947,999	4,315,200	6,184,000	6,187,999	4,507,200	6,424,000	6,427,999	4,699,200
5,948,000	5,951,999	4,318,400	6,188,000	6,191,999	4,510,400	6,428,000	6,431,999	4,702,400

— 1020 —

簡易給与所得表

給与等の収入金額の合計額 から	まで	給与所得の金額	給与等の収入金額の合計額 から	まで	給与所得の金額	給与等の収入金額の合計額 から	まで	給与所得の金額
円	円	円	円	円	円	円	円	円
6,432,000	6,435,999	4,705,600	6,492,000	6,495,999	4,753,600	6,552,000	6,555,999	4,801,600
6,436,000	6,439,999	4,708,800	6,496,000	6,499,999	4,756,800	6,556,000	6,559,999	4,804,800
6,440,000	6,443,999	4,712,000	6,500,000	6,503,999	4,760,000	6,560,000	6,563,999	4,808,000
6,444,000	6,447,999	4,715,200	6,504,000	6,507,999	4,763,200	6,564,000	6,567,999	4,811,200
6,448,000	6,451,999	4,718,400	6,508,000	6,511,999	4,766,400	6,568,000	6,571,999	4,814,400
6,452,000	6,455,999	4,721,600	6,512,000	6,515,999	4,769,600	6,572,000	6,575,999	4,817,600
6,456,000	6,459,999	4,724,800	6,516,000	6,519,999	4,772,800	6,576,000	6,579,999	4,820,800
6,460,000	6,463,999	4,728,000	6,520,000	6,523,999	4,776,000	6,580,000	6,583,999	4,824,000
6,464,000	6,467,999	4,731,200	6,524,000	6,527,999	4,779,200	6,584,000	6,587,999	4,827,200
6,468,000	6,471,999	4,734,400	6,528,000	6,531,999	4,782,400	6,588,000	6,591,999	4,830,400
6,472,000	6,475,999	4,737,600	6,532,000	6,535,999	4,785,600	6,592,000	6,595,999	4,833,600
6,476,000	6,479,999	4,740,800	6,536,000	6,539,999	4,788,800	6,596,000	6,599,999	4,836,800
6,480,000	6,483,999	4,744,000	6,540,000	6,543,999	4,792,000			
6,484,000	6,487,999	4,747,200	6,544,000	6,547,999	4,795,200			
6,488,000	6,491,999	4,750,400	6,548,000	6,551,999	4,798,400			

税額表等

令和5年分 給与所得の速算表

○給与所得の金額の求め方……「給与等の収入金額の合計額」をこの表の「給与等の収入金額の合計額」欄に当てはめ，その当てはまる行の右側の「割合」を「給与等の収入金額の合計額」に掛けて一応の金額を求め，次に，その金額からその行の右端の「控除額」を差し引いた残りの金額が求める給与所得の金額です。

給与等の収入金額の合計額	割 合	控 除 額
6,600,000円から8,499,999円まで	90 ％	1,100,000 円
8,500,000円以上	100 ％	1,950,000 円

(注) 例えば，「給与等の収入金額の合計額」が750万円の場合には，求める給与所得の金額は次のようになります。

（給与等の収入金額の合計額）　（割合）　（控除額）　（給与所得の金額）
7,500,000円　　×90％ −1,100,000円 ＝ 5,650,000円

〈参考〉 平成29年分から令和元年分までに適用される給与所得速算表

給与等の収入金額の合計額	割 合	控 除 額
6,600,000円から9,999,999円まで	90 ％	1,200,000 円
10,000,000円以上	100 ％	2,200,000 円

令和5年分　公的年金等に係る雑所得の速算表

○　この表は，公的年金等に係る雑所得の金額を求めるためのものです。

〔求める所得金額＝Ⓐ×Ⓑ－Ⓒ〕

①公的年金等に係る雑所得以外の所得に係る合計所得金額が1,000万円以下

年齢区分	Ⓐ公的年金等の収入金額の合計額	Ⓑ割合	Ⓒ控除額
昭和三十四年一月二日以後に生まれた人	公的年金等の収入金額の合計額が600,000円までの場合は，所得金額はゼロとなります。		
	600,001円から　1,299,999円まで	100%	600,000円
	1,300,000円から　4,099,999円まで	75%	275,000円
	4,100,000円から　7,699,999円まで	85%	685,000円
	7,700,000円から　9,999,999円まで	95%	1,455,000円
	10,000,000円以上	100%	1,955,000円
昭和三十四年一月一日以前に生まれた人	公的年金等の収入金額の合計額が1,100,000円までの場合は，所得金額はゼロとなります。		
	1,100,001円から　3,299,999円まで	100%	1,100,000円
	3,300,000円から　4,099,999円まで	75%	275,000円
	4,100,000円から　7,699,999円まで	85%	685,000円
	7,700,000円から　9,999,999円まで	95%	1,455,000円
	10,000,000円以上	100%	1,955,000円

②公的年金等に係る雑所得以外の所得に係る合計所得金額が1,000万円超2,000万円以下

年齢区分	Ⓐ公的年金等の収入金額の合計額	Ⓑ割合	Ⓒ控除額
昭和三十四年一月二日以後に生まれた人	公的年金等の収入金額の合計額が500,000円までの場合は，所得金額はゼロとなります。		
	500,001円から　1,299,999円まで	100%	500,000円
	1,300,000円から　4,099,999円まで	75%	175,000円
	4,100,000円から　7,699,999円まで	85%	585,000円
	7,700,000円から　9,999,999円まで	95%	1,355,000円
	10,000,000円以上	100%	1,855,000円
昭和三十四年一月一日以前に生まれた人	公的年金等の収入金額の合計額が1,000,000円までの場合は，所得金額はゼロとなります。		
	1,000,001円から　3,299,999円まで	100%	1,000,000円
	3,300,000円から　4,099,999円まで	75%	175,000円
	4,100,000円から　7,699,999円まで	85%	585,000円
	7,700,000円から　9,999,999円まで	95%	1,355,000円
	10,000,000円以上	100%	1,855,000円

税額表等

公的年金等に係る雑所得の速算表

③公的年金等に係る雑所得以外の所得に係る合計所得金額が2,000万円超

年齢区分	Ⓐ公的年金等の収入金額の合計額	Ⓑ割合	Ⓒ控除額
昭和三十四年一月二日以後に生まれた人	公的年金等の収入金額の合計額が400,000円までの場合は、所得金額はゼロとなります。		
	400,001円から 1,299,999円まで	100%	400,000円
	1,300,000円から 4,099,999円まで	75%	75,000円
	4,100,000円から 7,699,999円まで	85%	485,000円
	7,700,000円から 9,999,999円まで	95%	1,255,000円
	10,000,000円以上	100%	1,755,000円
昭和三十四年一月一日以前に生まれた人	公的年金等の収入金額の合計額が900,000円までの場合は、所得金額はゼロとなります。		
	900,001円から 3,299,999円まで	100%	900,000円
	3,300,000円から 4,099,999円まで	75%	75,000円
	4,100,000円から 7,699,999円まで	85%	485,000円
	7,700,000円から 9,999,999円まで	95%	1,255,000円
	10,000,000円以上	100%	1,755,000円

(注)　例えば，昭和34年1月1日以前に生まれた人で「公的年金等に係る雑所得以外の所得に係る合計所得金額」が500万円，「公的年金等の収入金額の合計額」が350万円の場合には，求める公的年金等に係る雑所得の金額は次のようになります。

公的年金等の収入金額の合計額　（割合）　（控除額）　公的年金等に係る雑所得の金額
3,500,000円　×　75％　−275,000円＝　2,350,000円

〈参考〉　平成17年分から令和元年分までに適用される公的年金等に係る雑所得の速算表

年齢区分	Ⓐ公的年金等の収入金額の合計額	Ⓑ割合	Ⓒ控除額
昭和三十年一月二日以後に生まれた人（注）	公的年金等の収入金額の合計額が700,000円までの場合は、所得金額はゼロとなります。		
	700,001円から 1,299,999円まで	100%	700,000円
	1,300,000円から 4,099,999円まで	75%	375,000円
	4,100,000円から 7,699,999円まで	85%	785,000円
	7,700,000円以上	95%	1,555,000円
昭和三十年一月一日以前に生まれた人（注）	公的年金等の収入金額の合計額が1,200,000円までの場合は、所得金額はゼロとなります。		
	1,200,001円から 3,299,999円まで	100%	1,200,000円
	3,300,000円から 4,099,999円まで	75%	375,000円
	4,100,000円から 7,699,999円まで	85%	785,000円
	7,700,000円以上	95%	1,555,000円

(注)　令和元年分の場合

― 1024 ―

令和5年分　配偶者特別控除額の早見表

①合計所得金額900万円以下の居住者

	配偶者の合計所得金額	控除額
控除対象配偶者に当たらない場合	480,001円から　950,000円まで	38万円
	950,001円から1,000,000円まで	36万円
	1,000,001円から1,050,000円まで	31万円
	1,050,001円から1,100,000円まで	26万円
	1,100,001円から1,150,000円まで	21万円
	1,150,001円から1,200,000円まで	16万円
	1,200,001円から1,250,000円まで	11万円
	1,250,001円から1,300,000円まで	6万円
	1,300,001円から1,330,000円まで	3万円
1,330,001円以上		0円

②合計所得金額900万円超950万円以下の居住者

	配偶者の合計所得金額	控除額
控除対象配偶者に当たらない場合	480,001円から　950,000円まで	26万円
	950,001円から1,000,000円まで	24万円
	1,000,001円から1,050,000円まで	21万円
	1,050,001円から1,100,000円まで	18万円
	1,100,001円から1,150,000円まで	14万円
	1,150,001円から1,200,000円まで	11万円
	1,200,001円から1,250,000円まで	8万円
	1,250,001円から1,300,000円まで	4万円
	1,300,001円から1,330,000円まで	2万円
1,330,001円以上		0円

税額表等

配偶者特別控除額の早見表

③合計所得金額950万円超1,000万円以下の居住者

	配偶者の合計所得金額	控除額
控除対象配偶者に当たらない場合	480,001円から　950,000円まで	13万円
	950,001円から1,000,000円まで	12万円
	1,000,001円から1,050,000円まで	11万円
	1,050,001円から1,100,000円まで	9万円
	1,100,001円から1,150,000円まで	7万円
	1,150,001円から1,200,000円まで	6万円
	1,200,001円から1,250,000円まで	4万円
	1,250,001円から1,300,000円まで	2万円
	1,300,001円から1,330,000円まで	1万円
1,330,001円以上		0円

〈参考〉　平成30年分及び令和元年分に適用される配偶者特別控除額の早見表

①合計所得金額900万円以下の居住者

	配偶者の合計所得金額	控除額
控除対象配偶者に当たらない場合	380,001円から　850,000円まで	38万円
	850,001円から　900,000円まで	36万円
	900,001円から　950,000円まで	31万円
	950,001円から1,000,000円まで	26万円
	1,000,001円から1,050,000円まで	21万円
	1,050,001円から1,100,000円まで	16万円
	1,100,001円から1,150,000円まで	11万円
	1,150,001円から1,200,000円まで	6万円
	1,200,001円から1,230,000円まで	3万円
1,230,001円以上		0円

配偶者特別控除額の早見表

②合計所得金額900万円超950万円以下の居住者

	配偶者の合計所得金額	控除額
控除対象配偶者に当たらない場合	380,001円から　850,000円まで	26万円
	850,001円から　900,000円まで	24万円
	900,001円から　950,000円まで	21万円
	950,001円から1,000,000円まで	18万円
	1,000,001円から1,050,000円まで	14万円
	1,050,001円から1,100,000円まで	11万円
	1,100,001円から1,150,000円まで	8万円
	1,150,001円から1,200,000円まで	4万円
	1,200,001円から1,230,000円まで	2万円
	1,230,001円以上	0円

③合計所得金額950万円超1,000万円以下の居住者

	配偶者の合計所得金額	控除額
控除対象配偶者に当たらない場合	380,001円から　850,000円まで	13万円
	850,001円から　900,000円まで	12万円
	900,001円から　950,000円まで	11万円
	950,001円から1,000,000円まで	9万円
	1,000,001円から1,050,000円まで	7万円
	1,050,001円から1,100,000円まで	6万円
	1,100,001円から1,150,000円まで	4万円
	1,150,001円から1,200,000円まで	2万円
	1,200,001円から1,230,000円まで	1万円
	1,230,001円以上	0円

令和5年分　基礎控除額の早見表

合計所得金額	控 除 額
24,000,000円まで	48万円
24,000,001円から24,500,000円まで	32万円
24,500,001円から25,000,000円まで	16万円
25,000,001円以上	0円

（注）　令和元年分以前の所得税に係る基礎控除額は，納税者本人の合計所得金額にかかわらず，一律38万円となります。

個人の住民税・事業税の申告について

個人の住民税申告

―――――――――――― 目　　次 ――――――――――――

第1　住民税のあらまし ……………………… 1030
　1　住民税の課税方式 ………………………… 1030
　2　住民税の納税義務者 ……………………… 1030
　　(1)　均等割の納税義務者 …………………… 1030
　　(2)　所得割の納税義務者 …………………… 1030
　3　住民税が課税されない人 ………………… 1031
　4　年の中途で死亡した人の納税義務 …… 1031
第2　住民税の申告について …………………… 1033
　1　住民税の申告書を提出しなければ
　　ならない人 ………………………………… 1033
　2　申告書の提出先とその提出期限 ……… 1033
　3　住民税の申告書の提出と記載方法 …… 1034
　4　確定申告書の提出に当たり留意
　　すべき事項 ………………………………… 1036

　5　ふるさと納税ワンストップ特例
　　制度 ………………………………………… 1038
　6　住民税の申告書の様式 ………………… 1039
第3　住民税の税額の計算 …………………… 1042
　1　住民税の均等割額の計算 ……………… 1042
　2　住民税の所得割額の計算 ……………… 1042
　　(1)　所得金額の計算 ……………………… 1042
　　(2)　所得控除額の計算 …………………… 1043
　　(3)　課税所得金額 ………………………… 1045
　　(4)　税率の適用 …………………………… 1046
　　(5)　税額控除額の計算 …………………… 1048
　　(6)　免税所得についての免税額の
　　　計算 ……………………………………… 1056
　　(7)　所得割額 ……………………………… 1057

住
民
税

（凡　例）

地法…………地方税法　　　　　　　　（例）
地令…………地方税法施行令　　　　　地法292①七＝地方税法第292条第1項第7号
地規…………地方税法施行規則　　　　地令43①＝地方税法施行令第43条第1項

は　じ　め　に

　住民税はその名前のとおり，都道府県や市(区)町村の住民が都道府県と市(区)町村に納税する税金であり，道府県民税（都民税を含む。）と市町村民税（特別区民税を含む。）を総称して一般的に住民税と呼んでいます。また，住民税は個人の住民税と法人の住民税の二つに分けられますが，ここでは個人の住民税（以下「住民税」という。）について説明することとします。

　住民税は，地方自治の立場から地域社会の費用について住民がその能力に応じて負担を分任するという性格をもつ税であり，住民にとっては最も身近な税金ですが，所得税のように申告納税方式ではなく賦課課税方式を採っていることなどから，所得税に比べると，その内容を十分に理解していただきにくいという面があります。

　そこで本稿では，所得税と住民税との相違点を中心にしながら住民税について，令和5年10月1

日現在の地方税法に基づいて説明します。

第1　住民税のあらまし

1　住民税の課税方式

　住民税は賦課課税方式を採っています。賦課課税方式とは，所得税のように納税者自らが納税すべき額を計算して申告納付する申告納税方式ではなく，課税権者である市（区）町村長が税額を計算して決定し，それを納税者に通知し，納税者は，その通知によって定められた期限までに納税するというものです（地法1①六，七，九，319，319の2，321の3，321の4，321の5，321の7の2，321の7の4，321の7の6）。

　また，所得税がその年中の所得について課税する現年所得課税を採っているのに対し，住民税の所得割は，退職所得を除き，前年中の所得について課税する前年所得課税を採っています（地法32①②，50の2，313①②，328）。したがって，令和6年度分の住民税は，令和5年中の所得金額に基づいて税額が計算されます。

　なお，道府県民税の課税については，市（区）町村が市町村民税と併せて行うことになっています（地法41①，319②）。

2　住民税の納税義務者

　住民税は，納税者の所得金額の多寡にかかわらず一定額を課税する均等割と，所得金額に応じて課税する所得割とからなっており，その年度分の住民税額は均等割と所得割との合算額によって算定されます。納税義務者はそれぞれ次のとおりです。

（1）　均等割の納税義務者

① 道府県民税

　（ア）道府県内に住所を有する人（地法24①一）

　（イ）道府県内に事務所，事業所又は家屋敷（以下「事務所等」という。）を有する人で，事務所等の所在する市町村内に住所を有しない人（地法24①二）

② 市町村民税

　（ア）市町村内に住所を有する人（地法294①一）

　（イ）市町村内に事務所等を有する人で，事務所等の所在する市町村内に住所を有しない人（地法294①二）

（2）　所得割の納税義務者

① 道府県民税

　道府県内に住所を有する人（地法24①一）

② 市町村民税

　市町村内に住所を有する人（地法294①一）

　なお，（都）道府県内及び市（区）町村内に住所を有するかどうか，また，事務所等を有するかどう

かは，その年の１月１日現在の状況で判断されます（地法39，318）。

したがって，例えば，令和５年12月にA市からB市に転居した人は，令和６年１月１日現在の住所はB市ですから令和６年度分の住民税はB市で課税されることになります。

住所の認定については，住民基本台帳に記録されている人は，原則として，その市（区）町村に住所があるものとされますが，住民基本台帳に記録されていない場合でも，現実にその市（区）町村内に住所があるときには，住民基本台帳に記録されているものとみなして，住民税が課税されます（地法24②，294③）。

3 住民税が課税されない人

次に掲げる人には，住民税（退職所得に対し特別徴収される所得割を除く。）は課税されません（(1)に該当する人には，退職所得に係る所得割も課税されません。）（地法24の５，295）。

(1) 生活保護法の規定による生活扶助を受けている人（したがって，医療扶助，教育扶助等生活扶助以外の扶助は対象となりません。）（地法24の５①一，295①一）

(2) 障害者，未成年者，寡婦又はひとり親で，前年の合計所得金額が135万円以下（給与所得者の場合年収約204万４千円未満）であった人（地法24の５①二，295①二）

(3) 均等割のみの納税義務者のうち，前年の合計所得金額がその市町村の条例で定める金額以下である人（地法24の５③，295③）

(注)1 低所得者層の税負担に配慮するため，一定の所得金額以下の者については，均等割が非課税とされていますが，均等割が非課税とされる所得金額を市町村が条例で定める場合に用いる非課税基準の金額は，基本額として定めるものについては35万円に，加算額として定めるものについては21万円に，それぞれ生活保護の基準における地域の級地区分に応じて定められている一定の率（１級地1.0，２級地0.9，３級地0.8）を乗じて得た金額を斟酌して定めることとされています（地法295③，地令47の３，地規９の21②）。

なお，非課税限度額を計算式で示すと次のとおりです。

非課税限度額＝35万円×（１＋同一生計配偶者＋扶養親族数）＋10万円＋21万円（同一生計配偶者又は扶養親族を有する場合に限ります。）

2 低所得者層の税負担に配慮するため，当分の間，その者の所得金額が35万円に本人，同一生計配偶者及び扶養親族の合計数を乗じて得た金額に10万円を加算した金額（その者が同一生計配偶者又は扶養親族を有する場合には，その金額に32万円を加算した金額）以下である場合には，所得割（退職手当等の分離課税にかかる所得割は除く。）が非課税とされています（地法附３の３）。

なお，非課税限度額を計算式で示すと次のとおりです。

非課税限度額＝35万円×（１＋同一生計配偶者＋扶養親族数）＋10万円＋32万円（同一生計配偶者又は扶養親族を有する場合に限ります。）

4 年の中途で死亡した人の納税義務

住民税は，毎年１月１日に住所を有する人が納税義務者となるものですから，年の中途において死亡した人の納税関係は次のとおりとなります。

個人の住民税申告

(1) 令和5年中に死亡した場合

令和6年度分の住民税は，令和6年1月1日現在に住所を有する人が納税義務者となりますから，令和5年中に死亡した人は，令和6年度分の住民税については，納税の義務を負いません（地法39，318）。

なお，死亡当時に税額が決定されている令和5年度分以前の住民税のうち未納の分については，原則として，相続人が納税の義務を承継することになります（地法9）。

(2) 令和6年1月2日以後に死亡した場合

令和6年度分の住民税は，令和6年1月1日現在をもって納税義務の有無が確定しますので，1月2日以後に死亡した場合にはその人の納税義務は消滅しません（地法39，318）。したがって，このような場合には，令和5年中の所得に係る令和6年度分の住民税の納税義務は，その相続人が承継することになります（地法9）。

個人の住民税申告

第2　住民税の申告について

　住民税は賦課課税方式を採っていますが，市(区)町村が適正な所得計算や税額計算を行うための課税資料として必要であることから，申告書を提出することとされています。したがって，この申告によって自動的に住民税が確定するものではなく，税額はこの申告を基にして市(区)町村長が決定することになりますので，所得税の申告とはその性格が異なります。

1　住民税の申告書を提出しなければならない人

　市(区)町村内に住所を有する人は，次の(1)から(3)までに該当する人を除いては，全て申告書を提出しなければならないこととされています。ただし，所得税の確定申告書を税務署に提出した場合は，その日に住民税の申告書を提出したものとみなされ，また，所得税の確定申告書に記載された事項のうち住民税の申告事項に相当するものは住民税の申告書に記載されたものとみなされますので，改めて住民税の申告書を提出する必要はありません（地法45の3①，317の3①）。

〔申告をしなくてもよい人〕

(1)　前年中の所得が給与所得のみである人

(2)　前年中の所得が公的年金等に係る所得のみである人

(3)　前年中の所得が市(区)町村の条例で定める金額以下の人

　(3)の人については，納付すべき税額がないこと，(1)と(2)の人については，給与の支払者や公的年金等の支払者から市(区)町村長あてに給与支払報告書や公的年金等支払報告書が提出されること等によるものです（地法45の2①，317の2①）。

　なお，(2)の人が社会保険料控除(一定のものを除く。)，小規模企業共済等掛金控除，生命保険料控除，地震保険料控除，勤労学生控除，配偶者特別控除（源泉控除対象配偶者に係るものを除く。）や同居老親等扶養控除又はこれらの控除と併せて雑損控除額，医療費控除額，純損失・雑損失の繰越控除額の控除を受けようとする場合は，申告書を提出することとされています（地法45の2①③，317の2①③）。

　また，(1)の人が，雑損控除，医療費控除あるいは寄附金税額控除等を受けようとする場合は，そのための申告書を提出することとされています（地法45の2③，317の2③）。

2　申告書の提出先とその提出期限

　住民税の申告書の提出期限は，その年度の初日の属する年の3月15日とされていますが，令和6年度分の住民税の申告書は，令和6年3月15日までに，令和6年1月1日現在における住所所在地の市(区)町村長に提出しなければならないこととされています（地法20の5②，45の2①，317の2①，地令6の18②）。

　したがって，たとえば，令和6年2月にA市からB市に転居した人でも申告書の提出先は，1月1日現在における住所所在地のA市となります。

— 1033 —

個人の住民税申告

3 住民税の申告書の提出と記載方法

（1） 所得税の確定申告との相異点

① 給与所得者で給与所得以外の所得が20万円以下である人

　所得税では，給与所得以外の所得が20万円以下である場合には，確定申告の必要はありませんが，住民税では，それらの所得についても給与所得と合わせて申告することとされています（地法45の2①，317の2①）。

② 公的年金等に係る雑所得を有する者のうち，その年中の公的年金等の収入金額が400万円以下であり，かつ，その年分の公的年金等に係る雑所得以外の所得金額が20万円以下の人

　平成23年分の所得税より，その年中の公的年金等の収入額が400万円以下であり，かつ，その年分の公的年金等に係る雑所得以外の所得金額が20万円以下の人の場合，確定申告の提出を要しないこととされましたが，住民税では，源泉徴収制度をとっていないこと等から，公的年金等に係る雑所得以外の所得金額20万円以下であってもこれらの所得も公的年金等に係る雑所得と併せて申告することになっています。

③ 退職所得のある人

　退職所得に係る住民税の所得割は，原則としていわゆる分離課税が行われ，特別徴収の方法によって徴収されますので，これらの人は申告する必要はないこととされています。ただし，分離課税の行われなかった退職所得のある人は申告書を提出することとされています（1の(3)の人を除く。）（地法45の2①，317の2①）。

④ 配当所得のある人

　配当割の対象となる配当所得（上場株式の配当等）についてはすでに特別徴収されており，申告する必要はありません（地法71の30）。しかし，それ以外の配当所得（非上場株式の配当等）のうち，いわゆる少額配当に該当するものは所得税では確定申告は不要とされていますが，住民税においては申告が必要であり，他の所得と総合して課税されます（1037ページ参照）。

（2） 証明書等の添付又は提示

　申告書を提出する者に対して，市（区）町村長は，所得税において確定申告書に添付すべき書類又は税務署長に提示させ，若しくは提出させることができる書類の提示又は提出を求めることができるものとされています。ただし，すでに所得税の確定申告書に添付し又は税務署長に提示若しくは提出したものはこれを除外することとされています（地規2の2②）。

（3） 租税特別措置法の適用

　租税特別措置法に規定されている所得金額の計算に関する特例は，住民税においても認められています（地法32②，313②）。

　なお，特例計算の規定の適用を受けるための証明書などについては，住民税の申告書に添付するか，又は提示することとされています（地規2の2②）。

（4） 住民税の税額計算

　住民税の税額計算は，市町村において行いますので，申告する人が行う必要はありません。

　なお，税額をご自身で計算してみる場合には，「第3　住民税の税額の計算」を参照してください。

（5） 住民税の納税

　所得税は，申告納税方式を採っていますので，3月15日が申告書の提出及び納税の期限とされていますが，住民税は，申告書の提出と納税とは別で別途市（区）町村長から送付される**納税通知書**により納めることとされています。たとえば，**事業所得者**などは，通常年税額（市町村民税と道府県民税の所得割額と均等割額の合算額）を4等分して，**令和6年6月，8月，10月，7年1月中**（均等割額に相当する金額以下である場合には6月中）に納めることとされており（地法320），これを「**普通徴収**」といいます。

　また，**給与所得者**については，一般的に，所得税における源泉徴収の方法に準じて，住民税の**特別徴収**が行われます。令和6年度分については，**令和6年6月から令和7年5月までの12回に分けて毎月給与の支払の際に徴収される**ことになっています（地法321の5①）。

　この場合，令和6年6月1日から同年12月31日までに退職した人に係る住民税の残税額は，本人の申出等があれば退職金等から一括して納税することができ，また，令和7年1月1日から同年4月30日までに退職した人に係る住民税の残税額は，その残税額を超える退職金等（令和7年5月31日までに支払われるべきものに限ります。）がある場合は，本人の申出等がなくてもその退職金等から一括して徴収されます（地法321の5②ただし書）。

　平成21年度住民税より，公的年金等所得者のうち住民税の納税義務者であって前年中に公的年金等の支払を受けた者のうち，その年度の初日において老齢年金等年金給付を受給している65歳以上の公的年金等所得者の住民税については，住民税の特別徴収が行われることとなりました。

○　令和5年度から引き続き公的年金等に係る所得に係る住民税の特別徴収が行われる方

　㋐　令和6年4月1日から9月30日までの間

　　　年度前半においては，令和5年度（前年度）の公的年金等に係る所得に係る所得割額及び均等割額（年税額）の2分の1に相当する額を老齢等年金給付から特別徴収の方法により徴収することとなります（仮徴収）（地法321の7の8①）。

　㋑　令和6年10月1日から7年3月31日までの間

　　　年度後半においては，公的年金等に係る所得に係る所得割額及び均等割額から年度前半において仮徴収すべき額を控除した額を老齢等年金給付から特別徴収の方法により徴収することとなります（本徴収）（地法321の7の2①，321の7の8②）。

○　令和6年度より新たに公的年金等に係る所得に係る住民税の特別徴収が行われる方

　㋐　令和6年4月1日から9月30日までの間

　　　年度前半においては，公的年金等に係る所得に係る所得割額及び均等割額から当該年度の10月1日から翌年3月31日までの間に特別徴収の方法により徴収すべき額を控除した額を普通徴収の方法により徴収します。すなわち，公的年金等に係る所得に係る所得割額及び均等割額の2分の1に相当する額について，年度前半の普通徴収の納期（多くの市町村においては6月及び8月）に普通徴収の方法により徴収することとなります（地法321の7の2③）。

　㋑　令和6年10月1日から7年3月31日までの間

　　　年度後半においては，公的年金等に係る所得に係る所得割額及び均等割額の2分の1に相当する額を老齢等年金給付から特別徴収の方法により徴収することとなります（本徴収）（地法321の7の2①）。

（6） 納税者が災害を受けた場合

所得税では,

　(ｱ)　いわゆる災害減免法の規定の適用を受けて所得税の減免を受けるか

　(ｲ)　又は雑損控除を受けるか

のいずれかを選択することができることとされていますが，住民税では，(ｱ)の制度はありませんので，雑損控除を受けるためには住民税の申告書を提出する必要があります。

　(注)　災害を受けた日の属する年度分の住民税については，市町村の条例で定めるところにより，減免を受けることができます。

4　確定申告書の提出に当たり留意すべき事項

　「前年分の所得税について所得税の確定申告書を提出した人」は住民税の申告書を提出したものとみなされますので，確定申告書の他に市町村民税の申告書を提出する必要はありません（地法45の3①，317の3①）。

　これは，住民税の申告書が住民税課税の賦課資料という性格をもっているものであることから，所得税，住民税及び事業税の申告に当たって納税者の事務負担の軽減に配慮するという趣旨によるものです。しかしながら，所得税の確定申告書の内容だけでは，住民税の課税に当たり内容的に不十分な点もありますので，所得税の確定申告書を提出する人は，確定申告書の一面に設けられている「令和6年1月1日の住所」と「住民税に関する事項」欄に所定の事項を付記することとされています（地法45の3③，317の3③，地規2の3②）。

　これらの事項の記載要領は以下のとおりです。

（1）　「令和6年1月1日の住所」

　個人の住民税の賦課期日は1月1日ですので，この日現在における住所を記載します。

　これは，1月1日現在において住所所在地の市(区)町村(道府県民税は，その市(区)町村を管轄する都道府県)が住民税の課税権を有することとされているため，必ずしも所得税の納税地と一致しないからです。

（2）　「所得税で控除対象配偶者等とした専従者」（青色申告の場合）

　住民税では，前年分の所得税の納税義務を負わないことなどの理由により，所得税において青色事業専従者給与に関する届出書を提出しなかった青色申告者が，生計を一にする親族(年齢15歳未満の者を除く。)を青色事業専従者とする旨の記載がされた申告書を期限内に提出した場合には，その親族に対して支払った給与を事業所得等の計算上必要経費に算入することが認められています（地法32③，313③）。そこで，住民税で青色事業専従者にしようとする人の氏名，個人番号及びその人に支給した青色事業専従者給与額を書くこととされています。

個人の住民税申告

確定申告書の第二表より

○ 住民税・事業税に関する事項

住民税	非上場株式の少額配当等	非居住者の特例	配当割額控除額	株式等譲渡所得割額控除額	給与・公的年金等以外の所得に係る住民税の徴収方法		都道府県、市区町村への寄附（特例控除対象）	共同募金、日赤その他の寄附	都道府県条例指定寄附	市区町村条例指定寄附
					特別徴収	自分で納付				
	円	円	円	円	○	○	円	円	円	円

退職所得のある配偶者・親族の氏名	個 人 番 号	続柄	生 年 月 日	退職所得を除く所得金額	障害者	その他	寡婦・ひとり親
			明・大昭・平 ． ．	円	障 特障	調整	寡婦 ひとり

事業税	非課税所得など	番号	所得金額	損益通算の特例適用前の不動産所得		前年中の開（廃）業	開始・廃止 月日
	不動産所得から差し引いた青色申告特別控除額			事業用資産の譲渡損失など	円	他都道府県の事務所等	

上記の配偶者・親族・事業専従者のうち別居の者の氏名・住所	氏名	住所	国外	所得税で控除対象配偶者などとした専従者	氏名	給与	一連番号

（3）　「非上場株式の少額配当等を含む配当所得の金額」

　配当割の対象となる配当所得（上場株式の配当等）については，すでに特別徴収されており，申告する必要はありません。

　しかし，それ以外の配当所得（非上場株式の配当等）のうち，1銘柄について1回に支払を受けるべき金額が，10万円に配当計算期間（その配当等の直前の配当等の支払の基準日の翌日から，その配当等の支払の基準日までの期間をいう。）の月数を乗じてこれを12で除して計算した金額以下のいわゆる少額配当所得は，所得税において確定申告しない場合であっても住民税においては他の所得と総合して課税されます。

　したがって，これらの配当所得のある人は，この欄に上記の少額配当所得を含めた金額を記載することとされています。

（4）　「非居住者の特例」

　令和6年1月1日現在，日本に住所を有する人で，前年中に非居住者期間を有する場合には，所得税では，非居住者期間中に生じた国内源泉所得について総合課税に係る所得税と分離課税に係る所得税とに区別されていますが，住民税では，全て総合課税とされていますので，非居住者期間を有する人は，その期間中に生じた国内源泉所得のうち所得税で分離課税された金額を記載することとされています。

（5）　「給与・公的年金等以外の所得に係る住民税の徴収方法」

　給与所得者に給与所得及び公的年金等所得以外の所得がある場合におけるその給与所得及び公的年金等所得以外の所得に対する住民税の徴収方法は，納税義務者が普通徴収の方法による徴収を希望する旨を申し出ない限り，給与所得に対する住民税と合算して特別徴収（給与の支払者が給与の支払の際に徴収する方法）の方法によって徴収されます（地法321の3②）。

　なお，65歳未満の公的年金等所得を有する給与所得者については，納税の便宜等を図る観点から，公的年金等所得に係る所得割額を，給与からの特別徴収の方法により徴収することが出来ます。

　したがって，給与所得者で給与所得及び公的年金等所得以外（65歳未満の方は給与所得以外）の所得に対する住民税を給与から差し引かないことを希望する場合は，「自分で納付」の☑欄に○を記入することとされています。

5　ふるさと納税ワンストップ特例制度

（1）概要

　平成27年度の税制改正において，確定申告が不要な給与所得者等が寄附を行う場合は，ワンストップで控除を受けられる「ふるさと納税ワンストップ特例制度」が創設されました。

　確定申告を行わない給与所得者等は，寄附を行う際，個人住民税課税市町村に対する寄附金の税額控除申請を寄附先団体が寄附者に代わって行うことを要請できることとし，この要請を受けた寄附先団体は，控除に必要な事項を寄附者の個人住民税課税市町村に通知することとされました。また，この特例が適用される場合は，所得税控除分相当額を含め，翌年度の個人住民税から控除され，原則として，確定申告を行った場合と同額が控除されることとなりました。

（2）対象者

「ふるさと納税ワンストップ特例制度」の対象者は以下のとおりです（地法附7①②⑧⑨）。

①　地方団体に対する寄附金を支出する年の年分の所得税について確定申告書を提出する義務がないと見込まれる者又は給与収入が2千万円以下であって確定申告書の提出を要しないと見込まれる者（地法附7①⑧）

②　地方団体に対する寄附金についての寄附金税額控除を受ける目的以外に，寄附翌年度の個人住民税所得割について確定申告書（個人住民税の申告書）の提出を要しないと見込まれる者（地法附7①⑧）

③　申告特例の求めを行う地方団体の数が5以下であると見込まれる者（地法附7②⑨）

（3）手続

①　申請

　申告特例の求めは，総務省令で定めるところにより，申告特例の求めを行う者の氏名，住所及び生年月日，申告特例の求めを行う者が申告特例対象寄附者である旨，申告特例の求めに係る寄附金額，申告特例の求めを行う地方団体の数が5以下であると見込まれる旨，その他総務省令で定める事項を記載した申請書により行わなければなりません（地法附7③⑩）。

　また，申告特例の求めを行った寄附者は，申告特例の求めを行った日から賦課期日までの間に氏名，住所及び生年月日に変更があったときは，申告特例対象年の翌年の1月10日までに，寄附先団体の長に対し，総務省令の定めるところにより，変更があった事項その他総務省令で定める事項を届け出なければなりません（地法附7④⑪）。

②　申告特例通知書

　地方団体の長は，申告特例の求めがあったときは，申告特例対象年の翌年の1月31日までに，申告特例の求めを行った者の住所（住所の変更の届出があったときは，変更後の住所）の所在地の市町村に対し，総務省令で定めるところにより，申告特例通知書を送付しなければなりません（地法附7⑤⑫）。

　また，次のいずれかに該当する場合には，申告特例の求めを行った者（寄附者）の地方団体に対する寄附金に係る申告特例の求め及び申告特例通知書の送付については，いずれもなかったものとみなされます（地法附7⑥⑬）。

　(ア)　確定申告書の提出を要する者となったとき

個人の住民税申告

　(イ)　寄附翌年度の個人住民税所得割について確定申告書（個人住民税の申告書）の提出をしたとき

　(ウ)　地方団体に対する寄附金に係る申告特例通知書を送付した地方団体の長の数が5を超えたとき（5を超える地方団体に申告特例の求めを行ったとき）

　(エ)　申告特例通知書の送付を受けた市町村長が賦課期日現在における住所所在地の市町村長と異なったとき

　また，この場合において，申告特例通知書の送付を受けた市町村長は，申告特例の求めを行った者（寄附者）に対し，その旨の通知その他の必要な措置を講ずるものとされました。ふるさと納税ワンストップ特例制度は，確定申告を行っていないという客観的事象を要件とする制度であることから，仮に個人住民税の賦課決定後に確定申告があった場合についても，特例制度の適用要件から外れることとなります。したがって，本特例は適用されず，それに伴い個人住民税額は再計算されることとなります（結果として，申告特例控除額分の増額について，追加徴収する必要があるものとなります。）。もちろん，その増額分については，確定申告により所得税における寄附金控除の適用を受けられるものであることから，最終的に寄附者本人の実質負担が結果として変わるものではありません（地法附7⑥⑬）。

6　住民税の申告書の様式

　住民税の申告書の様式の見本を次ページに掲げておきました。その後改正されることもありますので留意してください。

個人の住民税申告

第五号の四様式（第二条関係）表

分離課税に係る所得等のある方は、「市町村民税・道府県民税申告書（分離課税等用）」をあわせて提出してください。
この申告書を提出した方は事業税の申告書を提出する必要がありません。

令和　年度分　市町村民税　道府県民税　申告書

整理番号	
業種又は職業	
電話番号	

市町村長殿

現住所	
1月1日現在の住所	
フリガナ 氏名	個人番号
生年 明・大・昭・平・令　月日	世帯主の氏名　続柄

提出年月日　年　月　日

3 所得から差し引かれる金額に関する事項

⑬ 社会保険料控除

社会保険の種類	支払った保険料
	円
合　計	

⑲ 生命保険料控除

新生命保険料の計	旧生命保険料の計
円	円
新個人年金保険料の計	旧個人年金保険料の計
円	円
介護医療保険料の計	
円	

⑯ 地震保険料控除

地震保険料の計	旧長期損害保険料の計
円	円

⑰～⑲ 寡婦控除、ひとり親控除、勤労学生控除

⑰ □ 寡婦控除	⑱	⑲ □ 勤労学生控除 （学校名）
□ 死別　□ 生死不明 □ 離婚　□ 未帰還	□ ひとり親控除	

⑳ 障害者控除

	フリガナ 氏名	障害の程度	級度
1	個人番号		
2	フリガナ 氏名	障害の程度	級度
	個人番号		

㉑～㉒ 配偶者控除・配偶者特別控除・同一生計配偶者

フリガナ 氏名	生年月日 明・大・昭・平・令	□ 同一生計配偶者（控除対象配偶者を除く。）
個人番号	配偶者の合計所得金額 円	

㉓ 扶養控除

	フリガナ 氏名	生年月日 明・大・昭・平・令	同居・別居の区分	続柄
1	個人番号		□ 同居 □ 別居	控除額　万円
2	フリガナ 氏名	生年月日 明・大・昭・平・令	□ 同居 □ 別居	続柄
	個人番号			控除額
3	フリガナ 氏名	生年月日 明・大・昭・平・令	□ 同居 □ 別居	続柄
	個人番号			控除額
4	フリガナ 氏名	生年月日 明・大・昭・平・令	□ 同居 □ 別居	続柄
	個人番号			控除額

16歳未満の扶養親族（控除対象外）

	フリガナ 氏名	生年月日 平・令	同居・別居の区分	続柄
1	個人番号		□ 同居 □ 別居	
2	フリガナ 氏名	生年月日 平・令	□ 同居 □ 別居	続柄
	個人番号			
3	フリガナ 氏名	生年月日 平・令	□ 同居 □ 別居	続柄
	個人番号			扶養控除額の合計

別居の扶養親族等がいる場合には、裏面「12」に氏名、個人番号、住所及び国外居住者である場合は区分を記入してください。

㉖ 雑損控除

損害の原因	損害年月日	損害を受けた資産の種類
損害金額 円	保険金などで補塡される金額 円	差引損失額のうち災害関連支出の金額 円

㉗ 医療費控除

支払った医療費等	保険金などで補塡される金額
円	円

1 収入金額等

事業	営業等	ア
	農業	イ
	不動産	ウ
	利子	エ
	配当	オ
	給与	カ
	公的年金等	キ
雑	業務	ク
	その他	ケ
総合譲渡	短期	コ
	長期	サ
	一時	シ

2 所得金額

事業	営業等	①
	農業	②
	不動産	③
	利子	④
	配当	⑤
	給与	⑥
雑	公的年金等	⑦
	業務	⑧
	その他	⑨
	合計（⑦＋⑧＋⑨）	⑩
総合譲渡・一時		⑪
合　計		⑫

4 所得から差し引かれる金額

社会保険料控除	⑬
小規模企業共済等掛金控除	⑭
生命保険料控除	⑮
地震保険料控除	⑯
寡婦、ひとり親控除	⑰～⑱
勤労学生、障害者控除	⑲～⑳
配偶者（特別）控除	㉑～㉒
扶養控除	㉓
基礎控除	㉔
⑬から㉔までの計	㉕
雑損控除	㉖
医療費控除　区分 □	㉗
合　計（㉕＋㉖＋㉗）	

地方税法附則第4条の4の規定の適用を選択する場合には、「医療費控除」欄の「区分」の□に「1」と記入してください。

5 給与・公的年金等に係る所得以外（令和　年4月1日において65歳未満の方は給与所得以外）の市町村民税・道府県民税の納税方法

□ 給与から差し引き（特別徴収）
□ 自分で納付（普通徴収）

「個人番号」欄には、個人番号（行政手続における特定の個人を識別するための番号の利用等に関する法律第2条第5項に規定する個人番号をいう。）を記載してください。

裏面にも記載する欄がありますから注意してください。

------------------------（切り取らないでください。）------------------------

令和　年度分市町村民税・道府県民税申告書受付書

住所		受付日付印
氏名		

— 1040 —

個人の住民税申告

裏

6 給与所得の内訳
(日給などの給与所得のある人で、源泉徴収票のない人は記入してください。)

月	日給	勤務日数	月収
1	円		円
2			
3			
4			
5			
6			
7			
8			
9			
10			
11			
12			
賞与等			
合計			

法人番号又は所在地
勤務先名
電話番号

7 事業・不動産所得に関する事項

所得の種類	支払者の「名称」及び「法人番号又は所在地」等	収入金額	必要経費	青色申告特別控除額
		円	円	円

8 配当所得に関する事項

配当所得の種類	支払者の「名称」及び「法人番号又は所在地」等	支払確定年月	収入金額	必要経費
		・	円	円
		・		
		・		
		・		

国外株式等に係る外国所得税額

9 雑所得(公的年金等以外)に関する事項

種目	支払者の「名称」及び「法人番号又は所在地」等	収入金額	必要経費
		円	円

10 総合譲渡・一時所得の所得金額に関する事項

	収入金額	必要経費	差引金額(収入金額−必要経費)	特別控除額	所得金額(差引金額−特別控除額)
総合譲渡 短期					
長期				円	
一時					

右上のイの金額を表面のコに、ロの金額を表面のサに、ハの金額を表面のシに記入してください。 ニ 合計 イ+{(ロ+ハ)×1/2}
右のニの金額を表面のロの所得金額欄へ記入してください。

住民税

11 事業専従者に関する事項

	フリガナ 氏名 個人番号	続柄	生年月日 明・大・昭 平・令	専従者給与(控除)額 従事月数
1				
2				
3				

所得税における青色申告の承認の有無 承認あり・承認なし 合計額

12 別居の扶養親族等に関する事項

	フリガナ 氏名 個人番号	住所	国外居住
1			□配偶者 □30歳未満又は70歳以上 □留学 □障害者 □38万円以上の支払
2			□配偶者 □30歳未満又は70歳以上 □留学 □障害者 □38万円以上の支払
3			□配偶者 □30歳未満又は70歳以上 □留学 □障害者 □38万円以上の支払

13 事業税に関する事項

非課税所得など	所得金額 円
損益通算の特例適用前の不動産所得	円
事業用資産の譲渡損失など	資産の種類
	損失額、被災損失額(白) 円
前年中の開廃業	開始・廃止 月 日
□ 他都道府県の事務所等	

14 寄附金に関する事項

都道府県、市区町村分(特例控除対象)	円
住所地の共同募金会、日赤支部分・都道府県、市区町村分(特例控除対象以外)	
条例指定分 都道府県	
市区町村	

支出した寄附金に応じて、各欄にそれぞれ寄附した金額を記入してください。ただし、認定特定非営利活動法人及び特例認定特定非営利活動法人以外の特定非営利活動法人に対する寄附金については、上欄に記入せず、別途「寄附金税額控除申告書(二)」を提出してください。

15 所得金額調整控除に関する事項

フリガナ 氏名 個人番号	続柄	生年月日 明・大・昭 平・令	特別障害者に該当する者	齢度	別居の場合の住所

------ (切り取らないでください。) ------

— 1041 —

個人の住民税申告

第3　住民税の税額の計算

　住民税の税額は，均等割額と所得割額とに区分され計算されます（地法23①一，二，24①，292①一，二，294①）。なお，以下の説明は，令和5年10月1日現在の地方税法に基づくものであり，令和6年度の個人住民税については令和6年度税制改正において改正されることもありますので留意してください。

1　住民税の均等割額の計算

　均等割額は，道府県民税の均等割と市町村民税の均等割とに分けられます。
（1）　道府県民税の均等割
　道府県民税の均等割の標準税率は，年額1,000円です（地法38）。
（2）　市町村民税の均等割
　市町村民税の均等割の標準税率は，年額3,000円です（地法310）。
　道府県又は市町村は，税条例をもって均等割の税率を定めます。その具体的な適用税率を条例で定めるに当たって通常標準とすべき税率が「標準税率」であり，道府県又は市町村において財政上特別の必要がある場合は，標準税率と異なる税率を条例で定めることができます。

2　住民税の所得割額の計算

　住民税の所得割額は，道府県民税の所得割額と市町村民税の所得割額とに区分されますが，その税額計算は，次の順序によって行います。
　(1)　所得金額の計算
　(2)　所得控除額の計算
　(3)　課税所得金額（課税標準額）（(1)−(2)）
　(4)　税率の適用（算出税額）
　(5)　税額控除額の計算
　(6)　免税所得についての免税額の計算
　(7)　所得割額（(4)−(5)−(6)）
　なお，道府県民税も市町村民税も，(1)及び(2)の計算は同一ですから，課税所得金額（課税標準額）（(1)−(2)）は同一額となります。
　以下，(1)から(7)までの区分ごとに説明します。

（1）　所得金額の計算
①　所得割額の対象となる各種所得の金額の計算は，原則として，前年の所得税法，租税特別措置法などの規定によって計算されるものです（地法23④，32①②，292④，313①②）。
　　すなわち，次の②の計算の特例によるもののほかは，全て所得税法などに規定する所得金額の

— 1042 —

計算の例によるものです。

② 所得割額における所得金額の計算の特例＜所得税との相違＞

　住民税の所得割額と所得税との間における所得金額の計算方法の相違の主なものは，次のとおりです。

(ア)　配当所得に対する課税

(イ)　所得税の免税所得に対する課税

(ウ)　損失金額の繰越控除と繰戻還付

　以下，これらについて項目ごとに説明します。なお利子所得等につき，昭和63年4月1日以後に支払われたもので同日以後の利子計算期間に対応する部分は，道府県民税利子割の課税の対象となります。

(ア)　配当所得に対する課税

　配当割の対象となる配当所得（上場株式の配当等）については，すでに特別徴収されており，申告する必要はありません。

　しかし，それ以外の配当所得（非上場株式の配当等）は住民税においては他の所得と総合して課税されます。したがって，1銘柄について1回に支払を受けるべき金額が，10万円に配当計算期間（その配当等の直前の配当等の支払の基準日の翌日から，その配当等の支払の基準日までの期間をいう。）の月数を乗じてこれを12で除して計算した金額以下のいわゆる少額配当所得として，所得税において確定申告しない場合であっても，住民税においては他の所得と総合して課税されます。

(イ)　免税所得に対する課税等

　所得税においては，租税特別措置法に特例を設け，肉用牛の売却による事業所得については，免税等の特例措置が講じられていますが，住民税においても，この肉用牛の売却による事業所得について課税の特例措置が講じられています（地法附6）。

(ウ)　損失金額の繰越控除と繰戻還付

　所得税にあっては，青色申告者について純損失の繰戻還付の制度を認めていますが，住民税においては，それらの金額について繰戻還付を行わず，全て繰越控除の方法によるものとされています。また，繰越控除ができる期間は原則として3年度間となっています（地法32⑧，313⑧）。

（2）　所得控除額の計算

住民税における所得控除の項目や控除額は次のとおりです（地法34，314の2）。

控　除　項　目	控　　除　　額　　等	所得税との関係
①　雑損控除	ア　損失の金額のうちに災害関連支出の金額がない場合，又は5万円以下の災害関連支出の金額がある場合……損失額－総所得金額等×1/10 イ　損失の金額がすべて災害関連支出である場合，又はその年の損失の金額のうちに5万円を超える災害関連支出の金額がある場合……次のいずれか多い方の金額 　災害関連支出の金額－5万円 　アの算式によって計算した金額	配当所得等により控除額に差が生ずることがあります。
②　医療費控除	ア　医療費控除 　医療費の支出額－総所得金額等×5/100（ただし，100,000円を超える場合には100,000円） 　控除限度額は2,000,000円	同　　　　上

	イ　医療費控除の特例（地法附４の４） 　　（令和９年度分個人住民税まで適用） 　　特定一般用医薬品等購入費の支出額－12,000円 　　控除限度額は88,000円 （注）　イの適用を受ける場合には，アの医療費控除の適用を受けることができない。		所得税と同額
③　社会保険料控除	社会保険料の支払額		所得税と同額
④　小規模企業共済等掛金控除	掛金の全額		同　　　　上
⑤　生命保険料控除	ア　平成23年12月31日以前に締結した保険契約等（旧契約）に係る生命保険料控除 　　一般生命保険料控除・個人年金保険料控除（両方の支払がある場合は下記によりそれぞれ金額を計算） 　（ア）支払保険料等が15,000円以下の場合……………支払保険料等全額 　（イ）支払保険料等が15,000円を超え40,000円以下の場合……支払保険料×½＋7,500円 　（ウ）支払保険料等が40,000円を超え70,000円以下の場合……支払保険料×¼＋17,500円 　（エ）支払保険料等が70,000円を超える場合………………………35,000円		控除額に差があります。
	イ　平成24年１月１日以後に締結した保険契約等（新契約）に係る生命保険料控除 　　一般生命保険料控除・介護医療保険料控除・個人年金保険料控除（それぞれの支払がある場合は下記によりそれぞれ金額を計算） 　（ア）支払保険料等が12,000円以下の場合……………支払保険料等全額 　（イ）支払保険料等が12,000円を超え32,000円以下の場合……支払保険料×½＋6,000円 　（ウ）支払保険料等が32,000円を超え56,000円以下の場合……支払保険料×¼＋14,000円 　（エ）支払保険料等が56,000円を超える場合………………………28,000円 （注１）　各保険料控除の合計適用限度額は70,000円 （注２）　一般生命保険料・個人年金保険料について新契約・旧契約の両方について控除の適用を受ける場合は28,000円が限度		
⑥　地震保険料控除	ア　支払った保険料が地震保険料だけである場合 　　支払った保険料が 　（ア）50,000円以下の場合　………………………（支払った保険料）×½ 　（イ）50,000円を超える場合………………………………25,000円		控除額に差があります。
	イ　支払った保険料が旧長期損害保険契約等に係るものである場合 　　支払った保険料が 　（ア）5,000円以下の場合　………………………支払った保険料の全額 　（イ）5,000円を超え15,000円以下の場合……（支払った保険料）×½ 　　　　　　　　　　　　　　　　　　　　　＋2,500円 　（ウ）15,000円を超える場合………………………………10,000円		
	ウ　支払った保険料のうちに，地震保険料と旧長期損害保険契約等に係るものとがある場合 　（ア）ア及びイの規定に準じて計算した金額の合計額が25,000円以下の場合………………………………………………当該合計額 　（イ）ア及びイの規定に準じて計算した金額の合計額が25,000円を超える場合………………………………………………25,000円		
⑦　障害者控除	260,000円。ただし，特別障害者については300,000円 特別障害者が納税義務者又はその配偶者若しくは当該納税義務者と生計を一にするその他の親族のいずれかと同居している者である場合には………………………………………………………………530,000円		控除額に差があります。
⑧　寡婦控除	納税義務者が寡婦（ひとり親を除く）である場合　……………260,000円		同　　　　上
⑨　ひとり親控除	300,000円		同　　　　上
⑩　勤労学生控除	260,000円		同　　　　上

個人の住民税申告

⑪ 配偶者控除	控除対象配偶者を有する所得割の納税義務者の区分に応じ，それぞれ次に定める金額を控除する。 ア 前年の合計所得金額が900万円以下である場合 　330,000円（老人控除対象配偶者である場合には，380,000円） イ 前年の合計所得金額が900万円を超え950万円以下である場合 　220,000円（老人控除対象配偶者である場合には，260,000円） ウ 前年の合計所得金額が950万円を超え1,000万円以下である場合 　110,000円（老人控除対象配偶者である場合には，130,000円）	同	上
⑫ 配偶者特別控除	自己と生計を一にする配偶者（前年の合計所得金額133万円以下であるもので，事業専従者とされていない者に限ります。）で控除対象配偶者に該当しない者を有する所得割の納税義務者（前年の合計所得金額が1,000万円以下である者に限ります。）について，それぞれ次に定める金額を控除します。 控除対象配偶者以外の配偶者の場合 ア 配偶者の前年の合計所得金額が100万円以下の場合 ……330,000円 イ 配偶者の前年の合計所得金額が100万円より大きく130万円以下の場合 ……………380,000円－〔(配偶者の前年の合計所得金額)－830,001円〕 　（注）〔 〕内の計算で求めた金額が，5万円の整数倍の金額から3万円を控除した金額でないときはその金額に満たない5万円の整数倍の金額から3万円を控除した金額のうち最も多い金額とする。 ウ 配偶者の前年の合計所得金額が130万円より大きい場合 …30,000円	同	上
⑬ 扶 養 控 除	ア 控除対象扶養親族1人につき …………………………………330,000円 　ただし， 　扶養親族が19～22歳である場合 …………………………450,000円 　　　　　　70歳以上である場合 …………………………380,000円 イ 納税義務者又はその配偶者の直系尊属で，同居している70歳以上の扶養親族は1人につき …………………………………450,000円	同	上
⑭ 基 礎 控 除	所得割の納税義務者の区分に応じ，それぞれ次に定める金額を控除する。 ア 前年の合計所得金額が2,400万円以下である場合 ………430,000円 イ 前年の合計所得金額が2,400万円を超え2,450万円以下である場合 …………………………………………………………………290,000円 ウ 前年の合計所得金額が2,450万円を超え2,500万円以下である場合 …………………………………………………………………150,000円	同	上

　これらの住民税の各種控除の対象や範囲は，上表の「所得税との関係」欄に特記のない限り，所得税と同一となっていますので，所得税の解説を参照してください。

（3）　課税所得金額（課税標準額）

　住民税の課税標準額は，（1）によって計算した各種所得の金額について損益通算を行い，純損失又は雑損失の繰越控除を行った後の，

　(ア)　総所得金額

　(イ)　土地等に係る事業所得等の金額

　(ウ)　土地建物等の分離短期譲渡所得の金額

　(エ)　土地建物等の分離長期譲渡所得の金額

　(オ)　上場株式等に係る配当所得等の金額

　(カ)　一般株式等に係る譲渡所得等の金額

　(キ)　上場株式等に係る譲渡所得等の金額

　(ク)　先物取引に係る雑所得等の金額

　(ケ)　山林所得金額

　(コ)　退職所得金額（特別徴収されるものを除く。）

から，（2）の所得控除額を控除した後の金額です。なお，損益通算の方法及び純損失又は雑損失の

個人の住民税申告

繰越控除の方法は，基本的には所得税と同じですから所得税の項を参照してください。

（4） 税率の適用（算出税額）

住民税の税率は，道府県民税と市町村民税では異なります。

① 道府県民税の所得割の税率

（ア） 一般の所得に対する税率

道府県民税の所得割の標準税率は，一律４％（指定都市に住所を有する者は，２％）の比例税率となっています（地法35）。

課税所得の段階区分	税　　　率
一律	４％（指定都市に住所を有する者は，２％）

（注）　標準税率については，1042ページを参照してください。なお，道府県民税の所得割について制限税率はありません。

たとえば，課税総所得金額（総所得金額から所得控除をした後の額）が800万円の場合は，

8,000,000円×４％＝320,000円………算出税額

となります。

（注）　具体的な税額計算は市町村が行いますから，申告する人が税額を計算する必要はありません。

（イ） 土地の譲渡等に係る事業所得等に対する税率等（地法附33の３①）

次のいずれか多い方の金額

(a) 土地の譲渡等に係る課税事業所得等の金額×4.8％（指定都市に住所を有する者は，2.4％）＝所得割額

(b) ｛(土地の譲渡等に係る課税事業所得等の金額＋課税総所得金額)×上記(ア)の税率－(課税総所得金額×上記(ア)の税率)｝×110％＝所得割額

（注）　土地の譲渡等に係る事業所得等の課税の特例は，平成10年１月１日から令和８年３月31日までの間に行った土地の譲渡等については適用しないこととされています（地法附33の３④）。

（ウ） 土地等を譲渡した場合の譲渡所得に対する税率等

a　分離長期譲渡所得（地法附34①）

分離課税長期譲渡所得金額×２％（指定都市に住所を有する者は，１％）＝所得割額

なお，分離長期譲渡所得が優良な住宅地の供給と公的な土地取得に資するものの譲渡に係るものである場合には，令和８年度分まで，次のとおりです（地法附34の２①）。

(a) 分離課税長期譲渡所得金額が2,000万円以下である場合

分離課税長期譲渡所得金額×1.6％（指定都市に住所を有する者は，0.8％）＝所得割額

(b) 分離課税長期譲渡所得金額が2,000万円を超える場合

32万円（指定都市に住所を有する者は，16万円）＋(分離課税長期譲渡所得金額－2,000万円)×２％（指定都市に住所を有する者は，１％）＝所得割額

また，所有期間10年を超える居住用財産（家屋及びその敷地）を譲渡した場合（居住用財産の買換（交換）の特例等を受けたものを除く。）は次のとおりです（地法附34の３①）。

(a) 分離課税長期譲渡所得金額が6,000万円以下である場合

分離課税長期譲渡所得金額×1.6％（指定都市に住所を有する者は，0.8％）＝所得割額

— 1046 —

個人の住民税申告

(b) 分離課税長期譲渡所得金額が6,000万円を超える場合

96万円(指定都市に住所を有する者は,48万円)+(分離課税長期譲渡所得金額-6,000万円)×2%(指定都市に住所を有する者は,1%)=所得割額

b 分離短期譲渡所得(地法附35①)

分離課税短期譲渡所得金額×3.6%(指定都市に住所を有する者は,1.8%)=所得割額

ただし,国又は地方公共団体等へ土地等を譲渡した場合は,次の金額(地法附35③)

分離課税短期譲渡所得金額×2%(指定都市に住所を有する者は,1%)=所得割額

(エ) 株式等に係る譲渡所得等に対する税率等(地法附35の2①,35の2の2①)

株式等に係る課税譲渡所得等の金額×2%(指定都市に住所を有する者は,1%)=所得割額

(注) 株式等に係る譲渡所得等の金額については627ページを参照してください。

(オ) 上場株式等に係る配当所得等に係る税額(地法附33の2)

上場株式等に係る配当所得×2%(指定都市に住所を有する者は,1%)

(カ) 先物取引に係る雑所得等に対する税率等

先物取引に係る雑所得等の金額がある場合には,次のとおりです(地法附35の4①)。

先物取引に係る雑所得等の金額×2%(指定都市に住所を有する者は,1%)=所得割額

(注) 先物取引に係る雑所得等の金額については627ページを参照してください。

② 市町村民税の所得割の税率

(ア) 一般の所得に対する税率

市町村民税の所得割の標準税率は,一律6%(指定都市に住所を有する者は,8%)の比例税率となっています(地法314の3)。

課税所得の段階区分	税　　率
一律	6%(指定都市に住所を有する者は,8%)

(注) 標準税率については1042ページを参照してください。なお,市町村民税の所得割について制限税率はありません。

たとえば,課税総所得金額800万円の場合は,

8,000,000円×6%=480,000円………算出税額

となります。

(注) 具体的な税額計算は市町村が行いますから,申告する人が税額計算する必要はありません。

(イ) 土地の譲渡等に係る事業所得等に対する税率等(地法附33の3⑤)

次のいずれか多い方の金額

(a) 土地の譲渡等に係る課税事業所得等の金額×7.2%(指定都市に住所を有する者は,9.6%)=所得割額

(b) {(土地の譲渡等に係る課税事業所得等の金額+課税総所得金額)×上記(ア)の税率-(課税総所得金額×上記(ア)の税率)}×110%=所得割額

(注) 土地の譲渡等に係る事業所得等の課税の特例は,平成10年1月1日から令和8年3月31日までの間に行った土地の譲渡等については適用しないこととされています(地法附33の3⑧)。

(ウ) 土地等を譲渡した場合の譲渡所得に対する税率等

a 分離長期譲渡所得(地法附34④)

— 1047 —

分離課税長期譲渡所得金額×3％(指定都市に住所を有する者は，4％)＝所得割額

なお，分離長期譲渡所得が優良な住宅地の供給と公的な土地取得に資するものの譲渡に係るものである場合には，令和8年度分まで，次のとおりです（地法附34の2④）。

(a) 分離課税長期譲渡所得金額が2,000万円以下である場合

分離課税長期譲渡所得金額×2.4％(指定都市に住所を有する者は，3.2％)＝所得割額

(b) 分離課税長期譲渡所得金額が2,000万円を超える場合

48万円(指定都市に住所を有する者は，64万円)＋(分離課税長期譲渡所得金額－2,000万円)×3％(指定都市に住所を有する者は，4％)＝所得割額

また，所有期間10年を超える居住用財産（家屋及びその敷地）を譲渡した場合（居住用財産の買換（交換）の特例等を受けたものを除く。）は次のとおりです（地法附34の3③）。

(a) 分離課税長期譲渡所得金額が6,000万円以下である場合

分離課税長期譲渡所得金額×2.4％(指定都市に住所を有する者は，3.2％)＝所得割額

(b) 分離課税長期譲渡所得金額が6,000万円を超える場合

144万円(指定都市に住所を有する者は，192万円)＋(課税長期譲渡所得金額－6,000万円)×3％(指定都市に住所を有する者は，4％)＝所得割額

b 分離短期譲渡所得（地法附35⑤）

分離課税短期譲渡所得金額×5.4％(指定都市に住所を有する者は，7.2％)＝所得割額

ただし，国又は地方公共団体等へ土地等を譲渡した場合は，次の金額（地方附35⑦）

分離課税短期譲渡所得金額×3％(指定都市に住所を有する者は，4％)＝所得割額

(エ) 株式等に係る譲渡所得等に対する税率等（地法附35の2⑤，35の2の2⑤）

株式等に係る課税譲渡所得等の金額×3％(指定都市に住所を有する者は，4％)＝所得割額

(注) 株式等に係る譲渡所得等の金額については627ページを参照してください。

(オ) 上場株式等に係る配当所得等に対する税額（地法附33の2）

上場株式等に係る配当所得×3％(指定都市に住所を有する者は，4％)

(カ) 先物取引に係る雑所得等に対する税率等

先物取引に係る雑所得等の金額がある場合には，次のとおりです（地法附35の4④）。

先物取引に係る雑所得等の金額×3％(指定都市に住所を有する者は，4％)＝所得割額

(注) 先物取引に係る雑所得等の金額については627ページを参照してください。

③ 税率の適用

住民税の税率の適用は，次のとおり行われます。

(ア) 比例税率の方法によって行われることは，①の(ア)及び②の(ア)で述べたとおりです。

(イ) 課税退職所得金額と課税山林所得金額の適用

所得割の税率は，課税総所得金額，課税退職所得金額及び課税山林所得金額の合計額に適用します。

(5) 税額控除額の計算

住民税の税額控除には，調整控除，配当控除，住宅借入金等特別税額控除，寄附金税額控除，外国税額控除，配当割額又は株式等譲渡所得割額の控除などがあります。

個人の住民税申告

① 調整控除

　　税源移譲に伴い生じる所得税と個人住民税の人的控除額（基礎控除，扶養控除等）の差額に起因する負担増を調整するため，前年の合計所得金額が2,500万円以下である所得割の納税義務者については，次に掲げる金額を個人住民税所得割の額から控除します（地法37，314の6）。

㈠　個人住民税の合計課税所得金額が200万円以下である場合

　　　次のいずれか少ない金額につき，道府県民税についてはその2％（指定都市に住所を有する者は，1％），市町村民税についてはその3％（指定都市に住所を有する者は，4％）を所得割の額から控除します。

　(a)　人的控除額の差の合計額

　(b)　個人住民税の合計課税所得金額

㈡　個人住民税の課税所得金額が200万円超である場合

　　　(a)の金額から(b)の金額を控除した金額（5万円を下回る場合には，5万円）につき，道府県民税についてはその2％（指定都市に住所を有する者は，1％），市町村民税についてはその3％（指定都市に住所を有する者は，4％）を所得割の額から控除します。

　(a)　人的控除額の差の合計額

　(b)　個人住民税の合計課税所得金額から200万円を控除した金額

（参考）

		人的控除額の差	（参考）　人的控除額	
			所得税	住民税
障害者控除	普通	1万円	27万円	26万円
	特別	10万円	40万円	30万円
	同居特別障害者	22万円	75万円	53万円
寡婦控除		1万円	27万円	26万円
ひとり親控除（ひとり親のうち母である者）		5万円	35万円	30万円
ひとり親控除（ひとり親のうち父である者）		1万円	27万円	26万円
勤労学生控除		1万円	27万円	26万円
扶養控除	一般	5万円	38万円	33万円
	特定	18万円	63万円	45万円
	老人	10万円	48万円	38万円
	同居老親	13万円	58万円	45万円
（参考）　基礎控除		5万円	48万円	43万円

※配偶者控除及び配偶者特別控除における人的控除の差は以下のとおり。

・配偶者控除

所得割の納税義務者の合計所得金額	人的控除差	
	一般	老人
900万円以下	5万円	10万円
900万円超950万円以下	4万円	6万円
950万円超1,000万円以下	2万円	3万円

— 1049 —

個人の住民税申告

・配偶者特別控除

所得割の納税義務者の 合計所得金額	人的控除差	
	配偶者の合計所得金額 48万円超50万円未満	配偶者の合計所得金額 50万円以上55万円未満
900万円以下	5万円	3万円
900万円超950万円以下	4万円	2万円
950万円超1,000万円以下	2万円	1万円

② 配当控除

配当所得のうち，内国法人から受ける配当所得について総合課税で申告（総所得金額に含むよう申告）した場合，配当控除が適用されます（地法附5）。上場株式等に係る配当所得について分離課税として申告した場合，配当控除の適用はありません（地法附33の2①⑤）。

なお，配当割の対象となる配当所得は住民税の申告の必要はありません。（地法32⑫，313⑫）。

配当控除の率は，次の率が適用されます。

(注) 令和4年度税制改正により，令和6年度分以後の個人住民税において，特定配当等及び特定株式等譲渡所得金額に係る所得の課税方式を所得税と一致させることとされました。

(ア) 一般の配当及び特定株式投資信託の収益の分配

(a) 市町村民税の配当控除の率　1.6%（指定都市に住所を有する者は，2.24%）（1千万円を超える場合の1千万円を超える部分の金額については0.8%（指定都市に住所を有する者は，1.12%））

(b) 道府県民税の配当控除の率　1.2%（指定都市に住所を有する者は，0.56%）（1千万円を超える場合の1千万円を超える部分の金額については0.6%（指定都市に住所を有する者は，0.28%））

(イ) 特定株式投資信託以外の証券投資信託の収益の分配（一般外貨建等証券投資信託の収益の分配を除く。）

(a) 市町村民税の配当控除の率　0.8%（指定都市に住所を有する者は，1.12%）（1千万円を超える場合の1千万円を超える部分の金額については0.4%（指定都市に住所を有する者は，0.56%））

(b) 道府県民税の配当控除の率　0.6%（指定都市に住所を有する者は，0.28%）（1千万円を超える場合の1千万円を超える部分の金額については0.3%（指定都市に住所を有する者は，0.14%））

(ウ) 一般外貨建等証券投資信託の収益の分配

(a) 市町村民税の配当控除の率　0.4%（指定都市に住所を有する者は，0.56%）（1千万円を超える場合の1千万円を超える部分の金額については0.2%（指定都市に住所を有する者は，0.28%））

(b) 道府県民税の配当控除の率　0.3%（指定都市に住所を有する者は，0.14%）（1千万円を超える場合の1千万円を超える部分の金額については0.15%（指定都市に住所を有する者は，0.07%））

③ 住宅借入金等特別税額控除

税源移譲により，所得税が減額となり，所得税から控除できる住宅ローン控除額が減る場合があります。平成11年から平成18年末までに入居し，所得税の住宅ローン控除を受けている方で，所得税から控除しきれなかった額がある場合は，翌年度の住民税（所得割）から控除できます（地法附5の4）。また，平成22年度以降は，新たな住宅借入金等特別税額控除が創設され，平成11年から平成18年まで及び平成21年から令和7年までに入居し，所得税の住宅ローン控除を受けている方で所得税から控除しきれなかった額がある場合は，翌年度の住民税（所得割）から控除できるようになりました（地法附5の4の2）。

個人の住民税申告

1. 地法附5の4に基づく控除額

　　前年分の所得税において平成11年から18年までの入居に係る住宅借入金等特別控除を受けた場合，①と②のいずれか少ない金額から③の金額を控除した金額
　　① 所得税に係る住宅借入金等特別税額控除額
　　② 前年の所得に係る平成18年の税率による所得税額
　　③ 前年分の所得税額

2. 地法附5の4の2に基づく控除額

　　前年分の所得税において平成11年から18年まで又は平成21年から令和7年までの入居に係る住宅借入金等特別税額控除を受けた場合，(ア)と(イ)のうちいずれか低い金額
　　(ア) ①から②を控除した額
　　　① 所得税に係る住宅借入金等特別控除額（平成19年又は20年の居住年に係る住宅借入金等及び特定増改築等に係る住宅借入金等がある場合はそれらがなかったものとして算出した金額）
　　　② 前年分の所得税額
　　(イ) 前年分の所得税の課税総所得金額等の5％（9.75万円を限度）
　　　（注）平成26年4月から令和3年（一定の要件を満たす場合，令和4年）までに入居した場合については，前年分の所得税の課税総所得金額等の7％（13.65万円を限度）（この金額は，消費税率が8％又は10％である場合（被災者の住宅ローンを含む。）の金額であり，それ以外の場合においては5％（9.75万円を限度））
　　※ 所得税額は，住宅借入金等特別税額控除適用前

3. 税率

　　道府県民税　　上記控除額の金額の5分の2（指定都市に住所を有する場合には，5分の1）
　　市町村民税　　上記控除額の金額の5分の3（指定都市に住所を有する場合には，5分の4）
　（注）東日本大震災にかかる特例措置として以下の措置が講じられています（地法附45）。
　　ア　住宅借入金等特別税額控除を受けていた住宅が東日本大震災により居住の用に供することができなくなった場合においても，控除対象期間の残りの期間について，引き続き住宅借入金等特別税額控除を適用できます。
　　イ　東日本大震災により自己の居住用家屋が滅失等をして，居住の用に供することができなくなった納税義務者が，住宅の再取得等をした場合において，所得税における東日本大震災に係る特例措置を受けたときも，その控除残を個人住民税の住宅借入金等特別税額控除の対象とすることができます。

④ 寄附金税額控除

(1) 寄附金税額控除

　　都道府県，市町村若しくは特別区に対する寄附金又は納税義務者の賦課期日現在の住所地の社会福祉法第113条第2項に規定する共同募金会（その主たる事務所を当該納税義務者に係る賦課期日現在における住所所在の道府県内に有するものに限る。）若しくは日本赤十字社（当該納税義務者に係る賦課期日現在における住所所在の道府県内に事務所を有する日本赤十字社の支部において収納されたものに限る。）に対する寄附金で，政令で定めるもの又は所得税法第78条第2項第2号及び第3号に掲げる寄附金（同条第3項及び租税特別措置法第41条の18の2第2項の規定により特定寄附金とみなされるものを含む。）若しくは認定ＮＰＯ法人以外のＮＰＯ法人に対する当該ＮＰＯ法人

住民税

個人の住民税申告

の行う特定非営利活動事業に関連する寄附金のうち，住民の福祉の増進に寄与する寄附金として条例で定めるものを支出した場合には，その者の調整控除適用後の所得割の額から，次の算式で計算した金額を控除します（地法37の2①，314の7①）。

(2) 寄附金税額控除の方法

次のうちいずれか低い方の金額を控除します。

① 都道府県，市町村若しくは特別区に対する寄附金，都道府県共同募金会若しくは日本赤十字社の支部に対する寄附金又は所得税法第78条第2項第2号及び第3号に掲げる寄附金（同条第3項及び租税特別措置法第41条の18の2第2項の規定により特定寄附金とみなされるものを含む。）若しくは認定NPO法人以外のNPO法人に対する当該NPO法人の行う特定非営利活動事業に関連する寄附金のうち，住民の福祉の増進に寄与する寄附金として当該都道府県若しくは市町村が条例で定めたものの合計額

② 総所得金額，上場株式等に係る配当所得等の金額，土地の譲渡等に係る事業所得等の金額，長期譲渡所得の金額，短期譲渡所得の金額，一般株式等に係る譲渡所得等の金額，上場株式等に係る譲渡所得等の金額，先物取引に係る雑所得等の金額，退職所得金額，山林所得金額の合計額の30%

(注) 平成10年1月1日から令和8年3月31日までの間に行われた土地の譲渡等については，土地の譲渡等に係る事業所得の課税の特例は適用しない。

$$-2,000円×$$

〔道府県民税〕 4%（指定都市に住所を有する者は，2%）

〔市町村民税〕 6%（指定都市に住所を有する者は，8%）

また，都道府県，市町村又は特別区に対する寄附金のうち，総務大臣の指定を受けた団体に対するものについては以下の特例控除額が加算されます（地法37の2⑪，314の7⑪，地法附則5の5）。

(特例控除額の計算方法)

$$\left(\begin{array}{l}\text{総務大臣に指定された}\\\text{都道府県，市町村又は}\\\text{特別区に対する寄附金}\\\text{の額の合計額}\end{array}-2,000円\right)×下記に定める割合×$$

（道府県民税）2/5（指定都市に住所を有する者は，1/5）
（市町村民税）3/5（指定都市に住所を有する者は，4/5）

ただし，地法第35条及び第37条並びに地法第314条の3及び地法第314条の6の規定を適用した場合の所得割の額の100分の20に相当する額を上限とする。

イ 課税総所得金額を有する場合で，課税総所得金額－人的控除差調整額≧0であるとき

課税総所得金額－人的控除差調整額	割合
～ 1,950,000円	100分の85
1,950,001円～ 3,300,000円	100分の80
3,300,001円～ 6,950,000円	100分の70
6,950,001円～ 9,000,000円	100分の67
9,000,001円～18,000,000円	100分の57
18,000,001円～40,000,000円	100分の50
40,000,001円～	100分の45

個人の住民税申告

(注) 平成25年から令和19年まで復興特別所得税が課税されることに伴い, 平成26年度から令和20年度までの各年度分の個人住民税に限り, 以下の割合とする。

課税総所得金額－人的控除差調整額	割 合
～ 1,950,000円	100分の84.895
1,950,001円～ 3,300,000円	100分の79.79
3,300,001円～ 6,950,000円	100分の69.58
6,950,001円～ 9,000,000円	100分の66.517
9,000,001円～18,000,000円	100分の56.307
18,000,001円～40,000,000円	100分の49.16
40,000,001円～	100分の44.055

(注) 平成27年度までは, 以下の割合

課税総所得金額－人的控除差調整額	割 合
～ 1,950,000円	100分の84.895
1,950,001円～ 3,300,000円	100分の79.79
3,300,001円～ 6,950,000円	100分の69.58
6,950,001円～ 9,000,000円	100分の66.517
9,000,001円～18,000,000円	100分の56.307
18,000,001円～	100分の49.16

ロ 課税総所得金額を有する場合で, 課税総所得金額－人的控除差調整額＜0 かつ 課税山林所得金額及び課税退職所得金額を有しないとき 100分の90

ハ 課税総所得金額を有する場合で, 課税総所得金額－人的控除差調整額＜0 又は 課税総所得金額を有しない場合で, 課税山林所得金額又は課税退職所得金額を有するとき 次の(イ)又は(ロ)に定める割合
(いずれにも該当する場合は, いずれか低い割合)
(イ) 課税山林所得金額を有する場合
課税山林所得金額の5分の1に相当する金額について, イの表の左欄に掲げる金額の区分に応じ, それぞれ同表の右欄に掲げる割合
(ロ) 課税退職所得金額を有する場合
課税退職所得金額について, イの表の左欄に掲げる金額の区分に応じ, それぞれ同表の右欄に掲げる割合

ニ ロ, ハに該当する場合又は課税総所得金額, 課税退職所得金額及び課税山林所得金額を有しない場合で, 上場株式等に係る配当所得等, 土地の譲渡等に係る事業所得等, 長期譲渡所得, 短期譲渡所得, 一般株式等に係る譲渡所得等, 上場株式等に係る譲渡所得等又は先物取引に係る雑所得等を有するとき 次の(イ)～(ホ)に定める割合 (2以上に該当するときは, それぞれに定める割合のうち最も低い割合)
(イ) 課税山林所得金額を有する場合

— 1053 —

課税山林所得金額の5分の1に相当する金額について，イの表の左欄に掲げる金額の区分に応じ，それぞれ同表の右欄に掲げる割合

㈹　課税退職所得金額を有する場合

　　課税退職所得金額について，イの表の左欄に掲げる金額の区分に応じ，それぞれ同表の右欄に掲げる割合

㈻　土地の譲渡等に係る事業所得等を有する割合

　　100分の49.16

㈼　短期譲渡所得を有する場合

　　100分の59.37

㈭　上場株式等に係る配当所得等，長期譲渡所得，一般株式等に係る譲渡所得等，上場株式等に係る譲渡所得等又は先物取引に係る雑所得等を有する場合

　　　100分の74.685

　　ただし，地法第35条及び地法第37条並びに地法第314条の3及び地法第314条の6の規定を適用した場合の所得割の額の100分の20に相当する額を上限とする。

　　また，「ふるさと納税ワンストップ特例制度」が適用される場合（平成27年4月1日以降に行われる寄附について適用）は，所得税における控除額に代えて以下の申告特例控除額が加算されます（地法附7の2②⑤）。

（申告特例控除額の計算方法）

特例控除額×下記に定める割合×（道府県民税） 2/5（指定都市に住所を有する者は，1/5）（市町村民税） 3/5（指定都市に住所を有する者は，4/5）

課税総所得金額 ‐ 人的控除差調整額	割　合
〜 1,950,000円	85分の5
1,950,001円〜 3,300,000円	80分の10
3,300,001円〜 6,950,000円	70分の20
6,950,001円〜 9,000,000円	67分の23
9,000,001円〜	57分の33

(注)　平成25年から令和19年まで復興特別所得税が課税されることに伴い，平成28年度から令和20年度までの各年度分の個人住民税に限り，以下の割合とする（地法附7の3）。

課税総所得金額 ‐ 人的控除差調整額	割　合
〜 1,950,000円	84.895分の5.105
1,950,001円〜 3,300,000円	79.79分の10.21
3,300,001円〜 6,950,000円	69.58分の20.42
6,950,001円〜 9,000,000円	66.517分の23.483
9,000,001円〜	56.307分の33.693

個人の住民税申告

(3) 寄附金の範囲

　　住民税における寄附金税額控除の対象となる寄附金は次のとおりです（地法37の2①，314の7①，地令7の17，48の9①）。

　イ　都道府県，市町村又は特別区に対する寄附金（当該納税義務者がその寄附によって設けられた設備を専属的に利用することその他特別の利益がその当該納税義務者に及ぶと認められるものを除く。）（地法37の2①，314の7①）

　　イの寄附金については，総務大臣が定める基準に適合している都道府県，市町村，特別区として総務大臣が指定する団体に対するものが特例控除の対象となる（地法37の2②，314の7②）。

　ロ　社会福祉法第113条第2項に規定する共同募金会に対して同法第112条の規定により厚生労働大臣が定める期間内に支出された寄附金で，当該共同募金会がその募集に当たり総務大臣の承認を受けたもの（地令7の17一）

〈総務大臣の承認を受けたもの〉

　　令和5年10月1日から令和6年3月31日までの間に募集した，社会福祉事業又は更正保護事業を営むことを主たる目的とする者のこれらの事業の用に供される土地，建物及び機械その他の設備の取得若しくは改良の費用又はこれらの事業に係る経常的経費に充てるための寄附金（令5総務省告示338号）

　ハ　社会福祉法第2条第1項に規定する社会福祉事業又は更生保護事業法第2条第1項に規定する更生保護事業に要する経費に充てるために共同募金会に対して支出された寄附金（ロに該当するものを除く。）で総務大臣が定めるもの（地令7の17二）

〈総務大臣が定めるもの〉

　　社会福祉事業又は更生保護事業の用に供される土地，建物及び機械その他の設備の取得若しくは改良の費用，これらの事業に係る経常的経費又は社会福祉事業に係る民間奉仕活動に必要な基金に充てるために支出された寄附金（平21総務省告示228号）

　ニ　日本赤十字社に対して支出された寄附金で，日本赤十字社がその寄附金の募集に当たり総務大臣の承認を受けたもの（地令7の17三）

〈総務大臣の承認を受けたもの〉

　　令和4年4月1日から令和5年3月31日まで及び令和5年4月1日から令和6年3月31日までの間に募集する，災害救護設備の整備，災害救護物資の備蓄，採血受入機関の整備，原爆病院設備の整備及び救急医療体制の整備並びに支部国際活動基金に充てるための寄附金（令4総務省告示111号，令5総務省告示127号）

　ホ　所得税法第78条第2項第2号及び第3号に掲げる寄附金（同条第3項の規定により特定寄附金とみなされるものを含む。）並びに租税特別措置法第41条の18の2第2項に規定する特定非営利活動に関する寄附金（「ヘ」に掲げる寄附金を除く。）のうち，住民の福祉の増進に寄与する寄附金として条例で定めるもの（地法37の2①三，314の7①三）

　ヘ　特定非営利活動促進法第2条第2項に規定する特定非営利活動法人に対する当該特定非営利活動法人の行う同条第1項に規定する特定非営利活動に係る事業に関連する寄附金のうち，住民の福祉の増進に寄与する寄附金として条例で定めるもの（特別の利益が当該納税義務

－1055－

者に及ぶと認められるものを除く。）（地法37の2①四，314の7①四）

上記について令和5年中に支出した寄附金が令和6年度の個人住民税の寄附金税額控除の対象となります。

⑤ 外国税額控除

住民税においても，所得税の例により一定の外国税額控除の規定が設けられています（地法37の3，314の8）。

⑥ 配当割額又は株式等譲渡所得割額の控除

所得割額の納税義務者が前年において配当割又は株式等譲渡所得割額を課された場合において，翌年の4月1日の属する年度分の個人住民税の申告書（確定申告書を含む。）にこれらに関する必要事項を記載した場合には，当該配当割額又は株式等譲渡所得割額を所得割の額から次の金額を控除します（地法37の4，314の9①）。

㋐ 市町村民税については，配当割額又は株式等譲渡所得割額に5分の3を乗じて得た金額

㋑ 道府県民税については，配当割額又は株式等譲渡所得割額に5分の2を乗じて得た金額

これにより控除されるべき額で控除することができなかった金額（以下「控除不足額」という。）があるときは，市町村は，その納税義務者に対し，その控除不足額を還付し，又は道府県民税若しくは市町村民税に充当し，若しくは未納に係る地方団体の徴収金に充当します（地法314の9②③）。

（6） 免税所得についての免税額の計算

肉用牛の売却による事業所得に対しては，住民税を免税とする等の特例がありますが，この特例の適用を受けようとする場合には，申告書に必要な事項を記載しなければなりません（地法附6）。免税額は，次の算式により計算されます（地令附5）。

$$\left[\begin{array}{l}\text{免税所得を含めて計算した}\\\text{総所得金額に対する税額}\end{array}\right] - \left[\begin{array}{l}\text{免税所得を除いて計算した}\\\text{総所得金額に対する税額}\end{array}\right] = \text{免税額}$$

なお，肉用牛の売却による事業所得のうちに売却価格が100万円以上の肉用牛に係るものが含まれている場合には，別途計算方法が定められています。

(注) 平成25年度以後の個人住民税については，財務省令で定める交雑種に該当する場合には80万円未満，財務省令で定める乳牛に該当する場合には50万円未満のものが免税対象飼育牛に追加されています。

(7) 所得割額

税額算出までの過程を表にしますと次のとおりです。

ア 所得割の課税標準の計算

（所得金額）

① 利子所得の金額
② 配当所得の金額
③ 不動産所得の金額
④ 事業所得の金額
⑤ 給与所得の金額
⑥ 短期譲渡所得の金額
　　長期譲渡所得の金額×$\frac{1}{2}$
　（⑪の譲渡所得を除く。）
⑦ 一時所得の金額×$\frac{1}{2}$
⑧ 雑所得の金額
　　　　　　　　　　　　　　　}総所得金額
⑨ 土地の譲渡等に係る事業所得等の金額
⑩ 土地建物等の譲渡所得
　　短期譲渡所得の金額－特別控除額
　　長期譲渡所得の金額－特別控除額
⑪ 一般株式等に係る譲渡所得等の金額
⑫ 上場株式等に係る譲渡所得等の金額
⑬ 上場株式等に係る分離配当所得等の金額
⑭ 先物取引に係る雑所得等の金額
⑮ 山林所得の金額……山林所得金額
⑯ 退職所得の金額……退職所得金額

（所得控除）

雑損控除額
医療費控除額
社会保険料控除額
小規模企業共済等掛金控除額
生命保険料控除額
地震保険料控除
障害者控除額
寡婦控除額
ひとり親控除額
勤労学生控除額
配偶者控除額
配偶者特別控除額
扶養控除額
基礎控除額

＝

課税総所得金額
土地の譲渡等に係る課税事業所得等の金額
課税短期譲渡所得金額
課税長期譲渡所得金額
一般株式等に係る課税譲渡所得等の金額
上場株式等に係る課税譲渡所得等の金額
上場株式等に係る課税配当所得等の金額
先物取引に係る課税雑所得等の金額
課税山林所得金額
課税退職所得金額

［総所得金額，土地等に係る事業所得等の金額，短期又は長期譲渡所得金額，上場株式等に係る配当所得等の金額，一般又は上場株式等に係る譲渡所得等の金額，先物取引に係る雑所得等の金額，山林所得金額，退職所得金額の順に控除します。］

（注）土地の譲渡等に係る事業所得等に係る課税の特例は，平成10年1月1日から令和8年3月31日までの間に行った土地の譲渡等については適用しないこととされています（地法附33の3④⑧）。

イ　所得割の税額の計算

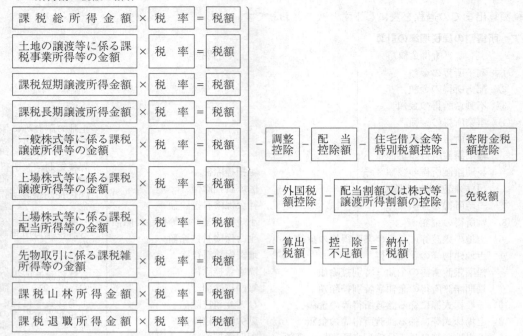

(注)　土地の譲渡等に係る事業所得等に係る課税の特例は、平成10年1月1日から令和8年3月31日までの間に行った土地の譲渡等については適用しないこととされています（地法附33の3④⑧）。

個人の事業税申告

目次

第1　個人の事業税のあらまし ……………1059
　1　個人の事業税の課税方式 …………1059
　2　個人の事業税の納税義務者 ………1060
　3　個人の事業税の非課税の範囲 ………1060
　4　個人の事業税の課税対象となる事
　　業 …………………………………1060
　5　事務所又は事業所の意義とその所
　　在地の判定 ………………………1061
第2　個人の事業税の申告について …………1062
　1　個人の事業税の申告をしなくても
　　よい者 ……………………………1062

　2　個人の事業税の申告をしなければ
　　ならない者 ………………………1062
　3　個人の事業税の申告がされたもの
　　とみなされる者 …………………1062
　4　個人の事業税の申告書様式 ………1063
第3　個人の事業税の税額の計算 ……………1065
　1　課税標準 …………………………1065
　2　所得の計算上控除するもの …………1066
　3　税　　　率 …………………………1066
　4　税額の計算 ………………………1067

はじめに

　個人の事業税は，個人の行う物品販売業，製造業，水産業，医業など一定の事業に対し，その個人の事務所又は事業所所在の都道府県が課税する税金です。所得税では，事業を営む限り，その事業所得について業種を問わず課税されますが，個人の事業税にあっては，地方税法及び同法の施行令で具体的に列挙された第1種事業，第2種事業，第3種事業に該当する事業が課税されることになります。

　以下，個人の事業税の申告に当たって必要と思われる事項について簡単に説明することにします。なお，以下の説明は，令和5年4月1日現在の地方税法に基づくものであり，令和6年度の個人事業税については令和6年度改正において改正されることもありますので留意してください。

第1　個人の事業税のあらまし

1　個人の事業税の課税方式

　個人の事業税は，個人の行う物品販売業，製造業，不動産貸付業など一定の事業に対して，原則として，その年度の初日（4月1日）の属する年の前年中における個人の事業の所得を課税標準として課税される道府県税です（地法72の49の11①）。

　個人の事業税の具体的な課税方法は，課税権者である都道府県において，個人の前年中の所得税の課税標準である所得のうち，事業税の課税の対象となる事業について，所得税の不動産所得又は事業所得の計算の例によって算定された所得を基礎として個人の事業税の課税標準を算出し，そこから事業主控除等を控除した金額に対して，事業の種類ごとに定められた税率を乗じて税額を算定し，その税額を納税通知書により納税義務者に交付することによって行うものです。

— 1059 —

このように，個人の事業税は，法人事業税や所得税における申告納税方式ではなく，個人の住民税と同様，賦課課税方式が採られています。また，その徴収の方法も，納期限を定めた納税通知書を納税者に交付することによって徴収する**普通徴収**の方法によっています。

2　個人の事業税の納税義務者

個人の事業税は，次に該当する場合を除き，第1種事業，第2種事業又は第3種事業を行う個人が，その個人の事務所又は事業所所在の都道府県において課税されます。

(1)　林業や鉱物の掘採事業のみを行う個人（地法72の4②，下記3参照）

(2)　国内に主たる事務所又は事業所を有しない個人で，国内にいわゆる恒久的施設を有しないもの（国内に第1種事業，第2種事業又は第3種事業が行われるいわゆる恒久的施設がある場合には，個人の事業税の納税義務者となる。）

3　個人の事業税の非課税の範囲

次に掲げる事業に対しては，事業税は課税されません。

(1)　林業（地法72の4②一）

林業とは，土地を利用して養苗，造林，撫育及び伐採を行う事業をいいます。しかし，養苗，造林，撫育を伴わないで伐採のみを行う事業は含まれませんので，伐採のために立木を買い取ることを業とする者は林業に該当しません。

(2)　鉱物の掘採事業（地法72の4②二）

鉱物の掘採事業に対しては，鉱物の価格を課税標準として市町村が鉱産税を課することとなっているので，事業税との二重課税を避けるため非課税とされています。

(3)　なお，以上に述べたもののほか，法第6条第1項の規定により，都道府県が，公益上その他の事由により課税を不適当と認めて課税しない旨を条例に規定している場合もあります。

4　個人の事業税の課税対象となる事業

個人の事業税は，第1種事業，第2種事業及び第3種事業を営む場合に課税されますが，その具体的な範囲は次のとおりです（地法72の2⑧⑨⑩，地令10の3，12，14）。

（1）第1種事業の範囲

第1種事業は原則として商工業等いわゆる営業に属するものであって，次に掲げるものが規定されています。

①物品販売業（動植物その他通常物品といわないものの販売業を含む。），②保険業，③金銭貸付業，④物品貸付業（動植物その他通常物品といわないものの貸付業を含む。），⑤不動産貸付業，⑥製造業（物品の加工修理業を含む。），⑦電気供給業，⑧土石採取業，⑨電気通信事業（放送事業を含む。），⑩運送業，⑪運送取扱業，⑫船舶定係場業，⑬倉庫業（物品の寄託を受け，これを保管する業を含む。），⑭駐車場業，⑮請負業，⑯印刷業，⑰出版業，⑱写真業，⑲席貸業，⑳旅館業，㉑料理店業，㉒飲食

店業，㉓周旋業，㉔代理業，㉕仲立業，㉖問屋業，㉗両替業，㉘公衆浴場業（第3種事業の公衆浴場業を除く。），㉙演劇興行業，㉚遊技場業，㉛遊覧所業，㉜商品取引業，㉝不動産売買業，㉞広告業，㉟興信所業，㊱案内業，㊲冠婚葬祭業

（2）　第2種事業の範囲

　第2種事業は，①畜産業（農業に付随して行うものを除く。），②水産業（小規模な水産動植物の採捕の事業を除く。），③薪炭製造業の第1次産業いわゆる原始産業に属するものが規定されていますが，これらの業種に該当する場合であっても，「主として自家労力を用いて行うもの」は課税対象となりません。

　「主として自家労力を用いて行うもの」とは，事業を行う者又はその同居の親族の労力によってその事業を行った日数の合計が，その事業のその年における延労働日数の2分の1を超えるものをいいます（地令11）。

（3）　第3種事業の範囲

　第3種事業は，原則として，医業等の自由業に属するものであって，次に掲げるものが規定されています。

　①医業，②歯科医業，③薬剤師業，④あん摩，マッサージ又は指圧，はり，きゅう，柔道整復その他の医業に類する事業（両眼の視力を喪失した者その他これに類する者が行うものを除く。），⑤獣医業，⑥装蹄師業，⑦弁護士業，⑧司法書士業，⑨行政書士業，⑩公証人業，⑪弁理士業，⑫税理士業，⑬公認会計士業，⑭計理士業，⑮社会保険労務士業，⑯コンサルタント業，⑰設計監督者業，⑱不動産鑑定業，⑲デザイン業，⑳諸芸師匠業，㉑理容業，㉒美容業，㉓クリーニング業，㉔公衆浴場業（温泉，むし風呂などを除く一般の銭湯をいう。），㉕歯科衛生士業，㉖歯科技工士業，㉗測量士業，㉘土地家屋調査士業，㉙海事代理士業，㉚印刷製版業

5　事務所又は事業所の意義とその所在地の判定

　個人の事業税における「事務所又は事業所」とは，それが自己の所有に属するものであると否とを問わず，事業の必要から設けられた人的及び物的設備であって，そこで継続して事業が行われる場所をいいます。この場合，事務所又は事業所で行われる事業は，その本来の事業の取引に関するものであることを必要とせず，本来の事業に直接，間接に関連して行われる附随的事業であっても，社会通念上そこで事業が行われていると考えられるものについては，事務所又は事業所と解されています。

　なお，個人が事務所又は事業所を設けないで第1種事業，第2種事業及び第3種事業を行う場合（例えば行商，露天商等）においては，その事業を行う者の住所又は居所のうち，その事業と最も関係の深いものをもって事務所又は事業所とみなされるものとされています（地法72の2⑦）。

個人の事業税申告

第2　個人の事業税の申告について

　個人の事業税は賦課課税方式を採っていますが，都道府県において適正な所得計算や税額計算を行うために必要があることから，申告書を提出することとされています。

1　個人の事業税の申告をしなくてもよい者

　次に該当する者は，個人の事業税の申告をする必要がありません。

(1)　個人の事業税の課税対象とされる事業以外の事業を営む者

　前述した第1種事業，第2種事業及び第3種事業以外の事業を営む場合には，所得税の確定申告は必要となりますが，個人の事業税について申告する必要はありません。

(2)　事業の所得の金額が事業主控除額以下の者

　個人の事業税の課税対象とされる事業を営む者であっても，その事業の所得が事業主控除額（290万円）以下にすぎない場合には，納付すべき税額がないことから，申告義務はないこととされています（地法72の49の14①）。ただし，その年度の翌年度以後において損失の繰越控除，被災事業用資産の損失の繰越控除，特定非常災害に係る損失の繰越控除又は事業用資産の譲渡損失の繰越控除の規定の適用を受けようとする者は，その年の3月15日までに申告をすることができます（地法72の49の12⑥⑦⑨⑩⑪⑭）。

　(注)　事業を行った期間が1年に満たないときは，上記の控除額は，290万円にその年において事業を行った月数を乗じて得た金額を12で除して算定した金額とします。なお，月数は，暦に従い計算し，1月に満たない端数を生じたときは，1月とします（地法72の49の14②③）。

2　個人の事業税の申告をしなければならない者

　個人の事業税の申告は，第1種事業，第2種事業，第3種事業を営む者で，その所得金額が事業主控除額（290万円）に相当する金額を超えるものがしなければならないことになります（地法72の55①）。

　なお，この場合の所得金額は，事業専従者控除額の控除後のものによります。したがって，事業専従者控除額控除後の所得が事業主控除額相当額を超える場合に限って申告義務があることになります。

3　個人の事業税の申告がされたものとみなされる者

　上記2により，個人の事業税の申告義務がある場合であっても，前年分の所得税について所得税の確定申告書，又は個人の道府県民税の申告書を提出した場合には，申告手続を簡素化し，納税者の事務負担を軽減する趣旨から，年の中途において死亡以外の理由によりその事業を廃止した場合を除き，これらの申告書が提出された日に個人の事業税の申告がされたものとみなされます（地法72

— 1062 —

個人の事業税申告

の55の2①，地令35の4）。したがって，所得税の確定申告書を提出した場合には，住民税の申告と同様，個人の事業税の申告書を提出する必要はありません。

また，所得税の確定申告書又は個人の道府県民税の申告書が提出された日に個人の事業税の申告がされたものとみなされますから，所得税の確定申告書又は個人の道府県民税の申告書を期限後に提出したときは，個人の事業税についても期限後申告をしたものとみなされます。

4　個人の事業税の申告書様式

個人の事業税の申告は，上記3で述べたように，所得税の確定申告書又は個人の道府県民税の申告書を提出したときはその日に個人の事業税についても申告したものとみなされますが，所得税の申告事項だけでは，個人の事業税の課税に必要な事項を知り得ない場合があります。そこで，所得税の確定申告書の一部には次に掲げるような「〇住民税・事業税に関する事項」の欄が設けられておりますので，該当する人は，それらの該当欄に必要事項を記入のうえ，所得税の確定申告書を提出しなければならないこととされています。

確定申告書の第二表より

〇 住民税・事業税に関する事項

住民税	非上場株式の少額配当等	非居住者の特例	配当割額控除額	株式等譲渡所得割控除額	給与、公的年金等以外の所得に係る住民税の徴収方法 特別徴収／自分で納付		都道府県、市区町村への寄附（特例控除対象）	共同募金、日赤その他の寄附	都道府県条例指定寄附	市区町村条例指定寄附

退職所得のある配偶者・親族の氏名	個　人　番　号	続柄	生　年　月　日	退職所得を除く所得金額	障害者	その他	寡婦・ひとり親
			明・大／昭・平　.　.		障／特障	調整	寡婦／ひとり親

事業税	非課税所得など	番号	所得金額	損益通算の特例適用前の不動産所得		前年中の開（廃）業	開始・廃止月日
	不動産所得から差し引いた青色申告特別控除額			事業用資産の譲渡損失など		他都道府県の事務所等	

上記の配偶者・親族・事業専従者のうち別居の者の氏名・住所	氏名	住所	所得税で控除対象配偶者などとした専従者	氏名	給与	一連番号

この場合の記入上の留意事項は，次のとおりです。

（1）　「非課税所得など」

事業所得のうち，社会保険診療報酬や林業，鉱物の掘採事業など非課税とされている事業から生ずる所得，事業所得又は不動産所得のうち第1種事業，第2種事業，第3種事業に該当しないものから生ずる所得については，事業税が課税されませんから，その所得金額（事業専従者控除（給与）額を差し引く前の金額）を書くこととされています。（なお，事業税では，所得税の青色申告特別控除は認められません。よって青色申告特別控除前の金額を書くことになります。）

(注)　個人の事業税の課税客体である不動産貸付業及び駐車場業とは，対価の取得を目的として，不動産の貸付け（地上権又は永小作権の設定によるものを含む。）を行う事業及び自動車の駐車のための場所を提供する事業をいうものとされ，その認定に当たっては，所得税の取扱いを参考とするとともに，次の諸点に留意することとされています（取扱通知（県）3―2の1(3)(6)）。

①　アパート，貸間等の貸付け……1戸建住宅の貸付けについては住宅の棟数が10以上，1戸建住宅以外の貸付けについては居住の用に供するために独立的に区画された一の部分の数が10以上であるものについては，不動産貸付業と認定すべきものであること

②　住宅用土地の貸付け……貸付契約件数（一の契約において二画地以上の土地を貸し付けている場合はそれぞれを1件とする。）が10件以上又は貸付総面積が2,000㎡以上であるものについては，不動産貸付業と認定すべきものであること

事業税

— 1063 —

③　一戸建住宅とこれ以外の住宅の貸付け又は住宅と住宅用土地の貸付けを併せた貸付け……上記①又は②と均衡を考慮して取り扱うことが適当であること

④　駐車（可能）台数が10台以上である場合（建築物である駐車場は除く。）には，駐車場業と認定すべきものであること

（2）　「損益通算の特例適用前の不動産所得」

事業税では，不動産所得の赤字の金額のうち土地等を取得するために要した負債の利子の額に相当する部分の金額についても，損益通算の対象となりますから，負債の利子の額があるときは，その負債の利子の額を必要経費に算入して算定した金額（所得税における損益通算の特例適用前の不動産所得の金額）を書くこととされています。

（3）　「事業用資産の譲渡損失など」

事業税が課税される事業に直接使用していた機械装置，車両運搬具，牛馬，果樹などの事業用資産（土地，構築物，建物，棚卸資産及び無形固定資産を除く。）を事業に使用しなくなってから1年以内に譲渡した場合の損失も事業税では控除されますから（地法72の49の12⑬），その損失額をこの欄に書くこととされています。

（注）　事務所や事業所が他の都道府県にもある場合は，その所在地と分割基準とされる従業者の数を事務所や事業所ごとに適宜の用紙に書いて添付することとされています。

なお，青色申告書を提出する者については，これらの事項のほか，「所得税で控除対象配偶者などとした専従者」，「不動産所得から差し引いた青色申告特別控除額」の欄がありますので，所要の事項を記入することになります。

（4）　「所得税で控除対象配偶者などとした専従者」

個人の事業税では，前年分の所得税の納税義務を負わないことなどの理由により，所得税において青色事業専従者給与に関する届出書を提出しなかった青色申告者が，生計を一にする親族（年齢15歳未満の者を除く。）を青色事業専従者とする旨の記載がされた申告書を期限内に提出した場合には，その親族に対して支払った給与を事業の所得の計算上必要経費に算入することが認められています（地法72の49の12②）。そこで，個人の事業税で青色事業専従者にしようとするときは，その人の氏名及びその人に支給した青色事業専従者給与額を書くこととされています。

（5）　「不動産所得から差し引いた青色申告特別控除額」

所得税で青色申告者に認められている「青色申告特別控除」は，事業税では認められませんので不動産所得から差し引いた青色申告特別控除額を書くこととされています（地法72の49の12①）。

また，所得税の控除失格者及び所得税の申告義務がありながら所得税の申告をしない者は，地方税法施行規則第14号の2様式で定める個人の事業税申告書の様式による申告，又は個人の道府県民税申告による申告が必要ですが，これらについては所得税の申告の手引及び前記で述べた所得税確定申告書の付記事項の説明と重複しますので，説明は省略します。

個人の事業税申告

第3　個人の事業税の税額の計算

　個人の事業税の税額は，原則として所得税における所得計算の方法に準じて算定した所得を課税標準として，事業の種類ごとに一定の税率を乗じて算定されます。

1　課税標準

(1)　前年中における個人の事業の所得が課税標準です。ただし，年の中途で事業を廃止した場合は前年中の所得のほかその年の1月1日から事業を廃止した日までの個人の事業の所得が課税標準とされます。この場合の所得は，総収入金額から必要な経費を控除した金額です。算定方法は，次に掲げる場合を除いて所得税法に規定する不動産所得及び事業所得の計算の例によるものとされています。

　なお，所得税における青色申告特別控除（措法25の2）の制度は，不動産所得及び事業所得の計算に関するものではありませんので，事業税においては適用されないことになります（地法72の49の12①）。

　所得計算について所得税の計算と相違する主な事項は次のとおりです（地法72の49の12，地令35の3の2）。

① 土地の譲渡等に係る事業所得等の課税の特例（措法28の4）の不適用

（注）　土地の譲渡等に係る事業所得等の課税の特例は，平成10年1月1日から令和8年3月31日までの間に行った土地等の譲渡については適用されないこととされています（措法28の4⑥）。

② 社会保険診療等に係る所得の課税対象からの除外

③ 事業専従者控除の算定

　事業専従者が事業主から支給を受ける給与額は，所得税に準じ，次に掲げる金額を限度として必要経費に算入されます（いわゆる白色事業専従者については，申告書（遅くとも納税通知書が送達される時までに提出されていることが必要）に記載することが要件とされています。）。

(ア)　青色申告書……所得税について「青色専従者給与に関する届出書」を提出した者にあってはその届出書に記載された金額，前年分の所得税につき納税義務を負わないと認められたことなどにより「青色専従者給与に関する届出書」を提出しなかった者等にあっては事業税の申告書（所得税の申告書の「住民税・事業税に関する事項」欄）に記載された金額

　白色申告書……事業専従者1人につき50万円（事業を行う個人の配偶者である事業専従者は86万円）又は当該個人の事業の所得の金額を事業専従者の数に1を加えた数で除して得た金額のうちいずれか低い金額

(イ)　事業に従事した期間が6か月（青色申告者に限り就学，病気，結婚など及び事業の休業，廃業等により事業に従事できなかった期間を除く残りの期間の2分の1）以下の場合は，事業専従者控除の対象とされません。

— 1065 —

個人の事業税申告

④　外国税額控除の調整

⑤　不動産所得に係る損益通算

　　所得税では，平成4年分から不動産所得の金額の計算上生じた損失の金額のうち，土地等を取得するために要した負債の利子の額に相当する部分の金額については損益通算の対象としないこととされましたが，個人の事業税においては，物税という性格から従来どおり不動産所得の損益通算の対象となります。

(2)　特別な所得の計算方法——個人で外国に支店等を有する場合及び課税事業と非課税事業とを併せて行う場合においては，特別な計算方法が定められています。

2　所得の計算上控除するもの

(1)　損失の繰越控除

(2)　被災事業用資産の損失の繰越控除　　　}　所得税に同じ。

(3)　特定非常災害に係る損失の繰越控除

(4)　事業用資産の譲渡損失の控除

　　直接事業の用に供する資産（土地，家屋，構築物及び商品，原材料，製品等の棚卸資産並びに無形固定資産は除く。）を事業の用に供しなくなってから1年以内に譲渡し，そのために生じた損失は，事業税の申告書を期限内に提出した場合に限り，控除できます。

(5)　事業用資産の譲渡損失の繰越控除

　　(4)による控除で控除しきれなかった損失は，損失が発生した年分の所得税につき青色申告の承認を受けている場合で，かつ，その年分以後連続して事業税の申告をしている者に限り，翌年以降3年間の繰越控除ができます。

(6)　事業主控除

　　年290万円を所得から控除します。

　　年の中途において事業を開始し，又は廃止した場合

$$控除額＝290万円×\frac{事業を行った月数}{12}$$

　　（注）　月数は暦に従って計算し1月未満の端数は1月とします。

3　税　　率

(1)　標準税率は，次に掲げる区分に従い，それぞれ次に定める率となります（地法72の49の17①）。

①　第1種事業　所得の100分の5

②　第2種事業　所得の100分の4

③　第3種事業（④に掲げるものを除く。）　所得の100分の5

④　第3種事業のうちあん摩，マッサージ又は指圧，はり，きゅう，柔道整復その他の医業に類する事業及び装蹄師業　所得の100分の3

(2)　道府県が標準税率を超える税率を定める場合には，上記の標準税率に1.1を乗じて得た率を超

— 1066 —

える率を定めることができないこととされています（いわゆる制限税率，地法72の49の17③）。
(3) 税率を異にする事業を併せて行う場合におけるそれぞれの税率を適用すべき所得は，その個人の事業の所得を，損失の繰越控除，被災事業用資産の損失の繰越控除，特定非常災害に係る損失の繰越控除，譲渡損失の控除，事業主控除等の金額を控除する前のそれぞれの事業の所得金額により按分して算定するものとされています（地法72の49の17②）。

4　税額の計算

事業税額は次の方法により算定されます。
(1) 総収入金額－必要な経費＝事業所得又は不動産所得
(2) 事業所得又は不動産所得 － 損失の繰越控除又は被災事業用資産の損失の繰越控除 － 特定非常災害に係る損失の繰越控除 － 事業用資産の譲渡損失の控除 － 事業用資産の譲渡損失の繰越控除 － 事業主控除＝事業の所得
(3) 事業の所得×税率＝事業税額

索引

（ア）

- 青色事業専従者給与額 …………………………… 83
- 青色申告 ……………………………………………… 725
- 青色申告者の減価償却の特例 …………………… 227
- 青色申告者の帳簿書類及び取引の記録 ……… 725
- 青色申告書に係る更正 …………………………… 926
- 青色申告書の添付書類 …………………………… 726
- 青色申告特別控除 …………………………………… 87
- 青色申告の承認の申請 …………………………… 725
- 青色専従者給与に関する届出書 ………………… 84
- アパート，下宿等の所得 ………………………… 202
- 暗号資産の取得価額 ……………………………… 226
- 暗号資産の評価の方法 …………………………… 226

（イ）

- e-Tax ………………………………………………… 977
- 委員手当等 ………………………………………… 282
- 遺族年金等 …………………………………………… 1
- 遺族補償等 …………………………………………… 7
- 一時所得 …………………………………………… 562
- 一時所得の損失の取扱い ………………………… 570
- 一時払養老保険又は一時払損害保険等の差益についての源泉分離課税 ……………………… 565
- 一括して評価する債権に係る貸倒引当金 …… 256
- 一括償却資産の必要経費算入の特例 …………… 47
- 一括比例配分方式 ………………………………… 122
- 一般株式等に係る譲渡所得等の金額 ………… 627
- 一般株式等又は上場株式等に係る譲渡所得等の課税の特例 ………………………………… 434
- 一般断熱改修工事等に係る税額控除制度 …… 822
- 移転補償金 ………………………………………… 352
- 移動平均法 ………………………………………… 221
- イメージデータによる添付書類の提出制度 … 981
- 医薬品等の仕入れに関する仕入割戻し ……… 269
- 医療費控除 ………………………………………… 665
- 医療費控除（手続） ……………………………… 651
- 医療費の範囲 ……………………………………… 666
- 医療費を補塡する保険金等 ……………………… 673
- 医療用機器等の特別償却 ………………………… 248

（ウ）

- 売上原価 …………………………………………… 220
- 売上割戻しの計上時期 …………………………… 217

（エ）

- 営業等所得 ………………………………………… 208
- 営利を目的として継続的に資産を譲渡した場合 ………………………………………………… 573
- エネルギー消費性能向上住宅 …………………… 800
- エンジェル税制 …………………………………… 478
- 延滞税 ……………………………………………… 927
- 延納の届出 ………………………………………… 865

（オ）

- オープン型証券投資信託の特別分配金 ………… 4
- 親子間における農業の事業主の判定 …………… 17
- オリンピック競技大会等における成績優秀者に交付される金品 …………………………… 5
- 温泉利用型健康増進施設の利用料金 ………… 669

（カ）

- 買換資産等の取得価額 …………………………… 60
- 外貨建取引を行った場合の換算 ………………… 27
- 開業費 ………………………………………………… 78
- 介護医療保険契約等の範囲 ……………………… 701
- 外国子会社合算税制等 …………………………… 588
- 外国所得税（必要経費） ………………………… 37
- 外国税額控除 ……………………………………… 830
- 外国税額の繰越控除等の適用を受けるための申告 ………………………………………… 861
- 介護老人保健施設又は介護医療院の利用料 … 667
- 概算取得費（譲渡所得） ………………………… 312
- 概算取得費控除の特例 …………………………… 325
- 会社役員賠償責任保険の保険料 ………………… 284
- 開発費 ………………………………………………… 78
- 学資金等 ……………………………………………… 5
- 革新的情報産業活用設備を取得した場合の特別償却（廃止） ……………………………… 235
- 確定申告書の提出に当たり留意すべき事項（住民税） ……………………………………… 1036
- 確定申告と納税 …………………………………… 855
- 確定申告との相異点（住民税） ……………… 1012
- 確定申告をしなければならない人 …………… 858
- 確定申告を要しない配当所得 ………………… 196
- 確定申告を要しない利子所得 ………………… 173

索　　引

確定損失申告をすることができる人 ………… 860
加算税 ………………………………………… 928
家事関連費等 …………………………………… 33
貸倒損失等 ……………………………………… 85
貸倒引当金 …………………………………… 255
貸付信託等の受益権等の譲渡による所得の課
　税の特例 …………………………………… 540
過少申告加算税 ……………………………… 928
課税売上げ …………………………………… 120
課税されない譲渡所得 ……………………… 297
課税山林所得金額に対する税額 …………… 736
課税仕入れ …………………………………… 120
課税所得金額（住民税）…………………… 1045
課税総所得金額及び課税退職所得金額に対す
　る税額 ……………………………………… 735
課税標準 ……………………………………… 625
課税標準（事業税）………………………… 1065
課税標準の計算 ……………………………… 623
課税標準の端数計算 ………………………… 724
課税方式（住民税）………………………… 1030
家内労働者等 ………………………………… 93
家内労働者等の所得計算の特例 …………… 92
寡婦控除 ……………………………………… 713
株式交換等に係る譲渡所得等の特例 ……… 535
株式等の取得価額の計算方法等 …………… 445
株式等の評価方法 …………………………… 448
株式等を対価とする株式の譲渡に係る
　譲渡所得等の課税の特例 ………………… 495
借入金利子 …………………………………… 40
科料等 ………………………………………… 34
簡易課税制度による仕入控除税額の計算 …… 122
簡易給与所得表 …………………………… 1014
環境負荷低減事業活動用資産等の特別償却 … 243
換地処分等に伴い資産を取得した場合の課税
　の特例 ……………………………………… 359
還付 …………………………………………… 869
還付を受けるための申告 …………………… 861

（キ）

企業主導型保育施設用資産の割増償却
　（廃止）…………………………………… 253
技術の習得等をさせるために支給する金品 … 287
既成市街地等内にある土地等の中高層耐火建
　築物等の建設のための買換え等 ………… 420
基礎控除 ……………………………………… 723
基礎控除額の早見表 ……………………… 1028

既存住宅に係る特定の改修工事をした場合の
　所得税額の特別控除 ……………………… 820
既存住宅の耐震改修をした場合の所得税額の
　特別控除 …………………………………… 819
記帳制度 ……………………………………… 730
寄附金控除 …………………………………… 705
寄附金控除（手続）………………………… 654
旧国外リース期間定額法 …………………… 70
旧生産高比例法 ……………………………… 54
旧定額法 ……………………………………… 52
旧定率法 ……………………………………… 52
給与所得 ……………………………………… 279
給与所得控除額 ……………………………… 291
給与所得者の職務上必要な現物給与等 …… 2
給与所得者の旅費 …………………………… 1
給与所得の速算表 ………………………… 1022
給与等の支給額が増加した場合
　の所得税額の特別控除 …………………… 759
旧リース期間定額法 ………………………… 68
強制換価手続による資産の譲渡による所得 …… 3
協同組合等から支払を受ける事業分量配当 … 208
業務に関する貸付金等の貸倒れ …………… 86
漁業権に係る経過措置 ……………………… 70
漁業生産組合から支払を受ける従事分量配当
　……………………………………………… 208
居住者の外国関係会社に係る所得の課税の特
　例 …………………………………………… 588
居住用財産の買換え等の場合の譲渡損失の繰
　越控除 ……………………………………… 645
居住用財産の買換え等の場合の譲渡損失の損
　益通算及び繰越控除制度 ………………… 551
居住用財産の譲渡所得の特別控除 ………… 379
居住用財産の譲渡損失の損益通算の特例 …… 638
居住用財産を譲渡した場合の長期譲渡所得の
　課税の特例 ………………………………… 342
居宅サービス等の対価 ……………………… 670
記録保存制度 ………………………………… 730
金銭の貸借とされるリース取引の判定 …… 101
均等割額の計算 …………………………… 1042
均等割の納税義務者 ……………………… 1030
金融類似商品の給付補填金等についての源泉
　分離課税 …………………………………… 575
勤労学生控除 ………………………………… 717
勤労学生控除（手続）……………………… 658
勤労者財産形成給付金制度等に基づく給付金
　……………………………………………… 565

— 1070 —

索 引

（ク）

国等に対して重要文化財を譲渡した場合の譲渡所得の非課税の特例……………550
国又は地方公共団体に対する寄附金………706
繰延資産の償却費……………………………78
クレジットカード納付………………………864

（ケ）

軽減税率の適用対象…………………………119
経済的利益………………………………31,280
競馬の馬券の払戻金等………………………563
経費補償金……………………………………352
結婚祝金品等…………………………………287
決算……………………………………………725
減価償却資産…………………………………45
減価償却資産の償却費………………………45
減価償却資産の償却方法……………………49
減価償却資産の耐用年数表…………………985
減価償却の対象とされない資産……………46
減価償却の特例………………………………77
原価法…………………………………………221
現金主義……………………………………88,582
健康診断のための費用等……………………673
原状回復費用………………………………82,665
懸賞金付預貯金等の懸賞金等についての源泉分離課税………………………………565
懸賞の賞金等…………………………………563
建設工事等の引渡しの日の判定……………211
源泉徴収税額…………………………………841
源泉徴収税額等の還付………………………869
現物給与………………………………………280
減免税額の控除………………………………839
減耗しない資産………………………………46
権利金等の収入の時期………………………204
堅牢な建物等の償却費の特例………………62

（コ）

公益社団法人等寄附金特別控除……………818
公益信託の信託財産について生ずる所得……9
交換処分等に伴い資産を取得した場合の課税の特例……………………………………356
交換によって取得した資産の取得価額……60
恒久的施設……………………………………872
恒久的施設を有しない非居住者の株式等の譲渡に係る国内源泉所得に対する課税の特例………………………………………………472

合計所得金額…………………………………714
広告宣伝用資産による経済的利益についての収入金額……………………………………219
交際費及び寄附金……………………………40
交際費等………………………………………282
口座振替納付…………………………………863
工事進行基準…………………………………216
工事進行基準の方法による経理……………217
公社債等運用投資信託………………………168
公社債投資信託の収益の分配………………168
公社債の利子…………………………………167
控除対象外消費税額等の経理処理…………115
控除対象外消費税額等の必要経費算入……36
控除対象配偶者の範囲………………………719
控除対象扶養親族……………………………722
更正の請求……………………………………924
更正の請求の特例……………………………924
更正又は決定…………………………………926
更正又は決定に対する不服申立て等………927
公的年金等……………………………………571
公的年金等控除額……………………………586
公的年金等に係る雑所得の速算表…………1023
公的年金等の源泉徴収………………………843
香典等…………………………………………7
合同運用信託の収益の分配…………………168
高度省エネルギー増進設備等を取得した場合の特別償却…………………………………228
高度省エネルギー増進設備等を取得した場合の特別償却又は所得税額の特別控除……751
公募公社債等運用投資信託の収益の分配…168
高齢者等居住改修工事等に係る税額控除制度………………………………………………821
高齢者等居住改修工事等の増改築等………804
コーポレート・インバージョン対策合算税制………………………………………………600
国外株式の配当所得の源泉徴収の特例……197
国外勤務者の在外手当………………………3
国外財産調書…………………………………935
国外中古建物の不動産所得に係る損益通算等の特例……………………………71,207,635
国外で業務を行う者の損益計算書等に係る外貨建取引の換算………………………………30
国外で発行された公社債等の利子所得に対する課税………………………………………174
国外で発行された投資信託等の収益の分配に係る配当所得の課税………………………194
国外転出時課税………………………………519

索　　引

国外転出をする場合の譲渡所得等の特例……519
国外納付者の納付 ……………………………864
国庫補助金等………………………………………32
国庫補助金等によって取得した資産の取得価
　額……………………………………………59
国庫補助金等の交付を受けた場合の収入金額
　…………………………………………………32
国税電子申告・納税システム ………………977
55万円の青色申告特別控除……………………87
個人の住民税申告……………………………1029
固定資産税等………………………………………36
固定資産の交換 ………………………………317
個別対応方式……………………………………122
個別に評価する債権に係る貸倒引当金……255
個別法……………………………………………221
ゴルフ会員権の譲渡による所得 ……………299
ゴルフクラブの入会金…………………………285
ゴルフクラブの年会費等………………………285

（サ）

災害減免法による減免税額…………………839
災害等が発生した場合の申告及び納税 ……871
災害等によって生活に通常必要でない資産に
　損失を受けた場合の譲渡所得の計算 ……314
再婚した場合の配偶者控除…………………720
財産債務調書……………………………………937
最終仕入原価法…………………………………221
在宅療養の介護費用……………………………669
債務処理計画に基づく減価償却資産等の損失
　の必要経費算入の特例 ……………………103
先入先出法………………………………………221
先物外国為替契約等により円換算額を確定さ
　せた場合の換算…………………………………29
先物取引に係る雑所得等の課税の特例 ……576
先物取引に係る雑所得等の金額 ……………627
先物取引の意義…………………………………576
先物取引の差金等決済に係る損失の繰越控除
　………………………………………………578
雑所得……………………………………………571
雑所得を生ずべき小規模な業務を行う者の収
　入及び費用の帰属時期の特例 …………89,582
雑損控除…………………………………………662
雑損控除（手続）………………………………651
雑損失の繰越控除………………………………648
残存価額……………………………………………61
山林所得…………………………………………603
山林所得金額……………………………………627

山林所得の計算の特例 ………………………608

（シ）

仕入控除税額の計算方法 ……………………121
仕入税額控除の要件……………………………120
仕入割戻しの計上時期…………………………218
時価をもって収入金額とみなされる場合……303
事業から生ずる収益を享受する人の判定……18
事業再編計画の認定を受けた場合の事業再編
　促進機械等の割増償却……………………252
事業所得…………………………………………208
事業所得と業務に係る雑所得の判定 ………574
事業所得の収入金額に代わる性質を有する収
　入金……………………………………………218
事業税申告……………………………………1059
事業税の課税対象となる事業………………1060
事業税の課税方式……………………………1059
事業税の申告書様式…………………………1063
事業税の申告について………………………1062
事業税の税額の計算…………………………1065
事業税の納税義務者…………………………1060
事業税の非課税の範囲………………………1060
事業専従者控除額…………………………84,279
事業適応設備を取得した場合等の所得税額の
　特別控除……………………………………763
事業適応設備を取得した場合等の特別償却…237
事業に関する債権の貸倒損失等………………85
事業主負担の社会保険料………………………694
事業の遂行に付随して生じた収入……………218
事業廃止年分の事業税の見込控除……………35
事業又はその用に供する資産の譲渡に類する
　もの…………………………………………326
事業用固定資産等の損失………………………81
事業用固定資産の譲渡による所得…………209
試験研究費の額…………………………………745
試験研究を行った場合の所得税額の特別控除
　………………………………………………739
資産から生ずる収益を享受する人の判定……18
資産の取得の日…………………………………302
資産の譲渡代金が回収不能となった場合等の
　譲渡所得の計算……………………………315
事実上婚姻関係と同様の事情にあると認めら
　れる者…………………………………714,716
地震保険料控除…………………………………703
地震保険料控除（手続）………………………654
市町村民税の所得割の税率…………………1047
実質所得者課税の原則……………………………18

— 1072 —

索　　引

指定運動療法施設の利用料金 …………… 670
指定寄附金 …………………………………… 706
指定行事の中止等により生じた権利を放棄し
　た場合の寄附金控除（手続）…………… 655
指定行事の中止等により生じた権利を放棄し
　た場合の寄附金控除又は所得税額の特別控
　除の特例 …………………………………… 972
指定訪問看護等の利用料 ………………… 670
支払調書 …………………………………… 933
死亡又は出国の場合の確定申告 ………… 862
私募公社債等運用投資信託等に係る配当所得
　の源泉分離課税 …………………………… 193
資本的支出 …………………………………… 41
資本的支出があった場合の減価償却資産の取
　得価額の特例 ……………………………… 58
事務所又は事業所の意義とその所在地の判定
　（事業税）………………………………… 1061
社会保険診療報酬の所得計算の特例 …… 267
社会保険料控除 …………………………… 693
社会保険料控除（手続）………………… 653
社会保険料の範囲 ………………………… 693
借地権等の更新料 ……………………… 39, 201
借地権等の設定が資産の譲渡とみなされる場
　合のその借地権等の取得費 …………… 312
借地権又は地役権の設定が資産の譲渡とみな
　される場合 ………………………………… 303
社交団体の入会金等 ……………………… 286
収益補償金 ………………………………… 351
重加算税 …………………………………… 932
収支内訳書 ………………………………… 856
修正申告 …………………………………… 923
修繕費 ………………………………………… 41
修繕費と資本的支出の区分 ……………… 41
住宅借入金等特別控除 …………………… 766
住宅借入金等特別控除額の計算 ………… 778
住宅資金の貸付け等を受けた場合の経済的利
　益 …………………………………………… 288
住宅ローン控除 …………………………… 766
収入金額 ……………………………………… 30
収入金額の計算 ……………………………… 30
10万円の青色申告特別控除 ……………… 88
住民税が課税されない人 ……………… 1031
住民税の申告書の様式 ………………… 1039
住民税の税額の計算 …………………… 1042
住民税の納税 …………………………… 1035
収用交換等の場合の譲渡所得等の特別控除 … 363

収用等に伴い代替資産を取得した場合の課税
　の特例 …………………………………… 346
受益者負担金等（必要経費）…………… 38
宿直料，日直料 …………………………… 281
取得価額の通則 …………………………… 57
取得後1年以内に取り壊した建物の取得価額
　及び取壊し費用 …………………………… 61
取得費の計算（譲渡所得）……………… 307
ジュニアNISA ……………………………… 512
純損失の繰越控除 ………………………… 643
純損失の繰戻しによる還付 ……………… 870
障害者控除 ………………………………… 712
障害者等の少額預金の利子所得等 ……… 8
障害者を雇用する場合の特定機械装置の割増
　償却（廃止）…………………………… 251
傷害特約等の保険料 ……………………… 283
少額の繰延資産 …………………………… 80
少額の減価償却資産 ……………………… 46
小規模企業共済等掛金控除 ……………… 695
小規模企業共済等掛金控除（手続）…… 653
小規模事業者 ……………………………… 88
小規模事業者の収入及び費用の帰属時期の特
　例 …………………………………………… 88
償却方法の選定及び届出 ………………… 55
償却累計額による償却費の特例 ………… 62
賞金に対する所得税の源泉徴収 ………… 570
使用者が負担する少額な保険料等 ……… 284
使用者が負担する役員又は使用人の行為に基
　因する損害賠償金等 …………………… 285
使用者契約の保険契約等の保険料 ……… 283
上場株式等に係る譲渡所得等の金額 …… 627
上場株式等に係る譲渡損失と上場株式等に係
　る配当所得等との損益通算 …………… 474
上場株式等に係る譲渡損失の繰越控除 … 476
上場株式等に係る譲渡損失の損益通算及び繰
　越控除 …………………………………… 474
上場株式等に係る配当所得の課税の特例 … 195
上場株式等の配当等に係る源泉徴収義務等の
　特例 …………………………………… 175, 198
譲渡した資産の取得費 …………………… 306
譲渡所得 …………………………………… 297
譲渡所得について確定申告書に記載すべき事
　項 ………………………………………… 300
譲渡所得の基因とされない資産 ………… 297
譲渡所得の収入金額とされる補償金等 … 305
譲渡所得の特別控除額 …………………… 313
譲渡所得の特別控除額の特例 …………… 403

— 1073 —

索　　引

譲渡制限付株式を付与されたことにより個人
　が受ける経済的利益等 …………………………291
譲渡損失の取扱い ………………………………317
譲渡代金が回収不能となった場合等の所得計
　算の特例 …………………………………………90
譲渡費用 …………………………………………313
使用人から執行役員への就任に伴い退職手当
　等として支給される一時金 …………………613
消費税等の経理処理 ……………………………107
消費税等の総収入金額算入の時期 ……………113
消費税等の必要経費算入の時期 ………………113
消費税の軽減税率制度における中小事業者の
　税額計算の特例について ……………………127
消費税の計算問題（簡易課税制度を選択した
　場合） ……………………………………………151
消費税の計算問題（簡易課税制度を選択しな
　かった場合） ……………………………………135
消費税の税額計算のしくみ ……………………119
商品，製品等の値引販売 ………………………287
所得金額調整控除 ………………………………291
所得控除 …………………………………………650
所得控除額の計算（住民税） …………………1043
所得控除の順序 …………………………………650
所得控除の手続 …………………………………651
所得税の青色申告の特典等一覧表 ……………727
所得税の額から控除される特別控除額の特例
　……………………………………………………765
所得税の還付等を受けるための確定申告 ……861
所得税の税額表 …………………………………1013
所得税法の規定により非課税とされるもの ……1
所得の計算期間 …………………………………27
所得の種類及び所得計算のあらまし …………24
所得割額 …………………………………………1057
所得割額の計算 …………………………………1042
所得割の納税義務者 ……………………………1030
所有期間 …………………………………………273
所有権移転外リース取引 ………………………65
新型コロナ特例法による所得税の税制措置 …971
新型コロナ特例法の規定により非課税とさ
　れるもの …………………………………………11
新鉱床探鉱費の特別控除 ………………………267
申告がされたものとみなされる者（事業税）
　……………………………………………………1062
申告書の提出先とその提出期限（住民税） …1033
申告書の提出と記載方法（住民税） …………1034
申告書を提出しなければならない人（住民税）
　……………………………………………………1033

申告納税額の計算 ………………………………841
申告納税額の計算順序 …………………………733
申告納税額の端数計算 …………………………847
申告をしなくてもよい者（事業税） …………1062
申告をしなければならない者（事業税） ……1062
審査請求 …………………………………………927
親族間における事業主の判定 …………………19
親族に支払う給料，賃借料等 …………………34
信託課税 …………………………………………20
信託に係る所得の金額の計算 …………………22
信用取引等による株式又は公社債の取得価額
　…………………………………………………225，448
森林計画特別控除 ………………………………609

（ス）

ストック・オプションの行使に係る経済的利
　益 …………………………………………………290
スマートフォンを使用した決済サービスによ
　る納付 ……………………………………………865

（セ）

税額計算の関係図 ………………………………732
税額控除 …………………………………………737
税額控除額の計算（住民税） …………………1048
税額の計算 ………………………………………732
税額の計算（事業税） …………………………1067
税額表による税額の計算 ………………………735
生活に通常必要でない資産 ……………………314
生活に通常必要でない資産から生ずる所得が
　赤字になった場合の損益通算 ………………629
生活用動産の譲渡による所得 …………………3
税込経理方式 ……………………………………107
生産高比例法 ……………………………………54
政治活動に関する寄附金 ………………………709
政治活動に関する寄附をした場合の所得税額
　の特別控除 ……………………………………816
税抜経理方式 ……………………………………107
生命保険契約等に基づく一時金 ………………562
生命保険契約等に基づく一時金による一時所
　得の金額 ………………………………………568
生命保険契約等に基づく年金 …………………572
生命保険契約等に基づく年金に係る雑所得の
　計算 ……………………………………………582
生命保険料控除 …………………………………696
生命保険料控除（手続） ………………………653
税率（事業税） …………………………………1066
税率の適用（住民税） …………………………1046

索　　　引

接待費・・・・・・・・・・・・・・・・・・・・・・・・・・・・・・・・・40
設備費，改良費・・・・・・・・・・・・・・・・・・・・・・・307
セルフメディケーション税制・・・・・・・・・・・691
セルフメディケーション税制（手続）・・・・・・・652
選挙費用に充てるために法人から贈与された
　金品等・・・・・・・・・・・・・・・・・・・・・・・・・・・・・・・・7
専従者控除・・・・・・・・・・・・・・・・・・・・・・・・・・・83

（ソ）

増加償却割合・・・・・・・・・・・・・・・・・・・・・・・・・64
創業記念品等・・・・・・・・・・・・・・・・・・・・・・・286
倉庫用建物等の割増償却・・・・・・・・・・・・・・74
総収入金額報告書を提出しなければならない
　人・・・・・・・・・・・・・・・・・・・・・・・・・・・・・・・・860
総所得金額・・・・・・・・・・・・・・・・・・・・・・・・・626
総所得金額等・・・・・・・・・・・・・・・・・・・・・・716
相続財産を譲渡した場合の譲渡所得の特例・・・547
相続等に係る生命保険契約等に基づく年金に
　係る雑所得の計算・・・・・・・・・・・・・・・・・583
相続等に係る損害保険契約等に基づく年金に
　係る雑所得の計算・・・・・・・・・・・・・・・・・585
相続等によって取得した棚卸資産・・・・・・・・223
総平均法・・・・・・・・・・・・・・・・・・・・・・・・・・・221
贈与，相続等により取得した資産の取得価額・・59
贈与等によって取得した資産の取得費・・・・・・307
贈与等により取得した資産に係る利子所得，
　配当所得，一時所得又は雑所得の金額の計
　算・・・・・・・・・・・・・・・・・・・・・・・・・・・・・・・570
贈与等により非居住者に資産が移転した場合
　の譲渡所得等の特例・・・・・・・・・・・・・・・527
贈賄，不正の利益の供与等・・・・・・・・・・・・・・40
訴訟・・・・・・・・・・・・・・・・・・・・・・・・・・・・・・・927
租税公課・・・・・・・・・・・・・・・・・・・・・・・・・・・・35
租税特別措置法の規定により非課税とされる
　もの・・・・・・・・・・・・・・・・・・・・・・・・・・・・・・9
その他の法律の規定により非課税とされる主
　なもの・・・・・・・・・・・・・・・・・・・・・・・・・・・11
ソフトウエアに係る資本的支出と修繕費・・・・・・42
ソフトウエアの除却・・・・・・・・・・・・・・・・・・・・82
損益通算・・・・・・・・・・・・・・・・・・・・・・・・・・627
損益通算の順序・・・・・・・・・・・・・・・・・・・628
損害賠償金等・・・・・・・・・・・・・・・・・・・・・・・34
損害保険契約等に基づく年金・・・・・・・・・・・573
損害保険契約等に基づく年金に係る雑所得の
　計算・・・・・・・・・・・・・・・・・・・・・・・・・・・585
損害保険契約等に基づく満期返戻金等による
　一時所得の金額・・・・・・・・・・・・・・・・・569

損害保険の保険金，損害賠償金・・・・・・・・・・・・6
損害保険料等・・・・・・・・・・・・・・・・・・・・・・・38
損失の繰越控除・・・・・・・・・・・・・・・・・・・642

（タ）

第1種事業の範囲・・・・・・・・・・・・・・・・・1060
第2種事業の範囲・・・・・・・・・・・・・・・・・1061
第3期分の税額の延納・・・・・・・・・・・・・・865
第3種事業の範囲・・・・・・・・・・・・・・・・・1061
対価補償金・・・・・・・・・・・・・・・・・・・・・・・351
耐久性向上改修工事等に係る税額控除制度・・・824
退職給与引当金・・・・・・・・・・・・・・・・・・・259
退職所得・・・・・・・・・・・・・・・・・・・・・・・・・612
退職所得金額・・・・・・・・・・・・・・・・・・・・627
退職所得控除額・・・・・・・・・・・・・・・・・・・619
退職所得の確定申告・・・・・・・・・・・・・・・622
退職手当等とみなされる一時金・・・・・・・・・613
代替資産等の取得価額・・・・・・・・・・・・・・・60
耐用年数及び償却率・・・・・・・・・・・・・・・・・63
耐用年数の短縮・・・・・・・・・・・・・・・・・・・・63
貸与資産の耐用年数・・・・・・・・・・・・・・・・・63
多世帯同居改修工事等・・・・・・・・・・・・・・804
多世帯同居改修工事等に係る税額控除制度・・・823
立退料・・・・・・・・・・・・・・・・・・・206，305，564
建物の貸付けが事業として行われているかど
　うかの判定・・・・・・・・・・・・・・・・・・・・202
建物を賃貸する場合の権利金・・・・・・・・・・201
棚卸資産・・・・・・・・・・・・・・・・・・・・・・・・・220
棚卸資産等・・・・・・・・・・・・・・・・・・・・・・・31
棚卸資産等を自家消費した場合の収入金額・・・31
棚卸資産等を贈与等又は低額譲渡した場合等
　の収入金額・・・・・・・・・・・・・・・・・・・・31
棚卸資産の取得価額・・・・・・・・・・・・・・・222
棚卸資産の引渡しの日の判定・・・・・・・・・211
棚卸資産の評価の方法・・・・・・・・・・・・・・220
棚卸資産の法定評価方法・・・・・・・・・・・・222
短期譲渡所得・・・・・・・・・・・・・・・・・・・・301
探鉱準備金・・・・・・・・・・・・・・・・・・・・・・・265
断熱改修工事等の一定の改修工事の増改築等
　・・・・・・・・・・・・・・・・・・・・・・・・・・・・・804

（チ）

地域経済牽引事業の促進区域内において特定
　事業用機械等を取得した場合の所得税額の
　特別控除・・・・・・・・・・・・・・・・・・・・・753
地域経済牽引事業の促進区域内において特定
　事業用機械等を取得した場合の特別償却・・・231

— 1075 —

地代 ……………………………………38	電子署名等が付された電磁的記録の送信によ
地方活力向上地域等において雇用者の数が増	る添付書類の提出制度 …………………983
加した場合の所得税額の特別控除 …………754	電子申告における第三者作成書類の添付省略
地方活力向上地域等において特定建物等を取	……………………………………980
得した場合の所得税額の特別控除 …………753	電子納付 …………………………………863
地方活力向上地域等において特定建物等を取	転廃業助成金等に係る課税の特例……………91
得した場合の特別償却 …………………232	店舗併用住宅の損害保険料……………………39
地方消費税（譲渡割）と消費税との関係等 …133	転用資産の償却費の計算 ……………………64
地方消費税の税額計算のしくみ ……………133	
中古資産の耐用年数…………………………63	**（ト）**
中小企業技術基盤強化税制……………………743	
中小事業者が機械等を取得した場合の所得税	当座預金の利子 ………………………………1
額の特別控除 ……………………………752	道府県民税の所得割の税率…………………1046
中小事業者が機械等を取得した場合の特別償	特殊関係株主等 ……………………………327
却 ………………………………………229	特殊関係株主等である居住者に係る外国関係
中小事業者の少額減価償却資産の取得価額の	法人に係る所得の課税の特例 …………600
必要経費算入の特例 ……………………48	特定一般用医薬品等購入費の範囲……………692
中小事業者の税額計算の特例（経過措置）…127	特定エネルギー消費性能向上住宅……………798
長期譲渡所得…………………………………301	特定株式に係る譲渡損失の金額の繰越控除の
長期大規模工事の請負による収入及び費用の	特例 ……………………………………486
帰属時期 …………………………………215	特定管理株式等が価値を失った場合の株式等
長期の損害保険契約に係る支払保険料 ………39	に係る譲渡所得の課税の特例 …………451
調整前事業所得税額…………………………741	特定管理株式等の譲渡に係る所得計算の特例‥454
帳簿書類の整理保存…………………………725	特定期間に取得をした土地等を譲渡した場合
賃借建物等を保険に付した場合の支払保険料	の長期譲渡所得の特別控除 ……………396
……………………………………39	特定居住用財産の譲渡損失の繰越控除 ………647
賃借人の償却方法……………………………65	特定居住用財産の譲渡損失の損益通算及び繰
賃貸料等の収入の時期 ………………………203	越控除制度………………………………558
	特定居住用財産の譲渡損失の損益通算の特例
（ツ）	……………………………………640
	特定組合員等の不動産所得に係る損益通算等
通勤手当（給与所得者の）……………………2	の特例 …………………………………633
通常の使用時間を超えて使用される機械及び	特定口座に関する課税の特例 ………………456
装置の償却費の特例……………………64	特定公社債等の利子等に係る利子所得の申告
通常の賃貸料の額 ……………………………289	分離課税 ………………………………173
つみたて NISA……………………………497	特定災害防止準備金（廃止）………………261
	特定事業継続力強化設備等の特別償却 ………242
（テ）	特定支出 ……………………………………292
	特定支出の控除の特例 ………………………292
定額法…………………………………………52	特定住宅地造成事業等のために土地等を譲渡
低価法…………………………………………221	した場合の譲渡所得の特別控除 ………369
定期借地権の設定による保証金の経済的利益	特定取得 ……………………………………779
の課税 …………………………………204	特定新規中小会社が発行した株式を取得した
定期付養老保険の保険料 ……………………283	場合の課税の特例………………………710
定期保険の保険料……………………………283	特定新規中小企業者がその設立の際に発行し
低未利用土地等を譲渡した場合の長期譲渡所	た株式の取得に要した金額の控除等 ………492
得の特別控除 ……………………………399	特定船舶に係る特別修繕準備金 ……………262
定率法…………………………………………52	特定船舶の特別償却…………………………239
適格請求書発行事業者の登録申請書 …………129	

— 1076 —

索　引

特定増改築等住宅借入金等特別控除 ………… 803
特定増改築等住宅借入金等特別控除額の計算
　………………………………………………… 813
特定地域における工業用機械等の特別償却 … 245
特定中小会社が発行した株式に係る課税の特
　例 ……………………………………………… 478
特定中小事業者が経営改善設備を取得した場
　合の特別償却（廃止）……………………… 233
特定中小事業者が特定経営力向上設備等を取
　得した場合の所得税額の特別控除 ………… 758
特定中小事業者が特定経営力向上設備等を取
　得した場合の特別償却 ……………………… 234
特定都市再生建築物の割増償却 ………………… 72
特定土地区画整理事業等のために土地等を譲
　渡した場合の譲渡所得の特別控除 ………… 366
特定の基準所得金額の課税の特例 …………… 838
特定の居住用財産の買換え等 ………………… 404
特定の交換分合により土地等を取得した場合
　の課税の特例 ………………………………… 428
特定の事業用資産の買換え等 ………………… 411
特定の取締役等が受ける新株予約権の行使に
　よる株式の取得に係る経済的利益の非課税
　等 ……………………………………………… 294
特定普通財産とその隣接する土地等の交換 … 431
特定扶養親族 …………………………………… 723
特定保健指導 …………………………………… 673
特別事業再編を行う法人の株式を対価とする
　株式等の譲渡に係る譲渡所得等の課税の特
　例 ……………………………………………… 496
特別試験研究費の額に係る特別税額控除制度
　………………………………………………… 745
特別特定取得 …………………………………… 782
特別特例取得の特例 …………………………… 783
匿名組合の組合員等の所得 …………………… 209
特例取得の特例 ………………………………… 783
特例特別特例取得の特例 ……………………… 784
土石等の譲渡による所得 ……………………… 300
土地信託（賃貸方式）による信託配当 ……… 202
土地信託（分譲方式）による信託配当 … 299,573
土地建物等の譲渡 ……………………………… 323
土地建物等の譲渡所得の分離課税 …………… 323
土地等に係る事業所得等の金額 ………… 274,626
土地等の譲渡に類するもの …………………… 326
土地と建物を一括譲渡した場合の土地等の対
　価の区分 ……………………………………… 275
土地に区画形質の変更等を加えて譲渡した場
　合の所得 ……………………………………… 299

土地の貸付けが事業として行われているかど
　うかの判定 …………………………………… 202
土地を賃貸する場合の権利金 ………………… 201
取替法 ……………………………………………… 55

（ニ）

ＮＩＳＡ ………………………………………… 497
２以上の用途に共用されている建物の耐用年
　数 ………………………………………………… 63
肉用牛の売却による農業所得 …………………… 17
肉用牛の売却による農業所得の課税の特例 … 271
２割特例 ………………………………………… 160
任意組合等の組合員の組合事業に係る利益等
　の帰属 …………………………………………… 19
任意組合等の組合員の所得計算 ………………… 93
認定ＮＰＯ法人等寄附金特別控除 …………… 818
認定ＮＰＯ法人等に対して寄附をした場合の
　特別控除 ……………………………………… 818
認定住宅等に係る住宅借入金等特別控除 …… 793
認定住宅等の取得をした場合の所得税額の特
　別控除 ………………………………………… 827
認定住宅の特別特定取得の場合の控除期間の
　３年間の延長の特例 ………………………… 801
認定住宅の特別特例取得の特例 ……………… 802
認定住宅の特例取得の特例 …………………… 802
認定住宅の特例特別特例取得の特例 ………… 803
認定長期優良住宅 ……………………………… 793
認定低炭素住宅 ………………………………… 796
認定特定高度情報通信技術活用設備を取得し
　た場合の所得税額の特別控除 ……………… 761
認定特定高度情報通信技術活用設備を取得し
　た場合の特別償却 …………………………… 235
認定特定非営利活動法人等に対する寄附金 … 710

（ネ）

年金に代えて支給される一時金 ……………… 615
年の中途で業務の用に供した資産等の償却費
　の計算 …………………………………………… 63
年の中途で死亡した人の納税義務（住民税）
　……………………………………………… 1031

（ノ）

農業経営基盤強化準備金 ……………………… 266
農業所得 ………………………………………… 208
農産物の収入金額 ……………………………… 218
農事組合法人から支払を受ける従事分量配当
　………………………………………………… 208

索　　引

納税義務者（住民税）……………………1030
納税の猶予……………………………………868
農地保有の合理化等のために農地等を譲渡し
　た場合の譲渡所得の特別控除……………377
納付……………………………………………863
農用地等を取得した場合の課税の特例………270
延払基準の適用………………………………28
延払条件付譲渡………………………………866
延払条件付で資産を譲渡した場合の税額の延
　納……………………………………………865

（ハ）

売価還元法……………………………………221
廃業後に生じた必要経費の特例……………91
配偶者控除……………………………………718
配偶者特別控除………………………………720
配偶者特別控除額の早見表…………………1025
配当控除………………………………………737
配当所得………………………………………180
配当所得に関する課税の特例………………193
配当等の収入金額……………………………190
罰金……………………………………………34
発行法人から与えられた株式を取得する権利
　の譲渡による収入金額の特例……………102
発明等に基づく報償金等……………………287
バリアフリー改修工事………………804,821
販売価額等……………………………………31

（ヒ）

「東日本大震災の被災者等に係る国税関係法律
　の臨時特例に関する法律」の概要等………939
非課税口座内の少額上場株式等に係る譲渡所
　得等の非課税………………………………497
非課税口座内の少額上場株式等に係る配当所
　得の非課税…………………………………189
非課税所得……………………………………1
非居住者………………………………………872
非居住者等が三角合併等により外国親法人株
　式等の交付を受けた場合等の特例………537
非居住者に課税される所得の範囲…………877
非居住者の確定申告と納税…………………872
非居住者の納税の方法………………………895
被災代替船舶の特別償却……………………71
非常勤役員等の出勤費用……………………1
被相続人の居住用財産の譲渡………………383
必要経費………………………………………33
必要経費に算入できない租税公課…………38

ひとり親控除…………………………………716

（フ）

夫婦間における農業の事業主の判定………18
福利厚生費……………………………………41
負債の利子……………………………………192
負債利子計算の通則…………………………192
附帯税…………………………………………927
附帯税の端数計算……………………………932
復興特別所得税………………………………852
不動産業者等の土地譲渡益に係る課税の特例
　……………………………………………272
不動産所得……………………………………201
不動産所得に係る損益通算の特例…………631
扶養控除………………………………………722
扶養控除等（手続）…………………………657
ふるさと納税ワンストップ特例制度………1038
文化功労者年金学術奨励金等………………4
分割払の繰延資産……………………………80
分配時調整外国税相当額控除………………829
分離課税の上場株式等に係る配当所得等の金
　額……………………………………………626
分離短期譲渡所得……………………………325
分離短期譲渡所得で軽減税率が適用されるも
　の……………………………………………328
分離短期譲渡所得の金額……………………626
分離長期譲渡所得……………………………323
分離長期譲渡所得の金額……………………626

（ヘ）

変動所得………………………………………848
変動所得及び臨時所得がある場合の平均課税
　の方法による税額の計算…………………848
返品調整引当金（廃止）……………………258

（ホ）

法人の役員が住宅等の貸与を受けた場合の経
　済的利益についての収入金額……………289
法定調書の概要………………………………933
保険金…………………………………………32
保険契約等の保険料…………………………283
補償金…………………………………………351
本人確認書類………………………………176,542

（マ）

前払家賃等……………………………………38
前渡金等の振替え……………………………28

— 1078 —

索　引

満期返戻金等……………………………563,569

（ミ）

未成年者口座内の少額上場株式等に係る配当
　　所得及び譲渡所得等の非課税………………512
未成年者口座内の少額上場株式等に係る配当
　　所得の非課税……………………………190
みなし配当所得……………………………180
未払家賃等………………………………………39

（ム）

無申告加算税…………………………………930

（メ）

免税事業者等の消費税等の処理………………109
免税所得……………………………………………17
免税所得についての免税額……………………840
免責許可の決定等により債務免除を受けた場
　　合の経済的利益の総収入金額不算入………102

（ヤ）

家賃…………………………………………………38
雇人費………………………………………………83

（ユ）

有価証券の取得価額……………………………224
有価証券の譲渡原価……………………………224
有価証券の譲渡による所得の課税の特例等…434
有限責任事業組合の事業に係る組合員の事業
　　所得等の所得計算の特例……………………94
有姿除却……………………………………………82

優良住宅地の造成等のために土地等を譲渡し
　　た場合の課税の特例…………………………329
輸出事業用資産の割増償却……………………252

（ヨ）

用役の提供等……………………………………282
養老保険の保険料………………………………282
預貯金の利子……………………………………167
予定納税額………………………………………846
予定納税額の還付………………………………870

（リ）

リース期間定額法……………………………55,67
リース資産に係る償却方法の特例………………65
リース譲渡に係る収入及び費用の帰属時期…212
リース取引に係る所得金額の計算の特例……100
利子所得…………………………………………167
利子所得の源泉分離課税………………………171
利子税……………………………………………928
臨時所得…………………………………………848

（ロ）

老人扶養親族……………………………………723
ロータリークラブ及びライオンズクラブの入
　　会金等…………………………………………286
65万円の青色申告特別控除………………………87

（ワ）

割引債の償還差益………………………………575
割引料………………………………………………40

確定申告書等の記載例

　以下の記載例は，下記のような設例について掲載しています。

〔例１〕確定申告書を提出する場合 …………………………………………（２）
〔例２〕変動所得と臨時所得がある場合 ……………………………………（10）
〔例３〕分離課税の所得（長期譲渡所得）がある場合 ……………………（15）
〔例４〕損失申告をする場合 …………………………………………………（19）
〔例５〕申請書及び届出書（青色申告関係）………………………………（24）
〔例６〕「消費税課税事業者届出書」の記載例……………………………（26）
〔例７〕「消費税簡易課税制度選択届出書」の記載例……………………（27）

（注）確定申告書の使用区分等については855ページ以降参照

確定申告書等の記載例

〔例1〕 確定申告書を提出する場合

（設例） 会社役員麹町春男の令和5年分所得税及び復興特別所得税の確定申告に必要な資料は，次のとおりです。

1 所得の明細

種　　　類	明　　　　　　　　細			
配当所得 　〇〇産業㈱ほか1社の株式 配当金収入（2社とも非上場 会社）	（銘　柄） 〇〇産業㈱ △△食品㈱ （注）　〇〇産業㈱の株式を取得するために要した借入金の利子として 　　　　令和5年中に150,000円支払っている。	（支払確定日） 5. 3.31 5.11.30	（収入金額） 1,000,000円 500,000円	（源泉徴収税額） 204,200円 102,100円
不動産所得 　台東区蔵前△－△－△ 所在の貸事務所の賃貸料	（収入金額） 4,800,000円	（必要経費） 2,141,300円		
給与所得 　〇〇産業㈱ほか1社からの 給与	（勤務先等） 〇〇産業㈱ △△食品㈱	（収入金額） 6,500,000円 900,000円	（源泉徴収税額） 118,300円 27,564円	
一時所得 　××工業㈱の懸賞当せん金	（収入金額） 200,000円	（源泉徴収税額） 0円		
雑所得 　業界誌に寄稿した原稿料 （㈱〇〇出版社）	（収入金額） 130,000円	（必要経費） 40,000円	（源泉徴収税額） 13,273円	

2 控除の明細

種　　　類	明　　　　　　　　細				
雑　損　控　除	（損害発生日 及び原因） 5.4.15火災	（損害を受 けた資産） 住宅及び家財	（損害金額） 2,500,000円	（損害金額のうち 災害関連支出） 200,000円	（保険金で補塡 された金額） 1,335,000円
医　療　費　控　除	（医療を受けた者） 麹町秋人（長男）	（支払先） 千代田区九段△－△－△ 〇〇病院	（支払金額） 260,000円	（保険金などで補 塡された金額） 80,000円	
社 会 保 険 料 控 除	給与から差し引かれた金額　317,300円				
生 命 保 険 料 控 除	（保険金受取人） 麹町春男（本人）	（保険会社など） △△生命	（契約締結日） 5.1.15	（支払保険料） 170,000円 （内介護医療保険料50,000円）	
地 震 保 険 料 控 除	（保険の種類） 　　地震保険	（保険会社） 〇〇海上火災	（支払保険料） 36,000円	（保険期間） 1年	
寄　附　金　控　除	（寄附した団体） 栃木県下都賀郡野木町丸林571　野木町		（寄附金の額） 12,000円		
配偶者及び扶養控除	麹町夏子（妻，昭和44年3月20日生），麹町秋人（長男，平成13年2月21日生）， 麹町冬美（長女，平成17年9月9日生），麹町敏郎（父，昭和10年9月1日生， 麹町春男と同居）				

—（2）—

確定申告書等の記載例

住宅借入金等特別控除	（契約年月日）　　　（家屋の総床面積）　　（家屋の取得対価の額） 　5.8.31　　　　　　　75㎡　　　　　　　16,995,000円（消費税率10％） （取得年月日）　　　（土地等の面積）　　（土地等の取得対価の額） 　5.10.20　　　　　　85㎡　　　　　　　19,125,000円 （居住開始年月日） 　5.12.7 上記土地及び住宅（分譲住宅）を取得するため，次の方法により資金を調達した。 ①　家屋について120,000円の補助金を受領した。 ②　父から土地及び家屋について4,000,000円の贈与を受けた（住宅取得等資金の贈与の特例を適用）。 ③　金融機関から土地及び家屋について借入れを行った（償還期間10年以上の割賦償還）。 　　令和5年12月末の借入金残高　　30,000,000円
公益社団法人等寄附金特別控除	（寄附した団体）　　　　　　　　　　　　　（寄附金の額） □□市○○町×－×　学校法人○○大学　　20,000円

― (3) ―

確定申告書等の記載例

FA2203

京橋 税務署長
令和 6 年 2 月 18 日
令和 **05** 年分の 所得税及び復興特別所得税 の 確定 申告書

第一表 （令和五年分以降用）

納税地	〒 104-0045	個人番号(マイナンバー) XXXXXXXXXXXX	生年月日 3 37.09.08

現在の住所又は居所事業所等： 中央区築地5-3-1

フリガナ コウジ マチ ハルオ
氏名 麹町 春男

令和6年1月1日の住所： 同 上
職業 会社役員
屋号・雅号：
世帯主の氏名 麹町春男
世帯主との続柄 本人

振替継続希望： 種類： 青色 分離 国出 損失 修正　特農の表示　特農
整理番号：
電話番号 (自宅)勤務先・携帯 03-3542-2111

（単位は円）

収入金額等

事業	営業等	㋐	
	農業	㋑	
不動産		㋒	5　4800000
配当		㋓	1500000
給与		㋔	7400000
雑	公的年金等	㋕	
	業務	㋖	130000
	その他	㋗	
総合譲渡	短期	㋘	
	長期	㋙	
一時		㋚	0

所得金額等

事業	営業等	①	
	農業	②	
不動産		③	2658700
利子		④	
配当		⑤	1350000
給与		⑥	5560000
	公的年金等	⑦	
雑	業務	⑧	90000
	その他	⑨	
⑦から⑨までの計		⑩	90000
総合譲渡・一時 ㋘＋{(㋙＋㋚)×½}		⑪	
合計 ①から⑥までの計+⑩+⑪		⑫	9658700

所得から差し引かれる金額

社会保険料控除	⑬	317300
小規模企業共済等掛金控除	⑭	
生命保険料控除	⑮	72500
地震保険料控除	⑯	36000
寡婦、ひとり親控除	⑰~⑱	0000
勤労学生、障害者控除	⑲~⑳	0000
配偶者(特別)控除	㉑~㉒	130000
扶養控除	㉓	1590000
基礎控除	㉔	480000
⑬から㉔までの計	㉕	2625800
雑損控除	㉖	199130
医療費控除	㉗	80000
寄附金控除	㉘	10000
合計 ㉕+㉖+㉗+㉘	㉙	2914930

税金の計算

課税される所得金額 (⑫－㉙) 又は第三表	㉚	6743000
上の㉚に対する税額 又は第三表の㊼	㉛	921100
配当控除	㉜	135000
	㉝	
(特定増改築等)住宅借入金等特別控除	㉞	210000
政党等寄附金等特別控除	㉟~㊲	8000
住宅耐震改修特別控除等	㊳~㊵	
差引所得税額	㊶	568100
災害減免額	㊷	0
再差引所得税額(基準所得税額)(㊶－㊷)	㊸	568100
復興特別所得税額 (㊸×2.1%)	㊹	11930
所得税及び復興特別所得税の額 (㊸＋㊹)	㊺	580030
外国税額控除等	㊻~㊼	
源泉徴収税額	㊽	465437
申告納税額 (㊺－㊻－㊼－㊽)	㊾	114500
予定納税額(第1期分・第2期分)	㊿	
第3期分の税額 納める税金 (㊾－㊿)	㊿①	114500
第3期分の税額 還付される税金	㊿②	△

修正申告

修正前の第3期分の税額(還付の場合は頭に△を記載)	㊿③	
第3期分の税額の増加額	㊿④	00

その他

公的年金等以外の合計所得金額	㊿⑤	9658700
配偶者の合計所得金額	㊿⑥	
専従者給与(控除)額の合計額	㊿⑦	
青色申告特別控除額	㊿⑧	
雑所得・一時所得等の源泉徴収税額の合計額	㊿⑨	13273
未納付の源泉徴収税額	㊿⑩	
本年分で差し引く繰越損失額	㊿⑪	
平均課税対象金額	㊿⑫	
変動・臨時所得金額	㊿⑬	

延納の届出

申告期限までに納付する金額	㊿⑭	00
延納届出額	㊿⑮	000

還付される税金の受取場所：
銀行・金庫・組合・農協・漁協　本店・支店・出張所・本所・支所
郵便局名等：
預金種類：普通 当座 納税準備 貯蓄
口座番号記号番号：

公金受取口座登録の同意　公金受取口座の利用

整理欄 区分 A B C D E F G H I J K　L
異動
補完　確認

整理欄 管理　名簿

— (4) —

確定申告書等の記載例

令和 05 年分の所得税及び復興特別所得税の確定申告書

整理番号 □□□□□□□□　　FA2303

第二表（令和五年分以降用）

住　所　中央区築地5-3-1
屋　号
フリガナ　コウジマチ　ハル オ
氏　名　麹町　春男

	保険料等の種類	支払保険料等の計	うち年末調整等以外
⑬⑭ 社会保険料控除・小規模企業共済等掛金控除	源泉徴収分	317,300 円	円
⑮ 生命保険料控除	新生命保険料	120,000 円	120,000 円
	旧生命保険料		
	新個人年金保険料		
	旧個人年金保険料		
	介護医療保険料	50,000	50,000
⑯ 地震保険料控除	地震保険料	36,000 円	36,000 円
	旧長期損害保険料		

○ 所得の内訳（所得税及び復興特別所得税の源泉徴収税額）

所得の種類	種目	給与などの支払者の「名称」及び「法人番号又は所在地」等	収入金額	源泉徴収税額
配当	株式配当	○○産業（株）□□市□□町×－×	1,000,000 円	204,200 円
	株式配当	△△食品（株）□□市□□町×－×	500,000	102,100
給与	給料	○○産業（株）□□市□□町×－×	6,500,000	118,300
	給料	△△食品（株）□□市□□町×－×	900,000	27,564
雑	原稿料	（株）○○出版社　□□市□□町×－×	130,000	13,273
一時	懸賞当せん金	××工業（株）□□市□□町×－×	200,000	0
		㊽ 源泉徴収税額の合計額		465,437 円

本人に関する事項（⑰～⑳）				
寡婦 □死別 □生死不明 □離婚 □未帰還	ひとり親	勤労学生 □年調以外かつ 専修学校等	障害者	特別障害者

○ 総合課税の譲渡所得、一時所得に関する事項（⑪）

所得の種類	収入金額	必要経費等	差引金額
一時	200,000 円	0 円	200,000 円

○ 雑損控除に関する事項（㉖）

損害の原因	損害年月日	損害を受けた資産の種類など
火災	5 . 4 . 15	住宅及び家財

損害金額	保険金などで補塡される金額	差引損失額のうち災害関連支出の金額
2,500,000 円	1,335,000 円	200,000 円

○ 寄附金控除に関する事項（㉘）

寄附先の名称等	野木町　栃木県下都賀郡野木町丸林571	寄附金	12,000 円

特例適用条文等　特令和5年12月7日居住開始　措法41の18の3

○ 配偶者や親族に関する事項（⑳～㉓）

氏　名	個人番号	続柄	生年月日	障害者	国外居住	住民税	その他
麹町　夏子	XXXXXXXXXXXX	配偶者	明・大・昭・平 44.3.20	障・特障	国外・年調	同一・別居	調整
麹町　秋人	XXXXXXXXXXXX	子	明・大・昭・平・令 13.2.21	障・特障	国外・年調	⑯・別居	調整
麹町　冬美	XXXXXXXXXXXX	子	明・大・昭・平・令 17.9.9	障・特障	国外・年調	⑯・別居	調整
麹町　敏郎	XXXXXXXXXXXX	父	明・大・昭・平・令 10.9.1	障・特障	国外・年調	⑯・別居	調整
			明・大・昭・平・令 . .	障・特障	国外・年調	⑯・別居	調整

○ 事業専従者に関する事項（㊼）

事業専従者の氏名	個人番号	続柄	生年月日	従事月数・程度・仕事の内容	専従者給与（控除）額
			明・大・昭・平 . .		
			明・大・昭・平 . .		

○ 住民税・事業税に関する事項

住民税	非上場株式の少額配当等	非居住者の特例	配当割額控除額	株式等譲渡所得割控除額	給与、公的年金等以外の所得に係る住民税の徴収方法		都道府県、市区町村への寄附（特例控除対象）	共同募金、日赤その他の寄附	都道府県条例指定寄附	市区町村条例指定寄附
					特別徴収	自分で納付				
	円	円	円	円	○		12,000 円	20,000 円	円	円

退職所得のある配偶者・親族の氏名	個人番号	続柄	生年月日	退職所得を除く所得金額	障害者	その他	寡婦・ひとり親
			明・大・昭・平 . .	円	障・特障	調整	寡婦・ひとり親

事業税	非課税所得など	番号 10	所得金額 2,658,700	損益通算の特例適用前の不動産所得	2,658,700 円	前年中の開（廃）業	開始・廃止 月日 .
	不動産所得から差し引いた青色申告特別控除額	円		事業用資産の譲渡損失など	円	他都道府県の事務所等	

上記の配偶者・親族・事業専従者のうち別居の者の氏名・住所	氏名		住所		国外	所得税で控除対象配偶者などとした専従者	氏名	給与	一連番号

税理士署名・電話番号　　税理士法書面提出 30条 33条の2　　（　　－　　－　　）

整理欄　申告区分　申告等年月日　所得種類　特例適用条文　法　条の　項　号　申告期限

—(5)—

確定申告書等の記載例

令和 05 年分 (特定増改築等) 住宅借入金等特別控除額の計算明細書　FA4025

一面　提出用

○ この明細書は、申告書と一緒に提出してください。

1 住所及び氏名

住所	郵便番号 104-0005 東京都中央区築地5-3-1 電話番号 03 (3542) 2111
フリガナ	コウジマチ　ハルオ
氏名	麹町　春男

整理番号 ☐☐☐☐☐☐☐☐

(共有者の氏名) ※共有の場合のみ書いてください。

フリガナ		フリガナ	
氏名		氏名	

2 新築又は購入した家屋等に係る事項

		家屋に関する事項	土地等に関する事項
居住開始年月日	㋐	平成 令和 05.12.07	平成 令和 . .
契約日 契約日区分 区分 1	㋑	平成 令和 05.08.31	
補助金等控除前の取得対価の額	㋒	16995000	㋗ 19125000
交付を受ける補助金等の額	㋓	120000	㋘ 0
取得対価の額 (㋒-㋓)(㋗-㋘)	㋔	16875000	㋙ 19125000
総 (床) 面積 ※小数点以下第2位まで書きます。	㋕	75.00	㋚ 85.00
うち居住用部分の (床) 面積	㋖	75.00	㋛ 85.00

3 増改築等をした部分に係る事項

居住開始年月日	㋜	平成 令和 . .
契約日	㋝	平成 令和
補助金等控除前の増改築等の費用の額	㋞	
交付を受ける補助金等の額	㋟	
増改築等の費用の額 (㋞-㋟)	㋠	
㋠のうち居住用部分の金額	㋡	
増改築等をした家屋の総床面積	㋢	

不動産番号	家屋	1111111111111	土地	2222222222222

4 家屋や土地等の取得対価の額

		Ⓐ 家 屋	Ⓑ 土 地 等	Ⓒ 合 計	Ⓓ 増改築等
あなたの共有持分 ※共有の場合のみ書いてください。	①				
(㋔,㋙,㋠) × ① ※共有でない場合は、㋔,㋙,㋠を書いてください。	②	(㋔)(㋔×Ⓐの①) 16875000	(㋙)(㋙×Ⓑの①) 19125000	(Ⓐの②+Ⓑの②)又は(Ⓑの②+Ⓓの②) 36000000	(㋠)(㋠×Ⓓの①)
住宅取得等資金の贈与の特例を受けた金額等 (②-③)	③	1875000	2125000	4000000	
あなたの持分に係る取得対価の額等 (②-③)	④	15000000	17000000	32000000	

5 家屋の取得対価の額又は増改築等の費用の額に課されるべき消費税額等に関する事項

なし又は5%　8%　10%

税率が10%の場合に⑦、㋙に含まれる消費税額及び地方消費税額の合計額(契約書等に記載された消費税額) 1545000

6 新型コロナウイルスの影響による入居遅延

あり

7 居住用部分の家屋又は土地等に係る住宅借入金等の年末残高

		Ⓔ 住宅のみ	Ⓕ 土地等のみ	Ⓖ 住宅及び土地等	Ⓗ 増改築等
新築、購入及び増改築等に係る住宅借入金等の年末残高	⑤			30000000	円
連帯債務に係るあなたの負担割合 (付表)の⑭の割合 ※連帯債務がない場合は、100.00%と書きます。	⑥			100.00	%
住宅借入金等の年末残高 (付表)の⑯の金額 ※連帯債務がない場合には、⑤の金額を書きます。	⑦			30000000	円
④と⑦のいずれか少ない方の金額	⑧			30000000	円
居住用割合	⑨	㋖÷㋕ 100.0	㋛÷㋚ 100.0	㋖＋㋛ 100.0	㋡÷㋢
居住用部分に係る住宅借入金等の年末残高 (⑧ × ⑨)	⑩			30000000	円

住宅借入金等の年末残高の合計額(Ⓔの⑩+Ⓕの⑩+Ⓖの⑩+Ⓗの⑩)
※ ⑪の金額を二面の「住宅借入金等の年末残高の合計額⑪」欄に転記します。

⑪ 30000000

8 特定の増改築等に係る事項 (特定増改築等住宅借入金等特別控除の適用を受ける場合のみ書いてください。)

次の⑫欄から⑯欄に補助金等控除後の金額を書いてください。これらの金額が50万円を超えるときに特定増改築等住宅借入金等特別控除の適用を受けることができます。詳しくは、控用の裏面を参照してください。

高齢者等居住改修工事等の費用の額	⑫	断熱改修工事等の費用の額	⑬	特定断熱改修工事等の費用の額	⑭	特定多世帯同居改修工事等の費用の額	⑮
特定耐久性向上改修工事等の費用の額	⑯	特定の増改築等工事の費用の合計額 (⑫+⑭+⑮+⑯)	⑰	あなたの持分に係る特定の増改築等工事の費用の額 (⑰又は⑰×Ⓓの①)	⑱	特定増改築等住宅借入金等、特定断熱改修住宅借入金等は特定多世帯同居改修住宅借入金等の年末残高 ⑪と⑱のいずれか少ない方の金額で最高250万円。ただし、住宅の増改築等(特定多世帯同居改修工事等に係るものを除きます。)が特定取得(第二面参照)に該当しない場合は、最高200万円。	⑲

9 (特定増改築等)住宅借入金等特別控除額

(特定増改築等)住宅借入金等特別控除額 ※ 二面の該当する番号及び金額を転記します。

番号 2 ⑳ 210000

※次に該当する場合に、書いてください。

同一年中に8%及び10%の消費税率が含まれる家屋の取得等又は増改築等をした場合は、右の欄に○をした上で、10%に係る部分の金額を書いてください。	8%・10% 一同一年中取得	家:1 増改築等:2	㋙又は⑦の金額 (10%に係る部分のみ)	㉑	円
			Ⓐの④又はⒸの④の金額 (10%に係る部分のみ)	㉒	円

重複適用を受ける場合は、右の文字に○をした上で、二面の㉓の金額を転記してください。 重複適用 ㉓ 00

10 控除証明書の交付を要しない場合

翌年分以後に年末調整でこの控除を受けるための、控除証明書の交付を要しない方は、右の「要しない」の文字を○で囲んでください。 要しない

整理欄 ☐☐☐☐☐☐☐☐☐☐☐☐ 住民 台帳番号一連番号 ☐☐

○この明細書の書き方については、控用の裏面を参照してください。○住宅借入金等に連帯債務がある場合には、併せて付表を使用します。

—(6)—

令和05年分（特定増改築等）住宅借入金等特別控除額の計算

氏名　麹町　春男

次の該当する算式のうち、いずれか一の算式により計算します。

住宅借入金等の年末残高の合計額　※　一面の⑪の金額を転記します。	⑪	30,000,000 円

番号	居住の用に供した日等			算式等	（特定増改築等）住宅借入金等特別控除額（100円未満の端数切捨て）
1	住宅借入金等特別控除の適用を受ける場合（4から12のいずれかを選択する場合を除きます。）	令和4年1月1日から令和5年12月31日までの間に居住の用に供した場合（※1）	住宅の取得等が(特例)特別特例取得に該当するとき	⑪×0.01=	⑳（最高40万円）　円　00
2			新築住宅又は買取再販住宅に該当するとき	⑪×0.007=	⑳（最高21万円）　円　210,000
			中古住宅又は増改築に該当するとき	⑪×0.007=	⑳（最高14万円）　円　00
		平成26年1月1日から令和3年12月31日までの間に居住の用に供した場合	住宅の取得等が(特別)特定取得に該当するとき	⑪×0.01=	⑳（最高40万円）　円　00
			住宅の取得等が(特別)特定取得に該当しないとき	⑪×0.01=	⑳（最高20万円）　円　00
3					
4	認定住宅等の新築等に係る住宅借入金等特別控除の特例を選択した場合	認定住宅等が認定長期優良住宅又は認定低炭素住宅に該当するとき	令和4年1月1日から令和5年12月31日までの間に居住の用に供した場合（※1）　住宅の取得等が(特例)特別特例取得に該当するとき	⑪×0.01=	⑳（最高50万円）　円　00
5			新築住宅又は買取再販住宅に該当するとき	⑪×0.007=	⑳（最高35万円）　円　00
			中古住宅に該当するとき	⑪×0.007=	⑳（最高21万円）　円　00
			平成26年1月1日から令和3年12月31日までの間に居住の用に供した場合　住宅の取得等が(特別)特定取得に該当するとき	⑪×0.01=	⑳（最高50万円）　円　00
			住宅の取得等が(特別)特定取得に該当しないとき	⑪×0.01=	⑳（最高30万円）　円　00
6		認定住宅等がZEH水準省エネ住宅に該当するとき（※5）	令和4年1月1日から令和5年12月31日までの間に居住の用に供した場合　新築住宅又は買取再販住宅に該当するとき	⑪×0.007=	⑳（最高31万5千円）　円　00
			中古住宅に該当するとき	⑪×0.007=	⑳（最高21万円）　円　00
7		認定住宅等が省エネ基準適合住宅に該当するとき（※5）	令和4年1月1日から令和5年12月31日までの間に居住の用に供した場合　新築住宅又は買取再販住宅に該当するとき	⑪×0.007=	⑳（最高28万円）　円　00
			中古住宅に該当するとき	⑪×0.007=	⑳（最高21万円）　円　00

番号	居住の用に供した日等			算式等	（特定増改築等）住宅借入金等特別控除額（100円未満の端数切捨て）
8	高齢者等居住改修工事等に係る特定増改築等住宅借入金等特別控除を選択した場合	平成31年1月1日から令和3年12月31日までの間に居住の用に供した場合	住宅の増改築等が特定取得に該当するとき ⑪の金額（最高1,000万円）……ⓐ(　　) ⑲の金額(　　)×0.02 +(ⓐ−⑲)×0.01=		⑳（最高12万5千円）　円　00
			住宅の増改築等が特定取得に該当しないとき ⑪の金額（最高1,000万円）……ⓐ(　　) ⑲の金額(　　)×0.02 +(ⓐ−⑲)×0.01=		⑳（最高12万円）　円　00
9	断熱改修工事等に係る特定増改築等住宅借入金等特別控除を選択した場合	平成31年1月1日から令和3年12月31日までの間に居住の用に供した場合	住宅の増改築等が特定取得に該当するとき ⑪の金額（最高1,000万円）……ⓐ(　　) ⑲の金額(　　)×0.02 +(ⓐ−⑲)×0.01=		⑳（最高12万5千円）　円　00
			住宅の増改築等が特定取得に該当しないとき ⑪の金額（最高1,000万円）……ⓐ(　　) ⑲の金額(　　)×0.02 +(ⓐ−⑲)×0.01=		⑳（最高12万円）　円　00
10	多世帯同居改修工事等に係る特定増改築等住宅借入金等特別控除を選択した場合	平成31年1月1日から令和3年12月31日までの間に居住の用に供した場合 ⑪の金額（最高1,000万円）……ⓐ(　　) ⑲の金額(　　)×0.02 +(ⓐ−⑲)×0.01=			⑳（最高12万5千円）　円　00
11	震災特例法の住宅の再取得等に係る住宅借入金等特別控除の控除額の特例を選択した場合	令和4年1月1日から令和5年12月31日までの間に居住の用に供した場合（※1）	住宅の取得等が(特例)特別特例取得に該当するとき	⑪×0.012=	⑳（最高60万円）　円　00
12			新築住宅又は買取再販住宅に該当するとき	⑪×0.009=	⑳（最高45万円）　円　00
			中古住宅又は増改築に該当するとき	⑪×0.009=	⑳（最高27万円）　円　00
		平成26年4月1日から令和3年12月31日までの間に居住の用に供した場合		⑪×0.012=	⑳（最高60万円）　円　00
		平成26年1月1日から平成26年3月31日までの間に居住の用に供した場合		⑪×0.012=	⑳（最高36万円）　円　00

二面
提出用
○ 二面は一面と一緒に提出してください。

（再び居住の用に供したことに係る事項）

転居年月日	年　月　日	再居住開始年月日	年　月　日
居住の用に供していない期間の家屋の用途	□ 賃貸の用　年　月　日～　年　月　日 □ 空家　□ その他（　　）		
その家屋に係る（特定増改築等）住宅借入金等特別控除の適用	【再び居住の用に供した場合の再適用】 □ 再び居住の用に供したことにより、（特定増改築等）住宅借入金等特別控除の再適用を受ける	【再び居住の用に供した場合の適用】 □ 再び居住の用に供したことにより、初めてその家屋に係る（特定増改築等）住宅借入金等特別控除の適用を受ける	

※1　「令和4年1月1日から令和5年12月31日までの間に居住の用に供した場合」欄の「住宅の取得等が（特例）特別特例取得に該当するとき」欄は、令和4年中に居住の用に供した方のみが対象となります。
※2　⑳欄の金額を一面の⑳欄に転記します。
※3　⑳欄の括弧内の金額は、居住の用に供した日の属する年における住宅の取得等又は住宅の増改築等に係る控除限度額となります。
※4　（特例）特別特例取得及び（特別）特定取得については、控用の裏面の「用語の説明」を参照してください。
※5　「ZEH水準省エネ住宅」又は「省エネ基準適合住宅」に該当し、（特例）特別特例取得に該当する場合は、番号「1」の「住宅の取得等が（特例）特別特例取得に該当するとき」欄にて計算してください。
※6　「（再び居住の用に供したことに係る事項）」欄は、再居住の特例の適用を受ける方が、転居年月日や再居住開始年月日などを記載します。

○ **重複適用を受ける場合**

二以上の住宅の取得等又は住宅の増改築等に係る住宅借入金等の金額がある場合（これらの住宅の取得等又は住宅の増改築等が同一の年に属するもので、上記の表で同一の欄を使用して計算する場合を除きます。）には、その住宅の取得等又は住宅の増改築等ごとに（特定増改築等）住宅借入金等特別控除額の計算明細書を作成し、その作成した各明細書の⑳欄の金額の合計額を最も新しい住宅の取得等又は住宅の増改築等に係る明細書の㉓欄に記載します。

重複適用を受ける場合	各明細書の控除額（⑳の金額）の合計額（住宅の取得等又は住宅の増改築等に係る控除限度額のうち最も高い控除限度額が限度となります。）を記載します。	㉓	円　00

※　㉓欄の金額を一面の㉓欄に転記します。

○ **不動産番号が一面に書ききれない場合**

（1）　　（3）
（2）　　（4）

※（特定増改築等）住宅借入金等特別控除の対象となる家屋や土地が複数ある場合で、一面の「不動産番号」欄に書ききれない家屋や土地の不動産番号を記載します。

記載例

確定申告書等の記載例

公益社団法人等寄附金特別控除額の計算明細書
（令和４年分以降用）

（令和5年分）　　　　　　　　　　　氏　名　　麹町　春男

○この明細書は、申告書と一緒に提出してください。

　この明細書は、本年中に支出した公益社団法人等に対する寄附金で一定のもの（以下「公益社団法人等寄附金」といいます。）があり、その寄附金について公益社団法人等寄附金特別控除の適用を受ける場合に、公益社団法人等寄附金特別控除額を計算するために使用します（詳しくは、**裏面**の「**公益社団法人等寄附金特別控除を受けられる方へ**」を読んでください。）。

　申告書第一表の「税金の計算」欄の（特定増改築等）住宅借入金等特別控除までの記入が終わったら、まず、「**1　寄附金の区分等**」欄に必要事項を記入し、次に、「**2　公益社団法人等寄附金特別控除額の計算**」欄で公益社団法人等寄附金特別控除額の計算をします。

　なお、公益社団法人等寄附金特別控除のほか、認定ＮＰＯ法人等寄附金特別控除又は政党等寄附金特別控除の適用も受ける方は、この計算明細書の計算の次に、それぞれ順に『**認定ＮＰＯ法人等寄附金特別控除額の計算明細書**』又は『**政党等寄附金特別控除額の計算明細書**』により計算を行います。

1　寄附金の区分等

寄附金の区分等	公益社団法人等寄附金の額	①	20,000 円
	①以外の寄附金の額	②	12,000
	①　＋　②	③	32,000
所　得　金　額　の　合　計　額		④	9,658,700
④　×　40%		⑤	3,863,480

公益社団法人等寄附金の額の合計額を書いてください。
（公益社団法人等寄附金の内訳）

寄 附 先 の 名 称	寄 附 年 月 日	金　　　　額
学校法人○○大学	5・6・1	20,000 円
	・　・	
	・　・	

申告書第二表の「**寄附金控除に関する事項**」欄の寄附金の金額を転記してください。

申告書第一表の「**所得金額等**」欄の**合計**を転記してください。
(注)次の場合には、それぞれ次の金額を加算してください。
・退職所得及び山林所得がある場合……その所得金額
・ほかに申告分離課税の所得がある場合……その所得金額（特別控除前の金額）
なお、損失申告の場合には、**申告書第四表（損失申告用）**の「**4　繰越損失を差し引く計算**」欄の⑳の金額を転記してください。

2　公益社団法人等寄附金特別控除額の計算

⑤　－　②	⑥	（赤字のときは0）　円　3,851,480
①　と　⑥　の　い　ず　れ　か　少　な　い　方　の　金　額	⑦	20,000
2　千　円　－　②	⑧	（赤字のときは0）　0
（　⑦　－　⑧　）　×　40%	⑨	（100 円未満の端数切捨て）　8,000
令和5年分の所得税の額	⑩	921,100
⑩　×　25%	⑪	（100 円未満の端数切捨て）　230,200
公益社団法人等寄附金特別控除額（⑨と⑪のいずれか少ない方の金額）	⑫	8,000

申告書第一表の㉛の金額を転記してください。

申告書第一表の「**税金の計算**」欄の政党等寄附金等特別控除（㉟〜㊲欄）に転記してください。
ほかに、認定ＮＰＯ法人等寄附金特別控除又は政党等寄附金特別控除の適用を受ける場合には、『**認定ＮＰＯ法人等寄附金特別控除額の計算明細書**』の⑬の金額又は『**政党等寄附金特別控除額の計算明細書**』の⑫の金額と合計し、その合計額を**申告書第一表**の政党等寄附金等特別控除に記入してください。

※　肉用牛の売却による農業所得の課税の特例を受ける所得のある方は、税務署にお尋ねください。

○　この計算明細書を使った方は、**申告書第二表**の「**特例適用条文等**」欄に「措法41の18の3」と書いてください。

04.11

確定申告書等の記載例

令和5年分　医療費控除の明細書【内訳書】

※この控除を受ける方は、セルフメディケーション税制は受けられません。

住　所　**東京都中央区築地5-3-1**　　氏　名　**麹町　春男**

1 医療費通知に記載された事項

医療費通知（※）を添付する場合、右記の(1)～(3)を記入します。

※医療保険者等が発行する医療費の額等を通知する書類で、次の6項目が記載されたものをいいます。
（例：健康保険組合等が発行する「医療費のお知らせ」）
①被保険者等の氏名、②療養を受けた年月、③療養を受けた者の氏名、④療養を受けた病院・診療所・薬局等の名称、⑤被保険者等が支払った医療費の額、⑥保険者等の名称

(1) 医療費通知に記載された医療費の額（自己負担額）(注)	(2) (1)のうちその年中に実際に支払った医療費の額	(3) (2)のうち生命保険や社会保険（高額療養費など）などで補てんされる金額
円	⑦　　　　　　円	④　　　　　　円

(注)　医療費通知には前年支払分の医療費が記載されている場合がありますのでご注意ください。

この明細書は、申告書と一緒に提出してください。

2 医療費（上記1以外）の明細

「領収書1枚」ごとではなく、「医療を受けた方」・「病院等」ごとにまとめて記入できます。

(1) 医療を受けた方の氏名	(2) 病院・薬局などの支払先の名称	(3) 医療費の区分		(4) 支払った医療費の額	(5) (4)のうち生命保険や社会保険（高額療養費など）などで補てんされる金額
麹町　秋人	○○病院	☑診療・治療 ☐医薬品購入	☐介護保険サービス ☐その他の医療費	260,000 円	80,000 円
		☐診療・治療 ☐医薬品購入	☐介護保険サービス ☐その他の医療費		
		☐診療・治療 ☐医薬品購入	☐介護保険サービス ☐その他の医療費		
		☐診療・治療 ☐医薬品購入	☐介護保険サービス ☐その他の医療費		
		☐診療・治療 ☐医薬品購入	☐介護保険サービス ☐その他の医療費		
		☐診療・治療 ☐医薬品購入	☐介護保険サービス ☐その他の医療費		
		☐診療・治療 ☐医薬品購入	☐介護保険サービス ☐その他の医療費		
		☐診療・治療 ☐医薬品購入	☐介護保険サービス ☐その他の医療費		
		☐診療・治療 ☐医薬品購入	☐介護保険サービス ☐その他の医療費		
		☐診療・治療 ☐医薬品購入	☐介護保険サービス ☐その他の医療費		
		☐診療・治療 ☐医薬品購入	☐介護保険サービス ☐その他の医療費		
		☐診療・治療 ☐医薬品購入	☐介護保険サービス ☐その他の医療費		
		☐診療・治療 ☐医薬品購入	☐介護保険サービス ☐その他の医療費		
		☐診療・治療 ☐医薬品購入	☐介護保険サービス ☐その他の医療費		
2 の 合 計				⑦　260,000	④　80,000
医 療 費 の 合 計		A (⑦+⑦)　260,000 円		B (④+④)　80,000 円	

3 控除額の計算

支払った医療費	(合計)　260,000 円	A
保険金などで補てんされる金額	80,000	B
差引金額（A－B）	（マイナスのときは0円）　180,000	C
所得金額の合計額	9,658,700	D
D ×0.05	（赤字のときは0円）　482,935	E
E と10万円のいずれか少ない方の金額	100,000	F
医療費控除額（C－F）	（最高200万円、赤字のときは0円）　80,000	G

申告書第一表の「所得金額等」の合計欄の金額を転記します。

(注)　次の場合には、それぞれの金額を加算します。
・退職所得及び山林所得がある場合・・・その所得金額
・ほかに申告分離課税の所得がある場合・・・その所得金額（特別控除前の金額）
なお、損失申告の場合には、申告書第四表（損失申告用）の「4繰越損失を差し引く計算」欄の㉖の金額を転記します。

申告書第一表の「所得から差し引かれる金額」の医療費控除欄に転記します。

05.11

記載例

確定申告書等の記載例

〔例2〕 変動所得と臨時所得がある場合

この場合,
- ・「確定申告書」と
- ・「変動所得・臨時所得の平均課税の計算書」（以下「計算書」という。）

を提出する必要があります。

本書の「変動所得及び臨時所得がある場合の平均課税の方法による税額の計算」の項（848ページ以降）の解説をお読みください。

〈設 例〉

〔内訳〕

令和5年分の総所得金額…………8,200,000円
$$\left[\begin{array}{l}\text{雑所得の金額}\cdots\cdots\cdots\cdots\cdots\cdots 1,800,000円 \\ \text{（うち変動所得の金額（原稿料）}\cdots 1,800,000円\text{）} \\ \text{不動産所得の金額}\cdots\cdots\cdots\cdots\cdots 6,400,000円 \\ \text{（うち臨時所得の金額（権利金）} 1,500,000円\text{）}\end{array}\right]$$

令和5年分の課税総所得金額……6,180,000円
$$\left[\begin{array}{l}8,200,000円\text{から,社会保険料控除} 360,000円, \\ \text{生命保険料控除}40,000円,\text{配偶者控除}380,000円, \\ \text{扶養控除}760,000円,\text{ 基礎控除}480,000円\text{を差し} \\ \text{引いた額}\end{array}\right]$$

令和3年分の変動所得の金額……400,000円

令和4年分の変動所得の金額……800,000円

─────────○─────────

① 平均課税の選択ができるかどうかの判定……(イ)令和5年分の変動所得の金額1,800,000円は,令和3年分及び令和4年分の変動所得の金額の合計額の$\frac{1}{2}$相当額 $\left\{(400,000円+800,000円)\times\frac{1}{2}=600,000円\right\}$ を超えています。

(ロ)変動所得の金額1,800,000円と臨時所得の金額1,500,000円との合計額3,300,000円は,総所得金額の20%（8,200,000円×$\frac{2}{10}$=1,640,000円）以上となります。

したがって,平均課税を適用することができます。

② 平均課税対象金額の計算……$\left\{1,800,000円-(400,000円+800,000円)\times\frac{1}{2}\right\}+1,500,000円$

　　　　　　　　　　　　　　$=2,700,000円$

③ 調整所得金額の計算……$6,180,000円-2,700,000円\times\frac{4}{5}=4,020,000円$

④ 調整所得金額に対する所得税額の計算……$4,020,000円\times20\%-427,500円=376,500円$

⑤ 調整所得金額に対する平均税率……$376,500円\div4,020,000円=9\%$

⑥ 特別所得金額に対する所得税額の計算……$(6,180,000円-4,020,000円)\times9\%=194,400円$

⑦ 平均課税の方法によって計算した所得税額……$376,500円+194,400円=570,900円$

（注） 1 平均課税を選択しない場合の課税総所得金額6,180,000円に対する所得税額は,808,500円です。

—(10)—

2　平成25年から令和19年までの各年分については，所得税のほかに，所得税額に2.1%を乗じた復興特別所得税も併せて課されます（852ページ参照）。

〔参　考〕

変動所得，臨時所得の平均課税を適用された方の申告書・第一表[その他]「変動・臨時所得金額・区分」(63)欄の記載方法については，次のとおりです。

(1)　**計算書④欄に金額がある場合……**

・「変動・臨時所得金額」欄は，計算書④欄の金額（計算書⑯欄の金額）を転記します。

・「区分」欄は，計算書①欄に金額がないときは「３」を記載し，それ以外のときは記載を要しません。

(2)　**(1)に該当しない場合で計算書③欄に金額がある場合……**

・「変動・臨時所得金額」欄は，計算書③欄の金額（計算書⑯欄の金額）を転記します。

・「区分」欄は，計算書②欄に金額がないときは「２」を記載し，それ以外のときは記載を要しません。

(3)　**(1)及び(2)に該当しない場合で計算書②欄に金額がある場合……**

・「変動・臨時所得金額」欄は，計算書②欄の金額（計算書⑯欄の金額）を転記します。

・「区分」欄は，「１」を記載してください。

(4)　**(1)，(2)及び(3)に該当しない場合……**「変動・臨時所得金額・区分」欄の記載は要しません。

確定申告書等の記載例

変動所得・臨時所得の平均課税の計算書

（令和5年分）　　　　　　　　氏名　神田　誠

この計算書は、変動所得又は臨時所得があり、これらについて平均課税を適用する場合の税額を計算するために使用します。
変動所得又は臨時所得の平均課税は、本年分の変動所得の金額及び臨時所得の金額の合計額（本年分の変動所得の金額が前々年分及び前年分の変動所得の金額の合計額の50％以下である場合には、本年分の臨時所得の金額）が本年分の所得金額（分離課税とされる所得や山林所得、退職所得を除きます。）の20％以上である場合に適用できます（詳しくは『変動所得・臨時所得の説明書』を参照してください。）。
申告書第一表の「税金の計算」欄の㉚（申告書第三表（分離課税用）は㊽）までの記入が終わったら、この計算書で、変動所得及び臨時所得がある場合の特別の計算をして、課税される所得金額に対する税額を求めます。

○この計算書は、申告書と一緒に提出してください。

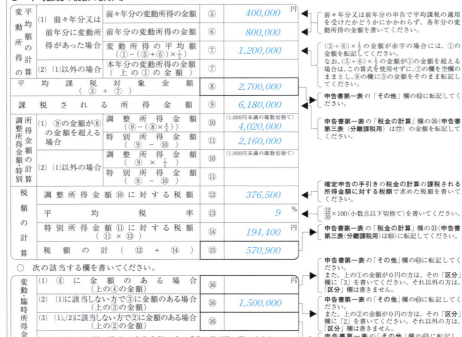

― (12) ―

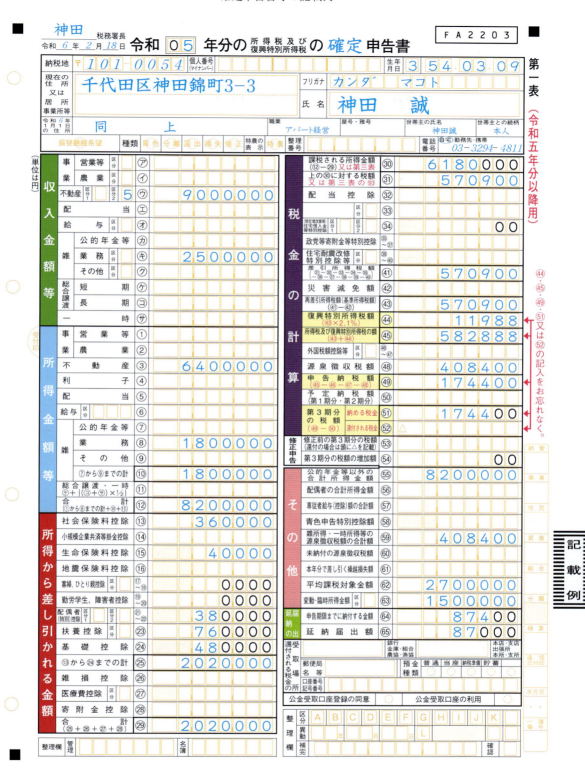

整理番号 ☐☐☐☐☐☐☐☐　　FA2303

令和 05 年分の所得税及び復興特別所得税の確定申告書

第二表 (令和五年分以降用) ○第二表は、第一表と一緒に提出してください。○国民年金保険料や生命保険料の支払証明書など申告書に添付しなければならない書類は添付書類台紙などに貼ってください。

住所 屋号	千代田区神田錦町3−3
フリガナ 氏名	カンダ　マコト 神田　誠

○ 所得の内訳（所得税及び復興特別所得税の源泉徴収税額）

所得の種類	種目	給与などの支払者の「名称」及び「法人番号又は所在地」等	収入金額	源泉徴収税額
雑（業務）	原稿料	○×出版 □□市○○町×−×	2,500,000円	408,400円

(48) 源泉徴収税額の合計額　408,400円

	保険料等の種類	支払保険料等の計	うち年末調整等以外
⑬⑭ 社会保険料控除 / 小規模企業共済等掛金控除	国民健康保険	360,000円	360,000円
⑮ 生命保険料控除	新生命保険料	80,000円	80,000円
	旧生命保険料		
	新個人年金保険料		
	旧個人年金保険料		
	介護医療保険料		
⑯ 地震保険料控除	地震保険料	円	円
	旧長期損害保険料		

本人に関する事項 (⑰〜⑳)	寡婦	ひとり親	勤労学生	障害者	特別障害者
	☐ 死別 ☐ 生死不明 ☐ 離婚 ☐ 未帰還		☐ 年調以外かつ専修学校等		

○ 雑損控除に関する事項（㉖）

損害の原因	損害年月日	損害を受けた資産の種類など
	. .	

損害金額	円	保険金などで補塡される金額	円	差引損失額のうち災害関連支出の金額	円

○ 寄附金控除に関する事項（㉘）

寄附先の名称等		寄附金	円

○ 総合課税の譲渡所得、一時所得に関する事項（⑪）

所得の種類	収入金額	必要経費等	差引金額
	円	円	円

特例適用条文等	

○ 配偶者や親族に関する事項（⑳〜㉓）

氏名	個人番号	続柄	生年月日	障害者		国外居住		住民税		その他
神田　史枝	XXXXXXXXXXXX	配偶者	明・大・昭・平 56.12.24	障	特障	国外	年調	同一	別居	調整
神田　祐貴	XXXXXXXXXXXX	子	明・大・昭・平・令 17.6.13	障	特障	☐	年調	16	別居	調整
神田　愛結	XXXXXXXXXXXX	子	明・大・昭・平・令 18.8.7	障	特障	☐	年調	16	別居	調整
			明・大・昭・平・令 . .	障	特障	☐	年調	16	別居	調整
			明・大・昭・平・令 . .	障	特障	☐	年調	16	別居	調整

○ 事業専従者に関する事項（(57)）

事業専従者の氏名	個人番号	続柄	生年月日	従事月数・程度・仕事の内容	専従者給与（控除）額
			明・大・昭・平 . .		円
			明・大・昭・平 . .		

○ 住民税・事業税に関する事項

住民税	非上場株式の少額配当等	非居住者の特例	配当割額控除額	株式等譲渡所得割額控除額	給与、公的年金等以外の所得に係る住民税の徴収方法：特別徴収	自分で納付	都道府県、市区町村への寄附（特例控除対象）	共同募金、日赤その他の寄附	都道府県条例指定寄附	市区町村条例指定寄附
	円	円	円	円	○	○	円	円	円	円

退職所得のある配偶者・親族の氏名	個人番号	続柄	生年月日	退職所得を除く所得金額	障害者	その他	寡婦・ひとり親
			明・大・昭・平 . .	円	障 特障	調整	寡婦 ひとり親

事業税					
非課税所得など	番号 10	所得金額 6,400,000円	損益通算の特例適用前の不動産所得	6,400,000円	前年中の開（廃）業　開始・廃止　月日
不動産所得から差し引いた青色申告特別控除額		事業用資産の譲渡損失など		他都道府県の事務所等	○

上記の配偶者・親族・事業専従者のうち別居の者の氏名・住所	氏名	住所	国外	所得税で控除対象配偶者などとした専従者	氏名	給与	円	一連番号

整理欄			
申告区分	申告等年月日　年　月　日	所得種類	
特例適用条文	＿法　条の　の　項　号	申告期限	年　月　日

税理士法書面提出 30条 33条の2

税理士署名・電話番号
(　　　−　　　−　　　)

〔例３〕 分離課税の所得（長期譲渡所得）がある場合

この場合,
・「確定申告書」と
・「分離課税用申告書（第三表）」
を提出する必要があります。

本書の「譲渡所得の課税の特例」の「土地建物等の譲渡所得の分離課税　分離長期譲渡所得（一般所得分）」の項（323ページ以降）の解説をお読みください。

〈設　例〉

分離長期譲渡所得の対象となる土地を譲渡した場合で，その譲渡による収入金額が9,000万円，取得費が1,800万円，譲渡費用が200万円であるときの分離長期譲渡所得に係る所得税額は次のようになります。

この場合，損益通算等はないものとし，総所得金額から所得控除額の全額を差し引いていると仮定します。

（分離課税長期譲渡所得の金額）

9,000万円－1,800万円－200万円＝7,000万円

（税　額）

7,000万円×15％＝1,050万円

確定申告書等の記載例

FA2203

■ 麹町 税務署長
令和 6 年 2 月 18 日
令和 **05** 年分の 所得税及び 復興特別所得税 の **確定** 申告書

第一表 （令和五年分以降用）

| 納税地 〒 | 100-0004 | 個人番号（マイナンバー） | | 生年月日 | 3 33.02.02 |

現在の住所又は居所事業所等: 千代田区大手町1-3-3

フリガナ: ホンゴウ タカシ
氏名: 本郷 隆

令和6年1月1日の住所: 同上
職業: 会社員
屋号・雅号:
世帯主の氏名: 本郷隆
世帯主との続柄: 本人

電話番号（自宅・勤務先・携帯）: 03-6757-6700

種類 青色 分離 国出 損失 修正 特農の表示 特農
整理番号:

（単位は円）

収入金額等

事業	営業等	区分	㋐	
	農業	区分	㋑	
不動産		区分1 区分2	㋒	
配当			㋓	
給与		区分	㋔	13000000
雑	公的年金等		㋕	
	業務	区分	㋖	
	その他	区分	㋗	
総合譲渡	短期		㋘	
	長期		㋙	
	一時		㋚	

所得金額等

事業	営業等	①	
	農業	②	
不動産		③	
利子		④	
配当		⑤	
給与	区分	⑥	11050000
	公的年金等	⑦	
雑	業務	⑧	
	その他	⑨	
	⑦から⑨までの計	⑩	
総合譲渡・一時 ⑦＋{(⑨＋⑦)×½}		⑪	
合計 ①から⑥までの計＋⑩＋⑪		⑫	11050000

所得から差し引かれる金額

社会保険料控除	⑬	
小規模企業共済等掛金控除	⑭	
生命保険料控除	⑮	
地震保険料控除	⑯	
寡婦、ひとり親控除	区分	⑰～⑱	0000
勤労学生、障害者控除		⑲～⑳	0000
配偶者（特別）控除	区分1 区分2	㉑～㉒	0000
扶養控除	区分	㉓	0000
基礎控除		㉔	0000
⑬から㉔までの計		㉕	1874500
雑損控除		㉖	
医療費控除	区分	㉗	
寄附金控除		㉘	
合計 ㉕＋㉖＋㉗＋㉘		㉙	1874500

税金の計算

課税される所得金額 （⑫－㉙）又は第三表	㉚	000
上の㉚に対する税額 又は第三表の㉞	㉛	11991750
配当控除	㉜	
	区分	㉝	
（特定増改築等）住宅借入金等特別控除	区分1 区分2	㉞	00
政党等寄附金等特別控除	㉟～㊲	
住宅耐震改修特別控除等	区分	㊳～㊵	
差引所得税額 （㉛－㉜－㉝－㉞－㉟－㊱－㊲－㊳）	㊶	11991750
災害減免額	㊷	
再差引所得税額（基準所得税額） （㊶－㊷）	㊸	11991750
復興特別所得税額 （㊸×2.1%）	㊹	251826
所得税及び復興特別所得税の額 （㊸＋㊹）	㊺	12243576
外国税額控除等	区分	㊻～㊼	
源泉徴収税額	㊽	1523000
申告納税額 （㊺－㊻－㊼－㊽）	㊾	10720500
予定納税額 （第1期分・第2期分）	㊿	
第3期分の税額 納める税金 （㊾－㊿）	51	10720500 00
還付される税金	52	△

修正申告

| 修正前の第3期分の税額 （還付の場合は頭に△を記載） | 53 | |
| 第3期分の税額の増加額 | 54 | 00 |

その他

公的年金等以外の合計所得金額	55	81050000
配偶者の合計所得金額	56	
専従者給与（控除）額の合計額	57	
青色申告特別控除額	58	
雑所得・一時所得等の源泉徴収税額の合計額	59	
未納付の源泉徴収税額	60	
本年分で差し引く繰越損失額	61	
平均課税対象金額	62	
変動・臨時所得金額	区分	63	

延納の届出

| 申告期限までに納付する金額 | 64 | 00 |
| 延納届出額 | 65 | 000 |

還付される税金の受取場所:
銀行・金庫・組合・農協・漁協（本店・支店・出張所・本所・支所）
郵便局名等:
預金種類: 普通・当座・納税準備・貯蓄
口座番号・記号番号:

公金受取口座登録の同意:
公金受取口座の利用:

整理欄 区分: A B C D E F G H I J K L
異動:
補完:

整理欄 管理:
名簿:
確認:

㊹・㊺・㊾・51又は52の記入をお忘れなく。

― (16) ―

確定申告書等の記載例

令和 05 年分の 所得税及び復興特別所得税 の 確定申告書

整理番号 ☐☐☐☐☐☐☐☐　FA2303

住　所 屋　号	千代田区大手町1-3-3	
フリガナ 氏　名	ホンゴウ　タカシ 本郷　隆	

○ 所得の内訳（所得税及び復興特別所得税の源泉徴収税額）

所得の種類	種　目	給与などの支払者の「名称」及び「法人番号又は所在地」等	収入金額	源泉徴収税額
給与	給料	○○商事（株） □□市○○町×-×	円 13,000,000	円 1,523,000
		㊽源泉徴収税額の合計額		円 1,523,000

○ 総合課税の譲渡所得、一時所得に関する事項（⑪）

所得の種類	収入金額	必要経費等	差引金額
	円	円	円

特例適用 条文等	

○ 配偶者や親族に関する事項（⑳～㉓）

氏　名	個人番号	続柄	生年月日	障害者	国外居住	住民税	その他
		配偶者	明・大 昭・平 ・ ・	障 特障	国外 年調	同一 別居	調整
			明・大 昭・平・令 ・ ・	障 特障	国外 年調	⑯ 別居	調整
			明・大 昭・平・令 ・ ・	障 特障	国外 年調	⑯ 別居	調整
			明・大 昭・平・令 ・ ・	障 特障	国外 年調	⑯ 別居	調整
			明・大 昭・平・令 ・ ・	障 特障	国外 年調	⑯ 別居	調整

○ 事業専従者に関する事項（57）

事業専従者の氏名	個人番号	続柄	生年月日	従事月数・程度・仕事の内容	専従者給与（控除）額
			明・大 昭・平		
			明・大 昭・平		

○ 住民税・事業税に関する事項

住民税	非上場株式の少額配当等	非居住者の特例	配当割額控除額	株式等譲渡所得割額控除額	給与、公的年金等以外の所得に係る住民税の徴収方法		都道府県、市区町村への寄附（特例控除対象）	共同募金、日赤その他の寄附	都道府県条例指定寄附	市区町村条例指定寄附
					特別徴収	自分で納付				
	円	円	円	円			円	円	円	円

退職所得のある配偶者・親族の氏名	個人番号	続柄	生年月日	退職所得を除く所得金額	障害者	その他	寡婦・ひとり親
			明・大 昭・平 ・ ・	円	障 特障	調整 寡婦	ひとり親

事業税	非課税所得など	番号	所得金額	損益通算の特例適用前の不動産所得		前年中の開（廃）業	開始・廃止 月日
	不動産所得から差し引いた青色申告特別控除額			事業用資産の譲渡損失など		他都道府県の事務所等	

上記の配偶者・親族・事業専従者のうち別居の者の氏名・住所	氏名 住所			国外	所得税で控除対象配偶者などとした専従者	氏名 給与	一連番号

整理欄	申告区分		申告等年月日	年 月 日	所得種類		税理士法書面提出 30条 33条の2	税理士署名・電話番号
	特例適用条文	法				申告期限 月 日		（　　　－　　　－　　　）

第二表

（令和五年分以降用）

	保険料等の種類	支払保険料等の計	うち年末調整等以外
⑬⑭ 社会保険料控除 小規模企業共済等掛金控除		円	円
⑮ 生命保険料控除	新生命保険料	円	円
	旧生命保険料		
	新個人年金保険料		
	旧個人年金保険料		
	介護医療保険料		
⑯ 地震保険料控除	地震保険料	円	円
	旧長期損害保険料		

本人に関する事項（⑰～⑳）	寡婦	ひとり親	勤労学生	障害者	特別障害者
	□死別 □生死不明 □離婚 □未帰還		□年調以外かつ 専修学校等		

○ 雑損控除に関する事項（㉖）

損害の原因	損害年月日	損害を受けた資産の種類など
	・ ・	

損害金額	円	保険金などで補填される金額	円	差引損失額のうち災害関連支出の金額	円

○ 寄附金控除に関する事項（㉘）

寄附先の名称等		寄附金	円

第二表は、第一表と一緒に提出してください。　○国民年金保険料や生命保険料の支払証明書など申告書に添付しなければならない書類は添付書類台紙などに貼ってください。

記載例

—（17）—

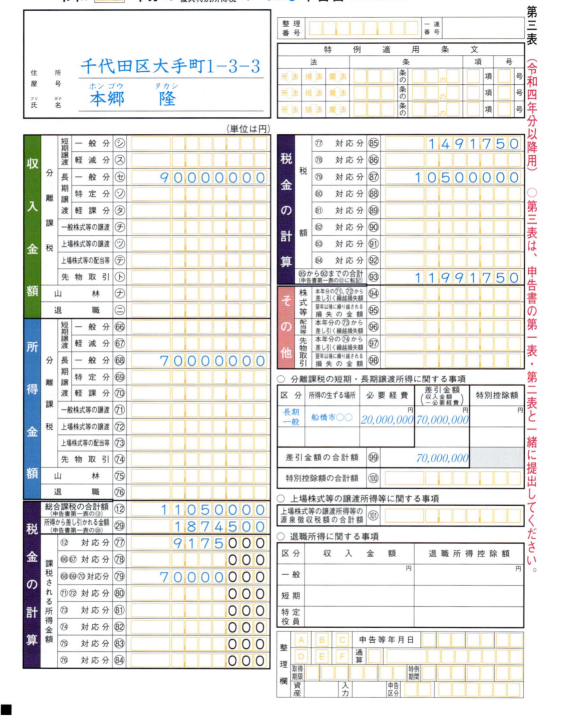

〔例４〕 損失申告をする場合

この場合，
・「確定申告書」と
・「申告書第四表（損失申告用）」
を提出する必要があります。

〈設　例〉
①　令和４年分所得の内訳　　事業所得　　△1,800,000円
　　　　　　　　　　　　　　不動産所得　　 600,000円

　この結果，損益通算後の純損失の金額　1,200,000円を令和５年以降に繰り越すことにし，４年分については損失申告書を提出している。

②　令和５年分所得の内訳　　事 業 所 得　 1,300,000円
　　　　　　　　　　　　　　不動産所得　　 600,000円
　　　　　　　　　　　　　　総合短期譲渡所得　△1,500,000円

　このほか，令和５年４月20日に家財が盗難にあい，40万円の損害を受けた。なお，保険金で補塡された金額は10万円である。

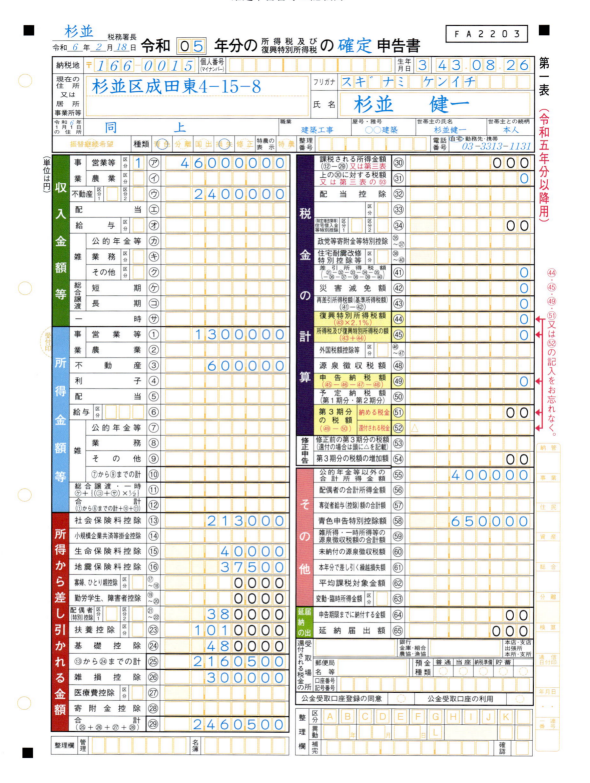

令和 05 年分の所得税及び復興特別所得税の確定申告書

整理番号

FA2303

第二表

（令和五年分以降用）

住所 屋号 杉並区成田東4-15-8

○○建築

フリガナ スギナミ ケンイチ

氏名 杉並 健一

保険料等の種類		支払保険料等の計	うち年末調整等以外
⑬⑭ 社会保険料控除 小規模企業共済等掛金控除	国民健康保険	150,000円	150,000円
	国民年金	63,000	63,000
⑮ 生命保険料控除	新生命保険料	80,000円	80,000円
	旧生命保険料		
	新個人年金保険料		
	旧個人年金保険料		
	介護医療保険料		
⑯ 地震保険料控除	地震保険料	37,500円	37,500円
	旧長期損害保険料		

本人に関する事項（⑰～⑳）	寡婦	ひとり親	勤労学生	障害者	特別障害者
	□ 死別 □ 生死不明 □ 離婚 □ 未帰還		□ 年調以外かつ専修学校等		

○ 所得の内訳（所得税及び復興特別所得税の源泉徴収税額）

所得の種類	種目	給与などの支払者の「名称」及び「法人番号又は所在地」等	収入金額	源泉徴収税額
			円	円

㊽ 源泉徴収税額の合計額 円

○ 雑損控除に関する事項（㉖）

損害の原因	損害年月日	損害を受けた資産の種類など
盗難	5.4.20	家財

損害金額	400,000円	保険金などで補填される金額	100,000円	差引損失額のうち災害関連支出の金額	円

○ 総合課税の譲渡所得、一時所得に関する事項（⑪）

所得の種類	収入金額	必要経費等	差引金額
譲渡（短期）	2,000,000円	3,500,000円	△1,500,000円

○ 寄附金控除に関する事項（㉘）

寄附先の名称等		寄附金	円

特例適用条文等	

○ 配偶者や親族に関する事項（⑳～㉓）

氏名	個人番号	続柄	生年月日	障害者	国外居住	住民税	その他
杉並 由美	XXXXXXXXXXXX	配偶者	明・大・昭・平 44.12.24	障 特障	国外 年調	同一 別居	調整
杉並 菜々美	XXXXXXXXXXXX	子	明・大・昭・平・令 13.7.3	障 特障	年調	⑯ 別居	調整
杉並 彩夏	XXXXXXXXXXXX	子	明・大・昭・平・令 18.1.30	障 特障	年調	⑯ 別居	調整
			明・大・昭・平・令 . .	障 特障	年調	⑯ 別居	調整
			明・大・昭・平・令 . .	障 特障	年調	⑯ 別居	調整

○ 事業専従者に関する事項（(57)）

事業専従者の氏名	個人番号	続柄	生年月日	従事月数・程度・仕事の内容	専従者給与（控除）額
			明・大・昭・平 . .		円
			明・大・昭・平 . .		

○ 住民税・事業税に関する事項

住民税	非上場株式の少額配当等	非居住者の特例	配当割額控除額	株式等譲渡所得割額控除額	給与、公的年金等以外の所得に係る住民税の徴収方法 特別徴収	自分で納付	都道府県、市区町村への寄附（特例控除対象）	共同募金、日赤その他の寄附	都道府県条例指定寄附	市区町村条例指定寄附
	円	円	円	円			円	円	円	円

退職所得のある配偶者・親族の氏名	個人番号	続柄	生年月日	退職所得を除く所得金額	障害者	その他	寡婦・ひとり親
			明・大・昭・平 . .	円	障 特障	調整	寡婦 ひとり親

事業税						
非課税所得など	番号 10	所得金額 1,250,000円	損益通算の特例適用前の不動産所得	600,000円	前年中の開（廃）業	開始・廃止 月日
不動産所得から差し引いた青色申告特別控除額	650,000		事業用資産の譲渡損失など		他都道府県の事務所等	

上記の配偶者・親族・事業専従者のうち別居の者の氏名・住所	氏名	住所	国外	所得税で控除対象配偶者などとした専従者	氏名	給与 円	一連番号

整理欄	申告区分	申告等年月日 年 月 日	所得種類	特例適用条文 法 条の の 項 号	申告期限 年 月 日

税理士法書面提出 30条 33条の2

税理士署名・電話番号

（　　－　　－　　）

○第二表は、第一表と一緒に提出してください。○国民年金保険料や生命保険料の支払証明書など申告書に添付しなければならない書類は添付書類台紙などに貼ってください。

記載例

確定申告書等の記載例

令和 **05** 年分の ^{所得税及び}の **確定** 申告書（損失申告用）　　**FA0054**

第四表(一)

| 現在の住所又は居所事業所等 | 杉並区成田東4-15-8 | フリガナ氏名 | スギナミ　ケンイチ 杉並　健一 |

整理番号　□□□□□□□□□　一連番号

（令和四年分以降用）

1 損失額又は所得金額

A	経常所得　（申告書第一表の①から⑥までの計＋⑩の合計額）				⑯ 1,900,000 円

所得の種類			区分等	所得の生ずる場所等	Ⓐ 収入金額	Ⓑ 必要経費等	Ⓒ 差引金額（Ⓐ－Ⓑ）	Ⓓ 特別控除額	Ⓔ 損失額又は所得金額
B	譲渡	短期 分離譲渡			円	円	㋛ 円		㊆
		短期 総合譲渡					㋜ △1,500,000	0 円	㊈ △1,500,000
		長期 分離譲渡			円		㋝ 円		㊉
		長期 総合譲渡					㋞	円	㊊
	一　時								㊋
C	山　林				円				㊌
D	退職	一般				円	円		㊍
		短期							
		特定役員							
E	一般株式等の譲渡								㊎
	上場株式等の譲渡								㊏
	上場株式等の配当等					円	円		㊐
F	先物取引								㊑

| ㊒ 分離課税の譲渡所得の特別控除額の合計額 | 円 | ㊓ 上場株式等の譲渡所得等の源泉徴収税額の合計額 | 円 | 特例適用条文 |

2 損益の通算

所得の種類				Ⓐ 通算前	Ⓑ 第1次通算後	Ⓒ 第2次通算後	Ⓓ 第3次通算後	Ⓔ 損失額又は所得金額
A	経常所得		⑯	1,900,000 円	400,000 円	400,000 円	400,000 円	400,000 円
B	譲渡	短期 総合譲渡	㊈	△1,500,000	第1次通算 0	第2次通算 0	第3次通算 0	0
		長期 分離譲渡（特定損失額）	㊉	△				
		長期 総合譲渡	㊊					
	一　時		㊋					
C	山　林		----→㊌					㋠
D	退　職		----→㊍					
損失額又は所得金額の合計額							㊼	400,000

| 資産 | | 整理欄 | |

—（22）—

令和 05 年分の所得税及び復興特別所得税の 確定 申告書（損失申告用）

FA0059

第四表(二)

（令和四年分以降用）

3 翌年以後に繰り越す損失額

整理番号　一連番号

青色申告者の損失の金額							(81)	円
居住用財産に係る通算後譲渡損失の金額							(82)	
変動所得の損失額							(83)	
被災事業用資産の損失額	所得の種類	被災事業用資産の種類など	損害の原因	損害年月日	Ⓐ損害金額	Ⓑ保険金などで補填される金額		Ⓒ差引損失額（Ⓐ－Ⓑ）
	山林以外 営業等・農業			． ．	円	円	(84)	円
	山林以外 不動産			． ．			(85)	
	山林			． ．			(86)	
山林所得に係る被災事業用資産の損失額							(87)	円
山林以外の所得に係る被災事業用資産の損失額							(88)	

4 繰越損失を差し引く計算

年分	損失の種類				Ⓐ前年分までに引ききれなかった損失額	Ⓑ本年分で差し引く損失額	Ⓒ翌年分以後に繰り越して差し引かれる損失額（Ⓐ－Ⓑ）
A 2年（3年前）	純損失	2年が青色の場合	山林以外の所得の損失		円	円	
			山林所得の損失				
		2年が白色の場合	変動所得の損失				
			被災事業用資産の損失	山林以外			
				山林			
		居住用財産に係る通算後譲渡損失の金額					
	雑損失						
B 3年（2年前）	純損失	3年が青色の場合	山林以外の所得の損失				円
			山林所得の損失				
		3年が白色の場合	変動所得の損失				
			被災事業用資産の損失	山林以外			
				山林			
		居住用財産に係る通算後譲渡損失の金額					
	雑損失						
C 4年（前年）	純損失	4年が青色の場合	山林以外の所得の損失		1,200,000	400,000	800,000
			山林所得の損失				
		4年が白色の場合	変動所得の損失				
			被災事業用資産の損失	山林以外			
				山林			
		居住用財産に係る通算後譲渡損失の金額					
	雑損失						

本年分の一般株式等及び上場株式等に係る譲渡所得等から差し引く損失額	(89)	円
本年分の上場株式等に係る配当所得等から差し引く損失額	(90)	円
本年分の先物取引に係る雑所得等から差し引く損失額	(91)	円
雑損控除、医療費控除及び寄附金控除の計算で使用する所得金額の合計額	(92)	0 円

5 翌年以後に繰り越される本年分の雑損失の金額	(93)	300,000 円
6 翌年以後に繰り越される株式等に係る譲渡損失の金額	(94)	円
7 翌年以後に繰り越される先物取引に係る損失の金額	(95)	円

資産　整理欄

○第四表は、申告書の第一表・第二表と一緒に提出してください。

記載例

確定申告書等の記載例

〔例5〕 申請書及び届出書（青色申告関係）

税務署受付印 | 1 0 9 0

所得税の青色申告承認申請書

___神田___税務署長

_6_ 年 _2_ 月 _18_ 日提出

納 税 地	●住所地・○居所地・○事業所等（該当するものを選択してください。） （〒 101 － 0054 ） 千代田区神田錦町3-3　　（TEL _03 - 3294 - 4811_ ）
上記以外の 住 所 地・ 事 業 所 等	納税地以外に住所地・事業所等がある場合は記載します。 （〒　　－　　） （TEL　　－　　－　　）
フ リ ガ ナ	カン　ダ　　タケシ
氏　　名	神 田　　剛
職　　業	洋品小売

生年月日：○大正 ●昭和 ○平成 ○令和 _48_ 年 _1_ 月 _5_ 日生

フリガナ：ヨウヒンテン
屋号：○○洋品店

令和 _6_ 年分以後の所得税の申告は、青色申告書によりたいので申請します。

1　事業所又は所得の基因となる資産の名称及びその所在地（事業所又は資産の異なるごとに記載します。）

名称 ○○洋品店　　　　　所在地 千代田区外神田△－△－△

名称　　　　　　　　　　所在地

2　所得の種類（該当する事項を選択してください。）

●事業所得　・○不動産所得　・○山林所得

3　いままでに青色申告承認の取消しを受けたこと又は取りやめをしたことの有無

(1)　○有（○取消し・○取りやめ）　　　年　　月　　日　　(2) ●無

4　本年1月16日以後新たに業務を開始した場合、その開始した年月日　　　年　　月　　日

5　相続による事業承継の有無

(1)　○有　相続開始年月日　　　年　　月　　日　被相続人の氏名　　　　　　　　　　(2) ●無

6　その他参考事項

(1)　簿記方式（青色申告のための簿記の方法のうち、該当するものを選択してください。）

　　○複式簿記・●簡易簿記・○その他（　　　　　　　　　　　　）

(2)　備付帳簿名（青色申告のため備付ける帳簿名を選択してください。）

　　●現金出納帳・○売掛帳・●買掛帳・●経費帳・●固定資産台帳・○預金出納帳・○手形記入帳
　　○債権債務記入帳・○総勘定元帳・○仕訳帳・○入金伝票・●出金伝票・○振替伝票・○現金式簡易帳簿・○その他

(3)　その他

関与税理士 （TEL　　－　　－　　）	税務署整理欄	整 理 番 号	関係部門連絡	A	B	C
		0				
		通信日付印の年月日　　年　月　日	確 認			

—（24）—

確定申告書等の記載例

		1 1 2 0

青色事業専従者給与に関する ●届　　出　書
○変更届出

税務署受付印

＿＿＿神田＿＿＿税務署長

＿6＿年＿2＿月＿18＿日提出

納　税　地	●住所地・●居所地・●事業所等（該当するものを選択してください。） （〒 101 － 0054 ） 千代田区神田錦町3-3 （TEL　03 - 3294 - 4811 ）	
上記以外の 住所地・ 事業所等	納税地以外に住所地・事業所等がある場合は記載します。 （〒　　－　　） （TEL　　－　　－　　）	
フリガナ 氏　　名	カン　ダ　タケシ 神　田　　　剛	○大正 ●昭和 48年 1 月 5 日生 ○平成 ○令和
職　　業	洋品小売	フリガナ　ヨウヒンテン 屋　号　○○洋品店

令和＿6＿年＿1＿月以後の青色事業専従者給与の支給に関しては次のとおり ●定　　め　　た
○変更することとした
ので届けます。

1　青色事業専従者給与（裏面の書き方をお読みください。）

	専従者の氏名	続柄	年齢 経験 年数	仕事の内容・ 従事の程度	資格等	給　料		賞　与		昇給の基準
						支給期	金額（月額）	支給期	支給の基準（金額）	
1	神田芳子	妻	44歳 12年	販売事務、現金 出納帳等の記帳 （記帳責任者）、 毎日5時間従事	簿記、珠算 共2級	毎月 25日	130,000 円	毎年6月 毎年12月	2か月分 2か月分	使用人の昇給 基準と同じ
2										
3										

2　その他参考事項（他の職業の併有等）
3　変更理由（変更届出書を提出する場合、その理由を具体的に記載します。）

4　使用人の給与（この欄は、この届出（変更）書の提出日の現況で記載します。）

	使用人の氏名	性別	年齢 経験 年数	仕事の内容・ 従事の程度	資格等	給　料		賞　与		昇給の基準
						支給期	金額（月額）	支給期	支給の基準（金額）	
1	山田美咲	女	27歳 6年	販売事務		毎月 25日	160,000 円	毎年6月 毎年12月	2か月分 2か月分	毎年の給与水準 から見て相当な 金額
2										
3										
4										

※ 別に給与規程を定めているときは、その写しを添付してください。

関与税理士 （TEL　　－　　－　　）

税務署整理欄	整　理　番　号	関係部門 連　絡	A	B	C
	0				
	通信日付印の年月日	確　認			
	年　月　日				

記載例

—（25）—

確定申告書等の記載例

〔例6〕「消費税課税事業者届出書」の記載例
（令和5年分の課税売上高が1,000万円を超えた個人事業者の場合）

〔提出時期等〕基準期間における課税売上高が1,000万円を超えた場合に、速やかに納税地の所轄税務署長に提出します。

第3-(1)号様式

基準期間用

消 費 税 課 税 事 業 者 届 出 書

収受印

令和 6 年 2 月 16 日

京橋 税務署長殿

届出者		
	（フリガナ）	チュウオウクツキジ
	納税地	（〒104-0045） 中央区築地5-3-1 （電話番号 03 -3542-○○××）
	（フリガナ）	
	住所又は居所 （法人の場合） 本店又は 主たる事務所 の所在地	（〒 - ） 同 上 （電話番号 - - ）
	（フリガナ）	ショウテン
	名称（屋号）	○○商店
	個人番号 又は 法人番号	↓個人番号の記載に当たっては、左端を空欄とし、ここから記載してください。 1 2 3 4 5 6 7 8 9 0 1 2
	（フリガナ）	コクゼイ タ ロウ
	氏名 （法人の場合） 代表者氏名	国税太郎
	（フリガナ）	
	（法人の場合） 代表者住所	（電話番号 - - ）

下記のとおり、基準期間における課税売上高が1,000万円を超えることとなったので、消費税法第57条第1項第1号の規定により届出します。

適用開始課税期間	自 平成 令和 7 年 1 月 1 日	至 平成 令和 7 年 12 月 31 日	
上記期間の 基準期間	自 平成 令和 5 年 1 月 1 日	左記期間の 総売上高	12,557,000 円
	至 平成 令和 5 年 12 月 31 日	左記期間の 課税売上高	12,483,000 円

事業内容等	生年月日（個人）又は設立年月日（法人）	1明治・2大正・3昭和・4平成・5令和 56 年 3 月 10 日	法人のみ記載	事業年度	自 月 日 至 月 日
				資本金	円
	事業内容	食料品小売業	届出区分	相続・合併・分割等・その他	

参考事項		税理士署名押印	（電話番号 - - ）

※税務署処理欄	整理番号		部門番号		
	届出年月日	年 月 日	入力処理 年 月 日	台帳整理	年 月 日
	番号確認	身元確認 □済 □未済	確認書類 個人番号カード／通知カード・運転免許証 その他（ ）		

注意 1. 裏面の記載要領等に留意の上、記載してください。
　　 2. 税務署処理欄は、記載しないでください。

—(26)—

確定申告書等の記載例

〔例7〕「消費税簡易課税制度選択届出書」の記載例
（令和5年分の課税売上高が5,000万円以下の場合に令和7年分の申告を簡易課税
　制度を適用して行う個人事業者の場合）

〔提出時期等〕簡易課税制度を適用しようとする課税期間の開始する日の前日（令
　　　　　　　和7年分から適用しようとする個人事業者の場合には令和6年末）ま
　　　　　　　でに納税地の所轄税務署長に提出する必要があります。

第1号様式

消 費 税 簡 易 課 税 制 度 選 択 届 出 書

収受印

令和 6 年 2 月 16 日

届出者

（フリガナ）　チヨダク　カスミガセキ
納　税　地　（〒 100 - 0013 ）
　　　　　　千代田区霞が関3-1-1
　　　　　　　　　　（電話番号 03 － 3581 － ○○××）

（フリガナ）　コウノ　タロウ
氏 名 又 は
名 称 及 び　　甲 野 太 郎
代表者氏名
※個人の方は個人番号の記載は不要です。

法 人 番 号

麹町　税務署長殿

下記のとおり、消費税法第37条第1項に規定する簡易課税制度の適用を受けたいので、届出します。

□ 所得税法等の一部を改正する法律（平成28年法律第15号）附則第40条第1項の規定により
　消費税法第37条第1項に規定する簡易課税制度の適用を受けたいので、届出します。

①	適用開始課税期間	自 平成/令和 7 年 1 月 1 日	至 平成/令和 7 年 12 月 31 日
②	①の基準期間	自 平成/令和 5 年 1 月 1 日	至 平成/令和 5 年 12 月 31 日
③	②の課税売上高		12,483,000 円

事 業 内 容 等 ｜ （事業の内容）　食料品小売業 ｜ （事業区分）第 二 種事業

提出要件の確認

次のイ、ロ又はハの場合に該当する
（「はい」の場合のみ、イ、ロ又はハの項目を記載してください。）　はい □　いいえ ☑

イ	消費税法第9条第4項の規定により課税事業者を選択している場合	課税事業者となった日	平成/令和 年 月 日
		課税事業者となった日から2年を経過する日までの間に開始した各課税期間中に調整対象固定資産の課税仕入れ等を行っていない	はい □
ロ	消費税法第12条の2第1項に規定する「新設法人」又は同法第12条の3第1項に規定する「特定新規設立法人」に該当する（該当していた）場合	設立年月日	平成/令和 年 月 日
		基準期間がない事業年度に含まれる各課税期間中に調整対象固定資産の課税仕入れ等を行っていない	はい □

ハ 消費税法第12条の4第1項に規定する「高額特定資産の仕入れ等」を行っている場合
（仕入れ等を行った資産が高額特定資産に該当する場合は、Bの欄をそれぞれ記載してください。）

A	仕入れ等を行った課税期間の初日	平成/令和 年 月 日
	この届出による①の「適用開始課税期間」は、高額特定資産の仕入れ等を行った課税期間の初日から、同日以後3年を経過する日の属する課税期間までの各課税期間に該当しない	はい □
B	仕入れ等を行った課税期間の初日	平成/令和 年 月 日
	建設等が完了した課税期間の初日	平成/令和 年 月 日
	この届出による①の「適用開始課税期間」は、自己建設高額特定資産の建設等に要した仕入れ等に係る支払対価の額の累計額が1千万円以上となった課税期間の初日から、自己建設高額特定資産の建設等が完了した課税期間の初日以後3年を経過する日の属する課税期間までの各課税期間に該当しない	はい □

※ この届出書を提出した課税期間が、上記イ、ロ又はハに記載の各課税期間である場合、この届出書提出後、届出を行った課税期間中に調整対象固定資産の課税仕入れ等又は高額特定資産の仕入れ等を行うと、原則としてこの届出書の提出はなかったものとみなされます。詳しくは、裏面をご確認ください。

所得税法等の一部を改正する法律（平成28年法律第15号）（平成28年改正法）附則第40条第1項の規定による場合

次のニ又はホのうち、いずれか該当する項目を記載してください。

| ニ | 平成28年改正法附則第40条第1項に規定する「困難な事情のある事業者」に該当する（ただし、上記イ又はロに記載の各課税期間中に調整対象固定資産の課税仕入れ等を行っている場合又はこの届出書を提出した日を含む課税期間がハに記載の各課税期間に該当する場合には、次の「ホ」により判定する。） | はい □ |
| ホ | 平成28年改正法附則第40条第2項に規定する「著しく困難な事情があるとき」に該当する（該当する場合は、以下に「著しく困難な事情」を記載してください。）［　　　］ | はい □ |

参 考 事 項

税理士署名押印 （電話番号 － － ）

※税務署処理欄

整理番号		部門番号		
届出年月日	年 月 日	入力処理	年 月 日	台帳整理 年 月 日
通信日付印 年 月 日	確認	番号確認		

注意　1．裏面の記載要領等に留意の上、記載してください。
　　　2．税務署処理欄は、記載しないでください。

記載例

—（27）—

MEMO

MEMO

MEMO

MEMO

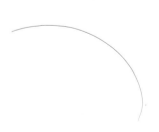

本書の内容に関するご質問は，税務研究会ホームページのお問い合わせフォーム（https://www.zeiken.co.jp/contact/request/）よりお願いいたします。なお，個別のご相談は受け付けておりません。

本書刊行後に追加・修正事項がある場合は，随時，当社のホームページ（https://www.zeiken.co.jp/）にてお知らせいたします。

（編著者）
市田　圭佑
（執筆者）

中村　正徳	片桐　悠太
玉井　靖人	金丸　国広
黒岩伸太郎	和栗　佑介
三枝　祐貴	中濱あずさ
鷲見　太希	佐藤　亮也
鹿島吉太郎	村田　淳浩
山田　尚功	渡邉　正晴
伊藤　昌広	

〔令和6年3月申告用〕

所得税 確定申告の手引

令和5年12月20日　　初版第1刷印刷	（著者承認検印省略）
令和6年1月5日　　初版第1刷発行	

Ⓒ 編 著 者　　　市田　圭佑

週刊「税務通信」「経営財務」発行所

発 行 所 税 務 研 究 会 出 版 局
代 表 者　　　山 根　　　毅
郵便番号　100-0005
東京都千代田区丸の内1-8-2
鉄鋼ビルディング

https://www.zeiken.co.jp/

乱丁・落丁の場合はお取替えします。　　　印刷・製本　奥村印刷㈱

ISBN978—4—7931—2780—9